MANUAL DE
DIREITO
PROCESSUAL
CIVIL

O GEN | Grupo Editorial Nacional – maior plataforma editorial brasileira no segmento científico, técnico e profissional – publica conteúdos nas áreas de concursos, ciências jurídicas, humanas, exatas, da saúde e sociais aplicadas, além de prover serviços direcionados à educação continuada.

As editoras que integram o GEN, das mais respeitadas no mercado editorial, construíram catálogos inigualáveis, com obras decisivas para a formação acadêmica e o aperfeiçoamento de várias gerações de profissionais e estudantes, tendo se tornado sinônimo de qualidade e seriedade.

A missão do GEN e dos núcleos de conteúdo que o compõem é prover a melhor informação científica e distribuí-la de maneira flexível e conveniente, a preços justos, gerando benefícios e servindo a autores, docentes, livreiros, funcionários, colaboradores e acionistas.

Nosso comportamento ético incondicional e nossa responsabilidade social e ambiental são reforçados pela natureza educacional de nossa atividade e dão sustentabilidade ao crescimento contínuo e à rentabilidade do grupo.

4.ª ed.
REVISTA E
ATUALIZADA

ALEXANDRE FREITAS
CÂMARA
MANUAL DE
DIREITO
PROCESSUAL
CIVIL

- O autor deste livro e a editora empenharam seus melhores esforços para assegurar que as informações e os procedimentos apresentados no texto estejam em acordo com os padrões aceitos à época da publicação, e todos os dados foram atualizados pelo autor até a data de fechamento do livro. Entretanto, tendo em conta a evolução das ciências, as atualizações legislativas, as mudanças regulamentares governamentais e o constante fluxo de novas informações sobre os temas que constam do livro, recomendamos enfaticamente que os leitores consultem sempre outras fontes fidedignas, de modo a se certificarem de que as informações contidas no texto estão corretas e de que não houve alterações nas recomendações ou na legislação regulamentadora.

- Fechamento desta edição: *04.02.2025*

- O autor e a editora se empenharam para citar adequadamente e dar o devido crédito a todos os detentores de direitos autorais de qualquer material utilizado neste livro, dispondo-se a possíveis acertos posteriores caso, inadvertida e involuntariamente, a identificação de algum deles tenha sido omitida.

- **Atendimento ao cliente: (11) 5080-0751 | faleconosco@grupogen.com.br**

- Direitos exclusivos para a língua portuguesa
  Copyright © 2025 by
  Editora Atlas Ltda.
  Uma editora integrante do GEN | Grupo Editorial Nacional
  Travessa do Ouvidor, 11 – Térreo e 6º andar
  Rio de Janeiro – RJ – 20040-040
  www.grupogen.com.br

- Reservados todos os direitos. É proibida a duplicação ou reprodução deste volume, no todo ou em parte,
- em quaisquer formas ou por quaisquer meios (eletrônico, mecânico, gravação, fotocópia, distribuição pela Internet ou outros), sem permissão, por escrito, da Editora Atlas Ltda.

- Capa: Bruno Sales Zorzetto

CIP-BRASIL. CATALOGAÇÃO NA PUBLICAÇÃO
SINDICATO NACIONAL DOS EDITORES DE LIVROS, RJ

C172m
4. ed.

    Câmara, Alexandre Freitas
       Manual de direito processual civil / Alexandre Freitas Câmara. - 4. ed., rev. e atual. - Barueri [SP] : Atlas, 2025.
       1.104 p. ; 24 cm.

       ISBN 978-65-5977-715-0

       1. Direito processual civil - Brasil. 2. Serviço público - Brasil - Concursos. I. Título.

25-96289   CDU: 347.91/.95(81)

Meri Gleice Rodrigues de Souza - Bibliotecária - CRB-7/6439

*Para Rodrigo e Guilherme,
meus filhos, meus maiores amores.*

INTRODUÇÃO

Em 1998, quando era ainda um jovem advogado e professor, e tendo já publicado três livros que haviam tido boa aceitação, cometi a ousadia de lançar uma obra de exposição sistemática do direito processual civil brasileiro, a que dei o título de *Lições de Direito Processual Civil*. Essa obra, dividida em três volumes, produziu um resultado que sempre me surpreendeu. Afinal, foram vinte e cinco edições do primeiro volume, vinte e três edições do segundo e vinte e uma edições do terceiro. Foi livro adotado em incontáveis Faculdades de Direito em todo o Brasil, indicado em cursos preparatórios para concursos públicos, e – para meu desvanecimento – citado em uma infinidade de petições, pareceres, obras doutrinárias e decisões judiciais (inclusive do STF e do STJ), no Brasil e até no exterior.

Depois das *Lições*, publiquei muitos outros livros, todos eles tratando de temas processuais que eram analisados com apoio na Constituição da República e no CPC de 1973. Veio, então, o processo de elaboração de um novo Código de Processo Civil, que substituiria o então vigente.

A convite do Deputado Federal Fabio Trad, que presidia a Comissão Especial instalada para exame do projeto na Câmara dos Deputados, participei da comissão de juristas que auxiliou o Deputado Sergio Barradas Carneiro, então na relatoria do projeto, a analisá-lo. Pude, assim, ainda que modestamente, contribuir para a redação do vigente CPC, que viria a ser aprovado em 2015.

Após a edição do CPC/2015, lancei mais dois livros. O primeiro deles, um breve manual de direito processual civil, a que dei o título de *O Novo Processo Civil Brasileiro* (o que foi, declaradamente, uma homenagem ao maior processualista brasileiro de todos os tempos, José Carlos Barbosa Moreira) e depois minha tese de doutoramento, *Levando os Padrões Decisórios a Sério*. Mas ainda não tinha lançado uma nova obra de exposição sistemática mais aprofundada do direito processual civil brasileiro que o examinasse à luz não só da Constituição da República, mas também do CPC/2015. Fui, durante bastante tempo, cobrado por incontáveis pessoas, professores, advogados, magistrados, estudantes, entre outros, que me pediam uma atualização das *Lições de Direito Processual Civil*. Mas a todos eu disse que não atualizaria aquela obra. Sempre considerei que as *Lições* tinham cumprido – e bem, modéstia à parte – o seu papel e deveriam ficar para sempre ligadas ao CPC/1973. Além disso, não me agrada a ideia de pegar um livro que foi inteiramente pensado à luz de um modelo processual e adaptá-lo a um novo modelo. Sempre considerei que seria melhor escrever uma nova obra. Pois é o que busquei fazer, trazendo-a agora à luz. Eis, aqui, o *Manual de Direito Processual Civil*, todo pensado a partir da Constituição da República e do CPC/2015, mas que aproveita trechos das antigas *Lições*, naquilo que ainda poderia ser útil para a compreensão do novo sistema.

Seguindo um modelo que havia sido empregado nas *Lições*, esta obra não tem capítulos ou itens dedicados ao direito comparado ou à análise da evolução histórica dos institutos. Trata-se de uma obra dedicada a examinar, sistematicamente e com uma profundidade que me parece adequada, o direito processual civil brasileiro vigente.

A ordem da exposição segue, em linhas gerais, a ordem das matérias no Código de Processo Civil. Inicia-se, então, por uma exposição da teoria geral do direito processual civil, que corresponde, em grande medida, às matérias reguladas na Parte Geral do CPC. Em seguida, trata-se do processo de conhecimento (examinando-se o procedimento comum e os procedimentos especiais), da execução (analisando-se a teoria geral da execução e os procedimentos executivos, tanto os do processo de execução como os do cumprimento de sentença) e, por fim, se apresenta uma exposição dos processos nos tribunais (quando se examinam processos de competência originária dos tribunais, incidentes processuais típicos dos tribunais e os recursos).

A exposição que aqui se apresenta fica limitada às matérias reguladas pelo Código de Processo Civil. Matérias que têm sua regulamentação em leis extravagantes, como os Juizados Especiais, a locação de imóveis urbanos ou o mandado de segurança, não são tratadas de forma específica nesta obra (ainda que possam ser mencionadas de forma eventual, quando relevantes para a compreensão da matéria).

O propósito que, modestamente, me move é apresentar o sistema das minhas ideias acerca do processo civil brasileiro, e o fazer partindo da premissa de que este trabalho representa um avanço em relação às minhas *Lições*, esperando eu ter sido capaz de depurar e ordenar os conceitos da ciência processual. Daí a razão de não ter optado por simplesmente atualizar a obra anterior, mas de elaborar uma nova.

O público leitor perceberá que não há, neste *Manual*, notas de rodapé. Optei por um texto limpo, direto, sem citações doutrinárias. Evidentemente, porém, toda a doutrina que li, e sobre a qual refleti, ao longo das décadas que tenho dedicado ao estudo e à aplicação prática do processo civil foi levada em conta. Trago, aqui, contudo, a minha visão acerca do Direito Processual Civil brasileiro, mesmo quando haja ideias aí que não são – e muitas não poderiam mesmo ser – originariamente minhas. Por essa razão, há uma nota especial de agradecimento a todos os juristas que "fizeram minha cabeça" e permitiram a construção de meu pensamento sobre o Direito Processual. É a partir de suas ideias que construí, com muito estudo e reflexão, a minha visão sobre esta fascinante área do Direito.

Espero, sinceramente, que este trabalho possa ser tão generosamente acolhido quanto os anteriores. E que ele possa ser útil aos que estudam o direito processual civil ou com ele trabalham na prática. Afinal, como tive oportunidade de dizer nas anteriores *Lições de Direito Processual Civil*, continuo convicto de que, no Direito, a ciência sem prática é estéril, enquanto a prática sem base científica é charlatanismo.

O AUTOR

AGRADECIMENTOS

Só consegui pensar sobre Direito Processual Civil porque estudei a obra de grandes juristas do Brasil e do exterior. Foi a partir da leitura e da reflexão que suas obras permitiram construir minha visão sistemática acerca do Direito Processual Civil. Nem todo mundo que li é processualista, claro. Mas sem suas obras não teria conseguido pensar o Direito Processual Civil. A todas e todos agradeço aqui de forma muito especial. E espero que se sintam citados em cada linha do que escrevo, ainda quando para defender ideias distintas daquelas que sustentam em suas obras. Afinal, sem vocês eu não teria conseguido construir nada.

Agradeço, em primeiro lugar, aos grandes nomes da ciência processual europeia do século XIX e da primeira metade do século XX, cujas obras estudei com afinco (e que cito, aqui, em ordem alfabética): Bülow, Calamandrei, Carnelutti, Chiovenda, Goldschmidt, Guasp, José Alberto dos Reis, Matirollo, Mortara, Redenti, Rosemberg, Wach, Zanzucchi.

Agradeço, também, aos processualistas europeus do século XX – alguns deles ainda produzindo nos primeiros anos do século XXI – que vieram depois daqueles fundadores da ciência processual (também aqui em ordem alfabética): Allorio, Cappelletti, Carpi, Comoglio, Fazzalari, Liebman, Jauernig, Montero Aroca, Proto Pisani, Storme, Taruffo, Trocker.

Não posso deixar de agradecer aos grandes nomes do Direito Processual Civil da América Latina, de ontem e de hoje: Angel Landoni, Eduardo Couture e Santiago Pereira Campos (Uruguai), Hernando Devis Echandía e Jairo Parra Quijano (Colômbia), Augusto Mario Morello, Eduardo Oteiza, Francisco Verbic, Lino Palacio, Roberto Berizonce e Victoria Mosmann (Argentina), Abel Zamorano e Jorge Fábrega Ponce (Panamá), Giovanni Priori Posada e Renzo Cavani (Peru), Alvaro Perez-Ragone (Chile).

Aos grandes nomes da ciência processual destas primeiras décadas do século XXI, com quem tenho a honra de manter constante diálogo, um especial agradecimento: Alan Uzelac (Croácia), Elisabetta Silvestri (Itália), Fernando Gascón Inchausti (Espanha), Frédérique Ferrand (França), Joan Picó y Junoi (Espanha), John Sorabji (Reino Unido), Laura Ervo (Suécia), Loïc Cadiet (França), Lorenzo Bujosa (Espanha), Masahisa Deguchi (Japão), Maria José Capelo (Portugal), Michele Lupoi (Itália), Miguel Teixeira de Sousa (Portugal), Neil Andrews (Reino Unido), Oscar

Chase (EUA), Paula Costa e Silva (Portugal), Remco van Rhee (Países Baixos), Remo Caponi (Itália), Richard Marcus (EUA).

Esta obra é dedicada a todos os brasileiros e a todas as brasileiras que estudaram e estudam o Direito Processual Civil. Mas não posso deixar de citar os nomes que vêm, agora, à minha memória afetiva: Ada Pellegrini Grinover, Alcides de Mendonça Lima, Ana Beatriz Presgrave, Antonio do Passo Cabral, Arnoldo Camanho de Assis, Arruda Alvim, Athos Gusmão Carneiro, Beclaute Oliveira Silva, Candido Rangel Dinamarco, Carlos Alberto Alvaro de Oliveira, Celso Agrícola Barbi, Celso Neves, Daniel Mitidiero, Darci Guimarães Ribeiro, Dierle Nunes, Edilson Vitorelli, Eduardo Lamy, Eduardo Talamini, Egas Dirceu Moniz de Aragão, Ernane Fidélis dos Santos, Fabiano Carvalho, Fernanda Medina Pantoja, Flavia Pereira Hill, Flavio Cheim Jorge, Flavio Quinaud Pedron, Francisco de Paula Baptista, Fredie Didier Júnior, Galeno Lacerda, Georges Abboud, Gisele Góes, Heitor Sica, Hermes Zaneti Júnior, Humberto Theodoro Júnior, João Mendes Júnior, Joaquim Ignácio de Ramalho, José Frederico Marques, José Henrique Mouta, José Ignácio Botelho de Mesquita, José Joaquim Calmon de Passos, José Roberto dos Santos Bedaque, José Rogério Cruz e Tucci, Juliana Cordeiro de Faria, Leonardo Carneiro da Cunha, Lopes da Costa, Luiz Guilherme Marinoni, Luiz Henrique Volpe Camargo, Luiz Fux, Luiz Rodrigues Wambier, Marcelo Abelha Rodrigues, Marcelo Lima Guerra, Marcelo Mazzola, Marco Antonio Rodrigues, Moacyr Amaral Santos, Nelson Nery Júnior, Ovídio Baptista da Silva, Paula Sarno Braga, Paulo Cezar Pinheiro Carneiro, Paulo Lucon, Pedro Henrique Nogueira, Pedro Miranda de Oliveira, Rodrigo Mazzei, Ronaldo Brêtas de Carvalho Dias, Rogeria Dotti, Ronaldo Cramer, Robson Renault Godinho, Salvio de Figueiredo Teixeira, Sergio Cruz Arenhart, Sofia Temer, Susana Henriques da Costa, Teresa Arruda Alvim, Thaís Amoroso Paschoal, Thereza Alvim, William Santos Ferreira.

Para encerrar, dou o devido destaque a quem mais influenciou meu pensamento: José Carlos Barbosa Moreira. Fica, aqui, o registro da minha admiração e da minha saudade.

O AUTOR

NOTA DO AUTOR À 3ª EDIÇÃO

É chegada a hora de apresentar ao público a terceira edição deste *Manual*. O livro tem tido ótima aceitação em cursos de graduação, de pós-graduação, assim como nos que se destinam à preparação para concursos. Além disso, tenho tido a honra de vê-lo citado em petições escritas por eminentes profissionais da advocacia e em muitas decisões judiciais. Isso só me estimula a aperfeiçoá-lo cada vez mais.

Para a terceira edição, foi preciso atentar para a inovação legislativa que resultou da aprovação da Lei nº 14.620/2023, que aprimora o rol dos títulos executivos extrajudiciais, mostrando como a modernidade tecnológica tem sido levada em conta pelo Poder Legislativo. Também houve a preocupação de corrigir alguns errinhos materiais que fui encontrando ao longo do livro. Certamente há outros, mas tentarei corrigi-los assim que os localizar.

Além disso, houve acréscimos a diversos tópicos deste *Manual*, com o objetivo de torná-lo cada vez mais completo, mantida a preocupação de se ter um livro que realmente merece ser chamado de *manual*, podendo ser levado à mão.

Esta terceira edição é dedicada a todas as pessoas que atuam comigo na luta pela construção de uma cultura da cooperação judiciária no Brasil. Tenho a honra de estar na Presidência do Núcleo de Cooperação Judiciária do TJRJ desde 2021, e agradeço aos Desembargadores Henrique Figueira e Ricardo Cardozo, que, em suas Presidências, confiaram em mim. Agradeço também a todas e todos que, comigo, atuam na Rede Nacional de Cooperação Judiciária e no Comitê Executivo da Rede, em especial aos meus queridos amigos Antonio do Passo Cabral, Fredie Didier Júnior e Silvio Neves Baptista Filho. Mas esta edição é dedicada, muito especialmente, aos juízes, juízas e servidores do TJRJ que atuam comigo no NUCOOP. Sem vocês minha luta seria inglória, e eu nada teria feito. Com vocês ao meu lado, não só obtivemos resultados excepcionais, mas foi possível atuar com muito prazer. Obrigado por confiarem em mim.

Meu filho mais velho, Rodrigo, já não é mais um estudante. Tornou-se advogado e atua numa importante banca do Rio de Janeiro. Mas com ele vivi uma emoção indescritível, já que fui Professor homenageado por sua turma e, na colação de grau, pude entregar-lhe o canudo que simboliza o diploma. Logo em seguida, graças ao carinho da Administração da Seccional Rio de Janeiro da Ordem dos Advogados do Brasil, pude ser eu a entregar-lhe a carteira de advogado. A ele dedico esta nova edição, esperando que ele saiba sempre honrar o Direito e a nobre profissão de advogado.

Também ao meu filho mais novo, Guilherme, dedico esta edição, que foi preparada enquanto ele era meu aluno de Teoria Geral do Processo Civil, no quarto período da Faculdade de Direito. Que eu seja capaz de contribuir positivamente para sua formação como profissional do Direito, isso é tudo que eu posso querer.

Por fim, claro, esta terceira edição é dedicada à Janaína. E para ela nada precisa ser dito. Basta o olhar.

NOTA DO AUTOR À 2ª EDIÇÃO

Um ano depois de lançado este livro, é chegado o momento de sua atualização para a segunda edição. Alguns erros materiais foram corrigidos (e outros, ainda não encontrados, espero corrigir no futuro), alguns acréscimos foram feitos, algumas atualizações se fizeram necessárias. A principal, sem nenhuma dúvida, diz respeito à relevância da questão federal, incluída no sistema do recurso especial como um filtro de admissibilidade pela Emenda Constitucional 125/2021, e ainda a depender da aprovação de uma lei para passar a ser exigida. Apesar de essa lei ainda não ter sido aprovada quando esta segunda edição ficou pronta, algumas considerações já podem ser feitas sobre o assunto, especialmente em razão da experiência já obtida com filtro semelhante, o da repercussão geral da questão constitucional em sede de recurso extraordinário.

Espero, sinceramente, que meu trabalho possa continuar a ser útil para estudantes e profissionais. Essa é a função principal de um livro como este: ser útil.

Não posso deixar de encerrar esta nota de apresentação da segunda edição dedicando-a a todas as pessoas que me ajudaram e me apoiaram. Um agradecimento especial à equipe de pesquisa do Nupepro (Núcleo de Pesquisa em Processo Civil) da Emerj (Escola da Magistratura do Estado do Rio de Janeiro): Izabel Saenger Nuñez, Letícia Fidalgo da Silva, Fernanda Tereza Melo Bezerra e Thalia Martins de Andrade (assim como os anteriores integrantes do núcleo), por estarem comigo nas pesquisas empíricas que temos desenvolvido. Aos alunos e alunas da Escola de Direito do Rio de Janeiro da Fundação Getúlio Vargas e da Escola da Magistratura do Estado do Rio de Janeiro, pela parceria, aos meus colegas da Segunda Câmara Cível (que, a partir de fevereiro de 2023, em razão da reorganização dos órgãos julgadores, passa a ser a 9ª Câmara de Direito Privado do TJRJ) e da Seção Cível do Tribunal de Justiça do Estado do Rio de Janeiro, meu agradecimento por refletirem, junto comigo, sobre a aplicação prática do Direito. A Janaína, Rodrigo e Guilherme, por tudo que são.

NOTA DO AUTOR
À 2ª EDIÇÃO

NOTA DO AUTOR À 1ª EDIÇÃO

Este livro foi escrito durante o período de isolamento social provocado pela pandemia mundial de Covid-19. Nunca tinha ficado tanto tempo junto com minha esposa Janaína e meus filhos Rodrigo e Guilherme. E apesar de todas as dificuldades, causadas não só pelo receio da doença (que nos acometeu a todos, felizmente com sintomas leves), mas por tudo que sentimos em relação às vítimas e seus familiares. Por causa dessa insana pandemia, perdi amigos, conhecidos, colegas de trabalho. Vi muita gente sofrer mais do que seria necessário, em razão do descontrole causado em grande parte por não se ter sabido, no Brasil, lidar com essa crise. Não sei se sairemos melhores da pandemia. Mas eu e minha família saímos mais unidos. Janaína, Rodrigo e Guilherme, para vocês dedico este livro, assim como dedico todo o meu amor.

Junto com minha família esteve meu afilhado Jean Pratti, parceiro de bons vinhos e de muitas noites divertidas comigo, com Janaina e com meus filhos. Mas também parceiro de momentos difíceis, que é quando os verdadeiros amigos se manifestam. A ele, também, este livro é dedicado.

Quero dedicar este livro, também, a todas as vítimas da Covid-19 e o faço homenageando meu amigo Sylvio Capanema de Souza, civilista genial, o professor mais espetacular que conheci, e grande magistrado, que tive a honra e a responsabilidade de suceder quando de sua aposentadoria no Tribunal de Justiça do Estado do Rio de Janeiro. Dedico este livro, também, a todas as pessoas que trabalharam incessantemente durante a crise, especialmente profissionais de saúde e cientistas que atuaram sem descanso na descoberta de vacinas e outros tratamentos. Sem vocês não teríamos esperança de voltar a viver "normalmente". Agradeço, de coração, a todas e todos.

Itaipava, no pandêmico inverno de 2021.

SUMÁRIO

PARTE 1
TEORIA GERAL DO DIREITO PROCESSUAL CIVIL

CAPÍTULO 1
DIREITO PROCESSUAL CIVIL: CONCEITO E EVOLUÇÃO CIENTÍFICA 3

1.1. Conceito de Direito Processual Civil 3
1.2. Evolução científica 5
    1.2.1. A fase procedimentalista 5
    1.2.2. A fase científica 6
    1.2.3. A fase instrumentalista 7
    1.2.4. A fase democrático-constitucional 9

CAPÍTULO 2
"FONTES", INTERPRETAÇÃO E APLICAÇÃO NO DIREITO PROCESSUAL CIVIL 11

2.1. "Fontes" do Direito e "fontes" do Direito Processual Civil 11
    2.1.1. Padrões decisórios 20
2.2. Interpretação e aplicação no Direito Processual Civil 40
2.3. Aplicação da lei processual civil no tempo 41
2.4. Aplicação da lei processual civil no espaço 44

CAPÍTULO 3
MODELO CONSTITUCIONAL DE PROCESSO CIVIL. AS NORMAS FUNDAMENTAIS DO PROCESSO CIVIL 47

3.1. A constitucionalização do processo civil. A compreensão do processo civil a partir de princípios constitucionais 47

3.2. Princípio do devido processo constitucional 50
3.3. Princípio da igualdade... 52
3.4. Princípio do juízo "natural" (constitucional) 54
3.5. Princípio da inafastabilidade do controle jurisdicional 56
3.6. Princípio do contraditório 59
      3.6.1. Princípio da cooperação (comparticipação) 62
      3.6.2. Princípio da boa-fé 64
3.7. Princípio da fundamentação das decisões judiciais 65
3.8. Princípio da duração razoável do processo 70
3.9. Princípio da eficiência 72
3.10. Princípio da legalidade 73
3.11. Princípio da proporcionalidade ou razoabilidade 76

CAPÍTULO 4
INSTITUTOS FUNDAMENTAIS DO DIREITO PROCESSUAL CIVIL 77

4.1. A "trilogia estrutural" do direito processual civil 77
4.2. Processo 78
      4.2.1. Teorias sobre o processo 78
            4.2.1.1. Modelo adversarial de processo 82
            4.2.1.2. Modelo inquisitivo de processo 83
            4.2.1.3. Modelo compartícipativo de processo 84
      4.2.2. Conceito e natureza jurídica 85
      4.2.3. Sujeitos do processo 86
            4.2.3.1. O Estado-juiz. Poderes, deveres e imparcialidade do juiz 86
            4.2.3.2. Auxiliares da justiça 96
            4.2.3.3. As partes 103
                  4.2.3.3.1. Deveres dos sujeitos do processo 105
                  4.2.3.3.2. Responsabilidade das partes por dano processual 107
                  4.2.3.3.3. As partes e o custo do processo 109
                  4.2.3.3.4. A gratuidade de justiça 122
                  4.2.3.3.5. Sucessão das partes e dos procuradores 125
            4.2.3.4. O advogado (privado e público) 127
            4.2.3.5. Ministério Público 129
            4.2.3.6. Defensoria Pública 131

	4.2.4.	Classificação do processo	132
	4.2.5.	Objeto do processo	134
	4.2.6.	Pressupostos processuais	136
	4.2.7.	Tutela processual: conceito e classificação	144
4.3.	Ação		146
	4.3.1.	Teorias sobre a ação	146
	4.3.2.	Conceito de ação. A ação como direito ao processo	150
	4.3.3.	"Condições da ação"	153
	4.3.4.	Classificação da ação	158
4.4.	Jurisdição		159
	4.4.1.	Conceito de atividade jurisdicional	160
	4.4.2.	Características essenciais	162
	4.4.3.	Espécies de jurisdição	164
	4.4.4.	Jurisdição voluntária e contenciosa	166
	4.4.5.	Cooperação judiciária nacional	168

CAPÍTULO 5
LIMITES INTERNACIONAIS DA JURISDIÇÃO BRASILEIRA ... 175

5.1.	"Competência internacional"	175
5.2.	Litispendência internacional	182
5.3.	Cooperação judiciária internacional	183

CAPÍTULO 6
COMPETÊNCIA ... 187

6.1.	Conceito	187
6.2.	Critérios de fixação	189
6.3.	Incompetência absoluta e relativa	195
6.4.	Causas de modificação	197
6.5.	Declaração de incompetência	202
6.6.	Conflito de competência	204

CAPÍTULO 7
PLURALIDADE DE PARTES ... 205

7.1.	Litisconsórcio		205
	7.1.1.	Classificação do litisconsórcio	206

7.1.2. Dinâmica do litisconsórcio 216
7.1.3. Despolarização do processo 218
7.2. Intervenção de terceiros: noções gerais 219
7.2.1. Assistência 221
7.2.2. Recurso de terceiro 225
7.2.3. Denunciação da lide 227
7.2.4. Chamamento ao processo 235
7.2.5. Intervenção resultante do incidente de desconsideração da personalidade jurídica 237
7.2.6. Intervenção do *amicus curiae* 247
7.2.7. Intervenção de terceiros em processo de alimentos 254
7.2.8. Intervenções atípicas 257

CAPÍTULO 8
FATOS, ATOS E NEGÓCIOS PROCESSUAIS 259

8.1. Fato, ato e negócio jurídico 259
8.2. Fatos processuais 260
8.3. Atos do processo e atos processuais 260
8.3.1. Classificação dos atos processuais 261
8.3.2. Forma dos atos processuais (tempo, lugar e modo dos atos processuais) 263
8.3.3. Prazos processuais 265
8.3.4. Inexistência, invalidade e ineficácia dos atos processuais 270
8.3.5. Comunicação dos atos processuais 277
8.3.5.1. Citação 277
8.3.5.2. Intimação 285
8.3.5.3. Cartas 287
8.4. Negócios processuais 289
8.5. Calendário processual 293

CAPÍTULO 9
DISTRIBUIÇÃO E REGISTRO DE PROCESSOS E VALOR DA CAUSA 295

9.1. Distribuição e registro de processos 295
9.2. Conceito e atribuição do valor da causa 297
9.3. Critérios legais de determinação do valor da causa 297
9.4. Controle do valor da causa 299

CAPÍTULO 10

TUTELA PROVISÓRIA 301

10.1. Conceito e espécies 301
10.2. Tutela de urgência não satisfativa (tutela cautelar) 303
10.3. Tutela de urgência satisfativa (tutela antecipada) 319
       10.3.1. Estabilização da tutela antecipada 326
10.4. Tutela da evidência satisfativa 333
10.5. Tutela da evidência não satisfativa 341

CAPÍTULO 11

FORMAÇÃO, SUSPENSÃO E EXTINÇÃO DO PROCESSO 343

11.1. Formação do processo 343
11.2. Suspensão do processo 346
11.3. Extinção do processo 354

PARTE 2
PROCESSO DE CONHECIMENTO

CAPÍTULO 12

PROCEDIMENTO COMUM 359

12.1. Processo de conhecimento e cognição 359
12.2. Conceito e estrutura do procedimento comum 365
12.3. Petição inicial: conceito e requisitos 369
       12.3.1. Indeferimento da petição inicial 378
12.4. Improcedência liminar do pedido 379
12.5. Despacho liminar positivo e audiência prévia de autocomposição 382
       12.5.1. Audiência prévia de autocomposição e os meios consensuais de resolução de conflitos 384
       12.5.2. Contestação 385
       12.5.3. Revelia 390
       12.5.4. Reconvenção 393
12.6. Providências preliminares 398
       12.6.1. Especificação de provas 398
       12.6.2. Réplica 399
12.7. Julgamento conforme o estado do processo 400
       12.7.1. Extinção e redução do processo 401

  12.7.2. Julgamento "antecipado" total ou parcial do mérito 402
  12.7.3. Decisão de saneamento e organização do processo 404
12.8. A fase principal (de instrução e julgamento) do procedimento comum 407

CAPÍTULO 13
AUDIÊNCIA DE INSTRUÇÃO E JULGAMENTO 409

CAPÍTULO 14
DIREITO PROBATÓRIO 415

14.1. Teoria geral da prova 415
  14.1.1. Conceito de prova 415
  14.1.2. Objeto da prova 419
  14.1.3. Destinatários da prova 422
  14.1.4. Ônus da prova 428
  14.1.5. Meios de prova 434
  14.1.6. Prova emprestada 436
14.2. Demandas probatórias autônomas 438
14.3. Provas em espécie 445
  14.3.1. Ata notarial 445
  14.3.2. Depoimento pessoal 446
  14.3.3. Confissão 447
  14.3.4. Exibição de documento ou coisa 449
  14.3.5. Prova documental 451
    14.3.5.1. Documentos eletrônicos 457
  14.3.6. Prova testemunhal 457
  14.3.7. Prova pericial 462
  14.3.8. Inspeção judicial 466

CAPÍTULO 15
SENTENÇA 469

15.1. Conceito 469
15.2. Sentenças terminativas e definitivas 471
15.3. Elementos 486
  15.3.1. Relatório 487
  15.3.2. Fundamentação 488

15.3.3. Dispositivo	496
15.4. Interpretação da sentença	497
15.5. Classificação da sentença definitiva	498
15.6. Capítulos de sentença	508

CAPÍTULO 16
REMESSA NECESSÁRIA 513

CAPÍTULO 17
ESTABILIZAÇÃO, PRECLUSÃO E COISA JULGADA 517

17.1. Estabilização	517
17.2. Preclusão	520
17.3. Coisa julgada	524
17.3.1. Coisa julgada formal e coisa julgada material	527
17.3.2. Limites objetivos da coisa julgada	530
17.3.3. Limites subjetivos da coisa julgada	537
17.3.4. Coisa julgada nas sentenças determinativas	540

CAPÍTULO 18
PROCEDIMENTOS ESPECIAIS 545

18.1. Teoria geral dos procedimentos especiais	545
18.2. Procedimento especial do pagamento por consignação	550
18.2.1. O pagamento por consignação	550
18.2.2. A consignação extrajudicial	551
18.2.3. O procedimento judicial do pagamento por consignação ("ação de consignação em pagamento")	553
18.3. Procedimento especial de exigência de contas ("ação de exigir contas")	562
18.4. Procedimento especial de tutela da posse ("ações possessórias")	568
18.4.1. Posse e sua proteção processual	568
18.4.2. Características das demandas possessórias	571
18.4.2.1. Separação entre juízo possessório e juízo petitório	571
18.4.2.2. Fungibilidade	575
18.4.3. As demandas possessórias de reintegração e manutenção de posse	576
18.4.3.1. Procedimento	576
18.4.4. Demanda de interdito proibitório	580
18.4.5. Demandas possessórias coletivas	581

18.5. Procedimentos especiais de divisão e demarcação de terras particulares.... 583
    18.5.1. Introdução 583
    18.5.2. O procedimento especial de demarcação de terras particulares ("ação demarcatória") 587
    18.5.3. O procedimento especial de divisão de terras particulares ("ação divisória") 591
18.6. Procedimento especial de dissolução parcial de sociedade ("ação de dissolução parcial de sociedade") 594
18.7. O procedimento especial do inventário e partilha 597
    18.7.1. O procedimento especial de inventário e partilha 598
        18.7.1.1. A fase de inventário 603
            18.7.1.1.1. Pedido de instauração e nomeação de inventariante 603
            18.7.1.1.2. O inventariante: conceito e atribuições 604
            18.7.1.1.3. Primeiras declarações 606
            18.7.1.1.4. Citações e impugnações 607
            18.7.1.1.5. Avaliação de bens e últimas declarações 608
            18.7.1.1.6. Cálculo do imposto e julgamento do cálculo 608
            18.7.1.1.7. Colações 609
            18.7.1.1.8. Pagamento das dívidas 610
        18.7.1.2. A fase de partilha 610
            18.7.1.2.1. Pedidos de quinhão e deliberação sobre a partilha 610
            18.7.1.2.2. Esboço de partilha 611
            18.7.1.2.3. Lançamento da partilha nos autos e comprovação do pagamento do tributo 611
            18.7.1.2.4. Sentença 611
            18.7.1.2.5. Formal de partilha e certidão de partilha 612
    18.7.1.3. Partilha 612
    18.7.1.4. Arrolamento 614
    18.7.1.5. Disposições finais 615
18.8. Procedimento especial dos embargos de terceiro 616
    18.8.1. Conceito e função 616
    18.8.2. Legitimidade ativa e passiva 619
    18.8.3. Competência 620
    18.8.4. Procedimento 621
18.9. Procedimento especial de oposição 623
    18.9.1. Conceito e natureza jurídica 623

18.9.2. Procedimento 624
18.10. Procedimento especial de habilitação 626
18.11. Procedimento especial das causas de família ("ações de família") 628
18.12. Procedimento monitório ("ação monitória") 634
    18.12.1. Conceito, estrutura e cabimento 634
    18.12.2. Procedimento monitório 643
    18.12.3. Má-fé das partes no procedimento monitório 648
18.13. Procedimento especial de homologação do penhor legal 649
18.14. Procedimento especial de regulação de avaria grossa 657
18.15. Procedimento especial de restauração de autos 660
18.16. Procedimentos especiais de jurisdição voluntária 664
    18.16.1. Noções gerais e procedimento comum da jurisdição voluntária .. 664
    18.16.2. Notificação e interpelação 666
    18.16.3. Alienação judicial 669
    18.16.4. Divórcio e separação consensuais, extinção consensual de união estável, alteração de regime de bens do matrimônio 670
    18.16.5. Cumprimento de testamentos e codicilos 672
    18.16.6. Arrecadação de herança jacente 675
    18.16.7. Arrecadação de bens dos ausentes 679
    18.16.8. Arrecadação de coisas vagas 682
    18.16.9. Interdição 684
    18.16.10. Tutela e curatela 691
    18.16.11. Organização e fiscalização das fundações 691
    18.16.12. Ratificação dos protestos marítimos e processos testemunháveis formados a bordo 693

PARTE 3
EXECUÇÃO E CUMPRIMENTO DE SENTENÇA

CAPÍTULO 19
TEORIA GERAL DA EXECUÇÃO 697

19.1. Execução em geral 697
19.2. Partes no procedimento executivo 705
19.3. Competência 709
19.4. Requisitos da execução 711
    19.4.1. Título executivo 712
    19.4.2. Títulos executivos extrajudiciais 725

19.5. Responsabilidade patrimonial 738
    19.5.1. Alienações e onerações fraudulentas 742
    19.5.2. Bens impenhoráveis 752

CAPÍTULO 20
LIQUIDAÇÃO DE SENTENÇA 763

CAPÍTULO 21
PROCESSO DE EXECUÇÃO POR TÍTULO EXTRAJUDICIAL 771

21.1. Introdução e disposições gerais 771
21.2. Execução para entrega de coisa 774
21.3. Execução das obrigações de fazer e de não fazer 778
21.4. Execução por quantia certa 783
    21.4.1. Disposições gerais e ajuizamento da execução 783
    21.4.2. Citação e arresto 785
    21.4.3. Penhora, depósito e avaliação 788
        21.4.3.1. Modificações da penhora 793
        21.4.3.2. Penhora de dinheiro 794
        21.4.3.3. Penhora de créditos 795
        21.4.3.4. Penhora de quotas ou ações de sociedades personificadas 796
        21.4.3.5. Penhora de empresa, de outros estabelecimentos e de semoventes 797
        21.4.3.6. Penhora de percentual de faturamento de empresa 798
        21.4.3.7. Penhora de frutos e rendimentos de bens 799
    21.4.4. Avaliação dos bens penhorados 800
    21.4.5. Expropriação dos bens penhorados 802
        21.4.5.1. Adjudicação 803
        21.4.5.2. Alienação 806
        21.4.5.3. Apropriação de frutos e rendimentos 813
        21.4.5.4. Satisfação do crédito 814
21.5. Execução contra a Fazenda Pública 816
21.6. Execução de alimentos 817

CAPÍTULO 22
CUMPRIMENTO DE SENTENÇA 819

22.1. Introdução e disposições gerais 819

22.2. Cumprimento de sentença no caso de obrigação pecuniária 821
    22.2.1. Cumprimento provisório 821
    22.2.2. Cumprimento definitivo 824
    22.2.3. Cumprimento de sentença no caso de prestação alimentícia 826
    22.2.4. Cumprimento de sentença contra a Fazenda Pública 830
22.3. Cumprimento de sentença nos casos de obrigação de fazer, não fazer e entregar coisa 832

CAPÍTULO 23
DEFESAS DO EXECUTADO 841

23.1. Embargos do executado 841
23.2. Impugnação ao cumprimento de sentença 852
23.3. Objeção de não executividade ("exceção de pré-executividade") 860

CAPÍTULO 24
SUSPENSÃO E EXTINÇÃO DA EXECUÇÃO 863

24.1. Suspensão 863
24.2. Extinção 867

PARTE 4
PROCESSO NOS TRIBUNAIS

CAPÍTULO 25
CONSIDERAÇÕES GERAIS SOBRE O PAPEL DOS TRIBUNAIS 873

CAPÍTULO 26
ORDEM DOS PROCESSOS NOS TRIBUNAIS 879

26.1. Poderes do relator 894

CAPÍTULO 27
INCIDENTES DE FORMAÇÃO CONCENTRADA DE PADRÕES DECISÓRIOS VINCULANTES 899

27.1. Considerações gerais 899
27.2. O incidente de resolução de demandas repetitivas 900

27.3. O incidente de assunção de competência 912
27.4. Outros mecanismos de formação concentrada de precedentes e de enunciados de súmula 915

CAPÍTULO 28
INCIDENTE DE ARGUIÇÃO DE INCONSTITUCIONALIDADE 921

CAPÍTULO 29
INCIDENTE DE RESOLUÇÃO DE CONFLITOS DE COMPETÊNCIA 925

CAPÍTULO 30
HOMOLOGAÇÃO DE DECISÃO ESTRANGEIRA E CONCESSÃO DE *EXEQUATUR* À CARTA ROGATÓRIA 929

CAPÍTULO 31
AÇÃO RESCISÓRIA 935

31.1. Conceito e cabimento 935
31.2. Competência 944
31.3. Legitimidade 949
31.4. Procedimento 953
31.5. Decadência do direito à rescisão 958
31.6. A demanda anulatória ("ação anulatória") 962

CAPÍTULO 32
RECLAMAÇÃO 965

CAPÍTULO 33
RECURSOS 975

33.1. Teoria geral dos recursos 975
    33.1.1. Conceito 975
    33.1.2. Classificação 981
    33.1.3. Juízo de admissibilidade e juízo de mérito 985
        33.1.3.1. Requisitos de admissibilidade dos recursos 988
            33.1.3.1.1. Condições do recurso 989

			33.1.3.1.2. Pressupostos recursais..	993
			33.1.3.1.3. Impedimentos recursais.....................................	997
		33.1.4.	Efeitos dos recursos...	999
			33.1.4.1. Efeitos da interposição..	999
			33.1.4.2. Efeitos do julgamento..	1003
33.2.	Recursos em espécie...			1004
	33.2.1.	Agravo de instrumento...		1004
	33.2.2.	Apelação..		1019
	33.2.3.	Agravo interno...		1033
	33.2.4.	Embargos de declaração...		1034
	33.2.5.	Recurso ordinário constitucional..		1041
	33.2.6.	Recurso extraordinário e recurso especial.............................		1044
		33.2.6.1. Julgamento de recursos extraordinários ou especiais repetitivos...		1059
	33.2.7.	Agravo em recurso extraordinário ou em recurso especial.............		1067
	33.2.8.	Embargos de divergência..		1069

PARTE 1

TEORIA GERAL DO DIREITO PROCESSUAL CIVIL

PARTE I

CAPÍTULO 1

DIREITO PROCESSUAL CIVIL: CONCEITO E EVOLUÇÃO CIENTÍFICA

1.1. CONCEITO DE DIREITO PROCESSUAL CIVIL

Uma exposição sistemática do Direito Processual Civil precisa iniciar-se pela apresentação do seu conceito. É que só assim será possível determinar os limites daquilo que será exposto ao longo da obra. E aqui é preciso tomar um cuidado. É que não se pode simplesmente copiar, de forma acrítica, uma definição de direito processual civil que se encontre em alguma obra estrangeira, especialmente quando se trata das obras europeias (não obstante a importância capital da doutrina europeia para a compreensão dos fenômenos processuais). É que na maior parte dos ordenamentos jurídicos europeus se adota um sistema de dualidade de jurisdições, separando-se a jurisdição civil da administrativa. Já no Brasil se adota técnica diversa, e se adota um sistema de jurisdição una, de modo que o Judiciário brasileiro conhece de causas que versam sobre matéria de Direito Público (Previdenciário ou Administrativo, por exemplo) e de Direito Privado (como é o caso das causas de Direito Societário ou de Família).

Para compreender-se, à luz do ordenamento jurídico brasileiro, o que é o direito processual civil, é preciso seguir alguns passos. Inicialmente, deve-se dizer que por *Direito Processual* compreende-se o ramo do Direito que estuda e regulamenta o processo jurisdicional de qualquer natureza. Explique-se o ponto um pouco mais detidamente: existe um processo jurisdicional, que não se confunde com outros processos, de natureza pública (como o processo administrativo, por exemplo) ou privada (como o processo de exclusão de um associado de associação da qual faz parte). A denominação *Direito Processual*, porém, é costumeiramente reservada para designar o ramo do Direito que se dedica ao processo de natureza jurisdicional. Já houve, aliás, até quem propusesse que este ramo do Direito se passasse a chamar *Direito Jurisdicional*.

Pois no trato do Direito Processual é possível identificar uma primeira grande subdivisão: de um lado, o Direito Processual dos casos individuais, e de outro lado o Direito Processual Coletivo.

Chama-se Direito Processual Coletivo ao ramo do Direito Processual que cuida das causas que versam sobre direitos ou interesses transindividuais, assim considerados os direitos ou interesses difusos, coletivos e individuais homogêneos. O Direito Processual Coletivo, cuja autonomia científica aqui expressamente se reconhece, não será objeto de estudo nesta exposição.

Do outro lado, então, fica o Direito Processual das causas que versam sobre interesses individuais. Pois também aqui é preciso reconhecer uma subdivisão.

Em primeiro lugar, existe o *Direito Processual Penal*. Este pode ser compreendido como o ramo do Direito Processual que trata das causas penais (não só quando se deduz uma pretensão condenatória, como se dá na assim chamada "ação penal", mas também quando se apresenta em juízo uma pretensão em favor do acusado, como se dá no *habeas corpus* ou na revisão criminal).

Em segundo lugar, ainda no campo do Direito Processual das causas individuais, aparece o Direito Processual Trabalhista, ramo do Direito Processual que trata das causas trabalhistas, isto é, das causas em que a matéria de fundo (ou seja, a matéria a ser discutida) é regulada pelo Direito do Trabalho.

Por fim, aparece o Direito Processual Civil, que se apresenta como um *direito processual geral*, definido por exclusão, já que é o direito processual das causas individuais não penais e não trabalhistas. O caráter geral do processo civil, aliás, é expressamente reconhecido pelo art. 15 do CPC, segundo o qual "[n]a ausência de normas que regulem processos eleitorais, trabalhistas ou administrativos, as disposições deste Código lhes serão aplicadas supletiva e subsidiariamente". E não há dúvida de que também em relação ao processo penal as normas processuais civis se aplicam subsidiariamente.

Até aqui, pois, tem-se que o Direito Processual Civil é o direito processual das causas individuais não penais e não trabalhistas. Contudo, é preciso ir além. É que este é um conceito amplo de Direito Processual Civil, podendo-se mesmo falar em Direito Processual Civil *lato sensu* (isto é, em sentido amplo). E daí decorre uma última subdivisão. É que o Direito Processual Civil *lato sensu* se subdivide em Direito Processual Civil *stricto sensu* (em sentido estrito) e Direito Processual Público. E aí é preciso considerar que o Direito Processual Civil *stricto sensu* é aquele que trata das causas em que as questões de mérito, de fundo, são de Direito Privado, enquanto o Direito Processual Público é aquele que trata das causas em que as questões de mérito são de Direito Público.

A distinção aqui proposta entre o Direito Processual Civil *stricto sensu* e o Direito Processual Público não é aceita de modo pacífico nem mesmo entre os autores que reconhecem a necessidade de estabelecer-se alguma distinção entre esses dois sub-ramos do Direito Processual Civil *lato sensu*. Assim é que, por exemplo, há quem considere o Direito Processual Público como a parte do Direito Processual que regula os processos judiciais que tenham ou como objeto o Direito Público ou como parte a Administração Pública. Não parece adequado, porém, definir o Direito Processual como público (ou civil *stricto sensu*) conforme haja ou não um ente público ocupando posição de parte no processo. É que muitas vezes o Estado (empregado o termo aqui em seu sentido mais amplo, de Administração Pública) participa de relações jurídicas de Direito Privado, e nessas hipóteses, caso surja um conflito que tenha de ser resolvido por via jurisdicional, se terá um processo civil em sentido estrito, não se manifestando o Direito Processual Público.

A distinção aqui proposta é importante por existirem institutos processuais que são tipicamente de Direito Processual Civil *stricto sensu* (como são, por exemplo, as "ações de família"), e outros que são de Direito Processual Público, como é o caso da execução fiscal ou do mandado de segurança. Tenha-se claro, porém, que esta é uma obra de exposição sistemática do Direito Processual Civil *lato sensu*, razão pela qual se tratarão aqui de temas de Direito Processual Civil *stricto sensu* e, também, de Direito Processual Público.

Pois diante disso tudo, pode-se então buscar, agora, definir o Direito Processual Civil (em sentido amplo): *ramo do Direito Processual das causas individuais que estuda e regulamenta o processo jurisdicional destinado à resolução de causas civis em sentido amplo*, assim consideradas as causas não penais e não trabalhistas.

1.2. EVOLUÇÃO CIENTÍFICA

A moderna doutrina do Direito Processual Civil tem afirmado que sua evolução científica se deu em quatro fases: procedimentalista, científica, instrumentalista e democrático-constitucional. Cada uma dessas fases será, então, examinada com o objetivo de permitir que se compreenda como a longa evolução do Direito Processual permitiu que se alcançasse seu atual estágio.

1.2.1. A fase procedimentalista

Há quem indique o início da fase procedimentalista no início do século XIX, mais especificamente em 1806, ano da edição do Código de Processo Civil da França (o qual não está mais em vigor nos dias de hoje). Antes dessa época há uma espécie de pré-história do processo civil, em que não há qualquer preocupação doutrinária acerca da matéria. Nessa pré-história se inserem o processo civil romano e o processo civil comum (assim chamado aquele que é formado pela fusão de influências do romano, do canônico e do germânico).

Durante a fase procedimentalista não se identifica embasamento teórico adequado, o que põe os juristas dessa fase um passo além dos práticos e um aquém dos cientistas do processo que viriam em seguida.

Os estudos da fase procedimentalista são limitados, fundamentalmente, a três temas: organização judicial, competência e procedimentos.

Não obstante o procedimentalismo tenha surgido na França, espalhou-se pela Europa, havendo nomes importantes na doutrina dessa fase na Espanha (como José Vicente y Caravantes) e Itália (destacando-se aí o nome de Luigi Mattirolo). A fase procedimentalista surgiu por duas razões: uma, política, a Revolução Francesa; a outra, jurídica, a codificação napoleônica. É preciso, porém, ter claro que o Código napoleônico de Processo Civil não inovou profundamente no processo civil francês, sendo pouco mais do que uma atualização da *Ordennance* aprovada em

1667, no reinado de Luís XIV. Já se afirmou, inclusive, que a Revolução Francesa não teria inaugurado um novo movimento de ideias em tema de legislação; a única novidade seria representada pelo fato de que a obra de codificação teria sido imputada agora ao povo, e não mais ao rei. Mas na doutrina francesa surgem também nomes importantes da fase procedimentalista, entre os quais se destaca, no plano estrito do processo civil (já que há também procedimentalistas penais), o nome de Garsonnet, autor do *Traité Théorique et Pratique de Procédure*, que começou a ser publicado em 1882.

Foram muitos os procedimentalistas brasileiros, mas merecem destaque os nomes de João Monteiro, Afonso Fraga, Manoel Aureliano de Gusmão, Carvalho Santos e Jorge Americano. É curioso notar, aliás, que há procedimentalistas brasileiros tardios, inclusive alguns dos citados, cujas obras foram publicadas em meados do século XX. Os três grandes procedimentalistas brasileiros (curiosamente não incluídos na lista de Edson Prata) foram Francisco de Paula Batista, Joaquim Inácio de Ramalho (o Barão de Ramalho) e José Antonio Pimenta Bueno (o Marquês de São Vicente). Esses três autores, é certo, elaboraram obras que apresentam algumas ideias que poderiam ser qualificadas como científicas (como é o caso da defesa, por Paula Batista, da autonomia do direito de ação). São eles, porém, procedimentalistas, tendo escrito ainda sem a base teórica que caracterizaria o processualismo científico.

1.2.2. A fase científica

A fase procedimentalista, como visto, se caracteriza por uma produção literária sem qualquer embasamento científico. O panorama se altera com o surgimento do processualismo científico, o que se dá em meados do século XIX, mais especificamente a partir de 1868. É nesse ano que se publica, na cidade de Giessen, na atual Alemanha, o livro que costuma ser considerado a "certidão de nascimento" do Direito Processual Civil: *Die Lehre von den Processeinreden und die Processvoraussetzungen* (Teoria das Exceções Processuais e dos Pressupostos Processuais). O que esse livro tem de especial é que nele se desenvolve a teoria da relação processual (da qual se tratará mais adiante), tendo buscado explicar o processo a partir de uma visão publicista (o que pôs por terra qualquer concepção privatista que antes se tivesse sustentado). Mais importante ainda, esse livro provocou um movimento científico processual de magnitude inigualada, que, ao irradiar-se primeiro à Itália, e depois a outros países, provocou a completa renovação da disciplina.

É com base na obra de Bülow, portanto, que se pode falar de uma autonomia científica do Direito Processual Civil, que se desgarra do Direito Material (especialmente do Direito Civil). Surge, então, uma preocupação com o estudo dos institutos fundamentais da disciplina (notadamente a jurisdição, a ação e o processo, além de outros como a coisa julgada), os quais passam a ser examinados com rigor científico absoluto. Resulta daí a substituição da exposição meramente exegética, de interpretação de textos normativos ou de análise do modo como os atos do processo deveriam ser realizados na prática por uma forma sistemática de exposição do direito processual civil que perdura até os dias de hoje.

O processualismo (ou processualismo científico) se divide em diversas vertentes e escolas. Pode-se falar, por exemplo, de um processualismo científico germânico (em que aparecem não só juristas alemães, mas também austríacos, como Menger e Klein, ou húngaros, como Alexander Plósz). Entre os alemães destacam-se, além de Bülow, nomes como os de Adolf Wach, Hellwig, James Goldschmidt e Schönke, entre muitos outros.

O processualismo italiano, por sua vez, nasce a partir da obra de Giuseppe Chiovenda. Autor muito influenciado pela doutrina germânica, especialmente por Bülow, Klein e Wach, Chiovenda foi o grande responsável pelo surgimento de uma escola científica italiana que exerceu – e ainda exerce – muita influência sobre o pensamento processual brasileiro. Outros grandes nomes do processualismo científico italiano foram Francesco Carnelutti, Piero Calamandrei, Enrico Redenti e Enrico Tullio Liebman (merecendo este último, sem dúvida, um destaque especial, e isso por uma razão: é que, na década de 1940, fugindo dos horrores da 2ª Guerra Mundial e do Fascismo que controlava sua Itália natal, veio a fixar residência no Brasil, tendo lecionado em São Paulo e exercido imensa influência sobre muitas gerações de processualistas brasileiros).

Na América Latina houve também grandes nomes do processualismo científico, mas certamente o maior de todos foi Eduardo Juan Couture, processualista uruguaio cuja obra é até hoje sempre lembrada e festejada. No Brasil o processualismo científico conta com grandes nomes, processualistas inesquecíveis cujas obras são sempre citadas e têm, até hoje, imenso valor para a compreensão da dogmática do Direito Processual Civil. Merecem destaque, entre muitos outros, os paulistas Alfredo Buzaid (autor do anteprojeto que resultou no CPC/1973), Moacyr Amaral Santos e José Frederico Marques, os gaúchos Galeno Lacerda e Ovídio Baptista da Silva, o paranaense Egas Dirceu Moniz de Aragão, o mineiro (embora nascido no Rio de Janeiro) Alfredo de Araújo Lopes da Costa, o baiano José Joaquim Calmon de Passos e o carioca Luís Machado Guimarães.

A fase científica do Direito Processual Civil, não obstante sua importância (especialmente pela afirmação da autonomia científica da disciplina e pelo desenvolvimento dos conceitos), porém, acabou por gerar uma hipertrofia do processo, que acabou, na prática, por passar a ser visto como algo mais importante até do que o próprio Direito Material. Houve uma inegável supervalorização do processo, e era comum na prática ouvir-se afirmações como a de que "advogado bom não precisa saber direito material", ou de que "o bom advogado ganha a causa se souber processo". Essa hipertrofia do Direito Processual Civil acabaria por levar a um movimento de transformação, com o surgimento da terceira fase, conhecida como fase instrumentalista.

1.2.3. A fase instrumentalista

A partir dos anos 1970 começou a se desenvolver uma fase que pode ser chamada de instrumentalista, já que é centrada no conceito de *instrumentalidade* do processo.

Pode-se dizer que essa fase começa a se desenvolver principalmente a partir dos trabalhos de Mauro Cappelletti, jurista italiano que buscou desenvolver pesquisas em torno do conceito de acesso à justiça e da efetividade dos direitos.

Na fase instrumentalista prevalece uma visão que pode ser qualificada como *hiperpublicista* do processo. Em outras palavras, o que se quer dizer com isso é que a visão pública do processo, que prevaleceu a partir do desenvolvimento da fase científica, se desenvolveu exageradamente, levando a um incremento excessivo.

Para os instrumentalistas, há uma premissa fundamental: a compreensão do Direito Processual se dá a partir do conceito de jurisdição, a qual seria o polo metodológico do sistema. E, com essa visão, passa-se a considerar que todo o sistema processual existe para que o Estado busque "realizar objetivos que são *seus*". Em outros termos, os instrumentalistas consideram que o processo existe *para que o Estado possa atingir seus objetivos* ("escopos da jurisdição").

Durante a fase instrumentalista, considerou-se que o processo seria, tão somente, um instrumento por excelência, prestando-se ao exercício de uma função que também está a serviço de certos objetivos (exteriores ao sistema), o que destitui o processo, como instituto, de maior expressão substancial, ainda dentro do sistema que integra.

O instrumentalismo, como se percebe, é uma concepção de Direito Processual que considera que o processo existe *para o Estado*, servindo o processo como instrumento de realização de seus objetivos. E isso acaba gerando um exagero dos poderes do juiz que se revela incompatível com o paradigma do Estado Democrático de Direito que a Constituição brasileira estabelece. O processo não é – e não pode ser visto como – um instrumento a serviço da jurisdição. Pelo contrário, o processo é um método de controle da atividade do decisor (que, no caso do processo jurisdicional, é o Estado-juiz).

Para confirmar o acerto dessa afirmação, basta pensar no seguinte: o juiz, a rigor, não precisa do processo para proferir uma decisão. Imagine-se que uma mulher compareça perante um juiz dizendo ser a verdadeira mãe de uma criança que está sob os cuidados de outra mulher. Esta, por sua vez, diz ao juiz ser ela a verdadeira mãe, e que a primeira não tem razão. O juiz, então, depois de ouvir as partes, e sem qualquer colheita de provas ou fundamentação, decide que as duas são mães e por isso a criança deverá ficar com as duas. Facilmente se percebe que o juiz desse exemplo proferiu uma decisão, tendo exercido a atividade estatal que resulta do poder soberano. Pois como se vê, esse juiz do exemplo não precisou de processo para decidir. Ora, mas se assim é, então o processo não pode ser considerado um instrumento de que se vale o Estado para exercer jurisdição. Que isso fique claro: o órgão jurisdicional, a rigor, não precisa do processo para decidir. O processo, então, não se justifica como instrumento a serviço do Estado. Na verdade, a função do processo é outra: impedir que o juiz decida um caso concreto do mesmo jeito que o juiz do exemplo decidiu (e basta pensar que no exemplo proposto o juiz poderia ter decidido de qualquer outra maneira, sem que se pudesse ter sobre essa decisão qualquer controle). O processo é, pois, um mecanismo de controle do juiz, destinado a evitar que seja ele um ditador, agente de um Estado autoritário. O processo é mecanismo de preservação das garantias das partes e, portanto, destina-se a controlar a atividade jurisdicional. Daí a razão para não se poder mais aceitar a visão instrumentalista do processo, a qual se pode considerar superada a partir do momento em que se inicia o desenvolvimento da fase que atualmente se vive na evolução do Direito Processual: a fase democrático-constitucional.

A fase instrumentalista teve grande importância para a compreensão de que o processo não é um instituto de Direito Privado, não é algo que pertença às partes. Ela permitiu que se ultrapassasse qualquer ranço privatista (ou hiperprivatista) que se pudesse ainda ter. Mas levou o pêndulo para o extremo oposto, gerando um hiperpublicismo que precisa ser combatido, buscando-se um caminho intermediário.

1.2.4. A fase democrático-constitucional

Chega-se, enfim, à fase atual da evolução do Direito Processual: a fase democrático-constitucional. Essa fase é assim chamada em função do fato de serem os estudos mais atuais do Direito Processual desenvolvidos a partir da perspectiva do constitucionalismo contemporâneo e do paradigma do Estado Democrático de Direito.

Encerrada a Segunda Guerra Mundial, o Direito passou por uma grande transformação, que resultou naquilo que pode se chamar de constitucionalismo contemporâneo. É a partir daí que se passa a reconhecer a existência de uma verdadeira *força normativa da Constituição*, tendo-se passado a compreender que todo o ordenamento jurídico é construído tendo no Centro a Constituição. No Brasil, país de constitucionalização tardia, esse movimento se inicia a partir da Constituição de 1988.

Pois a partir da Constituição de 1988 – que expressamente estabeleceu a necessidade de se construir o Direito tomando-se como paradigma o Estado Democrático de Direito (como se pode ver pelo art. 1º, *caput*, da Constituição) – é que se pôde desenvolver o pensamento que seria capaz de levar a que se ultrapassasse a visão instrumentalista do processo, passando-se a uma concepção democrático-constitucional desse fenômeno.

Há, pois, uma intensa ligação entre a supremacia normativa da Constituição, o Estado Democrático de Direito e o modo como deve o processo ser compreendido nos dias atuais.

Para isso, é preciso ter em mente que o Estado Democrático de Direito, paradigma a partir do qual se constrói o modelo constitucional (e processual) brasileiro, é uma espécie de meio-termo entre o Estado Liberal (em que o privado é superior ao público) e o Estado Social (em que o público se sobrepõe ao privado), buscando-se construir um sistema em que o particular e o Estado se completam, encontrando-se no mesmo nível, no mesmo plano, a eles cabendo atuar de forma cooperativa para a construção de um futuro (e de um presente) cada vez melhor.

Pois a partir do paradigma do Estado Democrático de Direito e do constitucionalismo é que se passa a ver no processo não mais um "instrumento da jurisdição", mas uma *condição de possibilidade do desenvolvimento da atividade jurisdicional*. Explique-se: em um ordenamento jurídico-processual democrático e constitucionalizado, o processo deve ser compreendido como uma forma de controle da atividade judicial (e não um instrumento da atividade estatal).

É que, na verdade, pode-se mesmo afirmar que o Estado não precisa do processo para exercer a atividade jurisdicional. Imagine-se que alguém comparece perante um juiz afirmando ser titular de um direito violado e apresentando alguns documentos que, segundo diz, confirmariam suas afirmações. O juiz, então, examinando essas alegações e documentos, convence-se de que aquela pessoa que o procurou tem razão e deve ser protegida. Ele, então, em nome do Estado, profere uma sentença em favor de quem o procurou. Em uma situação como essa, seria o caso de se perguntar: será mesmo que o Estado precisa do processo como instrumento da jurisdição? A resposta é desenganadamente negativa. É perfeitamente possível exercer jurisdição sem processo. Daí resulta, porém, a necessidade de se questionar: por que, então, existe o processo? E a resposta só pode ser uma: para controlar o Estado-juiz, não permitindo que ele atue de forma autoritária, ditatorial. O processo é um mecanismo de controle judicial, que impõe ao Estado-juiz o dever de respeitar as garantias fundamentais das partes.

Dito de outro modo: em um Estado Democrático o exercício da jurisdição só é legítimo se acontecer através do processo, que se apresenta, pois, como condição de possibilidade do exercício da atividade jurisdicional democrática. E esse processo democrático – como se poderá ver melhor ao longo deste livro – é necessariamente um processo policêntrico. Em outras palavras, o processo não é centrado na figura do Estado-juiz, devendo ser compreendido como uma comunidade de trabalho em que todos os seus atores – Estado-juiz, partes, terceiros intervenientes, Ministério Público (quando este participa do processo) – têm a mesma importância e atuam juntos para a construção dos seus resultados, os quais devem necessariamente ser legítimos do ponto de vista democrático e constitucional.

A fase democrático-constitucional da evolução da ciência processual, pois, nega a possibilidade de se ter um processo protagonizado pelo juiz. Não há – e não pode haver – protagonismo de quem quer que seja no processo. Este é, em um Estado Democrático de Direito, um mecanismo destinado a assegurar que os direitos e garantias fundamentais das partes sejam respeitados e que o resultado final – seja a decisão judicial (nos processos cognitivos), seja a satisfação do crédito (nos processos executivos) – seja alcançado de forma inteiramente compatível com a Constituição e com o paradigma do Estado Democrático de Direito.

É sob esta ótica constitucional e democrática que se buscará expor, neste livro, o sistema processual civil brasileiro.

CAPÍTULO 2

"FONTES", INTERPRETAÇÃO E APLICAÇÃO NO DIREITO PROCESSUAL CIVIL

2.1. "FONTES" DO DIREITO E "FONTES" DO DIREITO PROCESSUAL CIVIL

É tradicional o emprego, pela doutrina jurídica, da metáfora das fontes do Direito. E pela expressão "fonte do Direito" se quer descrever o "lugar" de onde o Direito provém. Assim, por exemplo, já se afirmou que fonte é o lugar de onde provém alguma coisa. Fonte do direito seria, analogamente, o lugar de onde são oriundos os preceitos jurídicos. Daí a razão pela qual Miguel Reale, ao falar sobre tais "fontes", afirmou que elas seriam "estruturas normativas que implicam a existência de alguém dotado de um *poder de decidir* sobre o seu conteúdo". Em outros termos, para Reale as "fontes do Direito" existem por haver alguém dotado do poder de optar entre várias vias normativas possíveis, elegendo-se aquela que é declarada obrigatória, quer *erga omnes*, como ocorre nas hipóteses da *fonte legal* e da *consuetudinária*, quer *inter partes*, como se dá no caso da *fonte jurisdicional* ou na *fonte negocial*.

Ocorre que a metáfora das "fontes do Direito" permite uma identificação simples do direito válido, tornando supérflua qualquer outra questão sobre a natureza do direito, sobre a essência do direito ou até mesmo sobre os critérios de delimitação entre o direito e o costume, entre o direito e a moral. Trata-se, portanto, de um conceito que possibilita a identificação do Direito como algo vigente, independentemente de como sejam as situações de cada caso particular a que se aplique e das pessoas participantes.

Verifica-se, assim, que a metáfora das "fontes do Direito" só é adequada quando se pensa no Direito como algo "pré-dado". Mas não é assim que o Direito funciona. Afinal, a norma jurídica não existe antes ou fora do caso concreto. O que se denomina norma jurídica, no processo de realização autêntica do Direito, resulta ser um modelo de ordem de características objetivas que surge, de forma constitutiva, no caso concreto.

Ora, se a norma jurídica só existe no caso concreto, sendo o resultado de uma atividade de interpretação e aplicação, então não se pode falar propriamente em "fontes do Direito". Essa metáfora, afinal de contas, impõe um distanciamento das origens da "fonte", e só funciona quando não se pergunta o que há entre o *antes da fonte* e o *depois da fonte*.

Não obstante isso, a metáfora das fontes pode ainda ter alguma utilidade, especialmente do ponto de vista didático. E por isso aqui se falará em "fontes" (assim, entre aspas) do Direito Processual Civil para designar os *textos normativos de onde provêm as bases para a construção, mediante interpretação e aplicação, do Direito Processual Civil que vigora no Brasil*.

Estabelecidas essas premissas, fica claro que a primeira "fonte" do Direito Processual Civil brasileiro é a Constituição da República. Em primeiro lugar, porque na Constituição da República encontram-se textos normativos a partir dos quais se constroem os princípios que compõem o modelo constitucional do processo civil brasileiro (sobre os quais se tratará adiante), como o do devido processo, o da igualdade, o do contraditório e o da fundamentação das decisões judiciais, entre outros.

Há, também, na Constituição da República uma série de textos normativos a partir dos quais são construídas regras de Direito Processual Civil, como é o caso das regras sobre competência do STF ou do STJ, ou as regras sobre cabimento de mandado de segurança, de mandado de injunção ou de *habeas data*, entre muitas outras.

Sobre a Constituição da República como "fonte" é desnecessário aprofundar a ideia de sua supremacia sobre todas as demais, sendo inválida ou ineficaz qualquer disposição normativa (bem assim qualquer interpretação e aplicação de norma) que a contrarie. É que a inconstitucionalidade representa uma relação de desconformidade, que acarreta, quanto aos atos e às normas de Direito interno inconstitucionais, *invalidade* (em sentido amplo) e, quanto às normas de Direito internacional vigentes na ordem interna, *ineficácia*.

Em outras palavras, qualquer ato de Direito interno brasileiro, como uma lei ou uma sentença, bem assim qualquer interpretação de texto normativo interno brasileiro, que não esteja em conformidade com a Constituição da República será inválido. De outro lado, atos de Direito internacional que tenham sido integrados ao ordenamento brasileiro (como os Tratados Internacionais) mas que sejam desconformes com a Constituição da República deverão ser considerados ineficazes. O caso aí é de ineficácia, e não de invalidade, pois o ato de Direito internacional não poderá produzir efeitos no Brasil, mas permanecerá válido (e plenamente eficaz) em outros países com cujas Constituições não seja ele incompatível. Pois é por conta dessa superioridade da Constituição da República que deve ser ela compreendida como a primeira entre as "fontes" do Direito Processual Civil.

Em seguida, é preciso reconhecer que são "fontes" do Direito Processual Civil brasileiro os Tratados Internacionais que o Brasil tenha internalizado. Pois o ordenamento jurídico brasileiro é integrado por diversos Tratados Internacionais que tratam de matéria processual. É o caso, por exemplo, do Protocolo de Ouro Preto sobre medidas cautelares no âmbito do Mercosul (Decreto nº 2.626/1998), ou o Protocolo de Las Leñas sobre cooperação e assistência jurisdicional em matéria civil, comercial, trabalhista e administrativa entre os Estados Partes do Mercosul, a República da Bolívia e a República do Chile (Decreto nº 6.891/2009). Outro importante Tratado Internacional que compõe o ordenamento brasileiro é o Código Bustamante (Decreto nº 18.871/1929), que é a Convenção de Direito Internacional Privado de Havana, a qual contém uma série de disposições processuais (como é o caso do art. 394, que trata da litispendência internacional, ou dos arts. 398 a 411, que tratam de Direito probatório).

Questão importante é a da posição hierárquica dos Tratados Internacionais no rol das "fontes". Pois aqui é preciso fazer uma distinção: os Tratados Internacionais que versam sobre direitos humanos têm, no Brasil, *status* de supralegalidade (ou seja, estão em posição hierarquicamente superior à lei). Resulta essa posição hierárquica do disposto nos §§ 2º e 3º do art. 5º da Constituição da República, e daí resulta a possibilidade de se realizar o *controle de convencionalidade* de leis e outros atos normativos que estejam em posição hierarquicamente inferior à desses tratados. E há Tratados Internacionais supralegais que versam sobre matéria processual, como é o caso da Convenção Americana sobre Direitos Humanos (conhecida como Pacto de São José da Costa Rica), promulgada pelo Decreto nº 678/1992, em cujo texto se encontra o importantíssimo art. 8º, que trata das *garantias judiciais* (entre as quais o direito, que a toda pessoa se assegura, de "ser ouvida, com as devidas garantias e dentro de um prazo razoável, por um juiz ou tribunal competente, independente e imparcial, estabelecido anteriormente por lei, na apuração de qualquer acusação penal formulada contra ela, ou para que se determinem seus direitos ou obrigações de natureza civil, trabalhista, fiscal ou de qualquer outra natureza").

Há Tratados, porém, que não versam sobre direitos humanos, como é o caso – apenas para exemplificar – do Acordo sobre Cooperação Judiciária em matéria civil entre o Governo da República Federativa do Brasil e o Governo da República Libanesa (Decreto nº 7.934/2013), ou o Tratado Relativo à Cooperação Judiciária e ao Reconhecimento e Execução de Sentenças em Matéria Civil, entre a República Federativa do Brasil e a República Italiana (Decreto nº 1.476/1995). Pois esses tratados têm o mesmo *status* hierárquico das leis internas brasileiras, de modo que eventual conflito entre eles se resolve pelos critérios normalmente empregados para a resolução de conflitos entre leis (critério da especialidade – *norma especial prevalece sobre lei geral* – e critério cronológico – *norma posterior prevalece sobre norma anterior*).

É preciso, então, determinar o que são direitos humanos (já que há uma distinção hierárquica entre os Tratados Internacionais que versam sobre eles e os que não versam). Definir o que sejam exatamente os direitos humanos, porém, não é tarefa fácil. Pode-se dizer, porém, que eles se caracterizam pelo fato de que todo ser humano, pelo fato de o ser, é titular de alguns direitos que a sociedade não lhe pode arrebatar licitamente. É que toda pessoa é portadora dos direitos humanos. Os direitos humanos são dotados de universalidade e indivisibilidade, e não se completam até sua positivação, a qual se dá através de Tratados Internacionais. Dito de outro modo, os direitos humanos são direitos reconhecidos a todos os seres humanos, independentemente de qualquer outra condição ou requisito que não sua própria humanidade, visando assegurar sua inserção em uma comunidade mundial de reconhecimento de direitos. Esses direitos são qualificados como humanos exatamente em função dessa característica, e estão necessariamente positivados em Tratados Internacionais que os reconhecem como tal (merecem referência, aqui, por sua importância, a Convenção Americana sobre Direitos Humanos – conhecida como Pacto de São José da Costa Rica – que integra o ordenamento jurídico brasileiro por força do Decreto nº 678/1992 – e, ainda, a Convenção Europeia dos Direitos do Homem, firmada em Roma em 1950, e a Carta Africana dos Direitos Humanos e dos Povos, conhecida como Carta de Banjul, de 1981).

Pode-se, então, dizer que os Tratados Internacionais sobre direitos humanos são aqueles que afirmam versar sobre tais direitos, o que resulta de um consenso da comunidade internacional.

Registre-se, ainda, que há Tratados Internacionais sobre direitos humanos que acabam por adquirir *status* constitucional, porque internalizados através do mesmo processo legislativo que se adota para as Emendas Constitucionais. Esse é fenômeno previsto no art. 5º, § 3º, da Constituição da República, e se pode citar, como exemplo, a Convenção Interamericana contra o Racismo, a Discriminação Racial e Formas Correlatas de Intolerância (internalizada em 2022). Esses têm natureza constitucional, e estão hierarquicamente acima de todos os outros Tratados Internacionais.

Não se pode, ao final desta exposição acerca dos Tratados Internacionais como "fontes" do Direito Processual Civil, deixar de fazer aqui uma breve referência ao disposto no art. 13 do CPC ("a jurisdição civil será regida pelas normas processuais brasileiras, ressalvadas as disposições específicas previstas em tratados, convenções ou acordos internacionais de que o Brasil seja parte"). A aplicação da lei processual no espaço, porém, inclusive para o fim de se determinar quando é caso de aplicação da lei interna e quando se deve aplicar o Tratado em matéria processual, será objeto de análise em passagem posterior deste mesmo capítulo.

No mesmo plano hierárquico dos Tratados Internacionais que não versam sobre direitos humanos encontram-se as leis ordinárias federais. Segundo o disposto no art. 22, I, da Constituição da República, compete à União, privativamente, legislar sobre Direito Processual, de modo que serão, basicamente, leis ordinárias a tratar de temas de Direito Processual Civil. Como sabido, existem dois tipos de lei federal: a lei complementar e a lei ordinária (art. 59, II e III, da Constituição da República). A lei ordinária é a comum, que normalmente se exige para a regulamentação de matérias que são regradas por lei em sentido formal. A lei complementar, cuja aprovação depende de um número maior de votos no Legislativo (maioria absoluta, na forma do art. 69 da Constituição da República, enquanto a lei ordinária se aprova por maioria simples), só é exigida nos casos expressamente previstos na Constituição, sendo certo que não há tal tipo de exigência para nenhuma matéria de natureza processual.

O único tema para o qual a Constituição da República exige a edição de lei complementar em matéria processual é o do "processo judicial de desapropriação" (art. 184, § 3º, da Constituição da República). Essa lei complementar jamais foi editada, porém, e a matéria é até hoje regulada pelo Decreto-lei nº 3.365/1941, o qual foi aprovado em uma época em que ainda não existia no Direito brasileiro o conceito de lei complementar. Pode-se dizer, contudo, que esse Decreto-lei passou a ter, em suas disposições processuais, a partir da Constituição da República de 1988, natureza de lei complementar, e só por outra lei complementar poderia ser alterado.

Surge daí, porém, uma interessante questão. É que já se identificaram casos em que leis complementares trataram de matéria estritamente processual. É o caso, por exemplo, do art. 74 da Lei Complementar nº 123, que expressamente prevê a possibilidade de as microempresas e empresas de pequeno porte ajuizarem demandas perante os Juizados Especiais. Posteriormente, quanto ao mesmo tema, a Lei nº 9.099/1995 foi alterada por outra lei complementar (a Lei Complementar nº 147), para dispor expressamente que podem demandar perante os Juizados Especiais "as pessoas enquadradas como microempreendedores individuais, microempresas e empresas de pequeno porte na forma da Lei Complementar nº 123, de 14 de dezembro de 2006". Fica, então, a seguinte pergunta: pode uma lei complementar dispor sobre matéria para a qual esse tipo de lei não é exigido? E, caso positiva a resposta dessa questão, surge outra. Poderia essa disposição estabelecida por lei complementar ser posteriormente alterada ou revogada por uma lei ordinária?

A questão suscitada, na verdade, não é das mais complexas. Sempre que uma lei complementar contiver dispositivo que trate de matéria para a qual essa espécie normativa não é expressamente exigida pela Constituição, deve-se considerar que o dispositivo é, sim, formalmente compatível com a Constituição, mas que tem natureza de lei ordinária. E se assim é, então é perfeitamente possível que ele venha, depois, a ser revogado ou modificado por outra lei ordinária. Em síntese, dispositivo que, contido em lei complementar, trata de matéria processual, tem, substancialmente, natureza de lei ordinária.

Além das leis ordinárias federais, também são "fontes" do Direito Processual Civil a Constituição dos Estados e as leis estaduais. É que existe um espaço – não muito grande, é verdade – dentro do qual os Estados da Federação podem legislar sobre matéria processual.

Em primeiro lugar, cabe às Constituições Estaduais disciplinar a competência dos Tribunais de Justiça, como consta expressamente do art. 125, § 1º, da Constituição da República. Assim já decidiu, aliás, o Supremo Tribunal Federal, tendo sido afirmado nesse acórdão que "[a] demarcação da competência dos tribunais de cada Estado é uma raríssima hipótese de reserva explícita de determinada matéria à Constituição do Estado-membro" (STF, RE 265.263/GO, rel. Min. Sepúlveda Pertence, j. em 24/09/2002).

Há, porém, algumas matérias que podem ser reguladas por meio de lei ordinária estadual. Vale aqui, antes de tudo, recordar o disposto no art. 24, X, da Constituição da República, por força do qual existe competência legislativa concorrente entre a União e os Estados para legislar sobre "criação, funcionamento e processo do juizado de pequenas causas". Assim, nessa matéria caberá à União a edição das "normas gerais" (CR, art. 24, § 1º), enquanto aos Estados-membros cabe editar as "normas especiais". Assim é que, no âmbito dos Judiciários Estaduais, as disposições gerais sobre Juizados Especiais estão contidas em duas leis: a Lei nº 9.099/1995 (que disciplina os Juizados Especiais Estaduais Cíveis e Criminais) e a Lei nº 12.153/2009 (que disciplina os Juizados Especiais da Fazenda Pública). Os Estados, porém, estão autorizados a editar leis locais que tratem de questões específicas dos seus Juizados Estaduais. Assim, por exemplo, no Rio de Janeiro vigora a Lei Estadual nº 5.781/2010, que trata da matéria. Essa lei regula questões como, por exemplo, a da competência territorial de cada Juizado Especial instalado no âmbito do Estado do Rio de Janeiro, ou a composição das Turmas Recursais.

De outro lado, o art. 125, § 1º, da Constituição da República atribui aos Estados a competência para, por meio de lei de iniciativa do Tribunal de Justiça, regulamentar sua organização judiciária. Este é um tema que, se não pertence ao Direito Processual quando esta expressão é empregada em um sentido mais estrito, a ele se integra quando se pensa na expressão em um sentido um pouco mais amplo, já que não é possível compreender-se o exercício da atividade jurisdicional do Estado sem que se determine a quem cabe exercer tal atividade. E as normas sobre competência (que serão objeto de exame em passagem posterior deste livro) são complementadas pelas de organização judiciária.

Por tal razão, aliás, todos os Estados têm suas leis de organização judiciária (de que é exemplo a LODJ – Lei de Organização e Divisão Judiciárias do Estado do Rio de Janeiro – que é a Lei Estadual nº 6.956/2015). Ali há, entre outros temas, a indicação de quais são as comarcas existentes no Estado (o que é essencial para que se possa determinar a competência territorial para qualquer processo). É na lei de organização judiciária estadual, também, que se determina a competência em razão da matéria de cada um dos juízos (sendo certo que o art. 44 do CPC é expresso em afirmar que, desde que obedecidos os limites impostos pela Constituição da República, a competência é determinada pelo próprio CPC ou em legislação especial, "pelas normas de organização judiciária e, ainda, no que couber, pelas Constituições dos Estados)".

Mais complexa, porém, é a interpretação do disposto no art. 24, XI, da Constituição da República, por força do qual os Estados têm competência concorrente com a União para legislar sobre "procedimentos em matéria processual". E essa complexidade resulta da necessidade de se dar a esse dispositivo interpretação que não exclua o que consta do art. 22, I, da própria Constituição da República, por força do qual é da União a competência privativa para legislar sobre direito processual. É que – como se verá adiante, em momento mais propício – o processo é um procedimento que se desenvolve em contraditório, de modo que, ao menos à primeira vista, fica muito difícil imaginar algo que, versando sobre "procedimento em matéria processual", não seja tema de direito processual.

Há quem proponha, como forma de conciliar os dois dispositivos, que se considere ser de competência privativa da União legislar sobre o processo que tramita perante o Judiciário Federal (não só a Justiça Federal *stricto sensu*, mas também outras como a Trabalhista ou a Eleitoral), enquanto existiria uma competência concorrente da União e dos Estados para legislar sobre o direito processual que se observa nas Justiças Estaduais.

A se aceitar esse entendimento, então, ter-se-ia de considerar que as leis federais sobre processo disciplinariam, com exclusividade, tão somente os processos que tramitam perante o Judiciário Federal. De outro lado, porém, os processos que têm curso perante a Justiça Estadual se submeteriam a disposições gerais contidas em leis federais (como o CPC), cabendo às leis estaduais prever disposições específicas, criadas em função das características próprias de cada Estado-membro da Federação, tendo, pois, caráter suplementar (e que jamais poderia contrastar com a lei federal, na forma do art. 24, § 4º, da Constituição da República).

Esse entendimento, porém, não parece o melhor. É que ele acaba por fazer *tabula rasa* da afirmação constitucional da competência privativa da União para legislar sobre direito processual. E isso não pode, com todas as vênias, ser desconsiderado. Atribuir aos Estados competência para disciplinar, ainda que em caráter suplementar, o modo como o processo se desenvolve perante as Justiças Estaduais é dar-lhes competência para legislar sobre direito processual, o que contraria expressamente a Constituição da República. Assim, a competência para legislar sobre temas do processo jurisdicional propriamente dito só pode ser exercida pelos Estados no que diz respeito ao processo dos Juizados Especiais (Constituição da República, art. 24, X, já examinado). No mais, os Estados podem legislar sobre organização judiciária (art. 125, § 1º, também já visto) e, com base no art. 24, XI do texto constitucional, só é permitido aos Estados legislar – concorrentemente com a União – sobre *procedimentos administrativos de apoio à jurisdição*.

Ocorre que para exercer a atividade jurisdicional o Estado (empregado o termo aqui em sentido amplo, a incluir a União e o Estado-membro da Federação) precisa valer-se de alguns procedimentos administrativos, absolutamente necessários para que a jurisdição possa ser prestada. Pense-se, por exemplo, no caso de se pretender instaurar, na comarca de São Paulo, um processo para definição do regime de visitação entre um pai e um filho. Esse tipo de processo deve desenvolver-se perante um juízo especializado em causas de família (as assim chamadas *Varas de Família*). Ocorre que há, na comarca de São Paulo, mais de um juízo com essa especialização. É preciso, então, definir-se perante qual deles o processo tramitará, e isso se faz através de um procedimento administrativo, chamado *distribuição*. Pois a distribuição é, então, um *procedimento administrativo de apoio à jurisdição*, sobre o qual a União legisla editando normas gerais (que, no caso são as que resultam da aplicação dos arts. 284 a 290 do CPC), cabendo aos Estados legislar para editar normas específicas, levando em conta suas características e especificidades. Assim, por exemplo, a lei de organização judiciária do Rio Grande do Sul (Lei Estadual nº 7.356/1980) estabelece, em seu art. 109, que aos distribuidores (que são auxiliares da Justiça) incumbe a distribuição dos feitos, observado o seguinte: "I – cada feito será lançado na ordem rigorosa de sua apresentação, não podendo ser revelado a quem caberá a distribuição; II – além do registro dos feitos no livro respectivo serão organizados índices alfabéticos, facultando o uso de fichário ou computador; III – os livros dos Distribuidores obedecerão aos modelos estabelecidos pela Corregedoria-Geral da Justiça". Estabelece a mesma lei estadual, ainda, no art. 110, que no "foro centralizado e nos foros regionais da comarca de Porto Alegre", bem como nas comarcas do interior de maior movimento forense, a distribuição se fará mediante a utilização de sistema de computação de dados. Percebe-se, assim, de modo muito claro, que o Estado limitou-se a estabelecer regras específicas, as quais complementam as regras gerais que provêm da lei federal.

Assim, o que os Estados (e o Distrito Federal) podem regular em suas leis locais, além do processo dos Juizados Especiais e da organização judiciária, são os *procedimentos administrativos de apoio à jurisdição*.

Além das leis estaduais, são também "fontes" do Direito Processual Civil os Regimentos Internos dos Tribunais e suas resoluções (ou outros atos normativos que, não obstante designados por outros nomes, tenham a mesma natureza).

Segundo o art. 96, I, da Constituição da República, compete privativamente aos tribunais "elaborar seus regimentos internos, com observância das normas de processo e das garantias processuais das partes, dispondo sobre a competência e o funcionamento dos respectivos órgãos jurisdicionais e administrativos". Os regimentos internos dos tribunais, pois, podem – por expressa previsão constitucional – tratar da competência dos órgãos que o integram (como o Tribunal Pleno, o Órgão Especial, as Câmaras, Turmas ou Seções em que esteja dividido). O papel dos Regimentos Internos, porém, vai – no que diz respeito ao processo jurisdicional – muito além de regulamentar competência. É que a lei processual atribui aos Regimentos Internos outras funções, como regular o procedimento da arguição de impedimento e suspeição dos membros do Ministério Público, dos auxiliares da justiça e outros sujeitos imparciais do processo que seja oferecida no próprio tribunal (CPC, art. 148, § 3º); disciplinar a forma e os pressupostos para a edição de enunciados de súmula da jurisprudência dominante (art. 926, § 1º, do CPC); determinar o modo como são distribuídos os processos em trâmite nos tribunais (art. 930 do CPC); criar atribuições para o relator dos processos, recursos, remessas necessárias ou incidentes processuais em curso perante o tribunal (CPC, art. 932, VIII); estabelecer preferências a serem observadas nas sessões de julgamento nos tribunais (CPC, art. 936); prever casos em que será cabível, no tribunal, a sustentação oral pelo advogado (art. 937, IX, do CPC); disciplinar o procedimento a ser observado quando houver conflito de competência entre órgãos fracionários do tribunal ou seus integrantes (art. 958 do CPC); regular aspectos do procedimento a ser observado para o julgamento de recursos especial ou extraordinário repetitivos (CPC, art. 1.036); ou disciplinar o procedimento do recurso de embargos de divergência (art. 1.044 do CPC). E que fique claro que a enumeração aqui apresentada é meramente exemplificativa.

Não só através de seus regimentos internos, porém, os tribunais regulam questões atinentes ao modo de ser do processo. Também são aprovadas Resoluções (ou atos normativos que, não obstante recebam nomes diversos, têm a mesma natureza). É que através de atos como esses são regulamentadas diversas questões acerca da competência dos órgãos jurisdicionais. como a criação e especialização de juízos, em razão da matéria, por norma administrativa, não apenas na criação de varas especializadas, mas também para rearrumar os órgãos fracionários dos próprios tribunais, promovendo sua especialização.

O Supremo Tribunal Federal já teve oportunidade de tratar do tema aqui examinado, tendo declarado a legitimidade constitucional de resolução de Tribunal de Justiça (do Estado de Santa Catarina) que alterou a competência de um órgão jurisdicional de primeira instância (STF, HC 102.150/SC, rel. Min. Teori Zavascki, j. em 27/05/2014).

Ao lado dos Regimentos Internos dos Tribunais, também têm exercido importante papel de fonte normativa do Direito Processual Civil uma série de atos editados pelo Conselho Nacional de Justiça, as Resoluções. Através dessas Resoluções, o CNJ tem regulamentado diversos temas de grande relevância para a atividade jurisdicional e o desenvolvimento do processo (não só do processo civil) no Brasil. Vários exemplos podem ser aqui lembrados: a Resolução n. 125 é o marco inaugural da política pública de tratamento adequado de conflitos (e influenciou, inclusive, a redação do CPC no que diz respeito à mediação e à conciliação); a Resolução n. 350 regula, em detalhes, a cooperação judiciária nacional, matéria que no CPC foi tratada em apenas três artigos (os arts. 67 a 69), e que só começou a se desenvolver na prática depois da edição do ato normativo pelo CNJ; a Resolução n. 354 dispõe sobre o cumprimento digital de ato processual e de ordem judicial, o que é essencial para que os órgãos judiciários saibam como atuar diante de novas tecnologias, evitando uma dispersão de entendimentos que só geraria insegurança jurídica. Não se pode pensar o Direito Processual Civil brasileiro da atualidade sem deitar olhares sobre o relevante papel do Conselho Nacional de Justiça, órgão absolutamente essencial para que a atividade jurisdicional seja adequadamente desempenhada. Pode-se mesmo dizer que o CNJ, desde sua criação (pela Emenda Constitucional n. 45/2004) passou por uma profunda transformação. Deixou de ser um órgão precipuamente correicional e se transformou no órgão regulador da atividade jurisdicional brasileira. E essa transformação constitui-se em um avanço a ser celebrado.

Além dessas "fontes" do direito processual civil até aqui examinadas, que são construídas a partir de textos normativos editados de forma geral e abstrata, é preciso reconhecer a existência de outras "fontes": os costumes, os padrões decisórios, os negócios processuais e os atos de cooperação judiciária.

Costume é uma prática social reiterada associada à convicção de obrigatoriedade. E é preciso ter claro que o Código de Processo Civil expressamente reconhece a possibilidade de se criar direito a partir dos costumes, já que no art. 376 faz alusão ao direito consuetudinário (ou seja, o direito fundado nos costumes).

Pois no processo civil existem algumas práticas reiteradas que se revestem de sensação de obrigatoriedade, o que permite afirmar que o costume é uma das "fontes" do direito processual civil. Basta pensar, por exemplo, na prática reiterada dos juízes brasileiros de, no processo de conhecimento, imediatamente depois de o autor apresentar sua réplica, proferir-se despacho determinando às partes que especifiquem as provas que pretendem produzir. Como se terá oportunidade de examinar melhor adiante, o texto da lei processual determina que o autor especifique provas em sua petição inicial (art. 319, VI), cabendo ao réu fazer essa especificação na contestação (art. 336). Ocorre que, na prática, os advogados dificilmente cumprem esse comando, limitando-se a um genérico requerimento dirigido à produção de "todos os meios de prova admissíveis". E isso se explica por um dado simples: é que só se produz prova sobre o que seja controvertido, e no momento em que a lei processual determina às partes que especifiquem as provas que pretendem produzir nada ainda se tornou controvertido (e, portanto, não sabem ainda as partes que meios de prova precisarão trazer ao processo). Oferecida a réplica, porém, já é possível determinar o que será objeto de prova e, pois, faz todo o sentido que agora se apresentem requerimentos de produção de prova mais específicos. Daí o costume de se determinar às partes que, nesse momento, especifiquem as provas que pretendem trazer ao processo. Tem-se aí, pois, um costume como "fonte" do Direito Processual Civil.

É preciso, porém, reconhecer que não há mais muito espaço para o costume atuar como "fonte" do direito processual civil, uma vez que a lei processual regula praticamente tudo o que é relevante para o desenvolvimento de um processo.

Também têm função normativa, atuando como "fontes" do direito processual civil, os padrões decisórios (os quais serão objeto de análise aprofundada adiante, em tópico específico).

Os negócios processuais (dos quais se tratará aprofundadamente adiante) também têm função normativa, sendo verdadeiras "fontes" do direito processual civil. É que em modelos processuais comparticipativos, como o adotado no Brasil, deve-se admitir que as partes convencionem sobre o modo de ser do processo, adaptando-o às suas próprias necessidades, o que se faz com base no art. 190 do CPC. Assim é que, por exemplo, as partes podem convencionar qual será o foro competente para o desenvolvimento do processo (CPC, art. 63), podem negociar sobre o modo como se distribui o ônus da prova (CPC, art. 373, § 3º) ou convencionar quem será o perito que atuará no processo (CPC, art. 471). E podem também celebrar convenções processuais atípicas, como uma convenção que amplie os prazos processuais para a prática dos atos que incumbem às partes. Mas disso, como afirmado, se tratará mais adiante.

Por fim, também podem atuar como "fontes" do Direito Processual Civil os atos de cooperação judiciária (e sobre essa modalidade de cooperação há um tópico mais adiante para examinar a matéria com mais detalhamento). Pois é possível que, mediante atos de cooperação, sejam estabelecidas bases normativas para o modo pelo qual o processo se desenvolve. Pense-se, por exemplo, em um ato concertado entre juízos cooperantes por força do qual se estabeleça um procedimento para colheita de provas que sejam relevantes para processos que tramitam em juízos distintos, ou que estabeleçam alguma regra de determinação de competência (assim, por exemplo, o Ato Concertado nº 1/2021, celebrado entre a 1ª e a 2ª Varas de Família Regionais da Barra da Tijuca, na Comarca do Rio de Janeiro, por força do qual se estabeleceu que processos que versem sobre a mesma entidade familiar tramitarão no mesmo juízo). Vê-se, assim, que os atos de cooperação judiciária também podem atuar como "fontes" do Direito Processual Civil.

2.1.1. Padrões decisórios

O direito processual civil brasileiro desenvolveu, em um longo processo evolutivo, um sistema de padronização decisória que culminou, do ponto de vista normativo, com a edição do CPC de 2015. É preciso examinar esse sistema, respeitadas, sempre, as características gerais desse trabalho.

Deve-se deixar claro, em primeiro lugar, que a expressão "padrão decisório" (que aparece no texto legal, como se pode ver pelo disposto no § 5º do art. 966) designa um gênero que compreende duas espécies, o precedente e o enunciado de súmula. E ambos esses padrões decisórios atuam com função normativa, sendo, pois, "fontes" do Direito (inclusive do direito processual civil).

Inicia-se por buscar definir o que seja um precedente. É a partir desse conceito que todo o sistema de padronização decisória do direito processual civil brasileiro deverá ser compreendido.

Precedente é um pronunciamento judicial, proferido em um processo anterior, que é empregado como base da formação de outra decisão judicial, prolatada em processo posterior. Dito de outro modo, sempre que um órgão jurisdicional, ao proferir uma decisão, parte de outra decisão, proferida em outro processo, empregando-a como base, a decisão anteriormente prolatada terá sido um *precedente*.

A técnica de decidir a partir de precedentes, empregando-os como princípios argumentativos, é uma das bases dos sistemas jurídicos anglo-saxônicos, ligados à tradição jurídica do *common law*. Isto não significa, porém, que o ordenamento jurídico brasileiro, historicamente vinculado à tradição jurídica romano-germânica (conhecida como *civil law*), tenha "migrado" para o *common law*. Muito ao contrário, o que se tem no Brasil é a construção de um sistema de formação de decisões judiciais com base em precedentes (e enunciados de súmula) adaptados às características de um ordenamento de *civil law*.

A principal razão para essa afirmação é que, no Brasil, a eficácia normativa dos precedentes não resulta de um costume (como nos países de *common law*), mas da existência de textos normativos expressos (como, por exemplo, o art. 947, § 3º, do CPC), que preveem a vinculação de juízos e tribunais a certos precedentes qualificados (por isso mesmo chamados de "vinculantes" ou "obrigatórios").

Diferentes dos precedentes são os enunciados de súmula. Estes são pequenos textos (chamados de verbetes ou enunciados) que consolidam entendimentos dominantes na jurisprudência de certo tribunal, e que são identificados a partir do exame de diversos acórdãos. Assim é que, para pensar em um exemplo bastante simples, depois de o STJ ter decidido por diversas vezes que pessoas jurídicas podem sofrer danos morais compensáveis, esse entendimento veio a ser consolidado no Enunciado nº 227 da súmula de sua jurisprudência dominante ("[a] pessoa jurídica pode sofrer dano moral").

Decidir com base em precedentes e enunciados de súmula é uma forma de assegurar o respeito a uma série de princípios constitucionais formadores do modelo constitucional de processo brasileiro. O sistema brasileiro de padronização decisória busca assegurar, precipuamente, isonomia e segurança jurídica. É que, como se poderá ver ao longo desta exposição, o direito processual civil brasileiro conhece dois tipos de padrões decisórios (os *vinculantes* e os *não vinculantes*, também chamados de persuasivos ou argumentativos). E os da primeira espécie – evidentemente os mais importantes na construção do sistema – destinam-se a garantir que casos iguais recebam respostas jurídicas iguais (isonomia), o que confere previsibilidade às decisões judiciais (segurança jurídica). É através do sistema brasileiro de padronização decisória que se combate o que vem sendo chamado de "jurisprudência lotérica". No Brasil, historicamente, viveu-se uma verdadeira "esquizofrenia jurisprudencial", com casos rigorosamente idênticos recebendo do Judiciário decisões completamente diferentes, simplesmente porque os juízes têm visões diferentes acerca do tema. A explicação para isso era a de que o Direito não é uma ciência exata, sendo comum ouvir-se, também, que o juiz teria "liberdade decisória". O Direito, é certo, não é uma ciência exata. E exatamente por isso é absolutamente natural que surjam divergências na interpretação dos fenômenos jurídicos. Daí não se pode, porém, considerar legítimo que casos rigorosamente idênticos, uma vez submetidos ao Judiciário, recebam respostas diferentes. Isso viola a garantia constitucional de igualdade perante o Direito. Afinal, como explicar ao jurisdicionado que ficou vencido em um processo que é legítimo esse resultado quando outra pessoa, em uma situação jurídica idêntica, tenha chegado a resultado favorável? Mas não são eles iguais perante o Direito? Não é a mesma a lei para todos eles? Daí a necessidade de criação de mecanismos de padronização de decisões de casos idênticos.

A compreensão do sistema brasileiro de padronização decisória, porém, impõe que se estabeleça uma distinção entre o conceito de precedente, já apresentado, e o de *jurisprudência* (a que o CPC faz referência em diversos dispositivos, de que é importante exemplo o art. 926).

Pois *jurisprudência* é um conjunto de decisões judiciais, proferidas pelos tribunais, sobre uma determinada matéria, em um mesmo sentido.

Perceba-se, então, que há uma diferença *quantitativa* fundamental entre *precedente* e *jurisprudência*. É que falar sobre precedente é falar de *uma decisão judicial*, proferida em um determinado caso concreto (e que servirá de base para a prolação de futuras decisões judiciais). Já falar de jurisprudência é falar de um grande número de decisões judiciais, que estabelecem uma linha constante de decisões a respeito de certa matéria, permitindo que se compreenda o modo como os tribunais interpretam e aplicam determinada norma jurídica.

A distinção é relevante porque – como se verá melhor adiante – o sistema brasileiro de padronização decisória é construído para que haja uniformidade de decisões em causas idênticas (notadamente, ainda que não exclusivamente, no que diz respeito às assim chamadas *demandas repetitivas*). De outro lado, a jurisprudência serve de base para a uniformização de entendimento a respeito de temas que se manifestam em causas diferentes.

Pense-se, por exemplo, nas causas ligadas ao Direito de Família (ou, como alguns preferem, Direito das Famílias). Evidentemente, não se pode cogitar nessa área de demandas repetitivas ou seriais. Esta é uma área do Direito em que, sem qualquer sombra de dúvida, se pode afirmar que *cada caso é um caso*. Pois não obstante isso, há temas que aparecem frequentemente nas causas de família. Pense-se, por exemplo, nos inúmeros processos em que se discute se há comunhão de aquestos nos casamentos celebrados pelo regime da separação obrigatória de bens; ou nos processos em que se discute se deve ou não haver a prisão civil do devedor de alimentos quando este efetua o pagamento parcial da dívida exequenda. Pois em casos assim é fundamental, para a unidade do ordenamento jurídico, que se verifique a existência de *linhas decisórias constantes*, ou seja, de jurisprudência firme, o que permite assegurar-se a coerência das decisões judiciais acerca da matéria. Não se terá, aí, decisão fundada em um precedente, mas a prolação de decisões que respeitarão a jurisprudência formada acerca do ponto.

Evidentemente, porém, há ligação entre o conceito de precedente e o de jurisprudência. Afinal, a identificação de uma linha de jurisprudência constante se faz a partir do exame de um conjunto de decisões judiciais, e cada uma destas decisões poderá ser considerada, quando analisada individualmente, um *precedente*.

Impõe-se, porém, ter claro que falar de precedente é falar de uma decisão determinada, a qual serve de base para a formação de outra decisão, proferida em processo posteriormente julgado. De outro lado, falar de jurisprudência é falar de conjunto de decisões formadoras de uma linha constante de entendimento acerca de determinado tema.

Vale aqui, então, lembrar que os enunciados de súmula (que são extratos da jurisprudência dominante de um tribunal) não são precedentes. Afinal, se o precedente é uma decisão – proferida em processo anterior ao que agora se busca julgar – e o enunciado de súmula não é uma decisão, mas algo que se constrói a partir de diversas decisões, então o enunciado de súmula não é um precedente. Pode-se dizer, portanto, que precedentes e enunciados de súmula são espécies de um gênero: os padrões decisórios (expressão que se encontra, por exemplo, no texto do art. 966, § 5º). E como se verá, por meio de precedentes e de enunciados de súmula se busca, no ordenamento jurídico brasileiro, a construção de mecanismos de padronização decisória, visando principalmente (mas não exclusivamente) o gerenciamento de casos e questões repetitivas.

Estabelece o CPC que a jurisprudência dos tribunais deve ser *estável, íntegra* e *coerente* (art. 926).

A exigência de *estabilidade* da jurisprudência indica que linhas de decisões constantes e uniformes a respeito de determinadas matérias não podem ser simplesmente abandonadas ou modificadas arbitrária ou discricionariamente. Em outros termos, não pode um órgão jurisdicional decidir uma matéria a cujo respeito exista jurisprudência constante simplesmente ignorando essa linha decisória, promovendo uma flutuação de entendimentos que contraria a exigência de segurança jurídica. A estabilidade da jurisprudência exige, também, que seus próprios padrões decisórios sejam observados, inclusive por seus órgãos fracionários (FPPC, Enunciados nº 316 e nº 453). Isso, porém, não costuma ser sempre respeitado na prática, sendo comum encontrar casos em que a mesma matéria ora é decidida de uma maneira, ora de outra, pelo mesmo tribunal.

Imagine-se, por exemplo, que um tribunal tenha entendimento firmado a respeito da não incidência, em determinada situação, de um tributo estadual. Pois a exigência de estabilidade presta-se a evitar que cada órgão jurisdicional integrante desse tribunal decida a matéria de uma forma diferente, ignorando sua própria jurisprudência firme. Não se extraia daí, porém, uma impossibilidade de modificação de entendimentos, o que provocaria um indesejável engessamento do Direito. É evidente que linhas jurisprudenciais constantes podem ser modificadas (e os §§ 3º e 4º do art. 927 expressamente referem tal possibilidade). Isto, porém, exige fundamentação adequada e específica, de modo que sejam respeitados os princípios da segurança jurídica, da proteção da confiança e da isonomia (art. 927, § 4º). Perceba-se: ao afastar-se da jurisprudência constante do tribunal, não basta ao órgão jurisdicional fundamentar a decisão do caso concreto em que tal afastamento acontece: impõe a lei processual uma fundamentação *específica e adequada* acerca das razões que levam o órgão jurisdicional a se afastar da jurisprudência firme, modificando-a (ou a abandonando por completo). E no caso do Supremo Tribunal Federal e dos tribunais superiores, esta alteração de entendimento jurisprudencial pode se dar com *modulação temporal de efeitos*, o que é uma exigência de respeito ao interesse social e à segurança jurídica.

Pense-se, por exemplo, no caso de haver firme jurisprudência no sentido de que determinada atividade empresarial não se sujeita ao pagamento de imposto sobre serviços. Isto, evidentemente, gera na sociedade – especialmente naqueles que desenvolvem tal atividade empresarial – a segurança de que não estarão sujeitos ao pagamento do imposto. Ora, uma mudança de entendimento jurisprudencial acerca do ponto implica, a rigor, a previsão de uma nova hipótese de incidência tributária (afinal, se a norma jurídica não é o texto da lei, mas a interpretação que ao texto se atribui, a construção de uma nova interpretação é, a rigor, a criação de uma nova norma jurídica). Sendo certo que a incidência de uma nova hipótese de incidência tributária deve respeitar princípios constitucionais como o da anterioridade tributária (art. 150, III, *a*, da Constituição da República), deve-se considerar que a modificação de entendimento jurisprudencial acerca da incidência do tributo deve se dar com a expressa afirmação, pelo STF ou pelo STJ, de que a nova interpretação (e, pois, a nova norma) só se aplicará a casos futuros, ocorridos após a decisão que se tenha afastado da jurisprudência anteriormente firmada.

Não se pense, porém, que em todos os casos de modificação de jurisprudência haverá modulação de efeitos. Basta pensar – para continuar com exemplos extraídos do Direito Tributário – na hipótese de se ter o afastamento de uma linha de jurisprudência constante acerca de norma que impõe penalidade a contribuinte infrator de alguma obrigação tributária. Pois é reconhecida a existência de uma regra da retroatividade benigna, aplicável nos casos em que se deixa de considerar determinada conduta como infração, ou quando se lhe comina sanção menos severa (art. 106, II, *a* e *c*, do CTN). Neste caso, portanto, a modificação de uma linha de jurisprudência firme, constante, não deve vir acompanhada de qualquer modulação temporal de efeitos, de modo a aplicar-se o novo entendimento também a casos anteriormente ocorridos (mas, evidentemente, ainda não julgados, o que, aliás, resulta expressamente do art. 106, II, do CTN).

Caberá, então, a cada tribunal, quando ocorrer uma alteração de sua jurisprudência firme, constante (ou, como diz o texto do § 3º do art. 927, "dominante"), expressamente estabelecer se haverá ou não modulação temporal dos efeitos do novo entendimento.

Perceba-se, porém, que só o próprio tribunal que supera sua jurisprudência anterior (e fixa um novo entendimento a ser observado) pode promover a modulação de efeitos. Não é admissível que, por exemplo, no caso de o STJ superar um entendimento anteriormente fixado, venha o tribunal intermediário (de Justiça ou Regional Federal) e dizer que modula os efeitos daquela decisão do Tribunal Superior, não o aplicando desde logo, em um caso em que o Tribunal Superior não tenha realizado tal modulação. Admitir isso geraria insegurança e desigualdade (já que haveria o risco de alguns tribunais modularem e outros não), além de, na prática, eliminar qualquer efeito do novo entendimento (já que seria possível, por exemplo, o juízo inferior dizer que o entendimento anterior deverá continuar a ser aplicado ainda por muitos anos, o que seria uma forma de furtar-se à aplicação do entendimento que deve ser necessariamente observado).

Isso é especialmente importante quando se trata da jurisprudência acerca dos requisitos de admissibilidade dos recursos. Pense-se, por exemplo, na possibilidade de haver uma modificação do entendimento da jurisprudência firme de um tribunal superior acerca do modo como deve ser preenchido determinado requisito de admissibilidade de um recurso que a ele seja dirigido. Caso o novo entendimento seja mais restritivo, isto é, caso a nova orientação do tribunal torne mais difícil o acesso àquela Corte, não se pode admitir que esse novo entendimento seja aplicável a recursos anteriormente interpostos, nos quais o requisito tenha sido preenchido pelo recorrente nos termos do que, na época da interposição do recurso, era considerado adequado. Aplicar retroativamente o novo entendimento, em casos assim, implicará uma quebra da confiança legítima que o jurisdicionado deposita no Judiciário, o que contrariaria o princípio da boa-fé objetiva que rege todo o sistema processual brasileiro (art. 5º), além de afrontar diretamente o direito fundamental à segurança jurídica.

Uma vez identificada uma linha de jurisprudência firme, constante, a respeito de algum tema, caberá ao tribunal que a tenha firmado editar um *enunciado de súmula* (art. 926, § 1º). A súmula de jurisprudência dominante é um *resumo da jurisprudência dominante de um tribunal*. Tal resumo é formado por *verbetes* ou *enunciados*, os quais indicam o modo como aquele tribunal decide certas matérias. Tome-se, como exemplo, o Enunciado nº 510 da súmula da jurisprudência dominante do Superior Tribunal de Justiça ("[a] liberação de veículo retido apenas por transporte irregular de passageiros não está condicionada ao pagamento de multas e despesas"). Pois tal enunciado é um extrato do quanto decidido em casos nos quais esta questão foi expressamente enfrentada e resolvida por aquele Tribunal Superior.

Perceba-se que na súmula da jurisprudência dominante do tribunal não se deve indicar apenas o enunciado, mas também as decisões em que tal matéria foi enfrentada e decidida, o que permite o conhecimento das circunstâncias que levaram à formação daquele entendimento e os fundamentos que lhe servem de base (no caso do Verbete 510 da súmula de jurisprudência dominante do STJ, por exemplo, são citados os julgamentos proferidos nos seguintes processos: ArRg no REsp 1.303.711/RJ; REsp 1.124.687/GO; AgRg no Ag 1.230.416/DF; AgRg no REsp 1.156.682/TO; AgRg no REsp 1.124.832/GO; REsp 1.148.433/SP; REsp 1.144.810/MG; AgRg no REsp 1.129.844/RJ; AgRg no REsp 1.027.557/RJ; AgRg no REsp 919.347/DF; REsp 843.837/MG; REsp 790.288/MG; REsp 792.555/BA; AgRg nos EDcl no REsp 622.971/RJ; REsp 622.965/RJ; REsp 648.083/RJ). Pois estes pronunciamentos, indicados na súmula, são *precedentes*, decisões proferidas em casos anteriores nos quais se estabeleceu a fundamentação que justifica a conclusão segundo a qual "a liberação de veículo retido apenas por transporte irregular de passageiros não está condicionada ao pagamento de multas e despesas" (que é o texto do Enunciado nº 510).

O enunciado de súmula, portanto, diga-se uma vez mais, não é um precedente. Trata-se de um *extrato* de diversos pronunciamentos, isto é, algo que se extrai de diversas decisões sobre a mesma matéria. Tais decisões podem, até mesmo, basear-se em fundamentos determinantes distintos, mas em todas elas se identificou a mesma conclusão (a de que "a liberação de veículo retido apenas por transporte irregular de passageiros não está condicionada ao pagamento de multas e despesas"). Assim, é perfeitamente possível imaginar a existência de uma jurisprudência firme, constante, ensejadora de um enunciado de súmula, e que se apoia em distintos precedentes, baseados em fundamentos determinantes distintos. Decidir com base em um enunciado de súmula, portanto, não é o mesmo que decidir com apoio em precedente. O enunciado de súmula, insista-se, é um *extrato da jurisprudência dominante de um tribunal*.

Cada tribunal, então, deve editar sua súmula de jurisprudência dominante, nela incluindo verbetes que enunciem suas linhas de jurisprudência constante (com a expressa referência aos precedentes que lhe deram origem). Esta exigência de indicação dos precedentes que serviram de base para a redação do enunciado de súmula resulta do § 2º do art. 926, segundo o qual "[a]o editar enunciados de súmula, os tribunais devem ater-se às circunstâncias fáticas dos precedentes que motivaram sua criação". E isto se dá para garantir que a utilização posterior do enunciado de súmula como elemento argumentativo se dê em casos nos quais as mesmas questões sejam debatidas. Evita-se, assim, que o enunciado de súmula seja tratado como se fosse um texto de lei (o que, evidentemente, ele não é). Impende ter claro que o enunciado de súmula é um extrato de entendimento firmado em decisões de casos concretos, os quais envolvem circunstâncias fáticas peculiares e que são construídas a partir do debate de certos temas (que não necessariamente terão sido os mesmos temas debatidos no caso posterior). A aplicação desses enunciados, portanto, deve ser feita levando em conta os precedentes que o formaram (e, por conta da exigência de integridade e coerência, também os que se formaram depois da aprovação do enunciado: FPPC, Enunciado nº 166).

Veja-se, por exemplo, o caso do Enunciado nº 467 da súmula do STJ (segundo o qual "[p]rescreve em cinco anos, contados do término do processo administrativo, a pretensão da Administração Pública de promover a execução da multa por infração ambiental"). Pois a leitura dos precedentes indicados na súmula do STJ permite verificar que em todos eles a questão discutida era a incidência, para determinação do prazo prescricional na hipótese, do Código Civil ou da regra específica da prescrição quinquenal dos créditos da Administração (prevista no art. 1º do Decreto nº 20.910/1932), em todos os pronunciamentos se tendo afirmado a prevalência desta sobre aquele. É preciso ter claro que era esta a questão discutida nos julgamentos de que se extraiu o enunciado, a fim de evitar, por exemplo, que se queira empregar tal enunciado como argumento capaz de justificar, por exemplo, o reconhecimento de prescrição em um caso no qual, dentro do quinquênio, tenha ocorrido alguma causa de suspensão ou de interrupção do prazo de prescrição (afinal, suspensão e interrupção de prescrição são temas estranhos aos precedentes de que se extraiu o Enunciado nº 467 da súmula do STJ e, pois, não podem ser resolvidos com base no que consta desse verbete).

Devem os tribunais, portanto, na organização de suas súmulas de jurisprudência dominante, indicar não só os enunciados que as compõem, mas também os pronunciamentos que indicam a formação de uma linha de jurisprudência constante. Só assim será possível determinar o alcance exato da norma que se buscou consolidar no verbete sumular.

A elaboração das súmulas dos tribunais se dará na forma prevista nos seus Regimentos Internos (art. 926, § 1º). Também aos Regimentos Internos incumbe regular o procedimento a ser observado para alteração ou cancelamento de enunciados de súmula. Tal procedimento, porém, deverá (e não simplesmente *poderá*, como consta da literalidade do texto do § 2º do art. 927) prever a realização de audiências públicas e a participação de *amici curiae*, a fim de ampliar-se o contraditório na rediscussão da tese firmada, ampliando-se, deste modo, a legitimidade da alteração ou do cancelamento do enunciado sumular (como expressamente prevê, por exemplo, o Regimento Interno do Tribunal de Justiça do Estado do Rio de Janeiro).

É imperioso, ainda, apontar-se a distinção entre a *súmula vinculante* e as demais súmulas de tribunais. Afinal, esta distinção se revelará importante mais à frente, na análise do disposto no art. 927 do CPC.

O art. 103-A da Constituição da República estabelece que "[o] Supremo Tribunal Federal poderá, de ofício ou por provocação, mediante decisão de dois terços dos seus membros, após reiteradas decisões sobre matéria constitucional, aprovar súmula que, a partir de sua publicação na imprensa oficial, terá efeito vinculante em relação aos demais órgãos do Poder Judiciário e à administração pública direta e indireta, nas esferas federal, estadual e municipal, bem como proceder à sua revisão ou cancelamento, na forma estabelecida em lei". Os enunciados da súmula vinculante terão "por objetivo a validade, a interpretação e a eficácia de normas determinadas, acerca das quais haja controvérsia atual entre órgãos judiciários ou entre esses e a administração pública que acarrete grave insegurança jurídica e relevante multiplicação de processos sobre questão idêntica" (art. 103-A, § 1º, da Constituição da República).

Assim, preenchidos os requisitos constitucionais (controvérsia atual entre órgãos judiciários ou entre esses e a administração pública; risco de grave insegurança jurídica e de relevante multiplicação de processos sobre a mesma questão jurídica), e a partir de *reiteradas decisões*, o Supremo Tribunal Federal edita enunciados de súmula que vinculam todos os órgãos do Poder Judiciário e da Administração Pública direta ou indireta (federal, estadual, distrital ou municipal), de modo que tais órgãos judiciários ou administrativos não podem deixar de aplicar o entendimento consolidado em verbete de súmula vinculante.

Veja-se, por exemplo, o Enunciado nº 12 da Súmula Vinculante do STF: "A cobrança de taxa de matrícula nas Universidades Públicas viola o disposto no art. 206, IV, da Constituição Federal". Ora, por força desse enunciado não se admite que qualquer órgão da Administração Pública crie essa taxa de matrícula, assim como não se pode admitir que um órgão jurisdicional decida no sentido de que sua cobrança é válida.

Os demais enunciados de súmula, porém (chamados tradicionalmente de *enunciados de súmula persuasivos*), não têm essa mesma eficácia. Mais adiante, no exame do que consta do art. 927, será possível expor mais claramente qual é o papel da súmula não vinculante no Direito brasileiro.

À jurisprudência, porém, não basta ser estável. Exige o art. 926 que ela seja íntegra e coerente.

Entende-se por *jurisprudência íntegra* aquela que é construída levando-se em consideração a história institucional das decisões acerca de determinada matéria. Significa isto dizer que um tribunal, ao proferir decisão sobre um determinado tema, deve levar em conta toda a evolução histórica das decisões proferidas, anteriormente, sobre o mesmo tema. É aqui que se pode empregar a conhecida metáfora do romance em cadeia de que fala Ronald Dworkin.

Imagine-se que um grupo de romancistas resolve escrever um livro em conjunto, observado o seguinte método. Um deles escreverá o primeiro capítulo, e o enviará a outro integrante do grupo, o qual ficará responsável por escrever o segundo capítulo. Em seguida, esses dois capítulos serão encaminhados a um terceiro integrante do grupo, que escreverá o terceiro capítulo, e assim sucessivamente, até que o último do grupo escreva o capítulo derradeiro da obra (e há livros que realmente foram escritos assim, como é o caso do romance policial *A Morte do Almirante – The Floating Admiral –*, que tem entre seus coautores Agatha Christie, G. K. Chesterton e Dorothy L. Sayers, entre outros conhecidos escritores de romances policiais). Pois, em um caso assim, o autor de cada capítulo (com exceção do primeiro, evidentemente) precisa, para que a obra coletiva faça sentido, interpretar tudo o que se escreveu antes do momento de sua participação para poder elaborar o capítulo que lhe incumbe.

Pois assim é, também, com a produção de uma decisão judicial. Cada juiz ou tribunal, ao proferir uma decisão, deve levar em conta as decisões anteriormente proferidas acerca daquela mesma matéria, de modo a tratá-las como se fossem os capítulos anteriores de um romance em cadeia. E a decisão que agora será proferida é o novo capítulo, que precisa formar com as anteriores um todo íntegro, respeitando-se, deste modo, a história institucional das decisões a respeito daquela matéria. Só assim se poderá considerar íntegra a jurisprudência dos tribunais.

Resulta, pois, do dever de integridade a exigência de que os juízes e tribunais, ao decidirem, levem em consideração tudo quanto já se decidiu anteriormente sobre a mesma matéria, notadamente os padrões decisórios (referidos no art. 927) acerca do tema. Consequência disso é que, por força do dever de integridade, ficam os órgãos jurisdicionais obrigados a utilizar as técnicas de distinção e superação dos precedentes sempre que isto se faça necessário para adequar seu entendimento às características do caso concreto ou à interpretação contemporânea do ordenamento jurídico (FPPC, Enunciado nº 457).

É preciso, porém, fazer uma observação: do ponto de vista prático, pode ser considerado impossível a qualquer juiz proceder à análise de tudo quanto um determinado tribunal tenha decidido acerca de determinada matéria. Basta pensar nos Tribunais de grande porte, como são o Tribunal de Justiça do Estado de São Paulo ou o Tribunal de Justiça do Estado do Rio de Janeiro. Como poderia, por exemplo, um magistrado integrante de alguma das Câmaras Cíveis do TJRJ examinar todas as decisões proferidas acerca de determinada matéria por todas as vinte e sete Câmaras Cíveis que o compõem? Isso seria absolutamente impossível. Daí a necessidade de se levar em conta o disposto no art. 927 do CPC, de modo que o magistrado deverá levar em consideração, além dos precedentes formados nos processos de controle direto de constitucionalidade, nos incidentes de formação concentrada de precedentes (incidente de assunção de competência e incidente de resolução de demandas repetitivas) e no julgamento de recursos extraordinários ou especiais repetitivos, os enunciados de súmula do STF em matéria constitucional e do STJ em matéria infraconstitucional e, por fim, as decisões do Tribunal Pleno ou do Órgão Especial a que estejam vinculados. Mas não se pode exigir, por óbvio, que um integrante da Sétima Câmara Cível do Tribunal conheça todos os acórdãos sobre determinada matéria que, por exemplo, tenham sido proferidos pela Vigésima

Quinta Câmara Cível. A observância dos padrões decisórios mencionados no art. 927 do CPC, pois, é suficiente para que se dê por cumprido o dever de integridade.

Além de íntegra, como visto, a jurisprudência deve ser *coerente*. Significa isto dizer que em casos semelhantes deve ser assegurada uma isonômica aplicação principiológica (FPPC, Enunciado nº 454: "Uma das dimensões da coerência a que se refere o *caput* do art. 926 consiste em os tribunais não ignorarem seus próprios precedentes [dever de autorreferência]"). Casos análogos devem receber decisões fundadas nas mesmas normas (especialmente, nos mesmos princípios). A coerência garante isonomia e é a chave para a integridade (FPPC, Enunciado nº 455: "Uma das dimensões do dever de coerência [é] o dever de não-contradição, ou seja, o dever de os tribunais não decidirem casos análogos contrariamente às decisões anteriores, salvo distinção ou superação"). O dever de coerência e integridade impede que as decisões judiciais sejam construídas de forma discricionária ou arbitrária, a partir de posturas voluntaristas. Não cabe ao juiz ou ao tribunal simplesmente optar por uma decisão que lhe pareça a "melhor" ou a "mais justa". O papel do órgão jurisdicional é (assegurado o contraditório) proferir a decisão constitucionalmente legítima para o caso concreto, o que só será possível se observadas a coerência e a integridade do ordenamento jurídico (equivocado, pois, o Enunciado nº 456 do FPPC, que afirma que o dever de decidir conforme o ordenamento jurídico seria uma dimensão do dever de integridade, já que tal dever resulta do dever de preservação da coerência da jurisprudência). A ideia central de um ordenamento jurídico íntegro e coerente é a concretização da isonomia substancial, impedindo-se deste modo decisões construídas de forma solipsista pelo juiz, a partir de seus próprios e pessoais valores (decidindo conforme sua consciência).

A decisão deve ser construída – em contraditório, sempre – a partir do que anteriormente já se decidiu a respeito daquela mesma matéria (integridade), de forma a assegurar que em casos análogos se apliquem os mesmos princípios (coerência). Só assim se terá observado de forma plena a exigência, constante do *caput* do art. 926, de que a jurisprudência, além de estável, seja íntegra e coerente.

Até aqui, porém, falou-se de jurisprudência e de súmulas de jurisprudência. Impende tratar, agora, dos *precedentes*.

Repita-se, então, para facilidade da exposição, o conceito de precedente, anteriormente apresentado: *precedente é um pronunciamento judicial, proferido em um processo anterior, que é empregado como base da formação de outra decisão judicial, prolatada em processo posterior*. Significa isto dizer que, sempre que um órgão jurisdicional, ao proferir uma decisão, partir de outra decisão, proferida em outro processo, empregando-a como base, a decisão anteriormente prolatada terá sido um precedente.

Deve-se destacar, aqui, que nem toda decisão judicial é precedente (mesmo que não vinculante). Só são assim consideradas aquelas decisões em que é possível estabelecer um fundamento determinante que será observado, posteriormente, com caráter vinculante ou meramente persuasivo, na formação da decisão a ser proferida em um caso subsequente (FPPC, Enunciado nº 315: "Nem todas as decisões formam precedentes vinculantes").

O Direito brasileiro conhece dois tipos de precedente: o *precedente vinculante* e o *precedente não vinculante* (persuasivo ou argumentativo). A distinção é importante, uma vez que precedentes vinculantes, como a própria denominação indica, são de aplicação obrigatória, não podendo o órgão jurisdicional a ele vinculado, em casos nos quais sua eficácia vinculante se produza, deixar de aplicá-lo e decidir de forma distinta. Já os precedentes não vinculantes são meramente argumentativos, e não podem ser ignorados pelos órgãos jurisdicionais, os quais, porém, podem decidir de modo distinto, desde que isto se faça através de um pronunciamento judicial em que se encontre uma fundamentação específica para justificar a não aplicação do precedente.

Em outras palavras: havendo um precedente vinculante, e se deparando o órgão jurisdicional a ele vinculado com um novo caso ao qual tal precedente se aplica, não é legítimo decidir de modo diferente. Não sendo, porém, vinculante o precedente, é admissível decisão conflitante, desde que isso se faça com justificativa adequada que demonstre a razão pela qual é constitucionalmente legítimo decidir-se de outro modo. Não se extraia daí, porém, uma "absoluta liberdade decisória" capaz de justificar que o juiz, simplesmente por não concordar com o precedente, encontre uma fundamentação que – ao menos na aparência – permita que se decida de modo distinto. A fundamentação que justifica o afastamento do precedente persuasivo (em casos que não seriam de reconhecimento de distinção ou de superação) tem, necessariamente, de basear-se em argumentos que não tenham ainda sido apreciados e rejeitados pelo Tribunal que editou o precedente. Em outras palavras, não pode o juiz ou tribunal inferior simplesmente deixar de aplicar um padrão decisório por não concordar com ele. Só se legitima o afastamento do precedente argumentativo nos casos em que haja argumentos novos, ainda não expressamente afastados pelo órgão superior. Aliás, vale observar que a prolação de decisão divergente do padrão decisório persuasivo por fundamento inédito certamente abrirá as portas para que o caso chegue ao Tribunal que havia fixado aquele precedente, por via de recurso. E isso permitirá que aquele Tribunal aprecie o fundamento inédito que, se vier a ser por ele rejeitado, não poderá ser novamente empregado.

O mesmo raciocínio, registre-se, é válido também para os enunciados de súmula, que podem ser vinculantes ou não vinculantes.

Impende, então, definir quais são os padrões decisórios vinculantes e quais são os não vinculantes. E é preciso, desde logo, afastar-se a ideia – que poderia resultar de uma leitura isolada do art. 927 – de que todos os pronunciamentos ali indicados (decisões do STF em controle concentrado de constitucionalidade; enunciados de súmula vinculante; acórdãos em incidente de assunção de competência ou de resolução de demandas repetitivas e em julgamento de recursos extraordinário e especial repetitivos; enunciados de súmula do STF em matéria constitucional e do STJ em matéria infraconstitucional; orientação do plenário ou do órgão especial dos tribunais) seriam padrões decisórios vinculantes. Não é isto que resulta de uma interpretação sistemática do ordenamento brasileiro (mas, em sentido contrário, FPPC, Enunciado nº 170).

É que a eficácia vinculante não resulta do disposto no art. 927 do CPC. E é equivocado, *data venia*, pensar que tal eficácia resultaria do fato de que o texto normativo do *caput* desse dispositivo afirma que os juízes e tribunais *observarão* o que consta dos incisos do aludido artigo de lei.

A exigência, contida no *caput* do art. 927, de que os órgãos jurisdicionais observarão o que ali está elencado indica, tão somente, a exigência de que tais decisões ou enunciados sumulares sejam levados em conta pelos juízes e tribunais em suas decisões. Em outras palavras, o art. 927 cria, para juízes e tribunais, um *dever jurídico*: o de levar em consideração, em suas decisões, os pronunciamentos ou enunciados sumulares indicados nos incisos do art. 927. Daí não resulta, porém, qualquer eficácia vinculante. Esta, quando existente, resultará de outra norma, resultante da interpretação de outro dispositivo legal (e que atribua expressamente tal eficácia). Não existindo essa outra norma, atributiva de eficácia vinculante, e a decisão ou o enunciado sumular será meramente persuasivo, argumentativo (e, portanto, não vinculante), o que gerará, para juízes e tribunais – obrigados a observá-los em suas decisões – um ônus argumentativo: o de inserir, na decisão que deles se afaste, uma fundamentação específica e adequada – além de inédita – para tal afastamento, não sendo legítimo simplesmente que o juiz ou tribunal ignore aquele precedente ou enunciado sumular como se o mesmo não existisse.

Assim é que têm eficácia vinculante as decisões e enunciados sumulares indicados nos incisos I a III do art. 927; e são meramente argumentativas as decisões e verbetes sumulares de que tratam os incisos IV e V do mesmo artigo.

As decisões do STF em controle concentrado de constitucionalidade (art. 927, I) têm eficácia vinculante por força do disposto no art. 102, § 2º, da Constituição da República, segundo o qual "[a]s decisões definitivas de mérito, proferidas pelo Supremo Tribunal Federal, nas ações diretas de inconstitucionalidade e nas ações declaratórias de constitucionalidade produzirão eficácia contra todos e efeito vinculante, relativamente aos demais órgãos do Poder Judiciário e à administração pública direta e indireta, nas esferas federal, estadual e municipal".

A eficácia vinculante dos enunciados de súmula vinculante (art. 927, II) provém do art. 103-A da Constituição da República, segundo o qual terão eles "efeito vinculante em relação aos demais órgãos do Poder Judiciário e à administração pública direta e indireta, nas esferas federal, estadual e municipal".

A eficácia vinculante dos acórdãos proferidos em incidente de assunção de competência (art. 927, III) vem estabelecida no art. 947, § 3º, segundo o qual "[o] acórdão proferido em assunção de competência vinculará todos os juízes e órgãos fracionários" (exceto se houver revisão de tese, ressalva esta que nada faz além de dizer uma obviedade: superado o entendimento anteriormente fixado, não terá ele mais eficácia vinculante).

Os acórdãos proferidos no julgamento do incidente de resolução de demandas repetitivas (art. 927, III) também têm eficácia vinculante, a qual decorre do disposto no art. 985, por força do qual, "[j]ulgado o incidente, a tese jurídica [nele firmada] *será aplicada*: I – a todos os processos individuais ou coletivos que versem sobre idêntica questão de direito e que tramitem na área de jurisdição do respectivo tribunal, inclusive àqueles que tramitem nos juizados especiais do respectivo Estado ou região; II – aos casos futuros que versem idêntica questão de direito e que venham a tramitar no território de competência do tribunal" (também aqui com a óbvia ressalva da possibilidade de vir a ser posteriormente revista a tese). Também é preciso, aqui, fazer referência ao disposto no art. 987, § 2º, que prevê a eficácia vinculante da decisão que eventualmente venha a ser proferida pelo STF ou pelo STJ no julgamento de recurso extraordinário ou especial interposto contra o acórdão proferido pelo tribunal de segunda instância no julgamento do incidente de resolução de demandas repetitivas, caso em que, "[a]preciado o mérito do recurso, a tese jurídica adotada pelo Supremo Tribunal Federal ou pelo Superior Tribunal de Justiça será aplicada no território nacional a todos os processos individuais ou coletivos que versem sobre idêntica questão de direito".

Já os acórdãos prolatados no julgamento de recursos extraordinários ou especiais repetitivos (pelo STF ou pelo STJ, respectivamente) têm eficácia vinculante por força do disposto nos arts. 1.039 e 1.040, segundo os quais, uma vez publicado o acórdão paradigma, "os órgãos colegiados declararão prejudicados os demais recursos versando sobre idêntica controvérsia ou os decidirão aplicando a tese firmada" e, além disso, se negará seguimento aos recursos extraordinários ou especiais que estivessem sobrestados na origem quando o acórdão recorrido coincidir com a tese firmada (art. 1.040, I); o órgão que tenha proferido o acórdão recorrido que contrarie a tese firmada reexaminará o caso para aplicação da tese (art. 1.040, II); os processos ainda não julgados seguirão "para julgamento e aplicação da tese firmada pelo tribunal superior" (art. 1.040, III).

Vê-se, pois, claramente, que para as decisões do STF em controle concentrado de constitucionalidade e para os enunciados de súmula vinculante (que, perdoe-se a insistência, não são precedentes, mas extratos de jurisprudência), há norma constitucional a estabelecer a eficácia vinculante. Para as decisões proferidas no julgamento do incidente de assunção de competência e no julgamento de casos repetitivos (gênero que, nos termos do art. 928, engloba o incidente de resolução de demandas repetitivas e os recursos extraordinário e especial repetitivos), há norma infraconstitucional atributiva de eficácia vinculante. Tais pronunciamentos e enunciados de súmula, portanto, *vinculam* formalmente.

Já os enunciados de súmula (não vinculante) do STF em matéria constitucional, e do STJ em matéria infraconstitucional (art. 927, IV) e a orientação do plenário ou do órgão especial dos tribunais (art. 927, V) não são vinculantes, mas meramente argumentativos ou persuasivos.

Nos casos em que haja um precedente ou enunciado de súmula dotado de eficácia vinculante, ficam os órgãos jurisdicionais submetidos à autoridade do órgão de que provenha o precedente ou enunciado de súmula vinculante *obrigados* a aplicar, a casos idênticos, a mesma solução firmada anteriormente (deve-se, como se costuma dizer nos países de língua inglesa, *to treat like cases alike*, isto é, tratar casos análogos de forma análoga).

Assim, por exemplo, se um Tribunal Regional Federal julgar um incidente de resolução de demandas repetitivas e, no acórdão, firmar uma tese a respeito da forma como determinada questão jurídica deve ser solucionada, todos os demais casos em que aquela mesma questão seja discutida, e que se tenham instaurado perante o mesmo TRF ou perante juízo federal integrante da região a que aquele tribunal corresponde, terão solução idêntica, estando os órgãos colegiados e monocráticos que integram aquele tribunal, assim como os juízos federais de primeira instância daquela região, vinculados à tese firmada no acórdão paradigma. Do mesmo modo, no caso de ter sido a decisão proferida por um Tribunal de Justiça, estarão a ela vinculados todos os órgãos colegiados e monocráticos do próprio tribunal, assim como os juízos de primeira instância daquele Estado (ou, se for o caso, do Distrito Federal). Perceba-se, então, que cada tribunal fica vinculado aos precedentes vinculantes dele próprio emanados (FPPC, Enunciado nº 169).

O mesmo raciocínio se aplicará (mas agora com o efeito vinculante abrangendo juízes estaduais e federais de todo o território nacional) se a decisão proferida no julgamento de caso repetitivo provier do STF ou do STJ.

Já no caso de decisões proferidas pelo STF no exercício do controle concentrado de constitucionalidade de leis ou de atos normativos, assim como na hipótese de enunciados de súmula vinculante, estarão vinculados todos os órgãos jurisdicionais brasileiros.

A tese firmada em precedente vinculante (assim como em enunciado de súmula vinculante) pode ser modificada ou superada. Isto exigirá, porém, procedimento próprio, em que deverá haver a realização de audiências públicas, assegurada a participação de *amici curiae*, de forma a se garantir uma ampliação do contraditório que confira legitimidade democrática à alteração do entendimento vinculativo (art. 927, § 2º). A alteração ou superação da tese firmada no padrão decisório vinculante, assim como se dá no caso de alteração de entendimento consolidado em jurisprudência constante, poderá ter seus efeitos modulados no tempo, de forma a preservar o interesse social e a segurança jurídica (art. 927, § 3º). A revisão ou superação da tese firmada em padrão decisório vinculante exige, sempre, fundamentação adequada e específica, de forma a que se justifique expressamente a razão da dita revisão ou superação, sempre levando em consideração os princípios da segurança jurídica, da proteção da confiança e da isonomia (art. 927, § 4º).

Na prática, porém, pode ser quase impossível provocar a superação de entendimentos consolidados através de padrões decisórios vinculantes pelo STF ou pelo STJ. É que, já havendo sido fixado esse padrão, não se admite que novos recursos sejam admitidos para discutir a mesma matéria quando a decisão recorrida estiver em conformidade com o padrão (CPC, art. 1.030, I). É fundamental, porém, que se criem mecanismos destinados a permitir que os Tribunais de Superposição revejam (e, se for o caso, superem) seus entendimentos anteriormente firmados. Sobre esses mecanismos, porém, se tratará mais adiante.

Para facilitar a aplicação dos padrões decisórios vinculantes, os tribunais deverão organizar sistemas eletrônicos que permitam sua divulgação ampla, através da Internet, organizando-os por questão jurídica decidida (art. 927, § 5º).

Impende ter claro, porém, que a existência de padrões decisórios vinculantes não dispensa o juiz ou tribunal de, diante de casos idênticos, nos quais se tenha de aplicar a tese já firmada, respeitar o princípio do contraditório e fundamentar adequadamente a decisão judicial. Não é por outra razão, aliás, que o § 1º do art. 927 estabelece que "[o]s juízes e tribunais observarão o disposto no art. 10 e no art. 489, § 1º, quando decidirem com fundamento neste artigo". É que o precedente (ou o enunciado de súmula) não é "o fim da história". Ele é um "princípio argumentativo". Em outros termos, no julgamento da nova causa, incumbe ao juiz ou tribunal partir do padrão decisório anteriormente firmado para, demonstrando através de fundamentação analítica que os fundamentos determinantes daquela decisão anterior são aplicáveis ao caso presente, justificar sua aplicação, julgando-se o novo caso do mesmo modo que o anterior. Vale, aqui, recordar que, nos termos do art. 489, § 1º, V, considera-se não fundamentada a decisão judicial que "se limitar a invocar precedente ou enunciado de súmula, sem identificar seus fundamentos determinantes nem demonstrar que o caso sob julgamento se ajusta àqueles fundamentos".

Isto exige uma consideração especial: nos sistemas jurídicos vinculados à tradição de *common law*, quem diz que uma decisão judicial é precedente é o juiz do caso seguinte. Explique-se melhor: quando, em um ordenamento jurídico ligado à tradição anglo-saxônica, um tribunal julga uma causa, não se sabe se aquela decisão será ou não, no futuro, tida por precedente. Apenas quando, posteriormente, surge um segundo caso cujas circunstâncias são análogas às do caso anterior é que o órgão jurisdicional a quem incumba a função de julgar este segundo caso afirmará que aquela primeira decisão é um precedente.

No direito processual civil brasileiro a situação é diferente. É que a lei já estipula, com antecedência, quais são as decisões judiciais que terão eficácia de precedente vinculante (assim como diz quais são os enunciados de súmula dotados de eficácia vinculante). Dessa maneira, quando um tribunal vai exercer controle concentrado de constitucionalidade, vai decidir um incidente de assunção de competência ou vai julgar casos repetitivos, por exemplo, já se sabe, de antemão, que a decisão que ali será proferida *será um precedente vinculante*. Pode-se, assim, dizer que no Direito brasileiro, diferentemente do que acontece em outros ordenamentos, o precedente é criado "para ser precedente vinculante". Pode-se mesmo dizer que tais pronunciamentos são "precedentes de propósito" (ou, como já tive oportunidade de dizer, em tom de brincadeira, em conferências que proferi sobre o ponto, "precedentes vinculantes dolosos", já que formados "com a intenção de serem precedentes vinculantes").

Isto resulta não só do fato de que existe a previsão expressa em lei da eficácia vinculante de algumas decisões judiciais, mas também da circunstância de que existem procedimentos especificamente voltados à criação desses precedentes vinculantes (o procedimento destinado ao julgamento das ações diretas de inconstitucionalidade e das ações declaratórias de constitucionalidade, regido pela Lei nº 9.868/1999; o procedimento destinado à edição de enunciado de súmula vinculante, previsto na Lei nº 11.417/2006; o procedimento do incidente de assunção de competência, regido pelo art. 947; o procedimento do incidente de resolução de demandas repetitivas, regido pelos arts. 976 a 986; e, por fim, o procedimento destinado ao julgamento dos recursos especiais e extraordinários repetitivos, regulado pelos arts. 1.036 a 1.041).

Isso, porém, não dispensa os juízes e tribunais de, observado o contraditório efetivo e substancial que é inerente ao processo cooperativo (e que se destina, *in casu*, a permitir às partes debater sobre a aplicabilidade ou não do precedente ao caso concreto), proferir decisão adequada e analiticamente fundamentada, em que se justifique o motivo da aplicação do precedente ao caso em julgamento, demonstrando-se que os fundamentos determinantes daquele são mesmo aplicáveis ao novo caso sob apreciação.

Do mesmo modo, deve ser fundamentada a decisão que deixa de aplicar o padrão decisório por ser o caso agora de julgamento de caso distinto, o que torna o padrão existente inaplicável. É por isso que no art. 489, § 1º, VI, se lê que é nula por vício de fundamentação a decisão judicial que "deixar de seguir [...] precedente invocado pela parte, sem demonstrar a existência de distinção no caso em julgamento" (FPPC, Enunciado n° 174: "A realização da distinção compete a qualquer órgão jurisdicional, independentemente da origem do precedente invocado").

Pense-se, por exemplo, no caso de se ter um precedente vinculante no qual se tenha firmado tese a respeito de questão relacionada ao ISS. Pois não seria adequado aplicar-se este precedente a um processo no qual se discutem questões relacionadas ao IPTU ou ao ICMS. É essencial, pois, ao adequado funcionamento de um sistema de decisões baseadas em padrões decisórios vinculantes que se reconheça ao juiz o poder de fazer distinções (as quais, evidentemente, terão de ser precedidas do efetivo contraditório), evitando-se a aplicação errônea do precedente ou do enunciado de súmula.

Todo sistema fundado em padrões decisórios precisa, pois, para funcionamento adequado e compatível com a exigência de constante evolução do ordenamento jurídico, reconhecer a possibilidade de distinções e superações. A distinção (que se costuma designar pelo termo inglês *distinguishing*) assegura a aplicação dos precedentes e enunciados de súmula apenas a casos em que se repitam as circunstâncias que justificaram sua criação (FPPC, Enunciado n° 306: "O precedente vinculante não será seguido quando o juiz distinguir o caso sob julgamento, demonstrando, fundamentadamente, tratar-se de situação particularizada por hipótese fática distinta, a impor solução jurídica diversa"). A superação (muito conhecida pela designação inglesa *overruling*) evita o engessamento do Direito e reconhece que os padrões decisórios são criados a partir de certas circunstâncias fáticas e jurídicas que precisam permanecer presentes para que possam eles continuar a ser aplicados.

Pense-se, por exemplo, em um precedente que tenha sido fixado a partir da interpretação de determinado dispositivo legal que venha, posteriormente, a ser revogado. Isto evidentemente pode ser (pode, e não deve, já que a norma revogadora pode ter o mesmo sentido da norma revogada) motivo suficiente para a superação do precedente. O mesmo se dá quando há alterações outras, como são, por exemplo, as modificações culturais (bastando, para isso, ver como se transformou a concepção da sociedade brasileira acerca do conceito de família ao longo do tempo). Havendo, pois, justificados motivos, o padrão decisório pode – e deve – ser superado, modificando-se a tese nele firmada, de modo que ele perderá sua eficácia vinculante para casos futuros (FPPC, Enunciado n° 322: "A modificação de precedente vinculante poderá fundar-se, entre outros motivos, na revogação ou modificação da lei em que ele se baseou, ou em alteração econômica, política, cultural ou social referente à matéria decidida").

Perceba-se, porém, que a superação do padrão decisório não acarreta a rescisão do julgamento. Em outras palavras, aquela decisão ou enunciado de súmula que servia como padrão decisório vinculante era, também, o julgamento de um (ou o extrato do julgamento de vários) caso(s) concreto(s). Superado o padrão decisório, não será mais aquela tese aplicada no julgamento de casos futuros, mas o caso concreto que por meio daquela decisão se julgou continuará submetido àquela mesma decisão. É que não se confunde a eficácia vinculante (para outros processos) de um pronunciamento judicial com sua eficácia decisional (para o caso concreto que tal pronunciamento resolve).

Merece exame, aqui, porém, o caso – segundo o texto da lei excepcionalíssimo – de um pronunciamento judicial que tenha eficácia de precedente sem julgar qualquer caso concreto. Trata-se da hipótese prevista no art. 976, § 1° (em que, instaurado o incidente de resolução de demandas repetitivas, ocorre a desistência da ação ou o abandono unilateral do processo, o que impede a resolução do mérito do caso concreto, mas não impediria o tribunal de fixar a tese, proferindo um acórdão dotado de eficácia de precedente vinculante), assim como da hipótese a que se refere o art. 998, parágrafo único, por força do qual ocorre a desistência de recurso extraordinário cuja repercussão geral já tenha sido reconhecida ou que já tenha sido afetado para julgamento de recursos repetitivos, caso em que o STF ou o STJ não julgarão o caso concreto mas, ainda assim, fixarão a tese. Nesses casos, então, haverá o precedente vinculante, mas não terá havido julgamento de caso concreto (e, pois, nessas excepcionais hipóteses, os tribunais atuariam como *tribunais de teses*, limitando-se a fixar em abstrato o entendimento a ser posteriormente observado em futuras decisões). Pois é exatamente a atribuição pela lei aos tribunais dessa função de atuação como "tribunais de teses" que deve levar à afirmação da inconstitucionalidade dessa previsão. No Direito brasileiro, pelo menos, tribunais julgam casos, e não fixam teses (com a única ressalva, dos Tribunais Eleitorais, que podem atuar como órgãos de consulta, na forma do disposto no art. 23, XII, e no art. 30, VIII, do Código Eleitoral). É o que se entende a partir do disposto nos arts. 102, III, e 105, III, da CRFB, que expressamente preveem a chegada, ao STF e ao STJ, de *causas* que tenham sido decididas anteriormente por outros tribunais. O Judiciário julga *causas*, casos concretos, e não é órgão de consulta destinado a fixar teses. Dito de outro modo, e com o perdão da obviedade, tribunais não fixam teses *em tese*. Assim, deve-se considerar que, no caso de ocorrer a desistência da ação ou o abandono unilateral do processo selecionado para ser julgado como caso-piloto (isto é, como o caso que servirá para a definição dos fundamentos determinantes do precedente vinculante a ser formado), a única solução constitucionalmente legítima é selecionar-se outro caso concreto e usá-lo no lugar do originariamente afetado.

Tem-se, pois, um sistema de padrões decisórios vinculantes que é criado para assegurar que casos iguais recebam decisões iguais. Impende, porém, verificar o que, exatamente, tem eficácia vinculante em uma decisão que tenha força de precedente. Em outros termos, é preciso responder à seguinte pergunta: o que vincula no precedente vinculante?

E não é difícil verificar que a resposta a esta pergunta *não pode ser* que a eficácia vinculante decorreria da parte dispositiva da decisão. É que o dispositivo contém, tão somente, o julgamento do caso concreto e, pois, só vincula àqueles que efetivamente eram as partes do processo em que tal decisão tenha sido proferida. Em outras palavras: quando um tribunal produz uma decisão que terá eficácia de precedente vinculante, não interessa – salvo para as partes daquele processo – saber se o pedido foi julgado procedente ou improcedente, se o recurso foi provido ou desprovido, se o autor ganhou ou perdeu a causa. Isto só é relevante para as próprias partes daquele processo. A eficácia vinculante não existe para que em todos os casos futuros todos os autores ganhem, ou para que todos os pedidos sejam julgados improcedentes. A eficácia vinculante existe para que, diante de um novo caso idêntico ao anterior, a nova decisão seja baseada nos mesmos fundamentos determinantes.

O que tem eficácia vinculante, pois, são os *fundamentos determinantes* da decisão judicial que seja dotada de efeito vinculante. É preciso, então, fixar o que se deve entender por fundamentos determinantes, expressão que o CPC emprega duas vezes (no art. 489, § 1º, V, para exigir que na fundamentação da decisão que invoca precedente se justifique sua aplicação pela demonstração de que seus fundamentos determinantes se ajustam ao caso sob julgamento; e no art. 979, § 2º, onde se estabelece que o cadastro a ser organizado pelo CNJ para registro dos incidentes de resolução de demandas repetitivas instaurados nos tribunais indique os fundamentos determinantes das decisões que tenham sido proferidas). Nada há, porém, no texto normativo que permita afirmar com clareza o que é, exatamente, que se entende por fundamentos determinantes da decisão judicial.

Deve-se considerar como fundamentos determinantes de uma decisão aqueles fundamentos da decisão judicial colegiada que tenham sido expressamente acolhidos ao menos pela maioria dos integrantes da turma julgadora (FPPC, Enunciado nº 317). Outros fundamentos que não contem com a expressa adesão pelo menos da maioria dos juízes que integram o colegiado não são determinantes e, por isso, não têm eficácia vinculante. E tais fundamentos determinantes precisam, necessariamente, ter sido objeto de contraditório prévio e substancial (FPPC, Enunciado nº 2: "[p]ara a formação do precedente, somente podem ser usados argumentos submetidos ao contraditório").

É tradicional, no estudo dos precedentes, chamar-se o fundamento determinante da decisão de *ratio decidendi* e o fundamento não determinante de *obiter dictum* (FPPC, Enunciado nº 318: "[o]s fundamentos prescindíveis para o alcance do resultado fixado no dispositivo da decisão (*obiter dicta*), ainda que nela presentes, não possuem efeito de precedente vinculante"). São, pois, as *rationes decidendi* de um precedente que podem ter eficácia vinculante, não os *obiter dicta*.

A definição aqui apresentada de fundamentos determinantes da decisão é relevante para determinar o modo como órgãos colegiados devem produzir seus julgamentos. É que no Brasil há uma tradição de julgamento colegiado *por adesão à conclusão*, quando o correto é que o julgamento se dê *por adesão à fundamentação*. Explique-se o ponto: tradicionalmente, no Brasil, o julgamento colegiado se faz somando-se as conclusões dos votos dos integrantes do órgão jurisdicional. Assim, por exemplo, se a turma julgadora é formada por três magistrados, e cada um deles dá provimento ao recurso por um fundamento diferente, somam-se as conclusões para dizer que o recurso foi provido por unanimidade. É o que se chama de deliberação *seriatim*. Isto, porém, leva a distorções de resultado.

Pense-se, por exemplo, em um julgamento, pelo Plenário do STF, de uma ação direta de inconstitucionalidade, em que três ministros afirmam expressamente que a lei é inconstitucional por um determinado vício formal (por exemplo, vício de iniciativa do projeto de lei), afastando, porém, a existência de inconstitucionalidade substancial. Três outros ministros, de sua vez, votam no sentido de ser a lei substancialmente inconstitucional (por exemplo, por violação de uma cláusula pétrea), afastando, porém, a existência de inconstitucionalidade formal. E cinco ministros votam no sentido de não haver na lei qualquer inconstitucionalidade. Pois a tradição do sistema de julgamentos colegiados brasileiro faz com que se somem os votos que afirmam a inconstitucionalidade formal com os votos que afirmam a inconstitucionalidade material para dizer que, por maioria de votos (seis contra cinco), a lei foi declarada inconstitucional. Parece evidente, porém, que este modo de julgar está errado. É preciso somar votos que se baseiam no mesmo fundamento. Assim, no exemplo figurado, resta claro que o fundamento da inconstitucionalidade formal teria sido rejeitado (por oito votos contra três), e o fundamento da inconstitucionalidade material também foi, por maioria, rejeitado (também aqui por oito votos contra três) e, portanto, a lei foi declarada constitucional.

Não só em matéria constitucional isto acontece. Figure-se o exemplo de um processo em que se postule a anulação de um negócio jurídico por três diferentes fundamentos (erro, dolo, coação). Imagine-se agora que, no primeiro grau de jurisdição, tenham sido rejeitados todos os três fundamentos, julgando-se improcedente o pedido formulado pelo autor. Interposta apelação, é esta julgada por uma turma composta por três magistrados: o primeiro a votar acolhe, expressamente, o pedido de anulação por entender ter se configurado erro (e afastando expressamente os demais fundamentos); o segundo a votar acolhe o pedido por entender ter havido dolo (rejeitados expressamente os demais fundamentos); e o terceiro acolhe o pedido por entender estar demonstrada a coação (afastados, também expressamente, os outros dois fundamentos). Pois tradicionalmente o que se veria nos tribunais brasileiros seria a afirmação de que "por unanimidade" se deu provimento ao recurso para o fim de anular o negócio jurídico, quando é evidente que, corretamente computados os votos, se pode verificar que todos os fundamentos foram rejeitados por maioria (e, portanto, por decisão não unânime se negou provimento ao recurso).

É preciso, pois, que se julgue em colegiado verificando-se quais fundamentos terão sido acolhidos expressamente ao menos pela maioria dos integrantes dos órgãos julgadores, já que estes serão os fundamentos determinantes (as *rationes decidendi*) do julgamento, e só eles poderão vir a ter – se for o caso – eficácia vinculante.

Impõe-se, pois, que no julgamento colegiado haja efetivo diálogo entre os votos. Proferido o primeiro voto (que é exarado pelo relator), impõe-se que os demais se manifestem, expressamente, sobre seus fundamentos. Pode acontecer, evidentemente, de outro integrante do colegiado nada ter a acrescentar, limitando-se a concordar com todos os fundamentos exarados pelo relator. Neste caso, a ele incumbirá, tão somente, dizer que está de acordo com aquele voto. Caso divirja, porém, deverá expor as razões da divergência, apontando não só os fundamentos com que não concorda, mas também apresentando os motivos que amparam suas conclusões (o que permitirá aos que votem a seguir se limitem a acompanhar o voto do relator ou o voto divergente quando não tenham outros fundamentos a deduzir).

Pode acontecer, porém, de algum integrante do colegiado concordar com a conclusão de voto anteriormente proferido, mas não com seus fundamentos (ou, pelo menos, não com todos os seus fundamentos). Pois neste caso se impõe ao prolator deste voto que diga, expressamente, com quais fundamentos do voto anterior concorda e de quais discorda, expondo os motivos que justificam sua conclusão. E proferido este voto incumbirá aos que já tiverem proferido seus votos declarar se aderem ou não aos novos fundamentos. Só assim todos os fundamentos terão sido objeto de manifestação expressa de todos os votantes e, pois, só assim se poderá dizer quais são os fundamentos expressamente acolhidos ao menos pela maioria dos integrantes do colegiado. Tem-se, então, uma deliberação *per curiam*, de todo o colegiado.

Produzida assim a decisão judicial, será perfeitamente possível ao juiz ou tribunal a que tenha sido atribuída a função de posteriormente julgar outro caso verificar não só quais foram os fundamentos determinantes do precedente mas, também, indicar se o novo caso, agora sob julgamento, se ajusta ou não àqueles fundamentos (art. 489, § 1º, V).

Assim, no caso de se ter estabelecido um precedente vinculante (art. 927, I e III, já que o inciso II faz alusão a enunciados de súmula vinculante e, perdoe-se a insistência, súmula não é precedente), caberá ao juiz do processo posterior identificar os fundamentos determinantes do precedente e, demonstrando que o novo caso se ajusta àqueles fundamentos, aplicá-los, julgando com base neles o caso que lhe foi submetido para apreciação (ou, ao contrário, demonstrando que o novo caso não se ajusta àqueles fundamentos determinantes, por serem outras as circunstâncias fáticas, promover a distinção entre os casos e negar aplicação ao precedente).

A mesma técnica deverá ser empregada quando se trate de enunciado de súmula vinculante (art. 927, II).

De outro lado, no caso de se ter precedente não vinculante (art. 927, IV e V), caberá ao juiz responsável pelo julgamento do novo caso, de qualquer maneira, dialogar com o precedente, apontando seus fundamentos determinantes e indicando de forma específica as razões pelas quais não os aplica (já que, neste caso, não há vinculação, mas existe um ônus argumentativo que exige uma fundamentação específica, adequada e inédita para justificar a decisão divergente).

E tudo isso, insista-se, com respeito às exigências de contraditório prévio e de fundamentação analítica (art. 927, § 1º).

Por fim, há uma última questão a considerar: é que o sistema brasileiro de padronização decisória inclui entre os efeitos vinculantes dos precedentes algo, na verdade, não se enquadra no conceito tradicional do que seja um precedente. É que, em algumas situações, o acórdão dotado de eficácia vinculante, que no Brasil vem sendo chamado – e até pelo texto do CPC é assim designado – de precedente tem uma certa eficácia retroativa. Nesse caso, então, o acórdão acaba funcionando como uma espécie de (perdoe-se o neologismo) "pós-cedente".

É que há casos em que a eficácia vinculante retroage, e leva à modificação de decisões anteriormente proferidas, desde que ainda não tenham transitado em julgado. É o que se tem, por exemplo, no caso em que, julgado um processo em segunda instância, e tendo sido interposto recurso especial ou extraordinário, este recurso fica sobrestado aguardando o julgamento de um recurso repetitivo. Pois no caso de vir a ser posteriormente julgado este recurso, e nele fixado um entendimento diverso do que tenha sido adotado pelo tribunal de segunda instância, os autos deverão retornar ao órgão prolator daquela decisão anterior, a fim de que exerça juízo de retratação e aplique o entendimento posteriormente formado (CPC, art. 1.030, II). Pois esse raciocínio permite, inclusive, que a aplicação do efeito retroativo do precedente (que, nesse caso, é "pós-cedente") se dê mediante embargos de declaração, aos quais se dará efeito modificativo para provocar a reforma da decisão anterior. Neste sentido, aliás, decidiu o STF ao julgar embargos de declaração opostos contra o acórdão proferido na Reclamação nº 15.724, decididos em 05/05/2020). Deste modo, deve-se entender que a eficácia vinculante do precedente retroage para alcançar processos já julgados, desde que essa decisão ainda não tenha transitado em julgado.

2.2. INTERPRETAÇÃO E APLICAÇÃO NO DIREITO PROCESSUAL CIVIL

O Direito é um conceito interpretativo. Resulta daí que não é possível aplicar o Direito sem que se realize atividade interpretativa. Afinal, o Direito é todo construído a partir de textos (bastando lembrar que a Constituição da República, as leis, livros e artigos doutrinários ou decisões são, todos, textos), e textos precisam, necessariamente, ser interpretados.

Interpretar é atribuir sentido, de modo que toda interpretação é um ato de criação. E a importância do ato de interpretar no Direito se constata quando se pensa que a norma jurídica é o resultado da atividade interpretativa. É que a norma jurídica não se confunde com o texto, mas é o resultado da atividade interpretativa, ou seja, a norma é o sentido atribuído pelo intérprete ao texto. Normas, portanto, resultam da interpretação.

Pois se assim é, então a norma processual – como qualquer outra norma jurídica – só existe quando interpretada, e essa interpretação se dá no momento da aplicação. A norma jurídica, inclusive a norma processual, só é construída no caso específico, pois sua construção é sua concretização. Afinal, o Direito só faz sentido em casos concretos. O que pode ser abstrato não é a norma jurídica, mas o texto normativo. Basta pensar em um simples exemplo: o art. 1.003, § 5º, do CPC estabelece que, com a única exceção dos embargos de declaração, o prazo para interpor recurso é de quinze dias. Pois isso só faz sentido no caso concreto. Quando um professor diz a um aluno, durante uma aula, que o prazo da apelação é de quinze dias, o aluno inevitavelmente precisa interpretar essa informação. E para realizar tal interpretação ele precisa pensar em um caso concreto (ainda que se trate de um caso hipotético, pensado para servir de exemplo em sala de aula). Terá o aluno de pensar na data em que o advogado tenha sido intimado da sentença, verificar em que dia da semana se deu essa intimação, quantos dias sem expediente forense ocorreram a partir daí e até o dia em que o recurso teria sido efetivamente interposto para poder determinar se a apelação foi ou não interposta antes do término do prazo.

Dito de outro modo, interpreta-se para aplicar, e se aplica interpretando.

Se é assim, então não existe propriamente uma interpretação do direito processual civil. O que existe é a interpretação dos textos normativos que servem de base para a construção do direito processual civil. E o resultado dessa atividade interpretativa é o direito processual civil.

A doutrina, tradicionalmente, faz alusão a métodos (ou cânones) interpretativos. Todos esses métodos, porém, são criticáveis. Basta pensar no conhecido "método teleológico" (que costuma ser empregado com apoio no art. 5º da Lei de Introdução às Normas do Direito Brasileiro, segundo o qual "[n]a aplicação da lei, o juiz atenderá aos fins sociais a que ela se dirige e às exigências do bem comum"). Pois esse método abrange valorações das origens mais díspares imagináveis, para um campo materialmente quase ilimitado de possibilidades interpretativas. *Ratio, telos,* "sentido e fim" muitas vezes evidenciam ser metáforas do que justamente se procura e deseja no caso individual. Passos controláveis da reflexão não podem ser representados apenas com esses conceitos finalistas. Antes de qualquer preconceito consciente, o perigo de encobrir com um véu linguístico as questões jurídicas concretas por parte de fórmulas teleológicas vazias reside já na característica ausência de perfil desse método.

Pois é exatamente por conta disso que o emprego desses cânones interpretativos, como o teleológico ou o sistemático, se revela arbitrário. Afinal, eles são, tão somente, mecanismos empregados para justificar resultados a que o intérprete previamente já havia determinado que chegaria.

Interpretar é atribuir sentido, respeitados os limites semânticos do texto. Quando um texto legal atribui alguma prerrogativa à mãe, por exemplo, é preciso determinar se a norma se aplica apenas à mãe biológica, ou também à mãe adotiva; ou se a mãe socioafetiva também pode ser inserida no âmbito de incidência normativo. Mas se a lei diz "mãe", não se pode ali querer incluir o filho ou o irmão. Os limites semânticos do texto precisam ser respeitados, e o intérprete só pode se afastar da literalidade do texto quando se está diante de um erro evidente (como se dá, por exemplo, no art. 216 do Código Civil, que usa o vocábulo "consertados", quando evidentemente deveria ter usado o termo "concertados", ou o art. 1.273 do mesmo Código, que usou "comissão" quando deveria ter empregado "comistão"). Mas é evidentemente preciso considerar que muitas vezes os textos que devem ser interpretados se valem de expressões ambíguas ou imprecisas, e que muitos sentidos diferentes podem ser atribuídos ao mesmo texto.

Daí a necessidade de se considerar a interpretação jurídica como uma atividade que necessariamente se dá a partir da concepção de Direito como integridade. Pois a integridade – exigida dos órgãos jurisdicionais pelo art. 926 do CPC – impõe aos juízes que identifiquem direitos e deveres a partir do pressuposto de que são criados pela comunidade, expressando uma concepção coerente de justiça e correção. Assim, uma proposição jurídica é verdadeira se consta ou deriva dos princípios que oferecem a melhor interpretação construtiva da prática jurídica da comunidade. E isso exige que a atividade interpretativa se dê através da reconstrução da história institucional daquilo que se vai interpretar e aplicar, como na metáfora dworkiniana do romance em cadeia.

A interpretação no direito processual civil, portanto, exige a reconstrução de tudo quanto já se afirmou (não só na jurisprudência, mas também na doutrina) acerca da mesma matéria, de modo a produzir-se uma decisão que seja coerente e, por força dessa coerência, íntegra. Aliás, não é por acaso que, no art. 926 do CPC, coerência e integridade estão juntas.

Interpretar, pois, é atividade de atribuição de sentido, de forma não discricionária (já que o intérprete não é livre para dizer o que quiser), construindo-se a norma jurídica no caso concreto. E se pode dizer que a interpretação é feita para que haja compreensão. Afinal, só se pode aplicar aquilo que se compreende, e se compreende interpretando.

2.3. APLICAÇÃO DA LEI PROCESSUAL CIVIL NO TEMPO

A entrada em vigor de uma nova lei processual sempre gera dúvidas, dificuldades e perplexidades, já que ela inevitavelmente encontra uma série de processos em curso. Evidentemente, nenhum problema há em relação aos processos já encerrados sob a égide da lei anterior, assim como não haverá qualquer questão a considerar no que concerne aos processos que já se iniciarão sob a vigência da nova lei. O problema a enfrentar é apenas um: a incidência da lei processual nova sobre um processo que já estava em curso no momento do início de sua vigência.

Algumas teorias já tentaram explicar o fenômeno. Há, por exemplo, quem sustente que o processo deve ser regido pela lei vigente ao tempo de sua instauração (ou, ao menos, a instauração de cada grau de jurisdição). Não é esta, porém, a teoria mais aceita, nem a adotada – ao menos como regra geral – no ordenamento jurídico brasileiro.

Prevalece no Brasil, e está expressamente acolhida no art. 14 do CPC, a teoria conhecida como *teoria do isolamento dos atos processuais*. Por força dessa teoria, cada ato processual é analisado isoladamente no que diz respeito à determinação da lei processual que se lhe aplica. Em outras palavras, cada ato é regido pela lei vigente ao tempo em que ocorre. Por esse sistema de isolamento dos atos processuais, não é possível a lei nova retroagir para alcançar ato já praticado ou efeito dele decorrente. Em outras palavras, a lei nova só alcança os próximos atos a serem praticados no processo.

Pois é exatamente isso que se verifica pela leitura do art. 14 do CPC, por força do qual "[a] norma processual não retroagirá e será aplicável imediatamente aos processos em curso, respeitados os atos processuais praticados e as situações jurídicas consolidadas sob a vigência da norma revogada".

Assim, a lei processual nova se aplica imediatamente, alcançando os processos em curso, mas respeita a validade e eficácia dos atos processuais praticados sob a vigência da lei anterior.

Alguns exemplos podem ajudar a compreender melhor o ponto. Ao tempo do CPC/1973 a citação com hora certa, modalidade de citação ficta, só podia ser realizada após pelo menos três tentativas de citação do demandado por oficial de justiça (art. 227 do CPC/1973). Já o CPC/2015 prevê a possibilidade de sua realização após duas tentativas (art. 252 do CPC/2015). Assim, se a citação com hora certa aconteceu ao tempo do CPC/1973, sua validade e eficácia são aferidas à luz da lei então em vigor, mesmo que o processo só tenha se encerrado sob a égide do CPC/2015. Do mesmo modo, se o processo instaurou-se ainda ao tempo da legislação processual anterior, mas só depois da entrada em vigor do CPC atual é que se fez necessário promover a citação com hora certa, esta poderá ser realizada após duas tentativas (e não mais três) de citação pessoal do demandado.

Outro exemplo: proferida uma decisão interlocutória que, em processo de conhecimento, indeferiu – ao tempo da vigência do CPC/1973 – a produção de prova pericial, é admissível agravo de instrumento (ainda que sua interposição se dê já na vigência do CPC/2015). É que a recorribilidade é um efeito da própria decisão, e ao tempo do Código anterior essa decisão era recorrível por agravo de instrumento. Já no caso de a decisão ser proferida sob a vigência do CPC/2015, ainda que o processo tenha se instaurado antes dele entrar em vigor, já não será mais possível a interposição do recurso de agravo de instrumento (CPC, art. 1.015).

No que diz respeito aos prazos, de sua vez, aplica-se a lei vigente ao tempo em que seu curso teve início. Assim, um prazo fixado em dias que tenha começado a correr ao tempo do CPC/1973 será contado em dias corridos (e não em dias úteis), mesmo que seu termo final se tenha dado já sob a vigência do CPC/2015.

Não obstante o sistema do isolamento dos atos processuais tenha sido adotado como regra geral no ordenamento jurídico brasileiro, há algumas exceções a ele. Assim é que, por exemplo, a Lei de Locações de Imóveis Urbanos (Lei nº 8.245/1991), que tem diversas disposições acerca de direito processual, expressamente estabelece não ser aplicável aos processos iniciados antes de sua vigência (art. 76 da Lei de Locações), adotando-se, ali, o *sistema da unidade processual* (inclusive no que diz respeito à aplicação da lei anterior aos recursos interpostos sob a égide da lei posterior, cuja incidência fica inteiramente afastada).

O próprio Código de Processo Civil vigente estabelece uma série de casos em que não se adota o sistema do isolamento dos atos processuais. Assim, não obstante o texto já referido do art. 14, bem assim o que consta do art. 1.046 do CPC ("[ao] entrar em vigor este Código, suas disposições se aplicarão desde logo aos processos pendentes, ficando revogada a Lei nº 5.869, de 11 de janeiro de 1973"), há casos especiais que exigiram uma regulamentação diferenciada.

Assim é que as disposições do CPC/1973 acerca de procedimentos que não mais existem na atual lei processual (como é o caso do procedimento especial da "ação de dar contas" ou o da "ação de anulação e substituição de títulos ao portador") continuam aplicáveis a esses procedimentos, quando instaurados ainda antes de o CPC atual ter entrado em vigor. Esses procedimentos permanecerão regidos pela lei anterior (que obtém, assim, certa ultra-atividade) até a prolação da sentença, nos termos do art. 1.046, § 1º, do CPC vigente.

Em matéria probatória, o CPC estabeleceu que seu sistema só é aplicável às provas requeridas pelas partes ou cuja produção tenha sido determinada pelo juiz a partir da data de sua entrada em vigor (CPC, art. 1.047). Para provas requeridas ou determinadas de ofício antes da entrada em vigor da lei atual, aplica-se o CPC/1973. Trata-se de sistema ruim e que pode gerar situações inconstitucionais, dada a assimetria que pode causar entre as partes do processo, a violar o direito fundamental à igualdade. Basta pensar em um processo no qual o juiz tenha determinado às partes que, em certo prazo, requeressem a produção das provas que reputam necessárias, tendo esse prazo por termo final o dia em que o CPC/2015 entrou em vigor. Pois se uma das partes requereu a produção de prova testemunhal no penúltimo dia do prazo (ainda vigente o CPC/1973) e a outra parte requereu a produção de prova testemunhal no último dia do mesmo prazo (quando já em vigor o CPC/2015), então as testemunhas daquela primeira serão inquiridas pelo juiz, enquanto as testemunhas dessa última serão inquiridas através de perguntas feitas diretamente à testemunha. Essa assimetria no tratamento dispensado às partes gera uma evidente incompatibilidade na prática entre o modo como o processo se desenvolve e a Constituição da República, de modo que o juiz deverá, no caso concreto, estabelecer um sistema único para a colheita da prova. E ainda quando a situação prática não chegue a gerar uma inconstitucionalidade, caso em que a lei terá de ser aplicada, é preciso reconhecer que se trata de um dispositivo legal inegavelmente ruim.

Outra exceção à regra geral da eficácia imediata da lei processual nova se encontra na disposição contida no art. 1.054, por força do qual o regime dos limites objetivos da coisa julgada material, disciplinado pelo art. 503, § 1º, do CPC/2015, só se aplica aos processos instaurados já depois do início de sua vigência. Para os processos instaurados antes de 18 de março de 2016 (data em que teve início a vigência do CPC/2015) aplica-se o regime dos limites objetivos da coisa julgada que era estabelecido pelos arts. 469 e 470 do CPC/1973, o que gera uma ultra-atividade dos arts. 5º, 325 e 470 da lei processual anterior.

Não se pode, porém, deixar de dizer que a prática do processo gera incontáveis problemas, muitos dos quais não têm solução clara e fácil no texto da lei. Para eles, impende examinar e aplicar a regra geral do isolamento dos atos processuais, buscando sempre respeitar a validade e eficácia do ato realizado ainda ao tempo da lei anterior, de modo a respeitar as situações processuais que já estejam constituídas ou extintas.

2.4. APLICAÇÃO DA LEI PROCESSUAL CIVIL NO ESPAÇO

A lei processual se sujeita a uma regra de territorialidade, por força da qual o processo é – ao menos como regra geral – disciplinado pelas leis processuais vigentes no lugar em que tramita o processo (*lex fori*). E é exatamente nesse sentido que o art. 13 do CPC estabelece que "[a] jurisdição civil será regida pelas normas processuais brasileiras". Significa isso dizer que, como regra geral, as disposições de Direito Internacional Privado não incidem no processo, mas tão somente no direito material, de modo que o Judiciário brasileiro, ainda naqueles casos em que se aplica lei material estrangeira, conduzirá o processo com base nas leis de processo brasileiras.

Há, porém, uma disposição que excepciona essa regra geral: é que nos termos do art. 13 da Lei de Introdução às Normas do Direito Brasileiro (LINDB), "[a] prova dos fatos ocorridos em país estrangeiro rege-se pela lei que nele vigorar, quanto ao ônus e aos meios de produzir-se". Pense-se, por exemplo, em um processo instaurado no Brasil para julgamento de demanda proposta por consumidor domiciliado no Brasil em face de fornecedor sediado no estrangeiro, baseada em fatos ocorridos fora do país (processo este que poderia ser julgado no Brasil, como se vê pelo disposto no art. 22, II, do CPC). Pois nesse caso, no que diz respeito à prova dos fatos ocorridos no exterior, as regras sobre ônus da prova e sobre os meios de produção de prova são as do país em que o fato ocorreu, e não as brasileiras. Para que se perceba a importância prática disso, basta pensar que o fato probando tenha ocorrido em país cujo ordenamento jurídico não admite que o juiz redistribua o ônus da prova, atribuindo-o sempre ao consumidor que tenha feito a alegação de que o fato ocorreu (como o Direito brasileiro autoriza no art. 6º, VIII, do Código de Defesa do Consumidor e no art. 373, § 1º, do CPC). Pois nesse caso o juiz não poderá redistribuir o ônus da prova, já que o art. 13 da LINDB impõe a aplicação da lei estrangeira, afastando a incidência da lei brasileira. Este ponto, aliás, tem passado despercebido da doutrina, que ao tratar da territorialidade da lei processual brasileira não tem feito qualquer consideração acerca do art. 13 da

LINDB, como se esse dispositivo legal nem existisse. Em tempos de globalização, com relações jurídicas cada vez mais internacionalizadas, porém, não se pode ignorar esse importante tema. Daí a preocupação em destacar o ponto nesta obra.

O art. 13 do CPC traz, em sua parte final, uma disposição que não encontra correspondência no Direito brasileiro anterior, e afasta a aplicação da regra da territorialidade da lei processual quando houver disposição específica prevista "em tratados, convenções ou acordos internacionais de que o Brasil seja parte". É preciso compreender o sentido exato desse texto normativo.

Há uma antiga discussão acerca da posição que ocupam os tratados internacionais no confronto com as leis internas. Prevalece no Brasil, porém, o entendimento segundo o qual os tratados internacionais têm, em regra, a mesma posição hierárquica da lei interna. Consequência disso é que, havendo conflito entre lei e tratado que tratem do mesmo tema, deverá sempre prevalecer a regra posterior sobre a anterior.

Claro, porém, que se a lei ou o tratado mais antigo tratar de alguma disposição específica, e a lei ou tratado posterior dispuser sobre regras gerais, aquele prevalecerá sobre este, por força da regra segundo a qual a norma geral posterior não revoga a norma especial anterior.

Há, todavia, exceções que precisam ser consideradas. Uma delas é a dos tratados que versam sobre direitos humanos (Constituição da República, art. 5º, §§ 2º e 3º), que têm *status* supralegal, equivalendo às emendas constitucionais. Outra se dá em matéria tributária, por força do disposto no art. 98 do Código Tributário Nacional. É que em matéria tributária, por expressa determinação da própria lei interna, os tratados internacionais prevalecem sobre as leis brasileiras. Pois agora o mesmo se aplica, também, em matéria de direito processual civil.

É, pois, perfeitamente possível que o Brasil celebre tratados internacionais que estabeleçam casos em que a regra geral da prevalência da *lex fori* deva ser afastada. Pense-se, por exemplo, em um tratado que se venha a celebrar com um determinado Estado estrangeiro (ou conjunto de Estados) por força do qual se estabeleça que, no caso de tramitar o processo em um deles e o réu ser domiciliado em outro os prazos para que o demandado se manifeste em juízo serão dobrados. Ou um tratado em que se estabeleça que em processos que tenham partes domiciliadas em Estados distintos as audiências de instrução e julgamento serão realizadas por videoconferência. Estes são, apenas, singelos exemplos do que poderia ser feito a partir da parte final do art. 13 do CPC, texto normativo que põe o ordenamento jurídico brasileiro em posição de vanguarda no que se refere aos processos transnacionais (ou seja, processos que versam sobre conflitos envolvendo pessoas sediadas em países diferentes).

CAPÍTULO 3

MODELO CONSTITUCIONAL DE PROCESSO CIVIL. AS NORMAS FUNDAMENTAIS DO PROCESSO CIVIL

3.1. A CONSTITUCIONALIZAÇÃO DO PROCESSO CIVIL. A COMPREENSÃO DO PROCESSO CIVIL A PARTIR DE PRINCÍPIOS CONSTITUCIONAIS

O fenômeno da constitucionalização do Direito alcançou, como não poderia deixar de ser, o Direito Processual Civil. Significa isso dizer que todo o sistema processual deve ser pensado, interpretado e aplicado a partir da Constituição da República. Aliás, é exatamente isso que se lê no art. 1º do CPC: "[o] processo civil será ordenado, disciplinado e interpretado conforme os valores e as normas fundamentais estabelecidos na Constituição da República Federativa do Brasil, observando-se as disposições deste Código".

Vale aqui, porém, uma observação: valores não são normas. Basta pensar que não há valores que sejam uniformemente compartilhados por todos os integrantes da sociedade. Basta pensar no valor "justiça", ou no valor "beleza". Seria possível dizer que todas as pessoas compartilham o mesmo sentimento de justiça? Ou que todos concordariam em definir o que é belo? Parece evidente que não. E é exatamente por isso que o Direito deve ser interpretado e aplicado tão somente a partir de normas, sendo certo que apenas os princípios e as regras têm natureza normativa.

Tenha-se claro, então, que aqui se fala de constitucionalização do Direito no sentido de um processo de transformação de um ordenamento jurídico, ao término do qual tal ordenamento resulta totalmente impregnado pelas normas constitucionais. Pois foi exatamente isso que aconteceu com o Direito Processual Civil brasileiro a partir da promulgação da Constituição da República de 1988. E é a partir da Constituição da República de 1988 que se constrói, no ordenamento jurídico brasileiro, um *modelo constitucional de processo*, formado por uma série de princípios constitucionais que formatam o processo brasileiro.

Não há consenso doutrinário acerca do que se deve entender por *princípio*. É preciso, então, iniciar esta exposição por este ponto: o que se deve entender por *princípio jurídico*. Mas para isso impende deixar desde logo claro o que os princípios *não são*.

Manifesta-se aqui, pois, minha divergência com uma ideia amplamente aceita na doutrina e na jurisprudência brasileiras: a de que princípios seriam *mandados de otimização*. Não é esta, evidentemente, a sede adequada para aprofundamento do tema, mas é preciso deixar claro que esta concepção de princípios leva, inevitavelmente, ao reconhecimento de que princípios entram em colisão e, por isso, são aplicados por meio de um método conhecido como *ponderação* (diferentemente das regras, que seriam aplicadas através do método da subsunção). E daí resultaria uma inevitável possibilidade de julgamentos discricionários, contra os quais tenho sempre me insurgido.

Princípios devem ser vistos como normas jurídicas que estabelecem objetivos a serem alcançados, sendo uma exigência de justiça, ou de correção, ou de alguma outra dimensão da moralidade.

Há, fundamentalmente, duas diferenças entre os princípios e as regras (que compõem o outro tipo de normas jurídicas). A primeira – e talvez mais conhecida – é que regras são aplicáveis à base do "tudo ou nada", enquanto princípios têm "dimensões de peso".

Quando se diz que uma regra se aplica à base do "tudo ou nada" o que se quer dizer é que, diante de uma regra jurídica, ou ela é, ou não é, aplicável a um determinado caso concreto. Assim, quando o aplicador do Direito se depara com um caso ao qual há – ao menos aparentemente – duas regras incompatíveis, ambas aplicáveis, será preciso determinar que apenas uma delas se aplica ("tudo"), enquanto a outra não pode ser aplicada ("nada").

Assim é que, por exemplo, se houver duas regras jurídicas incompatíveis, mas de hierarquias diferentes, a regra hierarquicamente superior sempre será aplicável, e a regra hierarquicamente inferior que é incompatível com a que lhe é superior é inválida. É o que se dá, por exemplo, quando se identifica uma incompatibilidade entre uma regra proveniente de lei e outra proveniente de um decreto. A lei, hierarquicamente superior ao decreto, sempre deverá prevalecer.

Caso ambas as regras (incompatíveis entre si) tenham a mesma hierarquia, então é preciso verificar se uma delas é *geral* e a outra *especial*. É que em um caso assim, a regra especial sempre prevalece sobre a geral. Pense-se, por exemplo, na disposição contida no art. 171, I, do Código Civil (segundo o qual é anulável o negócio jurídico celebrado por agente relativamente incapaz), e na do art. 1.860, parágrafo único, do Código Civil, segundo a qual podem testar os maiores de dezesseis anos, que são relativamente incapazes. Ambas as disposições, encontradas na mesma lei, têm – evidentemente – a mesma hierarquia. Mas a regra especial (que reconhece a validade do testamento feito por quem já tenha dezesseis anos completos) prevalece sobre a regra geral (que afirma a invalidade do negócio jurídico realizado por quem tenha entre dezesseis e dezoito anos de idade).

Pode ocorrer, porém, de surgir um (aparente) conflito entre duas regras de mesma hierarquia, ambas gerais, ou ambas especiais. Neste caso, porém, há de prevalecer a regra posterior, resolvendo-se o aparente conflito por um critério cronológico, nos termos do disposto no art. 2º, § 1º, da Lei de Introdução às Normas do Direito Brasileiro (LINDB).

O que se percebe, então, é que diante de um aparente conflito entre duas regras, só uma delas será aplicável, sendo mesmo o caso de, muitas vezes, dizer-se que uma das regras incompatíveis é inválida, ineficaz, ou foi revogada.

Já com os princípios as coisas se passam de modo diverso. Quando parece haver uma colisão entre princípios, daí não poderá jamais resultar a invalidade, ineficácia ou revogação de um pelo outro. O que há é a necessidade de identificar-se qual deles é o aplicável ao caso concreto. E como, em cada caso, só um deles será aplicável, então a rigor nem se pode falar de uma verdadeira colisão entre eles. Afinal, insista-se, só um era aplicável.

A determinação de qual dos princípios é aplicável deve se dar através da construção de decisões judiciais dotadas de integridade e coerência (como expressamente prevê o art. 926 do CPC). E a decisão dotada de integridade e coerência deverá ser considerada a "resposta correta" para o caso concreto. Ora, se essa é a *decisão correta*, então o princípio que não foi aplicado não era mesmo aplicável e, portanto, não havia verdadeiramente uma colisão entre os princípios.

Pense-se, por exemplo, no caso de alguém precisar obter uma medida judicial de urgência, sendo impossível aguardar-se a manifestação da parte contrária, sob pena de a decisão tornar-se inócua. É o que acontece, por exemplo, em casos nos quais alguém vai a juízo buscar uma medida judicial destinada a assegurar a realização de uma intervenção cirúrgica de emergência. Ora, se de um lado existe o *princípio da efetividade do processo*, de outro existe o *princípio do contraditório*, a exigir que as partes sejam ouvidas previamente à decisão judicial. Ocorre que, no caso em exame, a urgência faz com que se possa decidir sem contraditório prévio (o que, aliás, consta expressamente do art. 9º, parágrafo único, do CPC). Pois se é assim, então no caso de que aqui se trata só o princípio da efetividade do processo é aplicável, e não o princípio do contraditório. E se só aquele primeiro princípio se aplica, mas não o segundo, então a rigor nem existe entre eles qualquer conflito. Daí não resulta, porém, a invalidade, ineficácia ou revogação do princípio do contraditório, que permanece válido, eficaz e vigente no ordenamento jurídico.

A outra diferença está em que princípios, sozinhos, não estabelecem solução para casos concretos. Apenas regras o fazem. Os princípios, individualmente considerados, não prescrevem resultados, o que é uma outra maneira de dizer que os princípios não são regras. Somente regras ditam resultados. É que os princípios inclinam a decisão em uma direção, embora não de maneira conclusiva. Assim, por exemplo, a circunstância de haver no ordenamento jurídico o princípio do contraditório inclina, necessariamente, o juiz a considerar que antes de decidir deve ouvir as partes, mas não estabelece de forma decisiva como ele deve proceder se, no curso do processo, uma das partes juntar aos autos um documento. Para isso, ele terá de aplicar a regra segundo a qual é preciso, diante da juntada de documento por uma das partes, permitir que a outra se manifeste no prazo de quinze dias (CPC, art. 437, § 1º).

Pois fixada a concepção que aqui se adota de princípios, é possível então se voltar ao ponto em que se afirmava existir um modelo constitucional de processo, composto por uma série de princípios constitucionais que, como anteriormente dito, formatam o processo (não só o civil, mas é dele que aqui se trata) que se tem no ordenamento jurídico brasileiro. Pois é deles que se passa a tratar.

3.2. PRINCÍPIO DO DEVIDO PROCESSO CONSTITUCIONAL

O princípio do devido processo constitucional tem sede no art. 5º, LIV, da Constituição da República, segundo o qual "ninguém será privado da liberdade ou de seus bens sem o devido processo legal".

A expressão *devido processo legal* é uma evidente tentativa de tradução do inglês *due process of law*. Sempre considerei a tradução ruim, já que na expressão inglesa a palavra *law* não parece designar a lei, mas o próprio Direito. Uma tradução literal, então, deveria falar em "devido processo de Direito". Como será exposto adiante, porém, penso que a designação adequada para o princípio é *devido processo constitucional*. A origem mais remota dessa garantia é a Seção 39 da *Magna Charta Libertatum*, diploma normativo inglês editado em 1215, e que costuma ser apontado como uma espécie de "primeira Constituição" de que se teve notícia.

A Seção 39 da *Magna Charta Libertatum* estava assim redigida:

> *Nullus líber homo capiatur, vel imprisonetur, aut disseisiatur, aut utlagetur, aut exuletur, aut aliquo modo destruatur, nec super cum ibimus, nec super cum mittemus, nisi per legale judicium parium suorum vel per legem terre.*

Esse texto assim se traduz para o vernáculo:

> Nenhum homem livre será detido ou aprisionado ou privado dos seus bens ou dos seus direitos legais ou exilado ou de qualquer modo prejudicado. Não procederemos nem mandaremos proceder contra ele, a não ser pelo julgamento regular dos seus pares ou de acordo com as leis do país.

Perceba-se que, não obstante aí se encontre a mais remota origem da cláusula *due process of law*, a expressão que se tornaria famosa não aparece no texto normativo da *Magna Charta*. A expressão só apareceria numa versão de 1354, editada no reinado de Eduardo III da Inglaterra, com a seguinte redação:

> *That no Man of what Estate or Condition that he be, shall be put out of Land or Tenement, nor taken, nor imprisoned, nor disinherited, nor put to Death, without he be brought in Answer by due Process of the Law.*

Livremente traduzido, o texto é o seguinte:

> Que nenhum homem, qualquer que seja seu estado ou condição, seja posto para fora de sua terra ou construção, nem pego ou aprisionado, nem deserdado, nem levado à morte, sem antes ser levado a responder mediante o devido processo de Direito.

Como se vê claramente, a garantia do *due process of law* surgiu como um mecanismo de proteção da vida (*put to Death*), da liberdade (*taken, nor imprisoned*) e da propriedade (*put out of Land or Tenement*). E foi exatamente assim que se formou o texto constitucional brasileiro, em que se afirma que o "devido processo legal" deve ser observado para que alguém seja privado de sua liberdade ou de seus bens.

Modernamente, porém, a garantia do devido processo é compreendida de modo muito amplo, sendo preciso examiná-la em seus dois aspectos (ou dimensões): substancial e processual. Por razões evidentes, porém, neste livro se dará atenção especial à dimensão processual do devido processo.

O devido processo substancial é o princípio por meio do qual se controla o arbítrio do Legislativo e a discricionariedade dos atos do Poder Público, com o objetivo de realizar um exame de razoabilidade e de racionalidade (*rationality*) das normas jurídicas e dos atos do Poder Público. O devido processo substancial é, então, uma fusão entre o princípio da legalidade e o da razoabilidade para o controle da validade dos atos normativos e da generalidade das decisões estatais. Trata-se, pois, o devido processo substancial do próprio princípio da razoabilidade das leis e dos atos administrativos, tema cujo estudo incumbe ao Direito Constitucional, e não ao Direito Processual.

Interessa aqui, portanto, a dimensão processual do princípio do devido processo. E se inicia a exposição do ponto pela questão terminológica. É que, embora o texto constitucional brasileiro fale, expressamente, em *devido processo legal*, o que ali verdadeiramente se assegura é o *devido processo constitucional*. Isto é uma consequência do fenômeno – anteriormente estudado – da constitucionalização do Direito, o qual levou a que se passasse a pensar todo o Direito, inclusive o Direito Processual Civil, a partir de uma ótica constitucional. O princípio do devido processo, então, permitiu que se estabelecesse um *modelo constitucional de processo civil*.

A visão constitucional do processo vem, cada vez mais, se universalizando. Na atualidade, princípios e direitos processuais fundamentais – frequentemente de origem e natureza constitucional – passaram a ser vistos como essenciais, necessários para o exercício de outros direitos fundamentais. Sua crescente natureza constitucional e fundamental transformou o processo em um tema nobre.

Pois a partir de um pensamento constitucional acerca do processo, impende considerar que o princípio do "devido processo legal" é, na verdade, o princípio responsável por assegurar que os processos (de qualquer natureza, mas, para o que a este texto interessa, especialmente os processos *civis*) desenvolvam-se conforme o *modelo constitucional de processo*.

Assim, deve-se entender que o princípio do devido processo constitucional assegura que o resultado final do processo (seja ele cognitivo ou executivo) se produza sob disciplina constitucional principiológica. Em outras palavras, a garantia constitucional do devido processo é uma garantia de que o processo se desenvolva *em conformidade com a Constituição* e, por isso, é possível afirmar a existência de um direito fundamental ao *devido processo constitucional*.

Impende, todavia, observar que no ordenamento jurídico brasileiro – que consagra de modo expresso uma série de outros princípios do processo que normalmente são vistos como corolários do princípio do devido processo –, o princípio de que ora se trata acaba por funcionar como uma espécie de cláusula de encerramento, a incidir em casos não cobertos por disposições consagradoras de garantias específicas, como a do contraditório e ampla defesa (art. 5º, LV, da Constituição da República), a do juiz natural (art. 5º, LIII), ou a da publicidade dos atos do processo (art. 5º, LX) e outras.

Entre os princípios constitucionais do processo que resultam da garantia do devido processo mas não estão expressos no texto constitucional (e, por isso, são princípios implícitos na garantia do devido processo) pode-se destacar o princípio do promotor natural. O STF já teve oportunidade de proferir decisão reconhecendo que o princípio do promotor natural está inserido no ordenamento jurídico brasileiro e o vinculando à cláusula do devido processo (a decisão pioneira e mais importante sobre o tema é o acórdão proferido no HC 67.759-2/RJ, rel. Min. Celso de Mello, j. em 06/08/1992).

Dito de outro modo: o princípio do devido processo constitucional cumpre um duplo papel no sistema jurídico brasileiro: ele é a "porta de entrada" do modelo constitucional de processo, assegurando que todo e qualquer processo se desenvolva em conformidade com a Constituição da República; mas ele é também "cláusula de encerramento", garantindo que se façam presentes no sistema princípios do processo que não tenham sido expressamente positivados.

A Constituição da República, porém, consagra uma série de outros princípios que, junto com o devido processo constitucional, compõem o modelo constitucional de processo civil brasileiro. É preciso examiná-los, pois.

3.3. PRINCÍPIO DA IGUALDADE

O princípio da igualdade, positivado no *caput* e no inciso I do art. 5º da Constituição da República, integra – como não poderia deixar mesmo de ser – o modelo constitucional de processo civil brasileiro.

Pode-se dizer que o texto constitucional brasileiro tem uma verdadeira obsessão pela igualdade. Já se fala dela no preâmbulo, e se volta a ela quando da enumeração dos objetivos fundamentais da República (art. 3º, III, onde se fala em "erradicar a pobreza e a marginalização e reduzir as desigualdades sociais e regionais". No art. 4º, V, se fala em "igualdade entre os Estados" como princípio regente das relações internacionais travadas pelo Brasil. Mas é no pleonástico *caput* do art. 5º que a obsessão se torna mais evidente. Afinal, depois de afirmar que "todos são iguais perante a lei", o texto afirma, de forma redundante, que essa igualdade se dá "sem distinção de qualquer natureza". Ora, é óbvio – para dizer o mínimo – que se todos são iguais perante a lei, então não se pode admitir qualquer tipo de distinção. Afinal, feita a distinção, já não serão mais todos iguais.

Não fosse suficiente a redundância já apontada, o texto do *caput* do art. 5º prossegue dizendo que todos os direitos fundamentais assegurados aos brasileiros também são garantidos aos estrangeiros residentes no país. Ora, se assim não fosse, estar-se-ia diante de uma distinção feita com base na nacionalidade. Mas se não pode haver distinção de qualquer natureza, então evidentemente não se pode distinguir pela nacionalidade. Pois depois de tudo isso, vem-se afirmar que entre os direitos assegurados a todos está o direito à igualdade. Perceba-se: todos são iguais, não se admite qualquer distinção, os direitos assegurados aos brasileiros também são garantidos aos estrangeiros, e isso inclui o direito à igualdade. E para fechar com chave de ouro, o inciso I do art. 5º ainda diz que "homens e mulheres são iguais em direitos e obrigações".

É preciso, então, buscar determinar como se manifesta, em sede processual civil, este princípio tão obsessivamente positivado pela Constituição da República.

Tradicionalmente, a doutrina brasileira trata do princípio da igualdade a partir de uma visão aristotélica, afirmando que consiste a igualdade em *tratar igualmente os iguais e desigualmente os desiguais, na medida de suas desigualdades*. Esta, porém, é uma afirmação baseada em ideias absolutamente imprecisas, já que não existem mecanismos seguros para medir as desigualdades. Daí a razão pela qual houve quem buscasse outros modos se tratar do princípio da igualdade, destacando-se o trabalho de Ronald Dworkin, para quem esse princípio consiste em exigir que a todos se trate com igual consideração. Para esse jusfilósofo, a igualdade é preservada quando ninguém inveja a parcela de trabalho e recompensa que outros tenham alcançado.

Pois é exatamente para assegurar que no processo todos sejam tratados com igual respeito e consideração que o art. 7º do CPC estabelece que "[é] assegurada às partes paridade de tratamento em relação ao exercício de direitos e faculdades processuais, aos meios de defesa, aos ônus, aos deveres e à aplicação de sanções processuais". Significa isto dizer que, no processo civil, é exigido que as partes tenham meios equivalentes para exercer seus direitos e faculdades processuais, atuando no processo com *paridade de armas*. Casos iguais ou análogos devem submeter-se, então, ao mesmo regramento processual. E casos iguais devem receber do Judiciário respostas iguais. Tem-se aí a igualdade processual, que se manifesta de três modos distintos: *igualdade de equipamentos, igualdade de procedimentos, igualdade de resultados*.

Justifica-se, então, a existência de situações em que se estabelecem tratamentos diferenciados para os sujeitos do processo, como se dá no caso de serem duplicados os prazos processuais para os assistidos da Defensoria Pública, ou quando se inverte o ônus da prova em favor de parte que, por alguma razão, seja vulnerável. Esses casos de tratamento diferenciado são mecanismos de construção de um processo equilibrado, em que não se permite que o resultado final favoreça a parte mais forte simplesmente por ela ser a mais forte. Dito de outro modo, o reconhecimento de uma desigualdade entre as partes leva à necessidade de estabelecimento de uma "igualdade de recursos" que faz com que se justifique a atribuição de tratamento mais favorável a uma das partes.

Há, porém, outro aspecto a considerar: é que do princípio da igualdade resulta, também, o *direito à diferença*, entendido como respeito à diferença e à diversidade. Essa dimensão do princípio da igualdade permite afirmar sua proporção emancipatória, de modo a articular as exigências do reconhecimento e da distribuição, de uma igualdade que reconheça as diferenças e de uma diferença que não produza, alimente ou reproduza desigualdades. É, pois, a partir do princípio da igualdade que se chega ao reconhecimento da visibilidade das diferenças, capaz de conduzir a uma plataforma emancipatória e igualitária.

O princípio da igualdade se manifesta, por diversas vezes, no texto do CPC. Além do já citado art. 7º, vale recordar aqui o art. 139, I (que estabelece a existência de um poder-dever do juiz de assegurar às partes igualdade de tratamento); o art. 167, § 2º (que prevê a necessidade de se observar a igualdade entre conciliadores e mediadores de mesma área de atuação profissional quando da distribuição de processos entre eles); o art. 285 (que determina a observância de *rigorosa igualdade* na distribuição de processos entre juízos). Mas o texto do CPC também prevê casos de tratamento diferenciado (os quais, como já visto, são perfeitamente compatíveis com o princípio constitucional da igualdade), como é o caso do art. 139, VI (que prevê a possibilidade de o juiz dilatar prazos processuais em favor de uma das partes, adequando-os às necessidades do conflito).

3.4. PRINCÍPIO DO JUÍZO "NATURAL" (CONSTITUCIONAL)

Princípio cuja observância é necessária para que se desenvolva um processo compatível com o moderno Estado Democrático de Direito, o princípio do juiz natural (ou do juízo constitucional, como mais apropriadamente deveria ser designado) exige que o tribunal esteja investido de jurisdição e o juiz seja determinado previamente conforme critérios abstratos.

Trata-se de princípio que está presente em diversas Constituições modernas. O art. 25.1 da Constituição Italiana, por exemplo, estabelece que "[n]inguém pode ser desviado do juiz natural pré-constituído por lei". O art. 24.2 da Constituição Espanhola estabelece que "todos têm direito ao Juiz ordinário predeterminado pela lei". Por isso se tem reconhecido em sede doutrinária ser claramente perceptível que países que sofreram com regimes políticos fascistas, como Alemanha, Itália, Portugal e Espanha, asseguraram o princípio do juízo natural em suas novas Constituições. No Brasil, cuja atual Constituição também foi promulgada após o País livrar-se de um regime ditatorial, o princípio do juízo natural encontra-se expresso nos incisos XXXVII ("não haverá juízo ou tribunal de exceção") e LIII ("ninguém será processado nem sentenciado senão pela autoridade competente") do art. 5º da Constituição da República.

Por força do princípio do juízo natural, então, o processo deve instaurar-se e se desenvolver perante um órgão jurisdicional cuja competência tenha sido prefixada. Significa isto dizer que o legislador deve predispor um ordenamento de competências, segundo critérios por ele próprio estabelecidos, de modo que seja sempre normativamente determinado – e cognoscível *a priori*, quando da verificação dos fatos sobre os quais haja de desenvolver-se um processo – o órgão a que caberá julgar.

No Direito brasileiro, tem-se entendido que o princípio do juízo natural assegura que o juízo perante o qual o processo deve instaurar-se deve ter sua *competência constitucional pré-constituída*. Em outros termos, a doutrina brasileira tem considerado que apenas as disposições constitucionais acerca da divisão de trabalho entre as diversas estruturas do Judiciário dizem respeito ao *juízo natural*. Na verdade, então, o juiz natural, no sistema brasileiro, equivale à garantia de que ninguém pode ser subtraído de seu juiz *constitucional*, de sorte que se considera juiz natural o órgão judiciário cujo poder de julgar derive de fontes constitucionais.

Assim, pode-se definir o *juízo natural* do modelo constitucional brasileiro de processo como o *juízo cuja competência constitucional tenha sido prefixada*.

A Constituição da República do Brasil, ao tratar do Poder Judiciário, não se limita a dizer que estruturas o compõem (art. 92); quais seriam os princípios que regem a atuação da Magistratura (art. 93); como se dá a composição dos Tribunais (por exemplo, no art. 94) ou quais são as garantias da Magistratura (art. 95). A Carta brasileira vai muito além disso, e estabelece, entre as diversas estruturas que compõem o Poder Judiciário, uma verdadeira *divisão de trabalho*, fixando o que pode, por ora, ser chamado de *sistema de competências constitucionais*.

Assim é que, no texto constitucional, podem ser encontradas as competências constitucionais do STF (art. 102), do STJ (art. 105), dos Tribunais Regionais Federais (art. 108), dos juízos federais de primeira instância (art. 109), da Justiça do Trabalho (art. 114), dos órgãos da Justiça Eleitoral (art. 121) e da Justiça Militar (art. 124), sendo certo que a competência constitucional da Justiça dos Estados é residual, a elas incumbindo todos aqueles casos que não se enquadram nas áreas de atuação das demais estruturas componentes do Poder Judiciário.

Pois o respeito ao princípio do juízo "natural" (ou melhor, juízo constitucional) exige que o processo se instaure perante órgão dotado de competência constitucional para conhecer da causa, tendo essa competência constitucional sido fixada antes de ocorrer o fato submetido à apreciação jurisdicional. É o que resulta da interpretação conjunta do inciso LIII do art. 5º da Constituição da República (todos têm o direito ao julgamento pelo órgão jurisdicional competente, isto é, constitucionalmente competente) e do inciso XXXVII do mesmo art. 5º (o juízo constitucionalmente competente não pode ser um *juízo de exceção*, ou seja, não pode ter sua competência fixada após o fato que será submetido à apreciação jurisdicional).

Dito de modo mais simples: no momento em que ocorre o fato que será submetido à apreciação jurisdicional deve ser possível indicar qual o órgão jurisdicional constitucionalmente competente para dele conhecer. Modificações posteriores do texto constitucional, evidentemente, são legítimas (desde que feitas através de emendas constitucionais regularmente aprovadas), mas só se aplicam a fatos ocorridos depois delas. Afasta-se aqui, pois, a ideia segundo a qual a norma processual se aplica de imediato e alcança os processos em curso. Disposição nova sobre competência constitucional só alcança fatos que venham a ocorrer depois de sua entrada em vigor.

Assim, por exemplo, uma hipotética emenda constitucional que viesse a transferir para a Justiça Federal competências que hoje são da Justiça Estadual só seria aplicável a fatos ocorridos depois de sua entrada em vigor. O ajuizamento de alguma demanda depois do início da vigência da emenda, mas que verse sobre fatos ocorridos antes dela, deverá se dar perante a Justiça Estadual, pois este é o juízo natural da causa (afinal, nesse exemplo seria a Justiça Estadual o *juízo com competência constitucional prefixada*).

É preciso, todavia, registrar um dado importante: o Supremo Tribunal Federal não tem tratado da matéria nos termos aqui expostos. Basta ver o que ocorreu quando da edição da Emenda Constitucional nº 45: diante da alteração de competências constitucionais, tendo ocorrido a transferência, para a Justiça do Trabalho, de uma série de competências que anteriormente eram da Justiça Estadual, entendeu o STF que as novas disposições eram imediatamente aplicáveis, inclusive aos processos em curso (STF, CC 7.204/MG, rel. Min. Ayres Britto, j. em 29/06/2005), desde que ainda não tivesse sido proferida a sentença na data da entrada em vigor da Emenda (e, claro, os processos em que já houvesse sentença continuariam na Justiça Estadual). Tal decisão, segundo o próprio STF afirmou na altura, foi proferida por uma questão de "política judiciária" (expressão que seria posteriormente repetida no julgamento do AI 634.728 AgR/GO, rel. Min. Ayres Britto, j. em 01/06/2010), tendo tal entendimento se consolidado no Enunciado nº 22 de súmula vinculante ("A Justiça do Trabalho é competente para processar e julgar as ações de indenização por danos morais e patrimoniais decorrentes de acidente de trabalho propostas por empregado contra empregador, inclusive aquelas que ainda não possuíam sentença de mérito em primeiro grau quando da promulgação da Emenda Constitucional 45/2004"). Fica, aqui, porém, a reiteração de um ponto que parece fundamental: com todas as vênias devidas ao STF, juízes não devem decidir por fundamentos políticos, mas por fundamentos de princípio.

Perceba-se, aliás, que a solução preconizada pelo STF cria, a rigor, um novo problema: é que dois processos distintos, referentes a fatos ocorridos ao mesmo tempo, mas que tenham tramitado com velocidades diferentes, podem ter tratamento absolutamente distinto. Basta pensar que seria possível um permanecer na Justiça Estadual (por já ter sido nele proferida a sentença) e o outro seguir para a Justiça do Trabalho (por não sido ainda prolatada a sentença). Assim, sob o pretexto de assegurar o respeito ao juízo natural (constitucional), ter-se-ia uma violação do princípio da igualdade.

Daí a necessidade de se adotar a interpretação aqui sustentada, e considerar que em casos assim, nos quais se tenha a alteração, por Emenda Constitucional, de disposições normativas sobre competência constitucional, a nova disposição, resultante da Emenda, só pode ser aplicada a processos que versem sobre fatos ocorridos após a entrada em vigor da Emenda. Só assim a regra sobre competência constitucional terá sido interpretada à luz do princípio constitucional do juízo natural e, pois, só assim se terá por plenamente respeitado o modelo constitucional de processo civil.

3.5. PRINCÍPIO DA INAFASTABILIDADE DO CONTROLE JURISDICIONAL

Expresso no inciso XXXV do art. 5º da Constituição da República, segundo o qual "a lei não excluirá da apreciação do Poder Judiciário lesão ou ameaça a direito", este princípio está reiterado no art. 3º, *caput*, do CPC (cuja dicção é "não se excluirá da apreciação jurisdicional ameaça ou lesão a direito").

Tem-se aí uma garantia normativa de pleno e universal acesso à jurisdição. Mas é preciso determinar o preciso significado dessa garantia.

Em primeiro lugar, a garantia da inafastabilidade da jurisdição assegura a todas as pessoas a possibilidade de comparecer perante um órgão jurisdicional para deduzir uma pretensão qualquer. Em outros termos, qualquer pessoa pode ir a juízo e deduzir em face de outra pessoa a pretensão que quiser, cabendo ao Estado, em contrapartida, dar uma resposta (que não será necessariamente favorável) a essa pretensão. O ordenamento jurídico brasileiro, então, não permite a criação, por lei, de filtros de acesso ao Judiciário que impeçam a dedução de algum tipo de pretensão. Seria inconstitucional, por exemplo, uma lei que estabelecesse que determinado tipo de conflito de interesses não pode ser levado ao Judiciário e só poderia ser solucionado por algum outro meio (como a mediação ou a arbitragem, por exemplo) ou, ainda pior, não poderia ser solucionado.

Há um ponto, porém, que precisa ser aqui abordado. É preciso examinar a tradicional (e correta) afirmação segundo a qual não se exige, para o acesso à jurisdição, um prévio esgotamento das instâncias administrativas. Costuma-se afirmar que a Constituição da República extirpou do sistema jurídico brasileiro a denominada "jurisdição condicionada", assim entendida a exigência de que o exercício da atividade jurisdicional fique condicionado ao prévio esgotamento das instâncias administrativas.

Pense-se, por exemplo, no caso de uma pessoa jurídica ser multada por um fiscal do Estado por conta de uma suposta irregularidade fiscal. É perfeitamente possível que a pessoa jurídica a quem a multa foi imposta provoque a Administração Pública para que esta reveja seu ato. Não é, porém, necessário que isto ocorra, sendo possível ir desde logo a juízo para demandar a invalidação do ato administrativo. E no caso de se optar pela esfera administrativa, não é preciso que se esgotem todas as instâncias, não se podendo exigir a interposição e esgotamento dos recursos administrativos para que só depois se possa admitir o ingresso em juízo.

Existem, porém, exceções legítimas a isso: uma delas é a regra que se constrói a partir do disposto no art. 217, § 1º, da Constituição da República, que exige o prévio exaurimento das instâncias da Justiça Desportiva para que se abra o acesso ao Judiciário.

Há, porém, uma exceção que não está expressamente prevista na Constituição da República. É a que consta do § 1º do art. 7º da Lei nº 11.417/2006, que exige o prévio esgotamento das instâncias administrativas para que se admita o emprego de reclamação (dirigida ao STF) contra atos comissivos ou omissivos da Administração Pública que contrariem enunciados de súmula vinculante. O Supremo Tribunal Federal vem reputando essa restrição plenamente compatível com o regime constitucional brasileiro (veja-se, por exemplo, a decisão proferida pelo Plenário do STF no julgamento da Rcl 14.343 AgR/CE, rel. Min. Teori Zavascki, j. em 27/02/2014), embora não esteja ela prevista na própria Constituição da República, mas em lei específica. E realmente essa restrição faz sentido, devendo ser considerada compatível com o ordenamento jurídico brasileiro. É que os enunciados de súmula vinculante são de observância obrigatória também pelos órgãos de Administração Pública. Assim, é razoável supor que a parte, através de um recurso administrativo, conseguirá corrigir a decisão equivocada, fazendo incidir no caso concreto o entendimento firmado na súmula vinculante, sem necessidade de provocar-se a atuação do Supremo Tribunal Federal.

Não se confunde com a (na maioria das vezes inconstitucional) exigência de esgotamento das instâncias administrativas um outro fenômeno, que pode ser designado por "exigência de indeferimento do requerimento administrativo para que exista necessidade de ir a juízo". Mais adiante, no trato das "condições da ação", se falará sobre o interesse processual, e se poderá verificar que um dos elementos de aferição deste requisito do pronunciamento sobre o mérito do processo é a necessidade do processo. Há casos, porém, em que essa necessidade só se manifesta depois de haver um requerimento administrativo indeferido (ou sem resposta por tanto tempo que se pode considerar ter havido um indeferimento tácito ou implícito). É o que se dá, por exemplo, no caso de alguém pretender obter em juízo a revisão de um benefício previdenciário. Ora, se não foi sequer formulado um requerimento administrativo, não se pode afirmar presente a necessidade concreta da instauração do processo judicial. Assim decidiu o STF no julgamento do RE 631.240/MG, rel. Min. Roberto Barroso, j. em 03/09/2014. Vale mencionar que no aludido acórdão o STF fez, de forma expressa, distinção entre a exigência de se formular um requerimento administrativo que venha a ser indeferido (ainda que tacitamente, pelo decurso do prazo legal para seu exame) e a exigência de exaurimento da via administrativa.

O mesmo raciocínio pode ser empregado em outros casos, como aqueles em que se busca cobrar indenização devida em função do sistema de seguro DPVAT sem que antes se tenha formulado requerimento administrativo de regulação do sinistro junto à seguradora responsável pelo pagamento da indenização (como decidiu o STJ, por exemplo, ao julgar o AgRg no REsp 936.574/SP, rel. Min. Paulo de Tarso Sanseverino, j. em 02/08/2011).

O art. 3º do CPC, ao reafirmar a já constitucionalmente assegurada inafastabilidade do controle jurisdicional, afirma (em seu § 1º) que "é permitida a arbitragem, na forma da lei". Sobre este tema, há uma importante discussão acerca da natureza – jurisdicional ou não – da arbitragem. De minha parte, sempre sustentei ser a arbitragem um fenômeno sem natureza jurisdicional (embora possa ser considerada um *equivalente da jurisdição*), por entender que a atividade jurisdicional é, por definição, uma atividade exercida pelo Estado. Qualquer que seja a natureza da arbitragem, porém, é preciso reconhecer sua plena compatibilidade com o princípio constitucional da inafastabilidade do controle jurisdicional. É que o texto constitucional expressamente assegura que *a lei* não excluirá da apreciação jurisdicional qualquer pretensão que se queira deduzir, e o processo arbitral só é adequado para a solução de conflitos quando sua utilização resulta de uma convenção celebrada pelas partes (Lei nº 9.307/1996, art. 3º).

Do mesmo modo, não afronta o princípio da inafastabilidade do controle jurisdicional a possibilidade – que, nos termos dos §§ 2º e 3º do art. 3º do CPC, deve mesmo ser estimulada – de emprego de meios de solução consensual dos conflitos, como a conciliação e a mediação. Estes são meios que, além de consensuais, devem ser considerados como os mais adequados para a resolução de diversos tipos de conflitos, como os de família, de vizinhança ou societários. Certo é, porém, que nem todos os litígios serão resolvidos por via do consenso. Daí a necessidade de se ter garantido o acesso à jurisdição.

A garantia constitucional de acesso à jurisdição, como estabelecida na Constituição da República, assegura proteção não só para direitos já lesados, mas também para os direitos ameaçados de lesão. Resulta daí a necessidade de tutelas jurisdicionais preventivas, como a tutela inibitória (CPC, art. 497, parágrafo único), destinada a impedir a prática de ato ilícito, bem como de tutelas jurisdicionais destinadas a atuar em casos urgentes (a tutela provisória de urgência, de que trata o CPC a partir do art. 300). Não se pense, porém, que em razão dessa garantia constitucional se deva considerar que há um poder ilimitado do juiz de concessão de medidas jurisdicionais urgentes. Existem restrições legítimas à concessão de tutelas de urgência, como se vê no art. 300, § 3º, do CPC (que veda a concessão de tutela de urgência satisfativa que produza efeitos irreversíveis). É que em todos esses casos a medida urgente, embora baseada em um exame pouco profundo da causa (aquilo que se costuma designar pela expressão *cognição sumária*), destina-se a produzir efeitos práticos irreversíveis. É, pois, legítimo que a lei vede a prolação de decisões que, não obstante precárias, pois que podem ser posteriormente modificadas ou revogadas, produzam consequências práticas irreversíveis, o que só pode resultar de decisões fundadas em cognição exauriente, isto é, no mais profundo exame da causa que se possa exercer.

3.6. PRINCÍPIO DO CONTRADITÓRIO

Previsto no inciso LV do art. 5º da Constituição da República, o princípio do contraditório é, de todos os princípios que compõem o modelo constitucional do processo civil brasileiro, sem dúvida o mais importante. Essa afirmação é feita por uma única razão: o contraditório é, de todos os princípios constitucionais do processo, o único que integra o próprio conceito de processo, o qual deve ser entendido – como se poderá ver melhor adiante – como um *procedimento em contraditório*. É que, se ao procedimento de formação do provimento, às atividades preparatórias através das quais se verificam os pressupostos do próprio provimento, são chamados a participar, em uma ou mais fases, também os interessados, em contraditório, tem-se aí a própria essência do processo: ser um procedimento ao qual, além do autor do ato final, participam, em contraditório entre eles, os interessados, isto é, os destinatários dos efeitos de tal ato.

O contraditório é, então, a *característica própria* do processo, concepção perfeitamente compatível com o modelo constitucional brasileiro de processo, em que o contraditório tem de ser observado sem qualquer ressalva, limitação ou restrição.

Desde os primórdios do desenvolvimento da ciência processual já se reconhecia a importância do princípio do contraditório, sendo este princípio visto como essencial para a compreensão da estrutura do processo. No século XIX, Adolf Wach, um dos pioneiros da ciência processual alemã, já afirmava que a finalidade do processo compreende dois interesses em colisão: o interesse de tutela jurídica afirmado pelo demandante e o interesse do demandado. O processo serve, segundo Wach, tanto para o ataque como para a defesa, para afirmar o direito e para negá-lo. E isso seria comprovado pela natureza contraditória do processo, que se baseia na antítese da petição autoral e da petição de rechaço, e o alcance da resolução passada em autoridade de coisa julgada, que é sentença não apenas sobre a primeira, mas também sobre a segunda dessas petições.

Essa visão inicial do princípio do contraditório, porém, o enxergava como uma garantia meramente formal, composta por um binômio: direito de informação e direito de manifestação. Chiovenda, por exemplo, afirmava que normalmente não se pode dispor sobre uma demanda sem ouvir ou citar devidamente a parte contra a qual se propôs (princípio do contraditório: *audiatur et altera pars*. E Carnelutti afirmava que uma vez que cada uma das partes tem interesse na justiça do resultado do processo só nos limites em que este o favorece, se entende que uma garantia principal de dita justiça deve consistir na colaboração de ambas, a qual, dada a oposição de seus interesses, se desenvolve mediante o *contraditório*.

Fica claro, assim, que a visão clássica do princípio do contraditório o vislumbrava como a mera garantia formal de que as partes seriam informadas de tudo que acontece no processo e, por consequência, poderiam manifestar-se sobre esses acontecimentos. Daí a clássica definição de contraditório como garantia de ciência bilateral dos atos e termos processuais e possibilidade de contrariá-los. Essa definição, apresentada nos anos 1930, influenciou autores muito mais recentes, inclusive em trabalhos escritos depois da Constituição da República de 1988. É o caso, por exemplo, de Ada Pellegrini Grinover, para quem o contraditório se desdobra em dois momentos – a informação e a possibilidade de reação.

Essa visão clássica do princípio do contraditório, porém, está há já muito tempo ultrapassada. O contraditório meramente formal não é compatível com o paradigma do Estado Democrático de Direito, imposto pelo art. 1º da Constituição da República, por força do qual se impõe a necessidade de participação efetiva dos interessados na construção dos provimentos (isto é, dos atos de poder) capazes de afetar suas esferas jurídicas. É que, como afirma Habermas, no princípio da soberania popular, segundo o qual todo o poder do Estado vem do povo, o direito subjetivo à participação, com igualdade de chances, na formação democrática da vontade, vem ao encontro da possibilidade jurídico-objetiva de uma prática institucionalizada de autodeterminação dos cidadãos. Esse princípio forma a conexão entre o sistema dos direitos e a construção de um Estado de direito.

Vale aqui lembrar que, conforme a concepção de democracia desenvolvida por Dworkin, é preciso construir-se uma teoria da participação igualitária para permitir verificar se uma decisão é ou não democrática. É que, segundo Dworkin, os cidadãos de uma comunidade política governam a si mesmos, em um senso especial, mas valioso, de autogoverno, quando a ação política é apropriadamente vista como ação coletiva através de uma parceria em que todos os cidadãos participam como parceiros livres e iguais, e não em uma disputa por poder político entre grupos de cidadãos.

Resulta desse conceito de democracia, portanto, que todos os indivíduos são responsáveis pelas consequências das ações coletivas dos grupos a que pertencem, dividindo responsabilidades por suas conquistas ou fracassos. Assim sendo, é preciso que em uma Democracia sejam criadas as condições para dar a cada cidadão uma parcela da responsabilidade coletiva pelas decisões da comunidade.

Tudo isso permite afirmar que, segundo essa concepção democrática, que não é majoritária, mas *constitucional*, é preciso adotar uma compreensão constitucional da cláusula do contraditório.

Assim, no Estado Democrático de Direito existe um direito, a todos assegurado, à participação na formação democrática dos pronunciamentos estatais. E este direito se manifesta no processo por meio da garantia constitucional do contraditório. Daí a importância de se conhecer a mais moderna concepção de contraditório, afinada com o Estado Democrático de Direito, a única compatível com o Estado Constitucional Brasileiro constituído a partir de 1988.

Modernamente se tem visto no contraditório mais do que uma garantia meramente formal. Reconhece-se a existência de uma garantia substancial do contraditório, compreendido como direito de participação com influência e garantia de não surpresa. Esta concepção mais moderna do princípio do contraditório, visto como garantia de efetiva participação com influência na formação do resultado do processo, surgiu a partir da doutrina alemã, que passou a ver no contraditório não uma mera garantia formal de bilateralidade de audiência, mas como possibilidade de influência sobre o conteúdo das decisões e sobre o desenvolvimento do processo, com inexistentes ou reduzidas possibilidades de que o resultado surpreenda as partes. Há algumas décadas que já se tem afirmado que o assim chamado julgamento surpresa é um câncer na administração do Direito, já que ele mina a confiança daqueles que procuram por justiça no Direito. Julgamentos-surpresa, porém, podem ser evitados apenas se o dever de esclarecimento do tribunal é decisivamente expandido e institucionalizado em todo estágio do procedimento.

É preciso, então, que o contraditório seja visto como uma garantia de que as decisões (ou, mais amplamente, os resultados do processo, pois é preciso também considerar a atividade executiva, que não se destina a produzir decisões) sejam produzidas sem que se apresentem como capazes de surpreender as partes. E isto só se consegue se o princípio do contraditório for compreendido como a garantia de que as partes poderão efetivamente participar, com influência, de sua formação. Trata-se, pois, de considerar o contraditório como o "direito de ser ouvido". E aqui é preciso ter claro que o *direito de ser ouvido* é muito mais do que uma mera garantia (formal) do direito de manifestar-se. Afinal, de nada adianta "falar sem ser ouvido", o que muitas vezes acontece na prática forense brasileira, em que decisões são proferidas sem que os argumentos das partes sejam levados em consideração. O direito de ser ouvido exige mais que um simples *ouvir falar*. O tribunal deve, na realidade, escutar e estar disposto a ter em conta as exposições feitas quando for chegado o momento de produzir a decisão.

Disso tudo resulta que o princípio do contraditório garante, a todas as partes do processo, o direito de atuar ao longo de todo o processo, exercendo influência sobre o resultado final, isto é, sobre a decisão e sobre o convencimento do juiz. Em razão dessa moderna concepção de contraditório, passou-se à exigência de consagrar formas adequadas de comparticipação ou de colaboração dinâmica das partes no curso do processo inteiro, de modo que lhes é sempre concedida, sobre bases paritárias, uma *possibilidade efetiva de influir, com sua própria atividade de defesa, na formação do convencimento do juiz* e, portanto, sobre o *iter* formativo da decisão jurisdicional.

Consequência de se perceber o contraditório como direito de influência sobre o conteúdo da decisão judicial é ser ele compreendido como uma *garantia de não surpresa*. É que as decisões surpresa, aquelas que tomam por fundamento matérias que não tenham sido previamente discutidas pelas partes, são decisões que não são o fruto da participação com influência das partes.

O contraditório é, assim, uma condição essencial de validade do processo. Em outros termos, o resultado do processo só é constitucionalmente legítimo (e, portanto, válido), se construído com a plena observância do princípio do contraditório. Daí procede que o resultado do processo precisa ser construído pelo juiz e pelas partes, de forma comparticipativa, assegurando-se às partes o direito de, com sua atuação, influir no conteúdo da decisão. E se assim é, não pode haver decisão surpresa, uma vez que esse tipo de decisão tem um conteúdo que não foi construído com a participação das partes e, pois, com violação do contraditório.

Disso tudo resulta o dever do juiz de fazer observar o contraditório, trazendo para o debate as questões cognoscíveis de ofício (como, aliás, expressamente consta do art. 10 do CPC). Assim, deparando-se o juiz com a possibilidade de fundamentar decisão em matéria que não tenha sido suscitada pela parte (mas que esteja autorizado a conhecer de ofício), deverá abrir às partes oportunidade para sobre tal matéria se manifestarem.

Em 2021, o Núcleo de Pesquisa em Processo Civil (NUPEPRO) da Escola da Magistratura do Estado do Rio de Janeiro (EMERJ) realizou interessante pesquisa empírica acerca da percepção do TJRJ quanto à vedação das decisões surpresa no processo civil, com resultados muito ricos. Verificou-se, por exemplo, que entre 2016 (ano da entrada em vigor do CPC) e 2019 foram proferidos 633 acórdãos em que se tratou da matéria no âmbito daquele Tribunal. E desses, em apenas 33 julgados a matéria foi suscitada de ofício, o que mostra que as partes estão atentas na defesa de suas garantias constitucionais. Também se percebeu haver uma uniformidade de compreensão da matéria, já que 92% das decisões acerca do tema foram unânimes. O relatório produzido pelo NUPEPRO pode ser consultado em: https://emerj.com.br/site/pagina/8/129/150.

Pois a compreensão do contraditório como garantia de influência e não surpresa é uma expressão da democracia deliberativa no processo. E todo o sistema processual (e não só o processual, mas todo o ordenamento jurídico) deve ser pensado a partir do paradigma do Estado Democrático de Direito, como resulta do art. 1º da Constituição da República. Daí a fundamental importância do princípio do contraditório para a construção de um processo jurisdicional democrático.

3.6.1. Princípio da cooperação (comparticipação)

Corolário do princípio constitucional do contraditório é a necessidade de que se observe, no processo jurisdicional, o assim chamado princípio da cooperação (ou comparticipação), expressamente mencionado no art. 6º do CPC.

Para tratar do princípio da cooperação, porém, é preciso dizer em primeiro lugar o que a cooperação *não é*. Não se trata de um dever imposto a cada um dos sujeitos do processo para que se ajudem mutuamente. Nem se poderia mesmo cogitar dessa ideia, já que o processo é um ambiente conflituoso, e seria ingênuo admitir que se pudesse impor aos sujeitos do processo um dever normativo de ajuda mútua.

É preciso reconhecer, porém, que o vocábulo *cooperação*, assim como outro que também tem sido empregado em sede doutrinária, *colaboração*, transmite a ideia de auxílio, ajuda, sendo talvez responsáveis pela equivocada compreensão do princípio (embora seja certo que, quando se trata do princípio aqui examinado, falar de cooperar é falar de co+operar (trabalhar juntos), termo que tem o mesmo sentido de co+laborar). Daí a preferência, que aqui se manifesta, pelo vocábulo *comparticipação*. É que este último termo não transmite a ideia de ajuda, mas de participação conjunta. E a ideia fundamental que se busca transmitir com esse princípio é que existe uma norma a impor que, no processo, a construção do resultado se dê pela participação conjunta de todos os seus sujeitos, os quais compõem uma *comunidade de trabalho*.

Evidentemente, cada sujeito do processo tem, em sua atuação, uma finalidade distinta. Em outras palavras, pode-se dizer que cada um desses sujeitos tem um papel diferente a desempenhar no processo. E o princípio da comparticipação impõe que cada um deles desempenhe seu papel da melhor maneira possível.

Do princípio da cooperação resultam alguns ônus e deveres para os sujeitos do processo: a) de participar da instrução; b) de prevenção ou advertência; c) de esclarecimento; d) de consulta; e) de auxílio.

Por força do ônus ou dever de participar da instrução se impõe a todos os sujeitos do processo participar da construção do resultado do processo. Assim, por exemplo, as partes têm o ônus de produzir provas, enquanto o órgão jurisdicional tem o dever de admitir todas as provas relevantes para o processo. Em sede executiva, fala-se de um dever do executado de indicar onde estão seus bens penhoráveis (CPC, art. 774, V).

Por força do dever de advertência, incumbe ao juiz prevenir as partes sobre a existência de vícios processuais, abrindo espaço para sua correção (CPC, art. 139, IX; art. 317). Assim é que, por exemplo, ao determinar a emenda da petição inicial, incumbe ao juiz indicar com precisão a emenda ou correção ao ser feita (CPC, art. 321).

O ônus e o dever de esclarecimento indicam que as partes têm o encargo (e o juiz tem o dever) de se manifestar no processo de forma clara, se fazendo compreender. Assim, por exemplo, o juiz pode convidar as partes a esclarecer suas alegações (CPC, art. 357, § 3º), enquanto o órgão jurisdicional tem o dever de esclarecer pronunciamentos obscuros (CPC, art. 1.022).

Já o dever de consulta liga-se à ideia de que o princípio do contraditório veda a prolação de decisões-surpresa. Assim, sempre que o órgão jurisdicional pretender se valer de fundamentos que não tenham sido ainda debatidos no processo, deverá consultar as partes, submetendo esse fundamento ao debate.

Por fim, existe um dever de auxílio, por força do qual incumbe ao órgão jurisdicional a obtenção de informações que aos jurisdicionados não é possível obter por conta própria, como se tem, por exemplo, nos casos previstos no art. 319, § 1º ou no art. 772, III, do CPC.

Não se pode, também, deixar de dizer que o princípio da cooperação cria o ambiente perfeito para os negócios processuais, tema que será objeto de exame mais adiante.

Enfim, e à guisa de conclusão, o que se pode dizer é que o princípio da cooperação busca construir um modelo de processo (chamado de processo cooperativo ou comparticipativo) que consiste em uma verdadeira *comunidade de trabalho*, de modo que todos os sujeitos do processo, juntos, se responsabilizam pela construção dos resultados do processo.

3.6.2. Princípio da boa-fé

Expressamente previsto no art. 5º do CPC, segundo o qual "[a]quele que de qualquer forma participa do processo deve comportar-se de acordo com a boa-fé", este é princípio que foi originariamente desenvolvido no campo do Direito Privado, mas posteriormente se expandiu para alcançar todas as áreas do ordenamento jurídico, inclusive o Direito Processual.

Pois para tratar deste princípio é preciso, antes de qualquer outra observação, afirmar que a expressão boa-fé, na linguagem jurídica, pode designar dois fenômenos distintos, os quais devem ser diferenciados pela qualificação que se lhes atribui: boa-fé *subjetiva* e boa-fé *objetiva*.

A boa-fé subjetiva é tão somente um *estado de fato*, consistente na ausência de má-fé, de malícia, do sujeito que pratica um ato. A boa-fé subjetiva é, evidentemente, fenômeno relevante para o desenvolvimento do processo, tanto que em diversas situações são impostas sanções processuais àqueles que atuam de má-fé (como se dá, por exemplo, nos casos de litigância de má-fé, nos termos dos arts. 79 e seguintes do CPC). Não é da boa-fé subjetiva, porém, que se tratará aqui.

É que só a boa-fé objetiva é um princípio e, portanto, é dotada de função normativa no sistema.

Pode-se definir o princípio da boa-fé como a exigência normativa de que todos aqueles que participam do processo se comportem da forma que é socialmente reconhecida como correta. E daí resulta que a boa-fé objetiva tem, no sistema processual (assim como no sistema jurídico como um todo), três diferentes funções: (i) prescrever uma determinada estrutura normativa; (ii) servir como cânone interpretativo; (iii) ser um *standard* comportamental.

Dizer que a boa-fé objetiva prescreve uma estrutura normativa é afirmar que ela constitui, efetivamente, um princípio, tendo, por isso, natureza de norma jurídica. Daí decorre que a violação da boa-fé implica consequências jurídicas (como, por exemplo, a perda da possibilidade de praticar um ato processual).

A boa-fé é, também, um vetor a ser empregado na interpretação de atos processuais. Assim, por exemplo, é expresso o art. 322, § 2º, do CPC, que expressamente impõe que se interprete o pedido formulado pela parte com apoio na boa-fé. Do mesmo modo, o art. 489, § 3º, do CPC determina que a interpretação da sentença se faça com base no princípio da boa-fé.

Por fim, a boa-fé é um padrão de comportamento. É que em um processo comparticipativo, no qual todos os seus sujeitos compõem uma comunidade de trabalho, o modo como cada sujeito do processo se comporta gera nos demais legítimas confianças e expectativas que precisam ser normativamente protegidas. E aí talvez esteja o mais importante aspecto do princípio da boa-fé no campo do processo.

Pois é da visão do princípio da boa-fé como protetor da confiança que se extraem alguns relevantes corolários: a proibição de comportamento contraditório (*nemo venire contra factum proprium*); o surgimento (*surrectio*) e a supressão (*supressio*) de posições jurídicas processuais; além do dever de mitigar prejuízos (*duty to mitigate the loss*) e da proibição de que se exija dos demais sujeitos aquilo que não se fez (*tu quoque*).

No direito processual civil a proibição de comportamento contraditório (*nemo venire contra factum proprium*) gera aquilo que se costuma chamar de *preclusão lógica* (fenômeno que será mais profundamente examinado em capítulo próprio deste livro). Em poucas palavras, consiste na perda da possibilidade de praticar um ato processual por se ter anteriormente praticado outro ato que com ele seja incompatível. Assim é que, por exemplo, a prática de ato que implique a aceitação de uma decisão, sem qualquer reserva ou ressalva, gera a perda do direito de recorrer (CPC, art. 1.000, *caput* e parágrafo único). Do mesmo modo, o juiz que indefere a produção de prova requerida pelo autor ao fundamento de que tal prova seria desnecessária para a formação de seu convencimento não pode, depois, julgar o pedido improcedente por não ter o autor produzido as provas que lhe incumbiam (neste caso, impõe-se ao juiz que anteriormente indeferira a produção da prova reabrir a instrução probatória e autorizar a produção da prova).

Da boa-fé resulta, também, a possibilidade de se adquirir direitos e vantagens processuais (*surrectio*). É o que acontece, por exemplo, quando em uma sessão de julgamento em um Tribunal se dá a palavra aos advogados de um processo para que realizem sustentação oral fora dos casos expressamente previstos em lei (CPC, art. 937). Pois essa conduta gerará, para todos os demais advogados que estejam presentes e que pretendam sustentar oralmente em casos para os quais a lei não prevê o direito à sustentação, o direito de fazer uso da palavra. Em sentido análogo, a boa-fé gera a perda de direitos ou prerrogativas processuais (*supressio*). É o caso da parte que, tendo sido beneficiada por uma decisão que impôs à outra parte o dever de praticar um ato em certo prazo sob pena de multa, deixa que, depois de decorrido o prazo, os autos sejam arquivados por anos, a fim de simplesmente deixar que a multa cresça indefinidamente. Pois a conduta de permitir que os autos fiquem arquivados por anos, sem que se tome qualquer providência, certamente gera a legítima expectativa na outra parte de que aquela multa não será mais exigida, o que acarreta a perda do direito de exigi-la.

O *duty to mitigate the loss* é o dever, que cada sujeito do processo tem, de mitigar os danos que os demais sujeitos podem vir a sofrer. Assim, por exemplo, se o réu é condenado a cumprir uma obrigação em favor do autor, consistente em instalar um produto na residência do demandante, a este incumbe criar as condições para que a instalação possa ser feita.

Por fim, o *tu quoque* é a afirmação de que um sujeito do processo não pode exigir dos demais aquilo que ele próprio não faz. Assim, por exemplo, a parte que tenha tornado público o conteúdo de ato praticado em "segredo de justiça" não pode reclamar e postular a punição da outra parte que também tenha dado publicidade ao conteúdo de atos desse mesmo processo.

3.7. PRINCÍPIO DA FUNDAMENTAÇÃO DAS DECISÕES JUDICIAIS

Estabelece o inciso IX do art. 93 da Constituição da República que todas as decisões proferidas pelos órgãos do Poder Judiciário serão fundamentadas, sob pena de nulidade. Essa exigência é repetida no art. 11 do CPC. Está-se, aí, diante da previsão expressa do *princípio da fundamentação das decisões judiciais*.

A fundamentação da decisão judicial é uma exigência direta do paradigma do Estado Democrático de Direito. É que nesse tipo de Estado deve haver meios eficazes de controle do conteúdo dos atos de poder, o que evidentemente inclui os pronunciamentos jurisdicionais. Daí dizer-se em doutrina que no seu significado mais profundo, o princípio em exame exprime a exigência geral e constante de controlabilidade sobre o modo como os órgãos estatais exercitam o poder que o ordenamento lhes confere, e sob este perfil a obrigatoriedade de fundamentação da sentença é uma manifestação específica de um mais geral "princípio de controlabilidade" que parece essencial à noção moderna do Estado de direito, e que produz consequências análogas também em campos diversos daquele da jurisdição.

Resulta daí a necessidade de que todas as decisões sejam *justificadas*. Em outras palavras, a fundamentação é um discurso de justificação da decisão judicial. Daí poder-se afirmar, com base em Dworkin que qualquer conjunto de leis e decisões pode ser explicado histórica, psicológica ou sociologicamente, mas a consistência exige uma justificação, e não uma explicação, e a justificação deve ser plausível, e não fictícia. Daí, aliás, a importância de se perceber que a exigência constitucional é de *fundamentação*, e não de mera motivação (que nada mais é do que uma explicação).

A distinção entre motivação (explicação) e justificação, aliás, é conhecida até mesmo da sabedoria popular, que consagrou o dito "isso explica, mas não justifica". Não obstante isso, muitos autores, e até mesmo o próprio texto do CPC, empregam fundamentação e motivação como sinônimos.

É que a motivação é um discurso feito pelo tomador da decisão para si próprio, destinado a permitir que ele explique para si próprio – e sem a pretensão de convencer ninguém – das razões pelas quais tomou sua decisão. Já a fundamentação, como discurso de justificação, é usada pelo tomador da decisão para demonstrar para os destinatários de seu pronunciamento (e, no caso da decisão judicial, para toda a sociedade) que aquela era mesmo a decisão a ser tomada no caso, isto é, a decisão correta (entendida aqui como a melhor decisão possível). Daí dizer-se, em doutrina, que a fundamentação da decisão tem por função permitir a verificação da legitimidade, validade e justiça da decisão judicial.

A exigência de fundamentação tem por primeira finalidade, então, demonstrar que a decisão de um caso concreto é juridicamente correta, respeitando o princípio da legalidade (que, registre-se, é de observância imposta pelo art. 8º do CPC).

É preciso, então, que as decisões judiciais sejam fundamentadas para que se possa verificar se o pronunciamento está, ou não, revestido da legalidade necessária, já que a atividade jurisdicional exige a correta atuação do ordenamento jurídico nos casos concretos, incumbindo aos órgãos jurisdicionais, sempre, observar o direito objetivo vigente. Daí, aliás, a ligação entre a fundamentação das decisões judiciais e o controle desses pronunciamentos.

Deve-se, aqui, ter em conta, portanto, que o controle da decisão judicial que é viabilizado pela sua fundamentação não é, apenas, aquele exercido pelo seu órgão revisor (em grau de recurso). Afinal, se assim fosse, decisões irrecorríveis não precisariam ser fundamentadas. Mas a fundamentação da decisão permite também o que se chama de *controle difuso*, exercido por toda a sociedade, da decisão judicial.

A fundamentação, então, não pode ser concebida somente como trâmite de um controle "institucional" (ou seja, nos limites e na forma disciplinada pelo sistema de recursos), mas também, e especialmente, como instrumento destinado a tornar possível um controle generalizado e difuso sobre o modo como o juiz administra a justiça. Em outros termos, isso implica que os destinatários da fundamentação não são apenas as partes, seus advogados e o juiz do recurso, mas também a opinião pública compreendida seja no seu complexo, seja como opinião das pessoas. A conotação política deste deslocamento de perspectiva é evidente: a ótica privatística do controle exercitado pelas partes e a ótica burocrática do controle exercido pelo juiz superior vão integrar-se à ótica democrática do controle que deve poder ser exercido por aquele mesmo povo que titulariza o poder que permite que a sentença seja pronunciada (afinal, como estabelece o art. 1º, parágrafo único, da Constituição da República, todo poder emana do povo).

O que se verifica, então, é que o princípio da fundamentação das decisões judiciais se liga diretamente à necessidade de legitimação do exercício do poder, condição absolutamente essencial no Estado Democrático de Direito. O que é fundamental é saber que a fundamentação do juiz é a resposta política que ele dá para explicitar a sua legitimação. Porque só é decisão do magistrado a que ele dá àquele cidadão – que é cidadão, não súdito – devidamente legitimada do ponto de vista constitucional. A fundamentação em que o juiz torna explícito que respeitou o devido processo legal, e que ele está respeitando as matrizes de produção de direito que lhe são oferecidas pelo sistema.

Por conseguinte, a fundamentação da sentença não é o caminho que levou o juiz a decidir como decidiu. A fundamentação da sentença é a explicação, é a justificação político-jurídica que o juiz dá de porque chegou àquela conclusão.

E é exatamente em razão disso que se vem de dizer que é afirmado que a fundamentação é um discurso de justificação das decisões judiciais. A maior parte dos ordenamentos processuais adotou uma concepção racional da decisão no momento em que é imposto ao juiz o dever de fundamentar as próprias decisões. Se de fato tal dever é levado a sério, e não se pensa que ele possa ser satisfeito com fundamentações fictícias, isso impõe ao juiz que exponha, na fundamentação, as razões que justificam sua decisão. Em substância, o juiz é levado a racionalizar o fundamento da decisão, articulando os argumentos (as boas razões) em função das quais ela pode ser justificada. A fundamentação é, portanto, um discurso justificativo constituído de argumentos racionais. Em realidade, o juiz não deve persuadir as partes, ou outros sujeitos, da bondade de sua decisão. A fundamentação justifica racionalmente a decisão.

A fundamentação das decisões judiciais, portanto, permite a aferição da legitimidade dos pronunciamentos jurisdicionais. E essa exigência de legitimidade se vincula ao paradigma do Estado Democrático de Direito. É que esse modelo de Estado se apresenta como um verdadeiro *Estado Constitucional*, que é mais do que um "mero" Estado de Direito. O vocábulo "democrático" não se insere aí apenas para criar barreiras ao exercício do poder, mas também para exigir a legitimação de cada ato de exercício do poder estatal. No Estado Democrático de Direito, portanto, o exercício do poder deve ser necessariamente legítimo. E isso porque no Estado constitucional democrático deve surgir novamente, de maneira especial, a questão da legitimação conforme critérios democráticos.

Se é certo, então, que a atividade jurisdicional é uma manifestação do Poder do Estado, impõe-se aos órgãos do Judiciário que fundamentem suas decisões, observando assim critérios democráticos de exercício de poder, de forma a legitimar seus atos perante a ordem jurídica e perante a sociedade. Consequência disso é que todas as decisões proferidas pelos órgãos do Poder Judiciário devem ser substancialmente fundamentadas, a fim de que possam ser consideradas decisões democraticamente legitimadas a produzir efeitos jurídicos.

A fundamentação das decisões, então, deve ser substancial, completa, sendo incompatível com o devido processo constitucional a emissão de pronunciamentos apenas *formalmente fundamentados* (como, por exemplo, uma decisão que dissesse algo como "presentes os requisitos, defere-se a medida postulada"). E é exatamente para assegurar a fundamentação substancial, completa, exigida pelo modelo constitucional de processo, que o § 1º do art. 489 do CPC enumera uma série de situações em que a decisão é tida por tão mal fundamentada que se pode mesmo equipará-la a uma decisão desprovida de qualquer fundamentação.

Por isso não se considera fundamentada a decisão judicial que se limita a indicar, reproduzir ou parafrasear ato normativo, sem explicar sua relação com a causa ou a questão decidida. Perceba-se que evidentemente não é proibido indicar, reproduzir ou parafrasear atos normativos em decisões judiciais. Só não se admite que o texto empregado para fundamentar a decisão *se limite* a isso. Basta pensar, por exemplo, em uma decisão que se limitasse a dizer algo como o seguinte: "art. 300 do CPC: defiro a tutela de urgência" (ou que viesse nos seguintes termos: "presentes a probabilidade do direito e o fundado receio de que a demora do processo gere risco para seu resultado útil, defiro a tutela de urgência"). Decisões assim não se justificam juridicamente, já que não permitem verificar se a conclusão a que se chegou foi acertada.

A mesma crítica pode ser dirigida às decisões que empregam conceitos jurídicos indeterminados (como "ordem pública" ou "razoabilidade", por exemplo) sem explicar o motivo concreto de sua incidência no caso. Em situações assim, o conceito jurídico indeterminado acaba por se tornar um argumento retórico, sem qualquer valor como fundamentação da decisão judicial. É preciso, em outras palavras, que a decisão judicial dê concretude ao conceito indeterminado, demonstrando não só como ele é compreendido, mas as razões pelas quais ele é aplicado no caso concreto.

Também se equipara à decisão não fundamentada aquele pronunciamento jurisdicional em que se invocam fundamentos que se prestariam a justificar qualquer outra decisão. É o caso, por exemplo, de pronunciamentos que afirmam coisas do tipo "indefere-se por falta de amparo legal", ou "ausentes os requisitos, indefere-se a medida postulada"). Textos assim poderiam ser usados em qualquer caso. *E o que serve para justificar qualquer decisão na verdade não serve para justificar decisão alguma.*

Também é nula, por ausência de fundamentação (ou melhor, por ser tão mal fundamentada que se equipara a uma decisão absolutamente desprovida de qualquer fundamentação) aquela que não enfrenta todos os argumentos deduzidos no processo capazes, em tese, de infirmar a conclusão adotada pelo órgão julgador.

Este é um caso que exige análise cuidadosa. É que, com muita frequência, encontra-se na jurisprudência a afirmação de que o órgão julgador não estaria obrigado a examinar todos os argumentos da parte se já encontrou algum fundamento que sirva para sustentar sua decisão.

Veja-se, por exemplo, o que consta da ementa do acórdão proferido, em 14/08/2018, pelo Superior Tribunal de Justiça, no julgamento do AgInt no REsp 1.701.981/RJ, rel. Min. Herman Benjamin:

> Não é o órgão julgador obrigado a rebater, um a um, todos os argumentos trazidos pelas partes em defesa da tese que apresentaram. Deve apenas enfrentar a demanda, observando as questões relevantes e imprescindíveis à sua resolução. Nesse sentido: REsp 927.216/RS, Segunda Turma, Relatora Ministra Eliana Calmon, DJ de 13.8.2007; e REsp 855.073/SC, Primeira Turma, Relator Ministro Teori Albino Zavascki, DJ de 28.6.2007.

E que fique registrado que este é apenas um exemplo dentre incontáveis outros que poderiam ter sido aqui trazidos.

Ora, se a parte apresenta diversos argumentos, e um deles é acolhido, sendo suficiente para justificar uma decisão que a favoreça, evidentemente não há para o órgão jurisdicional qualquer dever de examinar os demais argumentos, que se limitariam a *confirmar* a decisão proferida. Pois é neste, e apenas neste sentido, que se pode admitir como correta a afirmação de que o órgão julgador não está obrigado a examinar todos os argumentos da parte se já encontrou um que sustenta sua conclusão. Assim, por exemplo, se o autor de uma demanda postula a retomada de um imóvel alugado por dois diferentes fundamentos (por exemplo, cometimento de infração contratual pelo locatário e necessidade de retomada do imóvel para uso de descendente), e se cada um deles é – como no exemplo que acaba de ser figurado – suficiente para a decretação do despejo, basta o acolhimento de um deles para que já se possa julgar procedente o pedido formulado, não havendo qualquer necessidade de exame, pelo órgão julgador, do outro fundamento.

De outro lado, porém, se a parte deduz vários fundamentos e um deles é rejeitado, impõe-se ao órgão julgador o *dever* de examinar os demais fundamentos que, em tese, poderiam, caso acolhidos, levar a conclusão diferente. É que só é legítimo decidir contrariamente aos interesses de uma das partes se todos os seus argumentos foram rejeitados. Assim, deixar de apreciar argumentos que poderiam, em tese, *infirmar* as conclusões do pronunciamento judicial vicia a decisão, tornando-a uma decisão judicial não fundamentada.

Por fim, reputam-se não fundamentadas as decisões judiciais que trabalham mal, equivocadamente, com padrões decisórios como precedentes e enunciados de súmula, seja quando se limitam a invocá-los, mas não indicam seus fundamentos determinantes nem demonstram que eles se aplicam ao caso em julgamento, seja quando deixam de os aplicar sem indicar razões que justifiquem a existência de distinção entre os casos ou a superação do precedente ou enunciado de súmula. O que se tem aí é o que pode ser chamado de "mal do ementismo", em que o jurista trata a ementa do acórdão como se fosse o próprio precedente, não se dando ao trabalho de examinar o conteúdo da decisão judicial que invoca.

Conclui-se, pois, com a reafirmação da ideia fundamental aqui sustentada: a fundamentação das decisões judiciais deve ser completa, a fim de conferir legitimidade constitucional à atividade jurisdicional. Trata-se, pois, de um imperativo constitucional que encontra sua sede no paradigma do Estado Democrático de Direito.

3.8. PRINCÍPIO DA DURAÇÃO RAZOÁVEL DO PROCESSO

Exige a Constituição da República que o resultado do processo seja alcançado em tempo razoável. É o que se lê no inciso LXXVIII do art. 5º da Constituição, em comando que é reproduzido nos arts. 4º e 6º do CPC. Trata-se de garantia também reconhecida em importantes documentos transnacionais, como é o caso do Pacto de São José da Costa Rica (a Convenção Americana de Direitos Humanos), que a consagra em seu art. 8º, 1, segundo o qual "[t]oda pessoa terá o direito de ser ouvida, com as devidas garantias e dentro de um prazo razoável, por um juiz ou tribunal competente, independente e imparcial, estabelecido anteriormente por lei, na apuração de qualquer acusação penal formulada contra ela, ou na determinação de seus direitos e obrigações de caráter civil, trabalhista, fiscal ou de qualquer outra natureza".

Desde logo, é importante destacar algo que consta do texto do Pacto de São José: o direito à duração razoável do processo não pode levar à supressão das garantias processuais das partes. Há, pois, uma perfeita harmonia entre o princípio da duração razoável e a garantia do devido processo constitucional.

O princípio da duração razoável do processo deve ser compreendido à luz da ideia de eficiência (princípio de que se tratará logo a seguir). Resulta daí, pois, a exigência de que o processo não demore demasiadamente, mas demore todo o tempo necessário para produzir resultados constitucionalmente legítimos. Daí se poder dizer que o processo deverá durar o mínimo, mas também todo o tempo necessário para que não haja violação da qualidade na prestação jurisdicional. Em outras palavras, pode-se dizer que por força da garantia de duração razoável, o processo não pode demorar nem um dia a mais, e nem um dia a menos que o tempo necessário para produzir um resultado constitucionalmente legítimo.

Merece destaque a óbvia constatação de que todo processo exige algum tempo, alguma demora. Não se pode cogitar de processos instantâneos, sob pena de haver a inevitável vulneração de alguma garantia. O réu precisa de tempo para exercer seu direito de defesa. As partes precisam de tempo para produzir provas. O magistrado precisa de tempo para formar convencimento e redigir sua decisão. As partes precisam de tempo para elaborar e interpor recursos. Os exemplos poderiam ser muitos. Certo é que todo processo exige algum tempo. Daí a razão pela qual se deve considerar que o direito à duração razoável do processo é um *direito ao processo sem dilações indevidas*. O que se busca combater não é o tempo de duração do processo, mas sua demora indevida.

É preciso, então, buscar construir mecanismos que evitem que o processo demore mais do que o tempo necessário para construir resultados constitucionalmente legítimos. Em primeiro lugar, então, é preciso combater as assim chamadas "etapas mortas" do processo, aqueles tempos perdidos entre um ato e outro (como, por exemplo, o tempo excessivo que uma serventia judicial pode levar para juntar um documento aos autos ou para remeter os autos à conclusão do juiz). Também é preciso assegurar a necessária observância dos prazos processuais não só pelas partes, mas também pelo órgão jurisdicional e pelo Ministério Público.

Ademais, faz-se absolutamente necessário construir mecanismos de aceleração do procedimento (de que são exemplos, no processo civil brasileiro, as técnicas de improcedência liminar e de julgamento monocrático dos recursos).

Um dos mais graves problemas da duração do processo é o que se pode chamar de ônus do tempo, assim entendida a carga resultante da demora do processo e que tem de ser suportada pelas partes. É que, como regra geral, todo o ônus do tempo costuma recair sobre a parte demandante. Explica-se: como regra geral, o demandante é aquele que comparece no processo em busca da constituição de uma situação jurídica nova, distinta da existente ao tempo da propositura da demanda, e essa nova situação normalmente só se constituirá – se o demandante for efetivamente o titular do direito material afirmado – ao final do processo. De outro lado, o demandado é aquele que, ao menos como regra, pretende que o resultado final do processo mantenha o estado de coisas existente ao tempo do ajuizamento da demanda. Basta pensar, para figurar um exemplo simples, no caso de um demandante que busca receber do demandado uma quantia em dinheiro. Pois como regra o dinheiro cobrado permanecerá com o demandado durante todo o tempo do processo, e só ao final, se o demandante tiver razão, é que ele receberá o montante que lhe é devido. O mesmo se daria se o objeto do processo fosse uma pretensão de obter a posse de um imóvel ou a desconstituição de um contrato.

Resulta daí que, muitas vezes, ao réu não interessa nada que o processo tenha tramitação célere. É que, sendo-lhe impossível prever com certeza qual será o resultado final do processo, saberá, pelo menos, que durante todo o tempo de sua tramitação será preservada a situação jurídica que lhe favorece.

Daí é que surge a necessidade de que sejam criados mecanismos de redistribuição do ônus do tempo, que façam com que, em certas circunstâncias, o ônus da demora do processo se transfira para o demandado. É o que se dá, por exemplo, nos casos de tutela da evidência, instituto de que se tratará adiante, mas que permite que o demandante, independentemente da existência de uma situação de urgência, obtenha em caráter provisório aquela própria situação jurídica que busca obter ao final do processo. Consequência da efetivação desse tipo de medida é que se inverte a lógica inicial, passando a recair sobre o demandado o ônus da demora, passando a ser dele o interesse em fazer com que o processo tenha andamento célere para o fim de assegurar o retorno ao estado anterior, com a revogação da tutela provisória da evidência.

Outro fator importante é o combate às condutas protelatórias, como se dá com a responsabilização por litigância de má-fé (CPC, arts. 79 e 80) e por atos atentatórios à dignidade da justiça (CPC, arts. 77, §§ 2º e 3º, 161, 334, § 8º, 774, 903, § 6º e 918, parágrafo único).

Além de tudo isso, é preciso criar mecanismos eficientes de responsabilização do Estado pela demora excessiva do processo, como existe em ordenamentos jurídicos europeus (de que é exemplo mais conhecido a *Legge Pinto*, lei italiana nº 89, de 24/03/2001, que prevê o direito à reparação dos danos patrimoniais e morais resultantes da duração desarrazoada do processo).

3.9. PRINCÍPIO DA EFICIÊNCIA

O art. 8º do CPC impõe que se observe, como norma fundamental do processo civil brasileiro, o *princípio da eficiência*. Este é princípio que tradicionalmente é visto sob a ótica do Direito Administrativo (sendo certo, aliás, que a Constituição da República só se refere a esse princípio quando trata da atuação da Administração Pública, como se vê de seu art. 37). Pois sobre o princípio da eficiência é possível dizer que a eficiência não pode ser entendida apenas como maximização financeira, mas sim como um melhor exercício das missões de interesse coletivo que incumbem ao Estado, que deve obter a maior realização prática possível das finalidades do ordenamento jurídico, com os menores ônus possíveis, tanto para o Estado como para os cidadãos.

Pois é exatamente nessa linha que se pode definir eficiência como a razão entre um resultado desejado e os custos necessários para sua produção. Evidentemente, quando se trata do processo civil, não se levam em conta apenas os custos econômicos, mas todo e qualquer dispêndio, de tempo e energias, necessário para a produção dos resultados esperados do processo civil. Assim, o sistema de prestação de justiça civil será eficiente se for capaz de conduzir à produção dos resultados esperados do processo com o mínimo de dispêndio de tempo e energias. Essas ideias, como facilmente se percebe, aproximam o conceito de eficiência do processo civil do que tradicionalmente se chamou de *princípio da economia processual*.

Pois esse resultado (a produção de resultados eficientes, o que implica também – mas não só – a observância do princípio da duração razoável do processo) só se conseguirá quando se conseguir promover a remoção de diversos obstáculos à efetivação da garantia do devido processo. É preciso, pois, uma reforma estrutural profunda. Tal reforma deve, necessariamente, começar pelo próprio Poder Judiciário. Impõe-se uma transformação estrutural do organismo destinado a desenvolver a atividade jurisdicional. E é preciso considerar que não se pode falar em eficiência quando a única (ou mesmo a maior) preocupação é com os números. Um sistema de prestação da atividade jurisdicional não é eficiente por proferir muitas sentenças. Fosse assim, e bastaria que todas as petições iniciais fossem indeferidas para que se tivesse o sistema processual mais eficiente do planeta. Se a eficiência é uma razão entre o resultado desejado e os meios empregados para sua obtenção, então só se pode cogitar de eficiência se o resultado desejado é obtido. E o resultado almejado pelo sistema processual não é uma sentença qualquer, mas uma decisão capaz de realizar o direito material, não só por sua declaração, mas também por sua realização prática. Daí, aliás, o disposto no art. 4º do CPC, segundo o qual as partes têm o direito de obter, em prazo razoável, a solução integral do mérito, aí incluída a atividade satisfativa.

Trata-se, pois, do que vem sendo chamado de *princípio da primazia da resolução do mérito*, por força do qual se deve dar prioridade à resolução do mérito do processo, aí incluída a realização da atividade satisfativa do direito, sobre o reconhecimento de nulidades ou outros obstáculos à produção do resultado normal do processo civil. Consequência disso é que, toda vez que se encontrar um vício sanável ou um obstáculo superável à resolução do mérito do processo, deverão ser envidados esforços no sentido de corrigir o vício, de modo a viabilizar a produção do resultado esperado do processo. Não é por outra razão, aliás, que o art. 139, IX, do CPC impõe ao juiz o dever de "determinar o suprimento de pressupostos processuais e o saneamento de outros vícios processuais".

A extinção do processo sem resolução do mérito e a decretação de nulidades processuais, portanto, devem ser vistas como fenômenos absolutamente excepcionais. A apreciação do mérito e a realização prática do direito material – com o emprego do menor dispêndio de tempo e energias possível – é o que se espera de um sistema processual eficiente.

Há, no CPC, uma série de disposições destinadas a permitir que os resultados almejados da atividade processual possam ser alcançados de forma eficiente. Veja-se, a título de exemplo, o disposto no art. 938, § 3º, que permite ao relator de um recurso em que se verifica a necessidade de produção de prova que não tenha sido colhida na instância inferior, converter o julgamento em diligência para colher a prova faltante, prosseguindo-se em seguida com a apreciação do mérito do recurso, sem que haja necessidade de anular a decisão e determinar o retorno dos autos à instância de origem (para que se colhesse a prova e se proferisse nova decisão, que certamente geraria novo recurso, realizando-se com isso muito mais atividade processual do que se faria normalmente necessário para a produção do resultado). Outro bom exemplo de regra de implementação do princípio da eficiência se encontra no art. 282, § 1º, do CPC, por força do qual não se decreta a nulidade do ato processual se este não causar prejuízo à parte.

O princípio da eficiência, portanto, impõe que ao longo do processo se busque produzir um resultado *qualitativamente bom*, com a declaração do direito material e a realização da atividade satisfativa desse direito, sempre com o emprego do menor dispêndio possível de tempo e energias, evitando-se a prática de atos inúteis e se eliminando etapas mortas. Inegável, pois, a ligação entre o princípio da eficiência e o da duração razoável do processo.

3.10. PRINCÍPIO DA LEGALIDADE

Exige o art. 8º do CPC que, na aplicação do ordenamento jurídico, o juiz respeite o princípio da legalidade. Trata-se de princípio basilar do Estado Democrático de Direito, paradigma estabelecido pelo art. 1º da Constituição da República para a compreensão de todo o ordenamento jurídico brasileiro.

O art. 5º, II, da Constituição da República prevê o princípio da legalidade ao estabelecer que ninguém será obrigado a fazer ou deixar de fazer alguma coisa senão em virtude de lei. E esse princípio é reiterado por diversas vezes ao longo do texto constitucional. É o que se dá, por exemplo, no art. 5º, XXXIV, *a*, que garante o direito de petição aos Poderes Públicos contra qualquer ilegalidade; no art. 37, que impõe à Administração Pública a observância do princípio da legalidade; no art. 5º, XXXIX, que assegura o direito fundamental à legalidade penal; no art. 150, I, que impõe a estrita observância do princípio da legalidade tributária.

Por princípio da legalidade deve entender-se a exigência de pleno respeito ao Estado de Direito, que é um Estado em que se observa o império da lei como exigência de respeito à soberania popular (da qual todo o poder emana, como diz o art. 1º, parágrafo único, da Constituição da República). Exatamente nesta linha, o art. 20, § 3º, da Lei Fundamental da Alemanha (que é a Constituição daquele país), estabelece que "o poder legislativo está vinculado à ordem constitucional; os poderes executivo e judicial obedecem à lei e ao direito".

É que no Estado Democrático de Direito toda atividade estatal está submetida à lei e ao direito. E isso, evidentemente, inclui a atividade jurisdicional, de modo que os juízes têm de decidir com rigorosa observância do princípio da legalidade.

Deve-se ter claro, aqui, que por lei (e por legalidade) se faz referência ao ordenamento jurídico como um todo, e não só à lei em sentido formal. Significa isso dizer, pois, que a decisão judicial deve levar em conta a Constituição da República, as Constituições Estaduais, as leis, os tratados internacionais, as medidas provisórias e quaisquer outros atos jurídicos (como os negócios jurídicos ou os estatutos de companhias, por exemplo) que sejam capazes de produzir efeitos vinculativos, inclusive os enunciados de súmula vinculante e os precedentes vinculantes. Em outras palavras, por princípio da legalidade se deve entender a exigência de observância do ordenamento jurídico como um todo, ou seja, o conjunto de normas jurídicas constitucionais e infraconstitucionais (regras e princípios) vigentes no sistema jurídico brasileiro.

A legitimidade das decisões judiciais, portanto, resulta da estrita observância da legalidade, com a sujeição dos órgãos jurisdicionais a todos os atos normativos que integram o ordenamento jurídico vigente, respeitada sempre a supremacia constitucional. Daí a inadmissibilidade de decisões que estejam amparadas em outros critérios, distintos da legalidade estrita, e que trazem para o campo da jurisdição decisões arbitrárias, discricionárias, fundadas em valores pessoais do juiz ou em uma suposta correção moral do Direito.

É conhecida, por exemplo, a história de Paul Magnaud, magistrado francês que atuou na magistratura entre 1889 e 1904 e ficou conhecido como o "Bom Juiz Magnaud". Era um magistrado que decidia segundo critérios pessoais de justiça e equidade. Com todas as vênias, Magnaud não é um modelo de juiz compatível com o Estado Democrático de Direito. Suas decisões não geram nada além de insegurança, já que não seria jamais possível prever como a lei seria aplicada em um caso concreto, eliminando-se por completo a segurança jurídica, além de permitir que alguém que não é eleito nem se submete periodicamente a uma prestação de contas perante a sociedade (*accountability*) imponha sua própria visão de mundo. O juiz não deve decidir com base em seus critérios pessoais, mas com apoio em algo que lhe é externo, que não é por ele criado: o Direito.

Não se pode aceitar que, em um Estado Democrático de Direito, o juiz busque impor sua visão pessoal de mundo, decidindo com base em critérios (vagos e absolutamente incontroláveis) como *justiça*. A justiça que se busca realizar através da jurisdição consiste, única e exclusivamente, no estrito respeito ao ordenamento jurídico, ainda que dele o juiz desgoste. É que apenas é Direito o que como tal for produzido pelo órgão legislativo do Estado, composto de representantes eleitos pelo povo, tudo sob expressa autorização constitucional e pelo processo legislativo previsto constitucionalmente. Em outros termos, textos de normas democraticamente instituídos são *ius civile*. Quando eles são respeitados no trabalho cotidiano dos juristas (tratamento do caso, decisão com caráter de obrigatoriedade, controle e revisão) como vinculantes e observados de forma séria no tocante ao método, o trabalho jurídico permanece no discurso do Direito popular. Ele não resvala para um *ius honorarium*. *No Estado Democrático de Direito o jurista não pode brincar de pretor romano*. Os demais poderes, Executivo e Judiciário, não estão apenas instituídos e não são apenas controlados conforme o Estado de Direito. Estão também comprometidos com a democracia. O povo ativo elege os seus representantes; do trabalho dos mesmos resultam (entre outras coisas) os textos das normas; estes são, por sua vez, implementados nas diferentes funções do aparelho do Estado; os destinatários, os atingidos por tais atos são potencialmente todos, a saber, o povo enquanto população. Tudo isso forma uma espécie de ciclo de atos de legitimação, que em nenhum lugar pode ser interrompido (de modo não democrático). Esse é o lado democrático do que foi denominado *estrutura de legitimação*. De outro lado, afirmar que os agentes jurídicos estariam democraticamente vinculados e que aqui o povo ativo estaria atuante, ainda que apenas de forma mediada, não é a mesma coisa. É verdade que o ciclo da legitimação não foi interrompido a esta altura de forma não democrática, mas foi interrompido. Parece plausível ver nesse caso o papel do povo de outra maneira, *como instância global da atribuição* de legitimidade democrática.

A constituição moderna de uma democracia em um Estado de Direito não permite mais *nenhum* direito (*e.g.* judicial) que se desliga das diretivas das leis democraticamente promulgadas (*e.g.* como "direito jurisprudencial" livremente criado).

Vale o registro de que em muitos ordenamentos as decisões judiciais são proferidas "em nome do povo", e isso em razão da circunstância de que em diversos Estados Democráticos de Direito há uma exigência de que assim se afirme de modo expresso. Assim é, por exemplo, que o art. 546, 1, *a*, do Código de Processo Penal italiano (em disposição também aplicável ao processo civil) exige que a sentença contenha a afirmação de que é proferida "em nome do povo italiano", o que resulta da imposição constitucional (art. 101 da Constituição italiana) no sentido de que a justiça é administrada em nome do povo. Assim também acontece na França (o art. 454 do CPC francês estabelece que a sentença deve ser pronunciada *en nom de peuple françaíse*) e na Alemanha (onde o § 25, IV, da Lei Orgânica do Tribunal Constitucional Federal Alemão estabelece que as decisões devem ser proferidas em nome do povo (*in namen des Volks*). No Brasil, é certo, não há essa exigência formal, mas se a Constituição da República estabelece que *todo poder emana do povo*, então parece evidente que as decisões judiciais são proferidas em nome do povo, com apoio no poder que dele emana, razão pela qual se impõe a mais estrita observância do ordenamento jurídico pelos juízes e tribunais. Daí a razão para considerar-se a legalidade um princípio fundamental do direito processual civil.

3.11. PRINCÍPIO DA PROPORCIONALIDADE OU RAZOABILIDADE

Encerra-se o rol das normas fundamentais do direito processual civil brasileiro com o princípio da proporcionalidade ou razoabilidade. E aqui se deve deixar claro, desde logo, que os termos *razoabilidade* e *proporcionalidade* se referem, na verdade, a um só e mesmo princípio, razão pela qual esses vocábulos podem ser considerados fungíveis, intercambiáveis, sinônimos.

Dito isso, impõe-se também deixar claro qual a concepção de proporcionalidade (ou razoabilidade) que se adota nesta obra. É que por princípio da proporcionalidade deve-se entender uma garantia contra excessos ou insuficiências na proteção aos direitos fundamentais.

Esta é uma visão do princípio da proporcionalidade (razoabilidade) compatível com o que até aqui se tem sustentado acerca da absoluta impossibilidade de decisões discricionárias, de modo que se rejeita qualquer ligação entre este princípio e uma suposta possibilidade de realização de juízos de ponderação que, a rigor, são incompatíveis com o paradigma do Estado Democrático de Direito. O princípio da proporcionalidade, então, deve ser visto a partir do que pode ser considerado uma *bipartição*: proibição de proteção deficiente (que na doutrina alemã se chamou de *Üntermassverbot*) e proibição de excesso (*Übermassverbot*). Em outros termos, o princípio da proporcionalidade assegura que o direito fundamental não seja aniquilado por ausência de proteção adequada (proibição de proteção deficiente), mas garantindo também que sua realização não leve à destruição de direitos fundamentais de outros sujeitos (proibição de excesso).

Veja-se, por exemplo, o caso da fixação de multas pelo descumprimento de decisões judiciais. O art. 536 do CPC estabelece que a multa, além de compatível com a obrigação (o que significa dizer que não há sentido em aplicar-se multa para constranger o devedor a cumprir uma decisão quando a multa não é adequada a cumprir esse papel, o que aconteceria, por exemplo, no caso de o cumprimento da decisão não depender de ato a ser praticado pela parte, mas pelo próprio Judiciário, ou por um órgão que atue como seu auxiliar, como um cartório extrajudicial), tem de ser suficiente. Essa suficiência implica dizer que a multa não pode ser baixa a ponto de não exercer contra o devedor qualquer pressão efetiva (pense-se, por exemplo, no caso de se impor a uma poderosa instituição financeira uma multa de R$ 1,00 por dia de atraso no cumprimento da obrigação, o que não faria qualquer pressão efetiva sobre ela), nem pode ser alta a ponto de não ter qualquer força coercitiva (como se daria no caso de se impor a uma pessoa de capacidade patrimonial mediana uma multa de R$ 1.000.000,00 por dia de atraso no cumprimento da decisão, de modo que o devedor, não tendo patrimônio suficiente para garantir o pagamento sequer de um dia de multa, acabaria por considerar que não há diferença entre atrasar um dia ou um ano no cumprimento da decisão).

Pois todo o sistema processual civil é ordenado a partir do princípio da razoabilidade, não se admitindo a outorga, a quem quer que seja, de proteção deficiente ou excessiva. Assegura-se, deste modo, o pleno equilíbrio entre todos os sujeitos do processo.

CAPÍTULO 4

INSTITUTOS FUNDAMENTAIS DO DIREITO PROCESSUAL CIVIL

4.1. A "TRILOGIA ESTRUTURAL" DO DIREITO PROCESSUAL CIVIL

A dogmática do Direito Processual Civil está construída sobre uma base composta por três institutos fundamentais: processo, ação e jurisdição. Compõem eles o que se pode chamar, então, de *trilogia estrutural* do direito processual civil.

São três – e não quatro, como pensam alguns – os institutos fundamentais do direito processual civil. É que a defesa não deve ser considerada um quarto integrante dessa estrutura. Há uma razão para isso: é que o direito de defesa nada mais é do que o direito de ação exercido pela parte demandada. Como se verá oportunamente, o direito de ação não é uma posição jurídica de vantagem exercida apenas pelo demandante, mas também o demandado a exerce no processo. Ocorre que o direito de ação exercido pelo demandado é, tradicionalmente, chamado de direito de defesa. Trata-se, porém, substancialmente do mesmo direito que o demandante exerce.

Outra observação que se impõe acerca da trilogia estrutural do direito processual civil diz respeito à ordem em que esses institutos devem ser examinados. Pois as premissas adotadas neste trabalho (entre as quais a de que o direito processual civil deve ser compreendido a partir do paradigma do Estado Democrático de Direito e de que o processo é um fenômeno contrajurisdicional) impõem que o tema seja estudado exatamente na ordem a que aos três institutos se fez referência há pouco: processo, ação e jurisdição.

Inicia-se o estudo dos institutos fundamentais do direito processual civil pelo processo por ser ele o método empregado para que uma comunidade de trabalho (formada pelo Estado-juiz e pelas partes) construa o resultado de um caso concreto, e que deve ser o melhor resultado possível para o aludido caso (ou, como metaforicamente se diz, a resposta correta para o caso).

Como o processo não se instaura senão mediante a provocação da parte interessada (CPC, art. 2º), logo após o estudo do processo, deve-se estudar o direito de ação (que, como se verá oportunamente, pode ser modernamente compreendido como o *direito ao processo*). Por fim, como através do exercício da ação se busca um resultado que será produto da atividade jurisdicional que o Estado exerce controlado pelo processo, então se encerra o estudo da trilogia estrutural do direito processual civil pelo exame dessa atividade estatal, a jurisdição.

4.2. PROCESSO

É corriqueira a ideia de que o processo é um conjunto ordenado de atos destinados à produção de um resultado (que, no caso do processo jurisdicional, seria, normalmente, a declaração ou satisfação de um direito). O conceito, todavia, é muito mais complexo do que isso, impondo-se realizar seu exame com apuro. Isso exige não só uma breve exposição das mais importantes teorias acerca do que seja o processo, mas também uma análise dos modelos de processo conhecidos (adversarial, inquisitivo e comparticipativo). Só depois disso é que se poderá estabelecer o conceito e a natureza jurídica do processo.

Em seguida, será preciso apresentar uma exposição sobre os diversos sujeitos do processo, tratando-se do modo como eles atuam. Depois, se poderá tratar da classificação de processo, a fim de deixar claras quais são as espécies de processo existentes no sistema processual civil moderno. Depois se tratará do objeto do processo e de seus pressupostos. Para, ao final, tratar-se do resultado prático que o processo é capaz de produzir na vida das pessoas que dele participam, a *tutela processual*.

4.2.1. Teorias sobre o processo

O primeiro dos institutos fundamentais do direito processual civil, responsável inclusive por dar nome a esse ramo da ciência jurídica, é o processo. Sobre ele, diversas teorias já foram criadas, não existindo consenso sobre seu conceito ou sobre sua natureza jurídica.

Seria absolutamente impossível apresentar aqui todas as teorias já criadas sobre o processo. As mais importantes, porém, precisam ser expostas, ainda que brevemente, para que se tenha uma boa noção do desenvolvimento científico da ciência processual.

Inicialmente, o processo era visto como um procedimento, ou seja, como uma sequência ordenada de atos. Não se trata, aqui, de verdadeira teoria sobre o processo, mas de um modo de encará-lo, uma vez que essa foi a opinião predominante durante a fase imanentista (ou civilista) do desenvolvimento histórico do Direito Processual, quando este não tinha ainda autonomia científica. O estudo do processo, durante muito tempo, foi o estudo de suas formas e dos atos que o compõem. Foi a época dos praxistas, juristas que em suas obras não tiveram grandes preocupações teóricas, tendo se dedicado ao estudo do que hoje se denominaria "prática forense". O maior praxista pátrio, considerado até hoje o ancestral da ciência processual brasileira, foi Francisco de Paula Baptista, que em obra clássica descreveu o processo como modo de obrar em juízo, ou antes, de fazer marchar a ação segundo as formas prescritas pelas leis. O Brasil teve, ainda, outros praxistas de destaque, mas nenhum que superasse Paula Baptista, jurista que esteve à frente de seu tempo, tendo antevisto teorias que só seriam descobertas na Europa muitos anos mais tarde.

A fase do procedimentalismo (ou praxismo) foi superada, na Europa, com o aparecimento da teoria contratualista, segundo a qual o processo é um contrato. Baseada em um texto de Ulpiano, e defendida entre outros por Pothier, essa teoria explicava o processo através da *litiscontestatio*, instituto do Direito Romano. Como se sabe, no período formular do processo civil romano, o processo era dividido em duas fases, *in iure* e *apud iudicem*. A primeira dessas fases desenrolava-se perante o magistrado, iniciando-se com a indicação da *actio* pelo autor (*edictio actionis*), e encerrava-se após a nomeação do *iudex* (perante quem se desenrolava a segunda fase do processo, *apud iudicem*) e da redação da fórmula, sendo a *litis contestatio* o ato final dessa primeira fase processual. Consistia a *litis contestatio* em um comportamento processual das partes, dirigido a um objetivo comum, qual seja, o compromisso de participarem do juízo *apud iudicem* e acatarem o respectivo julgamento. É clássica a definição segundo a qual a *litis contestatio* é o contrato pelo qual as partes aceitam de comum acordo a fórmula que tenha sido deferida pelo magistrado.

É certo que em Roma, no período formular, a formação do processo perante o *iudex*, ou seja, a instauração da segunda fase do processo (denominada, como visto, *apud iudicem*) dependia de um acordo de vontades entre as partes, o qual tinha – ao menos aparentemente – natureza contratual. A *litis contestatio*, porém, não é capaz de explicar o processo moderno, bastando para confirmar tal assertiva lembrar que o demandado é trazido ao processo, através da citação, e dele se torna parte ainda que contra sua vontade, o que permite afirmar que o réu é *sujeito do processo* e *sujeito ao processo*.

Essa teoria foi substituída pela teoria quase-contratualista do processo, que – como indica sua denominação – via no processo um quase-contrato. Criada por um jurista francês do século XIX, Arnault de Guényvau, baseava-se na ideia de que o processo deveria ser enquadrado, a todo custo, entre as categorias de direito privado. Não sendo o processo um contrato nem um delito, restava o conceito de quase-contrato como único capaz de explicar a natureza do instituto que ora se estuda. Essa teoria, obviamente, não teve grande aceitação e, assim como a anterior, tem hoje apenas valor histórico.

Não se pode deixar de mencionar, porém, que as teorias do processo como contrato e como quase-contrato são extremamente relevantes para que se reconheça a existência de uma fase do desenvolvimento histórico do Direito Processual em que este era encarado como instituto de direito privado, ideia que só seria abandonada quando esse ramo do Direito adquiriu autonomia científica, em meados do século XIX, através da obra de Oskar von Bülow, responsável por desenvolver a teoria até hoje mais conhecida acerca da natureza do processo, a teoria da relação processual, que será analisada a seguir.

Em 1868 o jurista alemão Oskar von Bülow lançou seu famoso livro intitulado *Die Lehre von den Processeinreden und die Processvoraussetzungen*, que poderia ser livremente traduzido por Teoria das Exceções Processuais e dos Pressupostos Processuais (este, aliás, o título da tradução do referido livro feita por Miguel Angel Rosas Lichtschein, e publicada na Argentina, em 1964). Nessa obra, considerada pela unanimidade dos estudiosos como a "certidão de nascimento" da ciência processual, esse notável jurista desenvolveu a ideia, já encontrada em forma embrionária em escritos anteriores, de que o processo é uma relação jurídica. Trata-se da teoria da relação processual. Essa teoria é o desenvolvimento da ideia, já encontrada entre os juristas medievais, de que *iudicium est actus trium personarum, iudicis, actoris et rei*.

Para a teoria do processo como relação jurídica, este é uma relação intersubjetiva, ou seja, uma relação entre pessoas, dinâmica, de direito público, e que tem seus próprios sujeitos e requisitos (a esses requisitos deu Bülow o nome de pressupostos processuais). Tal relação jurídica teria como conteúdo uma outra, de direito material (a *res in iudicium deducta*, já referida), e teria por fim permitir a apreciação desta pelo Estado-juiz.

Há uma antiga divergência entre os defensores da teoria da relação processual, sustentando uns que essa relação teria uma configuração triangular (com vínculos diretos entre o Estado e o demandante, entre o Estado e o demandado, e entre o demandante e o demandado), enquanto outra corrente sustenta que a configuração da relação seria angular (com vínculos diretos entre Estado e demandante e entre Estado e demandado, mas negando a existência de vínculo direto entre o demandante e o demandado). Essa discussão, porém, jamais teve qualquer relevância, nem prática, nem teórica, e por isso pode ser desconsiderada.

A teoria da relação processual, porém, jamais foi uma unanimidade. Buscou superá-la, por exemplo, James Goldscmidt, com a teoria do processo como situação jurídica, que apresentou críticas à teoria então dominante que acabaram sendo, em grande medida, absorvidas pelos defensores da teoria da relação processual. Afirmava Goldschmidt que o conceito de relação jurídica processual não teria nenhuma transcendência. Afirmava aquele autor que o processo não deve ser considerado como uma série de atos isolados. Mas como um complexo de atos encaminhados a um mesmo fim, ainda quando haja vários sujeitos, não chegando a ser, por isto, uma relação jurídica, a não ser que este termo adquira uma acepção totalmente nova. Um rebanho, dizia Goldschmidt, não constitui uma relação por ser um complexo jurídico de coisas semoventes. Dizia ainda ser evidente que a peculiaridade jurídica do fim do processo determina a natureza do efeito de cada ato processual. Mas nem um nem outro constituem uma relação jurídica, e o objeto comum a que se referem todos os atos processuais, desde a demanda até a sentença, e que em realidade constitui a unidade do processo, é seu objeto, via de regra, o direito subjetivo material que o autor faz valer. Segundo Goldschmidt, o processo seria composto por uma série de situações jurídicas ativas, capazes de gerar para seus sujeitos deveres, poderes, faculdades, ônus e sujeições. Criaria, ainda, o processo, uma situação de expectativa quanto à prolação de um provimento favorável.

A teoria da relação processual aceitou a ideia de que o processo seria gerador de deveres, poderes, faculdades, ônus e sujeições, afirmando que isso não é incompatível com a afirmação de que o processo seria uma relação jurídica. Ademais, ficou claro que a expectativa quanto ao resultado final do processo diz respeito ao mérito, ao direito substancial, e não ao processo propriamente dito. A teoria do processo como situação jurídica, então, foi extremamente relevante para que a teoria da relação processual chegasse ao estágio de desenvolvimento posteriormente alcançado.

Em outras palavras, passou-se a sustentar que o processo seria uma relação jurídica (é a teoria da relação processual, portanto), mas que essa relação seria capaz de gerar para seus sujeitos uma série de poderes, deveres, faculdades, ônus e sujeições (absorvendo-se, deste modo, o que havia de mais importante na teoria da situação jurídica de Goldschmidt).

A teoria da relação processual é, porém, concebida a partir de uma premissa fundamental: a de que o Estado-juiz ocupa no processo uma posição de superioridade. Não é por outra razão, aliás, que nas representações gráficas da relação processual sempre se põe o juiz (que ali aparece como agente estatal) em uma posição mais elevada que a das partes. E essa ideia serve de sustentação à conhecida proposição segundo a qual o processo seria um instrumento da jurisdição. Por essa concepção, então, o processo seria um mecanismo empregado pelo Estado para buscar a realização de escopos da jurisdição. Em outras palavras, o processo seria um fenômeno criado e desenvolvido em favor do Estado, para servir de mecanismo capaz de viabilizar que os objetivos estatais sejam alcançados.

O paradigma do Estado Democrático de Direito, porém, é incompatível com essas ideias. O processo não é, e não pode ser visto como, um mecanismo de realização de escopos estatais. Afinal, se o processo é, necessariamente, o devido processo (como impõe a Constituição da República), e se o (devido) processo é um repositório de garantias e direitos fundamentais, como o contraditório, a exigência de fundamentação de decisões ou o juiz natural, então o processo é, na verdade, um fenômeno contrajurisdicional, a ser empregado como método destinado a permitir o controle da atividade do juiz. Em outras palavras o processo existe e serve para impedir que o Estado-juiz busque, a qualquer custo, realizar objetivos seus. A função do processo no sistema jurídico é assegurar que o resultado da atividade estatal se dará em conformidade com a Constituição da República e as leis, respeitadas todas as garantias das partes. O processo, então, limita o poder do Estado-juiz. E por isso ele não pode mais ser visto como uma relação processual. O processo é, e isso precisa ficar muito claro, uma condição de possibilidade da atuação do Direito no Estado Democrático.

Outra teoria importante acerca do conceito de processo é a conhecida teoria estruturalista do processo, desenvolvida pelo jurista italiano Elio Fazzalari. Para esse autor, o processo seria um procedimento desenvolvido em contraditório. Ensina Fazzalari que procedimento é uma sequência de normas, destinadas a regular uma conduta, qualificando-a como lícita ou devida, e que enunciam, como pressuposto de sua própria incidência, o cumprimento de um ato prévio, regulado por outra norma da mesma série, e assim sucessivamente até a norma regulamentadora de um "ato final", em relação ao qual todos os atos precedentes podem dizer-se "preparatórios." Quando esse procedimento é regulado de modo a admitir a participação de todos aqueles cuja esfera jurídica será atingida pelos efeitos do ato final, e se tal participação se dá em simétrica paridade, então esse procedimento compreende o "contraditório", fazendo-se mais articulado e complexo. Nessa hipótese, do gênero "procedimento" pode-se individualizar a espécie "processo".

Esta teoria, como se exporá mais detidamente adiante, parece ser a única compatível com o paradigma do Estado Democrático de Direito e com o modelo constitucional de processo brasileiro, firmado sobre os princípios do devido processo constitucional e do contraditório. É ela a única teoria capaz de conceituar um processo que segue um modelo comparticipativo, policêntrico, capaz de permitir que se inibam os exageros do hiperpublicismo inerente à teoria da relação processual e se veja no processo um mecanismo em que, através da participação paritária de todos os seus sujeitos, se limitam os poderes do Estado-juiz, permitindo-se a construção comparticipativa dos resultados do processo. A este ponto, como dito, se retornará.

Alguns processualistas brasileiros, como Cândido Dinamarco, tentaram fundir a teoria de Fazzalari com a teoria da relação processual, afirmando ser o processo um *procedimento em contraditório animado pela relação processual*. Essa fusão, todavia, não é possível, sendo as duas teorias incompatíveis entre si. Não se pode fundir a concepção instrumentalista do processo como relação processual, em que o Estado-juiz ocupa posição de supremacia perante os demais sujeitos, os quais a ele se subordinam, e a concepção estruturalista, do processo como um procedimento em contraditório, que afirma a paridade de posições entre todos os sujeitos do processo, formando uma comunidade de trabalho que atua de modo comparticipativo, em um processo policêntrico e, pois, no qual o Estado-juiz não ocupa posição de superioridade.

Definir qual é a teoria sobre o processo que se deve acolher, porém, exige antes que sejam conhecidos os três modelos de processo que já foram empregados ao longo da história, de modo a verificar qual teoria é capaz de explicar o processo como ele vem regulado hoje no Brasil, a partir do modelo constitucional brasileiro de processo civil e das normas fundamentais previstas na Constituição da República e no CPC.

4.2.1.1. Modelo adversarial de processo

O primeiro modelo de processo que deve ser estudado é conhecido como adversarial, e – como se buscará demonstrar – é o modelo de processo a ser empregado em ordenamentos jurídicos fundados no paradigma do Estado Liberal. Afinal, e isso também se buscará comprovar, há uma intensa ligação entre o paradigma de Estado e o modelo de processo a ser adotado. Diz-se isso porque, se o processo formata o modo como será exercida a atividade jurisdicional do Estado, então é absolutamente natural que a cada paradigma de Estado corresponda um modelo diferente de processo.

O Estado liberal, construído a partir de ideias iluministas e de uma visão de economia centrada na obra de Adam Smith, tem apenas três funções essenciais: proteger a sociedade da violência e da invasão por outras sociedades; estabelecer uma adequada administração de justiça; erigir e manter certas obras e instituições que nunca seriam do interesse de qualquer indivíduo, pois não seriam lucrativas. Esse é um paradigma de Estado que põe os interesses privados à frente dos interesses públicos, de modo que cabe aos indivíduos construir seus próprios caminhos e destinos. O Estado exerce, então, uma função reativa, moderadora de crises e conflitos.

Consequência inevitável da adoção desse paradigma de Estado foi a construção de um modelo adversarial de processo, em que o processo civil é visto como "coisa das partes" (*Sache der Parteien*, na expressão alemã que se tornou de uso comum na doutrina jurídica).

Pois no modelo adversarial de processo, próprio do Estado Liberal, podem ser identificadas as seguintes características: (i) igualdade formal dos cidadãos; (ii) escritura; (iii) princípio dispositivo; (iv) imparcialidade e comportamento passivo do juiz.

Pode-se dizer que a característica mais marcante do processo adversarial é a posição passiva do juiz. Como ensina Michele Taruffo, há uma impossibilidade de que o juiz influa sobre a pesquisa da verdade em torno aos fatos da causa, incapacidade do juiz de controlar a dinâmica da dialética das partes, eliminando as degenerações que derivam da lógica da desigualdade sobre o plano de suas posições processuais. Esse notável processualista italiano diz que a imagem do juiz como árbitro passivo do conflito judiciário é, de fato, um ponto fundamental da estrutura do *adversary system*, enquanto este se funda sobre a rigorosa aplicação conjunta dos princípios da *party-prosecution* e da *party-presentation* das provas.

No processo adversarial toda a condução do processo, inclusive em relação à atividade probatória, fica nas mãos das partes. O juiz é um "árbitro passivo", quase que um espectador privilegiado do processo, a quem cabe solucionar eventuais conflitos que surgem no curso do processo e, ao final, proferir sentença.

Por isso mesmo, parece-me possível comparar a atuação do juiz no processo adversarial à de um árbitro de uma luta de boxe (ou de MMA). Ele fica próximo às partes enquanto elas lutam, mas se limita a intervir quando algo de irregular ocorre (como quando, no boxe, um dos lutadores abraça o outro, cabendo ao árbitro separá-los) e, ao final da luta, proclama o resultado levantando o braço do vencedor.

Este é um modelo de processo típico de Estados que pouco ou nada interferem nos destinos da sociedade e, por isso mesmo, não pode ser o adotado no Estado brasileiro.

4.2.1.2. Modelo inquisitivo de processo

Assim como o modelo adversarial é típico dos Estados Liberais, existe um modelo de processo próprio para o paradigma do Estado Social, que é o *modelo inquisitivo de processo*.

O paradigma do Estado Social só se firmou do ponto de vista econômico após o término da Segunda Guerra Mundial, com a superação do Estado Liberal, consolidando-se como uma forma de Estado em que o consumo coletivo igualitário é importante, com um aumento importante da máquina pública, já que esta passa a ser a responsável por garantir os serviços que atenderão à coletividade, realizando os objetivos precípuos desse novo tipo de Estado: liberdade, bem estar econômico, justiça social e proteção da natureza. O movimento que levou a este resultado, todavia, se iniciou muito antes, e do ponto de vista do Direito Processual é possível falar em um movimento de "socialismo jurídico", com início no século XIX e grande impacto na primeira metade do século XX. Esse movimento critica a lógica liberal de liberdade de jogo das forças políticas e econômicas e defende uma maior intervenção legislativa, com a reestruturação de alguns institutos jurídicos processuais.

Essas ideias, que provêm especialmente da obra de Anton Menger, vão exercer grande influência sobre a primeira legislação processual socializadora, a Ordenança Processual Civil do Império Austro-Húngaro, de 1895, elaborada por um aluno seu, Franz Klein. Este jurista reconhecia a existência de significados políticos, econômicos e sociais no processo, a exigir uma participação efetiva do Estado (através do juiz) em todas as suas fases, tornando-se uma instituição estatal de bem-estar social. Resulta daí, então, um incremento dos poderes do juiz, que deve participar mais ativamente da direção do processo, influindo no acertamento dos fatos.

A partir daí, rompe-se com o paradigma liberal e com o modelo adversarial de processo, iniciando-se um sistema baseado no protagonismo judicial. Pois é este modelo de processo que vai legitimar o desenvolvimento da teoria da relação processual, anteriormente examinada, a qual é baseada na supremacia do juiz sobre as partes, ficando estas subordinadas àquele. E o ápice dessa concepção é a ideia de *instrumentalidade do processo*, desenvolvida por Cândido Rangel Dinamarco. Este processualista brasileiro sustenta a ideia de que o processo é um *procedimento em contraditório animado pela relação processual*, tentando fundir concepções sobre o processo que são, a rigor – e como já visto anteriormente –, incompatíveis. Sustenta, ainda, que o processo tem escopos jurídicos, políticos e sociais, de modo que o processo passa a ser visto como um instrumento de realização das finalidades estatais.

Este modelo de processo, que inspirou a elaboração do Código de Processo Civil de 1973, e ainda se manifesta no ideário de muitos profissionais, é, porém, incompatível com o paradigma do Estado Democrático de Direito, estabelecido no Brasil a partir da Constituição da República de 1988, devendo ser tido por superado.

4.2.1.3. Modelo comparticipativo de processo

A Constituição da República de 1988 estabeleceu, em seu art. 1º, que o Brasil se constitui em Estado Democrático de Direito. Tem-se, aí, a expressa adoção de um novo paradigma, a exigir um novo modelo de processo.

Inicialmente, deve-se dizer que não se acolhe, aqui, uma concepção simplista de democracia como sendo algo similar a um "governo do povo, pelo povo e para o povo", ou mesmo como sendo um regime destinado a realizar os anseios da maioria da população. Afinal, não há democracia sem respeito às minorias e, mesmo, com a tomada de medidas contramajoritárias para proteger os direitos fundamentais das minorias. Daí porque se deve considerar que é fundamental para a compreensão do conceito de democracia exigir-se, nas palavras de Ronald Dworkin, uma teoria de participação igualitária para decidir o que é ou não uma decisão democrática, com a consulta a ideias sobre justiça, liberdade e igualdade.

É que, em uma democracia, os cidadãos de uma comunidade política governam a si mesmos, em um senso especial de autogoverno, quando a ação política é apropriadamente vista como ação coletiva através de uma parceria em que todos os cidadãos participam como parceiros livres e iguais, antes que uma disputa por poder político entre grupos de cidadãos.

Resulta, então, desse conceito de democracia que todos os cidadãos são responsáveis pelas consequências das ações coletivas dos grupos a que pertencem, dividindo responsabilidades por suas conquistas ou fracassos. Impõe-se, então, que em uma democracia sejam criadas as condições para dar a cada cidadão uma parcela da responsabilidade coletiva pelas decisões da comunidade. Esta, frise-se, não é uma concepção majoritária de democracia. O que se tem, aqui, é uma concepção constitucional do que é a democracia.

Pois é a partir destas ideias sobre democracia que se deve configurar o paradigma do Estado Democrático de Direito.

Assim, o Estado Democrático de Direito é não apenas um Estado de Direito, em que se observa o princípio da legalidade (ou, mais propriamente, da juridicidade), mas é também, e essencialmente, um Estado em que isso se dá de forma democrática. E ele se propõe a ser um paradigma de Estado que busca o meio-termo entre o que há de melhor nos dois paradigmas anteriores, do Estado Liberal e do Estado Social. Há, aqui, pois, a busca do equilíbrio entre os interesses públicos e os privados.

Significa isso dizer, por exemplo, que no Estado Democrático de Direito não se pode falar na existência normativa de algo como um *princípio da prevalência do interesse público*. Este interesse, evidentemente, prevalecerá em certas situações. Casos há, porém, em que o interesse privado deve prevalecer sobre o interesse público, e isso precisa ser reconhecido.

Pois em um Estado assim – e o Estado brasileiro se constitui deste modo, como consta do art. 1º da Constituição da República – é preciso adotar-se um modelo de processo equilibrado, que nem é "coisa das partes" (como no processo adversarial), nem é "instrumento da jurisdição", de caráter hiperpúblico (como no processo inquisitorial). Pois é aí que aparece o *processo comparticipativo* (ou cooperativo, para empregar terminologia próxima do art. 6º do CPC).

Constrói-se, assim, um novo tipo de processo, em que se configura uma verdadeira comunidade de trabalho, policêntrica, em que todos os atores do processo, juntos, realizam as atividades necessárias para que o processo produza o melhor resultado possível (resultado este que, metaforicamente, pode ser considerado a resposta correta para o caso submetido à apreciação do Judiciário). Este é o modelo comparticipativo de processo, que se vai buscar conceituar a seguir.

4.2.2. Conceito e natureza jurídica

O processo é, pois, um procedimento que se desenvolve em contraditório. Tem-se, aí, um procedimento (conceito já apresentado anteriormente como sequência de normas, destinadas a regular uma conduta, qualificando-a como lícita ou devida, e que enunciam, como pressuposto de sua própria incidência, o cumprimento de um ato prévio, regulado por outra norma da mesma série, e assim sucessivamente até a norma regulamentadora de um "ato final", em relação ao qual todos os atos precedentes podem dizer-se "preparatórios) em que se assegura aos interessados no resultado final a garantia de que poderão participar de todo o procedimento exercendo influência sobre o resultado e não sendo por ele surpreendidos. Esse procedimento que se desenvolve em contraditório é, portanto, o próprio processo.

Veja-se que não existe processo apenas em sede jurisdicional. Também é legítimo falar em processo administrativo (e neste o art. 5º, LV, da Constituição da República expressamente assegura o contraditório) ou legislativo (embora neste a presença do contraditório possa parecer menos óbvia, mas é sempre preciso lembrar que se todas as pessoas são interessadas no conteúdo da lei, ato decisório final do procedimento legislativo, então todas elas têm o direito de participar do debate sobre sua aprovação ou rejeição, assim como do conteúdo a ser eventualmente aprovado, e o fazem por intermédio de mandatários eleitos que as representam; e, do mesmo modo, no que diz respeito às leis federais, há também interesse dos Estados-membros da Federação, que por elas poderão ser atingidos, e que participam do procedimento de sua elaboração e aprovação através dos Senadores, que os representam no Congresso Nacional). Há, também, processos na esfera privada, como o processo arbitral (e o art. 21, § 2º, da Lei de Arbitragem determina a observância obrigatória do princípio do contraditório no procedimento arbitral) ou no processo de exclusão, por uma associação, de algum associado (como se vê pelo art. 57 do Código Civil).

O Direito Processual, todavia, dedica-se exclusivamente ao estudo do processo jurisdicional. É, então, e verdadeiramente, um direito processual jurisdicional. E é apenas do processo jurisdicional que se trata nesta obra.

O processo pode ser definido, pois, como um procedimento em contraditório. E daí resulta sua natureza jurídica, que é de procedimento. É que o processo é uma espécie desse gênero maior, o procedimento (o qual nem sempre se desenvolve em contraditório). Há procedimentos em que o contraditório não é observado (que podem ser chamados de meros procedimentos), como o inquérito civil, e aqueles nos quais se observa o contraditório, estes sim verdadeiramente processos.

4.2.3. Sujeitos do processo

São sujeitos (ou atores) do processo todos aqueles que dele participam, tendo alguma influência no seu desenvolvimento e resultado. O Estado-juiz (que se faz presente no processo através do juiz) e as partes, evidentemente, integram o rol dos sujeitos processuais. Mas também os auxiliares da justiça e o Ministério Público são sujeitos do processo (este último, evidentemente, apenas nos casos de que participa). Advogados não são sujeitos dos processos em que atuam, já que se manifestam como mandatários e, portanto, representantes das partes que assistem. O mesmo se pode dizer da Defensoria Pública (embora esta possa, em certas situações, ser parte – como se dá no processo coletivo da ação civil pública – ou intervir no processo como *custos vulnerabilis*, figura de que se tratará adiante). É preciso, porém, aproveitar esta parte da exposição para examinar o modo como atuam no processo todas essas pessoas e instituições.

4.2.3.1. O Estado-juiz. Poderes, deveres e imparcialidade do juiz

O Estado, no exercício da jurisdição, é chamado de Estado-juiz. E ele se faz presente no processo, a fim de exercer a atividade jurisdicional, através do magistrado ou juiz. Pois é preciso tratar do modo como este, que é afinal de contas o responsável por produzir (em cooperação com os demais sujeitos) os atos jurisdicionais, aí incluído o ato que será o resultado final do processo, atua.

Estabelece o art. 139 que ao juiz cabe "dirigir" o processo. O verbo aí empregado certamente é um resquício da ideologia do protagonismo judicial, consagrada na (aqui repudiada) teoria da relação processual. Na verdade ao juiz não cabe dirigir o processo, como se fosse um seu timoneiro. O juiz não é – e isto vem sendo dito insistentemente ao longo deste trabalho – o polo central do processo, em torno do qual orbitam os demais sujeitos. Na verdade, insista-se, deve-se ver o processo como um fenômeno *policêntrico*, em que juiz e partes têm a mesma relevância e juntos constroem, com a necessária observância do princípio constitucional do contraditório, seu resultado.

Incumbe, pois, ao juiz observar o disposto no art. 139 do CPC, o qual é responsável por estabelecer as diretrizes gerais de sua atuação. E ao juiz incumbe, antes de tudo, assegurar às partes tratamento isonômico, fazendo com que se observe o disposto no art. 5º, *caput* e inciso I, da Constituição da República. Daí resulta, por exemplo, o poder-dever do juiz de redistribuir o ônus da prova (art. 373, § 1º).

Também é um poder-dever do juiz velar pela duração razoável do processo, evitando que este sofra dilações indevidas. Sobre estas duas primeiras incumbências do juiz, porém, é de se remeter o leitor às considerações feitas em passagens anteriores desta obra aos princípios da igualdade e da duração razoável do processo.

Cabe também ao juiz prevenir ou reprimir qualquer ato atentatório à dignidade da justiça e indeferir postulações meramente protelatórias (o que também se liga à garantia de duração razoável do processo). É que muitas vezes as partes praticam atos destinados a provocar dilações indevidas no processo, agindo de forma desleal, com o objetivo de dificultar a produção do resultado final do processo. É que muitas vezes acontece de alguma das partes beneficiar-se, direta ou indiretamente, da demora do processo. Pense-se, por exemplo, em um processo que tenha por objeto o despejo por falta de pagamento em uma locação de imóvel residencial. A postura desleal do réu pode acarretar a demora do processo e, consequentemente, garantir a ele mais tempo morando (sem pagar) no imóvel que ocupa. Daí a importância de o juiz, como garantidor de direitos fundamentais que é, tratar de praticar os atos necessários a assegurar o respeito ao direito fundamental à tutela processual e à duração razoável do processo, notadamente em favor daqueles que são, efetivamente, titulares de direitos materiais postos em juízo. Insere-se aí, por exemplo, a condenação por litigância de má-fé ou o indeferimento de provas meramente protelatórias.

É dever do juiz, também, determinar todas as medidas (fala a lei processual em medidas indutivas, coercitivas, mandamentais ou sub-rogatórias) necessárias para assegurar o cumprimento de ordem judicial, inclusive nos processos que tenham por objeto o cumprimento de prestação pecuniária. Estas medidas podem ser aplicadas seja qual for a natureza da obrigação, mas apenas no procedimento destinado ao cumprimento das sentenças e decisões interlocutórias, mas são subsidiárias às medidas executivas típicas, e sua aplicação depende da observância do princípio do contraditório (FPPC, Enunciado nº 12). Além disso, é preciso ter claro que a aplicação dessas medidas não pode ser vista como uma punição ao devedor inadimplente. São elas mecanismos destinados a viabilizar a satisfação do direito do credor, e nada mais. Por isso são inaceitáveis decisões que determinam a apreensão de passaporte do devedor (que ficaria, com isto, impedido de viajar a trabalho) ou a suspensão da inscrição do devedor no cadastro de pessoas físicas – CPF –, o que impediria o devedor de praticar atos corriqueiros no cotidiano das pessoas, como se inscrever em um concurso público ou fazer a declaração de imposto de renda. Estes são exemplos de decisões que foram proferidas (de verdade) nos primeiros tempos de vigência do CPC/2015, e que mostram a importância de serem bem fixados os limites – e os objetivos – do poder do juiz que está previsto no inciso IV do art. 139. É preciso, então, recordar que o devedor responde pelo cumprimento de suas obrigações com *os seus bens* (como expressamente estabelece o art. 789), de modo que as medidas atípicas devem incidir sobre o patrimônio (e não sobre a pessoa) do devedor. Assim, pode-se cogitar, por exemplo, da imposição de multa diária a um devedor renitente que não cumpre obrigação pecuniária a que foi condenado. Outras medidas podem ser cogitadas aqui. Pense-se, por exemplo, em se promover o bloqueio de parte das reservas de dinheiro de uma pessoa jurídica como forma de pressioná-la a cumprir uma obrigação de fazer, ou em impedir uma empreiteira de participar de novas licitações até cumprir obrigação reconhecida por decisão judicial.

A única exceção de que se pode cogitar é o da execução de alimentos, em que se admite como medida executiva típica a prisão do devedor, o que legitima o emprego de medidas executivas atípicas menos gravosas do que a prisão (como seria a, neste caso admissível, retenção do passaporte do devedor, pois se é legítimo confiná-lo em uma cela, não há razão para não se admitir que ele seja proibido de sair do Brasil). Como regra geral, porém, as medidas executivas atípicas devem ser patrimoniais, e só podem incidir sobre quem tenha bens, já que, como dito, não são um castigo, mas um mecanismo de ampliação da eficiência da execução.

Incumbe ao juiz, também, promover a autocomposição, preferencialmente com o auxílio de profissionais capacitados: os conciliadores e mediadores. Trata-se de um poder do juiz que se liga, diretamente, ao dever (que é não só do juiz, mas de todos os profissionais que atuam no processo, na forma do disposto no art. 3º, § 2º, do CPC) de estimular a autocomposição. Para exercer esse poder-dever, o juiz deve, em qualquer fase do processo, exortar as partes a buscar mecanismos consensuais de resolução de seus litígios, como a mediação ou a composição (ou outros, como a negociação direta). Para isso, pode ele valer-se de despachos determinando às partes que digam se têm interesse em tentar a autocomposição, mas também da realização de audiências especiais a fim de expor as vantagens da solução consensual do conflito.

Atribui a lei processual ao juiz o poder-dever de dilatar os prazos processuais (o qual só pode ser exercido antes do término do prazo a ser dilatado, nos termos do parágrafo único do art. 139) e alterar a ordem da produção dos meios de prova (determinando, por exemplo, que se ouçam as testemunhas antes da realização da prova pericial), flexibilizando o procedimento para adequá-lo às necessidades do caso concreto e, com isso, assegurar uma mais efetiva proteção aos direitos (FPPC, Enunciado nº 107: "O juiz pode, de ofício, dilatar o prazo para a parte se manifestar sobre a prova documental produzida").

A ampliação do prazo pode se dar em casos nos quais o juiz perceba que o prazo fixado em lei é evidentemente inadequado para o caso concreto. Pense-se, por exemplo, no caso de se ter determinado ao administrador de uma massa falida, ou de uma sociedade em recuperação judicial, que preste contas. O prazo previsto em lei para essa prestação é de 15 (quinze) dias, na forma do art. 550, § 5º, do CPC). Dependendo do porte da massa ou da sociedade, porém, esse prazo pode ser insuficiente, dada a complexidade do caso concreto.

Já a inversão da ordem dos atos de produção de prova se liga, diretamente, ao princípio da eficiência. Pense-se, por exemplo, em um processo em que se busca reparação de dano em um caso de responsabilidade civil subjetiva. Normalmente, em casos assim, a prova da culpa depende da oitiva de testemunhas (que são ouvidas na audiência de instrução e julgamento), enquanto a prova do dano e de sua extensão se faz mediante perícia, que é colhida antes da realização daquela audiência. Acontece que a prova pericial é, normalmente, demorada e cara, e terá sido absolutamente inútil se depois constatar-se que não há culpa do réu (e, portanto, não há responsabilidade civil). Ora, em casos assim, é muito mais eficiente ouvir-se primeiro as testemunhas e, constatando o juiz a ausência de culpa, desde logo julgar-se improcedente o pedido. De outro lado, caso se verifique a existência da culpa, aí sim se colherá a prova pericial.

É também dever do juiz exercer o poder de polícia processual, requisitando, sempre que necessário, força policial, além de poder valer-se da força de segurança interna dos fóruns e tribunais (bastando pensar na hipótese em que se faça necessário retirar de uma sala de audiências alguém que tenha comportamento inconveniente).

Tem o juiz, também, o poder de determinar, a qualquer tempo, a intimação da parte para comparecer a fim de ser inquirida sobre os fatos da causa (caso em que não incidirá a assim chamada "pena de confesso", da qual só se pode cogitar quando se trata da colheita do depoimento pessoal a que se referem os arts. 385 e seguintes). O que se tem aí não é o depoimento pessoal, mas um *interrogatório livre*, destinado unicamente a permitir que o juiz se esclareça sobre algum fato relevante.

Atribui a lei ao juiz (art. 139, IX) o dever de determinar o suprimento dos pressupostos processuais e o saneamento de outros vícios do processo. Extrai-se daí a inegável existência de uma preferência do sistema pela resolução do mérito (podendo-se falar em um princípio da primazia da resolução do mérito), só sendo possível a extinção do processo sem sua resolução nos casos em que haja vício insanável ou em que o vício sanável não tenha sido sanado não obstante isto tenha sido possibilitado.

Há casos em que a lei expressamente determina que esse poder seja exercido, como se dá no caso em que o juiz abre prazo para que o autor emende a petição inicial (art. 321) ou quando se determina que o STJ e o STF criem oportunidade para a correção de vícios formais de pequena gravidade nos recursos excepcionais (art. 1.029, § 3º). Em outros casos, porém, o juiz deverá determinar a correção do vício, ou corrigi-lo ele próprio, com base no disposto neste inciso IX. Pense-se, por exemplo, no caso de haver erro no preenchimento de guia do depósito realizado no procedimento especial da "ação de consignação em pagamento". Não se pode admitir que esse tipo de erro gere danos irreparáveis para a parte, sendo fundamental que antes se garanta uma oportunidade de sua correção. Caso o vício não seja sanado, todavia, aí sim se reconhecerá o defeito.

Por fim, estabelece o inciso X do art. 139 que incumbe ao juiz – verificando a existência de diversas demandas individuais repetitivas, determinar a expedição de ofícios aos legitimados ativos para o ajuizamento de demanda coletiva, a fim de facilitar a propositura desta. Trata-se de disposição que, a rigor, já existia – de forma similar – no art. 7º da Lei de Ação Civil Pública, e que agora é ampliada (já que a disposição anterior só falava em remessa de peças ao Ministério Público) e que, espera-se, sirva para que, na prática, mais demandas coletivas sejam propostas.

Além disso tudo, é do juiz o poder-dever de julgar a causa. E deste não poderá ele se eximir alegando a existência de obscuridade ou lacuna no ordenamento jurídico (art. 140). Incumbe ao juiz dar à causa a solução prevista no ordenamento jurídico, aplicando as regras e os princípios adequados para a solução da causa. Não pode o juiz decidir *contra legem*, de forma contrária ao direito vigente, sob pena de ofensa ao princípio da legalidade.

Impende, porém, observar o disposto no parágrafo único do art. 140 (segundo o qual ao juiz seria autorizado a decidir *por equidade* nos casos previstos em lei). O CPC só prevê expressamente a possibilidade de um julgamento que se dê "fora dos limites da legalidade estrita" nos procedimentos de jurisdição voluntária (art. 723, parágrafo único). Em outras leis, porém, há a previsão de outras hipóteses de julgamento por equidade (como se dá, por exemplo, no art. 928 do CC). É, porém, inadmissível que o juiz assim decida.

Isto se diz porque julgar "por equidade" implica admitir a possibilidade de o juiz decidir segundo seus próprios critérios de conveniência (como, aliás, consta expressamente do art. 723, parágrafo único, por força do qual incumbiria ao juiz, nos processos de jurisdição voluntária, dar à causa a solução "que considerar mais conveniente ou oportuna"). Daí resultaria, então, um poder de julgar discricionariamente, o que é – como visto em passagem anterior deste trabalho – incompatível com o Estado Constitucional. Deve a decisão, pois, ser *sempre* proferida com respeito à legalidade (ou, se se preferir, com respeito ao *princípio da juridicidade*). Em outros termos, incumbe ao juiz buscar (com auxílio das partes, que atuam em contraditório) a *decisão correta* para o caso que lhe é submetido, assim entendida a decisão constitucionalmente legítima, isto é, a decisão que está em conformidade com o direito vigente.

Em outras palavras, o que aqui se sustenta é a inconstitucionalidade do parágrafo único do art. 140 do CPC, por afrontar o paradigma constitucional do Estado Democrático de Direito (Constituição da República, art. 1º). É que em um Estado Democrático de Direito o juiz deve, sempre, observar o direito democraticamente aprovado e estabelecido a partir das leis (ou outros atos normativos, como os tratados internacionais) e dos precedentes e enunciados de súmula. Não pode, porém, o juiz, que a tanto não é legitimado, decidir com base em critérios e valores pessoais, impondo às partes e à sociedade uma visão de mundo que pode ser completamente diferente daquilo que a própria sociedade reputa adequado.

O juiz deverá, então, julgar a causa em conformidade com o ordenamento jurídico. E terá de fazê-lo "nos limites propostos pelas partes, sendo-lhe vedado conhecer de questões não suscitadas a cujo respeito a lei exige iniciativa da parte" (art. 141). Fica, então, o juiz limitado pelo poder que têm as partes de estabelecer os limites da controvérsia (*princípio dispositivo*), só podendo proferir decisões acerca daquilo que tenha sido por elas deduzido no processo (com a expressa ressalva das questões de ordem pública, assim entendidas aquelas que ao juiz é dado conhecer de ofício, suscitando seu debate independentemente de provocação das partes). Daí resulta uma necessária (e que admite pouquíssimas exceções, que não precisam ser examinadas aqui) congruência entre os limites subjetivos e objetivos da demanda e a decisão que o Estado-juiz pode proferir, não se admitindo, por conseguinte, a prolação de decisões que sejam *ultra petita* (ou seja, que concedem mais vantagem ao demandante do que a por ele postulada), *extra petita* (isto é, que conceda algo de natureza diversa daquilo que se tenha demandado, ou que se baseie em fatos que não integrem a causa de pedir) ou *citra petita* (ou seja, que deixe de apreciar algum pedido ou alguma causa de pedir que deveria ter sido objeto de exame e decisão).

Caso o juiz se dê conta de que as partes tenham praticado uma *colusão processual*, isto é, que, de comum acordo, valeram-se do processo para praticar ato simulado ou para conseguir um resultado proibido pelo ordenamento (pense-se, por exemplo, no caso de uma pessoa casada simular um litígio com o cúmplice do adultério a respeito da propriedade de um bem com o único objetivo de conseguir transferir para seu cúmplice a propriedade do mesmo e, assim, violar a vedação de doação ao cúmplice do adultério constante do art. 550 do CC), incumbe-lhe proferir decisão "que impeça os objetivos das partes" (em outros termos, incumbe ao juiz extinguir o processo sem resolução do mérito, ou julgar o pedido improcedente, conforme o caso), aplicando de ofício as sanções resultantes da litigância de má-fé (art. 142).

Responde o juiz por perdas e danos que cause aos demais sujeitos do processo (art. 143) quando exercer suas funções com dolo ou fraude (art. 143, I) ou quando recusar, omitir ou retardar, sem justo motivo, providência que deva ordenar de ofício ou a requerimento da parte (art. 143, II). Nos casos previstos no inciso II do art. 143, o juiz só responderá se, antes, a parte requerer expressamente que determine a providência e seu requerimento não for apreciado no prazo de dez dias (art. 143, parágrafo único). É preciso, então, que – uma vez ultrapassado o prazo legal para que o juiz determine a providência que lhe incumbia ordenar – o interessado formule um novo requerimento, específico, para ser apreciado no prazo de dez dias e, então, após o decurso do decêndio, poder-se-á considerar responsável o juiz pelos danos resultantes da demora.

Vale destacar, então, que em ambos os casos a responsabilidade civil do juiz é subsidiária, não respondendo diretamente perante a parte lesada. Esta deverá demandar em face da pessoa jurídica de direito público (União ou Estado, conforme o dano lhe tenha sido causado por um juiz federal ou estadual) e esta, caso venha a ser condenada, poderá exercer direito de regresso em face do magistrado. Deve--se admitir, nesse caso, que o ente público demandado denuncie a lide ao juiz, de modo que na mesma sentença sejam desde logo fixadas não só a responsabilidade da pessoa jurídica de direito público, mas também a do juiz.

Em nenhuma hipótese, porém, a responsabilidade civil do juiz poderá ser apurada no mesmo processo em que se afirme ter ele praticado o ato gerador de sua responsabilidade civil. A questão deverá ser objeto de apuração em processo autônomo, em que o juiz será parte e, por isso, lhe será assegurada ampla participação em contraditório na formação do resultado do processo. Há, então, duas possibilidades: ou a parte lesada demanda em face da União ou do Estado e, caso a pessoa jurídica de direito público fique vencida, ajuíza outra demanda, regressiva, em face do juiz; ou a parte lesada demanda em face da pessoa jurídica de direito público, e esta denuncia a lide ao juiz, tudo se resolvendo em um só processo.

Do juiz exige-se imparcialidade. Não pode ele ter interesse na causa, nem ligações pessoais com os demais sujeitos do processo. Por conta disso, enumera o CPC uma série de situações em que se considera haver algum tipo de parcialidade que macula a participação do magistrado no processo.

Dividem-se as causas de afastamento do juiz por vício de parcialidade em dois grupos: *impedimento* e *suspeição*. A distinção se justifica porque o impedimento é considerado um vício mais grave do que a suspeição. Basta dizer que o pronunciamento judicial transitado em julgado que tenha sido proferido por juiz impedido pode ser impugnado por ação rescisória (art. 966, II), o que não acontece com o pronunciamento emanado de juiz suspeito.

Os casos de impedimento do juiz estão enumerados no art. 144 do CPC. Pois o juiz estará, em primeiro lugar, impedido de atuar no processo em que tenha intervindo como mandatário da parte, oficiado como perito, funcionado como membro do Ministério Público ou prestado depoimento como testemunha. Pense-se, por exemplo, no caso do advogado que, nomeado para integrar um Tribunal pelo Quinto Constitucional, recebe por sorteio, a fim de nele atuar como relator, processo em que anteriormente à sua nomeação tenha atuado como advogado.

Estará também impedido de atuar no processo aquele magistrado que nele já tenha atuado em outro grau de jurisdição. Pense-se, por exemplo, no juiz que, em primeira instância, tenha atuado na causa e, posteriormente, promovido à segunda instância, nela não poderá atuar novamente. Pode-se cogitar, ainda, da hipótese inversa: figure-se a hipótese de um juiz que, convocado para exercer funções no tribunal de segunda instância (como costuma ocorrer em diversos tribunais do país), participa do julgamento de um recurso e, posteriormente, já de volta à sua atuação em primeira instância, não poderá mais exercer suas funções naquele processo de que já conhecera no órgão superior. Várias possibilidades aqui existem. Pode mesmo acontecer de um magistrado ter atuado em um processo em alguma das instâncias ordinárias e, depois, ser chamado a nele atuar novamente na qualidade de Ministro de algum Tribunal de Superposição. Pois ele estará impedido de o fazer.

Fica ainda impedido o juiz de atuar no processo em que funciona, como advogado, Defensor público ou membro do Ministério Público seu cônjuge ou companheiro, ou qualquer parente seu, consanguíneo ou afim, em linha reta, ou na colateral até o terceiro grau (desde que o advogado, Defensor público ou promotor de justiça já atuasse no processo antes do magistrado). O CPC estabeleceu, inclusive, que o impedimento existirá em casos nos quais seja parte algum cliente do escritório de advocacia em que atua o parente do juiz, mesmo quando representado por escritório de advocacia distinto.

Registrei aqui, desde a primeira edição deste *Manual*, o exagero desta situação de impedimento. Em primeiro lugar, é preciso considerar a existência de grandes firmas de advocacia, com atuação em número muito grande de lugares, tendo em alguns casos filiais em diversos Estados da Federação. Imagine-se, então, o caso de um juiz estadual do Rio Grande do Sul que tenha um sobrinho advogado que atue em um escritório de advocacia no Amazonas (do qual sequer é um dos sócios). Considere-se, agora, que o sobrinho do juiz seja um advogado especializado em tributos federais, só atuando perante a Justiça Federal. Pois se o escritório em que atua o sobrinho do juiz tiver, no Mato Grosso, entre seus clientes, uma instituição financeira (como um Banco, por exemplo), ficará aquele juiz do Rio Grande do Sul impedido de atuar nos processos em que aquele mesmo Banco é parte. Haveria aí alguma ligação entre o juiz e a parte capaz de causar sua parcialidade? Certamente não!

Há, ainda, outro ponto a considerar. Como poderá o juiz saber quem são todos os clientes do escritório dos seus parentes? Terá ele de exigir de todos os seus parentes advogados uma relação completa dos clientes de seus escritórios? Haverá um dever dos advogados de manter atualizadas essas relações entregues aos seus parentes juízes? Evidentemente não!

É, pois, completamente desarrazoada a hipótese prevista na lei, não fazendo sentido estabelecer-se o impedimento do juiz de atuar em processos em que seus parentes não atuam, nem (através de outros advogados) seus escritórios de advocacia, neles sendo parte algum cliente do escritório do parente quando patrocinado por advogados de escritório distinto. Deve-se, então, reputar inconstitucional (por violação do princípio da proporcionalidade) essa parte final do dispositivo, afastando-se o impedimento do juiz nos casos em que o escritório de advocacia que atua no processo não tem, entre seus integrantes, qualquer daqueles parentes do magistrado.

Importante consignar, então, que o STF, ao julgar a ADI 5.953, declarou a inconstitucionalidade do inciso VIII do art. 144 do CPC, exatamente nos termos aqui propostos.

Há impedimento do juiz quando é parte no processo ele próprio, seu cônjuge ou companheiro, ou algum parente seu, consanguíneo ou afim, em linha reta ou na colateral até o terceiro grau. E também há impedimento quando o juiz for sócio ou membro de direção ou administração de pessoa jurídica parte na causa (como se daria, por exemplo, em um processo em que seja parte uma associação de magistrados de que o juiz integre a diretoria). Dado importante é que a lei faz uma distinção entre sociedades e associações. No caso das sociedades, basta que o juiz seja sócio para estar impedido. De outro lado, no caso das associações, o impedimento só se manifesta quando o juiz seja membro da administração ou direção.

É impedido o juiz que seja herdeiro presuntivo, donatário ou empregador de quem é parte na causa. Também é impedido o juiz quando figura como parte no processo uma instituição de ensino com a qual tenha relação de emprego ou resultante de um contrato de prestação de serviços (como no caso de ser o juiz professor de uma universidade que seja parte em um processo). É, ainda, impedido o juiz quando seja ele, em processo distinto, parte adversa de quem é parte ou de seu advogado (e não só quando é o juiz quem "promov[e] a ação", como estabelece o inciso IX do art. 144, mas também quando o juiz é, no outro processo, o demandado).

Por fim, há impedimento à atuação, no processo, de juiz que seja parente de outro magistrado que já tenha atuado na mesma causa (sendo o parentesco por consanguinidade ou afinidade, em linha reta ou na colateral até o terceiro grau). Pense-se, por exemplo, no caso de ser o juiz filho de um desembargador. Pois a atuação de um deles no processo gera, automaticamente, o impedimento do outro.

Não se admite a criação proposital de fato superveniente que produza impedimento, como se daria, por exemplo, no caso de uma instituição de ensino querer contratar um magistrado para seu corpo docente com o intuito de torná-lo impedido para uma causa, ou de a parte pretender contratar o escritório de advocacia do cônjuge do juiz com o objetivo de afastar o juiz do processo.

Vistos os casos de impedimento, deve-se passar à análise das causas de suspeição de parcialidade do juiz (art. 145). Em primeiro lugar, o juiz é suspeito de parcialidade quando amigo íntimo ou inimigo de alguma das partes. Também é suspeito o juiz que receber presentes de pessoas que tiverem interesse na causa, antes ou depois de iniciado o processo, aconselhar alguma das partes acerca do objeto da causa ou subministrar meios para atender às despesas do processo.

Reconhece-se a suspeição do juiz quando for parte no processo algum credor ou devedor dele, de seu cônjuge ou companheiro, ou de parentes destes, em linha reta até o terceiro grau. Por fim, é também suspeito o juiz que de alguma forma seja interessado no resultado do processo em favor de alguma das partes.

Além de todas essas hipóteses, autoriza-se o juiz a declarar-se suspeito por motivo de foro íntimo, sem necessidade de declarar suas razões para tê-lo feito (art. 145, § 1º). É que em algumas hipóteses o juiz não se enquadra em qualquer das hipóteses de impedimento ou de suspeição, mas pessoalmente não se sente confortável para julgar o processo. Pense-se, por exemplo, no caso de ser parte pessoa jurídica cujo presidente é amigo íntimo do juiz. Nesse caso, não é parte o amigo do juiz, mas a pessoa jurídica de que o amigo é representante legal. Objetivamente, o juiz não seria impedido ou suspeito, mas pode perceber que sua imparcialidade estaria afetada e declarar-se suspeito por motivo de foro íntimo. Esta, porém, é hipótese que apenas o juiz pode levantar, de ofício, não podendo qualquer das partes pretender que o magistrado declare sua suspeição por razões íntimas.

O que se percebe, pela leitura da lei, é que apenas situações objetivamente descritas, como a do parentesco ou da amizade, são capazes de fazer com que se repute parcial o magistrado. Não há, no ordenamento processual, qualquer preocupação com os vieses cognitivos que podem afetar a formação da convicção do juiz, afastando sua parcialidade. Pense-se, por exemplo, no assim chamado *viés de confirmação*, que tem sido reconhecido por estudiosos da psicologia comportamental. É que o juiz que, no início do processo, decide sobre tutela provisória, deferindo ou negando a medida, tende a querer confirmar sua impressão inicial, buscando argumentos para proferir uma sentença que conceda em definitivo o que havia sido provisoriamente deferido (ou, ao contrário, que denegue definitivamente o que havia sido provisoriamente indeferido). Afinal, como diz a sabedoria popular, "a primeira impressão é a que fica". Por essa razão, há quem sugira que o juiz que examina o requerimento de tutela provisória fique impedido de atuar na instrução e julgamento do processo, a fim de evitar-se seu enviesamento, que poderia influenciar na sua convicção. Esta, porém, é temática simplesmente ignorada pela legislação processual brasileira.

Não se admite que alegue suspeição do juiz aquele que lhe tenha dado causa (assim, por exemplo, a parte que, no curso do processo, manda um presente para o gabinete do juiz e em seguida alega sua suspeição). Tampouco pode alegar a suspeição aquele que já tenha praticado no processo algum ato que significa manifesta aceitação do magistrado (tudo conforme o art. 145, § 2º).

Impedimento e suspeição do juiz podem ser declarados de ofício pelo magistrado. É permitido também às partes que aleguem o vício. A arguição do impedimento ou da suspeição deve ser feita no prazo de quinze dias a contar da ciência do fato, em petição específica dirigida ao próprio juiz da causa, em que se indicará especificamente o motivo da recusa, sendo possível a indicação de testemunhas e a juntada de documentos (art. 146).

Arguido o vício, pode ocorrer de o juiz, desde logo, reconhecer o impedimento ou a suspeição, caso em que remeterá os autos ao seu substituto legal. Não sendo este o caso, porém, deverá o juiz determinar a autuação em apartado do incidente e, no prazo de quinze dias, apresentar suas razões (acompanhadas de documentos e rol de testemunhas, se houver), ordenando em seguida a remessa dos autos ao tribunal (art. 146, § 1º).

O incidente de arguição de impedimento ou suspeição será, no tribunal, distribuído a um relator, que deverá declarar se atribui ou não efeito suspensivo ao incidente. Caso o efeito suspensivo não seja atribuído, o processo continuará a tramitar normalmente (art. 146, § 2º, I). Atribuído o efeito suspensivo, porém, o processo ficará paralisado até o julgamento do incidente (art. 146, § 2º, II). Enquanto não houver este pronunciamento inicial do relator ou no caso de ser o incidente recebido com efeito suspensivo, eventual requerimento de tutela de urgência deverá ser dirigido diretamente ao substituto legal do juiz cujo impedimento ou suspeição se tenha arguido (art. 146, § 3º).

Verificando o tribunal que a arguição é improcedente, a rejeitará e determinará o arquivamento do incidente. Acolhida a alegação, determinará que o processo siga com o substituto legal do magistrado, condenando o arguido a pagar as custas do incidente (art. 146, § 5º). Neste caso, permite-se ao juiz recorrer contra a decisão (o que exigirá a representação do juiz por advogado, já que o magistrado não tem capacidade postulatória).

Reconhecido o impedimento ou a suspeição, deve o tribunal fixar o momento a partir do qual o juiz não poderia ter atuado, decretando a nulidade dos atos que o juiz impedido ou suspeito não poderia ter praticado (art. 146, § 6º).

Tudo isto se aplica, no que couber, aos membros do Ministério Público, auxiliares da justiça e demais sujeitos imparciais do processo (art. 148), mas não às testemunhas (art. 148, § 4º), devendo o juiz da causa decidir o incidente, sem suspensão do processo (art. 148, § 2º). O impedimento e a suspeição das testemunhas se submetem a regime próprio (arts. 447 e 457, § 1º). No caso de impedimento ou suspeição de peritos, nas hipóteses em que se tenha nomeado um órgão especializado, este indicará o nome e a qualificação dos profissionais que participarão da atividade (art. 156, § 4º), a fim de que o impedimento ou suspeição possam ser aferidos.

4.2.3.2. Auxiliares da justiça

São auxiliares da justiça aqueles que atuam no processo subordinados ao juiz. Dividem-se em auxiliares permanentes (aqueles que são servidores do Judiciário, tradicionalmente chamados *serventuários*, como o oficial de justiça) e eventuais (os que, não sendo servidores do Judiciário, são chamados pelo juiz a lhe prestar auxílio em caráter excepcional, como muitas vezes se dá com peritos e intérpretes). O art. 149, em enumeração evidentemente exemplificativa, indica os seguintes auxiliares: escrivão, chefe de secretaria, oficial de justiça, perito, depositário, administrador, intérprete, tradutor, mediador, conciliador judicial, partidor, distribuidor, contabilista e regulador de avarias. É possível dizer que a enumeração é exemplificativa porque outros auxiliares da justiça podem ser identificados, como o liquidante (a que faz referência o art. 890, I).

Incumbe ao escrivão ou chefe de secretaria (art. 152): redigir, na forma legal, os ofícios, mandados, cartas precatórias e demais atos que integrem seu ofício; efetivar as ordens judiciais, realizar citações e intimações, bem como praticar todos os demais atos que lhes sejam atribuídos pelas leis de organização judiciária; comparecer às audiências ou designar um servidor para fazê-lo; manter, sob sua guarda, os autos dos processos, não permitindo que saiam de cartório (o que, evidentemente, só faz sentido quando se trata de autos não eletrônicos), salvo quando tenham de ir à conclusão do juiz, com vista a advogado, à Defensoria Pública, ao Ministério Público ou à Fazenda Pública, quando devam ser encaminhados a algum outro auxiliar da justiça ou quando tiverem de ser remetidos a outro juízo em razão da modificação da competência; fornecer certidão de qualquer ato ou termo do processo, independentemente de despacho, observadas as disposições relativas ao segredo de justiça; e praticar de ofício os atos meramente ordinatórios (dependendo, esta última atribuição, de regulamentação por ato administrativo do juiz).

Incumbe ao escrivão ou chefe de secretaria obedecer preferencialmente à ordem cronológica de recebimento para publicação e efetivação dos pronunciamentos judiciais (art. 153, na redação da Lei nº 13.256/2016), salvo no que concerne aos atos urgentes, assim reconhecidos pelo juiz no pronunciamento a ser efetivado e com relação às preferências legais (art. 153, § 2º). Entre os atos urgentes e as preferências legais, porém, deve-se preferencialmente respeitar a ordem cronológica de recebimento (art. 153, § 3º).

A lista dos processos recebidos pelo escrivão ou chefe de secretaria para praticar os atos que lhe incumbem deverá estar à disposição do público de forma permanente (art. 153, § 1º). A parte que se considerar preterida na ordem cronológica poderá reclamar ao juiz, nos próprios autos, devendo o escrivão ou chefe de secretaria prestar informações em dois dias (art. 153, § 4º). Constatada a preterição, deverá o juiz determinar a imediata prática do ato preterido e a instauração de processo administrativo disciplinar contra o servidor responsável (art. 153, § 5º). A imposição de sanção ao serventuário, todavia, dependerá da demonstração do dolo específico de prejudicar uma parte ou de favorecer a outra.

Incumbe ao oficial de justiça (art. 154) fazer pessoalmente as citações, prisões, penhoras, arrestos e demais diligências de seu ofício, certificando no mandado o ocorrido, com menção ao lugar, dia e hora, devendo tais atos, sempre que possível, serem realizados diante de duas testemunhas; executar as ordens do juiz a que se subordinam; entregar o mandado em cartório após seu cumprimento; auxiliar o juiz na manutenção da ordem; efetuar avaliações, se for o caso; certificar, em mandado, proposta de autocomposição apresentada por qualquer das partes por ocasião da realização de atos de comunicação que tenha praticado.

Certificada a proposta de autocomposição, deverá o juiz determinar a intimação da outra parte para manifestar-se em cinco dias, sem prejuízo do regular andamento do processo, entendendo-se o silêncio como recusa (art. 154, parágrafo único). Esta é disposição normativa que se enquadra no dever do Estado-juiz de buscar, sempre que possível, a autocomposição (art. 3º, § 2º).

Escrivão, chefe de secretaria e oficial de justiça são civilmente responsáveis, em caráter regressivo, quando sem justo motivo se recusarem a cumprir, no prazo legal, os atos impostos por lei ou pelo juiz a que estejam subordinados; ou quando praticarem ato nulo com dolo ou culpa (art. 155).

Perceba-se que, por ser regressiva sua responsabilidade, o prejudicado deverá demandar a reparação do dano em face da União ou do Estado (conforme se trate de processo que tramita perante a Justiça Federal ou Estadual), e a Fazenda Pública terá direito de regresso contra o serventuário. A responsabilidade civil do Estado, por força do art. 37, § 6º, da Constituição da República, é objetiva, mas o escrivão, o chefe de secretaria e o oficial de justiça só respondem subjetivamente. Ajuizada a demanda pelo lesado em face da União ou do Estado, poderá a pessoa jurídica de direito público propor, desde logo, no mesmo processo, de forma condicional, sua demanda regressiva em face do escrivão, chefe de secretaria ou oficial de justiça, o que se dá através de denunciação da lide.

Deverá o juiz ser assistido por perito quando a prova do fato depender de conhecimentos técnicos ou científicos (art. 156). Deve-se nomear o perito entre profissionais legalmente habilitados e os órgãos técnicos ou científicos devidamente inscritos em cadastro a ser mantido pelo tribunal a que o juiz está vinculado (art. 156, § 1º). Para a formação do cadastro, o tribunal deverá realizar consulta pública, por meio de divulgação na rede mundial de computadores ou em jornais de grande circulação, além da consulta direta a universidades, a conselhos de classe, ao Ministério Público, à Defensoria Pública e à Ordem dos Advogados do Brasil, para a indicação de profissionais ou órgãos técnicos interessados (art. 156, § 2º).

Incumbe aos tribunais realizar avaliações e reavaliações periódicas para manutenção do cadastro, considerando a formação profissional, a atualização do conhecimento e a experiência dos peritos interessados (art. 156, § 3º). Em todas as varas e secretarias deverá haver uma lista de peritos, com disponibilização dos documentos exigidos para a habilitação, a fim de permitir a consulta pelos interessados. A nomeação deverá ser por distribuição equitativa, observadas a capacidade técnica e a área do conhecimento (art. 157, § 2º).

O perito deverá ser especializado no objeto da perícia (art. 465). Extrai-se daí a necessidade de que se observe a especialização do perito, não sendo suficiente sua formação acadêmica básica. Assim, por exemplo, em um caso em que se precise de um perito que verifique se houve ou não erro em um procedimento cirúrgico, não bastará que o perito seja médico, mas é essencial que tenha ele especialização em cirurgia.

Este é ponto extremamente relevante, e que nem sempre é adequadamente observado na prática. O perito deve ter especialização acadêmica na área de conhecimento da perícia. Já tive oportunidade de ver, em casos concretos, perícia de engenharia civil feira por um engenheiro de produção; perícia destinada a verificar se houve erro num procedimento anestésico feita por um pediatra; perícia cujo objeto era a verificação de possível erro cometido por um ortopedista realizada por um cirurgião plástico. Em todos esses três casos, determinada a realização de nova perícia por especialista na área, as conclusões do laudo pericial mudaram completamente.

Não havendo profissional cadastrado junto ao tribunal, a nomeação do perito será de livre escolha do juiz, devendo recair necessariamente sobre profissional ou órgão técnico ou científico especializado (art. 156, § 5º).

Incumbe ao perito cumprir seu ofício no prazo que lhe tiver sido assinado pelo juiz, só se podendo escusar se alegar motivo legítimo (art. 157).

O perito que, dolosa ou culposamente, prestar informações inverídicas, responderá pelos prejuízos que causar à parte e ficará inabilitado para atuar em outras perícias pelo prazo de dois a cinco anos, independentemente de outras sanções, devendo o juiz comunicar o fato ao respectivo órgão de classe para que tome as medidas cabíveis (art. 158). Deve, também, determinar a expedição de peças ao Ministério Público, a fim de que este verifique se é caso de denunciar o perito pela prática do crime de falsa perícia (Código Penal, art. 342).

A guarda e conservação de bens judicialmente apreendidos cabe a depositário ou administrador, salvo quando a lei dispuser de modo diverso (art. 159). Depositário e administrador terão remuneração a ser fixada pelo juiz (art. 160), que também poderá nomear um ou mais prepostos, por indicação do depositário ou do administrador (art. 160, parágrafo único).

Depositário e administrador respondem pelos prejuízos que, dolosa ou culposamente, causem às partes, perdendo o direito à remuneração, mas têm o direito de haver aquilo que legitimamente tenham despendido no exercício do encargo (art. 161). O depositário infiel, além disso, responde civilmente e suporta as sanções pela prática de ato atentatório à dignidade da justiça, sem prejuízo de sanção penal que se revele adequada (art. 161, parágrafo único). Vale, aqui, recordar que o depositário judicial pode cometer crime de apropriação indébita (art. 168 do Código Penal, com a causa especial de aumento de pena prevista no § 1º, II, do mesmo dispositivo legal).

Será nomeado intérprete ou tradutor (art. 162) para traduzir documento redigido em língua estrangeira; verter para o português as declarações das partes e testemunhas que não conheçam o vernáculo; realizar a interpretação simultânea dos depoimentos das partes e testemunhas com deficiência auditiva que se comuniquem pela Língua Brasileira de Sinais (Libras) ou equivalente.

Não pode ser intérprete ou tradutor quem não tenha a livre administração de seus bens; quem for arrolado como testemunha ou atuar como perito no mesmo processo; ou quem estiver inabilitado para o exercício da profissão por sentença penal condenatória, enquanto durarem seus efeitos (art. 163). As varas e secretarias terão listas de intérpretes e tradutores análogas às que manterão para os peritos, e a eles se aplicam as disposições acerca da responsabilidade destes (art. 164).

O CPC dá especial destaque, entre os auxiliares da justiça, aos conciliadores e mediadores. E isto é resultado do fato de que há, no sistema codificado, uma especial preocupação com a valorização dos meios consensuais de resolução de conflitos. Mediação e conciliação são meios adequados de resolução de litígios, os quais devem ser cada vez mais valorizados pelo Estado e pela sociedade, já que contribuem para a diminuição da litigiosidade, permitindo a produção de resultados que satisfazem a todos os interessados.

Ao Código de Processo Civil incumbe regular o modo como a conciliação e a mediação se desenvolvem dentro de processos judiciais já instaurados (conciliação e mediação endoprocessuais). Evidentemente, não é preciso que haja processo instaurado para que se promova a solução consensual do conflito, mas da conciliação e da mediação pré-processuais não deve tratar a lei processual.

A mediação extrajudicial é regulada pela Lei nº 13.140/2015, a qual trata, também, de alguns aspectos da mediação judicial, razão pela qual este diploma precisa ser interpretado em conjunto com o CPC. Também cumpre papel relevante na construção de uma política pública de tratamento adequado dos conflitos a Resolução nº 125 do Conselho Nacional de Justiça, que tem diversos dispositivos que acabaram por ser posteriormente incorporados ao texto do CPC.

Incumbe, pois, aos tribunais criar centros judiciários de solução consensual de conflitos, os quais devem ser os responsáveis pela realização dos procedimentos de mediação e de conciliação e pelo desenvolvimento de programas destinados a auxiliar, orientar e estimular a autocomposição (art. 165 do CPC; art. 24 da Lei nº 13.140/2015). A composição e organização destes centros deve ser feita pelos tribunais, respeitadas as disposições estabelecidas pelo Conselho Nacional de Justiça (art. 165, § 1º, do CPC; art. 24, parágrafo único, da Lei nº 13.140/2015).

Nesses centros, porém, será respeitada a distinção entre conciliação e mediação. A conciliação é o mecanismo de solução consensual indicado para conflitos surgidos em casos nos quais não haja vínculos intersubjetivos entre os litigantes (como se dá, por exemplo, na relação entre o comprador de um produto e a loja em que o mesmo tenha sido adquirido). Neste caso, atua o *conciliador*, a quem incumbe propor soluções possíveis para o litígio, sendo vedada a utilização de qualquer constrangimento ou intimidação (art. 165, § 2º).

De outro lado, é adequada a utilização da mediação em casos nos quais exista vínculo intersubjetivo entre os litigantes, como se dá em conflitos de família ou em litígios societários. Nestes casos, atuará o *mediador*, a quem incumbe auxiliar os interessados a compreender as questões e os interesses em conflito, de modo que possam eles restabelecer suas comunicações e identificar, por si próprios, soluções consensuais (art. 165, § 3º). É que, conforme definição legal, mediação é "a atividade técnica exercida pelo terceiro imparcial sem poder decisório, que, escolhido ou aceito pelas partes, as auxilia e estimula a identificar ou desenvolver soluções consensuais para a controvérsia" (art. 1º, parágrafo único, da Lei nº 13.140/2015).

Perceba-se, então, uma diferença fundamental entre a atuação do conciliador e a do mediador. É que aquele deve propor soluções possíveis para o conflito, enquanto a este não é dado fazê-lo, cabendo-lhe tão somente auxiliar as partes a identificar, por si próprias, as possíveis soluções consensuais para o litígio. Conciliador e mediador, portanto, devem ser treinados para atuar de formas distintas, exigindo-se por conta disso uma capacitação específica para cada um desses auxiliares. Tanto o conciliador como o mediador, porém, podem valer-se de técnicas negociais para produzir ambiente favorável à autocomposição (art. 166, § 3º). O procedimento a ser observado para a conciliação ou a mediação, contudo, será regido pela livre autonomia dos interessados, que podem dispor sobre o modo como a autocomposição será tentada conforme sua própria conveniência (art. 166, § 4º).

A mediação, e isto é importante frisar, é um mecanismo destinado a promover a restauração do diálogo. E isso gera uma fundamental diferença entre ela e a conciliação. É que, no caso da conciliação, se as partes não chegam a um acordo, pode-se dizer que o método de solução consensual empregado se frustrou, não atingindo os resultados esperados. Isso não se dá, todavia, com a mediação. Muitas vezes, no caso das relações em que se estabelecem vínculos intersubjetivos entre seus participantes, mais importante do que um acordo em uma crise específica é a restauração do diálogo entre seus sujeitos. É que essas relações tendem a ser duradouras, contínuas (como são as relações de família ou as de vizinhança), e nesses casos o diálogo entre as partes permite que essas relações sejam harmoniosas (ou menos conflitivas), o que é suficiente para afirmar-se o êxito da mediação. É que muitas vezes, através das técnicas da mediação, uma das partes consegue escutar a outra, passando a compreender melhor as razões da outra parte. E por isso, mesmo não havendo a produção de um acordo, torna-se possível que no futuro a litigiosidade entre eles diminua. Daí a importância de técnicas como a escuta ativa e a comunicação não violenta, a serem empregadas pelos mediadores.

Há, todavia, algumas normas de observância obrigatória no procedimento de mediação. Assim é que, logo na primeira reunião de mediação – e também em outras ocasiões em que repute necessário – o mediador deverá alertar as partes acerca das regras de confidencialidade aplicáveis ao procedimento (art. 14 da Lei nº 13.140/2015). O procedimento poderá contar com a participação de mais de um mediador quando isto for recomendável em razão da natureza e da complexidade do conflito (art. 15 da Lei nº 13.140/2015). Considera-se instituída a mediação na data para a qual tenha sido marcada a primeira reunião (art. 17 da Lei nº 13.140/2015). Iniciado o procedimento de mediação, as reuniões posteriores com a presença das partes só podem ser marcadas com sua anuência (art. 18 da Lei nº 13.140/2015). O mediador pode, no exercício de suas funções, reunir-se com as partes, em conjunto ou separadamente, bem como solicitar das partes as informações que repute necessárias para facilitar o entendimento (art. 19 da Lei nº 13.140/2015). Encerra-se o procedimento de mediação com a lavratura de seu termo final, tanto no caso de ser alcançada a autocomposição como quando não se justificarem novos esforços para obtenção de consenso (art. 20 da Lei nº 13.140/2015).

Tanto a conciliação como a mediação são informadas por alguns princípios: independência, imparcialidade, isonomia, autonomia da vontade, busca do consenso, confidencialidade, oralidade, informalidade e decisão informada (art. 166 do CPC; art. 2º da Lei nº 13.140/2015). Também se deve observar o princípio da voluntariedade, por força do qual ninguém pode ser obrigado a participar do procedimento de mediação ou conciliação (art. 2º, § 2º, da Lei nº 13.140/2015). Além disso, evidentemente, devem ser observados os princípios constitucionais que compõem o modelo constitucional do processo brasileiro.

A confidencialidade estende-se a todas as informações produzidas ao longo do procedimento da mediação ou conciliação, não podendo seu teor ser utilizado para fim diverso daquele expressamente deliberado pelas partes (art. 166, § 1º). Resulta daí, diretamente, a vedação de se convocar o conciliador, mediador ou membros de suas equipes para depor acerca de fatos que lhes tenham sido revelados ao longo do procedimento, não podendo eles também divulgar tais fatos (art. 166, § 2º, do CPC; art. 7º da Lei nº 13.140/2015). Todas as informações relativas ao procedimento de mediação serão confidenciais em relação a terceiros, não podendo ser reveladas sequer em processo judicial ou arbitral, salvo se as partes expressamente decidirem de forma diversa ou quando sua divulgação for exigida por lei ou necessária para cumprimento do acordo alcançado através da mediação (art. 30 da Lei nº 13.140/2015). O dever de confidencialidade alcança não só as partes e o mediador, mas também os prepostos das partes, seus advogados, assessores técnicos e outras pessoas de sua confiança que tenham, direta ou indiretamente, participado do procedimento de mediação, e alcançam declarações, opiniões, sugestões, promessas ou propostas formuladas por uma parte à outra na busca do entendimento; reconhecimento de fato por qualquer das partes no curso do procedimento de mediação; manifestação de aceitação de proposta de acordo; ou documento preparado unicamente para os fins do procedimento de mediação (art. 30, § 1º, da Lei nº 13.140/2015).

Desse princípio da confidencialidade resulta uma absoluta vedação a que o próprio juiz atue como mediador ou conciliador. É que no caso de o magistrado atuar durante esse procedimento de busca da solução consensual do conflito, acabará ele por ter acesso a informações que não podem ser empregadas posteriormente no caso de haver a necessidade de um julgamento da causa. A participação do juiz no procedimento de conciliação ou de mediação implicaria, inevitavelmente, um enviesamento do juiz, capaz de afastar sua necessária imparcialidade. Imperiosa, portanto, a atuação de auxiliares da justiça (conciliadores ou mediadores), cabendo ao juiz outras funções no processo.

Conciliadores, mediadores e câmaras privadas de conciliação e mediação deverão ser inscritos em cadastro nacional (a ser mantido pelo CNJ) e em cadastros mantidos pelos Tribunais de Justiça ou Regionais Federais, devendo estes manter registro de profissionais capacitados, com a indicação da respectiva área de atuação de cada um deles (art. 167 do CPC; art. 12 da Lei nº 13.140/2015). Conciliadores e mediadores só poderão requerer sua inscrição nesses registros depois de capacitados através de cursos que observem o currículo definido pelo CNJ em conjunto com o Ministério da Justiça (art. 167, § 1º). Além disso, mediadores judiciais devem ter concluído há pelo menos dois anos curso de ensino superior em instituição reconhecida pelo Ministério da Educação e, ainda, ter obtido capacitação em escola ou instituição de formação de mediadores, reconhecida pela Escola Nacional de Formação e Aperfeiçoamento de Magistrados (ENFAM) ou pelos tribunais, observados os requisitos mínimos estabelecidos pelo CNJ em conjunto com o Ministério da Justiça (art. 11 da Lei nº 13.140/2015).

Efetivado o registro, que poderá ser precedido de concurso público, o tribunal remeterá ao diretor do foro onde atuará o conciliador ou mediador os dados necessários para que seu nome passe a constar da respectiva lista, para efeito de distribuição alternada e aleatória, observado o princípio da igualdade dentro da mesma área de atuação profissional (art. 167, § 2º).

Do credenciamento das câmaras privadas e do registro de conciliadores e mediadores constarão todos os dados relevantes para sua atuação, tais como o número de causas em que atuou, o sucesso ou insucesso de sua atividade, a matéria sobre a qual versou a controvérsia, além de outros dados que o tribunal repute relevantes (art. 167, § 3º). Estes dados deverão ser classificados pelos tribunais, que os publicarão, ao menos anualmente, para conhecimento da população e para fins estatísticos, e para o fim de viabilizar a avaliação da conciliação, da mediação e dos profissionais que nelas atuam (art. 167, § 4º). Além disso, conciliadores e mediadores ficam impedidos, pelo prazo de um ano (contado do término da última audiência em que tenham atuado) de assessorar, representar ou patrocinar qualquer das partes (art. 172 do CPC; art. 6º da Lei nº 13.140/2015).

Conciliadores e mediadores, quando advogados, ficam impedidos de exercer a advocacia junto aos juízos em que atuem (art. 167, § 5º). Assim, por exemplo, um mediador especializado em causas de família não poderá atuar nos juízos especializados em Direito de Família junto aos quais exerça suas funções de mediador.

As partes podem escolher, de comum acordo, o conciliador, o mediador ou a câmara privada especializada que atuará no processo (art. 168). Neste caso, não é preciso que o escolhido esteja cadastrado junto ao tribunal (art. 168, § 1º). Não havendo escolha por acordo entre as partes, haverá uma distribuição entre aqueles cadastrados no tribunal, respeitada a área de atuação especializada de cada um deles (art. 168, § 2º), caso em que o mediador não estará sujeito à prévia aceitação das partes (art. 25 da Lei nº 13.140/2015). Se recomendável, haverá a indicação de mais de um conciliador ou mediador (art. 168, § 3º, do CPC; art. 15 da Lei nº 13.140/2015).

Conciliadores e mediadores serão remunerados conforme parâmetros estabelecidos pelo CNJ, salvo no caso de o tribunal criar um quadro específico de conciliadores e mediadores, selecionados por concurso público específico (arts. 169 e 167, § 6º, do CPC; art. 13 da Lei nº 13.140/2015). Admite-se, também, que conciliação e mediação sejam exercidas como trabalho voluntário (art. 169, § 1º). Há tribunais, porém, que não têm remunerado os conciliadores e mediadores, limitando-se a ter voluntários em seus quadros. Isso acaba funcionando como um desestímulo, de modo que muitas vezes se verifica uma insuficiência de bons quadros, ou de profissionais em número suficiente para atender a essa imprescindível política pública. Resulta daí o não atendimento de forma adequada e eficiente às recomendações oriundas da Resolução nº 125 do CNJ, levando a que a sociedade não receba o serviço a que faz jus.

Os tribunais estabelecerão um percentual de audiências que as câmaras privadas deverão realizar gratuitamente para atender aos processos em que haja sido deferido o benefício de gratuidade de justiça, como contrapartida pelo seu credenciamento (art. 169, § 2º). Garante-se, deste modo, que também os beneficiários da gratuidade de justiça tenham acesso ao serviço por eles prestados, de modo a se obter a plena realização do direito fundamental à assistência jurídica integral e gratuita dos hipossuficientes.

Será excluído do cadastro de conciliadores e mediadores (art. 173) aquele que agir com dolo ou culpa na condução da conciliação ou mediação ou violar qualquer dos seus deveres; ou atuar em procedimento de conciliação ou mediação mesmo sendo impedido ou suspeito. A apuração dessas hipóteses dependerá de processo administrativo (art. 173, § 1º). Pode, ainda, acontecer de o juiz da causa ou o juiz coordenador do centro de soluções consensuais afastar o mediador ou conciliador, se verificar sua atuação inadequada, pelo prazo de cento e oitenta dias, informando o fato imediatamente ao tribunal para a instauração de processo administrativo disciplinar (art. 173, § 2º).

4.2.3.3. As partes

Partes são os sujeitos parciais do processo. São aqueles que participam em contraditório da formação do resultado do processo. Tal conceito é amplo o suficiente para englobar não só as *partes da demanda* (demandante e demandado), mas todos os demais atores do contraditório (como, por exemplo, os terceiros intervenientes). São as partes que, junto com o juiz, e de forma equilibrada com este, conduzem o processo até a formação de um resultado constitucionalmente legítimo. Perceba-se aqui um dado importante: as partes não devem ser vistas como sujeitos subordinados ao juiz, como se costuma pensar quando se adota a teoria da relação processual, aqui expressamente repudiada. Partes e juiz são, todos eles, atores igualmente importantes de um processo que tem vários centros de controle (daí falar-se do processo moderno como um processo *policêntrico*). E devem participar juntos (daí a expressão processo *comparticipativo*) da construção do resultado do processo. Volta-se, então, a um ponto que já foi anteriormente afirmado: o processo só pode ser visto, no Estado Democrático de Direito, como um *procedimento em contraditório*, em que as partes e o juiz, de forma comparticipativa, e atuando com equilíbrio de forças, constroem juntos o resultado do processo.

Fazem as partes representar-se em juízo por intermédio de advogados (públicos ou privados). O advogado, como afirma o art. 133 da Constituição da República, é essencial à administração de justiça, o que deve ser lido como uma exigência constitucional de participação do advogado como representante das partes no desenvolvimento do processo, de modo a assegurar-se um contraditório efetivo e equilibrado (embora algumas exceções sejam admitidas, como se dá no processo do *habeas corpus* ou nos Juizados Especiais Cíveis, respeitado neste um limite estabelecido a partir do valor da causa).

Pois tudo isso justifica a existência, no CPC, de todo um título destinado a tratar desses importantíssimos sujeitos. Não se tratará neste tópico, porém, da capacidade processual das partes. Este é tema que diz respeito aos pressupostos processuais, e ali será examinado.

Também não se tratará, neste capítulo, da *pluralidade de partes*, que será objeto de estudo em outra parte desta obra, dedicada a examinar o litisconsórcio e as intervenções de terceiros, mais relevantes manifestações daquele fenômeno. Neste capítulo, todavia, se fará alusão à intervenção do Ministério Público no processo civil, o que é, também, uma forma de haver, no processo, pluralidade de partes.

Devem, porém, aqui ser fixados dois conceitos há pouco apresentados, o de *partes da demanda* e o de *partes do processo*.

Chamam-se *partes da demanda* os sujeitos (ativo e passivo) de um ato jurídico da maior relevância, e que será mais detidamente estudado em momento oportuno, chamado demanda. Em poucas palavras, este é o ato de impulso inicial do exercício da atividade jurisdicional. E são partes da demanda o *demandante* (aquele que pratica o ato de demandar) e o *demandado* (aquele contra quem o ato de demandar é dirigido). Nos procedimentos cognitivos, o demandante será chamado de autor, e o demandado de réu. Já nos procedimentos executivos serão eles chamados de exequente e executado. Sempre serão, porém, demandante e demandado.

Já as *partes do processo* são todos os sujeitos que atuam no processo em contraditório (o que, portanto, exclui apenas o Estado-juiz, que não atua em contraditório, mas é por ele influenciado). Todo aquele, pois, que participa do processo com direito de exercer influência sobre o resultado é uma *parte do processo*.

Esses dois conceitos são independentes. É possível ser parte do processo sem ser parte da demanda (como acontece, por exemplo, com o assistente). Também é possível ser parte da demanda sem ser parte do processo (como se dá com o demandado antes de seu efetivo ingresso no processo, o que normalmente se dá apenas com a citação). Aliás, o processo pode até mesmo chegar ao seu término sem que o demandado tenha se tornado parte do processo. Basta pensar no caso de ser o pedido do autor julgado liminarmente improcedente e contra essa sentença o demandante não interpor qualquer recurso. Neste caso, o demandado, que é parte da demanda, não terá se tornado, em momento algum, parte do processo.

É possível adquirir a condição de *parte do processo* de quatro modos distintos: pela demanda, pela citação válida, pela sucessão e pela intervenção voluntária.

Quem adquire a condição de parte do processo pela demanda é, tão somente, o demandante. Já o demandado normalmente se torna parte do processo a partir de sua citação válida. É pela citação válida, também, que os terceiros intervenientes adquirem a condição de partes do processo nos casos em que a intervenção é forçada, como se dá na denunciação da lide e no chamamento ao processo.

Pode-se adquirir a condição de parte do processo mediante intervenção voluntária. Isso se dá não só nos casos em que a intervenção do terceiro é voluntária, como na assistência, mas também em casos em que aquele que deveria ser citado ingressa espontaneamente no processo, o que supre a falta (ou a nulidade) da citação.

Por fim, adquire-se a condição de parte do processo pela sucessão processual, sempre que, tendo deixado de existir a parte (por morte, quando se trata de pessoa natural, ou por sua extinção, no caso de pessoa jurídica ou pessoa formal), o sucessor ingressa espontaneamente no processo. Casos há, porém, em que o sucessor precisa ser citado, e nesse caso será a citação válida a torná-lo parte do processo. Percebe-se, então, que não é propriamente a sucessão que torna alguém parte do processo, mas ela apenas viabiliza que alguém ingresse no processo sucedendo a outrem, o que se dará ou por intervenção voluntária ou por meio de citação válida.

4.2.3.3.1. Deveres dos sujeitos do processo

Há, no art. 77 do CPC, uma enumeração de deveres jurídicos das partes, seus advogados, e de todos aqueles que *de qualquer forma* participem do processo. Incluem-se, pois, entre os sujeitos aos deveres ali enumerados pessoas tão diferentes como os auxiliares da justiça, o representante legal da parte, o ocupante de cargo público que tenha atribuição para cumprir determinado preceito judicial e o empregado de pessoa jurídica de direito privado que tenha de dar cumprimento a uma decisão judicial (como, por exemplo, promovendo o desconto em folha de pagamento de uma pensão alimentícia). Não se pode, porém, impor multa a representante legal de pessoa jurídica como forma de fazer com que seja ele pessoalmente compelido a cumprir decisão judicial no lugar da pessoa jurídica de que é órgão (art. 77, § 8º).

Não há dúvida, porém, de que é fundamental a compreensão de que as partes do processo (e não só as partes da demanda) têm que cumprir rigorosamente os deveres ali enumerados.

Os deveres indicados no art. 77 não compõem uma lista completa e exaustiva, o que é anunciado logo pelo *caput* do dispositivo, que se refere a "outros [deveres] previstos neste Código". A título de exemplo, pode-se lembrar aqui do dever da parte de colaborar com o juízo na realização da inspeção judicial (art. 379, II) e o dever do terceiro de exibir coisa ou documento que esteja em seu poder (art. 380, II).

É, pois, dever das partes, de seus procuradores e de todos aqueles que de qualquer forma participam do processo *expor os fatos em juízo conforme a verdade, não formular pretensão ou apresentar defesa quando cientes de que são destituídas de fundamento, não produzir provas e não praticar atos inúteis ou desnecessários à declaração ou à defesa do direito, cumprir com exatidão as decisões jurisdicionais, de natureza provisória ou final, e não criar embaraços à sua efetivação, declinar o endereço, residencial ou profissional, onde receberão intimações no primeiro momento que lhes couber falar nos autos, atualizando essa informação sempre que ocorrer qualquer modificação temporária ou definitiva, não praticar inovação ilegal no estado de fato de bem ou direito litigioso e informar e manter atualizados seus dados cadastrais perante os órgãos do Poder Judiciário e, no caso do art. 246, § 6º, da Administração Tributária, para recebimento de citações ou intimações.*

A relação de deveres constante do art. 77 claramente aponta para a construção de um modelo comparticipativo de processo, em que de todos os atores se exige rigorosa observância não só do dever de cooperação, mas também dos deveres que resultam do princípio da boa-fé.

O primeiro dever a que alude o texto legal é o de *expor os fatos em juízo conforme a verdade*. E a esse dever corresponde a previsão (de que se tratará adiante) de sanção por litigância de má-fé daquele que alterar a verdade dos fatos (art. 80, II).

Há, aqui, uma exigência de ética no processo. Durante muito tempo se aceitou, sem maiores problemas, que a parte mentisse no processo, sendo esta uma estratégia legítima. Não é mais possível pensar assim, porém. Em tempos de *compliance*, em que de todos se exige comportamentos éticos, não é mais admissível que a mentira seja vista como uma estratégia legítima.

É inaceitável, por exemplo, que no processo em que se cobra uma dívida que não foi paga, o réu se defenda afirmando ter efetuado o pagamento sem que isso corresponda à verdade apenas com o objetivo de ganhar tempo ou de tentar obter êxito no processo mesmo não tendo razão.

É claro que não se pode confundir aqui a mentira deliberada com a narrativa de boa-fé que se faça de um fato. Pense-se, por exemplo, em uma parte que descreve um fato e afirma ser a outra parte responsável por ele ter ocorrido porque realmente acreditava nisso (mesmo não sendo verdade). Ou no fornecedor de produtos que afirma não ter havido defeito na fabricação de uma mercadoria porque realmente confiava na inexistência do vício. Nesses casos não terá havido violação do dever de que aqui se trata. É preciso, portanto, que o descumprimento deste dever seja proposital, intencional.

Também é dever das partes não formular pretensões, ou apresentar argumentos de defesa, quando cientes de que são desprovidos de fundamento. É o caso, por exemplo, de alguém defender-se invocando fundamento já rejeitado por algum padrão decisório vinculante, ou de demandar com base em lei já declarada inconstitucional.

As partes também não podem produzir provas ou praticar atos inúteis no processo, ou que sejam desnecessários ou inúteis para a declaração ou defesa do direito. É o caso da parte que junta aos autos do processo documentos (às vezes em quantidades gigantescas, contando-se esses documentos aos milhares) que não guardam qualquer relação com a matéria que vem sendo discutida no processo, o que dificulta desnecessariamente a atuação de todos os demais atores do processo e contraria o princípio da duração razoável.

Outro dever é o de cumprir com exatidão as decisões jurisdicionais, de natureza provisória ou final, não criando embaraços à sua efetivação. Nesse caso, descumprido o dever, deverá o juiz advertir quem o tenha violado de que sua conduta poderá ser punida como *ato atentatório à dignidade da justiça* (art. 77, § 1º). Perceba-se aí um duplo dever: não só se exige o cumprimento *com exatidão* das decisões, mas há também uma vedação à criação de quaisquer embaraços (como se dá, por exemplo, quando a parte que tem de entregar à outra um objeto o esconde, ou quando transfere indevidamente seus bens para o patrimônio de outras pessoas).

Também cabe a todos os atores do processo o dever de declinar, na primeira oportunidade em que se manifestam nos autos, o endereço residencial ou profissional onde receberão comunicações, atualizando essa informação sempre que se modifique, ainda que temporariamente.

Há, ainda, o dever de não praticar inovação ilegal no estado de fato de bem ou direito litigioso. Também nesse caso, descumprido o dever, deverá o juiz advertir quem o tenha violado de que sua conduta poderá ser punida como *ato atentatório à dignidade da justiça* (art. 77, § 1º).

Por fim, prevê a lei o dever de todos os atores processuais de informar e manter atualizados seus dados cadastrais perante os órgãos do Poder Judiciário e, no caso do § 6º do art. 246 deste Código, da Administração Tributária, para recebimento de citações e intimações. Este é dever imposto às partes com o fim de viabilizar a realização de citações e intimações por meio eletrônico, já que essa passou a ser a forma preferencial de realização desses atos de comunicação processual desde a entrada em vigor da Lei nº 14.195/2021.

Prevê o CPC como consequência para quem comete ato atentatório à dignidade da justiça uma sanção pecuniária (art. 77, § 2º), consistente em multa de até vinte por cento sobre o valor da causa (ou, sendo este irrisório, em até dez vezes o valor do salário mínimo, nos termos do art. 77, § 5º), a ser fixada de acordo com a gravidade da conduta. Tal multa não exclui, porém, a incidência de outras sanções criminais, civis ou processuais (como seria, por exemplo, a sanção por litigância de má-fé). Também se pode cumular esta multa com outras, que incidem sempre que, no cumprimento de sentença, o devedor não cumpre voluntariamente a decisão judicial no prazo (arts. 523, § 1º, e 536, § 1º), como expressamente prevê o § 4º do art. 77.

Imposta a multa, e estabelecido um prazo para seu pagamento, deverá o punido quitá-la, sob pena de ver a mesma inscrita como dívida ativa da União ou do Estado (conforme o processo tramite na Justiça Federal ou na Estadual), o que só poderá ocorrer após o trânsito em julgado da decisão que a tenha fixado. Sua execução se fará pelo procedimento da execução fiscal, e o valor pago a título de multa reverterá para o *fundo de modernização do Poder Judiciário* de que trata o art. 97.

Essa multa por ato atentatório à dignidade da justiça não pode ser imposta aos advogados das partes (públicos ou privados), aos Defensores Públicos e aos membros do Ministério Público. A responsabilidade destes será apurada pelos órgãos de classe ou corregedorias respectivas, a quem o juiz, por ofício, comunicará o ocorrido (art. 77, § 6º).

No caso específico de violação do dever previsto no inciso VI deste art. 77 (dever de não praticar inovação ilegal no estado de fato de bem ou direito litigioso, como se dá, por exemplo, no caso em que o demandado prossegue em obra embargada ou promove a deterioração de bem arrestado ou penhorado, condutas que no jargão processual são conhecidas como *atentado*), o juiz determinará o restabelecimento do estado de fato anterior, proibindo-se – como sanção que se cumula à multa – o responsável de falar nos autos até que promova a reposição das coisas no estado anterior (ou, como se costuma dizer, e está no § 7º do art. 77, até que *purgue o atentado*). Há aí, pois, uma restrição ao direito ao contraditório que se impõe como sanção a quem comete atentado, o que é perfeitamente legítimo.

Outro dever há, porém, além desses já examinados, que precisa ser conhecido. Trata-se do dever de *tratar com urbanidade* os demais sujeitos do processo.

O art. 78 do CPC, por exemplo, veda às partes, a seus advogados, aos juízes, aos membros do Ministério Público e da Defensoria Pública, e a qualquer outra pessoa que participe do processo, o emprego de expressões ofensivas em seus escritos. No caso de expressões ou condutas ofensivas manifestadas oral ou presencialmente, o juiz advertirá o ofensor de que não as deve usar ou repetir, sob pena de lhe ser cassada a palavra (art. 78, § 1º). No caso do uso escrito de expressões ofensivas, incumbe ao juiz – de ofício ou mediante requerimento – determinar que as mesmas sejam riscadas e, a requerimento do ofendido, determinar a expedição de certidão com o inteiro teor das expressões ofensivas para ser entregue ao interessado (que poderá com ela produzir prova da ofensa que sofreu).

4.2.3.3.2. Responsabilidade das partes por dano processual

Responsabilidade processual civil, ou responsabilidade por dano processual, é a obrigação de reparar danos provocados pela má conduta processual. É que no processo, como consequência do dever de atuar com lealdade e boa-fé, devem ser punidas as condutas processuais ímprobas. Pois é exatamente por isso que, nos termos do art. 79, "[r]esponde por perdas e danos aquele que litigar de má-fé como autor, réu ou interveniente". É o *improbus litigator*, o litigante de má-fé, a quem algumas sanções punitivas podem ser impostas.

A lei processual tipifica as condutas ímprobas, que caracterizam a litigância de má-fé (art. 80). Assim é que responde por perdas e danos aquele que: (i) deduzir pretensão ou defesa contra texto expresso de lei ou fato incontroverso; (ii) alterar a verdade dos fatos; (iii) usar do processo para conseguir objetivo ilegal; (iv) opuser resistência injustificada ao andamento do processo; (v) proceder de modo temerário em qualquer incidente ou ato do processo; (vi) provocar incidente manifestamente infundado; e (vii) interpuser recurso com intuito manifestamente protelatório.

É preciso, evidentemente, interpretar adequadamente cada um desses dispositivos. Assim, por exemplo, a litigância de má-fé não resulta propriamente da atitude de deduzir pretensão ou defesa "contra texto expresso de lei", mas contra a interpretação consolidada de um texto normativo. É que, algumas vezes, consolida-se uma interpretação que não corresponde, com exatidão, ao texto expresso da lei. É o caso, por exemplo, do art. 1.015 do CPC, que prevê um rol taxativo, fechado, de decisões interlocutórias contra as quais se admite a interposição do recurso de agravo de instrumento, tendo o STJ, todavia, fixado, através da técnica dos recursos repetitivos, o entendimento segundo o qual essa taxatividade pode ser "mitigada" (STJ, REsp repetitivo nº 1.696.396 e REsp repetitivo nº 1.704.520). Também não pode ser considerada litigância de má-fé a dedução de pretensão ou defesa que contraria a lei quando o fundamento consiste na alegação de sua inconstitucionalidade, inconvencionalidade, ou sua revogação.

Litiga de má-fé quem altera a verdade dos fatos. Como dito anteriormente, em tempos de ética e de *compliance*, é preciso exigir das partes que se abstenham de usar a mentira deliberada como estratégia processual.

Também litiga de má-fé quem usa do processo para conseguir objetivo ilegal, como se dá no caso de pessoas que simulam a existência de uma união estável para buscar benefícios previdenciários a que não fazem jus.

É litigante de má-fé aquele que opõe resistência injustificada ao andamento do processo. Como exemplo, pode-se recordar caso concreto (em que atuei como relator no Tribunal de Justiça do Rio de Janeiro) em que a parte, durante a fase de cumprimento definitivo de sentença que determinou a entrega das chaves do imóvel, e sabendo que nem a impugnação ao cumprimento de sentença, nem os recursos que poderia eventualmente interpor, teriam efeito suspensivo, opôs seguidas arguições de suspeição da juíza que atuava no processo, com o objetivo de paralisar seu andamento.

Considera-se, ainda, litigante de má-fé aquele que procede de modo temerário em qualquer incidente ou ato do processo. O STJ, por exemplo, reputou litigante de má-fé por atuação temerária a parte que não só afirmou falsamente que um determinado dia havia sido feriado local, mas foi além e juntou aos autos um calendário falso (STJ, EDcl no AgInt no AREsp 987.451).

É, ainda, litigante de má-fé aquele que provoca incidente manifestamente infundado, como se dá no caso de alguém suscitar conflito de competência que sabe ser improcedente apenas para tentar ganhar tempo.

Por fim, tem-se a litigância de má-fé da parte que interpõe recurso com intuito manifestamente protelatório, o que muitas vezes acontece em casos nos quais o recurso é dotado de efeito suspensivo, e sua mera interposição já é, por si só, capaz de impedir a imediata produção de efeitos da decisão recorrida.

Muitas vezes acontecerá, claro, de uma conduta poder enquadrar-se em mais de uma dessas disposições normativas. Basta enquadrar-se em uma, porém, para que se caracterize a litigância de má-fé.

Impende ter claro, porém, que a responsabilidade processual por litigância de má-fé é uma responsabilidade *subjetiva*. Em outros termos, deve haver aqui não só a verificação da conduta, do dano e do nexo de causalidade (como em qualquer outro caso de responsabilidade civil), mas também de um elemento subjetivo por parte do causador do dano. É que a boa-fé que aqui se viola é a subjetiva, e não a objetiva. Daí por que, aliás, falar-se em litigante *de má-fé*. É que, como notório, a violação da boa-fé objetiva leva a que se possa falar, tão somente, em *ausência de boa-fé*, enquanto a violação da boa-fé subjetiva se caracteriza como *má-fé*. Assim, ao falar a lei processual em litigância de má-fé, muito claramente se verifica que a obrigação de pagar a multa e indenizar os danos causados pela conduta processual ímproba exige a presença de um elemento subjetivo: a má-fé.

Caracterizada qualquer uma dessas condutas ímprobas, o juiz – de ofício ou mediante requerimento da parte interessada – condenará o litigante de má-fé a pagar multa, a qual deverá ser fixada entre um por cento e dez por cento do valor corrigido da causa (ou, no caso de ser irrisório ou inestimável o valor da causa, em até dez vezes o valor do salário mínimo, nos termos do art. 81, § 2º). Detalhe importante é que o texto da lei afirma que a multa deve ser "superior a um por cento" e "inferior a dez por cento" do valor da causa. Não se pode, porém, interpretar esse texto literalmente, devendo-se admitir a multa fixada em um por cento, ou em dez por cento, do valor da causa.

Além da multa, deverá o litigante de má-fé indenizar a parte contrária pelos danos que tenha sofrido, além de ressarci-lo por honorários de advogado e de todas as despesas processuais que tenha efetuado (art. 81).

Sendo dois ou mais os litigantes de má-fé, cada um será condenado na proporção de seu respectivo interesse na causa, devendo ser solidária a condenação no caso de terem eles se coligado para lesar a parte contrária (art. 81, § 1º).

O valor da indenização será fixado pelo juiz de plano ou, caso não seja possível mensurar o prejuízo, liquidado (por arbitramento ou pelo procedimento comum), devendo a liquidação realizar-se nos próprios autos (e a execução se fará pelo procedimento adequado para o cumprimento de sentença).

O valor das sanções impostas ao litigante de má-fé reverte em benefício da parte contrária. Já o valor de sanções impostas a serventuários do Judiciário pertence ao Estado ou à União (conforme o processo tramite na Justiça Estadual ou Federal), tudo nos termos do art. 96.

4.2.3.3.3. As partes e o custo do processo

Além de tratar da responsabilidade por danos processuais, o CPC regula a responsabilidade pelas despesas do processo, pelos honorários advocatícios e por multas. Por despesas, é bom que se tenha claro desde logo, não se compreendem só as custas processuais. O conceito de despesas é mais amplo, incluindo – além das custas – a indenização de viagem, a remuneração do assistente técnico e a diária de testemunha (art. 84), além de quaisquer outros valores devidos em razão do processo.

No que concerne às despesas processuais, estabelece o art. 82 um ônus para as partes de adiantar as despesas dos atos que realizarem ou requererem no processo. Caso o ato tenha sido determinado de ofício ou por requerimento do Ministério Público quando atua como fiscal da ordem jurídica (*custos legis*), o ônus do adiantamento será do demandante (art. 82, § 1º).

Não se confunde, porém, o ônus de adiantar com a obrigação de pagar. Esta é imposta, em regra, ao vencido na causa (art. 82, § 2º), a quem incumbirá ressarcir o vencedor das despesas que tenha adiantado. É o que se costuma chamar de "princípio" (mas na verdade é a regra) da sucumbência.

A rigor, porém, a regra aplicável é a da *causalidade*, de que a sucumbência é, tão somente, o retrato daquilo que costumeiramente acontece. É que, na verdade, a obrigação de arcar com o custo econômico do processo, pagando as despesas processuais e os honorários advocatícios, deve recair sobre aquele que *deu causa* ao processo (e que, na maioria das vezes – mas nem sempre – sai vencido). Casos há em que o causador do processo sai, afinal, vencedor na causa. É o que se dá, por exemplo, no caso em que é proposta uma "ação de consignação em pagamento" e o réu contesta alegando insuficiência do depósito. Valendo-se o autor de sua prerrogativa de complementar o depósito (art. 545), seu pedido de declaração da extinção da obrigação pelo depósito será julgado procedente, mas a ele, autor, será imposta a obrigação de pagar as despesas processuais e os honorários advocatícios (afinal, como facilmente se percebe, foi o autor – que a princípio não queria pagar o valor efetivamente devido – quem deu causa indevidamente à instauração do processo). Essa hipótese, aliás, está expressamente prevista no art. 67, VII, da Lei de Locações (Lei nº 8.245/1991). Outro caso está expressamente previsto no art. 85, § 10, do CPC, por força do qual nos casos de extinção do processo por "perda do objeto" (isto é, em razão da perda superveniente do interesse processual) o custo do processo será pago por quem tenha a ele dado causa.

Incumbe, pois, ao juiz verificar, no momento de proferir a sentença, quem deu causa ao processo, e a ele impor a obrigação de arcar com o custo econômico do processo (pagando as despesas processuais e os honorários advocatícios).

Ao lado do ônus de adiantar o valor necessário para o custeio das despesas processuais, que a lei atribui a todas as partes (menos às que sejam beneficiárias da gratuidade de justiça, tema que se abordará em seguida, e a entes públicos), estabelece o art. 83 que o autor que resida fora do Brasil, pouco importando sua nacionalidade, ou que ao longo da tramitação do processo deixe de residir no país, deverá prestar caução suficiente do pagamento das custas e dos honorários advocatícios da parte contrária. Fica, porém, dispensado desta caução o autor que tenha, no Brasil, bens imóveis suficientes para lhes assegurar o pagamento.

Não se exige essa caução, também, e por força do que dispõe o art. 83, § 1º, I, quando haja dispensa prevista em tratado ou acordo internacional de que o Brasil seja parte (como é o caso, por exemplo, de tratados neste sentido existentes entre

Brasil e Itália – Decreto nº 1.476/1995 – e Brasil e França – Decreto nº 3.598/2000). Também não é exigida a caução na execução fundada em título extrajudicial e no cumprimento de sentença (art. 83, § 1º, II) e na reconvenção (art. 83, § 1º, III).

Prestada a caução, pode ocorrer de no curso do processo ser ela desfalcada (por exemplo, em razão da desvalorização dos bens dados em caução). Neste caso, poderá o interessado exigir o reforço da garantia, justificando seu requerimento com a indicação da depreciação do bem dado em caução e a importância do reforço que pretende obter (art. 83, § 2º).

Parte importantíssima do estudo desta matéria é a fixação de honorários advocatícios, regida pelo CPC a partir do art. 85. Estabelece este dispositivo que "[a] sentença condenará o vencido a pagar honorários ao advogado do vencedor". Fala-se, aqui mais uma vez, em vencido e vencedor, mas – como visto anteriormente – o dever de pagar deve ser imposto a quem tenha dado causa ao processo (e que, *quase sempre*, sai vencido na causa). Basta ver, permita-se a repetição do exemplo, o que consta do art. 85, § 10, por força do qual "[n]os casos de perda do objeto (*rectius*, perda do interesse de agir), os honorários serão devidos por quem deu causa ao processo".

Os honorários não são devidos apenas em relação à demanda principal, mas também na reconvenção, no cumprimento de sentença (provisório ou definitivo), na execução – resistida ou não – e nos recursos interpostos, cumulativamente (art. 85, § 1º).

Os honorários advocatícios (conhecidos como "honorários de sucumbência, para distinguirem-se dos honorários contratuais, ajustados entre cada advogado e seu cliente) devem ser fixados entre o mínimo de dez e o máximo de vinte por cento sobre o valor da condenação, do proveito econômico obtido com o processo ou, não sendo possível mensurá-lo, sobre o valor atualizado da causa (art. 85, § 2º). Na fixação dos honorários, respeitados os limites mencionados, o juiz deverá levar em consideração o grau de zelo do profissional; o lugar de prestação do serviço; a natureza e a importância da causa; o trabalho realizado e o tempo exigido para seu serviço. Sendo o proveito econômico inestimável ou irrisório, ou quando o valor da causa for muito baixo, o juiz fixará o valor dos honorários, sempre observando o disposto no § 2º do art. 85, "por apreciação equitativa" (art. 85, § 8º), o que significa dizer que ele deverá levar em conta o valor fixado em casos análogos, assegurando assim tratamento isonômico (tratar casos iguais de modo igual).

Aqui é preciso fazer duas considerações relevantes. Em primeiro lugar, a regra do § 8º não permite ao juiz ou tribunal fixar honorários de forma arbitrária (ou discricionária). A "apreciação equitativa" a que se refere o texto legal deve ser interpretada em conformidade com a Constituição da República, a partir do paradigma do Estado Democrático de Direito, que é incompatível com discricionariedades judiciais. Resulta daí a impossibilidade de se interpretar esse dispositivo no sentido de que o juiz poderia fixar qualquer valor. O que é preciso é que, em casos como os indicados nesse dispositivo legal, o juiz ou tribunal busque identificar casos análogos e verificar qual o valor dos honorários fixados nesses casos, a fim de estabelecer uma remuneração equivalente para o advogado no caso em julgamento.

A segunda, e provavelmente ainda mais relevante observação, é que a regra que resulta da aplicação deste § 8º só permite o emprego da "apreciação equitativa" para aumentar a verba honorária, nunca para diminuí-la. Se o valor da condenação, do proveito econômico ou da causa é muito alto, e daí resultam honorários elevados, o juiz não pode, em hipótese alguma, fixar a verba abaixo do mínimo legal. O que não se pode admitir – e é esta a função do aqui analisado § 8º do art. 85 – é que ao final do processo se verifique que a aplicação do percentual máximo previsto em lei levaria à fixação de honorários aviltantes, incapazes de remunerar o trabalho do advogado. Basta pensar em processos que se arrastam por anos, de extrema complexidade, e nos quais não se busca nenhum proveito econômico imediato, em que se atribui à causa valor praticamente simbólico, como seria o equivalente a um salário mínimo. Ora, em um caso assim os honorários não poderiam exceder de vinte por cento do salário mínimo, o que evidentemente não remunera adequadamente os anos de trabalho do advogado. Fica o juiz, então, autorizado a ultrapassar o percentual máximo previsto em lei para fixar o valor dos honorários em montante suficiente para remunerar, de modo proporcional, a atuação do advogado. Esse entendimento, registre-se, foi consolidado pelo Tema Repetitivo 1.076 do STJ: "i) A fixação dos honorários por apreciação equitativa não é permitida quando os valores da condenação, da causa ou o proveito econômico da demanda forem elevados. É obrigatória nesses casos a observância dos percentuais previstos nos §§ 2º ou 3º do art. 85 do CPC – a depender da presença da Fazenda Pública na lide –, os quais serão subsequentemente calculados sobre o valor: (a) da condenação; ou (b) do proveito econômico obtido; ou (c) do valor atualizado da causa. ii) Apenas se admite arbitramento de honorários por equidade quando, havendo ou não condenação: (a) o proveito econômico obtido pelo vencedor for inestimável ou irrisório; ou (b) o valor da causa for muito baixo". Esse tema, fixado através do julgamento proferido nos recursos especiais repetitivos 1.850.512/SP, 1.877.883/SP, 1.906.623/SP e 1.906.618/SP, acabou por estabelecer uma padronização do modo de decidir a matéria, nos exatos termos do que já se defendia nesta obra, e que é dotada de eficácia vinculante para todos os juízos e Tribunais, tanto da Justiça Estadual como da Justiça Federal, além do próprio STJ.

Posteriormente à decisão do STJ já mencionada, aprovou-se a Lei n. 14.365/2022, que acrescentou ao art. 85 do CPC o § 8º-A, segundo o qual "na hipótese do § 8º deste artigo, para fins de fixação equitativa de honorários sucumbenciais, o juiz deverá observar os valores recomendados pelo Conselho Seccional da Ordem dos Advogados do Brasil a título de honorários advocatícios ou o limite mínimo de 10% (dez por cento) estabelecido no § 2º deste artigo, aplicando-se o que for maior". Verifica-se, assim, que também prevaleceu outra ideia que já se sustentava neste livro: a fixação por equidade não é uma fixação discricionária (arbitrária) do valor a ser pago a título de honorários de sucumbência, tendo sido fixados parâmetros objetivos para a determinação dessa "fixação equitativa". Pela mesma razão, aliás, o § 6º-A do art. 85 (também incluído no CPC pela Lei n. 14.365/2022) proibiu expressamente a fixação de honorários "por equidade" nos casos em que o valor da condenação, do proveito econômico ou do valor da causa seja líquido ou liquidável, exceto na hipótese expressamente prevista no § 8º, ou seja, quando o emprego dos critérios ordinários levar à fixação de honorários de sucumbência irrisórios.

Quando o processo tiver por objeto a indenização por ato ilícito a uma pessoa, o percentual dos honorários incidirá sobre a soma das prestações vencidas com mais doze vincendas (art. 85, § 9º). Essa disposição, evidentemente, se aplica aos casos em que a indenização é composta (também) pela fixação de uma pensão em favor da vítima do ato ilícito.

Esses limites e critérios devem ser observados qualquer que seja o conteúdo da sentença, inclusive nos casos de improcedência e de extinção do processo sem resolução do mérito (art. 85, § 6º). Há, porém, um tratamento especial para as causas em que a Fazenda Pública é parte, hipótese em que há regras específicas para a obrigação de pagar honorários advocatícios.

Em primeiro lugar, é preciso destacar que não haverá condenação ao pagamento de honorários nos cumprimentos de sentença contra a Fazenda Pública que ensejem expedição de precatório, desde que não tenha havido qualquer impugnação à execução. Oferecida a impugnação, porém, haverá a condenação ao pagamento de honorários. Aliás, o mesmo regime se aplica aos processos de execução contra a Fazenda Pública em que não tenham sido oferecidos embargos à execução (Lei nº 9.494/1997, art. 1º-D).

Não se aplica, todavia, o § 7º do art. 85 (e, pois, haverá condenação em honorários no cumprimento de sentença contra a Fazenda Pública em que não tenha sido oferecida impugnação) quando se tratar de execução individual de sentença proferida em processo coletivo, conforme corretamente decidiu o STJ ao julgar o REsp repetitivo nº 1.648.498/RS). É que nesse caso o cumprimento de sentença não é mera fase complementar do mesmo processo em que, na fase de conhecimento, se definiu o direito contra a Fazenda Pública. Quando se trata de cumprimento individual de sentença coletiva instaura-se um novo processo, cujo objeto é mais do que o mero cumprimento da sentença (a qual é necessariamente uma sentença genérica, como se vê do art. 95 do Código de Defesa do Consumidor), mas ali também se irá discutir a própria existência da relação jurídica de crédito, incumbindo ao demandante individual demonstrar sua condição de credor.

É, ainda, fundamental observar, na condenação da Fazenda a pagar honorários, o disposto no art. 85, §§ 3º e 4º. Assim é que, ao condenar a Fazenda Pública a pagar honorários, o juiz deverá observar os critérios estabelecidos nos incisos I a IV do § 2º deste mesmo art. 85, mas com limites percentuais distintos.

Quando o valor da condenação ou do proveito econômico não exceder de duzentos salários mínimos, os honorários deverão ser fixados entre o mínimo de dez e o máximo de vinte por cento (art. 85, § 3º, I). Já se a condenação ou o proveito econômico for superior a duzentos salários mínimos, mas não exceder de dois mil salários mínimos, os honorários serão fixados entre oito e dez por cento (art. 85, § 3º, II). No caso de a condenação ou o proveito econômico ser maior do que dois mil salários mínimos, mas não superior a vinte mil salários mínimos, os honorários serão fixados entre cinco e oito por cento (art. 85, § 3º, III). Na hipótese de condenação ou proveito econômico superior a vinte mil salários mínimos, mas não excedente de cem mil salários mínimos, os honorários ficarão entre três e cinco por cento (art. 85, § 3º, IV). Por fim, no caso de a condenação ou o proveito econômico ultrapassar cem mil salários mínimos, os honorários serão fixados entre um e três por cento (art. 85, § 3º, V).

Sendo líquida a obrigação reconhecida na sentença, os honorários contra a Fazenda Pública deverão ser fixados desde logo (art. 85, § 4º, I). No caso de ser ilíquida a obrigação, a definição do percentual só ocorrerá quando realizada a liquidação da sentença (art. 85, § 4º, II). Neste caso, portanto, a sentença não fixará os honorários de sucumbência, mas remeterá sua fixação para a posterior liquidação de sentença.

Não havendo condenação, ou não sendo possível mensurar o proveito econômico obtido, os honorários contra a Fazenda Pública serão calculados sobre o valor atualizado da causa (art. 85, § 4º, III).

Fundamental, porém, é perceber que, nos termos do § 5º do art. 85, "[q]uando, conforme o caso, a condenação contra a Fazenda Pública ou o benefício econômico obtido pelo vencedor ou o valor da causa for superior ao valor previsto no inciso I do § 3º, a fixação do percentual de honorários deve observar a faixa inicial e, naquilo que a exceder, a faixa subsequente, e assim sucessivamente". O que há, aí, pois, é uma fixação "regressiva" do percentual de honorários, que diminui à medida que aumenta a base de cálculo. Seja permitido um exemplo para que se tenha claro o alcance da regra.

Imagine-se que a Fazenda Pública tenha sido condenada a pagar a alguém valor equivalente a duzentos salários mínimos. Neste caso, por força do disposto no inciso I do art. 85, § 3º, os honorários seriam fixados entre dez e vinte por cento do valor da condenação (isto é, entre vinte e quarenta salários mínimos).

Figure-se, agora, a hipótese de condenação da Fazenda a pagar o equivalente a duzentos e um salários mínimos. Neste caso, incidiria o disposto no inciso II do art. 85, § 3º, de modo que os honorários seriam fixados entre oito e dez por cento (isto é, entre 16,08 e 20,1 salários mínimos). Perceba-se, aqui, que o valor máximo dos honorários seria 0,1 salário mínimo superior ao valor mínimo dos honorários fixados segundo a regra anterior. Facilmente se percebe que seria mais vantajoso para o advogado da parte vencedora que seu cliente obtivesse um proveito econômico menor. Isto, a toda evidência, não faz sentido.

Não é assim, porém, que se promove o cálculo dos honorários. Diante da regressividade dos percentuais, o juiz deverá, na sentença, estabelecer que o advogado receberá (no mínimo) dez por cento de duzentos salários mínimos mais oito por cento do salário mínimo excedente. Significa isto dizer que o valor mínimo dos honorários, nesse caso, será de 20,08 salários mínimos. Caso os honorários sejam fixados segundo o limite máximo, o advogado receberá vinte por cento de duzentos salários mínimos mais 10% do salário mínimo excedente (o que corresponde a 40,1 salários mínimos).

Pois assim é, e sucessivamente. Imagine-se, então, que a Fazenda Pública tenha sido condenada a pagar ao vencedor o equivalente a duzentos mil salários mínimos. Neste caso o valor mínimo de honorários seria calculado da seguinte forma: 10% de 200 salários mínimos + 8% de 1.800 salários mínimos + 5% de 18.000 salários mínimos + 3% de 80.000 salários mínimos + 1% de 100.000 salários mínimos. Significa isto dizer que o advogado receberia (de acordo com as faixas sucessivas) 20 + 144 + 900 + 2.400 + 1.000 salários mínimos, ou seja, 4.464 salários mínimos. Nessa mesma hipótese, o valor máximo de honorários seria de 8.660 salários mínimos (40 + 180 + 1.440 + 4.000 + 3.000).

Tudo isso, que fique claro, se aplica tanto aos casos em que a Fazenda Pública é devedora dos honorários como naqueles em que, tendo sido vencedora a Fazenda Pública, a parte contrária terá de pagar honorários advocatícios, caso em que o direito dos advogados públicos aos honorários depende de lei específica (art. 85, § 19), a qual não poderá suprimir a titularidade e o direito à percepção dos honorários por esses profissionais (FPPC, Enunciado nº 384).

Fixados os honorários na sentença, pode haver um aumento da verba em grau de recurso. É o instituto dos *honorários de sucumbência recursal*, de que trata o § 11 do art. 85.

Incumbe ao Tribunal, ao julgar o recurso, majorar os honorários advocatícios fixados no grau inferior, levando em conta o trabalho adicional realizado pelo advogado em grau de recurso. O aumento ocorrerá tanto nos casos em que o recurso seja julgado pelo relator, monocraticamente, como nas hipóteses de julgamento colegiado (FPPC, Enunciado nº 242). Só há fixação de honorários de sucumbência recursal, porém, quando o recurso não for provido (em outros termos, se o recurso não for admitido ou se a ele for negado provimento). No caso de ser provido o recurso haverá uma nova fixação de honorários de sucumbência, que, evidentemente, deverá levar em conta todo o trabalho do advogado, inclusive o exercido em grau recursal. Não se terá aí, porém, uma verdadeira majoração (uma vez que a fixação dos honorários realizada pela decisão recorrida terá sido substituída pela nova fixação, promovida pela decisão que deu provimento ao recurso).

Só se cogita de fixação de honorários de sucumbência recursal, porém, naqueles casos em que a decisão recorrida tenha fixado honorários. Assim, por exemplo, se a decisão recorrida versou sobre redistribuição do ônus da prova (caso em que não há que se cogitar de fixação de honorários), o tribunal, no julgamento do recurso, não fixará qualquer verba de sucumbência recursal. É que se a decisão recorrida não fixou honorários, então não há o que *majorar*.

Estabelece o texto legal que a fixação dos honorários de sucumbência recursal deve ser feita levando-se em conta "o trabalho adicional realizado em grau recursal". Daí resulta, portanto, que só deve haver majoração dos honorários se o advogado da parte recorrida tiver realizado trabalho adicional, como seria o oferecimento de contrarrazões ou a realização de sustentação oral. Não havendo esse trabalho adicional, não há razão que justifique a majoração da verba honorária. O Superior Tribunal de Justiça, todavia, tem entendimento segundo o qual a existência de trabalho adicional do advogado do recorrido não é condição para a majoração dos honorários, mas requisito a ser observado na quantificação da majoração (assim, por exemplo, AgInt nos EREsp nº 1.539.725/DF e EDcl no REsp 1.746.789/RS). É que aquele Tribunal de Superposição parte da premissa de que a função precípua dos honorários de sucumbência recursal seria inibir a interposição de recursos infundados ou inadmissíveis, quando, na verdade, o instituto se presta a remunerar de forma adequada o trabalho do advogado (já que a decisão recorrida só terá fixado honorários capazes de remunerar o trabalho até então realizado pelo advogado, e é necessário remunerar também o trabalho adicional por ele desenvolvido em grau recursal).

Outro dado relevante é que só deve haver majoração da verba sucumbencial quando se inaugura um novo grau recursal. Assim, fixados honorários em decisão monocrática, não deve haver majoração em sede de agravo interno (recurso que não inaugura um novo grau recursal), como corretamente decidiu o STJ (EDcl no AgInt nos EDv nos EAREsp 1.210.915/DF). Do mesmo modo, não se cogita de majoração de verba honorária por força de apreciação de embargos de declaração (recurso que se destina a integrar ou esclarecer a decisão embargada, também não inaugurando novo grau recursal), como também decidiu, de forma correta, o STJ (REsp 1.780.807/RS).

Importante observar que a soma dos honorários anteriormente fixados com os de sucumbência recursal não pode ultrapassar os limites máximos estabelecidos para a verba honorária na fase de conhecimento (art. 85, § 11, *in fine*). Assim, se a decisão recorrida já tiver fixado os honorários no patamar máximo, não será possível qualquer majoração.

Pode, então, acontecer de o juízo de primeiro grau ter fixados honorários no importe mínimo (10%) e, em grau de recurso este percentual ser aumentado para até 20%. Nada impede, porém, que em grau de apelação os honorários sejam fixados, por exemplo, em 15%, permitindo-se que em grau de recurso especial haja nova majoração (para 17%, por exemplo) e em sede de recurso extraordinário mais uma majoração (chegando-se, por exemplo, ao limite máximo de 20%).

De outro lado, ainda que fixados no importe máximo na fase de conhecimento do processo, será possível a posterior fixação de novos honorários na fase de cumprimento de sentença.

Os honorários de sucumbência recursal não têm natureza de sanção, mas visam tão somente remunerar adequadamente o trabalho realizado pelo advogado da parte vencedora, de modo que sua fixação não inibe a imposição de multas ou outras sanções processuais (art. 85, § 12). E isso confirma o anteriormente dito acerca do equívoco na interpretação dada ao instituto pelo STJ, que considera desnecessária a existência de trabalho adicional do advogado para que ocorra a majoração dos honorários em grau de recurso.

Importante dizer que os honorários advocatícios, com a afirmação de que essa verba pertence ao advogado (art. 85, § 14, do CPC; art. 23 da Lei nº 8.906/1994), têm natureza alimentar (entendimento este, aliás, que já estava consolidado pelo STF no enunciado de Súmula Vinculante nº 47, aprovado ainda antes da entrada em vigor do CPC/2015) e os mesmos privilégios dos créditos trabalhistas. Pode, ainda, o advogado requerer que os honorários sejam fixados em favor da sociedade de advogados que integre, o que não altera a natureza alimentar da verba (art. 85, § 15). Os honorários também são devidos no caso em que o advogado atue em causa própria (art. 85, § 17).

Sendo os honorários fixados em valor certo, os juros moratórios serão devidos a partir da data do trânsito em julgado da decisão (art. 85, § 16). Na hipótese de serem eles fixados sobre o valor da condenação, do proveito econômico ou do valor da causa, os juros incidirão na forma da lei civil (ou seja, e como regra geral, a partir da data do evento danoso nos casos de responsabilidade civil extracontratual, nos termos do Enunciado nº 54 da súmula do STJ; ou a partir da data da citação, nos casos de responsabilidade civil contratual, conforme dispõe o art. 405 do Código Civil).

Deixando a decisão de fixar os honorários advocatícios, poderão eles ser fixados e cobrados em processo autônomo, nos termos do § 18 do art. 85, que provoca o cancelamento do Enunciado nº 453 da Súmula do STJ. É que no caso de não ter havido a fixação da verba honorária na decisão, então a matéria (responsabilidade pelos honorários de sucumbência e seu valor) não terá sido julgada. E, não tendo havido julgamento, evidentemente não se pode afirmar que sobre a matéria exista *coisa julgada*. É que, perdoe-se a obviedade, não existe coisa julgada acerca de uma "coisa" que não foi julgada. Equivocados, portanto, os acórdãos que deram origem ao Enunciado nº 453 da súmula do STJ (de que é bom exemplo o acórdão proferido no julgamento do EREsp 462.742/SC). E acertado, por conseguinte, o texto do CPC, que expressamente reconhece a possibilidade de o advogado, neste caso, buscar o reconhecimento, em processo autônomo, de seu direito aos honorários não fixados no processo anterior.

Havendo sucumbência recíproca (isto é, sendo demandante e demandado, em parte, vencedores e vencidos, como se dá no caso de o pedido formulado pelo autor ser julgado parcialmente procedente), as despesas processuais serão proporcionalmente distribuídas entre eles (art. 86) sendo vedada a compensação dos honorários (art. 85, § 14). Caso uma das partes sucumba em parte mínima, porém, o outro responderá por inteiro pelas despesas e honorários (art. 86, parágrafo único).

É importante, aqui, explicar melhor essa proibição de compensação de honorários no caso de sucumbência recíproca.

A compensação, como sabido, é uma causa de extinção da obrigação sem que ocorra pagamento, e que, nos termos do art. 368 do Código Civil, acontece quando "duas pessoas forem ao mesmo tempo credor e devedor uma da outra", caso em que as duas obrigações se extinguem até onde se compensarem. Assim, por exemplo, se A deve 1.000 a B, e ao mesmo tempo B deve 800 a A, então a obrigação de B está extinta e A só deve 200 a B.

O CPC/1973 expressamente previa que no caso de sucumbência recíproca os honorários de sucumbência deveriam ser compensados. Ocorre que ao tempo da aprovação do CPC/1973 havia uma concepção diferente da atual no que diz respeito aos honorários de sucumbência. Naquela altura, entendia-se que os honorários de sucumbência pertenciam à parte que não deu causa ao processo (e não ao seu advogado). É que a verba honorária tinha, na verdade, uma função ressarcitória, destinando-se a indenizar a parte que não deu causa ao processo dos gastos por ela havidos com o advogado que patrocinara seus interesses no processo. Tanto era assim, que o art. 20 do CPC/1973 expressamente estabelecia que o vencido pagaria honorários "ao vencedor". Ora, se assim era, e havendo sucumbência recíproca, então demandante e demandado se tornavam *credor e devedor um do outro*, o que justificava a compensação dos honorários.

Os honorários de sucumbência, porém, passaram a pertencer ao advogado, e não mais à parte, desde a entrada em vigor da Lei nº 8.906/1994, o Estatuto da Advocacia e da OAB, cujo art. 23 estabelece que "[o]s honorários incluídos na condenação, por arbitramento ou sucumbência, pertencem ao advogado". Resultou daí uma mudança da natureza jurídica da verba honorária de sucumbência, que deixou de ser ressarcitória e passou a ser remuneratória (do trabalho do advogado). E isto foi mantido pelo CPC vigente, cujo art. 85 expressamente estabelece que o vencido será condenado a pagar os honorários "ao advogado do vencedor".

Ocorre que a partir do momento em que os honorários de sucumbência passaram a pertencer ao advogado, e não mais à parte, a compensação se tornou impossível. É que no caso de um processo em que as partes A e B sejam reciprocamente sucumbentes, então A deverá honorários ao advogado de B, enquanto B deverá honorários ao advogado de A. Facilmente se percebe, então, que A e B não serão, quanto aos honorários, credor e devedor um do outro, inviabilizando-se, deste modo, a compensação.

Havendo litisconsórcio entre os que tenham sido condenados a arcar com o custo econômico do processo, respondem eles proporcionalmente pelas despesas e honorários, devendo a sentença distribuir entre eles, expressamente, a responsabilidade proporcional pelo pagamento (art. 87, *caput* e § 1º). Silente a sentença, os vencidos responderão solidariamente (art. 87, § 2º), caso em que o devedor que efetue o pagamento poderá cobrar de seus codevedores suas quotas-parte, em frações iguais (art. 283 do CC).

Nos processos de jurisdição voluntária, as despesas deverão ser adiantadas pelo requerente e posteriormente rateadas pelos interessados (art. 88). Já nos juízos divisórios ("ação de divisão de terras", "ação de demarcação de terras" e inventário e partilha), não havendo litígio, as despesas serão pagas pelos interessados na proporção de seus quinhões (art. 89).

Encerrando-se o processo por desistência, renúncia ou reconhecimento do pedido, as despesas e os honorários serão pagos pela parte que tenha desistido, renunciado ou reconhecido (art. 90). Tendo sido este ato dispositivo parcial, a responsabilidade pelas despesas e pelos honorários será proporcional à parcela reconhecida, renunciada ou de que se desistiu (art. 90, § 1º). É preciso, porém, observar a exceção prevista no art. 1.040, § 2º, do CPC. Julgado algum recurso extraordinário ou especial repetitivo, e fixado entendimento de observância obrigatória, poderá o demandante de processo ainda em curso perante juízo de primeiro grau de jurisdição, ao verificar que sua pretensão contraria o entendimento agora fixado, desistir da ação independentemente do consentimento da parte contrária (art. 1.040, §§ 1º e 3º). Neste caso, ficará o demandante dispensado de pagar as custas processuais e os honorários de sucumbência, o que consiste em verdadeira sanção premial, a estimular o exercício da faculdade de desistir da ação.

Caso o réu reconheça a procedência do pedido e, simultaneamente, cumpra de forma integral a prestação que lhe é exigida, os honorários deverão ser reduzidos à metade (art. 90, § 4º). Trata-se de disposição equivalente à do art. 701, que prevê que, no procedimento especial da "ação monitória", o réu que cumpra a obrigação no prazo de quinze dias contados do recebimento do mandado pagará honorários de cinco por cento sobre o valor da causa. Tem-se entendido que essa mesma disposição da "ação monitória" se aplica aos casos em que ocorre o fenômeno da estabilização da tutela antecipada (como reconhecido no Enunciado nº 18 da ENFAM sobre o CPC/2015).

No caso de transação, as partes são livres para dispor sobre a responsabilidade pelas despesas e honorários como lhes aprouver. Nada dispondo elas, porém, serão as despesas divididas igualmente (art. 90, § 2º), arcando cada uma das partes com os honorários de seu advogado. Tendo a transação ocorrido antes da sentença, ficam as partes dispensadas do pagamento de eventuais custas remanescentes (o que é um sanção premial funcionando como estímulo à autocomposição), nos termos do art. 90, § 3º.

A Fazenda Pública e o Ministério Público (este quando atua na qualidade de parte, e não como fiscal da ordem jurídica) estão dispensados do ônus de adiantar despesas processuais. Nesses casos, tais despesas serão pagas ao final do processo, pelo vencido (art. 91). No caso de ser o Ministério Público fiscal da ordem jurídica, como já visto, a despesas dos atos por ele requeridos deverão ser adiantadas pelo autor (art. 82, § 1º).

As perícias requeridas pela Fazenda Pública, pelo Ministério Público ou pela Defensoria Pública poderão ser realizadas por entidade pública (se houver) ou, existindo previsão orçamentária, ter os valores adiantados por aquele que requerer a prova (art. 91, § 1º). Não havendo previsão orçamentária no exercício financeiro para adiantamento dos honorários periciais, serão eles depositados no exercício seguinte, ou ao final pelo vencido (caso o processo se encerre antes do adiantamento a ser feito pelo ente público), nos termos do art. 91, § 2º.

Questão importante é a que diz respeito ao adiantamento do valor referente a honorários periciais nos processos coletivos em que o Ministério Público é o demandante. O Superior Tribunal de Justiça, ainda ao tempo do CPC/1973, fixou entendimento, através do julgamento do REsp repetitivo nº 1.253.844/SC, segundo o qual "[n]ão é possível se exigir do Ministério Público o adiantamento dos honorários periciais em ações civis públicas. Ocorre que a referida isenção conferida ao Ministério Público em relação ao adiantamento dos honorários periciais não pode obrigar que o perito exerça seu ofício gratuitamente, tampouco transferir ao réu o encargo de financiar ações contra ele movidas. Dessa forma, considera-se aplicável, por analogia, a Súmula nº 232 desta Corte Superior ('A Fazenda Pública, quando parte no processo, fica sujeita à exigência do depósito prévio dos honorários do perito'), a determinar que a Fazenda Pública ao qual se acha vinculado o *parquet* arque com tais despesas". Em outros termos, entendeu o STJ que, nos processos coletivos em que o MP é autor, tendo sido por ele requerida a produção de prova pericial, caberia à União ou ao Estado (conforme se trate do MP Federal ou de MP Estadual) adiantar os honorários do perito.

O STJ manteve a aplicação desse entendimento mesmo depois da entrada em vigor do CPC/2015, considerando que o regime da Lei de Ação Civil Pública (Lei nº 7.347/1985) é especial em relação ao do CPC e, por isso, deve prevalecer (como se disse, por exemplo, no julgamento do AgInt no RMS 61.873/SP).

Há, porém, decisão monocrática do Min. Ricardo Lewandowski, do Supremo Tribunal Federal, enfrentando a questão (ACO 1.560/MS). Entendeu o magistrado, que expressamente dialogou com o entendimento consolidado do STJ, que "existem interpretações mais condizentes com o atual arcabouço legislativo processual e que calibram melhor os incentivos para a atuação das partes no processo". Afirmou, então, o Min. Lewandowski que, com a entrada em vigor do CPC/2015, a interpretação anteriormente estabelecida precisa ser repensada, "sobretudo porque a LACP era omissa com relação ao responsável pelo pagamento dos honorários processuais". Disse o magistrado que o CPC vigente, foi redigido à luz de uma realidade segundo a qual "os peritos qualificados para as perícias complexas a serem produzidas nas ações coletivas dificilmente podem arcar com o ônus de receber somente ao final", tendo então estabelecido disposições mais condizentes com os ditames econômicos da vida contemporânea. Invocou ele, então, o art. 91 do CPC para afirmar que "propor ações civis públicas, sobretudo contra as Fazendas Públicas respectivas, é uma das principais atribuições dos Ministérios Públicos em nosso sistema processual", o que levaria a reconhecer que esse dispositivo legal foi redigido para vigorar também no processo coletivo, "provocando uma releitura do art. 18 da Lei da Ação Civil Pública para conferir maior responsabilidade ao *Parquet* no ingresso das ações coletivas, por meio de incentivos financeiros voltados a esta finalidade". Disse o Min. Lewandowski, então, que o CPC instituiu regime legal específico, tendo observado que o Ministério Público ostenta "capacidade orçamentária própria, tendo, ainda, fixado prazo razoável para o planejamento financeiro do órgão". E afirmou que a interpretação por ele proposta fortalece o sistema do processo coletivo, já que desenvolve incentivos para que apenas as demandas coletivas "efetivamente meritórias" sejam ajuizadas. E a partir desses argumentos sustenta a plena aplicabilidade do art. 91 do CPC aos processos coletivos em que o Ministério Público é o demandante.

Penso que a solução adequada, porém, e com todas as vênias, é uma terceira. O art. 18 da Lei de Ação Civil Pública estabelece que nesse tipo de processo não haverá adiantamento de honorários periciais (assim como de outras despesas processuais). Como já visto, porém, há uma diferença entre o ônus de adiantar e a obrigação de pagar os honorários. Assim, nos processos coletivos não haverá adiantamento de honorários periciais, seja quem for o demandante. Caso ao final do processo, porém, se chegue à conclusão de que o Ministério Público deu causa indevidamente ao processo (o que, na imensa maioria dos casos, se dará pelo julgamento de improcedência do pedido formulado), caberá ao MP (e não à Fazenda Pública a que esteja vinculado) pagar, com recursos próprios, os honorários periciais. E no caso de não haver previsão orçamentária para o pagamento desse valor (no orçamento do Ministério Público), então será imperativa sua inclusão no orçamento do exercício seguinte ao do término do processo, para que então se possa efetuar o pagamento dos honorários periciais. Perceba-se, então, que a interpretação aqui proposta é, por assim dizer, um "meio-termo" entre o que prevalece no STJ e o que decidiu, no STF, o Min. Lewandowski. Não haverá adiantamento (nem pelo MP, nem pela Fazenda Pública a que ele se vincule), dada a especialidade da Lei de Ação Civil Pública em relação ao CPC, mas os honorários serão pagos ao final pelo vencido, ainda que este seja o MP, caso em que o pagamento se fará com valores que serão incluídos em seu orçamento próprio.

As despesas de atos adiados ou que tenham de ser repetidos ficarão a cargo daquele (parte, auxiliar da justiça, órgão do Ministério Público ou da Defensoria Pública ou o próprio juiz) que, sem justo motivo, tenha dado causa ao adiamento ou à repetição (art. 93).

Caso tenha havido no processo intervenção de assistente e fique vencido o assistido, o assistente também será condenado a pagar despesas processuais e honorários, proporcionalmente à atividade que houver exercido no processo (art. 94). Perceba-se que, não obstante fale o texto da lei em "custas", o dispositivo deve ser interpretado de forma a incluir todas as despesas e os honorários. Pense-se, por exemplo, na hipótese de, vencido o assistido, optar este por não interpor recurso, tendo apenas o assistente apelado. Neste caso, a condenação ao pagamento de honorários de sucumbência recursal deverá incidir apenas sobre o assistente, não onerando o assistido.

No caso de ter sido requerida a produção de prova pericial, incumbe à parte que a requereu adiantar os honorários do perito. Determinada a produção da prova de ofício, ou tendo sido ela requerida por ambas as partes, deverá o depósito prévio dos honorários ser rateado entre as partes (art. 95), podendo o juiz determinar que a parte responsável deposite em juízo o valor correspondente à remuneração do *expert* (art. 95, § 1º). Esta, registre-se, não é uma boa disposição. É que pode acontecer de o juízo determinar de ofício a produção de uma prova pericial em caso em que o ônus da prova incumba a uma das partes, somente. Pois neste caso nada haverá – muito ao contrário – que estimule a parte contrária a participar do rateio dos honorários do perito. Afinal, a ausência da prova a beneficiará. Muito mais correto teria sido, *data venia*, impor o ônus de adiantar os honorários periciais àquele que tenha o ônus da prova daquilo que com a perícia se pretende demonstrar. Vale aqui recordar, ainda, o que há pouco se disse sobre o adiantamento de honorários periciais nos processos coletivos em que o demandante é o Ministério Público. Neste caso, repita-se, o MP fica isento do ônus de adiantar os honorários mas, sendo vencido no processo, terá de pagar, com recursos de seu próprio orçamento, os honorários periciais.

Depositados os honorários periciais, poderá ser autorizado desde logo o levantamento, pelo *expert*, de metade do depósito, só se liberando a outra metade após a apresentação do laudo e da prestação de todos os esclarecimentos que sejam solicitados (art. 465, § 4º).

Incumbindo o adiantamento dos honorários periciais a beneficiário de gratuidade de justiça, poderá o custeio da prova fazer-se com recursos alocados ao orçamento do ente público e realizada por servidor do Judiciário ou por órgão público conveniado. Realizada a perícia por particular, o valor será fixado conforme tabela do tribunal ou, inexistente esta, pelo Conselho Nacional de Justiça, devendo ser pagos os honorários com recursos alocados ao orçamento da União, do Estado ou do Distrito Federal (art. 95, § 3º). Este pagamento, porém, jamais poderá ser realizado com dinheiro do fundo de custeio da Defensoria Pública (art. 95, § 5º). Feito esse adiantamento com verba pública, e sendo o custo do processo atribuído a quem não seja beneficiário da gratuidade, terá ele o dever de ressarcir os cofres públicos do que tenha sido despendido para a realização do depósito antecipado.

Por fim, é de se dizer que, extinto o processo sem resolução do mérito *a requerimento do réu*, o autor só poderá propor novamente a demanda (e desde que não haja obstáculo a tal propositura) depois de pagar ou depositar em cartório (*rectius*, à disposição do juízo) as despesas e honorários a que tenha sido condenado.

4.2.3.3.4. A gratuidade de justiça

Constitucionalmente assegurada (art. 5º, LXXIV) "aos que comprovarem insuficiência de recursos", a *gratuidade de justiça* (ou benefício de justiça gratuita) é uma garantia que, por força de disposição infraconstitucional, tem sido tradicionalmente ampliada no Direito brasileiro. Diz-se *ampliada* a garantia por uma razão: não obstante o texto constitucional afirme que a assistência jurídica integral e gratuita (que inclui, evidentemente, a gratuidade no acesso ao Judiciário, embora não a esgote) seja assegurada a quem *comprovar* insuficiência de recursos, as pessoas naturais a ela fazem jus independentemente de produção de qualquer prova. Assim já era ao tempo da vigência do art. 4º da Lei nº 1.060/1950 (agora expressamente revogado), e assim é por força do art. 99, § 3º, cujo texto estabelece que se presume "verdadeira a alegação de insuficiência [de recursos] deduzida exclusivamente por pessoa natural". Trata-se, evidentemente, de uma presunção relativa, *iuris tantum*, que pode ser afastada por prova *em contrário* (mas é importante notar o seguinte: ao juiz não é dado determinar à pessoa natural que produza prova que confirme a presunção, determinação esta que contrariaria o disposto no art. 374, IV). Admite-se, apenas, que *a parte contrária* produza prova capaz de afastar a presunção relativa, o que dependerá do oferecimento de impugnação à gratuidade de justiça.

Há decisões, é certo, que entendem que a natureza relativa da presunção permitiria ao juízo da causa determinar a produção de prova que a confirme. Assim decidiu o STJ, por exemplo, ao apreciar o AgInt no REsp 1.749.799/SP. Na ementa desse julgamento, o STJ expressamente entendeu que "a presunção de hipossuficiência que decorre da declaração feita pelo requerente do benefício da justiça gratuita é relativa, sendo possível ao juiz exigir a sua comprovação". É preciso, porém, ir ao inteiro teor do acórdão para compreender exatamente o que ficou decidido ali. É que no voto condutor do acórdão se disse que "é lícito ao juiz, deparando-se com elementos que infirmem a declaração apresentada pela parte requerente, determinar a comprovação da hipossuficiência alegada". Perceba-se, então, que o STJ não admitiu que o juízo determinasse, de ofício, a produção de provas destinadas a confirmar a presunção. O que se verificou no caso é que o juiz percebeu haver nos autos elementos que poderiam afastar a presunção, razão pela qual deu à parte que pretendia obter o benefício oportunidade de produzir provas que a confirmassem. Esta, registre-se, é conduta perfeitamente compatível com o ordenamento jurídico vigente e com a ideia do que seja uma presunção relativa, além de respeitar de forma integral o princípio constitucional do contraditório. Equivocado, então, e por exemplo, o entendimento consolidado no Enunciado nº 39 da súmula de jurisprudência dominante do TJRJ, segundo o qual "é facultado ao juiz exigir que a parte comprove a insuficiência de recursos, para obter concessão do benefício da gratuidade de justiça (art. 5º, inciso LXXIV, da CF), visto que a afirmação de pobreza goza apenas de presunção relativa de verdade".

Frise-se este ponto: alegações sobre as quais incidam presunções legais (ainda que relativas) de existência ou de veracidade não constituem objeto de prova (art. 374, IV). Assim, não pode o juiz, sob pena de infringir diretamente a lei processual, determinar à parte que produza prova que confirme a presunção relativa. Havendo nos autos, porém, elementos de prova que afastem a presunção de hipossuficiência da parte, deverá dar a ela oportunidade de confirmar a veracidade de sua alegação e, não havendo essa confirmação, indeferir (ou revogar, se já havia sido anteriormente deferido) o benefício da gratuidade de justiça.

A presunção, porém, só beneficia pessoas naturais. As pessoas jurídicas e os entes formais, como os condomínios e os espólios, têm o ônus de provar que não têm condições de arcar com o custo econômico do processo para que o benefício lhes seja deferido.

A gratuidade de justiça compreende, na forma do disposto no art. 98, § 1º, as taxas ou custas judiciais; os selos postais; as despesas com publicação na imprensa oficial, dispensando-se a publicação em outros meios; a indenização devida à testemunha que, quando empregada, receberá do empregador salário integral, como se em serviço estivesse; as despesas com a realização de exame de código genético (DNA, na sigla em inglês que se tornou de uso tradicional no Brasil não obstante a existência da sigla ADN, adequada para designar em português o ácido desoxirribonucleico) e de outros exames considerados essenciais; os honorários do advogado e do perito, e a remuneração do intérprete ou do tradutor nomeado para apresentação de versão em português de documento redigido em língua estrangeira; o custo com a elaboração de memória de cálculo, quando exigida para instauração da execução; os depósitos previstos em lei para interposição de recurso, propositura de demandas e para a prática de outros atos processuais inerentes ao exercício da ampla defesa e do contraditório; e os emolumentos devidos a notários ou registradores em decorrência da prática de registro, averbação ou qualquer outro ato notarial necessário à efetivação da decisão judicial ou à continuidade de processo judicial no qual o benefício tenha sido concedido.

A concessão da gratuidade afasta, então, o ônus do beneficiário de adiantar todas essas despesas, mas não o livra da obrigação de, *ao final do processo*, pagar as multas que lhe tenham sido impostas (art. 98, § 4º), como é o caso da multa por interposição de agravo interno protelatório (art. 1.021, § 5º).

A concessão do benefício pode ser total ou parcial. Assim, permite a lei expressamente que se conceda o direito ao parcelamento de despesas processuais que o beneficiário tenha de adiantar no curso do processo (art. 98, § 6º), bem como a concessão de gratuidade apenas em relação a alguns atos processuais ou a redução percentual ("desconto") naquilo que tenha de ser adiantado pelo beneficiário (art. 98, § 5º).

O requerimento de concessão do benefício pode ser formulado a qualquer tempo (art. 99). Não tendo sido formulado na primeira oportunidade em que o requerente tenha se manifestado nos autos, não suspenderá o andamento do processo (art. 99, *caput* e § 1º).

Formulado o requerimento por pessoa natural, o juiz só poderá indeferi-lo "se houver nos autos elementos que evidenciem a falta dos pressupostos legais para a concessão da gratuidade", mas não sem antes "determinar à parte a comprovação do preenchimento dos pressupostos para a concessão" (art. 99, § 2º). Significa isto dizer que, não obstante a existência de presunção legal de hipossuficiência econômica em favor da pessoa natural que afirme não ter condições de arcar com o custo do processo, pode haver nos autos elementos que afastem tal presunção *iuris tantum*, relativa. Bom exemplo disso se tem em casos nos quais o autor postula a concessão da gratuidade de justiça em processo em que se pretende discutir contratos cujos valores são elevados, especialmente aqueles em que tenha havido financiamento de parcelas de valor elevado por instituições financeiras (afinal, é notório que as instituições financeiras fazem diversas exigências para conceder crédito). Neste sentido, aliás, é o Enunciado nº 288 da súmula de jurisprudência dominante do TJRJ ("não se presume juridicamente necessitado o demandante que deduz pretensão revisional de cláusulas de contrato de financiamento de veículo, cuja parcela mensal seja incompatível com a condição de hipossuficiente").

Nesses casos, porém, e como visto anteriormente, não poderá o juiz indeferir de plano o benefício, devendo – justificadamente – determinar ao requerente que comprove, já que afastada a presunção, não ser capaz de arcar com o custo do processo.

Já no caso de pessoas jurídicas e entes formais, em cujo favor não milita qualquer presunção, é ônus do requerente, como já afirmado, produzir a prova de que preenche os requisitos para a concessão do benefício.

Seja como for, não se pode usar como fundamento para indeferir o benefício o fato de a parte estar assistida por advogado particular, cujo trabalho é presumidamente remunerado (art. 99, § 4º; art. 658 do CC, por força do qual se presume oneroso o mandato outorgado a mandatário para exercício de atividade que constitua seu ofício ou profissão lucrativa). Neste caso, porém, a gratuidade de justiça deferida à parte não alcança a isenção de preparo do recurso formulado com o único objetivo de discutir a fixação dos honorários de sucumbência devidos ao advogado, salvo se este próprio fizer jus ao benefício (art. 99, § 5º). É que, sendo o advogado o verdadeiro titular do direito aos honorários de sucumbência, é dele, e não da parte, o interesse na interposição de recurso que verse *exclusivamente* sobre o direito aos honorários, de modo que só poderia haver a dispensa do preparo nesse caso se o próprio advogado preenchesse os requisitos necessários para a concessão *a ele* da gratuidade.

O direito à gratuidade de justiça é personalíssimo, não se estendendo a litisconsortes ou sucessores do beneficiário, salvo se estes tiverem formulado requerimento e vejam o benefício lhes ser pessoalmente concedido (art. 99, § 6º).

Requerida a concessão de gratuidade em recurso, o recorrente não precisa comprovar o recolhimento do preparo, cabendo ao relator apreciar o requerimento. Indeferido este, será fixado prazo para recolhimento das custas (art. 99, § 7º).

Deferido o benefício, poderá a parte contrária oferecer *impugnação* (na contestação, na réplica, nas contrarrazões de recurso ou, em caso de ter sido o requerimento formulado por terceiro, por meio de petição simples, a ser apresentada no prazo de quinze dias). A impugnação será processada nos próprios autos e não suspende o andamento do processo (art. 100). Incumbe ao impugnante o ônus da prova de que o beneficiário não faz jus ao benefício da gratuidade, não sendo possível revogar-se benefício já concedido ao argumento de que não há provas suficientes de que a gratuidade deveria ter sido deferida.

Revogado o benefício, a parte arcará com as despesas processuais que tenha deixado de adiantar e, caso constatada sua má-fé, pagará multa a ser fixada pelo juiz, cujo valor poderá ser de até o décuplo do valor dessas mesmas despesas, em benefício da Fazenda Pública federal ou estadual (conforme o processo tramite na Justiça Federal ou na Justiça Estadual). O adiantamento das despesas deverá ser promovido, neste caso, em prazo a ser fixado pelo juiz, a contar do trânsito em julgado da decisão que tenha revogado o benefício (art. 102). Não efetuado o recolhimento, o processo será extinto sem resolução do mérito se era o demandante o beneficiário, ou, nos demais casos, não se deferirá a realização de qualquer ato ou diligência requerida enquanto não efetuado o depósito (art. 102, parágrafo único).

A decisão que indefere o benefício de gratuidade de justiça e a que a revoga são impugnáveis por agravo de instrumento (art. 101), salvo no caso de constituir capítulo de sentença (caso em que caberá apelação). Tendo sido deferido o benefício apenas parcialmente (como se dá, por exemplo, no caso de se ter requerido a isenção total do ônus de adiantar as despesas e ter sido deferido tão somente uma redução percentual), também se deve admitir o agravo de instrumento contra o pronunciamento judicial em relação à parte não deferida.

O recurso contra a decisão não está sujeito a preparo até decisão do relator sobre a questão, preliminarmente ao julgamento do recurso (art. 101, § 1º). Confirmada a denegação ou revogação da gratuidade, o relator ou órgão colegiado determinará ao recorrente o recolhimento das custas em cinco dias, sob pena de não conhecimento do recurso.

Vencido, ao final do processo, aquele que era beneficiário da gratuidade de justiça, será ele condenado a pagar as despesas processuais (reconhecendo-se, inclusive, seu dever de ressarcir as despesas adiantadas pela parte vencedora) e os honorários de sucumbência (art. 98, § 2º). O cumprimento dessa condenação, todavia, fica sujeito a condição suspensiva, só podendo ela ser executada se, no prazo de cinco anos a contar do trânsito em julgado da decisão que tenha reconhecido essa obrigação, a situação de insuficiência de recursos tiver deixado de existir (sendo ônus da parte contrária demonstrá-lo). Passado este prazo, as obrigações do beneficiário da gratuidade se extinguem (art. 98, § 3º) por prescrição.

4.2.3.3.5. Sucessão das partes e dos procuradores

Pode ocorrer de, no curso do processo, a parte originariamente participante ser sucedida por outra, o que acontece quando um novo sujeito vem ocupar a posição processual que antes era de outro sujeito.

Pode a sucessão ser voluntária, resultante de ato *inter vivos*, ou decorrer da sua morte (ou extinção, quando se tratar de parte que seja pessoa jurídica ou ente formal).

A sucessão voluntária só pode ocorrer nos casos expressamente autorizados por lei (art. 108). Dentre esses casos sem dúvida o mais importante é o que resulta da alienação da coisa ou direito litigioso por ato entre vivos a título particular (art. 109). Neste caso a parte alienante permanece legitimada a figurar como sujeito da demanda (demandante ou demandado). Não estará em juízo mais, porém, para defesa de seu próprio interesse. O alienante passará a atuar, em nome próprio, na defesa do interesse do adquirente, exercendo uma legitimidade extraordinária que lhe fará agir como substituto processual do adquirente. Perceba-se, pois, que neste caso haverá substituição processual por não ter havido a sucessão processual.

Havendo a alienação do direito litigioso, então, não ocorrerá a sucessão processual, salvo se o adversário do alienante consentir com a sucessão (art. 109, § 1º). Não havendo tal consentimento, prosseguirá no processo o alienante, como substituto processual do adquirente, a este só sendo permitido intervir no processo como *assistente litisconsorcial* do alienante (art. 109, § 2º).

Haja ou não a intervenção do adquirente como assistente do alienante, no caso de prosseguir este no processo a sentença produzirá efeitos que alcançarão o adquirente (art. 109, § 3º), ficando este sujeito, portanto, à eficácia da decisão.

De outro lado, concordando a parte adversária, haverá a sucessão processual, e neste caso o alienante da coisa ou direito litigioso será excluído do processo, sendo sucedido pelo adquirente, que receberá o processo no estado em que se encontrar.

Já no caso de morte da parte, dar-se-á sua sucessão pelo espólio ou pelos sucessores, devendo-se observar o disposto no art. 313, §§ 1º e 2º (art. 110). Aplica-se esta regra, por analogia, aos casos de extinção da pessoa jurídica, a qual será sucedida por quem tenha assumido sua posição jurídica (como se dá, por exemplo, nos casos de fusão e incorporação de sociedades).

Pode também haver, no curso do processo, sucessão entre advogados. Pode, por exemplo, a parte exercer seu direito potestativo de revogar o mandato outorgado ao advogado, caso em que deverá, no mesmo ato, constituir novo procurador (art. 111). Não sendo constituído novo mandatário no mesmo ato, deverá ser observado o disposto no art. 76, fixando o juiz prazo para a nomeação de novo procurador (art. 111, parágrafo único).

Também pode ocorrer de o advogado renunciar ao mandato que lhe foi outorgado. Nesta hipótese, deverá o profissional comprovar que comunicou a renúncia ao seu cliente, a fim de que este possa nomear sucessor (art. 112). Frise-se, aqui, que a notificação do cliente deve ser promovida pelo advogado, não se justificando a prática, relativamente comum, de o advogado requerer ao juízo em que tramita o processo que promova a intimação pessoal da parte para que tome ciência de sua renúncia. Cabe ao juízo, em casos assim, indeferir o requerimento e considerar que, enquanto o advogado não comprovar que por outro meio promoveu a notificação de seu cliente, ainda é ele o representante processual da parte.

Fica o advogado renunciante obrigado a representar seu cliente ainda pelo prazo de dez dias, desde que necessário para lhe evitar prejuízo (art. 112, § 1º). Nada disso se aplica, porém, se há vários advogados conjuntamente constituídos e só um (ou alguns) deixa de representar o constituinte, caso em que os demais advogados regularmente nomeados continuarão a atuar em nome da parte.

Relativamente comum, na prática, é ocorrer de a parte, que já tem advogado constituído, nomear novo advogado sem ter, formalmente, destituído o anterior. Neste caso, deve-se considerar que a outorga do mandato ao novo advogado implica, automaticamente, a revogação do mandato anterior. Já houve casos, porém, em que se outorgou procuração ao novo advogado e este passou a atuar em conjunto com o anterior, ambos representando concomitantemente os interesses da parte, caso em que se deve considerar não ter havido a revogação tácita (como corretamente fez o STJ no AREsp 375.407). Não havendo, porém, elementos no caso concreto que permitam afirmar que ambos os advogados permanecerão atuando em conjunto, deve-se reputar tacitamente revogados os poderes do primeiro advogado constituído em função da outorga da procuração a um novo advogado.

4.2.3.4. O advogado (privado e público)

A fim de dar efetividade ao disposto no art. 133 da Constituição da República, estabelece o art. 103 do CPC que "[a] parte será representada em juízo por advogado regularmente inscrito na Ordem dos Advogados do Brasil". A rigor, o texto legal é pleonástico, pois só é advogado quem estiver inscrito na Ordem dos Advogados do Brasil (art. 3º da Lei nº 8.906/1994). De toda sorte, a parte só poderá estar presente em juízo se representada por quem tenha capacidade postulatória, admitida a postulação em causa própria apenas se a parte tiver habilitação legal para tanto (art. 103, parágrafo único).

A participação do advogado como mandatário da parte é essencial para um contraditório efetivo, substancial, que verdadeiramente permita à parte influir na formação do resultado do processo. Afinal, é o advogado o profissional habilitado a tratar das questões jurídicas (não só das questões de direito, mas também do trato jurídico das questões fáticas, sendo certo que fato e direito são absolutamente indissociáveis) de forma adequada. Sem advogado a participação da parte seria meramente formal, incapaz de consistir numa atuação juridicamente adequada.

O advogado só pode postular em juízo em nome da parte se estiver habilitado por procuração (art. 104), que é o instrumento do mandato (art. 653 do CC). Admite-se, porém, a atuação sem procuração do advogado para evitar preclusão, decadência ou prescrição, ou para a prática de atos urgentes (art. 104, *in fine*). Nestes casos, o advogado deverá exibir a procuração no prazo de quinze dias, prorrogável por igual período. Não exibida a procuração, nem ratificado o ato por outro advogado regularmente constituído nesse mesmo prazo, ter-se-á o ato por ineficaz, respondendo o advogado por perdas e danos. Em outros termos, nesse caso o ato do advogado sem procuração não produzirá qualquer efeito, sendo, pois, incapaz de impedir a prescrição, decadência, preclusão ou outro resultado danoso à parte.

A procuração outorgada ao advogado confere-lhe poderes gerais para atuar em juízo (é a chamada "procuração geral para o foro" ou "procuração *ad judicia*"). Há, porém, atos processuais que só podem ser praticados pelo advogado se tiver poderes especiais para tanto: receber citação, confessar, reconhecer a procedência do pedido, transigir, desistir, renunciar, receber, dar quitação, firmar compromisso e assinar declaração de hipossuficiência econômica (art. 105). A prática de alguns desses atos sem que o advogado tenha poderes especiais deverá levar o juiz a determinar que a parte junte aos autos nova procuração, que atribua os poderes especiais, ou que a própria parte, pessoalmente, ratifique o ato anteriormente praticado por seu advogado, sob pena de se ter o aludido ato por ineficaz.

A procuração deverá conter, na forma do art. 105, § 2º, o nome do advogado, seu número de inscrição na OAB e seu endereço completo (o que inclui o endereço eletrônico). Caso o advogado integre sociedade de advogados, a procuração também deverá conter o nome desta, seu número de registro na Ordem dos Advogados e seu endereço completo (art. 105, § 3º). Deverá, ainda, estar assinada pelo outorgante, podendo a assinatura ser digital (art. 105, § 1º).

Salvo disposição expressa em sentido contrário, a procuração é eficaz para todas as fases do processo, inclusive para o cumprimento de sentença (art. 105, § 4º).

Ao mandato judicial (ou seja, ao mandato outorgado ao advogado para atuar em juízo) aplicam-se, supletivamente, as disposições do Código Civil acerca do contrato de mandato, na forma do art. 692 do próprio Código Civil).

No caso de o advogado postular em causa própria, incumbe-lhe declarar, na petição inicial ou na contestação, seu endereço, número de inscrição na OAB e o nome da sociedade de advogados de que participa, tendo ainda o ônus de comunicar ao juízo qualquer mudança de endereço (art. 106). A falta de indicação do endereço, do número de inscrição na Ordem dos Advogados ou da sociedade de advogados levará o juiz a fixar prazo de cinco dias para correção do vício, sob pena de indeferimento da petição (art. 106, § 1º). Caso o advogado não se desincumba do ônus de informar mudanças de endereço, ter-se-á por válida qualquer intimação encaminhada ao endereço constante dos autos (art. 106, § 2º).

São direitos do advogado (além de outros previstos expressamente na Lei nº 8.906/1994), nos termos do art. 107: examinar, em cartório de fórum ou secretaria de tribunal, *mesmo sem procuração*, autos de qualquer processo, independentemente da fase de tramitação, assegurados a obtenção de cópias e o registro de anotações, salvo na hipótese de segredo de justiça (em que só o advogado constituído tem direito de acesso aos autos); requerer, como procurador, vista dos autos de qualquer processo, pelo prazo de cinco dias; retirar os autos do cartório ou secretaria, pelo prazo legal, sempre que neles lhe couber falar por determinação do juiz, nos casos previstos em lei.

Ao receber os autos (impressos, pois os eletrônicos ficam sempre à sua disposição pela rede mundial de computadores), o advogado assinará carga em livro ou documento próprio (art. 107, § 1º). Sendo, porém, o prazo comum às partes, os advogados só podem retirar de cartório os autos impressos em conjunto ou mediante prévio ajuste por petição nos autos (art. 107, § 2º), o que tem natureza de negócio jurídico processual típico. Nesse caso, porém, o advogado pode retirar os autos para obtenção de cópias, pelo prazo de duas a seis horas, independentemente de ajuste e sem prejuízo da continuidade do prazo (art. 107, § 3º). O advogado, porém, perderá o direito de tirar os autos de cartório para cópias se não os devolver tempestivamente, ressalvada a possibilidade de prorrogação do prazo pelo juiz (art. 107, § 4º).

Vale registrar que a Lei nº 13.793/2019 incluiu no art. 107 um § 5º que não serve para absolutamente nada. Esse dispositivo estabelece que o disposto no inciso I do *caput* do art. 107 (ou seja, que é direito do advogado examinar, mesmo sem procuração, autos de qualquer processo, independentemente da fase de tramitação, assegurados a obtenção de cópias e o registro de anotações, salvo na hipótese de segredo de justiça, em que apenas o advogado constituído tem acesso aos autos) se aplica a "processos eletrônicos". Ora, mas se o inciso I do art. 107 não fez qualquer tipo de distinção entre processos que tramitam em autos eletrônicos e aqueles que tramitam em autos não eletrônicos, então não há qualquer necessidade de se afirmar o que consta desse § 5º. Afinal, se a lei não estabeleceu qualquer distinção, não poderia o intérprete distinguir. Para piorar, ainda falou o texto inserido no CPC em "processos eletrônicos", quando eletrônicos são os autos, e não o processo. Este § 5º, portanto, vale-se de terminologia errada, distinta da que é empregada em todo o restante do CPC, para dizer o que não precisava ser dito. Uma perda de tempo, portanto.

A lei processual trata, também, da atuação dos advogados públicos, assim entendidos aqueles que atuam no patrocínio dos interesses dos entes públicos. Pois a advocacia pública é exercida, ao menos como regra geral, através de órgãos especificamente destinados a tal objetivo. Registre-se, porém, que há decisão do STF no sentido de que os Municípios não seriam obrigados a instituir órgãos de advocacia pública (as Procuradorias do Município), pois os arts. 131 e 132 da Constituição da República só seriam aplicáveis à União e aos Estados (STF, RE 1.156.016 AgR/SP). Este entendimento do STF, registre-se, é perfeitamente adequado à realidade de muitos municípios brasileiros, muito pequenos e sem capacidade econômica suficiente para a criação e manutenção de órgãos caros como são as Procuradorias. Em casos assim, é perfeitamente possível que o município contrate advogados privados para patrocinar em juízo seus interesses.

Incumbe aos órgãos da Advocacia Pública (de que são exemplos a Advocacia Geral da União – AGU, as Procuradorias dos Estados e as Procuradorias dos Municípios), na forma da lei, defender e promover os interesses públicos da União, dos Estados, do Distrito Federal e dos Municípios, por meio da representação judicial, em todos os âmbitos federativos, das pessoas jurídicas de direito público que integram a administração pública direta ou indireta (art. 182).

O membro da Advocacia Pública é responsável – civil e regressivamente – quando agir no exercício de suas funções com dolo ou fraude (art. 184). Aplica-se, aqui, pois, o sistema por força do qual o lesado pela atuação do advogado público deve demandar a reparação do dano em face da pessoa jurídica a que o profissional se vincula, e esta, por sua vez, terá direito de regresso em face do advogado.

As pessoas jurídicas de direito público têm prazo em dobro para se manifestar no processo, tendo início o prazo de sua intimação pessoal (art. 183), que se fará por carga, remessa ou meio eletrônico (art. 183, § 1º). Não se aplica, porém, o benefício de prazo para a Fazenda Pública naqueles casos em que haja expressa previsão legal de um prazo para sua manifestação (art. 183, § 2º). Também não há prazo em dobro quando o processo tramita nos Juizados Especiais Federais (art. 9º da Lei nº 10.259/2001) ou da Fazenda Pública (art. 7º da Lei nº 12.153/2009).

4.2.3.5. Ministério Público

A intervenção do Ministério Público no processo civil se dá nos termos do disposto na Constituição da República e nos arts. 176 a 181 do CPC. Instituição essencial para a administração da justiça, o MP atua na defesa da ordem jurídica, do regime democrático e dos direitos sociais e individuais indisponíveis (art. 176). Atua ele no processo civil de duas maneiras: como parte da demanda (demandante ou, o que é mais raro, demandado) e como "fiscal da ordem jurídica" (*custos legis*).

É importante perceber, portanto, que o Ministério Público atua, no processo civil, *ou* como parte da demanda, *ou* como fiscal da ordem jurídica. Não há qualquer sentido em cogitar de uma dupla atuação ministerial. Assim, por exemplo, quando o MP é o autor de um processo coletivo, ele é parte da demanda e, por isso, não atua como fiscal da ordem jurídica.

Resulta isso, em primeiro lugar, de sua unidade (que, nos termos do art. 127, § 1º, da Constituição da República, é um dos princípios institucionais do Ministério Público). Em razão desse princípio, então, deve-se considerar que o MP é uno (assim como acontece com o Poder Judiciário), não obstante haja diversos órgãos ministeriais com atribuições distintas (do mesmo modo como há diversos órgãos jurisdicionais com competências distintas). Ora, se o Ministério Público é uno, e se sua atuação se dá, sempre, na defesa da ordem jurídica (art. 127, *caput*, da Constituição da República; art. 176 do CPC), então mesmo quando ele é parte da demanda é, também, um órgão imparcial, com a função institucional (e constitucional) de fiscalizar a correta aplicação do ordenamento, não havendo a necessidade de que atue um segundo órgão para exercer essa função fiscalizadora que o primeiro órgão, que atua pelo MP como parte da demanda, já tem de inevitavelmente exercer.

Por essa razão, se o MP é autor (ou réu, o que é extremamente raro) de um processo, não se aplica o disposto no art. 179, I, do CPC, não se podendo cogitar de dar vista ao MP "depois das partes". Não pensar assim geraria um desequilíbrio no contraditório. Imagine-se, por exemplo, um processo em que o MP é autor e, no curso do processo, junta aos autos um documento. Em um caso assim, é preciso dar vista dos autos à parte contrária, para que se manifeste sobre o documento. Terá o réu, então, vista dos autos por 15 (quinze) dias, nos termos do art. 437, § 1º. Ora, se em um caso assim o MP atuasse também como fiscal da ordem jurídica, ele teria vista dos autos depois do réu. Ocorre que deste modo se permitiria que o autor (isto é, o Ministério Público) falasse depois do réu, sem se dar ao réu oportunidade de contradizê-lo na sequência. Isto é, evidentemente, um desrespeito ao contraditório efetivo e equilibrado que deve necessariamente haver no processo.

Problema maior se tem quando o MP interpõe recurso contra uma decisão. É que nesses casos o recurso costuma ser interposto pelo órgão ministerial que tem atuação na instância em que proferida a decisão recorrida, mas quando o processo chega ao tribunal há um outro órgão ministerial, com atribuição para atuar na instância superior, que também precisa se manifestar. Acontece que em um caso assim, ter-se-ia a manifestação do recorrente depois de ter sido aberta oportunidade para que o recorrido apresentasse suas contrarrazões, o que viola a igualdade das partes e o contraditório, afrontando-se, deste modo, o devido processo constitucional. Impõe-se, então, uma interpretação conforme a Constituição, devendo o tribunal proceder da seguinte maneira: chegando o recurso ao tribunal já com as manifestações do Ministério Público recorrente e do recorrido, abre-se vista dos autos ao Procurador de Justiça que atua pelo MP junto ao tribunal para manifestar-se sobre o recurso e, em seguida, dá-se nova vista ao recorrido para se manifestar a respeito do parecer ministerial. Evidentemente, se o MP é recorrido nada disso é necessário, pois não há razão para ouvir-se o recorrente depois da manifestação do recorrido.

Em síntese, o Ministério Público *ou* é parte da demanda, *ou* é fiscal da ordem jurídica.

Quando atua como demandante, no exercício de suas atribuições constitucionais (art. 177) e legais, o Ministério Público é um demandante como outro qualquer. Isso se dá, por exemplo, quando do ajuizamento de "ação civil pública" ou de "ação de improbidade administrativa". Será ele, porém, intimado para intervir como fiscal da ordem jurídica (art. 178) nas causas que, não sendo ele parte da demanda, envolvam interesse público ou social (não sendo suficiente para justificar a intervenção do MP o mero fato de a Fazenda Pública ser parte, nos termos do parágrafo único do art. 178); naquelas que envolvam interesse de incapaz; nas que envolvam litígios coletivos pela posse da terra; além de outros casos expressamente previstos na Constituição da República ou em lei (como se dá, *e.g.*, no processo do mandado de segurança, nos termos do art. 12 da Lei nº 12.016/2009, ou nos processos em que é parte uma mulher vítima de violência doméstica e familiar, nos termos do art. 698, parágrafo único).

Nos casos em que intervém como fiscal da ordem jurídica, o MP terá vista dos autos depois das partes, devendo ser intimado de todos os atos do processo (art. 179, I), podendo produzir provas, requerer as medidas processuais que considere pertinentes e recorrer (art. 179, II).

O Ministério Público, seja ele parte da demanda ou fiscal da ordem jurídica, tem prazo em dobro para a prática de atos processuais, que corre a partir de sua intimação pessoal (art. 180), a qual se dá por carga, remessa ou meio eletrônico (art. 183, § 1º, aplicável ao MP por expressa determinação do art. 180, *in fine*). Não será duplicado o prazo, porém, nos casos em que haja expressa previsão de um prazo para a manifestação do MP (art. 180, § 2º), como se tem, por exemplo, no art. 721 ou no art. 956 do CPC.

Findo o prazo para sua manifestação, com ou sem ela, o processo terá andamento (art. 180, § 1º), o que mostra que o andamento válido do processo depende, nos casos de intervenção obrigatória do Ministério Público, de sua intimação, mas não de sua manifestação.

Responde o membro do Ministério Público – civil e regressivamente – quando agir com dolo ou fraude no exercício de suas funções (art. 181). Também aqui, portanto, o prejudicado deverá demandar em face da União ou do Estado (conforme tenha sido lesado por ato de membro do Ministério Público da União ou do Estado), e a Fazenda Pública terá direito de regresso contra o membro do Ministério Público (admitida, na hipótese, a denunciação da lide, nos termos do art. 125, II, do CPC).

4.2.3.6. Defensoria Pública

A Defensoria Pública é uma instituição extremamente relevante para a defesa dos economicamente necessitados, e fundamental para que a implementação da garantia constitucional de assistência jurídica integral e gratuita aos hipossuficientes econômicos. A ela incumbe, nos termos do art. 185, exercer a orientação jurídica, a promoção dos direitos humanos e a defesa dos direitos (individuais e supraindividuais) dos necessitados, em todos os graus de jurisdição, de forma integral e gratuita.

Na maioria dos casos a atuação da Defensoria Pública se dá no patrocínio dos interesses de uma das partes do processo (seja demandante, demandado ou terceiro interveniente), a qual não tem condições de arcar com o custo da contratação de um advogado privado (e não encontra advogado privado disposto a atuar no processo *pro bono*, ou seja, sem ser remunerado). Há, porém, casos em que a Defensoria Pública atua no processo em nome próprio, como se dá quando é ela a demandante em "ação civil pública" (o que ela tem legitimidade para ser, nos termos do art. 5º, II, da Lei nº 7.347/1985), ou quando é ela a requerente da instauração de incidente de resolução de demandas repetitivas (art. 977, III, do CPC).

Além disso, a Defensoria Pública atua, no processo que versa sobre conflitos possessórios coletivos, como um defensor dos interesses da coletividade de hipossuficientes demandados, ainda que estes tenham advogado que patrocine sua causa. É o que se tem chamado de atuação da Defensoria Pública como *custos vulnerabilis* (ou seja, "guardião dos vulneráveis"), prevista no art. 554, § 1º, e no art. 565, § 2º, ambos do CPC. Essa intervenção, porém, e a rigor, não se diferencia da de um *amicus curiae* (CPC, art. 138), que pode atuar no processo de modo parcial, na defesa dos interesses de uma (ou mais) das partes de um processo, o que se terá oportunidade de examinar no momento oportuno para o estudo dessa modalidade de intervenção de terceiro.

A Defensoria Pública tem prazo em dobro para manifestar-se no processo (art. 186), o que se dá não só nos casos em que atue na representação processual de parte economicamente necessitada mas, também, quando a própria Defensoria Pública é parte. O prazo para a Defensoria tem início com a intimação pessoal do Defensor Público, que pode se dar por carga, remessa ou meio eletrônico (art. 186, § 1º, c/c art. 183, § 1º).

Não haverá, porém, prazo em dobro naqueles casos em que a lei prevê expressamente um prazo próprio para a Defensoria Pública (art. 186, § 4º).

Também terão prazo em dobro os escritórios de prática jurídica das Faculdades de Direito reconhecidas na forma da lei e as entidades que prestam assistência judiciária gratuita em razão de convênios firmados com a própria Defensoria Pública (art. 186, § 3º), já que essas entidades exercem funções análogas às da Defensoria Pública na defesa de interesses de pessoas hipossuficientes.

Muitas vezes é difícil o contato pessoal entre o Defensor Público e seu assistido. Por conta disso, prevê o art. 186, § 2º, a possibilidade de que o Defensor requeira ao juiz que determine a intimação pessoal da parte assistida quando o ato processual depender de providência ou informação que somente por ela pode ser realizada ou prestada. Nesses casos, então, a intimação será feita por ato do próprio órgão jurisdicional.

Responde o Defensor Público – civil e regressivamente – quando agir com dolo ou fraude no exercício de suas funções (art. 187). Também aqui, portanto, incumbirá ao lesado demandar em face da União ou do Estado (conforme se trate de Defensor Público da União ou de Estado), e o Poder Público terá direito de regresso contra o Defensor, o qual poderá ser exercido por meio de denunciação da lide.

4.2.4. Classificação do processo

Existem dois tipos fundamentais de processo, sendo esta classificação feita levando em conta a finalidade a que se dirigem: processo de conhecimento (ou cognitivo) e processo de execução (ou executivo).

Processo de conhecimento é aquele que tem por fim a produção de uma decisão judicial declaratória da existência ou inexistência de um direito afirmado pela parte. Aliás, não é por outra razão que em Portugal esse tipo de processo é conhecido como *processo declarativo*.

O processo de conhecimento, então, é um processo que se caracteriza por uma atividade intelectiva (chamada cognição), que permite ao órgão jurisdicional produzir sua decisão. E seu objetivo é a produção de uma decisão (a sentença) destinada a permitir a declaração (ou seja, o acertamento) da existência ou inexistência do direito afirmado pela parte. Pode-se, então, definir o processo de conhecimento como aquele que tem por objeto imediato a produção de uma sentença de mérito, em que se vai declarar se o direito material alegado pela parte existe ou não. O processo de conhecimento, então, é um *processo de sentença*, ou seja, um processo cujo objeto (imediato) é a prolação de uma sentença.

Esta sentença, como se poderá ver mais adiante, ao resolver o mérito do processo, será declaratória da existência ou inexistência do direito. A esta declaração, porém, pode somar-se algo mais (como uma condenação, ou a constituição de uma nova situação jurídica), mas toda sentença de mérito é declaratória da existência do direito material.

Distinto é o processo de execução. Este se caracteriza pela realização de atividades materiais de transformação da realidade. Em outros termos, o processo de execução tem por fim transformar em realidade prática aquilo que deveria ter acontecido, mas não aconteceu. Dito de outro modo, o processo de execução tem por fim *fazer com que aquilo que deve ser, efetivamente seja*. Assim, se não o devedor não pagou ao credor aquilo que devia em função de uma obrigação, será possível ao credor (e desde que exista título executivo) postular em juízo, em nome próprio, a satisfação de seu crédito. E o processo que se destina a promover essa transformação fática, retirando bens do patrimônio do demandado e satisfazendo o crédito do demandante é o processo executivo.

No direito processual civil brasileiro, porém, é preciso reconhecer a existência de um terceiro tipo de processo: o *processo sincrético*. Trata-se de um processo dividido em duas fases: a primeira, chamada simplesmente de fase de conhecimento (ou cognitiva) destinada exatamente a essa atividade e à formação de uma decisão declaratória da existência ou inexistência do direito material alegado pela parte; e a segunda, chamada de fase de cumprimento de sentença, destinada à execução da obrigação cuja existência e exigibilidade tenham sido reconhecidas pela decisão judicial proferida na fase cognitiva do processo.

Trata-se, então, e a rigor, de um processo que consiste na fusão dos outros dois tipos, o de conhecimento e o de execução. Assim, só se falará em processo de conhecimento naqueles casos em que à declaração da existência ou inexistência do direito não se siga qualquer atividade executiva (pense-se, por exemplo, em um processo que tenha por objeto declarar se o autor adquiriu ou não, por usucapião, a propriedade de imóvel registrado em nome do réu, sendo ambas as partes beneficiárias da gratuidade de justiça, de modo que não haverá execução nem mesmo de custas e honorários). De outro lado, se terá processo de execução quando este fundar-se em um título executivo extrajudicial, de modo que não terá havido atividade cognitiva prévia à execução (ou nos raros casos em que a atividade executiva fundada em título judicial se der em processo autônomo em relação àquele no qual o título se tenha formado, como se dá quando o título executivo judicial é uma sentença arbitral). Quando houver, porém, necessidade de definir-se a existência ou não do direito material, formando-se um título executivo judicial, para que depois se desenvolva atividade executiva, haverá um só processo, dividido em duas fases: o processo sincrético.

4.2.5. Objeto do processo

Chama-se objeto do processo aquilo que tradicionalmente se designou (e esta é, inclusive, a terminologia empregada na lei processual) de mérito da causa ou mérito do processo. Em síntese, pode-se dizer que o objeto do processo é aquilo que se põe diante do juiz (daí o emprego do termo "objeto", do latim *ob* – diante de – e *jactum* – jato, aquilo que se lança ou se coloca – indicando algo que é "posto diante de" algo ou alguém).

Há quem entenda que o mérito da causa é a lide. Essa posição, embora aceita por diversos doutrinadores, não é a única (o que, aliás, facilmente se conclui quando se sabe que nem todos os processualistas aceitam a colocação da lide no conceito de jurisdição ou como polo metodológico da ciência processual). A doutrina, ao analisar a temática aqui abordada, da conceituação do objeto do processo, divide-se em três posições fundamentais: alguns autores que identificam o objeto do processo e a lide; outros que colocam o objeto do processo no plano das questões, ou complexo de questões referentes à demanda; e, por fim, os que se valem da demanda, ou de situações externas ao processo e a ele trazidas através da demanda para identificar o objeto do processo.

A primeira das posições referidas considera que lide e objeto do processo são conceitos equivalentes. Essa colocação, porém, parece levar a uma contradição insolúvel. Isso porque a lide é elemento acidental da jurisdição, sendo inegável a existência de processos em que não há lide, como é o caso da "ação de anulação de casamento" proposta pelo Ministério Público em face de ambos os cônjuges, os quais pretendem, também, a invalidação do casamento. Apesar de inexistir lide, há obviamente um mérito da causa, há um objeto do processo, o que demonstra a insuficiência nítida do conceito de lide para definir o objeto do processo.

Outro setor da doutrina conceitua o objeto do processo assimilando esse conceito ao de questões de fundo do processo. Essa concepção é inaceitável por confundir o mérito com as questões de mérito. Como é aceito pela melhor doutrina, as partes, ao longo do processo, vão trazendo a juízo suas razões, e cada uma dessas razões corresponde a um ponto. Ponto é, pois, cada uma das alegações produzidas pela parte. Toda vez que sobre um ponto instaura-se controvérsia, surge uma questão. Questão, pois, nada mais é do que um ponto controvertido. Assim é que pode haver questão de fato e de direito, bem assim questão de mérito e questão processual. O juiz vai, ao longo do processo, resolvendo as questões que lhe são submetidas, a fim de poder, após isso, decidir o mérito. Em outras palavras, quando o juiz vai se pronunciar sobre o mérito já terá resolvido todas as questões, o que mostra a impropriedade da equiparação do objeto do processo às questões de mérito. Não fosse assim, e os fundamentos da decisão deveriam ser alcançados pela coisa julgada, o que é expressamente excluído pelo art. 504 do CPC.

Há, também quem equipare o objeto do processo à demanda. Não parece correta, também, essa posição. Demanda é o ato inicial de impulso da atuação do Estado-juiz, não parecendo capaz de constituir o mérito da causa, mas tão somente de veiculá-lo. É, sem dúvida, a demanda que apresenta o objeto do processo, mas daí a identificar os dois conceitos vai certa distância. A demanda não é o mérito, mas um pressuposto processual.

Vários são, de outro lado, os autores que veem o mérito como algo externo ao processo, e que para ele é trazido através da demanda. Esses autores equiparam o objeto do processo à *res in iudicium deducta*, ou seja, à relação jurídica de direito substancial trazida ao processo.

A melhor doutrina, divergindo das anteriormente apresentadas, vem afirmando que o objeto do processo é a pretensão. Pretensão, como se sabe, é a exigência de submissão do interesse alheio ao interesse próprio. Essa concepção tem contado com a adesão de diversos autores. A pretensão processual é trazida ao processo através da demanda, e revelada pelo pedido do autor. Esse é o elemento que compõe o objeto do processo, eis que a decisão judicial de mérito recairá sobre essa pretensão processual, e não sobre a pretensão de direito material (se é que esse conceito existe). Admitir que a pretensão material (e não a processual) é o objeto do processo é admitir a existência de um conceito a rigor inaceitável, o de pretensão material. Esse conceito, expressamente referido pelo Código Civil vigente, nada mais é do que aquilo que na doutrina alemã é chamado de *Anspruch*, e seria – segundo os que defendem sua existência – o poder jurídico que tem o credor de exigir do devedor que realize uma prestação. Admitir a existência desse poder como algo distinto do direito material, porém, seria admitir a existência de uma figura híbrida, meio substancial e meio processual (já que tal poder, de natureza material, só poderia se fazer valer processualmente), o que é inaceitável diante da autonomia científica do direito processual. O poder de exigir do devedor o cumprimento da prestação é um elemento integrante do direito subjetivo, e não há qualquer razão teórica que justifique a aceitação da tese diversa (embora a mesma faça muito sucesso entre os civilistas brasileiros).

Além disso, ainda que se admitisse a existência da pretensão material como figura autônoma, afirmar ser ela o objeto do processo implicaria negar a existência de mérito sempre que se fizesse valer em juízo um direito potestativo, já que nesse caso não há que se falar em exigibilidade de conduta por parte do sujeito passivo da relação e, portanto, nem mesmo os defensores daquele conceito admitem existir, nesse caso, alguma pretensão (material).

Outra solução não há, pois, a não ser aceitar que o mérito da causa, o objeto do processo, é formado pela pretensão processual. Tem-se, pois, por objeto do processo a pretensão processual, assim entendida a exigência do demandante no sentido de obter um atuar ou um fazer, ou, com mais precisão, a intenção manifestada pelo demandante de obtenção de um provimento capaz de lhe assegurar tutela processual. Julgar o mérito é julgar essa pretensão, manifestada em juízo através de um pedido, razão pela qual se fala, tradicionalmente, em procedência ou improcedência do pedido, expressões utilizadas nas sentenças que definem o objeto do processo, conforme tenha sido tal definição favorável ou desfavorável ao demandante.

Note-se, aqui, que a pretensão não é o pedido, sendo este apenas a sua manifestação no processo. Pretensão é intenção, elemento volitivo e subjetivo. Pedido é o meio de declaração da vontade de se obter determinado resultado em juízo, ou, em outros termos, manifestação processual da pretensão.

Não se ache, pelo que aqui foi dito, que o fato de todo processo conter mérito (afinal não pode haver processo sem pretensão, ou – o que dá no mesmo – não pode haver processo desprovido de objeto) significa dizer que todo processo contém julgamento do mérito. Há casos em que o processo é extinto sem resolução do mérito (porque falta uma das "condições da ação", por exemplo), além de se verificar que no processo executivo não há julgamento do mérito jamais (mas isso não é verdade na fase executiva do processo sincrético, a chamada fase de cumprimento de sentença, já que a impugnação à execução, incidente desse módulo processual, pode provocar discussões acerca do mérito).

Além disso, não se pode confundir o objeto do processo com o objeto da cognição, ou seja, com o complexo de questões submetidas à análise do juiz, e que contém, entre seus elementos integrantes, o mérito da causa, ao lado de outros elementos, como as "condições da ação" e as questões sobre o processo (como os pressupostos processuais, por exemplo). Esse conceito é, portanto, mais amplo que o de objeto do processo, sendo certo que o mérito da causa é um dos elementos integrantes do objeto da cognição judicial.

4.2.6. Pressupostos processuais

A instauração e regular desenvolvimento do processo dependem do preenchimento de alguns requisitos, conhecidos como *pressupostos processuais*. Estes se dividem em duas categorias: pressupostos *de existência* e pressupostos *de validade*.

A ausência de algum pressuposto de existência implica a própria inexistência jurídica do processo. Dito de outro modo, faltando algum pressuposto de existência não se estará diante de um verdadeiro processo. Neste caso, deve o juízo, por ato meramente administrativo, determinar o cancelamento da distribuição e de todos os registros referentes àquele "processo" (que não é verdadeiramente um processo). Perceba-se que neste caso não se pode cogitar de uma sentença de extinção do processo, pois não se pode extinguir o que não existe.

Presentes todos os pressupostos de existência, haverá processo. Neste caso, então, será preciso verificar se foram preenchidos os pressupostos de validade. A ausência de pressuposto de validade implica a extinção do processo (existente) sem resolução do mérito, nos termos do art. 485, IV.

Impende ter claro, porém, que, verificada a ausência de pressuposto de validade, sempre será preciso apurar a possibilidade de correção do vício. Sanado este, o processo poderá seguir regularmente em direção ao provimento de mérito. Apenas no caso de não vir a ser sanado o vício é que o processo deverá ser extinto. Resulta isso da aplicação do princípio da primazia da resolução do mérito, por força do qual só se deve mesmo extinguir um processo sem que se dê ao objeto do processo uma definição (ou, no caso dos procedimentos executivos, sem que se alcance a satisfação do crédito exequendo) quando não for possível superar o obstáculo à produção desse resultado. É por isso, então, que o art. 139, IX, impõe ao juiz que determine o suprimento dos pressupostos processuais e que saneie outros vícios do processo. Na mesma linha, o art. 488 prevê que o juiz sempre deverá resolver o mérito do processo nos casos em que sua definição favoreça a mesma parte que seria tutelada pela extinção do processo sem resolução do mérito.

São pressupostos processuais um *juízo investido de jurisdição*, *partes capazes* e uma *demanda regularmente formulada*.

É preciso, porém, ter claro que são pressupostos de existência um *juízo*, *partes* e uma *demanda*. Sem algum destes não haverá processo. Presentes esses pressupostos de existência, o desenvolvimento válido e regular do processo exigirá a *investidura* do juízo, a *capacidade processual* e a *regularidade formal* da demanda.

O primeiro pressuposto processual é um *juízo investido de jurisdição*. Antes de tudo, exige-se que o processo instaure-se perante um *juízo*, isto é, perante um órgão jurisdicional do Estado. Evidentemente, este pressuposto só é exigido porque se está a estudar o processo jurisdicional. Processos outros, de naturezas distintas, têm seus próprios pressupostos de existência e de validade. Mas para que exista processo jurisdicional é preciso que ele se instaure perante um órgão jurisdicional do Estado. Assim, por exemplo, no caso de se ajuizar demanda perante um órgão administrativo (como seria, por exemplo, a Corregedoria de Justiça de um tribunal, ou uma Delegacia de Polícia), não haverá processo jurisdicional.

Instaurado o processo perante um juízo, porém, sua validade dependerá da *investidura do órgão jurisdicional*. Entenda-se: a Constituição da República estabelece a estrutura do Judiciário brasileiro, dividindo-o em diversos segmentos (Supremo Tribunal Federal, Superior Tribunal de Justiça, Justiça Militar, Justiça Eleitoral, Justiça do Trabalho, Justiça Federal e Justiça Estadual, ficando de fora desta lista o Conselho Nacional de Justiça porque, não obstante integre o Judiciário, não é órgão jurisdicional, mas meramente administrativo). A própria Constituição da República estabelece, entre esses órgãos jurisdicionais, uma divisão de trabalho, fixando os casos em que cada um desses segmentos do Judiciário poderá atuar. Assim, por exemplo, incumbe ao Supremo Tribunal Federal conhecer de mandados de segurança que impugnem atos praticados pelo Presidente da República; incumbe à Justiça Federal conhecer dos processos em que a União seja demandante, demandada, assistente ou oponente; incumbe à Justiça Estadual conhecer de causas relativas a Direito de Família, e assim por diante.

A essa "área de atuação" de cada um dos organismos jurisdicionais constitucionalmente previstos dá-se o nome de *investidura* (embora haja quem prefira denominá-la "competência constitucional"). Investidura, e não competência, pois este é termo que deve ser reservado para designar a área de atuação de cada um dos órgãos jurisdicionais. Assim, por exemplo, deve-se falar em *investidura da Justiça Estadual* e em *competência da Vara de Família* (ou da Vara Empresarial, ou da Vara Cível), assim como se deve falar em *investidura da Justiça Federal* e em *competência das Varas Federais Previdenciárias*.

A investidura de cada uma das Justiças é pressuposto processual de validade, pois corresponde à exigência de que o processo tramite perante o *juiz natural*, o qual deve corresponder ao juízo com "competência constitucional" preconstituída. Em outros termos, o juiz natural da causa é o juízo com investidura para atuar naquele tipo de causa.

Este é ponto relevante, e que precisa ser mencionado (máxime pelo fato de que o CPC não faz menção ao princípio do juiz natural quando apresenta as normas fundamentais do processo civil, embora tal princípio integre o modelo constitucional de processo civil brasileiro).

Todo processo deve desenvolver-se perante seu juiz natural. Por juiz natural deve-se entender o *juízo constitucional*, isto é, o juízo com "competência constitucional" (*rectius*, investidura de jurisdição) para a causa. Assim, por exemplo, o juiz natural de um processo que tenha a União como demandante é a Justiça Federal; o juiz natural das causas trabalhistas é a Justiça do Trabalho; o juiz natural das causas de família é a Justiça Estadual, e assim por diante.

Perceba-se que a competência não está vinculada ao princípio do juiz natural. Assim, no caso de o processo instaurar-se na "Justiça certa", mas na "Vara errada" (pense-se, por exemplo, no caso de um processo de divórcio que se instaure perante uma Vara Cível, e não perante Vara de Família), estar-se-á diante de um caso de incompetência, mas não faltará pressuposto de validade do processo, já que o juízo cível, por integrar a Justiça Estadual (a mesma a que pertence o juízo de família), pertence ao juiz natural da causa. Neste caso há um vício menos grave, de falta de competência, sem qualquer afronta às normas constitucionais (mas com violação de norma infraconstitucional).

É que a Constituição da República veda a existência de juízo ou tribunal de exceção (art. 5º, XXXVII). Daí se extrai a exigência de que o juiz natural seja um juízo com investidura preconstituída. Em outros termos, quando uma causa é levada ao Judiciário, impõe a norma constitucional que ela seja submetida à apreciação de órgão jurisdicional que tinha, à época em que ocorreram os fatos que serão debatidos, "competência constitucional" para dela conhecer. Eventuais mudanças de investidura (as quais podem ocorrer por Emenda Constitucional) só podem alcançar fatos posteriores, não podendo retroagir para alcançar fatos a ela anteriores, sob pena de violar-se a garantia do juiz natural. Figure-se um exemplo: imagine-se um ato ilegal praticado por Presidente da República, contra o qual se pretenda impetrar mandado de segurança. Estabelece a Constituição da República que o conhecimento dessa causa cabe ao Supremo Tribunal Federal. Pense-se, agora, na possibilidade de vir a ser aprovada uma Emenda Constitucional transferindo o conhecimento dessa causa para o Superior Tribunal de Justiça. Pois bem: a Emenda só se aplicaria a mandados de segurança destinados a impugnar atos praticados pelo Presidente da República após sua vigência. Um mandado de segurança impetrado após a vigência da Emenda mas que se destine a impugnar ato praticado antes dela deverá ser apreciado pelo Supremo Tribunal Federal, juiz natural da causa.

Imagine-se, agora, que, em vez da mencionada (e hipotética) Emenda Constitucional, tivesse sido aprovada apenas uma emenda regimental ao Regimento Interno do STF, alterando a competência para conhecer de mandado de segurança contra ato do Presidente da República, de modo a transferi-la do Plenário da Corte para as suas Turmas. Neste caso não haveria mudança do órgão constitucionalmente investido de jurisdição (que continuaria a ser o STF, seu juiz natural), mas se teria modificado a competência. Esta nova regra se aplicaria imediatamente, não só aos processos instaurados posteriormente à alteração que se referissem a fatos anteriores, mas até mesmo aos processos pendentes no momento do início da vigência da nova regra, a qual alcançaria os processos em curso.

Em outros termos: mudanças que afetem o juiz natural só alcançam processos que se refiram a fatos ocorridos depois da alteração; mudanças que afetem a competência (mantido o juiz natural da causa) podem alcançar até mesmo processos pendentes.

É preciso, porém, registrar que o Supremo Tribunal Federal não tem entendido deste mesmo modo. É que, para o STF, emendas constitucionais que modificam "competências constitucionais" devem ser tratadas como novas disposições normativas de Direito Processual e, por isso, aplicáveis de imediato, alcançando inclusive processos em curso. Basta ver o que ocorreu quando da edição da Emenda Constitucional nº 45/2004, que modificou "competências constitucionais", inclusive do próprio STF. Pois há decisões do STF (como, por exemplo, a proferida no processo SEC 6.152/EU, de que foi relator o Min. Celso de Mello) afirmando que houve a incidência imediata da EC 45/2004, com a superveniente cessação da competência originária do STF e sua imediata atribuição ao STJ.

Esse entendimento, porém, gerou um problema sério: a mesma Emenda Constitucional nº 45 retirou "competências constitucionais" da Justiça Estadual e as transferiu para a Justiça do Trabalho, e sua aplicação imediata alcançou processos em curso que estavam em diversos estágios diferentes. Pois o STF decidiu (e o fez, pioneiramente, ao decidir o Conflito de Competência nº 7.204/MG, rel. Min. Carlos Ayres Britto) que a nova disposição normativa se aplicaria imediatamente aos processos em que ainda não tivesse sido proferida sentença, mantendo-se os demais na Justiça Estadual. Pois essa solução, além de não encontrar respaldo em qualquer disposição normativa do ordenamento jurídico brasileiro, ainda criou um problema de tratamento desigual de situações idênticas. Basta imaginar que dois processos instaurados no mesmo dia, para apreciação de conflitos resultantes de fatos ocorridos ao mesmo tempo, podem ter tido andamentos diversos, um deles se desenvolvendo mais rapidamente do que o outro (por exemplo, por terem sido distribuídos a juízos diferentes da mesma comarca, atuando em um deles um magistrado que decide mais rapidamente do que o outro). Pois isso tornaria possível que esses dois processos estivessem, na data da entrada em vigor da Emenda, em estágios distintos, em um deles já se tendo proferido sentença (e no outro, não). Com isso, um deles seria encaminhado para a Justiça do Trabalho e o outro ficaria na Justiça Estadual, o que implicaria tratamentos diferentes para situações jurídicas substancialmente idênticas (e a incidência imediata da nova disposição dependeria, fundamentalmente, de um "sorteio"). Tem-se, aí, então, uma espécie de "cobertor curto", em que a solução de um problema cria um novo. Pois seria possível ter-se evitado tudo isso. Bastava acolher o entendimento, aqui sustentado, de que a disposição trazida ao texto constitucional pela Emenda Constitucional nº 45 é aplicável apenas a fatos ocorridos depois de sua entrada em vigor.

É que aí não se está diante de uma mera regra nova de Direito Processual, mas de uma disposição normativa nova que altera o juiz natural de certas causas. E se é assim, então é preciso dar ao novo dispositivo uma interpretação conforme a Constituição, que respeite a garantia do juiz natural, que não pode sofrer qualquer tipo de restrição por emenda constitucional. E se assim é (pois a outra solução viola cláusula constitucional pétrea), então é preciso considerar que aí não se aplicam as novas disposições imediatamente, sob pena de esses processos se desenvolverem perante juízos cuja "competência constitucional" não foi preconstituída e, por conseguinte, seriam juízos de exceção.

A instauração de processo perante juízo sem investidura de jurisdição, não obstante implique a ausência de pressuposto processual de validade, é vício sanável, devendo ser o processo encaminhado ao seu juiz natural, para que ali tenha curso regular. Respeita-se, assim, o *princípio da primazia da resolução do mérito*, consagrado pelo CPC.

O segundo pressuposto processual é que o processo tenha *partes capazes*. E aqui, uma vez mais, é preciso examinar separadamente o que se apresenta como pressuposto *de existência* e o que é pressuposto *de validade* do processo.

Para que exista processo é preciso que ele tenha *partes* (pelo menos duas). É que não se admite que alguém vá a juízo "contra si mesmo". O processo exige que alguém demande em face de outrem, formulando uma pretensão que, se acolhida, irá beneficiá-lo, alcançando de forma negativa a esfera jurídica de outrem. Aquele que pretende o resultado benéfico e aquele que será alcançado por eventual resultado desfavorável, então, precisam participar (em contraditório) do processo de construção do resultado. Sem a presença de pelo menos duas partes, portanto, não existe processo.

Vale registrar, aqui, porém, a excepcional possibilidade de haver processo com uma parte só (isto é, processo sem demandado), em casos expressamente previstos. É o que se tem, por exemplo, no processo instaurado pelo pedido de autofalência, em que um empresário (ou uma sociedade empresária) vai a juízo pedindo a decretação de sua própria quebra. Este é processo que se instaura sem demandado, já que o demandante postula uma providência que, se deferida, alcançará a sua própria esfera jurídica individual. Este é um exemplo de "processo sem réu". Mas são raros os casos em que isso é possível. A regra é que haja sempre pelo menos duas partes, uma que demanda e outra que é demandada.

O regular desenvolvimento do processo exige que as partes tenham *capacidade processual*. Esta é, portanto, pressuposto de validade do processo. E a capacidade processual é uma tríplice capacidade (capacidade *de ser parte*, capacidade *para estar em juízo*, capacidade *postulatória*).

Têm capacidade de ser parte todas as pessoas naturais e jurídicas e, além delas, os chamados "entes formais", assim entendidos os entes despersonalizados que recebem da lei capacidade de ser parte, como é o caso do espólio, da massa falida e do condomínio edilício, entre outros. No caso de instaurar-se processo que tenha como demandante ou demandado uma parte desprovida de tal capacidade, será preciso extinguir o processo sem resolução do mérito (não sem antes abrir-se oportunidade para correção do vício).

Tendo demandante e demandado capacidade de ser parte, é preciso verificar se está presente a *capacidade para estar em juízo*. É que, na forma do disposto no art. 70, "[t]oda pessoa que se encontre no exercício de seus direitos tem capacidade para estar em juízo", complementando esta ideia o art. 71 ao afirmar que "[o] incapaz será representado ou assistido por seus pais, por tutor ou por curador, na forma da lei". Assim, aqueles que, nos termos da lei substancial, sejam relativamente incapazes, terão de ser assistidos, enquanto os absolutamente incapazes serão representados.

Verificada a incapacidade para ser parte, deverá o juízo, suspendendo o processo, designar prazo razoável para que seja sanado o vício. Não sendo corrigido o defeito, e estando o processo na instância originária, o processo será extinto se faltar capacidade para estar em juízo ao demandante (art. 76, § 1º, I); se for o demandado a não ter corrigido o vício, será considerado revel (art. 76, § 1º, II), prosseguindo o processo em direção ao provimento de mérito.

Daí se extrai que, na verdade, apenas a capacidade para estar em juízo do demandante é verdadeiramente um pressuposto de validade do processo. Regularmente citado o demandado e não comparecendo este a juízo de forma regular (isto é, caso ele seja incapaz terá de ser representado ou assistido), o processo poderá seguir normalmente, embora o demandado seja considerado revel.

Por fim, exige-se das partes *capacidade postulatória*, assim entendida a aptidão para dirigir petições ao órgão jurisdicional. Estabelece o art. 103 que "[a] parte será representada em juízo por advogado regularmente inscrito na Ordem dos Advogados do Brasil". Assim, como regra geral exige-se que a parte se faça representar em juízo por advogado. Casos há, porém, em que é possível postular em causa própria, ainda que não se tenha habilitação para advogar. É o que se dá, por exemplo, no processo do *habeas corpus* ou nos Juizados Especiais Cíveis Estaduais se o valor da causa não ultrapassar o equivalente a vinte salários mínimos. Além disso, há profissionais que têm capacidade postulatória limitada ao exercício de suas funções, como é o caso dos membros do Ministério Público, que podem atuar, nos processos para os quais tenham atribuição, sem necessidade de constituir advogado.

Para o caso de falta de capacidade postulatória aplica-se tudo quanto foi dito anteriormente acerca da falta de capacidade para estar em juízo. Verificando o juízo (de ofício ou por provocação da outra parte) que alguma das partes não está representada em juízo por quem tenha capacidade postulatória, deverá ser suspenso o processo para sanar-se o vício (art. 76), sob pena de extinguir-se o processo se faltar capacidade postulatória ao demandante, ou de seguir o processo à revelia, se ao demandado faltar quem o represente adequadamente (art. 76, § 1º). Caso essa verificação se dê em instância recursal, porém, será o caso de não se admitir o recurso interposto por recorrente que não tenha (e não corrija a falta) capacidade postulatória, ou de mandar desentranhar dos autos as contrarrazões (se o vício é identificado pelo lado do recorrido).

Por fim, o terceiro pressuposto processual é uma *demanda regularmente formulada*.

A existência do processo exige que se tenha proposto uma *demanda*. Por demanda deve-se entender o ato inicial de exercício da ação. É que, sendo inerte a jurisdição (a qual não pode ser exercida, ao menos como regra geral, de ofício), só poderá haver processo se ocorrer uma provocação (art. 2º). "Processo" que se instaure de ofício (ressalvados os excepcionalíssimos casos em que isto é expressamente permitido, como se dá no caso do processo de restauração de autos, nos termos do art. 712) é, na verdade, processo inexistente, devendo o órgão jurisdicional determinar, *por ato administrativo*, o cancelamento de sua distribuição e de todos os seus registros.

Sem demanda, portanto, não pode haver processo. E é este o momento adequado para se recordar que toda demanda é identificada por três elementos (os elementos identificadores ou constitutivos da demanda): partes, causa de pedir e pedido.

Partes da demanda são aquele que a propõe (demandante) e aquele em face de quem ela é proposta (demandado). Quando a demanda instaura um processo cognitivo o demandante costuma ser chamado de autor e o demandado de réu. No processo de execução usa-se falar em exequente e executado.

Causa de pedir é o conjunto de fatos essenciais em que se funda a pretensão deduzida em juízo pelo demandante. Fatos essenciais, apenas, já que muitas vezes o demandante narra, em sua petição inicial, fatos que são irrelevantes para a resolução do caso submetido ao processo. Pense-se, por exemplo, em uma demanda de reparação de danos resultantes de um acidente de veículo. Pois pode acontecer de o demandante, na petição inicial, ao descrever o acidente, tentar contextualizar sua narrativa, dizendo, por exemplo, que ia de sua casa para o trabalho quando, ao passar pelo cruzamento das ruas A e B, viu seu carro atingido pelo automóvel do demandado. Ora, parece evidente que em um caso assim é absolutamente irrelevante a circunstância de que estaria ele dirigindo-se de casa para o trabalho, e nada mudaria se a dilação probatória demonstrasse que ele estava indo da farmácia para a igreja. Este, portanto, não é um fato essencial para a fundamentação da pretensão e, pois, não integra a causa de pedir.

Observe-se que a causa de pedir é formada exclusivamente por fatos (já que o direito processual civil brasileiro adota, a respeito da causa de pedir, a chamada *teoria da substanciação*). Outros elementos, como os argumentos normativos (por exemplo, a afirmação de que incide no caso um determinado dispositivo de lei, ou que certa lei não pode ser aplicada ao caso por ser inconstitucional), não integram a causa de pedir.

Pode-se dividir a causa de pedir em *remota* (o fato ou conjunto de fatos constitutivo do direito alegado pelo demandante) e *próxima* (o fato ou conjunto de fatos de que resulta o interesse de agir). Assim, por exemplo, quando alguém vai a juízo cobrar uma dívida resultante de um contrato de mútuo, a causa de pedir remota é o contrato e a próxima o inadimplemento da obrigação.

Diante do que aqui se expôs, é preciso observar que há uma falha constantemente vista na doutrina e na jurisprudência a respeito deste tema. É que o art. 319, III, do CPC exige que a petição inicial indique "os fatos e fundamentos jurídicos do pedido", e muito frequentemente se vê a afirmação de que aí estaria a exigência de que a petição inicial indicasse a causa de pedir. Há mesmo quem diga que os fatos seriam a causa de pedir remota e os fundamentos jurídicos comporiam a causa de pedir próxima (como disse, por exemplo, o Min. Ricardo Villas Bôas Cueva, do STJ, no voto que proferiu no REsp 1.634.069/SP). E há, também, quem diga exatamente o contrário (como está no voto do Min. Moura Ribeiro, também do STJ, proferido no AgInt no REsp 1.364.494/SP). Pois ambos os entendimentos estão equivocados. Apenas os fatos compõem a causa de pedir, tanto a remota quanto a próxima. Fundamentos jurídicos não integram a causa de pedir (e, exatamente por isso, não vinculam o juiz, que pode valer-se de outros fundamentos em sua decisão).

Aliás, se assim não fosse, seria incompreensível a previsão, contida no art. 10, de que o juiz poderia decidir com base em fundamentos que não tivessem sido invocados pelas partes. É que se for admitida a ideia de que os fundamentos jurídicos compõem a causa de pedir, então o juiz estaria a eles vinculado, não podendo agregar outros, sob pena de decidir fora dos limites da demanda ajuizada.

A causa de pedir, pois, é formada *exclusivamente* por fatos. Os fatos constitutivos do direito alegado pelo demandante formam a causa de pedir remota; os fatos geradores do interesse processual integral a causa de pedir próxima (e vale observar que, tomando-se o momento do ajuizamento da demanda como marco de referência, a causa de pedir remota é formada pelos fatos mais antigos, enquanto a causa de pedir próxima é formada por fatos ocorrido menos tempo antes do ajuizamento da petição inicial).

Por fim, pedido é a manifestação processual de uma pretensão (assim entendida a intenção de submeter o interesse alheio ao próprio). É através do pedido, portanto, que se define o objeto do processo, o mérito. Por essa razão, aliás, é que as sentenças de mérito costumam, na prática forense, ser proferidas com o uso de uma terminologia que faz alusão ao pedido (julgando-o procedente ou improcedente). Se é o pedido que veicula a pretensão processual, então é através do pedido que se define qual é o mérito do processo a ser resolvido pela atividade jurisdicional.

Não há demanda sem pedido, e este se divide em *imediato* e *mediato*. Pedido imediato é o provimento jurisdicional postulado; pedido mediato o bem da vida pretendido. Assim é que, no caso de alguém ir a juízo para postular a condenação do demandado a pagar uma quantia em dinheiro, o pedido imediato é a sentença e pedido mediato o dinheiro que se pretende receber.

Sem demanda, como dito, não há processo (ressalvados os casos de processo que se pode instaurar de ofício, como é a hipótese da restauração de autos). E para que o processo possa desenvolver-se de modo válido é preciso que a demanda tenha sido *regularmente formulada*. É que a demanda é ato que se pratica através de um instrumento denominado *petição inicial*, e a lei processual exige que toda petição inicial preencha uma série de requisitos indispensáveis (como se pode ver, por exemplo, no art. 319, que enumera os requisitos da petição inicial do procedimento comum do processo de conhecimento). A falta de algum requisito implica a irregularidade formal da demanda. Quando isso ocorre, é preciso dar ao demandante oportunidade para sanar o vício (emendando a petição inicial). Não sendo sanado o defeito, porém, deve a petição inicial ser indeferida, extinguindo-se o processo sem resolução do mérito (art. 485, I).

4.2.7. Tutela processual: conceito e classificação

Chama-se tutela processual (que alguns preferem denominar de tutela jurisdicional) o efeito prático que o processo produz na vida das partes.

A tutela processual é uma modalidade de tutela jurídica, ou seja, uma das formas pelas quais o Estado assegura proteção a quem seja titular de um direito subjetivo ou outra posição jurídica de vantagem. Assim sendo, só tem direito à tutela processual (como, de resto, à tutela jurídica) aquele que seja titular de uma posição jurídica de vantagem.

É de se notar que o conceito de tutela processual havia sido banido da obra de diversos processualistas, preocupados com a ideia de que a natureza abstrata da ação seria incompatível com a afirmação de que só tem direito à tutela processual aquele que efetivamente tem razão. Modernamente, porém, o conceito aqui analisado voltou à ordem do dia das preocupações dos processualistas.

Pode-se definir a tutela processual como o amparo que, por obra do processo, é ministrado a quem tem razão. Em outras palavras, tutela processual deve ser entendida, assim, como tutela efetiva de direitos ou de situações pelo processo. É, em outros termos, o resultado prático produzido pelo processo como forma de proteção daquele que é titular do direito material.

O direito à tutela processual, porém, deve ser entendido como direito à tutela adequada. Tal direito é corolário do princípio constitucional da inafastabilidade do controle jurisdicional (art. 5º, XXXV, da Constituição da República). Assim é que o Estado só presta verdadeira tutela processual quando esta é adequada a proteger o direito material lesado ou ameaçado de lesão. Isso porque, como se sabe, a todo direito deve corresponder uma forma de tutela processual capaz de assegurá-lo.

Resultado do que acaba de ser dito é o reconhecimento da necessidade não só de tutelas processuais repressivas (dos atos violadores de direitos), mas também de tutelas preventivas, como a chamada tutela inibitória (a que se refere o art. 497, parágrafo único, do CPC).

Diversas são as formas de se classificar a tutela processual. Uma primeira forma de classificação pode ser feita levando-se em conta a pretensão do demandante. Há, aqui, duas modalidades de tutela processual, a que correspondem os dois tipos básicos de processo: tutela cognitiva e tutela executiva.

A tutela processual cognitiva se caracteriza por conter a afirmação da existência ou inexistência de um direito. A essa declaração muitas vezes se adiciona um outro elemento (condenatório ou constitutivo), mas é a declaração que exerce a função de característica essencial desse tipo de tutela.

Já a tutela jurisdicional executiva se caracteriza pela satisfação de um crédito, operando-se a realização prática de um comando contido em uma decisão jurisdicional ou equivalente (ou em ato jurídico a esta equiparado, os chamados títulos executivos extrajudiciais).

Também se pode classificar a tutela processual quanto à intensidade, e aí se tem duas espécies: tutela processual plena e limitada. Considera-se plena a tutela processual capaz de assegurar a mais ampla intensidade possível, alcançando-se com ela o acolhimento e a satisfação das pretensões legítimas levadas a juízo. É o que se tem, por exemplo, com a tutela executiva (em que se dá a satisfação de um crédito) e com a tutela de conhecimento constitutiva (em que se cria, modifica ou extingue relação jurídica, como na hipótese de anulação de um negócio jurídico). Será limitada a tutela processual quando esta não for suficiente para garantir a plena satisfação do direito material, sendo necessário que o Estado preste depois um outro tipo de tutela que a complemente (é o que se tem, por exemplo, na tutela cognitiva de cunho condenatório, em que se faz necessária a prestação posterior da tutela processual executiva, e nas tutelas provisórias, que se limitam a produzir seus resultados enquanto não se proporciona a tutela processual definitiva).

Quanto ao meio de prestação da tutela processual, temos também duas espécies: tutela processual comum e diferenciada. A primeira é a tutela processual prestada através dos métodos tradicionalmente postos à disposição do jurisdicionado, como a que se presta através do procedimento comum, no processo de conhecimento. Há hipóteses, porém, em que os meios tradicionais de prestação da tutela processual se mostram inadequados. Para essas situações é que se criou o conceito de tutela diferenciada, que pode ser definida como uma forma de prestação da tutela processual por métodos diversos dos tradicionais. Exemplos de meios diferenciados de prestação da tutela processual são a tutela antecipada, o procedimento monitório e o mandado de segurança. Aliás, vale destacar que muitas das técnicas de prestação de tutela processual diferenciada são empregadas como mecanismos destinados à formação de procedimentos especiais. A isso faz referência o art. 327, § 2º (que fala em "técnicas processuais diferenciadas"). A este ponto se retornará quando do exame da teoria geral dos procedimentos especiais.

Quanto à satisfatividade, a tutela processual pode ser classificada em satisfativa e não satisfativa (ou meramente assecuratória).

Chama-se tutela processual satisfativa a que permite a atuação prática do direito material. Satisfazer o direito é realizá-lo no plano das relações humanas. É fazer com que o núcleo de seu conceito passe a ter existência efetiva no plano da realidade social. Em outros termos, é sua realização prática.

Assim é que algumas formas de tutela processual satisfazem o direito material, enquanto outras não são aptas a alcançar tal resultado. Exemplos de tutela satisfativa tem-se nas tutelas processuais de conhecimento e de execução. Exemplo de tutela processual não satisfativa, assecuratória, é a tutela cautelar. Esta se limita a assegurar a efetividade de um provimento destinado a outro tipo de tutela jurisdicional. A admitir-se a existência de uma tutela "cautelar-satisfativa", estar-se-ia aceitando verdadeira contradição em termos, já que o que é cautelar não pode satisfazer, e o que satisfaz não é meramente cautelar.

Por fim, classifica-se a tutela processual em *definitiva* e *provisória*. E esta classificação é extremamente importante para compreender-se a sistemática da legislação processual brasileira, que dedica diversos dispositivos legais ao regramento da tutela provisória.

Para o sistema processual civil brasileiro, chama-se tutela processual definitiva aquela que é produzida como resultado final de um processo (cognitivo ou executivo). No caso da execução, a tutela processual definitiva consistirá, normalmente, na satisfação do crédito exequendo (já que o encerramento da atividade executiva sem que se dê a satisfação desse crédito é anômalo). De outro lado, no processo de conhecimento, a tutela processual definitiva é tutela processual fundada em cognição exauriente, capaz de permitir a prolação de decisões fundadas em juízos de certeza.

O CPC chama de tutela provisória a tutela processual que, fundada em cognição sumária, é resultado de decisões baseadas em juízo de probabilidade. Em outros termos, a tutela provisória é a tutela processual deferida àquele que *provavelmente* é titular do direito material. Por não ser baseada em juízo de certeza quanto à existência do direito material, mas apenas em juízo de probabilidade, a tutela provisória pode ser modificada ou revogada, não sendo capaz de tornar-se imutável e indiscutível (ou seja, não se formando a coisa julgada).

A tutela provisória pode ser fundada em urgência ou evidência, e pode ser satisfativa ou assecuratória. Sobre o ponto, porém, será realizado um exame mais cuidadoso em capítulo próprio desta obra.

4.3. AÇÃO

Sendo (ao menos como regra geral) inerte a jurisdição, impõe-se reconhecer a existência de uma posição jurídica de vantagem que permita ao seu titular exigir do Estado o exercício da atividade jurisdicional. Pois essa posição jurídica de vantagem é tradicionalmente chamada de ação (ou direito de ação, ou direito de agir). É deste tema que se passa, então, a tratar.

4.3.1. Teorias sobre a ação

Tema dos mais polêmicos, senão o mais polêmico de toda a ciência processual, não há consenso doutrinário acerca do conceito de ação. Há tantas teorias sobre o tema que já se chegou a dizer que cada processualista tinha a sua própria. Apesar de toda a divergência, porém, não se pode negar que o progresso alcançado no estudo desse fenômeno, extremamente importante para o Direito Processual, é visível, tendo restado inteiramente superadas algumas concepções que hoje só possuem valor histórico. Sendo impossível apresentar todas as concepções existentes sobre o tema, serão analisadas aqui tão somente as teorias que se afiguram mais importantes, seja em razão de seu valor histórico, seja em razão de sua aceitação nos dias de hoje.

Não se pode deixar de frisar, porém, que, qualquer que seja a concepção adotada, é inegável que a ação é um dos institutos fundamentais do Direito Processual, uma vez que, em razão da inércia da jurisdição, o Estado só poderá – como regra geral – exercer aquela função após a provocação do interessado, a qual se dá mediante o exercício da ação.

Entre todas as concepções existentes sobre a ação, a primeira que merece destaque é a chamada teoria civilista ou imanentista da ação, hoje superada, mas que exerceu grande influência sobre a doutrina, principalmente até meados do século XIX. Essa teoria é reflexo de uma época em que não se considerava ainda o Direito Processual como ciência autônoma, sendo o processo civil mero "apêndice" do Direito Civil. Por essa concepção, a ação era considerada o próprio direito material depois de violado. Tendo entre seus adeptos Clóvis Beviláqua, a teoria civilista da ação via nesta mero *ius persequendi in iudicio*, ou seja, a ação era o próprio direito material em atitude de defesa. A ação era, então, vista como elemento constitutivo do direito subjetivo. Em outras palavras, para a teoria imanentista, a ação nada mais era do que uma manifestação do direito material, ou seja, era a forma como se manifestava o direito material após sofrer uma lesão.

Tal conceito será melhor compreendido com o seguinte exemplo: uma pessoa celebra contrato de mútuo com outra, emprestando a esta certa quantia em dinheiro. Vencida a dívida sem que o devedor tenha adimplido sua obrigação, o direito de crédito do mutuante sofreu uma lesão. Tal direito subjetivo irá, então, a juízo em busca de defesa, manifestando-se a partir de então como direito de ação.

Essa teoria, que dominou os estudiosos do processo durante muito tem- po, começou a ser superada com a famosa polêmica "Windscheid × Muther", ocorrida em meados do século XIX. O jurista alemão Bernard Windscheid publicou um ensaio sobre o instituto da *actio* no Direito Romano, defendendo ali que tal conceito não correspondia ao moderno conceito de ação, mas sim ao de pretensão (*Anspruch*). Outro estudioso do Direito Romano, o também alemão Theodor Muther, respondeu às afirmações de Windscheid, em ensaio onde afirmou a coincidência entre os conceitos romano de *actio* e moderno de ação. Windscheid publicou ainda outro trabalho, verdadeira réplica às afirmações de Müther, onde, aceitando embora muitas das afirmações daquele jurista, reiterou sua teoria básica: a de que *actio* e ação seriam conceitos inconfundíveis. Dessa polêmica, surgiu a noção de que o direito material e o direito de ação seriam distintos, este último devendo ser entendido como um direito à prestação jurisdicional. Surgem a partir daí inúmeras teorias sobre a ação, todas elas com esse caráter dualista, ou seja, todas defendendo a autonomia do direito de ação em relação ao direito material.

Observe-se que a pretensão a que se refere Windscheid (em alemão, *Anspruch*) não corresponde ao conceito que, em Direito Processual, se designa pelo mesmo termo, pretensão. Para o direito processual, como já visto em passagem anterior desta obra, pretensão é "a intenção de submeter o interesse alheio ao próprio". O conceito de pretensão haurido da obra de Windscheid, por alguns referido como "pretensão material" (para distinguir da "pretensão processual"), poderia ser definido como "poder jurídico de exigir do devedor o cumprimento de uma prestação", sendo este o sentido em que o termo aparece no Código Civil (como se vê, por exemplo, no art. 189 desse diploma legislativo). Este conceito, porém, é inaceitável. Na verdade, o vencimento da dívida gera, tão somente, sua exigibilidade, fazendo nascer o interesse processual que antes não existia. Assim, o ajuizamento de demanda antes do vencimento da dívida não acarreta o reconhecimento de inexistência de pretensão, mas a extinção do processo sem resolução do mérito por ausência de interesse processual (CPC, art. 485, VI).

Apareceu, após essa polêmica entre doutrinadores oitocentistas, a segunda das teorias que aqui serão examinadas, a teoria concreta da ação, ou teoria do direito concreto de agir. Essa teoria foi a primeira a defender a já anunciada autonomia do direito de ação, afirmando ser a ação um direito distinto do direito material. Tal autonomia não é difícil de ser constatada. Basta ver um pequeno exemplo: pense--se num direito material, como o direito de crédito, e compare-se tal direito com a ação. Enquanto no primeiro o sujeito passivo é o devedor, no segundo o sujeito passivo é o Estado (já que o direito de ação, como se verá adiante, é o direito ao processo e à jurisdição). Ademais, no direito de crédito (que é o direito material de nosso exemplo), a prestação devida é uma obrigação de dar, fazer ou não fazer, enquanto no direito de ação o que se quer do Estado é a atividade jurisdicional.

A teoria concreta da ação, porém, afirmava que o direito de ação só existiria se existisse também o direito material. Assim é que a ação só existia naqueles casos em que o resultado final do processo fosse favorável ao autor, pois apenas nos casos em que se reconhecesse a existência do direito material se reconheceria a existência do direito de ação.

Defendem os adeptos dessa teoria que a ação seria o direito de se obter em juízo uma sentença favorável. Essa teoria está hoje praticamente descartada, sendo raros os que ainda a defendem.

No início do século XX, a teoria concreta da ação teve uma "dissidência", que deu origem à teoria do direito potestativo de agir, criada por Giuseppe Chiovenda. Para essa teoria, a ação seria o *poder jurídico de dar vida à condição para a atuação da vontade da lei.*

Como se sabe, direito potestativo (ou direito de formação) é aquela espécie de direito ao qual não corresponde nenhum dever jurídico, mas tão somente uma situação de sujeição do outro sujeito da relação jurídica. Um bom exemplo dessa espécie é o direito que tem o mandante de revogar o mandato a qualquer tempo, não correspondendo a tal posição jurídica de vantagem nenhum dever do mandatário, o qual terá de, pura e simplesmente, submeter-se à atuação do direito do mandante. Segundo a teoria do direito potestativo de agir, a ação teria precisamente essa natureza. Para a teoria do direito potestativo de agir, a ação seria um direito voltado contra o réu, em face de quem se produz o efeito jurídico da atuação da lei, não tendo o demandado nenhuma obrigação diante desse poder; simplesmente, estando sujeito a ele. Sua natureza seria privada ou pública, conforme a lei, cuja vontade esteja sendo atuada, tenha uma ou outra daquelas naturezas. Note-se que a teoria do direito potestativo de agir também tem natureza concreta, eis que para seus defensores só existe ação quando existir também o direito material.

As teorias até aqui examinadas foram superadas pela teoria abstrata da ação, ou teoria do direito abstrato de agir, a qual é devida ao jurista alemão Heinrich Degenkolb e ao húngaro Alexander Plósz. Esses dois autores apresentaram críticas às teorias concretas da ação (compreendendo-se aqui, como visto, também a teoria do direito potestativo de agir) que não foram por elas adequadamente respondidas. A partir daí, então, elaboraram uma nova teoria, radicalmente oposta àquela.

As críticas que foram formuladas às teorias concretas foram as seguintes: em primeiro lugar, essas teorias não conseguiriam explicar com que fundamento se provocava a atividade do Estado-juiz nos casos em que a sentença fosse pela improcedência do pedido do autor. Explique-se: sendo a ação (de acordo com as teorias concretas) um direito que só existe se existir também o direito material, ou seja, um direito de se obter um provimento favorável, não haveria direito de ação nos casos em que a decisão judicial fosse favorável ao réu, isto é, quando a sentença julgasse a pretensão do autor improcedente, afirmando a inexistência do direito material. Nesse caso, não haveria direito de ação, mas o Estado-juiz teria sido provocado a atuar. Qual o fundamento de tal provocação da atuação do Judiciário se inexistia direito de ação na hipótese? As teorias concretas não conseguiam explicar satisfatoriamente esse ponto, restando a crítica sem resposta. A segunda crítica formulada às teorias concretas da ação diz respeito à chamada "ação declaratória negativa", que aquelas teorias também não seriam capazes de explicar. Chama-se "ação declaratória negativa" aquela em que o demandante pretende obter uma sentença que declare a inexistência de relação jurídica entre ele e o réu. Ocorre que, na hipótese de ser o pedido do autor procedente (e, lembre-se, para as teorias concretas da ação esta só existiria se a sentença fosse de procedência do pedido), não haveria direito material de que o mesmo fosse titular, eis que entre ele e o demandado não haveria relação jurídica. Ora, inexistindo qualquer direito material, também não existiria direito de ação. Também essa crítica ficou sem resposta das teorias concretas, o que fez com que as mesmas fossem abandonadas pela imensa maioria da doutrina.

Surge, então, a teoria abstrata da ação, ou teoria do direito abstrato de agir, segundo a qual o direito de ação seria, simplesmente, o direito de provocar a atuação do Estado-juiz. Em outros termos, para essa teoria a ação é o direito de se obter um provimento jurisdicional, qualquer que seja o seu teor. Para essa concepção da ação, esse seria um direito inerente à personalidade, sendo certo que todos seriam seus titulares, o que significa dizer que todos teriam o direito de provocar a atuação do Estado-juiz, a fim de que se exerça a função jurisdicional.

A teoria dominante no Brasil, porém, não é essa que se acabou de expor, mas a teoria eclética da ação, criada pelo jurista italiano Enrico Tullio Liebman, que durante os anos em que viveu no Brasil, na década de 1940, começou a sistematizá-la, tendo sido tal teoria definitivamente desenvolvida quando de sua volta à Itália.

A teoria eclética da ação tem, também, natureza abstrata, visto que não condiciona a existência do processo à do direito material afirmado pelo autor. Em outras palavras, para a teoria eclética, assim como para a teoria abstrata, a ação existe ainda que o demandante não seja titular do direito material que afirma existir. Difere, porém, a teoria eclética da abstrata por considerar a existência de uma categoria estranha ao mérito da causa, denominada condições da ação, as quais seriam requisitos de existência do direito de agir. Para a teoria que ora se examina, o direito de ação só existe se o autor preencher tais "condições", devendo o processo ser extinto, sem resolução do mérito, se alguma delas estiver ausente (hipótese em que se tem o fenômeno que se costuma designar por "carência de ação").

A teoria eclética encontrou guarida no direito positivo brasileiro, estando consagrada no art. 485, VI, do CPC, segundo o qual se extingue o processo sem resolução do mérito quando não concorrer qualquer das condições da ação. Além disso, trata-se de teoria com grande aceitação doutrinária no Brasil e no exterior.

Há que se afirmar que a teoria eclética, embora permaneça dominante, sofreu algumas alterações ao longo do tempo que a fizeram se distanciar da concepção original formulada por Liebman. Assim é que alguns autores mais modernos afirmam que as "condições da ação" não são requisitos de existência daquele direito, mas sim do seu legítimo exercício. Afirmam esses autores que o direito de ação, como qualquer posição jurídica de vantagem, pode ser exercido de forma legítima ou de forma abusiva. As "condições da ação" seriam, então, os requisitos do legítimo exercício da ação, e a "carência de ação" deverá ser vista não mais como "inexistência", mas como "abuso" do direito de ação.

4.3.2. Conceito de ação. A ação como direito ao processo

Não poderia deixar de, em uma exposição acerca do conceito de ação, apresentar minha concepção sobre o tema, lembrando aqui a afirmação bastante conhecida de que cada estudioso do processo tem sua própria teoria sobre a ação.

Em primeiro lugar, devo manifestar minha adesão à teoria abstrata da ação. A meu juízo, a ação é uma posição jurídica capaz de permitir a qualquer pessoa a prática de atos tendentes a provocar o exercício, pelo Estado, da atividade jurisdicional, existindo ainda que inexista o direito material afirmado. Devo, ainda, asseverar que as "condições da ação", a meu sentir, não dizem respeito propriamente à existência da ação, uma vez que esta existe ainda que aquelas não sejam preenchidas, mas ao seu regular exercício. Além disso, não parece adequado chamá-las "condições", já que o termo não é aí empregado no sentido de *evento futuro e incerto a que se subordina a eficácia de um ato jurídico*, razão pela qual sempre me pareceu melhor denominá-las requisitos do provimento final.

Além disso, é de se afirmar que a ação não deve ser encarada como direito subjetivo, e sim como poder jurídico, já que entre seu titular e o Estado inexiste conflito de interesses, elemento essencial para a configuração de um direito subjetivo (já que neste os interesses do titular do direito e do titular do dever jurídico que lhe corresponde são, necessariamente, contrários).

Vale registrar, aliás, que a equivocada concepção da ação como direito subjetivo (isto é, como direito a uma prestação de um devedor) é que levou a que se falasse em *prestação jurisdicional*. O exercício da jurisdição não é uma prestação no sentido que ao termo atribui o Direito Civil. Não se trata do objeto de uma obrigação. O Estado não "presta" jurisdição, mas exerce uma atividade, e o faz para cumprir um dever que lhe é constitucionalmente imposto, e que deve ser exercido sempre que alguém exerce seu *poder* de ação.

É preciso, ainda, ter claro que a ação não se limita ao poder de dar início ao processo, pois, sendo assim, tal poder seria de pequena importância. O poder de ação se revela ao longo de todo o processo, sendo exercido toda vez que é ocupada alguma posição jurídica ativa no processo. Assim, por exemplo, exerce-se poder de ação quando se interpõe recurso contra uma decisão judicial, ou quando se produz alguma prova. Sendo certo que também o demandado exerce, ao longo do processo, uma série de posições ativas (como produzir provas e recorrer), também ele exerce poder de ação.

Aqui cabe uma explicação mais cuidadosa do que acaba de ser afirmado. Não se pode confundir o poder de ação com a demanda, ato de impulso inicial da atividade jurisdicional do Estado. É natural que a demanda seja ato exclusivo do demandante (assim entendido aquele que pratica o ato inaugural do processo). De outro lado, porém, após o oferecimento da demanda, ambas as partes ocupam, ao longo do processo, posições ativas, razão pela qual nos parece lícito afirmar que tanto o autor como o réu exercem, ao longo do processo, o poder de ação. O assim chamado direito de defesa, portanto, nada mais é do que uma designação para o exercício, pelo demandado, de seu poder de agir.

Com essa afirmação, fica mais fácil entender, por exemplo, a ideia, corrente em doutrina, de que o recurso é uma manifestação do poder de ação. Ora, como entender essa afirmação se é certo que o réu pode recorrer? A única explicação razoável consiste em afirmar que também o réu exerce, no processo, o poder de ação.

Assim é que se pode conceituar ação como o poder de exercer posições jurídicas ativas no processo jurisdicional, preparando o exercício, pelo Estado, da atividade jurisdicional.

É preciso, por fim, dizer que toda a controvérsia sobre o conceito de ação, anteriormente apresentada, pode ser superada. Isso porque se trata, em verdade, de uma falsa controvérsia. As teorias anteriormente apresentadas tratam, na realidade, de conceitos diferentes, sendo perfeitamente compatíveis entre si. Exclua-se, tão somente, a teoria imanentista da ação (que nega a existência autônoma do poder de ação, considerando-a uma manifestação do direito substancial). Além disso, a teoria do direito potestativo de agir não pode ser aceita, por afirmar ser a ação voltada contra o réu, que a ela se sujeita. As demais teorias, porém, são – como afirmado – compatíveis entre si.

A teoria abstrata da ação, segundo a qual todos têm poder de ação, de forma incondicionada, vê na ação o poder de provocar a atuação do Estado-juiz. Tal poder, efetivamente, existe, e não é negado por qualquer das outras teorias. A teoria eclética, por sua vez, define a ação como o poder de obter um provimento de mérito, poder este que só estaria presente se o autor preenchesse as "condições da ação". A ausência de qualquer de tais "condições" deve levar à extinção do processo sem resolução do mérito, o que – ao menos no Direito brasileiro – é algo que realmente precisa ser admitido, já que o CPC afirma existir tal causa de extinção anômala do processo (art. 485, VI). Por fim, a teoria concreta da ação vê nesta o direito de obter no processo um resultado favorável, só existindo se o demandante tiver razão no plano do direito substancial. Tal direito existe, é óbvio, e só quem demonstre ter razão, no plano do direito substancial, faz jus a um provimento favorável.

Verifica-se aqui, pois, uma verdadeira escalada de posições entre os três distintos fenômenos explicados pelas três teorias que acabam de ser referidas. Em primeiro lugar, o poder de demandar (explicado pela teoria abstrata), também chamado de "ação incondicionada" ou "ação abstrata", que é o poder de provocar a instauração do processo. Tal poder a todos pertence, já que qualquer pessoa pode demandar por qualquer fundamento e em busca de qualquer objeto, pouco importando se tem ou não razão, ou se preenche ou não as "condições da ação". Em um segundo momento, verifica-se a presença do poder de ação, também chamado "ação condicionada" (conceito este explicado pela teoria eclética). Esse é o poder de provocar a prolação de um provimento de mérito, obtendo-se a extinção normal do processo. Tal poder só está presente se o demandante preencher as "condições da ação". Pode, assim, perfeitamente acontecer de alguém ter o poder de demandar e não ter o poder de ação, por lhe faltar alguma das "condições da ação". Nesse caso, então, o demandante terá "ação incondicionada", mas não terá "ação condicionada", o que acarretará a extinção anômala do processo, sem a emissão de um provi mento de mérito. Por fim, o direito à tutela jurisdicional, também chamado de "ação concreta" (conceito explicado pela teoria concreta da ação). Esse é o direito de obter um resultado final favorável e se trata de posição jurídica de que só será titular aquele que, no plano do direito substancial, demonstre ter razão. Assim sendo, pode perfeitamente ocorrer um caso em que alguém que tenha "ação abstrata" e "ação condicionada" não tenha a "ação concreta" ou, em outras palavras, pode ocorrer de o demandante ter o poder de demandar e o poder de ação, mas não ter direito à tutela jurisdicional, o que acarretará a improcedência de seu pedido.

Conclui-se, pois, que as teorias referidas (abstrata, eclética e concreta) são compatíveis entre si, não se podendo reconhecer a existência de verdadeira divergência entre seus defensores, já que cada uma delas se dedica ao estudo de uma diferente posição jurídica de vantagem. Tratam elas, respectivamente, do poder de demandar, do poder de ação e do direito à tutela jurisdicional.

Merece registro, por fim, o fato de que o poder de ação não pode deixar de ser visto como uma garantia fundamental, inserida no plano dos direitos humanos. Trata-se do direito de acesso aos tribunais, assegurado expressamente pelo art. 8º da Convenção Americana de Direitos Humanos (Pacto de São José da Costa Rica), a que o Brasil aderiu e, portanto, integra o direito objetivo brasileiro (e que também pode ser encontrado no art. 6º da Convenção Europeia de Direitos do Homem, a Convenção de Roma, de 1950). Tal garantia está, ainda, consagrada no art. 5º, XXXV, da Constituição da República, e se manifesta sob a forma de princípio constitucional do sistema processual brasileiro, o princípio da inafastabilidade do controle jurisdicional.

A síntese de tudo isso é que o "direito" (ou melhor, poder) de ação é uma garantia fundamental, reconhecida como integrante do elenco dos direitos humanos. E pode ser conceituado como o poder jurídico de atuar ao longo do processo, ocupando posições jurídicas ativas, destinadas a estimular o exercício da atividade jurisdicional do Estado. Em outros termos, a ação é o "direito" ao processo e à jurisdição, a todos assegurado.

Desta definição se extrai uma evidente ligação entre *ação* e *processo*. É que o direito de ação se exerce *no processo*, atuando neste em contraditório, de modo a buscar influir na formação do resultado da atividade processual. Pode-se mesmo dizer que o direito de ação é o direito de participar, em contraditório, do processo. Esta forma de compreender a ação a afasta da visão equivocada de que a ação seria uma espécie de "direito de dar início ao processo", o que se esgotaria com o ajuizamento da petição inicial. Em verdade, o direito (ou poder) de ação é exercido por ambas as partes e ao longo de todo o processo. Sempre que alguém atua no processo ocupando uma posição ativa, buscando influenciar na formação do seu resultado, estar-se-á diante de um ato de exercício do direito de ação.

O direito de ação é, então, o direito de, participando do processo em contraditório, buscar obter um resultado jurisdicional favorável. Esse direito, porém, existe mesmo que seu titular não tenha, efetivamente, o direito material alegado (e é por esta razão que se pode afirmar que a posição aqui sustentada defende uma visão abstrata da ação). Também aquele que não tem o direito material que alegue possuir será titular do direito de ação. Afinal, aquele que não tem razão também tem o direito, constitucionalmente assegurado, de participar do processo e influir na formação do seu resultado. E nisso nada há de estranho. É que aquele que, no plano do direito material, não tem razão também tem o direito de obter tutela processual. Basta perceber que aquele que não tem razão tem o direito de ficar vencido no estrito limite daquilo em que não tenha razão.

O que se quer dizer com isso é que aquele que fique vencido no processo tem o direito de não ser vencido além dos limites do direito de que o vencedor é titular. Um exemplo demonstrará o que se quer dizer: imagine-se que alguém é devedor de certa quantia em dinheiro. Pois tem ele o direito de ver reconhecida em juízo a existência de sua obrigação de pagar exatamente a quantia devida, e nem um centavo a mais. Caso o processo levasse a um provimento que afirmasse ser a dívida maior do que realmente é, estar-se-ia a violar o direito do vencido de ver reconhecida sua obrigação no estrito limite de sua existência. E é para ver respeitado esse direito que se deve reconhecer que também quem não tem razão no plano do direito material é titular do poder de ação.

4.3.3. "Condições da ação"

O exercício do direito de ação será regular se preenchidos dois requisitos, tradicionalmente conhecidos como "condições da ação": *legitimidade* e *interesse* (art. 17).

Inicialmente é preciso tratar da legitimidade. E para isso impõe ter claro que o ordenamento jurídico atribui às pessoas algumas aptidões (para praticar certos atos ou para ocupar determinadas posições jurídicas). Pois existem aptidões genéricas (a que se dá o nome de *capacidade*) e específicas (falando-se aqui em *legitimidade*). Assim é que, por exemplo, o Direito Civil atribui aos maiores de dezoito anos uma genérica aptidão para a prática de atos jurídicos (e a isso se chama *capacidade de exercício*). Mas é também o Direito Civil que afirma que é inválida a venda feita por ascendente a descendente sem autorização dos demais descendentes e do cônjuge (e se essa venda for feita sem as devidas autorizações se deverá reconhecer que o vendedor, que tinha capacidade, não detinha *legitimidade* para a celebração daquele negócio jurídico). Dizer que alguém não tem legitimidade, portanto, é dizer que não pode praticar aquele ato determinado, ou não pode ocupar aquela específica posição jurídica, embora esteja genericamente habilitado a praticar atos jurídicos ou a ocupar posições jurídicas.

Legitimidade (no plano do direito processual) é a aptidão para ocupar, em um certo caso concreto, uma posição processual ativa. Exige-se tal requisito não só para demandar (aquilo a que se costuma referir como "legitimidade para agir"), mas para praticar qualquer ato de exercício do direito de ação. Assim, exige-se legitimidade para demandar, para contestar, para requerer a produção de uma prova, para recorrer etc. Um ato processual só pode ser praticado validamente por quem esteja legitimado a fazê-lo. Faltando legitimidade, o ato deve ser considerado inadmissível (e, no caso de a demanda ter sido ajuizada por quem não esteja legitimado a fazê-lo, o processo deverá ser extinto sem resolução do mérito, nos termos do art. 485, VI).

Importa, aqui, fazer breves considerações acerca da legitimidade para a demanda (tanto no que diz respeito à posição ativa, de demandante, quanto à posição passiva, de demandado). Esta, ordinariamente, é atribuída aos sujeitos da relação jurídica deduzida no processo. Assim, aquele que afirma, na petição inicial, ser o titular do direito material que pretende fazer valer em juízo, é o *legitimado ativo ordinário* para a demanda. De outro lado, aquele que é indicado, na petição inicial, como sendo o sujeito passivo da relação posta em juízo será o *legitimado passivo ordinário*. À guisa de exemplo, pode-se pensar em uma demanda cujo objeto seja a cobrança de uma dívida, caso em que a legitimidade ordinária ativa será daquele que afirme, na petição inicial, ser o credor da obrigação cujo cumprimento se exige; e legitimado ordinário passivo será aquele a quem se imputa, na petição inicial, a posição de devedor.

Não se pode, porém, deixar de fazer referência à *legitimidade extraordinária*, assim entendida a legitimidade atribuída *pelo ordenamento jurídico* a quem não é sujeito da relação jurídica deduzida no processo (art. 18). Significa isto dizer que a lei – e também a Constituição da República – pode atribuir legitimidade a alguém que, não sendo (e nem sequer afirmando ser) sujeito da relação jurídica deduzida no processo, fica autorizado a ocupar uma posição processual ativa ou passiva. É o que se dá, por exemplo, no caso estabelecido no art. 5º, LXX, *b*, da Constituição, que atribui legitimidade às entidades de classe, organizações sindicais e associações legalmente constituídas e em funcionamento há pelo menos um ano para impetrar, em nome próprio, mandado de segurança coletivo em defesa de interesses de seus membros ou associados. Também se admite a atribuição de legitimidade extraordinária por negócio processual (*legitimidade extraordinária negocial*). Imagine-se, por exemplo, a seguinte hipótese: uma pessoa jurídica celebra, com uma operadora de planos de saúde, contrato cujo objeto é assegurar assistência médica e hospitalar a seus empregados e dependentes, e se inclui, no contrato, cláusula que autoriza a pessoa jurídica contratante a demandar, em nome próprio, na defesa dos direitos dos seus empregados e dependentes. Neste caso, a pessoa jurídica contratante poderia, graças à legitimidade extraordinária negocial, ajuizar demanda em face da operadora do plano para, por exemplo, exigir desta que custeie um tratamento ou uma intervenção a que o beneficiário faria jus.

O legitimado extraordinário atua, pois, *em nome próprio*, mas defende interesse que não integra sua esfera jurídica individual.

Sempre que um legitimado extraordinário *está em juízo*, ocupando um lugar que normalmente seria ocupado pelo legitimado ordinário, ocorre o fenômeno chamado *substituição processual*. Neste caso, estabelece o parágrafo único do art. 18 que o substituído (isto é, aquele que é titular da posição jurídica que está a ser defendida no processo pelo substituto processual, dotado este de legitimidade extraordinária) poderá intervir no processo, na qualidade de *assistente litisconsorcial*, para ajudá-lo a obter resultado favorável.

A legitimidade extraordinária pode ser exclusiva, concorrente ou subsidiária. É exclusiva quando apenas o legitimado extraordinário pode ir a juízo, mas não o legitimado ordinário. A proibição que se faça ao titular do interesse de ir a juízo pleitear sua tutela, porém, é inconstitucional, o que faz concluir que não se pode admitir a existência de legitimidade extraordinária exclusiva nos casos em que exista um legitimado ordinário, por ferir a garantia constitucional da inafastabilidade do acesso ao Judiciário. Admite-se, de outro lado, a existência de legitimidade extraordinária exclusiva, no sistema constitucional vigente, apenas nos casos em que inexista um titular do direito subjetivo ou da posição jurídica de vantagem afirmada, como, por exemplo, na "ação popular", em que a legitimidade do cidadão é extraordinária, mas não há legitimado ordinário, uma vez que o interesse submetido à tutela jurisdicional é um interesse supraindividual.

Tem-se a legitimidade extraordinária concorrente quando tanto o legitimado ordinário quanto o extraordinário podem ir a juízo isoladamente, sendo certo que poderão eles também demandar em conjunto, formando assim litisconsórcio facultativo. É o que se tem, por exemplo, na "ação de investigação de paternidade", em que o titular do interesse ao reconhecimento da paternidade é legitimado ordinário e o Ministério Público é legitimado extraordinário concorrente.

Por fim, tem-se legitimidade extraordinária subsidiária quando o legitimado extraordinário só pode ir a juízo diante da omissão do legitimado ordinário em demandar. Exemplo dessa situação é, no processo penal, a ação penal privada subsidiária da pública, e no processo civil, a legitimidade conferida ao acionista para demandar o administrador pelos prejuízos causados à sociedade anônima, quando esta não propuser a demanda em três meses a contar da deliberação de assembleia que tenha determinado o ajuizamento da demanda (art. 159, § 3º, da Lei nº 6.404/1976).

Além da legitimidade, o regular exercício do direito de ação exige a presença de outro requisito, o *interesse de agir (ou interesse processual)*, que pode ser definido como a utilidade da tutela processual postulada. Significa isto dizer que só se pode praticar um ato de exercício do direito de ação (como demandar, contestar, recorrer etc.) quando o resultado que com ele se busca é útil. Dito de outro modo, só se pode praticar ato de exercício do direito de ação quando através dele busca-se uma melhoria de situação jurídica.

Importante frisar que o interesse processual não se confunde com o interesse primário, substancial, que se busca fazer valer em juízo. Este diz respeito ao mérito do processo, não se inserindo no plano das "condições da ação".

Essa "condição da ação" é facilmente compreensível. O Estado não pode exercer suas atividades senão quando esta atuação se mostre absolutamente necessária. Assim, sendo pleiteado em juízo provimento que não traga ao demandante nenhuma utilidade (ou seja, faltando ao demandante interesse de agir), o processo deverá ser encerrado sem que se tenha um provimento de mérito, visto que o Estado estaria exercendo atividade desnecessária ao julgar a procedência (ou improcedência) da demanda ajuizada. Tal atividade inútil estaria sendo realizada em prejuízo daqueles que realmente precisam da atuação estatal, o que lhes causaria dano (que adviria, por exemplo, do acúmulo de processos desnecessários em um juízo ou tribunal). Por essa razão, inexistindo interesse de agir, deverá o processo ser extinto sem resolução do mérito.

Aquele que vai a juízo em busca de providência inútil, então, não tem interesse de agir e, por isso, verá o processo extinto sem resolução do mérito (uma vez mais, nos termos do art. 485, VI). É o que se daria se, por exemplo, alguém fosse a juízo postulando a mera declaração da existência de seu direito de divorciar-se de seu cônjuge, sem que o divórcio fosse efetivamente decretado. Esta providência (a mera declaração do direito) não produziria, no caso concreto, qualquer modificação na situação jurídica do demandante, sendo despida de qualquer utilidade, por mínima que seja. Faltaria, então, interesse de agir.

A aferição do interesse de agir se dá pela verificação da presença de dois elementos: *necessidade da tutela jurisdicional* (também chamada de "interesse-necessidade") e *adequação da via processual* (ou "interesse-adequação").

Haverá interesse-necessidade quando a realização do direito material afirmado pelo demandante não puder se dar independentemente do processo. É por esta razão que faltaria interesse de agir quando se pretendesse demandar em juízo a cobrança de dívida ainda não vencida. Como neste caso seria possível a realização do direito material independentemente de processo (já que a dívida poderia ser espontaneamente paga até a data do vencimento), o processo judicial não é necessário e, pois, faltaria interesse de agir.

Além disso, impõe-se o uso de via processual adequada para a produção do resultado postulado. Assim, por exemplo, aquele que não dispõe de título executivo não tem interesse em demandar a execução forçada de seu crédito, pois não é esta a via processual adequada para aqueles que não apresentem um título hábil a servir de base à execução (arts. 783 e 803, I). Vale observar, porém, que o contrário não é verdadeiro, isto é, aquele que dispõe de título executivo (extrajudicial) pode, ainda assim, propor demanda cognitiva, a fim de obter um título executivo judicial (art. 785), presente deste modo o interesse-adequação.

Do mesmo modo, aquele que pretende fazer valer em juízo um direito (oponível contra o Poder Público) resultante de fatos demonstráveis por prova documental preconstituída ("direito líquido e certo"), poderá valer-se da via processual do mandado de segurança. Caso, porém, o demandante postule em juízo afirmando, já na sua petição inicial, que pretende produzir outros meios de prova, como a testemunhal ou a pericial, o mandado de segurança não será via processual adequada e, portanto, faltará interesse de agir.

A aferição das "condições da ação" se faz através de uma técnica conhecida como *teoria da asserção*. Não obstante este nome, de uso consagrado, não se está aí diante de uma verdadeira teoria, mas de uma técnica para verificação da presença das "condições da ação" (e é por isso que não se pode incluir a "teoria da asserção" entre as teorias que tentam explicar o direito [poder] de ação). Asserção, como cediço, significa *afirmação*, e daí vem o nome desta técnica, por força da qual as "condições da ação" devem ser examinadas *in statu assertionis*, isto é, no estado das afirmações feitas pela parte em sua petição.

Consiste a técnica no seguinte: ao receber a petição inicial, o juiz se deparará com uma série de alegações ali deduzidas as quais não sabe ele (com a única ressalva dos fatos notórios) se são ou não verdadeiras. Vale, aqui, observar que o juiz – sempre ressalvados os fatos notórios, que são de conhecimento geral da sociedade, e isto evidentemente inclui o juiz – não pode ter conhecimento privado acerca dos fatos da causa que terá de apreciar. É que seu conhecimento dos fatos precisa ser *construído processualmente*, o que se dá através da participação das partes em contraditório. Deste modo, admitir um juiz que conheça os fatos da causa por conta de elementos que lhe tenham sido apresentados *antes e fora do processo* viola a garantia constitucional do contraditório e, por conseguinte, leva ao desenvolvimento de um processo que não está afinado com o modelo constitucional estabelecido para o direito processual civil brasileiro.

O juiz, então, ao receber a petição inicial, depara-se com uma série de alegações que não sabe se são ou não verdadeiras. Pois para a aferição das "condições da ação" ele deve estabelecer um juízo hipotético de veracidade dessas alegações. Em outras palavras, significa isto dizer que o juiz deverá admitir essas alegações *como se fossem verdadeiras*.

Estabelecido o juízo hipotético de veracidade das alegações contidas na petição inicial, incumbe ao juiz verificar se, admitidas elas como verdadeiras, seria caso de acolher a pretensão deduzida. Caso a resposta seja afirmativa, estão presentes as "condições da ação". De outro lado, verificando-se que não se poderia acolher a pretensão deduzida em juízo, mesmo que fossem verdadeiras todas as alegações deduzidas na petição inicial, estará a faltar alguma "condição da ação" e, por conseguinte, deverá o processo ser extinto sem resolução do mérito (art. 485, VI).

Imagine-se o seguinte exemplo: A vai a juízo em face de B, afirmando ser o réu seu pai biológico que sempre se recusou a reconhecer a paternidade. Postula, então, a declaração da relação familiar existente entre eles. Admitidas como verdadeiras as alegações feitas pelo demandante (de que B é seu pai e que jamais o reconheceu como filho), será o caso de acolher sua pretensão. Significa isto dizer que as "condições da ação" estão presentes. A partir daí, então, o processo poderá desenvolver-se, realizando-se a instrução probatória. Caso se confirme que B é mesmo pai biológico de A, o pedido será julgado procedente. De outro lado, verificando-se pela prova produzida que A não é filho biológico de B, o pedido será julgado improcedente.

Agora, figure-se este outro exemplo: A vai a juízo em face de B alegando que é irmão de C, que por sua vez é credor de B. Afirma que a dívida se vencerá dentro de um ano, mas que o devedor já anda a dizer que não pagará o que deve. Em função disso, postula a condenação do réu a pagar a dívida. Ora, ainda que todas essas alegações sejam verdadeiras, a pretensão de A não poderia ser acolhida. Afinal, A não pode postular em nome próprio na defesa de interesse alheio (art. 18), sendo certo que não existe qualquer lei (nem, no exemplo ofertado, qualquer negócio processual) a autorizar que as pessoas demandem na defesa dos direitos de seus irmãos. Falta, no caso, uma das "condições da ação", a legitimidade ativa, devendo o processo ser extinto sem resolução do mérito (art. 485, VI).

O que se verifica, então, é que a adoção da técnica da asserção permite afirmar que as "condições da ação" funcionam como um mecanismo de filtragem de demandas temerárias. Aquele que propõe uma demanda que não pode ser acolhida nem mesmo se todas as suas afirmações vierem a ser reputadas verdadeiras terá ido temerariamente a juízo e, portanto, não pode ver o objeto do processo que instaurou resolvido. Apenas demandas que em tese poderiam ser acolhidas, isto é, apenas demandas viáveis, é que devem ter seu mérito resolvido. Nesses casos, portanto, deverá haver a regular instrução do processo, de modo que as decisões fundadas em valoração de prova serão decisões sobre o mérito do processo (enquanto as decisões fundadas apenas no exame das alegações [asserções] contidas na petição inicial são decisões sobre as "condições da ação").

Um dado importante é que as "condições da ação" podem ser objeto de controle, de ofício ou por provocação das partes, em qualquer tempo e grau de jurisdição (art. 485, § 3º). Assim, o exame de sua presença não se realiza, necessariamente, no momento em que se ajuíza a petição inicial (embora o ideal fosse que esse controle se realizasse sempre *no início do processo*, de modo a evitar-se a prática de atividade processual inútil). O exame das "condições da ação" pode se realizar a qualquer tempo, inclusive após a produção de prova, e até mesmo em grau de recurso. O que define se a decisão proferida pelo órgão jurisdicional tem por objeto as "condições da ação" (afirmando sua presença ou ausência) ou sobre o mérito da causa (declarando procedente ou improcedente o pedido) não é o momento em que é prolatada, mas a técnica empregada para proferi-la. Caso se trate de uma decisão que se limitou ao exame, *in statu assertionis*, das alegações contidas na petição inicial, estar-se-á diante de um pronunciamento sobre as "condições da ação". De outro lado, se tiver havido exame de material probatório, a fim de se verificar se as alegações contidas na petição inicial eram mesmo verdadeiras ou não, estar-se-á diante de um provimento de mérito (de procedência ou de improcedência do pedido).

A jurisprudência do Superior Tribunal de Justiça tem acolhido a teoria da asserção, aplicando-a de modo absolutamente preciso. Veja-se, por exemplo, que ao julgar o AgInt no AREsp 1.230.412/SP, de que foi relator o Min. Marco Buzzi, afirmou o STJ que "[s]egundo a jurisprudência desta Corte, as condições da ação são averiguadas de acordo com a teoria da asserção, razão pela qual, para que se reconheça a legitimidade passiva *ad causam*, os argumentos aduzidos na inicial devem possibilitar a inferência, em um exame puramente abstrato, de que o réu pode ser o sujeito responsável pela violação do direito subjetivo do autor".

Em síntese, então, as "condições da ação", requisitos do legítimo exercício do poder de ação, são aferidas através de uma técnica por força da qual o juiz deve receber as afirmativas contidas na petição inicial como se fossem verdadeiras, verificando se, a se partir dessa premissa, a pretensão do demandante deverá ou não ser acolhida (e considerando as "condições da ação" presentes se a resposta a essa questão for afirmativa). Assim se conseguirá promover a filtragem de demandas temerárias, só se permitindo o regular desenvolvimento processual em casos nos quais a demanda é viável e, caso venha a ficar demonstrado que todas as asserções contidas na petição inicial eram mesmo verdadeiras, o pedido deverá ser acolhido. A partir daí, então, deverá haver a apreciação da prova que venha a ser produzida e, com base no exame da prova, se deverá julgar o pedido formulado pelo demandante procedente ou improcedente, resolvendo-se o mérito do processo.

4.3.4. Classificação da ação

A doutrina já se utilizou de diversos critérios para classificar a ação (ou, como dizem alguns, as ações). Assim é que, nos primórdios do Direito Processual, falava-se em "ações prejudiciais, pessoais, reais e mistas", ou ainda em "ações reipersecutórias, penais e mistas". A doutrina moderna, porém, só costuma admitir como cientificamente adequada a classificação que leva em conta a espécie de tutela processual pleiteada pelo demandante, razão pela qual se fala em "ações de conhecimento (ou cognitivas) e de execução".

A doutrina costuma definir a "ação de conhecimento" como aquela em que se pretende obter "pronunciamento de uma sentença que declare entre os contendores quem tem razão e quem não tem, o que se realiza mediante determinação da regra jurídica concreta que disciplina o caso que formou o objeto do processo. É frequente se encontrar uma subclassificação dessa espécie, dividindo-se a "ação de conhecimento" em meramente declaratória, constitutiva e condenatória, de acordo com o tipo de sentença pretendida pelo demandante. Essa é, porém, uma classificação das sentenças de mérito, e não propriamente uma classificação das ações, razão pela qual se tratará do tema no estudo da sentença.

A "ação de execução", por sua vez, costuma ser definida como aquela em que se pretende do Estado que este realize os atos através dos quais se exterioriza a atuação de uma atividade de agressão patrimonial, de modo que, sob o impulso da "ação executiva", o órgão jurisdicional põe suas mãos no patrimônio do devedor e satisfaz o direito do credor com os bens que ali se encontram.

Não se pode deixar de afirmar que a ação é, em termos puramente científicos, insuscetível de classificações. Sendo a ação o poder de provocar o exercício da jurisdição, e sendo esta una, também uma será aquela. A classificação da ação é, portanto, despida de qualquer fundamento teórico (ao contrário da classificação das espécies de tutela processual, ou das espécies de sentença, estas sim extremamente relevantes para a ciência processual). Tal classificação, portanto, deve ser mantida por razões de ordem didática, uma vez que liga o exercício concreto do poder de ação ao tipo de tutela processual pretendida ou à pretensão que se quer fazer valer em juízo. A falta de adequação científica da classificação, porém, leva a que, nesta obra, se opte por colocar entre aspas as diversas "espécies" de ação aqui consideradas, como a "ação de execução", a "ação de despejo", a "ação reivindicatória" e tantas outras. A rigor, o que se tem aqui é uma confusão entre os conceitos de ação e demanda. A demanda – ato inicial de exercício do poder de ação – pode, sim, ser classificada, conforme o pedido formulado, em diversas espécies. Assim, conforme o caso, pode-se falar em demanda de conhecimento, demanda de execução (e, no caso da demanda de conhecimento, pode-se ainda falar em demanda condenatória, constitutiva ou condenatória). Também é possível falar-se em demanda de despejo, demanda de divórcio, demanda de anulação de contrato, demanda de demarcação de terras, entre muitas outras que a linguagem tradicional do jurista brasileiro chama de "ações".

4.4. JURISDIÇÃO

O terceiro instituto fundamental do Direito Processual, ao lado do processo e da ação, é a jurisdição. Se o processo é condição de possibilidade do exercício da atividade jurisdicional no Estado Democrático de Direito, e se ação é o direito ao processo e à jurisdição, então é fundamental compreender-se o que seja exatamente a jurisdição, sob pena de ser inócuo todo o estudo que se faça dos demais institutos.

4.4.1. Conceito de atividade jurisdicional

Como sabido, jurisdição é uma das três funções classicamente atribuídas ao Estado, ao lado da função legislativa e da administrativa. É função estatal por definição e, portanto, não se pode aceitar a tese da natureza jurisdicional de outros mecanismos de resolução de conflitos, como é o caso da arbitragem. Equivalentes da jurisdição não têm natureza verdadeiramente jurisdicional. Só pode ser jurisdição o que provenha do Estado.

Importante frisar este ponto: nem toda atividade de resolução de casos concretos tem natureza jurisdicional (ou a mediação seria atividade jurisdicional). Nem se pode simplesmente dizer que jurisdição é uma atividade de "dizer o Direito" (ou seria jurisdicional a atividade do advogado que dá um parecer afirmando se quem lhe consulta tem ou não determinado direito). A jurisdição é – assim como as atividades legislativa e administrativa – uma função do Estado, que só por ele pode ser exercida. Atividades não estatais destinadas a produzir resultados que se equiparam ao do exercício da jurisdição são *equivalentes jurisdicionais*, mas não têm natureza verdadeiramente jurisdicional. Por isso a arbitragem não é propriamente jurisdição, mas um equivalente jurisdicional (o que não diminui sua importância, evidentemente).

Para buscar definir jurisdição, é preciso, em primeiro lugar, dizer o que ela não é. A jurisdição não é uma função estatal de composição de lides. Em primeiro lugar, porque nem sempre existe uma lide (assim entendido o conflito de interesses qualificado por uma pretensão resistida) para compor. A lide não é elemento essencial à jurisdição, mas um elemento que lhe é meramente acidental. Em outras palavras, até pode haver uma lide subjacente ao processo, mas não é essencial que isto ocorra. É que existem casos de jurisdição sem lide, como se dá, por exemplo, quando é proposta uma "demanda necessária" (assim entendida aquela demanda que se propõe nos casos em que o direito só pode ser efetivado através do processo jurisdicional, como, por exemplo, no caso de anulação de casamento, em que o resultado só pode ser produzido através de um processo jurisdicional, mesmo que não exista uma lide entre os interessados). Além disso, através da jurisdição não se *compõe* a lide (ou seja, não se põem juntos [compor é *com* + *por*, isto é, por junto] os interesses em conflito, como acontece nos casos em que a solução do litígio se dá por algum meio consensual), mas se *impõe* uma solução, que é o resultado adjudicado, por força do qual se reconhece o direito de alguém em detrimento de outrem.

Tampouco se pode definir jurisdição como uma função estatal de atuação da vontade da lei. E isto por não se poder acreditar na existência de algo como uma "vontade da lei" (ou em uma "vontade do legislador"). A lei, que não é um ser, não é dotada de vontade própria. E a vontade do legislador é algo que, a rigor, não existe (e se existisse seria irrelevante). Qual a relevância de se determinar por que uma lei foi feita com o texto que tem? Qual terá sido a vontade dos autores da lei? Será que a lei foi aprovada pelo Legislativo por unanimidade? O que terá levado os integrantes do Legislativo a votar por sua aprovação? Será que todos o fizeram pelo mesmo motivo? E qual a importância disso? Isso demonstra a irrelevância de se perquirir a vontade do legislador (ou da lei).

Há um caso concreto que comprova o que acaba de ser dito. A Lei nº 13.964/2019 introduziu no ordenamento processual penal a figura do "juiz de garantias". Essa lei, evidentemente, foi aprovada pelas duas casas do Congresso Nacional. Pois imediatamente após a sanção do projeto de lei, senadores do grupo de sustentação política do Presidente da República que o sancionou, e que haviam votado pela aprovação do projeto de lei, criticaram a sanção presidencial, afirmando a existência de um acordo político no sentido de que o projeto seria aprovado no Legislativo e, posteriormente, vetado pelo Presidente da República, não tendo sido tal acordo cumprido. Isso chegou a ser noticiado na página eletrônica do Senado Federal. Ora, em um caso assim, pode-se mesmo afirmar que a "vontade do legislador" era que não existisse a lei. Terá isso alguma relevância na interpretação do texto normativo? Permitiria isso ao intérprete negar aplicação à lei? Evidentemente a resposta a ambas as questões é negativa, e isso comprova que a "vontade do legislador" não é um elemento a ser levado em consideração na aplicação do ordenamento jurídico.

Visto o que a jurisdição não é, resta buscar defini-la. Jurisdição é a *função estatal de solucionar as causas que são submetidas ao Estado, através do processo, aplicando a solução juridicamente correta*. Trata-se, como já dito, de uma função estatal, exercida diante de causas, isto é, de casos concretos. O Judiciário não julga teses, julga causas. E o ato jurisdicional que dá solução à causa precisa ser construído através do processo, entendido como procedimento em contraditório.

Há, aqui, um ponto a ser considerado: não cabe ao órgão jurisdicional, seja ele qual for, fixar teses em abstrato. Isso não é atividade jurisdicional. O Judiciário julga casos concretos, e as teses por ele fixadas têm necessariamente de ser fundamentos de decisões de casos concretos. O Judiciário não é, pois, "órgão de consulta", cabendo-lhe exercer sua atividade em casos concretos a ele submetidos (ressalvada, aqui, a competência do Tribunal Superior Eleitoral para apreciar consultas que lhe são dirigidas em tese, nos termos do art. 23, XII, do Código Eleitoral, que fixa sua competência em atendimento ao disposto no art. 121 da Constituição da República, havendo disposição equivalente para os Tribunais Regionais Eleitorais no art. 30, VIII, do Código Eleitoral).

A jurisdição é, em outros termos, a *"jurisconstrução"* (perdoe-se o neologismo) de um resultado juridicamente correto para a causa submetida ao processo. E o resultado precisa ser juridicamente legítimo. Não pode o juiz "inventar" a solução da causa. Ninguém vai ao Judiciário em busca de uma solução a ser inventada pelo juiz. O que se busca é o reconhecimento de um direito que já se tem (e daí a natureza declaratória da jurisdição, de que se tratará adiante). E cabe ao juiz, então, dar à causa uma solução conforme ao Direito. O papel do juiz, como intérprete, não é inventar uma norma jurídica para solucionar a causa, mas aplicar a norma jurídica adequada no caso concreto. E deve fazê-lo sem exercer qualquer tipo de poder discricionário. A discricionariedade judicial é absolutamente incompatível com o Estado Democrático de Direito. Isso porque falar de discricionariedade é falar de "indiferentes jurídicos". Afinal, quando se reconhece um poder discricionário o que se faz é reconhecer que, diante de duas ou mais respostas possíveis, *todas legítimas*, pode o titular do poder de decidir *escolher qualquer delas* (sendo, pois, juridicamente indiferente qual das alternativas é a escolhida). Ora, no Estado Democrático de Direito não se pode admitir que uma causa seja submetida ao Judiciário e sua solução seja indiferente, podendo o juiz livremente escolher entre diversas decisões possíveis, todas corretas. Existe, para cada causa, *uma resposta correta*, uma decisão constitucionalmente legítima, e só ela pode ser a proferida em cada caso concreto.

Incumbe ao Judiciário identificar, através de um processo de que participam, cooperativamente, todos os interessados, a solução correta da causa que lhe foi apresentada. E dar ao processo essa solução correta. Este resultado juridicamente correto, constitucionalmente legítimo, do processo, é o resultado da atividade jurisdicional.

4.4.2. Características essenciais

A jurisdição tem três características essenciais: *inércia, substitutividade* e *natureza declaratória*.

Por inércia da jurisdição entende-se a exigência, estabelecida pelo ordenamento jurídico, de que o Estado só exerça função jurisdicional mediante provocação (art. 2º). Ressalvados os casos expressamente previstos, em que se admite a instauração do processo de ofício pelo juiz (como no exemplo do processo de restauração de autos, nos termos do art. 712), o processo jurisdicional só se instaura quando protocolada uma petição inicial (art. 312).

Consequência da inércia da jurisdição é a necessidade de congruência entre a demanda e o resultado do processo. Dito de outra forma, não pode o resultado do processo ser mais amplo, objetiva ou subjetivamente, do que a demanda proposta.

Assim, por exemplo, em um processo instaurado por demanda proposta por A, que pede a condenação de B ao cumprimento de uma obrigação, não pode a sentença condenar B em favor de C (que não é demandante), ou condenar D (que não é demandado) em favor de A.

Do mesmo modo, não pode o juiz proferir sentença fundada em fatos que não integram a causa de pedir, ou decidir sem respeitar os estritos limites do pedido formulado (deixando de examinar algo que tenha sido postulado, concedendo mais do que foi pedido ou concedendo resultado distinto daquele que tenha sido pretendido). Têm-se, nesses casos, sentenças que são chamadas de *citra petita* (a que fica aquém da demanda), *ultra petita* (a que concede mais do que se pediu) e *extra petita* (a que concede algo diverso daquilo que foi postulado).

A inércia da jurisdição, portanto, implica não só a vedação (como regra geral) a que se exerça essa atividade estatal sem provocação, mas também estabelece uma exigência de congruência entre os limites da provocação e os possíveis resultados da atividade jurisdicional.

A segunda característica é a substitutividade. É que a jurisdição é uma função estatal exercida em razão da vedação da autotutela. Não sendo autorizado que cada pessoa pratique, de mão própria, os atos necessários à satisfação de seus interesses (com a ressalva dos casos em que isso é expressamente autorizado, como se dá no caso de autotutela da posse), incumbe ao Estado exercer a jurisdição e praticar os atos necessários à satisfação do direito que por autotutela não se pode proteger. A atuação jurisdicional, porém, não se limita a substituir a atuação do que tem razão e não pode agir de mão própria. O Estado, ao exercer jurisdição, substitui também aquele que não tem razão. Basta pensar no caso de uma obrigação pecuniária que não tenha sido cumprida. Nesse caso, o Estado-juiz não só substitui o agir do credor (buscando no patrimônio do devedor os meios necessários para a satisfação do crédito), mas também substitui a atuação do devedor (usando bens deste para pagar a dívida).

A substitutividade inerente à função jurisdicional permite que através do processo sejam produzidos resultados que tornam dispensável a atuação das partes. É o que se dá, por exemplo, naqueles casos em que a parte estava obrigada a celebrar um contrato e não cumpre sua obrigação. Nesta hipótese, é possível a prolação de uma sentença que substitua o contrato que deveria ter sido celebrado (art. 501).

A terceira e última característica essencial da jurisdição é sua natureza declaratória. É que através da jurisdição o Estado não cria direitos subjetivos, mas reconhece direitos preexistentes. Este é ponto relevante: ninguém vai ao Judiciário em busca de um direito que lhe seja atribuído pelo juiz. Busca-se o reconhecimento e a atuação prática de um direito que já se tem, mas não foi reconhecido. A atividade jurisdicional é essencialmente declaratória de direitos, reconhecendo e atuando posições jurídicas de vantagem preexistentes.

Bons exemplos da veracidade dessa afirmação são a usucapião e o inventário e a partilha.

Como é notório, a usucapião é forma de aquisição da propriedade. Decorrido certo prazo (e presentes outros requisitos, como a boa-fé e o justo título na usucapião ordinária), a posse se converte em propriedade. Proposta que seja uma "ação de usucapião", o juiz que profira uma sentença de procedência da pretensão, reconhecendo ter razão o demandante que pretende ver afirmada a ocorrência da usucapião, não estará criando para tal demandante o direito de propriedade, mas tão somente reconhecendo que esse direito existia desde o momento em que se fizeram presentes todos os requisitos previstos na lei material para a aquisição do domínio.

O caso do inventário e partilha dos bens de pessoa falecida também é sintomático da natureza meramente declaratória da jurisdição. Isso porque, como é notório, o processo de inventário e partilha é moroso e, muitas vezes, depois de anos do óbito do autor da herança, é proferida no processo uma sentença julgando a partilha dos bens que pertenciam ao falecido entre seus sucessores. Ocorre que os sucessores não adquirem o domínio de tais bens nesse momento, limitando-se a sentença a reconhecer a titularidade de um direito de propriedade que já era dos sucessores desde o momento da abertura da sucessão (art. 1.784 do Código Civil).

Há que se atentar, porém, para um detalhe. Existe um tipo de sentença, chamada sentença constitutiva, que se costuma definir como a sentença capaz de criar, modificar ou extinguir relações jurídicas (sendo exemplo clássico desse tipo de sentença a que decreta o divórcio). Tais sentenças, sem sombra de dúvida, possuem força criadora, mas, nem por isso, podem ser consideradas exceção à regra de que a jurisdição não cria direitos. A sentença constitutiva pode criar novas relações jurídicas, mas nunca poderá criar direitos subjetivos. Estes são, necessariamente, preexistentes à atuação da função jurisdicional. Basta pensar no caso da sentença de revisão de aluguel. Estando o aluguel vigente afastado do preço médio de mercado, e já vigente (admitidos os reajustes anuais decorrentes da correção monetária) há pelo menos três anos, surge o direito de sua adequação ao valor de mercado. Proposta a "ação revisional de aluguel", o juiz só decretará o novo valor, criando uma nova situação, se o direito à revisão existisse previamente. O juiz, na sentença constitutiva, reconhece a existência de um direito e, atuando-o, modifica uma situação jurídica. Não há, aqui, portanto, exceção à natureza declaratória da função jurisdicional.

4.4.3. Espécies de jurisdição

A jurisdição é una e indivisível. Não se pode, assim, falar com muita propriedade científica em espécies de jurisdição. Tais espécies, porém, costumam ser apresentadas com fins didáticos, sendo extremamente importantes para que se possa travar contato com as diferentes manifestações da função jurisdicional do Estado.

Uma primeira forma de classificar a jurisdição leva em conta o tipo de pretensão submetida ao Estado-juiz. Têm-se, aqui, duas espécies de jurisdição: penal e civil.

Na jurisdição penal, o Estado exerce tal função diante de pretensões de natureza penal. Estas, quase sempre, têm natureza punitiva, mas não se pode esquecer o *habeas corpus* e a revisão criminal, em que pretensões penais não punitivas são levadas ao Estado-juiz. O estudo dessa espécie de jurisdição é feito pelo Direito Processual Penal. Já a jurisdição civil poderia ser definida como a "extrapenal", uma vez que o Estado exerce esse tipo de jurisdição diante de todas as outras espécies de pretensão, tenham elas natureza civil, comercial, administrativa, trabalhista, constitucional, tributária etc.

Pode-se, porém, dividir a jurisdição civil em três subespécies: jurisdição trabalhista, jurisdição coletiva e jurisdição civil propriamente dita, sendo a primeira estudada pelo Direito Processual do Trabalho, a segunda pelo Direito Processual Coletivo e a terceira pelo Direito Processual Civil. A jurisdição civil propriamente dita, a rigor, ainda pode ser objeto de outra divisão, falando-se em jurisdição pública e jurisdição civil *stricto sensu* (a que se referem o Direito Processual Público e o Direito Processual Civil em sentido estrito), distinguindo-se uma da outra pela natureza das questões de mérito (públicas no primeiro caso, como nas causas que versam sobre matéria administrativa ou tributária; privadas no segundo, como nas causas de Direito de Família ou de Direito de Vizinhança).

A jurisdição civil propriamente dita, portanto, é definida por exclusão, sendo exercida pelo Estado diante de toda e qualquer pretensão, salvo as de natureza penal, coletiva ou trabalhista, e inclui tanto as causas regidas pelo Direito Processual Público como aquelas regidas pelo Direito Processual Civil em sentido estrito.

Outra forma de classificar a jurisdição se faz quanto ao grau em que a mesma é exercida, falando-se aí em jurisdição inferior e superior.

A jurisdição inferior é a exercida pelo primeiro órgão a conhecer da causa submetida ao Estado-juiz. Diz-se que tal órgão possui competência originária para a causa, ou que exerce primeiro grau de jurisdição. Já a jurisdição superior é a exercida pelo órgão jurisdicional que conhece da causa em grau de recurso, dizendo-se então que o mesmo tem competência recursal ou que exerce segundo grau de jurisdição.

Assim, por exemplo, a propositura de uma demanda de despejo perante o juízo de uma vara cível fará com que este exerça jurisdição inferior (primeiro grau de jurisdição). Interposta apelação contra a sentença ali proferida, e submetido tal recurso a uma das Câmaras do Tribunal de Justiça, exercerá esse órgão jurisdição superior (segundo grau de jurisdição).

Aproveite-se o ensejo para fixar-se a distinção, desprezada por alguns autores, entre instância e grau de jurisdição. A palavra "instância" é tomada, na linguagem processual, em diversas acepções, motivo aliás que levou muitos autores a tentarem bani-la por inteiro. Tal não se pode fazer, mesmo porque se trata de termo encontrado até na Constituição da República (*e.g.*, art. 102, III, CR). Instância é termo ligado à organização judiciária, sendo certo que na estrutura do Judiciário existem órgãos hierarquicamente inferiores, chamados de primeira instância, e órgãos superiores, os de segunda instância, como os Tribunais de Justiça e Federal de Recursos.

É certo que na imensa maioria das vezes o primeiro grau de jurisdição é exercido por órgãos de primeira instância, e o segundo grau, pelos de segunda instância. Isso não significa, porém, que tais conceitos sejam sinônimos. Isso porque nos casos de competência originária dos Tribunais, estes exercem o primeiro grau de jurisdição (como no caso de mandado de segurança contra ato do governador do Estado, em que a competência originária é do Tribunal de Justiça). Além disso, pode-se admitir a hipótese de um órgão de primeira instância exercer segundo grau de jurisdição, como ocorre, por exemplo, nos Juizados Especiais Cíveis, onde a competência recursal é de um órgão colegiado de primeira instância. Por fim, basta lembrar que o Supremo Tribunal Federal exerce o primeiro grau de jurisdição nas causas para as quais tem competência originária (art. 102, I, CR), e ninguém ousaria afirmar que aquele é um órgão de primeira instância.

Uma terceira forma de classificação da jurisdição leva em consideração o órgão que a exerce, sendo possível falar aqui em duas espécies: jurisdição especial e comum.

A jurisdição especial é exercida por órgãos jurisdicionais que julgam apenas pretensões de natureza determinada: Justiça do Trabalho, Justiça Militar e Justiça Eleitoral. Já a jurisdição comum é exercida pelos órgãos que julgam pretensões de quaisquer naturezas (salvo as submetidas às "Justiças Especiais"): Justiça Estadual e Justiça Federal.

Há quem fale em jurisdição de direito (quando o órgão jurisdicional tenha de pronunciar-se com apoio no direito legislado) e jurisdição de equidade (em que existiria uma autorização para que o órgão jurisdicional se afaste da legalidade estrita). O CPC expressamente faz referência ao ponto ao estabelecer que o juiz só pode decidir por equidade se houver expressa autorização em lei para isso (art. 140, parágrafo único). Considero, todavia, inconstitucional qualquer autorização dada por lei ao juiz para que decida por equidade. Penso ser incompatível com o paradigma do Estado Democrático de Direito, estabelecido pelo art. 1º da Constituição da República, qualquer autorização para que o juiz decida com base em critérios pessoais, subjetivamente estabelecidos, do que seja o "justo". O poder de decidir é do Estado, e não do juiz (que é mero agente estatal, devendo exercer sua função com impessoalidade). Admitir a prolação de decisões fundadas em equidade é aceitar a prolação de decisões jurisdicionais "incontroláveis", já que seu prolator sempre poderá dizer que decidiu daquela maneira por lhe parecer o mais justo. O Estado

Democrático de Direito é um Estado sujeito ao império da lei (*rule of law*, como dizem os juristas de língua inglesa), e a solução dos casos concretos submetidos à jurisdição deve, sempre, ser fundada na lei, no ordenamento jurídico vigente, não se podendo aceitar que o juiz decida uma causa, qualquer que seja ela, com base numa suposta autorização para atuar como se fosse um legislador e atribuindo à causa uma solução que pareça, segundo sua própria visão de mundo, a mais justa.

Uma última forma de classificação da jurisdição, sem dúvida a mais relevante de todas, a divide em jurisdição contenciosa e jurisdição voluntária. Esse é um dos mais "pantanosos" terrenos da ciência processual, motivo pelo qual se lhe dedica nesta obra todo um item.

4.4.4. Jurisdição voluntária e contenciosa

Chama-se jurisdição voluntária à atividade de natureza jurisdicional exercida em processos cujo objeto seja uma pretensão à integração de um negócio jurídico. Explique-se: há negócios jurídicos cuja validade e eficácia dependem de um ato judicial que o complemente, aperfeiçoando-o. É o que se dá, por exemplo, no caso de um divórcio consensual de um casal que tenha filhos incapazes. Neste caso (diferentemente do que se dá quando o casal não tem filhos incapazes, hipótese em que o negócio jurídico por eles celebrado, observados os requisitos formais estabelecidos em lei, é válido e eficaz independentemente de participação do Estado-Juiz) o negócio jurídico só é válido e eficaz se aprovado judicialmente. É preciso, então, que em casos assim se instaure um processo em que se veiculará pedido de integração (isto é, de complementação) do negócio jurídico. A atividade jurisdicional desenvolvida em casos assim é conhecida como *jurisdição voluntária*.

Já a assim chamada *jurisdição contenciosa* é, na verdade, a "jurisdição não voluntária". O que se quer dizer com isso é que, qualquer outra que seja a pretensão veiculada, o processo a ser instaurado será *contencioso*, e não voluntário. Dito de outro modo: formulado qualquer pedido que não seja de mera integração de negócio jurídico, instaurar-se-á um processo de jurisdição contenciosa.

Entre as várias teorias que tentam explicar a natureza da jurisdição voluntária, destaca-se como majoritária na doutrina a que se poderia denominar "teoria clássica", segundo a qual a jurisdição voluntária não teria natureza de jurisdição, mas sim de função administrativa. Para os defensores dessa teoria, a jurisdição voluntária não poderia ser tida como verdadeira jurisdição por não ser destinada a compor lides, ou por não ser substitutiva, ou ainda por não ter natureza declaratória, mas constitutiva, isto é, por não ser a jurisdição voluntária voltada para a atuação de direitos preexistentes, mas sim à criação de novas situações jurídicas. Sobre a jurisdição voluntária, disseram ainda os defensores dessa teoria clássica, também chamada administrativista, que não seria jurisdição, uma vez que os provimentos emitidos pelo Estado nessa hipótese não alcançam jamais a autoridade de coisa julgada.

Segundo essa teoria administrativista, na jurisdição voluntária não se poderia falar em processo, havendo ali mero procedimento, não se podendo falar em partes, mas em interessados.

A teoria administrativista, ou clássica, é – como já se disse – amplamente majoritária na doutrina brasileira, sendo tradicional a definição de jurisdição voluntária, segundo tal corrente teórica, como sendo a administração pública, exercida pelo Poder Judiciário, de interesses privados. Segundo essa teoria, há negócios jurídicos referentes a interesses privados que só são válidos se realizados com a intervenção do Judiciário. Este teria, então, a função de administrar tais interesses privados, sempre em casos taxativamente previstos em lei, como o divórcio consensual ou a alienação judicial dos bens dos incapazes. Nesses casos, e em outros expressamente enumerados em lei, seria exercida a jurisdição voluntária.

A essa teoria, porém, se opõe outra, mais moderna, conhecida por teoria revisionista, ou jurisdicionalista, que vê na jurisdição voluntária uma forma de exercício da função jurisdicional. E essa teoria jurisdicionalista responde, com êxito, a todos os argumentos empregados pela teoria clássica para negar natureza jurisdicional à jurisdição voluntária.

À afirmação de que inexiste lide na jurisdição voluntária, responde-se que a lide, como já dito anteriormente, não é essencial – mas meramente acidental – ao exercício da jurisdição. Existem hipóteses de jurisdição "contenciosa" em que inexiste lide, não podendo ser este, portanto, um fator que leve a concluir estar-se aqui diante de outro tipo de atividade estatal.

Quanto à ausência de substitutividade, não parece estar correta a teoria clássica. A jurisdição voluntária é substitutiva da atividade das partes, uma vez que a lei impede que os titulares dos interesses ali referidos possam livremente negociá-los, devendo o juiz exercer uma atividade que originariamente não lhe cabia, substituindo, assim, a atividade dos titulares dos interesses em jogo. Exemplifica-se o que acaba de ser dito com o exemplo da alienação judicial dos bens dos incapazes. Em princípio, nada impediria que os incapazes, estando representados ou assistidos, alienassem livremente seus bens. Ao exigir que tal alienação se dê por ato judicial, a lei determina ao juiz que substitua a atividade do incapaz (e daquele que o assiste ou representa). Atividade substitutiva, portanto.

Quanto à natureza constitutiva da jurisdição voluntária, é adequada a explicação apresentada para as sentenças constitutivas de jurisdição contenciosa. Também aqui o Judiciário atua um direito preexistente à modificação operada. Exemplo que demonstra o acerto dessa afirmação é o do divórcio consensual. Como se sabe, exige a lei alguns requisitos para que um casal possa se divorciar. Assim, cabe ao juiz verificar se estão presentes estes requisitos para, atuando o direito ao divórcio, operar a modificação jurídica pretendida pelos titulares dos interesses.

Responde-se também ao argumento segundo o qual a jurisdição voluntária não seria jurisdição por seus provimentos não serem alcançados pela coisa julgada. Esta, como já dito anteriormente, é atributo de alguns provimentos jurisdicionais, mas não de todos. Também as decisões concessivas de tutela provisória (para dar apenas um exemplo) não alcançam a coisa julgada, e não se lhes pode negar a natureza jurisdicional que indubitavelmente possuem. Registre-se, porém, que é – para dizer o mínimo – questionável a afirmação segundo a qual os pronunciamentos de jurisdição voluntária não fariam coisa julgada, já que o vigente CPC não reproduz o art. 1.111 do CPC/1973 (segundo o qual "a sentença [de jurisdição voluntária] poderá ser modificada, sem prejuízo dos efeitos já produzidos, se ocorrerem circunstâncias supervenientes"). Possível, então, considerar que no ordenamento vigente as decisões proferidas nos processos de jurisdição voluntária são aptas a alcançar a autoridade de coisa julgada, tornando-se imutáveis e indiscutíveis.

É de se notar que, a se considerar a jurisdição voluntária como jurisdição propriamente dita, poder-se-á falar em processo de jurisdição voluntária, bem como na existência de partes.

A jurisdição voluntária é verdadeira atividade jurisdicional (jurisdição *stricto sensu*), devendo o provimento de jurisdição voluntária ser produzido por meio de um verdadeiro *processo*, em que sejam respeitadas todas as garantias inerentes ao modelo constitucional do direito processual civil brasileiro. Haverá aí, e este é um aspecto fundamental, um *procedimento em contraditório*. Mas há diferenças (além das evidentes semelhanças) entre a jurisdição contenciosa e a jurisdição voluntária. Pense-se, por exemplo, no fato de que aos processos de jurisdição voluntária aplicam-se as disposições gerais previstas nos arts. 719 a 725, inaplicáveis aos processos de jurisdição contenciosa (entre as quais a autorização genericamente atribuída ao Ministério Público e à Defensoria Pública para provocar a instauração do processo, nos termos do art. 720, além da exigência de que o juiz profira todas as suas decisões, inclusive as sentenças, no prazo de dez dias, conforme estabelece o art. 723, excluído o disposto no art. 226, III). Por motivos anteriormente apresentados, porém, deve-se reputar inconstitucional o disposto no art. 723, parágrafo único, que autoriza o juiz a decidir por equidade, afastando-se dos critérios de legalidade estrita, o que é incompatível com o paradigma constitucional do Estado Democrático de Direito.

4.4.5. Cooperação judiciária nacional

O Código de Processo Civil trata, nos arts. 67 a 69, da cooperação judiciária nacional, isto é, dos meios pelos quais distintos órgãos jurisdicionais brasileiros cooperam entre si. É que existe, entre todos os órgãos do Judiciário nacional, um dever de cooperação recíproca, a ser desenvolvido por magistrados e servidores (art. 67), podendo a cooperação dar-se entre órgãos jurisdicionais de ramos distintos do Poder Judiciário (art. 69, § 3º), como seria, por exemplo, o caso de uma cooperação entre um juízo trabalhista e um juízo estadual. Sobre o tema, é também fundamental conhecer a Resolução 350/2020, editada pelo Conselho Nacional de Justiça, que estabelece diretrizes e procedimentos sobre a cooperação judiciária nacional entre os órgãos do Poder Judiciário, e é o principal marco normativo da cooperação judiciária no Direito brasileiro.

A cooperação deve acontecer também entre órgãos de distintas hierarquias, inclusive os tribunais de superposição, todos devendo – como já dito – cooperar entre si, tudo com o fim de aumentar a eficiência da atividade jurisdicional (Resolução 350 do CNJ, art. 2º). Existe, ainda, um dever de cooperação entre órgãos jurisdicionais e arbitrais, já que fala a lei processual da "carta arbitral" (art. 69, § 1º, do CPC; art. 22-C da Lei de Arbitragem).

A cooperação de um juízo pode ser pedida por outro órgão jurisdicional para a prática de qualquer ato processual (art. 68), devendo ser o pedido prontamente atendido (art. 69, *caput*). Sempre que um órgão jurisdicional pedir a outro, no curso do processo, a prática de algum ato de cooperação, deverão as partes ser intimadas (Resolução 350 do CNJ, art. 3º), o que resulta diretamente do princípio constitucional do contraditório.

Não existe forma específica para que um juízo formule pedido de cooperação a outro, sendo certo que a lei processual prevê várias formas de se executar este trabalho conjunto entre órgãos jurisdicionais (art. 69).

Importante destacar aqui essa dispensa de forma solene para a formulação de pedido de cooperação judiciária nacional. Daí resulta, por exemplo, a possibilidade de que o pedido de cooperação seja feito por via telefônica, ou por intermédio do emprego de algum aplicativo de troca de mensagens. Isso não dispensa, porém, a necessidade de documentação do pedido de cooperação nos autos do processo. Caso, então, o pedido seja feito de modo informal, deverá o juiz que tenha formulado o pedido de cooperação elaborar um registro formal do ato que praticou para que conste dos autos. Em outros termos, e para empregar a linguagem tradicional do direito processual, o ato deverá ser reduzido a termo nos autos. Não é por outra razão que, nos termos do art. 5º, III, da Resolução 350 do CNJ, a cooperação judiciária deve ser documentada nos autos.

Dessa previsão de que não há forma solene ou específica para a prática dos atos de cooperação judiciária nacional, resulta também a subsidiariedade das cartas (precatória e de ordem), que a lei processual indica como os meios de comunicação entre os juízos nacionais. É que, sendo possível praticar o ato por forma não especificada em lei, não há qualquer razão que justifique a expedição, desde logo, de uma dessas cartas. Apenas nos casos em que um juízo tenha dificuldade de comunicar-se com outro, porém, e fazendo-se necessária a requisição de um ato de cooperação, é que se fará necessária a expedição de carta precatória ou de ordem.

A primeira forma de cooperação nacional é o *auxílio direto* (art. 69, I). Este ocorrerá quando se pedir a um órgão jurisdicional a prática de um ato não jurisdicional (como se daria, por exemplo, no caso de um órgão jurisdicional estadual localizado em uma comarca pedir a órgão localizado em comarca distinta informações acerca do teor e vigência de lei municipal vigente nessa última). Também para a prática de atos jurisdicionais pode ser empregado o auxílio direto, e é daí que resulta o caráter subsidiário das cartas (de ordem e precatórias).

Pense-se, por exemplo, no caso de tramitar um processo em determinada comarca e surgir a necessidade de colher-se o depoimento de alguém que reside em comarca distinta. Pois, ao longo dos séculos, isso foi feito através de carta precatória, com um procedimento complexo e burocrático, digno de ser considerado "medieval". Pois hoje basta que o juízo solicite que seja disponibilizada para ele, na comarca em que se encontrar a pessoa que deve ser ouvida, uma "sala passiva". Nessa sala, o depoente será colocado diante de um computador com câmera, e poderá participar da audiência designada para sua oitiva, a qual será presidida pelo próprio magistrado que atua no juízo solicitante, com a participação de todos os demais atores do processo. E isso pode ser feito através dos Núcleos de Cooperação, sem necessidade de expedição de carta precatória. Já há lugares, aliás, em que nem isso se faz mais necessário, como acontece nos casos que tramitam perante o Tribunal de Justiça do Amapá, que, por meio do Projeto Parceiro Digital, transformou diversos estabelecimentos comerciais (que se tornaram "parceiros do TJAP") em pontos de inclusão digital, e basta que a pessoa compareça a um desses estabelecimentos, escolhendo de acordo com sua própria conveniência, e dali preste seu depoimento.

Outra forma de cooperação se dá pela "reunião ou apensamento de processos" (art. 69, II), o que poderá ocorrer quando for caso de modificação de competência por conexão ou continência. É possível, porém, o apensamento temporário de processos distribuídos a juízos distintos em casos nos quais estes juízos tenham de cooperar (por exemplo, para a colheita de uma prova pericial que seja comum a ambos os processos). Também se pode prever a reunião, em um mesmo juízo, de execuções movidas contra um mesmo devedor (Resolução 350 do CNJ, art. 6º, IV), o que evidentemente pode facilitar a produção de resultados favoráveis aos credores de modo menos oneroso para o devedor, permitindo-se, por exemplo, a realização de um leilão único dos bens penhorados.

Uma terceira forma de cooperação judiciária nacional é a *prestação de informações* (art. 69, III). Esta pode ser solicitada por um órgão jurisdicional a outro sempre que o órgão requerente precisar de algum dado para poder exercer suas funções. É comum, por exemplo, que o relator de um recurso solicite alguma informação ao juízo inferior, prolator da decisão recorrida, que se revele necessária para o julgamento. Pense-se, por exemplo, no caso de se ter interposto agravo de instrumento contra uma decisão interlocutória e ao relator pareça necessário obter alguma informação relevante (como por exemplo o teor de determinada certidão ou a data em que certo ato tenha sido praticado) que não consta dos autos do agravo de instrumento. Pois é perfeitamente possível, então, que o relator peça tal informação ao juízo de primeiro grau.

Vale, porém, registrar que com muita frequência esses pedidos de informação são feitos, na prática, de forma absolutamente inútil. É que muitas vezes o magistrado se limita a "pedir informações" a outro juízo, sem dizer exatamente qual é a informação de que necessita. Ora, como seria possível a alguém prestar a outrem uma informação que não sabe qual é? Perdoe-se a comparação, mas seria como ir a um balcão de informações de um aeroporto e dizer ao atendente que se precisa de uma informação, sem especificá-la. Haveria utilidade em prestar o atendente uma informação qualquer, que a ele parecesse útil, mas que ao cliente não interessa? Certamente não. Aquele que pede informações precisa – perdoe-se a obviedade – dizer qual a informação de que necessita.

Há uma quarta forma de cooperação judiciária nacional, consistente na prática de "atos concertados entre os juiz[o]s cooperantes" (art. 69, IV), os quais são adequados para disciplinar a cooperação entre órgãos jurisdicionais em torno de um ou alguns processos, ou a prática de atos mais complexos relacionados a esses mesmos processos (Resolução 350 do CNJ, art. 11). Estes atos concertados, nos termos do § 2º deste mesmo artigo 69, podem consistir em "prática de citação, intimação ou notificação de ato" (inciso I); "obtenção e apresentação de provas e a coleta de depoimentos" (inciso II); "efetivação de tutela provisória" (inciso III); "efetivação de medidas e providências para recuperação e preservação de empresas" (inciso IV); "facilitação de habilitação de créditos na falência e na recuperação judicial" (inciso V); "centralização de processos repetitivos" (inciso VI) ou "execução de decisão jurisdicional" (inciso VII). Vale a pena examinar cada uma dessas hipóteses.

É possível, então, que dois ou mais órgãos jurisdicionais cooperem entre si de modo a facilitar a realização de citações, intimações ou notificações (art. 69, §

2º, I). Basta pensar em uma comarca com vinte varas cíveis, tendo todas elas recebido, em um determinado período, demandas propostas em face de certa pessoa jurídica. Imagine-se agora que, por força da organização judiciária local, os oficiais de justiça da comarca sejam lotados nas varas. Consequência disso seria que haveria a necessidade de vinte oficiais de justiça, um de cada vara, se dirigir à sede da pessoa jurídica para promover as citações. Ora, é perfeitamente possível que os juízos combinem entre si que, em casos assim, um só oficial de justiça, atuando por todos os órgãos jurisdicionais, promova todas as citações.

Também pode haver concerto entre órgãos jurisdicionais para a apresentação de provas e coleta de depoimentos (art. 69, § 2º, II). Imagine-se, por exemplo, que tenha ocorrido um acidente de trânsito, consistente em uma colisão envolvendo dois ônibus. Figure-se, agora, a possibilidade de cada vítima (e podem ter sido dezenas delas) ter ajuizado uma demanda para reparação do dano, tendo sido os diversos processos distribuídos a juízos diferentes. Ora, parece perfeitamente possível que se combine que apenas um dos juízos colherá o depoimento de determinada testemunha, posteriormente se juntando cópia do termo de depoimentos aos autos de todos os processos (e, evidentemente, tendo sido permitido a todas as partes, de todos os processos, participar da colheita dessa prova, sob pena de ofender-se o princípio do contraditório). Será muito mais eficiente colher-se de uma só vez um depoimento que será útil a vários processos do que se forçar essa testemunha a comparecer em juízo tantas vezes quantos sejam os processos, e isto para prestar depoimentos absolutamente idênticos.

A cooperação pode se dar para "efetivação da tutela provisória" (art. 69, § 2º, III). É o que se dá, por exemplo, no caso em que uma tutela de urgência é deferida por juízo localizado em certa comarca e precisa ser efetivada em comarca diferente. Pense-se, por exemplo, no caso em que se postula, em uma comarca, a apreensão urgente de um bem móvel fácil de ser transportado e que esteja localizado em outra comarca. Será preciso que os órgãos jurisdicionais do lugar em que deferida a medida de urgência e do local onde se encontra o bem cooperem entre si para efetivar a providência urgente, sob pena de se inviabilizar sua apreensão, já que existe o risco de o mesmo desaparecer antes de ser apreendido.

Outra hipótese de concerto de atos consiste na efetivação de medidas e providências para recuperação e preservação de empresas (art. 69, § 2º, IV). É o que se tem, por exemplo, no caso de o juízo do processo de recuperação judicial ter determinado que se realize em outra comarca uma assembleia-geral de credores e solicitar ao juízo do local em que a assembleia se realizará que nomeie algum auxiliar seu para comparecer àquela reunião. Há, ainda, a possibilidade de concerto de atos para facilitar a habilitação de créditos na falência e na recuperação judicial (art. 69, § 2º, V), como se terá, por exemplo, no caso de haver a necessidade de realização, em uma comarca distinta daquela em que instaurado o processo, de perícia destinada a apurar o valor total de um crédito que esteja sendo habilitado perante o juízo da falência.

Permite, ainda, a lei que os juízos ajustem entre si "a centralização de processos repetitivos". Tem-se, aí, uma regra especial de modificação da competência, destinada a permitir a reunião de processos repetitivos, centralizando-os em um só juízo, o que se justifica pelo risco de decisões diferentes em casos iguais.

Questão relevante é a de saber em que casos se centralizam processos repetitivos em um mesmo juízo e em que outros casos essa centralização não deve ocorrer. É que só faz sentido admitir o emprego das técnicas por meio das quais os tribunais julgam casos repetitivos (mediante incidente de resolução de demandas repetitivas, por exemplo) quando há risco para a isonomia, o que só acontece, evidentemente, quando há juízos distintos julgando, de modos diferentes, casos idênticos. É preciso, portanto, estabelecer critérios para definir quando deverá haver a centralização de processos repetitivos em um só juízo e quando eles serão atribuídos a juízos diferentes (ainda que da mesma comarca ou no mesmo tribunal).

O único método adequado para resolver essa questão é o que resulta de uma característica essencial dos incidentes de resolução de demandas repetitivas e do julgamento de recursos excepcionais repetitivos: é que a utilização desses mecanismos só é adequada quando a controvérsia envolve, apenas, questões de direito. Há casos repetitivos, porém, que envolvem controvérsias sobre distintas matérias fáticas. Pense-se, por exemplo, em um imenso desastre ambiental resultante de um vazamento de óleo de uma indústria que tenha afetado a vida de grande número de pessoas moradoras de determinada região. Além do risco de que questões jurídicas sejam resolvidas de maneiras diferentes (por exemplo, com um juízo ou tribunal considerando tratar-se o caso de responsabilidade objetiva, enquanto outro juízo ou tribunal entende ser hipótese de responsabilidade subjetiva e não ter havido culpa da pessoa jurídica de cujas instalações proveio o vazamento), há uma série de questões fáticas a serem levadas em conta, como a circunstância de que a falta de energia nas residências atingidas pelo desastre atinge de modos distintos, por exemplo, aquele que tem em casa uma pessoa que exige o emprego de equipamentos de *home care* e outra pessoa que ficou sem conseguir usar um computador que utilizava para fins profissionais. Essas grandes diferenças fáticas entre os casos fazem com que as técnicas de julgamento dos casos repetitivos não revelem grande eficiência, sendo adequado, então, centralizar os processos repetitivos em um só órgão jurisdicional, a fim de que as decisões sejam todas coerentes entre si. Em síntese: havendo questões fáticas distintas a serem examinadas para a adequada resolução de casos repetitivos, deve haver, como técnica de gerenciamento desses processos, a prática de ato concertado entre os juízos em tese competentes para que sejam esses processos reunidos em um único juízo, o que tornará dispensável, inclusive, o emprego de mecanismos de padronização decisória, como o incidente de resolução de demandas repetitivas (já que todos os casos serão julgados pelo mesmo órgão jurisdicional, o que eliminará o risco de decisões divergentes sobre as questões de direito).

Por fim, prevê a lei que sejam realizados atos concertados destinados à execução de atos jurisdicionais. Pense-se, por exemplo, na existência de várias execuções contra um mesmo devedor, tendo havido em todos esses processos a penhora de um mesmo bem. É perfeitamente possível que os juízos ajustem entre si que um deles realizará a hasta pública do bem penhorado e promoverá, em seguida, a distribuição entre os credores do dinheiro arrecadado com a expropriação do bem, de modo a facilitar a satisfação de todos os créditos.

É preciso ter claro que a enumeração que acaba de ser examinada, constante do art. 69, § 2º, é meramente exemplificativa, o que se extrai da expressão "além de outros", encontrada no texto do dispositivo. Não por outra razão, aliás, o art. 6º da Resolução nº 350 do CNJ traz uma enumeração exemplificativa ainda maior. Ali se encontra, por exemplo, como exemplo de ato concertado, a formulação de consulta. Aqui pode ser lembrado o exemplo dos processos estruturais que tramitam na comarca de Olinda, na Justiça Estadual de Pernambuco, e que têm atuando, como juiz consultor, um Desembargador Federal do TRF da 6ª Região, o Professor Edilson Vitorelli, grande autoridade nesse tipo de processo.

A Resolução nº 350 do CNJ também faz alusão a um tipo especial de ato concertado, que chama de *ato conjunto*. Aqui se tem a possibilidade de dois ou mais juízos convencionarem a prática de um ato que produzirá efeitos, simultaneamente, em dois ou mais processos. É o caso, por exemplo, de se designar uma audiência única para oitiva do depoimento de uma testemunha acerca de fatos que interessam a dois ou mais processos distintos. Em vez de se submeter a testemunha a prestar diversos depoimentos, faz-se um ato conjunto e se junta o termo de depoimento aos autos de todos os processos em que aquela prova se destina a produzir efeitos.

A Resolução nº 350 do CNJ também regula uma modalidade de cooperação que não tem previsão expressa no CPC, mas que é de enorme importância: a *cooperação interinstitucional*, assim entendida a cooperação entre o Poder Judiciário e instituições que lhe são estranhas.

Quando se pensa, por exemplo, no sistema SISBAJUD, que permite ao Poder Judiciário promover busca de ativos de um devedor e, por meios eletrônicos, realizar seu bloqueio, já se está diante de algo que resulta de um termo de cooperação interinstitucional (entre o Poder Judiciário e o Banco Central do Brasil). Mas muitos outros exemplos podem ser dados. O Tribunal de Justiça do Amazonas, por exemplo, celebrou termo de cooperação com a Secretaria Estadual de Saúde para que profissionais de saúde atuassem em cooperação com oficiais de justiça na realização de intimações de pessoas que, integrando populações amazônicas ribeirinhas, não falam a Língua Portuguesa, sendo preciso que a comunicação com eles se faça nas línguas originárias.

De outro lado, o Tribunal de Justiça do Rio de Janeiro celebrou, com a Seccional Estadual da OAB, o MP Estadual, a Procuradoria-Geral do Estado, a Procuradoria-Geral do Município da Capital, a Polícia Militar do Estado e a Polícia Civil do Estado, um termo de cooperação interinstitucional que prevê que nos procedimentos administrativos que se desenvolvam perante essas instituições cooperantes sejam colhidos os dados de contato (como endereço, endereço eletrônico ou número de telefone celular com acesso a aplicativos de trocas de mensagens) de todas as pessoas que deles participem. Assim, em caso de eventual judicialização daquele procedimento, será mais fácil localizar as pessoas, a fim de permitir que as comunicações processuais sejam feitas pessoalmente e de modo mais célere, evitando-se com isso citações e intimações por edital em casos nos quais seria possível localizar os citandos e intimandos.

A cooperação judiciária permite, sem sombra de dúvida, a construção de um sistema processual muito mais eficiente, e os núcleos de cooperação judiciária dos Tribunais têm cumprido um papel importantíssimo na difusão do instituto e na construção de uma cultura da cooperação. É preciso, porém, que todos os atores do processo se engajem na cooperação, ou ela será apenas mais uma boa ideia que não sai do papel...

CAPÍTULO 5

LIMITES INTERNACIONAIS DA JURISDIÇÃO BRASILEIRA

5.1. "COMPETÊNCIA INTERNACIONAL"

Os tempos modernos exigem que se estude o Direito sob outras perspectivas além das tradicionais. Os influxos da política, da economia, e de outras áreas do conhecimento humano, impõem tal exigência. Boa mostra disso é o que hoje se chama de geodireito: o estudo das relações entre normas jurídicas e pontos do espaço.

É preciso reconhecer que a norma jurídica sempre necessita de um onde e de um quando: ela vale e vige, aplica-se e se atua, nas duas dimensões. Espaço e tempo são formas aprioristicas do Direito, categorias ordenadoras e unificadoras dos fenômenos jurídicos. Esse apoio das normas sobre os pontos do espaço nos quais as instituições jurídicas podem aplicar-se e atuar constituem o conteúdo do geodireito. Trata-se, pois, de determinar a sede das relações jurídicas e, pois, a que ordenamento jurídico elas pertencem ou são submetidas.

O Direito é construído sobre limites, já que lhe é inerente a ideia de exclusividade. Sempre que uma norma jurídica regula uma dada situação, ela impede que outra norma regule aquela mesma situação jurídica. É inconcebível sujeitar-se uma matéria a duas ordens jurídicas. A escolha de uma ordem jurídica exclui a outra. Soberania e propriedade, senhoria da norma abstrata e senhoria do direito subjetivo, poder público e poder privado: tudo isso gira em torno do conceito de limites excludentes, de uma limitação terrestre que separa e individualiza. O problema disso, nos dias de hoje, é que o mundo vive uma ordem econômica em que os limites devem desaparecer. A economia de mercado pressupõe o desaparecimento dos limites. Os mercados globais e as comunicações telemáticas fizeram desaparecer todos os limites e assim determinaram a separação entre a esfera político-jurídica e o espaço econômico. O geodireito encontra-se, então, no meio de uma dolorosa cisão. De um lado, a defesa da historicidade e da identidade; de outro, a dilatação da economia, que destrói confins. De um lado, o geodireito ligado à geografia; de outro, o geodireito ligado à geoeconomia. De um lado, o geodireito em contraste, e de outro em conformidade, com a busca incessante pelos lucros. Ambos os lados do geodireito devem encontrar-se no ponto comum da decisão política, que nem sempre consegue dar resposta aos problemas da convivência humana. Cabe ao Direito fazer uma escolha política entre a exclusividade dos limites geográficos ou a ausência de limites da economia.

Pois é diante dessa necessidade de escolher entre a existência ou não dos limites que se deve estudar o fenômeno da competência internacional. Afinal, quando um Estado estabelece, por intermédio de disposições normativas que integram seu ordenamento jurídico, em que casos exercerá jurisdição (e, *a contrario sensu*, em que casos não o fará), reconhece a necessidade de estabelecer limites e, com isso, acolhe uma posição que revela qual a tendência seguida por seu ordenamento entre as duas alternativas possíveis no campo do geodireito.

O que se vai fazer, a partir de agora, é examinar as opções feitas pelo Direito brasileiro a respeito do tema, analisando o sistema de determinação da competência internacional do Direito Processual Civil brasileiro.

Para se fazer esse estudo, é preciso iniciar recordando-se que um dos pilares do moderno Direito Processual é a garantia de universalidade da jurisdição, estabelecida no ordenamento brasileiro pelo disposto no art. 5º, XXXV, da Constituição da República. Quando o referido dispositivo constitucional estabelece que a lei não excluirá da apreciação do Poder Judiciário nenhuma lesão ou ameaça a direito, o que se faz, na verdade, é veicular norma constitucional que assegure a inafastabilidade do controle jurisdicional, de que se tratou anteriormente. Tal inafastabilidade significa, a rigor, que qualquer pessoa poderá ir a juízo, fazer a alegação de que é titular de um direito (ou qualquer outra posição jurídica de vantagem) lesada ou ameaçada de lesão, e fará jus a uma resposta estatal (favorável ou não) à sua pretensão.

Esse princípio da universalidade da jurisdição, porém, sofre algumas limitações, absolutamente legítimas em um Estado Democrático. Três são os limites legítimos à universalização da jurisdição: (a) o veto ao exercício *ex officio* da jurisdição; (b) a imunização de certos atos estatais ao controle jurisdicional (com a conhecida e nem sempre correta afirmação da insindicabilidade do mérito do ato administrativo); (c) a competência internacional.

A competência internacional limita a atividade jurisdicional, já que exclui completamente o exercício da jurisdição por um Estado em determinadas situações. Isso, porém, é plenamente legítimo, já que permite uma harmonização entre os Estados, evitando-se que um Estado ingresse indevidamente nos negócios e interesses do outro, o que comprometeria o concerto das Nações. Através das regras de delimitação da competência internacional, pois, o Estado assume posição naquela questão, anteriormente referida, do geodireito, e o faz optando pela determinação de limites. Prevalece, pois (ao menos nesse campo), a geografia sobre a economia.

É preciso, porém, observar que a limitação da competência internacional não pode implicar negativa de acesso à justiça, pois isso tornaria ilegítimo o óbice criado pelas regras que excluem a atuação jurisdicional do Estado brasileiro, contrariados que seriam os princípios do pleno acesso à justiça (consagrado na Constituição da República sob a tradicional fórmula do devido processo legal, o qual, como já visto, deve ser compreendido como o devido processo constitucional) e o da inafastabilidade do controle jurisdicional.

Deve-se, então, passar ao exame do conceito de competência internacional. Esta pode ser definida como o conjunto de disposições normativas destinadas a estabelecer os limites dentro dos quais um Estado exerce sua função jurisdicional. Em outros termos, a competência internacional é a determinação dos limites dentro dos quais um Estado soberano exerce sua função jurisdicional. Estabelecidos esses limites, poder-se-á considerar, *a contrario sensu*, que fora dos casos ali delimitados, um Estado não exercerá jurisdição (e isso em razão da sincera esperança de que outro Estado o faça, pois não se pode admitir que a determinação dos limites da competência internacional implique denegação de justiça). Fica, assim, estabelecida uma divisão de trabalho entre os Estados soberanos, de forma que cada um deles exerça a função jurisdicional nos casos que, de alguma maneira, guardam com ele algum ponto de contato (isto é, algum elemento de conexão). Fora, disso, não havendo qualquer conexidade entre a causa e o Estado, este não exercerá jurisdição (mas certamente outro Estado o fará).

Não se trata de determinar, a rigor, como se pode ver, a competência, mas algo que lhe é preliminar: os limites do exercício da jurisdição. É que a "competência internacional", na verdade, delimita a área de atuação dos órgãos jurisdicionais considerados em conjunto (e não a área de atuação de cada um deles individualmente, o que verdadeiramente se caracteriza como *competência*). Daí, aliás, a terminologia empregada pelo CPC, que fala em "limites da jurisdição nacional" (mas não consegue evitar o uso do verbo *competir* nos arts. 21, 22 e 23).

É preciso, então, deixar claro este ponto: a assim chamada competência internacional, a rigor, não é competência. Esta, que será objeto de exame no próximo capítulo deste livro, pode ser definida como o conjunto de limites dentro dos quais cada órgão jurisdicional de um Estado pode exercer legitimamente a jurisdição. Assim, só se pode falar de competência quando se busca determinar a que órgão do Estado que exercerá jurisdição será atribuído o exercício dessa função no caso concreto. Já quando se trata da competência internacional está-se diante de um tema que é preliminar a esse. O que se busca, ali, é saber se um Estado (ou, mais especificamente, se o Estado brasileiro) poderá ou não exercer a função jurisdicional no caso concreto. Estabelecido isso, aí sim será possível determinar-se qual será, dentro daquele Estado, o órgão jurisdicional competente para conhecer da causa. Não se deveria, pois, propriamente falar-se em competência internacional, mas nos limites internacionais do exercício da jurisdição.

Os casos em que o Estado brasileiro exerce jurisdição (ou, dito de outro modo, os casos para os quais o Brasil tem *competência internacional*) estão enumerados nos arts. 21 a 23 do CPC. É preciso, porém, dividir estes casos em dois grupos. O primeiro grupo é formado pelos casos em que o Estado brasileiro tem *competência internacional concorrente*. Nesses casos – previstos nos arts. 21 e 22 – o processo judicial pode instaurar-se perante o Judiciário brasileiro, mas não repugna ao ordenamento brasileiro que o processo se instaure perante órgão jurisdicional estrangeiro e, caso isto ocorra, a sentença estrangeira poderá produzir efeitos no Brasil (dependendo, se for o caso, para que isto ocorra, apenas de homologação). Já nos casos, previstos no art. 23, de *competência internacional exclusiva*, o processo judicial só pode instaurar-se perante órgão jurisdicional brasileiro, e eventual sentença estrangeira não poderá produzir efeitos no Brasil, devendo-se inclusive negar homologação a eventual provimento oriundo de Estado estrangeiro que se pretenda ver reconhecido no Brasil (art. 964).

O Judiciário brasileiro detém competência internacional concorrente, em primeiro lugar, para as causas em que o demandado, qualquer que seja sua nacionalidade, estiver domiciliado no Brasil (art. 21, I). Incluem-se aí os casos em que o demandado é pessoa jurídica e tenha, no Brasil, agência, filial ou sucursal (art. 21, parágrafo único). Assim, será possível ao Judiciário brasileiro conhecer de causas em que o demandado seja domiciliado no Brasil, qualquer que seja sua nacionalidade, e pouco importando o domicílio ou a nacionalidade do demandante.

A irrelevância da nacionalidade do demandado para fixação da competência internacional brasileira faz com que nosso ordenamento se diferencie de outros, em diferentes Estados. Há, por exemplo, Estados em que a competência internacional é estabelecida pela nacionalidade da parte, e não por seu domicílio. Imagine-se o que aconteceria, então, se alguém quisesse demandar em face de um estrangeiro domiciliado no Brasil, quando o demandado fosse nacional de um Estado cujas leis fixassem sua competência internacional pela nacionalidade. Nesse caso, a demanda tanto poderia ser ajuizada no Brasil como no país de que o demandado é nacional. Proposta neste último a demanda, a sentença estrangeira poderia ser aqui homologada pelo STJ, em razão do caráter concorrente da competência internacional brasileira no caso.

Os órgãos jurisdicionais brasileiros também têm competência internacional concorrente para as causas cujo objeto seja o cumprimento de uma obrigação se o lugar do pagamento for o Brasil (art. 21, II). Nesta hipótese, é bom que se registre, o Judiciário brasileiro tem competência internacional concorrente ainda que o demandado não seja domiciliado no Brasil. Está-se, aí, diante do que se costuma chamar de *forum destinatae solutionis*.

Para o sistema processual brasileiro é absolutamente irrelevante o lugar em que a obrigação é contraída, assim como a nacionalidade ou domicílio dos sujeitos da relação obrigacional. É, também, despida de qualquer relevância a determinação da lei material aplicável, que pode ser estrangeira. Sobre o ponto, aliás, vale recordar o que estabelece o art. 9º da Lei de Introdução às Normas do Direito Brasileiro, por força do qual a lei que disciplina a relação obrigacional é a do local de sua constituição. Ademais, o art. 2º, § 1º, da Lei de Arbitragem (Lei nº 9.307/1996) autoriza as partes a determinar a lei aplicável ao litígio, o que permite a escolha da lei material aplicável.

Já se reconheceu a competência internacional do Brasil, com base neste inciso II do art. 21, para conhecer de demanda indenizatória proposta por seguradora brasileira que se sub-rogou nos direitos de uma arrendatária também brasileira em face de uma arrendadora norte-americana, que tinha por objeto a pretensão à reparação de danos oriundos de alegado inadimplemento de contrato de arrendamento mercantil cuja execução se daria essencialmente em território brasileiro (STJ, REsp 498.835/SP).

Também já se afirmou a competência internacional do Judiciário brasileiro em um caso em que se exigia o cumprimento de garantia representada por *perfor-

mance bonds emitidos por empresa estrangeira numa hipótese em que a obrigação garantida, decorrente de um contrato de conversão de navio petroleiro em unidade flutuante, deveria ser cumprida no Brasil (STJ, REsp 251.438/RJ).

Observa-se, assim, que se tem reconhecido a competência internacional do Brasil não só quando a obrigação tenha de ser cumprida integralmente em território nacional, mas também quando tal cumprimento se dê principalmente aqui, ou quando se tratar de obrigação acessória de uma (dita principal) que tenha o Brasil como local de cumprimento.

É, também, da competência internacional concorrente do Judiciário brasileiro conhecer de demandas que tenham por fundamento fato ocorrido ou ato praticado no Brasil (art. 21, III), também aqui pouco importando se o demandado tem ou não domicílio em terras brasileiras.

O Superior Tribunal de Justiça, por exemplo, já afirmou a competência internacional do Judiciário brasileiro, com apoio nesse inciso III do art. 21, para uma curiosa demanda proposta por um brasileiro em face dos Estados Unidos da América, em que o objeto do processo era a pretensão a receber recompensa, que teria sido prometida por aquele Estado soberano a quem indicasse onde poderia ser encontrado Saddam Hussein, tendo afirmado o demandante que obtivera a informação através de poderes paranormais (STJ, RO 39/MG).

Outro exemplo pode ser aqui figurado: pense-se em uma demanda para reparação de danos decorrentes de acidente de trânsito ocorrido no Brasil em que todos os envolvidos sejam turistas que aqui estão em férias. A competência internacional do Judiciário brasileiro, em um caso assim, é essencial para que se possa resolver a causa. Certamente seria muito mais difícil resolver-se uma causa dessas em outro Estado, máxime se as partes forem oriundas de Estados distintos.

O Judiciário brasileiro também tem competência internacional concorrente para os processos que tenham por objeto a prestação de alimentos, quando o alimentando (credor dos alimentos) tiver domicílio ou residência no Brasil ou quando o alimentante (devedor dos alimentos) mantiver vínculos no Brasil, tais como posse ou propriedade de bens, recebimento de renda ou obtenção de benefícios econômicos (art. 22, I, *a* e *b*). Perceba-se que a previsão da alínea *b* deste art. 22, I, é especialmente importante para os casos em que nenhuma das partes tenha domicílio no Brasil. Afinal, se o alimentando for domiciliado no País o Judiciário brasileiro será competente por força da alínea *a* do mesmo dispositivo; e se o alimentante for aqui domiciliado, a competência internacional do Judiciário brasileiro decorrerá do previsto no art. 21, I.

É, ainda, da competência internacional concorrente do Judiciário brasileiro conhecer de demandas decorrentes de relações de consumo, quando o consumidor tiver domicílio ou residência no Brasil (art. 22, II). Trata-se de disposição da maior importância, especialmente quando se considera o grande número de relações consumeristas estabelecidas por brasileiros no exterior, seja quando viajam para países estrangeiros, seja quando estabelecem essas relações desde aqui, como se dá em casos de celebração de contratos eletrônicos.

Por fim, estabelece o art. 22, III, a competência internacional concorrente do Judiciário brasileiro nos casos em que as partes, expressa ou tacitamente, se submetam à jurisdição nacional. A submissão expressa se dará quando tiver sido celebrada cláusula de eleição de foro que eleja um foro brasileiro como competente para conhecer de determinada causa. A submissão tácita, por sua vez, ocorrerá sempre que, instaurado um processo no Brasil, não houver, por parte do demandado, a alegação de não ter o Judiciário brasileiro competência internacional para conhece da causa. Extrai-se daí, então, que não se pode conhecer *de ofício* da ausência de competência internacional, só podendo ser a matéria apreciada mediante provocação das partes.

Em todos esses casos em que o Judiciário brasileiro tem *competência internacional concorrente*, tal competência pode ser excluída pela vontade das partes, que poderão livremente eleger um foro exclusivo estrangeiro, na forma do art. 25. A eleição de foro estrangeiro, porém, só é admitida em contratos internacionais e levará, se válida e eficaz, à extinção do processo sem resolução do mérito se for arguida pelo réu em sua contestação, não se admitindo seja a mesma apreciada *ex officio*. Registre-se que a admissibilidade da convenção para eleição de foro estrangeiro (especialmente nos contratos internacionais celebrados pelas pessoas – naturais ou jurídicas, mas principalmente estas últimas – brasileiras permite uma maior participação brasileira na internacionalização da economia, já que muitas vezes os contratos internacionais só são celebrados quando se tem a garantia de que eventuais processos judiciais tramitarão em certos foros, especialmente reconhecidos pela excelência da atividade jurisdicional ali exercida (como se dá, por exemplo, nos casos em que funciona o *Tribunal de Commerce* francês, em que não atuam magistrados profissionais, mas empresários eleitos por juízes e ex-juízes do próprio tribunal e por delegados consulares, que são empresários eleitos no próprio território de atuação do tribunal).

Vistos os casos de competência internacional concorrente, deve-se passar ao exame dos casos de competência internacional exclusiva, previstos no art. 23 do CPC.

O primeiro desses casos é o do processo que seja relativo a imóveis situados no Brasil (art. 23, I). Só se aplica essa regra aos processos em que o objeto mediato da demanda (isto é, o bem jurídico pretendido pelo demandante) seja o próprio bem imóvel, como se dá em demandas possessórias ou reivindicatórias. Não, porém, quando a demanda tenha por objeto alguma prestação relacionada ao imóvel, como por exemplo a cobrança de aluguéis.

Esse primeiro caso de competência internacional exclusiva veicula regra jurídica cuja razão de existir é facilmente compreensível. Um bem imóvel é parte integrante do território de um Estado. E o território, como se sabe, é elemento constitutivo do Estado. Assim, ao afirmar a competência internacional exclusiva do Judiciário brasileiro para conhecer das causas relativas aos imóveis situados no território nacional, o Direito brasileiro faz uma opção acerca do modelo de geodireito que pretende adotar, opção essa que é claramente ligada aos limites impostos pela geografia (e não à geoeconomia).

É, pois, exclusiva a competência internacional da autoridade judiciária brasileira para as causas relativas a tais imóveis, mas isso não impede a jurisprudência brasileira de admitir o reconhecimento, no Brasil, da eficácia de sentença estrangeira que tenha ratificado acordo a respeito de imóvel situado no Brasil (como se pode ver, por exemplo, pela decisão proferida pelo STJ na SEC 2005/0058600-0).

Caso interessante acerca da interpretação desse art. 23, I, do CPC é o que envolve imóveis de embaixadas localizadas no Brasil. A respeito do ponto é impossível não fazer alusão ao caso da República Árabe Unida. Foi a seguinte a ementa do acórdão:

> Internacional público. Imunidade de jurisdição. Ação de estado estrangeiro contra outro, perante a justiça brasileira. 1) Demanda que tem por objeto imóvel situado no Brasil, originariamente adquirido pela República da Síria, depois utilizado pela República Árabe Unida, e, desfeita a união dos dois estados, retido pela República Árabe do Egito. 2) Imunidade de jurisdição, invocada pelo Estado-réu e no caso não afastada pelo fato de constituir objeto da demanda um imóvel situado no Brasil. 3) Antecedendo ao aspecto da aplicabilidade do direito interno brasileiro sobre propriedade imobiliária situada no Brasil, a imunidade de jurisdição se afirma pela circunstância de a solução da controvérsia entre os dois Estados estrangeiros depender de prévio exame de questão, regida pelo direito internacional público, atinente aos efeitos, entre os Estados estrangeiros litigantes, de atos de sua união e posterior separação. Impossibilidade de definição da justiça brasileira sobre tal questão prévia, concernente a relações jurídicas entre os Estados litigantes (STF, ACO 298/DF).

Esse caso levou o STF a proferir uma decisão extremamente controvertida. Basta dizer que votaram vencidos quatro ministros (entre eles o relator), não tendo participado da votação um quinto ministro (Alfredo Buzaid, que não assistiu à leitura do relatório). Em outros termos, e pelo que se extrai da ata do julgamento, foram cinco votos vencedores e quatro votos vencidos. Isso, certamente, mostra a dificuldade da questão ali resolvida.

A compreensão da causa é relativamente simples. A República Árabe da Síria havia adquirido um imóvel no Brasil para ali instalar sua embaixada. Ocorre que aquele Estado e a República Árabe do Egito fundiram-se em um só Estado, chamado República Árabe Unida, que passou a utilizar aquele imóvel. Desfeita a união entre aqueles Estados, o imóvel passou a ser ocupado pelo Egito, que não o devolveu à Síria. Esta, então, foi ao STF demandar em face daquele, tendo formulado pedido de reintegração de posse. O Estado demandado afirmou que a questão não era simplesmente possessória, mas envolvia sucessão entre Estados, questão que o Judiciário brasileiro não poderia resolver, sob pena de afrontar a soberania de outros Estados. Essa foi a tese acolhida pelo acórdão, que determinou a extinção do processo sem resolução do mérito. Entendeu-se, então, naquele julgamento, que o Brasil não poderia exercer sua competência internacional, não obstante o fato de a causa versar sobre um imóvel situado no Brasil. Observe-se, porém, que dessa decisão não se pode inferir – e não o fez, certamente, o acórdão do STF – que seria verdadeira a equivocada tese segunda a qual o imóvel sede de missão diplomática constitui território estrangeiro.

Também é da competência internacional exclusiva do Judiciário brasileiro processar, em matéria de sucessão hereditária, a confirmação de testamento particular e o inventário e partilha dos bens situados no Brasil, ainda que o autor da herança fosse estrangeiro ou, sendo brasileiro, seu último domicílio tenha sido fixado fora do território nacional (art. 23, II). O Judiciário brasileiro, é bom que se tenha isso claro, só atua quando houver bens integrantes do espólio que estejam situados no Brasil, e exclusivamente em relação a esses bens. Assim, tendo o falecido deixado bens no Brasil e no exterior, será preciso promover aqui o processo de inventário e partilha dos bens aqui localizados e, de outra parte, no Estado estrangeiro se processará o inventário e partilha dos bens que lá estejam situados.

Não basta, porém, ter claro que só no Brasil pode tramitar o processo de inventário e partilha dos bens aqui situados. É preciso ter clara, também, e *a contrario sensu* do que diz o texto legal ora em exame, a incompetência do Judiciário brasileiro para processar o inventário e partilha de bens situados no exterior.

Por fim, é da competência internacional do Judiciário brasileiro, em casos de divórcio, separação judicial ou dissolução de união estável, proceder à partilha dos bens situados no Brasil, ainda que o titular do bem (ex-cônjuge ou ex-companheiro) seja estrangeiro ou tenha domicílio fora do Brasil. Uma vez mais, o que importa para a fixação da competência internacional exclusiva do Judiciário brasileiro é o lugar onde localizados os bens.

Vale recordar que em todos os casos de competência internacional exclusiva o Direito brasileiro não admite o reconhecimento e homologação de sentenças estrangeiras que eventualmente tenham sido proferidas em outros Estados, nos termos do art. 964.

5.2. LITISPENDÊNCIA INTERNACIONAL

Vistos os casos em que o Judiciário brasileiro está autorizado a exercer atividade jurisdicional, seja de modo exclusivo, seja concorrentemente com o Judiciário de outros Estados soberanos, é preciso examinar o fenômeno da litispendência internacional. Trata-se, aqui, de verificar quais são os efeitos, sobre um processo instaurado no Brasil, do fato de ter sido anteriormente instaurado outro processo perante órgão jurisdicional estrangeiro, mas que tenha *as mesmas partes, a mesma causa de pedir* e *o mesmo pedido*.

Trata da matéria o art. 24 do CPC, segundo o qual "[a] ação proposta perante tribunal estrangeiro não induz litispendência e não obsta a que a autoridade judiciária brasileira conheça da mesma causa e das que lhe são conexas, ressalvadas as disposições em contrário de tratados internacionais e acordos bilaterais em vigor no Brasil".

Significa isso que, como regra geral, a litispendência internacional não tem qualquer relevância.

Não se trata, propriamente – como diz a lei –, de não haver litispendência internacional, mas de se afirmar a irrelevância da mesma. Dito de outro modo, isso quer dizer que o fato de haver um processo estrangeiro pendente não impede a apreciação do mérito da causa em processo brasileiro instaurado para julgamento da mesma demanda.

A lei brasileira, todavia, ressalva a existência de tratado internacional a dispor sobre a matéria. É o caso, por exemplo, do art. 394 do Código Bustamante (Convenção de Direito Internacional Privado de Havana, de 1928, promulgada no Brasil pelo Decreto nº 18.871, de 13 de agosto de 1929, ainda vigente), segundo o qual "[a] litispendência, por motivo de pleito em outro Estado contratante, poderá ser alegada em matéria cível, quando a sentença, proferida em um deles, deva produzir no outro os efeitos de coisa julgada". Deste modo, se estiver instaurado um processo perante Estado estrangeiro contratante do Código Bustamante (além do Brasil, Cuba,

República Dominicana, Haiti, Panamá, Costa Rica, Nicarágua, Honduras, El Salvador, Guatemala, Chile, Bolívia, Equador, Peru e Venezuela) e em seguida instaurar-se outro processo, no Brasil, entre as mesmas partes, com a mesma causa de pedir e o mesmo pedido, então o processo brasileiro deverá ser extinto, sem resolução do mérito, por força do disposto no art. 485, V, do CPC.

Também existe disposição a respeito do tema no Protocolo de Las Leñas, tratado internacional que foi ratificado pelos Estados integrantes do Mercosul (Brasil, Argentina, Uruguai e Paraguai), cujo art. 22, segunda parte, veda a litispendência internacional. Assim, pendente algum processo perante o Judiciário de um desses Estados, vindo a instaurar-se um segundo processo perante o Judiciário de outro deles, entre as mesmas partes, com a mesma causa de pedir e com o mesmo pedido, este segundo processo deverá ser extinto sem resolução do mérito.

Tema distinto, porém, próximo ao que acaba de ser visto, é o da conexão entre causas que tramitam perante órgãos jurisdicionais de Estados distintos. É preciso saber, então, se a conexão entre uma demanda ajuizada no Brasil e outra ajuizada perante tribunal estrangeiro é capaz de trazer esse segundo processo para o Judiciário brasileiro. O já citado art. 24 estabelece que a pendência de processo perante órgão jurisdicional estrangeiro "não obsta a que a autoridade judiciária brasileira conheça da mesma causa *e das que lhe são conexas*". Disso não se pode extrair, porém, que seja possível trazer para o Brasil uma causa conexa a outra que aqui tenha sido deduzida em juízo se a autoridade judiciária brasileira não for, também para esta, dotada de competência internacional.

Dito de outro modo: a conexão entre demandas não é causa de prorrogação da competência internacional da Justiça brasileira. Assim sendo, não se pode permitir a instauração de processo no Brasil, ainda que conexo a outro que aqui tramite, se o Judiciário brasileiro não tiver competência internacional para dele conhecer. A conexão, portanto, não é capaz de prorrogar a competência internacional da autoridade judiciária brasileira, tornando-a competente para uma causa que, a princípio, não lhe podia ser submetida.

5.3. COOPERAÇÃO JUDICIÁRIA INTERNACIONAL

É cada vez mais frequente haver necessidade de que órgãos jurisdicionais (ou não jurisdicionais, como o Ministério Público) de Estados soberanos distintos cooperem entre si. Basta pensar no caso de tramitar um processo perante o Judiciário de um país e haver necessidade de colher provas em outro. Para casos assim é que o Código de Processo Civil regula a *cooperação internacional*.

Esta é regida, em primeiro lugar, por tratado internacional de que o Brasil seja parte. E é bom frisar que o Brasil já internalizou tratados internacionais sobre cooperação judiciária com diversos países, dentre os quais se destacam os integrantes do MERCOSUL (Uruguai, Paraguai, Argentina e Venezuela), o Chile, a Bolívia, a França e a Itália. Não havendo tratado, a cooperação se fará com base em reciprocidade manifestada por via diplomática (art. 26, § 1º), salvo para homologação de sentença estrangeira, para a qual o Direito brasileiro dispensa a exigência de reciprocidade (art. 26, § 2º).

A cooperação judiciária internacional deve observar o respeito às garantias do devido processo constitucional no Estado requerente (art. 26, I); a igualdade de tratamento entre nacionais e estrangeiros, residentes ou não no Brasil, em relação ao acesso à justiça e à tramitação dos processos, assegurando-se assistência jurídica aos necessitados (art. 26, II); a publicidade processual, exceto nas hipóteses de sigilo previstas na legislação brasileira ou na do Estado requerente (art. 26, III); a existência de autoridade central para recepção e transmissão dos pedidos de cooperação (art. 26, IV), que será – na falta de designação específica no tratado – o Ministério da Justiça (art. 26, § 4º); a espontaneidade na transmissão de informações a autoridades estrangeiras (art. 26, V).

Na cooperação judiciária internacional não se admite a prática de atos que contrariem ou produzam resultados incompatíveis com as normas fundamentais que regem o Estado brasileiro (art. 26, § 3º), como seria, por exemplo, a colheita de meios de prova que, para o Direito brasileiro, sejam ilícitas (ainda que tidas como lícitas no Estado requerente).

A cooperação judiciária terá por objeto a citação, intimação e notificação judicial ou extrajudicial (art. 27, I); a colheita de provas e a obtenção de informações (art. 27, II), a homologação e cumprimento de decisão (art. 27, III); a concessão de medida judicial de urgência (art. 27, IV); a assistência jurídica internacional (art. 27, V); ou qualquer outra medida, judicial ou extrajudicial, que não seja proibida pela lei brasileira (art. 27, VI). Assim, por exemplo, o Brasil poderá prestar cooperação judiciária internacional para promover uma interceptação de comunicações telefônicas para fins de investigação policial ou instrução criminal, mas não para instruir um processo civil (Constituição da República, art. 5º, XII).

Os meios de cooperação judiciária mais importantes são o *auxílio direto* (arts. 28 a 34); a *carta rogatória* (arts. 35 e 36) e a *homologação de decisão estrangeira* (arts. 960 a 965). Da homologação de decisão estrangeira e do processo de concessão de *exequatur* às cartas rogatórias se tratará mais adiante, em capítulo a isso especificamente dedicado, quando do estudo do modo como se desenvolvem os processos nos Tribunais (já que a competência originária para homologar decisões estrangeiras e para concessão de *exequatur* é do Superior Tribunal de Justiça).

Cabe o *auxílio direto* quando a medida não decorrer diretamente de decisão de autoridade jurisdicional estrangeira a ser submetida a juízo de delibação (homologação de decisão estrangeira ou concessão de *exequatur* a carta rogatória) no Brasil. Nesses casos, então, o que há é um ato não jurisdicional do Estado requerente destinado a postular um ato jurisdicional do Estado requerido (ou um ato jurisdicional para o qual se dispensa, por força de tratado internacional, o juízo de delibação). Pense-se, por exemplo, no caso de o Ministério Público de um Estado estrangeiro postular a colheita de certa prova no Brasil (caso em que caberá ao Judiciário brasileiro proferir a decisão acerca da admissibilidade da prova). Figure-se, a título exemplificativo, o disposto na Convenção sobre os Aspectos Civis do Sequestro Internacional de Crianças, concluído na cidade da Haia em 1980, e promulgado no Brasil através do Decreto nº 3.413/2000. Estabelece o art. 9º da aludida convenção que, sempre que a autoridade central de um Estado receber pedido de retorno, ao Estado de origem, de criança que tenha sido alvo de sequestro internacional, deverá transmitir o pedido "diretamente e sem demora" à autoridade central do Estado para onde se acredita que a criança tenha sido levada, a fim de que sejam tomadas medidas para o retorno da criança. Estabelece ainda a convenção que as autoridades (judiciais ou administrativas) do Estado requerido deverão tomar medidas de urgência com vistas ao retorno da criança (art. 11). Assim, vindo o pedido diretamente da autoridade central de um Estado estrangeiro para a autoridade central brasileira, esta deverá, imediatamente, postular a medida judicial adequada ao órgão jurisdicional brasileiro competente (que, na hipótese, é a Justiça Federal de primeira instância, por força do disposto no art. 109, III, da Constituição da República e do art. 34 do CPC), realizando-se deste modo o auxílio direto.

O pedido de auxílio direto será encaminhado pelo órgão estrangeiro interessado à autoridade central brasileira, na forma estabelecida no tratado, cabendo ao Estado requerente assegurar a autenticidade e a clareza do pedido (art. 29).

Admite-se o pedido de auxílio direto, além dos casos previstos nos tratados internacionais de que o Brasil seja parte, para os seguintes fins: obtenção e prestação de informações sobre o ordenamento jurídico e sobre processos administrativos ou jurisdicionais findos ou em curso (art. 30, I); colheita de provas, salvo se a medida for adotada em processo, em curso no estrangeiro, de competência exclusiva de autoridade judiciária brasileira (art. 30, II); ou qualquer outra medida judicial ou extrajudicial não proibida pela lei brasileira (art. 30, III).

Merece destaque, aí, o emprego do auxílio direto para obtenção de informações acerca do ordenamento jurídico estrangeiro. É que o art. 376 prevê a possibilidade de o órgão jurisdicional brasileiro determinar a uma das partes que produza prova do teor e vigência do Direito estrangeiro. Pois nem sempre a produção dessa prova será viável para a parte a quem o ônus probatório tenha sido atribuído. Pense-se, por exemplo, em um caso em que a parte tenha de produzir prova do teor e vigência de lei de um Estado soberano de idioma pouco acessível, em que se emprega alfabeto diferente do nosso (como seria o caso dos alfabetos de países orientais como China ou Japão), o que torna muito difícil a obtenção de informações através da Internet. Junte-se a isso a possibilidade de se tratar de um Estado que não tenha representação diplomática no Brasil (como é o caso Taiwan, Estado com que o Brasil não mantém relações diplomáticas). Pois em casos assim, ou se emprega o auxílio direto para obtenção de informações, ou dificilmente se conseguirá produzir a prova do Direito estrangeiro.

Sendo o Brasil o Estado requerente, a autoridade central brasileira se comunicará diretamente com suas congêneres e, se necessário, com outros órgãos estrangeiros responsáveis pela tramitação e pela execução dos pedidos de cooperação enviados e recebidos pelo Estado brasileiro, respeitadas as disposições específicas constantes de tratado entre o Brasil e o Estado requerido (art. 31). No caso de auxílio direto para a prática de atos que, segundo a lei brasileira, não necessitem de atividade jurisdicional, a autoridade central adotará as medidas que, conforme a legislação brasileira, sejam necessárias para seu cumprimento (art. 32).

Recebido um pedido, pela autoridade central brasileira, de auxílio direto passivo (isto é, um pedido de auxílio direto em que o Brasil é o Estado requerido, sendo ativo aquele em que o Brasil é o Estado requerente), a autoridade central o encaminhará à Advocacia-Geral da União, a quem incumbe formular ao Judiciário o pedido destinado à obtenção da medida solicitada (art. 33). Caso seja autoridade central o Ministério

Público (como se dá, por exemplo, nos casos de auxílio direto passivo provenientes de Portugal – art. 14, 4, do Decreto nº 1.320/1994, que promulga o Tratado de Auxílio Mútuo em Matéria Penal, entre o Governo da República Federativa do Brasil e o Governo da República Portuguesa, celebrado em Brasília em 07/05/1991 – e do Canadá – art. 11 do Decreto nº 6.747/2009, que promulga o Tratado de Assistência Mútua em Matéria Penal entre o Governo da República Federativa do Brasil e o Governo do Canadá, celebrado em Brasília, em 27/01/1995), a este caberá formular diretamente o pedido ao órgão jurisdicional (art. 33, parágrafo único, do CPC).

De outro lado, será feito por *carta rogatória* o pedido de cooperação entre órgão jurisdicional brasileiro e órgão jurisdicional estrangeiro para prática de ato de citação, intimação, notificação judicial, colheita de provas, obtenção de informações e de cumprimento de decisão interlocutória, sempre que o ato estrangeiro constituir decisão a ser executada no Brasil (apesar do veto ao art. 35, que tratava especificamente da *carta rogatória passiva*, em que o Brasil é o Estado rogado, já que esse veto nada altera substancialmente no sistema).

O procedimento para concessão do *exequatur* à carta rogatória passiva desenvolve-se, como já dito, perante o Superior Tribunal de Justiça (art. 105, I, *i*, da Constituição da República), é de jurisdição contenciosa e deve respeitar as garantias do devido processo constitucional (art. 36). A defesa que se pode oferecer ao pedido de concessão do *exequatur* restringe-se à discussão quanto ao atendimento dos requisitos para que o pronunciamento judicial estrangeiro produza efeitos no Brasil (art. 36, § 1º) e, em qualquer hipótese, é vedada a revisão do mérito do pronunciamento judicial estrangeiro pela autoridade jurisdicional brasileira (art. 36, § 2º), motivo pelo qual o processo de concessão de *exequatur* constitui mero "juízo de delibação". A isso se voltará adiante, porém, em capítulo dedicado ao estudo do assunto.

Nos casos de pedido de cooperação judiciária internacional ativa (isto é, pedido formulado pelo Brasil como Estado requerente), este deverá ser encaminhado à autoridade central brasileira, para que a encaminhe ao Estado estrangeiro (art. 37). Esse pedido, assim como os documentos que lhe sejam anexados, devem estar traduzidos para a língua oficial do Estado requerido (art. 38).

O pedido de cooperação judiciária passiva será recusado se configurar manifesta ofensa à ordem pública brasileira (art. 39).

Quando se trate de pedido de cooperação judiciária internacional destinada a promover a execução, no Brasil, de sentença estrangeira, este deve se dar por meio de carta rogatória ou de homologação de sentença estrangeira (art. 40).

O documento que instrua pedido de cooperação passiva, inclusive a tradução para a Língua Portuguesa, será considerado autêntico quando encaminhado ao Brasil pela autoridade central do Estado estrangeiro ou por via diplomática, dispensando-se a juramentação, autenticação ou qualquer outro procedimento de legalização (art. 41), mas isto não impede a aplicação das exigências dispensadas pela lei por força de reciprocidade de tratamento (art. 41, parágrafo único). Assim, quando em um Estado estrangeiro se exigir algum procedimento de legalização dos documentos oriundos do Brasil (como, por exemplo, a autenticação consular ou o apostilamento), idêntico tratamento será dispensado, no Brasil, aos documentos oriundos daquele Estado.

CAPÍTULO 6

COMPETÊNCIA

6.1. CONCEITO

É sabido que todos os órgãos do Poder Judiciário exercem atividade jurisdicional. Há entre eles, todavia, uma divisão de trabalho, o que se faz através da regra de distribuição da competência.

É frequente a afirmação de que a competência é a "medida da jurisdição". Essa afirmação, porém, não parece adequada. Isso porque, sendo a jurisdição una e indivisível, não se afigura possível medir a "quantidade de jurisdição" que cada órgão jurisdicional exerce. Todos os órgãos do Judiciário exercem atividade jurisdicional na mesma medida, já que aquela função do Estado é indivisível. A questão não é de quantidade de jurisdição, mas dos limites em que cada órgão jurisdicional pode legitimamente exercer essa função estatal.

Assim sendo, define-se a competência como o conjunto de limites dentro dos quais cada órgão do Judiciário pode exercer legitimamente a função jurisdicional. Em outras palavras, embora todos os órgãos do Judiciário exerçam atividade jurisdicional, cada um desses órgãos só pode exercer tal função dentro de certos limites estabelecidos por lei. O exercício da função jurisdicional por um órgão do Judiciário em desacordo com os limites traçados por lei será ilegítimo, sendo de se considerar, então, que aquele juízo é incompetente.

É possível, aqui, traçar-se uma comparação entre a regulamentação da atuação das partes e a do órgão jurisdicional no processo. Enquanto as partes precisam, para que se possa chegar ao resultado a que se dirige o processo, de uma aptidão genérica (*capacidade processual*) e de uma aptidão específica (*legitimidade de parte*), também do órgão estatal que atua no processo como Estado-juiz se exige uma aptidão genérica para atuar (a própria *jurisdição*) e, também, uma aptidão específica (a *competência*). Daí poder-se dizer, como se fez, que a competência estabelece os limites da atuação *legítima* do órgão jurisdicional. Um juízo incompetente é, a rigor, um juízo ilegítimo para atuar no processo.

Dito de outro modo: a jurisdição é exercida, no Brasil, por diversos órgãos (os *juízos* ou *órgãos jurisdicionais*). Entre eles há uma divisão de trabalho, estabelecida a partir de critérios definidos em lei (como a matéria e o território, por exemplo). Registre-se que se fala em lei, aqui, em sentido amplo, podendo as normas de competência ser encontradas na Constituição da República, em leis federais (inclusive

– e principalmente – no CPC), nas leis estaduais de organização judiciária e nas Constituições dos Estados (art. 44). A partir desses critérios é possível estabelecer uma "área de atuação" de cada órgão jurisdicional, o qual só exercerá de forma legítima a jurisdição nos processos que estejam dentro dessa "área", cujos limites estão definidos em lei. Sempre que um processo se instaure perante um juízo, será preciso verificar, então, se tal juízo está legitimado a atuar naquela causa, ou seja, se aquela causa encontra-se dentro de sua "área de atuação". Caso a resposta a essa questão seja positiva, o juízo será *competente* para a causa. No caso contrário, o juízo será *incompetente*.

É exatamente por isso que o art. 42 estabelece que "as causas cíveis serão processadas e decididas pelo [juízo] nos limites de sua competência", ressalvado às partes o direito de instituir, na forma da lei, o juízo arbitral. A competência é manifestação do modelo constitucional de processo, já que, nos termos do art. 5º, LIII, da Constituição da República, "ninguém será processado nem sentenciado senão pela autoridade competente".

Nos termos do art. 43, a competência é determinada no momento da propositura da demanda, sendo irrelevantes as modificações do estado de fato ou de direito ocorridas posteriormente. Trata-se da regra da perpetuação da competência (*perpetuatio iurisdictionis*). Significa isto dizer que a competência deve ser aferida pelas normas vigentes ao tempo do ajuizamento da demanda que sejam aplicáveis ao caso concreto. Modificações posteriores à propositura da demanda (como, por exemplo, a alteração do domicílio do demandado nos casos em que este seja o critério de determinação da competência) são irrelevantes, preservada (ou, como se costuma dizer, perpetuada) a competência do juízo perante o qual se instaurou o processo. Excetua-se a regra da perpetuação da competência, porém, quando o órgão jurisdicional em que tramitava originariamente o processo for suprimido ou quando se alterarem as regras de "competência absoluta" (fenômeno de que se tratará adiante). Assim, por exemplo, se um processo que versa sobre matéria de família (como um processo que tenha por objeto a guarda e visitação de filhos) instaurou-se perante uma Vara Cível em comarca que não dispunha, ao tempo do ajuizamento da demanda, de Vara de Família, a criação desta após a instauração daquele processo implicará o deslocamento do processo para o novo órgão jurisdicional, posteriormente criado, e que é competente em razão da matéria para conhecer da causa (sendo a competência em razão da matéria, como se verá adiante, uma "competência absoluta").

Um dos casos em que se admite a modificação da competência no curso do processo é retratado no art. 45. Trata-se da hipótese em que o processo se instaura originariamente perante um juízo estadual e nele, posteriormente, intervém a União, uma empresa pública federal, uma entidade autárquica federal (entre as quais se encontram os conselhos de fiscalização profissional) ou uma fundação pública federal, como parte ou terceiro interveniente (ressalvados, expressamente, os processos de recuperação judicial, falência ou insolvência civil, nos termos do art. 45, I, o qual decorre diretamente do que dispõe a parte final do art. 109, I, da Constituição da República).

O inciso II do art. 45 estabelece a impossibilidade de modificação da competência da Justiça Eleitoral ou da Justiça do Trabalho para a Justiça Federal. O mesmo raciocínio se aplica aos processos que versam sobre acidentes de trabalho (previstos no inciso I do art. 45, já que os processos que versam sobre reparação de danos resultantes de acidentes de trabalho são da competência dos juízos trabalhistas, nos termos do enunciado de Súmula Vinculante nº 22, do STF). Pois é exatamente por este motivo que se afirmou que o art. 45 trata do caso em que o processo tem de ser remetido de *juízo estadual* para *juízo federal*.

Havendo tal intervenção, o juízo estadual deve verificar se há algum pedido, formulado naquele processo, cujo conhecimento lhe caiba. Neste caso os autos não serão remetidos ao juízo federal (art. 45, § 1º), não se admitindo a cumulação de pedidos e não podendo, por conta disso, o juízo estadual conhecer do pedido em relação ao qual exista interesse da entidade federal (art. 45, § 2º).

Não sendo o caso de manter o processo com o juízo estadual, porém, os autos serão remetidos para o juízo federal, único competente para dizer se o ente federal deverá ou não ser admitido no processo (Enunciado nº 150 da súmula do STJ). Admitido o ente federal no processo, este terá a competência alterada, passando a desenvolver-se perante o juízo federal. Não admitido o ente federal, serão os autos restituídos ao juízo estadual de origem (art. 45, § 3º).

Também haverá modificação da competência na hipótese inversa: instaurado originariamente um processo perante juízo federal (em razão da presença, como parte, de um ente federal), pode ocorrer de tal ente ser excluído do processo (o que pode dar-se, por exemplo, por ilegitimidade). Nesta hipótese, não sendo caso de extinção do processo sem resolução do mérito (bastando pensar na possibilidade de haver um litisconsórcio entre o ente federal e outra parte, só sendo reconhecida a ilegitimidade do ente federal), o processo deverá ser remetido para um juízo estadual, onde passará a tramitar.

O centro das atenções no estudo da competência, pois, é a verificação dos critérios de sua fixação, ou seja, dos parâmetros empregados pelo ordenamento jurídico para estabelecer os limites dentro dos quais cada órgão do Judiciário pode exercer atividade jurisdicional.

6.2. CRITÉRIOS DE FIXAÇÃO

A competência é fixada através de três critérios: *competência territorial, competência funcional e competência objetiva*. O Código de Processo Civil só trata expressamente, no capítulo "da competência", do primeiro desses critérios. Os demais, todavia, também integram o sistema processual, como se poderá ver adiante.

O primeiro critério de fixação da competência interna, o territorial, permite determinar o lugar em que o processo deverá instaurar-se e se desenvolver. A regra geral acerca deste critério é a que resulta da interpretação do art. 46, por força do qual as demandas fundadas em direito pessoal ou em direito real sobre bens móveis deverão ser propostas, em regra, no foro de domicílio do réu. Usa-se aqui, evidentemente, o conceito de domicílio do Direito Civil, sendo imperioso fazer-se remissão aos arts. 70 e seguintes do Código Civil.

Se forem dois ou mais os réus, tendo eles domicílios diferentes, podem ser demandados no foro de qualquer deles, à escolha do autor (art. 46, § 4º). Sendo incapaz o réu, a competência será do foro do domicílio de seu representante ou assistente (art. 50), o que nada mais significa do que afirmar que ao réu incapaz se aplica a regra geral da competência do foro do domicílio do demandado, por força do que dispõe o art. 76, parágrafo único, do Código Civil.

Sendo ré uma pessoa jurídica, a competência territorial será do foro de sua sede (art. 53, III, *a*) e, versando a causa sobre obrigações contraídas por agências ou sucursais, o foro de onde estas se acham localizadas (art. 53, III, *b*). Já no caso de ser demandada sociedade ou associação sem personalidade jurídica, a demanda será proposta no lugar onde ela exerça suas atividades (art. 53, III, *c*). E na hipótese de demanda em que se postula reparação de dano praticado em razão do ofício notarial ou registral, a competência será do foro da sede da serventia (art. 53, III, *f*).

Caso o demandado tenha mais de um domicílio, poderá o demandante livremente escolher entre os foros concorrentemente competentes (art. 46, § 1º). E no caso de ser incerto ou desconhecido o domicílio do réu, poderá a demanda ser proposta onde quer que ele seja encontrado ou no foro de domicílio do autor (art. 46, § 2º).

Quando o demandado não tiver domicílio ou residência no Brasil, a demanda deverá ser proposta no domicílio do autor. E se ambas as partes residirem fora do País, todos os foros brasileiros serão concorrentemente competentes para a causa (art. 46, § 3º).

No caso de processo de execução fiscal, são concorrentemente competentes o foro do domicílio do executado, o de sua residência e o do lugar em que for encontrado (art. 46, § 5º). O STF deu a esse dispositivo interpretação conforme a Constituição (ao apreciar as ADIs 5.492 e 5.737) para declarar que essa regra só se aplica dentro dos limites territoriais de cada ente subnacional ou ao local de ocorrência do fato gerador. Esse entendimento *proíbe*, por exemplo, que um Município como São Paulo ajuíze demanda de execução fiscal contra um contribuinte sediado em outra comarca (se não for ali o local do fato gerador, mas tão somente o lugar da sede do executado), ainda que se trate de Município vizinho (como São Bernardo do Campo), ou que haja convênio entre as Procuradorias Municipais, e mesmo considerando que os autos tramitam eletronicamente. Com todo respeito ao STF, há aí uma superproteção do interesse público que, muitas vezes, acabará por prejudicar o próprio interesse público. Além disso, há uma supervalorização da competência territorial, quando o uso da tecnologia já permite repensar todo esse sistema, colocando-se mesmo em dúvida a razão de ser da existência de comarcas em um momento em que tudo – ou quase tudo – se faz por meios eletrônicos e sem necessidade de deslocamento até o fórum.

A regra geral (do foro do domicílio), porém, comporta exceções. De todas, a mais importante é a que vem do disposto no art. 47, por força do qual "[p]ara as ações fundadas em direito real sobre imóveis, é competente o foro de situação da coisa", isto é, o foro onde esteja situado o imóvel. Pode o autor, todavia, optar pelo foro do domicílio do réu ou por foro de eleição se a causa não versar sobre propriedade, vizinhança, servidão, divisão e demarcação de terras ou nunciação de obra nova. Assim, por exemplo, em um processo no qual se controverta acerca dos limites do exercício de um direito real de superfície, serão concorrentemente competentes os foros da situação da coisa, do domicílio do réu e o foro que tenha sido eleito pelas partes (art. 47, § 1º).

A competência para conhecer das demandas possessórias relativas a bens imóveis também é do foro da situação da coisa (art. 47, § 2º), tampouco aqui se admitindo que o autor escolha demandar em outro foro.

A competência territorial para os processos relacionados à sucessão *mortis causa* (inventário e partilha, arrecadação, cumprimento de disposições de última vontade, impugnação ou anulação de partilha extrajudicial) e para todos os processos em que o espólio é demandado é o do último domicílio do autor da herança, pouco importando o lugar em que se tenha dado o falecimento (art. 48). No caso em que o autor da herança não tinha domicílio certo, a competência é do foro da situação dos bens imóveis (e se houver imóveis localizados em diferentes foros, qualquer deles é competente). Por fim, no caso de não haver imóveis no espólio, os processos poderão instaurar-se em qualquer foro em que sejam localizados bens (móveis) que integrem o monte (art. 48, parágrafo único).

Demandas propostas em face do ausente devem ser propostas no lugar em que ele teve seu último domicílio conhecido, foro este também competente para a arrecadação, o inventário e partilha e para o cumprimento de suas disposições testamentárias (art. 49).

Nos processos instaurados por demanda proposta pela União, por Estado ou pelo Distrito Federal, a competência é do foro do domicílio do demandado (arts. 51 e 52). Sendo ela, porém, a demandada, o processo poderá instaurar-se no foro do domicílio do autor, no de ocorrência do ato ou fato que originou a demanda, no de situação da coisa ou no do Distrito Federal ou da capital do ente federado (arts. 51, parte final e 52, parte final).

O STF, ao julgar as ADIs 5.492 e 5.737, atribuiu interpretação conforme a Constituição ao § 5º do art. 46 e ao art. 52, parágrafo único, do CPC, "para restringir a competência do foro do domicílio do autor às comarcas inseridas nos limites territoriais do estado-membro ou do Distrito Federal que figure como réu". Assim, por exemplo, não poderia um autor domiciliado no Estado do Rio de Janeiro demandar, em seu próprio foro, contra o Estado de Minas Gerais. Com todo o respeito devido ao STF, isso gera mais problemas do que soluções. Como fazer, por exemplo, nos casos em que haja litisconsórcio passivo entre dois Estados da Federação? Seria impossível demandar em qualquer Estado contra outro, ainda que o caso fosse de litisconsórcio necessário? Mas qual seria, então, o foro competente? E essa interpretação dada pelo STF veda que os Estados celebrem convenções processuais de eleição de foro (que indiquem como foro eleito comarca que não esteja dentro de seus limites territoriais)? E seria essa vedação capaz de alcançar até mesmo o caso em que se tenha um negócio jurídico entre Estados? E como ficam os casos em que o Estado participa de relações jurídicas de Direito Privado? E se for o caso de um acidente de trânsito? Imagine-se que uma viatura do Estado do Paraná, transitando por uma rodovia que cruza mais de um Estado, e próximo da divisa com Santa Catarina (mas já dentro dos limites desse outro Estado), se envolve em um acidente. Não poderia a vítima demandar no foro de seu próprio domicílio? Nenhuma dessas questões é enfrentada pelo acórdão do STF, e ficam todas elas sem resposta. Daí a crítica que aqui se faz à solução (*data venia*) simplista que o Supremo Tribunal Federal deu ao caso.

Por fim, o art. 53 traz (além das já examinadas) uma série de disposições relevantes acerca da fixação de competência territorial. Assim é que será competente o foro do domicílio do guardião do filho incapaz para os processos de divórcio, separação, anulação de casamento e reconhecimento ou dissolução de união estável (art. 53, I, *a*). Há, aqui, porém, uma questão a considerar: no ordenamento jurídico brasileiro, a regra geral é a guarda compartilhada dos filhos incapazes (Código Civil, art. 1.584, § 2º). Pois se a guarda é compartilhada, então ambos os genitores têm a guarda, e neste caso a competência será, concorrentemente, dos foros dos domicílios de ambos (que podem ser distintos). Seria melhor, então, que a lei processual tivesse estabelecido que nos casos de guarda compartilhada a competência territorial seria fixada pelo lar de referência do filho incapaz. Não foi esta, porém, a solução dada pela lei, razão pela qual se deve considerar que nos casos de guarda compartilhada, sendo distintos os domicílios dos genitores, ambos os foros serão concorrentemente competentes.

Caso não haja filho incapaz, a competência será do foro do último domicílio do casal e, se nenhuma das partes residir no lugar do último domicílio comum, aplicar-se-á a regra geral e será competente o foro do domicílio do demandado (art. 53, I, *b* e *c*).

Além disso, será competente o foro do domicílio da vítima de violência doméstica e familiar, nos termos da Lei nº 11.340/2006, conhecida como "Lei Maria da Penha" (art. 53, I, *d*, acrescentado ao CPC pela Lei nº 13.894/2019).

Quanto a esta última hipótese, acrescida posteriormente ao texto normativo do CPC, surge uma questão interessante: é que passa a ser possível que um mesmo caso se enquadre em duas das alíneas deste art. 53, I. Basta pensar no caso de um divórcio em que a mulher é vítima de violência doméstica (o que atrai a alínea *d*, sendo competente o foro do domicílio dela), havendo filho incapaz do casal que esteja sob a guarda do pai (a atrair a incidência da alínea *a*, sendo então competente o foro do marido). Neste caso, deve-se considerar haver uma concorrência de foros competentes, podendo o processo tramitar em qualquer desses foros. Também aqui merece crítica o texto legal, já que deveria ter sido estabelecida uma prevalência de um desses dois foros (cabendo à lei definir qual dos interesses deveria ser protegido preponderantemente, se o do filho incapaz ou se o da mulher vítima de violência doméstica). Não tendo sido feita essa escolha pela lei, porém, a única solução viável é reputar que esses dois foros são concorrentemente competentes.

Havendo, portanto, filho incapaz, a competência para os aludidos processos será do foro do genitor que tenha a guarda. Nos casos de guarda compartilhada (e é sempre bom recordar que, nos termos do art. 1.584, § 2º, do CC, esta é a regra geral acerca da guarda de filhos incapazes), e vivendo os genitores em lugares diferentes, ambos os foros serão concorrentemente competentes. O mesmo se aplicará aos casos em que, havendo mais de um filho incapaz, cada genitor tenha a guarda unilateral de pelo menos um desses filhos.

Não havendo filhos incapazes (ou no caso, excepcional mas possível, de nenhum dos genitores ter a guarda de qualquer dos filhos), será competente o foro do último domicílio do casal se lá ainda residir pelo menos um dos cônjuges. Na hipótese de não haver filhos incapazes (ou de nenhuma das partes ter a guarda de qualquer filho incapaz) e nenhum deles residir mais no último domicílio comum, será competente o foro do domicílio do réu.

De outro lado, será competente o foro do domicílio ou da residência do alimentando para o processo em que se pedem alimentos (art. 53, II). Esta é regra que se aplica a todos os processos em que se pedem alimentos, pouco importando se o alimentando é incapaz ou não. E o texto legal fixa a competência territorial pelo domicílio *ou residência* em razão de ser possível que o autor seja um incapaz a pedir alimentos contra seu representante legal, caso em que se aplica o art. 76, parágrafo único, do Código Civil. Neste caso, então, poderá ele demandar no foro de sua residência (que pode não ser o mesmo do domicílio do seu representante legal).

Nos processos que tenham por objeto o cumprimento de obrigações, a competência territorial é do foro do pagamento (art. 53, III, *d*). Importante, então, verificar se a obrigação é quesível (caso em que o lugar do pagamento é o domicílio do devedor) ou portável (quando o lugar do pagamento é o domicílio do credor). Não tendo havido convenção sobre o lugar do pagamento, incide o disposto no art. 327 do Código Civil, que estipula, como regra geral, que o pagamento se fará no domicílio do devedor.

Já nos processos que versem sobre direitos previstos no Estatuto do Idoso (Lei nº 10.741/2003), é competente o foro da residência do idoso (pouco importando saber qual a posição ocupada pelo idoso no processo), nos termos do art. 53, III, *e*, disposição esta que derroga (isto é, revoga parcialmente) o disposto no art. 80 do Estatuto do Idoso, que fixava a competência do foro do domicílio (e não o da residência) do idoso para tais causas. Isso é extremamente importante, uma vez que o idoso pode ser incapaz (o que atrai a incidência do art. 76, parágrafo único, do Código Civil) e ter residência em lugar diferente daquele em que seu representante legal fixou domicílio.

Para o processo que tenha por objeto reparação de danos é competente o foro do lugar do ato ou fato (art. 53, IV, *a*). Tratando-se de reparação de dano sofrido em razão de delito (assim entendido o fato que seja tipificado como ilícito penal) ou de acidente de veículos, são concorrentemente competentes o foro onde tenha ocorrido o evento e o do domicílio do autor (art. 53, V), o que significa que o autor pode, livremente, escolher qualquer um desses lugares para ajuizar sua demanda.

É também da competência do foro do lugar do ato ou fato conhecer de causas em que seja réu administrador ou gestor de negócios alheios (art. 53, IV, *b*).

Em todos os casos previstos no art. 53, porém, será possível também demandar-se no foro do domicílio do réu, o qual deve ser considerado concorrentemente competente para conhecer de tais causas (como o STJ tem desde sempre entendido, o que se pode ver, por exemplo, no acórdão proferido no julgamento do REsp 195.350/MS, julgado em 1999).

Como dito anteriormente, o Código de Processo Civil só trata expressamente, no capítulo da competência, do critério territorial de sua fixação. Outros dois critérios há, porém, que precisam ser levados em conta na determinação do juízo competente para cada causa: o *funcional* e o *objetivo*.

Pelo critério *funcional* a competência interna é fixada levando-se em conta uma divisão de *funções* a ser exercida, por mais de um juízo, dentro do mesmo processo, ou ainda o fato de incumbir a um só juízo, por conta da *função* exercida em um determinado processo, atuar também em outro, que àquele seja ligado. O critério funcional de fixação da competência a distribui entre diversos órgãos quando as diversas funções necessárias num mesmo processo, ou coordenadas à resolução de um mesmo caso, são atribuídas a juízos diversos ou a órgãos jurisdicionais distintos (competência por graus; cognição e execução; medidas provisórias e definitivas, entre outras)

Explique-se um pouco melhor: há duas situações distintas a que se chama *competência funcional*. Na primeira delas, instaurado um processo perante um determinado órgão jurisdicional (competente para dele conhecer), atribui-se a outro órgão, distinto do primeiro, a competência para, *dentro do mesmo processo*, exercer uma determinada *função*. Em outras palavras, fala-se em competência funcional quando as diversas funções que devem ser exercidas num mesmo processo são distribuídas entre diversos juízos. É o que acontece, por exemplo, no caso em que, tramitando um processo em determinada comarca, atribui-se a juízo de outra comarca a função de colher uma prova. Neste caso, diz-se que é *funcional* a competência do juízo da outra comarca para a colheita daquela prova (e se fala em *competência funcional no plano horizontal*, dado que ambos os juízos estão no mesmo plano hierárquico). É também o que ocorre quando, instaurado um processo perante certo órgão judiciário, a outro, hierarquicamente superior, incumbe exercer a função de conhecer dos recursos que nesse processo venham a ser interpostos (e aí se fala em *competência funcional no plano vertical* ou *competência hierárquica*).

De outro lado, existe *competência funcional entre processos* nos casos em que a competência para conhecer de um determinado processo é fixada em razão do fato de que certo órgão jurisdicional já tenha atuado em outro processo. Em outros termos, tem-se competência funcional ocorrendo entre processos diferentes, quando todos eles são ligados a uma mesma pretensão. É o que se dá, por exemplo, no caso previsto no art. 914, § 1º, que estabelece a competência do juízo da execução para conhecer dos embargos do executado. Nesses casos, diz-se que o juízo do processo A é competente para conhecer do processo B (e essa competência, fixada *automaticamente* de um processo para outro, é também competência funcional).

É, ainda, o caso da fixação da competência do juízo para que se distribuiu o primeiro processo quando, extinto este sem resolução do mérito, pretender o autor ajuizar novamente a mesma demanda, sozinho ou em litisconsórcio (art. 286, II, CPC), ainda que haja alteração parcial de quem ocupa a posição passiva da demanda, o que se destina a acabar com o fenômeno da distribuição múltipla, através do qual se ajuíza várias vezes a mesma demanda, a fim de se escolher o juiz mais favorável, como, por exemplo, aquele que concede liminares em casos semelhantes, o que ofende as garantias do devido processo e do juízo natural).

Assim é que se pode ter competência funcional em um único processo ou em processos diversos, sendo que no primeiro caso pode-se distribuir a competência funcional no plano horizontal (entre órgãos que exercem o mesmo grau de jurisdição) e no plano vertical (entre órgãos que exercem graus de jurisdição diversos).

Por fim, o *critério objetivo* de fixação da competência permite que esta seja fixada em razão do *valor da causa*, da *pessoa* ou da *matéria*. O modo como estas competências são fixadas, porém, é determinado pelas leis de organização judiciária, variando – no caso das Justiças Estaduais – de um ente federado para outro.

O primeiro elemento a ser examinado para a determinação da competência pelo critério objetivo é o valor da causa. Como se sabe, a toda causa cível deve ser atribuído um valor (art. 291, CPC), ainda que a mesma não tenha valor econômico apreciável. Pois cabe às normas locais de organização judiciária estabelecer uma divisão de trabalho entre os diversos órgãos do Judiciário que leve em consideração esse valor. Pense-se, por exemplo, em um Estado da Federação em que uma norma de organização judiciária estabeleça que determinado juízo será competente para as causas cujo valor não exceda 200 salários mínimos, sendo outro o juízo competente se o valor da causa exceder aquela quantia.

O mesmo se diga com relação à natureza da causa, sendo possível a criação, pelas normas locais de organização judiciária, de juízos especializados, competentes para apreciar apenas algumas matérias determinadas, como as varas de família, de registros públicos e de órfãos e sucessões. Há que se criar, também, juízos com competência residual, ou seja, juízos aos quais se deixe a competência para todas aquelas hipóteses em que nenhum dos juízos especializados tenha competência. Esses juízos, com competência residual, costumam ser chamados de varas cíveis.

Por fim, é possível determinar a competência pelo critério objetivo levando-se em conta a pessoa da parte. É o que se tem, por exemplo, no caso em que se determina a competência da Vara da Fazenda Pública para os processos em que é parte o Estado ou o Município.

É de se frisar que a regulamentação desse critério objetivo de fixação da competência ficou a cargo das leis locais de organização judiciária.

6.3. INCOMPETÊNCIA ABSOLUTA E RELATIVA

Entre os critérios de fixação da competência, alguns há que são criados em razão de interesse público (ou de algum interesse privado especialmente relevante), e outros há que a lei prevê com o fim de proteger precipuamente interesses particulares. Aos primeiros, dá-se o nome de critérios absolutos de fixação da competência, e aos segundos, critérios relativos. São critérios absolutos de fixação da competência os que a determinam tendo em conta a matéria, a pessoa e o critério funcional. São, de outro lado, critérios relativos o da competência em razão do valor da causa e a competência territorial.

Exceção a isso que se disse é a competência prevista nos §§ 1º e 2º do art. 47 do CPC, que determina um critério de fixação da competência que, embora territorial, é de ser considerado um critério absoluto.

É extremamente importante saber quais são os critérios absolutos e quais os relativos. Isto porque, sendo desrespeitado qualquer dos critérios de fixação da competência interna, estar-se-á diante de juízo incompetente, sendo essencial saber se a incompetência do juízo é absoluta ou relativa.

Assim, sendo proposta demanda perante juízo incompetente, por exemplo, em razão do território (por exemplo, sendo o réu domiciliado em São Paulo, a demanda é proposta em Campinas), sua incompetência será relativa. No caso de se desrespeitar critério absoluto, como o da competência em razão da matéria (por exemplo, demanda de alimentos proposta em vara de registros públicos), ter-se-á o fenômeno conhecido como incompetência absoluta.

Antes de tudo, há que se frisar que existe um equívoco muito comum na prática forense, com reflexos até no texto normativo, de se fazer referência a "competência absoluta" e a "competência relativa". Trata-se, como dito, de forma errônea de se fazer referência ao fenômeno. Quando a demanda é proposta perante juízo competente, este é, simplesmente, competente. A competência não deve ser adjetivada. O mesmo não se dá nos casos em que a demanda é ajuizada perante órgão jurisdicional incompetente. Nesse caso, terá sido desrespeitado algum dos critérios de fixação da competência interna, devendo-se falar, então, em incompetência absoluta ou relativa, conforme o critério desrespeitado tenha sido absoluto ou relativo.

Assim é que o juízo incompetente em razão do valor ou do território é relativamente incompetente, enquanto o juízo incompetente em razão da matéria, da pessoa, por inobservância do critério funcional, ou por desrespeito ao disposto no art. 47, §§ 1º e 2º, do CPC, será absolutamente incompetente.

A diferença entre as duas espécies de incompetência é importantíssima, sendo certo que a incompetência relativa admite prorrogação da competência, enquanto a incompetência absoluta não admite tal prorrogação. Afirme-se, desde logo, o que é prorrogação da competência: *prorrogar a competência é tornar competente um juízo originariamente incompetente.*

Dito de outra forma, tem-se o seguinte: proposta a demanda perante juízo relativamente incompetente, pode ocorrer de o órgão jurisdicional tornar-se competente no curso do processo, prorrogando-se, pois, sua competência. Já no caso de ser proposta demanda perante juízo absolutamente incompetente, a sua competência não será jamais ampliada, não havendo possibilidade de prorrogação.

Prorrogar, então, significa ampliar. A prorrogação da competência consiste, precisamente, no fenômeno pelo qual um juízo incompetente para determinado processo se torna, por incidência de alguma das causas de modificação da competência, competente para processar e julgar aquela causa. Repita-se que esse fenômeno só se faz possível quando a incompetência do juízo for relativa, tornando-se inviável quando for hipótese de incompetência absoluta.

Além disso, a incompetência absoluta pode ser reconhecida de ofício, em qualquer tempo e grau de jurisdição (art. 64, § 1º). Já a incompetência relativa não pode ser declarada de ofício, dependendo de alegação na primeira oportunidade que o interessado em seu reconhecimento tenha para manifestar-se nos autos para ser conhecido (art. 65). Não havendo tal alegação, prorroga-se a competência, de modo que o juízo que originariamente era relativamente incompetente *passa a ser competente* para a causa.

6.4. CAUSAS DE MODIFICAÇÃO

Sendo criados com o fim de proteger interesses eminentemente particulares, os critérios relativos de fixação da competência podem ser derrogados, bastando para tal que incida uma das quatro causas de modificação da competência. Frise-se que, em regra, apenas os critérios relativos podem ser modificados, não se admitindo (ao menos como regra geral) a alteração das regras estabelecidas pelos critérios absolutos, os quais, como já afirmado, têm por fim proteger interesse público.

São quatro as causas tradicionalmente reconhecidas de modificação da competência: "conexão" (termo que aqui se põe entre aspas, e logo adiante se descobrirá a razão disso), continência, vontade e inércia.

A primeira causa de modificação da competência é a *"conexão"*, definida no art. 55 como a *identidade de objeto ou de causa de pedir entre duas ou mais demandas*. Estando em curso processos instaurados por demandas conexas – e ainda não tendo sido proferida sentença em qualquer deles (art. 55, § 1º) – serão eles reunidos para julgamento conjunto. A reunião se dará no juízo prevento (art. 58), que as decidirá simultaneamente. A prevenção do juízo é fixada pelo primeiro registro ou pela primeira distribuição de petição inicial (art. 59).

É de se afirmar que a conjunção "ou", empregada no texto do art. 55, é usada como "ou conjuntivo", isto é, no sentido de "e/ou". Em outras palavras, haverá conexão tanto nas hipóteses em que apenas um dos elementos objetivos da demanda (causa de pedir e pedido) coincidir com o de outra demanda, como também haverá conexão quando os dois elementos forem comuns. Assim, por exemplo, se alguém propõe demanda em face de uma sociedade anônima, pretendendo, por um motivo qualquer, a anulação de uma deliberação tomada em assembleia geral de acionistas, e se outra pessoa demanda em face da mesma sociedade anônima, pelo mesmo fundamento, pleiteando também a anulação daquela mesma assembleia, ambas as demandas são conexas.

A reunião de causas conexas deverá ocorrer sempre que haja risco de decisões conflitantes ou contraditórias (como se dá, por exemplo, no caso de dois acionistas de uma companhia terem ido a juízo para demandar a anulação de uma assembleia geral, caso em que as demandas são conexas por terem o mesmo objeto). Não havendo risco de decisões conflitantes ou contraditórias (como se daria, por exemplo, no caso de demandas fundadas em uma mesma violação de cláusula contratual, tendo uma por objeto a reparação de danos materiais e outra visando à compensação de danos morais, já que um desses tipos de dano pode ser reconhecido sem que o outro tenha ocorrido), não há motivo para reunirem-se os processos e se modificar a competência previamente estabelecida.

De outro lado, deverá haver a reunião de processos para julgamento conjunto mesmo em casos nos quais, não existindo formalmente uma conexão de causas (isto é, não havendo *comunhão de objetos ou de causas de pedir*), haja o risco de decisões contraditórias (art. 55, § 3º). É o que se dá, por exemplo, quando são propostas uma demanda de despejo por falta de pagamento e uma demanda de consignação de aluguéis e acessórios da locação. Mesmo não sendo comuns o objeto ou a causa de pedir, o risco de decisões conflitantes ou contraditórias existe e faz com que haja necessidade de reunião dos processos em razão do interesse público em evitar julgamentos conflitantes. O Tribunal de Justiça do Rio de Janeiro, por exemplo, reconheceu a obrigatoriedade de reunião para julgamento conjunto dos processos que têm por objeto a busca e apreensão de bem móvel financiado através de alienação fiduciária em garantia e a revisão desse mesmo financiamento (TJRJ, IRDR nº 0062689-85.2017.8.19.0000).

Agora é possível entender a razão pela qual se fez questão de colocar o termo "conexão" assim, entre aspas, quando da indicação das causas de modificação da competência. É que, não obstante o texto do CPC, a conexão não é, verdadeiramente, uma causa de modificação da competência. O que altera a competência, provocando a reunião, em um só juízo, de processos que originariamente cabiam a juízos distintos, é o *risco de decisões conflitantes ou contraditórias* (haja ou não conexão entre as demandas). Existindo esse risco, e não tendo sido proferida sentença em nenhum dos processos, eles deverão ser reunidos para julgamento conjunto. Não existindo o risco de decisões conflitantes ou contraditórias, mesmo que sejam conexas as demandas, não haverá qualquer modificação de competência.

A segunda causa de modificação da competência é a continência, definida no art. 56 do CPC, e que nada mais é do que uma espécie qualificada (ou especial) de conexão. Assim é que se dá a continência entre duas ou mais demandas quando lhes forem comuns as partes e a causa de pedir, exigindo-se ainda que o pedido formulado em uma delas seja mais amplo que o formulado na outra, devendo este estar contido naquele. Pense-se, por exemplo, em uma demanda em que um contratante postula o reconhecimento da nulidade de uma determinada cláusula do contrato que celebrou com a parte contrária, e a compare com outra demanda entre as mesmas partes, em que o autor, pela mesma causa de pedir, pretende ver reconhecida a nulidade de todo o contrato. Há, na hipótese, continência entre as demandas, sendo a mais ampla a demanda *continente* e a mais restrita chamada de demanda *contida*.

Vale registrar, aliás, que a continência entre demandas só é verdadeira causa de modificação da competência quando a demanda continente tenha sido proposta posteriormente à demanda contida, caso em que a reunião dos processos será sempre obrigatória (já que aí sempre existirá risco de decisões conflitantes ou contraditórias, como aconteceria se um juízo declarasse a nulidade integral do contrato e o outro reputasse válida uma das cláusulas). Caso a demanda continente tenha sido proposta anteriormente, o processo da demanda contida deverá ser extinto sem resolução do mérito (art. 57), por absoluta ausência de interesse de agir.

Outra causa de modificação da competência (e que, por óbvio, também só pode alcançar os critérios relativos de fixação da competência) é a existência de uma *convenção de eleição de foro* (arts. 62 e 63). Podem as partes, então, eleger um foro que lhes pareça mais conveniente, o qual passa a ser competente para conhecer das causas entre elas. A eleição de foro exige forma escrita e tem de referir-se especificamente a um determinado negócio jurídico (não se admitindo eleições de foro genéricas, do tipo "fica eleito o foro X para toda e qualquer causa que venha a surgir entre as partes A e B").

Deve-se dizer desde logo que a eleição de foro é um *negócio processual típico*, não dependendo, para valer e produzir efeitos, da concordância ou aprovação do órgão jurisdicional. A este cabe, fundamentalmente, exercer controle de sua validade e eficácia, na forma do disposto no parágrafo único do art. 190 do CPC e do que se expõe imediatamente a seguir.

A Lei nº 14.879/2024 promoveu alterações relevantes em matéria de eleição de foro, que põem o direito processual civil brasileiro na contramão do mundo. É que, por força da nova redação do § 1º do art. 63, as partes só poderiam eleger foro que guarde pertinência com o domicílio ou residência das partes ou com o lugar da obrigação, "ressalvada a pactuação consumerista, quando favorável ao consumidor". Essa nova redação, restringindo a liberdade das partes na eleição de foro, é um verdadeiro absurdo, e precisa ser considerada inconstitucional.

Inicialmente, deve-se criticar a ressalva contida na parte final do texto normativo. Primeiro, porque a proteção do consumidor já está no Código de Defesa do Consumidor, e o CPC não precisa conter esse tipo de disposição, absolutamente inútil. Segundo, porque a vulnerabilidade do consumidor já permitiria que se tivesse por ineficaz cláusula de eleição de foro que o prejudicasse, por força do disposto no parágrafo único do art. 190 do CPC. Terceiro, porque nada justifica proteger o consumidor e não expandir essa proteção para outros grupos vulneráveis, como pessoas com deficiência ou mulheres vítimas de violência doméstica. Já se vê, por aí, como a previsão normativa é ruim.

Mas não é só isso. A alteração legislativa foi feita para "proteger o Poder Judiciário" de práticas consideradas abusivas, como eleger-se foro em que as custas processuais são mais baratas, ou em que os processos tramitam com mais rapidez. Ocorre que, como já se expôs neste livro, o processo não pode ser um mecanismo destinado a instrumentalizar os escopos estatais. O processo é um mecanismo de proteção das partes, destinado a assegurar a realização de seus direitos fundamentais, tendo função contrajurisdicional. A criação de uma regra que "protege" o Estado do jurisdicionado é, pois, manifestamente inconstitucional, já que viola a garantia do devido processo.

Há, porém, outro ponto a considerar, e este me parece um argumento irrespondível. O art. 63 só trata da eleição de foro em relações jurídicas paritárias, equilibradas. É que, no caso de manifesta vulnerabilidade de uma das partes, prejudicada pelo negócio processual, incide o disposto no art. 190, parágrafo único, do CPC, ficando o juiz autorizado a reconhecer a invalidade da convenção celebrada. Pois se é assim, então o art. 63 só pode ser aplicado em casos nos quais não haja prejuízo para parte vulnerável, ou mesmo em que nenhuma das partes seja vulnerável de qualquer modo. Portanto, então é preciso respeitar o direito fundamental à liberdade, que leva necessariamente ao reconhecimento de uma liberdade econômica que, segundo o disposto no art. 78 do Código Civil, permite que as partes elejam livremente o domicílio do contrato e, além disso, como consta do art. 421-A do Código Civil, faz com que se reputem paritários e simétricos os contratos civis e empresariais, permitida a alocação de riscos pelas partes. Ora, a disposição do art. 63, § 1º, do CPC impede, por exemplo, que em um contrato celebrado entre duas grandes empresas, uma com sede em Porto Alegre e outra em Manaus, e com obrigações a serem cumpridas apenas nessas cidades, eleja-se um foro neutro como São Paulo ou Rio de Janeiro.

Isso é, sem dúvida, de manifesta inconstitucionalidade. É preciso que o ordenamento jurídico brasileiro continue a admitir a livre eleição de foro pelas partes, como fazem todas as grandes economias do planeta.

Aliás, é preciso considerar aqui que o art. 25, § 2º, do CPC determina a observância deste § 1º do art. 63 aos casos de eleição de foro exclusivo estrangeiro. Fica, então, proibido que uma empresa brasileira celebre contrato internacional com empresa estrangeira elegendo um foro neutro? Caso uma empresa brasileira celebre contrato com uma empresa japonesa, não se pode eleger o foro de Paris ou o de Nova Iorque? Perceba-se o absurdo disso. O Brasil, caso não se repute essa atual redação do art. 63, § 1º, do CPC inconstitucional, estará mais uma vez na contramão das grandes economias, e os prejuízos para o País são incalculáveis.

Proposta a demanda perante foro cuja competência deriva de uma cláusula de eleição, incumbe ao juízo, antes de determinar a citação, verificar a eficácia da convenção. Caso esta seja, de ofício, reputada abusiva, o juiz pronunciará sua ineficácia e determinará a remessa dos autos ao juízo do foro do domicílio do réu. Aponte-se para o fato de que só será abusiva a cláusula de eleição de foro quando criar obstáculos que tornem muito difícil ou impossível o exercício do direito de defesa (como se daria, por exemplo, se em um contrato de adesão celebrado entre uma sociedade empresária com sede em São Paulo e um aderente domiciliado no Acre se elegesse o foro da capital paulista, o que poderia dificultar sobremaneira o exercício do direito de defesa; mas se deve perceber que a mesma cláusula inserida entre as cláusulas gerais de um contrato de adesão talvez não fosse ineficaz se o aderente residisse em comarca localizada na Região Metropolitana de São Paulo). Não havendo, porém, o controle de ofício da cláusula de eleição de foro antes da citação, e efetivada esta, o vício da cláusula não poderá mais ser controlado sem iniciativa do interessado, que deverá arguir o vício da eleição de foro na contestação, sob pena de não mais poder fazê-lo, restando preclusa a matéria e confirmada, por consequência, a competência do foro eleito.

Aqui surge outro ponto a considerar. A Lei nº 14.879/2024, que já havia alterado o § 1º do art. 63, também incluiu nesse artigo um § 5º, segundo o qual "[o] ajuizamento de ação em juízo aleatório, entendido como aquele sem vinculação com o domicílio ou a residência das partes ou com o negócio jurídico discutido na demanda, constitui prática abusiva que justifica a declinação da competência de ofício".

Há quem considere que, não obstante se esteja aí diante de um parágrafo, trata-se de disposição autônoma, que deveria constituir um artigo separado, e se aplicaria a qualquer caso, haja ou não eleição de foro. Assim, porém, não me parece. Entendo que, por se tratar de um parágrafo do art. 63, essa disposição só poderia ser aplicada nos casos em que haja eleição de foro, nos termos do *caput* do artigo. Afinal, pouco importa aqui a "vontade do legislador", mas é preciso interpretar o texto respeitados os seus limites. E claramente não se criou (ainda que isso pudesse ter sido feito sem qualquer dificuldade) um artigo autônomo, mas apenas um parágrafo do art. 63.

Pois, a meu juízo, esse § 5º se destina, tão somente, a explicitar o conceito de abusividade que decorre do § 4º do mesmo artigo, restringindo um conceito que antes era vago, indeterminado. É que, nos termos do § 4º, incumbe ao réu, depois da citação, alegar na contestação, sob pena de preclusão, a abusividade da cláusula de eleição de foro. Pois agora se terá uma definição do que se reputa cláusula abusiva. E será abusiva a cláusula que, por não ter qualquer ligação com o domicílio ou residência das partes ou com o conteúdo do negócio jurídico em discussão, gere dificuldade para o exercício do direito de defesa do demandado. Pois aqui é preciso considerar que, sendo paritário o negócio jurídico celebrado entre as partes, podem elas celebrar um *negócio de certificação* (que é um negócio jurídico pelo qual as partes determinam o sentido de outro ato ou negócio jurídico) em que declarem que determinado local é, para todos os fins do contrato que celebraram, o lugar mais adequado para a resolução dos problemas oriundos de sua relação jurídica. Mas tudo isso, evidentemente, só será necessário se não se reputar inconstitucional a restrição à eleição de foro. Afinal, não havendo essa injustificável restrição, nada disso será necessário, e caberá ao juiz, tão somente, e com base no art. 190, parágrafo único, do CPC, realizar o controle de validade da eleição de foro.

Uma última observação: a restrição à eleição de foro parece ter sido criada com o objetivo de evitar o *fórum shopping*, ou seja, a escolha pelas partes de um foro com base no fato de ser ele o mais conveniente para elas. Pois há, agora, o sério risco de se estimular o *fórum shopping*, saindo o tiro pela culatra. Basta ver que, no início da vigência da Lei nº 14.879/2024, alguns tribunais, como o TJDFT, têm aplicado a lei de forma literal, enquanto outros, como o TJSP, têm sido mais "liberais" com os contratos empresariais, admitindo aí uma liberdade de escolha mais ampla. Pois se assim é, passa a ser esperado que o foro de São Paulo seja mais eleito em contratos empresariais do que outros, estimulando-se o *fórum shopping*.

É de se notar, ainda, que apenas se admite a eleição de foro, mas não a de juízo. Assim sendo, podem as partes eleger o foro do Rio de Janeiro, mas não podem eleger o juízo da Primeira Vara Cível daquela comarca (ou qualquer outro juízo). Tal afirmação é essencial para que se possa resolver um sério problema existente em algumas comarcas – como a do Rio de Janeiro ou a de São Paulo, por exemplo – onde existem juízos regionais, reunidos nos chamados "fóruns regionais". A pergunta que se impõe é a seguinte: podem as partes eleger o "fórum central" em detrimento do "fórum regional" que seria em princípio competente? A matéria é controvertida. Há quem veja nas regras que fixam a competência dos "fóruns regionais" um critério absoluto de fixação da competência, enquanto outros veem ali mera competência territorial, fixada em razão de interesses particulares, sendo, portanto, relativo o critério de fixação da competência dos "fóruns regionais".

A razão está com aqueles que veem nos "fóruns regionais" apenas edifícios onde se reúnem juízos integrantes da mesma comarca (ou, em outras palavras, do mesmo foro) que os que se localizam no "fórum central". Basta, para entender essa afirmação, lembrar a distinção entre foro (que é uma área geograficamente demarcada, correspondente à comarca da Justiça Estadual ou à Seção ou Subseção Judiciária da Justiça Federal) e fórum (que é o nome tradicionalmente dado ao edifício onde se localizam as sedes dos órgãos jurisdicionais). O que se admite é a eleição de foro, mas não a de fórum. Eleito o foro do Rio de Janeiro, por exemplo, a competência de juízo (seja este juízo localizado no "fórum central" ou num dos "fóruns regionais") fica a cargo da lei, sendo impossível às partes escolher qual o juízo a que a causa será submetida.

Por fim, prorroga-se a competência do juízo relativamente incompetente no caso de não arguir o réu a incompetência na primeira oportunidade de que disponha para se pronunciar nos autos (art. 65), resultando a prorrogação da *inércia do réu*, *que não alegou a incompetência relativa na contestação*. É a inércia, portanto, a última das causas tradicionalmente reconhecidas de modificação da competência interna.

Além dessas quatro causas tradicionalmente reconhecidas, porém, há pelo menos mais três causas de modificação da competência previstas na lei processual. E essas três outras causas podem modificar, inclusive, competências absolutas.

O primeiro desses casos é o que resulta da instauração do incidente de assunção de competência (art. 947), por força do qual um órgão colegiado mais amplo assume a competência que a princípio seria de órgão colegiado menos amplo de um Tribunal. É o que se dá, por exemplo, quando o Plenário do STF assume uma competência que a princípio seria de alguma das Turmas. Esta é uma causa de modificação que altera um critério absoluto (funcional) de fixação de competência.

Outro caso, análogo ao anterior, é o que resulta da admissão do incidente de resolução de demandas repetitivas, já que o órgão colegiado responsável por resolver o incidente deverá, também, na forma do disposto no art. 978, parágrafo único, julgar o processo de que o incidente tenha se originado (e que funcionará como processo-piloto). Também aqui se modifica competência funcional, absoluta.

Por fim, pode haver alteração de competência por concertação (art. 69, § 2º, VI). Aqui, dois ou mais juízos deverão convencionar, através da prática de ato concertado – que, como sabido, é modalidade de ato de cooperação judiciária nacional –, a concentração em um só juízo, de processos repetitivos. Tem-se, aqui, o reconhecimento, pelos próprios juízos, de uma *competência adequada* para resolver os diversos processos repetitivos, evitando-se deste modo uma dispersão decisória (que faria com que casos idênticos recebessem soluções distintas).

A modificação de competência por concertação pode levar à modificação de competências relativas (quando se reúnem em uma só comarca processos que seriam, a princípio, julgados em foros distintos) ou absolutas (quando, por exemplo, reúnem-se em um só juízo processos repetitivos que, em razão do valor da causa, teriam em tese de ser julgados, uns por Varas da Fazenda Pública, outros por Juizados Especiais Fazendários, cuja competência é absoluta). Não se pode, porém, admitir que por concertação se modifiquem "competências constitucionais" (deslocando-se, por exemplo, para a Justiça Estadual, processos em que a União seja parte e, por isso, devam ser julgados pela Justiça Federal). É que não se pode, com base em uma disposição normativa infraconstitucional, modificar-se uma competência que é estabelecida por disposição constitucional.

6.5. DECLARAÇÃO DE INCOMPETÊNCIA

Reconhecida a incompetência, será proferida uma decisão que a declara. É preciso, aqui, examinar não só a decisão que declara a incompetência, mas seus requisitos e efeitos.

Em primeiro lugar, há que se falar da declaração de incompetência absoluta. Nesta primeira hipótese, há que se observar o disposto no art. 64, § 1º, do CPC, devendo o juízo, de ofício, declarar a incompetência. Sendo possível a declaração *ex officio*, resulta claro que pode tal declaração ser provocada pelas partes, podendo essa alegação ser feita em qualquer tempo e grau de jurisdição, por mera petição (mas, se for alegada já na contestação, deverá figurar como defesa preliminar ao mérito do processo).

Declarada a incompetência absoluta (o que sempre dependerá de prévia oitiva das partes, ainda que o juízo conheça da questão de ofício, por força da vedação das decisões surpresa), deverão os autos do processo ser remetidos ao juízo competente, na forma do art. 64, § 3º.

Já a incompetência relativa não pode ser declarada de ofício, dependendo de provocação da parte para que possa ser reconhecida. Cabe ao réu, então, alegar *na contestação*, como defesa processual, a incompetência relativa, ou se prorrogará a competência do juízo.

Declarada a incompetência relativa (o que só poderá acontecer depois de o juízo ouvir o demandante sobre a alegação deduzida pelo demandado), os autos serão remetidos ao juízo competente (art. 64, § 3º).

Uma vez reconhecida a incompetência, seja ela absoluta ou relativa, os atos decisórios que tenham sido praticados pelo juízo incompetente são nulos. Ressalva-se, evidentemente, o ato que declarou a incompetência, por força da regra de "competência sobre competência" (tradicionalmente designada pela expressão em língua alemã *Kompetenz-Kompetenz*). Significa isso dizer que todo juízo é competente para apreciar sua própria competência. Resulta daí, então, que o juízo que se tenha reconhecido como incompetente era *competente para declarar sua própria incompetência*, razão pela qual esse pronunciamento decisório que reconhece a incompetência é um ato válido.

Os demais atos decisórios que o juízo incompetente tenha anteriormente proferido, porém, como a concessão de uma tutela provisória ou o deferimento do benefício de gratuidade de justiça, são nulos. Dessa nulidade, porém, não resulta automaticamente a ineficácia do ato. É que, ressalvada a possibilidade de no próprio pronunciamento que reconheceu a incompetência se ter decidido em sentido contrário, as decisões anteriormente proferidas pelo juízo incompetente permanecem produzindo efeitos até que outra decisão sobre a mesma matéria venha a ser proferida, se for o caso, pelo juízo competente. Tem-se, aí, o fenômeno conhecido como *translatio iudicii*.

Resulta daí, então, que uma decisão proferida por juízo incompetente pode produzir efeitos até que o juízo competente venha a pronunciar-se sobre o ponto. Isso é especialmente importante em casos envolvendo tutelas de urgência. Situações haverá em que o juízo competente (por exemplo, em razão de uma eleição de foro) é distante daquele em que a medida urgente deverá ser efetivada. Pois nesse caso poderá o demandante postular a medida de urgência perante juízo incompetente, mesmo sabendo que provavelmente essa incompetência virá depois a ser reconhecida, e obter a tutela de urgência que se revela necessária. A decisão concessiva da tutela de urgência, nesse caso, permanecerá eficaz até que o juízo competente a ratifique, modifique ou revogue.

6.6. CONFLITO DE COMPETÊNCIA

Pode ocorrer alguma hipótese em que haja dúvida quanto a qual seja o juízo competente para determinado processo. Tal dúvida pode surgir, por exemplo, porque dois juízos se consideram competentes para a mesma causa, ou porque os mesmos dois juízos se consideram incompetentes, entendendo um ser o outro o competente, e vice-versa. Nessas situações, surge um conflito de competência, cabendo ao tribunal apreciar a questão e apontar o juízo verdadeiramente competente.

Aspecto interessante do tema é que o conflito de competência é um problema cuja solução se dá através da instauração de um procedimento incidental ao processo a que se dá também o nome de *conflito de competência* (CPC, arts. 951 a 959). Deu-se ao remédio, permitida aqui uma metáfora, o nome da doença que ele busca combater.

Há conflito de competência, nos termos do art. 66 do CPC, quando dois ou mais juízos se declaram competentes para um mesmo processo (conflito positivo); quando dois ou mais juízos se consideram incompetentes para um mesmo processo, atribuindo um ao outro a competência (conflito negativo), ou quando entre dois ou mais juízos surge controvérsia acerca da reunião ou separação de processos (sendo esse conflito positivo ou negativo, conforme a hipótese).

Identificado um conflito de competência, deverá instaurar-se o *incidente de resolução de conflito de competência* (nome que parece mais adequado para designar o mecanismo empregado para definir qual o juízo competente nos casos de conflito), cujo estudo se fará quando do exame do modo como se desenvolvem os processos nos tribunais, mais adiante.

CAPÍTULO 7

PLURALIDADE DE PARTES

O processo padrão é formado por três sujeitos: o Estado-juiz, um demandante e um demandado. Pode acontecer, porém, de outros sujeitos participarem do processo, que fica, assim, subjetivamente ampliado. Tem-se aí, então, um fenômeno a que se dá, genericamente, o nome de *pluralidade de partes*.

Duas são as mais importantes manifestações desse fenômeno: o *litisconsórcio* e a *intervenção de terceiros*. Dessas duas manifestações se tratará neste capítulo.

Não são essas, porém, as únicas formas de se manifestar em um processo a pluralidade de partes. A intervenção do Ministério Público como fiscal da ordem jurídica é outra hipótese. Pode-se também lembrar da figura do *processo concursal*, em que vários sujeitos concorrem entre si (e, portanto, uns contra os outros) pela divisão de uma massa patrimonial, como ocorre no concurso universal de credores no processo falimentar ou nas partes de um processo de inventário e partilha.

Neste capítulo, porém, serão examinadas apenas as duas mais importantes manifestações do fenômeno da pluralidade de partes: o *litisconsórcio* e a *intervenção de terceiros*.

7.1. LITISCONSÓRCIO

Há litisconsórcio quando, em um processo, há pluralidade de demandantes ou de demandados. Todas as vezes que, em um processo, mais de uma pessoa pleiteia em seu favor a tutela processual, ou referida tutela é pleiteada em face de diversos demandados, haverá litisconsórcio. Litisconsórcio é, então, pluralidade de demandantes ou de demandados em um mesmo processo.

Pode formar-se o litisconsórcio por três diferentes razões (tendo-se, aí, as chamadas *três figuras do litisconsórcio*): por comunhão de direitos ou obrigações; por conexão de causas; por afinidade de questões (art. 113).

Haverá litisconsórcio por comunhão de direitos ou obrigações quando os demandantes ou demandados forem titulares do *mesmo* direito ou devedores da *mesma* obrigação. É o que se dá, por exemplo, quando cônjuges, casados pelo regime da comunhão de bens e, por isso, cotitulares da propriedade de um imóvel, o reivindicam de outrem, ou quando uma dívida é cobrada de dois ou mais codevedores solidários.

Existirá litisconsórcio por conexão de causas quando os litisconsortes cumularem (ou quando em face deles forem cumuladas) demandas conexas pelo objeto ou pela causa de pedir. Figure-se o seguinte exemplo: dois acionistas de uma companhia, por motivos diferentes, pretendem a anulação de uma assembleia geral de acionistas, e formulam suas demandas em um só processo (conexão pelo pedido).

Por fim, haverá litisconsórcio por afinidade de questões quando duas ou mais pessoas se litisconsorciarem para ajuizar demandas cumuladas (ou quando em face delas forem ajuizadas tais demandas cumuladas) com base em um elemento de fato ou de direito que lhes seja afim (como, por exemplo, se tem na hipótese de servidores públicos que, em litisconsórcio, postulam a inclusão em suas remunerações de certa gratificação devida em função de alguma atividade que exercem – as chamadas gratificações *pro labore faciendo* – tendo por fundamento um mesmo dispositivo legal que prevê tal verba). Ou quando várias vítimas de um acidente de ônibus se litisconsorciam para demandar, em face do responsável pelo acidente, a reparação dos danos que consideram ter sofrido.

O estudo do litisconsórcio pode ser dividido em duas partes essenciais: a classificação do litisconsórcio e a chamada dinâmica do litisconsórcio. A primeira delas, muito mais instigante e intrincada que a segunda, tem merecido maior atenção por parte da doutrina. Não se pode, porém, deixar de fazer alguma referência ao modo como se desenvolve o processo em que se forma o litisconsórcio. Questões como duplicação de prazos, alcance do recurso, entre outras, serão, pois, também apreciadas nesta parte da obra.

7.1.1. Classificação do litisconsórcio

Inicia-se este estudo pela classificação (*rectius*, pelas diversas formas de classificação) do litisconsórcio. Quatro são as formas de se classificar esse fenômeno. Classifica-se o litisconsórcio quanto à posição, quanto ao poder aglutinador das razões que conduzem à sua formação, quanto ao regime de tratamento dos litisconsortes e quanto ao momento de sua formação.

Quanto à posição que ocupa, pode o litisconsórcio ser ativo, passivo ou misto.

Há litisconsórcio ativo quando, no processo, encontram-se diversos autores demandando em face de apenas um réu. De outro lado, há litisconsórcio passivo quando um autor demanda em face de vários réus. Por fim, há litisconsórcio misto (também chamado recíproco) quando diversos autores demandam em face de vários réus.

Outro critério de classificação do litisconsórcio leva em consideração a *força aglutinadora das razões de sua formação*. Explique-se: todo litisconsórcio se forma por algum motivo (como, *por exemplo*, uma determinação legal). Tal motivo que leva à formação do litisconsórcio é a *razão de sua formação*.

Pois em algumas hipóteses a razão de formação do litisconsórcio tem uma *força aglutinadora* muito intensa, capaz de fazer com que a constituição de um processo litisconsorcial seja inevitável. Nesses casos, o processo só pode desenvolver-se até seu desfecho normal, com a produção de um resultado final de mérito, se o litisconsórcio estiver formado. Em outros casos, a força aglutinadora da razão de formação do litisconsórcio não é tão intensa, sendo apenas possível que o litisconsórcio se forme, mas nada impedindo que o processo se desenvolva sem ter caráter litisconsorcial.

Pois na primeira hipótese ter-se-á *litisconsórcio necessário*; na segunda, *litisconsórcio facultativo*.

O litisconsórcio é necessário quando sua formação é essencial para que o processo atinja seu fim normal. Resulta a necessariedade do litisconsórcio do fato de em alguns casos a legitimidade *para a causa* ser plúrima, isto é, pertencer a um grupo de pessoas, de modo tal que só estará presente no processo a parte legítima se todo o grupo, com todos os seus integrantes, estiver reunido no processo. Pense-se, por exemplo, no caso de o Ministério Público ajuizar demanda que tenha por objeto a anulação de um casamento (art. 1.549 do CC). Pois neste caso a legitimidade passiva é do *casal*. Perceba-se: nenhum dos cônjuges *sozinho* é parte legítima para figurar na posição passiva da demanda de anulação de casamento proposta pelo Ministério Público. Só é parte legítima, neste caso, o *casal*. Impõe-se, então, a presença de ambos os cônjuges no processo, sob pena de faltar uma das "condições da ação", não sendo possível chegar-se ao exame do mérito da causa se o vício não for corrigido.

O litisconsórcio necessário é, via de regra, passivo. Não existe, em regra, litisconsórcio necessário ativo, por ser esta uma figura que atenta contra a lógica do sistema processual brasileiro. Isto se diz por estar o Direito Processual Civil brasileiro construído sobre dois pilares de sustentação: o direito de acesso ao Judiciário e a garantia da liberdade de demandar. Em outras palavras, a base do Direito Processual Civil brasileiro está construída sobre estas duas ideias fundamentais: (a) ninguém é obrigado a demandar; mas (b) é livre o acesso ao Judiciário àqueles que pretendem ajuizar demandas. Pois a admissão de um litisconsórcio necessário ativo desequilibraria este sistema. É que se fosse admitida a existência de algum caso de litisconsórcio ativo necessário, sempre se poderia encontrar algum caso em que um dos litisconsortes necessários quisesse demandar e outro não, e neste caso se teria de admitir uma das duas seguintes hipóteses: (i) ou seria possível obrigar-se alguém a demandar contra sua vontade (o que contraria a garantia da liberdade de demandar); ou (ii) ficaria o outro impedido de demandar sozinho em busca da satisfação de seus interesses (o que contraria o direito de acesso ao Judiciário). Pois a única forma de evitar isso é afirmar-se que o litisconsórcio ativo, ao menos em regra, não é necessário, mas facultativo. A única exceção a essa norma é a do litisconsórcio necessário ativo que resulta de negócio processual celebrado entre as partes. Como se terá oportunidade de examinar melhor adiante, é admissível que as partes celebrem negócios jurídicos que têm por objeto o próprio processo. São os negócios processuais (ou convenções processuais). Com uma convenção dessas, é possível que as próprias partes criem um caso de litisconsórcio necessário ativo. A esse ponto se voltará adiante.

Nos casos, porém, em que a natureza da relação jurídica impõe a presença de todos os seus sujeitos no processo, essa presença pode se dar em qualquer dos lados do processo. Assim sendo, aqueles que não quiserem propor a demanda deverão ser incluídos no lado passivo da demanda. Exemplifique-se: numa locação em que haja dois locadores, e pretendendo um deles propor demanda revisional de aluguel, com o fim de obter um aumento do preço da locação, com o que não concorda o seu colocador, deverá aquele propor a demanda em face do locatário e do colocador que não pretendia ajuizar a demanda. Esse colocador, demandado, poderá assumir uma de diversas condutas possíveis: contestar o pedido do autor, afirmando que o aluguel hoje devido é adequado aos padrões do mercado; reconhecer a procedência do pedido; permanecer revel. De qualquer modo, sua presença no processo torna possível a apreciação do mérito, por estarem presentes no processo todos os sujeitos da relação jurídica material discutida.

Não se exige, porém, a presença de todos os sujeitos da relação jurídica de direito material na posição passiva do processo quando se estiver diante de algum caso em que se tenham as assim chamadas demandas concorrentes. Trata-se daquela hipótese em que há várias pessoas legitimadas a propor a mesma demanda (com a mesma causa de pedir e o mesmo pedido). É o que se daria, por exemplo, no caso de haver vários acionistas de uma mesma sociedade anônima legitimados a demandar em juízo a anulação de uma deliberação de assembleia. Nesse caso, qualquer legitimado, sozinho, poderá demandar em face da S.A., e os demais acionistas não precisarão participar do processo.

São três as causas da necessariedade (duas delas previstas no art. 114): a existência de expressa determinação legal no sentido de sua formação (*litisconsórcio necessário por disposição de lei*); a natureza incindível da relação jurídica substancial controvertida no processo (*litisconsórcio necessário pela natureza da relação jurídica*); e a existência de negócio jurídico processual que crie um litisconsórcio necessário (*litisconsórcio necessário convencional*).

No litisconsórcio necessário por disposição de lei o que torna necessário o litisconsórcio é a existência de uma expressa determinação legal no sentido de que se forme o litisconsórcio. É o que se tem, por exemplo, no caso de "ação de usucapião de imóvel", em que a lei exige expressamente a citação daquele em cujo nome esteja registrada a área de terra usucapienda e também a dos proprietários dos imóveis confinantes (art. 246, § 3º, com a expressa ressalva do caso em que a "ação de usucapião de imóvel" tem por objeto unidade autônoma de prédio em condomínio, caso em que não há litisconsórcio necessário a se formar). Em casos assim, a revogação do dispositivo legal que torna necessário o litisconsórcio faz com que este deixe de ser necessário, passando a ser facultativo.

Já no litisconsórcio necessário pela natureza da relação jurídica pouco importa se há (e pode até mesmo haver, mas – como dito – isto será irrelevante) alguma disposição legal determinando a formação necessária do litisconsórcio. Nesta hipótese, o que torna necessária a formação do litisconsórcio é a natureza incindível da relação jurídica substancial deduzida no processo. É que há processos em que se controverte acerca de uma relação jurídica que se caracteriza por conduzir a decisões judiciais que atingirão, inevitavelmente, a todos os seus sujeitos, não sendo possível cindir-se tal relação de modo que a decisão judicial alcance um sujeito e não o outro. É o que se dá, por exemplo, quando o Ministério Público postula a anulação de um casamento. Evidentemente, não é possível anular-se o casamento para um dos cônjuges sem que tal anulação alcance também o outro. É necessária, então, a presença de ambos no processo.

O mesmo se dá, *por exemplo*, quando um imóvel tenha sido alugado a dois colocatários, tendo um deles (ainda que sem o conhecimento do outro) cometido uma infração contratual. Neste caso, proposta pelo locador uma "ação de despejo", a sentença que decreta a desocupação do imóvel alcançará, de forma incindível, ambos os locatários. Necessária, pois, a presença de ambos no processo. Nestes dois casos – e em quaisquer outros nos quais se verifique ser incindível a relação jurídica substancial – será necessário o litisconsórcio. Neste caso (e já adiantando o que à frente se falará acerca de outro critério de classificação do litisconsórcio), haverá litisconsórcio *necessário e unitário*.

Por fim, o litisconsórcio pode ser necessário por força de uma convenção processual. E este é, como dito há pouco, o único caso em que se pode ter litisconsórcio necessário ativo (sendo certo que o litisconsórcio necessário por convenção das partes também pode ser passivo). Pense-se, por exemplo, no caso de três pessoas celebrarem um contrato de sociedade e nele estabelecerem uma cláusula dizendo que nenhum sócio, sozinho, poderia demandar contra outro, exigindo-se a presença de pelo menos dois deles como autores da demanda que versasse sobre questões atinentes à sociedade. Ou algum caso em que se estabeleça que, sempre que um sócio pretender demandar em face de outro, a própria sociedade será parte em litisconsórcio necessário passivo com o sócio demandado.

Há, ainda, que se afirmar que não é aceitável a opinião no sentido de que apenas nas demandas constitutivas poderia haver litisconsórcio necessário. Também em demandas de natureza diversa o litisconsórcio necessário se faz presente. Pense-se, por exemplo, na "ação de investigação de paternidade" movida em face dos herdeiros do suposto pai, já falecido. O litisconsórcio entre os herdeiros é necessário, e a demanda manifesta pretensão de que se profira sentença meramente declaratória. Também se pode encontrar exemplo de litisconsórcio necessário pela natureza da relação jurídica no campo das demandas condenatórias, como é o caso da "ação de despejo" promovida pelo locador em face de diversos colocatários. E no caso de litisconsórcio necessário convencional, evidentemente, não há qualquer limite imposto pela natureza da demanda ajuizada.

Por dizer respeito às "condições da ação" (mais especificamente à legitimidade *para ser parte*), incumbe ao juiz verificar de ofício se estão ou não presentes no processo todos aqueles que nele devem figurar como litisconsortes necessários. Ausente algum, o juiz determinará ao demandante que requeira a citação de todos os que ainda não integram o processo, dentro do prazo que lhe assinar, sob pena de extinção do processo (art. 115, parágrafo único).

Pode ocorrer, porém, de não se perceber que um litisconsórcio necessário que deveria ter sido formado não se constituiu, vindo-se a proferir sentença de mérito. Neste caso, sempre será possível a invalidação da sentença em grau de recurso (já que é possível conhecer-se da questão relativa à ausência, no processo, da parte legítima de ofício, em qualquer tempo e grau de jurisdição, nos termos do disposto no art. 485, § 3º). Transitada em julgado a sentença, porém, deve-se ter por sanada a nulidade da sentença (em razão da assim chamada *eficácia sanatória geral da coisa julgada*).

A sentença de mérito transitada em julgado que tenha sido proferida em processo no qual não tenha sido citado alguém que deveria dele ter participado como litisconsorte necessário, porém, mesmo depois de transitada em julgado, é *ineficaz*. Trata-se de uma sentença absolutamente incapaz de produzir efeitos (ineficácia absoluta), tendo sido prolatada inutilmente. Daí falar-se em sentença *inutiliter data*. Há, porém, de fazer-se uma distinção: no caso de litisconsórcio necessário pela natureza da relação jurídica haverá mesmo uma ineficácia absoluta de todo o decidido (art. 115, I, que fala em sentença nula – o que só pode ser reconhecido antes do trânsito em julgado – mas o que se tem aí, mesmo, é ineficácia, como, aliás, resulta do art. 114, que muito claramente afirma que nesses casos "a eficácia da sentença" depende da citação de todos que devem ser litisconsortes). Já no caso de litisconsórcio necessário por disposição de lei a ineficácia é subjetivamente relativa, mera *inoponibilidade*, não podendo a sentença produzir efeitos que alcancem aqueles que não foram citados (art. 115, II).

Exemplos permitirão ver melhor a diferença. No caso de o Ministério Público propor demanda cujo objeto seja a anulação de um casamento, haverá litisconsórcio necessário pela natureza da relação jurídica entre os cônjuges. Pois se um deles não tiver sido citado, a sentença que anule o casamento é absolutamente ineficaz, e o casamento não terá sido desconstituído. Já no caso de uma "ação de usucapião de imóvel" há litisconsórcio necessário entre aquele em cujo nome estiver registrada a área usucapienda e os proprietários dos imóveis confinantes. Pois se algum dos proprietários dos imóveis vizinhos não tiver sido citado, a sentença que reconheça a aquisição da propriedade por usucapião e fixe os limites da área adquirida não será oponível ao vizinho não citado, que poderá – em processo distinto – litigar sobre os limites existentes entre sua área e a que foi usucapida.

Ineficaz (mas não inválida) a sentença de mérito nesse caso, não será ela alcançada, segundo parte da doutrina, pela autoridade de coisa julgada material, uma vez que esta só se produz, segundo tal entendimento, sobre sentenças aptas a produzir efeitos. Este é entendimento com o qual não se pode, porém, concordar. Há coisa julgada material neste caso, porque – como se verá no momento próprio – esta não incide sobre os efeitos da sentença, mas sobre seu conteúdo. Ineficaz que é tal sentença, porém, é ela incapaz de modificar a realidade, alterando o *status quo* anteriormente existente e, por conseguinte, sendo inapta para atribuir a alguma das partes a tutela processual pretendida (e aparentemente concedida). Assim sendo, nada impede que a mesma demanda seja novamente ajuizada, agora com a presença de todos os litisconsortes necessários.

É preciso insistir em um ponto: transitada em julgado sentença de mérito proferida em processo em que faltou citar um litisconsorte necessário (e unitário, tema de que se tratará adiante), tal sentença será absolutamente ineficaz. Não produzirá ela qualquer efeito, nem em relação a quem ficou de fora do processo, nem tampouco em relação aos que dele tenham participado. Pense-se, por exemplo, no caso de se ter demandado a anulação de um casamento (demanda ajuizada pelo MP em face de ambos os cônjuges). Caso apenas o marido tenha sido citado, mas não a mulher, e o juiz, não obstante isso, tenha prolatado sentença de anulação do casamento, não se poderá admitir – mesmo após o trânsito em julgado da sentença – que para ela (que não participou do processo) o casamento esteja anulado. Ora, se o casamento não está anulado para ela, não pode estar anulado para o marido, que com ela permanece casado. É, pois, absolutamente ineficaz aquela sentença.

No caso de litisconsórcio necessário simples (não unitário), a ineficácia é relativa, não sendo a sentença oponível aos que não foram citados (e, pois, não participaram do processo). O raciocínio aplicável aqui é o mesmo da hipótese anterior, mas com a limitação subjetiva da ineficácia.

A ineficácia da sentença de mérito proferida nessas condições pode ser reconhecida por qualquer meio processual idôneo. Por "meio processual idôneo" entenda-se qualquer remédio processual capaz de permitir que a ineficácia da sentença possa ser suscitada, em caráter principal (como se dá, por exemplo, na "ação rescisória" ou na *querella nulitatis*), ou em caráter incidental (como se daria, por exemplo, no caso de – alguns anos após o trânsito em julgado da sentença de "anulação" – uma das partes ajuizar, em face da outra, demanda de divórcio, e invocar a ineficácia da sentença de anulação do casamento como fundamento da existência do casamento).

Visto o litisconsórcio necessário, é tempo de tratar do *litisconsórcio facultativo* (que, evidentemente, pode ser ativo ou passivo). Pois o litisconsórcio é facultativo quando sua formação depende da vontade de quem demanda. Em outras palavras, quando a formação do litisconsórcio é facultativa (o que se dará em qualquer caso de comunhão, conexão ou afinidade em que não haja determinação legal no sentido de sua formação necessária, nem seja incindível a relação jurídica substancial, nem exista convenção processual tornando necessária a formação do litisconsórcio), só haverá processo litisconsorcial se o(s) demandante(s) quiser(em).

Tem-se aí, então, outra espécie de litisconsórcio quanto ao poder aglutinador das razões que provocam o fenômeno. O litisconsórcio é, portanto, facultativo quando se forma em razão da vontade de quem propõe a demanda. Nesse caso não se impõe a formação do litisconsórcio, mas tão somente se permite que o mesmo exista. Assim sendo, nos casos em que pode haver litisconsórcio facultativo, a demanda poderá ser proposta por vários demandantes, ou em face de diversos demandados. Verifica-se, assim, que no litisconsórcio facultativo há o exercício de diversos poderes de ação, que poderiam ter sido exercitados isoladamente, cada qual levando a um provimento de mérito independente. Ao contrário do que ocorre nessa espécie, no litisconsórcio necessário há apenas um poder de ação sendo exercido, uma vez que ali a demanda só poderia ser oferecida se todos os litisconsortes estivessem presentes. Em outros termos, nos casos de litisconsórcio facultativo seria possível que, em vez de se ter um processo único com pluralidade de sujeitos em um dos lados (ou em ambos) do processo, se tivesse uma série de processos autônomos, cada qual com apenas um demandante e um demandado.

Será facultativo, então, o litisconsórcio toda vez que este puder se formar e não ocorrer nenhuma das causas da necessariedade. Em outras palavras, toda vez que o litisconsórcio for possível, mas não imposto pela natureza da relação jurídica (incindível), ou por disposição de lei, ou por um negócio processual, o que se pode formar é um litisconsórcio facultativo.

Pense-se, por exemplo, no caso de haver um acidente com um ônibus, em que vários passageiros se ferem. Pois neste caso é perfeitamente possível que as vítimas se litisconsorciem para demandar em face da transportadora a reparação dos danos sofridos. Evidentemente seria possível que cada uma das vítimas desse início a um processo distinto. É, porém, possível o litisconsórcio ativo (facultativo) neste caso, que se formará se assim o quiserem as vítimas que pretendam demandar em um mesmo processo.

Quanto ao litisconsórcio facultativo, há ainda uma consideração a fazer. Trata-se da regra contida no § 1º do art. 113 do CPC, responsável por regular a *limitação do litisconsórcio multitudinário*. Há casos em que o número de litisconsortes facultativos em um determinado processo é tal que dificulta a defesa dos interesses das partes ou impede a rápida entrega do resultado do processo. Forma-se, assim, verdadeira multidão de litisconsortes, o chamado litisconsórcio multitudinário. É de se notar, desde logo, que não há uma fixação prévia de quantos litisconsortes formam uma multidão, pois caberá ao juiz, diante do caso concreto, dizer o que é ou não excessivo para o processo em que se formou a coligação de partes. Assim, nada impede que em um dado processo se admita um litisconsórcio formado por centenas de pessoas, enquanto em outro se considere excessiva a coligação de dez pessoas, ou outro número qualquer.

Considerando-se que entre os objetivos da existência do litisconsórcio encontra-se a eficiência processual (que é norma fundamental do processo civil), com a possibilidade de se obter um resultado mais efetivo do processo com menor dispêndio de energias e de tempo, o litisconsórcio multitudinário contraria esses fins, sendo assim desejável a sua limitação. Por essa razão, o art. 113, § 1º, do CPC permite a limitação do litisconsórcio facultativo (apenas do facultativo, obviamente, pois, sendo necessário o litisconsórcio, todos os litisconsortes terão de, obrigatoriamente, permanecer no processo) toda vez que o número de coligados dificultar a defesa ou a rápida solução do processo.

Caberá ao juiz, no caso concreto, estabelecer quem permanece no processo e quem dele será excluído, observada a exigência de prévio contraditório e por decisão fundamentada, e devendo a decisão ser proferida com o fim de permitir que se assegure uma mais tempestiva produção de resultados do processo, com amplas garantias, para ambas as partes, de defesa de seus interesses. Esta limitação pode ocorrer na fase de conhecimento, na liquidação de sentença ou em sede executiva (seja no caso de processo de execução, seja em sede de cumprimento de sentença).

A limitação poderá ser feita de ofício ou a requerimento da parte. Havendo requerimento, este poderá ser formulado pelo demandado no prazo da resposta, e interromperá o prazo para oferecimento desta. Trata-se de interrupção de prazo, e não de mera suspensão, o que faz com que, formulado o requerimento de limitação, seja restituído por inteiro ao demandado o prazo de que dispõe para responder à demanda.

Determinada a limitação do litisconsórcio multitudinário, o processo deverá ser desmembrado em tantos processos quantos se façam necessários para acomodar adequadamente todos os demandantes (FPPC, Enunciado nº 386), sendo certo que nenhum deles poderá ser prejudicado por eventual demora resultante do desmembramento. Por tal razão, considera-se que a interrupção da prescrição retroage à data da propositura da demanda original (FPPC, Enunciado nº 10). Admite-se, porém, que em vez de limitar o número de litisconsortes quando este trouxer prejuízo ao direito de defesa, o juízo decida pela ampliação de prazos, na forma do art. 139, VI, de forma a assegurar o amplo exercício da defesa e, se for o caso, o desmembramento pode ser deixado para a fase de cumprimento de sentença (FPPC, Enunciado nº 116).

Terceiro critério de classificação do litisconsórcio é o que permite analisar o fenômeno *quanto ao regime de tratamento dos litisconsortes*. Segundo este critério o litisconsórcio pode ser *unitário* e *simples* (ou comum).

O litisconsórcio é unitário quando todos os litisconsortes têm, obrigatoriamente, de obter o mesmo resultado no processo (art. 116, que fala em decidir-se o mérito de modo uniforme para todos os litisconsortes). Ou todos ganham (o *mesmo* bem jurídico), ou todos perdem (e, neste caso, ficam privados do *mesmo* bem jurídico). É o que se dá quando, por exemplo, o Ministério Público demanda, em face de um casal, a invalidação do casamento. Neste caso, ou o casamento é invalidado ou não é. De qualquer modo, o resultado para os litisconsortes será sempre *o mesmo*. Os litisconsortes, neste caso, embora sejam diversos, são tratados no processo como se fossem *uma só parte* (o que justifica a nomenclatura adotada: litisconsórcio *unitário*). E não é por outra razão que, nos termos do art. 117, havendo litisconsórcio unitário os litisconsortes não são tratados em suas relações com a parte adversa "como litigantes distintos". Devem eles ser tratados "como se fossem uma só parte". Assim, por exemplo, o recurso por um interposto a todos aproveita (art. 1.005). Do mesmo modo, sendo unitário o litisconsórcio, a contestação por um apresentada a todos beneficia. Os atos e omissões de um litisconsorte, porém (tratando-se de litisconsórcio unitário, claro), não poderão prejudicar os demais. Deste modo, a revelia de um litisconsorte unitário não prejudica os demais, assim como não haverá prejuízo para os outros se algum litisconsorte unitário deixar de efetuar algum recolhimento de custas ou deixar de interpor recurso contra alguma decisão (tudo nos termos do mesmo art. 117). A isto tudo se voltará adiante, quando do trato da *dinâmica do litisconsórcio*.

A unitariedade do litisconsórcio deriva, sempre, da natureza incindível da relação jurídica substancial deduzida no processo. Tal incindibilidade, então, é causa de dois fenômenos distintos e inconfundíveis: ela faz com que o litisconsórcio seja *necessário* e, também, *unitário*. Os dois fenômenos, porém, não se confundem. Afirmar que um litisconsórcio é *necessário* é dizer que só será possível resolver-se o mérito da causa se todos os litisconsortes estiverem regularmente presentes no processo (sem pronunciar-se, com isto, uma só palavra acerca do modo como a causa será julgada). De outro lado, dizer que um litisconsórcio é *unitário* é dizer que para os litisconsortes presentes ao processo (e sem afirmar se tal presença era ou não necessária) o julgamento será uniforme.

Não é difícil perceber que nem todo litisconsórcio necessário é unitário. É que o litisconsórcio pode ser necessário por disposição de lei ou por força de um negócio jurídico processual, casos em que, apesar de sua necessariedade, não será unitário. Sendo, porém, o litisconsórcio necessário pela natureza da relação jurídica, ele será necessário e unitário.

De outro lado (e aí talvez já não seja tão fácil perceber-se o fato), nem todo litisconsórcio unitário é necessário. E isto não obstante ser incindível a relação jurídica substancial. É que existem casos em que ocorre aquilo que se pode chamar de *dispensa da necessariedade*. São as situações em que, embora incindível a relação jurídica substancial (e, por conseguinte, unitário o litisconsórcio que se forme entre seus sujeitos), o ordenamento jurídico dispensa a formação necessária do litisconsórcio, admitindo a resolução do mérito ainda que o processo não seja litisconsorcial. É o que se tem, por exemplo, no caso de litisconsórcio unitário ativo (já que, como visto, é incompatível com o ordenamento jurídico brasileiro a existência de um litisconsórcio ativo necessário, salvo quando resulta de negócio jurídico celebrado entre as partes, mas nada impede que haja um litisconsórcio ativo unitário, como se dá, *por exemplo*, no caso de diversos condôminos se litisconsorciarem para postular a anulação de uma deliberação de assembleia de condôminos). O que se pode afirmar, porém, é que o litisconsórcio unitário é, *em regra*, também necessário.

Permita-se, então, um retorno a ponto já mencionado: sendo o litisconsórcio *unitário e necessário*, a decisão de mérito proferida sem que tenham participado do processo todos os que nele deveriam estar integrada será nula e, após seu trânsito em julgado (ou seja, depois do esgotamento de todos os recursos), mesmo sanada a nulidade, permanecerá absolutamente ineficaz (CPC, art. 115, I), não produzindo qualquer efeito prático, nem para os que ficaram de fora do processo, nem para os que dele participaram.

Ao lado deste primeiro regime de tratamento dos litisconsortes (litisconsórcio unitário), há uma segunda espécie, chamado *litisconsórcio simples ou comum*. Neste, existe a possibilidade de decisões divergentes em relação a cada um dos litisconsortes. Basta pensar na demanda ajuizada por diversas vítimas de um acidente em face do causador do evento, em que um dos autores não consiga ter demonstrado dano algum, enquanto os outros conseguem. Parece claro que, nesse caso, o pedido daquele primeiro autor será julgado improcedente, enquanto os pedidos dos demais serão procedentes. Note-se que no litisconsórcio simples não há uma obrigatoriedade de decisões divergentes, mas tão somente uma possibilidade de que isso ocorra. É que, no litisconsórcio simples, o destino de cada litisconsorte é independente do destino dos demais, de modo que caberá ao órgão jurisdicional, no momento de proferir a decisão, examinar, separadamente, a situação de cada um dos litisconsortes.

Pode-se dizer, a fim de se buscar estabelecer distinção entre o litisconsórcio unitário e o simples, o seguinte: no litisconsórcio unitário, os litisconsortes serão tratados como se fossem uma só parte (o que, aliás, justifica a denominação empregada para designar essa espécie de litisconsórcio). Assim, no litisconsórcio unitário, todos os litisconsortes chegarão ao mesmo resultado. Ou todos ganham, ou todos são vencidos. Caso ganhem, todos obterão *o mesmo* bem jurídico. Caso sejam vencidos, todos perderão *o mesmo* bem jurídico. Já no litisconsórcio simples, os litisconsortes são tratados como partes distintas, e o destino de cada um é independente do destino dos demais. Nesse caso, caberá ao juiz examinar separadamente a situação de cada litisconsorte. A decisão pode até levar os litisconsortes a destinos *iguais*, mas, jamais, os levará ao *mesmo* destino.

Por fim, a última forma de se classificar o litisconsórcio, quanto ao momento de sua formação, que comporta duas espécies: litisconsórcio inicial, ou originário, e litisconsórcio ulterior ou superveniente.

Trata-se de fenômeno em que as designações utilizadas são autoexplicativas, pois se torna claro, pela própria terminologia adotada, que o litisconsórcio originário se forma desde a instauração do processo, enquanto o litisconsórcio superveniente se forma apenas no curso do processo.

A regra, naturalmente, é o litisconsórcio originário, visto que na maioria dos casos em que há processo litisconsorcial este já se apresenta com essa característica desde a propositura da demanda, com vários autores demandando em conjunto, ou com a demanda sendo oferecida simultaneamente em face de diversos réus. Há casos, porém, de litisconsórcio superveniente, como se tem no chamamento ao processo (fenômeno a ser estudado adiante, entre as espécies de intervenção de terceiro, e que provoca a entrada de litisconsortes passivos num processo já em andamento). Outra hipótese de litisconsórcio superveniente se dá em razão da sucessão processual. Basta pensar no exemplo de uma demanda reivindicatória movida por A em face de B em que este, no curso do processo, aliena a coisa litigiosa a duas pessoas. Concordando A com a alteração do polo passivo, este deixará de ser ocupado por B, que será sucedido pelos adquirentes, em litisconsórcio. Trata-se, como se vê facilmente, de litisconsórcio formado no curso do processo, e, portanto, superveniente.

Esse é o momento adequado para se examinar um fenômeno sobre cuja admissibilidade se controverte no Direito brasileiro: a chamada intervenção litisconsorcial voluntária.

Já se definiu esse fenômeno como a intervenção voluntária, no curso do processo, como litisconsorte, de pessoa estranha à formação originária do processo – e, portanto, terceiro em face das partes. Trata-se de fenômeno que merece ser analisado quando do estudo do litisconsórcio, e não, como costuma ser feito, na análise das espécies de intervenção de terceiros. Realmente, a admissão desse tipo de intervenção terá como efeito necessário a formação de um litisconsórcio ulterior, razão pela qual a inclusão do fenômeno na sistemática do litisconsórcio se impõe.

Pela intervenção litisconsorcial voluntária, um terceiro, estranho à formação originária do processo, ingressa no feito como litisconsorte de uma das partes, fazendo valer direito seu em face do adversário. Trata-se de fenômeno bastante frequente, ocorrendo, por exemplo, em hipóteses como a de demanda ajuizada por servidor público em face do Estado, em que se pleiteia o pagamento de alguma vantagem patrimonial (como um "quinquênio" ou um "triênio"), em que outro servidor público, que pretende receber verba da mesma natureza (mas não, note-se, a mesma verba; tão somente verba da mesma natureza, já que cada servidor público tem um crédito seu, pessoal, em face do Estado), intervém no processo originalmente instaurado por ato daquele primeiro servidor, para tornar-se litisconsorte deste.

O interveniente exerce, pois, ação própria, indo a juízo em defesa de interesse próprio, e pleiteando para si a tutela processual.

O fenômeno é também muito frequente em processos nos quais o demandante postula, e obtém, tutela provisória, motivo que leva outras pessoas (que poderiam ter sido litisconsortes originários) a pretender seu ingresso no feito, como litisconsortes supervenientes, a fim de receber os efeitos benéficos daquela decisão proferida liminarmente.

Embora seja às vezes aceita na prática, e encontre respaldo em boa doutrina, sempre me pareceu que a intervenção litisconsorcial voluntária não poderia ser aceita no Direito brasileiro. Tal impossibilidade decorre, a meu juízo, do fato de que, com essa intervenção, o interveniente estaria escolhendo o juízo onde tramitaria seu processo, elegendo livremente o juiz a que sua causa será submetida, o que viola o devido processo constitucional. É sabido que há casos polêmicos, em que alguns juízes concedem liminares, protegendo desde logo o direito do demandante, enquanto outros magistrados negam a concessão de tutela provisória logo ao início do processo nas mesmas hipóteses. Nesses casos, tem-se revelado frequente que, proposta uma demanda, e sendo concedida a liminar, outras pessoas pretendam intervir como litisconsortes no processo, com o único fim de assegurar, desde logo, a extensão para si da liminar já proferida, desaparecendo assim o risco de ver sua demanda distribuída a um juízo onde decisão análoga não seria proferida. Essa escolha de juízo viola flagrantemente a garantia constitucional do devido processo, razão pela qual não pode ser admitida tal modalidade de intervenção.

7.1.2. Dinâmica do litisconsórcio

O exame do processo litisconsorcial exige que se analise o que pode ser chamado de *dinâmica do litisconsórcio*. É que ao tratar das diversas formas de classificação desse fenômeno, o que se faz é examinar o litisconsórcio como algo estático, apresentando-se o que poderia ser considerado uma fotografia. É preciso, porém, compreender quais as consequências da formação do litisconsórcio sobre o modo como o processo se desenvolve, olhando-se para o fenômeno em movimento, de forma dinâmica.

Em outras palavras, o que se busca agora é determinar que consequências o litisconsórcio produz sobre o andamento do processo, isto é, a análise dos impactos do litisconsórcio sobre a forma como o processo se movimenta.

Em primeiro lugar, há que se fazer menção à regra da independência (ou da autonomia) dos litisconsortes, consagrada no art. 117 do CPC, segundo o qual, "[o]s litisconsortes serão considerados, em suas relações com a parte adversa, como litigantes distintos, exceto no litisconsórcio unitário, caso em que os atos e as omissões de um não prejudicarão os outros, mas os poderão beneficiar".

Trata-se de regra aplicável, como se percebe pelo texto normativo, somente ao litisconsórcio comum (ou simples), sendo incompatível com o litisconsórcio unitário. Mesmo no litisconsórcio comum, contudo, o princípio não será observado integralmente. A independência dos litisconsortes, propugnada pelo art. 117, é relativa, havendo casos em que, mesmo no litisconsórcio comum, os atos ou omissões de um dos litisconsortes irão gerar seus efeitos em relação aos demais.

Tal relatividade do princípio da independência dos litisconsortes decorre de causas ligadas à própria lógica do processo, que exige harmonia nos pronunciamentos judiciais. É certo que no litisconsórcio comum a decisão da causa não será uniforme em relação a todos os litisconsortes, mas viola o bom-senso aceitar a ideia de que o juiz poderia considerar, em sua sentença, que determinado fato, ao mesmo tempo, ocorreu (para o litisconsorte que conseguiu prová-lo) e não ocorreu (para os demais litisconsortes), ou ainda que o juiz adote, em sua sentença, teses jurídicas antagônicas para cada um dos litisconsortes. Haverá casos, pois, em que a atuação de um dos litisconsortes produzirá efeitos em relação aos demais.

Há, aliás, casos em que o próprio Código de Processo Civil prevê que a atuação de um litisconsorte produzirá efeitos sobre os demais, como nos casos dos arts. 345, I (em que a contestação oferecida por um dos litisconsortes aproveita aos demais), e 919, § 4º (onde se afirma que a atribuição de efeito suspensivo aos embargos opostos à execução por um dos executados beneficiará seus litisconsortes toda vez que o fundamento dos embargos for comum aos demais).

Já no litisconsórcio unitário, em que a decisão de mérito será obrigatoriamente uniforme em relação a todos os litisconsortes, o que se dá em razão da incindibilidade da relação jurídica de direito material deduzida no processo, a conduta de um litisconsorte terá, naturalmente, implicações no destino dos demais. Assim é que, no litisconsórcio unitário, atos haverá que, praticados por apenas um dos litisconsortes, aproveitarão a todos. Da mesma forma, alguns atos só serão eficazes se praticados por todos os litisconsortes.

No primeiro caso, estão os recursos interpostos por apenas um dos litisconsortes unitários, que aproveitam a todos (art. 1.005 do CPC, aplicável apenas ao litisconsórcio unitário). Além dos recursos, encontram-se nessa situação todas as condutas alternativas, isto é, todas as condutas capazes de criar condições para um resultado favorável no processo. Na segunda situação, dos atos que só serão eficazes se praticados por todos os litisconsortes unitários, encontram-se todas as condutas determinantes, isto é, todas aquelas condutas que levam, inexoravelmente, a um resultado desfavorável, como, por exemplo, a renúncia à pretensão, ou o reconhecimento da procedência do pedido.

Observação importante deve ser feita a respeito da confissão. Esta, nos termos do art. 391 do CPC, não prejudica os litisconsortes. Essa afirmação, porém, deve ser tomada com cuidado, sendo de interpretá-la com algum temperamento. Em primeiro lugar, há que se verificar as consequências da confissão feita por apenas um dos litisconsortes quando se estiver diante de litisconsórcio comum (ou simples). Neste, como visto, a regra é a regra da independência dos litisconsortes, o que levaria, a princípio, a concluir que a confissão feita por apenas um deles não prejudicaria os demais. Ocorre, porém, que por ocasião da sentença, ao valorar as provas constantes dos autos, o juiz deverá atribuir àquela confissão o valor que mereça, como meio de prova que é. Considerando-se que não se poderia admitir, por contrariar a lógica, que o juiz tivesse por provado o fato em relação ao litisconsorte que confessou, e não comprovado em relação aos demais, é certo que na sentença se poderá verificar que aquela confissão produziu efeitos em relação aos demais litisconsortes.

Já no que concerne ao litisconsórcio unitário, há que se verificar se a confissão é um comportamento alternativo ou determinante, para que se possa saber se será a mesma ineficaz quando provier de apenas um (ou alguns) dos litisconsortes. Considerando-se, também aqui, que cabe ao juiz valorar as provas dos autos, tendo sido superada a época em que a confissão era prova plena, não se pode afirmar que seja esse meio de prova uma conduta determinante, já que suas consequências serão verificadas em conjunto com todo o material probatório, do qual é parte integrante. Trata-se, pois, de conduta alternativa e, sendo assim, eficaz, ainda que não tenha sido praticada por todos os litisconsortes.

Em síntese, se um dos litisconsortes confessar um fato, caberá ao juiz valorar essa prova, examinando-a dentro do contexto probatório do processo, e se considerar que o fato confessado está provado, não poderá dizer que ele foi provado apenas em relação ao litisconsorte confitente. Afinal, ou o juiz reconhece que o fato ocorreu, ou afirma que ele não aconteceu.

Por fim, o exame da dinâmica do litisconsórcio exige a análise do impacto que a formação dessa coligação de partes tem sobre os prazos processuais. Pois aí incide o disposto no art. 229 (*caput* e §§), de modo que litisconsortes que tenham advogados diferentes, que atuem em escritórios de advocacia distintos, terão prazo em dobro se os autos do processo não forem eletrônicos. Caso sejam eletrônicos os autos, então, não haverá essa ampliação de prazo.

Importante observar que, no caso de litisconsórcio passivo, pode acontecer de um (ou alguns) dos litisconsortes terem constituído um advogado e não terem condições de saber se o outro (ou os outros) nomearam advogado distinto, de outro escritório. Neste caso, o prazo para oferecimento da resposta (caso o processo tramite em autos eletrônicos, evidentemente) será computado em dobro mas, se só estes réus que estão representados pelo mesmo advogado contestarem, constatada a revelia dos demais, então a partir daí os prazos não serão mais duplicados (ressalvada, porém, a possibilidade de que a atuação de advogados distintos passe a ocorrer de forma superveniente, caso em que os prazos passarão a ser contados em dobro a partir da juntada aos autos não eletrônicos do instrumento de mandato do novo advogado).

7.1.3. Despolarização do processo

Costumeiramente se ouve dizer que no processo existiriam *polos* (ativo e passivo). E isto, evidentemente, poria os ocupantes de um polo em posição antagônica à do ocupante do outro polo. Isso, porém, se liga a uma visão estática do processo, que deve ser tida por equivocada.

É evidente que no processo em que há apenas duas partes, uma demandante e outra demandada, será razoável imaginar que elas ocupem posições antagônicas, já que uma pretende obter algo que imporá, se concedido, algum sacrifício à esfera jurídica da outra. Daí não resulta, porém, que demandante e demandado tenham de discordar em tudo. Nada impede que, por razões de estratégia processual, as partes realizem atos conjuntos. Basta ver, por exemplo, a previsão constante do art. 17 da Lei nº 9.099/1995 (Lei dos Juizados Especiais Cíveis e Criminais), que admite a possibilidade de o processo se instaurar por ato conjunto de ambas as partes.

Imagine-se, então, que tendo havido uma colisão entre veículos, as partes não cheguem a um acordo sobre a responsabilidade pelos danos daí decorrentes, mas estejam ambas de acordo sobre a necessidade de instauração de um processo para definir tais responsabilidades. Pois a lei processual admite que ambos, em conjunto, deem início ao processo perante o Juizado Especial Cível, deduzindo suas pretensões. Evidentemente, essas pretensões serão conflitantes (ou nem teria havido processo), mas ambos querem que haja uma definição judicial do caso. Como dizer, então, quem é o demandante e quem é o demandado em um caso assim?

Mais frequente, porém, é que litisconsortes tenham interesses conflitantes. Pense-se, por exemplo, no caso de uma pessoa demandar reparação de danos em face de duas outras, afirmando na petição inicial que um dos dois réus (que ele não consegue precisar qual) é responsável pelos danos que ele teria suportado. Pois pode acontecer de nenhum dos réus negar que o autor tenha sofrido os danos, limitando-se cada um deles a imputar a responsabilidade ao outro. Veja-se que num caso como esse não haverá grande situação de litigiosidade entre o autor e cada um dos réus, mas os réus serão, entre si, os verdadeiros litigantes.

Outro exemplo interessante é o da "ação de consignação em pagamento" em que existe dúvida sobre quem é o legítimo credor da obrigação (Código Civil, art. 335, IV). Neste caso, todos os possíveis credores serão réus, formando-se entre eles um litisconsórcio passivo necessário (CPC, art. 547). Pois nesse caso pode acontecer de os réus terem interesses conflitantes, o que acontecerá quando entre eles se instalar um debate sobre quem deve receber a coisa ou quantia depositada. Neste caso, como estabelece o art. 548, III, do CPC, o autor é excluído do processo, que prosseguirá apenas entre os réus, como litigantes exclusivos.

Pode ocorrer, porém, de os corréus dessa "ação de consignação em pagamento" terem, além de interesses conflitantes acerca da titularidade do crédito, também interesses convergentes (como acontecerá, por exemplo, se todos quiserem impugnar o depósito, por reputá-lo insuficiente). Neste caso, será preciso admitir que os litisconsortes passivos pratiquem atos que beneficiarão uns aos outros e, ao mesmo tempo, que litiguem entre si.

O caso mais emblemático de tudo isso que vem sendo dito é o que resulta do art. 6º, § 3º, da Lei de Ação Popular (Lei nº 4.717/1965), que permite à pessoa jurídica ré de uma ação popular "migrar" para o lado do autor, aderindo à sua pretensão. Este mesmo fenômeno também está expressamente regulado no art. 17, § 3º, da Lei de Improbidade Administrativa (Lei nº 8.429/1992). E é preciso reconhecer aqui que essa "migração" é móvel. Basta pensar no caso de se ter ajuizado uma "ação popular" para impugnar ato praticado ao tempo da administração de um Município por certo prefeito. No curso do processo, encerrado o mandato daquele prefeito, assume o cargo outro gestor, de grupo político distinto, e que tem interesse no reconhecimento da invalidade do ato praticado pelo prefeito anterior. Determina-se, então, a "migração" do "polo" passivo para o ativo. Caso o processo demore muito, e esta nova gestão também se encerre, com o retorno à prefeitura do grupo político original, pode haver uma nova "migração", para que se volte a defender o ato impugnado pelo demandante.

Tudo isso mostra que a ideia de "polos" deve ser superada. Aliás, é preciso recordar que polos são, por essência, posições fixas e antagônicas. Pois o dinamismo do processo leva, necessariamente, a que se reconheça que as partes transitam dentro de "zonas de interesse", as quais podem ir se modificando ao longo do processo, e que fará com que aqueles que em certa circunstância estão em lados opostos poderão, por alguma razão, ocupar posições próximas, sempre que seus interesses se tangenciem ou interpenetrem.

É preciso, portanto, reconhecer – especialmente nos processos litisconsorciais – uma despolarização do processo, admitindo-se a existência de zonas de interesse de cada um dos sujeitos processuais.

7.2. INTERVENÇÃO DE TERCEIROS: NOÇÕES GERAIS

Visto o litisconsórcio, passa-se agora a outra manifestação do fenômeno genericamente intitulado "pluralidade de partes", a intervenção de terceiros. Antes de tudo, é preciso fixar o conceito de terceiro, o que se revela essencial para que se possa bem compreender os casos de intervenção.

Terceiro é conceito a que se chega por negação, por exclusão. É terceiro quem não é parte. Assim, num processo em que são partes A e B, serão terceiros todas as demais pessoas que não estes dois.

Conhecido o conceito de terceiro, pode-se definir a intervenção de terceiro como o ingresso, num processo, de quem não é parte.

Justifica-se a existência das diversas modalidades de intervenção de terceiros pelo fato de o processo poder produzir efeitos sobre a esfera jurídica de interesses de pessoas que lhe são estranhas. Basta pensar nas consequências de uma sentença que decreta o despejo sobre o sublocatário de um imóvel, quando são partes da demanda apenas o locador e o locatário; ou nos efeitos de uma sentença que provoque a evicção sobre as relações entre o adquirente do bem que acaba de ser perdido e aquele que lhe alienou a coisa. É por essas razões que, nos casos expressamente previstos em lei, admite-se a ampliação subjetiva do processo, com o ingresso de quem originariamente não figurava como parte.

Além dos casos expressamente previstos em lei, e que serão objeto de estudo neste tópico, é admissível a criação de figuras interventivas atípicas mediante a celebração de negócios jurídicos processuais. Assim, por exemplo, pode-se admitir a celebração de negócio processual através do qual as partes convencionem admitir a intervenção, como assistente, de alguém que não tem interesse jurídico na causa, mas mero interesse econômico. É também admissível que, por negócio processual, as partes convencionem que nenhuma delas requererá a intervenção forçada de um terceiro (como seria, por exemplo, uma convenção processual que exclua a possibilidade de qualquer das partes promover denunciação da lide). Não se pode, porém, celebrar negócio processual para proibir terceiro de intervir voluntariamente no processo, já que não podem as partes negociar sobre prerrogativas de terceiros estranhos à convenção. Ao ponto, porém, se voltará adiante.

Retome-se a exposição, porém. Terceiro é todo aquele que não é parte em um processo. E intervenção de terceiro é o ingresso de um terceiro em um processo em curso. É de se observar, porém, que o terceiro se torna parte no momento em que intervém. Relembre-se, aqui, que há dois conceitos distintos de parte com relevância para o Direito Processual: os de parte da demanda e de parte do processo. O terceiro, que não é parte da demanda, torna-se – com a intervenção – parte do processo. Adota-se, pois, um conceito *cronológico* de intervenção de terceiros, que permite afirmar que *o terceiro só é terceiro antes da intervenção*. Note-se, porém, que não se pode considerar intervenção de terceiro o ingresso no processo de um litisconsorte necessário que se encontrava ausente. Isso porque o litisconsorte necessário é parte originária, que deveria figurar no processo desde o início, não se podendo considerá-lo terceiro.

O terceiro, pois, ao intervir, torna-se *parte do processo*. Nem sempre, porém, será ele *parte da demanda*. É que em algumas modalidades de intervenção de terceiro o interveniente não assume nem a posição de demandante nem a de demandado (como se dá, por exemplo, nas assistências). Em outros casos, porém, o terceiro interveniente se torna parte da demanda, como acontece no chamamento ao processo, em que o chamado vira réu, assumindo uma posição passiva na demanda que deu origem ao processo (e, assim, se litisconsorciando ao demandado original).

O CPC regula, no título da intervenção de terceiros (arts. 119 a 138), cinco figuras distintas: assistência, denunciação da lide, chamamento ao processo, a intervenção resultante do incidente de desconsideração da personalidade jurídica e a intervenção do *amicus curiae*. Além destas, porém, será examinado neste tópico o *recurso de terceiro*, que, embora não esteja tratado neste título do CPC, é uma verdadeira intervenção de terceiro. Haverá, ainda, um item destinado à intervenção de terceiros nos processos de alimentos (regida pelo Código Civil) e outro destinado ao exame de intervenções de terceiros atípicas.

As modalidades de intervenção de terceiro podem ser divididas em dois grupos: intervenções voluntárias e intervenções forçadas. Nas primeiras, a intervenção do terceiro ocorre por ato de vontade, ingressando este no processo porque pretende dele tomar parte. É o que se tem na assistência, no recurso de terceiro e na intervenção do *amicus curiae*. Já as intervenções forçadas são aquelas em que o ingresso do terceiro é provocado, sendo requerido por alguma das partes originárias: denunciação da lide, chamamento ao processo e a intervenção resultante da instauração do incidente de desconsideração da personalidade jurídica. Também é forçada a intervenção de terceiro no processo de alimentos. As intervenções atípicas podem ser voluntárias ou forçadas.

Detalhe interessante é que há uma diferença entre a intervenção do *amicus curiae* e as demais intervenções voluntárias. É que o *amicus curiae* pode ser convidado a intervir no processo, de ofício pelo juiz ou a requerimento de alguma das partes. Trata-se de mero convite, e ele só intervém no processo se esta for sua vontade. Daí dizer-se que se trata de intervenção voluntária. As demais intervenções voluntárias (assistência e recurso de terceiro), porém, além de voluntárias, são *espontâneas*, já que não se cogita da realização de qualquer convite, não se exortando o terceiro a ingressar no processo. É ele, terceiro, que espontaneamente, sem qualquer tipo de estímulo externo, vem ao processo e nele requer seu ingresso.

É de se notar, também, que as intervenções forçadas são necessariamente provocadas por alguma das partes, não podendo jamais ser determinadas de ofício pelo juiz. Pode o autor provocar a denunciação da lide e a intervenção que resulta do incidente de desconsideração da personalidade jurídica, enquanto o réu pode suscitar qualquer das três modalidades de intervenção forçada: denunciação da lide, chamamento ao processo e a intervenção resultante do incidente de desconsideração da personalidade jurídica.

Vistas estas questões introdutórias, passa-se ao exame específico de cada uma das figuras interventivas do processo civil brasileiro.

7.2.1. Assistência

Define-se assistência como uma intervenção *ad coadjuvandum* (ou seja, uma intervenção *para ajudar*). Intervenção de terceiro, voluntária por excelência, a assistência permite ao terceiro interveniente (chamado *assistente*) ingressar no processo para ajudar uma das partes da demanda (o *assistido*) a obter sentença favorável (art. 119). Trata-se de modalidade de intervenção típica dos processos cognitivos – já que tem por objetivo permitir que o assistente auxilie o assistido na busca de uma *sentença favorável*, o que implica dizer que não será a mesma admitida nos processos executivos (ou na fase de cumprimento de sentença).

A assistência é cabível a qualquer tempo, e em qualquer grau de jurisdição, podendo o assistente ingressar no processo em qualquer de suas fases, e o recebendo no estado em que se encontra. É, porém, incompatível com os procedimentos executivos. assim como é inadmissível no processo dos Juizados Especiais Cíveis (art. 10 da Lei nº 9.099/1995).

Como dito, o assistente recebe o processo, ao nele intervir, no estado em que se encontrar. Isso significa que o assistente poderá auxiliar o assistido a partir do momento em que seja admitido no processo, não lhe sendo possível praticar atos relativos a estágios anteriores do processo, que para o assistido já estariam preclusos. Pense-se, por exemplo, no caso de ser admitido um assistente para o réu após o saneamento do processo. Não poderá o assistente, neste caso, impugnar o valor atribuído à causa pelo autor, questão que só poderia ter sido suscitada no prazo da contestação (art. 293).

São duas as espécies de assistência, diferindo entre si pelo tipo de interesse jurídico revelado pelo terceiro interveniente: assistência simples (ou adesiva) e assistência litisconsorcial (ou qualificada). Explique-se melhor este ponto: requisito essencial para a admissão do terceiro como assistente é que tenha ele *interesse jurídico* na causa (art. 119). Não é, pois, qualquer interesse que legitima a intervenção do assistente, mas apenas o interesse *jurídico*.

São duas as situações em que o interesse do terceiro na causa pode ser qualificado como jurídico. E exatamente por conta desta dualidade é que se reconhece a existência de duas modalidades de assistência: a *simples* (arts. 121 a 123) e a *litisconsorcial* ou *qualificada* (art. 124).

Na assistência litisconsorcial, o terceiro tem, no dizer do CPC, relação jurídica com o adversário do assistido. Essa relação jurídica, referida no art. 124, não é outra senão a própria relação de direito material deduzida no processo. Explique-se: na assistência litisconsorcial, o terceiro interveniente também é titular da relação jurídica deduzida no processo, embora não tenha sido parte na demanda. Sendo, porém, uma relação jurídica plúrima, não se poderia impedir que seus demais titulares ingressassem no processo, com o fim de auxiliar aquele cuja vitória lhes interessa. Pense-se, por exemplo, numa demanda em que o credor de uma obrigação exige de um entre os codevedores solidários a integralidade da dívida comum. Não se pode negar a existência, por parte dos codevedores solidários, de interesse na vitória do que foi demandado. Podem, pois, intervir como assistentes. Sendo, então, os terceiros sujeitos da própria relação jurídica de direito material deduzida no processo, serão considerados assistentes litisconsorciais.

Outro exemplo é o do substituído processual. Pense-se na hipótese de ter o Ministério Público ajuizado, na qualidade de substituto processual de um menor, demanda de investigação de paternidade em face de seu suposto pai. O menor, substituído processual, não é parte na demanda e, portanto, é – a princípio, pelo menos – terceiro. É ele, porém, o titular da relação jurídica controvertida. Isto faz com que se considere ter ele interesse jurídico no resultado do processo, podendo intervir como assistente litisconsorcial do Ministério Público. Daí, aliás, o disposto no art. 18, parágrafo único, do CPC dizer que nos processos em que há substituição processual é possível ao substituído intervir como assistente litisconsorcial do seu substituto.

É de se notar que, a despeito da redação do art. 124 do CPC, o assistente litisconsorcial não é litisconsorte, mas mero assistente. Não é litisconsorte, mas é tratado "como se fosse". Em outras palavras, o assistente litisconsorcial não adquire a posição de autor (não podendo, por isso, formular pedido em seu favor), nem tampouco a de réu (não podendo ser, por exemplo, condenado em favor do autor), mantendo-se como pessoa estranha à demanda. Torna-se parte apenas no processo, podendo exercer as mesmas faculdades que são outorgadas pelo sistema aos litisconsortes. Assim, por exemplo, assistente e assistido disporão de prazos em dobro, desde que tenham advogados distintos, de escritórios de advocacia diferentes, para se manifestar no processo que tramite em autos não eletrônicos. Da mesma forma, a participação do assistente litisconsorcial será essencial para a eficácia de atos como a convenção para a suspensão do processo, a transação e a desistência da ação. Figure-se o seguinte exemplo: Num dado processo, pretende o demandante desistir da ação, sendo necessário o consentimento do réu, visto que este já oferecera sua contestação. Havendo assistência litisconsorcial, o consentimento do assistente será também exigido para que a desistência da ação seja homologada por sentença, podendo assim produzir seus efeitos.

Repita-se, pois: o assistente litisconsorcial não é litisconsorte, mas é tratado "como se fosse". Garante-se a esse interveniente o mesmo tratamento formal dispensado ao litisconsorte, embora não assuma ele essa posição.

A outra espécie de assistência é a simples. Aqui, o terceiro é sujeito de relação jurídica diversa da deduzida no processo, mas a ela subordinada, conexa ou dependente. Pense-se, por exemplo, no sublocatário, interveniente numa "ação de despejo" em que são partes originárias apenas o locador e o locatário. O terceiro interveniente não é titular da relação de direito material deduzida no processo (que é a locação), mas de outra, a ela subordinada, a sublocação. Pode, também, intervir como assistente, mas o caso é de assistência simples, não recebendo o terceiro interveniente o mesmo tratamento formal dispensado aos litisconsortes (e, por conseguinte, aos assistentes litisconsorciais).

Outro caso que pode ser lembrado é o do fiador, juridicamente interessado no resultado do processo em que o afiançado e o credor discutem a validade do contrato que gerou a obrigação assegurada pela fiança. Sendo o contrato de fiança (celebrado entre fiador e credor) acessório do contrato principal, gerador da obrigação afiançada, terá o fiador interesse jurídico em que a sentença seja favorável ao afiançado (afinal, inválido o contrato principal, inválida é, também, a fiança, nos termos do art. 184 do CC).

Na assistência simples, a intervenção não impede o assistido de praticar atos dispositivos, como renúncia, desistência e outros equiparados (art. 122). Afinal, não seria legítimo considerar que o assistente simples – que não é titular da relação jurídica deduzida no processo – estivesse autorizado a impedir seu titular de dispor sobre seus próprios interesses.

Tanto o assistente simples como o litisconsorcial atuam como auxiliares do assistido, sujeitando-se aos mesmos ônus que ele, e podendo exercer os mesmos poderes (art. 121). Note-se que, embora o dispositivo normativo citado encontre-se na

Seção do CPC que trata da assistência simples, é ele aplicável, também, à assistência litisconsorcial. Afinal, se o assistente simples tem *os mesmos poderes processuais* que o assistido, não faria sentido imaginar que o assistente litisconsorcial também não os tenha. Afinal, não haveria lógica em atribuir ao assistente litisconsorcial *menos* poderes que ao assistido (ou em ele ficaria em situação de desvantagem quando comparado com o assistente simples). Mas também não haveria lógica em atribuir ao assistente litisconsorcial mais poderes do que os atribuídos ao assistente simples, ou ele acabaria por ter mais poderes processuais até mesmo que o assistido. Assim, a única interpretação possível é a que atribui ao assistente litisconsorcial os mesmos poderes que tem o assistente simples, e que são, também, os mesmos do assistido.

Em outras palavras, o assistente (seja ele litisconsorcial ou simples) é sujeito que intervém no processo, tornando-se parte e, por isso, passando a atuar em contraditório, assegurado seu poder de influência sobre o resultado do processo, não podendo ser surpreendido pelas decisões que venham a ser proferidas. E atuará ele no processo com o fim de auxiliar o assistido a obter resultado favorável.

A atribuição, ao assistente, dos mesmos poderes processuais de que dispõe o assistido significa, então, que o assistente pode praticar qualquer ato processual que ao assistido também seria legítimo praticar. O assistente pode produzir alegações e provas, interpor recursos, impugnar atos praticados pela parte adversa, enfim, pode praticar todos os atos que ao assistido também seria lícito praticar. Fica ele, porém, sujeito aos mesmos ônus processuais, o que implica dizer que terá de observar todas as exigências que ao assistido são impostas para que seus atos sejam admitidos no processo, como a tempestividade e o recolhimento das custas, por exemplo.

Por outro lado, é aplicável apenas à assistência simples a regra contida no parágrafo único do mesmo art. 121, segundo o qual, revel o assistido (ou por qualquer outro modo omisso), o assistente será seu substituto processual. É fácil entender por que esse dispositivo não se aplica à assistência litisconsorcial. É que, sendo o assistente litisconsorcial tratado "como se fosse" litisconsorte, a ele se aplica, naturalmente, o disposto no art. 345, I, do CPC: a contestação por ele oferecida impede a produção dos efeitos da revelia em face do assistido. Ademais, o assistente litisconsorcial é titular da própria relação jurídica deduzida no processo e, portanto, estará ele no processo a defender exclusivamente o seu próprio interesse, de modo que é ele legitimado ordinário.

Requerendo o terceiro sua intervenção como assistente (simples ou litisconsorcial), deverá o juiz ouvir as partes já integrantes do processo, no prazo de quinze dias. Não havendo impugnação, o requerimento será decidido (e, embora diga o texto normativo que não havendo impugnação será deferida a intervenção, é possível indeferi-la se ficar constatada a inexistência de interesse jurídico que a legitime). Havendo, porém, impugnação por qualquer das partes, deverá o juiz autorizar a produção de provas e, após a produção destas, decidirá o incidente. É de se notar que esse incidente não constitui causa de suspensão do processo.

Tendo o assistente simples intervindo no processo e nele sido proferida sentença de mérito, o trânsito em julgado desta implicará a produção de um efeito conhecido como *eficácia da intervenção* (art. 123). Significa isto dizer que, a partir do momento em que a sentença de mérito se torne irrecorrível, não poderá o assistente simples, em processo posterior, tornar a discutir a justiça da decisão. Fica ele, pois, alcançado por uma *eficácia preclusiva da coisa julgada*, que impede que, em processo futuro, se volte a discutir não só o que foi efetivamente decidido, mas, também, os fundamentos da sentença. Não se produz a eficácia da intervenção, porém, se o assistente demonstrar (no processo posterior) que (i) pelo estado em que recebeu o processo ou pelas declarações e atos do assistido, foi impedido de produzir provas suscetíveis de influir na sentença; ou (ii) desconhecia a existência de alegações ou de provas das quais o assistido, por dolo ou culpa, não se valeu (*exceptio male gesti processus*). Essa disposição, não obstante o silêncio da lei, também se aplica ao assistente litisconsorcial, que – embora tratado como se fosse litisconsorte – não é parte da demanda, não sendo, por isso, alcançado diretamente pela coisa julgada, mas tão somente pela eficácia da intervenção.

7.2.2. Recurso de terceiro

Esta modalidade de intervenção voluntária de terceiros não se encontra, como afirmado anteriormente, no Título do CPC que rege a intervenção de terceiros. Trata-se, aliás, de instituto mal regulamentado no ordenamento processual brasileiro, a ele se fazendo menção, fundamentalmente, em um único dispositivo, o art. 996. Apesar dessa parca regulamentação, não há dúvidas quanto a se estar aqui diante de uma modalidade de intervenção de terceiro.

É fora de dúvidas que uma decisão judicial pode vir a produzir efeitos que afetem terceiros, pessoas estranhas ao processo. Pois é para permitir que esses terceiros impugnem tais decisões que se permite o *recurso de terceiro*. Alguns ordenamentos destinam ao terceiro um recurso específico, como a *opposizione di terzo*, do Direito italiano, outros ordenamentos adotam sistema eclético, em que o terceiro às vezes se vale dos recursos postos à disposição das partes, e em outros casos de recursos que lhe são atribuídos com exclusividade, enquanto o Brasil possui um sistema em que ao terceiro são abertas as mesmas vias recursais que são, ordinariamente, abertas às partes. Em outras palavras, o terceiro pode interpor qualquer dos recursos que às partes é lícito oferecer, e dispõe o terceiro do mesmo prazo de que dispõem as partes para tal.

Verifica-se, pois, muito facilmente, que o problema do estudo do recurso de terceiro não está em definir qual seja esse recurso, já que ao terceiro é lícito interpor qualquer das espécies admissíveis. O problema que resta para ser solucionado é o de se saber, com precisão, quem é o terceiro que pode recorrer.

Em primeiro lugar, há que se afirmar que o terceiro que pode interpor recurso é alguém que ainda não interveio no processo. Isso porque a lei permite o recurso ao terceiro e este, como sabido, é definido, por exclusão, como sendo aquele que não é parte. Quem já tiver adquirido a qualidade de parte, como o assistente, por exemplo, pode recorrer, não como terceiro, mas por ser uma das partes do processo. Afinal, se o assistente já se tornou parte, o recurso dele não poderia mesmo ser considerado um *recurso de terceiro*, nem poderia seu recurso, interposto por quem já participa do processo, provocar uma *intervenção de terceiro*.

Costuma-se definir o terceiro legitimado a recorrer como aquele que poderia ter intervindo no processo, mas não o fez antes da decisão, pretendendo fazê-lo agora com o fim de atacar o provimento judicial que afirma ser capaz de lhe acarretar prejuízo. Esta definição, porém, não é muito precisa. É que aí não se incluem terceiros que não poderiam intervir no processo por qualquer outra das modalidades de intervenção, mas podem recorrer (como é, por exemplo, o caso do advogado que recorre para discutir seu direito a honorários de sucumbência, ou o terceiro que recorre para impugnar decisão que lhe tenha imposto alguma multa, como a prevista no art. 468, § 1º, que prevê imposição de multa ao perito). Assim, melhor será definir o terceiro legitimado a recorrer como *aquele que, não sendo parte no processo, considera ter sido de alguma maneira afetado pelos efeitos de uma decisão judicial proferida no processo de que não participa.*

O terceiro que pretende recorrer precisa demonstrar, como ressalta óbvio, interesse jurídico na causa, uma vez que no caso de não existir este não poderá ser admitido o recurso por ele interposto. Além disso, deverá alegar um prejuízo que a decisão teria acarretado à sua esfera de interesses. Assim, por exemplo, numa "ação de despejo", poderia o sublocatário consentido que não interveio no processo como assistente simples do locatário, apelar contra a sentença que decretou o despejo, por ser ele terceiro juridicamente interessado que afirma ter sofrido prejuízo com a decisão.

Há uma equivocada – e generalizada – ideia de que o recurso de terceiro seria uma "assistência em grau recursal". Essa afirmação é equivocada por dois motivos. Em primeiro lugar, entender o recurso de terceiro como espécie de assistência esvaziaria o conteúdo do art. 119, parágrafo único, que autoriza a assistência em qualquer grau de jurisdição. Em segundo lugar, ao contrário do assistente, que, como sabido, intervém no processo com o fim de auxiliar uma das partes a obter resultado favorável, o terceiro que interpõe recurso não terá necessariamente essa intenção, bastando pensar no advogado que, buscando exclusivamente proteger interesses próprios, recorre para discutir o valor dos honorários de sucumbência a que tem direito.

O recurso de terceiro é, pois, uma modalidade autônoma de intervenção de terceiro, consistente na interposição, por um terceiro, de algum recurso. Pois se um terceiro é titular de direito (ou está extraordinariamente legitimado a defender direito de outrem) que considera poder vir a ser afetado pela decisão judicial, deve-se admitir que interponha recurso contra tal decisão. Não é por outra razão, aliás, que o parágrafo único do art. 996 estabelece que "[c]umpre ao terceiro demonstrar a possibilidade de a decisão sobre a relação jurídica submetida à apreciação judicial atingir direito de que se afirme titular ou que possa discutir em juízo como substituto processual". Para que seja admitido seu recurso, então, o terceiro recorrente precisará demonstrar, na petição de interposição, que existe a possibilidade de que a decisão recorrida afete um direito de que ele se considera titular, ou que esteja autorizado a defender em juízo no exercício de uma legitimidade extraordinária. É o que se dá quando o advogado recorre, em nome próprio, para impugnar o capítulo da decisão que tenha fixado (ou deixado de fixar) honorários advocatícios que reputa lhe serem devidos.

Encerra-se esta breve exposição com uma observação de ordem terminológica. Tradicionalmente se chama essa modalidade de intervenção de terceiro de *recurso de terceiro prejudicado*. Prefiro, porém, chamá-la, simplesmente, de recurso de terceiro, como se pôde notar ao longo da exposição. É que não é da essência do conceito do instituto a existência de qualquer tipo de prejuízo. O que identifica o instituto é o fato de se tratar de um recurso interposto por um terceiro. Basta pensar no seguinte: um terceiro, não prejudicado, interpõe recurso contra uma dada decisão judicial. Embora seu recurso não deva ser conhecido, é inegável que, com sua interposição, ele efetivamente interveio no processo. Está-se, aí, diante de um recurso de terceiro não prejudicado.

Isto permite, aliás, deixar mais claro um ponto: a intervenção de terceiro é um *fato processual*. O *fato* de um terceiro ingressar em um processo. Se um terceiro interpõe um recurso inadmissível, é inegável que ele interveio no processo. Seu recurso será processado e julgado (e a decisão que nele se vai proferir é de não conhecimento, por ser o recurso inadmissível). Não pode haver dúvida, porém, que ele ingressou no processo (e poderá, não mais na condição de terceiro, mas já como parte do processo, interpor novo recurso, contra a decisão que não admitiu o recurso anteriormente interposto). Assim, mesmo que o terceiro não tenha sofrido qualquer prejuízo, o mero fato de ter ele interposto o recurso já será suficiente para caracterizar a intervenção do terceiro.

7.2.3. Denunciação da lide

A denunciação da lide, modalidade de intervenção forçada de terceiro, pode ser provocada por qualquer das partes da demanda, e é admissível nos casos previstos no art. 125. Através da denunciação da lide, ajuíza-se uma demanda regressiva condicional, destinada a permitir que o denunciante exerça, perante o denunciado, no mesmo processo, um direito de regresso que tenha na eventualidade de vir a sucumbir na demanda principal.

A denominação utilizada no vigente Código de Processo Civil, igual à que se encontrava na legislação anterior, é capaz de demonstrar a origem romana do instituto, mas é diferente da que se empregava no Direito brasileiro ao tempo do CPC de 1939, que empregava a expressão *chamamento à autoria*. A terminologia atual pode transmitir uma ideia errada acerca do instituto. Isso porque, como se verá, a denunciação da lide não é apenas uma comunicação (denúncia) acerca da existência de um processo, mas contém verdadeira demanda incidental de garantia, através da qual se formula pretensão em face do terceiro convocado a integrar o processo. Pode-se, então, dizer que o CPC vigente não regula uma verdadeira denunciação da lide, mas sim um chamamento à autoria. Não parece, porém, que a denominação do instituto seja capaz de infirmar sua natureza. É certo, contudo, que o Direito brasileiro, quanto ao tema, se revela um tanto paradoxal. Isso porque, quando o instituto se denominava chamamento à autoria (CPC de 1939), era mera comunicação da existência do processo, e quando passa a se chamar denunciação da lide (CPC de 1973, em terminologia mantida no CPC de 2015) é que se passa a ter verdadeira demanda incidental de garantia. É preciso, porém, elogiar a opção do texto normativo do CPC vigente, que manteve a terminologia do Código anterior, já consagrada na prática forense, uma vez que não haveria uma modificação substancial do instituto. Nesse caso, é melhor manter a terminologia anterior – mesmo que tecnicamente não seja perfeita – para evitar confusões entre os que, na prática, precisam lidar com o tema.

Pode-se definir a denunciação da lide como uma demanda regressiva, proponível tanto pelo autor como pelo réu, em face daquele contra quem o denunciante terá uma pretensão de reembolso, caso venha a sucumbir na demanda principal.

Em outros termos, pode-se dizer que a denunciação da lide é a modalidade de intervenção forçada de terceiro provocada por uma das partes da demanda original, quando esta pretende exercer contra o terceiro um direito de regresso que decorrerá de eventual sucumbência na causa principal.

Explique-se melhor o conceito: pode ocorrer que, num determinado processo, alguma das partes observe que, vindo a ser vencida, terá direito de regresso contra terceiro, que por alguma razão é seu garante, tendo o dever de reembolsá-la pelo que tiver perdido. Caberá, então, à parte, fazer a denunciação da lide, com o fim de exercer o direito de regresso no mesmo processo em que será julgada a demanda original. Note-se, então, que a denunciação da lide consiste em demanda nova, mas que não dará origem a um novo processo, visto que essa modalidade de intervenção de terceiro se desenvolverá na mesma base procedimental em que se desenvolve a causa principal. Um mesmo e único processo, portanto, embora duas sejam as demandas.

Afirme-se ainda, e desde logo, que embora a denunciação da lide seja, de ordinário, dirigida a um terceiro, estranho ao processo, admite-se que se denuncie a lide a quem já é parte, o que se dará, por exemplo, quando entre os réus haja relação de garantia. Nesse caso, admite-se que um dos litisconsortes denuncie a lide ao outro.

Afirma o *caput* do art. 125 que a denunciação da lide é, nos casos ali previstos, *admissível*. Esta redação é perfeitamente compatível com o disposto no § 1º do art. 125, que deixa claro que o direito de regresso não exercido através da denunciação poderá ser atuado em processo autônomo sempre que a denunciação for indeferida, deixar de ser promovida ou não for permitida (como se dá, por exemplo, nos processos que tramitam perante os Juizados Especiais, em que é vedada qualquer modalidade de intervenção de terceiros). Em outras palavras, a ausência de denunciação da lide gera apenas a preclusão do direito de a parte promovê-la, sendo possível buscar exercer o direito de regresso, posteriormente, através do ajuizamento de demanda autônoma (Enunciado nº 120 do FPPC).

A primeira hipótese em que a denunciação da lide é admissível é aquela em que a demanda regressiva é dirigida ao *alienante imediato*, no processo relativo à coisa cujo domínio foi transferido ao denunciante, a fim de que possa exercer os direitos que da evicção lhe resultam, o que remete diretamente ao disposto no art. 450 do CC. Do texto do Código fica claro que só se admite a denunciação da lide, neste caso, ao alienante imediato, não sendo possível realizar-se a denunciação *per saltum* diretamente em face de algum alienante anterior.

Trata o inciso I do art. 125 da denunciação da lide oferecida por aquele que, num processo, vê questionado seu direito de propriedade sobre um bem que lhe foi transferido por terceiro. Cabe, nesse caso, a denunciação da lide ao alienante, para que a sentença que reconhece que a parte (denunciante) não é titular do domínio, regule também a relação entre este e aquele que lhe transferiu a coisa, definindo a existência ou não dos direitos decorrentes da evicção. Esta, como se sabe, ocorre quando o adquirente de um bem vem a perdê-lo em virtude de sentença judicial que reconhece a outrem direito anterior sobre ela. O evicto tem direito a reaver o preço pago pela coisa, indenização pelos frutos que tenha sido obrigado a restituir, indenização pelas despesas do contrato, ressarcimento pelos prejuízos que resultam diretamente da perda da coisa, além do reembolso das despesas processuais e honorários advocatícios despendidos.

Além deste, o outro caso é aquele em que o terceiro está obrigado, por lei ou pelo contrato, a indenizar, por força de direito de regresso, o prejuízo do que for vencido no processo. É o que se dá, por exemplo, no processo em que o demandante postula reparação de danos causados em acidente de trânsito, sendo admissível que o demandado denuncie a lide à sua seguradora (a qual, por força de contrato, tem o dever de indenizar o segurado se este sucumbir na causa).

Esse inciso II do art. 125 se refere a uma hipótese de cabimento da denunciação da lide que sempre gerou grande controvérsia. Isso porque a doutrina (e a jurisprudência) se dividiram, historicamente, em duas correntes, uma restritiva e outra extensiva quanto à interpretação dessa hipótese.

A divergência parte do fato de se reconhecerem dois tipos diversos de garantia: a *garantia própria*, que decorre da transmissão de um direito (como no caso da evicção), e a *garantia imprópria*, que não é verdadeiramente uma garantia, mas em verdade é a responsabilidade de ressarcir dano, responsabilidade esta que decorre de qualquer outro título (como a culpa aquiliana, o inadimplemento contratual, a convenção). Assim é que, para alguns autores, apenas os casos de garantia própria, em que o direito de regresso da parte perante o terceiro decorre da transmissão de um direito, permitiriam a denunciação da lide, enquanto outros autores preferem uma visão mais extensiva, entendendo que também nos casos de garantia imprópria a denunciação da lide é possível.

Os termos do inciso II do art. 125, porém, são *louvavelmente genéricos*. Esses termos, incapazes de permitir qualquer tipo de distinção pelo intérprete (afinal, como é sabido, onde a lei não distingue não é lícito ao intérprete distinguir), têm como consequência inafastável a adoção de uma interpretação mais extensiva, segundo a qual a denunciação da lide é adequada tanto nos casos de garantia própria, como nos de garantia imprópria.

Tema que não pode deixar de ser abordado, quando se examina a extensão da incidência do inciso II do art. 125 do CPC, é o da possibilidade de o Estado, em demanda em que se busca sua responsabilização civil, com base no disposto no art. 37, § 6º, da Constituição da República, denunciar a lide ao seu agente, causador do dano cuja reparação é pretendida. Obviamente, os autores que defendem a concepção restritiva da interpretação do dispositivo em análise, que só admitem a denunciação da lide nos casos de garantia própria, não admitem a denunciação feita pelo Estado a seu agente, nos casos de responsabilidade civil do Estado. De outro lado, os defensores da teoria extensiva admitem a denunciação da lide nessa hipótese. Coerentemente com a visão que aqui se sustenta, de interpretação ampla do cabimento da denunciação da lide, afirma-se a admissibilidade da denunciação da lide neste caso.

Aqui é preciso deixar claro que o Supremo Tribunal Federal firmou sua jurisprudência no sentido de que a demanda de reparação de danos não pode ser proposta pela vítima diretamente em face do agente que supostamente o teria causado, não sendo esse agente público legitimado passivo (assim, por exemplo, STF, ARE 90.331

AgR/RS, rel. Min. Dias Toffoli). Não se pode, portanto, cogitar de uma solidariedade entre o ente público e seu agente, e que se instituiria em favor da vítima do dano. Pois se é assim, então a demanda terá de ser proposta em face do ente público, o qual poderá, através da denunciação da lide, propor, no mesmo processo, sua demanda regressiva em face do agente público supostamente causador do dano.

Não convence o argumento contrário, no sentido de que isto traria uma discussão sobre culpa para um processo fundado em responsabilidade objetiva, como o Superior Tribunal de Justiça entendeu por diversas vezes (e é exemplo disso o acórdão proferido no julgamento do REsp 1.089.955/RJ, de que foi relatora a Min. Denise Arruda). Aliás, o STJ costumeiramente afirma que por não ser obrigatória a denunciação da lide, então nesses casos ela não deve ser admitida.

Ocorre que o fato de não ser obrigatória a denunciação da lide não pode ser interpretado no sentido de que ela seria proibida nesses casos. Ademais, não há caso de denunciação da lide em que não se traga para o processo alguma matéria nova, estranha ao que seria objeto da cognição caso a denunciação não fosse promovida. Afinal, toda denunciação da lide traz para o debate a existência do direito de regresso, o que não seria apreciado pelo juízo se a denunciação da lide não tivesse sido feita.

O STJ também usa como argumento para não admitir a denunciação da lide nesses casos o fato de que essa intervenção de terceiro tornaria o processo mais moroso, em detrimento da vítima do dano. Ora, mas toda denunciação da lide, por trazer para o processo um novo sujeito e uma nova demanda, torna o processo mais demorado. Fosse correto este argumento, então a conclusão teria de ser a de que a denunciação da lide nunca pode ser admitida. Ademais, o princípio da duração razoável do processo não é uma garantia só do demandante, mas de todas as partes. E com certeza será muito mais razoável o tempo despendido em um só processo (no qual se julgam desde logo as duas demandas, a originária e a regressiva) do que o tempo que se gastaria com dois processos.

A isso tudo se junta o fato de que, admitida a denunciação da lide, se terá uma só instrução probatória, diferentemente do que acontecerá se a denunciação não for admitida e se fizer necessária toda uma nova atividade de produção de provas no processo que posteriormente viesse a ser instaurado.

Admitir a denunciação da lide nesses casos, portanto, gera uma maior eficiência do processo, o que está em plena conformidade com o disposto no art. 8º do CPC.

Outro caso que gera muita discussão é o do cabimento da denunciação da lide nos processos regidos pelo Código de Defesa do Consumidor. É que, com muita frequência, se encontra na jurisprudência a afirmação de que nesses processos jamais se poderia admitir a denunciação da lide feita pelo fornecedor (de produtos ou serviços) a um seu garantidor. Foi, por exemplo, o que o STJ decidiu ao julgar o AgInt no AREsp 1.265.464/SP, rel. Min. Raul Araújo, em que se afirmou que a vedação contida no art. 88 do CDC não se aplica apenas aos casos de responsabilidade civil por fato do serviço, mas a todas as hipóteses de acidente de consumo.

Mais uma vez é preciso divergir do entendimento do STJ. Mas aqui é preciso fazer uma consideração preliminar. É que em um caso em que, segundo o sistema do CPC, seria admissível a denunciação da lide, o Código de Defesa do Consumidor afirma o cabimento de chamamento ao processo, tema que será examinado adiante.

A hipótese de que aqui se cogita é aquela em que, proposta demanda de reparação de danos por um consumidor em face de um fornecedor, pretende este trazer ao processo sua seguradora, com quem tenha contratado um seguro de responsabilidade civil perante terceiros. Pois neste caso (em que a seguradora teria o dever de ressarcir o fornecedor vencido por força do contrato entre eles celebrado), será cabível o chamamento ao processo, e não a denunciação da lide, por força do que expressamente dispõe o art. 101, II, do CDC.

Feita esta ressalva, porém, o sistema processual do Código de Defesa do Consumidor é informado pelas disposições do CPC, por força do que dispõe o art. 1.046, § 2º. A regra geral, portanto, será o cabimento da denunciação da lide quando presente alguma hipótese de incidência do art. 125. Há, porém, uma exceção expressamente prevista (além daquela do art. 101, II, do CDC, já referida): é a previsão do art. 88 do CDC, segundo a qual a demanda regressiva não poderá ser proposta através de denunciação da lide, mas somente em processo autônomo, "[n]a hipótese do art. 13, parágrafo único", do Código.

Está-se aí, evidentemente, diante de uma disposição normativa que prevê uma exceção à regra geral da possibilidade de ajuizamento de demandas regressivas através da denunciação da lide. E disposições normativas excepcionais não podem receber interpretação extensiva. Afinal, e como sabido, a exceção confirma a regra (e não a exclui). Aliás, o próprio STJ já afirmou a impossibilidade de interpretação ampliativa de disposições normativas excepcionais (REsp 644.733/SC, redator do acórdão Min. Luiz Fux). É que as disposições normativas excepcionais *são de direito estrito, tendo sua aplicação limitada à hipótese nela expressa*, aplicando-se aos demais casos a regra geral.

O art. 88 do Código de Defesa do Consumidor só veda a denunciação da lide no caso previsto no art. 13, parágrafo único, da mesma lei. Pois esse art. 13 estabelece, em seu *caput*, que cabe ao comerciante responder perante o consumidor nos casos em que "o fabricante, o construtor, o produtor ou o importador não puderem ser identificados; [quando] o produto for fornecido sem identificação clara de seu fabricante, produtor, construtor ou importador; [ou quando] não conservar adequadamente os produtos perecíveis". Parece evidente que neste último caso não há mesmo que se cogitar de denunciação da lide, uma vez que a responsabilidade pela conservação do produto é do comerciante, e não de seu fabricante ou produtor original. Nas duas outras hipóteses, porém, não se pode admitir a denunciação da lide porque a falta de identificação do produtor original faz com que até mesmo o comerciante tenha dificuldade para saber contra quem deveria ajuizar sua demanda regressiva. Pois como forma de defesa do consumidor, a lei de regência veda, nestes casos, a denunciação da lide. Mas é só nessas hipóteses (e naquela outra, do art. 101, II, do CDC, em que cabe o chamamento ao processo) que a denunciação da lide não será admitida, não havendo qualquer razão para a excluir em outros casos.

Feita a denunciação da lide, poderá o denunciado promover uma denunciação sucessiva, contra quem o anteceda na cadeia dominial (art. 125, I) ou quem seja responsável por indenizá-lo (art. 125, II). Apenas uma denunciação sucessiva é admissível, e o denunciado sucessivo não poderá promover nova denunciação, só podendo exercer eventual direito de regresso perante outrem através de demanda própria, em processo autônomo (art. 125, § 2º).

A denunciação da lide pode ser promovida tanto pelo autor como pelo réu. Caso seja promovida pelo autor, deverá ser requerida desde logo na petição inicial; caso seja promovida pelo réu, deverá ser formulada na contestação (art. 126).

A denunciação da lide requerida pelo autor não é, verdadeiramente, uma intervenção de terceiro. É que a demanda já é originariamente dirigida em face dele, que está no processo originariamente e, por isso, não é terceiro. Afinal, como sabido, o terceiro interveniente é definido através de um critério cronológico, considerando-se terceiro aquele que não é parte, motivo pelo qual se deve definir a *intervenção do terceiro* como o ingresso, em um processo, de alguém que dele não é parte. Deste modo, sendo a demanda regressiva condicional proposta desde a petição inicial em face do denunciado, não se pode verdadeiramente falar aqui em intervenção de terceiro. O que se tem é um *litisconsórcio passivo originário eventual*, e aqui haverá, muito provavelmente, uma situação de conflito entre o réu da demanda principal e o denunciado, a quem interessa que o autor-denunciante se sagre vencedor na demanda principal (o que fará com que a demanda regressiva nem venha a ser julgada).

Já a denunciação promovida pelo réu é verdadeira e propriamente uma *intervenção de terceiro* (já que, originariamente, o denunciado é terceiro em relação ao processo). Neste caso, a denunciação da lide deve ser requerida na contestação.

Quando a denunciação da lide é feita pelo autor, deve-se promover inicialmente apenas a citação do denunciado. Este poderá, então, no prazo de que dispõe para oferecer resposta (quinze dias), não só contestar a demanda regressiva, mas apresentar elementos que reforcem a pretensão do autor em face do réu da demanda principal. É que, como se verá melhor adiante, ao denunciado interessa, antes de tudo, que o denunciante se sagre vencedor na demanda principal, o que fará com que a denunciação da lide sequer precise ser apreciada. Só depois de se dar ao denunciado esta oportunidade para agregar elementos à demanda do autor é que se deverá promover a citação do réu da causa principal.

Requerida a citação do denunciado pelo réu, deverá a diligência citatória ser promovida no prazo de trinta dias ou em dois meses, conforme o caso, sob pena de ficar sem efeito a denunciação (art. 131, *caput* e parágrafo único, a que remete a parte final deste art. 126). Significa isto dizer que incumbirá ao réu-denunciante fornecer, no prazo de trinta dias, os elementos necessários para que a citação do denunciado ocorra (como, por exemplo, o comprovante de recolhimento de custas, a indicação do endereço em que a diligência de citação deverá ser realizada etc.).

Diz o art. 127 que, feita a denunciação pelo autor, o denunciado se torna seu litisconsorte. Isto, porém, não é exato. Na verdade, o denunciado e o denunciante não são litisconsortes, pelo simples fato de que o denunciado não terá demandado nada em seu favor. Como sabido, há litisconsórcio nos casos em que existe *pluralidade de demandantes ou de demandados*. No caso em exame há apenas um demandante (o autor-denunciante), e o denunciado, nada tendo demandado para si, não é litisconsorte ativo.

Sendo a denunciação da lide uma demanda regressiva condicional que, no caso em exame, só será julgada se o autor-denunciante ficar vencido na demanda principal, ao denunciado interessa auxiliar o denunciante a obter sentença favorável. Atuará ele, portanto, na qualidade de *assistente* do denunciante (e não de seu litisconsorte), na forma prevista no art. 119. E o caso é de assistência simples, já que não há relação jurídica direta entre o denunciado e o adversário do assistido (ou, dito de outro modo, porque o denunciado não é um dos sujeitos participantes da relação jurídica deduzida no processo e sobre a qual litigam autor e réu).

Na qualidade de assistente simples do denunciante, poderá o denunciado agregar fundamentos aos trazidos na petição inicial, auxiliando assim o autor a obter sentença favorável na demanda principal, o que terá a consequência de tornar prejudicada a denunciação da lide. E isto permite que se compreenda melhor aquilo que havia sido anteriormente afirmado: o réu da demanda original só deverá ser citado depois de se ter dado ao denunciado oportunidade para trazer elementos que se agreguem à petição inicial.

Deve-se, então, ter claro que há dois diferentes vínculos entre denunciante e denunciado: em relação à demanda principal, o denunciado atua como assistente do denunciante. Na demanda regressiva o denunciado é o demandado (e o denunciante, por óbvio, é o demandante). E isto reforça a ideia, anteriormente apresentada, de despolarização do processo. Afinal, quando a denunciação da lide é feita pelo autor, existirão no processo (pelo menos) dois demandados, mas não se pode acreditar que eles ocupem, juntos, um só e mesmo "polo passivo". Os interesses deles serão conflitantes, embora sejam ambos demandados.

Ultrapassada a oportunidade para que o denunciado acrescente argumentos à petição inicial, deverá, finalmente, ser efetivada a citação do réu, que terá então oportunidade para oferecer sua resposta à demanda do autor já acrescida dos argumentos que o denunciado tenha apresentado (art. 127). Insista-se, então, neste ponto: havendo denunciação da lide feita pelo autor, deverá ser citado primeiro o denunciado e só depois de decorrido o prazo para que este ofereça resposta é que se poderá promover a citação do réu da demanda principal.

Já no caso da denunciação da lide provocada pelo réu (art. 128), existem três distintas possibilidades previstas na lei: pode o denunciado, uma vez citado, oferecer contestação (art. 128, I); ficar revel (art. 128, II); ou confessar (art. 128, III).

Caso o denunciado ofereça contestação à demanda principal, afirma o texto legal que o processo seguirá com a formação de um litisconsórcio passivo entre denunciante e denunciado. Valem aqui, porém, as observações feitas acerca da relação que se estabelece entre denunciante e denunciado quando a denunciação é feita pelo autor: na verdade, o denunciado será *assistente simples* do denunciante, atuando no processo com o objetivo de auxiliá-lo a obter sentença favorável na demanda principal (o que implicará tornar prejudicada a denunciação). Aqui, pois, também se pode afirmar a existência de dois distintos vínculos entre denunciante e denunciado, atuando este como assistente daquele em relação à demanda principal, e sendo o denunciado demandado pelo denunciante na demanda regressiva.

Na hipótese de o denunciado permanecer revel, não oferecendo qualquer tipo de resposta, ao réu-denunciante é dado não mais praticar qualquer ato relacionado à demanda principal, não prosseguindo no exercício de sua defesa, e limitando sua atuação à demanda regressiva. Poderá o réu-denunciante, porém, optar por prosseguir em sua defesa, buscando obter uma sentença que lhe seja favorável.

Pode ocorrer, por fim, de o denunciado confessar os fatos narrados pelo demandante na petição inicial. Neste caso, poderá o réu-denunciante prosseguir com sua defesa, buscando obter resultado favorável, ou poderá ele optar por aderir à confissão, admitindo como verdadeiros os fatos que lhe sejam desfavoráveis, limitando-se a postular a procedência do pedido regressivo que formulou.

Por fim, o parágrafo único deste art. 128 prevê a possibilidade de o autor promover a execução diretamente em favor do denunciado (nos casos de denunciação da lide feita pelo réu), o que conta com o apoio do Enunciado nº 121 do Fórum Permanente de Processualistas Civis ("O cumprimento da sentença diretamente contra o denunciado é admissível em qualquer hipótese de denunciação fundada no inciso II do art. 125"). A hipótese é a seguinte: julgado procedente o pedido formulado pelo autor em face do réu, passa o juízo a apreciar a demanda regressiva deduzida através da denunciação da lide feita pelo demandado. Caso esta seja também procedente, haverá duas condenações: a do réu em favor do autor e a do denunciado em favor do denunciante. Nesta hipótese, e dentro dos estritos limites da condenação do denunciado, poderá o autor promover uma execução *per saltum*, demandando o cumprimento da sentença diretamente em face dele, sozinho ou em litisconsórcio passivo com o réu. Frise-se, porém, que a execução direta do denunciado promovida pelo autor deverá respeitar os estritos limites da sua condenação. Caso o autor tenha mais a receber, o excedente terá de ser exigido do réu, nos termos da condenação contida no julgamento da demanda principal.

Esta disposição, na verdade, faz com que qualquer consequência prática da distinção entre a denunciação da lide feita pelo réu e o chamamento ao processo desapareça. Todavia, é preciso respeitar o texto legal, e será admissível, nos casos previstos no art. 128, parágrafo único, o cumprimento *per saltum* da sentença.

Por fim, e como vem sendo dito ao longo deste tópico, é preciso lembrar a denunciação da lide é uma demanda regressiva condicional. Significa isto dizer que o denunciante – seja ele o autor ou o réu –, através da denunciação da lide, ajuíza uma demanda por meio da qual busca exercer um direito de regresso em face de um terceiro, demanda esta que só será julgada na eventualidade de o denunciante ficar vencido na demanda principal. Há, aí, pois, a subordinação do julgamento da demanda regressiva a uma condição (empregado o termo no sentido que ordinariamente lhe dá a linguagem jurídica, de evento futuro e incerto a que se subordina a eficácia do ato jurídico): só será ela julgada *se* o denunciante vier a sucumbir na demanda principal.

Deste modo, tendo sido julgada a demanda principal de modo desfavorável ao denunciante, deverá o órgão jurisdicional, *na mesma sentença*, passar ao julgamento da demanda regressiva. Haverá, então, distintos capítulos de sentença: um para apreciação do mérito da causa principal; outro para apreciação do mérito da demanda regressiva.

De outro lado, caso o denunciante seja vencedor na causa principal, não se examinará o pedido formulado na demanda regressiva (para usar aqui uma expressão consagrada, dir-se-á que a denunciação da lide está *prejudicada*). Também aqui haverá dois distintos capítulos de sentença: um com o julgamento da demanda principal (favorável ao denunciante); outro com a declaração de que a denunciação da lide não será apreciada.

Mesmo neste caso em que a denunciação da lide fica prejudicada pelo fato de ter o denunciante saído vencedor na causa principal, porém, é preciso que – em outro capítulo de sentença – o juízo se manifeste sobre o custo econômico referente à denunciação da lide, condenando o denunciante a pagar ao denunciado as assim chamadas "verbas de sucumbência". Em outros termos, deverá haver a condenação do denunciante a pagar as despesas processuais adiantadas pelo denunciado, além de honorários advocatícios em favor de seu patrono.

7.2.4. Chamamento ao processo

Denomina-se chamamento ao processo a intervenção forçada de terceiro que, provocada pelo réu, acarreta a formação de litisconsórcio passivo superveniente entre o demandado original (*chamante*) e aquele que é convocado a participar do processo (*chamado*). É admissível em processos cognitivos, nas hipóteses previstas no art. 130.

O chamamento ao processo está diretamente ligado às situações de garantia simples, isto é, àquelas hipóteses em que alguém deve prestar ao credor, perante quem é pessoalmente obrigado, o pagamento de um débito de que, afinal, não é ele o verdadeiro devedor, mas tão somente o garante. Em outros termos, na garantia simples, que está sempre ligada à ideia de coobrigação, situação em que mais de uma pessoa se apresenta responsável pelo cumprimento de uma prestação perante terceiro, pode este exigir de qualquer delas o pagamento integral. Nesses casos, aquele que for chamado a cumprir a integralidade da obrigação pode se voltar contra aquele que, na verdade, era o devedor de toda (ou de parte) aquela obrigação.

Verifica-se, facilmente, à luz dessas afirmações, que o chamamento ao processo se revelará cabível nos casos de fiança (em que o fiador é pessoalmente responsável perante o credor, mas pode se voltar contra o devedor principal para receber a integralidade do que pagou) e de solidariedade passiva (em que todos os devedores são, individualmente, responsáveis pela integralidade da dívida, mas aquele que a pagar por inteiro poderá exigir de seus codevedores as suas quotas-partes da obrigação).

O chamamento ao processo implica ampliação subjetiva do processo, com a inclusão, como litisconsortes passivos supervenientes, dos chamados. Trata-se de intervenção provocada pelo réu, que tem a faculdade (não o dever) de trazer ao processo os coobrigados, dando causa à instauração do litisconsórcio passivo. Uma vez requerido pelo réu o chamamento ao processo, o que deve ser feito na contestação, deverá o juiz determinar a citação dos chamados, aplicando-se subsidiariamente as regras acerca do ponto previstas para a denunciação da lide.

Em primeiro lugar, admite-se o chamamento ao processo do afiançado, no processo em que réu é o fiador (art. 130, I). Trata-se do caso em que o credor de uma obrigação garantida por fiança cobra o valor que lhe é devido diretamente do fiador. Este, tendo sido demandado, pode chamar ao processo o afiançado, devedor da obrigação. O chamamento ao processo é admissível ainda que o fiador tenha renunciado ao benefício de ordem (art. 828, I, CC), caso em que se estabelece, entre fiador e afiançado, solidariedade. Não tendo havido renúncia ao benefício de ordem e tendo sido demandado apenas o fiador, o chamamento ao processo se torna (para o fiador) ainda mais importante, já que será essencial para que se forme título executivo em face de ambos (fiador-chamante e afiançado-chamado). Só assim será viável ao fiador, executado, invocar em seu favor o benefício de ordem e exigir que a execução incida primeiro sobre os bens do afiançado (art. 827, CC). É que se o chamamento ao processo não tiver sido feito não haverá título executivo contra o afiançado, motivo pelo qual não será possível que sobre seu patrimônio incida qualquer atividade executiva.

Admite-se também o chamamento ao processo no caso em que, havendo vários fiadores da mesma obrigação, tenha sido a demanda de cobrança proposta em face de um (ou alguns) deles (art. 130, II). Nesse caso (de cofiança), existe solidariedade entre os cofiadores (art. 829, CC), ressalvada a possibilidade de que tenham expressamente se reservado o *benefício de divisão*. Trata-se, a rigor, de hipótese que sequer precisaria estar expressamente prevista, já que se inclui na previsão contida no art. 130, III.

Por fim, admite-se o chamamento ao processo dos demais devedores solidários quando o credor exigir de um (ou alguns) deles o pagamento da dívida comum (art. 130, III). Como sabido, no caso de haver solidariedade passiva, fica o credor autorizado a escolher um dos codevedores e dele cobrar a integralidade da dívida (art. 275, CC). Nessa hipótese, a propositura da demanda pelo credor em face de apenas um ou alguns dos codevedores não implica renúncia à solidariedade (art. 275, parágrafo único, CC). Uma vez promovida pelo credor a escolha do devedor de quem pretende cobrar a integralidade da dívida, porém, fica o escolhido autorizado a chamar ao processo os demais codevedores (o que, a rigor, pode fazer com que a escolha nenhuma vantagem traga ao credor, a quem o instituto da solidariedade passiva busca proteger). Efetivado pelo réu o chamamento ao processo, os demais codevedores solidários passarão a integrar o processo como litisconsortes passivos.

Vale registrar que, não obstante afirme o texto legal que é possível chamar ao processo "[os] demais devedores solidários", nada impede que o demandado promova o chamamento não de todos, mas de apenas alguns dos demais codevedores.

Pois nos casos previstos no art. 130 poderá o demandado promover o chamamento ao processo a fim de que se forme um litisconsórcio passivo. A citação do(s) chamado(s) deve ser requerida na contestação, devendo ser promovida pelo chamante no prazo de trinta dias, sob pena de ser considerada ineficaz (art. 131). Caso o chamado resida em outra comarca, seção ou subseção judiciária, ou em lugar incerto, o prazo para que o chamante promova a citação do chamado será de dois meses (art. 131, parágrafo único).

Formado o litisconsórcio passivo através do chamamento ao processo, o processo continuará a desenvolver-se em direção à sentença. Sendo esta de procedência do pedido formulado pelo autor, valerá ela como título executivo em favor do réu que satisfizer a dívida, a fim de que possa exigi-la por inteiro do devedor principal, ou a quota de cada um dos codevedores (art. 132). Significa isto dizer que, procedente o pedido, e tendo um dos réus (seja ele chamante ou chamado) efetuado o pagamento integral da dívida, poderá ele – valendo-se desta mesma sentença como título executivo – buscar a satisfação do seu direito perante seu litisconsorte. Tendo sido o direito do autor satisfeito pelo fiador da obrigação principal (na hipótese prevista no art. 130, I), poderá ele exigir do afiançado o pagamento integral (mas evidentemente a recíproca não é verdadeira, e se o pagamento já tiver sido originariamente feito pelo afiançado nada poderá ele exigir de seu fiador). Nas hipóteses previstas nos incisos II e III do art. 130, aquele que pagou poderá exigir dos demais o pagamento de suas quotas-partes.

7.2.5. Intervenção resultante do incidente de desconsideração da personalidade jurídica

O Código de Processo Civil inclui, entre as modalidades de intervenção de terceiro, o incidente de desconsideração da personalidade jurídica. Trata-se, na verdade, de um incidente processual que provoca uma intervenção forçada de terceiro (já que alguém estranho ao processo – o sócio ou a sociedade, conforme o caso – será citado e passará a ser parte no processo, ao menos até que seja resolvido o incidente). Caso se decida por não ser caso de desconsideração, aquele que foi citado por força do incidente será excluído do processo, encerrando-se assim sua participação. De outro lado, caso se decida pela desconsideração, o sujeito que ingressou no processo passará a ocupar a posição de demandado, em litisconsórcio com o demandado original.

O incidente de desconsideração da personalidade jurídica, então, pode acarretar uma ampliação subjetiva da demanda, formando-se, por força do resultado nele produzido, um litisconsórcio passivo facultativo superveniente.

Importante, ainda, é registrar que este incidente vem assegurar o pleno respeito ao contraditório e ao devido processo legal no que diz respeito à desconsideração da personalidade jurídica. É que sem a realização desse incidente o que se via era a apreensão de bens de sócios (ou da sociedade, no caso de desconsideração inversa) sem que fossem eles chamados a participar, em contraditório, do processo de formação da decisão que define sua responsabilidade patrimonial, o que contraria frontalmente o modelo constitucional de processo brasileiro, já que admite a produção de uma decisão que afeta diretamente os interesses de alguém sem que lhe seja assegurada a possibilidade de participar com influência na formação do aludido pronunciamento judicial (o que só seria admitido, em caráter absolutamente excepcional, nas hipóteses em que se profere decisão concessiva de tutela provisória, e mesmo assim somente nos casos nos quais não se pode aguardar pelo pronunciamento prévio do demandado). Ora, se ninguém será privado de seus bens sem o devido processo constitucional, então é absolutamente essencial que se permita àquele que está na iminência de ser privado de um bem que seja chamado a debater no processo se é ou não legítimo que seu patrimônio seja alcançado por força da desconsideração da personalidade jurídica.

Sempre se poderia objetar ao que aqui se sustenta com a afirmação de que, necessário o contraditório prévio, quando se decidir pela desconsideração da personalidade jurídica já não se encontrará mais qualquer bem no patrimônio do sócio (ou da sociedade) que permita a satisfação do crédito da contraparte. Assim não é, porém. Como se verá adiante, qualquer alienação ou oneração de bens feita após a instauração do incidente será ineficaz em relação ao requerente do incidente. Ademais, sempre é possível a concessão de uma medida cautelar destinada a apreender bens do sócio (ou da sociedade, nos casos de desconsideração inversa) para assegurar sua futura utilização em sede executiva.

O incidente de desconsideração da personalidade jurídica não pode ser instaurado de ofício, dependendo sempre de provocação da parte interessada ou, quando atue no processo, do Ministério Público (art. 133). Isso está em plena consonância com o que dispõe o art. 50 do Código Civil, que expressamente exige provocação da parte (ou do Ministério Público) para a desconsideração da personalidade jurídica, mas vem eliminar o risco de que, nas causas regidas pela legislação consumerista, se desse ao art. 28 do CDC (que é silente sobre o ponto) interpretação no sentido de que ali seria possível desconsiderar-se *ex officio* a personalidade jurídica. Fica claro, então, que a desconsideração da personalidade jurídica *jamais* poderá ser decretada de ofício, dependendo, sempre, de provocação.

Sendo o Código de Processo Civil o natural repositório das normas gerais do Direito Processual Civil, andou bem o texto legal em evitar que para ele se trouxessem disposições que, na verdade, dizem respeito a outras áreas do conhecimento jurídico (art. 133, § 1º). É que os pressupostos da desconsideração da personalidade jurídica devem ser estabelecidos pelo Direito Material, e não pelo Direito Processual, cabendo a este, tão somente, regular o procedimento necessário para que se possa verificar – após amplo contraditório – se é ou não o caso de desconsiderar-se a personalidade jurídica, tendo-a por ineficaz.

Respeita-se, assim, o fato de que os diversos ramos do Direito Material estabelecem requisitos distintos para que se desconsidere a personalidade jurídica, cabendo verificar, em cada caso concreto, qual o ramo do Direito Material que rege a causa.

Assim é, por exemplo, que nas causas que versem sobre relações de consumo incidirá o disposto no art. 28 do CDC, por força do qual a desconsideração é cabível quando se verificar, em detrimento do consumidor, abuso de direito, excesso de poder, infração da lei, fato ou ato ilícito ou violação dos estatutos ou do contrato social. Haverá, ainda, desconsideração nessas causas se for verificada a falência, o estado de insolvência o encerramento ou a inatividade da pessoa jurídica, desde que provocados por má administração.

De outro lado, nas causas em que a relação jurídica subjacente ao processo for regida pelo Código Civil, incidirá o art. 50 deste diploma, por força do qual a desconsideração da personalidade jurídica é cabível quando houver abuso da personalidade jurídica, caracterizado por desvio de finalidade ou pela confusão patrimonial. Veja-se, pois, que a falência por má administração é causa suficiente para a desconsideração quando se trate de uma causa fundada em relação de consumo, mas não o é se a causa for daquelas regidas pelo Código Civil.

Nas causas regidas pelo Direito Ambiental, de outro lado, incidirá a norma extraída do art. 4º da Lei nº 9.605/1998, por força do qual "[p]oderá ser desconsiderada a pessoa jurídica sempre que sua personalidade for obstáculo ao ressarcimento de prejuízos causados à qualidade do meio ambiente". Significa isto dizer que nos processos que versem sobre matéria ambiental o único requisito para a desconsideração da personalidade jurídica é que a sociedade não tenha patrimônio suficiente para assegurar a reparação do dano ambiental que tenha causado, permitida, assim, a extensão da responsabilidade patrimonial ao sócio (ou vice-versa, no caso de desconsideração inversa), pouco importando se houve dolo, culpa, fraude, má-fé ou qualquer outra forma de se qualificar a intenção de quem praticou o ato poluidor.

O mesmo poderia ser dito a respeito de causas diversas, como as trabalhistas ou aquelas em que se discute matéria tributária, entre muitas outras. Mas o quanto até aqui se disse é suficiente para demonstrar o que se sustenta: os requisitos da desconsideração variarão conforme a natureza da causa, devendo ser apurados nos termos da legislação própria. Ao Código de Processo Civil incumbe, tão somente, regular o procedimento do incidente de desconsideração da personalidade jurídica (o qual será sempre o mesmo, qualquer que seja a natureza da relação jurídica de direito substancial deduzida no processo).

O regramento estabelecido pelo CPC para o incidente de desconsideração da personalidade jurídica não se aplica apenas aos casos em que se pretenda desconsiderar a separação entre a personalidade da sociedade e a do sócio a fim de alcançar os bens deste para garantir o pagamento de dívidas daquela. Também o contrário é possível, buscando-se a desconsideração para viabilizar a extensão da responsabilidade patrimonial de modo a viabilizar que se alcancem os bens da sociedade para garantir o pagamento das dívidas do sócio. É a chamada "desconsideração inversa da personalidade jurídica", que há muito é acolhida no Direito brasileiro. Assim, seja diante de um requerimento de desconsideração da personalidade jurídica propriamente dita, seja no caso de se ter requerido a desconsideração inversa da personalidade jurídica, aplicar-se-ão as regras extraídas dos arts. 133 a 137 do CPC.

Aliás, é possível dizer que o incidente de desconsideração da personalidade jurídica deve ser instaurado não só nos casos em que se busca a desconsideração propriamente dita, mas em qualquer caso no qual se busque provocar um redirecionamento da execução, de modo que ela venha a atingir alguém que não era, originariamente, parte da demanda. Basta pensar, por exemplo, na hipótese de redirecionamento da execução fiscal de dívida tributária, que se faz com apoio no disposto no art. 135, III, do Código Tributário Nacional (embora a jurisprudência do STJ tenha se firmado, equivocadamente, no sentido de que neste caso não deveria ser instaurado o incidente, como se pode ver pelo acórdão proferido no julgamento do AgInt no REsp 1.759.512/RS, rel. Min. Francisco Falcão).

Aqui se deve examinar o argumento que vem sendo empregado pelo STJ para rechaçar a instauração do incidente de desconsideração da personalidade jurídica nesse caso. É que, segundo aquele Tribunal Superior, a execução fiscal não admite defesa sem prévia garantia da execução, nem a automática suspensão do processo, o que tornaria o sistema da execução fiscal incompatível com o regime deste incidente processual. Assim não é, porém.

Em primeiro lugar, a regra segundo a qual na execução fiscal não se admite defesa sem prévia garantia do juízo deve ser adequadamente compreendida. Realmente, a lei de execuções fiscais contém esta previsão, mas ela se refere à defesa do executado, que se opõe à própria execução ou a algum ato executivo. Pois aqui, o terceiro que intervém no processo por força do incidente não vai apresentar essas defesas. O que ele vai é, tão somente, poder manifestar-se sobre a possibilidade de a execução também se dirigir contra ele apesar de não constar como parte da demanda original.

De outro lado, a suspensão automática do processo por força da instauração do incidente não impediria a concessão de tutela processual de urgência, garantindo-se deste modo a apreensão de bens capazes de assegurar a satisfação do crédito exequendo. Deve-se, pois, reputar não só admissível, mas necessária, a instauração desse incidente também no caso de redirecionamento da execução fiscal.

O incidente de desconsideração da personalidade jurídica pode instaurar-se em qualquer tipo de processo, cognitivo ou executivo, seja qual for o procedimento observado, comum ou especial. Pode, ainda, instaurar-se em qualquer fase do desenvolvimento processual, inclusive na fase executiva que o processo civil brasileiro designa por "cumprimento de sentença" (art. 134).

É possível, inclusive, que o incidente se instaure perante os tribunais, pelo menos nos processos de competência originária, como se extrai do disposto no parágrafo único do art. 136, que prevê a possibilidade de decisão do incidente por relator.

Caso o incidente se instaure no curso de um processo cognitivo (ou na fase de conhecimento de um processo "sincrético"), e vindo a ser proferida decisão que desconsidere a personalidade jurídica, o sócio (ou a sociedade, no caso de desconsideração inversa) passará a integrar o processo como demandado. Consequência disso é que a sentença poderá afirmar sua condição de responsável pela obrigação, o que tornará possível fazer com que a execução atinja seu patrimônio, nos termos do art. 790, VI.

De outro lado, não tendo sido instaurado o incidente durante o processo de conhecimento, sempre será possível postular a desconsideração da personalidade jurídica na fase de cumprimento da sentença. Neste caso, assim como ocorrerá quando o incidente for instaurado no curso de execução fundada em título extrajudicial, sendo proferida a decisão que desconsidera a personalidade jurídica, o sócio (ou a sociedade, no caso de desconsideração inversa) assumirá a posição de executado, de modo que sobre seu patrimônio passará a ser possível incidir a atividade executiva.

Uma vez instaurado o incidente, deverá o juiz determinar a anotação, no cartório do distribuidor, dos dados relativos não só ao fato de que o incidente foi instaurado, mas, também, o registro de quem são o requerente e o requerido (art. 134, § 1º). Isso impedirá, como se poderá ver melhor adiante, que terceiros venham a celebrar negócios jurídicos destinados à aquisição de bens do requerido e, posteriormente, aleguem que foram adquirentes de boa-fé por não haver anotação de processo pendente contra o alienante do bem.

É extremamente relevante determinar qual o momento em que se deve considerar instaurado o incidente. É que poderia parecer, numa interpretação apressada, que bastaria a parte (ou o Ministério Público) peticionar requerendo a instauração do incidente que já se poderia considerar o mesmo instaurado. Assim não é, porém. É que a petição pela qual se requer a instauração do incidente precisará necessariamente preencher alguns requisitos (art. 134, § 4º). Assim, vindo a petição a juízo, deverá ser realizado um juízo de sua admissibilidade e, caso seja o mesmo negativo, não se instaurará o incidente.

Assim, deve-se considerar instaurado o incidente apenas a partir do momento em que se profira decisão admitindo-o. Neste pronunciamento, então, incumbirá ao juiz determinar a expedição de ofício dirigido ao distribuidor, para que ali promova as necessárias anotações.

Essas anotações têm por fim permitir que terceiros, estranhos ao processo, tomem conhecimento do fato de que está pendente o incidente, o que poderá levar ao reconhecimento da responsabilidade patrimonial do requerido (seja ele o sócio, no processo em que a sociedade é demandada, seja a sociedade, no caso de desconsideração inversa). Só assim se poderá viabilizar a incidência da regra extraída do art. 137, por força da qual as alienações ou onerações de bens realizadas pelo requerido já poderão ser consideradas em fraude de execução após a instauração do incidente. É que não se pode considerar fraudulento o ato se seu beneficiário não tinha ao menos a capacidade de saber que o incidente estava instaurado. Preserva-se, assim, um entendimento que já há muito consolidado, no sentido de que só se pode cogitar de fraude de execução se o adquirente do bem (ou o beneficiário da oneração) tinha conhecimento da pendência do processo judicial contra o responsável. Pois o mesmo raciocínio deverá prevalecer com relação ao necessário conhecimento, pelo terceiro estranho ao processo, de que está pendente o incidente de desconsideração da personalidade jurídica. E isto só se poderá assegurar se o incidente – que traz para o processo um terceiro, a ele originariamente estranho – estiver devidamente anotado junto ao distribuidor, de modo que será possível a expedição de certidões com tal informação sempre que solicitado, ampliando-se a segurança jurídica quando da realização dos negócios jurídicos de alienação ou oneração de bens.

Há casos em que o demandante, já na petição inicial (de processo cognitivo ou executivo) postula a desconsideração da personalidade jurídica. Nesse caso, a citação do sócio ou da sociedade (essa no caso de desconsideração inversa) já será requerida originariamente. Ocorrendo esse requerimento originário, a demanda terá sido proposta em face do indigitado devedor da obrigação (seja a sociedade, seja o sócio) e, também, em face de terceiro (o sócio ou a sociedade, conforme o caso) que, não obstante estranho à relação obrigacional deduzida no processo, pode ser considerado também responsável pelo pagamento. Formar-se-á, aí, então, um litisconsórcio passivo originário entre a sociedade e o sócio. E em razão desse litisconsórcio originário não haverá qualquer motivo para a instauração do incidente (art. 134, § 2ª). Afinal, nesse feito a pretensão à desconsideração integrará o próprio objeto do processo, cabendo ao juiz, ao proferir decisão sobre o ponto, acolher ou rejeitar tal pretensão. Em outras palavras, como neste caso se forma um litisconsórcio passivo originário entre a sociedade e o sócio, não há que se falar em intervenção de terceiro, o que torna inócua a instauração do incidente.

Insista-se: sendo originário o litisconsórcio entre sociedade e sócio, não haveria como tratar o indigitado responsável (não devedor), seja ele o sócio, seja a sociedade (no caso de desconsideração inversa), como terceiro, motivo pelo qual não haveria qualquer sentido em instaurar-se um incidente que tem por fim promover uma intervenção de terceiro. Ressalvado este caso, porém, a instauração do incidente é obrigatória para que se possa ampliar subjetivamente o processo e, com isso, legitimar-se a decisão que determina que a execução contra a sociedade atinja o patrimônio do sócio (ou vice-versa). Não é por outra razão, aliás, que o art. 795, § 4º, vai estabelecer que "para a desconsideração da personalidade jurídica é obrigatória a observância do incidente previsto neste Código".

Uma vez instaurado o incidente (o que, como já se afirmou, ocorre com o pronunciamento judicial que contém juízo positivo de admissibilidade do requerimento), suspende-se o processo até sua resolução. Ressalva o § 3º do art. 134 a hipótese prevista no § 2º, mas essa ressalva é absolutamente desnecessária. É que, como já visto, no caso previsto no § 2º não se instaura o incidente. Ora, se a causa da suspensão é a instauração do incidente, evidentemente não se suspenderá o curso do processo quando o incidente não for instaurado. De todo modo, o texto do dispositivo tem a vantagem de deixar claro que no caso de pretensão à desconsideração deduzida originariamente, na petição inicial, seu exame se dará juntamente com o das demais pretensões, sem necessidade de se resolver esta questão primeiro, para que só depois seja possível tratar-se das demais questões suscitadas no processo.

Afirma o texto do art. 134, § 3º, que a instauração do incidente de desconsideração da personalidade jurídica implica a suspensão do processo. Trata-se, porém, de *suspensão imprópria*. É que, por definição, a suspensão do processo é a sua *paralisação total e temporária*. Significa isto dizer que, suspenso o processo, neste não será possível praticar-se qualquer ato processual (com a única ressalva dos atos urgentes, necessários para evitar dano irreparável), como se extrai do disposto no art. 314. Ora, se o incidente de desconsideração da personalidade jurídica implicasse mesmo a suspensão do processo, ter-se-ia um paradoxo: o processo ficaria suspenso até a resolução do incidente, mas, de outro lado, não se poderia resolver o incidente porque o processo estaria suspenso.

Fica claro, então, que não se está diante de verdadeira e própria suspensão do processo. O que se tem é, apenas, a vedação à prática de certos atos do processo (aqueles que não integram o procedimento do incidente), o que perdurará até que o incidente de desconsideração seja decidido. Há, pois, apenas uma *suspensão imprópria*, assim considerada a vedação temporária à prática de alguns atos do processo, permitida a prática de outros (no caso, é permitida apenas a prática dos atos processuais referentes ao processamento do incidente de desconsideração da personalidade jurídica).

Enquanto pendente o incidente, então, os atos que não lhe digam respeito não poderão ser praticados. Fica, de todo modo, ressalvada a possibilidade de prática de atos urgentes, destinados a impedir a consumação de algum dano irreparável, nos estritos termos do disposto no art. 314.

Cessa a suspensão imprópria a que se refere este dispositivo quando o incidente for decidido, ainda que tal decisão esteja sujeita a recurso. É que o agravo de instrumento, recurso cabível na hipótese, não é – ao menos em regra – dotado de efeito suspensivo (art. 995). E o mesmo se diga do agravo interno, recurso adequado nos casos em que a decisão do incidente cabe, no tribunal, ao relator.

No ato de requerimento de desconsideração da personalidade jurídica, incumbirá ao requerente apresentar elementos mínimos de prova de que estão presentes os requisitos para a desconsideração (os quais, como visto, serão os estabelecidos na lei substancial). É preciso, então, que sejam fornecidos elementos de prova que permitam ao juiz a formação de um juízo de probabilidade acerca da presença de tais requisitos.

Incumbirá ao juiz, pois, exercer cognição sumária, a fim de afirmar se é ou não *provável* a existência dos requisitos da desconsideração. Não estando presentes tais elementos, e não se podendo sequer afirmar que é provável o preenchimento dos requisitos da desconsideração, deverá o juiz indeferir liminarmente o incidente, não chegando o mesmo a instaurar-se.

Tal decisão de rejeição liminar, porém, não pode ser proferida sem que se observe, em relação ao requerente, e de forma plena, o princípio do contraditório, cuja observância é essencial para que se respeite o modelo constitucional do processo civil brasileiro e, por conseguinte, se assegure a legitimidade democrática da decisão judicial. Assim sendo, caso o juiz receba a petição de requerimento de desconsideração da personalidade jurídica e não consiga, desde logo, formar esse juízo de probabilidade, deverá dar ao requerente oportunidade para manifestar-se especificamente sobre a possibilidade de vir o requerimento a ser liminarmente indeferido para, só depois, proferir sua decisão. Isto é o que decorre dos arts. 9º e 10 do CPC, dispositivos responsáveis por veicular a regra que exige necessária observância do contraditório pleno e efetivo, a qual decorre logicamente do princípio constitucional do contraditório.

Assim, formulada a petição de requerimento de desconsideração da personalidade jurídica, e não encontrando o juiz elementos que lhe permitam formar juízo de probabilidade acerca da presença dos requisitos da desconsideração, deverá dar vista ao requerente, de modo que este tenha a chance de demonstrar ao juiz que tais requisitos estão presentes. E ao juiz caberá, após este diálogo com o requerente, proferir decisão acerca da admissibilidade ou não do incidente. Só assim se terá pleno respeito ao princípio do contraditório, o qual é a nota essencial de caracterização do processo.

Sendo positivo o juízo de admissibilidade (o que pode decorrer de decisão proferida de plano pelo juiz ou após a oitiva do requerente para demonstrar ao juiz que há elementos que permitem a formação de juízo de probabilidade acerca dos requisitos da desconsideração), deverá o juiz determinar a suspensão (imprópria) do processo até que o incidente seja resolvido. No mesmo ato, como já visto, deverá determinar a expedição de ofício dirigido ao cartório de distribuição, para que ali sejam providenciadas as anotações devidas acerca do incidente. Por fim, deverá o ato de deferimento da instauração do incidente determinar a citação do requerido (o sócio ou a sociedade, conforme o caso), nos termos do art. 135.

A petição de requerimento de instauração do incidente deverá conter, também, a indicação das provas que o requerente eventualmente pretenda produzir, caso suas alegações sobre fatos se tornem controvertidas após a manifestação do requerido. Tal exigência resulta do necessário tratamento isonômico entre as partes, já que o art. 135 estabelece análoga exigência para o requerido.

Uma vez instaurado o incidente de desconsideração da personalidade jurídica, como visto, o juiz emitirá um pronunciamento que determinará a anotação da existência do mesmo nos registros do distribuidor e decretará a suspensão (imprópria) do processo. No mesmo ato, deverá ser determinada a *citação* daquele cujo patrimônio se pretende ver alcançado (art. 135). Citação, registre-se, e não mera intimação.

A intimação, evidentemente, não é suficiente para assegurar-se ao sócio (ou à sociedade), cujo patrimônio se pretende alcançar, o pleno contraditório. É que só pela citação se adquire a posição de parte no processo (deixadas de lado, aqui, a aquisição da posição de parte pelo ajuizamento da demanda, pela sucessão processual e pela intervenção voluntária, irrelevantes para o quanto neste ponto se examina), não sendo a intimação ato capaz de tornar alguém – independentemente de sua vontade – sujeito do processo.

Impõe-se, pois, a citação daquele cujo patrimônio se pretende, com a desconsideração, alcançar, de forma a viabilizar sua efetiva participação, em contraditório, no procedimento de produção da decisão acerca da desconsideração da personalidade jurídica. É que sem esse pleno contraditório a decisão que se venha a produzir será ilegítima se examinada à luz do modelo constitucional de processo civil, o que implica dizer que a mesma será nula.

Regularmente citado o requerido, terá ele o prazo de quinze dias para se manifestar, apresentando sua defesa (art. 135). O decurso do prazo sem apresentação de defesa implica revelia, e daí resultará a presunção (relativa) de veracidade das alegações do requerente a respeito dos fatos (art. 344). A presunção, porém – e como não poderia deixar de ser –, só alcança as alegações sobre fatos, motivo pelo qual daí não resulta automaticamente o reconhecimento de que o requerente tem direito à desconsideração da personalidade jurídica. De toda sorte, revel o requerido, ficará o requerente isento do ônus de provar que suas alegações acerca da presença dos requisitos da desconsideração são verdadeiras.

Apresentada a manifestação do requerido no prazo de quinze dias, será preciso verificar quais alegações terão se tornado controvertidas, pois constituirão elas objeto de atividade probatória, a qual terá lugar no próprio procedimento do incidente. Nesta manifestação, aliás, incumbirá ao requerido indicar as provas que pretende produzir no incidente. Tendo sido oferecida resposta pelo requerido (que se limitará a impugnar a pretensão de desconsideração da personalidade jurídica, não sendo adequado admitir-se agora, por alguém que sequer se sabe se estará legitimado a se tornar parte da demanda original, que se discuta a causa principal), as alegações sobre fatos formuladas pelo requerente podem ter se tornado controvertidas, o que faz delas objeto de prova. Poderá, então, haver necessidade de instrução probatória, a qual se desenvolverá no próprio procedimento do incidente de desconsideração da personalidade jurídica.

Todos os meios de prova, típicos ou atípicos, poderão ser produzidos, já que a decisão acerca da desconsideração deve basear-se em cognição exauriente. Em outros termos, deverá o juiz proferir sua decisão com base em juízo de certeza, de modo a afirmar se estão ou não presentes os requisitos da desconsideração da personalidade jurídica e, por consequência, permitir que se estenda a atividade executiva (já iniciada ou ainda por iniciar-se) ao patrimônio do sócio ou da sociedade, conforme o caso.

A decisão de mérito proferida no incidente (assim entendida a decisão que resolve o mérito próprio do incidente, isto é, que acolhe ou rejeita a pretensão de desconsideração da personalidade jurídica) é apta a alcançar a autoridade de coisa julgada material, tornando-se imutável a indiscutível. Após seu trânsito em julgado só será possível desconstituí-la por meio de ação rescisória, nos casos previstos no art. 966 do CPC.

O pronunciamento judicial que resolve o incidente tem natureza de decisão interlocutória, já que não põe termo ao processo ou a qualquer de suas fases (cognitiva ou executiva). Assim, não sendo este provimento judicial capaz de enquadrar-se no disposto no art. 203, § 1º, deve ser ele classificado como decisão interlocutória, nos precisos termos do § 2º desse mesmo art. 203. E sendo este ato uma decisão interlocutória, o recurso admissível só pode ser o agravo de instrumento (ou, no caso de competência originária do tribunal, o agravo interno).

Vale ressaltar, porém, a importância de a lei expressamente afirmar o cabimento do agravo de instrumento, já que pelo sistema recursal inaugurado pelo Código de Processo Civil só são agraváveis as decisões interlocutórias expressamente indicadas por lei (art. 1.015). Pois o cabimento de agravo de instrumento contra a decisão que resolve o incidente de desconsideração da personalidade jurídica vem expressamente afirmado no art. 1.015, IV.

É agravável não só a decisão *de mérito* proferida no incidente, mas também a que o declara inadmissível (liminarmente ou após a manifestação do requerido), ou qualquer outra declaração que *verse sobre o incidente* (art. 1.015, IV), ou seja, qualquer decisão interlocutória que no curso do incidente de desconsideração da personalidade jurídica venha a ser proferida.

Pode ocorrer de o incidente de desconsideração da personalidade jurídica instaurar-se originariamente em um tribunal, o que deve ficar limitado àqueles casos para os quais o tribunal é originariamente competente.

Instaurando-se o incidente originariamente perante um tribunal, incumbirá ao relator processá-lo e decidi-lo monocraticamente. Há, aliás, expressa disposição neste sentido (art. 932, VI). Atuará, pois, o relator, nesses casos, exatamente como o faria um juiz singular de primeira instância, a ele cabendo exercer o juízo preliminar de admissibilidade do incidente e, caso seja este positivo, determinar sua anotação nos registros do distribuidor, declarar (impropriamente) suspenso o processo e ordenar a citação do requerido. Caberá, ainda, ao relator conduzir toda a instrução probatória (art. 932, I), não obstante seja possível a expedição de carta de ordem para que um juízo de primeira instância colha alguma prova (art. 69, IV, combinado com o art. 69, § 2º, II, do CPC).

Concluída a instrução probatória que se faça necessária, incumbirá ao relator decidir, monocraticamente, o incidente de desconsideração da personalidade jurídica. De tal decisão, como já dito anteriormente, caberá agravo interno (art. 136, parágrafo único, combinado com o art. 1.021).

Pode ocorrer de, no curso do incidente, alguma outra decisão ser proferida pelo relator. Pois também contra ela se admitirá agravo interno, qualquer que seja seu conteúdo.

A decisão que acolhe o incidente decreta a desconsideração da personalidade jurídica e, pois, produz o efeito de permitir a extensão da responsabilidade patrimonial de modo a atingir os bens do sócio pelas dívidas da sociedade (ou, ao contrário, permite atingir os bens da sociedade pelas dívidas do sócio, nos casos de desconsideração inversa).

Não é o caso de examinarem-se, nesta sede, os efeitos substanciais da decisão que decreta a desconsideração (como, por exemplo, a decretação da ineficácia da distinção entre a personalidade do sócio e a da sociedade, que se dá exclusivamente para o caso concreto). Impende, porém, examinar os efeitos processuais de tal decisão, um dos quais é tratado expressamente no art. 137.

A decisão que acolhe a pretensão de desconsideração da personalidade jurídica produz dois efeitos processuais. O primeiro deles, mencionado pouco acima, é a extensão da responsabilidade patrimonial a um responsável não devedor (o sócio ou, nos casos de desconsideração inversa, a sociedade). O segundo efeito processual dessa decisão é a ineficácia, em relação ao requerente, de atos de alienação ou oneração de bens realizada pelo requerido, desde que presentes os demais requisitos para a configuração da fraude de execução. É desses efeitos que se passa a tratar.

Assim, em primeiro lugar, a decisão que desconsidera a personalidade jurídica permite que a atividade executiva alcance, também, o patrimônio do sócio (ou da sociedade, no caso de desconsideração inversa), viabilizando-se a penhora dos seus bens (penhoráveis). Incide, pois, neste caso, o disposto no art. 790, II, do CPC, por força do qual "[s]ão sujeitos à execução os bens do sócio, nos termos da lei", assim como o previsto no inciso VII desse mesmo art. 790, segundo o qual "[s]ão sujeitos à execução os bens do responsável, nos casos de desconsideração da personalidade jurídica".

A isso se combina o art. 795 do Código, que estipula que "os bens particulares dos sócios não respondem pelas dívidas da sociedade, senão nos casos previstos em lei", podendo o sócio exigir que a execução incida, primeiro, sobre os bens da sociedade (§ 1º do art. 795), o que exigirá, evidentemente, que o sócio os indique, na medida em que a desconsideração terá tido por pressuposto o fato de não terem sido encontrados bens da sociedade capazes de assegurar a satisfação do crédito. Daí por que o § 2º do art. 795 estabelece, expressamente, que "incumbe ao sócio que alegar o benefício do § 1º nomear quantos bens da sociedade situados na mesma comarca, livres e desembargados, bastem para pagar o débito".

Fica claro, assim, que, com a decisão que desconsidera a personalidade jurídica, haverá uma extensão da responsabilidade patrimonial aos demais responsáveis pelo cumprimento da obrigação, cujos patrimônios poderão ser alvo da execução.

Há, porém, um segundo efeito dessa decisão. É que, desconsiderada a personalidade jurídica, ter-se-ão por ineficazes os atos de alienação ou oneração de bens praticados pelo sócio (ou pela sociedade, nos casos de desconsideração inversa) após sua citação para participar do incidente. É o que estabelece o art. 137, o qual deve ser interpretado de forma harmônica com o art. 792, § 3º, segundo o qual "nos casos de desconsideração da personalidade jurídica, a fraude à execução verifica-se a partir da citação da parte cuja personalidade se pretende desconsiderar". Assim, o momento a partir do qual se considerará em fraude de execução a alienação ou oneração de bens pelo sócio (ou pela sociedade, no caso de desconsideração inversa) não é propriamente o momento da instauração do incidente (que é, como visto anteriormente, o momento em que proferida a decisão que o admite), mas o momento da citação do responsável. A partir daí, qualquer ato de alienação ou oneração de seus bens será tida como fraude à execução se estiverem presentes os requisitos estabelecidos pelo art. 792 do CPC.

Este efeito da decisão que desconsidera a personalidade jurídica não inibe, porém, a utilização de outros mecanismos que podem coibir a própria prática dos atos de alienação ou oneração de bens. Assim é que, por exemplo, nada impede (desde que presentes os requisitos, evidentemente) a decretação de uma medida cautelar de apreensão de bens do sócio (ou da sociedade) com o fim de assegurar a efetividade da futura execução. Ter-se-ia, aí, então, um arresto de bens, medida destinada a assegurar a efetividade de futura execução por quantia certa (e aqui vale notar que, não obstante o fato de que o Código não preveja medidas cautelares típicas, há disposições legais fazendo expressa alusão ao arresto como medida cautelar, como é o caso do disposto no art. 301). Haveria, assim, uma apreensão cautelar de bens que serviria para garantir que, no futuro, uma vez desconsiderada a personalidade jurídica, encontrem-se no patrimônio do responsável bens livres e desembaraçados que permitam a satisfação do crédito exequendo, evitando-se deste modo o risco de que tais bens viessem a ser alienados ou gravados fraudulentamente.

7.2.6. Intervenção do *amicus curiae*

Modalidade de intervenção que nunca havia recebido, antes do CPC de 2015, regulamentação adequada é a do *amicus curiae* (embora já houvesse previsão de sua participação no processo em algumas hipóteses, como era o caso dos processos de controle de constitucionalidade, por exemplo). Esta expressão latina, que pode ser traduzida por "amigo da Corte", designa um terceiro que já foi até mesmo chamado de "enigmático".

O *amicus curiae* é um terceiro que ingressa no processo para fornecer subsídios ao órgão jurisdicional para o julgamento da causa. Pode ser pessoa natural ou jurídica, e até mesmo um órgão ou entidade sem personalidade jurídica (art. 138). Exige a lei, para que se possa intervir como *amicus curiae*, que esteja presente a *representatividade adequada*, isto é, deve o *amicus curiae* ser alguém capaz de representar, de forma adequada, o interesse que busca ver protegido no processo. Essa representatividade adequada, porém, deve ser na verdade compreendida como uma "contributividade adequada", ou seja, o que se exige é a verificação de que aquele terceiro está capacitado para contribuir adequadamente para a construção do resultado do processo.

Registre-se, aqui, então, um ponto relevante: o *amicus curiae* não é necessariamente um "terceiro imparcial", como é o Ministério Público que intervém como fiscal da ordem jurídica. O *amicus curiae* é um sujeito que normalmente será parcial, e que tem por objetivo ver um interesse (que sustenta) tutelado. Dito de outro modo, ao *amicus curiae* interessa, ao menos na maioria dos casos, que uma das partes saia vencedora na causa, e para isso fornecerá ao órgão jurisdicional elementos que evidentemente se destinam a ver essa parte obter resultado favorável. O que o distingue do assistente (que também intervém por ter interesse em que uma das partes obtenha sentença favorável) é a natureza do interesse que legitima a intervenção.

Como já se teve oportunidade de examinar anteriormente, o assistente é titular da própria relação jurídica deduzida no processo ou de uma relação jurídica a ela vinculada. O *amicus curiae* não é sujeito de qualquer dessas relações jurídicas (e, por isso, não pode ser assistente). O que legitima a intervenção do *amicus curiae* é um interesse que se pode qualificar como *institucional*. Explique-se: há pessoas e entidades que defendem institucionalmente certos interesses. É o caso, por exemplo, da Ordem dos Advogados do Brasil (que defende os interesses institucionais da Advocacia), da Associação dos Magistrados Brasileiros (que defende os interesses institucionais da Magistratura), das Igrejas, de entidades científicas (como a Sociedade Brasileira para o Progresso da Ciência, SBPC, que defende o avanço científico e tecnológico e o desenvolvimento social e cultural, ou o Instituto Brasileiro de Direito Processual, IBDP, que tem entre suas finalidades promover o aprimoramento do Direito Processual em todo o país). Pode-se pensar ainda em cientistas, professores, pesquisadores, sacerdotes, entre outras pessoas naturais que se dedicam à defesa de certos interesses institucionais. Pois pessoas assim – que não estariam legitimadas a intervir como assistentes – têm muito a contribuir para o debate que se trava no processo. Devem, então, ser admitidas como *amici curiae*.

Pense-se, por exemplo, em um processo em que são partes um advogado e um ex-cliente, no qual se discute a legitimidade de uma cláusula contratual na qual se tenham fixado honorários advocatícios de êxito em um percentual daquilo que o cliente teria a receber. Este, porém, sustenta que a cláusula é abusiva por que o percentual seria exageradamente alto. Pois em um caso assim é de todo recomendável admitir-se a intervenção, no processo, de uma entidade como a OAB (e não só ela, evidentemente), que pode ser capaz de fornecer elementos de grande relevância para a formação da decisão judicial. Pode-se recordar, ainda, o conhecido caso da ação direta de inconstitucionalidade em que se discutiu, no STF, a constitucionalidade da realização de pesquisas científicas com o emprego de células-tronco embrionárias (ADI 3.510). Pois nesse processo foram admitidos como *amici curiae*, entre outros, a Conferência Nacional dos Bispos do Brasil (CNBB), o ANIS – Instituto de Bioética, Direitos Humanos e Gênero e o MOVITAE – Movimento em prol da Vida.

A intervenção do *amicus curiae* no processo já foi descrita como uma necessidade do regime democrático, sendo inegável sua aptidão para pluralizar a participação no processo. Mediante a participação do *amicus curiae*, portanto, busca-se legitimar perante a sociedade a decisão judicial que por meio do processo se vai construir.

Vale registrar, aliás, que na doutrina norte-americana há quem tenha estabelecido uma classificação dos *amici curiae*, falando em seis categorias, a saber: o *amicus* governamental, o advogado do Tribunal, o *amicus* convidado, o *amicus* da parte, o *amicus* independente e o interveniente próximo. O *amicus* governamental (*governmental amicus*) seria a União ou o Estado, atuando como *amicus curiae* por intermédio do seu Procurador-Geral (*Federal or State Attorney General ou Solicitor General*) ou do próprio chefe do Executivo. O advogado do Tribunal (*Court's Lawyer*) seria um advogado (*advocate*) selecionado pelo tribunal para representar uma particular posição que tenha sido abandonada ou que por nenhuma das partes tenha sido sustentada, ou ainda para sustentar um entendimento que tenha sido acolhido por algum órgão jurisdicional inferior, mas não tenha sido prestigiado por qualquer das partes, afirmando ser este *amicus*, provavelmente, o mais "amigo" da Corte. O *amicus* convidado (*Invited Friend*) seria o participante individual, grupo ou institucional chamado pelo tribunal a apresentar sua perspectiva, sendo considerado o "protótipo do amigo imparcial" (*the prototype of the impartial friend*). O *amicus* da parte (*Friend of a Party*) é aquele que é indicado pela parte a atuar, sendo muitas vezes uma "marionete" (*puppet*) da parte, tendo sido esta a categoria cuja participação mais cresceu no último século. Afirma-se, mesmo, na doutrina norte-americana, que este é o prototípico *amicus curiae* que agora vem à mente quando se ouve o termo. O *amicus* independente (*Independent Friend*) é uma organização ou um indivíduo que não apoia qualquer das partes. E os intervenientes próximos (*Near Intervenors*) seriam pessoas ou grupos que poderiam ser afetados pela decisão do caso, mas cujo interesse não é suficiente para justificar outro tipo de intervenção, modalidade de *amicus curiae* que não é admitida por todos os tribunais dos EUA. Essa distinção entre essas categorias, evidentemente, não é perfeita, e, por exemplo, um *amicus* governamental pode ser *amicus* da parte, ou *amicus* convidado.

Esta classificação, como claramente se vê, leva em conta a existência de interesses que são sustentados pelos *amici curiae*. E o fato de que o *amicus curiae* defende interesses, não sendo sujeito imparcial, é reconhecido também na doutrina brasileira, uma vez que aquele que se habilita para atuar como *amicus* o faz justamente por ter interesse em que um certo ponto de vista prevaleça, o que não deveria ser considerado demérito, mas, sim, vantagem ao sistema.

Há aqui, porém, a necessidade de se fazer uma observação. Nas hipóteses em que se manifesta a assim chamada litigiosidade repetitiva (aquela que se caracteriza pela instauração de muitos processos resultantes do ajuizamento de demandas isomórficas) haverá a atuação de litigantes habituais (*repeat players*), economicamente poderosos – como é o caso de instituições financeiras, empreiteiras ou concessionárias de serviços públicos – que poderão, e certamente buscarão, ter uma atuação estratégica, tentando influenciar os órgãos judiciários, especialmente os tribunais superiores, a decidir em seu favor. E isso se dá também por meio da atuação de *amici curiae*. É preciso, então, buscar mecanismos que evitem que o poderio econômico, a influência política, ou qualquer outra forma de superioridade, gere para os litigantes habituais (*repeat players*), algum tipo de vantagem. Impõe-se, então, ao tribunal, um dever de estabelecer um equilíbrio entre os que são admitidos a participar do processo (seja como *amici curiae*, seja por qualquer outro meio de participação, como é a manifestação em audiências públicas). Neste sentido, merece registro o fato de que no STF brasileiro tem sido identificada essa preocupação, de modo que os Ministros, no exercício da relatoria dos processos em que essas intervenções ocorrem, têm buscado distribuir e equilibrar os participantes selecionados que se manifestam em favor de cada posicionamento que se possa defender no caso. Só assim se assegurará a necessária igualdade que precisa se fazer presente no processo.

Para isso impende observar, aliás, que assim como há litigantes repetitivos, existem *amici curiae* repetitivos. Em outros termos, há pessoas, órgãos ou entidades que, com grande frequência, se manifestam perante os tribunais na qualidade de *amici curiae*, e muitos deles, evidentemente, atuam na defesa de interesses de litigantes eventuais, e não no dos *repeat players*. E esses *amici* habituais, assim como os litigantes habituais, são capazes de incrementar sua credibilidade e sua legitimação perante os tribunais. Desse modo, com a garantia de equilíbrio entre os *amici curiae* que, no processo, defenderão interesses dos litigantes habituais e daqueles que se manifestarão em prol dos interesses dos litigantes eventuais, será possível evitar que a participação de *amici curiae* promova um desequilíbrio de forças no processo que o tornaria incompatível com o princípio da igualdade.

O que se verifica, de todo modo, é que o amicus curiae é um terceiro cuja intervenção permite trazer para o processo uma maior amplitude do debate, promovendo-se deste modo uma ampliação do contraditório. E isto se dá precisamente em razão da representatividade adequada que no direito brasileiro se exige como requisito de admissibilidade de sua intervenção.

Muito já se discutiu acerca do *amicus curiae* e de sua intervenção. Seria mesmo seu ingresso no processo uma intervenção de terceiro? Ou seria o *amicus curiae* um auxiliar da justiça? O CPC trata de seu ingresso no processo como intervenção de terceiro, e isto se justifica em razão do perfil que o *amicus curiae* veio, ao longo do tempo, passando a ter no direito brasileiro.

Trata-se de uma intervenção voluntária (já que, nos termos do art. 138, aquele que pretenda manifestar-se como *amicus curiae* pode requerer seu ingresso no processo) mas não necessariamente espontânea (já que pode se dar por requerimento das partes, inclusive do assistente, podendo também ser o terceiro convidado a participar de ofício pelo juiz ou relator). Isto, por si só, já é suficiente para diferenciá-la de todas as demais modalidades de intervenção de terceiros. É preciso, então, ter este ponto bem claro: só intervém como *amicus curiae* quem quer (e, por isso, a intervenção é voluntária), mas nessa modalidade de intervenção se permite, expressamente, que seja dirigido ao terceiro um convite (de ofício ou mediante requerimento de alguma das partes), sendo o terceiro, porém, livre para aceitá-lo (e intervir como *amicus curiae*) ou não.

A intervenção não pode se dar em qualquer processo. Estabelece a lei processual que, para ser deferida a intervenção do *amicus curiae*, é preciso que haja "relevância da matéria, [especificidade] do tema objeto da demanda ou [repercussão] social da controvérsia", requisitos objetivos estes que devem ser reputados alternativos (FPPC, Enunciado nº 395).

Uma vez deferida a intervenção do *amicus curiae*, deverá o interveniente ser intimado para manifestar-se no prazo de quinze dias (art. 138). Essa intervenção não implica alteração de competência (o que significa dizer, por exemplo, que a intervenção da União como *amicus curiae* em um processo que tramite perante a Justiça Estadual não o transfere para a Justiça Federal) nem autoriza a interposição, pelo *amicus curiae*, de recursos (ressalvados os embargos de declaração e o recurso contra a decisão que julga o incidente de resolução de demandas repetitivas, nos termos do art. 138, §§ 1º e 3º, bem assim da decisão que julga recursos repetitivos: FPPC, Enunciado nº 391).

É recorrível, porém, a decisão que indefere a intervenção do *amicus curiae* (art. 1.015, IX), caso em que caberá agravo de instrumento (mas não a que a defere ou determina, nos termos expressos no *caput* do art. 138). Assim, o terceiro que requer sua admissão no processo como *amicus curiae* poderá recorrer da decisão que indefere seu ingresso (assim como poderia recorrer a parte que tivesse requerido a intervenção do *amicus curiae*), mas, uma vez tendo ele intervindo no processo, não poderá mais interpor qualquer recurso contra as decisões judiciais que venham a ser proferidas, com as ressalvas, já indicadas, dos embargos de declaração (contra qualquer decisão), da decisão que julga o incidente de resolução de demandas repetitivas e da decisão proferida no julgamento de recursos excepcionais repetitivos.

É irrecorrível, de outro lado, a decisão que *defere ou determina* a intervenção do *amicus curiae*, como dito, já que o art. 138 expressamente a declara irrecorrível. Da decisão que indefere sua intervenção, porém, deve admitir-se recurso. É que, na forma do art. 1.015, IX, é recorrível por agravo de instrumento a decisão que admite ou inadmite intervenção de terceiro. Verifica-se, assim, que a disposição do art. 138, a estabelecer a irrecorribilidade da decisão que admite a intervenção do *amicus curiae*, deve ser interpretada de modo estrito, como se faz com toda e qualquer exceção que se impõe a uma regra geral. Em síntese, a decisão que admite a intervenção do *amicus curiae* é irrecorrível, mas a decisão que a indefere pode ser impugnada por recurso.

Equivoca-se, quanto a este ponto, o STJ. Este Tribunal Superior tem jurisprudência firme no sentido da inadmissibilidade de recurso contra a decisão que indefere a intervenção do *amicus curiae*, como se pode ver, por exemplo, no acórdão que julgou a Questão de Ordem no REsp 1.696.396/MT, rel. Min. Nancy Andrighi, em que se afirmou, expressamente, que "a leitura do art. 138 do CPC/2015 não deixa dúvida de que a decisão unipessoal que verse sobre a admissibilidade do *amicus curiae* não é impugnável por agravo interno, seja porque o *caput* expressamente a coloca como uma decisão irrecorrível, seja porque o § 1º expressamente diz que a intervenção não autoriza a interposição de recursos, ressalvada a oposição de embargos de declaração ou a interposição de recurso contra a decisão que julgar o Incidente de Resolução de Demandas Repetitivas (IRDR)". Há, aqui, um duplo equívoco do STJ. Em primeiro lugar, o art. 138 do CPC só declara de forma expressa a irrecorribilidade da decisão que admite o *amicus curiae*, não a da que não o admite. Ao contrário, e como já visto, a regra geral é a admissibilidade de recurso contra a decisão que admite ou inadmite a intervenção de um terceiro no processo (CPC, art. 1.015, IX). A disposição sobre irrecorribilidade contida no art. 138, portanto, prevê uma exceção à regra geral. E como toda disposição normativa excepcional, sua interpretação deve ser estrita, limitada sua incidência à hipótese nela expressamente prevista. Pois o texto normativo não deixa margem a qualquer dúvida: "[o] juiz ou o relator, considerando a relevância da matéria, a especificidade do tema objeto da demanda ou a repercussão social da controvérsia, poderá, *por decisão irrecorrível, de ofício ou a requerimento das partes ou de quem pretenda manifestar-se, solicitar ou admitir* a participação de pessoa natural ou jurídica, órgão ou entidade especializada, com representatividade adequada, no prazo de 15 (quinze) dias de sua intimação". Só há, portanto, previsão de irrecorribilidade da decisão que admite, e não da que não admite, a intervenção do *amicus curiae*.

O segundo equívoco está em considerar aplicável à hipótese a limitação prevista nos §§ 1º e 3º do art. 138. Nesses dispositivos se trata da possibilidade de interposição de recurso por quem já tenha sido admitido como *amicus curiae*, não se aplicando a quem não teve sua intervenção no processo admitida.

Correto, por isso, o Supremo Tribunal Federal quanto ao ponto, existindo decisão naquele Tribunal (por exemplo, no RE 597.165 AgR/DF, rel. Min. Celso de Mello) afirmando que a decisão que admite a intervenção do *amicus curiae* é irrecorrível, mas é possível recorrer contra a decisão que admite seu ingresso no processo.

Incumbe ao juiz ou relator, na decisão que admitir ou determinar a intervenção do *amicus curiae*, definir quais serão seus poderes processuais. Cabe ao magistrado, então, a decisão acerca da possibilidade de o *amicus curiae* ir além da mera apresentação de uma petição com os elementos que possa oferecer ao juízo (que, na tradição do direito norte-americano, onde o *amicus curiae* é há muito admitido, se chama *amicus curiae brief*). É possível, por exemplo, o magistrado estabelecer que o *amicus curiae* poderá juntar documentos, elaborar quesitos para serem respondidos por peritos, fazer sustentação oral perante o tribunal, participar de audiências públicas etc.

Veem-se, então, duas grandes diferenças entre a atuação do assistente e a do *amicus curiae*: enquanto o assistente pode recorrer de todas as decisões judiciais, o *amicus curiae* tem severas limitações recursais. Além disso, o assistente tem os mesmos poderes processuais que o assistido, enquanto o *amicus curiae* só tem os poderes que a decisão que admite sua intervenção lhe outorgar.

Não se pode deixar de destacar a relevância da intervenção do *amicus curiae* para a ampliação do contraditório, o que é especialmente relevante naqueles processos em que são apreciadas demandas massificadas, repetitivas, ou em qualquer outro caso de que possa provir uma decisão que tenha eficácia de precedente vinculante. Pois é exatamente por isso que o próprio CPC prevê a atuação de *amici curiae* no incidente de arguição de inconstitucionalidade (art. 947), no incidente de resolução de demandas repetitivas (art. 980) e nos recursos especiais e extraordinários repetitivos (art. 1.035, § 2º). É que em todos esses casos a decisão a ser proferida terá eficácia vinculante, o que exige – como requisito da legitimação constitucional de tais decisões e de sua eficácia – um contraditório ampliado, fruto da possível participação de todos os setores da sociedade e do Estado que podem vir a ser alcançados. Pois o instrumento capaz de viabilizar essa ampliação do contraditório é, precisamente, o *amicus curiae*.

Confirma-se, assim, a ideia de que a intervenção do *amicus curiae* é um poderoso mecanismo de democratização do processo judicial, já que abre um espaço de oportunidade para a participação daqueles que têm *contributividade adequada* na comunidade de trabalho destinada a produzir o resultado da atividade jurisdicional.

Uma última observação se impõe. Tem tido muita aceitação a ideia segundo a qual haveria uma figura, distinta do *amicus curiae*, que seria o custos *vulnerabilis*, papel a ser exercido pela Defensoria Pública. Aqui se impõe, porém, algum cuidado.

É inegável a importância institucional da Defensoria Pública na defesa de pessoas economicamente vulnerabilizadas e, por isso, em situação de hipossuficiência. E essa defesa vai muito além de assistir a essas pessoas individualmente, nos processos em que elas sejam partes. Basta observar que o CPC prevê, nos casos de demandas possessórias que versam sobre a posse coletiva de algum imóvel, a obrigatória intimação e participação da Defensoria Pública se entre os interessados houver quem seja hipossuficiente econômico. Daí não se pode, porém, e com todas as vênias, cogitar de algum tipo de "intervenção processual atípica", como querem defender alguns.

Aliás, vale registrar que há uma decisão monocrática, proferida pelo Min. Luís Roberto Barroso, do STF, na ADPF 709, em que aquele magistrado admite a intervenção da Defensoria Pública como *custos vulnerabilis*, e afirma estar-se aí diante de figura que não se confunde com o *amicus curiae*. É possível, porém, pela leitura do trecho da decisão em que S. Exa. faz distinção entre essas duas figuras, ver que ele incide em equívocos processuais.

O Min. Barroso afirma que o custos *vulnerabilis* seria uma ferramenta mais apropriada do que o *amicus curiae*. E afirma isso dizendo, em primeiro lugar, que "há situações em que já existe ação judicial em tramitação e faltam ferramentas processuais que possibilitem paridade à Defensoria Pública para defender os interesses de pessoas vulnerabilizadas". E que a admissão como *amicus curiae* não seria a melhor opção, "porque sua participação não está simplesmente voltada ao fornecimento de subsídios para aprimorar a prestação jurisdicional, objetivo precípuo do amigo da corte. A intervenção, em verdade, se dá na qualidade de representante dos necessitados impactados pela relação jurídica litigiosa, que não teriam voz sem tal providência". Fica claro, pela leitura desse trecho da decisão monocrática, que o Min. Barroso tem uma visão absolutamente ultrapassada do *amicus curiae*, acreditando que ele seria um sujeito imparcial do processo. O custos *vulnerabilis* é um "amigo da parte" e, como já se viu, essa é a espécie de *amicus curiae* mais comum na atualidade, o "protótipo" de *amicus curiae*.

Além disso, afirma o Min. Barroso em sua decisão que não seria adequado que o custos *vulnerabilis* ficasse sujeito às limitações previstas no art. 138 do CPC, devendo ele estar autorizado a formular requerimentos autônomos, interpor recursos e apresentar sustentação oral. Fica claro, aqui, que o ilustre magistrado prolator da decisão aqui criticada não atentou para o disposto no § 2º do art. 138 do CPC. Afinal, se esses poderes são tão necessários, basta que o juiz ou relator, na decisão que admite a intervenção do custos *vulnerabilis*, lhe atribua tais prerrogativas.

Em outras palavras: o custos *vulnerabilis* é um *amicus curiae* que atua na defesa dos interesses de grupos formados por pessoas vulnerabilizadas, e que deve ser admitido nos processos em que os requisitos de seu ingresso estejam presentes, dada sua contributividade adequada. A Defensoria Pública, sem dúvida, será a melhor amiga que as pessoas vulneráveis poderão ter nesses processos, verdadeira *amicus* da parte.

7.2.7. Intervenção de terceiros em processo de alimentos

O art. 1.698 do Código Civil criou uma outra modalidade de intervenção de terceiro, que permanece inominada. Estabelece o referido dispositivo legal que, "[s]e o parente, que deve alimentos em primeiro lugar, não estiver em condições de suportar totalmente o encargo, serão chamados a concorrer os de grau imediato; sendo várias as pessoas obrigadas a prestar alimentos, todas devem concorrer na proporção dos respectivos recursos, e, intentada ação contra uma delas, poderão as demais ser chamadas a integrar a lide".

Trata-se de dispositivo a partir da qual se formula importante regra de direito material, através da qual se estabelece a obrigação subsidiaria de pagar alimentos daqueles que estejam no grau de parentesco imediato aos dos originariamente obrigados. Exemplifique-se: no caso de alguém pedir alimentos ao pai, e este não tem condições de arcar com o sustento do alimentando (ainda que possa pagar parte do valor necessário à sua subsistência), será possível pedir alimentos aos avós. Persiste a regra de direito material ao estabelecer que havendo, no mesmo grau de parentesco, mais de uma pessoa, a obrigação deles não será solidária, mas proporcional à possibilidade de cada um deles. Ressalva-se, porém, o caso de alimentos devidos à pessoa idosa, pois nesse caso há expressa previsão legal da solidariedade (art. 12 do Estatuto do Idoso, Lei nº 10.741/2003).

Aliás, a respeito dessa regra que estabelece a solidariedade passiva na obrigação de alimentar os idosos, surgiram, na doutrina, dois entendimentos diferentes (e a análise dessa questão de direito material é relevante nessa sede em razão de suas repercussões processuais). Há quem considere que tal regra é inconstitucional, por "violar o princípio da reciprocidade", já que idêntica regra não foi criada para proteção de crianças e adolescentes. De outro lado, há quem considere que tal regra deve ser interpretada extensivamente, de modo a alcançar também – em razão do princípio da isonomia – as crianças e os adolescentes. Parece melhor esse segundo entendimento. Não parece razoável considerar um dispositivo inconstitucional se ele pode receber interpretação conforme a Constituição. E tal interpretação é possível se for considerado que o dispositivo mencionado é aplicável, também, em razão do princípio da igualdade, a crianças e adolescentes, tão dignas de proteção especial quanto os idosos.

Essas considerações são importantes por uma razão de ordem processual: havendo solidariedade entre os devedores (de mesmo grau) da obrigação de pagar alimentos a idosos, crianças e adolescentes, nesses casos não incidirá a parte final do art. 1.698 do Código Civil. O fato de ser solidária a obrigação faz com que incida o disposto no art. 130, III, do CPC. Assim, caso seja a demanda de alimentos proposta em face de apenas um dos codevedores, poderá este promover o chamamento ao processo dos demais, na forma estabelecida pelo CPC.

Assim, pode-se afirmar que a parte final do art. 1.698 do Código Civil só se aplica aos processos de alimentos em que o demandante seja maior de idade e não tenha, ainda, chegado à condição de idoso. Basta pensar, por exemplo, no caso de alimentos devidos a incapazes em razão de doença mental, ou dos alimentos devidos ao "maior estudante" (assim compreendido aquele que, conforme entendimento pacífico, tem até 24 anos de idade e ainda não concluiu seus estudos superiores). Nesses casos, havendo mais de um parente de mesmo grau, serão todos eles codevedores dos alimentos, na proporção de suas possibilidades.

Nesse caso, nada impede que o autor ajuíze sua demanda em face de todos os codevedores, o que levará à formação de um litisconsórcio facultativo passivo, simples e originário. Surge o problema que aqui se enfrenta, porém, quando a demanda for ajuizada apenas em face de um (ou alguns) dos codevedores. Nesse caso, conforme estabelece a parte final do art. 1.698 do Código Civil, poderão as demais ser "chamadas a integrar a lide" (seja lá o que isso signifique exatamente).

Melhor seria se a parte final do art. 1.698 do Código Civil não existisse. A lei civil ingressou indevidamente em seara processual, e criou mais confusão do que benefício com a previsão dessa estranha modalidade de intervenção de terceiro. Isso não quer dizer, porém, que a regra ali veiculada não tenha qualquer boa qualidade. Como se verá adiante, é possível, através de algum esforço interpretativo, extrair da regra aqui examinada algum resultado positivo. Impende, pois, que se busque uma interpretação razoável para o instituto aqui examinado.

A hipótese, como visto, é a de demanda de alimentos proposta em face de um ou alguns dos codevedores (no caso de haver mais de um parente no mesmo grau, todos obrigados a pagar, na proporção de suas possibilidades, alimentos ao autor). Nesse caso, diz a lei, poderão os demais ser "chamados a integrar a lide". Em primeiro lugar, deve-se dizer que o Código Civil, evidentemente, usou o vocábulo lide de forma imprópria. É óbvio que, aí, a palavra "lide" foi usada no sentido de "processo", e não para designar o conceito carneluttiano a que tradicionalmente é ligada (conflito de interesses qualificado pela pretensão resistida).

Prevê a lei, então, que no caso figurado seja provocada uma intervenção de terceiros (os demais codevedores da obrigação alimentar). É preciso, porém, determinar como se dá essa intervenção de terceiros.

Houve quem considerasse tratar-se de mais um caso de chamamento ao processo, não obstante inexistir a solidariedade. De outro lado, houve quem considerasse tratar-se de um caso de denunciação da lide. Não se está, aqui, porém, diante de qualquer daquelas duas modalidades de intervenção de terceiros regidas pelo CPC.

Em primeiro lugar, não se pode admitir o chamamento ao processo. Afinal, se não há qualquer tipo de solidariedade, a condenação de todos os codevedores jamais poderia produzir o resultado previsto no art. 132 do CPC. Caso todos fossem condenados, não seria possível a execução de toda a obrigação em face de apenas um dos codevedores para que este pudesse, depois, valer-se da sentença como título executivo em face dos demais para buscar deles quotas-partes que, a rigor, não existem.

De outro lado, tampouco vislumbro qualquer possibilidade de utilização da denunciação da lide, uma vez que não há qualquer previsão de existência de direito de regresso de um dos codevedores em face dos demais, nem em lei nem, evidentemente, em contrato. Assim, não haveria como se condenar o demandado original em favor do autor para, em seguida (mas na mesma sentença), declarar-se a responsabilidade dos demais obrigados.

Ficam, então, inteiramente descartadas essas duas modalidades de intervenção de terceiros. A única solução possível, portanto, é considerar que se está aí diante de uma nova modalidade de intervenção, diferente das que o CPC regula.

Diante do fato de que se está aqui diante de uma nova modalidade interventiva, é preciso buscar – face o silêncio da lei – quais são suas características. E a primeira questão a enfrentar consiste em se saber a quem cabe o ônus de requerer a citação do terceiro, a fim de torná-lo parte do processo.

Em sede doutrinária, encontra-se quem considere que a intervenção pode ser provocada, nesse caso, tanto pelo autor como pelo réu, interessado este em dividir com outrem o encargo alimentar. Há, também, quem sustente que só o demandado pode provocar essa modalidade de intervenção forçada. Por fim, há quem diga que apenas o autor poderia provocar essa modalidade de intervenção.

Correto este último entendimento. E isso por uma questão de interesse (ou seja, de utilidade da intervenção). No caso de haver mais de um parente do mesmo grau, e tendo sido a demanda ajuizada em face de apenas um deles, caberá ao réu o ônus de, em sua contestação, demonstrar a existência do outro parente, de mesmo grau, que também tem condições de arcar com parte da obrigação. Caso essa defesa seja acolhida, o pedido do autor deverá ser julgado procedente em parte, e o restante da prestação alimentícia deverá ser buscado em demanda a ser ajuizada em face do outro codevedor. Admitir que o réu provoque a intervenção do codevedor, então, é admitir que o réu pratique um ato que em nada será capaz de melhorar sua situação jurídica. Afinal, a convocação do codevedor só traria benefícios ao autor, que não precisaria de um segundo processo para poder receber alimentos que satisfaçam inteiramente suas necessidades.

Daí por que sustentar-se, aqui, que é do autor o ônus (por ser dele o interesse) de provocar a intervenção do terceiro. Assim, no caso em exame, se o réu, em sua contestação, alegar a existência do codevedor, poderá o autor, no prazo para falar em réplica, requerer sua citação, a fim de ser, também, demandado, ampliando-se subjetivamente o processo. Caso seja feito tal requerimento, então, o juiz deverá determinar a citação do outro parente de mesmo grau, a fim de se verificar, ao longo do processo, qual a proporção em que cada um dos codevedores terá de arcar com os alimentos do autor (verificação esta que, muitas vezes, dependerá de prova pericial, a fim de se buscar estabelecer qual a razão – empregado este termo, aqui, em seu sentido matemático, de proporção entre grandezas – existente entre os patrimônios de todos os codevedores).

Caso não seja requerida, pelo autor, a citação do terceiro na réplica, ficará ele proibido de a postular em momento posterior do processo, em razão da preclusão que aí se formará. Pode, então, ocorrer de a sentença chegar à conclusão de que o pedido por ele formulado é procedente apenas em parte, já que o réu não seria o único responsável pela obrigação alimentar, e só pode ser condenado na proporção de seus recursos econômicos. Restaria, então, ao alimentando ajuizar nova demanda em face do outro parente, o qual não seria prejudicado pela coisa julgada formada no processo anterior (na forma do que dispõe o art. 506 do CPC). Assim, seria em tese possível que nesse segundo processo se viesse a considerar que o outro parente, agora demandado, não tem qualquer possibilidade de arcar com alguma parcela da prestação alimentícia de que o autor necessita. Daí a utilidade que se deve reconhecer na parte final do art. 1.698 do Código Civil (que não é, portanto, inteiramente ruim, como poderia parecer à primeira vista).

7.2.8. Intervenções atípicas

Há intervenções de terceiros que não estão tipificadas nem no CPC, nem em qualquer outra lei. Alguma resultam diretamente da lei processual, ou são criações da doutrina a partir de características do ordenamento jurídico. Outras são criadas através de convenções processuais.

Um exemplo disso é a *assistência provocada* que se admite no processo de produção antecipada de provas. Imagine-se que A vai a juízo em face de B apenas para postular a colheita imediata de uma prova, com o fim de posteriormente empregá-la em outro processo (CPC, art. 381). Agora se figure a hipótese de B, demandado, verificar que, no futuro e eventual processo em que essa prova poderá ser utilizada, ser o caso de se provocar uma denunciação da lide ou um chamamento ao processo de um terceiro. Pois para que essa prova possa ser oponível a esse terceiro (a quem se denunciará a lide, ou que será chamado ao processo, apenas no segundo processo), é preciso trazê-lo para este primeiro processo, de produção antecipada de provas. Daí admitir-se que se requeira a citação do terceiro tão somente para que o integre, podendo evidentemente participar (do mesmo modo como participaria um assistente), e assim se garantindo que a prova lhe será, também, oponível. Tem-se, aí, então, uma intervenção de terceiro atípica.

Nos procedimentos executivos haverá intervenção atípica de terceiros quando alguém estranho ao processo nele ingressar para adquirir um bem. É o que se tem, por exemplo, quando um bem penhorado é levado a leilão e um terceiro, estranho ao processo, o arremata, ou quando alguém que não o próprio exequente adjudica o bem penhorado.

Outra modalidade de intervenção atípica de terceiros se tem no caso em que uma das partes de um processo postula, em face de um terceiro, a exibição de documento ou coisa (CPC, art. 401), caso em que o terceiro é citado, passa a integrar o processo, nele ficando até que se conclua o incidente provocado pelo pedido de exibição. Concluído esse procedimento incidental, o terceiro se retira do processo, deixando de ser parte daquele processo.

Além disso, existe – como dito anteriormente – a possibilidade de criação de intervenções de terceiros atípicas através de negócios processuais. Pense-se, por exemplo, no caso de em um contrato celebrado entre três pessoas incluir-se uma cláusula que prevê que no caso de se instaurar processo judicial entre dois deles, ficará o terceiro contratante autorizado a intervir no processo independentemente da demonstração de qualquer interesse jurídico. Haveria, aí, uma espécie de *assistência atípica*.

CAPÍTULO 8

FATOS, ATOS E NEGÓCIOS PROCESSUAIS

8.1. FATO, ATO E NEGÓCIO JURÍDICO

Tema dos mais relevantes é o da sistematização dos atos processuais. Trata-se de questão da maior importância para a compreensão do processo, visto que este, extrinsecamente, se revela como um procedimento, ou seja, como um complexo ordenado de atos. Não se pode, porém, almejar uma adequada sistematização do tema sem que sejam analisados alguns conceitos prévios, os de *fato jurídico*, *ato jurídico* e *negócio jurídico*. Após uma breve resenha sobre esses três conceitos, se poderá passar a tratar de sua aplicação ao campo processual.

Fato jurídico é todo acontecimento capaz de produzir consequências no mundo do Direito. Assim, por exemplo, um casamento, o nascimento, a morte, um contrato, todos estes são fatos jurídicos. Conceito amplo, capaz de abrigar espécies tão distintas entre si como as arroladas acima, denomina-se a essa categoria, tradicionalmente, fato jurídico *lato sensu*.

Os fatos jurídicos *lato sensu*, por sua vez, dividem-se em fatos jurídicos em sentido estrito e atos jurídicos. Fato jurídico *stricto sensu* é todo acontecimento capaz de produzir consequências jurídicas e que se produza independentemente de uma vontade humana lícita. Assim, entre os fatos jurídicos *stricto sensu* encontram-se eventos naturais, como a morte e o nascimento, e os atos ilícitos (embora seja relevante advertir que é polêmica a inclusão dos atos ilícitos entre os fatos jurídicos em sentido estrito, como aqui se fez).

Os atos jurídicos, por sua vez, podem ser definidos como os atos de vontade humana, realizados em conformidade com o direito, e que tendem à produção de efeitos jurídicos. Diz-se que os atos jurídicos "tendem à produção de efeitos jurídicos" (e não que eles "produzem efeitos jurídicos") pela simples razão de que há atos jurídicos ineficazes, incapazes de produzir qualquer efeito, mas que nem por isso deixar de ser considerados atos jurídicos.

Entre os componentes dessa categoria encontram-se o casamento, o testamento e os contratos. A esse conceito costuma-se denominar ato jurídico *lato sensu*.

Esses atos jurídicos em sentido amplo podem ser divididos, por sua vez, em dois subgrupos: os atos jurídicos *stricto sensu* e os negócios jurídicos. Ambos são atos de vontade humana licita e se diferenciam pela direção da vontade.

Explique-se melhor a afirmação que acaba de ser feita: atos há em que a vontade humana é dirigida tão somente à pratica dos mesmos, decorrendo seus efeitos da lei. É o que se dá, por exemplo, com o casamento. Quando alguém se casa, quer praticar o ato, e os efeitos (como a obrigação de fidelidade e a de mútua assistência) decorrem da lei, produzindo-se mesmo contra a vontade dos sujeitos que praticam o ato. Já em outras ocasiões a vontade humana é dirigida à produção de certo efeito (por exemplo, fazer com que um bem, na sucessão em razão da morte de seu titular, se transfira para o patrimônio de um amigo). Nessa hipótese, o ato é mero instrumento destinado à consecução de um fim, qual seja, a produção do efeito. Ato jurídico *stricto sensu* no primeiro exemplo, negócio jurídico no segundo, eis a diferença entre as duas figuras.

8.2. FATOS PROCESSUAIS

Ao fato jurídico (*stricto sensu*) que exerce influência no processo dá-se o nome de fato processual. Trata-se de categoria de pequena relevância pratica, razão pela qual já houve mesmo quem tenha negado sua existência. Há, porém, fatos processuais, porque existem eventos que independem da vontade humana lícita e que são capazes de influir no processo. Assim, por exemplo, a morte de uma das partes, capaz de determinar a suspensão do processo (art. 313, I, CPC), é exemplo de fato processual de origem natural. De outro lado, a litigância de má-fé é outro exemplo de fato processual, por se tratar de ilícito processual, sendo certo que os atos ilícitos se enquadram na categoria dos fatos, e não na dos atos processuais.

8.3. ATOS DO PROCESSO E ATOS PROCESSUAIS

Ao ato jurídico que exerce influência no processo se deve dar a designação de *ato do processo*. Este pode ser ato do processo *stricto sensu* ou ato processual. Diferem entre si em razão do sujeito que os pratica, uma vez que – como se verá adiante – os atos processuais são praticados exclusivamente pelas partes e pelo órgão jurisdicional. Assim sendo, e havendo atos jurídicos que, embora não sejam praticados por nenhum desses sujeitos, são processualmente relevantes, não se pode deixar de reconhecer a existência dessa outra categoria de atos jurídicos, capazes de exercer influência no processo, mas que não se incluem entre os atos processuais. Exemplos de atos do processo em sentido estrito são o depoimento da testemunha e a informação prestada por uma repartição pública em resposta a ofício enviado pelo juízo.

Os atos processuais, objeto central de atenção neste momento, podem ser definidos como os atos que têm por consequência imediata a constituição, a conservação, o desenvolvimento, a modificação ou a extinção de um processo. Exemplo de ato processual de constituição do processo é a demanda, ato inicial de impulso da atividade jurisdicional. Ato que tem por efeito a conservação do processo é a medida cautelar, provimento judicial que tem por fim, precisamente, garantir a efetividade de um processo. Como exemplo de ato processual de desenvolvimento pode-se referir a audiência prévia de autocomposição (art. 334). Ato de modificação do processo é a alteração objetiva da demanda, com a alteração, por exemplo, do pedido, o que modifica o objeto do processo. Por fim, ato extintivo do processo é a sentença, que o próprio CPC define como ato de encerramento de um procedimento cognitivo ou executivo.

8.3.1. Classificação dos atos processuais

Não há consenso, em doutrina, acerca do melhor critério a ser adotado quando da classificação dos atos processuais. Alguns autores adotam um critério subjetivo, classificando tais atos de acordo com a pessoa que os pratica. Outros setores da doutrina preferem um critério objetivo, elaborando uma classificação baseada nos fins visados por cada ato. Parece, porém, que as duas formas de classificar os atos processuais antes se complementam do que se excluem, razão pela qual se deve aqui adotar uma forma de classificação que leva em conta os dois critérios: subjetivo e objetivo. Classificam-se, pois, os atos processuais, por um critério subjetivo, sendo certo que cada espécie comportará uma subclassificação por um sistema objetivo.

Classificam-se os atos processuais em atos das partes e atos do órgão jurisdicional. Estes últimos dividem-se, ainda, em atos do juiz e atos dos auxiliares da justiça.

Os atos das partes são de quatro espécies: *postulatórios, dispositivos, instrutórios* e *reais*.

Atos postulatórios são aqueles que contém alguma solicitação ao Estado-juiz. Dividem-se em requerimentos (quando dizem respeito a questões processuais) e pedidos (estes dizem respeito ao mérito do processo, sendo certo que – como visto anteriormente – o pedido é um dos elementos identificadores da demanda do autor). Verifica-se a diferença entre as duas espécies de ato postulatório quando se observa, por exemplo, o texto do art. 329, II, do CPC, que trata da possibilidade de alteração *do pedido*, e expressamente faz referência à possibilidade de que se formule *requerimento* de prova suplementar. Aquele, que a lei processual chama de pedido, é o veículo processual do objeto do processo, o *Streitgegenstand* da doutrina alemã, ou seja, o mérito do processo (ou da causa). Este, denominado pela lei de requerimento, concerne a um aspecto processual, qual seja, a produção de uma prova.

Atos dispositivos são declarações de vontade destinadas a permitir que as partes livremente regulem suas posições jurídicas no processo. Podem ser unilaterais, quando praticados por apenas uma das partes, como o reconhecimento do pedido, a renúncia à pretensão ou a desistência da ação, e bilaterais (ou concordantes), praticados por ambas as partes, como a transação e a convenção para suspensão do processo. Como se poderá ver melhor adiante, *alguns atos dispositivos bilaterais* são negócios jurídicos processuais.

Atos instrutórios são os que têm por finalidade convencer o julgador, contribuindo para a formação do resultado do processo. Instruir, como se sabe, significa preparar, razão pela qual nada impede se afirme que todo ato processual realizado antes da formação do provimento jurisdicional final é instrutório. Adota-se, aqui, porém, o termo em sentido mais estrito, reconhecendo-se duas espécies de atos instrutórios: as alegações, manifestações aduzidas em defesa do interesse de uma ou outra das partes, como a sustentação oral no julgamento de um recurso, os memoriais, e mesmo as alegações contidas na petição inicial e na contestação, e os atos probatórios, atos de produção de prova praticados pelas partes, como a confissão e o depoimento pessoal. O que se verifica, então, é que as partes, através da prática de atos instrutórios, exercem seu *direito ao contraditório*, participando do processo e influenciando seu resultado.

Por fim, os atos reais, ou seja, aqueles que se manifestam *re, non verbis*. Em outras palavras, têm-se aqui atos que se caracterizam por seu aspecto material, não sendo propriamente atos de postulação, razão pela qual são chamados de "atos jurídicos de evento físico". Exemplo de ato real é o pagamento de custas judiciais.

Os atos do órgão jurisdicional, como visto, dividem-se em atos do juiz e atos dos auxiliares da justiça. Serão examinados aqui, em primeiro lugar, os atos do juiz. Estes podem ser provimentos (ou pronunciamentos) e atos reais (ou materiais).

Pronunciamentos do juiz são atos pelos quais se manifesta a autoridade jurisdicional: a *sentença*, a *decisão interlocutória* e o *despacho*.

Sentença é o ato pelo qual o juiz põe fim a um procedimento, seja ele cognitivo ou executivo (CPC, art. 203, §1º). Decisão interlocutória é qualquer outro pronunciamento de conteúdo decisório, ou seja, qualquer decisão que não seja capaz de encerrar um procedimento (art. 203, § 2º, do CPC), como decisão de saneamento e organização do processo ou o pronunciamento que defere tutela provisória. Por fim, despachos são os pronunciamentos judiciais destituídos de qualquer conteúdo decisório, como o ato que determina a remessa dos autos ao contabilista judicial, ou o que determina a emenda da petição inicial. Sobre todos esses pronunciamentos se voltará adiante, quando do estudo da sentença.

De outro lado, os atos reais são aqueles que se manifestam *re, non verbis*, podendo ser *instrutórios* ou *de documentação*. Atos instrutórios são os atos do juiz que se destinam a preparar o resultado final do processo, como é o caso da colheita do depoimento de uma testemunha ou a realização de uma inspeção judicial. E atos de documentação, aqueles que o juiz pratica para registrar ou autenticar outros atos processuais (como assinar uma decisão ou o termo de audiência).

Por fim, os atos dos auxiliares da justiça podem ser *de movimentação* (como o termo de abertura de vista e o termo de conclusão), *de documentação* (como a certidão e o termo de juntada) e *de execução*, também chamados de *diligências* (como a citação e a perícia). Observe-se que, nos termos do art. 203, § 4º, o escrivão (ou um escrevente autorizado) pode praticar atos meramente ordinatórios, os quais podem ser de movimentação ou de documentação, sem que se faça necessária a prolação de despacho judicial. Assim, por exemplo, poderá o escrivão, de ofício, abrir vista a uma das partes para que se manifeste sobre documento juntado pela outra. Tais atos, porém, só poderão ser praticados pelo escrivão quando forem de conteúdo predeterminado. Assim, por exemplo, se os autos retornam do contabilista judicial, é sabido que o próximo passo deve ser a abertura de vista às partes sobre o cálculo. Sendo predeterminado o conteúdo do ato, torna-se desnecessário o despacho judicial, cabendo ao escrivão praticar o ato. De outro lado, porém, encontram-se despachos judiciais que permanecem necessários, já que seu conteúdo não é determinado previamente. Assim, por exemplo, chegando uma petição inicial ao juízo, não poderá o escrivão determinar a citação do réu. Isso porque o juiz, ao analisar a petição, poderá proferir provimento de conteúdo diverso, determinando a emenda da inicial ou mesmo seu indeferimento. Por tais razões, nessas hipóteses permanece a necessidade de que o despacho judicial seja proferido.

8.3.2. Forma dos atos processuais (tempo, lugar e modo dos atos processuais)

Sob a denominação genérica "forma dos atos processuais" são estudados três temas: tempo, lugar e modo dos atos processuais. No primeiro, estuda-se o horário da prática dos atos processuais e os prazos para sua realização. No segundo, o local onde tais atos devem ser praticados, e no ultimo daqueles te- mas, os aspectos formais propriamente ditos, ou – como indica a terminologia aqui empregada – o modo como tais atos devem ser praticados.

Quanto ao tempo dos atos processuais, há que se observar, antes de mais nada, a regra geral, contida no art. 212 do CPC, segundo a qual os atos processuais devem ser praticados nos dias úteis, entre seis e vinte horas. A prática de ato processual fora desse horário é excepcional, e se dará apenas quando estritamente necessário.

É preciso, porém, não se confundir horário de prática de ato processual com horário de expediente forense. Este não é necessariamente idêntico aquele. De toda sorte, uma citação, por exemplo, pode se dar às seis horas da manhã, mesmo que nesse horário não se tenha ainda iniciado o expediente no fórum. O horário do expediente forense serve como limite (relativo, já que nos casos em que houver motivo relevante mesmo esses limites podem ser infringidos) apenas para os atos que devam ser praticados na sede do juízo, como, por exemplo, uma audiência de instrução e julgamento. Diga-se, aliás, que o art. 212, § 3º, do CPC é expresso quanto à observância do horário do expediente para a prática de atos que devem ser realizados mediante petição em autos não eletrônicos, devendo esta ser protocolada durante aquele horário.

No estudo do tempo dos atos processuais abre-se um espaço para algumas considerações acerca dos prazos processuais, mas este tema será objeto do próximo tópico.

Visto o *tempo* do ato processual, passa-se ao exame de seu *lugar*. Pois quanto ao lugar dos atos processuais, este é, via de regra, a sede do juízo (art. 217 do CPC). Atos há, porém, que são praticados em lugar diverso, seja por absoluta necessidade (como fazer, por exemplo, uma perícia num imóvel senão indo ao próprio prédio?), seja por deferência (como nos casos previstos no art. 454 do CPC, em que se verifica que os ocupantes de certas funções relevantes, como a Presidência da República, são inquiridos em suas residências ou no lugar onde exercem suas funções), seja com o fim de tornar mais efetivo o ato, permitindo que ele alcance melhores resultados (assim, por exemplo, pode-se realizar uma audiência em "ação possessória" em imóvel vizinho àquele sobre cuja posse se controverte).

Por fim, quanto ao modo dos atos processuais, ou seja, quanto aos seus aspectos formais em sentido estrito, há que se referir que a prática dos atos processuais está sujeita a algumas normas reguladoras. Afirme-se, aliás, que a forma é uma garantia de segurança para as partes, uma vez que a mesma assegura seja alcançada a finalidade essencial dos atos processuais. Não se pode prescindir da forma, embora seja essencial que se tente abolir o formalismo, ou seja, a exacerbação das formas, que se revela como fator que se opõe à maior efetividade do processo. Combate-se, então, o formalismo exacerbado, mas se sustenta a necessidade de um *formalismo democrático*, em que o respeito às formas estabelecidas por lei se apresenta como uma garantia de segurança jurídica.

A primeira norma regulamentadora do modo como os atos processuais devem ser praticados é a regra da liberdade das formas, consagrada no art. 188 do CPC. Segundo essa regra, os atos processuais, a princípio, não dependem de forma determinada, senão quando a lei expressamente o exigir. Em outras palavras, segundo essa regra, os atos processuais são "não solenes", não estando submetidos, em linha de princípio, a formas sacramentais, ou seja, a exigências formais para sua validade. A solenidade é a exceção, e depende de expressa previsão legal.

A segunda regra, e que complementa a anterior, apresentando assim as diretrizes gerais do sistema, é a regra da *instrumentalidade das formas*. Também prevista no art. 188 do CPC (e, ainda, no art. 277), determina essa regra que os atos processuais solenes, tendo sido praticados sem observância das formalidades impostas por lei, ainda assim serão válidos, desde que atinjam sua finalidade essencial. Valoriza-se, assim, o conteúdo do ato, em detrimento de sua forma, o que se faz mesmo nos atos solenes. Verifica-se, aqui, uma profunda distinção entre o sistema do Direito Processual e o do Direito Civil. Neste, quando um ato solene é praticado sem que se observe estritamente a forma prevista em lei, a consequência é a invalidade do ato. Já no Direito Processual, ainda que praticado por forma diversa da prescrita em lei, será válido o ato que atingir sua finalidade essencial.

Figure-se, aqui, um exemplo extraído de um acontecimento real: uma determinada apelação havia sido incluída em pauta de julgamento, mas por uma falha da Secretaria do Tribunal a intimação dos advogados não respeitou a exigência formal contida no art. 272, § 2º, do CPC, não tendo constado os nomes dos advogados das partes. Ocorre que no dia da sessão de julgamento os advogados de ambas as partes estavam presentes. Percebe-se, assim, que a finalidade da exigência formal (que os advogados fossem corretamente comunicados) foi alcançada, não obstante o vício da intimação. Fez-se constar, então, da ata da sessão que ambos os advogados estavam presentes, e o julgamento pôde ser realizado.

A terceira regra a ser observada é a da documentação, segundo a qual os atos devem ser praticados por escrito ou, quando de prática oral, reduzidos a termo escrito. Tal regra se mostra essencial para que o juiz trave conhecimento com todos os atos já praticados no processo, ainda que não o tenham sido sob sua direção. Após a entrada em vigor da Lei nº 11.419/2006, tornou-se possível a documentação de atos processuais por outras formas que não a escrita, como, por exemplo, a utilização de arquivos de áudio e imagem, o que veio a ser confirmado pelo art. 209, § 1º, do CPC.

Por fim, há que se respeitar a regra da publicidade. Esta, consagrada no art. 189 do CPC, foi elevada à categoria de garantia constitucional, como se verifica pela leitura do art. 5º, LX, da Constituição da República. Os atos processuais são públicos, salvo aqueles que – em razão do interesse público, ou para resguardar algum interesse particular relevante – devam ser realizados em segredo de justiça. A regra geral, portanto, é a publicidade ampla do processo.

Casos há, porém, em que essa publicidade é restrita ou mitigada (naquilo que se costuma chamar – e esta é, inclusive, a terminologia da lei – de *segredo de justiça*. Pois estabelece o art. 189 que tramitam em segredo de justiça os processos (I) em que o exija o interesse público ou social; (II) que versem sobre casamento, separação de corpos, divórcio, separação, união estável, filiação, alimentos e guarda de crianças e adolescentes; (III) em que constem dados protegidos pelo direito constitucional à intimidade; e (IV) que versem sobre arbitragem, inclusive sobre o cumprimento de carta arbitral, desde que a confidencialidade estipulada para a arbitragem seja comprovada em juízo.

Pois nestes casos, o direito de acesso aos autos do processo e de estar presente nas audiências e sessões de julgamento fica restrito às partes e aos seus procuradores, só eles podendo, também, obter certidões do teor desses atos. Terceiros juridicamente interessados, por sua vez, poderão requerer ao juiz certidão do dispositivo da sentença, bem como de inventário e partilha resultante da separação ou divórcio (ou da dissolução de união estável).

8.3.3. Prazos processuais

Prazos são intervalos de tempo fixados entre dois termos (inicial e final). No plano do Direito Material, costuma-se dizer que o prazo é um intervalo de tempo dentro do qual um ato jurídico deve ser praticado. Assim, por exemplo, se um contrato de prestação de serviços é celebrado pelo prazo de trinta dias, os serviços terão de ser prestados *dentro* dos trinta dias, nem antes e nem depois.

Já no campo do Direito Processual as coisas se passam de modo um pouco diferente. Prazos *processuais* são intervalos de tempo que se destinam a determinar o tempo de duração do processo. Seu objetivo, portanto, é assegurar a duração razoável do processo. Daí não resulta, necessariamente, que o ato tenha de ser praticado *dentro* do prazo, mas que o prazo tenha de ser observado para que o processo tenha duração razoável.

Por essa razão é que, no Direito Processual, fala-se em prazos *aceleratórios* e *dilatórios*.

Prazos aceleratórios são aqueles que se destinam a assegurar um "ritmo" para o processo, evitando que ele demore mais do que o necessário para produzir resultados constitucionalmente legítimos. Assim, por exemplo, o prazo para contestar ou para interpor apelação. A fixação desses prazos impede a demora excessiva do processo, evitando que o ato processual demore demais para ser praticado. Sendo aceleratório o prazo, deve-se considerar tempestivo (e, pois, válido), o ato praticado antes de seu termo inicial (art. 218, § 4º). Afinal, se o prazo é aceleratório, e a parte foi tão rápida que praticou o ato antes mesmo do início do prazo, não pode ela ser punida por sua conduta (FPPC, Enunciado nº 22: "[o] Tribunal não poderá julgar extemporâneo ou intempestivo recurso, na instância ordinária ou na extraordinária, interposto antes da abertura do prazo").

De outro lado, prazos dilatórios são aqueles que garantem uma duração mínima para o processo, evitando que ele se desenvolva de forma excessivamente acelerada. É o que se tem, por exemplo, no prazo previsto no art. 334, parte final, que estabelece que o réu deverá, no procedimento comum, ser citado para comparecer à audiência de conciliação ou mediação com "pelo menos 20 (vinte) dias de antecedência". Este prazo destina-se a assegurar que o demandado tenha tempo suficiente para preparar-se para participar da audiência e, se for o caso, prosseguir com sua defesa em juízo. Em casos assim, sendo dilatório o prazo, reputa-se inválido o ato praticado antes de seu término (como seria, no exemplo figurado, a audiência realizada menos de vinte dias após a citação do demandado), sendo necessário que o ato só seja praticado após o decurso do prazo.

Interessante frisar bem algo que já havia sido dito: tanto os prazos aceleratórios (que impedem que o processo demore excessivamente) quanto os dilatórios (que obstam o andamento excessivamente rápido do processo) se ligam ao princípio da duração razoável do processo, por força do qual o processo não deve demorar *nem mais, nem menos* do que o tempo necessário para a produção de resultados constitucionalmente adequados.

Sendo processual a natureza do ato, ter-se-á um *prazo processual*. Aqui é importante estabelecer qual o critério que se emprega para considerar-se que um prazo tem natureza processual. Pois é necessário, para que seja esta a natureza do prazo, que estejam presentes dois requisitos cumulativos: em primeiro lugar, é preciso que o prazo corra *dentro de um processo em curso*. Assim, por exemplo, não é processual o prazo de 120 (cento e vinte) dias para impetração de mandado de segurança. Em segundo lugar, é preciso que o decurso do prazo gere algum efeito de natureza processual.

São processuais, entre outros, o prazo para oferecimento de contestação ou interposição de recurso. É, também, processual o prazo para que o executado cumpra voluntariamente a sentença (como, por exemplo, no caso previsto no art. 523). Veja-se que, no exemplo figurado, ambos os requisitos estão presentes: o prazo corre dentro de um processo já em curso, e seu decurso gera um efeito processual (previsto no art. 525, § 1º), o de fazer com que tenha início o prazo para apresentação de impugnação ao cumprimento da sentença.

Os prazos processuais podem ser legais, judiciais ou negociais, conforme sejam fixados por lei, pelo juiz ou através de um negócio processual. Omissa a lei, e não havendo fixação do prazo pelo juiz (nem convenção das partes), deverá o ato ser praticado dentro do prazo de cinco dias (art. 218, § 3º, do CPC). Admite-se que o juiz amplie por até dois meses os prazos legais nos lugares em que seja difícil o transporte (art. 222). Tendo havido calamidade pública, a ampliação dos prazos legais pode ultrapassar esse limite (art. 222, § 2º).

Outro critério permite classificar os prazos processuais em *próprios* (ou peremptórios) e *impróprios*. Prazos próprios são aqueles cujo decurso implica a perda da possibilidade de praticar o ato processual (art. 223). É o que se dá, por exemplo, com o prazo para a parte oferecer contestação ou interpor recursos. Prazos impróprios são aqueles cujo decurso não acarreta a perda da possibilidade de praticar o ato (como, por exemplo, o prazo de cinco dias de que o juiz dispõe para proferir despachos, nos termos do art. 226, I, sendo válido o despacho proferido após esse prazo). Os prazos próprios ou peremptórios não podem ser reduzidos pelo juiz, salvo se houver anuência de todas as partes (art. 222, § 1º). Podem tais prazos, porém, ser ampliados (art. 139,

VI), de modo a adequá-los às necessidades do caso concreto, o que só pode ocorrer antes de encerrado o prazo previsto na lei (art. 139, parágrafo único).

Encerrado o prazo aceleratório peremptório (ou próprio) sem que o ato tenha sido praticado, desaparece a possibilidade de praticá-lo (ocorrendo aí o fenômeno da *preclusão temporal*). Fica, porém, assegurado à parte o direito de realizá-lo se provar que não o fez por justa causa (art. 223), assim considerado qualquer evento alheio à vontade da parte que a tenha impedido de praticar o ato por si ou por mandatário (art. 223, § 1º). Verificada a justa causa, incumbe ao juiz assinar à parte um prazo para que validamente pratique o ato (art. 223, § 2º).

Prazos processuais podem ser fixados em qualquer unidade de tempo (horas, dias, meses, anos), mas se o prazo for fixado em dias, somente serão incluídos na contagem os dias úteis (art. 219, *caput* e parágrafo único), assim considerados os dias em que haja expediente forense regular (art. 216, interpretado *a contrario sensu*).

Contam-se os prazos processuais excluindo o dia do começo e incluindo o do vencimento (art. 224). Assim, se o termo inicial do prazo é uma segunda-feira, o primeiro dia a ser incluído na contagem é o dia seguinte, a terça-feira. Caso no dia do começo do prazo o expediente forense comece depois do horário regular ou se encerre antes, fica o termo inicial do prazo protraído para o dia útil imediato. Também há um prolongamento como este quando no dia do vencimento do prazo o expediente começar ou se encerrar antes do horário regular (art. 224, § 1º). Sendo o prazo fixado em dias, como já visto, sua contagem não é contínua, já que apenas os dias úteis serão computados. Caso seja outra a unidade de tempo (como é o caso do prazo fixado em meses), a contagem é contínua, respeitada a regra do art. 224.

Tendo sido o prazo processual criado em benefício de parte, poderá ela renunciar – desde que o faça expressamente – ao prazo (art. 225).

Os prazos processuais ficam suspensos entre os dias 20 de dezembro e 20 de janeiro (inclusive). Nesse período também é proibida a realização de audiências ou de sessões de julgamento (art. 220, § 2º), mas o expediente forense é normal (art. 220, § 1º).

Também se suspende o prazo processual em razão de obstáculo criado em detrimento da parte ou se ocorrer alguma causa de suspensão do processo, caso em que, identificada a causa de suspensão do prazo, ficará ele paralisado até que tal causa cesse. Ultrapassada a causa de suspensão, o prazo voltará a correr pelo que faltava para sua complementação (art. 221).

Ficam, ainda, suspensos os prazos durante a execução de programas de políticas públicas, instituídos pelo Judiciário, destinados a promover a autocomposição (como se dá, por exemplo, com a "Semana Nacional de Conciliação", promovida anualmente pelo Conselho Nacional de Justiça). Nesse caso, deverá o tribunal anunciar, previamente, o período de duração dos trabalhos relativos ao programa (art. 221, parágrafo único), durante o qual ficarão suspensos os prazos referentes aos processos que integrem o aludido programa.

Os prazos processuais correm a partir da citação, intimação ou notificação (art. 230). E, como já visto, na contagem do prazo processual deve-se excluir o dia do começo e incluir o do vencimento (art. 224). Considera-se como dia do início do prazo (art. 231): (I) quando a citação ou intimação se der por via postal, a data da juntada aos autos do aviso de recebimento; (II) quando a citação ou intimação se fizer por oficial de justiça (aí incluída a citação com hora certa, nos termos do art. 231, § 4º), a data da juntada aos autos do mandado devidamente cumprido; (III) quando a citação se der por ato do escrivão ou do chefe da secretaria, a data de sua ocorrência; (IV) quando a citação ou intimação se der por edital, o dia útil seguinte ao fim da dilação assinada pelo juiz; (V) se a citação ou intimação for eletrônica, o dia útil seguinte à consulta ao seu teor ou ao término do prazo para que essa consulta aconteça; (VI) quando a citação ou intimação se realizar em cumprimento de carta, a data de juntada aos autos do comunicado eletrônico de que a carta foi cumprida (art. 232) ou, na sua ausência, a data de juntada da carta cumprida aos autos de origem; (VII) se a intimação se der por *Diário Oficial* impresso ou eletrônico, a data da publicação (que, no caso do *Diário de Justiça Eletrônico* será, sempre, o dia útil seguinte ao da disponibilização da informação no diário, nos termos do art. 224, § 2º); (VIII) quando a intimação se der por meio de retirada dos autos de cartório, a data da carga; (IX) e o quinto dia útil seguinte à confirmação, na forma prevista na mensagem de citação, do recebimento da citação realizada por meio eletrônico.

A hipótese prevista no inciso V do art. 231 exige um exame cuidadoso, pois muitas vezes se verifica, na prática, a contagem ser feita de modo equivocado, suprimindo-se um dia do prazo processual de que dispõe a parte. É que, pelo texto da lei, sendo a intimação ou citação realizada por meio eletrônico, considera-se como termo inicial do prazo não o dia da citação ou intimação (que é o dia da consulta ao portal eletrônico do Tribunal através do qual essas intimações e citações são realizadas e, caso a consulta não tenha sido feita, o décimo dia corrido após a inserção da informação no aludido portal, nos termos do art. 4º, § 3º, da Lei nº 11.419/2006), mas o dia seguinte. Veja-se, então, que se a consulta feita pelo advogado ao portal se deu numa segunda-feira (e é este, então, o dia da intimação), então o dia do começo do prazo será o dia seguinte, a terça-feira. Ora, mas se na contagem dos prazos processuais se exclui o dia do começo (art. 224), então essa terça-feira deverá ser excluída da contagem, e o primeiro dia a ser contado é o seguinte, a quarta-feira.

Também é preciso cuidado com o disposto no inciso IX do art. 231. Em primeiro lugar, por poder parecer haver uma coincidência entre seu campo de incidência e aquele do inciso V, anteriormente examinado. Assim não é, porém. Incidirá o disposto no inciso V do art. 231 quando a citação eletrônica for realizada por intermédio do portal de comunicações processuais a que se refere a Lei nº 11.419/2006. De outro lado, será aplicado o disposto no inciso IX quando ocorrer a citação por correio eletrônico (*e-mail*), regida pelo próprio CPC, ou pelo Domicílio Judicial Eletrônico, regido pelo CNJ, que o regulamentou por meio da Resolução nº 455.

Sendo realizada a citação por correio eletrônico ou pelo Domicílio Judicial Eletrônico, considera-se como termo inicial do prazo para o réu se manifestar o quinto dia útil seguinte ao da confirmação do recebimento da citação. É que, nos termos do art. 246, § 1º-A, o demandado que seja citado por correio eletrônico deverá confirmar o recebimento da citação no prazo de três dias úteis e, caso não o faça, considera-se que a citação não se efetivou (o que levará à necessidade de realização da citação por outro dos meios previstos em lei). Tendo sido realizada a confirmação do recebimento, contam-se mais cinco dias úteis, sendo esse quinto dia útil o dia do começo do prazo para que o demandado se manifeste no processo.

Já no caso de a citação eletrônica ser feita nos termos da Lei n° 11.419/2006, o termo inicial do prazo será a data de acesso ao Portal (considerando-se que o réu está *tacitamente citado* se, depois de dez dias corridos de inclusão da informação sobre a citação no portal, ele não o tiver acessado). Impõe-se, porém, dizer que, atualmente, os Tribunais todos migraram (ou estão em vias de migrar) para o sistema do Domicílio Judicial Eletrônico, de modo que a citação nos termos da Lei n° 11.419/2006 vai se tornando cada vez mais rara.

Caso o ato processual tenha de ser praticado diretamente pela parte ou por quem, de qualquer forma, participe do processo, independentemente de intermediação por representante judicial (como se dá, por exemplo, no caso de a parte ser intimada a cumprir uma prestação de fazer, ou desocupar um imóvel), o dia do começo do prazo será o da data da própria intimação (tornando-se irrelevante, para o fim de determinar o termo inicial do prazo, a data da juntada da prova de que a intimação foi realizada), nos termos do disposto no art. 231, § 3°.

Havendo mais de um réu, o prazo para contestar será comum a todos, e terá início quando se alcançar o termo inicial do prazo para o último réu a ser citado (art. 231, § 1°). Sendo vários os *intimados*, seus prazos correm individualmente (art. 231, § 2°).

Litisconsortes que tenham advogados diferentes (necessariamente integrantes de escritórios de advocacia distintos) terão prazos processuais em dobro (art. 229), desde que o processo não tramite em autos eletrônicos (art. 229, § 2°). No caso de litisconsórcio passivo, tendo apenas um dos réus oferecido contestação, cessa a partir do oferecimento da defesa a contagem em dobro (art. 229, § 1°).

O juiz dispõe do prazo de cinco dias para proferir despachos, dez dias para decisões interlocutórias e trinta dias para prolatar sentenças (art. 226). Estes prazos podem ser duplicados se houver motivo justificado (art. 227).

O auxiliar da justiça terá um dia para remeter os autos à conclusão e cinco dias para executar os atos processuais, contados estes prazos da data em que houver concluído o ato processual anterior, se lhe foi imposto por lei; ou de quando tiver ciência da ordem, quando determinada pelo juiz (art. 228).

Incumbe ao juiz o controle da observância, por seus auxiliares, dos prazos processuais (art. 233). Constatada a falta, o juiz ordenará a instauração de processo administrativo (art. 233, § 1°).

De outro lado, a inobservância dos prazos pelo serventuário também pode ser controlada por provocação de qualquer das partes, do Ministério Público ou da Defensoria Pública, que estão legitimados a representar ao juiz contra o servidor que injustificadamente tenha excedido os prazos (art. 233, § 2°).

Advogados (públicos ou privados), defensor público e membros do Ministério Público têm o dever de restituir os autos que tenham retirado de cartório no prazo do ato a ser por eles praticado (art. 234). Excedido o prazo, qualquer interessado poderá exigir sua devolução (art. 234, § 1°). Caso o advogado, intimado, não restitua os autos em três dias, perderá o direito a vista fora de cartório e incorrerá em multa correspondente à metade do salário mínimo (art. 234, § 2°), a qual será imposta pela Ordem dos Advogados do Brasil (art. 234, § 3°). Caso a demora na devolução envolva membro do Ministério Público, da Defensoria Pública ou da Advocacia Pública, a multa será aplicada ao agente público responsável, após procedimento administrativo disciplinar instaurado pela instituição a que pertence tal agente (art. 234, § 4º).

No caso de inobservância de prazos pelo juiz, poderá qualquer das partes, o Ministério Público ou a Defensoria Pública oferecer representação ao corregedor do tribunal ou ao Conselho Nacional de Justiça (art. 235). Distribuída esta representação e ouvido previamente o juiz, não sendo caso de arquivamento liminar, será instaurado procedimento para apuração da responsabilidade, com intimação do representado para justificar-se no prazo de quinze dias (art. 235, § 1º). Além das sanções administrativas cabíveis, incumbe ao corregedor (no tribunal a que vinculado o juiz) ou ao relator (no CNJ), em quarenta e oito horas após o decurso do prazo de que dispõe o juiz representado para manifestar-se, determinar sua intimação para que pratique o ato. Mantida a inércia, os autos deverão ser remetidos ao seu substituto legal para que profira o pronunciamento em dez dias (art. 235, § 2º).

8.3.4. Inexistência, invalidade e ineficácia dos atos processuais

O estudo de qualquer ato jurídico só será realizado adequadamente se se tiver em vista que o mesmo deve ser analisado em três esferas: a da existência, a da validade e a da eficácia. É preciso, antes de tudo, verificar se o ato em exame existe juridicamente. Em caso negativo, nada mais haverá a ser analisado. Sendo, porém, positiva a resposta a essa questão, há que se verificar se o ato jurídico é válido e se produz efeitos. Afirme-se, desde logo, que validade e eficácia são planos distintos, sendo errado afirmar-se, por exemplo, que o ato nulo é aquele que não produz efeitos. O ato nulo não vale, mas pode produzir efeitos. Ato que não produz efeitos é ato ineficaz.

O direito material proporciona bons exemplos. É inexistente, por exemplo, o ato cuja prática se dá sem que haja qualquer manifestação de vontade dirigida à sua realização. Pense-se no caso de um ato cuja prática depende da leitura da impressão digital (ato praticado mediante biometria) do agente, e este não quer praticar o ato, mas alguém segura sua mão e a leva até o aparelho leitor das impressões digitais. Neste caso não há uma manifestação de vontade viciada, mas, simplesmente, não há qualquer manifestação de vontade. É, pois, inexistente o ato.

Se o ato existe, será então preciso examinar sua validade e eficácia. Pense-se, por exemplo, no casamento entre um homem e sua irmã. O ato jurídico existe, mas não vale. É ato nulo. É certo, porém, que o casamento nulo pode produzir efeitos, o que ocorre sempre em relação aos filhos, e no que concerne aos cônjuges quando estes (ou um deles) estiverem de boa-fé. É o casamento putativo. Ato inválido e eficaz, portanto.

Exemplo da hipótese inversa (ato válido e ineficaz) se tem no testamento de pessoa viva. Elaborado o testamento, e cumpridas todas as formalidades impostas por lei, o ato é válido. Não produz, porém, qualquer efeito, enquanto for vivo o testador. O ato é válido e ineficaz. Pode, aliás, nunca vir a produzir efeitos, bastando para isso que o testamento seja revogado pelo testador. Verifica-se, assim, que validade e eficácia são planos diversos, e assim devem ser compreendidas.

Todas as considerações feitas até aqui são adequadas também para os atos processuais. Assim é que devem eles ser analisados no plano da existência. Em sendo tidos por juridicamente inexistentes, nada mais haverá que considerar. Existindo o ato, contudo, há que se examiná-lo nos planos da validade e da eficácia.

O ato processual é inexistente quando lhe falta elemento constitutivo mínimo. Em outros termos, para que o ato processual exista é preciso que se faça presente um elemento identificador mínimo, que permita a quem o examine reconhecê-lo. Basta pensar numa sentença sem dispositivo (que, como se verá, é a parte da sentença com conteúdo decisório). Não havendo dispositivo, a sentença não contém nenhuma decisão e, assim, não poderá ser reconhecida como uma sentença. Sentença sem decisão, passe o truísmo, é sentença que não sentencia. O mesmo se deve dizer da sentença proferida por quem não é juiz (e, por isso, se considera inexistente a sentença que não foi assinada, já que neste caso não se pode ter certeza de ter sido ela proferida por um magistrado).

A inexistência não convalesce jamais. Em outros termos, o ato inexistente não passa a existente em qualquer hipótese. Não há meio de se fazer com que o ato inexistente passe a existir. Consequência disso é que, por exemplo, contra uma decisão inexistente não cabe recurso (como recorrer contra um provimento que não existe?), nem é ela capaz de alcançar a autoridade de coisa julgada.

Presentes todos os elementos constitutivos mínimos do ato processual, o que significa dizer presentes todos os elementos identificadores essenciais do ato, este existe. Passa-se, então, à sua análise nos planos da validade e eficácia.

Diz-se inválido o ato processual quando este não se conforma com o esquema abstrato predisposto pelo legislador (tipo). Em outros termos, ato processual atípico é ato processual inválido. A lei estabelece uma série de ditames, os quais devem ser respeitados por aquele que vai praticar um ato processual. O descumprimento do ônus de praticar o ato processual de acordo com as regras estabelecidas em lei tem como consequência a sua invalidade.

Pode-se dizer, então, que a invalidade é a sanção imposta pelo ordenamento jurídico para o caso de alguém praticar ato processual atípico.

É preciso afirmar, desde logo, uma diferença essencial entre o sistema das invalidades no Direito Processual e no direito privado. Tal diferença reside no fato de não haver invalidade processual sem pronunciamento judicial. Em outros termos, não existe ato processual inválido de pleno direito. É preciso, pois, que haja um provimento judicial afirmando a invalidade do ato processual, para que o mesmo possa ser tido como inválido. Antes de tal provimento, o ato será tratado como válido. Em outros termos, a nulidade somente existe com seu pronunciamento judicial.

O ato processual (empregada a expressão aqui em sentido amplo, de modo a englobar também o negócio processual) deve, então, ser realizado em conformidade com um *tipo* (isto é, um esquema abstrato predisposto pela lei). Assim é que o ato processual precisa ser praticado no tempo correto, no lugar certo e pelo modo adequado. Qualquer inobservância dessas exigências implicará um vício formal, por força do qual se terá o ato por *atípico*. Pois o ato processual atípico é *inválido*.

É o que se tem, por exemplo, no caso de uma audiência que se tenha iniciado após as vinte horas (o que afronta o disposto no art. 212), ou no caso de citação feita sem observância das formalidades legais (art. 280).

Pode-se, então, afirmar que é inválido o ato processual que tenha sido praticado com inobservância de alguma norma jurídica.

Há, no Direito Processual, invalidades *cominadas* e *não cominadas*. Em outros termos, há casos em que a lei expressamente comina de invalidade um ato processual defeituoso. É o que se tem, entre outros casos, na hipótese de decisão não fundamentada (em que a invalidade é expressamente cominada pelo art. 93, IX, da Constituição da República). Outros casos há, porém, em que o ato processual é inválido ainda que isto não esteja expressamente afirmado em qualquer texto normativo (o que afasta a aplicação da antiga máxima *pas de nullité sans texte*, "não há nulidade sem texto", que tem origem no Direito francês). Assim é que há casos nos quais inegavelmente o ato processual será reputado inválido mesmo não havendo expressa cominação legal neste sentido, como se dá, por exemplo, no caso de se proferir sentença sem relatório (o que contraria o *tipo* da sentença, estabelecido pelo art. 489).

Será, pois, inválido o ato processual sempre que praticado com inobservância de alguma norma jurídica que estabeleça uma forma a ser respeitada quando de sua prática. A forma dos atos processuais é uma garantia de segurança jurídica e de respeito às normas, e existe para que se estabeleçam técnicas adequadas para a produção dos resultados a que os atos processuais se destinam. O vício de forma, portanto, contamina o ato processual, tornando-o inválido.

Como sabido, porém, há mais de um tipo de norma jurídica, motivo pelo qual é preciso reconhecer a existência de mais de um tipo de invalidade processual.

Pode-se classificar as normas jurídicas em *cogentes* e *dispositivas*. Cogente é a norma jurídica imperativa, de observância obrigatória. É o caso (para buscar exemplos fora do Direito Processual) da norma que impõe ao empregador o pagamento a seus empregados de um décimo terceiro salário anual, ou da que estabelece que o fornecedor tem o dever de informar o consumidor acerca das características do produto ou serviço posto no mercado de consumo. De outra parte, chama-se dispositiva à norma jurídica supletiva, a qual só é aplicada nos casos em que as partes não disponham de outro modo, sendo elas livres para estabelecer o modo como será regida sua relação. É o que se tem, por exemplo (e mais uma vez o exemplo é buscado fora do Direito Processual), na norma que estabelece que ao locador incumbe o pagamento do imposto predial relativo ao imóvel locado, a qual pode ser afastada por disposição expressa em sentido contrário constante do contrato de locação.

Pois existem normas processuais cogentes e dispositivas. É exemplo de norma processual cogente a que impõe a participação do Ministério Público nos casos em que alguma das partes seja incapaz (art. 178, II). De outro lado, são dispositivas, em regra, as normas que estabelecem a competência territorial (arts. 46 e 63).

A inobservância de norma processual cogente gera a *nulidade* do ato processual, enquanto o descumprimento de norma processual dispositiva acarreta sua *anulabilidade*. Invalidade, portanto, é uma categoria genérica, composta por duas diferentes espécies, a *nulidade* e a *anulabilidade*. E a principal diferença entre essas duas espécies está no fato de que a nulidade pode – e deve – ser reconhecida de ofício, enquanto a anulabilidade só pode ser reconhecida mediante provocação.

As invalidades (perdoe-se a insistência) resultam de vícios de forma (entendido o conceito de forma em seu sentido mais amplo, a abranger o *tempo*, o *lugar* e o *modo* pelo qual o ato processual deve ser praticado). E isto decorre do fato, já mencionado, de que a forma do ato processual é um mecanismo constitucionalmente legítimo de asseguração dos resultados a que cada ato se dirige. Assim é que praticar o ato com observância de forma garante que os resultados a que o ato processual se dirige serão alcançados. Pois é exatamente daí que resulta a regra *da instrumentalidade das formas* (arts. 188 e 277), por força do qual o ato praticado por forma diversa da prevista em lei será reputado válido "se, realizado de outro modo, lhe alcançar a finalidade".

Deve-se compreender por finalidade do ato o objetivo a que o mesmo, por força de lei, se dirige. Trata-se, pois, do exame da finalidade a partir de um critério funcional, e não da análise dos objetivos pretendidos por aquele que pratica o ato. Assim, por exemplo, a finalidade de um recurso é impugnar uma decisão judicial e permitir seu reexame (e esta finalidade é alcançada ainda que o recurso não seja provido, o que caracterizaria o objetivo pretendido pelo recorrente). Para se entender como atua a regra da instrumentalidade das formas, pode-se imaginar, por exemplo, o caso da intimação, ato processual que tem por finalidade dar ciência a alguém dos atos e termos do processo. Pois a intimação realizada sem observância das formalidades estabelecidas em lei é inválida (art. 280). Imagine-se, então, que os advogados das partes de um processo são intimados da data da sessão de julgamento de um recurso, havendo na intimação um vício de forma (como, por exemplo, não constar a grafia correta do nome do advogado de uma das partes). Presente este advogado cujo nome fora grafado erradamente à sessão de julgamento, porém, o ato terá alcançado sua finalidade, motivo pelo qual se deverá reputar válida sua intimação.

Além da regra da instrumentalidade das formas, outra norma essencial para a compreensão do sistema das invalidades processuais é *a regra do prejuízo* (arts. 282, § 1º, e 283, *caput* e parágrafo único), por força da qual "[o] ato não será repetido nem sua falta será suprida quando não prejudicar a parte". Em outros termos, não há invalidade sem prejuízo (ou, como afirmava a tradicional máxima do Direito francês, *pas de nullité sans grief*). Daí se extrai, portanto, que não se pode reconhecer a invalidade do ato processual se do vício de forma não resultou dano. É o que se tem, por exemplo, na hipótese em que se exige que a citação seja feita com certa antecedência em relação à data para a qual se designou uma audiência (como se dá no procedimento comum, em que, designada audiência de conciliação ou de mediação, deverá o réu ser citado com pelo menos vinte dias de antecedência, conforme dispõe o art. 334). Pois tendo sido o réu citado com antecedência menor do que vinte dias, não será possível a realização da audiência, sob pena de invalidade. Pode, todavia, ocorrer de o réu ser citado com antecedência inferior a vinte dias e, ainda assim, comparecer à audiência e nela ser alcançada a autocomposição, sem que da inobservância da norma resulte para o demandado qualquer dano. Pois neste caso se deve considerar válida a audiência, não obstante o vício de forma, por aplicação do princípio do prejuízo.

Consequência direta da regra do prejuízo é outra regra, por força da qual não se pronuncia a invalidade do ato processual (nem se manda repetir o ato viciado ou suprir-lhe a falta) se for possível julgar o mérito em favor daquele que seria favorecido pelo reconhecimento da invalidade (art. 282, § 2º).

Tem-se, aí, o que pode ser chamado de convalidação objetiva do ato processual. Dito de outro modo: sendo o ato formalmente viciado, mas dele não tendo resultado qualquer dano e tendo sido alcançada sua finalidade, reputa-se superado o vício, devendo-se considerar válido o ato apesar de seu vício formal.

Além da convalidação objetiva, a que estão sujeitos tanto os atos nulos como os anuláveis, pode-se cogitar também de uma *convalidação subjetiva*. Esta resulta da aplicação do disposto nos arts. 276 e 278, e pode ocorrer apenas quando se tratar de atos anuláveis. É que, por força do disposto no parágrafo único do art. 278, não se aplica esta sistemática de convalidação do ato processual quando se tratar de invalidade que possa ser conhecida de ofício (o que permite afirmar, em outras palavras, que a convalidação subjetiva só ocorre nos atos anuláveis, não nos atos nulos).

Praticado um ato anulável (isto é, um ato realizado com inobservância de alguma norma dispositiva), não poderá o juiz, de ofício, reconhecer seu vício. Incumbirá, assim, à parte que não tenha dado causa à invalidade requerer ao juízo seu reconhecimento (art. 276). A vedação a que a decretação da anulabilidade seja requerida pela própria parte que lhe deu causa resulta do princípio da boa-fé objetiva, não se podendo admitir que aquele que causou o vício depois se beneficie do reconhecimento da invalidade por ele próprio causada. Afinal, como diziam os antigos, a ninguém é dado valer-se da própria torpeza (*nemo turpitudinem suam allegare potest*). Deste modo, praticado por uma das partes um ato anulável, incumbirá à parte contrária requerer sua invalidação. E tal requerimento deverá ser formulado na primeira oportunidade em que lhe caiba manifestar-se no processo, sob pena de preclusão (art. 278). Significa isto, então, dizer que, praticado por uma das partes um ato anulável, incumbirá à parte contrária, na primeira oportunidade de que disponha, requerer sua invalidação. A inércia da parte interessada em requerer a invalidação do ato anulável implicará sua convalidação (subjetiva), salvo na hipótese de não prevalecer a preclusão – isto é, a perda da possibilidade de requerer a invalidação do ato – por justo impedimento (art. 278, parágrafo único, parte final).

Seja o ato nulo ou anulável, dependerá o reconhecimento do vício, como já dito, de um pronunciamento judicial que o casse. Não existem, no Direito Processual Civil, atos inválidos de pleno direito, sendo sempre necessário haver um pronunciamento judicial da invalidade para que esta possa ser reconhecida. Pois o pronunciamento judicial da invalidade (que só deverá desconstituir a parte viciada do ato, devendo--se aproveitar outras partes que dela sejam independentes, nos termos do art. 281, parte final, que consagra a máxime *utile per inutile non vitiatur*) não só cassará o ato inválido como também todos os que, a ele subsequentes, dele dependam (art. 281), devendo o pronunciamento declarar expressamente quais os atos atingidos e ordenar as providências necessárias para sua repetição ou retificação (art. 282).

As duas espécies de invalidade processual referidas, nulidade e anulabilidade, são fenômenos intrínsecos do processo e, por isso, encerrado este (ou, pelo menos, encerrado o módulo processual em que se tenha manifestado o vício, de conhecimento ou executivo), o que se dá com o trânsito em julgado da sentença, todos aqueles vícios convalescem. Por essa razão, aliás, é que a coisa julgada é chamada algumas vezes de "sanatória geral". Transitada em julgado a sentença, todas as invalidades, até mesmo aquelas inicialmente tidos por insanáveis, estarão sanados. A coisa julgada, assim, faz desaparecer todas as invalidades que tenham se formado ao longo do processo.

É certo, porém, que com a coisa julgada pode surgir uma nova espécie de invalidade, esta extrínseca, exterior ao processo onde se praticou o ato, a que se dá o nome de rescindibilidade. Trata-se de uma série de hipóteses, expressa- mente previstas em lei (art. 966 do CPC), em que se considerou haver vício tão grave que se deveria permitir a rescisão da sentença transitada em julgado, o que se faz através de uma "ação autônoma de impugnação", chamada "ação rescisória".

A rescisão da sentença poderá, assim, ser pleiteada toda vez que ocorrer algum dos vícios previstos no art. 966 do CPC, através de "ação rescisória", a qual deverá ser proposta num prazo máximo de dois anos a contar do trânsito em julgado da última decisão que tenha sido proferida no processo. Após esse prazo, nem mesmo a rescindibilidade poderá mais ser alegada, restando sanado também esse vício. Surge aí, então, o fenômeno conhecido como *coisa soberanamente julgada* (e ao estudo da "ação rescisória" se voltará mais adiante, em capítulo especificamente voltado à sua análise).

Por fim, há que se falar da ineficácia dos atos processuais. O tema pode ser dividido em duas partes. Em primeiro lugar, há que se falar da ineficácia dos atos processuais inválidos, e, após, da ineficácia dos atos válidos.

Quanto à primeira das questões suscitadas, é de se afirmar que o ato processual inválido é apto a produzir os mesmos efeitos que produziria se válido fosse, até que a invalidade seja reconhecida (pois, como visto, não há invalidade processual sem pronunciamento judicial). Assim sendo, apenas após a decretação da invalidade é que o ato processual deixará de produzir seus regulares efeitos. Explique-se melhor: há atos processuais válidos que produzem efeitos, mas há também atos processuais válidos que não os produzem. Pense-se, por exemplo, no caso de uma sentença válida que tenha sido impugnada por recurso dotado de efeito suspensivo. Neste caso, embora válida a sentença, é ela incapaz de produzir efeitos. Pois nos casos em que o ato válido produziria efeitos, este mesmo ato, sendo inválido, também será capaz de produzir aqueles mesmos efeitos. De outro lado, nos casos em que o ato válido seria ineficaz, também será ele ineficaz se for inválido. Dito de outro modo, o ato processual inválido *tem a mesma eficácia que teria se fosse válido*.

Não pode causar espanto, pois, a possibilidade de executar-se uma sentença condenatória nula. Esta produz seus regulares efeitos até que venha a ser reconhecida a invalidade (desde que o recurso contra essa sentença não tenha efeito suspensivo, como se dá, por exemplo, no caso da sentença que condena a pagar alimentos). Enquanto não for decretada a nulidade, a execução poderá se desenvolver normalmente. O mesmo é aplicável, *mutatis mutandis*, a todos os demais atos processuais.

Quanto aos atos processuais válidos, estes produzem, em princípio, todos os seus efeitos normalmente. Há casos, porém, em que a ineficácia é cominada, como se dá com a decisão válida que é sujeita a recurso dotado de efeito suspensivo (como se vê, por exemplo, no art. 1.012). Outros casos há em que a ineficácia do ato processual válido decorre de uma natural impossibilidade de produção dos efeitos normais. É o que se tem, por exemplo, com as sentenças condenatórias genéricas (também chamadas sentenças condenatórias ilíquidas), em que o efeito de permitir a execução forçada não se produz em decorrência de não conter a sentença a individuação do valor ou objeto da condenação. Nessas hipóteses, bastará desaparecer a causa da ineficácia para que o ato passe a produzir todos os seus regulares efeitos (no exemplo citado, bastará que se realize a "liquidação de sentença").

Não se pode encerrar esta parte do estudo sem tecer algumas considerações acerca da eficácia de atos processuais sujeitos a termo ou condição. Trata-se de tema que não foi abordado pela maior parte da doutrina, mas que exige atenção.

Em primeiro lugar, há que se afirmar ser inadmissível a submissão da eficácia de ato processual a um termo. Isso porque atrelar ao advento do começo ou do fim de um termo o efeito de um ato de parte é contraditório com o objetivo com o qual se realiza o ato no processo.

Já no que se refere à submissão da eficácia de ato processual a uma condição (ou seja, a um evento futuro e incerto), o tratamento é diverso. Admite-se, apenas, a submissão da eficácia do ato processual a *condição intraprocessual*, rejeitando-se, porém, as condições extraprocessuais.

Isso significa dizer que a eficácia de um ato processual não poderá jamais ficar submetida a um evento futuro e incerto que nenhuma ligação tenha com o processo. Admite-se, porém, o ato processual condicional quando o evento futuro e incerto seja interno ao processo. É o que se tem, por exemplo, na denunciação da lide. Como já foi visto, essa modalidade de intervenção de terceiro contém uma demanda regressiva condicional, a qual será julgada apenas na hipótese (futura e incerta quando efetivada a denunciação) de o denunciante perder a demanda principal. Em outros termos, ao fazer a denunciação da lide, o denunciante estará ajuizando uma demanda que só será apreciada se ocorrer um evento futuro e incerto, qual seja, a sucumbência do denunciante na demanda principal. Sendo intraprocessual a condição, porém, tal se admite.

O mesmo se dá quando ocorre cumulação eventual de pedidos, isto é, quando o demandante formula dois pedidos, sendo certo que o segundo só deverá ser apreciado na hipótese de ser o primeiro rejeitado. Outro exemplo de ato processual submetido à condição admissível, porque intraprocessual, é o recurso adesivo interposto apenas para a eventualidade de ser provido o recurso principal. Mais um exemplo, ao qual se voltará adiante, quando do estudo da tutela provisória, é o aditamento condicional da petição inicial em que se requer tutela antecipada antecedente, caso em que o autor pode aditar a petição inicial e submeter a eficácia desse aditamento ao futuro e eventual recurso contra a decisão concessiva de tutela antecipada antecedente que o réu venha a interpor (de modo que, não sendo interposto o recurso, o aditamento não produza efeitos e se obtenha a estabilização da tutela antecipada).

Conclui-se, pois, no sentido de ser admissível a prática de ato processual condicional, desde que a condição seja intraprocessual, com o que se evitam as incertezas decorrentes de uma eventual admissibilidade de condição extraprocessual, a qual não se harmonizaria com o processo jurisdicional.

8.3.5. Comunicação dos atos processuais

Elemento essencial para o contraditório é a comunicação dos atos processuais. Afinal, sem a adequada comunicação dos atos processuais não se pode levar às partes (e outros interessados) o efetivo conhecimento acerca dos atos e termos do processo nem se tem como tornar viável a participação dos interessados de modo a influir no resultado.

Os atos de comunicação processual são fundamentalmente dois: a citação e a intimação. Além disso, não se pode deixar de falar das cartas, meios adequados para a comunicação entre órgãos jurisdicionais (ou entre um órgão jurisdicional e um tribunal arbitral).

8.3.5.1. Citação

Citação é o ato pelo qual se convoca alguém para integrar o processo (art. 238). Fala a lei em convocar "o réu, o executado ou o interessado". Certamente a referência a réu deve ser compreendida como uma alusão ao citando nos processos cognitivos; executado é o citando nos processos executivos; e interessado é o citando nos processos de jurisdição voluntária. É preciso, porém, perceber que não só réus, executados e interessados são citados. Basta lembrar, aqui, do sócio que é citado no incidente de desconsideração da personalidade jurídica. Então, mais adequado é afirmar, como aqui se fez, que a citação é *ato que convoca alguém para integrar o processo*.

Outro detalhe que merece ser observado é que o art. 238 fala em convocar alguém para integrar a "relação processual". Não se deve ver nisto, porém, uma expressa adesão do CPC à teoria da relação processual (muito pelo contrário, o Código está em plena consonância com a teoria do processo como procedimento em contraditório, repudiando a concepção do processo como relação processual), mas um mero vício de linguagem, usando-se a expressão relação processual como sinônima de processo.

Pela citação, alguém (o citando) é convocado para integrar o processo, dele se tornando parte independentemente de sua vontade (e até mesmo contra sua vontade). Citação é, pois, o ato pelo qual alguém é convocado a integrar um processo, dele se tornando parte independentemente de sua vontade.

Estabelece a lei processual (art. 238, parágrafo único) que a citação "será efetivada em até 45 (quarenta e cinco) dias a partir da propositura da ação". Trata-se de disposição normativa inserida no texto do CPC pela Lei nº 14.195/2021, e que não serve para rigorosamente nada. Afinal, trata-se de prazo impróprio, isto é, de prazo cujo decurso não gera rigorosamente qualquer consequência.

Não pode haver desenvolvimento válido e regular do processo sem que tenha sido o demandado (réu ou executado) validamente citado (art. 239). Ressalvam-se, porém – e como não poderia deixar de ser – aqueles casos em que o procedimento se encerra antes mesmo do momento em que normalmente o demandado seria citado, seja por ter sido indeferida a petição inicial, seja por ter o pedido sido julgado liminarmente improcedente (art. 239, *in fine*). Nestes casos, transitada em julgado a sentença proferida antes da citação do demandado, este deverá ser comunicado do teor da sentença pelo escrivão ou chefe de secretaria (art. 241).

O comparecimento espontâneo do citando, porém, supre a falta ou nulidade de citação. Neste caso, o prazo para oferecimento de contestação ou de embargos do executado correrá a partir da data em que tenha ocorrido o comparecimento espontâneo (art. 239, § 1º).

A importância da citação válida é tanta que alguns autores chegam a considerá-la pressuposto processual de validade. Não parece, porém, que seja assim. O processo pode existir validamente sem citação. Basta lembrar a hipótese em que, proposta a demanda, o juiz indefere a petição inicial. Houve processo, com sentença e trânsito em julgado, sem que houvesse citação. O mesmo se dá nos casos em que o demandado, mesmo não sendo citado validamente, comparece espontaneamente ao processo. Assim, parece preferível afirmar que a citação é ato integrante da cadeia de atos que compõe o procedimento, sendo essencial para que os atos subsequentes se realizem, uma vez que, como já afirmado, num procedimento todos os atos são causa do posterior e consequência do anterior. Assim, não havendo citação válida, nenhum outro ato processual poderá ser validamente realizado, já que todos os atos posteriores são consequência desse ato de integração do demandado ao processo.

A doutrina dominante costuma afirmar que, não havendo citação válida (nem, obviamente, comparecimento espontâneo do demandado), a sentença de mérito que venha a ser proferida no processo será um ato inexistente. Também não me parece acertada essa posição. O ato inexistente é incapaz de produzir qualquer efeito, o que decorre, obviamente, do fato de juridicamente não existir. Aquilo que não existe não pode ser eficaz. Já se afirmou que o plano da eficácia dos atos jurídicos em geral, e dos atos processuais em particular, só deve ser examinado quando se estiver diante de ato jurídico existente. Isso basta para certo setor da doutrina afirmar que a sentença de mérito proferida em processo onde o demandado não foi validamente citado existe. Tal sentença produziria, segundo esse entendimento, efeitos, sendo passível, até mesmo, de execução (quando lhe seja imputada eficácia executiva). Prova disso seria a possibilidade de o executado alegar, em impugnação ao cumprimento de sentença, que não houve citação válida no módulo processual de conhecimento que se desenvolveu à sua revelia (art. 525, § 1º, I, do CPC). Ao admitir a impugnação ao cumprimento de sentença nessa hipótese, estaria reconhecendo o sistema processual que aquela sentença pode produzir efeitos, o que confirmaria a tese de que a mesma existe no mundo jurídico.

Parece-me, porém, que é preciso, aqui, estabelecer uma distinção: antes do trânsito em julgado, tal sentença é, a meu sentir, inválida (porque eivada de nulidade) e, também, ineficaz. Com o trânsito em julgado, porém, ocorre a sanatória das invalidades intrínsecas do processo, desaparecendo a nulidade. A sentença, porém, permanece juridicamente ineficaz.

Tal ineficácia pode ser alegada em "ação rescisória", em impugnação ao cumprimento de sentença, ou até mesmo por demanda autônoma, tradicionalmente chamada *querella nullitatis*, e que nada mais é do que uma "ação declaratória de ineficácia da sentença proferida em processo onde não se efetuou a citação válida do réu". A hipótese, aqui, é de vício análogo ao que se tem no processo em que é proferida sentença de mérito sem que se tenha citado algum litisconsorte necessário e unitário, caso que, como se viu, é de ineficácia da sentença (sentença *inutiliter data*). Tal ineficácia pode ser reconhecida, como visto, por qualquer meio processual que se revele idôneo (como, por exemplo, a impugnação ao cumprimento de sentença, a *querella nullitatis* e a "ação rescisória").

Admite-se que o demandado, ao ingressar espontaneamente no processo, alegue a nulidade da citação. Neste caso, rejeitada a alegação, tratando-se de processo de conhecimento o réu será considerado revel e, tratando-se de processo de execução, o feito terá regular seguimento (art. 239, § 2º). Acolhida a alegação de nulidade da citação, porém, o prazo (para oferecimento de contestação ou de embargos do executado) terá corrido a partir da data do comparecimento espontâneo do citando. É estrategicamente interessante, pois, que nesse caso tenha o demandado oferecido, logo ao ingressar no processo, sua contestação ou seus embargos, alegando a falta ou nulidade de citação como preliminar. Neste caso, acolhida a alegação, o ato será reputado tempestivo.

A citação válida, ainda quando ordenada por juízo incompetente, produz três efeitos, sendo um deles processual e dois deles substanciais (art. 240 e seus §§). Além disso, há um efeito substancial do despacho que ordena a citação que merece ser aqui também examinado.

O efeito processual da citação é induzir litispendência. Significa isto dizer que, a partir da citação, a pendência do processo alcança o demandado, atingindo-o com seus efeitos. Assim, por exemplo, ao réu de processo possessório só é proibido ajuizar em face do autor demanda de reconhecimento do domínio (art. 557) após sua citação. Do mesmo modo, configura-se a fraude de execução apenas depois da citação válida do executado nos casos previstos no art. 792, IV (tendo o ato fraudulento ocorrido "quando, ao tempo da alienação ou oneração, tramitava contra o devedor ação capaz de reduzi-lo à insolvência").

O primeiro efeito substancial da citação é tornar litigiosa a coisa. Em outros termos, a partir do momento em que o demandado tenha sido validamente citado deve-se considerar que o bem jurídico disputado no processo é litigioso e, por conseguinte, é só a partir da citação do demandado que se pode cogitar de alienação, feita pelo demandado, da coisa ou direito litigioso (art. 109).

O segundo efeito substancial da citação é constituir em mora o devedor. Como sabido, considera-se em mora o devedor quando não efetua o pagamento no tempo, lugar e forma estabelecidos pela lei ou pela convenção. Em alguns casos, produz-se a mora *ex re* (isto é, pelo mero fato de não ter sido cumprida a prestação positiva e líquida no seu termo). Neste caso, vencida a dívida já está o devedor em mora (art. 397 do CC). Também se considera em mora de pleno direito o devedor nos casos em que a obrigação provenha de ato ilícito (art. 398 do CC). Nos demais casos, não havendo termo para o cumprimento da obrigação, a mora se produz *ex persona* e se constitui mediante interpelação judicial ou extrajudicial (art. 397, parágrafo único, do CC). Não sendo, porém, caso de mora *ex re*, e não tendo sido o devedor interpelado para ser constituído em mora, considera-se o devedor em mora a partir da citação válida, daí se produzindo os efeitos da inexecução da obrigação.

Por fim, o efeito substancial do despacho que ordena a citação é aperfeiçoar a interrupção da prescrição (art. 240, §§ 1º a 4º). Proposta a demanda, e estando em termos a petição inicial (não sendo, pois, hipótese de seu indeferimento) nem sendo o caso de julgamento liminar de improcedência do pedido, deverá o juiz proferir um despacho ordenando a citação (conhecido como "despacho liminar positivo"). Proferido este despacho, incumbe ao demandante adotar, no prazo de dez dias, todas as providências necessárias para viabilizar a citação (como recolher custas ou fornecer o endereço em que a citação deverá ocorrer). Tomadas tempestivamente essas providências, será o demandado citado e a interrupção da prescrição, aperfeiçoada com a citação, retroagirá seus efeitos até a data da propositura da demanda. Caso o prazo de dez dias não seja observado, ter-se-á por interrompida a prescrição na data da citação, não se operando a retroação (art. 240, § 2º), salvo se isto tiver ocorrido por demora imputável exclusivamente ao serviço judiciário (como se daria, por exemplo, se durante o prazo de dez dias os autos não estivessem disponíveis ao autor por conta de falha no serviço judiciário).

Aplica-se, *mutatis mutandis*, aos demais prazos extintivos, como é o caso dos prazos decadenciais, tudo quanto se dispõe no CPC acerca da interrupção da prescrição.

A citação pode ser pessoal (ou real) ou ficta. Será preferentemente pessoal (art. 242), reputando-se válida não só a citação feita diretamente na pessoa do citando, mas também a recebida pelo representante legal ou pelo procurador do citando (art. 242, *in fine*).

Caso o citando não esteja presente, a citação poderá ser feita na pessoa de seu mandatário, administrador, preposto ou gerente, quando a demanda se originar de atos por ele praticados (art. 242, § 1º).

Nas demandas propostas por locatário em face do locador e que versem sobre a própria relação locatícia, o locador que se ausente do Brasil sem cientificar o locatário de que deixou, no lugar onde situado o imóvel locado, procurador com poderes para receber citação, será citado na pessoa do administrador do imóvel encarregado de receber os aluguéis, o qual é considerado pela lei como habilitado para representar o locador em juízo (art. 242, § 2º).

As pessoas jurídicas de direito público são citadas através dos órgãos de Advocacia Pública encarregados de sua representação judicial (art. 242, § 3º).

Pode se dar a citação em qualquer lugar em que se encontre o citando (art. 243). No caso de militares da ativa, a preferência é por que não se realize a citação na unidade em que serve, o que só será admitido se o citando não for encontrado em sua residência ou se esta não for conhecida (art. 243, parágrafo único).

Há situações, porém, em que a citação não deve ser realizada, salvo excepcionalmente, para evitar o perecimento do direito (art. 244). Assim é que não se efetua a citação de quem esteja a participar de ato de culto religioso (fazendo-se necessário, então, e como regra geral, aguardar-se o fim do culto); do cônjuge, companheiro ou qualquer parente (por consanguinidade ou afinidade), em linha reta ou na colateral em segundo grau, de pessoa falecida, no dia do falecimento e nos sete dias seguintes (o assim chamado *período de nojo*); de noivos, nos três primeiros dias seguintes ao casamento; de doentes, enquanto grave seu estado.

Também não se faz a citação quando se verifica que o citando é mentalmente enfermo ou está, por qualquer motivo, impossibilitado de recebê-la (art. 245). Nestes casos, incumbe ao oficial de justiça responsável pela diligência certificar minuciosamente a ocorrência, descrevendo-a (art. 245, § 1º). O juiz, então, nomeará um médico para examinar o citando, tendo ele o prazo de cinco dias para apresentar um laudo (art. 245, § 2º). Não haverá nomeação de médico, porém, se pessoa da família apresentar declaração de médico pessoal do citando que ateste sua incapacidade (art. 245, § 3º, o qual deve ser interpretado à luz do Estatuto da Pessoa com Deficiência, por força do qual pessoas mentalmente enfermas que sejam capazes de expressar vontade passaram a ser tratadas como pessoas capazes, motivo pelo qual se deve interpretar este dispositivo no sentido de que ele se refere a pessoas que não tenham condições – ainda que civilmente capazes – de compreender a citação. Verificada a incapacidade para receber citação (que, como visto, não se confunde com incapacidade civil), o juiz nomeará um curador ao citando – cuja atuação ficará restrita ao processo em que tenha sido nomeado, não substituindo a exigência de nomeação, para outros fins, de curador pela via processual própria – devendo-se observar, quanto à sua escolha, a preferência estabelecida por lei (art. 245, § 4º). O curador nomeado receberá a citação e promoverá a defesa (art. 245, § 5º).

Como dito anteriormente, a citação pode ser real (ou pessoal) e ficta. São modalidades de citação pessoal: (i) a citação por meio eletrônico (art. 246); (ii) a citação postal (art. 246, § 1º-A, I); (iii) a citação por oficial de justiça (art. 246, § 1º-A, II); (iv) a citação por escrivão ou chefe de secretaria (art. 246, § 1º-A, III). São modalidades de citação ficta: (i) a citação com hora certa (art. 252); (ii) a citação por edital (art. 246, § 1º-A, IV).

A citação por meio eletrônico, preferencial, a que se refere o *caput* do art. 246, será feita por intermédio de correio eletrônico, para qualquer comarca do País, dispensada a expedição de carta precatória ou de qualquer outro mecanismo de cooperação judiciária. Essa citação deverá ser encaminhada para o endereço eletrônico que o próprio citando tenha indicado no banco de dados do Poder Judiciário, cuja regulamentação cabe ao Conselho Nacional de Justiça.

Diz o art. 246 que a citação eletrônica será feita no prazo de dois dias contado da "decisão" (que, na verdade, é mero despacho) que a determinar. Este é, porém, um prazo impróprio, cujo descumprimento não acarreta qualquer consequência.

Embora a lei não faça distinção entre as pessoas que podem receber citação por essa forma, pode-se afirmar que apenas pessoas jurídicas receberão citações eletrônicas. É que, nos termos do art. 246, § 1º, são as "empresas públicas e privadas" (na verdade, as pessoas jurídicas de Direito Público e de Direito Privado) que têm o dever de informar seu endereço eletrônico ao banco de dados do Poder Judiciário, não havendo previsão de dever análogo para pessoas naturais. Para essas, então, a citação será – a princípio – realizada de outro modo (mas sempre se pode imaginar a existência de negócio jurídico processual que preveja a citação por meio eletrônico de alguma pessoa natural).

As microempresas e empresas de pequeno porte também precisam informar seu endereço eletrônico ao banco de dados do Poder Judiciário. Ficam, porém, dispensadas desse dever jurídico se tiverem seu endereço eletrônico cadastrado no sistema integrado da Rede Nacional para a Simplificação do Registro e da Legalização de Empresas e Negócios (Redesim). Impõe-se, aí, porém, que haja um ato de cooperação judiciária interinstitucional entre o Comitê para Gestão da Rede Nacional para Simplificação do Registro e da Legalização de Empresas e Negócios (CGSIM), que administra aquela Rede, e o Poder Judiciário, a fim de viabilizar esse compartilhamento de dados (art. 246, § 6º). Fundamental, então, que a microempresa ou a empresa de pequeno porte, para inserir seus dados na Redesim, seja advertida da possibilidade de que esses dados poderão ser compartilhados com o Poder Judiciário a fim de viabilizar a realização de citações e intimações eletrônicas, a fim de se respeitar o direito à preservação dos dados de que trata a Lei Geral de Proteção de Dados Pessoais (Lei nº 13.709/2018 – LGPD).

Para realizar a citação por correio eletrônico, incumbe ao Judiciário encaminhar ao citando as orientações necessárias para que possa realizar a confirmação de recebimento, além do código de segurança que permitirá que essa confirmação seja realizada na página eletrônica do órgão citante (art. 246, § 4º). Será nula a citação por correio eletrônico que não observe essas exigências.

Encaminhada a citação para o endereço de correio eletrônico do demandado, terá ele três dias úteis para confirmar o recebimento da correspondência eletrônica. Não o fazendo, considera-se que não houve citação, e esta deverá ocorrer por algum dos outros meios previstos em lei.

De todo modo, nessa hipótese de o citando não confirmar o recebimento da citação eletrônica, terá ele o ônus de informar, na primeira oportunidade que tenha para falar nos autos, por qual (justa) causa deixou de confirmar aquele recebimento. Considerando o juízo que não houve justa causa para o demandado deixar de confirmar o recebimento da citação eletrônica, será ele punido pela prática de ato atentatório à dignidade da justiça, punível com a aplicação de multa de até 5% sobre o valor da causa (art. 246, § 1º-C).

É vedada, porém, a citação eletrônica nas "ações de estado" (ou seja, naqueles processos que versam sobre o estado e a capacidade das pessoas); quando o citando for incapaz; quando o citando for pessoa jurídica de direito público; quando o citando residir em local não atendido pela entrega domiciliar de correspondência; ou quando o autor, justificadamente, a requerer de outra forma.

A citação por via postal também pode ser feita para qualquer comarca do País (art. 247), dispensando-se a expedição de carta precatória. Será ela vedada, porém, nos mesmos casos em que não se admite a realização de citação por correio eletrônico.

Para aperfeiçoar-se a citação postal, o escrivão ou chefe de secretaria remeterá ao citando uma carta de citação, acompanhada de cópias da petição inicial e do despacho do juiz que ordenou a citação, comunicando-lhe o prazo para oferecimento de resposta, o endereço do juízo e o respectivo cartório (art. 248). A carta deverá ser registrada para entrega ao citando, cabendo ao carteiro exigir, no momento da entrega, a assinatura do recibo (o aviso de recebimento), nos termos do art. 248, § 1º. No caso de citação postal de pessoa jurídica, considera-se válido o ato se a carta for entregue a quem tenha poderes de gerência geral ou administração ou, ainda, ao funcionário responsável pelo recebimento da correspondência (art. 248, § 2º).

Quando o endereço do citando localizar-se em condomínio edilício ou em loteamento com controle de acesso, será válida a citação com a entrega da carta a funcionário da portaria responsável pelo recebimento de correspondência, o qual poderá recusar o recebimento se declarar, por escrito, que o destinatário da correspondência está ausente (art. 248, § 4º). Esta regra também se aplica no caso de localizar-se o endereço do citando em *condomínio de lotes*, fenômeno que o Código Civil passou a regular a partir da edição da Lei nº 13.465/2017.

Quando vedada ou frustrada a citação postal, será ela realizada por oficial de justiça (art. 249). Neste caso, será expedido um mandado de citação, a ser cumprido pelo oficial de justiça, o qual deverá conter (art. 250) os nomes do demandante e do citando, além de seus respectivos domicílios ou residências; a finalidade da citação, com todas as especificações constantes da petição inicial, bem como a menção do prazo para contestar, sob pena de revelia, ou para oferecer embargos à execução; a aplicação de sanção para o caso de descumprimento da ordem, se houver; a intimação do citando – se for o caso – para comparecer, acompanhado de advogado ou defensor público, a uma audiência de conciliação ou de mediação, com a indicação do dia, hora e lugar do comparecimento; cópia da petição inicial, do despacho ou da decisão que tenha deferido tutela provisória; e a assinatura do escrivão ou do chefe de secretaria e a declaração de que a subscreve por determinação do juiz.

O oficial de justiça, munido do mandado, procurará o citando e, onde o encontrar, realizará a citação, lendo-lhe o mandado e lhe entregando uma cópia (a contrafé), devendo certificar se o citando a recebeu ou recusou, além de obter a nota de ciente ou de certificar que o citando se recusou a apô-la ao mandado (art. 251).

Tendo o citando comparecido pessoalmente à sede da serventia do juízo, é possível realizar-se sua citação pelo escrivão ou chefe de secretaria, que deverá certificar nos autos a realização da diligência (art. 246, § 1º-A, III).

Vistos os modos como se realiza a citação real, deve-se passar à análise das modalidades de citação ficta (com hora certa e por edital).

A citação com hora certa se dá a partir da tentativa frustrada de promover-se a citação por oficial de justiça. Tendo o oficial, por *pelo menos duas vezes*, procurado o citando em seu domicílio ou residência e não o tendo encontrado, e havendo suspeita de ocultação, deverá intimar qualquer pessoa da família ou, em sua falta, algum vizinho, de que retornará ao local no dia útil seguinte, na hora que designar (e, evidentemente, é preciso marcar uma hora exata para que a diligência aconteça, ou não seria citação com hora certa), conforme dispõe o art. 252. Tratando-se de condomínio edilício ou de loteamento com controle de acesso (ou, ainda, de condomínio de lotes), a intimação também pode ser feita a funcionário da portaria responsável pelo recebimento da correspondência (art. 252, parágrafo único).

No dia e hora designados, o oficial de justiça retornará ao local marcado para realizar a diligência (art. 253). Caso o citando esteja presente, far-se-á sua citação pessoal. Não estando ele presente, porém, o oficial de justiça buscará informar-se sobre as razões da ausência, dando por feita a citação (art. 253, § 1º). A citação com hora certa se efetivará ainda que a pessoa da família ou vizinho que tivesse recebido a intimação também esteja ausente ou se recuse a receber o mandado (art. 253, § 2º). Ao certificar a ocorrência, o oficial de justiça deverá declarar o nome da pessoa com quem tenha deixado a contrafé (art. 253, § 3º) e uma cópia do mandado, devendo desta constar a advertência de que se houver revelia será nomeado um curador especial para o citando (art. 253, § 4º).

Feita a citação com hora certa, o escrivão ou chefe de secretaria enviará ao demandado, no prazo de dez dias contado da juntada aos autos do mandado de citação, correspondência (que poderá ser eletrônica), dando-lhe de tudo ciência (art. 254).

A citação por edital (art. 256) será feita quando o citando for desconhecido ou incerto; quando ignorado, incerto ou inacessível o lugar em que o citando se encontre (aqui incluído o caso de citando que esteja em País estrangeiro que se recuse a cumprir cartas rogatórias, conforme dispõe o art. 256, § 1º); e nos demais casos expressos em lei.

Tratando-se de citação por edital de pessoa que esteja em lugar inacessível, a notícia da citação deverá ser divulgada, também, pelo rádio, se na comarca houver emissora de radiodifusão (art. 256, § 2º).

Caso que não pode deixar de ser examinado é o do lugar que é *socialmente inacessível*. É que há lugares, notadamente em grandes centros urbanos, como o Rio de Janeiro, em que as autoridades estatais têm muita dificuldade de entrar, como são aquelas comunidades carentes dominadas por organizações criminosas ligadas ao tráfico de entorpecentes ou às assim chamadas "milícias". Em lugares assim, muitas vezes, nem carteiros, nem oficiais de justiça conseguem entrar, o que torna muito difícil, para não dizer impossível, a realização de citação pessoal.

Claro que isso não pode ser usado para criar-se uma categoria de pessoas que, já vulnerabilizadas do ponto de vista econômico, e ainda mais fragilizadas por serem vítimas de uma violência urbana que muitas vezes parece estar absolutamente descontrolada, ainda ficariam privadas de suas garantias fundamentais processuais e seriam citadas por edital. Por isso, importante recordar que o demandado pode ser citado onde quer que venha a ser encontrado (art. 243). Dessa maneira, é possível, por exemplo, fazer-se contato com o citando e solicitar a ele que compareça a um endereço em que poderá ser citado pessoalmente, lugar esse que pode, até mesmo, ser a sede do juízo, onde será citado pelo escrivão ou pelo chefe de secretaria.

Caso isso não seja possível, porém, e não haja como o citando vir até um lugar em que possa ser citado, e sendo seu endereço localizado em lugar socialmente inacessível, não se pode exigir que o oficial de justiça ou o carteiro coloque sua vida em risco. Nesse caso, deve-se admitir a citação por edital.

De todos os casos de citação por edital, sem dúvida a mais frequente é a do citando em lugar incerto ou ignorado. Por conta disso, e como forma de evitar citação ficta de quem pode ser citado pessoalmente, estabelece o art. 256, § 3º, que "[o] réu será considerado em local ignorado ou incerto se infrutíferas as tentativas de sua localização, inclusive mediante requisição pelo juízo de informações sobre seu endereço nos cadastros de órgãos públicos ou de concessionárias de serviços públicos". Impõe-se, pois, como requisito de validade da citação por edital de pessoas em lugar incerto ou ignorado, que tenham sido esgotados os meios para encontrar o citando. Deve-se admitir, porém, que o demandante comprove que esses meios de localização foram esgotados em outro processo, ali tendo sido realizada a citação por edital, de forma a evitar uma desnecessária dilação processual que atentaria contra o princípio da duração razoável.

Presentes os requisitos, o juiz determinará a citação por edital, fixando uma dilação do prazo da resposta que nunca será inferior a vinte, nem superior a sessenta dias (art. 257, III). Significa isto dizer que, uma vez publicado o edital, o prazo para que o citando ofereça resposta só começará a correr após o decurso da dilação fixada pelo juiz.

O edital será publicado na Internet (na página do tribunal em que tramita o processo e na plataforma de editais do CNJ), nos termos do art. 257, II, sendo possível que o juiz, de acordo com as peculiaridades do caso, determine sua divulgação também em jornal de ampla circulação local ou por outros meios, considerando as peculiaridades do lugar em que tramita o processo (art. 257, parágrafo único).

É obrigatória a publicação de edital de convocação de eventuais interessados nos processos que tenham por objeto o reconhecimento de usucapião de imóvel; a recuperação ou substituição de títulos ao portador; ou em qualquer outro caso em que seja necessária, por determinação legal, a provocação para participação no processo de interessados incertos ou desconhecidos (art. 259).

8.3.5.2. Intimação

Chama-se intimação o ato pelo qual se dá ciência a alguém dos atos e termos do processo (art. 269). Trata-se de ato pelo qual se comunica qualquer pessoa de alguma forma ligada ao processo (autor, réu, testemunha, perito, entre outros) dos acontecimentos do processo, devendo o intimado fazer ou deixar de fazer algo em virtude de tal comunicação.

Como regra geral, a intimação é promovida pelo órgão jurisdicional, de ofício (art. 271), mas se admite que o advogado de uma das partes intime o advogado da parte contrária por via postal, juntando aos autos, posteriormente, cópia do ofício de intimação e do aviso de recebimento (art. 269, § 1º). Este ofício que um dos advogados encaminha ao outro deve ser necessariamente instruído com cópia do despacho, decisão ou sentença de que se pretenda dar ciência (art. 269, § 2º).

As pessoas jurídicas de direito público são intimadas através do órgão de Advocacia Pública responsável por sua representação judicial (art. 269, § 3º).

Como regra geral, as intimações são feitas por meio eletrônico, na forma da lei própria (Lei nº 11.419/2006), conforme estabelece o art. 270. Quando não realizadas por meio eletrônico, as intimações ocorrerão preferencialmente através do *Diário Oficial* (art. 272). Está-se, aí, evidentemente, a tratar das intimações dirigidas aos advogados (já que das partes não se pode exigir que leiam o *Diário Oficial*, impresso ou eletrônico). Exatamente por isso é que se estabeleceu que os advogados podem requerer ao juízo que, na sua intimação, figure apenas o nome da sociedade de advogados a que pertencem (art. 272, § 1º). Pode-se também requerer que as intimações sejam dirigidas a advogados expressamente indicados (o que é comum em casos de escritórios com muitos advogados, sendo útil para a organização interna dos trabalhos que as intimações sejam sempre dirigidas ao mesmo advogado), caso em que o desatendimento do requerimento implicará nulidade da intimação (art. 272, § 5º).

Sobre a informatização da intimação, merece referência a distinção entre o *Diário de Justiça Eletrônico* e o portal de intimações. Permite o ordenamento brasileiro que o *Diário de Justiça* (nome que se costuma dar ao *Diário Oficial* do Poder Judiciário) seja editado eletronicamente, o que dispensa sua edição impressa em papel. O que há, aqui, é apenas a substituição do meio de divulgação do diário, sem maiores consequências processuais. Registre-se, apenas, o fato de que, quando utilizado o *Diário de Justiça Eletrônico*, considera-se intimada a parte no dia seguinte à divulgação do mesmo na Internet. Assim, por exemplo, divulgado um provimento judicial pelo *Diário de Justiça Eletrônico* posto no ar numa terça-feira, considera-se que a parte foi intimada na quarta-feira, e o primeiro dia a ser contado do prazo processual será a quinta-feira (tudo nos termos do art. 4º, § 3º, da Lei nº 11.419/2006).

Permite-se, também, a criação de um portal eletrônico de intimações. A utilização deste se dá da seguinte maneira: o tribunal encaminha para o portal a intimação e, da data desse encaminhamento, corre um prazo de dez dias (corridos, sendo, portanto, contados não só os dias úteis) para que o advogado destinatário da intimação o acesse. A data do acesso será, então, considerada o termo inicial do prazo (valendo aqui a regra da exclusão do dia do começo do prazo, claro). Caso o acesso não se dê no decêndio previsto em lei, considera-se a parte intimada no décimo dia. A utilização do portal tem, para o advogado, a grande vantagem de permitir que ele organize sua vida profissional, estabelecendo o momento a partir do qual é melhor para ele que corram os prazos processuais (dentro dos limites estabelecidos por lei). Em casos urgentes, porém, bem como naqueles em que haja risco de segurança das comunicações, deverá ser usado o *Diário de Justiça Eletrônico*.

Seja por meio eletrônico ou pelo *Diário Oficial*, é indispensável que da intimação constem os nomes das partes e de seus advogados ou da sociedade de advogados, com o respectivo número de inscrição na Ordem dos Advogados do Brasil (art. 272, § 2º). A grafia dos nomes das partes não pode conter qualquer tipo de abreviatura (art. 272, § 3º), enquanto a grafia do nome do advogado deve corresponder ao seu nome completo e ser a mesma que constar da procuração ou que estiver registrada junto à Ordem dos Advogados do Brasil (art. 272, § 4º).

Quando o advogado, ou pessoa por ele (ou por sua sociedade de advogados) credenciada retirar os autos da secretaria, considerar-se-á o mesmo intimado de tudo quanto conste dos aludidos autos. O mesmo se aplica à Advocacia Pública, à Defensoria Pública e ao Ministério Público (art. 272, § 6º). O preposto deverá ter sido previamente credenciado, o que se fará por requerimento ao juízo do processo (art. 272, § 7º).

Quando a parte pretender alegar a nulidade da intimação, deverá fazê-lo em capítulo preliminar do próprio ato que lhe caiba praticar. Reconhecido o vício, ter-se-á o ato por tempestivo (art. 272, § 8º). Há, aqui, um ponto relevante a observar. É comum que a parte, ao verificar algum vício na intimação, requeira lhe seja devolvido o prazo para a prática do ato. Não é assim, porém, que se deve proceder (com a ressalva da hipótese de que se tratará em seguida). O correto é a parte praticar desde logo o ato, alegando preliminarmente sua tempestividade por ter sido nula a intimação. Vindo o órgão jurisdicional, então, a reconhecer que houve vício na intimação, reputará tempestivo o ato assim praticado. Quando, porém, a parte peticiona apenas para alegar o vício de intimação, será preciso considerar que, ao menos a partir da data em que alegou o vício, a parte já tinha conhecimento do ato e, portanto, seu prazo para praticar o ato já havia começado a correr. Assume-se aí, então, um risco que não vale a pena ser corrido: o de que o prazo termine antes mesmo de o juízo decidir sobre se houve ou não vício na intimação.

Admite-se, porém, a arguição isolada da nulidade da intimação naqueles casos em que não é possível a prática imediata do ato em razão da necessidade de acesso prévio aos autos. Neste caso, e somente neste, reconhecido o vício, o prazo para a prática do ato correrá da intimação da decisão que invalida a intimação anterior (art. 272, § 9º).

Nos casos em que não seja possível promover a intimação por meio eletrônico e não haja na localidade publicação em *Diário Oficial*, a intimação do advogado será feita pelo escrivão ou chefe de secretaria, pessoalmente se o advogado tiver domicílio na sede do juízo, ou por carta registrada e com aviso de recebimento se o advogado for domiciliado em outra localidade (art. 273).

A intimação das partes (e de seus representantes legais) e dos demais sujeitos do processo será feita – salvo expressa disposição em contrário – por via postal. Presumem-se válidas as intimações dirigidas a endereço constante dos autos, sendo ônus de cada sujeito do processo comunicar mudanças temporárias ou definitivas de endereço. Fluirá o prazo para aquele que tenha sido intimado por via postal da juntada aos autos do comprovante de entrega da correspondência (art. 274, parágrafo único).

Vedada ou frustrada a intimação por meio eletrônico ou pelo correio, será ela realizada por oficial de justiça (art. 275), devendo a certidão de intimação conter a indicação do lugar e a descrição da pessoa intimada, com menção, sempre que possível, do número de sua carteira de identidade e o órgão que a expediu; a declaração da entrega da contrafé; a nota de ciente ou a certidão de que o intimado não a apôs no mandado (art. 275, § 1º).

Sempre que necessário (e observados os mesmos requisitos da citação), será feita a intimação com hora certa ou por edital (art. 275, § 2º).

8.3.5.3. Cartas

Cartas são o meio pelo qual órgãos jurisdicionais comunicam-se entre si, permitindo também a comunicação entre um tribunal arbitral e um órgão jurisdicional.

Sempre que um órgão jurisdicional brasileiro precisar requisitar a prática de um ato processual a órgão jurisdicional estrangeiro, ou vice-versa, deverá ser expedida uma carta rogatória (tema de que se tratou anteriormente, quando do exame da cooperação judiciária internacional), nos termos do art. 237, II. Note-se que as cartas rogatórias enviadas por autoridade judiciária estrangeira para cumprimento no Brasil dependem, para que sejam cumpridas, de *exequatur*, o qual é concedido pelo Superior Tribunal de Justiça (art. 105, I, i, da Constituição da República).

Nos casos em que um tribunal precise requisitar a prática de ato processual a um órgão jurisdicional que lhe esteja subordinado será expedida uma carta de ordem (art. 237, I). Assim, por exemplo, uma carta dirigida pelo Tribunal de Justiça do Rio de Janeiro a um juízo da comarca de Angra dos Reis, ou pelo Tribunal de Justiça de São Paulo a um juízo da comarca de Santos. Note-se que é fundamental, para que se caracterize a carta como de ordem, que entre os juízos haja subordinação. Significa isso dizer que, por exemplo, uma carta dirigida pelo Tribunal de Justiça de Minas Gerais a um juízo de Porto Alegre não será dessa espécie.

Nos demais casos de comunicação entre órgãos jurisdicionais será expedida carta precatória (art. 237, III). Carta precatória, então, é a dirigida por um juízo brasileiro a outro juízo, também nacional, quando entre eles não houver hierarquia. Assim, a carta enviada por juízo da comarca do Rio de Janeiro a um juízo da comarca de Belo Horizonte, sendo aquele o juízo deprecante, e este o juízo deprecado.

Nas hipóteses em que um tribunal arbitral precise requisitar a um órgão jurisdicional a prática de algum ato processual (como a condução coercitiva de uma testemunha, por exemplo), deverá expedir carta arbitral (art. 237, IV; art. 22-C da Lei de Arbitragem).

As cartas de ordem, rogatória e precatória exigem os mesmos requisitos formais (art. 260): (i) indicação dos juízos de origem e de cumprimento do ato; (ii) o inteiro teor da petição, do despacho judicial e do instrumento de mandato conferido ao advogado; (iii) a menção do ato processual que lhe constitui o objeto; e (iv) o encerramento, com a assinatura do juiz. Deve, ainda, constar da carta qualquer outro documento que precise ser examinado na diligência pelas partes, pelo perito ou por testemunhas (art. 260, § 1º). Tendo a carta por objeto a realização de uma perícia sobre um documento, este será remetido em original, ficando nos autos uma reprodução (art. 260, § 2º).

A carta arbitral deverá atender, no que couber, aos mesmos requisitos das demais cartas, sendo ainda necessário que venha instruída com a convenção de arbitragem e com provas da nomeação do árbitro e de sua aceitação da função (art. 260, § 3º).

Em todas as cartas deverá ser fixado prazo para cumprimento, atendendo à facilidade das comunicações e à natureza do ato requisitado (art. 261). As partes devem ser intimadas da expedição da carta (art. 261, § 1º) e, uma vez expedida, deverão acompanhar seu cumprimento junto ao juízo destinatário, a este competindo a prática dos atos de comunicação processual (art. 261, § 2º). Incumbe à parte a quem interessar o cumprimento da diligência atuar de forma cooperativa com o juízo requisitado, a fim de assegurar o cumprimento da carta no prazo fixado pelo juízo requisitante (arts. 6º e 261, § 3º).

Uma vez expedida, a carta tem caráter itinerante (art. 262). Significa isto que é possível que uma carta, uma vez encaminhada a um juízo, seja dali encaminhada para outro (mesmo que, originariamente, isso não tivesse sido previsto pelo juízo de origem). Pense-se, por exemplo, no caso de se ter expedido carta precatória para promover-se a citação pessoal de um réu em uma determinada comarca. Ali, durante as diligências para cumprimento da carta, descobre-se que o citando mudou-se para outra localidade. Basta que o juízo deprecado remeta a carta para juízo desta outra localidade. O encaminhamento da carta a juízo distinto daquele para o qual ela fora originariamente enviada deverá ser comunicado ao juízo de origem, o qual intimará as partes deste fato (art. 262, parágrafo único).

As cartas devem preferencialmente ser expedidas por meios eletrônicos (art. 263), caso em que dela deverão constar, em resumo, os requisitos previstos no art. 260, especialmente no que se refere à aferição de sua autenticidade (art. 264). O mesmo se aplica às cartas expedidas por telefone ou telegrama.

Quando houver necessidade de transmissão de carta por via telefônica, esta será encaminhada ao escrivão do primeiro ofício da primeira vara da comarca destinatária (se houver ali mais de um ofício ou mais de uma vara), nos termos do art. 265. O escrivão ou chefe de secretaria do juízo destinatário deverá, no mesmo dia ou no dia útil imediato, telefonar ou enviar mensagem eletrônica ao secretário do órgão expedidor, a fim de confirmar a carta que recebeu (art. 265, § 1º). Confirmada a carta, será ela submetida a despacho (art. 265, § 2º).

Os atos requisitados por carta serão praticados de ofício, devendo a parte interessada depositar, junto ao juízo deprecante, a importância correspondente às despesas que serão feitas no juízo em que haja de praticar-se o ato (art. 266).

Incumbe ao juiz destinatário recusar cumprimento a carta precatória ou arbitral, devolvendo-a com decisão fundamentada, quando não estiver revestida dos requisitos legais (que são os previstos no art. 260: FPPC, Enunciado nº 26), se lhe faltar competência em razão da matéria ou da hierarquia, ou se tiver dúvida acerca de sua autenticidade (art. 267). No caso de incompetência em razão da matéria ou da hierarquia, porém, o juízo deprecado poderá remeter a carta para o órgão competente (art. 267, parágrafo único).

Cumprida a carta, será ela devolvida ao juízo (ou tribunal arbitral) de origem no prazo de dez dias, independentemente de traslado, desde que pagas as custas pela parte (art. 268).

8.4. NEGÓCIOS PROCESSUAIS

O CPC traz, em seu art. 190, uma cláusula geral de negócios processuais. Trata-se da genérica afirmação da possibilidade de que as partes, dentro de certos limites estabelecidos pela própria lei, celebrem negócios jurídicos através dos quais dispõem de suas posições processuais e fazem ajustes no procedimento. Trata-se de fenômeno que se manifesta de forma muito adequada em processos cooperativos, como o adotado pelo sistema processual brasileiro. E se é possível afirmar que o processo tem por objetivo permitir que, em conformidade com o modelo constitucional, seja resolvido um problema das partes, então nada mais adequado do que permitir que as partes – ao menos dentro de certas condições estabelecidas por lei – adaptem o processo às suas necessidades, de modo que ele seja mais adequado para resolver o seu caso concreto.

Como anteriormente mencionado, negócios processuais são espécies de atos processuais (em sentido amplo) dispositivos bilaterais. Mas nem todo ato dispositivo bilateral é um negócio processual. Explique-se. Há negócios jurídicos *de direito material*, como a transação, que tendem a produzir efeitos processuais. Quando esses negócios são processualizados, isto é, quando são trazidos para um processo, são tratados como atos dispositivos bilaterais. Mas não como negócios jurídicos processuais. Neste casos está-se diante de algo que, para o Direito Material, é um negócio jurídico, mas para o Direito Processual é um *ato processual em sentido estrito*.

Negócio jurídico processual (ou convenção processual) é um negócio jurídico, celebrado pelas partes, que tem por objeto o próprio processo. Este é o ponto fundamental: só é negócio processual a convenção que tenha por objeto algum aspecto do próprio processo, como, por exemplo, uma convenção cujo objeto seja a eleição do foro competente, ou uma convenção para suspender o processo.

Estabelece o art. 190 que nas causas que versam sobre "direitos que admitam autocomposição" partes capazes podem "estipular mudanças no procedimento para ajustá-lo às especificidades da causa e convencionar sobre os seus ônus, poderes, faculdades e deveres processuais, antes ou durante o processo". Fica claro, pela leitura do dispositivo, que apenas partes capazes podem celebrar negócios processuais, não sendo válida sua celebração por incapazes, ainda que representados ou assistidos. O Ministério Público pode celebrar negócios processuais destinados a produzir efeitos nos processos em que atua como parte, e não como mero fiscal da ordem jurídica (FPPC, Enunciado nº 253). Também a Fazenda Pública pode celebrar negócios processuais (FPPC, Enunciado nº 256).

Além disso, a lei limita a validade dos negócios processuais, restringindo-a às causas que versem sobre direitos que admitem autocomposição. Não fala a lei, corretamente, em "direitos indisponíveis", mas em direitos que admitem autocomposição. É que há casos em que, não obstante a indisponibilidade do direito material, há aspectos que admitem autocomposição, como se dá em matéria de alimentos, por exemplo. Pois nestes casos os negócios processuais são admissíveis (FPPC, Enunciado nº 135: "A indisponibilidade do direito material não impede, por si só, a celebração de negócio jurídico processual").

Em outros termos, apenas naqueles casos em que seja possível a realização de negócios jurídicos (materiais) de disposição sobre o direito material é que se poderá, também, celebrar negócios processuais. De toda sorte, é preciso reconhecer que dificilmente se encontrará um caso concreto em que o direito material deduzido no processo não admita, em nenhuma medida, a celebração de atos autocompositivos.

O negócio jurídico processual também não pode afastar posições jurídicas que sejam inerentes ao modelo processual adotado no Brasil, como se daria, por exemplo, com um negócio processual que dispensasse o contraditório ou a boa-fé (FPPC, Enunciado nº 6: "O negócio processual não pode afastar os deveres inerentes à boa-fé e à cooperação"). Do mesmo modo, não se admite negócio processual destinado a excluir a intervenção obrigatória do Ministério Público no processo (FPPC, Enunciado nº 254), ou a intervenção do *amicus curiae* (FPPC, Enunciado nº 392). Afinal, como resulta do próprio texto da lei, as partes podem celebrar convenções sobre as *suas* posições processuais, não sendo admissível que o negócio processual atinja – especialmente para restringir – posições jurídicas de terceiros estranhos à convenção.

O negócio processual pode ser celebrado no curso do processo, mas pode também ser realizado em caráter pré-processual. Imagine-se, por exemplo, um contrato celebrado entre duas empresas no qual se insira uma cláusula em que se prevê que, na eventualidade de instaurar-se processo judicial entre os contratantes, para dirimir litígio que venha a surgir entre as partes em razão do aludido contrato, todos os prazos processuais serão computados em dobro. Admite-se, ainda, negócio processual celebrado em pacto antenupcial ou no "contrato de convivência" (FPPC, Enunciado nº 492).

Classificam-se os negócios processuais em duas categorias: *ajustes de procedimento* e *convenções sobre posições processuais*.

Na primeira categoria, a dos *ajustes de procedimento*, as partes convencionam mudanças no procedimento a ser observado, ajustando-o às suas necessidades. Assim, por exemplo, podem as partes convencionar que não haverá audiência prévia de autocomposição, ou que a oitiva das testemunhas do autor e do réu serão realizadas em audiências distintas, ou ainda que os prazos processuais para as partes serão todos duplicados.

Na segunda categoria, a das *convenções sobre posições processuais*, as partes negociam sobre seus poderes, faculdades, ônus e deveres. Estabelece a lei que os negócios processuais celebrados pelas partes podem versar sobre "*seus* ônus, poderes, faculdades e deveres processuais". Têm as partes, então, autorização da lei para dispor sobre *suas próprias* posições processuais, não podendo o negócio alcançar as posições processuais do juiz. Assim, por exemplo, é lícito celebrar negócio processual que retire das partes a faculdade de recorrer (pacto de não recorrer), mas não é lícito às partes proibir o juiz de controlar de ofício o valor dado à causa nos casos em que este seja estabelecido por um critério prefixado em lei (art. 292). Também não podem as partes convencionar sobre posições processuais de terceiros, como, por exemplo, para vedar a interposição de recursos por um terceiro interveniente no processo.

Poder-se-ia, então, afirmar a validade de um negócio processual em que as partes tenham convencionado a inadmissibilidade de um determinado meio de prova? Afinal, o juiz tem o poder de determinar, *ex officio*, as provas que entenda necessárias para o julgamento da causa. A resposta, porém, é inegavelmente positiva. Em primeiro lugar, é preciso perceber que se, de um lado, é do juiz o poder de determinar a produção de provas, de outro lado é das partes o ônus da prova, além de terem elas o ônus de praticar atos necessários à produção dessas mesmas provas. Assim, por exemplo, de nada adiantaria o juiz determinar, de ofício, a produção de prova pericial se as partes convencionaram que não haveria pagamento de honorários ao perito. Do mesmo modo, de nada adiantaria determinar *ex officio* a produção de prova testemunhal se as partes convencionaram não arrolar qualquer testemunha. Há, ainda, outro aspecto a considerar. O art. 190 expressamente afirma que as partes podem celebrar negócio processual parar ajustar o procedimento. Ocorre que o poder do juiz de determinar a produção de provas é limitado pela espécie de procedimento. Assim, por exemplo, em um procedimento como o do mandado de segurança (que só admite a produção de prova documental preconstituída), não pode o juiz determinar – nem de ofício, nem a requerimento de parte – a produção de prova testemunhal ou pericial. Do mesmo modo, não pode o juiz, no procedimento de inventário e partilha de bens, determinar a produção de provas outras que não a meramente documental. É, pois, perfeitamente legítima a celebração de negócio em que as partes estabeleçam limites à instrução probatória. Claro que daí poderia surgir uma dúvida: como fazer naqueles casos em que, tendo as partes celebrado negócio processual que veda a produção de certo meio de prova, o juiz considere o material probatório deficiente para o julgamento da causa? Pois nestes casos deverá o juiz decidir com apoio nas regras de distribuição do ônus da prova, decidindo contrariamente àquele sobre quem incidia o ônus da produção da prova não produzida.

A validade dos negócios processuais se sujeita a controle judicial (art. 190, parágrafo único). Incumbe ao juiz, de ofício ou a requerimento do interessado, controlar a validade do negócio processual, recusando-lhe aplicação nos casos de nulidade (FPPC, Enunciado nº 403: "A validade do negócio jurídico processual requer agente capaz, objeto lícito, possível, determinado ou determinável e forma prescrita ou não defesa em lei") e anulabilidade (previstos na lei civil para os negócios jurídicos em geral; FPPC, Enunciado nº 132: "Além dos defeitos processuais, os vícios da vontade e os vícios sociais podem dar ensejo à invalidação dos negócios jurídicos atípicos do art. 190"), quando se verificar que a convenção tenha sido inserida de forma abusiva em contrato de adesão ou em qualquer caso no qual se verifique que uma das partes se encontra, perante a outra, em manifesta situação de vulnerabilidade. Dito de outro modo, o negócio processual só é válido se celebrado entre iguais, assim entendidas as partes que tenham igualdade de forças.

Não se poderia, então, admitir a celebração válida de negócio processual em uma causa em que são partes, de um lado, um poderoso fornecedor de serviços ou produtos (como um banco ou uma operadora de planos de saúde) e, de outro, um consumidor vulnerável. Os negócios processuais serão, porém, válidos quando celebrados entre sócios de uma sociedade (e é perfeitamente possível inseri-los em um contrato social ou no estatuto de uma sociedade anônima), ou entre duas grandes pessoas jurídicas transnacionais. Haverá *indício* de vulnerabilidade quando a parte tiver celebrado negócio processual sem assistência de advogado (FPPC, Enunciado nº 18: "Há indício de vulnerabilidade quando a parte celebra acordo de procedimento sem assistência técnico-jurídica"). Mas isso deve ser visto apenas como um indício de vulnerabilidade, e não como uma presunção absoluta.

Porém, é preciso ter claro que o controle jurisdicional do negócio processual é limitado à sua validade. O juiz não pode exercer qualquer controle sobre seu conteúdo ou sobre sua conveniência. As partes capazes e com igualdade de forças celebram os negócios processuais que quiserem (desde que respeitados os requisitos, inclusive objetivos, de sua validade), se quiserem e quando quiserem. Ao órgão jurisdicional só é dado controlar sua validade, negando aplicação às convenções processuais inválidas.

Existem negócios processuais típicos, expressamente regulados em lei (como a eleição de foro, a convenção para redistribuição do ônus da prova ou a nomeação consensual de perito) e atípicos (como seria, por exemplo, um negócio processual através do qual as partes convencionassem que só se admitirá o depoimento de testemunhas que jamais tenham sido empregadas de qualquer das empresas celebrantes do negócio).

Há enunciado do Fórum Permanente de Processualistas Civis (nº 490) que apresenta um rol exemplificativo de negócios processuais atípicos admissíveis: "pacto de inexecução parcial ou total de multa coercitiva; pacto de alteração de ordem de penhora; pré-indicação de bem penhorável (art. 848, II); prefixação de indenização por dano processual prevista nos arts. 81, § 3º, 520, I, 297, parágrafo único (cláusula penal processual); negócio de anuência prévia para aditamento ou alteração do pedido ou da causa de pedir até o saneamento (art. 329, inc. II)". Também se admite negócio processual que estipule mudanças no procedimento das intervenções de terceiros, observada a necessidade de anuência do terceiro quando lhe puder causar prejuízo (FPPC, Enunciado nº 491), ou que estabeleça que os prazos das partes que celebraram a convenção sejam contados em dias corridos (FPPC, Enunciado nº 579).

Alguns outros exemplos de negócio processual atípico podem ser aqui indicados: (a) pacto de não nomeação de assistente técnico; (b) pacto de não recorrer; (c) convenção para ampliação dos prazos; (d) convenção para redução de prazos; (e) convenção para determinar número de testemunhas que cada parte pode arrolar; (f) pacto de não produzir prova testemunhal; (g) convenção para exigir notificação prévia ao ajuizamento de qualquer demanda entre as partes; (h) convenção para substituir alegações finais orais por memoriais escritos.

Espaço muito importante para a celebração dos negócios processuais é a execução. Assim, por exemplo, podem as partes convencionar qual será o bem penhorado, como ele ficará depositado (pense-se, por exemplo, no caso de se fazer penhora de dinheiro que esteja investido em um fundo que rende mais do que a caderneta de poupança, hipótese em que as partes poderão convencionar que o valor apreendido continuará depositado nesse fundo, não se transferindo para conta em banco oficial e vinculada à execução), quem será o leiloeiro, enfim, há um enorme espaço para que as partes ajustem os procedimentos executivos aos seus próprios interesses.

Há, porém, limites objetivos aos negócios processuais. É que se considera nulo o negócio jurídico que tiver por objeto o afastamento de lei imperativa (Código Civil, art. 166, VI), razão pela qual não são admissíveis negócios processuais que tenham por fim modificar ou afastar a incidência de normas cogentes (FPPC, Enunciado nº 20: "Não são admissíveis os seguintes negócios bilaterais, dentre outros: acordo para modificação da competência absoluta, acordo para supressão da primeira instância, acordo para afastar motivos de impedimento do juiz, acordo para criação de novas espécies recursais, acordo para ampliação das hipóteses de cabimento de recursos").

Porém, o que se pode verificar é que existe um enorme espaço para a negociação processual, razão pela qual se pode mesmo reconhecer a existência de um *princípio do autorregramento da vontade no processo*. E caberá aos advogados das partes colocar a imaginação para funcionar, de forma a, através dessas convenções, buscar a melhor proteção possível para os interesses das partes.

O descumprimento, pela parte, de negócio processual válido é matéria que não pode ser conhecida de ofício (FPPC, Enunciado nº 252). É que, do mesmo modo como as partes podem ter celebrado o negócio processual, podem elas optar por sua resilição (FPPC, Enunciado nº 411). Ora, se uma das partes descumpre o negócio processual e a outra parte não reclama, daí resulta uma resilição bilateral do negócio, que estará extinto.

Vale registrar, por fim, que os negócios processuais vinculam não só as partes que o tenham celebrado, mas também seus sucessores (FPPC, Enunciado nº 115).

8.5. CALENDÁRIO PROCESSUAL

Trata o art. 191 de algo que não é propriamente um negócio processual (por não ser ato celebrado apenas entre as partes, exigindo-se aqui a concordância do juiz), o calendário processual. Consiste o calendário processual em ato processual celebrado pelas partes em comum acordo com o juiz (o qual figura, pois, como um dos celebrantes do ato). Por meio do calendário processual as partes e o juiz fixam – perdoe-se o truísmo – um calendário, uma agenda para a prática dos atos processuais. Figure-se um exemplo: em um determinado processo as partes e o juiz tenham fixado calendário nos termos seguintes. A partir da data da celebração do negócio processual, as partes terão quinze dias para juntar documentos; em seguida, disporão do prazo comum de dez dias para que cada uma se manifeste sobre os documentos juntados pela parte adversária; a seguir, o perito terá quinze dias para apresentar seu laudo e, imediatamente depois, os assistentes técnicos das partes disporão do prazo comum de quinze dias para a apresentação de seus pareceres críticos ao laudo. Trinta dias depois do término do prazo para apresentação dos pareceres dos assistentes técnicos será realizada uma audiência de instrução e julgamento e, em seguida, o juiz terá quarenta e cinco dias para proferir sentença. Este é um exemplo de calendário que define a agenda de todo o curso do processo (pelo menos na primeira instância). É possível, porém, calendarizar apenas uma parte do desenvolvimento do processo (por exemplo, é possível definir-se um calendário para a produção da prova pericial, com definição do dia em que a perícia terá início, data para apresentação do laudo pericial, data para que os assistentes técnicos apresentem seus pareceres críticos, prazo para que as partes requeiram esclarecimentos e data para que o perito apresente esses esclarecimentos.

Definido o calendário processual, ele vincula as partes e o juízo, nos termos do art. 191, § 1º. Vincula o juízo, o órgão, e não o magistrado, de modo que no caso de ser o calendário ajustado por um juiz e, posteriormente, vindo ele a ser sucedido por outro, que venha a ocupar o mesmo órgão jurisdicional, o calendário continuará a vincular a todos os sujeitos do processo.

O calendário processual pode ser celebrado em processos que versem sobre direitos que não admitem autocomposição, já que não se trata de um negócio processual, a ele não se aplicando as restrições típicas das convenções processuais.

Os prazos previstos no calendário só poderão ser modificados em casos excepcionais, devidamente justificados. Por conta disso, fica dispensada a intimação das partes para a prática de ato processual ou para a realização de audiências cujas datas tenham sido designadas no calendário (art. 191, § 2º). Não é difícil entender a razão disso. É que, se ficou acertado entre o juiz e as partes, por exemplo, a data em que a sentença seria proferida, já ficam cientes todos os sujeitos do processo da data em que começará a correr o prazo recursal. Assim, desnecessária a intimação das partes (e esse mesmo raciocínio, evidentemente, se aplica aos demais casos).

Isso mostra, portanto, que o calendário processual é um importante mecanismo de gestão do processo e, por consequência, também uma poderosa ferramenta de gestão dos cartórios das serventias judiciais, que podem, através da fixação de calendários nos diversos processos, gerir melhor seu andamento e evitar demoras na prática dos atos processuais que lhes incumbem, assegurando-se, deste modo, um máximo respeito ao princípio constitucional da duração razoável do processo.

CAPÍTULO 9

DISTRIBUIÇÃO E REGISTRO DE PROCESSOS E VALOR DA CAUSA

9.1. DISTRIBUIÇÃO E REGISTRO DE PROCESSOS

Todos os processos devem ser registrados (art. 284), assim como se deve promover o registro da reconvenção, de qualquer modalidade de intervenção de terceiro ou outra qualquer hipótese de ampliação objetiva do processo (art. 286, parágrafo único).

Onde houver mais de um juízo em tese competente, deve-se promover a distribuição entre tais órgãos jurisdicionais (art. 284). É através da distribuição, que pode ser eletrônica (art. 285), que se determina para qual dentre os juízos em tese competentes o processo será encaminhado. A distribuição deve ser alternada e aleatória (motivo pelo qual é feita por sorteio), obedecendo-se rigorosa igualdade entre os diversos juízos (art. 285).

Exige-se que a lista de distribuições seja publicada no *Diário de Justiça* (art. 285, parágrafo único), o que permite seu controle. Eventuais erros ou falta de distribuição serão corrigidos pelo juiz, de ofício ou a requerimento do interessado, determinando-se nestes casos sua compensação (art. 288).

Casos há em que não se realiza a assim chamada "livre distribuição" (isto é, a distribuição por sorteio), devendo o processo ser distribuído de forma automática a algum juízo predeterminado. É o que se costuma designar "distribuição por dependência" (art. 286). Nesses casos, porém, não é correto falar-se em distribuição, mas em *atribuição* do processo a um determinado juízo.

O primeiro caso de "distribuição por dependência" é o das causas entre as quais haja conexão ou continência (arts. 55 e 56). Assim, pendente um processo e vindo a ser ajuizada a petição inicial de outra causa, àquela ligada por conexão ou continência, deverá este segundo processo ser atribuído ao juízo onde já tramita o primeiro feito (art. 286, I). A mesma regra se aplica no caso de não haver conexão entre causas, mas, pendente um processo, instaurar-se outro que gere o risco de decisões conflitantes ou contraditórias (art. 286, III).

Também haverá "distribuição por dependência" (art. 286, II), "quando, tendo sido extinto o processo sem resolução de mérito, for reiterado o pedido, ainda que em litisconsórcio com outros autores ou que sejam parcialmente alterados os réus da demanda". Trata-se de disposição destinada a evitar fraudes consistentes na escolha do juízo. Imagine-se, por exemplo, que em uma comarca existam quatro juízos cíveis. Figure-se, agora, a hipótese de em apenas um deles atuar magistrado que tenha entendimento favorável ao cabimento de medida liminar em certa hipótese. Ajuizada uma demanda, pode ela vir a ser distribuída a juízo distinto daquele em que atua o magistrado que deferiria a liminar. Poderia, então, o demandante desistir da ação para, após a extinção do processo sem resolução de mérito, promover novamente sua demanda com a expectativa de vê-la agora distribuída a outro juízo, onde se pudesse obter resultado que para ele seria mais favorável. Pois esta possibilidade não existe, vedada que é na hipótese a livre distribuição. O juízo perante o qual se tenha instaurado o primeiro processo terá, neste caso, competência funcional (e, por conseguinte, qualquer outro juízo será absolutamente incompetente) para o segundo processo, ainda que o autor da primeira demanda venha a juízo agora em litisconsórcio com outros demandantes, ou mesmo se ocorrer uma modificação parcial dos demandados.

Evitam-se, deste modo, os males da assim chamada *distribuição múltipla*, fenômeno através do qual a parte ajuíza, simultânea ou sucessivamente, várias demandas com o objetivo de escolher um juízo que, por alguma razão, lhe seja mais favorável. Evidentemente, a distribuição múltipla não pode ser admitida, sendo contrária ao modelo constitucional de processo. Por essa razão, ajuizada uma demanda, e vindo o processo a ser extinto por qualquer fundamento, fica a competência do juízo fixada, de forma absoluta (o que se tem aqui, como dito, é competência funcional) para o caso de se vir a repropor a mesma demanda. E para evitar fraudes, essa regra se aplica ainda que no novo processo que se venha a instaurar o demandante do processo anterior se litisconsorcie com outros demandantes, ou que inclua outros demandados em litisconsórcio com o demandado do processo original.

A petição que se sujeita a registro e distribuição deve vir acompanhada de procuração outorgada ao advogado que a subscreve, dela devendo constar o endereço da sede do escritório de advocacia e o endereço eletrônico do advogado (art. 287). Dispensa-se a juntada de procuração, porém, quando houver urgência no recebimento da petição, a fim de evitar preclusão, decadência ou prescrição, ou em razão da urgência (arts. 287, parágrafo único, I, e 104 do CPC). Também é dispensada a apresentação de procuração se a parte estiver representada pela Defensoria Pública (art. 287, parágrafo único, II) ou se a representação decorrer diretamente de norma constitucional ou legal, como se dá no caso dos Procuradores do Estado (art. 287, parágrafo único, III).

Uma vez promovidos o registro e a distribuição (se necessária) de um novo processo, tudo será cancelado se a parte, no prazo de quinze dias (contados da intimação de seu advogado), não recolher as custas e demais despesas de ingresso em juízo (art. 290). O ato que determina o cancelamento da distribuição tem natureza de sentença, impugnável por apelação.

9.2. CONCEITO E ATRIBUIÇÃO DO VALOR DA CAUSA

A toda causa cível deve ser atribuído um valor certo, ainda que não tenha ela conteúdo econômico imediatamente aferível (art. 291). É que o sistema processual é todo construído a partir da ideia de que os casos levados ao Judiciário envolvem interesses patrimoniais, ainda que isso nem sempre corresponda à verdade. Assim, por exemplo, uma demanda de reconhecimento de paternidade tem conteúdo fundamentalmente existencial, e através dela não se busca qualquer bem jurídico dotado de valoração econômica. Ainda assim, porém, deverá ser indicado o "valor" dessa causa.

O valor da causa será necessariamente indicado na petição inicial ou na reconvenção (art. 292), e deverá corresponder ao conteúdo patrimonial em discussão ou ao proveito econômico perseguido pelo demandante (art. 292, § 3º). Quando a causa, porém, versar sobre algum bem jurídico sem conteúdo econômico imediato (como seria o caso de uma demanda de investigação de paternidade, como visto no exemplo há pouco apresentado), o demandante deverá atribuir o valor da causa por estimativa.

O valor da causa é relevante para a incidência de algumas regras processuais. Assim é que a competência pode ser determinada pelo valor da causa (art. 63); o valor da causa pode ser utilizado como base de cálculo de honorários advocatícios (art. 85, § 2º); algumas sanções processuais são estabelecidas usando-se o valor da causa como base de cálculo (como, por exemplo, as multas previstas nos arts. 77, § 2º, 81, 334, § 8º e 468, § 1º).

9.3. CRITÉRIOS LEGAIS DE DETERMINAÇÃO DO VALOR DA CAUSA

O valor da causa, em regra, corresponde ao valor econômico do bem jurídico pretendido pelo demandante (seja ele o autor ou o réu-reconvinte). Não é por outra razão que o § 3º do art. 292 estabelece que o valor da causa será corrigido quando não corresponder ao conteúdo patrimonial em discussão ou ao proveito econômico perseguido. Para algumas hipóteses, porém, a lei estabelece um critério para que se determine o valor da causa. Tem-se, aí, os chamados *critérios legais de determinação do valor da causa*.

Nas demandas cujo objeto seja a cobrança de uma dívida, o valor da causa será a soma da quantia cobrada, já corrigida monetariamente, dos juros de mora vencidos e de outras penalidades (como multa, por exemplo). O cálculo deve ser feito na data do ajuizamento da demanda (art. 292, I).

Já se a demanda tiver por objeto a existência, validade, cumprimento, modificação, resolução, resilição ou rescisão de negócio jurídico, o valor da causa corresponderá ao valor do próprio negócio. Caso a demanda verse apenas sobre parte do negócio (como seria, por exemplo, uma demanda cujo objeto fosse a invalidação de uma única cláusula de um contrato), o valor da causa corresponderá ao valor da parte controvertida (art. 292, II).

Nas demandas de alimentos, o valor da causa corresponde a doze vezes o valor da prestação mensal pedida pelo autor (art. 292, III).

Quando se tratar de demanda de divisão, de demarcação e de reivindicação, o valor da causa será o valor de avaliação da área ou do bem objeto do pedido (art. 292, IV). Entenda-se por valor de avaliação o *valor fundiário* do imóvel rural ou o *valor venal* do imóvel urbano, que são as bases de cálculo dos impostos sobre a propriedade imobiliária (urbana ou rural), nos termos dos arts. 29 e 33 do Código Tributário Nacional, respectivamente.

Nas demandas de reparação de danos, o valor da causa corresponde ao valor pretendido (art. 292, V). Por força do que dispõe o aludido dispositivo legal, esta regra se aplica não só às demandas de reparação por danos materiais, mas também àquelas que têm por objeto a compensação de danos morais.

Antes da entrada em vigor do CPC de 2015, havia um entendimento jurisprudencial consolidado no sentido de que nas demandas de reparação de danos morais o autor não precisaria formular pedido determinado. O STJ já decidida neste sentido na década de 1990 (como se pode ver, por exemplo, pelo acórdão proferido no julgamento do REsp nº 125.417/RJ, rel. Min. Eduardo Ribeiro, julgado em 26/06/1997). Este entendimento, porém, é incompatível com o modelo constitucional de processo civil brasileiro e, por isso, o CPC de 2015 expressamente exigiu a indicação do valor pretendido.

É que no caso de se formular pedido genérico acerca do dano moral acaba-se por impedir, de forma absoluta, que haja pleno contraditório acerca do valor da reparação do dano moral. É que no caso de ser formulado pedido determinado, a defesa do réu não se limitará a debater se a obrigação de reparar o dano existe ou não, podendo versar também sobre a quantificação da condenação. De outro lado, a formulação de pedido genérico leva o réu a ter de defender-se na base do "tudo ou nada", isto é, limitando-se a discutir se a obrigação de reparar o dano existe ou não, sem poder participar da determinação do valor.

Aliás, quando o pedido de reparação de dano moral é formulado de modo genérico, o que se vê na prática é a fixação do valor da condenação pelo juiz de forma unilateral, sem prévia oitiva das partes acerca da quantia, com a prolação de decisões surpresa que violam frontalmente o art. 10 do CPC e o princípio constitucional do contraditório. É certo que existem casos nos quais se admite a formulação de pedido genérico (e isso será estudado mais adiante), mas nessas hipóteses o que se faz é postergar o contraditório acerca do valor para momento posterior do processo de conhecimento ou para eventual fase de liquidação de sentença. No caso do pedido de reparação por danos morais, porém, nada disso acontecerá, e o contraditório é, simplesmente, suprimido. Daí a importância de se formular pedido determinado nas demandas de reparação de dano moral. E nesse caso, o valor pretendido é o valor da causa.

Situação curiosa se terá no caso de o demandante, na petição inicial, não indicar qual seria o valor pretendido, mas apontar qual é o valor que atribui à causa. Ora, se o texto da lei estabelece que o valor da causa é o valor pretendido, então – perdoe-se a obviedade – o valor da causa é o valor pretendido, e o juiz ficará vinculado a este valor quando for julgar a pretensão.

Havendo cumulação de pedidos, o valor da causa corresponderá à soma dos valores de todos eles (art. 292, VI), salvo no caso de se ter cumulação eventual de pedidos, caso em que o valor da causa será o valor do pedido principal, que não será somado ao do pedido subsidiário (art. 292, VIII). E se for formulado um só pedido alternativo, o valor da causa será o valor da maior das prestações alternativamente pretendidas (art. 292, VII).

Quando o pedido incluir prestações vencidas e vincendas, devem-se somar todas elas para determinar o valor da causa. Mas se as prestações vincendas tiverem duração indeterminada (como no caso de cobrança de cotas condominiais) ou superior a um ano, então serão consideradas as prestações que se vencerem no prazo de um ano (art. 292, §§ 1º e 2º).

9.4. CONTROLE DO VALOR DA CAUSA

Cabe ao juiz realizar o controle do valor da causa indicado na petição inicial ou na reconvenção. Assim, sempre que o juiz verificar, de ofício ou provocado pelo demandado, que o valor da causa não corresponde ao conteúdo patrimonial do objeto da demanda ou ao proveito econômico buscado, deverá corrigi-lo e, se for o caso, determinar que sejam complementadas as custas processuais (que muitas vezes, ainda que nem sempre, são calculadas levando-se em conta o valor da causa).

Quando, porém, a causa versar sobre um bem jurídico que não tenha conteúdo patrimonial imediatamente aferível, o valor da causa deverá ser atribuído pelo demandante, e só poderá ser controlado pelo juiz se o demandado oferecer algum tipo de impugnação, sendo vedada a apreciação de ofício desta questão.

Aqui, porém, tem-se uma questão a enfrentar. É que, nesses casos, não há parâmetro para fixação do valor da causa, então o demandante poderia, ao menos a princípio, dar à causa o valor que quisesse. A impugnação do demandado, então, só poderá fundar-se na fixação abusiva do valor da causa, como seria, por exemplo, a indicação de um valor exageradamente alto com o único propósito de levar o juiz a ter de fixar honorários advocatícios exageradamente altos.

CAPÍTULO 10

TUTELA PROVISÓRIA

10.1. CONCEITO E ESPÉCIES

Tutelas provisórias são tutelas processuais não definitivas, fundadas em cognição sumária (isto é, fundadas em um exame menos profundo da causa, capaz de levar à prolação de decisões baseadas em juízo de probabilidade e não de certeza).

É preciso, porém, fazer uma observação de ordem terminológica. O CPC denomina "provisórias" certas modalidades de tutela processual por estabelecer uma contraposição entre elas e a tutela processual definitiva, assim compreendida a que se apresenta como resultado final do processo. Assim, a tutela processual produzida ao final de um processo cognitivo ou executivo será chamada de *definitiva* e, de outro lado, a tutela processual não definitiva, fundada em cognição sumária (isto é, em juízo de probabilidade acerca da existência do direito) é chamada de *tutela provisória*.

Ocorre que nem toda tutela processual fundada em cognição sumária é, propriamente, provisória. Há casos em que se tem, a rigor, uma tutela processual temporária. É preciso, pois, e antes de mais nada, distinguir os conceitos de provisório e temporário.

Temporário é, simplesmente, aquilo que não dura para sempre, isto é, que, independentemente da superveniência de outro evento, tem, por si só, duração limitada. Provisório é, por sua vez, aquilo que é destinado a durar enquanto não sobrevenha um evento sucessivo, à espera do qual o estado de provisoriedade permanece. Neste sentido, provisório equivale a interinal: ambas as expressões indicam o que é destinado a durar somente naquele tempo intermédio que precede ao evento esperado. Em suma, os conceitos de provisório e temporário não se confundem. *Provisório* é aquilo que se destina a existir até que venha a ser substituído por outra coisa, que será tida por definitiva. *Temporário*, de outro lado, é aquilo que tem duração limitada no tempo, ainda que não venha a ser, posteriormente, substituído por outra coisa.

Assim, por exemplo, uma *medida provisória* faz jus a este nome por se destinar a produzir efeitos até que venha a ser editada uma lei (este o evento definitivo) que regule a mesma matéria. Já uma lei destinada a produzir efeitos apenas até uma determinada data (como foi o caso da Lei nº 12.663/2012, que previu tipos penais com vigência até 31 de dezembro de 2014, por causa da Copa do Mundo de Futebol realizada no Brasil naquele ano) é uma lei temporária, já que teve duração limitada no tempo mas não se destinava a ser substituída por outra.

Essa distinção ainda não encontrou melhor forma de explicação do que a que vem dos exemplos apresentados por Lopes da Costa, e repetidos por toda a doutrina pátria. Assim se manifestou o saudoso jurista: "Os andaimes da construção são 'temporários'. Ficam apenas até que se acabe o trabalho no exterior do prédio. São, porém, definitivos, no sentido de que nada virá substituí-los. Já, entretanto, a barraca onde o desbravador dos sertões acampa, até melhor habitação, não é apenas temporária, é provisória também. O provisório é sempre trocado por um definitivo."

É fácil, com os exemplos dados por Lopes da Costa, entender a diferença entre temporário e provisório. Temporário é aquilo que se destina a ter duração limitada no tempo. É o caso dos andaimes utilizados numa construção. Encerrado o trabalho exterior do construtor, os andaimes são retirados, e nada é posto em seu lugar. Trata-se, pois, de algo que tem existência limitada no tempo, desaparecendo quando alcançado seu objetivo. São, pois, temporários. Provisório, por sua vez, é aquilo que se destina a existir até que venha a ser substituído pelo definitivo. É o caso da barraca onde o desbravador dos sertões habita até que tenha construído uma casa, onde terá melhores condições de moradia. A barraca é provisória, pois se destina a ser substituída pela casa.

Pois há tutelas processuais fundadas em cognição sumária que são provisórias, já que se destinam a ser substituídas por um resultado definitivo. É o que acontece, por exemplo, com os alimentos provisórios (na "ação de alimentos") ou o aluguel provisório (na "ação revisional de aluguel"). Outras dessas medidas, porém, não são provisórias, mas temporárias, já que se destinam a ter duração limitada no tempo, mas não serão substituídas por uma medida definitiva que venha substituí-la.

Em síntese (e será mais fácil compreender melhor isso à medida que se desenvolver esta exposição), pode-se dizer que tutelas processuais sumárias destinadas a produzir resultados satisfativos são provisórias, enquanto as tutelas processuais sumárias meramente assecuratórias são temporárias.

Assim, e voltando a um exemplo anteriormente mencionado, os alimentos fixados no início do processo da "ação de alimentos" são provisórios porque se destinam a vigorar até a fixação de alimentos definitivos (como consta expressamente no art. 13, § 3º, da Lei nº 5.478/1968). Tem-se aí, portanto, uma tutela processual sumária provisória, porque satisfativa do direito material.

De outro lado, uma medida meramente assecuratória (como seria a medida cautelar de asseguração de prova, adequada para casos em que não é possível aguardar-se o momento em que normalmente a prova seria produzida, por exemplo por haver o risco de perecimento da coisa que será objeto da perícia) é uma medida temporária, já que produzirá efeitos até que seja valorada a prova, mas não será substituída por qualquer outra medida que pudesse ser chamada de definitiva.

Não obstante tudo isso, aqui será empregada a terminologia adotada pela lei processual, chamando-se toda e qualquer tutela processual sumária não definitiva de *tutela provisória*. E se pode definir a tutela provisória como *a tutela processual não definitiva, fundada em cognição sumária (juízo de probabilidade)*.

Uma vez deferida a tutela provisória, ela conserva sua eficácia durante toda a pendência do processo (art. 296), ainda que este se encontre suspenso (e salvo decisão expressa em sentido contrário, nos termos do art. 296, parágrafo único).

Exatamente por não ser definitiva (ou, como diz o texto normativo, por ser *provisória*), porém, pode ela ser revogada ou modificada a qualquer tempo (art. 296, parte final). Isso, na verdade, é consequência de fundar-se a decisão concessiva da tutela provisória em cognição sumária, ou seja, em um juízo de probabilidade da existência do direito material deduzido pela parte no processo. À medida que se aprofunda a cognição, sendo realizado um exame mais completo das alegações e provas que as partes trazem ao processo, é possível verificar-se que aquilo que parecia provável não existe, ou não tem as características que inicialmente se imagina que tivesse. Consequência disso é a possibilidade de modificação ou revogação da decisão concessiva da tutela provisória.

A modificação ou revogação da tutela provisória poderá, então, ocorrer por conta do possível surgimento de novos elementos, não considerados no momento da decisão que a deferiu, o que se revela possível dado o fato de que a cognição a ser exercida pelo juiz ao longo do processo tende a aprofundar-se, tornando-se exauriente (isto é, uma cognição capaz de permitir a formação de decisões fundadas em juízos de certeza).

A decisão que defere tutela provisória, a qual será substancialmente fundamentada (art. 298), será efetivada aplicando-se, no que couber, as normas referentes ao cumprimento provisório de sentença (art. 297, parágrafo único), cabendo ao juízo determinar a adoção das medidas executivas (sub-rogatórias ou coercitivas) necessárias para assegurar sua efetivação (art. 297). Aplica-se, aqui, porém, todo o sistema de atipicidade dos meios executivos que resulta do art. 139, IV, do CPC.

A tutela provisória pode ser de duas espécies: *tutela de urgência* e *tutela da evidência*.

Em ambas se exige, como requisito de concessão da medida, que se forme um juízo de probabilidade acerca da existência do direito material alegado pela parte no processo. Na primeira, porém, a este primeiro requisito se soma outro, o da existência de uma situação de perigo (urgência). Na tutela da evidência não se cogita da existência da situação de perigo de dano iminente como requisito de concessão da medida, mas a probabilidade exigida como requisito é qualificada. A tudo isso se voltará adiante, porém, quando do estudo de cada uma dessas modalidades de tutela provisória.

10.2. TUTELA DE URGÊNCIA NÃO SATISFATIVA (TUTELA CAUTELAR)

Como visto, uma das modalidades de tutela provisória é a *tutela de urgência*, adequada em casos nos quais se verifica estar presente uma situação de perigo de dano iminente, que pode ser caracterizada como uma situação de urgência. Pois a tutela de urgência pode ser satisfativa (que, na linguagem já tradicional do processo civil brasileiro, se chama de *tutela antecipada*) ou meramente assecuratória. Esta última é chamada de *tutela cautelar*.

Chama-se tutela cautelar à tutela de urgência do processo, isto é, à tutela provisória urgente destinada a assegurar o futuro resultado útil do processo, nos casos em que uma situação de perigo ponha em risco sua efetividade. Pense-se, por exemplo, no caso de um devedor que, antes de vencida sua dívida, tente desfazer-se de todos os bens penhoráveis. Não obstante a alienação desses bens não comprometa a existência do direito de crédito, certo é que o futuro processo de execução não será capaz de realizar na prática o direito substancial do credor se não houver no patrimônio do devedor bens suficientes para a realização do crédito. Verifica-se, aí, uma situação de perigo para a efetividade do processo, isto é, para a aptidão que o processo deve ter para realizar na prática o direito substancial que efetivamente exista (podendo-se falar, aí, em perigo de infrutuosidade). Em casos assim, faz-se necessária a previsão de mecanismos processuais destinados a assegurar a efetividade do processo, garantindo a futura produção de seus resultados úteis. A tutela provisória cautelar, portanto, não é uma tutela de urgência satisfativa do direito (isto é, uma tutela de urgência capaz de viabilizar a imediata realização prática do direito), mas uma tutela de urgência não satisfativa, destinada a proteger a capacidade do processo de produzir resultados úteis. Na hipótese que acaba de ser figurada como exemplo a tutela provisória deverá consistir na apreensão de tantos bens do devedor quantos bastem para assegurar a futura execução.

A medida cautelar, portanto, pode ser definida como a providência concreta tomada pelo órgão judicial para eliminar uma situação de perigo para direito ou interesse da parte, mediante conservação do estado de fato ou de direito que envolve as partes, durante todo o tempo necessário para o desenvolvimento do processo. Isto é, durante todo o tempo necessário para a definição do direito no processo de conhecimento ou para a realização coativa do direito do credor sobre o patrimônio do devedor, no processo de execução ou no cumprimento de sentença.

A definição de medida cautelar tem de se basear sempre na ideia, essencial para sua exata compreensão, de que este provimento jurisdicional não é capaz de realizar o direito substancial afirmado pelo demandante, mas tão somente se destina a assegurar que, no futuro, quando chegar o momento de se obter a satisfação de tal direito, estejam presentes as condições necessárias para tanto. A medida cautelar não satisfaz, e sim assegura a futura satisfação. Por essa razão é que não se pode concordar com uma clássica definição deste tipo de provimento, segundo a qual esta medida seria antecipação provisória de certos efeitos do provimento definitivo, dirigida a prevenir o dano que poderia derivar do atraso do mesmo. Por essa definição, estariam incluídas entre as medidas cautelares as medidas que satisfazem antecipadamente a pretensão do demandante, sendo certo que tais medidas não têm índole cautelar, devendo ser incluídas em outra espécie de tutela processual: a tutela antecipada.

As medidas cautelares devem ser classificadas de duas formas: quanto ao momento da postulação e quanto à finalidade.

No que concerne ao momento em que a tutela cautelar é postulada, se podem considerar dois tipos: (a) tutela cautelar antecedente, pleiteada antes da formulação do pedido de tutela definitiva; e (b) tutela cautelar incidente (ou incidental), pleiteadas juntamente ou posteriormente ao pedido de tutela processual definitiva.

Quanto à finalidade, existem três categorias de medidas cautelares: (a) medidas de garantia da cognição, que se destinam a assegurar a efetividade da tutela processual que se busca produzir através de um procedimento cognitivo, como a medida de asseguração de prova (que permite a imediata produção de um material probatório que se destina a gerar efeitos num futuro processo de conhecimento), ou a sustação de protesto cambiário (que tem por fim assegurar a efetividade de uma futura declaração de inexistência da obrigação representada pelo título protestado, a qual não traria resultados úteis se o protesto produzisse seus regulares efeitos, mesmo não existindo a dívida); (b) medidas de garantia da execução, que se destinam a assegurar a efetividade de da futura tutela processual executiva, evitando a dissipação dos bens sobre os quais incidirão os meios executivos, como são o arresto e o sequestro; e, finalmente, (c) medidas que consistem em uma caução, como é a contracautela, prevista na parte final do art. 300, § 1º, do CPC.

A tutela cautelar tem características próprias, que permitem distingui-las dos demais tipos de tutela processual. Algumas dessas características estão presentes também em outros tipos de provimento, como é o caso da revogabilidade (que também é encontrada nas demais modalidades de tutela provisória). Outras são exclusivas deste tipo de pronunciamento jurisdicional, como é o caso da fungibilidade (que, como se verá, é a possibilidade de substituição da medida cautelar por caução que assegure o mesmo resultado prático a que a tutela cautelar se destinava).

São as seguintes as características da tutela cautelar: instrumentalidade hipotética, temporariedade, revogabilidade, modificabilidade e fungibilidade.

A primeira característica da tutela cautelar é a instrumentalidade hipotética. A medida cautelar, assim, é o provimento jurisdicional cujos efeitos asseguram a efetividade (assim compreendida a aptidão para alcançar os resultados práticos normalmente esperados) do processo. A medida cautelar, pois, tem um caráter instrumental em relação ao processo. Como sabido, o processo é um instrumento (ou seja, um método, uma condição de possibilidade) da realização do direito material. Pois se o processo é instrumento de realização do direito material, a tutela cautelar é instrumento de realização do processo. Por isto, aliás, já se disse que a tutela cautelar é *instrumento do instrumento*.

A medida cautelar é deferida com base num juízo de probabilidade, pois que cabe ao juiz que aprecia a pretensão de concessão da medida verificar se é provável a existência do direito material afirmado pelo demandante. Cabe, pois, ao juiz conceder a medida cautelar para a hipótese de, no processo, ser deferida a medida satisfativa do direito substancial. É por ser concedida como instrumento de tutela desta hipótese (a de o demandante ser vencedor no processo) que se afirma que a medida cautelar se caracteriza pela instrumentalidade hipotética. Em outras palavras, o juiz, diante de um requerimento de tutela cautelar, admite a premissa de que o desfecho do pleito principal possa revelar a existência efetiva do direito afirmado pelo requerente.

No estudo desta primeira característica das medidas cautelares se insere a análise do que se tem chamado de referibilidade.

A referibilidade é essencial às medidas cautelares. Entenda-se o que se pretende aqui afirmar: toda medida cautelar se refere a uma situação substancial, que se quer proteger. Esta referibilidade é dado indicativo da cautelaridade. Onde não há referibilidade, não há tutela cautelar. Pense-se, por exemplo, nos alimentos provisórios, fixados no procedimento da "ação de alimentos". O provimento que fixa os alimentos provisórios atende diretamente à pretensão do demandante. Já as medidas cautelares não permitem esta realização imediata, limitando-se a assegurar o gozo futuro da situação substancial a que se referem. Esta referibilidade, pois, é marca que distingue a tutela cautelar das demais modalidades de tutela processual.

É esta referibilidade a uma situação a ser acautelada, aliás, que explica a razão pela qual a tutela cautelar estará sempre ligada a uma tutela processual satisfativa. É que no processo será regulada a situação acautelada, a que se refere a medida cautelar que tenha sido concedida. A inexistência de referibilidade afasta a natureza cautelar da medida, e se terá de reconhecer a natureza satisfativa (e, por isso, não cautelar) da medida urgente.

A segunda característica da tutela cautelar é sua temporariedade, tema de que já se tratou anteriormente. A tutela cautelar é temporária por não se destinar a existir até que venha a ser substituída por uma tutela definitiva. Pense-se no seguinte exemplo: um Fulano é credor de um Beltrano, sendo a obrigação deste de pagar quantia em dinheiro. Ocorre que o credor descobre que o devedor está tentando se desfazer de todos os seus bens penhoráveis, como forma de se livrar da responsabilidade patrimonial. Pleiteia Fulano, então, como meio de garantir a execução, a concessão de uma medida cautelar de arresto. Esta, uma vez concedida, implicará a apreensão de bens do devedor, para que se evite que a execução reste frustrada. O arresto, porém, é medida temporária, pois desaparecerá assim que for possível a realização da penhora de bens do executado, o que se fará no procedimento executivo. Note-se que o arresto não é substituído pela penhora. O que ocorre é que, realizada a penhora, o arresto não tem mais razão de ser, desaparecendo. Trata-se, pois, de medida temporária.

Outro exemplo possível de se figurar é o seguinte: um Fulano leva a protesto uma duplicata, por falta de aceite de um Beltrano. Ocorre que este considera inexistente a obrigação, e pretende ajuizar demanda declaratória negativa. Postula, então, a sustação do protesto, para evitar que a futura declaração da inexistência da obrigação seja despida de qualquer utilidade, em razão dos danos que sofreria por ter um título protestado por todo o tempo necessário para que se desenvolva um processo onde se buscará a declaração da inexistência daquela obrigação. A medida que determina a sustação do protesto produzirá seus efeitos até que se obtenha a certeza jurídica quanto à existência ou inexistência da obrigação, o que ocorrerá quando do trânsito em julgado da sentença a ser proferida no processo principal. Esta sentença, porém, não substitui a medida de sustação do protesto. Tal medida é, nitidamente, temporária, pois se destina a produzir efeitos enquanto for necessária para que se alcance determinado resultado, sem que nada venha a substituí-la depois (exatamente como os andaimes da construção).

Bastante diversas são as medidas de índole provisória, as quais se destinam a ser substituídas por outras, definitivas. Pense-se, por exemplo, no que acontece num processo instaurado com a propositura de "ação de alimentos". O juiz, ao início do processo, fixa alimentos provisórios, os quais produzirão seus efeitos até que, na sentença, o juiz fixe os alimentos definitivos, que substituirão aqueles fixados no início do processo. Os alimentos provisórios, pois, são caracterizados pela provisoriedade (como, aliás, seu nome indica), não tendo, portanto, natureza cautelar. Outro exemplo que poderia ser aqui citado é o da decisão que concede, liminarmente, a reintegração de posse. Este provimento será, ao fim do processo (e sendo procedente a pretensão do demandante, obviamente), substituída pela sentença. Medida provisória, destinada a ser substituída por outra definitiva, tal provimento não tem, como parece óbvio, natureza cautelar.

Estabelece-se, aqui, com isso, uma distinção entre a tutela processual cautelar e a tutela antecipada. Enquanto aquela primeira é temporária, esta é provisória. A tutela cautelar tem duração limitada no tempo, produzindo efeitos até que desapareça a situação de perigo, ou até que seja entregue a tutela processual definitiva. Já a tutela antecipada é provisória, pois se destina a produzir efeitos até que venha a tutela definitiva, que a substitui.

A terceira característica das medidas cautelares é a revogabilidade. Trata-se de característica que decorre naturalmente da profundidade da cognição exigida para a formação do juízo acerca do requerimento de tutela cautelar. Isso porque, para a concessão deste tipo de provimento jurisdicional, exige-se do juiz que decida com base em cognição sumária, isto é, com base em juízo de probabilidade. Como será visto com mais profundidade adiante, é requisito essencial para a concessão da medida cautelar a probabilidade de existência do direito afirmado pelo demandante, probabilidade esta que costuma ser designada pela expressão *fumus boni iuris* (literalmente: "fumaça do bom direito").

Sendo, pois, uma medida concedida com base em cognição sumária, a medida cautelar é, por natureza, revogável. Isso se encontra, aliás, fixado em lei, afirmando o art. 296 do CPC que tais medidas podem ser, a qualquer tempo, revogadas. Basta, para que ocorra tal revogação, que se verifique que o direito substancial afirmado pelo demandante, que parecia existir, em verdade não existe. Mas esta é, na verdade, característica de todas as tutelas provisórias.

Outra causa de revogação da medida cautelar é o desaparecimento da situação de perigo acautelada. Como sabido, um dos requisitos de concessão da tutela cautelar é a existência de uma situação de perigo para o processo, ou seja, é preciso que exista uma situação fática capaz de gerar o risco de que a demora na entrega da prestação jurisdicional principal a torne despida de efetividade, o que implicaria dano de difícil ou impossível reparação (este perigo de dano é, tradicionalmente, designado *periculum in mora*, e sobre tal requisito, bem assim sobre o *fumus boni iuris*, se tratará adiante). Desaparecida a situação de perigo, não há razão para que subsista a medida cautelar, a qual deverá ser revogada. Pense-se, por exemplo, numa medida cautelar de arresto deferida porque o devedor pretendia alienar seu único bem penhorável, frustrando assim a futura tutela processual executiva. Uma vez deferida a tutela cautelar, pode ocorrer de o demandado ter uma alteração de riqueza (ganhando um prêmio lotérico de elevado valor, por exemplo), vindo a adquirir, em razão de tal alteração de riqueza, patrimônio muitas vezes superior ao valor do crédito que se quer proteger. Nesse caso, terá desaparecido o risco de que a alienação daquele bem retire a efetividade da execução, devendo ser revogada a medida.

Em resumo, basta dizer que, sendo necessários o *fumus boni iuris* e o *periculum in mora* para a concessão da medida cautelar, o desaparecimento de qualquer dos dois levará à revogação da medida anteriormente concedida.

Os mesmos fundamentos da revogabilidade implicam também a presença de outra característica da tutela cautelar (e das demais tutelas provisórias): a modificabilidade. Tal característica, aliás, encontra-se registrada no mesmo art. 296 do CPC, que trata da revogabilidade, e que afirma que as tutelas provisórias podem ser modificadas a qualquer tempo.

Além de poder ocorrer a qualquer tempo, e de decorrer dos mesmos fundamentos que autorizam a revogação (mudança da situação de fato ou de direito), a modificação da tutela cautelar não depende de requerimento das partes.

Não é difícil figurar exemplos de modificação de medidas cautelares. Pense-se numa medida cautelar de sustação de protesto cambiário, deferida *inaudita altera parte* (isto é, sem que se ouvisse antes a outra parte). Imagine-se, agora, que, quando da efetivação da medida, o protesto já tivesse sido realizado, o que tornaria despida de efetividade a sustação (pois de nada adianta sustar algo que já se consumou). Nesse caso, deverá o juiz, mediante requerimento (pois se trata de interesse patrimonial, disponível), modificar a medida cautelar, para que a mesma seja de suspensão dos efeitos do protesto já ocorrido (o que assegurará os mesmos efeitos práticos da sustação, que não é mais adequada em razão da mudança das circunstâncias existentes à data da concessão da medida original).

A última característica da tutela cautelar é sua fungibilidade. É que a tutela cautelar postulada pela parte pode ser substituída, de ofício ou a requerimento de qualquer das partes, pela prestação de caução ou outra garantia menos gravosa para o requerido, sempre que adequada e suficiente para evitar a lesão ou repará-la integralmente. Destinando-se a tutela cautelar a assegurar a efetividade do futuro resultado do processo, não há razão para que não se estabeleça a regra segundo a qual tal garantia se dará pela forma menos gravosa possível para o demandado. Aplica-se, pois, às medidas cautelares um princípio análogo àquele que, para o processo executivo, vem estabelecido no art. 805 do CPC. Tem-se, aqui, portanto, um princípio que poderia ser também conhecido como princípio da menor onerosidade possível.

A tutela cautelar postulada pela parte pode, portanto, ser substituída (todas as vezes que isto se revelar adequado e suficiente) por caução ou qualquer outra forma de garantia capaz de assegurar a efetividade do processo. Exemplos não são difíceis de se figurar: basta imaginar um arresto, medida de apreensão de bens que se destina a proteger a efetividade de uma execução por quantia certa. Tal medida pode ser substituída, por exemplo, por uma hipoteca, ou por uma fiança, ambas se revelando adequadas e suficientes para assegurar a efetividade da futura tutela executiva.

É de se referir, ainda, que a garantia substitutiva da medida cautelar pode ser real ou fidejussória (como, aliás, os dois exemplos acima figurados demonstram).

A tutela cautelar será deferida se estiverem presentes dois requisitos cumulativos: a probabilidade de existência do direito material alegado pela parte e a existência de uma situação de urgência, de perigo de dano iminente, grave e de difícil ou impossível reparação.

O primeiro requisito de concessão da tutela cautelar é o designado pela expressão latina *fumus boni iuris*, que pode ser traduzida por "fumaça do bom direito".

Já se afirmou que a tutela cautelar é tutela de urgência, destinada a assegurar a efetividade de um futuro resultado do processo. Faz-se necessária a existência da previsão, em abstrato, da tutela cautelar em razão da demora que pode se fazer inevitável para que possa ser entregue a tutela processual definitiva pleiteada, demora esta que pode gerar o risco de que o futuro provimento jurisdicional seja incapaz de alcançar os resultados práticos que dele se esperam. A tutela cautelar, portanto, sendo um dos meios de combate aos males do tempo sobre o processo, precisa ser célere, sob pena de ser, também ela, privada de qualquer efetividade.

Por tal razão, a concessão da tutela cautelar não pode estar condicionada à demonstração da existência do direito substancial afirmado pelo demandante, devendo o Estado-Juiz contentar-se com a demonstração da aparência de tal direito. Em outros termos, o que se quer dizer é que a tutela processual cautelar deve ser prestada com base em cognição sumária, o que significa dizer que a medida cautelar será deferida ou não conforme um juízo de probabilidade.

Verifica-se, pois, que a tutela cautelar será prestada com base em cognição sumária, e não em cognição exauriente (como se dá, como regra, com a tutela processual de natureza cognitiva). A exigência de certeza quanto à existência do direito substancial para que se pudesse prestar a tutela cautelar tornaria a mesma um instrumento absolutamente inútil. Basta figurar um exemplo: alguém vai a juízo, pleiteando a concessão de uma medida cautelar, destinada a assegurar a efetividade de uma futura execução por quantia certa, pretendendo a apreensão de bens do demandado, para que seu patrimônio seja capaz de assegurar a realização do crédito de que o demandante se diz titular. A ser exigível um juízo de certeza acerca da existência do direito de crédito afirmado pelo demandante para que se pudesse determinar a apreensão cautelar dos bens do demandado, este teria todo o tempo de que precisasse para alienar todos os seus bens penhoráveis. A necessidade de uma medida célere leva o Estado-Juiz a se contentar com a aparência de que o direito de crédito realmente existe, deferindo a medida pleiteada com base nesta probabilidade. Em síntese, exige-se, como requisito para concessão da tutela cautelar, a *probabilidade da existência do direito invocado pela parte*.

Cabe ao Estado-Juiz, portanto, verificar a probabilidade de existência do direito afirmado pelo demandante, para que se torne possível a concessão da tutela cautelar.

É de se lembrar, neste momento, que a probabilidade de existência do direito não é requisito suficiente para a concessão da tutela cautelar, o que significa que outro requisito (de que se tratará adiante, e que é tradicionalmente designado *periculum in mora*) se fará necessário. Além disso, é de bom alvitre afirmar que a probabilidade de existência do direito material não se apresenta, apenas, como requisito da tutela cautelar, sendo sua presença necessária para a concessão de qualquer modalidade de tutela processual fundada em cognição sumária (ou seja, para todas as espécies de tutela provisória).

Outro requisito, porém, é exigido para que se defira tutela cautelar, e a ele se dá, tradicionalmente, o nome de *periculum in mora* (ou seja, perigo na demora). Isso porque, como sabido, a tutela cautelar é modalidade de tutela de urgência, destinada a proteger a efetividade de um futuro provimento jurisdicional, que está diante da iminência de não alcançar os resultados práticos dele esperados. É essa situação de perigo iminente que recebe o nome de *periculum in mora*, sendo sua presença necessária para que a tutela cautelar possa ser prestada pelo Estado-Juiz.

Esta iminência de dano irreparável (ou de difícil reparação), tradicionalmente denominada *periculum in mora*, não é capaz de afetar o direito substancial, mas gera perigo, tão somente, para a efetividade do processo. As situações de perigo para o direito substancial são protegidas através de outra modalidade de tutela de urgência, a tutela antecipada.

Há, assim, dois tipos de situação de perigo: a que gera risco de dano irreparável (ou de difícil reparação) para o direito substancial, e a que provoca risco de dano (também aqui irreparável ou de difícil reparação) para a efetividade do processo. No primeiro caso, adequada será a tutela antecipada; no segundo, a tutela cautelar.

Pense-se, por exemplo, no caso do portador de uma doença que exija tratamento cirúrgico, e que pretenda obter a condenação de uma operadora de planos de saúde com que tem contrato a custear seu tratamento. A demora natural do processo cognitivo de índole condenatória gera, para o demandante, risco de que o direito substancial à vida seja lesado de forma irreparável (afinal, o demandante morrerá muito rapidamente se não receber tratamento imediato). Nesse caso, é adequada a tutela antecipada, impondo-se, mediante cognição sumária, ao demandado a obrigação de custear referido tratamento.

Imagine-se, agora, a hipótese daquele que pretende executar um crédito de dinheiro, e verifica que o devedor está dilapidando todo seu patrimônio antes do momento em que se dará a atividade executiva. A diminuição patrimonial não é capaz de lesar o direito de crédito, mas, como parece óbvio, nenhum resultado prático será alcançado através da atividade executiva se não houver bens penhoráveis no patrimônio do executado. Para evitar o dano à efetividade do processo, revela-se adequada a tutela cautelar, determinando-se a apreensão de bens que serão, na execução, constritos através da penhora.

Com base nisso se pode afirmar a existência de dois tipos distintos de situação de perigo, nos termos do que aqui se fez. Fala-se em *perigo de infrutuosidade* e em *perigo de morosidade*. O primeiro dos tipos de *periculum in mora* corresponde às situações de perigo para a efetividade do processo, já que este não seria frutuoso (ou seja, não produziria bons resultados). Para esses casos, adequada será a tutela cautelar. O segundo tipo de *periculum in mora* é o perigo de morosidade, em que se verifica a existência de risco de dano para o direito substancial, caso em que será adequada a tutela antecipada.

Assim, toda vez que houver fundado receio de que a efetividade de um processo venha a sofrer dano irreparável, ou de difícil reparação, em razão do tempo necessário para que possa ser entregue a tutela definitiva nele buscada, estará presente o requisito do *periculum in mora*, exigido para a concessão da tutela de urgência cautelar.

Havendo perigo de infrutuosidade, ou seja, havendo o fundado receio de que a efetividade do processo venha a sofrer um dano irreparável, ou de difícil reparação, estará presente o *periculum in mora* autorizador da concessão da tutela cautelar.

É de se notar que se exige o "fundado receio" de dano, o que significa dizer que não é suficiente, para a concessão da tutela cautelar, a existência de um receio meramente subjetivo. É preciso que o receio de dano esteja ligado a uma situação objetiva, demonstrável através de fatos concretos. Além disso, não é o risco de um dano qualquer que autoriza a concessão da medida cautelar: é preciso que se trate de risco de dano iminente, grave, de difícil ou impossível reparação.

A concessão de tutela cautelar (e isso também se aplica à outra modalidade de tutela de urgência, a tutela antecipada) exigirá a prestação de uma caução de contracautela, que pode ser real ou fidejussória, a fim de proteger a parte contrária contra o risco de que venha a sofrer danos indevidos (art. 300, § 1º). Trata-se de medida destinada a acautelar contra o assim chamado *periculum in mora* inverso, isto é, o perigo de que o demandado sofra, em razão da demora do processo, um dano de difícil ou impossível reparação (que só será identificado quando se verificar que, não obstante provável, o direito do demandante na verdade não existia). Deve-se, porém, dispensar a caução de contracautela nos casos em que o demandante, por ser economicamente hipossuficiente, não puder oferecê-la (art. 300, § 1º, parte final). Afinal, não se pode criar obstáculo econômico ao acesso à justiça, que não é garantido só aos fortes economicamente, mas é assegurado universalmente. Há entendimento (consolidado no Enunciado nº 497 do FPPC) segundo o qual as hipóteses de exigência de caução devem ser definidas à luz do art. 520, IV. Entenda-se: a caução deve ser fixada sempre que houver *periculum in mora* inverso, e uma das hipóteses previstas no aludido dispositivo legal é, precisamente, esta (risco de grave dano ao demandado). De outro lado, deve-se dispensar a caução em todos os casos previstos no art. 521 (Enunciado nº 498 do FPPC).

A tutela cautelar pode ser deferida antes da oitiva da parte contrária (*inaudita altera parte*), liminarmente ou após a realização de uma audiência de justificação prévia (em que se permita ao demandante produzir prova oral destinada a demonstrar a presença dos requisitos de sua concessão). Trata-se de uma exceção ao princípio do contraditório, que exige debate prévio acerca do conteúdo das decisões capazes de afetar a esfera jurídica das pessoas, e que resulta do modelo constitucional de processo (art. 5º, LV, da Constituição da República) e constitui uma das normas fundamentais do CPC (arts. 9º e 10). Tem-se, aqui, porém, uma limitação inerente ao contraditório, o qual não pode ser transformado em um mecanismo obstativo do pleno acesso à justiça. Pois é exatamente por isto que o próprio CPC prevê expressamente a possibilidade de concessão de tutela provisória de urgência sem prévia oitiva da parte contra quem a decisão será proferida (art. 9º, parágrafo único, I). E é importante frisar que esta possibilidade de concessão *inaudita altera parte* da tutela cautelar é perfeitamente compatível com o modelo constitucional de processo, já que o princípio constitucional do contraditório – como qualquer outro princípio – pode conhecer exceções que também tenham legitimidade constitucional, como se dá no caso em exame, em que a regra que autoriza a concessão liminar da tutela de urgência encontra guarida no princípio constitucional do acesso à justiça.

A tutela cautelar é deferida com base em um poder cautelar geral do juiz, não havendo no CPC (diferentemente do que se via na tradição do direito brasileiro desde suas origens lusitanas) a previsão de medidas cautelares específicas, mas, tão somente, do poder genericamente atribuído ao magistrado de deferir medidas cautelares. É o que se verifica pela interpretação do art. 301, segundo o qual "[a] tutela de urgência de natureza cautelar pode ser efetivada mediante [qualquer medida] idônea para asseguração do direito" (*rectius*, da efetividade do processo).

Há, no aludido dispositivo, uma enumeração meramente exemplificativa de medidas cautelares (arresto, sequestro, arrolamento de bens, registro de protesto contra alienação de bem), mas isto não afasta o acerto do que acaba de ser dito: o sistema processual brasileiro contenta-se com a atribuição, ao juiz, de um poder cautelar geral (e, sobre o ponto, é claro o Enunciado nº 31 do FPPC: "[o] poder geral de cautela está mantido no CPC").

Por ser baseada em cognição sumária (e, por esta razão, ser provisória), a decisão concessiva de tutela cautelar pode gerar para a parte contrária dano indevido. Assim, e independentemente da responsabilidade por dano processual (resultante, por exemplo, da configuração da litigância de má-fé), responde o requerente pela lesão que indevidamente o demandado tenha sofrido em razão da efetivação da tutela cautelar em alguns casos expressamente previstos em lei (art. 302). É de se notar que o tema da responsabilidade por danos indevidos causados por força da tutela cautelar tem sua relevância ampliada em razão da sumariedade da cognição exercida neste caso. É que, como sabido, a tutela cautelar é deferida com base em juízo de probabilidade, bastando ao juiz afirmar a existência de *fumus boni iuris* para que a referida medida possa ser concedida. Pode, pois, ocorrer de ser prestada a tutela cautelar a quem, afinal, não se revele titular de direito algum, o que, certamente, poderá acarretar danos indevidos ao demandado, que era, como se verificou ao final do processo principal, o verdadeiro titular do direito à obtenção de tutela jurisdicional.

A responsabilidade por dano resultante da tutela cautelar é *objetiva*, isto é, independe de culpa da parte que obteve essa modalidade de tutela de urgência. Tal assertiva decorre não só do próprio teor do art. 302 do CPC, que afirma que os casos de responsabilidade processual civil ali previstos são estranhos à sistemática da litigância de má-fé, mas também do fato de ser a medida cautelar uma providência fundada em incerteza quanto à existência do direito substancial. É de se aplicar, pois, sistema análogo ao previsto para o cumprimento provisório de sentença (onde se tem título fundado em juízo de certeza, mas que pode ser modificado ou revogado no julgamento do recurso ainda pendente), que se faz por conta e risco do demandante.

Assim, pode-se afirmar que a efetivação da tutela cautelar se faz por conta e risco do demandante, que terá de reparar os danos sofridos indevidamente pelo demandado, nos casos previstos no art. 302 do CPC, independentemente da existência de algum elemento subjetivo dirigido à produção do resultado danoso. Trata-se, pois, de responsabilidade processual civil objetiva.

Visto isso, é preciso examinar os casos em que a lei processual prevê a responsabilidade por dano resultante da tutela cautelar. Não se pode, porém, fazer esta análise sem que se afirme, antes, quais são os requisitos para que haja o dever de indenizar. E esses requisitos são dois: (a) que tenha havido prejuízo por parte do demandado; (b) que a medida cautelar tenha sido deferida e efetivada. A necessidade de que haja prejuízo é inerente ao próprio conceito de responsabilidade, pois inexistindo dano não há o que reparar. Quanto à necessidade de que a tutela cautelar tenha sido efetivada para que haja o dever de indenizar, tal requisito decorre do próprio teor do *caput* do art. 302 do CPC, que estabelece a responsabilidade pelo prejuízo que causar "a efetivação" da medida. Sem que a tutela cautelar tenha sido efetivada, portanto, não haverá responsabilidade.

O primeiro desses casos é o de vir a sentença a ser desfavorável ao requerente da tutela cautelar (art. 302, I). Trata-se de caso de responsabilidade que decorre, naturalmente, da sumariedade da cognição exercida para decidir sobre o requerimento de tutela cautelar, em que não busca o juiz formar convencimento acerca da existência do direito substancial do demandante, contentando-se com a mera probabilidade de que tal direito exista (o que se revela num dos requisitos de concessão da tutela cautelar, o *fumus boni iuris*). Assim, tendo sido deferida a tutela cautelar, por se ter considerado presente o *fumus boni iuris*, e verificando-se depois que o desfecho do processo não foi favorável àquele em cujo benefício se concedera a tutela cautelar, terá este de indenizar os danos indevidamente sofridos pelo demandado, que – afinal – era o titular do direito à obtenção de tutela definitiva.

Basta pensar, por exemplo, nos danos causados pela apreensão de um bem decorrente de uma medida cautelar de arresto, quando se verifica, posteriormente, a inexistência de qualquer crédito do demandante face ao demandado.

Assim, constatado – em cognição mais profunda – que o demandante efetivamente não tinha o direito alegado (e que, em um exame menos profundo da causa, pareceu ser provável), deverá ele responder pelos danos suportados pelo demandado. Esta hipótese engloba outra, que a rigor sequer precisava estar expressamente prevista: a do caso em que o juiz reconhece a prescrição ou a decadência (art. 302, IV).

É de se notar, porém, que, pelos termos genéricos deste inciso I do art. 302, não é necessário que a sentença tenha concluído pela inexistência do direito substancial afirmado pelo demandante, julgando seu pedido improcedente. Também as sentenças meramente terminativas, que não contêm resolução do mérito, devem ser incluídas no conceito de "sentenças desfavoráveis ao demandante". Assim, basta que o processo tenha desfecho outro que não a prolação de provimento final favorável ao demandante, contenha o provimento desfavorável, ou não, resolução do mérito da causa, para que se configure esta primeira hipótese de responsabilidade processual civil do demandante de tutela cautelar.

O segundo caso de responsabilidade processual civil estabelecido no art. 302, II, do CPC, é aquele em que a medida cautelar tenha sido deferida em caráter antecedente, e o demandante não forneça, no prazo de cinco dias, os meios necessários para a citação do demandado.

Quanto a esse caso, é preciso lembrar, em primeiro lugar, que a responsabilidade do demandante só surgirá se a tutela cautelar deferida em caráter antecedente tiver sido efetivada antes da citação do requerido. Isto porque, como visto anteriormente, não tendo havido atuação da medida, não se poderá falar em responsabilidade do demandante, em razão do que dispõe o *caput* do art. 302 do CPC.

Além disso, é preciso afirmar que o dever de indenizar só surge se o demandante não praticar os atos que lhe incumbem para que se torne possível a efetivação, pelo Estado, da citação. Caberá, pois, ao demandante, no prazo de cinco dias (se já não o tiver feito anteriormente), indicar o endereço onde o demandado pode ser encontrado, ou adiantar as custas judiciais referentes à realização da diligência de citação. Não se pode, porém, considerar existente o dever de indenizar se o atraso na citação não decorre da conduta do demandante, mas de problemas decorrentes da atuação do próprio Estado-Juiz (como, por exemplo, a demora do oficial de justiça em cumprir a diligência que lhe foi cometida), pois que, nesta hipótese, não haverá nexo de causalidade entre a conduta do demandante e o prejuízo sofrido pelo demandado.

O art. 302, III, do CPC afirma a existência de responsabilidade do demandante "se ocorrer a cessação da eficácia da medida em qualquer hipótese legal". Aqui se tem, ainda uma vez, dispositivo de difícil interpretação, sendo certo que, como se verá, a interpretação literal do dispositivo poderá levar a resultados absurdos.

O primeiro caso de cessação da eficácia da medida cautelar prevista no art. 309 é o de não ser deduzido o pedido principal no prazo de 30 dias a contar da efetivação da tutela cautelar. Neste caso não parece haver maiores dificuldades na interpretação do dispositivo. Efetivada uma medida cautelar concedida antecedentemente, terá o demandante de formular o pedido principal em 30 dias. O descumprimento deste prazo implicará prejuízo indevido para o demandado, que deverá ser indenizado. É de se dizer, aliás, que o mero fato de ter estado sujeito, por prazo superior ao de trinta dias, a uma constrição de direito, sem que o processo principal esteja em curso, já é, por si só, suficiente para se permitir afirmar que o demandado terá sofrido prejuízo indevido.

O segundo caso de cessação de eficácia da tutela cautelar, previsto no art. 309 do CPC, é o de não efetivação da medida no prazo de 30 dias a contar de sua concessão. Aqui não parece possível admitir-se a existência de dever de reparar, já que a medida não terá sido efetivada, e sua atuação é requisito essencial para que surja o dever de indenizar previsto no art. 302 do CPC.

O terceiro caso de cessação da eficácia da medida cautelar, apontado como gerador do dever de indenizar (art. 309, III, do CPC), deve ser interpretado com todo o cuidado. Afirma-se que surge o dever de indenizar quando a medida cautelar perde eficácia por ter sido proferida sentença, seja ela terminativa ou definitiva, desfavorável ao demandante. Esta hipótese, porém, coincide por inteiro com o disposto no art. 302, I.

Em todos esses casos, a indenização a ser paga ao demandado será liquidada nos mesmos autos em que a medida de urgência tiver sido concedida (art. 302, parágrafo único – o qual estabelece que a liquidação será feita nos mesmos autos "sempre que possível", mas em qualquer caso esta possibilidade existirá).

Fundamental afirmar, aqui, que o direito à indenização do requerido é efeito secundário (ou anexo) dos fatos previstos no art. 302 do CPC. Assim, por exemplo, sendo proferida sentença desfavorável ao demandante, não será necessário que se afirme, expressamente, que terá ele de indenizar os danos indevidamente sofridos pelo demandado. Este efeito, como todos os efeitos secundários dos fatos jurídicos, se produz de pleno direito, automaticamente, e independentemente de pronunciamento judicial. Tal afirmação se confirma, muito facilmente, quando se verifica que um dos casos em que há o dever de indenizar é não ter sido formulado o pedido principal no prazo legal nos casos de tutela cautelar antecedente. Não há, neste caso, nenhuma sentença condenando o requerente a indenizar o requerido, pelo simples fato de que o dever de indenizar decorre do mero fato de não se ter ajuizado a demanda principal em 30 dias a contar da efetivação da medida cautelar.

O que ocorre aqui é, portanto, equiparável ao que se dá com a sentença penal condenatória, que tem como efeito secundário tornar certa a existência da obrigação do condenado de indenizar os danos causados pelo ato em razão do qual foi apenado. Para que possa o credor ver seu crédito satisfeito será preciso, porém, liquidar a obrigação a fim de se determinar o valor devido.

Determina o parágrafo único do art. 302 do CPC que a obrigação será liquidada nos mesmos autos. Trata-se a liquidação de mero incidente processual, e a regra do citado parágrafo se limita a estabelecer a competência funcional do juízo do processo cautelar para o incidente de liquidação da obrigação. É preciso, porém, determinar qual será o objeto deste incidente de liquidação. Pois o incidente de liquidação de que ora se trata tem como objeto a determinação da existência dos danos e a fixação do valor da indenização a ser paga. A liquidação será feita pelo procedimento comum, já que para a apreciação do seu objeto faz-se necessária a apreciação de fatos novos, que ainda não haviam sido submetidos à cognição judicial. Aplicam-se, pois, os arts. 509, II, e 511 do CPC.

Uma vez prolatada a decisão do incidente de liquidação, será possível a instauração de um procedimento de cumprimento de sentença em face do requerente da medida cautelar. Parece claro que também para este módulo processual será competente o mesmo juízo.

A tutela cautelar (como acontece também com a outra modalidade de tutela de urgência, a tutela antecipada) pode ser requerida em caráter antecedente ou incidente. Quando a tutela cautelar é requerida em caráter incidente não há qualquer formalidade especial a ser observada. O requerimento poderá vir formulado na petição inicial, em que se postula a tutela processual definitiva (art. 308, § 1º), ou em petição formulada no curso do processo. Caberá ao juiz, então, decidir desde logo o requerimento, ouvindo-se a parte contrária anteriormente à decisão apenas nos casos em que essa oitiva não for capaz de retirar a efetividade da tutela cautelar postulada.

Para a tutela cautelar antecedente, ou seja, postulada antes de se formular o pedido de tutela definitiva, porém, há um procedimento a ser observado, regulado pelos arts. 305 a 310 do CPC.

A tutela cautelar antecedente é fenômeno de grande relevância prática, já que em muitos casos há interesse em sua postulação quando ainda não é sequer possível formular-se o pedido de tutela processual definitiva. Basta pensar no caso de o devedor de uma obrigação em dinheiro, ainda antes do seu vencimento, começar a praticar atos de dilapidação de patrimônio, a fim de frustrar a futura execução. Pois neste caso ainda não é possível formular o pedido de tutela definitiva, voltado a exigir o cumprimento da obrigação, mas já se pode postular tutela cautelar – em caráter antecedente – para se obter medida que determine a apreensão de bens do demandado a fim de garantir a futura execução.

Pois em situações assim, o processo começará pela apresentação de uma petição inicial destinada, tão somente, a deduzir o pedido de tutela cautelar. Esta petição inicial deverá indicar a causa principal, com seu fundamento e a exposição sumária do direito para o qual se buscará proteção, além da indicação do perigo de dano ou o risco para o resultado útil do processo (art. 305). Em outros termos, a petição inicial precisará indicar o *fumus boni iuris* e o *periculum in mora*.

É de se notar que o texto normativo do art. 305 dispõe que a petição inicial deverá indicar "a lide e seu fundamento". Deve-se entender essa exigência no sentido de que o demandante deverá indicar os elementos da demanda principal, cuja efetividade se pretende assegurar. Em outros termos, deve-se indicar as partes (que, naturalmente, serão as mesmas da demanda cautelar), os fatos que servirão de fundamento do pedido, e o próprio pedido a ser formulado na demanda principal, que será posteriormente deduzida (no mesmo processo), e cuja efetividade se quer assegurar com a medida cautelar pretendida.

Não basta, é bom que se diga, a indicação do "nome da ação principal" que irá ser proposta. Há casos, na prática, em que se tem visto o demandante limitar-se a afirmar que irá ajuizar "ação possessória", ou "ação de prestação de contas", ou ainda "ação de cobrança" (só para citar três exemplos). Esta indicação, obviamente, não satisfaz o requisito exigido pela norma processual. É preciso identificar a demanda principal, para que se possa examinar a adequação da medida cautelar pleiteada como meio de proteção da efetividade do processo.

Não se pense, porém, que é necessário ao demandante, desde logo, apresentar o pedido que será formulado na demanda principal com todas as suas especificações. Isso só será exigido no momento de formular o pedido de tutela processual definitiva. Bastará, ao pedir a tutela cautelar antecedente, que tal pedido seja descrito com elementos mínimos que permitam saber se a providência cautelar postulada é adequada.

Além desses requisitos mencionados no art. 305 do CPC, e apesar do silêncio do Código, não parece haver qualquer dúvida quanto à existência de outros requisitos, também essenciais para a regularidade formal da demanda cautelar. Assim, cabe ao demandante formular o pedido, com suas especificações (refiro-me, aqui, como deve parecer óbvio, ao pedido de tutela cautelar antecedente); indicar o valor da causa e as provas com que o demandante pretender demonstrar suas alegações.

Caso o juiz entenda que a medida postulada não é cautelar, mas satisfativa, deverá – depois de ouvir o demandante, por força do que dispõe o art. 10 – determinar que seja observado o regime previsto no art. 303, e ao processo se passará a aplicar o regime da tutela antecipada antecedente, de que se tratará adiante.

O parágrafo único do art. 305, registre-se, deve ser entendido de forma ampla, capaz de englobar também a situação inversa (isto é, tendo o demandante se valido da técnica prevista no art. 303 para postular uma medida de urgência antecedente que o juiz repute cautelar, deverá o magistrado, depois de ouvir o demandante, determinar que se observe o regime previsto no art. 305, como se vê no Enunciado nº 502 do FPPC: "[c]aso o juiz entenda que o pedido de tutela antecipada em caráter antecedente tenha natureza cautelar, observará o disposto no art. 305 e seguintes). Há, pois, uma convertibilidade entre essas duas técnicas processuais, sendo possível que o demandante tenha optado por uma e, por decisão judicial, a via eleita seja convertida na outra.

Observe-se que não se trata, aqui, propriamente, de fungibilidade, já que não será o caso de admitir-se o emprego de uma técnica em substituição a outra. O que se tem é, mesmo, convertibilidade, já que a técnica equivocadamente empregada será convertida em outra.

Proposta a demanda que tenha por objeto tutela cautelar antecedente, o réu será citado para, no prazo de cinco dias (art. 306), oferecer contestação e indicar as provas que pretende produzir. A citação pode se dar por qualquer dos meios previstos nos arts. 238 a 259.

É admissível que antes mesmo de o demandado ser citado o juiz já apreciar o requerimento de tutela cautelar antecedente (CPC, art. 9º, parágrafo único, I). Caberá a ele, então, verificar se os requisitos da tutela cautelar estão ou não presentes e, caso estejam, desde logo deferi-la. O fato de não ser a medida deferida *inaudita altera parte*, porém, não impede que após a resposta do demandado e a regular instrução, a tutela cautelar venha a ser deferida posteriormente.

Diz a lei processual que o demandado é citado para oferecer contestação, mas além disso pode ele arguir o impedimento ou a suspeição do juiz. Não se admite, nesta fase do processo, o oferecimento de reconvenção.

Não sendo contestado o pedido no prazo, serão presumidas (relativamente) verdadeiras as alegações feitas pelo autor a respeito dos fatos da causa, cabendo ao juiz decidir no prazo de cinco dias (art. 307).

Em outras palavras, decorrido o prazo legal sem que o demandado ofereça contestação, ocorrerá sua revelia, a qual produz, no procedimento da tutela cautelar antecedente, os mesmos efeitos que seria capaz de produzir no processo cognitivo. Quer-se com isso dizer que, revel o demandado, se presumirão verdadeiros os fatos afirmados pelo demandante e será proferido julgamento imediato do pedido de tutela cautelar antecedente.

Nos casos em que a revelia no processo cognitivo não produziria efeitos, como ocorre nos casos em que a citação do demandado foi ficta (com hora certa ou por edital), ou quando a causa versa sobre direitos indisponíveis, o mesmo se dará no procedimento destinado à obtenção de tutela cautelar antecedente, e tais efeitos tampouco se produzirão nesta sede.

É de se notar, porém, que esta presunção de veracidade decorrente da revelia, no procedimento destinado à obtenção de tutela cautelar antecedente, não tem o mesmo alcance da revelia no processo de conhecimento, pois será capaz, tão somente, de levar o juiz a um juízo de probabilidade, mas não a um juízo de certeza quanto à existência da posição jurídica de vantagem por ele afirmada. É por isso, aliás, que só se poderá, nesta altura, decidir sobre o requerimento de tutela cautelar antecedente, mas não sobre ser ou não o caso de tutela processual definitiva.

Oferecida a contestação, observar-se-á o procedimento comum (art. 307, parágrafo único).

Deferida a medida cautelar (o que pressupõe a presença conjunta de *fumus boni iuris* e *periculum in mora*), será ela efetivada, correndo – da data da efetivação – um prazo de trinta dias para que o demandante formule o pedido principal (se este já não tiver sido formulado na petição inicial, o que também é possível, nos termos do art. 308, § 1º, mas aí se terá tutela cautelar incidente, e não antecedente), o qual deverá ser apresentado nos mesmos autos, independentemente do recolhimento de novas custas (art. 308). No momento do ajuizamento do pedido principal, fica o demandante autorizado a aditar a causa de pedir, complementando-a (art. 308, § 2º).

Formulado tempestivamente o pedido principal, as partes serão intimadas a participar de audiência de conciliação ou mediação, sem necessidade de realizar-se nova citação (já que não se estará diante de novo processo), nos termos do art. 308, § 3º. Não havendo autocomposição, correrá o prazo para oferecimento de contestação ao pedido principal (art. 308, § 4º), observando-se, daí por diante, o procedimento comum.

A medida cautelar deferida em caráter antecedente para de produzir efeitos se ocorrer qualquer das hipóteses previstas no art. 309. É que, exatamente em razão de ter sido postulada – e deferida – antes da formulação do pedido principal, impõe-se a previsão de mecanismos que assegurem que a medida urgente não se eternize, dada sua necessária temporariedade. E não é por outro motivo que a primeira hipótese prevista na lei de cessação da eficácia da medida cautelar antecedente é precisamente aquela em que o pedido principal não é formulado no prazo previsto no art. 308 (art. 309, I).

Também cessa a eficácia de medida cautelar antecedente que não venha a ser efetivada em trinta dias (art. 309, II). A demora exclusivamente imputável ao serviço judiciário, todavia, não pode acarretar prejuízo para o autor, motivo pelo qual se deve considerar que bastará ao demandante, no prazo de trinta dias, praticar todos os atos necessários para viabilizar a efetivação da medida (como recolhimento de custas ou fornecimento de endereço onde se deva praticar o ato de efetivação da medida cautelar), para que a decisão concessiva da tutela cautelar permaneça eficaz.

Por fim, cessa a eficácia da medida cautelar se o pedido principal for julgado improcedente ou se o processo for extinto sem resolução do mérito (art. 309, III). Na primeira das hipóteses mencionadas, não se poderá considerar presente o *fumus boni iuris* se, em cognição exauriente, tiver o juiz decidido no sentido de que o direito substancial não existe. No segundo caso, não se poderá cogitar de *periculum in mora* (na modalidade perigo de infrutuosidade), pois não há risco para a efetividade do futuro resultado do processo se a produção de tal resultado é inviável, havendo obstáculo à apreciação do mérito da causa. Também cessa a eficácia da medida cautelar se o pedido vier a ser julgado procedente e o direito material vier a ser definitivamente efetivado e satisfeito (FPPC, Enunciado nº 504), dada a temporariedade da tutela cautelar.

Em qualquer caso em que cesse a eficácia da medida cautelar antecedente, fica vedado ao demandante renovar o pedido de tutela provisória não satisfativa pelo mesmo fundamento (ressalvada, por óbvio, a possibilidade de se formular pedido idêntico por fundamento diverso), nos termos do art. 309, parágrafo único.

O indeferimento da medida cautelar (ou a cessação de sua eficácia nos casos previstos nos incisos I, II e III do art. 309) não impede a parte de formular o pedido principal, nem influi em seu julgamento (art. 310). Isto resulta do fato de que a decisão sobre o requerimento de tutela cautelar baseia-se em cognição sumária, não estando apto a alcançar a autoridade de coisa julgada. Ressalva-se, porém, o caso de ter sido a medida cautelar indeferida por reconhecimento de decadência ou prescrição (art. 310, parte final). É que nesses casos a decisão que indefere o requerimento de medida cautelar baseia-se em cognição exauriente, sendo capaz de afirmar a própria inexistência do direito material sustentado pelo demandante – e não meramente a improbabilidade de que o mesmo exista – e, pois, é apta a fazer coisa julgada material. Nessa hipótese, pois, não será possível, em razão da coisa julgada – autoridade que torna imutável e indiscutível o que tenha sido decidido – formular-se o pedido principal e, caso este venha a ser deduzido, o processo terá de ser extinto sem resolução do mérito (art. 485, V).

O que se tem aqui, como se verifica facilmente, é o deslocamento, para o procedimento da tutela cautelar antecedente, de questão que, em princípio, deveria ser conhecida no processo principal. Esse deslocamento da cognição deve ser considerado elemento capaz de provocar consequências importantes. Em primeiro lugar, como visto, reconhecida a decadência ou a prescrição, a decisão alcançará a coisa julgada material, tornando-se imutável e indiscutível seu conteúdo, que declara o desaparecimento do direito substancial do demandante. De outro lado, também, tendo o juízo se pronunciado sobre a decadência ou a prescrição para afirmar que a mesma não ocorreu, esta declaração se tornará imutável e indiscutível, não podendo a questão tornar a ser conhecida depois de formulado o pedido principal, de tutela definitiva.

10.3. TUTELA DE URGÊNCIA SATISFATIVA (TUTELA ANTECIPADA)

A segunda modalidade de tutela provisória de urgência – esta realmente provisória, e não temporária – é a assim chamada *tutela antecipada*. Trata-se de uma tutela provisória satisfativa do próprio direito material deduzido no processo. É que a tutela de urgência satisfativa (ou tutela antecipada) se destina a permitir a imediata realização prática do direito alegado pelo demandante, revelando-se adequada em casos nos quais se afigure presente uma situação de perigo iminente para o próprio direito substancial (perigo de morosidade, de que se tratou no tópico anterior). Pense-se, por exemplo, no caso de alguém postular a fixação de uma prestação alimentícia, em caso no qual a demora do processo pode acarretar grave dano à própria subsistência do demandante. Para casos assim, impõe-se a existência de mecanismos capazes de viabilizar a concessão, em caráter provisório, da própria providência final postulada, a qual é concedida em caráter antecipado (daí falar-se em tutela antecipada de urgência), permitindo-se uma satisfação provisória da pretensão deduzida pelo demandante.

A tutela antecipada é fenômeno típico dos processos de conhecimento. Neste, como sabido, observa-se como regra geral o procedimento comum. Ocorre que esse procedimento é, por natureza, longo, uma vez que o juiz é chamado a proferir, nos processos que o seguem, julgamentos baseados em juízo de certeza. Há, porém, muitas situações em que não se pode esperar o tempo necessário à formação do juízo de certeza exigido para a prolação de sentença no processo cognitivo, havendo a necessidade, para se tutelar adequadamente o direito material, de se prestar uma tutela processual satisfativa mais rápida. Nessas hipóteses, porém, surge um dilema. O processo de conhecimento, em princípio, se mostra inadequado à busca desse tipo de tutela por ser naturalmente demorado. A tutela cautelar, por sua vez, embora célere, também se mostra inadequada por não ser capaz de satisfazer o direito material deduzido no processo. Impõe-se, então, a criação de uma forma diferenciada de prestação da tutela processual, em que se obtivesse tutela satisfativa com celeridade. Surge, assim, a tutela antecipada, forma de tutela sumária, em que o juiz presta tutela processual satisfativa, no bojo do processo de conhecimento, com base em juízo de probabilidade.

É de se notar que tal tutela processual provisória, consistente em permitir a produção dos efeitos (ou, ao menos, de alguns deles) da sentença de procedência do pedido do autor desde o início do processo (ou desde o momento em que o juiz tenha se convencido da probabilidade de existência do direito afirmado pelo demandante), exige alguns requisitos para sua concessão.

O primeiro desses requisitos é a *probabilidade de existência do direito material deduzido no processo*. Trata-se, aqui, do mesmo requisito já exigido também para a tutela cautelar. O nível de profundidade da cognição que o juiz exerce para decidir sobre o requerimento de tutela antecipada é *rigorosamente o mesmo* que se tem para a tutela cautelar. Não há, portanto, qualquer diferença entre a probabilidade do direito exigida para a concessão de tutela cautelar ou para que se defira tutela antecipada. Qualquer que seja a modalidade de tutela de urgência, é preciso que o interessado na sua obtenção demonstre ser provável a existência de seu direito.

Além desse requisito, outro se exige, cumulativamente. É que, sendo a tutela antecipada uma espécie de tutela provisória de urgência, também aqui se exige a presença de uma *situação de perigo de dano iminente, grave, de difícil ou impossível reparação*. Mas o *periculum in mora* exigido aqui, como requisito da concessão da tutela antecipada, não é o mesmo perigo de infrutuosidade que se exige para a concessão da tutela cautelar. O que se apresenta como requisito da concessão da tutela antecipada é o *perigo de morosidade* (a que também já se fez referência no tópico anterior).

Consiste o perigo de morosidade no risco de que, em razão da demora do processo, o direito material deduzido pela parte em juízo corra risco de dano grave, de difícil ou impossível reparação. Em outras palavras, há uma situação de perigo iminente para o próprio direito material, que se não for realizado de imediato poderá perecer ou ficar gravemente violado, sendo o dano de reparação difícil ou impossível.

Pode-se, facilmente, figurar um exemplo. Pense-se na hipótese de uma pessoa precisar submeter-se a uma cirurgia de urgência, sem a qual correrá risco de morte, sendo a autorização para a intervenção negada pela operadora do seu plano de saúde. O ajuizamento de demanda visando à obtenção de tutela processual capaz de permitir a satisfação do direito à vida levaria, normalmente, à frustração do demandante, que veria seu direito irremediavelmente lesado (com a morte), em razão da demora natural do processo. Por essa razão, permite-se ao juiz a antecipação da tutela processual, com o fim de se permitir, desde logo, a satisfação do direito substancial, o que se dará através da imediata autorização para que se realize a intervenção médica necessária.

De se notar que tal hipótese não é de tutela cautelar, não sendo possível a confusão entre as duas modalidades de tutela provisória de urgência. Isso porque tanto a tutela cautelar como a tutela antecipada têm como fundamento de concessão o *periculum in mora*, o risco de dano. Ocorre que na tutela cautelar o que corre risco de sofrer dano irreparável (ou de difícil reparação) é a efetividade do processo, do provimento jurisdicional. O direito substancial, nessa hipótese, não está em risco. Já na tutela antecipada o que corre risco de perecer é o próprio direito material. A tutela cautelar é uma de tutela de urgência do processo, enquanto a tutela antecipada é destinada a proteger o próprio direito substancial.

A tutela antecipada consiste, como o próprio nome indica, na possibilidade de produção, antes do momento em que normalmente isso ocorreria, dos efeitos do resultado final do processo. Importante, então, verificar qual (ou quais) desses efeitos podem ser antecipados.

Parece impossível a antecipação do efeito declaratório. Este consiste na certeza jurídica conferida à existência ou inexistência (ou modo de ser) do direito afirmado pelo autor em sua demanda. É impossível, porém, a antecipação da certeza com base em juízo de probabilidade. Haveria, aqui, verdadeiro paradoxo: o juiz estaria afirmando a existência de uma "provável certeza", a qual, obviamente, seria incapaz de satisfazer a pretensão de obter certeza.

O mesmo se diga com relação à antecipação dos efeitos constitutivos. Não parece admissível, em sede de tutela provisória, a antecipação desse tipo de efeito, consistente na criação, modificação ou extinção de uma relação jurídica. Isso porque os efeitos constitutivos, de ordinário, só podem se produzir depois da afirmação da existência de um direito à modificação de uma situação jurídica, o que exige cognição exauriente. Seria inócua a prolação de uma decisão que provisoriamente constituísse uma situação jurídica nova, sendo certo que decisões inúteis não devem ser prolatadas (mesmo porque faltaria interesse em sua obtenção). Imagine-se, por exemplo, uma decisão que antecipasse a tutela numa "ação de dissolução de sociedade". Dissolvida provisoriamente a sociedade, ainda não seria possível sua liquidação, o que revela sua total inutilidade. Via de regra, pois, parece impossível a antecipação da tutela constitutiva. Não se pode negar, porém, que em algumas hipóteses a possibilidade de antecipação de efeito constitutivo da tutela processual se revela útil. É o caso, por exemplo, da regulamentação provisória do regime de guarda e visitação de filhos incapazes. Essa medida tem inegável caráter de antecipação de tutela e nítida eficácia constitutiva. Não se pode, portanto, negar a possibilidade de antecipação da tutela constitutiva quando se verificar a utilidade dessa medida.

Como regra geral, então, somente a antecipação da tutela condenatória será possível. A eficácia condenatória, consistente na imposição ao demandado de uma prestação (de dar, fazer ou não fazer), pode ser concedida antes da obtenção da certeza quanto à existência ou não do direito afirmado pelo autor. É certo que tal condenação antecipada teria como principal efeito permitir, desde logo, a instauração de uma execução forçada, a qual estaria embasada em título provisório, instável, porque ainda sujeito à revisão judicial. A possibilidade de execução fundada em título instável, porém, não é estranha ao direito brasileiro, onde se admite a execução provisória de sentenças ainda sujeitas a recurso (através do que se chama de *cumprimento provisório da sentença*). Tal execução, porém, será provisória como o título que serve de base para sua instauração.

Além dos dois requisitos já examinados (probabilidade e situação de perigo de morosidade), há outro, de conteúdo negativo. Não se admite tutela de urgência satisfativa que seja capaz de produzir efeitos irreversíveis (art. 300, § 3º). É que não se revela compatível com uma decisão baseada em cognição sumária (e que, por isso mesmo, é provisória) a produção de resultados definitivos, irreversíveis. Pense-se, por exemplo, em uma decisão concessiva de tutela provisória que determinasse a demolição de um edifício ou a destruição de um documento. Pois em casos assim é, a princípio, vedada a concessão da medida.

Não se pode, porém, afastar a possibilidade de concessão de outra medida que, sem produzir efeitos irreversíveis, se revele adequada como ensejadora de tutela provisória (como seriam a interdição ao uso de um edifício ou a determinação de que um documento fique custodiado em cartório, para fazer alusão aos exemplos mencionados há pouco). Além disso, casos há em que, não obstante a vedação encontrada no texto normativo, será possível a concessão de tutela provisória urgente satisfativa que produza efeitos irreversíveis (FPPC, Enunciado nº 419: "[n]ão é absoluta a regra que proíbe a tutela provisória com efeitos irreversíveis"). Basta pensar na fixação de alimentos provisórios (os quais, como sabido, são irrepetíveis), ou nos casos em que, através de tutela provisória de urgência, se autoriza a realização de intervenção cirúrgica ou o fornecimento de medicamento.

É preciso, então, perceber a lógica por trás da regra que veda a concessão de tutela provisória satisfativa irreversível, o que permitirá compreender as exceções a ela. É que a vedação à concessão de tutela de urgência satisfativa (tutela antecipada) irreversível resulta da necessidade de impedir que uma decisão provisória produza efeitos definitivos. Casos há, porém, em que se estará diante da situação conhecida como *irreversibilidade recíproca*. Consiste isso na hipótese em que o juiz verifica que a concessão da medida produziria efeitos irreversíveis, mas sua denegação também teria efeitos irreversíveis. É o que se dá, por exemplo, no caso da fixação de alimentos provisórios. Neste caso, a concessão da medida produz efeitos irreversíveis (uma vez que, se posteriormente se vier a constatar que não eram devidos alimentos, aqueles que tenham sido pagos não serão devolvidos, por força da incidência da regra da irrepetibilidade do indébito alimentar). De outro lado, porém, a denegação da medida produzirá efeitos irreversíveis sobre a própria subsistência do demandante, que afirma precisar da prestação alimentícia para prover seu sustento. Pois em casos assim (e em muitos outros, como o da tutela de urgência satisfativa que determina o fornecimento de medicamentos, caso em que a concessão produz efeitos irreversíveis, já que os medicamentos serão consumidos, mas também a denegação da medida produz efeitos irreversíveis, já que a pessoa que necessita do fornecimento gratuito de medicamentos pode até mesmo morrer se os não receber) cessa a vedação e passa a ser possível – desde que presentes os outros dois requisitos – a concessão da tutela de urgência satisfativa.

Em outras palavras: a vedação à concessão de tutela antecipada irreversível funda-se na circunstância segundo a qual não se deve admitir que uma decisão provisória, modificável ou revogável, possa produzir efeitos irreversíveis. Naqueles casos, porém, em que se faça presente uma situação de *irreversibilidade recíproca*, e se verifique que, assim como o deferimento da tutela antecipada produziria efeitos irreversíveis, seu indeferimento também acarretaria consequências irreversíveis, cessa a proibição ao deferimento da tutela de urgência satisfativa. Daí não resulta, porém, que em todos os casos de irreversibilidade recíproca a tutela antecipada será deferida. O que se tem, aí, é o afastamento da vedação, cabendo ao juízo verificar se os seus requisitos (probabilidade de existência do direito material e situação de perigo de dano iminente para esse mesmo direito) estão presentes. Preenchidos ambos os requisitos, a tutela antecipada será deferida. Ausente algum deles (já que os requisitos são cumulativos), deverá o juiz indeferir a tutela antecipada.

Pode ser deferida a tutela antecipada liminarmente, até mesmo sem prévia oitiva da parte contrária (CPC, art. 9º, parágrafo único, I), mas isso só deve acontecer quando a situação de perigo for tão iminente que não se possa esperar sequer o tempo necessário para a manifestação da outra parte. Sendo possível respeitar-se o contraditório prévio para só depois decidir, esta deverá ser a conduta do juiz. A concessão de tutela antecipada *inaudita altera parte* é uma exceção ao princípio do contraditório, que exige debate prévio acerca do conteúdo das decisões capazes de afetar a esfera jurídica das pessoas, e que resulta do modelo constitucional de processo (art. 5º, LV, da Constituição da República) e constitui uma das normas fundamentais do processo civil (arts. 9º e 10). Tem-se, aqui, uma limitação inerente ao contraditório, o qual não pode ser transformado em um mecanismo obstativo do pleno acesso à justiça. Pois é exatamente por isto que o próprio CPC prevê expressamente a possibilidade de concessão de tutela provisória de urgência sem prévia oitiva da parte contra quem a decisão será proferida. E é importante frisar que esta possibilidade de concessão *inaudita altera parte* da tutela provisória de urgência é perfeitamente compatível com o modelo constitucional de processo, já que o princípio constitucional do contraditório – como qualquer outro princípio – pode conhecer exceções que também tenham legitimidade constitucional, como se dá no caso em exame, em que a regra que autoriza a concessão liminar da tutela de urgência encontra guarida no princípio constitucional do acesso à justiça.

De outro lado, é possível que a prova documental acostada pelo demandante para tentar obter a tutela antecipada se revele insuficiente. Daí a possibilidade de realização de audiência de justificação (art. 300, § 2º, aplicável também à tutela cautelar). Nesse tipo de audiência colhe-se prova oral produzida apenas pela parte interessada na obtenção da tutela antecipada. Em outras palavras, apenas o demandante arrolará testemunhas para serem ouvidas nesta audiência. O demandado, evidentemente, poderá estar presente, participando da colheita da prova, a fim de que se respeito seu direito fundamental ao contraditório. Poderá o demandado, então, contraditar as testemunhas arroladas pelo demandante (demonstrando, por exemplo, que alguma delas é impedida de depor como testemunha), assim como poderá formular perguntas para a testemunha arrolada pelo demandante. Com ou sem a realização dessa audiência, o juiz decidirá sobre o requerimento de tutela antecipada.

A efetivação da tutela antecipada, assim como acontece com a tutela cautelar, pode ser condicionada à prestação de uma caução, real ou fidejussória. Remete-se o leitor, aqui, para o quanto se disse sobre o tema no tópico anterior. E para que a medida seja efetivada aplicam-se, no que couber, as regras do cumprimento provisório de sentença (art. 297, *caput* e parágrafo único), tema de que se tratará mais adiante neste mesmo livro.

Responde aquele que obteve a tutela antecipada pelos danos indevidamente suportados pela parte contrária nas mesmas hipóteses em que essa responsabilidade existe para aquele que obteve tutela cautelar (art. 302). Remete-se o leitor, então, mais uma vez, para o que, a respeito do tema, foi dito no tópico anterior.

Assim como acontece com a tutela cautelar, também a tutela antecipada pode ser requerida em caráter incidente ou antecedente. Será incidente o requerimento quando formulado na mesma petição inicial em que se tenha formulado o pedido de tutela definitiva, ou em petição posterior, apresentada no curso do processo. Será antecedente quando postulada em petição inicial exclusivamente voltada à sua obtenção, a qual poderá ser posteriormente aditada para que, então, se formule o pedido de tutela processual definitiva.

O CPC, assim como fez em relação à tutela cautelar antecedente, regula um procedimento a ser observado para obtenção de tutela antecipada antecedente, o qual está previsto no art. 303.

O procedimento previsto no art. 303 será empregado apenas naqueles casos em que "a urgência for contemporânea à propositura da ação". Significa isso dizer que a postulação de tutela antecipada antecedente não é uma mera escolha do demandante (como se pudesse ele escolher entre usar este procedimento ou, desde logo, demandar a tutela processual definitiva). Deve-se interpretar o dispositivo no sentido de que será adequada a postulação de tutela antecipada antecedente apenas naqueles casos em que os fatos geradores da urgência exigem uma tutela processual tão imediata que não há tempo sequer para a elaboração de uma petição inicial completa, em que já se postule a tutela definitiva, indo-se ao Judiciário com uma petição inicial incompleta, apenas para formular o pedido de tutela antecipada.

Embora não seja de emprego exclusivo nesses casos, parece claro que a postulação de tutela antecipada antecedente será adequada em muitos daqueles casos em que a necessidade de se postular uma tutela processual satisfativa urgente se manifesta durante os horários em que não há expediente forense regular, sendo preciso buscar o Plantão Judiciário (como se dá naqueles casos em que é preciso ir ao Judiciário durante a madrugada ou nos finais de semana).

Basta pensar, por exemplo, num caso em que a pessoa seja levada às pressas para um hospital, fazendo-se necessária a realização de uma cirurgia de urgência ou emergência, e a administradora do plano de saúde nega a autorização (sob o fundamento de que haveria um prazo de carência a ser ainda cumprido). Pois em casos assim é preciso postular-se imediatamente tutela processual satisfativa de urgência (ou seja, tutela antecipada), e não faria mesmo sentido exigir da parte – ou de seu advogado – que já elaborasse uma petição inicial completa, com todos os requisitos exigidos pelo art. 319 do CPC.

Nessas hipóteses, havendo urgência extrema, poderá o demandante limitar-se a, na petição inicial, requerer a tutela de urgência satisfativa, com a indicação do pedido de tutela final, a exposição sumária da causa, do direito que se busca realizar e da situação de perigo de dano iminente (art. 303), além do valor da causa (art. 303, § 4º). É fundamental, como se vê, que a lei processual admita, em casos assim, essa petição inicial incompleta, mas suficiente para permitir a apreciação do requerimento de tutela de urgência satisfativa.

Tenha-se claro, então, que a técnica prevista no art. 303 será usada apenas naqueles casos em que "a urgência [é] contemporânea à propositura da ação", devendo-se entender esta expressão no sentido de que a regra aqui examinada é aplicável naqueles casos em que, surgida a situação de urgência, faz-se necessária a imediata propositura da demanda (sendo, pois, a situação de urgência e a propositura da demanda contemporâneas).

Perceba-se, ainda, que, a fim de evitar confusão entre o caso em que a petição inicial é incompleta por conta da extrema urgência e aquele em que a petição inicial é simplesmente mal feita, exige a lei processual que o demandante, ao valer-se do benefício que lhe é assegurado pelo art. 303, afirme expressamente que o faz (art. 303, § 5º). Claro que não há, aqui, palavras rituais a serem empregadas. Mas é preciso que o demandante deixe claro, em sua petição inicial, que ela será posteriormente aditada para que sejam preenchidos os requisitos formais necessários ao regular desenvolvimento do processo, e que a petição foi elaborada de modo incompleto porque se limitava ao requerimento de tutela antecipada antecedente.

A demanda será, então, apreciada pelo juiz e, deferida a tutela de urgência satisfativa postulada, incumbirá ao demandante aditar a petição inicial, com a complementação de sua argumentação, a juntada de novos documentos e a confirmação do pedido de tutela final, em quinze dias (ou prazo maior que lhe seja expressamente assinado pelo juiz), nos termos do que determina o art. 303, § 1º, I. Registre-se, aqui, e desde logo, que é bastante recomendável que este prazo seja aumentado pelo juiz, de forma a harmonizar o instituto de que aqui se trata com o que será examinado logo adiante, a estabilização da tutela antecipada. Fica, aqui, a sugestão (que será mais bem compreendida no tópico seguinte, quando se retornará a este ponto) de que os juízes, ao deferir a tutela antecipada antecedente, fixem um prazo para aditamento à petição inicial, que só acabe depois do término do prazo para eventual agravo contra a decisão. Pode-se imaginar, à guisa de exemplo, que o juiz estabeleça que o prazo para aditamento da petição inicial terminará cinco dias depois do termo final do prazo para agravo de instrumento contra a decisão proferida.

O aditamento da petição inicial se fará nos mesmos autos, não se podendo exigir do demandante o recolhimento de novas custas processuais (art. 303, § 3º) além das que eventualmente já tenham sido recolhidas. É possível, porém, que os regimentos de custas prevejam que, por exemplo, nos casos de postulação diretamente ao Plantão Judiciário não há necessidade de recolhimento de custas, devendo estas ser depositadas posteriormente. O que não se pode admitir é uma exigência de duplo recolhimento de custas (um quando da apresentação da petição inicial incompleta destinada a postular tutela antecipada antecedente, outro quando do aditamento dessa petição).

Não sendo feito o aditamento da petição inicial no prazo de quinze dias (ou outro, maior, que tenha sido fixado pelo juiz), o processo será extinto sem resolução do mérito (art. 303, § 2º).

Aditada a petição inicial, o réu será citado e intimado para comparecer à audiência de conciliação ou mediação e, não havendo acordo, correrá o prazo para oferecimento de contestação (art. 303, § 1º, II e III). Aqui há outro aspecto importante a considerar. Deferida a tutela antecipada antecedente, não há que se cogitar, ao menos nesse momento, de citação do demandado. Ele será, nessa altura, tão somente *intimado* da decisão concessiva da tutela antecipada antecedente, para dela tomar conhecimento e, eventualmente, praticar os atos necessários ao seu cumprimento. Só depois do aditamento da petição inicial é que o demandado será citado (para, afinal, tornar-se parte do processo) e intimado (a fim de tomar conhecimento da data designada para a audiência prévia de autocomposição). E se o aditamento da petição inicial não ocorrer, o processo será extinto sem que o réu seja sequer citado.

Em síntese: deferida a tutela antecipada antecedente, deve-se apenas intimar o réu. Aditada a petição inicial, aí sim o réu será citado (e intimado da data da audiência prévia de conciliação ou mediação).

Caso não estejam presentes os requisitos para a concessão da tutela de urgência satisfativa, esta será indeferida, e nessa hipótese a petição inicial deverá ser emendada no prazo de cinco dias, sob pena de seu indeferimento e consequente extinção do processo sem resolução do mérito (art. 303, § 6º).

Justifica-se esse prazo menor pela circunstância de que, em alguns casos, o fato de não ter sido deferida a tutela antecipada antecedente retire do demandante qualquer interesse em prosseguir com o processo, e por isso ele terá esse prazo menor, de apenas cinco dias, para manifestar seu interesse através do aditamento da petição inicial. Também esse prazo, porém, poderá ser aumentado pelo juiz de acordo com as circunstâncias do caso concreto, nos termos do que dispõe o art. 139, VI, e parágrafo único, do CPC.

10.3.1. Estabilização da tutela antecipada

Trata o art. 304 da estabilização da tutela de urgência satisfativa antecedente (ou, simplesmente, *estabilização da tutela antecipada*). Afirma o aludido dispositivo que "[a] tutela antecipada, concedida nos termos do art. 303, torna-se estável se da decisão que a conceder não for interposto o respectivo recurso". Significa isto dizer que, concedida a tutela de urgência satisfativa nos termos do art. 303 (isto é, com base em uma petição inicial incompleta em razão da extrema urgência existente ao tempo da propositura da demanda) e não tendo o réu interposto recurso contra a decisão concessiva da tutela antecipada, esta se tornará estável, devendo o processo ser extinto sem resolução do mérito (art. 304, § 1º). O recurso interposto por assistente simples do réu também impede a estabilização da tutela antecipada, salvo se o réu expressamente se manifestar no sentido de que prefere a estabilização (FPPC, Enunciado nº 501).

A decisão concessiva da tutela de urgência estável não faz coisa julgada (isto é, não se torna imutável e indiscutível), como estabelece expressamente o art. 304, § 6º, o que é consequência do fato de ter sido ela proferida com apoio em cognição sumária e não em cognição exauriente (sendo esta essencial para que uma decisão judicial alcance a autoridade de coisa julgada). Seus efeitos, porém, se tornam estáveis e só podem ser afastados por decisão judicial que a desconstitua, proferida em demanda proposta por alguma das partes em face da outra (art. 304, § 3º e § 6º, *in fine*).

Como não há formação de coisa julgada, não se admite, em hipótese alguma, a "ação rescisória" como mecanismo de impugnação da decisão que tenha declarado estabilizada a tutela antecipada (FPPC, Enunciado nº 33).

Pode-se dizer, então, que a estabilização da tutela antecipada não se confunde com a coisa julgada. Como se poderá ver melhor adiante, em capítulo exclusivamente dedicado ao estudo do tema, existem várias formas de se produzir estabilidade no sistema processual. Uma delas – certamente a mais conhecida e mais importante – é a coisa julgada. Mas outra forma de estabilidade processual é a *estabilização da coisa julgada*.

Uma vez estabilizada a tutela satisfativa de urgência, então, será possível a qualquer das partes ajuizar, em face da outra, demanda com o fim de obter a revisão, reforma ou invalidação da decisão concessiva da tutela antecipada estável (art. 304, § 2º). Só no caso de vir a ser proposta esta demanda é que será possível a revogação dos efeitos da tutela antecipada estável, devendo este novo processo tramitar perante o mesmo juízo em que se desenvolveu o processo no qual fora deferida a tutela antecipada que se estabilizou (art. 304, § 4º, parte final), o qual terá competência funcional para conhecer da demanda de desconstituição da tutela antecipada estável.

O direito à desconstituição da tutela antecipada estável se sujeita a um prazo decadencial de dois anos, devendo o prazo ser contado a partir da ciência da decisão que extinguiu o processo no qual foi deferida a tutela antecipada que se tenha estabilizado (art. 304, § 5º). Trata-se de prazo decadencial, o que atrai toda a regulamentação da decadência prevista no Código Civil.

Explique-se melhor o que foi dito até aqui: obtida a tutela antecipada antecedente, o réu será – como visto no tópico anterior – intimado para tomar conhecimento da decisão (e, eventualmente, para praticar os atos necessários ao seu cumprimento). Caso o demandado não interponha recurso contra a decisão concessiva da tutela antecipada antecedente, o processo será desde logo encerrado, não se buscando mais a tutela processual definitiva (e, portanto, não se buscando a formação da coisa julgada). Neste caso, apenas os efeitos da decisão concessiva da tutela antecipada se tornarão estáveis (e só poderão ser desconstituídos se, dentro do prazo decadencial de dois anos, alguma das partes ajuizar demanda de modificação, revogação ou revisão da tutela antecipada).

É que, muitas vezes, o interesse do demandante não é propriamente o de buscar uma decisão de mérito favorável e capaz de alcançar a autoridade de coisa julgada. Pode ele, tão somente, querer obter uma providência que seja capaz de resolver seu problema prático imediato. Pense-se, por exemplo, no caso de alguém precisar de uma tutela antecipada para garantir a realização de uma cirurgia custeada pela administradora de um plano de saúde. Obtida a tutela antecipada, e realizada a cirurgia, o demandante pode se considerar já satisfeito, não tendo qualquer interesse em prosseguir com esse processo. Pois se o réu não se tiver insurgido contra a decisão concessiva da tutela antecipada, pode-se então considerar que esse resultado é satisfatório para ambas as partes, de modo que não haveria qualquer razão para que o processo continuasse. Nesses casos, então, o processo será extinto sem resolução do mérito, mas a decisão concessiva da tutela antecipada antecedente permanecerá produzindo efeitos (os quais, como visto, adquirem estabilidade).

Pense-se, aqui, no caso de uma pessoa que vai a juízo para obter, por meio de tutela antecipada antecedente, autorização para participar de uma prova de concurso, a se realizar no dia seguinte ao da obtenção da tutela provisória. Deferida a tutela antecipada e realizada a prova, o candidato é reprovado. Qual seria o interesse do demandante em prosseguir com esse processo em direção à formação da coisa julgada? Provavelmente nenhum. E por que razão o ente público demandado interporia recurso contra essa decisão? Como o julgamento do recurso, nesse caso, não teria qualquer utilidade prática, provavelmente o recurso sequer seria interposto. Pois em casos assim, exigir que o processo continue, observando todo o procedimento até a formação da sentença, seria manter vivo um processo absolutamente inútil, em que nenhuma das partes tem mais qualquer interesse. Pois para casos assim é que se criou a estabilização da tutela antecipada.

Muitos outros exemplos poderiam ser aqui figurados. Uma tutela antecipada antecedente para obtenção de uma certidão, ou para o fornecimento de um medicamento, ou para impedir a prática de um ato que viola direito à titularidade de uma marca, são casos em que, possivelmente, deferida e efetivada a tutela antecipada, o problema prático estará resolvido e nenhuma das partes terá qualquer interesse em que o processo continue a se desenvolver. Nessas hipóteses, então, o processo pode ser extinto sem resolução do mérito, estabilizados os efeitos da decisão concessiva da tutela antecipada (de modo que, para empregar os mesmos exemplos, a certidão permanecerá eficaz, o medicamento continuará a ser fornecido, o ato violador da marca continuará a não poder ser praticado).

A respeito da estabilização da tutela antecipada há, porém, duas questões tormentosas, que precisam ser examinadas cuidadosamente. A primeira delas diz respeito ao sentido que se deve atribuir ao vocábulo "recurso" no *caput* do art. 304. A segunda diz respeito à exata compreensão do que é necessário para ocorrer a estabilização. E isto se diz porque o art. 304 exige, para a estabilização da tutela antecipada, que o réu não recorra. De outro lado, o art. 303, § 1º, I, exige que o autor emende a inicial, sob pena de extinção do processo. Impõe-se, então, a seguinte questão: o que ocorre se nem o autor emendar a inicial nem o réu oferecer recurso? Nesse caso haverá a estabilização? E se o autor não emendar a inicial e o réu quiser recorrer? Poderá o recurso ser interposto neste caso, ainda que o prazo para sua interposição se encerre depois do prazo para emenda da petição inicial? E se o autor emendar a inicial, afirmando querer obter uma decisão baseada em cognição exauriente, mas o réu não recorrer? Haverá estabilização da tutela antecipada contra a vontade do demandante? Todas essas possibilidades precisam ser examinadas. É o que se passa a fazer.

Deve-se afirmar, em primeiro lugar, que a referência a "recurso", no *caput* do art. 304, pode ser compreendida de duas maneiras diferentes: como recurso *stricto sensu* (o que significaria, então, afirmar que só não haveria a estabilização da tutela antecipada se o réu interpusesse agravo contra a decisão concessiva da medida de urgência); ou, em um sentido mais amplo, como meio de impugnação (o que englobaria outros remédios sem natureza recursal, como a contestação). Vale recordar que é neste sentido mais amplo que o Código Civil faz alusão a recurso em seu art. 65.

Não há, porém, razão para a atribuição deste sentido mais amplo ao texto do art. 304 (diferentemente do que acontece no caso do art. 65 do CC, que fala em "recurso" para impugnar um ato do Ministério Público, contra o qual sequer se admitiria recurso *stricto sensu*, motivo suficiente para afastar a outra interpretação).

A palavra *recurso* aparece no CPC (excluído o art. 304, já que é o significado da palavra neste artigo que se busca determinar) com três diferentes significados. O primeiro é o sentido estrito de recurso para o Direito Processual (o qual será objeto de exame específico em capítulo próprio deste trabalho), ou seja, um mecanismo destinado especificamente a impugnar decisões judiciais no mesmo processo em que proferidas, provocando seu reexame. O segundo sentido (em que o substantivo recurso aparece invariavelmente acompanhado do adjetivo tecnológico, como se dá, por exemplo, no art. 236, § 3º) é o de meio, a significar o mecanismo permitido pela tecnologia para a prática de atos eletrônicos, como a sustentação oral por videoconferência. Por fim, usa-se no CPC o vocábulo recursos (sempre no plural) em alguns dispositivos (como o art. 95, § 3º) para fazer menção a dinheiro.

No art. 304 o vocábulo não está associado aos meios tecnológicos (o que exclui o segundo sentido da palavra) nem a dinheiro (o que exclui o terceiro). Além disso, o texto do art. 304 faz uso do verbo interpor ("se da decisão que a conceder não for interposto o respectivo recurso"), o qual é, no jargão do Direito Processual, empregado apenas quando se trata de recursos *stricto sensu*. Junte-se a isto o fato de que se faz alusão a recurso contra uma decisão, e tudo isso só pode indicar que a norma se vale do conceito estrito de recursos.

Assim, é de se considerar que só a interposição, pelo demandado, de recurso (agravo de instrumento, quando se trate de processo que tramita na primeira instância; agravo interno quando for o caso de processo de competência originária dos tribunais) é capaz de impedir a estabilização da tutela antecipada de urgência antecedente. O mero fato de o réu oferecer contestação (ou se valer de qualquer outro meio, como – no caso do Poder Público, por exemplo – postular a suspensão da medida liminar) não será suficiente para impedir a estabilização.

Vale registrar que este tema tem gerado polêmica na jurisprudência. Assim, por exemplo, o STJ já proferiu decisão em que se considerou que não só a interposição de recurso em sentido estrito, mas também o emprego de outros meios de manifestação de insatisfação do demandado, como o oferecimento de contestação, seria capaz de impedir a estabilização da tutela antecipada (REsp 1.760.966/SP, rel. Min. Marco Aurélio Bellizze). Há, porém, decisão do mesmo Superior Tribunal de Justiça dizendo exatamente o contrário, que apenas a interposição de agravo impede a estabilização da tutela antecipada (REsp 1.797.365/RS, rel. Min. Sérgio Kukina, redatora do acórdão Min. Regina Helena Costa).

É preciso, aqui, para confirmar o acerto desse segundo entendimento (o de que apenas a interposição de recurso em sentido estrito impede a estabilização da tutela antecipada) reafirmar alguns pontos.

Em primeiro lugar, é preciso lembrar que, uma vez deferida a tutela antecipada antecedente, o réu não é, ainda, citado, mas apenas intimado da decisão. E isso acontece porque, não tendo sido ainda completada a petição inicial, não faria sentido citar o demandado se sequer se tem, ainda, o ajuizamento completo da demanda, não tendo sido ainda deduzida de forma integral a causa de pedir e não se tendo formulado o pedido de tutela processual definitiva.

Perceba-se, então, que os defensores da ideia segundo a qual a contestação poderia impedir a estabilização da tutela antecipada precisariam enfrentar esta outra questão: que contestação é essa? O que teria o réu, nesse caso, contestado, se a petição inicial ainda não está completa? Parece evidente que, uma vez aditada a petição inicial, o réu precisaria ter uma oportunidade para contestar a demanda agora completa. E se só agora ele contestará, então por que seria contestação aquele ato anterior? Nenhuma dessas perguntas obtém respostas adequadas.

De outro lado, o requerimento de suspensão da tutela antecipada que é deferida contra entes públicos (prevista, por exemplo, no art. 4º da Lei nº 8.437/1992, aplicável à tutela antecipada por força do art. 1º da Lei nº 9.494/1997) também não pode impedir a estabilização da tutela antecipada. É que a decisão que suspende os efeitos da tutela antecipada só é eficaz até o trânsito em julgado da sentença proferida no processo em que a tutela antecipada havia sido deferida (como se vê pelo art. 4º, § 9º, da Lei nº 8.437/1992 e pelo Enunciado nº 626 da súmula de jurisprudência predominante do STF). Imagine-se, então, que foi deferida tutela antecipada antecedente contra o Poder Público, e este postulou – e obteve – a suspensão da tutela antecipada. Não havendo recurso contra a decisão que deferiu a tutela antecipada antecedente, e preenchidos todos os demais requisitos para a estabilização, então o processo será extinto sem resolução do mérito. Transitada em julgado essa sentença, a decisão que suspendeu os efeitos da tutela antecipada perderá eficácia e, assim, a tutela antecipada antecedente voltará a produzir efeitos de modo estável.

Em síntese, a contestação não pode impedir a estabilização da tutela antecipada antecedente (porque nessa fase do processo ainda não se cogita de contestação), e a suspensão de tutela antecipada também não pode impedir que a tutela antecipada se estabilize (porque só obsta a produção de efeitos da decisão concessiva de tutela antecipada até o trânsito em julgado da sentença que extingue o processo, e aí a tutela antecipada passará a produzir efeitos estáveis).

Conclui-se, portanto, que só a interposição de recurso *stricto sensu* (agravo de instrumento ou agravo interno, conforme a tutela antecipada tenha sido deferida em primeira instância ou em processo de competência originária de tribunal) é capaz de impedir a estabilização.

Superada esta questão, fica a outra anteriormente anunciada para ser examinada. É que o art. 303, § 1º, I, exige que, deferida a tutela de urgência satisfativa antecedente, o autor emende a petição inicial, sob pena de extinção do processo, devendo fazê-lo no prazo de quinze dias (ou outro prazo maior que o juiz lhe assine). Pois este prazo, ordinariamente, terminará antes do prazo para interposição de agravo de instrumento pelo réu (prazo este que também é de quinze dias, mas começará a correr posteriormente, já que seu termo inicial será, normalmente, a juntada aos autos da prova da intimação realizada; isto sem falar nos casos em que o prazo para recurso seja ainda maior, como se dará nos casos em que o demandado seja assistido pela Defensoria Pública ou se trate de pessoa jurídica de direito público, hipóteses nas quais o prazo recursal será contado em dobro). Aliás, é exatamente por isso que, no tópico anterior, se destacou a importância prática de o juiz ampliar o prazo para aditamento da petição inicial, aumentando-o a ponto de ele só terminar depois que se encerrar o prazo para o demandado interpor recurso. É que assim será possível ao autor verificar primeiro se o réu terá recorrido, e só depois decidir se vai, ou não, aditar a petição inicial.

Torna-se, então, necessário examinar todas as combinações possíveis entre a conduta do autor e a do réu para verificar em que casos ocorrerá a estabilização.

É evidente, porém, que no caso de ter o autor emendado a petição inicial e, além disso, ter o réu recorrido contra a decisão concessiva da medida urgente, não haverá estabilização, devendo o processo seguir normalmente. É que nesse caso o réu terá recorrido (o que impede a estabilização), e o autor terá aditado a petição inicial, a demonstrar que ele próprio não se contenta com a estabilização da tutela antecipada, e pretende obter tutela processual definitiva (apta a alcançar a autoridade de coisa julgada).

Pode acontecer de o autor emendar a petição inicial e o réu não interpor agravo. Neste caso, terá havido uma manifestação de vontade do autor de prosseguir com o processo. Não se pode, porém, excluir a possibilidade de que o autor o tenha feito simplesmente porque não sabia se o réu iria ou não agravar, tendo então receado a extinção do processo sem resolução do mérito (o que, mais uma vez, confirma a importância de o juiz dilatar o prazo para aditamento da petição inicial, de forma a evitar que isso aconteça). Nessa hipótese, não tendo o réu interposto o recurso, só não terá havido a estabilização da tutela antecipada por ter o autor emendado a inicial, mas é possível imaginar que a ele interesse a estabilização. A solução adequada para este caso, pois, será exigir do juiz que profira despacho advertindo o autor do fato de que, por não ter o réu recorrido, pode acontecer a estabilização da tutela antecipada. Esta é uma conduta cooperativa do órgão jurisdicional, resultante do modelo de processo cooperativo, comparticipativo, que se constrói a partir do art. 6º, devendo-se, por conseguinte, admitir que o autor desista da ação, caso em que o processo será extinto sem resolução do mérito e, automaticamente, estará estabilizada a tutela antecipada de urgência antecedente. Caso o autor, mesmo consultado pelo juiz e advertido dos efeitos de sua escolha, não desista da ação, porém, o processo seguirá em direção a uma decisão fundada em cognição exauriente, não se cogitando de estabilização da tutela de urgência satisfativa antecedente.

Deve-se admitir, pelos mesmos fundamentos, que o autor, ao aditar a petição inicial, já declare que só pretende o prosseguimento do processo se o réu agravar, contentando-se com a estabilização da tutela antecipada em caso contrário, hipótese em que o processo deverá ser extinto sem resolução do mérito e a tutela antecipada será declarada estável. Tem-se aqui a possibilidade, então, de *aditamento condicional da petição inicial* (e se remete o leitor a passagem anterior deste trabalho, em que se tratou da possibilidade de prática de ato processual sujeito a condição). Pois nesse caso, terá o autor praticado o ato processual de aditar a petição inicial, mas submetido sua eficácia a uma condição interna ao processo, a futura e eventual interposição de recurso, pelo demandado, contra a decisão concessiva da tutela antecipada). Não havendo interposição de recurso, o aditamento será tido por ineficaz, e a tutela antecipada se estabilizará (já que não terá havido recurso nem aditamento eficaz da petição inicial).

Outra hipótese possível é o autor não ter emendado a petição inicial e o réu pretender recorrer. Como o prazo para emenda da inicial ordinariamente terminará antes do prazo para interposição do recurso, há em tese o risco de que o processo seja extinto antes de ser interposto o agravo. Isto não pode ocorrer, porém. Caso o autor não emende a petição inicial, não pode o processo ser desde logo extinto, já que é preciso aguardar-se o prazo recursal (e isto porque a lei processual expressamente atribui efeitos à conduta do réu, que pode recorrer ou não). E mais uma vez se confirma, aqui, a importância de o juiz ampliar o prazo para aditamento da petição inicial, evitando que isso aconteça. É preciso, portanto, que o juízo, verificando que o autor não emendou a petição inicial, aguarde o prazo recursal para que se possa verificar qual terá sido a conduta do réu. Caso o réu interponha o agravo, deverá o juiz extinguir o processo e, em razão da interposição do recurso, revogar a tutela antecipada, a qual não se estabilizou. O recurso, neste caso, não terá seu mérito julgado (pois o processo estará extinto e, em razão da extinção do processo e da interposição do agravo, terá havido a revogação da tutela antecipada). Incumbirá ao tribunal, neste caso, declarar prejudicado o recurso, o que acontecerá porque caberá ao juízo de primeiro grau comunicar ao relator que, em razão de não ter o autor aditado a petição inicial (e tendo sido interposto recurso), proferiu sentença extinguindo o processo e revogando a tutela antecipada anteriormente deferida. E que fique claro que, neste caso, a revogação da tutela antecipada se dá em razão da combinação de dois fatores: o autor não aditou a petição inicial *e* o réu interpôs recurso contra a decisão concessiva da tutela antecipada antecedente.

Por fim, pode acontecer de o autor não emendar a inicial e o réu não interpor recurso. Deve-se considerar, neste caso, que ao autor se revelou suficiente a tutela de urgência já deferida, não tendo ele interesse em prosseguir com o processo em direção a um julgamento final fundado em cognição exauriente, e que ao réu não interessou praticar o ato necessário para impedir a estabilização da tutela antecipada. Nesta hipótese, então, a tutela de urgência satisfativa antecedente se estabilizará.

Em síntese: (a) se o autor emendar a inicial e o réu agravar, não haverá estabilização, e o processo seguirá regularmente; (b) se o autor emendar a inicial e o réu não agravar, o juiz deverá inquirir o autor sobre sua intenção de ver o processo prosseguir em direção a uma sentença de mérito, apta a alcançar a coisa julgada (o que impede a estabilização da tutela antecipada), ou, se o autor prefere desistir da ação, caso em que haverá estabilização e o processo será extinto sem resolução do mérito (sendo possível, como já visto, que o autor se tenha antecipado e, ao emendar a petição inicial, tenha condicionado a eficácia do aditamento, declarando que o fazia apenas para a eventualidade de o réu agravar, caso em que o resultado será o mesmo que aqui foi apresentado); (c) se o autor não emendar a inicial, ainda assim o réu poderá agravar, com o único intuito de impedir a estabilização, a qual não acontecerá, restando extinto o processo e revogada a tutela antecipada, não sendo julgado o mérito do recurso, que estará prejudicado; (d) se o autor não emendar a petição inicial e o réu não agravar ocorrerá a estabilização e o processo será extinto sem resolução do mérito, devendo o juízo declarar estabilizada a tutela antecipada.

Extinto o processo (por não ter sido aditada a petição inicial) e não ocorrendo a estabilização da tutela antecipada (por ter o réu agravado contra a decisão que a concedera), será possível a liquidação para fins de responsabilização civil do requerente da medida, apurando-se os danos indevidamente suportados pelo demandado (Enunciado nº 499 do FPPC).

Veja-se, por fim, que tudo o que aqui se disse acerca da tutela de urgência satisfativa antecedente também se aplica nos casos em que, na petição inicial, tenha o autor formulado o requerimento de tutela antecipada em conjunto com o pedido de tutela final. Nesta hipótese, porém, não haverá que se cogitar de emenda à inicial (já que esta terá vindo "completa"), mas no caso de o réu não interpor recurso contra a decisão concessiva da tutela de urgência, poderá o autor desistir da ação para, com isto, provocar a estabilização da tutela antecipada, sendo essencial que o juízo, diante da constatação do fato de que o réu não recorreu, advirta o autor da possibilidade de estabilização, o que é uma manifestação de atitude cooperativa. É importante, também, que o juiz, ao deferir a tutela antecipada nesse caso, pronuncie-se advertindo o réu que se ele não recorrer poderá haver a estabilização da tutela antecipada, advertência essa fundada no princípio da cooperação,

Também é aplicável o regime da estabilização da tutela antecipada aos alimentos provisórios (previstos no art. 4º da Lei nº 5.478/1968), conforme se lê no Enunciado nº 500 do FPPC.

Vale, por fim, registrar quanto ao ponto que é perfeitamente admissível a estabilização da tutela antecipada deferida contra a Fazenda Pública (FPPC, Enunciado nº 582). Aliás, alguns dos exemplos apresentados ao longo desta exposição foram de casos em que a tutela antecipada era deferida contra um ente público. Afinal, nada há no modelo constitucional de processo que o impeça (nem existe qualquer vedação legal a essa estabilização). Assim, por exemplo, deferida tutela antecipada contra o Município para que se outorgue ao demandante uma "certidão positiva com efeito de negativa" (o que se dá quando o contribuinte deixou de recolher algum tributo mas o está a discutir judicialmente, estando suspensa sua exigibilidade), pode não haver interesse de qualquer das partes no prosseguimento do processo, sendo a tutela antecipada suficiente para resolver o problema prático que o autor busca solucionar, não tendo o Poder Público qualquer razão para prosseguir com uma discussão que provavelmente não lhe traria qualquer proveito. O mesmo se pode pensar em outros casos em que se defere tutela antecipada contra o Poder Público para outorga de bens de valor econômico irrisório (como, para citar exemplo que tive oportunidade de ver na prática, uma decisão que determinou ao Município que fornecesse ao demandante o medicamento ácido acetilsalicílico, em quantidade suficiente para que ele tomasse dois comprimidos diários). Perfeitamente possível a estabilização contra a Fazenda Pública, portanto.

10.4. TUTELA DA EVIDÊNCIA SATISFATIVA

Além da tutela antecipada, há outra forma de prestação de tutela processual provisória, a *tutela da evidência*. Trata-se de uma modalidade de tutela processual não definitiva, fundada em um juízo de probabilidade, e que dispensa, para sua concessão, a existência de uma situação de urgência. Não é por outra razão que o art. 311, ao tratar da tutela da evidência, afirma ser ela cabível "independentemente da demonstração de perigo de dano ou de risco ao resultado útil do processo".

A tutela da evidência, então, é a tutela provisória que independe, para ser concedida, da existência de *periculum in mora*. E é instituto antigo, há muito conhecido do Direito Processual Civil. Basta pensar nas liminares possessórias, cujo deferimento não depende da existência de uma situação de perigo de dano iminente, e que são conhecidas do sistema processual desde o antigo Direito Romano. O CPC vigente, porém, foi responsável por, pela primeira vez, dar alguma sistematização ao tratamento do tema.

A tutela da evidência, então, é uma tutela provisória que dispensa, para ser deferida, a demonstração da existência de uma situação de urgência. De outro lado, porém, exige-se, para sua concessão, uma *probabilidade qualificada*, que nada mais é do que aquilo que a legislação processual denominou *evidência*.

Sempre postulada em caráter incidental, não se admitindo sua postulação antecedente, a tutela da evidência pode ser satisfativa ou assecuratória (assim como acontece com a tutela de urgência), e não se limita aos casos previstos no art. 311 do CPC. Diferentemente do que acontece em matéria de tutela de urgência, porém, não existe um *poder geral de tutela da evidência*, de modo que essa modalidade de tutela provisória só é admissível em casos expressamente descritos na lei. É que cabe ao texto legal indicar em que situações se pode considerar presente essa probabilidade qualificada (evidência) que justifica a concessão de tutela provisória independentemente da existência de uma situação de perigo de dano.

Inicia-se o estudo das tutelas da evidência pela sua modalidade satisfativa.

Consiste a tutela da evidência satisfativa em uma medida destinada a antecipar o próprio resultado prático final do processo, satisfazendo-se na prática o direito do demandante, independentemente da presença de *periculum in mora*. Está-se, aí, pois, diante de uma técnica de aceleração do resultado do processo, criada para casos em que se afigura evidente (isto é, dotada de probabilidade máxima) a existência do direito material.

Há uma regra geral sobre tutela da evidência satisfativa no art. 311 do CPC, embora outros casos possam ser encontrados em outros textos normativos. Começará a exposição, porém, pelo exame do citado artigo do CPC.

Prevê o art. 311 um rol de quatro hipóteses em que será concedida tutela da evidência. Em todos esses casos, portanto, será possível deferir-se, provisoriamente, ao demandante o próprio bem jurídico que ele almeja obter com o resultado final do processo, satisfazendo-se desde logo sua pretensão.

Defere-se a tutela da evidência, em primeiro lugar, quando "ficar caracterizado o abuso do direito de defesa ou o manifesto propósito protelatório da parte" (art. 311, I). Trata-se, aqui, da previsão de uma tutela provisória sancionatória, por força da qual a aceleração do resultado do processo se apresenta como uma sanção imposta àquele demandado que exerce seu direito de defesa de forma abusiva, com o único intuito de protelar o andamento do processo. Em outras palavras, trata-se de hipótese em que, ao lado da probabilidade de existência do direito do autor, ocorre abuso do direito de defesa do demandado, o qual apresenta defesa manifestamente protelatória, e esse caráter abusivo do exercício do direito de defesa acaba por tornar a probabilidade de existência do direito material mais qualificada, podendo ser considerada a *evidência do direito*.

Tem-se, pois, verdadeira tutela provisória sancionatória, já que aqui a tutela da evidência atua como sanção punitiva contra o abuso do direito de defesa. A rigor, não há sanção mais grave para quem pretende protelar do que imprimir uma maior aceleração à entrega da prestação jurisdicional. Criou-se, desse modo, uma técnica sancionatória eficiente contra o abuso do direito de defesa. Tal técnica de tutela processual provisória, registre-se, encontra pleno apoio no disposto no art. 5º, LXXVIII, da Constituição da República. Afinal, se existe a garantia constitucional de duração razoável do processo (ou, o que dá no mesmo, o direito, constitucionalmente assegurado, a um processo sem dilações indevidas), e se é dever do Estado criar os meios que assegurem a entrega da tutela processual de modo tempestivamente, é adequado que sejam criados meios destinados a inibir condutas processuais protelatórias, como se tem neste caso.

É inegável que todos têm direito à defesa, o qual encontra guarida constitucional. Esse direito, porém, como todos os outros, deve ser exercido de forma legítima, pois seu exercício abusivo não é tolerado pelo ordenamento jurídico. Assim, se o réu apresenta defesa com o único propósito de protelar a entrega da tutela processual, deve-se realizar desde logo o direito substancial que, em razão da defesa abusiva, mais do que simplesmente provável, já se revela evidente.

Pense-se, por exemplo, numa "ação de despejo por denúncia vazia", em que o réu contesta tão somente para alegar a "injustiça" da denúncia imotivada da locação. A defesa, claramente, é despida de fundamento sério que permita sua apreciação. Trata-se de defesa protelatória, que permite a imediata prestação da tutela processual, através da tutela da evidência satisfativa.

É de se referir que, nesta hipótese, só se pode admitir a concessão da tutela da evidência após o oferecimento da contestação do demandado (como resulta da aplicação do art. 311, parágrafo único.

A tutela da evidência sancionatória, prevista no inciso I do art. 311 do CPC, encontra paralelo em instituto do Direito Processual francês, conhecido como *juridiction de référé* (art. 834 do *code de procédure civile*). É curioso notar que a lei francesa afirma ser cabível a concessão da medida sempre que a defesa do réu não for séria (*"[d]ans tous les cas d'urgence, le président du tribunal judiciaire ou le juge du contentieux de la protection dans les limites de sa compétence, peuvent ordonner en référé toutes les mesures qui ne se heurtent à aucune contestation sérieuse ou que justifie l'existence d'un différend"*). A lei brasileira empregou uma terminologia mais chegada ao que se costuma qualificar como "politicamente correto", não fazendo qualquer alusão à falta de seriedade da defesa, e optando por falar em "abuso do direito de defesa" e em "manifesto propósito protelatório da parte". Trata-se, porém, e sem qualquer dúvida, do mesmo fenômeno. Não sendo séria a defesa do réu, deverá ele ser sancionado através do deferimento, desde logo, do resultado prático que o autor pretende obter através do processo.

Está-se aqui, pois, diante de uma técnica de concessão de tutela provisória perfeitamente compatível com a garantia constitucional de duração razoável do processo (art. 5º, LXXVIII, da Constituição da República). É que há casos – e todo profissional habituado à prática forense já viu algum – em que, proposta uma demanda, o réu apresenta uma defesa que não é séria. É o que se dá, por exemplo, em processos nos quais se discute a responsabilidade civil do fornecedor de produtos e este se defende alegando não ter agido com culpa para a produção do dano suportado pelo consumidor (quando é notório que a responsabilidade civil do fornecedor de produtos é objetiva, prescindindo da existência de culpa). É, também, o que se dá naqueles casos em que o réu apresenta defesa que contraria fatos notórios, ou fundada em argumentos que notoriamente são rejeitados pela jurisprudência (como se dá nos casos em que uma pessoa demanda em face de uma instituição bancária alegando ter havido a inscrição indevida de seu nome em um cadastro de devedores inadimplentes por um banco em que jamais teve conta, e o Banco se defende alegando que não é responsável por ter sido vítima de uma fraude cometida por um terceiro, como se a verificação da documentação de quem abre uma conta não dissesse respeito à sua própria atividade, caracterizando-se aí um *fortuito interno* que não exclui a responsabilidade civil). Considera-se, também, abusiva a defesa da Administração Pública quando contrariar entendimento firmado, com eficácia vinculante, no âmbito administrativo do próprio ente público, e que esteja consolidado em manifestação, parecer ou súmula administrativa, salvo se demonstrar a existência de distinção ou a presença de elementos que justifiquem a superação daquele entendimento consolidado (FPPC, Enunciado nº 34). Muitos outros exemplos poderiam ser figurados, mas estes bastam para indicar o tipo de conduta do demandado que se busca punir com a tutela da evidência sancionatória.

Outra hipótese de tutela da evidência (art. 311, II) é aquela em que as alegações de fato deduzidas pelo autor "puderem ser comprovadas apenas documentalmente e houver tese firmada em julgamento de casos repetitivos ou em súmula vinculante". Aqui, a concessão da tutela da evidência exige a presença cumulativa de dois requisitos: suficiência da prova documental preconstituída e existência de tese firmada em precedente ou súmula vinculante.

Exige-se, pois, em primeiro lugar, que a prova documental trazida com a petição inicial seja suficiente para demonstrar a veracidade de todas as alegações, formuladas pelo demandante, a respeito dos fatos que fundamentam sua pretensão. Tem-se aí, então, situação equivalente àquela do mandado de segurança, cuja concessão exige a demonstração de direito líquido e certo (assim compreendido aquele direito cujo fato constitutivo é demonstrável através de prova exclusivamente documental e preconstituída). A necessidade de produção de outros meios de prova além dos documentos que instruem a petição inicial, portanto, é suficiente para afastar a incidência do art. 311, II.

A mera existência de direito líquido e certo, porém, não é suficiente para a concessão da tutela da evidência. Exige-se, também, a existência de precedente ou enunciado de súmula vinculante aplicável ao caso concreto. Como se terá oportunidade de examinar mais detidamente adiante, o CPC implanta um sistema de precedentes vinculantes (assim entendidos os julgamentos produzidos em casos repetitivos – recursos excepcionais repetitivos e incidente de resolução de demandas repetitivas – e incidente de assunção de competência). Além disso, existem os enunciados de súmula vinculante (art. 103-A da Constituição da República e Lei nº

11.417/2006). Pois os precedentes e enunciados de súmula vinculante estabelecem padrões decisórios capazes de permitir que casos equivalentes recebam soluções equivalentes (*to treat like cases alike*), estabelecendo-se a partir daí uma padronização das decisões, a fim de assegurar previsibilidade (que é elemento essencial do direito fundamental à segurança jurídica) e isonomia (afinal, se todos são iguais perante a lei, é preciso que casos iguais recebam decisões iguais). E aqui se remete ao tópico deste trabalho que foi dedicado ao estudo dos padrões decisórios como "fontes" do Direito.

Pois em casos nos quais o demandante demonstre, com sua petição inicial, ter direito líquido e certo, e exista precedente ou enunciado de súmula vinculante aplicável ao caso, justifica-se o deferimento de tutela provisória (da evidência), por ser muito provável que tenha ele razão e que seu pedido venha a ser julgado procedente. Pense-se, por exemplo, no entendimento padronizado através do julgamento do Recurso Especial repetitivo nº 1.599.511/SP, rel. Min. Paulo de Tarso Sanseverino, em que se fixou a tese segundo a qual é abusiva "a cobrança pelo promitente-vendedor do serviço de assessoria técnico-imobiliária (SATI), ou atividade congênere, vinculado à celebração de promessa de compra e venda de imóvel". Imagine-se, então, que alguém vai a juízo postular a declaração de que não poderia ter sido cobrado pelo serviço de assessoria técnico-imobiliária (SATI), pedindo a devolução do valor que pagou, e apresenta com sua petição inicial documentos que demonstram que essa cobrança foi feita. Pois nesse caso a prova que do autor se espera (a de que foi realizada a cobrança da SATI) é toda documental e preconstituída, vindo com a petição inicial, e a pretensão está amparada em entendimento firmado em julgamento de precedente vinculante. Caberá ao juiz, então, deferir a tutela da evidência, determinando desde logo, no início do processo, que o réu restitua ao autor o valor que lhe fora cobrado.

Neste caso, registre-se, a tutela da evidência pode ser deferida *inaudita altera parte*, antes mesmo da citação.

O terceiro caso de concessão de tutela da evidência (art. 311, III) é o da "ação de depósito" (nome tradicionalmente empregado para designar a demanda que, fundada em prova documental do contrato de depósito, tem por objeto a restituição da coisa depositada). Afirma o dispositivo legal que será deferida a tutela da evidência quando "se tratar de pedido reipersecutório fundado em prova documental adequada do contrato de depósito, caso em que será decretada a ordem de entrega do objeto custodiado, sob cominação de multa".

Afirma a lei processual que será deferida a tutela da evidência quando o demandante tiver postulado a restituição da coisa depositada, fundando seu pedido em "prova documental adequada" do contrato de depósito. Vale aqui recordar, porém, que o depósito voluntário só se prova por escrito (art. 646 do CC), regra também aplicável ao contrato de depósito necessário legal (arts. 647, I e 648 do CC). O depósito miserável (art. 647, II, do CC) é demonstrável por qualquer meio de prova (art. 648, parágrafo único, do CC).

Assim, nos casos de demanda fundada em contrato de depósito voluntário ou de depósito necessário legal, a "prova documental adequada" a que se refere o art. 311, III terá, necessariamente, de ser prova escrita. Já no caso de demanda fundada em depósito miserável, será admitida qualquer prova documental, ainda que não escrita (como, por exemplo, fotografias ou vídeos).

Havendo prova suficiente do contrato de depósito, então, fará o demandante jus à concessão da tutela (provisória) da evidência, devendo ser proferida decisão que determine a entrega da coisa depositada em certo prazo, sob pena de multa pelo não cumprimento do preceito.

Aqui há uma consideração a fazer. Ao tempo da legislação processual anterior, havia a previsão de um procedimento especial para a "ação de depósito", que se caracterizava pela possibilidade de emprego de um poderoso mecanismo coercitivo, a prisão civil do depositário infiel, que tornava o procedimento extremamente eficiente, permitindo que o demandante rapidamente conseguisse ter acesso ao bem depositado e não devolvido. Ocorre que se passou a entender, apesar do disposto no art. 5º, LXVII, da Constituição da República, que não é admissível a prisão civil do depositário infiel. E isto por conta do ingresso, no ordenamento jurídico brasileiro, da Convenção Americana de Direitos Humanos (Pacto de São José da Costa Rica), cujo art. 7º, 7, proíbe qualquer prisão civil por dívida, com a única ressalva da que resulta de obrigação alimentar.

Em função disso, o CPC vigente eliminou o procedimento especial da "ação de depósito", de modo que essa demanda passou a levar à instauração de um processo em que se observa o procedimento comum. Mas com isso o depositante passa a não ter mais à sua disposição qualquer técnica processual diferenciada, e só poderia obter tutela provisória de urgência. Consequência disso, então, é que – ao menos como regra geral – a coisa depositada permaneceria com o depositário infiel ao longo de todo o desenvolvimento do processo.

Para evitar isso, e criando uma *compensação sistêmica* para o fim da prisão civil do depositário infiel, o CPC permitiu a tutela da evidência em favor do demandante das "ações de depósito", desde que, com a petição inicial, apresentem prova documental adequada da celebração do contrato de depósito.

Neste caso, vale registrar, também é admissível a concessão da medida *inaudita altera parte*, antes mesmo da citação do réu, como se verifica pelo disposto no parágrafo único do art. 311.

Por último (art. 311, IV), é cabível a tutela da evidência quando "a petição inicial for instruída com prova documental suficiente dos fatos constitutivos do direito do autor, a que o réu não oponha prova capaz de gerar dúvida razoável". Trata-se de mais um caso de tutela da evidência fundada em direito líquido e certo (isto é, em direito cujo fato constitutivo é demonstrável através de prova documental preconstituída), mas, diferentemente do que se prevê no inciso II deste mesmo art. 311, aqui não há precedente ou enunciado de súmula vinculante aplicável ao caso. Nesta hipótese, então, a tutela da evidência exige que, além da prova documental suficiente a acompanhar a petição inicial, não tenha o demandado sido capaz de apresentar, com a contestação, elementos de prova capazes de gerar dúvida razoável acerca da veracidade das alegações feitas pelo autor a respeito dos fatos da causa. Pois nesse caso, da soma dos elementos probatórios trazidos pelo autor e da falta de elementos convincentes trazidos pelo réu extrai-se a probabilidade máxima (evidência) da existência do direito substancial alegado pelo demandante.

Esta quarta hipótese de tutela da evidência satisfativa se aproxima da *condenação com reserva* do Direito Processual Civil italiano. É o que se tem, por exemplo, no art. 665 do *códice di procedura civile* daquele país, que trata da contestação no procedimento chamado de *convalida di sfratto*, o qual corresponde ao que, no Direito brasileiro, seria a "ação de despejo". Pois o aludido dispositivo legal está assim redigido: "[s]e *l'intimato comparisce e oppone eccezioni non fondate su prova scritta, il giudice, su istanza del locatore, se non sussistono gravi motivi in contrario, pronuncia ordinanza non impugnabile di rilascio, con riserva delle eccezioni del convenuto*".

Pois a situação aqui é análoga. Tendo o demandante ajuizado sua petição inicial acompanhada de prova documental suficiente de tudo aquilo cujo ônus da prova lhe incumbia, e não tendo o demandado, com sua contestação, produzido prova documental capaz de contraditar as provas trazidas pelo autor (ainda que tendo postulado pela produção de outros meios de prova, como pericial ou testemunhal), será desde logo cabível a concessão da tutela da evidência satisfativa, permitindo-se que o autor, desde logo, possa fruir do resultado prático que busca obter através do processo.

Do exposto até aqui já se pode verificar que o tutela da evidência satisfativa é um poderoso mecanismo de *redistribuição do ônus do tempo do processo*. É que, como regra geral, todo o peso da demora do processo recai sobre o demandante.

Há uma boa explicação para isso. É que o demandante é aquele que vai a juízo postular algo a que considera ter direito, mas que só conseguiria obter através da atividade jurisdicional. Já o demandado é aquele que tem o bem jurídico pretendido pelo demandante. Assim, por exemplo, se o demandante propôs "ação de cobrança", pretende ele obter, através do processo, uma quantia em dinheiro que pertence ao réu. Acontece que, como regra geral, o demandante só obtém o bem jurídico postulado se, ao final do processo, ficar constatado que ele tem razão. E se assim é, então todo o peso da demora do processo recai sobre os ombros do demandante, e quanto mais o processo demora, mais prejuízo ele causa ao demandante que tem razão.

Por isso é que, na prática, muitas vezes se verifica que o demandado tem interesse em que o processo demora. É que no caso de ter ele razão, essa demora não o priva do bem jurídico em disputa. E se quem tem razão é o demandante, então quanto mais demorar o processo, mais o demandado se terá beneficiado da fruição indevida do bem que era devido ao demandante.

Com a tutela da evidência se consegue promover uma redistribuição do ônus do tempo, que passa a pesar sobre o demandado. É que, deferida a tutela da evidência, o demandante já passa a poder fruir do bem jurídico que postula, de modo que passa a interessar ao demandado que o processo tramite de forma célere, já que é dele o interesse em demonstrar que o demandante afinal de contas não tinha razão, e que a tutela da evidência – que é provisória – deve ser revogada.

A tutela da evidência é sempre incidental ao processo em que se tenha formulado o pedido de tutela final, e nos casos previstos nos incisos I e IV do art. 311 só pode ser deferida depois do oferecimento da contestação (o que resulta da óbvia razão segundo a qual só se pode cogitar de abuso do direito de defesa depois que esta tenha sido oferecida, assim como só se pode afirmar que o réu não trouxe provas capazes de gerar dúvida razoável sobre o material probatório produzido pelo autor depois que o demandado tenha tido oportunidade para apresentar as suas alegações e provas). Permite a lei processual, porém, que a tutela da evidência seja deferida, nos casos previstos nos incisos II e III do art. 311, *inaudita altera parte* (arts. 9º, parágrafo único, II e 311, parágrafo único).

Deve-se ter claro, porém, que a possibilidade de prolação de decisões concessivas de tutela da evidência sem prévio contraditório é absolutamente excepcional. Isto porque, como reiteradamente tem sido dito ao longo deste trabalho, o contraditório – entendido como garantia de participação com influência na formação das decisões judiciais e de não surpresa – é uma exigência do Estado Democrático de Direito, e só pode ser excepcionado em casos nos quais seu afastamento se revele necessário para a proteção de algum direito fundamental que seria sacrificado com sua observância. Impende, então, compreender a autorização para concessão *inaudita altera parte* da tutela de evidência como mecanismo assegurador de direitos fundamentais que poderiam ser postos em risco se exigida a observância do contraditório prévio.

Basta pensar na hipótese prevista no inciso II do art. 311 para perceber que a evidência não pode ser confundida com certeza acerca da existência do direito, o que legitima a exigência de que, ao menos como regra geral, o contraditório prévio tenha de ser observado. É que o demandado pode apresentar uma série de defesas possíveis – e sérias – capazes de levar à conclusão de que o demandante não tem razão e, portanto, seu pedido deve ser julgado improcedente. Imagine-se, por exemplo, que o réu demonstre ter se operado prescrição ou decadência, ou que demonstre ele ser caso de *distinguishing* (mecanismo de distinção entre o caso concreto e o que deu origem ao precedente) ou de *overruling* (superação do precedente). Raciocínio análogo pode ser desenvolvido na hipótese prevista no inciso III do art. 311, em que o réu poderá, através da sua atuação no processo, demonstrar que o contrato celebrado não era de depósito, ou que após a celebração do contrato algum fato superveniente ocorreu que tenha sido capaz de afastar a existência do direito do demandante à restituição do bem (como, por exemplo, uma doação superveniente), ou que existe direito de retenção (art. 644 do CC).

Em razão disso, impõe-se a interpretação segundo a qual a tutela da evidência, mesmo nesses dois casos, só será admitida *inaudita altera parte* em casos excepcionais, com a demonstração – a ser feita pelo demandante em sua petição inicial – de que realmente o caso deduzido em juízo é uma repetição de demandas seriais (art. 311, II), ou de que efetivamente houve a celebração de um contrato de depósito e se configurou a infidelidade do depósito (art. 311, III), a legitimar uma mais adequada distribuição, ao longo do processo, dos ônus do tempo. A não ser assim, ter-se-á exceções ilegítimas à garantia do contraditório prévio. Impende, então, ter claro que a concessão *inaudita altera parte* da tutela da evidência é um mecanismo de distribuição do ônus do tempo do processo, que tem por objetivo evitar que toda a carga resultante da duração do processo recaia sobre um demandante que muito provavelmente tem razão (afinal, seu direito, mais do que meramente provável, é evidente).

Além dos casos previstos no art. 311, há outros exemplos de tutela da evidência satisfativa, que podem ser encontrados no próprio CPC (como a liminar em processos possessórios de força nova, art. 562; ou a adjudicação antecipada a herdeiro de bem do monte, art. 647, parágrafo único) ou em legislação extravagante (como é o caso da fixação de aluguel provisório em "ação revisional de aluguel", art. 68, II, da Lei nº 8.245/1991).

10.5. TUTELA DA EVIDÊNCIA NÃO SATISFATIVA

Fora do art. 311 do CPC podem ser encontrados casos de tutela da evidência não satisfativa, de caráter meramente assecuratório. Essas medidas se aproximam muito da tutela cautelar, mas dela diferem por não serem *tutelas de urgência*.

A proximidade com a tutela cautelar é tanta que também aqui se pode dizer estar-se diante de uma tutela *temporária*, e não propriamente provisória. Não obstante isso, continua-se a empregar, aqui, a terminologia do texto legal, chamando-se as tutelas da evidência de *tutelas provisórias*.

A tutela da evidência assecuratória (ou tutela da evidência não satisfativa) é uma tutela provisória que prescinde da urgência para ser deferida, mas não satisfaz de modo prático a pretensão da parte, limitando-se a assegurar a futura produção desse resultado prático.

É o caso, para ficar em um exemplo que pode ser encontrado no próprio CPC, da atribuição de efeito suspensivo a embargos à execução (CPC, art. 919, § 1º, que permite a atribuição judicial de efeito suspensivo aos embargos à execução quando presentes os requisitos de concessão da tutela provisória, seja ela de urgência ou da evidência).

Imagine-se, por exemplo, uma demanda executiva em que o demandante apresente, como título executivo, algo que não tem essa natureza. Pense-se na hipótese de ter sido ajuizada uma execução fundada em duplicata sem aceite que esteja desacompanhada de prova da entrega e recebimento da mercadoria (Lei nº 5.474/1968, art. 15, II, *b*). Vindo o executado a ajuizar, para defender-se, embargos à execução, alegando inexistência de título executivo, sua pretensão será fundada em prova documental preconstituída suficiente (já que a duplicata estará certamente nos autos, e não estará acompanhada da prova da entrega e recebimento da mercadoria). Pois se o embargado não apresentar, em sua impugnação aos embargos, prova documental suficiente para gerar dúvida sobre as alegações do embargante, será cabível (desde que já haja penhora ou outro meio de garantir a execução, como impõe o art. 919, § 1º, parte final, do CPC) a atribuição de efeito suspensivo aos embargos à execução.

Vale perceber que neste caso a tutela da evidência não levará à própria satisfação do direito alegado pela parte (o que só ocorreria com a imediata extinção da execução, o que não é possível), mas assegurará a eficácia futura desse resultado prático, suspendendo a execução até que sejam julgados os embargos. E isso independentemente da demonstração de qualquer situação de perigo.

Outro exemplo de tutela da evidência assecuratória, agora obtido em legislação extravagante, é a medida que decreta a indisponibilidade de bens do réu de "ação de improbidade administrativa", prevista no art. 7º da Lei nº 8.429/1992, segundo o qual "quando o ato de improbidade causar lesão ao patrimônio público ou ensejar enriquecimento ilícito, caberá a autoridade administrativa responsável pelo inquérito representar ao Ministério Público, para a indisponibilidade dos bens do indiciado", dispondo o parágrafo único do mesmo artigo que "[a] indisponibilidade a que se refere o *caput* deste artigo recairá sobre bens que assegurem o integral ressarcimento do dano, ou sobre o acréscimo patrimonial resultante do enriquecimento ilícito".

Esta medida, como facilmente se percebe, não é satisfativa da pretensão de reparação do dano ou de restituição do que foi indevidamente obtido pelo agente ímprobo. Limita-se a assegurar a efetividade do futuro resultado (já que, proferida a decisão que impõe o ressarcimento do dano ou a restituição do que se tenha auferido ilicitamente, haverá bens suficientes para garantir o êxito da execução que se desenvolverá). Mas essa não é uma medida concessiva de tutela de urgência, já que não há necessidade de demonstração da existência de *periculum in mora*.

O próprio STJ tem reiteradamente decidido que nesses casos não há necessidade de demonstração da existência de uma situação de perigo. Assim é que, no julgamento do REsp repetitivo 1.366.721/BA, rel. Min. Napoleão Nunes Maia Filho, redator do acórdão Min. Og Fernandes, fixou-se a seguinte tese (dotada de eficácia vinculante): "[é] possível a decretação da 'indisponibilidade de bens do promovido em Ação Civil Pública por Ato de Improbidade Administrativa, quando ausente (ou não demonstrada) a prática de atos (ou a sua tentativa) que induzam a conclusão de risco de alienação, oneração ou dilapidação patrimonial de bens do acionado, dificultando ou impossibilitando o eventual ressarcimento futuro'".

Curioso notar, porém, que o STJ trata essa medida como se fosse ela cautelar. Basta ver o seguinte trecho da ementa do acórdão que acaba de ser citado:

> A medida cautelar em exame, própria das ações regidas pela Lei de Improbidade Administrativa, não está condicionada à comprovação de que o réu esteja dilapidando seu patrimônio, ou na iminência de fazê-lo, tendo em vista que o *periculum in mora* encontra-se implícito no comando legal que rege, de forma peculiar, o sistema de cautelaridade na ação de improbidade administrativa, sendo possível ao juízo que preside a referida ação, fundamentadamente, decretar a indisponibilidade de bens do demandado, quando presentes fortes indícios da prática de atos de improbidade administrativa.

Como se percebe, o STJ tem entendido que se estaria, aí, diante de uma medida através da qual se defere tutela *cautelar*, mas com o *periculum in mora* "implícito no comando legal", de modo que se teria, aí, uma "forma peculiar [de] cautelaridade na ação de improbidade administrativa", bastando, para sua concessão, "fortes indícios da prática de atos de improbidade administrativa".

Na verdade, porém, o que se tem nesta hipótese é uma tutela provisória assecuratória (não satisfativa) cuja concessão não depende da existência de uma situação de perigo, a qual, pois, não precisa ser demonstrada. Não se está aí, portanto, diante de uma tutela de urgência, mas de tutela da evidência.

Porém, se é assim, então não é adequado chamar essa figura de *cautelar*, já que este termo qualifica a tutela meramente assecuratória *de urgência*. O que se tem aqui, pois, é *tutela da evidência assecuratória*. Em síntese: nem toda tutela processual não definitiva meramente assecuratória do futuro resultado do processo é propriamente cautelar. Também a tutela da evidência pode ser meramente assecuratória, não satisfativa do direito material deduzido no processo.

CAPÍTULO 11

FORMAÇÃO, SUSPENSÃO E EXTINÇÃO DO PROCESSO

11.1. FORMAÇÃO DO PROCESSO

O processo civil começa por iniciativa da parte (art. 2º), em razão da inércia característica da jurisdição. Daí por que, para ter início o processo, é preciso que alguém proponha uma demanda, ato de exercício inicial do direito de ação. A lei processual (art. 312) estabelece, então, o momento em que se considera iniciado o processo, e este momento é o do protocolo da petição inicial.

Define-se, assim, como marco inaugural do processo o ato, praticado pelo demandante, de apresentar ao protocolo forense sua petição inicial. A partir daí já existe processo.

Deve-se ter claro, então, que já há processo mesmo antes da citação do demandado. E não poderia mesmo ser de outro modo, ou não se conseguiria entender como seria possível a prolação de sentença em processo no qual o réu não tenha sido citado (como acontece nos casos de indeferimento da petição inicial e de julgamento de improcedência liminar). E isso só confirma a afirmação, anteriormente feita, de que a citação não é um pressuposto processual (nem de existência, nem de validade), já que pode haver processo que se desenvolve validamente sem citação.

Uma vez iniciado o processo, porém, este se desenvolverá por impulso oficial, ou seja, por atuação *ex officio* do juiz. Assim é que cabe ao juiz, através da prolação de despachos (que, como já examinado, são os provimentos meramente ordinatórios, destinados a impulsionar o processo), dar andamento ao processo, o qual só ficará parado aguardando a iniciativa de alguma (ou de ambas) das partes quando houver a necessidade de que alguma delas (ou mesmo ambas) pratique ato essencial a seu desenvolvimento.

O processo é uma entidade jurídica de formação gradual. Nasce com a propositura da demanda, mas só se completa com a citação, cuja consequência é a integração do demandado ao processo. É preciso ter-se claro, portanto, que mesmo antes da citação já existe processo.

Assim, basta que a petição inicial tenha sido protocolada para que se tenha por instaurado o processo. A partir desse momento, então, inicia-se o estado de litispendência (isto é, o estado de pendência do processo), o qual produz uma série de efeitos. Veja-se, por exemplo, a incidência de correção monetária sobre débitos cobrados em juízo, que se dá, em regra, a partir da propositura da demanda (art. 1º, § 2º, da Lei nº 6.899/1981).

Estabelece o art. 312 que a propositura da demanda produz, "quanto ao réu", os efeitos mencionados no art. 240 depois de sua citação válida. O aludido art. 240 enumera efeitos que aponta como sendo da citação (induzir litispendência, tornar litigiosa a coisa, constituir em mora o devedor e, como efeito do despacho que ordena a citação, interromper a prescrição), mas que, pela leitura do art. 312, descobre-se serem, na verdade, efeitos da propositura da demanda ou, caso se prefira, efeitos da instauração do processo. E a redação do art. 312 dá a indicar que tais efeitos alcançariam o demandante desde o protocolo da petição inicial, mas só atingiriam o demandado depois de sua citação válida. É preciso, porém, examinar cada um desses efeitos isoladamente para determinar-se o momento inicial de sua produção.

Pois o primeiro efeito mencionado no art. 240 é o de induzir litispendência. Pela literalidade do texto do art. 312, esse efeito se produziria para o demandado após sua citação válida, mas para o demandante já estaria a produzir-se desde a instauração do processo, ou seja, desde o protocolo da petição inicial. Pois nesse caso é absolutamente correta a informação que se encontra nos textos normativos. Embora o estado de litispendência só alcance o demandado após sua citação (o que justifica, por exemplo, o que consta no art. 792, § 3º, por força do qual nos casos de desconsideração da personalidade jurídica a fraude de execução se caracteriza apenas se o bem tiver sido alienado fraudulentamente após a citação), para o demandante esse efeito já se produz desde a instauração do processo. É por isso, por exemplo, que não pode o demandante ajuizar duas petições iniciais idênticas para tentar "escolher" o juízo mais favorável. Protocolada a primeira delas, estará instaurado o processo, e a segunda demanda acarretará a instauração de um processo que terá, necessariamente, de ser extinto sem resolução do mérito por já estar presente o estado de litispendência (art. 485, V).

O segundo efeito mencionado no art. 240 é tornar litigiosa a coisa. Pois esse efeito só alcança o demandado depois da citação válida, mas já se produz para o demandante deste a instauração do processo. Assim, por exemplo, quando se trata de ato praticado pelo demandado, só se poderá aplicar o disposto no art. 109 (que trata, precisamente, da alienação da coisa ou direito litigioso) após sua citação. Para o alienante, porém, o efeito já se produz desde a instauração do processo, de modo que qualquer ato de alienação do direito litigioso por ele praticado já se submete ao regime do art. 109, ainda que o demandado não tenha sido validamente citado.

O terceiro efeito previsto no art. 240 é a constituição em mora do devedor. Aqui se está diante de efeito que só pode se produzir se alcançar ambas as partes. Não há qualquer sentido lógico em se afirmar que o demandado ainda não foi constituído em mora, mas para o demandante a mora da parte contrária já produz efeitos. Ou bem o demandado foi constituído em mora, ou não foi (valendo aqui lembrar que o demandado só será constituído em mora pela citação se não tiver se configurado a mora anteriormente, como se dá nos casos de mora *ex re*). Se é a partir da citação que se produz o efeito de constituir-se em mora o devedor, compreende-se o disposto no art. 405 do CC, por força do qual "[c]ontam-se os juros de mora desde a citação inicial" (o que só se aplica nos casos de responsabilidade civil contratual, já que nas hipóteses de responsabilidade extracontratual os juros de mora incidem desde o evento danoso, nos termos consolidados no Enunciado nº 54 da Súmula do STJ, o qual é compatível com o disposto no art. 398 do CC, segundo o qual "[n]as obrigações provenientes de ato ilícito, considera-se o devedor em mora, desde que o praticou").

Por fim, o último efeito previsto no art. 240 é o de interromper a prescrição (ou obstar qualquer outro prazo extintivo, como o de decadência). Pois nesse caso é preciso, para que o efeito se produza, que o réu seja citado, mas a interrupção da prescrição retroage à data da propositura da demanda, isto é, à data do protocolo da petição inicial (conforme estabelecem os §§ 1º a 3º do art. 240).

Uma vez proposta a demanda e instaurado o processo, pode haver alguma modificação da demanda, subjetiva ou objetiva. Os casos de modificação subjetiva são aqueles em que, autorizada por lei, ocorre a sucessão processual (art. 108), fenômeno já estudado nesta obra.

A modificação objetiva (isto é, a alteração do pedido ou da causa de pedir) se dá nos termos do disposto no art. 329 do Código de Processo Civil.

Entre o ajuizamento da demanda e a citação do demandado, é lícito ao demandante livremente alterar ou aditar o pedido ou a causa de pedir. É que nesse caso o réu já será citado para responder à demanda alterada ou aditada, o que implica dizer que não haverá, para sua defesa, qualquer prejuízo (art. 329, I).

De outro lado, entre a citação e o saneamento do processo as modificações do pedido e da causa de pedir são admitidas, desde que com elas o réu consinta, assegurado o amplo contraditório (art. 329, II). Saneado o processo, ocorre a estabilização da demanda, não se admitindo mais, ao menos a princípio, qualquer outra modificação objetiva da demanda.

Nesse passo, há que se reconhecer a existência de três fases distintas no processo. Uma primeira, que vai da propositura da demanda até a citação do demandado, em que é lícito ao demandante modificar unilateralmente qualquer dos elementos objetivos da demanda. Numa segunda fase, da citação até o saneamento do processo (fenômeno típico dos processos cognitivos), a alteração objetiva da demanda é possível, desde que com ela concorde o réu. Por fim, após a decisão declaratória de saneamento do processo, nenhuma modificação objetiva da demanda será mais possível), eis que nesse momento ocorre o fenômeno conhecido como estabilização da demanda.

Deve-se considerar admissível, porém, a modificação da demanda posterior ao saneamento no caso de, só depois de ultrapassado aquele momento, ter surgido elemento que exija tal alteração. Pense-se, por exemplo, no caso de alguém ter ido a juízo para postular um auxílio-acidente previdenciário e, após o saneamento do processo, ter-se verificado o preenchimento dos requisitos para a aposentadoria. Não haveria qualquer sentido em extinguir-se o processo para dar-se início a outro que tivesse por objeto a concessão da aposentadoria só por já não ser mais possível a alteração do pedido ou da causa de pedir em razão da estabilização da demanda. Nesse caso, por força do princípio da eficiência (art. 8º), deve-se admitir o afastamento da regra do art. 329, II, e se aceitar a modificação posterior da demanda, desde que seja possível respeitar-se de forma plena e efetiva o princípio do contraditório.

Vê-se, assim, que a técnica empregada pelo ordenamento processual brasileiro para regular as modificações da demanda e sua estabilização não são tão rígidas como a mera leitura do texto do art. 329 parece indicar, havendo algum grau de flexibilidade resultante do sistema processual.

11.2. SUSPENSÃO DO PROCESSO

Tema pouco versado em doutrina, a suspensão do processo tem sido objeto de decisões pouco precisas e tratamento assistemático pelo Judiciário. Trata-se, porém, de tema da maior relevância, tendo em vista as consequências práticas que podem advir da inobservância de seu regramento.

Denomina-se suspensão do processo a paralisação total e temporária de um processo. Trata-se, portanto, de uma situação temporária (já que, ultrapassada a causa de suspensão, o processo voltará a tramitar normalmente) durante a qual nenhum ato processual pode ser validamente praticado (art. 314), com a única ressalva dos atos que sejam considerados urgentes, destinados a evitar dano irreparável.

Assim, enquanto suspenso o processo nenhum ato processual poderá ser praticado, reputando-se inválidos os que eventualmente o sejam. Permite-se, porém, a prática de atos urgentes, a fim de evitar dano irreparável, como seria o caso de, durante o período de suspensão do processo, deferir-se tutela cautelar ou determinar-se a citação de um demandado para se evitar a consumação de um prazo decadencial.

Incumbe ao próprio juiz da causa autorizar a prática dos atos urgentes durante a suspensão do processo. Excetua-se, porém, o caso em que a suspensão tenha resultado da arguição de impedimento ou suspeição do juiz. Nesse caso, os atos urgentes devem ser requeridos ao substituto legal do juiz cuja parcialidade tenha sido arguida (art. 146, § 3º, que faz alusão à tutela de urgência, mas deve ser interpretado no sentido de abranger todo e qualquer requerimento de atos urgentes).

É preciso ter sempre claro, então, que a suspensão do processo é uma situação temporária, durante a qual o processo não deixa de existir, ficando apenas em estado latente.

Há que se distinguir a suspensão própria da suspensão imprópria. Aquela paralisa inteiramente o processo, ficando permitida apenas a prática de atos urgentes. É o que se dá, por exemplo, quando ocorre a suspensão por convenção das partes (art. 313, II). Já na suspensão imprópria não há, verdadeiramente, paralisação do processo. É o que ocorre, por exemplo, na suspensão causada pela arguição de impedimento ou suspeição (art. 313, III). Nessa situação, fica paralisado apenas o que é indevidamente chamado "processo principal", e que em verdade é o único a existir, enquanto são praticados os atos pertinentes ao incidente provocado. Os atos processuais praticados para o julgamento da arguição integram aquele único processo, o "principal". O incidente, aqui, não é processo autônomo, mas mero desvio do procedimento principal. Tem-se, assim, uma ilusão de suspensão do processo, quando o que está suspenso é, tão somente, o procedimento principal, para que se decida o incidente. Em outros termos, na suspensão própria o processo fica inteiramente paralisado (ressalvada, apenas, a possibilidade de prática de atos urgentes), enquanto na suspensão imprópria o que há é uma vedação à prática de alguns atos, aqueles que dependem, para ser realizados, da superação da crise que determinou a "suspensão".

As causas de suspensão do processo estão expressamente previstas no art. 313.

A primeira delas é a morte ou perda de capacidade processual de qualquer das partes, de seu representante legal ou de seu advogado (art. 313, I). Ocorrendo a morte de qualquer das partes, o processo deve ficar suspenso até que se promova a sucessão processual, o que se faz por habilitação (art. 313, § 1º e art. 689). Caso não tenha ainda sido postulada a habilitação do espólio ou dos sucessores no momento em que o juízo toma conhecimento da morte da parte, será determinada a suspensão do processo (art. 313, § 2º). Tendo falecido o demandado, o demandante deverá ser intimado a promover a citação do espólio, do sucessor ou dos herdeiros, em prazo que lhe será assinado, nunca inferior a dois nem superior a seis meses (art. 313, § 2º, I). Tendo falecido o demandante e sendo transmissível o direito deduzido no processo (pois se não o for, o caso não será de suspensão, mas de extinção do processo), o juízo determinará a intimação de seu espólio, do sucessor ou dos herdeiros, pelos meios de divulgação mais adequados para o caso concreto, a fim de que manifestem interesse na sucessão processual e promovam a habilitação no prazo que lhes for designado (art. 313, § 2º, II). Em ambos os casos, o não cumprimento da determinação judicial no prazo implicará a extinção do processo sem resolução do mérito.

No caso de a parte tornar-se incapaz, deve o processo ser suspenso até que a ela se dê um curador. Ocorrendo a morte ou perda de capacidade do representante legal da parte ou de seu advogado, suspende-se o processo até que se lhe dê novo representante legal ou até que constitua novo advogado. No caso específico de morte (ou perda de capacidade) do advogado da parte, deverá esta ser intimada a constituir novo procurador no prazo de quinze dias, ao fim do qual será extinto o processo sem resolução do mérito (se o demandante não nomear novo patrono), ou seguirá o processo à revelia do demandado (se este não constituir novo advogado), nos termos do art. 313, § 3º.

É preciso, porém, deixar consignado que a suspensão do processo por morte ou perda da capacidade do advogado só ocorre quando o fato tiver ocorrido com o único advogado constituído pela parte no processo. Havendo mais de um advogado constituído, o processo não se suspende, devendo prosseguir de imediato, com o outro procurador nomeado.

Há quem sustente ser a disposição aqui comentada ampla ao ponto de incidir também sobre os casos de extinção da personalidade jurídica, o que não se afigura correto. A extinção da pessoa jurídica não faz com que desapareça a possibilidade de tutela dos seus interesses ainda pendentes de solução por via judicial (ao contrário da pessoa natural, que com a morte ou perda da capacidade se acha privada da capacidade de compreensão), havendo alguém que represente tais interesses (como o liquidante). Por essa razão, parece melhor entender que a extinção da personalidade jurídica não acarreta a suspensão do processo.

Pode, também, o processo ser suspenso por convenção das partes (art. 313, II). Trata-se de um negócio processual típico, através do qual as partes paralisam o andamento do processo pelas razões que lhes pareçam convenientes. Na maioria das vezes a suspensão convencional do processo ocorre para que as partes tentem alcançar uma solução consensual do conflito. Não é necessário, porém, que seja este seu objetivo. Nada impede, por exemplo, que se suspenda o processo por convenção das partes por se ter chegado a uma época em que para elas não é conveniente que o processo tenha algum andamento (em razão de suas atividades profissionais ou empresariais, ou por conta de algum evento a que ambas pretendam dedicar-se, por exemplo).

A suspensão convencional do processo não pode durar mais do que seis meses (art. 313, § 4º) e, findo o prazo convencionado, o processo seguirá seu curso normal (art. 313, § 5º).

Afirma o art. 313, III, que o processo se suspende "pela arguição de impedimento ou de suspeição". É preciso, porém, harmonizar o que daqui consta com o disposto no art. 146, § 2º, o qual deixa bastante claro que a arguição de impedimento ou suspeição não será sempre dotada de efeito suspensivo. Não há, porém, qualquer contradição entre os dispositivos.

O simples oferecimento da arguição de impedimento ou de suspeição suspende o andamento do processo (art. 313, I). Trata-se, evidentemente, de uma suspensão imprópria, uma vez que o processo não ficará inteiramente paralisado, devendo ser praticados todos os atos necessários ao processamento do próprio incidente de arguição da parcialidade do juiz. Os demais atos do processo, porém, não poderão ser praticados (com a ressalva expressa dos atos urgentes, os quais deverão ser requeridos ao juiz que atue como substituto legal daquele cuja isenção tenha sido questionada). Caso o juiz arguido não reconheça ser impedido ou suspeito, o incidente será encaminhado ao tribunal e distribuído a um relator. Este, em decisão fundamentada, deverá manter a suspensão do processo (art. 146, § 2º, II), o que se dará se estiverem presentes os requisitos genericamente exigidos para a concessão de medidas de urgência, isto é, *periculum in mora* e *fumus boni iuris*; ou deverá fazer cessar a suspensão, retirando o efeito suspensivo do incidente (art. 146, § 2º, I), por não estarem cumulativamente presentes aqueles dois requisitos, caso em que o processo voltará a tramitar normalmente. Perceba-se, então, que aqui o papel do relator não é o de decidir se atribui ou não o efeito suspensivo, mas o de decidir se retira ou não o efeito suspensivo de um incidente que, a princípio, é dotado de tal efeito.

Mantido o efeito suspensivo do incidente, o processo continuará (impropriamente) suspenso até o julgamento da arguição.

Também se suspende o processo pelo recebimento do incidente de resolução de demandas repetitivas (IRDR). Este é tema que será abordado com vagar adiante, para lá se remetendo o estudo do ponto.

Prevê-se, ainda, a suspensão do processo em casos nos quais a prolação de sentença de mérito depende de algum ato que necessariamente lhe tenha de anteceder, e que vá se dar em outro processo ou perante outro juízo (art. 313, V). São tratadas aqui duas hipóteses distintas.

A primeira delas (art. 313, V, *a*) é a da suspensão prejudicial do processo. Estabelece a lei que se suspende o processo quando a sentença de mérito "depender do julgamento de outra causa ou da declaração de existência ou de inexistência de relação jurídica que constitua o objeto principal de outro processo pendente".

Na maioria das vezes, a resolução de uma questão não depende da resolução de questões que lhe sejam anteriores. Assim, por exemplo, se ao juiz incumbe verificar se determinada pessoa sofreu danos morais e danos materiais, a solução de uma dessas questões não depende da solução da outra (e exatamente por isso é irrelevante a ordem em que elas serão resolvidas). Casos há, porém, em que se estabelece entre duas ou mais questões uma relação que faz com que uma delas tenha necessariamente de ser resolvida antes de outra. Sempre que isto ocorre, chama-se a questão a ser resolvida primeiro de questão prévia.

Questões prévias podem ser de dois tipos: questão preliminar e questão prejudicial.

Chama-se questão preliminar aquela questão prévia cuja solução serve apenas para determinar se a questão posterior (aqui chamada de questão principal) poderá ou não ser apreciada, sem influir na sua resolução. É o que se dá, por exemplo, na apreciação de um recurso no qual se pede a reforma de uma sentença. Antes de verificar se é ou não o caso de reformar a sentença, impende verificar (entre outros pontos) se o recurso foi ou não interposto tempestivamente. Caso ele tenha sido interposto dentro do prazo, pode-se examinar o pedido de reforma da sentença. Já no caso de ter sido o recurso interposto após o decurso do prazo, não se poderá reexaminar a sentença. A tempestividade do recurso é, pois, uma questão preliminar à do acerto da sentença recorrida.

De outro lado, chama-se questão prejudicial àquela cuja solução influi na resolução da questão posterior (aqui denominada questão prejudicada). É o que se dá, por exemplo, em processo no qual se debate a existência ou não de uma obrigação tributária e surge dúvida sobre a constitucionalidade da lei que institui o tributo. Ora, se a lei for inconstitucional, a obrigação tributária não existirá.

Outro exemplo se faz presente no caso em que se cobra o pagamento de juros resultantes do descumprimento de uma obrigação contratual e surge dúvida sobre a validade do próprio contrato. Evidentemente, caso seja inválido o contrato os juros não serão devidos.

A questão prejudicial pode ser interna (quando sua resolução se dá no mesmo processo em que será resolvida a questão prejudicada) ou externa (quando sua resolução se dará em processo distinto). Pense-se, por exemplo, na hipótese de haver, em curso, dois processos entre as mesmas partes: um tendo por objeto a prestação de alimentos e outro em que se discute a própria existência da relação de parentesco entre as partes. Pois este é prejudicial àquele. Em casos assim, de prejudicialidade externa, suspende-se o processo da causa prejudicada para aguardar-se o julgamento da causa prejudicial (art. 313, V, a). Essa suspensão não pode durar mais de um ano (art. 313, § 4º), e após o decurso desse prazo o processo voltará a tramitar normalmente (art. 313, 5º), cabendo ao juiz da causa prejudicada manifestar-se, também, ao fundamentar sua decisão, sobre a questão prejudicial.

Caso o julgamento do processo dependa da verificação de fato delituoso, o processo civil ficará suspenso até a manifestação do juízo criminal (art. 315). Caso a ação penal não seja proposta no prazo de três meses (contado da intimação do ato de suspensão), o processo civil voltará a tramitar normalmente, cabendo ao juízo cível a resolução da questão prévia (art. 315, § 1º). Proposta a ação penal no prazo, porém, o processo ficará suspenso por no máximo um ano (art. 315, § 2º).

Todo esse regramento da suspensão prejudicial do processo tem um nítido propósito: evitar decisão conflitantes ou contraditórias nesses dois processos. Imagine-se, para empregar exemplos anteriormente apresentados, que em um processo se condenasse o réu a pagar juros de mora pelo descumprimento de um contrato, enquanto no outro processo se declarasse a nulidade do contrato, não sendo exigível a obrigação nele prevista. Perceba-se, porém, que o risco de decisões conflitantes ou contraditórias é causa de modificação da competência (art. 55, § 3º, já examinado), o que leva à reunião dos processos para julgamento conjunto. Pois se assim é, então se faz necessário harmonizar essas duas disposições normativas.

É preciso, então, considerar que preferencialmente haverá, nesses casos de prejudicialidade, a reunião dos processos para julgamento conjunto, devendo ambos serem decididos pelo juízo prevento. Nos casos em que essa reunião não seja possível (por se estar diante de algum caso de competência absoluta, que não pode ser modificada), então será preciso suspender o processo da causa prejudicada, aguardando-se o julgamento da causa prejudicial.

O art. 313, V, *b*, por sua vez, prevê um caso de suspensão imprópria do processo. É que a lei processual determina que se suspenda o processo quando a sentença de mérito "tiver de ser proferida somente após a verificação de determinado fato ou a produção de certa prova, requisitada a outro juízo". É o que se dá quando o juízo perante o qual o processo tramita tiver determinado a expedição de alguma carta (precatória, rogatória ou de ordem) ou solicitado auxílio direto para colheita de alguma prova ou verificação de algum fato.

A suspensão que aqui se tem é imprópria porque o processo não fica, a rigor, suspenso (já que não fica inteiramente paralisado). Basta pensar que a carta não dá origem a outro processo, mas é mero incidente do processo de que tenha sido extraída. Assim, o processo terá andamento, quando menos, no juízo para o qual a carta tenha sido enviada, e que colherá a prova ou verificará o fato requisitado. Além disso, porém, no próprio juízo originário o processo não fica inteiramente paralisado, já que os atos que não dependam da prova ou da verificação do fato requisitado a outro juízo poderão ser praticados. Assim, por exemplo, se tiver sido expedida carta precatória para oitiva de uma testemunha, nada impedirá que o juízo deprecante colha o depoimento de outra testemunha. Apenas a prolação de sentença é que fica vedada durante essa "suspensão".

De todo modo, é bom ter claro que a expedição de carta precatória ou rogatória e o auxílio direto só "suspendem" (ainda que impropriamente) o processo se tiverem sido requeridos antes da decisão de saneamento do processo e, além disso, a prova que com eles se buscará for imprescindível para a prolação da sentença de mérito (art. 377). Essa disposição legal liga-se, em primeiro lugar, aos princípios da boa-fé (art. 5º) e da cooperação (art. 6º), já que não é dado à parte "guardar no bolso" uma prova que tenha de ser produzida fora dos limites territoriais da competência do juízo e só requerer a expedição da carta ou o auxílio direto depois do saneamento do processo. Assim, formulado o requerimento após o saneamento do processo, não haverá suspensão (nem imprópria). Há que se considerar, porém, que o motivo da expedição pode ser superveniente ao saneamento. Basta pensar na testemunha que se mudou para outra comarca depois de saneado o processo. Não requereu a parte que se expedisse precatória antes da decisão de saneamento pelo simples fato de não ser a mesma, àquela altura, necessária. Não parece lógico retirar o efeito suspensivo da carta nessa hipótese, sob pena de se exigir que a parte atue com diligência superior à que se exige de uma pessoa normal. De outra forma, se estaria a exigir da parte que requeresse a expedição de cartas antes do saneamento pelo simples temor de que alguma das testemunhas viesse a se mudar, indo residir em outra cidade, o que não parece se constituir em exigência razoável.

Além disso, impende que a prova a ser colhida "fora da terra" se revele imprescindível para a resolução do mérito. Assim é que, caso o prosseguimento da instrução probatória (que não será paralisada, como visto, podendo ser realizada no juízo de origem) traga aos autos outras provas que se revelem suficientes para o julgamento do mérito, cessa eventual suspensão e a sentença de mérito poderá ser desde logo proferida.

A suspensão fundada no art. 313, V, *b* também não pode exceder de um ano.

Suspende-se, também, o processo "por motivo de força maior" (art. 313, VI), assim compreendido o evento irresistível que seja capaz de impedir que o processo tenha andamento regular. Basta pensar, por exemplo, em tragédias naturais (como enchentes resultantes de tempestades, entre outras que assolam o Brasil), as quais fazem com que, ao menos durante algum tempo, o funcionamento das atividades forenses se torne absolutamente impossível. Cessada a causa, evidentemente, cessará também a suspensão do processo. Na mesma hipótese se enquadra uma situação de pandemia mundial, como a da doença conhecida como COVID-19, que exigiu o isolamento social da maior parte da humanidade, que teve de ficar em casa, numa espécie de quarentena.

É preciso considerar, porém, que esses eventos de força maior são, necessariamente, eventos transitórios (ou não faria qualquer sentido se pensar em mera suspensão do processo, evento que é, por definição, temporário). E sempre será preciso examinar, objetivamente, em que medida o evento de força maior impede o desenvolvimento do processo, para que se verifique se é ou não caso de sua suspensão. Assim, por exemplo, a pandemia mundial de COVID-19, que levou grande parte da humanidade ao isolamento social ao longo de parte dos anos de 2020 e 2021, não impediu o regular desenvolvimento de processos cujo trâmite era documentado em autos eletrônicos, já que os advogados puderam enviar suas petições por meios eletrônicos, além de ter sido permitido que, graças aos avanços tecnológicos existentes, outros atos (como audiências por videoconferência, penhoras *on-line*, sessões de julgamento virtuais, entre outros) pudessem ser praticados. Esses processos, então, não ficaram suspensos. Processos que tramitavam em autos não eletrônicos, porém, tiveram de ser suspensos pelo simples fato de que os fóruns ficaram fechados, e não havia como praticar ou documentar atos processuais nesses casos.

Prevê, ainda, a lei processual a suspensão do processo (art. 313, VII) "quando se discutir em juízo questão decorrente de acidentes e fatos da navegação de competência do Tribunal Marítimo". O que se tem, aqui, é mais um caso de suspensão prejudicial do processo, mas que não se enquadra na previsão do art. 313, V, *a*, por conta do fato de que a competência para apreciar a questão é do Tribunal Marítimo, e não de outro órgão jurisdicional.

O Tribunal Marítimo, órgão auxiliar do Judiciário (art. 1º da Lei nº 2.180/1954), tem como atribuição "julgar os acidentes e fatos da navegação marítima, fluvial e lacustre e as questões relacionadas com tal atividade". Compete ao Tribunal Marítimo (art. 13, I, da Lei nº 2.180/1954) julgar os acidentes e fatos da navegação, definindo-lhes a natureza e determinando-lhes as causas, circunstâncias e extensão, indicando os responsáveis e lhes aplicando as penas previstas na lei e propondo medidas preventivas e de segurança da navegação.

Imagine-se, por exemplo, um processo judicial no qual se postula reparação de danos decorrentes da perda de uma carga em um naufrágio. Ora, sendo o naufrágio um acidente da navegação (art. 14, *a*, da Lei nº 2.180/1954), e estando em curso processo perante o Tribunal Marítimo para apurar as causas do naufrágio, deverá ser suspenso o processo judicial a fim de aguardar-se a manifestação do Tribunal Marítimo (cuja decisão, evidentemente, pode ser revista pelo Judiciário, só tendo eficácia probatória, nos precisos termos do art. 18 da Lei nº 2.180/1954).

Em seguida, prevê a lei processual, numa espécie de "cláusula de encerramento", que o processo suspender-se-á "nos demais casos que este Código regula", entre os quais podem ser citados, à guisa de exemplo, os previstos nos arts. 76, 134, § 3º, 1.036, § 1º, e 1.037, II.

Posteriormente à entrada em vigor do CPC, a Lei nº 13.363, de 25/11/2016, acresceu ao art. 313 mais dois incisos (IX e X), além de outros dois parágrafos (§§ 6º e 7º). Não se pode deixar de observar a má técnica legislativa observada aqui. É que se o inciso VIII apresenta uma "cláusula de encerramento", não há qualquer razão que justifique a inclusão de novos incisos depois dele. Os novos incisos deveriam, então, ter sido incluídos em outra posição (sendo, por exemplo, os incisos VII-A e VII-B, para que se observasse a técnica legislativa estabelecida pela Lei Complementar nº 95). Mais importante, porém, do que examinar a técnica legislativa é analisar o conteúdo dos aludidos dispositivos.

Estabelece o inciso IX do art. 313 que se suspende o processo "pelo parto ou pela concessão de adoção, quando a advogada responsável pelo processo constituir a única patrona da causa". Esse período de suspensão dura trinta dias, contados "a partir da data do parto ou da concessão da adoção, mediante apresentação de certidão de nascimento ou documento similar que comprove a realização do parto, ou de termo judicial que tenha concedido a adoção, desde que haja notificação ao cliente" (§ 6º). Aqui, algumas observações são necessárias.

Em primeiro lugar, é preciso ter claro que só ocorrerá a suspensão do processo se a advogada que der à luz ou adotar uma criança for a única a patrocinar os interesses de seu cliente. Havendo outros advogados habilitados a atuar, o processo continuará a tramitar normalmente.

Em segundo lugar, é preciso dizer que o prazo corre da data do parto ou da adoção, e não da data da juntada aos autos da prova do nascimento ou da adoção. O ato do juiz que, diante da apresentação do documento, declara suspenso o processo, é meramente declaratório da aludida suspensão.

Em terceiro lugar, só ocorre a suspensão se o cliente tiver sido devidamente comunicado, pela advogada, do parto ou da adoção, comunicação esta que deve ser comprovada nos autos.

Há, porém, uma última observação a respeito dessa causa de suspensão, que não se pode deixar de fazer. É que a mesma Lei nº 13.363/2016, que inseriu esse dispositivo no CPC, fez com que se inserisse também um novo artigo (7º-A) no Estatuto da Advocacia (Lei nº 8.906/1994), cujo inciso IV estabelece ser direito da advogada "adotante ou que der à luz, suspensão de prazos processuais quando for a única patrona da causa, desde que haja notificação por escrito ao cliente". Há, pois, uma contradição entre o que consta do CPC (que determina a suspensão do processo) e do EOAB (que determina a mera suspensão de prazos processuais). A suspensão de prazos parece uma consequência muito mais lógica do nascimento ou adoção de filho pela única advogada da causa do que a suspensão do processo. Afinal, qual seria o sentido de, por exemplo, obstar-se a realização de uma perícia nos dias seguintes à data do nascimento do filho da advogada? Ou de não se poder realizar a avaliação de um bem que tenha sido penhorado, ou a publicação de um edital de leilão? Do ponto de vista prático, porém, não parece haver maiores problemas nessa divergência entre os dois textos normativos: é que, no caso de se considerar que o processo (e não simplesmente o prazo) fica suspenso, os atos processuais que durante tal suspensão sejam praticados só serão nulos se causarem prejuízo para a parte (art. 282, § 2º), e – ao menos como regra – a prática de ato processual sem que corra prazo para a parte representada pela advogada que deu à luz ou adotou não vai ser capaz de gerar para ela qualquer prejuízo. De toda maneira, deve prevalecer a interpretação segundo a qual é o processo, e não apenas o prazo, que fica suspenso. Isso porque a mesma Lei nº 13.363 previu (por meio do inciso X que acrescentou ao art. 313) a suspensão do processo quando o advogado da causa se tornar pai, e não existe qualquer disposição na mesma lei prevendo que nesse caso haveria suspensão apenas dos prazos. Desse modo, considerar que a paternidade é causa de suspensão do processo e a maternidade causa de suspensão de prazos implicaria um tratamento desigual injustificável, violador da isonomia. Por esse motivo é que se deve interpretar o art. 7º-A, IV, do EOAB no sentido de que a suspensão é do processo como um todo, e não apenas dos prazos.

Passa-se, assim, ao último caso previsto no art. 313: suspende-se o processo "quando o advogado responsável pelo processo constituir o único patrono da causa e tornar-se pai". Nesse caso a suspensão se dá pelo prazo de oito dias, contado da data do parto ou do deferimento da adoção. Também aqui se exige a apresentação de certidão de nascimento ou documento similar que comprove a realização do parto, ou de termo judicial que tenha concedido a adoção, assim como a prova de que o cliente do advogado tomou conhecimento do fato, para que o processo fique suspenso. E aqui, como dito anteriormente, a suspensão é, inegavelmente, do processo (e não apenas de algum prazo processual).

Registre-se, por fim, que não há qualquer violação da isonomia no fato de que o prazo de suspensão do processo é diferente conforme se esteja diante de uma nova maternidade (30 dias) ou paternidade (8 dias). Trata-se de distinção perfeitamente compatível com a diferença estabelecida entre a licença-maternidade e a licença-paternidade.

11.3. EXTINÇÃO DO PROCESSO

O processo só se extingue por sentença (art. 316). Não é este, ainda, o momento de examinar com maior aprofundamento esse conceito, mas vale lembrar que, nos termos do art. 203, § 1º, sentença é "o pronunciamento por meio do qual o juiz, com fundamento nos arts. 485 e 487, põe fim à fase cognitiva do procedimento comum, bem como extingue a execução".

Assim sendo, deve-se ter por sentença (ao menos por enquanto, e sem maiores aprofundamentos conceptuais) o ato do juiz que põe termo ao processo de conhecimento (ou à fase cognitiva de um processo sincrético, assim entendido o processo que se desenvolve em duas fases, uma cognitiva e outra executiva, chamada "cumprimento de sentença") ou à execução (seja no caso de processo autônomo de execução, seja na hipótese de mera fase executiva, de "cumprimento da sentença"). Veja-se, então, que nos processos sincréticos haverá duas sentenças (uma para pôr termo à fase cognitiva, outra para dar por encerrada a fase de cumprimento da [primeira] sentença).

A sentença pode ser terminativa (quando não resolve o mérito da causa, nos termos do art. 485) ou definitiva (quando resolve o mérito, nos termos do art. 487). A esses conceitos se voltará adiante. Fica, porém, e desde logo afirmado que não se pode proferir sentença terminativa sem antes se dar oportunidade para a correção do vício (art. 317), o que resulta do princípio da primazia da resolução do mérito.

Significa isto dizer que o processo deve ser visto como um método eficiente de atuação do ordenamento jurídico, verdadeira condição de possibilidade de que isto ocorra, dando – sempre que possível – solução às causas submetidas ao Judiciário. A extinção do processo sem resolução do mérito precisa ser vista como algo absolutamente excepcional, que só poderá ocorrer naqueles casos em que realmente não seja possível superar-se o obstáculo (como se daria, por exemplo, no caso de uma petição inicial absolutamente inepta, em que nenhuma causa de pedir tenha sido deduzida, não tendo o demandante – não obstante intimado a fazê-lo – corrigido o vício). Sempre que for, porém, possível ultrapassar o vício, deve-se superá-lo para se chegar à solução do mérito.

O processo é um método de trabalho, destinado a permitir a aplicação do Direito no caso concreto. Basta perguntar a quem se submeteu a uma cirurgia se ele se recorda dos métodos empregados pelo cirurgião. Ou de nada se lembrará, ou deles terá vaga lembrança. O resultado é que importa. Pois com o processo o raciocínio deve ser o mesmo. As partes devem ser capazes de, anos após o término do processo, ainda se lembrarem do resultado alcançado, da aplicação do Direito, e nada lembrarem (ou, no máximo, terem vaga recordação) do método empregado para chegar ao resultado. O que não se pode admitir é que as formas do processo sejam vistas como obstáculos para a resolução do mérito da causa.

Daí a incidência do *princípio da primazia da resolução do mérito* (CPC, art. 4º). Isso não significa, porém, que se possa simplesmente desconsiderar as formas processuais. O processo é um método para resolver problemas, mas um método relevante, e que precisa se desenvolver em conformidade com o ordenamento jurídico. Ainda que se afirme aqui que o mais importante é o resultado alcançado, não se veja nisso qualquer intenção de sustentar que "os fins justificam os meios" ou coisa parecida. Que se tenha claro, então, que o resultado do processo só é juridicamente adequado (correto, como metaforicamente se diz) se estiver em conformidade com o ordenamento jurídico e, além disso, tiver sido produzido através de um processo que se desenvolvem conforme o modelo constitucional e o ordenamento infraconstitucional. Mas sempre que isso se revele possível, deverá ser aberta uma oportunidade para correção dos vícios do processo, de modo a que só se julgue extinto um processo sem resolução do mérito naqueles casos em que o vício é insanável, ou que a pessoa que poderia ter sanado o vício não o fez.

Registre-se, por fim, que a extinção dos procedimentos executivos (tanto os de cumprimento de sentença como os do processo de execução fundado em título executivo extrajudicial) tem algumas peculiaridades, que não poderiam ser reguladas na Parte Geral do CPC, e que, por isso mesmo, serão objeto de análise em tópico próprio deste trabalho, especificamente destinado ao exame do tema.

PARTE 2

PROCESSO DE CONHECIMENTO

CAPÍTULO 12

PROCEDIMENTO COMUM

12.1. PROCESSO DE CONHECIMENTO E COGNIÇÃO

Chama-se processo de conhecimento o processo de sentença, isto é, o processo que tem por objeto imediato a prolação de uma sentença de mérito pela qual se declara a existência ou inexistência do direito material afirmado pelo demandante. A expressão processo de conhecimento – é bom que se registre – é empregada muitas vezes para designar o que é apenas a fase de conhecimento de um processo sincrético (assim entendido aquele processo que se desenvolve através de duas diferentes fases, a primeira cognitiva e a segunda executiva, conhecida esta última no jargão processual brasileiro como "cumprimento de sentença"). Assim, muito do que se diz a respeito do processo de conhecimento se aplica também ao caso em que não há propriamente um processo cognitivo, mas apenas a fase cognitiva de um processo sincrético. É o que se dá, por exemplo, quando se afirma que haverá "extinção do processo" quando ocorrer qualquer das hipóteses previstas nos arts. 485 ou 487 (como se vê, por exemplo, no art. 354 e, mais especialmente, no nome dado à seção do Código de Processo Civil que este artigo integra: "Da Extinção do Processo").

Na verdade, em casos assim, haverá a extinção do processo de conhecimento ou da fase cognitiva de um processo sincrético. Por uma questão de comodidade do discurso, nesta exposição se falará, então, em processo de conhecimento para, com tal expressão, tratar-se não só do processo cognitivo propriamente dito, mas também da fase cognitiva dos processos sincréticos. E onde houver algo que exija a distinção entre essas duas situações, isto será expressamente apontado.

O processo de conhecimento, como dito, é o processo de sentença, isto é, o processo que tem por objeto imediato a produção de uma sentença de mérito, declaratória da existência ou inexistência de um direito. Seu nome, porém, não vem de seu objetivo (a declaração do direito), mas da atividade processual preponderantemente desempenhada pelo juiz ao longo do processo: a cognição.

Cognição é a técnica utilizada pelo juiz para, através da consideração, análise e valoração das alegações e provas produzidas pelas partes, formar juízos de valor acerca das questões suscitadas no processo, a fim de decidi-las. Trata-se de atividade comum a todas as espécies de processo, embora se revele predominante no processo cognitivo. Trata-se, então, de uma técnica destinada a permitir a prolação de decisões. Não é difícil imaginar que o magistrado só pode proferir uma decisão depois de ter analisado as alegações e as provas relevantes para a resolução das questões que tenha de enfrentar. Pois ao longo do processo de conhecimento o juiz exerce atividade cognitiva, analisando alegações e provas para poder proferir a decisão.

Explique-se melhor o que acaba de ser dito: a finalidade essencial do processo de conhecimento é a obtenção de uma declaração, consistente em conferir-se certeza jurídica à existência ou inexistência do direito afirmado pelo demandante em sua petição inicial. Para prolatar o provimento capaz de permitir que se alcance essa finalidade, é preciso que o juiz examine e valore as alegações e as provas produzidas no processo, a fim de emitir seus juízos de valor acerca delas. A essa técnica de análise e valoração é que se dá o nome de cognição. A cognição é elemento essencial para a adequação do processo às necessidades do direito material, como facilmente se compreenderá quando da análise das diversas espécies em que ela pode ser dividida.

Discute-se em doutrina qual é o objeto da cognição. Note-se, antes de tudo, que o conceito de objeto da cognição não coincide com o de objeto do processo, já estudado, sendo certo que este é mais restrito, e encontra-se contido naquele. O que se busca aqui é saber sobre o que incide a atividade cognitiva do juiz, havendo profunda dissensão entre os autores que trataram do tema em definir os componentes desse objeto.

Há que se referir, em primeiro lugar, aos que defendem a ideia de que o objeto da cognição é um binômio, formado pelos pressupostos processuais e pelas "condições da ação". Há, ainda, quem considere que o objeto da cognição é formado por um binômio cujos elementos seriam os pressupostos processuais e o mérito. De outro lado, há quem sustente que o objeto da cognição judicial é formado por um trinômio de questões: "condições da ação", pressupostos processuais e mérito. Não se pode, ainda, deixar de referir a teoria segundo a qual o objeto da cognição seria um quadrinômio: pressuposto processual, supostos processuais, "condições da ação" e mérito da causa.

O objeto da cognição é, sim, formado por um trinômio de questões, mas não o trinômio tradicionalmente enunciado. Em vez de falar em pressupostos processuais, "condições da ação" e mérito da causa como componentes do objeto da cognição, parece mais acertado falar-se que os componentes de tal trinômio são *questões preliminares*, *questões prejudiciais* e *questões referentes ao mérito da causa* (objeto do processo).

Note-se, aqui, que a inclusão das "condições da ação" e dos pressupostos processuais (e demais questões sobre o processo) numa mesma categoria não implica negar sua diversidade ontológica. Já ficou claro, ao longo da exposição, que "condições da ação" e pressupostos processuais são categorias distintas, da mesma forma como são distintos os institutos da ação e do processo. O que pretendo é, tão somente, a inclusão dessas categorias ontologicamente distintas numa única posição quanto à cognição judicial, uma vez que ambas têm um elemento em comum, qual seja, o fato de serem ambas questões que devem ser apreciadas antes do objeto do processo, e cuja resolução pode impedir a apreciação deste.

A cognição tem por objeto as questões que são suscitadas ao longo do processo. Cabe, então, ao juiz examinar as alegações e provas que lhe permitam resolver questões (sendo o termo "questão" empregado, aqui, no seu sentido técnico de pontos controvertidos de fato e de direito). Estas questões dividem-se em prévias (que podem ser preliminares ou prejudiciais) e principais.

Questão prévia é aquela que tem, por razões lógicas, necessariamente de ser resolvida antes de outra. São, em outros termos, antecedentes lógicos de outras questões. É o que se dá, por exemplo, em um caso no qual caiba ao juiz examinar se é ou não o caso de determinar a alguém que cumpra uma obrigação, devendo, porém, examinar também se o advogado do demandante está regularmente habilitado a representar seus interesses. Evidentemente, é preciso primeiro resolver a questão atinente à representação processual da parte para, só depois, se verificar se a dívida cobrada já é exigível ou não. Neste exemplo, a representação processual é, então, a questão prévia; enquanto a exigibilidade da dívida seria a questão principal.

As questões prévias podem ser de dois tipos: preliminar e prejudicial. Questão preliminar é aquela cuja solução permite saber se a questão principal poderá ou não ser examinada, sem exercer qualquer influência sobre o teor da resolução da questão posterior. É exatamente o que se tem no exemplo anteriormente apresentado, em que a decisão do juiz acerca da representação processual do demandante pode acarretar a extinção do processo sem resolução do mérito ou afirmar que o mérito está apto a ser resolvido, sem exercer qualquer influência sobre o modo como se dará o julgamento do mérito.

Por sua vez, questão prejudicial é a questão prévia cuja solução influi na resolução da questão principal (aqui chamada de questão prejudicada). É o que se dá, por exemplo, quando, em um processo que tem por objeto a condenação do réu ao cumprimento de um contrato, surge discussão sobre a validade do próprio contrato. Neste caso, qualquer que seja a resolução sobre a validade do negócio jurídico, o juiz terá de examinar o pedido de condenação. Inválido que seja o contrato, porém, não haverá condenação (e, portanto, a solução da questão prévia terá sido capaz de influir na solução da questão principal).

A questão prejudicial pode ser interna (quando surge no mesmo processo onde será apreciada a questão prejudicada, como ocorre no caso da "ação de alimentos" em que se discute a existência de relação de parentesco entre as partes), ou externa (quando sua apreciação se dará em outro processo, o que ocorreria, por exemplo, se a negação de paternidade do exemplo aventado tivesse ocorrido em "ação negatória de paternidade"). Pode, ainda, ser classificada em homogênea (quando pertence ao mesmo ramo do Direito que a questão prejudicada, e mais uma vez cito o exemplo referido da "ação de alimentos", uma vez que a obrigação de alimentar e a filiação pertencem, ambas, ao mesmo ramo da ciência jurídica: o Direito Civil) e heterogênea (quando a prejudicial pertence a ramo do Direito diverso da questão prejudicada, o que se dá, por exemplo, quando numa demanda fundada no Direito Civil surge uma prejudicial de inconstitucionalidade de lei).

Pode acontecer de haver uma questão prejudicial a uma questão processual. Pense-se, por exemplo, em um processo em que se tenha arguido a incompetência relativa do juízo por existir convenção elegendo outro foro. Ouvido, porém, o autor alega a nulidade absoluta daquela convenção. Neste caso, a validade da convenção é prejudicial à questão da competência (e, pois, a questão prejudicada é processual, não dizendo respeito ao mérito da causa).

De outro lado, questões principais são aquelas que só podem ser examinadas após as questões prévias estarem resolvidas (e, no caso das preliminares, podem até mesmo ter seu exame vedado pelo modo como a questão prévia tenha sido solucionada). Na maioria das vezes, dizem respeito ao próprio objeto do processo. Entenda-se por objeto do processo aquilo que na linguagem do CPC é chamado de mérito do processo. O objeto do processo é a pretensão deduzida no processo, entendendo-se aqui o termo pretensão no seu sentido processual, isto é, como a intenção de submeter o interesse alheio ao próprio.

Não há processo sem pretensão. Esta pode variar muito de conteúdo (podendo, por exemplo, ser a pretensão a que se declare a existência ou inexistência de uma obrigação; ou a pretensão a que se crie, modifique ou extinga uma relação jurídica; ou a pretensão a que se promova a execução forçada de um crédito, entre outras possibilidades), mas sempre consistirá na manifestação da intenção de uma das partes de ver seu interesse prevalecer sobre o da parte contrária. Pois o exame da pretensão constitui a análise do objeto do processo (isto é, do mérito da causa).

Deve-se deixar claro, aqui, porém, que nem sempre a questão preliminar é prévia a todo o mérito. Há *preliminares ao mérito* (as quais, uma vez resolvidas, podem acarretar um obstáculo ao próprio exame do objeto do processo, devendo o processo nesses casos ser extinto sem resolução do mérito) e *preliminares de mérito* (questões de mérito que são preliminares a outras questões também de mérito, como se dá no caso de um processo cujo objeto seja a cobrança de uma dívida e caiba ao juiz examinar se houve prescrição e se seria caso de se reconhecer uma compensação; e isto porque, entre as defesas de mérito, a prescrição – ou a decadência – devem ser sempre examinadas antes das demais e, uma vez reconhecida a prescrição, o juiz não deverá sequer examinar a compensação).

Também é preciso afirmar desde logo – ainda que o aprofundamento deste ponto deva dar-se mais tarde, quando do estudo dos limites objetivos da coisa julgada – que em algumas circunstâncias as questões prejudiciais ganharão o *status* de principais, e sua resolução se dará juntamente com a das demais questões de mérito do processo.

Sintetizando, incumbe ao juiz exercer cognição sobre questões prévias ao mérito (preliminares ou prejudiciais) e sobre questões de mérito (principais).

E é preciso ter claro que o objeto da cognição deve ser examinado diante de cada questão a ser decidida. Assim, quando se pensa na decisão de mérito do processo de conhecimento, é preciso apreciar as questões *preliminares ao mérito*, em seguida – e se nenhuma preliminar ao mérito tiver sido acolhida – são examinadas as questões *prejudiciais ao mérito* e, por fim, o mérito do processo propriamente dito.

Imagine-se, porém, que se interpôs um recurso em que se impugna decisão que distribuiu o ônus da prova sem aplicar convenção processual que as partes tenham celebrado. Pois é preciso, em primeiro lugar, apreciar as *questões preliminares ao mérito do recurso* (como sua tempestividade, por exemplo). Depois, pode haver alguma *questão prejudicial ao mérito do recurso* (como seria o exame da validade da convenção processual celebrada entre as partes) para, em seguida, julgar-se o *mérito do recurso* (que, no caso, consistiria em verificar se a decisão recorrida deve ou não ser reformada). O objeto da cognição, portanto, deve ser analisado *ad actum* (para cada ato), e não *ad processum* (para todo o processo).

A cognição precisa ser analisada em dois distintos planos: horizontal e vertical.

Chama-se plano horizontal o da amplitude da cognição. É que há processos de cognição plena (aqueles em que qualquer questão que venha a ser suscitada terá de ser examinada e resolvida) e processos de cognição limitada (em que há restrições ao objeto da cognição, havendo matérias que não podem ser objeto de apreciação pelo juiz).

Exemplo de processo de cognição limitada é o das "ações possessórias", em que não se pode examinar qualquer alegação de existência de propriedade. Outro exemplo é o dos processos em que se discute obrigação representada por título de crédito que tenha circulado, nos quais não se admite discussão acerca da relação jurídica de direito material que deu origem ao título.

O plano vertical é o da profundidade da cognição. Como regra geral, no processo de conhecimento, busca-se produzir decisão baseada em cognição exauriente. Pode a cognição, porém, ser menos profunda, sumária. E há, ainda, casos excepcionalíssimos em que se admite a prolação de decisão baseada em cognição superficial.

A cognição exauriente é aquela que permite ao juiz proferir uma decisão baseada em juízo de certeza. Exige a mais profunda análise de alegações e provas, capazes de chegar ao ponto de permitir que sejam exauridas todas as possibilidades, levando o juiz a encontrar a decisão correta para a questão que lhe tenha sido submetida. Esta decisão, baseada na mais profunda cognição possível, é capaz de se tornar – desde que observadas algumas exigências legais, de que mais tarde se tratará – imutável e indiscutível (por força de um fenômeno conhecido como coisa julgada).

Cabe, aqui, porém, uma explicação. É que todo juízo de certeza é, em verdade, um juízo de verossimilhança. Tal se dá porque o juiz atua, em relação aos fatos da causa, como o historiador em relação aos fatos históricos, buscando reconstruí-los. Assim é que o juiz, em sua atividade cognitiva, afirma que dado fato é verdadeiro quando alcança aquele grau de convencimento que lhe é outorgado por uma máxima verossimilhança. A certeza a que se refere aqui, portanto, não é uma certeza psicológica, mas uma certeza jurídica. Basta dizer, para confirmar o que acaba de ser dito, que há casos em que o juiz é obrigado a admitir como verdadeiros os fatos que no processo são admitidos como incontroversos. Assim, se uma das partes alega um fato que não ocorreu, e a outra parte não impugna (ou expressamente admite) essa alegação, haverá aí uma *certeza jurídica* acerca do fato, que será recebido no processo como verdadeiro. Em outros termos, para o processo – ao menos como regra geral – a *incontrovérsia* equivale à verdade.

A produção de uma decisão baseada em cognição exauriente, como facilmente se percebe, pode demorar bastante. A realização de uma ampla e exaustiva instrução probatória, cercada de amplo debate acerca de todos os aspectos da questão a ser decidida, pode exigir largo tempo. Por conta disso, há casos em que se admite a produção de decisões tomadas com base em uma cognição menos profunda da causa. É a chamada cognição sumária, a qual permite a prolação de decisões baseadas em juízo de probabilidade, como se dá nas tutelas provisórias.

Nas decisões baseadas em cognição sumária, então, não haverá a afirmação judicial da existência (ou inexistência) do direito material. Em tais decisões simplesmente se afirmará que o direito provavelmente existe. Não é por outra razão, aliás, que o art. 300 estabelece que a tutela de urgência será concedida "quando houver elementos que evidenciem a probabilidade do direito".

Casos há, porém, em que se permite a prolação de decisão baseada em cognição superficial. Esta é a menos profunda de todas as modalidades de cognição, e permite a prolação de decisões fundadas em juízo de verossimilhança.

Impende ficar claro que verossimilhança é menos do que probabilidade. Afirmar que algo é verossímil é dizer que aquilo tem aparência de verdade, isto é, que pode ser verdade. O provável é o quase certo, isto é, algo que se apresenta fundado em fatores que indicam que é muito plausível.

A diferença entre verossimilhança e probabilidade dá-se pela cognição. A afirmação de que algo é verossímil se dá a partir de meras alegações. Sempre que alguém faz uma alegação que tenha aparência de verdade, estar-se-á diante de verossimilhança. A decisão baseada em cognição superficial, portanto, é uma decisão tomada a partir da análise exclusivamente de alegações, sem qualquer exame de prova. É o que se dá, por exemplo, na decisão acerca dos alimentos provisórios (art. 4º da Lei nº 5.478/1968). A leitura do texto normativo indica que para serem fixados alimentos provisórios não se exige qualquer análise de prova. Basta o autor afirmar que necessita da fixação deles. A afirmação, evidentemente, deve parecer verdadeira (e, pois, se o autor da demanda de alimentos é um notório milionário, sua alegação de que precisa de alimentos para sobreviver não teria aparência de verdade, não seria verossímil).

De outro lado, provável é aquilo que pode ser provado. Dito de outro modo, só se pode afirmar que algo é provável se a afirmação estiver baseada em elementos de prova. Veja-se, por exemplo, que o art. 300, ao tratar da concessão da tutela de urgência, estabelece a necessidade de haver "elementos que evidenciem a probabilidade". Não basta, então, a afirmação, exigindo-se alguma instrução probatória para poder-se dizer que algo é provável.

Na cognição superficial, então, busca-se produzir decisão baseada em *verossimilhança*. E verossimilhança, como se sabe, é a aparência de verdade, sendo conceito mais rarefeito que o de probabilidade. O juízo de verossimilhança, é de se deixar claro, não é um juízo a ser exercido sobre os fatos, mas sobre as afirmações. O juízo de verossimilhança, portanto, característico da cognição superficial, ocorre num primeiro momento, o das alegações, antes de se iniciar o procedimento probatório. Trata-se de um juízo que se produz sobre uma máxima de experiência, decorrente da verificação da frequência com que se produz o fato alegado pela parte. O juízo de verossimilhança, pois, difere do juízo de probabilidade, típico da cognição sumária, pois este se realiza após a produção de algumas provas.

Afirme-se, por fim, que as diversas modalidades de cognição podem ser combinadas num mesmo processo (ou para exame de uma mesma postulação), sendo possível admitir-se a existência de processos com cognição plena e exauriente, plena e sumária, limitada e exauriente, e todas as outras combinações que se revelem possíveis entre a amplitude (plano horizontal) e a profundidade (plano vertical) da cognição.

12.2. CONCEITO E ESTRUTURA DO PROCEDIMENTO COMUM

O processo de conhecimento se desenvolve através de diferentes procedimentos (isto é, diferentes "caminhos", distintas sequências de atos processuais). Um destes procedimentos é estabelecido pelo CPC como um *procedimento padrão*. A ele se dá o nome de procedimento comum. Os demais, distintos do comum, são chamados de procedimentos especiais. Pois é exatamente por ser o procedimento comum o padrão, a ser usado como regra geral, é que o art. 318 estabelece que se aplica "a todas as causas o procedimento comum, salvo disposição em contrário deste Código ou de lei".

O procedimento comum é, então, o modelo, o padrão, em outras palavras o *standard* dos procedimentos cognitivos. E por conta disso é minuciosamente regulado pela lei processual. Os demais, procedimentos especiais, são regulados apenas naquilo que tenham de diferente do comum e, por isso, há expressa disposição legal no sentido de que o procedimento comum é subsidiariamente aplicável aos especiais (art. 318, parágrafo único).

Assim, estudar o procedimento comum é o mesmo que estudar o modo como ordinariamente se desenvolve o processo de conhecimento, o que realça sua importância.

Pois o estudo do procedimento comum do vigente CPC exige a adequada compreensão de sua estrutura (sob pena de se ter uma visão equivocada dos atos que o compõem). É que o procedimento comum tem uma estrutura bifásica. Em outras palavras, está o procedimento comum dividido em duas fases distintas, com finalidades bastante diferentes.

A primeira fase (que pode ser chamada de fase introdutória) vai do ajuizamento da petição inicial à prolação da decisão de saneamento e organização do processo e tem por fim delimitar as questões (de fato e de direito) que serão objeto de instrução e julgamento no processo. Encerrada esta, começa a fase principal (que se inicia no momento que a decisão de saneamento e organização do processo adquire estabilidade e vai até a prolação da sentença), destinada à instrução e julgamento das questões delimitadas na fase introdutória.

Essa divisão em duas fases do procedimento permite que, durante a fase principal, desenvolva-se um contraditório verdadeiramente efetivo, em que as partes e o órgão jurisdicional concentram toda a sua atuação na preparação de um julgamento que vai versar apenas sobre matérias predeterminadas (impedindo-se, assim, a prolação de decisão-surpresa, de modo a atender plenamente ao disposto no art. 10). Excepcionalmente, poderá ser incluída alguma questão nova, posterior à decisão de saneamento e organização do processo, mas isto só será possível se decorrer de fato superveniente (art. 493) ou de direito superveniente (como seria, por exemplo, a edição de uma emenda constitucional que tratasse da matéria debatida no processo). Mesmo assim, nesses casos seria preciso que o juízo prolatasse decisão incluindo as questões novas no rol daquelas que serão apreciadas na sentença, a fim de assegurar que as partes se manifestem sobre elas.

Explique-se melhor o que acaba de ser dito. A primeira fase, aqui chamada de introdutória, tem por finalidade delimitar as questões relevantes para a resolução do mérito. Desenvolve-se a partir da petição inicial até, como visto, a decisão de saneamento e organização do processo.

Como cediço, incumbe ao autor, em sua petição inicial, apresentar todas as alegações e argumentos que tenha em seu favor, capazes de permitir que atue no processo com o fim de participar da construção do pronunciamento decisório que produza o resultado do processo. Em outras palavras, é através da petição inicial que o autor começa a exercer, no processo, seu direito fundamental ao contraditório (entendido este como direito de participação com influência e de não surpresa).

Não sendo caso de indeferimento da petição inicial ou de improcedência liminar do pedido, será em regra designada uma audiência prévia de conciliação ou mediação, devendo-se determinar a citação do réu. Obtida a autocomposição, o processo se encerrará e não se terão desenvolvido ambas as fases do processo de que aqui se trata.

Não tendo sido obtida a autocomposição (seja por não ter ela sido possível em audiência, seja por não se ter realizado a audiência prévia), correrá o prazo para que o réu apresente sua contestação. Nesse ato, incumbirá ao réu deduzir toda a sua defesa, tanto processual como de mérito (suscitando, quanto ao mérito, tanto defesas diretas – aquelas em que o réu nega o fato constitutivo do direito alegado pelo autor – como indiretas – aquelas em que o réu admite o fato constitutivo do direito, mas lhe opõe outro, impeditivo, modificativo ou extintivo daquele direito).

Veja-se, pois, que, com a apresentação da contestação, alguns dos pontos suscitados pelo autor se tornarão controvertidos. Passa-se a ter, aí, *questões* a serem enfrentadas quando do julgamento da causa. Mas o réu não se limita a, em sua contestação, impugnar alegações do autor. Ele apresenta suas próprias alegações, relevantes também para a resolução do mérito. Basta pensar, por exemplo, na possibilidade de o réu, em um processo cujo objeto é a cobrança de quantia em dinheiro, ter alegado na contestação a ocorrência de novação ou a viabilidade de compensação com um crédito seu perante o autor.

Exatamente por isso é que, no caso de o réu apresentar defesa processual ou defesa de mérito indireta, será preciso assegurar ao autor a oportunidade de manifestar-se em réplica. Através da réplica o autor terá, pois, oportunidade de enfrentar os argumentos da contestação, de modo que os pontos suscitados na defesa do réu poderão, após o oferecimento da réplica, se tornar controvertidos.

Chegará, então, o momento de se proferir o julgamento conforme o estado do processo. Em outros termos, caberá ao juízo, nesse momento, emitir um pronunciamento decisório, que poderá consistir na extinção do processo (sem resolução do mérito, nos casos previstos no art. 485; ou com resolução do mérito, nos casos previstos nos incisos II e III do art. 487) ou no julgamento antecipado do mérito (quando o juízo, desde logo, emitirá sentença de procedência ou improcedência do pedido).

A prolação de sentença (de extinção ou de julgamento antecipado) nessa fase do processo implicará uma abreviação do procedimento, que se encerrará desde logo. Nesse caso, não há que se falar em procedimento bifásico. A divisão do procedimento comum em duas fases só ocorrerá se o juízo da causa, não podendo proferir sentença de extinção ou de julgamento antecipado, tiver de proferir a decisão de saneamento e organização do processo, prevista no art. 357 do CPC.

Assim, não sendo caso de extinção do processo ou de julgamento antecipado do mérito, o juízo prolatará a decisão de saneamento e organização do processo. Nessa decisão de saneamento e organização do processo caberá ao juízo, de início, resolver questões processuais pendentes. Esse é, portanto, o momento adequado do procedimento para enfrentar questões processuais que devem ser resolvidas antes do momento em que o mérito será resolvido. Basta pensar, por exemplo, no caso de ter o réu, na contestação, impugnado o valor atribuído à causa, ou ter alegado a existência de um vício de representação do autor. Caberá, pois, ao juízo, na decisão de saneamento e organização do processo, resolver tais questões, de modo a evitar que o processo siga em direção ao momento em que seria proferida a sentença de mérito quando esta pode tornar-se inviável.

Em seguida, caberá ao juízo fixar as questões de fato relevantes para a resolução do mérito. Já tendo o autor e o réu apresentado suas manifestações (na petição inicial, na contestação e na réplica), será perfeitamente possível ao juiz verificar quais são as alegações sobre fatos que se tornaram controvertidas e que são relevantes para a resolução do mérito, indicando-as. Além disso, caberá ao juízo, nesse momento, indicar matérias de fato que, não tendo sido suscitadas pelas partes, a ele pareçam relevantes para a resolução do mérito, desde que possam ser conhecidas de ofício (como, por exemplo, se já está ou não consumada a prescrição).

A fixação das questões de fato relevantes para a resolução do mérito servirá para organizar o processo, evitando o desenvolvimento de atividade probatória inútil. Afinal, como se sabe, só deve haver produção de prova sobre alegações a respeito de fato que sejam, simultaneamente, relevantes e controvertidas. Tendo o juiz, na decisão de saneamento e organização do processo, indicado quais são essas questões, será possível evitar que se desenvolva atividade probatória inútil, a respeito de alegações irrelevantes ou incontroversas.

Exatamente por isso, e como consequência lógica da fixação das questões controvertidas, caberá ao juiz, na decisão de saneamento e organização do processo, determinar as provas que, requeridas pelas partes ou determinadas de ofício, serão produzidas para demonstrar a veracidade das alegações relevantes e controvertidas anteriormente indicadas. E se entre estas houver alguma prova oral a ser produzida, será necessária a designação de audiência de instrução e julgamento.

Além de delimitar as questões de fato e determinar as provas que sobre elas serão produzidas, incumbe ao juiz, na decisão de saneamento e organização do processo, fixar as questões de direito relevantes para a resolução do mérito. Em outros termos, caberá ao juiz, na decisão de saneamento e organização do processo, indicar quais são os temas de direito controvertidos entre as partes, ou por ele suscitados de ofício, que poderão vir a ser enfrentados na decisão que resolva o mérito da causa.

Pense-se, por exemplo, em um processo em que o autor afirma haver, entre ele e o réu, uma relação de consumo, enquanto o réu sustenta que a relação existente não tem essa natureza, sendo uma relação de direito civil comum. Caberá, pois, ao juiz, na decisão de saneamento e organização indicar que, para a resolução do mérito, será preciso definir se a causa é regida pelo Código Civil ou pelo Código de

Defesa do Consumidor. Nada impede, porém, que o juiz acrescente aí uma terceira possibilidade (por exemplo, a de que a relação entre as partes não é regida por nenhum daqueles dois códigos, mas por uma convenção internacional internalizada pelo direito brasileiro, ou por alguma outra lei específica).

Do mesmo modo, pode-se pensar em um processo em que tenha surgido – por provocação de parte ou suscitada de ofício pelo juiz – questão relativa à constitucionalidade de lei ou ato normativo, sendo importante para a resolução do mérito que tal questão seja resolvida. O juiz terá, pois, de indicar esse ponto na decisão de saneamento e organização do processo.

A delimitação das questões de direito relevantes para a resolução do mérito é fundamental para que as partes tenham condições de se manifestar sobre todo e qualquer possível fundamento que venha a ser empregado na sentença de mérito, de forma a assegurar o respeito ao que dispõe o art. 10 do CPC ou, o que dá na mesma, para que se evitem as decisões-surpresa, assegurando-se que o resultado do processo seja produzido através de um procedimento compartícipativo, cooperativo, no qual se assegura às partes, de forma plena, o contraditório efetivo. Em outras palavras, a fixação das questões de direito na decisão de saneamento e organização do processo é um mecanismo de asseguração da observância – ao menos quanto às questões de mérito – do princípio do contraditório em sua dimensão da não surpresa.

Uma vez proferida essa decisão, serão dela intimadas as partes, que terão cinco dias para requerer ao juiz esclarecimentos ou ajustes. Passado esse prazo, ou prestados os esclarecimentos e realizados os ajustes, a decisão de saneamento e organização do processo torna-se estável, e na fase principal do processo serão apenas essas questões – e nenhuma outra, salvo algum fato ou direito superveniente – que se poderá examinar. Pode-se, então, dizer que entre a decisão de saneamento e organização do processo e a futura sentença de mérito haverá necessariamente de se observar uma congruência, uma correlação, de modo que a sentença de mérito só poderá versar (salvo, repita-se, fato ou direito superveniente) sobre as questões delimitadas na decisão de saneamento e organização do processo.

Percebe-se, assim, que toda essa primeira fase do procedimento comum, que se deve designar como fase introdutória, é destinada à fixação das questões relevantes, de fato e de direito, que serão objeto de instrução e julgamento na segunda fase, dita principal, do procedimento.

Estabilizada a decisão de saneamento e organização do processo, estarão definitivamente fixadas as questões de fato e de direito que serão objeto de instrução e julgamento ao longo da fase principal do procedimento. Além daquelas questões, só se poderá examinar – quanto ao mérito do processo – questões supervenientes, sejam elas também de fato (como seria um fato superveniente que provocasse o perecimento da coisa demandada) ou de direito (como no caso de se editar uma Emenda Constitucional que desse ao tema discutido no processo tratamento distinto do anterior e fosse aplicável de imediato). Ressalvadas as questões supervenientes, porém, a resolução do mérito só poderá levar em consideração as questões de fato e de direito estabelecidas na decisão de saneamento e organização do processo.

Assim, ao longo da fase principal do procedimento, toda a atividade instrutória girará exclusivamente em torno das questões delimitadas na fase introdutória.

Isso se aplica, evidentemente, à atividade de produção de provas. Só serão admitidas provas que digam respeito às questões fáticas indicadas na decisão de saneamento e organização do processo. Isso permitirá, então, por exemplo, que sejam indeferidos quesitos dirigidos ao perito, ou perguntas formuladas para testemunhas, que não digam respeito exclusivamente às questões de fato previamente determinadas.

Não é só com relação à atividade de produção de provas que essa limitação se produzirá. Também no que concerne às alegações que as partes ainda poderão apresentar no procedimento essa limitação terá de ser obedecida. Assim, por exemplo, quando da apresentação de alegações finais (orais, em audiência de instrução e julgamento, ou por escrito, através de memoriais), as partes só deverão se manifestar sobre as questões de fato e de direito que tenham sido delimitadas na decisão de saneamento e organização do processo.

Por fim, no momento de proferir sentença que resolva o mérito, deverá o juízo da causa respeitar os limites traçados na decisão de saneamento e organização do processo, limitando-se a enfrentar as questões de fato e de direito que tenham sido delimitadas na decisão que encerrou a primeira fase do procedimento. Há, pois, uma necessária (e só passível de afastamento em razão de fatores supervenientes, como já dito) congruência entre a decisão de saneamento e a sentença de mérito.

Dito de outro modo, a sentença de mérito que se pronuncie sobre questão de fato ou de direito que não tenha sido delimitada na decisão de saneamento e organização do processo é nula. E a causa dessa nulidade será a violação do princípio do contraditório, em sua dimensão da vedação às decisões-surpresa, o que afronta o art. 10 do CPC e, por conseguinte, o inciso LV do art. 5º da Constituição da República. E tem de ser assim, ou se teria de reconhecer o caráter absolutamente supérfluo do que, constante do art. 357, *caput* e parágrafos, do CPC, estabelece não só a exigência de que as questões de fato e de direito que virão a ser enfrentadas na sentença de mérito tenham de ser ali fixadas, mas também, e principalmente, a afirmação de que essa fixação adquire estabilidade. Tem-se, aí, pois, uma regra de congruência entre a decisão de saneamento e organização do processo e a sentença de mérito.

Com a bipartição do procedimento comum em fase introdutória e fase principal, consegue-se, pois, assegurar o desenvolvimento de um procedimento destinado a permitir um debate qualitativamente melhor, o que leva, inevitavelmente, à prolação de sentenças qualitativamente melhores. Daí a importância de se respeitar essa bipartição.

Descrita a estrutura bifásica do procedimento comum, agora é preciso analisar, separadamente, cada um dos atos que o compõem. É o que se passa a fazer.

12.3. PETIÇÃO INICIAL: CONCEITO E REQUISITOS

Inicia-se o procedimento comum (como, aliás, qualquer outro procedimento) com o ajuizamento de uma petição inicial. Esta pode ser definida como o instrumento através do qual se propõe a demanda e se instaura o processo. Trata-se de elemento extremamente importante não só por servir para dar início ao processo, mas também – e principalmente – por ser a petição inicial a responsável por trazer ao processo os elementos que identificam a demanda que será apreciada. Exatamente em função disso, a petição inicial é documento que precisa preencher uma série de requisitos formais, sem os quais não se pode ter o válido e regular desenvolvimento do processo.

Deve a petição inicial indicar, antes de tudo, o juízo a que é dirigida (art. 319, I). Isso significa que incumbe ao demandante indicar o órgão jurisdicional que considera competente para o processo. A ele, então, o processo será encaminhado (e, havendo mais de um da mesma espécie na comarca, seção ou subseção judiciária, far-se-á entre eles a distribuição).

Em seguida, a petição inicial deve indicar as partes, com suas qualificações (art. 319, II). Exige a lei processual que da petição inicial conste a indicação dos nomes completos (prenomes e sobrenomes), estado civil (e, se for o caso, a existência de união estável), a profissão, o número de inscrição no Cadastro de Pessoas Físicas (CPF) ou no Cadastro Nacional de Pessoas Jurídicas (CNPJ), o endereço eletrônico, o domicílio e a residência de ambas as partes.

Evidentemente, nem sempre o autor disporá de todos esses elementos. Poderá ele, então, requerer ao juiz da causa a realização das diligências necessárias para sua obtenção (art. 319, § 1º). De toda sorte, não será indeferida a petição inicial (nem será o caso de mandar emendá-la) se, a despeito da falta de algum desses elementos, for possível a citação do réu (art. 319, § 2º). Assim, por exemplo, em um caso em que não se tenha o nome completo do réu, mas seja o autor capaz de indicar um apelido pelo qual seja ele conhecido, e que se revele suficiente para permitir sua identificação por um oficial de justiça ou por um carteiro, já se terá por regularmente elaborada a petição inicial.

Quando exercia a advocacia, atuei (como advogado do réu) em um processo no qual o autor afirmou, na petição inicial, que não sabia o nome ou a qualificação do réu, mas que ele era conhecido nas redondezas do lugar em que morava como "Seu João". Pois o juiz, corretamente, reputou suficiente este dado e determinou a citação do demandado (a qual ocorreu normalmente, já que o réu, que na verdade se chamava Geraldo, era realmente conhecido – sabe-se lá a razão – pela alcunha de João).

Impende ainda ter claro que não se pode indeferir (e, com mais razão, não se pode sequer determinar a emenda) a petição inicial pela ausência de algum dos elementos indicados no inciso II do art. 319 quando isto implicar a impossibilidade (ou um obstáculo excessivamente oneroso) ao acesso à justiça (art. 319, § 3º). É o que se tem, por exemplo, no caso de um estrangeiro que, a turismo no Brasil, precise por algum motivo ir a juízo propor uma demanda. Exigir dele a indicação do número de inscrição no CPF, por exemplo, seria absurdo, já que este é um cadastro de contribuintes do fisco brasileiro. E não se pode considerar que a falta de indicação deste dado acarrete vício da petição inicial, sob pena de se violar a garantia de amplo e universal acesso à justiça. Em casos assim, pois, o requisito deve ser dispensado.

O elemento seguinte da petição inicial consiste na indicação dos fatos e fundamentos jurídicos do pedido (art. 319, III). Deve a petição inicial conter a descrição dos fatos que compõem a causa de pedir (remota e próxima), isto é, dos fatos constitutivos do direito deduzido pelo demandante e dos fatos geradores do interesse de agir. Pense-se, por exemplo, no caso de se ir a juízo para cobrar uma dívida resultante de um contrato. A petição inicial deverá conter a descrição do contrato (fato constitutivo do direito, causa de pedir remota) e do inadimplemento (causa de pedir próxima).

Além dos fatos que fundamentam a pretensão, a petição inicial deve deduzir, também, seus fundamentos jurídicos. Estes não integram a causa de pedir, mas ainda assim precisam ser descritos na petição inicial. É que incumbe ao demandante indicar, na sua petição inicial, o raciocínio jurídico desenvolvido para afirmar que, dos fatos narrados, chegou à conclusão por ele apresentada. Tais fundamentos jurídicos não vinculam o juiz (ao contrário da causa de pedir, a que o juiz fica vinculado e só com base nela poderá proferir sentença de mérito), que pode trazer outros fundamentos jurídicos para a causa (*iura novit curia*, máxima que indica que o juiz conhece o Direito e, por isso, não fica vinculado aos fundamentos jurídicos deduzidos pelas partes), os quais deverão, porém, ser submetidos ao contraditório substancial e efetivo para que possam ser invocados na fundamentação da decisão (art. 10).

Deve, em seguida, a petição inicial conter a formulação do pedido, com suas especificações (art. 319, IV). Chama-se pedido à manifestação processual da pretensão, isto é, o ato pelo qual o demandante declara, perante o juízo, o resultado que pretende obter com o processo. Incumbe ao autor, na petição inicial, deduzir tanto o pedido imediato (isto é, o provimento jurisdicional postulado) como o mediato (ou seja, o bem da vida que através do processo pretende obter).

O pedido deve ser certo (art. 322) e determinado (art. 324). Ambas as qualidades aqui afirmadas devem estar presentes no pedido apresentado na petição inicial, sendo, pois, imprescindíveis. Pedido certo é o que externa uma pretensão que visa a um bem jurídico perfeitamente caracterizado. E pedido determinado é o que deixa claro e fora de dúvida o que se pretende, quer no tocante a sua qualidade, quer no referente a sua extensão e quantidade. Assim sendo, não basta ao autor, por exemplo, pedir a condenação do réu a pagar a ele uma soma em dinheiro devida em razão de um contrato de mútuo (pedido certo), mas afirmar também a quantidade de dinheiro que pretende receber (pedido determinado). Certeza e determinação, portanto, se completam, sendo essenciais para que se possa delimitar o objeto do processo.

Admite a lei, todavia, a formulação de pedido genérico nas hipóteses arroladas nos três incisos do § 1º do art. 324 do CPC. Pedido genérico é o formulado sem a determinação do aspecto quantitativo do pedido. Não se admite qualquer indeterminação quanto ao aspecto qualitativo desse. Assim, poderá o autor formular pedido genérico nas "ações universais", se não for possível individuar os bens demandados (art. 324, § 1º, I). Chama-se "ação universal" aquela em que se pleiteia a condenação do réu a entregar ao autor uma universalidade de bens, como se dá na "ação de petição de herança", ou numa demanda em que se pleiteie a condenação do réu a entregar ao autor uma biblioteca. Nessas hipóteses, se não puder o autor determinar os bens individuais que compõem a universalidade, poderá formular pedido genérico. Admite-se, ainda, a formulação de pedido genérico quando não for possível ao demandante determinar, de modo definitivo, as consequências do ato ou fato que serve de fundamento para a pretensão (art. 324, § 1º, II). Assim, por exemplo, numa demanda em que se pleiteie reparação por um dano que ainda está se perpetrando, decorrente de um acidente de trânsito em que a vítima ainda vem se submetendo a tratamento médico, sendo imprevisível seu fim, será possível a formulação de pedido genérico. Por fim (art. 324, § 1º, III), admite-se pedido genérico quando a determinação do objeto ou do valor da condenação depender de ato que deva ser praticado pelo réu (como se dá, por exemplo, numa "ação de exigir contas").

As hipóteses de pedido genérico são excepcionais, devendo por isso mesmo ser interpretadas restritivamente. A regra será a formulação de pedido certo e determinado, em todos os seus aspectos, inclusive o quantitativo. Isso porque o pedido é um "projeto da sentença", devendo esta (se for pela procedência da pretensão, obviamente) atender ao pedido nos limites de sua especificação. A formulação de pedido genérico fora dos casos indicados tornaria muito difícil a prolação de sentença que atendesse à exigência de que a sentença individue o objeto do comando judicial.

Aliás, é expresso o CPC (art. 491) em estabelecer que, mesmo sendo formulado pedido genérico, a sentença – sempre que possível – já deverá determinar a extensão da obrigação. E para isso, evidentemente, é preciso que, não obstante o caráter genérico do pedido formulado, se observe, ao longo do processo e previamente à prolação da sentença, pleno e efetivo contraditório a respeito da quantificação do objeto da obrigação.

Deve-se dizer que entre os casos em que se admite pedido genérico não está o da demanda de reparação por danos morais (salvo, evidentemente, no caso de essa demanda se enquadrar em alguma das hipóteses previstas no art. 324, § 1º, como seria a situação em que, no momento do ajuizamento da demanda, ainda não fosse possível determinar toda a extensão do dano). Incumbe ao demandante, quando postula a reparação por danos morais, indicar o valor que pretende receber (e esse valor será o valor da causa, como expressamente estabelece o art. 292, V). É que nos casos em que o demandante formula pedido genérico de reparação do dano moral (como durante muito tempo a jurisprudência admitiu) acaba por haver decisão surpresa quanto à fixação do valor da condenação, que não é objeto de debate prévio entre as partes. É preciso que o demandante diga, em sua petição inicial, quanto pretende receber, o que limitará a atuação do Estado-juiz (que, evidentemente, não poderá fixar a condenação em montante superior ao pretendido), desenvolvendo-se, a partir daí, contraditório pleno e efetivo destinado a contribuir eficazmente para a fixação do valor na sentença. A não ser assim, e o valor da condenação nesses casos acabará por ser fixado de modo arbitrário, o que contraria o modelo constitucional de processo civil.

A lei processual admite a possibilidade de o autor cumular pedidos numa só petição inicial (art. 327), ainda que inexista conexão entre as diversas demandas cumuladas. Exige a lei, como requisito da cumulação, que os pedidos sejam compatíveis entre si (assim, por exemplo, não poderá o adquirente de um bem com vício redibitório cumular o pedido de rescisão do contrato com o de abatimento do preço); que um mesmo juízo seja competente para conhecer de todos (não se admite, pois, a cumulação dos pedidos de alimentos e petição de herança quando houver separação entre o juízo de família e o de órfãos e sucessões); que o mesmo procedimento seja adequado para todas as demandas.

Pode-se, porém, cumular pedidos para os quais haja previsão de procedimentos distintos, mas se para todos puder ser usado o procedimento comum, caso em que será possível o emprego das técnicas diferenciadas previstas para o procedimento especial que não sejam com o procedimento comum incompatíveis (art. 327, § 2º). Assim, por exemplo, será possível postular-se a consignação em pagamento do preço de um bem e, no mesmo processo, a condenação do réu a entregar o referido bem, usando-se o procedimento comum sem prejuízo de se admitir a realização do depósito judicial do valor ofertado e, até mesmo, a complementação do depósito insuficiente, técnicas diferenciadas estabelecidas para o procedimento especial da consignação em pagamento.

Só não será possível, então, esta cumulação quando as técnicas diferenciadas forem realmente incompatíveis com o procedimento comum, e seu uso desnaturaria o procedimento especial por completo (como se daria, por exemplo, em algum caso em que se quisesse cumular uma demanda de inventário e partilha com outra de investigação de paternidade, a qual segue o procedimento comum, pois isto desnaturaria completamente o procedimento especial do inventário e partilha).

O que resulta daí, então, é a sobrelevada importância dada pelo CPC vigente às técnicas processuais diferenciadas, tema que voltará a ser abordado quando do estudo dos procedimentos especiais (e que levará à afirmação de que, na maioria dos casos pelo menos, mais importante do que a previsão de um procedimento especial é a existência, no ordenamento, de técnicas processuais diferenciadas).

São diversas as formas de cumulação de pedidos. A doutrina, porém, não chegou a uma forma única de classificação, havendo diversos critérios conhecidos. Assim, por exemplo, setor respeitável da doutrina classifica as espécies de cumulação de pedidos em condicional e simples, aquela se dividindo ainda em sucessiva (ou condicional em sentido estrito), eventual (ou subordinada) e alternativa. Parece-me, porém, que a melhor forma de classificação é a que estabelece a seguinte divisão: cumulação em sentido estrito e em sentido amplo. Na primeira forma, os diversos pedidos admitem a possibilidade de procedência simultânea, o que não ocorre na segunda, em que apenas um entre os pedidos poderá ser julgado procedente. A cumulação em sentido estrito se divide em cumulação simples e sucessiva; a cumulação em sentido amplo será eventual (também chamada subsidiária) ou alternativa.

A primeira espécie de cumulação de pedidos em sentido estrito é a *cumulação simples*. Nesta, o autor formula pedidos absolutamente independentes entre si, sendo certo que, nessa hipótese, as demandas não possuem em comum elementos outros que não as partes. Assim, por exemplo, haverá cumulação simples quando o autor pretender cobrar do réu dívidas decorrentes de contratos de mútuo diferentes. Não há, entre os pedidos, nenhuma ligação, sendo possível ao juiz decidir cada demanda cumulada de uma forma diferente. Admite-se, mesmo, a possibilidade de que todas sejam procedentes, razão pela qual esta é espécie de cumulação em sentido estrito.

Na segunda espécie de cumulação em sentido estrito, a *cumulação sucessiva*, o autor formula dois (ou mais) pedidos, sendo certo que a análise do posterior depende da procedência do que lhe precede. Exemplo dessa espécie se encontra na cumulação de "ação de investigação de paternidade" com "ação de petição de herança". O segundo pedido só será apreciado se o primeiro for julgado procedente, sendo possível a procedência simultânea. Trata-se, aliás, de demanda condicional (a segunda), já que sua apreciação fica submetida a um evento futuro e incerto (a procedência do primeiro pedido), que se manifestará dentro do próprio processo. Como já se viu, admite-se a prática de atos processuais condicionais, quando a condição for endoprocessual.

Passando às cumulações em sentido amplo, haverá eventual (ou subsidiária), quando o autor formula dois (ou mais) pedidos, sendo certo que, nessa hipótese, o segundo pedido só será apreciado se o primeiro for julgado improcedente. Trata-se de situação simétrica à anterior, da cumulação sucessiva. Exemplo desse tipo de cumulação se tem quando o autor pede a condenação do réu ao cumprimento específico de uma obrigação de entregar coisa e, no caso de tal condenação ser impossível por ter a coisa perecido, a condenação do demandado ao pagamento de seu equivalente pecuniário. Esse segundo pedido, como parece lógico, só será apreciado se o primeiro for julgado improcedente. Aqui, também, tem-se o ajuizamento de demanda condicional, em que o julgamento desta está subordinado ao resultado do julgamento da primeira, sendo, pois, condição endoprocessual. Regula o Código essa espécie de cumulação no art. 326 do CPC.

Outra modalidade de cumulação em sentido amplo é a *cumulação alternativa de pedidos*. A cumulação é alternativa quando o autor formula dois (ou mais) pedidos e afirma ser indiferente qual deles será acolhido (art. 326, parágrafo único). Neste caso, evidentemente, só um dos pedidos alternativos poderá ser acolhido. Pense-se, por exemplo, no caso em que o autor vai a juízo afirmando ter adquirido um produto defeituoso e afirmando, em sua petição inicial, que pretende obter a devolução do dinheiro ou a substituição do bem defeituoso por outro sem defeito, sendo-lhe indiferente qual das duas providências será acolhida. Outro exemplo é o daquele em que o demandante postula a regulamentação de seu direito de visita a um filho, pedido que se diga que ele poderá ficar com seu filho todo final de semana ou, alternativamente, em finais de semana alternados mais as quartas-feiras de todas as semanas. Nesse caso, o juiz só poderá acolher um dos pedidos, mas o autor expressamente diz que para ele é indiferente qual dos dois será procedente.

Não se confunde com a cumulação alternativa de pedidos o pedido alternativo (art. 325). Neste caso não há propriamente uma cumulação de pedidos, já que um só pedido é formulado, que é o de condenação do réu a cumprir uma prestação que pode ser prestada de mais de um modo. É o que se tem quando a relação de direito material deduzida no processo é geradora de uma obrigação alternativa ou de uma obrigação acompanhada de prestação facultativa. Em ambos estes casos, a relação obrigacional se caracteriza por ser possível ao devedor eximir-se de seu dever jurídico por mais de um modo diferente (bastando pensar em um contrato por força do qual tenha surgido para o devedor a obrigação de entregar ao credor um certo bem móvel ou seu equivalente em dinheiro). Em situações como esta, o autor formulará um só pedido (o de condenação do réu ao cumprimento da obrigação prevista no contrato), e – julgado procedente o pedido – o réu cumprirá a sentença realizando qualquer uma daquelas duas prestações. Em casos assim, em que a relação obrigacional é alternativa ou acompanhada de prestação facultativa, incumbe ao juiz assegurar que, no caso de procedência do pedido, mesmo não tendo o autor formulado pedido alternativo, o réu poderá cumprir a prestação por qualquer dos modos previstos na lei ou contrato (art. 325, parágrafo único).

Ainda no estudo do pedido, e do modo como ele pode (ou deve) ser formulado na petição inicial, deve-se referir que no caso da obrigação cujo cumprimento se pretende ser de trato sucessivo, com prestações periódicas, considera-se que as prestações vincendas se encontram incluídas no pedido, ainda que não o diga expressamente o autor (art. 323). É o que se tem, por exemplo, na "ação de consignação de alugueres e acessórios da locação", em que o autor pleiteia a consignação de um mês de aluguel e deverá, no mesmo processo, consignar as prestações que vierem a vencer durante seu trâmite, ainda que não o pleiteie expressamente na petição inicial. Quer-se, com isso, evitar a necessidade de propositura de uma nova demanda a cada vencimento de prestação se é única a relação jurídica obrigacional. Trata-se do que muitas vezes se vê, na prática, ser chamado de "pedido implícito", mas que, na verdade, deve ser visto como a inclusão, por obra da lei, no objeto do processo, de matérias que não foram suscitadas pelas partes. Outro exemplo desse fenômeno é o disposto no art. 322, § 1º, que prevê a inclusão, no objeto do processo, dos juros legais, correção monetária e verbas devidas em razão da sucumbência.

Não se pode encerrar essa exposição sobre o modo como o pedido deve constar da petição inicial sem que se teçam algumas considerações sobre sua interpretação. A interpretação do pedido exige uma análise especial. É que muitas vezes se vê, na prática forense, considerar-se que o pedido deveria ser interpretado apenas a partir de uma frase que, formulada ao final da petição inicial, é indicada pelo demandante como sendo seu pedido. É que, com muita frequência, o demandante – através de seu advogado – escreve, ao fim da petição inicial, algo como o seguinte: "é a presente para pedir a condenação do réu ao cumprimento da obrigação X", ou "através da presente pede-se a anulação do contrato Y". Impende, porém, ter claro que o pedido não pode ser interpretado a partir de uma única frase, mas levando-se em conta "o conjunto da postulação" (art. 322, § 2º).

Pense-se, por exemplo, em uma petição inicial em que o autor, logo no seu início, tenha afirmado que vinha a juízo para demandar, em face do réu, reparação por danos morais e materiais. Ademais, ao longo da petição, descreve tanto os danos morais quanto os materiais que teria suportado. Ao final do texto da petição, porém, se limita a afirmar expressamente que quer ver o réu condenado a reparar os danos materiais. Evidentemente não seria adequado interpretar-se esta petição a partir da última frase, como se o demandante não pretendesse também a compensação por danos morais.

O mesmo se daria se o demandante passasse a petição inicial inteira a afirmar que faz jus à rescisão de um contrato com a consequente devolução de um bem e, ao final, tenha pedido "apenas" a rescisão contratual, sem dizer expressamente que quer ver o réu condenado a restituir o bem. Esta pretensão deve ser tida como deduzida, já que manifestada ao longo da petição inicial. É essencial, portanto, que se observe "o conjunto da postulação".

Ademais, deve-se levar em conta, na interpretação do pedido, o princípio da boa-fé (arts. 5º e 322, § 2º). É que, com a dedução de uma demanda em juízo, o autor gera – no órgão jurisdicional e no demandado – expectativas que devem ser levadas em consideração no momento da interpretação do pedido. Assim, por exemplo, se o autor passou toda a inicial a descrever um vício de consentimento de um contrato, gera-se, tanto para o demandado como para o órgão jurisdicional, a legítima expectativa de que aquela será uma demanda de anulação do negócio jurídico. Pode ocorrer, porém, de o autor escrever, em seu texto, que pretende a rescisão do contrato. O princípio da boa-fé, porém, exige que tal pedido seja interpretado como a manifestação de uma pretensão de anulação (e não de rescisão) do negócio.

Além disso, na interpretação do pedido deve-se levar em consideração a vontade da parte, incidindo na hipótese o disposto no art. 112 do CC (FPPC, Enunciado nº 285).

A petição inicial deve, também, indicar o valor da causa (art. 319, V), o qual deve corresponder ao benefício econômico que o demandante pretende obter com sua demanda (arts. 291 e 292, § 3º). Será indicado o valor da causa, ainda que esta não tenha conteúdo econômico imediatamente aferível (art. 291, *in fine*).

Exige a lei processual (art. 319, VI) que o autor indique na petição inicial "as provas com que [pretende] demonstrar a verdade dos fatos alegados". Esta é, porém, em muitos casos, uma exigência de difícil (para não dizer impossível) cumprimento. É que só constituem objeto de prova as alegações feitas pela parte a respeito de fatos e que sejam, simultaneamente, relevantes e controvertidas. Ora, parece evidente que, no momento da elaboração da petição inicial, nenhuma alegação é, ainda, controvertida. Consequência disso é que ao elaborar a petição inicial, não sabe o autor, ainda, o que terá de provar. Impossível, então, dizer quais são as provas que pretende produzir se nem sequer sabe o que terá de provar. Não é por outra razão que, na prática, é muito frequente encontrar-se petição inicial que se limite a afirmar que o autor pretende produzir "todos os meios de prova admissíveis" (ou algo parecido). Isto não deve ser visto como vício da petição inicial, incumbindo ao juiz, por força do dever de cooperação que lhe atribui o art. 6º, exortar as partes a, posteriormente (e quando já estiver delimitado o objeto da prova), especificar as provas que pretendem produzir, fazendo-o justificadamente.

Por fim, deve constar da petição inicial uma relevante informação: se o autor pretende ou não que se realize audiência de conciliação ou mediação (art. 319, VII). É que no caso de o autor expressamente afirmar que não quer a realização de tal audiência, não será ela designada (art. 334, § 4º, I, e § 5º; art. 2º, § 2º, da Lei nº 13.140/2015). Já se adianta, aqui, algo que será mais adequadamente examinado mais adiante, em tópico especificamente destinado ao estudo dessa audiência. Diferentemente do que se vê pela literalidade do texto do art. 334, § 4º, I, do CPC, não se deve designar a audiência prévia de conciliação se o demandante expressamente declarar, na petição inicial, que não pretende dela participar. No momento próprio este ponto será aprofundado, com a indicação das razões para se afastar a literalidade do texto.

Além de tudo isso, a petição inicial deve vir acompanhada dos documentos indispensáveis à propositura da demanda (art. 320), como são a procuração outorgada ao advogado ou algum outro documento que se repute indispensável ao regular desenvolvimento do processo (como a planta de situação do imóvel no caso de "ação de usucapião" ou a planilha de cálculo do débito no caso de "ação de despejo por falta de pagamento"). Perceba-se que não há, aqui, uma exigência de que toda a prova documental do autor venha acompanhando a petição inicial. Posteriormente se poderá ver que este é, mesmo, o momento em que, via de regra, o demandante produz prova documental. O art. 320, porém, não trata disso, limitando-se a exigir que a petição inicial venha acompanhada de documentos que são indispensáveis para o regular desenvolvimento do processo.

Elaborada a petição inicial, é a mesma levada a juízo, devendo o juiz, nesse primeiro momento, fazer uma análise da observância dos requisitos formais da demanda, a fim de pronunciar-se, pela primeira vez, no processo. Duas hipóteses podem, então, ocorrer: a petição inicial pode preencher todos os seus requisitos (ao menos à primeira vista), caso em que estará apta a permitir um regular desenvolvimento do processo; ou poderá conter um vício, caso em que se deverá determinar sua emenda (art. 321).

O despacho que determina a emenda da petição inicial deve indicar, com precisão, a correção a ser feita. Essa é uma exigência do princípio da cooperação, devendo o juiz indicar exatamente qual é o problema com a petição, a fim de permitir que o autor tente corrigi-lo sem correr o risco de ser depois surpreendido por uma decisão que repute viciada a petição por conta de um defeito que o autor não fora capaz de identificar. Essa seria, então, uma decisão surpresa, que violaria o art. 10 do CPC e, por isso mesmo, é proibida.

Há um aspecto importante no texto do art. 321 que exige análise. Diz a lei que o juiz deverá determinar ao demandante que emende a petição inicial se verificar que ela "não preenche os requisitos dos arts. 319 e 320 *ou* que apresenta defeitos e irregularidades capazes de dificultar o julgamento de mérito". Perceba-se, aí, que a lei trata de duas situações distintas: (i) a petição inicial não preenche os requisitos dos arts. 319 e 320; (ii) a petição inicial apresenta defeitos e irregularidades capazes de dificultar o julgamento de mérito.

A primeira dessas situações consiste, simplesmente, no caso em que algum dos requisitos formais da petição inicial não foi preenchido, ou que algum documento indispensável não foi juntado. Neste caso, bastará ao autor preencher o requisito faltante, ou apresentar o documento que ainda não havia sido juntado, e a petição inicial deixará de ter vícios que impeçam o regular desenvolvimento do processo.

A segunda hipótese ali prevista, porém, é um pouco distinta. Trata-se do caso em que a petição inicial até preenche, formalmente, seus requisitos, mas seu texto é incompreensível ou de difícil compreensão. Afinal, pode acontecer de a petição inicial ser obscura ou contraditória. Pois nesse caso, impõe o princípio da cooperação que o juiz indique ao demandante, com precisão, o ponto obscuro ou contraditório da petição, expondo as razões pelas quais isso dificulta o julgamento do mérito, a fim de que o autor corrija o vício. Caso não seja sanado o defeito, como se verá adiante, deverá o juiz indeferir a petição inicial.

12.3.1. Indeferimento da petição inicial

Estabelece o art. 330 os casos em que a petição inicial deve ser indeferida, o que acarretará a extinção do processo sem resolução do mérito (art. 485, I). Vale recordar, porém, que só se extinguirá o processo sem resolução do mérito quando não for possível corrigir-se o vício, dado o princípio da primazia da resolução do mérito. Pois é exatamente por isso que se afirma na lei processual, expressamente, que a petição inicial será indeferida quando não atendidas as prescrições dos arts. 106 e 321 (art. 330, IV), isto é, quando – tendo o juiz verificado não haver sido preenchido algum requisito da petição inicial, ou que ela contém algum defeito capaz de dificultar a resolução do mérito – não tenha o autor a corrigido ou completado, emendando a inicial, no prazo de quinze dias (art. 321), ou quando, não havendo na petição inicial a indicação dos endereços do advogado do demandante que postula em causa própria, não tenha sido o vício corrigido em cinco dias (art. 106, § 1º).

Cabe, aqui, uma explicação: quando o demandante constitui advogado, este deverá juntar à petição inicial sua procuração, a qual deverá obrigatoriamente indicar seu endereço completo, como dispõe o art. 104, § 2º. Quando, porém, o demandante advoga em causa própria, não há juntada de procuração, e nesse caso o demandante-advogado deverá indicar seu endereço profissional na petição inicial. Caso essa exigência não seja cumprida, deverá o juiz determinar a emenda da petição inicial, mas nesse caso o prazo para emenda é de apenas cinco dias.

A petição inicial será indeferida quando for inepta (art. 330, I). Considera-se inepta a inicial quando lhe faltar pedido ou causa de pedir (art. 330, § 1º, I), quando o pedido for indeterminado e não for caso de admissão de pedido genérico (art. 330, § 1º, II), quando da narração dos fatos não decorrer logicamente a conclusão (art. 330, § 1º, III) ou quando contiver pedidos incompatíveis entre si (art. 330, § 1º, IV).

Tem-se, ainda, por inepta a petição inicial quando, tendo a demanda por objeto a revisão de obrigação decorrente de empréstimo, financiamento ou alienação de bens (e essa enumeração de contratos é meramente exemplificativa, aplicando-se a regra aqui mencionada a contratos análogos aos enumerados no texto legal: FPPC, Enunciado nº 290), o autor não tenha discriminado, na petição inicial, dentre as obrigações contratuais, aquelas que pretende discutir, quantificando o valor incontroverso do débito (art. 330, § 2º). Esta exigência é feita para o fim de assegurar que, no curso do processo, os valores incontroversos continuem a ser pagos (art. 330, § 3º).

Também será indeferida a petição inicial se o juiz verificar a ausência de alguma "condição da ação" (art. 330, II e III), conceito que já foi anteriormente estudado neste trabalho.

Indeferida a petição inicial, é possível a interposição de apelação, facultado ao juiz o exercício do juízo de retratação, no prazo (impróprio) de cinco dias (art. 331). Caso haja retratação, a petição inicial não estará mais indeferida, e o processo seguirá regularmente, com a citação do réu.

De outro lado, caso não haja retratação, mantendo o juiz sua decisão de indeferimento, o réu será citado para oferecer contrarrazões ao recurso (art. 331, § 1º). Trata-se de dispositivo ensejador de um retrocesso. Explique-se: este sistema já foi adotado no direito processual civil brasileiro, até 1994. No final desse ano foi editada uma lei que reformou o CPC de 1973, estabelecendo que no caso de haver apelação contra sentença de indeferimento da petição inicial o réu não seria mais citado para oferecer contrarrazões, só ocorrendo a citação se o recurso viesse a ser provido. Tratava-se de um sistema muito mais lógico. Não há qualquer razão para, indeferida a petição inicial, trazer-se ao processo o réu, através de uma citação, para que ele tenha oportunidade de dizer que a sentença apelada está correta e que ele realmente não deveria ter sido citado. O réu terá sido citado para dizer que não deveria ter sido citado...

Pelo sistema inaugurado com a reforma legislativa operada em 1994, o réu só seria citado se o recurso fosse provido (e, por conseguinte, se tivesse a petição inicial como apta para permitir o desenvolvimento regular do processo), sendo certo que, por força do princípio do contraditório, nada impediria que o réu, uma vez citado, tornasse a suscitar a existência do vício da petição. Este era um procedimento cuja constitucionalidade já havia, inclusive, sido reconhecida pelo STF (AI 427.533 AgR/Rs, j. em 02/08/2004, rel. p/ acórdão Min. Cezar Peluso). O sistema estabelecido pelo art. 331, § 1º, evita o "retrabalho", já que traz desde logo o réu para o processo e impede que, após todo o trabalho desenvolvido pelo tribunal ao examinar o recurso, a mesma questão seja novamente suscitada pelo réu, para quem a matéria ali discutida não estaria superada. De outro lado, porém, o réu terá sido trazido para participar do processo desnecessariamente em todos aqueles casos nos quais, indeferida a petição inicial, tal decisão venha a ser considerada correta pelo tribunal julgador do recurso.

Goste-se da ideia ou não, porém, determina a lei que, não havendo retratação, seja o réu citado para oferecer contrarrazões ao recurso, sendo este em seguida encaminhado ao tribunal. Vindo este a reformar a sentença, o prazo para oferecimento de contestação correrá da intimação do retorno dos autos (art. 331, § 2º).

Não tendo sido interposta a apelação, e transitando em julgado a sentença de indeferimento da petição inicial, deverá o réu ser comunicado do trânsito em julgado da sentença proferida em processo para o qual ele não foi citado (art. 331, § 3º). Isto permitirá ao demandado não só ter ciência do resultado do processo, mas evitar que o demandante tente, fraudulentamente, demandar outra vez com a mesma petição inicial, buscando afastar o disposto no art. 486, § 1º, do CPC. Afinal, ciente o réu dessa sentença já transitada em julgado, poderá ele arguir essa matéria como defesa em eventual segundo processo instaurado com base na mera reprodução da mesma petição inicial, o que, como dito, é vedado pelo ordenamento.

12.4. IMPROCEDÊNCIA LIMINAR DO PEDIDO

Em alguns casos excepcionais, admite-se a prolação de sentença de mérito logo ao início do processo, sem sequer haver necessidade de citação do demandado. Evidentemente, tal sentença terá de ser de improcedência do pedido, rejeitando-se, pois, a pretensão do autor (o que faz com que, não obstante não tenha sido o réu citado, não haja para este qualquer prejuízo, já que o resultado do processo será o melhor resultado possível para o demandado). É este fenômeno que a lei processual denomina *improcedência liminar do pedido* (art. 332).

Só é possível o julgamento liminar de improcedência em "causas que dispensem a fase instrutória" (art. 332, *caput*), isto é, naqueles processos em que não haverá necessidade de produção de prova, por não existir controvérsia a respeito de questões fáticas. Além disso, é preciso que a causa se enquadre em alguma das hipóteses previstas nos quatro incisos do art. 332 ou em seu § 1º.

O primeiro caso de improcedência liminar é aquele em que o pedido formulado pelo autor contraria enunciado de súmula do Supremo Tribunal Federal ou do Superior Tribunal de Justiça. Assim, sempre que a incompatibilidade entre a pretensão do demandante e o entendimento jurisprudencial sumulado pelo STF ou STJ não depender de produção de prova, deverá o juiz julgar o pedido improcedente liminarmente. Pense-se, por exemplo, na hipótese de um professor da rede pública ir a juízo postulando o reconhecimento, para fins da aposentadoria especial a que os professores fazem jus, do tempo de serviço desempenhado fora de sala de aula, como seria o exercício do cargo de diretor de escola. Ocorre que tal pretensão contraria o entendimento firmado no Enunciado nº 726 da súmula de jurisprudência dominante do STF e, portanto, seria irrelevante qualquer produção de prova acerca do tempo de exercício da atividade administrativa do professor, já que mesmo em tese tal tempo, ainda que comprovado, não poderá ser contado para fins de aposentadoria especial de professor. Deve, então, o juiz, em casos assim, julgar o pedido formulado pelo demandante liminarmente improcedente.

O segundo caso de improcedência liminar é o de pedido que contraria "acórdão proferido pelo Supremo Tribunal Federal ou pelo Superior Tribunal de Justiça em julgamento de recursos repetitivos". Imagine-se, por exemplo, que um pai que paga alimentos aos seus filhos, calculada em termos de percentual sobre seus ganhos, postula em juízo a declaração de que a prestação alimentícia não deve ser calculada sobre o décimo terceiro salário e a gratificação de férias. Ocorre que tal pretensão contraria entendimento firmado pelo Superior Tribunal de Justiça no julgamento de casos repetitivos (REsp 1.106.654/RJ, j. em 25/11/2009, rel. Min. Paulo Furtado), o que deve levar à improcedência liminar do pedido.

Outro caso de improcedência liminar é aquele em que o pedido contraria entendimento firmado em incidente de resolução de demandas repetitivas ou de assunção de competência (art. 332, III). O IRDR é mecanismo análogo ao do julgamento dos recursos excepcionais repetitivos, compondo com aquela técnica empregada no STF e no STJ o microssistema dos julgamentos de casos repetitivos (art. 928), que permite o gerenciamento, pelo Judiciário, da litigância de massa. Assim, a decisão proferida em sede de IRDR tem – como já se viu – eficácia vinculante na área de atuação do tribunal que o tenha julgado (estado ou região, conforme o caso), do mesmo modo que a decisão proferida no julgamento de recursos excepcionais repetitivos tem eficácia vinculante em todo o território nacional.

De outro lado, o incidente de assunção de competência permite a formação de precedentes com eficácia vinculante fora das demandas massificadas, repetitivas, mas também produz como resultado um acórdão dotado de eficácia vinculante.

Assim, tendo sido formulado pedido contrário a entendimento firmado em IRDR ou em incidente de assunção de competência, e não havendo necessidade de dilação probatória para a verificação desta incompatibilidade, deverá o juiz proferir sentença desde logo, julgando o pedido liminarmente improcedente.

Também será julgado improcedente o pedido de forma liminar quando contrariar entendimento consolidado em enunciado de súmula de Tribunal de Justiça sobre direito local (art. 332, IV). É que incumbe aos tribunais estaduais (e ao do Distrito Federal) dar a palavra final acerca da interpretação do Direito estadual e municipal. A hipótese é, pois, análoga à do inciso I deste mesmo art. 332 (incidindo este último quando se tratar de Direito constitucional ou federal). Cite-se, aqui, um exemplo: a Lei Estadual nº 958/1983, do estado do Rio de Janeiro, criou uma verba indenizatória denominada "auxílio-moradia", a ser paga a policiais militares e bombeiros militares desse estado da Federação que estejam na ativa. Trata-se, pois, de uma indenização *pro labore faciendo*, isto é, de uma indenização vinculada ao exercício do trabalho. Vários militares inativos (da reserva) foram a juízo postular o recebimento de tal verba. Ocorre que o Tribunal de Justiça do estado do Rio de Janeiro tem entendimento sumulado (Verbete nº 148) no sentido de que "[a] indenização de auxílio-moradia criada pela Lei Estadual nº 958/1983 e paga aos policiais militares e bombeiros militares da ativa do Estado do Rio de Janeiro tem caráter indenizatório e por isso não pode ser incorporada aos vencimentos do beneficiado que passa para a inatividade". Ora, é fácil então perceber que, se o militar que recebia tal auxílio passa para inatividade, deve ele deixar de receber aquela verba e, caso vá a juízo postulá-la, seu pedido deve ser julgado liminarmente improcedente.

Todos os casos previstos nos incisos do art. 332 se ligam ao sistema de padronização decisória, e mostram que a existência desses padrões, que são – como se pôde ver no momento oportuno – "fontes" do Direito, tendo função normativa, impõe ao advogado um dever de filtragem, não podendo levar o jurisdicionado a uma aventura processual, como seria a de demandar em juízo contra padrões decisórios já fixados sem ter qualquer elemento que permita a distinção entre o campo de incidência daquele padrão e o caso agora submetido ao Judiciário, ou argumentos capazes de levar à superação daquele padrão.

Por fim, deve ser o pedido julgado desde logo improcedente se o juiz reconhecer que já se consumou prazo de prescrição ou de decadência (art. 332, § 1º), fenômenos do Direito Material, que são questões de mérito do processo, como claramente resulta do art. 487, II, do CPC.

Em qualquer desses casos, porém, não poderá o juiz proferir a sentença de improcedência liminar sem antes dar ao autor oportunidade de manifestar-se sobre ser ou não o caso de se rejeitar desde logo a demanda (arts. 9º e 10). É que sempre se pode admitir que o autor demonstre a distinção entre seu caso e os precedentes ou enunciados de súmula que ao juiz pareciam aplicáveis ao caso concreto, convencendo o juiz, então, de que o processo deve seguir regularmente. Só com essa prévia oitiva do autor, portanto, a qual deve ser específica sobre a possibilidade de aplicação da regra que autoriza a improcedência liminar, é que se terá por respeitado de forma plena e efetiva o princípio do contraditório, o qual exige um efetivo diálogo entre partes e juiz na construção comparticipativa do resultado final do processo.

Contra a sentença de improcedência liminar, evidentemente, é cabível a interposição de apelação. Não sendo esta, porém, interposta no prazo legal, deverá o réu – que não foi citado – ser comunicado do trânsito em julgado (art. 332, § 2º), do mesmo modo como se faz – e com os mesmos fins – quando a sentença de indeferimento da petição inicial transita em julgado.

Interposta a apelação, poderá o juiz retratar-se no prazo (impróprio) de cinco dias (art. 332, § 3º). Retratando-se o juiz, deverá o processo seguir normalmente, com a citação do réu (art. 332, § 4º, primeira parte). De outro lado, caso o juiz não se retrate, o réu será citado para oferecer contrarrazões no prazo de quinze dias, seguindo o processo para o tribunal competente para conhecer da apelação (art. 332, § 4º, parte final).

Pode acontecer de o tribunal anular a sentença, por entender que não era caso de improcedência liminar, havendo necessidade de dilação probatória. Neste caso, os autos retornarão ao juízo de origem, que dará regular prosseguimento ao feito. De outro lado, pode o tribunal entender que é caso de reforma da sentença (se, em vez de ser julgado improcedente, o pedido deveria ser procedente). Neste caso, como ambas as partes já terão tido oportunidade de se manifestar, e não há necessidade de dilação probatória, a sentença será reformada pelo tribunal de segundo grau de jurisdição.

12.5. DESPACHO LIMINAR POSITIVO E AUDIÊNCIA PRÉVIA DE AUTOCOMPOSIÇÃO

Não sendo caso nem de indeferimento da petição inicial, nem de improcedência liminar do pedido, caberá ao juiz proferir o *despacho liminar positivo*. Trata-se do pronunciamento através do qual se determina a citação do demandado (razão pela qual, na prática forense, muitas vezes esse despacho é proferido através do emprego, simples e direto, da palavra "cite-se"). Trata-se mesmo de despacho, e não de decisão interlocutória, não havendo na determinação de citação conteúdo decisório (STJ, Ag 750.910/PR, rel. Min. Castro Meira).

O despacho liminar positivo, porém, não deve se limitar ao "cite-se". Cabe ao juiz, neste pronunciamento, além de determinar a citação do demandado, estabelecer o modo como se dará a citação. E aqui é preciso ter claro que se o juiz indeferir o emprego de determinada modalidade citatória postulada pelo demandante, determinando que se realize a citação por outro modo, seu pronunciamento não será mais um mero despacho, mas verdadeira decisão interlocutória (STJ, RMS 22.675/SC, rel. Min. Nancy Andrighi).

Além disso, cabe ao juiz, neste mesmo pronunciamento, determinar se haverá ou não a realização de audiência prévia de autocomposição (mediação ou conciliação).

Em primeiro lugar, não será realizada essa audiência se a causa versar sobre direitos que não admitem autocomposição. Isso pode acontecer, por exemplo, em causas envolvendo algum ente público que não possa celebrar acordo sobre a matéria objeto do litígio.

Também não se designará a audiência prévia de autocomposição se o demandante expressamente declarar, na petição inicial, que não quer sua realização.

Aqui é preciso fazer uma observação: o inciso I do § 4º do art. 334 estabelece que a audiência não será realizada se *ambas as partes* manifestarem, expressamente, desinteresse na composição consensual. Uma interpretação literal do texto normativo poderia, então, levar a se considerar que só não se realizaria a sessão de mediação ou conciliação se nem o demandante, nem o demandado, quisessem participar desse procedimento de busca de solução consensual, não sendo suficiente a manifestação de vontade de uma das partes apenas para evitar a realização daquela reunião. Assim não é, porém. Apesar do emprego, no texto legal, do vocábulo "ambas", deve-se interpretar a lei no sentido de que a sessão de mediação ou conciliação não se realizará se *qualquer das partes* manifestar, expressamente, desinteresse na composição consensual. Basta que uma das partes manifeste sua intenção de não participar da audiência de conciliação ou de mediação para que esta não possa ser realizada. É que um dos princípios reitores da mediação (e da conciliação) é o da voluntariedade, razão pela qual não se pode obrigar qualquer das partes a participar, contra sua vontade, do procedimento de mediação ou conciliação (art. 2º, § 2º, da Lei nº 13.140/2015).

Explique-se o ponto, pois não se trata aqui de simplesmente negar aplicação ao CPC. Impõe-se considerar, aqui, que pelo texto normativo do CPC, goste-se ou não da opção legislativa então adotada, a audiência prévia de autocomposição só não seria realizada se *ambas as partes*, expressamente, manifestassem sua intenção de que o processo se desenvolvesse sem sua realização. Assim, pelo que consta do texto do CPC, bastaria o autor, na petição inicial, dizer que gostaria de participar dessa audiência (valendo seu silêncio como manifestação dessa mesma vontade) e a audiência prévia de autocomposição teria de ser realizada, ainda que o demandado não quisesse dela participar. De outro lado, caso o demandante afirmasse, expressamente, em sua petição inicial não ter interesse na realização dessa audiência, ainda assim ela seria designada, e só no caso de o réu se manifestar expressamente no sentido de *também* não querer sua realização é que ela seria cancelada.

Ocorre que, posteriormente à edição do CPC, foi aprovada a lei geral de mediação (Lei nº 13.140/2015), que estabeleceu que ninguém pode ser obrigado a permanecer em um procedimento de mediação. E lei posterior, como sabido, prevalece sobre lei anterior quando com ela incompatível (LINDB, art. 2º, § 1º). Pois se assim é, então prevalece a lei posterior, e não se pode obrigar alguma das partes a participar da audiência prévia de autocomposição contra sua vontade. Consequência disso é que, no caso de o demandante, em sua petição inicial, já declarar de modo expresso que não quer participar dessa audiência, não poderá o ato ser designado, cabendo ao juiz determinar que o réu, uma vez citado, já apresente desde logo sua resposta.

A audiência, portanto, só acontecerá se nem o autor nem o réu afirmarem expressamente que dela não querem participar (e o silêncio da parte deve ser interpretado no sentido de que pretende ela participar da tentativa de solução consensual do conflito).

Não tendo havido, assim, aquela expressa opção – e versando a causa sobre direitos que admitam autocomposição (art. 334, § 4º, II; art. 3º da Lei nº 13.140/2015) –, será designada a audiência de conciliação ou de mediação, com antecedência mínima de trinta dias, devendo o réu ser citado com pelo menos vinte dias de antecedência (art. 334).

Citado o réu, poderá ele informar ao juízo que não pretende participar da audiência, o que deverá ser feito com pelo menos dez dias de antecedência em relação à data designada para aquele ato (art. 334, § 5°, *in fine*). Havendo litisconsórcio, a audiência só não se realizará se todos os litisconsortes manifestarem desinteresse no ato (art. 334, § 6°).

12.5.1. Audiência prévia de autocomposição e os meios consensuais de resolução de conflitos

Como já visto anteriormente, o moderno processo civil valoriza a busca de soluções consensuais para os conflitos, tendo-se consciência de que a solução adjudicada (isto é, imposta) não é a única, nem mesmo a melhor, forma de resolver litígios.

Daí a razão pela qual o art. 3°, § 2°, do CPC impõe ao Estado-juiz o dever de promover, sempre que possível, a solução consensual dos conflitos. E na mesma linha, estabelece o art. 139, V, que incumbe ao juiz promover, a qualquer tempo, a autocomposição.

Esse dever de promover a autocomposição não é só do juiz. Todos os profissionais jurídicos que atuam no processo, como advogados públicos ou privados, defensores públicos ou membros do Ministério Público, têm o dever de estimular a busca da solução consensual (CPC, art. 3°, § 3°).

Pois para viabilizar o cumprimento desse dever jurídico, o CPC estabelece que, no procedimento comum, como regra geral (e as exceções já foram vistas no tópico anterior), será realizada uma audiência prévia de conciliação ou de mediação.

Essa audiência deverá ser realizada preferencialmente por conciliador ou mediador (conforme o tipo de método de resolução do conflito que se considere adequado no caso concreto), sem a participação do juiz. Isso, aliás, consta do art. 139, V, por força do qual incumbe ao juiz "promover, a qualquer tempo, a autocomposição, preferencialmente com auxílio de conciliadores e mediadores judiciais". Só se pode admitir a presença de juiz nessa audiência naqueles processos que tramitam em comarca que não tenha conciliador ou mediador habilitado.

De todo modo, como a mediação e a conciliação são regidas pelo princípio da confidencialidade (CPC, art. 166; Lei n° 13.140/2015, art. 2°, VII), então se deve considerar que nos casos em que o juiz, por alguma razão, participe da audiência prévia de autocomposição, fica ele impedido de continuar a atuar no processo. É que nesse caso ele teria acesso a manifestações das partes que devem ser confidenciais até para ele (e tanto isso é verdade que o art. 7° da Lei n° 13.140/2015 expressamente veda que o mediador deponha como testemunha no mesmo processo em que tenha atuado como facilitador do diálogo entre as partes, em disposição que também se aplica ao conciliador, por força do disposto no art. 42 da mesma lei). Assim, deve-se considerar que o juiz que tenha participado da audiência prévia de autocomposição, por ter acesso a informações confidenciais e a fatos que só poderiam lhe ter sido levados se respeitadas as exigências dos princípios do devido processo constitucional e do contraditório, acabará por, ao menos tendencialmente, manifestar algum enviesamento cognitivo que é incompatível com o legítimo exercício da atividade jurisdicional. Assim, juiz que participa da audiência prévia de autocomposição é impedido de julgar o mesmo processo.

Da audiência, que poderá realizar-se por meios eletrônicos (art. 334, § 7º; art. 46 da Lei nº 13.140/2015), participarão as partes, com seus advogados (art. 334, § 9º) e um (ou mais de um) conciliador ou mediador. Esta audiência pode desdobrar-se em duas ou mais sessões, não podendo, porém, exceder de dois meses a contar da data da realização da primeira dessas sessões (art. 334, § 2º), salvo no caso de as partes expressamente convencionarem sua prorrogação (art. 28 da Lei nº 13.140/2015). Para evitar que as audiências sejam realizadas apressadamente, exige a lei que na organização das pautas se respeite um intervalo mínimo de vinte minutos entre o momento do início de cada audiência (art. 334, § 12).

Sempre que possível (pois é preciso reconhecer que, infelizmente, no Brasil não há estrutura para isso em todas as comarcas) essa audiência deverá realizar-se em ambientes adequados, preferencialmente nos centros que os tribunais são obrigados a manter para isso (os CEJUSC, Centros Judiciários de Solução de Conflitos e Cidadania, cuja instalação foi determinada pelo art. 7º, IV, da Resolução nº 125 do CNJ).

O não comparecimento injustificado de qualquer das partes à audiência prévia de autocomposição é ato atentatório à dignidade da justiça, e deve ser sancionado com multa de até dois por cento da vantagem econômica pretendida ou do valor da causa, devendo o valor ser revertido em favor da União ou do estado, conforme o processo tramite na Justiça Federal ou Estadual (art. 334, § 9º). Trata-se de sanção resultante do descumprimento do dever de agir no processo com boa-fé (art. 5º). Considere-se, aqui, que a audiência só é marcada em função da manifestação de vontade de ambas as partes (que poderiam ter dito expressamente não ter interesse em sua realização), o que gera – nos demais atores do processo – a legítima confiança de que há predisposição para a busca de uma solução consensual do conflito. A ausência injustificada de alguma das partes quebra essa confiança, o que precisa ser sancionado. A não ser assim, haveria o risco de alguma das partes, interessada em protelar o andamento do processo, deixar ser designada a audiência (e é sabido que, com as pautas cheias, pode haver um espaço de tempo muito grande entre a designação da audiência e sua realização, muitas vezes bem maior do que os trinta dias de antecedência mínima a que se refere a lei) apenas para ganhar tempo, sem sofrer com isso qualquer consequência. Assim não é – e não poderia ser –, porém. A ausência injustificada da parte à audiência que só foi designada por ter ela manifestado vontade de participar de um procedimento consensual de resolução do litígio implica a imposição de sanção pecuniária.

Obtida a autocomposição, será ela reduzida a termo e homologada por sentença, pondo-se deste modo termo ao processo (art. 334, § 11; art. 28 da Lei nº 13.140/2015). Não havendo acordo (e nada impede que posteriormente a solução consensual do conflito volte a ser tentada), correrá o prazo para que o demandado apresente sua defesa.

12.5.2. Contestação

Citado o réu, pode ele reagir à demanda proposta pelo autor. Pois esta reação é chamada de resposta do réu.

O CPC se vale dessa terminologia, falando em "resposta" ou "resposta do réu" em alguns dispositivos, de que são exemplos os arts. 113, § 2º, 248, 335, § 2º, 578 e

970. Duas são as respostas do réu: contestação e reconvenção. Cada uma tem uma diferente função e, por isso, pode o réu apresentar, dessas duas, as que quiser. Pode ele só contestar, só reconvir (art. 343, § 6º), ou oferecer ambas, caso em que virão elas na mesma peça (art. 343).

Impende, então, examinar separadamente cada uma delas, começando-se pela contestação.

A mais importante modalidade de resposta do réu é a contestação. Trata-se da resposta mais importante por ser através dela que o réu exerce seu direito de defesa. E é na contestação, então, que o réu apresentará toda a matéria de defesa que tenha para alegar em seu favor (art. 336).

Significa isto dizer que na contestação o réu apresentará defesas processuais e defesas de mérito, suscitando razões de fato e de direito para impugnar a demanda proposta pelo autor, devendo, ainda, indicar as provas que pretende produzir (art. 336). A respeito dessa indicação de provas, porém, valem todas as observações feitas anteriormente acerca do mesmo fenômeno em relação à petição inicial, sendo perfeitamente justificável a apresentação, pela parte, de um mero requerimento genérico de produção de provas.

O prazo para oferecimento de contestação no procedimento comum é de quinze dias (art. 335, *caput*), variando o termo inicial conforme o caso.

Correrá o prazo para o réu contestar da data da audiência de conciliação ou de mediação, ou da última sessão de conciliação, quando qualquer parte não comparecer ou, comparecendo, não houver autocomposição (art. 335, I). Tendo o réu, porém, protocolado petição requerendo o cancelamento da audiência de conciliação ou de mediação, nos termos do art. 334, § 4º, I, o prazo correrá da data do protocolo dessa petição (art. 335, II). Por fim, quando a audiência já não tiver sido designada (por versar a causa sobre direito que não admite autocomposição ou por ter o autor, na petição inicial, optado pela sua não realização), o prazo correrá na forma do disposto no art. 231, conforme a modalidade de citação que tenha sido efetivada (art. 335, III).

Havendo vários réus, a regra é que o prazo seja comum a todos. No caso de terem os réus, porém, protocolado petição requerendo o cancelamento da audiência de conciliação ou mediação, o prazo para cada um deles correrá, independentemente, a partir da data do respectivo protocolo (art. 335, § 1º).

No caso de não ter sido designada a audiência de conciliação ou mediação por versar a causa sobre direito que não admite autocomposição, e vindo o autor a desistir da ação em relação a algum dos réus, o prazo para que os demais apresentem resposta correrá da data em que sejam eles intimados da decisão que homologar a desistência (art. 335, § 2º).

Como dito, incumbe ao réu, na contestação, alegar toda a defesa que tenha em seu favor. Incide, aqui, uma regra conhecida (impropriamente) como "princípio" da eventualidade. Por força da regra da eventualidade, incumbe ao sujeito do processo (no caso em exame, ao réu) apresentar, de uma só vez, todas as alegações que tenha em seu favor, sob pena de preclusão (ou seja, perda da possibilidade de a alegar posteriormente).

Assim é que ao réu cabe, na contestação, alegar todas as defesas que tenha relacionadas à regularidade do processo (suscitando, por exemplo, a falta de alguma "condição da ação" ou de um pressuposto processual) e, também, a defesa de mérito (que será direta quando o réu negar o fato constitutivo do direito do autor; e indireta, quando o réu admitir o fato constitutivo e lhe opuser outro, impeditivo, modificativo ou extintivo do direito do demandante).

Pense-se, por exemplo, em uma demanda de cobrança de dívida resultante de um empréstimo. É possível que o réu, nesse caso, apresente contestação alegando, em primeiro lugar, alguma defesa processual (como a ausência de interesse de agir, por exemplo); em seguida uma defesa direta de mérito (sustentando a invalidade do contrato, de que resulta a inexistência do dever de cumpri-lo); e, por fim, uma defesa de mérito indireta (como, por exemplo, a prescrição ou a compensação).

A primeira defesa que o réu apresenta em sua contestação é a defesa processual. Consiste tal defesa na alegação de questões preliminares ao mérito, ou seja, de questões que dizem respeito à própria possibilidade do exame do mérito da causa. O acolhimento de alguma dessas preliminares acarreta a extinção do processo sem resolução do mérito. O art. 337 enumera essas preliminares, mas a elas faz juntar uma série de "preliminares impróprias ou dilatórias", defesas processuais cujo acolhimento não acarreta a extinção do processo (que são as previstas nos incisos I, II, III, VIII e XIII do art. 337). As demais, preliminares próprias ou peremptórias, uma vez acolhidas levarão à extinção do processo sem resolução do mérito.

Assim, incumbe ao réu alegar, na contestação, a inexistência ou nulidade da citação (art. 337, I). Neste caso, a função precípua da alegação não é fazer com que se inicie o prazo para oferecimento da contestação, nos termos do art. 239, § 1º, já que a alegação de que se cogita é apresentada na própria contestação. É, porém, importante que se apresente esta alegação nos casos em que não tenha havido citação ou tenha esta sido viciada, já que assim se demonstrará não ser intempestivo o ato.

A segunda matéria dedutível na contestação é a incompetência do juízo, seja ela absoluta ou relativa (art. 337, II). Havendo esta alegação na contestação, o réu é expressamente autorizado a protocolar sua contestação no foro de seu domicílio (o que é extremamente importante, especialmente para processos que não tramitam em autos eletrônicos, ainda mais naqueles casos em que o domicílio do réu é distante do foro onde tramita o feito), devendo o fato ser imediatamente comunicado – preferencialmente por meios eletrônicos – ao juízo da causa (art. 340).

No caso de ser a contestação protocolada no foro do domicílio do réu (distinto daquele em que tramita o processo, o que só é admissível quando houver alegação de incompetência), deverá ela ser submetida a livre distribuição ou, se o réu tiver sido citado por meio de carta precatória, juntada aos autos dessa carta, seguindo-se a imediata remessa para o juízo da causa (art. 340, § 1º). Caso venha a ser acolhida a alegação e reconhecida a competência do foro onde protocolada a contestação, o juízo para o qual esta (ou a carta precatória) havia sido distribuída estará com sua competência fixada para a causa (art. 340, § 2º), se for tal juízo localizado no foro afinal declarado competente para a causa (FPPC, Enunciado nº 426).

Estabelece o art. 340, § 3º, que o mero fato de haver, na contestação, alegação de incompetência, deverá ser suspensa a realização da audiência de conciliação ou de mediação que tenha sido designada. Esta, porém, é uma regra que causa alguma estranheza. É que no caso de ter sido designada a audiência de conciliação ou de mediação, o prazo para oferecimento de contestação só começa a correr depois da aludida audiência. Assim, não se vê como seria possível suspender-se uma audiência que já se teria realizado. A única forma possível de dar algum sentido útil a essa regra é considerar que poderia o réu protocolar sua contestação desde logo, com a alegação de incompetência do juízo, antes mesmo de ser realizada a audiência de conciliação ou de mediação, caso em que tal audiência ficaria suspensa. Neste caso, definido qual é o juízo realmente competente, a este incumbirá – se for o caso – designar nova data para a realização daquela audiência (art. 340, § 4º).

Outra matéria processual que pode ser suscitada na contestação é a incorreção do valor da causa (art. 337, III). É, pois, na contestação que o réu pode oferecer sua impugnação ao valor da causa, nos termos do disposto no art. 293.

Pode, ainda, o réu alegar inépcia da petição inicial (art. 337, IV), afirmando ter ocorrido qualquer das situações descritas no art. 330, § 1º. A contestação pode, ainda, trazer a alegação de existência de peremção (art. 337, V), litispendência (art. 337, VI) ou coisa julgada (art. 337, VII), todas elas causas de extinção do processo sem resolução do mérito, nos termos do art. 485, V, e que mais adiante serão examinadas.

O réu pode, também, alegar em sua contestação a existência de conexão entre o processo em que oferece sua resposta e alguma outra causa (art. 337, VIII), a fim de buscar a reunião dos processos no juízo prevento.

Também se pode alegar, como defesa processual, a existência de incapacidade de parte, defeito de representação ou falta de autorização para o ajuizamento da demanda (art. 337, IX), todos estes vícios capazes de – se não corrigidos – acarretar a extinção do processo sem resolução do mérito.

É também na contestação que o réu poderá alegar a existência de uma convenção de arbitragem celebrada entre as partes (art. 337, X). Esta, aliás, é matéria de defesa que só pode ser alegada na contestação, sob pena de preclusão, daí resultando a aceitação da jurisdição estatal, com renúncia ao juízo arbitral (art. 337, § 6º).

Outra matéria que pode ser alegada na contestação, preliminarmente ao mérito, é a falta de alguma das "condições da ação", legitimidade de parte ou interesse de agir (art. 337, XI). Caso o réu alegue sua própria ilegitimidade (ilegitimidade passiva, portanto), incumbe-lhe indicar – desde que tenha conhecimento, claro – quem reputa ser o legitimado, sob pena de arcar com as despesas processuais e de indenizar o autor pelos prejuízos decorrentes da falta de indicação (art. 339). Tem-se, aí, uma espécie de nomeação à autoria (embora a lei processual não empregue esta denominação, a qual encontra suas origens na *nominatio auctoris* do Direito romano), criando a lei para o réu o dever jurídico de, sempre que alegar sua ilegitimidade passiva, indicar o nome do verdadeiro responsável, sob pena de responder por perdas e danos. Caso o réu não saiba quem é o verdadeiro responsável, terá de declarar expressamente esse desconhecimento, a fim de liberar-se da obrigação de reparar o dano do autor (e, por força dos princípios da cooperação e da boa-fé, deve-se considerar que não basta a mera declaração do réu de que não conhece o verdadeiro legitimado e, caso fique provado que ele tinha esse conhecimento, deverá ele responder por perdas e danos e pelas despesas processuais). A responsabilidade pela não indicação do verdadeiro legitimado é, porém, subjetiva, dependendo da demonstração de culpa do réu que, podendo, não fez a indicação do legitimado como deveria (FPPC, Enunciado nº 44).

Havendo na contestação a alegação de ilegitimidade passiva com a nomeação daquele que o réu aponta como sendo o verdadeiro responsável, o autor poderá ter três diferentes atitudes. Pode ele, em primeiro lugar, não aceitar a alegação, caso em que o processo seguirá contra o réu original. Pode, ainda, o autor aceitar a indicação e alterar a petição inicial para dirigir sua demanda ao nomeado, dispondo do prazo de quinze dias para fazê-lo (art. 338). Neste caso, o autor deverá reembolsar as custas que o réu original eventualmente tenha despendido, além de pagar honorários advocatícios fixados entre três e cinco por cento do valor da causa ou, sendo este irrisório, por "equidade" (art. 338, parágrafo único, remetendo-se o leitor, aqui, para tudo quanto foi dito anteriormente acerca da equidade e de seu emprego como critério de fixação de honorários). Por fim, pode o autor optar por alterar a petição inicial (sempre respeitado o prazo de quinze dias) para incluir no processo o nomeado, o que acarretará a formação de um litisconsórcio passivo superveniente (art. 339, § 2º).

Também se permite ao réu alegar, na contestação, a falta de caução ou de outra prestação que a lei exige como preliminar (art. 337, XII), como seria, por exemplo, a falta de pagamento das despesas processuais e de honorários advocatícios referentes a processo anterior, extinto sem resolução do mérito, quando a demanda é novamente ajuizada (art. 486, *caput* e § 2º).

Por fim, é a contestação a sede adequada para o réu impugnar a concessão do benefício de gratuidade de justiça deferido ao autor (art. 337, XIII).

Além dessas defesas – todas processuais, como dito – incumbe ao réu, por força da regra da eventualidade, apresentar, também na contestação, sua defesa de mérito. Como já dito anteriormente, a defesa de mérito pode ser classificada em *direta* e *indireta*. Chama-se defesa direta de mérito a negação do fato constitutivo do direito do autor. Assim, por exemplo, numa "ação de cobrança" de dívida decorrente de contrato de mútuo, a defesa direta de mérito consistirá em se negar a celebração do contrato de empréstimo. De outro lado, defesa indireta de mérito consiste na alegação de fato extintivo (como a prescrição), impeditivo (como a incapacidade do agente) ou modificativo (como o pagamento parcial) do direito do autor.

Quanto à defesa de mérito, incide sobre o réu o ônus da impugnação especificada dos fatos, o que significa dizer que ao réu incumbe manifestar-se de forma precisa sobre todas as alegações de fato contidas na petição inicial, presumindo-se verdadeiras as que não tenham sido expressamente impugnadas (art. 341). Só não haverá tal presunção de veracidade quando se tratar de fatos que não admitem confissão (arts. 341, I, e 392); se a petição inicial não estiver acompanhada de documento que a lei repute integrante da substância do ato – por exemplo, quando se tiver afirmado na petição inicial a existência de um testamento e não tiver sido juntada cópia do instrumento de declaração de última vontade –; ou se tais alegações estiverem em contradição com a defesa, considerada em seu conjunto (art. 341, II e III).

Consequência do ônus da impugnação especificada dos fatos é a inadmissibilidade da "contestação por negação geral", aquela em que o réu se limita a afirmar que todas as alegações do autor são inverídicas, ou que sua pretensão é improcedente. *Contestar por negação geral é o mesmo que não contestar.*

Não se aplica, porém, o ônus da impugnação especificada dos fatos aos defensores públicos, advogados dativos e ao curador especial (art. 341, parágrafo único), estando estes autorizados a apresentar contestação por negação geral.

Soa estranho que o defensor público não tenha de observar o ônus da impugnação especificada dos fatos. Afinal, o defensor advoga para a parte, representando seus interesses em juízo, e tem contato com o demandado antes de elaborar a petição de contestação. Pode-se considerar, então, que essa disposição viola o princípio constitucional da igualdade, criando um privilégio injustificado para a parte assistida por defensor público e, pois, é inconstitucional.

Exclui a lei, também, do ônus da impugnação especificada dos fatos o "advogado dativo", mas este é um personagem estranho ao processo civil. Neste, estando o autor sem advogado, é de se extinguir o processo sem resolução do mérito, e estando o réu sem patrono, deve ser considerado revel. Não se pode concordar com a ideia de que o advogado dativo é o nomeado nas hipóteses de assistência judiciária gratuita, uma vez que se denomina advogado dativo, tradicionalmente, aquele nomeado para exercer a defesa de quem se recusa a oferecer resistência, como se tem, por exemplo, na figura do defensor dativo do processo penal. No processo civil não há nomeação de advogado dativo para a parte por ato do juiz. Então, não faz qualquer sentido a referência, nesse dispositivo legal, ao advogado dativo.

A contestação é o momento adequado, então, para que o réu apresente toda a sua matéria de defesa. Não se admite, no processo civil, que o réu deduza posteriormente ao momento oportuno para contestar alegações novas, salvo se relativas a fato ou direito superveniente, se concernentes a matérias cognoscíveis de ofício ou se, por expressa autorização legal, puderem elas ser formuladas a qualquer tempo (como se dá, por exemplo, com a prescrição, por força do disposto no art. 193 do CC), tudo nos termos do art. 342.

12.5.3. Revelia

Decorrido o prazo legal sem que a contestação tenha sido oferecida, será o réu considerado revel. Revelia, então, é a ausência de contestação (art. 344). A revelia pode ser, mais precisamente, conceituada como ausência de contestação, no prazo e forma legais. Em outros termos, sendo citado o réu, e deixando este de oferecer contestação dentro do prazo e com a observância das formalidades legais, será considerado revel, ocorrendo, assim, o fenômeno da revelia.

É importante notar que a revelia não deve ser entendida como "ausência de resposta", mas como "ausência de contestação". Isso porque nada impede que o réu deixe de contestar (permanecendo, pois, revel) e ofereça outra modalidade de resposta, a reconvenção. Nesse caso, não se poderá falar em "ausência de resposta", já que o réu terá reconvindo, mas ainda assim deverá o demandado ser tido por revel, uma vez que terá deixado de oferecer contestação.

No Direito moderno há variações no tratamento dispensado à revelia. Assim é que se fala em doutrina de um "sistema italiano de tratamento da revelia", em que a revelia dá origem ao processo contumacial, sujeito a regras especiais, aplicáveis apenas com a declaração da revelia, ato judicial que reconhece a inatividade do réu. Admite-se, porém, que o réu ingresse tardiamente no processo, recebendo o mesmo no estado em que se encontra. Além disso, a revelia não leva a nenhuma alteração no ônus da prova, permanecendo para o autor o ônus de demonstrar a veracidade de suas alegações. Isso se dá porque o sistema italiano se preocupa em reduzir aos limites do possível e do justo o prejuízo que acarretará a ausência da parte no processo.

Diverso do italiano, e de maior influência sobre o sistema brasileiro, é o "sistema alemão". Neste, dispensa-se ao réu revel um tratamento extremamente rigoroso: dá-se a revelia pela ausência do réu a qualquer das audiências designadas para o debate oral; a consequência da revelia é a *poena confessi* quanto aos fatos alegados pelo demandante e, segundo o conteúdo destes, resolução em seu favor ou em seu prejuízo; há um pronunciamento judicial das consequências da revelia através da "sentença contumacial"; essa sentença é sujeita a oposição. São semelhantes, em diversos pontos, o sistema alemão e o brasileiro, principalmente no que se refere às consequências. Deixe-se claro, porém, que, diferentemente do que se tem no sistema alemão, a ausência do réu a uma audiência não implicará revelia se, antes disso, tiver ele oferecido contestação. No sistema brasileiro, revelia é, como afirmado anteriormente, ausência de contestação, sendo essa a única situação em que se pode admitir a ocorrência do fato processual da revelia.

Dado curioso é que, na prática, com muita frequência se vê o juiz da causa emitir um pronunciamento que "decreta" a revelia, como se dá no sistema italiano. Esse pronunciamento, porém, não faz qualquer sentido no Direito Processual Civil brasileiro. É que, sendo a revelia um fato processual (cujos efeitos se operam de pleno direito, independentemente de pronunciamento judicial), a afirmação de que o réu é revel constitui uma mera certificação de um fato ocorrido no processo. E não cabe ao juiz, mas ao escrivão ou chefe de secretaria, emitir certidões (art. 152, V, do CPC).

A revelia é um fato processual, o qual pode produzir variados efeitos. Pode-se falar de um efeito material e de dois efeitos processuais da revelia.

O efeito material da revelia é a presunção de veracidade das alegações de fato formuladas pelo autor (art. 344). Dito de outro modo, caso o réu não conteste, o juiz deverá presumir que tudo aquilo que o autor tenha alegado na petição inicial a respeito dos fatos da causa é verdadeiro. Esta presunção é relativa, *iuris tantum*, o que implica dizer que ela admite prova em contrário. E é exatamente por isso que ao réu revel é autorizada a produção de contraprovas, ou seja, de provas que busquem afastar a presunção de veracidade das alegações de fatos formuladas pelo autor, desde que ingresse no processo a tempo de produzi-las (art. 349). Isso porque, nos termos do art. 346, parágrafo único, o revel pode intervir no processo em qualquer fase, recebendo-o no estado em que se encontre (o que o impede, então, de praticar atos que já estejam cobertos pela preclusão).

A revelia, porém, não produz seu efeito material (isto é, não gera presunção de veracidade das alegações sobre fatos) nos casos enumerados no art. 345: se, havendo litisconsórcio passivo, um dos réus tiver oferecido contestação, já que neste caso as alegações por um dos réus impugnadas terão se tornado controvertidas e, por conseguinte, não poderão ser presumidas como verdadeiras; se o litígio versar sobre direitos indisponíveis; se a petição inicial não estiver acompanhada de instrumento que a lei considere indispensável à prova do ato; ou se as alegações de fato formuladas pelo autor forem inverossímeis ou estiverem em contradição com a prova constante dos autos. Em todos estes casos, não obstante a revelia, terá o autor o ônus da prova da veracidade de suas alegações.

O primeiro desses casos é o do litisconsórcio passivo em que um dos réus tenha oferecido contestação, havendo revelia dos demais. É que, havendo litisconsórcio passivo, a contestação oferecida por um dos réus aproveitará aos seus litisconsortes que não tiverem contestado. É de se notar que, obviamente, essa contestação só aproveitará aos litisconsortes ausentes nos limites do que nela tiver sido alegado. Obviamente, as alegações sobre fatos feitas pelo autor e não impugnadas nessa contestação se presumirão verdadeiras não só para o litisconsorte que compareceu ao processo, mas também para os que deram azo à revelia.

Também não produz efeito a revelia quando a causa versar sobre direitos indisponíveis. Nesse caso, assim como no anterior, a revelia não dispensa o autor de provar a veracidade de suas alegações. É o que se dá, por exemplo, numa "ação de investigação de paternidade", em que a revelia do demandado não exime o autor do ônus de provar que o réu é seu pai. Afinal, se a revelia pudesse, em casos assim, gerar presunção de veracidade, acabaria por se tornar possível que o réu, por via oblíqua, dispusesse de algo que é indisponível.

Por fim, afirma o art. 345 que não se opera o efeito material da revelia se a petição inicial não veio acompanhada de instrumento que a lei considere indispensável à prova do ato jurídico (forma *ad probationem*), como no exemplo anteriormente indicado.

Além dessas três hipóteses de inocorrência dos efeitos da revelia, outras há a considerar. Assim, por exemplo, os casos em que ao réu revel (citado com hora certa ou por edital) se nomeia curador especial (art. 72, II, CPC), podendo este oferecer contestação por negação geral (art. 341, parágrafo único), o que afasta a produção do efeito material da revelia, e ainda a hipótese de, revel o réu, seu assistente simples oferecer contestação, passando a atuar como seu substituto processual (art. 121, parágrafo único).

Nos casos em que a revelia gere seu efeito material, portanto, o autor é beneficiado por uma presunção legal (relativa) de veracidade de suas alegações sobre fatos. É preciso ficar claro que, neste caso, não pode o juiz determinar ao autor que produza provas que "confirmem" a presunção (pois tal determinação contrariaria expressamente o disposto no art. 374, IV, o qual expressamente estabelece que "[n]ão dependem de prova os fatos [em] cujo favor milita presunção legal de existência ou de veracidade"). O que se admite nesses casos, apenas, é a produção, pelo revel que posteriormente intervenha no processo, da contraprova (art. 349).

Além do efeito material, a revelia pode produzir dois efeitos processuais. O primeiro deles é o julgamento antecipado do mérito (art. 355, II). Este efeito só se produz nos casos em que se tenha também produzido o efeito material da revelia. É que nos casos em que da revelia não resulta a presunção de veracidade das alegações de fatos formuladas pelo demandante não é possível julgar-se desde logo o mérito da causa, uma vez que sobre o autor recairá o ônus da prova. Naqueles casos, porém, em que da revelia resulte uma presunção de que as alegações feitas pelo autor a respeito de fatos são verdadeiras, e não tendo o revel requerido a produção de contraprovas, estará dispensada a instrução probatória, e nada mais haverá a fazer a não ser proferir-se desde logo o julgamento do mérito.

O outro efeito processual da revelia, previsto no art. 346, alcança apenas aqueles casos em que o revel não tenha advogado constituído nos autos. Pois neste caso, os prazos processuais para o revel correrão, sempre, da data em que seja divulgada notícia dos atos decisórios no *Diário Oficial*. Este não é, porém, propriamente um efeito da revelia, já que também para o réu que tem advogado constituído nos autos os prazos só correm a partir da intimação. O que se tem aí, na verdade, é uma exigência de que o revel seja intimado, de modo ficto, pelo *Diário Oficial*, de todos os atos e termos do processo, e dessa intimação correrá o prazo para sua eventual manifestação.

Verifica-se, pela conjugação dos efeitos da revelia já mencionados, a razão de se considerar rigoroso o tratamento dispensado ao revel no Direito brasileiro. O mero fato de o réu não contestar implica presunção de veracidade das alegações sobre fatos feitas pelo autor e julgamento imediato do mérito, o que faz com que o processo fique extremamente abreviado, sendo quase inevitável que o resultado final seja favorável ao demandante.

12.5.4. Reconvenção

Segunda das modalidades de resposta prevista em nosso sistema como cabível no procedimento comum, a reconvenção não é uma modalidade de defesa, mas sim um verdadeiro contra-ataque. Trata-se, em verdade, de uma demanda autônoma, oferecida pelo réu em face do autor. Sendo a reconvenção uma demanda autônoma, o réu é de ser tratado, aqui, como demandante (réu-reconvinte), e o autor como demandado (autor-reconvindo).

Chama-se reconvenção, portanto, à demanda proposta pelo réu, em face do autor, dentro do mesmo processo. A reconvenção é um mecanismo que permite a ampliação do objeto do processo (já que ao juiz caberá, agora, julgar não só a demanda principal, mas também a demanda reconvencional), ampliando-se deste modo sua eficiência. Frise-se este ponto: a reconvenção, embora demanda autônoma, não faz nascer um novo processo. O processo é único, e nele se contêm a demanda original e a demanda reconvencional. Tal processo terá, assim, seu objeto alargado, eis que uma nova pretensão terá sido manifestada por aquele que originariamente ocupava a posição de réu, mas que agora terá assumido uma posição ativa, como reconvinte.

A afirmação de que se está, aqui, diante de um único processo é extremamente relevante, pois que assim não haverá possibilidade de defesa de posição diversa da que afirma que o ato judicial de indeferimento liminar da reconvenção não põe termo ao procedimento cognitivo (que continuará a existir para que se julgue a demanda original), não sendo, pois, sentença, e sim decisão interlocutória (o que tem impacto na recorribilidade dessa decisão). Tem-se, pois, com o oferecimento da demanda reconvencional, um único processo, cujo objeto é alargado, e não a existência de dois processos simultâneos.

A reconvenção deve ser oferecida na mesma peça em que o réu contesta (art. 343), sendo certo que ao réu é permitido, caso seja de sua conveniência, oferecer apenas a reconvenção, sem apresentar contestação (art. 343, § 6º). Não se exige, porém, para o oferecimento da reconvenção que este termo seja empregado expressamente, nem a elaboração formal de um capítulo em separado. Basta que pela leitura da peça fique clara a intenção do réu de obter tutela jurisdicional quantitativa ou qualitativamente mais ampla do que a que ele receberia com o mero julgamento de improcedência da demanda do autor (FPPC, Enunciado nº 45).

Impõe a lei requisitos para a admissibilidade da reconvenção, os quais decorrem, naturalmente, do fato de tal modalidade de resposta ser inspirada numa busca de eficiência processual que norteia todo o ordenamento processual civil vigente. O objetivo da reconvenção é permitir que, num único processo, duas pretensões sejam apreciadas. Para que se obtenham bons resultados com a reconvenção, porém, faz-se necessário que alguns pontos sejam observados. Em primeiro lugar, deve haver algum nexo entre o que já compunha o objeto do processo e o que será objeto da demanda reconvencional. Basta pensar numa "ação de despejo" em que o réu, em reconvenção, ajuizasse demanda de investigação de paternidade, e se terá ideia da necessidade de estabelecer os limites dentro dos quais a reconvenção poderá ser admitida. Assim, são requisitos para que se possa admitir a reconvenção: a) que o juízo da causa principal não seja absolutamente incompetente para apreciar a demanda reconvencional; b) haver compatibilidade entre os procedimentos aplicáveis à causa principal e à reconvenção; c) estar pendente o processo da causa principal; d) haver conexão entre a reconvenção e a "ação principal" ou com o fundamento da defesa.

Evidentemente, só poderá ser admitida a reconvenção se o juízo da causa principal for competente para dela conhecer. Apenas os critérios absolutos de determinação da competência, porém, precisam ser preenchidos. Assim, é essencial que o juízo seja competente em razão da pessoa e da matéria, respeitada também a competência funcional e a competência territorial absoluta. Deste modo, não se poderia, por exemplo, admitir o oferecimento de reconvenção em Vara Cível se o juízo competente para conhecer da demanda reconvencional, em razão da pessoa, for a Vara da Fazenda Pública. Também não se pode admitir que em juízo cível se apresente reconvenção que veicula causa de competência, em razão da matéria, de juízo especializado em causas de família.

Os critérios relativos de determinação da competência, porém (competência territorial – que, como regra geral, é relativa – e competência em razão do valor da causa), podem ser desprezados. Deste modo, por exemplo, se o processo se instaurou na comarca de domicílio do réu, pode este reconvir em face do autor mesmo que este tenha domicílio em comarca diversa.

Também é preciso, evidentemente, que esteja em curso o processo da demanda original e que haja compatibilidade de procedimentos, mas se aplica, aqui, o disposto no art. 327, § 2º, de modo que se houver previsão de procedimentos distintos (para a demanda original e para a demanda reconvencional), será usado para ambas o procedimento comum, não se abrindo mão do emprego das técnicas processuais diferenciadas que sejam adequadas ao procedimento especial.

Dos requisitos indicados, o único a exigir maior atenção é o último: a reconvenção deve ser conexa com a demanda principal ou com os fundamentos da defesa. O conceito de conexão empregado no art. 343 é mais amplo do que aquele empregado no art. 55 do CPC. Tal se evidencia pelo fato de o art. 343 admitir a conexão entre a demanda reconvencional e a defesa, sendo certo que esta não tem causa de pedir ou objeto, e o art. 55 é expresso em considerar que existe conexão quando houver, entre duas demandas, identidade de pedido ou de causa de pedir.

Em outras palavras, o termo *conexão* não é empregado no art. 343 no mesmo sentido em que aparece em outras passagens do CPC, como no art. 55. A conexão como pressuposto da reconvenção deve ser compreendida como a exigência de que exista, entre a reconvenção e a demanda principal ou entre a reconvenção e a contestação, algum traço comum capaz de justificar sua reunião em um só processo. Não é preciso, porém, que haja identidade de causa de pedir ou de pedido, como resultaria do art. 55.

Há que se considerar, pois, a existência de duas situações distintas. Na primeira, admite-se a reconvenção quando esta for conexa com a demanda principal; na segunda, quando a conexão se der com os fundamentos da defesa. Na primeira situação, de conexão entre a demanda principal e a demanda reconvencional, nenhuma dificuldade deveria haver, já que a hipótese é de conexão entre duas demandas, o que ocorrerá toda vez que entre elas houver comunhão de objeto ou de causa de pedir. É certo, porém, que o termo "conexão", aqui, não está empregado naquele sentido que se encontra no art. 55, mas em senso mais amplo. Evidentemente, será cabível a reconvenção quando houver a conexão descrita no art. 55 do CPC, por identidade de objeto ou de causa de pedir.

Tenha-se claro, então, o seguinte: a admissibilidade da reconvenção não exige a identidade de causa de pedir ou de objeto, mas pode ser que tal identidade se faça presente. Pense-se, por exemplo, no caso de duas pessoas terem celebrado um contrato e uma delas ajuizar em face da outra demanda para postular a rescisão do contrato, ao fundamento de que a parte demandada deixou de cumprir a avença culposamente. Pois nada impede que o demandado, além de contestar (sustentando não ter descumprido suas obrigações), reconvenha para pedir a rescisão do contrato, ao fundamento de que o autor deixou de cumprir as suas próprias obrigações contratuais. Neste caso, haveria identidade de objetos, sendo admissível a reconvenção.

Quanto à conexão pela causa de pedir, esta pode se dar quando as de- mandas forem fundadas na mesma causa remota ou na mesma causa próxima. Assim, por exemplo, se o autor pede a condenação do réu ao cumprimento de uma obrigação prevista num contrato, pode o réu reconvir pleiteando a anulação do contrato, sendo ambas as demandas fundadas na mesma causa de pedir remota (o contrato). De outro lado, se o autor pleiteia uma indenização por dano causado a um bem seu, poderá o réu reconvir pleiteando indenização a um dano por ele sofrido, alegando que o mesmo se deu naquele mesmo evento danoso (identidade de causa de pedir próxima).

Já no que se refere à conexão pelo pedido, exige-se identidade do pedido mediato, pois do contrário (identidade de pedidos imediatos) haveria conexão entre todas as demandas condenatórias (só para citar um exemplo). Assim, se um dos contratantes pleiteia a anulação de um negócio jurídico fundado em erro, pode o outro contratante reconvir pedindo a anulação em razão de coação (conexão entre demanda principal e demanda reconvencional fundada na identidade de pedidos mediatos, já que em ambas as demandas se pleiteia a anulação do negócio jurídico).

Como dito, porém, não há necessidade de se fazer presente essa identidade. Basta haver algo em comum entre o que se suscitou na demanda principal ou na contestação e o que se quer suscitar na reconvenção. Alguns exemplos permitirão visualizar melhor a hipótese.

Pense-se, primeiro, no caso de o autor ter ajuizado, em face do réu, demanda de anulação de contrato por vício de consentimento. Pode o réu contestar, alegando que não houve qualquer vício de consentimento, e reconvir para postular a condenação do autor a cumprir a obrigação contratual.

Outro exemplo se tem no caso em que o autor ajuíza "ação de consignação em pagamento" de aluguéis, e o réu reconvém para postular o despejo por falta de pagamento.

Um terceiro exemplo se tem no caso em que o autor postula a condenação do réu a pagar uma dívida em dinheiro, vindo o réu a, na contestação, alegar que o pedido deve ser julgado improcedente porque o autor, não obstante seja credor da obrigação que está a exigir, é também devedor do réu, em quantia superior à que cobra. Neste caso, admite-se a reconvenção para que o réu cobre eventual saldo que afirme subsistir em seu favor com a compensação das obrigações.

Muitos outros exemplos poderiam ser figurados, mas importante é deixar claro que a admissibilidade da reconvenção exige, a rigor, apenas que haja, entre a demanda principal e a reconvenção, ou entre esta e a contestação, algum dado comum, capaz de justificar a reunião das causas em um só processo para torná-lo mais eficiente.

Há que se referir, ainda, que, além dos requisitos mencionados anteriormente, como essenciais para a admissibilidade da reconvenção, é preciso ainda que se façam presentes as "condições da ação" e os pressupostos processuais. Quanto às "condições da ação", avulta em importância a análise da legitimidade das partes na demanda reconvencional. Isso porque o § 5º do art. 343 dispõe que "[s]e o autor for substituto processual, o reconvinte deverá afirmar ser titular de direito em face do substituído, e a reconvenção deverá ser proposta em face do autor, também na qualidade de substituto processual". Trata-se de dispositivo de interpretação simples. Por essa regra, a reconvenção só pode ser oferecida pelo réu em face do autor se estes ocuparem, na demanda reconvencional, a mesma qualidade jurídica que ostentam na demanda principal. Refere-se, pois, o dispositivo citado, às hipóteses de substituição processual. Em outros termos, o que o dispositivo ora sob exame significa é que se alguma das partes na demanda original ali está como legitimado extraordinário, exercendo a substituição processual de outrem, só poderá se admitir a reconvenção se nessa demanda a parte figurar, também, como substituta processual. Assim, por exemplo, se A propõe demanda em face de B, estando o autor em juízo, em nome próprio, na defesa de interesse de C (substituição processual), o réu (B) só poderá reconvir se a demanda reconvencional for dirigida a A na qualidade de substituto processual de C (e, obviamente, se A mantiver, para essa demanda, a legitimidade extraordinária que tem para a demanda principal).

Embora reunidas no mesmo processo, a demanda principal e a reconvencional são independentes, motivo pelo qual o fato de não se poder resolver o mérito da causa em relação a uma delas não é suficiente para impedir a apreciação do mérito da outra (art. 343, § 2º).

A reconvenção, como dito anteriormente, é definida como uma demanda proposta pelo réu em face do autor. Há que se afirmar, porém, que, havendo litisconsórcio na demanda original, não há necessidade de que todos sejam partes da demanda reconvencional. Assim, por exemplo, havendo pluralidade de autores, pode o réu reconvir em face de um só deles. Do mesmo modo, havendo pluralidade de réus, nada impede que apenas um deles ofereça reconvenção.

Nada impede, de outro lado, que haja uma ampliação subjetiva do processo provocada pela reconvenção. É que nada impede que o réu-reconvinte se litisconsorcie com um terceiro para ajuizar a demanda reconvencional em face do autor-reconvindo (art. 343, § 4º).

Do mesmo modo, a reconvenção pode ser proposta de modo a acarretar a instauração de um litisconsórcio (superveniente) entre o autor-reconvindo e um terceiro (art. 343, § 3º).

Basta citar, aqui, duas hipóteses, para verificar as vantagens de se admitir a reconvenção subjetivamente mais ampla que a demanda principal. Imagine-se um contrato entre um Fulano, um Beltrano e um Sicrano, sendo que este último demandou o Fulano, pleiteando a condenação deste a adimplir certa obrigação decorrente daquela avença. O Fulano, por sua vez, quer oferecer reconvenção pleiteando a anulação do contrato. Não parece haver dúvidas de que, nessa demanda anulatória proposta pelo Fulano, haverá litisconsórcio necessário entre o Beltrano e o Sicrano. Não pudesse a reconvenção ampliar subjetivamente o processo, o Fulano ficaria impedido de oferecer sua reconvenção, já que o litisconsórcio que iria se formar seria necessário. Pense-se, agora, na demanda declaratória da inexistência de uma obrigação, proposta pelo devedor em face do credor, em que este pretenda oferecer reconvenção pedindo a condenação do devedor e de seu fiador. A possibilidade de se oferecer essa reconvenção subjetivamente mais ampla é totalmente amparada pelo princípio da eficiência, o qual se encontra à base dos institutos da reconvenção e do litisconsórcio. Reconheça-se, porém, que nessa hipótese de reconvenção subjetivamente mais ampla que a demanda principal, a demanda terá caráter reconvencional para o autor da demanda primitiva e originário para os demais.

Oferecida a reconvenção, é preciso – em nome do princípio do contraditório – ouvir o autor-reconvindo, que terá quinze dias para apresentar resposta (art. 343, § 1º). A intimação será feita ao autor-reconvindo através de seu advogado, pouco importando se ele recebeu ou não poderes especiais para receber citação em nome de seu patrocinado. A ausência de contestação do autor-reconvindo implicará revelia, sendo aplicáveis, aqui, todas as considerações acerca deste tema anteriormente expendidas.

Poderá o autor-reconvindo, então, contestar a reconvenção e, ainda, oferecer "reconvenção à reconvenção" (*reconventio reconventionis*), apresentando ambas na mesma peça.

12.6. PROVIDÊNCIAS PRELIMINARES

Decorrido o prazo da resposta, tenha ela sido oferecida ou não, deverão os autos ser enviados à conclusão do juiz para que este verifique se é preciso tomar alguma das providências preliminares (art. 347). Importante perceber que neste caso é absolutamente essencial que os autos sejam remetidos à conclusão, não se admitindo que a secretaria do juízo, ou algum auxiliar da justiça, tome qualquer providência destinada a dar andamento ao processo.

São duas as providências preliminares que podem fazer-se necessárias: a especificação de provas (arts. 348 e 349) e a réplica (arts. 350 a 352). De ambas se passa a tratar nos tópicos seguintes.

12.6.1. Especificação de provas

Caso o réu não tenha oferecido contestação tempestiva, ficando revel, mas se esteja em um daqueles casos em que não se opera o efeito material da revelia (previstos no art. 345), deverá o juiz determinar ao autor que especifique as provas que pretende produzir (salvo se já as tiver indicado na petição inicial). É que, não se operando a presunção relativa de veracidade das alegações feitas pelo autor, sobre ele incidirá um ônus probatório, cabendo-lhe, portanto, produzir provas que demonstrem a veracidade de suas alegações, sob pena de ver produzir-se, ao final do processo, um resultado que lhe é desfavorável.

A lei não prevê expressamente qual será o prazo para que o autor especifique as provas que pretende produzir. Em razão disso, caberá ao juiz determinar o prazo de que o autor disporá e, em seu silêncio, este prazo será de cinco dias, nos termos do disposto no art. 218, §§ 1º e 3º.

Nos casos em que a revelia, porém, gere a presunção de veracidade, o autor fica livre de seu ônus probatório, já que – por força do disposto no art. 374, IV – não dependem de prova os fatos em cujo favor milita presunção legal de existência ou de veracidade. Pode, porém, ocorrer de o revel ingressar no processo ainda em tempo de provocar a instauração de uma fase de instrução probatória (art. 346, parágrafo único). Pois neste caso, sobre o réu revel que tardiamente comparece ao processo incidirá o ônus da contraprova, sendo por isso admissível que ele produza provas destinadas a afastar a presunção que beneficia o demandante. Deverá, então, o juiz permitir que o revel que tenha comparecido produza provas que se contraponham às alegações do autor (art. 349).

É preciso, porém, estabelecer a distinção entre essa providência preliminar, aqui denominada especificação de provas, e que é a única providência dessa espécie prevista no CPC, e outra, de nome idêntico, que surgiu como um costume observado em diversas partes do país. É praxe que no procedimento comum, após o oferecimento da réplica, determine o juiz às partes que especifiquem as provas que pretendem produzir. Tal costume está intimamente ligado ao fato, já reportado, de que muitas vezes os advogados, nas petições iniciais e nas contestações, não especificam as provas que pretendem produzir, preferindo apresentar um genérico "protesto" pela produção de todos os meios de prova admissíveis. A ausência de especificação de provas na petição inicial e na contestação leva os juízes a determinar que tal especificação se faça após o oferecimento da réplica. Trata-se de costume (o qual, como se sabe, é fonte do Direito Processual). E esse costume é digno de aplauso, eis que é fundamental superar o problema causado pela inexistência de especificação de provas no momento adequado (inexistência decorrente, como visto anteriormente, da impossibilidade de que tal requerimento seja feito no momento indicado pela lei, pelo menos na maioria dos casos), sendo essencial para o regular desenvolvimento do processo em direção a um provimento sobre o mérito a afirmação, a ser feita pelas partes, a respeito dos meios de prova de que pretendem se valer para demonstrar a veracidade de suas alegações.

Relembre-se, porém, que essa segunda modalidade de especificação de provas não está regulada em lei. A única especificação de provas prevista no CPC é a que deve fazer o autor nas hipóteses em que, revel o demandado, a revelia não produza efeitos.

12.6.2. Réplica

Chama-se réplica a resposta do autor à contestação. Curiosamente, o CPC não usa o termo réplica para se referir a este ato nos artigos destinados a tratar do tema (arts. 350 e 351). O vocábulo, porém, aparece em três dispositivos do CPC (arts. 100, 430 e 437), sempre designando a resposta do autor à contestação.

Não é o mero fato de o réu ter oferecido contestação que gera a necessidade de se abrir oportunidade para que o autor apresente réplica. Esta será cabível apenas quando o réu, ao contestar, tenha suscitado defesa processual (art. 351) ou defesa de mérito indireta (art. 350). Em ambos os casos, deverá o juiz dar ao autor a oportunidade de manifestar-se em réplica, no prazo de quinze dias, permitindo-lhe a produção de provas. Caso o réu tenha se limitado a apresentar defesa de mérito direta, não haverá réplica.

É que neste último caso a réplica não teria qualquer utilidade, não sendo capaz de permitir um mais amplo desenvolvimento do contraditório. Afinal, o autor já terá tido oportunidade de deduzir o fato constitutivo do seu direito na petição inicial e o réu já terá negado sua ocorrência na contestação. Ao autor, agora, só poderia caber reforçar as alegações que já fizera na inicial (o que soa absolutamente desnecessário).

Basta aventar um exemplo para que tudo se torne mais claro. Ajuizada por um Fulano uma demanda em face de um Beltrano em que o autor pede a condenação do réu ao pagamento de uma quantia em dinheiro devida em razão de um contrato de mútuo, pode o réu, na contestação, limitar-se a negar a celebração do contrato. Nessa hipótese, não haverá réplica, visto que o demandante já afirmara anteriormente a celebração do contrato, e agora se limitaria, indubitavelmente, a repetir aquela assertiva. O mesmo não se dá, porém, se o demandado alegar que já efetuou o pagamento, pois que este é um fato novo, extintivo do alegado direito do autor, o que leva o sistema a assegurar para o demandante uma oportunidade para se manifestar.

Na réplica o autor deve limitar-se a impugnar as alegações suscitadas pelo réu em sua contestação. Esta oportunidade que se lhe garante é essencial para a plena observância do princípio do contraditório, já que permitirá ao autor manifestar-se, exercendo seu direito de participar com influência, sobre as alegações deduzidas pelo réu. Não poderá o autor, porém, suscitar alegações novas na réplica (sob pena de, em nome dos princípios da isonomia e do contraditório, tornar-se necessária uma oportunidade para que o réu fale sobre a réplica, em uma verdadeira tréplica; além disso, se ao autor fossem dadas duas oportunidades para deduzir alegações novas – a petição inicial e a réplica –, ao réu também seria preciso assegurar uma segunda oportunidade, a tréplica, e a consequência disto seria a necessidade de se assegurar ao autor uma oportunidade para manifestar-se sobre a tréplica, em uma verdadeira quadrúplica).

12.7. JULGAMENTO CONFORME O ESTADO DO PROCESSO

Tendo o juiz verificado que havia alguma irregularidade ou vício sanável no processo, será de sua incumbência determinar a correção no prazo de trinta dias (art. 352). Depois disso, tendo sido cumpridas as providências preliminares que eventualmente fossem necessárias, ou se nenhuma delas era necessária no caso concreto, caberá ao juiz proferir uma decisão. É chegada, então, a fase procedimental conhecida como julgamento conforme o estado do processo.

Esta é uma denominação genérica, polimórfica, que engloba três diferentes hipóteses: a extinção do processo (art. 354), o julgamento "antecipado" do mérito (que pode ser total ou parcial), previsto nos arts. 355 e 356, e a decisão de saneamento e organização do processo (art. 357).

Pode-se mesmo dizer que o procedimento comum, até esse momento, era comparável a uma estrada sem desvios de rota, com percurso retilíneo. Petição inicial, citação, audiência prévia de autocomposição, resposta, réplica, nenhum desvio de percurso apareceu até agora. Nesse momento, porém, o procedimento comum chega a uma encruzilhada. A estrada retilínea se transforma num cruzamento de três caminhos diversos (as três modalidades de julgamento conforme o estado do processo), e apenas um desses caminhos que se abrem à frente será o adequado para cada processo que siga o procedimento comum. É preciso, então, que se verifique qual, entre as espécies de julgamento conforme o estado do processo, se revela adequada para o caso concreto, o que se faz pela análise do disposto nos arts. 354, 355 e 357 do CPC, os quais deverão ser examinados nesta precisa ordem em que estão dispostos. Há que se estudar, pois, a "extinção do processo" (art. 354), o "julgamento antecipado do mérito" (art. 355) e a "decisão de saneamento e organização do processo" (art. 357).

12.7.1. Extinção e redução do processo

Em algumas hipóteses, estabelece a lei processual que o procedimento deveria ser abreviado, encerrando-se, desde logo, o processo, com prolação de sentença. Tal abreviação se dá pelo fato de, nos casos de que trata o art. 354 do CPC, ser inútil o prosseguimento do feito. Assim é que o art. 354 determina a extinção do processo se tiver ocorrido alguma das hipóteses do art. 485 (extinção do processo de conhecimento sem resolução do mérito) ou do art. 487, incisos II e III (extinção do processo de conhecimento com resolução do mérito).

Verificando, então, o juiz ter ocorrido qualquer das hipóteses previstas no art. 485 ou no art. 487, incisos II e III, deverá proferir sentença e extinguir o processo de conhecimento (art. 354).

Assim, deverá o julgador, nesse momento do processo, verificar se ocorreu alguma das hipóteses previstas no art. 485 do CPC. Sendo positiva a resposta, deverá proferir sentença terminativa, ou seja, sentença que ponha termo ao processo de conhecimento sem resolução do mérito. Negativa, porém, a resposta à pesquisa, deverá ser verificada a presença de alguma das situações previstas no art. 487, II e III. Em caso afirmativo, deverá ser proferida sentença definitiva, extinguindo-se o processo de conhecimento com resolução do mérito.

Significa isto dizer, então, que caberá ao juiz, após a fase das providências preliminares, verificar se ocorreu qualquer das hipóteses em que a lei processual prevê a extinção do processo sem resolução do mérito (art. 485), ou por ser caso de extinção do processo com resolução do mérito por se ter reconhecido a prescrição ou a decadência, ou, ainda, por força de autocomposição (art. 487, II e III).

Nesses casos, caberá ao juiz extinguir o processo (sem ou com resolução do mérito, respectivamente).

Pode ocorrer de o juiz deparar-se com algum caso em que estejam presentes duas causas de extinção do processo, uma de extinção sem resolução do mérito e outra de extinção com resolução do mérito. Neste caso, deverá o juiz – a princípio – extinguir o processo sem resolução do mérito. Só não será assim em um caso: naquele em que o juiz verifica ser possível resolver-se o mérito em favor daquele que seria beneficiado pela extinção do processo sem resolução do mérito. Pense-se, por exemplo, no caso de ter o juiz verificado que o processo deveria ser extinto sem resolução do mérito por força do abandono unilateral da causa (art. 485, III), o que beneficiaria o réu, mas é possível afirmar, desde logo, ter-se operado a decadência do direito do demandante (art. 487, II). Pois em casos assim, deverá o juiz extinguir o processo com resolução do mérito, o que será muito mais benéfico para a parte a quem em tese aproveitaria a extinção do processo sem resolução do mérito. E isto se dá por força do princípio da primazia da resolução do mérito (arts. 4º e 488).

Entre as causas de extinção sem resolução do mérito, deve ser respeitada a prevalência de umas sobre outras. Assim é que, havendo desistência da ação, nenhuma outra causa deverá ser levada em consideração, já que a desistência impede a continuação da atividade cognitiva do juiz. Não tendo havido desistência, deve prevalecer, como causa de extinção, a ausência de algum pressuposto processual, e apenas na hipótese de todos estarem presentes é que se deve verificar se estão preenchidas as "condições da ação". Nas demais causas de extinção sem resolução do mérito, não parece haver razão técnica para preferência de umas sobre outras.

Entre as causas de extinção do processo com resolução do mérito, deve-se dar primazia às hipóteses de autocomposição, por força do que dispõem os §§ 2º e 3º do art. 3º. Inexistindo qualquer delas, aí sim deverá ser verificada a ocorrência de prescrição ou de decadência.

Casos haverá em que o juiz não poderá extinguir o processo, mas será possível sua redução (subjetiva ou objetiva). Pense-se, por exemplo, em um processo em que se tenha formado um litisconsórcio ativo entre dois autores, vindo o juiz a verificar que um deles não tem legitimidade ativa. Neste caso, deverá o juiz – sem extinguir o processo – excluir a parte ilegítima. Do mesmo modo, pode acontecer de o autor ter formulado vários pedidos cumulados e o juiz verificar que com relação a um desses pedidos falta interesse de agir. Deverá o juiz, então, excluir este pedido do processo, o qual seguirá para exame dos demais. Outra hipótese que se pode figurar é a de o autor ter formulado mais de um pedido e o juiz verificar que ocorreu a prescrição quanto a apenas um deles, ou que o réu reconheceu a procedência de um dos pedidos cumulados. Pois nesses casos, deverá ser proferida uma decisão interlocutória que reduzirá, subjetiva ou objetivamente, o processo, devendo este prosseguir para exame daquilo que ainda não tenha sido apreciado.

Veja-se que neste caso não há uma "extinção parcial do processo" (ideia absolutamente equivocada, absurda mesmo, já que nada pode ser "parcialmente extinto"). O que há nessas hipóteses é a redução subjetiva ou objetiva do processo, por decisão interlocutória, impugnável por agravo de instrumento (art. 354, parágrafo único).

12.7.2. Julgamento "antecipado" total ou parcial do mérito

Pode ser que, concluídas as providências preliminares (ou constatado que nenhuma delas era necessária), e não sendo caso de extinção do processo na forma do art. 354, o juiz se depare com um processo cujo mérito já se encontra em condições de receber imediato julgamento. É que há casos em que o prosseguimento do feito é desnecessário, uma vez que todos os elementos relevantes para que se proceda à apreciação do objeto do processo já se encontram nos autos. Presente, pois, qualquer das hipóteses arroladas no art. 355, deverá o juiz proferir sentença definitiva, isto é, sentença que seja capaz de pôr termo ao processo de conhecimento com resolução do mérito, apreciando o pedido do autor para o acolher ou rejeitar. Trata-se, pois, de caso de extinção do processo de conhecimento com resolução do mérito. Neste caso, deverá ser proferida sentença de mérito, extinguindo-se o feito com apoio no disposto no art. 487, I, através da qual o juiz acolherá ou rejeitará o pedido formulado pelo autor.

Fala a lei processual em "julgamento antecipado". Esta terminologia não é adequada, já que não se trata de julgar o mérito antecipadamente, mas de julgá-lo imediatamente. Além disso, pode haver confusão entre o "julgamento antecipado" (que se destina a produzir resultados definitivos) e a "tutela antecipada" (que é uma espécie de tutela provisória). Dever-se-ia falar, então, em *julgamento imediato do mérito*.

Haverá julgamento imediato do mérito, em primeiro lugar, quando o juiz verificar que não há necessidade de produção de outras provas além daquelas já postas à disposição do processo (ou porque a prova documental já produzida era suficiente, ou porque houve uma produção antecipada de provas, ou por qualquer outra razão capaz de tornar dispensável o desenvolvimento de qualquer atividade posterior de produção de provas), conforme dispõe o art. 355, I, do CPC. Pense-se, por exemplo, numa demanda declaratória da nulidade de fiança prestada por pessoa casada sem consentimento do cônjuge, em que os fatos são incontroversos (não se discute o fato de o fiador ser casado e ter prestado a fiança sem a vênia conjugal), controvertendo as partes tão somente quanto às consequências de tal ato ter sido praticado sem aquele consentimento (nulidade? Anulabilidade? Ineficácia?). Sendo a matéria controvertida exclusivamente de direito, faz-se desnecessária a colheita de provas, na medida em que o direito deve ser conhecido pelo órgão judicial. Caberá, então, o julgamento antecipado do mérito.

Ainda nesse inciso I do art. 355 se inclui a situação em que haja controvérsia também sobre matéria fática, mas os elementos já constantes dos autos sejam suficientes para o julgamento do mérito, não havendo necessidade de colheita de outras provas. Basta imaginar uma hipótese em que toda a controvérsia incida sobre questões fáticas, dependendo as alegações, para serem provadas, apenas da prova documental já acostada. Por exemplo, numa "ação de despejo" por denúncia vazia, alega o autor que notificou o locatário regularmente, para que desocupasse o imóvel, o que é negado pelo réu (sendo esta a única questão controvertida no processo). Estando nos autos o instrumento da notificação, bastará ao juiz examiná-lo para constatar sua regularidade, sendo desnecessária a produção de qualquer outra prova.

Tanto no caso de a controvérsia versar apenas sobre questões de direito, como no de haver divergência quanto a alguma questão fática que independa, para sua solução, da produção de outras provas além das já colhidas, deverá o juiz proferir o julgamento antecipado do mérito (art. 355, I), pois o processo se encontra pronto para receber decisão de mérito.

Também haverá julgamento antecipado (*rectius*, imediato) do mérito quando o réu for revel, ocorrer o efeito material da revelia (ou seja, estabelecer-se a presunção legal de veracidade das alegações feitas pelo autor a respeito dos fatos da causa) e o réu não tiver formulado requerimento de produção de contraprova, nos termos do disposto no art. 349 (tudo conforme o disposto no art. 355, II). Tem-se, aí, a produção do efeito processual da revelia.

É de se frisar, porém, que tal efeito só se produz nos casos em que se produza também o efeito material da revelia, qual seja, a presunção de veracidade das alegações do autor sobre os fatos, uma vez que nos casos em que a revelia não produz esse efeito (como, por exemplo, nas hipóteses previstas no art. 345 do CPC), deverá o autor, nos termos do já apreciado art. 348, indicar que provas pretende produzir em audiência para demonstrar a veracidade de suas assertivas, o que exclui a possibilidade de julgamento antecipado do mérito. Nos casos de revelia eficaz, porém, deverá o juiz apreciar, de imediato, o mérito da causa se não tiver sido requerida, pelo réu revel, a produção da contraprova.

É preciso deixar claro que o julgamento imediato do mérito não é uma faculdade do juiz, sendo certo que o julgador será obrigado a proferir tal decisão, sob pena de cometer *error in procedendo* (ou seja, erro na forma de conduzir o processo e praticar os atos processuais). Não existe aqui discricionariedade judicial. Presente alguma das hipóteses do art. 355 do CPC, o juiz terá de, inevitavelmente, proferir sentença de mérito.

As condições para o julgamento imediato podem fazer-se presentes apenas em relação a uma parcela do objeto do processo. É o que acontece quando um ou mais dos pedidos formulados, ou parcela deles (ou até mesmo parcela do único pedido formulado, quando for possível cindir-se aquilo que tenha sido objeto do pedido), mostrar-se incontroverso (art. 356, I) ou estiver em condições de imediato julgamento (art. 356, II). Pense-se, por exemplo, no caso em que o autor postula a condenação do réu ao pagamento de uma quantia em dinheiro e o réu, ao contestar, reconhece ser devedor, mas de uma quantia inferior à que está a ser cobrada. Pois em um caso assim, deverá o juiz desde logo – e tendo em vista o fato de que uma parcela do pedido se tornou incontroversa – proferir decisão de julgamento antecipado (*rectius*, imediato) parcial do mérito.

Enquanto o provimento judicial de julgamento imediato total do mérito é uma sentença (impugnável por apelação), a decisão de julgamento imediato parcial do mérito tem natureza interlocutória, impugnável por agravo de instrumento (arts. 356, § 5º, e 1.015, XIII).

A decisão de julgamento parcial do mérito tanto pode reconhecer a existência de obrigação líquida como de obrigação ilíquida (caso em que será possível realizar-se posteriormente a liquidação). Caso interposto o agravo de instrumento, será possível promover desde logo a liquidação (se necessária) ou a execução da obrigação reconhecida na decisão de julgamento parcial do mérito, independentemente de caução (art. 356, §§ 1º e 2º), salvo se atribuído efeito suspensivo ao agravo de instrumento (art. 1.019, I), caso em que a decisão interlocutória não produzirá desde logo seus efeitos. Não havendo interposição de recurso admissível, a decisão de julgamento parcial do mérito transitará em julgado, admitida a execução definitiva (art. 356, § 3º).

Sendo o caso de iniciar desde logo a liquidação ou a execução da decisão de julgamento imediato parcial do mérito, estas poderão processar-se em autos suplementares (art. 356, § 4º), para evitar que atrapalhem o regular andamento do processo de conhecimento (que continuará a desenvolver-se para exame da parcela do mérito ainda não resolvida).

12.7.3. Decisão de saneamento e organização do processo

Não sendo possível a imediata prolação de sentença (por não ser caso nem de extinção do processo nem de julgamento imediato total do mérito) e, portanto, tendo o processo de seguir, deverá ser proferida uma decisão interlocutória de saneamento e organização do processo.

Nesta decisão incumbe ao juiz resolver questões processuais que eventualmente ainda estejam pendentes (art. 357, I), declarando saneado o processo – isto é, declarando a inexistência de obstáculos à apreciação do mérito da causa –; delimitar as questões de fato sobre as quais recairá a atividade probatória, especificando os meios de prova que serão admitidos (art. 357, II); definir a distribuição do ônus da prova (art. 357, III); delimitar as questões de direito relevantes para a decisão de mérito (art. 357, IV); e designar, se necessário, audiência de instrução e julgamento (art. 357, V).

É preciso examinar mais detidamente o conteúdo dessa decisão. E para isso, impende considerar que a decisão se divide em duas partes: o saneamento (art. 357, I) e a organização (art. 357, II a V) do processo.

Consiste o saneamento do processo na resolução de questões processuais que eventualmente ainda estejam pendentes (como, por exemplo, o pronunciamento da competência do juízo ou o exame da regularidade da representação processual de alguma das partes) e na declaração de que não há qualquer impedimento ao exame do mérito (a declaração de saneamento propriamente dita, em que se declara que o processo está saneado, isto é, limpo, sem vícios). O saneamento do processo é, em verdade, uma decisão interlocutória que nada saneia, mas tão somente declara saneado o processo, ou seja, o declara livre de quaisquer vícios que possam impedir seu regular prosseguimento.

Instituto de origem portuguesa, a decisão de saneamento do processo tem por fim precípuo declarar, como dito, a ausência de vícios capazes de impedir o regular desenvolvimento do processo em direção a um provimento de mérito. A eventual existência de algum vício já terá sido, a essa altura, corrigida, na medida em que a atividade de saneamento do processo vem se desenvolvendo desde a propositura da demanda (como se viu, por exemplo, quando da análise da petição inicial, cujos vícios deveriam ser corrigidos quando da oportunidade para emenda daquela petição), e a existência de vício insanável (ou sanável que não se corrigiu) terá levado, fatalmente, à "extinção do processo", com base no art. 354 do CPC.

Além do saneamento, incumbe ao juiz, neste mesmo provimento, promover a organização do processo.

Para organizar o processo, incumbe ao juiz, antes de tudo, delimitar as questões de fato e as questões de direito relevantes para a resolução do mérito (art. 357, II e IV). Isto decorre do fato de que o procedimento comum é organizado – nos mesmos termos do que se dá com os procedimentos cognitivos dos mais modernos sistemas processuais contemporâneos – em duas fases bem distintas, a primeira, chamada de fase introdutória, destinada à preparação do processo para chegar à resolução do mérito; a segunda, fase principal, destinada à instrução e julgamento.

O regular desenvolvimento do processo de conhecimento, em direção a um resultado construído de forma comparticipativa, em pleno, efetivo e substancial contraditório, exige que na primeira fase do processo se busque definir, com precisão, quais serão as questões (isto é, os pontos controvertidos) de fato e de direito que serão objeto do debate, da instrução probatória e das decisões que se terá na segunda fase.

É, pois, essencial que o juiz fixe os pontos controvertidos de fato e de direito, de modo a delimitar a atividade que se desenvolverá – em contraditório – na segunda fase do procedimento, de modo que toda a atividade posterior se limitará às questões de fato e de direito aqui fixadas. Não há (salvo exceções, como, por exemplo, aquilo que resulte de fatos supervenientes) possibilidade de se trazer para o contraditório, após a decisão de saneamento e organização do processo, questões novas, de fato ou de direito relevantes para a resolução do mérito.

A decisão de saneamento e organização do processo, portanto, delimita o objeto da cognição a ser exercida na segunda fase do processo, promovendo uma estabilização do objeto da cognição (o qual, como dito, só poderá ser ampliado em casos excepcionais).

Ao fixar os pontos de fato controvertidos, o juiz também determinará quais os meios de prova que serão admitidos no processo (art. 357, II) e, se entre estes houver alguma prova oral, designará audiência de instrução e julgamento (art. 357, V). Tendo sido determinada a produção de prova testemunhal, o juiz fixará prazo comum para que as partes apresentem seu rol de testemunhas, prazo este que não será superior a quinze dias (art. 357, § 4º). Havendo determinação de que se produza prova pericial, deverá o juiz, sempre que possível, estabelecer desde logo calendário para sua realização, ou pelo menos fixando, nos termos do disposto no art. 465, prazo para apresentação do laudo (art. 357, § 8º).

A determinação de qual será o objeto da prova (isto é, quais são os pontos de fato controvertidos) permite determinar como se distribuem, no processo, os ônus probatórios. Como se poderá ver adiante, estes normalmente são distribuídos de forma a incidir o ônus da prova sobre aquele que tenha feito a alegação a ser provada. Excepcionalmente, porém (e isto também será objeto de exame adiante), poderá o juiz redistribuir os ônus probatórios (art. 357, III), em razão da adoção, pelo CPC brasileiro, de algo que vem sendo chamado (sem muita propriedade, como se poderá ver no momento próprio) de *teoria da distribuição dinâmica do ônus da prova* (art. 373, § 1º).

Proferida a decisão (que, ressalvado o capítulo referente à distribuição do ônus da prova, não pode ser impugnada por agravo de instrumento, como se vê pelo disposto no art. 1.015, especialmente o inciso XI), as partes terão o prazo de cinco dias para pedir esclarecimentos ou solicitar ajustes na decisão. Não se trata, aqui, de admitir a oposição de embargos de declaração (art. 1.022), mas de permitir a apresentação de uma simples petição em que as partes poderão requerer ao juiz que esclareça melhor algum ponto desta decisão de organização do processo ou que nela faça algum ajuste. Decorrido este prazo e não oferecida nenhuma petição pelas partes, ou feitos os esclarecimentos e ajustes necessários, a decisão se tornará estável (art. 357, § 1º).

Essa estabilidade, que será mais bem examinada adiante, deve ser interpretada no sentido de que, no primeiro grau de jurisdição, não será mais possível alterar-se o objeto da cognição (ressalvada a possibilidade de se ter de levar em conta algum fato ou direito superveniente). Caberá ao juiz, então, quando da prolação da sentença de mérito, enfrentar todas as questões que tenham sido definidas como relevantes, e só essas questões, a fim de pronunciar-se sobre o objeto do processo.

Essa estabilidade, é bom que se registre, só alcança o juízo, mas não as partes, que poderão rediscutir todas essas matérias em sede de apelação (ou contrarrazões de apelação), nos termos do art. 1.009, § 1º, além de poderem ser apreciadas em grau de recurso, algumas delas até mesmo de ofício (art. 485, § 3º).

O § 2º do art. 357 prevê um negócio processual típico, que pode ser chamado de organização consensual do processo (ou saneamento consensual). Através deste negócio processual, podem as partes definir, consensualmente, quais são os pontos controvertidos de fato e de direito, e a tal definição ficará vinculado o juiz (se o negócio for homologado pelo juiz, o que exige a observância do disposto no art. 190, parágrafo único, cabendo ao juiz, tão somente, verificar a validade da convenção, e não podendo negar homologação por não concordar com seu conteúdo ou reputá-lo inconveniente).

De outro lado, pode haver o saneamento compartilhado do processo (art. 357, § 3º), o qual deverá ocorrer quando as questões de fato ou de direito forem de grande complexidade (mas também se admite o saneamento compartilhado em causas que não guardem grande complexidade, por conta do princípio da cooperação, responsável por estabelecer um processo comparticipativo: FPPC, Enunciado nº 298). Neste caso, o juiz designará uma audiência especial, na qual buscará promover, junto com as partes, de forma cooperativa, comparticipativa, o saneamento e a organização do processo, convidando as partes a integrar ou esclarecer suas alegações. Neste caso, designada a audiência especial destinada à promoção do saneamento compartilhado, as partes já deverão levar para a audiência o rol de testemunhas (art. 357, § 5º). A pauta para realização dessas audiências deverá ser organizada com intervalo mínimo de uma hora entre o início de cada uma delas (art. 357, § 9º, que fala de intervalo "entre as audiências", devendo ser interpretado no sentido aqui proposto, isto é, de que haja uma hora entre o horário marcado para a realização de uma audiência e o horário marcado para a audiência seguinte, e não no sentido de que deve haver uma hora de intervalo entre o término de uma audiência e o início da seguinte).

Nessa audiência de saneamento e organização do processo (que, como dito, deverá ser designada se a causa apresentar complexidade em matéria de fato ou de direito), juiz e partes – estas através de seus advogados –, de forma cooperativa, dialogal, deverão buscar, juntos, organizar o processo para que sua fase seguinte, destinada à instrução e ao julgamento da causa, possa desenvolver-se da forma mais eficiente possível.

12.8. A FASE PRINCIPAL (DE INSTRUÇÃO E JULGAMENTO) DO PROCEDIMENTO COMUM

Como vem sendo dito ao longo deste capítulo, o procedimento comum é estruturado em duas fases. A decisão de saneamento e organização do processo é o ato de encerramento da primeira fase, chamada de *fase introdutória*, cuja finalidade era a delimitação das questões de fato e de direito relevantes para a resolução do mérito do processo.

Concluída aquela primeira fase, começa outra, a *fase principal*, que tem por objeto a instrução e julgamento daquelas questões delimitadas na primeira fase.

A fase principal é, em primeiro lugar, de instrução. Isso se diz porque, ressalvada a prova documental (que, ao menos como regra geral, terá sido produzida juntamente com a petição inicial, a contestação e a réplica), nela se realiza toda a atividade de produção de provas. Pode-se dizer, então, que a atividade de produção de provas começa com a petição inicial e a contestação, quando já são trazidas aos autos, senão todas, pelo menos a maioria das provas de natureza documental. Após o saneamento e organização do processo, porém, serão produzidas as outras provas, sendo certo que a perícia e a inspeção judicial serão, de ordinário, produzidas logo após a decisão de saneamento e organização, enquanto as provas orais são colhidas em audiência especificamente designada para tal, a audiência de instrução e julgamento.

Nessa fase principal do procedimento comum, então, será realizada a maior parte da atividade de produção de provas, cujo objeto será, exclusivamente, aquele conjunto de alegações controvertidas sobre fatos que, na decisão de saneamento e organização do processo, tenham sido indicados como relevantes para a resolução do mérito. Além disso, serão agora decididas todas as questões de fato e de direito (todas elas, e somente elas) que tenham sido delimitadas naquela decisão de saneamento e organização do processo.

Para compreender o modo como se desenvolve essa fase, então, é preciso examinar a audiência de instrução e julgamento e o direito probatório, temas dos dois próximos capítulos deste livro.

CAPÍTULO 13
AUDIÊNCIA DE INSTRUÇÃO E JULGAMENTO

Nos processos em que haja necessidade de prova oral – e só neles, é bom que se destaque – deverá ser designada uma audiência chamada *audiência de instrução e julgamento*. Trata-se de importante ato processual (na verdade, trata-se de um complexo de atos processuais, já que no dia e hora designados para esta audiência vários atos processuais, todos extremamente relevantes, serão praticados). A audiência de instrução e julgamento é, em verdade, uma sequência ordenada de atos processuais, que se sucedem na forma prevista na lei (o que permite falar na existência de um procedimento da audiência de instrução e julgamento). Esses atos processuais, que serão praticados quase que simultaneamente, formam, em seu conjunto, a audiência de instrução e julgamento. É por essa razão que, mais do que um ato complexo, a audiência de instrução e julgamento se afigura um complexo de atos processuais.

A audiência de instrução e julgamento é ato que deve ser praticado de forma absolutamente pública, ressalvados apenas os casos em que o processo tramite em segredo de justiça (isto é, com publicidade restrita), caso em que se realizará a portas fechadas, só podendo presenciá-la os sujeitos do processo e seus auxiliares (art. 368).

A audiência de instrução e julgamento deve ser designada, como visto, na decisão de saneamento e organização do processo. Pois no dia e hora designados, o juiz deverá declarar aberta a audiência, mandando apregoar (isto é, convocar) as partes, seus advogados, bem como outras pessoas que dela devam participar (art. 358).

Duas observações se impõem sobre este momento inicial da audiência de instrução e julgamento. A primeira é que o pregão sempre precisa ser feito de forma bastante clara (se possível com a ajuda de um sistema de som, com emprego de alto-falantes), a fim de evitar que alguém que deve participar da audiência de instrução e julgamento, e que esteja presente ao fórum, deixe de ser regularmente convocado. A segunda observação é a de que a prática forense consagrou uma equivocada inversão de ordem dos atos: muito frequentemente se faz o pregão antes de a audiência de instrução e julgamento ter início, de modo que o juiz só ingressa na sala de audiências depois de as partes e seus advogados já se terem instalado à mesa. Não é este, porém, o procedimento correto. Por força da lei processual, deve o juiz abrir a audiência e, imediatamente, mandar apregoar as partes. Esta inversão, porém, é mera irregularidade, que não gera qualquer nulidade do ato. Afinal, não há nulidade sem prejuízo.

A audiência de instrução e julgamento é presidida pelo juiz, que nela exerce poder de polícia (art. 360). Ao juiz incumbe, então, manter a ordem e o decoro na audiência; ordenar que se retirem da sala de audiências os que se comportarem inconvenientemente; requisitar, quando necessário, força policial; tratar com urbanidade as partes, os advogados, os membros do Ministério Público e da Defensoria Pública e qualquer pessoa que participe do processo; e registrar em ata, com exatidão, todos os requerimentos apresentados em audiência.

Pode a audiência de instrução e julgamento ser adiada por alguns motivos. O primeiro deles é a convenção das partes (art. 362, I), já que – por qualquer razão – pode não ser da conveniência delas realizá-la no dia e hora designados. É relativamente frequente ver as partes requererem o adiamento da audiência de instrução e julgamento por estarem tentando alcançar a solução consensual do conflito e quererem continuar a negociar independentemente da audiência. O adiamento, porém, pode se dar por simples conveniência dos sujeitos que atuam no processo (já tive oportunidade, por exemplo, em minha atuação como advogado, de convencionar o adiamento de uma audiência de instrução e julgamento porque o filho do principal advogado da parte contrária, titular do escritório de advocacia por ela contratado, sofrera um acidente de automóvel).

Também se pode adiar a audiência de instrução e julgamento se, por motivo justificado, não puder a ela comparecer qualquer pessoa que dela deva participar necessariamente (art. 362, II). Fica aqui o registro de que esta disposição não se aplicaria ao exemplo anterior, do acidente com o filho do advogado, pelo fato de haver outros advogados que também constavam do instrumento de mandato e, por isso, estariam em tese habilitados a participar da audiência de instrução e julgamento.

Este impedimento deve ser comprovado até a abertura da audiência e, não sendo feita esta prova, o juiz realizará a instrução (art. 362, § 1º). Há que se considerar, porém, que poderá haver casos em que se torne impossível tal prova (por exemplo, o advogado sofre um ataque cardíaco a caminho da audiência). Nesse caso, se a justificativa for apresentada antes da prolação da sentença, deverá o juiz anular a audiência, para que outra se realize. Já tendo sido proferida a sentença, deverá ser interposto recurso, cabendo a alegação de nulidade da audiência nas razões da apelação.

Não comparecendo, injustificadamente, o advogado ou defensor público de alguma das partes, o juiz poderá dispensar a produção das provas requeridas pela parte cujo patrono não tenha comparecido. A mesma regra é aplicável ao Ministério Público se seu representante não tiver comparecido, injustificadamente, à audiência (art. 362, § 2º).

Questão que sempre gerou divergência na doutrina é a de saber se constitui motivo justo para o adiamento da audiência o fato de o advogado ter audiência anteriormente designada, para a mesma data e horário, em outro processo. Parece-me que a resposta deve ser positiva. Não se pode exigir do advogado que, contrariando as leis da física, encontre-se em dois lugares ao mesmo tempo, nem se pode punir a parte por ter procurado um advogado com muitos clientes (caso em que esse evento se afigura muito mais provável), ou por ter sido "vítima" de uma coincidência. Registro, com apoio em interessante decisão do STJ (RMS 1.209/SP, rel. Min. Humberto Gomes de Barros), que o advogado da parte é escolhido por razões personalíssimas, o que gera para a parte o direito de querer que seja aquele advogado, e não outro, a participar da audiência. Advogado é, pois, *infungível*.

O terceiro motivo de adiamento da audiência de instrução e julgamento é o atraso injustificado de seu início em tempo superior a trinta minutos (art. 362, III). Esse dispositivo deve ser interpretado à luz do art. 7º, XX, da Lei nº 8.906/1994 (Estatuto da Advocacia e da Ordem dos Advogados do Brasil), que inclui entre os direitos do advogado o de retirar-se do recinto onde se encontre aguardando pregão para ato judicial, após trinta minutos do horário designado e ao qual ainda não tenha comparecido a autoridade que deva presidir e ele, mediante comunicação protocolada ao juízo. Perceba-se que não só o atraso deve ser *injustificado*, como deve se dar em caso no qual *o juiz* a quem incumbe presidir o ato não tenha chegado ao lugar da audiência.

Aquele que tiver dado causa ao adiamento da audiência de instrução e julgamento deverá arcar com todo o custo acrescido ao processo em função da necessidade de marcar-se nova data para sua realização (art. 362, § 3º).

No caso de a audiência de instrução e julgamento ser antecipada ou adiada, o juiz determinará (*ex officio* ou mediante requerimento de parte) a intimação dos advogados ou da sociedade de advogados, para que tomem ciência da nova data designada (art. 363).

A audiência de instrução e julgamento é una e contínua, e só excepcionalmente poderá ser cindida, sempre de forma justificada, se ausente perito ou testemunha, desde que haja concordância das partes (art. 365). Sendo impossível concluir a audiência de instrução e julgamento no dia em que tenha tido início (o que pode acontecer, já que algumas vezes a audiência se prolonga por muitas horas), deverá o juiz suspendê-la e marcar data para seu prosseguimento, tão próxima quanto possível, em pauta preferencial (art. 365, parágrafo único). Nesse segundo momento, o que se tem é a continuação daquela audiência de instrução e julgamento, e não a realização de uma segunda audiência de instrução e julgamento. Assim é que, por exemplo, a parte que compareceu à primeira parte da audiência não poderá ser considerada ausente se tiver faltado à sua continuação. Da mesma forma, não se pode considerar reaberto o prazo para oferecimento de rol de testemunhas, sob o argumento de que se estaria aqui diante de uma segunda audiência.

O fato de ser una e contínua a audiência de instrução e julgamento, porém, não impede que as partes, mediante negócio jurídico processual atípico, convencionem uma cisão da audiência, para, por exemplo, fazer com que a colheita dos depoimentos das testemunhas do autor se dê em uma data, enquanto as testemunhas do réu serão ouvidas em data distinta. O que se teria, neste caso, seria um ajuste de procedimento, na forma do *caput* do art. 190.

Instalada a audiência de instrução e julgamento, incumbe ao juiz tentar promover a solução consensual do conflito, mesmo que já tenha havido alguma tentativa frustrada anteriormente (art. 359). Não se pode, aliás, deixar de mencionar o fato de que há, no texto do art. 359, um erro grosseiro: é que o texto normativo dispõe que haverá tentativa de conciliação "independentemente do emprego anterior de outros métodos de solução consensual de conflitos, como a mediação e a arbitragem", quando é notório que arbitragem não é um mecanismo consensual de conflitos. Importante, porém, é ter claro que o fato de se ter anteriormente buscado – de forma frustrada – a solução consensual do litígio não é motivo para que o juiz deixe de tentar a autocomposição das partes.

Obtido o acordo entre as partes, o juiz proferirá sentença. Não alcançada a solução consensual, prosseguirá a audiência de instrução e julgamento.

Prossegue a audiência de instrução e julgamento, no caso de não ter havido solução consensual para o litígio, com a colheita de provas orais. Estas serão produzidas na audiência, preferencialmente na seguinte ordem (art. 361): em primeiro lugar, serão ouvidos o perito e os assistentes técnicos, que responderão aos quesitos de esclarecimento tempestivamente formulados, caso não tenha havido prévia resposta escrita (art. 361, I); em seguida, autor e réu prestarão seus depoimentos pessoais (art. 361, II); por fim, serão inquiridas as testemunhas (art. 361, III). Enquanto essas pessoas estiverem a depor, não podem os advogados ou o membro do Ministério Público intervir ou apartear, salvo se obtiverem licença do juiz (art. 361, parágrafo único).

A ordem da produção das provas, como visto, é preferencial e, por isso, embora deva ser, via de regra, observada, poderá ser alterada quando assim o determinarem as peculiaridades do caso concreto. Assim é que, por exemplo, o Tribunal de Justiça do Paraná já considerou, em antigo acórdão (Apelação Cível nº 380/1985), haver nulidade insanável numa audiência em que o juiz observou a ordem prevista na lei, por ter indeferido requerimento do réu, advogado em causa própria, de inversão na ordem dos depoimentos pessoais das partes, a fim de ser ouvido em primeiro lugar e poder permanecer na sala de audiências durante o depoimento da autora, porque depondo após esta não poderia presenciar seu depoimento nem lhe formular perguntas. Entendeu o TJPR que referido indeferimento violou a garantia do contraditório, pois teria impedido o réu de, como advogado, participar da produção da prova, formulando perguntas no depoimento da autora.

Finda a colheita da prova oral, o juiz dará a palavra aos advogados do autor e do réu, sucessivamente, para suas alegações finais, que serão (em regra) orais. Cada um disporá de vinte minutos, prorrogáveis por mais dez se a causa apresentar complexidade (art. 364, *caput*). Havendo litisconsórcio ou terceiro interveniente, o prazo será de trinta minutos, devendo ser distribuído entre os do mesmo grupo (ou seja, entre litisconsortes ativos, ou entre litisconsortes passivos, ou entre o terceiro interveniente e aquele cuja vitória pretenda, como no caso de assistência), nos termos do art. 364, § 1º. Podem os litisconsortes, porém, convencionar de modo diverso a distribuição do tempo de que dispõem, em verdadeiro negócio processual típico (e que, diferentemente da maioria das convenções processuais, não é celebrada entre todas as partes, mas apenas entre os litisconsortes do mesmo grupo, ativos ou passivos).

Caso o processo apresente questões complexas – de fato ou de direito – o debate oral será substituído por razões finais escritas (conhecidas na prática forense como memoriais), em prazos sucessivos de quinze dias, assegurando-se ao autor e ao réu vista dos autos (e, para este último, assegurado também o acesso aos memoriais apresentados pelo autor), tudo nos termos do art. 364, § 2º.

Encerrados os debates orais – ou apresentados os memoriais escritos –, o juiz proferirá sentença, na própria audiência ou no prazo de trinta dias (art. 366). Este é prazo impróprio – como costumeiramente são os prazos para o juiz –, o que significa dizer apenas que o decurso do prazo legal não implica o desaparecimento da possibilidade de proferir-se a sentença, ainda que tardiamente.

De tudo que aconteça na audiência de instrução e julgamento deverá ser lavrado um termo (costumeiramente chamado de ata ou assentada), que será redigido por um auxiliar da justiça, sob ditado do juiz. Este termo deverá conter, em resumo, o ocorrido na audiência de instrução e julgamento, bem como – por extenso – os despachos, decisões e a sentença que na própria audiência tenham sido proferidos (art. 367). Sendo o termo impresso, deverá ter suas folhas rubricadas pelo juiz, sendo encadernado em volume próprio (art. 367, § 1º). O termo de audiência deverá ser subscrito pelo juiz, pelos advogados, pelo membro do Ministério Público (nos processos de que este participe) e pelo escrivão ou chefe de secretaria, dispensada a assinatura das partes (salvo se tiver sido praticado algum ato de disposição de direitos para o qual os advogados não tivessem poderes especiais), conforme estabelece o art. 367, § 2º. Ao escrivão (ou chefe de secretaria) incumbe trasladar para os autos cópia autêntica do termo de audiência (art. 367, § 3º).

Quando forem eletrônicos os autos, observar-se-á o disposto no CPC e na legislação específica (especialmente a Lei nº 11.419/2006), bem como nas normas internas dos tribunais, acerca da documentação do ato (art. 367, § 4º).

É possível a gravação integral da audiência de instrução e julgamento em arquivo de audiovisual, em meio digital ou analógico, desde que assegurado o rápido acesso das partes e dos órgãos julgadores ao seu teor, sempre observada a legislação específica (art. 367, § 5º). Além disso, as partes têm o direito de gravar a audiência de instrução e julgamento, independentemente de autorização judicial (art. 367, § 6º).

CAPÍTULO 14

DIREITO PROBATÓRIO

14.1. TEORIA GERAL DA PROVA

Chama-se *direito probatório* a parte do Direito Processual Civil que se dedica ao estudo das provas. Trata-se de tema extremamente relevante, e que precisa ser analisado com cuidado.

Esse estudo se divide, fundamentalmente, em duas fases: a teoria geral da prova e as provas em espécie.

Na teoria geral da prova são examinados conceitos introdutórios e genéricos, essenciais para a compreensão do modo de funcionamento, assim como dos objetivos, do sistema de regulamentação das provas no processo civil. Já o estudo das provas em espécie permite a análise dos meios típicos de prova, como a prova documental ou a prova pericial.

14.1.1. Conceito de prova

Prova é todo elemento trazido ao processo para contribuir com a formação do convencimento do juiz a respeito da veracidade das alegações concernentes aos fatos da causa.

Ao longo do processo, as partes vão apresentando alegações sobre fatos. Pode-se afirmar que um contrato foi celebrado, que um acidente ocorreu por estar uma das partes conduzindo seu veículo em alta velocidade, que um pagamento foi efetuado, que se exerce atividade profissional insalubre, que um produto foi adquirido com defeito etc. É absolutamente incontável a quantidade de diferentes alegações sobre fatos que as partes podem fazer ao longo de todo o processo. Ocorre que ao juiz incumbe estabelecer, ao decidir a causa, quais dessas alegações são ou não verdadeiras e, para isso, é preciso que ele forme seu convencimento. E para que tal convencimento possa formar-se, é preciso que sejam trazidos ao processo elementos que contribuam com sua formação. Pois tais elementos são, precisamente, as provas.

Impende aqui, porém, fazer uma observação. Fala a lei, expressamente, em prova da "verdade dos fatos". Não se pode, porém, pensar que no processo se busca determinar uma "verdade absoluta, incontestável", algo como uma "verdade real" ou "verdade verdadeira" (ou que nome se queira dar a isso). O que importa para o processo é a formação, construída através de um procedimento em contraditório, de um grau de convencimento que possa ser considerado como verdade. Está-se a falar, portanto, de uma "verdade processual", aquela que é construída e identificada através do processo. Não fosse assim, e seriam inexplicáveis disposições como a que estabelece a presunção de veracidade das alegações feitas pelo autor a respeito dos fatos quando o réu é revel, ou a autorização para que, em certos casos, se profira decisão fundada em deficiência de provas (como nos casos em que a decisão se funda na aplicação das regras de distribuição do ônus da prova). Do mesmo modo, não se poderia aceitar que alegações sobre fatos que sejam incontroversas não dependam de prova. Tudo isso só faz sentido porque o que se busca através da prova é a construção de uma verdade processual, ou seja, um grau de convencimento que para o processo corresponde à verdade (e que, muitas vezes, nada mais será do que uma "probabilidade máxima"). É dessa verdade que se cogita nesta sede.

É importante ressaltar que há, em sentido técnico-jurídico, uma grande diferença entre convicção e certeza. Enquanto a certeza é objetiva, sendo uma qualidade do fato, a convicção é subjetiva e se forma na mente da pessoa. Por exemplo, imagine-se um caso em que seja fundamental convencer o juiz que a cor da camisa do réu era lilás. Ocorre que, por ser daltônico, o magistrado enxergava ali uma blusa azul. O daltonismo do juiz não tem, obviamente, o condão de alterar a cor da camisa, que continua a ser lilás. Tal fato é certo. O que se quer com a prova é formar na mente do juiz a convicção acerca da certeza do fato (isto é, o que se quer é convencer o juiz da existência daquela qualidade do fato, a certeza sobre a cor da camisa). Para o Direito Processual Civil, a convicção formada após cognição exauriente, e que pode não corresponder a uma "verdade absoluta", é a *verdade processual*.

Costuma-se ver com frequência a afirmação de que o processo civil buscaria a verdade real, ou seja, o objetivo maior do processo civil seria atingir um grau tal que permitisse a prolação de um provimento que corresponda à verdade (uma verdade verdadeira, absoluta, incontestável) dos fatos, ou seja, à certeza. É de se dizer, porém, que em muitos casos, em nome da segurança, o processo acaba por abrir mão da busca da verdade, contentando-se com decisões proferidas com base em probabilidades (aquilo que, tradicionalmente, denominou-se "verdade formal"). Não se deve, porém, usar aquela terminologia tradicional. Não há que se falar em "verdade material" e "verdade formal", mas em certeza e probabilidade. O processo busca permitir que o julgamento seja baseado em certeza. Busca, então, decisões verdadeiras, mas muitas vezes tem de se contentar com decisões baseadas em probabilidade (como se dá, por exemplo, no processo em que o réu é revel e a decisão se baseia em uma presunção).

Tenha-se claro este ponto, então. Existe um conceito filosófico de verdade, sobre o qual os pensadores têm, há muito, controvertido. E não é esta, evidentemente, a sede para tratar disso. Questiona-se até mesmo se a verdade existe, ou se ela pode ser identificada com precisão por seres humanos. A verdade que se busca estabelecer no processo, porém, não é essa verdade filosófica (e com ela, então, não irá necessariamente coincidir). O que se busca é estabelecer a *verdade processual*, ou seja, um conhecimento que corresponda a uma máxima probabilidade acerca do modo como os fatos se sucederam, que o Direito Processual Civil trata como verdade, e que é construída no processo, através de rigorosa observância do princípio do contraditório.

Para compreender o que são provas, então – e para associar os exemplos que agora são apresentados com os que foram há pouco trazidos –, basta pensar no instrumento em que os termos de um contrato tenham sido registrados, no laudo pericial feito no local do acidente e que indica a velocidade em que um determinado veículo trafegava, num recibo de quitação, em uma testemunha que descreva a atividade profissional da parte ou em um vídeo mostrando que um certo produto não funcionava adequadamente. Todos esses elementos, e muitos outros de que aqui se poderia cogitar, podem ser trazidos ao processo para contribuir para a formação do convencimento. São, portanto, provas.

É interessante notar que o termo prova pode ser empregado em dois diferentes sentidos, um subjetivo e outro objetivo. Do ponto de vista subjetivo, a prova é o convencimento de alguém a respeito da veracidade de uma alegação. É neste sentido que se pode, então, dizer que em um determinado processo existe prova de que o pagamento aconteceu. Quem diz isso está, na verdade, a afirmar que se convenceu de que o pagamento foi feito. Trata-se, pois, de uma percepção subjetiva da prova.

De outro lado, em seu sentido objetivo, prova é qualquer elemento trazido ao processo para tentar demonstrar que uma afirmação é verdadeira. Assim, por exemplo, quando uma das partes diz que com o documento trazido aos autos faz prova do alegado, pretende-se afirmar que tal documento é trazido ao processo para demonstrar a veracidade da alegação. Aqui, a prova é percebida como um dado objetivo.

O conceito de prova que aqui se apresenta, como se pode então perceber, reúne essas duas acepções. Fala-se da prova como um elemento trazido ao processo (dado objetivo) e se alude a sua capacidade de contribuir para a formação do convencimento (dado subjetivo). A junção desses dois aspectos permite a compreensão do que seja, então, para o processo, a prova.

Pode-se afirmar que a prova é a alma do processo de conhecimento. É que só através das provas o juiz poderá reconstruir os fatos da causa e, com isso, produzir uma decisão que – construída através da participação em contraditório de todos os atores do processo – seja a correta para o caso deduzido. É através da atividade de produção e valoração da prova, portanto, que o processo de conhecimento poderá adequadamente produzir os resultados que dele são esperados.

Daí por que poder-se afirmar que existe uma intrínseca ligação entre a prova e o princípio constitucional do contraditório. É que através da prova que a parte produz consegue ela participar do procedimento de formação da decisão com influência na formação do resultado. E este direito de participação com influência, como tantas vezes repetido ao longo deste trabalho, é o próprio direito ao contraditório. Por essa razão, deve-se considerar que o direito da parte de produzir provas resulta diretamente da garantia constitucional do contraditório, entendido este como garantia de participação com influência no resultado do processo.

E é exatamente nessa linha que o art. 369 estabelece que "[a]s partes têm o direito de empregar todos os meios legais, bem como os moralmente legítimos, ainda que não especificados neste Código, para provar a verdade dos fatos em que se funda o pedido ou a defesa e influir eficazmente na convicção do juiz". Veja-se, pelo texto normativo, que o direito das partes à produção de prova é manifestação do direito de influir eficazmente na convicção do juiz e, pois, resulta do direito constitucionalmente assegurado a um contraditório substancial, efetivo.

As normas sobre prova têm natureza processual, pois regulam o meio pelo qual os sujeitos processuais formarão sua convicção, a fim de contribuir para a formação do resultado do processo. Esta é, como se sabe, a função de toda norma processual – a regulamentação dos instrumentos de que dispõe o Estado para exercer a jurisdição e para que os sujeitos atuem ao longo do processo jurisdicional. Não se pode confundir tais normas com as que regulam a forma de determinados atos jurídicos (como o dispositivo que exige instrumento público para o contrato de compra e venda de bens imóveis), pois estas possuem caráter material (estando ligadas à própria validade dos atos jurídicos, pois que a forma é, nessas hipóteses, determinada *ad substantiam*).

O Código Civil, todavia, contém um título dedicado a regulamentar o direito probatório (arts. 212 a 232). O Código Civil é criticável por diversas razões, entre as quais não distinguir entre a prova e a forma dos atos jurídicos (sendo certo que o Código Civil de 1916 fazia expressamente a distinção). Há, porém, no Código Civil vigente disposições que, não obstante postas no título "da prova", tratam da forma do ato jurídico, como, por exemplo, os parágrafos do art. 215, que tratam dos requisitos formais da escritura pública. Mais criticável do que isso, todavia, é a própria inclusão de regras sobre prova no Código Civil. Ainda que se admita a ideia de que a prova é instituto de natureza mista, com aspectos processuais e substanciais, é o CPC a sede adequada de sua regulamentação. Isso se dá porque o direito probatório é o mesmo, qualquer que seja a natureza da matéria de fundo. Em outros termos, são as mesmas as regras sobre provas nos casos em que o processo verse sobre direito privado (civil, comercial) ou público (tributário, previdenciário, administrativo etc.). Em um país como o Brasil, que adota o modelo da jurisdição una, submetendo-se ao Judiciário tanto as demandas que versam sobre direito privado como aquelas que versam sobre direito público, é inaceitável que as regras sobre provas sejam postas em um diploma destinado a regulamentar o direito privado. Além disso, não se pode deixar de dizer que muitas das disposições do Código Civil sobre provas são incompatíveis com o modelo processual brasileiro.

O conceito de prova não ficaria completo sem que se procedesse a uma classificação das provas, o que se passa, pois, a fazer.

Classificam-se as provas quanto ao fato, quanto ao sujeito, quanto ao objeto, quanto à preparação e quanto à tipicidade.

Quanto ao fato, as provas serão *diretas* ou *indiretas*. Prova direta é a que diz respeito ao fato probando, isto é, ao próprio fato cuja existência se pretende demonstrar. Assim, é prova direta o depoimento de uma testemunha que narra um acidente de veículos por ela presenciado. Por outro lado, a prova indireta diz respeito a outros fatos, dos quais, por meio de raciocínio dedutivo, o juiz presume a existência do fato probando (por exemplo, o depoimento de uma testemunha que não presenciou o acidente, mas viu automóveis amassados e pessoas machucadas – desses dois fatos, haver carros amassados e pessoas feridas, o juiz deduz ter ocorrido um acidente). A esses fatos, objetos da prova indireta, e dos quais o juiz deduz o fato probando, dá-se o nome de *indícios*, sendo a prova indireta, por esse motivo, também conhecida como prova indiciária.

Quanto ao sujeito, as provas são *pessoais* e *reais*. Pessoal é a prova consistente em qualquer afirmação consciente feita por uma pessoa, como o depoimento de uma das partes, por exemplo. Chama-se prova real toda atestação inconsciente feita por uma coisa, como, por exemplo, uma declaração contida em um documento.

No que concerne ao objeto, há provas *testemunhais, documentais* e *materiais*. Prova testemunhal é toda afirmação oral. Compreende, pois, esse conceito tanto a prova testemunhal propriamente dita, ou *stricto sensu*, como o depoimento pessoal prestado por alguma das partes (costuma-se conceituar esse meio de prova como "o testemunho das partes em juízo"). Prova documental é toda afirmação escrita ou gravada. Estão aqui compreendidas, portanto, as fotografias (que nada mais são do que gravações de imagens), além de instrumentos contratuais, como a escritura pública de compra e venda de bem imóvel. Por fim, prova material é qualquer outra materialidade que sirva de prova (como as perícias e as inspeções judiciais).

Quanto à preparação, a prova pode ser casual ou pré-constituída. Casual é a prova produzida no curso do processo, como, por exemplo, uma perícia. Pré--constituída é a prova preparada preventivamente, isto é, antes da propositura da demanda, como o instrumento de contrato de locação, por exemplo, que existe antes da propositura de eventual "ação de despejo", e que é usado como prova da existência da relação locatícia.

14.1.2. Objeto da prova

Como se viu do conceito de prova, esta incide, como regra, sobre matéria fática. Em função disso, é comum encontrar em sede doutrinária a afirmação de que o objeto da prova é formado por fatos. Essa não parece, todavia, uma afirmação correta. Os fatos existem ou não existem, ocorreram ou não ocorreram, e isso é certo. Como já afirmado anteriormente, a prova não tem por fim criar a certeza dos fatos, mas convicção sobre tal certeza. Por esse motivo, preferível afirmar que o objeto da prova é constituído pelas alegações das partes a respeito de fatos. As alegações podem ou não coincidir com a verdade, e o que se quer com a produção da prova é exatamente convencer seus destinatários de que uma determinada alegação é verdadeira. Alegações sobre fatos, pois, e não os fatos propriamente, constituem o objeto da prova.

A prova tem por objeto demonstrar a veracidade de alegações sobre fatos que sejam controvertidas e relevantes. Veja-se, então, que o objeto da prova não é o fato, mas a alegação. Demonstra-se que uma alegação, feita no processo, é verdadeira.

A alegação que constitui objeto da prova deve ser a alegação de um fato. Alegações sobre o direito (como a afirmação de que certa lei está em vigor, ou de que determinado ato normativo é inconstitucional) não são objeto de atividade probatória. Há, porém, uma exceção. Nos termos do art. 376, "[a] parte que alegar direito municipal, estadual, estrangeiro ou consuetudinário provar-lhe-á o teor e a vigência, se assim o juiz determinar".

Note-se, no entanto, que, ainda que uma das partes alegue em seu favor alguma das espécies de direito citadas acima, pode ser desnecessária a produção de prova, eis que o juiz, nos termos do referido dispositivo, pode determinar a produção de prova sobre o teor e a vigência do direito alegado, mas não é obrigado a fazê-lo (uma vez que é possível que o juiz conheça a norma jurídica invocada, e nesse caso a produção da prova seria um formalismo inútil).

Fica claro, pela leitura da lei, que nos casos aí previstos incumbirá à parte produzir (se assim determinar o juiz) prova acerca da veracidade de sua alegação de que determinada norma jurídica está em vigor. Em primeiro lugar, cogita-se aí das normas de direito consuetudinário, isto é, do direito fundado em costumes. É o que se dá, por exemplo, em casos nos quais sejam deduzidos fatos da navegação, em que é muito comum a utilização, como fonte de prova, dos costumes marítimos (afinal, nos termos do art. 122 da Lei nº 2.180/1954, "[p]or preceitos legais e reguladores da navegação entendem-se todas as disposições de convenções e tratados, leis, regulamentos e portarias, como também os usos e costumes, instruções, exigências e notificações das autoridades, sobre a utilização de embarcações, tripulação, navegação e atividades correlatas".

A prova dos costumes pode ser feita por qualquer meio admissível. Pode-se cogitar, por exemplo, de documentos que tenham registrados tais costumes, ou o depoimento de testemunhas que os descrevam.

De outro lado, é preciso ter claro que o juiz é obrigado a conhecer o direito vigente no local onde exerce suas funções (é a aplicação do famoso brocardo *iura novit curia*, segundo o qual o juiz conhece o direito). Isso faz com que se conclua que, ao falar em direito municipal e estadual, o art. 376 do CPC se refere ao direito vigente em município ou estado-membro da Federação diverso daquele onde o juiz exerce suas funções. Exemplificando: em processo em curso na comarca do Rio de Janeiro, no caso de alguma das partes alegar direito municipal do Rio de Janeiro, o juiz é obrigado a conhecer o texto normativo referido. Se, todavia, alguém alegar lei municipal de Niterói, o juiz poderá determinar que a parte que a alegou prove o teor e a vigência da lei invocada (o mesmo se dirá, *mutatis mutandis*, no caso de direito estadual). Afinal, o que se tem aqui é um conjunto de três situações equivalentes: o juiz pode determinar à parte que produza prova do teor e vigência do direito de *outro estado soberano*, de *outro estado-membro da Federação brasileira*, ou de *outro município brasileiro*.

A prova do direito municipal e estadual pode ser feita através da juntada do *Diário Oficial* onde foi publicada a norma jurídica ou através de certidão do órgão legislativo (Câmara de Vereadores ou Assembleia Legislativa) onde se ateste o teor e a vigência da lei indicada.

Também se admite, como visto, a produção de prova sobre teor e vigência do direito estrangeiro. Afinal, seria um absurdo exigir que o juiz brasileiro conhecesse o direito de qualquer outro ordenamento jurídico que não o do Brasil, quando é perfeitamente possível (e não de todo incomum) que se instaurem no país processos nos quais é preciso aplicar norma jurídica estrangeira. Basta ver o que acontece nos processos de inventário e partilha de bens deixados por falecimento. Havendo bens a inventariar no Brasil, aqui se processará o inventário e partilha desses bens, mas a lei que rege a sucessão é a do último domicílio do autor da herança (art. 10, *caput*, da Lei de Introdução às Normas do Direito Brasileiro, com a ressalva do caso em que a lei brasileira seja mais benéfica para herdeiros brasileiros, nos termos do art. 10, § 1º, do mesmo diploma e do art. 5º, XXXI, da Constituição da República). De outro lado, a lei que rege a capacidade para suceder é a lei do domicílio do herdeiro ou legatário (que pode ser domiciliado em outro país), conforme dispõe o art. 10, § 2º, da Lei de Introdução.

A prova do direito estrangeiro pode ser feita com a juntada aos autos de uma publicação (traduzida, se necessário) do texto legal, através de certidão obtida junto à embaixada do país no Brasil, ou por meio da juntada de obras de doutrina ou de pareceres de advogados do estado cujo direito se pretenda demonstrar ou de jurisconsulto especializado na matéria sobre a qual se controverte.

Problema de graves proporções é o que surge quando não se logra provar o direito estrangeiro. Como deverá o juiz decidir a causa se esta deveria ser solucionada com base no direito estrangeiro e este não foi suficientemente provado? Várias soluções são encontradas na doutrina, como, por exemplo, a afirmação de que, nessa hipótese, deverá o juiz aplicar a lei nacional, presumindo-a idêntica à estrangeira, enquanto outros autores afirmam que, nesse caso, deverá o juiz aplicar o direito "provavelmente vigente". Há mesmo quem sugira a pura e simples rejeição da pretensão da parte a quem aproveitaria a aplicação do direito estrangeiro. Parece melhor a primeira solução aqui indicada, no sentido de que, na hipótese aqui aventada, se deve aplicar a lei nacional (e assim já decidiu o STJ, no REsp 254.544/MG, rel. Min. Eduardo Ribeiro).

Feitas estas ressalvas, porém, o objeto da prova é limitado às alegações sobre fatos. Não é, porém, qualquer alegação sobre fato que integra o objeto da prova. Impende que tal alegação seja *relevante* e *controvertida*.

É comum encontrar-se nas narrativas feitas pelas partes ao longo do processo alegações absolutamente irrelevantes para a resolução da causa. É o que se dá naqueles casos em que, seja ou não verdadeira a alegação, isto não influirá no resultado do processo. Pense-se, por exemplo, em um caso no qual se alega que o réu agiu de forma imprudente em um processo no qual se busca o reconhecimento de sua responsabilidade civil objetiva. Ora, se a responsabilidade objetiva prescinde da demonstração de culpa, saber se é ou não verdadeira a afirmação de que o réu agiu culposamente não produzirá qualquer influência sobre o resultado do processo. É, portanto, uma alegação irrelevante, a qual não integra o objeto da prova.

Mesmo alegações relevantes, porém, não serão objeto de prova quando forem incontroversas (art. 374, II e III). É por isso que, antes de se determinar qual será o objeto da prova – o que só se dá na decisão de saneamento e organização do processo – é preciso que se permita o desenvolvimento de uma fase postulatória, em que as partes (na petição inicial, na contestação e na réplica) apresentam suas alegações e têm oportunidade de impugnar as alegações feitas pela parte contrária. É que somente quando se tiver condições de se determinar quais, dentre as alegações relevantes, se terão tornado controvertidas é que se poderá estabelecer quais as provas que no processo terão de ser produzidas.

Por fim, vale recordar que não serão objeto de prova as alegações acerca de fatos notórios (art. 374, I), assim entendidos aqueles fatos de conhecimento geral (como seria, por exemplo, a alegação de que a Seleção Brasileira de Futebol jamais conquistou uma Copa do Mundo disputada em território nacional, ou ainda a alegação de que o Brasil tem fronteira com o Uruguai). Fatos notórios são de conhecimento geral, sendo razoável exigir de todos os sujeitos do processo, inclusive do juiz, que dele tenham conhecimento, o que torna desnecessária a produção de prova.

Também não serão objeto de prova alegações feitas a respeito de fatos sobre os quais incida presunção legal de existência ou de veracidade (art. 374, IV), como é o caso das alegações feitas pelo autor em processo cujo réu tenha permanecido revel (art. 344), o da alegação de que os juros de uma dívida estão pagos quando existe prova do pagamento do principal e a quitação foi dada sem reserva dos juros (art. 323 do CC), ou o da alegação de que uma construção ou plantação feita em um terreno tenha sido feita pelo proprietário e à sua custa (art. 1.253 do CC).

Como sabido, existem dois tipos de presunção legal, a *relativa* e a *absoluta*. E costumeiramente se afirma que a presunção relativa admite prova em contrário, enquanto a presunção absoluta não a admite. É preciso, porém, ir além disso.

Presunções relativas são normas processuais de distribuição do ônus da prova. Como se verá melhor adiante, a regra geral no sistema processual civil é que o ônus da prova incumbe a quem alega. Casos há, porém, em que a lei muda a forma de atribuição do ônus da prova. E uma das técnicas empregadas para essa redistribuição é a criação de presunções relativas.

Assim, por exemplo, aquele que ajuíza demanda de reconhecimento da paternidade tem o ônus da prova de que o réu é pai do autor. Nos casos previstos no art. 1.597 do Código Civil, porém, há uma redistribuição desse ônus probatório, e caberá ao demandado o ônus de provar que não é o pai do autor. Ora, mas se o que a presunção relativa faz é mudar a forma de distribuição do ônus da prova, então é essencial que se admita a produção de prova que contrarie a presunção. É que se não fosse assim não se estaria, propriamente, redistribuindo o ônus da prova. Afinal, como pode a lei processual atribuir a alguém o ônus da prova e, ao mesmo tempo, não lhe permitir produzir prova através da qual possa desincumbir-se desse ônus probatório?

Já as presunções absolutas são normas materiais que retiram relevância jurídica de um fato. Em outros termos, quando a lei estabelece uma presunção absoluta de determinado fato, o que se faz é estabelecer que esse fato é juridicamente irrelevante, de modo que não se admite prova destinada a demonstrar que ele não ocorreu. Afinal, seria irrelevante determinar se o fato ocorreu ou não, quando ele é absolutamente presumido (como se dá, por exemplo, na hipótese prevista no art. 1.276, § 2º, do Código Civil). E, como anteriormente visto, só é objeto de prova a alegação quando ela é *controvertida e relevante*.

Essas as razões pelas quais a presunção relativa admite – e a absoluta não admite – a produção de *prova em contrário*.

14.1.3. Destinatários da prova

A prova possui dois tipos de destinatários: um destinatário direto, o Estado-juiz, e destinatários indiretos, as partes. A prova, uma vez levada aos autos, pertence a todos, isto é, pertence ao processo, não sendo de nenhuma das partes (o que costuma ser chamado de "princípio da comunhão da prova"). Como se costuma dizer no jargão forense, a prova (já produzida) é do juízo, e não das partes.

É costumeira, porém, a afirmação, encontrada em doutrina e jurisprudência, de que o destinatário da prova seria o juiz. É preciso receber esta assertiva, porém, com algum cuidado. Em primeiro lugar, por ser preciso ter claro que o juiz não é o único destinatário da prova. E em segundo lugar por ser necessário compreender-se, com exatidão, o que se quer afirmar com ser a prova destinada ao juiz.

Na verdade, a prova tem por destinatários todos os sujeitos do processo (FPPC, Enunciado nº 50: "Os destinatários da prova são aqueles que dela poderão fazer uso, sejam juízes, partes ou demais interessados, não sendo a única função influir eficazmente na convicção do juiz"). Pode-se dizer que o juiz é o destinatário direto da prova, enquanto as partes e demais interessados são destinatários indiretos.

O juiz, é certo, se apresenta como *destinatário direto* da prova por ter esta por finalidade trazer alguma contribuição para a formação do seu convencimento. É, então, para isto que se produz prova (e, portanto, é por isso que se autoriza o juiz a indeferir provas inúteis ou protelatórias, conforme expressamente dispõe o art. 370, parágrafo único). E é ao juiz, evidentemente, que incumbe apreciar a prova produzida (art. 371).

A prova, porém, também é produzida para as partes e outros interessados, seus *destinatários indiretos*. É que também as partes (e terceiros interessados) têm de se convencer, pela prova produzida, de que uma determinada decisão que tenha sido proferida deve ser considerada correta. A avaliação que as partes fazem da prova é evidentemente levada em consideração quando se verifica se vale ou não a pena recorrer contra alguma decisão. E também por conta disso é que se revela muito importante que a atividade de produção de provas se dê, no primeiro grau de jurisdição, de forma bastante completa. É que um contraditório bem realizado, com ampla instrução probatória, muitas vezes levará a parte vencida a perceber que de nada adiantaria recorrer contra a decisão que tenha sido proferida. Além disso, muitas vezes acontecerá de uma parte, diante da prova produzida, dar-se conta de que não adianta insistir em que se conduza o processo em direção ao julgamento, valendo a pena buscar uma solução consensual para o litígio, o que pode diminuir suas perdas. A prova, pois, é de extrema relevância para a determinação do modo como as partes se comportam no processo, e em razão disso não se pode negar a elas a condição de destinatárias indiretas da prova.

O que acaba de ser dito é confirmado pelo disposto no art. 381 do CPC, especialmente pelos seus incisos II e III. É que ali claramente se vê a colheita de provas destinadas às partes, antes que ao juiz, já que a prova naquelas hipóteses se destina a viabilizar soluções consensuais ou a permitir que se decida entre propor ou não uma demanda.

Sendo juiz e partes destinatários da prova, a todos eles é reconhecida a existência de poderes de iniciativa instrutória. O art. 370, aliás, estabelece expressamente que cabe ao juiz, "de ofício ou a requerimento da parte", determinar as provas necessárias ao julgamento do mérito. Às partes evidentemente caberá postular a produção das provas que lhes pareçam relevantes, pois é delas o direito material em debate e, por isso, são elas titulares de interesse em produzir prova. Não se pense, porém, que ao juiz não se deve reconhecer poderes de iniciativa instrutória. Em um modelo processual cooperativo como o adotado pelo CPC (art. 6º), em que juiz e partes atuam juntos, de forma comparticipativa, na construção em contraditório do resultado do processo, é preciso reconhecer que também o juiz tem poderes de iniciativa instrutória. Afinal, a ele – tanto quanto às partes – incumbe atuar na direção da construção de um resultado constitucionalmente legítimo para o processo. Não seria compatível com este modelo cooperativo de processo um juiz passivo, neutro, que se limitasse a valorar as provas que as partes produzem (como se dá, normalmente, em sistemas processuais que adotam um modelo adversarial, em que o juiz não tem qualquer poder de iniciativa instrutória, esta deixada exclusivamente na mão das partes). No processo cooperativo o juiz não está acima das partes, mas tampouco está abaixo delas. Todos os atores do processo atuam, em igualdade de condições, com forças equivalentes, na construção comparticipativa do resultado final do processo. E se é assim, a todos eles se deve reconhecer a possibilidade de tomar a iniciativa de produzir provas. Isto não quebra, de maneira nenhuma, a imparcialidade do juiz. Ao contrário, o juiz que tem iniciativa probatória é comprometido com a busca da decisão correta, justa, constitucionalmente legítima do caso concreto. É ele um dos atores que cooperam para a produção do resultado e, assim, dá aplicação concreta ao disposto no art. 6º do CPC. A iniciativa probatória do juiz, porém, precisa ser compreendida como de natureza suplementar à das partes. É que no processo comparticipativo cada sujeito do processo tem um papel a cumprir, e o papel de produtor de provas cabe, precipuamente, às partes (que titularizam os ônus probatórios). Não cabe ao juiz substituir a atividade das partes e produzir as provas que a elas incumbiria produzir. Pense-se, por exemplo, em um processo em que ambas as partes dizem, expressamente, não querer produzir prova pericial. Pois não cabe, em um caso assim, que o juiz determine de ofício a produção dessa prova. Situação completamente diferente se teria, porém, se a prova pericial fosse produzida e se mostrasse insuficiente ou inconclusiva, caso em que ao juiz seria dado, de ofício, determinar a produção de uma segunda perícia. Do mesmo modo, tendo as partes produzido prova testemunhal, poderá o juiz, de ofício, determinar a oitiva de uma testemunha referida (ou seja, uma testemunha a quem as outras tenham feito referência). O que não se pode admitir é um juiz que queira atuar como se fosse ele próprio uma das partes, sob pena de quebrar-se a imparcialidade que deve marcar a atuação judicial. Não é por outra razão, aliás, que alguns doutrinadores afirmam que ao juiz não basta agir com imparcialidade, impõe-se também que sua atuação se dê com *impartialidade* (ou seja, sem que ele assuma a posição de parte).

No entanto, é preciso retornar à afirmação inicial, de que o juiz é o destinatário (direto) da prova. Este juiz a que se refere a afirmação não é apenas o magistrado que atua no órgão jurisdicional de primeira instância. Na verdade, destinatário da prova é qualquer juiz que atue no processo nas instâncias ordinárias. É que nas instâncias ordinárias se admite a produção de prova, o que não se dá nas instâncias excepcionais (ou seja, naquelas que atuam na apreciação de recurso especial ou de recurso extraordinário, ou dos recursos que a estes se seguem, como os embargos de divergência). Impende, aqui, recordar que o juízo de segundo grau de jurisdição, na apreciação de recursos ordinários (como a apelação), também faz valoração de prova. Também para o juízo de segundo grau, portanto, a prova se destina.

A compreensão adequada disto certamente poderá evitar muitas anulações de decisões judiciais. É que com alguma frequência se vê casos em que o juiz indefere a produção de certa prova ao fundamento de que ela não seria capaz de influenciar na formação de seu convencimento. Com frequência, porém, a decisão que posteriormente é proferida vem a ser anulada em grau de recurso, exatamente por ausência daquela prova cuja produção não foi admitida. É extremamente relevante, então, que o juiz de primeiro grau se dê conta de que a prova não é produzida apenas para ele, mas também para o órgão de segundo grau, que promoverá o reexame da causa em sede de recurso. Em função disso, é muito importante que o juiz verifique, antes de decidir sobre a admissibilidade da prova, como tem sido firmado o entendimento a respeito da produção daquele tipo de prova em casos semelhantes. Há casos, por exemplo, de juízes que indeferem a produção de prova pericial em processos cujos objetos, segundo jurisprudência firme do tribunal de segundo grau, exigem que a perícia seja realizada. Em casos assim, o juiz que persiste em indeferir a prova contraria este dado simples e relevante: também o tribunal de segundo grau examinará fatos e valorará provas, e isto faz dele, também, destinatário das provas que no processo são produzidas. Indeferir a prova em casos assim é, certamente, um desserviço à efetividade e à eficiência do processo.

Ao juiz (de primeiro ou de segundo grau de jurisdição), como destinatário direto da prova, incumbe sua valoração. Pois deste ponto trata o art. 371, estabelecendo que "[o] juiz apreciará a prova constante dos autos, independentemente do sujeito que a tiver promovido, e indicará na decisão as razões da formação de seu convencimento". É preciso verificar, então, qual o critério que deve ser empregado pelo juiz para valorar a prova que tenha sido produzida.

O primeiro critério que o Direito Processual Civil conheceu para a valoração da prova foi o da prova legal. Por este critério, o juiz não tinha qualquer liberdade na apreciação da prova, incumbindo à lei estabelecer o valor de cada uma a partir de um tabelamento. Assim, havia provas que valiam mais do que outras (falava-se, por exemplo, em provas plenas e provas semiplenas), bem como se encontravam situações em que, por força de lei, estabelecia-se qual tipo de prova poderia ser aceito (ou, ao contrário, qual espécie probatória não poderia ser admitida). Este critério, embora antigo e ultrapassado, ainda pode ser encontrado, em caráter absolutamente excepcional, no Direito brasileiro. É o que se dá, por exemplo, com o contrato de depósito voluntário, que só se prova por escrito (art. 646 do CC), caso em que só se admite prova testemunhal se houver começo de prova escrita, emanada da parte contra quem se pretende produzir a prova (art. 444).

O critério da prova legal foi posteriormente substituído pelo critério da íntima convicção, por força do qual a apreciação da prova pelo juiz era absolutamente livre, e ele julgaria conforme seu sentimento pessoal em relação à causa. Adotado este critério, o juiz nem sequer precisaria fundamentar sua decisão em relação aos fatos. Evidentemente ultrapassado, deste critério já não se encontra mais qualquer vestígio no processo civil brasileiro (embora dele haja um resquício no processo penal, já que o conselho de sentença do Tribunal do Júri aprecia as provas sem precisar fundamentar sua decisão, julgando conforme sua consciência, conforme expressamente dispõe o art. 472 do CPP).

Posteriormente, passou-se a adotar o sistema conhecido como livre convencimento motivado ou persuasão racional. Por este critério de valoração da prova afirma-se que o juiz é livre para dar a cada prova o valor que entender adequado, devendo fundamentar sua decisão. Era o sistema expressamente adotado no processo civil brasileiro ao tempo da codificação de 1973 (cujo art. 131 expressamente estabelecia que "[o] juiz apreciará livremente a prova, atendendo aos fatos e circunstâncias constantes dos autos, ainda que não alegados pelas partes; mas deverá indicar, na sentença, os motivos que lhe formaram o convencimento"). Este sistema atribui ao juiz o poder discricionário de, conforme seus critérios pessoais, dizer quais provas são ou não capazes de formar o convencimento. Pense-se no seguinte: diante de um caso em que haja duas testemunhas, as quais prestam depoimentos radicalmente contraditórios, como poderia o juiz – senão discricionariamente – escolher livremente o depoimento de uma delas e com base neste proferir sua decisão? Pois este é o sistema do livre convencimento motivado.

Ocorre que, como já dito ao longo deste trabalho, a atividade jurisdicional não é, não pode ser, discricionária. Não se pode reconhecer ao juiz a possibilidade de, indiferentemente, escolher esta ou aquela prova como sendo capaz de formar seu convencimento, ainda que isto depois seja fundamentado. O Direito no Estado Democrático de Direito não é compatível com escolhas discricionárias, pois não se pode admitir a ideia de que seria indiferente para o Direito e para a sociedade que o juiz escolha esta prova e não aquela, ou vice-versa, de modo que, ao final, se chegaria à conclusão de que seria juridicamente indiferente dar-se razão a uma das partes ou à outra.

Pois foi exatamente por isso que o sistema processual civil brasileiro, a partir do CPC de 2015, superou o critério do livre convencimento motivado, que deixou de ser referido no texto normativo. Diferentemente disso, o art. 371 estabelece que "o juiz apreciará a prova constante dos autos, independentemente do sujeito que a tiver promovido, e indicará na decisão as razões da formação de seu convencimento".

A diferença parece pequena, mas não é. Enquanto a legislação processual anterior falava em "apreciar livremente a prova", a legislação atual estabelece incumbir ao juiz "apreciar a prova". Pois o desaparecimento, do texto normativo, do advérbio *livremente* tem de ser considerado pelo intérprete na busca da forma correta de entender-se o sistema. É que a valoração da prova pelo juiz não pode se dar de forma discricionária, como o sistema anterior estabelecia (sempre sendo importante lembrar que o CPC anterior ao atual, de 1973, foi editado durante um regime de exceção, não tendo – ao menos em seu texto original – qualquer compromisso com o Estado Democrático de Direito). Incumbe ao juiz, ao proferir a decisão, apresentar uma valoração discursiva da prova, justificando seu convencimento acerca da veracidade das alegações, e indicando os motivos pelos quais acolhe ou rejeita cada elemento do conjunto probatório. Em outros termos, cabe ao juiz, na valoração da prova, encontrar a verdade que tenha sido demonstrada no processo através dos elementos de prova a ele carreados. E como não pode haver duas verdades (ou o motorista do veículo dirigia em velocidade excessiva, ou ele não dirigia em velocidade excessiva; ou o documento é falso, ou é autêntico; ou o fato ocorreu ou não ocorreu etc.), cabe ao juiz, através da valoração da prova, encontrar esta verdade para que se produza uma decisão correta para o caso concreto.

Perceba-se, aqui, um ponto relevante: através da prova permite-se que, no processo, seja descoberta a verdade acerca dos fatos da causa. A busca da decisão correta para o caso concreto pressupõe o reconhecimento da possibilidade de se descobrir a verdade. Não se pode aceitar a ideia – a rigor já há muito tempo ultrapassada – de que existiriam duas verdades (uma verdade material e outra formal) e, pior ainda, que ao processo civil bastaria a verdade formal. Ao processo interessa a descoberta da verdade. E através da prova se pode alcançar, como visto anteriormente, uma verdade que seja, ao menos, "processualmente possível". É que a busca da verdade e da segurança jurídica não constitui algo que prevaleça sobre tudo o mais. A exigência de estabilidade, de paz social, além da imposição constitucional de que os processos tenham uma duração razoável, fazem com que o processo precise terminar, mesmo que ainda não se tenha certeza absoluta de ter sido descoberta a verdade. Por isso, são estabelecidos mecanismos destinados a permitir a produção de decisões baseadas em probabilidades muito grandes, como as presunções e as regras de distribuição do ônus da prova. E decisões baseadas nessas fortíssimas probabilidades têm de ser equiparadas às que se baseiam na descoberta da verdade para fins de estabilização dos resultados (através da coisa julgada, instituto de que se tratará mais adiante). Por isso é que se fala de uma verdade "processualmente possível", a *verdade processual*. A equivalência, do ponto de vista do processo, da verdade e da forte probabilidade, não compromete o que foi dito aqui: o processo busca, através da prova, a verdade (ainda que em alguns casos tenha de contentar-se com a forte probabilidade).

Pois incumbe ao juiz, ao proferir decisão de mérito, indicar os fundamentos pelos quais justifica seu convencimento, formado através da análise das provas produzidas no processo, construindo em contraditório seu conhecimento a respeito dos fatos da causa. É o que se pode chamar de valoração democrática da prova. Exige-se, pois, uma fundamentação que demonstre, discursivamente, como o juiz chegou às suas conclusões acerca da apreciação da prova, a fim de se demonstrar que a decisão proferida é a decisão correta para o caso concreto em exame, sem que isto resulte de discricionariedade ou voluntarismo judicial.

Conclui-se com a afirmação de que a concepção da prova como instrumento para alcançar uma determinação verdadeira dos fatos é o único modo de se encontrar uma confirmação coerente de uma visão legal e racional da decisão judicial, com todo o conjunto de garantias que se vinculam com ela. Não há sentido em invocar valores como a legalidade ou a correção da decisão se não se reconhece que a verdade dos fatos é condição necessária para uma correta aplicação da norma. Mas tudo isso só tem sentido quando se reconhece que a função própria e exclusiva da prova é a de oferecer elementos para a eleição racional da versão dos fatos que se pode definir como verdadeira. Dito de outro modo, de nada adiantará afirmar que o processo é instrumento de acesso à justiça, e que está acompanhado de uma série de garantias constitucionais (como o contraditório ou a igualdade), se não se busca, através da valoração democrática da prova, a possibilidade de se reconstruir a verdade dos fatos e, com base nela, aplicar a norma jurídica no caso concreto. Caso não se tenha esse compromisso com a verdade, o processo não será capaz de assegurar a correta atuação do direito e, com isso, não será um instrumento adequado de exercício da atividade jurisdicional.

14.1.4. Ônus da prova

Na linguagem do Direito Processual, ônus é o nome usado para designar uma conduta imperativa, imposta a alguma das partes, para que se realize um interesse próprio. É, pois, o *imperativo do interesse próprio*. Pense-se, por exemplo, na parte vencida, que para ver satisfeito seu interesse em sair vencedora da causa, precisa interpor um recurso. Fala-se, aí, do ônus de recorrer. Do mesmo modo, o réu, citado, precisa oferecer contestação para ter chance de alcançar resultado favorável. Daí falar-se em um ônus de contestar.

Pois é por isso que tradicionalmente se cogitou de um ônus da prova. Cada uma das partes teria o ônus de alegar os fatos que lhe fossem favoráveis. Tem-se, aí, o ônus de alegar. Apresentada a alegação por uma das partes, à outra caberia impugnar as alegações feitas (ônus da impugnação). Pois alegação impugnada precisa ser provada, motivo pelo qual se passou a cogitar de um ônus da prova.

A análise do ônus da prova pode ser dividida em duas partes: uma primeira, em que se pesquisa o chamado ônus subjetivo da prova, e onde se busca responder à pergunta "quem deve provar o quê?"; e uma segunda, em que se estuda o denominado ônus *objetivo da prova*, onde as regras sobre esse ônus são vistas como regras de julgamento, a serem aplicadas pelo órgão jurisdicional no momento de julgar a pretensão do demandante.

Explique-se isso um pouco melhor: em um primeiro momento, surgiu uma percepção subjetiva acerca das regras de distribuição dos ônus probatórios (ônus subjetivo da prova), como se fossem elas regras de atividade, isto é, regras destinadas a estabelecer a quem incumbe produzir prova acerca da veracidade de cada alegação controvertida que tenha surgido no processo.

Ocorre que esta concepção subjetiva do ônus da prova não é compatível com o sistema processual civil. É que a prova, uma vez produzida, pertence ao processo, pouco importando quem a tenha produzido. Fala-se mesmo em um "princípio da comunhão da prova" (também chamado de "princípio da aquisição da prova"). E é exatamente por conta disso que, no art. 371, se estabelece que a prova será apreciada pelo juiz "independentemente do sujeito que a tiver promovido".

Ora, mas se as regras de distribuição do ônus da prova não são regras de atividade, é preciso determinar qual sua natureza. Pois tal determinação não é difícil. Trata-se de considerar tais regras como normas de julgamento (ônus objetivo da prova).

O que se quer dizer com isso é que, ao estabelecer uma distribuição, entre as partes, dos ônus probatórios, a lei processual fixa o modo como o caso concreto será decidido se houver insuficiência do material probatório. Neste caso, deve-se proferir decisão desfavorável àquele sobre quem incidia o ônus da prova daquilo que não esteja suficientemente provado.

Explique-se melhor este ponto: ao longo do processo vão sendo feitas alegações a respeito de fatos que, sendo relevantes e controvertidas, tornam-se objeto de prova. Incumbe ao juiz, então, no momento de proferir sentença, examinar cada uma dessas alegações a fim de verificar se sua veracidade está ou não comprovada.

Havendo prova suficiente para que o juiz possa afirmar que a alegação é verdadeira, isto será afirmado pelo juiz e considerado em sua decisão. De outro lado, havendo prova suficiente para que se possa asseverar que a alegação é falsa, isto também será afirmado pelo juiz e considerado em sua decisão. Pode ocorrer, porém, de não haver prova suficiente para permitir a formação do convencimento do juiz acerca da veracidade de alguma alegação. Neste caso, incumbirá ao juiz proferir sua decisão contrariamente àquele sobre quem incida o ônus da prova em relação à alegação não suficientemente provada.

Imagine-se, por exemplo, um processo no qual se cobre do réu uma dívida resultante de um contrato, tendo o réu se limitado a alegar, em sua defesa, que já efetuara o pagamento (o que é impugnado pelo autor). Há, aí, pois, uma alegação relevante e controvertida acerca do pagamento, o que faz dela uma alegação que integra o objeto da prova. Pois em um caso assim, o ônus da prova acerca do pagamento é daquele que alegou tê-lo feito, isto é, do réu.

Pois bem: caso haja nos autos prova suficiente para afirmar que o réu verdadeiramente efetuou o pagamento, o juiz deverá rejeitar o pedido de cobrança. De outro lado, caso haja prova suficiente para afirmar que o pagamento nunca aconteceu, deverá ele acolher o pedido de cobrança. Perceba-se que até este ponto não se cogitou da verificação da titularidade do ônus da prova.

Imagine-se, porém, que nesse processo não se produziu prova suficiente para permitir a formação do convencimento do juiz acerca da alegação de pagamento. O juiz, em outras palavras, está na dúvida quanto a ter ou não se realizado o pagamento. Neste caso, como o ônus da prova é do réu, incumbe ao juiz decidir favoravelmente ao autor (isto é, decidir contrariamente àquele sobre quem incide o ônus probatório), acolhendo o pedido de cobrança.

O juiz, portanto, só aplica as regras de distribuição do ônus da prova no momento de proferir a decisão de mérito, e somente quando verifica que o material probatório é insuficiente para justificar sua decisão. Em outras palavras, provados todos os fatos da causa, o juiz não dará qualquer aplicação às regras de distribuição do ônus da prova. Se, porém, a investigação probatória for negativa, ou seja, quando os fatos não estiverem integralmente provados, aí sim as regras de distribuição do ônus da prova produzirão seus regulares efeitos. Essa visão objetiva do ônus da prova liga-se, pois, à vedação do *non liquet*, ou seja, à impossibilidade de o juiz se eximir de julgar por qualquer motivo. Ainda que os fatos da causa não estejam adequadamente provados, terá o juiz de proferir uma decisão, o que fará com base nas regras de distribuição do ônus da prova.

Por força do princípio do contraditório, porém, que impede a prolação de decisões-surpresa (art. 10), é absolutamente essencial que as partes saibam, de antemão, sobre quem recaem os ônus probatórios. Daí a importância do disposto no art. 373.

Pois, por força desse dispositivo, "[o] ônus da prova incumbe [ao] autor, quanto ao fato constitutivo de seu direito; [e] ao réu, quanto à existência de fato impeditivo, modificativo ou extintivo do direito do autor".

Este é texto normativo muito tradicional no Direito Processual Civil brasileiro, mas que é claramente insuficiente para explicar todas as situações. É que de sua leitura ressalta a (falsa) impressão de que em um processo só poderiam ser discutidos quatro tipos de fato: constitutivo do direito, impeditivo do direito, modificativo do direito e extintivo do direito. Assim não é, porém.

Evidentemente, esses quatro tipos de fato são os que mais frequentemente aparecem nos processos. Sempre haverá a alegação de um fato constitutivo do direito (isto é, de um fato do qual se origina o direito), o qual constitui, aliás, a causa de pedir remota da demanda do autor. Pode, também, ser alegado algum fato impeditivo (ou seja, um fato contemporâneo ao fato constitutivo, mas que é suficiente para impedir que o direito efetivamente se constitua, como seria a incapacidade de um contratante, a impedir a constituição de direitos resultantes do contrato por ele celebrado), modificativo (isto é, um fato superveniente e que altere a substância do direito, como seria o pagamento parcial de uma dívida que esteja sendo cobrada pelo demandante) ou extintivo (fato superveniente à formação do direito e que faz com que ele desapareça, como é o pagamento em relação ao direito de crédito).

Além desses quatro tipos de fatos, porém, outros podem ser alegados. Imagine-se, por exemplo, um processo no qual o autor cobra do réu uma dívida resultante de um contrato (sendo o contrato o fato constitutivo do direito do autor). O réu, então, alega em sua defesa o pagamento (fato extintivo do direito). Pode ocorrer, então, de o autor, na réplica, afirmar que o pagamento foi inválido por ter sido feito a mandatário sem poderes para recebê-lo (fato impeditivo da eficácia extintiva do pagamento). Pois o texto do art. 373 não dá solução a uma relevante questão: sobre quem incidiria o ônus da prova acerca deste último fato alegado (o "fato impeditivo do fato extintivo")? Daí por que é multissecular a afirmação de que o ônus da prova incumbe a quem alega (*ei incumbit probatio qui dicit, non qui negat*).

Em regra, portanto, o ônus da prova incumbe a quem tenha feito a alegação. Dito de outro modo, se no momento de proferir a decisão de mérito o juiz verifica que alguma alegação não está suficientemente provada, deve proferir decisão contrária a quem a tenha feito. Daí a razão pela qual também há muitos séculos se afirma que alegar e não provar é como não alegar (*allegatio et non probatio, quasi non allegatio*). Há, porém, casos excepcionais em que a lei não atribui o ônus da prova a quem faz a alegação, mas à parte adversária (e em casos assim, portanto, a insuficiência de prova levará o juiz a decidir a favor daquele que tenha feito a alegação). É o que se dá, por exemplo, no caso de uma demanda proposta por consumidor em face de fornecedor para postular a reparação de dano por fato de produto. Neste caso, incumbe ao consumidor alegar que adquiriu produto com defeito, mas é do fornecedor o ônus da prova de que o defeito não existe (art. 12, § 3º, II, do CDC). Assim também numa demanda de investigação de paternidade proposta pelo filho de mulher que era casada com o réu, tendo o casamento se dissolvido até trezentos dias antes do nascimento, é do réu (e não do autor, que alega ser seu filho) o ônus da prova, nos termos do art. 1.597, II, do CC.

Em regra, porém, o ônus da prova incumbe a quem alega, e é assim que se deve compreender o disposto no art. 373. Além disso tudo, porém, e considerando a hipótese, de resto bastante provável, de o réu não ter a produzir nenhuma prova sobre a existência de fato extintivo, impeditivo ou modificativo do direito do autor, mas tendo algum meio de provar a inexistência do fato constitutivo, é que se pode afirmar caber também ao réu o ônus da contraprova. Com isso, num processo em que haja nos autos apenas duas provas produzidas, um testemunho no sentido de ter sido celebrado um contrato de mútuo entre as partes e outro no sentido de tal contrato nunca ter sido celebrado, deverá o juiz formar sua convicção num dos dois sentidos. Se não se permitisse ao réu tentar demonstrar a inexistência de tal fato, a única prova constante dos autos seria favorável ao autor, que veria, assim, sua pretensão ser acolhida.

Casos há, porém, em que a lei inverte o ônus da prova, como já visto (inversão *ope legis* do ônus probatório). E, além disso, há casos em que se admite a inversão do ônus da prova por decisão judicial (inversão *ope iudicis* do ônus probatório). Este é fenômeno que já há algum tempo vem regulado no Código de Defesa do Consumidor (art. 6º, VIII), mas que recebe tratamento adequado e completo nos §§ 1º e 2º do art. 373, os quais trazem para o sistema processual civil brasileiro, definitivamente, uma "versão brasileira" da teoria da distribuição dinâmica do ônus da prova (ou, como alguns chamam, "teoria da carga dinâmica da prova", designação que parece inadequada por ser uma tradução equivocada da expressão castelhana – a teoria aqui apresentada nasceu na doutrina argentina – *carga dinamica de la prueba*, sendo relevante lembrar que a palavra ônus não existe na língua espanhola, motivo pelo qual a expressão "ônus da prova" é, em espanhol, *carga de la prueba*).

Pois o § 1º do art. 373 estabelece que nos casos em que haja previsão legal (como é o previsto no art. 6º, VIII, do CDC, há pouco mencionado) ou "diante de peculiaridades da causa relacionadas à impossibilidade ou à excessiva dificuldade de cumprir o encargo" probatório que em regra lhe caberia, "ou à maior facilidade de obtenção da prova do fato contrário", pode o juiz modificar a atribuição dos ônus probatórios, por decisão (evidentemente) fundamentada.

Dito de outro modo, o que se tem aí é a previsão da possibilidade de uma redistribuição dos ônus probatórios por decisão judicial (*ope iudicis*), a ser feita sempre que o juiz verificar que o encargo recai sobre parte que não teria condições de produzir a prova (por ser impossível ou excessivamente difícil obtê-la). A questão é que em alguns casos é muito difícil ou até mesmo impossível para uma das partes produzir determinada prova e, como é dela o ônus probatório, a parte adversária estabelece como estratégia simplesmente nada fazer, nenhuma prova produzir, sabendo que a insuficiência de material probatório levará a um resultado que lhe será favorável (e, evidentemente, desfavorável à parte sobre quem recaía o ônus da prova).

Ocorre que, em um modelo cooperativo de processo (art. 6º), em que todos os sujeitos do processo devem atuar juntos para a produção de um resultado constitucionalmente legítimo, dando-se ao caso concreto a solução correta, é perfeitamente possível estabelecer que, verificando o juiz a dificuldade (ou impossibilidade) de uma das partes desincumbir-se de seu ônus probatório, se promova uma redistribuição do encargo, de modo a atribuir o ônus da prova à parte que a princípio não o teria.

Pense-se, por exemplo, em um caso no qual se discuta alguma questão envolvendo o funcionamento de um equipamento de avançada tecnologia, tendo o autor alegado que o aludido equipamento não funcionou como deveria por alguma falha de projeto. Pode ser muito difícil para a parte que fez essa alegação demonstrar que houve mesmo uma falha de projeto no aludido equipamento (e, tendo sido ela a fazer tal alegação, é dela o ônus da prova). Mas sendo a outra parte a detentora da tecnologia, do *know-how*, é certamente para ela muito mais fácil obter a contraprova, isto é, a prova de que não existe a apontada falha. Pois em casos assim impõe-se uma redistribuição do ônus da prova por decisão judicial.

Evidentemente, só se poderá admitir essa redistribuição do ônus da prova se o encargo for, pela decisão judicial, atribuído a quem tenha condições de dele se desincumbir, não se podendo, com a redistribuição do ônus da prova, gerar uma situação em que a desincumbência de tal encargo seja impossível ou excessivamente difícil (art. 373, § 2º).

Além disso, deve-se ter claro que a redistribuição do ônus da prova não pode se dar na sentença. Isto contrariaria a garantia do contraditório como não surpresa. É preciso (e isto está expresso na parte final do § 1º do art. 373) que a decisão que redistribui o ônus da prova seja proferida de forma a "dar à parte a oportunidade de se desincumbir do ônus que lhe foi atribuído". É que não se poderia, sob pena de uma ilegítima surpresa, proferir sentença dizendo que determinada parte saiu vencida por não se ter desincumbido de um ônus probatório que só agora, na sentença, lhe é atribuído. Impende, portanto, que a redistribuição do ônus da prova se dê em momento anterior, de forma a garantir à parte a quem o encargo probatório é agora atribuído que tenha ainda possibilidade de, durante a fase de instrução probatória do processo, produzir as provas que lhe permitirão desincumbir-se de seu encargo e buscar obter uma decisão que a favoreça.

Não é por outra razão que a decisão que redistribui o ônus da prova deve ser proferida como um capítulo do provimento de saneamento e organização do processo (art. 357, III). E sempre vale recordar que uma vez proferida essa decisão têm as partes cinco dias para requerer esclarecimentos e ajustes, e uma vez decorrido esse prazo a decisão se torna estável (art. 357, § 1º), só podendo ser revista por meio de agravo de instrumento (admissível por força do art. 1.015, XI). É que, como já visto, essa decisão tem o papel de demarcar o final da fase introdutória do procedimento, destinada a permitir a delimitação das questões de fato e de direito que serão relevantes para a resolução do mérito, e o início da fase principal do processo, destinada à instrução e ao julgamento da causa. Assim, definido o modo como se distribuem os ônus probatórios, poderão as partes atuar na instrução probatória buscando desincumbir-se dos encargos que lhes tenham sido atribuídos.

De tudo quanto se expôs até aqui, torna-se possível compreender melhor algo que foi dito anteriormente. O que o CPC fez foi estabelecer uma "versão brasileira" da teoria da distribuição dinâmica do ônus da prova. É que, na verdade, em sua concepção original essa teoria propõe que o ônus da prova possa ser, por decisões judiciais, "movimentado" ao longo de todo o processo. O juiz, ao início da atividade de instrução probatória, atribuiria os ônus probatórios, e à medida que essa fase do processo fosse se desenvolvendo, e verificando a maior ou menor dificuldade que as partes teriam de se desincumbir dos ônus probatórios que lhes tivessem sido atribuídos, seria possível que novas redistribuições fossem acontecendo. O ônus da prova, assim, seria alvo de diversas movimentações ao longo de todo o processo, razão pela qual sua distribuição seria *dinâmica*. No Direito Processual Civil brasileiro, todavia, não é isso que se tem. A distribuição do ônus da prova que resulta da lei é "estática", fixa. E o que a lei processual brasileira permite é que o juiz promova uma redistribuição que troca uma forma "estática" de distribuição do ônus probatório por outra distribuição também "estática". Afinal, uma vez proferida e estabilizada a decisão de saneamento e organização do processo, não se admitem novas redistribuições. Não se tem, portanto, propriamente uma distribuição dinâmica do ônus da prova, mas uma única movimentação da distribuição estática. É, pois, uma "distribuição dinâmica à brasileira".

Por fim, não se pode deixar de dizer que é possível a celebração de negócio processual destinado a modificar a distribuição do ônus da prova (art. 373, §§ 3º e 4º). Este, como os negócios processuais em geral, pode ser celebrado antes do processo ou durante seu curso (art. 373, § 4º), e através dele as partes podem livremente convencionar o modo como os encargos probatórios são distribuídos, salvo quando recair sobre direito indisponível da parte (art. 373, § 3º, I) ou quando tornar excessivamente difícil a uma parte o exercício de seu direito (art. 373, § 3º, II). Além disso, é de se considerar inválido o negócio processual que redistribui os ônus probatórios nos casos em que genericamente se estabelece a invalidade dos negócios processuais (art. 190, parágrafo único).

Não se pode encerrar a análise do ônus da prova sem que se faça um comentário a respeito de sua distribuição nas "ações declaratórias negativas", ou seja, naquelas demandas em que se pretende a declaração da inexistência de uma relação jurídica. Diverge a doutrina sobre a forma de distribuição do ônus da prova nesses casos. Enquanto para alguns autores ocorre verdadeira inversão do ônus, cabendo ao réu provar o fato constitutivo de seu direito, e ao autor a existência de fato extintivo ou impeditivo do direito do demandado, outros autores afirmam que não há que se falar, na hipótese, em inversão, cabendo ao autor demonstrar a inexistência das circunstâncias que levam a um resultado favorável ao demandado, ou seja, caberia ao autor demonstrar a inexistência da relação jurídica deduzida em juízo.

Parece, porém, e com todo o respeito que merecem as opiniões citadas, que a distribuição do ônus da prova nas "ações declaratórias negativas" dependerá do que for alegado pelo autor. Se este fundar sua pretensão na existência de fato extintivo ou impeditivo do direito do réu (por exemplo, o autor, afirmando já ter pagado sua dívida, pede a declaração da inexistência da obrigação), a ele (demandante) caberá a incumbência de provar os fatos alegados. Nesse caso, o réu ficará até mesmo dispensado de produzir qualquer prova sobre a existência do fato constitutivo de seu direito, eis que este será incontroverso, não se constituindo, pois, em objeto de prova. Por outro lado, se o autor se limitar a negar a existência do fato constitutivo (por exemplo, o autor pede a declaração da inexistência de uma obrigação que, segundo ele, jamais existiu, embora sua existência venha sendo alardeada pelo demandado), haverá, aí sim, uma inversão do ônus, cabendo ao réu demonstrar a existência do fato constitutivo do seu direito.

14.1.5. Meios de prova

Meios de prova são os instrumentos através dos quais se torna possível a demonstração da veracidade das alegações sobre a matéria fática controvertida e relevante para o julgamento da pretensão. Deve-se distinguir entre meios e fontes de prova, sendo estas entendidas como as pessoas e coisas de onde promana a prova, enquanto aqueles são os instrumentos que permitem se leve ao processo os elementos que irão participar da formação do convencimento.

Meios de prova, então, são os mecanismos através dos quais a prova é levada para o processo. Alguns deles estão expressamente previstos em lei (como a prova testemunhal ou a documental, por exemplo) e, por isso, são chamados de provas típicas (ou meios típicos de prova). Além desses, porém, admite-se a produção de meios de prova que não estão previstos expressamente, as chamadas provas atípicas (ou meios atípicos de prova). O art. 369 expressamente estabelece, aliás, que as partes "têm o direito de empregar todos os meios legais, bem como os moralmente legítimos, ainda que não especificados neste Código, para provar a verdade dos fatos em que se funda o pedido ou a defesa e influir eficazmente na convicção do juiz".

A redação do texto normativo não é das melhores. É que, com base na literalidade do texto, poderia parecer que apenas os meios atípicos de prova deveriam ser moralmente legítimos (afinal, naquele texto se lê que as partes podem empregar "os meios legais, bem como os moralmente legítimos, ainda que não especificados" no Código). Assim não é, porém. Todos os meios de prova, típicos ou atípicos, devem ser moralmente legítimos. Assim é, por exemplo, que não se pode admitir como prova uma confissão (meio típico) obtida através de constrangimentos causados pelo juiz ao confitente. Esta seria uma prova típica moralmente ilegítima e, portanto, inadmissível. Essa questão da "legitimidade moral" da prova, porém, é um falso problema. É que, sendo a Moral e o Direito cooriginários, deve-se considerar que todos os valores morais relevantes já estão incorporados ao Direito. E disso se extrai que provas "moralmente ilegítimas" seriam pelo Direito tratadas como provas ilícitas e, portanto, inadmissíveis (art. 5º, LVI, da Constituição da República).

Portanto, podem ser admitidas no processo civil tanto as provas típicas (como a pericial ou a inspeção judicial) quanto atípicas, desde que lícitas.

Quanto aos meios típicos de prova, estes são encontrados no próprio CPC (e deles se tratará adiante). É de se notar, porém, que o Código Civil, em seu art. 212, apresenta um elenco menor de provas (confissão, documento, testemunha, presunção, perícia). Esse texto normativo é, sob diversos aspectos, criticável. Em primeiro lugar, misturam-se meios de prova (como a perícia) e fontes de prova (como a testemunha). Em segundo lugar, ali se inclui a presunção que não é nem meio nem fonte de prova (mas fenômeno que dispensa a produção de prova). Em terceiro lugar, o texto ora referido não faz alusão à inspeção judicial, nem dá a entender que podem ser empregados meios atípicos de prova (sendo certo que a leitura do art. 221, parágrafo único, do Código Civil, que faz alusão às provas "de caráter legal", parece demonstrar que esse diploma pretende mesmo excluir as provas atípicas do sistema processual brasileiro). Ora, a exclusão da inspeção judicial e dos meios atípicos de prova implica uma restrição ao direito à prova, o qual é garantido constitucionalmente por ser um corolário da garantia do contraditório. Sendo o contraditório, como visto anteriormente, a garantia de que os interessados no resultado do processo poderão participar do processo influindo no seu resultado, o direito à prova é elemento integrante daquela garantia, já que através da prova as partes podem interferir no resultado do processo de conhecimento. Assim sendo, limitações como essas, que excluem de forma absoluta a utilização de certos meios de prova, violam a garantia constitucional do contraditório e, por isso mesmo, são inconstitucionais. Continuam a ser admitidas, portanto, a inspeção judicial e as provas atípicas (o que está reafirmado no CPC, que é posterior ao Código Civil e, por isso, de qualquer maneira sobre ele deve prevalecer). Deve-se, pois, ler o art. 212 do Código Civil como se ali houvesse uma enumeração meramente exemplificativa, o que torna seu teor compatível com a Constituição da República.

A expressão "prova atípica" pode, na verdade, designar dois diferentes fenômenos: (a) o meio atípico de prova; (b) a forma atípica de produzir um meio típico de prova.

Meio atípico de prova é o meio de prova que não está previsto expressamente em lei. Bom exemplo disso é a assim chamada "prova de informações", meio de prova que está expressamente previsto em algumas legislações estrangeiras (como é o caso dos arts. 190 a 192 do Código uruguaio de 1988 e dos arts. 204 e 205 do Código boliviano de 2013, que preveem a *prueba por informe*), mas não foi tipificado no ordenamento processual brasileiro. A prova de informações é a declaração dada por um órgão ou pessoa jurídica, de direito público ou privado, sobre pontos claramente individualizados que resultem de seus arquivos ou registros. Pense-se, por exemplo, no caso de em um determinado processo ser necessária a produção de prova sobre se determinada pessoa esteve ou não em certa cidade em um dia em que ocorreram eleições e, para a produção da prova, se solicita ao Tribunal Regional Eleitoral que informe se aquela pessoa, naquele dia, votou ou justificou ausência (e, caso o tenha feito, em que cidade estava ao apresentar sua justificativa). Pois a apresentação, pelo TRE, de um dado constante de seus arquivos constitui uma prova de informações.

Extraia-se daí, então, que meios de prova que não estejam expressamente previstos em lei podem ser produzidos, sendo perfeitamente admissíveis no processo civil.

Fenômeno diferente – mas também admissível – é o da forma atípica de produção de um meio típico de prova. Veja-se, por exemplo, o caso da prova testemunhal. Segundo a legislação processual brasileira, a prova testemunhal é colhida através do depoimento oral da testemunha em juízo (art. 453). Pois nada impede que em algum processo as partes tragam aos autos declarações escritas firmadas por testemunhas, em que estas expõem o que sabem sobre os fatos da causa (o que se vê com bastante frequência, por exemplo, em processos que têm por objeto o reconhecimento da existência de união estável).

Típica ou atípica, a prova será admitida se for lícita. É que, como já dito, por força do disposto no art. 5º, LVI, da Constituição da República, "são inadmissíveis, no processo, as provas obtidas por meios ilícitos". Assim, por exemplo, confissões obtidas mediante tortura, correspondência obtida mediante invasão de caixas de correio eletrônico, gravações clandestinas de conversas, entre outras, são inadmissíveis no processo em razão da ilicitude de sua obtenção.

A proibição das provas ilícitas vem suscitando algumas discussões interessantes, e que merecem ser referidas. A primeira delas diz respeito à aplicação, no Brasil, do chamado "princípio da proporcionalidade", originário do Direito Processual Penal alemão, com passagem pelos Estados Unidos da América, e segundo o qual a prova obtida ilicitamente poderia ser utilizada em favor do réu, como aplicação da garantia de defesa (note-se que o princípio é originário do processo penal). Segundo os defensores da aplicação de tal princípio, a parte que praticasse ato ilícito para obter determinada prova poderia utilizá-la no processo de forma válida, devendo por outro lado responder pelo ilícito cometido, desde que o bem sacrificado pelo ilícito fosse menos relevante que o interesse que se quer tutelar com a prova assim obtida. Embora conte com ilustres defensores, tal princípio não pode ser aplicado no Direito brasileiro, pois a Constituição proibiu de forma peremptória e indiscriminada a utilização de provas obtidas por meio ilícito, não sendo, portanto, possível a utilização de tais meios de prova por nenhuma das partes, em razão da aplicação da conhecida regra de interpretação segundo a qual "onde a lei não distingue não cabe ao intérprete distinguir".

Outro ponto que pode gerar alguma controvérsia é o da escuta telefônica. Se por um lado parece óbvio que a escuta clandestina, ou "grampo", é ilícita, por outro, há que se verificar a possibilidade de determinação judicial para a gravação de conversas telefônicas. A Constituição da República é bastante clara ao limitar o poder do juiz de fazer tal determinação à instrução criminal (art. 5º, XII). Parece, assim, obviamente afastada a possibilidade de utilização da escuta telefônica, ainda que autorizada, como meio de prova no processo civil. Há que se considerar, no entanto, outra hipótese: a da transcrição da escuta telefônica autorizada no processo penal poder ou não ser levada ao processo civil como prova emprestada. Tal problema pode ter duas soluções possíveis: ou se considera admissível tal utilização, na medida em que a prova foi produzida por meio lícito e levada ao processo civil por meio admitido no Direito brasileiro, qual seja, a prova emprestada; ou se considera que nesse caso a prova emprestada será inadmissível por estar sendo utilizada com o fim de se obter por via indireta aquilo que a Constituição proibiu fosse obtido de forma direta. Correta essa segunda solução, que está em plena conformidade com o vigente sistema constitucional. O Direito não pode permitir que se atinja por via oblíqua algo que o ordenamento positivo proíbe seja concedido ou utilizado. Admitir a utilização dessa prova, que se poderia chamar "indiretamente ilícita", seria compactuar com uma ilicitude (a utilização de conversas telefônicas como fonte de prova no processo civil). Por essa razão não se pode considerar admissível a utilização da prova emprestada quando o meio utilizado para obtenção daquela prova a ser carreada para os autos do processo em questão, embora lícito em relação ao processo onde a prova foi originariamente produzida, seja ilícito em relação ao processo para onde se pretende levar a referida prova.

14.1.6. Prova emprestada

Chama-se prova emprestada aquela que, produzida para gerar efeitos em um processo, é levada para outro processo, distinto, onde também será recebida como meio destinado a influir na formação do convencimento do juiz. Sua admissibilidade está expressa no art. 372, por força do qual "[o] juiz poderá admitir a utilização de prova produzida em outro processo, atribuindo-lhe o valor que considerar adequado, observado o contraditório".

É, pois, perfeitamente possível – desde que observado o contraditório, como se examinará melhor em seguida – trazer para um processo, por exemplo, laudo pericial que tenha sido elaborado para outro feito. Ou a cópia do depoimento de uma testemunha que tenha sido prestado em processo distinto. Ou qualquer outra prova que em um processo tenha sido produzida e que se revele útil para a resolução do mérito do processo para o qual ela é trazida "por empréstimo".

Exigência fundamental, porém, para a admissibilidade da prova emprestada – como não poderia deixar de ser – é a observância do princípio do contraditório, nota essencial do processo e elemento integrante do modelo constitucional de processo civil.

Não se pense, porém, que basta submeter a prova emprestada ao contraditório no processo para o qual é ela trazida por empréstimo. É que, juntado aos autos o documento que a corporifica (como o laudo do perito ou o termo de depoimento da testemunha), deve ser franqueado a todos os interessados o acesso a tal documento, com a consequente possibilidade de manifestação sobre ele. Isto, se de um lado é essencial, de outro não é suficiente para que se tenha por respeitado o princípio do contraditório.

É que o contraditório assegura às partes não só o direito de se manifestar sobre a prova produzida, mas também – e principalmente – o direito de participar da própria produção da prova. Assim, só é possível admitir-se prova emprestada contra aquele que tenha participado do processo no qual ela tenha sido originariamente produzida (FPPC, Enunciado nº 52: "Para a utilização da prova emprestada, faz-se necessária a observância do contraditório no processo de origem, assim como no processo de destino, considerando-se que, neste último, a prova mantenha a sua natureza originária").

Exemplos permitirão uma melhor visualização do que acaba de ser dito. Imagine-se, em primeiro lugar, que em um processo entre partes A e B se tenha produzido uma determinada prova. Posteriormente, quer-se levar essa prova por empréstimo para outro processo, em que são partes os mesmos sujeitos, A e B. Pois neste caso é perfeitamente admissível a prova emprestada.

Agora se figure a hipótese em que, produzida a prova naquele processo em que eram partes A e B, pretende-se trazer a prova por empréstimo para outro processo, cujas partes são A e C. Pois é admissível que, neste caso, C requeira a produção da prova emprestada contra A (já que este participou daquele processo em que a prova foi originariamente produzida e, portanto, atuou em contraditório no momento da colheita da prova). O contrário, porém (A pretender produzir aquela prova emprestada contra C), não é admissível, já que C não participou, em contraditório, da produção da prova que agora contra ele se pretende produzir. Basta pensar que, no caso de ser a prova emprestada de natureza testemunhal, C não terá tido a oportunidade de formular perguntas ao depoente. Do mesmo modo, caso se tratasse do empréstimo de uma prova pericial, C não teria tido oportunidade de formular quesitos ao perito ou de indicar um assistente técnico para acompanhar a produção da perícia. Por conta disso, não se pode admitir a utilização de prova emprestada contra aquele que não tenha participado, em contraditório, da colheita da prova no processo em que originariamente ela tenha sido produzida.

Consequência desse raciocínio é que, produzida uma prova originariamente em um processo em que eram partes A e B, seria impossível levá-la por empréstimo para um processo em que as partes são C e D, completamente diferentes das partes do processo original, já que nem C nem D terão participado do contraditório na formação da prova.

Há, porém, de se admitir uma exceção a tudo isso, aceitando-se o empréstimo da prova contra alguém que não participou do contraditório no processo em que a prova foi originariamente produzida. Essa exceção se manifestará quando, não obstante a ausência da parte contra quem se pretende produzir a prova emprestada no processo original, seja possível, no processo para o qual se pretende levar a prova por empréstimo, *compensar* essa ausência de contraditório na origem.

Comparem-se duas situações distintas, ambas com relação ao empréstimo de uma prova testemunhal. Se a testemunha que prestou depoimento no primeiro processo já faleceu, não seria possível compensar o contraditório (já que a parte que não participou da formação original da prova não poderia agora fazer qualquer pergunta a essa testemunha). Inadmissível, portanto, o empréstimo. De outro lado, se a testemunha ainda pode ser ouvida, seria possível marcar-se uma audiência para que novas perguntas sejam feitas a ela (mas isso poderia levar a que se questionasse a própria utilidade da prova emprestada, bastando colher-se novo depoimento da testemunha).

Pense-se, agora, numa prova pericial emprestada. Pode acontecer de a parte que não participou do processo original poder, agora, no processo para o qual se pretende levar a prova por empréstimo, elaborar quesitos para serem respondidos pelo perito, ou apresentar parecer crítico de um assistente técnico. Isso seria uma compensação de contraditório que legitimaria o empréstimo da prova (e aqui, mais uma vez, se pode questionar qual o sentido do empréstimo, se seria possível produzir-se novamente a prova). Caso isso não seja possível (porque, por exemplo, o objeto da perícia já tenha perecido, e não seja mais possível praticar qualquer outro ato de exame, vistoria ou avaliação desse objeto), e aí o empréstimo da prova não será mais possível.

14.2. DEMANDAS PROBATÓRIAS AUTÔNOMAS

Nos arts. 381 a 383 regula o CPC algumas demandas que, aptas a provocar a instauração de processo autônomo, têm por objeto a colheita de provas. São as demandas probatórias autônomas. Não obstante a epígrafe da Seção do CPC em que estão esses dispositivos ser "[d]a produção antecipada da prova", não é só de demandas de produção antecipada de provas que se trata aí.

A rigor, pode-se cogitar, neste segmento do CPC, das seguintes demandas: (a) demanda cautelar de asseguração de prova; (b) demanda de descoberta (*discovery* ou *disclosure*) da prova; (c) arrolamento de bens; (d) justificação. Todas elas, então, devem ser tratadas como espécies do gênero "produção antecipada da prova".

Nenhuma dessas demandas probatórias é admissível em caráter incidental a um processo de conhecimento já instaurado. Caso, em um processo cognitivo, se faça necessário antecipar o momento de colheita de uma prova, bastará ao juiz exercer seu poder de adaptação do procedimento, o que fará com base no art. 139, VI.

A primeira modalidade de demanda probatória autônoma a ser tratada no CPC é a demanda cautelar de asseguração de prova (art. 381, I), cabível quando "haja fundado receio de que venha a tornar-se impossível ou muito difícil a verificação de certos fatos na pendência [do processo]". É que há casos em que se verifica a existência de risco de que, em razão da demora necessária para que se chegue ao momento em que normalmente se daria, no processo de conhecimento, a produção de uma prova, não seja mais possível sua colheita. Como se sabe, no processo de conhecimento (e se a medida aqui examinada diz respeito à instrução probatória, parece óbvio que se liga a um processo cognitivo) há um momento adequado para a colheita da prova. Pode ocorrer, porém, que o tempo necessário para que se chegue aquele momento adequado seja grande demais, havendo algum fator que gere o perigo de que a prova não mais possa ser produzida. Pense-se, por exemplo, no caso de ainda não se ter instaurado o processo de conhecimento e chegar a uma das partes a notícia de que uma das testemunhas que pretende ouvir está gravemente doente e talvez não sobreviva até o momento da audiência de instrução e julgamento. Pois neste caso, como forma de assegurar-se a futura produção da prova, admite-se a colheita antecipada de seu depoimento.

Perceba-se que neste caso não se tem, propriamente (e apesar da dicção do texto normativo), uma "produção antecipada da prova". O que se tem, neste caso, é a asseguração de que no futuro processo a prova poderá ser produzida. E é exatamente por isso que ao juiz do processo de asseguração da prova não é possível exercer qualquer valoração da prova (art. 382, § 2º), cabendo-lhe tão somente colher a prova para que no futuro processo ela possa vir a ser produzida. Por essa razão é que se fala aqui em *demanda de asseguração de prova*.

Explique-se o ponto: o procedimento probatório tem três momentos, que devem ser obrigatoriamente observados: a proposição, a admissão e a produção da prova. Há, pois, que se observar esse procedimento para que se possa ter a prova por produzida. Antes de tudo, é preciso que a parte requeira a produção da prova. Em seguida, é preciso que o juiz defira sua produção para que, só depois desses dois momentos, a prova possa ser, efetivamente, produzida (mas se deve registrar que no caso de produção de prova determinada de ofício pelo juiz não há aquele primeiro ato do procedimento probatório, o da proposição da prova). Não se pode, pois, falar em produção da prova antes de sua proposição e admissão pelo juiz da causa (com a ressalva que acaba de ser feita, da produção da prova determinada de ofício pelo juiz).

O que se tem no art. 381, I, do CPC, então, não é, na verdade, um procedimento destinado a permitir a produção antecipada da prova. Esse instrumento que ora se estuda tem por fim assegurar a futura produção da prova, a qual se dará no processo principal. No procedimento da "produção antecipada de prova" cautelar, não está presente nenhum dos três momentos do procedimento probatório. A proposição da prova deverá ser feita no processo principal (quando caberá ao interessado requerer que se produza aquela prova anteriormente assegurada). A admissão da prova também se dá no processo principal, já que ao juiz do processo de conhecimento é que cabe verificar quais são as provas cuja produção é necessária para a formação de convencimento. Por fim, a própria produção da prova só se pode dar no processo principal, já que tal produção não se resume à colheita da prova, mas, também, à sua valoração, e esta, evidentemente, é encargo do juiz do processo de conhecimento.

A "produção antecipada de provas cautelar" é, pois, uma medida destinada a permitir que se garanta a futura produção da prova no processo de conhecimento, assegurando-se que a fonte da prova estará preservada. Assim, por exemplo, sendo necessário que se produza, num processo em que se pretende obter a condenação do demandado a indenizar danos estéticos sofridos por alguém, prova pericial, mas havendo o risco de que a demora do procedimento (e, por conseguinte, o tempo necessário para que se chegue ao momento adequado para a produção da perícia) torne irreversíveis tais danos, é de se admitir a realização imediata do exame pericial. A produção da prova pericial, porém, deverá ser requerida ao juiz do processo de conhecimento, na petição inicial do demandante do exemplo figurado. Caberá, ainda, ao juiz do processo de conhecimento verificar se a prova pericial é necessária à formação de convencimento e, em caso afirmativo, deferir sua produção. Só aí, então, é que a prova será produzida, devendo ser valorada pelo juiz do processo principal.

O nome mais adequado para o fenômeno que aqui se estuda, então, seria "medida cautelar de asseguração de prova". Isso porque, como se verificou, a finalidade da medida aqui examinada não é a de permitir que a prova seja produzida antes do tempo, o que seria impossível, por exigir uma inversão dos atos que compõem o procedimento probatório que o tornaria despido de lógica. A medida aqui estudada tem por fim *assegurar* a futura produção da prova.

Tem-se, aqui, porém, uma tutela cautelar um pouco diferente das demais. Isso porque, como já se viu, a tutela cautelar tem por fim assegurar a efetividade do processo e, por consequência, prestar tutela processual mediata a um direito substancial (o qual se irá fazer valer através da tutela satisfativa definitiva). A medida de asseguração da prova (ou, para usar a linguagem do CPC, de produção antecipada de provas cautelar), porém, assegura a efetividade do processo principal, prestando tutela processual mediata a um direito de índole processual (e não substancial): o direito à prova. Isso porque, através da medida de asseguração de prova, o que se faz é garantir que a parte do processo principal (pouco importando se ali tal parte ocupa a posição de demandante ou de demandado) tenha condições de fazer valer seu direito à produção de prova que seja relevante para a formação do convencimento, sendo certo que, em alguns casos, esse direito não poderia ser exercido por ter perecido a fonte da prova (como, por exemplo, no caso em que tivesse falecido a testemunha antes do momento adequado para sua oitiva), ou por razão análoga. Sendo este o objetivo da medida cautelar de asseguração de prova, fica fácil concluir que também aquele que será demandado no processo principal tem legitimidade para ajuizar a demanda cautelar.

É de se notar que o direito à prova é corolário do princípio do contraditório, já que este consiste na garantia de que os interessados no resultado da atividade jurisdicional terão a possibilidade de participar do procedimento, influindo em seu resultado. Ora, não se assegurando o direito à prova, terá sido gerada uma limitação à capacidade de o interessado influir no resultado do processo, já que não poderá dispor de todos os meios necessários para demonstrar ao Estado-Juiz que suas alegações acerca da matéria de fato são verdadeiras. Assim sendo, ao prever a medida cautelar de asseguração da prova, o sistema processual civil brasileiro acaba por assegurar o efetivo exercício do contraditório e, por conseguinte, faz com que se tenha garantido às partes um *devido processo*.

Outro dado importante é que não só nos casos em que haja fundado receio de se tornar muito difícil ou impossível a verificação do fato, mas também naqueles em que tal verificação se tornaria muito onerosa para a parte que pretende produzir a prova no processo principal, deve-se admitir a produção antecipada de prova de natureza cautelar. Pense-se, por exemplo, num imóvel abandonado pelo locatário em estado deplorável, totalmente danificado. O locador poderá, evidentemente, ajuizar demanda em face do locatário, pleiteando a condenação deste a reparar o imóvel, sendo necessária a produção da prova pericial para o fim de permitir que se verifique o estado em que se deixou o imóvel. Ocorre que, para a perícia poder alcançar seus resultados, o imóvel deverá ser mantido no estado em que se encontrava ao ser abandonado pelo locatário até que possa receber a visita do especialista nomeado pelo juízo do processo principal. Isso, evidentemente, acarreta pesado ônus ao proprietário do prédio, que pode se valer da demanda de asseguração da prova para que já se faça, desde logo, a vistoria. Assegurada a produção da prova, poderá ele reformar o imóvel e, desde logo, destiná-lo novamente à locação, voltando a perceber frutos pela sua utilização pelo novo locatário. Com isso, diminui-se o prejuízo que o locador teve, devendo ser, pois, admitida a concessão da tutela cautelar.

Em seguida, é preciso falar das demandas de descoberta da prova (art. 381, II e III), figuras nitidamente inspiradas no instituto conhecido como *discovery* ou *disclosure*, dos ordenamentos jurídicos filiados à tradição jurídica do *common law* (como se vê, por exemplo, na *rule* 31 das *Civil Procedure Rules* da Inglaterra, as quais compõem um Código de Processo Civil para Inglaterra e País de Gales).

Pois preveem os incisos II e III do art. 381 que se admite a demanda probatória em casos nos quais "a prova a ser produzida seja suscetível de viabilizar a autocomposição ou outro meio adequado de solução de conflito [ou] o prévio conhecimento dos fatos possa justificar ou evitar o ajuizamento [de demanda]".

É que em alguns casos a parte precisa ter acesso a uma prova (que não está com ela, mas com a outra parte ou com terceiro) para viabilizar uma solução consensual do litígio (art. 381, II). Pense-se no caso de ter sido celebrado um contrato de locação empresarial e, chegando a época da renovação do contrato, as partes discordem unicamente do valor do aluguel a ser fixado para o novo período contratual. Pois em um caso assim, a mera realização de uma perícia para determinar o valor de mercado do aluguel pode viabilizar a solução consensual do conflito, evitando-se o ajuizamento de uma demanda renovatória da locação.

Também há casos em que o prévio conhecimento do fato pode justificar ou evitar a instauração de outro processo, mesmo não havendo acordo entre as partes. Basta pensar no caso em que alguém vai a juízo, demandando em face de um médico com quem se tratou anteriormente, para buscar a realização de uma perícia que indique se houve ou não imperícia do profissional. O resultado da prova, neste caso, poderá justificar ou evitar o ajuizamento de uma demanda de reparação de danos em face do médico, evitando-se, deste modo, a instauração de processo temerário.

Outro caso em que se pode pensar é o seguinte: verificando alguém que há, em seu apartamento, um vazamento de água, tem ele dúvida sobre se a origem do vazamento é um cano que pertença às áreas comuns do edifício ou algum cano que pertença ao vizinho do apartamento acima do seu. Pois em um caso assim, a realização prévia de perícia que seja capaz de indicar com precisão a origem do vazamento será capaz de impedir que se ajuíze demanda em face daquele que definitivamente não tem, pelo vazamento, qualquer responsabilidade (além de ser possível, também, que essa prova viabilize a solução consensual do conflito, já que a determinação, pelo perito, de quem é o proprietário do cano que está vazando pode levar a que as partes cheguem a uma autocomposição que de outro modo não se obteria).

As demandas de descoberta de prova têm, então, uma importantíssima função no sistema, já que evitam a instauração de processos que, a rigor, e com um pouco de bom senso, podem mesmo ser evitados.

A terceira modalidade de demanda probatória autônoma é a de arrolamento de bens. Esta medida pode se manifestar de duas diferentes maneiras: em primeiro lugar, pode haver interesse tão somente em se listar bens que não são conhecidos. Pense-se, por exemplo, em um casal que esteja a separar-se e um dos cônjuges não tenha conhecimento da integralidade do patrimônio comum do casal. Pois, neste caso, pode-se postular uma medida de arrolamento de bens tão somente para depois se apresentar o rol em outro processo. Pode, porém, haver risco de que os bens a serem arrolados sejam dissipados ou extraviados. Então, a medida de arrolamento de bens não se limitará à elaboração de uma lista (rol) de bens, mas também acarretará sua apreensão.

Neste último caso examinado, a medida tem nítida natureza cautelar, e a ela se aplicarão todas as disposições acerca da tutela cautelar, modalidade de tutela provisória de urgência (e é dessa medida de arrolamento com apreensão dos bens arrolados que fala o art. 301). No primeiro caso, porém, a medida de arrolamento serve apenas para a elaboração de um documento que contenha uma listagem de bens e, por isso, é tratada como providência a ser postulada através de uma demanda probatória autônoma (art. 381, § 1º).

Não se admite a demanda de produção antecipada de provas com fins de arrolamento quando os bens a serem arrolados sejam previamente determinados. O arrolamento, portanto, se prestará, tão somente, à identificação dos bens que compõem universalidades de bens, fáticas ou jurídicas, de conteúdo desconhecido do demandante. Essa afirmação se torna evidente quando se atenta para o nome da providência aqui estudada: arrolamento. Esta denominação evidencia o propósito de fazer um rol, inventariar, descrever, e esta atividade seria inútil (e, por conseguinte, nela não haverá interesse, uma das "condições da ação") quando o bem a ser arrolado fosse previamente determinado.

Por fim, a última demanda probatória autônoma é a justificação, a qual leva à instauração de um processo de jurisdição voluntária, observado o disposto nos arts. 381 a 383 (por força do que estabelece o art. 381, § 5º).

A justificação consiste na colheita avulsa de prova testemunhal, que tanto pode ser utilizada em processo futuro, como em outras finalidades não contenciosas. Verifica-se, pelo conceito apresentado, que a justificação não consiste na mera asseguração da futura produção de prova, mas na própria produção da prova, o que afasta seu caráter cautelar. Não se trata, então, de medida que possa se confundir com a de asseguração da prova testemunhal, prevista no art. 381, I, do CPC. O objetivo da justificação não é o de assegurar determinado depoimento, cuja colheita poderia se tornar difícil ou impossível no processo de conhecimento. É estranho à justificação o requisito do *periculum in mora*.

A justificação é a via processual adequada para aquele que pretende, em juízo, demonstrar, através de prova testemunhal, a existência de um fato ou de uma relação jurídica (como a união estável, por exemplo), para simples documento e sem caráter contencioso (art. 381, § 5º). Trata-se de medida muito usada, por exemplo, por pessoas que pretendem produzir prova testemunhal da presença dos requisitos necessários à obtenção de algum benefício previdenciário, caso em que, promovida a justificação do fato, os autos são levados à entidade previdenciária para que esta reconheça, administrativamente, o direito do interessado.

O que se pretende com a justificação é documentar a existência de um fato ou de uma relação jurídica, para utilização eventual. Note-se que com a justificação não se obtém a declaração da existência do fato ou da relação jurídica, mas, apenas, a documentação do depoimento de uma ou mais testemunhas, afirmando sua existência. A prova obtida através da justificação não perde sua natureza de mera prova, nada impedindo que, ao ser utilizada em processo posterior, seja valorada pelo juiz como incapaz de convencê-lo da ocorrência do fato ou da existência da relação jurídica.

Pense-se, por exemplo, na justificação utilizada para provar a existência de união estável, para o fim de ser utilizada, depois, como prova pré-constituída capaz de permitir a utilização do procedimento especial da "ação de alimentos", regulado pela Lei nº 5.478/1968. Nada impede que, no processo da "ação de alimentos", o juiz considere não existir a união estável e, por conseguinte, ser improcedente a pretensão de obter alimentos.

É cabível a justificação toda vez que alguém tiver interesse em demonstrar, através de prova testemunhal, a existência de um fato ou de uma relação jurídica. O interesse do requerente pode se limitar à mera documentação do depoimento da testemunha, ou pode a prova assim colhida ser utilizada em outro processo, judicial ou administrativo.

As demandas probatórias autônomas são de competência do foro onde a prova deve ser colhida ou do foro do domicílio do réu (art. 381, § 2º), ambos concorrentemente competentes. Tratando-se de causa de competência da Justiça Federal e não havendo no lugar Vara Federal instalada, poderá a demanda ser proposta perante juízo estadual da localidade, o qual atuará investido de jurisdição federal (art. 381, § 4º), mas apenas se a matéria objeto da justificação for de natureza previdenciária, por força da redação que a Emenda Constitucional nº 103 deu ao § 3º do art. 109 da Constituição da República.

Vale aqui observar que, por força do disposto no art. 15, II, da Lei nº 5.010/1966, o Judiciário Estadual também estaria investido de jurisdição federal para as justificações destinadas a fazer prova junto à Administração Pública Federal, centralizada ou autárquica, quando o requerente for domiciliado em comarca que não seja sede de juízo federal. Essa disposição normativa, porém, é incompatível com a nova redação (dada pela já citada Emenda Constitucional nº 103) do art. 109, § 3º, da Constituição da República. Assim, apenas justificações que tenham como interessado o INSS (e que, portanto, versem sobre prova a ser produzida com fins previdenciários) é que poderão ser processadas perante juízo estadual com apoio no disposto no art. 381, § 4º.

O juízo perante o qual se processa a demanda probatória autônoma não fica com sua competência prefixada para eventual demanda que se venha futuramente a propor com base na prova colhida (art. 381, § 3º). Essa nova demanda, então, deverá ser livremente distribuída.

Na petição inicial da demanda de produção antecipada de provas, o requerente apresentará as razões que justificam a necessidade de colheita imediata da prova e mencionará com precisão os fatos sobre os quais a prova há de recair (art. 382). Tendo a medida postulada caráter contencioso, o juiz determinará a citação de interessados na colheita da prova ou no fato a ser provado (art. 382, § 1º). Citados os interessados, poderão eles requerer a colheita, no mesmo processo, de qualquer outra prova, desde que relacionada ao mesmo fato, salvo se sua colheita conjunta acarretar demora excessiva (art. 382, § 3º).

O procedimento das demandas probatórias autônomas não admite defesa ou recurso (art. 382, § 4º), já que todo o debate que tenha de acontecer se dará no processo em que a prova aqui colhida será efetivamente produzida.

Impende compreender adequadamente a afirmação de que nesse procedimento não se admite defesa. É que a amplitude do texto normativo pode levar a uma interpretação inconstitucional (por afronta ao princípio do contraditório). O demandado poderá, evidentemente, manifestar-se (e isso configura defesa) sobre a admissibilidade da produção antecipada de provas ou sobre o conteúdo da prova a ser produzida. O que se não se admite nesta sede é apresentação de defesa para discussão sobre o mérito do processo principal, no qual a prova agora colhida virá, eventualmente, a ser produzida.

Quanto ao não cabimento de recurso, excepciona-se, tão somente, a decisão que indefere por completo a colheita das provas que o demandante queira ver produzidas, caso em que se admitirá apelação (já que o indeferimento total das provas postuladas pelo demandante, na hipótese, corresponde a uma sentença de extinção do processo sem resolução do mérito).

Colhida a prova, o juiz proferirá uma sentença meramente formal, limitando-se a declarar que a prova foi colhida, mas sem emitir sobre seu conteúdo qualquer pronunciamento (art. 382, § 2º).

Prolatada a sentença, os autos permanecerão em cartório durante um mês, para que todos os interessados possam obter cópias e certidões. Decorrido este prazo, os autos serão entregues ao demandante (art. 383, *caput* e parágrafo único).

14.3. PROVAS EM ESPÉCIE

Como já afirmado anteriormente, no Direito Processual brasileiro são admissíveis como meios de prova todos os meios juridicamente idôneos, sejam eles típicos ou atípicos. Passa-se, agora, ao estudo das provas típicas, ou seja, dos meios de prova regulados no Código de Processo Civil. O CPC prevê como meios típicos de prova os seguintes: ata notarial, depoimento pessoal, confissão, exibição de documento ou coisa (que não é, propriamente, um meio de prova, como se verá no momento oportuno), prova documental, prova testemunhal, prova pericial e inspeção judicial, sendo cada uma objeto de análise em separado a partir de agora.

14.3.1. Ata notarial

Chama-se ata notarial ao documento público, lavrado por notário, através do qual este declara algo que tenha presenciado, declarando sua existência e modo de ser. É figura que se incorporou ao Direito brasileiro pelo art. 7º, III, da Lei nº 8.935/1994, que estabelece que aos tabeliães de notas compete, com exclusividade, lavrar atas notariais. E este dispositivo se relaciona diretamente com o art. 6º, III, do mesmo diploma, por força do qual aos notários compete autenticar fatos.

A ata notarial é um instrumento público de grande relevância no direito probatório. É que através dela é possível a documentação de fatos transeuntes, cuja prova por outros meios pode ser muito difícil.

Pense-se, por exemplo, no caso em que se queira provar qual o conteúdo de determinada página na Internet, para o fim de posteriormente postular-se reparação de danos por violação de direitos autorais. É sabido que o conteúdo de páginas eletrônicas da rede mundial de computadores pode ser facilmente alterado e, por isso, nem sempre é fácil produzir prova do que elas contêm. Pois basta pedir a um notário que acesse a aludida página e descreva seu conteúdo.

Muitas outras utilidades podem ser imaginadas para a ata notarial. Provar que um imóvel alugado está vazio para se poder postular sua imissão na posse (art. 66 da Lei nº 8.245/1991); provar que o credor se recusou a receber um pagamento, como forma de justificar o pagamento por consignação; provar que alguém está gravemente doente para justificar sua ausência em uma audiência, são apenas alguns dos fatos que podem ser demonstrados através da ata notarial.

Vale, aqui, aliás, ter-se em mente que o art. 405 estabelece, expressamente, ao tratar da força probante dos documentos públicos (e a ata notarial é um documento público, embora seja tratado como meio de prova distinto, provavelmente porque a prova documental é, na classificação dos meios de prova quanto à preparação, tratada como prova pré-constituída, enquanto a ata notarial é, ao menos em muitos casos, prova casual), que tais documentos fazem prova dos fatos que o tabelião declarar que ocorreram em sua presença. Assim, é de se considerar que a ata notarial faz prova suficiente daquilo que o notário declare ter presenciado, o que acaba por fazer incidir sobre a parte contrária o ônus da contraprova (ou seja, o ônus de produzir prova que afaste a presunção resultante da declaração do notário). E isto se justifica pelo fato de que notários são dotados de fé-pública, o que implica dizer que suas declarações geram uma presunção relativa de veracidade do que tenha sido declarado.

A ata notarial pode consistir na mera descrição, pelo notário, do que afirma ter presenciado, descrevendo a existência e o modo de ser do fato. Mas é também possível que dela constem dados representados por imagem ou som gravados em arquivos eletrônicos (art. 384, parágrafo único).

Do ponto de vista do Direito Processual Civil, a ata notarial deve ser tratada como um documento público, a ela se aplicando todo o regime da prova documental que incide sobre os documentos públicos em geral, especialmente os arts. 405, 427 e 434 a 437.

14.3.2. Depoimento pessoal

Chama-se depoimento pessoal ao testemunho da parte em juízo. Trata-se de meio de prova que tem dupla finalidade: esclarecer o juiz sobre os fatos da causa e provocar a confissão.

Espécie dos gêneros prova oral (quando classificada quanto ao sujeito) e prova testemunhal (classificação da prova quanto ao objeto), o depoimento pessoal é, repita-se, o testemunho prestado por uma das partes (autor ou réu) em juízo.

Esse meio de prova tem, como dito, dois objetivos: trazer esclarecimentos acerca dos fatos da causa – isto é, sobre os fatos controvertidos e relevantes alegados pelas partes – e provocar a confissão.

O depoimento pessoal de uma parte pode ser requerido pela parte contrária ou determinado de ofício pelo juiz (art. 385). Não pode, pois, a parte requerer ao juiz a tomada de seu próprio depoimento. É que aquilo que a parte queira declarar ao juiz deverá fazer através de suas petições, subscritas por seu advogado.

Toma-se o depoimento pessoal na audiência de instrução e julgamento (art. 385, *caput*). Caso resida o depoente, porém, em lugar diverso daquele em que tramita o processo, seu depoimento será tomado por carta (precatória ou rogatória), salvo se houver equipamentos que permitam ao próprio juiz da causa, por meio de videoconferência ou outro recurso tecnológico de transmissão de sons e imagens em tempo real, colher o depoimento, o que poderá ocorrer, inclusive, durante a realização da audiência de instrução e julgamento (art. 385, § 3º).

A parte cujo depoimento pessoal será colhido deverá ser intimada pessoalmente para comparecer à audiência de instrução e julgamento, devendo ser expressamente advertida de que sua ausência implicará a incidência da assim chamada "pena de confesso". Tendo sido regular a intimação, a parte que não compareça injustificadamente ou, comparecendo, recusar-se a depor, verá ser-lhe aplicada essa pena (art. 385, § 1º). A "pena de confesso" nada mais é do que uma confissão presumida. Em outras palavras, caso a parte, regularmente intimada, injustificadamente não compareça (ou compareça, mas se recuse a depor), o juiz, ao valorar a prova, considerará que o silêncio da parte equivale à confissão dos fatos sobre os quais ela iria depor, devendo valorar este comportamento ensejador da confissão presumida no conjunto geral da prova e, ao decidir o mérito, manifestar-se expressamente sobre a avaliação que faça dessa sanção imposta ao ausente.

Observe-se que se trata de confissão presumida, e não de confissão ficta. Presunção relativa, que poderá, portanto, ser ilidida pelo conjunto probatório constante dos autos.

O depoimento pessoal, como dito, é prestado na audiência de instrução e julgamento, devendo-se, em regra, colher primeiro o depoimento do autor e depois o do réu (art. 361, II). No momento de colher os depoimentos pessoais, deverá o juiz cuidar para que aquele que ainda não tenha prestado seu depoimento não assista aos depoimentos anteriores (art. 385, § 2º).

Incumbe à parte que presta depoimento pessoal responder pessoalmente às perguntas que lhe sejam feitas, não podendo servir-se de escritos anteriormente preparados (art. 387). É admitida, porém, a consulta a notas breves, apenas para completar esclarecimentos (art. 387, *in fine*). Deixando a parte, sem motivo justificado, de responder ao que lhe for perguntado, ou se apresentar evasivas, caberá ao juiz, apreciando as demais circunstâncias e os outros elementos de prova existentes, declarar, na sentença, se houve recusa de depor (art. 386), caso em que incidirá a "pena de confesso". É expressa a lei processual, porém, em estabelecer que a parte não é obrigada a depor sobre fatos criminosos ou torpes que lhe tenham sido imputados; a cujo respeito, por estado ou profissão, deva guardar sigilo; acerca dos quais não possa responder sem desonra própria, de seu cônjuge, de seu companheiro ou de parente em grau sucessível; ou que coloquem em perigo a vida do depoente ou das pessoas de sua família há pouco referidas (art. 388). Só não se aplica esta regra nos processos que versem sobre Direito de Família e nas assim chamadas "ações de estado" (art. 388, parágrafo único).

14.3.3. Confissão

Confissão é a admissão, por uma das partes, da veracidade de fato contrário ao seu interesse e favorável ao do adversário (art. 389).

Não se pode confundir a confissão com um instituto que, numa primeira análise, com ela muito se assemelha, mas que, na verdade, é de natureza bastante diversa: o reconhecimento jurídico do pedido. Enquanto na confissão, como se verifica do conceito exposto, há a admissão de um fato, no reconhecimento jurídico do pedido o que ocorre é a admissão da existência do próprio direito material alegado pelo autor. Com exemplos a distinção entre os dois institutos se torna mais clara. Assim é que, numa demanda em que o autor pretende a cobrança de dívida decorrente de contrato de mútuo, haverá confissão se o réu, ao contestar a demanda, afirmar que celebrou o contrato alegado, mas já pagou o débito (nesse exemplo, o demandado admite existir um fato, o contrato de mútuo, contrário aos seus interesses porque constitutivo do direito do autor), afirmação esta que, como parece óbvio, não exclui a possibilidade de sucesso do réu no processo. No mesmo feito, haveria reconhecimento da procedência do pedido se o réu admitisse a existência do próprio direito de crédito alegado pelo autor (o que, obviamente, excluiria qualquer possibilidade de vitória do demandado).

Pode a confissão ser judicial ou extrajudicial, e só pode versar sobre fatos relativos a direitos disponíveis (art. 392), sendo expressamente reputada ineficaz a confissão feita por quem não é capaz de dispor do direito a que se refiram os fatos admitidos como verdadeiros (art. 392, § 1º).

A confissão judicial pode ser espontânea ou provocada (art. 390). A confissão espontânea pode ser feita pessoalmente pela parte ou por seu representante com poderes especiais (art. 390, § 1º). A confissão feita por representante, porém, só é eficaz nos limites em que este possa vincular seu representado (art. 392, § 2º).

Já a confissão provocada é aquela que se obtém no depoimento pessoal da parte, devendo constar do termo de depoimento (art. 390, § 2º).

A confissão extrajudicial pode ser escrita ou oral. Só é eficaz, porém, a confissão extrajudicial feita oralmente nos casos em que a lei não exija prova literal do fato (art. 394).

Estabelece o art. 391 que a confissão "faz prova contra o confitente". Não se pode, apesar disso, considerar que a confissão seja uma prova plena, incontestável, a que o juiz se vincule de forma absoluta. Já está há muito ultrapassada a ideia de que a confissão seria uma prova mais valiosa do que as demais, a "rainha das provas", como se costumava dizer antigamente (*confessio est regina probationum*). Incumbe ao juiz valorar a confissão junto com todo o restante do acervo probatório. É que pode haver uma confissão falsa, em que a parte admite um fato que lhe é desfavorável, mas que não é verdadeiro, ou que não se passou exatamente como confessado. Incumbe, pois, ao juiz valorar a confissão do mesmo modo como são valoradas todas as demais provas produzidas no processo.

De outro lado, o próprio art. 391 (parte final) estabelece que a confissão feita por uma parte não prejudica os litisconsortes. Esta é, porém, afirmação que se precisa receber com cuidado.

Quando se estiver diante de um caso de litisconsórcio unitário, estabelece expressamente o art. 117 que os atos de um litisconsorte não prejudicarão os demais. Ora, se os fatos relevantes da causa são os mesmos para todos, chegando todos os litisconsortes ao mesmo resultado, a confissão feita por um só dos litisconsortes, a rigor, não pode produzir efeitos nem mesmo para o confitente. É que, sendo unitário o litisconsórcio, não se poderia admitir que o mesmo fato esteja provado para um dos litisconsortes (o confitente) e não esteja provado para os demais, sob pena de se levar os litisconsortes (unitários) a resultados distintos. Assim, incumbirá ao juiz valorar a prova e, caso considere que o fato confessado está realmente provado, reconhecer o fato como verdadeiro em relação a todos os litisconsortes.

De outro lado, sendo simples o litisconsórcio, o destino de cada litisconsorte é independente do destino dos demais. Isto não significa, porém, que não possa haver fatos comuns a todos, que a todos interessem. Caso um dos litisconsortes confesse um fato que para os demais é indiferente, dizendo respeito apenas à sua própria situação jurídica, é evidente que sua confissão não prejudicará os demais, pelo simples fato de que para os outros litisconsortes aquela confissão diz respeito a fato em relação ao qual eles não têm qualquer interesse. De outro lado, caso o fato confessado por um dos litisconsortes a outros interesse, deverá o juiz valorar a confissão no total do conjunto probatório e, caso repute comprovado o fato confessado, deverá reconhecer sua veracidade em relação a todos os litisconsortes (pois seria absurdo o juiz dizer, na mesma sentença, que o mesmo fato está e não está comprovado).

Versando a causa sobre bens imóveis ou algum direito real sobre imóvel alheio, a confissão feita por um dos cônjuges ou companheiros não valerá sem a do outro, salvo se o regime de bens do casamento for o da separação absoluta de bens (art. 391, parágrafo único).

A confissão é irrevogável (art. 393). Significa isto dizer que aquele que confessa não pode depois simplesmente arrepender-se de ter confessado. É admissível, porém, sua anulação por vício de consentimento (erro de fato ou coação), nos termos do art. 393, parte final. Importante notar que, diferentemente do que se tinha na legislação processual anterior à atual, não se prevê mais de forma expressa a possibilidade de anulação da confissão que resulte de dolo. É de se acolher, então, entendimento sustentado por diversos civilistas, no sentido de que a alusão no texto legal (que, no ponto, é idêntico ao art. 214 do Código Civil) a erro é capaz de englobar, também, o dolo, o qual estaria absorvido pelo erro.

A anulação da confissão depende do ajuizamento de demanda autônoma, a qual só pode ser proposta pelo próprio confitente, só se transmitindo a seus sucessores se ele falecer após o ajuizamento da demanda (art. 393, parágrafo único).

Além de irrevogável, a confissão é, em regra, indivisível. Significa isto dizer que a parte que queira invocá-la em seu favor não pode aceitá-la no tópico em que a beneficia e rejeitá-la no que lhe é desfavorável (art. 395). Estabelece, porém, a lei processual que a confissão será cindida "quando o confitente a ela aduzir fatos novos, capazes de constituir fundamento de defesa de direito material ou de reconvenção" (art. 395, *in fine*). Trata-se, aqui, da hipótese em que uma das partes confessa um fato e à sua confissão acrescenta a expressa afirmação de algum outro fato que pode servir de fundamento em seu favor. Pense-se, por exemplo, no caso em que o réu de uma demanda de cobrança de dívida resultante de um empréstimo confesse ter recebido o valor emprestado, mas a esta confissão acrescente a declaração de que já efetuou o pagamento. Neste caso, nos termos da lei processual, há uma "cisão da confissão". Na verdade, o que se deve fazer neste caso é distinguir o que é mesmo confissão (a admissão como verdade de um fato desfavorável ao confitente) do que não é (a declaração de que ocorreu algum outro fato, além do confessado, que é favorável ao confitente). Feita essa distinção, ter-se-á de um lado uma confissão e, de outro, uma mera alegação.

14.3.4. Exibição de documento ou coisa

Pode acontecer de uma das partes precisar, no curso do processo, que seja exibido um documento ou uma coisa que se pretende usar como fonte de prova. Pense-se, por exemplo, na hipótese de uma das partes precisar que se exiba um objeto para que sobre ele se desenvolva uma perícia. Pois os arts. 396 a 404 regulam um incidente processual destinado a promover a exibição do documento ou da coisa.

Trata-se aqui, em verdade, de demanda autônoma, mas incidental, e não de meio de prova. O CPC regula a demanda incidental de exibição, mas não trata da demanda de exibição antecedente. Esta, então, deverá seguir o regramento das demandas probatórias autônomas ("produção antecipada de prova").

Trata-se de mera demanda incidental, e não de um processo autônomo. Basta ver que a lei processual, muito claramente, estabelece que o requerimento de exibição é resolvido por decisão (arts. 400 e 402), e não por sentença. Este incidente de exibição pode ser provocado por qualquer das partes, que pode dirigir o pedido de exibição em face da parte adversária ou de terceiro que tenha consigo a coisa ou o documento a ser exibido. E o procedimento do incidente varia conforme o pedido seja dirigido contra a outra parte ou contra terceiro.

Postulada a exibição contra a parte contrária, o requerimento deverá conter a individuação, tão completa quanto possível, do documento, da coisa ou da categoria de documentos ou coisas (como seria, por exemplo, a indicação de que se pretende a exibição de todos os contratos relativos a uma determinada obra, ou de todos os extratos relativos a uma determinada conta bancária durante certo intervalo de tempo); a finalidade da prova, com indicação dos fatos que se relacionam com o documento ou coisa, ou com suas categorias, cuja exibição se pretende; e as circunstâncias em que se funda o requerente para afirmar que o documento ou a coisa existe, ainda que a pretensão seja de exibição de uma categoria de documentos ou coisas, e se encontra em poder da parte contrária (art. 397). O requerido será, então, intimado (e não citado, já que não se trata de um processo autônomo, mas de mero incidente processual) para oferecer resposta no prazo de cinco dias (art. 398).

Caso o requerido afirme, em sua resposta, que não tem consigo o documento ou a coisa, o juiz permitirá que o requerente produza prova de que a declaração não corresponde à verdade. Qualquer meio legítimo de prova será admitido (art. 398, parágrafo único).

Não pode o requerido eximir-se de apresentar o documento ou a coisa que tenha consigo se existir obrigação legal de exibir; se o requerido tiver, no processo, feito alusão ao documento ou à coisa com o intuito de constituir prova; ou se o documento, por seu conteúdo, for comum às partes (art. 399).

Ao decidir o incidente, o juiz deverá admitir como verdadeiros os fatos que através do documento ou da coisa o requerente pretendia provar, sempre que o requerido não efetuar a exibição nem fizer qualquer declaração no prazo do art. 398; ou se a recusa em exibir for ilegítima (art. 400). Casos haverá, porém, em que não será possível ter-se qualquer alegação de fato como verdadeira, pela simples razão de que o requerente nem sequer sabe o que conseguiria provar com o documento ou a coisa. É que muitas vezes se sabe que o documento ou a coisa existe, mas não se tem conhecimento de seu conteúdo, razão pela qual não é possível ao requerente sequer indicar com precisão o que se buscará provar com ele. Para casos assim, o juiz – em vez de reputar verdadeira uma alegação que nem sequer terá sido feita – deverá valer-se das medidas necessárias para fazer com que o documento seja exibido (art. 400, parágrafo único). Nessa hipótese, poderá o juiz determinar medidas como fixar um prazo para que a exibição ocorra e uma multa pelo atraso ou determinar a busca e apreensão do documento ou da coisa, por exemplo.

Aliás, importante destacar que a lei processual expressamente permite ao juiz o emprego de quaisquer meios coercitivos para assegurar a exibição do documento ou coisa, o que implica a possibilidade de fixação de multa pelo descumprimento da determinação. Com isso, fica evidentemente superado o Enunciado nº 372 da súmula do STJ, aprovado ainda ao tempo do CPC de 1973.

Vale registrar, sobre o ponto, que o STJ aprovou tese relativa ao Tema Repetitivo nº 1.000, quando do julgamento dos recursos especiais repetitivos 1.763.462/MG e 1.777.553/SP, nos seguintes termos: "desde que prováveis a existência da relação jurídica entre as partes e de documento ou coisa que se pretende seja exibido, apurada em contraditório prévio, poderá o juiz, após tentativa de busca e apreensão ou outra medida coercitiva, determinar sua exibição sob pena de multa com base no art. 400, parágrafo único, do CPC/2015". Este entendimento é, como se vê, perfeitamente compatível com o que aqui se sustenta.

Estando o documento ou a coisa em poder de terceiro estranho ao processo, deverá a parte interessada na exibição formular seu requerimento nos termos do art. 397. O terceiro será, então, citado (e não intimado, não obstante tratar-se de mero incidente processual, já que o requerido ainda não era parte do processo e precisa ser integrado a ele para que possa participar, em contraditório, da formação do resultado do incidente). O requerimento de exibição de documento ou coisa dirigido a terceiro provoca, então, uma intervenção forçada (atípica) de terceiro.

Citado o requerido, terá ele o prazo de quinze dias para oferecer resposta (art. 401). Caso o requerido negue a obrigação de exibir ou a posse do documento ou da coisa, o juiz designará uma audiência especial, tomando-lhe o depoimento, bem como o das demais partes do processo e, se necessário, ouvirá testemunhas. Em seguida, será proferida a decisão (art. 402).

No caso de o requerido, sem justo motivo, se recusar a exibir a coisa ou o documento, o juiz determinará a expedição de mandado de apreensão, que será cumprido por oficial de justiça, se necessário com auxílio da força policial. Além disso, o requerido responderá por crime de desobediência, devendo ainda o juiz valer-se de outras medidas que se revelem adequadas, como a imposição de multa, para a efetivação da decisão (art. 403, parágrafo único).

O requerido – seja ele parte da demanda principal ou terceiro em relação a ela – só se escusa de exibir o documento ou a coisa se concernente a negócios da própria vida familiar; se sua apresentação puder violar dever de honra; se sua publicidade redundar em desonra sua, de seus parentes consanguíneos ou afins até o terceiro grau, ou representar-lhes perigo de ação penal; se sua exibição acarretar a divulgação de fatos a cujo respeito, por estado ou profissão, deva guardar segredo; se subsistirem outros motivos graves que, conforme o entendimento do juiz, justifiquem a recusa; ou se houver alguma disposição legal que justifique a recusa em exibir (art. 404). Caso qualquer desses motivos, porém, diga respeita a apenas uma parcela do documento, a outra parte será exibida, para dela extrair-se cópia, sendo de tudo lavrado auto circunstanciado (art. 404, parágrafo único).

14.3.5. Prova documental

Documento é toda atestação, escrita ou por qualquer outro modo gravada, de um fato. Assim, são documentos os escritos, as fotografias, os vídeos, os fonogramas, entre outros suportes capazes de conter a atestação de um fato qualquer.

Documentos podem ser públicos ou privados. São públicos aqueles produzidos por um agente público, como um escrivão, chefe de secretaria ou outro servidor público ou, ainda, por um tabelião. Privados são todos os demais documentos. O documento público feito por oficial público incompetente ou que não observe as formalidades legais, tendo sido subscrito pelas partes, equivale, para efeitos probatórios, a um documento particular (art. 407).

O documento público faz prova do modo como foi formado (art. 405). Pense-se, por exemplo, na hipótese de um tabelião declarar, em uma escritura pública, que determinada pessoa estava presente no momento de sua lavratura. Pois isto fica provado pelo documento. Mas faz ele prova, também, dos fatos que o agente responsável por sua formação declara terem ocorrido em sua presença (art. 405, parte final). Assim, por exemplo, se o tabelião declara que ao celebrar um contrato de compra e venda de imóvel por escritura pública o comprador renunciou à garantia contra evicção, o documento faz prova de que tal renúncia efetivamente aconteceu.

Sempre vale recordar que em alguns casos a lei substancial exige que o ato jurídico seja realizado por instrumento público. São os casos em que essa forma é exigida *ad substantiam*. É o que se dá, por exemplo, no caso da emancipação (art. 5º, parágrafo único, I, do CC), do mandato que confere poderes especiais para casar o mandante (art. 1.542 do CC), além dos atos que tenham por objetivo a constituição, transferência, modificação ou renúncia de direitos reais sobre imóveis de valor superior a trinta vezes o maior salário mínimo vigente no Brasil (art. 108 do CC). Pois, nestes casos, a ausência do instrumento público não pode ser suprida por qualquer outro meio de prova (art. 406). Esse texto normativo, todavia, faz confusão entre a forma de um ato jurídico e sua prova. Quando a forma é da substância do ato (forma *ad substantia*), a sua inobservância acarretará a invalidade do ato jurídico (como se sabe, três são os requisitos genéricos de validade de todo ato jurídico – agente capaz, objeto lícito, possível e determinável e forma prescrita ou não defesa em lei). Exemplificando, a compra e venda de bem imóvel (acima do mínimo legal) celebrada por instrumento particular é nula. Sendo nulo o ato jurídico, não há como se provar ser ele apto a produzir efeitos.

Merece registro o fato de que o art. 215 do Código Civil afirma que "[a] escritura pública, lavrada em notas de tabelião, é documento dotado de fé pública, fazendo prova plena". Esse dispositivo é incapaz de tratar por inteiro da matéria, já que o art. 405 do CPC é mais completo, dizendo que fatos podem ser provados pela escritura pública. Além disso, é inaceitável a afirmação de que a escritura pública serve como "prova plena", já que essa referência (a "prova plena") alude a conceito que diz respeito ao sistema de valoração de provas conhecido como da prova legal, e só faria algum sentido se houvesse algum outro meio de prova que não fosse plena (como se ainda houvesse, no Brasil, provas "semiplenas"). Diante da inexistência destas, nada significa dizer que alguma prova seja "plena". A parte final do dispositivo, portanto, deve ser tida como não escrita.

Em um documento particular, as declarações que dele constem, desde que o instrumento esteja assinado (tendo ou não sido escrito por quem assinou) se presumem verdadeiras em relação ao signatário (art. 408). Trata-se, evidentemente, de presunção relativa, que pode ser afastada por prova em contrário. Caso o documento particular contenha apenas a declaração de ciência de um determinado fato, considera-se provada a ciência, mas não o fato em si, cabendo ao interessado o ônus da prova de que o fato realmente ocorreu (art. 408, parágrafo único).

Havendo dúvida sobre a data do documento particular, ou sendo tal data impugnada por algum interessado, poderá ela ser demonstrada por qualquer meio de prova (art. 409). Em relação a terceiros (isto é, a pessoas que não tenham participado da produção do documento particular), considera-se datado o documento no dia em que foi registrado, desde a morte de algum dos signatários, a partir da impossibilidade física que tenha sobrevindo a qualquer dos signatários de assiná-lo, da sua apresentação em repartição pública ou em juízo, ou de qualquer ato ou fato que estabeleça, de modo certo, a anterioridade de sua formação (art. 409, parágrafo único).

Reputa-se autor do documento particular aquele que o assinou, tendo sido o instrumento feito por ele ou por outrem à sua conta, ou aquele que, tendo mandado fazê-lo, não o assinou por tratar-se de documento que não se costuma assinar, como é o caso de livros empresariais ou assentos domésticos (art. 410).

O documento particular se considera autêntico quando a assinatura do seu autor tiver sido reconhecida por tabelião (trata-se do reconhecimento de firma, figura muito conhecida do público em geral), nos termos do art. 411, I. Mesmo sem ter havido o reconhecimento de firma, porém, é possível reputar autêntico o documento particular. Basta que a autoria esteja identificada por qualquer outro meio legal de certificação, inclusive eletrônico (art. 411, II) ou se não houver impugnação de sua autoria pela parte contra quem o documento tenha sido produzido no processo (art. 411, III).

Demonstrada a autenticidade do documento particular, faz ele prova de que seu autor fez a declaração que lhe é atribuída (art. 412). O documento particular trazido ao processo e admitido (expressa ou tacitamente) pela parte é indivisível. Não se admite, portanto, que a parte que dele pretende se valer aceite os atos que lhe são favoráveis e recuse os que lhe são contrários, salvo se produzir a prova de que tais fatos desfavoráveis não ocorreram (art. 412, parágrafo único).

Meios de transmissão, como telegramas, radiogramas ou afins (como o fac-símile), têm a mesma força probatória que o original, se este, constante da estação expedidora (isto é, do local de onde foi expedida a transmissão) tiver sido assinado pelo remetente (art. 413). A firma do remetente pode ser reconhecida por tabelião, caso em que essa circunstância será declarada no documento original, que ficará depositado na estação expedidora (art. 413, parágrafo único). Telegramas e radiogramas, além disso, presumem-se (relativamente) em conformidade com o original, servindo para provar as datas de sua expedição e de seu recebimento pelo destinatário (art. 414). Essas, porém, são disposições de pouca aplicação prática em tempos de transmissão de dados pela Internet, muitas vezes com documentos cuja produção já se dá, originariamente, por meios eletrônicos (e dos documentos eletrônicos se falará adiante).

Cartas e registros domésticos (como bilhetes deixados por uma pessoa a outra que com ela resida) provam contra quem os escreveu quando enunciam o recebimento de um crédito, contêm anotação que visa a suprir a falta de título em favor de quem é apontado como credor ou expressam conhecimento de fatos para os quais não se exija meio determinado de prova (art. 415).

A anotação escrita pelo credor em qualquer parte de documento representativo de obrigação, ainda que não assinada, faz prova em benefício do devedor (art. 416). Esta regra se aplica tanto para o documento que o credor conserve consigo quanto para aquele que se acha em poder do devedor ou de terceiro (art. 416, parágrafo único).

Livros empresariais servem como prova contra seu autor, sendo lícito ao empresário, porém, demonstrar – por qualquer meio legítimo de prova – que os lançamentos não correspondem à verdade dos fatos (art. 417). Esses livros empresariais, desde que preenchidos com observância de todos os requisitos legais, provam a favor de seu autor no litígio entre empresários (art. 418).

A escrituração contábil é indivisível e, se dos fatos que resultam dos lançamentos contábeis, uns são favoráveis aos interesses de seu autor e outros lhes são contrários, todos devem ser considerados em seu conjunto, de forma unitária (art. 419).

Pode o juiz, a requerimento da parte (mas não de ofício) determinar a exibição integral dos livros empresariais e dos documentos do arquivo na liquidação de sociedade, na sucessão *mortis causa* de um dos sócios e em outros casos determinados por lei (art. 420). De ofício, por outro lado, pode o juiz determinar à parte a exibição parcial de livros e documentos, deles se extraindo um resumo do que interesse à causa, assim como reproduções autenticadas (art. 421).

As reproduções mecânicas, como a fotográfica ou a reprográfica, têm aptidão para fazer prova dos fatos e coisas representadas, se sua conformidade com o documento original não for impugnada por aquele contra quem tenha sido produzida (art. 422). Fotografias digitais ou extraídas da Internet fazem prova das imagens que reproduzem, devendo – se houver impugnação – ser apresentada a respectiva autenticação eletrônica. Não sendo isto possível, será realizada perícia (art. 422, § 1º). Caso se trate de fotografia publicada em jornal ou revista, será exigido um exemplar original do periódico caso sua veracidade seja impugnada (art. 422, § 2º). Tudo isso é também aplicável à forma impressa de mensagens eletrônicas (como *e-mails*, por exemplo), nos termos do § 3º do art. 422.

A cópia de documento particular tem o mesmo valor probante que o original, cabendo ao escrivão, após intimadas as partes, proceder à conferência e certificar a conformidade entre a cópia e o original (art. 424). Têm, porém, o mesmo valor probante que o documento original (art. 425): (a) as certidões textuais de qualquer peça dos autos, do protocolo das audiências ou de outro livro a cargo do escrivão ou do chefe de secretaria, se extraídas por ele ou sob sua vigilância e por ele subscritas; (b) os traslados e as certidões extraídas por oficial público de instrumentos ou documentos lançados em suas notas; (c) as reproduções dos documentos públicos, desde que autenticadas por oficial público ou conferidas em cartório com os respectivos originais; (d) as cópias reprográficas de peças do próprio processo judicial declaradas autênticas pelo advogado, sob sua responsabilidade pessoal, se não lhes for impugnada a autenticidade; (e) os extratos digitais de bancos de dados, públicos ou privados, desde que atestado pelo emitente, sob as penas da lei, que as informações conferem com o que consta na origem; e (f) as reproduções digitalizadas de qualquer documento, quando juntadas aos autos pelos órgãos do Judiciário e seus auxiliares, pelo Ministério Público e seus auxiliares, pelas procuradorias, pelas repartições públicas em geral e por advogados, ressalvada a alegação motivada e fundamentada de adulteração.

Neste último caso, das reproduções digitalizadas de documentos, os originais devem ser preservados por seu detentor pelo menos até o final do prazo para propositura de ação rescisória (art. 425, § 1º), prazo este que em alguns casos (como o previsto no art. 535, § 8º) pode ter seu termo inicial fixado em momento posterior ao do trânsito em julgado da decisão rescindenda.

Tratando-se de cópia digital de documento relevante para a instrução do processo (ou de título executivo, ponto estranho ao estudo do processo de conhecimento), o juiz poderá determinar seu depósito em cartório ou na secretaria do órgão jurisdicional (art. 425, § 2º).

O juiz deverá manifestar-se – fundamentadamente, claro – sobre a fé que deve merecer documento que, em ponto substancial e sem qualquer ressalva, contenha entrelinha, emenda, borrão ou cancelamento (art. 426).

Cessa a força probante (ou, como diz a lei, a fé) do documento, seja ele público ou particular, se lhe for judicialmente declarada a falsidade (art. 427). Esta pode consistir em formar documento que não é verdadeiro ou em alterar documento verdadeiro (art. 427, parágrafo único). A força probante de documento particular também cessa quando for impugnada sua autenticidade e enquanto não se comprovar sua veracidade, ou quando, tendo sido assinado em branco, seu conteúdo tenha sido impugnado sob a alegação de que houve preenchimento abusivo (art. 428). É abusivo o preenchimento quando aquele que recebeu documento assinado com texto não escrito no todo ou em parte o formar, ou completá-lo, por si ou por meio de outrem, violando o pacto feito com o signatário (art. 428, parágrafo único).

Quando se alegar a falsidade de documento ou seu preenchimento abusivo, o ônus da prova da falsidade é daquele que arguir o vício (art. 429, I). No caso de se impugnar a autenticidade do documento, o ônus da prova é daquele que produziu o documento (art. 429, II).

A falsidade de documento pode ser objeto de demanda autônoma (art. 19, II). Pode ela, porém, ser também arguida incidentalmente a um processo em que o documento inquinado de falso tenha sido produzido. Neste caso, a falsidade deve ser suscitada na contestação, na réplica, ou no prazo de quinze dias a contar da intimação de que o documento foi juntado aos autos (art. 430). Uma vez arguida a falsidade, será ela resolvida como questão incidental (e sua resolução não transitará em julgado), salvo se alguma das partes pedir que o juiz a decida como questão principal (art. 430, parágrafo único). Ter-se-á, neste caso, uma "ação declaratória incidental", e a declaração da autenticidade ou falsidade do documento, que resolverá uma questão (que se terá tornado) principal do processo, estará apta – quando não mais admissível qualquer recurso – a alcançar a autoridade de coisa julgada material, tornando-se imutável e indiscutível entre as partes (art. 433).

Ao arguir a falsidade, incumbirá à parte expor os motivos em que se funda sua alegação, indicando os meios com que pretende provar que suas assertivas são verdadeiras (art. 431). Depois de ouvir a parte contrária (no prazo de quinze dias), o juiz determinará a realização de exame pericial, salvo se a parte que produziu o documento como prova concordar com sua retirada dos autos (art. 432, *caput* e parágrafo único).

Como regra geral, os documentos que as partes pretendam trazer ao processo devem ser apresentados pelo demandante com a petição inicial e com o demandado com sua contestação (art. 434). Consistindo o documento em reprodução cinematográfica ou fonográfica, a parte deverá apresentar o documento com a inicial ou com a contestação, mas sua exposição se fará em audiência, para a qual as partes serão previamente intimadas (art. 434, parágrafo único).

A juntada posterior de documentos, no curso do processo, é admitida quando se trate de documento novo, se destinados a produzir prova de fatos supervenientes ou para que sejam contrapostos aos documentos produzidos pela parte contrária nos autos (art. 435). Também se admite a juntada posterior de documentos formados após a petição inicial ou a contestação, bem como dos que se tornaram conhecidos, acessíveis ou disponíveis após esses atos, cabendo à parte que os produzir comprovar o motivo que a impediu de juntá-los anteriormente, e incumbindo ao juiz, em qualquer caso, avaliar a conduta da parte de acordo com a boa-fé objetiva (art. 435, parágrafo único). Significa isto, em outros termos, que a prova documental pode ser produzida a qualquer tempo (nas instâncias ordinárias), desde que sejam respeitados os princípios da boa-fé e do contraditório (que precisará ser respeitado de forma substancial, assegurando-se à parte contrária à que juntou tardiamente o documento que sobre ele se manifeste).

Juntado aos autos um documento, poderá a parte contrária – que terá sempre de ser intimada para falar sobre ele – impugnar a admissibilidade da prova ou a autenticidade do documento, suscitar sua falsidade (propondo ou não a "ação declaratória incidental de falsidade de documento") ou manifestar-se sobre seu conteúdo (art. 436). Nos casos de impugnação de autenticidade ou de alegação de falsidade, é exigida argumentação específica, não se admitindo uma alegação genérica e vazia de que o documento é falso (art. 436, parágrafo único).

Sobre os documentos acostados pelo autor a sua petição inicial deverá o réu manifestar-se na contestação. Acerca dos documentos que acompanhem a contestação, deverá o autor pronunciar-se na réplica (art. 437). Sobre documentos juntados supervenientemente, a outra parte será ouvida no prazo de quinze dias (art. 437, § 1º). Este prazo para manifestação sobre documentos, porém, poderá ser dilatado pelo juiz, a requerimento da parte interessada, devendo o magistrado levar em consideração a quantidade e complexidade da documentação (art. 437, § 2º).

Incumbe ao juiz, de ofício ou a requerimento, requisitar às repartições públicas, em qualquer tempo e grau de jurisdição (nas instâncias ordinárias, porque em sede de recurso especial ou extraordinário não há atividade probatória), as certidões necessárias à prova da veracidade das alegações das partes, e os procedimentos administrativos nas causas em que for interessada a União, estado, Distrito Federal, município ou alguma entidade da administração indireta (art. 438). Recebidos os autos do procedimento administrativo, o juiz mandará extrair, no prazo máximo e improrrogável de um mês, certidões ou reproduções fotográficas das peças que indicar e das que forem indicadas pelas partes, devolvendo-se, em seguida, os autos à repartição de origem (art. 438, § 1º). Podem as repartições públicas fornecer toda a documentação requisitada em meio eletrônico, certificando, pelo mesmo meio, que se trata de extrato fiel do que consta em seu banco de dados ou no documento que tenha sido digitalizado (art. 438, § 2º).

14.3.5.1. Documentos eletrônicos

Têm tratamento específico e diferenciado na lei processual os documentos eletrônicos, especialmente por conta de sua produção naquilo que o art. 439 chama de "processo convencional" (mas que, na verdade, é o processo cujos autos não são eletrônicos, sendo impressos em papel). Pois estabelece o próprio art. 439 que nesses casos o documento produzido eletronicamente só será admitido no processo se for convertido à forma impressa, devendo ser verificada sua autenticidade. Caso o documento eletrônico não seja convertido à forma impressa, porém, o juiz apreciará seu valor probante, assegurado às partes o acesso ao seu teor (art. 440).

Serão admitidos como fontes de prova os documentos eletrônicos que tenham sido produzidos e conservados nos termos da legislação específica (art. 441). É o caso, por exemplo, dos títulos de crédito eletrônicos (art. 889, § 3º, do CC). Como regra geral, os documentos eletrônicos deverão ser produzidos observando-se o disposto na Medida Provisória nº 2.220-2/2001, que instituiu a Infraestrutura de Chaves Públicas Brasileira – ICP-Brasil, a qual se destina a assegurar a autenticidade, a integridade e a validade jurídica de documentos em forma eletrônica, das aplicações de suporte e das aplicações habilitadas que utilizem certificados digitais, bem como a realização de transações eletrônicas seguras (art. 1º da MP nº 2.200-2/2001).

Os documentos eletrônicos podem ser públicos ou particulares (art. 10 da MP nº 2.200-2/2001), sendo certo que os documentos eletrônicos produzidos com a utilização do processo de certificação da ICP-Brasil se presumem verdadeiros em relação aos seus signatários (art. 10, § 1º, da MP nº 2.200-2/2001 e art. 219 do CC). Documentos eletrônicos não produzidos com a observância do disposto na Medida Provisória que regulamenta a ICP-Brasil também podem ser admitidos, desde que se utilize algum outro meio de comprovação de autoria e integridade de tais documentos em forma eletrônica, inclusive os que usem certificados não emitidos pela ICP-Brasil, desde que admitidos pelas partes como válidos ou aceitos pela pessoa a quem o documento for oposto (art. 10, § 2º, da MP nº 2.200-2/2001).

Aos documentos eletrônicos se aplica, quanto ao mais, toda a regulamentação da prova documental, tanto no que concerne à sua força probante como no que se refere à sua produção. Afinal, documentos eletrônicos são documentos, e a prova que através deles se produz é prova documental.

14.3.6. Prova testemunhal

Testemunha é o terceiro, estranho ao processo, que depõe em juízo narrando o que sabe sobre os fatos da causa. Trata-se de prova admissível em qualquer processo de conhecimento, salvo se a lei disponha de modo diverso (art. 442), como se dá, por exemplo, no procedimento do mandado de segurança (que só admite a produção de prova documental pré-constituída) ou no inventário e partilha (que é incompatível com as provas não documentais, como se vê pelo art. 612).

Deverá, porém, ser indeferida a inquirição de testemunhas sobre fatos que já estejam provados por documento ou por confissão (art. 443, I) ou que só por documento ou por perícia puderem ser comprovados (art. 443, II). Perceba-se, então, que a prova testemunhal não substitui a prova pericial. Não é admissível, por exemplo, que se queira substituir uma perícia de engenharia civil pelo depoimento de uma "testemunha técnica", um engenheiro civil arrolado pela parte para depor em juízo. Também não se admite a prova testemunhal naqueles casos em que a lei exige prova escrita. É o que se dá, por exemplo, no caso do contrato de depósito voluntário (art. 646 do CC). Nesses casos, porém, a prova testemunhal é admissível para complementar alguma prova escrita (chamada pela lei de "começo de prova por escrito") emanada daquele contra o qual se pretende produzir a prova (art. 444).

Também se admite a prova (exclusivamente) testemunhal naqueles casos em que o credor não podia, moral ou materialmente, obter prova escrita da obrigação, em casos como o de parentesco, de depósito necessário ou de hospedagem em hotel, ou em razão das práticas comerciais do local onde contraída a obrigação (art. 445).

É lícito provar com testemunhas, nos contratos simulados, a divergência entre a vontade real e a vontade declarada (art. 446, I) e, em qualquer contrato, a existência de vício de consentimento (art. 446, II).

A princípio, qualquer pessoa pode depor como testemunha. Há, porém, aqueles que são considerados incapazes, impedidos ou suspeitos (art. 447).

São incapazes para depor como testemunhas as pessoas arroladas no § 1º do art. 447. Assim é que se considera incapaz para testemunhar, em primeiro lugar, o interdito por enfermidade ou deficiência mental. Neste caso a incapacidade resulta da óbvia impossibilidade que teria uma pessoa com deficiência mental severa a ponto de não ser capaz de expressar vontades juridicamente relevantes de trazer esclarecimentos ao juízo a respeito de fatos também juridicamente relevantes.

Também é incapaz de depor aquele que, acometido por enfermidade ou retardamento mental ao tempo em que ocorreram os fatos, não poderia tê-los discernido ou, ao tempo em que se deveria colher o depoimento, não estivesse habilitado a transmitir suas percepções.

Reputa-se incapaz de testemunhar, ainda, aquele que não tenha completado 16 anos de idade. Estes, porém, e nos termos do § 4º do art. 447, poderão ser ouvidos independentemente de prestar compromisso de dizer a verdade. Impende, todavia, interpretar essa disposição à luz do que consta do art. 12 da Convenção de Nova Iorque sobre os Direitos da Criança, que passou a integrar o ordenamento jurídico brasileiro por força do Decreto nº 99.710/1990, por força do qual "se proporcionará à criança, em particular, a oportunidade de ser ouvida em todo processo judicial ou administrativo que afete a mesma", daí se podendo afirmar que o menor de 16 anos só poderá ser ouvido (como testemunha não compromissada ou, como costumeiramente se diz, como *informante*) em processos que versem diretamente sobre seus interesses. Basta pensar, por exemplo, em um processo em que são partes os genitores e no qual se disputa a guarda da criança. Esta, não sendo parte (e, portanto, sendo terceiro), poderá ser ouvida como testemunha não compromissada. Não havendo, porém, qualquer relação entre os interesses do menor de 16 anos e os fatos da causa, não poderá ele ser ouvido como testemunha em hipótese alguma, dada sua incapacidade para testemunhar.

Por fim, são incapazes de testemunhar os cegos e os surdos, quando a ciência do fato depender dos sentidos que lhes faltam. Nos casos, porém, em que a percepção do fato não depende do sentido da visão (no caso dos cegos) ou da audição (no caso dos surdos), são eles perfeitamente capazes de depor como testemunhas, como não poderia deixar de ser. Está-se, aí, como facilmente se percebe, diante de uma norma destinada a assegurar tratamento isonômico a pessoas com deficiências físicas, conferindo a essas pessoas um tratamento compatível com a deficiência que possuem.

Diferente de ser incapaz para testemunhar é ser pessoa considerada impedida para depor (art. 447, § 2º). Estão nesta categoria o cônjuge, o companheiro, o ascendente e o descendente de qualquer grau, o colateral até o terceiro grau por consanguinidade ou afinidade, salvo se o exigir o interesse público ou, tratando-se de causa relativa ao estado da pessoa, não se puder obter por outro modo a prova que seja necessária para a resolução do mérito; quem é parte na causa; e quem intervém em nome de uma parte, como o tutor, o representante legal da pessoa jurídica, o juiz, o advogado ou outros que assistam ou tenham assistido as partes.

De outro lado, são suspeitos para testemunhar (art. 447, § 3º) o inimigo da parte; seu amigo íntimo; e todo aquele que tenha interesse no litígio.

Pessoas impedidas ou suspeitas podem ser ouvidas em juízo como testemunhas não compromissadas (isto é, testemunhas que não prestam o solene compromisso de dizer a verdade), às quais se costuma dar, no jargão processual, o nome de informantes (art. 447, §§ 4º e 5º).

Cabe à testemunha, como dito, trazer para o processo o conhecimento que tenha sobre os fatos da causa. Ninguém é, porém, obrigado a depor sobre fatos que acarretem grave dano ao depoente ou a pessoa de sua família (aí considerados o cônjuge, o companheiro e os parentes consanguíneos ou afins até o terceiro grau) ou a cujo respeito, por estado ou profissão, deva guardar sigilo (como seria, por exemplo, o caso de um sacerdote católico que não pode ser obrigado a depor sobre fatos de que tenha tomado conhecimento em uma confissão), tudo nos termos do art. 448.

As testemunhas, em regra, são ouvidas na sede do juízo (art. 449). Quando, porém, estiver impossibilitada de comparecer, mas não de depor, o juiz deverá designar, conforme as circunstâncias, dia, hora e lugar para inquiri-la (art. 449, parágrafo único, em disposição que é expressamente aplicável também ao depoimento pessoal das partes). São, de outro lado, inquiridos em suas residências ou no lugar em que exercem suas funções, os ocupantes dos cargos enumerados no art. 454. No caso de alguma dessas autoridades ser arrolada como testemunha, o juiz solicitará que indique dia, hora e local para ser inquirida, devendo ser-lhe remetida cópia da petição inicial ou da defesa oferecida pela parte que a tenha arrolado (art. 454, § 1º). A autoridade terá um mês para se manifestar e, decorrido este prazo, o juiz designará dia, hora e local para colher o depoimento, preferencialmente na sede do juízo (art. 454, § 2º). Também se designará dia, hora e lugar para o depoimento se a autoridade não comparecer, injustificadamente, à sessão por ela própria agendada para a colheita de seu testemunho (art. 454, § 3º).

Dispõe a lei processual, nos arts. 450 a 463, sobre o modo como é produzida a prova testemunhal no processo. Inicialmente, é preciso dizer que incumbe a cada parte arrolar as testemunhas que pretende ouvir, indicando, sempre que possível, seus nomes, profissões, estado civil, idades, números de inscrição no Cadastro de Pessoas Físicas (CPF), número dos registros de identidade e endereços completos (residencial e profissional), nos termos do art. 450. Apresentado o rol de testemunhas (na audiência de saneamento e organização do processo ou, caso esta não tenha sido realizada, no prazo assinado pelo juiz, nunca superior a quinze dias contados da data em que as partes tenham sido intimadas da decisão que deferiu a produção da prova testemunhal, conforme determinam os §§ 4º e 5º do art. 357), a parte só pode requerer a substituição das testemunhas que tenha arrolado se tiver falecido, se por motivo de doença não estiver em condições de depor ou se, tendo mudado de endereço, não for encontrada (art. 451).

Caso o juiz da causa seja arrolado como testemunha, deverá declarar-se impedido (se tiver conhecimento dos fatos que possam influir na decisão). Isto se dá como consequência da exigência de que – com a evidente ressalva dos fatos notórios, cujo conhecimento é público e generalizado – o conhecimento que o juiz tenha acerca dos fatos da causa deve ser construído através do processo, em contraditório. Não pode, então, o juiz trazer para o processo seu conhecimento privado a respeito dos fatos da causa. Neste caso, então, a parte que tenha arrolado o juiz como testemunha não poderá desistir de sua oitiva (art. 452, I). De outro lado, se o juiz nada souber sobre os fatos relevantes para a resolução da causa, mandará excluir seu nome do rol (art. 452, II).

A testemunha arrolada pela parte deverá ser informada ou intimada pelo advogado de quem a tenha indicado do dia, hora e lugar da audiência designada, dispensando-se a intimação judicial (art. 455). A intimação pode ser feita pelo advogado, que a fará por via postal, através da remessa de carta com aviso de recebimento, cabendo ao advogado juntar aos autos, com antecedência de pelo menos três dias em relação à data da audiência, cópia da correspondência enviada e do comprovante de recebimento (art. 455, § 1º).

Pode a parte comprometer-se a levar a testemunha independentemente de intimação. Neste caso, a ausência da testemunha acarreta a perda da prova (art. 455, § 2º). Também haverá perda dessa prova se a parte não efetivar a intimação da testemunha por meio de seu advogado (art. 455, § 3º).

Só haverá intimação da testemunha por via judicial quando se frustrar a intimação feita pelo advogado, se sua necessidade for devidamente demonstrada ao juiz, se figurar no rol de testemunhas servidor público civil ou militar (caso em que o juiz deverá requisitar a testemunha ao chefe da repartição ou ao comando do corpo em que servir), se a testemunha tiver sido arrolada pelo Ministério Público ou por Defensor Público, ou ainda quando se tratar de alguma daquelas autoridades que têm a prerrogativa de prestar depoimento em suas residências ou no lugar onde suas funções são exercidas (art. 455, § 4º).

Intimada a testemunha, por via judicial ou por ato do advogado, tem ela a obrigação de comparecer à audiência de instrução e julgamento e, caso não compareça sem motivo justificado, será conduzida à força, respondendo pelas despesas do adiamento da audiência (art. 455, § 5º).

Como regra geral, a testemunha presta seu depoimento na audiência de instrução e julgamento, perante o juiz da causa (art. 453). Ficam excluídas desta regra as que tenham prestado depoimento antecipadamente e as que são inquiridas por carta (art. 453, I e II). Caso a testemunha resida em comarca, seção ou subseção judiciária diversa daquela onde tramita o processo, sua oitiva poderá ser realizada por meio de videoconferência (ou outro recurso tecnológico de transmissão e recepção de sons e imagens em tempo real), o que poderá ocorrer, inclusive, durante a audiência de instrução e julgamento (art. 453, § 1º). Para isto, os órgãos jurisdicionais deverão dispor desses equipamentos tecnológicos (art. 453, § 2º).

As testemunhas serão inquiridas pelo juiz separada e sucessivamente, iniciando-se a colheita da prova pelas testemunhas arroladas pelo demandante. Deve-se, sempre, providenciar para que as testemunhas que ainda não depuseram não ouçam os depoimentos anteriores (art. 456). Havendo concordância das partes, a ordem das oitivas poderá ser alterada (art. 456, parágrafo único).

Antes de iniciar seu depoimento, a testemunha será qualificada, devendo declarar ou confirmar seus dados e informar se tem relações de parentesco com alguma das partes ou se tem interesse no processo (art. 457). Admite-se que a parte ofereça contradita à testemunha, arguindo-lhe a incapacidade, o impedimento ou a suspeição. Caso a testemunha negue os fatos que lhe são imputados, deve-se permitir à parte que prove a contradita com documentos ou testemunhas (até o máximo de três), as quais deverão ser apresentadas no ato e inquiridas em separado (art. 457, § 1º). Provados ou confessados os fatos apresentados na contradita, o juiz dispensará a testemunha ou decidirá por ouvi-la sem que preste compromisso de dizer a verdade (isto é, como informante), nos termos do art. 457, § 2º.

De outro lado, pode a testemunha arrolada pedir ao juiz que a dispense de prestar depoimento, alegando os motivos de escusa previstos no art. 448, devendo o juiz ouvir imediatamente as partes e em seguida decidir (art. 457, § 3º).

Ao início de sua inquirição, a testemunha deverá prestar o compromisso de dizer a verdade do que souber e lhe for perguntado (art. 458). Incumbe ao juiz advertir a testemunha compromissada que comete crime quem faz afirmação falsa, cala ou oculta a verdade (arts. 458, parágrafo único, e 342 do Código Penal).

As perguntas são feitas à testemunha diretamente pelas partes, começando pela que a arrolou. Não pode o juiz admitir pergunta que possa induzir a resposta, que não tenha relação com as questões de fato objeto da atividade probatória ou que importem repetição de outra já respondida (art. 459), bem assim perguntas consideradas impertinentes, capciosas ou vexatórias (art. 459, § 2º). Todas as perguntas que sejam indeferidas pelo juiz serão transcritas no termo de audiência, se assim a parte o requerer (art. 459, § 3º; FPPC, Enunciado nº 158). Também o juiz pode formular perguntas às testemunhas, tanto antes quanto depois da inquirição feita diretamente pelas partes (art. 459, § 1º). Caso o juiz formule suas perguntas depois das partes, é essencial assegurar-se às partes o direito de formular novas perguntas, destinadas a esclarecer ou complementar o que resultar da inquirição feita pelo juiz (FPPC, Enunciado nº 157).

É direito da testemunha ser tratada com urbanidade (art. 459, § 2º).

O depoimento da testemunha poderá ser gravado (art. 460). Caso seja digitado ou registrado por taquigrafia, estenotipia ou outro método idôneo de documentação, o registro do depoimento será assinado pelo juiz, pelo depoente e pelos advogados (art. 460, § 1º).

Caso o processo seja documentado em autos não eletrônicos e se interponha recurso, o depoimento gravado só será digitado (degravado) se for impossível o envio de sua documentação eletrônica (art. 460, § 3º). Tratando-se de autos eletrônicos, será observado, além do disposto no CPC, o que consta da legislação específica sobre a informatização do processo judicial (Lei nº 11.419/2006).

Poderá o juiz determinar, de ofício ou a requerimento de parte, o depoimento de testemunha referida em declaração de alguma das partes ou de outra testemunha (art. 461, II). Pode-se, ainda, determinar (também de ofício ou a requerimento) a acareação de duas ou mais testemunhas ou de alguma delas com a parte quando, sobre fato determinado que possa influir na decisão da causa, suas declarações forem divergentes (art. 461, II). A acareação pode ser realizada por videoconferência ou por outro recurso tecnológico de transmissão de sons e imagens em tempo real (art. 461, § 2º).

Os acareados serão reperguntados, para que expliquem os pontos de divergência, devendo-se lavrar um termo de acareação (art. 461, § 1º).

É possível ao juiz ordenar, de ofício ou mediante requerimento, a inquirição de testemunha referida (aquela que é mencionada no depoimento de outra testemunha).

O depoimento da testemunha é considerado serviço público (art. 463). Por isso, a testemunha que se sujeita ao regime trabalhista não sofre, por comparecer à audiência, perda de salário ou desconto no tempo de serviço (art. 463, parágrafo único). Além disso, a testemunha tem o direito – cuja realização dependerá de requerimento seu ao juiz – de ver pagas as despesas que tenha efetuado para comparecer à audiência, devendo a parte pagar desde logo ou depositar o valor em cartório no prazo de três dias (art. 462).

14.3.7. Prova pericial

Casos há em que a apuração do fato depende de um conhecimento técnico ou científico especializado. Nesses casos, deverá o juiz ser auxiliado por um ou mais peritos. Admite-se, porém, a substituição da prova pericial por prova técnica simplificada, determinada de ofício ou por requerimento das partes, quando o ponto controvertido for de pouca complexidade (art. 464, § 2º). A prova técnica simplificada consiste, tão somente, na inquirição de especialista, pelo juiz, sobre ponto controvertido da causa que demande especial conhecimento científico ou técnico (art. 464, § 3º). O especialista, tanto quanto o perito, deve ter formação acadêmica específica na área objeto de seu depoimento, e poderá valer-se de qualquer recurso tecnológico de transmissão de sons e imagens para esclarecer os pontos controvertidos da causa (art. 464, § 4º).

Não sendo, porém, caso de prova técnica simplificada, o juiz sempre se valerá da perícia quando houver a necessidade de conhecimento técnico ou científico especializado para a apuração dos fatos da causa. Não haverá perícia, porém, se a prova do fato não depender de conhecimento especializado, se for desnecessária em função de outras provas produzidas no processo ou se a verificação for impraticável (art. 464, § 1º). Também será dispensada a prova pericial quando as partes, na petição inicial e na contestação, apresentarem, sobre as questões de fato, pareceres técnicos ou documentos elucidativos suficientes (art. 472).

A prova pericial pode ser de três espécies (art. 464): exame (a perícia que tem por objeto pessoas ou bens móveis), vistoria (perícia cujo objeto é um bem imóvel) e avaliação (perícia cujo único objeto é a determinação do valor de mercado de um bem, móvel ou imóvel).

O juiz nomeará o perito, que deve ser especializado no objeto da perícia. Um dado extremamente relevante acerca deste ponto está na necessidade de especialização acadêmica. Assim, por exemplo, em uma perícia médica não bastará que o perito tenha formação em Medicina, exigindo-se, ainda, que o perito tenha especialização na área de conhecimento médica que constitui objeto da perícia. Não se pode, por exemplo, admitir que um pediatra realize uma perícia que exija conhecimento especializado de reumatologia. Ou que um anestesiologista realize uma perícia que exige especialização em otorrinolaringologia. A falta de especialização do perito invalida a prova (ressalvado o caso de não haver, na localidade, qualquer especialista que possa realizar a perícia, caso em que o juiz deverá nomear perito algum profissional habilitado, apesar da falta de especialização, a realizá-la, como seria o caso de médico com especialização em outra área).

Sempre vale lembrar que o perito nomeado deve estar cadastrado junto ao Tribunal, e entre peritos cadastrados de mesma especialização deverá haver uma distribuição equitativa das perícias entre eles (sendo essa distribuição realizada separadamente por cada órgão jurisdicional da comarca), tudo nos termos do art. 157, § 2º, só sendo livre a nomeação do perito se não houver, na comarca, especialista na matéria que integre o cadastro (art. 156, § 5º).

Tratando-se de perícia complexa, que exija conhecimento especializado em mais de uma área de conhecimento, o juiz nomeará mais de um perito, e as partes indicarão tantos assistentes técnicos quantos reputem necessários (art. 475).

Como dito, o perito deverá ser nomeado pelo juiz. Admite-se, porém, que as partes, através de um negócio processual típico, escolham um perito da confiança de ambas (desde que sejam as partes plenamente capazes e a causa verse sobre direito que admite autocomposição, nos termos do art. 471, sendo certo que estes são os requisitos genericamente exigidos para a validade dos negócios processuais). Trata-se da perícia consensual, que substitui, para todos os efeitos, a perícia realizada por especialista nomeado pelo juiz (art. 471, § 3º).

No requerimento conjunto de nomeação do perito consensualmente indicado, as partes já deverão indicar seus assistentes técnicos para acompanhar a realização da perícia, a qual deverá se realizar em data e local previamente anunciados (art. 471, § 1º). Perito e assistentes técnicos, então, apresentarão o laudo e os pareceres em prazo fixado pelo juiz (art. 471, § 2º), se já não tiver havido a fixação de prazo por convenção das partes (sempre ressalvada a possibilidade de que tenha sido ajustado um calendário processual).

Nomeado o perito pelo juiz (sendo certo que, nos termos do art. 465, § 6º, sempre que a perícia tiver de realizar-se por carta será possível que essa nomeação seja feita pelo juízo a que a carta tenha sido dirigida), as partes disporão do prazo de quinze dias, contados da intimação do despacho de nomeação do especialista, para arguir seu impedimento ou suspeição, se for o caso; indicar assistente técnico e apresentar quesitos que queiram ver respondidos pelo perito (art. 465, § 1º). Podem as partes, posteriormente, apresentar quesitos suplementares durante a diligência, os quais serão respondidos pelo perito desde logo ou na audiência de instrução e julgamento (art. 469). Tendo uma das partes apresentado quesito suplementar, deverá a outra parte ser desde logo intimada de seu conteúdo (art. 469, parágrafo único). O juiz tem, de sua parte, a possibilidade de indeferir quesitos impertinentes e de formular quesitos que ele próprio considere necessários (art. 470).

Intimado de sua nomeação, o perito terá cinco dias para apresentar sua proposta de honorários, junto com seu currículo (com a comprovação da especialização acadêmica) e a indicação de seus contatos profissionais, especialmente seu endereço eletrônico, para onde serão dirigidas as intimações pessoais (tudo nos termos do art. 465, § 2º). Não comprovando o perito sua especialização, deverá ser substituído (art. 468, I).

Nos casos em que o exame pericial tenha por objeto a autenticidade ou falsidade de documento, ou se for de natureza médico-legal, o perito será escolhido, preferentemente, entre os técnicos dos estabelecimentos oficiais especializados, a cujos diretores o juiz autorizará a remessa dos autos, bem como do material sujeito a exame (art. 478). Nos casos em que tenha sido concedido no processo o benefício da gratuidade de justiça, os órgãos e as repartições oficiais deverão cumprir a determinação judicial com preferência, no prazo estabelecido (art. 478, § 1º). Pode-se, porém, solicitar a prorrogação do prazo, desde que justificadamente (art. 478, § 2º).

As partes serão intimadas da proposta de honorários, e disporão do prazo de cinco dias para se manifestarem. Findo este prazo, o juiz fixará o valor dos honorários periciais, intimando-se as partes (art. 465, § 3º). O valor dos honorários do perito deverá ser depositado previamente pela parte que tenha requerido a prova ou, tendo sido ela determinada de ofício ou requerida por ambas as partes, o depósito deverá ser rateado (art. 95). Como regra, o perito só receberá seus honorários após a apresentação do laudo e de todos os esclarecimentos necessários. Pode o juiz, porém, autorizar que o perito receba previamente até metade do valor (art. 465, § 4º). Sendo a perícia inconclusiva ou deficiente, os honorários serão reduzidos (art. 465, § 5º).

Incumbe ao perito cumprir escrupulosamente seu encargo, não havendo necessidade de que preste compromisso formal de fazê-lo. Sendo um auxiliar da justiça, deve ser imparcial, motivo pelo qual se prevê que se sujeita ele às causas de impedimento e de suspeição (art. 467), e caso o perito se enquadre em qualquer delas deverá ser nomeado novo perito (art. 467, parágrafo único). Já os assistentes técnicos são de confiança das partes, não se sujeitando a impedimento ou suspeição (art. 466, § 1º).

Ao perito também incumbe assegurar que os assistentes técnicos das partes tenham livre acesso e possam acompanhar as diligências e exames que realizar, com prévia comunicação, comprovada nos autos, com antecedência mínima de cinco dias (art. 466, § 2º).

Na hipótese de o perito não cumprir seu encargo no prazo que lhe tenha sido assinado pelo juiz sem motivo legítimo, deverá ser substituído (art. 468, II). Neste caso, o juiz comunicará a ocorrência à corporação profissional respectiva, podendo ainda multar o perito, sendo a multa fixada tendo em vista o valor da causa e o possível prejuízo decorrente do atraso no processo (art. 468, § 1º).

O perito que por qualquer motivo tenha sido substituído restituirá, no prazo de quinze dias, os valores já recebidos pelo trabalho que não realizou, sob pena de ficar impedido de atuar como perito judicial por cinco anos (art. 468, § 2º). Não havendo a restituição voluntária, a parte que tiver adiantado os honorários poderá promover execução contra o perito, observando-se o regime do cumprimento de sentença, valendo a decisão que tenha determinado a devolução do valor como título executivo (art. 468, § 3º).

As partes terão ciência da data e do local designados pelo juiz ou indicados pelo perito para o início da produção da prova (art. 474). O perito deverá apresentar o laudo pericial no prazo que lhe tenha sido assinado, admitindo-se, porém, que por motivo justificado o prazo seja prorrogado pela metade do prazo originariamente fixado (art. 476).

Para desempenhar suas funções, o perito (e também os assistentes técnicos) poderá valer-se de todos os meios necessários, ouvindo testemunhas, obtendo informações, solicitando documentos e instruindo seu laudo com planilhas, mapas, plantas, desenhos, fotografias ou outros elementos necessários ao esclarecimento do objeto da perícia (art. 473, § 3º). Caso o exame tenha por objeto a autenticidade da letra e da firma, o perito poderá requisitar, para efeito de comparação, documentos existentes em repartições públicas e, na sua falta, poderá requerer ao juiz que a pessoa a quem se atribuir a autoria do documento lance em folha de papel, por cópia ou sob ditado, dizeres diferentes, para fins de comparação (art. 478, § 3º).

Concluídas as diligências, o perito elaborará um documento chamado laudo pericial, o qual deverá conter (art. 473) a exposição do objeto da prova, a análise técnica ou científica realizada pelo especialista, a indicação do método utilizado, esclarecendo-o e demonstrando ser predominantemente aceito pelos especialistas da área de conhecimento da qual se originou e resposta conclusiva a todos os quesitos. A fundamentação deverá ser apresentada em linguagem simples e acessível, com coerência lógica, indicando como alcançou suas conclusões (art. 473, § 1º). Não poderá o perito, de outra parte, ultrapassar os limites de sua designação, sendo-lhe vedado emitir opiniões pessoais que excedam o exame técnico ou científico do objeto da perícia (art. 473, § 2º).

O laudo pericial será protocolado em juízo no prazo assinado pelo juiz, pelo menos vinte dias antes da audiência de instrução e julgamento (art. 477). As partes serão, então, intimadas para manifestar-se sobre o laudo pericial no prazo comum de quinze dias, podendo o assistente técnico de cada uma delas, neste mesmo prazo, apresentar seu parecer (art. 477, § 1º). Solicitado algum esclarecimento, este deverá ser prestado pelo perito em quinze dias. No mesmo prazo o perito deverá esclarecer ponto divergente entre seu laudo e parecer apresentado por assistente técnico da parte (art. 477, § 2º). Caso ainda haja necessidade de mais esclarecimentos, a parte requererá ao juiz que mande intimar o perito ou o assistente técnico a comparecer à audiência de instrução e julgamento, formulando, desde logo, as perguntas que queira ver respondidas, sob forma de quesitos (art. 477, § 3º). Perito e assistente técnico, então, deverão ser intimados, por meio eletrônico, com pelo menos dez dias de antecedência em relação à audiência (art. 477, § 4º).

A valoração da prova pericial pelo juiz se dá pelo mesmo critério por que as provas em geral são valoradas, isto é, pelo sistema da valoração democrática da prova, devendo ser indicados na sentença os motivos que levaram a considerar ou a deixar de considerar as conclusões do laudo, levando em conta o método utilizado pelo perito (art. 479). Mas não pode o juiz desconsiderar as conclusões cientificamente alcançadas pelo perito, a não ser que se valha de outros elementos científicos. É inaceitável que o juiz, sem embasamento científico, simplesmente ignore as conclusões de um trabalho cientificamente elaborado. Em outras palavras, o juiz não está vinculado ao laudo pericial, mas não é livre para simplesmente o ignorar, dele só podendo afastar-se com fundamentos técnicos ou científicos que fundamentem sua decisão.

Caso a perícia não tenha sido capaz de esclarecer suficientemente as partes e o juiz, este determinará, de ofício ou a requerimento, a realização de nova perícia (art. 480). A segunda perícia tem por objeto os mesmos fatos sobre que recaiu a primeira e se destina a corrigir eventual omissão ou inexatidão dos resultados a que a primeira perícia tenha conduzido (art. 480, § 1º). Rege-se a segunda perícia pelas mesmas disposições estabelecidas para a primeira (art. 480, § 2º), e não substitui a perícia anteriormente feita, cabendo ao juiz valorar ambas (art. 480, § 3º).

14.3.8. Inspeção judicial

Inspeção judicial é o meio de prova em que o próprio juiz, através de seus sentidos, examina uma coisa ou pessoa, a fim de obter esclarecimentos sobre os fatos da causa. A inspeção judicial pode ser feita, de ofício ou a requerimento das partes, em qualquer fase do processo

O juiz, então, de ofício ou a requerimento da parte, pode – em qualquer fase do processo – realizar uma inspeção de pessoas e coisas, a fim de esclarecer-se, mediante o emprego de seus próprios sentidos, acerca de fato que interesse à decisão da causa (art. 481). Pense-se, por exemplo, no caso de um processo no qual o autor afirme que o réu construiu uma parede irregular, de modo a impedir a passagem até um determinado local, e o réu negue que a parede exista, ou que seja um obstáculo a que se alcance o tal local. Pois é perfeitamente possível que o juiz vá até o local para buscar perceber, ele mesmo, se a parede existe ou se é capaz de impedir o acesso ao local apontado pelo autor.

Ao realizar a inspeção, o juiz pode ser auxiliado por um ou mais peritos (art. 482).

A inspeção judicial poderá ser realizada na própria sede do juízo. Incumbe ao juiz, porém, ir ao local onde esteja a pessoa ou coisa a ser inspecionada quando isto for necessário para a melhor verificação ou interpretação dos fatos que deva observar, se a coisa não puder ser apresentada em juízo sem consideráveis despesas ou graves dificuldades, ou sempre que se determine a reconstituição de fatos (art. 483).

É direito das partes assistir à inspeção judicial, prestando esclarecimentos e fazendo as observações que reputem necessárias (art. 483, parágrafo único).

Concluída a diligência, o juiz mandará lavrar auto circunstanciado, nele se devendo mencionar tudo quanto se repute útil ao julgamento da causa (art. 484). Este auto pode ser instruído com desenhos, gráficos ou fotografias (art. 484, parágrafo único), ou alguma peça análoga, como um vídeo feito pelo próprio juiz.

CAPÍTULO 15

SENTENÇA

15.1. CONCEITO

Chama-se sentença o mais importante dos pronunciamentos judiciais. Nos termos do que dispõe o § 1º do art. 203, "ressalvadas as disposições expressas dos procedimentos especiais, sentença é o pronunciamento por meio do qual o juiz, com fundamento nos arts. 485 e 487, põe fim à fase cognitiva do procedimento comum, bem como extingue a execução". Esta definição legal, porém, não é imune a críticas, sendo relevante buscar-se determinar com mais precisão o conceito de sentença.

Importa afirmar, pois, e em primeiro lugar, que o conceito de sentença não é universal, mas decorre do direito positivo. Assim, por exemplo, nada impediria que algum sistema processual estabelecesse que sentença é qualquer ato decisório do juiz, ou que se trata do ato pelo qual o juiz provê sobre o mérito. Não é assim, porém, que se conceitua a sentença no Direito brasileiro, devendo tal conceito ser extraído do modo como o ordenamento processual pátrio, compreendido sistematicamente, trata este ato jurisdicional. E é importante estabelecer o conceito de sentença por uma razão de ordem prática: é que, proferida a sentença, torna-se possível a interposição de um recurso denominado apelação (art. 1.009).

Pois o Direito Processual Civil brasileiro trata a sentença como um ato de encerramento. Dito de outro modo, a sentença é definida pela posição que o pronunciamento judicial ocupa no procedimento, que deve ser uma posição de encerramento do procedimento, seja ele cognitivo ou executivo. Explique-se um pouco melhor: o processo, como já visto, é um procedimento que se desenvolve em contraditório. Mas os processos podem ser estruturados em *módulos processuais*. Cada módulo processual corresponde a um procedimento, de natureza cognitiva ou executiva.

Ocorre que há processos formados por mais de um módulo processual. É que no sistema processual civil brasileiro podem ser encontradas três diferentes situações: (a) o processo cujo objeto é a produção de um julgamento; (b) o processo cujo objeto é a transformação da realidade fática, de modo a fazer com que as coisas sejam como deveriam ser; (c) o processo que tem por objeto a produção de ambos esses resultados.

No primeiro caso, tem-se o *processo de conhecimento*. No segundo, *processo de execução*. E no último, tem-se o *processo sincrético*, assim chamado aquele que se desenvolve em duas fases, a primeira de conhecimento e a segunda de execução (ou, como se diz na linguagem adotada pelo CPC, "cumprimento de sentença").

Há, então, processos formados por um só módulo processual e processos formados por dois (ou mais, porque poderá haver casos em que se terá, após a fase de conhecimento, o desenvolvimento de mais de uma fase executiva, bastando pensar no caso em que tenha havido condenação ao cumprimento de duas ou mais prestações de naturezas distintas, como fazer e entregar coisa) módulos processuais.

Pois sentença é o ato que põe fim a um módulo processual. Assim, nos casos em que o processo se desenvolva em um só módulo (processo de conhecimento ou processo de execução), a sentença será o ato de encerramento do próprio processo. E nos casos em que haja mais de um módulo processual (ou, se se preferir, mais de uma fase do processo), haverá tantas sentenças quantos sejam os módulos, cada uma delas encerrando um desses módulos. E o pronunciamento que encerrar o último desses módulos processuais será o ato de encerramento do processo (considerado como um todo).

Pode-se, então, dizer que sentença é o ato do juiz que põe fim ao processo ou a algum de seus módulos. Em um processo sincrético, portanto, haverá uma sentença de encerramento do procedimento cognitivo, e uma segunda sentença, de encerramento do procedimento executivo (ou seja, do procedimento de cumprimento de sentença). Dito de outro modo, sentença é o pronunciamento jurisdicional decisório que encerra um procedimento, cognitivo ou executivo, constitua ele um processo autônomo ou uma das fases (módulos) de um processo sincrético.

O art. 203, § 1º, estabelece, porém, uma ressalva, relativa aos procedimentos especiais. É que em alguns desses procedimentos (como é o caso da "ação de demarcação") existe a previsão de um pronunciamento judicial que, sem encerrar a fase cognitiva do processo, resolve parcialmente o mérito da causa (art. 581) e, posteriormente, se prevê outro ato, este sim destinado a dar por encerrada a fase cognitiva do processo (art. 587). Pois a lei dá a ambos esses pronunciamentos o nome de sentença. É que há procedimentos "bifásicos", em que a fase cognitiva se divide em duas partes bem distintas. Nesses casos, o ato de encerramento do primeiro segmento do módulo cognitivo pode ser tratado pela lei como uma "sentença parcial" (e o ato de encerramento do segundo segmento é a "sentença final"). E sendo ambos tratados como sentenças, contra ambos é cabível a interposição de apelação. Deve-se dizer, porém, que essa técnica, empregada pelo CPC em um único procedimento especial (o da "ação de demarcação") em nada contribui para a qualidade do sistema processual, e mal não haveria em se tratar o pronunciamento que encerra a primeira fase do procedimento cognitivo de decisão interlocutória (como, aliás, faz a lei processual em diversos outros procedimentos especiais bifásicos, como é o caso do inventário e partilha ou da "ação de divisão de terras").

Além disso, há um procedimento especial que pode ser encerrado sem que haja a prolação de qualquer sentença. É o que se tem no procedimento especial da "ação monitória", mas exclusivamente naqueles casos em que o réu não opõe embargos. Pois nesta hipótese o procedimento cognitivo se encerra *de pleno direito*, ou seja, automaticamente, sem que qualquer sentença seja proferida. Ao ponto se retornará adiante.

Ressalvados, assim, os procedimentos especiais mencionados, sentença é o ato judicial que põe termo ao processo ou a alguma de suas fases (isto é, a algum de seus módulos). E isto é confirmado pelo disposto no art. 316 ("[a] extinção do processo dar-se-á por sentença"), pelo art. 354 ("[o]correndo qualquer das hipóteses previstas nos arts. 485 e 487, incisos II e III, o juiz proferirá sentença") – que integra uma Seção do Código chamada "Da Extinção do Processo" –, e pelo art. 925 ("[a] extinção [da execução] só produz efeito quando declarada por sentença"). Sentença é, pois, o ato que extingue o processo ou alguma de suas fases (cognitiva ou executiva).

Sentença, portanto, é um ato final (do ponto de vista lógico, ainda que não do ponto de vista cronológico, já que é possível haver atividade posterior a ela, bastando pensar na possibilidade de que se interponha recurso). Através da sentença o juiz determina a extinção de um módulo processual. Caso esse módulo seja o único (ou o último) do processo, a sentença determinará a extinção do próprio processo, extinção esta que se dará com seu trânsito em julgado. Caso se esteja diante de um módulo processual que, além de não ser o único a integrar o processo, tampouco seja seu último módulo, ainda assim se poderá afirmar que através da sentença se terá determinado a extinção desse módulo. Atos de resolução parcial do mérito, que não determinam a extinção do módulo processual em que proferidos, não são sentenças, mas decisões interlocutórias. O mesmo se diga de pronunciamentos que, sem resolução do mérito, reduzem o processo, objetiva ou subjetivamente (como o que exclui litisconsorte ou exclui um pedido por ausência de legitimidade para sua formulação). A sentença, portanto, é definida por um critério topológico. E, assim, em um processo sincrético (o que é dividido em *fase de conhecimento* e *fase executiva ou de cumprimento de sentença*) haverá duas sentenças: a que extingue a fase cognitiva e a que põe termo à execução.

15.2. SENTENÇAS TERMINATIVAS E DEFINITIVAS

Embora não esteja expressa no texto da lei, não há maiores divergências quanto a se classificar a sentença em duas categorias: as que contêm resolução do mérito, chamadas *sentenças definitivas*, e as que não resolvem o objeto do processo, denominadas *sentenças terminativas*.

São sentenças terminativas aquelas proferidas com base em qualquer das hipóteses previstas no art. 485 do Código de Processo Civil, como, por exemplo, a que reconhece a falta de legitimidade da parte, ou a que homologa a desistência da ação. De outro lado, são sentenças definitivas aquelas proferidas por alguma das razões previstas no art. 487 do CPC, de que são exemplos a sentença que acolhe ou rejeita o pedido do demandante e a sentença que homologa a transação.

Sendo o módulo processual cognitivo destinado a uma definição de direitos, um acertamento, o seu objetivo será alcançado apenas com a prolação de uma sentença definitiva, ou seja, de uma sentença capaz de resolver ("definir") o mérito da causa. Daí se dizer que a sentença definitiva revela a "extinção normal do processo de conhecimento" (*rectius*, do módulo processual de conhecimento).

Há que se recordar, neste ponto, que nem todas as sentenças definitivas contêm propriamente o *julgamento* do mérito. Isso porque nas sentenças proferidas em razão de reconhecimento do pedido, transação ou renúncia à pretensão não é o juiz que define o objeto do processo, o qual se resolve por ato das partes (autocomposição dos interesses). Essas sentenças, porém, embora não *julguem* o mérito, o tornam definitivamente resolvido, razão pela qual a lei, ao tratar das sentenças definitivas, diz que nelas haverá *resolução do mérito*, terminologia que abrange todas as hipóteses.

O CPC estabelece, no art. 485, quais são as hipóteses que acarretam a prolação de sentença terminativa, devendo-se extinguir o processo de conhecimento (ou a fase cognitiva do processo sincrético) sem resolução do mérito. E no art. 487 estão as hipóteses em que se proferirá sentença definitiva, extinguindo-se o processo de conhecimento (ou a fase cognitiva do processo sincrético) com resolução do mérito.

A primeira hipótese de extinção do processo de conhecimento sem resolução do mérito se dá quando o juiz indefere a petição inicial. Esta, como sabido, é o instrumento através do qual o autor ajuíza sua demanda. Sendo a demanda, como já afirmado quando do estudo dos pressupostos processuais, um ato jurídico solene, a ausência de qualquer de seus requisitos formais levará à extinção do processo sem resolução do mérito, o que se fará através do indeferimento da petição inicial. As hipóteses de indeferimento da inicial encontram-se arroladas no art. 330 do CPC.

Será, também, proferida sentença terminativa quando ocorrer o abandono do processo (art. 485, II e III). Este pode ser bilateral (art. 485, II) ou unilateral (art. 485, III).

Ocorre o abandono bilateral quando o processo ficar parado por mais de um ano por negligência de ambas as partes. Para adequadamente compreender-se esta situação, porém, impende recordar que a regra geral do sistema processual civil brasileiro é que se dê andamento ao processo de ofício (trata-se da regra – muitas vezes impropriamente chamada de princípio – do impulso oficial, prevista no art. 2º). Significa isto dizer que na maior parte dos casos, se um processo estiver parado, sem ter andamento, isto será devido à desídia do juízo, a quem incumbe, independentemente de provocação, dar-lhe seguimento. Casos há, porém, em que ao juiz não é dado prosseguir com o processo *ex officio*, dependendo seu andamento de ato a ser praticado por parte.

Pois nos casos em que não seja possível o impulso oficial do processo, só podendo este ter andamento por ato que possa ser praticado por qualquer das partes, a negligência de ambas, deixando o processo paralisado por mais de um ano, acarreta o abandono bilateral do processo. Acontece que, na prática, situações como esta não existem.

Pense-se, por exemplo, no caso de se ter encerrado a fase cognitiva do processo de conhecimento com uma sentença que reconhece a existência de uma obrigação de pagar dinheiro, sem, contudo, haver a determinação do *quantum* devido. Pois, neste caso, o andamento do processo depende da instauração de um incidente de "liquidação de sentença", destinado exatamente a determinar o valor devido. Tal incidente pode ter início por provocação de qualquer das partes (art. 509), mas não pode ser instaurado de ofício. Assim, se a liquidação não for postulada em um ano (a contar do trânsito em julgado da sentença condenatória), poder-se-ia considerar que ocorreu o abandono unilateral da causa, devendo o processo ser extinto. Acontece que tudo isso ocorre depois da sentença e, evidentemente, não há como extinguir-se o que extinto já estava. Não há, a rigor, qualquer situação em que o processo fique paralisado por não ser possível o impulso oficial, mas seu andamento dependa de ato que pode ser praticado por qualquer das partes. Por isso, na prática, não se vislumbra qualquer situação de extinção por abandono bilateral.

Diversamente, o abandono unilateral (art. 485, III) é muito comum na prática. É que existem várias situações em que ao juiz não é dado promover o impulso oficial do processo, dependendo-se, para que o feito tenha andamento, de ato que pelo autor pode ser praticado. É o que se tem, por exemplo, no caso em que o juiz determina ao autor que forneça elementos necessários para realizar-se a citação (como, por exemplo, a indicação do endereço correto do demandado, ou a indicação da pessoa natural que receberá citação em nome de réu pessoa jurídica). Pois em casos assim, se o autor, por não promover os atos e diligências que lhe incumbem, abandonar a causa por mais de trinta dias, o processo será extinto sem resolução do mérito.

Em qualquer caso de abandono (bilateral ou unilateral), exige o Código que, antes de proferir sentença, o juiz determine a intimação pessoal da parte desidiosa para que dê andamento ao processo no prazo de cinco dias (art. 485, § 1º). Só depois da intimação pessoal e do decurso do prazo é que se poderá considerar configurada a hipótese de extinção do processo, proferindo-se, então, a sentença terminativa.

Note-se que a lei exige aqui intimação pessoal das partes, não se podendo substituir esta por intimação ao advogado. Isso porque pode ser o advogado o responsável pela paralisação do processo, sem que seu cliente tenha conhecimento do fato. Nesse caso, de nada adiantaria intimar o advogado, pois o processo permaneceria abandonado. A intimação pessoal, portanto, é requisito essencial para que se possa prolatar sentença pela causa aqui referida.

No caso de abandono unilateral ocorrido depois do oferecimento de contestação, a intimação pessoal do autor para dar andamento ao processo em cinco dias não pode ser determinada de ofício, dependendo, para ser efetivada, de requerimento do réu (art. 485, § 6º). Tal requerimento é exigido como meio de se impedir a "desistência indireta da ação". Como se verá adiante, após o oferecimento da contestação, a desistência da ação manifestada pelo autor só levará à extinção do processo se o réu com ela concordar. Imagine-se um caso em que o autor, após manifestar a desistência da ação e ver o réu dela discordar, abandone o processo por mais de 30 dias. Se se entendesse possível a extinção do processo de ofício, o demandante conseguiria, por via indireta, aquilo que o ordenamento lhe negara por via direta: a extinção do processo em razão da desistência. Para evitar essa desistência por via oblíqua é que se exige o requerimento do réu para que se possa extinguir o processo sem resolução do mérito em razão do abandono unilateral.

Ocorrendo a extinção do processo por abandono bilateral (se vier a ser identificado algum caso em que ela seja possível), as despesas processuais serão rateadas proporcionalmente pelas partes. No caso de extinção por abandono unilateral, o autor pagará as despesas do processo e honorários de advogado (caso o réu já tenha oferecido contestação), tudo nos termos do art. 485, § 2º.

Outro caso de prolação de sentença terminativa se dá quando o juiz verifica a ausência de algum dos pressupostos processuais (art. 485, IV), tema sobre o qual já se tratou neste trabalho. De todo modo, é preciso fazer uma observação quanto à ausência de um dos pressupostos processuais, a capacidade processual das partes. É que a ausência de capacidade processual não deve levar o juiz a prolatar, de imediato, sentença que ponha termo ao processo sem resolução do objeto do processo. Isso porque devem se diferenciar as consequências do comparecimento do autor sem capacidade e do réu sem o mesmo atributo. Comparecendo o demandado sem preencher todos os requisitos necessários à presença da capacidade processual (por exemplo, o réu é relativamente incapaz e vem a juízo sem estar assistido por seus pais, ou é civilmente capaz, mas comparece desacompanhado de advogado), deverá o juiz fixar prazo para que seja sanado o vício (art. 76 do CPC). Sanado o vício, prossegue normalmente o processo. Decorrido o prazo sem que o réu saneie o vício de capacidade, deverá ser considerado revel, já que esse seu comparecimento é processualmente ineficaz, o que significa dizer que, para o processo, tudo se passará como se o réu não tivesse se manifestado.

Já no caso de ausência de capacidade processual do demandante, também deverá o juiz fixar prazo para que seja sanado o vício. Decorrido este sem que seja suprida a incapacidade, aí sim deverá o processo ser extinto sem resolução do mérito.

Deve, também, extinguir-se o processo sem resolução do mérito quando se "reconhecer a existência de perempção, de litispendência ou de coisa julgada" (art. 485, V).

Dá-se a perempção quando o autor der causa, por três vezes, à extinção do processo por abandono unilateral, caso em que não poderá ele propor novamente a mesma demanda, mas lhe fica ressalvada a possibilidade de alegar seu direito como defesa (art. 486, § 3º). Pois se o mesmo autor abandonar três processos, todos instaurados para apreciação da mesma demanda (entre as mesmas partes, fundada na mesma causa de pedir e com a dedução do mesmo pedido), acarretando assim a prolação de três sentenças terminativas fundadas no inciso III do art. 485, ocorrerá a perempção. Neste caso, se o autor demandar pela quarta vez, este quarto processo (assim como os seguintes) deverá ser extinto sem resolução do mérito, ficando esse autor impedido de ajuizar essa mesma demanda novamente. Trata-se, sem dúvida, de uma sanção contra um comportamento que é evidentemente abusivo, contrário ao princípio da cooperação que norteia todo o sistema processual. Não terá, porém, ocorrido a perda do direito material. Este, todavia, só poderá ser alegado como defesa.

É de se notar que o único caso em que há um limite de vezes em que se pode provocar a extinção do processo é esse. Em outros termos, sendo extinto o processo por outra das razões previstas neste art. 485 (ou em qualquer outra disposição normativa), poderá o autor ajuizar novamente a demanda, sem que haja um número máximo de vezes em que isso se possa repetir (desde que, evidentemente, não haja algum outro obstáculo à repropositura dessa mesma demanda). Assim, por exemplo, o autor poderá dar causa à extinção do processo por desistência da ação quantas vezes quiser, sem que isso o impeça de, novamente, ajuizar a mesma demanda. Só ocorre perempção quando a extinção do processo se dá, por três vezes, *por abandono unilateral do processo*.

É preciso reafirmar, aqui, que a perempção impede o regular exercício do poder de demandar, mas não extingue o direito material da parte, que poderá, assim, exercê-lo em defesa. Exemplifique-se: um Fulano propõe "ação de cobrança" em face de um Beltrano, pleiteando a condenação do réu ao pagamento de uma quantia que este lhe deve. O processo é extinto, sem resolução do mérito, por abandono unilateral. Esse fato se repete por três vezes, dando azo à perempção. Com isso, o Fulano fica impedido de ajuizar novamente a mesma demanda em face do Beltrano, pois, se o fizer, verá o novo processo ser extinto sem resolução do mérito. Pode ocorrer, porém, de o Beltrano demandar o Fulano, pleiteando a condenação deste ao pagamento da quantia. Nesse caso, nada impede que o Fulano alegue em defesa aquele seu direito de crédito, pleiteando, assim, a compensação entre as duas obrigações (mas não poderá ele demandar a cobrança de eventual saldo que, após a compensação, remanesça em seu favor).

Já a extinção do processo por litispendência ou coisa julgada se dá por conta da vedação do *bis in idem*. Em outros termos, o que se quer dizer aqui é que o sistema processual não admite que haja uma ilegítima duplicação de atividades processuais em torno do mesmo objeto. É que a litispendência e a coisa julgada são obstáculos a que se tenha um novo ajuizamento de uma demanda repetida (art. 337, §§ 2º, 3º e 4º).

Assim, proposta uma demanda e instaurado o processo, este estará pendente (litispendência significa, simplesmente, *pendência do processo*). Imagine-se, então, que pendente esse processo, o autor ajuíze novamente a mesma demanda (com as mesmas partes, a mesma causa de pedir e o mesmo pedido), instaurando assim um segundo processo. Pois o estado de litispendência do primeiro será causa de extinção do segundo.

Dito de outro modo, a litispendência (de lide pendente) se dá pela existência do primeiro processo, ou seja, pelo primeiro ajuizamento da demanda. O fato de se ajuizar pela segunda vez a mesma demanda não *gera* litispendência. Em verdade, a litispendência previamente existente impede a repropositura da mesma demanda, e sendo tal demanda reproposta, deverá o novo processo ser extinto sem resolução do mérito.

O mesmo raciocínio se aplica à coisa julgada. É que se uma demanda tiver sido proposta e decidida, já não mais sendo admissível qualquer recurso, terá a decisão se tornado imutável, adquirindo uma autoridade a que se dá o nome de coisa julgada (que será objeto de exame adiante), e este fato impede que a mesma demanda seja novamente ajuizada. Caso se proponha novamente uma demanda já definitivamente julgada (com as mesmas partes, a mesma causa de pedir e o mesmo pedido), o novo processo que agora se instaura será extinto, sem resolução do mérito, em razão da coisa julgada já formada.

Outra hipótese de prolação de sentença terminativa é a da ausência de qualquer das "condições da ação" (legitimidade das partes ou interesse processual), caso em que o processo deverá ser extinto sem resolução do mérito (art. 485, VI). Mais uma vez, está-se diante de tema já apreciado, sendo desnecessária qualquer repetição.

Deve, também, ser proferida sentença terminativa quando se "acolher a alegação de existência de convenção de arbitragem ou quando o juízo arbitral reconhecer sua competência" (art. 485, VII).

Como sabido, conflitos que envolvem partes capazes e direitos patrimoniais disponíveis podem ser solucionados através da arbitragem, nos termos da Lei nº 9.307/1996. A arbitragem, porém, só poderá ser empregada como mecanismo de resolução do conflito se assim convencionarem as partes (através de alguma das modalidades de convenção de arbitragem: cláusula compromissória ou compromisso arbitral). Define-se a cláusula compromissória como "a convenção através da qual as partes em um contrato comprometem-se a submeter a arbitragem os litígios que possam vir a surgir, relativamente a tal contrato" (art. 4º da Lei de Arbitragem). Já o compromisso arbitral pode ser definido como "a convenção através da qual as partes submetem um litígio à arbitragem de uma ou mais pessoas, podendo ser judicial ou extrajudicial" (art. 9º da Lei de Arbitragem).

A vigente sistemática da arbitragem no Brasil equipara os efeitos da cláusula compromissória e do compromisso arbitral, dando a ambas as espécies de convenção de arbitragem eficácia suficiente para provocar a instauração do processo arbitral. Assim, ajuizada demanda que tenha por objeto questão que deva ser submetida à arbitragem, por terem as partes celebrado uma convenção de arbitragem, deverá o processo ser extinto sem resolução do mérito, já que o conflito de interesses existente só poderá ser legitimamente resolvido pelo árbitro.

Convencionada a arbitragem como meio adequado para a resolução do litígio, exclui-se a atuação do Judiciário, que não poderá apreciar o mérito da causa, uma vez que a competência para tal apreciação terá sido transferida, por convenção das partes, para o árbitro ou tribunal arbitral.

Pode ocorrer, no entanto, de haver sido celebrada uma convenção de arbitragem e ainda assim uma das partes ajuizar demanda perante órgão do Judiciário. Neste caso, se a parte demandada alegar, na contestação, a existência da convenção de arbitragem (demonstrando sua existência, evidentemente), caberá ao juiz proferir sentença terminativa, extinguindo o processo sem resolução do mérito, a fim de assegurar que em sede arbitral seja resolvido o conflito. Não se pode, porém, extinguir o processo por este fundamento *ex officio* (art. 337, § 5º), sendo certo que a ausência de alegação da existência de convenção de arbitragem na contestação implica aceitação da jurisdição estatal e renúncia à arbitragem (art. 337, § 6º).

Situação análoga é a daquela em que há dois processos instaurados simultaneamente com o mesmo objeto, sendo um deles perante órgão do Judiciário e o outro perante árbitro ou tribunal arbitral. Pois neste caso, reconhecida pelo árbitro (ou tribunal arbitral) sua competência, e chegando tal decisão ao conhecimento do juiz, deverá ser extinto o processo judicial sem resolução do mérito. Isto se dá em respeito à regra por força da qual incumbe ao árbitro apreciar e afirmar sua própria competência (regra *Kompetenz-Kompetenz*). Neste caso, então, o processo arbitral prosseguirá e o processo judicial será extinto sem resolução do mérito. Caso se queira discutir a validade da convenção de arbitragem ou do processo arbitral, isto só poderá acontecer após a prolação da sentença arbitral, em processo que se instaure para apreciação de demanda de anulação da sentença arbitral (art. 20, § 2º, da Lei de Arbitragem).

Há, porém, uma hipótese em que a celebração de compromisso arbitral não leva o juiz a extinguir o processo sem resolução do mérito. Trata-se da hipótese de "ação de substituição de compromisso arbitral" (art. 7º da Lei de Arbitragem). Nesse caso, em que a parte vai a juízo pleiteando a prolação de sentença que produza os mesmos efeitos de um compromisso arbitral que deveria ter sido celebrado, mas não o foi em razão da recusa do demandado, a celebração do compromisso em juízo levará o juiz a extinguir o processo com resolução do mérito, em razão da autocomposição do conflito.

Também será proferida sentença terminativa, extinguindo-se o processo sem resolução do mérito, quando for homologada a desistência da ação (art. 485, VIII). O direito de ação, como já se pôde ver em passagem anterior deste estudo, é direito de que todos são titulares, e que a todos permite atuar em juízo, em contraditório, ao longo de todo o processo, para contribuir para a formação de um resultado que a parte pretende lhe seja favorável. Pois é perfeitamente possível que o demandante, com o processo em curso, desista de continuar a exercer seu direito de ação, requerendo ao juiz, então, que dê por encerrado o processo, mas sem resolver o mérito da causa (o qual, permanecendo sem solução, poderá ser posteriormente trazido a juízo novamente, em outro processo). Manifestada a desistência da ação, este ato da parte será homologado por sentença, encerrando-se o processo sem resolução do mérito.

Acontece que, conforme também já se viu em passagem anterior deste livro, o direito de ação não é exercido no processo apenas pelo autor, mas também pelo réu. Este, a partir do momento em que oferece contestação, passa a exercer seu direito de ação e tem tanto direito quanto o autor a ver o mérito da causa resolvido. Exatamente por isso é que, nos termos do § 4º do art. 485, depois do oferecimento da contestação o processo só pode ser extinto por desistência se o réu concordar. Impende, então, que ambas as partes desistam de continuar a exercer seus direitos de ação no processo, de modo que não haja mais razão para com ele prosseguir. Tendo o autor, porém, desistido da ação depois do oferecimento da contestação, mas não concordando o réu com a prolação de sentença terminativa, o processo deverá seguir normalmente em direção à resolução do mérito da causa.

É por conta disso que, diferentemente do que se dá com os atos processuais das partes em geral, a desistência da ação não produz efeitos desde logo, fazendo-se essencial, para que tais efeitos se produzam, sua homologação, conforme dispõe o art. 200, parágrafo único, do CPC. É que, sendo ela manifestada antes da contestação ser oferecida, é ato unilateral, devendo ser homologada sem que se faça necessária a oitiva do demandado. Já no que concerne à desistência manifestada depois de a contestação ter sido apresentada, faz-se necessária a prática de atos processuais dispositivos concordantes, o que significa dizer que, manifestada a desistência depois do oferecimento da resposta, faz-se necessário o consentimento do réu para que ela possa ser homologada por sentença, extinguindo-se o processo sem resolução do mérito. Tal regra, como já visto, se explica pelo fato de que o demandado, tanto quanto o demandante, exerce no processo seu poder de ação, e tem direito de postular tutela processual em seu favor. Assim, no caso de já terem ambas as partes dado início ao exercício do direito de ação, só se poderá extinguir o processo por desistência se ambas tiverem aberto mão de obter a resolução do mérito.

Relembre-se, por fim, que a desistência indireta da ação deve ser evitada. Assim, já oferecida a contestação (e sendo, portanto, exigido seu consentimento para que o autor possa, eficazmente, desistir da ação), não se poderá admitir a extinção do processo por abandono unilateral (art. 485, III) sem que haja provocação do demandado, sob pena de ao autor ser permitido obter por via oblíqua o que não lhe permite a lei conseguir por via direta.

Estabelece o inciso IX do art. 485 que será proferida sentença terminativa se, "em caso de morte da parte, a ação for considerada intransmissível por disposição legal". Este é dispositivo cuja redação merece crítica. Em primeiro lugar, equivoca-se o texto normativo ao usar o termo "morte". É que apenas as partes que sejam pessoas naturais morrem, mas não as pessoas jurídicas. E estas também podem encontrar-se na posição jurídica de que aqui se trata. Melhor do que falar em "morte da parte", então, seria falar da hipótese em que a parte deixa de existir.

Além disso, fala a lei processual em ser intransmissível "a ação". Tem-se, aí, uma inaceitável (e inexplicável) confusão entre a ação, fenômeno que se manifesta no plano processual, e as posições jurídicas de direito material. Estas é que, sendo intransmissíveis, podem levar à extinção do processo. É que pode acontecer de em um processo ter sido deduzida alguma posição jurídica ativa (como um direito) ou passiva (como uma obrigação) que seja intransmissível aos sucessores de seu titular. Pois nesses casos, deixando a parte de existir, o processo precisa ser extinto sem resolução do mérito.

Pense-se, por exemplo, no caso de o demandante ter ido a juízo para pedir a condenação do Estado a lhe fornecer um medicamento muito caro. Ocorrendo o falecimento do demandante, não há qualquer utilidade em prosseguir-se com este processo (já que nenhuma utilidade haveria em se fornecer o medicamento para os sucessores do demandante), devendo ele ser extinto sem resolução do mérito.

O mesmo se dá no processo em que o autor postula a condenação do réu ao cumprimento de obrigação de fazer personalíssima, que só pelo devedor pode ser cumprida. Pois se o devedor deixar de existir (morrer, no caso de pessoa natural, ou se extinguir, no caso de pessoa jurídica), não haverá mais quem possa cumprir a prestação, também aqui se tornando inútil prosseguir com o processo, que deverá ser extinto sem resolução do mérito.

Assim, deve-se compreender este inciso IX do art. 485 no sentido de que ele determina a prolação de sentença terminativa quando a causa versar sobre posição jurídica intransmissível e seu titular deixar de existir. É de se notar, aliás, que nessa hipótese a morte da parte é causa de extinção, e não de suspensão do processo.

Além desses casos aqui examinados, o processo de conhecimento será extinto sem resolução do mérito em outras hipóteses previstas em lei (art. 485, X), como, por exemplo, se o autor não requerer, no prazo fixado pelo juiz, a citação de todos os litisconsortes passivos necessários (art. 115, parágrafo único).

Dentre todas as causas de prolação de sentença terminativa enumeradas no art. 485, podem ser conhecidas de ofício as previstas nos incisos IV (falta de pressupostos processuais), V (perempção, litispendência e coisa julgada), VI (falta de alguma "condição da ação") e IX (intransmissibilidade da posição jurídica de direito material cujo titular era parte que, no curso do processo, deixou de existir). Estas são matérias cognoscíveis de ofício, em qualquer tempo e grau de jurisdição, sobre elas não incidindo preclusão (art. 485, § 3º).

O pronunciamento judicial que não resolve o mérito da causa, via de regra, não impede que a mesma demanda (com as mesmas partes, a mesma causa de pedir e o mesmo pedido) seja novamente proposta (art. 486). Há casos, porém, em que esta repropositura não será possível. É o que se dá no caso de extinção por litispendência, em que só seria possível ajuizar novamente a demanda se o primeiro processo pendente viesse a ser extinto sem resolução do mérito. Do mesmo modo, no caso de extinção por indeferimento da petição inicial só se admite uma nova propositura da mesma demanda se uma nova petição inicial for elaborada, corrigido o vício que acarretou a extinção do primeiro processo. Assim também, no caso de extinção por falta de pressuposto processual ou de "condição da ação" a demanda só poderá ser proposta novamente se o pressuposto faltante ou a "condição" ausente for preenchida, sanando-se o vício. Por fim, no caso de extinção fundada na existência de convenção de arbitragem, só poderá ser proposta novamente a mesma demanda se a convenção arbitral for reputada inválida (pelo árbitro ou tribunal arbitral) ou se a sentença arbitral for anulada por não ser caso de solução arbitral do litígio.

Pois é exatamente para tratar dessas hipóteses que o CPC estabelece, expressamente (art. 486, § 1º), que "[n]o caso de extinção em razão de litispendência e nos casos dos incisos I, IV, VI e VII do art. 485, a propositura da nova ação depende da correção do vício que levou à sentença sem resolução do mérito".

Em qualquer caso em que tenha sido extinto o processo sem resolução do mérito, só se admitirá nova propositura da demanda se a petição inicial vier acompanhada da prova do pagamento ou do depósito das custas processuais e honorários advocatícios devidos em função do processo anterior (art. 486, § 2º).

Vistos os casos em que se profere sentença terminativa, impende agora examinar as hipóteses que levam à prolação de sentença definitiva, que são aqueles casos em que o processo de conhecimento é extinto com resolução do mérito (art. 487).

O primeiro caso, mencionado na legislação processual, em que deve o juiz proferir sentença definitiva, é o que se pode considerar como o da extinção normal do processo de conhecimento: aquele em que o juiz acolhe ou rejeita o pedido formulado na demanda principal ou na reconvenção (art. 487, I). Trata-se da hipótese em que o juiz emite um julgamento acerca da pretensão deduzida através do pedido formulado, seja para julgá-lo procedente, seja para considerá-lo improcedente.

Nunca é demais lembrar que o mérito da causa, ou seja, o objeto do processo (*Streitgegenstand*), é a pretensão processual formulada pelo autor através de seu pedido (o qual, como se sabe, é um dos elementos identificadores da demanda). Assim sendo, julgar o pedido do autor (ou do réu-reconvinte) corresponde a julgar o mérito da causa. Por essa razão é que, nos termos do art. 487, I, haverá resolução (e aqui se pode dizer, sem medo de errar, haverá *julgamento*) do mérito quando o juiz julgar o pedido formulado pelo autor procedente (acolhendo-o) ou improcedente (rejeitando-o). Essa é a situação mais frequente, não sendo necessário mais do que a observação da realidade forense cotidiana, para que se afirme que a maior parte dos processos cognitivos se encerra com a prolação de uma sentença que julgue o pedido procedente ou improcedente.

É preciso dizer que não se deve falar em "procedência ou improcedência da ação". Isso porque a procedência é da pretensão, do pedido, sendo certo que este não se confunde com o poder de ação. O pedido é, tão somente, um dos elementos identificadores da demanda, ato de impulso inicial do exercício da atividade jurisdicional, não se podendo confundir, sob pena de se comprometer a construção teórica realizada em torno do conceito de ação, esta com o pedido. As expressões "ação procedente" e "ação improcedente", portanto, embora de uso corrente na praxe forense, devem ser consideradas tecnicamente inadequadas e, por conseguinte, de utilização imprópria.

Entre os casos de improcedência do pedido estão aqueles em que o juiz, de ofício ou por provocação, pronuncia a decadência ou a prescrição (art. 487, II, valendo aqui registrar que só se pode conhecer de ofício da decadência quando esta for estabelecida por lei, conforme se lê no Enunciado nº 521 do FPPC). É que, na verdade, prescrição e decadência são fundamentos de decisões de improcedência. Pense-se, por exemplo, no caso em que alguém postula a anulação de um negócio jurídico depois de decorrido o prazo decadencial a que se submete o direito à anulação. Pois, neste caso, o juiz deverá declarar improcedente o pedido formulado pelo autor, uma vez que não tem ele direito à anulação pretendida.

O mesmo raciocínio se aplica aos casos de prescrição. Figure-se, à guisa de exemplo, a hipótese de se cobrar dívida prescrita. Sendo reconhecida a prescrição, deverá o juiz julgar improcedente o pedido de cobrança, rejeitando-o.

A rigor, portanto, prescrição e decadência são fundamentos da improcedência, e este inciso II do art. 487 nem sequer precisaria existir autonomamente. Deixar claro o ponto, porém, evita dúvidas e divergências absolutamente desnecessárias, motivo pelo qual não há razão para se criticar o texto normativo por sua clareza. Por isso é que se aproveita o ensejo para aprofundar o ponto um pouco mais.

Tema dos mais polêmicos, a cujo respeito os civilistas (a cuja disciplina pertence o estudo do tema) não conseguiram, até hoje, chegar a qualquer acordo, é o da precisa definição desses dois importantes fenômenos. Sem querer aqui apresentar um tratado sobre o tema, limito-me a apresentar minha visão sobre a matéria, certo de que tais considerações serão importantes para que se possa tornar claro o que será dito em seguida, quando da análise específica do disposto no inciso II do art. 487 do CPC.

Não há grande divergência entre os civilistas quanto ao conceito de decadência. É frequente a afirmação de que a decadência é a perda de um direito pelo decurso do tempo. Alguns autores afirmam, ainda, que a prescrição difere da decadência porque nela não se extingue diretamente o direito, mas a pretensão (ou, segundo outros, a ação). Essas afirmações, porém, não são unânimes. Assim, por exemplo, autores há que afirmam que tanto a prescrição como a decadência atingem o direito, nenhum dos dois, portanto, fazendo perecer a ação ou a pretensão.

As divergências doutrinárias acerca da distinção entre prescrição e decadência decorrem da ausência de um critério seguro para diferenciar os dois institutos. Parece, porém, inaceitável o critério segundo o qual a prescrição atingiria a ação e a decadência, o direito. É de se concordar com os autores que afirmam ser a prescrição um instituto que, assim como a decadência, atinge o direito material. Essa, aliás, é a única conclusão a que pode chegar quem defenda uma concepção abstrata do poder de ação. Como já se viu em passagem anterior deste estudo, o direito de ação é abstrato, o que significa dizer que ele existe ainda que o demandante não tenha o direito material afirmado na demanda. Em outros termos, também nos casos de improcedência do pedido há exercício regular do direito de ação. Assim sendo, aquele que vai a juízo alegando ser titular de um direito, e vê reconhecida a prescrição (ou a decadência), terá regularmente exercido seu direito de ação, uma vez que todas as preliminares terão sido superadas (inclusive a referente à presença das "condições da ação"), e estará o juiz julgando (aqui o caso é de efetivo julgamento, como já se viu) o objeto do processo (art. 487, II).

Verifica-se, pois, que tanto a decadência como a prescrição só serão apreciadas e reconhecidas pelo juízo no caso de ser possível o exame do mérito do processo, razão pela qual se torna natural a afirmação de que ambos os institutos estão ligados ao perecimento do direito material, e não ao direito de ação.

É de se observar, ainda, que o Código Civil, rompendo com a tradição sustentada pelo seu antecessor, de 1916, não afirma que a prescrição atinge a ação. Adere a lei civil, porém, a outro entendimento igualmente criticável: o de que a prescrição faria desaparecer a pretensão (art. 189 do CC). É preciso esclarecer que o conceito de pretensão adotado pela lei civil é o que tem origem na obra de Bernard Windscheid, para quem a pretensão seria o poder de exigir de outrem o cumprimento de uma prestação. Dizia o jurista alemão, em notório estudo sobre o conceito romano de *actio*, que esta seria o termo para designar o que se pode exigir de outrem, ou seja, a pretensão. E era o mesmo jurista quem afirmava que a prescrição faria desaparecer a pretensão. Esse entendimento conta com adesões na doutrina brasileira do Direito Civil e, como dito, foi adotado expressamente pelo Código Civil vigente, mas é inaceitável. Isso porque o próprio conceito de pretensão de Windscheid é inaceitável. O único conceito de pretensão que se pode aceitar é o processual, estabelecido por Carnelutti (entendendo-se pretensão como *a intenção de submeter o interesse alheio ao próprio*). O conceito de pretensão como instituto de direito material, que Windscheid tentou estabelecer, é incompatível com a autonomia do Direito Processual. Isso porque a pretensão seria, segundo aquele jurista alemão, um instituto que ficaria a meio caminho entre o direito subjetivo e o direito de ação. Segundo a teoria aqui criticada, o direito subjetivo seria uma figura distinta da pretensão. Assim sendo, por exemplo, no momento que uma pessoa empresta a outra uma quantia, marcando-se o vencimento da dívida para uma semana depois do empréstimo, surgiria para o credor, na data da realização do empréstimo, o direito de receber o pagamento (e esse direito tanto seria existente que o credor poderia receber o pagamento mesmo antes do vencimento da obrigação), mas nesse momento ainda não existiria o poder de exigir a prestação, ou seja, ainda não teria nascido a pretensão. Esta só surgiria com a violação do direito subjetivo. Em outros termos, vencida e não paga a dívida, nasceria para o credor uma posição jurídica nova, a pretensão, que seria o poder de exigir o pagamento. Esse poder seria o alvo da prescrição, se não exercido no prazo previsto em lei. Em outras palavras, decorrido o prazo prescricional, sempre segundo a teoria aqui criticada, o direito subjetivo continuaria existindo, mas não seria mais possível ao seu titular exigir do devedor o pagamento. Esse conceito de pretensão, todavia, é inteiramente dispensável. São dois os planos do ordenamento jurídico, o substancial e o processual, e em cada um deles se encontra uma posição jurídica: o direito subjetivo e a ação. Aquele que vai a juízo cobrar dívida ainda não vencida é "carecedor de ação" por falta de interesse de agir. A sentença que na hipótese será proferida será puramente processual, determinando a extinção do feito sem resolução do mérito, e nada dizendo sobre aspectos substanciais. Por outro lado, cobrando-se em juízo uma dívida já vencida, julga-se o mérito da causa, afirmando-se a existência ou inexistência do direito subjetivo. A pretensão material, com todas as vênias, é conceito absolutamente dispensável, que em rigorosamente nada contribui para a ciência jurídica. A inclusão desse conceito no Direito brasileiro, pelo Código Civil, inova na cultura jurídica brasileira, que sobreviveu sem ele durante todos esses anos, e dele jamais precisou. A prescrição, reafirma-se, faz desaparecer o próprio direito subjetivo, e seria inaceitável a afirmação de que o direito subjetivo sobrevive à prescrição, sob pena de se ter de afirmar a existência de um direito material insuscetível de realização jurisdicional, o que contraria o princípio da efetividade do processo (segundo o qual o processo deve ser capaz de dar a quem tenha um direito tudo aquilo que ele tenha o direito de obter). A prescrição é, pois, um fenômeno capaz de extinguir o próprio direito subjetivo.

Interessante notar que, nos termos do parágrafo único do art. 487, e como aplicação do princípio do contraditório – entendido como garantia de participação com influência e não surpresa –, "a prescrição e a decadência não serão reconhecidas sem que antes seja dada às partes oportunidade de manifestar-se".

Ora, se a decadência ou a prescrição tiver sido deduzida como matéria de defesa pelo réu, evidentemente terá de ser ouvido o autor. Tendo a alegação ocorrido na contestação, aliás, o autor necessariamente terá garantida a oportunidade de manifestar-se em réplica (art. 350). A disposição deste parágrafo único é relevante, especialmente, para os casos em que o juiz suscitar a questão da decadência ou da prescrição de ofício. Neste caso, deverá ser dada a ambas as partes oportunidade para manifestarem-se acerca da prescrição ou da decadência. E aqui há um dado relevante: suscitada de ofício a questão atinente a ter havido prescrição, e aberta a oportunidade para manifestação das partes, o silêncio do devedor deve ser interpretado como renúncia tácita à prescrição (art. 191 do CC). Assim, silenciando o devedor sobre a matéria quando provocado de ofício pelo juiz para sobre ela manifestar-se, deverá o juiz reputar tacitamente renunciada a prescrição, o que a impedirá de a pronunciar.

Há, porém, nesse parágrafo único do art. 487 uma ressalva que precisa ser adequadamente compreendida. É que ali se faz uma ressalva ao disposto no art. 332, § 1º, que prevê o julgamento de improcedência liminar do pedido quando se reconhecer desde logo a decadência ou a prescrição. Impende, porém, considerar que a ressalva prevista na lei significa que nesse caso o juiz não terá de ouvir, antes de proferir a sentença por este fundamento, "[as] partes" (como consta do texto normativo do parágrafo único do art. 487). Não se extraia daí, porém, que não seria necessário ouvir sequer o autor. É que a prévia oitiva deste resulta da incidência do disposto no art. 9º. Em outros termos, caso o juiz verifique desde logo que pode ter ocorrido a prescrição ou a decadência e, portanto, que pode ser caso de julgamento de improcedência liminar do pedido, deverá abrir vista ao autor para que se manifeste sobre o ponto, somente podendo decidir com base nesse fundamento depois de ter assegurado ao autor oportunidade para manifestar-se (arts. 9º e 10). De outro lado, verificando o juiz que pode ser caso de ter-se consumado a decadência ou a prescrição após o oferecimento da contestação, a decisão com base nesse fundamento só poderá ser proferida depois de se dar oportunidade de manifestação a ambas as partes (arts. 9º, 10 e 487, parágrafo único).

Tanto na prescrição como na decadência, portanto, desaparece o direito material, mantendo-se íntegro o direito de ação. Resta, pois, buscar outro critério distintivo entre os dois institutos. Pois o único critério seguro é o que distingue prescrição de decadência pelo tipo de direito material atingido. Isso porque, como se sabe, há direitos materiais subjetivos (aos quais corresponde um dever jurídico, como o direito de crédito) e direitos materiais potestativos (ou de formação, aqueles aos quais corresponde uma sujeição de um dos sujeitos da relação jurídica, como o direito que tem o cônjuge de anular o casamento por erro essencial quanto à pessoa do outro cônjuge). Prescrição é a perda de um direito subjetivo pelo decurso do tempo, enquanto decadência é a perda de um direito potestativo pelo mesmo fundamento. Assim sendo, pode-se afirmar que tanto a prescrição como a decadência atingem o direito material, sendo assim acertada a inclusão dos dois institutos como matérias integrantes do objeto do processo. A insistência de alguns setores da doutrina em considerar a prescrição como a extinção da ação (ou da pretensão) é incoerente com a tomada de posição do Direito Processual brasileiro, sendo certo que esses autores deveriam, por coerência, afirmar que o reconhecimento da prescrição teria como consequência a extinção do processo sem resolução do mérito. A opinião aqui defendida, salvo melhor juízo, é coerente com o direito objetivo, razão pela qual é sustentada.

Observe-se, porém, que a afirmação feita anteriormente, de que a prescrição seria a perda do direito subjetivo pelo decurso do tempo, é, em verdade, uma simplificação. A decadência é, verdadeiramente, a perda do direito potestativo pelo decurso do tempo. O mero fato de ter decorrido o prazo decadencial faz com que pereça o direito potestativo. Já com a prescrição as coisas se passam de modo um pouco diferente. Isso porque a prescrição é, a rigor, um procedimento, isto é, uma sequência de fatos e atos, e não um simples fato jurídico. Para que o direito subjetivo desapareça pela prescrição, é preciso que ocorram diversos fatos que, encadeados, provocam o perecimento do direito. Não basta o decurso do prazo para que a prescrição se consuma.

Para ocorrer a prescrição, é preciso, em primeiro lugar, que tenha decorrido o prazo previsto em lei. Isso, porém, não é suficiente. É preciso ainda que, depois de decorrido o prazo prescricional, o credor ajuíze sua demanda (porque, evidentemente, ajuizada a demanda antes do termo final do prazo prescricional, não terá havido prescrição, já que o primeiro fato integrante do procedimento prescricional não terá ocorrido). Ajuizada a demanda depois de decorrido o prazo prescricional, é preciso que o devedor, ao se manifestar no processo, alegue a prescrição. Como sabido, o devedor, uma vez citado, pode ter diversas atitudes, sendo absolutamente excepcional que a prescrição venha a ocorrer. Isso porque o devedor, uma vez citado, pode ficar revel; pode renunciar à faculdade de alegar a prescrição; pode reconhecer a procedência do pedido; pode se defender sem alegar prescrição; e, por fim, pode defender-se alegando a consumação do prazo prescricional. Somente nesta última hipótese (uma, em cinco possíveis condutas do devedor no processo) é que se consumará a prescrição. É, pois, a prescrição, um procedimento, composto por três fatos: o decurso do prazo, a propositura da demanda após o termo final daquele prazo, a alegação da prescrição pelo devedor. Apenas com o concurso desses três fatos é que se pode considerar desaparecido o direito subjetivo em razão da prescrição. E por isso o juiz não pode reconhecer a prescrição antes de ouvir as partes sobre a matéria. Aqui não se trata apenas de impedir decisões-surpresa, mas de constatar que o juiz não pode declarar uma prescrição que ainda não ocorreu (já que só ocorrerá quando o demandado alegar). Por outro lado, essa tese permite que se compreenda por que não se pode repetir pagamento feito após o decurso do prazo prescricional. É que tendo sido o pagamento feito depois do termo final do prazo, mas antes de completado o procedimento prescricional, não houve ainda a prescrição, e o direito subjetivo ainda existia (ou, o que dá na mesma, a obrigação do devedor ainda existia). A prescrição é, pois, a perda do direito subjetivo em razão de uma sequência de fatos, um procedimento, composto por três elementos: o decurso do prazo, o ajuizamento intempestivo da demanda, a alegação pelo demandado.

Registre-se, porém, que no caso de se reconhecer a prescrição como fundamento da sentença de improcedência liminar do pedido, fica dispensada a prévia oitiva do demandado, o que implica dizer que aí há uma presunção de que o demandado a alegaria, daí resultando a possibilidade de prolação de sentença de mérito independentemente da citação do réu.

Além dos casos em que o juiz julga o pedido (procedente ou improcedente), casos há em que o mérito da causa se resolve sem que ocorra efetivamente um julgamento. São os casos em que as partes alcançam a solução do conflito por autocomposição, incumbindo ao juiz tão somente verificar a validade do ato pelas partes celebrado e, constatada a inexistência de vícios, promover sua homologação.

Pois é isto que acontece quando o juiz homologa o reconhecimento da procedência do pedido, a transação ou a renúncia à pretensão, fenômenos que só podem ocorrer validamente se o direito material deduzido no processo admite autocomposição.

O reconhecimento da procedência do pedido é o ato pelo qual o demandado (réu ou autor-reconvindo) dá razão ao demandante, afirmando expressamente que sua pretensão (do autor ou réu-reconvinte) é fundada e deve ser acolhida. O reconhecimento do pedido pode ser definido como ato unilateral através do qual o réu reconhece, total ou parcialmente, a juridicidade da pretensão deduzida pelo autor, possibilitando a extinção do processo com resolução de mérito. Em outros termos, o reconhecimento da procedência do pedido é a declaração do réu de que o pedido do autor é juridicamente fundado.

Nesse caso, então, quem afirma ser procedente o pedido formulado pelo demandante não é o juiz, mas o demandado, e a sentença é meramente homologatória do reconhecimento. Tal sentença, porém, é em tudo e por tudo equivalente a uma sentença de procedência do pedido.

A transação, por sua vez, é o negócio jurídico por meio do qual as partes, através de concessões mútuas, põem fim ao seu conflito. Trata-se de contrato regulado no art. 840 do Código Civil e pode ser definida como o negócio jurídico bilateral através do qual as partes previnem ou extinguem relações jurídicas duvidosas ou litigiosas, por meio de concessões recíprocas, ou ainda em troca de determinadas vantagens pecuniárias. Como se verifica pela disposição legal referida, bem como pela definição apresentada, a transação é uma forma de extinção de relações jurídicas substanciais mediante concessões recíprocas feitas pelos interessados. Celebrada a transação quando tal relação jurídica já se encontrava deduzida em um processo, deverá este ser extinto, com resolução do mérito, através de sentença homologatória do ato compositivo.

Neste caso, incumbe ao juiz proferir sentença homologatória da transação, a qual corresponde rigorosamente a uma sentença de procedência parcial, sendo certo que o conteúdo daquilo que ao demandante será reconhecido resulta do negócio jurídico de direito material celebrado pelas partes (e não do julgamento do juiz).

Por fim, a renúncia à pretensão é o ato pelo qual o demandante abre mão, definitivamente, daquilo que postulou em juízo. Dito de outro modo, a renúncia à pretensão é o ato dispositivo unilateral mediante o qual o demandante abdica de sua pretensão processual, com o que se obtém a autocomposição do conflito. Não se deve confundir a hipótese presente com a desistência da ação, pois que nesta última, que leva à extinção do processo sem resolução do mérito, o autor abre mão apenas de sua posição processual, sem que se faça qualquer alteração nas posições de direito material, referentes ao objeto do processo. Já na renúncia, que tem como consequência a extinção do processo com resolução do mérito (mas sem o seu julgamento, já que a sentença aqui será meramente homologatória), o demandante abre mão de sua pretensão processual, a qual corresponde ao próprio objeto do processo, razão pela qual a mesma pretensão jamais poderá ser levada a juízo novamente, sendo o mérito do processo resolvido pela sentença.

Neste caso, a sentença homologatória equivale perfeitamente a uma sentença de improcedência do pedido, tendo sido o próprio demandante, por ato voluntário – e não o juiz – a afirmar que o pedido por ele formulado deveria ser rejeitado.

Pode ocorrer de o juiz verificar estarem presentes duas causas de extinção do processo de conhecimento, sendo uma causa de extinção sem resolução do mérito e a outra de extinção com resolução do mérito. Pense-se, por exemplo, na hipótese de o juiz verificar que falta um pressuposto processual (por exemplo, a demanda não foi regularmente formulada, faltando requisitos essenciais à petição inicial e não tendo o demandante, não obstante regularmente intimado a fazê-lo, emendado sua petição) e, também, que se operou a decadência. Pois é preciso verificar qual deve ser a atitude do juiz em casos assim: extinguir o processo com ou sem resolução do mérito.

Nesses casos, deverá o juiz verificar, em primeiro lugar, quem seria beneficiado pela extinção do processo sem resolução do mérito. É preciso aqui evitar a solução simplista consistente em achar que a extinção do processo sem resolução do mérito é sempre ruim para o autor e benéfica para o réu. Não é bem assim.

É preciso, sempre, verificar quem é o destinatário da proteção jurídica outorgada pela norma jurídica que prevê a hipótese de extinção sem resolução do mérito. Pense-se, por exemplo, na extinção por ausência de capacidade postulatória. Neste caso, prevê-se a extinção do processo sem resolução do mérito porque o demandante não tem advogado regularmente constituído (arts. 76, § 1º, I, e 485, IV). Pois a regra é claramente destinada a estabelecer uma proteção para o demandante, evitando que ele prossiga em um processo sem adequada defesa técnica, o que geraria – caso ocorresse – uma grande probabilidade de que ficasse vencido mesmo tendo razão, já que possivelmente não saberia valer-se adequadamente do instrumental jurídico-

-processual existente. Ora, mas se o juiz verifica que, mesmo não estando o autor representado por advogado, estão presentes elementos que permitam afirmar que seu pedido é procedente, não haveria qualquer razão para extinguir-se o processo sem resolução do mérito. Em situações assim, deve o processo ser extinto com resolução do mérito, o que dará ao beneficiário da norma uma proteção ainda maior do que a que ele teria com a prolação de sentença terminativa.

Pense-se, agora, no caso de se verificar que o processo poderia ser extinto sem resolução do mérito por litispendência (o que beneficiaria o réu, evitando que ele tenha de se defender em dois processos distintos), mas também que se operou a decadência. Pois é muito maior a proteção para o réu se for desde logo pronunciada a decadência e, por conseguinte, declarada a improcedência do pedido formulado pelo demandante, do que se o processo for extinto sem resolução do mérito.

Adota-se, pois, no sistema processual brasileiro, o princípio da primazia da resolução do mérito, o qual, por força do disposto no art. 488, leva a que se afirme que, "[d]esde que possível, o juiz resolverá o mérito sempre que a decisão for favorável à parte a quem aproveitaria eventual pronunciamento nos termos do art. 485".

15.3. ELEMENTOS

A sentença, formalmente considerada, é um conjunto formado por três integrantes: relatório, fundamentação e dispositivo. Sendo estes os integrantes da sentença, as partes do todo, a eles dá-se o nome de elementos da sentença (art. 489). E são todos três elementos essenciais, já que não podem, de maneira alguma, faltar. A ausência de cada um deles, como se poderá ver adiante, acarreta consequências relevantes, as quais podem ser até mesmo conhecidas de ofício.

Esses três elementos não precisam, necessariamente, vir expostos na ordem em que aparecem no texto do art. 489. É perfeitamente possível, por exemplo, iniciar-se a sentença pelo seu dispositivo (dizendo-se algo como "esta é uma sentença de improcedência do pedido formulado na seguinte causa...", apresentando-se em seguida o relatório do processo e a fundamentação do julgamento já anunciado). Tampouco se deve considerar que os três elementos precisam estar formalmente separados, como capítulos de um livro. Assim, ainda que o juiz anuncie ter separado formalmente os três elementos (o que normalmente se vê, com os juízes se valendo de uma fórmula para anunciar o término do relatório e o início da fundamentação que é algo como "é o relatório, passa-se a decidir" e, em seguida, anuncia-se o término da fundamentação e o início da parte dispositiva com algo como "diante do exposto, julga-se..."), esta separação não é necessariamente rígida. Basta pensar que – como se verá melhor adiante – o dispositivo é a parte conclusiva da sentença e, por isso, todas as decisões que o juiz profira ao longo da sentença o integram.

Ocorre que, com muita frequência, vê-se na prática o juiz proferir decisões sobre questões preliminares naquilo que ele formalmente chama de "fundamentação", reservando o dispositivo apenas para a decisão de mérito. Assim não é, porém, e as decisões acerca das questões preliminares, decisões que são, integram o dispositivo (onde quer que estejam escritas tais decisões). Pois é exatamente por isto que o §

3º do art. 489 estabelece que "[a] decisão judicial deve ser interpretada a partir da conjugação de todos os seus elementos e em conformidade com o princípio da boa-fé".

15.3.1. Relatório

Relatório é a síntese do processo. Trata-se de um resumo, no qual o juiz narrará, sinteticamente, tudo aquilo de relevante que tenha ocorrido ao longo do processo.

Estabelece o inciso I do art. 489 que o relatório "conterá os nomes das partes, a identificação do caso, com a suma do pedido e da contestação, e o registro das principais ocorrências havidas no andamento do processo". Deve o juiz, então, declarar no relatório quem são as partes, fazer um resumo do caso (o que implica dizer que é preciso fazer uma narrativa sintética da causa de pedir), descrevendo – ainda que abreviadamente – qual foi o pedido formulado. Em seguida, deverá o juiz apresentar uma descrição resumida da contestação e de todos os acontecimentos relevantes do processo (como a existência e o teor de reconvenção, incidentes importantes que tenham sido instaurados e decididos, provas que tenham sido produzidas etc.). A exigência de que a sentença contenha um relatório do processo está, obviamente, ligada à necessidade de que o juiz, ao sentenciar, conheça bem o processo que será decidido.

Vale registrar que não se exige relatório nas sentenças proferidas nos processos que tramitam perante os Juizados Especiais Cíveis (art. 38 da Lei nº 9.099/1995). E essa diferença permite compreender as razões pelas quais o CPC exige o relatório.

É que, no sistema processual regido pelo CPC, os atos processuais são espaçados do ponto de vista temporal, havendo intervalo de tempo (que pode ser bastante grande) entre eles. Além disso, é perfeitamente possível que ao longo do processo vários juízes passem pelo processo. Com isso, pode ocorrer de o juiz a quem incumbe proferir a sentença não ser o mesmo magistrado perante quem vários atos relevantes foram praticados (e ainda que se trate do mesmo juiz, não há como exigir que ele se lembre, de cor, do conteúdo de todos os atos daquele específico processo). Exigir a elaboração do relatório, portanto, foi a forma encontrada pela lei processual para impor ao juiz o dever de estudar a íntegra dos autos antes de julgar a causa.

Já no sistema processual dos Juizados Especiais todos os atos processuais relevantes ocorrem em audiência de instrução e julgamento (na qual as partes são ouvidas e a prova é colhida, na forma do art. 28 da Lei nº 9.099/1995). E por força desse mesmo art. 28, a sentença deve ser proferida na própria audiência de instrução e julgamento (o que, na prática, nem sempre acontece, em flagrante descumprimento da lei processual). Ora, se todos os atos relevantes ocorrem diante do juiz, a quem incumbe desde logo proferir sentença, não há qualquer razão para exigir do magistrado que elabore um relatório, já que ele evidentemente conhece – e se lembra do seu teor – o conteúdo dos atos do processo.

Sendo o relatório elemento essencial da sentença, deve-se considerar que a sentença a que falte relatório é nula, podendo o vício ser reconhecido de ofício (desde que, evidentemente, se demonstre que da ausência deste elemento resultou algum prejuízo).

15.3.2. Fundamentação

A Constituição da República estabelece, em seu art. 93, IX, que toda decisão judicial será fundamentada, sob pena de nulidade. O princípio da fundamentação das decisões judiciais, portanto, é um dos integrantes do modelo constitucional de processo que deve necessariamente ser observado no processo civil brasileiro (art. 1º). Pois é exatamente por isso que o art. 11 do CPC estabelece, reproduzindo a disposição constitucional, que serão "fundamentadas todas as decisões, sob pena de nulidade", sendo esta uma das normas fundamentais do processo civil, estudadas em passagem anterior deste trabalho.

Impende aqui, porém, aprofundar um pouco mais o estudo da fundamentação da sentença (e das demais decisões judiciais).

A fundamentação da decisão judicial é o elemento consistente na indicação das razões que justificam, juridicamente, a conclusão a que se tenha chegado. Este é um ponto essencial: fundamentar é justificar. É que a decisão precisa ser legitimada democraticamente, isto é, a decisão precisa ser constitucionalmente legítima. Para isso, é absolutamente essencial que o órgão jurisdicional, ao decidir, aponte os motivos que justificam constitucionalmente aquela decisão, de modo que ela possa ser considerada a decisão correta para a hipótese. E esses fundamentos precisam ser apresentados substancialmente. Afinal, se os direitos processuais fundamentais (como o direito ao contraditório ou o direito à igualdade) têm de ser compreendidos em sua dimensão substancial – e não em uma dimensão meramente formal –, o mesmo deve se aplicar ao direito fundamental a uma decisão fundamentada.

Em outras palavras, o juiz tem de racionalizar o fundamento de sua decisão estruturando os argumentos em função dos quais ela pode resultar justificada: a fundamentação é, portanto, um discurso justificativo constituído por argumentos racionais. Naturalmente, isto não exclui que nesse discurso existam aspectos de caráter retórico-persuasivo, mas serão em todo caso secundários e desnecessários. Na realidade, o juiz não deve se preocupar em persuadir as partes ou aos demais sujeitos da eficácia ou correção de sua decisão: o que faz falta é que a fundamentação justifique a decisão sobre bases racionais. Evidentemente, sempre será possível que algum dos interessados não se conforme com a decisão e não a repute correta. Mas a fundamentação sempre deve ter por objetivo essa justificação do pronunciamento judicial como resposta correta para o caso submetido à atividade jurisdicional.

O que se pretende dizer com isso é que não terá sido observado o princípio constitucional da fundamentação das decisões se o pronunciamento judicial contiver uma fundamentação meramente formal, que é a rigor um simulacro de fundamentação, ou seja, uma fundamentação fictícia. Afirmações como "presentes os requisitos, defere-se a medida", ou "indefere-se por falta de amparo legal" não são verdadeiras fundamentações, porque não justificam as decisões. Por que se podem considerar presentes os requisitos? E que requisitos são esses? O que significa "falta de amparo legal"? Há alguma vedação? Onde está a proibição? Por que ela se aplica ao caso? Nenhuma dessas perguntas é respondida por fundamentações simuladas, fictícias, como as que foram indicadas acima.

Exige-se, portanto, uma fundamentação verdadeira, suficiente para justificar a decisão, de modo a demonstrar que ela é constitucionalmente legítima. E daí se extrai a íntima ligação que há entre o princípio do contraditório e o da fundamentação das decisões. É que, sendo a decisão construída em contraditório, através da comparticipação de todos os sujeitos do processo, torna-se absolutamente fundamental que a decisão judicial comprove que o contraditório foi observado, com os argumentos deduzidos pelas partes e os suscitados de ofício pelo juiz, todos eles submetidos ao debate processual, tendo sido considerados na decisão.

Sempre vale recordar que um dos elementos formadores do princípio do contraditório é o direito de ver argumentos considerados (que a doutrina alemã chama de *Recht auf Berücksichtingung*). Pois só se poderá saber, no caso concreto, se os argumentos da parte foram levados em consideração na decisão judicial – e, portanto, se o contraditório substancial foi observado – pela leitura dos fundamentos da decisão. Daí a intrínseca ligação entre contraditório e fundamentação das decisões, por força da qual é possível afirmar que, sendo o processo um procedimento em contraditório, torna-se absolutamente essencial que toda decisão judicial seja substancialmente fundamentada.

Ademais, é sempre importante lembrar que as decisões judiciais são atos praticados por agentes estatais. Por força disso, e sendo o juiz um agente estatal que atua em nome do Estado Democrático de Direito (art. 1º da Constituição da República), é preciso que tais atos sejam revestidos de legalidade e de legitimidade.

A legalidade da decisão (entendida como juridicidade, isto é, como compatibilidade com o ordenamento jurídico compreendido em seu todo) é exigida expressamente pelo art. 8º do CPC. A legitimidade é, porém, uma exigência do Estado Democrático de Direito, e precisa estar presente na atuação dos juízes e tribunais.

Ocorre que, diferentemente dos agentes que atuam no Poder Legislativo e no Poder Executivo – os quais são legitimados pelos votos que recebem –, o magistrado não é eleito e, assim, não recebe legitimidade *a priori* da sociedade. Sua legitimidade, então, deve ser estabelecida *a posteriori*. O que se quer dizer com isso é que, enquanto administrador público e legislador são legitimados previamente, e com base nessa legitimidade, conquistada pelo voto, exercem suas funções, o juiz não recebe sua legitimidade previamente por escolha da sociedade. Daí a necessidade de que o juiz se legitime ato a ato. Cada decisão que um juiz ou um tribunal profere precisa ser constitucionalmente legitimada. E isto só ocorrerá se cada uma dessas decisões for proferida em conformidade com a Constituição da República. Acontece que isso só pode ser aferido pela fundamentação da decisão judicial. Os fundamentos da decisão, portanto, são os elementos que permitem a aferição da legitimidade constitucional e democrática dos pronunciamentos judiciais. E tudo isso se revela fundamental quando se considera que uma das características essenciais do exercício do poder em um Estado Democrático de Direito é a controlabilidade dos atos de poder. Em outros termos, não haverá Estado Democrático se não existirem mecanismos capazes de permitir algum tipo de controle dos atos de poder do Estado. Afinal, não há democracia sem controle do poder.

Pois é pela fundamentação da decisão judicial que se permite o exercício de dois tipos de controle das decisões: (a) o controle forte, aquele exercido por órgãos superiores ao que tenha proferido a decisão, e que permite, através de mecanismos destinados a promover o reexame das decisões (como os recursos, a remessa necessária e as demandas autônomas de impugnação), a cassação de decisões erradas; e (b) o controle fraco, isto é, o controle que não pode levar à cassação de atos, mas que, sendo exercido de forma difusa pela sociedade, permite que se debata acerca da correção das decisões judiciais, de modo a contribuir para a melhoria constante da qualidade dos pronunciamentos jurisdicionais.

Por força de tudo quanto até aqui se afirmou, o § 1º do art. 489 estabelece uma espécie de "conteúdo mínimo" da fundamentação da decisão judicial que permita afirmar sua validade. É perfeitamente possível comparar os incisos do art. 489, § 1º – que indicam o que deve constar na decisão judicial para que ela seja tida por válida –, com os incisos do art. 319 (que indicam os requisitos mínimos para que uma petição inicial seja apta a viabilizar o regular desenvolvimento do processo). Ambos esses dispositivos são "roteiros", um a ser seguido por juízes, outro a ser observado por advogados. E do mesmo modo como advogados bem capacitados não precisam ler o art. 319 a cada vez que vão elaborar uma petição inicial, juízes adequadamente capacitados não precisarão ler o disposto no § 1º do art. 489 a cada vez que forem proferir uma decisão. O que se quer com tal dispositivo é, tão somente, evitar decisões ineptas, absurdamente não fundamentadas.

E nem se diga que a exigência de fundamentação substancial da decisão seria um fator de entrave à duração razoável do processo. Em primeiro lugar, não há qualquer exigência de que as decisões sejam longamente fundamentadas. A fundamentação pode ser objetiva, concisa, desde que suficiente. Além disso, a garantia de duração razoável do processo destina-se a assegurar que no processo não haja dilações indevidas, mas todas as dilações devidas devem ocorrer. Uma decisão judicial bem fundamentada, fruto de um contraditório efetivo, pleno e substancial, é uma decisão que mais dificilmente será reformada ou anulada em grau de recurso, e isto, certamente, será um fator de desestímulo a recursos, permitindo um aperfeiçoamento da prestação jurisdicional, que conseguirá, fatalmente, ser alcançada em tempo razoável.

Assim é que, nos termos do já citado § 1º do art. 489, não se considera fundamentada a decisão que "se limitar à indicação, à reprodução ou à paráfrase de ato normativo, sem explicar sua relação com a causa ou a questão decidida" (art. 489, § 1º, I). Deste modo, decisões judiciais que nada mais fazem do que indicar o dispositivo legal, sem apresentar uma justificativa para sua incidência no caso concreto (algo como "art. X, defiro", ou como "art. Y da Lei Z, indefiro"), devem ser reputadas nulas por ausência de fundamentação. Também a decisão que se limita a reproduzir o texto normativo (por exemplo, uma decisão em que se lesse algo como: "Havendo elementos que evidenciam a probabilidade do direito e o perigo de dano ou o risco ao resultado útil ao processo, defiro a tutela de urgência") é inválida e deve ser cassada. Considera-se, ainda, nula por vício de fundamentação a decisão que nada faz além de parafrasear o texto do ato normativo (como no caso em que se dissesse algo como "presentes o *fumus boni iuris* e o *periculum in mora*, defiro a tutela de urgência"). Pois é evidente que pronunciamentos assim não estão fundamentados mesmo e devem ser considerados nulos.

Também é nula por vício de fundamentação (art. 489, § 1º, II) a decisão que emprega "conceitos jurídicos indeterminados, sem explicar o motivo concreto de sua incidência no caso". Como sabido, há conceitos jurídicos que são vagos, de definição imprecisa, caracterizando-se por uma fluidez que não permite o estabelecimento exato de seu significado. Resulta daí uma imprecisão semântica que faz com que seja preciso, em cada caso concreto, estabelecer-se as razões que levam à sua aplicação. É que diante desses conceitos indeterminados não se consegue estabelecer, *a priori*, as situações que se enquadrariam na sua fórmula.

É isto que acontece com conceitos como ordem pública, interesse coletivo, justa indenização, entre outros. Impende, assim, em cada caso concreto em que se tenha de aplicar um desses conceitos, que o órgão jurisdicional indique os parâmetros empregados em sua interpretação, estabelecendo o motivo concreto pelo qual é ele aplicado – nos termos em que compreendido – no caso concreto.

Permita-se um exemplo. O art. 182, § 3º, da Constituição da República estabelece que "as desapropriações de imóveis urbanos serão feitas com prévia e justa indenização em dinheiro". Assim, instaurado um processo que tenha por objeto a determinação do valor a ser pago a título de indenização por um imóvel que o Poder Público pretende desapropriar (o qual é regulado pelo Decreto-lei nº 3.365/1941), deve-se estabelecer, na sentença, o preço da indenização (art. 24). É na sentença, então, que se fixa o valor da justa indenização. Pois a sentença só estará fundamentada se ali se indicar os parâmetros empregados para estabelecer-se que um determinado valor é o justo para o caso concreto.

Pense-se em outro exemplo: o art. 1.228, § 4º, do CC estabelece que "[o] proprietário [pode] ser privado da coisa se o imóvel [consistir] em extensa área, na posse ininterrupta e de boa-fé, por mais de cinco anos, de considerável número de pessoas, e estas nela houverem realizado, em conjunto ou separadamente, obras e serviços considerados pelo juiz de interesse social e econômico relevante". Ora, parece evidente que extensa área, considerável número de pessoas e interesse social e econômico relevante são conceitos vagos, imprecisos, juridicamente indeterminados. Pois não se pode admitir que se profira uma decisão judicial que diga algo como "tendo o imóvel extensa área, sendo ocupado por considerável número de pessoas que nele fizeram obras de relevante interesse social e econômico, priva-se o proprietário do bem". É absolutamente essencial, para que se tenha por verdadeiramente justificada a decisão judicial, que o órgão jurisdicional indique, em sua decisão, os parâmetros empregados para afirmar que a área daquele imóvel em particular é realmente extensa; que o número de pessoas que ocupa aquele prédio é considerável, e que as obras realizadas têm interesse social e econômico relevante. Em outras palavras, é preciso deixar claro o modo como se chegou à conclusão de que realmente deveria incidir a norma jurídica que resulta da interpretação do § 5º do art. 1.228 do CC. Não se estabelecendo isso na decisão, de forma precisa, é ela nula. Afinal, se o conceito jurídico é indeterminado, sua aplicação no caso concreto deve dar-se de forma determinada, precisa, a fim de permitir que se encontre, na fundamentação da decisão, elementos que levem a afirmar que aquela era a decisão correta para o caso concreto posto sob julgamento.

Também é viciada por ausência de fundamentação a decisão judicial que "[invoca] motivos que se prestariam a justificar qualquer outra decisão" (art. 489, § 1º, III). Tem-se, aí, um comando destinado a impedir a utilização de decisões *prêt-à--porter* (expressão francesa que significa "pronto para vestir", e que indica a roupa que, produzida em larga escala, é posta à venda já pronta, sem que seja produzida de modo individualizado para cada consumidor). É que incumbe ao órgão jurisdicional proferir uma decisão que seja a solução do caso concreto, personalizada, e não ter decisões prontas, produzidas para utilização em larga escala, sem respeitar as características de cada caso concreto que seja deduzido em juízo.

Isto é extremamente importante especialmente (mas não apenas) no que diz respeito às demandas de massa, repetitivas. É que não obstante o caráter repetitivo que ostentam, todas elas têm características individuais que são irrepetíveis e que precisam ser consideradas pelo órgão jurisdicional no momento de se proferir a decisão.

Pense-se, por exemplo, na imensa quantidade de processos que já se instauraram no País para postular o reconhecimento de que teria havido um registro indevido do nome do demandante em um cadastro restritivo de crédito (ou seja, um cadastro de maus pagadores, de devedores inadimplentes). Por mais que essas causas sejam exaustivamente repetitivas, sendo incontável o número de casos de pessoas que, embora nada devam, têm seus nomes inscritos nesses cadastros por terem sido vítimas de fraudes perpetradas por indivíduos que obtêm indevidamente seus dados pessoais e os empregam para praticar atos ilícitos, sempre será necessário que se verifique, no caso concreto, se aquele demandante é realmente vítima de fraude ou se ele é, na verdade, um devedor inadimplente que tenta se passar por alguém que inocentemente descobriu que teve seu nome indevidamente levado àquele banco de dados. É de se exigir, portanto, que o pronunciamento judicial seja criado para o caso concreto, identificando as circunstâncias fáticas e jurídicas que o envolvem, não se podendo conviver com decisões produzidas "em escala industrial".

Tenha-se claro este ponto: ao Judiciário incumbe julgar os casos que lhe são submetidos. E cada caso é um caso, por mais que hoje existam casos iguais, muitas vezes em quantidades impressionantes. Os casos podem até ser iguais, mas não se trata sempre do mesmo caso. E é preciso que a decisão justifique até os motivos que levam a se considerar que aquele caso em julgamento é igual a outros já julgados, demonstrando-se que realmente as circunstâncias fáticas deles são idênticas. Não sendo feita essa demonstração, a decisão será nula por vício de fundamentação, pois não estará adequadamente fundamentada.

É, ainda, nula por falta de fundamentação a decisão que "não enfrentar todos os argumentos deduzidos no processo capazes de, em tese, infirmar a conclusão adotada pelo julgador" (art. 489, § 1º, IV). Este é um elo entre os princípios do contraditório e da fundamentação das decisões, ligação esta já tantas vezes afirmada neste estudo.

Como deve ser sempre lembrado, o princípio do contraditório assegura aos sujeitos interessados no resultado do processo o direito de participar com influência na formação do seu resultado (além de assegurar que não haverá decisões-surpresa). Pois este direito de participação com influência não se resume à garantia de que as partes poderão manifestar-se ao longo do processo ("direito de falar"), mas também – e principalmente – à garantia de que serão ouvidas ("direito de ser ouvido", *right to be heard*). Em outros termos, significa isto que as partes do processo têm o direito à consideração de seus argumentos (*Recht auf Berücksichtigung*). Pois só será possível fiscalizar a atuação do juiz – a quem cabe, nos termos do art. 7º, "zelar pelo efetivo contraditório" –, verificando-se se houve efetiva participação das partes, em contraditório, na formação do resultado do processo se todos os argumentos pela parte deduzidos no processo, e que sejam (ao menos em tese) capazes de levar a resultado que à parte favoreça, tiverem sido examinados.

Pode acontecer, por exemplo, de uma das partes deduzir, na petição inicial ou na contestação, diversos fundamentos, cada um deles – ainda que isoladamente considerado – capaz de justificar, em tese, um resultado que lhe seja favorável. Pois para que a parte possa ser legitimamente vencida, com a rejeição de sua pretensão ou defesa, é essencial que o órgão jurisdicional justifique os motivos pelos quais todos esses fundamentos são rejeitados. Perceba-se: tendo o juízo acolhido um desses fundamentos, e chegado a uma conclusão favorável a uma das partes, não será preciso examinar os demais fundamentos suscitados pela mesma parte (afinal, os demais argumentos da parte só poderiam servir para justificar a mesma conclusão a que o juízo já chegou). Neste caso, deve-se considerar que os demais argumentos estão prejudicados (isto é, que desapareceu, por absoluta inutilidade, o interesse em que tais argumentos sejam examinados). De outro lado, a rejeição do primeiro argumento deduzido pela parte deve, necessariamente, levar o órgão jurisdicional ao exame do segundo argumento (que seja, em tese, capaz de justificar um resultado favorável à parte que o suscitou). E a rejeição deste segundo argumento deverá levar ao exame do seguinte, e assim sucessivamente. Só se pode julgar contra a parte, insista-se, se todos os argumentos por ela suscitados e que sejam, em tese, capazes de lhe garantir um resultado favorável, tiverem sido expressamente rejeitados. O não cumprimento, por parte do órgão jurisdicional, do seu dever de considerar todos os argumentos da parte implica, então, violação à garantia constitucional do contraditório, negando-se deste modo a nota essencial e característica do processo (que é, precisamente, o contraditório), o que acarreta a nulidade da decisão. Nesta linha, vale citar o Enunciado nº 523 do FPPC, segundo o qual "[o] juiz é obrigado a enfrentar todas as alegações deduzidas pelas partes capazes, em tese, de infirmar a decisão, não sendo suficiente apresentar apenas os fundamentos que a sustentam".

Merece referência, porém, um caso especial: trata-se da decisão proferida em caso idêntico a outro em que se tenha fixado um padrão decisório que servirá como paradigma para a decisão (como se tem, por exemplo, no julgamento de casos repetitivos). Neste caso, não se exige do órgão julgador que, ao proferir decisão sobre o novo caso, enfrente novamente os argumentos já enfrentados expressamente na decisão paradigma, sendo suficiente a demonstração de que o novo caso é idêntico àquele em que se fixou o paradigma (FPPC, Enunciado nº 524: "O art. 489, § 1º, IV, não obriga o órgão julgador a enfrentar os fundamentos jurídicos deduzidos no processo e já enfrentados na formação da decisão paradigma, sendo necessário demonstrar a correlação fática e jurídica entre o caso concreto e aquele já apreciado").

Por fim, exige-se que na fundamentação das decisões judiciais sejam levados a sério os precedentes e enunciados de súmula, tanto nos casos em que eles são aplicados, como nas hipóteses em que a eles se nega aplicação. É o que se obtém com a interpretação dos incisos V e VI deste art. 489, § 1º.

Será nula, então, por vício de fundamentação, a decisão que "se limitar a invocar precedente ou enunciado de súmula, sem identificar seus fundamentos determinantes nem demonstrar que o caso sob julgamento se ajusta àqueles fundamentos" ou que "deixar de seguir enunciado de súmula, jurisprudência ou precedente invocado pela parte, sem demonstrar a existência de distinção no caso em julgamento ou a superação do entendimento".

Já se fez, em passagem anterior deste livro, um estudo sobre padrões decisórios. O que é preciso dizer agora é que decidir a partir de precedentes judiciais ou de enunciados de súmula não é o mesmo que fazer uma colagem de ementas de acórdãos ou de referências vagas a padrões decisórios. É preciso que se faça um confronto entre o caso precedente (isto é, o caso concreto que deu origem à decisão judicial que em um novo processo se pretende invocar como precedente) e o caso seguinte (ou seja, o novo caso, só agora submetido à apreciação judicial, e no qual se pretende invocar o padrão decisório como fundamento da decisão). Impende que se faça uma análise dos fundamentos determinantes do precedente (ou, para usar aqui uma expressão consagrada no estudo da teoria dos precedentes, é preciso examinar as *rationes decidendi*), justificando-se de forma precisa a aplicação desses fundamentos determinantes no caso sob julgamento com a demonstração de que este se ajusta àqueles fundamentos. É que através do uso de precedentes e enunciados de súmula como fontes do Direito o que se busca, ao menos no Direito brasileiro, é uma padronização decisória que permita que casos iguais (ou, pelo menos, análogos) recebam decisões iguais (ou, pelo menos, análogas). Como se costuma dizer na doutrina de língua inglesa, *to treat like cases alike*. É absolutamente essencial, então, que se promova este confronto analítico entre o caso precedente e o caso sob julgamento, indicando-se os pontos que os aproximam a ponto de aplicar-se o precedente ao novo caso.

E o mesmo raciocínio se aplica aos casos de distinção. Só através do confronto analítico entre o caso precedente e o novo caso, agora sob julgamento, se poderá demonstrar que o precedente é inaplicável, motivo pelo qual a decisão agora proferida dele se afasta. A não realização do confronto analítico entre o caso precedente e o caso sob julgamento gera, então, nulidade, pois o *distinguishing*, a distinção, se terá feito de forma irregular. Por fim, nos casos em que não se aplica o precedente invocado pela parte por ter sido ele superado (através da técnica conhecida como *overruling*), é também preciso justificar a não aplicação do precedente invocado pela parte, demonstrando-se as razões da superação. Vale registrar, aliás, que nos casos em que a parte tiver invocado um precedente que sustenta ser aplicável ao caso e capaz de justificar uma decisão que lhe favoreça, o dever de fundamentar adequadamente sua não utilização, por ser caso de distinção ou de superação, resulta do mesmo direito à consideração dos argumentos que exige que a decisão se manifeste sobre todos os argumentos trazidos pela parte. Ora, a invocação de um precedente é, certamente, um argumento deduzido pela parte em seu favor e, por isso, precisa ser analisada adequadamente pelo órgão jurisdicional, que só terá bem fundamentado sua decisão se justificar – por ser caso de distinção ou de superação – a não utilização daquele precedente como fundamento do julgamento da causa.

A enumeração contida no § 1º do art. 489, registre-se, é meramente exemplificativa. Outros casos haverá de decisão não fundamentada (bastando pensar, por exemplo, em uma decisão que se limite a dizer algo como "defiro" ou "indefiro", sem qualquer indicação de razões para fazê-lo: FPPC, Enunciado nº 303). E é preciso ter claro que não só as questões de direito têm de ser solucionadas através de decisões substancialmente fundamentadas. Também às questões de fato se aplica o disposto no art. 489, § 1º (FPPC, Enunciado nº 515). Por essa razão, a decisão sobre a matéria fática deve trazer, em sua fundamentação, a análise de todas as provas que poderiam, em tese, infirmar a conclusão alcançada (FPPC, Enunciado nº 516). Dito de outro modo, não basta que o órgão julgador, na fundamentação da decisão, apresente a valoração positiva de provas (ou seja, a valoração das provas que serviram de base para a formação do convencimento judicial). Também a valoração negativa é exigida, devendo-se justificar a razão pela qual as provas que não foram aceitas foram valoradas negativamente.

Estabelecido este mínimo essencial da decisão para que se repute estar ela fundamentada de modo constitucionalmente legítimo, substancialmente motivada, é preciso tecer algumas considerações acerca do disposto no § 2º do art. 489, por força do qual "[n]o caso de colisão entre normas, o juiz deve justificar o objeto e os critérios gerais da ponderação efetuada, enunciando as razões que autorizam a interferência na norma afastada e as premissas fáticas que fundamentam a conclusão".

Há casos em que o julgador se depara com normas em conflito. Pode se tratar de um conflito entre regras (o qual se resolve pelas técnicas tradicionais de solução de antinomias, de modo que a regra hierarquicamente superior prevalece sobre a inferior; sendo ambas de mesma hierarquia, a regra especial prevalece sobre a geral; não havendo relação de especialização entre elas, a regra mais recente prevalece sobre a mais antiga, revogando-a) ou de um (aparente) conflito entre princípios.

No caso de conflito entre princípios – que é sempre aparente –, é preciso recordar que no caso de colisão entre eles não é possível ao julgador afirmar que um revogue o outro. Ainda que, por algum motivo, um deles prevaleça no caso concreto, o outro permanece em vigor, íntegro. Pense-se, por exemplo, no caso em que um artista tenta impedir um jornal de divulgar uma matéria jornalística sobre algo de sua intimidade. Colidem (aparentemente), aí, dois princípios: o da dignidade da pessoa humana (garantidor do direito à privacidade) e o da liberdade de expressão (assegurador da liberdade de imprensa). Pois sempre será possível construir-se, discursivamente, uma justificativa para que um desses princípios estipule uma exceção ao outro, de modo que em cada caso concreto um deles prevaleça.

Pois tanto nos casos de conflito entre regras como naquele de colisão de princípios cabe ao juiz esclarecer, na decisão judicial, o critério usado para solucioná-lo, não bastando a vaga afirmação de que se usou este ou aquele método.

Fala o texto legal em "ponderação". Este é termo que costuma ser vinculado a uma certa corrente de pensamento jurídico, não sendo elogiável um texto normativo que o empregue. Afinal, pode ficar a impressão de que se estaria, aqui, a tentar impor um determinado pensamento (o qual, registre-se, é incompatível com tudo quanto se tem sustentado neste trabalho acerca do modo como se deve compreender o Direito a partir da Constituição da República). Assim não é, porém, e é perfeitamente possível dar ao dispositivo interpretação compatível com o ordenamento constitucional. Basta considerar que, no caso de (aparente) colisão de princípios, deverá o julgador esclarecer, discursivamente, como se justifica o afastamento de um princípio, excepcionado pelo outro. Em outros termos, tem-se neste § 2º do art. 489 algo perfeitamente compatível com o que até aqui se afirmara acerca da fundamentação das decisões judiciais: uma exigência de que a decisão seja completa e substancialmente justificada, cabendo ao órgão julgador argumentar de modo a demonstrar que a decisão proferida é a correta, mesmo que se esteja diante de um caso de conflito entre normas (conflito entre regras ou aparente colisão de princípios), tendo sido adotado o critério correto para sua solução, com a consequente prolação de uma decisão correta para o caso concreto. Reafirma-se, pois, a exigência de fundamentação substancial das decisões judiciais.

Não se pode, porém, deixar de dizer que colisões entre princípios são sempre aparentes. É que nos casos em que parece haver esse tipo de colisão, identificada a decisão correta para o caso, se poderá afirmar que só um daqueles princípios era aplicável, e não o outro, de modo que entre eles não há, a rigor, qualquer colisão (a qual só existiria se ambos fossem, realmente, aplicáveis ao mesmo caso). E a fundamentação da decisão cumpre o papel de demonstrar qual era o único princípio aplicável, confirmando-se deste modo o caráter apenas aparente da colisão.

Reafirme-se, por fim, que a existência de um vício de fundamentação (que pode consistir em sua absoluta ausência ou na existência de uma fundamentação inadmissível, assim entendida a que se enquadra em alguma das hipóteses previstas nos incisos do § 1º do art. 489, ou que não atende à exigência feita pelo § 2º do mesmo artigo) acarreta a nulidade da decisão judicial.

15.3.3. Dispositivo

O dispositivo é a parte conclusiva da sentença, em que se encontra a decisão. É nele que, nos termos do art. 489, III, o juiz "resolverá as questões principais que as partes lhes submeterem". O dispositivo, porém, vai muito além disso. É nele que serão encontradas todas as decisões que o órgão julgador profira em sua sentença.

É no dispositivo que se encontra o "comando" contido na sentença, e que a caracteriza. O dispositivo é, pois, o elemento mais importante da sentença, na medida em que é aí que se encontrará a decisão judicial, e, por conseguinte, a manifestação do poder de império estatal.

O dispositivo pode ser direto (quando o juiz, por exemplo, condena o réu a pagar determinada quantia) ou indireto (quando o juiz se limita a fazer referência ao lugar onde será encontrado o teor de sua decisão, como, por exemplo, na hipótese de se julgar procedente o pedido na forma da petição inicial).

Pense-se, por exemplo, em um processo em que o juiz tenha de examinar três questões preliminares ao mérito (como seriam, por exemplo, a alegação de falta de legitimidade ativa, de ausência de interesse de agir e de irregularidade formal da demanda por falta de um requisito essencial da petição inicial) e, na eventualidade de serem ultrapassadas estas questões, haja dois pedidos cumulados a apreciar (por exemplo, os pedidos de indenização de um dano material e de compensação por dano moral). Pois pode ocorrer de, em um caso assim, o juiz proferir cinco decisões (uma para rejeitar cada uma das preliminares, e uma para a resolução de cada um dos pedidos cumulados). Pois todas essas decisões integram a parte dispositiva da sentença (ou, simplesmente, dispositivo).

No caso da sentença, é o dispositivo que permite saber se o mérito da causa foi ou não resolvido e, tendo sido, se o pedido foi (no todo ou em parte) procedente ou improcedente. É no dispositivo que se sabe qual é o comando estatal que estabelece a solução do caso concreto. Pois é precisamente por isso que a ausência de dispositivo faz com que se considere a decisão viciada como inexistente. A decisão judicial que é proferida sem parte dispositiva não é, pois, e propriamente, uma decisão judicial. É algo que não se reconhece como decisão, sendo seu vício insanável. Contra ela não se admite qualquer recurso (afinal, não seria possível recorrer contra uma "não decisão"), não pode ela ser executada (já que não existirá título que sirva de base para esta execução) nem transita ela em julgado (pois não pode transitar em julgado o que não existe).

15.4. INTERPRETAÇÃO DA SENTENÇA

Estabelece o § 3º do art. 489 que a "decisão judicial deve ser interpretada a partir da conjugação de todos os seus elementos e em conformidade com o princípio da boa-fé". Tem-se, aí, pois, uma regra de interpretação da sentença (mas que se aplica, evidentemente, a todas as decisões judiciais).

Em primeiro lugar, é preciso ter claro que a decisão precisa ser interpretada sistematicamente, de modo que se leve em consideração todos os seus elementos (e não só o dispositivo isoladamente). Isto é especialmente importante em casos nos quais o dispositivo da sentença é incompleto ou incongruente com a fundamentação.

Pense-se, por exemplo, um processo no qual o autor tenha cumulado dois pedidos: rescisão contratual e reintegração na posse. Imagine-se, agora, que o juiz tenha, na fundamentação da sentença, expressamente afirmado que os elementos dos autos justificavam a rescisão do contrato e, como consequência desta, a reintegração na posse do bem. Figure-se, agora, a possibilidade de o juiz ter-se limitado a afirmar, na parte dispositiva da sentença, que acolhia o pedido de rescisão contratual, silenciando acerca da reintegração na posse. Deve-se considerar, porém, diante da exigência de compreensão da sentença em seu todo, que também o pedido de reintegração de posse foi acolhido.

Além disso, a decisão judicial deve ser interpretada "em conformidade com o princípio da boa-fé". É que a sentença gera, nos sujeitos que participam do processo (e também em terceiros) expectativas legítimas, o que impõe a proteção da legítima confiança que na sentença se deposite. Assim, por exemplo, o fato de se ter empregado na sentença terminologia equivocada (como se falar em nulidade em vez de anulabilidade, ou de resilição em vez de resolução) não deve levar a se ter por viciado o pronunciamento, se é legítimo considerar que o órgão julgador decidiu a causa que lhe foi submetida.

Existe, aliás, uma íntima ligação entre esta regra de interpretação da sentença, de forma sistemática e em consonância com a boa-fé, e a regra de interpretação do pedido que se estabelece a partir do art. 322, § 2º (por força do qual o pedido deve ser interpretado levando-se em conta o conjunto da postulação e o princípio da boa-fé). E não poderia mesmo ser diferente. Afinal, demanda e sentença devem ser como espelhos, um a refletir o outro. E isto por força da regra da necessária correlação entre demanda e sentença (arts. 490 e 492). É que incumbe ao juízo, na sentença de mérito, apreciar todos os pedidos formulados pelo autor (na demanda principal) e pelo réu (em sede reconvencional), acolhendo-os ou os rejeitando total ou parcialmente (art. 490). A sentença que não aprecia todos os pedidos formulados é *citra petita*, devendo o tribunal, em sede de apelação, determinar ao juízo de primeiro grau que a complete ou, se a causa já estiver em condições de ser inteiramente apreciada, julgar desde logo o pedido não julgado no grau inferior (art. 1.013, § 3º, III). E não se pode proferir sentença *ultra* ou *extra petita* (isto é, que conceda mais do que se postulou ou que defira bem jurídico diverso do que tenha sido postulado), diante da expressa vedação contida no art. 492.

A sentença *ultra petita* deve ter seu excesso podado pelo tribunal, em grau de recurso, a ele cabendo invalidar o excesso. Já a sentença *extra petita* é inteiramente nula (ou, no caso de apenas um capítulo de sentença conter esse vício, nulo será este capítulo, já que a nulidade de parte da sentença não contamina o restante do pronunciamento, sendo a invalidação parcial da decisão judicial expressamente prevista no art. 520, III).

Além de congruente com os elementos da demanda, a sentença (de mérito) deve ser certa, ainda quando decida relação jurídica condicional (art. 492, parágrafo único). Significa isto que a sentença deve ser capaz de conter uma certificação, um acertamento, da existência ou inexistência de um direito. É que se espera da sentença que ela afirme, categoricamente, se determinado direito subjetivo existe mesmo ou não. Sentenças condicionais, que não produzem essa certificação (e, portanto, não eliminam a incerteza jurídica que está à base da necessidade do processo de conhecimento) são inservíveis e, portanto, nulas. Basta pensar, por exemplo, em uma sentença que afirme condenar o réu a reparar um dano se ficar posteriormente constatado que este ocorreu. Parece evidente que esta sentença não seria capaz de permitir afirmar com segurança se o demandado é ou não devedor do demandante, mantida assim a crise de certeza jurídica que legitimou a movimentação da máquina judiciária.

Por fim, deve-se dizer que a sentença, uma vez publicada, só pode ser alterada se houver necessidade de corrigir alguma inexatidão material (como seria um erro de grafia do nome de uma das partes) ou erros de cálculo, ou se forem opostos embargos de declaração (tudo nos termos do art. 494). Trata-se da regra do exaurimento da competência, por força da qual o juiz dá por encerrado o exercício da atividade cognitiva ao prolatar sentença.

15.5. CLASSIFICAÇÃO DA SENTENÇA DEFINITIVA

A sentença de mérito (sentença definitiva) é tradicionalmente classificada em três espécies: declaratória (também chamada de meramente declaratória), constitutiva e condenatória. A estas três categorias alguns autores acrescentam mais uma (mandamental) ou duas (incluindo, além da mandamental, a sentença executiva).

O CPC fala em demanda "meramente declaratória" (a que corresponderia uma sentença de mérito meramente declaratória) em seu art. 20. Fala, ainda, em condenação nos arts. 81, 82, 85, 92, 94, 95, 128, 129, 146, 323, 324, 492, 495, 496, 509, 520, 523, 524, 528, 550, 553, 555, 572, 702, 818, 903 e 1.012. Não há dispositivo algum falando de sentenças constitutivas (o que, evidentemente, não significa que elas não existam). Quanto às sentenças mandamentais, encontram-se no CPC quatro dispositivos que fazem alusão a "medidas mandamentais" (arts. 139, 380, 400 e 403). Nada há, de outro lado, a fazer referência expressa aos pronunciamentos que teriam natureza executiva.

É preciso, então, examinar essas sentenças, buscando-se determinar seu conteúdo. É o que se passa a fazer.

Chama-se sentença declaratória (ou meramente declaratória) a que contém, apenas, a certificação da existência, inexistência ou modo de ser de uma relação jurídica, ou da autenticidade ou falsidade de um documento.

Como já se viu anteriormente, toda sentença de mérito deve ser certa (art. 492, parágrafo único), isto é, deve conter uma certificação, um acertamento. Pois é preciso agora deixar claro que a esta certificação dá-se o nome de *declaração*. Declarar é tornar certo, induvidoso, eliminando oficialmente qualquer dúvida ou incerteza que pudesse haver. Pois toda sentença de mérito deve conter uma declaração e, por isso, é comum – e correta – a afirmação de que toda sentença de mérito é declaratória. Há, porém, sentenças de mérito que contêm apenas esta certificação e, por isso, são meramente declaratórias.

É o que se dá, por exemplo, com a sentença que julga procedente pedido de reconhecimento de paternidade. Este pronunciamento judicial se limita a certificar que uma pessoa é pai de outra. É, também, o que se tem na sentença que reconhece a aquisição de propriedade por usucapião (já que tal sentença não constitui o direito de propriedade, mas certifica que tal direito foi adquirido no momento que se completaram os requisitos, inclusive o temporal, para a usucapião).

É importante ter claro que, como regra geral, a sentença de mérito não declara fatos. Declaram-se relações jurídicas. Assim, não é tecnicamente correto declarar-se, por exemplo, que o autor emprestou dinheiro ao réu (pois isto seria declarar um fato). Declara-se, isto sim, que o autor é credor do réu (já que aí se estaria a declarar a existência, entre eles, de uma relação obrigacional). Do mesmo modo, manda a boa técnica que a sentença não declare a nulidade de um negócio jurídico. A nulidade é um fato e, portanto, deve ter servido como causa de pedir de uma demanda em que se postula o reconhecimento da inexistência da obrigação que aquele contrato prevê. Assim, a sentença deve, com fundamento na nulidade do contrato, declarar inexistente a obrigação. Isso, porém, raramente se vê na prática, sendo incontáveis os casos em que o demandante *pede* a declaração de nulidade do contrato, vindo a sentença a *declarar* a nulidade do negócio jurídico.

Prevê o art. 19, I, a possibilidade de se declarar não só a existência ou inexistência de relação jurídica, mas também seu modo de ser. É o que se dá em casos nos quais não existe controvérsia sobre a existência de uma determinada relação jurídica, mas sobre algum de seus aspectos. Cabe à sentença, em casos assim, certificar não que a relação existe, mas *como ela é* (declarando-se, por exemplo, que a relação jurídica está sujeita a uma condição resolutiva; ou que existe uma condição suspensiva; ou, ainda, que a relação jurídica tem duração limitada no tempo, indicando seu termo final).

Normalmente se afirma que só em um caso se admite a prolação de sentença meramente declaratória de um fato: na hipótese em que o pronunciamento judicial se limita a certificar a autenticidade ou falsidade de um documento (art. 19, II). É preciso reconhecer, porém, pelo menos mais uma hipótese de sentença meramente declaratória de um fato: a da sentença que acolhe pedido de demarcação de terras, determinando o traçado da linha demarcanda (art. 581). É que esta sentença não constitui o limite entre duas áreas de terra, mas certifica o lugar exato em que tal limite está (e estava, mesmo antes da sentença, embora isto fosse objeto de dúvida). E não se pode negar que o lugar onde fica o limite entre dois imóveis não é uma relação jurídica, mas um fato.

As demais sentenças de mérito são mais complexas do que esta que acaba de ser vista. É que todas as demais sentenças de mérito são declaratórias, mas não o são meramente. Em outros termos, as demais sentenças de mérito declaram e, além disso, fazem algo mais (constituem, condenam). São sentenças que têm dois momentos lógicos, um declaratório e outro que a identifica como sentença de outra natureza que não meramente declaratória.

Pois é entre essas sentenças mais complexas que se encontra a sentença constitutiva. Esta se caracteriza por conter ato judicial que determina a criação, modificação ou extinção de relação jurídica.

Casos há, pois, em que a sentença contém comando que determina a criação de uma relação jurídica. É o que se dá, por exemplo, com a sentença que defere a adoção de pessoa maior de 18 anos (caso em que, nos estritos termos do art. 1.619 do CC, depende-se de "sentença constitutiva"). No caso de adoção de crianças e adolescentes também se profere sentença constitutiva (art. 47, *caput* e § 7º – este falando expressamente em "sentença constitutiva" – do ECA).

Em outras hipóteses, a sentença determina uma modificação em relação jurídica já existente. É o que se tem, por exemplo, na sentença que determina a revisão judicial de aluguel (art. 69 da Lei de Locações) ou na sentença que decreta a separação judicial, a qual dissolve a sociedade conjugal sem encerrar a relação matrimonial (arts. 1.575 a 1.577 do CC).

Por fim, há sentenças que determinam a extinção de uma relação jurídica. É o que se tem com a sentença que decreta o divórcio, ou com aquela que anula um contrato (dissolvendo a relação existente entre os contratantes).

Caso especial de sentença constitutiva se encontra no art. 501. Trata-se da hipótese em que o demandante é credor de obrigação de emitir declaração de vontade (como a que resulta, por exemplo, de um contrato-promessa, como é a promessa de compra e venda).

Trata-se, é certo, de obrigação de fazer infungível, assim considerada aquela que só pode ser cumprida por ato do devedor. A infungibilidade, aqui, porém, não é natural, mas jurídica. Há que se fazer, pois, a distinção. É sabido que as obrigações de fazer são tradicionalmente classificadas em fungíveis e infungíveis. Quer isto dizer que algumas daquelas obrigações só podem ser realizadas pelo próprio devedor (as infungíveis), enquanto outras podem ser também cumpridas por terceiro (as fungíveis). Entre as obrigações infungíveis, porém, há de se estabelecer outra distinção. É que algumas delas são naturalmente infungíveis, pois a infungibilidade decorre de alguma característica pessoal do devedor. É o que se tem, por exemplo, na clássica hipótese da obrigação de um famoso pintor de pintar um quadro. É impossível que o resultado da atividade do devedor seja alcançado pela atividade de outrem, e tal se dá em razão de atributos pessoais, como o talento.

Casos há, porém, em que a infungibilidade é jurídica, ou seja, decorre de algum princípio jurídico, mas nada impede que o próprio ordenamento preveja alguma forma de se alcançar resultado prático equivalente ao que se teria com o cumprimento, pelo devedor, da prestação devida. É o caso da obrigação de emitir declaração de vontade. Parece claro que ninguém pode declarar a vontade de outrem. Este é um fazer infungível. Nada impede, porém (e, ao contrário, tal sistema é perfeitamente compatível com um ordenamento que busca uma maior efetividade do processo jurisdicional), que uma sentença judicial substitua os efeitos da vontade não declarada. Note-se que não é o caso de se afirmar que o juiz declara, por sentença, a vontade do devedor, ou mesmo de se estabelecer uma inútil ficção de que tal vontade teria sido declarada. O que se tem, tão somente, é uma sentença que produz os mesmos efeitos que seriam produzidos pela declaração de vontade devida e não emitida. Infungibilidade jurídica, portanto, o que permite que se escape da necessária conversão deste tipo de obrigação em perdas e danos.

Assim sendo, havendo obrigação de emitir declaração de vontade (que nada mais é do que uma espécie de obrigação de fazer), será possível obter uma sentença que substitua a declaração não emitida, produzindo os mesmos efeitos que aquela declaração teria sido capaz de produzir.

O que se tem, então, em linhas gerais, é o seguinte: havendo uma obrigação de emitir declaração de vontade, qualquer que seja sua fonte (contrato, lei etc.) e pouco importando o tipo de declaração de vontade devida (contrato, declaração unilateral de vontade), o credor da obrigação descumprida dispõe de um instrumento processual capaz de lhe proporcionar uma sentença que substitui a declaração de vontade não emitida. Em outros termos, a sentença de procedência do pedido substituirá a declaração de vontade não emitida.

A sentença aqui referida, substitutiva da declaração de vontade, só produz efeitos após o seu trânsito em julgado, conforme dispõe o art. 501.

Pois, nesse caso, a sentença de procedência do pedido de reconhecimento dessa obrigação prescinde de execução (e, por isso, não é condenatória), sendo capaz de, uma vez transitada em julgado, produzir todos os efeitos da declaração de vontade não emitida (art. 501, *in fine*). Assim, por exemplo, se as partes celebraram uma promessa de compra e venda de imóvel e, depois, não foi celebrado o contrato definitivo (isto é, o contrato de compra e venda), a sentença a que se refere o art. 501 substitui o contrato definitivo, que não terá mais de ser celebrado, sendo possível promover-se o registro da sentença no registro de imóveis, do mesmo modo como se teria, normalmente, promovido o registro da escritura de compra e venda.

É bom lembrar, aliás, que a sentença substitutiva da declaração de vontade limita-se a produzir os efeitos que esta produziria, se tivesse sido emitida. Pense-se, ainda uma vez, no exemplo anteriormente figurado: celebrada uma promessa de compra e venda de um imóvel, e recusando-se o promitente vendedor a celebrar o contrato de compra e venda, poderá o promissário comprador pleitear em juízo uma sentença que substitua a declaração de vontade não emitida. A sentença, neste exemplo, produziria, pois, os mesmos efeitos de um contrato de compra e venda de imóvel, não sendo capaz de – por si só – transferir o domínio ou a posse. Assim sendo, caberá ao credor propor, após a obtenção da sentença substitutiva, nova demanda, em que peça a condenação da outra parte a entregar-lhe a coisa devida (sendo possível, evidentemente, que esses dois pedidos tenham sido cumulados de forma sucessiva).

Em todos esses casos, a sentença de mérito é constitutiva.

Por fim, chama-se sentença condenatória àquela sentença que, reconhecendo a existência de um dever jurídico, permite a prática de atividade jurisdicional posterior destinada a efetivar aquilo que na sentença se reconheceu ser direito de uma das partes. Em outros termos, sentença condenatória é aquela que permite o desenvolvimento de atividade executiva (em sentido amplo, aí incluídas tanto a execução por sub-rogação, em que o Estado-juiz substitui a atividade do sujeito passivo do dever jurídico, como se dá no caso em que o devedor de dinheiro vê seus bens expropriados para satisfação do crédito exequendo; como a execução por coerção, em que medidas destinadas a constranger o titular do dever jurídico, como multas por atraso no cumprimento da decisão ou prisão civil – expressamente autorizada no caso de dívida inescusável de alimentos –, são empregadas para constranger o devedor a cumprir seu dever).

Toda sentença que permite o desenvolvimento de atividade jurisdicional posterior, de natureza executiva, é, portanto, condenatória.

Discutia-se, ao tempo da legislação processual anterior, se haveria sentenças meramente declaratórias que poderiam ser consideradas título hábil a permitir a instauração da execução (título executivo). Com a vigente legislação processual, porém, esta discussão perde sentido por completo. É que qualquer sentença, seja ela de procedência ou de improcedência, que declare a existência de um dever jurídico ainda não cumprido, certo, líquido e exigível (art. 783) permite a instauração de atividade executiva e, portanto, deve ser considerada sentença condenatória.

Dito de outro modo, a diferença fundamental entre uma sentença meramente declaratória (da existência de uma obrigação ou outro dever jurídico) e uma sentença condenatória é que esta permite a instauração de atividade executiva, e aquela não permite que tal atividade se desenvolva (por ser absolutamente desnecessário, como se dá nos casos de usucapião ou de reconhecimento de paternidade, nenhum dever jurídico tendo sido reconhecido na sentença; ou por não ser ainda possível, por não ser a obrigação reconhecida certa, líquida e exigível, como se daria no caso de se reconhecer a existência de obrigação ainda não vencida). Não é por outra razão, aliás, que o art. 515, I, afirma ser título executivo judicial (e, portanto, ter natureza condenatória) a decisão judicial que reconhece a exigibilidade de obrigação.

Registre-se, porém, e desde logo, que existe um tipo "especial" de sentença condenatória: a condenação genérica. Esta reconhece a existência de obrigação certa e exigível sem estabelecer o *quantum* devido e, portanto, não sendo capaz de certificar a liquidez da obrigação. Neste caso, há uma "condenação incompleta" (na verdade, a declaração é que será incompleta, já que não se terá ainda certificado o *quantum* devido), uma vez que não será possível desde logo promover-se atividade executiva, mas permite a lei processual a instauração de um incidente processual posterior à sentença, chamado de "liquidação de sentença" (arts. 509 a 512), após o qual a execução poderá instaurar-se.

Usa-se falar em "sentenças mandamentais" para se fazer referência àquelas sentenças de mérito que impõem o cumprimento de deveres jurídicos infungíveis, que só pelo devedor poderiam ser cumpridos (como se dá nas obrigações personalíssimas ou em qualquer obrigação de não fazer), motivo pelo qual sua efetivação se dá exclusivamente através de meios coercitivos. Esta não deve, porém, ser considerada uma categoria separada, como se fosse um quarto tipo de sentença de mérito. Na verdade, toda sentença mandamental é uma sentença condenatória. Permita-se afirmar que toda sentença mandamental é condenatória, mas nem toda sentença condenatória é mandamental. Sentença mandamental, portanto, é a sentença condenatória cuja efetivação se dá exclusivamente através do emprego de meios coercitivos (como multas, por exemplo), o que resulta da natureza do dever jurídico a ser cumprido.

Por fim, há quem fale em sentenças executivas (há, mesmo, quem fale em "sentença executiva *lato sensu*", mas esta expressão não faz sentido algum, já que não existe, em contraposição, uma "sentença executiva *stricto sensu*"). Sentença executiva seria uma sentença que contém a determinação para que se instaure a execução, a qual poderia dar-se *per officium iudicis*, desenvolvendo-se no mesmo processo. Ocorre que há muito tempo (desde muito antes da aprovação do CPC de 2015) a execução civil se desenvolve no mesmo processo em que a sentença é proferida. Além disso, ser ou não possível a instauração de ofício da atividade executiva é uma questão de opção legislativa, que nada interfere na natureza da sentença. Basta ver o seguinte: no regime do CPC, as sentenças que condenam a cumprir deveres jurídicos de fazer, não fazer ou entregar coisa podem ser executadas de ofício, o mesmo não acontecendo com a sentença que condena a pagar dinheiro, cuja execução depende de requerimento do credor (art. 513, § 1º). Fosse correto o entendimento aqui criticado, e se diria então que só no caso de obrigações pecuniárias a sentença seria condenatória, sendo executiva nos demais casos. No processo trabalhista, porém, a sentença que condena a pagar dinheiro pode ser, excepcionalmente, executada *ex officio* (art. 878 da CLT). Ora, a sentença que condena a pagar dinheiro por força de uma obrigação civil e a que condena a pagar dinheiro por força de uma obrigação trabalhista têm idênticos conteúdos. Ambas reconhecem a existência de dever jurídico de cumprir obrigação pecuniária. Se é assim, ambas têm a mesma natureza. Assim, são ambas condenatórias. A opção legislativa de permitir ou não a instauração de ofício da execução não interfere na natureza da sentença.

São, pois, três os tipos de sentença de mérito: meramente declaratória, constitutiva e condenatória. E a distinção entre elas passa, necessariamente, pelo exame do tipo de tutela processual que cada uma é capaz de proporcionar. É que sentenças declaratórias (ou meramente declaratórias) e constitutivas proporcionam à parte cujo direito tenha sido reconhecido uma *tutela processual plena*, enquanto sentenças condenatórias proporcionam *tutela processual limitada* (classificação de que se tratou em passagem anterior deste livro).

Dito de outro modo: as sentenças meramente declaratórias e as constitutivas são capazes de proporcionar ao titular do direito material reconhecido a satisfação integral da pretensão deduzida em juízo, nenhum ato jurisdicional se fazendo necessário após a sentença para que essa satisfação ocorra. Assim, por exemplo, se a parte pretendia obter em juízo a declaração de que é filho da outra parte, a sentença, por si só, satisfaz de modo integral essa pretensão. Ainda que se possa cogitar da necessidade de prática de atos posteriores à sentença (como seria o registro da paternidade junto ao assento de nascimento), esses atos não têm natureza jurisdicional, mas meramente administrativa. O mesmo se diga da sentença que decreta o divórcio ou que revê o valor do aluguel.

Sentenças meramente declaratórias ou constitutivas, portanto, proporcionam tutela processual plena.

Já as sentenças condenatórias proporcionam tutela processual limitada, uma vez que sua prolação não é capaz de satisfazer integralmente a pretensão da parte vencedora. Alguma atividade jurisdicional posterior à sentença será necessária nesses casos, a execução. Esta é a diferença fundamental entre uma sentença meramente declaratória (ou constitutiva) e uma sentença condenatória. As condenatórias sozinhas não satisfazem por inteiro a pretensão deduzida no processo, enquanto as sentenças meramente declaratórias e as constitutivas são capazes de proporcionar satisfação integral da pretensão.

A sentença condenatória ainda merece um exame mais cuidadoso, já que existem regras próprias para os casos de condenação a pagar dinheiro e para os casos de condenação ao cumprimento de deveres jurídicos de outras naturezas (entregar coisa, fazer e não fazer).

No caso de sentença que condena ao cumprimento de obrigação pecuniária, ainda que o demandante tenha formulado pedido genérico, a decisão deve definir desde logo a extensão da obrigação, o índice de correção monetária, a taxa de juros, o termo inicial de ambos e a periodicidade da capitalização de juros (se for o caso), tudo nos termos do art. 491. Em outros termos, a regra é que a sentença reconheça obrigações pecuniárias líquidas (sendo apropriado chamar essas sentenças de condenações ordinárias).

Excepcionalmente, porém, se admite a prolação da condenação genérica, assim entendida aquela sentença que reconhece obrigação pecuniária sem determinar o *quantum debeatur* (reconhecendo-se, portanto, a exigibilidade de obrigação ilíquida). Isto só é possível naqueles casos em que ao longo do processo de conhecimento não tenha sido possível determinar, de modo definitivo, o montante devido (art. 491, I) ou se a apuração do valor devido depender da produção de prova de realização demorada ou excessivamente dispendiosa, assim reconhecida na sentença (art. 491, II). Nesses casos, como dito anteriormente, far-se-á necessária a instauração de um incidente processual posterior à condenação (e prévio à execução) chamado de liquidação de sentença (como se pode ver pelo texto do art. 491, § 1º). Tudo isso se aplica, tanto no que diz respeito à condenação ordinária como no que é pertinente à condenação genérica, aos casos em que se profira acórdão condenatório que altere a sentença de primeiro grau de jurisdição (art. 491, § 2º).

Quando a sentença reconhecer dever jurídico de fazer ou de não fazer, deve-se conceder a tutela processual específica. Significa isto dizer que a sentença condenatória imporá ao devedor o cumprimento específico daquilo a que estava originariamente obrigado. Também na sentença se deverá estabelecer providências que assegurem a tutela pelo resultado prático equivalente (tudo nos termos do art. 497, como se vê consolidado no Enunciado nº 525 do FPPC: "[a] produção do resultado prático equivalente pode ser determinada por decisão proferida na fase de conhecimento").

Assim, por exemplo, se uma pessoa jurídica é devedora da prestação de consertar um produto eletrônico e não cumpriu sua obrigação, a sentença reconhecerá seu dever jurídico de promover o conserto (tutela específica), mas, além disso, estabelecerá meios para assegurar que, não sendo efetuado o reparo, o credor receba um aparelho equivalente em perfeito estado de funcionamento (tutela pelo resultado equivalente). A obrigação só se converterá em perdas e danos se o autor assim o preferir, ou se for impossível a tutela específica ou a obtenção de resultado prático equivalente (art. 499).

Vale, aqui, uma observação. A Lei nº 14.833/2024 acrescentou ao art. 499 um parágrafo único, segundo o qual, "[n]as hipóteses de responsabilidade contratual previstas nos arts. 441, 618 e 757 da Lei nº 10.406, de 10 de janeiro de 2002 (Código Civil), e de responsabilidade subsidiária e solidária, se requerida a conversão da obrigação em perdas e danos, o juiz concederá, primeiramente, a faculdade para o cumprimento da tutela específica". Esse é um dispositivo de difícil compreensão. O art. 757 do Código Civil (que corresponde ao art. 1º da Lei nº 15.040/2024, o marco legal dos seguros privados) trata de uma obrigação pecuniária. Ora, não faz qualquer sentido se tratar da conversão de uma obrigação pecuniária em perdas e danos. Já o art. 618 do Código Civil trata de um prazo decadencial a que se submete o direito de exigir do empreiteiro de materiais e execução, que responda pela solidez e segurança do trabalho. A remissão do texto do CPC, portanto, não parece fazer qualquer sentido. E o art. 441 trata da possibilidade de rejeitar-se coisa recebida com vício redibitório, situação em que não há qualquer obrigação de fazer ou de não fazer (tema tratado no *caput* do art. 499, e que se poderia converter em perdas e danos).

Com muito esforço, então, seria possível dizer que, no caso da obrigação do empreiteiro de materiais e execução (a que se refere o art. 618 do Código Civil), a conversão em perdas e danos só será possível depois que o juiz conceder a faculdade para o cumprimento da tutela específica. Mas como isso será feito? Na sentença? E se tiver havido uma tutela provisória, haveria necessidade de se repetir essa faculdade na sentença? Mas aí já não seria uma outra oportunidade além da que já se concedeu anteriormente? Ademais, é preciso considerar o que está no *caput* do artigo. Se a conversão se dá em razão da impossibilidade de cumprimento específico da obrigação, como dar ao devedor uma nova oportunidade de promover esse cumprimento específico? Poderia ele cumprir algo que já se constatou ser impossível? Qual o sentido disso? Restaria o caso em que o credor tiver optado pela conversão em perdas e danos. Mas seria possível compelir o credor a receber algo que não mais lhe interessa? Afinal, o devedor já está em mora (ou não seria condenado a cumprir obrigação). Seria mesmo razoável dar ao devedor em mora o direito de cumprir uma obrigação que já não interessa ao credor? E por que apenas nessas espécies de relação jurídica mencionadas no dispositivo, e não em todas as obrigações de fazer ou não fazer? São muitas perguntas para as quais não há respostas claras. O que se pode dizer é que a lei acabou por criar, *para certos devedores*, uma proteção excessiva, gerando, por consequência, uma proteção deficiente para os credores dessas espécies de obrigação. E isso, sem dúvida, viola o princípio constitucional da proporcionalidade, compreendido aqui como garantia contra proteções excessivas ou deficientes.

Para compelir o devedor a cumprir a decisão, poderá ser estabelecido um prazo e fixada multa periódica pelo atraso (art. 500). Caso posteriormente, não tendo sido cumprido o dever jurídico, o credor opte por finalmente converter a obrigação em perdas e danos (ou se verifique que há uma absoluta impossibilidade de cumprimento específico ou pelo equivalente), a indenização devida será paga cumulativamente com a multa que tenha se vencido até a data em que o credor tenha postulado a conversão (porque a partir dessa data, evidentemente, não há qualquer razão para que a multa continue a incidir, uma vez que o credor não quer mais compelir o devedor ao cumprimento específico ou pelo equivalente).

É importante perceber que nos casos de sentença que condena a cumprir obrigação de fazer e não fazer duas regras gerais do processo civil são afastadas: a da correlação entre demanda e sentença (já que a lei expressamente permite que, postulada a tutela específica, o juiz conceda a tutela pelo resultado prático equivalente, como se dá, por exemplo, no processo em que o autor pede a condenação do Estado a fornecer um medicamento e a sentença determina que o Poder Público entregue o remédio genérico, o qual é capaz de produzir resultado prático equivalente) e a do exaurimento da competência, já que é possível, mesmo depois da sentença, estabelecer-se a conversão da obrigação de fazer ou de não fazer em perdas e danos.

Há uma regulamentação específica para o caso da tutela inibitória. Esta deve ser compreendida como a tutela de prevenção do ilícito. Em outros termos, tem-se aí uma decisão judicial proferida em caráter preventivo, com o objetivo de impedir a prática, a reiteração ou a continuação de um ilícito. Pense-se, por exemplo, no caso de uma decisão que proíba a divulgação da foto de uma pessoa em um filme publicitário por não ter sido autorizada a utilização da imagem. Pois neste caso, "é irrelevante a demonstração da ocorrência de dano ou da existência de culpa ou dolo" (art. 497, parágrafo único).

Este dispositivo é extremamente importante para que se consiga evitar a confusão conceitual que resulta do Código Civil. É que o art. 186 do CC estabelece que "[a]quele que, por ação ou omissão voluntária, negligência ou imprudência, violar direito e causar dano a outrem, ainda que exclusivamente moral, comete ato ilícito". Da leitura desse texto normativo, fica a impressão – equivocada, diga-se desde logo – de que só comete ato ilícito quem, agindo culposamente, causa dano a outrem. Isto, porém, não é correto.

Ato ilícito é o ato contrário ao direito. Sua aptidão para causar dano é absolutamente irrelevante para que se qualifique o ato como ilícito. Pense-se, por exemplo, nos crimes de mera conduta, que não produzem qualquer resultado danoso (como é, por exemplo, o caso do crime de porte ilegal de arma de fogo). Não há dano, mas inegavelmente é ato ilícito. O mesmo se pode dizer daquele que faz publicidade abusiva por ser capaz de induzir o consumidor a se comportar de forma prejudicial à saúde (art. 37, § 2º, do CDC). O mero fato de se veicular essa publicidade é ilícito, pouco importando se alguém sofreu ou não dano.

A questão é que o Código Civil definiu o conceito de ato ilícito para o único fim de regular a responsabilidade civil, estabelecendo os casos em que haverá obrigação de indenizar (daí a razão pela qual o art. 927 do CC estabelece que "[a]quele que, por ato ilícito (arts. 186 e 187), causar dano a outrem, fica obrigado a repará-lo").

E tudo quanto se disse até aqui sobre o dano pode ser dito também do elemento subjetivo da conduta (dolo ou culpa, nos termos do art. 497, parágrafo único, embora a linguagem típica do Direito Civil permita falar aqui apenas em culpa, termo que, nessa área do conhecimento, engloba as condutas intencionais, já que no jargão do Direito Civil o termo dolo designa fenômeno completamente distinto, um vício de consentimento previsto nos arts. 145 a 150 do CC).

Ocorre que na demanda inibitória o objeto do processo não é o reconhecimento da obrigação de indenizar. O que se busca é, tão somente, uma decisão destinada a inibir a prática do ato. Por isso, é absolutamente irrelevante saber se o demandado agiu culposamente ou se algum dano foi – ou está na iminência de ser – produzido. Estas são questões que poderão ser relevantes em outro processo, no qual se busque alguma indenização. Não, porém, no processo cujo objeto é a tutela inibitória. Neste, basta a demonstração de que se está na iminência da prática de um ato ilícito (contrário ao Direito), ou que este é um ato de duração prolongada no tempo e que está sendo praticado, para que se profira decisão que determine a abstenção de sua prática ou que ele não seja reiterado ou que não continue a ser praticado.

Já nos casos em que a sentença condene ao cumprimento de obrigação de entregar coisa, o juiz, ao conceder a tutela específica (isto é, ao determinar a própria entrega da coisa devida), deverá fixar o prazo para que o devedor cumpra a obrigação (art. 498), e uma multa pelo atraso (art. 500). Também aqui só haverá conversão em perdas e danos se for impossível a tutela específica ou se o credor optar pela conversão (art. 499), caso em que a multa que já vinha incidindo permanecerá até a data do protocolo da petição em que se postula a conversão em perdas e danos (ou até a data em que se percebe a absoluta impossibilidade de cumprimento específico), e será devida cumulativamente com a indenização.

Nos processos que tenham por objeto o cumprimento de obrigação de entregar coisa não se aplica a regra do exaurimento da competência (prevista no art. 494), já que é possível, mesmo depois de publicada a sentença, que seu comando seja alterado para que se converta a obrigação de entregar coisa em perdas e danos.

Não se pode, por fim, deixar de examinar um efeito dos pronunciamentos que condenam a pagar dinheiro (ou que convertem em pecúnia obrigações de fazer, não fazer ou entregar coisa): a hipoteca judiciária (art. 495).

Hipoteca é uma pré-penhora de imóveis (ou outros bens que aos imóveis são equiparados para fins de hipoteca, nos termos do art. 1.473 do CC). Pode ser convencional, legal ou judiciária. É convencional quando surge por força de um negócio jurídico celebrado entre as partes. Legal quando resulta diretamente da lei, como se pode ver pelo art. 1.489 do CC. E judiciária quando sua constituição é efeito de decisão judicial.

Afirmou-se que a hipoteca judiciária é uma penhora antecipada, uma pré-penhora. Em outros termos, o que se tem aqui, como efeito da decisão, é uma antecipação de um ato executivo típico das execuções por quantia certa, destinada não só a assegurar que em uma futura e eventual execução o credor tenha seu direito satisfeito, mas também para servir como um poderoso mecanismo inibidor de fraudes.

A decisão (que condena a pagar dinheiro ou que converte obrigação de outra natureza em perdas e danos) produz a hipoteca judiciária ainda que seja genérica, ou seja, que não tenha determinado o *quantum* da obrigação (art. 495, § 1º, I). Produz-se, também, mesmo que esteja pendente medida cautelar de arresto sobre bem do devedor (art. 495, § 1º, II). E se produz ainda que a sentença seja impugnada por recurso, pouco importando se tal recurso é dotado de efeito suspensivo (art. 495, § 1º, III) ou não (art. 495, § 1º, I). Não se produz, porém, a hipoteca judiciária quando a decisão condena ao cumprimento da obrigação de entregar coisa distinta de dinheiro (FPPC, Enunciado nº 310).

Constitui-se a hipoteca judiciária mediante apresentação de cópia da sentença perante o cartório do registro imobiliário, independentemente de ordem judicial, declaração expressa do juiz ou demonstração de urgência (art. 495, § 2º). Uma vez efetuado o registro da hipoteca judiciária, o credor que o tenha promovido terá o prazo de quinze dias para informá-lo ao juiz da causa, que determinará a intimação do devedor para que tome ciência do ato (art. 495, § 3º).

A hipoteca judiciária, nos termos do § 4º do art. 495, implica direito de preferência, quanto ao pagamento, em relação a outros credores. E este direito de preferência observará a prioridade do registro (o que significa dizer que, havendo mais de uma hipoteca pendente sobre o mesmo bem, receberá primeiro o dinheiro obtido com a expropriação aquele que tenha registrado a hipoteca em primeiro lugar, observando-se a partir daí a ordem dos registros). O direito de preferência é efeito processual da penhora (art. 797) e, por conseguinte, da hipoteca (art. 1.493, parágrafo único, do CC).

Caso sobrevenha reforma ou invalidação da decisão que condenou a pagar dinheiro ou que converteu obrigação em perdas e danos, a parte responderá objetivamente (isto é, independentemente de culpa) pelos danos resultantes da constituição da hipoteca judiciária (a qual será, evidentemente, cancelada, já que terá desaparecido o título que legitimara sua constituição). O valor da indenização será liquidado e executado nos mesmos autos, sem necessidade de ajuizamento de demanda autônoma de reparação de danos (art. 495, § 5º).

15.6. CAPÍTULOS DE SENTENÇA

Ponto que merece ser estudado quando se desenvolve a teoria da sentença é o dos assim chamados capítulos de sentença. Diga-se, porém, e desde logo, que o termo sentença vai aqui empregado em sentido bastante amplo, pois pode haver capítulos de qualquer provimento jurisdicional (como uma decisão interlocutória). Trata-se de um dos temas mais sofisticados e complexos de toda a ciência processual, com grande importância teórica e prática.

Embora o tema guarde grande conexão com o estudo dos recursos, é na teoria da sentença que deve ser examinado (até por produzir reflexos também em outras partes da ciência processual, como a coisa julgada).

A cada decisão proferida no pronunciamento judicial corresponde um *capítulo da sentença* (ou, mais propriamente, um capítulo do pronunciamento, já que este pode não ser exatamente uma sentença). E tais capítulos podem ser independentes (como é, por exemplo, o caso dos capítulos que julgam pedidos formulados em um mesmo processo em cumulação simples) ou não (como no caso em que o juiz aprecia o pedido principal e, além disso, impõe ao vencido o custo econômico do processo, condenando-o a pagar despesas processuais e honorários advocatícios).

A teoria dos capítulos de sentença, então, nada mais é do que o reconhecimento de que uma sentença formalmente una pode conter mais de uma decisão. A sentença conserva formalmente a sua unidade também quando contém mais de uma decisão. Por exemplo, as sentenças definitivas contêm também a condenação do sucumbente nas despesas do processo; a sentença que se pronuncia sobre um cúmulo de demandas contém uma pluralidade de decisões; a pronúncia sobre uma preliminar processual é uma decisão distinta daquela que julga o mérito, mesmo que as duas decisões se encontrem reunidas na mesma sentença; se a demanda tem por objeto uma quantidade de coisas fungíveis (uma soma em dinheiro, uma quantidade determinada de uma mercadoria qualquer) e se o juiz acolhe a demanda em parte, e em parte a rejeita, a sentença contém duas decisões distintas, uma de acolhimento e uma de rejeição. Em todos esses casos a sentença é divisível, para certos efeitos, em tantas partes distintas quantas sejam as diversas decisões que contenha, assim como se pode decompor um corpo composto nos seus vários componentes.

Capítulo da sentença, portanto, é uma unidade elementar autônoma, uma deliberação específica. Cada uma dessas deliberações é distinta das contidas nos demais capítulos e resulta da verificação de pressupostos próprios, que não se confundem com os das outras. A autonomia dos diversos capítulos da sentença revela apenas uma distinção funcional entre eles, sem que necessariamente todos sejam portadores de aptidão a constituir objeto de julgamentos separados, em processos distintos e mediante mais de uma sentença: a autonomia absoluta só se dá entre os capítulos de mérito, não porém em relação ao que aprecia preliminares.

Na teoria dos capítulos de sentença, autonomia não é sinônimo de independência, havendo capítulos que comportariam julgamento em outro processo e também, em alguns casos, um capítulo que não o comportaria.

No caso (raro, diga-se) de sentença que contenha uma única decisão, não há que se falar em "sentença com um só capítulo", mas em sentença unitária, pois capítulos são partes do todo, e assim só se pode falar neles quando há, pelo menos, dois capítulos.

Pense-se, então, em uma sentença que julga procedente o (único) pedido formulado pelo autor e, além disso, condena o réu a arcar com as despesas processuais e honorários advocatícios. Parece obvio que essa sentença tem dois capítulos: um principal, de mérito; outro acessório, sobre o custo econômico do processo. Pode, ainda, haver outros capítulos. Caso o juízo, na sentença, aprecie questões preliminares ao mérito, cada decisão que a respeito delas se profira será um capítulo de sentença. Assim, por exemplo, se o juízo, na sentença, declarou ter o demandante preenchido todas as "condições da ação" e, além disso, acolheu seu (único) pedido e condenou o réu a arcar com o custo do processo, terá proferido sentença com três capítulos.

No caso se ter formulado mais de um pedido haverá, pelo menos, um capítulo para julgamento de cada pedido. Pode ter acontecido, porém, de se ter formulado pedido cujo objeto mediato seja uma certa quantidade de bens fungíveis. Nesse caso, pode acontecer o acolhimento parcial desse pedido, hipótese em que será possível identificar, aí, dois capítulos de sentença (um que acolhe parte do pedido, outro que rejeita a outra parte). Figure-se o exemplo de ter o autor pedido a condenação do réu a pagar 100. A sentença julga parcialmente procedente o pedido e condena o réu a pagar 70. Nesse caso, haverá dois capítulos referentes ao mérito, um para condenar o réu a pagar 70, outro para declarar que não são devidos os outros 30 que o autor cobrava.

Imagine-se, agora, que o autor pediu a condenação do réu a pagar 100, tendo o réu, em sua contestação, reconhecido dever 30. O juízo, na sentença, afirmou que o réu era devedor de 60. Nesse caso, há três capítulos de mérito da sentença. O primeiro homologa o reconhecimento da procedência da pretensão a receber 30. O segundo condena o réu a pagar outros 30. Por fim, o terceiro declara que o autor não é credor dos restantes 40 que cobrava.

A teoria dos capítulos de sentença (*rectius*, capítulos de pronunciamento judicial) é expressamente adotada pelo CPC. Assim é que, por exemplo, no art. 966, § 3º, se afirma expressamente ser possível o ajuizamento de ação rescisória para impugnar apenas um capítulo da decisão. O art. 1.009, § 3º, trata da possibilidade de haver questões processuais, estranhas ao mérito, capazes de levarem a pronunciamentos que são capítulos da sentença. E o art. 1.013, § 5º, faz referência ao capítulo de sentença que confirma, concede ou revoga tutela provisória.

Pois a existência de distintos capítulos em um mesmo dispositivo tem efeitos práticos relevantíssimos. Pense-se, por exemplo, em dois capítulos que sejam inteiramente independentes um do outro (como seriam os capítulos nos quais são julgadas pretensões de indenização por dano material e de compensação por dano moral). Em casos assim, a interposição de recurso apenas contra um dos capítulos (recurso parcial, de que trata o art. 1.002) implica o trânsito em julgado dos capítulos não recorridos. E é precisamente por isso que o § 1º do art. 1.013 estabelece, no trato do recurso de apelação, que "[s]erão [objeto] de apreciação e julgamento pelo tribunal todas as questões suscitadas e discutidas no processo, ainda que não tenham sido solucionadas, desde que relativas ao capítulo impugnado". É que capítulos não impugnados, por terem transitado em julgado, são imutáveis e indiscutíveis.

Do mesmo modo, pode haver decisão interlocutória que, dividida em capítulos, tem um (ou mais de um) capítulo impugnável por agravo de instrumento, não sendo possível a interposição deste recurso contra os demais capítulos. É o que acontece, por exemplo, com a decisão de saneamento e organização do processo (art. 357), em que só se admite agravo de instrumento contra o capítulo da decisão que define a distribuição do ônus da prova (art. 357, III, combinado com o art. 1.015, XI).

Há três diferentes métodos de classificação dos capítulos de sentença. Pelo primeiro, distinguem-se os capítulos homogêneos dos heterogêneos. Pelo segundo, classificam-se os capítulos em principais e secundários; por fim, diferenciam-se os capítulos independentes dos dependentes.

Chamam-se capítulos homogêneos os que se encontram no mesmo plano do objeto da cognição. Assim, pode haver mais de um capítulo de sentença sobre matéria processual (por exemplo, uma decisão que afirma estarem presentes as "condições da ação" e outra que afasta a alegação de falta de pressuposto processual), ou mais de um capítulo sobre o mérito da causa (como em vários dos exemplos anteriormente citados). Com muita frequência, porém, haverá sentenças com capítulos heterogêneos (isto é, com capítulos que se referem a planos distintos do objeto da cognição). Assim, por exemplo, se numa sentença o juízo tiver rejeitado uma preliminar de "carência de ação" e, em seguida, se pronunciado sobre o mérito, haverá capítulos heterogêneos de sentença.

Chamam-se *principais* os capítulos que dizem respeito a decisões que poderiam ser proferidas autonomamente, em processo distinto, e *secundários* os capítulos que só podem existir dentro de processos que tenham outras matérias por objeto. Assim, por exemplo, são capítulos secundários os que versam sobre matéria puramente processual, bem como o que versa sobre o custo econômico do processo (despesas e honorários).

São capítulos *independentes* aqueles que proferem decisões que não dependem de nenhum outro pronunciamento, contido na mesma ou em outra sentença, para subsistir, enquanto dependentes são aqueles capítulos cuja existência está condicionada a outra decisão. Assim, por exemplo, a decisão que, por falta de pressuposto processual, extingue o processo em que proferida sem resolução do mérito é um capítulo independente da sentença (que, normalmente, conterá mais um capítulo, sobre a obrigação de pagar pelo custo do processo). Do mesmo modo, são independentes os capítulos que julgam pedidos cumulados quando se trata de cumulação simples de demandas. De outro lado, é dependente o capítulo que julga o segundo pedido formulado em uma cumulação sucessiva de demandas (já que este só pode ser apreciado se o primeiro tiver sido acolhido). A importância dessa classificação, do ponto de vista prático, é óbvia, já que a reforma do primeiro capítulo, em grau de recurso, implicará automaticamente a reforma do segundo.

CAPÍTULO 16
REMESSA NECESSÁRIA

Mantendo uma antiga tradição do Direito luso-brasileiro, o art. 496 estabelece que algumas sentenças ficam sujeitas necessariamente a um reexame promovido por um órgão jurisdicional superior, o mesmo que teria competência para apreciar eventual apelação que contra tal sentença se interpusesse. Tem-se, aí, pois, o instituto conhecido como remessa necessária.

O princípio do duplo grau de jurisdição (que no processo civil, diferentemente do que acontece no processo penal, tem *status* meramente legal, e não supralegal ou constitucional) é responsável por tornar possível que um segundo órgão jurisdicional promova o reexame integral da causa, o que se assegura através de recursos como a apelação (ou afins, como o recurso ordinário trabalhista e o recurso ordinário constitucional, ambos também capazes de viabilizar um segundo exame integral da causa). Como medida de proteção da Fazenda Pública, porém, prevê a lei casos de duplo grau de jurisdição obrigatório, em que este reexame se efetiva independentemente da interposição de recurso.

Assim, mesmo que não seja interposta apelação, as sentenças referidas no art. 496 (e respeitadas as exceções previstas nos §§ 3º e 4º do mesmo dispositivo) serão submetidas ao tribunal de segundo grau (art. 496, § 2º). Eis, aqui, um detalhe importante: só se cogita de remessa necessária se não for interposta a apelação, caso em que o juiz ordenará *ex officio* a remessa dos autos ao tribunal (e, se não o fizer, incumbirá ao presidente do tribunal avocar os autos), conforme expressamente dispõe o art. 496, § 1º. Tendo havido apelação, porém, ao tribunal caberá examinar o recurso interposto, não havendo que se cogitar de remessa necessária (e, portanto, sendo manifestamente equivocada a praxe, encontrada em diversos tribunais, de autuar estes feitos no segundo grau indicando ser caso de "apelação/remessa necessária").

Evidentemente, porém, havendo recurso parcial da Fazenda Pública, os capítulos de sentença a ela contrários e que não tenham sido impugnados na apelação se submeterão ao reexame necessário (FPPC, Enunciado nº 432).

A remessa necessária – diferentemente do que sustentam alguns autores – não é um recurso. E a natureza não é essa por não ser um mecanismo de provocação do reexame da decisão judicial por ter havido uma *impugnação*. Recursos – e isso será examinado melhor adiante – são meios de impugnação da decisão judicial, e a remessa necessária não contém qualquer impugnação ao pronunciamento jurisdicional.

Muitos autores sustentam que a remessa necessária teria natureza de *condição suspensiva* da eficácia da sentença. Na verdade, porém, a condição suspensiva não é propriamente a remessa necessária, mas o resultado que dela pode provir. É que a sentença sujeita a remessa necessária só produz efeitos se vier a ser confirmada, sendo, pois, a confirmação um evento futuro e incerto que precisa ocorrer para que a sentença produza efeitos. A remessa necessária, porém, não é, ela própria, um evento futuro e incerto que subordina a eficácia da sentença. A rigor, a remessa necessária é uma fase processual indispensável em alguns tipos de processo (e dependendo do resultado que no primeiro grau de jurisdição se produz). E a eficácia da sentença depende de que, nessa fase processual, se produza em evento futuro e incerto: a confirmação da sentença.

A pendência da remessa necessária tem efeito suspensivo, ou seja, é um obstáculo a que a sentença contrária à Fazenda Pública produza efeitos. A eficácia da sentença só será liberada se e quando esta vier a ser confirmada pelo tribunal (art. 496).

Sujeita-se a reexame necessário, em primeiro lugar, a sentença proferida contra a União, os estados, o Distrito Federal, os municípios e suas respectivas autarquias e fundações de direito público (art. 496, I). Vencida a Fazenda Pública (presente no processo através de alguma das pessoas indicadas no inciso que se acaba de indicar), e não tendo sido interposta apelação, os autos deverão ainda assim ser remetidos ao tribunal de segundo grau para que reexamine a decisão.

Também se sujeita a reexame necessário a sentença que julga procedentes, no todo ou em parte, os embargos à execução fiscal. No caso de procedência parcial, apenas o capítulo contrário à Fazenda Pública se sujeitará ao reexame obrigatório.

Fácil perceber, então, que a remessa necessária é um mecanismo de proteção da Fazenda Pública, e é por isso que se justifica o que consta do Enunciado nº 45 da súmula de jurisprudência dominante do STJ, por força do qual no reexame necessário é defeso ao tribunal, agravar a condenação imposta à Fazenda Pública.

Casos há, porém, em que a sentença contrária à Fazenda Pública não se sujeita a reexame necessário e, pois, não sendo interposta a apelação, a sentença de mérito transitará em julgado, começando desde logo a produzir seus efeitos, independentemente de manifestação do tribunal de segundo grau.

É o que se dá, antes de tudo, naqueles casos em que a União (ou suas autarquias ou fundações de direito público) é vencida, mas a sentença contém condenação ou atribui ao vencedor proveito econômico inferior a mil salários mínimos. O mesmo se aplica aos casos em que a condenação do Estado, do Distrito Federal, dos municípios que constituem capitais dos estados, ou de suas respectivas autarquias ou fundações, ou o proveito econômico obtido pelo vencedor contra qualquer dessas entidades for inferior a quinhentos salários mínimos. Por fim, no caso dos municípios que não são capitais de estados (e de suas respectivas autarquias e fundações de direito público), não haverá reexame necessário se a condenação ou o proveito econômico for inferior a cem salários mínimos.

Pois nesses casos, o valor da condenação ou do proveito econômico obtido pela parte adversária da Fazenda Pública é determinante da inexistência de remessa necessária, e só haverá duplo grau de jurisdição se o ente público interpuser recurso contra a sentença.

Para que não haja remessa necessária, porém, é preciso que o valor da condenação ou do proveito econômico obtido pela outra parte seja certo e líquido (art. 496, § 3º). Sendo ilíquida a obrigação reconhecida pela sentença, haverá remessa necessária (como, aliás, já constava, ao tempo da legislação processual anterior, do ainda válido Enunciado nº 490 da súmula de jurisprudência dominante do STJ).

Também não haverá remessa necessária, ainda que a condenação ou o proveito econômico seja certo e líquido e de valor igual ou maior do que os indicados no § 3º, quando a sentença estiver fundada em enunciado de súmula de tribunal superior (aí incluído, por óbvio, o Supremo Tribunal Federal), em acórdão proferido pelo STF ou pelo STJ em julgamento de recursos excepcionais repetitivos; em entendimento firmado, no tribunal de segundo grau, em incidente de resolução de demandas repetitivas ou de assunção de competência; ou em entendimento coincidente com orientação vinculante firmada no âmbito administrativo do próprio ente público, consolidada em manifestação, parecer ou súmula administrativa (art. 496, § 4º).

Há, aí, a previsão de casos em que, independentemente do valor da condenação ou do proveito econômico obtido pela parte adversária da Fazenda Pública, ou mesmo sendo ilíquida a obrigação reconhecida na sentença, não há justificativa para a remessa necessária em casos em que o ente público não interponha recurso. Impende, então, examinar que casos são esses.

O primeiro deles é o da sentença proferida em conformidade com enunciado de súmula de tribunal superior (ou do Supremo Tribunal Federal). Neste caso, é preciso fazer uma distinção: há enunciados de súmula do STF que são vinculantes (nos termos do art. 103-A da Constituição da República). Outros enunciados de súmula existem, editados pelo próprio STF ou pelo STJ, que não têm eficácia vinculante, mas meramente persuasiva. Seja lá qual for a eficácia do enunciado de súmula, porém, o fato de estar a sentença em conformidade com aquele extrato da jurisprudência dominante das Cortes de Superposição é suficiente para dispensar a remessa necessária. Pense-se, por exemplo, na seguinte hipótese: a Fazenda Pública promove execução fiscal de multa por infração ambiental. O executado, por sua vez, oferece embargos do executado para alegar prescrição, já que o ente público demorou mais de cinco anos para promover a execução. A sentença que julga procedentes os embargos, qualquer que seja o valor da execução neste caso, não estará sujeita a remessa necessária, já que a decisão está em plena conformidade com o que consta do Enunciado nº 467 da súmula de jurisprudência dominante do STJ.

O mesmo raciocínio se aplica aos casos em que a sentença contrária ao ente público se tenha fundado em acórdão proferido pelo STF no julgamento de recursos extraordinários repetitivos, ou pelo STJ na apreciação de recursos especiais repetitivos. É que tais acórdãos têm, na sistemática do CPC de 2015, eficácia vinculante, o que legitima a dispensa da remessa necessária (mas, evidentemente, não impede o ente público de recorrer, se considerar que é caso de distinção ou de superação do precedente). E é o mesmo o trato da matéria quando a sentença está baseada em entendimento firmado, nos tribunais de segunda instância, em incidente de resolução de demandas repetitivas ou em incidente de assunção de competência. É que também estes pronunciamentos têm eficácia de precedentes vinculantes (no estado a que pertence o Tribunal de Justiça ou na região a que corresponde o Tribunal Regional Federal que o tenha emitido).

Pois todas essas hipóteses se justificam à luz do sistema, implantado no Direito Processual Civil brasileiro a partir do CPC, de construção de decisões judiciais a partir de precedentes ou enunciados de súmula (empregados como padrões decisórios). Não faria, mesmo, qualquer sentido submeter a um reexame obrigatório a sentença que está em conformidade com súmula de jurisprudência dominante ou com precedente vinculante, ainda mais quando se considera que o ente público vencido nem sequer terá interposto recurso contra a sentença.

A última hipótese de dispensa do reexame necessário é o da sentença fundada em entendimento coincidente com orientação vinculante firmada no âmbito administrativo do próprio ente público. É que, com muita frequência, os entes públicos, por meio de ato administrativo (fala a lei em manifestação, parecer ou súmula administrativa), expressamente estabelecem que não se deve recorrer contra determinadas decisões judiciais. Pense-se, por exemplo, em uma sentença que reconheça o direito à acumulação de auxílio-acidente com proventos de aposentadoria em caso no qual a consolidação das lesões decorrentes de acidente, de que resultou sequela definitiva, e a concessão da aposentadoria, são ambas anteriores às alterações inseridas no art. 86, § 2º, da Lei nº 8.213/1991 pela Medida Provisória nº 1.596-14, a qual se converteu na Lei nº 9.528/1997. Pois esta sentença estaria em perfeita conformidade com o entendimento consolidado no Enunciado nº 75 da súmula da Advocacia Geral da União. Ora, se a súmula da AGU dispensa a interposição de recursos pelos entes públicos federais, nos termos da Lei Complementar nº 73 (arts. 4º, XII, 28 e 43), não há qualquer razão para submeter-se tal sentença a um reexame obrigatório. Nesses casos, então, só se chegará ao órgão de segundo grau se houver interposição de recurso contra a sentença.

CAPÍTULO 17

ESTABILIZAÇÃO, PRECLUSÃO E COISA JULGADA

No Direito Processual Civil são produzidas algumas diferentes formas de estabilidade. A rigor, a estabilidade é uma exigência do direito fundamental à segurança jurídica, e se manifesta em todas as áreas do Direito. Fenômenos como a prescrição e a decadência (no Direito Civil e Direito Administrativo ou Tributário), a prescrição da pretensão punitiva (no Direito Penal), a impossibilidade de se afirmar a inexistência de um direito por força da *surrectio*, entre muitos outros, são mecanismos destinados a conferir estabilidade aos fenômenos do Direito.

Em sede processual, sempre que se fala em estabilidade a tendência é que se pense em coisa julgada. Essa não é, todavia, a única forma de estabilidade que se produz através do processo. Também a preclusão é fenômeno ligado à ideia de estabilidade processual. E o CPC vigente ainda traz uma nova forma de estabilidade, chamada simplesmente de *estabilização*. É dessas formas de conferir estabilidade aos fenômenos processuais que se tratará neste capítulo do livro.

17.1. ESTABILIZAÇÃO

Como dito, os atos jurídicos em geral tendem a adquirir estabilidade, o que é uma exigência de segurança jurídica. Assim é que, preenchidos determinados requisitos (que, evidentemente, variam de um ato para outro), todo ato tende a adquirir uma certa estabilidade, o que permite sua permanência no ordenamento jurídico.

O fenômeno da estabilidade alcança atos jurídicos de direito privado (como um estatuto de sociedade anônima ou um contrato, atos que não podem ser modificados livremente) e de direito público (como acontece com decisões judiciais ou atos administrativos, entre outros). A estabilidade, porém, pode ser de graus variados. Em outros termos, pode-se mesmo dizer que existem atos mais estáveis do que outros. Assim, por exemplo, um ato administrativo só pode ser revogado pela própria Administração Pública, e mesmo assim desde que alguns pontos sejam observados. Por exemplo, não se admite a revogação de ato administrativo cujos efeitos já se tenham exaurido. No Direito Processual Civil encontram-se algumas espécies diferentes de estabilidade do ato processual. E a diferença se dá pelo grau de intensidade da estabilidade.

Duas formas de conferir estabilidade ao ato processual são bastante conhecidas de todos os estudiosos do Direito Processual: a preclusão e a coisa julgada. Há, porém, outro fenômeno, que não pode deixar de ser examinado, e que com aqueles não se confunde: o da estabilização.

O CPC faz alusão ao fenômeno da estabilização em duas passagens: ao tratar da estabilização da tutela antecipada (art. 303) e ao regular a estabilização da decisão de saneamento e organização do processo (art. 357, § 1º).

Embora já se tenha feito alusão a esses dois casos, quando do estudo das tutelas provisórias e ao se analisar o procedimento comum do processo de conhecimento, é interessante voltar a tocar no assunto, para fins de organização do pensamento.

Assim é que a decisão que declara saneado o processo e o organiza para preparar a atividade de instrução probatória se torna estável após o decurso do prazo de cinco dias de que dispõem as partes para requerer esclarecimentos ou solicitar ajustes (art. 357, § 1º). Como se trata de decisão que não pode ser impugnada por agravo de instrumento (com a única exceção do capítulo que versa sobre distribuição do ônus da prova), deve-se considerar que essa estabilização implica a impossibilidade de – no mesmo grau de jurisdição – tornar-se a discutir o conteúdo da decisão. Às partes, evidentemente, se assegura a possibilidade de impugnar tal decisão em grau de apelação (art. 1.009, § 1º). Mas para o juízo de primeiro grau não é mais possível alterar o que tenha sido decidido naquele pronunciamento, ainda que se trate de matéria de ordem pública.

Isto é extremamente importante para a organização do processo de conhecimento, que, como já visto em passagem anterior deste livro, é estruturado em duas fases bem distintas: uma introdutória, destinada a estabelecer o que será objeto da cognição quanto ao mérito do processo; outra, principal, que tem por fim permitir a instrução e o julgamento da causa. Pois a decisão de saneamento e organização do processo é o ato que põe fim à primeira fase, introdutória, do processo de conhecimento, permitindo assim o início da fase principal. E é extremamente relevante que essa decisão tenha alguma estabilidade, de modo a permitir que o processo se desenvolva em direção a um resultado que deve ser alcançado em tempo razoável.

Deste modo, incumbe ao juiz estabelecer, na aludida decisão, quais são as questões de fato e de direito que serão debatidas e resolvidas na segunda fase do processo. E, ultrapassado o prazo de cinco dias de que dispõem as partes para solicitar ajustes ou esclarecimentos, tal decisão se torna estável, vinculando o juízo de primeiro grau a ela de forma absoluta. Incumbirá, pois, ao juízo de primeiro grau respeitar aquela decisão, examinando todas as questões de fato e de direito controvertidas que ali tenham sido fixadas. Evidentemente, fatos supervenientes poderão – e deverão – ser levados em conta (art. 493), assim como é possível que depois dessa decisão ter-se tornado estável surja alguma questão relativa a direito superveniente (como seria, por exemplo, a edição de uma Emenda Constitucional que se aplique ao caso concreto). Há, aí, porém, alguma estabilidade da decisão, cujos termos não poderão ser posteriormente modificados pelo juízo de primeiro grau de jurisdição.

Ainda mais intensa é a estabilização da tutela antecipada. Neste caso – que ocorre, nos termos do art. 304, quando da decisão concessiva de tutela de urgência satisfativa antecedente não se interpõe recurso – há um grau maior de estabilidade, de modo que a decisão – que não é alcançada pela autoridade de coisa julgada, uma estabilidade ainda mais intensa (art. 304, § 6º) – permanecerá eficaz e só poderá ser afastada por decisão que a revir, reformar ou invalidar, proferida em processo autônomo, o qual precisa instaurar-se no prazo de dois anos a contar da ciência da decisão que extinguiu o processo em que a tutela antecipada foi deferida (art. 304, § 5º).

Neste caso, então, deferida a tutela antecipada antecedente, e não havendo recurso contra tal decisão, tem-se uma relativa estabilidade da decisão, a qual acarreta a extinção do processo sem resolução do mérito, permanecendo, porém, eficaz a decisão antecipatória de tutela até que, em processo autônomo cujo objeto é sua revisão, reforma ou invalidação, venha ela a ser cassada ou substituída. Resulta daí, pois, uma inversão do ônus de demandar, já que caberá àquele contra quem a tutela antecipada estável produz efeitos o ônus de ajuizar a demanda de revisão, reforma ou invalidação (o que só poderá ser feito dentro do prazo decadencial de dois anos a que já se fez alusão). Enquanto essa demanda não for proposta (e julgada), porém, a decisão estável produz todos os seus efeitos.

Como se poderá compreender melhor depois, a estabilização da tutela antecipada não se confunde com a coisa julgada, pois não torna imutável e indiscutível o conteúdo da decisão proferida, alcançando tão somente seus efeitos. Em outras palavras, por força da estabilização da tutela antecipada não é a decisão que adquire estabilidade, mas os efeitos que ela é capaz de produzir. Assim, alcançada a estabilização, os efeitos da decisão concessiva de tutela antecipada continuarão a se produzir, não obstante a extinção (sem resolução do mérito) do processo cognitivo, e permanecerão se produzindo indefinidamente (salvo se, no prazo decadencial de dois anos, vier a ser ajuizada demanda de revisão, reforma ou invalidação daquela tutela processual provisória).

Pense-se, por exemplo, no caso de uma tutela antecipada que tenha determinado a uma operadora de planos de saúde que custeasse determinado tipo de tratamento para um seu consumidor. Pois a estabilização da tutela antecipada não é capaz de fazer com que se forme coisa julgada sobre a declaração de que aquela cobertura estava inserida no plano de saúde contratado (o que permitirá, legitimamente, que esta matéria volte a ser discutida em outros processos), mas garantirá que não se possa mais modificar (ainda que essa discussão ressurja posteriormente, ressalvado apenas o caso de se propor, dentro do biênio mencionado, demanda de revisão, reforma ou invalidação da tutela antecipada) o efeito daquela decisão, de modo que, mesmo que futuramente se chegue à conclusão de que aquele tratamento não estava coberto pelo plano, o custeio daquele procedimento médico-hospitalar determinado pela tutela antecipada estável terá de ficar, mesmo, por conta da operadora do plano.

Há aí, como se pode ver, dois diferentes níveis de estabilização, com intensidades distintas, mas nenhum deles chega ao grau de estabilidade da coisa julgada (de que se falará adiante). E entre elas há algo em comum: é que a estabilidade resultante da estabilização da decisão de saneamento e organização do processo, assim como a que resulta da estabilização da tutela antecipada, implica um obstáculo ao reexame do que foi decidido que não é absoluto, sendo permitido às partes tornar a suscitar a matéria (em grau de recurso, no caso da estabilização da decisão de saneamento e organização do processo; por demanda revocatória, no caso de estabilização da tutela antecipada).

17.2. PRECLUSÃO

Chama-se preclusão a perda da possibilidade de praticar um ato processual. Pense-se, por exemplo, no caso de se ter proferido uma sentença. Contra esta, é possível a interposição de apelação. Pode ocorrer alguma situação (como, por exemplo, o decurso do prazo dentro do qual o recurso é admissível) que faça desaparecer a possibilidade de prática do ato.

Da preclusão sempre resultará uma estabilidade processual. Assim é que, para se usar uma vez mais o mesmo exemplo, preclusa a possibilidade de interpor apelação, resulta daí a estabilidade da sentença.

A preclusão atinge não só a possibilidade de as partes praticarem ato processual, mas também alcança os poderes do juiz. Basta ver o que dispõe o art. 507 do CPC, por força do qual é vedado às partes discutir novamente as questões já resolvidas a cujo respeito tenha se operado a preclusão. E se as partes não podem discuti-las, é porque nenhum órgão jurisdicional, nem mesmo aquele que tenha resolvido a matéria, nem órgão superior, poderá apreciá-la, ainda que de ofício. É que se houvesse autorização para apreciação da matéria de ofício não haveria qualquer sentido em impedir as partes de tornar a debatê-las (ainda mais em um sistema que veda as decisões-surpresa, de modo que o juízo que fosse apreciar essa matéria de ofício obrigatoriamente teria de submetê-la à manifestação das partes). Pense-se, por exemplo, no caso de já ter sido decidida a forma de distribuição do ônus da prova, não tendo sido interposto recurso contra a decisão. Preclusa a matéria, nenhum juízo poderá voltar a examinar o modo como o ônus da prova deve ser distribuído nesse processo para decidir se aquela decisão foi correta ou não.

A preclusão é fenômeno absolutamente essencial ao andamento ordenado do processo. Afinal, sem preclusões o processo poderia se tornar um "indo e vindo infinito" (e peço vênia para usar, aqui, célebre expressão encontrada na letra de conhecida canção). Em outros termos, a função da preclusão é permitir o ordenado, racional e expedito desenvolvimento do processo.

Assim, é preciso reconhecer que alguns fatos processuais podem ter como consequência a perda de uma posição processual, da parte ou do juízo, impedindo a prática de determinados atos e, com isso, assegurando que o processo continue a se desenvolver para diante, em direção à produção do resultado a que se dirige. É preciso, porém, ter claro que há matérias sobre as quais não se opera a preclusão (seja por serem de ordem pública, como se dá com as "condições da ação", os pressupostos processuais ou as nulidades, seja por expressa previsão legal, como se dá com a prescrição, cuja configuração como matéria de ordem pública é polêmica, mas, independentemente do que se pense a respeito, pode ser alegada a qualquer tempo durante o trâmite do processo pelas instâncias ordinárias).

Costumeiramente se cogita de três modalidades de preclusão: temporal, lógica e consumativa.

Chama-se preclusão temporal a perda da possibilidade de prática de um ato processual em razão do decurso do prazo dentro do qual tal ato era admissível. Estabelece o art. 223 que "[d]ecorrido o prazo, extingue-se o direito de praticar ou de emendar o ato processual, independentemente de declaração judicial". Assim, sempre que houver prazo (fixado em lei ou assinado pelo juiz) para a prática de ato processual, seu decurso *in albis* (isto é, sem que o ato tenha sido praticado) acarreta preclusão.

Há alguns casos de preclusão temporal expressamente previstos no CPC. É o que se tem, por exemplo, no art. 63, § 3º, que prevê a preclusão temporal da possibilidade de alegação, pelo réu, da abusividade da cláusula de eleição de foro; no art. 209, § 2º (preclusão temporal da possibilidade de alegar existência de contradição na transcrição eletrônica de atos processuais praticados diante do juiz); no art. 278 (preclusão temporal da possibilidade de alegar a anulabilidade de ato processual); e no art. 293 (preclusão temporal da possibilidade de impugnar o valor atribuído à causa pelo demandante).

É costume ouvir-se afirmar que só existiria preclusão temporal para as partes, e que os prazos para os órgãos jurisdicionais seriam impróprios (isto é, que de seu decurso não resultaria preclusão). Isto, porém, não é sempre verdadeiro. Basta ver o que consta do art. 235 e seus parágrafos. Ali há a previsão do caso em que se representa contra o magistrado por excesso de prazo. Pois distribuída a representação, seu relator, após o decurso do prazo para apresentação de justificativa pelo magistrado representado, "determinará a intimação do representado por meio eletrônico para que, em 10 (dez) dias, pratique o ato". Decorrido este prazo de dez dias sem que o ato tenha sido praticado, perde o juiz a possibilidade de o praticar, devendo os autos ser remetidos ao substituto legal (art. 235, § 3º). Tem-se, aí, pois, preclusão temporal para o juiz.

Ocorre a preclusão lógica quando o sujeito do processo, em razão da prática de um determinado ato, perde a possibilidade de praticar outro que com ele seja incompatível. É o que se tem, por exemplo, no caso de a parte vencida aceitar a sentença e, posteriormente, pretender impugná-la por meio de recurso (art. 1.000).

A preclusão lógica é uma manifestação da boa-fé processual (art. 5º), que tem, entre seus corolários, a vedação de comportamentos contraditórios (*nemo venire contra factum proprium*). Tema que originariamente foi tratado pela doutrina do Direito Civil, lá se pode encontrar a relação dos requisitos necessários à aplicação do princípio que veda tal tipo de conduta: (a) um *factum proprium*, isto é, uma conduta inicial; (b) a legítima confiança de outrem na conservação do sentido objetivo dessa conduta; (c) um comportamento contraditório com esse sentido objetivo (e, por isso mesmo, violador da confiança); (d) um dano ou, no mínimo, um potencial de dano a partir da contradição.

Basta que se tome o exemplo anteriormente figurado, do condenado que cumpre voluntariamente a sentença e, depois, interpõe recurso, para que se veja que todos os requisitos apontados estão presentes. Houve a conduta inicial, pois a parte vencida cumpriu a condenação e realizou a prestação tida por devida. Esse cumprimento gera, na parte adversária, uma legítima confiança em que terá para si definitivamente aquele bem da vida, já que o vencido voluntariamente o entregou. O comportamento contraditório consiste, evidentemente, na impugnação à decisão já cumprida. Por fim, há um potencial de dano decorrente da contradição, já que em tese poderia acontecer de ser provido o recurso e, por conseguinte, a parte adversária teria de devolver o bem jurídico já recebido. Assim, por aplicação do princípio da boa-fé, que é norma fundamental do ordenamento jurídico (e não só deste ou daquele ramo do Direito, mas além disso está expressamente incluído pelo art. 5º do CPC entre as normas fundamentais do processo civil), é preciso reconhecer, em casos assim, a preclusão (e, no exemplo figurado, não se admitir o recurso).

Também para o juiz há preclusão lógica, e não só para as partes. Pense-se, por exemplo, no caso de o juiz indeferir prova testemunhal ao fundamento de que o fato que se pretende provar já está demonstrado nos autos por documento (art. 443, I). Pois esta decisão impede que o juiz, no futuro, julgue contra a parte que pretendera produzir essa prova oral ao fundamento de que havia insuficiência de provas acerca daquele mesmo fato. Isto seria uma violação à boa-fé objetiva por consistir em comportamento contraditório e, portanto, alcançado pela preclusão lógica. Em caso como este, caberá ao juiz, verificando a insuficiência do material probatório, revogar a decisão anteriormente proferida e autorizar a produção da prova testemunhal, sob pena de frustrar a legítima expectativa que seu pronunciamento gerou na parte.

Por fim, tem-se a preclusão consumativa quando o sujeito do processo, por já ter praticado o ato, perde a possibilidade de praticá-lo novamente (ou de o complementar). Assim, por exemplo, oferecida a contestação, não pode o réu posteriormente (ainda que em tese ainda houvesse prazo para fazê-lo), contestar outra vez ou complementar sua contestação. Do mesmo modo, não se admite que contra uma mesma decisão a mesma parte interponha dois recursos (com a ressalva do cabimento simultâneo de recurso especial e recurso extraordinário, nos termos do art. 1.031), o que é manifestação de algo que no jargão forense é costumeira e impropriamente chamado de "princípio da unirrecorribilidade", mas que, na verdade, é apenas uma consequência da regra (e não princípio) da preclusão. E também para o juiz há preclusão consumativa. Pense-se no caso de ter-se tornado estável a decisão de saneamento e organização do processo. Pois preclui para o juiz (mas não para as partes, que poderão sobre elas se manifestar em apelação ou em contrarrazões de apelação) a possibilidade de tornar a decidir sobre aquilo que tenha sido expressamente resolvido naquele pronunciamento (com a ressalva da distribuição do ônus da prova, que, tendo sido impugnada por agravo de instrumento, pode ser objeto de retratação pelo juiz, nos termos do art. 1.018, § 1º).

Questão interessante é a de saber se o exercício inválido de uma posição processual acarreta a preclusão consumativa. Há quem considere que apenas o exercício válido da posição processual produzia tal consequência. Autores há, de outro lado, que consideram que também o exercício inválido da posição processual gera esse resultado. A questão é de grande relevância prática. Basta pensar na possibilidade de a parte ter interposto recurso inadequado, como se dá com a interposição de agravo de instrumento para impugnar sentença, o que o torna inadmissível. Seria possível, então, desde que ainda dentro do prazo, a interposição de novo recurso (agora a apelação, que seria o recurso adequado)? Para a primeira corrente, a resposta há de ser afirmativa; para a segunda, o resultado será o oposto.

A preclusão consumativa ocorre com o exercício (válido ou inválido) da posição processual. Não há como, no exemplo figurado, se admitir o segundo recurso, como se aquele primeiro não existisse. Afinal, ato processual inválido é ato processual que existe. Evidentemente, será outra a solução se por alguma razão se considerar inexistente o ato praticado anteriormente (como se daria, por exemplo, se o primeiro recurso tivesse sido subscrito por quem não seja advogado). Nesse caso, deve-se considerar que não houve o exercício da faculdade processual e, portanto, nada impede que ela venha agora a ser exercida.

Além dessas três espécies de preclusão que, como dito, são tradicionalmente reconhecidas, pode-se cogitar de uma quarta espécie (que alguns autores consideram incluída no conceito de preclusão temporal, o que não parece correto): a preclusão por fases do processo. É que às vezes um ato processual se torna de prática impossível simplesmente por se ter alcançado fase processual que com ele é incompatível. Assim é que, por exemplo, não se pode cogitar do julgamento de improcedência liminar do pedido (art. 332) se o réu já foi citado; nem seria possível o julgamento antecipado parcial do mérito se toda a instrução probatória já se concluiu e é possível a prolação de sentença.

É preciso ter claro, porém, que há situações que afastam a preclusão. Assim, por exemplo, a preclusão temporal pode ser afastada por justa causa (arts. 223 e 278, parágrafo único), assim considerado o evento alheio à vontade da parte e que a impediu de praticar o ato (art. 223, § 1º). Nestes casos, releva-se a preclusão, e se admite a prática do ato que a princípio parecia já não mais ser admissível, devendo o juiz fixar prazo para que isto ocorra (art. 223, § 2º).

A preclusão gera uma estabilidade que é endoprocessual, isto é, se produz apenas internamente ao processo em que se forma (diferentemente da coisa julgada, que é uma estabilidade exoprocessual, projetando-se para fora do processo em que se forma). E é por isso que o art. 507, já mencionado, expressamente impede que se volte a discutir, no curso do processo, as matérias já alcançadas pela preclusão.

Fenômeno que merece ser estudado juntamente com o da preclusão (ainda que de forma crítica, já que – como se verá – se irá aqui sustentar sua inexistência) é o da chamada "preclusão *pro iudicato*".

É preciso, antes de tudo, afirmar que não é correto o uso dessa expressão que em grande parte da doutrina (e da jurisprudência) brasileira se vê. É que muitos doutrinadores e profissionais brasileiros usam a expressão "preclusão *pro iudicato*" como sinônima de "preclusão para o juiz" (*rectius*, para o juízo), ou confundem "preclusão *pro iudicato*" e coisa julgada formal. Esses equívocos terminológicos, certamente, são fruto da influência da obra de importante processualista penal italiano, Stefano Riccio, para quem a "preclusão *pro iudicato*" se produz no caso em que se profira decisão de conteúdo exclusivamente processual, que não são capazes de alcançar a autoridade de coisa julgada material.

Assim não é, porém. O conceito de "preclusão *pro iudicato*", que foi concebido originariamente por um dos mais profundos pensadores do Direito Processual Civil de todos os tempos, Enrico Redenti, não se confunde nem com o de preclusão para o juízo, nem com o de coisa julgada formal. Estava Redenti preocupado com garantir a estabilidade e a segurança jurídica que, segundo ele, deveriam promanar de atos judiciais que, por não conterem declarações de certeza quanto ao mérito, não seriam capazes de alcançar a autoridade de coisa julgada material. Referia-se ele, fundamentalmente, à sentença que põe termo à execução e ao provimento que se forma no procedimento monitório (embora quanto a este prevaleça o entendimento segundo o qual a coisa julgada se forma). Para Redenti, o fato de não haver coisa julgada material nesses casos faria com que tais provimentos não gerassem qualquer segurança, razão pela qual passou a sustentar que eles ficariam protegidos por um fenômeno que não se confundiria com a coisa julgada material, mas produziria uma estabilidade equivalente. Assim, por exemplo, se fosse instaurada uma execução contra a qual o executado não oferecesse qualquer tipo de oposição, a sentença que a desse por encerrada ficaria coberta pela "preclusão *pro iudicato*" e, assim, não seria possível ao executado, nem mesmo em processo posterior, buscar reaver o que ao exequente se pagou.

Repita-se, antes de tudo (e este é ponto de que se tratará adiante com mais calma), que o provimento emitido no procedimento monitório é, sim, capaz de alcançar a autoridade de coisa julgada material. Já no que diz respeito à execução (contra a qual não se tenha oferecido oposição de mérito, pois nesse caso a apreciação da defesa do executado levará à prolação de uma decisão capaz de alcançar a coisa julgada material), não há que se falar, mesmo, em qualquer estabilização resultante da decisão que extingue esse procedimento e que seja capaz de projetar-se para fora do processo, sob pena de se admitir, por via oblíqua, uma coisa julgada material onde não houve apreciação do mérito. O fato de não ter havido, sobre a existência do crédito exequendo, qualquer pronunciamento judicial só pode ser capaz de levar à conclusão de que tal matéria pode ser, agora, submetida à cognição do Poder Judiciário, sob pena de se admitir o recebimento, pelo exequente, de algo que não lhe é devido, sem que seja possível promover a incidência das regras sobre pagamento indevido estabelecidas pelo Código Civil (arts. 876 e seguintes).

17.3. COISA JULGADA

Contra uma decisão judicial pode (e em regra assim é) ser cabível a interposição de recurso. Em alguns casos, como no da sentença, o cabimento do recurso é imediato. Em outros (como no caso das decisões interlocutórias que não constam do rol do art. 1.015), o cabimento do recurso é diferido. De toda maneira, a maioria das decisões é recorrível. Fatores há, porém, que tornam a decisão irrecorrível. É que os recursos no Direito Processual Civil brasileiro são limitados e sujeitos a prazo de interposição. Assim, esgotados todos os recursos, ou decorrido o prazo para que o recurso admissível seja interposto, a decisão se torna irrecorrível.

A passagem da decisão da situação original (em que era recorrível) para esta nova situação (de irrecorribilidade) é chamada de *trânsito em julgado*. E algumas decisões, por serem irrecorríveis, já nascem transitadas em julgado (como é, por exemplo, o caso da decisão proferida pelo Pleno do STF no julgamento de arguição de descumprimento de preceito fundamental, nos termos do art. 12 da Lei nº 9.882/1999, com a ressalva de que podem ser cabíveis embargos de declaração contra essa decisão).

Dá-se o trânsito em julgado da decisão, então, quando precluem os recursos. Pode-se, pois, dizer que o trânsito em julgado é efeito da preclusão dos recursos (ou por terem sido todos usados, ou por ter decorrido o prazo sem que o recurso admissível tivesse sido interposto).

Casos há em que, transitada em julgado a sentença, é ela alcançada por uma estabilidade mais intensa, a que se chama coisa julgada.

Coisa julgada é, pois, a *estabilidade da decisão judicial irrecorrível*. Mas, como se verá adiante, nem todas as sentenças alcançam, mesmo sendo irrecorríveis, este grau de estabilidade (e, além disso, há diferentes graus de coisa julgada, como se poderá verificar).

Vale registrar, aqui, que a denominação coisa julgada, muito tradicional na linguagem processual, não é exatamente a mais apropriada. É que o vocábulo coisa, na terminologia jurídica, designa os bens corpóreos, o que a coisa julgada definitivamente não é. Melhor seria que se usasse caso julgado (como se lê, por exemplo, no art. 6º, § 3º, da Lei de Introdução às Normas do Direito Brasileiro) ou, como parece preferível, causa julgada. Dever-se-ia, então, afirmar que se já há causa julgada (isto é, se a sentença deu à causa um julgamento final, não mais se admitindo recurso, e tendo ela adquirido, por força da lei, a estabilidade de que se está aqui a tratar), não seria possível ajuizar novamente a mesma demanda e, caso isto viesse a acontecer, o novo processo teria de ser extinto, sem resolução do mérito, por já estar aquela causa julgada.

A denominação "coisa julgada", porém, é não só a mais tradicional, mas também a expressamente empregada pela legislação processual brasileira, motivo pelo qual será aqui empregada.

Coisa julgada, repita-se, é a imutabilidade da decisão judicial irrecorrível. Da própria decisão, de seu conteúdo, e não de seus efeitos (como muito frequentemente se vê afirmado). Os efeitos da sentença são, por natureza, mutáveis, e não se destinam a durar para sempre. Basta pensar em algumas hipóteses: o efeito condenatório de uma sentença consiste em abrir caminho para a execução forçada da prestação cuja exigibilidade foi reconhecida. Parece óbvio que, após o adimplemento da obrigação (voluntário ou por meio de execução forçada), nada restará daquele efeito. Da mesma forma, pode-se pensar numa sentença constitutiva, como a de divórcio, cujo efeito é fazer desaparecer a relação jurídica matrimonial, rompendo o vínculo entre os cônjuges. Nada impede, porém, que os ex-cônjuges voltem a se casar entre si, tornando ao estado de casados, o que torna insubsistente o efeito daquela sentença. Por fim, pense-se numa sentença meramente declaratória, que tenha afirmado a existência de uma relação jurídica, consistindo o efeito declaratório precisamente em conferir certeza oficial a tal existência. Ninguém negaria que a referida relação jurídica poderia deixar de existir, por qualquer motivo, fazendo desaparecer aquela certeza oficial que se revelava como efeito da sentença.

Não são, pois, os efeitos da sentença que se tornam imutáveis com a coisa julgada, mas sim o seu conteúdo, isto é, o que foi efetivamente decidido no pronunciamento judicial. É esse conteúdo, ou seja, é o ato judicial consistente na fixação da norma reguladora do caso concreto, que se torna imutável e indiscutível quando da formação da coisa julgada. Ainda que desapareçam os efeitos da sentença, não se poderá jamais pôr em dúvida que a sentença revela a norma que se mostrava adequada para a resolução daquela hipótese que fora submetida à cognição judicial. É esse conteúdo da sentença que se faz imutável e indiscutível. Não é, pois, a eficácia da sentença que se torna imutável, mas a própria sentença.

Essa é, aliás, a própria dicção da lei processual, já que o art. 502 do CPC expressamente estabelece que se denomina "coisa julgada material a autoridade que torna imutável e indiscutível a decisão de mérito não mais sujeita a recurso". A coisa julgada, então, torna imutável e indiscutível *a decisão*, e não seus efeitos.

Há quem sustente que apenas o conteúdo declaratório da decisão judicial seria alcançado pela coisa julgada. Assim não é, porém. Também os conteúdos constitutivo e condenatório se tornam imutáveis. Não se pode confundir o conteúdo da sentença com seus efeitos. Assim é que, por exemplo, na sentença constitutiva o conteúdo é a modificação da situação jurídica existente (entendendo-se o termo "modificação" no sentido de "ato de modificar"). Já o efeito da sentença constitutiva é a nova situação jurídica, surgida por força da sentença. Assim, por exemplo, numa sentença em "ação de revisão de aluguel", conteúdo da sentença é o ato judicial que determina o novo aluguel a vigorar e efeito da sentença é o novo valor devido pelo locatário. É certo que este pode ser modificado (inclusive por futura sentença, em nova "ação de revisão de aluguel", ou por acordo entre as partes), mas será imutável e indiscutível que, para aquela situação levada à cognição judicial, deveria o juiz ter determinado a modificação que, efetivamente, se operou. O mesmo pode se dizer, *mutatis mutandis*, para o conteúdo condenatório da sentença. Assim é que todos os elementos componentes do conteúdo da sentença, declaratórios, constitutivos ou condenatórios, se tornarão imutáveis e indiscutíveis com a coisa julgada.

Daí se dizer, então, que coisa julgada é a imutabilidade e indiscutibilidade da decisão judicial não mais sujeita a qualquer recurso.

Definido o instituto da coisa julgada, há que se fixar qual é, exatamente, sua natureza. Isso porque se encontra, em doutrina, adesão a diversas posições teóricas, das quais as duas mais conhecidas veem na coisa julgada um efeito da sentença, ou uma qualidade que a ela adere.

A corrente doutrinária que defende ser a coisa julgada um efeito da sentença encontra-se equivocada. Isso porque a imutabilidade de uma sentença não lhe é "conatural". O que se quer dizer com essa afirmação é que será possível afirmar a existência de sentenças que em nenhum momento se tornam imutáveis e indiscutíveis. A impossibilidade de modificação da sentença a qualquer tempo, com a previsão de um número limitado de recursos, todos sujeitos a prazos de interposição, e a consequente imutabilidade da sentença a partir do momento em que a decisão se torne irrecorrível são uma opção de política legislativa, que surge pelo fato de o ordenamento ser voltado à preservação da segurança jurídica, a qual seria impossível de se alcançar se as questões submetidas ao crivo do Judiciário pudessem ser discutidas *ad infinitum*.

Não foi por outra razão, aliás, que a doutrina brasileira majoritária afirmou que a coisa julgada não é um efeito da sentença, algo que decorra naturalmente dela, mas sim uma qualidade que passa a revesti-la a partir de certo momento. Também esse entendimento, porém, é inaceitável. A coisa julgada, a rigor, se revela como uma situação jurídica. Isso porque, com o trânsito em julgado da sentença, surge uma nova situação, antes inexistente, que consiste na imutabilidade e indiscutibilidade do conteúdo da sentença, e a imutabilidade e a indiscutibilidade é que são, em verdade, a autoridade de coisa julgada. Pode-se dizer, então, que a coisa julgada é essa nova situação jurídica, antes inexistente, que surge quando a decisão judicial se torna irrecorrível.

17.3.1. Coisa julgada formal e coisa julgada material

A coisa julgada é uma estabilidade alcançada por certas sentenças (mas não todas). E produz ela uma relevante consequência (que se pode chamar de efeito negativo da coisa julgada): o impedimento à repropositura da demanda já decidida por sentença coberta pela autoridade de coisa julgada, sendo o caso de extinguir-se o processo, sem resolução do mérito, se a demanda vier a ser proposta novamente (art. 485, V), com as mesmas partes, mesma causa de pedir e mesmo pedido (art. 337, §§ 2º e 4º).

Porém, há duas espécies de coisa julgada, com diferentes graus de estabilidade: *coisa julgada formal* e *coisa julgada material* (ou substancial).

Chama-se coisa julgada formal a estabilidade alcançada, ao se tornarem irrecorríveis, por certas (mas não todas as) sentenças terminativas, isto é, sentenças que não contêm a resolução do mérito da causa.

É que em alguns casos, expressamente previstos na lei processual, embora terminativa a sentença, não será possível propor-se novamente a mesma demanda (salvo se corrigido o vício que acarretou a extinção). É o que se verifica pela leitura do disposto no art. 486, § 1º. Esse texto normativo faz alusão aos casos em que o processo é extinto sem resolução do mérito por litispendência (art. 485, V), indeferimento da petição inicial (art. 485, I), falta de pressuposto processual (art. 485, IV), falta de "condição da ação" (art. 485, VI) e existência de convenção de arbitragem ou de decisão de tribunal arbitral reconhecendo sua competência (art. 485, VII). Pois nesses casos a sentença terminativa tem uma estabilidade maior do que nos demais casos de extinção do processo sem resolução do mérito, não sendo possível simplesmente propor outra vez a demanda, o que só será admitido se o obstáculo ao exame do mérito vier a ser removido.

Em alguns casos, essa remoção é fácil. Basta pensar, por exemplo, na sentença terminativa por indeferimento da petição inicial. Pois bastará elaborar-se nova petição, sem o vício da anterior, para que se possa demandar novamente.

Há, porém, situações em que essa estabilidade é ainda maior. Pense-se, por exemplo, no caso de ter sido proferida sentença terminativa por se ter entendido que o demandante não tinha legitimidade ativa. Pois neste caso será preciso demonstrar que o autor passou a ter uma legitimidade que anteriormente não tinha (como se daria, por exemplo, se viesse a ser posteriormente editada lei que conferisse legitimidade extraordinária ativa àquele demandante). Sem a correção do vício – que em alguns casos será virtualmente impossível – não se poderá demandar novamente. Isto, porém, ocorre com sentenças que terão julgado extinto o processo sem resolução do mérito e, portanto, por razões processuais, formais. Daí o motivo pelo qual se fala, na hipótese, em *coisa julgada formal*.

Insista-se, porém, que nem toda sentença terminativa é alcançada pela coisa julgada formal. É o que se dá, por exemplo, com a sentença que extingue o processo por ter o autor desistido da ação (art. 485, VIII). Neste caso, pode o demandante, livremente, repetir sua demanda e dar origem a novo processo, sem que haja qualquer impedimento (salvo a exigência de que tenham sido pagos as custas e os honorários advocatícios relativos ao processo anterior, nos termos do art. 486, § 2º). Nesses casos, então, não haverá coisa julgada formal, mas mera preclusão (que só produz efeitos no próprio processo em que se forma, não atingindo outros processos).

Diferente da coisa julgada formal, e ainda mais intensa (já que nem com a "correção do vício" seria possível demandar-se novamente), é a coisa julgada material, autoridade que acoberta as decisões de mérito irrecorríveis, tornando-as imutáveis e indiscutíveis (art. 502). Formada a coisa julgada material, o conteúdo da decisão de mérito se torna imutável e indiscutível, não mais podendo ser alterado nem rediscutido, seja em que processo for. Aqui, mais do que em qualquer outra situação, pode-se falar em causa julgada. É que a coisa julgada material é a imutabilidade do conteúdo da decisão de mérito irrecorrível.

Sintetizando, então, pode-se afirmar que as sentenças terminativas em geral ficam sujeitas à preclusão. As sentenças terminativas resultantes de litispendência, indeferimento da petição inicial, ausência de pressuposto processual ou de "condição da ação" ou da existência de convenção de arbitragem ou de pronunciamento de árbitro ou tribunal arbitral que reconheça sua competência são alcançadas pela coisa julgada formal, só se admitindo a reproposituda da demanda se o obstáculo à apreciação do mérito for removido. Por fim, as sentenças de mérito são alcançadas pela coisa julgada material, não se admitindo, em hipótese alguma, que a mesma demanda seja novamente proposta.

Tenha-se claro, então, que coisa julgada é um gênero (que deve ser compreendido como a imutabilidade da sentença irrecorrível, capaz de impedir a repropositura da mesma demanda por aquela sentença já julgada), que comporta duas espécies: coisa julgada formal (que incide sobre algumas sentenças terminativas) e coisa julgada material (que incide sobre sentenças definitivas).

A coisa julgada (seja ela formal ou material) produz dois efeitos: *efeito negativo* e *efeito positivo*.

Examine-se primeiro o efeito negativo da coisa julgada. Instaurado novo processo cujo objeto já tenha sido apreciado por sentença que tenha alcançado a autoridade de coisa julgada, deverá esse novo feito ser extinto, sem resolução do mérito, em razão da existência da coisa julgada (art. 485, V, do CPC). A coisa julgada funciona, pois, como impedimento processual, o que significa dizer que sua existência impede que o juiz exerça cognição sobre o objeto do processo. Trata-se, como se vê, de questão preliminar ao mérito (do novo processo), que deve ser sempre apreciada (ou seja, deve o juiz, em qualquer processo, de ofício ou mediante provocação, verificar se existe coisa julgada que impeça a apreciação do mérito da causa e, caso exista tal impedimento processual, proferir sentença terminativa). Vale recordar, aqui, porém, que no caso de coisa julgada formal – estabilidade menos intensa que a coisa julgada material – o efeito negativo impede que a mesma demanda seja reproposta *sem que se corrija o vício que levou à extinção do primeiro processo*, enquanto a coisa julgada material impede de forma absoluta a repropositura da mesma demanda (com as mesmas partes, a mesma causa de pedir e o mesmo pedido).

Ocorre que o sistema processual brasileiro adota, como regra geral, a chamada teoria das três identidades ou teoria do *tria eadem*. Significa isso dizer que se está diante de uma repetição da demanda já proposta quando a que agora se propõe tem as mesmas partes, a mesma causa de pedir e o mesmo pedido da anteriormente proposta. Isso significa dizer que, como regra geral, a coisa julgada só implica extinção de processo que se instaure após sua formação se esse novo feito decorrer da mesma demanda que levou à instauração do primeiro processo, sendo certo que se tratará da mesma demanda duas vezes ajuizada quando seus três elementos identificadores (partes, causa de pedir e pedido) são os mesmos.

Sucede, porém, que a teoria das três identidades não é capaz de explicar todas as hipóteses, servindo, tão somente, como regra geral. Há casos em que se deve aplicar a "teoria da identidade da relação jurídica", segundo a qual o novo processo deve ser extinto quando a relação jurídica de direito material for a mesma que se deduziu no processo primitivo, ainda que haja diferença entre alguns dos elementos identificadores da demanda. Imagine-se a seguinte hipótese: ajuizada demanda em que pretende o autor a declaração (pretende-se, pois, sentença meramente declaratória) da existência de um crédito em seu favor, vê o demandante seu pedido ser rejeitado, por ter sido provado pelo réu que já havia efetuado o pagamento. Após o trânsito em julgado da sentença, propõe o autor (o mesmo autor) nova demanda, em face do mesmo réu, e com base na mesma causa de pedir, mas agora pleiteando a condenação do réu ao pagamento do débito. Parece claro que se está diante de demandas distintas, já que os pedidos formulados são diferentes. Ainda assim, porém, o resultado desse segundo processo será a prolação de sentença terminativa, extinguindo o processo sem resolução do mérito, em razão da existência de coisa julgada revestindo a sentença que declarou a inexistência do crédito. Esse resultado, porém, não é alcançado pela utilização da teoria da tríplice identidade, mas sim pela teoria da identidade da relação jurídica.

Diferente é o efeito positivo da coisa julgada. É que pode ocorrer de, após a formação da coisa julgada, instaurar-se novo processo, com objeto distinto do anterior, onde a questão decidida naquele primeiro seja um antecedente lógico do objeto deste segundo feito. Pense-se, por exemplo, num processo em que o juiz tenha proferido sentença, a qual já tenha alcançado a autoridade de coisa julgada, onde se tenha afirmado que um Fulano é pai de um Beltrano e, agora, este propõe "ação de alimentos" em face daquele, fundando sua pretensão na relação jurídica de filiação existente entre eles. O demandado, porém, alega em sua contestação não ser o pai do autor, e afirma que, por ter esse processo objeto distinto do anterior, a questão poderia ser livremente apreciada. Como resolver essa questão? O problema se agrava pelo fato de o art. 337, § 4º, do CPC afirmar que há coisa julgada quando se "repete ação que já foi decidida por decisão transitada em julgado".

Note-se, porém, que nessa questão que ora se suscita o resultado do segundo processo, obviamente, não será a extinção sem resolução do mérito. O que há de comum entre essa hipótese e a que se levantou anteriormente, da coisa julgada na "ação declaratória" impedindo a apreciação da demanda condenatória, é que tanto numa hipótese como na outra a coisa julgada deve ser respeitada, fazendo com que se considere imutável e indiscutível o que já foi objeto de decisão por sentença de que não mais caiba recurso. É que a coisa julgada tem como efeito impedir qualquer nova apreciação da questão já resolvida (e não, como já se chegou a afirmar, obrigar os juízes a decidir sempre no mesmo sentido da decisão transitada em julgado). Deste modo, se surgir um processo em que haja uma questão prejudicial que já tenha sido objeto de resolução por decisão transitada em julgado, tal questão não poderá ser discutida no novo processo, cabendo ao juiz, tão somente, tomar o conteúdo da decisão transitada em julgado como indiscutível. Assim, por exemplo, numa "ação de despejo" não será possível discutir a existência ou inexistência da locação, se uma sentença anterior, transitada em julgado, declarou existente aquela relação jurídica. Pois é este, exatamente, o *efeito positivo da coisa julgada*: a coisa julgada formada sobre uma determinada decisão será, necessariamente, respeitada quando do julgamento de causa distinta, mas subordinada à que já foi definitivamente resolvida por decisão irrecorrível.

17.3.2. Limites objetivos da coisa julgada

A afirmação de que a sentença, uma vez formada a coisa julgada, se torna imutável, deve ser compreendida dentro de certos limites (objetivos e subjetivos). Importa, neste momento, examinar os limites objetivos, ou seja, é preciso verificar o que se torna imutável e indiscutível com a coisa julgada.

Estabelece a lei processual que "[a] decisão que julgar total ou parcialmente o mérito tem força de lei nos limites da questão principal expressamente decidida" (art. 503). A expressão "força de lei", certamente, aparece como uma tradução da expressão alemã *Rechtskraft*, termo usado pelos juristas germânicos para denominar o que no Brasil se chamou "coisa julgada". Assim, o que se tem no art. 503 é a afirmação de que a sentença de mérito faz coisa julgada material nos limites da questão principal expressamente decidida.

A leitura do *caput* do art. 503 e do art. 504 (que afirma não fazerem coisa julgada "os motivos, ainda que importantes para determinar o alcance da parte dispositiva da sentença" e "a verdade dos fatos, estabelecida como fundamento da sentença") permite asseverar que apenas o dispositivo da sentença é alcançado pela coisa julgada. É que, como expresso no art. 503, o que faz coisa julgada é *a decisão*, e, como visto anteriormente, o conteúdo decisório do pronunciamento judicial se encontra em sua parte dispositiva. Assim, afirmar que a decisão faz coisa julgada é o mesmo que afirmar que *o dispositivo da decisão* alcança a autoridade de coisa julgada. A fundamentação da decisão, por sua vez, não faz coisa julgada. Evidentemente, nada se encontra no texto legal acerca de a coisa julgada alcançar ou não o relatório da sentença. É que, perdoe-se a obviedade, *onde coisa nenhuma é julgada não existe nenhuma coisa julgada.* Quanto à fundamentação da sentença, porém, poderia pairar alguma dúvida e, por isso, é extremamente importante ter clara a opção legislativa por excluir dos limites da coisa julgada o que é afirmado na fundamentação da decisão judicial.

Figure-se um exemplo: se o herdeiro legítimo também contemplado em testamento reivindica a herança apenas invocando a disposição testamentária (uma questão) e perde a demanda, não estará inibido pela coisa julgada de propor outra demanda baseada na vocação hereditária legítima (outra questão, ainda não resolvida).

É bom lembrar que a expressão coisa julgada vem do latim *res iudicata*, que se liga a outra expressão naquela língua: *res in iudicium deducta*. Como sabido, no momento da propositura de uma demanda, afirma o demandante em juízo a existência de uma relação jurídica que o une ao demandado. Esta é a *res in iudicium deducta*. Assim, por exemplo, para ajuizar "ação de despejo", há que se afirmar a existência de uma locação, da mesma forma que para se ajuizar "ação de divórcio" há que se afirmar a existência de um casamento, e numa "ação de cobrança" se irá afirmar a existência de uma relação obrigacional. Uma vez afirmada essa relação jurídica na petição inicial, será ela objeto da atividade cognitiva do juiz, que deverá decidir acerca de sua existência ou inexistência. Dessa forma, uma vez proferida a decisão, a relação que havia sido deduzida no processo se torna uma relação já julgada. Em outros termos, pode-se dizer que a *res iudicata* nada mais é do que a *res in iudicium deducta* depois que foi *iudicata*.

Pode-se pensar num exemplo capaz de ilustrar o ponto. Imagine-se que um Fulano propõe demanda em face de um Beltrano alegando que sobre o imóvel do réu há uma servidão de caminho em benefício do seu, e que o réu teria construído um muro que impede a utilização da passagem, razão pela qual pede a sua condenação ao pagamento de uma indenização pelos danos causados. O Beltrano contesta, afirmando inexistir a referida servidão. O juiz, considerando existir a servidão, e tendo em vista a construção do muro, condena o Beltrano a indenizar o Fulano, tendo a sentença transitado em julgado. Posteriormente, o Beltrano ajuíza em face do Fulano "ação declaratória de inexistência de servidão", pedindo tão somente que se declare inexistir, sobre seu imóvel, qualquer servidão em benefício do prédio do réu. No sistema vigente no Brasil, nada impede que se aprecie essa demanda, sendo mesmo possível que se venha a declarar inexistente a servidão, sem que haja qualquer ofensa à coisa julgada. Isso porque, naquele primeiro processo, apenas o dispositivo da sentença transitou em julgado, o que significa dizer que apenas o comando condenatório da sentença, que determinou que o Beltrano indenizasse o Fulano, tornou-se imutável e indiscutível, pouco importando os fundamentos. Note--se que, ainda que se declare a inexistência da servidão, será impossível se pleitear a repetição do que havia sido pago, uma vez que o dispositivo daquela primeira sentença foi coberto pela autoridade de coisa julgada.

Verifica-se, dessa forma, que o art. 503 do CPC leva à conclusão de que apenas aquilo que foi deduzido no processo e, por conseguinte, objeto de cognição judicial, é alcançado pela autoridade de coisa julgada.

A coisa julgada, portanto, fica objetivamente limitada ao dispositivo da sentença.

É preciso, porém, compreender como se harmoniza tudo o que até aqui foi dito com o disposto nos §§ 1º e 2º do art. 503, acerca da inclusão, nos limites objetivos da coisa julgada, da resolução das questões prejudiciais ao mérito.

Há casos em que a resolução de questão prejudicial ao mérito (art. 503, § 1º, I) será também alcançada pela coisa julgada material, independentemente de pedido expressamente formulado por qualquer das partes (FPPC, Enunciado nº 165). Como já se viu anteriormente, nem sempre a questão prejudicial se relaciona com uma questão (prejudicada) de mérito (como se dá, por exemplo, no caso de se ter discussão sobre a validade de cláusula de eleição de foro, que pode surgir como questão prejudicial à determinação da competência territorial). Quando a prejudicial for determinante da definição do mérito, porém, sua resolução – desde que preenchidos alguns outros requisitos – se tornará imutável e indiscutível, sendo alcançada pela autoridade de coisa julgada material. Tais requisitos, registre-se, são cumulativos e, portanto, devem todos estar preenchidos para que a resolução da questão prejudicial seja alcançada pela coisa julgada (FPPC, Enunciado nº 313).

Em primeiro lugar, para que a resolução da questão prejudicial seja tida por incluída nos limites objetivos da coisa julgada, é preciso que o juízo prolator da decisão tenha competência em razão da matéria e da pessoa para resolvê-la como questão principal (art. 503, § 1º, III). Figure-se aqui um exemplo: proposta demanda de alimentos, o réu contesta alegando, entre outras matérias de defesa, não ser pai do autor. Neste processo, a questão principal é, evidentemente, a de saber se o réu deve ou não alimentos ao autor (o que passa, por exemplo, pela análise do binômio necessidade-possibilidade). Antes de resolver a questão principal, porém, incumbe ao juiz verificar se as partes são, mesmo, pai e filho (e, caso não sejam, deverá julgar improcedente o pedido de alimentos). Pois neste caso, o juízo competente, em razão da matéria e da pessoa, para conhecer de uma demanda em que se suscita a questão da filiação é o mesmo (juízo de família) competente para conhecer da demanda de alimentos, o que permite (desde que todos os demais requisitos sejam preenchidos) a formação da coisa julgada material sobre a solução da questão prejudicial.

Outro exemplo pode ajudar: proposta demanda de cobrança de juros moratórios devidos em função do não cumprimento de obrigação resultante de um contrato, alega o réu em defesa que não a cumpriu porque o próprio contrato é nulo. Pois neste caso, já que o mesmo juízo é competente para conhecer do pedido de cobrança e da validade do contrato, a coisa julgada alcançará, também, a declaração de validade ou de invalidade do contrato.

Pode-se, porém, pensar em exemplos nos quais a coisa julgada não alcançaria a solução da questão prejudicial por incompetência do juízo. Figure-se a seguinte hipótese: uma pessoa ajuíza, em face do Estado, perante juízo especializado nas causas da Fazenda Pública, demanda de reparação de danos resultantes da morte de seu companheiro, o qual teria sido assassinado dentro de um estabelecimento prisional enquanto cumpria pena. O Estado se defende, então, alegando que a autora não era companheira do falecido, mas apenas uma visitante ocasional, que com ele não mantinha qualquer vínculo familiar. Neste caso, o pronunciamento do juízo acerca da existência ou não de entidade familiar não será alcançado pela autoridade de coisa julgada material, dado que o juízo fazendário não é competente para causas de família.

Perceba-se que a competência que deve ser aferida como requisito para a formação da coisa julgada sobre a resolução de questão prejudicial ao mérito é a do órgão jurisdicional que conhece da causa em primeiro grau de jurisdição. É que pode acontecer de o órgão com competência recursal ter competência mais ampla que o de primeiro grau. No Tribunal de Justiça do Rio de Janeiro, por exemplo, as Câmaras Cíveis Comuns têm competência em razão da matéria para todas as causas que não versem sobre matéria criminal. Assim, por exemplo, se no primeiro grau de jurisdição o juízo fazendário e o das causas de família são órgãos distintos, no segundo grau o mesmo órgão acumula ambas as competências. Isto, porém, não é relevante para definir se a resolução da questão prejudicial é ou não alcançada pela coisa julgada. O que importa é a competência, em razão da matéria e da pessoa, do órgão jurisdicional competente para conhecer da causa em primeiro grau de jurisdição, isto é, do órgão originariamente competente.

O requisito da competência, porém, não é suficiente. Exige-se, ainda, para que a solução da questão prejudicial ao mérito se insira nos limites objetivos da coisa julgada, que "a seu respeito [tenha] havido contraditório prévio e efetivo, não se aplicando no caso de revelia" (art. 503, § 1º, II). Fica, então, e desde logo, excluída a possibilidade de formar-se coisa julgada material sobre a resolução da questão prejudicial ao mérito se o réu tiver sido revel. Mesmo que não se tenha configurado a revelia, porém, a coisa julgada pode não se formar. É que se exige, para que a solução da questão prejudicial ao mérito seja inserida nos limites objetivos da coisa julgada, que sobre ela tenha havido "contraditório prévio e efetivo". Assim, será preciso sempre verificar se sobre a questão as partes tiveram, antes da decisão, oportunidade para se manifestar de forma efetiva, tendo sido possível esgotar-se o debate a respeito dela. Figure-se, por exemplo, o caso da decisão liminar proferida no procedimento especial da "ação monitória" (art. 701), a qual é prolatada sem contraditório prévio e, pois, jamais permitirá a formação de coisa julgada sobre a resolução de questão prejudicial. Pois este requisito pode gerar, na prática, alguma perplexidade. Afinal, nada impede que em outro processo se suscite novamente a questão, ao argumento de que no processo anterior não houve contraditório prévio e efetivo sobre ela, não tendo as partes debatido de forma completa todos os aspectos da questão.

Figure-se um exemplo: Fulano demanda em face de Beltrano e Sicrano, alegando na petição inicial que os réus formam uma sociedade não personificada, e postulando a condenação solidária dos demandados a reparar um dano que afirma ter sofrido em razão do exercício, por um deles, de ato relacionado ao objetivo social. O primeiro réu, Beltrano, contesta alegando inexistência de dano a indenizar. Já o segundo réu, Sicrano, alega que não é sócio de Beltrano, não existindo a sociedade mencionada pelo autor. Sustenta, ainda, que se algum dano houve que deva ser indenizado, a responsabilidade seria inteiramente do primeiro réu. Parece evidente que, para julgar a pretensão do autor, incumbirá ao juízo da causa (competente em razão da matéria e da pessoa) verificar se a sociedade não personificada entre os réus existe ou não (o que será essencial para definir se os réus são ou não solidariamente responsáveis, nos termos do art. 990 do CC). Imagine-se, então, que o juiz da causa profira sentença em que se afirma a inexistência da sociedade, condenando-se apenas o primeiro réu, responsável pelo dano sofrido pelo autor, mas não o segundo, exatamente em razão da afirmada inexistência de sociedade. Transitada em julgado esta sentença, instaura-se outro processo, agora apenas entre os réus daquele primeiro, no qual se pretende discutir se a sociedade entre eles existe mesmo ou não (deduzidas, por exemplo, pretensões cumuladas de dissolução dessa sociedade e partilha do patrimônio social). Poderia, neste segundo processo, surgir discussão sobre se houve ou não a formação, no processo anterior, de coisa julgada sobre a solução dessa questão. Afinal, pode acontecer de uma das partes, a quem o resultado do processo anterior não interessa, sustentar que naquele primeiro processo não houve contraditório efetivo acerca da questão, não tendo sido completo o debate ou não tendo sido produzidas todas as provas que poderiam ter sido produzidas, acerca da existência ou não da sociedade, já que sua preocupação principal teria sido discutir a existência ou não de dano, e não a existência ou não da sociedade. Isto levará à necessidade de que o juiz do segundo processo se pronuncie sobre se houve ou não a formação de coisa julgada sobre a resolução dessa questão prejudicial (e, caso considere que não houve, isso ainda pode resultar na posterior interposição de recursos para rediscutir esse ponto e, até mesmo, na propositura posterior de ação rescisória, ao fundamento de que a sentença do segundo processo teria ofendido a coisa julgada formada no primeiro, apoiando-se a ação rescisória no disposto no art. 966, IV).

Há, ainda, um requisito negativo para a formação da coisa julgada sobre a resolução da questão prejudicial: ela não se formará "se no processo houver restrições probatórias ou limitações à cognição que impeçam o aprofundamento da análise da questão prejudicial".

Existem procedimentos que, por força de lei, têm restrições probatórias. É o que se dá, por exemplo, com o mandado de segurança (em que só se admite prova documental pré-constituída) ou com o procedimento previsto para os Juizados Especiais Cíveis (em que não se admite perícia complexa, além de só se admitir que cada parte arrole três testemunhas). Nestes casos, a mera existência de limitações probatórias já é suficiente para afastar a possibilidade de formação de coisa julgada material sobre a resolução de questão prejudicial. Em outros casos, pode haver limitações cognitivas que impeçam o exame aprofundado da questão prejudicial (como se dá nas "ações possessórias", em que não se admite debate sobre a existência de domínio ou outro direito sobre a coisa, ou nos processos em que se discuta obrigação representada por título de crédito que tenha sido posto em circulação, no qual não se admite discussão acerca da relação jurídica de direito material que tenha dado origem ao crédito). Pois nesses casos a resolução de questão prejudicial não será capaz de alcançar a autoridade de coisa julgada.

No que diz respeito à vedação de formação de coisa julgada material sobre a resolução de questão prejudicial em processo no qual haja restrições probatórias, porém, há um dado adicional a considerar: seriam apenas as restrições probatórias decorrentes da lei (como as dos exemplos acima mencionados) capazes de afastar a formação da coisa julgada sobre a resolução da questão prejudicial? Ou o mesmo resultado ocorreria se a restrição probatória resultasse de uma decisão judicial?

Deve-se considerar que qualquer restrição probatória, seja ela derivada da lei ou de decisão judicial, é suficiente para excluir a formação da coisa julgada sobre a resolução da prejudicial ao mérito. É que no caso de o juízo ter indeferido a produção de alguma prova (relacionada com a questão prejudicial, evidentemente), não se poderá considerar que houve contraditório efetivo sobre a matéria, uma vez que se poderá demonstrar, em processo posterior, que esta prova poderia levar a resultado distinto. E o mero fato de ser possível examinar-se esta alegação já implica dizer que não há coisa julgada, uma vez que esta impede qualquer nova apreciação daquilo que já tenha sido julgado.

Em síntese, o que se viu até aqui é que a solução da questão prejudicial ao mérito estará incluída nos limites objetivos da coisa julgada se for objeto de contraditório prévio, efetivo e completo em processo que se tenha desenvolvido perante juízo competente em razão da matéria e da pessoa para resolvê-la, não tendo sido revel o réu.

Há, porém, um outro ponto a enfrentar, e que é essencial para compreender-se este sistema de definição dos limites objetivos da coisa julgada. É que se faz necessário afastar a equivocada ideia segundo a qual, presentes os requisitos para que a resolução da questão prejudicial faça coisa julgada, esta alcançaria uma parte da fundamentação da decisão. Assim não é. Presentes os requisitos já examinados, a questão prejudicial ao mérito será decidida na parte dispositiva da sentença. Fundamentação não transita em julgado, em hipótese alguma (art. 504).

Nos casos em que estiverem preenchidos os requisitos estabelecidos nos §§ 1º e 2º do art. 503, a questão prejudicial deverá ser resolvida na parte dispositiva da sentença, independentemente de pedido expresso. Haverá, aí, a inclusão dessa questão no objeto do processo por força de lei. Trata-se de fenômeno que na linguagem processual, como já se viu, costuma ser chamado de "pedido implícito", como se tem em relação aos juros legais, à correção monetária e às verbas de sucumbência (art. 322, § 1º), que devem ser objeto de decisão (no dispositivo da sentença), ainda que não tenham sido objeto de pedido expresso. Pois o mesmo deve dar-se com a resolução da questão prejudicial. Sendo o juízo de primeiro grau competente em razão da matéria e da pessoa, não tendo sido revel o réu, tendo havido contraditório prévio e efetivo e não existindo restrições probatórias ou limitações à cognição que impeçam o aprofundamento da análise da questão prejudicial, deverá o juiz proferir decisão sobre ela, a qual integrará a parte dispositiva da sentença e, assim, alcançará a autoridade de coisa julgada material (equivocado, portanto, o Enunciado nº 438 do FPPC, por força do qual "[é] desnecessário que a resolução expressa da questão prejudicial incidental esteja no dispositivo da decisão para ter aptidão de fazer coisa julgada", já que tal decisão integrará o dispositivo da sentença, ainda que seu prolator formalmente não a tenha incluído na parte final de seu texto). Em outros termos, presentes todos os requisitos aqui examinados, a resolução da questão prejudicial passará a integrar, por força de lei (e independentemente de pedido) o objeto do processo, devendo se dar na parte dispositiva da sentença.

Perceba-se que a solução aqui proposta evita um inconveniente: estando a resolução da questão prejudicial posta no dispositivo, ficará claro para as partes (e para terceiros) que ela estará incluída nos limites objetivos da coisa julgada. Caso algum interessado considere que a resolução da prejudicial foi inserida no dispositivo sem que todos os requisitos estivessem presentes, esta matéria poderá ser objeto de recurso (no qual se discutirá se foi ou não correta a inclusão da resolução da prejudicial no dispositivo da sentença). E isto evitará que em processo futuro surja controvérsia sobre se a resolução da prejudicial está ou não coberta pela coisa julgada material.

Aliás, o ideal é que, já na decisão de saneamento e organização do processo, o juiz, ao delimitar as questões relevantes para a resolução do mérito, não só indique a questão prejudicial que será apreciada, mas também já aponte para as partes ser relevante debater se a resolução da questão prejudicial será ou não capaz de alcançar a autoridade de coisa julgada. Assim será possível haver pleno e efetivo contraditório não só sobre a questão prejudicial, mas também sobre a aptidão para que sua resolução alcance a coisa julgada.

Integra também o sistema criado pelo CPC para a regulamentação dos limites objetivos da coisa julgada o art. 508, segundo o qual "transitada em julgado a decisão de mérito, considerar-se-ão deduzidas e repelidas todas as alegações e as defesas que a parte poderia opor tanto ao acolhimento quanto à rejeição do pedido". Trata-se de dispositivo referente à chamada "eficácia preclusiva da coisa julgada". Vale-se a disposição normativa, desnecessariamente, da técnica do "julgamento implícito", afirmando que se consideram "deduzidas e repelidas" todas as alegações que poderiam ter sido feitas e não o foram.

A existência de "julgamento implícito" nessa hipótese é defendida por respeitável setor da doutrina, mas apesar disso não é correto tal posicionamento.

Em verdade, o que se quer dizer com o art. 508 é que, uma vez alcançada a decisão definitiva pela autoridade de coisa julgada, tornam-se irrelevantes todas as alegações que poderiam ter sido trazidas a juízo e não o foram. Isso se dá, diga-se, porque os fundamentos não transitam em julgado, sendo, pois, irrelevante o caminho trilhado pelo raciocínio do juiz para proferir sua decisão. Apenas o dispositivo da sentença transita em julgado e, por consequência, não se poderia permitir que a coisa julgada fosse infirmada toda vez que a parte vencida se lembrasse de alguma alegação que poderia ter feito, mas não fez.

Basta pensar no réu condenado a pagar uma dívida, mas que se esqueceu de, no processo cognitivo, alegar a prescrição. Não será possível, após o trânsito em julgado da sentença condenatória, alegar aquela causa extintiva da obrigação, ainda que com ela se fosse capaz de alterar o resultado final do processo. Isso porque, após o trânsito em julgado da sentença condenatória, aquela alegação tornou-se irrelevante, não mais podendo ser objeto de apreciação judicial.

O art. 508 do CPC, como dito, trata da eficácia preclusiva da coisa julgada. Coisa julgada e preclusão não se confundem, embora não se possa negar à coisa julgada uma eficácia preclusiva, ou seja, a aptidão para produzir o efeito de impedir novas discussões sobre aquilo que foi por ela alcançado. Significa isso dizer que, formada a coisa julgada, tornadas irrelevantes quaisquer alegações que poderiam ter sido aduzidas pelas partes (mas não o foram), não se pode mais discutir o que ficou decidido, perdendo as partes a faculdade de suscitar tais alegações. Tratando-se de decisão de mérito, capaz de alcançar a coisa julgada material, tal eficácia preclusiva impede qualquer nova discussão, em qualquer outro processo, acerca do que já foi coberto pela autoridade de coisa julgada (eficácia preclusiva pan-processual).

É a essa eficácia preclusiva pan-processual da coisa julgada material que se refere o art. 508 do CPC, e não exatamente aos seus limites objetivos. Por esse dispositivo se torna impossível que, em qualquer processo, seja discutido o que já ficou decidido e coberto pela autoridade de coisa julgada, mesmo se querendo agora aduzir razões novas, as quais poderiam ter sido alegadas no processo em que se formou a coisa julgada, mas que não o foram.

17.3.3. Limites subjetivos da coisa julgada

Estabelece o art. 506 que "[a] sentença faz coisa julgada às partes entre as quais é dada, não prejudicando terceiros". Tem-se, aí, a regulamentação dos limites subjetivos da coisa julgada, isto é, da determinação das pessoas que se sujeitam à coisa julgada, não podendo tornar a discutir o que tenha sido decidido.

Pois a coisa julgada alcança as partes da demanda (demandante e demandado). São eles os sujeitos da demanda decidida pelo pronunciamento que alcança a autoridade de coisa julgada e, por isso, são eles os alcançados pela *res iudicata*. Apenas as partes da demanda são alcançados pela coisa julgada. Outras partes do processo que não sejam consideradas partes da demanda (como é o caso do assistente, por exemplo) não se sujeitam à coisa julgada (embora o assistente fique sujeito à assim chamada "eficácia da intervenção", de que se falou anteriormente, e que é tratada no art. 123).

Terceiros, estranhos à demanda, não são alcançados pela coisa julgada, de modo que esta não pode prejudicá-los. É interessante observar que o Direito Processual Civil brasileiro se afasta, em alguma medida, de suas fontes romanas (e de um modelo que vigorou no Brasil até a entrada em vigor do CPC de 2015), quando se considerava acertado afirmar que a coisa julgada produzida entre as partes não beneficiaria nem prejudicaria terceiros (ou, como se encontrava nas fontes romanas, *res inter alios iudicata aliis neque nocet neque prodest*). Pois o art. 506 estabelece que terceiros não podem ser prejudicados pela coisa julgada, o que implica dizer que podem eles se beneficiar de uma coisa julgada formada em processo de que não tenham participado.

Pense-se, por exemplo, em processo no qual os sujeitos de um contrato garantido por fiança litigam sobre se o contrato já foi ou não inteiramente cumprido pelo devedor, sem que do processo participe o fiador (o que é perfeitamente possível ocorrer, dada a natureza autônoma do contrato de fiança). Pois a coisa julgada formada sobre sentença que afirmasse que o contrato ainda não foi cumprido não seria capaz de prejudicar o fiador, o qual estaria livre para, em processo futuro, tornar a suscitar a discussão acerca da extinção da obrigação principal. De outro lado, porém, a coisa julgada formada sobre sentença que afirmasse que o contrato principal já fora integralmente cumprido poderia ser invocada pelo fiador, por ela beneficiado sem ter participado do processo (já que, extinta a obrigação principal, extingue-se também a fiança).

Perceba-se, então, que é a própria coisa julgada que pode alcançar terceiros para os beneficiar. Não há qualquer ligação entre este fenômeno e a técnica de julgamento a partir de precedentes. Em outros termos, o fato de se ter julgado uma causa de determinado modo não implica dizer que outras pessoas, que tenham demandas análogas (ou mesmo idênticas, no caso dos processos repetitivos) seriam "beneficiados pela coisa julgada" que ali se formou. Não há qualquer relação entre coisa julgada e eficácia de precedente. O que, em uma decisão, tem eficácia como precedente é o fundamento determinante do pronunciamento judicial, e não seu dispositivo. E o que faz coisa julgada, como visto, é o dispositivo. Portanto, a inclusão de terceiros nos limites subjetivos da coisa julgada (quando a decisão lhes é benéfica) só se aplica quando o terceiro for beneficiado pelo dispositivo da decisão, de modo que o efeito positivo da coisa julgada se produzirá em outro processo, do qual o terceiro participe, influenciando (em seu favor) o julgamento da nova causa.

A importância prática dessa regra é facilmente identificável. Pense-se numa sentença transitada em julgado que declara ser um Fulano o proprietário de um determinado bem. O conteúdo declaratório dessa sentença é imutável e indiscutível entre o Fulano e um Beltrano (que também foi parte no processo), mas nada impede que um terceiro, Sicrano, também se considerando titular do domínio, ajuíze demanda em face do Fulano a fim de ver declarado ser ele o verdadeiro proprietário. De nada adiantaria ao Fulano, nesse caso, afirmar que uma sentença transitada em julgado já afirmara ser ele o proprietário. A coisa julgada já existente não impede que o Sicrano, que foi terceiro em relação àquele primeiro processo (no qual se proferiu decisão que a este terceiro em nada beneficia), discuta o ponto.

Tal regra é corolário do princípio constitucional do contraditório. Afinal, seria absurda a ideia de que um provimento judicial pode ser considerado imutável em relação a alguém que por ele seria prejudicado e não participou do processo de sua formação. É preciso ter claro que a garantia constitucional do contraditório não se destina, apenas, à proteção das partes, mas também à tutela de terceiros, impedindo que estes sejam alcançados pelo resultado de um processo de que não tenham participado sem que se lhes dê oportunidade para discutir em juízo tal resultado que lhes é desfavorável. E é exatamente por isso que terceiros podem ser beneficiados pela coisa julgada. É que não viola o princípio do contraditório a produção de uma decisão favorável a alguém que não tenha participado do processo de sua formação. Daí, aliás, a legitimidade constitucional da improcedência liminar do pedido (caso em que a decisão favorece o demandado, tendo sido produzida sem sua participação no processo). Do mesmo modo, é compatível com a garantia do contraditório a rejeição liminar de recurso pelo relator sem prévia oitiva do recorrido (art. 932, III e IV). E não é por outro motivo que o art. 9º do CPC expressamente estabelece que não se pode decidir *contra* alguém sem antes ouvir seus argumentos. Nada impede, porém, que se decida *a favor* de alguém que não participa do processo de formação da decisão judicial.

A coisa julgada, portanto, fica limitada às partes da demanda, não prejudicando (mas podendo beneficiar) terceiros. É preciso considerar, porém, que nos casos de sucessão, a coisa julgada alcançará também o sucessor. É que na sucessão, o sucessor ocupa a mesma posição jurídica que antes era ocupada pelo seu antecessor. E isto se aplica tanto aos casos de sucessão *mortis causa* (seria absurdo, por exemplo, que existindo coisa julgada sobre sentença que afirma que um bem pertence a A, e não a B, com a morte deste pudessem seus sucessores reivindicar o bem de A ao argumento de que receberam sua propriedade por herança) como nos casos de sucessão resultante de ato *inter vivos*. Pense-se, por exemplo, no caso de se ter formado coisa julgada no processo entre A e B no qual estes disputavam a propriedade de um bem, tendo sido declarada a propriedade de A. Este, posteriormente, vende o bem a C. Evidentemente, não poderá B disputar com C a titularidade do bem (pelos mesmos fundamentos já rejeitados no processo em que litigou com A), ao argumento de que C não foi parte naquele processo. C, sucessor (*inter vivos*) de A, é alcançado pela coisa julgada, inserindo-se em seus limites subjetivos.

Também é preciso afirmar que nos casos de substituição processual – isto é, naqueles casos em que um legitimado extraordinário atua no processo no lugar do legitimado ordinário – a coisa julgada alcança a ambos, substituto e substituído. O substituto processual é alcançado por ser ele parte da demanda (demandante ou demandado). E o substituído processual é alcançado pela coisa julgada por ser ele o verdadeiro titular do interesse em disputa. Para ambos, então, forma-se coisa julgada, não se podendo mais tornar a discutir, seja em que processo for, aquilo que tenha sido decidido.

Vistas essas hipóteses, dignas de atenção especial, retorna-se à regra enunciada no art. 506 do CPC, segundo a qual a coisa julgada só alcança as partes, não prejudicando terceiros. Significa essa regra, como já se afirmou, que terceiros não são prejudicados pela imutabilidade e indiscutibilidade da decisão que não lhes favoreça, podendo vir a discutir em juízo a questão já resolvida por pronunciamento coberto pela autoridade de coisa julgada. Há que se fazer, porém, uma distinção entre as diversas modalidades de terceiro, a fim de se determinar com precisão quem pode (e quem não pode) infirmar a autoridade de coisa julgada.

Assim é que se precisa, antes de tudo, distinguir entre *terceiros juridicamente indiferentes* e *terceiros juridicamente interessados*. Os primeiros dividem-se em *terceiros desinteressados* (os quais são totalmente estranhos à relação deduzida em juízo) e *terceiros com interesse de fato* (por exemplo, um credor em relação à sentença que condena o devedor a pagar a outro de seus credores uma quantia, sentença esta que irá acarretar a diminuição do patrimônio do devedor, diminuindo a garantia daquele primeiro credor). Estes últimos, por sofrerem prejuízos de fato (mas não de direito) em razão da sentença, são equiparados aos primeiros para os fins que ora são examinados. Afirma-se, pois, que os terceiros juridicamente indiferentes não podem se opor à coisa julgada, por absoluta falta de interesse de agir, requisito essencial à obtenção de um provimento jurisdicional de mérito.

Quanto aos *terceiros juridicamente interessados*, podem estes ser divididos em dois grupos: de um lado, há *terceiros cujo interesse jurídico é idêntico aos das partes*. Estes podem, obviamente, se insurgir contra a coisa julgada. Basta pensar numa demanda ajuizada por um acionista de uma determinada sociedade anônima, em face desta, onde se pede a anulação de uma assembleia de acionistas. Transitada em julgado a sentença que julgou improcedente o pedido de anulação, nada impede que outro acionista, terceiro em relação àquele processo, mas titular de um interesse jurídico equivalente ao das partes, venha a ajuizar demanda pelo mesmo fundamento, e com idêntico pedido.

Há, porém, que se considerar a existência de *terceiros com interesse jurídico inferior ao das partes*. Estes, embora possam vir a sofrer prejuízo jurídico em razão da sentença, encontram-se em posição de subordinação em relação às partes, o que acarretará algumas consequências relevantes. Pense-se, por exemplo, na posição do sublocatário em relação a uma sentença que tenha decretado o despejo, em processo em que foram partes locador e locatário. Embora tenha permanecido como terceiro no processo em que se proferiu a sentença, o sublocatário não poderá atacar a coisa julgada que se formou com a mesma liberdade com que o faz o terceiro cujo interesse jurídico é equivalente ao das partes.

Assim é que o terceiro com interesse jurídico subordinado ao das partes só poderá atacar a coisa julgada que eventualmente se forme alegando injustiça da decisão. Deve-se entender por decisão injusta a que contrarie o direito em tese ou a que seja proferida manifestamente contra a prova dos autos. Apenas essas duas causas poderão embasar uma demanda do terceiro titular de interesse jurídico subordinado ao da parte em face do vencedor do processo em que se formou a coisa julgada.

Diferem, pois, os terceiros juridicamente interessados em que uns (os que têm interesse equivalente ao das partes) não são em nenhum modo afetados pela coisa julgada, enquanto outros (os que têm interesse subordinado ao das partes) só poderão infirmar a *res iudicata* alegando injustiça intrínseca da decisão.

17.3.4. Coisa julgada nas sentenças determinativas

O art. 505, I, estabelece que não se tornará a decidir o que já tenha sido coberto pela autoridade de coisa julgada material, "salvo [se], tratando-se de relação jurídica de trato continuado, sobreveio modificação no estado de fato ou de direito, caso em que poderá a parte pedir a revisão do que foi estatuído na sentença". Trata-se, aí, do (falso, como se verá) problema da coisa julgada nas sentenças determinativas.

Chama-se sentença determinativa aquela que provê sobre relação jurídica de trato sucessivo ou continuado (também chamada de relação jurídica continuativa). São aquelas relações jurídicas de natureza obrigacional que se protraem no tempo de um modo tal que o pagamento das prestações não é capaz de extinguir a relação obrigacional. Uma vez efetuado o pagamento, nova prestação surge para ser paga, e assim sucessivamente. É o caso da obrigação alimentar ou da obrigação de pagar aluguel.

Essas relações continuativas, evidentemente, podem extinguir-se. Seu fato extintivo, porém, nunca será o pagamento. Podem elas extinguir-se apenas por outros motivos (como a morte de algum de seus sujeitos ou a resilição do contrato que lhe dá origem), mas nunca pelo pagamento. E por isso não se confunde a obrigação de trato continuado com a obrigação de pagar em parcelas. É que, neste último caso, o pagamento da última parcela extingue a obrigação.

Pois acontece com alguma frequência de se deduzir em juízo alguma causa relacionada a uma obrigação de trato sucessivo, como se dá nas "ações de alimentos" ou nas "ações revisionais de aluguel". Pois nestes processos são proferidas sentenças que proveem sobre relações jurídicas de trato sucessivo, as quais são as sentenças determinativas.

A sentença determinativa, registre-se desde logo, não é uma nova espécie de sentença, uma quarta categoria. Essa sentença poderá ser de qualquer uma das espécies conhecidas, sendo certo que, nos exemplos acima figurados, a sentença na "ação de alimentos" é condenatória, enquanto a proferida na "ação revisional de aluguel" é constitutiva.

A questão que aqui se põe está em saber se há alguma peculiaridade na coisa julgada material que se forma sobre as sentenças determinativas. É que, uma vez transitadas em julgado, pode surgir a necessidade de instaurar-se novo processo para rever o que havia sido anteriormente estabelecido. É o caso, por exemplo, de se ter fixado um certo valor de prestação alimentícia e, posteriormente, alguma modificação de fato ou de direito levar à necessidade de revisão do valor anteriormente fixado. Questiona-se, então, se tais sentenças são aptas a alcançar a autoridade de coisa julgada e, caso positivo, como explicar a possibilidade de revisão do que foi decidido.

É que, por regular relações jurídicas de trato sucessivo, cuja atuação se prolonga no tempo, pode a sentença determinativa se deparar com modificações nas circunstâncias de fato ou de direito existentes quando de sua prolação. Assim, por exemplo, o condenado a pagar alimentos pode vir a perder todas as suas fontes de renda, desaparecendo assim a possibilidade de prestar (ou, da mesma forma, o credor dos alimentos pode ter um aumento de riqueza, desaparecendo a necessidade de que se lhe preste alimentos), ou o aluguel judicialmente revisto pode vir a se tornar excessivo ou insuficiente.

Não se nega, nesses casos, a possibilidade de revisão do que ficou estatuído na sentença, sendo certo que se pode, nos casos figurados, ajuizar demanda destinada a rever os alimentos ou o aluguel. A questão que aqui se coloca é a de saber se essas sentenças são alcançadas pela coisa julgada material e, em caso positivo, qual o fundamento para permitir a alteração de algo que se estabeleceu através de sentença tornada imutável e indiscutível.

Pois é preciso dizer, em primeiro lugar, que tais sentenças transitam em julgado. Uma vez preclusas as vias recursais, terá a sentença transitado em julgado, não mais sendo possível, no mesmo processo, alterar o que foi decidido. Negar a aptidão dessas sentenças para o trânsito em julgado, aliás, poderia gerar problemas insolúveis. Basta dizer que, se a sentença que condena a prestar alimentos não transitasse em julgado, sua execução não seria, jamais, definitiva, mas sempre provisória.

Questão que tem gerado maior controvérsia é a de se saber se tais sentenças são aptas a alcançar a autoridade de coisa julgada material. Em outros termos, o que se deseja é saber se as sentenças determinativas têm seu conteúdo (declaratório, constitutivo ou condenatório) tornado imutável e indiscutível. Manifesto, aqui, minha adesão à posição dominante, segundo a qual tais sentenças são, também, aptas a alcançar essa situação jurídica. Basta figurar um exemplo para demonstrar a aptidão dessas sentenças para alcançar a autoridade de coisa julgada substancial. A propõe, em face de B, "ação de alimentos", sendo o pedido julgado procedente, condenando-se o demandado a pagar ao demandante, a título de prestação alimentícia, uma certa quantia. Após o trânsito em julgado da sentença, A, considerando insuficiente o valor fixado, propõe nova "ação de alimentos" em face de B, com a mesma causa de pedir da demanda anterior, e formulando novamente o mesmo pedido. Essa demanda seria, obviamente, rejeitada sem exame do mérito, o que só se poderia justificar com o fundamento de que a primeira sentença teria alcançado a coisa julgada material, o que impediria qualquer nova discussão sobre a matéria em processo posterior.

Não pode, pois, haver dúvidas quanto à aptidão das sentenças determinativas para alcançar a coisa julgada. Surge, então, uma questão a resolver: qual o fundamento capaz de autorizar a revisão do que ficou estabelecido naquela sentença, se ela foi alcançada pela autoridade de coisa julgada? Este é ponto extremamente controvertido e que merece atenção. Não se duvida de que as sentenças determinativas alcancem a autoridade de coisa julgada, mas ao mesmo tempo é inegável que tais sentenças, mesmo depois da formação da coisa julgada material, podem ser revistas. Qual a razão dessa possibilidade de revisão? É o que se passa a examinar.

Entende boa parte da doutrina que as sentenças determinativas podem ser alteradas porque contêm implícita a cláusula *rebus sic stantibus*. Esta, como se sabe, é cláusula ligada à chamada "teoria da imprevisão", elaborada pelos pós-glosadores, através da afirmação de que *contractus qui habent tractum sucessivum et dependentiam de futuro, rebus sic stantibus intelliguntur*. Significa essa cláusula que nas relações jurídicas continuativas, as quais se protraem no tempo (dependendo, pois, do futuro), pode haver alteração das circunstâncias de fato e de direito que envolveram sua formação, o que permitiria sua revisão.

Não recebeu, porém, essa teoria, a adesão de todos os juristas que trataram do tema. Observou-se, com muita argúcia, que todas as sentenças contêm a cláusula *rebus sic stantibus*, e nem por isso se cogita de sua revisão. As sentenças determinativas, segundo essa outra proposição, poderiam ser revistas em razão de uma especial natureza da relação jurídica deduzida no processo, a qual implicaria uma sentença que conteria, em si própria, a autorização para que se procedesse, no futuro, à sua revisão. Há, aliás, quem sustente que o Direito brasileiro teria optado por essa orientação, uma vez que dispõe, no art. 505, I, que "nenhum juiz decidirá novamente as questões já decididas, relativas à mesma lide, salvo [se], tratando-se de relação jurídica de trato continuado, sobreveio modificação no estado de fato ou de direito; caso em que poderá a parte pedir a revisão do que foi estatuído na sentença".

Não parece, porém, que se haja de recorrer à cláusula *rebus sic stantibus*, ou a uma especial natureza da relação jurídica deduzida no processo, para se entender a possibilidade de revisão do que ficou estatuído na sentença determinativa (categoria esta, aliás, de cuja existência é possível duvidar). Como se poderá ver, a mera aplicação do sistema do CPC acerca da coisa julgada permite compreender o fenômeno, que em nada difere do que se dá com as "outras" sentenças.

Não se pode jamais esquecer que a coisa julgada é a relação deduzida no processo depois de ter sido julgada. Em outros termos, a coisa julgada é a própria *res iudicanda* depois de ter sido *iudicata*. Não é por outro motivo, aliás, que os juristas portugueses preferem dar ao fenômeno aqui estudado o nome de "caso julgado", denominação que, como já dito, pode ser encontrada também no direito positivo brasileiro (Lei de Introdução às Normas do Direito Brasileiro, art. 6º, § 3º), e é bastante sugestiva do que seja a coisa julgada: esta consiste, basicamente, na resolução do caso submetido a juízo, depois de ter sido definitivamente julgado. Registro, aqui, duas observações de índole terminológica. Primeiro, a palavra coisa designa, na linguagem jurídica, os bens corpóreos, o que permite facilmente concluir que a "coisa julgada" não é uma coisa. Segundo, a linguagem processual brasileira não costuma empregar o vocábulo "caso" para fazer alusão a processo que esteja pendente. Muito mais frequente aqui é a utilização da palavra "causa", que aparece, inclusive, no texto constitucional. Assim, é perfeitamente possível dizer que a coisa julgada é, na verdade, a causa julgada, terminologia que há muitos anos proponho passe a ser usada pela doutrina brasileira.

Essas ideias levam a concluir que – permita-se o truísmo – a coisa (*rectius*, causa) julgada só atinge aquilo que foi julgado. Por essa razão, aliás, é que se aplica aqui a teoria da tríplice identidade, segundo a qual a demanda é repetida quando tem as mesmas partes, a mesma causa de pedir e o mesmo pedido da que se ajuizou anteriormente (art. 337, § 4º, do CPC). Essa teoria, registre-se, é aplicável à coisa (*rectius*, causa) julgada, sendo a responsável por se identificar os casos em que essa autoridade impede o julgamento de uma demanda trazida a juízo (art. 337, § 1º).

Já se disse anteriormente que a coisa (*rectius*, causa) julgada impede que a mesma demanda torne a ser apreciada pelo Estado-juiz, e só se tem identidade de demandas quando os três elementos identificadores são rigorosamente repetidos. Ocorre que, no caso em tela, a segunda demanda (a de "revisão") não é a mesma que a primeira, o que mostra inexistir obstáculo à sua apreciação.

A "ação de revisão de alimentos", por exemplo, tem causa de pedir e objeto bastante distintos da "ação de alimentos". Trata-se, pois, de demanda nova, inédita, e que por essa razão pode ser livremente apreciada pelo Estado-juiz. O mesmo se diga de uma eventual segunda demanda de "revisão", que pode ter o mesmo objeto da primeira, mas terá, necessariamente, causa de pedir diferente daquela.

O que se sustenta, então, é que, como quaisquer sentenças de mérito, as sentenças determinativas são aptas a alcançar a autoridade de coisa julgada material. E a coisa julgada que se forma sobre as sentenças determinativas é igual a qualquer outra. Pois é precisamente por isso que pode haver revisão. Estranho seria se não pudesse.

Uma vez preclusas as vias recursais, não será mais possível tornar a discutir, em outro processo, a mesma demanda (isto é, a mesma causa), entre as mesmas partes, fundada na mesma causa de pedir e com o mesmo objeto. É preciso, porém, insistir na ideia de que a coisa julgada (*rectius*, causa julgada) é um impedimento apenas a que se julgue novamente a mesma causa. A demanda de revisão, porém, e como visto, é distinta das anteriores, tendo causa de pedir e pedidos diferentes. É, portanto, uma demanda que nunca foi julgada anteriormente. Passe, pois, o truísmo: a coisa julgada (causa julgada) não pode impedir a apreciação de uma "coisa" (causa) que nunca foi julgada.

Compare-se, agora com mais detalhes, a demanda de condenação ao pagamento de alimentos com a demanda revisional de alimentos. Na primeira delas, a causa de pedir é a existência de uma situação de necessidade, associada à possibilidade de o demandado arcar com a prestação. E o pedido que aí se formula é de condenação do réu ao pagamento da pensão. Já na demanda revisional de alimentos, a causa de pedir é uma modificação superveniente à sentença condenatória de pelo menos um dos elementos do binômio "necessidade + possibilidade". E o pedido é de modificação do valor anteriormente fixado. Causas de pedir e pedidos completamente diferentes, que jamais foram apreciados em juízo anteriormente. Nada há, pois, capaz de impedir o exame, agora, desta nova demanda.

Como se pode ver, então, a coisa julgada que se forma sobre as sentenças determinativas é igual a qualquer outra coisa julgada.

CAPÍTULO 18

PROCEDIMENTOS ESPECIAIS

18.1. TEORIA GERAL DOS PROCEDIMENTOS ESPECIAIS

Regula o CPC, no Título III do Livro I da Parte Especial, os procedimentos especiais. Trata-se da matéria que se passa a analisar, merecendo exame cada um dos procedimentos especiais codificados (não sendo examinados neste livro os procedimentos especiais regulados em outras leis). Antes de estudar cada um de tais procedimentos, porém, é preciso que sejam apresentadas algumas noções introdutórias e genéricas a seu respeito, o que se constitui no objeto deste tópico, que trata da *teoria geral dos procedimentos especiais*.

Como já se viu anteriormente, quando do estudo do conceito de processo, define-se procedimento como uma sequência de normas, cada uma das quais regula uma determinada conduta, qualificando-a como lícita ou devida, e que enuncia, como pressuposto da própria incidência, o cumprimento de um ato prévio regulado por outra norma da série, e assim sucessivamente até a norma regulamentadora de um "ato final", a cujo respeito os atos precedentes podem dizer-se preparatórios. Em outras palavras, procedimento é uma sequência ordenada de atos, em que cada ato é causa do seguinte e consequência do anterior, todos se encadeando como instrumentos de obtenção de um resultado final. Note-se que neste conceito se enquadram procedimentos bem diferentes entre si, como o procedimento comum (já estudado nesta obra) e o *iter criminis*, matéria de estudo do Direito Penal. Tanto num como noutro tem-se uma sequência ordenada de atos, em que cada ato é causa do seguinte e consequência do anterior, todos se encadeando como instrumentos de obtenção de um resultado final. No procedimento comum, primeiro exemplo figurado, têm-se a demanda, a citação, a audiência prévia de autocomposição, a resposta do réu, as providências preliminares, a decisão de saneamento e organização do processo, a instrução probatória, a audiência de instrução e julgamento e a sentença, atos que se encadeiam logicamente como instrumentos de obtenção do resultado final: a entrega da tutela processual definitiva. No *iter criminis*, ocorrem a cogitação, os atos preparatórios, atos de execução e consumação, todos eles se encadeando para que seja atingido o resultado final. Ambos são, portanto, procedimentos. Só há processo, porém, quando o procedimento se desenvolve em contraditório, isto é, quando é assegurada a todos os interessados a possibilidade de participar do procedimento, influindo no resultado final que se irá alcançar. E, dos exemplos figurados, só há contraditório no procedimento comum, não no *iter criminis*. Por tal razão é que no procedimento comum há (e o *iter criminis* não há) um processo.

O processo jurisdicional é, pois, um procedimento que se desenvolve em contraditório. Como já se pode ter observado ao longo deste livro, porém, há diversos tipos de processo jurisdicional (cognitivo, executivo, sincrético), e cada um deles pode se manifestar de diversas formas. Assim é que, por exemplo, para o processo executivo há diversos procedimentos, como é o caso do procedimento padrão da execução por quantia certa e o procedimento (especial) da execução contra a Fazenda Pública.

Para o processo cognitivo, que é o que por ora interessa, prevê o CPC uma distinção: há um procedimento comum e procedimentos especiais. O comum já foi estudado neste livro. Os especiais são, agora, objeto de atenção.

Pode-se definir o procedimento especial como aquele que se acha submetido a trâmites específicos e que se revela parcial ou totalmente distinto do procedimento comum. Assim sendo, será procedimento especial todo aquele que, previsto para o processo de conhecimento, contenha uma sequência de atos diversa daquela prevista para o procedimento comum. É o que se dá, por exemplo, com o procedimento previsto para a restauração de autos, em que se prevê – entre outras modificações – um prazo de apenas cinco dias (e não de 15, como no procedimento comum) para o oferecimento da contestação. O mesmo se dá no procedimento da "ação de consignação em pagamento", em que há a previsão de um depósito da quantia ou coisa ofertada, a ser realizado antes da citação, e que não existe no procedimento comum.

O CPC divide os procedimentos especiais em dois grupos: procedimentos de jurisdição contenciosa (expressão que só aparece no CPC em um dispositivo, o art. 36) e de jurisdição voluntária. Não obstante a existência de divergências a respeito da colocação de um ou outro dos procedimentos (assim, por exemplo, a interdição, colocada entre os procedimentos de jurisdição voluntária, ou o inventário e partilha, posto entre os de jurisdição contenciosa, a cujo respeito há intensa divergência doutrinária), fez bem o CPC em estabelecer tal separação.

Não se afirma isso por adesão à teoria clássica da jurisdição voluntária, segundo a qual esta seria função administrativa, e não jurisdicional. Como afirmado em passagem anterior deste livro, a teoria a ser acolhida acerca do ponto é a *revisionista*, afirmando-se aqui a natureza propriamente jurisdicional da jurisdição voluntária. Esta, porém, está sujeita a regras próprias, que decorrem logicamente de suas características, que a distinguem da jurisdição contenciosa, como já se pôde ver em capítulo anterior deste livro.

Alguns procedimentos especiais são criados para atender a peculiaridades do direito substancial. Há casos em que o procedimento comum seria incapaz de permitir que se atendesse a determinada pretensão de direito material, o que leva o legislador a optar pela única solução que se tem reputado possível (embora se vá, adiante, questionar essa ideia): elaborar outro procedimento, específico para aquela hipótese. É o que se dá, por exemplo, com o procedimento da "ação de demarcação de terras", ou com o inventário e partilha. Outros procedimentos especiais são criados com o objetivo de acelerar a produção do resultado da atividade jurisdicional, o que se faz através da diminuição de prazos ou da supressão de atos que compõem o procedimento comum (como no procedimento monitório). Para tais hipóteses, portanto, o procedimento especial poderá ser utilizado, pois se revela adequado para o desenvolvimento do processo. Assim sendo, toda vez que se vai ajuizar uma demanda em que se manifesta pretensão de natureza cognitiva, é preciso verificar se existe, para a hipótese, algum procedimento especial previsto. Havendo procedimento especial, este será o utilizado. Não existindo procedimento especial previsto para a hipótese, será adequada a utilização do procedimento comum.

É preciso perceber, então, que nos casos em que o procedimento especial é criado para atender a alguma peculiaridade do direito material, terá ele de ser necessariamente empregado, sob pena de – empregado o procedimento comum – ter a parte se valido de meio processual inadequado para a produção dos resultados pretendidos, o que acarreta a ausência de interesse processual (na sua manifestação *interesse-adequação*). Já nos casos em que o procedimento especial é criado por razões de política legislativa, como mecanismo de agilização da produção de resultados da atividade jurisdicional (como se dá na "ação monitória"), então seu emprego é opcional, sendo possível que o demandante opte pelo emprego do procedimento comum.

Os procedimentos especiais, como visto, diferem do comum. É preciso saber, então, qual a técnica empregada pela lei processual para criar esses procedimentos diferenciados. Pois há uma série de características capazes de distinguir o procedimento especial do procedimento comum: (a) alteração de prazos (como no exemplo já citado da restauração de autos); (b) alteração das regras relativas à legitimidade e à iniciativa das partes, como se dá também no procedimento da restauração de autos, que pode ser instaurado de ofício; (c) fixação de regras especiais de competência, como na "ação de consignação em pagamento", para a qual é competente o juízo do foro do cumprimento da obrigação; (d) fixação de regras especiais relativas à citação e suas finalidades, como se dá no inventário e partilha, em que os herdeiros são citados para apresentar manifestação sobre as primeiras declarações do inventariante (e não sobre o conteúdo da petição inicial); (e) derrogação da regra da inalterabilidade do pedido, pois em alguns procedimentos especiais se estabelece uma fungibilidade de pedidos, admitindo-se julgamento *extra petita*, como se dá, por exemplo, nas "ações possessórias"; (f) limitações e condicionamentos ao direito de defesa, como na "ação de consignação em pagamento", em que o demandado só pode alegar, em sua contestação, as matérias expressamente autorizadas por lei.

Algumas dessas diferenças são de pequena relevância (como a fixação de prazos diferenciados) e, por isso, muito provavelmente nem justificariam a criação de procedimentos diferentes do comum. Mas há, aí – e este é o ponto fundamental – a previsão de *técnicas processuais diferenciadas*, isto é, de técnicas processuais diferentes daquelas previstas para o procedimento comum. O CPC faz alusão a essas técnicas diferenciadas no art. 327, § 2º, dispositivo que pode servir de base para toda uma reformulação da teoria dos procedimentos especiais.

É que a previsão contida nesse art. 327, § 2º, permite ver que, muito mais importante do que haver procedimentos especiais é a existência, na lei processual, de *técnicas diferenciadas*, as quais se revelarão mais adequadas ao tratamento de certos tipos de causas. E esse dispositivo normativo mostra que tais técnicas diferenciadas podem, muitas vezes, ser empregadas no bojo do procedimento comum, o qual pode ser adaptado para que nele sejam usadas essas técnicas especiais.

Assim, por exemplo, em vez de existir um procedimento especial para tutela da posse nos casos em que a demanda é proposta dentro do prazo de ano e dia a contar do esbulho ou turbação (as chamadas "ações possessórias de força nova"), bastaria haver a previsão, no CPC, de mais um caso de tutela da evidência (inserindo-se no art. 311 o cabimento de tutela da evidência quando a demanda tivesse por objeto a proteção possessória contra esbulho ou turbação, estando a petição inicial acompanhada de prova documental suficiente da posse anterior, da turbação ou esbulho e de que a demanda foi ajuizada dentro do prazo de ano e dia a contar da lesão à posse), adicionando-se ainda um outro dispositivo em que se estabelecesse que nos casos em que a demanda fosse fundada na alegação de posse não se poderia discutir no processo a propriedade ou outro direito sobre a coisa. Com isso seriam descritas as duas técnicas processuais diferenciadas (uma das quais nem é tão diferenciada assim, já que – como se verá no momento oportuno – é uma tutela da evidência), a liminar possessória e a vedação da exceção de domínio, e a proteção processual da posse poderia se dar através do próprio procedimento comum.

Raciocínio análogo pode ser desenvolvido para quase todos os procedimentos especiais. Em vários deles o que se tem de relevante é a previsão de alguma técnica processual diferenciada, a qual poderia ser perfeitamente usada no bojo do procedimento comum, que a ela poderia ser adaptado.

Para pensar em outro exemplo, pode-se figurar aqui o caso da "ação de consignação em pagamento". Seria perfeitamente possível estabelecer que, nos casos em que o objeto da demanda fosse o pagamento por consignação a ser feito judicialmente, só se determinaria a citação do réu se o autor, no prazo de cinco dias a contar de sua intimação, depositasse em juízo a quantia ou coisa que reputasse devida. Quanto ao mais, o procedimento comum é perfeitamente adequado para dar solução ao caso.

Pode-se, então, imaginar que em algum momento futuro muitos procedimentos especiais serão abolidos, mantidas, porém, as técnicas processuais diferenciadas que são criadas para a tutela processual de certas situações jurídicas de direito material. A rigor, apenas alguns procedimentos especiais, aqueles através dos quais se desenvolvem os assim chamados *juízos divisórios* (como são o inventário e partilha, a "ação de divisão de terras", a "ação de demarcação de terras" e a "ação de dissolução parcial de sociedade"), além de procedimentos concursais (como são a falência e a recuperação de empresas) é que provavelmente precisariam sobreviver, já que são procedimentos completamente diferentes do procedimento comum, e este dificilmente conseguiria ser adaptado para a solução adequada desses casos.

Nos termos do que dispõe o parágrafo único do art. 318 do CPC, cada procedimento especial é regido pelas disposições que lhe são próprias, aplicando-se, subsidiariamente, o procedimento comum. Verifica-se, assim, que o procedimento comum é fonte de todos os demais procedimentos do processo cognitivo.

O referido parágrafo único do art. 318 do CPC permitiu ao legislador que, ao elaborar a regulamentação dos procedimentos especiais, se limitasse a estabelecer aquilo que tais procedimentos têm de diferente em relação ao procedimento comum. Assim é que, por exemplo, no procedimento da "ação de consignação em pagamento", não prevê o Código qual o prazo para que o demandado ofereça resposta. Tal prazo será, então, o previsto para o procedimento comum, isto é, quinze dias. Deste exemplo já se pode notar a importância do parágrafo único do art. 318 do CPC. A falta de expressa previsão legal quanto ao prazo para a prática de um ato processual normalmente levaria a que se afirmasse que tal prazo seria o de cinco dias, na forma do art. 218, § 3º, do CPC. No exemplo figurado, porém, o parágrafo único do art. 318 afasta a incidência do art. 218, § 3º, fazendo com que o prazo seja de quinze, e não de cinco dias.

Ademais, é de se considerar que muitos procedimentos especiais diferem do comum apenas em seu início, com a previsão de algum ato que integra a cadeia de atos que compõe o procedimento especial (e veicula a técnica processual diferenciada), mas não existe no procedimento comum. É o que se dá, por exemplo, com o procedimento da "ação de consignação em pagamento", em que, uma vez ajuizada a demanda, incumbe ao demandante fazer o depósito judicial da quantia ou coisa ofertada (ressalvado o caso em que se tenha efetuado o prévio depósito extrajudicial). Comprovado o depósito, o demandado será citado e, a partir daí, segue-se o procedimento comum. Diga-se que é exatamente nesses casos que se pode considerar que o procedimento especial a rigor nem precisaria existir, e bastaria a previsão da técnica processual diferenciada a ser empregada mediante alguma adaptação do procedimento comum.

Assim, o procedimento comum funcionará como fonte subsidiária dos procedimentos especiais, razão pela qual não se fará necessária a exposição, quando do estudo de cada um dos procedimentos especiais, de conceitos e regras que já foram analisados anteriormente, quando do estudo do procedimento comum.

Ao estabelecer a epígrafe do Título III do Livro I da Parte Especial do CPC, andou bem o texto normativo, que optou por falar em procedimentos especiais. Problema houve, porém, ao se dar nome aos capítulos que integram esse Título. Optou-se, aqui, por falar em "ações". Tem-se, pois, "ação de consignação em pagamento", "ação de exigir contas", "ação monitória" etc.

A utilização do vocábulo "ação" foi, sem dúvida, decorrente de uma antiga tradição do Direito luso-brasileiro. Já ao tempo das Ordenações do Reino Português falava-se, por exemplo, em "ação de reivindicação", "ação confessória", "ação hipotecária", entre outras. Também a Consolidação Ribas, que regulou o processo civil brasileiro a partir de 1876, falava, por exemplo, na "ação de assinação de dez dias" (art. 719). O Regulamento 737, de 1850, que se aplicou ao processo civil a partir de 1890, falava, por exemplo, em "ações sumárias" no art. 236. Manteve o sistema o CPC de 1939 (isto sem falar nos Códigos Estaduais, limitando-se a pesquisa à legislação aplicável a todo o país), que empregava, por exemplo, "ação de despejo" (art. 350) e "ação de remissão do imóvel hipotecado" (art. 393). O CPC de 1973 manteve essa linha, agora reproduzida no CPC vigente, de 2015, que se limitou a observar uma tradição. Não parece, porém, ter andado bem o texto normativo. Uma tradição não pode ser mantida se não tem respaldo científico. Direito é ciência e, como tal, deve ser tratado. Sendo certo que não pode haver adequado progresso científico sem precisão terminológica, melhor seria o texto legal se falasse em "procedimento da consignação em pagamento", ou em "procedimento monitório", entre outros. A utilização da terminologia encontrada no Código é resquício da teoria civilista da ação, já ultrapassada desde o século XIX, segundo a qual a ação seria o próprio direito material violado. A doutrina, porém, ao analisar os procedimentos especiais, continua – salvo honrosas exceções – a utilizar a terminologia equivocada do CPC. Neste livro manterei o método até aqui empregado, falando em "ações", sempre entre aspas.

18.2. PROCEDIMENTO ESPECIAL DO PAGAMENTO POR CONSIGNAÇÃO

18.2.1. O pagamento por consignação

Diversos procedimentos especiais, como dito no tópico destinado ao estudo da teoria geral dos procedimentos especiais, são criados para atender a peculiaridades do direito material. Um desses casos é o do procedimento da consignação em pagamento (que o CPC denomina "ação de consignação em pagamento"). Assim, não se pode pretender examinar o procedimento especial sem que sejam apreciados – ainda que rapidamente – alguns aspectos do direito material. Por essa razão, inicia-se este tópico com uma breve incursão pelo pagamento por consignação, instituto regulado pelo Código Civil, através de seus arts. 334 a 345.

O pagamento por consignação (ou consignação em pagamento) é uma das formas de extinção das obrigações. Já conhecida no Direito Romano, época em que, havendo recusa do credor em receber a prestação, ou a praticar ato indispensável para que ela pudesse ser executada (por exemplo, nos casos de obrigação alternativa, o credor se recusasse a fazer a escolha da prestação que seria cumprida), o devedor podia fazer uma oferta real ao credor (ou seja, uma oferta efetiva, e não simples promessa de pagamento) e, persistindo a recusa, depositá-la *in publico* (num templo, num armazém ou outro local designado pela autoridade competente). No Direito Romano Clássico, este depósito não tinha eficácia liberatória da obrigação, dele resultando, porém, alguns efeitos: não mais corriam juros contra o devedor; era ineficaz a venda, pelo credor, de coisa do devedor que lhe tivesse sido dada em penhor. No Direito Justinianeu, porém, o depósito passou a ter eficácia liberatória, extinguindo a obrigação.

O Direito Civil brasileiro reconhece o pagamento por consignação como uma das formas de extinção das obrigações, sendo uma modalidade de pagamento especial. Diz o art. 334 do Código Civil que "considera-se pagamento, e extingue a obrigação o depósito judicial ou em estabelecimento bancário da coisa devida, nos casos e forma legais". O pagamento por consignação é instrumento de realização do direito que tem o devedor de liberar-se da obrigação. É que, registre-se, efetuar o pagamento não é só uma *obrigação*, mas é também *um direito*. O devedor tem o direito subjetivo de se liberar da relação obrigacional a que está vinculado, e se ocorre algum fato que inviabiliza a realização desse direito subjetivo, será através do pagamento por consignação que ele buscará a satisfação de sua posição jurídica de vantagem.

O pagamento por consignação é matéria de Direito Civil, cabendo ao Direito Processual regular, tão somente, o procedimento para reconhecimento judicial da eficácia liberatória do pagamento especial. Dispõe o art. 335 do Código Civil a respeito dos casos em que é cabível o pagamento por consignação: se o credor não puder, ou, sem justa causa, recusar receber o pagamento, ou dar quitação na devida forma; se o credor não for, nem mandar receber a coisa no lugar, tempo e condições devidos (o que se aplica às dívidas quesíveis, aquelas em que cabe ao credor ir buscar o pagamento); se o credor for incapaz de receber, for desconhecido, declarado ausente, ou residir em lugar incerto, ou de acesso perigoso ou difícil (hipótese aplicável às dívidas portáveis, aquelas em que incumbe ao devedor dirigir-se ao credor para efetuar o pagamento); se ocorrer dúvida sobre quem deva legitimamente receber o objeto do pagamento; ou se pender litígio sobre o objeto do pagamento.

O pagamento por consignação só terá eficácia liberatória, nos termos do que dispõe o art. 336 do Código Civil, se concorrerem, em relação às pessoas, ao objeto, ao modo e ao tempo, todos os requisitos sem os quais não é válido o pagamento. Assim sendo, não se pode admitir, por exemplo, que o pagamento por consignação de dívida já vencida seja feito sem o depósito da multa moratória (quando, evidentemente, houver mora do devedor, o que se dá, por exemplo, no caso de o devedor procurar o credor após o vencimento da dívida para efetuar o pagamento, recusando-se este a lhe dar o recibo de quitação).

Não se pode deixar de referir, ao fim desta brevíssima exposição dos aspectos substanciais do pagamento por consignação, que este meio de extinção das obrigações só é adequado para prestações de dar, não se podendo utilizá-lo para pôr fim às obrigações de fazer ou não fazer.

18.2.2. A consignação extrajudicial

Como já visto, o pagamento por consignação pode ser feito por via judicial ou, quando se tratar de obrigação pecuniária, também extrajudicialmente. Da consignação em pagamento extrajudicial tratam os parágrafos do art. 539 do CPC.

Nos termos do § 1º do art. 539, "tratando-se de obrigação em dinheiro, poderá o valor ser depositado em estabelecimento bancário, oficial onde houver, situado no lugar do pagamento, cientificando-se o credor por carta com aviso de recebimento, assinado o prazo de 10 (dez) dias para a manifestação de recusa". Observa-se, pela leitura do dispositivo, que a consignação extrajudicial só se revela adequada para as prestações de pagar dinheiro, não podendo ser utilizada nos demais casos, para os quais permanece exclusivo o sistema de depósito judicial da coisa devida. Além disso, fácil é constatar que a consignação extrajudicial é uma opção dada pelo sistema ao devedor (ou terceiro), para liberar-se da obrigação. Nada impede, porém, que o consignante opte por ajuizar "ação de consignação em pagamento", realizando o depósito liberatório em juízo.

O depósito extrajudicial será feito em estabelecimento bancário oficial, assim entendido o estabelecimento da instituição bancária com que o Tribunal (de Justiça ou Regional Federal) tenha convênio. Onde não houver estabelecimento bancário oficial, será possível – ainda assim – utilizar este meio alternativo de extinção da obrigação, podendo o depósito, neste caso, ser feito em banco particular.

Efetuado o depósito extrajudicial, deverá ser comunicado o credor da existência desse. Não diz a lei a quem incumbe o encargo de realizar a comunicação. Deve ela ser feita, porém, pela própria instituição bancária depositária. É o que resulta do disposto no art. 4º da Resolução nº 2.814/2001 do Banco Central, que regulamenta os depósitos de pagamento por consignação. E isso tem mesmo de ser assim por duas razões: em primeiro lugar, é preciso que se estabeleça um sistema seguro de comunicação. Cabendo ao consignante fazer a comunicação ao credor da efetivação do depósito, não se poderia afastar a possibilidade de ser remetido um envelope vazio. Note-se que a exigência de que a comunicação se faça por carta com aviso de recebimento não afasta esta possibilidade, pois o aviso de recepção só prova que o destinatário recebeu um envelope, mas não é capaz de demonstrar seu conteúdo. Desse modo, estaria a se imputar ao credor o pesado ônus (de cumprimento quase impossível) de provar que recebeu um envelope vazio. Preferível, pois, atribuir-se o encargo de fazer a comunicação ao credor ao banco. Este, atuando como órgão auxiliar da justiça nesta busca da resolução do conflito mediante a extinção da obrigação, e sendo terceiro desinteressado no desfecho da controvérsia, deverá comunicar o credor da existência do depósito, o que traz muito mais segurança à relação jurídica.

De outro lado, eventual recusa do credor em aceitar o depósito como pagamento deve ser manifestada ao banco. Ora, parece razoável supor que um credor, leigo, recebendo uma carta do devedor comunicando-lhe que efetuara o depósito, iria, normalmente, dirigir-se ao próprio devedor para lhe comunicar sua recusa. Acabaria, assim, extinta a obrigação, por não ter sido manifestada a recusa na forma prevista em lei. Devendo a comunicação da recusa ser feita ao banco, o mais razoável é, pois, que seja o próprio banco a informar o credor da realização do depósito. É certo que o desconhecimento da lei não poderia ser usado como desculpa pelo credor que comunicasse ao devedor (e não ao estabelecimento bancário) sua recusa, mas não se pode interpretar tal dispositivo de forma tão rigorosa num país de gente pobre e ignorante das leis como o Brasil. Assim sendo, qualquer interpretação que facilite o cumprimento da lei pelos destinatários do comando legal deve ser preferida pelo intérprete. Deve mesmo caber ao banco – e não ao consignante – realizar a comunicação. Por essa razão, correta a regulamentação da matéria pelo Banco Central.

Comunicado, o credor terá o prazo de dez dias para, por escrito, manifestar ao estabelecimento bancário sua recusa em aceitar o depósito efetuado como pagamento. Ultrapassado este prazo sem que se tenha manifestado a recusa do credor, estará extinta a obrigação. Ficará, então, o valor depositado à disposição do credor para levantamento (art. 539, § 2º, do CPC).

Ocorrendo a recusa, que – como se viu – será manifestada por escrito ao estabelecimento bancário, deverá este comunicá-la ao devedor, para que tenha ciência da manifestação do credor (art. 6º da Resolução nº 2.814/2001 do Bacen). Cientificado o devedor da recusa, terá o prazo de um mês para ajuizar a "ação de consignação em pagamento", buscando obter a declaração judicial de que seu débito foi extinto pelo depósito (art. 539, § 3º). O decurso do prazo de um mês a que se refere o aludido parágrafo sem que seja ajuizada a "ação de consignação em pagamento" não impede que o consignante vá, posteriormente, a juízo manifestar sua pretensão de pagamento por consignação. A única consequência da perda do prazo é a cessação da eficácia do depósito extrajudicial. Pretendendo fazer nova consignação, portanto, deverá o consignante efetuar novo depósito.

Ao ajuizar a "ação de consignação em pagamento", deverá o demandante apresentar, junto com sua petição inicial, prova do depósito extrajudicial e da recusa manifestada pelo credor. Não sendo, porém, proposta a "ação consignatória", poderá o consignante, após o prazo de um mês a que se refere a lei, levantar o depósito extrajudicial (art. 539, § 4º). É de se notar, porém, que pode o credor, durante o prazo de um mês a que se refere a lei processual (contados da sua recusa), mas antes do ajuizamento da "ação consignatória", levantar o depósito, o que terá como consequência a extinção da dívida. De outro lado, se é certo que o consignante, ultrapassado o prazo de um mês sem que se tenha ajuizado a demanda, pode levantar o depósito – que já terá perdido sua eficácia liberatória –, não se pode tampouco impedir que faça ele o levantamento antes do decurso do prazo de um mês, caso em que não poderá ele ajuizar "ação de consignação em pagamento", a não ser que realize outro depósito (bastando pensar no caso em que o consignante verifica que o depósito que havia realizado era insuficiente, caso em que pode ter interesse em realizar novo depósito, agora da quantia correta).

18.2.3. O procedimento judicial do pagamento por consignação ("ação de consignação em pagamento")

Importa tratar, a partir de agora, do procedimento judicial, a ser observado quando se propõe "ação de consignação em pagamento", que é o verdadeiro objeto deste tópico. Pois o procedimento da "ação de consignação em pagamento" é manifestação de um processo de conhecimento, que é considerado especial pelo emprego de uma técnica processual diferenciada, consistente na prática de ato material, o depósito (ressalvado apenas o caso de ter realizado anteriormente depósito extrajudicial, já examinado).

É preciso, desde logo, que se afaste a ideia – absolutamente equivocada, mas ainda por alguns sustentada – segundo a qual a "ação de consignação em pagamento" é uma "execução invertida". Essa falsa concepção fez com que, durante muito tempo, doutrinadores e tribunais afirmassem que só se poderia consignar dívida "líquida e certa", sendo impossível, em sede de "ação consignatória", discutir-se a existência da dívida, ou o valor efetivamente devido. Trata-se, porém, de concepção já ultrapassada, que a jurisprudência do STJ afastou desde importante precedente, formado no julgamento do REsp 66.576/RJ, de que foi relator o Ministro Sálvio de Figueiredo Teixeira. A "ação de consignação em pagamento" leva à instauração de um processo de conhecimento como outro qualquer. É de se dizer, aliás, que a possibilidade de se discutir o *quantum debeatur* é uma imposição do próprio texto normativo do CPC. Ao permitir que o demandado ofereça contestação alegando insuficiência do depósito (art. 544, IV), e afirmando o Código, no § 1º do art. 545, que, alegada pelo demandado a insuficiência do depósito, poderá ele levantar a quantia depositada, prosseguindo o processo para verificar se o depósito foi ou não suficiente (e, por conseguinte, capaz de liberar o devedor de sua obrigação), está o CPC afirmando a possibilidade de se discutir, em sede de "ação consignatória", a liquidez da obrigação.

O que se precisa ter em mente é que a pretensão manifestada na demanda de consignação em pagamento é de declaração da extinção, pelo depósito, da obrigação. Assim sendo, qualquer outra discussão que venha a surgir no curso do processo, a respeito da existência e modo de ser da obrigação, será resolvida na fundamentação da sentença, e não em sua parte dispositiva (não alcançando, portanto, a autoridade de coisa julgada). O juiz não decidirá, no processo da "ação de consignação em pagamento", a respeito destas outras questões, mas delas, tão somente, conhecerá, como questões necessárias – desde que controvertidas, evidentemente, para a formação de seu convencimento acerca da procedência ou improcedência da pretensão liberatória manifestada pelo demandante.

Tema que historicamente tem gerado intensa polêmica, razão pela qual merece tratamento logo ao início da exposição acerca do processo da "ação de consignação em pagamento", é o da legitimidade das partes. A questão gera controvérsias, principalmente no que concerne à legitimidade ativa, não havendo maior dificuldade quanto à legitimidade passiva.

Por tal razão é que, nesta passagem, inverte-se o sistema tradicional de exposição do ponto, e se inicia pela legitimidade passiva, indo depois tratar da legitimidade ativa.

Legitimado passivo para a demanda consignatória é aquele que o demandante indica como sendo o credor da obrigação cuja prestação se quer consignar. No caso de consignação fundada em dúvida quanto a quem seja o credor, haverá litisconsórcio passivo necessário (na modalidade *litisconsórcio eventual*) entre aqueles que podem ser titulares do crédito (sedizentes credores).

O problema maior, como afirmado, está em saber quem é legitimado ativo para a demanda de consignação em pagamento. O problema decorre dos arts. 304 e 305 do Código Civil, que, ao tratar do pagamento, afirmam que este pode ser feito pelo devedor ou por qualquer terceiro, interessado ou não. Não há dúvida quanto à legitimidade ativa daquele que afirma sua condição de devedor, ou de terceiro juridicamente interessado na extinção da obrigação (assim, por exemplo, o fiador, que poderá ajuizar "ação de consignação em pagamento" para buscar a liberação do afiançado). A questão é saber se o terceiro que não tenha interesse jurídico no pagamento (como, por exemplo, um pai, interessado – de fato – em saldar dívida de seu filho) será legitimado a propor "ação consignatória".

Entende parte da doutrina que o terceiro que não se apresente como juridicamente interessado não tem legitimidade ativa para a demanda consignatória. Outros autores há, porém, que afirmam a legitimidade ativa também do terceiro que não tenha interesse jurídico na extinção da obrigação. Argumentam os defensores da primeira corrente, para a qual os terceiros juridicamente desinteressados não estão legitimados a consignar, que o Código Civil só atribui aos terceiros interessados os meios de efetivar o pagamento que são criados em benefício do devedor (art. 304 do Código Civil). De outro lado, porém, os defensores da corrente oposta afirmam que, sendo permitido pelo direito substancial que o terceiro não interessado efetue o pagamento, não se lhe pode negar o acesso à jurisdição para adimplir a obrigação de terceiro. Esta, realmente, parece a melhor solução. Permitindo o Código Civil que qualquer terceiro, tenha ou não interesse jurídico, efetue o pagamento, não se pode recusar legitimidade ao terceiro que não tenha interesse jurídico para demandar a consignação em pagamento, que nada mais é do que um pagamento especial. A única diferença entre o terceiro interessado e o não interessado está em que, efetuado o pagamento por terceiro interessado, este se sub-roga no crédito, o que não ocorre quando o pagamento é feito por terceiro que não tenha interesse jurídico na extinção da relação obrigacional.

Passa-se, agora, ao exame da competência para o feito. Sobre o tema, dispõe o art. 540 do CPC no sentido de que a consignação em pagamento será pleiteada no lugar onde deve ser cumprida a obrigação. Trata-se, pois, de regra excepcional, que afasta a incidência da regra geral a respeito de competência territorial, prevista no art. 46 do CPC, que determina a competência do foro do domicílio do demandado. Para a "ação consignatória", importa saber se a dívida é quesível (caso em que será competente o foro do domicílio do devedor) ou portável (quando, então, será competente o foro do domicílio do credor). Havendo foro de eleição, este deverá ser respeitado, já que o critério de competência fixado pelo art. 540 do CPC é relativo, podendo ser derrogado pela vontade das partes.

Por tal razão, aliás, é que, ajuizada a demanda em lugar diverso daquele onde se deva efetuar o pagamento (ou do foro de eleição, se houver), não se pode admitir que o juízo, de ofício, reconheça sua incompetência relativa, prorrogando-se sua competência se o demandado, no prazo legal, não alegar a incompetência do foro onde instaurado o processo.

Deve-se passar, agora, ao exame do procedimento especial propriamente dito, que deverá ser observado quando do ajuizamento da "ação de consignação em pagamento".

Inicia-se esse procedimento especial, evidentemente, com a apresentação em juízo de uma petição inicial. Esta deve atender a todos os requisitos formais normalmente exigidos para as petições iniciais do processo de conhecimento (art. 319 do CPC). Deve, ainda, a petição inicial da "ação de consignação em pagamento" conter o requerimento de depósito da quantia ou coisa devida (art. 542, I, do CPC). Esse requerimento só será dispensado nos casos em que se tenha previamente realizado a consignação extrajudicial. Nessa hipótese, a petição inicial deverá vir acompanhada da prova do depósito bancário e da recusa do credor.

Dispõe, ainda, o art. 542 (através de seu inciso II) que o demandante deverá, na petição inicial, requerer a citação do demandado para levantar o depósito ou oferecer contestação. Perceba-se, então, que não se cogita aqui da realização da audiência prévia de autocomposição, e desde que citado o réu já corre o prazo para oferecimento de sua resposta. Poderá o demandado, à evidência, oferecer contestação ou, se preferir, requerer o levantamento do depósito, o que corresponderá a verdadeiro reconhecimento da procedência do pedido.

Estando em termos a petição inicial, o juiz determinará a efetivação do depósito judicial da quantia ou coisa devida (ressalvado, apenas, o caso de já ter sido efetuado o depósito extrajudicial). Este depósito deverá ser realizado em cinco dias, a contar da intimação do demandante do provimento inicial. Não sendo efetuado o depósito no quinquídio, deve-se extinguir o processo, sem resolução do mérito (art. 542, parágrafo único).

Efetuado o depósito (ou no caso de ter sido previamente depositado, em sede extrajudicial, o valor ofertado), deverá o juiz determinar a citação do réu. Este poderá, então, assumir três diferentes condutas: oferecer contestação, permanecer revel ou requerer o levantamento da quantia ou coisa depositada.

Há, porém, uma outra hipótese que não pode ser deixada de lado: prevê o art. 543 que, sendo o objeto da prestação a entrega de coisa indeterminada, cuja escolha caiba ao credor, será este citado para, em cinco dias (se outro prazo não constar da lei ou do contrato), exercer o *ius eligendi*, ou aceitar que o devedor faça a escolha. Neste caso, deverá o juiz, ao despachar a petição inicial, fixar lugar, dia e hora para que se faça a entrega e, não comparecendo o credor, será efetuado o depósito judicial da coisa, prosseguindo o feito em direção à sentença.

Optando o demandado por oferecer resposta, terá o prazo de 15 dias para isso. É de se notar que todas as modalidades de resposta serão, aqui, admitidas: contestação e reconvenção (podendo o réu, por exemplo, alegar que a mora foi do autor, e postular, por via reconvencional, a rescisão do negócio jurídico por eles celebrado).

Oferecendo contestação, o demandado tem de observar o disposto no art. 544 do CPC Segundo esse dispositivo, o réu, na contestação, só poderá alegar que não houve recusa ou mora em receber o pagamento; foi justa a recusa; o depósito não se efetuou no prazo ou no lugar do pagamento; insuficiência do depósito (caso em que poderá o demandado, também, formular pedido em seu favor, pleiteando a condenação do demandante ao pagamento da diferença entre o depositado e o efetivamente devido). Há que se interpretar com certo cuidado o dispositivo. Não se pode considerar que este art. 544 seja capaz de impedir o demandado de alegar em seu favor defesas processuais, que devem ser suscitadas como questões preliminares ao mérito. Assim, por exemplo, nada impede que se afirme em contestação a falta de alguma "condição da ação" ou de pressuposto processual. Quanto ao mérito, aí sim, deveria incidir a limitação determinada pelo aludido art. 544.

Trata-se o processo da consignação em pagamento, segundo alguns autores, de um processo de cognição limitada em sua amplitude, pois não se poderia admitir que o demandado alegasse, quanto ao mérito, matéria outra que não aquelas previstas no art. 544 do CPC. Diferentemente, há quem sustente ser o processo da "ação de consignação em pagamento" de cognição plena, já que, além das matérias elencadas no art. 544, poderia o demandado alegar quaisquer outras, ligadas à existência e ao modo de ser da obrigação. O que se quer, em verdade, com o art. 544 é limitar o objeto do processo, o mérito da causa. O juiz poderá conhecer, incidentalmente, de quaisquer alegações a respeito da existência e modo de ser da obrigação. Não poderá, contudo, decidir, com força de coisa julgada, a respeito de questões estranhas aos limites deste art. 544.

Permanecendo revel o demandado, vai-se produzir uma presunção relativa de veracidade dos fatos alegados pelo demandante, aplicando-se as regras acerca da revelia estabelecidas para o procedimento comum.

Por fim, optando o demandado por requerer o levantamento do depósito, se terá verdadeiro reconhecimento da procedência do pedido, devendo o juiz, então, deferir o requerimento e, após o levantamento, proferir sentença definitiva, com fulcro no que dispõe o art. 487, III, *a*, do CPC.

Excluídos os casos de revelia e de reconhecimento do pedido (pois haverá imediata prolação de sentença), há que se prosseguir com o procedimento especial.

Tendo o demandado contestado alegando insuficiência do depósito feito pelo demandante, a ele se impõe o ônus de indicar, com precisão, que valor reputa efetivamente devido (art. 544, parágrafo único). Nesse caso, determina o art. 545 que se abra ao demandante um prazo, de dez dias, para que complemente o depósito (o que só não ocorrerá, à evidência, naqueles casos em que a não efetivação imediata do depósito completo tenha tornado imprestável a prestação).

Sendo o depósito complementado, ocorrerá um curioso fenômeno. O juiz proferirá sentença, julgando procedente o pedido, para o fim de declarar que o depósito (com o complemento) pôs fim à relação obrigacional. É certo, porém, que neste caso o demandado tinha razão, já que a oferta originariamente feita pelo autor era insuficiente. Tem-se, pois, um caso em que o vencedor da demanda foi aquele que, indevidamente, deu causa ao processo (afinal, tivesse o devedor, desde logo, oferecido o valor correto, não teria havido recusa em receber e, por consequência, não haveria consignação em pagamento). Deve o juiz, neste caso, condenar o demandante (vencedor) a pagar as despesas processuais e honorários advocatícios ao patrono do demandado (vencido).

Não havendo complementação do depósito, prossegue o feito pelo procedimento comum, nada mais havendo de especial sobre ele, razão pela qual se remete o leitor ao quanto já foi dito acerca daquele procedimento padrão do processo de conhecimento.

Dispõe o CPC, em seu art. 541, a respeito da consignação em pagamento de prestações periódicas. Com frequência são deduzidos em juízo casos em que, efetuado o pagamento por consignação de uma prestação, outras se vencem no curso do processo, razão pela qual foi preciso regulamentar o ponto. Basta pensar nos inconvenientes a que se submeteria o condômino, pretendendo consignar em pagamento a quantia referente à quota condominial, na hipótese de todo mês se repetir a recusa do condomínio em receber a prestação. Não havendo regulamentação da possibilidade de se consignar, no mesmo processo, as prestações que em seu curso se fossem vencendo, poderia surgir entendimento no sentido de ser necessário o ajuizamento de uma nova demanda a cada mês. O mesmo problema surgiria, por exemplo, no caso de um mutuário do sistema financeiro da atestação pretender consignar em pagamento o valor da prestação mensal, por se recusar a instituição mutuante a receber o valor ofertado.

Por tal razão, como dito, e em atendimento ao princípio da eficiência, norma fundamental do Direito Processual Civil, evitando assim o acúmulo desnecessário de processos, é que assim dispôs o art. 541 do CPC: "[t]ratando-se de prestações sucessivas, consignada uma delas, pode o devedor continuar a depositar, no mesmo processo e sem mais formalidades, as que se forem vencendo, desde que o faça em até 5 (cinco) dias contados da data do respectivo vencimento". Permite, pois, a lei processual a consignação de prestações periódicas, cabendo ao demandante (não só ao devedor, como diz o texto da lei, mas também ao terceiro que tenha ajuizado a "ação consignatória") depositar as prestações que se forem vencendo no curso do processo, sem maiores formalidades. Não há necessidade, nem mesmo, de se requerer ao juízo a expedição de guia de depósito. Esta poderá ser entregue ao demandante, independentemente de despacho, pelo escrevente responsável pelo processamento do feito, nos termos do art. 203, § 4º, do CPC.

Exige a lei, porém, que tais depósitos sejam feitos até cinco dias depois do vencimento da prestação. O atraso, ensejador de mora intercorrente, faz com que não se possa reconhecer a eficácia liberatória do depósito feito a destempo (mas tal evento, à evidência, não implica qualquer prejuízo ao demandante em relação aos depósitos anteriores, feitos no momento oportuno).

É de se notar que o depósito das prestações que se vencem no curso do processo é mera faculdade do demandante, e não sendo eles efetuados deverá o juiz julgar a eficácia liberatória do depósito efetivamente feito. A possibilidade de pagamento por consignação das prestações que se vencem no curso do processo decorre de autorização legal, razão pela qual não se exige seja ela objeto de pedido expressamente formulado. Trata-se, pois, o art. 892 de dispositivo que exerce função semelhante à do art. 323 do CPC, com a diferença de que neste último é favorecido o credor pela condenação do demandado no pagamento das prestações que se vencem no curso do processo, enquanto naquele é favorecido o devedor, pela inclusão no objeto do processo consignatório de tais prestações.

O grande problema que surge para o intérprete na análise da consignação de prestações periódicas é o de saber qual o limite desta possibilidade de realização de depósitos no curso do processo. Há quem sustente que podem ser depositadas as prestações que se vençam até o trânsito em julgado da sentença. Esta não parece, porém, a melhor posição. Não se pode admitir o depósito das prestações que se vencerem após a prolação da sentença de primeiro grau de jurisdição. A se admitir tal depósito, estaria sendo suprimido um grau de jurisdição, o que só se poderia admitir se houvesse expressa autorização legal. Ademais, a sentença de procedência do pedido em "ação de consignação em pagamento", como se verá adiante, é meramente declaratória da eficácia liberatória do depósito efetuado. Não se poderia admitir que houvesse declaração com eficácia para o futuro. Assim, seria preciso que o tribunal examinasse – originariamente – a regularidade dos depósitos posteriores à sentença (mesmo porque o juiz de primeiro grau não poderia mais fazê-lo, por ter encerrado seu ofício de julgar, por já ter proferido sentença). Este exame, porém, é inviável, mesmo porque exigiria a oitiva do demandado sobre cada um de tais depósitos, o que não está previsto no procedimento do recurso. Nota-se, assim, que são maiores os inconvenientes do que as vantagens de se admitir o depósito das prestações que se vencem após a sentença, razão pela qual tais prestações deverão ser depositadas em processo autônomo, iniciado pelo ajuizamento de outra "ação de consignação em pagamento".

Registre-se, para confirmar o que acaba de ser dito, que a Lei de Locações, ao tratar da "ação de consignação em pagamento de aluguel e acessórios da locação", expressamente autoriza, em seu art. 67, III, a consignação, no mesmo processo, dos aluguéis e acessórios que se vençam "até ser prolatada a sentença de primeira instância".

Já tendo afirmado, ao longo da exposição, a natureza meramente declaratória da sentença de procedência do pedido em "ação de consignação em pagamento", é chegada a hora de analisar o ponto com a atenção merecida. Deve-se dizer, desde logo, que este é ponto a cujo respeito não há maiores divergências. É preciso, porém, fundamentar tal posição.

É preciso ter certo que o pagamento por consignação é forma de extinção da obrigação e, por conseguinte, tem eficácia constitutiva. Ocorre que o pagamento por consignação corresponde ao depósito, judicial ou extrajudicial, e não à sentença de procedência. Esta se limita a tornar certo que o depósito feito pelo demandante teve eficácia liberatória, extinguindo a obrigação.

Pode parecer mais difícil reconhecer o acerto dessa afirmação nos casos em que o depósito é judicial, já que aí a obrigação terá sido extinta por um ato do processo. Ainda assim, é o depósito, e não a sentença, que extingue o vínculo obrigacional. O provimento jurisdicional, aqui, limita-se a tornar certo que, pelo depósito, extinguiu-se a obrigação. O depósito, ainda que judicial, é ato de direito material, que se processualiza. É o depósito, pouco importa se judicial ou não, que tem eficácia liberatória, extinguindo a relação jurídica obrigacional. Nos casos em que se faz o depósito extrajudicial, mais facilmente se verifica a eficácia meramente declaratória da sentença. Tanto num caso como noutro, porém, a sentença se limita a tornar certo que algo anterior a ela ocorreu: o desaparecimento da obrigação. Trata-se, pois, e sem sombra de dúvida, de sentença meramente declaratória.

É preciso aqui tratar do caso em que o réu tenha, na sua contestação, alegado a insuficiência do depósito, tendo o processo seguido para verificação de ser ou não devida a diferença (não tendo o autor, portanto, complementado o depósito inicialmente feito). Neste caso, vindo a sentença a reconhecer que a diferença é devida – e, portanto, que o depósito feito pelo autor não foi capaz de extinguir a obrigação –, a sentença será de improcedência do pedido (já que não se pode declarar, nesse caso, que a obrigação se extinguiu). Sobre o tema, aliás, existe acórdão do STJ proferido em julgamento que observou a técnica dos recursos repetitivos (REsp 1.108.058/DF, rel. Min. Lázaro Guimarães, redatora do acórdão a Min. Maria Isabel Gallotti), em que se firmou a seguinte tese: "[e]m ação consignatória, a insuficiência do depósito realizado pelo devedor conduz ao julgamento de improcedência do pedido, pois o pagamento parcial da dívida não extingue o vínculo obrigacional".

Procedimento um pouco diverso, e que precisa ser analisado separadamente em razão de suas peculiaridades, é o da "ação de consignação em pagamento" que tenha por fundamento a dúvida quanto a quem seja o legítimo credor da prestação. É o que se dá, por exemplo, quando morre o credor original, não sabendo o devedor a qual dos sucessores deve efetuar o pagamento, ou quando duas pessoas se apresentam como titulares de um crédito decorrente, por exemplo, de uma indenização devida por força de um seguro. Já fui relator, por exemplo, de apelação interposta em processo no qual uma seguradora tinha dúvida quanto a quem deveria pagar uma indenização em um caso de seguro de vida, tendo falecido o segurado, apresentando-se duas pessoas distintas (uma que se apresentava como casada com o falecido; a outra dizendo que o falecido era separado de fato da primeira, e que entre eles haveria uma união estável).

Nesse caso, evidentemente, não será cabível o depósito extrajudicial, devendo-se fazer necessariamente a consignação judicial da quantia ou coisa devida. Estando em termos a petição inicial, e tendo sido efetuado o depósito judicial, o juiz determinará a citação dos sedizentes credores (isto é, daqueles que se dizem credores da prestação consignada). Citados os demandados, e nenhum deles comparecendo efetivamente em juízo (em outras palavras: permanecendo, todos, contumazes), determina o art. 548, I, que o depósito se converta em arrecadação de bens de ausentes. Significa isso dizer que, no caso de silêncio dos demandados, o juiz nomeará um curador (que certamente será o próprio depositário), a quem confiará a coisa ou quantia depositada. Este permanecerá cuidando do objeto da prestação indefinidamente, até que algum interessado compareça em juízo para reclamar o que diz ser seu. O juiz, na mesma sentença em que converter o depósito em arrecadação de bens de ausente, deverá declarar extinta a obrigação consignada, tornando certa a eficácia liberatória do depósito efetuado.

Comparecendo apenas um dos réus, permanecendo omissos os demais, o juiz também declarará a extinção da obrigação pelo depósito, permitindo seu levantamento pelo réu comparecente. Pode ocorrer, porém, de o único réu a comparecer não ser, à evidência, o credor. Neste caso, deve-se também proferir sentença declarando liberado o devedor, mas não se poderá permitir o levantamento do depósito pelo réu que compareceu, sendo que a única solução possível será dar ao caso a mesma solução preconizada por lei para a hipótese anterior, em que nenhum demandado comparece: converter o depósito em arrecadação de bens de ausente.

É de se notar que, comparecendo apenas um dos sedizentes credores, não poderá o juiz decidir sem prévia oitiva do demandante, que não tem apenas o interesse em pagar, mas, mais do que isso, está interessado em pagar bem. Ademais, haverá casos em que a consignação se funda na absoluta ignorância quanto a quem seja o credor (bastando pensar no caso de consignação de prestação representada por título ao portador, em que ninguém se apresentou ao devedor para receber o pagamento), caso em que os possíveis credores serão citados por edital, devendo o juiz, no caso de comparecer alguém que afirme ser o credor, ouvir o autor antes de decidir. Qualquer outra interpretação do sistema – não obstante fale o texto legal que nesses casos o juiz deve decidir "de plano" – contraria o princípio do contraditório, violando frontalmente o art. 10 do CPC.

Por fim, comparecendo mais de um dos sedizentes credores, há que se estabelecer uma distinção: pode ocorrer que algum dos demandados suscite alguma questão que, uma vez acolhida, levará o juiz a afirmar que o devedor não está liberado da obrigação (como, por exemplo, insuficiência do depósito, ou inexistência de dúvida razoável quanto a quem seja o credor); e pode ocorrer de os sedizentes credores se limitarem a afirmar cada um o seu direito, nada opondo em relação ao demandante. No primeiro caso, o juiz primeiro terá de decidir a questão referente à impugnação à consignação e, só depois de superada esta (e no caso de considerar o julgador que o devedor está liberado da obrigação pelo depósito efetuado) é que poderá examinar as alegações acerca da titularidade do crédito.

Reconhecida a eficácia liberatória do depósito (ou por não ter havido impugnação quanto ao ponto, ou por ter sido a impugnação rejeitada), o juiz proferirá decisão declarando extinta a obrigação, e excluindo do processo o demandante. Trata-se de decisão interlocutória, já que o provimento de que ora se trata não é capaz de provocar a extinção do processo, que prosseguirá entre os sedizentes credores. O processo, como se sabe, é único, ainda que haja litisconsórcio. O provimento que determina o afastamento de um dos sujeitos do processo não pode ser tido, assim, como sentença – ao menos na sistemática brasileira – já que sentença é a decisão judicial que pode provocar a extinção do procedimento (art. 203, § 1º, do CPC). Não é isto o que ocorre no caso em tela. O juiz, aqui, estará excluindo uma das partes do processo, mas este prosseguirá com os demais sujeitos, em direção a um provimento que torne certo qual, dentre os sedizentes credores, é o titular do crédito. Assim sendo, é de decisão interlocutória que se trata. Excluído o demandante do processo, este continuará entre os sedizentes credores, para que o juiz declare qual deles é o titular do direito de crédito. O vencedor, reconhecido na sentença (agora sim o ato jurisdicional terá essa natureza), poderá, então, levantar o depósito.

É de se notar que o litisconsórcio passivo formado entre os sedizentes credores não reunirá diversas pessoas num só polo do processo. Cada um deles ocupará uma posição diferente, sendo este um caso clássico de litisconsórcio eventual, em que o conflito de interesses mais intenso se dá entre os litisconsortes, e não entre estes agrupados de um lado, e o adversário do outro. Cada um dos sedizentes credores, portanto, ocupa uma posição distinta no processo, que é despolarizado, e, uma vez excluído do processo o demandante, prosseguirá o feito entre os demandados, cada um ocupando uma posição diferente no processo, para que se decida qual deles é o verdadeiro credor.

Para encerrar este tópico, é preciso examinar o disposto no art. 549 do CPC, segundo o qual se aplica "o procedimento estabelecido neste Capítulo, no que couber, ao resgate do aforamento". Aforamento, enfiteuse ou emprazamento, como se sabe, é um direito real sobre coisa alheia, regulado nos arts. 678 a 694 do Código Civil de 1916 (que permanecem regendo a matéria, por força do disposto no art. 2.038 do vigente Código Civil, o qual proíbe a constituição de novas enfiteuses, mas determina o respeito às existentes antes de sua entrada em vigor). Enfiteuse é o direito real de posse, uso e gozo de imóvel alheio, alienável e transmissível por herança, conferido, perpetuamente, ao enfiteuta, obrigado a pagar uma pensão anual invariável (foro) ao senhorio direto.

A instituição deste direito real faz surgir uma relação entre o nu-proprietário, titular do domínio direto do imóvel, e o enfiteuta, titular do domínio útil do bem. O enfiteuta pode usar, fruir e dispor do bem, mas não tem o direito de propriedade, que – embora tenham sido destacadas as três faculdades que lhe são inerentes –

permanece com o senhorio direto. O enfiteuta tem, por força da existência do direito real sobre coisa alheia, a obrigação de pagar ao senhorio direto uma renda anual, chamada foro. Além disso, toda vez que o bem for objeto de alienação onerosa, o enfiteuta pagará ao senhorio direto uma percentagem do preço, chamada laudêmio (art. 686 do Código Civil de 1916), que deve ser calculado sobre o preço do terreno (ou de sua fração), sem levar em conta o valor das construções e plantações, por força do art. 2.038, § 1º, I, do vigente Código Civil.

O Código Civil de 1916 regula, em seu art. 693, o resgate da enfiteuse, nos seguintes termos: "[t]odos os aforamentos, inclusive os constituídos anteriormente a este Código, salvo acordo entre as partes, são resgatáveis 10 (dez) anos depois de constituídos, mediante pagamento de um laudêmio, que será de 2,5% (dois e meio por cento) sobre o valor atual da propriedade plena, e de 10 (dez) pensões anuais pelo foreiro, que não poderá no seu contrato renunciar ao direito de resgate, nem contrariar as disposições imperativas deste Capítulo".

Verifica-se, assim, que o enfiteuta tem o direito, irrenunciável, de resgatar a enfiteuse, tornando-se proprietário do bem. Tal direito nasce após dez anos da constituição da enfiteuse e, tratando-se de direito potestativo, não pode ser afastado pelo senhorio direto. Em outros termos, pretendendo o enfiteuta resgatar o aforamento, tornando-se proprietário do bem, o senhorio direto se sujeitará ao exercício de tal direito, a ele se submetendo.

Pretendendo o enfiteuta tornar-se proprietário do imóvel sujeito a aforamento, deverá dirigir-se ao nu-proprietário para lhe oferecer o valor correspondente a um laudêmio e dez foros. Recusado o recebimento pelo senhorio direto (ou ocorrendo alguma das outras hipóteses em que se admite a extinção das obrigações através do pagamento por consignação), aí sim poderá o enfiteuta ajuizar "ação de consignação em pagamento", depositando a quantia necessária para que se opere o resgate. É de se notar, porém, que não é inútil o art. 549 do CPC. Isso porque o enfiteuta não é devedor, nem o senhorio direto é credor, da quantia que se vai depositar. Assim sendo, não existisse o art. 549 do CPC e não seria cabível a "ação de consignação em pagamento", por absoluta falta de adequação desta via processual.

No mais, não há maiores diferenças entre a "ação de consignação em pagamento" comum e esta, aplicável ao resgate da enfiteuse. É de se dizer, apenas, que a sentença que julgue procedente o pedido, declarando extinta a enfiteuse pelo depósito do valor necessário para seu resgate, servirá como título de remição do aforamento, hábil a permitir seu cancelamento junto ao Ofício do Registro de Imóveis.

18.3. PROCEDIMENTO ESPECIAL DE EXIGÊNCIA DE CONTAS ("AÇÃO DE EXIGIR CONTAS")

Existem duas diferentes demandas de prestação de contas: a "ação de exigir contas" e a "ação de dar contas". A primeira delas segue procedimento especial, regido pelos arts. 550 a 553 do CPC. A "ação de dar contas" segue o procedimento comum. Sendo este um tópico destinado ao exame do procedimento especial da "ação de exigir contas", contudo, apenas desta hipótese se tratará. Inicia-se, porém, a exposição pela apresentação de alguns conceitos que devem ser conhecidos para que ambas as demandas de prestação de contas possam ser mais bem compreendidas.

Em primeiro lugar, é preciso estabelecer o conceito de *prestação de contas*. Pois se pode dizer que prestação de contas significa *fazer alguém a outrem, pormenorizadamente, parcela por parcela, a exposição dos componentes de débito e crédito resultantes de determinada relação jurídica, concluindo pela apuração aritmética do saldo credor ou devedor, ou de sua inexistência*. Em algumas relações jurídicas, há a obrigação de um dos seus sujeitos prestar contas ao outro, demonstrando, em forma contábil, a relação dos créditos e débitos, para que se possa verificar qual dos sujeitos da relação é credor e qual é devedor (ou, fenômeno evidentemente mais raro, se o saldo final é zero). Pense-se, por exemplo, na relação jurídica nascida a partir de um contrato de mandato. O mandatário é obrigado a prestar contas ao mandante, para que este possa saber quais foram os créditos e débitos ocorridos em razão do cumprimento do contrato. Pode haver, evidentemente, mora na obrigação de prestar contas, sendo certo que a mora pode ser do devedor ou do credor. Foi pensando nessas duas possibilidades que se passou a cogitar de duas diferentes demandas: a "ação de exigir contas", a ser proposta quando o credor das contas quiser forcar a outra parte a prestá-las, e a "ação de dar contas", a ser ajuizada quando o devedor das contas pretende compelir o outro sujeito da relação jurídica a recebê-las.

As contas, em qualquer caso, terão de ser prestadas em forma contábil. O art. 551 do CPC fala em "forma adequada", mas, em verdade, a forma a ser utilizada é, como afirmado, contábil. Significa isso dizer que a conta deve ser apresentada com colunas distintas para créditos e débitos, com a descrição discriminada de cada uma das parcelas da conta e da data do recebimento ou do pagamento. A forma contábil é uma exigência lógica, destinada a permitir a mais fácil análise do acerto da conta, tanto pela parte contrária como pelo magistrado. Havendo a exigência de forma a ser observada na prestação das contas, não se pode deixar de apreciar a questão referente à consequência da inobservância da exigência legal. Prestadas as contas de forma inadequada, pode a parte adversária à que as apresentou impugnar as contas por vício de forma, o qual é sanável, sendo possível, assim, considerar-se válido o ato se sua finalidade essencial tiver sido alcançada (art. 188, *in fine*, do CPC), não restando prejuízo às partes (art. 282, § 1º, do mesmo Código). Será possível, ainda, permitir ao infrator da regra que repita o ato, prestando as contas pela via adequada, caso se verifique a inobservância de forma gerou algum prejuízo para a análise das contas.

Caso haja impugnação específica e fundamentada pelo autor às contas apresentadas pelo réu, o juiz deverá determinar, na forma do disposto no § 1º do art. 551, que o demandado apresente os documentos comprobatórios dos créditos e débitos impugnados (não sendo necessário, portanto, exibir documentos de todos os créditos e débitos constantes das contas, mas apenas daqueles sobre os quais paire alguma controvérsia entre as partes).

Interessante dispositivo é o § 2º do art. 551, por força do qual "[a]s contas do autor, para os fins do art. 550, § 5º, serão apresentadas na forma adequada, já instruídas com os documentos justificativos, especificando-se as receitas, a aplicação das despesas e os investimentos, se houver, bem como o respectivo saldo". Trata esse dispositivo do caso em que o réu da "ação de exigir contas", condenado a prestar as contas devidas, não as apresenta. Nesse caso, diz a lei que caberá ao autor apresentar contas que o réu não poderá impugnar, exigindo o dispositivo ora examinado que essas contas venham "já instruídas com os documentos justificativos". É que nesse caso a conta será elaborada por quem não está com os documentos comprobatórios das parcelas da conta, e, portanto, não se poderia exigir que a conta viesse acompanhada dos aludidos documentos. A lei processual, porém, impõe ao autor esse ônus que pode ser de impossível cumprimento. Caberá ao juiz, então, no caso concreto, verificar quais são os documentos a que o autor tem acesso, dispensando a juntada imediata de outros (que poderão ser obtidos através do incidente de exibição de documento ou coisa de que tratam os arts. 396 e seguintes do CPC).

Outro ponto que não pode deixar de ser visto, desde logo, diz respeito à obrigação de prestar contas das pessoas indicadas no art. 553 do CPC. As contas do inventariante, do tutor, do curador, do depositário ou de qualquer outro administrador judicial são apresentadas em apenso aos autos do processo em que foram nomeados. Nesses casos, havendo saldo contrário ao prestador das contas, e sendo este condenado a pagar a quantia devida, o não cumprimento da condenação no prazo legal levará, além da execução, à destituição do devedor do encargo que exercer, podendo ainda o magistrado sequestrar bens sob sua guarda e glosar sua gratificação ou prêmio. A primeira dessas providências tem nítido caráter cautelar, visando a resguardar tais bens de atos lesivos, enquanto a segunda tem evidente propósito punitivo.

É de se afirmar que, em verdade, o art. 553 reúne duas distintas hipóteses: a de "ação de exigir contas", em que as pessoas indicadas em seu texto são partes, como no caso de demanda proposta pelo herdeiro em face do inventariante, bem assim a de prestação de contas administrativa, cabível no caso em que cabe ao próprio juízo tomar as contas, como se dá quanto ao curador, que não presta contas ao curatelado, mas ao juízo que o nomeou. Neste caso, a tomada de contas pelo juízo é atividade administrativa, hipótese em que é duvidosa a pertinência do conceito de condenação, a que se refere o art. 553 do CPC.

Fixados estes conceitos, passa-se ao exame do procedimento especial da "ação de exigir contas".

O procedimento especial da "ação de exigir contas" é dividido em duas fases, bem nítidas. A primeira é dedicada a verificar se existe ou não o direito de exigir a prestação de contas afirmado pelo demandante. A segunda fase, que só se instaura se ficar acertada a existência da obrigação do demandado de prestar contas, destina-se à verificação destas e do saldo eventualmente existente em favor de qualquer dos sujeitos da relação jurídica de direito material. É preciso notar, porém, que não se estará aqui diante de dois processos distintos, tramitando simultaneamente nos mesmos autos. O processo, em verdade, é único, embora dividido em duas fases distintas. Há, pois, o ajuizamento de uma única demanda, contendo um único mérito. A análise deste, porém, é dividida em dois momentos: o primeiro, dedicado à verificação da existência do direito de exigir a prestação de contas; o segundo, dirigido à verificação das contas e do saldo eventualmente existente.

Inicia-se o procedimento da "ação de exigir contas", evidentemente, com a apresentação em juízo de uma petição inicial. Estando esta em termos, o juiz determinará a citação do demandado, para que possa apresentá-las ou oferecer contestação no prazo de quinze dias. Após a citação poderão, então, ocorrer algumas situações, bastante distintas entre si, que devem ser analisadas em separado.

Pode o demandado, antes de tudo, permanecer revel, deixando decorrer o prazo de que dispõe para responder à demanda proposta. Nesse caso, em que o demandado é revel, será observado (até o fim da primeira fase do procedimento) o procedimento comum. Não se pode tomar ao pé da letra a dicção do § 4º do art. 550 do Código, que determina a incidência, na hipótese, do art. 355 do CPC (que regula, como sabido, o "julgamento antecipado do mérito"). Isso porque o juiz, constatada a revelia do demandado, deve verificar se é preciso tomar a providência preliminar prevista no art. 348 do Código. Em seguida, deverá o juiz passar ao julgamento conforme o estado do processo, proferindo sentença com base no art. 354 do CPC se tiver ocorrido qualquer dos casos previstos no art. 485 (extinção do processo sem resolução do mérito) ou no art. 487, II e III (prolação de sentença com resolução do mérito). Não sendo caso de aplicação do disposto no art. 354, aí sim, deve-se verificar o cabimento do art. 355, cabendo ao juiz, se for o caso, proferir de imediato a decisão. Nos casos em que a revelia não produz efeitos, porém (e estes são, precisamente, os casos em que será cabível a providência preliminar prevista no art. 348 do CPC), deverá o procedimento continuar a se desenvolver, com a realização da fase de instrução probatória, para que, só depois disso, possa ser prolatada a decisão que vai encerrar a primeira fase do procedimento especial da "ação de exigir contas".

Pode ocorrer, também, de o demandado, no prazo de quinze dias de que dispõe, apresentar as contas que lhe são exigidas. Essa conduta revela verdadeiro reconhecimento da procedência do pedido, mas, diversamente do que normalmente ocorreria, não haverá, aqui, a extinção do processo. Fica, tão somente, superada a primeira questão de mérito, pertinente à existência ou inexistência do direito de exigir contas. Ultrapassada essa questão, porém, que se revela como verdadeira questão preliminar à segunda parte do mérito (destinada a saber se as contas estão corretamente prestadas e qual o saldo que aproveitará a uma das partes), é preciso que esta segunda parte do mérito seja resolvida. Por tal razão é que, apresentadas as contas pelo demandado no prazo da resposta, o autor poderá se manifestar sobre elas em quinze dias. Havendo necessidade de instrução probatória destinada a verificar o acerto das contas, as provas serão colhidas (e, em se tendo de produzir prova oral, será designada audiência de instrução e julgamento) e, em seguida, será proferida a sentença. Não sendo necessária a colheita de novas provas, o juiz decidirá de imediato (tudo nos termos do § 2º do art. 550 do CPC). Nesse caso, então, o procedimento restará extremamente simplificado, com a redução do mesmo a uma única fase, já que se torna desnecessária a investigação acerca da existência ou inexistência do direito de exigir contas. O procedimento terá, pois, uma única fase, que se encerrará com a sentença proferida após o exame da conta prestada pelo demandado.

Pode, ainda, ocorrer de o réu apresentar as contas e, simultaneamente, oferecer contestação. Nesse caso, o réu reconhece sua obrigação de prestar contas, mas afirma que, ao prestá-las ao autor extrajudicialmente, este não concordou com o que foi apresentado. A divergência existente entre as partes, nesse caso, não diz respeito à existência do dever de prestar contas, mas às parcelas que a integram. Estará o demandado, assim, alegando ser o demandante "carecedor de ação" (por falta de interesse). O curioso aqui é que a falta de "condição da ação" acaba por se infiltrar na segunda parte do mérito da causa (aquela ligada ao acerto das contas). Isso porque, verificado o acerto das contas prestadas pelo réu, acabará o juiz por concluir que o autor não tinha interesse de agir. Deve o juiz, nesse caso, segundo autorizada doutrina, julgar o mérito (não obstante a ausência de interesse de agir, o que teria por fundamento a economia processual), apreciando as contas, e impondo ao demandante o pagamento ao demandado das despesas processuais e honorários advocatícios.

Pode, ainda, o demandado oferecer contestação sem, contudo, impugnar a existência da obrigação de prestar contas. Nesse caso, a contestação estará fundada, necessariamente, em questões processuais, alegando alguma das matérias elencadas nos arts. 485 e 337 do CPC. Nesse caso, à evidência, não se poderia pensar na aplicação imediata do art. 355 do CPC, sendo fundamental que previamente se examine a incidência, à hipótese, do disposto no art. 354 do mesmo Código. Isso, aliás, justifica o acerto do disposto no art. 550, § 2º, a determinar que no caso de ser oferecida a contestação o processo da "ação de exigir contas" observar as regras acerca do julgamento conforme o estado do processo.

Pode, ainda, o demandado contestar apenas para negar a existência da obrigação de prestar contas, ou por não ter tal obrigação jamais existido, ou porque a mesma já teria sido cumprida, ou por outro modo se extinguiu. Nesse caso, a primeira fase do procedimento tomará o procedimento comum.

De tudo quanto foi até aqui exposto, verifica-se que, decorrido o prazo de quinze dias assinado para a manifestação do demandado, a primeira fase do procedimento da "ação de exigir contas" acabará por seguir os passos do procedimento comum, tenha o réu oferecido contestação ou não.

Encerra-se esta primeira fase do procedimento, normalmente, com pronunciamento judicial a respeito da existência (ou não) do direito de exigir contas. Não se pode, porém, afastar a possibilidade de haver caso de extinção do processo, sem resolução do mérito, por força da incidência de alguma das hipóteses previstas no art. 485 do CPC. Nesse caso, indubitavelmente, terá sido proferida sentença terminativa, impugnável por meio de apelação.

Havendo pronunciamento sobre o mérito, poderá ser julgado improcedente o pedido do demandante, declarando-se a inexistência do direito substancial por ele afirmado. Nesse caso, também fora de qualquer dúvida, será proferida sentença definitiva, que pode ser atacada através de apelação.

Fica, porém, um problema a ser resolvido: qual a natureza do ato judicial que declara a existência do direito do demandante de exigir contas, determinando ao demandado que as apresente? É certo que o Código de Processo Civil de 1973, em seu art. 915, §§ 1º e 2º, denominava tal pronunciamento de sentença. E por conta disso ao tempo da vigência da lei processual anterior, não obstante alguma polêmica, acabou por prevalecer o entendimento segundo o qual se estaria aí diante de uma *sentença parcial*, impugnável por apelação.

O CPC vigente não emprega o termo sentença para designar este pronunciamento judicial que, encerrando a primeira fase do procedimento, julga procedente o pedido de exigir contas. Ao contrário, o § 5º do art. 550 usa o termo decisão para a ele se referir, indicando tratar o ato como decisão interlocutória (o que está em conformidade com as definições de sentença e decisão interlocutória que são encontradas nos §§ 1º e 2º do art. 203). Não obstante isso, há quem ainda sustente estar-se aí diante de sentença, o que pode gerar problemas em sede recursal.

É certo que o próprio CPC, ao definir sentença (no art. 203, § 1º), expressamente ressalva a possibilidade de que haja previsão específica em algum procedimento especial adotando forma diversa de conceituar esse tipo de pronunciamento judicial. No caso em exame, porém, não existe (como existia ao tempo do CPC de 1973) essa previsão específica. A lei processual não designa este ato como sentença, de modo que não se afasta, aqui, a incidência da regra geral. O ato do juiz que julga procedente o pedido e condena o réu da "ação de exigir contas" a prestar as contas que são devidas é uma *decisão interlocutória*, através da qual se resolve parcialmente o mérito do processo (já que a outra parte, relacionada à análise do conteúdo das próprias contas, será objeto de cognição na segunda fase do procedimento). Tem-se, aí, então, uma decisão interlocutória de mérito, e não uma sentença.

O entendimento aqui sustentado, registre-se, já foi também adotado pelo Superior Tribunal de Justiça, que no julgamento do REsp 1.746.337/RS, rel. Min. Nancy Andrighi, afirmou, textualmente, que "considerando que a ação de exigir contas poderá se desenvolver em duas fases procedimentais distintas, condicionando-se o ingresso à segunda fase ao teor do ato judicial que encerra a primeira fase; e que o conceito de sentença previsto no art. 203, § 1º, do CPC/2015, aplica-se como regra ao procedimento comum e, aos procedimentos especiais, apenas na ausência de regra específica, o ato judicial que encerra a primeira fase da ação de exigir contas possuirá, a depender de seu conteúdo, diferentes naturezas jurídicas: se julgada procedente a primeira fase da ação de exigir contas, o ato judicial será decisão interlocutória com conteúdo de decisão parcial de mérito, impugnável por agravo de instrumento; se julgada improcedente a primeira fase da ação de exigir contas ou se extinto o processo sem a resolução de seu mérito, o ato judicial será sentença, impugnável por apelação".

O que se tem, repita-se, é uma cisão do julgamento do mérito, sendo este pronunciamento que encerra a primeira fase do procedimento acolhendo o pedido do autor uma decisão interlocutória de mérito. O juiz, ao encerrar a primeira fase do procedimento com um pronunciamento que reconhece a existência do direito do demandante de exigir contas, condenando o réu a prestá-las, está proferindo decisão interlocutória de mérito, impugnável por agravo de instrumento.

A decisão interlocutória que julga procedente a pretensão do autor (quanto à primeira parte do mérito) é, à evidência, de natureza condenatória. O demandado é condenado a apresentar suas contas no prazo de 15 dias, sob pena de não lhe ser lícito impugnar as contas que o autor venha a apresentar (art. 550, § 5º, do CPC).

Encerrada a primeira fase do procedimento, será o demandado intimado para, no prazo de 15 dias, apresentar as contas a cuja prestação foi condenado. O prazo fixado pela lei processual é extremamente curto, bastando pensar no caso de ser necessária a prestação de contas relacionada à gestão de uma grande corporação multinacional, ou das contas a serem prestadas pelo administrador de uma gigantesca massa falida. Poderá o juiz, porém, ampliar esse prazo, nos termos do art. 139, VI.

Apresentadas as contas pelo demandado, ouve-se o autor sobre elas no prazo de quinze dias. Havendo necessidade de produzir provas para averiguação do acerto das contas prestadas, o juiz as colherá (e, sendo necessária a produção de prova oral, será ela colhida em audiência de instrução e julgamento) e, em seguida, decidirá. Não havendo necessidade de colheita de novas provas, o juiz, de imediato, proferirá sentença.

Não apresentando o réu, no prazo legal (ou outro, maior, que lhe tenha sido assinado pelo juiz), as contas que fora condenado a prestar, o autor terá quinze dias para apresentar as contas, não podendo o réu impugná-las. Não se pense, porém, que as contas apresentadas pelo demandante serão necessariamente aceitas pelo juiz, pois determina a lei processual (art. 550, § 6º, do CPC) que o juiz poderá determinar, se necessário, a realização de exame pericial.

Note-se que, determinando o juiz a realização de perícia, poderá o demandado formular quesitos e indicar assistente técnico. O que não se admite é, tão somente, que o demandado impugne as parcelas constantes da conta apresentada pelo demandante, mas nada impede que ele participe do contraditório na produção da prova necessária à prolação da sentença que julgará as contas apresentadas pelo autor.

O ato judicial que julga a segunda fase (esta, sem dúvida, sentença, nos termos do art. 203, § 1º, do CPC) não só declara qual a conta certa, mas também cria certeza quanto à existência de saldo devedor, afirmando quem é o credor, e quem é o devedor, de tal saldo. Essa sentença terá, ainda, conteúdo condenatório, impondo a uma das partes o dever de pagar à outra o saldo apurado na conta aprovada. Tal capítulo condenatório da sentença tem, obviamente, eficácia executiva, nos termos do que expressamente dispõe o art. 552 do CPC, mas que de qualquer modo decorreria do art. 515, I, do mesmo Código.

18.4. PROCEDIMENTO ESPECIAL DE TUTELA DA POSSE ("AÇÕES POSSESSÓRIAS")

18.4.1. Posse e sua proteção processual

Tema dos mais complexos de toda a ciência jurídica, a posse é um daqueles institutos do direito material cujo conhecimento é essencial para a análise dos temas processuais a ela ligados. Há mesmo quem afirme que é difícil distinguir com nitidez, em matéria possessória, o direito material do processo.

Essa característica da posse faz com que seja impossível tratar-se dos procedimentos especiais das "ações possessórias" sem que se trate, ainda que perfunctoriamente, do instituto de direito substancial. Não se vai, porém, elaborar um manual de direito material sobre a posse, nem haveria como fazê-lo nesta sede, invadindo os domínios de outra ciência. Limita-se, pois, esta breve exposição sobre a posse aos conceitos sobre o tema que se revelem essenciais para que se possa bem conhecer os procedimentos destinados à prestação da tutela processual possessória.

Como é notório, há duas principais teorias a respeito da posse: a subjetiva, de Savigny, e a objetiva, de Ihering. Para a primeira, posse é *o poder de dispor fisicamente de uma coisa, combinado com a convicção do possuidor de que tem esse poder*. Há, pois, dois elementos para que exista posse, segundo a teoria de Savigny: o *corpus*, ou seja, o poder físico sobre a coisa; o *animus*, isto é, o propósito de ter a coisa como sua (*animus rem sibi habendi*).

Já para a teoria de Ihering, adotada pelo Código Civil, a posse pode ser definida como o *poder de fato sobre a coisa*. Para o Direito brasileiro, registre-se, a posse incide sobre "coisas", bens corpóreos, e não sobre bens ou direitos incorpóreos. Daí o acerto do Enunciado nº 228 da súmula do STJ, segundo o qual "é inadmissível o interdito proibitório para a proteção do direito autoral".

Note-se, pois, que para esta teoria o único elemento realmente relevante para a conceituação da posse é o objetivo, o *corpus*. O elemento subjetivo, para Ihering, não é o *animus domini*, mas a *affectio tenendi*, ou seja, a vontade de proceder como habitualmente o faz o proprietário, independentemente de querer ser dono. Isso explica a razão pela qual se considera possuidor, por exemplo, o locatário, que não tem a intenção de ser dono, mas procede em relação à coisa como o faz o proprietário.

O Direito brasileiro, como já afirmado, adotou a teoria objetiva, de Ihering. Assim sendo, a posse deve ser entendida, ao menos no Brasil, como o poder de fato sobre uma coisa, exercido por aquele que procede como normalmente o faz o proprietário. O Código Civil, em seu art. 1.196, em vez de definir posse, apresenta uma definição de possuidor: "[c]onsidera-se possuidor todo aquele que tem de fato o exercício, pleno, ou não, de algum dos poderes inerentes ao domínio, ou propriedade". Assim, basta que se tenha, em nome próprio (pois aquele que o tem em nome alheio, nos termos do art. 1.198 do Código Civil, não tem posse, mas mera detenção), o poder de fato sobre a coisa para que exista posse.

Discute-se a respeito da natureza jurídica da posse, havendo quem afirme ser a posse um fato e, de outro lado, quem sustente ser a posse um direito. Não há, porém, como negar que a posse é um direito. Tudo depende, é certo, de como se define direito. Partindo-se da premissa segundo a qual direito é *posição de vantagem de uma pessoa sobre outra que seja reconhecida pelo Direito e digna de proteção jurídica*, não se pode chegar a outra conclusão que não esta: *a posse é um direito*.

Sendo a posse um direito, discute-se sua natureza de direito real ou pessoal. É certo que a posse não consta do rol dos direitos reais do art. 1.225 do Código Civil (como não constava do art. 674 do Código Civil de 1916), o que foi suficiente para que alguns autores afirmassem não ser a posse um direito real. Assim, porém, não é. A posse é direito real, com todas as características dos direitos dessa natureza, como afirma autorizada doutrina pátria: oponibilidade *erga omnes*, indeterminação do sujeito passivo, incidência em objeto obrigatoriamente determinado.

Não altera este entendimento o fato de o Código de Processo Civil ter dado às "ações possessórias" tratamento diferente daqueles que outorga às demais demandas fundadas em direito real. Isso porque, pelo sistema do CPC, nas demandas fundadas em direito real, sendo o demandante casado ou vivendo em união estável, é preciso, para que se integre sua legitimidade ativa, que lhe seja dada autorização para demandar por seu cônjuge ou companheiro; e para que haja legitimidade passiva é preciso que se estabeleça um litisconsórcio (necessário) entre o demandado casado e o cônjuge ou companheiro deste (art. 73, *caput* e § 1º, do CPC). Já nas "ações possessórias", a autorização do cônjuge ou companheiro do demandante ou a citação como litisconsorte do cônjuge ou companheiro do demandado só se faz necessária quando se tratar de demanda que diga respeito a composse ou a ato de moléstia à posse por ambos praticado (art. 73, § 2º, do CPC). Também em relação à competência territorial há no CPC uma aparente tentativa de tratamento diferenciado, fazendo a lei processual referência ao foro competente para os processos que versem sobre direitos reais imobiliários no art. 47, § 1º e versando sobre a competência territorial para as "ações possessórias" no § 2º do mesmo artigo. É certo que alguns autores chegaram a afirmar que, diante deste regramento, não se poderia mais sustentar a natureza real da posse. Não é esta, porém, a melhor visão sobre o ponto. A posse continua a ter hoje as mesmas características que tinha. Ainda é instituto tratado no Livro do Código Civil que regula os direitos reais. Ainda tem todas as características substanciais dos direitos reais. A posse continua a ser, pois, direito real, e tal natureza jurídica não se altera pelo fato de ter a lei processual dado às "ações possessórias", em matéria de legitimidade para a causa, tratamento diferente do que dá às outras demandas fundadas em direitos reais. E em matéria de competência a distinção é apenas aparente, já que os §§ 1º e 2º do art. 47 dão às demandas fundadas em direitos reais e às demandas possessórias rigorosamente o mesmo tratamento.

Estabelecida a natureza da posse, que é de direito real, é de se passar ao exame do fundamento da proteção possessória. Isso porque é preciso saber por que a posse é digna de proteção mesmo em relação a direitos mais amplos do que ela, como a propriedade. Basta pensar num exemplo simples: celebrado um contrato de locação de um imóvel, e estando o locatário a residir no imóvel locado, o locador invade o prédio, dali retirando, pela força, o inquilino em débito com sua obrigação de pagar o aluguel. O locatário propõe, em face do locador, "ação possessória", e através dessa demanda será tutelada a posse, saindo vencido o demandado que, afinal de contas, era o proprietário do imóvel.

Existe afirmação tradicional, que pode ser encontrada na obra de Ihering, segundo a qual a proteção possessória se justifica por ser a posse a primeira linha de defesa da propriedade. A posse costuma ser vista como a exterioridade do domínio e, assim, a proteção possessória é encarada como um complemento indispensável da propriedade. Assim é que a proteção possessória teria a finalidade de permitir uma mais fácil obtenção de tutela processual por parte do proprietário, que não precisaria demonstrar sua condição de titular do domínio, bastando estar provada a posse para que se lhe deferisse a tutela pretendida. Este raciocínio, porém, acabaria por favorecer também o possuidor não proprietário, beneficiando alguém para quem não foi instituído (o que era reconhecido pelo próprio Ihering).

Este, porém, parece ser um raciocínio muito simplista. Não se pode ver na propriedade o fundamento da proteção possessória. Essa assertiva é incompatível com a proteção possessória que se confere contra o proprietário, a qual é perfeitamente admissível, como já se viu. A posse deve ser tutelada por ser um direito, um interesse juridicamente protegido. Protege-se a posse, pois, pela posse. Isso facilmente se explica quando se considera a posse um direito. Não houvesse tutela possessória, não seria respeitada a garantia de tutela processual adequada, decorrente do art.

5º, XXXV, da Constituição da República, que é a sede normativa do princípio da inafastabilidade do controle jurisdicional.

Além disso, não se pode esquecer da função social da posse, que é digna de proteção processual. Nos dias de hoje, é preciso ver a posse como um direito que, muitas vezes, estará em posição de ataque, e não de defesa, em relação à propriedade. É chegada a hora de o jurista abandonar os exemplos tradicionalmente empregados, mas que muitas vezes são impossíveis de se verificar na prática, para examinar casos concretos, ou que podem acontecer na prática do Direito. Não se pode mais aceitar a utilização apenas dos exemplos maniqueístas, envolvendo relações simples, individuais, entre Caio e Tício. É certo que não há maior dificuldade em resolver um caso em que um Fulano invade um imóvel pertencente a um Beltrano, esbulhando sua posse, e vindo este último a postular tutela processual para seu direito. A solução do problema, porém, não seria tão fácil se a invasão do imóvel fosse feita por um grupo de "sem-terra", num caso em que o imóvel invadido fosse um dos tantos latifúndios improdutivos espalhados pelo Brasil. É num caso como este que deve o jurista examinar qual dos dois interesses deve ser tutelado: a posse, exercida conforme sua função social; ou a propriedade, que não cumpre tal função, desrespeitando o comando constitucional que estabelece ser a função social da propriedade uma garantia fundamental (art. 5º, XXIII, da Constituição da República). A função social da posse a torna uma posição jurídica digna de proteção, ainda que confrontada com a propriedade, ou outro direito sobre a coisa, quando este segundo direito não cumpre sua função social.

Essas são as razões que levam a afirmar que o fundamento da tutela possessória é a própria posse, e não qualquer outro elemento, estranho à posição jurídica de vantagem aqui examinada, e que se pretende proteger.

Examinados os conceitos de direito material necessários para o estudo dos procedimentos especiais para tutela da posse, e conhecida a razão pela qual tal tutela é prestada, passa-se ao exame dos aspectos processuais, foco principal de atenção neste tópico, já que esta é uma exposição de Direito Processual Civil.

18.4.2. Características das demandas possessórias

As demandas possessórias (ou, como prefere o texto do CPC, "ações possessórias") têm duas características que precisam ser conhecidas. Em primeiro lugar, geram processos em que não se admite qualquer debate acerca de outros direitos sobre o bem que sejam diversos da posse (como a propriedade, por exemplo). Em segundo lugar, as demandas possessórias são fungíveis entre si. Impende, então, examinar com cuidado essas duas características.

18.4.2.1. Separação entre juízo possessório e juízo petitório

É tradicional a afirmação de que nos processos possessórios não se pode discutir domínio (ou outro direito sobre a coisa, como o que resulta de um usufruto, por exemplo). Apenas a posse pode ser objeto de cognição judicial, sendo, portanto, os processos possessórios classificados como *processos de cognição limitada*. Os processos em que se admite a discussão desses outros direitos sobre a coisa são chamados, então, de *processos petitórios*.

O ordenamento jurídico brasileiro estabelece uma separação absoluta entre os juízos possessórios e os juízos petitórios. Mas nem sempre foi assim, e houve tempo em que se admitiu que o réu da "ação possessória" alegasse, como matéria de defesa, que era titular da propriedade ou outro direito sobre a coisa. Era a assim chamada *exceção de domínio*.

Registre-se, desde logo, que o termo *exceção* é aqui empregado no sentido de defesa que só pode ser conhecida pelo órgão julgador mediante alegação. Utiliza-se o termo, aqui, no mesmo sentido que, por exemplo, na expressão "exceção de contrato não cumprido". Trata-se, assim, de uma matéria de defesa, que só poderá ser apreciada pelo juízo mediante alegação. Ademais, é preciso deixar claro que, não obstante a denominação tradicional, exceção de domínio, não se refere esta defesa apenas à alegação de propriedade, mas a qualquer posição jurídica de vantagem que gere direito à posse (*ius possidendis*).

A exceção de domínio veio regulada pelo art. 505 do Código Civil de 1916, cujo texto era o seguinte: "[n]ão obsta à manutenção, ou reintegração na posse, a alegação de domínio, ou de outro direito sobre a coisa. Não se deve, entretanto, julgar a posse em favor daquele a quem evidentemente não pertencer o domínio". Interpretando este dispositivo, a mais autorizada doutrina do Direito Civil afirmou ser aplicável a parte final do dispositivo apenas àqueles casos em que a posse era disputada com base no domínio.

Pelo texto do art. 505 do Código Civil de 1916, portanto, sendo a posse disputada com base no domínio, não se poderia conceder a tutela possessória àquele que, evidentemente, não fosse o titular da propriedade (ou, mais precisamente, do *ius possidendis*).

Com a entrada em vigor do CPC de 1973, em 1º de janeiro de 1974, a matéria passou a ser regida pelo art. 923, cuja redação original era a seguinte: "[n]a pendência do processo possessório, é defeso, assim ao autor como ao réu, intentar a ação de reconhecimento do domínio. Não obsta, porém, à manutenção ou reintegração na posse a alegação de domínio ou de outro direito sobre a coisa; caso em que a posse será julgada em favor daquele a quem evidentemente pertencer o domínio". É de se observar que a redação original desse art. 923 tratava da mesma matéria anteriormente regida pelo art. 505 do Código Civil de 1916, impondo ao tema uma pequena, mas importante, alteração. Pelo sistema criado pelo art. 505 do Código Civil de 1916 a posse *não seria deferida* àquele que *não tivesse, evidentemente, o domínio*. Já pelo que dispunha a redação original do art. 923 do CPC de 1973, a posse seria obrigatoriamente deferida a quem, à evidência, fosse titular do domínio (ou outro direito sobre a coisa). Isso fez com que se tivesse por revogado o art. 505 do Código Civil de 1916.

Ocorre que, em 1980, a Lei nº 6.820/1980 alterou a redação do art. 923 do CPC de 1973, expurgando sua parte final, que se referia à exceção de domínio. Manteve-se em vigor, tão somente, a primeira parte do dispositivo, segundo a qual "na pendência do processo possessório, é defeso, assim ao autor como ao réu, intentar a ação de reconhecimento do domínio". Desapareceu, então, qualquer referência, em textos normativos, à exceção de domínio. É de se recordar, aliás, que a revogação da segunda parte do art. 923 do CPC de 1973 não teve o condão de fazer novamente vigente o art. 505 do Código Civil de 1916, já que não se admite, no Direito brasileiro, a repristinação tácita (art. 2º, § 3º, da Lei de Introdução às Normas do Direito Brasileiro). Este entendimento, registre-se, foi expressamente acolhido em decisão proferida pelo STF (ACO 736/RR, rel. Min. Ellen Gracie).

Com a entrada em vigor do Código Civil de 2002, que não prevê a exceção de domínio, o instituto fica definitivamente sepultado. E o CPC vigente também não trouxe qualquer disposição que permitisse a alegação de domínio ou outro direito sobre a coisa. Ao contrário, o que se lê no art. 557, parágrafo único, é que "[n]ão obsta à manutenção ou à reintegração de posse a alegação de propriedade ou de outro direito sobre a coisa".

Assim sendo, não há mais que se falar, no Direito brasileiro, em exceção de domínio. No juízo possessório, portanto, não poderá o juiz conhecer da alegação, em defesa, do *ius possidendis*. Opera-se, assim, uma total separação, no direito vigente, do juízo possessório (aquele que versa sobre o *ius possessionis*) e do petitório (aquele que versa sobre o *ius possidendis*).

Não infirma esta conclusão o conteúdo do Enunciado nº 487 da súmula da Jurisprudência Dominante do Supremo Tribunal Federal, segundo o qual "será deferida a posse a quem, evidentemente, tiver o domínio, se com base neste for ela disputada". A proibição de discussão a respeito do *ius possidendis* dá-se, apenas, nas "ações possessórias", e nos casos em que se disputa a posse com base no domínio não se está diante de uma "ação possessória", mas sim de "ação petitória".

Não se admite, pois, no direito vigente, qualquer interferência, no juízo possessório, de discussões de natureza petitória. Em outras palavras, não se pode discutir o *ius possidendis* no curso de um processo possessório.

A separação entre os juízos possessório e petitório é tão absoluta que o art. 557 do CPC estabelece que "[n]a pendência de ação possessória é vedado, tanto ao autor quanto ao réu, propor ação de reconhecimento do domínio, exceto se a pretensão for deduzida em face de terceira pessoa". Há, é certo, alguma divergência a respeito da correta interpretação desse dispositivo, mas inegavelmente se liga ele à sistematização dessa separação entre os juízos petitório e possessório.

Alguns autores, ao interpretar o art. 923 do CPC, afirmam que a vedação ali contida, ao ajuizamento de demandas petitórias quando estiver em curso o processo possessório, só incide quando a posse estiver sendo disputada com base no domínio. Essa interpretação, porém, está equivocada, principalmente porque a vedação é de ajuizamento de demanda petitória quando estiver em curso processo possessório e, como já se viu, nos casos em que a posse é disputada com base no domínio não se tem verdadeiro juízo possessório, sendo a demanda, nesse caso, de natureza petitória.

Na verdade, há aqui uma vedação absoluta. Estando em curso processo possessório não é lícito a qualquer das partes ajuizar demanda petitória. Essa proibição é consequência natural da separação, estabelecida no ordenamento pátrio, entre juízo possessório e juízo petitório a respeito do mesmo bem. O objetivo desta proibição de concomitância entre possessório e petitório é a proteção do possuidor. Estando em curso processo possessório, não se poderia admitir o ajuizamento de demanda petitória, sob pena de se cancelarem as vantagens práticas da tutela possessória. De nada adiantaria tutelar-se o possuidor em detrimento do proprietário se a este fosse lícito ajuizar demanda petitória, em que acabaria vencedor, impedindo que o possuidor não proprietário fruísse da situação jurídica que lhe fora proporcionada pela sentença proferida na "ação possessória". É preciso, assim, que primeiro se encerre o processo possessório para que, só depois, seja permitido o ajuizamento da demanda petitória.

Essa vedação de concomitância entre o possessório e o petitório não deve ser interpretada como uma limitação inconstitucional ao direito de propriedade, que ficaria durante algum tempo (aquele que durasse o processo possessório) desprovido de tutela processual, mas como uma proteção à posse que exerce sua função social. Volte-se, assim, a ponto anteriormente mencionado. É preciso que se atente para a função social da posse, que pode, muitas vezes, impor limites à tutela da propriedade que não cumpra sua função social. Uma das formas de proteger a função social da posse, encontradas no ordenamento jurídico brasileiro, é a vedação de tramitação simultânea do juízo possessório e do juízo petitório. O sistema jurídico, claramente, optou por proteger em primeiro lugar a posse e, em seguida, em processo posterior, o domínio (ou outra posição jurídica que gere *ius possidendis*, ou seja, direito à posse).

Registre-se, porém, que essa vedação à tramitação concomitante do processo possessório e do processo petitório só se manifesta se o processo possessório se instaurou primeiro. Caso já tenha sido proposta a demanda petitória, nada impede o ajuizamento (e tramitação conjunta) do processo possessório, como, aliás, já decidiu o STJ em antigo precedente (REsp 139.916/DF, rel. Min. Sálvio de Figueiredo Teixeira).

Há, porém, uma exceção a essa regra: é a que resulta da aplicação do art. 11 do Estatuto da Cidade (Lei nº 10.257/2001). Essa exceção, todavia, é bem-vinda, na medida em que está em perfeita consonância com a regra geral. Como se disse anteriormente, a vedação de ajuizamento de demandas petitórias no curso do processo possessório se liga diretamente à proteção da posse que exerce sua função social. Pois foi precisamente para ampliar a proteção da posse que exerce sua função social que se criou a exceção à regra geral, contida no art. 11 do Estatuto da Cidade. Diz o referido dispositivo que "[n]a pendência da ação de usucapião especial, ficarão sobrestadas quaisquer outras ações, petitórias ou possessórias, que venham a ser propostas relativamente ao imóvel usucapiendo".

O dispositivo é mal redigido, o que certamente gerará dúvidas em sua aplicação. Além de falar de pendência da ação e de sobrestamento de ações, quando é certo que o que pende ou se suspende é o processo, fala o texto que ficarão suspensas "quaisquer outras ações (*rectius*, quaisquer outros processos), petitórias ou possessórias, que venham a ser propostas". Esse dispositivo não pode ser interpretado literalmente. Isso porque, como salta aos olhos, não se pode considerar que a pendência do processo de usucapião especial urbana produza como efeito suspender o que ainda não existe ("que venham a ser propostas", logo, tais demandas ainda não teriam sido ajuizadas quando da instauração do processo de usucapião especial urbana).

Deve-se interpretar a lei, todavia, como se estabelecesse que todos os processos possessórios, já pendentes ou ainda por se instaurar, só poderão ser julgados após o término do processo de usucapião especial urbana. Em outras palavras: ajuizada "ação de usucapião especial urbana", serão suspensos todos os processos petitórios ou possessórios que estejam em curso. Além disso, durante a pendência do processo de usucapião especial urbana, qualquer processo possessório ou petitório que venha a ser instaurado deverá ser suspenso logo em seu início, ou assim que houver notícia, nos autos, da pendência daquele feito. Assim sendo, a demanda de usucapião especial urbana terá prioridade no julgamento sobre todas as demais demandas, possessórias ou petitórias, referentes ao mesmo imóvel. Tal exceção à regra do art. 557, portanto, está em perfeita consonância com o sistema que o aludido dispositivo do CPC cria, uma vez que tanto a regra geral como a exceção que acaba de ser analisada pretendem ampliar a proteção a ser deferida ao possuidor que dá ao imóvel sua função social.

18.4.2.2. Fungibilidade

O Direito brasileiro conhece três "ações possessórias", também chamadas "interditos possessórios": a "ação de reintegração de posse", a "ação de manutenção de posse" e o "interdito proibitório". A denominação "interditos possessórios" é herança do Direito Romano, onde a posse era protegida através dos *interdicta*. O Direito Romano conhecia três interditos possessórios: *retinandae, recuperandae* e *adipiscendae possessionis*.

É certo que alguns autores, ao se referirem às "ações possessórias", incluem outras demandas além das três aqui referidas. É de se notar, porém, que apenas nas três demandas mencionadas, de reintegração de posse, de manutenção de posse e de interdito proibitório, busca-se tutela da posse.

Embora se vá tratar do tema com mais cuidado adiante, já é preciso adiantar a afirmação de que cada uma dessas demandas possessórias se revela adequada em uma situação distinta: a "ação de reintegração de posse" para os casos em que se alegue a ocorrência de esbulho, a "ação de manutenção de posse" para os casos de turbação, o interdito proibitório para os casos de ameaça à posse.

É certo, porém, que há casos em que não é simples determinar se ocorreu esbulho, turbação ou mera ameaça à posse. Além disso, pode ocorrer alguma modificação no tipo de moléstia à posse depois do ajuizamento da demanda. Basta pensar no caso em que, ajuizada a "ação de interdito proibitório", o réu invade o imóvel, cometendo esbulho possessório. Para estes casos é que o CPC previu, em seu art. 554 do CPC, a fungibilidade dos interditos possessórios. Significa isso dizer que o ajuizamento de uma demanda possessória não impede o juiz de conceder medida diferente da postulada, mas que se revele adequada à proteção da posse no caso concreto. Assim, por exemplo, ajuizada "ação de reintegração de posse", nada impede que o magistrado, verificando ter ocorrido turbação e não esbulho, defira a manutenção do demandante na posse. Esta característica dos interditos possessórios permite mesmo afirmar que, a rigor, há uma só "ação possessória", com variantes determinadas pelas condições de fato.

Não é por outra razão, aliás, que muitos advogados, ao redigir a petição inicial dos interditos possessórios, afirmam estar propondo "ação possessória", sem discriminar qual das três espécies está sendo ajuizada.

18.4.3. As demandas possessórias de reintegração e manutenção de posse

Como já dito, são três as demandas possessórias. Uma delas, que se diferencia das demais por ter caráter preventivo, será examinada adiante, separadamente. É a demanda de interdito proibitório. As outras duas serão vistas aqui, a "ação de reintegração de posse" e a "ação de manutenção de posse".

A "ação de reintegração de posse" é a via adequada para obtenção de tutela da posse quando esta sofreu um esbulho. Define-se o esbulho como a *moléstia à posse que a exclui integralmente, de tal modo que o possuidor deixa de o ser*. Assim, ocorre esbulho quando há perda total da posse, molestada injustamente por outrem.

Será, de outro lado, adequada a utilização da "ação de manutenção de posse" como forma de obter tutela da posse contra a turbação. Esta espécie de moléstia à posse pode ser definida como *todo ato praticado contra a vontade do possuidor, que lhe estorve o gozo da coisa possuída, sem dela o excluir completamente*. Difere a turbação do esbulho, pois, pelo fato de que neste ocorre a perda total da posse, enquanto naquela a posse se mantém, com as limitações impostas pela turbação. Exemplifique-se, para demonstrar a distinção: se alguém invade uma área destinada a pastagem de gado, retira dali as reses do proprietário da terra e, impedindo a utilização da área pelo dono, ali põe seu gado a pastar, haverá esbulho. De outro lado, se alguém invade a área destinada a pastagem de gado e ali, sem retirar as reses do proprietário, põe seu gado para pastar junto com o do legítimo possuidor, tem-se turbação.

Essas duas demandas possessórias, como já visto, são fungíveis entre si, de modo que é perfeitamente possível ter o demandante ajuizado uma delas e o juiz conceder a tutela processual relativa à outra espécie, independentemente de pedido neste sentido. Assim, por exemplo, ajuizada "ação de reintegração de posse", nada impede que o magistrado, verificando ter ocorrido turbação e não esbulho, defira a manutenção do demandante na posse.

Pode-se, assim, definir a "ação de reintegração de posse" como "o remédio possessório que cabe ao possuidor que foi esbulhado. O esbulho é o traço característico, portanto, desse tipo de procedimento. De outro lado, a "ação de manutenção de posse" é a cabível, nos termos dos arts. 1.210 do Código Civil e 560 do CPC, no caso de turbação da posse, e objetiva impedir que atos ofensivos se repitam.

Verifica-se, pelas definições apresentadas, que a "ação de reintegração de posse" é cabível nos casos de esbulho, e a "ação de manutenção de posse" nos casos de turbação. A identidade de procedimentos nos dois casos, bem assim a fungibilidade entre os interditos, já examinada, faz com que essa distinção, porém, tenha sua importância mitigada, já que nesses casos a utilização da via processual inadequada não terá como consequência a falta de interesse de agir, com a consequente extinção do processo sem resolução do mérito da causa, uma vez que o ordenamento processual permite a concessão de tutela possessória diversa daquela que tenha sido pleiteada pelo demandante.

18.4.3.1. Procedimento

É preciso examinar o procedimento a ser observado nas "ações de manutenção e de reintegração de posse". O Código de Processo Civil, em seu art. 558, determina a utilização de procedimento especial para as "ações possessórias de força nova", devendo-se observar o procedimento comum nas "ações possessórias de força velha". Antes de tudo, é preciso esclarecer o que se entende por força nova e força velha. Chama-se "ação possessória de força nova" aquela ajuizada *dentro de ano e dia* da moléstia à posse (esbulho ou turbação). Considera-se de força velha a "ação possessória" quando a demanda é ajuizada mais um ano e um dia depois da moléstia à posse. Note-se que a "ação possessória" é de força nova quando ajuizada *dentro de ano e dia* da turbação ou esbulho. Assim sendo, proposta a demanda exatamente um ano e um dia depois da moléstia possessória, o que se tem é "ação possessória de força nova". Enganam-se aqueles que pensam ser a demanda de força nova quando proposta *antes de um ano e um dia* a contar da turbação ou esbulho. O texto da lei é claro, e fala em demanda proposta *dentro de ano e dia*.

Assim, o procedimento especial só será utilizado nas "ações possessórias de força nova". Para as de força velha, determina o CPC a utilização do procedimento comum.

Interessa, nesta sede, o exame do procedimento especial das "ações de manutenção e de reintegração de posse de força nova", já que nas causas de força velha será observado procedimento já estudado anteriormente neste livro. O aludido procedimento especial, porém, não é muito diferente do comum, como se verá.

O procedimento se inicia, à evidência, com a apresentação em juízo de uma petição inicial, que deverá conter todos os requisitos genericamente exigidos para as petições iniciais. Pode o demandante, na petição inicial, cumular ao pedido de manutenção ou de reintegração de posse, sem abrir mão da utilização do procedimento especial, os pedidos de condenação do demandado em perdas e danos ou de indenização pelos frutos do bem. A cumulação de tais pedidos é, evidentemente, facultativa. A importância da regra contida no art. 555 do CPC, ao prever a possibilidade de cumulação de tais demandas com a possessória, é a de permitir que, neste caso, ocorra a cumulação sem que se tenha de observar, para todas as demandas, o procedimento comum, mantendo-se aplicável, pois, o procedimento especial. Afasta-se, assim, a incidência, na hipótese, do art. 327, § 1º, do CPC, sendo esta uma hipótese específica de aplicação do disposto no § 2º daquele mesmo art. 327.

Além disso, pode o autor requerer, na petição inicial, que o juiz estabeleça medidas capazes de evitar nova turbação ou esbulho, bem assim que sejam estabelecidos os meios necessários para que se cumpra a tutela provisória que tenha sido requerida. Quanto a este último requerimento, previsto no art. 555, parágrafo único, II, trata-se de previsão absolutamente supérflua, uma vez que isso já resultaria do disposto no art. 297 do CPC.

É preciso ter algum cuidado quando da elaboração da petição inicial das "ações de manutenção e de reintegração de posse". Deve tal petição especificar a posse do autor, sua duração e seu objeto; a turbação ou esbulho imputados ao demandado; a data da moléstia à posse; a continuação da posse, nos casos de turbação, ou sua perda nos casos de esbulho. Em outros termos, é preciso cuidado quando da descrição da causa de pedir, que terá de ser adequadamente deduzida na petição inicial.

Estando em termos a petição inicial, deverá o juiz conceder, *inaudita altera parte*, medida liminar de reintegração ou manutenção de posse. Tal medida, obviamente, não é concedida com base em cognição exauriente, mas em cognição sumária, fundando-se, assim, em juízo de probabilidade. Entendendo o magistrado que não há, na petição inicial, elementos de prova suficientes para formar sua convicção acerca da probabilidade de existência do direito do demandante, designará audiência de justificação. Esta será uma audiência unilateral, em que apenas o demandante poderá produzir provas (de natureza testemunhal). O réu, porém, deverá ser citado para que participe da audiência. Significa isso dizer que apenas as testemunhas arroladas pelo demandante serão ouvidas, mas nada impede (e, ao contrário, a garantia do contraditório o recomenda) que o demandado formule perguntas às testemunhas do autor, ou as contradite, quando presente algum obstáculo à colheita de seu depoimento.

Não se aplica essa regra aos processos em que seja demandada pessoa jurídica de direito público, caso em que a liminar só poderá ser concedida após a resposta da ré. Nestes casos, portanto, só se poderá, por força do disposto no parágrafo único do art. 562 do CPC, conceder liminar após a contestação. Nada impede, porém, que – presentes os requisitos do art. 300 – seja concedida tutela antecipada, *inaudita altera parte*, contra pessoa jurídica de direito público em sede de "ação possessória".

Aqui uma explicação se impõe. A liminar que se prevê no procedimento especial das "ações possessórias" de força nova é, como facilmente se percebe, uma decisão concessiva de tutela provisória satisfativa que não depende, para ser deferida, de demonstração da existência de uma situação de perigo de dano iminente. Trata-se, então, e sem qualquer sombra de dúvida, de uma *tutela da evidência satisfativa*. E a tutela da evidência nem sempre pode ser deferida *inaudita altera parte*, como, aliás, facilmente se verifica pela leitura do disposto no parágrafo único do art. 311 do CPC. Pois o que faz a lei processual é estabelecer que nas "ações possessórias" de força nova em que o réu é um particular se admite a tutela da evidência *inaudita altera parte*. De outro lado, sendo demandada uma pessoa jurídica de direito público, só se admite a tutela possessória da evidência após a apresentação de contestação. Isso, porém, não exclui a possibilidade de, presentes todos os requisitos legais, conceder-se tutela de urgência, a fim de evitar que da demora resulte dano grave, de difícil ou impossível reparação.

Impende, aqui, examinar com mais cuidado essa liminar possessória de que trata o art. 562. E aqui há que se frisar que são apenas dois os requisitos para a concessão da medida liminar aqui examinada. O primeiro requisito é de ordem temporal: é preciso que a "ação possessória" tenha sido ajuizada até um ano e um dia depois da turbação ou esbulho. Ultrapassado esse prazo, a demanda que se venha a ajuizar será de força velha, não se lhe aplicando o disposto no art. 562 do CPC e, por conseguinte, não sendo possível a concessão desta medida liminar que ora se estuda. O segundo requisito está ligado à cognição judicial, que deverá ser sumária. Em outros termos, é preciso que se forme um juízo de probabilidade a respeito das alegações deduzidas pelo demandante em sua petição inicial. Note-se, pois, que não bastam as alegações (o que faria a decisão ser fundada em cognição rarefeita, superficial), sendo necessário, para que se conceda a liminar, que seja provável a existência do direito deduzido pelo demandante em juízo. Tal profundidade da cognição é decorrência do próprio art. 562, que exige *devida instrução* da petição inicial ou audiência de justificação para que se possa conceder a liminar. Fica claro, pela leitura do texto da lei, que esta exige alguma instrução probatória para que possa ser concedida a liminar, tornando certo, então, que a cognição a ser exercida para a verificação do cabimento ou não da medida liminar é de natureza sumária.

Sendo esses os requisitos, então fica claro que a concessão da liminar possessórias nas "ações possessórias" de força nova independe de demonstração de uma situação de urgência, de modo que se está, mesmo, diante de tutela provisória da evidência (e não de tutela de urgência).

No que concerne aos efeitos da medida liminar, de outro lado, não há muito o que se falar, pois é clara a lei processual ao falar, no art. 562 do CPC, que será desde logo deferida a manutenção ou reintegração de posse. Parece evidente, assim, que o efeito produzido pela medida liminar é o mesmo que seria produzido por uma sentença de procedência, deferindo-se, desde logo, a proteção possessória pretendida pelo demandante. De tal constatação aflora, com clareza, a natureza jurídica de tal medida. Trata-se de tutela provisória da evidência satisfativa. A concessão da medida liminar de manutenção ou reintegração de posse permite o gozo antecipado da situação final pretendida pelo demandante.

Daí resulta que, confirmando o que foi visto quando do exame da teoria geral dos procedimentos especiais, não há mais razão que justifique a permanência, na lei processual, de um capítulo dedicado a regular um procedimento específico para as demandas possessórias de força nova. Bastaria que se previsse a técnica processual diferenciada de que aqui se cogita. Em outros termos, a existência de um artigo no Título do CPC que trata da tutela da evidência, regulando a concessão desse tipo de tutela provisória nas "ações possessórias" de força nova, acompanhado de parágrafos que regulassem as duas características essenciais do processo possessório (fungibilidade e separação entre juízo possessório e juízo petitório) seriam suficientes para que houvesse adequada tutela processual da posse.

Examinada a tutela provisória nas "ações possessórias de força nova", não se poderia deixar de examinar a questão referente ao cabimento de tutela provisória nas "ações possessórias de força velha". É que, historicamente, a diferença entre o procedimento das "ações de força nova" e o das de força velha era, precisamente, a possibilidade – existente apenas no primeiro caso – de concessão da tutela possessória em caráter provisório. Diante, porém, da existência de regulamentação da tutela provisória na Parte Geral do CPC, fica a questão de saber se seria possível a concessão de tutela provisória nas "ações possessórias" de força velha.

Pois é de se considerar possível a tutela provisória, com apoio nas disposições da Parte Geral do CPC, nas "ações possessórias" de força velha. Há aí, porém, de se fazer duas considerações: a primeira é que muito provavelmente haverá resistência na concessão de tutela de urgência quando se estiver diante de "ação possessória" de força velha, dado o fato de que o demandante terá demorado mais de ano e dia, a contar do esbulho ou turbação, para ir a juízo. Será preciso, então, demonstrar que houve algum fato mais recente que possa ser considerado ensejador da urgência que justifica a concessão desse tipo de tutela provisória.

De outro lado, a tutela da evidência será deferida nos casos previstos no art. 311 do CPC, afastada aqui a incidência do art. 562 (de modo que não bastará haver elementos que demonstrem a probabilidade de que o demandante tivesse mesmo posse e que tenha sofrido esbulho ou turbação para que se conceda a medida liminar).

Voltando ao exame do procedimento especial das "ações possessórias" de força nova, é preciso dizer que, proferida a decisão sobre a concessão ou não da medida liminar prevista no art. 562, *inaudita altera parte* ou depois da realização da audiência de justificação, correrá o prazo de quinze dias para que o réu ofereça contestação (art. 564, *caput* e parágrafo único).

No que concerne à contestação do demandado, porém, há uma observação que deve ser feita. É que a lei processual autoriza o demandado a formular pedido em seu favor de proteção possessória em face do demandante. Admite-se, ainda, que o demandado formule seu pedido de tutela possessória e a ele cumule pedido de indenização pelos prejuízos resultantes de esbulho ou turbação cometido pelo autor. Trata-se, porém, de disposição desnecessária, uma vez que o CPC já prevê que qualquer demanda reconvencional que o réu pretenda propor deverá ser formulada na mesma petição que se emprega para apresentação de contestação.

Após o decurso do prazo para resposta, tenha ela sido oferecida ou não, será observado o procedimento comum.

18.4.4. Demanda de interdito proibitório

É preciso, agora, examinar o último dos interditos possessórios: o interdito proibitório. Este é adequado para os casos em que ainda não ocorreu moléstia à posse, destinando-se este interdito a proteger o possuidor que vê sua posse ameaçada. Dito de outro modo, é adequada a utilização do interdito proibitório quando ainda não ocorreu moléstia à posse do demandante, existindo apenas uma ameaça de esbulho ou turbação. Trata-se esta, pois, de demanda preventiva, destinada a impedir que a posse seja molestada, enquanto os outros dois interditos destinam-se a proteger uma posse já violada.

Trata-se, pois, de uma demanda preventiva, de natureza inibitória. Denomina-se tutela inibitória a tutela processual, de caráter preventivo, destinada a impedir a prática de atos ilícitos. O que se pretende, aqui, é impedir que se pratique o ato ilícito de moléstia à posse (turbação ou esbulho). Sendo a tutela processual destinada a impedir a prática de ato contrário ao direito, é inegável sua natureza inibitória.

Ajuizada a demanda de interdito proibitório, e estando convencido o magistrado da probabilidade de existência do direito do demandante, será concedida medida liminar, *inaudita altera parte*, para impor ao réu a abstenção de cometer qualquer moléstia à posse, impondo-se multa pelo descumprimento do comando judicial. Trata-se, pois, de decisão judicial que se implementa através da incidência de um meio de coerção, consistente numa multa pelo descumprimento da decisão, e que tem por fim constranger o demandado a cumprir, voluntariamente, seu dever jurídico de não molestar a posse alheia. Trata-se, pois, de medida judicial (de caráter satisfativo) que concede provisoriamente a tutela processual que se pretende obter com a sentença de procedência) destinada a inibir a prática de ato ilícito que, como em todos os casos em que a condenação exerce função preventiva e não repressiva, se efetiva através do emprego de meios de coerção.

Ocorrendo, no curso do processo, a turbação ou o esbulho que se temia, deverá o juiz determinar a expedição de mandado de manutenção ou de reintegração de posse, o que decorre da fungibilidade entre os interditos estabelecida pelo art. 554 do CPC. Além disso, evidentemente, será devida a multa e, ainda, poderá o demandante exigir indenização pelas perdas e danos que a moléstia à posse lhe tenha causado (sendo certo que, não tendo sido o pedido de condenação em perdas e danos formulado na petição inicial, tal pretensão deverá ser veiculada posteriormente, em processo autônomo).

No mais, aplica-se ao procedimento do interdito proibitório tudo quando se aplica ao procedimento das "ações de manutenção e de reintegração de posse". Em outras palavras, observa-se, no interdito proibitório, após a concessão da medida liminar *inaudita altera parte*, todo o sistema estabelecido pelo CPC para o procedimento dos demais interditos possessórios de força nova.

18.4.5. Demandas possessórias coletivas

Há no CPC algumas disposições especificamente destinadas a serem aplicadas nas "demandas possessórias coletivas", assim consideradas aquelas que versam sobre litígios coletivos pela posse de imóvel, seja este urbano ou rural.

Não se está, aqui, propriamente, diante de um processo coletivo, não se aplicando, portanto, a este processo possessório o regime da "ação civil pública" ou de qualquer outro processo coletivo. Mas aqui se tem um conflito coletivo pela posse de um imóvel, resultante de uma alegação de esbulho, turbação ou ameaça à posse que teria ocorrido pela ação de um considerável grupo de pessoas.

Pois nesses processos há regras específicas sobre a comunicação dos atos processuais, sobre a realização de audiência prévia de autocomposição e sobre tutela provisória. Quanto ao mais, aplicam-se as mesmas disposições normativas que incidem nas demais "ações possessórias".

Em primeiro lugar, estabelece o art. 554, § 1º, que no caso de se ajuizar "ação possessória" em que seja demandado um "grande número de pessoas", a citação deverá, ordinariamente, ocorrer por oficial de justiça. Afasta-se, assim, a incidência da regra geral acerca da citação pessoal por via eletrônica ou postal, que resulta da aplicação do art. 247. É que normalmente em casos assim o demandante tem dificuldade para identificar, com precisão, quem são os demandados (que são todos os responsáveis pela suposta invasão ou ameaça), o que inviabiliza a citação pelo correio eletrônico ou por via postal. Afinal, o carteiro não teria como saber a quem entregar a correspondência encaminhada para fins de citação, nem seria possível identificar os endereços de correio eletrônico de uma série de pessoas que sequer são identificadas antes de ocorrer o próprio ato da citação.

Ao oficial de justiça caberá ir ao endereço do imóvel *uma única vez*, e ali será realizada a citação pessoal de todos aqueles que sejam encontrados no local. Os demais serão citados por edital, tudo nos termos do art. 554, § 2º.

Perceba-se, então, que aqui não se cogita de citação com hora certa, sendo irrelevante determinar por que o citando não foi encontrado para citação pessoal pelo oficial de justiça. Serão tratados da mesma forma, portanto, o réu que se oculta para impedir a citação e o demandado que não foi encontrado no imóvel no momento da diligência por ter saído para trabalhar ou ir ao mercado. Tanto um como outro serão citados por edital. Incide aqui, portanto, o disposto no art. 256, III, do CPC, por força do qual será realizada a citação por edital "nos casos expressos em lei".

Consequência desse sistema é que demandados que têm endereço conhecido e não estão se ocultando para dificultar a citação poderão, ainda assim, ser citados por edital, de modo ficto, por força de uma coincidência (a de ter o oficial de justiça chegado ao imóvel em um momento em que, por razões justificáveis, o citando ali não estava). Por conta disso, e a fim de impedir que se lance sobre essa disposição normativa qualquer suspeita de inconstitucionalidade, a lei processual cria uma *compensação sistêmica*, a qual decorre do disposto no art. 554, § 3º. É que o CPC impõe ao juiz o dever de compensar o déficit de informação dos demandados citados por edital, impondo-lhe o dever de dar "ampla publicidade da existência da ação prevista no § 1º e dos respectivos prazos processuais, podendo, para tanto, valer-se de anúncios em jornal ou rádio locais, da publicação de cartazes na região do conflito e de outros meios".

Assim, caberá ao juiz determinar que outros meios de comunicação, como os exemplificativamente indicados no texto do § 3º, sejam empregados para que os demandados, mesmo que citados por edital, sejam adequadamente cientificados não só da existência do processo, mas também dos prazos processuais que eventualmente tenham de observar.

Dispõe o art. 565 do CPC que "[n]o litígio coletivo pela posse de imóvel, quando o esbulho ou a turbação afirmado na petição inicial houver ocorrido há mais de ano e dia, o juiz, antes de apreciar o pedido de concessão da medida liminar, deverá designar audiência de mediação, a realizar-se em até 30 (trinta) dias, que observará o disposto nos §§ 2º e 4º". A leitura desse dispositivo leva a uma necessária reflexão. É que o texto normativo faz alusão a "ações possessórias coletivas" *de força velha*, já que ali se tem expressa referência a casos em que se afirma na petição inicial que o esbulho ou turbação tenha ocorrido "há mais de ano e dia", estabelecendo que nesses casos o requerimento de medida liminar não será apreciado antes da realização de audiência de mediação. Ocorre que todo esse capítulo do CPC é dedicado a regular o processo das "ações possessórias de força nova", e não o das "ações possessórias de força velha", nas quais se aplica o procedimento comum (no qual já há uma previsão de realização da audiência prévia de autocomposição). O dispositivo, portanto, parece incoerente com todas as demais disposições normativas contidas neste capítulo do CPC.

Há, porém, quem simplesmente afirme que essa disposição é mesmo aplicável às "ações possessórias de força velha", nas quais o decurso do tempo já teria, em alguma medida, cristalizado a situação fática resultante do esbulho ou turbação, caso em que se justificaria a exigência de realização obrigatória da audiência prévia de mediação ainda antes do exame do requerimento de medida liminar. De outro lado, há quem considere criticável a restrição, considerando mais adequado que essa disposição seja aplicada tanto nas "ações possessórias de força nova" como nas de força velha. E há quem considere que o dispositivo acabou por ser aprovado com uma redação que o desnaturou, tornando-o mesmo sem sentido.

Deve-se considerar que essa regra, não obstante o texto normativo, se aplica tanto às "ações possessórias de força velha" (como resulta de sua literalidade) como às de força nova (o que resulta de uma interpretação que leve em conta o fato de se estar diante de uma disposição inserida em capítulo do CPC destinado à regulamentação do processo das demandas de força nova). Tanto num caso como no outro, tratando-se de conflito coletivo pela posse do imóvel, o juiz não poderá apreciar o requerimento de concessão de medida liminar antes da realização de uma audiência prévia de mediação.

A essa audiência devem comparecer, além das partes e seus representantes, também o Ministério Público (cuja participação nesses processos é exigida pelo art. 178, III) e, no caso de haver entre as partes, algum beneficiário da gratuidade de justiça, também a Defensoria Pública.

Observe-se que a Defensoria será chamada a participar deste processo sempre que alguma das partes seja beneficiária de gratuidade de justiça, ainda que esse hipossuficiente esteja representado no processo por advogado particular. Este é, então, o caso em que a Defensoria tem sido chamada de *custos vulnerabilis*, o que, como já visto em passagem anterior deste livro, nada mais é do que o reconhecimento de que nesses casos a Defensoria, caso não atue no patrocínio de alguma das partes, atuará como *amicus curiae*.

Para a audiência prévia de mediação também serão intimados os órgãos públicos (federal, estadual ou distrital, e municipal) responsáveis pela política agrária ou pela política urbana. É que a presença desses órgãos na audiência pode viabilizar a solução consensual, bastando pensar na possibilidade de algum ente público pretender a desapropriação do imóvel objeto do conflito com o fim de legitimar a posse dos ocupantes.

Obtida a conciliação, ela será homologada por sentença. Não havendo acordo, aí sim o juiz examinará o requerimento de concessão de tutela provisória.

Deferida que seja a medida liminar, deverá ela ser cumprida no prazo de um ano a contar da data da distribuição da petição inicial (art. 565, § 1º). Caso não ocorra a efetivação da medida liminar, caberá ao juízo designar nova audiência de mediação, para a qual serão novamente convocados todos aqueles sujeitos anteriormente referidos. A medida liminar, então, ficará com sua eficácia suspensa até que essa nova audiência for realizada e, caso não haja solução consensual, deverá o juiz decidir pela confirmação ou revogação da tutela provisória, prosseguindo o processo.

Todas essas regras previstas no art. 565 (*caput* e parágrafos) se aplicam não só aos processos possessórios que versem sobre conflitos coletivos, mas também aos processos petitórios, em razão do disposto no art. 565, § 5º.

18.5. PROCEDIMENTOS ESPECIAIS DE DIVISÃO E DEMARCAÇÃO DE TERRAS PARTICULARES

18.5.1. Introdução

As "ações de divisão e de demarcação" têm origem no Direito Romano. Ali, já se conhecia a *finium regundorum* e a *communi dividundo*, que deram origem, respectivamente, à "ação de divisão" e à "ação de demarcação".

Na *communi dividundo* romana, a divisão era feita, quando possível, em partes iguais, adjudicando-se um quinhão a cada comunheiro. Sendo um quinhão superior ao outro, o que ficasse com o maior era condenado a pagar à outra parte uma quantia em dinheiro. Sendo indivisível a coisa, era ela adjudicada inteiramente a um dos comunheiros, que – por sua vez – era condenado a pagar dinheiro à outra parte.

Já a *finium regundorum* permitia ao proprietário obter em juízo a fixação de uma linha divisória entre dois imóveis cujos limites se confundiam. Devia ser restaurada, quando possível, a linha original. Sendo isso impossível, o juiz decidia com base no trabalho de agrimensores e depois de consultar os registros públicos, podendo mesmo variar a linha que deveria existir, para optar por marcos divisórios mais claros, como um rio ou outros obstáculos naturais.

Modernamente, as "ações de divisão e de demarcação" têm finalidades bastante assemelhadas às dos institutos romanos aludidos, como se poderá ver à medida que esta breve exposição for se desenvolvendo.

O CPC trata dos procedimentos da "ação de divisão" e da "ação de demarcação" nos arts. 569 a 598. Tal capítulo é dividido em três seções: disposições gerais, demarcação e divisão.

Começam as disposições gerais sobre os procedimentos especiais de demarcação e divisão de terras particulares afirmando que cabe a "ação de demarcação" ao proprietário para obrigar o seu confinante a estremar os respectivos prédios, fixando-se novos limites entre eles ou aviventando-se os já apagados; e a "ação de divisão" ao condômino para obrigar os demais consortes a estremar os quinhões, ou seja, partilhar a coisa comum.

É de se notar, antes de tudo, que o CPC só regula a demarcação e divisão de terras particulares. Isso porque as questões divisórias ou demarcatórias que envolvam terras devolutas são resolvidas através da "ação discriminatória", regulada pela Lei nº 6.383/1976.

Estabelecido que os procedimentos que aqui serão analisados se revelam adequados apenas para os casos que envolvem a demarcação ou a divisão de terras particulares, é preciso saber em que casos tais procedimentos poderão ser empregados.

Sendo todos os interessados maiores, capazes e concordes quanto ao modo de realizar a demarcação ou a divisão das terras, tudo se realizará extrajudicialmente, mediante a celebração de escritura pública (art. 571). Neste caso, não será admissível o processo judicial, por ausência de interesse de agir (já que não haverá, na hipótese, necessidade do processo). Havendo interessado incapaz, porém, ou não havendo acordo entre as partes, a demarcação ou divisão terão de ser realizadas judicialmente.

Afirma o art. 569, I, do CPC, como dito, que a "ação de demarcação" cabe ao proprietário, para obrigar seu confinante a estremar os respectivos prédios, fixando-se novos limites entre eles ou aviventando-se os já apagados. Já a "ação de divisão", nos termos do inciso II do mesmo art. 569, cabe ao condômino, para obrigar os demais consortes a partilhar a coisa comum. Em ambos os casos, porém, antes de se proceder à demarcação ou divisão das terras, é preciso acertar-se a existência do direito substancial à demarcação ou à divisão. Por tal razão, os procedimentos aqui examinados dividem-se em duas fases: uma destinada à verificação da existência ou não do direito material à demarcação ou divisão; outra destinada à sua efetivação (no caso de existir, efetivamente, o direito substancial). Haverá, em ambos os casos, um único processo, dividindo o procedimento em duas fases, como ocorre (e isto foi examinado anteriormente) no procedimento especial da "ação de exigir contas".

Assim sendo, a "ação demarcatória" tem por fim aviventar a linha divisória entre dois terrenos, ou fixando-se os limites entre eles (no primeiro caso, como facilmente se pode imaginar, já houve linha divisória entre os prédios, mas tal linha se apagou; no segundo caso, jamais houve tal linha divisória, existindo confusão entre os imóveis). Já a "ação de divisão" tem por fim extinguir o condomínio existente sobre uma área de terra, dividindo-se o prédio original em quinhões, que serão adjudicados aos comunheiros, passando cada um deles a exercer propriedade exclusiva sobre o novo imóvel, desmembrado da área anteriormente unificada.

A legitimidade ativa para a "ação demarcatória" é do proprietário do imóvel, enquanto a legitimidade passiva é do proprietário do imóvel confinante. Como parece evidente, qualquer dos dois pode ajuizar a demanda de demarcação em face do outro. Assim, será autor aquele que tiver a iniciativa de instaurar o processo, e réu aquele em face de quem a demanda tenha sido ajuizada. Tivesse este último tomado a iniciativa do processo, porém, e as posições se inverteriam, embora se pudesse estar, ainda assim, diante de demanda com a mesma causa de pedir e com o mesmo pedido. Por tal razão, na "ação demarcatória" o demandado poderá, em sua contestação, formular pedido em seu favor. Significa isto dizer que a sentença que afirme a improcedência do pedido do autor poderá, ainda, declarar a procedência do pedido do réu, determinando a demarcação na forma pretendida por este (e não, como ocorre na generalidade dos casos, limitando-se a afirmar a improcedência do pedido do autor, o que implica a manutenção do *status quo*, com a outorga de tutela processual limitada ao demandado, apenas acertando a inexistência do direito do demandante).

Há quem atribua legitimidade também a quem exerce direito de gozo sobre a coisa, como o usufrutuário e o enfiteuta, bem assim o promitente comprador. A questão, porém, está longe de ser pacífica, havendo quem sustente que o direito de demarcar é exclusivo do proprietário, excluindo-se qualquer titular de direito limitado. Parece preferível, porém, a primeira orientação, por reconhecer a tendência à ampliação da legitimidade ativa para tais demandas.

Questão importante, ainda ligada à legitimidade para a demanda demarcatória, é a da ação proposta por um dos coproprietários do imóvel lindeiro. Sendo o imóvel objeto de propriedade exclusiva, não há qualquer dificuldade, já que o proprietário ajuizará sua demanda em face do proprietário (ou dos coproprietários) do imóvel confrontante. Quando, porém, existe condomínio sobre o imóvel, qualquer dos coproprietários pode, sozinho, ajuizar a demanda demarcatória e, nesse caso, os demais condôminos serão intimados para, querendo, intervir no processo (art. 575). Neste caso, os condôminos que intervenham serão assistentes litisconsorciais do demandante.

Já na "ação de divisão", que tem por fim extinguir o condomínio existente sobre um imóvel, dividindo-o em prédios menores, adjudicados cada um deles a um dos coproprietários (que se tornarão, assim, proprietários exclusivos das áreas que lhes forem adjudicadas), a legitimidade ativa é de qualquer condômino, sendo legitimados passivos todos os demais coproprietários do imóvel cuja divisão o autor pretende, entre eles se formando um litisconsórcio passivo necessário. E também aqui, como qualquer deles poderia ter ajuizado a demanda, será possível ao juiz, na sentença, determinar a divisão do imóvel pela forma pretendida pelo demandado, em vez de se limitar a afirmar a improcedência do pedido do autor (o que teria como consequência a manutenção do estado de indivisão).

Tanto na "ação de divisão" como na "ação demarcatória", incidem as disposições do art. 73, e de seus §§ 1º e 3º, do CPC, sendo necessário, para integrar a legitimidade ativa do demandante casado ou que viva em união estável, que tenha este autorização de seu cônjuge ou companheiro, havendo litisconsórcio necessário passivo entre o demandado casado e seu cônjuge (assim como entre o demandado que vive em união estável e seu companheiro).

Permite o art. 570 do CPC a cumulação, num só processo, das "ações de demarcação e de divisão de terras". Neste caso, por razões lógicas que saltam aos olhos, deverá ser realizada primeiramente a demarcação para que, depois disso, se faça a divisão. Não se poderia, mesmo, admitir a divisão de terras cujos limites não são determinados. Assim é que, feita a demarcação, os proprietários dos imóveis confinantes se retirarão do processo, sendo tratados como terceiros em relação à divisão (art. 572 do CPC). Pode ocorrer de ter havido cumulação das "ações demarcatória e divisória" e, uma vez estabelecida a linha demarcatória (saindo do processo os confinantes, para que o feito prossiga apenas para a divisão), seja esta desrespeitada, invadindo-se o imóvel vizinho quando da atribuição dos quinhões resultantes da divisão. Nesse caso, o confinante prejudicado deverá se dirigir ao juízo do processo (de que participou, em sua primeira fase), requerendo seja respeitada a coisa julgada existente (e, se for o caso, recorrendo contra a decisão do juiz).

Não tendo o confinante participado do processo, porém, e havendo a invasão de sua área no processo divisório, poderá ele ajuizar a demanda prevista no art. 572 do CPC, postulando a reivindicação da área invadida ou a condenação do invasor ao pagamento de indenização. Sendo essa demanda ajuizada antes do trânsito em julgado da sentença homologatória da divisão, serão citados, como litisconsortes passivos necessários, todos os coproprietários do imóvel dividendo (art. 572, § 1º) e, neste caso, como terão todos os coproprietários do imóvel participado do processo, a sentença de procedência do pedido formulado pelo autor servirá como título executivo entre os demandados, para serem ressarcidos do prejuízo sofrido, o qual será repartido entre todos os cotitulares de direito sobre o bem (art. 572, § 2º).

Sendo a demanda ajuizada depois do trânsito em julgado daquela sentença, será legitimado passivo aquele a quem coube o quinhão que invade o terreno do demandante. Neste último caso, em que a demanda é ajuizada em face apenas daquele a quem coube o quinhão que invade o terreno vizinho, a sentença de procedência terá eficácia executiva em favor do réu, para haver dos outros ex-condôminos, que foram partes no processo divisório, na proporção que lhes tocar, a composição pecuniária do desfalque sofrido em seu patrimônio. Esta eficácia executiva, porém, depende de ter sido feita, pelo réu em face dos seus ex-condôminos, a denunciação da lide, fundada no art. 125, inciso I (no caso de pedido reivindicatório) ou no inciso II (no caso de pedido de indenização). Essa exigência decorre da óbvia constatação de que não se pode admitir que um título judicial produza eficácia executiva contra quem não integrou o contraditório estabelecido no processo dirigido à sua formação. Independerá de denunciação da lide, porém, a eficácia executiva da sentença entre os quinhoeiros que tenham sido citados e participado do processo.

Por fim, é de se dizer que tanto no processo da "ação de demarcação" como no da "ação de divisão" será dispensada a produção de prova pericial sempre que o imóvel for georreferenciado, tendo esse georreferenciamento sido averbado junto à matrícula do bem no Registro de Imóveis (art. 573). Do georreferenciamento de imóveis rurais tratam os arts. 176, §§ 3º e 4º, e 225, § 3º, da Lei de Registros Públicos (Lei nº 6.015/1973), todos incluídos pela Lei nº 10.267/2001, sendo a matéria objeto de regulamentação pela Norma Técnica para Georreferenciamento de Imóveis Rurais, editada pelo Incra (Instituto Nacional de Colonização e Reforma Agrária), autarquia federal criada pelo Decreto nº 1.110/1970.

18.5.2. O procedimento especial de demarcação de terras particulares ("ação demarcatória")

Apresentadas as considerações introdutórias a respeito das "ações de demarcação e de divisão de terras particulares", passa-se ao estudo do procedimento especial destinado à demarcação de terras, conhecido como "ação demarcatória".

O procedimento de que ora se trata começa, à evidência, com a apresentação em juízo de uma petição inicial. Esta deverá atender a todos os requisitos previstos genericamente para as petições iniciais, arrolados no art. 319 do CPC. Além disso, deverá a inicial vir acompanhada dos títulos de propriedade (ou outro direito sobre o imóvel, já que, como se viu, outras pessoas além do proprietário têm legitimidade para a "ação demarcatória", como o usufrutuário). Deve, ainda, a petição inicial conter a designação do imóvel, a ser feita com base em sua situação e denominação, bem assim a descrição dos limites por constituir, aviventar ou renovar, devendo-se, ainda, nomear os proprietários dos imóveis confinantes da linha demarcanda (já que estes são os demandados, sendo sua indicação requisito essencial da petição inicial). Registre-se, por fim, que a petição inicial deverá ser ajuizada perante juízo localizado no foro da situação do imóvel, sendo absoluta essa competência territorial (art. 47, § 1º).

Estando em termos a petição inicial, o juiz determinará a citação dos demandados, que será feita pelo correio (art. 576), observadas as restrições previstas no art. 247. Será, ainda, determinada a publicação de edital (art. 576, parágrafo único), com o objetivo de dar publicidade ao processo e, com isso, abrir um espaço de oportunidade para que terceiros eventualmente interessados intervenham no processo (art. 259, III).

Ultimadas as citações, os demandados terão o prazo comum de 15 dias para oferecer resposta (art. 577). Não se aplica, aqui, a regra constante do art. 229 do CPC, ainda que o processo tramite em autos não eletrônicos, já que a lei estabeleceu prazo específico para este caso, sabendo da possibilidade de os litisconsortes terem advogados diferentes com atuação em escritórios de advocacia distintos.

Havendo oferecimento de contestação por qualquer dos demandados, segue-se o procedimento comum (art. 578). Este será o procedimento a ser observado, porém – e é bom que se frise o ponto desde logo –, na primeira fase do procedimento especial da "ação demarcatória".

Em qualquer caso, e, portanto, mesmo que nenhum réu tenha oferecido contestação, deverá ser determinada a realização de prova pericial (art. 579), com o fim de se determinar o traçado da linha demarcanda. Perceba-se que essa prova pericial será realizada ainda que nenhum réu tenha oferecido contestação, o que implica dizer que, na "ação demarcatória", a revelia não produzirá o efeito processual de levar ao julgamento imediato do mérito (art. 355, II), dada a exigência legal de realização dessa prova pericial.

Na "ação demarcatória", então, ainda que todos os demandados sejam contumazes, deixando de oferecer contestação, a prova pericial, a ser produzida através da atuação de arbitradores e de agrimensor, é essencial para o julgamento do mérito. Concluídos os estudos feitos por tais auxiliares da justiça, deverão eles apresentar laudo minucioso sobre o traçado da linha demarcanda, ou sobre a inviabilidade técnica de determinação desse traçado, nos termos do art. 580 do CPC, que será elaborado "considerando os títulos, os marcos, os rumos, a fama da vizinhança, as informações de antigos moradores do lugar e outros elementos que coligirem".

Juntado o laudo aos autos, as partes terão quinze dias para se manifestarem sobre ele (art. 477, § 1º). Decorrido tal prazo, com ou sem manifestação das partes (e, tendo havido alguma impugnação ao laudo, prestados os esclarecimentos que se fizerem necessários), o juiz deverá proferir sentença.

Sendo a sentença meramente terminativa (ou seja, sentença que não contém a resolução do mérito da causa) ou de improcedência do pedido, o processo se encerrará já aqui, nesta primeira fase, não se instaurando a segunda fase do procedimento. Sendo, porém, de procedência do pedido, a sentença levará à instauração da aludida segunda fase, de que se tratará adiante.

Merece destaque o fato de que esse pronunciamento que julga procedente o pedido formulado pelo demandante, embora não seja o ato de encerramento do procedimento (já que ele levará à instauração de uma segunda fase do mesmo procedimento), é chamado pelo CPC de sentença, e não de decisão interlocutória. Esta terminologia, porém, pode parecer incompatível com a definição legal de sentença contida no art. 203, § 1º, do CPC. Esta é, porém, uma falsa impressão.

É que o art. 203, § 1º, do CPC, ao definir a sentença como ato de encerramento do procedimento (cognitivo ou executivo), faz uma ressalva. Veja-se o texto normativo: "[r]essalvadas as disposições expressas dos procedimentos especiais, sentença é o pronunciamento por meio do qual o juiz, com fundamento nos arts. 485 e 487, põe fim à fase cognitiva do procedimento comum, bem como extingue a execução". Assim, é perfeitamente possível que, ao regular um procedimento especial, a lei processual se afaste daquela primeira definição de sentença (que é empregada apenas como regra geral) e atribua a algum outro tipo de pronunciamento decisório essa mesma natureza. Isso, evidentemente, terá um relevante impacto no cabimento do recurso, já que, sendo este pronunciamento uma sentença, o recurso cabível para sua impugnação será a apelação, e não o agravo de instrumento.

Perceba-se que outros procedimentos também são bifásicos, como o da "ação de exigir contas" ou o da "ação de divisão de terras", mas em todos esses outros o CPC não atribuiu ao pronunciamento que encerra a primeira fase natureza de sentença, razão pela qual a esses outros pronunciamentos se aplica a regra geral do art. 203, §§ 1º e 2º, e são eles considerados decisões interlocutórias. Na "ação de demarcação de terras", porém, tem-se aí uma espécie de *sentença parcial*, que resolve uma parcela do mérito, julgando procedente o pedido demarcatório formulado pelo autor. A rigor, porém, esse regime não precisava ter sido estabelecido, e haveria grande simplificação se também aqui se tivesse uma decisão interlocutória.

Discute-se em sede doutrinária a natureza jurídica da sentença (parcial) de procedência do pedido, que encerra a primeira fase do procedimento da "ação demarcatória". Essa sentença, como se sabe, reconhece a existência do direito à demarcação e determina o traçado da linha demarcanda (art. 581 do CPC). Há quem afirme tratar-se de sentença meramente declaratória ou constitutiva, conforme o caso. Há, ainda, quem afirme sua natureza condenatória. Outra corrente sustenta sua natureza mandamental. Correta, porém, a primeira corrente.

Com efeito, a sentença (parcial) de procedência na "ação de demarcação de terras particulares", que põe fim à primeira fase desse procedimento especial, tem natureza meramente declaratória ou constitutiva, conforme o caso. Será a sentença meramente declaratória quando o juiz, ao estabelecer o traçado da linha demarcanda, limitar-se a reconhecer os limites preexistentes, com base nos marcos destruídos ou arruinados. De outro lado, será a sentença constitutiva quando jamais tiver havido qualquer marcação dos limites entre os imóveis, pois nesse caso a sentença irá desfazer a confusão entre os prédios, dividindo entre as partes a área a cujo respeito existe a confusão (ou a adjudicando a uma delas, impondo à outra o dever de ressarcir seu adversário, caso em que a sentença terá, também, um capítulo condenatório). Nesse caso, como facilmente se nota, a sentença cria limites novos, dando azo a uma situação jurídica distinta daquela previamente existente, constituindo uma situação dominial nova.

Pode, ainda, a sentença parcial de procedência do pedido, se for o caso, determinar a restituição de área invadida, se houver, declarando o domínio ou a posse da parte prejudicada, ou ambos (art. 581, parágrafo único). Requisito essencial para que se julgue, além do pedido de demarcação, também se é caso de reivindicação ou de reintegração de posse é que o proprietário do imóvel confinante (em face de quem se demanda a demarcação) seja também o atual possuidor da área cuja reivindicação ou reintegração na posse se defere. É preciso, ainda, que a posse do demandado sobre a área cuja reintegração na posse ou reivindicação se determina já exista antes do ajuizamento da "ação demarcatória". Eventual esbulho ou turbação ocorrido depois de instaurado o processo constitui atentado (art. 77, VI, do CPC), e levará à incidência do disposto no § 7º desse mesmo art. 77, determinando o juiz, de plano, o restabelecimento do estado anterior, e proibindo a parte que cometeu o atentado de falar nos autos enquanto não o purgar (isto é, enquanto não repuser as coisas no estado anterior), sem prejuízo da aplicação de multa de até 20% sobre o valor da causa.

Importante observar que a decisão que determinar a restituição de área ao autor, prevista no art. 581, parágrafo único, independe de pedido, integrando o objeto do processo por força de lei (consistindo naquilo que impropriamente se costuma chamar de "pedido implícito").

Contra a sentença parcial, de procedência da pretensão demarcatória, cabe recurso de apelação, a ser recebido com efeito suspensivo. Apenas depois do trânsito em julgado dessa sentença é que se poderá dar início à segunda fase do procedimento especial da "ação demarcatória", conforme determina o art. 582 do CPC.

Assim, transitada em julgado a sentença parcial que pôs termo à primeira fase do procedimento especial da "ação de demarcação de terras particulares", o perito (que deverá ser um agrimensor) efetuará a demarcação, colocando os marcos necessários à fixação dos limites entre os prédios. Todas as operações efetuadas pelo perito serão consignadas em planta e em memorial descritivo, com as referências adequadas para a identificação, em qualquer tempo, dos pontos assinalados, observada a legislação especial que dispõe sobre a identificação do imóvel rural.

Nos trabalhos de campo, quando se dará a elaboração da planta e do memorial descritivo, deverá ser observado o disposto no art. 583. Significa isso dizer que a planta e o memorial descritivo conterão a indicação do ponto de partida, os rumos seguidos e a aviventação dos antigos marcos, com os respectivos cálculos; os acidentes encontrados, as cercas, os valos, os marcos antigos, os córregos, os rios, as lagoas e outros; a indicação minuciosa dos novos marcos cravados, dos antigos aproveitados, das culturas existentes e de sua produção anual; a composição geológica dos terrenos, bem como a qualidade e extensão dos campos, das matas e das capoeiras; as vias de comunicação; as distâncias a pontos de referência, tais como rodovias federais e estaduais, ferrovias, portos, aglomerações urbanas e polos comerciais; além da indicação de tudo o mais que se repute útil para o levantamento da linha ou para a identificação da linha já levantada.

Além disso tudo, é obrigatória a colocação de marcos tanto na estação inicial (o assim chamado *marco primordial*) quanto nos vértices dos ângulos, salvo se algum desses pontos for assinalado por acidentes naturais de difícil remoção ou destruição (art. 584).

Estabelecida a linha demarcanda será ela percorrida pelos peritos, que examinarão os marcos e rumos, consignando em relatório escrito a exatidão do memorial e da planta apresentados pelo agrimensor ou as divergências encontradas. Vindo aos autos o relatório dos peritos, as partes poderão se manifestar sobre ele no prazo comum de quinze dias. Em seguida, efetuadas eventuais correções e retificações que se façam necessárias, será lavrado o auto de demarcação, em que os limites demarcandos serão minuciosamente descritos, de acordo com o memorial e a planta. Esse auto será assinado pelo juiz e pelos peritos. Em seguida à assinatura do auto de demarcação, será proferida sentença homologatória da demarcação (art. 587).

Essa sentença, contra a qual se admite apelação a ser recebida sem efeito suspensivo (art. 1.012, § 1º, I, do CPC), limita-se a homologar a demarcação efetuada nesta segunda fase do procedimento, pondo-lhe fim. Trata-se de sentença meramente declaratória, pois se limita a gerar certeza jurídica quanto ao acerto da demarcação efetuada. É de se notar, porém, que, ao contrário do que normalmente se dá, esta sentença não gera certeza quanto à existência ou inexistência de relação jurídica. Trata-se de sentença que gera certeza quanto a um fato (o acerto da demarcação efetuada), equiparando-se, assim, à sentença que declara a autenticidade ou falsidade de documento. Verifica-se, assim, que este último exemplo citado não é o único caso de sentença meramente declaratória que se refere a fatos.

Encerrada a segunda fase do procedimento, tem-se, enfim, o encerramento do processo demarcatório (já que, recorde-se, o processo é uno, não obstante dividido em duas fases).

18.5.3. O procedimento especial de divisão de terras particulares ("ação divisória")

Assim como o procedimento especial da "ação demarcatória", também este outro procedimento especial, o da "ação de divisão de terras particulares", é bipartido. Trata-se de um só processo, com duas fases (só se instaurando a segunda se a decisão interlocutória que põe termo à primeira fase for de procedência do pedido do demandante). Note-se que aqui, diferentemente do que se dá na "ação demarcatória", o pronunciamento que encerra a primeira fase e leva à instauração da segunda não é uma sentença parcial, mas uma decisão interlocutória de mérito, impugnável por agravo de instrumento.

Passa-se, pois, ao exame do procedimento da "ação de divisão", regido pelo CPC através de seus arts. 588 a 598.

A "ação de divisão" pode ser proposta por qualquer dos condôminos, devendo todos os demais participar do processo (art. 575, aplicável por força do que dispõe o art. 598).

Começa o procedimento da "ação de divisão" com a apresentação em juízo (na comarca da situação do imóvel, cuja competência é absoluta por força do disposto no art. 47, § 1º) de uma petição inicial, que deverá preencher os requisitos genericamente exigidos para as petições iniciais (art. 319 do CPC). Além disso, deverá a petição inicial vir acompanhada dos títulos de domínio do demandante. É de se notar que o art. 588 do CPC não fala em autor, ou em demandante, mas em "promovente". Trata-se de termo empregado por alguns doutrinadores, que o preferem em razão de poder ser a demanda proposta por qualquer dos coproprietários, que faz com que ambas as partes possam ocupar as posições de autor e de réu. Nenhum inconveniente há, porém, em chamar de demandante aquele que toma a iniciativa de instaurar o processo, e demandado a parte em face de quem a demanda é ajuizada.

A petição inicial da "ação de divisão" deverá, ainda, indicar a origem da comunhão e a denominação, situação, limites e características do imóvel; o nome, estado civil, profissão e residência de todos os condôminos (que são, afinal de contas, os demandados), especificando-se os que são estabelecidos no imóvel com benfeitorias e culturas, além da descrição das benfeitorias comuns.

Estando em termos a petição inicial, o juiz determinará a citação dos réus, observando-se aqui tudo quanto se afirmou a respeito das citações e da publicação de edital no procedimento da "ação demarcatória" (art. 598).

Citados os demandados, terão eles o prazo comum de 15 dias para oferecer resposta, aplicando-se aqui, por força do que dispõem os arts. 589 e 598 do CPC, o sistema estabelecido para a "ação demarcatória". Oferecendo o demandado sua contestação, segue-se o procedimento comum. Não apresentada a contestação, assim como se dá na "ação demarcatória", não se produzirão os efeitos da revelia, impondo a lei que se realize prova pericial (art. 590), que terá por objeto a medição do imóvel, prova essa que se colhe haja revelia ou não. Aos peritos caberá não só a medição do imóvel, mas também as operações de divisão, nos termos da legislação específica sobre a identificação de imóvel rural.

O perito deverá, nos termos do art. 590, parágrafo único, indicar as vias de comunicação existentes, as construções e benfeitorias, com a indicação de seus valores e dos respectivos proprietários e ocupantes, as águas principais que banham o imóvel e quaisquer outras informações que reputem capazes de concorrer para facilitar a partilha.

Caso algum condômino ainda não tenha apresentado seus títulos de propriedade e a apresentar seus pedidos de quinhão (art. 591), dispondo para isso de um prazo comum de 10 dias. Em seguida, o juiz ouvirá todas as partes (sobre os pedidos de quinhão) no prazo de 15 dias (art. 592). Caso não haja impugnação de qualquer das partes, o juiz deverá determinar, desde logo, a divisão geodésica do imóvel (art. 592, § 1º). De outro lado, se houver impugnação o juiz, no prazo de 10 dias, proferirá decisão sobre os pedidos e os títulos que devem ser atendidos na formação dos quinhões (art. 592, § 2º).

Caso alguma linha do perímetro atinja benfeitorias permanentes feitas há mais de um ano, serão elas respeitadas, bem como os terrenos em que estejam, os quais não se computarão na área a ser dividida (art. 593).

Caberá, então, ao perito propor, em laudo fundamentado, a forma da divisão, devendo consultar, quanto possível, a comodidade das partes, respeitando, para adjudicação a cada condômino, a preferência dos terrenos contíguos às suas residências e benfeitorias e evitar o retalhamento dos quinhões em glebas separadas (art. 595). Após a manifestação dos peritos, serão ouvidas as partes no prazo de 15 dias (art. 596), e na sequência o juiz proferirá decisão de deliberação da partilha (art. 596, parte final).

Encerra-se, aí, a primeira fase do procedimento, quando o juiz proferirá um pronunciamento que poderá ser, conforme o caso, sentença ou decisão interlocutória.

Será sentença o pronunciamento que, ao final dessa primeira fase, encerrar o processo sem resolução do mérito, ou que julgar o pedido do autor improcedente. Encerra-se, assim, o procedimento, e se estará mesmo diante de uma sentença. Caso o pedido de divisão seja julgado procedente, porém, o pronunciamento decisório será decisão interlocutória de mérito, já que não será capaz de encerrar o procedimento, que prosseguirá com o desenvolvimento de uma segunda fase.

A decisão interlocutória de procedência do pedido reconhecerá o direito à divisão do imóvel e deliberará sobre a partilha, podendo ser atacada por agravo de instrumento (art. 1.015, II). Essa decisão interlocutória tem natureza meramente declaratória. Isso se dá porque tal decisão não põe termo à indivisão, limitando-se a tornar certa a existência do direito à divisão do prédio e determinando o modo como essa divisão ocorrerá. Nenhuma situação jurídica se modifica por força dessa decisão, o que mostra sua natureza meramente declaratória. Proferida a decisão interlocutória de procedência do pedido de divisão, terá início a segunda fase do procedimento, com a determinação de realização de nova perícia.

Caberá ao perito, nessa segunda fase do procedimento, proceder à demarcação dos quinhões, observando as mesmas disposições existentes acerca dos trabalhos de campo para a demarcação (art. 596, parágrafo único, que remete aos arts. 584 e 585). Além disso, o perito deverá observar o seguinte quando do cumprimento da decisão que determinou a divisão do imóvel: as benfeitorias comuns que não comportarem divisão cômoda serão adjudicadas a um dos condôminos, que compensará os demais; serão instituídas servidões que se revelem indispensáveis em favor de um dos quinhões sobre os outros, incluindo o respectivo valor no orçamento, para que, não se tratando de servidões naturais, seja compensado o condômino aquinhoado com o prédio serviente; as benfeitorias particulares dos condôminos que excedam da área que lhes caiba serão adjudicadas ao quinhoeiro vizinho mediante reposição; as compensações e reposições serão feitas em dinheiro, salvo acordo em sentido diverso feito pelas partes.

Encerrados esses trabalhos, e tendo feito os desenhos dos quinhões e servidões aparentes na planta do imóvel, o perito organizará o memorial descritivo (art. 597). Em seguida, as partes serão ouvidas no prazo comum de 15 dias (art. 597, § 1º), e na sequência o escrivão lavrará o auto de divisão, acompanhado de uma folha de pagamento para cada condômino (art. 597, § 1º, parte final). Esse auto conterá a confinação e a extensão superficial do imóvel; a classificação das terras com o cálculo da área de cada consorte e com a respectiva avaliação ou, quando a homogeneidade das terras não determinar diversidade de valores, a avaliação integral do imóvel; o valor e a quantidade geométrica que couber a cada condômino, declarando-se as reduções e as compensações resultantes da diversidade de valores das glebas componentes de cada quinhão. Além disso, como visto, serão elaboradas folhas de pagamento para cada condômino, as quais conterão a descrição das linhas divisórias do imóvel, mencionadas as confinantes; a relação das benfeitorias e das culturas do próprio quinhoeiro e das que lhe forem adjudicadas por serem comuns ou mediante compensação; a declaração das servidões instituídas, especificando os lugares, a extensão e o modo de exercício.

Depois disso, o juiz proferirá sentença homologatória da divisão (art. 597, § 2º), contra a qual se admite apelação sem efeito suspensivo (art. 1.012, § 1º, I). Esta sentença é de natureza controvertida. Tal divergência decorre, principalmente, do fato de o art. 631 do Código Civil de 1916 (que não tem correspondente preciso no Código Civil vigente) afirmar a natureza meramente declaratória da divisão. Assim é que, entre os civilistas, predomina a orientação doutrinária que afirma a natureza meramente declaratória da sentença de divisão. Entre os processualistas, porém, predomina a tese que afirma a natureza constitutiva da sentença homologatória da divisão. Essa é, realmente, a melhor posição. A sentença homologatória da divisão cria uma situação nova, distinta da anteriormente existente. Após a prolação de tal sentença, cada parte será proprietária exclusiva de um imóvel, quando é certo que, antes da sentença, cada um tinha, em seu patrimônio, uma fração ideal de terreno sobre o qual incidia um condomínio. Cada parte já era, antes da sentença, proprietária daquilo que lhe coube por força da divisão. Isso se deve ao fato de que a fração ideal de terreno incide sobre todo o prédio. A situação jurídica de proprietário exclusivo de um imóvel é, porém, e à toda evidência, diversa da de coproprietário, tendo apenas uma fração ideal de terreno. A sentença que cria essa nova situação é, pois, claramente de conteúdo constitutivo.

18.6. PROCEDIMENTO ESPECIAL DE DISSOLUÇÃO PARCIAL DE SOCIEDADE ("AÇÃO DE DISSOLUÇÃO PARCIAL DE SOCIEDADE")

Rege-se pelos arts. 599 a 609 do CPC o procedimento especial da dissolução parcial das sociedades. O termo "sociedade" é plurívoco, podendo dele serem encontrados pelo menos três diferentes significados na linguagem jurídica: (a) o contrato com que duas ou mais pessoas outorgam bens ou serviços para o exercício comum de uma atividade econômica com o objetivo de dividir os proveitos; (b) o ente, dotado de subjetividade própria, que opera com autonomia, e que nasce do contrato social; (c) a relação que vincula os sócios entre si.

O vigente CPC não regula o procedimento adequado para a dissolução (e consequente liquidação) "total" das sociedades. Consequência disso é que nessa hipótese se deverá empregar o procedimento comum. Apenas a "ação de dissolução parcial de sociedade" tem regramento próprio no CPC, com a regulamentação de um procedimento especial.

A denominação *dissolução parcial*, embora tradicional e de uso corrente na doutrina e na jurisprudência, não me parece correta. Isso porque não há como algo possa ser "parcialmente dissolvido". O que se tem, aí, é mera exclusão de sócio sem dissolução da sociedade (ou seja, *retirada de sócio, que não produz dissolução da sociedade*). Será usada aqui, porém, a terminologia empregada na lei.

A dissolução parcial da sociedade ocorre quando há a morte de algum dos sócios, ou quando um deles sai da sociedade sem que esta se dissolva. Nesse caso, devem ser apurados os haveres do sócio excluído, fazendo-se o pagamento pelo modo estabelecido no contrato social, ou outro que tenha sido convencionado. Não havendo meio pactuado para o pagamento, o juiz decidirá o modo como o pagamento será feito.

Não cabe dissolução parcial das sociedades em comandita por ações e das sociedades anônimas de capital aberto (as assim chamadas "sociedades institucionais"). As sociedades anônimas de capital fechado podem ser objeto da dissolução parcial, como prevê expressamente o art. 599, § 2º.

Ocorre a dissolução parcial da sociedade, em primeiro lugar, no caso de morte de um dos sócios, com as ressalvas previstas no art. 1.028 do Código Civil (se o contrato dispuser diferentemente; se os sócios remanescentes optarem pela dissolução total; ou se, por acordo com os herdeiros, se regular a substituição do sócio falecido por outro).

Também haverá dissolução parcial da sociedade se, existindo ela por prazo indeterminado, algum sócio quiser se retirar (*recesso* ou *dissidência*), o que exige notificação prévia aos demais sócios, a ser feita com antecedência mínima de 60 dias; ou se, existindo a sociedade por prazo determinado, o sócio que pretende se retirar demonstrar em juízo a justa causa para sua saída (art. 1.029 do Código Civil).

Também pode o sócio ser excluído da sociedade, mediante iniciativa da maioria dos demais sócios, por falta grave no cumprimento de suas obrigações ou por incapacidade superveniente (art. 1.030 do Código Civil).

Por fim, pode o sócio ser excluído da sociedade, de pleno direito (isto é, independentemente de pronunciamento judicial que o declare) no caso de ter sido decretada sua falência, ou aquele cuja quota social tenha sido liquidada na forma do art. 1.026 do Código Civil (que remete à penhora de quotas do sócio na execução de dívidas suas), nos termos do que dispõe o art. 1.030, parágrafo único, do Código Civil.

Guardando harmonia com o disposto no Código Civil, o art. 599 do CPC estabelece que a "ação de dissolução parcial de sociedade" pode ter por objeto "a resolução da sociedade empresária contratual ou simples em relação ao sócio falecido, excluído ou que exerceu o direito de retirada ou recesso; a apuração dos haveres do sócio falecido, excluído ou que exerceu o direito de retirada ou recesso; ou somente a resolução ou a apuração de haveres". Além disso, e como já mencionado, no caso das sociedades anônimas de capital fechado, é possível demandar a dissolução parcial quando demonstrado, por um ou mais acionistas, que representem pelo menos cinco por cento do capital social, que aquela sociedade não pode mais preencher seu fim.

O que se percebe, então, da leitura do art. 599, é que pode haver o ajuizamento da demanda de dissolução parcial propriamente dita, ou o de demanda de apuração de haveres, ou de ambas de forma cumulada.

No caso de "ação de dissolução parcial de sociedade" fundada no falecimento de sócio, a legitimidade ativa é do espólio do sócio falecido, do sucessor a quem tenha sido adjudicada sua participação societária, ou da própria sociedade. Já a legitimidade passiva nesta hipótese é dos demais sócios (em litisconsórcio necessário), salvo quando a demanda é proposta pela sociedade, caso em que a legitimidade passiva é do espólio e dos sucessores do falecido (também em litisconsórcio passivo necessário).

Já na hipótese de demanda fundada na retirada voluntária de sócio, a legitimidade ativa é do sócio que pretende retirar-se da sociedade, e a passiva é dos demais sócios (em litisconsórcio passivo necessário).

No caso de exclusão de sócio, a legitimidade ativa é da sociedade, e a passiva do sócio que se pretende excluir.

Há, ainda, que se considerar a hipótese de, extinta a entidade familiar integrada pelo sócio, sua participação societária caber, total ou parcialmente, na partilha, a seu ex-cônjuge ou ex-companheiro, caso em que este poderá demandar a apuração de haveres em face dos sócios.

Registre-se, ainda, que no caso de participarem do processo, como partes, todos os sócios, dispensa-se a presença da própria sociedade no processo (art. 601, parágrafo único).

Examinadas essas questões atinentes à legitimidade ativa e passiva, é preciso ver como se desenvolve o procedimento da "ação de dissolução parcial de sociedade".

A petição inicial deverá vir acompanhada do contrato social (ou, no caso de companhia de capital fechado, do estatuto). Estando regularmente elaborada a petição inicial, serão citados os réus, que disporão do prazo de 15 dias para oferecer resposta. Não há, aqui, previsão de realização obrigatória da audiência prévia de autocomposição.

Caso todos os réus reconheçam a procedência do pedido, o juiz desde logo decretará a dissolução parcial, o que se fará através de sentença (CPC, art. 603), passando-se desde logo à fase de liquidação. Neste caso não há condenação em honorários de sucumbência, e as custas deverão ser rateadas na proporção das participações de cada parte na sociedade (art. 603, § 1º).

Havendo contestação, o processo passará a seguir o procedimento comum, mas a liquidação da sociedade observará as disposições próprias do procedimento especial. Caso a sociedade seja ré, poderá ela também reconvir para pedir indenização, a qual será compensável com os valores a serem pagos ao autor (art. 602).

Após o desenvolvimento do procedimento comum, proferida a sentença que julgue o pedido procedente (total ou parcialmente), terá início a fase de liquidação (que, como visto, segue regras, próprias, diferentes daquelas empregadas genericamente para a liquidação de sentença). Caberá ao juiz, porém, ainda na sentença, cumprir o disposto no art. 604, fixando a data da "resolução" da sociedade (e vai o termo aqui entre aspas, porque de verdadeira resolução não se trata, uma vez que a sociedade continuará a existir), definirá o critério de apuração de haveres à luz do contrato social e nomeará o perito que ficará responsável pela liquidação (e que deve ser um especialista em avaliação de sociedades, como determina o art. 606, parágrafo único). A sentença também deverá condenar os sócios remanescentes ou a sociedade a depositar os valores incontroversos, devendo este depósito ser feito nos termos previstos no contrato social (art. 604, § 3º), podendo o dinheiro depositado ser desde logo levantado pelo credor (art. 604, § 2º). Caso o depósito não seja feito, esse capítulo da sentença servirá como título executivo.

Na fixação da data de "resolução" da sociedade, o juiz deverá observar o disposto no art. 605, ou seja, essa data será, no caso de falecimento do sócio, a de seu óbito; no caso de retirada imotivada, o sexagésimo dia seguinte ao recebimento, pela sociedade, da notificação feita pelo sócio retirante; no caso de recesso, o dia do recebimento, pela sociedade, da notificação do sócio dissidente; na retirada por justa causa de sociedade por prazo determinado e na exclusão judicial de sócio, a data do trânsito em julgado da decisão; e na exclusão extrajudicial, a data da assembleia ou reunião de sócios que a tiver deliberado.

Quanto ao critério para a apuração de haveres, o juiz deverá observar, como dito, o disposto no contrato social (ou estatuto, no caso das sociedades anônimas de capital fechado). Caso não haja previsão, a apuração de haveres será feita a partir do valor patrimonial apurado em balanço de determinação, tomando-se por referência a data da "resolução" e avaliando-se os bens e direitos do ativo, tangíveis e intangíveis (como é o caso do fundo da empresa), a preço de saída, além do passivo, que será apurado da mesma forma (art. 606).

A sentença que julga o pedido de dissolução parcial de sociedade é uma exceção à regra que resulta do disposto no art. 494, já que a lei processual permite sua alteração, a qualquer tempo antes de iniciada a perícia, para correção da data de "resolução" da sociedade ou do critério para apuração de haveres (art. 607).

Na liquidação, o perito deverá levar em conta o fato de que até a data da resolução, pertencem ao ex-sócio, ao seu espólio ou aos seus sucessores a participação nos lucros ou os juros sobre o capital próprio declarados pela sociedade e, se for o caso, a remuneração a que faria jus como administrador (art. 608). Dessa data em diante, só têm eles direito à correção monetária dos valores apurados e aos juros contratuais (ou legais, se não houver previsão no contrato).

Uma vez apurados os haveres, e declarado o valor devido por decisão interlocutória, os pagamentos serão feitos na forma prevista no contrato social e, silente este, nos termos do disposto no art. 1.031, § 2º, do Código Civil (ou seja, no prazo de noventa dias). Não cumprida espontaneamente a obrigação, o credor poderá promover o cumprimento da sentença.

18.7 O PROCEDIMENTO ESPECIAL DO INVENTÁRIO E PARTILHA

No Direito brasileiro realiza-se inventário e partilha toda vez que se abre uma sucessão *mortis causa*. No caso de todos os sucessores terem plena capacidade civil e estarem de acordo quanto à forma de partilhar os bens deixados pelo autor da herança, o inventário e partilha se faz extrajudicialmente, por escritura pública (desde que não haja testamento, quando então será inevitável o processo judicial, mesmo que todos os sucessores sejam capazes e haja acordo quanto à partilha). Trata-se, pois, com a ressalva que acaba de ser feita, de processo necessário, assim como o é o da anulação de casamento. Não é esse sistema adotado de modo uniforme no Direito Comparado. Assim é que, por exemplo, no Direito português o processo de inventário pode ser obrigatório ou facultativo. Será ele obrigatório quando a aceitação da herança só pode ser feita a benefício de inventário, ou seja, quando a herança é deferida a menor, interdito, inabilitado ou pessoa coletiva (ou seja, pessoa jurídica); e quando algum dos herdeiros não possa, por ausência ou incapacidade permanente, outorgar em partilha extrajudicial. Na Itália, admite-se que o inventário e partilha se realize extrajudicialmente se todos os herdeiros estiverem de acordo quanto à divisão do monte, caso em que se afasta a incidência da regra que exige o processo judicial, sendo certo que esta regra não é considerada de ordem pública.

No Direito brasileiro anterior à Lei nº 11.441/2007, o processo de inventário e partilha era sempre realizado, ainda que todos os sucessores fossem civilmente capazes e estivessem de acordo quanto à forma de efetivar a divisão. Sempre sustentei que essa não parecia a melhor solução. Nada havia a exigir (além do Direito Positivo, evidentemente) a instauração de processo judicial de inventário e partilha nos casos em que a partilha dos bens deixados pelo autor da herança pudesse ser feita amigavelmente. Muito mais prático seria permitir-se a celebração de contrato de partilha, por instrumento público, dispensando-se a instauração de processo judicial. Solução semelhante poderia ser adotada nos casos em que o autor da herança tenha estabelecido, por testamento, a forma de se efetivar a partilha de todo o seu patrimônio, caso em que se poderia atribuir a um notário o encargo de redigir a escritura de partilha. A atuação do Estado-juiz só deveria se dar nos casos em que houvesse conflito real entre os sucessores. Essas providências, a meu sentir, diminuiriam o número excessivo de processos instaurados perante os juízos orfanológicos, o que contribuiria muito para a celeridade dos processos que seriam, daí por diante, instaurados perante tais órgãos jurisdicionais.

A Lei nº 11.441/2007 alterou o sistema tradicionalmente adotado no Direito Processual Civil brasileiro e passou a admitir a celebração de inventário e partilha extrajudicial sempre que, não havendo testamento, sejam todos os herdeiros capazes e estejam de acordo quanto à partilha, caso em que tudo se fará por escritura pública. E esse sistema foi expressamente mantido pelo CPC de 2015, como se pode ver por seu art. 610.

Importante observar que têm sido proferidas algumas decisões judiciais admitindo que, com autorização judicial, se realize o inventário e partilha extrajudicial mesmo existindo testamento, se todos os sucessores forem capazes e concordes (assim, por exemplo, o acórdão do STJ proferido no julgamento do REsp 1.808.767/RJ, rel. Min. Luís Felipe Salomão). Esse entendimento, porém, embora sempre o tenha defendido *de lege ferenda*, é manifestamente contrário ao texto legal. Se existe testamento, não pode haver a celebração do contrato de inventário e partilha extrajudicial, o qual será nulo por conta do disposto no art. 166, II, do Código Civil, já que se terá aí a ilicitude do objeto. Continuo, porém, a sustentar que a lei deveria ser alterada, para que se permitisse o inventário extrajudicial também neste caso.

Outra questão importante que se tem discutido diz respeito ao caráter facultativo (ou não) do inventário extrajudicial. Existe uma Resolução do CNJ (de nº 35/2007), cujo art. 2º estabelece que a via extrajudicial nesse caso seria uma opção dos interessados. É bom lembrar, porém, e em primeiro lugar, que o CNJ não tem função legislativa, de modo que essa disposição não tem natureza de lei. Ademais, se é possível a realização extrajudicial do inventário, então não existe necessidade de instauração do processo judicial e, como já se teve oportunidade de ver em passagem anterior deste livro, quando não há necessidade do processo falta de interesse de agir, de modo que o processo deverá ser extinto sem resolução do mérito. Por essa razão, deve-se considerar que, se é possível a realização extrajudicial do inventário e partilha, então não se admite o processo judicial, o qual, caso venha a se instaurar, deverá ser extinto sem resolução de mérito com base no disposto no art. 485, VI, do CPC.

18.7.1. O procedimento especial de inventário e partilha

Não sendo caso de celebração do contrato de inventário e partilha, será preciso instaurar-se o processo judicial, o qual observará necessariamente procedimento especial, não sendo possível optar-se pelo procedimento comum.

Afirma o texto do art. 611 do CPC que a instauração do processo de inventário e partilha deve ser pleiteada no prazo de dois meses a contar da abertura da sucessão, ultimando-se nos 12 meses subsequentes. O decurso do prazo de dois meses para que se dê início ao processo de inventário e partilha não gera qualquer tipo de impedimento a que ele se instaure depois. A rigor, o decurso deste prazo não gera qualquer consequência processual (já que não existe mais no ordenamento brasileiro a autorização, que estava contida no CPC anterior, de que após o decurso desse prazo o processo de inventário e partilha pudesse ser instaurado pelo juiz de ofício). Pode, porém, haver outras consequências pelo decurso do prazo de dois meses a que se refere o art. 611 do CPC. Tais outras consequências não terão, porém, natureza processual. Assim, por exemplo, pode-se estabelecer multa, a incidir sobre o imposto de transmissão de direitos, nos casos em que se tenha ultrapassado o prazo legal. Tais consequências do decurso do prazo, porém, e como afirmado, são estranhas ao universo do Direito Processual e, por isso, não podem ser analisadas nos estreitos limites deste livro.

Quanto ao prazo de 12 meses para que se encerre o processo de inventário e partilha, trata-se, também, de prazo impróprio, cujo descumprimento não acarreta consequências processuais. É de se dizer, aliás, que se o decurso do prazo de 12 meses para encerrar-se o processo de inventário e partilha gerasse alguma consequência processual, raro seria o processo que chegaria normalmente ao seu fim. Isso porque – e uma breve e perfunctória pesquisa pelos registros dos juízos orfanológicos permitirá confirmar esta assertiva – raros são os processos de inventário e partilha que terminam em prazo tão curto. Há – e o fato é notório, dispensando demonstração – processos de inventário e partilha que se arrastam por muitos anos sem qualquer motivo razoável.

O procedimento especial de inventário e partilha é de natureza documental, o que significa dizer que nele só poderão ser decididas questões em que o convencimento judicial possa se formar com base em prova exclusivamente documental. Qualquer questão que exija, para sua decisão, a produção de outros meios de prova, deverá ser resolvida em processo autônomo. É o que se depreende do disposto no art. 612 do CPC. Tem-se, aí, pois, a exclusão do objeto da cognição a ser exercida no processo de inventário e partilha das "questões de alta indagação". Estas podem ser definidas como as que dependem de prova a ser colhida fora do processo em que surgiu, ou foi apresentada. Não são consideradas questões de alta indagação as questões de direito, ainda que extremamente complexas, pois estas sempre poderão ser resolvidas pelo juízo do inventário (como se vê, aliás, pelo texto do aludido art. 612 do CPC).

Assim é que, por exemplo, surgindo no processo de inventário e partilha impugnação à condição de herdeiro de uma das partes, sendo necessária a produção de prova pericial (como, por exemplo, uma perícia genética), deverá o juiz remeter as partes às "vias ordinárias" (como, aliás, expressamente determina a parte final do art. 612 do CPC).

É extremamente controvertida na doutrina a natureza jurídica do processo de inventário e partilha. A controvérsia não pode, nem mesmo, ser resolvida à luz do Direito Positivo. Basta ver que, durante a vigência do CPC de 1939, que não separava os procedimentos especiais de jurisdição contenciosa dos de jurisdição voluntária, grande parte da doutrina incluía o inventário e partilha nesta segunda categoria. De outro lado, o Código de 1973 o incluiu entre os procedimentos de jurisdição contenciosa, no que foi repetido pelo CPC de 2015. É de se dizer, aliás, que o mero fato de a lei atribuir certa natureza a um instituto jurídico não obriga o jurista a aceitar tal opção. Isso porque a função de sistematizar os institutos de Direito, atribuindo-lhes natureza jurídica, é da doutrina. Pode-se mesmo lembrar, aqui, de exemplos clássicos de equívoco na inclusão de instituto jurídico em determinada categoria pelo texto da lei: o Código de Processo Penal brasileiro inclui o *habeas corpus* entre os recursos (quando é inegável sua natureza de demanda autônoma); o Código Civil francês inclui a doação entre as declarações unilaterais de vontade (quando é evidente sua natureza contratual). Assim, o mero fato de o inventário e partilha estar inserido entre os procedimentos de jurisdição contenciosa não é fator suficiente para determinar sua natureza jurídica.

A matéria, como dito, é polêmica, como tudo que envolve a jurisdição voluntária. É certo, porém, que alguns autores preferiram, simplesmente, acolher a opção do CPC, afirmando ser o procedimento de inventário e partilha de jurisdição contenciosa, sem maiores considerações sobre o tema. Há, também, quem critique o método empregado no texto normativo, preferindo considerar que – não obstante a possibilidade de haver litígio entre os sucessores – o procedimento de inventário e partilha melhor se incluiria entre os de jurisdição voluntária.

É de se recordar que, conforme já exposto, não se pode considerar a lide um elemento essencial da jurisdição. Como afirmado em passagem anterior deste livro, é perfeitamente possível haver exercício de jurisdição ("contenciosa") sem que haja lide. A distinção entre a "jurisdição contenciosa" e a "jurisdição voluntária", insista-se, está na pretensão. O processo será de jurisdição voluntária quando a pretensão manifestada pelo demandante for de integração de um negócio jurídico de direito privado. Assim, por exemplo, o divórcio consensual. As partes vão a juízo em busca de um provimento judicial que, homologando o acordo celebrado, lhe confira validade e eficácia. Trata-se, pois, de jurisdição voluntária. Não é isso que se tem, contudo, no inventário e partilha. Nesse caso, o que se pretende em juízo é a prolação de um pronunciamento judicial que adjudique a cada sucessor seu quinhão do monte de bens que compõem o espólio. Não se pretende mera integração de negócio jurídico privado, o que afasta a natureza voluntária da jurisdição aqui exercida. É, pois, o procedimento de inventário e partilha de jurisdição contenciosa.

Instituto que não está previsto no CPC, mas cuja existência é indubitável, é o inventário negativo. Trata-se de processo destinado à obtenção de pronunciamento judicial que declare a inexistência de bens a partilhar. O acertamento da inexistência de bens a partilhar pode ser do interesse, por exemplo, do cônjuge sobrevivente que, tendo filhos do falecido, e desejando contrair novas núpcias, não queira se submeter ao regime da separação legal de bens, imposto pelos arts. 1.523, I, e 1.641, I, do Código Civil. Também terá interesse no acertamento da inexistência de bens a partilhar o sucessor do falecido quando este tenha deixado dívidas (já que, como se sabe, o herdeiro só responde pelas dívidas deixadas pelo autor da herança nos limites dos bens que tiver herdado).

O interessado em que se declare a inexistência de bens a partilhar deverá pleitear tal provimento jurisdicional ao juízo que seria competente para o inventário e partilha dos bens deixados pelo morto. O juiz, então, tomará por termo as declarações do demandante, devendo lavrar o escrivão o termo de declarações. Depois da lavratura desse termo, serão ouvidos os demais interessados (herdeiros e cônjuge ou companheiro sobrevivente). Em seguida, serão ouvidos o Ministério Público e a Fazenda Pública. Não havendo qualquer impugnação, o magistrado julgará, por sentença, o inventário negativo, declarando a inexistência de bens a partilhar. Tendo havido impugnação, o juiz a resolverá como de direito.

Há quem afirme ter o inventário negativo natureza de jurisdição voluntária. Assim, porém, não parece. A uma, porque a pretensão aqui manifestada não é de integração de um negócio jurídico de direito privado, mas de acertamento da inexistência de bens a inventariar; a duas, porque a sentença pretendida não tem natureza constitutiva, mas meramente declaratória (quando é certo que todos os procedimentos de jurisdição voluntária têm por objeto imediato a prolação de decisões de natureza constitutiva). Deve-se considerar, então, que o inventário negativo tem natureza de processo de jurisdição contenciosa.

A competência para o processo de inventário e partilha vem determinada no art. 48 do CPC. Afirma esse dispositivo que "o foro de domicílio do autor da herança, no Brasil, é o competente para o inventário, a partilha, a arrecadação, o cumprimento de disposições de última vontade, a impugnação ou anulação de partilha extrajudicial e para todas as ações em que o espólio for réu, ainda que o óbito tenha ocorrido no estrangeiro". E prossegue o aludido dispositivo, em seu parágrafo único, afirmando que "[s]e o autor da herança não possuía domicílio certo, é competente: I – o foro de situação dos bens imóveis; II – havendo bens imóveis em foros diferentes, qualquer destes; III – não havendo bens imóveis, o foro do local de qualquer dos bens do espólio". Examine-se melhor o ponto.

Antes de tudo, é de se afirmar (sendo certo que o ponto já foi examinado anteriormente) que o Judiciário Brasileiro tem "competência internacional exclusiva" para processar e julgar o inventário e partilha de bens situados no Brasil (art. 23, II, do CPC). Significa isso dizer que o Direito brasileiro nega eficácia a qualquer sentença estrangeira que partilhe bens aqui localizados. Será, pois, essencial a instauração do processo perante a autoridade judiciária brasileira, para que se possa realizar o inventário e partilha dos bens aqui situados.

A regra geral de fixação da competência interna, como visto, é que o processo de inventário e partilha deverá ser instaurado no foro do último domicílio do autor da herança, ainda que não tenha ocorrido ali o óbito. Essa regra vem se ligar ao disposto no art. 1.785 do Código Civil, segundo o qual "a sucessão abre-se no lugar do último domicílio do falecido". Tendo tido o morto, porém, mais de um domicílio contemporaneamente, a competência será fixada pela prevenção, podendo o processo, portanto, instaurar-se em qualquer dos foros.

Pode ocorrer, porém, de o autor da herança não ter domicílio certo. Nesse caso, será competente o foro da situação dos bens imóveis. Tendo o falecido, porém, que não tinha domicílio certo, deixado bens imóveis em diversos lugares, afirma a lei processual a concorrência de foros competentes, podendo o processo tramitar em qualquer dos lugares em que sejam encontrados imóveis que integrem a herança.

Caso o falecido não tenha deixado bens imóveis, mas somente bens móveis, será competente o foro onde esses bens estiverem localizados. E se houver bens móveis em mais de uma localidade, serão esses foros concorrentemente competentes.

Por fim, é de se afirmar que se aplicam ao autor da herança sem domicílio no Brasil as regras estabelecidas para o autor da herança sem domicílio certo, devendo o inventário e partilha processar-se no lugar onde estejam situados os bens (e, no caso de haver bens em mais de um local, fixa-se a competência pela prevenção).

O art. 48 do CPC, além de estabelecer os critérios de fixação da competência para o processo de inventário e partilha, cria também a regra da universalidade do foro da sucessão. Isso porque, nos termos do aludido art. 48, é competente o foro onde se processa o inventário e partilha para todos os processos em que o espólio é réu.

Como sabido, o espólio (massa patrimonial formada pelos bens deixados pelo autor da herança, enquanto durar o estado de indivisão), embora não tenha personalidade jurídica, tem capacidade de ser parte (o que faz dele um ente formal). Pode, assim, o espólio ser autor ou réu em processos judiciais. O art. 48 do CPC estabelece que será competente o foro onde se desenvolve o inventário para todos os processos em que o espólio seja réu.

É de se notar, porém, que a universalidade do foro da sucessão não é completa. Não abrange ela os processos em que o espólio seja autor, nem aqueles em que a competência seja fixada, por critério absoluto, no foro da situação da coisa (art. 47, §§ 1º e 2º, do CPC).

Além disso, é de se notar que a universalidade fixada pelo art. 48 do CPC é de foro, e não de juízo. Em outros termos, as demandas ajuizadas em face do espólio deverão ser propostas no foro onde o processo de inventário e partilha estiver se desenvolvendo, mas não necessariamente no mesmo juízo. A competência de juízo será determinada, à evidência, com base nas normas locais de organização judiciária. Assim, por exemplo, na comarca do Rio de Janeiro, o juízo competente para o processo de inventário e partilha é o de uma das Varas de Órfãos e Sucessões. Pretendendo alguém ajuizar, na mesma comarca, por exemplo, demanda em face do espólio pedindo sua condenação ao pagamento de certa quantia (por exemplo, pagamento de débito condominial), será competente o Juízo de Direito da Vara Cível (e, sendo várias as Varas Cíveis, a competência será determinada por distribuição).

Como já se afirmou, e retorna-se agora ao ponto por razões de ordem sistemática, o procedimento do inventário é documental. Significa isso afirmar que no referido procedimento só se admite a produção de prova documental. As questões que exijam, para sua solução, a produção de outros meios de prova, não poderão ser resolvidas pelo juízo do inventário, devendo as partes solucioná-las pelas vias ordinárias. Além disso, ficam excluídas da cognição do juiz do inventário aquelas questões cuja solução depende da instauração de processo autônomo. Essas questões todas são genericamente designadas "questões de alta indagação".

É preciso ter claro que a complexidade jurídica da questão a ser resolvida é irrelevante para os fins do art. 612 do CPC. Todas as questões de direito que precisem ser resolvidas como pressupostos lógicos do julgamento da partilha serão conhecidas pelo juízo do inventário. Assim, também, as questões de fato cuja apreciação seja essencial para o julgamento da partilha, ressalvadas, apenas, as "questões de alta indagação" (as quais serão decididas em processo autônomo).

Há, como visto, dois tipos de questão de alta indagação: as que dependem de produção de outros meios de prova que não o documental e as que dependem, para serem solucionadas, de processo autônomo. Assim, por exemplo, surgindo num processo de inventário e partilha questão a respeito da anulabilidade de testamento, deverá o juiz remeter as partes às vias ordinárias, já que a anulação de ato jurídico depende de processo em que se obtenha pronunciamento judicial, de natureza constitutiva, invalidando-o. Há, aqui, pois, uma questão de alta indagação *stricto sensu*, ou seja, uma questão cuja solução depende de processo autônomo.

Outro exemplo (agora de questão cuja solução depende de prova diversa da documental) é o da data em que determinado bem foi adquirido – o que pode ser extremamente relevante para se saber se referido bem integra, ou não, a comunhão de bens que existia entre o autor da herança e seu cônjuge ou companheiro –, o que, muitas vezes, só se prova através de testemunhas. Não se admitindo a produção de prova testemunhal no procedimento do inventário e partilha, terão as partes de ir às vias ordinárias buscar a solução dessa questão.

É de se dizer, por fim, que o pronunciamento judicial que considera uma questão como de alta indagação, remetendo sua solução para as vias ordinárias, é decisão interlocutória, impugnável mediante agravo de instrumento.

18.7.1.1. A fase de inventário

Como já dito, o procedimento de inventário e partilha se divide em duas fases (a primeira, chamada *fase de inventário*, e a segunda, chamada *fase de partilha*). Essa primeira fase, que vai do ajuizamento da demanda até a decisão que julga o cálculo do imposto, tem por função permitir a determinação de quais são – e quanto valem – os bens que compõem o espólio, além da identificação dos sucessores (e do quinhão de cada um). Examina-se, primeiro, a fase de inventário.

18.7.1.1.1. Pedido de instauração e nomeação de inventariante

Para o exame da fase de inventário, é preciso inicialmente examinar quem pode pedir a instauração do processo de inventário e partilha.

Regula o CPC, em seus arts. 615 e 616, a legitimidade para demandar o inventário e partilha. Trata-se de legitimidade concorrente, o que significa afirmar que qualquer dos legitimados pode, indistintamente, pleitear a instauração do processo de inventário e partilha.

Atribui a lei processual, antes de tudo, legitimidade ao administrador provisório do espólio, assim entendido aquele que, de fato, está na posse e administração dos bens que compõem a herança (art. 615). Além dele, têm também legitimidade para provocar a instauração do processo de inventário e partilha: o cônjuge ou companheiro supérstite, qualquer que seja o regime de bens do casamento; o herdeiro (legítimo ou testamentário); o legatário; o testamenteiro (quando o autor da herança tenha deixado testamento); o cessionário do herdeiro ou do legatário (já que, por força da cessão, o cessionário se torna sucessor do falecido); o credor do herdeiro, do legatário ou do autor da herança (legitimidade esta que é atribuída em razão do interesse que o credor tem de ver seu crédito satisfeito, sendo importante lembrar que a lei civil dá ao credor do herdeiro o poder de aceitar por ele a herança – art. 1.813 do Código Civil – razão pela qual não seria adequado negar-lhe legitimidade para dar início ao processo do inventário e partilha; o Ministério Público, quando houver herdeiros incapazes; a Fazenda Pública, quando tiver interesse (e sempre terá, ressalvado apenas o caso do inventário negativo, já que a transmissão de bens pela sucessão *mortis causa* é fato gerador de tributo, o imposto de transmissão de direitos); e o administrador judicial da falência (ou insolvência civil, apesar do silêncio do texto da lei) do herdeiro, do legatário, do autor da herança ou do cônjuge ou companheiro supérstite.

Inicia-se o procedimento do inventário e partilha com uma petição inicial. A petição inicial deverá, além do pedido de instauração do processo, com a realização do inventário e partilha dos bens do autor da herança, trazer a certidão de óbito do falecido. Levada a petição inicial à conclusão do juiz, e estando provado o óbito, o juiz nomeará inventariante. O nomeado, uma vez intimado, terá cinco dias para prestar compromisso de bem e fielmente desempenhar seu encargo.

O inventariante, como afirmado, será nomeado pelo juiz, que deverá observar a ordem prevista no art. 617 do CPC. Assim é que o inventariante será, preferentemente, o cônjuge ou companheiro sobrevivente, desde que estivesse convivendo com o inventariado ao tempo de sua morte. Não havendo cônjuge ou companheiro, ou não podendo ele ser nomeado, será inventariante o herdeiro que se achar na posse e administração do espólio. No caso de nenhum herdeiro estar na administração dos bens, qualquer herdeiro capaz poderá ser nomeado inventariante. Não existindo herdeiros capazes, será inventariante o herdeiro menor de idade, por intermédio de seu representante legal (e sempre me pareceu que o inventariante, neste caso, é o representante legal do herdeiro menor, e não o herdeiro propriamente). Não podendo ser nomeado qualquer herdeiro, será inventariante o testamenteiro, se lhe foi confiada a administração do espólio, ou se toda a herança estiver distribuída em legados (caso em que não há herdeiros).

Não sendo possível nomear qualquer dessas pessoas, o juiz nomeará inventariante o cessionário de direitos do herdeiro ou do legatário, se houver.

Em último caso, não sendo possível nomear qualquer das pessoas referidas como inventariante, o juiz designará o inventariante judicial, se houver. Não havendo no local este auxiliar da justiça, será inventariante qualquer pessoa idônea, à escolha do magistrado.

18.7.1.1.2. O inventariante: conceito e atribuições

Personagem extremamente importante no processo do inventário e partilha é o inventariante. É, pois, importante que se conheça, desde logo, este que irá ser responsável por grande parte dos atos processuais mais relevantes nesse procedimento ora sob exame.

Inventariante é o administrador e representante do espólio. Quem o nomeia é o juiz e, até que preste compromisso, o espólio será administrado pelo administrador provisório, conforme dispõe o art. 613 do CPC. Este, conforme o disposto no art. 614, representa ativa e passivamente o espólio, sendo obrigado a trazer ao acervo os frutos que desde a abertura da sucessão tenha percebido, fazendo jus ao reembolso das despesas necessárias e úteis que tenha feito. Responde, ainda, o administrador provisório pelos danos que, dolosa ou culposamente, tenha provocado.

O administrador provisório é aquele que, ao tempo da abertura da sucessão, tinha a posse dos bens que compõem o espólio e, é uma figura e um encargo que aparece entre o morto – o inventariado – e o inventariante. Encerra-se sua atuação, porém, no preciso momento em que o inventariante, nomeado pelo juiz do inventário, firmar o compromisso previsto no parágrafo único do art. 617 do CPC.

Como afirmado, o inventariante é o administrador e representante do espólio. Sendo, porém, inventariante dativo (art. 617, VII e VIII, do CPC), terá ele a representação judicial do espólio, mas será sempre necessária a intimação de todos os herdeiros, na forma do art. 75, § 1º.

O inventariante, como afirmado, será nomeado pelo juiz, que deverá observar a ordem prevista no art. 617 do CPC, já examinado no tópico anterior deste livro. Uma vez intimado da nomeação, o inventariante terá o prazo de cinco dias para firmar o compromisso de bem e fielmente exercer seu encargo (art. 617, parágrafo único).

Incumbe ao inventariante, nos termos do que dispõe o art. 618 do CPC, representar o espólio ativa e passivamente, em juízo e fora dele; administrar o espólio, velando-lhe os bens com a mesma diligência que teria se fossem seus; prestar as primeiras e últimas declarações (de que se tratará adiante), pessoalmente ou por procurador com poderes especiais; exibir em cartório, a qualquer tempo, para exame das partes, os documentos relativos ao espólio; juntar aos autos certidão do testamento, se houver; trazer à colação os bens recebidos pelo herdeiro ausente, renunciante ou excluído; prestar contas de sua gestão ao deixar o cargo ou sempre que o juiz determinar; requerer a decretação da insolvência do espólio.

Incumbe, ainda, ao inventariante, nos termos do art. 619 do CPC, desde que ouvidos previamente os interessados e com autorização judicial, alienar bens do espólio de qualquer espécie; transigir em juízo ou fora dele; pagar dívidas do espólio; fazer as despesas necessárias com a conservação e o melhoramento dos bens do espólio. Para a prática desses atos, o inventariante deverá comprovar a autorização do juiz do inventário (de quem, não é demais lembrar, ele é auxiliar), o que se faz através da apresentação de um documento chamado *alvará*, que lhe deve ser entregue pela secretaria do juízo onde tramita o processo de inventário e partilha após a decisão do juiz autorizando a prática do ato.

O inventariante será removido de seu encargo, de ofício ou a requerimento de qualquer interessado, toda vez que ocorrer alguma das hipóteses previstas no art. 622 do CPC, a saber: se não prestar, no prazo legal, as primeiras e as últimas declarações; se não der ao inventário andamento regular, se suscitar dúvidas infundadas ou se praticar atos meramente protelatórios; se, por culpa sua, se deteriorarem, forem dilapidados ou sofrerem dano bens do espólio; se não defender o espólio das demandas em que este é réu, deixar de cobrar dívidas ativas ou se não promover as medidas necessárias para evitar o perecimento de direitos; se não prestar contas ou as que prestar não forem julgadas boas; se sonegar, ocultar ou desviar bens do espólio. Deve-se entender, porém, que tal enumeração é exemplificativa, podendo o inventariante ser removido toda vez que se revelar negligente, omisso, desidioso, ímprobo, desleal, enfim, quando administrar mal o espólio.

A remoção do inventariante, por qualquer dos fundamentos acima expostos, dependerá da instauração de um *incidente de remoção do inventariante*, que poderá se dar de ofício ou mediante requerimento de qualquer interessado, processando-se em autos apartados, em apenso aos autos do inventário e partilha. Autuada a petição em que se requereu a remoção do inventariante, ou o pronunciamento judicial que determine de ofício a instauração do incidente, será ele intimado a se defender e produzir provas em quinze dias. Decorrido o prazo, oferecida ou não a resposta, o juiz decidirá. Sendo removido o inventariante, o juiz – na mesma decisão – nomeará outro, a quem o inventariante removido entregará, de imediato, os bens do espólio (pois, não o fazendo, será expedido mandado de busca e apreensão ou de imissão na posse, conforme se trate de bens móveis ou imóveis, sem prejuízo de multa a ser fixada, em montante que não exceda de três por cento do valor dos bens inventariados).

A decisão sobre o requerimento de remoção de inventariante, qualquer que seja seu teor, é decisão interlocutória, impugnável mediante agravo de instrumento.

18.7.1.1.3. Primeiras declarações

Dentro do prazo de 20 dias a contar da data em que prestou compromisso, o inventariante deverá prestar as primeiras declarações, das quais se lavrará termo circunstanciado. Do termo, a ser assinado pelo juiz, escrivão e inventariante, constarão: o nome, estado civil, idade e domicílio do inventariado, dia e lugar de seu falecimento, bem ainda se deixou ou não testamento; nome, estado civil, idade e residência dos herdeiros e, havendo cônjuge ou companheiro supérstite, sua qualificação e o regime de bens do casamento (ou da união estável); a qualidade dos herdeiros e o grau de seu parentesco com o inventariado (se for o caso); a relação completa e individualizada de todos os bens que integram o espólio, inclusive os que deverão ser trazidos à colação, e dos alheios que nele forem encontrados.

Os bens serão descritos pelo inventariante nos seguintes termos: (a) tratando-se de bens imóveis, devem ser apontadas suas especificações, nomeadamente o local em que se encontram, extensão da área, limites, confrontações (sendo certo que esses dois últimos aqui referidos só fazem sentido quando se trate de áreas de terra), benfeitorias, origens dos títulos, números das matrículas e ônus que sobre eles incidem (como seria, por exemplo, uma hipoteca); (b) no caso de bens móveis, com a indicação de seus sinais característicos; (c) no que concerne aos semoventes, com a indicação de seu número, suas espécies, marcas e sinais distintivos; (d) o dinheiro, as joias, os objetos de ouro e prata e as pedras preciosas, declarando-lhes a qualidade, peso e importância; (e) quanto aos títulos da dívida pública, às ações, as quotas sociais e os títulos de sociedade, deve-se indicar seu número, valor e data; (f) no que diz respeito às dívidas ativas e passivas, deve-se indicar suas datas, títulos, origem da obrigação e os nomes de todos os credores e devedores; (g) direitos e ações, que deverão ser minuciosamente descritos.

Além disso tudo, incumbe ao inventariante indicar o valor que reputa adequado para cada bem que componha o monte.

Apresentadas as primeiras declarações, o juiz mandará realizar o balanço do estabelecimento em que o inventariado realizava sua atividade empresária, caso fosse ele empresário individual. No caso em que o autor da herança era sócio de sociedade não anônima, será determinada a apuração de haveres da sociedade.

As primeiras declarações têm de ser assinadas pelo próprio inventariante. Só se admite que sejam elas assinadas por procurador se tiver ele poderes especiais para isso.

18.7.1.1.4. Citações e impugnações

Após as primeiras declarações, o juiz determinará a citação do cônjuge ou companheiro supérstite, dos herdeiros e legatários. Será determinada, também, a intimação da Fazenda Pública, do Ministério Público (este último, apenas se houver sucessor incapaz ou ausente) e do testamenteiro, se houver testamento. É de se frisar, porém, que não serão citados aqueles que já tenham vindo ao processo (assim, por exemplo, os herdeiros que tenham outorgado procuração ao advogado daquele que requereu a instauração do processo). As citações serão feitas preferencialmente por via postal (art. 626, § 1º), respeitado o disposto no art. 247. É obrigatória, ainda, a publicação de edital para convocação de eventuais interessados, que poderão vir ao processo se manifestar (bastando pensar na possibilidade de haver algum herdeiro desconhecido do inventariante para se perceber a importância dessa exigência formal).

Cada citando receberá cópia das primeiras declarações, devendo o escrivão remeter cópias também à Fazenda Pública, ao Ministério Público, ao testamenteiro e ao advogado da parte que já esteja representada no processo.

Realizadas todas as citações a que se refere o art. 626 do CPC, terão as partes o prazo comum de quinze dias para se manifestar sobre as primeiras declarações. Nessa oportunidade, cabe à parte arguir erros e omissões (curiosamente o texto normativo prevê também a possibilidade de se alegar sonegação de bens, mas só se pode falar em sonegação depois das últimas declarações, como se vê do art. 621), reclamar contra a nomeação do inventariante e contestar a qualidade de quem tenha sido incluído como herdeiro. O juiz, sendo suscitada qualquer das questões aqui referidas, proferirá decisão, podendo determinar a retificação das primeiras declarações, a substituição do inventariante e, ainda, verificando que a questão a respeito da qualidade de herdeiro é de alta indagação, deverá remeter as partes às vias ordinárias, reservando bens que componham o quinhão que caberá ao herdeiro impugnado na hipótese de se confirmar sua qualidade, não entregando tais bens a quem quer que seja. Essa medida de reserva de bens tem natureza cautelar, assegurando a futura tutela processual do herdeiro que precise ir às vias ordinárias para ver sua condição reconhecida.

Aquele que se considere preterido poderá, antes da partilha, requerer seu ingresso no processo. Ouvidas as partes, e não havendo qualquer impugnação, será ele admitido no processo. Sendo, porém, oferecida impugnação à pretensão do requerente, o juiz remeterá as partes às vias ordinárias, também aqui reservando, em mãos do inventariante, o quinhão de quem se afirma excluído, até que se decida sobre sua condição de herdeiro.

Após a oitiva das partes, a Fazenda Pública Municipal informará, no prazo de 15 dias, o valor dos bens imóveis descritos nas primeiras declarações, o que fará com base em seu cadastro imobiliário.

Não tendo havido qualquer impugnação às primeiras declarações (ou decididas as que tenham surgido), o juiz nomeará perito para avaliar os bens que compõem o espólio.

18.7.1.1.5. Avaliação de bens e últimas declarações

Como dito, após o decurso do prazo para manifestação sobre as primeiras declarações, e eventualmente decidida alguma impugnação que tenha sido apresentada, o juiz determinará a avaliação dos bens do espólio. Havendo na comarca avaliador judicial, este realizará a avaliação. Dispensa-se a avaliação, porém, se todas as partes forem capazes e concordarem com a indicação de valor dos bens constantes das primeiras declarações, desde que com ela também concorde a Fazenda Pública (art. 633). E se todos os herdeiros concordarem com os valores indicados pela Fazenda Pública Municipal para os bens imóveis, apenas os demais bens serão avaliados (art. 634).

Entregue em juízo o laudo de avaliação, as partes terão o prazo comum de quinze dias para se manifestar sobre ele. Sendo procedente alguma impugnação, o juiz determinará ao avaliador judicial ou perito que retifique seu laudo, salvo se o objeto da impugnação for apenas o valor do bem, caso em que o juiz fixará esse valor com base nos elementos já constantes dos autos. Não havendo elementos suficientes, porém, também nesta hipótese o juiz determinará ao perito ou avaliador que retifique o laudo.

Aceito o laudo de avaliação, ou resolvidas as impugnações suscitadas, será lavrado o termo de últimas declarações, em que o inventariante poderá emendar, aditar ou complementar as primeiras. Dito de outro modo, nas últimas declarações caberá ao inventariante *ratificar* ou *retificar* as primeiras declarações.

Sobre as últimas declarações, as partes serão ouvidas no prazo comum de quinze dias.

18.7.1.1.6. Cálculo do imposto e julgamento do cálculo

Tendo sido aceitas as últimas declarações (ou feita nelas eventual retificação por força de impugnação acolhida), o juiz determinará que se efetue o cálculo do imposto de transmissão *mortis causa*. Esse cálculo deverá ser realizado por contabilista judicial.

Feito o cálculo, as partes poderão se manifestar sobre ele no prazo comum de cinco dias. Em seguida, se manifestará a Fazenda Pública Estadual (já que o imposto de transmissão *mortis causa* é tributo devido ao Estado, como se vê pelo art. 155, I, da Constituição da República). Havendo impugnação ao cálculo julgada procedente, o juiz determinará a remessa dos autos ao contabilista judicial, determinando as alterações que deverão ser feitas no cálculo. Cumprida essa determinação, ou não tendo havido impugnação procedente, o juiz julgará o cálculo do tributo (art. 638, § 2º).

A decisão que julga o cálculo do imposto põe termo à primeira fase do procedimento do inventário e partilha, destinada ao inventário propriamente dito (*fase de inventário*). Tal pronunciamento tem natureza de decisão interlocutória, sendo impugnável por agravo de instrumento.

Ultimada a primeira fase do procedimento, e tendo sido resolvida eventual questão a respeito de pagamento de dívidas do espólio, terá início a segunda fase do procedimento que ora se examina, destinada à partilha propriamente dita.

18.7.1.1.7. Colações

No prazo de quinze dias de que os interessados dispõem para se manifestar sobre as primeiras declarações (art. 639, combinado com o art. 627), o herdeiro obrigado à colação deverá conferir, por petição ou por termo nos autos, os bens que recebeu ou, caso já não os tenha mais, o seu valor. Assim se poderá dar cumprimento ao disposto no art. 2.002 do Código Civil igualando-se as legítimas. Esses bens devem ser conferidos pelo valor que tivessem no momento da abertura da sucessão (art. 639, parágrafo único, que prevalece sobre o art. 2.004 do Código Civil por lhe ser posterior).

Também o herdeiro que tenha renunciado à herança ou que dela tenha sido excluído (por indignidade ou deserdação) tem o dever de trazer os bens que tenha recebido à colação, para o fim de se assegurar a reposição da parte inoficiosa da doação.

O donatário poderá escolher, entre os bens que recebeu e que tenham de ser trazidos à colação, com quais ficará como pagamento de sua legítima e da parte disponível, entrando os demais na partilha para que sejam divididos entre os demais herdeiros (art. 640, § 1º, dispositivo que, registre-se, está mal colocado no texto do CPC, já que não guarda relação com o que consta do texto do *caput* do mesmo artigo).

Caso a parte inoficiosa da doação recaia sobre bem imóvel que não comporte divisão cômoda, o juiz deverá determinar que sobre ela se realize uma licitação entre os herdeiros. O donatário do bem poderá participar dessa licitação, e terá preferência sobre os demais herdeiros, em igualdade de condições de oferta (art. 640, §§ 2º e 3º).

Quando o herdeiro negar ter recebido o bem, ou afirmar que não está obrigado a trazê-lo à colação (o que se dá na hipótese prevista no art. 2.005 do Código Civil), o juiz, ouvidas as partes em quinze dias, decidirá com apoio nas provas documentais constantes dos autos do processo de inventário e partilha. Havendo necessidade de outros meios de prova, o juiz remeterá as partes para as vias ordinárias, não podendo o herdeiro em cujo favor havia sido praticado o ato de liberalidade receber seu quinhão hereditário enquanto não decidida a questão, salvo se prestar caução correspondente ao valor dos bens sobre os quais versar a conferência (art. 641, § 2º).

Apreciada e rejeitada a alegação do herdeiro, e decidindo o juiz por determinar que se leve o bem à colação, a conferência deverá ocorrer no prazo improrrogável de quinze dias. Não sendo observado este prazo, o juiz determinará o sequestro do bem sujeito à colação, a fim de que seja inventariado e partilhado ou, se o herdeiro que o recebeu já não o possuir, será efetivado o sequestro do seu valor, a fim de que seja imputado ao seu quinhão hereditário (art. 641, § 1º).

18.7.1.1.8. Pagamento das dívidas

Encerrada a primeira fase do procedimento (inventário), e antes de se dar início à segunda fase (partilha), poderão os credores do espólio requerer ao juízo o pagamento das dívidas vencidas e exigíveis (art. 642). A petição do credor, acompanhada de prova literal (*rectius*, prova escrita) da dívida, será distribuída por dependência e autuada em apenso aos autos do processo de inventário e partilha. O juiz, havendo concordância dos interessados, mandará pagar o credor, entregando-lhe dinheiro (e, se preciso for, mandando alienar bens do espólio de valor suficiente para o pagamento da dívida, caso em que serão empregadas as mesmas técnicas que são usadas para a expropriação de bens na execução, como, por exemplo, a realização de leilão judicial ou a adjudicação de bens do monte. Não havendo concordância de todas as partes, o juiz remeterá o credor às vias ordinárias, determinando a reserva de bens de valor suficiente (art. 643, *caput* e parágrafo único).

No caso de credor de dívida certa e líquida, mas ainda não exigível, permite-se sua habilitação no inventário e, concordando todas as partes, o juiz – ao julgar habilitado o crédito – mandará reservar bens do espólio para assegurar o futuro pagamento.

18.7.1.2. A fase de partilha

18.7.1.2.1. Pedidos de quinhão e deliberação sobre a partilha

Encerrada (pela decisão que julga o cálculo do imposto de transmissão) a fase de inventário, tem início a segunda fase do procedimento, a *fase de partilha*. Essa fase começa por ato do juiz que concede às partes o prazo de quinze dias para que formulem o pedido de quinhão. Chama-se *pedido de quinhão* ao ato postulatório pelo qual o sucessor manifesta sua pretensão de ficar com determinados bens que compõem o espólio.

Em seguida o juiz deliberará sobre a partilha, resolvendo os pedidos das partes e designando os bens que deverão constituir o quinhão de cada sucessor (herdeiro ou legatário). No que concerne aos bens que não couberem por inteiro na parte do cônjuge ou companheiro supérstite, nem na de nenhum herdeiro, nem admitam divisão cômoda, deverão ser licitados entre os interessados, ou alienados judicialmente, de modo que se faça a partilha do bem apurado. Caberá ao juiz, todavia, atendendo à manifestação do consenso formado entre todos os sucessores, adjudicar esses bens a todos, formando-se entre eles um condomínio.

Caso algum sucessor for nascituro, deverá o juiz determinar que seu quinhão fique sob a responsabilidade do inventariante até seu nascimento (art. 650).

Nessa mesma decisão, poderá o juiz, atendendo a requerimento de interessado, deferir antecipadamente a algum herdeiro o exercício dos direitos de usar e fruir de determinados bens, com a condição de que, ao término do processo, esses bens integrem o quinhão desse mesmo sucessor. Neste caso, caberá ao herdeiro beneficiado, desde a data da decisão que deferiu essa tutela antecipada, todos os ônus e bônus decorrentes do exercício daqueles direitos.

A deliberação sobre a partilha é decisão interlocutória, impugnável por agravo de instrumento.

18.7.1.2.2. Esboço de partilha

Proferida decisão de deliberação sobre a partilha, os autos serão remetidos ao partidor judicial, um auxiliar da justiça, que organizará o esboço de partilha com base nessa decisão.

Na elaboração do esboço, o partidor deverá observar, quanto aos pagamentos a serem feitos aos sucessores, a seguinte ordem: dívidas atendidas; meação do cônjuge (ou companheiro, que foi inexplicavelmente esquecido pelo texto normativo); meação disponível; quinhões hereditários, a começar pelo herdeiro mais velho. Além disso, o partidor deverá observar, no esboço que lhe incumbe elaborar, a máxima igualdade possível quanto ao valor, natureza e qualidade dos bens, a prevenção de litígios futuros e a máxima comodidade dos coerdeiros e do cônjuge ou companheiro (se houver).

Apresentado o esboço de partilha elaborado pelo partidor judicial, as partes terão quinze dias para se manifestar sobre ele. Resolvidas as reclamações que sejam feitas, será a partilha lançada nos autos.

18.7.1.2.3. Lançamento da partilha nos autos e comprovação do pagamento do tributo

A partilha, lançada (isto é, juntada) aos autos pelo partidor, será constituída de um auto de orçamento, que mencionará os nomes do inventariado, do cônjuge ou companheiro supérstite, dos herdeiros, dos legatários e dos credores admitidos; o ativo, o passivo e o líquido partível, com suas especificações; e o valor de cada quinhão. Constará, ainda, da partilha, uma folha de pagamento para cada parte, declarando a cota a pagar-lhe, a razão do pagamento, a relação dos bens que compõem o quinhão que lhe é adjudicado, suas características e os ônus que sobre eles incidem. O auto (e cada uma de suas folhas) será assinado pelo juiz e pelo escrivão.

Em seguida, será pago o imposto de transmissão *mortis causa* (ou comprovado o pagamento que anteriormente se tenha efetivado). Provado o pagamento do tributo, e vindo aos autos certidão negativa da existência de dívida para com a Fazenda Pública Estadual, o juiz julgará por sentença a partilha.

Não impede a prolação de sentença a existência de dívida para com a Fazenda Pública Estadual, desde que seu pagamento esteja garantido de forma adequada (art. 654, parágrafo único).

18.7.1.2.4. Sentença

A sentença que julga a partilha é o ato de encerramento do processo de inventário e partilha. Além disso, constitui título executivo judicial, nos termos do art. 515, IV, do CPC (e sobre o tema se tratará adequadamente adiante, quando do estudo dos títulos executivos).

Discute-se a natureza da sentença que julga a partilha. Há quem afirme tratar-se de sentença meramente declaratória, já que a partilha não é modo de transmissão da propriedade (uma vez que o Direito Brasileiro adota a regra da *saisine*, segundo o qual a propriedade se transfere no momento da abertura da sucessão, e que vem estabelecido pelo art. 1.784 do Código Civil). Há, porém, quem afirme a natureza constitutiva da sentença, por ser este o pronunciamento responsável por extinguir o estado de comunhão hereditária, definindo a nova situação dos sucessores sobre os bens que compõem o espólio. Esta segunda corrente é, realmente, a correta. É certo que a sentença que julga a partilha não atribui a qualquer dos sucessores a propriedade dos bens que lhes são adjudicados, o que se dá por força da regra da *saisine*. Tem a sentença que julga a partilha, portanto, conteúdo declaratório. Ocorre, porém, que toda sentença de mérito tem conteúdo declaratório, sendo preciso verificar se esta sentença tem algum outro conteúdo ou não (e, neste último caso, será ela meramente declaratória). Ocorre que a sentença que julga a partilha não se limita a declarar a quem coube, pela *saisine*, cada um dos bens que compõem o espólio. Além disso, a sentença que ora se examina extingue um estado de indivisão, decorrente da abertura da sucessão. Não é por outra razão, aliás, que se costuma afirmar que o processo do inventário e partilha, ao lado das "ações de demarcação e de divisão", formam o "juízo divisório" (expressão empregada pelo CPC no art. 89, e que inclui esses três procedimentos especiais).

18.7.1.2.5. Formal de partilha e certidão de partilha

Transitada em julgado a sentença da partilha, cada sucessor receberá os bens que lhe tenham sido adjudicados e um formal de partilha, do qual constarão o termo de inventariante e título de herdeiros, a avaliação dos bens que compõem seu quinhão, o pagamento do quinhão hereditário, a prova da quitação dos impostos e cópia da sentença.

O formal de partilha poderá ser substituído por certidão de partilha quando o quinhão não exceder de cinco salários mínimos, caso em que da certidão constará a transcrição da sentença de partilha.

Sendo apenas um sucessor, não há que se pensar em formal ou certidão de partilha, mesmo porque não terá havido partilha. Nesse caso, como todos os bens são adjudicados a uma só pessoa, expede-se "carta de adjudicação".

Esses documentos (formal de partilha, certidão de partilha e carta de adjudicação) servem a um mesmo propósito: permitir que o sucessor pratique os atos registrais necessários para a regularização da titularidade dos bens que lhe tenham sido atribuídos. Assim, por exemplo, o herdeiro que tenha recebido um imóvel poderá, com esses documentos, praticar os atos registrais necessários para que conste, junto à matrícula do imóvel, a sua propriedade (art. 167, I, nº 25, da Lei de Registros Públicos). Do mesmo modo, esses documentos permitirão a regularização da titularidade de quaisquer outros bens.

18.7.1.3. Partilha

Como já se viu, o procedimento do inventário e partilha se encerra com a prolação da sentença que julga a partilha. A partilha é, pois, um dos mais importantes atos do procedimento que ora se estuda, havendo algumas questões a seu respeito que precisam ser examinadas.

Em primeiro lugar, é de se afirmar que a partilha nem sempre é feita na forma descrita no tópico anterior. Além do sistema ali apresentado, em que cada sucessor formula seu pedido de quinhão, para que em seguida o juiz delibere sobre a partilha, que será esboçada pelo partidor judicial e julgada pelo juiz, há outro método: o da partilha amigável. Esta pode ser lavrada em instrumento público, reduzida a termo nos autos do processo de inventário e partilha ou constante de escrito particular homologado pelo juiz. É evidente que a partilha amigável só pode ser aceita quando todos os sucessores forem capazes de contratar.

Ainda que seja feita a partilha amigável, é bom que fique claro, será necessária a prolação de sentença (que, no caso, será homologatória do ato autocompositivos das partes), para que se possa dar fim ao estado de litispendência, encerrando-se o processo.

O grande problema no estudo processual da partilha (já que outras questões há, mas de direito material, e que fogem aos estreitos limites deste livro) é o da interpretação dos arts. 657 e 658 do CPC. Para melhor compreensão do problema, transcreve-se a seguir o que dizem esses dois dispositivos de lei. O art. 657 do CPC afirma que "[a] partilha amigável, lavrada em instrumento público, reduzida a termo nos autos do inventário ou constante de escrito particular homologado pelo juiz, pode ser anulada, por dolo, coação, erro essencial ou intervenção de incapaz". Prossegue o parágrafo único do aludido artigo afirmando que "o direito à anulação de partilha amigável extingue-se em 1 (um) ano, contado esse prazo: I – no caso de coação, do dia em que ela cessou; II – no de erro ou dolo, do dia em que se realizou o ato; III – quanto ao incapaz, do dia em que cessar a incapacidade". Logo a seguir, afirma o art. 658 do CPC que "[é] rescindível a partilha julgada por sentença: I – nos casos mencionados no art. 657; se feita com preterição de formalidades legais; se preteriu herdeiro ou incluiu quem não o seja".

A questão a ser enfrentada aqui é a de saber quando será adequado o emprego da "ação anulatória de partilha" e quando será o caso de "ação rescisória".

A doutrina tradicionalmente sustentou que a "ação anulatória", prevista no art. 657 do CPC, será adequada nos casos de partilha amigável, utilizando-se a "ação rescisória" apenas quando se tratar de partilha judicial. Assim, porém, nunca me pareceu. Mesmo no caso de sentença homologatória de partilha amigável em procedimento de inventário e partilha seria adequada a utilização de "ação rescisória". É que a sentença que encerra o processo de inventário e partilha, mesmo quando se limita a homologar partilha amigável, alcança a autoridade de coisa julgada, só podendo ser atacada por "ação rescisória". Aliás, se assim não fosse, não faria sentido a regra, contida no inciso I do art. 658, segundo a qual cabe "ação rescisória" pelos mesmos motivos por que cabe "ação anulatória de partilha".

A "ação anulatória", a meu sentir, só poderia ser utilizada quando não houvesse coisa julgada, ou seja, quando a sentença tivesse sido prolatada em processo de jurisdição voluntária. Recorde-se, aqui, que existe um procedimento de jurisdição voluntária que tem finalidade análoga à do inventário e partilha: o arrolamento. Nesse procedimento, que será examinado melhor adiante, e que é de jurisdição voluntária, não se forma a coisa julgada, o que impede a utilização de "ação rescisória". Esse procedimento, porém, só é usado atualmente quando há um único herdeiro e este é incapaz, caso em que não há que se falar em partilha, mas em mera adjudicação, ao único herdeiro, de todo o patrimônio, ou quando todos os herdeiros são concordes (sendo todos capazes ou, havendo incapaz, se também o Ministério Público manifestar sua concordância), mas existe testamento que impede a celebração extrajudicial do contrato de inventário e partilha. Pois é exatamente neste caso, em que todos os herdeiros são capazes, existe inventário, mas o acordo entre eles se enquadra em alguma das hipóteses previstas no art. 657, é que parece adequado o emprego da "ação anulatória", e não da "ação rescisória".

Por fim, é de se dizer que nem a "ação rescisória" nem a "ação anulatória" serão adequadas quando alguém que não tenha participado do processo pretenda ver reconhecida sua condição de herdeiro, para que lhe sejam entregues os bens que lhe cabem. Nesse caso, adequada será a propositura da "ação de petição de herança" (nos termos do art. 1.824 do Código Civil). Não tendo este pretenso herdeiro participado do processo do inventário e partilha, não fica ele sujeito à coisa julgada, e poderá ele demandar para pedir sua parte da herança, não se submetendo aos prazos decadenciais do direito à anulação e do direito à rescisão, mas se sujeitando ao prazo prescricional de dez anos.

18.7.1.4. Arrolamento

Como dito anteriormente, existe um procedimento (quase sempre) de jurisdição voluntária, de fim análogo ao do processo de inventário e partilha, regulado pelo CPC. Chama-se arrolamento, e vem regido pelos arts. 659 a 667 do CPC. O arrolamento é adequado nos casos em que há apenas um herdeiro incapaz (quando não se pede partilha de bens, mas a adjudicação de todos eles ao herdeiro único), ou se, sendo ele capaz, existe testamento. Sendo todos os herdeiros capazes e estando de acordo com os termos da partilha, mas existindo testamento a ser cumprido, também se faz necessária a instauração do processo judicial, que seguirá as regras do arrolamento. Permite-se também o emprego deste procedimento quando há, entre os herdeiros, algum incapaz, desde que todos estejam de acordo com o emprego deste procedimento e com isso também concorde o Ministério Público (art. 665).

O CPC determina, no art. 664, a utilização do mesmo procedimento (do arrolamento) para os casos em que o valor total dos bens do espólio não excede mil salários mínimos. Neste caso, porém, o processo é de jurisdição contenciosa. O que se tem, aqui, é um inventário e partilha com procedimento mais concentrado, mas da mesma natureza do procedimento do inventário e partilha já estudado. Apenas o arrolamento do art. 659 é de jurisdição voluntária.

No arrolamento, a petição inicial conterá o pedido do herdeiro único, ou dos herdeiros em conjunto, dirigido a que, independentemente de qualquer termo, seja nomeado o inventariante. Trará, ainda, a petição inicial a declaração do título do herdeiro e os bens do espólio, com todos os elementos das primeiras declarações do procedimento contencioso de inventário e partilha, além da indicação do valor dos bens que compõem o monte para fins de partilha.

No arrolamento não há que se falar em citação de quem quer que seja, já que o demandante é o único herdeiro, ou todos os herdeiros juntos. Não há, tampouco, avaliação dos bens, já que – para os fins da partilha – será utilizada a avaliação feita pelos herdeiros na petição inicial. Além disso, o pagamento do imposto de transmissão não é requisito do julgamento. Isso porque, nos termos do § 2º do art. 662 do CPC, o imposto será objeto de lançamento administrativo.

Além disso, a existência de credores do espólio não impede a adjudicação ou a partilha, desde que sejam reservados bens suficientes para o pagamento da dívida (art. 663), e é este o único caso em que se poderá fazer, no arrolamento, avaliação dos bens – apenas dos que serão reservados –, pois o credor pode não aceitar os valores atribuídos a eles pelos herdeiros.

Estando em termos a petição inicial, com a qualificação do herdeiro, a demonstração de sua incapacidade civil (se for o caso), a descrição dos bens que compõem o monte, a atribuição de valor a eles e a proposta de adjudicação ou a forma da partilha, e após a comprovação do pagamento do imposto de transmissão e outros tributos eventualmente incidentes, o juiz a homologará por sentença (art. 664, § 4º).

18.7.1.5. Disposições finais

O CPC apresenta, em seus arts. 668 a 673, algumas disposições aplicáveis ao inventário e partilha e ao arrolamento. Destas, as mais importantes passam a ser examinadas.

Em primeiro lugar, traz a lei processual uma disposição específica acerca da cessação da eficácia das tutelas provisórias especificamente previstas para estes procedimentos. É o caso, por exemplo, da reserva de bens a que se referem o art. 628, § 2º, o art. 643, parágrafo único ou o art. 650. Pois essas medidas concessivas de tutela provisória (ou outras que nesta mesma Seção do CPC estejam expressamente previstas param de produzir efeitos se a demanda cuja efetividade buscam resguardar não for proposta no prazo de trinta dias da data da decisão em que o beneficiário da medida tiver sido dela intimado, ou se o processo de inventário e partilha for extinto (com ou sem resolução do mérito).

Em seguida, é preciso tratar da sobrepartilha, prevista no art. 669. A ela ficam sujeitos os bens sonegados (ou seja, aqueles que o inventariante não incluiu nas últimas declarações e, por isso, acabaram por não ser inventariados); os bens da herança descobertos depois da partilha; os bens litigiosos e os de liquidação difícil ou morosa; e os situados em lugar remoto da sede do juízo onde se processa o inventário. A sobrepartilha se faz nos mesmos autos do processo de inventário e partilha, e não deve ser considerada um processo novo, mas mero complemento do processo original.

Em outros termos, surgindo algum dos bens arrolados no art. 669 do CPC depois de ter sido ultimada a partilha dos bens que compõem o monte, terá início uma nova fase do processo, a ser feita com apoio nas mesmas normas que regem o procedimento do inventário e partilha, destinada a partilhar os bens que agora aparecem. A nova partilha (desses bens que só agora aparecem) é chamada, assim, de sobrepartilha. Nessa nova fase o inventariante poderá ser o mesmo que anteriormente já havia sido nomeado, ou outro, se sobre isso estiver de acordo a maioria dos herdeiros (art. 669, parágrafo único).

Outra regra importante, e com a nítida finalidade de assegurar eficiência processual, é a que resulta do art. 672 do CPC. Determina esse artigo de lei que em alguns casos deverá haver a cumulação de inventários e partilhas em um só processo.

O primeiro desses casos é o de identidade de pessoas entre as quais os bens devem ser repartidos. Pense-se no caso de duas pessoas terem falecido sendo *os mesmos* os herdeiros (ainda que entre os autores da herança não houvesse qualquer vínculo). Basta imaginar, por exemplo, o caso de duas pessoas que tenham morrido sem deixar herdeiros necessários e tendo constituído seus herdeiros testamentários as mesmas duas entidades beneficentes. Pois neste caso a reunião dos dois espólios para que sejam inventariados e partilhados em um só processo pode permitir uma divisão mais cômoda dos bens entre os herdeiros, o que justifica a cumulação.

Outro caso de cumulação de inventários é o de heranças deixadas por ambos os cônjuges ou companheiros (ainda que não sejam os mesmos os sucessores, já que pode haver, por exemplo, descendentes de um dos cônjuges que não sejam descendentes também do outro cônjuge). Neste caso o que justifica a reunião dos inventários é a possível existência de patrimônio comum a ambos os cônjuges ou companheiros por força da comunhão de bens, de modo que esses bens comuns poderão ser partilhados de uma só vez.

Por fim, prevê a lei processual a cumulação de inventários quando houver dependência de uma partilha em relação à outra. É o que se dá quando, por exemplo, no curso do processo de inventário e partilha ocorre o falecimento de um dos herdeiros, transmitindo-se seu quinhão aos sucessores deste que agora faleceu. Casos haverá em que o espólio deste herdeiro agora falecido será composto única e exclusivamente pelo quinhão a que ele teria direito em razão da sucessão anteriormente aberta. Neste caso, bastará que se cumulem os inventários e os sucessores do herdeiro que agora faleceu virão ao processo anteriormente instaurado, onde o sucederão por representação.

Pode acontecer, porém, de a dependência entre as partilhas ser parcial, o que se dará quando o herdeiro supervenientemente falecido tiver outros bens em seu patrimônio além do quinhão hereditário a que faria jus em razão da sucessão anteriormente aberta. Neste caso poderá não haver a cumulação de inventários (art. 672, parágrafo único), desde que isso aumente a eficiência processual. Processando-se os inventários separadamente, o quinhão que no primeiro processo caberia ao herdeiro supervenientemente falecido será adjudicado ao seu espólio e trazido para o segundo processo, em que será partilhado entre os sucessores do herdeiro que faleceu depois de aberta a primeira sucessão.

18.8. PROCEDIMENTO ESPECIAL DOS EMBARGOS DE TERCEIRO

18.8.1. Conceito e função

Regula o CPC, em seus arts. 674 a 681, procedimento especial chamado de embargos de terceiro. Sua existência, assim como se dá com a intervenção de terceiros, decorre da constatação da aptidão do processo para atingir a esfera jurídica de terceiros (ou seja, de pessoas que não são partes do processo). Não se pense, porém, que os embargos de terceiro têm natureza de intervenção de terceiro. Só há intervenção de terceiro quando alguém que não é parte em um processo nele ingressa, voluntária ou coativamente. Nos embargos de terceiro tem-se a formação de um processo novo, autônomo em relação àquele em que se praticou o ato lesivo do interesse do terceiro.

Os embargos de terceiro encontram sua origem no Direito Romano, onde era conhecida a *controversia pignoris capit*. Tratava-se de meio eficaz, a fim de permitir ao terceiro pleitear a exclusão de bens que foram penhorados na execução de que não era parte. No Direito luso-brasileiro, os embargos de terceiro já eram regulados nas Ordenações do Reino, como se vê, por exemplo, no Livro III, Título LXXXVI, § XVII, das Ordenações Filipinas. Daí, passaram ao Regulamento nº 737, de 1850 (art. 597), ao CPC de 1939 (art. 707) e ao CPC de 1973 (arts. 1.046 a 1.054).

Também no Direito Comparado encontra-se o instituto. Em Portugal, por exemplo, a matéria vem tratada nos arts. 342 e seguintes do Código de Processo Civil, cuja redação é a seguinte: "1 – Se a penhora, ou qualquer ato judicialmente ordenado de apreensão ou entrega de bens, ofender a posse ou qualquer direito incompatível com a realização ou o âmbito da diligência, de que seja titular quem não é parte na causa, pode o lesado fazê-lo valer, deduzindo embargos de terceiro. 2 – Não é admitida a dedução de embargos de terceiro relativamente à apreensão de bens realizada no processo de insolvência".

No Direito italiano existe instituto com função análoga à dos embargos de terceiro: a *opposizione di terzo*, regulada pelos arts. 619 a 621 do *codice di procedura civile* (originariamente, também o art. 622 do CPC italiano tratava do tema, mas referido dispositivo de lei foi declarado inconstitucional pela Corte Constitucional daquele país, por sentença de 15 de dezembro de 1967. Regulava tal dispositivo a *opposizione di terzo* oferecida pela esposa do devedor, afirmando que tal oposição não poderia ser oferecida, salvo se tratasse dos bens dotais, ou daqueles que a esposa do devedor provasse ter adquirido antes do matrimônio ou, depois deste, por doação ou sucessão *mortis causa*). Considera a doutrina peninsular que a *opposizione di terzo* dá origem a um processo de conhecimento autônomo em relação à execução em que se determinou a penhora de bem de terceiro (que pretende ver reconhecido o domínio ou outro direito real sobre a coisa), mas incidental a ela, pelo qual se busca o acertamento do direito do terceiro sobre o bem e, por conseguinte, a não sujeitabilidade do bem à execução forçada.

Do que vai até aqui exposto já se pode deduzir qual a finalidade dos embargos de terceiro: proteger o patrimônio de terceiro que, não sendo parte em um processo, vê algum bem seu atingido por ato judicial de constrição de bens.

Pode ocorrer (e ocorre com frequência) a prática de ato judicial de apreensão de bens que atinja (ou esteja na iminência de atingir) coisa pertencente a quem não é parte em um processo. Pense-se, por exemplo, numa execução em que se penhora bem pertencente a terceiro, e não ao executado. Para casos como este é que se criaram os embargos de terceiro. Ultrapassando o limite da responsabilidade executiva do devedor, e sendo atingidos bens de quem não é sujeito do processo, comete o juiz esbulho judicial, que, evidentemente, não haverá de prevalecer em detrimento de quem se viu, ilegitimamente, prejudicado pela execução forçada movida contra outrem.

É para evitar ou reprimir, portanto, a moléstia à posse (ou à propriedade) provocada por ato judicial que, indevidamente, provoca (ou pode provocar) a constrição de bem de terceiro, estranho ao processo em que o ato é praticado, que existem os embargos de terceiro. E vale aqui, desde logo, um importante registro. Afastando-se do que tradicionalmente se encontrava no ordenamento jurídico brasileiro, o CPC de 2015 não tratou os embargos de terceiro como mecanismo destinado exclusivamente à proteção da posse, mas expressamente permitiu que por esta via processual se proteja também a propriedade (inclusive a propriedade fiduciária) ou outro direito sobre a coisa. Em outros termos, e empregando linguagem já adotada anteriormente, quando do estudo das "ações possessórias", através dos embargos de terceiro tanto se pode buscar proteção para o *ius possessionis* como para o *ius possidendis*.

Assim é que, por exemplo, o proprietário fiduciário de veículo que esteja com o executado (por força de um financiamento para sua aquisição garantida por intermédio de uma alienação fiduciária) poderá, por meio de embargos de terceiro, buscar desconstituir ato de apreensão que se tenha determinado sobre o aludido bem em uma demanda proposta por outro credor, que busca a constrição de bens do devedor fiduciante.

Pode-se, então, definir os embargos de terceiro como a demanda, que dá origem a processo de conhecimento de procedimento especial, através da qual se busca excluir bens do demandante da apreensão judicial determinada em processo de que ele não é sujeito. E ao definir o instituto, acaba-se por estabelecer, também, sua natureza jurídica. Os embargos de terceiro constituem um *procedimento especial do processo de conhecimento*.

O cabimento dos embargos de terceiro vem regulado nos arts. 674 e 675 do CPC. Afirma este último dispositivo que os embargos de terceiro podem ser opostos durante o processo de conhecimento, enquanto não transitada em julgado a sentença; ou durante o processo executivo ou a fase de cumprimento de sentença, até cinco dias depois da expropriação do bem, mas sempre antes da assinatura da respectiva carta. É preciso notar, então, que, passados mais de cinco dias da expropriação do bem em procedimento executivo, os embargos de terceiro não serão mais admitidos, ainda que a carta não tenha sido, por qualquer razão, assinada. De outro lado, assinada a carta antes dos cinco dias, o prazo para oferecimento dos embargos estará restringido.

É preciso, porém, fazer duas observações. A primeira é que existe um caso em que o próprio CPC regula de modo diverso o prazo para oferecimento de embargos de terceiro. Trata-se da hipótese prevista no art. 792, § 4º, do CPC. Sempre que se pretender a constrição de bem que esteja no patrimônio de pessoa estranha ao processo sob o fundamento de que ela o teria adquirido em fraude à execução, deverá o juiz, antes de determinar sua apreensão, intimar o terceiro adquirente (o que é confirmado pelo disposto no art. 675, parágrafo único, do CPC), que disporá, neste caso específico, de quinze dias para opor embargos de terceiro. E, como diz o Enunciado nº 191 do FPPC, "[o] prazo de quinze dias para opor embargos de terceiro, disposto no § 4º do art. 792, é aplicável exclusivamente aos casos de declaração de fraude à execução; os demais casos de embargos de terceiro são regidos na forma do *caput* do art. 675".

A segunda observação é a de que a jurisprudência do Superior Tribunal de Justiça consolidou o entendimento de que haveria outra exceção à regra do art. 675. Segundo o STJ, o limite temporal ali previsto (até cinco dias depois da expropriação do bem constrito no procedimento executivo, mas antes da assinatura da respectiva carta) só se aplica quando o terceiro tinha efetiva ciência do processo em que a constrição foi determinada e, caso não haja essa ciência, então o prazo de cinco dias deverá ser contado da data do efetivo esbulho ou turbação do bem (assim, por exemplo, decidiu o STJ, já na vigência do CPC de 2015, ao julgar o AgInt nos EDcl no AREsp 1.380.712/SP, rel. Min. Luís Felipe Salomão). Trata-se, porém, de entendimento que não pode ser considerado correto. Não há sentido em admitir-se a oposição tão tardia de embargos de terceiro, quando os atos expropriatórios do procedimento executivo já ocorreram e a carta de expropriação foi assinada. Isso, porém, não impede que o terceiro que se sinta prejudicado possa tomar outras medidas para buscar tutela processual para seu direito (como seria, por exemplo, o ajuizamento de uma demanda de invalidação da expropriação, por ter incidido sobre bem que não pertencia ao executado, o que teria fundamento no disposto no art. 966, § 4º, do CPC, ou de uma demanda reivindicatória, com apoio no disposto no art. 1.228 do Código Civil).

É preciso, ainda, deixar claro que os embargos de terceiro não têm sempre natureza repressiva. Admitem-se embargos de terceiro com fins preventivos, atuando como uma demanda inibitória, quando a posse do bem de terceiro (ou outro direito, como a propriedade) estiver ameaçada por ato de apreensão judicial (bastando imaginar o caso em que o juiz da execução tenha determinado a penhora de bem de terceiro, não tendo sido esta ainda efetivada). O terceiro não precisa, a toda evidência, aguardar que a apreensão se consume para, só depois, ajuizar os embargos de terceiro. É possível, pois, o oferecimento de embargos de terceiro para buscar tutela processual para a posse ou propriedade ameaçada por ato judicial. No caso de embargos de terceiro com finalidade preventiva o que se busca, pois, é a obtenção de tutela jurisdicional inibitória, pois o que se pretenderá, neste caso, será a prolação de um provimento jurisdicional capaz de impedir a prática do ato ilícito consistente em apreender judicialmente bens de quem não é parte do processo em que se determinou a efetivação da apreensão.

18.8.2. Legitimidade ativa e passiva

Dispõe o art. 674 do CPC o seguinte: "[q]uem, não sendo parte no processo, sofrer constrição ou ameaça de constrição sobre bens que possua ou sobre os quais tenha direito incompatível com o ato constritivo, poderá requerer seu desfazimento ou sua inibição por meio de embargos de terceiro".

Observa-se, assim, que é legitimado para oferecer embargos de terceiro, nos termos do *caput* do art. 674 do CPC, aquele que não é parte no processo em que se determinou a apreensão judicial do bem. Portanto, apenas quem não é parte no processo em que foi determinada a apreensão do bem pode ajuizar embargos de terceiro. Assim sendo, é legitimado ativo para os embargos de terceiro o terceiro que tenha bem indevidamente alcançado por ato de apreensão judicial determinado em processo em que, à evidência, não figura como parte.

Os embargos, como determina o § 1º do art. 674 do CPC, podem ser de "terceiro proprietário, inclusive fiduciário, ou possuidor". Em outras palavras, o terceiro poderá ajuizar os embargos de terceiro para buscar proteção para bens de que tenha propriedade ou posse (ou, evidentemente, para ambas essas posições jurídicas simultaneamente).

A lei processual expressamente atribui legitimidade ativa para o ajuizamento de embargos de terceiro (art. 674, § 2º) ao cônjuge ou companheiro, quando defende a posse de bens próprios ou de sua meação, ressalvado o disposto no art. 843 (que trata do caso em que incide penhora sobre bem comum indivisível, caso em que os embargos de terceiro não são admissíveis e eventual direito à meação será exercido sobre o produto da expropriação do bem). Também é legitimado ativo o adquirente de bens cuja constrição decorreu de decisão que declara a ineficácia da alienação realizada em fraude à execução (caso em que o prazo para oposição dos embargos de terceiro, como já visto, é o previsto no art. 792, § 4º, do CPC). É, ainda, legitimado ativo para os embargos de terceiro quem sofre constrição judicial de seus bens por força de desconsideração da personalidade jurídica, de cujo incidente não fez parte, assim como o credor com garantia real para obstar expropriação judicial do objeto de direito real de garantia, caso não tenha sido intimado, nos termos legais dos atos expropriatórios respectivos. Todos esses, porém, seriam de qualquer modo legitimados, ainda que não houvesse esse dispositivo legal, uma vez que são terceiros em relação ao processo em que a constrição do bem foi determinada, e buscam proteger direito seu, incompatível com a constrição judicial imposta sobre o bem.

Já sabendo quem é legitimado ativo para ajuizar os embargos de terceiro, não se poderia deixar de apresentar os legitimados passivos para tal demanda. Como regra geral, a legitimidade passiva é daquele que ocupa a posição de demandante no processo em que se determinou a apreensão judicial do bem sobre o qual o terceiro afirma ter direito. Além dele, porém, será também legitimado o demandado naquele processo quando tiver indicado o bem a ser apreendido (pense-se, por exemplo, no executado que, citado, nomeou à penhora bens de terceiro), caso em que se formará, nos embargos de terceiro, litisconsórcio necessário passivo entre o demandante e o demandado do processo em que se determinou a apreensão judicial do bem de terceiro (e sobre a legitimidade passiva é expresso o art. 677, § 4º, do CPC).

18.8.3. Competência

A competência para o processo dos embargos de terceiro vem determinada pelo art. 676 do CPC, segundo o qual "[o]s embargos serão distribuídos por dependência ao juízo que ordenou a constrição e autuados em apartado". Trata-se de competência funcional e, portanto, inderrogável, sendo absolutamente incompetente qualquer outro juízo para conhecer dos embargos de terceiro.

Pode ser outro o juízo competente, porém, no caso de apreensão a ser feita através de carta precatória (ou de ordem). Neste caso, é competente o juízo que determinou o bem a ser apreendido. Assim, por exemplo, tendo sido expedida carta precatória para constrição de um certo bem, será competente para os embargos de terceiro o juízo deprecante. De outro lado, tendo sido expedida carta precatória para penhora dos bens que no juízo deprecado venham a ser encontrados, a competência para os embargos de terceiro será desse último, já que ali se terá determinado o bem sobre o qual deve incidir a atividade judicial de apreensão. Desaparece, porém, a competência do juízo que cumpriu a carta, ainda que tenha sido ele a determinar o bem sobre o qual incidiria a constrição judicial, se a carta já tiver sido devolvida (art. 676, parágrafo único).

18.8.4. Procedimento

É extremamente simples o procedimento dos embargos de terceiro. Inicia-se, obviamente, com a apresentação em juízo de uma petição inicial, que deve preencher todos os requisitos do art. 319 do CPC. Tal petição deve trazer "prova sumária" da posse ou propriedade e da qualidade de terceiro, sendo acompanhada de prova documental e rol de testemunhas. A prova da posse ou propriedade da coisa poderá ser produzida por documentos ou em audiência preliminar, designada pelo magistrado (art. 677, § 1º, do CPC, que só faz alusão à posse, mas também se aplica a outro direito sobre a coisa que o embargante tenha alegado). Afirma a lei que o possuidor direto pode alegar, com sua posse, domínio alheio (art. 677, § 2º, do CPC), regra óbvia quando se considera que são admitidos embargos de terceiro opostos por possuidor que não tem o domínio.

A prova da condição de terceiro se faz por certidão, extraída dos autos do processo em que se determinou a apreensão do bem. Parece, porém, formalismo exagerado juntar-se tal certidão nos casos em que a competência para os embargos de terceiro seja do juízo da causa principal (em outros termos: tal certidão só se faria necessária quando a competência para os embargos de terceiro fosse de juízo deprecado ou que esteja em cumprimento de carta de ordem), pois nesse juízo é perfeitamente possível verificar-se, pelo exame dos autos principais (a que os autos dos embargos de terceiro serão apensados), a condição de terceiro do embargante.

Considerando o juiz suficientemente provada a posse ou propriedade da coisa pelo embargante, deferirá liminarmente os embargos, determinando a suspensão dos atos de constrição sobre a coisa e, se for o caso, a expedição de mandado de manutenção ou de reintegração de posse em favor do embargante, podendo o juiz estabelecer que o embargante só receberá os bens depois de prestar caução de os devolver com seus rendimentos caso sejam os embargos julgados improcedentes. Não se poderá, porém, determinar a prestação de caução se o embargante for economicamente hipossuficiente, para que não se criem obstáculos econômicos ao acesso à jurisdição e à tutela processual.

Sendo os embargos de terceiro da competência do juízo deprecado (ou de juízo encarregado de cumprir carta de ordem), este deverá comunicar ao deprecante a concessão da liminar, para que sejam suspensos os atos de constrição do bem.

Em seguida à concessão da liminar referida anteriormente (e regulada pelo art. 678 do CPC), será o embargado citado para, no prazo de quinze dias, oferecer resposta.

Também será, evidentemente, determinada a citação se a liminar não for concedida, buscando-se – ao longo do processo – a produção da prova da posse do embargante, quando esta não tenha sido produzida adequadamente no início do processo.

A citação é feita na pessoa do advogado já constituído. Não havendo advogado constituído, a citação será feita pessoalmente ao citando, como não poderia deixar de ser.

Citado o demandado, poderá oferecer sua resposta no prazo de quinze dias. Admite-se o oferecimento de contestação (que, no caso de embargos de terceiro opostos por credor "com garantia real" só poderão versar, no mérito, as matérias elencadas no art. 680 do CPC). Em tese é admissível também a reconvenção, já que o procedimento especial dos embargos de terceiro, a partir da citação, passa a observar o procedimento comum.

Na contestação dos embargos de terceiro, poderá o embargado alegar qualquer matéria de defesa, sendo o processo de cognição plena. Ressalva-se, apenas, o caso de embargos ajuizados por credor "com garantia real", hipótese em que o processo instaurado pelo ajuizamento dos embargos de terceiro é de cognição limitada, só se podendo alegar as matérias elencadas no art. 680 do CPC. Não se admite, porém, que o embargado alegue, em sua defesa, que a apreensão recaiu sobre bem alienado ou onerado em fraude contra credores. Isto porque a ineficácia do ato praticado em fraude pauliana é sucessiva, o que significa dizer que o ato praticado em fraude contra credores produz todos os seus efeitos até o trânsito em julgado da sentença da "ação pauliana". Exatamente por essa razão é que o STJ consolidou, no Enunciado nº 195 de sua súmula, o entendimento segundo o qual não se pode conhecer de alegação de fraude contra credores deduzida como defesa em embargos de terceiro. Assim sendo, só através de demanda própria, em que se buscará sentença de conteúdo constitutivo ("ação pauliana"), é que se poderá obter tutela processual consistente em permitir a penhora do bem alienado ou onerado em fraude contra credores. Não se pode, pois, reconhecer a fraude contra credores alegada em contestação nos embargos de terceiro. O mesmo não se aplica, porém, à fraude de execução, já que nesse caso a ineficácia é originaria, o que significa dizer que o ato, desde sua origem, é incapaz de retirar o bem alienado ou onerado da responsabilidade patrimonial, sendo possível reconhecer-se o vício na alienação (ou oneração) através de alegação do ponto em defesa nos embargos de terceiro.

Decorrido o prazo para oferecimento de resposta, o processo seguirá daí por diante o procedimento comum.

Encerra-se o procedimento dos embargos de terceiro com a prolação de sentença. Sendo esta terminativa ou de improcedência do pedido, nada há de peculiar a examinar. Interessa, pois, o exame da sentença de procedência do pedido deduzido nos embargos de terceiro. Isto porque é extremamente discutida sua natureza jurídica na doutrina brasileira e estrangeira.

Há quem afirme tratar-se de sentença meramente declaratória. Outros preferem considerar a sentença constitutiva. Autores há, ainda, que a consideram mandamental. Tendo sido já exposta minha adesão à classificação ternária das sentenças de mérito, é preciso buscar determinar sua natureza de forma coerente com o que foi anteriormente examinado.

Pois para o exame da natureza da sentença de procedência do pedido formulado em embargos de terceiro é preciso que se faça uma distinção: é que se precisa reconhecer que é diversa a natureza da sentença proferida em embargos repressivos (assim entendidos aqueles ajuizados depois da apreensão judicial do bem) e da proferida em embargos de terceiro preventivos.

Sendo os embargos posteriores à apreensão judicial do bem, a sentença de procedência é *constitutiva*. Isso porque o pedido ali formulado é de desconstituição da situação processual criada pela apreensão judicial do bem. A sentença de procedência irá, então, desconstituir a constrição judicial pendente e, por conseguinte, deve ser tida como constitutiva. Já no que se refere à sentença de procedência do pedido nos embargos de terceiro preventivos, como já afirmado, o que se tem é a prestação de tutela processual inibitória, preventiva do ato ilícito. Por tal razão, deve-se considerar, neste caso, que a sentença é condenatória. Isto porque a sentença conteria a ordem para que não se efetivasse a constrição judicial do bem do terceiro. A sentença inibitória, como toda sentença que reconhece ser exigível um dever jurídico de não fazer, é considerada condenatória, o que leva a inserir entre as sentenças dessa categoria a de procedência dos embargos de terceiro que tenham finalidade preventiva.

Vale, por fim, registrar que no caso de serem procedentes os embargos de terceiro, será condenado a pagar as despesas do processo e os honorários advocatícios aquele que tenha dado causa à constrição indevida, nos termos do Enunciado nº 303 da súmula do STJ, o que é especialmente importante nos casos em que se tenha formado, nesse processo, um litisconsórcio passivo necessário.

18.9. PROCEDIMENTO ESPECIAL DE OPOSIÇÃO

18.9.1. Conceito e natureza jurídica

Instituto que encontra suas origens no antigo Direito germânico, a oposição surgiu porque entre aqueles povos prevalecia o chamado "juízo universal", em que a decisão acerca de um conflito de interesses atingia não só as partes, mas todos aqueles que tivessem notícia da referida decisão. O mesmo não se dava, diga-se desde logo, no Direito Romano, onde prevalecia a ideia de "juízo singular", e a decisão alcançava apenas as partes do processo, não beneficiando nem prejudicando terceiros (*res inter alios iudicata aliis nec prodest, nec nocet*).

Em razão dessas diferentes características, o Direito germânico, ao contrário do romano, sentiu a necessidade de criar um mecanismo que permitisse a terceiros interessados sua intervenção no processo, a fim de postular, também para si, a tutela processual.

Mais tarde, no Direito medieval, que sofreu influências do Direito Romano, do germânico e do canônico, atribuiu-se àquela espécie de intervenção caráter autônomo, passando a oposição a ser verdadeira demanda paralela à demanda original, e não mais mera intervenção de terceiro no processo já em curso.

Nos dias de hoje, segundo a doutrina especializada, os povos latinos costumam adotar o sistema germânico, em que a oposição é verdadeira intervenção de terceiro, enquanto a Alemanha adota o sistema da Itália medieval, dando à oposição caráter de demanda autônoma.

A oposição do Direito brasileiro encontra similares nos mais diversos sistemas jurídicos contemporâneos, como o *intervento principale* italiano, a *intervención principal* do Direito espanhol, o instituto de idêntico nome do Direito argentino, dos *terceros excluyentes* do ordenamento chileno, além, obviamente, da oposição portuguesa.

No CPC brasileiro de 1973, a oposição era regulada entre as intervenções de terceiros, tendo havido intensa polêmica doutrinária acerca de sua verdadeira natureza (se intervenção de terceiros, se demanda autônoma, ou se ela teria uma ou outra dessas duas naturezas conforme o caso concreto).

O CPC de 2015, adotando o entendimento que sempre sustentei, tratou a oposição como demanda autônoma, dando origem a novo processo, e não como intervenção de terceiro.

Na oposição o opoente, terceiro em relação à demanda originária, vai a juízo manifestando pretensão de ver reconhecido como seu o direito (pessoal ou real) sobre que controvertem autor e réu. Merece registro a circunstância de que fala a lei processual em direito ou coisa, mas esse texto deve ser interpretado como "direito pessoal ou real". A rigor, ninguém afirma em juízo ser titular de uma coisa, mas de um direito sobre ela. Assim, por exemplo, se A propõe demanda reivindicatória em face de B, e C considera-se o verdadeiro proprietário do bem, poderá manifestar sua oposição em face dos dois sujeitos da demanda originária, a fim de que seja reconhecido como o real titular do direito controvertido.

Trata-se, como se pode ver, de demanda autônoma, em que o opoente é o autor, e serão réus, em litisconsórcio necessário, as partes da demanda original. Na oposição, o terceiro (em relação à demanda original) vem a juízo manifestar pretensão própria em face dos sujeitos do processo em curso. Ora, toda vez que alguém vai a juízo manifestar pretensão em face de outrem, estará propondo uma demanda. E o ajuizamento dessa demanda autônoma dará início a um novo processo, que tramitará conjuntamente com o processo instaurado por força da demanda original.

18.9.2. Procedimento

A "ação de oposição", portanto, é a demanda do terceiro que se considera titular de direito sobre que controvertem as partes de um processo em curso, a fim de ver reconhecido esse seu direito. Trata-se, via de regra, de demanda meramente declaratória em face do autor da demanda original, e condenatória em face do réu. Essa natureza será invertida (condenatória em face do autor e meramente declaratória em face do réu) quando a demanda originária for declaratória negativa.

Na "ação de oposição", como dito, forma-se um litisconsórcio passivo necessário entre os sujeitos da demanda originária, agora denominados opostos. Costuma-se afirmar em sede doutrinária que esse litisconsórcio é, também, unitário. Não parece, porém, correta a afirmação. O litisconsórcio formado entre os opostos é simples, uma vez que o juiz não terá necessariamente de decidir de modo uniforme a demanda em relação a ambos. Prova disso é o fato de se admitir que um dos opostos reconheça a procedência do pedido do opoente, caso em que a oposição permanecerá correndo apenas em face do que não reconheceu. Trata-se de aplicação da regra da independência dos litisconsortes (art. 117 do CPC), o qual, como visto, aplica-se apenas ao litisconsórcio simples, sendo incompatível com o unitário.

A oposição pode ser oferecida a qualquer tempo, antes da prolação da sentença. Após este momento, nada impede que o terceiro que se considera titular do direito controvertido demande seu reconhecimento, mas o fará por demanda independente, que não receberá a denominação de oposição (e não se submeterá ao mesmo regime jurídico-processual).

O opoente deverá apresentar sua demanda em juízo através de petição inicial. Será tal demanda distribuída por dependência ao processo já em curso, já que o juízo onde o processo original tramita tem competência funcional, absoluta, para conhecer da oposição.

Após a distribuição, serão os opostos citados, na pessoa de seus advogados, salvo, obviamente, se o demandado da causa principal é revel, pois nesse caso não tem ele advogado constituído, o que faz com que nesse caso se exija sua citação pessoal.

Os opostos terão o prazo comum de 15 dias para contestar a demanda oferecida pelo opoente. Note-se que não é aplicável, aqui, o disposto no art. 229 do CPC, que determina a duplicação de prazos para litisconsortes com advogados diferentes, de escritórios de advocacia distintos, quando o processo tramita em autos não eletrônicos. Podem os opostos, além de contestar, oferecer reconvenção. Podem, ainda, como já se disse, reconhecer a procedência do pedido do opoente. No caso de apenas um dos opostos reconhecer o pedido, optando o outro por contestar, a oposição prosseguirá apenas em relação a este último.

Admitido o processamento da oposição (isto é, não sendo caso nem de indeferimento da petição inicial, nem de improcedência liminar do pedido), seus autos serão apensados aos autos do processo original, devendo ambas as demandas serem julgadas em conjunto, pela mesma sentença (art. 685). Caberá ao juiz, então, ao proferir a sentença, examinar primeiro a oposição e, em seguida, a demanda original (art. 686). É que existe, aí, uma evidente relação de prejudicialidade, a impor a apreciação da oposição em primeiro lugar.

Esta regra se aplica qualquer que seja o momento de ajuizamento da demanda de oposição (que, evidentemente, só pode ser admitida se proposta antes da prolação de sentença que julgue a demanda original). Caso o ajuizamento da oposição se dê depois de iniciada a audiência de instrução e julgamento, porém, caberá ao juiz suspender o andamento do processo original ao fim da fase de instrução probatória, salvo se concluir que a unidade da instrução, com colheita de prova simultaneamente para os dois processos, atenderá melhor às normas fundamentais do processo civil (não só ao princípio da duração razoável do processo, como diz o art. 685, parágrafo único, mas também a outras normas fundamentais, como o princípio da eficiência). Neste caso, então, o juiz suspenderá imediatamente o processo original e conduzirá o processo da oposição até a fase de instrução probatória, quando colherá a prova para ambos os processos conjuntamente.

Ao final, como visto, o juiz proferirá sentença única para julgar as duas demandas, analisando sempre a oposição em primeiro lugar.

18.10. PROCEDIMENTO ESPECIAL DE HABILITAÇÃO

O processo, como se sabe, tem uma configuração mínima, composta por três sujeitos: Estado, autor e réu. Além desses, outros sujeitos podem ingressar no processo, quando então ocorre o fenômeno genericamente designado pluralidade de partes (que se manifesta por três formas principais: litisconsórcio, intervenção de terceiro, intervenção do Ministério Público). Não se pode, salvo casos excepcionalíssimos, admitir a sobrevivência de um processo sem que se tenha, pelo menos, aqueles três sujeitos que compõem o esquema processual mínimo. Pode ocorrer, porém, de falecer – no curso do processo – alguma das partes. Esse evento terá, à evidência, consequências processuais, que devem ser examinadas.

Quando ocorre o falecimento de uma das partes, sendo sua presença essencial para o processo, e sendo intransmissível a posição jurídica por ela ocupada (por exemplo, quando morre o devedor de obrigação personalíssima cujo cumprimento se exigia), não há outra solução que não a extinção do processo, sem resolução do mérito (com apoio no que dispõe o art. 485, IX, do CPC). Não sendo esse o caso, porém, a consequência da morte de uma das partes é a suspensão do processo, com base no que dispõe o art. 313, I, do CPC.

No caso de morte geradora de suspensão do processo, fica este paralisado até que ocorra a habilitação do espólio ou de seus sucessores. É de se notar que, conforme o caso, a sucessão processual ocorrerá com o ingresso, em lugar do falecido, de seu espólio (por exemplo, num processo em que se buscava a condenação do demandado a pagar dívida em dinheiro) ou por seus sucessores (como, por exemplo no caso de "ação de investigação de paternidade", em que – morto o demandado – será ele sucedido no processo por seus herdeiros, como resulta do parágrafo único do art. 1.601 do Código Civil, o que se explica por ser este um processo que versa sobre matéria não patrimonial, não havendo nenhuma utilidade na participação do espólio, que é mera massa de bens).

Pois é precisamente da habilitação que o CPC trata em seus arts. 687 a 692.

Afirma o art. 687 do CPC que "a habilitação ocorre quando, por falecimento de qualquer das partes, os interessados houverem de suceder-lhe no processo". Pode-se defini-la como procedimento através do qual os sucessores das partes ingressam em juízo para recompor o processo afetado pela morte de um dos sujeitos que o integraram em sua formação originária.

Estabelecido o conceito de habilitação, é preciso verificar sua natureza jurídica. Trata-se de procedimento especial, incluído pelo CPC entre os de jurisdição contenciosa, o que é correto. Trata-se, realmente, de procedimento de jurisdição contenciosa, através do qual se desenvolve um processo de conhecimento. A pretensão, manifestada na demanda de habilitação, é de modificação do processo, com o ingresso do sucessor no lugar da parte falecida. Busca-se, pois, sentença constitutiva, destinada a modificar – quanto a um dos seus sujeitos – a configuração do processo. A demanda de habilitação leva à instauração de processo autônomo, tanto no caso em que processada nos mesmos autos do processo original, como naquele em que sua autuação se dá em apartado.

Cabe a habilitação, como afirmado, apenas nos casos de sucessão *mortis causa* de uma das partes do processo (ressalvadas, apenas, como já afirmado, aquelas hipóteses em que a morte da parte implica extinção do processo sem resolução do mérito). Não se utiliza o procedimento da habilitação para os casos de sucessão *inter vivos*. Isso se deve ao fato de que o CPC optou por regular de modo diverso as consequências da alienação do direito litigioso, o que fez no art. 109. Assim é que, alienando uma das partes a terceiro o direito litigioso, permanece o alienante no processo, agora como substituto processual do adquirente, salvo no caso de seu adversário concordar com a sucessão processual, caso em que o adquirente do direito litigioso ingressa em seu lugar no processo.

Trata da legitimidade para a demanda de habilitação o art. 688 do CPC, afirmando que pode ela ser pleiteada "pela parte, em relação aos sucessores do falecido", ou "pelos sucessores do falecido, em relação à parte". Verifica-se, assim, o caráter dúplice do procedimento, podendo qualquer dos sujeitos ocupar a posição de demandante ou de demandado. Pode ocorrer, portanto, de a demanda de habilitação ser ajuizada pela parte adversária da falecida, em face de seus sucessores (ou de seu espólio), como também pode se dar precisamente o inverso, com a demanda de habilitação sendo ajuizada pelos sucessores (ou pelo espólio) do falecido, em face daquele que era seu adversário no processo pendente.

O que não se pode admitir é a determinação judicial, *ex officio*, da habilitação, observando-se aqui a regra segundo a qual ninguém pode ser compelido a ser autor, nem pode qualquer pessoa ser forçada a demandar em face de quem não escolheu, o que faz com que se deva manter ao alvedrio das partes a opção entre demandar ou não a habilitação. O que pode – e deve – o juiz fazer, nos termos do art. 313, § 2º, é, verificando que não se demandou a habilitação, determinar a intimação do autor (no caso de falecimento do réu) para que a promova no prazo que designar, que não será inferior a dois meses, nem superior a seis meses, sob pena de extinção sem resolução do mérito do processo original. Do mesmo modo, quando tiver falecido o autor e o juiz verificar que não se demandou a habilitação, deverá determinar a intimação de seu espólio ou de seus sucessores (conforme o objeto da demanda tenha ou não conteúdo patrimonial) para que digam se têm interesse na sucessão processual e promovam a habilitação, sob pena de extinção do processo sem resolução do mérito (devendo ser fixado prazo para isso, respeitados os mesmos limites estabelecidos para a hipótese anterior). Mas não se admite que o juiz, de ofício, promova a habilitação e faça prosseguir o processo que estava suspenso em razão da morte de alguma das partes.

É competente para o processo da habilitação o juízo da causa principal. Resulta essa competência do disposto no art. 689 do CPC, que determina que o processo da habilitação tramite nos próprios autos do processo original, que se encontra suspenso. Trata-se de competência funcional e, por conseguinte, inderrogável, o que leva a afirmar-se a incompetência absoluta de qualquer outro juízo para o processo da habilitação.

Pode ocorrer, porém, de a habilitação ser demandada quando o processo principal estiver no tribunal (em grau de recurso, ou por se tratar de processo de competência originária do órgão superior). Nesse caso, o processo de habilitação se desenvolverá perante o relator do processo principal, sendo julgada na forma prevista no respectivo regimento interno. Atuará o relator, pois, como juiz instrutor, preparando o processo para o julgamento, que será proferido pelo órgão colegiado a que couber a competência para o processo principal.

Estando a causa perante o juízo de primeira instância, ainda que já tenha sido proferida a sentença, será dele – e não do tribunal – a competência para o processo de habilitação, tendo-se aí uma competência residual.

Inicia-se o procedimento da habilitação por petição inicial, que deverá atender aos requisitos genericamente exigidos. Estando a petição corretamente elaborada, determinará o juiz a citação dos demandados, que se fará também pelas formas genericamente previstas para o processo de conhecimento, salvo no caso em que, demandada a habilitação pelo espólio ou pelos sucessores do falecido, a parte contrária tiver advogado constituído nos autos (caso em que a citação se fará na pessoa do advogado). É de se frisar que, sendo a habilitação demandada em face dos sucessores, e havendo herdeiros desconhecidos, serão eles citados por edital, nos termos do que determina o art. 256, I, do CPC.

No procedimento da habilitação o demandado é citado para, em cinco dias, oferecer contestação. Não sendo oferecida qualquer impugnação, ou se houver contestação, mas não haja necessidade de dilação probatória, o juiz deverá desde logo proferir a sentença. Sendo necessária a produção de outras provas além da documental, o juiz determinará a autuação em apartado do processo de habilitação, a fim de que as provas possam ser colhidas e, em seguida, seja proferida a sentença (art. 691).

Julgado procedente o pedido de habilitação, por sentença (de natureza constitutiva, como afirmado anteriormente), e transitada em julgado a decisão, o processo principal volta a tramitar, agora com o sucessor no lugar anteriormente ocupado, naquele processo, pelo falecido. O juiz determinará, se for o caso, que se junte aos autos principais cópia da sentença que julgou a habilitação.

18.11. PROCEDIMENTO ESPECIAL DAS CAUSAS DE FAMÍLIA ("AÇÕES DE FAMÍLIA")

O CPC de 2015, inovando no ordenamento jurídico brasileiro, regulamentou um procedimento especial adequado para os procedimentos contenciosos de Direito de Família. Apenas para os contenciosos, evidentemente, já que os procedimentos de jurisdição voluntária seguem regramento próprio. Assim é que, por força do disposto no art. 693 do CPC, o procedimento especial das "ações de família" é aplicável aos processos contenciosos de divórcio, separação, reconhecimento e extinção de união estável, guarda, visitação e filiação. De outro lado, o parágrafo único do mesmo dispositivo legal exclui o emprego deste procedimento especial quando se tratar de processo de "ação de alimentos" ou que verse "sobre interesse de criança ou de adolescente", casos em que se observará a legislação própria, e as regras das "ações de família" só serão aplicáveis em caráter subsidiário.

Há que se fazer algumas considerações sobre a correta interpretação desse dispositivo. Em primeiro lugar, é preciso ter claro que a "ação de alimentos" a que se refere o dispositivo é aquela a que se aplica o procedimento especial regido pela Lei nº 5.478/1968. Pois esse procedimento só pode ser empregado quando existe prova documental pré-constituída da relação jurídica ensejadora da obrigação de prestar alimentos (como seria, por exemplo, uma certidão de nascimento indicando que o demandado é pai do demandante). Não sendo possível o emprego desse procedimento especial, então será adequada a utilização do procedimento especial das "ações de família".

Outra observação necessária é que a referência a processos que versem "sobre interesse de criança ou de adolescente" deve ser interpretada como sendo uma alusão aos processos regidos pelo Estatuto da Criança e do Adolescente (como seria, por exemplo, o processo que tem por objeto a perda ou suspensão do poder familiar – arts. 155 a 163 do ECA – ou o destinado à colocação de criança ou adolescente em família substituta, regulado nos arts. 165 a 170 do ECA). Assim, processos que versem sobre interesse de criança ou adolescente, mas que não é regido pelo Estatuto (como é o caso do processo da "ação de investigação de paternidade") seguirão o procedimento especial das "ações de família".

Por fim, é preciso dizer que o parágrafo único do art. 693 criou uma nova regra para os processos das "ações de alimentos" e para aqueles regidos pelo ECA. Como sabido, a regra geral é que a qualquer procedimento especial, inclusive os regidos por legislação extravagante, se apliquem subsidiariamente as disposições referentes ao procedimento comum. No caso das "ações de alimentos" e dos processos regidos pelo ECA, porém, aplica-se subsidiariamente o procedimento especial das "ações de família", e apenas nos casos em que este não contenha disposição capaz de suprir a lacuna, é que se aplicará, em uma *subsidiariedade de segundo grau*, o procedimento comum.

Feitas essas considerações, é preciso examinar as técnicas processuais que caracterizam o procedimento especial das "ações de família".

A primeira disposição a ser examinada é a do art. 694, segundo o qual "[n]as ações de família, todos os esforços serão empreendidos para a solução consensual da controvérsia, devendo o juiz dispor do auxílio de profissionais de outras áreas de conhecimento para a mediação e conciliação". Esse dispositivo poderia, à primeira vista, parecer repetitivo, já que o art. 3º, § 2º, do CPC já prevê um dever geral do Estado de promover, sempre que possível, a solução consensual do conflito. Há aqui, porém, uma importante regra a ser aplicada: a da exigência de que, na busca da autocomposição, o juiz seja auxiliado por "profissionais de outras áreas de conhecimento". Assim é que a lei processual exige que profissionais especializados em lidar com os conflitos de família (que, por razões evidentes, não podem ser tratados como simples crises jurídicas, envolvendo uma série de questões metajurídicas que não podem ser desconsideradas) atuem em auxílio do juiz. Psicólogos, assistentes sociais, e até mesmo economistas podem ser auxiliares relevantes na construção do consenso, e devem, sempre que possível, ser chamados a atuar nos procedimentos de construção de soluções consensuais para os conflitos de família. Isso torna as sessões de mediação (que é a técnica indicada para conflitos de família, como se pode verificar pelo disposto no art. 165, § 3º, do CPC) dos conflitos de família mais complexas do que as de outros tipos de conflito.

A importância da construção do consenso nos conflitos de família é tão grande, a merecer destaque especial, que a lei expressamente estabeleceu a possibilidade de as partes, a qualquer tempo, postularem a suspensão do processo para que se submetam a mediação extrajudicial ou a atendimento multidisciplinar (ou seja, a atendimento por profissionais de áreas de conhecimento diversas que possam ajudar na compreensão do conflito e na construção de soluções). Essa suspensão não se sujeita a prazo, afastada aqui, portanto, a limitação estabelecida pelo art. 313, § 4º.

Impende, agora, passar ao exame do procedimento especial das "ações de família" propriamente dito.

Ajuizada a demanda, o que se dá com o protocolo de uma petição inicial (que não exige qualquer formalidade adicional àquelas estabelecidas genericamente pelo art. 319), e tomadas as providências que se façam necessárias para decisão e efetivação da tutela provisória, será determinada a citação do demandado para participar de audiência prévia de autocomposição, na qual se observará o disposto no art. 694 acerca da participação de profissionais especializados em outras áreas de conhecimento.

A citação se fará por oficial de justiça (excluída, portanto, a citação eletrônica e a postal), que cumprirá mandado do qual constarão apenas os dados necessários à audiência (como o número do processo, o juízo em que tramita o processo, a data, hora e local em que a audiência será realizada), e que deverá estar desacompanhado de cópia da petição inicial.

Esta técnica processual diferenciada, consistente em se afastar a sistemática geral da citação (que, como regra, exige a entrega ao citando de cópia da petição inicial, como se pode ver pelo disposto nos arts. 248 e 250, V) tem por fim evitar que a prévia leitura da petição inicial pelo demandado, ainda mesmo antes de procurar um advogado, acabe por acirrar os ânimos e tornar mais difícil a construção do acordo. Afinal, é sabido que com muita frequência as petições iniciais das demandas que versam sobre causas de família contêm termos fortes e acusações pesadas que podem causar no réu um sentimento avesso a qualquer tentativa de solução consensual do litígio. Não há, porém, prejuízo para o exercício do direito de defesa, já que a lei processual assegura ao réu o direito de examinar o conteúdo da petição inicial (art. 695, § 1º), o que normalmente será feito pelo advogado do réu, e não por este pessoalmente.

O réu deverá ser citado pessoalmente, não se admitindo a entrega do mandado de citação a procurador ou representante do demandado (art. 695, § 3º), e deverá ser feita com antecedência mínima de 15 dias úteis em relação à audiência preliminar.

Citado o réu, ocorrerá necessariamente a audiência prévia de autocomposição, afastada aqui a possibilidade de as partes, ainda que por convenção processual, dispensem sua realização. Em outras palavras, ainda que as partes expressamente digam não ter qualquer interesse na realização da audiência, esta terá de acontecer. E na audiência prévia de autocomposição as partes estarão presentes e acompanhadas de seus advogados ou defensores públicos.

A presença dos advogados ou defensores das partes é essencial para a orientação jurídica das partes acerca dos termos do acordo. Daí não resulta, porém, que tenham eles de participar de toda a sessão de mediação. É que em alguns momentos a parte precisa ficar sozinha com os mediadores e com a outra parte (ou até mesmo pode acontecer de ser recomendável ficar apenas uma das partes com os mediadores, que conduzem conversas separadas com cada um dos sujeitos em conflito), e a presença do advogado ou de qualquer outra pessoa que não os próprios litigantes e os mediadores devidamente capacitados pode dificultar que os litigantes se sintam à vontade para buscar reconstruir o diálogo entre eles e com isso caminhar na busca da construção do consenso. Podem, então, os mediadores solicitarem aos advogados ou defensores públicos que, temporariamente, saiam do recinto em que se realiza a sessão de mediação.

Essa audiência prévia de autocomposição, aliás, pode ser dividida em tantas sessões quantas sejam necessárias para a construção do consenso (art. 696), sendo possível durante esse procedimento de mediação postular-se ao juiz alguma providência que se revele necessária para a preservação dos direitos sobre os quais as partes litigam.

A Lei n. 14.713/2023, que promoveu alterações tanto no Código Civil como no CPC, estabelecendo que, "quando houver elementos que evidenciem a probabilidade de risco de violência doméstica ou familiar", não poderá ser deferida a guarda compartilhada (art. 1.584 do Código Civil), inseriu no CPC um art. 699-A, por força do qual, "[n]as ações de guarda, antes de iniciada a audiência de mediação e conciliação de que trata o art. 695 deste Código, o juiz indagará às partes e ao Ministério Público se há risco de violência doméstica ou familiar, fixando o prazo de 5 (cinco) dias para a apresentação de prova ou de indícios pertinentes". Trata-se de dispositivo que, aplicável apenas às "ações de família" que tenham por objeto a guarda parental (que não se confunde com a colocação de criança ou adolescente em família substituta sob regime de guarda, fenômeno regulado pelo Estatuto da Criança e do Adolescente), leva a uma série de perplexidades.

A primeira delas está em determinar qual o momento exato em que o juiz da causa fará às partes essa indagação. A lei se limita a dizer que será "antes de iniciada a audiência de mediação e conciliação". Significa isso dizer que é no próprio momento em que a audiência deveria ser realizada, mas antes de os atos destinados à construção do consenso terem início? Ou deve ser em momento anterior, de modo que o prazo de cinco dias a que a lei se refere se encerre antes da data marcada para aquela audiência? Essa questão já é relevante, porque pode alterar toda a dinâmica do procedimento. Afinal, se a indagação for feita ao início da audiência, e alguma das partes, ou o Ministério Público, responder afirmativamente, dizendo haver risco de violência doméstica ou familiar, será inevitável que a audiência nem se desenvolva, garantindo-se o prazo de cinco dias para que sejam apresentadas as "provas ou indícios" pertinentes.

Daí se poderia concluir, então, que a melhor interpretação seria a de que a indagação deve ser feita antes da audiência, de modo que eventual prazo de cinco dias (para apresentação das "provas ou indícios") transcorresse antes mesmo da audiência. Mas aí é preciso considerar um outro fato. É que no processo das "ações de família" o réu, ao ser citado, não recebe cópia da petição inicial (art. 695, § 1º). Ora, como compatibilizar essa técnica processual diferenciada com a exigência de que o réu se manifeste, antes mesmo da contestação, sobre um tema que pode ser decisivo para a decisão da causa? Há, aí, uma total quebra do sistema pensado para o procedimento especial das "ações de família". Ainda mais quando se considera que a citação só deve ser determinada depois de tomadas as providências necessárias para decisão e efetivação de tutela provisória.

Parece óbvio, então, que, se a parte autora pretende obter, em tutela provisória, a guarda unilateral da criança, já terá trazido, antes da citação, elementos de prova que permitam ao magistrado formar um juízo de probabilidade acerca do risco de violência doméstica ou familiar. Nesse caso, então, já terá sido proferida decisão sobre a tutela provisória (a qual, por óbvio, poderá ser modificada ou revogada a qualquer tempo, em decisão fundamentada, o que significa dizer que o demandado poderá trazer para o processo elementos de prova que demonstrem que aquela probabilidade de risco de violência não está presente). O que se vê, então, é que a inovação legislativa só atrapalha o regular andamento do processo.

Outras questões, porém, poderiam ser suscitadas. O que acontece, por exemplo, se as partes não trouxerem, nesse momento, qualquer prova de que o risco de violência doméstica ou familiar existe? Haveria aí algum tipo de preclusão? E se essa prova surgir depois (mas não disser respeito a fatos supervenientes)? Ela poderia ser juntada? Afinal, provas descobertas depois do exaurimento das instâncias ordinárias podem servir de fundamento até mesmo para o ajuizamento de ação rescisória. E, de outro lado, sempre se entendeu não haver preclusão em matéria probatória nas instâncias ordinárias se, além de ser possível respeitar-se o princípio do contraditório em relação às provas posteriormente juntadas, a parte tiver atuado de boa-fé.

Resulta daí, portanto, que a prova que não se produza nesse prazo de cinco dias poderá, ao menos em regra, ser produzida depois. E se assim é, esse prazo de cinco dias de nada serve, a não ser para atrapalhar o andamento do processo.

Outra questão que pode surgir é se o fato de as partes negarem, diante dessa indagação formulada pelo juiz, a existência de qualquer risco de violência doméstica ou familiar gera preclusão da faculdade de alegar esse mesmo risco. Afinal, é sabido que muitas vezes a vítima de violência se cala, nega sua existência, em razão de medo ou de qualquer outra razão que a leve a tentar se proteger do agressor. E vale aqui registrar que a indagação nem sequer é dirigida a saber se houve algum ato de violência doméstica ou familiar (contra a mulher ou contra a prole), mas se existe *risco de violência*.

Aliás, o que seria exatamente esse *risco de violência*? Será que uma afirmação infeliz, feita durante uma discussão, ou um gesto (como um punho cerrado) pode ser considerado risco de violência? E se esses elementos forem trazidos de forma absolutamente descontextualizada? É preciso separar os casos em que há efetiva violência (ou risco real de que ela ocorra) daqueles em que se afirma existir violência ou risco de que ela ocorra apenas como forma de criar problemas para alguém que não é agressor. E isso se diz por ser notório que há um número muito grande de falsas acusações de violência doméstica. E as falsas acusações acabam por ser prejudiciais à luta dos grupos vulneráveis (mulheres, crianças e adolescentes) pela defesa de seus direitos lesados por agressores que realmente devem ser afastados de suas vítimas.

A conclusão a que se chega, então, é que esse art. 699-A do CPC traz mais problemas do que soluções para o desenvolvimento do procedimento das "ações de família". De todo modo, é preciso determinar como deve o procedimento se desenvolver agora que ele está em vigor.

Pois a melhor interpretação parece mesmo ser a de que caberá ao juiz, no início da audiência de autocomposição, e antes de permitir que os mediadores e outros profissionais do grupo multidisciplinar que deverão auxiliá-lo (na forma do art. 694) comecem a atuar, indagar as partes e o Ministério Público sobre a existência, no caso concreto, de risco de violência doméstica ou familiar contra a mulher ou contra a prole. Negativa que seja a resposta de todos os participantes do processo, a audiência continuará normalmente. De outro lado, havendo resposta positiva, a audiência deverá ser suspensa, dando-se às partes prazo comum de cinco dias úteis para apresentação de provas acerca do ponto, ouvindo-se na sequência o MP. Nesse caso, deverá ser entregue desde logo ao demandado cópia da petição inicial (se ele ainda não a tiver obtido).

Decorrido o prazo, e com base nos elementos de prova que aí tenham sido trazidos aos autos, o juiz deverá decidir sobre a tutela provisória (ainda que sobre ela já houvesse decisão anterior, uma vez que a tutela provisória pode ser revogada ou modificada a qualquer tempo) e, se for o caso, determinar nova data para realização da audiência de mediação ou conciliação.

Obtida a solução consensual, será ela reduzida a termo e homologada por sentença. De outro lado, não havendo acordo, o processo seguirá pelas regras do procedimento comum.

Nas "ações de família" só haverá intervenção obrigatória do Ministério Público como fiscal da ordem jurídica se houver interesse de incapaz ou se uma das partes for mulher vítima de violência doméstica e familiar (art. 698, *caput* e parágrafo único), devendo ele ser necessariamente ouvido antes da homologação de eventual acordo. Não havendo acordo (e sendo caso de sua intervenção), o MP se manifestará sempre depois das partes, na forma do art. 179, I, do CPC.

Por fim, é preciso dizer que nos processos que versem sobre interesse de criança ou adolescente e no qual se tenha alegado fato relacionado a abuso ou alienação parental, o juiz deverá tomar o depoimento do incapaz, sempre acompanhado de um especialista (art. 699). Trata-se, aí, de uma referência ao *depoimento especial*, também conhecido como *depoimento sem danos*, regulado pela Lei nº 13.431/2017.

Nos termos do art. 8º do aludido diploma normativo, depoimento especial "é o procedimento de oitiva de criança ou adolescente vítima ou testemunha de violência perante autoridade policial ou judiciária". Esse depoimento deve ser tomado protegendo-se a criança ou adolescente de modo a evitar qualquer contato, ainda que visual, com o suposto autor ou acusado do abuso ou alienação parental ou com outra pessoa que possa representar ameaça, coação ou constrangimento (art. 9º da Lei nº 13.431/2017).

O depoimento especial não é tomado na sala de audiências do juízo, mas em local especial e acolhedor, com infraestrutura e espaço físico que garantam a privacidade da criança ou adolescente que irá prestar depoimento (art. 10 da Lei nº 13.431/2017).

A tomada do depoimento especial é regida por protocolos específicos (arts. 11, *caput*, e 12, da Lei nº 13.431/2017) e sempre que possível será tomado uma única vez, preferencialmente através do processo de produção antecipada de provas, constituindo-se em verdadeiro processo de demanda probatória autônoma. Será obrigatório o emprego desta via processual quando a criança depoente tiver menos de sete anos de idade ou quando a criança ou adolescente supostamente tiver sido vítima de violência sexual (art. 11, § 1º, da Lei nº 13.431/2017).

Em qualquer hipótese, porém, a tomada de um segundo depoimento especial da mesma criança ou adolescente, com relação aos mesmos fatos, só será possível se justificada sua imprescindibilidade, tendo havido concordância não só do depoente, como de seu representante legal (art. 11, § 2º, da Lei nº 13.431/2017).

O depoimento especial sempre será tomado em segredo de justiça (art. 12, § 6º, da Lei nº 13.431/2017).

18.12. PROCEDIMENTO MONITÓRIO ("AÇÃO MONITÓRIA")

18.12.1. Conceito, estrutura e cabimento

O procedimento monitório está regulado nos arts. 700 a 702 do CPC, que tratam daquilo que a lei processual chamou de "ação monitória", mas que, em verdade, deve ser chamado de procedimento monitório. O procedimento monitório tem sua origem no Direito Medieval italiano. Naquele momento histórico estabeleceu-se que, para determinados créditos, não seria citado o devedor, obtendo o credor diretamente do juiz a ordem de prestação que ensejava a execução, isto é, o *mandatum* ou *praeceptum de solvendo*. Esse *mandatum* era acompanhado e justificado pela cláusula de que, se o devedor se propusesse a alegar exceções, poderia opô-las dentro de certo prazo, cláusula esta que ficou conhecida como *clausula iustificativa*, e que assim dizia: "*Si senserit se gravatum*"; ou "*nisi se opponant*". O *mandatum de solvendo cum clausula iustificativa* diferia do *mandatum de solvendo* do *processus executivus* e documental, então existente, porque este se expedia com prévia citação do devedor e tinha a execução pronta, ou seja, prosseguia a despeito da oposição, sendo então conhecido como *mandatum de solvendo sine clausula*. O *mandatum de solvendo cum clausula iustificativa* encontrava similar no Direito germânico, onde havia o *indiculus commonitorius* do processo franco. Comunicado ao devedor, no processo italiano medieval, o *mandatum cum clausula iustificativa*, e deixando ele de oferecer oposição, o *mandatum* executava-se sem nada mais. De outro lado, oferecendo o demandado sua defesa, tolhia-se qualquer eficácia do *mandatum*, que se resolvia *in vim simplicis citationis*, ou seja, dava lugar a um processo ordinário. Considerando que a cognição exercida pelo magistrado para expedição do *mandatum* era incompleta (já que não sabia se o réu teria exceções a alegar), àquele ato do juiz medieval também se dava o nome de *praeceptum executivum sine causae cognitione*.

O procedimento monitório brasileiro tem, porém, um ancestral mais próximo, no próprio Direito luso-brasileiro: a "ação de assinação de dez dias", ou "ação decendiária". Esta tinha origem nas Ordenações Manoelinas (Livro III, Título LXVI), passando pela nova ordem do juízo do Rei D. João III, de 5 de junho de 1526, e da do Rei D. Sebastião, de 18 de novembro de 1577. Nas Ordenações Filipinas, vinha a "ação de assinação de dez dias" regulada no Livro III, Título XXV, e era definida pela doutrina da época como a causa sumária, pela qual se ajuízam obrigações, a que é devida pronta execução, e que por si fazem prova legal. Ao tempo do Império (quando ainda vigoravam no Brasil as Ordenações do Reino Português) definia-se a "ação de assinação de dez dias" como *aquela pela qual se ajuízam as obrigações, que devem ser prontamente cumpridas, assinando-se ao réu dez dias para pagar, ou dentro deles alegar e provar os embargos que tiver*. Regulado pelos arts. 246 e seguintes do Regulamento nº 737, de 1850, e por alguns Códigos Estaduais de Processo (como, por exemplo, o Código do Processo da Bahia, que regulava a "ação de assinação de dez dias" em seus arts. 340 a 355), desapareceu o instituto do Direito brasileiro com a entrada em vigor do Código de Processo Civil de 1939 (embora ali houvesse um procedimento especial de estrutura bastante semelhante, chamado "ação cominatória"). Também o CPC de 1973, ao entrar em vigor, ignorou o instituto, não o regulando. A Lei nº 9.079/1995, porém, o fez renascer, com moderna roupagem, através da regulamentação do procedimento monitório, adotando um modelo bastante similar ao que se encontra no CPC de 2015.

O procedimento monitório (também chamado procedimento por injunção) é instituto que vem, há bastante tempo, sendo empregado com sucesso na Europa, onde está regulado (entre outros países), na Alemanha, na Áustria, na Itália (país cujo ordenamento serviu de modelo ao procedimento monitório brasileiro) e em Portugal. Tendo sido o Direito italiano o modelo em que se baseou o legislador brasileiro, é principalmente na doutrina daquele país que se devem buscar elementos para a interpretação das disposições normativas que, no Brasil, regulam o procedimento monitório, bem assim para seu estudo científico.

Pode-se conceituar o procedimento monitório como o procedimento especial destinado a permitir a rápida formação de título executivo judicial. Como sabido, não se pode dar início à atividade executiva sem que se tenha título executivo. Isso se deve ao fato de que o título executivo é o ato jurídico apto a permitir a incidência da responsabilidade patrimonial. Dito de outro modo: o título executivo é o ato jurídico capaz de produzir o efeito de tornar possível a sujeição de um patrimônio, com o fim de satisfazer um direito de crédito. Assim sendo, inexistindo título executivo, não se pode obter (por falta de interesse-adequação) a tutela processual executiva.

Em alguns casos, porém, deve-se facilitar o acesso ao título executivo daquele credor que não o tem e, por essa razão, precisa se valer do processo de conhecimento. Cria-se, então, um procedimento concentrado, rápido, que permite a formação célere do título executivo. Este procedimento é o monitório, ou injuncional. Através desse procedimento, como dito, obtém-se rapidamente a formação do título executivo pois nele predomina sobre a função de declaração de certeza a função de preparação do título executivo.

É extremamente controvertida a natureza jurídica do procedimento monitório. Em primeiro lugar, é de se verificar se o instituto tem natureza contenciosa ou voluntária. Na doutrina austríaca houve, ao menos durante certa época, tendência a considerar que o procedimento monitório seria de jurisdição voluntária, pois não haveria ali cognição, decidindo o juiz com base nas afirmações do credor, que não precisaria comprovar, nem mesmo superficialmente, o fundamento delas. Faltaria, além disso, contenciosidade, já que a ordem de pagamento será expedida na suposição de que o réu não irá oferecer qualquer oposição. Oferecida que fosse a defesa, o procedimento monitório esgotaria sua função, pois a ordem de pagamento ficaria sem efeito. O procedimento monitório, pois, segundo essa concepção, serviria unicamente para criar um título executivo baseado no acordo entre credor e devedor.

Essa teoria, porém, está hoje abandonada. O caráter contencioso do procedimento monitório é inegável. A uma, é equivocada a ideia de que não há cognição no procedimento monitório. Cognição existe, ainda que – para que o juiz determine a expedição da ordem de pagamento – tal cognição não seja plena nem exauriente. Ademais, a lide não é elemento essencial da jurisdição "contenciosa", como tantas vezes já se afirmou. A jurisdição voluntária se caracteriza pela pretensão manifestada pelo demandante, que é de integração de um negócio jurídico. Não é isso que se tem no procedimento monitório, pois aqui a pretensão manifestada pelo demandante é de obtenção de título executivo judicial (a mesma pretensão, aliás, que se manifesta em qualquer demanda condenatória, pouco importando o procedimento que se vá observar), o que mostra a natureza contenciosa do procedimento monitório.

Estabelecido que o procedimento monitório se insere na "jurisdição contenciosa", é preciso determinar sua natureza jurídica, e três correntes se apresentam na doutrina mais autorizada: há quem o considere um procedimento do processo de execução; outros autores afirmam tratar-se de um novo tipo de processo, ao lado dos tradicionalmente reconhecidos (cognitivo e executivo); por fim, há quem afirme tratar-se o procedimento monitório de um procedimento especial do processo de conhecimento.

Em primeiro lugar, é de se examinar a corrente doutrinária (minoritária), segundo a qual o procedimento monitório tem natureza de processo de execução. Na defesa deste entendimento, já se afirmou que a "ação monitória" seria um misto de "ação executiva" em sentido lato e cognição, predominando, porém, a força executiva. Assim, apesar de estar colocada entre os procedimentos especiais de jurisdição contenciosa, sua compreensão, assim como a solução dos problemas práticos que apresenta, somente seria possível se fosse tratada como se fosse processo de execução, ou seja, como uma espécie de execução por título extrajudicial em que, em vez do mandado de citação para pagamento, sob pena de penhora, o que se tem é a citação com a ordem de pagamento ou de cumprimento da obrigação.

Não é difícil apresentar o equívoco dessa corrente doutrinária. É que o procedimento monitório – conforme expressa previsão legal (art. 700 do CPC) – é adequado para quem não tem título executivo, sendo certo que o processo de execução só é via processual adequada para quem tenha título com tal eficácia. Além disso, a finalidade do processo de execução é a satisfação de um crédito, enquanto o objeto do procedimento monitório é a constituição de um título executivo. Não se pode, pois, considerar que o procedimento monitório tenha natureza executiva.

Outra corrente doutrinária, mais numerosa, afirma ser o procedimento monitório, um novo tipo de processo, que figuraria ao lado dos outros tipos tradicionalmente reconhecidos (cognitivo e executivo). A origem dessa tese está na obra de Carnelutti, que afirmava existir um tipo de processo que consistiria em *tertium genus*, entre a cognição e a execução, e que teria uma estrutura particular, em virtude da qual, se aquele contra quem se propõe a demanda não se opõe, o juiz realiza uma cognição sumária, e em razão dela emite uma providência que serve de título executivo à pretensão e, desse modo, consente, para sua tutela, na execução forçada. No Brasil, essa concepção doutrinária contou com o apoio, bastante tempo antes da positivação do procedimento monitório, de Humberto Theodoro Júnior. Aderiram depois a essa tese, segundo a qual o "processo monitório" seria um tipo de processo diferente dos demais, alguns dos mais destacados nomes da Escola Processual de São Paulo. Pode-se encontrar, por exemplo, quem tenha afirmado que sob a denominação "ação monitória", incluiu-se no Código de Processo Civil destinado aos procedimentos especiais uma modalidade de processo inteiramente nova na ordem jurídico-processual brasileira, que seria o processo monitório, que não se enquadraria na figura do processo de conhecimento nem na do executivo. Este seria um processo que, com extrema celeridade, propicia um título executivo ao autor munido de documentos idôneos, prosseguindo desde logo, sem a instauração de novo processo, com a execução fundada nele. A inércia do réu, não opondo os embargos instituídos na lei com a finalidade de suspender a eficácia desse título, teria uma consequência muito mais gravosa que o efeito da revelia, do processo de conhecimento, porque nesse caso passa-se à fase executiva sem que o juiz tenha oportunidade de julgar sobre a existência do direito do autor.

A afirmação de que o "processo monitório" permitiria a instauração da execução sem necessidade de processo autônomo de execução não é, porém, capaz de fazer desse um novo tipo de processo. Como já afirmado, a execução de título judicial deve ser tratada como uma segunda fase de um processo único. Assim sendo, não parece adequado utilizar-se este fundamento para afirmar ser o "processo monitório" um novo tipo de processo, antes desconhecido do Direito brasileiro. Além disso (e tornarei ao ponto adiante), o fato de a execução do título formado através do procedimento monitório se dar no mesmo processo em que ele se forma não altera sua natureza. A execução do aludido título se faz em outra fase do mesmo processo, o que não é suficiente para se afirmar que se esteja, aqui, diante de outro tipo de processo, mesmo porque é assim que tudo se passa no módulo processual comum de conhecimento, que nem por isso teve sua natureza alterada. Afinal, formado o título executivo judicial através de um procedimento cognitivo (que o CPC, como se sabe, chama de *processo de conhecimento*), a atividade executiva se desenvolve através do *cumprimento de sentença*, que não é processo distinto, mas fase complementar do mesmo processo em que o título tenha sido formado.

Preferível, assim, aderir à tese – dominante em doutrina – que afirma ser o procedimento monitório um procedimento especial do módulo processual de conhecimento. Se considerarmos o processo de cognição em sua função de preparação do título executivo, o nascimento desse título se apresenta como o evento característico que indica o ponto de contato, e, ao mesmo tempo, de separação entre as duas fases do processo; toda aquela porção do procedimento que está antes do título executivo, do qual constitui preparação e aperfeiçoamento, é cognição; toda aquela porção que está além do título executivo, do qual constitui desenvolvimento e consequência, é execução. Se isto é exato, a natureza do procedimento monitório, que tem a finalidade de formar um título executivo rápido e pouco dispendioso, fica por si mesma claramente definida; o mesmo não serve para fazer valer contra o devedor um título executivo já existente, mas serve para criar de modo rápido e econômico, contra o devedor, um título executivo que ainda não existe. Por conseguinte, é um procedimento de cognição, e não de execução. O procedimento monitório não dá ao credor coisa diversa e mais eficaz da que também o processo de conhecimento de procedimento comum poderia lhe dar, mas busca alcançar o mesmo resultado com menor gasto de tempo e de dinheiro: o resultado chega (ou pode chegar) mais rápido, mas se detém, em relação à execução, no mesmo ponto em que se detém o processo de conhecimento de procedimento comum. O credor, mediante o procedimento monitório, consegue obter com celeridade aquele título executivo que a cognição ordinária lhe proporcionaria somente depois de muita dilação. Uma vez que se tenha conseguido obter rapidamente, porém, no procedimento monitório, o título para passar à execução, se encontra, frente a esta, na mesma condição em que se encontraria se seu crédito houvesse sido declarado por uma sentença proferida no procedimento comum. A ordem de pagamento, a "injunção" (para usar o termo preferido da doutrina italiana), não é, frente à execução, um passo mais adiante do que pode ser a sentença de condenação. Ela serve de fundamento à execução, é o meio, de que até agora o credor se encontrava desprovido, para abrir a execução. É, em suma, título executivo, mas não é, ainda, início de execução. Dizer que a injunção forma já parte da execução é, para usar uma expressão que foi empregada por Calamandrei, *como dizer que já entrou em casa aquele que vai ainda em busca da chave para abrir a porta*.

Verifica-se, pois, que o procedimento monitório é de natureza cognitiva, destinando-se a proporcionar o mesmo resultado que se alcançaria pelo procedimento comum: a obtenção de título executivo judicial. Encerra-se, pois, o procedimento monitório com a formação do título executivo – quando se tratar de obrigação pecuniária – ou com a efetiva satisfação do direito do credor – quando se tratar de obrigação de entrega de coisa ou de prestação de fazer ou de não fazer – já que a execução é fase complementar da atividade cognitiva.

Aliás, exatamente por se tratar de procedimento especial do processo de conhecimento, e que se revela capaz de produzir resultado que também através do procedimento comum se poderia produzir que se deve considerar que o emprego deste procedimento especial é opcional para o demandante, que pode preferir usar o procedimento comum, sem que daí resulte qualquer vício processual.

É de se notar que alguns autores afirmaram ter o procedimento monitório natureza cognitiva, "com prevalente função executiva". Essa afirmação, em verdade, não infirma a tese aqui adotada, pois, como ensinava Calamandrei, a doutrina fala, quanto a estas formas especiais, de "declarações de certeza com predominante função executiva", mas não no sentido de que esses processos sejam já, eles mesmos, início de execução (já que execução não se dá sem aquele título executivo que é o produto e o resultado final desses processos), mas no sentido de que esses processos especiais de conhecimento são particularmente idôneos para construir com celeridade o título executivo, sem o qual o credor não pode dar início à verdadeira e própria execução. "Predominante função executiva", significa, então, que, nesses processos, predomina sobre a função de declaração de certeza a função de preparação do título executivo.

Depois de estabelecer a natureza jurídica do procedimento monitório (procedimento especial do processo de conhecimento), resta tratar do seu cabimento. Este varia de país para país. O mais frequente, porém, é que se preveja o procedimento monitório para pretensões de cobrança de obrigação de pagar dinheiro ou de entrega de coisas fungíveis.

No ordenamento processual anterior ao atual, o Direito brasileiro admitia o emprego da "ação monitória" para quem veiculasse pretensão de cobrança de quantia em dinheiro ou de entrega de coisa móvel (fungível ou infungível). O CPC/2015, porém, ampliou bastante o cabimento da "ação monitória", que agora pode ser empregada para exigir o cumprimento de qualquer tipo de obrigação (pagar dinheiro, entregar coisa móvel ou imóvel, fazer ou não fazer), como se pode ver pelo disposto no art. 700.

O procedimento monitório é adequado para quem pretenda exigir o cumprimento de alguma obrigação com apoio em prova escrita, desprovida de eficácia executiva. Esta prova escrita pode ser designada por *título monitório* (empregado o termo título, aqui, para designar aquele fenômeno jurídico que torna uma determinada via processual adequada para se postular tutela processual, assim como existe o título executivo – que torna adequada a execução – ou como o contrato de despejo é o título que torna adequada a "ação de despejo" como meio processual para o locador retomar o imóvel locado). O título monitório, então, é o fenômeno jurídico capaz de tornar adequado o emprego do procedimento monitório como meio de postular tutela processual.

Como visto, o título monitório é uma *prova escrita sem eficácia de título executivo*. Qualquer escrito pode se enquadrar nessa definição, como, por exemplo, entre outros, os títulos de crédito que já perderam sua eficácia executiva (como, por exemplo, o assim chamado "cheque prescrito", que pode ser usado como título monitório, como se pode ver pelo Enunciado nº 299 da súmula do STJ). Outros exemplos podem ser encontrados na doutrina e na jurisprudência. Assim, tornam adequada a utilização do procedimento monitório, entre outros: documento assinado pelo devedor que não está subscrito por testemunhas; duplicata sem aceite, acompanhada de nota fiscal e do instrumento de protesto; bilhete de rifa; além de se admitir a utilização da via monitória para cobrança de saldo remanescente oriundo de venda extrajudicial de bem alienado fiduciariamente em garantia (Enunciado nº 384 da súmula do STJ). Nota-se, pois, que há grande amplitude no conceito de título monitório. Pode-se utilizar, para o Direito brasileiro, fórmula comum na doutrina e na jurisprudência italianas: a prova escrita pode ser constituída de qualquer documento (escrito, naturalmente) que mereça fé quanto à autenticidade e tenha eficácia probatória do fato constitutivo do direito.

Questão importante a ser enfrentada é a da possibilidade – apesar da expressa dicção do texto normativo do art. 700 do CPC – de se empregar título executivo extrajudicial como título monitório, optando o demandante por propor a "ação monitória" em vez de instaurar processo de execução.

Uma leitura do art. 700 de forma isolada, sem levar em conta toda a sistemática do ordenamento processual, certamente levaria a que se dissesse que aquele que já tem título executivo extrajudicial não poderia ajuizar "ação monitória", sendo essa via inadequada para que se postule tutela processual e, portanto, faltando interesse de agir. Assim não é, porém. É que, por força do disposto no art. 785 do CPC, aquele que dispõe de título executivo extrajudicial pode abrir mão da eficácia executiva de seu título e optar por instaurar processo de conhecimento, a fim de obter título executivo judicial. Pois, neste caso, o que antes era visto como título executivo extrajudicial passa a ser prova escrita do crédito, a qual poderá ser empregada como título monitório.

Outro ponto importante é que o CPC permite o emprego, como título monitório, da *prova oral documentada* que tenha sido colhida através de processo autônomo de produção antecipada de provas (art. 700, § 1º). Assim, aquele que não tenha prova documental, mas dispõe de testemunhas que podem, com seus depoimentos, trazer elementos que demonstrem a evidência do direito do demandante, poderá previamente propor uma demanda probatória autônoma, com base no art. 381 do CPC, e depois de documentada a prova oral empregá-la como título monitório, juntando-a à petição inicial do procedimento monitório.

De outro lado, deve-se considerar que não há qualquer exigência no sentido de que se apresente apenas um escrito, por si só suficiente para produzir o efeito probatório exigido para que se preste a tutela processual monitória. Nada impede que sejam juntados vários documentos que, reunidos, permitem ao juiz formar a convicção necessária para prestar a tutela processual pretendida. Pode, em outros termos, valer-se o autor de dois ou vários documentos, cada um insuficiente, mas que, somados, sejam capazes de induzir a probabilidade suficiente. Para executar, essa soma de elementos não seria idônea, pois não haveria título executivo, mas ela é idônea para a formação do título monitório.

O que é fundamental para a adequada compreensão do título monitório é que, não obstante o silêncio da lei brasileira, o documento que vai ser utilizado nessa via processual não pode ser produzido unilateralmente pelo credor. Esse entendimento é tradicional na doutrina italiana, e vem sendo reconhecido pela jurisprudência brasileira. Não se poderia, mesmo, admitir que o credor produzisse, unilateralmente, prova em seu favor.

É preciso dizer, ainda, que a obrigação cujo cumprimento se pretende exigir através do procedimento monitório deve ser exigível (e, no caso de obrigação de entregar coisa fungível, aí incluída a obrigação de pagar dinheiro, deve haver também liquidez). Não se poderia prestar tutela processual (por via monitória ou por qualquer outra, salvo a meramente declaratória da existência da obrigação), se a dívida ainda não fosse exigível, ou seja, se seu cumprimento estivesse sujeito a termo ou condição, por faltar ao demandante interesse de agir (por ausência de necessidade da tutela processual). De outro lado, no caso de obrigação de entregar coisa fungível (dinheiro ou não), é preciso que a obrigação seja dotada de liquidez, pois não poderia o juiz determinar a expedição do mandado monitório (de que se tratará adiante) se não se sabe a quantidade devida, o *quantum debeatur.*

Dois outros aspectos precisam ser, aqui, examinados, no que diz respeito ao cabimento do procedimento monitório. É preciso verificar a possibilidade de utilização dessa via processual quando o réu é incapaz e quando é demandada a Fazenda Pública.

No que concerne ao incapaz, a lei processual expressamente exclui o cabimento da "ação monitória" (art. 700, *caput*, que exige que o demandado seja "devedor capaz"). O procedimento monitório não poderia mesmo ser utilizado nesse caso.

Isso porque a participação obrigatória do Ministério Público no processo acabaria por impedir a rápida formação do título executivo, ainda que o demandado não se manifestasse após o recebimento do mandado monitório.

Problema maior sempre foi o da possibilidade de utilização do procedimento monitório contra a Fazenda Pública. Ao tempo da legislação anterior, a doutrina era muito divergente, havendo quem considerasse possível tal utilização, enquanto outros a repeliam. Sempre considerei possível a utilização do procedimento monitório contra a Fazenda Pública, entendimento este que foi expressamente acolhido pelo CPC (art. 700, § 6º). O pagamento espontâneo da obrigação pela Fazenda (ainda que se trate de obrigação pecuniária) não irá contrariar a exigência de observância da ordem dos precatórios, porque não se trata de pagamento em cumprimento de condenação, mas, como se afirmou, de pagamento espontâneo. De outro lado, a omissão da Fazenda Pública em oferecer embargos dará origem a título executivo judicial, cuja execução será feita através do procedimento próprio (do cumprimento de sentença contra a Fazenda Pública). Por fim, o intuito maior do procedimento monitório é permitir a rápida formação do título executivo e, mesmo sendo necessário observar-se o duplo grau de jurisdição obrigatório (art. 701, § 4º, do CPC), ainda assim o ganho de tempo será imenso.

É preciso, para que se possa encerrar essa breve exposição a respeito do cabimento do procedimento monitório, afirmar-se uma vez mais que ele é opcional. Em outros termos, o demandante pode optar por utilizar as vias ordinárias (procedimento comum), não obstante preencha os requisitos para a utilização da via monitória. Essa facultatividade decorre de dois fatores. Em primeiro lugar, é sabido que a eficácia da tutela monitória é inversamente proporcional ao número de embargos oferecidos pelos demandados. Ora, tendo o demandante razões para crer que o demandado dificilmente deixará de apresentar defesa, não há razão para obrigá-lo a utilizar o procedimento monitório, devendo-se permitir a instauração do processo, desde logo, pelo procedimento comum. Além disso, e como se verá mais adiante, o sistema processual brasileiro instituiu um "prêmio" para o demandado que, no prazo de 15 dias a contar do recebimento do mandado monitório, cumpre a obrigação. Estabelece a lei processual que, neste caso, ficará o demandado isento de pagar as custas adiantadas pelo demandante. Pois seria absurdo impor ao demandante o risco de ficar privado do recebimento daquilo que gastou com as despesas processuais. Pode o autor preferir utilizar uma via processual que leva ao título executivo judicial por caminho mais longo, mas que, de outro lado, dá-lhe a garantia de que não deixará de ser ressarcido pelos gastos que tiver efetuado em sua busca pela tutela processual.

Vistos o conceito e o cabimento do procedimento monitório, é preciso falar sobre estrutura. É que o procedimento monitório se caracteriza pelo emprego de uma técnica processual diferenciada consistente na *inversão de iniciativa do contraditório*. E é esta técnica que permite a rápida formação do título executivo judicial.

Como se verá no tópico seguinte, destinado ao exame do procedimento monitório propriamente dito, logo no seu início o juiz proferirá uma decisão fundada em cognição sumária, verdadeira tutela da evidência, determinando a expedição de um mandado dirigido ao réu, exortando-o a que cumpra a obrigação exigida pelo demandante. Mas a característica fundamental desse procedimento é mesmo a técnica conhecida como inversão de iniciativa do contraditório.

Essa característica do procedimento monitório consiste no seguinte: enquanto no processo de conhecimento normalmente tudo já se inicia segundo o princípio do contraditório, cuja observância é provocada pelo próprio demandante, de modo que o juiz não emite seu pronunciamento senão depois de ter ouvido (ou haver regularmente reconhecido a revelia) também ao adversário daquele que propõe a demanda, no procedimento monitório o autor, mediante sua petição inicial, postula ao juiz que emita, sem prévio contraditório (art. 9º, parágrafo único, III, do CPC) uma decisão que determina a expedição de um mandado dirigido ao demandado, assinando-lhe, ao mesmo tempo, um prazo dentro do qual ele pode, se lhe interessar, provocar o contraditório mediante oposição (embargos), advertindo-o de que a consequência da falta de oposição formulada em tempo será que estará automaticamente formado título executivo judicial. O que se observa, então, é que o caráter típico deste procedimento especial está em que neles a finalidade de chegar com celeridade à criação do título executivo se alcança transferindo-se a iniciativa do contraditório do autor para o demandado. Enquanto no processo de cognição ordinariamente o título executivo não nasce senão depois que o autor tenha instaurado regularmente o contraditório, o qual resulta perfeitamente supérfluo em todos aqueles casos em que o demandado que comparece não tem nada a opor à demanda do autor, ou em absoluto se abstém de comparecer, no procedimento monitório o título executivo nasce pelo simples fato de que o demandado não demonstre, fazendo oposição dentro do prazo estabelecido, a utilidade, da qual ele é o melhor juiz, de abrir o contraditório; de maneira que o interesse do autor na rápida criação do título executivo vem a ser praticamente satisfeito em todos aqueles casos em que o próprio demandado compreende que o contraditório seria inútil, porque nada sério tem a opor às razões do autor. O conceito é, pois, o seguinte: que o juízo sobre a oportunidade de abrir o contraditório e, por conseguinte, a iniciativa de provocá-lo, deve ser deixado à parte em cujo interesse o princípio do contraditório normalmente se estabeleceria, ou seja, ao demandado.

Em outras palavras, e ao contrário do que se dá nos procedimentos cognitivos em geral, em que cabe ao demandante a iniciativa de instaurar o contraditório, só podendo o juiz proferir sua decisão após a oitiva do demandado (ou depois de se verificar regularmente sua revelia), no procedimento monitório o juiz decide sem prévio contraditório, ficando a iniciativa de instauração deste com o réu (e não, como normalmente se dá, com o autor). Essa inversão de iniciativa do contraditório se deve ao fato de que, aos olhos do sistema processual, os casos em que é cabível a utilização do procedimento monitório são hipóteses em que, com grande probabilidade (evidência), o réu nada terá a opor à ordem de cumprimento da obrigação. Sendo o contraditório, pois, instaurado no interesse do demandado, nada mais natural do que lhe atribuir o encargo de instaurá-lo. Apenas, portanto, nos casos em que o réu tenha algo a opor à demanda do autor é que haverá contraditório pleno efetivo, o qual vai se instaurar através do oferecimento, pelo demandado, de sua defesa (que, no Direito brasileiro, recebeu da lei processual o nome de *embargos*).

A inversão da iniciativa do contraditório é, pois, responsável por permitir a emissão de um pronunciamento judicial sem prévia oitiva do demandado, o que acelera a formação do título executivo. A eficácia imediata desse título, por sua vez, ficará sujeita ao não oferecimento de embargos (já que, como se verá adiante, o oferecimento de embargos suspende a eficácia da decisão que determina a expedição do mandado monitório).

18.12.2. Procedimento monitório

Inicia-se o procedimento monitório, como não poderia deixar de ser, com a apresentação em juízo de uma petição inicial. Esta deverá preencher todos os requisitos exigidos das petições iniciais em geral. Na indicação do valor da causa, deverá o autor observar o disposto no art. 700, § 2º, do CPC. Assim é que, no caso de "ação monitória" em que se exige o pagamento de quantia em dinheiro, o valor da causa será o valor cobrado, devidamente atualizado e com os acréscimos eventualmente exigidos (como multas ou juros), cabendo ainda ao demandante apresentar memória de cálculo (isto é, um demonstrativo do cálculo feito para determinação desse valor). Já no caso de "ação monitória" que tenha por objeto a entrega de coisa, o valor da causa corresponderá ao valor atualizado da coisa a ser entregue. Por fim, no caso das "ações monitórias" cujo objeto seja o cumprimento de obrigação de fazer ou não fazer, o valor da causa será o conteúdo econômico em discussão ou o proveito econômico perseguido pelo demandante. Ademais, deve a petição inicial vir acompanhada da prova escrita, desprovida de eficácia executiva que constitui título monitório.

Indo os autos à conclusão, o juiz deverá, neste primeiro momento, exercer cognição, verificando a presença das "condições da ação" e dos pressupostos processuais. Nada havendo que impeça a concessão do provimento de mérito, passará o magistrado a valorar a prova escrita apresentada pelo demandante. Não sendo tal prova suficiente para formar um juízo de probabilidade quanto à existência do direito de crédito afirmado pelo demandante, deverá ser determinada a emenda da petição inicial, a fim de que seja ela adaptada ao procedimento comum (e, não sendo efetivada tal emenda, a petição inicial deverá ser indeferida).

Tendo o juiz, com base em cognição sumária, se convencido da probabilidade de existência do direito de crédito, deverá deferir a expedição do mandado monitório. Este pronunciamento judicial é, sem sombra de dúvida, uma decisão interlocutória (art. 203, § 2º, do CPC), já que se trata de um pronunciamento decisório que não é capaz de pôr fim ao procedimento cognitivo. E essa decisão interlocutória presta uma *tutela da evidência*. É que se tem, aí, um resultado provisório do processo, e que não depende, para ser produzido, da demonstração de urgência. É significativo, aliás, que o texto normativo do art. 701 do CPC expressamente estabeleça que essa decisão será proferida se o juiz reputar "evidente o direito do autor".

Pode-se mesmo dizer, por conta do que até aqui foi afirmado, que a tutela da evidência é uma forma de levar para o procedimento comum as técnicas processuais específicas do procedimento monitório, buscando permitir a mais rápida formação de resultados do processo em casos nos quais não há urgência, distribuindo-se, deste modo, os ônus do tempo do processo.

Tem-se, aí, pois, uma decisão interlocutória que versa sobre o mérito, dando-lhe uma resolução que, ao menos por ora, é provisória. Impende, porém, ter clara a irrecorribilidade da decisão que determina a expedição do mandado monitório. Tal decisão não poderá ser atacada por recurso por inexistência de interesse em recorrer, já que a parte a quem o ato judicial se dirige dispõe de outro meio para buscar obter situação jurídica mais favorável do que lhe proporciona referido pronunciamento, os embargos (de que se tratará adiante).

Proferida essa decisão interlocutória, será expedido mandado (que se chama em doutrina de *mandado monitório*), o qual será encaminhado ao réu. A entrega ao réu desse mandado corresponde à sua citação, podendo ser empregadas todas as técnicas previstas na lei para sua efetivação (art. 700, § 7º).

Uma vez citado o réu, terá ele o prazo de quinze dias (úteis, evidentemente) para adotar uma entre quatro possíveis condutas: cumprir integralmente a obrigação, requerer o pagamento parcelado, oferecer embargos ou deixar transcorrer o prazo sem praticar qualquer ato.

Optando o demandado por cumprir, dentro dos quinze dias, a obrigação exigida, fará jus a um "prêmio" estabelecido pelo texto legal: ficará isento do pagamento das custas processuais (art. 701, § 1º) e só pagará, a título de honorários advocatícios, o equivalente a 5% sobre o valor da causa (art. 701, *caput*). O ato de cumprir o mandado monitório tem natureza de reconhecimento jurídico do pedido por ato real e, então deveria ser aplicado o disposto no art. 90, *caput* e § 4º, do CPC. Essa disposição, porém, fica expressamente afastada no caso aqui examinado, já que o réu ficará isento do pagamento das custas do processo (mantendo-se, porém, a fixação dos honorários na metade do mínimo legal).

Uma segunda possibilidade é o réu, no prazo de quinze dias, requerer o pagamento parcelado da dívida. Essa possibilidade, evidentemente, só se manifesta no caso de "ação monitória" que tenha por objeto o pagamento de dívida pecuniária. É que, por força do disposto no art. 701, § 5º, do CPC, se tem por aplicável ao procedimento monitório a disposição contida no art. 916 do CPC, que permite, no processo de execução por título extrajudicial que tenha por objeto pagamento de quantia certa, que o demandado efetue o pagamento parcelado do valor exigido, desde que, no prazo de quinze dias (que é o próprio prazo para cumprimento do mandado monitório) comprove o depósito de pelo menos trinta por cento do valor postulado, caso em que a diferença será paga em até seis prestações mensais.

Uma terceira possibilidade é que o réu, no prazo de quinze dias que lhe é assinado para cumprir o mandado monitório, oponha embargos, independentemente de prévia segurança do juízo (ou seja, sem que haja necessidade de prestação de caução ou qualquer outra garantia de que será possível efetuar-se posteriormente o pagamento caso as alegações deduzidas nos embargos sejam rejeitadas). Os embargos têm natureza de contestação, convertendo o procedimento monitório em procedimento comum. Sendo eles apresentados tempestivamente, então, a decisão interlocutória que determinou a expedição do mandado fica com sua eficácia suspensa, sendo preciso, a partir daí, aguardar-se todo o desenrolar do procedimento, em que se exercerá cognição plena e exauriente, até que na sentença se acolha ou rejeite a pretensão do autor.

Tendo os embargos natureza de defesa, verdadeira contestação, que convertem o procedimento monitório em comum, é de se considerar admissível o oferecimento, pelo demandado, de reconvenção, o que é expressamente permitido pelo art. 702, § 6º (que, porém, veda o oferecimento de reconvenção sucessiva, ou reconvenção à reconvenção). Além disso, sendo os embargos verdadeira contestação, nada impede que o réu provoque uma intervenção de terceiros, como a denunciação da lide ou o chamamento ao processo.

Sendo os embargos uma verdadeira contestação, poderá neles o réu deduzir qualquer matéria de defesa que poderia ser suscitada no procedimento comum (art. 702, § 1º). Caso alegue, porém, que o autor demandou quantia em dinheiro superior à que reputa devida, terá de indicar de modo preciso o valor que admite dever, apresentando demonstrativo atualizado e discriminado do cálculo que efetuou (art. 702, § 2º). Caso essas exigências não sejam cumpridas, não poderá o juiz conhecer dessa alegação e, caso tenha sido esta a única alegação defensiva, tudo se passará como se não tivessem sido oferecidos os embargos, que deverão ser liminarmente rejeitados (art. 702, § 3º).

Sendo parciais os embargos, deve-se considerar constituído de pleno direito o título executivo judicial quanto à parcela incontroversa, e nessa hipótese o juiz determinará a autuação dos embargos em apartado, apenas para evitar que o processamento do procedimento comum atrapalhe o andamento da fase executiva ("cumprimento de sentença") que já poderá instaurar-se (art. 702, § 7º).

Os embargos, como já dito, suspendem a eficácia da decisão que determinou a expedição do mandado monitório (art. 702, § 4º), suspensão esta que perdurará até a sentença de primeiro grau de jurisdição. O autor será, então, intimado para manifestar-se em réplica (art. 702, § 5º), observando-se, a partir daí, o procedimento comum. Após a cognição, plena e exauriente, deverá o juiz proferir (desde que, obviamente, não haja qualquer obstáculo, como a falta de alguma "condição da ação", por exemplo) sentença de mérito. Esta, no caso de acolher os fundamentos trazidos nos embargos, será meramente declaratória da inexistência da obrigação. Quanto à sentença que rejeitar os fundamentos trazidos nos embargos, será, ela também, de mera declaração da existência da obrigação, constituindo-se de pleno direito o título executivo judicial (que, nesse caso, não será a sentença, mas a decisão interlocutória anteriormente proferida, que determinará a expedição do mandado, e que se transformará em título executivo judicial).

Há, por fim, uma última possibilidade: a de que o réu, tendo recebido o mandado monitório, permaneça omisso, deixando transcorrer o prazo de quinze dias que lhe foi assinado para cumprir a obrigação. Neste caso, como diz a lei processual, o título executivo se forma *de pleno direito, independentemente de qualquer formalidade*.

Ocorre nessa hipótese, então, a conversão do pronunciamento inicial em título executivo judicial, o que se dá *de pleno direito*, o que significa afirmar que não há necessidade de prolação de qualquer pronunciamento judicial declarando ter-se constituído o título executivo. Em outras palavras, a inércia do réu acarreta, de pleno direito, a formação do título executivo judicial, vedado ao juiz qualquer pronunciamento sobre a procedência da pretensão deduzida pelo autor.

É comum ver-se, na prática, o juiz emitir um pronunciamento dizendo algo como "declara-se constituído, de pleno direito, o título executivo judicial". Ou, pior ainda, "declara-se constituído, de pleno direito e independentemente de qualquer formalidade, o título executivo judicial". Chega-se a ser risível a ideia de que para algo formar-se de pleno direito e independentemente de qualquer formalidade houvesse a necessidade de emitir-se um pronunciamento judicial, ato formal por natureza. Que fique claro: dizer que algo se produz de pleno direito é o mesmo que dizer que aquilo se produz de modo automático, independentemente de qualquer pronunciamento judicial, que não deve ser proferido. Basta, para confirmar isso, verificar que o Código Civil emprega a expressão "de pleno direito" quatorze vezes, e em todas elas para se referir a fenômenos que se produzem sem que haja a pronúncia de qualquer decisão judicial (sub-rogação, art. 346 e art. 1.368; constituição de mora *ex re*, art. 397; incidência de cláusula penal, art. 408; produção de efeitos da cláusula resolutiva expressa, art. 474; extinção da locação por prazo determinado, art. 573; isenção da execução de renda gratuitamente constituída em favor de montepios e pensões alimentícias, art. 813, parágrafo único; exclusão da sociedade de sócio falido ou cuja quota tenha sido liquidada, art. 1.030, parágrafo único; dissolução de sociedade, art. 1.036, parágrafo único, art. 1.044 e art. 1.051; não extensão da administração da sociedade limitada a sócios que nela ingressam supervenientemente, art. 1.060, parágrafo único; dissolução da sociedade limitada, art. 1.087; aquisição da propriedade da legítima pelos herdeiros necessários, art. 1.846). Seria rematado absurdo dizer, por exemplo, que aquele que deixa de pagar uma dívida no vencimento só estaria em mora, ou só teria que pagar a multa contratualmente prevista após um pronunciamento judicial. Por isso fenômenos como este se produzem *de pleno direito*. Pois no caso da formação do título executivo judicial através do procedimento monitório, nas hipóteses em que o réu não paga nem opõe embargos, o título se constitui *de pleno direito*, ou seja, automaticamente.

Note-se que a lei processual não se limitou a dizer que o título se forma de pleno direito, mas ainda acrescentou que isso se dá *independentemente de qualquer formalidade*. O que se busca com isso é deixar claro que nenhum pronunciamento judicial deve ser aqui emitido, e a fase cognitiva do processo se encerra automaticamente, "como em um passe de mágica".

Perceba-se que isso é perfeitamente compatível com o disposto no art. 203, § 1º, do CPC, dispositivo que define a sentença como o ato que põe fim à fase cognitiva do processo. É que o próprio dispositivo ressalva, expressamente, a possibilidade de existência de disposições específicas relativas aos procedimentos especiais. Portanto, não há qualquer incompatibilidade entre a afirmação de que o encerramento do procedimento comum (e, por consequência, dos procedimentos especiais em que não haja regra específica, dado que aí se terá a aplicação subsidiária do procedimento comum) se dá pela prolação de sentença, e a assertiva segundo a qual no procedimento monitório em que o réu não paga nem oferece embargos o encerramento do procedimento monitório se dá de forma automática, de pleno direito, independentemente de qualquer formalidade e, pois, sem que se profira sentença (ou qualquer outro pronunciamento judicial).

Vale registrar, aliás, que há decisão do STJ no sentido de que pronunciamento judicial que afirma ter-se constituído de pleno direito o título executivo judicial nesse caso não tem natureza de sentença (AgRg no CC 82.905/SP, rel. Min. Eliana Calmon, j. em 09/04/2008). Esse ato que algum juiz eventualmente tenha praticado seria, então, uma mera certificação de que um fato processual ocorreu (o decurso do prazo sem que o réu tenha efetuado pagamento ou oposto embargos). Ocorre que não é função do juiz, mas do escrivão ou chefe de secretaria, emitir certidões (CPC, art. 152, V), razão pela qual o juiz não deve, aí, praticar ato algum.

O que até aqui se sustentou é confirmado pelo que dispõe o art. 701, § 4º. Segundo esse texto normativo, no caso de ter sido proposta a "ação monitória" contra a Fazenda Pública, e não tendo sido opostos embargos, a decisão interlocutória que determinou a expedição do mandado monitório ficará sujeita a reexame pelo Tribunal, aplicando-se aí o regime da remessa necessária de que trata o art. 496 do CPC. Ora, houvesse prolação de sentença nesse caso, a remessa necessária submeteria ao Tribunal a própria sentença, e seria absolutamente desnecessário o dispositivo de que aqui se trata. Essa disposição normativa só faz sentido por se ter, aí, a previsão de uma remessa necessária para reexame de decisão interlocutória em um processo no qual a fase cognitiva se encerra sem que qualquer sentença seja proferida.

No caso de se encerrar a fase cognitiva do processo (ou seja, encerrar-se o próprio procedimento monitório) sem pagamento nem oposição de embargos – e, portanto, sem que seja proferida sentença – a decisão interlocutória anteriormente proferida não só se converte em título executivo como alcança a autoridade de coisa julgada.

É certo que a decisão interlocutória de que aqui se trata é fundada em cognição sumária, e não menos certo que a coisa julgada material só se pode formar onde houver um juízo de certeza. Não há, porém, na ideia que aqui se sustenta, qualquer incoerência. Isso porque, como se demonstrará, a certeza jurídica capaz de legitimar a coisa julgada irá se formar depois da prolação da decisão interlocutória.

É inegável que o juiz, ao proferir a decisão interlocutória que determina a expedição do mandado monitório, se baseia, tão somente, em um juízo de probabilidade da existência do direito substancial afirmado pelo demandante (tanto que, como já visto, o que se tem aí é verdadeira tutela da evidência). Ocorre, porém, que a certeza jurídica capaz de legitimar a formação da coisa julgada não precisa estar presente no momento que a decisão é proferida, mas sim no instante em que o pronunciamento judicial se torna imune a impugnações. Assim sendo, a certeza jurídica surgirá aqui da combinação da probabilidade de existência do direito, aferida pelo magistrado, com o silêncio do demandado, que permaneceu contumaz, deixando de oferecer embargos ao mandado. É, pois, o silêncio do demandado, combinado com a atividade probatória do demandante, que constitui a base lógica e jurídica da declaração de certeza obtida através do procedimento monitório. Essa afirmação decorre de aplicação do princípio dispositivo, que está na origem de uma ideia fundamental: a de que a alegação de um fato pelo demandante, somada à contumácia do demandado, faz surgir uma presunção de que tal alegação é verdadeira.

Do exposto extrai-se que a formação da coisa julgada material no procedimento monitório tem por base o mesmo raciocínio que permite afirmar a formação daquela situação jurídica no procedimento comum em que ocorre a revelia. Neste último caso, as alegações do demandante, somadas ao silêncio do demandado, geram uma presunção que é capaz de formar certeza jurídica quanto à existência do direito substancial, certeza essa que, tornada imutável, dá azo à coisa julgada material. O mesmo se dará, *mutatis mutandis*, com o procedimento monitório. Há, porém, duas diferenças básicas entre o procedimento monitório e o procedimento comum em que o demandado é revel: em primeiro lugar, no procedimento comum em que ocorre a revelia basta, para formar-se a presunção que gera certeza jurídica, que o demandante tenha feito alegações; de outro lado, no procedimento monitório, é fundamental que tais alegações tenham vindo aos autos acompanhadas de provas capazes de convencer o juiz da probabilidade de existência do direito material. A segunda diferença está na ordem dos acontecimentos do processo, geradores da certeza jurídica. No procedimento comum em que ocorre revelia, como sabido, às alegações do demandante segue-se a preclusão da faculdade de oferecer contestação, após o que o magistrado, com base na presunção dali decorrente, proferirá sentença tornando certa a existência do direito substancial, a qual ficará coberta pela autoridade de coisa julgada material. Já no procedimento monitório, às alegações do demandante (acompanhadas da prova escrita) segue-se a decisão interlocutória, afirmando ser provável (evidente) a existência do direito, e que é proferida na suposição de que o demandado não oferecerá embargos ao mandado. Contumaz que fique o réu, estará formada a certeza jurídica, ensejadora da coisa julgada substancial.

Em resumo, portanto, o que se tem é o seguinte: no procedimento comum em que há revelia, os acontecimentos ocorrem numa sequência (alegações do autor – silêncio do réu – decisão – certeza jurídica); no procedimento monitório a sequência é outra (alegações do autor – decisão – silêncio do réu – certeza jurídica). Tanto num caso como no outro, porém, o resultado jurídico é o mesmo, podendo-se utilizar aqui, sem qualquer problema, a regra matemática segundo a qual "a ordem dos fatores não altera o produto".

Não é por outra razão, aliás, que o § 3º, do art. 701, afirma ser cabível ação rescisória contra a decisão interlocutória que determinou a expedição do mandado monitório na hipótese de não ter o réu efetuado o pagamento nem oposto embargos. É que nesse caso a decisão interlocutória proferida no início do procedimento alcança a autoridade de coisa julgada, o que justifica o cabimento da ação rescisória. Aliás, isso também confirma a afirmação anteriormente feita de que nesse caso não será proferida sentença (ou a ação rescisória deveria ser admitida contra a sentença, e não contra a decisão interlocutória).

Formado, então, *de pleno direito*, o título executivo judicial, torna-se possível a instauração da fase executiva, de "cumprimento de sentença" (que aqui não terá por título uma sentença, mas uma decisão interlocutória).

18.12.3. Má-fé das partes no procedimento monitório

Os §§ 10 e 11 do art. 702 do CPC trazem disposições específicas sobre a atuação de má-fé das partes no procedimento monitório. Segundo o § 10, "[o] juiz condenará o autor de ação monitória proposta indevidamente e de má-fé ao pagamento, em favor do réu, de multa de até dez por cento sobre o valor da causa".

Por sua vez, o § 11 estabelece que "[o] juiz condenará o réu que de má-fé opuser embargos à ação monitória ao pagamento de multa de até dez por cento sobre o valor atribuído à causa, em favor do autor".

Há, aí, então, a expressa previsão de sanção para o autor da "ação monitória" que a propõe "indevidamente e de má-fé" e para o réu de "ação monitória" que opõe embargos "de má-fé". Embora haja entre os dois dispositivos uma diferença de texto, já que o § 10 usa o advérbio "indevidamente", que não aparece no § 11, deve-se considerar que o sentido de ambos os textos se equivale. Tendo o autor demandado de má-fé, ou tendo o réu oposto embargos de má-fé, será condenado a pagar à parte contrária uma multa de até 10% sobre o valor da causa.

A importância dessas previsões está em que a sanção aí prevista é cumulável com as estabelecidas para o litigante de má-fé (art. 81). Essa possibilidade de cumulação de sanções é há muito tempo admitida pelo Superior Tribunal de Justiça (como se vê, por exemplo, pelos acórdãos proferidos ao julgar o REsp 294.706/SP e, mais recentemente, o REsp 1.250.739/PA). Assim, a parte da "ação monitória" que tenha atuado de má-fé, seja por ocasião de seu ajuizamento, seja quando da oposição de embargos, além da multa prevista nesses §§ 10 e 11 do art. 702, ficará sujeito a também às sanções previstas na Parte Geral do CPC para aqueles que atuam de má-fé no processo civil.

18.13. PROCEDIMENTO ESPECIAL DE HOMOLOGAÇÃO DO PENHOR LEGAL

O penhor legal é instituto regulado pelo Código Civil, em seus arts. 1.467 a 1.472. A doutrina tradicional, como sabido, considera-o "direito real de garantia", natureza que – frise-se – lhe é atribuída pelo Código Civil. A afirmação de tal natureza, porém, não pode ser aceita. Como se verá mais adiante, quando do trato da responsabilidade patrimonial (especialmente com relação ao estudo da hipoteca), também o penhor é instituto de natureza processual, consistente num vínculo estabelecido sobre um bem móvel, pelo qual fica referido bem afeto à futura execução, tendo, pois, natureza jurídica de verdadeira antecipação de penhora.

Não se poderia, mesmo, aceitar a ideia de que o penhor (assim como a hipoteca) seja direito real. Como se sabe, todos os direitos reais limitados são construídos no plano teórico a partir da propriedade (que poderia, assim, ser considerado o direito real básico). Sendo a propriedade um direito real capaz de conferir a seu titular as faculdades de usar, fruir, dispor de um bem, e reivindicá-lo de quem injustamente o possua, pode-se facilmente notar que todos os demais direitos reais (chamados direitos reais limitados) são criados através do destaque de uma ou mais daquelas faculdades inerentes ao domínio, que são transferidas para outrem, limitando-se, assim, seu exercício pelo proprietário (ficando, pois, a propriedade despida das mesmas, razão pela qual se fala em nua-propriedade). É o que se dá, por exemplo, com o usufruto (em que as faculdades de usar e fruir são transferidas do proprietário para o usufrutuário), e com a enfiteuse (em que são transferidas para o titular do direito real limitado, ainda que de modo incompleto, todas as três faculdades inerentes ao domínio). Note-se que para a constituição de um direito real não basta limitar o exercício das faculdades inerentes ao domínio, sendo fundamental que tal exercício se transfira a outra pessoa. De outro modo, ter-se-ia direito real, por exemplo, toda vez que por contrato alguém se comprometesse a não usar determinado imóvel. Considerando que, neste caso, à limitação da faculdade de usar a coisa não corresponde sua transferência para outrem, não há direito real.

Tal característica do direito real não se faz presente, todavia, com o penhor (ou com a hipoteca). O credor pignoratício não pode usar, fruir ou dispor do bem empenhado, e a propriedade não é, pois, despida de tais faculdades. Não se pode, assim, considerar que o penhor seja direito real.

O penhor (tanto o legal como o convencional) é, pois, instituto de Direito Processual, que só por força de uma tradição despida de qualquer valor científico continua a ser tratado pela lei civil, que lhe atribui a falsa natureza de direito real.

Como regra geral, o penhor nasce de um contrato, celebrado entre credor e devedor, pelo qual se afeta um bem móvel à satisfação do crédito (e se pode dizer, então, que há aí a celebração de um negócio processual pelo qual as partes convencionam que determinado bem móvel será constrito em caso de uma futura e eventual execução). Em outros termos, o devedor apresenta um bem móvel ao credor, para que tal bem seja empregado na satisfação do crédito, no caso de a prestação não ser cumprida na forma avençada.

Há casos, porém, e estes são os que aqui interessam, em que o penhor se constitui independentemente da vontade das partes, tendo por fundamento único uma disposição de lei. É o que se denomina penhor legal.

Trata-se de instituto que guarda suas origens no Direito Romano, onde já se conhecia o penhor legal (inclusive para garantia da locação, como no ordenamento jurídico brasileiro vigente). No moderno Direito brasileiro, existe penhor legal nas hipóteses arroladas no art. 1.467 do Código Civil, que assim dispõe: "[s]ão credores pignoratícios, independentemente de convenção: I – os hospedeiros, ou fornecedores de pousada ou alimento, sobre as bagagens, móveis, joias ou dinheiro que os seus consumidores ou fregueses tiverem consigo nas respectivas casas ou estabelecimentos, pelas despesas ou consumo que aí tiverem feito; II – o dono do prédio rústico ou urbano, sobre os bens móveis que o rendeiro ou inquilino tiver guarnecendo o mesmo prédio, pelos aluguéis ou rendas".

A primeira hipótese de penhor legal é a constituída em favor dos hoteleiros, ou fornecedores de pousada ou alimento. Encontram-se, aqui, portanto, hotéis, motéis, restaurantes, pensões, bares, lanchonetes e similares. O credor tem, neste caso, penhor legal sobre os móveis que o consumidor carrega consigo (bagagens, joias, dinheiro etc.), ficando tais bens previamente afetados à satisfação do crédito. O penhor legal, evidentemente, fica limitado pela garantia maior que é a da dignidade humana. Não se pode, por exemplo, admitir que toda a bagagem do hóspede fique empenhada, sem que se assegure a ele, pelo menos, as peças de vestuário essenciais (assim, por exemplo, num local frio – como o Sul do Brasil –, não se pode privar o hóspede do casaco com que pretende se agasalhar).

É preciso, porém, reconhecer que com a disseminação dos cartões de crédito, e com a praxe de hotéis e estabelecimentos congêneres exigirem pré-autorizações da administradora do cartão de crédito do hóspede, o penhor legal sobre as bagagens acaba por se tornar, na maioria dos casos, um instituto anacrônico.

De outro lado, o proprietário de imóvel urbano ou rústico tem, também, penhor legal sobre os móveis do locatário. A referência a "dono do prédio" afasta a incidência do penhor legal da relação entre sublocador e sublocatário. Não se pode, porém, interpretar literalmente o dispositivo, o que levaria à conclusão de que, estando o imóvel sujeito a usufruto, o usufrutuário locador não teria penhor legal sobre os móveis do locatário. O locador sempre terá direito ao penhor legal, seja ele proprietário ou não. O que não se pode admitir é o penhor legal em face do sublocador, pois esta garantia está fora do alcance da disposição normativa do art. 1.467, II, do Código Civil.

É de se recordar, porém, que o penhor legal, nos termos do art. 1.467, II, do Código Civil, incide sobre os móveis que guarnecem o prédio, quando é certo que, nos termos do art. 2º, parágrafo único, da Lei nº 8.009/1990, a impenhorabilidade do bem imóvel usado para residência e dos móveis que o guarnecem alcança, também, o locatário. Evidentemente, não se poderia cogitar, neste caso, de penhora do imóvel locado, que não é do devedor, mas – ao menos como regra geral – do credor. São impenhoráveis, porém, os móveis que guarnecem a residência do locatário. É preciso, assim, verificar se as normas constantes do art. 1.467, II, do Código Civil, e do art. 2º, parágrafo único, da Lei nº 8.009/1990, são incompatíveis (e, em sendo afirmativa a resposta, ter-se-ia de considerar revogado o dispositivo da Lei nº 8.009/1990, já que anterior).

Não há, porém, incompatibilidade entre as disposições normativas. Em primeiro lugar, há que se recordar que a Lei nº 8.009/1990 só beneficia o locatário de imóvel destinado a uso residencial, quando o disposto no art. 1.467, II, do Código Civil alcança, também, o locatário de imóvel destinado a uso empresarial.

Ademais, é de se considerar que o conceito de "móveis que guarnecem o imóvel" da Lei nº 8.009/1990 é diverso daquele que se encontra no Código. Neste, o significado da expressão é largo, abrangendo todos os móveis que se encontram no prédio. Já no sistema da Lei nº 8.009/1990, móveis que guarnecem a casa são apenas aqueles essenciais para a sobrevivência digna, como cama, fogão, armário. Ficam de fora da proteção concedida pela lei, portanto, as obras de arte e adornos suntuosos. Sobre estes, que não são impenhoráveis, permanece incidindo o penhor legal. E tudo isso se confirma pela leitura do inciso II do art. 833 do CPC, que afirma serem impenhoráveis "os móveis, os pertences e as utilidades domésticas que guarnecem a residência do executado, salvo os de elevado valor ou os que ultrapassem as necessidades comuns correspondentes a um médio padrão de vida". Pois estes bens móveis que guarnecem a residência do locatário, mas são penhoráveis, incide o penhor legal.

Há, por fim, uma última hipótese a considerar, e que mostra definitivamente a possibilidade de convivência entre as duas disposições normativas aqui estudadas. É que pode já ter ocorrido o despejo (por falta de pagamento, ou por outro fundamento qualquer), estando os móveis que se encontravam no prédio locado confiados a depositário judicial. Ora, neste caso, nenhum dos móveis estará, mais, no imóvel onde o devedor reside, razão pela qual o penhor legal poderá incidir sobre todos eles.

A respeito do penhor legal em favor do locador, uma última questão a ser referida é a do crédito que o mesmo é capaz de garantir. Fala a lei civil em garantia "pelos alugueres ou rendas", discutindo a doutrina se a garantia alcança, também, os acessórios do preço da locação, como despesas ordinárias de condomínio e imposto predial. Melhor considerar, aqui, que a garantia abrange todos os créditos decorrentes da locação, e não só o aluguel. Ficam, pois, abrangidos pela norma que defere o penhor legal também os créditos acessórios do aluguel, como, por exemplo, seguros, despesas ordinárias de condomínio e imposto predial. Esta interpretação é mais adequada aos tempos atuais, em que a Lei de Locações impõe ao locatário uma série de obrigações pecuniárias (que, note-se, não vêm da convenção das partes, mas surgem por força de lei). O Código Civil de 1916 era de uma época em que a sociedade brasileira era completamente diferente da atual. Basta ver que ele não regulava o condomínio edilício. A sociedade brasileira em 1917 (ano da entrada em vigor do primeiro Código Civil) era agrária, e nas cidades havia muitas casas e pouquíssimos edifícios. A interpretação que se fazia da lei civil naquela época, evidentemente, não pode ser a mesma que se faz hoje (não obstante o Código Civil de 2002 ter repetido, em linhas gerais, o trato da matéria existente no diploma anterior). Tendo mudado a sociedade (e esta mudança é notória, independendo, portanto, de demonstração), há que se modificar a própria norma jurídica (que é resultado de atividade de interpretação do texto normativo aplicado no caso concreto). Não tendo havido mudança do texto da lei, mas a partir dela sendo possível construir conceito mais adequado aos tempos atuais, esta deve ser a interpretação preferida. E parece evidente que, nos dias de hoje, de instabilidade econômica global (ainda que a crise fique disfarçada por medidas "mágicas" do Poder Executivo, que se considera capaz de esconder as fraquezas – que acabam sendo sempre reveladas – da economia brasileira), o locador não aluga seu imóvel com o único propósito de extrair dele o fruto civil que é o aluguel, mas também com o intuito de diminuir a despesa que teria com o imóvel, ainda que este permanecesse vazio (como despesas de condomínio, imposto predial etc.). Ora, ao afirmar que o penhor legal não é capaz de garantir estes créditos acessórios (que, para o locador, podem ser tão importantes quanto o aluguel), não se dá à lei a interpretação mais adequada aos tempos atuais. Assim, preferível considerar que o penhor legal protege não só o crédito decorrente de aluguel, mas também os acessórios da locação.

Por fim, não se pode deixar de dizer que há outros casos de penhor legal, previstos em outras disposições normativas, de que é exemplo o art. 632 do Código Comercial (que fala em hipoteca sobre coisas móveis, quando se sabe que o penhor, e não a hipoteca, incide sobre bens móveis).

Nos casos em que existe penhor legal, poderá o credor tomar bens móveis do devedor, tantos quantos bastem para assegurar a satisfação de seu crédito (art. 1.469 do Código Civil). Nos casos em que haja *periculum in mora*, o credor poderá fazer efetivo o penhor por ato de mão própria, antes de deduzir sua pretensão perante o Poder Judiciário (art. 1.470 do mesmo diploma) ou de levar o pedido de homologação ao notário (possibilidade criada pelo CPC de 2015, sobre a qual se falará melhor adiante). Há uma aparente contradição entre as duas disposições, que pode ser, porém, facilmente solucionada. O art. 1.469 do Código Civil, é verdade, dá a impressão de que o credor sempre poderia tomar, por ato próprio, os bens do devedor sujeitos ao penhor legal. O art. 1.470, por sua vez, afirma que tal ato de mão própria só é possível se houver *periculum in mora*. É possível, porém, compatibilizar os dois dispositivos. Basta ter em mente que o credor pode se deparar com três distintas situações: (a) não há *periculum in mora*, podendo o credor aguardar a manifestação do Estado-juiz (ou a homologação extrajudicial) para, em seguida, tomar posse dos bens empenhados. Neste caso, deverá ele ir a juízo (ou ao notário), pleiteando a homologação do penhor legal e a entrega, a ele, dos bens empenhados; (b) existe *periculum in mora*, e o credor tem condições de, por ato de mão própria, tomar os bens empenhados para si. Nesse caso, deverá ele fazer a apreensão dos bens e, ato contínuo, pleitear a homologação do penhor legal; (c) por fim, pode haver *periculum in mora* e não ter o credor condições de tomar para si os bens (não se pode, por exemplo, admitir que o locador invada a casa do locatário, seu asilo inviolável, nem que o hoteleiro pegue, à força, as bagagens do seu hóspede, retirando-as de suas mãos). Nesse caso, deverá o credor pleitear a concessão de medida cautelar para que se determine o prévio depósito dos bens e, em seguida, pleitear a homologação do penhor legal, com a entrega, a ele, dos bens empenhados.

Ao tratar do penhor legal, estabelece o art. 1.471 do Código Civil que, "tomado o penhor, requererá o credor, ato contínuo, a sua homologação judicial". Exige, pois, o Código Civil, para a regularidade do penhor legal, sua homologação. É preciso, pois, analisar não só o ato de homologação do penhor legal, mas também o procedimento a ser observado para que essa homologação aconteça.

É fundamental, porém, perceber que o CPC de 2015 trouxe uma imensa inovação para o sistema: a possibilidade de homologação extrajudicial (art. 703, § 2º), quando não houver oposição do devedor. Trata-se de mais uma manifestação de uma tendência à desjudicialização, já manifestada também em outras sedes (como a do divórcio consensual extrajudicial e a do contrato de inventário e partilha). Isso implica, portanto, a necessidade de releitura do art. 1.471 do Código Civil, que fala expressamente em homologação judicial do penhor legal. Agora essa homologação pode ser judicial ou extrajudicial.

A homologação do penhor legal é condição de existência e eficácia da especial proteção conferida pelo penhor legal. É que o penhor legal, embora exista, potencialmente, mesmo antes da homologação, só se aperfeiçoa quando esta ocorre. Isso porque o ato de justiça de mão própria, representado pela tomada de posse dos objetos sobre os quais deverá recair o direito de penhor legal, deve ser levado ao exame da autoridade judiciária ou ao notário para ser homologado, de tal modo que a garantia, que existe potencialmente desde a formação do contrato locatício, ou de hospedagem, ou desde quando o locatário ou o hóspede introduzem no prédio os objetos afetados pelo penhor, forma-se pelos estágios sucessivos da tomada de posse e sua subsequente homologação judicial ou extrajudicial. Em outros termos, o penhor legal só se aperfeiçoa quando é homologado.

Assim, a homologação do penhor legal é ato destinado a estabelecer em definitivo o penhor, sendo, pois, condição de sua existência e eficácia.

Permite a lei processual, como visto, a homologação extrajudicial. Para que esta ocorra, todavia, é essencial que não haja oposição do devedor. Assim, sabendo o credor que o devedor vai se opor à sua pretensão de homologação do penhor legal, pode ir diretamente a juízo, sem passar antes pela serventia extrajudicial.

Admite-se, porém, que o requerimento de homologação seja formulado perante um Ofício de Notas (qualquer um, sendo absolutamente livre a escolha a ser feita pelo credor), devendo a postulação atender às mesmas exigências formais que a petição inicial do processo judicial teria de observar. Recebido o requerimento, o notário promoverá uma notificação extrajudicial do devedor, para que, no prazo de cinco dias (corridos, pois não se pode considerar processual este prazo se sequer existe processo jurisdicional instaurado), pague o débito ou apresente impugnação.

Apresentada impugnação, o notário enviará toda a documentação ao juízo competente, instaurando-se assim o processo judicial (que já terá, neste caso, não só a petição inicial, mas também a contestação, devendo seguir deste ponto em diante). Não havendo pagamento nem impugnação, o notário lavrará escritura pública de homologação do penhor legal (art. 703, § 4º).

Impende tratar aqui, porém, do processo judicial de homologação do penhor legal. E para isso é preciso examinar a natureza do processo de que ora se trata. O CPC o punha entre os procedimentos cautelares, mas a tutela processual que se busca através desse procedimento nada tem de cautelar, o que me levava a criticar a opção legislativa anterior à atual. Isso porque não se busca, aqui, uma providência destinada a assegurar a efetividade do processo, mas, sim, a satisfação de uma pretensão. O demandante tem a pretensão de constituição do penhor legal, e tal pretensão se satisfaz com a homologação. Como se sabe, a tutela cautelar é incapaz de satisfazer pretensões, limitando-se a assegurar a futura satisfação, que se dará através da tutela definitiva.

Nem se diga que, por ser o penhor um instituto processual, e não de direito material, haveria aqui, tão somente, uma medida destinada a garantir a futura satisfação do direito. Há outros casos em que o processo nada tem de cautelar embora se dirija a atender posições jurídicas de Direito Processual, como é o caso da "ação rescisória". O fato de a relação jurídica que constitui o objeto do processo ser de Direito Processual, e não de direito substancial, não é capaz de impor natureza cautelar à providência jurisdicional pleiteada, como se vê, por exemplo, no caso das demandas probatórias autônomas. Existe um *direito autônomo à constituição do penhor legal*, e a pretensão de ver esse direito realizado é satisfeita pela homologação postulada.

Na doutrina brasileira sempre predominou a tese segundo a qual o processo de homologação do penhor legal é de jurisdição voluntária. O que distingue a jurisdição voluntária da contenciosa, como já se pôde ver, é a espécie de pretensão manifestada em juízo pelo demandante. É que haverá jurisdição voluntária quando a pretensão deduzida em juízo for de integração de um negócio jurídico, nos casos em que a validade ou eficácia de tal negócio depende da atuação do Estado-juiz. Por isso, a maior parte da doutrina brasileira sempre defendeu a natureza voluntária da atividade jurisdicional exercida no processo de homologação de penhor legal.

O CPC de 2015, porém, se por um lado deixou de tratar da homologação do penhor legal como uma tutela provisória de urgência, de outro lado não a incluiu entre os procedimentos de jurisdição voluntária, e parece mesmo ter agido de forma correta.

É que no processo de homologação do penhor legal o pedido formulado pelo demandante também não é o de integração de negócio jurídico realizado entre as partes. E isso porque a instituição do penhor legal não é um negócio jurídico, já que ele se forma independentemente de convenção das partes. O que se tem aí é um efeito secundário de um contrato (de hospedagem ou de locação), o qual só se produz após a homologação (judicial ou extrajudicial). O que se postula em juízo, portanto, não é mera integração de um suposto negócio jurídico de instituição de um penhor. Entender que aí haveria um negócio jurídico celebrado entre as partes implicaria a instituição de uma ficção jurídica absolutamente desnecessária. O que há é o pedido, formulado pelo demandante, de constituição do penhor legal, que – como visto – só existe de fato após a homologação. Trata-se, pois, de processo de conhecimento de jurisdição contenciosa.

O procedimento da homologação do penhor legal se inicia, evidentemente, com a apresentação, em juízo, de uma petição inicial. Esta deverá atender aos requisitos genéricos de todas as petições iniciais. Deverá, ainda, vir acompanhada de documentos, essenciais à obtenção da tutela processual pretendida. Dispõe o art. 703, § 1º, do CPC que a petição inicial deve vir "instruída com o contrato de locação ou a conta pormenorizada das despesas, a tabela dos preços e a relação dos objetos retidos". Essa exigência, porém, deve ser interpretada com cuidado. Evidentemente, é preciso que o demandante apresente, desde logo, a relação dos bens sobre os quais deverá incidir o penhor legal. Fala a lei processual, porém, em "objetos retidos", sendo certo que – como já se viu – a retenção prévia dos bens só é possível quando houver *periculum in mora*. Também nos casos em que não houve retenção prévia dos bens por ato de justiça de mão própria (seja por não haver *periculum in mora*, seja por ser impossível a apreensão por ato do credor, não obstante a existência da situação de perigo), deverá o demandante apresentar a relação dos bens sobre os quais deverá incidir o penhor legal.

Fala-se, ainda, em conta pormenorizada das despesas e tabela de preços. Parece evidente que esta regra se aplica ao hospedeiro, mas não ao locador. Deste se exige, tão somente, a apresentação do contrato de locação, ou de documentos que supram sua ausência, bem assim dos recibos de aluguéis que não foram pagos. Do hospedeiro, portanto, exige-se que apresente, junto com sua petição inicial, a tabela de preços e a conta pormenorizada das despesas. No que concerne à tabela de preços, exige o art. 1.468 do Código Civil que se trate de "tabela impressa, prévia e ostensivamente exposta na casa". Nada impede, porém, que se trate de tabela elaborada por meio outro que não a impressão, admitindo-se, até mesmo, a tabela manuscrita – comum em inúmeros estabelecimentos espalhados pelo país – desde que prévia e ostensivamente exposta no estabelecimento. Também se devem admitir tabelas de preços que constem de aplicativos para celular, ou que sejam encaminhados aos clientes por meio digital, o que se torna cada vez mais comum, principalmente depois das adaptações que muitas pessoas, naturais e jurídicas, tiveram que fazer no modo de desenvolver suas atividades por causa da pandemia de Covid-19, que levou à necessidade de isolamento ou distanciamento social e a maiores cuidados com higienização.

Estando em termos a petição inicial, e acompanhada dos documentos exigidos, deverá o juiz determinar a citação do demandado para pagar ou contestar (art. 703,

§ 1º, do CPC). Para isso, será designada uma audiência preliminar, e caso o réu pretenda pagar sua dívida, poderá fazê-lo na própria audiência. Não sendo efetuado o pagamento, e caso também não se alcance uma solução consensual, caberá ao réu apresentar contestação na própria audiência preliminar (art. 703, § 1º).

No primeiro caso, em que o demandado, citado, paga sua dívida, haverá verdadeiro reconhecimento da procedência do pedido, devendo o juiz proferir sentença definitiva, com resolução do mérito. Nesse caso, havendo bens previamente retidos, devem eles ser devolvidos ao demandado.

Caso o demandado permaneça inerte, incide o art. 344 do CPC, presumindo-se verdadeiras as alegações do autor a respeito da matéria de fato. Deverá, então, o juiz proferir sentença (a qual, salvo casos excepcionais, será de procedência da pretensão, homologando o penhor legal).

Por fim, pode o demandado, como visto, oferecer contestação. Não se admite a reconvenção, incompatível com a sumariedade do procedimento que aqui se observa.

Na contestação, poderá o demandado alegar apenas as matérias previstas no art. 704 do CPC, o que mostra ser este um procedimento de cognição limitada (no plano horizontal, isto é, no plano da extensão da cognição, já que o juiz não poderá conhecer de qualquer alegação, mas apenas daquelas permitidas em lei). Assim, o demandado só poderá alegar, em sua defesa, nulidade do processo, extinção da obrigação, não estar a dívida compreendida entre aquelas previstas em lei como ensejadoras do penhor legal ou não estarem os bens indicados pelo demandante sujeitos ao penhor legal; ou que apresentou caução idônea, rejeitada pelo credor.

Pode, pois, o demandado alegar "nulidade do processo". Em outros termos, pode o demandado suscitar qualquer questão relacionada à regularidade da formação do processo, como, por exemplo, falta de capacidade processual do demandante, ou irregularidade formal da demanda. Estas matérias, aliás, podem ser conhecidas de ofício pelo juízo, que também poderá conhecer das "condições da ação", e de quaisquer outras questões preliminares cujo conhecimento *ex officio* seja autorizado pelo sistema processual (como a litispendência). Sendo certo que aquelas questões que o juiz pode conhecer de ofício podem, também, ser suscitadas pelo interessado, nada impede que o demandado, em sua defesa, alegue alguma dessas matérias.

Pode, ainda, o demandado alegar, em defesa, a extinção da obrigação. Qualquer causa extintiva da relação obrigacional pode ser alegada, como o pagamento, a novação, entre outras. Admite-se a alegação do pagamento por consignação, desde que haja sentença transitada em julgado declarando extinta a obrigação. Caso ainda não tenha ocorrido o trânsito em julgado da sentença da "ação de consignação em pagamento", essa matéria poderá ser alegada, mas será preciso suspender o processo de homologação do penhor legal, na forma do art. 313, V, *a*, do CPC.

Encontra-se no campo de incidência deste inciso II do art. 704 a possibilidade de alegar-se a prescrição. Embora haja grande controvérsia sobre ser ela ou não uma causa extintiva da obrigação (e sempre entendi que sim), a doutrina dominante sempre admitiu essa alegação, independentemente da posição adotada sobre qual o real efeito da consumação da prescrição.

Apresentada a contestação, passará a ser observado o procedimento comum (CPC, art. 705).

Na sentença de mérito, deverá o juiz afirmar a procedência ou improcedência da pretensão de homologação do penhor legal. A sentença de procedência é de natureza constitutiva, já que é ela que propriamente constitui o penhor legal, consolidando-se a posse do bem empenhado com o credor.

Negada a homologação, é preciso verificar o fundamento da rejeição do pedido. Caso este tenha sido rejeitado por se considerar extinta a obrigação (o que inclui o caso de reconhecimento da prescrição), isso será declarado na parte dispositiva do pronunciamento judicial, de modo que se tornará imutável e indiscutível que não se pode mais exigir a dívida. Tendo sido outro o fundamento da rejeição (por exemplo, não ser a dívida daquelas garantidas por penhor legal), a improcedência do pedido não impedirá a cobrança da dívida pelas vias próprias, na forma do disposto no art. 706, § 1º. Seja qual for o fundamento da rejeição do pedido, porém, o objeto que estivesse com o autor terá de ser restituído ao réu, e a sentença terá de reconhecer a exigibilidade dessa obrigação de restituir, sendo, por isso, título executivo judicial.

A sentença de procedência constitui o penhor legal, mas não declara a existência ou exigibilidade da obrigação e, por isso, não constitui título executivo judicial nem se pode considerar que haja aí coisa julgada a tornar imutável o reconhecimento da dívida (reconhecimento que, insista-se, não terá acontecido). O contrato (de locação ou de hospedagem) celebrado entre as partes, porém, servirá aqui como título executivo extrajudicial, já que estará, a partir da sentença, garantido por penhor (art. 784, V, do CPC).

Contra a sentença cabe apelação, a qual deve ser recebida com efeito suspensivo, permitindo a lei processual que o relator determinar que, na pendência do recurso, a coisa sobre a qual se pretende ver constituído o penhor legal fique depositada ou em poder do autor (CPC, art. 706, § 2º).

18.14. PROCEDIMENTO ESPECIAL DE REGULAÇÃO DE AVARIA GROSSA

Regula o CPC, nos arts. 707 a 711, o procedimento a ser observado para a regulação da avaria grossa, sempre que esta não puder ser feita extrajudicialmente. Será extrajudicial a regulação de avaria grossa sempre que houver consenso entre todos os interessados acerca da nomeação do regulador de avarias. Não havendo esse consenso, porém, será inevitável a instauração do processo judicial.

Avaria, no Direito Marítimo, é toda despesa extraordinária, feita a bem do navio ou da carga, conjunta ou separadamente (avaria-despesa); ou todo dano acontecido ao navio, ou à carga (avaria-dano). Podem ocorrer desde o momento do embarque e partida do navio até sua volta e desembarque, e é fenômeno ligado, exclusivamente, ao transporte marítimo de cargas.

No Direito Marítimo se estabelece uma distinção entre dois tipos de avaria, a *avaria simples* e a *avaria grossa*. Só a esta última se faz referência no CPC.

Há avaria grossa quando ocorre qualquer das hipóteses previstas no art. 764 do Código Comercial: 1 – tudo o que se dá ao inimigo, corsário ou pirata por composição ou a título de resgate do navio e fazendas, conjunta ou separadamente; 2 – as coisas alijadas para salvação comum; 3 – os cabos, mastros, velas e outros quaisquer aparelhos deliberadamente cortados, ou partidos por força de vela para salvação do navio e carga; 4 – as âncoras, amarras e quaisquer outras coisas abandonadas para salvamento ou benefício comum; 5 – os danos causados pelo alijamento às fazendas restantes a bordo; 6 – os danos feitos deliberadamente ao navio para facilitar a evacuação d'água e os danos acontecidos por esta ocasião à carga; 7 – o tratamento, curativo, sustento e indenizações da gente da tripulação ferida ou mutilada defendendo o navio; 8 – a indenização ou resgate da gente da tripulação mandada ao mar ou à terra em serviço do navio e da carga, e nessa ocasião aprisionada ou retida; 9 – as soldadas e sustento da tripulação durante arribada forçada; 10 – os direitos de pilotagem, e outros de entrada e saída num porto de arribada forçada; 11 – os aluguéis de armazéns em que se depositem, em porto de arribada forçada, as fazendas que não puderem continuar a bordo durante o conserto do navio; 12 – as despesas da reclamação do navio e carga feitas conjuntamente pelo capitão numa só instância, e o sustento e soldadas da gente da tripulação durante a mesma reclamação, uma vez que o navio e carga sejam relaxados e restituídos; 13 – os gastos de descarga, e salários para aliviar o navio e entrar numa barra ou porto, quando o navio é obrigado a fazê-lo por borrasca, ou perseguição de inimigo, e os danos acontecidos às fazendas pela descarga e recarga do navio em perigo; 14 – os danos acontecidos ao corpo e quilha do navio, que premeditadamente se faz varar para prevenir perda total, ou presa do inimigo; 15 – as despesas feitas para pôr a nado o navio encalhado, e toda a recompensa por serviços extraordinários feitos para prevenir a sua perda total, ou presa; 16 – as perdas ou danos sobrevindos às fazendas carregadas em barcas ou lanchas, em consequência de perigo; 17 – as soldadas e sustento da tripulação, se o navio depois da viagem começada é obrigado a suspendê-la por ordem de potência estrangeira, ou por superveniência de guerra; e isto por todo o tempo que o navio e carga forem impedidos; 18 – o prêmio do empréstimo a risco, tomado para fazer face a despesas que devam entrar na regra de avaria grossa; 19 – o prêmio do seguro das despesas de avaria grossa, e as perdas sofridas na venda da parte da carga no porto de arribada forçada para fazer face às mesmas despesas; 20 – as custas judiciais para regular as avarias, e fazer a repartição das avarias grossas; 21 – as despesas de uma quarentena extraordinária; e, em geral, os danos causados deliberadamente em caso de perigo ou desastre imprevisto, e sofridos como consequência imediata destes eventos, bem como as despesas feitas em iguais circunstâncias, depois de deliberações motivadas (art. 509 do Código Comercial), em bem e salvamento comum do navio e mercadorias, desde a sua carga e partida até o seu retorno e descarga.

Pode parecer que se está, aí, a tratar de fenômenos ultrapassados, que não mais ocorreriam, principalmente quando se considera que o Código Comercial está em vigor desde 1850, o que pode levar o leitor apressado a considerar que se estaria a falar, aí, de fatos que aconteciam nos tempos das caravelas. Ainda mais quando se vê que o primeiro item da enumeração legal fala de danos causados por piratas e corsários.

Se por um lado é verdade que corsários já há muito não são vistos singrando os mares, já que modernamente os Estados já não dão mais a ninguém a *carta de corso* (que autorizava o corsário a, em nome do Estado, pilhar navios), a pirataria ainda é um fenômeno recorrente em algumas regiões do mundo, como a costa leste da África e o litoral brasileiro. Mas há aí muitas outras situações que podem ocorrer durante qualquer viagem de transporte de cargas. Pense-se, por exemplo, nos navios que, em razão das medidas tomadas em diversos lugares do mundo por causa da pandemia de Covid-19 que se alastrou pelo planeta ao longo do ano de 2020, não puderam permitir que seus tripulantes ou passageiros desembarcassem ou que as cargas neles transportadas fossem retiradas. Pois as despesas resultantes de quarentena extraordinária são consideradas como avaria grossa (art. 764, nº 21, do Código Comercial).

Em síntese, e segundo as Regras de York-Antuérpia (que não constam de qualquer tratado internacional, mas são um conjunto padronizado de regras contratuais que têm sido adotadas em todo o mundo quando se convenciona o transporte de cargas), "um ato se caracteriza como de avaria grossa quando, e somente quando, implicar em um sacrifício ou despesa extraordinário, internacional e razoavelmente feito para a segurança comum e no sentido de preservar de um perigo os bens envolvidos na mesma expedição marítima".

São características das avarias grossas: (a) deliberação prévia e ato voluntário a respeito do sacrifício; (b) exclusão de culpa de qualquer pessoa para a ocorrência do sinistro; (c) comunhão de benefícios e responsabilidades; (d) necessidade do ato para evitar dano maior; (e) necessidade de perigo real e iminente.

Pois havendo uma avaria grossa, e não tendo havido consenso na indicação do seu regulador, será o caso de ajuizar-se a demanda de regulação de avaria grossa.

Trata-se de uma demanda destinada a estimar o valor das avarias e o montante a ser pago por cada interessado, com o fim de recolocar a pessoa que sofreu o dano em razão da avaria na mesma situação daquelas que tiveram seus bens preservados pelo ato voluntário do prejudicado. Assim, por exemplo, se para salvar a tripulação e parte da carga de um navio tiver sido preciso lançar ao mar a carga de alguém que tivesse contratado o transporte, não há qualquer razão para que este cuja carga foi alijada para salvação comum arque sozinho com o prejuízo. Pois é através da regulação da avaria grossa que será feito o cálculo de quanto os demais interessados (passageiros e proprietários das cargas não alijadas) terão de pagar ao lesado, a fim de que todos eles consigam suportar o prejuízo juntos, ficando o que suportou a avaria em situação idêntica à dos demais.

Pois essa estimativa é feita por um auxiliar da justiça, a ser nomeado pelo juiz, chamado *regulador de avarias*. Relembre-se que, havendo consenso das partes acerca dessa nomeação, não haverá processo judicial, admitida a desjudicialização da regulação da avaria grossa neste caso, portanto.

O procedimento judicial da regulação de avaria grossa se divide em três fases: *preparatória, de regulação* e *de liquidação*.

Na fase preparatória o comandante da embarcação apresenta ao juiz, no prazo de 24 horas a contar da chegada ao porto, o protesto formado a bordo e lançado no livro *Diário da Navegação*, para ratificação judicial.

Em seguida, vem a fase de regulação propriamente dita, em que o regulador de avarias elabora o *regulamento*. Este pode ser definido como um laudo técnico que contém o histórico das avarias, a fixação do montante do custo, a distinção entre as avarias grossas e as simples, além da determinação da contribuição de cada interessado no rateio.

Por fim, há a fase de liquidação, que é o momento oportuno para a prolação de sentença.

Tendo sido, então, ajuizada a demanda de regulação de avaria grossa (o que, relembre-se, só é admissível quando não houver consenso que leve à nomeação extrajudicial do regulador de avarias), o juiz da comarca do primeiro porto a que a embarcação tenha chegado nomeará um regulador de avarias e determinará a citação de todos os interessados (art. 707).

O regulador de avarias nomeado deverá declarar, justificadamente, se os danos são passíveis de rateio na forma de avaria grossa e exigirá das partes envolvidas a apresentação de garantias idôneas para que possam ser liberadas as cargas aos consignatários (art. 708).

As partes podem impugnar a declaração do regulador de avarias, cabendo ao juiz decidir (art. 708, § 1º).

Caso o consignatário não apresente garantia idônea, o regulador fixará o valor da contribuição provisória, que deverá ser caucionada mediante depósito judicial ou garantia bancária (art. 708, § 2º). Recusando-se o consignatário a prestar a caução, a carga será alienada, aplicando-se aqui técnicas que são empregadas para a alienação forçada de bens penhorados nos procedimentos executivos (alienação por iniciativa particular ou alienação em leilão).

Prestadas as cauções, admite-se o levantamento das quantias necessárias ao pagamento das despesas de alienação, a serem arcadas pelo consignatário, mantendo-se o saldo remanescente em depósito judicial até o encerramento da regulação (art. 708, § 4º).

Em seguida, deverão as partes apresentar nos autos a documentação necessária à regulação, em prazo a ser fixado pelo regulador (art. 709). Terá o regulador de avarias, então, o prazo de 12 meses para apresentar o regulamento nos autos, prazo este que pode ser ampliado por decisão judicial fundamentada (art. 710).

Apresentado o regulamento, as partes terão quinze dias para se manifestar sobre ele. Não havendo impugnação, o juiz o homologará por sentença (art. 710, § 1º). Caso alguma das partes ofereça impugnação, o regulador será ouvido sobre ela, para que em seguida o juiz profira a sentença (art. 710, § 2º).

A sentença condenará os responsáveis a indenizar cada um daqueles que tenham contribuído para arcar com os custos das avarias grossas, valendo como título executivo judicial. Também é na sentença que o juiz fixará a remuneração do regulador de avarias, a ser paga pelas partes. E por conta disso, a sentença também é título executivo judicial em favor do regulador de avarias (art. 515, V).

Contra a sentença cabe apelação, que deverá ser recebida sem efeito suspensivo, por força do que dispõe o art. 793 do Código Comercial.

18.15. PROCEDIMENTO ESPECIAL DE RESTAURAÇÃO DE AUTOS

É comum a confusão, na linguagem prática, entre processo e autos. Qual o advogado (ou estagiário) que nunca "levou o processo para o escritório"? Qual o juiz que nunca "exigiu que o processo lhe fosse levado à conclusão"? Qual o escrivão que nunca "numerou as folhas do processo"? Ocorre que, na verdade, o advogado e o estagiário levaram os autos para o escritório; o juiz exigiu que os autos lhe fossem levados à conclusão; o escrivão numerou as folhas dos autos.

Processo, como sabido, é uma entidade jurídica criada pela inteligência humana, uma abstração teórica que se define como um procedimento que se desenvolve em contraditório. Os atos do processo, porém, precisam ser documentados, havendo ainda a necessidade de se organizar a prova documental produzida. Para esse fim é que existem os autos. Estes podem ser definidos como o conjunto de escritos que documentam a existência do processo e o conteúdo de cada ato que o compõe.

Pode ocorrer, e frequentemente ocorre, de os autos desaparecerem ou se deteriorarem. A perda dos autos pode se dar por inúmeros motivos. Incêndios nos fóruns, traças e cupins destruidores de papel, pessoas inescrupulosas que somem com os autos. É para esses casos que se criou o procedimento da restauração de autos.

Pode parecer que em tempos de autos eletrônicos esse procedimento já não faça mais sentido. É preciso, porém, recordar que ainda não houve uma migração completa dos autos dos processos judiciais brasileiros para suportes eletrônicos, e ainda há muitos processos cujos atos são documentados em autos impressos, de papel. Além disso, não se pode eliminar por completa a possibilidade de que os autos eletrônicos armazenados nas memórias dos computadores dos tribunais venham a desaparecer por força de algum defeito do sistema. Em todos esses casos se precisará promover a restauração, que também pode ter por objeto autos eletrônicos (art. 712 do CPC).

Não haverá, porém, necessidade de restauração quando houver autos suplementares, passando o processo a ter seu andamento documentado nestes autos "reservas". Curioso notar, porém, que o CPC não determina, em momento algum, a formação desses autos suplementares (diferentemente do que acontecia no CPC/1973, que determinava sua formação em todos os casos, salvo nos processos que tramitassem no Distrito Federal ou nas capitais dos estados), de modo que dificilmente se verão esses autos suplementares.

Pode-se conceituar a restauração de autos como um procedimento especial tendente a recompor os atos e termos do processo e a propiciar a retomada do curso do feito paralisado em razão do desaparecimento dos autos. É de se notar que, enquanto não for feita a restauração, não poderá o processo seguir, devendo-se considerar, então, que o desaparecimento dos autos implica suspensão do processo por motivo de força maior (art. 313, VI, do CPC).

A "ação de restauração de autos" pode ser proposta por qualquer das partes do processo original (não apenas o demandante e o demandado, mas qualquer outro sujeito daquele processo, como o assistente simples ou o assistente qualificado, ou alguém que ali tivesse intervindo como *amicus curiae*). Também o Ministério Público, se o desaparecimento dos autos tiver ocorrido em processo de que participe, estará legitimado a demandar a restauração. E inovou o CPC/2015 ao permitir a instauração do processo de restauração de autos de ofício pelo juiz (art. 712).

O processo da restauração de autos tramitará perante o mesmo juízo em que tramitava o processo principal, que terá competência absoluta, funcional, para dele conhecer, o que resulta do disposto no art. 61 do CPC (já que, sem sombra de dúvida, o processo da restauração de autos é acessório do processo cujos autos precisam ser restaurados).

Começa o procedimento da "ação de restauração de autos", em regra, com a apresentação em juízo de uma petição inicial. Nesta, que deverá conter todos os requisitos genericamente exigidos para as petições iniciais, o demandante declarará o estado do processo ao tempo em que se extraviaram os autos. A petição inicial deverá vir acompanhada de certidões dos atos constantes do protocolo de audiências do cartório do juízo, de cópias das peças que o demandante tenha consigo, e de quaisquer outros documentos que facilitem a restauração.

Quando o processo é instaurado de ofício, isso se dá mediante a edição de uma *portaria*, ato administrativo através do qual o órgão jurisdicional determina a instauração do processo. Essa portaria deverá vir acompanhada, pelo menos, de certidões emitidas pela serventia do juízo acerca do conteúdo dos atos que existam em seus registros.

Estando em termos a petição inicial (art. 714), ou editada a portaria, a parte contrária será citada para, em cinco dias, oferecer contestação. Cabe ao demandado, na contestação, exibir as cópias, contrafés e mais reproduções dos atos e documentos do processo que estiverem em seu poder.

Concordando o demandado com a restauração (vale dizer: reconhecendo o demandado a procedência do pedido), será lavrado o auto de restauração que, assinado pelas partes e homologado por sentença, suprirá os autos desaparecidos. Curioso notar, porém, que o texto do § 1º do art. 714 do CPC não fala em autos desaparecidos, mas em "processo desaparecido", o que mostra que o legislador também se deixou levar pela confusão, mencionada anteriormente, entre autos e processo.

Se o demandado não se manifestar, ou se a concordância for parcial, passará a ser observado o procedimento comum. Também será observado o procedimento comum se o demandado contestar, apesar do silêncio do texto normativo acerca do ponto.

Tendo o extravio dos autos ocorrido depois da produção de provas em audiência de instrução e julgamento, o juiz mandará repeti-las, diz o art. 715 do CPC. Tal repetição, porém, não se fará necessária se tiver sido juntada aos autos cópia do termo escrito do depoimento. Sendo necessária a repetição da colheita da prova, serão reinquiridas as mesmas testemunhas. Tendo alguma delas falecido, ou encontrando-se impossibilitada de depor, poderá ser substituída (art. 715, § 1º, do CPC). O mesmo sistema se aplica à prova pericial. Não havendo cópia do laudo pericial que constava dos autos extraviados, o juiz determinará a realização de nova perícia, sempre que possível, de preferência nomeando-se o mesmo perito.

Quanto aos documentos de que não houver certidão, serão eles reconstituídos mediante a apresentação de cópias e, em sua falta, pelos meios ordinários de prova.

Os serventuários e auxiliares da justiça que tenham atuado no processo principal serão obrigados a depor no processo da restauração de autos, a respeito dos atos de que tenham participado ou que tenham praticado (art. 715, § 4º).

Sendo o extravio posterior à sentença, deverá ela ser levada aos autos da restauração por cópia, que terá a mesma autoridade do original. Trata-se de algo óbvio isto que consta do § 5º do art. 715 do CPC. A sentença não é o documento, mas o ato do juiz. Tendo desaparecido o documento, outro se produz, mas o ato jurídico é o mesmo, o que torna óbvia a afirmação de que se mantém a autoridade da sentença.

A sentença de procedência do pedido de restauração declara que os autos existiram e se extraviaram, bem assim que os novos autos substituem os desaparecidos, mas não se limita a isso. A sentença forma um instrumento novo. É certo que a sentença da restauração de autos não retira a eficácia dos autos extraviados (tanto assim que, reaparecendo estes, neles prosseguirá o processo, nos termos do art. 716, parágrafo único), mas os substitui por autos novos. A sentença é, pois, constitutiva.

Tendo o desaparecimento dos autos principais ocorrido quando a causa se encontrava no Tribunal, é de se aplicar o disposto no art. 717 do CPC. Determina esse artigo que a "ação de restauração de autos" será distribuída, sempre que possível, ao relator do processo cujos autos se extraviaram. Em certos casos, à evidência, tal distribuição não será possível. Basta pensar na hipótese de a restauração ser demandada bastante tempo depois do desaparecimento, já tendo o relator do processo principal se aposentado. Possível que seja, porém, a distribuição ao mesmo magistrado, será ela efetivada.

O relator deverá determinar ao juízo de origem (em regra que, à evidência, só se aplica às hipóteses em que o processo principal estivesse em grau de recurso, não se podendo pensar em juízo de origem diverso quando se está diante de processo de competência originária do Tribunal) que pratique os atos necessários à restauração dos autos, referentes ao que tenha acontecido em primeiro grau de jurisdição. Assim, por exemplo, sendo necessário reinquirir alguma testemunha, será colhido seu depoimento perante o juízo de primeiro grau.

Depois de praticados os atos cuja realização se deveria dar perante o juízo de primeiro grau de jurisdição, retornam os autos do processo da restauração ao Tribunal, para que se complete o procedimento e se proceda ao julgamento (que será realizado pelo órgão colegiado a que caberia a competência para julgar o processo principal).

Estabelece o art. 718 do CPC que aquele que houver dado causa ao desaparecimento dos autos responderá pelas custas da restauração e honorários de advogado, sem prejuízo da responsabilidade civil ou penal em que incorrer. A primeira parte do dispositivo limita-se a determinar a aplicação, ao processo da restauração de autos, da regra geral da responsabilidade processual civil por despesas processuais: a regra da causalidade. Assim sendo, aquele que tiver dado causa ao extravio dos autos principais responde pelas despesas processuais e honorários advocatícios no processo da restauração de autos. Pode ocorrer, portanto, de se atribuir essa responsabilidade à parte que tenha promovido a "ação de restauração", desde que fique demonstrada sua culpa pelo extravio.

Além da responsabilidade processual civil pelas despesas processuais e pelos honorários advocatícios, determina a lei que seja civilmente responsável o causador do desaparecimento dos autos principais pela reparação das perdas e danos que sua conduta tiver causado. Essa responsabilidade, porém, não será apurada no processo da restauração de autos, já que se trata de matéria estranha ao seu objeto (ou seja, estranha ao mérito da causa). Será, pois, essa questão, objeto de processo próprio, em que o lesado pelo desaparecimento dos autos deverá pleitear a condenação do responsável (que pode ser pessoa estranha ao processo principal, ou alguém que dele tenha participado, como parte, advogado, auxiliar da justiça, juiz etc.) ao pagamento da indenização devida.

Há, ainda, a possibilidade de responsabilidade penal ou funcional (por exemplo, responsabilidade do advogado que tenha causado o desaparecimento dos autos), objeto de legislação própria, que não cabe examinar nesta sede, por ser tema estranho aos limites do Direito Processual Civil.

18.16. PROCEDIMENTOS ESPECIAIS DE JURISDIÇÃO VOLUNTÁRIA

A jurisdição voluntária, espécie de atividade jurisdicional, já foi examinada em passagem anterior deste livro, na qual foram examinados os institutos fundamentais do Direito Processual Civil (entre os quais se encontra a jurisdição). Regula o CPC, a partir de seu art. 719, os procedimentos especiais de jurisdição voluntária. Divide-se este capítulo do CPC em diversas Seções, sendo a primeira delas dedicada a estabelecer algumas disposições gerais, a partir das quais se identifica um procedimento padrão a ser observado nos processos de jurisdição voluntária. As demais Seções regulam procedimentos específicos, como o das notificações e interpelações ou o da alteração de regime de bens do casamento. É desses procedimentos que se passa, então, a tratar.

18.16.1. Noções gerais e procedimento comum da jurisdição voluntária

Os arts. 719 a 725 do CPC regulam um procedimento comum a ser empregado nos processos de jurisdição voluntária. Não se trata do próprio procedimento comum que, com este nome, o CPC regula (a partir do art. 318), mas de um procedimento a ser empregado como padrão nos processos de jurisdição voluntária. Este procedimento será empregado, então, sempre que se estiver diante de uma hipótese de jurisdição voluntária para a qual não haja a previsão de procedimento específico (art. 719). E há, no art. 725, uma enumeração exemplificativa de situações em que esse procedimento padrão será adequado.

Assim é que este será o procedimento a ser observado nos casos de emancipação (art. 5º, parágrafo único, I, do Código Civil); sub-rogação (art. 1.911, parágrafo único, do Código Civil); alienação, arrendamento ou oneração de bens de crianças e adolescentes, de órfãos e de interditos (Código Civil, arts. 1.691, 1.750 e 1.774); alienação, locação e Administracao da coisa comum (arts. 1.322 e 1.325, § 2º, do Código Civil); alienação de quinhão em coisa comum (art. 504 do Código Civil); extinção de usufruto (nos casos do art. 1.410, excetuados os casos previstos nos incisos I, II e VI daquele artigo, do Código Civil) ou fideicomisso (excetuado, apenas, o caso de extinção do fideicomisso por renúncia ou morte do fideicomissário quando ainda vivo o fiduciário). Também será este o procedimento para postular a expedição de alvará judicial (na hipótese a que se refere o art. 666 do CPC) e para se pedir a homologação de autocomposição que tenha sido alcançada extrajudicialmente, a fim de que se forme o título executivo judicial de que trata o art. 515, III, do CPC).

O procedimento comum da jurisdição voluntária tem início por demanda, ajuizada pelo interessado, pelo Ministério Público ou pela Defensoria Pública. A petição inicial deve ser elaborada com os requisitos do art. 319 do CPC, com todas as consequências decorrentes da aplicação desse dispositivo.

É de se notar que, nos termos do art. 720, o processo de jurisdição voluntária sempre poderia ser iniciado por qualquer interessado, pelo Ministério Público ou pela Defensoria Pública. É preciso afirmar, porém, que só poderá ser emitido o provimento final de jurisdição voluntária se o demandante tiver legitimidade, já que também nesta sede as "condições da ação" devem se fazer presentes. Assim, por exemplo, não terá legitimidade para pleitear a alienação judicial de um bem quem não se apresente em juízo como seu proprietário. Assim, também, deve-se entender que o Ministério Público ou a Defensoria Pública só podem demandar uma providência de jurisdição voluntária quando tiver expressamente recebido da lei legitimidade para tal (como se dá, por exemplo, no caso previsto no art. 765 do CPC).

Estando em termos a petição inicial, deverá o juiz determinar a citação de todos os interessados. Será, ainda, intimado para intervir no processo o Ministério Público (quando não for ele o demandante), desde que se faça presente alguma das hipóteses previstas no art. 178 do CPC.

Além da citação dos interessados e da intimação do Ministério Público, exige o CPC (art. 722) a intimação da Fazenda Pública nos casos em que tenha interesse (como, por exemplo, nas alienações judiciais, em que pode haver imposição de tributo).

Os interessados, citados, terão quinze dias para oferecer sua resposta. Esse é o nome atribuído pelo Código de Processo Civil à manifestação dos interessados citados para participar do processo instaurado por provocação do demandante. Essa resposta pode ter conteúdo de contestação, se o interessado que a oferece impugnar a pretensão do demandante, podendo o interessado, ainda, alegar as matérias previstas no art. 337 do CPC. Tem-se considerado possível, embora raríssima na prática, a reconvenção, quando satisfeitos os seus pressupostos.

Embora o CPC vigente não tenha um dispositivo correspondente ao art. 1.107 do CPC de 1973, que previa ampla possibilidade de dilação probatória nos processos de jurisdição voluntária, é evidente que pode haver, aqui, dilação probatória. Sempre que houver a necessidade de trazer elementos de convicção acerca da verdade das alegações feitas sobre fatos relevantes, será admitida a produção de provas. Assim, por exemplo, será admissível a produção de prova do real intuito do instituidor de uma fundação para se verificar se o estatuto projetado está ou não em conformidade com essa intenção (o que será relevante na hipótese prevista no art. 764, I, do CPC).

O juiz, após ouvir os interessados, o Ministério Público e, se for o caso, a Fazenda Pública, e depois de concluída eventual instrução probatória, decidirá no prazo de dez dias (art. 723). Tal decisão tem natureza de sentença (contra a qual, nos termos do art. 724 do CPC, cabe apelação).

Estabelece o art. 723, parágrafo único, que nos processos de jurisdição voluntária estaria o juiz autorizado a afastar-se dos critérios de legalidade estrita, podendo decidir mediante o emprego de critérios de conveniência ou oportunidade. Em outros termos, tem-se aí uma expressa autorização para que o juiz decida discricionariamente nos processos de jurisdição voluntária.

O Superior Tribunal de Justiça já decidiu (REsp 623.047/RJ, rel. Min. Nancy Andrighi) que essa disposição não se aplicaria aos atos do procedimento, mas tão só ao conteúdo da sentença que resolve o mérito do processo de jurisdição voluntária. Mesmo esta interpretação restritiva, todavia, deve ser rejeitada, com todas as vênias devidas ao Tribunal Superior.

Em primeiro lugar, é evidente que essa é uma disposição que evidentemente se vincula à ultrapassada concepção da jurisdição voluntária como atividade de natureza administrativa (já que é nesta sede que se costuma admitir a existência de poderes discricionários, capazes de autorizar a tomada de decisões fundadas em conveniência e oportunidade). Mas a isso se soma a rejeição, já explicitada em passagem anterior deste livro, a toda e qualquer tentativa de autorização para que o juiz, no exercício de atividade jurisdicional, decida discricionariamente. Consulte-se, então, o que foi dito acerca do tema no item 4.2.3.1 deste livro.

A não ser assim, seria possível admitir, por exemplo, que um juiz – por critérios de conveniência ou oportunidade – homologasse um pedido de alteração de regime de bens de casamento ainda que isso acarretasse prejuízo para interesse de algum terceiro (afastando, assim, a incidência do disposto no art. 1.639, § 2º, do Código Civil). Isso é manifestamente contrário às bases do Estado Democrático de Direito, que não é compatível com a ideia de que o juiz decida contrariamente ao estabelecido por lei para aplicar critérios pessoais, incontroláveis, de conveniência ou de oportunidade. Deve-se, então, para respeitar-se o sistema constitucional, exigir que o juiz decida com base em critérios de legalidade (ou, melhor dizendo, juridicidade) estrita.

Esse procedimento que acaba de ser apreciado, além de ser adequado para os casos de jurisdição voluntária para os quais não haja procedimento especificamente previsto, é subsidiariamente aplicável a todos os demais procedimentos de jurisdição voluntária (art. 725, parágrafo único). Isso provoca uma alteração no alcance do que dispõe o art. 318, parágrafo único, do CPC. É que aos procedimentos especiais de jurisdição voluntária se aplica, subsidiariamente, o procedimento padrão da própria jurisdição voluntária e, apenas diante da existência de alguma lacuna também neste é que incidirão, por força de uma *subsidiariedade de segundo grau*, as disposições do procedimento comum da jurisdição contenciosa.

18.16.2. Notificação e interpelação

O Código de Processo Civil, através de seus arts. 726 a 729, regula as notificações e interpelações, além do protesto (que não aparece na epígrafe da Seção, mas é expressamente previsto no art. 726, § 2º). Todos os três institutos que serão estudados neste tópico têm a mesma natureza: são medidas de jurisdição voluntária. São medidas, além disso, bastante semelhantes entre si, razão pela qual se justifica o tratamento uniforme a elas dispensado pelo CPC. Essas medidas têm por função possibilitar à parte manifestar, por meio delas, qualquer intenção (como a de prevenir responsabilidades, a de ressalvar direitos, impedir futura alegação de ignorância).

Não se pode deixar de dizer, porém, que essas figuras deveriam ter sido *desjudicializadas*. Perdeu-se, aqui, uma excelente oportunidade de modificar a regulamentação da matéria, eliminando-se do sistema jurídico as notificações, interpelações e protestos que são feitos judicialmente, e se atribuindo a função de viabilizar essas comunicações a entes que atuam extrajudicialmente, como, por exemplo, os cartórios dos Registros de Títulos e Documentos.

Conceitua-se a notificação como a cientificação que se dá a outrem de um fato, geralmente por força de uma obrigação prevista em lei material específica. O que se faz com a notificação é a comprovação solene de uma declaração de vontade. É o que se tem, por exemplo, na notificação feita pelo locador ao locatário, quando a locação de imóvel urbano se encontra prorrogada por prazo indeterminado, informando não ter mais interesse na continuação da locação. Da mesma forma, tem-se notificação na comunicação dirigida pelo comodante ao comodatário, pela qual aquele informa a este que pretende a restituição da coisa emprestada.

Note-se que a notificação, por si só, não é capaz de levar à efetivação prática da intenção do requerente. Assim, nos exemplos acima figurados, não sendo a coisa restituída pelo locatário, caberá ao locador ajuizar "ação de despejo", e no caso do comodato, caberá ao comodante ajuizar "ação de reintegração de posse". Através da notificação, portanto, tudo o que se tem é uma manifestação formal de vontade.

Muitos outros exemplos podem ser aqui lembrados. Pense-se na notificação do segurado de resolução do seguro em casos de agravamento do risco (Código Civil, art. 769, §§ 1º e 2º); na exoneração de fiança (Código Civil, art. 835); na manifestação da vontade de exigir que o sócio realize as contribuições previstas no contrato social, sob pena de responder pelos danos (Código Civil, art. 1.004); na retirada de sócio de uma sociedade (Código Civil, art. 1.029); na notificação ao locatário para exercício do direito de preferência na aquisição do imóvel locado (art. 27 da Lei nº 8.245/1991); na denúncia da locação por prazo indeterminado, feita pelo locatário (art. 8º da Lei nº 8.245/1991); ou na denúncia da locação por prazo indeterminado, feita pelo locador (art. 46, § 2º, da Lei nº 8.245/1991).

O procedimento da notificação é extremamente simples, já que basta ao requerente apresentar uma petição inicial postulando que se comunique ao requerido sua vontade. Estando regularmente formulada a petição inicial, o juiz determinará, então, que se realize a notificação, entregando-se ao requerido cópia da petição. Para isso podem ser empregados todos os meios previstos na lei processual para a citação. Efetivada a notificação, o juiz deverá proferir sentença declarando encerrado o processo por ter alcançado o resultado postulado, entregando-se os autos ao requerente.

Caso o requerente pretenda, através da notificação, tornar pública sua manifestação de vontade, será deferida a publicação de edital (art. 726, § 1º), desde que fique demonstrada sua necessidade para o resguardo do direito no caso concreto.

Havendo suspeita, por parte do juiz, de que o requerente pretende obter fim ilícito ou se tiver sido postulada a averbação da notificação junto a algum registro público, o juiz deverá ouvir o requerido antes de decidir se defere ou não a notificação (art. 728).

Vista a notificação, fale-se sobre a interpelação, manifestação de vontade que tem o fim específico de fazer conhecer ao devedor a exigência de cumprimento da obrigação, sob pena de ficar constituído em mora. Nota-se, pois, facilmente, que o devedor não pode interpelar.

Diversos casos de interpelação, previstos na lei material, podem ser aqui trazidos à colação para demonstrar que nesta manifestação de vontade tem-se, sempre, aquele fim específico apresentado na definição do instituto, de exigir do devedor o cumprimento da obrigação, sob pena de ficar ele constituído em mora. Pode-se, pois, referir o art. 117, § 1º, da Lei de Falências (Lei nº 11.101/2005) e o art. 22 do Decreto-lei nº 58, de 10 de dezembro de 1937. Também o art. 397, parágrafo único, do Código Civil prevê a interpelação como meio de constituir o devedor em mora no caso de obrigação que não esteja sujeita a termo (mora *ex persona*). E muitos outros exemplos poderiam ser dados, como o da interpelação para que se possa executar cláusula de reserva de domínio (Código Civil, art. 525).

A interpelação é feita com observância do mesmo procedimento empregado para a notificação.

Por fim, é preciso tecer algumas considerações acerca do protesto judicial, que consiste em um *ato judicial de comprovação ou documentação de uma intenção* de quem o promove.

O protesto pode se dirigir, fundamentalmente, a três distintas finalidades: prevenir responsabilidade, prover a conservação de direito ou prover a ressalva de direito. Exemplo clássico da primeira hipótese é o do protesto feito pelo engenheiro que elaborou um projeto, que dirige seu protesto ao construtor que não o está seguindo, para prevenir sua responsabilidade no caso de a inobservância do projeto gerar algum dano para o dono da obra. Hipótese de protesto para prover a conservação de direito é o que tem por finalidade interromper o prazo prescricional, nos termos do art. 202, II, do Código Civil (mas é preciso aqui lembrar que este protesto não se confunde com o protesto cambial, que também interrompe a prescrição, nos termos do art. 202, III, do Código Civil, mas tem regulamentação distinta, em legislação própria). Por fim, exemplo de protesto destinado a ressalvar direitos é o protesto contra alienação de bens, bastando pensar no credor que dirige protesto ao devedor (e aos interessados na aquisição do bem) para que não pratique ato de alienação que, uma vez realizado, o reduzirá à insolvabilidade.

O protesto será dirigido ao juízo por petição escrita, em que serão expostos os fatos e fundamentos do protesto. Em outros termos, a petição inicial deverá trazer a exposição da conveniência e utilidade da providência pleiteada, bem assim a descrição dos fatos que demonstram o legítimo interesse do requerente. É inadmissível, assim, protesto genérico, em que não haja descrição dos fatos e fundamentos da manifestação de vontade. Assim, por exemplo, um protesto contra a celebração de um negócio jurídico de instituição de um direito real de superfície em que o requerente se limite a dizer que o requerido deve se abster de praticar tal ato por ser devedor dele, requerente, sem apresentar maiores detalhes acerca da origem e do montante do crédito, além de outras que sejam capazes de permitir a aferição do legítimo interesse no protesto, deverá ser indeferido. Importante ter claro, porém, que o protesto jamais será capaz de criar obstáculo jurídico à celebração de qualquer negócio jurídico.

Também o protesto segue o mesmo procedimento previsto para a notificação.

Registre-se, por fim, que o protesto contra alienação de bens se submete a regime distinto, sendo-lhe aplicáveis as disposições acerca da tutela cautelar, por força do que dispõe o art. 301 do CPC.

18.16.3. Alienação judicial

Regula o CPC, em seu art. 730, o procedimento das alienações judiciais. Trata-se de procedimento a ser utilizado para a alienação judicial no curso do processo (já que a alienação judicial com procedimento autônomo segue o procedimento comum da jurisdição voluntária, por força do disposto no art. 725, III a V, do CPC). Utiliza-se o procedimento das alienações judiciais em duas situações distintas: como meio de resguardar interesses de incapazes ou outros interesses que mereçam atenção especial do ordenamento jurídico, que determina a alienação judicial como forma válida de disposição de bens; como meio de extinção de condomínio sobre coisas indivisíveis.

Quanto à alienação judicial determinada por lei, será ela feita por esta via apenas se incidente a um processo em curso. Assim, por exemplo, havendo necessidade de, no curso de um processo de inventário, alienar-se bem para custear as despesas do processo, e sendo o herdeiro incapaz, deverá ser observado o procedimento de que ora se trata.

Já no caso da alienação judicial que tenha por fim a extinção de condomínio sobre coisa indivisível (já que, sendo divisível a coisa, terá cabimento o uso da "ação de divisão de terras") o procedimento aqui estudado não será incidente a outro processo, mas constituirá processo autônomo.

A necessidade de previsão de um meio destinado a permitir a extinção do condomínio decorre do fato de que, salvo casos excepcionais, o condomínio não pode ser eterno. Não é por outra razão, aliás, que o Código Civil estabelece que a indivisão do condomínio determinada por doador ou testador não pode durar mais de cinco anos (art. 1.320, § 2º, do Código Civil); e sendo determinada pelos próprios condôminos será de no máximo cinco anos, prorrogáveis ulteriormente (art. 1.320, § 1º, do mesmo Código).

No processo de extinção de condomínio, terá preferência, em igualdade de condições, o condômino ao estranho; entre os condôminos, o que tiver benfeitorias de maior valor; não havendo benfeitorias, o condômino que tenha a maior fração ideal (tudo conforme estabelece o art. 1.322 do Código Civil). Tendo os condôminos quinhões iguais, ficarão com a coisa os condôminos que a quiserem, depositando previamente o preço (art. 504, parágrafo único, do Código Civil).

Caso algum condômino queira exercer seu direito de preferência no curso do processo, o bem comum não será levado a leilão, bastando para isso que o condômino deposite o dinheiro referente às parcelas dos outros, o que deve ser feito após a realização da avaliação, na forma do art. 2.019, § 1º, do Código Civil, aplicável à extinção de condomínio por força do art. 1.321 do mesmo Código, abrindo-se, deste modo, uma exceção à regra geral segundo a qual o bem comum, indivisível, quando não há acordo sobre a alienação do mesmo, deve ser alienado em leilão público.

Em qualquer hipótese, segundo o art. 730 do CPC, a alienação judicial do bem se fará observando-se o disposto nos arts. 879 a 903, que regulam a alienação judicial dos bens que se realiza nos procedimentos executivos, admitida tanto a alienação por iniciativa particular como a alienação em leilão judicial.

18.16.4. Divórcio e separação consensuais, extinção consensual de união estável, alteração de regime de bens do matrimônio

Nos arts. 731 a 733 o CPC regula um procedimento a ser empregado nos casos de separação consensual, divórcio consensual e extinção consensual de união estável.

Impõe-se, antes de tudo, um registro. A Emenda Constitucional nº 66/2010 alterou o art. 226, § 6º, da Constituição da República. Antes dessa Emenda, tal dispositivo dispunha o seguinte: "O casamento civil pode ser dissolvido pelo divórcio, após prévia separação judicial por mais de um ano nos casos expressos em lei, ou comprovada separação de fato por mais de dois anos". Após a Emenda, o texto passou a ser o seguinte: "O casamento civil pode ser dissolvido pelo divórcio".

Essa modificação levou muitos autores a considerarem que teria sido suprimido do Direito brasileiro o instituto da separação judicial, assim como não haveria mais necessidade de qualquer tempo de separação prévia (judicial ou de fato) para que se pudesse decretar o divórcio. Assim, porém, e com todas as vênias, não me parece, pelos motivos seguintes. Até 1977, a Constituição do Brasil estabelecia que o casamento era indissolúvel (o que não era, já àquela altura, uma verdade absoluta, pois o casamento já se dissolvia por morte ou anulação, e a regra constitucional se limitava a vedar o divórcio). Em 1977 aprovou-se Emenda Constitucional que revogou aquele dispositivo, e isso não serviu para automaticamente instituir o divórcio no país, tanto que foi preciso aprovar, alguns meses depois, a Lei do Divórcio. O efeito daquela emenda, então, foi tornar compatível com a Constituição uma futura e eventual Lei do Divórcio. A meu ver, está-se diante de hipótese semelhante. A Constituição de 1988 permitia o divórcio desde que presentes certos requisitos constitucionalmente estabelecidos. Agora, estes requisitos constitucionais desapareceram. Isso não os elimina, simplesmente, já que eles continuam previstos em lei. Simplesmente, a nova regra constitucional impede que se venha a considerar inconstitucional uma futura lei que modifique ou revogue os requisitos atualmente previstos na lei ordinária. Não me pareceria possível, por constituir retrocesso constitucionalmente ilegítimo, que se criassem por reforma legislativa, requisitos mais "duros" (como, por exemplo, aumentar-se o tempo de separação de fato). Mas, a meu ver, nada impediria que a lei simplesmente diminuísse o tempo de separação de fato exigido – para seis meses, por exemplo – sem fazer tal requisito temporal simplesmente desaparecer. Do mesmo modo, não me parece ter sido extinta a separação (ainda que eu seja, pessoalmente, a favor de sua extinção). O instituto não desaparece apenas por não estar mais previsto na Constituição. Ele só desapareceria se a Constituição o proibisse ou eliminasse expressamente, o que não aconteceu. Penso, então, que a emenda é, apenas, um primeiro passo. Não tenho dúvida quanto à força normativa da Constituição, mas isso não torna desnecessária a lei, nem a dispensa. Ainda que se considerassem as normas constitucionais anteriores a 1988 pela perspectiva atual, a emenda que eliminou a "indissolubilidade" do casamento não seria suficiente para permitir o divórcio. Caso se dê à Emenda nº 66 a eficácia que os especialistas em

Direito de Família têm sustentado, penso que seria o caso de se considerar, do mesmo modo, desnecessários todos os dispositivos do Código Civil que tratam da propriedade ou da herança, já que tais institutos são mencionados na Constituição (aliás, quanto ao direito à herança, a Constituição tampouco impõe qualquer requisito ou condição, o que – a se aceitar o raciocínio dos especialistas em Direito de Família – deveria levar à inconstitucionalidade de institutos como a deserdação e a indignidade, que criam requisitos – negativos – ao direito à herança).

Quanto ao interesse de agir para a demanda de separação, parece-me que se estaria, aí, diante de um fenômeno semelhante ao que se tem quando se reconhece o interesse em demandar mera declaração da existência do direito mesmo quando este já tenha sido violado. Permite-se, expressamente, a utilização de um caminho mais longo, ainda que haja outro mais rápido e eficiente para produzir o resultado. Pense-se, por exemplo, em uma pessoa extremamente católica, para quem o divórcio é inaceitável e pode, mesmo, levar à excomunhão. Para essa pessoa a separação seria admissível, mas não o divórcio e, penso, com o fim da separação ela provavelmente preferirá a separação de fato à regulamentação jurídica de sua situação.

Por todos esses fundamentos é que considero ainda existir no Direito brasileiro o instituto da separação, bem assim a exigência de um prazo prévio de separação para a decretação do divórcio, ainda subsistem.

Dispensa-se o processo judicial de separação ou divórcio consensual, ou de dissolução consensual de união estável (que não poderá se instaurar por falta de interesse-necessidade) quando não houver filhos incapazes do casal, caso em que se celebrará o negócio jurídico de separação, divórcio ou dissolução de união estável consensual por escritura pública, a ser lavrada em notas de tabelião, na forma do art. 733 do CPC. Valem, aqui, as mesmas observações anteriormente feitas, quando do estudo do inventário e partilha extrajudiciais. Presentes os requisitos para a realização extrajudicial da separação consensual, do divórcio consensual ou da dissolução consensual de união estável, não será possível sua realização em juízo, por falta de interesse-necessidade.

É importante deixar claro, porém, que o estudo da separação consensual extrajudicial, assim como do divórcio consensual extrajudicial e da dissolução consensual extrajudicial de união estável, não incumbe ao Direito Processual Civil, dada a ausência de natureza jurisdicional no referido ato.

Inicia-se o procedimento com a apresentação, em juízo, da petição inicial, que deverá preencher os requisitos genericamente exigidos para a regularidade formal da demanda, estabelecidos no art. 319 do CPC. Dispensam-se, apenas, os requisitos dos incisos VI e VII do aludido dispositivo, por não haver razão para produção de provas ou para designação de audiência prévia de autocomposição, uma vez que as partes já terão concluído seu acordo.

A petição inicial deve vir instruída com a certidão de casamento (se for o caso) e o pacto antenupcial ou acordo celebrado pelos companheiros acerca do regime de bens (se houver), e deverá conter a descrição dos bens do casal e a respectiva partilha; o acordo relativo à guarda dos filhos incapazes e ao regime de visitas; o valor dos alimentos a serem pagos aos filhos; a pensão a ser paga por um dos cônjuges ou companheiros ao outro, se houver necessidade. Não havendo acordo quanto à partilha, esta poderá ser deixada para processo posterior (de inventário e partilha), homologando-se, desde logo, a separação consensual, o divórcio consensual ou a extinção consensual da união estável.

Merece crítica, porém, o texto legal por estabelecer que apenas no caso de não haver acordo quanto aos bens será possível obter-se a homologação, deixando-se a solução da questão sobre a qual não houve consenso para processo posterior. Isso deveria ter sido estabelecido para os demais casos também. Afinal, a lei acaba por impedir o divórcio consensual do casal que não tenha chegado a um acordo, por exemplo, sobre o regime de visitação aos filhos incapazes, o que só aumenta o grau de litigiosidade entre as partes.

Estando em termos a petição inicial, e depois de ouvido o Ministério Público (já que haverá interesses dos filhos incapazes do casal a proteger), será observado o procedimento comum da jurisdição voluntária, nos termos do que dispõe o art. 725, parágrafo único, do CPC.

O juiz deverá negar homologação à separação, divórcio ou dissolução de união estável se verificar que o acordo das partes não protege adequadamente os interesses dos filhos incapazes do casal ou de um dos cônjuges ou companheiros (art. 1.574, parágrafo único, do Código Civil). O exame da cláusula lesiva pode ser feito de ofício, por provocação do Ministério Público ou por um dos cônjuges ou companheiros. Neste caso, e se as partes não forem capazes de, sozinhas, produzir um acordo melhor, deverá o juiz remetê-las a um procedimento de mediação, a fim de viabilizar a construção de um acordo melhor.

Na mesma Seção do CPC, o art. 734 regula o procedimento destinado à alteração (consensual, claro, já que só esta é admissível) do regime de bens do casamento. Na petição inicial, os cônjuges deverão indicar expressamente as razões pelas quais pretendem a alteração, justificando-a.

A alteração sempre terá de ressalvar direitos de terceiros, que não podem ser prejudicados pela mudança do regime de bens (Código Civil, art. 1.639, § 2º).

Recebida a petição inicial, o juiz deverá determinar a manifestação do Ministério Público. Em seguida, será determinada a publicação de edital para convocação de eventuais interessados, só se admitindo a prolação de sentença após o decurso do prazo de 30 dias (úteis) a contar da publicação do edital. Além do edital, podem os cônjuges sugerir ao juiz outras formas de divulgação de seu pedido (art. 734, § 2º), como a divulgação em *sites* ou em suas páginas em redes sociais.

Transitada em julgado a sentença que homologa a alteração do regime de bens, serão expedidos mandados de averbação para o Registro Civil das Pessoas Naturais (onde registrado o casamento) e para os Registros de Imóveis (onde constem registradas as matrículas dos imóveis sobre os quais um dos cônjuges – ou ambos – tenha algum direito). Sendo o cônjuge empresário, também será expedido mandado de averbação para o cartório de registro público de empresas mercantis.

18.16.5. Cumprimento de testamentos e codicilos

O CPC regula, em seus arts. 735 a 737, o procedimento a ser observado para cumprimento dos atos de disposição de última vontade (testamentos e codicilos). Antes de examinar os aspectos processuais do tema, porém, impende realizar uma rápida análise dos aspectos substanciais da matéria, examinando-se os conceitos de testamento e de codicilo.

Testamento é o ato pelo qual uma pessoa dispõe de seus bens para depois de sua morte, ou faz outras declarações de última vontade. Em outras palavras, é o ato jurídico em que se contém a declaração de última vontade do falecido.

O testamento é negócio jurídico, unilateral e personalíssimo (já que só pode ser feito pelo próprio testador), gratuito, solene e revogável. Prevê o Código Civil seis espécies de testamento: público, cerrado, particular (estes chamados "ordinários"), marítimo, aeronáutico e militar (os três últimos considerados "especiais").

Prevê o Direito brasileiro, ao lado do testamento, outro ato de disposição de última vontade, o codicilo. Este pode ser como ato jurídico produzido através de documento datado e assinado pelo codicilante, contendo disposições especiais sobre seu funeral, sobre pequenas esmolas e sobre legados de roupas, móveis e joias, de pequeno valor, de seu uso pessoal. Em outras palavras, o codicilo é um instrumento particular, datado e assinado, pelo qual uma pessoa faz certas disposições que, respeitadas como de última vontade, estão sujeitas a certas limitações. Através do codicilo, tudo o que se pode fazer é: (a) nomear ou substituir testamenteiro; (b) fazer disposições especiais sobre o enterro, ou sobre esmolas de pouca monta a determinadas pessoas, ou indeterminadamente aos pobres de certo lugar; (c) legar móveis, roupas ou joias, não muito valiosos, de uso pessoal.

Vistos os conceitos de testamento e de codicilo, e sem maiores incursões pelo direito material, incabíveis em obra com os objetivos desta, pode-se passar ao exame do procedimento destinado a permitir a atuação das disposições de última vontade.

Pode-se definir o procedimento regulado pelos arts. 735 a 737 do CPC como aquele destinado a conhecer a declaração de última vontade do morto, verificar a regularidade formal do testamento [ou codicilo] e ordenar seu cumprimento. Nesse procedimento, o juiz não examina nem profere decisão sobre os requisitos intrínsecos do ato de última vontade, apenas lhe examina os requisitos formais. Assim sendo, a aprovação do testamento (ou codicilo) não impede seja ele, posteriormente, impugnado em processo de jurisdição contenciosa (já que não terá havido cognição e, pois, decisão sobre a validade do testamento).

Sem qualquer sombra de dúvida, o que se tem aqui é um processo de jurisdição voluntária, o que decorre do fato de ser a pretensão manifestada por aquele que provoca a instauração do processo a de obtenção de ato judicial que permita ao testamento (que, como visto, é negócio jurídico de direito privado) produzir seus regulares efeitos.

É competente para este processo o juízo do último domicílio do autor da herança, na forma do art. 48 do CPC. Trata-se, porém, de uma disposição ruim, já que a competência para o procedimento destinado a dar cumprimento às disposições de última vontade deveria ser do juízo do lugar onde se achar o apresentador do documento. É que a medida pleiteada através do procedimento que ora se examina pode ser urgente, principalmente se houver disposições acerca do funeral (que evidentemente pode ter de realizar-se em lugar distante daquele em que o falecido teve seu último domicílio). Sendo esta, porém, uma regra de competência territorial, relativa, não poderá ser examinada de ofício eventual incompetência do juízo.

Inicia-se o procedimento com a apresentação, em juízo, do testamento. A partir daí, seguem-se procedimentos diversos conforme a espécie de ato de disposição de última vontade.

Tratando-se de testamento cerrado, deverá o juiz verificar se o mesmo está intacto, abrindo-o e mandando o escrivão registrá-lo (Código Civil, art. 1.875). Em seguida, será lavrado o termo de abertura do testamento que, rubricado pelo juiz e assinado pelo apresentante, mencionará o nome do apresentante e o modo como obteve o testamento; a data e lugar do falecimento do testador; e qualquer outra circunstância digna de nota.

Lavrado o termo de abertura, será ouvido o Ministério Público para que, em seguida, o juiz profira sentença, mandando registrar, arquivar e cumprir o testamento, se não encontrar vício externo que o torne suspeito de nulidade ou falsidade (art. 735, § 2º, do CPC e art. 1.875 do Código Civil). O testamento será, então, registrado e arquivado no cartório a que tocar, dele remetendo o escrivão uma cópia à repartição fiscal. Feito o registro, será intimado o testamenteiro para que assine o termo de testamentaria. Não havendo testamenteiro nomeado, estando ele ausente ou recusando o encargo, o juiz nomeará testamenteiro dativo, observada a preferência legal. Nesse caso, o juiz nomeará testamenteiro dativo, observando-se a seguinte ordem: cônjuge ou companheiro supérstite, herdeiro escolhido pelo juiz, um estranho (se não houver testamenteiro judicial). Assinado o termo da testamentaria, o escrivão extrairá cópia autêntica do testamento, para ser juntada aos autos do processo de inventário e partilha ou de arrecadação da herança.

Ao testamenteiro incumbe cumprir todas as disposições testamentárias, cabendo-lhe, ainda, prestar contas em juízo do que recebeu e despendeu, observando-se o disposto em lei (CPC, art. 735, § 5º).

Tratando-se de testamento público, qualquer interessado poderá pedir ao juiz que determine seu cumprimento, exibindo, para isso, traslado ou certidão do ato de última vontade (art. 736 do CPC). Uma vez apresentado o testamento público em juízo, será ouvido o Ministério Público e, em seguida, o juiz, por sentença, determinará o cumprimento do ato de última vontade (desde que, à evidência, não tenha observado qualquer vício que o torne suspeito de nulidade ou falsidade). Observa-se, em outras palavras, o mesmo procedimento que se prevê para os testamentos cerrados (CPC, art. 736, parte final), só não se falando aqui em "abertura" do testamento, dada sua publicidade.

Tratando-se de testamento particular, é preciso que seja o ato de última vontade confirmado em juízo. Nesse caso, tendo algum herdeiro, legatário, ou o testamenteiro postulado a publicação, em juízo, do testamento particular, serão inquiridas as testemunhas que lhe tenham ouvido a leitura e o assinaram. Ajuizada a demanda, que deverá vir acompanhada do testamento particular, será designada audiência para a inquirição das testemunhas do testamento.

Para a audiência, serão intimados aqueles a quem caberia a sucessão legítima; o testamenteiro, os herdeiros e os legatários que não tiverem pedido a publicação do testamento; e o Ministério Público.

Após a inquirição das testemunhas, os interessados poderão se manifestar sobre o testamento. Tendo o testamento sido confirmado por pelo menos uma das três testemunhas, o juiz, ouvido o Ministério Público, o confirmará, se considerar convincente o testemunho prestado (art. 1.878, parágrafo único, do Código Civil), observando-se, quanto ao mais, o disposto no art. 735.

O mesmo procedimento previsto para o testamento particular será empregado, também, para os testamentos especiais e para os codicilos.

Após a prolação da sentença determinando o cumprimento do testamento (de qualquer espécie) ou codicilo, deverá o testamenteiro cumprir as disposições de última vontade no prazo legal (180 dias, conforme o previsto no art. 1.983 do Código Civil), se outro não tiver sido determinado pelo testador. Cabe, ainda, ao testamenteiro, prestar contas ao juízo do inventário, nos termos do art. 553 do CPC e do art. 1.980 do Código Civil.

Incumbe, ainda, ao testamenteiro cumprir as obrigações do testamento, propugnar pela validade do ato de última vontade, defender a posse dos bens que compõem o monte e requerer ao juiz que lhe conceda os meios necessários para que possa cumprir as disposições testamentárias. De outro lado, tem o testamenteiro direito a um prêmio que, se não tiver sido fixado pelo testador, será fixado pelo juiz, e não excederá cinco por cento do valor do acervo hereditário, nem será inferior a 1% do acervo (art. 1.987 do Código Civil). Não faz jus ao prêmio, porém, o testamenteiro que seja herdeiro ou legatário, salvo se preferir ele receber o prêmio à herança ou legado (art. 1.988 do Código Civil).

O testamenteiro pode ser removido de seu encargo, caso em que perderá o direito ao prêmio, caso não cumpra as disposições testamentárias. Permite-se, ainda, que o testamenteiro se demita do encargo, requerendo a escusa ao juiz, alegando causa legítima. Feito esse requerimento, o juiz, após ouvir o Ministério Público, decidirá.

O procedimento destinado a dar cumprimento aos atos de disposição de última vontade termina com a prolação de sentença que, se acolher a pretensão, determinará que seja cumprido o testamento ou o codicilo. Nesse procedimento, porém, não pode o juiz declarar a nulidade ou falsidade do ato de última vontade. Assim sendo, a sentença que determina o cumprimento do testamento não é capaz de impedir que, em processo autônomo, se verifique a validade (ou a autenticidade) do testamento ou codicilo. Isso se dá porque a pretensão manifestada na demanda de cumprimento de ato de última vontade não é a de acertamento da regularidade do testamento, mas, tão somente, a de integração do negócio, para que ele possa passar a produzir efeitos.

18.16.6. Arrecadação de herança jacente

A herança jacente é o conjunto de bens deixados por pessoa falecida de quem não ficaram herdeiros, ou de quem ficaram herdeiros não conhecidos. Em outros termos, falecendo alguém sem deixar herdeiros, ou que não tenha herdeiros conhecidos, dá-se o fenômeno a que se denomina herança jacente. A matéria vem regulada nos arts. 1.819 a 1.823 do Código Civil, dispondo o primeiro deles que "falecendo alguém sem deixar testamento nem herdeiro legítimo notoriamente conhecido, os bens da herança, depois de arrecadados, ficarão sob a guarda e administração de um curador, até sua entrega ao sucessor devidamente habilitado ou à declaração de sua vacância".

Assim, tendo alguém falecido sem deixar herdeiros (ou se não houver herdeiros conhecidos), ou se os herdeiros renunciarem à herança (art. 1.823 do Código Civil), existirá uma herança jacente. Nesse caso, e depois de preenchidos certos requisitos, os bens do espólio se transmitirão ao município onde estiverem localizados (ou ao Distrito Federal), nos termos do art. 1.822 do Código Civil.

Como se verá adiante, a entrada dos bens no patrimônio do município ou do Distrito Federal só estará definitivamente acertada depois da declaração de vacância da herança jacente, e passados cinco anos da abertura da sucessão. Discute-se, porém, se é aplicável à hipótese a regra da *saisine*, estabelecida pelo art. 1.784 do Código Civil, segundo o qual a transferência da propriedade para o patrimônio do sucessor se dá no momento da abertura da sucessão. A meu juízo, a regra é perfeitamente aplicável à hipótese. O município (e o mesmo se diga do Distrito Federal, quando a ele cabe suceder o finado na herança vacante) era incluído pela lei civil anterior entre aqueles que recebem os bens do falecido por sucessão legítima. O Código Civil vigente não repete o anterior, mas é claro em afirmar que o bem, não havendo outro sucessor, passa para o patrimônio da Fazenda Pública. Não se pode, pois, negar-lhe a condição de herdeiro. Além disso, a posição contrária levaria a afirmar que entre a abertura da sucessão e o decurso do prazo de cinco anos após o qual os bens da herança vacante entrariam no patrimônio do município, os bens deixados pelo finado seriam bens sem dono, *res nullius*. Ora, se a herança é vacante, ela o é, em verdade, desde a abertura da sucessão, e os bens do falecido desde sua morte pertencem a alguém. Este alguém, à evidência, é o município (ou Distrito Federal).

Conhecidos os conceitos de direito substancial necessários para a compreensão do fenômeno processual, pode-se passar ao exame do procedimento regulado pelos arts. 738 a 743 do CPC.

A competência para o procedimento da herança jacente é do foro do falecimento do autor da herança (art. 738 do CPC). Havendo bens em outros lugares, deverá o juízo perante o qual tramita o processo determinar a expedição de carta precatória, para que se proceda à arrecadação dos bens situados no foro deprecado (art. 740, § 5º). Essa não é uma boa regra sobre competência territorial, e o CPC anterior foi mais acertado ao estabelecer a competência do foro do último domicílio do autor da herança. É que pode ocorrer de a pessoa falecer em lugar muito distante de seu último domicílio, e nesse caso a diligência de que trata o art. 740 terá de ser realizada através da expedição de carta rogatória.

O procedimento especial da arrecadação da herança jacente pode ser instaurado *ex officio*, por determinação do juiz em exercício no juízo competente. A autorização para que se exerça a função jurisdicional sem provocação, excepcionando-se a regra geral da inércia da jurisdição, está no art. 738 do CPC. Dispõe o referido artigo da lei processual que, "nos casos em que a lei considere jacente a herança, o juiz em cuja comarca tiver domicílio o falecido procederá imediatamente à arrecadação dos respectivos bens". Não se pode, porém, afirmar que o juiz tem legitimidade, já que isso implicaria afirmar que o juiz estaria apto a pleitear sua própria atuação, o que seria verdadeiro absurdo. Em verdade, o juiz tem o poder (e não a legitimidade) de dar início ao procedimento da arrecadação dos bens que compõem a herança jacente.

Pode, ainda, o procedimento ter início por provocação do Ministério Público, da Fazenda Pública ou de qualquer outro interessado (como, por exemplo, algum credor do falecido).

Por fim, não se pode afastar a possibilidade de alguém que não esteja legitimado a dar início ao processo de arrecadação da herança jacente dirigir-se ao juízo informando o fato de alguém ter falecido sem deixar herdeiros conhecidos, caso em que o magistrado, tendo tomado ciência do fato, deverá instaurar o processo por ato próprio, considerando-se a comunicação que lhe foi feita como ato de cientificação, e não como provocação para a instauração do processo.

Instaurado o processo, *ex officio* ou por provocação de algum legitimado, deve o juiz determinar a arrecadação dos bens que compõem a herança jacente. No despacho inicial, o juiz nomeará um curador, a quem caberá a guarda e administração da herança jacente, conforme se examinará adiante.

Deverá o juiz, então, determinar o comparecimento à residência do autor da herança de um oficial de justiça, do escrivão ou chefe de secretaria, e do curador, para realizar a arrecadação. Não sendo possível o comparecimento das pessoas mencionadas no art. 740, deverá o juiz determinar que a diligência seja realizada pela autoridade policial (art. 740, § 1º, do CPC), que deverá se fazer acompanhar por duas testemunhas.

Caso ainda não tenha sido nomeado o curador, essa diligência será realizada pelo oficial de justiça e pelo escrivão (ou chefe de secretaria), sendo os bens entregues a um depositário (art. 740, § 2º), que com eles ficará provisoriamente.

Na diligência, os bens do falecido serão arrecadados e descritos em auto circunstanciado. Não sendo possível encerrar-se a diligência no mesmo dia, os bens móveis devem ficar guardados em imóvel adequado, cuja chave (que, de preferência, será trocada durante a diligência) ficará com o oficial de justiça ou com a autoridade policial.

O juiz deverá examinar reservadamente os papéis, cartas missivas e os livros domésticos. Não havendo neles interesse, mandará empacotá-los e lacrá-los para serem assim entregues aos sucessores do falecido, ou queimados quando os bens forem declarados vacantes. Deve-se cuidar, porém, para não se queimarem documentos de pessoas que, embora não tenham deixado sucessores, devem ter sua documentação preservada por razões históricas, culturais, políticas, entre outras, como seria o caso de artistas, cientistas, escritores, entre outros. Esses documentos não podem se perder, e seria absurdo queimá-los só por não terem seus autores deixado herdeiros conhecidos. Nesse caso, deve o juiz providenciar para que esse acervo relevante seja encaminhado para alguma instituição cultural, como uma biblioteca ou um museu.

Durante a realização da diligência, o juiz, pessoalmente ou por intermédio de seus auxiliares, ou a autoridade policial, inquirirá os moradores da casa e da vizinhança sobre a qualificação do falecido, o paradeiro de seus sucessores e a existência de outros bens, lavrando-se um auto de inquirição e informação.

A arrecadação não será feita (ou, se já tiver sido iniciada, será suspensa) se aparecer cônjuge, companheiro, herdeiro ou testamenteiro notoriamente reconhecido para reclamar os bens do falecido e não houver oposição motivada do curador, do Ministério Público ou da Fazenda Pública (art. 740, § 6º).

Encerrada a arrecadação dos bens, o juiz determinará a expedição de edital, que será publicado na internet, devendo ser divulgado na página do Tribunal e na plataforma de editais do CNJ, ali devendo permanecer por três meses. Diz a lei processual que no caso de não haver um sítio eletrônico do Tribunal, o edital deverá ser publicado no órgão oficial e na imprensa da comarca, mas todos os Tribunais do Brasil têm seus sítios eletrônicos.

Esse edital convocará os sucessores do finado, para que venham habilitar-se no prazo de seis meses, contados da primeira publicação. Verificada a existência de herdeiro ou testamenteiro em lugar certo, será feita sua citação pessoal, sem prejuízo do edital, que de qualquer maneira deverá ser publicado.

Sendo estrangeiro o falecido, deverá ser comunicada a autoridade consular de seu estado de origem.

Habilitado algum herdeiro, reconhecida a qualidade de testamenteiro ou provada a identidade do cônjuge ou companheiro, o juiz determinará a conversão do processo de arrecadação da herança em inventário e partilha (art. 741, § 3º, do CPC). Permite, ainda, a lei processual que os credores da herança se habilitem, como nos inventários, podendo eles, ainda, ajuizar demanda em face do espólio.

Permite a lei que o juiz do processo da arrecadação determine a alienação imediata de bens móveis cuja conservação seja difícil ou dispendiosa; de semoventes que não sejam empregados na exploração de alguma indústria; de títulos e papéis de crédito, se houver receio de depreciação; de ações de sociedade quando, reclamada a integralização, não dispuser a herança de dinheiro para o pagamento; de bens imóveis que ameacem ruína, não convindo a reparação, ou se estiverem hipotecados e vencer-se a dívida, não havendo dinheiro para o pagamento. Não se fará, porém, a venda, se a Fazenda Pública ou algum habilitando adiantar o dinheiro para as despesas (art. 742, § 1º). Não serão, porém, alienados antecipadamente os bens com valor de afeição, como retratos, livros e obras de arte, que só poderão ser vendidos depois da declaração de vacância (art. 742, § 2º, do CPC).

Passado um ano da primeira publicação do edital, e não havendo herdeiro habilitado, proferirá o juiz a sentença de declaração da vacância da herança. Pendendo habilitação, a sentença que a julgue improcedente declarará a vacância. Sendo diversas as habilitações, a vacância só poderá ser declarada quando do julgamento de improcedência da última delas.

Transitada em julgado a sentença declaratória da vacância, o cônjuge, o companheiro, os herdeiros e credores só poderão postular o reconhecimento de seus direitos através de demandas autônomas ("ação de petição de herança" ou "ação de cobrança"). Essas demandas deverão ser ajuizadas em face do município ou do Distrito Federal, perante o juízo competente para julgar causas em que seja parte a Fazenda Pública.

Compete a administração da herança jacente, conforme se disse previamente, a um curador, a ser nomeado pelo juiz ao início do processo. A atuação do curador é regulada pelos §§ 1º e 2º do art. 739 do CPC, de que se passa a tratar.

Em primeiro lugar, é preciso afirmar que o curador permanecerá com a guarda, administração e conservação dos bens que compõem a herança até que haja sucessor regularmente habilitado, ou até a declaração de vacância, quando então os bens serão entregues ao sucessor ou ao patrimônio público.

Incumbe ao curador, por força do disposto no art. 739, § 1º, I, do CPC, representar a herança jacente, em juízo ou fora dele, sempre com intervenção do Ministério Público, atuando aí como fiscal da ordem jurídica.

Também incumbe ao curador ter em boa guarda e conservação os bens arrecadados e promover a arrecadação de outros porventura existentes (art. 739, § 1º, II, do CPC); executar as medidas conservatórias dos direitos da herança (art. 739, § 1º, III); apresentar mensalmente ao juiz um balancete da receita e da despesa (art. 739, § 1º, IV); e prestar contas, ao final de sua gestão (art. 739, § 1º, V), pela forma prevista no art. 553 do CPC.

Por fim, é de se dizer que são aplicáveis ao curador da herança jacente as disposições contidas nos arts. 159 a 161 do CPC, referentes ao depositário e ao administrador judiciais.

Como foi afirmado anteriormente, passado um ano da primeira publicação do edital de convocação dos sucessores do autor da herança jacente sem que qualquer habilitação seja apresentada, deverá o juiz proferir sentença declaratória da vacância da herança. Tendo havido alguma habilitação, a sentença que a rejeite declarará a vacância (e, havendo várias habilitações, somente quando do julgamento da última poderá haver a declaração de vacância da herança).

A sentença a que aqui se refere é declaratória, e não constitutiva, da vacância. Isso porque, como já se disse, aplica-se à Fazenda Pública a regra da saisina, o que significa afirmar que a herança já era vacante desde a abertura da sucessão.

Não se trata, porém, de sentença meramente declaratória. Como em todos os processos de jurisdição voluntária, a sentença aqui é constitutiva. Isso porque ao declarar a vacância o juiz faz desaparecer a figura da herança jacente, o que implica a cessação da atuação do curador, transferindo-se a administração dos bens que compõem a herança para o município (ou Distrito Federal) onde estiverem localizados.

A administração dos bens pela Fazenda Pública, após a declaração da vacância, não prejudica os interesses dos sucessores que, nos cinco anos seguintes ao trânsito em julgado da sentença, ajuízem demanda manifestando pretensão de receber aquilo a que tem direito (art. 1.822 do Código Civil). Somente após cinco anos do trânsito em julgado da sentença declaratória da vacância da herança é que se poderá considerar que os bens estão, em definitivo, incorporados ao patrimônio público (sendo certo que tal incorporação se dá em caráter retroativo, como se tivesse ocorrido desde a data da abertura da sucessão), o que é consequência natural da aplicação, à herança jacente. Da regra da *saisine*.

18.16.7. Arrecadação de bens dos ausentes

Regula o CPC, em seus arts. 744 e 745, o procedimento especial da arrecadação dos bens dos ausentes. Mais uma vez, porém, é preciso analisar – ainda que rapidamente – conceitos do direito substancial, para que se possa bem compreender o fenômeno processual. A matéria vem regulada nos arts. 22 a 39 do Código Civil.

É de se dizer, antes de tudo, que a ausência é fenômeno raro nos dias de hoje, fato que se pode atribuir à facilidade de transporte e de comunicação. Ainda assim, porém, é preciso estudar o fenômeno, já que sua raridade não o torna juridicamente irrelevante. Aliás, o número impressionante de pessoas misteriosamente desaparecidas no Brasil, nos últimos tempos, principalmente crianças e adolescentes, faz ver que a afirmação da raridade da ausência talvez não seja tão precisa como costuma parecer.

Pode ocorrer o desaparecimento de uma pessoa de seu domicílio sem que dela haja qualquer notícia, e sem que tenha deixado representante ou procurador, dela não se sabendo o destino ou paradeiro. Se essa pessoa (o ausente) tiver bens, surge problema relativo ao seu destino, já que há interesse social na sua preservação. É preciso, assim, preservar os bens do ausente, mas, encarando a possibilidade de ter ele falecido, é preciso também atender os interesses daqueles que, por sua morte, o sucederiam.

Considera-se ausente aquele que, devido ao seu desaparecimento, é declarado tal por ato do juiz. Uma vez declarada a ausência, nomeava-se, no regime do Código Civil de 1916, para o desaparecido um curador, passando ele a ser considerado, naquele regime (art. 5º, IV), absolutamente incapaz. A rigor, porém, o ausente não é incapaz. E o Código Civil vigente acertou ao retirar do rol dos incapazes o ausente (embora contenha dispositivo que fale em sua representação – art. 32 do Código Civil). No lugar onde ele estiver (se é que está vivo), não pode ele ser tido como ausente, e os atos que pratica são válidos. Já no lugar onde desapareceu não poderá ele praticar qualquer ato jurídico, não havendo como se conceber a prática de ato nulo pelo ausente.

Caracteriza-se a ausência com o desaparecimento da pessoa, de seu domicílio, sem que dela haja notícia, e sem que tenha nomeado procurador ou representante (ou se o nomeado não puder ou não quiser exercer o encargo).

Do exposto, verifica-se que são três os requisitos necessários para que se torne adequada a instauração do procedimento de arrecadação dos bens dos ausentes.

Em primeiro lugar, é preciso que a pessoa tenha desaparecido de seu domicílio, sem que dela haja qualquer notícia. Em segundo lugar, é preciso que o desaparecido tenha deixado bens. Por fim, é preciso que não exista administrador para gerir esses bens, seja por não ter sido nomeado um pelo desaparecido, seja porque o nomeado não pôde, ou não quis, aceitar o encargo.

É competente para o processo de arrecadação dos bens dos ausentes o juízo do foro do seu último domicílio, isto é, do lugar de onde ele desapareceu (art. 49 do CPC). Sendo incerto o último domicílio do ausente, será competente o lugar da situação dos bens.

Havendo bens em outro foro, deverá o juiz da causa determinar, quando for o momento adequado, a expedição de carta precatória, para arrecadação dos bens que se encontram no juízo deprecado.

Inicia-se o procedimento da arrecadação dos bens dos ausentes por iniciativa do juiz, do Ministério Público ou de outro interessado (que pode ser, por exemplo, uma pessoa que sucederia o ausente por ocasião de seu falecimento). Instaurado o processo, o juiz declarará a ausência e mandará arrecadar seus bens, nomeando curador para o ausente.

Feita a arrecadação, o juiz mandará publicar editais, que deverão permanecer no *site* do Tribunal a que o juízo do processo esteja vinculado, assim como na plataforma de editais do CNJ, durante um ano. Diz a lei que, não existindo um *site* do Tribunal, os editais deverão ser publicados no órgão oficial e na imprensa local, devendo ser divulgados a cada dois meses, durante o prazo de um ano, anunciando a arrecadação e chamando o ausente a se apresentar. Tais editais, em verdade, deverão também convocar os eventuais sucessores do ausente, e poderão ser publicados também no último lugar em que se sabe que o ausente esteve.

Cessa a curadoria do ausente, evidentemente, pelo seu comparecimento, de seu procurador ou representante; pela certeza de sua morte; ou pela sucessão provisória.

Após um ano da publicação do primeiro edital sem que tenha havido qualquer notícia do ausente e não tendo comparecido procurador ou representante dele, qualquer interessado poderá pedir que se abra a sucessão provisória (este prazo será de três anos se o ausente tiver deixado representante ou procurador, nos termos do art. 26 do Código Civil). Nos termos do art. 27 do Código Civil, consideram-se interessados (e, por conseguinte, legitimados a requerer a abertura da sucessão provisória): o cônjuge não separado judicialmente (o que se aplica, também, ao companheiro que convivia com o ausente ao tempo de seu desaparecimento); os herdeiros presumidos legítimos e os testamentários; os que tiverem sobre os bens do ausente direito subordinado à condição de morte; os credores de obrigações vencidas e não pagas. Ultrapassado o prazo de um ano, e não havendo interessados na sucessão provisória, cumpre ao Ministério Público requerer sua abertura.

O interessado que demandar a abertura da sucessão provisória requererá a citação dos herdeiros e do curador do ausente (para que se habilitem à sucessão provisória), devendo ser observado o procedimento da habilitação. É de se notar que o pedido de abertura da sucessão provisória dá azo à instauração de processo autônomo, incidente ao da arrecadação dos bens do ausente, a tramitar em autos apartados, que deverão ser apensados aos autos daquele primeiro processo.

Proferida sentença determinando a abertura da sucessão provisória, só será ela eficaz após 180 dias depois da intimação das partes pelo órgão oficial de imprensa (art. 28 do Código Civil). Assim que a sentença transitar em julgado, porém, será feita a abertura do testamento (se houver) e a instauração do processo de inventário e partilha. Passados 30 dias do trânsito em julgado da sentença sem que apareça qualquer interessado ou herdeiro, a herança passará a ser tida como jacente.

Sendo os sucessores imitidos na posse dos bens do ausente, por força da sucessão provisória, deverão eles prestar caução de os restituir, por força do disposto no art. 30 do Código Civil. Estabelece esse dispositivo legal que essa caução será real (penhor ou hipoteca), mas nada impede que se dê caução fidejussória, devendo-se interpretar extensivamente o dispositivo da lei civil.

Cessa a sucessão provisória pelo reaparecimento do ausente ou por sua conversão em definitiva, o que se dá nos seguintes casos: quando houver certeza da morte do ausente; dez anos depois do trânsito em julgado da sentença de abertura da sucessão provisória; quando o ausente contar 80 anos (ou mais) de idade, e já se tiverem passado cinco anos sem notícias suas.

Regressando o ausente nos primeiros dez anos após a abertura da sucessão definitiva (ou aparecendo algum de seus descendentes ou ascendentes que a ele sucederiam), poderão eles pleitear a entrega dos bens existentes, no estado em que se encontrem, os sub-rogados em seu lugar ou o preço que se tenha obtido por ocasião de sua alienação. Serão citados para contestar tal demanda os sucessores, provisórios ou definitivos, devendo participar do processo, também, o Ministério Público e a Fazenda Pública. Sendo oferecida contestação, o processo seguirá o procedimento comum.

18.16.8. Arrecadação de coisas vagas

Regula o CPC, em seu art. 746, o procedimento da arrecadação das coisas vagas. Mantém o Código o sistema tradicionalmente adotado no Brasil, segundo o qual aquele que encontra coisa perdida não se transforma em dono dela. Em outros termos, a invenção (ou descoberta, como diz o Código Civil) não é meio de aquisição da propriedade.

Assim, aquele "que ache coisa alheia perdida há de restituí-la ao dono ou legítimo possuidor" (art. 1.233 do Código Civil). Verifica-se, pois, que aquele que encontra coisa perdida fica obrigado a restituí-la e, não sabendo a quem entregar, deve entregá-la à autoridade judiciária ou policial mais próxima, para que se dê início ao processo de arrecadação das coisas vagas.

Entregue a coisa à autoridade policial, ou a juiz em exercício em juízo incompetente para o feito, será ela imediatamente remetida, com o auto de arrecadação, ao juízo competente, para que tenha início o processo. Registre-se, aqui, que o art. 1.233, parágrafo único, do Código Civil determina que o descobridor da coisa (nome que esse diploma emprega para designar o inventor) deverá entregar a coisa perdida à autoridade competente. Isso não infirma, porém, o que até aqui se disse: poderá o inventor entregar a coisa a quem não tenha competência para arrecadar a coisa vaga, devendo a autoridade incompetente remetê-la para a competente. Pensar de outro modo pode até mesmo inviabilizar a incidência prática do instituto, na medida em que pode desestimular o inventor a entregar a coisa, retendo-a em seu poder (ou mesmo a desprezando, o que dificultará ou até mesmo impossibilitará sua devolução ao legítimo proprietário ou possuidor).

O procedimento de arrecadação das coisas vagas é, pois, a via processual destinada a permitir a entrega, arrecadação, devolução ou alienação de coisa perdida ao seu dono ou legítimo possuidor. Trata-se, indubitavelmente, de procedimento de jurisdição voluntária.

Há quem sustente, em doutrina, que o procedimento das coisas vagas tem início por provocação do inventor, isto é, daquele que encontrou a coisa perdida. De outro lado, encontra-se respeitável opinião no sentido de que no procedimento das coisas vagas não se observa o princípio da demanda, estabelecido pelo art. 2º do CPC, cabendo ao juiz, *ex officio*, dar início ao processo. Parece acertada a primeira opinião. O juiz não atuará de ofício, isto porque o processo só se instaura quando o inventor leva a coisa por ele achada à autoridade, judiciária ou policial. Este seu ato deve ser considerado como de iniciativa processual, levando à instauração do processo. É certo que a lei processual está, aqui, autorizando que a parte dirija seu ato de iniciativa a autoridade que não é, necessariamente, a competente para conhecer do feito. Isso, porém, não é relevante. Não é, nem mesmo, algo inusitado: basta lembrar que, ao regular os embargos do executado opostos na execução por carta (art. 914, § 2º, do CPC), permite a lei que a demanda de embargos seja dirigida, indiferentemente, ao juízo deprecante ou ao deprecado, cabendo ao órgão que tiver recebido a demanda, se não for ele o competente, remeter os embargos ao juízo com competência para conhecer da causa.

Assim, o legitimado a provocar a instauração do procedimento das coisas vagas é o inventor, ou seja, aquele que encontrou a coisa perdida.

Sempre foi divergente a doutrina a respeito da competência para o procedimento das coisas vagas. Há quem afirme ser competente o foro do domicílio do proprietário da coisa, se conhecido (note-se que o procedimento das coisas vagas se instaurará ainda que conhecida a pessoa que tenha perdido a coisa, quando esta se recusar a pagar ao inventor a recompensa que está expressamente prevista no art. 1.234 do Código Civil), ou o do domicílio do inventor ou do lugar da descoberta, se desconhecida a pessoa que perdeu a coisa. Outros autores admitem apenas duas das três possibilidades acima referidas, afirmando ser competente o foro do domicílio do dono da coisa, se conhecido, ou o do domicílio do inventor, se desconhecido ou incerto aquele. Por fim, há quem afirme que a competência será do juízo do lugar da invenção.

A primeira dessas correntes é a que se deve acolher. Conhecido o domicílio do dono ou legítimo possuidor da coisa achada, será competente o juízo de seu domicílio, nos termos do art. 46 do CPC. Não sendo conhecido, porém, o domicílio, a competência será do juízo do lugar do domicílio do autor da descoberta (art. 46, § 2º). Será admissível, também, que o processo se instaure perante juízo sediado no lugar da descoberta. É que não se pode negar a atribuição da competência ao juízo do lugar onde seja mais provável que resultados úteis possam ser alcançados. Conhecido o lugar onde tem domicílio a pessoa que perdeu a coisa, lá deve se desenvolver o processo. Desconhecido tal lugar, porém, é razoável supor que o dono procure pela coisa na comarca onde a perdeu, o que leva a atribuir ao juízo de tal foro competência para conhecer da causa. Não pensar assim levaria à absurda hipótese de, no caso de um turista paulistano encontrar coisa móvel perdida durante uma viagem de férias a Natal, ter de entregar a coisa encontrada para um juízo da comarca de São Paulo, precisando arcar com os custos da remoção, o que acabaria, na prática, por muitas vezes inviabilizar a arrecadação da coisa perdida. Pode-se dizer, aliás, que sendo desconhecido tal lugar, é mais razoável supor que o dono procure pela coisa na comarca onde a perdeu, o que leva a atribuir ao juízo de tal foro a competência para conhecer da causa.

Enviados a coisa e o auto de arrecadação lavrado pelo juízo competente para o feito, será ela entregue, pelo próprio juízo, a depositário. Depositada a coisa, o juiz mandará publicar edital na internet, na página do próprio Tribunal a que está vinculado e na plataforma de editais do CNJ ou, não havendo *site* do Tribunal, no órgão oficial e na imprensa da comarca, para que o dono ou possuidor a reclame. O edital conterá a descrição da coisa e as circunstâncias em que foi encontrada.

Sendo coisa de pequeno valor e não sendo possível sua divulgação no *site* do Tribunal, o edital não será publicado na imprensa, mas tão somente afixado no fórum (a lei fala em "átrio do fórum", mas como a imensa maioria dos fóruns não tem mais átrio – isto é, pátio –, então se deve considerar que o edital será, nesse caso, afixado no fórum, no lugar de costume).

Comparecendo o dono ou legítimo possuidor e provando o seu direito, o juiz, depois de ouvir o Ministério Público e a Fazenda Pública, mandará que a coisa lhe seja entregue. Não sendo a coisa reclamada no prazo do edital (que será de 60 dias, na forma do disposto no art. 1.237 do Código Civil), o juiz determinará sua avaliação e alienação em hasta pública (na verdade, porém, a entrega lhe será feita mesmo que compareça depois de tal prazo, desde que antes da alienação forçada do bem. Uma vez alienada a coisa, deverá o juiz deduzir do preço as despesas processuais e a recompensa do descobridor. O saldo pertencerá, na forma da lei, ao município. Poderá este, registre-se, abrir mão da coisa em favor do descobridor se seu valor for diminuto (art. 1.237, parágrafo único, do Código Civil).

Pode ocorrer de o dono do bem aparecer e manifestar sua vontade de abandonar a coisa vaga. Nesse caso, pode o inventor requerer que ela lhe seja adjudicada. Não sendo feito tal requerimento, o procedimento segue normalmente, com a avaliação e alienação da coisa em hasta pública.

18.16.9. Interdição

Regula o CPC, em seus arts. 747 a 758, o procedimento por ele denominado interdição. O Código Civil, depois das alterações que nele foram promovidas pelo Estatuto da Pessoa com Deficiência (Lei nº 13.146/2015), não emprega mais o nome "interdição", e em seu texto o que se lê é "processo que define os termos da curatela". Não se modificou, porém, a epígrafe da Seção que trata do tema (Seção I do Capítulo II do Título IV do Livro IV da Parte Especial do Código Civil), que continua a se chamar "Dos Interditos". Além disso, o Estatuto da Pessoa com Deficiência, lei aprovada depois do CPC, não alterou o texto deste Código, de modo que é perfeitamente possível ainda se empregar o termo que é aqui usado, *interdição*.

Pode-se definir a interdição como o procedimento judicial adequado para a instituição de curatela em favor de pessoa relativamente incapaz. Explique-se: pode ocorrer de uma pessoa a quem, normalmente, se poderia considerar civilmente capaz (ou seja, com capacidade de exercício), não ser, em verdade, apta a exercer, por si só, os atos da vida civil. É o que se dá com as pessoas indicadas no art. 1.767 do Código Civil, todas elas relativamente incapazes (art. 4º do CC). Tais pessoas devem ficar sujeitas a uma relação jurídica de curatela, para que haja quem atue no sentido de integrar sua capacidade civil, assistindo-a. Assim, sendo alguém relativamente incapaz por razão outra que não a idade, fica sujeito à interdição.

A interdição é, pois, a via processual adequada para, reconhecendo-se a incapacidade relativa, instituir-se a curatela do interdito.

Discute-se a natureza jurídica da atividade exercida pelo Estado-juiz na interdição. Há uma primeira corrente doutrinária, amplamente dominante (e que prevaleceu na redação do CPC), que considera ser a interdição uma manifestação da jurisdição voluntária. De outro lado, há quem considere ser a interdição um processo de jurisdição contenciosa. Há, por fim, quem considere tratar-se de fenômeno híbrido, processo misto, de jurisdição contenciosa e voluntária.

A rigor, o processo de interdição é de jurisdição contenciosa, tendo sido equivocada sua inclusão, pelo CPC vigente, entre os procedimentos de jurisdição voluntária. Relembre-se, aqui, que a ausência de lide é incapaz de levar à afirmação de que não se está diante de jurisdição contenciosa. Assim, pouco importa saber se na interdição existe lide ou não. Só há jurisdição voluntária quando a pretensão manifestada em juízo é a de integração de um negócio jurídico de direito privado. É o que se tem na separação consensual ou na alteração de regime de bens do casamento. Nesses casos, a atividade judicial se cinge à atribuição de validade e eficácia a um ato jurídico das partes.

Não é isso, porém, o que ocorre na interdição. Aqui não há qualquer negócio jurídico celebrado pelas partes e para cuja validade e eficácia se exija a intervenção judicial. O que se tem, aqui, é uma pretensão de submeter uma pessoa (o interditando) a uma curatela, relação jurídica que será criada pela sentença que julgar procedente o pedido de interdição. Trata-se, pois, de processo de jurisdição contenciosa, e não voluntária.

Segundo o art. 747 do CPC, a interdição pode ser demandada pelo cônjuge ou companheiro do interditando, por seus parentes ou tutores, pelo representante da entidade em que se encontra abrigado o interditando ou pelo Ministério Público, devendo essa condição ser comprovada por documentação que acompanhe a petição inicial (art. 747, parágrafo único). Surge aqui, porém, uma relevante questão.

O Estatuto da Pessoa com Deficiência alterou o art. 1.768 do Código Civil, que passou a estabelecer que o processo de que aqui se trata poderia ter início por demanda ajuizada pelos pais ou tutores, pelo cônjuge ou qualquer parente, pelo Ministério Público ou pela própria pessoa. E daí resulta um sério problema de direito intertemporal. Explique-se melhor o ponto.

O CPC é lei ordinária, de 16 de março de 2015, e só entrou em vigor em 18 de março de 2016. Através de seu art. 1.072, II, o CPC revogou expressamente o art. 1.768 do Código Civil.

Já o Estatuto da Pessoa com Deficiência, que também é lei ordinária, é de 6 de julho de 2015, tendo sido, portanto, publicado ainda durante o período de vacância do CPC. E entrou em vigor 180 dias depois de sua publicação, ou seja, em 04 de janeiro de 2016. Perceba-se, então, que o Estatuto foi publicado depois do CPC, mas entrou em vigor antes dele. E esta lei alterou a redação do art. 1.768 do Código Civil. Surge, então, a questão de saber o que prevalece, se a "nova redação" desse dispositivo, ou se sua revogação pelo CPC. Em outros termos, a questão que se põe é a seguinte: diante de um conflito de leis no tempo, sendo ambas da mesma hierarquia, e tratando ambas do mesmo tema, deve prevalecer a lei posterior, nos termos do art. 2º, § 1º, da Lei de Introdução às Normas do Direito Brasileiro. Mas qual é a lei posterior? A que foi editada depois? Ou a que entrou em vigor por último? Perceba-se que se o critério for a data da publicação da lei, o Estatuto da Pessoa com Deficiência é lei posterior, mas se o critério é o da data da entrada em vigor, então a lei posterior é o Código de Processo Civil.

A questão é extremamente polêmica, e gera reflexos importantes. Mas se deve considerar lei posterior aquela que tenha sido publicada por último, pouco importando a data de sua entrada em vigor, já que não se confundem existência da lei e sua vigência. O Superior Tribunal de Justiça, aliás, assim já decidiu (HC 14.203/RJ, rel. Min. Hamilton Carvalhido). Deste modo, a lei posterior é o Estatuto da Pessoa com Deficiência, que, ao dar nova redação ao art. 1.768 do Código Civil, acabou evitando sua revogação. É que o CPC não determinou a revogação dessa nova redação, mas da anterior, que já não mais vigorava quando o CPC entrou em vigor.

É preciso considerar, porém, que esses dois dispositivos legais – o art. 747 do CPC e o art. 1.768 do Código Civil – até são compatíveis, sendo possível afirmar que ambos estão em vigor, e se complementam (o que não acontece em outras situações causadas pelo Estatuto da Pessoa com Deficiência). Deste modo, deve-se considerar que, além das pessoas enumeradas no art. 747 do CPC, também a própria pessoa pode demandar a sua interdição, caso em que se terá, então, o fenômeno da *autointerdição*.

É preciso, exatamente em razão do problema resultante dessa sucessão de leis no tempo, enfrentar agora a questão da legitimidade do Ministério Público para demandar a interdição. É que, por força do CPC, o MP pode demandar a interdição nos casos de doença mental grave se as pessoas enumeradas nos incisos I, II e III do art. 747 não existirem ou não promoverem a interdição; ou se, existindo as pessoas previstas nos incisos I e II do art. 747, forem todas elas incapazes. De outro lado, o art. 1.769 do Código Civil (com redação que lhe foi dada pelo Estatuto da Pessoa com Deficiência) estabelece que o Ministério Público pode demandar a interdição em caso de doença mental grave, nos casos de deficiência mental ou intelectual, se não existir ou não promover a interdição alguma das pessoas designadas nos incisos I e II do art. 1.768 ou se, existindo, forem incapazes, ou se as pessoas previstas no inciso II do art. 1.768, forem elas menores de idade.

Aqui a solução do problema é mais complexa. O CPC também determinou a expressa revogação do art. 1.769 do Código Civil (art. 1.072, II, do CPC). O Estatuto da Pessoa com Deficiência, que – como já visto – é lei posterior ao CPC, deu nova redação ao *caput* e aos incisos I e III desse art. 1.769, mas não ao inciso II do mesmo artigo. Deve-se considerar, então, que o CPC revogou o inciso II, mas não o restante do artigo da lei civil. Isso tem impacto, em termos práticos, no caso de ser o interditando pessoa com "deficiência mental ou intelectual" (art. 1.769, I, do Código Civil). É que, nos termos do art. 748 do CPC, o MP só poderia demandar a interdição dessas pessoas nos casos previstos nos incisos I e II daquele artigo, mas o Código Civil não faz qualquer restrição, e é isso que deve prevalecer. Está o Ministério Público legitimado, então, a demandar a interdição de pessoas com deficiência mental ou intelectual, independentemente de qualquer outra consideração ou exigência, ainda que haja outros legitimados (que serão, então, legitimados concorrentes).

Não havendo no CPC regra específica a respeito da competência para o processo de interdição, deve prevalecer a regra geral, estabelecida pelo art. 46 do Código, sendo competente, pois, o juízo do foro do domicílio do interditando. É relativo o critério de competência aqui afirmado, o que significa dizer que, demandada a interdição em outra comarca, e não sendo a incompetência alegada pelo interditando em sua primeira manifestação nos autos, prorroga-se a competência do juízo originariamente incompetente.

Inicia-se o procedimento da interdição pela apresentação, em juízo, de uma petição inicial. Nesta, além dos requisitos genericamente exigidos, o demandante deverá afirmar sua legitimidade, especificar os fatos que revelam a anomalia psíquica e assinalar a incapacidade do interditando para administrar seus bens e, se for o caso, para praticar atos da vida civil, bem como indicar o momento a partir do qual a incapacidade se revelou. O demandante deverá, ainda, juntar à petição inicial laudo médico para fazer prova de suas alegações, ou indicar as razões para que seja impossível produzir essa prova. É possível que, na petição inicial, se postule a concessão de tutela antecipada (isto é, tutela provisória de urgência satisfativa) para nomeação de curador provisório, nos termos do art. 749, parágrafo único, do CPC. Neste caso, deferida a medida, deverá o juiz estabelecer para que atos o interditando já dependerá de curador.

Estando em termos a petição inicial, o interditando será citado para comparecer pessoalmente diante do juiz, em dia designado, para ser entrevistado pelo magistrado, que o interrogará minuciosamente a respeito de sua vida, negócios, bens, vontades, preferências e laços familiares e afetivos e sobre o mais que lhe parecer necessário para formar um juízo acerca de sua capacidade, devendo-se reduzir a termo as perguntas e respostas. Não podendo o interditando deslocar-se, o juiz deverá ouvi-lo onde estiver.

Essa entrevista deverá ser acompanhada por uma equipe multidisciplinar (Código Civil, art. 1.771, cuja redação dada pelo Estatuto da Pessoa com Deficiência prevalece sobre a exigência de especialista contida no art. 751, § 2º, do CPC), e constitui-se numa especial modalidade de inspeção judicial. Durante sua realização, é permitida – como não poderia deixar de ser – a utilização de recursos tecnológicos capazes de permitir ao interditando expressar suas vontades e preferências e a responder às perguntas formuladas. Além disso, poderá ser determinada pelo juiz a inquirição de parentes e outras pessoas próximas do interditando.

No prazo de quinze dias a contar da entrevista, poderá o interditando oferecer contestação, e para isso pode ele constituir advogado (art. 752, *caput* e § 2º). Caso o interditando não constitua advogado, deverá ser nomeado curador especial (art. 752, § 2º, parte final).

Além da nomeação de curador especial, na hipótese de o interditando não constituir advogado passa a ser possível uma espécie atípica de intervenção de terceiros, de que trata o art. 752, § 3º). Embora o texto da lei fale em assistência, não se tem aí propriamente essa modalidade de intervenção, uma vez que não se exige interesse jurídico para admitir-se o terceiro no processo. O que se tem, então, é uma modalidade atípica de intervenção, permitindo-se que o cônjuge, companheiro ou qualquer parente do interditando intervenha no processo para tentar ajudá-lo a obter no processo o melhor resultado possível (que não será, necessariamente, a improcedência do pedido de intervenção, sendo possível que o terceiro interveniente atue no sentido de ser decretada a interdição, sendo-lhe dado debater os exatos termos em que a curatela será exercida).

Não sendo demandante o Ministério Público, intervirá ele obrigatoriamente como fiscal da ordem jurídica.

Decorrido o prazo da resposta, tenha ela sido oferecida ou não, será designado perito para proceder ao exame do interditando (fala a lei em avaliação, mas evidentemente não se trata desta espécie de perícia, que tem por fim determinar o preço de mercado de um bem, sendo adequado aqui falar-se em exame). No laudo pericial, o perito deverá indicar, de modo específico, se for o caso, os atos para os quais haverá necessidade de atuação do curador.

Apresentado o laudo (e ouvidas as partes), serão colhidas as demais provas (realizando-se, caso haja necessidade de colheita de prova oral, audiência de instrução e julgamento). Em seguida, o juiz proferirá a sentença.

Sendo julgado procedente o pedido de interdição, o juiz, na sentença, nomeará curador para o interdito, que poderá ser o próprio demandante ou outra pessoa, fixando ainda os limites da curatela, observados o estado e o desenvolvimento mental do interdito. De todo modo, é preciso ter claro que a curatela só pode alcançar os atos de natureza negocial ou patrimonial (Estatuto da Pessoa com Deficiência, art. 85), não abrangendo atos que digam respeito ao exercício do direito ao próprio corpo, à sexualidade, ao matrimônio, à privacidade, à educação, à saúde, ao trabalho e ao voto (art. 85, § 1º, do Estatuto).

Será nomeado curador aquele que melhor atenda às necessidades do interdito (art. 755, § 1º, do CPC), sendo certo que, no caso de estar o interdito em situação de institucionalização, será preferencialmente nomeado curador alguém que tenha vínculo de natureza familiar, afetiva ou comunitária com o curatelado (art. 85, § 3º, do Estatuto da Pessoa com Deficiência). É admitida a curatela compartilhada (Código Civil, art. 1.775-A).

Havendo, ao tempo da interdição, pessoa incapaz sob a guarda e responsabilidade do interdito, será atribuída a curatela a quem melhor puder atender aos interesses tanto do interdito como do incapaz que se encontre sob sua responsabilidade (CPC, art. 755, § 2º).

Deverá, ainda, a sentença respeitar as características pessoais do interdito, observando suas potencialidades, habilidades, vontades e preferências.

Contra a sentença cabe apelação sem efeito suspensivo (art. 1.012, § 1º, VI, do CPC), devendo o pronunciamento judicial ser inscrito no registro civil das pessoas naturais e publicada na internet, na página do Tribunal a que estiver vinculado o juízo, assim como na plataforma de editais do CNJ, onde permanecerá por seis meses. Será, também, publicada uma vez na imprensa local, e três vezes pelo órgão oficial, com intervalo de dez dias entre cada publicação, constando do edital os nomes do interdito e do curador, a causa da interdição, os limites da curatela e, caso não seja total a interdição, os atos que o interdito poderá praticar de forma autônoma (CPC, art. 755, § 3º).

Esse procedimento é aplicável, também, nos casos de interdição das demais pessoas sujeitas a interdição (na forma do art. 1.767 do Código Civil). É questionável, porém, do ponto de vista constitucional, o tratamento dado pela lei civil ao pródigo. O Código Civil estabelece ser relativamente incapaz o pródigo (art. 4º, IV), sujeitando-o a curatela (art. 1.767, V), de modo a privá-lo da possibilidade de, sem assistência, emprestar, transigir, dar quitação, alienar, hipotecar, demandar ou ser demandado, e praticar, em geral, atos que não sejam de mera administração (art. 1.782). Prodigalidade é uma manifestação de comportamento caracterizado por despesas que são tachadas de insensatas, inúteis, dispensáveis, com a realização de negócios ruinosos, implicando o comprometimento imoderado do patrimônio da pessoa. Ora, mas seria mesmo a interdição do pródigo (com o reconhecimento de sua incapacidade relativa) uma forma de proteção da pessoa? Ou se estaria, aí, diante de um mecanismo de proteção do patrimônio, destinado a favorecer não a própria pessoa do pródigo, mas seus futuros e eventuais sucessores?

Em um sistema jurídico construído sobre o pilar da dignidade humana, em que se reconhecem como direitos fundamentais a liberdade e a privacidade, entre outros, não é compatível com o sistema constitucional impedir uma pessoa de, voluntariamente – e sem que tenha sido acometida de qualquer enfermidade que a impeça de compreender os atos que pratica – dilapidar todo o seu patrimônio. Por que não se pode permitir, por exemplo, que uma pessoa saudável se desfaça de seus bens e gaste todo o seu dinheiro com viagens, aproveitando a vida? Isso retiraria de seus descendentes o direito à herança? Mas ninguém está obrigado a deixar herança para seus sucessores!

Sempre vale a pena recordar, aliás, que é nula a doação universal, assim entendida aquela que prive o doador de meios para assegurar sua subsistência (Código Civil, art. 548), assim como a doação inoficiosa (aquela que ultrapassa a fração do patrimônio de que, no momento que realizada, o doador poderia dispor através de testamento, na forma do art. 549 do Código Civil). Também alienações destinadas a fraudar credores (como seria, por exemplo, o caso de um devedor de alimentos se desfazer de todo o seu patrimônio com o fim de inviabilizar o recebimento, pelo alimentando, da prestação que lhe é devida) são ineficazes. Há, portanto, mecanismos no ordenamento jurídico que se revelam suficientes para proteger as pessoas, não havendo qualquer razão para se reputar incapaz, e sujeitar a curatela, pessoa que se dispõe a gastar desmedidamente, dilapidando seu patrimônio. Daí a razão para se sustentar a inconstitucionalidade da inclusão do pródigo entre os relativamente incapazes e, por arrastamento, da possibilidade, em tese, de sujeição dele a curatela. Caso a prodigalidade resulte de alguma situação patológica (como um transtorno bipolar, por exemplo), ou se o ato for praticado com algum vício de consentimento, será possível sua invalidação, sem necessidade de interdição do pródigo.

Discute-se em doutrina a natureza da sentença que julga procedente o pedido de interdição, havendo quem afirme ser ela meramente declaratória, enquanto outros afirmam tratar-se de sentença constitutiva.

É curioso notar, antes de tudo, que a divergência se manifestou não só entre processualistas, mas também entre civilistas, dedicados ao estudo da curatela e da incapacidade. Assim é que, na doutrina civilista brasileira, há quem considere a sentença da interdição meramente declaratória. Há, porém, entre os civilistas, quem afirme a natureza constitutiva da sentença de interdição. Também entre os processualistas há quem afirme tratar-se de sentença meramente declaratória, enquanto outros afirmam sua natureza constitutiva.

Aqui, porém, não pode haver dúvidas: a sentença que decreta a interdição é *constitutiva*. Essa afirmação, porém, demanda maiores esclarecimentos. Em primeiro lugar, é de se dizer que a incapacidade decorre da anomalia psíquica, e não da sentença. Assim, o objeto do processo de interdição não é a constituição do estado de incapaz. O doente já era incapaz antes da sentença, e seu estado permanece, substancialmente, o mesmo depois do pronunciamento judicial. Ocorre que o estado de incapaz é, tão somente, fundamento da sentença, e não objeto de sua parte dispositiva. Afirmar o contrário é examinar o fenômeno sob perspectiva equivocada.

O objeto principal do processo da interdição é a instituição de curador para o interdito. Isso, aliás, decorre naturalmente do nome empregado pelo Código Civil para designar o procedimento que ora se estuda: "processo que define os termos da curatela". Assim, sendo o interditando pessoa doente, tal razão levará o juiz a instituir uma curatela, relação jurídica que se estabelecerá, por força da sentença, entre o interdito e o curador. Vista desse modo, a sentença é, inegavelmente, constitutiva, já que determina a criação de uma relação jurídica.

Note-se, de outro lado, que a posição aqui sustentada não leva a que se considerem automaticamente anulados os atos anteriores à interdição praticados pelo relativamente incapaz. A anulação desses atos não é objeto do processo de interdição, devendo a invalidade ser reconhecida em processo próprio.

Trata-se, pois, e sem sombra de dúvida, de sentença constitutiva, por determinar a criação de uma relação jurídica antes inexistente, a curatela, entre o interdito (que já era incapaz antes da sentença) e o curador.

A sentença que decreta a interdição é, à evidência, sentença determinativa, já que a curatela é relação jurídica continuativa. Significa isso dizer que a curatela é relação jurídica de existência prolongada no tempo, o que a torna sujeita a modificações decorrentes da alteração das circunstâncias de fato ou de direito existentes ao tempo da prolação da sentença. Em outros termos, a curatela é relação jurídica que deve ser interpretada *rebus sic stantibus*. Assim, pode ocorrer fato novo que, alegado em juízo, constitua a causa de pedir de demanda nova, destinada ao levantamento da interdição. Basta que a anomalia psíquica desapareça, ou o interdito se livre do vício em entorpecentes ou em bebidas alcoólicas (registre-se, aqui, que esses vícios geram doenças que, ao menos no estágio atual da ciência, são incuráveis, mas podem ser controladas, permitindo que o doente consiga retomar sua vida normal, inclusive com a gestão de seu patrimônio), para que se possa demandar o levantamento da interdição.

A possibilidade de levantamento da interdição existe apesar da coisa julgada que se forma sobre a sentença que instituiu a curatela. Isso porque a demanda de levantamento é demanda inédita, que jamais foi deduzida em juízo, o que permite seu exame (já que, sobre esta demanda, não há coisa julgada). Trata-se, pois, de fenômeno idêntico ao que permite a revisão ou exoneração de alimentos, ou a revisão de aluguel.

O pedido de levantamento da interdição poderá ser feito pelo próprio interdito (que poderá constituir advogado mesmo sem a participação do curador), pelo curador ou pelo Ministério Público (CPC, art. 756, § 1º), e será apensado aos autos do processo da interdição. O juiz nomeará perito ou equipe multidisciplinar para examinar o interdito e, após a apresentação do laudo (e a manifestação das partes), designará audiência de instrução e julgamento.

Julgado procedente o pedido, o juiz determinará a extinção da curatela, decretando o levantamento da interdição e mandando publicar a sentença, após seu trânsito em julgado, nos mesmos termos em que dá publicidade à sentença que decreta a interdição. Não sendo possível cumprir-se o disposto no art. 755, § 3º, do CPC, a sentença deverá ser publicada pela imprensa local e no órgão oficial, por três vezes, com intervalo de dez dias entre cada publicação, seguindo-se a averbação da sentença no registro civil das pessoas naturais.

Admite-se, também, a revisão da curatela, com seu "levantamento parcial", de modo a permitir que alguns atos que antes dependiam de assistência do curador possam passar a ser praticados de forma autônoma pelo interdito.

O curador do interdito, depois de ser nomeado, será intimado a prestar compromisso no prazo de cinco dias. Prestado o compromisso, o curador deverá assumir a administração dos bens do interdito (art. 759, § 2º), sendo sua obrigação buscar tratamento e apoio apropriados à conquista da autonomia do interdito (art. 758).

18.16.10. Tutela e curatela

O CPC regula, em seus arts. 759 a 763, uma série de disposições comuns aos tutores e curadores. Tais regras são aplicáveis não só ao curador do interdito, mas também aos tutores. Assim, tudo quanto se disse no item anterior a respeito da investidura e remoção do curador do interdito se aplica, também, com as adaptações que precisem ser feitas, aos tutores.

Poderá o tutor ou curador escusar-se do encargo. A escusa deverá ser apresentada ao juiz no prazo de cinco dias, contados da intimação para prestar compromisso, se a escusa for anterior à intimação para assumir o encargo; ou do dia em que sobrevier o motivo da escusa, se for apresentada depois da entrada em exercício. Não sendo requerida a escusa no prazo, deve-se considerar renunciado o direito de alegá-la. O pedido de escusa será decidido de plano pelo juiz. Não sendo aceito o pedido, o nomeado permanecerá no exercício do encargo até ser liberado por sentença transitada em julgado.

Incumbe ao Ministério Público, ou a outros legítimos interessados, nos casos previstos na lei civil, postular a remoção do tutor ou do curador. Neste caso, ajuizada a demanda de remoção (que constitui processo autônomo), o tutor ou curador será citado para contestar em cinco dias (art. 761, parágrafo único), observando-se a partir daí o procedimento comum.

No processo de remoção de tutor ou curador se admite, através de tutela de urgência, havendo "extrema gravidade" (art. 762), que se decrete a suspensão do tutor ou curador, nomeando-se substituto interino.

Cessando as funções do tutor ou do curador, deverá ele prestar contas (art. 763, § 2º). O curador, porém, tem também o dever de prestar contas anualmente, ao longo do exercício da curatela, nos termos do art. 84, § 4º, do Estatuto da Pessoa com Deficiência.

18.16.11. Organização e fiscalização das fundações

Chama-se fundação a uma entidade que se forma para a consecução de objetivos, tendo como beneficiários pessoas estranhas aos seus instituidores e administradores. Nelas predomina o elemento patrimonial (ao contrário das associações, em que predomina o elemento pessoal). A fundação é uma pessoa jurídica especial, sendo, em síntese, um patrimônio destinado a um fim.

Pode-se dizer que as fundações são pessoas jurídicas criadas por um instituidor, que, através de escritura pública ou testamento, faz a dotação especial de bens livres, especificando o fim a que se destina, e declarando, se quiser, o modo como se dará sua administração.

As fundações podem ser instituídas por particulares (quando serão pessoas jurídicas de direito privado) ou pelo Estado (e nesta hipótese serão, conforme o caso, pessoas jurídicas de direito privado ou de direito público, como já decidiu o STF no RE 121.126/AC, rel. Min. Moreira Alves e, posteriormente, no RE 716.378/SP, rel. Min. Dias Toffoli). As fundações que se constituam como pessoas jurídicas de direito privado submetem-se à fiscalização do Ministério Público.

Cabe ao instituidor, ao criar a fundação, elaborar seu estatuto ou designar quem o faça. Não sendo o estatuto elaborado pelo próprio instituidor, e não tendo este nomeado quem o faça, caberá o encargo ao Ministério Público.

O interessado submeterá o estatuto ao Ministério Público, que verificará se foram observadas as bases da fundação e se os bens que a compõem são suficientes para alcançar os fins a que ela se destina. Apresentado o pedido ao Ministério Público, este – através do órgão com atribuição – deverá aprovar o estatuto, indicar as modificações que entender necessárias ou denegar sua aprovação.

Na hipótese de o Ministério Público indicar modificações a serem feitas no estatuto, ou rejeitar sua aprovação, poderá o interessado demandar em juízo o suprimento de sua aprovação (CPC, art. 764, I). Também será possível ir a juízo quando a elaboração do estatuto couber ao MP e o interessado discordar dos seus termos. Desnecessário dizer que a hipótese é de demanda autônoma, e não de recurso ao juiz, como equivocadamente afirma o art. 65 do Código Civil.

Com a aludida demanda, dá-se início a um procedimento de jurisdição voluntária, cujo objeto é o suprimento da autorização do Ministério Público ao estatuto da fundação (ou a elaboração de um novo estatuto, que substitua o elaborado pelo MP). Em tal procedimento, poderá o juiz determinar que se façam alterações no estatuto, a fim de adaptá-lo ao objetivo do instituidor. O ato judicial que aprecia o pedido de suprimento da aprovação do Ministério Público, acolhendo-o ou o rejeitando, é sentença, contra a qual cabe apelação.

Como já se afirmou, a elaboração do estatuto pode ser feita pelo próprio instituidor ou por terceiro por ele indicado. Silente o ato de instituição, ou quando o encarregado não elaborar o estatuto no prazo assinado (ou, não tendo sido fixado prazo, em 180 dias, conforme dispõe o art. 65, parágrafo único, do Código Civil), caberá ao Ministério Público sua elaboração.

Já se viu que o estatuto depende de aprovação do Ministério Público (podendo tal aprovação ser suprida judicialmente). É de se dizer, ainda, que também as alterações do estatuto dependem de aprovação ministerial. Denegada a aprovação da alteração, é cabível a utilização do procedimento previsto para o suprimento de aprovação para o estatuto (art. 67, III, do Código Civil).

Quando a proposta de reforma dos estatutos não tiver sido deliberada pela unanimidade dos administradores da fundação, estes, ao requererem a aprovação do Ministério Público, pedirão que antes se dê ciência à minoria, para que possam oferecer impugnação em dez dias. Somente após este prazo o Ministério Público se manifestará. Caso o Ministério Público não aprove a alteração, então, será possível demandar-se em juízo, por este mesmo procedimento, o suprimento judicial de sua manifestação favorável.

Em qualquer caso, porém, antes de proferir a sentença, poderá o juiz determinar que sejam feitas modificações no estatuto (ou no projeto de sua alteração), a fim de adaptá-lo ao objetivo do instituidor da fundação (CPC, art. 764, § 2º).

Estabelece o art. 765 do CPC que qualquer interessado ou o órgão do Ministério Público podem promover a extinção da fundação em três ocasiões: quando se tornar ilícito seu objeto; quando for impossível sua manutenção; quando se vencer o prazo de sua existência. O Código Civil, através de seu art. 69, prevê mais um caso de extinção da fundação: quando sua existência for inútil.

A extinção da fundação deve ser decretada por sentença, proferida em processo instaurado pela provocação anteriormente referida, e que seguirá o procedimento comum previsto para a jurisdição voluntária (e não o procedimento previsto no art. 764). Extinta a fundação, seu patrimônio será incorporado ao de outra fundação que se proponha a fins iguais ou semelhantes ao da extinta, salvo se houver, a respeito, disposição estatutária expressa, que deverá ser respeitada.

18.16.12. Ratificação dos protestos marítimos e processos testemunháveis formados a bordo

Estabelece o art. 504 do Código Comercial que incumbe ao capitão de uma embarcação fazer inserir no livro *Diário da Navegação* os protestos que tenham de ser lavrados. Pense-se, por exemplo, no caso de o piloto da embarcação reputar necessário mudar seu rumo, e com isso não concorde o capitão. Pois neste caso o piloto deverá lavrar protesto no livro *Diário da Navegação*, o qual será por todos assinado, e depois disso obedecerá às ordens do capitão, sobre quem toda a responsabilidade recairá (Código Comercial, art. 539). E por força do art. 505 do mesmo diploma, todos os protestos marítimos, assim como os processos testemunháveis formados a bordo, tendentes a comprovar sinistros, avarias, ou quaisquer perdas, devem ser ratificados "com juramento do capitão" perante a autoridade competente do primeiro porto em que a embarcação venha a atracar. Por força do disposto no art. 766 do CPC, essa autoridade é o juiz de direito, a quem os protestos e processos testemunháveis formados a bordo devem ser apresentados no prazo de 24 horas da chegada da embarcação, para que sejam ratificados judicialmente.

A petição inicial desse procedimento de jurisdição voluntária deverá ser instruída com a transcrição dos termos lançados no livro *Diário da Navegação*, e estará acompanhada de cópias das páginas do livro que contenham os termos que serão ratificados, dos documentos de identificação do comandante e das testemunhas arroladas, do rol de tripulantes, do documento de registro da embarcação e, se for o caso, do manifesto das cargas sinistradas e a qualificação de seus consignatários, traduzidos, se for o caso, para o idioma português. Não se exige, aqui, tradução juramentada, sendo admissível a tradução livre (CPC, art. 767, parte final).

A petição inicial será distribuída com urgência, e imediatamente encaminhada ao juiz, que ouvirá, no mesmo dia, sob compromisso de dizer a verdade, o comandante e as testemunhas, no mínimo duas e no máximo quatro, que deverão comparecer ao ato independentemente de intimação. Caso as testemunhas não dominem a língua portuguesa, caberá ao demandante levar tradutor, que prestará compromisso perante o juiz. Não comparecendo tradutor levado pelo autor, o juiz nomeará um.

Aberta a audiência, o juiz mandará apregoar os consignatários das cargas indicadas na petição inicial e outros eventuais interessados, nomeando curador especial para os ausentes (CPC, art. 769). Depois das inquirições, convencido o juiz da veracidade dos termos lançados no livro *Diário da Navegação*, ratificará por sentença o protesto marítimo ou o processo testemunhável formado a bordo. Essa sentença dispensa relatório (CPC, art. 770, parte final), já que todos os atos processuais são praticados diante do juiz em audiência, e a ele incumbe, na própria audiência, proferir sentença.

Proferida a sentença, os autos serão desde logo entregues ao demandante ou ao seu advogado, mediante a apresentação de traslado, não havendo necessidade de aguardar-se o trânsito em julgado para que isso aconteça (art. 770, parágrafo único).

PARTE 3

EXECUÇÃO E CUMPRIMENTO DE SENTENÇA

CAPÍTULO 19
TEORIA GERAL DA EXECUÇÃO

19.1. EXECUÇÃO EM GERAL

Inicia-se, aqui, a análise do segundo tipo de atividade jurisdicional conhecida: a execução forçada. Trata-se de atividade bastante distinta da cognitiva, que vinha sendo estudada até o presente momento. Isso porque, tendo finalidades imediatas distintas, a cognição e a execução se caracterizam por atividades predominantes bastante diferentes. Enquanto no módulo processual de conhecimento a atividade jurisdicional precípua era a cognição, consistente numa técnica de análise de alegações e provas, com o fim de permitir uma certificação da existência ou inexistência do direito (já que no módulo processual de conhecimento a finalidade essencial é uma declaração da existência ou inexistência do direito afirmado pelo demandante, declaração essa que, em algumas situações, virá acompanhada de um *plus*, a constituição ou a condenação), na execução forçada, cuja finalidade, como se verá adiante, é a satisfação forçada de um direito de crédito, a atividade jurisdicional predominante é a executiva (atividade, veja-se bem, predominante, já que haverá, aqui, atos de natureza diversa, cognitivos, destinados a permitir a produção de decisões judiciais).

É preciso, ainda, nestas observações preliminares, afirmar que a execução forçada é regida pelos mesmos princípios e regras que formam a teoria geral do Direito Processual Civil. Assim, por exemplo, pode-se falar em "condições da ação de execução" ou em pressupostos processuais executivos.

As "condições da ação executiva" serão examinadas, em seus aspectos mais relevantes, nos itens destinados à análise da legitimidade das partes para o módulo processual executivo e do título executivo (onde se tratará do interesse de agir *in executivis*). Já no que concerne aos pressupostos processuais da execução, não há muito o que acrescentar em relação ao que se disse. Há, obviamente, a necessidade de partes capazes, mas não há, aqui, nada que altere a regulamentação do tema em relação ao processo de conhecimento. O mesmo se diga em relação ao juízo investido de jurisdição e à regularidade formal da demanda executiva (este último pressuposto terá suas características especiais examinadas diante de cada uma das espécies de execução).

Execução é a atividade processual de transformação da realidade prática. Trata-se de uma atividade de natureza jurisdicional, destinada a fazer com que aquilo que deve ser seja. Dito de outro modo: havendo algum ato certificador de um direito (como uma sentença, ou algum ato cuja eficácia lhe seja equiparada), a atividade processual destinada a transformar em realidade prática aquele direito, satisfazendo seu titular, chama-se execução. É, pois, uma atividade destinada a fazer com que se produza o mesmo resultado prático, ou um equivalente seu, do que se produziria se o direito tivesse sido voluntariamente realizado pelo sujeito passivo da relação jurídica obrigacional. A princípio, o que se espera é que o devedor da obrigação a realize voluntariamente, adimplindo seu dever jurídico (ou seja, executando voluntariamente a prestação). Caso não ocorra a execução voluntária, porém, é lícito ao credor postular a execução forçada.

Não há muita dúvida acerca da natureza jurisdicional da execução forçada. Esta, porém, deve ser vista como uma opção política. Não é necessário que se atribua natureza jurisdicional à atividade executiva, podendo ela também ser tratada como atividade administrativa, a ser exercida por órgãos ligados ao Executivo (como na Suécia), ou mesmo delegada a entes privados (como em Portugal ou na França). Vários ordenamentos jurídicos, aliás, como os citados, promoveram uma desjudicialização (e desjurisdicionalização) da execução. Pois esse é um movimento que, espera-se, venha também para o Direito brasileiro. Não há sentido em reservar ao Judiciário a prática de atos que não precisam ser judiciais, como a efetivação de uma penhora ou a realização de um leilão. O que não se pode eliminar é o controle jurisdicional desses atos (permitindo-se, por exemplo, que por meio de atos jurisdicionais se desconstitua uma penhora feita sobre bens que não poderiam ser constritos, ou que se invalide um leilão que tenha levado à arrematação de um bem do executado por preço vil). Essa mudança de paradigma poderia contribuir para uma maior eficiência do sistema como um todo. De toda sorte, a opção política do Estado brasileiro foi, pelo menos até agora, a de tratar a execução como atividade jurisdicional.

A execução de que se trata no Direito Processual Civil é, sempre, forçada. Esse adjetivo estará sempre (pelo menos) subentendido quando se fala de execução no campo processual civil. E é explicitamente utilizado no art. 778 e no art. 788.

A execução é uma atividade de agressão patrimonial (e, no caso da execução de prestação alimentícia, também de agressão corporal, tendo em vista a possibilidade de prisão civil do devedor) que se legitima pela existência de título executivo (conceito de que se tratará adiante). É preciso, porém, deixar claro desde logo que o sistema processual civil brasileiro conhece duas diferentes formas de regular a execução.

Quando a execução se funda em título executivo judicial, o procedimento executivo é chamado pelos textos normativos de *cumprimento de sentença*, regulado precipuamente nos arts. 513 a 538 (localizados no Título II do Livro I da Parte Especial do CPC), a eles se aplicando subsidiariamente o disposto no Livro II da Parte Especial (art. 771). Desenvolve-se, normalmente, como uma fase complementar do mesmo processo em que o título judicial se tenha formado ("processo de conhecimento"). Em alguns casos, porém, o cumprimento de sentença constitui processo executivo autônomo (o que acontece quando o título executivo é um daqueles previstos nos incisos VI a IX do art. 515). É que naqueles casos a atividade executiva não é mera fase complementar do processo de formação do título, o qual se terá desenvolvido no âmbito penal (art. 515, VI), arbitral (art. 515, VII) ou perante o STJ, competente para homologar sentenças estrangeiras e conceder *exequatur* às cartas rogatórias (art. 515, VIII e IX). Pois nesses casos será necessário instaurar um processo autônomo, motivo pelo qual a lei processual exige que nesses casos o devedor seja citado (art. 515, § 1º).

De outro lado, quando a execução se funda em título executivo extrajudicial tem-se o *processo de execução*, de que cuida o Livro II da Parte Especial do CPC, a ele se aplicando, subsidiariamente, o regime estabelecido pelo Livro I da Parte Especial (art. 771, parágrafo único).

O procedimento executivo destina-se a realizar o crédito exequendo. Fala-se, por isso, em um "princípio" (que não é verdadeiramente um princípio, mas assim costuma ser chamado) do desfecho único. É que a extinção da execução sem que o crédito esteja satisfeito é anômala. E é precisamente por isso que o art. 797 estabelece que a execução se realiza no interesse do exequente. Ressalvam-se, apenas, as chamadas execuções universais (falência e insolvência civil), já que nestas se identifica um interesse na recuperação do executado, de modo a permitir que ele volte a gerir adequadamente seu patrimônio, o qual se tornou insuficiente para a satisfação de todas as suas dívidas (art. 797).

Não se pense com isso que a "ação de execução" é concreta (ou seja, que ela só existe quando existe também o direito substancial). A "ação de execução" é, também, abstrata, e sua existência independe do direito material afirmado pelo demandante. Ocorre que, por sua própria finalidade, a execução forçada é toda estruturada tendo em vista a realização do direito afirmado pelo demandante, e, no caso de tal posição jurídica de vantagem não existir, o desfecho da execução forçada não será aquele para o qual esta se direcionou. Será, pois, desfecho anômalo do processo.

Sendo a atividade executiva realizada no interesse do exequente, fica fácil compreender a regra por força da qual incumbe ao juiz da execução "determinar que os sujeitos indicados pelo exequente forneçam informações em geral relacionadas ao objeto da execução, tais como documentos e dados que tenham em seu poder, assinando-lhes prazo razoável" (art. 772, III). Trata-se não só de manifestação do princípio da cooperação (art. 6º), mas também de uma exigência prática, já que há informações que o exequente não poderia mesmo obter por conta própria, como saldos bancários ou declarações de bens. Neste caso, então, deverá o juiz – de ofício ou mediante requerimento – determinar as medidas necessárias ao cumprimento da ordem de entrega de documentos e dados (art. 773), preservando o sigilo dos dados confidenciais (art. 773, parágrafo único). Assim, por exemplo, caso seja remetida aos autos da execução uma cópia da declaração de rendimentos e bens do executado, deverá o juiz cuidar para que o processo passe a tramitar em segredo de justiça, a fim de preservar ao máximo a confidencialidade das informações protegidas pelo sigilo fiscal. Obtidas as informações necessárias (por exemplo, tendo sido identificados os bens sobre os quais a atividade executiva poderá incidir), o documento sigiloso deverá ser restituído ao executado, permitindo-se, dessa forma, que o processo volte a tramitar publicamente. Ocorre, assim, a quebra de sigilo bancário ou fiscal (que é possível em sede de execução: FPPC, Enunciado nº 536), respeitadas as exigências resultantes do princípio constitucional da proporcionalidade.

Na execução se exige de todos os sujeitos do processo, inclusive e especialmente do executado, que atuem de forma cooperativa e de boa-fé. Por isso, incumbe ao juiz advertir o executado de que seu modo de proceder constitui ato atentatório à dignidade da justiça (art. 772, II). E é atentatória à dignidade da justiça a conduta do executado que frauda a execução; se opõe maliciosamente à execução, empregando ardis e meios artificiosos (como seria, por exemplo, esconder todo o seu patrimônio em nome de "laranjas"); dificulta ou embaraça a realização da penhora; resiste injustificadamente às ordens judiciais; ou, intimado, não indica ao juiz quais são e onde estão os bens sujeitos à penhora e os respectivos valores, nem exibe prova de sua propriedade e, se for o caso, certidão negativa de ônus (art. 774).

Tendo o executado cometido ato atentatório à dignidade da justiça, o juiz fixará multa de até vinte por cento sobre o valor atualizado do débito em execução, a qual reverterá em proveito do exequente, sendo exigível nos próprios autos (art. 774, parágrafo único). Essa sanção é cumulável com outras, de natureza material (como, por exemplo, a pena pela prática do crime de fraude à execução, previsto no art. 179 do Código Penal) ou processual (como a sanção por litigância de má-fé). A execução dessa multa (e de outras que sejam impostas durante o procedimento executivo), bem assim das condenações resultantes da litigância de má-fé, dar-se-á nos mesmos autos em que se processa a execução (art. 777).

Como a atividade executiva se desenvolve no interesse do exequente, pode ele, a qualquer tempo, e independentemente de consentimento do executado, desistir da execução (ou da prática de algum ato executivo), nos termos do art. 775. Ocorrendo a desistência da execução, será o procedimento executivo extinto. Pode ocorrer, porém, de o exequente desistir da execução depois de o executado ter oferecido sua defesa (que, conforme o caso, será oferecida mediante embargos ou impugnação).

Pois nesse caso, versando a defesa do executado apenas sobre questões processuais, dever-se-á extinguir também a impugnação ou os embargos, cabendo ao exequente arcar com todas as despesas processuais e honorários advocatícios (art. 775, parágrafo único, I). Já se a defesa do executado versar também sobre o mérito, a desistência implicará a extinção do procedimento executivo, mas a impugnação poderá prosseguir, assim como os embargos, como processo autônomo, só ocorrendo sua extinção se o executado consentir (art. 775, parágrafo único, II).

Não obstante a execução se desenvolva no interesse do exequente, é preciso observar o princípio da menor onerosidade possível (art. 805). Significa isto dizer que, se por vários meios puder desenvolver-se a execução, o juiz deverá mandar que ela se faça do modo menos gravoso possível para o executado, de modo a causar-lhe o menor sacrifício possível. Caso o executado alegue que a execução está a desenvolver-se de forma mais gravosa, é ônus seu indicar outros meios mais eficazes e menos onerosos, sob pena de manutenção dos atos executivos já determinados (art. 805, parágrafo único). Assim, por exemplo, se for apreendido um bem do executado e este considerar haver modo menos gravoso de se desenvolver a execução, deverá ele indicar, atuando de forma cooperativa, outro bem que, também sendo suficiente para garantir a satisfação do crédito exequendo, faça a execução desenvolver-se de forma que lhe gere menos sacrifício (art. 847).

A execução de crédito inexistente gera, para o exequente, a obrigação de reparar os danos indevidamente suportados pelo executado (art. 776). Assim, caso venha uma sentença a declarar inexistente, no todo ou em parte, o crédito exequendo, o exequente responderá, independentemente da verificação de culpa sua, por esses danos.

Desenvolve-se a atividade executiva por intermédio de dois grupos de mecanismos: os meios de coerção e os meios de sub-rogação.

Chama-se meio de coerção ao mecanismo empregado pelo Estado-juiz para constranger psicologicamente o executado, a fim de que este pratique os atos necessários à realização do crédito exequendo. Nessa categoria são encontrados mecanismos como a multa periódica pelo atraso no cumprimento da obrigação (conhecida como astreinte), a prisão civil do devedor inescusável de alimentos e o protesto de título executivo ou a anotação do nome do devedor em cadastros de devedores inadimplentes.

A respeito destes últimos, estabelece o art. 782, § 3º, que, "a requerimento da parte, o juiz pode determinar a inclusão do nome do executado em cadastros de inadimplentes" (mas não se pense que essa disposição exclua a possibilidade de o registro do nome do devedor inadimplente ser feito pelo próprio credor ou pelo órgão de proteção ao crédito: FPPC, Enunciado nº 190). Só se cancela a inscrição determinada pelo juiz se e quando for efetuado o pagamento, se for garantida a execução ou se esta for extinta por qualquer outro motivo (art. 782, § 4º). Trata-se de disposição aplicável tanto aos títulos executivos judiciais como aos extrajudiciais (art. 782, § 5º).

Além disso, prevê o art. 517 que a decisão judicial transitada em julgado (que tenha eficácia de título executivo) pode ser levada a protesto depois de transcorrido o prazo indicado no art. 523 para pagamento voluntário. Para efetivar o protesto, basta ao exequente apresentar certidão de inteiro teor da decisão (art. 517, § 1º), a qual lhe será fornecida pelo escrivão no prazo de três dias, indicando o nome e a qualificação do exequente e do executado, o número do processo, o valor da dívida e a data do decurso do prazo para pagamento voluntário (art. 517, § 2º).

Admite-se a anotação, à margem do protesto – a requerimento do executado, à sua custa e sob sua responsabilidade –, de que foi proposta "ação rescisória" para impugnar a decisão judicial (art. 517, § 3º).

O protesto só será cancelado mediante ofício expedido pelo cartório, a requerimento do executado, desde que comprovada a satisfação integral da obrigação (art. 517, § 4º).

De outro lado, meios de sub-rogação são aqueles através dos quais o Estado-juiz desenvolve atividade que substitui a atuação do executado, dispensando-a, e que se revela capaz de produzir resultado prático equivalente ao que se teria se o próprio executado tivesse adimplido a prestação. É o que se dá, por exemplo, quando o órgão jurisdicional promove a apreensão e expropriação de bens do executado para satisfazer o crédito exequendo, ou quando realiza a busca e apreensão de um bem para entregá-lo ao exequente. Tanto os meios de coerção quanto os de sub-rogação, pois, compõem aquilo que, genericamente, pode-se chamar de meios executivos.

A atividade executiva se submete, como não poderia deixar de ser, a todas as normas fundamentais do processo civil, como os princípios do contraditório e da cooperação. Há, porém, alguns princípios específicos da execução, que precisam ser conhecidos. Em outras situações, o princípio estabelecido de forma geral ganha, em sede de execução, nova e específica roupagem. De tudo isso se passa a tratar.

O primeiro é o princípio da efetividade da execução. Trata-se de mera aplicação, *in executivis*, do princípio da efetividade do processo. Esse princípio pode ser resumido numa frase, encontrada originariamente na obra de Giuseppe Chiovenda: o processo deve ser capaz de dar, na medida do que seja possível na prática, a quem tenha um direito, tudo aquilo e exatamente aquilo que ele tenha direito de conseguir.

Essa afirmativa é válida para todos os tipos de processo, sendo certo que na execução forçada encontra-se um ponto sensível do sistema, onde se pode verificar com mais acuidade a aptidão do processo jurisdicional para atingir os fins que dele são esperados. A execução forçada, destinada que é a satisfazer o direito de crédito do exequente, só será efetiva à medida que se revelar capaz de assegurar ao titular daquele direito exatamente aquilo que ele tem direito de conseguir. Assim, na execução por quantia certa, só haverá efetividade se o procedimento executivo for capaz de assegurar ao exequente a soma em dinheiro a que faz jus. Da mesma forma, na execução para entrega de coisa, a efetividade do processo depende de sua aptidão para garantir que o exequente receba a coisa que lhe é devida.

Já nas execuções de obrigação de fazer e de não fazer, há que se tecer algumas observações complementares. Em princípio, a execução de obrigação de fazer só seria efetiva se proporcionasse ao exequente o resultado prático esperado em razão do cumprimento da prestação devida. Tal, porém, se mostra impossível em diversas situações. Isso porque há um limite à execução, consistente na velha regra segundo a qual *nemo ad factum praecise cogi potest* (ninguém pode ser coagido a prestar um fato). É certo que tal regra vem sendo atenuada, mas sempre se encontra um limite na impossibilidade de coagir o devedor de uma prestação de fazer a cumprir sua obrigação. Será inevitável, como se verá no momento próprio, que se converta a obrigação em perdas e danos (hipótese em que a execução de obrigação de fazer se converte em execução por quantia certa) ou se escolha um terceiro para realizar a prestação à custa do executado (e, mais uma vez, a execução se converte em execução por pecúnia, na qual se buscará a quantia necessária para pagar o terceiro que realizou a prestação).

O mesmo se diga quanto à execução de obrigação de não fazer (a qual, como se verá adiante com mais cuidado, é em verdade uma execução de desfazer, em que se busca o desfazimento daquilo que foi feito com violação da obrigação negativa). Neste caso, ou se dá a conversão em perdas e danos, ou se escolhe – quando possível – um terceiro para desfazer o que foi feito indevidamente, à custa do devedor (hipótese em que serão devidos, cumulativamente, perdas e danos).

De toda sorte, a opção do sistema processual brasileiro é pela execução específica, em que se busca assegurar ao titular do direito precisamente aquilo a que ele tem direito. Apenas excepcionalmente se admite a execução genérica, em que o credor é levado a se contentar com um substitutivo pecuniário, em vez de receber aquilo a que faria jus conforme os ditames do direito substancial.

Em seguida, é preciso falar do princípio da menor onerosidade possível, previsto no art. 805 do CPC, segundo o qual, "[q]uando por vários meios o exequente puder promover a execução, o juiz mandará que se faça pelo modo menos gravoso para o executado". Trata-se de princípio decorrente da própria evolução histórica da execução. No início, a atividade executiva recaía sobre o próprio corpo do devedor (que podia ser preso, reduzido à condição de escravo ou até mesmo morto em razão de suas dívidas). A evolução do Direito (decorrente da própria evolução da civilização) não podia admitir isso, o que fez com que a execução passasse a incidir sobre o patrimônio do devedor, e não mais sobre seu corpo (apesar de haver, ainda, alguns resquícios daquela fase, como a prisão civil do devedor de alimentos). À medida que o Direito evolui, passa a buscar uma proteção cada vez maior para o executado. Assim é que vão se estabelecer alguns limites políticos à invasão patrimonial que a execução permite, como é o caso das impenhorabilidades (impedindo-se que sejam apreendidos bens necessários à sobrevivência do devedor e de sua família, assim as utilidades domésticas correspondentes a um médio padrão de vida ou os instrumentos necessários ou úteis ao exercício de profissão).

Além disso, deve o princípio do menor sacrifício possível ser observado ainda quando se pretenda fazer a atividade executiva incidir sobre parcela do patrimônio do executado que esteja, em princípio, sujeita a ela. Assim, por exemplo, se a penhora incide sobre um bem que é capaz de garantir a satisfação do crédito, e o devedor tem outro, também capaz de garantir tal satisfação, mas que – uma vez apreendido – traria a ele menor gravame, deverá a penhora incidir sobre este, e não sobre aquele primeiro bem.

É bom lembrar que nem todo devedor é desidioso, nem deve ser tratado como vilão. É certo que há devedores assim, mas esses maus elementos não podem ser considerados como parâmetro para definir todos os devedores. Há devedores que chegam à situação de inadimplemento que normalmente se identifica na execução em razão das "dolorosas vicissitudes da vida" (para usar aqui uma expressão de Marco Tullio Zanzucchi), e é principalmente por causa desses devedores que se exige a observância do princípio aqui estudado, buscando-se um equilíbrio entre os interesses do exequente e os do executado.

Não se pode deixar de falar, também, do princípio do desfecho único. Esse princípio é, em verdade, corolário da própria finalidade da execução forçada, a satisfação do crédito exequendo, com a realização concreta do direito subjetivo do exequente. Assim é que o único fim normal do processo executivo (ou da fase executiva de um processo, ou fase de cumprimento de sentença) é a satisfação do crédito exequendo. Qualquer outro desfecho será considerado anômalo. Sendo extinta a execução, por exemplo, pela falta de algum pressuposto processual ou de "condição da ação", haverá desfecho anômalo do processo. O mesmo se diga, por exemplo, se a execução for extinta por força de sentença que, nos embargos do executado, reconhece a inexistência da obrigação. Em todas as hipóteses figuradas, ou em outras em que o resultado final do processo executivo (ou da fase de cumprimento de sentença) seja favorável ao executado, ocorrerá a extinção anômala da execução. O único desfecho normal é a satisfação do crédito alegado pelo demandante. Não infirma essa conclusão – registre-se – o fato de que pode haver exame do mérito na fase de cumprimento de sentença. É que, provocado esse exame, se a decisão não for favorável ao exequente, terá havido, de qualquer modo, a extinção anômala do módulo processual.

Esse princípio gera consequências, por exemplo, na desistência da execução. Ao contrário do que ocorre no processo de conhecimento, em que a desistência da ação manifestada após a contestação só levará à extinção do processo se com ela consentir o réu, no processo executivo (ou na fase de cumprimento de sentença), em que o desfecho normal é necessariamente favorável ao demandante, o demandado não precisa manifestar seu consentimento para que a desistência acarrete a extinção do processo (art. 775 do CPC).

Essa afirmação é verdadeira, ainda que o executado tenha oferecido embargos à execução (ou impugnação ao cumprimento de sentença). Mesmo nessa hipótese, a desistência da execução independe da concordância do demandado. Já os efeitos dessa desistência sobre os embargos opostos (ou impugnação oferecida) pelo executado é que irão variar, conforme tais embargos ou impugnação versem ou não sobre o mérito da execução (art. 775, parágrafo único). Assim é que, versando os embargos apenas sobre matéria processual (como, por exemplo, se os embargos [ou impugnação] versarem unicamente sobre falta de legitimidade das partes para a demanda executiva), a desistência da execução implica necessariamente a extinção dos embargos. Tratando-se, porém, de embargos (ou impugnação) que versem sobre matéria de mérito da execução (por exemplo, embargos em que se alegue a inexistência da obrigação), a desistência da execução só levará à extinção dos embargos (ou da impugnação) se com isso concordar o executado. Poderá, pois, o executado optar por manter pendente o processo instaurado em razão de seus embargos (ou o processo em que oferecida a impugnação), devendo-se dizer que, a partir de agora, estar-se-á diante de uma "ação declaratória autônoma".

Não se deve pensar, porém (e se pede vênia pela insistência no ponto), que, pelo fato de o desfecho normal da execução ser sempre favorável ao demandante, estar-se-ia aqui diante de um "poder concreto de ação", ou seja, de um poder de ação cuja existência dependeria da existência do direito substancial alegado pelo demandante. A "ação executiva" é tão abstrata quanto a "ação cognitiva". Sua existência independe da existência do direito substancial. Pode ocorrer a instauração legítima da atividade executiva sem que o demandante seja titular do direito material afirmado. Demonstrada a inexistência de tal direito, deve ser extinta a execução. Sem que haja tal certificação, porém, a execução chegará até seu desfecho normal, que é a satisfação do crédito exequendo.

Pode-se pensar na hipótese de a execução chegar a seu desfecho normal sem que tenha sido declarada a inexistência do direito substancial, num caso em que tal direito, em verdade, não existe. A hipótese se assemelha à da sentença injusta, que afirma existente um direito que não existe. A diferença é que a sentença injusta, após alcançar a autoridade de coisa julgada, não mais poderá ser atacada. De outro lado, porém, a execução não embargada, e que chegou à satisfação do crédito exequendo, é extinta por sentença desprovida de conteúdo declaratório da existência do direito material, o que significa dizer que tal sentença não é coberta pela coisa julgada material. Assim, será possível ao executado, nesta hipótese de "execução injusta", demandar em face do exequente, pleiteando a repetição do que foi pago indevidamente, buscando, assim, o restabelecimento de seu patrimônio.

19.2. PARTES NO PROCEDIMENTO EXECUTIVO

O procedimento executivo terá um (ou mais de um) sujeito a ocupar posição ativa e, de outro lado, um (ou mais de um) sujeito a ocupar posição passiva. A quem ocupa posição ativa dá-se o nome de exequente. Quem ocupa posição passiva é chamado de executado.

Tem legitimidade ativa para a execução aquele a quem a lei confere título executivo (art. 778). Assim, aquele que a sentença reconhece como credor, o credor apontado no cheque ou na nota promissória, aquele em favor de quem se confessa um crédito, entre outros, são legitimados ativos para a execução. E sua legitimidade ativa é originária. Trata-se de legitimidade ordinária primária, já que aquele que se diz titular do direito de crédito estará demandando em nome próprio, na defesa de seu próprio interesse, sendo ele o sujeito original da relação jurídica obrigacional afirmada no processo. É de se notar que o título executivo não tem por função conferir legitimidade às partes da demanda executiva, mas – e isto é inegável – tal título simplifica a pesquisa da legitimidade para a demanda. Tal simplificação, porém, é desprovida de qualquer relevância teórica ou sistemática, mesmo porque – conforme se verá a seguir – há outras pessoas legitimadas à execução, e que não aparecem no título executivo.

Outro legitimado ativo originário é o Ministério Público (art. 778, § 1º, I), nos casos previstos em lei. É o que se dá, por exemplo, com o reconhecimento de legitimidade ativa executiva do Ministério Público para a execução de sentença proferida em "ação civil pública" (art. 97 do CDC), ou para a execução de sentença de procedência, proferida em "ação popular", se o demandante ou outro qualquer cidadão não demandar a execução no prazo de sessenta dias da publicação da decisão de segundo grau de jurisdição (art. 16 da Lei nº 4.717/1965).

Há, ainda, quem indique como exemplo de legitimidade extraordinária ativa do Ministério Público para a demanda executiva o caso previsto no art. 68 do Código de Processo Penal, no qual se autoriza o MP a demandar a execução civil da sentença penal quando a vítima do delito for pobre. Tal disposição legal, porém, é incompatível com o vigente sistema constitucional brasileiro, onde o Ministério Público só pode exercer as funções que lhe são atribuídas pela Constituição da República (chamadas funções típicas), e entre elas não se enquadra a prevista no art. 68 do CPP. A previsão do art. 68 do Código de Processo Penal era adequada a uma realidade não mais existente, principalmente quando a Constituição da República institui a Defensoria Pública como órgão responsável pelo exercício da atividade de assistência judiciária aos economicamente necessitados. Assim, não mais se justifica a previsão ali contida, que se revela como verdadeira função atípica do *parquet*, consistente na defesa de interesses puramente privados, razão pela qual se deve considerar que aquela disposição legal é incompatível com o vigente ordenamento constitucional.

Vale registrar, aliás, que o STF se pronunciou sobre a matéria (RE 341.717 AgR, rel. Min. Celso de Mello, j. em 05/08/2003), tendo ali se afirmado que essa disposição legal estaria em um estágio intermediário, entre a situação de constitucionalidade e o estado de inconstitucionalidade, manifestando-se aí uma "situação constitucional imperfeita", de modo que essa disposição legal seria aplicável nos Estados em que ainda não tivesse sido instituída a Defensoria Pública. Como já há Defensoria Pública instalada em todos os Estados da Federação (além da Defensoria Pública da União), então se pode dizer que o entendimento aqui sustentado está em conformidade com a orientação do STF.

São legitimados secundários supervenientes o espólio, os herdeiros ou sucessores do credor, sempre que, por morte deste, lhes for transmitido o direito reconhecido no título executivo (art. 778, § 1º, II). Trata-se, aqui também, de legitimidade ordinária, já que os sucessores do credor estarão em juízo demandando a execução na busca de tutela para um interesse próprio. Não figurando eles, porém, no título executivo, fala-se em legitimidade a ordinária superveniente (distinguindo-se, assim, da legitimidade ordinária primária atribuída ao credor original). É de se notar que, nesta hipótese, os legitimados aqui referidos não só podem demandar a execução como dar prosseguimento ao processo instaurado por demanda do credor apontado no título executivo, legitimado ordinário primário, que tenha falecido no curso do processo.

Também é legitimado secundário (ou superveniente) o cessionário, quando o direito reconhecido no título executivo lhe tiver sido transferido por ato *inter vivos* (art. 778, § 1º, III; arts. 286 a 298 do CC). Havendo cessão do crédito exequendo, pouco importando se a título oneroso ou gratuito, surge a legitimidade ordinária superveniente do cessionário. Mais uma vez, permite-se ao legitimado ordinário superveniente não só a iniciativa da execução como prosseguir no processo já instaurado pelo legitimado ordinário primário. É de se notar, aqui, porém, que a cessão do crédito exequendo que se dê no curso do procedimento executivo é verdadeira alienação do direito litigioso (art. 109 do CPC), o que significa dizer que a legitimidade das partes não é alterada. Em outros termos, nada impede que, a despeito da cessão do crédito exequendo, o cedente permaneça no procedimento executivo, agora atuando em nome próprio na defesa de interesse alheio (do cessionário), como substituto processual.

A lei também confere legitimidade ordinária secundária ao sub-rogado, nos casos de sub-rogação legal ou convencional (arts. 346 e 347 do CC). Como é sabido, denomina-se sub-rogação a transferência da qualidade de credor para aquele que solveu obrigação alheia ou emprestou o necessário para isso. Significa isso dizer que, na sub-rogação, há uma substituição na posição jurídica de vantagem, que deixa de ser ocupada pelo credor original e passa a ser exercida pelo sub-rogado.

A sub-rogação pode ser legal (quando decorre da própria lei), como se dá em favor do credor que paga a dívida do devedor comum ao credor que tinha direito de preferência; em favor do adquirente de imóvel hipotecado, que paga ao credor hipotecário; em benefício do terceiro interessado, que paga dívida pela qual era ou podia ser obrigado, no todo ou em parte, como no caso do codevedor solidário, do fiador; em favor do segurador que paga indenização ao correspondente ao dano sofrido pela coisa relativa ao segurado, entre outras hipóteses. Pode, ainda, ser convencional a sub-rogação, originando-se esta da declaração de vontade, seja do credor, seja do devedor. Há sub-rogação convencional quando o credor, recebendo o pagamento de terceiro, lhe transfere todos os seus direitos; e quando o terceiro empresta ao devedor a quantia precisa para solver o débito, sob a condição de ficar investido nos direitos do credor satisfeito.

Verifica-se, assim, que há uma certa proximidade entre a sub-rogação e a cessão de crédito, principalmente quando se tem diante dos olhos a sub-rogação convencional decorrente de declaração de vontade do credor. Ainda aqui, porém, não se confundem os dois institutos, razão pela qual andou bem o texto normativo ao separar as duas hipóteses, conferindo legitimidade ordinária superveniente de forma expressa, tanto ao cessionário do crédito como ao sub-rogado. É de se lembrar, por fim, que o sub-rogado não precisará demandar nova execução. Ocorrendo o pagamento com sub-rogação no curso do procedimento executivo, ocorrerá a sucessão processual, e o sub-rogado poderá prosseguir no mesmo procedimento em busca da satisfação de seu crédito.

Todos os legitimados ordinários secundários podem não só instaurar a execução, mas nela prosseguir em caso de morte do exequente original, não dependendo a sucessão processual de consentimento do executado (art. 778, § 2º).

Já a legitimidade passiva originária é do "devedor, reconhecido como tal no título executivo" (art. 779, I). Não é apenas o caso daquele que o título judicial condena ao cumprimento da obrigação, mas também o emitente do cheque ou da nota promissória, o sacado na letra de câmbio, entre outros. Trata-se de legitimidade ordinária primária, já que a pessoa indicada como devedora no título executivo é o sujeito original da relação obrigacional. Aplicam-se aqui todas as afirmações feitas a respeito da legitimidade ordinária primária ativa do credor que figura no título executivo (inclusive a afirmação feita anteriormente de que a função do título executivo não é servir de instrumento da legitimidade), razão pela qual se torna dispensável qualquer outra consideração a respeito dessa hipótese de legitimidade passiva.

Também têm legitimidade passiva (secundária ou superveniente): o espólio ou os sucessores do devedor original (art. 779, II). Trata-se de legitimidade ordinária superveniente, decorrente da sucessão *mortis causa*. Aplicáveis aqui, pois, as conclusões apresentadas na interpretação do art. 778, § 1º, II, do CPC, que trata da legitimidade ordinária superveniente ativa por sucessão *mortis causa* do credor.

Há que se referir, aqui, porém, que os sucessores *mortis causa* só respondem pelas dívidas do falecido nas forças da herança, isto é, até o limite do quinhão sucessório que lhes tenha sido adjudicado. É o que se costuma denominar benefício de inventário, regra existente no Direito Civil brasileiro, segundo a qual o sucessor só é responsável pelas dívidas do falecido nos limites das forças da herança.

Outra observação que não se pode deixar de fazer, com referência ao art. 779, II, do CPC, é que, apesar de seu texto, interpretado literalmente, dizer respeito apenas à sucessão *mortis causa*, nele se enquadram, também, as hipóteses de incorporação, cisão e fusão de sociedades, tendo legitimidade passiva ordinária superveniente para a execução a sociedade sucessora da que originalmente figurava como devedora.

Na sequência, a lei processual atribui legitimidade ordinária passiva superveniente ao novo devedor que assumiu, com o consentimento do credor, a obrigação resultante do título executivo (art. 779, III; art. 299 do CC). Trata a lei, neste passo, da figura da assunção de dívida, que pode ser definida como o negócio jurídico pelo qual o devedor, com a atestação do credor, transfere a um terceiro os encargos obrigacionais.

É de se verificar que, ao contrário do que se dá com a cessão de crédito, em que a sucessão na relação jurídica substancial independe da vontade do devedor, na assunção de dívida só haverá cessão do débito se com ela o credor concordar. A sucessão na relação de direito material acarretará a sucessão processual, sendo certo que não será possível, após a assunção da dívida, que a execução continue a incidir sobre o patrimônio do devedor original, já que este não mais estará sujeito ao cumprimento forçado da obrigação (salvo, obviamente, na hipótese de coassunção, em que o terceiro assume a dívida sem que dela se afaste o devedor original).

É também legitimado passivo o fiador do débito constante de título executivo extrajudicial (art. 779, IV), mas não o fiador de débito representado por título judicial, salvo se tiver participado do processo de conhecimento (art. 513, § 5º). Trata-se de legitimidade ordinária, já que o fiador é responsável pelo cumprimento da obrigação, e a execução será realizada através da invasão do seu patrimônio próprio (fazendo ele jus, porém, e salvo renúncia expressa, ao "benefício de ordem", que garante a incidência dos atos executivos, em primeiro lugar, sobre o patrimônio do afiançado).

É, ainda, legitimado ordinário passivo secundário o responsável titular do bem vinculado por garantia real (hipoteca, penhor, anticrese) ao pagamento do débito (art. 779, V). Trata-se, aqui, de caso em que a garantia real incide sobre bem que não pertence ao devedor, mas ao terceiro. A atribuição de legitimidade passiva ao titular do bem dado em garantia é, pois, consequência lógica do disposto no art. 784, V, do CPC, que inclui entre os títulos executivos os contratos garantidos por hipoteca, penhor, anticrese ou outro direito real de garantia.

Por fim, é legitimado passivo o responsável tributário, assim definido em lei (art. 779, VI; art. 121, parágrafo único, II, do CTN). Este pode ser definido como aquele que, não sendo contribuinte, esteja obrigado ao pagamento do tributo ou penalidade pecuniário por expressa disposição de lei (art. 121, parágrafo único, II, do Código Tributário Nacional). Na responsabilidade tributária estão englobadas todas as hipóteses de sujeição passiva indireta: *transferência* (em que a passagem da sujeição passiva se dá por força de fato superveniente ao nascimento da obrigação, podendo ser por solidariedade, sucessão ou responsabilidade); ou *substituição* (hipótese em que, independentemente de fato novo posterior ao nascimento da obrigação tributária, a lei desde logo a define como surgindo contra pessoa diversa daquela que auferiu vantagem do ato, fato ou negócio tributário).

A legitimidade passiva do responsável tributário é ordinária ou extraordinária, conforme o caso. Assim, por exemplo, nos casos de solidariedade e sucessão, haverá legitimidade ordinária. Já nas hipóteses de substituição, haverá legitimidade extraordinária.

Contra todos esses legitimados passivos pode a execução instaurar-se ou passar a se desenvolver (ingressando o legitimado secundário no processo por sucessão processual).

19.3. COMPETÊNCIA

Há, no sistema processual civil brasileiro, dois diferentes regimes de regulamentação da competência em sede executiva: o primeiro diz respeito às execuções fundadas em títulos executivos judiciais ("cumprimento de sentença"); o segundo incide nas execuções fundadas em títulos executivos extrajudiciais ("processo de execução").

Inicia-se, então, o exame da matéria pela competência para o cumprimento da sentença.

Assim é que, em primeiro lugar, tem-se de afirmar a competência do juízo do processo de conhecimento onde se originou a decisão condenatória para o procedimento executivo nela fundado. Trata-se de competência funcional e, por isso mesmo, inderrogável (embora a própria lei preveja exceções a essa inderrogabilidade, como se verá). Essa é uma forma sintética de afirmar o que vai contido no art. 516, I e II, do CPC. Trata-se de modelo adotado por poucos sistemas processuais, mas que, sem sombra de dúvida, facilita imensamente a fixação da competência executiva.

Quando o processo de conhecimento for de competência originária de tribunal (como se dá, por exemplo, quando proposta "ação rescisória"), será competente (por aplicação do critério funcional de fixação da competência interna) para a execução o próprio tribunal (art. 516, I). Essa é regra aplicável a todos os tribunais, inclusive aos Tribunais Superiores e ao Supremo Tribunal Federal, nos casos de sua competência originária. Pois nessas hipóteses será preciso verificar, no Regimento Interno do Tribunal, a quem compete atuar como juiz da execução. Assim, por exemplo, no Supremo Tribunal Federal, a competência executiva é sempre do relator do processo de conhecimento (arts. 21, II, e 341 do RISTF). Já no Superior Tribunal de Justiça, a competência executiva é do Presidente da Corte quando é sua a decisão exequenda, e também quando tal decisão é do Plenário ou da Corte Especial (art. 301, I e II, do RISTJ); do Presidente do órgão fracionário (Seção ou Turma), quanto às suas decisões monocráticas ou às decisões dos órgãos que presidem (art. 302, I e II, do RISTJ); ou do relator, quanto às suas decisões acautelatórias ou de instrução e direção do processo (art. 302, III, do RISTJ).

Nos casos em que o processo de conhecimento (*rectius*, fase cognitiva do processo sincrético) tiver tramitado originariamente perante juízo de primeira instância, será do mesmo órgão jurisdicional a competência funcional para a execução (art. 516, II). Poderá, porém, o exequente promover uma cisão de competência funcional, optando por promover a execução no foro do atual domicílio do executado, no foro onde se encontrem bens sujeitos à execução, ou no foro onde deva ser cumprida a obrigação de fazer ou não fazer. Para manifestar essa opção, deverá o exequente requerer ao juízo original do processo a remessa dos autos ao foro onde a execução tramitará (art. 516, parágrafo único), o que pode dispensar a expedição de cartas precatórias (ou o emprego de algum outro mecanismo de cooperação judiciária) para a realização da execução nesse caso.

Por fim, nos casos de execução de sentença penal condenatória, de sentença arbitral ou de sentença estrangeira homologada pelo STJ, a competência será fixada pelas regras gerais de determinação da competência interna (art. 516, III, e arts. 42 a 66). Vale aqui recordar que, no caso específico de execução de sentença estrangeira homologada, a competência é da Justiça Federal (art. 109, X, da Constituição da República).

Nestes três últimos casos (sentença penal condenatória, sentença arbitral e sentença estrangeira homologada), também poderá o exequente optar por promover execução, além dos foros que seriam competentes por força das regras gerais acima referidas, no foro do domicílio atual do executado, no do lugar onde se encontrem os bens sujeitos à execução ou no do lugar onde deve ser cumprida a obrigação de fazer ou não fazer (art. 516, parágrafo único), sendo todos esses foros concorrentemente competentes com aqueles que já seriam competentes por força das disposições gerais sobre competência interna.

Quando se trata da execução civil da sentença penal há a necessidade de considerações adicionais. É que será competente, em regra, a Justiça Estadual. A Justiça Federal só terá competência quando for parte (como exequente) a União, autarquia federal ou empresa pública federal. No mais, a competência será da Justiça Estadual, ainda que a sentença penal tenha sido proferida por juízo federal (da Justiça Federal propriamente dita ou da Justiça Militar). Quanto à competência territorial, será do foro onde o delito tiver sido cometido ou, ainda, do foro do domicílio do exequente (tratando-se de competência concorrente, o que permite ao demandante escolher, livremente, entre um e outro). Há que se frisar, porém (e mais tarde tornarei ao tema com mais detalhes), que a competência aqui estabelecida é, em verdade, para o processo de liquidação e comprimento da sentença, já que a sentença penal condenatória, por ter como efeito secundário a fixação de certeza quanto à existência da obrigação de indenizar, mas não contendo elementos capazes de estabelecer o *quantum debeatur* (salvo, e disso é que se tratará adiante, a indicação de um valor indenizatório mínimo), é, em verdade, título hábil a permitir a instauração do incidente de "liquidação de sentença", que integrará um processo de natureza executiva, que seguirá os trâmites previstos para o cumprimento de sentença (uma vez que a liquidez da obrigação é essencial para a adequação da via executiva).

Não se pode deixar de referir aqui, por fim, a possibilidade de a execução civil da sentença penal ser da competência do próprio juízo onde se proferiu o provimento penal. Isso ocorrerá nas comarcas pequenas, em que o juízo único agrega as duas competências (cível e criminal).

Outra situação a considerar é a da execução de sentença estrangeira homologada (art. 516, III). Como se sabe, compete ao Superior Tribunal de Justiça a homologação de sentenças estrangeiras, para que possam produzir efeitos no Brasil. Uma vez homologadas, as sentenças estrangeiras que tenham eficácia condenatória poderão ser executadas, sendo a execução de competência do juízo federal de primeira instância (art. 109, X, da Constituição da República) do foro do domicílio do executado (salvo se for parte a União, caso em que a competência será do foro do domicílio da outra parte, seja ela demandante ou demandada).

Não se pode, aqui, deixar de fazer uma observação: há, no texto do art. 516, III, uma referência à competência para execução fundada em acórdão proferido pelo Tribunal Marítimo. Trata-se, porém, de disposição ineficaz, já que o dispositivo legal que atribuía aos acórdãos do Tribunal Marítimo eficácia de título executivo judicial (art. 515, X) foi vetado, não integrando o Código de Processo Civil.

Já no que diz respeito à competência para a execução fundada em título extrajudicial, o regime é distinto. A regra geral é a da fixação da competência pelos critérios gerais de determinação da competência interna (art. 781, *caput*), o que remete para os arts. 42 a 66 o trato da matéria. Sempre se observará, todavia, o seguinte: a execução poderá ser proposta no foro do domicílio do executado, de eleição constante do título ou, ainda, do lugar onde situados os bens a ela sujeitos (art. 781, I); tendo mais de um domicílio o executado, poderá a execução instaurar-se em qualquer deles (art. 781, II); sendo incerto ou desconhecido o domicílio do executado, a execução poderá ser proposta no lugar onde for encontrado ou no foro do domicílio do exequente (art. 781, III); havendo mais de um executado, com domicílios diferentes, a execução poderá ser proposta em qualquer desses foros, por opção do exequente (art. 781, IV); a execução poderá sempre ser proposta no foro onde se praticou o ato ou em que ocorreu o fato que deu origem ao título, mesmo que nele não resida o executado (art. 781, V).

É de se lembrar, apenas, que as regras de fixação da competência de foro são derrogáveis, e o ajuizamento da execução perante juízo relativamente incompetente não impede a prorrogação de sua competência, nos mesmos moldes em que tal prorrogação se dá no processo cognitivo.

19.4. REQUISITOS DA EXECUÇÃO

O CPC apresenta dois requisitos como sendo necessários para qualquer execução: o título executivo e a exigibilidade da obrigação. Este último, porém, não é requisito da execução. Na hipótese de o devedor já ter adimplido sua obrigação, por exemplo, o exequente não será titular do direito de crédito afirmado em juízo e a execução deverá ser extinta. Em outros termos, o que se quer afirmar aqui é que a instauração da execução não pressupõe sequer a existência da obrigação, já que com a apresentação do título executivo já se poderá instaurar o procedimento executivo, ainda que depois se verifique que o crédito exequendo nem mesmo existia. A verdadeira exigência é a de que o exequente, ao demandar a execução, afirme a existência de obrigação certa, líquida e exigível representada por título executivo, sob pena de se considerar ausente o interesse de agir. Esclareça-se melhor este ponto: pode acontecer de o exequente afirmar, ao postular a execução, que é credor de obrigação certa, líquida e exigível consubstanciada em título executivo. Isso é suficiente para permitir a instauração do procedimento executivo. Posteriormente, pode ocorrer de o executado defender-se alegando, precisamente, a inexistência da obrigação (ou a ausência de liquidez ou exigibilidade da prestação). Caso a defesa seja acolhida, evidentemente, extinguir-se-á o procedimento executivo. Na hipótese, porém, de a defesa não ser suscitada, pode até acontecer de executar-se dívida inexistente ou que não está revestida dos atributos da certeza, liquidez e exigibilidade. Daí a razão para afirmar que o verdadeiro requisito para que se instaure e se desenvolva a execução é a afirmação, feita pelo exequente, de que é credor de obrigação certa, líquida e exigível, representada por título executivo. Mas isso nada mais é do que dizer que só pode demandar a execução quem tenha legítimo interesse processual.

O título executivo é, portanto, o único verdadeiro requisito exigido para que se possa instaurar um procedimento executivo. Dele se passa, então, a tratar.

19.4.1. Título executivo

A teoria do título executivo é tema extremamente complexo, que gera uma série de divergências doutrinárias. Parte da doutrina (Carnelutti, por exemplo), ao definir o título executivo, afirma ser este o documento que consiste na prova legal da existência do crédito afirmado pelo exequente. Para a teoria documental do título executivo, este seria um documento representativo da existência do crédito exequendo. Tal documento representativo seria, assim, uma prova do crédito, cuja eficácia estaria estabelecida na lei, daí ser considerada uma prova legal.

Contra essa teoria, levantou-se a teoria do título executivo como ato jurídico (Liebman, Cândido Dinamarco), em que se vê no título executivo o ato capaz de tornar adequada a via executiva como meio de realização do direito material, através da imposição da sanção processual consistente na responsabilidade patrimonial.

Houve, ainda, quem tentasse estabelecer uma teoria mista, em que o título executivo é visto, a um só tempo, como ato e documento (Chiovenda). Outros autores afirmaram ser o título executivo um ato de acertamento do direito (Mandrioli). Houve, mesmo, quem renunciasse à tentativa de estabelecer um conceito sistemático de título executivo, afirmando existirem, em verdade, títulos executivos (Mazzarella).

Esta última posição é claramente inaceitável, por fugir do problema. É possível sistematizar o conceito de título executivo, já que há, ao menos, um elemento comum a todos: é que todos eles tornam adequada a execução como meio de realização da atividade jurisdicional. Assim, passa-se à análise das demais teorias.

Começa-se pela teoria do título executivo como ato de acertamento do direito substancial. Essa teoria tem duas falhas inaceitáveis: em primeiro lugar, é difícil reconhecer a existência de acertamento do direito em atos extrajudiciais, como uma nota promissória. Em segundo lugar, ao exigir o acertamento do direito como requisito da execução, essa concepção liga a execução, excessivamente, à existência do direito substancial, quando se sabe que a "ação executiva" é abstrata, existindo ainda que não exista o direito material afirmado pelo exequente.

Quanto à teoria documental (e a teoria mista é alvo da mesma crítica, já que afirma que o título é – ao menos em seu sentido formal – um documento), também não pode ser aceita. Essa teoria, ao afirmar que o título executivo é um documento, está dando a ele a função de demonstrar a existência do direito de crédito afirmado pelo demandante (prova legal, chegam mesmo a afirmar alguns). Ocorre que, como se sabe, o direito não é objeto de prova. Provam-se as alegações quanto à matéria de fato. Ao afirmar que o título executivo prova a existência do direito, os defensores da teoria documental estão modificando, arbitrariamente, o próprio conceito de prova.

Em segundo lugar, se o título executivo fosse mesmo uma prova, deveria haver na execução uma atividade cognitiva, consistente na valoração da prova produzida, cabendo ao juiz afirmar se a existência do crédito está mesmo demonstrada ou não, e só depois disso é que se poderia passar aos atos executivos. Essa cognição, porém, não acontece, e qualquer decisão acerca da existência ou não do crédito exequendo só se dará em eventuais embargos do executado, ou em impugnação ao cumprimento de sentença.

Por fim, a teoria documental confunde a prova do ato jurídico com a sua forma. É sabido que os atos jurídicos podem ter requisitos formais essenciais (forma *ad substantiam*). É o que se tem nos títulos executivos. A lei exige, para todos eles, forma escrita. Trata-se de requisito formal, indispensável para que tais atos possam produzir a eficácia executiva típica dos títulos executivos. Tal exigência formal, porém, não é necessariamente observada em todos os tempos e lugares. Basta dizer que já houve, no Direito brasileiro, a previsão de que seria título executivo o contrato verbal de locação (art. 298, IX, do CPC de 1939). Como explicar a teoria documental num sistema em que o título executivo não é representado por escrito?

A forma escrita que reveste os títulos executivos (e, no Direito brasileiro atual, todos têm essa forma) é, tão somente, a forma do ato jurídico, e não sua prova. O título executivo não é o escrito, mas o seu conteúdo.

Parece acertado, pois, afirmar que o título executivo é um ato (ou fato) jurídico. Fala-se em ato ou fato porque, em algumas hipóteses, a eficácia executiva é atribuída a uma manifestação de vontade, dirigida no sentido de tornar adequada a via executiva (como ocorre, por exemplo, com a confissão de dívida, em que o devedor tem em mira, precisamente, a produção do efeito de tornar adequada a via executiva como meio de realização do crédito), e, em outras, tal eficácia se produz ainda que não se tenha objetivado a produção de tal efeito.

Há casos em que a lei simplesmente ignora a vontade dos partícipes do ato jurídico, atribuindo-lhe eficácia executiva em razão de aspectos extrínsecos. Assim, por exemplo, o contrato de locação, que é título executivo, permitindo ao locador exigir por essa via o pagamento dos alugueres. Ao ordenamento processual pouco importa se locador e locatário tinham isso em mente quando celebraram o contrato. Verifica-se, apenas, a adequação do contrato celebrado ao tipo previsto na lei, e, havendo essa adequação, confere-se eficácia executiva ao contrato de locação. O contrato é, para este esse fim, visto como fato jurídico, e não como ato. Isso é o que se dá com os títulos executivos extrajudiciais em geral, e com o título judicial consistente na adjudicação de quinhão sucessório.

O título executivo é, portanto, um ato (ou fato) jurídico a que o ordenamento jurídico (por meio da lei ou de um negócio processual atípico) atribui eficácia executiva. Eficácia, como se sabe, é a aptidão para produzir certo efeito. A eficácia executiva consiste na aptidão para produzir o efeito de fazer incidir sobre o devedor (ou responsável) a responsabilidade patrimonial (que nada mais é do que a possibilidade de sujeição de seu patrimônio, para que se obtenha a satisfação forçada do crédito exequendo).

Diante dessas considerações, pode-se definir o título executivo como ato (ou fato) jurídico a que a lei atribui eficácia executiva, tornando adequada a utilização da via executiva como forma de fazer atuar a responsabilidade patrimonial.

Visto o conceito de título executivo, passa-se a outra questão muito importante (e tão controvertida quanto a anterior): estabelecer qual é a função do título executivo.

Autores há, como Mandrioli, que veem no título executivo um fator de legitimação, ligando assim o título à legitimidade das partes para a demanda executiva. Essa posição, porém, é inaceitável, uma vez que, como se viu anteriormente, pode ser parte legítima alguém que não figure no título executivo. Recorde-se a legitimidade dos sucessores e do sub-rogado, para que se tenha certo que o título executivo, embora útil na pesquisa da legitimidade ordinária primária, não é instrumento essencial para que se verifique quem são os legitimados a figurar na demanda executiva. Confundem os defensores dessa teoria a existência de um direito com a sua titularidade. Dizer que um direito (alegadamente) existe e dizer quem é seu (alegado) titular são coisas bastante diferentes.

Outra posição conhecida (e, *data venia*, inaceitável) é a que afirma ser o título executivo a causa de pedir da demanda executiva, como sustenta Araken de Assis. A causa de pedir é formada, como sabido, pelos fatos essenciais que fundamentam a pretensão. No caso da demanda executiva, a causa de pedir remota será o fato constitutivo do direito do demandante, e a causa próxima, o inadimplemento do demandado. Basta pensar, por exemplo, na hipótese em que, fundado na existência de um contrato de mútuo (causa de pedir remota) e no fato de não ter sido paga a dívida (causa próxima), alguém ajuíze demanda condenatória. Condenado o demandado, será possível ajuizar-se demanda executiva (que é outra demanda, ainda que seja o mesmo o processo), que será fundada nos mesmos fatos que a demanda cognitiva. O título executivo, pois, não tem a função de servir de causa da execução.

A verdadeira função do título executivo, como ensina Dinamarco, liga-se ao interesse de agir. Como visto anteriormente, o interesse de agir é uma das "condições da ação" e consiste na utilidade da tutela jurisdicional pretendida pelo demandante. Tal utilidade estará presente toda vez que se verificar a existência de dois elementos: a necessidade da tutela jurisdicional pretendida (interesse-necessidade) e a adequação do provimento pleiteado e do procedimento escolhido para obtê-lo (interesse-adequação). O título executivo tem a função de fazer presente este último elemento do interesse de agir em sede executiva. Havendo título executivo, será adequada a demanda de execução forçada do crédito alegado. O título executivo é, pois, responsável por tornar adequada a via executiva como instrumento de busca de tutela processual.

Em verdade, o título executivo é espécie de um gênero mais amplo, que é o de *título*. Há, no Direito, uma série de atos e fatos jurídicos que têm por função (ou, ao menos, como uma de suas funções) tornar adequada determinada via como meio de busca de tutela processual. Assim, por exemplo, o contrato de locação é título para a "ação de despejo" (o que significa dizer que, existindo contrato de locação, o meio adequado para se obter a restituição da posse do imóvel locado é a "ação de despejo", e não, por exemplo, a "ação possessória"). Da mesma forma, a promessa de compra e venda de bem imóvel é título para a "ação de adjudicação compulsória", e a cláusula compromissória vazia é título para a "ação de substituição de compromisso arbitral". A propositura de qualquer dessas demandas que acabo de referir, sem que esteja presente o título que as torna adequadas, implica "carência de ação", por faltar ao demandante interesse de agir, uma vez que a via eleita para a obtenção da tutela processual pretendida não se revela adequada para solucionar a crise que levou a parte ao Judiciário.

É nesse panorama que se vai inserir o título executivo. Aquele que dispõe de um título dessa espécie terá, como adequada para solucionar a crise de adimplemento que o leva a pleitear em seu favor a prestação da tutela processual, a "ação de execução" (instaurando-se, conforme o caso, processo de execução ou cumprimento de sentença). É "carecedor de ação" (por falta de interesse-adequação, ou seja, por falta de interesse de agir) aquele que propõe "ação de execução" sem dispor de título executivo.

A exigência de que exista um título executivo para que possa desenvolver-se a execução é um mecanismo de proteção do demandado. Não existisse esta exigência e qualquer pessoa que se dissesse credora de outra poderia demandar a execução forçada. Exigindo a lei, porém, que exista título executivo para que isso ocorra, protege-se o devedor, que só poderá ter seu patrimônio agredido se o demandante apresentar um título executivo. Afinal, nunca é demais recordar que ninguém será privado de seus bens sem o devido processo (art. 5º, LIV, da Constituição da República), e só há devido processo executivo (ou seja, só há agressão patrimonial legítima) se o demandante tiver um título executivo que a sustente.

Por isso é que a função do título executivo se vincula a uma das "condições da ação", o interesse de agir. Aquele que, não dispondo de título executivo, demanda a execução forçada é "carecedor de ação" por se ter valido de via processual inadequada para fazer valer em juízo sua pretensão. De outro lado, aquele que tem título executivo extrajudicial pode abrir mão da eficácia executiva de seu título e optar pelo processo de conhecimento (inclusive pelo procedimento monitório: FPPC, Enunciado nº 446), a fim de obter título executivo judicial (art. 785), já que isso aumenta ainda mais a proteção do demandado (que terá mais amplas chances de exercer seu direito de defesa antes de iniciar-se a atividade executiva). Será, porém, sempre adequada a utilização da via processual executiva por aquele que se apresente em juízo como detentor de um título executivo (judicial ou extrajudicial).

Após a fixação da natureza e da função do título executivo, pode-se, finalmente, passar à análise do elenco de títulos a que a lei processual atribui eficácia executiva.

Os títulos executivos podem ser de dois tipos: judiciais (art. 515 do CPC) e extrajudiciais (art. 784).

A palavra "judicial", como se sabe, vem do latim *iudicium*, que significa "processo". Assim, denomina-se título executivo judicial aquele que é formado através de um processo. Em outros termos, o título judicial é o título executivo que se forma como resultado do desenvolvimento de uma atividade processual. Assim, por exemplo, a decisão proferida no processo civil que reconhece a exigibilidade de alguma obrigação. Note-se, porém, que o título judicial não se forma, necessariamente, através de um processo que se desenvolve perante o Poder Judiciário. Também a "sentença arbitral" (art. 515, VII) é título judicial, embora sua formação se dê em processo que se desenvolve à margem do Estado, perante um órgão privado, o Tribunal Arbitral. Título extrajudicial, assim, será o formado "fora do processo", como, por exemplo, a nota promissória e o cheque.

A distinção é relevante por vários fatores. Lembre-se, em primeiro lugar, que a execução dos títulos judiciais se submete ao regime daquilo que ficou conhecido, na linguagem processual brasileira, como cumprimento da sentença, enquanto a execução dos títulos extrajudiciais se faz através do que se convencionou chamar de processo de execução. A regulamentação do cumprimento da sentença consta do Livro I da Parte Especial do CPC, só se aplicando o regramento do processo de execução em caráter subsidiário; a regulamentação do processo de execução está no Livro II da Parte Especial do CPC, sendo-lhe aplicáveis, subsidiariamente, as disposições acerca do cumprimento de sentença.

Há outra diferença, porém: o meio de defesa do executado no cumprimento de sentença é a impugnação; no processo de execução são os embargos do executado. Na impugnação há limitações cognitivas intensas, o que não acontece nos embargos do executado. E outras diferenças há (como a possibilidade de emprego das medidas executivas atípicas, que é restrita aos casos em que a execução se funda em título judicial).

Vale registrar, por fim, que nada impede a criação de título executivo extrajudicial por negócio processual (art. 190). Assim, por exemplo, admite-se que haja uma confissão de dívida por instrumento particular assinado pelo devedor, mas sem qualquer testemunha (o que a lei exige como requisito do título executivo extrajudicial previsto no art. 784, III), a que se atribua eficácia de título executivo por convenção das partes.

São títulos executivos judiciais os elencados no art. 515 do CPC (além de outros que eventualmente sejam previstos em outras disposições legais, como é o caso do título judicial formado através do procedimento especial da "ação monitória" em que não são opostos embargos), sobre os quais se passa a tecer algumas considerações a seguir.

A) DECISÕES QUE RECONHECEM A EXIGIBILIDADE DE OBRIGAÇÃO

O título executivo judicial por excelência é a decisão que, proferida no processo civil, reconhece a exigibilidade de uma obrigação (art. 515, I). O texto normativo fala em "reconhe[cer] a exigibilidade de obrigação de pagar quantia, de fazer, de não fazer ou de entregar coisa". Como, porém, estão incluídas nessa enumeração todas as espécies de obrigação conhecidas, basta fazer alusão às decisões que reconhecem a exigibilidade de obrigação (seja de que natureza for).

Como se pôde ver anteriormente, essas são as decisões que, na sistemática adotada pelo processo civil brasileiro, podem ser chamadas de condenatórias, já que são títulos hábeis a permitir a instauração da atividade executiva. E o pronunciamento judicial condenatório tem eficácia de título executivo judicial qualquer que seja sua espécie (decisão interlocutória ou sentença; proferida monocraticamente ou acórdão).

Pense-se, por exemplo, na decisão de julgamento antecipado parcial do mérito (art. 356). Trata-se, a toda evidência, de decisão interlocutória – tanto que impugnável por agravo de instrumento (art. 356, § 5º) –, mas que serve de título hábil para embasar uma execução (art. 356, §§ 2º, 3º e 4º).

Evidentemente, caso a decisão judicial tenha dois ou mais capítulos, e nem todos tenham a mesma natureza, será título executivo judicial o capítulo condenatório de qualquer decisão.

É de se frisar, ainda (sendo certo que o tema será tratado com mais cuidado adiante), que apenas a chamada "condenação ordinária" – assim entendida a decisão condenatória que determina o objeto da prestação devida – é, verdadeiramente, título executivo. A "condenação genérica", ou seja, a decisão condenatória que deixa de estabelecer o valor ou objeto devido (também conhecida como "decisão ilíquida"), não é, em verdade, título executivo, mas sim título hábil a tornar adequada a "liquidação de sentença".

É importante observar que a redação do art. 515, I, do CPC não se vale da consagrada expressão "sentença condenatória", mas isso não altera o que até aqui se afirmou. A decisão condenatória é título executivo, e não têm essa natureza (salvo expressa determinação legal, como se dá no caso da sentença que adjudica quinhão sucessório) as sentenças meramente declaratórias e constitutivas. É preciso dar ao texto do referido inciso interpretação sistemática. É certo que nesse inciso I do art. 515 não se fala em decisão condenatória, mas o art. 523, por exemplo, exige que tenha havido condenação para que se possa promover a execução. Não pode prosperar, portanto, o entendimento segundo o qual a decisão meramente declaratória da existência de obrigação certa, líquida e exigível teria eficácia de título executivo. Na verdade, toda decisão que, reconhecendo a existência e exigibilidade de uma obrigação certa, líquida e exigível, constitua título executivo judicial será considerada uma decisão de natureza condenatória (e se remete o leitor para o capítulo deste livro em que o tema da classificação das sentenças foi estudado, para melhor exame do ponto).

B) DECISÃO HOMOLOGATÓRIA DE AUTOCOMPOSIÇÃO JUDICIAL

Caso as partes, no curso de um processo, cheguem a uma solução consensual do litígio, esta deverá ser homologada (art. 487, III) através de um pronunciamento judicial que servirá como título executivo judicial se as obrigações assumidas no acordo não forem cumpridas (art. 515, II). Caso a solução consensual inclua todo o objeto do processo, sua homologação se dará por sentença (art. 354). Na hipótese de uma solução consensual que abranja apenas parte do objeto do processo, a homologação se dará por decisão interlocutória (art. 354, parágrafo único). Tanto em um caso como no outro, o pronunciamento judicial homologatório de autocomposição alcançada no curso do processo será título executivo judicial.

Admite-se, ainda, que a autocomposição judicial envolva sujeito estranho ao processo ou verse sobre relação jurídica que não tenha sido deduzida em juízo (art. 515, § 2º). Significa isso dizer que, no caso de as partes, no curso do processo, celebrarem um acordo, este poderá ser subjetiva ou objetivamente mais amplo que o processo.

Haverá autocomposição subjetivamente mais ampla do que o processo quando dela participarem sujeitos que não eram partes. Pense-se, por exemplo, no caso de instaurar-se um processo entre o credor de uma obrigação e seu fiador, sendo celebrado um acordo para pagamento parcelado de que participe, também, o devedor principal, o qual não era parte no processo. Pois, homologado o acordo, a decisão que o homologa terá eficácia executiva em relação a todos os seus sujeitos, inclusive àquele que não era parte no processo.

De outro lado, haverá autocomposição objetivamente mais ampla que o processo quando nela forem incluídas questões que eram estranhas ao objeto da cognição. Figure-se o seguinte exemplo: duas empresas celebram, entre si, dois diferentes contratos. Surge litígio em relação a um deles, o que leva à instauração de um processo judicial. No curso do processo, surge litígio em relação ao outro contrato, o qual não integrava o objeto da cognição judicial. As partes, então, celebram acordo que envolve ambos os contratos, e que é homologado pelo juiz. Pois, neste caso, a decisão homologatória da autocomposição terá eficácia executiva não só em relação ao que disser respeito à relação jurídica deduzida originariamente no processo, mas também no concernente à outra relação, que não havia sido deduzida no processo mas foi incluída no acordo celebrado entre as partes.

C) DECISÃO HOMOLOGATÓRIA DE AUTOCOMPOSIÇÃO EXTRAJUDICIAL DE QUALQUER NATUREZA

Há casos em que existe um conflito instaurado entre as partes, mas ainda não há processo judicial entre elas, e, não obstante isso, alcançam elas uma solução consensual para seu litígio. Neste caso, é perfeitamente possível que as partes, já de comum acordo, queiram dar ao ato autocompositivo que celebraram eficácia de título executivo judicial. Para isso, deverão instaurar um processo de jurisdição voluntária (art. 725, VIII), através do qual pedirão ao juízo competente que homologue a autocomposição que celebraram. Uma vez proferida a sentença homologatória, esta terá eficácia de título executivo judicial (art. 515, III).

Figure-se, aqui, um exemplo: uma criança, órfã de pai, representada pela mãe, e seu avô paterno celebram um acordo extrajudicial de alimentos, estabelecendo a prestação alimentícia que será paga pelo avô ao neto. Posteriormente, submetem esse acordo ao juízo competente (que, no caso, seria o juízo de família). Observado o procedimento previsto para a causa (arts. 719 a 724), a sentença homologatória do acordo é título executivo judicial, apto a embasar uma execução de prestação alimentícia (ou, como prefere a terminologia da lei processual, cumprimento da sentença que reconhece a exigibilidade de obrigação de prestar alimentos).

É extremamente importante estabelecer com precisão a diferença entre esse título executivo, previsto no inciso III do art. 515, e o que foi examinado anteriormente a este, e que está previsto no inciso II do mesmo artigo. Afinal, em ambos os casos o título é uma decisão judicial homologatória de autocomposição celebrada pelas partes. A diferença está em que, em um caso, o acordo foi celebrado quando já havia processo judicial em curso (art. 515, II); enquanto na outra hipótese o acordo foi celebrado sem que houvesse processo instaurado, e este teve início para que se apreciasse a pretensão de homologação do acordo já celebrado (art. 515, III). Tem-se, aqui, pois, a chamada transação pré-processual (ou, como dizia o civilista italiano Santoro-Passarelli, pré-judicial), que pode se tornar título executivo judicial se submetida à homologação.

O que se tem aqui, então, é um procedimento de jurisdição voluntária que gerará um título executivo judicial, cuja execução se dará em um procedimento executivo, de cumprimento de sentença, que se desenvolverá no mesmo processo em que se realizou aquele primeiro procedimento.

Vale lembrar, porém, que a autocomposição pré-processual que não seja submetida a um processo de homologação judicial poderá constituir título executivo extrajudicial, como se poderá ver adiante.

D) DECISÃO QUE ADJUDICA QUINHÃO SUCESSÓRIO

O inciso IV do art. 515 inclui no rol dos títulos executivos judiciais "o formal e a certidão de partilha, exclusivamente em relação ao inventariante, aos herdeiros e aos sucessores a título singular ou universal". Daí se extrai que é título executivo a decisão judicial que adjudica quinhão sucessório. Explique-se isso um pouco melhor.

Quando alguém morre deixando sucessores e bens, instaura-se um processo judicial conhecido como inventário e partilha (arts. 610 a 673). Este tem por finalidade identificar todos os bens que compunham o patrimônio do falecido, com a determinação de seus valores; arrolar todos os sucessores, estabelecendo se são herdeiros ou legatários e qual é seu quinhão hereditário ou seu legado; e, por fim, promover entre os sucessores a partilha dos bens. Ao final do processo de inventário e partilha, então, profere-se uma decisão que adjudica (isto é, atribui) a cada sucessor o seu quinhão. Pode acontecer, porém, de o bem que tenha cabido a um sucessor estar em poder de outrem. Pois se a pessoa com quem está o bem for algum dos sujeitos do processo de inventário e partilha (inventariante, herdeiro ou legatário), será possível instaurar-se desde logo o procedimento de cumprimento da sentença, para exigir o dinheiro ou a entrega da coisa que ao sucessor tenha sido adjudicada. Vale registrar, aqui, que o texto da lei faz a alusão a herdeiros e sucessores a título universal, como se fossem pessoas diversas. É sabido, porém, que as expressões são sinônimas perfeitas. Mas o que é preciso ter claro é que aquele a quem tenha sido adjudicado o quinhão sucessório só poderá demandar a execução forçada em face das pessoas que participaram do processo de inventário e partilha. Estando o bem que integra seu quinhão com pessoa diversa das enumeradas na parte final do inciso IV do art. 515 do CPC, será adequado o ajuizamento de demanda cognitiva.

O título executivo, tenha-se claro, é a decisão judicial, e não (como equivocadamente consta do texto normativo) o formal ou a certidão de partilha. Formal de partilha é um documento entregue ao sucessor (art. 655) e que lhe permite praticar atos registrais (como, por exemplo, fazer com que fique registrada sua propriedade dos bens imóveis havidos por sucessão *mortis causa*). A certidão de partilha substitui o formal nos casos em que o quinhão sucessório não exceder de cinco vezes o salário mínimo. Estes são, pois, documentos. E, como já se pôde ver, o título executivo não é o documento, mas o ato jurídico de que o documento é mero suporte. O título executivo, pois, é a decisão judicial que adjudica o quinhão sucessório. E, conforme a natureza do bem que integra o quinhão sucessório, a execução fundada nesse título poderá ser por quantia certa (quando o bem for dinheiro) ou para entrega de coisa (quando se tratar de qualquer outro bem) mas em qualquer desses casos a execução não será processo autônomo, mas mero prolongamento do processo de inventário e partilha, e se dará através da instauração de uma fase de cumprimento de sentença. Não se admite, porém, a execução de obrigação de fazer ou não fazer com base no título que ora se analisa.

Importante ainda observar que, no caso de se ter procedido a inventário e partilha extrajudicial (art. 610, §§ 1º e 2º), a escritura pública de inventário e partilha não é título executivo judicial, mas extrajudicial (art. 784, II).

E) DECISÃO JUDICIAL QUE APROVA CRÉDITO DE AUXILIAR DA JUSTIÇA

Há casos em que um auxiliar da justiça tem crédito a receber de alguma das partes. Basta pensar, por exemplo, nos honorários do perito ou do intérprete. Pois, nos casos em que esse crédito tenha sido aprovado por decisão judicial (que, para usar aqui a linguagem tradicionalmente empregada na praxe forense, é decisão que homologa os honorários), haverá título executivo judicial.

Trata-se de título executivo que é de escassa utilização prática. Isso porque a descrição abstrata do título, no texto legal, exige que o crédito do auxiliar da justiça tenha sido "aprovado por decisão judicial". Ocorre que, na imensa maioria dos casos, o valor das custas e emolumentos pelos atos praticados pelos auxiliares da justiça está previsto em um regimento de custas, previamente elaborado, o que faz com que tais valores independam de aprovação pelo juiz. Assim, porque são acertados por lei, e não em razão de decisão judicial, não se forma o título executivo. Situações há, porém, notadamente nos casos em que se está diante da atuação de um auxiliar eventual da justiça (como costumam ser os peritos), em que se exige a aprovação judicial do valor a ser pago ao auxiliar.

Pense-se, por exemplo, em um processo no qual o autor fosse beneficiário de gratuidade de justiça. Figure-se, agora, a hipótese de ter o autor requerido a produção de prova pericial. Pois o art. 98, § 1º, VI, é expresso em afirmar que a gratuidade de justiça compreende os honorários do perito. Não haverá, então, adiantamento de honorários periciais neste caso. Se ao final do processo for vencido o réu (que, no exemplo figurado, não era beneficiário da gratuidade de justiça), terá o perito o direito de receber dele seus honorários. Caso estes não sejam pagos voluntariamente, poderá o perito promover o cumprimento da decisão que aprovou seu crédito, a qual constitui título executivo judicial.

Mesmo nessas hipóteses, porém, e se não for levado em conta o caso dos beneficiários da gratuidade de justiça (e o que se vai afirmar é de conhecimento notório de todos aqueles que têm militância forense), tais auxiliares só realizam a atividade para a qual foram convocados depois de depositados seus honorários à disposição do juízo. Tal prática, consistente em exigir o depósito prévio dos honorários, é prevista expressamente na hipótese de perícia (art. 95, § 1º, do CPC), em disposição aplicável por analogia a todos os demais auxiliares eventuais da justiça. Verifica-se, assim, a pouca utilidade prática desse título executivo.

F) SENTENÇA PENAL CONDENATÓRIA TRANSITADA EM JULGADO

A condenação penal é título hábil a permitir a instauração da execução civil. É que, nos termos do art. 91, I, do Código Penal, é efeito da condenação "tornar certa a obrigação de indenizar o dano causado pelo crime". Trata-se de efeito secundário da sentença penal condenatória, ou seja, efeito da sentença que se produz por força de lei, ainda que tal declaração não conste expressamente da sentença. Como se trata de indenização, a hipótese é de obrigação pecuniária, que só pode ser executada se além de certa for líquida. O art. 387, IV, do Código de Processo Penal (dispositivo de constitucionalidade muito questionada em sede doutrinária) dispõe que na sentença penal condenatória deverá ser fixado "valor mínimo para reparação dos danos causados pela infração, considerando os prejuízos sofridos pelo ofendido". E, transitada em julgado a sentença penal condenatória, será possível ao próprio ofendido, seu representante legal ou seus herdeiros promover a execução civil, cujo objeto será a reparação do dano (art. 63 do CPP). Caso o ofendido (ou seus sucessores) esteja de acordo com o valor fixado na sentença penal condenatória, será possível que se promova, desde logo, a execução civil do valor. De outro lado, considerando o ofendido (ou seus sucessores) que o valor fixado na condenação penal a título de indenização mínima é insuficiente, poderá promover a execução do quanto já fixado e, simultaneamente, postular a liquidação do dano efetivamente sofrido (para que, posteriormente, eventual diferença também possa ser objeto de execução), nos termos do disposto no art. 63, parágrafo único, do CPP.

Importante ter claro que a sentença penal condenatória só tem eficácia executiva contra aquele que foi condenado no processo penal (e, após sua morte, contra seu espólio ou seus sucessores). Não é possível, porém, promover execução civil fundada em condenação penal contra algum outro responsável civil pelo dano que não tenha sido condenado criminalmente, sob pena de violar-se gravemente o princípio do contraditório (uma vez que este outro suposto responsável não terá tido oportunidade de participar da construção da decisão que agora serve como título executivo). Assim, por exemplo, se o motorista de uma empresa foi condenado pelo crime de lesão corporal culposa na direção de veículo automotor (art. 303 do Código de Trânsito Brasileiro), não será possível promover execução contra sua empregadora, ainda que o art. 932, III, do CC expressamente afirme a responsabilidade civil do empregador pela reparação civil de danos causados por seus empregados no exercício do trabalho ou em razão dele. É que o princípio constitucional do contraditório exige que se dê à empregadora o direito de participar do processo em que se discute sua responsabilidade, influindo na decisão que se formará (por exemplo, produzindo prova de que naquele dia o motorista atropelador estava de folga e dirigia seu veículo particular). Somente aquele que tenha sido condenado pela prática do crime, portanto, vê tornar-se certa sua obrigação de indenizar.

Outro aspecto a considerar é que, em razão do art. 51 do Código Penal, "transitada em julgado a sentença condenatória, a multa será executada perante o juiz da execução penal e será considerada dívida de valor, aplicáveis as normas relativas à dívida ativa da Fazenda Pública, inclusive no que concerne às causas interruptivas e suspensivas da prescrição". Em razão dessa disposição normativa, a sentença penal condenatória que impõe pena de multa é título executivo civil, hábil a tornar adequada a instauração de procedimento de execução fiscal (Lei nº 6.830/1980), a fim de permitir a satisfação da pretensão estatal de recebimento da multa devida pelo condenado. Nesta hipótese, aliás, a sentença penal condenatória é sempre verdadeiro título executivo, e não mero título para a liquidação de sentença, uma vez que contém a determinação do valor devido. Deve-se observar, porém, que essa execução fiscal, de natureza civil, tramitará perante o juízo penal (o que é disposição, para dizer o mínimo, de constitucionalidade duvidosa, já que não poderia a lei federal dispor sobre a organização judiciária dos Estados).

Não se pode deixar de falar sobre a possibilidade de, após o trânsito em julgado da sentença penal condenatória (estando, assim, formado o título a que se refere o inciso VI do art. 515 do CPC), sobrevir revisão criminal que rescinda tal condenação, declarando a absolvição daquele que anteriormente fora condenado. Diverge a doutrina acerca das consequências civis dessa revisão.

Vicente Greco Filho, por exemplo, ensina que seria preciso tomar em consideração diversas alternativas:

a) a execução civil ainda não começou, hipótese em que ela não será mais possível, por ter desaparecido o título executivo;

b) a execução civil da sentença penal está em curso, hipótese em que o processo executivo deve ser extinto, pela mesma razão;

c) a execução civil já se consumou (ou seja, já alcançou seu desfecho normal), podendo aqui a solução variar conforme o fundamento e o conteúdo da sentença da revisão criminal:

c.1) na revisão foi julgada extinta a punibilidade ou decidido que o fato imputado não constitui crime, caso em que não desaparece a responsabilidade civil, e o pagamento (embora obtido por meio inidôneo) não poderá ser repetido;

c.2) a absolvição teve como fundamento a legítima defesa, que elimina a responsabilidade civil, caso em que se admite a repetição do indébito;

c.3) a absolvição foi devida a outra causa de exclusão da ilicitude (como, por exemplo, o estado de necessidade), situação em que permanece a responsabilidade civil, não sendo possível a repetição do pagamento.

Outra respeitável opinião é a de Araken de Assis, que sustenta que a eficácia civil da sentença penal não é alcançada pela autoridade de coisa julgada, por ser efeito anexo daquela sentença, o que levaria à conclusão de que, havendo absolvição através da revisão criminal, poderia o absolvido pleitear a repetição do indébito, com base no art. 776 do CPC, admitindo-se que a outra parte oferecesse, neste novo processo, reconvenção, pleiteando o reconhecimento de que houve a prática de ato gerador de responsabilidade civil, a despeito da inexistência de responsabilidade penal.

Uma terceira opinião sobre o tema, manifestada em obra a ele exclusivamente dedicada, foi a de Alexander dos Santos Macedo, que afirma que – apesar de os efeitos penais da sentença penal condenatória serem passíveis de rescisão a qualquer tempo, através da revisão criminal – os efeitos civis da sentença penal condenatória são imunes a qualquer rescisão, estando protegidos por uma imunidade análoga à alcançada pelo conteúdo da sentença civil que tenha alcançado a "coisa soberanamente julgada" (situação jurídica a que chega a sentença após o decurso do prazo em que era cabível sua rescisão), imunidade essa que decorreria da chamada "eficácia preclusiva panprocessual dos efeitos civis da sentença penal". Assim sendo, a revisão criminal nenhum reflexo teria sobre os efeitos civis da sentença rescindida, e não seria possível repetir-se aquilo que já tivesse sido pago.

A meu ver, porém, a solução dessa questão deve levar em conta dois aspectos: o fundamento da absolvição em sede de revisão criminal e o momento em que ela ocorre.

Caso a revisão aconteça antes de iniciada a execução civil, ou no seu curso, não se poderá admitir sua consumação, devendo ser extinto o procedimento executivo, por ter desaparecido o título que o embasava. Ocorrendo a revisão após o desfecho normal da execução, porém, é de se considerar as seguintes hipóteses:

> a absolvição se deu por causa que não exclui a responsabilidade civil (por exemplo, estado de necessidade ou prescrição penal): não será possível repetir-se o que foi pago;
>
> a absolvição teve por fundamento uma causa de exclusão da responsabilidade civil (como o reconhecimento de que o condenado não foi o autor do ato lesivo ou que agiu em legítima defesa). Nesse caso, deve-se verificar se o processo da revisão criminal foi instaurado antes ou depois do decurso de dois anos do trânsito em julgado da última decisão proferida no processo em que se prolatou a sentença penal condenatória.

Falo aqui num prazo de dois anos a contar do trânsito em julgado da última decisão proferida no processo penal por ser esse o prazo da "ação rescisória", já que, a meu ver, após o decurso do biênio, os efeitos civis da sentença penal condenatória ficam cobertos pela autoridade de "coisa soberanamente julgada" (embora não o fiquem os efeitos penais, que podem ser rescindidos a todo tempo), tornando-se impossível a repetição do que já houver sido pago. Essa parece-me a única forma de equiparar a eficácia dos títulos executivos judiciais, ou seja, somente assim se estaria a tratar igualmente a vítima do crime que optou por ajuizar demanda civil de reparação do dano, e aquela outra, que optou por esperar a sentença penal condenatória e, com base nesta, ajuizou demanda executiva.

G) SENTENÇA ARBITRAL

Pessoas capazes de contratar podem valer-se da arbitragem para solucionar conflitos relativos a direitos patrimoniais disponíveis (art. 1º da Lei nº 9.307/1996). Caso o façam, deverão celebrar uma convenção de arbitragem (art. 3º da Lei nº 9.307/1996), submetendo seu litígio à decisão de um ou mais árbitros (art. 13, § 1º, da Lei nº 9.307/1996).

O árbitro (ou o tribunal arbitral, no caso de constituir-se um colegiado), observado um procedimento que se desenvolve em contraditório (art. 21, § 2º, da Lei nº 9.307/1996), proferirá decisão, a qual recebe da lei de regência a denominação sentença arbitral (art. 23 da Lei nº 9.307/1996). Também se admite a prolação de sentença arbitral parcial (art. 23, § 1º, da Lei de Arbitragem), pronunciamento que, pela sistemática do CPC, seria verdadeiramente uma decisão interlocutória, que, caso seja condenatória (em verdadeiro julgamento antecipado parcial do mérito do processo arbitral), também será título executivo judicial.

Dispõe o art. 31 da Lei de Arbitragem que "[a] sentença arbitral produz, entre as partes e seus sucessores, os mesmos efeitos da sentença proferida pelos órgãos do Poder Judiciário e, sendo condenatória, constitui título executivo". Há, pois, uma equiparação de eficácias entre a sentença arbitral e a proferida pelos órgãos do Poder Judiciário. Resulta isso do reconhecimento da arbitragem como equivalente jurisdicional, o que é possível especialmente em razão do fato de que o procedimento arbitral, por se desenvolver em contraditório, é verdadeiro processo.

Sendo a sentença arbitral condenatória (isto é, reconhecendo a existência e exigibilidade de obrigação cujo adimplemento exija a prática de atos posteriores destinados à sua efetivação), será ela título executivo judicial (art. 515, VII).

Pode acontecer de a sentença arbitral ter condenado ao cumprimento de obrigação ilíquida. Neste caso, será possível desenvolver-se, antes do início da atividade executiva, o incidente de liquidação de sentença (art. 515, § 1º).

O cumprimento da sentença arbitral, é bom lembrar, não será mero prolongamento do mesmo processo em que se formou o título executivo. Afinal, o processo de conhecimento se desenvolveu perante o árbitro (ou tribunal arbitral), enquanto o procedimento executivo se desenvolverá perante o Poder Judiciário. Por conta disso, será sempre preciso ter em mente a necessidade de que o interessado ajuíze uma petição inicial para formular sua demanda executiva, e, preenchendo ela todos os seus requisitos, será determinada a citação do demandado (art. 515, § 1º) para o regular desenvolvimento do procedimento executivo.

H) DECISÃO HOMOLOGATÓRIA DE SENTENÇA ESTRANGEIRA E DECISÃO CONCESSIVA DE *EXEQUATUR* A CARTA ROGATÓRIA PARA CUMPRIMENTO DE DECISÃO INTERLOCUTÓRIA ESTRANGEIRA

Existem casos em que uma sentença proferida por órgão jurisdicional estrangeiro se destina a produzir efeitos em território brasileiro. Em outros, o que se destina a produzir efeitos no Brasil é uma decisão interlocutória oriunda de Estado estrangeiro. Pois, em qualquer dos dois casos, o pronunciamento judicial estrangeiro só produz efeitos no Brasil após a homologação da sentença ou a concessão de *exequatur* à carta rogatória, salvo disposição expressa em lei ou tratado (art. 961).

Realmente, pode haver caso de lei que dispense alguma sentença estrangeira de homologação para produzir efeitos no Brasil (como faz o art. 961, § 5º, que dispensa de homologação para produzir efeitos em território brasileiro a sentença estrangeira de divórcio consensual). Em outros casos, a dispensa vem de tratado internacional de que o Brasil é parte (como se dá, por exemplo, no caso previsto no art. 19 do Protocolo de Medidas Cautelares firmado pelos países componentes do MERCOSUL [e que integra o ordenamento jurídico brasileiro por força do Decreto nº 2.626/1998], o qual dispensa da concessão de *exequatur* as cartas rogatórias para cumprimento de medidas cautelares quando transmitidas entre juízos e tribunais das zonas fronteiriças). Ressalvados estes casos, porém, a decisão judicial estrangeira só produz efeitos no Brasil depois de homologada a sentença ou concedido o *exequatur* à carta rogatória.

Sem pretender aqui aprofundar o exame desses temas (que já foram tratados quando do exame da cooperação judiciária internacional e voltarão a ser analisados quando do exame do procedimento de homologação de sentença estrangeira e concessão de *exequatur* às cartas rogatórias), é preciso dizer, então, que incumbe ao

STJ, originariamente, praticar o ato necessário à importação da eficácia dos provimentos jurisdicionais estrangeiros, homologando sentença estrangeira ou concedendo *exequatur* a carta rogatória.

Pois a decisão do STJ que homologa a sentença estrangeira, ao importar para o Brasil todos os efeitos que a sentença estrangeira, em seu Estado de origem, se destinava a produzir, faz com que seja possível promover-se, aqui, atividade executiva (se esse efeito estava no campo de eficácia do pronunciamento judicial estrangeiro). E o mesmo pode ser dito da decisão do STJ que concede *exequatur* a carta rogatória.

É importante observar que o verdadeiro título executivo é a decisão do STJ que homologa decisão estrangeira (ou que concede *exequatur* a carta rogatória). Não se executa a decisão estrangeira. Executa-se a decisão brasileira homologatória da decisão estrangeira. O raciocínio é o mesmo que se aplica, por exemplo, à decisão homologatória de autocomposição. Uma vez homologada esta, é o ato homologador (e não o ato homologado) que cumpre o papel de título executivo judicial.

Também aqui o procedimento executivo ("cumprimento de sentença") exigirá a instauração de processo autônomo (art. 515, § 1º), o qual tramitará originariamente na Justiça Federal (art. 109, X, da Constituição da República).

19.4.2. Títulos executivos extrajudiciais

A rigor, os títulos executivos extrajudiciais não são objeto de estudo do Direito Processual Civil. Isto se diz porque tais títulos são atos jurídicos estudados por outras áreas do Direito (como a letra de câmbio e a debênture, que são estudadas pelo Direito Empresarial, ou o contrato de seguro de vida, fenômeno estudado pelo Direito Civil), a que o Direito Processual Civil agrega eficácia executiva, transformando-os em títulos executivos.

De todo modo, não se pode deixar de apresentar aqui brevíssimas considerações sobre cada um deles. É o que se passa a fazer.

A) LETRA DE CÂMBIO, NOTA PROMISSÓRIA, DUPLICATA, CHEQUE E DEBÊNTURE

O Código de Processo Civil confere eficácia executiva à nota promissória, à duplicata, à letra de câmbio, à debênture e ao cheque. São títulos de crédito, cuja regulamentação cabe inteiramente ao Direito Material. É nesta seara, portanto, que se irá buscar os elementos necessários para que se possa verificar a existência, validade e eficácia dos atos jurídicos que se corporificam nesses títulos.

Tais títulos, quando completos, podem ser executados independentemente de protesto. Este será exigido, porém, quando faltar algum requisito do título (como, por exemplo, no caso de duplicata sem aceite).

Letra de câmbio é um título de crédito, descrito no art. 1º do Decreto nº 2.044/1908 (Lei Uniforme de Genebra – LUG), e pode ser definido como um título de crédito abstrato, correspondente a um documento formal, que decorre de relação de crédito entre duas ou mais pessoas pela qual o sacador dá ordem de pagamento pura e simples, à vista ou a prazo, a outrem (sacado), a seu favor ou de terceira pessoa (tomador), no valor e condições dela constantes. Vale registrar que a letra de câmbio só tem eficácia executiva se houver o aceite do sacado.

Nota promissória é um título de crédito abstrato e formal, pelo qual uma pessoa (o emitente) faz a outra (beneficiário) uma promessa pura e simples de pagamento de quantia determinada, à vista ou a prazo, em seu favor ou a outrem à sua ordem, nas condições que dela constam. A ela é aplicável o regime das letras de câmbio, com exceção do que diga respeito ao aceite e às duplicatas (art. 56 da LUG).

Duplicata é um título de crédito formal, impróprio, causal, à ordem, extraído por vendedor ou prestador de serviços, com o objetivo de documentar o saque fundado sobre crédito decorrente de compra e venda mercantil ou prestação de serviço, assimilada por lei aos títulos cambiários, e que tem por pressuposto essencial a extração de uma fatura. Para que se possa promover execução com base em duplicata é essencial que ela tenha sido objeto de aceite (art. 15, I, da Lei nº 5.474/1968) ou, caso não tenha sido aceita, que tenha havido, cumulativamente, o protesto por falta de aceite, que esteja ela acompanhada de documento hábil comprobatório da entrega da mercadoria ou da prestação do serviço, que o sacado não tenha, comprovadamente, recusado o aceite, no prazo, nas condições e pelos motivos previstos nos arts. 7º e 8º da lei de regência (art. 15, II, da Lei nº 5.474/1968).

Cheque é o título cambiário abstrato e formal, resultante da mera declaração unilateral de vontade, pelo qual o emitente, com base em prévia e disponível provisão de fundos em poder de uma instituição financeira (sacado), dá contra tal instituição uma ordem incondicional de pagamento à vista, em seu próprio benefício ou de terceiro (tomador ou beneficiário), nas condições estabelecidas no título.

Por fim, debêntures são títulos emitidos por sociedades anônimas, representativos de um empréstimo por elas contraído, cada título dando aos portadores da mesma série idênticos direitos contra a sociedade (art. 52 da Lei nº 6.404/1976). Representam empréstimos tomados a longo prazo, com restituição das importâncias de modo suave e incapaz de causar grandes transtornos para a companhia, já que há uma pulverização dos créditos. Não ocorrendo, na data prevista, o resgate da debênture, poderá o credor debenturista promover a execução de seu crédito perante a sociedade anônima emissora. Importante observar, aqui, que o debenturista tem legitimidade para postular a execução de seu crédito, mas o agente fiduciário tem legitimidade extraordinária para, em nome próprio, atuar como substituto processual da comunidade de credores debenturistas (art. 68, *caput* e § 3º, da Lei nº 6.404/1976).

Não se pode deixar de falar sobre a questão da "prescrição" dos títulos de crédito aqui referidos como títulos executivos extrajudiciais. Isto porque se costuma dizer que há, nesses casos, "duas prescrições": a primeira da eficácia executiva e a segunda do próprio crédito. Tal se dá porque a eficácia executiva do título cambial ou cambiariforme desaparece se a demanda executiva não for intentada dentro de certo prazo (que varia conforme a espécie de título). Desaparecida essa eficácia executiva (e a lei chama a esse efeito do tempo pelo nome de "prescrição"), não desaparece o crédito, que continua existindo, e pode ser exigido através de demanda cognitiva (a chamada "ação de locupletamento").

Em verdade, apenas esta segunda é verdadeira prescrição (assim entendida a perda de um direito subjetivo pelo decurso do tempo). A primeira situação (perda da eficácia executiva do título em razão do decurso do tempo, sem que a execução forçada seja instaurada) só poderia ser chamada de prescrição se o termo fosse empregado em sentido amplíssimo, para designar o efeito letal do tempo sobre as situações jurídicas. Em verdade, o que se tem é uma subordinação da eficácia executiva desses títulos a um termo final. Alcançado esse termo, desaparece a eficácia executiva, embora não desapareça o direito de crédito (nem ocorra qualquer outra consequência no plano do Direito Material), ficando aberta ao credor a utilização da via cognitiva como meio adequado de busca da satisfação de sua pretensão. A "prescrição" da eficácia executiva do título de crédito, portanto, é fenômeno que se manifesta no plano das "condições da ação", já que, vindo a execução a instaurar-se depois daquele prazo, deverá ser considerada via processual inadequada, extinguindo-se o processo de execução por ausência de interesse processual.

B) CONFISSÃO DE DÍVIDA CONSTANTE DE ESCRITURA PÚBLICA OU OUTRO DOCUMENTO PÚBLICO ASSINADO PELO DEVEDOR

Pode acontecer de o devedor reconhecer sua dívida através de ato praticado por documento público (de que a escritura pública é o exemplo mais conhecido). Assim, por exemplo, imagine-se o caso de um devedor que, perante o notário, lavre escritura declaratória de confissão de dívida. Pois essa confissão de dívida (desde que relativa a obrigação certa, líquida e exigível, evidentemente) por escritura pública é título executivo extrajudicial.

A escritura pública não é, porém, o único suporte admissível para a configuração desse título executivo extrajudicial. Qualquer documento público pode conter o registro da confissão de dívida. É o caso, por exemplo, da ata notarial ou da nota de empenho (ato pelo qual entes públicos reconhecem, por exemplo, dívidas com prestadores de serviços). Pois, sempre que, em documento público, for registrada uma confissão de dívida certa, líquida e exigível, haverá título executivo extrajudicial.

C) CONFISSÃO DE DÍVIDA POR DOCUMENTO PARTICULAR ASSINADO PELO DEVEDOR

Não só por instrumento público pode o devedor confessar suas obrigações e, através deste ato, produzir um título executivo extrajudicial. Também a confissão de dívida por instrumento particular tem essa eficácia. A exigência formal estabelecida pela lei processual é, tão somente, que o documento particular esteja subscrito pelo próprio devedor e por duas testemunhas.

As testemunhas são meramente instrumentárias, não sendo necessário que aponham suas assinaturas no documento no momento da prática do ato de confissão da dívida. É perfeitamente possível que o assinem depois, e nem mesmo é preciso que suas assinaturas sejam lançadas no documento na presença do devedor para que se constitua o título executivo extrajudicial.

Vale lembrar, por fim, que o instrumento público lavrado por oficial público incompetente ou que não observe as formalidades legais, desde que assinado pelas partes, é equiparado ao instrumento particular (art. 407) e, tendo sido assinado por duas testemunhas, será admitido como suporte de um título executivo extrajudicial.

Diga-se, ainda, que o instrumento particular não pode ser assinado a rogo por terceiro. Isto significa dizer que o analfabeto e o impossibilitado de assinar só poderão reconhecer dívidas por instrumento público.

Por fim, deve-se registrar que, desde a entrada em vigor da Lei nº 14.620/2023, a confissão de dívida por instrumento particular tem eficácia executiva mesmo que não haja assinatura de testemunhas, desde que o instrumento tenha sido constituído ou atestado por meio eletrônico, e também a assinatura do devedor seja eletrônica (por forma prevista em lei e com autenticidade conferida por provedor de assinatura), na forma do art. 784, § 4º. Aqui impõe-se algum cuidado. É que a lei processual exige, nesse caso, que a autenticidade da assinatura eletrônica seja conferida por provedor de assinatura, o que atrai a incidência do disposto na Medida Provisória nº 2.200-2/2001, devendo ser empregada a ICP-Brasil (Infraestrutura de chaves públicas brasileira). Assim, apenas assinaturas eletrônicas feitas com o emprego de certificados digitais, na forma desse texto normativo, permitirão a formação de títulos executivos extrajudiciais consistentes em confissão de dívida por instrumento particular sem a assinatura de testemunhas. Outras formas de assinatura eletrônica, como as que são feitas através do emprego de sites e aplicativos que não observam a sistemática da ICP-Brasil, não permitem que se constitua o título executivo.

D) TRANSAÇÃO REFERENDADA PELO MINISTÉRIO PÚBLICO, PELA DEFENSORIA PÚBLICA, PELA ADVOCACIA PÚBLICA, PELOS ADVOGADOS DOS TRANSATORES OU POR CONCILIADOR OU MEDIADOR CREDENCIADO PELO TRIBUNAL

A orientação, estabelecida a partir do art. 3º, § 2º, de valorização dos meios consensuais de resolução dos conflitos encontra, no inciso IV do art. 784, mais uma manifestação. É que se reconhece como título executivo extrajudicial a transação celebrada pelas partes, desde que referendada.

Trata a hipótese da transação extrajudicial, ou seja, da transação celebrada entre as partes sem que haja processo instaurado entre elas. Havendo uma relação de cunho obrigacional a que as partes ponham termo através de transação, esta será título executivo extrajudicial (desde que, obviamente, imponha a alguma das partes o cumprimento de uma prestação). Exige a lei, como de resto em todos os demais títulos executivos, que alguns requisitos formais sejam observados. Assim é que a transação deverá ser celebrada por instrumento escrito e deve obter o referendo do Ministério Público, da Defensoria Pública, dos advogados dos transatores ou de conciliador ou mediador credenciado pelo Tribunal. Fala a lei em referendo, e não em homologação, por ser esta última ato praticado por juiz.

Quanto aos advogados, deverão ser anexadas ao instrumento de transação as procurações outorgadas pelas partes, para que se possa saber se o referendo foi ato praticado pelos seus advogados regularmente constituídos.

Fala a lei, aliás, em advogados, no plural, mas nada impede que um único advogado, mandatário de todos os sujeitos da relação obrigacional, e representando seus interesses, referende a transação.

O referendo pode ser manifestado pelo Ministério Público (nos casos em que tenha atribuição), pela Defensoria Pública (quando pelo menos um dos transatores for economicamente hipossuficiente), pela Advocacia Pública (em casos envolvendo interesses de entidades públicas) ou pelos advogados dos transatores. Em qualquer dessas hipóteses, constando da transação alguma obrigação certa, líquida e exigível, haverá título executivo extrajudicial.

Nunca é demais recordar, porém, que os transatores podem optar por postular em juízo, através de um processo de jurisdição voluntária, a homologação judicial de seu ato de autocomposição, caso em que se formará um título executivo judicial (art. 515, III).

E) CONTRATO GARANTIDO POR HIPOTECA, PENHOR, ANTICRESE OU OUTRO DIREITO REAL DE GARANTIA E AQUELE GARANTIDO POR CAUÇÃO

São títulos executivos extrajudiciais todos aqueles contratos – de que constem obrigações certas, líquidas e exigíveis – em que se tenha constituído, como garantia do cumprimento da obrigação, um "direito real de garantia" (hipoteca, penhor, anticrese e propriedade fiduciária), nos precisos termos do art. 784, V.

Não é este, diga-se desde logo, o local adequado para se estabelecerem os conceitos dessas modalidades de garantia, nem mesmo para discutir se a hipoteca é instituto de direito material ou de Direito Processual. Basta afirmar que os contratos em que o adimplemento da obrigação é assegurado por qualquer dessas modalidades de garantia terão eficácia de título executivo extrajudicial.

Nos contratos garantidos por hipoteca, penhor ou anticrese, o bem dado em garantia fica sujeito ao cumprimento da obrigação (art. 1.419 do CC). Assim, não tendo sido cumprida a prestação, poderá o credor demandar a execução forçada, devendo a atividade executiva incidir sobre o bem empenhado, hipotecado ou sujeito a anticrese (art. 835, § 3º). Já no caso de contrato de alienação fiduciária em garantia, tem-se um "direito real de garantia sobre coisa própria", uma vez que o bem que garante o cumprimento da obrigação pertence ao credor, e não ao devedor, até que a prestação seja cumprida (art. 1.361 do CC). Vencida e não paga a dívida, fica o credor obrigado a promover a expropriação do bem sobre o qual incide a propriedade fiduciária, o que poderá se dar judicial ou extrajudicialmente (art. 1.364 do CC). Pois, no caso de optar o credor pela expropriação judicial do bem, o contrato será usado como título executivo extrajudicial.

Também são títulos executivos extrajudiciais quaisquer contratos garantidos por "caução" (art. 784, V), termo genérico que significa garantia, seja lá qual for a natureza desta. Assim, por exemplo, contratos garantidos por fiança (espécie de garantia fidejussória) são, pelo simples fato de existir a garantia, títulos executivos extrajudiciais.

Assim, havendo caução, estabelecida por via de contrato ou por lei, seja ela real (hipoteca, penhor, anticrese ou alienação fiduciária em garantia) ou fidejussória (fiança), a garantir o cumprimento de obrigação contratual, será possível a execução forçada do crédito garantido.

Vale registrar, porém, que, por força do disposto no art. 9º da Lei nº 14.711/2023, o credor que tem seu direito garantido por hipoteca pode optar por um procedimento executivo desjudicializado (execução extrajudicial). Esse procedimento executivo é conduzido pelo oficial do registro de imóveis, que atuará como *agente de execução*. A ele caberá intimar o devedor e, se for o caso, o terceiro titular do imóvel hipotecado, para pagamento do débito no prazo de quinze dias. Caso não ocorra o pagamento no prazo, o imóvel será levado a leilão público, e o fato poderá ser averbado, a requerimento do credor, junto à matrícula do imóvel.

O leilão público, então, será realizado em até sessenta dias, e poderá ser feito por meio eletrônico. Não havendo a expropriação do bem em leilão, poderá o credor adjudicá-lo ou promover sua alienação por iniciativa particular. Concluído o procedimento, com a expropriação do bem, será lavrada uma ata notarial de arrematação, a qual será título hábil para a transferência da propriedade.

O procedimento de execução extrajudicial é uma opção do credor, que poderá preferir valer-se do processo de execução que se desenvolve perante o Poder Judiciário. Nada impede, porém, que por negócio processual as partes convencionem que apenas um desses dois caminhos (o judicial ou o extrajudicial) poderá ser utilizado.

Não será possível, porém, usar o procedimento de execução extrajudicial nas operações de financiamento de atividade agropecuária garantidas por hipoteca (art. 9º, § 13, da Lei nº 14.711/2023).

F) CONTRATO DE SEGURO DE VIDA EM CASO DE MORTE

Chama-se contrato de seguro ao negócio jurídico pelo qual uma pessoa (segurador) se obriga, mediante o pagamento do prêmio, a garantir interesse legítimo do segurado, relativo a pessoa ou a coisa, contra riscos predeterminados (art. 757 do CC). Há, pois, seguro de coisa e seguro de pessoa. E, entre os seguros de pessoa, é muito praticado o seguro de vida. Não é este, porém, o único tipo de seguro de pessoa. Há, também, o seguro de acidentes pessoais (que, normalmente, é celebrado para garantir, também, o segurado para os casos em que do acidente resulte morte). Pois o contrato de seguro de vida (mas não o seguro de acidentes pessoais, mesmo em caso de morte; tampouco o de seguro de coisas) é título executivo extrajudicial (art. 784, VI), podendo-se promover a execução da indenização devida no caso de ter ocorrido a morte do segurado.

É preciso, para que se tenha título executivo, que o seguro de vida tenha origem contratual. Não tem eficácia executiva, portanto, o "seguro obrigatório", regulado pela Lei nº 6.194/1979.

Para demandar a execução, caberá ao exequente (que é o beneficiário do seguro de vida) apresentar, com sua petição inicial, a apólice ou bilhete do seguro ou, na falta destes, documento comprobatório do pagamento do prêmio (art. 757, parágrafo único, do CC).

G) CRÉDITO DECORRENTE DE FORO E LAUDÊMIO

Quando o imóvel é emprazado (isto é, quando sobre ele incide uma enfiteuse, direito real regulado, por força do disposto no art. 2.038 do CC, pelos arts. 678 a 694 do Código Civil de 1916, além de outros atos normativos que tratem especificamente do tema, como é o caso do Decreto-lei nº 9.760/1946, que dispõe sobre os imóveis da União), fica o foreiro (titular do direito real limitado, também chamado enfiteuta) obrigado a pagar, anualmente, ao nu-proprietário (ou senhorio direto) um valor anual, denominado foro ou pensão. Além disso, no caso de alienação onerosa da enfiteuse, paga-se ao senhorio direto um percentual do preço, denominado laudêmio.

No caso de imóveis foreiros à União, por exemplo (e aqui certamente está a maior parte dos casos de enfiteuse, bastando lembrar da hipótese de ser o imóvel um terreno de marinha, assim compreendidos aqueles que estejam a até 33 metros, medidos horizontalmente, para a parte da terra, da posição da linha do preamar-médio de 1831 [art. 2º do Decreto-lei nº 9.760/1945]), o foro corresponde a 0,6% do valor de mercado do imóvel (art. 101 do Decreto-lei nº 9.760/1945), enquanto o laudêmio é de 5% do valor atualizado do domínio pleno, excluídas as benfeitorias (art. 3º do Decreto-lei nº 2.398/1987).

Pois, no caso de não ser pago o valor devido a título de foro ou de laudêmio, poderá o credor dessas importâncias – ou seja, o senhorio direto – promover sua execução forçada, já que o crédito decorrente de foro e de laudêmio são títulos executivos extrajudiciais (art. 784, VII).

É de se notar, porém, que, nos casos em que o domínio direto pertence à União, o pagamento prévio do laudêmio é requisito de validade do ato de alienação onerosa do domínio útil. Ressalva-se, apenas, a possibilidade de a União dispensar o pagamento prévio do laudêmio (o que é teoricamente possível, embora não ocorra na prática), mas neste caso haverá execução fiscal, de crédito incluído na dívida ativa federal, e o título executivo que irá embasar a pretensão da União não será este, mas o previsto no inciso IX do mesmo art. 784 do CPC.

H) CRÉDITO, DOCUMENTALMENTE COMPROVADO, DE ALUGUEL DE IMÓVEL E DE ENCARGOS ACESSÓRIOS DA LOCAÇÃO

O contrato de locação de imóvel, celebrado por escrito, gera, para o locador, o direito de receber do locatário o aluguel e uma série de outras verbas, conhecidas como encargos acessórios. É o caso das despesas ordinárias de condomínio (art. 23, XII, da Lei nº 8.245/1991), ou dos impostos e taxas incidentes sobre o imóvel, se assim tiver sido expressamente estabelecido no contrato (art. 22, VIII, da Lei nº 8.245/1991). Aplica-se o que acaba de ser dito a todas as espécies de locação de bens imóveis, inclusive ao arrendamento rural, desde que o contrato tenha sido celebrado por escrito.

Caso o locatário não cumpra com essas suas obrigações, poderá então o locador promover a execução forçada de seu crédito (art. 784, VIII).

Interessante observar que o não pagamento dessas verbas também permite ao locador ajuizar "ação de despejo por falta de pagamento" (art. 62 da Lei nº 8.245/1991), caso em que se permite a cumulação do pedido de despejo com o pedido de condenação ao pagamento do débito (art. 62, I, da Lei nº 8.245/1991).

Escolhendo a via da "ação de despejo", seu pedido será o de restituição da posse direta da coisa locada, autorizando o sistema jurídico vigente que o locatário purgue sua mora, a fim de permanecer no imóvel. Obtido o despejo, e não tendo sido formulado cumulativamente o pedido de cobrança do débito, poderá o locador, posteriormente, ajuizar demanda executiva, para o fim de obter a satisfação de seu crédito.

Se, por outro lado, o locador optar desde logo pela via executiva, terá postulado, tão somente, obter a satisfação de seu crédito de aluguel, não sendo possível ao juízo, nesta hipótese, determinar o desalijo (sob pena de prover de modo incongruente com os limites da demanda, emitindo decisão *extra petita*).

I) INSCRIÇÃO NO TERMO DE DÍVIDA ATIVA DA FAZENDA PÚBLICA

O inciso IX do art. 784 prevê o título executivo capaz de servir de base para a instauração do processo de execução fiscal, regido pela Lei nº 6.830/1980. Trata-se da execução judicial para cobrança da dívida ativa da União, dos Estados, do Distrito Federal, dos Municípios e de suas respectivas autarquias (art. 1º da Lei nº 6.830/1980). Por dívida ativa se considera aquela, de qualquer natureza, cuja cobrança seja atribuída por lei às entidades acima referidas (art. 2º, § 1º, da Lei nº 6.830/1980).

Ocorre que a Lei de Execuções Fiscais não descreve o título executivo que serve de base para a instauração desse processo, incumbência que acabou por ficar reservada ao Código de Processo Civil.

O texto normativo afirma que seria título executivo a certidão de dívida ativa. Esta é, porém, mero documento, e já se teve oportunidade de ver, neste estudo, que o título executivo não é o documento, mas o ato jurídico de que o documento é mero suporte. Na verdade, então, o título executivo é o ato de inscrição no termo de dívida ativa, e não a certidão que comprova que a inscrição ocorreu. A certidão é, tão somente, o documento que se junta à petição inicial (e que, muito frequentemente, forma com a petição inicial um só instrumento, o que é permitido pelo art. 6º, § 2º, da Lei nº 6.830/1980), e tem por objeto demonstrar a existência do título executivo.

O verdadeiro título executivo é a inscrição no termo da dívida ativa, ato de controle administrativo da legalidade da dívida (art. 2º, § 3º, da Lei nº 6.830/1980), e que deverá indicar o nome do devedor, de eventuais corresponsáveis e, sempre que conhecidos, seus domicílios ou residências; o valor originário da dívida, o termo inicial e a forma de calcular juros de mora e outros encargos resultantes de lei ou contrato; a origem, natureza e fundamento legal ou contratual da dívida; a referência a estar a dívida sujeita a atualização monetária, com seu fundamento legal e o termo inicial de sua incidência; a data e o número da inscrição; e o número do processo administrativo ou auto de infração, se neles estiver apurado o valor da dívida (art. 2º, § 5º, da Lei nº 6.830/1980).

Praticado o ato de inscrição, expede-se, então, a certidão que integrará a petição inicial, permitindo-se assim a instauração do processo de execução fiscal.

Acerca desse título executivo, deve-se se notar, em primeiro lugar, que ele se diferencia dos demais títulos previstos no CPC por uma característica exclusiva: trata-se de título executivo elaborado por ato unilateral do credor. Enquanto os demais títulos exigem, em sua formação, ato a ser praticado pelo devedor (como num cheque, numa nota promissória ou numa confissão de dívida) ou por terceiro estranho à relação obrigacional (como no caso da decisão judicial, em que atua o Estado-juiz, ou da sentença arbitral, em que o título é ato do árbitro), a inscrição de um crédito na Dívida Ativa da Fazenda Pública é ato unilateral do credor, não havendo, em sua realização, qualquer interferência de outras pessoas (embora sua produção seja precedida de um processo administrativo, em que o devedor é chamado a atuar em contraditório, mas a decisão desse processo administrativo, que justifica a inscrição na dívida ativa, é ato do próprio credor).

J) CRÉDITO REFERENTE A CONTRIBUIÇÕES DE CONDOMÍNIO EDILÍCIO

Modernamente, é muito grande o número de pessoas que residem em condomínios edilícios, assim entendidas aquelas edificações em que há partes que são propriedade exclusiva e outras que são de propriedade comum dos condôminos (art. 1.331 do CC). Nos condomínios edilícios incumbe aos condôminos o rateio das despesas comuns (art. 1.336, I, do CC). Ocorre com alguma frequência, porém, de algum condômino tornar-se inadimplente, o que sobrecarrega os demais. É que, se um condômino deixa de pagar sua contribuição, os outros acabam por ter de cotizar-se, arcando com o valor necessário para fazer frente às despesas do condomínio. Afinal, se não o fizerem, o condomínio não terá dinheiro suficiente para pagar despesas como as da folha de pagamento de seus funcionários, a conta de consumo de água e de energia elétrica, entre outras. Evidentemente, o não cumprimento de qualquer dessas obrigações trará, para todos os condôminos, estejam ou não inadimplentes com sua obrigação condominial, tremendos transtornos.

Para amenizar o prejuízo dos demais condôminos, então, estabelece o art. 784, X, que é título executivo extrajudicial o crédito referente às contribuições condominiais, ordinárias ou extraordinárias, que estejam previstas na convenção ou tenham sido aprovadas em assembleia geral, desde que documentalmente comprovadas.

É na assembleia geral ordinária que será aprovada a previsão orçamentária do condomínio, ali se fixando o valor da contribuição condominial ordinária (art. 1.350 do CC). Contribuições extraordinárias serão aprovadas em assembleia geral extraordinária (art. 1.341, §§ 2º e 3º, do CC). No caso de algum condômino tornar-se inadimplente, bastará ao condomínio edilício demandar a execução forçada do crédito, juntando à petição inicial cópia da convenção condominial (que estabelece o critério de rateio das contribuições, nos termos do art. 1.334, I, do CC) e da ata da assembleia que estabeleceu o valor das cotas condominiais, ordinárias ou extraordinárias.

A atribuição aos créditos de condomínio edilício de eficácia de título executivo é, sem qualquer sombra de dúvida, um alívio para os condôminos adimplentes com suas obrigações, uma vez que isso permite ao condomínio, em tempo mais razoável (já que dispensado da espera inerente à duração do processo de conhecimento destinado à formação do título judicial), obter a satisfação de seu crédito.

O Superior Tribunal de Justiça tem decidido no sentido de que a execução de créditos condominiais, fundada em título executivo extrajudicial, inclui não só as prestações vencidas ao tempo do ajuizamento, mas também as prestações vincendas (como se pode ver, por exemplo, no acórdão proferido no REsp 1.756.791/RS, rel. Min. Nancy Andrighi). O fundamento determinante do acórdão está na aplicabilidade subsidiária do disposto no art. 323 do CPC (que estabelece que, no processo de conhecimento, tendo o pedido por objeto a cobrança de prestações periódicas, consideram-se incluídas as vincendas), que seria compatível com o processo de execução. Invocam-se, ainda, os princípios da efetividade e da economia processual.

Não parece correto, porém, esse entendimento. Em primeiro lugar, porque assim se admite a inclusão no objeto da execução de obrigações que, ao tempo da demanda executiva, ainda não eram exigíveis. Em segundo lugar, porque isso tornaria desnecessário o disposto no art. 911 do CPC, que expressamente inclui no objeto da execução de alimentos todas as prestações que se vencerem no curso do processo. Ora, se isso fosse aplicável a toda e qualquer execução relativa a obrigações de prestações periódicas, por força da regra que resulta da aplicação do art. 323, então não teria havido qualquer necessidade de o art. 911 ter trazido essa disposição de modo expresso. O que se fez ali, na verdade, foi criar uma exceção à regra geral de que só se pode demandar em sede executiva o que já é exigível, e exceções devem receber aplicação estrita.

K) CRÉDITO DE SERVENTIA NOTARIAL OU DE REGISTRO, RELATIVO A EMOLUMENTOS OU OUTRAS DESPESAS DEVIDAS PELOS ATOS POR ELA PRATICADOS

Notários e registradores são aqueles que realizam os serviços de organização técnica e administrativa destinados a garantir a publicidade, autenticidade, segurança e eficácia dos atos jurídicos (art. 1º da Lei nº 8.935/1994). São remunerados através da percepção dos emolumentos devidos pelos atos praticados pela serventia (art. 28 da Lei nº 8.935/1994), os quais são fixados em tabelas estabelecidas pelos Tribunais de Justiça (normalmente por suas Corregedorias-Gerais de Justiça) a partir de critérios estabelecidos em lei estadual ou distrital, a qual respeitará necessariamente as normas gerais para sua fixação, as quais, por sua vez, resultam de lei federal (art. 236, § 2º, da Constituição da República). Essa lei federal é a Lei nº 10.169/2000, por força da qual o valor dos emolumentos deve corresponder ao efetivo custo e à adequada e suficiente remuneração dos serviços prestados (art. 1º, parágrafo único, da Lei nº 10.169/2000).

Pois, no caso de alguém valer-se de serviço notarial ou registral e não pagar os emolumentos devidos (ressalvados, evidentemente, os que não estão obrigados ao pagamento, como é o caso dos "reconhecidamente pobres" [art. 45, § 1º, da Lei nº 8.935/1994] ou dos beneficiários de gratuidade de justiça [art. 98, § 1º, IX]), poderá o notário ou o registrador, tendo em mãos certidão expedida pela serventia, promover a execução de seu crédito, já que este é exigível por via executiva (art. 784, XI).

L) CONTRATO DE CONTRAGARANTIA OU QUALQUER OUTRO INSTRUMENTO QUE MATERIALIZE O DIREITO DE RESSARCIMENTO DA SEGURADORA CONTRA TOMADORES DE SEGURO-GARANTIA E SEUS GARANTIDORES

A Lei nº 14.711, de 30 de outubro de 2023, acrescentou ao rol do art. 784 do CPC um "novo" título executivo extrajudicial: o contrato de contragarantia (ou qualquer outro instrumento que materialize o direito de ressarcimento da seguradora contra tomadores de seguro-garantia e seus garantidores). É preciso, então, entender o que é o contrato de contragarantia e, na sequência, demonstrar que esse novo inciso (XI-A) do art. 784 é absolutamente desnecessário.

Para tratar do contrato de contragarantia, porém, é preciso primeiro compreender o seguro-garantia. Trata-se de modalidade específica de contrato de seguro, em que o tomador do seguro é o devedor de uma determinada obrigação (que pode atuar aí em conjunto com seus garantidores, como fiadores, por exemplo). Celebra-se, então, um contrato de seguro que terá como beneficiário o credor da obrigação, e o sinistro segurado é o próprio descumprimento da obrigação. Nesse caso, então, havendo o descumprimento da prestação devida, a seguradora a realizará ou indenizará o credor.

Nesse tipo de contrato de seguro, é frequente que se estabeleça uma contragarantia, de modo que, ocorrendo o sinistro, e tendo a seguradora de realizar a obrigação ou indenizar o credor, poderá ela, na sequência, voltar-se contra os tomadores do seguro (que são o devedor original e, eventualmente, seus garantidores), a fim de exercer contra eles um direito de regresso. Pois é esse negócio jurídico instituidor da contragarantia que agora consta expressamente do rol dos títulos executivos. Assim, caso o devedor não cumpra sua obrigação, e venha a seguradora a realizá-la ou a indenizar o credor, poderá depois a seguradora promover execução por título extrajudicial contra o devedor (ou seus garantidores, caso tenham também sido tomadores do seguro-garantia).

Pois agora se torna possível afirmar a absoluta desnecessidade desse dispositivo. É que já constava da relação de títulos executivos extrajudiciais (art. 784, V) o contrato garantido por caução. E, como se viu acima, essa caução poderia ter qualquer natureza. Ora, se o seguro-garantia é um contrato, e se ele é garantido por uma "contragarantia", torna-se evidente que aí se tem um contrato garantido por uma caução, de modo que essa execução sempre foi possível, e a inclusão do novo inciso no art. 784 do CPC não serviu de rigorosamente nada, já que não trouxe qualquer inovação ao sistema.

M) DEMAIS TÍTULOS QUE, POR DISPOSIÇÃO EXPRESSA, RECEBEM DA LEI EFICÁCIA EXECUTIVA

Além dos títulos executivos arrolados no art. 784, o CPC reconhece que outras leis preveem outros títulos executivos extrajudiciais. É o caso, por exemplo, da cédula de crédito imobiliário (art. 20 da Lei nº 10.931/2004) e da cédula de crédito bancário (art. 28 da Lei nº 10.931/2004). Além disso, porém, é sempre bom recordar que, por força da cláusula geral de negócios processuais (art. 190), nada impede que as partes criem títulos executivos extrajudiciais, como seria o caso, por exemplo, de uma confissão de dívida por instrumento particular subscrita apenas pelo devedor, sem assinatura de testemunhas, de que constasse uma cláusula atribuindo ao ato eficácia de título executivo.

Examinados os títulos executivos (ao menos aqueles que estão referidos no CPC), não se pode deixar de fazer referência ao disposto no art. 783 do mesmo Código, pois ali se contém uma norma que irá complementar o sistema, permitindo uma visão mais completa do fenômeno do interesse de agir em sede executiva. Como já se viu, o título executivo é o ato ou fato jurídico a que a lei confere a eficácia de tornar adequada a via executiva como meio de atender à pretensão manifestada pelo demandante. Essa ideia se completa com a disposição do art. 783, segundo a qual "a execução para cobrança de crédito fundar-se-á sempre em título de obrigação certa, líquida e exigível".

É preciso dizer, em primeiro lugar, que por certeza do direito exequendo não se deve entender a indiscutibilidade de sua existência. A possibilidade de oferecimento de embargos à execução (ou de impugnação ao cumprimento de sentença), onde se poderá demonstrar a inexistência do direito afirmado pelo exequente, é prova cabal disto. Em verdade, nenhum título executivo seria capaz de representar um direito de existência incontestável. Mesmo o mais idôneo deles, a decisão judicial proferida no processo civil, seria capaz de gerar certeza quanto à existência do direito no momento de sua prolação, sendo impossível a ela estabelecer certeza quanto à existência do direito por ela afirmado no momento da instauração do procedimento executivo. Basta pensar na possibilidade de o devedor, condenado por sentença a pagar certa quantia, efetuar o pagamento logo após a prolação da decisão. A sentença condenatória continuaria, ainda assim, como título executivo, hábil a permitir a instauração de uma execução, apesar de não mais existir o direito nela acertado.

Por certeza do direito deve-se entender a necessidade de que do título executivo transpareça a definição de seus elementos. Seria, assim, certo o direito se definida a natureza da relação jurídica e de seu objeto. Essa definição do que seja a certeza do direito exequendo é a única forma de compreender a necessidade de sua colocação entre os requisitos necessários para que um direito possa ser satisfeito através da atividade executiva. A certeza tem por fim delimitar a espécie de execução a ser observada (pois que, no Direito brasileiro, a espécie de execução varia conforme a natureza da relação jurídica e de seu objeto, falando-se em execução para entrega de coisa, execução de obrigação de fazer, execução de obrigação de não fazer, execução por quantia certa). Assim, ao se verificar se a relação de direito material definida no título executivo é uma obrigação de dar coisa, por exemplo, estará definido, por consequência, que a execução, na hipótese, será para entrega de coisa.

Esse requisito da certeza sofre, em duas hipóteses, certa atenuação, podendo-se falar em uma relativização da certeza. É o que se dá nas obrigações de entregar coisa incerta (assim entendidas aquelas que podem ser determinadas pelo gênero e quantidade – art. 811 do CPC) e nas obrigações alternativas. Nesses casos não há, no título executivo, a exata determinação do objeto da prestação. Fala-se, porém, em relativização da certeza por haver, no título executivo, elementos capazes de evitar uma total indeterminação do objeto. Assim, por exemplo, nas obrigações de entregar coisa incerta, pelo menos o gênero e a quantidade da coisa a ser entregue deverão constar do título. Nas obrigações alternativas a indeterminação é ainda menor, uma vez que todos os meios pelos quais a obrigação pode ser cumprida encontram-se previstos no título. Nesses casos, deverá haver um incidente inicial no procedimento executivo, dirigido à concentração da obrigação, ou seja, à completa determinação do objeto da prestação, alcançando-se dessa forma a certeza exigida para que se possa proceder à execução. Assim, por exemplo, no caso de execução para entrega de coisa incerta, deverá haver, ao início do procedimento, a escolha da coisa a ser entregue, na forma prevista no art. 811 do CPC.

O segundo requisito do direito exequendo é a sua liquidez. Esta deve ser entendida como a determinabilidade do *quantum debeatur*, ou seja, é preciso que o título executivo contenha todos os elementos necessários para que se possa conhecer a quantidade devida ao titular do direito.

Verifica-se, assim, que o requisito de que aqui se trata, a liquidez, vem complementar o requisito anterior, da certeza. Assim, por exemplo, um título que afirme a existência de uma dívida consistente em pagar dinheiro representa um direito certo, por afirmar o *quid debeatur* (ou seja, por afirmar "o que se deve"). Será líquido o direito, porém, apenas se o título disser a quantidade de dinheiro devida (*quantum debeatur*).

É de se notar que a liquidez só é requisito do direito quando a obrigação é de entregar coisa fungível. Isso porque, nas demais obrigações, o requisito da certeza já é capaz de permitir o conhecimento completo da prestação devida. A liquidez, que se relaciona com a ideia de *quantum debeatur*, só pode estar ligada a obrigações de entregar coisas que possam ser quantificadas, e estas são as coisas fungíveis.

Observe-se que não é preciso que o título executivo afirme com precisão o *quantum debeatur* para que o direito seja líquido. Basta, como afirmado anteriormente, que essa quantidade seja determinável. Assim, por exemplo, se o título executivo apresenta uma série de parcelas, fazendo-se necessária a realização de uma operação aritmética para se ter a determinação do total da dívida (por exemplo: principal da dívida, juros, atualização monetária, multa moratória etc.), ainda assim estará presente o requisito da liquidez. É exatamente por isso que o parágrafo único do art. 786 do CPC estabelece que "[a] necessidade de simples operações aritméticas para apurar o crédito exequendo não retira a liquidez da obrigação constante do título".

Não se pode deixar de lembrar que em alguns casos o título judicial não representa um direito líquido (como se dá, por exemplo, no caso das "sentenças condenatórias genéricas", ou no caso da sentença penal condenatória [neste último caso, quando a vítima do dano não reputa suficiente o valor mínimo da indenização indicado na sentença penal]). Nesses casos, em verdade, não se tem título executivo, fazendo-se necessária a realização de um procedimento de liquidação da obrigação (chamado de "liquidação de sentença", de que se falará mais adiante), após o qual se poderá, aí sim, instaurar o procedimento executivo.

Todo título executivo, como se verifica do que foi dito no texto, deverá representar direito certo e líquido. A impossibilidade de aferir qualquer desses requisitos pela análise do título faz com que a este falte eficácia executiva. Assim, por exemplo, uma "confissão de dívida" em que alguém reconheça dever dinheiro a outrem, sem que se estabeleça a quantidade devida, não é título executivo, por faltar o requisito liquidez.

E nem mesmo por negócio processual se poderia suprir a falta desse requisito. A inclusão, através de convenção celebrada pelas partes, de um negócio processual pelo qual as partes estabelecem eficácia executiva a um título que representa obrigação que não é certa, ou que não é líquida, não será capaz de transformá-lo em título executivo, dada a absoluta impossibilidade de promover-se atividade executiva quando falta qualquer desses requisitos.

A exigibilidade, de outro lado, não guarda nenhuma relação com a teoria do título executivo. Basta dizer que uma nota promissória (que, por sua própria natureza, representa um direito certo e líquido) é título executivo ainda antes do vencimento da obrigação.

Diz-se exigível uma obrigação quando seu cumprimento não está sujeito a termo, condição ou qualquer outra limitação. Consiste esse requisito, assim, em demonstrar que é chegado o momento de realização prática do direito subjetivo, através da satisfação do direito do credor. Sendo exigível a obrigação, e não tendo o devedor cumprido a prestação devida, tem o credor a necessidade da tutela processual, meio hábil a permitir que se realize seu direito subjetivo.

Pelo que acaba de ser afirmado, verifica-se a razão pela qual disse anteriormente que a exigibilidade nada tem a ver com a teoria do título executivo. É que este tem a função de tornar adequada a via executiva como forma de atendimento da pretensão do demandante. Liga-se, pois, ao assim chamado "interesse-adequação". Já a exigibilidade integra o outro elemento constitutivo do interesse de agir em sede executiva, qual seja, o "interesse-necessidade". Como visto em passagem anterior desta obra, dedicada ao estudo das "condições da ação", o interesse de agir é formado pelos elementos "necessidade da tutela processual" e "adequação do provimento pleiteado e do meio eleito para sua obtenção". A exigibilidade, pois, é ligada à ideia de "necessidade da tutela processual executiva", enquanto o título executivo liga-se à de "adequação do procedimento executivo".

É preciso, assim, para que haja interesse de agir em sede executiva, que o direito seja exigível ("interesse-necessidade") e que o título executivo represente direito certo e líquido ("interesse-adequação").

19.5. RESPONSABILIDADE PATRIMONIAL

A atividade executiva é essencialmente patrimonial. Significa isto dizer que os atos executivos incidem sobre bens do executado, e não sobre seu corpo (com a única exceção da prisão civil do devedor de alimentos, constitucionalmente autorizada). Impende, então, compreender qual a parcela do patrimônio do executado que pode ser alcançada pela execução.

Tema regulado no CPC a partir do art. 789, a responsabilidade patrimonial é extremamente relevante para a compreensão do fenômeno executivo. Conceitua-se a responsabilidade patrimonial como situação meramente potencial, caracterizada pela sujeitabilidade do patrimônio de alguém às medidas executivas destinadas à realização prática de um direito de crédito.

É de se notar que a responsabilidade patrimonial consiste na "sujeitabilidade", ou seja, na possibilidade de sujeição de um patrimônio às medidas executivas que se dirigem à satisfação prática do direito subjetivo. Não se deve considerar, como fazem alguns autores, que a responsabilidade se confunde com a efetiva sujeição patrimonial. Há responsabilidade porque existe a possibilidade de que tal sujeição ocorra.

É fundamental, antes de mais nada, estabelecer a distinção entre dívida e responsabilidade. A exata compreensão dessa distinção é fundamental para que alguns fenômenos jurídicos possam ser bem entendidos.

Numa relação obrigacional, de direito material, existem um crédito, ou seja, um direito subjetivo a uma prestação, e uma dívida, ou seja, o dever jurídico de realizar a prestação. Assim, por exemplo, se Fulano empresta dinheiro a Beltrano (contrato de mútuo), tem aquele o direito de receber de volta a quantia emprestada (crédito), enquanto este último tem o dever de pagar àquele o valor emprestado (dívida). Verifica-se, assim, que a dívida (ou seja, o dever jurídico de realizar a prestação que constitui o objeto da relação obrigacional) é elemento pertencente ao direito substancial.

Existe, ao lado daquele dever de direito material, uma possibilidade de sujeição do patrimônio do devedor para assegurar a satisfação do direito do credor. Trata-se da responsabilidade, que se revela como um fenômeno de Direito Processual.

Divergem civilistas e processualistas acerca desse ponto. Aqueles costumam considerar a responsabilidade como elemento pertencente ao direito material, enquanto os segundos preferem considerar que tal instituto pertence ao Direito Processual. A responsabilidade patrimonial, porém, deve ser compreendida como fenômeno processual, e não como um elemento integrante da relação obrigacional. Resulta daí, portanto, um afastamento da tradicional concepção dualista da obrigação (como sendo esta um fenômeno composto de dois elementos, a dívida e a obrigação). Não se pense, porém, que se está a aderir à equivocada concepção unitária da obrigação, que reputa a responsabilidade como elemento integrante da própria dívida. O que aqui se sustenta coincide com a concepção dualista quando se afirma que dívida e responsabilidade são fenômenos distintos e inconfundíveis. Mas se entende que apenas a dívida integra a obrigação, encontrando-se no plano do direito substancial. A responsabilidade patrimonial é fenômeno de Direito Processual, e não integra o conceito de obrigação.

Separados os conceitos de dívida e responsabilidade, pode-se entender a existência de dívida sem responsabilidade (como no caso da obrigação de pagar dívida de jogo) ou de responsabilidade sem dívida (como no caso do fiador, que é responsável, pois que seu patrimônio pode ser atingido pela atividade executiva, embora não seja ele o devedor da obrigação).

Perceba-se o alcance do que aqui se sustenta. Se a responsabilidade não integra a obrigação, mas é fenômeno de Direito Processual, então a obrigação de pagar dívida de jogo é, no campo do direito substancial, uma obrigação como outra qualquer. E o mesmo se diga de qualquer outra "obrigação natural". A diferença se dá no plano processual, uma vez que nesta hipótese não existe responsabilidade, sendo impossível a sujeição do patrimônio do devedor para a satisfação do direito do credor. Deve-se, então, considerar que nos casos de cobrança de dívida de jogo falta interesse de agir, não se chegando a examinar o mérito da causa.

Pelas mesmas razões, a fiança deve ser vista não mais como um negócio jurídico de direito material, mas como verdadeira convenção processual, isto é, como um negócio processual típico por força do qual uma pessoa torna sujeitável seu próprio patrimônio para a satisfação prática de um direito de crédito de que outro (o afiançado) é o devedor.

A regra geral da responsabilidade patrimonial encontra-se estabelecida no art. 789 do CPC, segundo o qual "[o] devedor responde com todos os seus bens presentes e futuros para o cumprimento de suas obrigações, salvo as restrições estabelecidas em lei".

É defeituosa a redação da lei, pois que fala em "presentes e futuros" sem estabelecer um referencial no tempo. Assim, cabe ao intérprete descobrir a que bens se refere a disposição normativa. Bens presentes em que momento? Bens futuros em relação a que momento?

Não há consenso na interpretação dessa disposição legal. Alguns afirmam que a responsabilidade incide (salvo as restrições legais) sobre os bens presentes e futuros em relação ao momento em que foi contraída a obrigação. Outros há que asseveram incidir a responsabilidade sobre os bens que o executado tenha em seu patrimônio, quando da instauração do procedimento executivo, e sobre os que ele venha a adquirir no curso do processo.

Preferível, porém, considerar que a responsabilidade patrimonial incide sobre os bens que integram o patrimônio do executado no momento da instauração do procedimento executivo, e sobre aqueles que venha a adquirir no curso desse procedimento, incidindo também sobre os bens pretéritos (assim entendidos os que já se tenham retirado do patrimônio do executado quando da instauração da execução) sobre os quais incida uma "garantia real" (como a hipoteca ou o penhor) e sobre aqueles que, tendo sido alienados do patrimônio do devedor, possam retornar à esfera dos bens que podem ser sujeitos à constrição judicial (no caso de ter sido a alienação em fraude contra credores ou em fraude de execução).

Assim sendo, verifica-se que a regra geral é a de a responsabilidade incidir (salvo, repita-se ainda uma vez, as restrições legais) sobre os bens que integram o patrimônio do executado no momento da instauração da execução (bens presentes) e os que venham a ser adquiridos no curso do processo (bens futuros). Quanto aos bens pretéritos, ou seja, aqueles que integravam o patrimônio do executado, mas dali foram retirados antes de iniciado o procedimento executivo, ficam eles, a princípio, excluídos da responsabilidade. Excetuam-se, aqui, os bens sobre os quais já se havia praticado algum ato de asseguração de penhora, como a hipoteca, e os bens alienados fraudulentamente (fraude contra credores, fraude de execução). Esses bens, embora pretéritos, não mais integrando o patrimônio do executado, podem ser objeto de constrição através da atividade executiva.

Fique aqui registrado – embora não seja esta a sede adequada para aprofundamento do tema – que, a meu juízo, a hipoteca (e os demais "direitos reais de garantia") não é instituto de Direito Civil, mas de Direito Processual. Trata-se, em verdade, de instituto destinado a assegurar que, em caso de inadimplemento, a futura penhora incida sobre determinado bem. A hipoteca nada mais é, pois, do que um adiantamento da futura penhora.

O sistema estabelecido pelo art. 789 do CPC encontra complemento no art. 790, segundo o qual são sujeitos à execução os bens:

> I – do sucessor a título singular, tratando-se de execução fundada em direito real ou obrigação reipersecutória;
>
> II – do sócio, nos termos da lei;
>
> III – do devedor, ainda que em poder de terceiros;
>
> IV – do cônjuge ou companheiro, nos casos em que seus bens próprios ou de sua meação respondem pela dívida;
>
> V – alienados ou gravados com ônus real em fraude à execução;
>
> VI – cuja alienação ou gravação com ônus real tenha sido anulada em razão do reconhecimento, em ação autônoma, de fraude contra credores;
>
> VII – do responsável, nos casos de desconsideração da personalidade jurídica.

Ficam, então, sujeitos à execução outros bens que não pertencem necessariamente ao executado. É o caso, por exemplo, dos bens "do sucessor a título singular, tratando-se de execução fundada em direito real ou obrigação reipersecutória" (art. 790, I). É que, condenado o devedor a entregar um bem determinado ao credor, e se constatando que o aludido bem não se encontra mais com o devedor, tendo sido alienado a um terceiro, sucessor a título singular, é preciso reconhecer a possibilidade de buscar-se o bem no patrimônio do adquirente. Só assim se dará efetividade ao comando do art. 109, § 3º, por força do qual, ocorrendo no curso do processo a alienação da coisa litigiosa, a sentença estenderá seus efeitos ao adquirente do bem. Não fosse assim, e seria preciso ao titular do direito dar início a um novo processo de conhecimento (agora voltado contra o adquirente do bem), correndo-se o risco de que este viesse a, após a instauração do processo, alienar o bem a outrem, o que levaria à necessidade de instauração de novo processo cognitivo, e assim sucessivamente até o infinito. Impende, pois, em nome da efetividade do processo, permitir que a execução alcance o patrimônio do adquirente do bem, que, na qualidade de sucessor a título singular do condenado, fica sujeito à execução.

Também ficam sujeitos à execução os bens "do sócio, nos termos da lei" (art. 790, II). É que há casos em que o patrimônio do sócio responde pelas obrigações da sociedade. É o caso das sociedades em nome coletivo, por exemplo, em que os sócios, necessariamente pessoas naturais, respondem solidária e ilimitadamente pelas obrigações sociais (art. 1.039 do CC). Figure-se também o exemplo da sociedade em comandita por ações, em que o sócio administrador responde subsidiária e integralmente pelas dívidas sociais, depois de esgotados os bens da sociedade (art. 1.091 do CC), e, no caso de haver mais de um sócio administrador, estes respondem solidariamente entre si (mas não com a sociedade, em relação a quem sua responsabilidade é subsidiária) depois de esgotados os bens da sociedade (nos termos do art. 1.091, § 1º, do CC).

Os bens do devedor ficam sujeitos à execução ainda quando estejam em poder de terceiros (art. 790, III), como se dá, por exemplo, no caso de bem móvel do devedor que esteja empenhado (art. 1.431 do CC). Pois, não obstante esteja o bem do devedor em poder de terceiro, será possível empregá-lo na satisfação de crédito através da atividade executiva.

Ficam ainda sujeitos à execução os bens de cônjuge ou companheiro, nos casos em que os seus bens, próprios ou da meação, respondem pela dívida (art. 790, IV), o que acontece quando esta tenha sido contraída a benefício da família. É que, nos termos do art. 1.643 do CC, pode qualquer dos cônjuges (ou companheiros, a quem também se aplica a disposição), independentemente de autorização do outro, comprar a crédito coisas necessárias à economia doméstica e obter, por empréstimo, as quantias que a aquisição dessas coisas possa exigir. Nesses casos, as dívidas contraídas por um dos cônjuges ou companheiros ao outro obrigam solidariamente (art. 1.644 do CC). Além disso, os bens da meação de cada um dos cônjuges ou companheiros respondem pelas dívidas contraídas pelo outro para atender aos encargos da família, às despesas de administração e às decorrentes de imposição legal (art. 1.664 do CC).

No caso de ter sido estabelecido como regime de bens do casamento o da participação final nos aquestos, os bens de um cônjuge respondem pelas dívidas contraídas pelo outro se tiver revertido, parcial ou totalmente, em benefício do que não a contraiu (art. 1.677 do CC).

Sujeitam-se à execução, também, os bens do responsável, nos casos de desconsideração da personalidade jurídica (art. 790, VII). Sempre é preciso recordar, quanto ao ponto, que a desconsideração da personalidade jurídica só poderá ocorrer após observado procedimento em que, garantido o prévio e efetivo contraditório, se tenha dado àquele cujo patrimônio se quer alcançar a possibilidade de debater se seria ou não o caso de promover a desconsideração. Impende, portanto, que se observem as normas que disciplinam o incidente de desconsideração da personalidade jurídica (arts. 133 a 137).

Por fim – e, como se pôde perceber, sem que se tivesse respeitado a ordem dos incisos que compõem o art. 790 –, respondem pela execução bens que tenham sido retirados fraudulentamente do patrimônio do executado, ou sobre os quais se tenha fraudulentamente constituído um gravame (art. 790, V e VI). São os casos de fraude contra credores e de fraude à execução. Isso porque é possível ocorrer que o devedor (ou outro responsável) tente subtrair um bem da responsabilidade patrimonial, praticando ato de alienação ou oneração fraudulenta. Nessas situações, apesar da retirada do bem de seu patrimônio, não se pode admitir o afastamento do bem alienado ou onerado de forma fraudulenta do espectro de incidência da responsabilidade patrimonial. É preciso, assim, conhecer as duas espécies de alienação (ou oneração) fraudulenta reconhecidas por nosso Direito: a fraude contra credores e a fraude à (ou *de*) execução. São institutos ligados à responsabilidade patrimonial, e, por via de consequência, seu estudo cabe ao Direito Processual, e não ao direito substancial. É desse tema que se passa a tratar.

19.5.1. Alienações e onerações fraudulentas

Há, como dito, duas diferentes modalidades de alienação (ou oneração) fraudulenta de bens. A primeira delas é a fraude contra credores, também chamada fraude pauliana. Em seguida, vem a fraude à execução (também chamada fraude de execução). Há, entre as duas espécies, uma gradação, sendo a primeira a menos grave, e a segunda a mais grave das alienações ou onerações fraudulentas. Efeito disso é o tratamento diferenciado, inclusive na determinação dos requisitos e das consequências de cada uma das modalidades.

Inicia-se, aqui, o estudo das modalidades de fraude pela fraude contra credores, instituto que vem regulado no Código Civil, mas que – por ser concernente à responsabilidade patrimonial – integra, em verdade, o Direito Processual Civil.

A fraude contra credores consiste, basicamente, na diminuição patrimonial do devedor até o ponto de reduzi-lo à insolvabilidade. Tal diminuição patrimonial deve ter como consequência, para que fique configurada a fraude, uma situação econômica de insolvabilidade, ou seja, é preciso que o devedor não mais tenha em seu patrimônio bens suficientes para garantir o cumprimento da obrigação. Em outros termos, é preciso – para que se configure a fraude contra credores – que o passivo do devedor tenha se tornado maior do que o ativo.

Este primeiro requisito, consistente na diminuição patrimonial até a redução à insolvabilidade, costuma ser designado por "dano" (ou *eventus damni*).

É preciso, ainda, verificar-se um elemento subjetivo, volitivo, para que se considere um ato como tendo sido praticado em fraude contra credores. É a "fraude" (ou *consilium fraudis*).

Quanto a esse requisito subjetivo, porém, é preciso estabelecer algumas distinções. Assim é que, sendo o ato fraudulento praticado a título gratuito (por exemplo, uma doação), não se deve cogitar da verificação do intuito fraudulento, que se presume de forma absoluta. Já nos atos onerosos, é preciso que o devedor tenha, ao menos, o potencial conhecimento de que seu ato o tornará insolvente (pouco importando, aqui, que o devedor aja com *animus nocendi*, ou seja, com a intenção deliberada de fraudar) e – além disso – exige-se do terceiro adquirente que este tenha conhecimento (efetivo ou presumido) da condição de insolvabilidade a que se reduzirá o devedor com aquela alienação.

O ato praticado em fraude contra credores é válido, porém inoponível ao credor. É preciso aprofundar um pouco mais a análise dessa questão, principalmente porque ela está em conflito com o que diz a doutrina tradicional do Direito Privado, e implica discordância do próprio texto do Código Civil (que, em seus arts. 158, 159, 165 e 171, II, fala em anulabilidade do ato praticado em fraude contra credores) e do Código de Processo Civil (que se refere à anulação do ato praticado em fraude contra credores no art. 790, VI).

Há que se dizer, em primeiro lugar, que a doutrina tradicional, principalmente a do Direito Civil, afirma ser anulável o ato praticado em fraude contra credores. Os defensores dessa posição, porém, encontram dificuldade em explicar satisfatoriamente o fenômeno. Basta pensar no seguinte: nos casos em que se está diante de ato anulável, a consequência da anulação é a retirada do ato do "mundo jurídico", retornando-se ao *statu quo ante*. Significa isso dizer que, uma vez anulado um ato jurídico, devem as partes retornar ao estado em que se encontravam antes de ter sido praticado.

Significa isso dizer que, no caso da anulação de um ato praticado em fraude contra credores, deveria o bem alienado fraudulentamente retornar ao patrimônio do devedor que o alienara. Isso, porém, não ocorre. Basta ver que defensores da posição tradicional, segundo a qual o ato praticado em fraude contra credores seria anulável, ao analisar os efeitos da sentença proferida na "ação pauliana" (ou seja, na demanda destinada a atacar o ato praticado em fraude contra credores), afirmam que a revogação a que conduz a ação pauliana é "puramente relativa", no sentido de que não se verifica senão em proveito dos credores do devedor e nunca em proveito do próprio devedor. Entre este e os terceiros que sucumbem no processo da "ação pauliana" o contrato permanece válido, subsistindo inteiramente. Assim, por exemplo, no caso de uma doação fraudulenta, quando os credores obtêm a anulação dessa doação e são pagos com o produto dos bens que voltaram ao patrimônio do devedor (o doador), como consequência da anulação pleiteada, se o preço apurado é superior ao valor total dos créditos, o excedente deveria ser restituído ao donatário.

Parece estranho que um ato anulado permaneça válido entre as pessoas que o praticaram, como afirma a doutrina dominante. Da mesma forma, é no mínimo estranho que, uma vez expropriado o bem que havia sido alienado em fraude contra credores (depois de ter sido anulada a alienação), e havendo saldo em razão de ter sido obtida quantia em dinheiro superior ao valor do crédito exequendo, pertencer tal saldo ao adquirente, se o bem não mais integrava o seu patrimônio (e sim o do alienante) quando foi expropriado.

Tais dificuldades para explicar as consequências da fraude pauliana desaparecem, porém, caso se abandone a posição clássica e se afirme que o ato praticado em fraude contra credores é válido, mas ineficaz.

Como se sabe (e foi, anteriormente, exposto neste livro, quando do estudo dos atos processuais), os atos jurídicos em geral devem ser analisados em três planos distintos: existência, validade e eficácia. Enquanto a teoria tradicional vê no ato praticado em fraude contra credores um vício que se opera no plano da validade (considerar o ato anulável é tê-lo como inválido), a posição que aqui se defende é a que enxerga ali um vício que se opera no plano da eficácia.

Chega-se a essa conclusão sem muita dificuldade. Em primeiro lugar, é bom lembrar que, apesar do lugar onde situado o tema no Código Civil, a fraude contra credores não é um vício do consentimento. Ademais, tem-se de recordar a opinião, pacífica entre os estudiosos do tema, segundo a qual a invalidade refere-se, sempre, a um defeito intrínseco do ato jurídico. Em outros termos, deve-se considerar inválido (nulo ou anulável) o ato jurídico apenas quando a ele faltar algum dos seus requisitos internos, formativos.

Não é o que se dá na fraude contra credores, em que o vício do ato é extrínseco, exterior. Sendo assim, há de se aplicar a lição, comum entre os civilistas, segundo a qual os vícios extrínsecos são causa de ineficácia do ato jurídico, e não de sua invalidade.

É preciso, ainda, recordar que a afirmação de existência de vício no ato jurídico, como forma de proteger a esfera patrimonial de terceiro estranho a ele, resulta sempre na ineficácia do ato.

A doutrina, no trato da ineficácia em sentido estrito (assim entendida a ineficácia do ato válido), costuma distinguir a ineficácia absoluta da ineficácia relativa. Ocorre aquela primeira quando o ato, embora válido, é incapaz de produzir qualquer efeito, dependendo sua eficácia de algum fator extrínseco. É o que se tem, por exemplo, nos atos jurídicos sujeitos a condição suspensiva, em que os efeitos do ato só se produzirão quando (e se) a condição ocorrer. O mesmo se dá no caso do testamento, enquanto vivo o testador. A eficácia do ato está sujeita a um fator a ele externo, qual seja, a morte daquele que praticou o ato.

Diverso, porém, é o que se dá na chamada ineficácia relativa (também conhecida como inoponibilidade). Essa situação se dá quando o ato, embora válido e, em princípio, apto a produzir seus efeitos normais, é ineficaz em relação a uma certa pessoa, estranha ao ato. Diz-se, assim, que o ato não é oponível ao terceiro. É o que se tem, por exemplo, no art. 129 da Lei de Falências e Recuperação de Empresas, em que são enumerados diversos atos que, nos próprios termos do dispositivo citado, "são ineficazes em relação à massa falida".

É esta última situação, precisamente, o que se tem na fraude contra credores. O ato praticado em fraude pauliana é válido e produz efeitos entre seus sujeitos. Protege-se, porém, a esfera patrimonial do terceiro, credor do alienante, com a afirmação de que tal ato é inoponível a ele.

Todo ato jurídico, como se sabe, é destinado a produzir efeitos. Há que se distinguir, porém, entre os efeitos programados e os efeitos secundários do ato. Explique-se melhor: quando um ato jurídico é praticado, pretendem as partes que o praticam alcançar determinados efeitos, que são por isso chamados de efeitos programados. Há outros efeitos, porém, que o ato jurídico irá produzir, ainda que não tenham sido queridos (e mesmo que sua produção não tenha sido nem mesmo ventilada) pelas pessoas que o praticam. Estes são os efeitos secundários do ato jurídico.

Essa distinção é tradicionalmente feita para explicar os efeitos da sentença judicial, mas se aplica aos atos jurídicos em geral. Assim é que, como visto em passagem anterior desta obra, a sentença condenatória produz um efeito programado (que é o efeito executivo, ou seja, o efeito de tornar adequada a via executiva como meio de atendimento da pretensão à satisfação do direito), e produz, ainda, um efeito secundário, consistente na hipoteca judiciária (prevista no art. 495 do CPC).

Assim também se dá com os atos de alienação ou oneração de bens, para figurar um exemplo que se liga à teoria da fraude contra credores. Ao realizar-se uma compra e venda de um determinado bem, por exemplo, as partes têm em mira um certo efeito, que consiste na transmissão de um bem do patrimônio do vendedor para o do comprador. Esse é o efeito programado do ato. Além dele, porém, outro efeito se produz quando um bem é vendido: esse bem é excluído do campo de incidência da responsabilidade patrimonial, pois que, deixando de pertencer ao devedor, não mais poderá ser utilizado por seus credores como meio de assegurar a satisfação de seus créditos. Isto porque, como visto anteriormente, a responsabilidade patrimonial alcança os bens que integram o patrimônio do devedor no momento em que se inicia a execução e os adquiridos no curso do processo, não atingindo bens pretéritos (assim entendidos os que tenham saído do patrimônio do devedor antes do início do procedimento executivo).

Há casos, porém, em que – como forma de proteger a esfera patrimonial de terceiros – exclui-se a aptidão do ato jurídico para produzir o efeito secundário (embora o ato continue apto a produzir seu efeito programado). Assim, por exemplo, na alienação de bem em fraude contra credores, o efeito programado se produz, e o bem alienado passa a pertencer ao adquirente. Não se produz, porém, o efeito secundário, o que significa dizer que aquele bem, embora tenha saído do patrimônio do devedor, permanece incluído no campo de incidência da responsabilidade patrimonial, isto é, embora não mais pertença ao devedor, será possível sua apreensão (no patrimônio do terceiro que o adquiriu), para que com ele se assegure a realização do direito de crédito do terceiro prejudicado pela alienação.

Com isso se consegue explicar como é que, reconhecida por sentença a fraude contra credores, o ato praticado fraudulentamente permanece válido entre seus sujeitos. Entende-se, também, como é que, uma vez expropriado o bem, e obtida uma quantia em dinheiro superior ao crédito exequendo, o saldo restante deva reverter para o adquirente do bem, e não para o devedor que o alienara fraudulentamente. Tudo isso ocorre porque a sentença pauliana não anula o ato, mas tão somente retira sua eficácia em relação ao credor. O bem, portanto, permanece no patrimônio do terceiro que o adquiriu, uma vez que o efeito programado do ato se produz normalmente.

A fraude contra credores, pois, não é causa de anulabilidade, mas sim de inoponibilidade do ato jurídico. O ato é válido, mas ineficaz em relação ao credor. Esse entendimento, registre-se, tem apoio em decisões do Superior Tribunal de Justiça, como a do REsp 1.100.525/RS, rel. Min. Luís Felipe Salomão.

Outro aspecto a ser considerado, quando da análise da fraude contra credores, é o da natureza da sentença a ser proferida na "ação pauliana". Discute-se, em doutrina, se tal sentença seria meramente declaratória ou constitutiva. Há que se ter claro, desde logo, que a natureza da sentença pauliana será fixada em razão das características do ato impugnado através da "ação pauliana". Sabe-se que tal ato (e aqui, obviamente, consideram-se apenas as sentenças de procedência do pedido, em que se reconhece que o ato foi mesmo praticado fraudulentamente) é relativamente ineficaz, ou seja, que ele é inoponível ao credor. Resta saber se essa ineficácia é originária ou sucessiva. Em outras palavras, o que se busca aqui é saber o seguinte: praticado o ato em fraude contra credores, é ele desde a origem incapaz de produzir efeitos (ineficácia originária), ou será o ato capaz de produzir efeitos até que seja proferida a sentença pauliana (ineficácia sucessiva)? Sendo correta a primeira resposta, a sentença pauliana será meramente declaratória; correta a segunda, será constitutiva.

Assim sendo, é preciso verificar a partir de que momento a ineficácia do ato praticado em fraude pauliana se produz. Será ela originária se for possível, desde o momento em que o ato é praticado, fazer incidir sobre o bem alienado a atividade executiva. Será, por outro lado, sucessiva se os atos executivos só puderem incidir sobre os bens alienados em fraude contra credores após a prolação da sentença pauliana.

A pergunta a ser respondida, assim, é a seguinte: pode ser penhorado um bem que tenha sido alienado em fraude pauliana independentemente da propositura da "ação pauliana"? Pois a resposta é certamente negativa. O bem alienado em fraude contra credores sai do patrimônio do devedor e, por conseguinte, fica fora do campo de incidência do art. 789 do CPC. Isso porque, ao se iniciar o procedimento executivo, será ele um "bem pretérito", sendo certo que a responsabilidade patrimonial só alcança os bens presentes e futuros. O art. 790, VI, por outro lado, só permite que a atividade executiva incida sobre os bens alienados ou onerados em fraude contra credores depois que o ato tenha sido "anulado" (o que implica dizer que se exige a decisão da "ação pauliana" para que o bem alienado ou onerado fraudulentamente possa ser objeto da atividade executiva).

Parece, assim, que os bens alienados ou onerados em fraude pauliana não respondem, a princípio, pela execução, por estarem fora do campo de incidência da responsabilidade patrimonial. A sentença pauliana produzirá, então, o efeito de restaurar a incidência, sobre ele, da responsabilidade patrimonial, permitindo sua constrição. Tal restauração faz surgir, assim, uma situação nova, o que revela a natureza constitutiva da sentença. A decisão, portanto, não se limita a reconhecer a ineficácia do ato, mas em verdade tal sentença retira sua eficácia em relação ao credor.

A conclusão a que se chega, quanto à natureza constitutiva da sentença pauliana, terá ampla repercussão na possibilidade de alegação da fraude contra credores como defesa nos embargos de terceiro. Figure-se, aqui, o seguinte exemplo: alienado um bem em fraude contra credores e sem que tivesse sido ajuizada a "ação pauliana", penhorou-se o bem adquirido pelo terceiro. Este, então, oferece embargos de terceiro, pleiteando a desconstituição da penhora, por ter incidido sobre bem que integra o patrimônio de quem não é parte na execução. O credor, embargado, defende-se, alegando que o bem fora alienado em fraude pauliana e, por isso, estaria sujeito à atividade executiva. Aqueles que consideram meramente declaratória a sentença pauliana, por entenderem que o ato fraudulento é ineficaz desde a origem, certamente hão de admitir que se reconheça a eficácia da penhora assim realizada. Para aqueles que, como eu, consideram a hipótese como de ineficácia sucessiva, dependendo – para deixar de produzir efeitos – da sentença na "ação pauliana", antes da prolação de tal sentença não se poderia permitir a incidência de atividade executiva sobre o bem alienado fraudulentamente. Não se pode, assim, reconhecer a fraude contra credores alegada em defesa nos embargos de terceiro, devendo ser desconstituída a penhora feita sobre o bem alienado em fraude pauliana se não foi proferida a sentença que tenha retirado sua eficácia. Sobre o ponto (embora, equivocadamente, faça referência à anulabilidade), aliás, há entendimento consolidado no Enunciado nº 195 da súmula do STJ.

Vista a fraude contra credores, deve-se passar ao exame da fraude à execução (ou fraude de execução, como também é chamada, sendo certo que o Código de Processo Civil emprega as duas denominações, como se pode ver, por exemplo, nos arts. 137 e 790).

Instituto peculiar do Direito brasileiro, não encontrando similar no Direito Comparado, a fraude de execução é uma segunda modalidade de fraude na alienação ou oneração de bens. Tendo requisitos e características que a distinguem da fraude contra credores, ainda assim costuma ser apontada pela doutrina como uma "especialização" da fraude pauliana. Essa comparação, porém, que estabelece a ideia de que a fraude de execução é uma "fraude contra credores qualificada", à qual se comina, inclusive, uma sanção de maior gravidade, só é adequada quando se tem em mira a hipótese de fraude prevista no art. 792, II a IV, do CPC. A situação referida no art. 792, I, nenhuma relação guarda com a fraude pauliana, uma vez que não se refere a uma execução por quantia, mas sim à execução para entrega de coisa.

Ocorre fraude de execução nas hipóteses previstas no art. 792 do CPC. Há, entre todas essas situações, elementos comuns. O mais importante destes, sem dúvida, é a dispensa do *consilium fraudis*, ou seja, a dispensa do requisito subjetivo, consistente no concerto entre os sujeitos que praticam o ato, como elemento essencial para caracterização da fraude.

O Superior Tribunal de Justiça, porém, aprovou o Enunciado nº 375 da súmula de sua Jurisprudência Dominante, nos seguintes termos: "[o] reconhecimento da fraude à execução depende do registro da penhora do bem alienado ou da prova da má-fé do terceiro adquirente". Com todas as vênias ao STJ, esse Tribunal confundiu as modalidades de fraude. Se a penhora já foi averbada (e penhora é ato que se averba, e não que se registra), existe uma presunção absoluta de que a constrição é conhecida por terceiros, e se estará diante de fraude de execução. Caso não tenha havido averbação da penhora, ainda assim poderá haver fraude de execução independentemente de prova de má-fé do adquirente do bem, sendo certo que o elemento subjetivo, como já examinado, só se exige para a configuração da fraude contra credores (e nem esta exige propriamente má-fé, mas tão somente o potencial conhecimento de que o ato reduziria o devedor-alienante à insolvabilidade).

Originariamente, esse entendimento do STJ só era aplicável nas "alienações de segunda mão" (ou seja, não no caso da alienação realizada pelo executado para o patrimônio de um terceiro, mas da alienação seguinte, feita por esse terceiro adquirente para outra pessoa), como se pode ver, por exemplo, no acórdão proferido pelo STJ no julgamento do AgRg no AI 4.602/PR, rel. Min. Athos Gusmão Carneiro.

Esse entendimento original preservava o instituto da fraude à execução, mas buscava proteger o terceiro adquirente de boa-fé, que não tinha celebrado negócio jurídico com o executado, mas com alguém que, a rigor, não era responsável pelo pagamento da dívida exequenda. Ocorre que, posteriormente, o próprio STJ passou a adotar tal entendimento nos casos de "alienação de primeira mão" (ou seja, na alienação realizada pelo devedor para terceiro). É o que se vê, por exemplo, no acórdão proferido no REsp 956.943/PR, rel. Min. Nancy Andrighi, rel. p/ acórdão Min. João Otávio de Noronha, julgado pela técnica dos recursos repetitivos.

Com todo o respeito merecido pelo STJ, a aplicação do entendimento consagrado nesse enunciado, especialmente como tem se dado essa aplicação nos dias atuais, põe por terra todo o esforço da doutrina processual para proteger o credor contra as fraudes perpetradas pelo devedor, e torna quase impossível o reconhecimento da fraude de execução.

De outro lado, não parece haver dificuldade em determinar a consequência da fraude de execução: o ato assim praticado é válido, porém ineficaz, como consta expressamente do disposto no art. 792, § 1º, do CPC. Trata-se de mais uma hipótese de inoponibilidade, uma vez que o ato praticado em fraude de execução, embora apto a produzir seu efeito programado, é inoponível ao credor.

A primeira hipótese a ser considerada (art. 792, I, do CPC) é a de fraude de execução na pendência de demanda fundada em direito real ou com pretensão reipersecutória. Tal modalidade de fraude, como dito anteriormente, liga-se normalmente a uma execução para entrega de coisa. Não se trata, verdadeiramente, de modalidade de fraude de execução, mas de situação similar a esta, equiparando a lei seus efeitos. O que se busca aqui é, em verdade, evitar uma sucessão processual fraudulenta, em que se retirasse do processo o demandado original, ingressando em seu lugar pessoa em situação de insolvabilidade.

O que se tem aqui é a hipótese de ter sido proposta demanda fundada em direito real (como a propriedade), ou em direito pessoal que permita perseguir uma coisa determinada (como seria a demanda do comprador para haver do vendedor coisa infungível que não lhe tenha sido entregue) e, com o processo já instaurado, o demandado aliena o bem. Esse dispositivo vem completar um sistema que se iniciara com o art. 109 (por força do qual a alienação da coisa litigiosa não altera a legitimidade das partes, de modo que o alienante permanece no processo, agora na posição de substituto processual do adquirente, salvo se, nos termos do § 1º do aludido dispositivo, a parte adversária consentir com a sucessão processual, ficando, de toda maneira, o adquirente sujeito aos efeitos da sentença, nos termos do § 3º do art. 109), passa pelo art. 790, I (que estabelece que o bem do sucessor a título singular fica sujeito à execução quando esta se funde em direito real ou em direito pessoal de que resulta pretensão reipersecutória), culminando neste art. 792, I, que afirma ser fraudulenta a alienação do bem realizada quando pendente processo instaurado por demanda fundada em direito real ou com pretensão reipersecutória. E se completa o sistema com a importante informação de que só será possível reputar ineficaz a alienação do bem e, por conseguinte, fazer com que a execução o alcance no patrimônio do adquirente se a pendência do processo havia sido averbada no registro público (se houver, evidentemente, já que se não houver esse requisito será dispensado, tudo nos termos da parte final do inciso I do art. 792). Será preciso, então, promover o registro, na forma do disposto no art. 167, I, nº 21, da Lei de Registros Públicos, se o bem for imóvel, ou de modo análogo quando se trate de outro bem sujeito a registro (como veículos automotores, por exemplo).

Assim é que, por exemplo, pendente uma "ação reivindicatória" (a qual se funda, notoriamente, no direito real de propriedade), e alienado pelo demandado o bem sobre o qual contendem as partes, o adquirente não poderá, salvo se com isso consentir o demandante, suceder o alienante no processo. A princípio, o demandado original permanece no processo, atuando agora na defesa de interesse do adquirente do bem (atuando, pois, como substituto processual). A execução da sentença, neste caso, dar-se-á com a invasão do patrimônio do adquirente (que, na hipótese, permaneceu como terceiro, podendo, apenas, ingressar como assistente do alienante), e a constrição incidirá sobre o bem alienado quando já era litigioso. Note-se que o mesmo raciocínio terá de ser aplicado à execução das sentenças fundadas em direito obrigacional de caráter reipersecutório (como se dá, por exemplo, com a sentença que decreta o despejo). Perceba-se, porém, que só se reconhecerá a fraude à execução se, ao tempo da alienação ou oneração do bem, a pendência do processo estiver averbada junto ao seu registro (se houver).

O segundo caso de fraude de execução é o que ocorre quando a alienação ou oneração do bem ocorre "quando [já] tiver sido averbada, no registro do bem, a pendência do processo de execução, na forma do art. 828". Esta é disposição que se aplica, tão somente, à execução fundada em título extrajudicial. E isto porque o art. 828 prevê a possibilidade de o exequente obter, do juízo, certidão de que a execução por título extrajudicial foi admitida, da qual constarão a identificação das partes e do valor da causa, podendo tal certidão ser averbada no registro de imóveis, de veículos ou de outros bens sujeitos a apreensão judicial. Efetivada essa averbação (a qual deverá ser comunicada ao juízo no prazo de dez dias de sua efetivação, nos termos do art. 828, § 1º), será considerada em fraude à execução qualquer alienação ou oneração do bem que venha a ser posteriormente realizada (art. 828, § 4º).

Sempre vale deixar registrado que, uma vez efetivada penhora sobre bens suficientes para garantir integralmente a execução, as averbações feitas junto ao registro de bens outros, que não tenham sido penhorados, deverão ser canceladas pelo próprio exequente (art. 828, § 2º), devendo o juízo da execução promover seu cancelamento se o exequente não o tiver feito (art. 828, § 3º).

Pois é preciso, então, ter claro que, no caso de já ter sido averbada, junto ao registro do bem, a pendência da execução, sua alienação ou oneração é considerada em fraude de execução independentemente de qualquer outro requisito, pouco importando averiguar se houve ou não redução do devedor à insolvabilidade ou se ele e o adquirente do bem tinham ou não conhecimento de que o devedor se reduziria à insolvência econômica, ou se a agravaria. Basta o fato objetivo de a alienação ou oneração do bem ter ocorrido depois da averbação da certidão de que trata o art. 828.

É, também, considerada em fraude à execução a alienação ou oneração de bens realizada depois de averbada, junto ao registro do bem, hipoteca judiciária (art. 495) ou outro ato de constrição judicial (como a penhora ou o arresto) originário do próprio processo em que tenha sido alegada a fraude (art. 792, III). Também aqui basta o fato objetivo de a alienação ou oneração do bem ter ocorrido depois de averbado o ato constritivo realizado sobre o bem, nenhum outro requisito sendo necessário para a configuração da fraude à execução. Assim, por exemplo, se um imóvel é penhorado e a penhora é averbada junto à sua matrícula, a posterior alienação ou oneração é considerada fraudulenta, independentemente da verificação de qualquer outro requisito, não sendo sequer permitido que se alegue desconhecimento da existência da penhora (art. 844).

Há, por fim, outro caso de configuração da fraude à execução (art. 792, IV). É o que se dá quando a alienação ou oneração do bem acontece quando "tramitava contra o devedor ação capaz de reduzi-lo à insolvência". É preciso, porém, compreender adequadamente essa hipótese.

A disposição normativa de que aqui se trata, configuradora de mais uma hipótese de fraude à execução, será aplicável quando o caso não se enquadrar em nenhuma das hipóteses anteriores. Pensando, portanto, nas execuções de obrigações pecuniárias (já que para as execuções de obrigação de entrega de coisa aplica-se o disposto no art. 792, I), será essa disposição aplicável apenas em casos nos quais não tenha sido promovida a averbação, junto ao registro do bem alienado ou onerado, da pendência da execução ou de ato constritivo sobre o próprio bem. É que, como visto, tendo sido promovida alguma dessas averbações, o ato de alienação ou oneração do bem será, independentemente de qualquer outro requisito, tido por fraudulento.

Pode ocorrer, porém, de nenhuma dessas averbações ter sido feita (seja por não ter o credor a promovido, seja por não ser possível qualquer delas, como se daria em um caso de não haver processo de execução de título extrajudicial em curso, mas apenas um processo de conhecimento ou uma fase de cumprimento de sentença, casos em que não se aplica o art. 828 e, por conseguinte, não se pode configurar a hipótese prevista no art. 792, II; nem ter sido ainda determinada a prática de qualquer ato constritivo de bem, o que impediria a incidência do art. 792, III). Pois mesmo assim, não tendo sido promovida qualquer averbação das previstas nos incisos II e III do art. 792, será possível configurar-se a fraude. Para isso, basta que haja processo pendente contra aquele que aliena ou institui gravame sobre o bem e, com a prática do ato, este se reduza à insolvabilidade (art. 792, III).

É preciso, então, e em primeiro lugar, que o ato de alienação ou instituição de gravame sobre o bem tenha ocorrido quando já pendia o processo. Na verdade, não basta que o processo já esteja instaurado (o que se dá com a propositura da demanda, isto é, com o protocolo da petição inicial), mas que o demandado tenha ciência da pendência do processo, o que normalmente só ocorrerá com a citação (art. 312, por força do qual só se produz, para o demandado, o efeito de considerar-se pendente o processo, previsto no art. 240, quando de sua citação válida). Diz-se que "normalmente" será a partir da citação que o demandado terá ciência da pendência do processo por ser admissível, em tese, que o interessado demonstre que, embora ainda não tivesse sido citado, o demandado já sabia, por algum outro meio, que o processo estava instaurado.

Não basta, porém, que o ato tenha sido praticado quando já pendente o processo (e ciente o demandado de que o processo já estava pendente). É essencial, também, que com a prática do ato o demandado se torne insolvável (ou amplie a insolvabilidade que já se configurara). Presentes esses dois requisitos – e nenhum outro –, estará configurada a fraude à execução.

É importante frisar que há um equívoco na redação do inciso IV do art. 792 do CPC, capaz de levar o intérprete apressado a conclusões equivocadas. Fala a lei em "ação capaz de reduzir o devedor à insolvência". Em verdade, porém, pouco importa se a demanda era ou não capaz de tornar o devedor insolvável. A insolvabilidade deve ser resultado do ato de alienação ou oneração realizado no curso do processo para que seja considerada em fraude de execução. Assim, por exemplo, se a demanda pede a condenação do demandado a pagar 100, e este tem um patrimônio de 300, a literalidade da lei levaria a concluir que o devedor poderia, livremente, alienar ou onerar seus bens no curso do processo, sem que se configurasse a fraude de execução (sendo, pois, necessário verificar a presença dos requisitos da fraude pauliana). Não é assim, porém. Pendente o processo iniciado pela demanda figurada no exemplo, e alienando o demandado um bem de seu patrimônio no valor de 220, terá se tornado insolvável, e o ato deverá ser considerado em fraude de execução.

Perceba-se que, neste caso, é absolutamente irrelevante qualquer análise de requisitos subjetivos. Não importa, pois, se o alienante do bem ou o adquirente sabiam ou não sabiam dos resultados que aquele ato acarretaria. Bastam os requisitos objetivos: o processo já estava pendente (e o demandado já tinha conhecimento disso) e, com o ato, reduziu-se à insolvabilidade (ou a agravou). Presentes tais requisitos, o ato terá sido praticado em fraude de execução.

Permite-se, tão somente, ao adquirente de bem não sujeito a registro (como seriam, por exemplo, obras de arte) defender-se, demonstrando que não tinha como saber da existência do processo e da redução do devedor à insolvabilidade (ou de seu agravamento), demonstrando que adotou todas as cautelas necessárias para a aquisição, exibindo as certidões pertinentes (entre as quais as dos distribuidores de processos judiciais, claro), obtidas no domicílio do vendedor e no local onde se encontram os bens. Essa é regra destinada a proteger o que se costuma qualificar como "adquirente de boa-fé", assim entendido aquele que, tendo adquirido bem não sujeito a registro, tomou todas as precauções exigíveis e, ainda assim, não teve como saber que contra o alienante pendia processo judicial e que com aquele ato seria possível que ele se reduzisse à insolvabilidade. É, porém, do adquirente do bem esse ônus probatório.

Perceba-se, então, que, se o ato de alienação ou oneração de bens ocorre com o processo já instaurado (e com o demandado ciente dessa instauração), configurar-se-á a fraude à execução se com o aludido ato o demandado reduzir-se à insolvabilidade ou a agravar. Caso, porém, o ato seja praticado quando ainda não há processo pendente, não se poderá cogitar de fraude de execução, devendo-se então verificar se estão presentes os requisitos de configuração da fraude contra credores.

O processo pendente, em cujo curso pode se verificar a fraude de execução, não é apenas o procedimento executivo, mas também o de conhecimento. Pode haver, ainda, fraude de execução no curso do incidente de "liquidação de sentença".

Repita-se, porém, que o STJ tem decidido, a partir do entendimento consolidado no Enunciado nº 375 de sua súmula, que, se não houve averbação da penhora, haveria necessidade de prova da má-fé do adquirente. Esse entendimento, repita-se a crítica anteriormente feita, contraria todo o sistema da fraude à execução construído no direito brasileiro. Além disso, o STJ continua a entender que nesses casos seria do credor o ônus da prova da má-fé do adquirente. Veja-se, por exemplo, o acórdão proferido nos EDcl no REsp repetitivo 956.943/PR, rel. Min. João Otávio de Noronha, em que se afirma expressamente ser do credor o ônus da prova da má-fé do adquirente do bem. Esse entendimento continua a ser aplicado pelo STJ mesmo depois da entrada em vigor do CPC/2015 (como se vê, por exemplo, no julgamento do AgInt no REsp 1.884.637/SP, rel. Min. Nancy Andrighi). Pois também esse entendimento, com as vênias devidas, contraria expressamente o texto da lei processual, como se vê do § 2º do art. 792.

O último inciso do art. 593 do CPC afirma poder haver outros casos de fraude de execução, expressamente previstos em lei. Exemplos são encontrados no art. 856, § 3º, e no art. 185 do Código Tributário Nacional.

Por fim, é preciso afirmar que a fraude de execução gera ineficácia originária do ato fraudulento, o que a distingue da fraude pauliana, que gera ineficácia sucessiva (ou superveniente). Na fraude contra credores, como visto anteriormente, o ato fraudulento produz todos os seus efeitos, deixando de ser oponível ao credor depois de prolatada a sentença na "ação pauliana". Já na fraude de execução o ato é, originariamente, ineficaz. Não se faz necessário, pois, ajuizar demanda destinada ao reconhecimento da fraude. O ato, incapaz desde o momento em que é praticado de ser oposto ao credor, não impedirá que a atividade executiva incida sobre o bem alienado ou onerado fraudulentamente. Em nome do princípio do contraditório, porém, compreendido este como garantia de participação com influência e de não surpresa (arts. 9º e 10), não poderá o juiz pronunciar a fraude à execução sem, antes, intimar o beneficiário do ato (adquirente ou credor em cujo favor se tenha instituído o gravame) para que, em quinze dias, oponha embargos de terceiro (art. 792, § 4º). Apenas depois do decurso do prazo (ou quando do julgamento dos embargos de terceiro que venham a ser opostos) é que se poderá, então, declarar que o ato foi praticado em fraude de execução, admitida a prática de atos executivos sobre o bem. Registre-se, porém, que esse prazo de quinze dias para oposição de embargos de terceiro só incide no caso aqui examinado, de declaração de fraude à execução, ficando os demais casos de cabimento de embargos de terceiro sujeitos aos prazos previstos no art. 675 (FPPC, Enunciado nº 191).

19.5.2. Bens impenhoráveis

Como dito anteriormente, o executado responde pelo cumprimento da obrigação com todos os seus bens, presentes e futuros, ressalvados apenas aqueles que a lei torna imunes à atividade executiva. São os assim chamados bens impenhoráveis. É deles que se passa a tratar.

Deve-se dizer, em primeiro lugar, que existem três diferentes regimes de impenhorabilidade no Direito Processual Civil brasileiro: o da impenhorabilidade absoluta, o da impenhorabilidade relativa e o regime especial da impenhorabilidade do imóvel residencial. Com características próprias que os distinguem nitidamente, é preciso examinar cada um desses regimes separadamente.

A) BENS ABSOLUTAMENTE IMPENHORÁVEIS

Chama-se bem absolutamente impenhorável àquele que não pode ser penhorado em hipótese alguma (art. 833), ressalvada apenas a execução de dívida relativa ao próprio bem, inclusive a contraída para sua aquisição (art. 833, § 1º). O texto da lei, é certo, não emprega o advérbio *absolutamente*, limitando-se a estabelecer que os bens aí não podem ser penhorados. Não resulta daí, porém, a possibilidade de simplesmente se ignorar a disposição normativa e permitir a penhora do que a lei diz ser impenhorável, ou de se criar alguma exceção à impenhorabilidade que a lei não prevê, com base em uma visão pessoal, subjetiva, do juiz. Pode-se discutir se a lei é boa ou ruim (e nem toda opção legislativa ruim é inconstitucional), mas quando uma lei é ruim a sede adequada para sua alteração é o Poder Legislativo, através do devido processo legislativo.

São absolutamente impenhoráveis os bens inalienáveis e os declarados, por ato voluntário, não sujeitos à execução (art. 833, I).

Em primeiro lugar, então, são impenhoráveis os bens inalienáveis, o que se dá porque a penhora é um ato preparatório da expropriação, não havendo qualquer utilidade na penhora de bens que não podem ser retirados do patrimônio do executado. Inexistindo utilidade, não há interesse na realização do ato, razão pela qual a lei exclui a penhora em tal caso.

Os bens inalienáveis podem ser públicos ou privados. Quanto aos bens públicos, basta recordar que estes só perdem a condição de inalienáveis na forma dos arts. 100 e 101 do Código Civil, o que levou à criação de procedimentos específicos para a execução contra a Fazenda Pública que se realiza sem penhora (como será analisado mais detidamente adiante). Já os bens privados podem ser inalienáveis por determinação de lei (como se dá no caso do bem de família, previsto no art. 1.711 do Código Civil), ou por ato voluntário (por exemplo, o bem doado ou legado com cláusula de inalienabilidade).

Ao lado dos bens inalienáveis, coloca a lei entre os bens impenhoráveis, como se viu, aqueles que, por ato de vontade, foram excluídos da execução. Aqui se encontra a impenhorabilidade de bens que, por ato de vontade, adquiriram tal condição. É o que se dá, por exemplo, com os bens doados ou legados com cláusula de impenhorabilidade. É de se recordar, aqui, o que consta do art. 1.911 do Código Civil: a cláusula de inalienabilidade inclui a de impenhorabilidade (mas a recíproca não é verdadeira).

Também se insere aqui a possibilidade de celebração de negócio processual (típico, já que expressamente prevista na lei essa possibilidade) pelo qual se estabelece a impenhorabilidade de determinado bem, que por lei seria passível de penhora.

São também absolutamente impenhoráveis "os móveis, os pertences e as utilidades domésticas que guarnecem a residência do executado, salvo os de elevado valor ou os que ultrapassem as necessidades comuns correspondentes a um médio padrão de vida" (art. 833, II). Assim, os bens que guarnecem o imóvel residencial do devedor ficam protegidos da execução, salvo aqueles que sejam considerados de elevado valor ou que estejam além das necessidades correspondentes a um padrão médio de vida, o que permite afirmar que a norma se destina a preservar o mínimo existencial e a dignidade humana, estabelecendo limites para a execução, sem comprometer a viabilidade da realização do crédito exequendo (já que os bens de elevado valor e os que vão além das necessidades médias poderão ser penhorados). É interessante perceber que o texto normativo se vale, aqui, de conceitos indeterminados (elevado valor e necessidades comuns correspondentes a um médio padrão de vida). Caberá ao juiz, então, proferir decisão que justifique de forma substancial o motivo pelo qual determinado bem será considerado penhorável ou impenhorável segundo esses critérios (observando, portanto, o disposto no art. 489, § 1º, II).

Também são absolutamente impenhoráveis os vestuários e pertences de uso pessoal (como joias ou outros adornos, armações de óculos etc.), salvo se de elevado valor (art. 833, III), aplicando-se aqui o que foi dito acerca dos bens indicados no inciso anterior.

São, também, absolutamente impenhoráveis "os vencimentos, os subsídios, os soldos, os salários, as remunerações, os proventos de aposentadoria, as pensões, os pecúlios e os montepios, bem como as quantias recebidas por liberalidade de terceiro e destinadas ao sustento do devedor e de sua família, os ganhos de trabalhador autônomo e os honorários de profissional liberal" (art. 833, IV). Em outros termos, a remuneração periódica que a pessoa recebe por seu trabalho (ou por estar aposentada ou algo similar) é absolutamente impenhorável. A impenhorabilidade absoluta, porém, não se aplica na hipótese de execução de prestação alimentícia, caso em que será possível sua apreensão (art. 833, § 2º, primeira parte). Nos demais casos, as verbas indicadas no inciso IV do art. 833 são absolutamente impenhoráveis até o limite equivalente a cinquenta salários mínimos mensais, sendo possível penhorar-se o excedente (art. 833, § 2º, *in fine*), o que implica dizer que haverá um pequeno percentual da população brasileira que poderá ver apreendida uma parte de sua remuneração mensal (ou verba afim), preservado, porém, montante suficiente para assegurar seu sustento digno, mantido um (mais do que) razoável padrão de vida.

O Superior Tribunal de Justiça, é certo, firmou entendimento no sentido de que, não tendo o crédito exequendo natureza alimentar, seria possível a penhora de salário (ou outra verba mencionada no inciso IV do art. 833) do executado, desde que se deixe liberado percentual suficiente para garantir a subsistência do executado. Assim é que, por exemplo, ao julgar o AgInt no AgInt no AREsp 1.645.585/DF, rel. Min. Ricardo Villas Boas Cueva, o STJ admitiu a penhora de 20% da remuneração da executada, sem fazer qualquer consideração acerca do limite de cinquenta salários mínimos estabelecido por lei. E, ao julgar o REsp 1.806.438/DF, rel. Min. Nancy Andrighi, o STJ expressamente afirmou que, "embora não se possa admitir, em abstrato, a penhora de salário com base no § 2º do art. 833 do CPC/2015, é possível determinar a constrição, à luz da interpretação dada ao art. 833, IV, do CPC/2015, quando, concretamente, ficar demonstrado nos autos que tal medida não compromete a subsistência digna do devedor e sua família". Esse entendimento jurisprudencial, porém, é criticável, pois simplesmente ignora o texto legal (sem fazer qualquer exercício de controle de constitucionalidade sobre o que a lei dispõe). Ora, o fato de a lei conter uma determinação com a qual não se concorda, ruim mesmo (e, no caso concreto, não se pode ter dúvida de que a opção legislativa foi ruim, já que, ao tornar impenhoráveis os valores que não excedem de cinquenta salários mínimos, a lei acabou por tornar impenhoráveis quase todas as remunerações de quase todas as pessoas que vivem no Brasil), não pode ser justificativa para ignorar o texto legal. O lugar adequado para lutar pela modificação do texto normativo ruim, repita-se à exaustão, é o Poder Legislativo. Opções ruins do legislador, desde que não sejam inconstitucionais, devem ser respeitadas. Esse é o preço que se paga quando se quer viver em um Estado de Direito.

Aproveita-se o ensejo para registrar o significado exato do vocábulo "montepio", empregado no texto do inciso, mas que não é de uso comum na linguagem forense. Montepio é instituição em que, mediante uma cota, e satisfeitas outras condições, cada membro adquire o direito de, por morte, deixar pensão pagável a alguém de sua escolha. Na lei processual, a palavra "montepio" está querendo significar a pensão pagável pela morte de quem integrou a instituição referida na definição trazida.

São, ainda, absolutamente impenhoráveis "os livros, as máquinas, as ferramentas, os utensílios, os instrumentos ou outros bens móveis necessários ou úteis ao exercício da profissão do executado" (art. 833, V). Não se pode, então, penhorar o táxi de um taxista, ou a máquina de costura de uma costureira. Evidentemente, tem-se aí uma disposição normativa destinada a preservar a dignidade do devedor, que precisa continuar a poder bem exercer sua profissão. A norma protege devedores que exercem profissão e, pois, são pessoas naturais (já que pessoas jurídicas não têm profissão, mas atividade). Equiparam-se, porém, aos bens necessários ou úteis ao exercício de profissão – e, pois, são também absolutamente impenhoráveis – "os equipamentos, os implementos e as máquinas agrícolas pertencentes a pessoa física ou a empresa individual produtora rural, exceto quando tais bens tenham sido objeto de financiamento e estejam vinculados em garantia a negócio jurídico ou quando respondam por dívida de natureza alimentar, trabalhista ou previdenciária" (art. 833, § 3º), o que permite considerar que a proteção alcança, ainda que em pequena medida, pessoas jurídicas (em razão da referência, havida no texto normativo, à empresa individual, o que remete à figura da EIRELI, prevista no art. 980-A do CC).

Assim sendo, portanto, observado o que acabou de ser dito acerca dos raros casos em que pessoas jurídicas são alcançadas por essa proteção, e considerando que a regra é a penhorabilidade, e a impenhorabilidade é excepcional, deve-se permitir a penhora dos instrumentos pertencentes a pessoas jurídicas (ou pessoas formais, como o condomínio edilício ou a massa falida). Significa isso dizer que, por exemplo, não se pode penhorar o computador de um advogado, mas nada impede a penhora do computador de uma sociedade de advogados.

É de se destacar que a impenhorabilidade não recai apenas sobre os bens necessários, mas também sobre aqueles que se revelem úteis ao exercício da profissão. Há que se afirmar, ainda, que é preciso tratar-se de profissão atual do executado. Assim, por exemplo, nada impede a penhora do instrumental cirúrgico de um médico que, aposentado, não mais exerce seu antigo mister.

É absolutamente impenhorável o seguro de vida (art. 833, VI). Caso o executado seja, então, beneficiário de um seguro de vida, e receba a indenização devida em razão do sinistro (antes da instauração da execução ou no curso do procedimento executivo), o valor que tenha recebido será absolutamente impenhorável, ficando protegido da atividade executiva.

É bom recordar que o seguro de vida é uma estipulação em favor de terceiro, já que a seguradora jamais pagará qualquer quantia ao segurado. O segurado, nesta espécie de contrato de seguro, paga à seguradora o prêmio, e – no caso de falecer – a seguradora pagará o valor do seguro a um beneficiário escolhido pelo segurado. É preciso, assim, que a execução tenha sido ajuizada em face do beneficiário para que se possa cogitar da penhora daquele valor por ele percebido, e que passa a integrar seu patrimônio. Pouco importa, porém, a origem da dívida do beneficiário do seguro, tenha ela sido originariamente do segurado ou não, a quantia recebida em razão do contrato de seguro de vida é absolutamente impenhorável.

Do mesmo modo, são absolutamente impenhoráveis "os materiais necessários para obras em andamento, salvo se essas forem penhoradas" (art. 833, VII). É que, no caso de o executado ser o dono de uma obra em andamento, não se poderá penhorar materiais destinados a uso na aludida obra, salvo se a obra inteira for penhorada (caso em que a penhora do material será mera aplicação da máxima segundo a qual o acessório segue o principal).

O que se faz aqui é assegurar a observância do princípio da menor onerosidade possível, segundo o qual a execução deve ser feita da forma menos gravosa para o executado. Assim, estando o executado com alguma obra em andamento, a apreensão de bens necessários para sua realização traria prejuízo imenso, muito maior do que as vantagens que poderiam advir da penhora. Por tal razão, impede-se a penhora daqueles materiais. Ressalva-se, porém, a hipótese de toda a obra ser penhorada, quando então será possível também a penhora dos materiais necessários para sua realização, pois, apreendido o principal, nada poderia impedir a penhora do acessório.

Também é absolutamente impenhorável "a pequena propriedade rural, assim definida em lei, desde que trabalhada pela família" (art. 833, VIII), o que é mera aplicação do disposto no art. 5º, XXVI, da Constituição da República. Ressalte-se que, por força do disposto no art. 4º, II, da Lei nº 8.629/1993, considera-se pequena propriedade rural a que tenha entre um e quatro módulos fiscais, sendo certo que o módulo fiscal varia de um Município para outro, devendo ser determinado levando em conta fatores como o tipo de exploração predominante no Município, a renda obtida no tipo de exploração predominante, outras explorações existentes no Município que, embora não predominantes, sejam expressivas em função da renda ou da área utilizada e o conceito de propriedade familiar (art. 50, § 2º, do Estatuto da Terra – Lei nº 4.504/1964).

Apenas a título de exemplo, no Município do Rio de Janeiro, um módulo fiscal tem 5 hectares (o menor tamanho de módulo fiscal encontrado no Brasil), enquanto no Município de Miracema, localizado no Estado do Rio de Janeiro, o módulo fiscal tem 35 hectares. No Estado de São Paulo, o módulo fiscal no município da Capital é de 5 hectares, enquanto no Município de São Luís do Paraitinga é de 40 hectares. Já no Estado do Mato Grosso, o módulo fiscal na capital, Cuiabá, é de 30 hectares, e em Vila Bela da Santíssima Trindade é de 100 hectares. O maior módulo fiscal encontrado no país é o dos municípios de Corumbá e Ladário (ambos no Mato Grosso do Sul), 110 hectares.

Para que seja impenhorável a pequena propriedade rural, exige-se que seja a única de que disponha o devedor, e que seja trabalhada exclusivamente por ele e por seus familiares, não se admitindo a atuação de trabalhadores sem vínculo de parentesco com o dono da terra.

São absolutamente impenhoráveis "os recursos públicos recebidos por instituições privadas para aplicação compulsória em educação, saúde ou assistência social" (art. 833, IX). Pense-se, por exemplo, no caso de uma escola filantrópica que comprove finalidade não lucrativa, não distribua resultados, dividendos, bonificações, participações ou parcelas de seu patrimônio sob nenhuma forma ou pretexto, aplique seus excedentes financeiros em educação, assegure a destinação de seu patrimônio a outra escola comunitária, filantrópica ou confessional, ou ao Poder Público, no caso de encerrar suas atividades, e aceite prestar contas ao Poder Público de valores dele recebidos. Pois, neste caso, permite-se que recursos públicos lhe sejam destinados, mesmo se tratando de uma entidade privada (art. 77 da Lei de Diretrizes e Bases da Educação Nacional – Lei nº 9.394/1996). Tais recursos públicos, recebidos pela escola filantrópica, só podem ser destinados a aplicação na atividade educacional, o que os torna absolutamente impenhoráveis.

O que se tem aqui, claramente, é uma opção legislativa por força da qual o interesse público na saúde, educação ou assistência social prevalece sobre o interesse particular do credor de ver seu direito satisfeito.

Também é absolutamente impenhorável a quantia depositada em caderneta de poupança, até o limite de quarenta salários mínimos (art. 833, X). Evidentemente, deve-se considerar o limite por titular, e não por conta. Assim, caso tenha o devedor mais de uma conta de poupança, só se considerará impenhorável o equivalente a quarenta salários mínimos (levando-se em conta o saldo somado de todas as contas), admitida a penhora do excedente. De toda maneira, a impenhorabilidade aqui mencionada não é aplicável quando se trate de execução de prestação alimentícia, caso em que se admitirá a penhora, ainda que o saldo da poupança não ultrapasse os quarenta salários mínimos (art. 833, § 2º).

Vale registrar que o STJ tem dado a esse dispositivo uma interpretação extensiva, reputando impenhoráveis valores (não excedentes de quarenta salários mínimos) que estejam aplicados em qualquer tipo de investimento financeiro, como é o caso de fundos de investimentos. É o que se vê, por exemplo, no acórdão proferido no julgamento do AgInt no REsp 1.876.987/DF, rel. Min. Antonio Carlos Ferreira. Mais uma vez, porém, é preciso criticar o entendimento do Tribunal Superior. É que, com todas as vênias, as disposições normativas acerca da impenhorabilidade devem receber interpretação estrita, não se admitindo essa extensão proposta em sede jurisprudencial.

São, também, impenhoráveis os recursos públicos do fundo partidário recebidos por partido político (art. 833, XI), nos termos do art. 41-A da Lei nº 9.096/1995. Trata-se de disposição destinada a assegurar que os partidos políticos preservem os valores que recebem do fundo partidário, de modo que possam custear seu funcionamento e arcar com o custo de suas atividades, as quais são essenciais para o pleno desenvolvimento democrático.

O fundo partidário, regido pela Lei nº 9.096/1995, é constituído por diversas verbas, de origens diferentes, entre as quais "dotações orçamentárias da União em valor nunca inferior, cada ano, ao número de eleitores inscritos em 31 de dezembro do ano anterior ao da proposta orçamentária, multiplicados por trinta e cinco centavos de real, em valores de agosto de 1995". Para que se tenha uma ideia, o valor total do Fundo Partidário em 2020 foi de R$ 959.015.755,00, segundo dados do Tribunal Superior Eleitoral.

Essa hipótese de impenhorabilidade absoluta guarda alguma semelhança com o que dispõe o inciso IX do art. 833 do CPC, que prevê a absoluta impenhorabilidade dos recursos públicos recebidos por instituições privadas para aplicação compulsória em educação, saúde ou assistência social. A diferença está no destino do dinheiro. É que as verbas oriundas do fundo partidário podem ser aplicadas pelos partidos políticos na manutenção das sedes e serviços do partido, permitido o pagamento de pessoal, a qualquer título, este último até o limite máximo de cinquenta por cento do total recebido para o órgão nacional, e sessenta por cento para o órgão estadual ou municipal; na propaganda doutrinária e política; no alistamento e campanhas eleitorais; na criação e manutenção de instituto ou fundação de pesquisa e de doutrinação e educação política, sendo essa aplicação de, no mínimo, vinte por cento do total recebido; na criação e manutenção de programas de promoção e difusão da participação política das mulheres, criados e executados pela Secretaria da Mulher ou, a critério da agremiação, por instituto com personalidade jurídica própria presidido pela Secretaria da Mulher, em nível nacional, conforme percentual que será fixado pelo órgão nacional de direção partidária, observado o mínimo de cinco por cento do total; no pagamento de mensalidades, anuidades e congêneres devidos a organismos partidários internacionais que se destinem ao apoio à pesquisa, ao estudo e à doutrinação política, aos quais seja o partido político regularmente filiado; no pagamento de despesas com alimentação, incluindo restaurantes e lanchonetes; na contratação de serviços de consultoria contábil e advocatícia e de serviços para atuação jurisdicional em ações de controle de constitucionalidade e em demais processos judiciais e administrativos de interesse partidário, bem como nos litígios que envolvam candidatos do partido, eleitos ou não, relacionados exclusivamente ao processo eleitoral; na compra ou locação de bens móveis e imóveis, bem como na edificação ou construção de sedes e afins, e na realização de reformas e outras adaptações nesses bens; no custeio de impulsionamento, para conteúdos contratados diretamente com provedor de aplicação de internet com sede e foro no País, incluída a priorização paga de conteúdos resultantes de aplicações de busca na internet, mediante o pagamento por meio de boleto bancário, de depósito identificado ou de transferência eletrônica diretamente para conta do provedor, o qual deve manter conta bancária específica para receber recursos dessa natureza, proibido nos 180 (cento e oitenta) dias anteriores à eleição (art. 44 da Lei nº 9.096/1995).

Por fim, são absolutamente impenhoráveis "os créditos oriundos de alienação de unidades imobiliárias, sob regime de incorporação imobiliária, vinculados à execução da obra" (art. 833, XII). Imagine-se o seguinte exemplo: durante a incorporação de um edifício, é decretada a falência da incorporadora. A Comissão de Representantes, então, para assegurar a continuação da obra, promove a venda, em leilão público, de unidade que ainda não havia sido alienada pelo incorporador (art. 31-F, § 14, da Lei nº 4.591/1964), a qual integrava o patrimônio de afetação (art. 31-A, *caput*, da mesma lei). O valor obtido com essa alienação será, então, destinado inteiramente a assegurar o prosseguimento da edificação, motivo pelo qual não poderá ele ser penhorado para garantia da execução de dívidas de qualquer natureza.

Registre-se, para concluir esta exposição acerca da impenhorabilidade absoluta, que tal impenhorabilidade não é oponível quando se trata de execução de dívida relativa ao próprio bem, inclusive a contraída para sua aquisição (art. 792, § 1º).

B) BENS RELATIVAMENTE IMPENHORÁVEIS

Chamam-se bens relativamente impenhoráveis aqueles que poderão ou não ser penhorados conforme a capacidade patrimonial do executado. É que o art. 834 indica bens que só podem ser penhorados se o executado não tiver outros capazes de garantir a satisfação do crédito exequendo.

Será, então, sempre preciso verificar – quando os bens relativamente impenhoráveis forem encontrados no patrimônio do executado – se há outros bens penhoráveis capazes de garantir a execução. Havendo outros, os bens indicados no art. 834 não poderão ser apreendidos. Não havendo outros bens penhoráveis, porém, será legítima a constrição dos bens relativamente impenhoráveis.

Por força do disposto no art. 834, são relativamente impenhoráveis, só podendo ser apreendidos "à falta de outros bens", os frutos e os rendimentos dos bens inalienáveis. Perceba-se, então, a diferença: os bens inalienáveis são, como já se pôde ver, absolutamente impenhoráveis (art. 833, I). Seus frutos e rendimentos (como seria o caso do aluguel pago pela locação de um imóvel inalienável), por outro lado, podem ser penhorados à falta de outros bens, sendo, por isso, relativamente impenhoráveis.

Não se pode deixar de afirmar, porém, a possibilidade de os próprios frutos e rendimentos dos bens inalienáveis serem gravados com a cláusula de impenhorabilidade, hipótese em que sobre eles incidirá a impenhorabilidade absoluta. O mesmo ocorrerá se as partes celebrarem negócio processual pelo qual se convencione a absoluta impenhorabilidade desses frutos e rendimentos.

C) IMPENHORABILIDADE DO IMÓVEL RESIDENCIAL

Regime de impenhorabilidade distinto dos dois anteriores é o estabelecido pela Lei nº 8.009/1990 para o imóvel destinado a uso residencial.

Antes de tudo, deve-se justificar o motivo pelo qual aqui não se fala – ao contrário do que costuma se ver na doutrina e na jurisprudência – em "bem de família". Dois são os motivos que levam a isso. O primeiro deles é o fato de que a denominação bem de família é empregada para designar outro fenômeno, que com o aqui examinado não se confunde, e que é regido pelos arts. 1.711 a 1.722 do CC. Pois evidentemente não é adequado usar o mesmo nome para designar dois fenômenos distintos e inconfundíveis. Aliás, é o próprio art. 1.711 do Código Civil que, ao fazer referência ao tema de que ora se trata, usa a expressão "impenhorabilidade do imóvel residencial".

O segundo motivo está em que a caracterização de uma família exige, pelo menos, duas pessoas (já que, no mínimo, uma entidade familiar é formada por cônjuges, companheiros ou um ascendente com um descendente). Daí resultaria que a expressão "bem de família" poderia gerar a equivocada impressão de que o benefício criado pela Lei nº 8.009/1990 não protegeria pessoas que residem sozinhas. Assim não é, porém, e também os que residem sozinhos são protegidos pela impenhorabilidade de que aqui se trata. Impróprio, pois, falar em bem de família. O mais correto é afirmar a impenhorabilidade, nos termos da lei, do imóvel residencial. Nesse sentido, aliás, encontra-se o Enunciado nº 364 da súmula da Jurisprudência Dominante do STJ: "[o] conceito de impenhorabilidade de bem de família abrange também o imóvel pertencente a pessoas solteiras, separadas e viúvas".

Pois é impenhorável o imóvel destinado a garantir a residência do executado ou de sua família (art. 1º da Lei nº 8.009/1990). Não se trata, como facilmente se pode perceber, da afirmação da impenhorabilidade do único imóvel do executado, ou de seu imóvel menos valioso. Pouco importa saber quantos imóveis tem o executado ou quanto vale cada um deles. O imóvel que assegura moradia ao executado (ainda que ele tenha outros e o usado para moradia seja o mais valioso dentre todos) ou à sua família é impenhorável.

Não é preciso, para que o imóvel seja tido por impenhorável, que nele efetivamente resida o executado. Basta que seja o imóvel que assegura a moradia. Basta pensar no caso de o executado ser proprietário de um imóvel em uma cidade e o alugar para, com o valor recebido a título de aluguel, pagar ele próprio o aluguel de outro imóvel, em outra cidade, onde reside. Fica claro que o imóvel que lhe pertence – e onde não reside – é o que lhe assegura a moradia, já que com seus rendimentos é que custeia o aluguel do lugar em que mora. Neste caso, o imóvel que lhe pertence (onde não reside, mas que lhe assegura moradia) será considerado impenhorável, nos termos da Lei nº 8.009/1990.

O que caracteriza o regime da impenhorabilidade do imóvel residencial é o fato de que ele não é sempre impenhorável. Há, no art. 3º da Lei nº 8.009/1990, a expressa previsão de casos em que o imóvel residencial pode ser penhorado (pouco importando, nos casos aí previstos, se o executado tem ou não outros bens capazes de garantir a execução). Em outras palavras: se o caso se enquadrar em algum dos incisos do art. 3º da lei de regência, o imóvel residencial poderá ser penhorado. Caso a hipótese não se enquadre ali, o imóvel residencial será impenhorável.

Assim é que o imóvel residencial pode ser penhorado nos seguintes casos: (I) pelo titular do crédito decorrente do financiamento destinado à construção ou à aquisição do imóvel, nos limites dos créditos e acréscimos constituídos em função do respectivo contrato; (II) pelo credor da pensão alimentícia, resguardados os direitos, sobre o bem, do seu coproprietário que, com o devedor, integre união estável ou conjugal, observadas as hipóteses em que ambos responderão pela dívida; (III) para cobrança de impostos, predial ou territorial, taxas e contribuições (inclusive a condominial) devidas em função do imóvel; (IV) para execução de hipoteca sobre o imóvel oferecido como garantia real; (V) por ter sido adquirido com produto de crime ou para execução de sentença penal condenatória; e (VI) por obrigação decorrente de fiança concedida em contrato de locação. Em todos esses casos, será perfeitamente admissível a penhora do imóvel residencial. Fora dessas hipóteses, porém, o imóvel residencial é impenhorável.

Nas hipóteses enumeradas no art. 3º da Lei nº 8.009/1990, então, o bem de residência pode ser penhorado livremente, ainda que o executado tenha outros em seu patrimônio, e é isso que faz com que se tenha posto a impenhorabilidade do bem de residência como categoria distinta das duas anteriores (impenhorabilidade absoluta e relativa). Difere a impenhorabilidade do bem de residência da impenhorabilidade absoluta pelo fato de que os bens absolutamente impenhoráveis não podem, jamais, ser objeto de penhora, o que não ocorre com o bem de residência, que poderá ser penhorado nos casos previstos no art. 3º da Lei nº 8.009/1990. Não se pode, pois, afirmar que o bem de residência é absolutamente impenhorável. De outro lado, distingue-se a impenhorabilidade do bem de residência da impenhorabilidade relativa porque os bens relativamente impenhoráveis só podem ser penhorados se o devedor não tiver outros capazes de garantir a realização do direito exequendo, enquanto o bem residencial, ressalvadas as hipóteses do art. 3º da Lei nº 8.009/1990, não pode ser penhorado, mesmo que o executado não tenha outros; e, nos casos do art. 3º, o bem de moradia pode ser penhorado, pouco importando, nesta hipótese, se o executado tem ou não outros bens em seu patrimônio. Não se pode, assim, afirmar que o bem de residência é relativamente impenhorável (ao menos no sentido que a essa locução se atribui por força do art. 834 do CPC).

Não se pode deixar de mencionar, porém, que só um imóvel pode ser protegido por esse regime (art. 5º da Lei nº 8.009/1990). Assim, no caso de o devedor usar, simultaneamente, mais de um imóvel com finalidade residencial, apenas um deles será considerado impenhorável: aquele, dentre os usados com fins residenciais, que tenha o menor valor (art. 5º, parágrafo único, da Lei nº 8.009/1990).

CAPÍTULO 20
LIQUIDAÇÃO DE SENTENÇA

Como visto anteriormente, quando do estudo do título executivo, este deve representar um direito certo e líquido. A ausência de qualquer desses dois requisitos do direito representado pelo título faz com que este não tenha eficácia executiva, revelando-se, assim, inadequada a utilização da execução como meio de atendimento à pretensão do demandante ("carência de ação" por falta de interesse de agir).

Ocorre que há situações em que o título judicial, embora represente direito certo, não apresenta a liquidez do crédito. Em outros termos, há hipóteses em que o título judicial apresenta todos os elementos identificadores do direito (o *an debeatur*, ou seja, a existência da dívida, e o *quid debeatur*, isto é, a qualidade do objeto da prestação), mas não revela o *quantum debeatur* (ou seja, a quantidade devida). Nesses casos, estar-se-á diante da chamada condenação genérica.

Difere a condenação genérica da chamada condenação ordinária precisamente pela falta de indicação do *quantum debeatur*. Estão presentes em ambas os demais elementos identificadores do direito do credor, o *an debeatur* e o *quid debeatur*.

A condenação genérica é excepcional, uma vez que a sentença deve ser, como se sabe, uma resposta ao pedido formulado pelo demandante (é a regra da congruência entre pedido e sentença, também conhecida como regra da adstrição da sentença ao pedido). Devendo ser o pedido certo e determinado, ou seja, exigindo a lei processual que o demandante identifique, em sua demanda, não só o bem da vida pretendido, mas também a quantidade desejada (quando, obviamente, tratar-se de um bem da vida quantificável, como dinheiro), deverá a sentença responder a tal pedido, contendo a determinação do *quantum debeatur*. Assim, por exemplo, se o demandante pediu a condenação do demandado ao pagamento da quantia de 500, deverá a sentença dizer se o pedido é procedente (total ou parcialmente) ou improcedente, e, sendo acolhido o pedido do autor, deverá a decisão indicar que quantia o demandado está sendo condenado a pagar.

Ocorre, porém, que há casos em que se permite que o demandante formule pedido genérico, assim entendido o pedido que não determina a quantidade do bem da vida pretendido que o demandante entende devida (art. 324, § 1º, II e III). O inciso I do mesmo dispositivo legal, embora também permita a formulação de pedido genérico, não se enquadra adequadamente na situação aqui considerada, eis que se refere às universalidades de bens e de direitos, como uma biblioteca ou uma herança, razão pela qual não se terá verdadeira indeterminação do *quantum debeatur*.

Pois nesses casos, e quando não for possível, ao longo do procedimento de conhecimento condenatório, tal determinação, o juiz se limitará a prolatar sentença condenatória genérica, impondo ao demandado o cumprimento de uma prestação de dar coisa fungível (dinheiro ou qualquer outro bem móvel de idêntica natureza), mas sem determinar a quantidade devida ao demandante.

Discute-se, em doutrina, a natureza da sentença condenatória genérica, havendo quem negue sua natureza condenatória, preferindo afirmar ter tal sentença conteúdo meramente declaratório. Outros, porém, afirmam a natureza condenatória de tal sentença. Esta última é, em verdade, a melhor posição. A sentença condenatória tem (assim como a constitutiva) dois momentos lógicos em sua formação: um momento declaratório e outro propriamente condenatório. No primeiro momento declara-se a existência da obrigação, e no segundo impõe-se ao condenado o seu cumprimento. Na sentença condenatória ordinária, o momento declaratório acerta a existência da obrigação (*an debeatur*), a qualidade do bem da vida devido (*quid debeatur*) e, quando tal bem da vida for coisa fungível, a quantidade devida (*quantum debeatur*). Tal sentença, no momento propriamente condenatório, impõe ao devedor o cumprimento da prestação acertada no momento declaratório.

A sentença condenatória genérica, por sua vez, difere da ordinária no momento declaratório, uma vez que não determina o *quantum debeatur*. Nenhuma diferença há entre elas no segundo momento lógico da sentença, o propriamente condenatório. Daí por que se deve reconhecer a natureza condenatória de tal sentença.

É certo que a sentença condenatória genérica não é título executivo, uma vez que não representa um direito líquido. A ausência do efeito executivo, porém, não é capaz de alterar a classificação da sentença, que deve ser feita à luz de seu conteúdo.

Sendo ilíquido o direito do credor, é preciso determinar o *quantum debeatur*, para que se torne adequada a via executiva para a satisfação de sua pretensão. Faz-se mister, assim, a realização da liquidação da obrigação representada pela sentença, o que se faz através da assim chamada "liquidação de sentença".

Não é de liquidação da sentença que se trata, propriamente, mas de liquidação do direito por ela representado. A denominação, porém, é de uso corrente, além de estar consagrada no texto da lei processual, razão pela qual será ela utilizada neste texto.

O art. 509 do CPC estabelece que haverá necessidade de instauração do incidente de liquidação de sentença quando a decisão condenar ao pagamento de *quantia* ilíquida. Não obstante se faça uso, no texto legal, do termo *quantia*, há casos em que, para determinar o objeto da prestação (quando se tratar de universalidades de bens ou direitos), deverá ser utilizado o sistema da liquidação de sentença para permitir-se tal individuação. É de se dizer, também, que o art. 509 do CPC fala, apenas, em determinação do valor, mas tem de ser interpretado extensivamente, para que se considere adequada a utilização da liquidação de sentença sempre que se precisar determinar a quantidade de coisas fungíveis a ser entregue ao credor, mesmo que não se trate de dinheiro.

Assim, pode-se definir a liquidação de sentença como o instituto processual destinado a tornar adequada a tutela processual executiva, mediante outorga do predicado de liquidez à obrigação, que a decisão condenatória genérica não é capaz de outorgar.

Estabelecido o conceito de liquidação de sentença (*rectius*, liquidação da obrigação acertada pela decisão judicial), há que se perquirir sua natureza jurídica.

A liquidação de sentença é mero incidente processual, de natureza cognitiva, que se coloca entre o módulo processual de conhecimento (onde se produziu o título liquidando) e o módulo processual executivo (o qual só se tornará adequado após a realização da liquidação, uma vez que o direito acertado na decisão condenatória não determinou o *quantum debeatur*).

Sendo mero incidente processual, a liquidação de sentença será julgada por uma decisão interlocutória. Afinal, nem se trata do pronunciamento que põe fim ao procedimento comum (a qual já terá sido proferida), nem é o pronunciamento que extingue a execução (atividade que ainda nem terá começado). Assim, o recurso adequado para impugnar o pronunciamento que julga a liquidação de sentença sempre será o agravo de instrumento.

Discute-se, em doutrina, a natureza da decisão interlocutória que julga o incidente de liquidação de sentença. Há quem afirme sua natureza meramente declaratória; outros a veem como decisão constitutiva, havendo mesmo quem afirme sua natureza condenatória.

A decisão que julga a liquidação é meramente declaratória. Trata-se de provimento que se limita a tornar certo o *quantum debeatur*. Relembre-se que a atividade jurisdicional é incapaz de criar direitos, limitando-se a reconhecer direitos preexistentes (e os provimentos constitutivos, de inegável força criadora, não são exceção a essa afirmação, já que criam, modificam ou extinguem relações jurídicas, mas jamais criam direitos). Ora, sendo assim, a obrigação já tinha, antes mesmo de sua existência ter sido objeto de acertamento pela condenação genérica, um *quantum debeatur* determinado (embora desconhecido). A decisão na liquidação se limita a revelar esse *quantum*, tornando certa a quantidade devida do bem devido ao credor. Trata-se, pois, de decisão meramente declaratória.

Da natureza meramente declaratória, aliás, surge, como corolário inafastável, a legitimidade ativa tanto do credor como do devedor. Nada impede que o condenado, pretendendo ter acertado o *quantum debeatur* de sua obrigação, vá ao juízo pedir a prolação de decisão declaratória de tal quantidade. A liquidação pode ser requerida pelo credor ou pelo devedor. E é extremamente importante deixar clara a legitimidade do devedor para postular a liquidação, já que tem ele o direito de pagar e exonerar-se da obrigação, o que só será possível após sua liquidação. Ora, fosse apenas do credor a legitimidade para requerer a liquidação, estaria o devedor impedido de praticar os atos necessários à realização desse seu direito de se exonerar da obrigação, extinguindo-a pelo pagamento.

Decisão meramente declaratória, pois, do *quantum debeatur*. Essa a natureza da decisão interlocutória a ser proferida no incidente de liquidação de sentença (*rectius*, liquidação da obrigação acertada na decisão condenatória genérica).

É de se dizer (e isso se liga inexoravelmente ao que vem sendo dito quanto à natureza meramente declaratória da decisão de liquidação) que o incidente de liquidação de sentença tem um objeto próprio, um mérito próprio, e esse objeto limita, necessariamente, a atividade judicial.

Quer-se dizer, com isso, que na liquidação de sentença a pretensão é de acertamento do *quantum debeatur*, e a atividade cognitiva deverá incidir sobre essa questão. Não se pode admitir, no incidente da liquidação de sentença, qualquer discussão sobre matéria estranha a esse objeto (salvo, obviamente, as questões relacionadas aos demais elementos integrantes do objeto da cognição judicial, que são prévios ao mérito: questões preliminares e prejudiciais – se existirem –, incluindo-se aí a cognição acerca das "condições da ação" e das questões sobre o processo).

Em outros termos, não se pode permitir qualquer discussão, no incidente de liquidação de sentença, sobre a existência ou não do direito do credor. Isso já ficou resolvido no procedimento cognitivo de natureza condenatória e não integra o objeto desse incidente processual. É por essa razão que o art. 509, § 4º, do CPC afirma que "[n]a liquidação é vedado discutir de novo a lide ou modificar a sentença que a julgou". A decisão a ser proferida na liquidação de sentença deve se limitar a responder ao pedido formulado pelo demandante, qual seja, a determinação do *quantum debeatur*.

A existência do direito do credor já terá sido, a essa altura, determinada na sentença condenatória genérica, a qual já terá, provavelmente, alcançado a autoridade de coisa julgada, sendo, assim, imutável e indiscutível. Nada impede, obviamente, que a liquidação se inicie antes do trânsito em julgado da sentença condenatória genérica (ainda que ela esteja sujeita a recurso provido de efeito suspensivo – art. 512). Nesse caso, apesar de não haver o óbice da coisa julgada, também se mostra inadmissível pretender nova discussão acerca da existência ou não do direito do credor no incidente da liquidação de sentença. O obstáculo, aqui, virá da vedação ao *bis in idem*, pois que essa questão já terá sido submetida ao Estado-juiz em outro módulo processual pendente. De qualquer forma, pois, inadmissível que se torne a discutir aquela questão.

Outra questão extremamente importante, e ligada ao que vem sendo afirmado, é a da possibilidade de o resultado da liquidação de sentença ser no sentido de afirmar-se nada haver a ser pago. É o conhecido problema da liquidação que conclui pelo "valor zero".

O problema que se passa a analisar é o seguinte: proferida sentença condenatória genérica, que condena o réu ao pagamento de quantia a ser determinada em incidente de liquidação de sentença, será possível que, nesse incidente, se declare que nada há a ser pago?

Autores há que negam a possibilidade de um direito existir e não ter quantificação econômica. Em outros termos, a quantidade seria uma medida da existência, o que impediria a afirmação de que o valor a ser pago seja zero. Outros, porém, admitem a possibilidade de a liquidação chegar a um resultado zero, considerando possível, apesar da condenação a pagar uma quantia ainda indeterminada, que se verifique nada haver a pagar.

É perfeitamente possível que o resultado da liquidação seja no sentido de afirmar a inexistência do *quantum debeatur*, declarando-se não existir qualquer valor a pagar. Defender o contrário, aliás, seria afirmar a natureza concreta da "ação de liquidação de sentença", pois esta seria o poder de obter do juízo um provimento favorável. A natureza abstrata do poder de ação implica, necessariamente, a possibilidade de ser ajuizada uma demanda (como é a demanda de liquidação de sentença) e o resultado final ser desfavorável ao demandante. Registre-se, aqui, que o fato de a liquidação de sentença não ser processo autônomo não afasta o acerto da afirmação segundo a qual o pedido de liquidação constitui ato de exercício do poder de ação (que é o poder – exercido ao longo de todo o processo – de instar o Estado a prestar tutela jurisdicional). Assim, continua possível falar em "ação de liquidação" ou em demanda de liquidação, ainda que não se possa falar em "processo (autônomo) de liquidação".

Basta pensar, por exemplo, num acidente de trânsito, em que a vítima ajuíza demanda em face do causador do acidente, pedindo a condenação deste ao ressarcimento dos danos provocados pelo acidente. Pode a sentença ser de procedência do pedido, condenando o réu a ressarcir os danos que sejam apurados em liquidação de sentença. Imagine-se, agora, que na liquidação se verifique que os danos sofridos não têm valoração econômica (por exemplo, o único dano sofrido foi o desconforto causado pelo acidente, não tendo sido demonstrado qualquer dano – material ou moral – quantificável). Nesse caso, a demanda de liquidação deverá ser julgada improcedente, declarando-se a inexistência de dano indenizável.

Outro exemplo que poderia ser aqui figurado é o seguinte: uma sentença condena o réu ao pagamento de certa quantia (esta, portanto, determinada na própria sentença), como ressarcimento pelos danos causados em razão de um acidente por ele provocado, e – num segundo capítulo – condena o réu a ressarcir o autor por todas as despesas que este ainda venha a ter, em razão do acidente, com tratamento médico.

Iniciada a liquidação da sentença, para apuração do *quantum debeatur* referente à segunda parte da sentença, pode ocorrer que o autor não consiga demonstrar nenhum fato novo, nenhuma nova despesa referente a tratamento médico em razão dos danos sofridos naquele acidente. Deverá, então, ser julgado improcedente o pedido de liquidação da sentença, por ter-se chegado à conclusão de que o valor devido em razão da condenação é zero.

Essa decisão, frise-se, não rescinde a sentença condenatória genérica, pois que esta se mantém íntegra em seu conteúdo. A sentença condenatória genérica, como visto, condena o réu a pagar certa quantidade (ainda desconhecida) de coisas fungíveis. A declaração posterior de que nada havia a pagar não infirma a existência de relação obrigacional entre as partes, mas tão somente nega a existência de valoração econômica da prestação devida.

A afirmação contrária, de que não se pode alcançar o valor zero, é que, a rigor, contraria a lógica. Determinar ao juiz que declare um valor quando não está convencido de que este seja o correto (ou, pior, quando estiver convencido de que nenhum valor seria certo, porque na hipótese nada é devido) seria violar, indevidamente, o princípio da juridicidade (já que acabaria por impor a alguém o dever de pagar algo que não é devido). Além disso, convencido o juiz de que nada há a pagar, ou seja, de que o valor da prestação devida é zero, qualquer valor que viesse a ser fixado na decisão do incidente de liquidação seria arbitrário, o que é inadmissível num sistema processual que se pretende moderno e democrático.

Não se considera ilíquida a obrigação reconhecida na decisão quando a apuração do *quantum* depende apensa de cálculo aritmético (art. 509, § 2º). Assim, por exemplo, se a sentença condenou o réu a pagar ao autor certa quantia em dinheiro, com atualização monetária e juros de mora, estabelecendo os termos iniciais de incidência da correção e dos juros, além de fixar o percentual destes, bastará realizar uma operação aritmética para chegar-se ao valor do crédito exequendo. Nessas hipóteses, é ônus do exequente elaborar os cálculos necessários para que se possa dar início ao procedimento executivo. E, a fim de uniformizar os cálculos, incumbe ao Conselho Nacional de Justiça criar e pôr à disposição dos jurisdicionados um programa de atualização financeira, o qual permitirá o cálculo do valor do débito acrescido da correção monetária.

Nos demais casos, quando a determinação do *quantum debeatur* não depender apenas de operações aritméticas, será preciso instaurar-se o incidente de liquidação de sentença. Em outros termos, sendo genérica a condenação, haverá necessidade de liquidação de sentença.

A condenação genérica pode ser proferida em duas situações, apenas. A primeira delas é o caso em que tenha sido formulado pedido genérico (ou seja, pedido que não indica o *quantum* postulado) e, ao longo do processo, não tenha sido possível desenvolver-se contraditório pleno e efetivo acerca da determinação do valor de modo definitivo (art. 491, I). O outro caso em que se admite a prolação de condenação genérica é aquele em que, não obstante tenha sido formulado pedido determinado, a fixação do *quantum debeatur* exigiria a colheita de prova de realização demorada ou excessivamente dispendiosa, assim reconhecida na sentença (art. 491, II). Nesse caso, será proferida decisão condenatória genérica e, mesmo que esteja pendente recurso contra essa decisão, será possível a instauração do incidente de liquidação de sentença. Isso permitirá assegurar-se uma duração mais razoável para o processo, pois o processamento do recurso contra a sentença (que, normalmente, tem efeito suspensivo) e o desenvolvimento do incidente de liquidação de sentença poderão se dar simultaneamente.

O Código de Processo Civil conhece apenas duas espécies de liquidação de sentença: liquidação por arbitramento e liquidação pelo procedimento comum. Há, ainda, uma terceira espécie, estranha ao sistema codificado, regulada no Código de Defesa do Consumidor, e que pode ser denominada de "liquidação individual da sentença coletiva" (art. 97 do CDC). Tratarei, neste passo, apenas das duas modalidades de liquidação regidas pelo CPC, evitando-se, com isso, desvios de percurso a que a análise de uma figura de liquidação regida por princípios estranhos aos da lei processual comum obrigaria, quando esta é (ou ao menos pretende ser) uma exposição do sistema comum do processo civil brasileiro.

Assim sendo, levam-se em consideração, aqui, tão somente, duas figuras de liquidação de sentença: por arbitramento e pelo procedimento comum.

A primeira dessas modalidades, a liquidação por arbitramento, é utilizada toda vez que, para determinar o *quantum debeatur*, seja necessária a nomeação de um perito para se atribuir valor a uma coisa, a um serviço ou a um prejuízo. O arbitramento é, em suma, uma perícia (que, nesse processo, funcionará – mais do que como mero meio de prova – como uma forma de liquidar a obrigação), feita pelo arbitrador (o qual, pois, é um perito).

Pense-se, por exemplo, numa sentença que tenha condenado o demandado a pagar ao demandante honorários pelos serviços por este prestados como profissional liberal. Genérica a condenação, faz-se necessária a liquidação da sentença, a qual dependerá, apenas, da avaliação do serviço prestado. Faz-se nesse caso, pois, a liquidação por arbitramento.

A liquidação de sentença se fará, então, por arbitramento nos casos em que já estejam disponíveis nos autos todos os elementos necessários para a determinação do *quantum debeatur*, só havendo necessidade de produção de uma perícia para a fixação da quantidade devida. Requerida, então, a liquidação por arbitramento, deverá o juiz determinar a intimação de ambas as partes para que apresentem pareceres ou documentos elucidativos, no prazo que fixar (art. 510). O material apresentado pelas partes pode até ser suficiente para dispensar a perícia formal, caso em que o juiz decidirá de plano, declarando o *quantum debeatur*. Caso isso não seja possível, todavia, deverá o juiz nomear perito, e, a partir daí, observar-se-á o procedimento previsto para a produção de prova pericial (art. 510, *in fine*). Ao final do procedimento, o juiz decidirá, declarando o valor da obrigação.

Já a liquidação pelo procedimento comum é adequada naqueles casos em que a apuração do *quantum debeatur* dependa da alegação e prova de algum fato novo. O fato, evidentemente, só pode dizer respeito ao *quantum*, e a nada mais, já que na liquidação de sentença não é permitido rediscutir o que já foi decidido (art. 509, § 4º). E deve ficar claro desde logo que fato novo não é sinônimo de fato superveniente à sentença. Dizer que na liquidação de sentença pelo procedimento comum haverá alegação e prova de fato novo significa dizer que nesse procedimento se exercerá cognição sobre fato inédito, isto é, que jamais tenha sido submetido à apreciação ao longo do processo de conhecimento, ainda que prévio à sentença (e que diga respeito, exclusivamente, à determinação do *quantum debeatur*).

Em outras palavras, o que qualifica o fato como "novo" não é o momento em que surge no mundo fenomênico, mas sim o momento em que é trazido à cognição judicial. Assim, seria fato novo, capaz de ser alegado e provado em liquidação pelo procedimento comum, o fato que tenha surgido antes de instaurado o processo, e que nele não tenha sido alegado; o fato surgido no curso do processo, mas que nele não tenha sido levado em consideração; o fato surgido após a formação da sentença condenatória, mas antes do ajuizamento da demanda de liquidação; e, por fim, o fato superveniente à própria instauração do incidente de liquidação de sentença. Desde que tal fato diga respeito ao *quantum debeatur*, será adequada a liquidação pelo procedimento comum. Pode-se dizer, então, que fato novo é o fato pertinente ao valor que não foi considerado na sentença. Não quer dizer fato superveniente. O fato pode ser, até anterior à sentença, mas é novo para o processo porque não serviu de fundamento da decisão.

Pode-se pensar, por exemplo, numa demanda em que se tenha pedido a condenação do réu ao pagamento de indenização, capaz de ressarcir as despesas médicas tidas pelo demandante em razão de acidente de trânsito. Impossível fixar, no momento da propositura da demanda, a extensão do dano sofrido, formulou-se pedido genérico, tendo a sentença julgado o pedido procedente para o fim de condenar o demandado a indenizar o demandante por todas aquelas despesas. No procedimento cognitivo, pois, terão sido provados os fatos constitutivos do direito do demandante, assim considerados o acidente que causou os danos e a culpa do demandado pelo evento. Na liquidação de sentença, pretende o demandante alegar (e provar) que se submetera a três cirurgias em razão do acidente: uma antes ainda de ajuizar a demanda condenatória, outra no curso daquele primeiro processo e, ainda, uma terceira após a prolação da sentença condenatória genérica. Todos esses fatos, pertinentes ao *quantum debeatur*, e novos como objeto de análise do juízo, serão trazidos à cognição judicial através da liquidação pelo procedimento comum.

Pode-se dizer, então, acerca da liquidação de sentença, que aqui há uma escalada de situações envolvendo a sentença condenatória (sendo certo que essa é uma "escalada descendente", em que se apresenta, em primeiro lugar, a mais completa das sentenças condenatórias, caminhando-se em direção àquela que está mais distante de permitir a instauração do cumprimento de sentença): a) a sentença condenatória ordinária que já contém a determinação precisa do *quantum debeatur*, prescindindo de qualquer atividade posterior para que possa ser instaurada a execução; b) a sentença condenatória ordinária que exige, para a determinação do *quantum debeatur*, a realização de cálculos aritméticos, os quais deverão ser realizados pelo credor, para que se possa iniciar o cumprimento de sentença; c) a sentença condenatória genérica em que, para a determinação do *quantum debeatur*, faz-se necessária uma avaliação de coisas, serviços ou prejuízos, hipótese em que será necessária a liquidação da obrigação por arbitramento; d) a sentença condenatória genérica em que, para determinação do *quantum debeatur*, faz-se necessário alegar e provar fato novo, caso em que será necessário, para a instauração do cumprimento de sentença, que se faça a liquidação pelo procedimento comum.

Requerida a liquidação pelo procedimento comum, será determinada a intimação do requerido, na pessoa de seu advogado (ou da sociedade de advogados a que seu patrono esteja vinculado), para contestar no prazo de quinze dias. A partir daí, observa-se o procedimento comum do processo de conhecimento. Sendo a liquidação de sentença, porém, e como já visto, mero incidente processual, sua resolução se dá por decisão interlocutória, impugnável por agravo de instrumento (art. 1.015, parágrafo único), ainda quando realizada pelo procedimento comum.

Permite o art. 512 que a liquidação de sentença se desenvolva ainda que pendente recurso contra a sentença. Nesse caso, pouco importa se o recurso é ou não dotado de efeito suspensivo. Ainda que o seja (o que impediria a instauração de procedimento executivo baseado no pronunciamento judicial recorrido), será possível iniciar-se desde logo a atividade de liquidação, o que certamente será capaz de proporcionar tremendo ganho de tempo. Basta pensar que, realizada desde logo a liquidação da obrigação, uma vez julgado o recurso (e mantida a condenação, evidentemente), já será possível iniciar-se o procedimento executivo, não sendo preciso desenvolver-se a atividade – a essa altura já realizada – destinada a determinar o *quantum debeatur*. Trata-se, pois, de disposição normativa perfeitamente compatível com o princípio da duração razoável do processo (art. 5º, LXXVIII, da Constituição da República; art. 4º do CPC).

CAPÍTULO 21
PROCESSO DE EXECUÇÃO POR TÍTULO EXTRAJUDICIAL

21.1. INTRODUÇÃO E DISPOSIÇÕES GERAIS

Como já visto em passagem anterior deste trabalho, nos casos em que é extrajudicial o título executivo, a atividade executiva se desenvolverá através do que a lei processual brasileira denomina *processo de execução*. Tem-se, aí, a instauração de um processo (autônomo em relação a qualquer outro, cognitivo ou executivo), cuja finalidade é a realização prática do direito subjetivo representado no título executivo, sendo esse resultado produzido através de atividade executiva (mediante o emprego de meios de sub-rogação ou de coerção). Rege-se o processo de execução dos títulos extrajudiciais pelas disposições contidas no Livro II da Parte Especial do CPC (art. 771), sendo certo que tais disposições também serão aplicáveis, ainda que subsidiariamente, ao cumprimento de sentença. De outro lado, ao processo de execução se aplicam, subsidiariamente, as disposições do Livro I da Parte Especial (art. 771, parágrafo único), quando com ele forem compatíveis. Evidentemente, também a Parte Geral do CPC é aplicável aos processos executivos.

Desenvolve-se a execução no interesse do exequente. Ressalvam-se, apenas, os casos de ser o devedor insolvável, o que leva à instauração da execução por concurso universal, seja através da falência (Lei nº 11.101/2005), seja através da execução por quantia certa contra devedor insolvente (a qual permanece regulada pelo CPC de 1973, por força do disposto no art. 1.052). Fora desses casos, porém, a execução se realiza única e exclusivamente com o objetivo de viabilizar a realização do direito do exequente (art. 797). Tanto é assim que, havendo mais de uma penhora sobre o mesmo bem, e respeitadas as preferências resultantes do direito material (art. 797, parágrafo único), surgirá, para o exequente, um direito de preferência no recebimento dos valores obtidos através da expropriação do bem (art. 797, *in fine*).

Ao propor a demanda executiva fundada em título extrajudicial, incumbe ao exequente instruir sua petição inicial com o título executivo (art. 798, I, *a*). Deve, ainda, a petição inicial ser instruída com demonstrativo do débito atualizado até a data da propositura da execução (art. 798, I, *b*), caso se trate de execução por quantia certa. Esse demonstrativo deverá conter (art. 798, parágrafo único) o índice de correção monetária adotado; a taxa de juros aplicada; os termos inicial e final de incidência dos índices de atualização monetária e da taxa de juros empregada; a periodicidade da capitalização dos juros, se for o caso; e a especificação de descontos obrigatórios que tenham de ser realizados. Ao ponto se retornará adiante, quando do exame do processo de execução por quantia certa.

Também é preciso instruir a petição inicial com a prova de que se verificou a condição ou de que ocorreu o termo, se for o caso (art. 798, I, *c*); e com a prova, também se for o caso, de que o exequente adimpliu a contraprestação que lhe corresponde, ou que lhe assegura o cumprimento, se o executado não for obrigado a satisfazer sua prestação senão mediante a contraprestação do exequente (art. 798, I, *d*), evitando-se, desse modo, a *exceptio non adimpleti contractus* ("exceção de contrato não cumprido").

Cabe ao exequente, ainda, indicar (art. 798, II): a espécie de execução de sua preferência, quando por mais de um modo puder ser realizada (como se dá, por exemplo, no caso da execução de prestação alimentícia, que pode ser realizada pelo procedimento executivo padrão para as execuções de obrigação pecuniária, o qual não admite a prisão civil do devedor de alimentos, ou pela execução especial que permite o emprego da prisão como mecanismo coercitivo); os nomes completos do exequente e do executado, assim como seus números de inscrição nos cadastros de pessoas físicas ou jurídicas (CPF ou CNPJ); e os bens suscetíveis de penhora, sempre que possível.

Incumbe, ainda, ao exequente, no processo de execução, requerer a intimação do credor pignoratício, hipotecário, anticrético ou fiduciário, quando a penhora recair sobre bens gravados por penhor, hipoteca, anticrese ou alienação fiduciária (art. 799, I).

Também é incumbência do exequente requerer a intimação do titular de usufruto, uso ou habitação, quando a penhora recair sobre bem gravado com algum desses direitos reais limitados (art. 799, II); assim como a intimação do promitente comprador, quando a penhora recair sobre bem em relação ao qual haja promessa de compra e venda (art. 799, III), ou do promitente vendedor, se a penhora incidir sobre direito aquisitivo derivado de promessa de compra e venda registrada (art. 799, IV).

No caso de a penhora incidir sobre imóvel submetido ao regime do direito de superfície, enfiteuse ou concessão de uso especial para fins de moradia ou concessão de direito real de uso, deverá o exequente requerer a intimação do superficiário, do enfiteuta ou do concessionário (art. 799, V). Também será necessariamente requerida a intimação do proprietário do terreno com regime de superfície, enfiteuse, concessão de uso especial para fins de moradia ou concessão de direito real de uso, quando a penhora recair sobre direitos do superficiário, do enfiteuta ou do concessionário (art. 799, VI). Incidindo a penhora sobre direito real de laje, deverá o exequente requerer a intimação do titular da construção-base e, se for o caso, dos titulares de lajes anteriores (art. 799, X). Já no caso de recair a penhora sobre a construção-base, deverá o exequente requerer a intimação dos titulares de direito real de laje (art. 799, XI).

Em todos os casos aqui examinados, a alienação do bem sem a intimação prévia do titular de direito real sobre ele que não esteja sendo executado faz com que tal ato expropriatório seja tido por ineficaz (art. 804, §§ 1º a 6º).

Caso seja penhorada quota social ou ações de sociedade anônima fechada, deverá ser requerida a intimação da sociedade (art. 799, VII), a fim de viabilizar a adjudicação desses bens pelos outros sócios (art. 876, § 7º).

Eventuais medidas urgentes também deverão ser requeridas pelo exequente (art. 799, VIII), como seria o caso da alienação antecipada de bens penhorados (art. 852) ou de qualquer outra medida concessiva de tutela de urgência que eventualmente se revele adequada. É que todo o sistema de tutela de urgência é aplicável ao processo de execução. Basta pensar, por exemplo, na possibilidade de se postular tutela cautelar antecedente para apreender bens que estejam na iminência de serem alienados, e que precisarão ser alcançados pela atividade executiva. Seria o caso, aí, de concessão de medida cautelar destinada a apreender esses bens, a fim de garantir a futura atividade executiva (medida essa que, tradicionalmente, é chamada de *arresto*, termo empregado pela lei processual no art. 301).

É, ainda, incumbência do executado proceder à averbação, em registro público, do ato de propositura da demanda executiva e dos atos de constrição realizados, para conhecimento de terceiros (art. 799, IX, aplicável também ao cumprimento de sentença, como se vê no Enunciado nº 529 do FPPC), a fim de proteger o exequente contra alienações ou onerações fraudulentas de bens (art. 792, II e III).

Verificando o juízo que a petição inicial da execução está incompleta ou desacompanhada de documentos indispensáveis ao ajuizamento da demanda, o juiz determinará sua correção, no prazo de quinze dias, sob pena de indeferimento da inicial (art. 801). Estando em termos a petição inicial, de outro lado, será proferido despacho liminar positivo, para determinar a citação do executado, despacho este que será o marco da interrupção da prescrição do crédito exequendo (art. 802), observado o disposto no art. 240, § 2º. A interrupção da prescrição, porém, retroagirá à data da instauração do processo executivo (art. 802, parágrafo único).

Caso se trate de obrigação alternativa (ou de obrigação acompanhada de prestação facultativa), cabendo a escolha ao devedor, este será citado para exercer a opção, realizando a prestação em dez dias (salvo se outro prazo tiver sido estipulado em lei ou no contrato), nos termos do art. 800. Não exercendo o devedor sua opção, esta será transferida para o credor (art. 800, § 1º). No caso de incumbir a escolha ao credor, este a manifestará já em sua petição inicial (art. 800, § 2º). A esse ponto se retornará quando do exame da execução para entrega de coisa incerta.

Por fim, deve-se fazer alusão ao princípio da menor onerosidade possível, o qual é manifestação do critério da proporcionalidade (por força do qual, sempre que for necessário impor-se a alguém um sacrifício, deverá ser imposto o menor sacrifício possível dentre os que são capazes de levar à produção do resultado almejado). Pois estabelece a lei processual (art. 805) que, se por vários meios for possível promover a execução, esta sempre deverá ser realizada pelo modo menos gravoso para o executado. Assim, determinada uma medida executiva, poderá o executado alegar ser ela mais gravosa, caso em que lhe incumbirá indicar outros meios, mais eficazes e menos onerosos, sob pena de manutenção dos já determinados (art. 805, parágrafo único).

Pois essas disposições gerais são aplicáveis, no que couber, a cada uma das modalidades de execução, as quais são estabelecidas a partir da natureza da obrigação exequenda (execução para entrega de coisa; execução das obrigações de fazer ou não fazer; execução por quantia certa).

21.2. EXECUÇÃO PARA ENTREGA DE COISA

O direito positivo brasileiro optou por um sistema de determinação das espécies de execução baseado no direito material, levando em conta o tipo de obrigação cujo cumprimento se pretende exigir. Fala-se, assim, em execução para entrega de coisa e execução por quantia certa (para as obrigações de dar coisa e de dar dinheiro), execução de obrigação de fazer e execução de obrigação de não fazer. Esse não é o único sistema conhecido, havendo ordenamentos que determinam as espécies de execução com base num critério híbrido, misturando aspectos substanciais e processuais (fala-se, na Itália, em execução por expropriação, para entrega, e das obrigações de fazer e não fazer). Outros países, como a Alemanha, adotam sistema semelhante ao brasileiro (havendo, nesse país, execução por créditos em dinheiro, para entrega ou prestação de coisas, ou para a obtenção de ações ou abstenções).

Na doutrina, há quem sugira critérios baseados, apenas, em aspectos processuais. Assim, fala-se em execução por expropriação, por desapossamento e por transformação. Também há quem tenha falado em execução por expropriação, por entrega ou transformação. Embora esse método, baseado exclusivamente na atividade processual, me pareça o sistema mais adequado, irei – aqui – empregar os critérios de classificação utilizados pelo direito objetivo e tratarei da execução para entrega de coisa (certa e incerta), da execução das obrigações de fazer e de não fazer, da execução por quantia certa.

Pois este estudo tem início pela análise do modo como se desenvolve o processo de execução para entrega de coisa, que se subdivide em *execução para entrega de coisa certa* e *execução para entrega de coisa incerta*.

O procedimento inicia-se, obviamente, com uma demanda do exequente, já que a execução por título extrajudicial é um verdadeiro processo autônomo. Essa demanda será apresentada através de uma petição inicial, que deverá atender aos requisitos do art. 319 do CPC (somente os aplicáveis à hipótese, não se falando, por exemplo, em especificação de provas com que o demandante pretenda demonstrar a veracidade de suas alegações, por manifestamente inadequado para o processo executivo), devendo ainda vir acompanhada do título executivo extrajudicial, conforme dispõe o art. 798, I, *a*, do CPC. A petição inicial também deverá atender ao disposto nos arts. 77, V, e 320 do CPC.

Estando corretamente elaborada a petição inicial, será determinada a citação do executado para, no prazo de quinze dias, satisfazer a obrigação, entregando a coisa devida (art. 806). No mesmo despacho que ordena a citação, deverá o juízo da execução fixar multa por dia de atraso, ficando seu valor sujeito a alteração se insuficiente ou excessivo (art. 806, § 1º). Vale recordar, aqui, que a modificação dessa multa (*astreinte*) só pode produzir efeitos para o futuro, alterando-se apenas o valor da multa vincenda (art. 537, § 1º). Sobre essa multa se falará mais detidamente adiante, quando do estudo do cumprimento de sentença (relativo às obrigações de fazer e de não fazer).

Do mandado de citação constará, desde logo, a ordem para imissão na posse (caso a coisa a ser entregue seja imóvel) ou busca e apreensão (no caso de se tratar de bem móvel), cujo cumprimento se dará de imediato se o executado não promover a entrega da coisa no prazo (art. 806, § 2º).

Admite-se a citação por qualquer dos meios previstos na parte geral, não havendo aqui qualquer tipo de restrição.

No caso de o executado entregar a coisa, será lavrado termo de entrega, sendo considerada satisfeita a obrigação. A execução, nesse caso, só prosseguirá para o pagamento de frutos ou o ressarcimento de prejuízos, se houver (art. 807). Não havendo razão para prosseguir, deverá ser proferida sentença extintiva da execução.

Pode, ainda, ocorrer de o demandado ter depositado a coisa em juízo, a fim de evitar a incidência de multa eventualmente fixada. Decorrido o prazo para oferecimento dos embargos sem que sejam ajuizados, ou tendo sido os embargos do executado rejeitados liminarmente, será a coisa entregue ao exequente, com a lavratura do respectivo termo, e a prolação de sentença dando por finda a execução.

Recebidos os embargos do executado, será preciso verificar se a eles foi ou não atribuído efeito suspensivo. Em caso afirmativo, ficará a coisa à disposição do juízo até o julgamento desse processo incidente. Rejeitados os embargos (quer porque tenha sido proferida sentença de improcedência da pretensão, quer porque tenha sido esse processo incidente extinto sem resolução do mérito), será a coisa entregue ao exequente, com a lavratura do termo de entrega e a consequente prolação de sentença declarando extinto o processo executivo. No caso de terem sido recebidos os embargos do executado sem efeito suspensivo, porém, a entrega da coisa ao exequente poderá se dar imediatamente, devendo o juízo da execução tomar as cautelas necessárias para assegurar que a coisa retorne ao executado no caso de serem acolhidos os embargos.

Sendo a sentença dos embargos desfavorável ao executado, não será necessário esperar seu trânsito em julgado para que se possa entregar a coisa ao exequente, uma vez que a apelação contra tal sentença é recebida sem efeito suspensivo (art. 1.012, § 1º, III, do CPC).

Tendo sido os embargos do executado julgados procedentes, será a coisa restituída ao executado, proferindo-se, a seguir, sentença que declare extinto o processo de execução. Nesse caso, ocorrerá o desfecho anormal do processo executivo, uma vez que não terá este se encerrado com a satisfação do crédito exequendo.

Outras hipóteses, porém, precisam ser aqui consideradas. Por exemplo, caso se verifique que foi alienada a coisa a ser entregue quando já era litigiosa, será expedido mandado – de busca e apreensão ou de imissão na posse – contra o terceiro adquirente, que somente será ouvido depois de depositá-la em juízo (art. 808). Isso decorre do fato de que os bens do adquirente respondem pela execução quando esta é fundada em direito real ou em obrigação reipersecutória (art. 790, I).

Se a coisa se tiver deteriorado, não for entregue, não for encontrada ou não for reclamada do poder de terceiro adquirente, o exequente terá o direito de receber perdas e danos, além do próprio valor da coisa (art. 809). Caso o valor da coisa não conste do título, deverá ser avaliada e, caso não seja possível a avaliação, o exequente apresentará uma estimativa, a qual estará sujeita ao arbitramento judicial (art. 809, § 1º). Serão, então, apurados em liquidação o valor da coisa e os prejuízos suportados (art. 809, § 2º), aplicando-se a partir daí o procedimento incidental de liquidação de sentença (arts. 509 a 512), após o que se desenvolverá uma execução por quantia certa.

Caso tenham sido realizadas no bem a ser entregue benfeitorias indenizáveis feitas pelo executado ou por terceiros de cujo poder ele tenha sido retirado, a liquidação prévia é obrigatória (art. 810), a fim de se verificar o valor a ser pago a título de indenização pelas benfeitorias. Constatada a existência de saldo em favor do executado ou de terceiros, o exequente o depositará para poder haver a coisa (art. 810, parágrafo único, I). Já no caso de haver saldo em favor do exequente, este poderá cobrá-los nos autos do mesmo processo (art. 810, parágrafo único, II).

Tendo a execução por objeto a satisfação de um direito de receber coisa incerta, porém, há algumas diferenças a considerar. Essa espécie de execução não difere muito, quanto aos aspectos procedimentais, da anterior. Em linhas gerais, segue-se aqui o mesmo procedimento estabelecido para a execução para entrega de coisa certa (como se vê, aliás, pela redação do art. 813 do CPC).

Há, porém, uma diferença essencial entre as duas espécies de execução. É que na execução para entrega de coisa incerta há um momento inicial do procedimento, destinado à concentração da obrigação, instituto que se faz presente também na execução de obrigação alternativa (art. 800 do CPC, que fala, porém, em prazo de dez dias – e não de quinze dias – para a concentração da obrigação).

Esse incidente de concentração da obrigação decorre do fato de haver, no direito exequendo representado pelo título executivo, uma relativa incerteza. Não se pode falar, aqui, em incerteza, pura e simplesmente, pois não havendo certeza do direito não há título executivo. Há, pois, incerteza relativa, já que a coisa a ser entregue está delimitada, no título, ao menos pelo gênero e quantidade (art. 811 do CPC). É preciso, assim, que se determinem os contornos da obrigação que se quer exigir, em toda a sua extensão, para que se possa realizar a execução forçada do direito do demandante.

Não se pode, porém, continuar a analisar essa modalidade de execução sem que se determine o que o CPC entende por coisa incerta, principalmente para distingui-la da coisa fungível.

Fala o CPC, no art. 811, em coisas determinadas pelo gênero e quantidade, o que permite afirmar que o adjetivo "incerta" está empregado como sinônimo de "indeterminada", ou melhor, de "ainda não determinada", mas que será logo determinada pela escolha do devedor, ou pela resolução do credor.

É preciso desde logo ter claro que para a obrigação de entregar coisa fungível mostra-se adequado o procedimento da execução para entrega de coisa certa. Diz-se isto porque não há identidade conceitual entre "coisa incerta", no sentido em que tal expressão figura no texto do CPC, e "coisa fungível", ou seja, a coisa móvel que se pode substituir por outra da mesma espécie, qualidade e quantidade. Entre coisas fungíveis, nem sequer se põe a questão da escolha, porque a qualidade de todas elas é sempre a mesma, de modo que a satisfação do credor não fica na dependência de ser-lhe entregue esta ou aquela: a individualização é irrelevante. Assim, a execução para entrega de coisa fungível pode seguir, sem dificuldade, o procedimento da execução para entrega de coisa certa. Isto porque a coisa fungível, por definição, pode ser substituída por outra do mesmo gênero, qualidade e quantidade. Desse modo, sendo alguém obrigado a entregar dez sacas de feijão preto, pouco importa – já que a qualidade deve ser sempre a mesma – se são entregues estas ou aquelas sacas. Não há que se falar, assim, em escolha, porque esta não faz nenhum sentido quando as coisas entre as quais se deve escolher são idênticas.

Assim, mais adequado considerar que o CPC, ao tratar da execução para entrega de coisa incerta, está se referindo às hipóteses em que alguém é obrigado a entregar coisa indeterminada (mas determinável), devendo o objeto a ser entregue ser escolhido entre coisas de qualidade diversa. Pense-se, por exemplo, na obrigação de entregar um cavalo de determinado haras. Entre os diversos cavalos que podem ser entregues haverá animais de diversas qualidades (um campeão de corridas de velocidade; outro, saltador de obstáculos; um, ainda, que seja grande reprodutor; e, por fim, um "pangaré"). Nesse caso, há que se fazer uma escolha, determinando-se a coisa a ser entregue, pois a qualidade dos diferentes objetos é diversa.

No exemplo figurado, portanto, deverá ser realizado o incidente de concentração da obrigação, determinando-se qual será a coisa que deverá ser entregue ao exequente. Feita a escolha (e decidida eventual impugnação feita), a coisa devida passa a ser certa, e o procedimento a ser utilizado é o da execução para entrega de coisa certa, conforme dispõe o art. 813 do CPC.

É preciso, antes de mais nada, determinar a quem cabe a escolha da coisa que deverá ser entregue. O direito de escolha deve estar determinado no título executivo, que – a princípio – dirá se tal direito, no caso concreto, é do credor ou do devedor. Omisso o título, porém, é de se considerar que o direito de escolha cabe ao devedor. É preciso, assim, determinar a quem cabe a escolha, para que se possa saber como ela será manifestada em juízo.

Cabendo a escolha ao exequente, deverá esta ser manifestada na petição inicial. Omissa a petição inicial quanto à escolha, nesse caso em que o direito de escolher é do demandante, é de se considerar que renunciou ao *ius eligendi* (o direito de escolher), o qual se transfere, então, para o demandado.

Sendo do executado o direito de escolha, será ele citado para, no prazo de quinze dias, entregar a coisa ou depositá-la. Parece óbvio que, entregando o demandado a coisa, dentro do prazo de quinze dias (previsto no art. 806, aplicável aqui por força do disposto no art. 813), terá escolhido uma, entre aquelas que poderiam ter sido entregues. O mesmo se dá, obviamente, se o devedor depositar a coisa em juízo. A coisa depositada, nesse caso, outra não é senão a escolhida pelo demandado.

Não se pode afastar, porém, a possibilidade de o demandado, no prazo de quinze dias, manifestar ao juízo a sua escolha, dizendo qual a coisa a ser entregue, mas não efetuando nem a entrega, nem o seu depósito. Nesse caso (e outra não poderia ser a solução, já que era do executado o direito de escolher, direito este que terá ele exercido dentro do prazo assinado por lei), deverá ser respeitada a escolha, e a execução prosseguirá na forma prevista para o procedimento da execução para entrega de coisa certa (com a expedição de mandado de busca e apreensão ou imissão na posse, conforme a coisa escolhida seja móvel ou imóvel).

Cabendo ao demandado o direito de escolha, mas deixando ele transcorrer, sem qualquer manifestação, o prazo de que dispõe para indicar sua escolha, tal direito se transfere para o exequente, que o exercerá como se dele tivesse sido, desde o início, o titular.

A escolha da coisa a ser entregue deverá obedecer ao disposto no art. 244 do Código Civil, segundo o qual, "nas coisas determinadas pelo gênero e pela quantidade, a escolha pertence ao devedor, se o contrário não resultar do título da obrigação; mas não poderá dar a coisa pior, nem será obrigado a prestar a melhor". Nos termos da parte final deste dispositivo da lei civil, aquele a quem cabe a escolha não poderá escolher qualquer dos extremos (nem a coisa melhor, nem a pior). Assim, se a escolha cabe ao exequente, este não poderá escolher a coisa melhor; e, cabendo o direito de escolha ao executado, este não poderá optar por entregar a pior.

Em razão dessa regra, que orienta o exercício do direito de escolha (qualquer que seja seu titular), regula o CPC, em seu art. 812, o incidente de impugnação da escolha, que pode ser provocado pela parte contrária àquela que tiver determinado a coisa a ser entregue.

Qualquer das partes poderá, então, impugnar, no prazo de quinze dias, a escolha feita pela parte contrária. O único fundamento de impugnação que se admite, porém, é o que resulta do art. 244 do CC, por força do qual "[o devedor] não poderá dar a coisa pior, nem será obrigado a prestar a melhor".

Dito de outro modo, se a escolha couber ao credor, este só poderá escolher a coisa melhor se o executado livremente aceitar entregá-la. De outro lado, se a escolha couber ao executado, este só poderá entregar ao exequente a coisa pior se o demandante aceitar recebê-la.

O incidente de impugnação da escolha poderá ser decidido de plano pelo juízo da execução, podendo ainda o juiz valer-se do auxílio de perito, na forma do art. 812 (ou, mesmo, realizar inspeção judicial).

A partir daí, e nos termos do disposto no art. 813 do CPC, aqui já tantas vezes invocado, o procedimento seguirá o sistema previsto para a execução para entrega de coisa certa (isso porque, como salta aos olhos, realizada a escolha, e após a decisão de eventual incidente de impugnação da concentração da obrigação, a coisa devida terá se tornado certa, aplicando-se, pois, e sem qualquer dificuldade, esse procedimento).

21.3. EXECUÇÃO DAS OBRIGAÇÕES DE FAZER E DE NÃO FAZER

Depois de tratar do processo de execução para entrega de coisa, é preciso passar ao exame do processo de execução (fundado em título extrajudicial, evidentemente) das obrigações de fazer e de não fazer. Inicia-se este estudo pela análise do procedimento a ser observado nos processos de execução de obrigação de fazer.

Pois esse procedimento é dividido em três fases: postulatória, instrutória e satisfativa. Trata-se, porém, de procedimento extremamente complexo, o que se deve à própria natureza da prestação devida.

Como não se pode coagir o devedor a prestar o fato, não havendo o cumprimento voluntário da obrigação pelo executado, os meios executivos de sub-rogação são muitas vezes incapazes de levar ao resultado que se teria se a obrigação tivesse sido cumprida pelo meio e no momento normais. Nessa hipótese, haverá conversão em perdas e danos ou a substituição da atividade do executado pela de terceiro, à custa daquele, o que leva a afirmar que, afinal, ter-se-á uma inevitável conversão da execução de obrigação de fazer em execução por quantia certa.

Instaura-se o processo de execução, nesse caso (como em todos os demais), por força de uma demanda, a ser levada ao juízo através de uma petição inicial, que deverá preencher os requisitos do art. 319 do CPC aplicáveis à execução. Além disso, deverá a petição vir acompanhada do título executivo.

Estando em termos a petição inicial, deverá o juiz determinar a citação do executado, para que cumpra a prestação exigida, dentro do prazo assinado no título executivo. Omisso que seja o título quanto a esse prazo, deverá o próprio juiz da execução fixá-lo (art. 815 do CPC). Nesse mesmo despacho, o juiz fixará multa por dia de atraso no cumprimento da obrigação e a data a partir da qual será devida (*astreinte*). Caso o valor da multa esteja previsto no título executivo, mas seja excessivo, terá o juiz o poder de reduzi-lo (art. 814, *caput* e parágrafo único).

Deverá, então, o executado ser citado por qualquer dos meios de citação regulados na lei processual.

Cumprida que seja a prestação, estará satisfeito o direito exequendo, e deverá o juiz proferir sentença, declarando extinto o processo executivo.

Não sendo cumprida voluntariamente a obrigação, há que se verificar se a hipótese é de obrigação de fazer de prestação fungível (assim considerada aquela que só pode ser cumprida pelo próprio devedor, como a obrigação de um famoso cantor de realizar um recital) ou infungível (que pode ser realizada pelo devedor ou por terceiro habilitado, como a obrigação de pintar uma parede de branco), pois a forma de continuação do procedimento dependerá dessa distinção.

Tratando-se de obrigação infungível, ou seja, obrigação que só pode ser cumprida pelo próprio devedor, é preciso, ainda, verificar se é possível alcançar resultado equivalente ao que se teria se houvesse cumprimento voluntário da prestação. É o que se dá, por exemplo, no caso da indústria obrigada a colocar filtros em suas chaminés para impedir a emissão de gases poluentes. Embora se trate de obrigação infungível, é possível alcançar resultado equivalente (através, por exemplo, de provimento judicial que determine o fechamento do estabelecimento). Poderá, portanto, em sede de processo de execução, haver tanto a tutela processual específica (que atribui ao titular do direito precisamente aquele bem jurídico a que faz jus) como a tutela processual pelo resultado prático equivalente.

Impossível o cumprimento por outrem ou a obtenção de resultado prático equivalente (como no exemplo do famoso cantor contratado para realizar um recital), deverá ser feita a conversão da obrigação em perdas e danos, o que se faz através de liquidação incidente. Realizada a conversão, o processo seguirá para a satisfação desse crédito de dinheiro, através da utilização do procedimento da execução por quantia certa.

Tratando-se de obrigação infungível em que se revele possível alcançar resultado prático equivalente ao que se teria com o adimplemento, poderá o exequente optar entre este e a conversão em perdas e danos. Optando pela conversão em perdas e danos, será realizada uma liquidação incidente, para apurar o *quantum debeatur*, prosseguindo a execução pelo procedimento da execução por quantia certa. Optando pela obtenção de resultado prático equivalente, será escolhido um terceiro, que realize a atividade capaz de alcançar o resultado equivalente, o que se fará à custa do executado. Nessa última hipótese, alcançado o resultado equivalente, prosseguirá a execução para se obter a quantia em dinheiro necessária para arcar com os custos decorrentes da atividade do terceiro, utilizando-se, para tanto, o procedimento da execução por quantia certa.

Na hipótese de ser a obrigação cujo cumprimento se pretende de natureza fungível, poderá o demandante optar entre a escolha de terceiro que cumpra a prestação à custa do executado (e, ainda uma vez, alcançado o resultado prosseguirá o processo para a obtenção da quantidade de dinheiro necessária para custear o trabalho do terceiro, e demais despesas processuais, o que se fará através do emprego do procedimento da execução por quantia certa), ou pela conversão da obrigação em perdas e danos, com a consequente realização de liquidação incidente para apuração do *quantum debeatur*. Neste último caso, prosseguirá a execução (ainda uma vez) pelo procedimento da execução por quantia certa.

Verifica-se, assim, muito facilmente, que a execução de obrigação de fazer, quase que inevitavelmente, transformar-se-á, num dado momento, em execução por quantia certa. Ressalvada a hipótese em que o demandado, citado para cumprir a prestação, o faça voluntariamente, nos demais casos haverá a conversão em execução por pecúnia.

Nas hipóteses em que, na execução de obrigação de fazer, se tenha de escolher, como dito anteriormente, um terceiro, que a cumprirá à custa do executado, deve-se observar o disposto no parágrafo único do art. 817 do Código de Processo Civil.

Assim é que, tendo sido requerido ao juízo que se escolhesse um terceiro para cumprir a prestação à custa do demandado, caberá ao juiz determinar o modo como se escolherá o terceiro que cumprirá a prestação. É possível, por exemplo, que o juízo determine ao exequente que apresente propostas de terceiros interessados para que, após ouvir a parte contrária, uma seja escolhida. Ou que seja publicado um edital de convocação de eventuais interessados em apresentar propostas. Nada impede, porém, que haja a celebração de negócio processual para nomeação convencional do terceiro que irá realizar a obra.

Escolhida pelo juiz a melhor proposta entre as que tenham sido apresentadas, o terceiro realizará o serviço. O exequente, porém, terá direito de preferência, podendo ele próprio executar – ou mandar executar, sob sua direção e vigilância – as obras e os trabalhos necessários à realização da prestação, desde que o faça nas mesmas condições estabelecidas na proposta do terceiro que tenha sido aprovada pelo juiz (art. 820). Para exercer esse direito de preferência, o exequente terá de manifestar sua intenção no prazo de cinco dias a contar da intimação da decisão que aprovou a proposta do terceiro (art. 820, parágrafo único).

Realizado o serviço pelo terceiro, o juiz ouvirá as partes no prazo de dez dias e, não havendo impugnação, considerará satisfeito o direito do exequente (art. 818). Caso haja alguma impugnação, porém, o juiz deverá decidi-la desde logo (art. 818, parágrafo único).

Verificando o juízo da execução que o terceiro contratado não realizou a prestação no prazo, ou que o fez de modo incompleto ou defeituoso, poderá o exequente requerer ao juiz, no prazo de quinze dias, que o autorize a concluí-la ou a repará-la à custa do terceiro contratado (art. 819, que fala em "contratante" para se referir ao terceiro contratado). O juiz, então, ouvirá o terceiro contratado no prazo de quinze dias, em seguida mandará avaliar o custo das despesas necessárias e (se for o caso, claro) o condenará a pagar tal valor (art. 819, parágrafo único).

Concluída a atividade necessária para a realização da prestação por terceiro, o exequente poderá, então – e finalmente –, prosseguir na execução (agora convertida em execução por quantia certa) contra o devedor, para dele obter o valor que teve de pagar ao terceiro contratado.

Deve-se passar, agora, ao exame do procedimento a ser observado no processo de execução das obrigações de não fazer.

Não existe, em verdade, uma execução por título extrajudicial de obrigação de não fazer. Tal afirmativa decorre do fato de que não existe mora nesse tipo de obrigação. A obrigação de não fazer é uma obrigação negativa, e estará sendo cumprida enquanto o obrigado não realizar a atividade que está obrigado a não fazer. Assim sendo, só se pode pensar na hipótese de alguém propor demanda de execução de obrigação de não fazer se a prestação tiver sido descumprida, ou seja, se o obrigado tiver realizado a atividade que não podia realizar.

Verifica-se, facilmente, que nesse caso o demandante virá a juízo manifestando pretensão de obter o desfazimento daquilo que foi feito indevidamente. O que se busca, pois, nessa espécie de execução é um desfazer, uma prestação positiva. Por essa razão, aliás, é que se pode afirmar que a execução de obrigação de não fazer é, em verdade, uma execução de obrigação de fazer.

É de notar-se que a execução de obrigação de não fazer só é cabível se o obrigado fez aquilo que não poderia ter feito, descumprindo, assim, sua obrigação. Isso se depreende do disposto no art. 822 do CPC, segundo o qual, "[s]e o executado praticou ato a cuja abstenção estava obrigado por lei ou por contrato, o exequente requererá ao juiz que assine prazo ao executado para desfazê-lo". Busca-se, assim, uma tutela processual executiva repressiva. Não se consegue, por esse meio, uma tutela capaz de prevenir o descumprimento da obrigação negativa.

Essa tutela preventiva, verdadeira tutela específica desse tipo de obrigação, será conseguida com base no disposto no art. 497, *caput* e, especialmente, parágrafo único, do CPC, que permite ao juiz proferir provimento que condene o demandado a não fazer alguma coisa, determinando os meios que serão empregados para assegurar a produção do resultado (ou de resultado prático equivalente). Trata-se da tutela inibitória, que é a tutela processual de prevenção da prática, reiteração ou continuação de atos ilícitos.

Para se poder entender o sistema regulado pelo CPC para a execução de obrigação de não fazer, é preciso ter em mente que essa espécie de obrigação pode ser classificada em permanente (ou contínua) e instantânea. As da primeira espécie (obrigações de não fazer permanentes) são aquelas que, uma vez descumpridas, permitem o retorno ao estado anterior, pois se revela possível o desfazimento. É o que se dá, por exemplo, na obrigação de não construir em um determinado terreno. Uma vez descumprida a obrigação, é possível o desfazimento da obra indevidamente realizada, o que se consegue com a demolição da edificação.

De outro lado, há obrigações de não fazer instantâneas, as quais, uma vez descumpridas, não permitem o retorno ao estado anterior. É o que se tem, por exemplo, na obrigação de não fornecer informações a uma (ou várias) pessoa acerca de alguém (pense-se, por exemplo, na obrigação que tem uma instituição bancária de não revelar a ninguém – salvo hipóteses excepcionais – a movimentação das aplicações financeiras de seus clientes: uma vez violado o sigilo bancário, impossível se torna o retorno ao estado anterior; ou na violação de cláusula de confidencialidade incluída em contrato).

O CPC, ao regular a execução das obrigações de não fazer, o que se dá através do disposto nos arts. 822 e 823, preocupou-se, quase que exclusivamente, com as obrigações de não fazer permanentes. A única disposição legal que se aplica às obrigações de não fazer instantâneas é a contida no parágrafo único do art. 823, segundo o qual, "[n]ão sendo possível desfazer-se o ato, a obrigação resolve-se em perdas e danos, caso em que, após a liquidação, se observará o procedimento da execução por quantia certa".

A execução de obrigação de não fazer fundada em título extrajudicial, como todas as demais modalidades de processo de execução, está submetida ao princípio da demanda (art. 2º do CPC), corolário de uma das características essenciais da função jurisdicional, qual seja, a inércia. Assim sendo, faz-se mister, para a instauração do processo executivo, que se apresente em juízo uma petição inicial, a qual, como todas as demais petições iniciais do processo executivo, em todas as espécies de execução, deve atender aos requisitos do art. 319 do CPC que se revelem adequados ao processo executivo. Além disso, deve a petição inicial vir acompanhada do título executivo.

Na petição inicial, deverá o demandante requerer a citação do executado para, no prazo assinado no título (ou, omisso este, no prazo assinado pelo juízo da execução), desfazer o que foi indevidamente realizado. A citação poderá, também aqui, se realizar por qualquer dos meios previstos na Parte Geral do CPC.

Desfeito o ato dentro do prazo fixado, estará realizado o direito exequendo, devendo o juiz proferir sentença declarando extinta a execução.

Impossível o desfazimento (obrigações de não fazer instantâneas), como dito, haverá a conversão da obrigação em perdas e danos, com a realização de liquidação incidente para apuração do *quantum debeatur*.

Tratando-se de obrigação de não fazer permanente, em que é possível o desfazimento, mas não tendo o executado, voluntariamente, desfeito a obra indevidamente realizada, o demandante requererá ao juízo que determine o desfazimento à custa do executado.

Sendo a execução de obrigação de não fazer, como visto, verdadeira espécie de execução de obrigação de fazer (na modalidade "obrigação de desfazer", uma obrigação de fazer como outra qualquer, diferindo apenas na origem, já que decorrente do descumprimento de uma obrigação negativa), aplicam-se aqui todas as regras estabelecidas para a escolha do terceiro, inclusive quanto ao direito de preferência do exequente.

É de se referir, porém, uma diferença estabelecida pelo regime do CPC entre a execução de obrigação de fazer e a de obrigação de não fazer. É que, naquela primeira modalidade de execução (obrigação de fazer), o exequente tem uma alternativa: ou se realiza a prestação por terceiro à custa do demandado ou se converte a obrigação em perdas e danos. Já na execução de obrigação de não fazer não se está diante de uma alternativa, mas de uma cumulação. O exequente obterá o desfazimento por terceiro à custa do executado e, além disso, receberá as perdas e danos que venham a ser constatadas.

Por fim, vale dizer que são aplicáveis ao processo de execução das obrigações de fazer e não fazer fundado em título extrajudicial o disposto nos arts. 536 e 537 (FPPC, Enunciado nº 444), dos quais se tratará adiante, no estudo do cumprimento de sentença.

21.4. EXECUÇÃO POR QUANTIA CERTA

21.4.1. Disposições gerais e ajuizamento da execução

Há três diferentes procedimentos para o processo de execução por quantia certa previstos no CPC. Um primeiro, que pode ser chamado procedimento padrão, é aplicável à generalidade das hipóteses em que se pretenda executar obrigação de pagar dinheiro com base em título executivo extrajudicial, aplicando-se, ainda, subsidiariamente aos demais. Exerce esse procedimento, pois, função análoga à exercida pelo procedimento comum no processo de conhecimento. Há, ainda, um procedimento específico para a execução contra a Fazenda Pública, cuja utilização se dá em razão da pessoa do executado. Por fim, o da execução de alimentos, em que a nota determinante da adequação do procedimento é a especial natureza do crédito exequendo, sendo certo que a principal característica desse procedimento, como se verá no momento próprio, é a existência de um meio de coerção pessoal (a prisão civil do executado). Inicia-se este estudo pelo procedimento padrão da execução por quantia certa.

Como todos os demais procedimentos executivos, este se divide em três fases: postulatória, instrutória e satisfativa. A primeira fase é formada pelo ajuizamento da demanda e pela citação do executado (sendo possível que, nessa fase, realize-se um arresto). A segunda, pela penhora e demais atos preparatórios da satisfação do crédito. A fase satisfativa é formada, como seu próprio nome indica, pela satisfação do crédito exequendo, por sua realização prática, que pode se dar por diversas formas.

É sempre bom lembrar que esse é um procedimento que tem por fim a entrega, ao demandante, de uma soma em dinheiro, sendo certo que o numerário será obtido através da expropriação de bens do patrimônio do executado (sendo adequado falar em *execução por expropriações*). Não é por outra razão que o art. 824 do CPC estabelece que "[a] execução por quantia certa realiza-se pela expropriação de bens do executado, ressalvadas as execuções especiais". A expropriação não é o fim da execução, mas mero instrumento para que se alcance o verdadeiro fim, que é a satisfação do crédito exequendo. Significa isso, então, que a atividade executiva incidirá sobre os bens que compõem o patrimônio do executado. A finalidade da execução por quantia certa, porém, não é a expropriação, mas a satisfação do crédito exequendo.

Vale esclarecer desde logo que a ressalva contida no texto normativo, relativa às "execuções especiais", diz respeito à execução contra a Fazenda Pública (em que não se praticam atos de agressão patrimonial) e à execução de alimentos (em que se pode empregar um meio executivo que incide sobre o corpo do devedor, a prisão civil, que se associa aos outros atos executivos incidentes sobre os bens do executado).

Feitas essas considerações iniciais, passa-se à análise de cada um dos atos que compõem o procedimento padrão da execução por quantia certa, começando, obviamente, pela petição inicial.

Como se dá em todos os processos, também o executivo está sujeito ao princípio da demanda (art. 2º do CPC), corolário da inércia característica da atividade jurisdicional. Assim sendo, é preciso que se ajuíze uma demanda, para que se possa dar início ao processo executivo. A demanda, aqui como em qualquer outro caso, tem como instrumento uma petição inicial, que deve observar todos os requisitos genericamente exigidos para a regularidade formal da demanda (art. 319 do CPC). É preciso, ainda, que a petição inicial se faça acompanhar do título executivo extrajudicial (art. 798, I, *a*). Deve ser instruída, também, com demonstrativo do débito atualizado até a data da propositura da demanda executiva (art. 798, I, *b*). Esse demonstrativo deverá indicar o índice de correção monetária adotado (e aqui vale a pena lembrar que incumbe ao Conselho Nacional de Justiça desenvolver e colocar à disposição dos interessados programa de atualização financeira, nos termos do art. 509, § 3º), a taxa de juros aplicada, os termos inicial e final de incidência dos índices de correção monetária e da taxa de juros, a periodicidade da capitalização de juros (se for o caso) e a especificação dos descontos obrigatórios realizados, como seria o caso do desconto de imposto de renda retido na fonte (art. 798, parágrafo único).

Não se pense que o executado não tenha garantias. Este continua podendo discutir o valor da obrigação exigida, o que se fará através da oposição de embargos do executado. Considerando o executado que a conta apresentada pelo exequente está errada, levando a se exigir dele quantia superior à efetivamente devida, poderá opor embargos alegando excesso de execução (art. 917, III, do CPC). Além disso, aplicam-se ao processo de execução por quantia certa, em caráter subsidiário, as disposições contidas nos §§ 1º e 2º do art. 524 do CPC. Assim, considerando o juiz da execução que o valor indicado no demonstrativo de cálculo apresentado pelo exequente parece exceder os limites do título executivo, a execução se desenvolverá pelo valor pretendido, mas a penhora terá por base a importância que o juiz repute adequada (§ 1º), podendo, para sua fixação, valer-se do auxílio de contabilista judicial (§ 2º).

Por último, deve-se dizer que o exequente pode valer-se de sua petição inicial para indicar os bens que pretende ver penhorados no caso de o executado não pagar a dívida no prazo de três dias (art. 798, II, *c*). Pode acontecer, porém, de o exequente não conhecer bens penhoráveis do executado. Nesse caso, evidentemente, não se valerá da faculdade instituída pelo citado dispositivo legal, e caberá ao juízo identificar os bens do demandado que suportarão a atividade executiva.

Estando corretamente elaborada a petição inicial (isto é, não sendo caso de determinação de sua emenda ou mesmo de seu indeferimento), o juiz proferirá despacho liminar positivo, determinando a citação do executado. Nesse pronunciamento serão fixados, desde logo, honorários advocatícios, os quais serão invariavelmente de dez por cento sobre o valor da execução, a serem pagos pelo executado (art. 827). Poderá, porém, haver majoração desses honorários (até o limite de vinte por cento) se rejeitados os embargos do executado ou, caso não opostos esses embargos, ao final do processo e se levando em conta o trabalho realizado pelo advogado do exequente (art. 827, § 1º).

Proferido esse despacho liminar positivo, poderá o exequente obter certidão de que a execução foi admitida pelo juízo, com identificação das partes e do valor da causa, para fins de averbação no registro de imóveis, de veículos ou de outros bens sujeitos à penhora, arresto ou indisponibilidade (art. 828, aplicável também ao cumprimento de sentença, como se vê pelo Enunciado nº 529 do FPPC). A obtenção dessa certidão não depende de decisão judicial, devendo ela ser emitida pelo escrivão ou chefe de secretaria (FPPC, Enunciado nº 130). Averbada essa certidão, o exequente deverá comunicar ao juízo, no prazo de dez dias – sob pena de ineficácia da averbação –, que aquela foi efetivada (art. 828, § 1º). Após a averbação da certidão de admissão da execução, a alienação ou instituição de gravame sobre o bem à margem de cujo registro a averbação tenha sido feita será tida em fraude à execução (arts. 792, II, e 828, § 4º).

Quando, posteriormente, vier a ser efetivada penhora sobre bens suficientes para cobrir a integralidade do valor do crédito exequendo, incumbirá ao exequente providenciar, no prazo de dez dias, o cancelamento das averbações relativas aos bens não penhorados (art. 828, § 2º). Caso o exequente não promova esse cancelamento, será ele determinado pelo juiz da execução, de ofício ou mediante requerimento do interessado (art. 828, § 3º).

Averbações que se revelem manifestamente indevidas, assim como as não canceladas no prazo, gerarão para o exequente o dever de indenizar o executado, processando-se o incidente em autos apartados (art. 828, § 5º).

21.4.2. Citação e arresto

O executado será citado para, no prazo de três dias (contado da citação, nos termos do art. 829, o que afasta a incidência das regras previstas no art. 231), efetuar o pagamento da dívida exequenda (art. 829). A citação será feita, preferencialmente, por oficial de justiça. Isso não é expresso no texto do CPC, que, a rigor, sequer veda a citação eletrônica ou postal nos processos executivos (art. 247), mas o art. 830 é expresso em atribuir incumbências ao oficial de justiça que não consegue efetivar desde logo a citação, o que demonstra que é ao oficial de justiça que incumbe a diligência de citação.

Esse é ponto que merece ser examinado com cuidado. O CPC de 1973 expressamente vedava a citação postal no processo de execução, o que realmente não se repetiu no CPC vigente. E isso tem levado muitas pessoas a sustentarem que não haveria agora qualquer vedação ou obstáculo à citação postal nessa modalidade de processo (ou à citação por meio eletrônico, que é a forma preferencial de citação no sistema processual vigente).

Pois é de se considerar que, nos casos de processo de execução das obrigações de fazer, não fazer ou entregar coisa, não há, mesmo, qualquer vedação ou impedimento a que se promova a citação do executado por via eletrônica ou postal. A execução por quantia certa, porém, exige tratamento diferenciado.

É que, no caso de não ser o executado encontrado para receber a citação pessoal, será preciso realizar, de imediato, o arresto de bens (art. 830), o que evidentemente não pode ser realizado por um carteiro.

Além disso, chama a atenção o fato de que o texto da lei processual fala, expressamente, em mandado de citação (art. 829, § 1º), expressão que se emprega quando se tem a citação por oficial de justiça, e não na citação por meio eletrônico ou pelo correio (como se vê, por exemplo, do art. 250, que, ao tratar da citação por oficial de justiça, fala em mandado, termo que não aparece nos dispositivos que regulam a citação por via postal).

Por essas razões é que aqui se sustenta que a citação eletrônica e a postal são incompatíveis com o processo de execução por quantia certa, devendo o executado ser preferencialmente citado por oficial de justiça.

Citado o executado, caso o pagamento seja inteiramente efetuado dentro desse prazo de três dias, o valor dos honorários ficará automaticamente reduzido à metade (art. 827, § 1º). Trata-se de uma sanção premial, destinada a estimular o executado a conduzir-se do modo desejado, pagando desde logo o valor integral da execução com seus acréscimos (como custas processuais, juros de mora e atualização monetária).

Não efetuado o pagamento no prazo, prosseguirá o procedimento executivo, motivo pelo qual do mandado de citação constarão, também, a ordem de penhora e a avaliação (a serem cumpridas pelo oficial de justiça tão logo verificado o decurso do prazo sem que o pagamento tenha sido realizado), nos termos do art. 829, § 1º.

Pode acontecer de o oficial de justiça não encontrar o executado. Nesse caso, deverá proceder ao arresto de tantos bens quantos bastem para garantir a execução (art. 830). O arresto é uma medida executiva – e não cautelar, motivo pelo qual se deve evitar confusões entre essa medida e aquela, de natureza cautelar, mencionada no art. 301 – a ser efetivada pelo oficial de justiça, independentemente de requerimento do exequente ou de determinação judicial. Deve ficar claro que o arresto de que aqui se trata não exige, para ser realizado, a existência de uma situação de urgência. Basta o mero fato (de verificação puramente objetiva) de não se encontrar o executado para a realização da citação. Ainda que se trate de executado cujo patrimônio, notoriamente, é suficiente para garantir a satisfação do crédito exequendo, o fato de não ser ele encontrado pelo oficial de justiça quando este vai efetuar a citação permite que se realize o arresto. Não se trata, pois, de medida cautelar.

Ocorrendo, então, o fato, objetivamente considerado, de o oficial de justiça não encontrar o executado para efetivar a citação, deverão ser arrestados tantos bens quantos bastem para garantir a execução.

O arresto é, na verdade, uma antecipação de penhora (ou, se se preferir, uma pré-penhora), e em penhora se converterá se, aperfeiçoada a citação, decorrer o prazo de três dias sem que se efetue o pagamento voluntário (art. 830, § 3º). Nesse caso, a conversão do arresto em penhora se dá de pleno direito, independentemente de lavratura de qualquer termo, e os efeitos da penhora retroagirão à data do arresto.

Não tendo sido encontrado o executado para citação, e efetivado pelo oficial de justiça o arresto, faz-se necessária a realização de novas diligências, pelo próprio oficial de justiça, que deverá, nos dez dias seguintes, procurar o executado por mais duas vezes, em dias distintos. Havendo suspeita de ocultação, o oficial de justiça promoverá a citação com hora certa (art. 830, § 1º). Não sendo possível a realização da citação pessoal, e não sendo caso de se efetivar a citação com hora certa, deverá o exequente requerer a citação do executado por edital (art. 830, § 2º).

Importante observar que, permanecendo inerte o executado citado com hora certa ou por edital, não é caso de o juiz nomear para ele curador especial. Não se aplica à hipótese o art. 72, II, do CPC, pois não se estará diante de revelia. A não manifestação do executado não pode se confundir com a ausência de contestação (revelia), não se configurando, pois, a hipótese de incidência do art. 27, II, do CPC, que fala em "réu revel". Importante notar, porém, que já desde a vigência do CPC anterior o STJ firmou entendimento, consolidado no enunciado de Súmula nº 196, em sentido contrário ao aqui sustentado ("[a]o executado que, citado por edital ou por hora certa, permanecer revel, será nomeado curador especial, com legitimidade para apresentação de embargos"), entendimento este que o Superior Tribunal de Justiça continua a aplicar mesmo depois da vigência do CPC de 2015 (como se vê, por exemplo, pelo acórdão proferido no julgamento do AgInt no REsp 1.781.045/MG).

Como visto, no processo de execução por quantia certa cita-se o executado para que, no prazo de três dias, efetue o pagamento integral do débito exequendo (o que leva, evidentemente, à extinção da execução). Pode o executado, porém, no prazo para oferecer embargos, em vez de apresentar defesa, optar por reconhecer expressamente o crédito do exequente e, juntamente com tal reconhecimento, comprovar o depósito de pelo menos trinta por cento do valor integral da execução (acrescido de custas e honorários advocatícios). Nesse caso, admite-se que o executado requeira o pagamento parcelado do saldo da dívida, em até seis parcelas mensais, acrescidas de correção monetária e juros de um por cento ao mês (art. 916). É uma espécie de moratória judicial, sendo direito do executado o pagamento parcelado (desde que, evidentemente, preencha os requisitos legais: reconhecer expressamente o débito; formular o requerimento no prazo dos embargos; comprovar, nesse mesmo prazo, ter efetuado o depósito de trinta por cento do valor total da dívida). Esse requerimento, feito no prazo de que o executado dispõe para embargar, acarreta o integral reconhecimento da dívida exequenda, com a consequente renúncia ao direito de opor embargos do executado (art. 916, § 6º). Não se admite, então, que o executado requeira o pagamento parcelado e, além disso, oponha embargos, comportamento contraditório que viola o princípio da boa-fé objetiva (art. 5º). Pode-se considerar, então, estar diante de mais uma sanção premial prevista na lei processual. Estimula-se o executado a reconhecer expressamente a dívida e a abrir mão do direito de opor embargos à execução e, em troca, garante-se a ele o pagamento parcelado da dívida.

Formulado o requerimento, o exequente será intimado para se manifestar, no prazo de cinco dias, sobre o preenchimento dos pressupostos (art. 916, § 1º). Não tem o exequente o direito de discordar do pagamento parcelado. Só pode ele discutir se os pressupostos legais foram ou não preenchidos. Além disso, deve-se admitir que o exequente suscite perante o juízo da execução discussão acerca do número de parcelas em que será dividido o pagamento ainda restante, já que o texto normativo estabelece que tal pagamento se dará em até seis parcelas. Caso todos os pressupostos estejam presentes, é direito do executado pagar parceladamente.

Deferido o pagamento parcelado, o exequente poderá levantar os valores já depositados, sendo suspensos os atos executivos (art. 916, § 3º). Enquanto não apreciado o requerimento do executado, porém (e tal apreciação pode, na prática, demorar algum tempo), incumbirá ao devedor depositar as parcelas que forem se vencendo, ficando desde logo autorizado o levantamento, pelo exequente, das quantias depositadas (art. 916, § 2º).

Indeferido o pagamento parcelado (por não ter sido preenchido algum requisito legal), a execução retomará seu curso normal, mantido o depósito que o executado tenha efetuado, o qual deverá ser convertido em penhora (art. 916, § 4º).

Caso o parcelamento tenha sido deferido e, não obstante isso, o executado deixe de depositar tempestivamente qualquer das parcelas, ocorrerá o vencimento antecipado das prestações subsequentes, devendo prosseguir a execução, com o imediato reinício dos atos executivos (art. 916, § 5º, I). Além disso, será imposta ao executado, em favor do exequente, multa de dez por cento sobre o valor das prestações não pagas (aí incluídas as que antecipadamente se vencerem), nos termos do art. 916, § 5º, II.

Esse instituto da moratória judicial não se aplica, nem subsidiariamente, ao cumprimento de sentença, por força de expressa previsão legal nesse sentido (art. 916, § 7º). Aplica-se, porém, ao procedimento especial da "ação monitória" (art. 701, § 5º).

21.4.3. Penhora, depósito e avaliação

Citado o executado, terá ele o prazo de três dias para efetuar o pagamento voluntário, e, efetivado este, será possível a extinção da execução. Decorrido o prazo, porém, sem que o pagamento tenha sido realizado, deverá ser realizada a penhora.

Penhora é o ato de apreensão judicial dos bens que serão empregados, direta ou indiretamente, na satisfação do crédito exequendo. Em outras palavras, a penhora é um ato de constrição patrimonial, através do qual são apreendidos bens que serão utilizados como meio destinado a viabilizar a realização do crédito do exequente. Essa utilização pode ser direta (que se dá quando o próprio bem apreendido é entregue ao exequente a título de pagamento da dívida, por intermédio de uma técnica de expropriação chamada adjudicação) ou indireta (que ocorre nos casos em que o bem penhorado é expropriado e transformado em dinheiro, usando-se essa verba, obtida com a alienação do bem penhorado, para pagar o credor).

A penhora produz efeitos de duas ordens: processuais e materiais.

O primeiro efeito processual da penhora é garantir o juízo. Em outros termos, a penhora é ato pelo qual se estabelece uma garantia de que o procedimento executivo poderá ser exitoso, bem-sucedido, já que há bens apreendidos de valor suficiente para permitir a integral satisfação do crédito exequendo. Essa garantia é extremamente relevante quando se considera que o procedimento executivo descrito no CPC só é adequado naqueles casos em que o executado é solvável (isto é, tem patrimônio suficiente para assegurar a satisfação de seu crédito). Afinal, sendo o executado insolvável (ou insolvente, como se costuma dizer no jargão forense, em redação que não é lá das mais técnicas), o procedimento executivo a ser utilizado é diverso (e está regulado, ainda, no CPC de 1973, por força do disposto no art. 1.052).

Corolário desse efeito processual da penhora é a conservação dos bens penhorados em mãos do depositário judicial, auxiliar da justiça que irá ficar com a coisa penhorada até que ela seja objeto de expropriação ou até que ocorra algum fato capaz de liberar o bem do encargo que sobre ele recai, como, por exemplo, o pagamento da dívida exigida.

O segundo efeito processual da penhora é o de individualizar os bens que suportarão a atividade executiva. Como já se viu em passagem anterior deste trabalho, o executado responde pelo cumprimento da obrigação com todos os seus bens. Resulta daí que, ao início da execução, a atividade de agressão patrimonial pode incidir sobre todo e qualquer bem do executado (com a única ressalva dos bens impenhoráveis). Pois, a partir do momento em que a penhora é efetivada, toda a atividade executiva passará a incidir exclusivamente sobre os bens penhorados.

O terceiro e último efeito processual da penhora é gerar, para o exequente, direito de preferência. Esse efeito nada mais é do que a consagração em lei do que se costuma chamar de princípio do *prior tempore, potior iure* (ou seja, o primeiro no tempo é o direito mais forte). Significa isso dizer que, recaindo mais de uma penhora sobre um determinado bem, terá preferência no recebimento do dinheiro em que o bem penhorado será convertido aquele exequente que, em primeiro lugar, tiver realizado a penhora (em seguida receberá o exequente que obteve a segunda penhora, e assim sucessivamente).

A preferência nascida da penhora não afasta, porém, a incidência de preferências nascidas anteriormente, e que serão respeitadas, como a que provém da hipoteca, por exemplo. É de se recordar, ainda, que, tendo havido arresto anterior, a preferência oriunda da penhora retroage à data em que o arresto foi efetivado.

Esclareça-se melhor este ponto: pode acontecer de incidirem, sobre o mesmo bem, duas ou mais penhoras. É preciso, então, recordar que há credores que não têm qualquer preferência legal na satisfação do crédito (como se dá, por exemplo, com os credores quirografários). Pois entre eles a preferência será ditada pela penhora (arts. 797, *caput* e parágrafo único, e 905, I). Dito de outro modo, quando o bem penhorado for transformado em dinheiro (e respeitadas outras preferências legais, como a dos credores trabalhistas ou fiscais), receberá primeiro aquele que obteve a primeira penhora.

A preferência oriunda da penhora, contudo, não sobrevive à decretação da insolvência civil do executado, situação em que os credores quirografários, tenham ou não realizado penhora sobre bens do devedor, participam do concurso universal de credores em igualdade de condições (por força do que se costuma chamar de princípio do *par conditio creditorum*).

É intensa a discussão doutrinária acerca da natureza da preferência instituída pela penhora, havendo quem afirme que a penhora gera para o exequente um direito real. Esta não parece, porém, a melhor posição. Admitir que a penhora gera direito real implicaria uma contradição para aqueles que, como eu, sustentam que a hipoteca, por exemplo, não tem natureza de direito real. A preferência gerada pela penhora é de natureza meramente processual, como defende a melhor doutrina.

Além desses efeitos processuais, a penhora produz dois efeitos materiais (ou substanciais). O primeiro deles é privar o executado da posse direta do bem apreendido. É que a penhora se aperfeiçoa com a apreensão e o depósito dos bens (art. 839). Haverá, pois, com a realização da penhora, um desapossamento do bem apreendido, de modo que este será retirado da posse do executado e passará a estar na posse do juízo. A rigor, o que se tem aí é um desdobramento vertical forçado da posse, de modo que o executado (que, ao ver penhorados bens seus, não fica privado de sua propriedade, já que o bem penhorado ainda lhe pertence) permanecerá tão somente com a posse indireta do bem, enquanto o Estado, por intermédio do juízo, passará a ter a posse direta do que tenha sido penhorado.

Interessante é, porém, o caso em que o próprio executado é nomeado depositário do bem penhorado (art. 840, III e § 2º). É que nesses casos, embora o executado permaneça com o bem, não terá mais sua posse direta. Afinal, atuará o executado nesses casos como depositário dos bens penhorados e, portanto, como auxiliar eventual da justiça. Nesse caso, pois, o executado ficará de qualquer maneira privado da posse direta do bem apreendido, mas se tornará detentor do bem (já que o terá consigo em nome alheio, isto é, em nome do Estado-juiz).

O segundo efeito material da penhora é tornar ineficazes os atos posteriores de alienação ou de oneração do bem, efeito este que só se produzirá, porém, se a penhora tiver sido averbada junto ao registro do bem (art. 792, III). Assim, tendo sido efetivada a penhora e averbada ela junto à matrícula do bem (se este for sujeito a registro, como se dá, por exemplo, com imóveis ou veículos automotores), qualquer ato posterior de alienação ou instituição de gravame sobre o bem penhorado será considerado fraude à execução e, pois, inoponível ao exequente. É que a averbação da penhora (ou do arresto, que, como dito anteriormente, é uma antecipação de penhora) junto ao registro competente gera presunção absoluta de que a apreensão do bem é conhecida por terceiros (art. 844). E, sendo absoluta a presunção, não admite ela qualquer prova em contrário. Não havendo a averbação do bem, porém (ou no caso de ser bem que não se sujeita a qualquer tipo de registro), a ineficácia ocorrerá se estiverem preenchidos os requisitos da fraude à execução, devendo ficar demonstrado nos autos que com aquela alienação o executado se tornou insolvável (além de ser necessária a proteção dos adquirentes de boa-fé).

A penhora deverá recair sobre tantos bens (penhoráveis, claro) quantos bastem para garantir o pagamento integral do débito exequendo atualizado, acrescido de juros, das despesas processuais e dos honorários advocatícios (art. 831). Por conta disso, é expressa a lei processual ao estabelecer que não se fará a penhora quando for evidente que o valor que poderá ser obtido com a expropriação dos bens encontrados será totalmente absorvido pelo pagamento das custas da execução (art. 836).

Deve a penhora, preferencialmente, observar a ordem prevista no art. 835. Perceba-se, porém, que é prioritária a penhora de dinheiro (art. 835, § 1º), somente sendo possível alterar a ordem prevista no *caput* do art. 835 em relação aos demais bens, o que levará em conta as circunstâncias do caso concreto (art. 835, § 1º, parte final).

Assim é que, prioritariamente, a penhora recairá sobre dinheiro, em espécie ou depositado ou aplicado em instituição financeira (art. 835, I). Não havendo, porém, dinheiro suficiente para garantir a execução, a penhora incidirá, preferencialmente, sobre títulos da dívida pública da União, dos Estados e do Distrito Federal com cotação em mercado (art. 835, II); sobre títulos e valores mobiliários com cotação em mercado (art. 835, III); veículos de via terrestre (art. 835, IV); imóveis (art. 835, V); outros bens móveis (art. 835, VI); semoventes (art. 835, VII); navios e aeronaves (art. 835, VIII); ações e quotas de sociedades simples ou empresárias (art. 835, IX); percentual do faturamento de empresa devedora (art. 835, X); pedras e metais preciosos (art. 835, XI); direitos aquisitivos derivados de promessa de compra e venda e de alienação fiduciária em garantia (art. 835, XII); ou, por fim, sobre outros bens ou direitos, não mencionados nas hipóteses anteriores (art. 835, XIII).

Tratando-se de execução de crédito garantido por algum "ônus real" (como a hipoteca ou o penhor, por exemplo), porém, a penhora recairá, obrigatoriamente, sobre a coisa dada em garantia, e, se esta pertencer a terceiro, será ele também intimado da penhora (art. 835, § 3º). Fica, nesse caso, pois, afastada a gradação prevista no art. 835.

A penhora se aperfeiçoa através da apreensão e do depósito de bens capazes de assegurar a realização do direito exequendo.

A apreensão judicial dos bens é bastante simples, bastando que a penhora seja reduzida a termo escrito pelo escrivão (ou por escrevente que o auxilie). Não sendo este o caso, ou seja, sendo necessário buscar os bens sobre os quais recairá a penhora, a apreensão judicial dos bens do executado se fará através de oficial de justiça, que deverá lavrar auto de penhora. A penhora será realizada onde quer que se encontrem os bens.

A penhora é realizada, então, mediante a lavratura de um auto ou de um termo, que deverá conter a indicação do dia, mês, ano e lugar em que a apreensão foi feita; os nomes do exequente e do executado; a descrição do bem penhorado, com suas características e a nomeação do depositário dos bens (art. 838). Havendo mais de uma penhora, serão lavrados autos ou termos individualizados (art. 839, parágrafo único). Tratando-se de penhora de dinheiro, esta poderá realizar-se por meio eletrônico – assim como a averbação da penhora de qualquer bem –, desde que isso ocorra com observância das normas de segurança cuja instituição é incumbência do Conselho Nacional de Justiça (art. 837).

É de se lembrar, ainda, que pode ter havido a realização de um arresto (*rectius*, pré-penhora), hipótese em que se deve considerar a possibilidade de se proceder à penhora do próprio bem arrestado. Nesse caso, o arresto converte-se em penhora. Incidindo, porém, a penhora sobre bens diversos daqueles que foram arrestados, tudo se passa pela mesma forma que na hipótese de não ter havido arresto anterior (com a única diferença de que os efeitos da penhora retroagirão, de qualquer maneira, à data em que se fez a pré-penhora).

Como dito anteriormente, a penhora é um ato de apreensão judicial de bens. Por tal motivo, considera-se aperfeiçoada a penhora com a apreensão e o depósito dos bens (art. 839). Como se faz necessário o depósito do bem penhorado, torna-se indispensável a nomeação de um depositário do bem.

Tratando-se de dinheiro, papéis de crédito, pedras ou metais preciosos, o depositário será, preferencialmente, o Banco do Brasil, a Caixa Econômica Federal ou banco de que o Estado ou o Distrito Federal tenha mais da metade do capital social integralizado ou, na sua falta, qualquer instituição de crédito designada pelo juiz (art. 840, I). Joias, pedras e outros objetos preciosos deverão ser depositados com registro do valor estimado de resgate (art. 840, § 3º).

No caso de penhora de móveis, semoventes, imóveis urbanos (ou direitos aquisitivos sobre imóveis urbanos), deverá o bem ficar, preferencialmente, sob a guarda de depositário judicial (art. 840, II). Não havendo depositário judicial, ficarão os bens sob a guarda do exequente (art. 840, § 1º).

Imóveis rurais (e os direitos aquisitivos sobre imóveis rurais), máquinas, utensílios e instrumentos necessários ou úteis à atividade agrícola, desde que prestada caução idônea, ficarão depositados com o executado (art. 840, III).

Seja lá qual for o bem, porém, será possível nomear depositário o executado quando se tratar de bem de difícil remoção ou se com tal nomeação concordar o exequente (art. 840, § 2º).

Formalizada a penhora (pela lavratura do auto ou termo de penhora), dela será imediatamente intimado o executado (art. 841). Essa intimação será feita na pessoa do advogado do executado ou à sociedade de advogados que ele integre (art. 841, § 1º). Dispensa-se a intimação através de advogado, porém, se o ato da penhora se deu na presença do executado, caso em que este será desde logo intimado pessoalmente (art. 841, § 3º). Não tendo o executado advogado constituído nos autos, sua intimação será pessoal, a ser feita preferencialmente por via postal (art. 841, §§ 2º e 4º).

Caso o bem penhorado seja imóvel (ou algum direito real sobre imóvel) e o executado seja casado, deverá ser intimado também seu cônjuge, salvo se o regime do casamento for o da separação absoluta de bens (art. 842).

Recaindo a penhora sobre bem gravado por penhor, hipoteca, anticrese ou alienação fiduciária, deverá ser intimado, também, o credor pignoratício, hipotecário, anticrético ou fiduciário (art. 799, I). Se a penhora recair sobre bem gravado por usufruto, uso ou habitação, será intimado o titular do direito real sobre coisa alheia (art. 799, II). Vindo a ser efetivada penhora sobre bem em relação ao qual haja promessa de compra e venda registrada, será intimado o promitente comprador (art. 799, III), e, se o bem penhorado for direito aquisitivo derivado de promessa de compra e venda registrada, será obrigatoriamente intimado o promitente vendedor (art. 799, IV). No caso de penhora de bem submetido ao regime do direito de superfície, enfiteuse ou concessão de uso especial para fins de moradia ou concessão de direito real de uso, deverá ser intimado o superficiário, enfiteuta ou concessionário (art. 799, V). Já se a penhora recair sobre direitos do superficiário, do enfiteuta ou do concessionário, será intimado o proprietário do terreno com regime de direito de superfície, enfiteuse, concessão de uso especial para fins de moradia ou concessão de direito real de uso (art. 799, VI). Sendo penhoradas quotas sociais ou ações de sociedade anônima de capital fechado, deverá ser intimada a própria sociedade (art. 799, VII). Por fim, recaindo a penhora sobre direito real de laje, deverá ser intimado o titular da construção-base (art. 799, XI).

Caso o bem penhorado seja sujeito a algum tipo de registro público, como acontece com bens imóveis, veículos automotores, embarcações, aeronaves, entre outros, poderá o exequente, independentemente de mandado judicial, mediante a simples apresentação de cópia do auto ou termo de penhora, providenciar sua averbação junto ao registro do bem. Praticado esse ato, haverá uma presunção absoluta (que, portanto, não admite prova em contrário) de conhecimento da penhora por terceiros, o que impedirá que qualquer pessoa venha depois a afirmar que foi adquirente de boa-fé do bem.

A penhora deve ser realizada onde quer que se encontrem os bens, ainda que estejam eles sob a posse, detenção ou guarda de terceiros (art. 845). Havendo necessidade, a penhora poderá realizar-se por carta precatória, caso em que os bens serão apreendidos, avaliados e expropriados no lugar em que se encontrem (art. 845, § 2º). Tratando-se de bem imóvel ou de veículo automotor, porém, apresentada certidão da matrícula daquele ou que ateste a existência deste, a penhora será realizada por termo nos autos, pouco importando o lugar em que o bem esteja localizado (art. 845, § 1º).

Caso o executado feche as portas de sua casa a fim de criar obstáculo à efetivação da penhora, o oficial de justiça comunicará o fato ao juiz, solicitando ordem de arrombamento (art. 846). Deferida a ordem, dois oficiais de justiça cumprirão o mandado, arrombando cômodos e móveis em que se presuma estarem os bens, devendo lavrar auto circunstanciado, a ser assinado por duas testemunhas presentes à diligência (art. 846, § 1º). Caso necessário, o juiz requisitará força policial para dar apoio aos oficiais de justiça (art. 846, § 2º). O auto da ocorrência deverá ser lavrado em duas vias, de que constará o rol de testemunhas com sua qualificação (art. 846, § 4º), devendo uma via ser juntada aos autos e a outra entregue à autoridade policial a quem caiba apurar a prática dos eventuais delitos de desobediência ou de resistência (art. 846, § 3º). Além disso, sempre vale recordar que a atitude do executado que cria embaraços ou dificuldades à realização da penhora constitui ato atentatório à dignidade da justiça (art. 774, III), punível com multa de até vinte por cento do valor atualizado do débito em execução (art. 774, parágrafo único).

21.4.3.1. Modificações da penhora

Intimado o executado da penhora, dispõe ele do prazo de dez dias para requerer a substituição do bem penhorado, devendo para tanto comprovar que a substituição lhe será menos onerosa e não trará prejuízo ao exequente (art. 847). Trata-se, aqui, de regra destinada a viabilizar a implementação do princípio da menor onerosidade possível (art. 805). Deverá o executado, então, indicar o bem que pretende ver penhorado em substituição ao originariamente apreendido. Sendo imóvel o bem oferecido em substituição, deverá o executado juntar certidão da matrícula do imóvel (art. 847, § 1º, I). No caso de bens móveis, incumbe ao executado descrevê-los, com todas as suas propriedades e características, bem assim seu estado e o lugar onde se encontram (art. 847, § 1º, II).

Caso o executado indique em substituição bens semoventes, deverá indicar espécie, número, marca ou sinal e local em que se encontram (art. 847, § 1º, III). Sendo indicados créditos, deverão estes ser identificados, com a nomeação do devedor, a indicação da origem da dívida, do título que a representa e da data do vencimento (art. 847, § 1º, IV).

Por fim, e qualquer que tenha sido o bem indicado em substituição, o executado tem o ônus de lhe atribuir valor, especificando os ônus e encargos a que esteja sujeito (art. 847, § 1º, V).

Além disso, a penhora sempre poderá ser substituída por dinheiro, a que se equiparam a fiança bancária e o seguro garantia judicial, em valor não inferior ao do débito constante da petição inicial acrescido de trinta por cento (arts. 835, § 2º, e 848, parágrafo único).

Não é só para atender ao princípio da menor onerosidade que se admite a substituição da penhora. Também se admite a substituição da penhora, a requerimento de qualquer das partes, se ela não obedecer à ordem legal; se não incidir sobre os bens designados em lei, contrato ou ato judicial para o pagamento; se, havendo bens no foro da execução, outros tiverem sido penhorados; no caso de, havendo bens livres, tiver a penhora recaído sobre bens já penhorados ou por qualquer outro modo gravados; caso ela incida sobre bens de baixa liquidez; se fracassar a tentativa de alienação judicial; ou se o executado não indicar o valor dos bens ou omitir qualquer das indicações previstas na lei (art. 848).

Por fim, caso se verifique, no curso do processo, que o valor de mercado dos bens penhorados sofreu alteração significativa, poderá ser deferida a substituição (ou, também, a redução ou ampliação da penhora), nos termos do art. 850.

Formulado, por alguma das partes, requerimento de substituição (ou, também, de redução ou ampliação) da penhora, a outra parte será ouvida no prazo de três dias, devendo o juiz decidir em seguida (art. 853, *caput* e parágrafo único).

Em qualquer caso, ocorrendo a substituição do bem penhorado, será lavrado novo termo (art. 849).

21.4.3.2. Penhora de dinheiro

Como já se viu, a penhora se fará prioritariamente sobre dinheiro, em espécie ou depositado, ou aplicado junto a instituição financeira. Pois, para possibilitar a penhora de dinheiro que esteja depositado ou aplicado, o juiz, a requerimento do exequente e sem dar ciência prévia ao executado, determinará às instituições financeiras, por meio de sistema eletrônico gerido pelo Banco Central (SISBAJUD), que torne indisponíveis ativos financeiros existentes em nome do executado, limitando-se a indisponibilidade ao valor do crédito exequendo (art. 854). Tem-se, aí, pois, um bloqueio eletrônico de dinheiro que se apresenta como ato preparatório da penhora.

Verificado eventual excesso do bloqueio, o juiz deverá determinar o cancelamento da indisponibilidade excessiva no prazo de vinte e quatro horas, o que deverá ser cumprido pela instituição financeira em igual prazo (art. 854, § 1º).

Efetivado o bloqueio eletrônico do dinheiro, será intimado o executado para, no prazo de cinco dias, demonstrar que as quantias tornadas indisponíveis são impenhoráveis, ou que ainda remanesce indisponibilidade excessiva de ativos financeiros (art. 854, § 3º). Acolhida qualquer dessas arguições, o juiz determinará o cancelamento da indisponibilidade irregular ou excessiva, o que será cumprido pela instituição financeira em 24 horas (art. 854, § 4º). Rejeitada a manifestação do executado, ou não apresentando ele qualquer alegação no prazo de cinco dias, o bloqueio eletrônico se converterá em penhora, sem necessidade de lavratura de termo, devendo o juízo da execução determinar à instituição financeira depositária que, em vinte e quatro horas, transfira o montante apreendido para conta vinculada ao juízo da execução (art. 854, § 5º). Tem-se, aí, o que no jargão forense se costuma chamar de penhora on-line. Nesse caso, todas as transmissões das ordens de indisponibilidade, de seu cancelamento e de determinação de penhora são feitos através do SISBAJUD, o sistema eletrônico gerido pelo Banco Central, autoridade supervisora do sistema financeiro nacional (art. 854, § 7º).

Responde a instituição financeira pelos prejuízos causados ao executado em razão de indisponibilidade de ativos financeiros em valor superior ao indicado na execução ou pelo juiz, bem assim no caso de não cancelamento da indisponibilidade no prazo de 24 horas, quando determinado pelo juiz (art. 854, § 8º).

Vale registrar, também, que comete crime de abuso de autoridade o juiz que determinar, em processo judicial, a indisponibilidade de ativos financeiros em quantia que extrapole exacerbadamente o valor estimado para a satisfação da dívida e, ante a demonstração, pela parte, da excessividade da medida, não a corrija (Lei nº 13.869/2019, art. 36, que prevê pena de detenção entre 1 e 4 anos, além de multa, para o magistrado que cometa o crime).

No caso de execução movida contra partido político, o juiz, a requerimento do exequente, determinará às instituições financeiras, sempre por meio do SISBAJUD, que tornem indisponíveis somente os ativos financeiros que estejam em nome do órgão partidário que tenha contraído a dívida executada ou que tenha dado causa à violação de direito ou ao dano, sendo dele a exclusiva responsabilidade pelos atos praticados (art. 854, § 9º). Evita-se, assim, agressão ao patrimônio de um órgão partidário nas execuções movidas por dívidas de outro órgão (como se dá, por exemplo, no caso em que a dívida é de um diretório estadual do partido, caso em que não se poderia apreender verba depositada ou aplicada em nome do diretório nacional).

21.4.3.3. Penhora de créditos

A penhora de direito de crédito representado por título (letra de câmbio, nota promissória, duplicata, cheque ou outro título de crédito) se faz pela apreensão do documento (art. 856). Não sendo possível apreender o título, mas ocorrendo o reconhecimento da dívida pelo seu devedor (que é terceiro em relação ao processo executivo, motivo pelo qual o § 1º do art. 856 assim o designa), será ele tido como depositário da importância. Em qualquer caso, o terceiro só se exonera de sua obrigação para com o executado se depositar o valor devido em juízo (art. 856, § 2º).

Caso o terceiro negue sua dívida atuando em conluio com o executado, a quitação que este lhe der será reputada fraude à execução (art. 856, § 3º). Significa isso dizer que eventual quitação dada pelo demandado posteriormente será ineficaz perante o exequente, inoponível a ele.

Pode o juiz, a requerimento do exequente, determinar o comparecimento do executado e de seu devedor, para que seus depoimentos sejam tomados (art. 856, § 4º), permitindo-se desse modo que o juiz se esclareça acerca dos fatos que dizem respeito ao crédito a ser penhorado.

Enquanto não ocorrer a apreensão do título a que se refere o art. 856 (ou o reconhecimento, pelo devedor, da existência da dívida a que o título se refere), considera-se feita a penhora pela intimação dirigida ao terceiro devedor para que não pague ao executado (art. 855, I), ou ao executado, credor do terceiro, para que não pratique ato de disposição do crédito (art. 855, II).

Incidindo a penhora sobre direito e ação do executado, e não tendo ele oferecido embargos – ou sendo estes rejeitados –, o exequente se sub-rogará nos seus direitos até a concorrência de seu crédito (art. 857). Pode o exequente, porém, preferir a alienação judicial do direito penhorado, caso em que deverá declarar esta sua vontade no prazo de dez dias a contar da realização da penhora (art. 857, § 1º).

Caso opte pela sub-rogação, o credor poderá, ainda assim, prosseguir na execução se não receber o crédito do executado, caso em que poderá a execução continuar a desenvolver-se, penhorando-se outros bens (art. 857, § 2º).

No caso de a penhora recair sobre dívida de dinheiro a juros, de direito a rendas ou de prestações periódicas, o exequente poderá levantar os juros, os rendimentos ou as prestações à medida que forem sendo depositados, abatendo-se do crédito exequendo as importâncias recebidas. Aplica-se à hipótese a sistemática da imputação em pagamento (art. 858 e arts. 352 a 355 do Código Civil).

Vindo a penhora a recair sobre direito a prestação ou a restituição de coisa determinada, o executado será intimado para, no vencimento, depositá-la. Efetuado o depósito, sobre o próprio bem se desenvolverá a atividade executiva.

Por fim, no caso de a penhora recair sobre um direito que teria sido postulado em juízo, deverá a constrição ser averbada com destaque, nos autos do processo em que disputado o bem (razão pela qual esse fenômeno ganhou, na prática forense, o nome de "penhora no rosto dos autos") e, também, nos autos do processo em que tenha sido deferida a penhora, a fim de tornar possível que a apreensão se efetive posteriormente sobre bens que venham a ser adjudicados ou que venham a caber, por força de atos praticados naquele outro processo, pelo aqui executado (art. 860).

21.4.3.4. Penhora de quotas ou ações de sociedades personificadas

Quando a penhora recair sobre quotas de sociedade simples ou empresária, ou sobre ações de sociedade anônima de capital fechado, o juiz fixará prazo razoável, não superior a três meses, para que a sociedade apresente balanço especial. No mesmo prazo, a sociedade deverá oferecer as quotas ou ações aos demais sócios, a fim de que exerçam direito de preferência resultante de lei ou de contrato e, não havendo interesse dos sócios na aquisição das quotas ou ações, para que se proceda à sua liquidação, depositando em juízo o valor apurado (art. 861, *caput* e § 2º).

Para evitar a liquidação das quotas ou ações penhoradas, a sociedade pode adquiri-las sem redução do capital social e com a utilização de reservas, a fim de as manter em tesouraria (art. 861, § 1º).

Havendo necessidade de realização dessa liquidação, o juiz poderá, a requerimento do exequente ou da própria sociedade, nomear administrador, que deverá submeter à aprovação judicial a forma de liquidação da sociedade (art. 861, § 3º).

O prazo de três meses a que se refere o *caput* do art. 861 pode ser ampliado pelo juiz, se o pagamento das quotas ou das ações superar o valor do saldo de lucros ou reservas, exceto a legal, e sem diminuição do capital social, ou por doação; ou se colocar em risco a estabilidade financeira da sociedade (art. 861, § 4º).

Não havendo interesse dos sócios não executados em exercer o direito de preferência, não ocorrendo a aquisição das quotas ou ações pela própria sociedade, e sendo a liquidação excessivamente onerosa para a sociedade, o juiz deverá determinar a realização de leilão judicial das quotas ou ações penhoradas (art. 861, § 5º).

Há que se afirmar, porém, que a aquisição, por terceiro (ou pelo próprio exequente), das quotas penhoradas não implica transferência da *affectio societatis*, essencial para a sobrevivência da sociedade. É de se considerar, pois, que, havendo a expropriação das quotas, com sua aquisição por quem não era, originariamente, integrante da sociedade, isso fará do adquirente credor dos haveres correspondentes às quotas adquiridas, podendo ele (ou qualquer dos sócios remanescentes) promover a dissolução e liquidação da sociedade.

Nada disso, porém, se aplica às companhias de capital aberto, cujas ações serão adjudicadas ou alienadas em bolsa de valores (art. 861, § 2º).

Importante ressaltar, por fim, que o sistema instituído pelo CPC para a penhora de quotas revogou tacitamente o disposto no art. 1.026 do Código Civil, por força do qual "[o] credor particular de sócio pode, na insuficiência de outros bens do devedor, fazer recair a execução sobre o que a este couber nos lucros da sociedade, ou na parte que lhe tocar em liquidação". É que, pela disposição contida no Código Civil, as quotas sociais só seriam penhoráveis se o executado não tivesse em seu patrimônio outros bens penhoráveis, o que implicava dizer que essas quotas seriam bens relativamente impenhoráveis, submetendo-se ao regime previsto no art. 834 do CPC. Com a entrada em vigor do CPC de 2015, porém, as quotas sociais passam a ser plenamente penhoráveis, não mais se exigindo a inexistência de outros bens no patrimônio do executado para que a constrição ocorra (mas respeitando, preferencialmente, a ordem prevista no art. 835).

21.4.3.5. Penhora de empresa, de outros estabelecimentos e de semoventes

O Código de Processo Civil deu tratamento especial à penhora que incide sobre empresas ou outros estabelecimentos, em razão da impossibilidade de se realizar a apreensão física do bem penhorado (como se faz, ordinariamente, ao penhorar bens móveis).

Nos casos em que a penhora incida sobre estabelecimento comercial, industrial ou agrícola, bem como em semoventes, plantações ou edifícios em construção, o juiz deverá nomear um administrador-depositário, que terá o prazo de dez dias para apresentar um plano de administração (art. 862). Após a apresentação do plano, as partes serão ouvidas e, em seguida, o juiz decidirá (art. 862, § 1º).

Podem as partes, evidentemente, ajustar a forma de administração e escolher o depositário, caso em que o negócio processual por elas celebrado dependerá de homologação pelo juiz (art. 862, § 2º).

No caso de edifício em construção sob o regime de incorporação imobiliária, a penhora só poderá recair sobre as unidades imobiliárias ainda não comercializadas pelo incorporador (art. 862, § 3º). Caso haja necessidade de afastar o incorporador da administração da incorporação, será ela exercida pela comissão de representantes dos adquirentes ou, no caso de se tratar de construção financiada, por empresa ou profissional indicado pela instituição fornecedora dos recursos para a obra, devendo ser, nesse caso, ouvida a comissão de representantes dos adquirentes (art. 862, § 4º).

No caso de penhora de empresa que funcione mediante concessão ou autorização do Poder Público, a constrição deverá ser feita, conforme o valor do crédito, sobre a renda, sobre determinados bens ou sobre todo o patrimônio, e o juiz nomeará depositário, preferencialmente, um de seus diretores (art. 863). Recaindo a penhora sobre a renda ou sobre determinados bens, o administrador-depositário apresentará a forma de administração e o esquema de pagamento, observando-se, quanto ao mais, o disposto em relação ao regime de penhora de frutos e rendimentos de bens (art. 863, § 1º).

Quando a penhora recair sobre todo o patrimônio da empresa que funciona mediante concessão ou autorização, prosseguirá a execução em seus ulteriores termos, mas antes da expropriação deverá ser necessariamente ouvido o ente público que tenha outorgado a concessão ou autorização (art. 863, § 2º).

A penhora de navios e de aeronaves não obsta a que o bem apreendido continue navegando ou operando até a alienação, mas o juiz da execução deverá conceder autorização para tanto, e só poderá permitir que saiam do porto ou aeroporto após a comprovação, pelo executado, de que contratou seguro contra riscos (art. 864).

Todas as penhoras aqui mencionadas (de empresa, de outros estabelecimentos, de navios e aeronaves ou de semoventes) só serão determinadas se não houver outro meio eficaz para a efetivação do crédito exequendo (art. 865).

21.4.3.6. Penhora de percentual de faturamento de empresa

Não tendo o executado outros bens penhoráveis (ou tendo apenas bens penhoráveis de difícil alienação ou que sejam insuficientes para saldar o crédito exequendo), o juiz ordenará a penhora de percentual de faturamento de empresa (art. 866). No pronunciamento que determinar essa penhora, o juiz fixará percentual sobre o faturamento para ser penhorado, o qual deve ser tal que propicie a satisfação do crédito exequendo em tempo razoável, mas que não seja alto a ponto de tornar inviável o exercício da atividade empresarial (art. 866, § 1º), o que se dá por aplicação do princípio da preservação da empresa.

Há importante julgado do STJ (AgInt no REsp 1.592.597/PR, rel. Min. Napoleão Nunes Maia Filho) no sentido de que a penhora de dez por cento do faturamento de empresa seria excessiva, resultando em uma espécie de "pré-falência". Não obstante isso, houve casos em que o percentual penhorado foi até maior (por exemplo, quinze por cento no caso submetido ao STJ através do AgInt no AREsp 1.552.288/SC, rel. Min. Luis Felipe Salomão), e o Tribunal considerou que não poderia rever o ponto, pois isso exigiria o reexame do material probatório, incabível em sede de recurso especial. A questão é relevante, principalmente em razão da existência de casos nos quais a mesma pessoa jurídica é executada em mais de um processo, recaindo diversas penhoras sobre diferentes percentuais do seu faturamento. Isso pode mesmo acabar por inviabilizar a atividade empresária, e resultar na insolvabilidade do devedor (que poderá acabar por ter sua falência decretada). De todo modo, caberá sempre ao devedor o ônus de provar que o percentual indicado para penhora é excessivo e pode inviabilizar sua atividade.

Determinada a penhora de percentual do faturamento da empresa, será nomeado administrador-depositário, o qual deverá submeter à aprovação do juiz a forma de sua atuação, tendo de prestar contas mensalmente, o que fará entregando ao juiz as quantias recebidas, com os respectivos balancetes mensais, a fim de serem imputadas no pagamento da dívida (art. 866, § 2º). Quanto ao mais, será observado o regime da penhora de frutos e rendimentos de bens (art. 866, § 3º).

21.4.3.7. Penhora de frutos e rendimentos de bens

Sempre que se revele mais eficiente para a satisfação do crédito e, além disso, for menos onerosa para o executado, deverá ser determinada a penhora de frutos e rendimentos de bens (móveis ou imóveis), nos termos do art. 867. Ordenada a penhora de frutos e rendimentos, será nomeado pelo juiz um administrador-depositário, o qual será investido de todos os poderes concernentes à administração do bem e ao gozo de seus frutos e utilidades, perdendo o executado a faculdade de fruir do bem até que o exequente seja pago do principal atualizado, acrescido de juros, custas e honorários advocatícios (art. 868).

A nomeação do administrador-depositário pode recair sobre o exequente ou o executado, desde que com isso concorde a parte contrária. Não havendo acordo, será nomeado profissional qualificado para o desempenho da função (art. 869). O administrador submeterá à aprovação judicial a forma de administração e a de prestar contas (art. 869, § 1º).

Havendo algum dissenso entre as partes, ou entre estas e o administrador-depositário, o juiz deverá decidir a melhor forma de administração do bem (art. 869, § 2º).

A penhora de frutos e rendimentos de bens será eficaz perante terceiros a partir da publicação da decisão que a conceda, salvo no caso de bens imóveis, quando então a penhora só será eficaz perante terceiros a partir de sua averbação no ofício imobiliário (art. 868, § 1º). Essa averbação incumbe ao exequente, que deverá promovê-la mediante a apresentação, ao cartório do registro de imóveis, de certidão de inteiro teor do ato, independentemente de mandado judicial (art. 868, § 2º).

No caso de penhora de frutos e rendimentos de imóvel alugado, o inquilino pagará o aluguel diretamente ao exequente, salvo se houver administrador (art. 869, § 3º). Não estando alugado o bem (móvel ou imóvel), o exequente ou o administrador poderá celebrar contrato de locação, ouvido previamente o executado (art. 869, § 4º).

As quantias recebidas pelo administrador serão entregues ao exequente, a fim de serem imputadas ao pagamento da dívida (art. 869, § 5º), devendo o exequente dar ao executado, por termo nos autos, quitação das quantias recebidas (art. 869, § 6º). Através da penhora de frutos e rendimentos, portanto, o exequente verá seu crédito sendo satisfeito paulatinamente, já que se terá a apropriação dos frutos do bem (art. 825, III).

Este é ponto que merece destaque, e ao qual se voltará quando da análise das técnicas expropriatórias. Para que se promova a apropriação de frutos e rendimentos do bem penhorado, impõe-se que antes tenha havido a penhora desses frutos e rendimentos. Daí a ligação direta entre esses dois institutos, um ato de constrição e outro de expropriação dos frutos e rendimentos do bem penhorado.

21.4.4. Avaliação dos bens penhorados

Para que a execução por quantia certa possa prosseguir, é essencial que o bem penhorado seja avaliado. Em outros termos, é preciso verificar quanto vale o bem que foi apreendido para ser usado na satisfação do crédito exequendo. Ato processual de extrema importância, a avaliação não só permitirá saber quanto valem os bens penhorados (e, por conseguinte, se eles são mesmo capazes de assegurar a satisfação do direito exequendo), mas terá ainda outras finalidades, como a de estabelecer o valor para adjudicação do bem. Além disso, a avaliação tem a importante finalidade de permitir, se necessário, a redução ou ampliação da penhora, sobre as quais se falará ainda neste tópico.

Só não se procede à avaliação (art. 871) quando uma das partes indicar o valor que estima para o bem e a outra parte aceitar tal estimativa, caso em que só se fará a avaliação se houver fundada dúvida do juiz quanto ao real valor do bem (art. 871, parágrafo único). É que não se pode afastar a possibilidade de haver conluio entre demandante e demandado para, com a atribuição ao bem penhorado de valor excessivo ou reduzido, obter sua alienação por preço diferente daquele que alcançaria no mercado. Havendo dúvida do juiz da execução acerca do valor atribuído ao bem pelo executado, ainda que com ele concorde o exequente, deverá, então, determinar a realização de avaliação judicial.

Também não se realiza a avaliação quando se tratar de títulos ou mercadorias que tenham cotação em bolsa, comprovada por certidão ou publicação no órgão oficial; quando se tratar de títulos da dívida pública, de ações de sociedades e de títulos de crédito negociáveis em bolsa, cujo valor será o da cotação oficial do dia, comprovada por certidão ou publicação no órgão oficial; ou quando se tratar de veículos automotores ou de outros bens cujo preço médio de mercado possa ser conhecido por meio de pesquisas realizadas por órgãos oficiais ou de anúncios de venda divulgados em meios de comunicação, caso em que caberá a quem nomear o bem à penhora o encargo de comprovar a cotação de mercado. Além disso, e não obstante o silêncio da lei, é evidente que não se cogita de avaliação quando a penhora recai sobre dinheiro.

A avaliação é encargo do oficial de justiça (art. 870), salvo se forem necessários conhecimentos especializados e o valor da execução comporte, caso em que será nomeado um avaliador, com prazo não superior a dez dias para entregar o laudo (art. 870, parágrafo único).

O oficial de justiça, para realizar a avaliação, realizará uma vistoria e elaborará um laudo, tudo devendo constar de documentos a serem anexados ao auto de penhora. No caso de perícia realizada por avaliador, o laudo será apresentado no prazo assinado pelo juiz. Em ambos os casos, será preciso especificar os bens avaliados, com suas características e indicação do estado em que se encontram, bem como – evidentemente – o valor de cada bem (art. 872).

No caso de ter sido penhorado bem imóvel que admita divisão cômoda, a avaliação, tendo em conta o valor do crédito exequendo, será realizada em partes, devendo o oficial de justiça (ou avaliador) sugerir, com a apresentação de memorial descritivo, possíveis desmembramentos do imóvel para sua alienação (art. 872, § 1º). Nesse caso, deverão as partes ser ouvidas sobre a proposta de desmembramento no prazo de cinco dias (art. 872, § 2º).

Deve-se realizar só uma avaliação de cada bem penhorado. Admite-se, porém, e em caráter excepcional, a realização de segunda avaliação (art. 872): se qualquer das partes arguir, fundamentadamente, a ocorrência de erro na avaliação ou dolo do avaliador; quando se verificar, posteriormente à avaliação, que houve majoração ou diminuição do valor do bem; ou se o juiz tiver fundada dúvida sobre o valor atribuído ao bem na primeira avaliação. Nesses casos, a segunda avaliação não substitui a primeira, cabendo ao juiz examinar ambas antes de decidir, com a participação das partes em contraditório, qual o valor de cada bem (art. 873, parágrafo único, e art. 480, § 3º).

Feita a avaliação do bem penhorado, deverá o juiz ouvir sobre ela as partes. Depois (e após ouvir novamente, se for necessário, o oficial de justiça ou avaliador responsável pela avaliação), decidirá qual o valor de cada bem, para só depois poder dar início aos atos de expropriação dos bens penhorados (art. 875).

Pode ocorrer, porém, de, feita a avaliação, verificar-se que os bens penhorados são insuficientes ou excessivos para garantir a satisfação integral do crédito. Isso pode levar à substituição, redução ou ampliação da penhora.

A primeira possibilidade é a de os bens penhorados serem excessivos. O tema do excesso de penhora é de extrema relevância, pois está ligado à ideia de que a execução deve ser realizada da forma menos onerosa possível para o executado. Assim é que, a requerimento do executado (e depois de ouvir o exequente sobre tal requerimento), o juiz reduzirá a penhora aos bens suficientes, ou a substituirá pela penhora de outros bens, se houver excesso de penhora (art. 874, I). Perceba-se que o texto normativo muito claramente faz alusão a serem os bens penhorados de valor "consideravelmente superior ao do crédito do exequente e dos acessórios". É que, no caso de não ser o valor dos bens muito maior do que o do crédito exequendo, é sempre preciso considerar a possibilidade de o valor da dívida ainda aumentar (por conta da atualização monetária ou da incidência de mais juros moratórios). Além disso, é sabido que muitas vezes o bem penhorado é expropriado por preço inferior ao da avaliação. Assim, só se cogitará de redução ou substituição da penhora nos casos de excesso manifesto de penhora.

De outro lado, o juiz, a requerimento do exequente (e após ouvir o executado sobre o requerimento), substituirá o bem penhorado por outros mais valiosos, ou ampliará a penhora, se for verificada a insuficiência da constrição (art. 874, II). Nesse caso, então, ou se libera o bem penhorado e se apreende outro, capaz – por si só – de garantir a execução, ou se mantém penhorado o bem originariamente apreendido e se amplia a constrição para que esta alcance, também, outros bens (naquilo que a lei processual chama de ampliação ou reforço de penhora).

Resolvidos eventuais incidentes surgidos em razão da avaliação dos bens penhorados, como os de que se tratou acima, o juiz deverá determinar a prática dos atos de expropriação.

21.4.5. Expropriação dos bens penhorados

Realizada a avaliação dos bens penhorados – e superado eventual incidente de substituição, ampliação ou redução da penhora –, é chegado o momento de praticar os atos de expropriação.

Através dos atos expropriatórios se fará que o executado perca a propriedade (ou outro direito de que seja titular) que tem sobre o bem penhorado, independentemente de sua vontade, por força da atuação estatal. Daí se falar em expropriação. Importante, então, ter claro que não se fará, aqui, a venda dos bens penhorados. Venda é uma figura de natureza contratual, sempre acompanhada de uma compra (e não é por outro motivo que o contrato celebrado pela junção dessas duas manifestações de vontade se chama, exatamente, compra e venda). Pois na expropriação realizada em sede executiva não há venda do bem (já que não há, aqui, uma manifestação de vontade relevante por parte do executado, no sentido de desfazer-se, voluntariamente, do bem penhorado). E, se não há venda, tampouco haverá compra, já que não se pode comprar algo que não esteja sendo vendido.

É, pois, tecnicamente equivocada a referência a "venda" que se encontra no art. 890, V.

Há três técnicas expropriatórias previstas no CPC: adjudicação, alienação (que pode ser por iniciativa particular ou por leilão judicial) e apropriação de frutos e rendimentos do bem penhorado (art. 825). Destas, porém, o Código só trata de duas (adjudicação e alienação) na seção destinada a regular a expropriação de bens (arts. 876 a 903). É que a apropriação de frutos e rendimentos do bem penhorado vem regulada pela lei processual nos dispositivos que tratam da própria penhora de frutos e rendimentos, como se teve oportunidade de examinar em passagem anterior deste trabalho.

Merece registro o fato de que, expropriado um bem, eventuais créditos que sobre ele recaiam, inclusive os de natureza *propter rem*, sub-rogam-se sobre o respectivo preço, devendo o adquirente do bem recebê-lo livre e desonerado (art. 908, § 1º).

21.4.5.1. Adjudicação

Na execução por quantia certa, uma vez avaliados os bens penhorados (e resolvidos eventuais incidentes, como o requerimento de ampliação da penhora, ou sua substituição), deverão tais bens ser expropriados. A forma preferencial de alienação dos bens penhorados é a adjudicação (art. 876 do CPC).

Efetua-se a adjudicação através da entrega, ao exequente, do bem penhorado. Trata-se de um ato executivo, através do qual são expropriados bens do patrimônio do executado, os quais haviam sido objeto de penhora, transferindo-se tais bens diretamente para o patrimônio do exequente. Nessa hipótese, como claramente se vê, haverá apenas uma expropriação, satisfativa, ao contrário do que se dá no pagamento por entrega de dinheiro, em que ocorrem duas expropriações (liquidativa e satisfativa).

Consiste a adjudicação, então, na retirada do bem penhorado do patrimônio do executado para que seja ele transferido para o patrimônio do exequente, que o recebe em pagamento da dívida. Só pode ela ocorrer mediante requerimento do exequente, que deverá oferecer pelo bem penhorado preço não inferior ao da avaliação (art. 876). A adjudicação pode ocorrer imediatamente após a avaliação do bem penhorado, não havendo necessidade de tentar antes qualquer outra medida expropriatória. Caso, porém, se tente promover a alienação do bem penhorado e esta reste frustrada, será reaberta a possibilidade de requerer a adjudicação, caso em que será possível ao interessado postular a realização de nova avaliação (art. 878).

Requerida a adjudicação, o executado será intimado para se manifestar. A intimação será feita pelo *Diário Oficial* se o executado tiver advogado constituído nos autos (art. 876, § 1º, I); por carta com aviso de recebimento, quando representado pela Defensoria Pública ou se não tiver advogado constituído (art. 876, § 1º, II); ou por meio eletrônico, quando, tratando-se de pessoa jurídica que não seja microempresa ou empresa de pequeno porte, não tiver advogado constituído nos autos (art. 876, § 1º, III). Caso o executado tenha sido citado por edital e não tenha constituído advogado, sua intimação é dispensável (art. 876, § 3º).

Não tem o executado, evidentemente, a possibilidade de discordar da adjudicação. Afinal, como já se disse, sua vontade aqui é irrelevante, não se estando diante de uma venda, mas de uma expropriação. A intimação, porém, serve para alertar o executado de que se está na iminência da adjudicação, tornando possível, assim, que ele se valha da autorização legal para remir a execução (art. 826). Essa intimação, pois, se liga diretamente ao princípio da cooperação processual (art. 6º), por força do dever de prevenção que dele resulta.

Deferida a adjudicação ao exequente pelo preço da avaliação, é preciso verificar se o valor do crédito é inferior ou superior ao dos bens que se pretende expropriar. Caso o valor do crédito seja inferior ao da dívida exequenda, o exequente depositará de imediato a diferença, que ficará à disposição do executado (art. 876, § 4º, I). De outro lado, se o valor do crédito for superior ao dos bens, a execução prosseguirá pelo remanescente (art. 876, § 4º, II).

Além do exequente, algumas outras pessoas são legitimadas a adjudicar os bens penhorados, pagando preço não inferior ao da avaliação.

O primeiro legitimado é o coproprietário de bem indivisível do qual tenha sido penhorada a fração ideal (arts. 876, § 5º, e 889, II). Imagine-se, então, que tenha sido penhorada a fração ideal do executado sobre um apartamento que pertença, em condomínio, a ele e a um terceiro estranho à execução. Pois este poderá adjudicar a fração ideal daquele, passando a ter a propriedade exclusiva do bem. Essa é uma disposição importante, especialmente por conta do disposto no art. 843 do CPC, já que no caso de alienação do bem, e em situações como essa, o direito do coproprietário será exercido sobre o produto da expropriação, não podendo ele manter consigo a propriedade de sua fração ideal. Assim, caso tenha o coproprietário interesse em permanecer com a titularidade do bem, poderá ele adjudicá-lo.

São também legitimados a adjudicar os titulares dos direitos reais de usufruto, uso, habitação, enfiteuse, direito de superfície, concessão de uso especial para fins de moradia ou concessão de direito real de uso, quando a penhora incidir sobre a nua propriedade (art. 876, § 5º, e art. 889, III). Nesses casos, adjudicado o bem por algum desses legitimados, haverá a consolidação da propriedade, extinguindo-se, por conseguinte, o direito real limitado.

É legitimado a adjudicar o proprietário do terreno submetido ao regime de direito de superfície, enfiteuse, concessão de uso especial para fins de moradia ou concessão de direito real de uso, quando a penhora recair sobre algum desses direitos reais limitados (art. 876, § 5º, e art. 889, IV). Nessas hipóteses, penhorado o direito real limitado sobre coisa alheia, o titular da nua propriedade poderá adjudicar o direito penhorado e, com isso, recuperar a propriedade plena do bem.

Também têm legitimidade para adjudicar o credor pignoratício, hipotecário, anticrético, fiduciário ou com penhora anteriormente averbada, quando a penhora recair sobre bens com tais gravames, caso não seja o credor, de qualquer modo, parte na execução (arts. 876, § 5º, e 889, V). Reconhece a lei processual, pois, a possibilidade de adjudicação por credores que têm sobre o exequente direito de preferência resultante de algum "direito real de garantia" ou de penhora anteriormente averbada, caso em que não será necessário que o credor que adjudica deposite o valor do bem (salvo no caso de esse valor ser superior ao seu crédito, hipótese em que será necessário depositar a diferença).

É legitimado a adjudicar o promitente comprador, quando a penhora recair sobre bem em relação ao qual haja promessa de compra e venda registrada (art. 876, § 5º, e art. 889, VI). É que, tendo a promessa de compra e venda registrada criado, para o promitente comprador, um direito real à aquisição do bem (art. 1.417 do CC), seu titular pode exigir a aquisição da propriedade do bem, direito este que poderia ser exercido mesmo no caso de, penhorado e expropriado o bem, vir ele a pertencer a outrem. É, pois, perfeitamente compatível com o sistema admitir que o promitente comprador compareça perante o juízo da execução e ali exerça, desde logo, seu direito à adjudicação.

Também se reconhece legitimidade para adjudicar ao promitente vendedor, no caso de recair a penhora sobre direito aquisitivo derivado de promessa de compra e venda registrada (art. 876, § 5º, e art. 889, VII). Adjudicando o direito real penhorado, nessa hipótese, o titular da propriedade verá extinguir-se o gravame que incide sobre seu imóvel e, com isso, tornará a ser titular de uma propriedade plena.

Estão também legitimados a adjudicar a União, o Estado, o Distrito Federal (apesar do silêncio do texto normativo) e o Município, no caso de incidir a penhora sobre bem tombado (art. 876, § 5º, e art. 889, VIII). Nessa hipótese, o ente público deverá depositar em juízo o preço pelo qual adjudica o bem, passando a ser dele proprietário.

Além de todos esses legitimados, também podem adjudicar o cônjuge ou companheiro do executado, bem assim seus descendentes ou ascendentes (art. 876, § 5º, parte final).

No caso específico de penhora de quotas sociais, ou de ações de sociedade anônima de capital fechado, realizada em favor de exequente que seja estranho à sociedade, os demais sócios também poderão adjudicar – e terão direito de preferência para fazê-lo –, devendo a sociedade ser intimada da penhora para que informe aos sócios sua ocorrência (art. 876, § 7º).

Havendo mais de um pretendente na adjudicação, será realizada entre eles uma licitação, e o bem será adjudicado por quem faça a maior oferta pelo bem. Em igualdade de condições, porém, terá direito de preferência o cônjuge ou companheiro, o descendente ou o ascendente do executado, nessa ordem (art. 876, § 6º). Entre os demais legitimados não existe direito de preferência (com a ressalva dos sócios, no caso de penhora de quotas sociais ou de ações de companhias de capital fechado, nos termos do art. 876, § 6º), e o bem será adjudicado por quem faça a maior oferta na licitação particular que entre eles se realizará.

Formulado o requerimento de adjudicação, e intimados todos os interessados (que poderão manifestar-se em cinco dias), o juiz decidirá eventuais questões que tenham sido suscitadas e ordenará a lavratura do auto de adjudicação (art. 877). Lavrado e assinado o auto, a adjudicação se considera perfeita e acabada (art. 877, § 1º). O auto de adjudicação deverá ser assinado pelo juiz, pelo adjudicatário, pelo escrivão ou chefe de secretaria e, se estiver presente, pelo executado.

No caso específico de adjudicação de bem que estivesse hipotecado, poderá o executado remir o bem, mantendo assim sua propriedade, até a assinatura do auto de adjudicação, desde que ofereça preço igual ao da avaliação (se não tiver havido licitantes) ou o do maior lance oferecido (art. 877, § 3º). Caso o devedor hipotecário tenha falido ou tido sua insolvência civil decretada, o direito de remição do bem poderá ser exercido pela massa ou pelos credores em concurso, não podendo o exequente recusar o preço da avaliação do imóvel (art. 877, § 4º).

Aperfeiçoada a adjudicação, serão expedidos a carta de adjudicação (documento hábil a ser apresentado ao cartório do ofício imobiliário) e o mandado de imissão na posse, quando se tratar de adjudicação de bem imóvel. No caso de bem móvel, bastará expedir mandado de entrega da coisa ao adjudicatário (art. 877, § 1º, I e II).

A carta de adjudicação (que só é expedida no caso de bens imóveis, como visto) conterá a descrição do bem, com a indicação de sua matrícula e registros, além da cópia do auto de adjudicação e da prova da quitação do imposto de transmissão.

21.4.5.2. Alienação

Existem dois modos de alienar bens penhorados (art. 879): por iniciativa particular e em leilão judicial (que pode ser eletrônico ou presencial). Não ocorrendo a adjudicação do bem penhorado, então, o bem penhorado deverá ser, por uma dessas duas técnicas, alienado.

A alienação por iniciativa particular pode ocorrer mediante requerimento do exequente, cabendo a ele próprio promover a alienação, podendo o encargo ser atribuído a um corretor ou leiloeiro público credenciado perante o órgão judiciário (art. 880). Não havendo corretor ou leiloeiro público credenciado no lugar em que tramita o processo, a indicação do profissional que atuará será de livre escolha do exequente (art. 880, § 4º).

Requerida a alienação por iniciativa particular, o juiz fixará um prazo para que ela seja promovida, devendo definir também a forma de publicidade, o preço mínimo, as condições de pagamento, as garantias e, se for o caso, a comissão a ser paga ao corretor ou leiloeiro (art. 880, § 1º).

A alienação por iniciativa particular será formalizada por termo nos autos, o qual deverá ser assinado pelo juiz, pelo exequente, pelo adquirente e, se estiver presente, pelo executado. Assinado o termo, deverá expedir-se carta de alienação (documento hábil à prática de atos registrais) e mandado de imissão na posse, quando se trate de bens imóveis; ou um mandado de entrega do bem ao adquirente, quando se tratar de bem móvel (art. 880, § 2º).

Incumbe aos tribunais editar disposições complementares sobre o procedimento da alienação por iniciativa particular, admitindo inclusive o emprego de meios eletrônicos, além de dispor sobre o credenciamento dos corretores e leiloeiros públicos, os quais deverão comprovar, para se credenciarem, que estão em exercício profissional por não menos do que três anos (art. 880, § 3º).

Essa forma de alienação deve, mesmo, preferir a alienação em leilão judicial, como determina a lei processual. Isso porque é sabido que as pessoas que frequentam leilões normalmente lá vão em busca da possibilidade de fazer um "grande negócio", pretendendo adquirir bens por preço inferior à avaliação. Já as pessoas que procuram profissionais especializados na alienação de certos tipos de bens (como corretores de imóveis ou vendedores de carros usados) normalmente sabem que pagarão pelo bem que lhes interessa aquilo que realmente valem.

A alienação por iniciativa particular, portanto, aumenta a probabilidade de que o produto obtido com a expropriação do bem seja capaz de satisfazer o crédito exequendo, diminuindo, além disso, o prejuízo suportado pelo executado (que na alienação em leilão judicial muitas vezes vê o bem que lhe pertencia ser retirado à força de seu patrimônio por preço bastante inferior ao do seu real valor de mercado). A alienação por iniciativa particular, pois, atende melhor aos princípios da eficiência processual e da menor onerosidade possível do executado.

Não sendo possível a alienação por iniciativa particular, porém, deve-se buscar realizar a alienação em leilão judicial, a ser realizado por leiloeiro público (art. 881, § 1º). Só não será assim no caso de se ter penhorado bem cuja alienação esteja a cargo de corretores de bolsa de valores, caso em que por esse meio se dará a expropriação do bem (art. 881, § 2º).

O leilão judicial nada mais é do que uma licitação, onde os bens penhorados serão expropriados (isto é, retirados do patrimônio de seu titular), e irão se incorporar ao patrimônio de quem os arrematar, sendo o arrematante aquele que fizer a melhor oferta pelos bens.

Parece desnecessário afirmar que no caso de a penhora ter recaído sobre dinheiro não haverá licitação, bastando que se levante a quantia depositada à disposição do juízo.

O leilão judicial será realizado, preferencialmente, por meio eletrônico, só podendo ser presencial quando sua efetivação eletrônica não for possível (art. 882). Incumbe ao Conselho Nacional de Justiça regulamentar, de forma específica, os leilões judiciais eletrônicos (art. 882, § 1º), atendendo-se aos requisitos de ampla publicidade, autenticidade e segurança e observando-se as disposições específicas sobre certificação digital (art. 882, § 2º).

Já o leilão presencial será realizado no local designado pelo juiz da execução (art. 882, § 3º).

Em qualquer caso, o leiloeiro público responsável pelo leilão judicial será nomeado pelo juiz. Admite-se, porém, que o exequente indique um leiloeiro público de sua confiança (art. 883), e, caso haja essa indicação, o juiz só poderá recusá-la se houver algum dado objetivo que justifique a recusa do leiloeiro. Ao leiloeiro incumbe publicar o edital de leilão, realizando-o no lugar onde se encontrem os bens ou em outro lugar designado pelo juiz. Cabe ao leiloeiro, também, expor aos pretendentes os bens ou amostras das mercadorias, além de receber e depositar, dentro de um dia, à ordem do juiz, o produto da arrematação. Efetivado o depósito do preço, o leiloeiro disporá de dois dias para prestar contas ao juízo (art. 884).

Incumbe, de outro lado, ao juiz da execução fixar o valor mínimo pelo qual serão aceitos os lanços (isto é, as ofertas pelo bem), as condições de pagamento e as garantias que o arrematante poderá prestar (art. 885).

Antes da realização do leilão é imperiosa a publicação de um edital (art. 886), que conterá a descrição do bem penhorado, com suas características, e, tratando-se de imóvel, sua situação e divisas, com a indicação da matrícula e dos registros; o valor da avaliação, o preço mínimo pelo qual poderá ser alienado, as condições de pagamento e, se for o caso, a comissão do leiloeiro; o lugar onde estão os móveis, os veículos ou semoventes e, tratando-se de créditos ou direitos, a identificação dos autos do processo em que tenham sido penhorados; o endereço eletrônico, na internet, e o período em que será realizado o leilão judicial eletrônico ou, se este se der de modo presencial, o local, dia e hora de sua realização; a indicação de local, dia e hora para realização de um segundo leilão presencial, se no primeiro não houver interessado; e a menção da existência de ônus, recurso ou processo pendente sobre os bens a serem leiloados (art. 886, I a VI). No caso de títulos da dívida pública e de títulos negociados em bolsa, o edital deverá indicar, também, o valor da última cotação (art. 886, parágrafo único).

A referência, no texto da lei, a recurso pendente é bastante sugestiva. Isso porque, como sabido, sendo provisória a execução (isto é, fundando-se ela em sentença condenatória ainda não transitada em julgado, estando pendente recurso desprovido de efeito suspensivo), o bem penhorado não pode ser levado a leilão, salvo se o exequente prestar caução (art. 520, IV). O recurso a que se refere o inciso VI desse art. 886, portanto, pode ser aquele interposto contra a decisão condenatória, nos casos em que, mesmo provisória a execução, possa o bem penhorado ser levado a leilão. Pode ser, também, o recurso interposto contra sentença que tenha julgado embargos à execução, a fim de dar publicidade ao fato de que a decisão ali proferida ainda pode vir a ser modificada (mesmo que isso não vá afetar a arrematação, nos termos do art. 903 do CPC).

É atribuição do leiloeiro assegurar a mais ampla publicidade ao procedimento do leilão (art. 887), sendo obrigatória a publicação do edital pelo menos cinco dias antes da data marcada para o leilão presencial ou para o início do leilão eletrônico (art. 887, § 1º). O edital deve ser publicado na internet, em *site* designado pelo juízo da execução, e conterá descrição detalhada e, se possível, ilustrada dos bens a serem leiloados, informando expressamente se o leilão será eletrônico ou presencial (art. 887, § 2º). Não sendo, porém, possível a publicação do edital na internet, ou considerando o juiz que, em razão das condições da sede do juízo, não é essa forma de publicidade suficiente ou adequada, o edital deverá ser afixado no lugar de costume e publicado, de forma resumida, pelo menos uma vez em um jornal de ampla circulação local (art. 887, § 3º).

Tendo em vista, ainda, o valor dos bens e as condições da sede do juízo, caberá ao juiz alterar a forma e a frequência da publicidade na imprensa, mandar publicar o edital em lugar de ampla circulação de pessoas e divulgar avisos em emissora de rádio ou televisão local, ou em sítios eletrônicos distintos daquele em que a princípio os editais seriam divulgados (art. 887, § 4º).

No caso específico de leilão de imóveis ou de veículos automotores, os editais serão publicados pela imprensa ou por outros meios de divulgação preferencialmente na seção ou local reservados à publicidade dos negócios atinentes a tais tipos de bens (art. 887, § 5º).

Admite-se que o juiz determine a reunião de publicações em listas referentes a mais de uma execução (art. 887, § 6º), o que será adequado em casos nos quais os valores envolvidos sejam tão baixos que não justifiquem os custos da publicação dos editais.

Se, por qualquer motivo, for preciso adiar o leilão presencial ou transferir a data de início do leilão eletrônico, o juiz mandará dar publicidade à transferência (art. 888), e caberá ao escrivão, chefe de secretaria ou leiloeiro que culposamente tenha dado causa à transferência de datas arcar com o custo da nova publicação, além de ser possível aplicar-se ao culpado a pena de suspensão por cinco dias a três meses, o que evidentemente dependerá de regular processo administrativo (art. 888, parágrafo único).

Além do edital destinado a dar publicidade ao leilão judicial, algumas pessoas têm o direito de serem intimadas pessoalmente, com pelo menos cinco dias de antecedência, da sua realização (art. 889); são elas: o executado, por meio de seu advogado ou, se não o tiver, por carta registrada, mandado, edital ou outro meio idôneo (e, se o executado não tiver comparecido ao procedimento executivo, ou se não for encontrado no endereço que tenha indicado nos autos, será considerado intimado pelo próprio edital de leilão, nos termos do art. 889, parágrafo único);

o coproprietário de bem indivisível do qual tenha sido penhorada fração ideal; o titular de usufruto, uso, habitação, enfiteuse, direito de superfície, concessão de uso especial para fins de moradia ou concessão de direito real de uso, quando a penhora recair sobre bem gravado com tais direitos reais; o proprietário do terreno submetido ao regime de direito de superfície, enfiteuse, concessão de uso especial para fins de moradia ou concessão de direito real de uso, quando a penhora recair sobre tais direitos reais; o credor pignoratício, hipotecário, anticrético, fiduciário ou com penhora anteriormente averbada, quando a penhora recair sobre bens com tais gravames, caso não seja o credor, de qualquer modo, parte na execução; o promitente comprador, quando a penhora recair sobre bem em relação ao qual haja promessa de compra e venda registrada; o promitente vendedor, quando a penhora recair sobre direito aquisitivo derivado de promessa de compra e venda registrada; a União, o Estado, o Distrito Federal e o Município, no caso de ter sido penhorado bem tombado (art. 889). Sempre vale recordar que todas essas pessoas – com a única ressalva do próprio executado – estão legitimadas a adjudicar o bem que está na iminência de ser leiloado (art. 876, § 5º).

A alienação do bem penhorado em leilão judicial sem que se tenha intimado as pessoas que acabam de ser mencionadas tornará ineficaz a arrematação. Ineficácia relativa, obviamente, o que significa dizer que a alienação não será oponível ao titular do direito ou garantia. Assim, por exemplo, alienado um bem sujeito aa hipoteca, sem que seja intimado do leilão o credor hipotecário, a garantia continuará a incidir sobre o bem, ainda que este passe a integrar patrimônio de terceiro. Se, ao contrário, tivesse havido a intimação, o arrematante receberia o bem livre do ônus, e a hipoteca passaria a incidir sobre o dinheiro arrecadado com a expropriação da coisa. Poderá, todavia, o arrematante, no caso de se verificar essa ineficácia, requerer o desfazimento da arrematação (art. 903, § 1º, II, do CPC).

No leilão presencial, ou durante o tempo que dure o leilão eletrônico, será admitido a oferecer lanços (ou lances) pelo bem quem esteja na livre administração de seus bens (art. 890). Há, porém, pessoas que não são admitidas a lançar: tutores, curadores, testamenteiros, administradores ou liquidantes, quanto aos bens confiados à sua guarda e responsabilidade; mandatários, quanto aos bens de cuja administração ou alienação estejam encarregados; o juiz, o membro do Ministério Público e da Defensoria Pública, o escrivão ou chefe de secretaria e demais auxiliares da justiça, em relação aos bens e direitos objeto de alienação na localidade onde servirem ou a que se estender sua autoridade; servidores públicos em geral, quanto aos bens ou direitos da pessoa jurídica a que servirem ou que estejam sob sua administração direta ou indireta; leiloeiros e seus prepostos, quanto aos bens de cuja alienação estejam encarregados; além dos advogados das partes do processo (art. 890, I a VI).

Entre os interessados em licitar pode encontrar-se o próprio exequente, o qual não estará obrigado, se arrematar o bem, a exibir o preço. Excedendo o valor do bem o limite de seu crédito, terá o exequente o prazo de três dias para depositar a diferença, sob pena de desfazer-se a arrematação, sendo os bens, nesse caso, levados uma vez mais a leilão, à custa do credor (art. 892, § 1º).

O preço mínimo fixado pelo juiz para a arrematação é o preço mais barato pelo qual se pode arrematar o bem em leilão público. Não se admitirá, pois, lanço inferior ao preço mínimo (e se reputa vil qualquer valor que seja oferecido abaixo do mínimo). Pode ocorrer, contudo, de não ter o juiz da execução fixado o preço mínimo. Nesse caso, será considerado vil o preço que não corresponde pelo menos à metade do preço da avaliação (art. 891, *caput* e parágrafo único).

Pertencendo o bem imóvel levado a leilão a pessoa incapaz, será preciso que ele alcance, no leilão, pelo menos oitenta por cento do valor da avaliação. Caso contrário, o juiz o confiará à guarda e administração de depositário, adiando a alienação por prazo não superior a um ano (art. 896). Se, durante o período de adiamento, algum pretendente assegurar, mediante caução idônea, o preço da avaliação, o juiz ordenará a imediata realização do leilão (art. 896, § 1º). Vindo esse pretendente a se arrepender, porém, o juiz lhe imporá multa de vinte por cento sobre o valor da avaliação em benefício do incapaz, valendo a decisão como título executivo judicial (art. 896, § 2º). Independentemente de ter ou não sido realizada qualquer proposta, porém, será possível ao juiz autorizar a locação do imóvel durante o prazo do adiamento (art. 896, § 3º). Findo o prazo do adiamento, o imóvel do incapaz será submetido a novo leilão (art. 896, § 4º).

Aquele que fizer o maior lanço arrematará o bem, devendo o pagamento ser feito de imediato, através de depósito judicial ou por meio eletrônico (art. 892). Pode o juiz, porém, estabelecer alguma outra forma de pagamento que se aceite. Caso entre os pretendentes à aquisição do bem esteja o cônjuge ou companheiro, descendente ou ascendente do executado, terá – nessa ordem – direito de preferência em igualdade de condições (art. 892, § 2º).

No caso de leilão judicial de bem tombado, o direito de preferência, em igualdade de condições com a melhor oferta, será da União, dos Estados (ou do Distrito Federal) ou dos Municípios, nessa ordem (art. 892, § 3º).

Tendo o leilão por objeto diversos bens, e havendo mais de um lançador, terá preferência aquele que se proponha a arrematar todos, em conjunto, oferecendo, para os bens que não tiverem lanço, preço igual ao da avaliação e, para os demais, preço igual ao do maior lance que, na tentativa de alienação individualizada, tenha sido oferecido para cada um deles (art. 893).

Quando o bem levado a leilão for imóvel que admita divisão cômoda, o juiz, a requerimento do executado, ordenará a alienação judicial de parte dele apenas, desde que suficiente para a satisfação do crédito exequendo e das despesas da execução (art. 894). Não havendo, porém, lançador para parte do imóvel, será feita a alienação do bem de forma integral (art. 894, § 1º). Nesse caso, eventual direito de cotitular do bem (como um coproprietário, ou de cônjuge ou companheiro da parte executada) será exercido sobre o produto da arrematação.

A alienação por partes, porém, tem de ser requerida pelo executado a tempo de permitir a avaliação das partes destacadas e sua inclusão no edital e, nesse caso, incumbirá ao executado instruir o requerimento com planta e memorial descritivo subscritos por profissional habilitado (art. 894, § 1º).

Feita a arrematação pelo próprio exequente, e sendo ele o único credor (ou o credor que tenha preferência sobre todos os demais), não precisará efetuar o pagamento, salvo se o valor dos bens exceder seu crédito. Nesse caso, o exequente depositará, dentro do prazo de três dias, a diferença, sob pena de se tornar sem efeito a arrematação e, nessa hipótese, será realizado novo leilão à sua custa (art. 892, § 1º).

Caso haja alguém interessado em adquirir o bem penhorado pagando o preço em prestações, deverá apresentar proposta por escrito até o início do primeiro leilão (ou até o início do período do leilão eletrônico), oferecendo preço não inferior à avaliação (art. 895, I) ou, até o início do segundo leilão, preço que não seja considerado vil (art. 895, II). A proposta deverá conter, em qualquer hipótese, oferta de pagamento de pelo menos vinte e cinco por cento do lanço à vista e o restante parcelado em até trinta meses, garantido por caução idônea quando se tratar de bens móveis, ou pela hipoteca do próprio bem, quando se trate de imóveis (art. 895, § 1º). A proposta para aquisição com pagamento parcelado deverá indicar o prazo, a modalidade, o indexador de correção monetária e as condições de pagamento do saldo (art. 895, § 2º).

Aceita a proposta de aquisição com pagamento parcelado, o atraso no pagamento de qualquer das prestações implicará a incidência de multa de dez por cento sobre a soma da parcela atrasada com as demais parcelas, ainda por vencer (art. 895, § 4º). Fica, nesse caso, o exequente autorizado a requerer a resolução da arrematação, ou a promover, em face do arrematante, a execução do valor devido, devendo ambos os pedidos serem formulados nos próprios autos do processo em que se deu a arrematação (art. 895, § 5º).

A apresentação de proposta de aquisição com pagamento parcelado não suspende a realização do leilão (art. 895, § 6º), e isso porque propostas de aquisição com pagamento à vista sempre prevalecerão sobre as propostas de pagamento parcelado (art. 895, § 7º).

Havendo mais de uma proposta de pagamento parcelado em condições diferentes, o juiz decidirá pela mais vantajosa (e sempre será considerada mais vantajosa a que ofereça maior preço – art. 895, § 8º, I). Caso as propostas sejam idênticas, será preferida a que tenha sido feita em primeiro lugar (art. 895, § 8º, II).

Arrematado o bem, o arrematante ou seu fiador terá de pagar o preço no prazo estabelecido pelo juiz, e, caso não o faça, será imposta sanção consistente na perda da caução que tenha sido prestada, em favor do exequente, voltando os bens a novo leilão, em que não será admitida a participação daquele arrematante ou de seu fiador (art. 897).

Caso o fiador do arrematante efetue o pagamento do valor do lance e da multa pelo atraso, poderá ele requerer que a arrematação lhe seja transferida (art. 898).

O leilão será suspenso logo que o produto da alienação de bens for suficiente para a satisfação do crédito exequendo e das despesas da execução (art. 899).

No caso de o leilão presencial alcançar o horário de encerramento do expediente forense, será ele suspenso, prosseguindo-se no dia útil imediato, na mesma hora em que teve início, independentemente de novo edital (art. 900).

A arrematação constará de auto, a ser lavrado de imediato, e poderá abranger bens penhorados em execuções distintas, nele se mencionando as condições pelas quais os bens foram arrematados (art. 901). Enquanto não assinado o auto de arrematação, será possível ao executado que viu ser penhorado um bem hipotecado remi-lo, oferecendo preço igual ao do maior preço oferecido (art. 902) e, com isso, preservando a titularidade do bem. Caso o devedor hipotecário tenha falido ou tenha sido decretada sua insolvência civil, o direito de remição passa a ser da massa ou dos credores em concurso, não podendo o exequente recusar o preço da avaliação do imóvel (art. 902, parágrafo único).

Efetuado o depósito do preço, ou prestadas as garantias pelo arrematante, será expedida a ordem de entrega do bem móvel, ou a carta de arrematação do bem imóvel – esta acompanhada de mandado de imissão na posse –, bem como efetuado o pagamento da comissão do leiloeiro e das demais despesas da execução (art. 901, § 1º).

É que, havendo arrematação em leilão público, o leiloeiro fará jus ao recebimento de uma comissão, que será a fixada em lei ou, não havendo, a arbitrada pelo juízo da execução (art. 884, parágrafo único). Essa comissão será paga pelo arrematante, sendo praxe que o valor seja descontado do preço pago pela aquisição do bem.

A carta de arrematação conterá a descrição do imóvel, com referência à sua matrícula ou individuação e aos seus registros, a cópia do auto de arrematação e a prova do pagamento do imposto de transmissão, além da indicação da existência de eventual ônus real ou gravame (art. 901, § 2º). Perceba-se que fala a lei processual da necessidade de comprovação do pagamento do imposto de transmissão, decorrência lógica do caráter derivado (e não originário) da aquisição do bem que é adquirido na execução.

Seja o leilão presencial ou eletrônico, uma vez assinado o auto pelo juiz, pelo arrematante e pelo leiloeiro será a arrematação considerada perfeita, acabada e irretratável, ainda que posteriormente se venha a julgar procedente a pretensão deduzida pelo executado em seus embargos ou em demanda anulatória do leilão, caso em que seu prejuízo será indenizado (art. 903).

Pode, porém, a arrematação ser invalidada se realizada por preço vil ou com algum outro vício; ser reputada ineficaz se não tiver havido a intimação de credor pignoratício, hipotecário ou anticrético; ou resolvida, se não for pago o preço ou se não for prestada a caução (art. 903, § 1º). Para que se repute inválida ou ineficaz a arrematação, ou para que seja ela resolvida, é preciso que o juiz seja provocado a examinar o ponto pelo executado no prazo de dez dias (art. 903, § 2º). Passado esse prazo, a carta de arrematação será expedida, juntamente com a ordem de entrega (de bem móvel) ou o mandado de imissão na posse (se o bem for imóvel), tudo nos termos do art. 903, § 3º.

Isso não significa, porém, que não possa o executado impugnar a arrematação depois daquele prazo de dez dias. Ultrapassado o prazo, porém, só será possível o ajuizamento de demanda anulatória autônoma, em cujo processo o arrematante figurará como litisconsorte passivo necessário (art. 903, § 4º). Citado, o arrematante poderá, no prazo de que dispõe para contestar a demanda anulatória, desistir da arrematação (art. 903, § 5º, III), caso em que lhe deverá ser devolvido o valor que depositou.

É possível, ainda, que o arrematante desista da arrematação. Para isso, porém, precisa ele demonstrar, no prazo de dez dias, que existia ônus real ou gravame sobre o bem que não fora mencionado no edital de leilão ou se, antes de expedida a carta de arrematação ou a ordem de entrega, o executado alegar ser caso de invalidação, ineficácia ou resolução da arrematação (art. 903, § 5º, I e II). Desistindo o arrematante, o valor que depositou lhe será imediatamente restituído (art. 903, § 5º), o que permite afirmar que só após o decurso desses prazos será possível ao exequente levantar o dinheiro que tenha sido obtido como produto da alienação do bem penhorado.

A fim de evitar que o executado alegue a existência de vício da arrematação com o único intuito de provocar a desistência do arrematante e, por conseguinte, protelar a execução, estabelece a lei processual que se considera ato atentatório à dignidade da justiça a alegação infundada de vício com o objetivo de ensejar a desistência do arrematante. Nesse caso, deverá o executado ser condenado, sem prejuízo da reparação de perdas e danos, ao pagamento de multa, devida ao exequente, a qual será fixada pelo juiz em montante não superior a vinte por cento do valor atualizado do bem (art. 903, § 6º).

É inevitável afirmar aqui algo que vem sendo há muito tempo repetido ao longo desta exposição: a expropriação do bem penhorado, que ocorre quando ele é alienado ao arrematante, não se confunde com uma compra e venda. Não se pode considerar que o executado está vendendo o bem que lhe pertence, pois não há aqui qualquer relevância de sua vontade, sendo a expropriação feita mesmo contra ela. Não há, pois, contrato, porque não há manifestação de vontade. Nem mesmo se diga que o Estado-juiz substitui essa vontade, ou a representa. Essa seria uma ficção pueril e desnecessária. O que ocorre aqui é um ato de império, uma expropriação forçada, que em nada se parece com um negócio jurídico privado como é a compra e venda.

21.4.5.3. Apropriação de frutos e rendimentos

A última técnica expropriatória é a apropriação de frutos e rendimentos, mencionada no art. 825, III, do CPC. Trata-se de modalidade pouco utilizada na prática judiciária, talvez pela complexidade do instituto, talvez pelo fato de que sua utilização levará o credor a receber seu crédito paulatinamente, através da percepção dos frutos hauridos de um bem do executado, ao contrário do que ocorre nas duas modalidades anteriores de expropriação (adjudicação e alienação), em que a realização do direito exequendo se dá de uma só vez.

O emprego dessa técnica expropriatória exige que se tenha realizado a penhora de frutos e rendimentos de um bem móvel ou imóvel (art. 867 e seguintes do CPC). E isso só se fará quando essa forma de realização da atividade executiva for, simultaneamente, mais eficiente para a satisfação do crédito e menos gravosa para o executado.

Outro requisito é a prévia oitiva das partes, exigência que decorre da garantia constitucional do contraditório. Caso o exequente não concorde com essa técnica, não poderá ela ser usada (já que permite a lei processual que o exequente desista do emprego de alguma técnica executiva, nos termos do art. 775). Não havendo a concordância do demandado, poderá ainda assim o juiz da execução deferir a apropriação de frutos e rendimentos do bem penhorado, sempre que se verificar que tal modalidade de pagamento é eficiente e menos gravosa para o executado.

Na decisão que determinar a penhora e a expropriação de frutos e rendimentos, deverá o juiz nomear um administrador, que poderá ser o próprio exequente (se com isso consentir o executado) ou o executado (se o exequente anuir). Poderá, ainda, obviamente, ser nomeado administrador um terceiro, estranho ao processo, se não houver consenso entre as partes. Admite-se, ainda, a nomeação convencional do administrador, através da celebração de um negócio processual entre as partes.

Estando alugado o imóvel cujos frutos são objeto da apropriação, deverá o locatário pagar o aluguel ao administrador. Essa é a única interpretação admissível do disposto no art. 869, § 1º. Fala referido dispositivo em pagamento do aluguel ao exequente, salvo se tiver sido nomeado administrador. Ocorre que o administrador é sempre nomeado. Assim sendo, só se admite que o pagamento do aluguel seja feito diretamente ao exequente se for ele próprio o administrador nomeado pelo juiz da execução. Estando vazio o imóvel, poderá ele ser alugado pelo exequente ou pelo administrador, fazendo-se necessária a oitiva do executado. Havendo discordância entre eles, o juiz decidirá, determinando como se desenvolverá a apropriação dos frutos e rendimentos do bem.

O fato de ter sido determinada a apropriação dos frutos e rendimentos do bem penhorado não impede que, em outro processo, ocorra a expropriação do próprio bem. Nesse caso, porém, o exequente em cujo favor instituiu-se a apropriação de frutos e rendimentos permanecerá com a posse do bem até ver seu crédito satisfeito. Nada impede, porém, que o arrematante pague ao credor o que falta a este receber, requerendo assim a extinção da medida que incide sobre o bem que adquiriu.

Quando se emprega essa técnica expropriatória, os frutos e rendimentos do bem penhorado serão expropriados até que ocorra a integral satisfação do crédito exequendo. Só aí, com a realização completa do direito do exequente, é que poderá ser extinto o procedimento executivo.

21.4.5.4. Satisfação do crédito

A satisfação do crédito exequendo se dá pela entrega de dinheiro ou pela adjudicação dos bens penhorados (art. 904).

Ocorre a satisfação por meio da adjudicação quando o próprio exequente adjudica para si o bem penhorado. Caso a adjudicação seja feita por algum outro legitimado, tema de que já se tratou, deverá ele depositar o dinheiro necessário para adquirir a titularidade do bem, e a satisfação do crédito exequendo se fará por entrega de dinheiro.

Importa, então, examinar como se dá a satisfação do crédito exequendo através da entrega, ao exequente, de dinheiro.

Essa modalidade de satisfação do crédito será empregada quando o bem penhorado for dinheiro ou, tendo sido penhorado bem diverso de dinheiro, quando este tenha sido alienado (por iniciativa particular ou em leilão judicial ou, ainda, pela adjudicação a alguém que não o próprio exequente), caso em que o dinheiro obtido com a expropriação será entregue ao credor no valor necessário para a satisfação. Também será essa a forma de satisfação do crédito exequendo no caso de expropriação de frutos e rendimentos do bem penhorado.

Estabelece, então, o art. 905 que "[o] juiz autorizará que o exequente levante, até a satisfação integral de seu crédito, o dinheiro depositado para segurar o juízo ou o produto dos bens alienados, bem como do faturamento de empresa ou de outros frutos e rendimentos de coisas ou empresas penhoradas". Essa autorização será dada quando a execução for movida só a benefício do exequente singular, a quem, por força da penhora, cabe o direito de preferência sobre os bens penhorados e expropriados (art. 905, I); ou se não houver sobre os bens expropriados outros privilégios ou preferências instituídos anteriormente à penhora (art. 905, II).

Importante notar que, no caso de se ter penhorado bem diverso de dinheiro e tendo sido este transformado em pecúnia, terão ocorrido duas expropriações diferentes. A primeira delas, chamada expropriação liquidativa, consiste na retirada, do patrimônio do executado, do bem penhorado, o qual é transformado em dinheiro através do pagamento feito pelo seu adquirente. Esse dinheiro, pago pelo bem arrematado, porém, pertence ao executado.

Em seguida, ocorrerá a expropriação satisfativa, isto é, a expropriação do dinheiro necessário para satisfazer o crédito do exequente (e, havendo saldo, este não será expropriado e deverá ser restituído ao executado, nos termos do art. 907).

Ao receber o mandado de pagamento, o exequente dará ao executado, por termo nos autos, quitação do valor que lhe tenha sido pago (art. 906). A expedição do mandado de pagamento poderá ser substituída por transferência eletrônica do valor depositado em conta vinculada ao juízo da execução para outra, indicada pelo próprio exequente (art. 906, parágrafo único).

Havendo pluralidade de credores ou exequentes, o dinheiro deverá ser distribuído entre eles consoante a ordem das respectivas preferências (art. 908). Para isso, será instaurado um concurso de preferências (também chamado concurso especial ou particular de credores), em que os exequentes e credores formularão suas pretensões (versando unicamente sobre o direito de preferência e a anterioridade da penhora) ao juiz da execução. Este, após ouvir todos os interessados, decidirá a ordem em que os pagamentos serão feitos (art. 909).

O concurso de preferências é um incidente do processo executivo, de que participam apenas credores do executado (não tendo este último qualquer participação no incidente). Sendo, como é, incidente processual, o provimento que o soluciona é decisão interlocutória. Nesse incidente do processo executivo devem-se verificar as ordens em que os credores receberão aquilo a que fazem jus, pagando-se em primeiro lugar aqueles que têm alguma preferência (créditos fiscais, trabalhistas, garantidos por hipoteca, penhor etc.), e somente depois os credores quirografários, estes na ordem em que foram realizadas as penhoras (aplicando-se, pois, a regra *prior tempore, potior iure*). É de esperar que o dinheiro arrecadado seja suficiente para saldar todas as dívidas, já que se trata de execução por quantia certa contra devedor solvente, o que faz com que fique despida de maior interesse prático a ordem em que os pagamentos serão realizados. Pode ocorrer, todavia, de o dinheiro arrecadado não ser capaz de garantir o pagamento de todas as dívidas do executado. Não sendo possível a decretação *ex officio* da insolvência civil ou da falência, faz-se necessário que algum dos interessados (pressentindo que não haverá dinheiro para realizar seu crédito) requeira a suspensão do incidente para, em seguida, demandar a execução por quantia certa contra devedor insolvente. Não sendo formulado o requerimento a que se acabou de aludir, os credores que não tenham sido satisfeitos precisarão buscar em outros bens (se existirem) a satisfação de seus créditos.

Na decisão do incidente, então, o juiz deverá observar as ordens legais de preferência, estabelecidas pelo Direito Material. Não havendo título legal de preferência (o que acontecerá se todos os credores forem quirografários), o dinheiro será distribuído entre os credores observando-se a anterioridade de cada penhora (art. 908, § 2º).

21.5. EXECUÇÃO CONTRA A FAZENDA PÚBLICA

O art. 910 regula o processo de execução por quantia certa, fundado em título executivo extrajudicial, contra a Fazenda Pública. É que muitas vezes acontecerá de a Fazenda Pública não cumprir suas obrigações pecuniárias e o credor ter à sua disposição um título extrajudicial, como seria, por exemplo, uma nota de empenho, documento público produzido pelo próprio devedor que representa obrigação certa, líquida e exigível. A possibilidade de promover execução contra a Fazenda Pública fundada em título extrajudicial, aliás, já era reconhecida bem antes da existência de expressa previsão legal nesse sentido (o que só passou a existir com o CPC de 2015), como se pode ver pelo Enunciado nº 279 da súmula do STJ: "[é] cabível execução por título extrajudicial contra a Fazenda Pública".

Importante notar, porém, que esse procedimento só será utilizado quando se tratar de execução de obrigação pecuniária contra a Fazenda Pública. Nos casos em que a Fazenda Pública seja devedora de obrigação de fazer, não fazer ou entregar coisa fundada em título extrajudicial poderá instaurar-se processo de execução, mas não haverá procedimento especial, e a execução se desenvolverá pelo mesmo procedimento que se emprega nos casos em que o executado é um particular.

Em casos como esse, portanto, será instaurado processo de execução fundado em título extrajudicial, o que se fará pelo ajuizamento, pelo demandante, de uma petição inicial (que deverá preencher todos os requisitos exigidos para qualquer petição inicial de processo de execução por quantia certa, por força do que dispõe o art. 910, § 3º, combinado com o art. 534).

Estando em termos a petição inicial, a Fazenda Pública será citada para opor embargos no prazo de trinta dias (art. 910), fazendo instaurar-se, assim, um processo cognitivo autônomo (sobre o qual se falará mais adiante, em capítulo destinado especificamente a tratar das defesas do executado).

Nos seus embargos, a Fazenda poderá alegar qualquer defesa que lhe seria lícito deduzir em uma contestação, caso se estivesse em um processo de conhecimento (art. 910, § 2º). Caso alegue excesso de execução, terá a Fazenda Pública o ônus de declarar de imediato o valor que entende correto, sob pena de não conhecimento dessa sua arguição (art. 910, § 3º, combinado com o art. 535, § 2º). Nesse caso, assim como no de embargos parciais, a parte não questionada será, desde logo, objeto de cumprimento, devendo-se expedir o precatório ou a requisição de pequeno valor quanto à parte não impugnada (arts. 910, § 3º, e 535, § 4º).

Não sendo opostos os embargos à execução, ou caso sejam eles rejeitados (e fique a decisão que os rejeite cobertos pela coisa julgada), será expedido o precatório ou a requisição de pequeno valor em favor do exequente, conforme o valor da obrigação (art. 910, § 1º). Deverá, evidentemente, ser observado o regime estabelecido pelo art. 100 da Constituição da República. Além disso, e por força do disposto no art. 910, § 3º, será observado o § 3º do art. 535 (do qual se tratará quando do exame do cumprimento de sentença contra a Fazenda Pública).

21.6. EXECUÇÃO DE ALIMENTOS

Regula o CPC, nos arts. 911 a 913, a execução de prestação alimentícia fundada em título executivo extrajudicial. Tem-se, aqui, processo executivo autônomo em que se busca a satisfação de crédito consistente em quantia certa, motivo pelo qual o procedimento padrão das execuções de obrigações pecuniárias será aplicado em caráter subsidiário.

O processo da execução de alimentos fundada em título extrajudicial se instaura, evidentemente, pelo ajuizamento de uma petição inicial, a qual deverá conter todos os requisitos de qualquer petição inicial de execução por quantia certa. Estando a petição inicial corretamente elaborada, o juiz mandará citar o executado para que, no prazo de três dias, efetue o pagamento das parcelas vencidas antes da instauração do processo e também das que se vencerem no seu curso. No mesmo prazo, porém, será lícito ao executado provar que tais parcelas já estavam pagas ou apresentar justificativa acerca da impossibilidade de efetuar o pagamento (art. 911).

Somente a comprovação de fato que gere a impossibilidade absoluta de pagar justificará o inadimplemento e será aceita pelo juiz (art. 911, parágrafo único, e art. 528, § 2º, de que se tratará quando da análise do cumprimento de sentença das obrigações alimentícias). Aceita a justificativa apresentada, o processo ficará suspenso até que cesse a impossibilidade de efetuar o pagamento.

Não sendo suspensa a execução em razão da aceitação da justificativa apresentada pelo executado, nem sendo caso de a extinguir (por ter sido efetuado o pagamento no prazo de três dias ou por ter o executado comprovado que as prestações exigidas já estavam pagas), o juiz mandará protestar o título executivo extrajudicial e, além disso, decretará a prisão do devedor, pelo prazo de um a três meses (arts. 911, parágrafo único, e 528, § 3º), aplicando-se a essa prisão todo o regime estabelecido para a prisão civil do devedor de alimentos nos §§ 3º a 7º do art. 528 (art. 911, parágrafo único).

Durante a crise sanitária provocada pela pandemia mundial de Covid-19, que assolou o planeta a partir de 2020, foi editada uma disposição de lei temporária (o art. 15 da Lei nº 14.010/2020) que determinou que a prisão do devedor de alimentos fosse cumprida em regime de prisão domiciliar. Esse dispositivo, porém, foi expresso em determinar que a regra daí resultante produziria efeitos até 30 de outubro de 2020, não tendo sido posteriormente editada outra lei que tratasse do assunto. Desse modo, a partir de 1º de novembro de 2020 voltou a produzir efeitos a disposição normativa que determina o cumprimento da prisão civil em regime fechado. Não obstante isso, foram proferidas decisões determinando que, apesar da ausência de previsão legal, a prisão deveria continuar a ser cumprida em regime domiciliar até o fim da pandemia. Destaca-se, aí, o acórdão proferido pelo STJ no julgamento do

HC 645.640/SC, rel. Min. Nancy Andrighi. Entendeu o Superior Tribunal de Justiça, nesse julgamento, que caberia ao exequente escolher entre adiar o cumprimento da medida coercitiva e ver o executado preso em regime domiciliar, já que, apesar de não haver lei prevendo esse regime, não seria possível ainda determinar-se o cumprimento em regime fechado, em razão da crise sanitária.

Acertou, sem dúvida, o STJ ao dizer que é possível ao exequente optar por não ocorrer o cumprimento imediato da prisão civil como medida coercitiva. Isso, aliás, independe da pandemia. É que a execução se desenvolve no interesse do exequente (CPC, art. 797), que, por isso mesmo, pode desistir – definitiva ou temporariamente – do emprego de alguma medida executiva (CPC, art. 775). De outro lado, porém, e com todas as vênias devidas, não acerta o STJ ao dizer ser impossível determinar o cumprimento da prisão civil em regime fechado apesar da perda de eficácia do disposto no art. 15 da Lei nº 14.010/2015. É que a pandemia não revogou nem suspendeu a eficácia da lei. E a lei vigente determina o cumprimento da prisão em regime fechado. A decisão do STJ de que aqui se trata, e todas as outras que foram proferidas no mesmo sentido, indicam um inaceitável voluntarismo, com o Judiciário escolhendo se quer ou não aplicar a lei vigente. Trata-se de uma evidente manifestação de ativismo judicial, com a qual não se pode concordar nem mesmo em tempos de pandemia.

A prisão civil, porém, não é a única medida executiva que se pode empregar na execução de alimentos.

Quando o executado for servidor público, militar, diretor ou gerente de empresa, bem como empregado sujeito à legislação trabalhista, o exequente poderá requerer que se utilize, como técnica executiva, o desconto em folha de pagamento de pessoal (art. 912). Nesse caso, o juiz oficiará à autoridade, empresa ou empregador responsável pelo pagamento, determinando, sob pena de configuração do crime de desobediência, o desconto a partir da primeira remuneração posterior do executado, a contar do protocolo do ofício (art. 912, § 1º). Esse ofício deverá conter os nomes e o número de inscrição no CPF do exequente e do executado, a importância a ser descontada mensalmente, a conta na qual deve ser feito o depósito e, se for o caso, o tempo de sua duração (art. 912, § 2º).

De todo modo, sempre será possível ao exequente que não pretenda ver o executado correr o risco de ser preso a possibilidade de postular a execução pelo procedimento padrão, abrindo mão desse procedimento especial que foi criado em seu favor, caso em que se observará o disposto nos arts. 824 e seguintes (art. 913). Nesse caso, porém, se a penhora recair sobre dinheiro, eventual concessão de efeito suspensivo aos embargos do executado não impedirá que o exequente levante, mensalmente, a importância das prestações que forem se vencendo (art. 913, parte final).

Por fim, deve-se dizer que ao procedimento do processo de execução de alimentos se aplica, subsidiariamente, o regime do cumprimento de sentença das obrigações alimentícias, razão pela qual se remete o complemento do trato da matéria para o tópico dedicado a este tema.

CAPÍTULO 22

CUMPRIMENTO DE SENTENÇA

22.1. INTRODUÇÃO E DISPOSIÇÕES GERAIS

Denomina-se cumprimento de sentença ao procedimento executivo adequado para os casos em que a execução se funda em título executivo judicial. E da natureza executiva desse procedimento não se pode duvidar. A própria lei processual, ao regular o cumprimento de sentença, emprega os termos executivo (art. 515; art. 525, § 12), exequente (art. 516, parágrafo único; art. 517, § 2º; art. 520; art. 523; art. 524, I e § 5º; art. 525, § 10; art. 528, *caput* e §§ 8º e 9º; art. 529, *caput* e § 2º; art. 533, § 2º; art. 534, *caput* e § 1º; art. 535, § 2º; art. 536; art. 537, § 2º), executado (art. 516, parágrafo único; art. 517, §§ 2º, 3º e 4º; art. 520, *caput*, inciso IV e §§ 1º, 3º e 4º; art. 523; art. 524, I e §§ 4º e 5º; art. 525, *caput* e §§ 1º, 4º, 9º e 11; art. 528, *caput* e §§ 3º, 5º e 8º; art. 529, *caput* e §§ 2º e 3º; art. 533, *caput* e §§ 1º e 2º; art. 535, § 4º; art. 536, § 3º), exequenda (art. 517, § 3º; art. 522, parágrafo único, I; art. 525, §§ 14 e 15; art. 535, §§ 7º e 8º), executivo (art. 518; art. 525, §§ 6º e 11; art. 535, § 5º) e execução (art. 516, parágrafo único; art. 520, II e III; art. 524, § 1º; art. 525, § 1º, V e VI e §§ 4º, 5º, 6º, 8º, 9º e 10; art. 526, § 2º; art. 528, § 7º; art. 529, § 3º; art. 531; art. 535, *caput*, incisos IV e V, e §§ 2º e 3º; art. 537), além de empregar o verbo executar (art. 516, parágrafo único). Parece não poder haver dúvidas, então, de que o assim chamado "cumprimento de sentença" nada mais é que o procedimento executivo adequado para os casos em que a execução se funda em título executivo judicial.

Regula-se o cumprimento de sentença pelo disposto nos arts. 513 a 538, a ele se aplicando, subsidiariamente, as disposições referentes ao processo de execução de títulos extrajudiciais (art. 513 e art. 771). Trata-se, em regra, de uma fase complementar do mesmo processo em que se formou o título executivo judicial (motivo pelo qual se fala em "processo sincrético", nele se conjugando uma fase cognitiva e outra executiva). Terá, porém, o cumprimento de sentença natureza de processo autônomo quando o título executivo for um dos previstos nos incisos VI a IX do art. 515 (como se pode verificar pelo § 1º do próprio art. 515, que fala em citação do devedor), já que nesses casos a execução não pode se dar em uma mera fase complementar do mesmo processo (uma vez que o processo cognitivo terá se desenvolvido perante juízo criminal, tribunal arbitral ou terá sido destinado, no STJ, a homologar a sentença estrangeira ou conceder *exequatur* a carta rogatória). Nos demais casos, porém (dos títulos previstos nos incisos I a V do art. 515), em que o título executivo é formado perante o mesmo juízo em que se poderá desenvolver a atividade executiva, o cumprimento de sentença será mera fase complementar do mesmo processo em que o título se tenha formado.

Quando se tiver necessidade de processo autônomo para que se desenvolva o procedimento de cumprimento de sentença, evidentemente, será preciso considerar a inércia, característica essencial da jurisdição, motivo suficiente para que a instauração do processo dependa de provocação da parte (art. 2º). Nos casos, porém, em que o cumprimento de sentença é mera fase complementar do mesmo processo em que formado o título executivo, a regra geral (por força da regra do impulso oficial, também estabelecida a partir do art. 2º) é a de que se admite a atuação *ex officio* do juízo, que está autorizado a instaurar a fase de cumprimento de sentença independentemente de requerimento. Assim não é, porém, no caso de cumprimento de sentença que condena a pagar dinheiro, caso em que a instauração da fase executiva depende de requerimento do exequente (art. 513, § 1º). Também nos casos de cumprimento provisório (isto é, instaurado antes do trânsito em julgado da decisão que serve como título executivo) se exige a provocação do interessado, e aí não interessa a natureza da obrigação (art. 520, I, aplicável também às obrigações de fazer, não fazer e entregar coisa por força do art. 520, § 5º).

Instaurado o procedimento executivo (cumprimento de sentença), deverá o executado ser intimado para cumprir a obrigação reconhecida na sentença (art. 513, § 2º). Caso tenha ele advogado constituído nos autos, a intimação se fará na pessoa de seu patrono, pela imprensa oficial (art. 513, § 2º, I). Quando o executado for patrocinado pela Defensoria Pública ou quando não tiver advogado constituído, será ele intimado pessoalmente, por carta com aviso de recebimento (art. 513, § 2º, II). Se o devedor sem advogado constituído nos autos for pessoa jurídica (que não seja microempresa ou empresa de pequeno porte), a intimação se fará por meio eletrônico, nos termos do art. 246, § 1º (art. 513, § 2º, III). Por fim, se o executado tiver sido citado por edital e permanecido revel na fase de conhecimento, será ele intimado por edital (art. 513, § 2º, IV).

Nos casos de intimação postal ou por meio eletrônico, reputa-se válida a intimação encaminhada ao endereço da parte, eletrônico ou não, que tenha sido informado ao juízo se, tendo havido alguma mudança de endereço, esta não tiver sido devidamente comunicada nos autos (art. 513, § 3º).

Tendo, porém, sido feito o requerimento de cumprimento da sentença quando decorrido mais de um ano do trânsito em julgado do provimento judicial que se pretende ver cumprido, a intimação será feita pessoalmente ao devedor, por meio de carta com aviso de recebimento (art. 513, § 4º).

Não sendo cumprida a obrigação reconhecida pela decisão judicial no prazo previsto em lei ou na própria decisão, deverá se desenvolver o procedimento executivo, o qual será distinto conforme a natureza da obrigação exequenda. Ao longo do procedimento, porém, e seja qual for a espécie de obrigação, todas as questões relativas à sua validade e dos atos executivos subsequentes a esse momento inicial poderão ser arguida pelo executado por petição simples, sem qualquer formalidade essencial, nos próprios autos, cabendo ao juízo da execução decidi-los desde logo (art. 518), observado o contraditório prévio e efetivo (arts. 9º e 10).

22.2. CUMPRIMENTO DE SENTENÇA NO CASO DE OBRIGAÇÃO PECUNIÁRIA

Sem dúvida a mais comum e mais importante das espécies de cumprimento de sentença é a que se refere às obrigações pecuniárias, isto é, de pagar quantia em dinheiro. Sendo essa a natureza da obrigação, prevê a lei processual um procedimento a ser observado no caso de execução provisória (assim compreendida aquela que se desenvolve com base em decisão judicial ainda não transitada em julgado, enquanto pendente de julgamento recurso desprovido de efeito suspensivo) e outro a ser empregado, como regra geral, no caso de ser a execução definitiva. Além disso, existem no CPC dois outros procedimentos, os quais podem ser chamados de especiais: um específico para o cumprimento das decisões que condenam a pagar prestações de natureza alimentícia, outro para os casos em que a devedora é a Fazenda Pública. É preciso, então, examinar todos esses procedimentos.

22.2.1. Cumprimento provisório

Trata o CPC, em seus arts. 520 a 522, de um instituto conhecido como cumprimento provisório de sentença. Esse é o nome dado à execução do pronunciamento judicial ainda não transitado em julgado, iniciada quando ainda pendente de julgamento algum recurso desprovido de efeito suspensivo. Já houve quem a definisse como a execução da sentença que adquire eficácia imediata excepcional (isto é, antes do trânsito em julgado), sujeita à prestação de garantias pelo exequente para permitir a recondução das partes ao estado anterior, na eventualidade de vir a tornar-se injusta. Mais simples e preciso, porém, é defini-la com base na lei, já que o art. 520 é expresso em afirmar que cumprimento provisório é o que tem por base "sentença impugnada por recurso desprovido de efeito suspensivo", o que o distingue, portanto, do cumprimento definitivo de sentença, que é a execução da decisão judicial transitada em julgado.

A classificação da atividade executiva em definitiva e provisória, registre-se, só faz sentido quando se trata do cumprimento de sentença. O processo de execução, porque fundado em título extrajudicial, jamais poderá levar ao desenvolvimento de uma atividade executiva provisória.

É que, na verdade, a terminologia adotada pelo CPC, de uso tradicional, não é perfeita. A execução fundada em decisão ainda não transitada em julgado não é, propriamente, uma execução provisória. O que se tem aí, a rigor, é uma "execução fundada em título provisório", já que a provisoriedade é do título executivo que, ainda não transitado em julgado, tende a ser substituído pela decisão definitiva a ser proferida no julgamento do recurso, nos termos do que dispõe o art. 1.008 do CPC. De toda sorte, a expressão "execução provisória" (assim como a usada na lei, "cumprimento provisório") é tradicional, empregada por toda a doutrina e na prática forense, não havendo qualquer razão para que não continue a ser empregada.

É provisória, então, a execução fundada em provimento judicial ainda não transitado em julgado, mas já capaz de produzir efeitos, já que impugnado por recurso desprovido de efeito suspensivo. O cumprimento provisório se desenvolve aplicando-se, no que couber, o mesmo regime do cumprimento definitivo, na forma do que dispõe o art. 520 do CPC, conforme se passa a examinar.

Deve-se dizer, porém, e em primeiro lugar, que é cabível cumprimento provisório de qualquer modalidade de obrigação. Em outras palavras, pode haver execução provisória de obrigação de fazer ou não fazer; de entregar coisa; e de obrigação pecuniária, sendo imprescindível examinar o art. 520, § 5º, do CPC.

Inicia-se o cumprimento provisório, sempre, por iniciativa do credor (art. 520, I). Significa isso dizer que fica aqui afastada a possibilidade de instauração de ofício da atividade executiva (que existe no caso de cumprimento definitivo das obrigações de fazer, não fazer e entregar coisa). Sendo provisório o cumprimento de sentença, sempre haverá a necessidade de que o credor formule um requerimento para que a atividade executiva tenha início.

Além disso, o cumprimento provisório (ainda uma vez nos termos do inciso I do art. 520) se desenvolve sob a responsabilidade do exequente. Quer isso significar que, no caso de vir a ser cassada ou reformada a decisão que serve de base à execução e, por conseguinte, vindo a ser extinto o procedimento de cumprimento provisório, caberá ao exequente a obrigação de reparar todos os danos que o executado tenha indevidamente suportado, e que lhe tenham sido causados pela atividade executiva. Frise-se que essa responsabilidade é objetiva, isto é, independe de culpa do exequente.

Como é provisório, esse procedimento executivo será extinto ("fica sem efeito", na dicção do inciso II do art. 520) se sobrevier decisão que a modifique ou anule, tudo devendo ser reposto no estado anterior. Eventuais danos que o executado tenha indevidamente suportado serão reparados pelo exequente (responsável, como visto, independentemente de culpa), cabendo sua liquidação, por arbitramento, nos próprios autos.

A reposição no estado anterior, porém, fica limitada às partes. Os efeitos que a execução provisória eventualmente tenha produzido em relação a terceiros de boa-fé têm de ser respeitados (como é o caso, por exemplo, do terceiro que tenha arrematado um bem em leilão judicial realizado em procedimento de cumprimento provisório), como resulta do art. 520, § 4º. Se assim não for, e tais efeitos se desfizerem, de nada valerá a execução provisória, que nenhuma segurança jurídica produzirá, e provavelmente não se verá quem a queira instaurar.

Pode acontecer de a decisão que serve de base para o cumprimento provisório ser reformada ou anulada apenas em parte. Pense-se, por exemplo, no caso de a sentença ter condenado o réu a pagar ao autor uma indenização por danos materiais e, além disso, compensá-lo por danos morais. Nada impede que, em grau de recurso, essa sentença seja reformada para que se exclua, apenas, a condenação a compensar danos morais, mantida a condenação a reparar os danos materiais. Ocorrendo uma hipótese como essa, o procedimento de cumprimento provisório não deverá ser extinto, mas tão somente ter seu objeto reduzido, prosseguindo (em caráter provisório ou definitivo, conforme tenha ou não ocorrido o trânsito em julgado) em relação à condenação que foi mantida. É nesse sentido que dispõe o art. 520, III, segundo o qual, "se a sentença provisória for modificada ou anulada apenas em parte, somente nesta ficará sem efeito a execução".

No procedimento de cumprimento provisório de sentença desenvolve-se uma execução completa, isto é, uma execução que pode se desenvolver até a produção do resultado satisfativo do crédito exequendo. Assim, é perfeitamente possível que em um cumprimento provisório sejam praticados atos que impliquem a transferência da propriedade ou o levantamento de dinheiro pelo exequente. Exige o inciso IV do art. 520 do CPC, porém, para que esses atos (ou outros de que possa resultar para o executado grave dano) sejam praticados, que o exequente preste caução "suficiente e idônea". A caução, que será arbitrada pelo juízo da execução e prestada nos próprios autos, poderá ser real ou fidejussória. A caução aqui atua como uma medida de contracautela, destinada a proteger o executado contra o risco de vir a sofrer dano grave, de reparação difícil ou impossível (acautelando, portanto, contra o assim chamado *periculum in mora* inverso, isto é, o perigo de dano iminente suportado pelo demandado).

Dispensa-se a prestação dessa caução, porém, em algumas hipóteses, expressamente previstas no art. 521 do CPC.

O primeiro caso de dispensa de caução é aquele em que o crédito exequendo tem natureza alimentar, seja lá qual for sua origem (art. 521, I). O segundo é o caso em que, não tendo o crédito natureza alimentar, o exequente demonstra estar em situação de necessidade, caso em que exigir a prestação de caução seria um obstáculo intransponível ao acesso à justiça (art. 521, II).

Também haverá dispensa da caução, nos termos do art. 521, III, nos casos em que o recurso ainda pendente for o agravo em recurso especial ou extraordinário contra decisão que inadmitir recurso excepcional previsto no art. 1.042, o que demonstra que se pretende evitar a interposição desse agravo com intuito protelatório, frustrando-se assim qualquer expectativa daquele que tenha recorrido apenas para protelar o trânsito em julgado e, com isso, tornar mais difícil a consumação da atividade executiva. Por fim, será dispensada a caução quando a decisão exequenda estiver em consonância com súmula da jurisprudência dominante do STF ou do STJ ou em conformidade com acórdão proferido no julgamento de recursos repetitivos (art. 521, IV).

Não haverá, todavia, a dispensa da caução, nos casos previstos no art. 521, quando dessa dispensa resulte risco de dano grave, de difícil ou incerta reparação (art. 521, parágrafo único), caso em que o juízo da execução exercerá seu poder cautelar e determinará a prestação da caução como mecanismo de contracautela.

Como o cumprimento provisório nunca poderá ter início de ofício, sempre se exigirá a formulação de um requerimento executivo. A petição pela qual se requer o cumprimento provisório da sentença deve ser dirigida ao juízo competente (art. 522) e, não sendo eletrônicos os autos, deverá vir acompanhada de cópias de peças dos autos do processo, cuja autenticidade poderá ser afirmada pelo próprio advogado, sob sua responsabilidade pessoal (art. 522, parágrafo único). Será essencial a juntada, pelo menos, de cópias das seguintes peças: decisão exequenda, certidão de interposição do recurso não dotado de efeito suspensivo, procurações outorgadas por ambas as partes e decisão de habilitação (se for o caso). Além disso, o exequente poderá, facultativamente, juntar outras peças que considere necessárias para demonstrar a existência do crédito (como seria, por exemplo, cópia da decisão proferida em sede de liquidação de sentença). Sendo eletrônicos os autos, porém, o exequente não precisará juntar qualquer cópia, já que as peças continuarão disponíveis para o juízo e as partes, não obstante estejam os autos em grau de jurisdição superior.

No procedimento executivo destinado ao cumprimento provisório da sentença que condena a pagar dinheiro, o executado poderá defender-se mediante impugnação (art. 520, § 1º). Caso prefira, porém, poderá o executado deixar para oferecer sua impugnação apenas quando o procedimento executivo se tornar definitivo. Pense-se, por exemplo, no caso em que o valor da dívida ainda é discutido em grau de recurso. Não faria mesmo sentido exigir do executado que oferecesse impugnação para alegar um excesso de execução que já está a ser debatido em sede recursal.

Nesse procedimento, ainda, serão devidos honorários advocatícios e a multa pelo não adimplemento voluntário da obrigação no prazo de quinze dias a contar da intimação do devedor para cumprir a decisão (art. 520, § 2º, e art. 523, § 1º). Para livrar-se da multa e dos honorários, poderá o executado, todavia, comparecer tempestivamente e depositar o valor exequendo, ato este que não será reputado incompatível com o recurso por ele interposto (art. 520, § 3º) e, portanto, não violador do princípio da boa-fé (art. 5º).

Tudo quanto dito sobre o procedimento do cumprimento provisório da sentença que condena a pagar dinheiro é aplicável, no que couber, à execução provisória de decisão que imponha dever jurídico de fazer, não fazer ou entregar coisa (art. 520, § 5º), inclusive – e especialmente – a vedação à instauração *ex officio* do procedimento (art. 520, I), afastando-se, como já visto, a regra que permite a iniciativa oficial do juízo para dar início a essas execuções (o que só poderá ocorrer, então, quando se trate de execução definitiva).

22.2.2. Cumprimento definitivo

Como já dito, chama-se cumprimento definitivo ao procedimento executivo que tem por base um título executivo judicial já transitado em julgado. No caso específico das obrigações de pagar quantia, que aqui interessam mais de perto, o CPC regula três procedimentos diferentes, que precisam ser aqui estudados. Há um procedimento padrão, comum, que será examinado neste tópico, e que se emprega como regra geral. Há, ainda, dois procedimentos especiais, um para o cumprimento da sentença que reconhece a exigibilidade de obrigação alimentícia e outro para o cumprimento de sentença em que é executada a Fazenda Pública. Desses se tratará nos tópicos seguintes.

Assim, tendo sido o devedor condenado ao pagamento de quantia certa – ou tendo sido o valor determinado em liquidação de sentença –, assim como no caso de se ter decisão interlocutória sobre parcela incontroversa, o procedimento executivo terá início por requerimento de exequente (art. 523), o qual deverá ser instruído com demonstrativo discriminado e atualizado do crédito (art. 524). A petição através da qual se formula o requerimento executivo deverá, ainda, conter os nomes completos e os números de inscrição no cadastro de pessoas físicas (CPF) ou no cadastro nacional de pessoas jurídicas (CNPJ), tanto do exequente quanto do executado, requisito este que poderá ser dispensado se já constar dos autos, observando-se, ainda, as regras referentes à qualificação das partes na petição inicial (art. 524, I); o índice de correção monetária adotado (art. 524, II); os juros aplicados e as respectivas taxas (art. 524, III); o termo inicial e o termo final dos juros e da correção monetária utilizados (art. 524, IV); a periodicidade da capitalização dos juros, se for o caso (art. 524, V); a especificação de eventuais descontos obrigatórios realizados (art. 524, VI); e a indicação, sempre que possível, de bens do executado passíveis de penhora (art. 524, VII).

Caso o valor apontado no demonstrativo apresentado pelo exequente parecer exceder os limites da condenação, a execução será iniciada pelo valor pretendido, mas a penhora incidirá, nos termos do disposto no art. 524, § 1º, sobre valor a ser apontado pelo juiz (que, evidentemente, terá de fundamentar de forma suficiente a decisão que profira, justificando o valor indicado). Para chegar a esse valor, o juiz deverá valer-se do auxílio de contabilista judicial, que terá o prazo de trinta dias – salvo se outro for o assinado pelo juízo – para efetuar o cálculo (art. 524, § 2º). Só deverá o juiz, porém, determinar a elaboração de cálculo por contabilista judicial se – é preciso fixar esse ponto – o valor apontado pelo exequente aparentemente exceder os limites da condenação. Caso contrário, tudo se desenvolverá nos termos indicados pelo exequente, cabendo ao executado, posteriormente, o ônus de impugnar o valor pretendido pelo exequente.

Casos há em que o exequente não consegue elaborar o demonstrativo de cálculo que lhe incumbe, por não dispor de dados que estão em poder de terceiro ou do próprio devedor. Nesse caso, deverá ele requerer ao juízo que os requisite, sob cominação do crime de desobediência (art. 524, § 3º). Caso a complementação do demonstrativo dependa de dados adicionais em poder do executado, o juízo da execução, sempre a requerimento do exequente, deverá requisitá-los, fixando prazo de até trinta dias para sua apresentação (art. 524, § 4º). Não sendo cumprida a determinação judicial injustificadamente, serão considerados corretos os cálculos apresentados pelo exequente com base nos dados de que dispõe (art. 524, § 5º).

Estando corretamente elaborado o requerimento executivo, deverá o juiz determinar que seja o executado intimado, por uma das formas previstas no art. 513, § 2º, para efetuar o pagamento no prazo de quinze dias, acrescido de custas, se houver (art. 523).

Efetuado o pagamento integral no prazo de quinze dias, o credor poderá levantar o valor, encerrando-se desde logo o processo. Perceba-se que aqui se trata da possibilidade de o devedor, dentro do prazo de quinze dias, realmente pagar o valor apontado pelo credor ao requerer o cumprimento da sentença. Não se aplica, pois, o quanto acaba de ser dito se o devedor, por exemplo, depositar o valor em juízo no prazo de quinze dias para o fim de garantir o juízo.

Não efetuado o pagamento no prazo de quinze dias, incidirá sobre o valor pretendido pelo exequente uma multa, de dez por cento sobre o total, além de honorários advocatícios, também de dez por cento (art. 523, § 1º). Caso o executado, no prazo de quinze dias, efetue pagamento parcial, a multa e os honorários incidirão sobre o saldo, isto é, sobre o valor não pago (art. 523, § 2º). Havendo impugnação ao cumprimento de sentença que venha a ser rejeitada, os honorários poderão, por aplicação analógica do disposto no art. 827, § 2º, ser ampliados, ao final do procedimento executivo, para até vinte por cento do valor do crédito exequendo (FPPC, Enunciado nº 450). Fica superado, assim, o Enunciado nº 519 da súmula do STJ, aprovada ao tempo do CPC de 1973, e que se revela incompatível com a vigente sistemática.

Ultrapassado o prazo de quinze dias sem que tenha havido pagamento voluntário do total do crédito exequendo, começa a correr, automaticamente, independentemente de penhora ou de qualquer outra intimação, o prazo para que o executado apresente sua defesa (impugnação ao cumprimento de sentença), nos termos do que dispõe o art. 525. Dessa defesa se tratará mais adiante, em capítulo especificamente destinado ao exame das defesas do executado. Além disso, porém, e por não ter a impugnação – ao menos em regra – o condão de suspender o andamento do procedimento executivo (art. 525, § 6º), deverá desde logo expedir-se mandado de penhora e de avaliação de bens, seguindo-se, a partir daí, a prática dos atos de expropriação (art. 523, § 3º).

Sobre o modo como são realizadas a penhora, a avaliação, a expropriação de bens e, posteriormente, a satisfação forçada do crédito exequendo, nada há na lei processual que se refira especificamente ao procedimento do cumprimento de sentença, razão pela qual devem tais atos ser regidos pelas disposições concernentes ao processo de execução fundado em título extrajudicial, nos termos do que estabelece o art. 771.

Todo esse procedimento de cumprimento de sentença, porém, pode ser evitado se o réu, antes de ter sido, a requerimento do credor, intimado a cumprir a obrigação reconhecida no título judicial, comparecer em juízo e oferecer em pagamento o valor que entender devido, apresentando memória discriminada de cálculo que demonstre como chegou ao valor oferecido (art. 526). Caso o credor não se oponha ao valor depositado, o levantará, devendo o juiz proferir sentença que declarará satisfeita a obrigação, encerrando-se desde logo o processo (art. 526, § 3º). Poderá, porém, o credor levantar a quantia depositada (que será incontroversa) e impugnar o cálculo elaborado pelo devedor, afirmando ser credor de valor superior ao depositado (art. 526, § 1º). Nesse caso, caberá ao juiz apurar o valor efetivamente devido e, caso conclua pela insuficiência do depósito, fará incidir, sobre a diferença entre o depositado e o efetivamente devido, multa de dez por cento e honorários advocatícios (também de dez por cento), seguindo-se a partir daí a execução, com realização da penhora e prática dos atos executivos a ela subsequentes (art. 526, § 2º). Pode-se afirmar que a lei processual criou, para esse caso específico de réu condenado a pagar quantia certa e que pretende cumprir a obrigação desde logo, sem aguardar a intimação para fazê-lo, um procedimento especialíssimo de pagamento por consignação, cuja utilização dispensa o emprego do procedimento especial da "ação de consignação em pagamento" regido pelos arts. 539 a 549.

22.2.3. Cumprimento de sentença no caso de prestação alimentícia

Quando se trate de cumprimento de decisão judicial que tenha reconhecido obrigação de prestar alimentos, será observado um procedimento especial, regido pelos arts. 528 a 533, e que será adequado tanto no caso de alimentos definitivos como na hipótese de se pretender executar alimentos provisórios (art. 531). Trata-se de modalidade especial de cumprimento de sentença que reconhece a exigibilidade de obrigação pecuniária, que merece tratamento diferenciado em razão da natureza da prestação cujo cumprimento se pretende. O procedimento de que se passa a tratar tem características bastante especiais, como se verificará na análise dos meios de pagamento de que se pode utilizar (bastando lembrar, neste passo, que os salários e verbas análogas, como soldos e vencimentos, que são impenhoráveis, podem ser apreendidos para garantir o pagamento de prestações alimentares). Ademais, na execução de prestação alimentícia existe a possibilidade de utilização de um meio de coerção pessoal, consistente na prisão civil do devedor.

Esse procedimento, porém, só poderá ser empregado para execução das três prestações imediatamente anteriores ao requerimento executivo e das que se vencerem no curso do processo (art. 528, § 7º). Para prestações vencidas anteriormente, só o procedimento padrão do cumprimento de sentença será adequado, já que tais prestações, em razão do decurso do tempo, já terão perdido seu caráter alimentício, tendo assumido natureza meramente indenizatória.

Nada impede, porém (embora na prática haja muita resistência a essa ideia), a cumulação dos dois pedidos (o de execução das prestações que mantêm seu caráter alimentício e o das prestações mais antigas) em um só processo, adotando-se o procedimento padrão do cumprimento de sentença das obrigações pecuniárias, mas ali se aplicando, também, as técnicas processuais diferenciadas do procedimento especial, as quais podem ser transportadas para o procedimento padrão por força do que dispõe o art. 327, § 2º, do CPC, aplicável aos procedimentos executivos. Assim, embora se empregue o procedimento padrão, será possível decretar a prisão civil do devedor, ou utilizar a técnica de expropriação mediante desconto em folha de pagamento, exclusivamente para as prestações que ainda tenham natureza alimentícia.

No caso de execução de alimentos fixados em sentença transitada em julgado, esta se processará nos mesmos autos em que se documentaram os atos do processo de conhecimento; já a execução de alimentos provisórios e a de alimentos fixados em sentença ainda não transitada em julgado serão processadas em autos apartados (art. 531, §§ 1º e 2º).

O emprego do procedimento especial de que aqui se trata, porém, se dá por opção do credor. Pode ele preferir utilizar-se do procedimento padrão do cumprimento de sentença, caso em que não será admissível a prisão do executado, mas, recaindo a penhora sobre dinheiro, eventual concessão de efeito suspensivo à impugnação não impedirá que o exequente levante, mensalmente, a importância da prestação que lhe é devida (art. 528, § 8º).

O procedimento executivo destinado ao cumprimento de decisão que reconhece obrigação de prestar alimentos, como em qualquer outro caso de obrigações pecuniárias, só pode ter início por requerimento do credor (art. 528), o qual deverá ser dirigido ao juízo competente. Aqui, além das hipóteses previstas no art. 516, *caput* e parágrafo único, também pode o credor optar por promover o cumprimento da decisão no juízo de seu próprio domicílio (art. 528, § 9º).

Optando o credor por promover a execução da prestação alimentícia pelo procedimento especial de que aqui se trata, o juiz mandará intimar pessoalmente o executado para que, no prazo de três dias, efetue o pagamento do débito, prove que já pagou ou apresente justificativa da impossibilidade de efetuá-lo (art. 528).

Caso o executado, no prazo de três dias, pague o valor integral da dívida, ou comprove que já havia efetuado o pagamento (e no conceito de pagamento deve-se ter como incluído todo e qualquer fato extintivo ou impeditivo da obrigação, como a novação e a transação), o processo será extinto. Poderá, ainda, o executado apresentar uma justificativa da impossibilidade absoluta de efetuar o pagamento (art. 528, § 2º), caso em que o processo deverá ser suspenso até que desapareça a causa da impossibilidade. A impossibilidade que se pode alegar aqui, contudo, é, apenas, a temporária. A impossibilidade definitiva só pode ser alegada em demanda própria, destinada a fazer desaparecer a própria obrigação alimentar.

Se o executado, no prazo de três dias, não pagar, não provar que pagou, nem apresentar justificativa aceita pelo juízo, deverá ser determinado o protesto da decisão judicial (art. 528). Além disso, deverá ser desde logo decretada a prisão civil do devedor, pelo prazo de um a três meses (art. 528, § 3º). Essa prisão é um meio de coerção, destinado a pressionar psicologicamente o devedor, a fim de que este efetue o pagamento, tanto assim que, paga a dívida, o juiz deverá imediatamente suspender a ordem de prisão (art. 528, § 6º). Não se está, pois, diante de uma pena, uma sanção penal, não obstante a literalidade do texto do § 5º do art. 528. É mero meio de coerção, incidente sobre a pessoa do devedor, e que encontra guarida no disposto no art. 5º, LXVII, da Constituição da República e no art. 7º, nº 8, do Pacto de São José da Costa Rica, que institui a Convenção Americana sobre Direitos Humanos e foi promulgado no Brasil pelo Decreto nº 678/1992.

A prisão do devedor de alimentos deve ser cumprida em regime fechado (art. 528, § 4º), devendo o preso ficar separado dos presos comuns (isto é, daqueles que estiverem presos por razões penais). O cumprimento da prisão não exime, porém, o executado de efetuar o pagamento das prestações devidas, vencidas e vincendas (art. 528, § 5º).

Sendo a prisão e o protesto da decisão judicial meros meios de coerção, destinados a pressionar o devedor a efetuar o pagamento, mas deste não o eximindo, o fato de ter sido preso o executado não impede o prosseguimento do procedimento executivo, que se dirige à satisfação do crédito exequendo. Assim, ainda que preso o executado e protestada a decisão que fixou os alimentos, o procedimento executivo prosseguirá para a prática de atos de apreensão e expropriação de bens, a fim de viabilizar a satisfação do crédito exequendo. Este é ponto que merece destaque: os atos de constrição e expropriação de bens do executado, como a penhora ou a realização de leilão de bens, não devem ser realizados apenas depois de esgotado o prazo da prisão civil. Mesmo com o executado ainda preso esses atos já devem começar a ser realizados.

Caso o executado seja servidor público, civil ou militar, diretor ou gerente de empresa, ou empregado sujeito à legislação trabalhista, o exequente poderá requerer ao juízo da execução que determine o desconto em folha de pagamento da importância da prestação alimentícia (art. 529). Ao deferir esse requerimento, o juízo oficiará à autoridade, empresa ou empregador, determinando – sob pena de crime de desobediência – o desconto a partir da primeira remuneração posterior do executado, a contar do protocolo do ofício (art. 529, § 1º). Além de crime de desobediência, o responsável por efetuar os descontos fica também sujeito, se descumprir a decisão judicial, ao pagamento de multa pela prática de ato atentatório à dignidade da justiça (art. 77, IV, e §§ 1º e 2º), a qual será de até vinte por cento do valor da causa.

O ofício dirigido à autoridade, ao empregador ou à empresa conterá o nome, o número de inscrição no CPF do exequente e do executado, a importância a ser descontada mensalmente, o tempo de sua duração e a conta bancária em que deverá ser feito o depósito (art. 529, § 2º).

Esse sistema de execução por desconto em folha, sem prejuízo do pagamento dos alimentos vincendos, poderá ser usado também para a satisfação do crédito referente às prestações já vencidas, descontando-se dos rendimentos ou rendas do executado, de forma parcelada, o necessário para a realização do crédito exequendo, assegurando-se, porém, que a soma dos descontos (referentes ao pagamento da parcela vincenda e à amortização da dívida relativa às parcelas vencidas) não ultrapasse cinquenta por cento dos ganhos líquidos do executado (art. 529, § 3º).

Além disso, poderá prosseguir a execução com a prática dos atos executivos necessários à penhora, avaliação e expropriação de bens do executado, destinados à satisfação do crédito exequendo, aplicando-se quanto a tais atos as regras do processo de execução fundado em título extrajudicial (art. 530).

Caso o juiz verifique que o executado tem, no curso do procedimento executivo, conduta procrastinatória, deverá, se reputar presentes indícios da prática do crime de abandono material (art. 244 do Código Penal), dar ciência ao Ministério Público desse fato (art. 532). Recorde-se que o abandono material consiste em deixar, sem justa causa, de prover a subsistência do cônjuge, ou de filho menor de 18 (dezoito) anos ou inapto para o trabalho, ou de ascendente inválido ou maior de 60 (sessenta) anos, não lhes proporcionando os recursos necessários ou faltando ao pagamento de pensão alimentícia judicialmente acordada, fixada ou majorada; deixar, sem justa causa, de socorrer descendente ou ascendente gravemente enfermo.

No caso de os alimentos serem devidos em função de condenação por ato ilícito (arts. 948 a 951 do CC), caso em que a pensão poderá ter seu valor fixado em salários mínimos (art. 533, § 4º), caberá ao executado, a requerimento do exequente, constituir capital cuja renda assegure o pagamento do valor mensal da pensão (art. 533). Esse capital, representado por imóveis ou por direitos reais sobre imóveis suscetíveis de alienação, títulos da dívida pública ou aplicações financeiras em banco oficial, será inalienável e impenhorável enquanto durar a obrigação do executado, constituindo patrimônio de afetação (art. 533, § 1º). Poderá, porém, a constituição do capital ser substituída pela inclusão do exequente em folha de pagamento de pessoa jurídica de notória capacidade econômica ou, a requerimento do executado, por fiança bancária ou garantia real, em valor a ser fixado pelo juiz (art. 533, § 2º). Finda a obrigação alimentar, o juiz mandará liberar o capital, cessar o desconto em folha ou cancelar as garantias prestadas (art. 533, § 5º).

Sobrevindo modificação nas condições econômicas de qualquer das partes, poderá o interessado requerer a redução ou o aumento da prestação (art. 533, § 3º), ou até mesmo sua extinção, nos próprios autos, independentemente de processo autônomo.

22.2.4. Cumprimento de sentença contra a Fazenda Pública

O ordenamento jurídico brasileiro, a fim de evitar os males de um conflito entre os "Poderes" do Estado (no caso em tela, entre o Executivo e o Judiciário), estabelece, com sede constitucional, um sistema diferenciado para a execução por quantia certa contra a Fazenda Pública. Tal sistema é todo construído a partir de uma premissa essencial: os bens públicos são inalienáveis e, por conseguinte, impenhoráveis. A inalienabilidade dos bens públicos, como sabido, existe enquanto eles estão afetados ao uso público. Podem ser alienados a partir da edição de lei de desafetação, a qual prevê, porém, o meio pelo qual o bem será alienado. A penhora e a arrematação (ou a adjudicação), contudo, não são meios previstos na lei de desafetação, o que torna inviável a utilização de tais atos executivos para o fim de realizar o direito do credor. Por tais razões é que se estabeleceu um sistema diferenciado.

Como se verá melhor adiante, a principal característica da atividade executiva contra a Fazenda Pública no caso das obrigações pecuniárias está em não haver, aqui, qualquer ato de apreensão de bens, o que levou parte da doutrina a negar ao instituto que ora se estuda natureza executiva. Assim, porém, não é. A execução por quantia certa contra a Fazenda Pública é verdadeira atividade executiva, apesar de não haver apreensão forçada de bens do executado. É que, como se sabe, a atividade executiva se define como aquela que tem por fim a realização de um crédito do demandante. Ora, é exatamente isso o que se tem aqui. A execução contra a Fazenda Pública se destina a realizar um direito de crédito do demandante. Não se poderia considerar que se tem aqui atividade meramente cognitiva, pois esta tem por fim a prolação de um provimento jurisdicional meramente declaratório, constitutivo ou condenatório. Não é isso o que se vê na execução por quantia certa contra a Fazenda Pública, em que se parte de um título executivo para a realização do direito certo, líquido e exigível que se apresenta ao Estado-juiz. Módulo processual executivo, pois, embora se utilizando de meios diversos daqueles tradicionalmente empregados.

No caso de cumprimento de sentença que impõe à Fazenda Pública obrigação pecuniária, incumbirá ao exequente requerer a instauração do procedimento executivo (cumprimento de sentença), apresentando demonstrativo discriminado e atualizado de seu crédito. A petição que veicula o requerimento executivo deverá conter o nome completo e o número de inscrição no CPF ou CNPJ do exequente (se esses dados ainda não estiverem nos autos), o índice de correção monetária empregado no cálculo, os juros aplicados e as respectivas taxas, o termo inicial e o termo final dos juros e da correção monetária, a periodicidade de capitalização dos juros, se for o caso, e a especificação de eventuais descontos obrigatórios (art. 534). Sendo vários os exequentes, cada um deverá apresentar o seu próprio demonstrativo (art. 534, § 1º), a fim de que se possa verificar qual será o regime de pagamento (por precatório ou mediante expedição de requisição de pequeno valor) a ser aplicado para cada um dos credores.

A Fazenda Pública, então, será intimada para impugnar a execução no prazo de trinta dias (art. 535), a ela não se aplicando a multa de dez por cento a que se refere o art. 523, § 1º (art. 534, § 2º). Da impugnação, meio de defesa da Fazenda Pública, se tratará adiante, quando do estudo dos meios de defesa do executado.

Não impugnada a execução, ou rejeitada a impugnação, seguirá o procedimento, o qual será diferente conforme o valor do crédito exequendo (art. 535, § 3º).

Como regra geral, deverá o juízo da execução requisitar ao Presidente do Tribunal a que esteja vinculado a expedição do precatório em favor do exequente (art. 535, § 3º, I), devendo-se a partir daí observar o regime do precatório estabelecido pelo art. 100 da Constituição da República.

Os precatórios serão pagos na ordem de suas apresentações à Fazenda Pública, observados os critérios estabelecidos no art. 100 da Constituição da República. Isso significa, basicamente, dizer o seguinte: os precatórios apresentados até o dia 2 de abril de um ano serão incluídos no orçamento do ano seguinte, enquanto os precatórios apresentados após aquela data serão inseridos apenas no orçamento do exercício seguinte àquele.

Observado esse critério, serão estabelecidas dotações orçamentárias para o pagamento de tais créditos, devendo o dinheiro ser consignado à disposição do tribunal, para que seu Presidente possa determinar sejam efetuados os pagamentos na ordem de apresentação dos precatórios.

Afirma o § 1º do art. 100 da Constituição da República que "os débitos de natureza alimentícia compreendem aqueles decorrentes de salários, vencimentos, proventos, pensões e suas complementações, benefícios previdenciários e indenizações por morte ou por invalidez, fundadas em responsabilidade civil", e que esses débitos "serão pagos com preferência sobre todos os demais débitos", com a ressalva dos indicados no § 2º do mesmo dispositivo constitucional. Há que se considerar, assim, a existência de duas ordens a serem respeitadas: uma primeira ordem, privilegiada, dos precatórios referentes a créditos de natureza alimentícia, e uma segunda, que só começará a ser paga após a satisfação dos créditos privilegiados, em que estarão os precatórios referentes a créditos de natureza diversa daquela.

Entre os créditos alimentícios, porém, a ordem cronológica de apresentação dos precatórios não é observada de forma absoluta quando da efetivação dos pagamentos. É que, nos termos do § 2º do art. 100 da Constituição da República, entre esses créditos devem ser pagos prioritariamente aqueles cujos titulares, originários ou por sucessão hereditária, tenham sessenta anos de idade ou mais, ou sejam portadores de doença grave, ou pessoas com deficiência (devendo as doenças e os tipos de deficiência ser definidos em lei). Esses credores "superprioritários", porém, só receberão antes da chegada de sua posição na ordem cronológica de seus precatórios aquilo que lhes seja devido e que não ultrapasse o triplo do valor máximo que poderiam receber mediante requisição de pequeno valor. Caso haja algum excedente disso a lhes ser pago, esse excedente só será recebido pelo credor na ordem cronológica de apresentação dos precatórios (o que, em outros termos, significa dizer que seus créditos serão cindidos, sendo uma parte recebida com prioridade sobre todos os demais créditos alimentícios, e o saldo observará a ordem dos pagamentos).

Tratando-se, de outro lado, de obrigação de pequeno valor (assim definida em lei federal no caso das dívidas da União, e em lei local, nos casos das dívidas dos Estados, do Distrito Federal e dos Municípios), o próprio juízo da execução expedirá a requisição de pequeno valor (RPV), a qual será dirigida à autoridade na pessoa de quem o ente público tenha sido citado para o processo, caso em que o pagamento deverá ser realizado no prazo de dois meses contado da entrega da requisição, mediante depósito na agência bancária mais próxima da residência do credor (art. 535, § 3º, II). Vale registrar que o texto do CPC falava em "banco oficial", mas o STF, ao julgar as ADIs 5.492 e 5.737, reputou essa expressão inconstitucional, afirmando poder ser o depósito feito em agência de banco público ou privado.

Aplica-se, aqui, o regime constitucional estabelecido para as obrigações de pequeno valor (art. 100, §§ 3º e 4º, da Constituição da República, e art. 87 do ADCT).

22.3. CUMPRIMENTO DE SENTENÇA NOS CASOS DE OBRIGAÇÃO DE FAZER, NÃO FAZER E ENTREGAR COISA

No caso de sentença que condena ao cumprimento de obrigação de fazer ou de não fazer, o procedimento executivo poderá instaurar-se de ofício ou mediante requerimento do credor (art. 536), tendo por fim a efetivação da tutela específica ou a obtenção de tutela pelo resultado prático equivalente. Para que esse resultado seja alcançado, deverão ser determinadas as medidas necessárias para a satisfação do direito do exequente (art. 536, *in fine*). Para isso, o juiz se valerá das medidas executivas, de sub-rogação ou de coerção, que se revelem adequadas para o caso concreto. O regime aqui estabelecido é aplicado não só às obrigações de fazer e de não fazer em sentido estrito, que tenham conteúdo econômico, como também a outros deveres jurídicos de fazer e de não fazer, de natureza não obrigacional (já que desprovidos de conteúdo econômico imediato), como seria o dever jurídico de reflorestar uma área indevidamente desmatada (art. 536, § 5º).

A lei processual vale-se, então, de um sistema de atipicidade dos meios executivos, não descrevendo em minúcias todos os meios de execução que podem ser empregados nos casos concretos. E isso é adequado quando se considera que obrigações de fazer e de não fazer podem ser muito diferentes umas das outras, e um sistema fundado em meios executivos típicos certamente seria incapaz de se revelar adequado para todos os diferentes tipos de casos que podem surgir na vida real.

De toda sorte, apresenta a lei, no § 1º do art. 536, uma enumeração exemplificativa de meios executivos que podem ser empregados: imposição de multa, busca e apreensão, remoção de pessoas e coisas, desfazimento de obras e impedimento de atividade nociva. E para a efetivação de qualquer dessas medidas, ou de outras que venham a ser determinadas, poderá ser requisitado auxílio policial (art. 536, § 1º, parte final).

Além disso, o executado que injustificadamente descumprir a determinação judicial de cumprimento da obrigação incidirá nas penas da litigância de má-fé, se sujeitará às sanções penais pelo crime de desobediência (art. 536, § 3º) e, ainda, terá praticado ato atentatório à dignidade da justiça, sujeitando-se ao pagamento de multa que reverterá em favor do fundo de modernização do Poder Judiciário (art. 77, IV e §§ 2º e 3º). Nesse sentido, aliás, é expresso o Enunciado nº 533 do FPPC: "Se o executado descumprir ordem judicial, conforme indicado pelo § 3º do art. 536, incidirá a pena por ato atentatório à dignidade da justiça (art. 774, IV), sem prejuízo da sanção por litigância de má-fé".

Vale registrar que, não obstante fale a lei em crime de desobediência, não cabe ao juízo da execução determinar a prisão do executado, mas tão somente determinar a extração de peças para o Ministério Público, a fim de que este tome as providências que reputar adequadas no caso concreto, na forma do disposto no art. 40 do Código de Processo Penal.

No caso de se determinar a realização de uma busca e apreensão – de pessoas ou coisas –, o mandado deverá ser cumprido por dois oficiais de justiça, devendo-se observar o disposto nos §§ 1º a 4º do art. 846 se houver necessidade de arrombamento (art. 536, § 2º).

Entre os meios executivos empregados para a satisfação do direito do credor ao cumprimento de obrigação de fazer e de não fazer, o mais conhecido e empregado na prática é, sem dúvida, a multa pelo atraso no cumprimento, conhecido como *astreinte*, denominação originária do Direito francês. Trata-se de multa periódica, fixada por decisão judicial (que pode ser proferida na fase de conhecimento, em tutela provisória ou na sentença, ou na fase de execução, como esclarece o art. 537), que incide após o decurso do prazo de que o executado dispõe para cumprir a decisão, prazo este que tem início quando o executado é intimado, na forma do disposto no art. 513, § 2º. É preciso, porém, ter sempre claro que a multa não é o único meio executivo e, ademais, em muitos casos sequer será o melhor.

Pense-se, por exemplo, em um processo no qual o demandante tenha postulado a condenação do réu a excluir de cartório de protestos um protesto de título indevido. Em caso assim, muito mais eficiente do que fixar prazo para cumprimento do dever jurídico de cancelar o protesto e uma multa pelo atraso no cumprimento da decisão seria o juízo determinar a expedição de ofício ao cartório de protesto para que cancele a anotação. Assim, o cartório dará efetividade à determinação judicial de imediato, alcançando-se a tutela pelo resultado prático equivalente.

Casos haverá, porém, em que a multa será um mecanismo bastante eficiente de coerção, servindo ao propósito de constranger o devedor a cumprir a decisão judicial que lhe impôs condenação a fazer ou a não fazer. Em casos assim, deverá ela ser fixada, de ofício ou a requerimento do interessado, devendo ser suficiente e compatível com a obrigação a ser cumprida, sendo necessário fixar prazo razoável para o cumprimento do preceito (art. 537), já que apenas depois do decurso do prazo é que a multa incidirá.

É muito importante perceber que a multa deve ser suficiente para constranger o devedor. Assim, deve ela ser fixada de acordo com a capacidade patrimonial do demandado, e não em conformidade com o valor da obrigação, ao qual a multa não se vincula em hipótese alguma.

Pense-se, por exemplo, no caso de ser devedora da obrigação uma grande instituição financeira, ou uma poderosa concessionária de serviços públicos, como são as empresas de telefonia. Em casos assim, multas irrisórias (como as que costumeiramente são fixadas na prática forense) são absolutamente insuficientes, já que não conseguem produzir o resultado de constranger o devedor a cumprir a decisão (já tive oportunidade de me deparar com um caso em que o valor da multa fixado contra uma instituição financeira exigiria que o cumprimento da decisão atrasasse cinquenta e dois anos para consumir-se o lucro de um trimestre da pessoa jurídica; em outro caso, seria preciso que o demandado – também uma instituição financeira – atrasasse o cumprimento da obrigação em quatorze mil anos para que se consumisse seu lucro de nove meses). Impende, pois, que a multa seja fixada em valor capaz de efetivamente constranger o devedor. Afinal, a multa que cumpre mais adequadamente seu papel é aquela que não precisa ser paga por ter sido capaz de constranger o devedor a, tempestivamente, cumprir o preceito e realizar o direito do demandante, o qual já foi reconhecido no título executivo judicial.

É importante, então, fixar este ponto: o texto da lei diz que a multa deve ser *suficiente e compatível com a obrigação*. Isso deve ser interpretado no sentido de que a multa deve ser *suficiente* para efetivamente constranger o executado a cumprir a decisão, além de *compatível* com a natureza (não com o valor) da obrigação.

Caso a decisão, porém, não seja cumprida no prazo assinado, começará a incidir a multa, que será devida desde o término do prazo, quando se configura o descumprimento da decisão, e incidirá até que a decisão seja efetivamente cumprida (art. 537, § 4º). Pode acontecer, porém, de, já incidindo a multa, o credor optar por requerer a conversão da obrigação em perdas e danos (art. 499). Nesse caso, a partir do dia em que postulada a conversão a multa parará de incidir, mas aquela que se tenha vencido será devida juntamente com a indenização que venha a ser fixada (art. 500).

A *astreinte* que seja devida em razão do descumprimento da decisão judicial deverá ser paga ao exequente (art. 537, § 2º), que poderá promover sua execução. Caso ainda não haja sentença judicial transitada em julgado, será possível promover o cumprimento provisório da decisão que impôs a multa, caso em que o valor devido será depositado em juízo, só se permitindo o levantamento após o trânsito em julgado da sentença favorável ao credor (art. 537, § 3º).

Permite a lei que o juiz, de ofício ou a requerimento, modifique o valor ou a periodicidade da multa vincenda, ou a exclua, caso verifique que se tornou insuficiente ou excessiva, ou se o obrigado demonstrar cumprimento parcial superveniente da obrigação ou justa causa para o descumprimento (art. 537, § 1º). Importante ter claro, porém, que só se pode reduzir ou aumentar multa vincenda, não sendo admissível a alteração de valor de multa já vencida, o que implicaria a redução do valor de um crédito já configurado do demandante, violando-se um seu direito adquirido. Apenas multas vincendas, portanto, podem ter seu valor ou periodicidade modificados por decisão judicial.

Esse é um ponto que exige uma análise mais cuidadosa. A *astreinte* não existe para compensar o credor por algum prejuízo que tenha sofrido, mas para pressionar psicologicamente o devedor a cumprir sua prestação. Não é indenização, mas pena. Prova disso, aliás, é que o juiz pode fixar a *astreinte* de ofício, o que mostra a total desvinculação entre a multa de que aqui se trata e a reparação do dano eventualmente sofrido pelo credor. A razão de ser da multa é o devido respeito à autoridade da decisão judicial. Disso decorre uma inevitável consequência: a *astreinte*, para ser efetiva, deve ser eficiente. Em outras palavras, para a multa produzir os resultados que dela são esperados terá de ser suficientemente forte para pressionar psicologicamente o devedor a cumprir a decisão judicial. Não pode, pois, a multa ser nem exageradamente alta, nem exageradamente baixa, levando-se em conta as circunstâncias do caso concreto.

De nada adiantaria, por exemplo, impor a uma grande instituição financeira uma multa diária de cem reais, pois isso nada seria se comparado aos ganhos diários que essa empresa tem. Sendo o devedor uma empresa como essa, a multa deve ser fixada em valores bastante altos. De outro lado, se o devedor é um assalariado que tem renda mensal de cinco salários mínimos, uma multa de um milhão de reais por dia de atraso é, certamente, uma multa muito exagerada, e que não vai pressionar por ser, simplesmente, inexequível (afinal, esse devedor provavelmente nem teria patrimônio suficiente para garantir o pagamento da multa já no caso de um único dia de atraso).

Outro corolário da ligação entre o instituto da *astreinte* e o princípio da efetividade do processo é que a multa pode crescer indefinidamente, sem guardar qualquer relação com a extensão de eventual prejuízo que o credor tenha experimentado. É que, diferentemente das perdas e danos, falta à *astreinte* o caráter correlativo, de proporcionalidade legal, entre o dano sofrido e a indenização reparatória. Não se deve, portanto, considerar que haja qualquer relação entre o valor da multa e o valor do prejuízo que o credor eventualmente tenha sofrido em razão do atraso no cumprimento da obrigação. Aliás – e se pede perdão pela insistência nesse ponto –, sequer é necessário que o credor tenha experimentado algum prejuízo para que o devedor tenha de pagar a multa devida em razão de seu atraso.

Não há qualquer ligação entre *astreintes* e perdas e danos, assim como não há qualquer ligação entre *astreintes* e cláusula penal. A *astreinte* não tem função reparatória, não se destina a ressarcir o credor de prejuízos que tenha sofrido. Destina-se o instituto a fortalecer a autoridade da decisão judicial, pressionando o devedor a realizar a prestação devida em prazo que lhe tenha sido assinado. Isso não significa, evidentemente, que não se possa reduzir (ou aumentar) o valor da multa fixada pelo juízo, mas são inaplicáveis os dispositivos que tratam da redução da cláusula penal, instituto de direito privado e que tem uma razão de ser completamente diferente.

É claro que a *astreinte* tem um limite de crescimento, mas esse limite é a sua própria capacidade de pressionar psicologicamente o devedor a cumprir a prestação. Dito de outro modo: a *astreinte* pode incidir e aumentar até um valor que ultrapasse o valor da obrigação a ser cumprida. Deve, porém, parar de aumentar um centavo antes da insolvência do devedor. Afinal, insolvente este, a multa perderá toda a sua eficácia, já que não constrangerá mais o devedor a cumprir a decisão.

Impende que se admita o crescimento da *astreinte* além do valor da prestação inadimplida para que se possa ter nesse meio de coerção um mecanismo eficiente de acesso à justiça e, pois, de asseguração da efetividade do processo civil.

Daí não resulta, porém, a impossibilidade de se modificar o valor ou a periodicidade da multa, o que está, inclusive, previsto na lei processual. Essa possibilidade, porém, deve ser bem compreendida.

Pense-se, por exemplo, no caso de se ter fixado um determinado valor a título de multa para uma pessoa natural de médio padrão de vida e esse devedor, depois de algum tempo de atraso, é contemplado com um prêmio milionário de alguma loteria. Aquele valor de multa que antes o pressionava psicologicamente agora não terá, sobre ele, nenhuma eficácia.

Evidentemente, o contrário também pode acontecer. Uma multa de alto valor pode ser reduzida porque as condições econômicas do devedor pioraram. Daí a afirmação do texto legal no sentido de que a multa pode ter seu valor modificado quando se tornar insuficiente ou excessiva.

Observe-se, então, que a modificação do valor da multa só pode acontecer se houver alguma modificação das circunstâncias que estavam presentes no momento da fixação do valor original. Em outros termos, a *astreinte* tem seu valor, sempre, fixado *rebus sic stantibus*.

Surge aqui, porém, um problema, que deve ser enfrentado: a modificação do valor da multa anteriormente fixada se dá com eficácia retroativa? Em outras palavras, pode o juiz modificar o valor da multa já vencida? Imaginem-se algumas hipóteses.

Exemplo A: foi fixada multa diária de mil reais pelo atraso no cumprimento da decisão judicial. Tendo o executado atrasado duzentos dias, está ele obrigado a pagar, a título de multa, o valor de duzentos mil reais. O juiz, então, considera que esse valor é excessivo e determina que o valor da multa devida seja de "apenas" cem mil reais.

Exemplo B: a multa fixada foi de mil reais por dia de atraso. O devedor já atrasou dez dias, e, por isso, já teria de pagar dez mil reais. O juiz, porém, considera que esse valor é insuficiente e o aumenta para cinco mil reais por dia, devendo o valor retroagir ao primeiro dia de atraso.

Ambas essas decisões devem ser consideradas absolutamente equivocadas. Quanto à hipótese B, penso que não há qualquer divergência: o aumento do valor da multa só pode acontecer *ex nunc*, jamais *ex tunc*. O problema está, portanto, na hipótese A, em que o juiz reduz o valor da multa já vencida. A diminuição do valor da multa só pode se dar *ex nunc*. Não fosse assim e haveria um "perdão judicial" de dívida já vencida. E jamais se pode admitir que o juiz perdoe o devedor de sua obrigação de pagar uma multa que legitimamente se venceu. E há mais um argumento em favor da tese aqui sustentada. A redução *ex nunc* do valor da multa implica violação a direito adquirido.

No sistema jurídico brasileiro, como sabido, o destinatário da multa é o credor da obrigação inadimplida. Pode-se, certamente, questionar o acerto dessa escolha legislativa. O que não se pode, porém, é negar ao credor da obrigação inadimplida a condição de credor também da multa que, eventualmente, venha a se tornar exigível.

Ora, se o demandado tem o dever jurídico de pagar uma quantia em dinheiro a alguém (seja lá ele quem for), é evidente que o beneficiário desse dever jurídico é seu credor. É certo que a fixação da multa não tem por finalidade a criação de um direito de crédito. É sabido que a multa é criada com finalidade coercitiva. O fim de sua criação não é, realmente, criar um crédito para o demandante, mas pressionar psicologicamente o demandado para que este cumpra, no prazo fixado, a decisão judicial. No caso de não ser observado esse prazo, porém, incide a multa e, então, nasce o crédito do demandante. O surgimento desse crédito não é, pois, a finalidade da fixação da multa, mas um efeito do descumprimento da decisão judicial pelo demandado.

O que não se pode negar é que, não sendo cumprida a decisão no prazo, nasce para o demandado um direito de crédito: o direito de exigir do demandado o pagamento da multa já vencida.

Assim sendo, a partir do momento em que se vence a multa, incorpora-se ao patrimônio de seu credor o direito de exigir seu pagamento. E direito incorporado ao patrimônio, que já pode ser exercido. Trata-se, pois, indubitavelmente, de direito adquirido. Afinal, o que se tem aí é um direito subjetivo ainda não exercido, mas exercitável e exigível à vontade de seu titular.

Ultrapassado o prazo para cumprimento da decisão judicial, incide a multa. A cada dia (ou a cada unidade do período fixado pelo juízo) vence uma nova verba, que se torna exigível. O demandante, então, a cada dia (ou outra unidade de tempo) se torna credor de um certo valor de multa, e esse seu direito de crédito é exigível conforme sua vontade. Nada há que force o demandante, credor da multa, a buscar receber logo (ou em certo prazo determinado, ressalvado, evidentemente, o prazo prescricional que aí incida) o valor da multa já vencida. Tem, pois, o credor direito adquirido a receber a multa que já venceu. E esse direito, por ser adquirido, não pode ser suprimido do patrimônio do credor.

Pois sempre vale lembrar que direitos adquiridos não podem ser suprimidos nem mesmo por emenda constitucional. Pois, se nem por emenda constitucional se pode suprimir um direito adquirido, não há evidentemente como admitir sua supressão por decisão judicial. Afinal, não se pode admitir que um órgão estatal, no exercício de poder constituído, tenha aptidão para praticar atos que nem o poder constituinte reformador poderia realizar. Aceitar que o juiz tenha o poder de reduzir *ex nunc* o valor de uma multa que – legitimamente – já está vencida e, com isso, reduzir o *quantum debeatur*, diminuindo os contornos do direito do credor, é dar ao Estado-juiz um poder de que nem o Constituinte Reformador dispõe. Seria, em outras palavras, considerar que o juiz pode, por decisão, fazer o que não se consegue nem por Emenda à Constituição. É, portanto, absolutamente inaceitável a redução retroativa do valor da *astreinte* já vencida. Apesar do quanto aqui se expôs, tende a jurisprudência a admitir a redução da *astreinte* já vencida, atribuindo-se à decisão redutora da multa eficácia retroativa. E isso é feito, com todas as vênias devidas, com apoio em argumentos que não se sustentam. Basta ver que o entendimento atual do STJ acerca do assunto, fixado no acórdão proferido no AgInt no REsp 1.846.190/SP, julgado em 20/04/2020, é no sentido de que, "enquanto houver discussão acerca do montante a ser pago a título da multa cominatória, não há falar em multa vencida". Ora, mas é sempre preciso considerar que essa discussão se dá quando já instaurado o procedimento executivo destinado à satisfação do direito do credor ao recebimento da multa. E, se essa discussão acerca do valor implica dizer, como afirma o STJ, que ainda não se pode falar em multa vencida, então se estabelece um paradoxo. Afinal, se essa multa ainda não está vencida, não é ela ainda exigível. E, se não é ela exigível, então não poderia haver ainda execução (que pressupõe um crédito certo, líquido e *exigível*). Perceba-se o paradoxo: o debate sobre o valor que deve ser pago se dá no curso de um procedimento executivo.

Esse procedimento executivo só pôde ter início por estar a multa já vencida. Mas essa multa ainda não estaria vencida porque o valor ainda estaria sendo debatido. E, se ainda não está vencida, então o procedimento executivo não poderia sequer ter sido instaurado. E, se ele não poderia ter sido instaurado, então nem poderia haver, ainda, a discussão acerca do valor da multa. E isso levaria a um círculo do qual não se consegue sair.

Impõe-se aqui, porém, observar outro ponto. É que, nessas decisões que reduzem multas já vencidas, há uma preocupação comum, manifestada pelos magistrados que as proferiram: o enriquecimento sem causa do credor com o valor exagerado da multa, a qual acaba se tornando mais atraente para o credor do que a própria obrigação principal (o que levaria o credor, muitas vezes, a quedar-se inerte, esperando por um cumprimento voluntário da decisão que jamais chegará, na esperança de que a multa cresça e ele enriqueça). Pois é dessa tendência jurisprudencial que se fará, aqui, análise crítica.

É preciso, em primeiro lugar, afastar a ideia – assente nas decisões citadas e em outras que seguem a mesma linha – de que no caso de ter a multa alcançado valores muito altos haveria enriquecimento sem causa do credor.

A respeito do enriquecimento sem causa, afirma o art. 884 do Código Civil que "aquele que, sem justa causa, se enriquecer à custa de outrem, será obrigado a restituir o indevidamente auferido, feita a atualização dos valores monetários". Verifica-se, então, que só há enriquecimento sem causa quando alguém se locupleta sem justa causa. E só há enriquecimento sem justa causa quando ocorre um acréscimo patrimonial *sem título jurídico que o justifique*. Ora, no caso que aqui se examina um ponto é certo: o enriquecimento do credor que eventualmente ocorra não é sem causa. Trata-se de enriquecimento com causa. Afinal, o enriquecimento do credor, aqui, é causado pela demora do devedor em efetivar o comando contido na sentença judicial. O enriquecimento, então, é consequência de uma previsão contida em um provimento judicial. Há, assim, um meio válido, um adequado título jurídico, que fundamenta o enriquecimento. Inadmissível, portanto, que se lhe considere ilícito.

Por isso é preciso observar, aqui, com rigor, a literalidade do comando normativo. Apenas multas vincendas podem ser alteradas.

Visto o modo como se dá o cumprimento das decisões que reconhecem a exigibilidade das obrigações de fazer e de não fazer, é preciso passar à análise do procedimento destinado ao cumprimento das decisões que reconhecem a exigibilidade de obrigação de entregar coisa.

Pois, no caso de decisão judicial que tenha imposto obrigação de entregar coisa, esta deverá ser cumprida no prazo fixado no pronunciamento judicial (o qual correrá a partir da intimação do executado, realizada nos termos do art. 513, § 2º). Decorrido o prazo sem que tenha sido cumprida a decisão, será expedido mandado de busca e apreensão ou de imissão na posse em favor do exequente, conforme se trate, respectivamente, de coisa móvel ou imóvel (art. 538).

No procedimento destinado ao cumprimento de sentença que condena a entregar coisa é vedada qualquer discussão acerca de eventual direito de retenção ou indenização por benfeitorias, matéria que deve ter sido alegada na contestação e debatida na fase de conhecimento (art. 538, §§ 1º e 2º).

Quanto ao mais, aplica-se ao procedimento executivo do cumprimento de sentença que condena a cumprir obrigação de entregar coisa, no que couber, o regime do cumprimento de sentença que reconhece dever jurídico de fazer ou de não fazer (art. 538, § 3º), especialmente quanto à atipicidade dos meios executivos. É, pois, inteiramente aplicável no cumprimento de sentença que condena a entregar coisa o regime da *astreinte*, mecanismo coercitivo que, para a efetivação da tutela processual específica relativa às obrigações de entregar coisa, pode ser tremendamente eficiente, já que – sendo a multa fixada em valor verdadeiramente suficiente para constranger o devedor – a *astreinte* poderá revelar-se capaz de exercer pressão psicológica sobre o demandado, fazendo com que ele cumpra seu dever jurídico de entregar a coisa ao demandante, dela se desapossando.

CAPÍTULO 23

DEFESAS DO EXECUTADO

23.1. EMBARGOS DO EXECUTADO

Quando a execução se funda em título executivo extrajudicial, a defesa do executado se dá através da oposição de embargos do executado (arts. 914 a 920). Trata-se de um mecanismo de defesa distinto da impugnação ao cumprimento de sentença, especialmente pelo fato de ter natureza de processo de conhecimento autônomo. Dito de outro modo, o oferecimento, pelo executado, de seus embargos faz instaurar um novo processo, autônomo em relação ao processo executivo. E esse novo processo, de natureza cognitiva, será o meio empregado para a análise e decisão acerca da defesa oferecida pelo executado (doravante chamado embargante, enquanto o exequente será, nesta sede, denominado embargado).

Os embargos do executado são, pois, processo autônomo, incidente à execução, de natureza cognitiva, dentro do qual se poderá apreciar a pretensão executiva manifestada pelo exequente, para o fim de verificar se é procedente ou improcedente.

O CPC chama esse meio de defesa do executado de embargos à execução. A expressão embargos do executado, aqui empregada, aparece nos textos do art. 903 e do art. 1.012, III. Emprega-as o texto da lei processual como sinônimas, e assim tal texto deve ser mesmo interpretado. A preferência por usar embargos do executado, e não embargos à execução, porém, tem uma razão.

É que, em alguns casos, a defesa do executado se opõe à execução considerada em seu todo. É o que se dá, por exemplo, no caso em que o fundamento dos embargos é o pagamento da dívida, ou qualquer outra causa de extinção da obrigação. Em outras hipóteses, porém, os embargos não se destinam a atacar toda a execução, mas apenas algum ato executivo (como se dá, por exemplo, no caso de embargos destinados unicamente a impugnar a penhora, que seria incorreta). Assim, nem sempre os embargos são propriamente opostos à execução (considerada em sua integralidade). Seja como for, porém, a legitimidade para opor embargos é do executado e, portanto, tenham os embargos por objetivo impugnar toda a execução, ou apenas algum ato executivo, sempre serão eles embargos do executado. Daí a preferência por essa outra terminologia.

Os embargos do executado são, pois, processo de conhecimento, autônomo em relação ao processo executivo fundado em título extrajudicial, embora a ele ligado por uma relação de prejudicialidade. Fala-se aqui em prejudicialidade porque os embargos do executado se apresentam como uma demanda que deverá ser apreciada – ao menos como regra geral – antes do desfecho do processo executivo. Além de exigir julgamento prévio ao desfecho do processo executivo, os embargos do executado influirão naquele desfecho, já que – conforme o resultado do julgamento nele proferido – poderão levar à extinção anômala da execução ou a um corte em seus excessos (diminuindo-se, por exemplo, o valor do crédito exequendo). Como os embargos do executado, porém, são em regra recebidos sem efeito suspensivo – como se verá melhor adiante –, é possível, em tese, que a execução se encerre antes do julgamento dos embargos. Essa situação, porém, não afasta a natureza prejudicial dos embargos.

A demanda de embargos do executado, como toda demanda cognitiva, se identifica, entre outros elementos, por um pedido imediato consistente na postulação de uma sentença de mérito. Discute-se, porém, em doutrina, acerca da natureza de tal sentença.

Há, entre os estudiosos do tema, quem afirme que a sentença dos embargos do executado (a que julgue procedente o pedido, obviamente) é sempre meramente declaratória. Outros autores preferem afirmar que a sentença de procedência dos embargos tem conteúdo variável, meramente declaratório ou constitutivo, conforme o fundamento dos embargos. Há, por fim, uma terceira corrente, para a qual a sentença de procedência dos embargos do executado terá sempre natureza constitutiva.

Correta esta última posição. O título executivo, como visto, tem eficácia abstrata, e permite a instauração da execução ainda que não exista o crédito afirmado pelo demandante. Os embargos do executado terão por fim, assim, retirar a eficácia executiva do título, o que demonstra seu caráter constitutivo. De nada adiantaria obter uma declaração de inexistência do crédito, sem que se retirasse a eficácia executiva do título. A sentença de procedência dos embargos declarará a inexistência do direito de crédito do embargado (quando esse for o fundamento dos embargos, obviamente), mas não se limitará a essa declaração. Daí por que não deve ser considerada, em qualquer hipótese, sentença meramente declaratória. É sempre bom recordar que as sentenças constitutivas têm dois momentos lógicos: um primeiro, declaratório, em que se obtém o acertamento da existência do direito a certa modificação jurídica; e um segundo, constitutivo, em que se opera tal modificação. É exatamente isso que se tem na sentença de procedência dos embargos do executado. Num primeiro momento lógico da sentença, será declarada a existência do direito à retirada da eficácia executiva do título que está à base da execução (por inexistir o crédito que ele representaria, ou por não ser o crédito exigível, ou por qualquer outro fundamento); e, num segundo momento lógico, retira-se a eficácia executiva do título, o que levará à extinção (ou ao corte do excesso) da execução.

A mesma natureza, frise-se bem, terá a sentença que, julgando procedentes os embargos, limitar-se a cortar excessos da execução (pense-se numa execução em que se pretende obter a quantia de dez mil reais, e o executado embarga alegando excesso de execução, afirmando que a dívida, em verdade, é de sete mil reais). Procedentes os embargos, restringe-se a execução, cortando-se os seus excessos, o que implica modificação da situação jurídica anteriormente existente. Revela-se, ainda uma vez, portanto, o caráter constitutivo da sentença de procedência dos embargos do executado.

A sentença de procedência dos embargos do executado, portanto, é sempre constitutiva.

Os embargos do executado são cabíveis independentemente de prévia garantia do juízo (art. 914), e devem ser distribuídos por dependência ao juízo da execução (art. 914, § 1º), que tem competência funcional – e, portanto, absoluta – para deles conhecer. É preciso, porém, observar o caso especial da execução que tramita por carta precatória. É que, nesse caso, os embargos tanto podem ser apresentados no juízo deprecante como no juízo deprecado, mas a competência para deles conhecer será, em regra, do juízo deprecante. Só será competente o juízo deprecado para conhecer dos embargos do executado se versarem eles, unicamente, sobre vícios ou defeitos da penhora, da avaliação ou da alienação dos bens efetuadas no juízo deprecado (art. 914, § 2º). Em outros termos, se os embargos se voltarem unicamente contra atos executivos praticados pelo juízo deprecado, deste será a competência (funcional) para deles conhecer. Nos demais casos, a competência será do juízo deprecante. Nessas hipóteses, oferecidos os embargos em um juízo e sendo competente o outro, deverá o órgão que recebeu os embargos encarregar-se de sua remessa ao juízo competente.

Distribuídos os embargos, deverão eles ser autuados em apartado, tramitando o processo em apenso aos autos da execução.

O prazo para oferecimento dos embargos do executado é de quinze dias, e seu termo inicial é estabelecido da mesma forma que para oferecimento de contestação no processo de conhecimento (art. 915). Havendo mais de um executado, o prazo para cada um deles embargar é independente, contando-se a partir da respectiva juntada aos autos da prova de sua citação. Só não será assim no caso de executados que sejam cônjuges ou companheiros, hipótese em que o prazo será comum, a ser contado a partir da juntada do último comprovante de citação (art. 915, § 1º). No caso de embargos opostos pela Fazenda Pública na execução contra ela movida, o prazo é de trinta dias (art. 910).

Questão interessante é a de saber se o prazo para oferecimento de embargos deve ser contado em dias úteis ou corridos. Pois esse prazo deve ser contado em dias corridos, não sendo considerado prazo processual. É que, como visto em passagem anterior desta obra, o prazo só será considerado processual se atender a dois requisitos cumulativos: (a) tratar-se de prazo que corre dentro de um processo já instaurado; e (b) ser um prazo cujo decurso acarreta consequências processuais. O primeiro desses requisitos, porém, não parece preenchido no caso que ora se examina. É que o prazo de que aqui se cogita não é um prazo que corre *dentro* de um processo em curso, mas, na verdade, é prazo pré-processual, que corre para que, antes de seu término, um processo venha a ser instaurado. Trata-se de fenômeno equivalente ao que se tem no prazo de cento e vinte dias para impetração de mandado de segurança, por exemplo. Pois em casos assim o prazo deve ser contado em dias corridos, e não em dias úteis. Deve-se dizer, porém, que há decisões no sentido de que esse prazo deveria ser contado em dias úteis (assim, por exemplo, decidiu o TJRJ ao julgar a apelação 0350934-22.2016.8.19.0001, decidida em 07/11/2018). Por isso, recomenda o princípio da boa-fé objetiva, na prática, ao menos enquanto a questão não for definida através de previsão legislativa expressa ou por julgamento proferido pelo STJ mediante a técnica dos recursos especiais repetitivos, que se conte o prazo em dias úteis, de forma a evitar prejuízo para as partes.

Tratando-se de execução por carta, de outro lado, há uma regra específica acerca da contagem do prazo para oferecimento de embargos. É que nessa hipótese o prazo correrá da juntada, nos autos da carta precatória, da certificação de citação quando a competência para deles conhecer for do próprio juízo deprecado (art. 915, § 2º, I). Correrá, porém, o prazo a partir da juntada, nos autos de origem, perante o juízo deprecante, da comunicação da citação, a ser feita por meio eletrônico, pelo juiz deprecado ao juiz deprecante (art. 915, § 2º, II, e § 4º).

Em qualquer caso de execução movida em face de dois ou mais executados, a formação do litisconsórcio não implica – ainda que tenham eles advogados distintos – duplicação de prazos para oferecimento de embargos do executado, afastada que é, expressamente, a aplicação da regra prevista no art. 229 (art. 915, § 3º).

Pode o executado, no prazo para oferecer embargos, em vez de apresentar defesa, optar por reconhecer expressamente o crédito do exequente e, juntamente com tal reconhecimento, comprovar o depósito de pelo menos trinta por cento do valor integral da execução (acrescido de custas e honorários advocatícios). Nesse caso, admite-se que o executado requeira o pagamento parcelado do saldo da dívida, em até seis parcelas mensais, acrescidas de correção monetária e juros de um por cento ao mês (art. 916). É uma espécie de moratória judicial, sendo direito do executado o pagamento parcelado (desde que, evidentemente, preencha os requisitos legais: reconhecer expressamente o débito; formular o requerimento no prazo dos embargos; comprovar, nesse mesmo prazo, ter efetuado o depósito de pelo menos trinta por cento do valor total da dívida). Este requerimento, feito no prazo de que o executado dispõe para embargar, acarreta o integral reconhecimento da dívida exequenda, com a consequente renúncia ao direito de opor embargos do executado (art. 916, § 6º). Não se admite, então, que o executado requeira o pagamento parcelado e, além disso, oponha embargos, comportamento contraditório que viola o princípio da boa-fé objetiva (art. 5º).

Nesse caso, o exequente será intimado para se manifestar, no prazo de cinco dias, sobre o preenchimento dos pressupostos (art. 916, § 1º). Não tem o exequente o direito de discordar do pagamento parcelado. Só pode ele discutir se os pressupostos legais foram ou não preenchidos. Além disso, deve-se admitir que o exequente suscite perante o juízo da execução discussão acerca do número de parcelas em que será dividido o pagamento ainda restante, já que o texto normativo estabelece que tal pagamento se dará em *até* seis parcelas. Caso todos os pressupostos estejam presentes, é direito do executado pagar parceladamente.

Deferido o pagamento parcelado, o exequente poderá levantar os valores já depositados, sendo suspensos os atos executivos (art. 916, § 3º). Enquanto não apreciado o requerimento do executado, porém (e tal apreciação pode, na prática, demorar algum tempo), incumbirá ao devedor depositar as parcelas que forem se vencendo, ficando desde logo autorizado o levantamento, pelo exequente, das quantias depositadas (art. 916, § 2º).

Indeferido o pagamento parcelado (por não ter sido preenchido algum requisito legal), a execução retomará seu curso normal, mantido o depósito que o executado tenha efetuado, o qual deverá ser convertido em penhora (art. 916, § 4º).

Caso o parcelamento tenha sido deferido e, não obstante isso, o executado deixe de depositar tempestivamente qualquer das parcelas, ocorrerá o vencimento antecipado das prestações subsequentes, devendo prosseguir a execução, com o imediato reinício dos atos executivos (art. 916, § 5º, I). Além disso, será imposta ao executado, em favor do exequente, multa de dez por cento sobre o valor das prestações não pagas (aí incluídas as que antecipadamente se vencerem), nos termos do art. 916, § 5º, II.

Esse instituto da moratória judicial não se aplica, nem subsidiariamente, ao cumprimento de sentença, por força de expressa previsão legal nesse sentido (art. 916, § 7º).

Optando o executado, porém, por oferecer embargos, poderá ele alegar as matérias indicadas no art. 917.

Em primeiro lugar, poderá o executado alegar inexequibilidade do título ou inexigibilidade da obrigação (art. 917, I). Assim é que o embargante poderá sustentar, em seus embargos, que o título de que se valeu o exequente-embargado não tem eficácia executiva (por lhe faltar algum requisito legal) ou que a obrigação ainda não é exigível (por estar sujeita a termo, por exemplo).

Pode também o embargante alegar que houve penhora incorreta ou avaliação errônea (art. 917, II). Aqui vale recordar que o oferecimento da defesa pelo executado não pressupõe a prévia garantia do juízo, mas, caso esta tenha ocorrido, ser-lhe-á possível alegar, desde logo, nos embargos, que houve vício da penhora ou erro no valor da avaliação. Caso a penhora ou a avaliação ocorram depois do oferecimento dos embargos, a matéria poderá ser suscitada por simples petição, no prazo de quinze dias a contar da ciência, pelo executado, do ato (art. 917, § 1º).

Pode, ainda, o embargante alegar excesso de execução ou cumulação indevida de execuções (art. 917, III). Caso nos embargos se deduza a alegação de excesso de execução, afirmando-se que o exequente pretende receber valor superior ao verdadeiramente devido, terá o embargante o ônus de declarar, na petição inicial, o valor que admite como correto, apresentando demonstrativo discriminado e atualizado de seu débito (art. 917, § 3º), sob pena de não conhecimento dessa alegação. Assim, se for esse o único fundamento dos embargos, serão eles liminarmente rejeitados (art. 917, § 4º, I). Havendo outro fundamento além desse, os embargos serão processados, mas a alegação de excesso de execução não será apreciada (art. 917, § 4º, II).

Pode-se pensar que o conceito de excesso de execução esteja sempre ligado a valores em pecúnia ou à quantidade de coisas fungíveis, como no caso em que se pretende com a execução receber dez mil reais (quando o executado entende dever apenas sete mil), ou quando o exequente pretende que lhe sejam entregues vinte sacas de milho (e o executado considera dever apenas dez sacas). É inegável que nessas situações há excesso de execução, matéria dedutível em embargos do executado. É preciso ter claro, porém, que o excesso de execução não ocorre apenas nesses casos, mas em todos aqueles enumerados no art. 917, § 2º, do CPC.

Assim é que, em primeiro lugar, há excesso de execução quando o exequente pleiteia receber quantia superior à prevista no título executivo. É a hipótese que, sem sombra de dúvida, vem, em primeiro lugar, à mente do intérprete, quando este pensa no excesso de execução. Na interpretação do texto normativo, deve-se ter claro que a palavra "quantia" está empregada no sentido de quantidade (o que faz com que ela não se refira, necessariamente, a dinheiro, como ocorre quando o mesmo vocábulo é empregado na linguagem cotidiana). Dessa forma, haverá excesso de execução tanto nos casos em que o exequente pretenda receber quantidade de dinheiro superior à prevista no título, mas também quando pretenda receber quantidade de outras quaisquer coisas fungíveis superior ao que se prevê no título executivo (como no exemplo, anteriormente figurado, das sacas de milho).

Outro caso de excesso de execução se dá quando a execução recai sobre coisa diversa daquela declarada no título. É o que se tem, por exemplo, no caso em que o executado esteja obrigado a entregar um automóvel e, no processo executivo, seja citado para entregar um trator. Nesse caso, incidindo a execução sobre coisa diversa da que consta do título executivo, tem-se hipótese de "carência de ação" por falta de interesse de agir, já que o exequente estará pleiteando a tutela processual executiva por meio inadequado.

O terceiro caso de excesso de execução previsto na lei processual é aquele em que a execução se processa por modo diferente do que ficou estabelecido na sentença. Basta pensar na hipótese de se pretender obrigação pecuniária por conversão de uma obrigação de fazer quando o executado havia sido condenado a cumprir a prestação *in natura*. Trata-se, como parece claro, de mais um caso de "carência de ação" por inadequação do meio eleito pelo exequente para obter a tutela processual executiva, versando – também aqui – os embargos sobre uma das "condições da ação" de execução.

A quarta hipótese elencada na lei processual, entre aquelas que, na linguagem da lei, configuram "excesso de execução", é a de o exequente, sem ter cumprido a prestação que lhe correspondia, estar exigindo o adimplemento da obrigação do executado. Prevê o Código, aqui, a possibilidade de alegação, em sede de embargos do executado, da *exceptio non adimpleti contractus*, ou "exceção de contrato não cumprido", prevista no art. 476 do Código Civil, cuja redação é a seguinte: "[n]os contratos bilaterais, nenhum dos contratantes, antes de cumprida a sua obrigação, pode exigir o implemento da do outro". Essa alegação só é possível, frise-se, quando nem a lei nem o contrato estabeleceram qual obrigação deve ser cumprida primeiro. Fixada a anterioridade no cumprimento da obrigação, não pode o devedor dela se escusar, alegando que a prestação devida pelo outro contratante ainda não foi cumprida.

Não é difícil pensar em exemplos de incidência dessa hipótese que ora se examina. Basta figurar a seguinte situação: Fulano ajuíza demanda de execução em face de Beltrana, para ver satisfeito seu crédito em dinheiro, referente ao preço da venda de certo bem móvel. Beltrana, por sua vez, opõe embargos, afirmando que não pagou o preço porque o embargado, Fulano, não entregou o bem vendido.

Mais uma vez prevê o Código uma hipótese em que, nos embargos do executado, poderá o embargante alegar matéria atinente às "condições da ação" (mais uma vez, aliás, a "condição da ação" aqui enfocada é o interesse de agir). Isso porque, não tendo o exequente realizado a prestação por ele devida, é inexigível a obrigação do executado. Acolhidos que sejam os embargos do executado opostos por esse fundamento, portanto, deverá o juiz extinguir a execução, por faltar ao exequente o interesse-necessidade, que é elemento integrante do interesse de agir.

Por fim, prevê o Código como hipótese de "excesso de execução" a situação em que o exequente não tiver demonstrado que a condição a que estava sujeita a exigibilidade de seu crédito se realizou. Esse é mais um caso de embargos do executado em que se pode alegar falta de interesse de agir (por estar ausente a necessidade de tutela processual). Isso porque, estando o crédito do exequente sujeito a uma condição cujo implemento não tenha sido demonstrado, é de se considerar inexigível a obrigação. Basta pensar no caso em que se pretenda executar uma prestação pecuniária a que tenha sido condenado o réu, mas que só seria exigível se o devedor se formasse em Direito. Não tendo ocorrido a condição, não é exigível a prestação, não tendo o credor necessidade de ir a juízo, uma vez que ainda se pode cogitar da realização normal de seu crédito (o que poderá ocorrer por cumprimento espontâneo da obrigação, tão logo se dê o implemento da condição suspensiva).

Nos casos de execução para entrega de coisa, admite-se que o executado ofereça embargos de retenção por benfeitorias (art. 917, IV). Trata-se da defesa através da qual o executado sustenta ter direito de reter a coisa cuja entrega é exigida até que seja indenizado pelas benfeitorias, necessárias ou úteis, que tenha feito no bem. É que, nos termos do art. 1.219 do Código Civil, "[o] possuidor de boa-fé tem direito à indenização das benfeitorias necessárias e úteis, bem como, quanto às voluptuárias, se não lhe forem pagas, a levantá-las, quando o puder sem detrimento da coisa, e poderá exercer o direito de retenção pelo valor das benfeitorias necessárias e úteis".

Esses embargos, portanto, permitirão a prestação da tutela processual ao possuidor de boa-fé, pois apenas este, e não o que possui de má-fé, tem direito de retenção por benfeitorias. Além disso, é de se recordar que as benfeitorias podem ser de três tipos: necessárias, úteis e voluptuárias. Estas últimas, porém, não geram para o possuidor de boa-fé o direito de retenção.

Apesar do silêncio da lei processual, a petição inicial desses embargos deve conter, sob pena de rejeição liminar, a especificação das benfeitorias (necessárias, úteis ou voluptuárias) que tenham sido realizadas pelo embargante, a descrição do estado anterior e atual da coisa, o custo das benfeitorias e seu valor atual e a valorização da coisa a ser entregue, decorrente das benfeitorias realizadas. Isso decorre da exigência, contida no art. 319 do CPC, de que a petição inicial indique a causa de pedir e o pedido com suas especificações.

Oferecidos embargos por retenção de benfeitorias, poderá o exequente-embargado postular a compensação de seu valor com o dos frutos ou dos danos que sejam considerados devidos pelo executado-embargante.

Essa impugnação, em que se deduz pretensão de compensação da indenização por benfeitorias com os frutos ou as perdas e danos devidos ao embargado, tem, segundo respeitável doutrina, natureza reconvencional. Essa afirmação, porém, deve ser tomada com algum cuidado. Em primeiro lugar, é de se afirmar que a compensação é matéria de defesa, e o oferecimento de demanda autônoma para se exigir a compensação só é necessário quando o réu da demanda original verifica que, com a compensação, terá superávit (o que significa que, compensadas as dívidas, a do autor se extinguirá por inteiro, restando saldo em favor do réu). Apenas nesse caso será preciso ajuizar demanda de cobrança, na qual se irá pretender o recebimento desse excesso. Assim, por exemplo, se o embargante pretende receber uma indenização de sete mil reais, e o embargado pretende compensar essa indenização com outra, a ele devida pelo retentor da coisa, por perdas e danos causados, no valor de cinco mil reais, não se poderá admitir a natureza de demanda autônoma da sua manifestação. Se, porém, pretende ele compensar aquela indenização postulada pelo embargante, no valor de sete mil reais, com um crédito seu, no valor de nove mil reais, aí sim se pode falar em demanda autônoma ajuizada pelo embargado, para cobrança do excesso que restará em seu favor.

Nesse caso de embargos de retenção por benfeitorias, incumbirá ao juiz determinar a realização de prova pericial para apuração de ambos os valores (art. 917, § 5º). Poderá, ainda, o exequente requerer, a qualquer tempo, sua imissão na posse da coisa, desde que preste caução ou deposite o valor devido pelas benfeitorias necessárias ou úteis ou a quantia resultante da compensação (art. 917, § 6º).

O julgamento dos embargos de retenção por benfeitorias pode produzir efeitos variados, conforme o teor do julgamento. Rejeitados os embargos, prossegue a execução com a entrega definitiva da coisa ao exequente. Acolhidos os embargos, terá o executado direito de retenção sobre a coisa até que lhe sejam indenizadas as benfeitorias, cabendo ao exequente, para que a coisa lhe seja entregue, depositar em juízo o valor da indenização. Tendo havido compensação entre créditos do embargante e do embargado, com saldo em favor deste, cessa de imediato o direito de retenção, com o exequente recebendo a coisa, e podendo, ainda, executar – nos mesmos autos – a obrigação do executado de pagar a ele o saldo apurado.

É por meio de embargos que o executado pode alegar, em sua defesa, a incompetência, absoluta ou relativa, do juízo da execução (art. 917, V). A incompetência absoluta, porém, pode ser alegada a qualquer tempo, por petição simples dirigida ao juízo da execução. No caso da incompetência relativa, contudo, não sendo a questão suscitada nos embargos haverá a prorrogação da competência, de modo que o juízo que fosse relativamente incompetente passará, em razão da inércia do executado que deixa de suscitar o ponto, a ser competente para a causa.

Por fim, pode o executado alegar, em seus embargos, "qualquer matéria que lhe seria lícito deduzir como defesa em processo de conhecimento" (art. 917, VI). É que, não tendo havido processo cognitivo prévio à formação do título, não estarão presentes os fatores que levam à limitação da cognição existente na impugnação ao cumprimento de sentença. É preciso, então, permitir que o executado alegue, agora, toda e qualquer matéria de defesa que poderia ter alegado se tivesse sido demandado em um processo de conhecimento.

Tendo os embargos natureza de processo cognitivo autônomo em relação à execução, impende que o embargante elabore petição inicial capaz de preencher todos os requisitos formais exigidos no art. 319. Além disso, a petição deve vir acompanhada de cópias das peças processuais relevantes, as quais poderão ser declaradas autênticas pelo próprio advogado que as junta, sob sua responsabilidade pessoal (art. 914, § 2º).

Deduzidos os embargos, o juiz os rejeitará liminarmente (art. 918) quando intempestivos; nos casos de indeferimento da petição inicial e de improcedência liminar do pedido; quando manifestamente protelatórios.

A intempestividade dos embargos acarreta sua rejeição liminar, com a prolação de sentença terminativa, extinguindo-se o processo sem resolução do mérito. É que o prazo de quinze dias para oferecimento dos embargos é um prazo extintivo do interesse-adequação. Dito de outro modo, ultrapassado esse prazo os embargos deixam de ser a via processual adequada para que o executado deduza seus argumentos de defesa. Daí não resulta, todavia, a perda do direito material. Não se está diante de um prazo decadencial (ou prescricional). O que se tem aí é um prazo de consequências meramente processuais (ainda que não seja, como visto anteriormente, um *prazo processual*, no sentido que o CPC dá a essa expressão).

Significa isso dizer que, não oferecidos os embargos no prazo legal, perde o executado a possibilidade de se opor à execução por meio de embargos. Nada impede, porém, que se valha ele de outras vias processuais para buscar tutela processual em seu favor. Pense-se, por exemplo, no caso de se promover a execução de dívida já paga. O fato de não ter o executado oferecido embargos (e, por conta disso, ter prosseguido a execução, quiçá com a satisfação do crédito exequendo) não o impede de, posteriormente, ajuizar demanda através da qual se veicule a pretensão de declaração da inexistência da obrigação (ou, mesmo, de repetição do indébito). Daí a importância de se ter claro que a rejeição liminar dos embargos intempestivos se dá por sentença que não resolve o mérito da causa.

Além disso, aplicam-se ao processo dos embargos todas as hipóteses que a lei processual prevê como sendo de indeferimento da petição inicial (art. 330). Evidentemente, também se aplica aqui a exigência de que, antes de indeferir a petição inicial, o juiz dê ao demandante (aqui chamado de embargante) oportunidade de corrigir o defeito da petição (art. 321, *caput* e parágrafo único).

Também é aplicável aos processos dos embargos o dispositivo que prevê a improcedência liminar do pedido (art. 332). Assim, embargos que veiculem pretensão contrária a enunciado de súmula do STF ou do STJ; ou que estejam em conflito com acórdão proferido pelo STF ou pelo STJ em julgamento de recursos repetitivos; ou ainda que sejam contrários a entendimento firmado em incidente de resolução de demandas repetitivas ou de assunção de competência; ou, por fim, embargos que contrariem enunciado de súmula de tribunal de justiça sobre direito local, devem levar à improcedência liminar do pedido. Pois em todos esses casos, após ouvir o embargante especificamente sobre a possibilidade de aplicar as regras que versam sobre improcedência liminar, o juiz proferirá, desde logo, sentença que porá fim ao processo com resolução do mérito. Só não haverá necessidade de ouvir previamente o embargante quando este, em sua petição inicial, já tenha se manifestado de forma específica sobre o ponto (como se daria, por exemplo, no caso em que o embargante, em sua petição inicial, se desse ao trabalho de sustentar a inaplicabilidade, ao caso concreto, de certo enunciado de súmula do STJ). Afinal, neste caso já terá havido contraditório prévio e efetivo (art. 9º).

Há, porém, um caso especial de improcedência liminar do pedido que é específico dos embargos do executado. É a hipótese de rejeição liminar por serem os embargos manifestamente protelatórios. É o que se dá, por exemplo, quando o embargante se limita a suscitar uma tese estapafúrdia (como seria, por exemplo, sustentar a impossibilidade de atender à pretensão executiva deduzida por um locador de imóvel, ao fundamento de que a cobrança de aluguel seria inconstitucional por violar o direito fundamental à moradia). Pois, nesse caso, incumbe ao juiz proferir (depois de ouvir o embargante sobre o ponto, se for o caso, em respeito ao princípio constitucional do contraditório) sentença julgando liminarmente improcedentes os embargos do executado e, com isso, protegendo a parte contrária do abuso do direito de demandar. Adite-se a isso o fato de que o oferecimento de embargos manifestamente protelatórios constitui ato atentatório à dignidade da justiça (art. 918, parágrafo único), o que implica a imposição de multa de até vinte por cento do valor da causa (art. 77, § 1º). Essa multa, registre-se, é devida ao Estado ou à União, conforme o processo tramite perante a Justiça Estadual ou a Justiça Federal.

Não sendo caso de rejeição liminar, os embargos do executado serão recebidos, estabelecendo a lei processual que tal recebimento se dará sem efeito suspensivo (art. 919). Pode haver, porém, atribuição de efeito suspensivo por decisão judicial (efeito suspensivo *ope iudicis*), a requerimento do embargante, quando presentes os requisitos para concessão de tutela provisória (de urgência ou da evidência), e desde que a execução já esteja garantida por penhora, depósito ou caução suficientes (art. 919, § 1º). O requerimento de atribuição de efeito suspensivo aos embargos do executado pode ser formulado a qualquer tempo (FPPC, Enunciado nº 546).

O requisito da garantia do juízo requisito será exigido quando se tratar de execução por quantia certa ou de execução para entrega de coisa (e se dará, respectivamente, pela penhora ou pelo depósito). Não se pode pensar em garantia do juízo em execução de obrigação de fazer ou de não fazer.

Além disso, como visto, é preciso que estejam presentes os requisitos para concessão de tutela processual provisória, seja de urgência ou da evidência, aplicando-se aqui toda a sistemática da tutela provisória prevista na Parte Geral do CPC.

A decisão que atribui efeito suspensivo aos embargos do executado poderá ser, a requerimento da parte interessada, modificada ou revogada, a qualquer tempo, se tiverem cessado as circunstâncias que a motivaram (art. 919, § 2º).

O efeito suspensivo pode ser atribuído de forma total ou parcial. Pense-se, por exemplo, em embargos em que o executado tenha se limitado a alegar a nulidade da penhora de um dentre os diversos bens apreendidos. Nesse caso, só faria sentido a atribuição do efeito suspensivo quanto aos atos executivos que dissessem respeito a esse bem, e não quanto aos demais. Há que se notar, porém, que, apesar de ser comum em doutrina a referência à suspensão parcial do processo executivo, essa não é, em verdade, expressão das mais próprias, pois não explica com acerto o que ocorre com o processo executivo. Sendo a suspensão do processo uma situação em que nenhum ato processual pode ser praticado, é paradoxal admitir a existência de uma suspensão parcial, em que o processo estaria suspenso, mas os atos processuais estariam sendo praticados. Não há, em verdade, qualquer suspensão nesse caso, mas mera redução do objeto da execução enquanto pendente de julgamento a demanda de embargos. Rejeitados os embargos (no mérito, ou extinto o processo incidente sem que este tenha sido resolvido), o objeto da execução será reposto ao estado anterior, e poderão ser praticados os atos processuais necessários para a satisfação da parte do crédito que havia sido posta em discussão nos embargos. Procedentes estes, a execução será definitivamente reduzida aos termos em que já se encontrava, embora provisoriamente.

Se o efeito suspensivo tiver sido atribuído parcialmente, dizendo respeito apenas a uma parcela do objeto da execução, então, esta prosseguirá com a prática de atos executivos que digam respeito à outra parte, não alcançada pelo efeito suspensivo atribuído (art. 919, § 3º).

Além disso, no caso de litisconsórcio passivo na execução, oferecidos os embargos por apenas um dos executados, o efeito suspensivo eventualmente deferido só alcançará os atos executivos destinados a invadir o patrimônio do embargante, salvo se o fundamento dos embargos for comum também aos demais executados. Pense-se, por exemplo, em uma execução movida em face do devedor principal e do fiador de uma obrigação qualquer. Pode acontecer de só o fiador oferecer embargos e alegar a nulidade da fiança, fundamento que só a ele interessa. Pode ele, porém, embargar para alegar a nulidade da obrigação principal, caso em que seus embargos beneficiarão o outro executado, a quem o fundamento também interessa. Trata-se de mais um caso de "suspensão parcial", que difere da outra porque aqui, em vez de uma redução objetiva da execução enquanto os embargos esperam julgamento, o que se tem é redução subjetiva. Nesse caso, a execução prosseguirá, apesar do recebimento dos embargos do executado com efeito suspensivo, mas só será possível a prática de atos processuais, na execução, que incidam sobre o patrimônio do executado que não embargou. Conforme o resultado final dos embargos, será possível ou não prosseguir com a execução com relação ao segundo demandado (que ajuizou seus embargos do executado).

Dito de outro modo, no caso de concessão de efeito suspensivo a embargos oferecidos por um só dos executados, a execução poderá prosseguir contra os executados que não tenham embargado, salvo se o fundamento dos embargos for comum aos demais (art. 919, § 4º).

De todo modo, a concessão de efeito suspensivo não impedirá a efetivação de atos de substituição, de reforço (ampliação) ou de redução da penhora, nem a avaliação dos bens. Em outras palavras, significa isso dizer que a atribuição de efeito suspensivo aos embargos do executado impede, tão somente, a prática de atos de expropriação e satisfação do crédito exequendo.

Recebidos os embargos, o exequente será ouvido, nos termos do art. 920, I, no prazo de quinze dias (devendo, para tanto, ser citado na pessoa de seu advogado, através dos meios usualmente empregados para a intimação dos patronos das partes, não sendo necessário que a procuração outorgada ao advogado lhe atribua poderes especiais para receber citação). Esse é prazo que, evidentemente, será contado em dias úteis. A ausência de impugnação aos embargos implica revelia, presumindo-se (relativamente) verdadeiras as alegações sobre fatos deduzidas pelo embargante em sua petição inicial.

Decorrido o prazo para que o embargado ofereça resposta, o juiz julgará desde logo a causa ou, se necessária uma maior dilação probatória, colherá as provas necessárias, realizando audiência de instrução e julgamento se necessário (art. 920, II). Encerrada a instrução probatória (ou se esta se mostrou desnecessária), o juiz prolatará a sentença (art. 920, III).

23.2. IMPUGNAÇÃO AO CUMPRIMENTO DE SENTENÇA

Prevê o CPC, no art. 525, um meio de defesa posto à disposição do executado nas execuções fundadas em título executivo judicial. É a *impugnação ao cumprimento de sentença*. O instituto está tratado no capítulo do Código que regula o procedimento destinado ao cumprimento definitivo da sentença que reconhece a exigibilidade de obrigação de pagar quantia certa. Não obstante sua localização, porém, é essa a defesa adequada também no caso de cumprimento provisório de sentença que reconhece obrigação pecuniária (art. 520, § 1º), assim como nas hipóteses de cumprimento de sentença que reconhece a exigibilidade de obrigações de fazer, não fazer ou entregar coisa (art. 536, § 4º, e art. 538, § 3º). Pode-se dizer, então, que seja qual for a natureza da obrigação, a defesa do executado no procedimento de cumprimento de sentença se dá por meio de impugnação. E isso será correto mesmo nos casos de cumprimento de sentença contra a Fazenda Pública (art. 535).

O oferecimento, pelo executado, de impugnação ao cumprimento de sentença provoca a instauração de um incidente processual, não se configurando, portanto, um novo processo, autônomo em relação àquele em que a atividade executiva se desenvolve. Trata-se de mero incidente do mesmo processo em que a execução é realizada. Por conta disso, o ato do juiz que decide a impugnação será, via de regra, decisão interlocutória (e, por isso, impugnável por agravo de instrumento, na forma do art. 1.015, parágrafo único). Será sentença, porém, o provimento judicial que, ao decidir a impugnação, acarretar a extinção do procedimento executivo (art. 203, § 1º), recorrível por apelação.

O prazo para oferecimento de impugnação, nos termos do art. 525, é de quinze dias (ou trinta, quando se trate de cumprimento de sentença contra a Fazenda Pública, nos termos do art. 535). Tratando-se de obrigação de pagar quantia certa, o termo inicial do prazo será o dia do fim do prazo de quinze dias para pagamento voluntário a que se refere o art. 523, como se depreende do texto do art. 525. Em outros termos, tratando-se de obrigação pecuniária o executado será intimado para, em quinze dias, efetuar o pagamento voluntário e, decorrido esse prazo sem que o pagamento tenha sido feito, inicia-se automaticamente, independentemente de penhora ou de nova intimação, o prazo para que o executado ofereça sua impugnação (art. 525). Trata-se de prazo processual, de modo que apenas os dias úteis deverão ser contados.

Tratando-se de cumprimento de sentença que tenha condenado a Fazenda Pública a pagar dinheiro, o prazo de trinta dias correrá da intimação da Fazenda, na pessoa de seu representante judicial, para apresentar defesa (art. 535).

Nos casos de obrigação de fazer, de não fazer ou de entregar coisa, o prazo de quinze dias terá início com o fim do prazo para que o executado cumpra voluntariamente a obrigação. Aplica-se, pois, aqui o mesmo sistema que se adota quando a obrigação é pecuniária: intima-se o devedor para que cumpra a sentença em certo prazo e, decorrido esse prazo, independentemente de nova intimação, corre o prazo para oferecimento de impugnação.

Na impugnação, o executado só pode alegar algumas matérias, expressamente enumeradas no art. 525, § 1º (e, no caso da Fazenda Pública, as elencadas no art. 535).

O exame das matérias suscitáveis através da impugnação revela um sistema bastante coerente: é que ao executado só é lícito alegar, nessa altura, matérias que não poderiam ter sido alegadas no processo de conhecimento no qual se formou o título executivo judicial. Em outros termos, só se admite que o executado, em sede de impugnação, alegue defesas que digam respeito a fatos ou circunstâncias posteriores à formação do título executivo. Pode-se, por exemplo, alegar o pagamento da dívida, desde que se trate da alegação de pagamento superveniente à sentença. A única exceção a essa regra é a da possibilidade de alegação de falta ou nulidade de citação se, na fase de conhecimento, o processo correu à revelia (exceção perfeitamente justificável quando se considera que a falta ou nulidade de citação contamina de forma absoluta o processo, já que se está aí diante da mais terrível de todas as violações ao princípio constitucional do contraditório, e mesmo assim só poderá a matéria ser alegada se o processo tiver corrido à revelia do demandado, já que seu comparecimento espontâneo supre o vício da citação, conforme dispõe o art. 239, § 1º). Quanto ao mais, não se pode admitir a alegação, em sede de impugnação, de matérias que já foram, ou que poderiam ter sido, alegadas no processo de conhecimento, e isso decorre da eficácia preclusiva da coisa julgada (art. 508) e, no caso específico da impugnação ao cumprimento provisório de sentença (caso em que ainda não se pode falar de coisa julgada e, por conseguinte, de sua eficácia preclusiva), em razão da vedação do *bis in idem*, já que não se pode admitir a alegação, em impugnação de sentença, de matérias que podem ser (ou poderiam ter sido) deduzidas no processo de conhecimento que ainda estará pendente.

Justificado o rol de matérias presente no art. 525, § 1º (e no art. 535), impende examinar quais são as matérias que podem ser alegadas em impugnação ao cumprimento de sentença.

A primeira matéria dedutível em impugnação ao cumprimento de sentença é a "falta ou nulidade da citação se, na fase de conhecimento, o processo correu à revelia" (art. 525, § 1º; art. 535, I). Como já visto, essa é a única matéria prévia à formação do título executivo que pode ser alegada em sede de impugnação ao cumprimento de sentença. É que, não tendo sido regularmente citado o demandado no processo de conhecimento (ou, como diz o texto legal, na fase de conhecimento do processo, o que nem sempre será correto, pois em alguns casos – como no da execução fundada em decisão estrangeira homologada pelo STJ – haverá mesmo dois processos, um de conhecimento, e outro, autônomo, de execução), e tendo corrido o processo à sua revelia, o vício não terá sido sanado. E esse vício é, como se disse anteriormente, o mais grave dentre todos os resultantes da violação do contraditório, já que terá havido uma absoluta privação do direito do demandado de participar do processo e influir na formação do resultado que lhe é desfavorável. Trata-se, pois, de vício absolutamente insanável pelo trânsito em julgado da sentença que tenha sido proferida nesse processo defeituoso, e que pode ser alegado a qualquer tempo, mesmo depois do decurso do prazo para ajuizamento de ação rescisória. É esse, possivelmente, o único vício capaz de sobreviver a tudo isso, motivo pelo qual é possível chamá-lo de vício transrescisório.

Dito de outro modo, a falta ou nulidade de citação, num processo em que o demandado não tenha integrado efetivamente o contraditório, pode ser arguida mesmo depois do prazo decadencial do direito à rescisão da decisão transitada em julgado (ou seja, mesmo após o decurso do prazo do art. 975 do CPC). Essa alegação poderá ser feita em demanda autônoma (tradicionalmente chamada *querella nullitatis*), desvinculada inteiramente de qualquer procedimento executivo, ou através de impugnação ao cumprimento de sentença.

É muito discutida, em sede doutrinária, a natureza do vício existente sobre a sentença proferida em processo onde o réu revel não foi citado (ou não o foi validamente). Há quem afirme tratar-se de sentença inexistente, o que parece equivocado. A sentença, na hipótese aqui considerada, contém seus elementos constitutivos mínimos. Foi proferida e assinada por juiz, e contém uma decisão, anunciada na sua parte dispositiva. Não se pode considerar que tal sentença seja um "nada" jurídico (mesmo porque seria, para dizer o mínimo, um contrassenso afirmar a possibilidade de propositura de "ação rescisória" para pleitear a rescisão de algo que não existisse).

Há, também, quem considere a sentença proferida em processo de que não participou o réu, sem que tenha sido ele citado regularmente, caso de nulidade absoluta. Haveria aí, segundo os defensores dessa corrente, nulidade absoluta capaz de sobreviver ao trânsito em julgado. Assim, porém, não é. Em primeiro lugar, a admitir-se que se tem aqui nulidade absoluta, seria inadequada a afirmação, feita em passagem anterior desta obra (quando do estudo dos vícios dos atos processuais), segundo a qual as invalidades internas do processo (nulidade e anulabilidade) são sanáveis pela formação da coisa julgada. Uma de duas: ou está errada a afirmação aqui repetida, ou a sentença de que presentemente se trata não é eivada de nulidade. Além disso, é de se considerar que a nulidade, como invalidade processual que é, resolve-se na atipicidade do ato processual. Praticado o ato conforme o tipo previsto em lei, é de se considerar que é válido. Ora, é sabido que a sentença tem três elementos essenciais: relatório, fundamentação e dispositivo. A ausência deste último é causa de inexistência jurídica da sentença, enquanto a ausência de qualquer dos outros dois implica nulidade. Trata-se, pois, a nulidade de vício de forma. Não é, contudo, o que se tem aqui. Típico o ato (ou seja, realizado conforme as prescrições e solenidades contidas na norma), é de se reputar o ato válido.

A sentença proferida em processo onde não houve regular citação do réu (tendo este, obviamente, permanecido revel) é ato *ineficaz*. Estou convencido de que a sentença de que ora se trata existe e é válida. Não é, porém, capaz de produzir efeitos. O vício que aqui se apresenta assemelha-se, por tudo e em tudo, ao que se tem nos casos em que é proferida sentença de mérito num processo em que se encontrava ausente um litisconsorte necessário. Trata-se de decisão *inutiliter data*, ou seja, o pronunciamento assim proferido é absolutamente ineficaz, sendo – dessa forma – incapaz de produzir efeitos jurídicos. A *querella nullitatis* seria, assim, uma demanda de mera declaração da ineficácia da sentença.

Seria, a rigor, desnecessário admitir a possibilidade de rescisão dessa sentença (o que tornaria a "ação rescisória" inadmissível, pois faltaria interesse de agir, por inexistência da necessidade da tutela processual). Da mesma forma, parece desnecessário oferecer impugnação ao cumprimento de sentença, já que – a rigor – a sentença que serve de base à execução é incapaz de produzir o efeito executivo. É de bom alvitre, porém, que se admita tanto a propositura de "ação rescisória" como o ajuizamento de impugnação ao cumprimento de sentença (esta expressamente autorizada por lei), para que se obtenha a declaração da ineficácia da sentença, pois a utilidade desses meios é inegável. O sistema processual, nesse passo, abre mão do tecnicismo em favor de maior efetividade, pondo-se à disposição do jurisdicionado uma série de remédios capazes de permitir que seja realizado o direito do jurisdicionado (que, no caso, consiste em não permitir a produção de efeitos de uma sentença proferida num processo em que não houve respeito ao princípio do contraditório).

A segunda matéria de defesa que pode ser deduzida na impugnação é a "ilegitimidade de parte" (art. 525, § 1º, II; art. 535, II). Trata-se da possibilidade de alegar ilegitimidade da parte em sede de execução. Destaque-se este ponto: não se trata de permitir a alegação, na impugnação ao cumprimento da sentença, de que faltava legitimidade a alguma das partes no processo de conhecimento. Esta é matéria que já foi, ou poderia ter sido, deduzida no processo cognitivo. Aqui se cogita da possibilidade de alegação, em impugnação, de ausência de legitimidade para figurar no procedimento executivo.

Pense-se, por exemplo, no caso de se ter postulado a condenação de um devedor ao pagamento de uma dívida e, proferida a sentença, buscar-se executá-la contra um fiador que não tenha participado do processo. Ocorre que a lei, expressamente, estabelece que "o cumprimento da sentença não poderá ser promovido em face do fiador, do coobrigado ou do corresponsável que não tiver participado da fase de conhecimento" (art. 513, § 5º). Assim, promovida a execução contra o fiador nesse caso, poderá ele alegar na impugnação que não tem legitimidade para ser demandado na execução.

A terceira matéria que pode ser deduzida na impugnação é a "inexequibilidade do título ou inexigibilidade da obrigação" (art. 525, § 1º, III; art. 535, III). É que pode acontecer de se ter instaurado o procedimento do cumprimento de sentença quando o título ainda não tinha eficácia executiva (pense-se, por exemplo, no caso de estar ainda pendente de apreciação um recurso interposto contra a sentença condenatória e que tenha sido recebido com efeito suspensivo), ou de não ser exigível a obrigação (por estar, por exemplo, sujeita a termo ou condição suspensiva).

Como se viu anteriormente, toda execução deve ser fundada em título executivo que represente crédito certo, líquido e exigível. Viu-se, no estudo da teoria do título executivo, que certeza, liquidez e exigibilidade são características da obrigação exequenda (sem poder esquecer que a exigibilidade não guarda nenhuma relação, na verdade, com a teoria do título executivo, pois, enquanto este é elemento integrante do chamado interesse-adequação, pois torna adequada a tutela processual executiva, a exigibilidade diz respeito ao interesse-necessidade, pois não há necessidade de tutela processual quando o que se pretende é a realização de um crédito ainda não vencido).

A exigibilidade do título, assim, é elemento que se integra a uma das "condições da ação", e que já foi examinado no tempo devido. Sabe-se que a obrigação é exigível quando seu cumprimento não está sujeito a termo ou condição. Tendo sido proposta a demanda executiva fundada em título judicial quando ainda não exigível a obrigação, é o exequente "carecedor de ação", por falta de interesse de agir, já que inexistente a necessidade da tutela processual para que se possa realizar seu direito de crédito. Assim sendo, admite-se a oposição de impugnação para alegação, como defesa do executado da inexigibilidade do título executivo.

Considera a lei como sendo de inexigibilidade da obrigação o caso em que o dever jurídico cuja execução se postula tenha sido reconhecido em decisão judicial fundada em lei ou ato normativo considerado inconstitucional pelo STF, ou fundado em aplicação ou interpretação da lei ou do ato normativo tido pelo STF como incompatível com a Constituição da República, provenha a decisão do Supremo Tribunal do exercício de controle concentrado ou difuso de constitucionalidade (art. 525, § 12; art. 535, § 5º). É preciso, porém, que não tenha havido, pelo STF, modulação de efeitos da sua decisão que seja capaz de excluir de seu campo de incidência decisões como a exequenda (art. 525, § 13; art. 535, § 6º). É que, em atenção à segurança jurídica, pode o STF modular no tempo os efeitos de sua decisão proferida em sede de controle de constitucionalidade, de modo a evitar que seus efeitos alcancem todos os casos, inclusive os pretéritos. Pense-se, por exemplo, no caso de o STF declarar a inconstitucionalidade da lei que institui certo tributo. Por uma questão de segurança jurídica, pode o Supremo Tribunal estabelecer que, não obstante a inconstitucionalidade, o tributo só deixará de ser cobrado no exercício seguinte, de modo que eventual sentença que tenha reconhecido a obrigação de pagar aquele mesmo tributo em relação a algum exercício anterior não seria alcançada pelos efeitos do pronunciamento exarado em sede de jurisdição constitucional.

De toda maneira, essa matéria só poderá ser alegada em impugnação ao cumprimento de sentença se a decisão do STF for anterior ao trânsito em julgado da decisão exequenda (art. 525, § 14; art. 525, § 7º). Anterior, frise-se, ao trânsito em julgado da sentença, ainda que não seja anterior ao momento em que a sentença tenha sido prolatada. Caso a decisão do STF seja posterior ao trânsito em julgado da sentença exequenda, a matéria só poderá ser deduzida em ação rescisória, e nesse caso o prazo de dois anos para exercício do direito à rescisão (art. 975) só começará a correr a partir do trânsito em julgado da própria decisão do STF (art. 525, § 15; art. 535, § 8º).

Outra matéria que pode ser deduzida em sede de impugnação ao cumprimento de sentença é "penhora incorreta ou avaliação errônea" (art. 525, § 1º, IV). Essa é matéria que não aparece no rol das dedutíveis no caso de impugnação oferecida pela Fazenda Pública (art. 535), o que é perfeitamente compreensível quando se considera que na execução contra ente público não se admite penhora.

É que pode ter havido, antes do oferecimento da impugnação, a realização de uma penhora viciada (como seria, por exemplo, a penhora de um bem absolutamente impenhorável) ou a errônea avaliação do bem penhorado. Recorde-se, aqui, que não é preciso já ter havido penhora para que a impugnação seja oferecida e admitida (art. 525, *caput*). Pode, porém, acontecer de a penhora e a avaliação serem realizadas antes do oferecimento da impugnação, e, nesse caso, caberá ao executado alegar, desde logo, nessa oportunidade, os vícios que entenda haver nesses dois atos executivos.

Pode também o executado alegar, na impugnação, a existência de excesso de execução ou a ocorrência de cumulação indevida de execuções (art. 525, § 1º, V; art. 535, IV).

Ocorre o excesso de execução (art. 917, § 2º) quando o exequente pleiteia quantia superior à do título; quando a execução recai sobre coisa diversa daquela declarada no título; quando ela se processa de modo diferente do que foi determinado no título; quando o exequente, sem cumprir a prestação que lhe corresponde, exige o adimplemento da prestação do executado; ou quando o exequente não prova que a condição se realizou.

Quando se trata de obrigação pecuniária, o caso mais comum de excesso de execução é aquele em que o exequente postula o recebimento de quantia superior à reconhecida no título. Nesse caso, incumbe ao executado, em sua impugnação, declarar desde logo o valor que entende correto, apresentando demonstrativo discriminado e atualizado do cálculo que efetuou para encontrar esse valor (art. 525, § 4º; art. 535, § 2º). Caso isso não seja feito, a impugnação será liminarmente rejeitada se esse for seu único fundamento ou, havendo outro, não será examinada a alegação de excesso (art. 525, § 5º; art. 535, § 2º, *in fine*).

A cumulação indevida de execuções acontece quando não atendido o disposto no art. 780. Pense-se, por exemplo, no caso em que alguém tenha sido condenado, na mesma sentença, a cumprir duas obrigações de naturezas distintas (por exemplo, cumprir uma obrigação de fazer e reparar perdas e danos). Pois em casos assim, por serem distintos os procedimentos, não é possível cumular as duas execuções, devendo-se realizar cada uma delas separadamente. Caberá ao credor, evidentemente, escolher qual das duas pretende executar primeiro e qual prefere reservar para ver cumprida em momento posterior. Optando o credor, porém, por cumular as duas execuções, poderá o executado oferecer impugnação sustentando a cumulação indevida das execuções.

É também através da impugnação que o executado pode alegar a "incompetência absoluta ou relativa do juízo da execução" (art. 525, § 1º, VI; art. 535, V). Pense-se, por exemplo, no caso de ter o exequente optado por não promover o procedimento de cumprimento de sentença que condenou a pagar quantia no juízo em que tramitou a fase de conhecimento do processo, mas em outro local. Pois, nesse caso, poderá ele optar por juízo do foro do domicílio do executado ou por juízo do foro onde estejam os bens sobre os quais irá recair a atividade executiva (art. 516, parágrafo único). Pois, no caso de ter sido o procedimento instaurado perante juízo de outro foro, distinto de todos esses indicados pela lei, haverá incompetência territorial, relativa, a qual deverá ser alegada por meio da impugnação, sob pena de preclusão e consequente prorrogação da competência do juízo perante o qual se tenha postulado a execução.

Também se pode cogitar do caso em que se tenha postulado a execução de decisão estrangeira homologada pelo STJ perante algum órgão do Judiciário Estadual, caso em que haverá incompetência absoluta (sendo tal competência dos juízos federais, nos termos do art. 109, X, da Constituição da República), o que também poderá ser alegado por via da impugnação. Nesse caso, porém, por se tratar de incompetência absoluta, a matéria poderá ser suscitada posteriormente, não havendo preclusão pelo fato de não ter sido alegada na impugnação.

Por fim, admite-se a alegação, através da impugnação, de "qualquer causa modificativa ou extintiva da obrigação, como pagamento, novação, compensação, transação ou prescrição, desde que supervenientes à sentença" (art. 525, § 1º, VII; estabelecendo o art. 535, VI, que, no caso de execução voltada contra a Fazenda Pública, o fato extintivo ou modificativo da obrigação teria de ser superveniente ao trânsito em julgado da sentença). Apresenta a lei processual, aqui, a possibilidade de o executado apresentar defesa fundada no direito material, deduzindo algum fato superveniente à sentença (ou ao seu trânsito em julgado, no caso da execução contra a Fazenda Pública) que tenha sido capaz de fazer desaparecer o direito substancial do exequente (como seria uma novação) ou de o modificar substancialmente (como se daria no caso de pagamento parcial, por exemplo). Impende que o fato agora alegado seja superveniente e, por isso, não tenha sido possível deduzi-lo no processo de conhecimento, razão pela qual só na impugnação poderá ele ser trazido à apreciação do órgão jurisdicional.

A vigente lei processual é superior à anterior, que incluía – equivocadamente – entre as matérias que podiam ser alegadas nessa sede as causas impeditivas da obrigação. Isso porque, como se depreende do texto legal, apenas causas supervenientes à formação do título executivo podem ser alegadas na impugnação, o que se dá em respeito à eficácia preclusiva da coisa julgada. As causas impeditivas da obrigação, porém, são – por definição – anteriores ou simultâneas à sua constituição (assim, por exemplo, a incapacidade do agente ou a nulidade do ato que deu origem à obrigação por vício de forma). Não se pode, pois, conceber qualquer causa impeditiva superveniente à formação do título executivo judicial.

Embora não esteja referida no art. 525 (ou no 535) do CPC, também a invalidade da sentença arbitral pode ser alegada em impugnação ao cumprimento de sentença, como se verifica pela leitura do § 3º do art. 33 da Lei de Arbitragem (Lei nº 9.307/1996), cuja redação é a seguinte: "a decretação da nulidade da sentença arbitral também poderá ser requerida na impugnação ao cumprimento da sentença, nos termos dos arts. 525 e seguintes do Código de Processo Civil, se houver execução judicial". É a própria Lei de Arbitragem quem se encarrega de enumerar os casos em que a sentença arbitral é nula (art. 32).

É de se notar que o direito de obter a decretação da invalidade da sentença arbitral por algum desses fundamentos pode ser exercido através de dois remédios processuais: a "ação anulatória da sentença arbitral" e a impugnação ao cumprimento de sentença.

Vale dizer, também, que, nos termos do art. 33, § 1º, da Lei de Arbitragem, o direito de obter a decretação da invalidade da sentença arbitral desaparece se não for ajuizada demanda destinada a obter tal reconhecimento no prazo de 90 dias a contar da notificação daquela decisão ou de seu aditamento. Esse prazo é aplicável tanto àqueles que optem pela demanda anulatória autônoma como àqueles que prefiram alegar tal matéria em impugnação ao cumprimento de sentença (como, aliás, já decidiu o STJ ao apreciar o REsp 1.900.136/SP, julgado em 06/04/2021). Assim sendo, oferecida a impugnação ao cumprimento de sentença depois de mais de 90 dias da notificação da sentença arbitral, deverá o juiz afirmar a decadência do direito à anulação da sentença arbitral. Cabe, pois, ao interessado, ao verificar que se aproxima o termo final daquele prazo de 90 dias sem que chegue o momento adequado para ajuizar sua impugnação ao cumprimento de sentença (porque, por exemplo, o credor não demandou a execução da sentença arbitral), demandar por via autônoma a anulação da decisão proferida no processo arbitral. Evidente, porém, que mesmo depois de decorrido o prazo decadencial de que aqui se cogita será possível a alegação, na impugnação ao cumprimento de sentença arbitral, das demais matérias previstas na lei processual.

Deverá ser rejeitada liminarmente a impugnação que não verse sobre alguma das matérias expressamente enumeradas na lei. Também se rejeita liminarmente a impugnação intempestiva ou manifestamente protelatória (art. 918, I e III, aplicável em sede de cumprimento de sentença, como reconhecido pelo Enunciado nº 545 do FPPC).

A impugnação não é, ao menos como regra geral, dotada de efeito suspensivo, motivo pelo qual seu oferecimento não impede o prosseguimento do procedimento destinado ao cumprimento da sentença (art. 525, § 6º). Essa, porém, é regra que não se aplica no caso de ser executada a Fazenda Pública, caso em que só poderá prosseguir a execução se o executado não oferecer impugnação tempestivamente ou ter suas alegações rejeitadas (art. 535, § 3º).

Nas execuções em geral (excetuada, aqui, a que se move contra a Fazenda Pública, que se submete quanto ao ponto a regime próprio, sendo sempre dotada de efeito suspensivo), admite-se que, garantido o juízo com penhora, caução ou depósito suficientes, decisão judicial atribua efeito suspensivo ao incidente. Essa medida de natureza nitidamente cautelar não pode ser deferida de ofício, dependendo, pois, de requerimento do executado (mais uma vez, art. 525, § 6º).

Além disso, a atribuição de efeito suspensivo à impugnação ao cumprimento de sentença exige o preenchimento de dois outros requisitos (art. 525, § 6º): a relevância dos fundamentos da impugnação (o que nada mais é do que a exigência de *fumus boni iuris*, isto é, da probabilidade de que o executado tenha razão) e o risco de que o prosseguimento da execução seja manifestamente suscetível de causar ao executado grave dano, de difícil ou incerta reparação, o *periculum in mora*. A atribuição de efeito suspensivo à impugnação, porém, não impede a prática de atos de substituição, reforço (ampliação) ou redução da penhora e da avaliação de bens (art. 525, § 7º). Em outros termos, a atribuição de efeito suspensivo à impugnação oferecida pelo executado serve, tão somente, para impedir a prática dos atos expropriatórios e daqueles que sejam seus consectários (como, por exemplo, a entrega de dinheiro ao exequente).

Pode acontecer de se atribuir efeito suspensivo parcial (por exemplo, quanto a uma parte do valor exequendo, ou apenas quanto a um dos bens penhorados). Pois, nesse caso, incumbirá ao juiz estabelecer os precisos limites desse efeito suspensivo, determinando o prosseguimento da execução quanto ao restante (art. 525, § 8º). Registre-se que se aplicam, aqui, a esse "efeito suspensivo parcial" tudo quanto foi dito acerca dessa hipótese no tópico anterior, em que o fenômeno foi analisado quando de sua ocorrência em sede de embargos do executado.

Pode também acontecer de haver mais de um executado e se atribuir efeito suspensivo à impugnação oferecida apenas por um (ou alguns) deles. Nesse caso, a suspensão só alcançará os atos executivos a serem praticados em detrimento daqueles que ofereceram impugnação (ou aqueles cuja impugnação foi recebida com efeito suspensivo), não beneficiando os demais executados. Excetua-se essa regra geral, porém, no caso de um executado (ou alguns deles) ter impugnado com base em fundamento que a todos interesse (art. 525, § 9º), como se daria, por exemplo, no caso de um dos executados apenas oferecer impugnação, versando esta sobre a nulidade absoluta do título executivo (matéria que evidentemente interessaria a todos os sujeitos do processo).

Atribuído efeito suspensivo à impugnação, admite-se que o exequente requeira seu prosseguimento, o que dependerá não só de decisão a ser proferida pelo juízo da execução, mas também de prestação, pelo exequente, de caução suficiente e idônea a ser fixada pelo juiz (art. 525, § 10).

Recebida a impugnação, e resolvido eventual requerimento de atribuição de efeito suspensivo, deverá ser ouvido o exequente (no prazo de quinze dias, por força do princípio da isonomia) e, depois de concluída eventual instrução probatória, proferida a decisão judicial acerca da defesa do executado.

Não se pode deixar de dizer, por fim, que todas as matérias que surjam depois do momento oportuno para que o executado ofereça sua impugnação (como seriam as relativas à validade da penhora posteriormente realizada, ou a algum vício dos atos executivos posteriormente efetivados) devem ser deduzidas por petição simples (que nada mais é do que uma objeção de não executividade, conhecida no jargão forense por exceção de pré-executividade). Para tanto, dispõe o executado do prazo de quinze dias, a contar da comprovada ciência do fato ou da intimação do ato que se pretenda impugnar (art. 525, § 11).

23.3. OBJEÇÃO DE NÃO EXECUTIVIDADE ("EXCEÇÃO DE PRÉ-EXECUTIVIDADE")

A "exceção de pré-executividade" é um meio de defesa de que se pode valer o executado, dentro do próprio procedimento executivo (e, nesse ponto, aproxima-se da impugnação ao cumprimento de sentença, que também não faz surgir processo novo). Permite, assim, que o executado – independentemente de oferecimento de embargos ou impugnação ao cumprimento de sentença – ofereça defesa, dentro do procedimento executivo. A "exceção de pré-executividade" é, pois, um meio através do qual se pode combater o "mito dos embargos (ou da impugnação)", segundo o qual a única forma de que o executado poderia dispor para se defender seria através da apresentação daquelas defesas típicas.

Através da "exceção de pré-executividade" poderá o executado alegar qualquer matéria de ordem pública, ligada à admissibilidade da execução, e que poderia – em razão dessa sua natureza – ser conhecida de ofício pelo juízo da execução. Assim, por exemplo, é possível a alegação através da "exceção de pré-executividade" da falta de alguma das "condições da ação" (incluindo-se, aqui, as questões ligadas à teoria do título executivo, como a falta de liquidez da obrigação ou a inadequação do meio escolhido para obtenção da tutela processual executiva [pense-se, por exemplo, num caso em que se esteja diante de cumprimento de sentença que condenou o devedor ao pagamento do seu equivalente pecuniário], e as referentes à legitimidade das partes), ou de algum pressuposto processual (como, por exemplo, a falta de capacidade processual ou a irregularidade formal da demanda executiva).

A jurisprudência se consolidou no sentido de admitir a "exceção de pré-executividade" também para alegação de matérias que dizem respeito ao direito material, desde que sua apreciação não demande o desenvolvimento de instrução probatória (como se pode ver pelo acórdão do STJ proferido no REsp 1.806.683/PR, julgado em 15/10/2019). É o caso, por exemplo, de questões como pagamento ou prescrição, que muitas vezes poderão ser resolvidas apenas com base na prova documental, independentemente de dilação probatória. Embora não pareça muito técnico esse entendimento, e devesse ficar a "exceção de pré-executividade" limitada às matérias ligadas à admissibilidade da execução, é uma ideia já consolidada na prática, e que dificilmente seria deixada de lado.

É de se dizer, neste momento, que a denominação "exceção de pré-executividade", embora tradicional (e, por tal razão, empregada ao longo do texto), não é das mais apropriadas. Por esse motivo, aliás, é que vem aqui sempre grafada entre aspas. Como se sabe, a denominação exceção foi, tradicionalmente, reservada para aquelas matérias de defesa que só podem ser conhecidas mediante alegação do interessado. Fala-se, nesse sentido, em exceção de contrato não cumprido. Para se referir às matérias de defesa que podem ser conhecidas de ofício, a doutrina sempre preferiu reservar o nome objeção, como se tem, por exemplo, na objeção de litispendência ou na objeção de decadência. Além disso, a rigor a questão suscitada não diz respeito ao que é prévio à execução, razão pela qual tampouco é adequado falar em pré-executividade. A questão não é de antes ou depois, mas de sim ou não. Em outros termos, consiste a defesa aqui examinada na alegação de que não pode haver execução. Por tais razões, parece preferível dar ao instituto aqui referido o nome de objeção de não executividade.

Com a "exceção de pré-executividade" (objeção de não executividade), portanto, permite-se ao executado, dentro do próprio procedimento executivo, sem necessidade de opor embargos ou impugnação, apresentar alegações em defesa, restritas tais alegações às matérias que podem ser conhecidas de ofício, por dizerem respeito à admissibilidade da tutela processual executiva, ou que, embora versem sobre a relação de direito material, possam ser resolvidas independentemente de dilação probatória.

Era fácil entender as razões que levavam à admissibilidade desse meio defensivo diverso dos embargos e da impugnação no regime original do CPC/1973. É que se exigia, nos casos de execução por quantia certa e execução para entrega de coisa, a prévia segurança do juízo, como requisito essencial para que pudesse ser proferido o pronunciamento postulado pelo executado que se defende. Ocorre que tal garantia do juízo se dava através da realização de um ato executivo (bastando, para demonstrar a veracidade dessa assertiva, recordar aqui a penhora). Os atos executivos, todavia, só podem ser praticados quando estão presentes os requisitos de admissibilidade da execução forçada. Soava, no mínimo, como um contrassenso exigir que o demandado se submeta a um ato executivo para poder afirmar que aquele ato não poderia ser praticado.

Basta pensar na hipótese em que se pretendesse ajuizar a demanda de execução sem que o demandante dispusesse de título executivo. Tendo o juiz determinado a citação do executado, sempre pareceu absurdo exigir que este oferecesse um bem à penhora para que pudesse dizer que, por falta de título executivo, seu patrimônio não poderia ser penhorado. É para situações como essas que a objeção de não executividade se fazia necessária. Não se admitindo esse meio defensivo, seria imposto ao demandado um sacrifício absurdo (quando é sabido que um dos princípios reitores da execução forçada é o princípio do menor sacrifício possível).

Poderia, então, parecer que a partir do momento em que se modificou o modelo processual, e se passou a admitir o oferecimento dos embargos ou da impugnação ao cumprimento de sentença independentemente da garantia da execução, teria se tornado desnecessária a objeção de não executividade. Assim, porém, não é. Em primeiro lugar, é preciso recordar que na execução fiscal, regida por lei própria, a prévia garantia do juízo ainda é exigida para oferecimento da impugnação. Além disso, é preciso recordar que tanto a impugnação ao cumprimento de sentença como os embargos do executado estão sujeitos ao requisito da tempestividade. Pode, então, acontecer de o executado perder o prazo para oferecimento daqueles meios defensivos e, apesar disso, pretender apresentar uma alegação de defesa referente a matéria de ordem pública, não sujeita a preclusão (como, por exemplo, a falta de alguma "condição da ação"). Evidentemente, em casos assim, deve-se continuar a admitir a objeção de não executividade, que continua a ser extremamente útil para a inteireza do sistema.

O que não se consegue realmente entender, porém, é o oferecimento de "exceção de pré-executividade" em procedimentos executivos regidos pelo CPC e quando ainda possível o oferecimento de embargos do executado ou de impugnação ao cumprimento de sentença. Nesses casos não há qualquer utilidade no oferecimento da "exceção de pré-executividade".

A objeção de não executividade pode ser apresentada a qualquer tempo, ao longo do procedimento executivo (com a ressalva que acaba de ser feita), já que versa sobre matérias de ordem pública, a cujo respeito não se opera a preclusão. A objeção de não executividade poderá ser oferecida, assim, antes da apreensão de bens do executado (na execução fiscal), ou depois de encerrado o prazo para ajuizamento dos embargos ou da impugnação, pois somente nesses momentos é que o instituto será de alguma utilidade para o executado.

CAPÍTULO 24
SUSPENSÃO E EXTINÇÃO DA EXECUÇÃO

24.1. SUSPENSÃO

Como já se pôde ver, quando do exame da suspensão do processo em geral, considera-se estar suspenso um processo quando ocorre sua paralisação total e temporária. Pois há casos específicos de suspensão dos procedimentos executivos, previstos no art. 921, e que são aplicáveis tanto aos processos de execução que têm por fundamento título executivo extrajudicial como aos procedimentos destinados à execução forçada dos deveres jurídicos reconhecidos nos títulos executivos judiciais (cumprimento de sentença).

Isso não significa, porém, que não se possa suspender o procedimento executivo nos casos previstos na Parte Geral do CPC. E é exatamente isso o que resulta do art. 921, I, que determina a suspensão da execução "nas hipóteses dos arts. 313 e 315, no que couber".

A suspensão do procedimento executivo tem características muito semelhantes às dos procedimentos cognitivos, o que se verifica pela leitura do art. 923 do CPC, segundo o qual durante a suspensão da execução não se pode praticar nenhum ato processual, salvo os que tenham caráter urgente. Assim, por exemplo, suspenso o procedimento executivo (pela morte do exequente, por exemplo), não se pode praticar nenhum ato processual, mas deverá o juiz determinar a citação (ou intimação, conforme o procedimento tenha natureza de processo autônomo ou de fase de cumprimento de sentença) do executado, se verificar que o prazo prescricional está próximo de seu termo final, e que postergar a citação (ou intimação) para depois da habilitação do espólio do demandante poderia implicar a consumação da prescrição.

Interessa, aqui, porém, o exame das causas de suspensão do processo específicas da execução, enumeradas nos incisos II a V do art. 921. É o que se passa a fazer.

Suspende-se o processo de execução quando são recebidos embargos do executado com efeito suspensivo (art. 921, II). Evidentemente, a mesma norma se aplica quando é recebida com efeito suspensivo a impugnação ao cumprimento de sentença (art. 525, § 6º). É preciso, porém, recordar aqui alguns pontos importantes, a fim de sistematizar o exame da matéria.

Vale, em primeiro lugar, recordar que o efeito suspensivo atribuído à defesa do executado pode ser total ou parcial. Sendo total, evidentemente, provocará uma paralisação completa de todo o procedimento executivo, que ficará verdadeiramente suspenso. A atribuição de efeito suspensivo parcial, porém, provocará tão somente a suspensão imprópria do procedimento executivo. É que, nesses casos, não haverá uma paralisação total e temporária da execução, mas somente se estabelecerá a existência de impedimento à prática de alguns atos executivos (aqueles que digam respeito à parcela do objeto da execução em relação à qual o efeito suspensivo tenha sido atribuído). É o que se extrai do § 8º do art. 525, por força do qual, "quando o efeito suspensivo atribuído à impugnação disser respeito apenas a parte do objeto da execução, esta prosseguirá quanto à parte restante", e do art. 919, § 3º, que afirma que, "quando o efeito suspensivo atribuído aos embargos disser respeito apenas a parte do objeto da execução, esta prosseguirá quanto à parte restante".

Também é preciso distinguir entre suspensão própria e suspensão imprópria nos casos em que, havendo litisconsórcio passivo na execução (ou seja, sendo dois ou mais os executados), apenas um ou alguns deles oferecerem defesa que seja recebida com efeito suspensivo. É que nesse caso a suspensão do procedimento executivo só será própria (isto é, só haverá a paralisação total e temporária da execução) se o fundamento deduzido nessa defesa for comum a todos os executados. Na hipótese de o fundamento da defesa a que se tenha atribuído efeito suspensivo for de interesse apenas de quem a tenha apresentado, não haverá paralisação total da execução (suspensão imprópria), não se podendo praticar apenas os atos executivos que pudessem alcançar o patrimônio daquele executado que deduziu a defesa a que, por decisão judicial, se emprestou efeito suspensivo (art. 525, § 9º; art. 919, § 4º).

Importante também deixar claro qual o momento a partir do qual se opera a suspensão (seja ela própria ou imprópria) resultante da atribuição de efeito suspensivo, total ou parcial, à defesa do executado. É que a suspensão não impede a prática de atos destinados a substituir, ampliar ou reduzir a penhora, nem obsta a avaliação dos bens penhorados (art. 525, § 7º; art. 919, § 5º). Assim, a suspensão de que trata a lei se opera, apenas, a partir do momento em que o processo esteja na altura em que são praticados os atos expropriatórios. Enquanto durar a suspensão, não será possível a prática de atos de expropriação de bens ou de satisfação do crédito exequendo.

Outra causa de suspensão do procedimento executivo é a verificação de que o executado não foi localizado ou não tem bens penhoráveis (art. 921, III).

Quando o executado não é localizado há, na verdade, uma suspensão imprópria do processo, já que será possível dar-lhe andamento para se tentar realizar a citação ficta (como seria, por exemplo, a citação por edital). Deve-se, porém, considerar que da ciência da tentativa frustrada de localização do executado já começam a correr os prazos que podem levar à configuração da prescrição intercorrente, ou prescrição no curso do processo, fenômeno de que se tratará adiante.

No caso de não serem encontrados bens penhoráveis, o procedimento deverá ser suspenso pelo prazo de um ano (art. 921, § 1º), sendo certo que durante esse período de tempo não corre contra o exequente – e em favor do executado – qualquer prazo prescricional e os autos devem permanecer em cartório. O mesmo acontece, frise-se, quando o executado não tiver sido localizado.

Caso, durante esse prazo de um ano, se localize o executado, ou se verifique que ele adquiriu bens penhoráveis (ou quando se descobrem bens penhoráveis que o executado já possuía, mas que não haviam sido encontrados anteriormente), a execução voltará a tramitar. Decorrido, porém, o prazo de um ano sem que sejam encontrados bens penhoráveis do executado, os autos serão arquivados (art. 921, § 2º), sem que isso implique a extinção da execução. Arquivados os autos, sempre será possível ao exequente requerer seu desarquivamento para prosseguir com a execução, demonstrando que foram encontrados bens penhoráveis (art. 921, § 3º).

Ultrapassado o prazo de um ano de suspensão do procedimento executivo a que se refere o § 1º do art. 921, começa automaticamente a correr o prazo de prescrição intercorrente (art. 921, § 4º), não sendo possível interromper esse prazo depois que ele tenha começado a fluir para que se aguarde mais um ano no caso de novamente não se vir a localizar o executado ou de uma vez mais, já tendo sido empregados todos os bens que haviam sido localizados, estes não serem suficientes para a satisfação do crédito e não serem encontrados outros bens penhoráveis.

O que se admite, tão somente, é a interrupção do prazo prescricional pela constrição de bens penhoráveis, ou pela efetiva citação ou intimação do executado. Nesse caso, o processo tornará a tramitar, e não se cogitará de prescrição intercorrente. Insista-se, porém, em um ponto: caso os bens agora identificados sejam insuficientes para a satisfação do crédito, e não sejam localizados outros, a execução voltará a ser suspensa e desde logo começará a correr novo prazo de prescrição intercorrente, sem que se precise aguardar mais uma vez aquele prazo de um ano a que se refere o § 1º do art. 921, já que essa vedação a que corra o prazo de prescrição intercorrente só pode manifestar-se uma vez (art. 921, § 4º).

A prescrição intercorrente é um fenômeno análogo à prescrição *stricto sensu*, mas que desta se diferencia por ocorrer quando o processo já está em curso (não tendo, pois, havido o decurso do prazo prescricional sem que o titular do direito lesado tenha ajuizado sua demanda, o que caracterizaria a prescrição propriamente dita). Assim, paralisado o procedimento executivo nos exatos termos previstos nos §§ 1º e 4º do art. 921, configurar-se-á a prescrição intercorrente, e o exequente se verá privado de seu crédito em razão do decurso do tempo, pouco importando se o procedimento executivo teve início com base em título executivo judicial ou extrajudicial (FPPC, Enunciado nº 194).

Não estabelece a lei processual qual é o prazo da prescrição intercorrente. E não era mesmo adequado que o tivesse feito. É que esse prazo será idêntico ao da prescrição *stricto sensu* (também chamada prescrição antecedente), variando conforme a natureza do direito subjetivo lesado (FPPC, Enunciado nº 196). Assim, deve-se aplicar o disposto no art. 205 do Código Civil, consumando-se a prescrição intercorrente "em dez anos, quando a lei não lhe haja fixado prazo menor".

A prescrição intercorrente pode ser proclamada *ex officio*, mas se faz necessário, em atendimento à exigência constitucional de contraditório prévio e efetivo, que o juiz, antes de reconhecê-la, ouça as partes no prazo de quinze dias (art. 921, § 5º). Proclamada a prescrição intercorrente, será extinto o procedimento executivo.

Dado curioso é que, nos termos do § 6º do art. 921, a inobservância do procedimento previsto na lei para que se reconheça a nulidade da decisão que tenha reconhecido a prescrição intercorrente depende de efetiva demonstração de prejuízo (já que, como sabido, não há nulidade sem prejuízo). E que só se poderia presumir o prejuízo no caso de inexistência da intimação a que se refere o § 4º, ou seja, da intimação do exequente a fim de que tome conhecimento da tentativa infrutífera de localização do executado ou da inexistência de bens penhoráveis. Daí resultaria, por exemplo, a possibilidade de o juiz proferir decisão-surpresa reconhecendo a prescrição intercorrente, sem prévia oitiva das partes sobre o tema, desrespeitando assim o previsto no § 5º do art. 921, desde que daí não resultasse prejuízo. Ocorre que o prejuízo aí resulta da própria inobservância de uma garantia constitucional: o princípio do contraditório, direito fundamental que não pode ser relativizado a esse ponto. É preciso, portanto, compreender adequadamente o disposto no § 6º do art. 921. Violada alguma garantia constitucional do processo, será o caso de reconhecer a nulidade da decisão que reconhece a prescrição intercorrente. Pode acontecer, porém, de não ter havido intimação, mas ter havido ainda assim manifestação da parte, ou ter ocorrido algum outro vício formal (como seria a inexistência de indicação do número da OAB do advogado da parte no ato de intimação, ou de não ter sido intimado o executado previamente à decisão que lhe tenha sido favorável, reconhecendo a prescrição), e se constatar que desse vício não resultou, na prática, qualquer prejuízo. Nesse caso, por óbvio, não se reconhecerá a nulidade, que não pode ser decretada se não tiver havido prejuízo para a parte.

É de se notar que, uma vez constatada a inexistência de bens penhoráveis, e sendo quirografário o credor, será possível demandar a declaração de falência ou de insolvência civil do devedor. Essa demanda, porém, é mera faculdade do credor, que pode optar por esperar que o executado adquira bens penhoráveis em quantidade suficiente para garantir o juízo. Caso prefira, porém, o exequente poderá desistir da execução em curso e demandar, em processo autônomo, a falência ou insolvência civil do devedor.

Também haverá suspensão do processo "se a alienação dos bens penhorados não se realizar por falta de licitantes e o exequente, em 15 (quinze) dias, não requerer a adjudicação nem indicar outros bens penhoráveis" (art. 921, IV). Esgotado o prazo de duração do leilão judicial eletrônico sem que tenha sido apresentado lanço válido (ou realizados dois leilões judiciais presenciais – art. 886, V – sem que qualquer interessado tenha apresentado lanço válido), poderá o exequente, ou qualquer outro legitimado, requerer a adjudicação do bem penhorado no prazo de quinze dias (art. 878; art. 921, IV). Não havendo requerimento de adjudicação nesse prazo, e não sendo indicados – por qualquer das partes – outros bens penhoráveis, a execução deverá ser suspensa até que algum legitimado a adjudicar se disponha a fazê-lo ou até que outros bens penhoráveis sejam indicados. Nesse caso, registre-se, não se cogita de prescrição intercorrente, não correndo qualquer prazo prescricional durante o tempo de suspensão do processo.

Também se suspende o processo de execução por título extrajudicial (mas não o procedimento de cumprimento de sentença, já que o instituto não lhe é aplicável, por força do disposto no art. 916, § 7º) quando é deferido o pagamento parcelado a que se refere o art. 916 (art. 921, V). Essa suspensão não poderá ultrapassar seis meses, prazo máximo para o pagamento parcelado da dívida exequenda, e, durante a paralisação do processo, deverá o executado pagar as prestações mensais que tenham sido estabelecidas. Deixando o executado de pagar qualquer prestação, haverá o vencimento antecipado das parcelas subsequentes e o prosseguimento do processo executivo, com a imposição de multa ao executado (de dez por cento sobre a soma das prestações não pagas) e o imediato reinício dos atos executivos (art. 916, § 5º).

Por fim, admite-se a suspensão convencional do procedimento executivo, que ocorrerá quando o exequente conceder ao executado prazo para que cumpra voluntariamente a obrigação (art. 922). Importante ter claro que não se aplica, em sede executiva, a regra resultante da interpretação do art. 487, III, *b*. Em outros termos: se no curso de um processo de conhecimento as partes chegarem à autocomposição de seu litígio, o processo será extinto com resolução do mérito; se no curso de um procedimento executivo as partes fizerem um acordo de que resulte prazo para que o devedor quite seu débito, suspende-se a execução até o cumprimento integral da obrigação. Também não se aplica à suspensão convencional do procedimento executivo a disposição contida no art. 313, § 4º, que limita o tempo da suspensão convencional a seis meses. Seja lá qual for o prazo concedido pelo exequente ao executado (ainda que longo, já tendo sido visto na prática caso em que as partes ajustaram o pagamento em sessenta parcelas mensais), o processo ficará suspenso aguardando o cumprimento integral do acordo.

Caso o acordo não seja cumprido (seja por ter decorrido o prazo, seja por se ter ajustado que o não cumprimento de alguma parcela implicaria o vencimento antecipado das demais ou o desfazimento do ajuste), voltará o procedimento executivo a tramitar normalmente, a partir do ponto em que havia sido suspenso (art. 922, parágrafo único).

Durante a suspensão do procedimento executivo nenhum ato processual poderá ser praticado (art. 923). Admite-se, porém, como é próprio do regime da suspensão do processo (art. 314), a prática de atos urgentes, que deverão ser requeridos ao próprio juiz da causa. Só no caso de estar o processo suspenso por ter sido arguido o impedimento ou a suspeição do juiz é que os atos urgentes não poderão ser requeridos ao próprio juiz da causa (uma vez que sua imparcialidade está a ser questionada). Nesse caso, eventuais atos urgentes deverão ser requeridos ao substituto legal do juiz cujo impedimento ou suspeição se alegou (art. 146, § 3º).

24.2. EXTINÇÃO

Procedimentos executivos extinguem-se por sentença (arts. 203, § 1º, e 925). É preciso que a sentença seja proferida para que se possa extinguir o estado de litispendência que existe enquanto aquele pronunciamento judicial não é exarado. Não é por outra razão, aliás, que o art. 925 do CPC afirma que "a extinção só produz efeito quando declarada por sentença".

A sentença, aqui, deve conter os mesmos elementos essenciais a todas as sentenças, enumerados no art. 489 do CPC, sendo certo que a fundamentação do pronunciamento pode ser concisa, já que não há resolução do mérito da causa (mas a fundamentação terá de ser, evidentemente, mais complexa nos casos em que, por força do oferecimento de impugnação ao cumprimento de sentença em que se suscite questão relativa à relação jurídica de direito material, haja resolução do mérito).

À execução se aplicam, no que couber, os casos de extinção do processo previstos no art. 485 (um dos quais, o indeferimento da petição inicial, está expressamente referido no art. 924, I). Além deles, porém, outros casos há de extinção que são específicos dos procedimentos executivos. Além dos casos ali previstos, porém, outros poderiam ser aqui figurados, como é o da desistência da execução (prevista no art. 775 do CPC) ou a hipótese em que sejam julgados procedentes os embargos do executado em sentença que reconheça a "carência de ação" do exequente ou a inexistência do crédito exequendo. Em todos esses casos, porém, aplica-se a norma contida no art. 925, e o estado de litispendência só se encerra com a prolação de sentença.

Será extinta a execução quando a obrigação exequenda for satisfeita (art. 924, II). Pode ocorrer a satisfação por força de pagamento voluntariamente feito pelo executado ou por terceiro (art. 304, *caput* e parágrafo único, do CC), ou por ato do próprio juízo da execução (art. 904). Seja lá como for, satisfeita a obrigação exequenda, deverá ser extinto o próprio procedimento executivo.

É de se notar que esse é o único caso em que se prevê o que se costuma chamar desfecho normal do procedimento executivo, pois, como sabido, esse tipo de procedimento é destinado a um desfecho único, o que significa dizer que, sendo essa modalidade de procedimento dirigida à satisfação de um crédito, o único desfecho normal que pode ele ter é o que se dá com a realização do crédito do demandante.

O art. 924, III, por sua vez, estabelece que será extinta a execução se "o executado obtiver, por qualquer outro meio, a extinção total da dívida". É que pode haver extinção da obrigação sem que tenha sido satisfeito o credor. Pense-se, por exemplo, nos casos de novação (art. 360 do CC), de compensação (art. 368 do CC; art. 156, II, do CTN) ou de remissão (art. 385 do CC). Aliás, é absolutamente desnecessário o disposto no inciso IV do art. 924, já que a renúncia ao crédito por parte do exequente implica a extinção da obrigação, estando a hipótese já inserida no inciso anterior.

Também se extingue a execução se ocorrer a prescrição intercorrente (art. 925), o que exige a observância do procedimento e dos prazos previstos nos §§ 1º a 7º do art. 921. E não é só o reconhecimento da prescrição intercorrente que acarreta a extinção da execução. Também a prescrição *stricto sensu*, antecedente, que se consuma antes de instaurada a execução, acarreta a extinção do procedimento executivo.

Pode, ainda, haver a extinção da execução em razão do acolhimento da defesa do executado (embargos do executado ou impugnação ao cumprimento de sentença).

O que importa ter claro é que, em sede de execução, não há cogitar em extinção com ou sem resolução do mérito. Não é disso que se trata aqui, pois não se está diante de um procedimento cognitivo. Nos procedimentos executivos deve-se falar em extinção *com ou sem satisfação do crédito*. Só se poderá falar em resolução do mérito (e, pois, na formação de coisa julgada material) se tiverem sido oferecidos embargos do executado (os quais têm natureza de processo de conhecimento autônomo) ou se tiver sido apresentada impugnação ao cumprimento de sentença (que instaura um incidente cognitivo no procedimento executivo destinado ao cumprimento de sentença).

Aliás, vale registrar que as causas de extinção da execução arroladas nos incisos II, III e IV art. 924 do CPC têm algo em comum. Apesar de se ter ali um caso de extinção normal e dois de extinção anômala da execução, é inegável que nesses três incisos encontram-se situações que acarretam a extinção da relação jurídica de direito substancial, motivo pelo qual se poderia mesmo dizer que bastaria estabelecer que a execução se extingue quando se extingue a dívida exequenda. Repita-se, porém, o que já se disse anteriormente: apesar de nesses casos a sentença declarar extinto o procedimento executivo por ter desaparecido a relação jurídica de direito material, não se está aqui diante de sentença que contenha resolução do mérito do processo, não se formando, portanto, a coisa julgada material.

PARTE 4
PROCESSO NOS TRIBUNAIS

CAPÍTULO 25
CONSIDERAÇÕES GERAIS SOBRE O PAPEL DOS TRIBUNAIS

A organização judiciária brasileira se caracteriza pela existência de órgãos judiciários intermediários e de superposição, cuja função precípua é apreciar recursos interpostos contra as decisões proferidas pelos órgãos inferiores. Tais órgãos intermediários e de superposição são chamados tribunais, embora seja certo que essa denominação não é exclusivamente deles, pois o direito brasileiro conhece a existência de tribunais inferiores, como o Tribunal do Júri, e mesmo tribunais estranhos ao Judiciário, como os Tribunais de Contas, o Tribunal Marítimo e os Tribunais Arbitrais.

Entre os órgãos de "jurisdição comum", que são os que interessam diretamente ao Direito Processual Civil, encontram-se, como órgãos intermediários, os Tribunais Regionais Federais (na Justiça Federal) e os Tribunais de Justiça (nas Justiças Estaduais). De outro lado, são Tribunais de Superposição o Superior Tribunal de Justiça e o Supremo Tribunal Federal.

Além de julgar recursos, os tribunais superiores exercem outras competências, como, por exemplo, a de apreciar os processos que são objeto de remessa necessária e julgar alguns processos que lhes são atribuídos em competência originária (como é o caso da "ação rescisória"). Apreciam, ainda, alguns incidentes, como o de resolução de demandas repetitivas.

Não se pode iniciar uma exposição acerca dos processos nos tribunais sem que se teçam algumas considerações iniciais sobre os institutos que aqui serão apreciados e, logo a seguir, a respeito do princípio do duplo grau de jurisdição.

Em primeiro lugar, há que se lembrar que se pode estar, nos tribunais, diante de três tipos diversos de institutos: os processos autônomos, os recursos e os incidentes processuais. Há, pois, que se estabelecer uma distinção entre eles, a fim de se ter mais claro o regime de cada instituto a ser estudado.

A primeira afirmação a fazer é a de que nos incidentes processuais e nos recursos (sendo certo que estes são, em verdade, um tipo especial daqueles) não se terá a formação de um novo processo. Há, aqui, um processo em curso, onde surgirá um incidente, ou seja, um desvio de percurso, que provocará o afastamento do processo de seu procedimento normal. Assim, por exemplo, com a interposição de uma apelação numa causa de procedimento comum, o processo não se encerrará com a sentença, surgindo uma série de outros atos processuais que terão de ser praticados para que se julgue o recurso oferecido. Do mesmo modo, com a provocação do incidente de resolução de demandas repetitivas, o processo terá uma alteração em seu rumo, com a necessidade da prática de atos processuais que, a princípio, não seriam incluídos na sequência de atos que compõem o procedimento a ser observado.

De outro lado, os processos autônomos, como o próprio nome diz, são processos novos, que em alguns casos se instauram originariamente perante os Tribunais, não passando pelos juízos de primeira instância. Assim, por exemplo, a propositura de "ação rescisória" implica a necessidade de citação do demandado, uma vez que, como já se viu, a citação é essencial para o desenvolvimento válido e regular do processo.

A distinção é importante, principalmente quando se têm em confronto os recursos e as "ações autônomas de impugnação" (de que é exemplo mais importante a "ação rescisória"), uma vez que os dois institutos são destinados a atacar decisões judiciais. Diferem entre si, basicamente, pelo fato de o recurso não provocar o aparecimento de um processo novo, sendo tão somente um prolongamento do processo onde foi proferida a decisão atacada, enquanto a propositura de "ação autônoma de impugnação" faz nascer um novo processo, diverso daquele onde a decisão impugnada foi proferida.

Além disso, há que se afirmar que entre os diversos incidentes do processo no tribunal se distinguem os recursos dos demais incidentes, o que se faz de forma bastante simples, uma vez que será considerado recurso todo remédio (que surja no mesmo processo onde foi proferida a decisão impugnada) destinado a atacar decisão judicial, pretendendo – como se verá com mais detalhes adiante – sua reforma, invalidação, esclarecimento ou integração. Assim, quando o incidente processual for destinado a atacar uma decisão judicial, apontando algum defeito que tenha o pronunciamento impugnado, vai-se estar diante de um recurso.

Princípio ligado ao tema de que ora se trata, e que precisa ser aqui examinado, é o do duplo grau de jurisdição. Consiste esse princípio na garantia da possibilidade de reexame das decisões judiciais por outro órgão jurisdicional, diverso daquele que proferiu o pronunciamento a ser reapreciado. É de se notar que o princípio do duplo grau de jurisdição se realiza com a mera possibilidade de reexame, não se fazendo necessário, para a configuração do princípio, que tal reexame se dê de forma obrigatória.

Baseia-se o princípio do duplo grau de jurisdição em algumas premissas, referidas pela doutrina que trata do tema: o juiz de instância superior é mais experiente e mais instruído que o da inferior; há possibilidade de erro e prevaricação do juiz de primeira instância; necessidade de controle psicológico do julgador de primeira instância, sabedor de que sua decisão será examinada por outros juízes;

maior exame da questão; inconformismo natural da parte que perde na instância inferior; necessidade de controle dos atos jurisdicionais, enquanto atividade estatal. Há, também, críticas ao sistema do duplo grau, por se considerar que ele ofende o acesso à justiça; desprestigia a primeira instância; é inútil, se mantida a decisão recorrida, e revela divergências, se a reforma; dificulta a produção de provas e ofende o princípio da oralidade.

O princípio do duplo grau de jurisdição revela mais desvantagens do que vantagens. É de se dizer, aliás, que as vantagens afirmadas por seus defensores são muito facilmente criticadas. Basta dizer, por exemplo, que, se os juízes de segunda instância são mais experientes e instruídos, seria possível atender de forma muito mais adequada à garantia de pleno acesso à justiça com a atribuição a eles de competência originária. Além disso, não se pode ter a certeza de que a decisão do tribunal é mais acertada que a do juízo de instância inferior, e prova disso é que, muitas vezes, a interposição de novo recurso, contra essa segunda decisão, provoca a restauração da decisão original, com a reforma da decisão proferida pelo órgão revisor.

É de se ressaltar, porém, que a insatisfação com a decisão judicial que contraria os interesses de alguém, e a consequente vontade de se obter uma nova apreciação da questão, são da própria natureza humana. Quem aceitaria um prognóstico médico ruim sem procurar uma segunda opinião? A insatisfação é da natureza humana, e o Direito deve conviver com ela. Por essa razão, a crítica ao princípio do duplo grau de jurisdição não leva ao ponto de pregar a abolição do sistema de recursos, mas sim a defender algumas mudanças nesse sistema.

Uma mudança que venho propondo há anos é que a apelação possa ser interposta diretamente no Tribunal (como se faz com o agravo de instrumento). Isso seria muito fácil de se realizar, ainda mais quando se considera a crescente informatização dos processos. Só com isso já se conseguiria eliminar toda uma gama de atos processuais que são praticados perante o juízo de primeira instância e que aumentam excessivamente a duração total do processo. Também considero adequado criar algum tipo de filtro recursal, de modo a impedir que os processos pudessem sempre chegar aos tribunais de segunda instância. Uma opção poderia ser a criação de um filtro ligado ao valor da causa, estabelecendo-se sistema análogo ao que se tem no regime processual da Lei de Execuções Fiscais (em que nas causas de pequeno valor não se permite a interposição de apelação, sendo admissível apenas um recurso contra a sentença cuja apreciação cabe ao próprio juízo de primeira instância). Outra opção seria a de criar mecanismos que inibissem a interposição de apelações manifestamente protelatórias (como, por exemplo, estabelecer que no caso de apelação contra sentença condenatória a que não se dê provimento, pelo menos em parte, os juros de mora seriam computados em dobro a partir da data da interposição do recurso). Penso que inovações como essas tornariam o sistema recursal mais racional na prática.

Também o agravo de instrumento, a meu ver, deveria passar por modificações. O sistema proposto pelo CPC vigente, como se poderá examinar no capítulo próprio deste livro, claramente não vem funcionando bem. Penso ser fundamental rever esse sistema, com a inclusão de uma regra de fechamento do sistema que positive aquilo que o Superior Tribunal de Justiça denominou "taxatividade mitigada" (tema que será examinado quando do estudo dessa espécie recursal). Aliás, talvez fosse mesmo o caso de seguir o exemplo do Direito Português, que eliminou a distinção entre agravo de instrumento e apelação, estabelecendo que uma mesma espécie recursal (a apelação) pode ser empregada tanto para impugnar a sentença como as decisões interlocutórias que devem poder ser atacadas por recursos de interposição imediata. Isso, certamente, seria capaz de eliminar todas as discussões que ainda são travadas, na doutrina e na jurisprudência, sobre a fungibilidade entre apelação e agravo de instrumento.

Por fim, parece fundamental criar um filtro recursal para a admissibilidade do recurso especial, análogo ao que já existe para o recurso extraordinário (a repercussão geral da questão constitucional). O Superior Tribunal de Justiça só deveria julgar recursos especiais que versassem sobre questões federais de grande relevância, que transcendessem os interesses dos sujeitos envolvidos no processo em que o recurso tenha sido interposto. Isso certamente daria mais racionalidade ao sistema recursal brasileiro.

Vistos esses pontos, impõe-se uma última questão a examinar nesta passagem da obra: qual a função dos Tribunais de Superposição? Eles devem ser vistos como "Tribunais de teses", formadores de precedentes? Ou como Tribunais que julgam casos concretos (e que, ao fazê-lo, podem criar precedentes)? São questões que precisam ser consideradas relevantes para a adequada compreensão do sistema jurídico brasileiro.

Há um importante movimento doutrinário, que tem alcançado grande destaque no Brasil, no sentido de considerar que o STF e o STJ (além dos demais Tribunais Superiores, cujas atuações não são alvo direto das considerações do Direito Processual Civil) devem ser vistos como "Cortes de Precedentes", destinados precipuamente a fixar teses que deverão ser aplicadas pelos demais tribunais. Esse entendimento, aliás, tem sido acolhido pelos próprios Tribunais de Superposição. Veja-se, por exemplo, que o Supremo Tribunal Federal, ao julgar o ARE 1.182.812 (julgado em 28/02/2019), expressamente afirmou que "tribunais superiores, como o STF, foram concebidos para serem tribunais de teses jurídicas, e não para o julgamento de fatos e provas".

No Superior Tribunal de Justiça, a Min. Assusete Magalhães, ao decidir monocraticamente o REsp 1.804.339, afirmou expressamente que "os Tribunais Superiores (STF e STJ) são tribunais de teses jurídicas, com a finalidade de trazer um consenso jurisprudencial a embasar as instâncias inferiores sob a ótica da uniformização". E a Segunda Turma proferiu acórdão, ao julgar os EDcl no AgRg no AREsp 496.907/PB (julgados em 04/09/2014), em que se afirmou que "O STJ é um Tribunal de teses, e não Órgão de terceiro grau de jurisdição capaz de rever todos os fatos da causa".

Indubitavelmente, os Tribunais de Superposição, quando exercem sua competência para julgar os recursos excepcionais (que, como se verá adiante, são o recurso extraordinário, o recurso especial e os embargos de divergência, além dos eventuais agravos que a eles se referem), não devem atuar como órgãos de terceiro grau de jurisdição, nem é seu papel reexaminar os fatos da causa. Isso é realmente assim. Daí a considerar que o STF e o STJ são "tribunais de teses", porém, vai uma longa distância.

É que, para os defensores dessa ideia, os casos passam a ser meros pretextos para que as teses sejam fixadas, de modo que não caberia a esses Tribunais julgar os casos, mas, tão somente, fixar as teses jurídicas a serem posteriormente aplicáveis nos casos análogos. E essa ideia serve de base para algumas previsões contidas no texto do CPC (como, por exemplo, o art. 976, § 1º, ou o art. 998, parágrafo único), que são, para dizer o mínimo, de constitucionalidade duvidosa.

De outro lado, há quem sustente – e é a esse entendimento que se adere neste livro – que os Tribunais de Superposição não são "tribunais de teses", mas tribunais que julgam casos concretos, inclusive quando apreciam recursos excepcionais.

Basta ver que o texto constitucional, ao tratar da competência do STF para apreciar recursos extraordinários (art. 102, III, da Constituição da República) e da competência do STJ para julgar recursos especiais (art. 105, III, da Constituição da República), expressamente estabelece que esses Tribunais de Superposição têm competência para examinar tais recursos diante de *causas* que tenham sido decididas nos órgãos jurisdicionais inferiores.

O que se tem, portanto, a partir da Constituição da República, é que o papel dos Tribunais, inclusive os de Superposição, não é fixar teses em abstrato, mas julgar casos. E a eficácia de precedente de algumas dessas decisões (não de todas, pois nem toda decisão é um precedente) virá dos fundamentos determinantes dos acórdãos.

Admitir que algum Tribunal atue como um "fixador de teses" é, a rigor, admitir aquilo que sempre se repudiou: que o Judiciário atue como órgão consultivo. Não é papel do Judiciário, nem no Brasil nem em qualquer outro lugar do mundo, fixar teses ou interpretações "em abstrato". Exceções a essa regra devem estar expressamente previstas (como se dá, por exemplo, com a competência dos Tribunais Eleitorais para o exame de consultas feitas em tese, prevista no art. 23, XII, e no art. 30, VIII, do Código Eleitoral, e que sempre foi considerada uma atuação de natureza administrativa, e não jurisdicional).

A função jurisdicional é uma atividade destinada a resolver casos concretos. Não é uma atividade de fixação de teses em abstrato. E por isso não se pode ver no caso concreto um pretexto para a fixação de uma tese, nem se pode admitir que algum Tribunal seja tão somente um "tribunal de teses". Aliás, vale destacar que o art. 1.034 do CPC claramente estabelece que o STF e o STJ, quando do julgamento dos recursos excepcionais, devem julgar o processo, aplicando o direito. E isso mostra que esses Tribunais são, também no exercício de sua competência recursal excepcional, *tribunais de casos*, e não "tribunais de teses".

Por isso não pode haver dúvida em afirmar a inconstitucionalidade dos dispositivos anteriormente referidos do CPC (arts. 976, § 1º, e 998, parágrafo único), já que atribuem aos Tribunais uma função que não podem assumir: a de fixar teses em abstrato através de atos jurisdicionais. Nem se diga que essa competência seria a de responder a consultas (como acontece com os Tribunais Eleitorais), pois nesse caso os atos seriam meramente administrativos e não vinculantes, o que contraria o sistema que os próprios dispositivos citados buscam estabelecer.

Aliás, é preciso perceber que a rigor não há qualquer prejuízo para o sistema de padronização decisória (sobre o qual se tratou quando do estudo das "fontes" do Direito Processual Civil) com a afirmação da inconstitucionalidade desses dispositivos. É que eles se referem a julgamentos de casos repetitivos, e, se são repetitivos, não haverá dificuldade em, havendo a desistência ou abandono do caso originariamente selecionado para funcionar como caso-piloto destinado à formação do padrão decisório, identificar outro caso que possa passar a ser o novo caso-piloto. Afinal, se não houvesse outros casos, não se estaria diante de *casos repetitivos*, e a própria afetação do primeiro caso para julgamento por essa técnica especial teria sido equivocada.

Pois é a partir dessas premissas que se passa a examinar o modo como se desenvolvem os processos civis nos tribunais brasileiros.

CAPÍTULO 26
ORDEM DOS PROCESSOS NOS TRIBUNAIS

O Código de Processo Civil, através de seus arts. 929 a 946, regula o que ele próprio denomina "ordem dos processos no tribunal". Trata-se de um capítulo do Código formado por disposições esparsas, referentes a diversos temas ligados ao desenvolvimento dos processos nos tribunais, incluindo-se aqui não só os recursos, mas também os processos de competência originária e os incidentes processuais que venham a surgir (como, por exemplo, o incidente de assunção de competência).

Todos os processos de competência originária, recursos ou outros incidentes processuais que se instaurem perante um tribunal deverão ser registrados no protocolo no dia de sua entrada, devendo ser imediatamente distribuídos (art. 929). O serviço de protocolo pode ser, por ato administrativo do próprio tribunal, descentralizado e delegado a ofícios de justiça de primeira instância (art. 929, parágrafo único).

A distribuição será feita nos termos do regimento interno do tribunal, observada a alternatividade entre os integrantes da Corte. Tal distribuição deve ser pública e realizada por sorteio eletrônico (art. 930).

Um princípio a ser observado quando da distribuição é o da publicidade. Em verdade, não se faz necessário que a lei processual exija expressamente a observância de tal princípio. A distribuição é um ato processual, e todos os atos processuais são públicos, por determinação constitucional (com a ressalva dos atos que devam ser praticados em segredo de justiça, estes sim dependendo de expressa previsão legal). É preciso, também, observar a regra da alternatividade, segundo a qual a distribuição deve fazer com que todos os órgãos fracionários recebam processos em igual quantidade. Por fim, outra regra a ser observada é a do sorteio, que deve ser feito sempre que se realizar uma distribuição, para que se saiba a qual órgão fracionário caberá determinado recurso, não sendo admissível que se dirija a escolha do órgão julgador.

Essas normas referentes ao modo de proceder à distribuição devem ser observadas não só quanto à distribuição entre os órgãos fracionários, mas também à distribuição entre os membros que compõem cada órgão. Assim, a escolha do relator deve se dar por sorteio, e entre os integrantes do Tribunal deve-se observar a alternatividade.

Uma vez distribuído um primeiro recurso no tribunal, o relator designado ficará prevento para eventual recurso subsequente que venha a ser interposto no mesmo processo ou em processo conexo (art. 930, parágrafo único). Essa prevenção, porém, deverá observar as regras regimentais. É que pode acontecer, por exemplo, de o relator a quem tenha sido distribuído o primeiro processo não integrar – provisória ou definitivamente – o órgão colegiado a que tenha sido atribuído o recurso anterior. Pense-se, por exemplo, no caso de estar o relator prevento de licença médica no momento da distribuição de um segundo recurso (caso de afastamento temporário), ou de ter ele se transferido para outro órgão colegiado (caso de afastamento definitivo). Pois nada impede que o regimento do tribunal, em casos assim, estabeleça que será afastada a prevenção do relator originário, distribuindo-se o novo recurso a outro integrante do mesmo órgão colegiado. E esse é mais um exemplo da importância de compreender os Regimentos Internos dos Tribunais como "fontes" do Direito Processual Civil.

Essa observação é extremamente importante do ponto de vista prático. Pense-se, por exemplo, em um recurso de competência de Órgão Especial de um Tribunal de Justiça. É sabido que metade dos membros desses colegiados o integra por eleição, exercendo mandato (art. 93, XI, da Constituição da República). Pois, no caso de ser o segundo recurso distribuído após o término do mandato do relator originariamente designado, não pode mais ele ser considerado prevento, já que não é mais integrante do órgão colegiado.

O mesmo se pode dizer naqueles casos em que o magistrado tenha se transferido de um órgão fracionário para outro. Pense-se, por exemplo, no caso de um Ministro do STJ que tenha se transferido de uma Turma para outra. Pois não pode ele continuar prevento para ser relator de recursos cujo julgamento incumbe a um órgão fracionário que não mais integra. Impõe-se, então, que os regimentos internos estabeleçam o modo como se dará a distribuição em casos como os figurados e outros que lhes sejam assemelhados.

Feita a distribuição, os autos serão imediatamente conclusos ao relator, que terá o prazo de trinta dias para restituí-los à Secretaria (art. 931). O relator, porém, tem muitas diferentes incumbências, não se limitando sua atuação à elaboração de um relatório. Daí a importância do exame do art. 932, o qual dispõe sobre os poderes do relator, que serão examinados adiante.

É preciso, porém, tecer aqui algumas outras considerações acerca do relatório. Vale lembrar, de início, que o único dispositivo do CPC que versa sobre o conteúdo do relatório é o art. 489, que o inclui entre os elementos essenciais da sentença, determinando que ali se contenham "os nomes das partes, a identificação do caso, com a suma do pedido e da contestação, e o registro das principais ocorrências havidas no andamento do processo". É preciso recordar, porém, que o art. 489 foi redigido tendo-se em conta o relatório das sentenças proferidas pelos juízos de primeira instância. E isso implica reconhecer uma diferença fundamental: é que na primeira instância o relatório é, como a própria dicção do art. 489 indica, um dos elementos formadores da própria sentença, ou seja, o relatório integra o "corpo" da sentença. Já nos tribunais não é assim: o relatório é elaborado e lançado nos autos antes do início da sessão de julgamento, e não integra o "corpo" do acórdão, como se verifica pela leitura do art. 931.

Fácil perceber, então, que o relatório fica disponível nos autos antes da inclusão da causa em pauta (ou, excepcionalmente, em mesa) para julgamento. E isso permite que as partes (como se vê pelo art. 935, § 1º) e os demais integrantes do colegiado, ainda antes da sessão de julgamento, tenham acesso ao seu teor. Por conta disso é até mesmo possível que qualquer das partes ou algum integrante do órgão colegiado solicite ao relator esclarecimentos ou ajustes no relatório. Consequência disso é a necessidade de interpretar o art. 937 (que descreve a dinâmica das sessões de julgamento nos tribunais) levando-se em consideração o fato de que, por força do art. 931, o relatório já estará lançado nos autos e acessível a todos os interessados. É que, por força do art. 937, os advogados das partes e o Ministério Público terão a palavra para suas sustentações orais após a "exposição da causa pelo relator". Ora, se essa "exposição da causa" nada mais é do que a apresentação do relatório, e se o relatório já está disponível para consulta antes da sessão, pode-se considerar perfeitamente possível a dispensa da leitura do relatório (ao menos como regra geral, claro, sendo sempre possível admitir alguma exceção, algum caso em que a dispensa da leitura do relatório poderia gerar algum prejuízo para a parte, como na hipótese de o advogado de alguma das partes, por questões operacionais, não ter tido acesso aos autos eletrônicos entre a disponibilização do relatório e a data da sessão de julgamento).

Essa, aliás, é prática frequente nas sessões de julgamento do Tribunal de Justiça do Rio de Janeiro: o presidente do colegiado, tendo em vista o fato de o relatório já estar disponível com antecedência nos autos, pergunta aos advogados e aos integrantes da turma julgadora se dispensam a leitura do relatório, e, caso todos concordem, já se passa diretamente à fase seguinte, com as sustentações orais (ou, quando não houver sustentação a ser feita, com a prolação do voto do relator). Tal prática produz um enorme ganho de tempo. Basta pensar em uma sessão de julgamento em que haja quarenta processos na pauta, e que a leitura do relatório dure em média cinco minutos. Já se terá, aí, uma diminuição do tempo total de duração de mais de três horas, sem que haja com isso qualquer supressão de garantias. A leitura do relatório seria absolutamente inútil quando todos já conhecem seu teor, mera formalidade despida de qualquer utilidade prática. Evidentemente, isso não poderia acontecer se o relatório não fosse disponibilizado com antecedência, na forma do que dispõe o art. 931 (que passa, com essa interpretação, a ser dispositivo de grande importância no trato da dinâmica do funcionamento dos tribunais).

Há, porém, outro ponto a considerar, e que diz respeito ao próprio teor do relatório: nele deve haver a indicação de todos os argumentos que precisarão ser enfrentados no julgamento colegiado, a fim de orientar a atuação dos demais integrantes da turma julgadora. O que se pretende, aqui, é afirmar que em alguma medida o relatório exerce, nos tribunais, função análoga à que, no procedimento comum, incumbe à decisão de saneamento e organização do processo, com a delimitação das questões de fato e de direito que terão de ser enfrentadas no julgamento colegiado, de modo a viabilizar que todas elas sejam objeto de instrução e julgamento.

Caso o relatório indique, com precisão, quais são as questões de fato e de direito a serem enfrentadas no julgamento, isso não só permitirá aos interessados que solicitem esclarecimentos ou ajustes, como já mencionado (sendo possível afirmar a aplicação a esse ponto, por conta da inegável analogia, do disposto no art. 357, § 1º, que permite seja formulada solicitação de esclarecimentos e ajustes com referência à decisão de saneamento e organização do processo), como tornará possível que os advogados, em suas sustentações orais, limitem-se a abordar pontos que já tenham sido expressamente indicados como sendo relevantes.

Além disso, a elaboração de um relatório que delimite as questões que, ao ver do relator, serão relevantes para o julgamento da causa pendente perante o tribunal permitirá que todos os integrantes da turma julgadora se pronunciem sobre todas essas questões. Isso é capaz de evitar fenômeno que na prática se revela muito comum: o da prolação de julgamentos colegiados em que não há qualquer "diálogo" entre os votos, mais parecendo que cada integrante da turma julgadora profere uma espécie de "decisão monocrática" acerca da causa, de modo que ao final se comparam as conclusões de cada pronunciamento e se proclama o resultado simplesmente "somando-se" as conclusões. Em outros termos, seria possível passar do modelo *seriatim* de deliberação, em que são proferidos votos de maneira autônoma, comparando-se ao final as conclusões de cada um, para um modelo de deliberação *per curiam*, em que se elabora um acórdão que aponta as conclusões do colegiado sobre cada uma das questões enfrentadas e resolvidas no julgamento.

Registre-se, para maior clareza da exposição, que na deliberação *seriatim* acontece a produção de um agregado das posições individuais de cada membro do colegiado, cujos votos são expostos "em série" em um texto composto, somando-se as conclusões dos votos proferidos. De outro lado, na deliberação *per curiam* o órgão colegiado apresenta apenas uma opinião, que é o entendimento do tribunal. Este é apresentado como um entendimento institucional, e não pessoal.

Essa função do relatório já foi reconhecida pelo Fórum Permanente de Processualistas Civis, cujo Enunciado nº 522 assim dispõe: "[o] relatório nos julgamentos colegiados tem função preparatória e deverá indicar as questões de fato e de direito relevantes para o julgamento e já submetidas ao contraditório". É possível, pois, a partir do conteúdo desse enunciado e do quanto aqui foi dito, estabelecer uma espécie de "roteiro" a ser seguido quando da elaboração do relatório.

Evidentemente, nele deverá encontrar-se uma síntese dos acontecimentos do processo que sejam relevantes para o julgamento do processo, incidente ou recurso pendente de apreciação. Importante, aqui, ter em conta o fato de que nem sempre haverá necessidade de fazer uma síntese de todos os acontecimentos relevantes do processo. Assim, por exemplo, no relatório preparatório do julgamento de um conflito de competência só se terá de fazer referência aos acontecimentos relevantes para a resolução da questão da competência, e nada mais. Caso se trate, porém, de um processo de competência originária do tribunal (como o processo da ação rescisória), o relatório precisará apresentar, de forma sintética, todos os acontecimentos relevantes do processo.

É fundamental, porém, que o relatório indique todas as questões suscitadas pelo demandante ou recorrente e que sejam relevantes para o julgamento da causa. Em seguida, impende sejam indicadas todas as questões suscitadas pelo demandado ou recorrido. E, por fim, devem ser indicadas com precisão as questões suscitadas de ofício pelo relator e que tenham, na forma do disposto no *caput* do art. 933 (de que se tratará melhor na sequência), submetidas ao contraditório.

Isso assegurará que, no momento de apresentar suas sustentações orais, as partes (por seus advogados) e o Ministério Público limitem-se a tratar das questões verdadeiramente relevantes para o deslinde da causa. E permitirá, também, aos integrantes do colegiado que se manifestem sobre todas as questões que precisam ser resolvidas para que se possa julgar a causa pendente perante o tribunal, sem que nada passe despercebido (e, pois, evitando-se omissões que gerarão embargos de declaração que, afinal, poderiam ser evitados). Será também possível que algum outro magistrado integrante da turma julgadora identifique questões relevantes e cognoscíveis de ofício que ainda não tenham sido submetidas ao debate das partes, o que levará à incidência do disposto no art. 933, § 1º, de que também se tratará a seguir.

Como se vê, pois, o relatório tem, nos tribunais, funções da maior importância, contribuindo não só para a agilidade das sessões de julgamento, mas também para a melhora qualitativa dos pronunciamentos jurisdicionais.

Verificando o relator, porém, antes da elaboração do relatório, a ocorrência de fato superveniente à decisão recorrida, ou a existência de questão apreciável de ofício ainda não examinada, e que devam ser considerados no julgamento do recurso, deverá intimar as partes para que se manifestem no prazo de cinco dias (art. 933), a fim de se assegurar o pleno respeito à garantia de contraditório prévio e efetivo (arts. 9º e 10).

Como essa constatação pode ocorrer durante a sessão de julgamento, prevê a lei que nesse caso o julgamento já iniciado será imediatamente suspenso a fim de que as partes se manifestem especificamente sobre o ponto (art. 933, § 1º), devendo-se entender ser, também aqui, de cinco dias o prazo para manifestação. Nada impede, porém, que, estando presentes à sessão de julgamento os advogados de ambas as partes, estes se manifestem desde logo (desde que não haja prejuízo para a defesa dos interesses das partes), prosseguindo-se de imediato o julgamento.

No caso de a constatação se dar quando, no curso do julgamento, algum integrante da turma julgadora tiver pedido vista dos autos, o juiz que a tenha solicitado deverá encaminhá-los ao relator – a quem incumbe, na forma do art. 932, I, dirigir e ordenar o processo no tribunal –, para que este abra vista às partes para se manifestar em cinco dias. Em seguida, o processo será incluído em pauta para prosseguimento do julgamento, devendo a questão agora suscitada ser submetida à apreciação de todos os integrantes da turma julgadora, inclusive daqueles que já tenham proferido voto (art. 933, § 2º).

Se o relator verificar a ocorrência de algum vício sanável, inclusive daqueles que podem ser conhecidos de ofício, deverá determinar a realização ou renovação do ato processual, no próprio tribunal ou na primeira instância, intimadas as partes (art. 938, § 1º).

Cumprida a diligência, sempre que possível, o feito prosseguirá em direção ao julgamento (art. 938, § 2º). Respeita-se, assim, o princípio da primazia da resolução do mérito (art. 4º), evitando-se que um vício de forma impeça a apreciação do mérito do processo ou do recurso.

Percebendo o relator a necessidade de produção de provas que ainda não tenham sido colhidas (por exemplo, por terem sido indeferidas na instância inferior, mas que são tidas pelo Tribunal como essenciais para o exame da causa), converterá o julgamento em diligência – a qual poderá ser realizada no próprio tribunal ou perante juízo de primeira instância –, decidindo-se o feito apenas depois de concluída a instrução (art. 938, § 3º). Assim se evita a anulação do provimento jurisdicional recorrido, sanando-se o vício processual, de modo que o Tribunal poderá, depois de colhida a prova, dedicar-se ao exame do mérito do processo ou do recurso. Mais uma vez, tem-se aqui uma regra de aplicação do princípio da primazia da resolução do mérito.

Tendo o relator entregue os autos à Secretaria com relatório (art. 931), serão eles apresentados ao Presidente do órgão colegiado, que determinará a inclusão do feito na pauta de julgamentos a ser publicada no órgão oficial (art. 934). Entre a data de publicação da pauta e a da sessão de julgamento deve decorrer o prazo de pelo menos cinco dias, incluindo-se em nova pauta os processos que por qualquer razão não tenham sido julgados, salvo apenas aqueles cujo julgamento tenha sido expressamente adiado para a sessão seguinte (art. 935). A não observância dessa antecedência mínima acarretará a nulidade do julgamento, ressalvada a hipótese em que estejam presentes os advogados de todas as partes (Enunciado nº 117 da súmula do STJ, que faz referência a um prazo de 48 horas, porque esse era o prazo que tinha de ser observado ao tempo da legislação anterior, quando o enunciado foi aprovado).

Entre a publicação da pauta e a realização da sessão de julgamento as partes têm direito de examinar os autos em cartório (art. 935, § 1º), inclusive tendo acesso ao relatório, que já constará dos autos.

A pauta de julgamentos deve ser afixada na entrada da Sala de Sessões (art. 935, § 2º), a fim de assegurar a mais ampla publicidade. Quando a sessão de julgamento se faz por videoconferência (o que se tornou frequente a partir da pandemia mundial de Covid-19, que se deu a partir de março de 2020), a pauta deverá estar acessível no mesmo endereço eletrônico onde se divulgue o *link* para a sala de sessões virtual.

Iniciada a sessão de julgamento, devem ser apreciados primeiro os processos em relação aos quais haja expressa previsão, em lei ou no regimento interno, de preferência (art. 936, *caput*), como é o caso dos *habeas corpus* ou dos mandados de segurança. Em seguida, os processos de competência originária, recursos, remessa necessária e outros incidentes serão julgados na seguinte ordem: primeiro, aqueles nos quais haja sustentação oral, observada a ordem dos requerimentos, que deverão ser apresentados até o início da sessão (art. 937, § 2º); em seguida, os feitos em que tenham sido formulados requerimentos de preferência, os quais devem ser apresentados até o início da sessão; depois, aqueles cujo julgamento já tenha sido iniciado em sessão anterior; e, por fim, os demais casos (art. 936, I a IV).

Na sessão de julgamento, incumbe ao relator fazer uma exposição da causa. Em seguida, o Presidente do órgão colegiado dará a palavra, sucessivamente, ao recorrente e ao recorrido – e, depois, se for o caso, ao Ministério Público – pelo prazo improrrogável de quinze minutos para cada um, para que sustentem suas razões (art. 937).

As partes terão o direito à sustentação oral nos seguintes casos: apelação, recurso ordinário, recurso especial, recurso extraordinário, embargos de divergência, ação rescisória, mandado de segurança, reclamação, agravo de instrumento interposto contra decisão que verse sobre tutela provisória e em outras hipóteses expressamente previstas em lei ou no regimento interno do tribunal (art. 937, I a IX). Cabe, também, sustentação oral no agravo interno contra decisão do relator que extingue processo de ação rescisória, mandado de segurança ou reclamação (art. 937, § 3º).

Tratando-se da sessão de julgamento do incidente de resolução de demandas repetitivas, a sustentação oral é assegurada ao autor e ao réu do processo em que instaurado o incidente, assim como ao Ministério Público, pelo prazo de trinta minutos para cada um (art. 984, II, *a*). Em seguida, poderão sustentar oralmente os demais interessados que tenham se inscrito para fazê-lo, com antecedência mínima de dois dias, devendo nesse caso o prazo de trinta minutos – que poderá ser ampliado tendo em vista o número de inscritos – ser dividido entre todos eles (art. 984, II, *b*, e § 1º).

Tendo o advogado domicílio profissional em cidade diversa daquela em que esteja sediado o tribunal, é prerrogativa sua realizar a sustentação oral por meio de videoconferência ou outro recurso tecnológico de transmissão de sons e imagens em tempo real, ainda que a sessão de julgamentos seja presencial. Exige a lei processual, porém, que o exercício dessa prerrogativa seja requerido até a véspera da sessão de julgamento (art. 937, § 4º). Nos casos de sessão de julgamento por videoconferência, evidentemente, serão realizadas por esse meio todas as sustentações orais.

Após as sustentações orais (ou caso estas não tenham sido apresentadas), inicia-se a tomada de votos dos integrantes do colegiado. Devem ser apreciadas, em primeiro lugar, as questões preliminares, só se passando ao exame do mérito se a solução daquelas não for incompatível com a apreciação das questões de fundo (art. 938). Ao órgão colegiado é permitido tomar providências que o relator não tenha tomado monocraticamente acerca da sanação de vícios ou conversão do julgamento em diligência para complementação da instrução probatória (art. 938, § 4º).

Rejeitadas eventuais questões preliminares, ou sendo com elas compatível o exame do mérito, a este se passará, devendo sobre ele pronunciar-se todos os integrantes do órgão julgador, inclusive aqueles que tenham proferido voto vencido em relação à questão preliminar (art. 939).

Se, durante o julgamento, o relator ou algum outro juiz não se considerar habilitado a proferir imediatamente seu voto, poderá pedir vista dos autos, pelo prazo máximo de dez dias, prorrogáveis, a requerimento do próprio juiz, por mais dez (art. 940, § 1º). Após a vista, o recurso será reincluído em pauta para que prossiga seu julgamento na sessão seguinte à devolução (art. 940, *caput*).

Não sendo os autos devolvidos no prazo de dez dias (ou vinte, se tiver sido solicitada a prorrogação), o Presidente do órgão colegiado os requisitará para julgamento na sessão ordinária subsequente, com inclusão do feito em pauta (art. 940, § 1º). Nesse caso, se o juiz que pediu vista ainda não estiver habilitado a votar, será ele substituído por outro magistrado, na forma prevista no Regimento Interno do tribunal (art. 940, § 2º).

É importante notar que as votações deverão ser tomadas separadamente, para cada questão que seja submetida a julgamento, sob pena de se chegar a um resultado equivocado. Assim, por exemplo, no julgamento de um recurso em que se pretende a nulidade de um ato jurídico por ter objeto ilícito, ter sido praticado por agente absolutamente incapaz e ter sido celebrado por forma diversa da prescrita em lei, pode ocorrer que o relator considere o contrato nulo por incapacidade do agente, o primeiro vogal o considere nulo por vício de forma e o segundo vogal o considere nulo por ilicitude do objeto. Nesse julgamento, o ato jurídico apreciado deverá ser declarado válido.

Pode parecer estranho que se chegue a essa conclusão quando os três magistrados afirmaram a nulidade do ato, mas há que se observar que cada um dos fundamentos foi acolhido por um magistrado e recusado pelos demais. Portanto, por maioria, considerou-se válido o ato jurídico, rejeitando-se cada um dos fundamentos apresentados. Outro não poderia ser o resultado, uma vez que cada um desses fundamentos deve ser objeto de votação em separado. Isso deve ser levado em consideração sempre, inclusive quanto à separação entre o juízo de admissibilidade e o juízo de mérito. Assim é que os componentes da turma julgadora devem votar no juízo de admissibilidade, e, sendo positivo esse juízo (por unanimidade ou por maioria, pouco importa), passa-se ao juízo de mérito.

Enquanto não tiver sido proclamado o resultado, os votos já proferidos podem ser alterados, salvo se seu prolator tiver sido afastado ou substituído (art. 941, § 1º).

Proferidos todos os votos, incumbirá ao Presidente proclamar o resultado do julgamento, designando o magistrado que redigirá o acórdão. Este será redigido pelo relator, salvo se tiver ele sido vencido, caso em que a redação ficará a cargo do primeiro magistrado a ter proferido voto vencedor (art. 941). Os prolatores de votos vencidos deverão declará-los expressamente, e tais votos serão considerados parte integrante do acórdão para todos os fins, inclusive para efeitos de prequestionamento (art. 941, § 3º).

Interessante observar a hipótese em que no julgamento colegiado se chega a uma conclusão unânime, mas o fundamento adotado pelo relator não é acompanhado pela maioria dos integrantes da turma julgadora. Pense-se, por exemplo, no caso em que, em um agravo de instrumento, o relator dá provimento ao recurso para revogar a tutela de urgência deferida pela decisão agravada, ao fundamento de não existir probabilidade do direito, enquanto os outros dois integrantes da turma julgadora dão provimento ao recurso, também para revogar a tutela de urgência, mas ao fundamento de não existir uma situação de perigo de dano iminente. Perceba-se que nesse caso a conclusão do acórdão é unânime (já que todos votaram pelo provimento do recurso), mas o fundamento vencedor não é o do relator. Em hipóteses assim, deverá redigir o acórdão o prolator do primeiro voto de fundamentação vencedora. Merece destaque, quanto ao ponto, o disposto no art. 204 do Regimento Interno do Tribunal de Justiça da Bahia, assim redigido: "[d]ivergindo os julgadores quanto às razões de decidir, mas convergindo na conclusão, caberá ao Desembargador que primeiro deduziu o fundamento determinante vencedor redigir o acórdão; o Desembargador que deduziu fundamento vencido declarará seu voto vencido". Essa mesma interpretação tem sido dada também por outros Tribunais, como o Superior Tribunal de Justiça, como se pode ver, por exemplo, pelo acórdão proferido no julgamento dos EDcl nos EREsp 1.446.587/PE, julgados em 26/05/2020.

Todo acórdão conterá ementa, a qual consiste em um sumário dos pontos abordados e resolvidos no acórdão (art. 943, § 1º). Lavrado o acórdão, a ementa deverá ser publicada no órgão oficial no prazo de dez dias (art. 943, § 2º). Caso a publicação não ocorra em trinta dias contados da sessão de julgamento, as notas taquigráficas o substituirão, para todos os fins legais, independentemente de revisão (art. 944). Nesse caso, o presidente do órgão colegiado redigirá as conclusões e a ementa, mandando publicar o acórdão (art. 944, parágrafo único).

Votos, acórdãos e demais atos processuais praticados nos tribunais podem ser registrados em documentos eletrônicos, assinados digitalmente, na forma da lei (os quais poderão ser impressos para juntada aos autos se estes não forem eletrônicos), tudo na forma do art. 943.

Apelação e agravo são julgados, em colegiado, por três magistrados (art. 941, § 2º). A composição do colegiado para julgamento de outros recursos, incidentes processuais ou processos de competência originária será determinada pelos regimentos internos dos tribunais.

No caso de não ser unânime o resultado do julgamento da apelação, não poderá o Presidente do órgão colegiado proclamar desde logo seu resultado. Nesse caso, aplica-se uma técnica de complementação de julgamento regulada pelo art. 942, e que consiste na *ampliação do colegiado*. Estabelece a lei processual que, nesse caso, o julgamento deverá prosseguir em outra sessão, a ser designada, com a presença de outros julgadores, que serão convocados em termos previamente definidos no regimento interno do tribunal, em número suficiente para garantir a possibilidade de inversão do resultado inicialmente alcançado, assegurado às partes e a eventuais terceiros intervenientes o direito de apresentar nova sustentação oral, agora perante os novos integrantes da turma julgadora (art. 942).

Não interessa, aqui, qual é a divergência que surja entre os integrantes da turma julgadora. Pode tratar-se de divergência manifestada no juízo de admissibilidade (por exemplo, se a apelação é ou não tempestiva) ou no juízo de mérito (quanto a se dar ou negar provimento ao recurso, por exemplo). Também não importa qual o resultado que prevaleceria se o julgamento se concluísse nos termos do voto predominante (se o recurso seria ou não conhecido; se a ele se daria provimento – total ou parcialmente – ou se seria o caso de lhe negar provimento). Tampouco importa se a divergência se deu a respeito de questão suscitada por alguma das partes ou apreciada de ofício por provocação do relator ou de outro integrante da turma julgadora. Seja qual for a divergência, será caso de ampliar-se o colegiado a que incumbe julgar a apelação.

Uma vez ampliado o colegiado, todos os cinco magistrados que o integram votam em todas as questões a serem conhecidas no julgamento da apelação. A atuação dos dois novos integrantes da turma julgadora não é limitada à matéria objeto da divergência, devendo eles pronunciar-se sobre todas as questões que são objeto de análise pelo órgão colegiado. Devem eles, inclusive, se pronunciar sobre matérias que já estavam votadas de forma unânime. Assim, por exemplo, se o colegiado (formado por três juízes) havia, por unanimidade, conhecido da apelação, e por maioria lhe dava provimento, os dois novos integrantes do colegiado devem manifestar-se também sobre a admissibilidade do recurso. E nem se diga que essa questão já estaria superada, preclusa, pois a lei é expressa em estabelecer que os votos podem ser modificados até a proclamação do resultado (CPC, art. 941, § 1º), o que permite afirmar, com absoluta segurança, que o julgamento ainda não se havia encerrado. E pode acontecer de os magistrados que compunham a turma julgadora original, após a manifestação dos novos integrantes do colegiado, convencerem-se de que seus votos originariamente apresentados estavam equivocados, sendo-lhes expressamente autorizado que modifiquem seus votos (art. 942, § 2º).

Do mesmo modo, tendo os novos julgadores proferido voto acerca da questão a cujo respeito havia sido instalada a divergência, e havendo outras questões, posteriores, a enfrentar, estas serão apreciadas e resolvidas por um colegiado já ampliado. Pense-se, por exemplo, em ter havido divergência acerca de uma preliminar de mérito, como é a prescrição (em processos nos quais se pretende a cobrança da dívida). Ampliado o colegiado e rejeitada a arguição de prescrição, deverá ser apreciado o restante do mérito do processo, o que se dará com a participação de cinco magistrados (e não só dos três originais).

É que a divergência (seja ela qual for) implica a necessidade de ampliação do colegiado, fazendo com que *a apelação* (e não só a matéria divergente) tenha de ser julgada por um colegiado ampliado, sendo necessária a participação de cinco magistrados.

O julgamento com ampliação do colegiado terá prosseguimento imediato, na mesma sessão, se ali estiverem presentes outros magistrados, além dos integrantes da turma julgadora original, em número suficiente para a aplicação dessa técnica de complementação de julgamento (o que poderá acontecer naqueles tribunais, como é, por exemplo, o caso do Tribunal de Justiça do Estado do Rio de Janeiro, cujos órgãos fracionários são compostos por cinco magistrados). Impende ter claro, porém, que o julgamento só poderá prosseguir imediatamente para aplicação da técnica de que trata o art. 942 se estiverem presentes todos os magistrados necessários para sua complementação.

Este ponto precisa ser aqui cuidadosamente examinado: o julgamento, originariamente tomado pelo voto de três magistrados, deverá prosseguir com outros juízes "em número suficiente para garantir a possibilidade de inversão do resultado inicial". Fica claro, então, que é preciso que haja mais dois magistrados para que prossiga o julgamento, passando o colegiado a ser formado por cinco juízes. Alguns tribunais têm colhido o voto de um quarto juiz, e, caso este se manifeste em conformidade com o entendimento até ali majoritário, têm considerado encerrado o julgamento (já que se teria um resultado de 3x1, que não poderia mais ser alterado). Essa interpretação é manifestamente equivocada, e não é difícil entender as razões desse erro. Em primeiro lugar, isso viola a própria literalidade do texto. Fala a lei que o julgamento deve prosseguir com outros juízes em número suficiente para garantir a possibilidade de inversão do resultado inicial. Esse número, evidentemente, não é o de apenas um magistrado. Só ele não seria capaz de garantir a inversão do resultado e, portanto, só com ele o julgamento não poderia sequer ter prosseguido. Em segundo lugar, o CPC é expresso em dizer que até a proclamação do resultado final os votos podem ser alterados, o que significa dizer que o quinto voto pode levar a uma mudança de convencimento dos que votaram anteriormente (afinal, só não muda de opinião quem para de raciocinar). Aliás, não fosse assim, não faria sentido colher o terceiro voto num julgamento de recurso quando os dois primeiros votos já tivessem sido proferidos no mesmo sentido. É, pois, absolutamente inadmissível que o julgamento prossiga só com quatro, e não com cinco, integrantes na turma julgadora. Enquanto não forem colhidos os votos desses novos integrantes da turma julgadora, o resultado não poderá ser proclamado e, por conseguinte, aqueles que já tenham votado poderão rever seus votos já proferidos (art. 942, § 2º). Não haverá nulidade, porém, se o quarto voto for desde logo colhido e, em sessão posterior, for tomado o voto do quinto magistrado. Nesse caso não haverá nulidade por não ocorrer prejuízo.

Essa mesma técnica de complementação de julgamento será aplicada quando houver, no órgão colegiado, julgamento não unânime em ação rescisória, quando a maioria tiver votado pela rescisão da sentença, caso em que o prosseguimento deverá se dar em órgão de maior composição, nos termos do regimento interno do tribunal (art. 942, § 3º, I); e em agravo de instrumento contra decisão de julgamento parcial do mérito, quando a maioria dos votos tiver sido pela sua reforma (art. 942, § 3º, II).

No agravo de instrumento contra decisão que julga parcialmente o mérito, só haverá o emprego da técnica de complementação do julgamento não unânime se a maioria tiver votado pela reforma da decisão agravada (mas não no caso de ter havido divergência sobre questão preliminar, ou se a maioria tiver votado pela anulação da decisão ou pelo desprovimento do recurso). Na apelação, porém, qualquer divergência, seja qual for a questão sobre a qual não tenha havido unanimidade, acarretará a aplicação da técnica de complementação do julgamento não unânime.

Um ponto merece destaque acerca da aplicação dessa técnica em sede de agravo de instrumento. É que aí a ampliação só acontece quando se trate de decisão que julgue parcialmente o mérito do processo. Isso remete, quase que inevitavelmente, à decisão interlocutória a que se refere o art. 356 do CPC, o qual regula o assim chamado "julgamento antecipado parcial do mérito". Trata-se, aí, de uma decisão interlocutória que aprecia parcela do mérito (por ter se tornado incontroversa, ou por já estar em condições de ser imediatamente julgada em razão de já se ter esgotado, quanto a ela, a instrução probatória), devendo o processo prosseguir para conhecimento do restante do mérito. Não é só nos casos de decisão de julgamento antecipado parcial do mérito, porém, que poderá se fazer necessária a técnica de ampliação do colegiado em sede de agravo de instrumento. Também terá lugar a ampliação quando a decisão interlocutória agravada versar sobre qualquer questão de mérito, ainda que não se enquadre na previsão do art. 356 do CPC. Basta pensar, por exemplo, em uma decisão interlocutória que tenha dado pela improcedência liminar parcial da demanda (art. 332, *caput* e § 1º, do CPC, que, no caso de se referir apenas a um ou alguns dos pedidos, ou parcela deles, mas não a todo o mérito, desafiará agravo de instrumento nos termos do disposto no art. 1.015, II, do CPC). Assim, também, uma decisão de saneamento e organização do processo que rejeite alegação de prescrição ou de decadência (matérias que, sabidamente, integram o mérito do processo). Pois, em todos esses – ou em qualquer outro – casos em que se tenha proferido decisão interlocutória que verse sobre o mérito do processo, será admissível o agravo de instrumento (por força do já citado art. 1.015, II), e, no caso de o colegiado original a que incumba o julgamento do recurso deliberar, por maioria, reformar a decisão agravada, deverá ser ampliado o colegiado, passando o órgão julgador a ser formado por cinco juízes.

Outro aspecto importante diz respeito ao fato de que, no caso de apelação ou de agravo de instrumento, o emprego da técnica de complementação de julgamento não unânime se dará no mesmo órgão colegiado em que tenha sido iniciada a apreciação do recurso (e tal órgão, se for o caso, será complementado por outros magistrados, convocados na forma prevista no regimento interno do tribunal). Já no caso de ação rescisória, a necessidade de emprego da técnica de complementação do julgamento não unânime implica a transferência da competência para outro órgão, de composição mais ampla, previsto no regimento interno do tribunal.

Sobre a ampliação do colegiado em sede de ação rescisória, em primeiro lugar, é preciso ter claro que, segundo o texto normativo, só se cogita da incidência do art. 942 do CPC em sede de ação rescisória quando o pronunciamento rescindendo for uma *sentença*. Perceba-se, aqui, ainda, outro ponto importante: no caso de julgamento não unânime de ação rescisória, a técnica de complementação de julgamento só é empregada se a maioria tiver votado pela rescisão da decisão (mas não se a divergência disser respeito a alguma outra questão, distinta da referente à própria rescisão, ou se a maioria tiver votado no sentido de julgar improcedente o pedido rescindente).

É preciso, porém, que se esteja diante de ação rescisória que impugna sentença (para usar aqui o termo que se encontra no texto legal). Este é, registre-se, o único dispositivo do CPC que, ao tratar da ação rescisória, fala em rescisão de sentença. Em todos os demais dispositivos legais se fala em rescisão de decisão (o que inclui decisões interlocutórias, sentenças e, nos tribunais, decisões monocráticas e acórdãos). Parece haver algum sentido na distinção, já que a ação rescisória contra decisão monocrática proferida no tribunal e contra acórdão já é, no tribunal originariamente competente, julgada por órgãos colegiados mais amplos (assim, por exemplo, no TJRJ a competência para julgar ação rescisória contra sentença é das Câmaras Cíveis, participando do julgamento três magistrados, enquanto a ação rescisória contra decisão monocrática de relator ou contra acórdão é de competência originária da Seção Cível, sendo julgada por um colegiado composto por vinte e sete magistrados). Percebe-se, assim, que se a decisão rescindenda já foi proferida por tribunal (seja ela decisão monocrática ou acórdão) sua apreciação já caberá, originariamente, ao "órgão de maior composição" a que se refere o texto legal. No caso de ação rescisória contra sentença, porém, a competência originária é sempre de órgãos fracionários de menor composição, sendo então o caso de fazer incidir o disposto no art. 942 do CPC.

Porém, se é assim, e cabe aplicar o art. 942 quando se trate de ação rescisória destinada a impugnar sentença, então também deve ser cabível a aplicação da técnica de ampliação do julgamento quando se tratar de ação rescisória destinada a impugnar decisão interlocutória, proferida por juízo de primeira instância, e que seja também rescindível (como se dá no caso de decisão interlocutória que versa sobre o mérito do processo, ou de decisão interlocutória que reduz o objeto do processo, excluindo dele uma parcela sem resolução dessa parte do mérito, mas que pode ser rescindida, como é o caso da decisão que exclui litisconsorte do processo por falta de legitimidade, ou da decisão que considera faltar interesse de agir para um dos pedidos cumulados, na forma do art. 354, parágrafo único, do CPC). Em outras palavras: tendo sido o pronunciamento rescindendo proferido por juízo de primeira instância, pode incidir o art. 942 do CPC, ampliando-se o colegiado (se os demais requisitos para sua incidência, evidentemente, estiverem presentes). Já no caso de a decisão rescindenda ter sido proferida em tribunal, seja ela uma decisão monocrática ou um acórdão, não caberá a ampliação do colegiado, qualquer que seja a divergência existente.

Surge agora, porém, a questão mais intrigante. É que, diferentemente do que se passa nos casos de ampliação do colegiado em sede de apelação ou de agravo de instrumento (quando o mesmo órgão julgador prossegue na apreciação do recurso, agora com cinco integrantes e não apenas três), em sede de ação rescisória estabelece o texto legal que o prosseguimento se dará "em órgão de maior composição previsto no regimento interno". Assim, por exemplo, nos termos do que dispõe o regimento interno do Tribunal de Justiça do Estado do Rio de Janeiro, tendo a ação rescisória sido originariamente julgada por uma das Câmaras Cíveis, e sendo caso de aplicação do disposto no art. 942 do CPC, o prosseguimento do julgamento se dará na Seção Cível do Tribunal.

Duas interpretações seriam aqui possíveis. Uma seria no sentido de que o julgamento deveria ser suspenso quando se manifestasse a divergência (tendo o órgão de menor composição deliberado, de forma não unânime, rescindir o pronunciamento impugnado) e, transferindo-se o processo para o órgão de maior composição, aquele mesmo julgamento seria retomado do ponto em que parou. Pensando na composição dos órgãos do TJRJ, haveria então três votos (dois pela rescisão e um contrário), e os integrantes do colegiado mais amplo, a Seção Cível, votariam no prosseguimento do julgamento. A esses novos votos, então, se somariam os três já proferidos. Claro que aí seria preciso considerar que, no caso de um dos três integrantes do órgão julgador originário ser, também, integrante do órgão de maior composição (lembrando que todos os integrantes da Seção Cível são, também, integrantes das Câmaras Cíveis do TJRJ), ele não votaria duas vezes. Nesse caso, então, o colegiado teria um julgador a menos do que nos casos em que nenhum dos integrantes do colegiado original fosse também integrante do órgão de maior composição.

Outra interpretação possível – e que deve ser tida por correta – é a que considera que, no caso específico da ação rescisória, não se estaria propriamente diante de um mero prosseguimento do julgamento, mas de um novo julgamento, a "começar do zero" (ou seja, sem levar em consideração os votos anteriormente proferidos). Nesse caso, a técnica seria completamente diferente da empregada nos casos de apelação e agravo de instrumento. Aqui, tomados os votos no órgão colegiado de menor composição, e sendo o resultado da deliberação no sentido de rescindir o pronunciamento judicial impugnado por maioria, esse resultado deverá ser proclamado, encerrando-se o julgamento. Será, então, lavrado um acórdão – contra o qual podem vir a ser opostos embargos de declaração – e, em seguida, o processo da ação rescisória será enviado ao órgão de maior composição. Ter-se-ia, aí, uma verdadeira remessa necessária a que se submeteria o acórdão que, por maioria, rescindisse o pronunciamento judicial de primeira instância. No órgão de maior composição, então, seria designado novo relator e se teria um novo julgamento, em que não seriam levadas em conta (na soma dos votos) as manifestações dos integrantes do órgão colegiado de menor composição.

Encerrado o julgamento pelo órgão colegiado de maior composição, ter-se-ia, então, a prolação de novo acórdão (contra o qual, se for o caso, pode vir a ser cabível algum recurso, como o especial ou o extraordinário).

Não se estaria, pois, diante de um único julgamento subjetivamente complexo (já que proferido por dois órgãos distintos), mas de dois julgamentos diferentes, independentes entre si. E nesse caso a ampliação do colegiado funcionaria como um verdadeiro escudo protetor da coisa julgada, evitando que com apenas dois votos se desconstituísse a coisa julgada já formada sobre o pronunciamento judicial de primeira instância.

Tenha-se claro, ainda, que a técnica de complementação de julgamentos não unânimes não se aplica no julgamento de incidente de assunção de competência ou do incidente de resolução de demandas repetitivas, no julgamento de remessa necessária e nos julgamentos não unânimes proferidos pelo Plenário ou pelo Órgão Especial dos tribunais (art. 942, § 4º).

De outro lado, não obstante o texto legal só cogitar da ampliação do colegiado na ação rescisória e em dois recursos (apelação e agravo de instrumento), é preciso considerar que, para a coerência do sistema, há outros casos em que essa técnica deve ser empregada.

Em primeiro lugar, é preciso considerar que o recurso ordinário constitucional é um recurso que exerce a mesma função que a apelação, destinando-se a permitir o reexame integral da causa por um segundo órgão jurisdicional. Não é por outra razão, aliás, que a ele se aplicam as regras da apelação (art. 1.028, § 1º, do CPC). Assim, nos casos em que haja divergência no julgamento do recurso ordinário constitucional, deve-se aplicar diretamente o *caput* do art. 942, ampliando-se o colegiado seja qual for a divergência.

Também o agravo interno, em alguns casos (mas não sempre), deve levar à ampliação do colegiado se a deliberação não for unânime. Isso se dará, em primeiro lugar, naqueles casos em que o agravo interno exerce função equivalente à da apelação. É o que se tem nos processos de competência originária de tribunal, tendo o relator proferido decisão que encerra o procedimento (e que, portanto, equivale a uma sentença). Pense-se, por exemplo, no caso de o relator de um processo de competência originária do tribunal indeferir a petição inicial ou julgar liminarmente improcedente o pedido do autor. Nesses casos, parece evidente que o agravo interno atua como verdadeira apelação (tanto que o art. 937, § 3º, do CPC, prevê que neles o julgamento do agravo interno admite sustentação oral). Pois, nessas hipóteses, havendo divergência no julgamento do agravo interno – qualquer que seja a divergência –, deverá haver a ampliação do colegiado.

Em segundo lugar, há casos em que o agravo interno exerce função de agravo de instrumento contra decisão de mérito. Uma vez mais, trata-se de processos de competência originária de tribunal, tendo o relator proferido decisão monocrática que aprecia parcialmente o mérito (por exemplo, um caso em que haja um julgamento de improcedência liminar parcial do pedido, ou a homologação de um ato de autocomposição que verse sobre parcela do mérito, casos em que cabe ao relator emitir pronunciamento unipessoal). Pois nessas hipóteses o agravo interno exerce a mesma função que o agravo de instrumento, e, portanto, deliberando o colegiado no sentido de reformar a decisão de mérito, deve-se ampliar o colegiado, incidindo o disposto no art. 942, § 3º, II, do CPC.

Por fim, também se deve admitir a ampliação de colegiado em sede de agravo interno quando o relator tiver decidido monocraticamente uma apelação ou agravo de instrumento e, contra essa decisão unipessoal, se tiver interposto agravo interno. Nesse caso, como a decisão do agravo interno tende a substituir, no mesmo grau de jurisdição, a decisão recorrida (que terá sido proferida monocraticamente em apelação ou em agravo de instrumento), deve-se admitir a ampliação do colegiado (conforme haja qualquer divergência no julgamento de agravo interno contra decisão monocrática que decidiu apelação; ou no caso de haver deliberação que, por maioria, reforma decisão que tenha julgado o mérito do processo). Perceba-se que no caso do agravo de instrumento é preciso confrontar o conteúdo da decisão proferida em primeiro grau de jurisdição com a deliberação não unânime no agravo interno. Assim, por exemplo, se o juízo de primeiro grau proferiu decisão interlocutória parcial de mérito e o relator, por decisão monocrática, negou provimento ao agravo de instrumento, caberá a ampliação do colegiado se o órgão julgador, por maioria, entender ser o caso de dar provimento ao agravo interno. De outro lado, porém, se o relator tiver, monocraticamente, reformado a decisão de primeiro grau (dando provimento ao agravo de instrumento por decisão unipessoal), caberá a ampliação do colegiado se o órgão julgador, por maioria, deliberar por negar provimento ao agravo interno ("confirmando" por maioria a reforma da decisão parcial de mérito proferida pelo juízo de primeiro grau de jurisdição).

Por último, será caso de ampliar o colegiado quando houver divergência no julgamento de embargos de declaração contra acórdão proferido em apelação (já que a decisão dos embargos de declaração se integra ao julgamento embargado, e no caso da apelação qualquer divergência acarreta a ampliação do órgão julgador). Já quando se trate de embargos de declaração contra acórdão que decidiu agravo de instrumento, só será caso de ampliação do colegiado se, ao julgar os embargos declaratórios, o colegiado – por maioria – deliberar por reformar decisão de mérito (o que significa dizer que se terá, por deliberação não unânime, atribuído efeitos infringentes aos embargos de declaração, reformando-se a decisão embargada e, por conseguinte, reformado a decisão parcial de mérito prolatada pelo órgão de primeira instância).

Evidentemente também será caso de ampliar o colegiado nas hipóteses análogas em sede de agravo interno, conforme exposto anteriormente.

Por fim, será caso de ampliar o colegiado quando, na apreciação de embargos de declaração contra acórdão proferido no julgamento de ação rescisória contra pronunciamento emanado de órgão de primeira instância, o colegiado, por maioria, atribuir efeitos modificativos aos embargos para rescindir a decisão impugnada.

Aliás, é preciso aproveitar a oportunidade para deixar claro que, tendo havido a ampliação do colegiado no julgamento da apelação ou do agravo de instrumento, eventuais embargos de declaração que venham a ser opostos contra o acórdão proferido pelo colegiado ampliado deverão também ser julgados por cinco magistrados.

Para encerrar a exposição acerca da ordem dos processos nos tribunais, é preciso dizer que, havendo, no mesmo processo, apelação e agravo de instrumento para serem julgados, este será apreciado antes daquele (art. 946), ainda que ambos os recursos sejam apreciados na mesma sessão de julgamento (art. 946, parágrafo único).

26.1. PODERES DO RELATOR

Dentro do capítulo da ordem dos processos no tribunal, trata o CPC, em seu art. 932, dos poderes do relator, tema que exige análise destacada.

Entre os integrantes do colegiado, exerce papel de extrema relevância o relator, cujos poderes são objeto de regulamentação expressa na lei processual. Afinal, é ao relator que incumbe examinar o processo que tramita perante o tribunal com profundidade, elaborando um relatório que, como já se pôde ver, servirá de guia para os demais integrantes do colegiado proferirem seus votos.

Pois ao relator incumbe, em primeiro lugar, "dirigir e ordenar o processo no tribunal, inclusive em relação à produção de prova, bem como, quando for o caso, homologar autocomposição das partes" (art. 932, I). É que, na instrução do processo (seja ele ou não de competência originária do tribunal), o relator atua como se fosse o juiz único da causa até estar ela em condições de receber julgamento (o qual caberá, em regra, ao órgão colegiado).

Assim, por exemplo, nos processos de competência originária do tribunal (como é, por exemplo, o caso do processo da ação rescisória), o relator atua ao longo do processo como se fosse o juiz de primeiro grau. A ele incumbe, por exemplo, verificar se a petição inicial precisa ser emendada; é dele a incumbência de determinar a citação do réu; ao relator incumbe atuar na instrução probatória, deferindo ou indeferindo provas, determinando o modo como se distribuirão os ônus probatórios; é dele a função de proferir a decisão de saneamento e organização do processo etc.

Já nos recursos e na remessa necessária será também do relator a função de conduzir todo o procedimento até que esteja ele em condições de receber julgamento (por exemplo, determinando a intimação de algum interessado, admitindo a intervenção de *amicus curiae* ou convertendo o julgamento em diligência para que alguma prova seja colhida).

Além disso, no caso de as partes alcançarem uma solução consensual para o litígio, caberá ao relator – e não ao colegiado – a verificação da validade do negócio jurídico e, se for o caso, sua homologação.

É também do relator a competência para apreciar e decidir os requerimentos de tutela provisória, tanto em recursos como em processos de competência originária (art. 932, II), o que afasta a interpretação literal do art. 299, parágrafo único, que parece afirmar a competência do órgão colegiado nesses casos. Pois é do relator (admitido recurso de agravo interno para o colegiado) a competência para decidir sobre o requerimento de tutela provisória, seja ela tutela de urgência ou tutela da evidência.

Isso, evidentemente, não se aplica quando há regra específica atribuindo a competência ao órgão colegiado, como é o caso do disposto no art. 10 da Lei nº 9.868/1999, que atribui ao Plenário do Supremo Tribunal Federal a competência para deferir, pela maioria absoluta de seus membros, medida cautelar em ação direta de inconstitucionalidade (ressalvada a hipótese de a medida precisar ser deferida durante o recesso do Tribunal).

É, ainda, do relator a competência para decidir o incidente de desconsideração da personalidade jurídica, nos casos em que este tenha sido originariamente instaurado perante o tribunal (art. 932, VI), o que se dará quando houver necessidade de instauração desse incidente em processos de competência originária do tribunal, assim como a ele incumbe determinar, se for o caso, a intimação do Ministério Público para intervir no processo (art. 932, VII).

Mais importantes, porém, são os casos em que ao relator é atribuído o poder de julgar o recurso de forma unipessoal, dispensando-se o julgamento colegiado. É o que se tem nos casos previstos nos incisos III, IV e V do art. 932, que prevê as hipóteses em que os recursos serão decididos de forma monocrática (isto é, por decisão unipessoal do relator).

Pois incumbe ao relator, monocraticamente, não conhecer de recurso inadmissível, prejudicado ou que não tenha impugnado especificamente os fundamentos da decisão recorrida (art. 932, III).

É, pois, do relator a competência para o exame da admissibilidade dos recursos. Caso lhe pareça inadmissível o recurso (por lhe faltar qualquer dos requisitos de admissibilidade, tema de que se tratará mais adiante, quando do estudo dos recursos), deverá decidir monocraticamente, dele não conhecendo (isto é, declarando sua inadmissibilidade). Entre os casos de inadmissibilidade, porém, encontra-se aquele em que o recurso não impugna de forma específica os fundamentos da decisão recorrida (fenômeno bastante comum na prática, em que o recorrente muitas vezes se limita a repetir os argumentos que anteriormente expôs em sua petição inicial ou contestação, sem impugnar de forma específica os fundamentos que justificaram a decisão recorrida). Pois nesse caso não se terá observado o requisito da regularidade formal do recurso (o qual, como se verá oportunamente, exige que o recurso seja arrazoado de forma adequada, com a precisa indicação dos fundamentos pelos quais se impugna a decisão recorrida) e, portanto, será tido por inadmissível. É o que se chama de ônus da dialeticidade recursal. Ao ponto se voltará mais à frente, quando do estudo dos requisitos de admissibilidade dos recursos.

Em qualquer caso, porém, o relator só poderá decidir pela inadmissibilidade do recurso após dar ao recorrente prazo de cinco dias para sanar o vício (desde que este seja sanável, evidentemente), nos termos do art. 932, parágrafo único

(FPPC, Enunciado nº 82: "É dever do relator, e não faculdade, conceder o prazo ao recorrente para sanar o vício ou complementar a documentação exigível, antes de inadmitir qualquer recurso, inclusive os excepcionais").

Essa competência do relator para examinar a admissibilidade do recurso, evidentemente, não retira do colegiado o poder de também proceder a esse exame, seja nos casos em que lhe caiba julgar o recurso, seja na apreciação de agravo interno contra a decisão monocrática do relator.

Também é do relator a competência para, por decisão monocrática, declarar prejudicado o recurso, o que acontece sempre que o recurso perde sua utilidade. Pense-se, por exemplo, no caso de se ter interposto agravo de instrumento contra uma decisão interlocutória e, posteriormente, venha a notícia de que o juízo de primeiro grau se retratou e reconsiderou a decisão agravada. Pois nesse caso o agravo de instrumento já não tem mais qualquer utilidade, estando, pois, prejudicado.

Tem, ainda, o relator o poder de julgar, de forma monocrática, o mérito dos recursos em alguns casos (incisos IV e V do art. 932), o que se liga diretamente ao sistema de padronização decisória existente no ordenamento processual brasileiro, de modo que os padrões decisórios atuam, aqui, como mecanismos de aceleração do processo.

É do relator a incumbência de decidir monocraticamente o mérito do recurso, negando-lhe provimento, quando for ele contrário a súmula do STF, do STJ ou do próprio tribunal, a acórdão proferido no julgamento de casos repetitivos ou de incidente de assunção de competência. E é também do relator a competência para, respeitado o contraditório (e, pois, ouvido o recorrido), dar provimento a recurso quando a decisão recorrida for contrária à súmula do STF, do STJ ou do próprio tribunal, a julgamento de casos repetitivos ou de incidente de assunção de competência. É preciso, aqui, porém, fazer algumas considerações.

Ao relator incumbe, então, negar provimento a recurso que contrarie precedente vinculante (art. 932, IV, *b* e *c*), assim como lhe incumbe dar provimento a recurso no caso de a decisão recorrida contrariar acórdão dotado de eficácia vinculante (art. 932, V, *b* e *c*). Nesses casos, diante da eficácia vinculante do acórdão, e demonstrando o relator, na fundamentação de sua decisão monocrática, que os fundamentos determinantes do julgado invocado se ajustam ao caso concreto que lhe foi distribuído, a ele incumbirá – sendo desnecessária a atuação do colegiado nesse caso – aplicar a tese fixada no acórdão dotado de eficácia vinculante e julgar o mérito do recurso, seja para lhe negar provimento, seja para lhe dar provimento.

O mesmo raciocínio se aplica no caso de haver, sobre a matéria objeto do recurso, enunciado de súmula vinculante, hipótese contemplada no art. 932, IV, *a*, e V, *a*. Será do relator, nesses casos, a competência para, aplicando a tese consolidada no enunciado de súmula vinculante, julgar o mérito do recurso.

É preciso, porém, levar em conta o fato de que os incisos IV e V do art. 932 permitem ao relator julgar o mérito do recurso de forma unipessoal também com base em enunciados de súmula não vinculante. Pois aqui é preciso ter claro que o relator só poderá decidir monocraticamente se sua decisão for no mesmo sentido da tese sumulada. Não havendo vinculação, porém, é preciso afirmar que não se admite, sob pena de nulidade, a decisão monocrática do relator que contrarie entendimento sumulado. Caso pretenda o relator se manifestar em sentido contrário àquele que esteja consolidado no verbete sumular, deverá ele levar a causa ao órgão colegiado e ali proferir seu voto.

Pois apenas nesses casos (decisão fundada em padrão decisório vinculante ou enunciado de súmula) é que se admite o julgamento de mérito do recurso por decisão monocrática do relator, exigindo-se o julgamento colegiado em todos os demais casos. Necessário se faz, então, para conferir legitimidade às decisões monocráticas de mérito, que o relator demonstre o alinhamento de seu pronunciamento judicial com algum daqueles padrões decisórios enumerados na lei processual (FPPC, Enunciado nº 462).

Outra observação importante a respeito do julgamento monocrático de mérito do recurso diz respeito ao que consta no inciso V do art. 932. É que o texto normativo expressamente estabelece que o relator dará provimento ao recurso, nos casos ali indicados, "depois de facultada a apresentação de contrarrazões". É preciso, porém, receber essa assertiva com cuidado.

É que existem casos em que o recurso se volta contra decisão proferida antes da citação do réu e que, portanto, deve ser proferida sem sua prévia oitiva (*inaudita altera parte*). Pense-se, por exemplo, no caso de ter o autor requerido a concessão de tutela de urgência, afirmando a necessidade de que tal decisão seja proferida imediatamente, sem prévia oitiva do réu. Indeferida a tutela de urgência, admite-se agravo de instrumento (art. 1.015, I). Parece evidente que em casos assim o provimento do recurso não exige prévia oitiva do recorrido. Afinal, não há qualquer sentido em exigir a oitiva prévia do recorrido quando o que se discute no recurso é se seria ou não o caso de se decidir *inaudita altera parte* (FPPC, Enunciado nº 81).

Raciocínio análogo se aplica ao agravo de instrumento contra decisão que, antes da citação, indefere requerimento de gratuidade de justiça formulado pelo autor (art. 1.015, V). Também aqui o julgamento do recurso, ainda que favorável ao recorrente, deve dar-se sem prévia oitiva da parte contrária, pois o que discute é, precisamente, se é ou não o caso de deferir desde logo, sem oitiva da parte contrária, a medida postulada pelo recorrente.

Evidentemente que, tanto nos casos apontados como em outros que lhes sejam análogos, a decisão proferida sem prévia oitiva da parte contrária não impede que esta, posteriormente, se manifeste sobre o ponto e postule – ao próprio juízo de primeiro grau – a modificação ou revogação do que tenha sido previamente decidido. E ao juízo de primeiro grau caberá, examinando os novos argumentos, trazidos agora pela outra parte, decidir se mantém, modifica ou revoga a decisão anteriormente proferida pelo tribunal (cabendo, de eventual nova decisão, novo recurso). Só assim se respeitará de forma plena o princípio do contraditório, sem comprometer a lógica do sistema, que admite, em casos excepcionais, a prolação de decisões *inaudita altera parte*.

Por fim, deve-se dizer que, além de todas essas incumbências atribuídas ao relator pela lei processual, também o regimento interno pode lhe atribuir outras funções (art. 932, VIII). A título de exemplo, pode-se lembrar do que consta do art. 34, XVI, do Regimento Interno do STJ, que atribui ao relator a função de determinar a autuação do agravo como recurso especial.

CAPÍTULO 27

INCIDENTES DE FORMAÇÃO CONCENTRADA DE PADRÕES DECISÓRIOS VINCULANTES

27.1. CONSIDERAÇÕES GERAIS

Já foi visto em tópico anterior deste trabalho o que se deve entender por padrão decisório, gênero que comporta duas distintas modalidades: os precedentes e os enunciados de súmula. Também se viu que esses padrões decisórios podem ou não ser dotados de eficácia vinculante, sendo certo que alguns deles são meramente argumentativos, não vinculantes. Tudo isso foi examinado quando do estudo das "fontes" do Direito Processual Civil, e não há necessidade de repetir aqui todas essas ideias.

Impende, porém, ter claro que os padrões decisórios vinculantes são formados, no ordenamento jurídico brasileiro, através de alguns procedimentos específicos. E dois deles têm natureza de incidentes processuais que se desenvolvem em Tribunais: o *incidente de resolução de demandas repetitivas* e o *incidente de assunção de competência*, que podem ser considerados *incidentes de formação concentrada de padrões decisórios vinculantes*.

É possível mesmo dizer que não havia necessidade de o CPC ter regulado dois procedimentos distintos. Bastava a existência de um desses incidentes (que poderia ser chamado de *incidente de formação de decisões vinculantes*, ou algo similar). Isso se diz por duas razões principais: primeiro, porque evitaria toda a controvérsia que se formou sobre as hipóteses de cabimento de cada um desses incidentes; segundo, porque hoje não pode haver dúvida acerca da fungibilidade entre os dois incidentes, o que, em termos práticos, significa que um pode ser usado no lugar do outro sem que daí resulte qualquer prejuízo ou diferença. Fica, então, a sugestão para que, em uma futura reforma do sistema processual, esses dois incidentes sejam unificados.

Além desses dois incidentes, porém, há outros mecanismos de formação concentrada de padrões decisórios vinculantes: os processos de controle direto da constitucionalidade das leis e atos normativos, os processos administrativos de aprovação de enunciados de súmula vinculante (que, evidentemente, não são incidentes processuais) e o procedimento de julgamento dos recursos repetitivos (que serão tratados de forma mais detalhada quando do julgamento dos recursos excepcionais).

Pois é desses procedimentos que se trata no presente capítulo.

27.2. O INCIDENTE DE RESOLUÇÃO DE DEMANDAS REPETITIVAS

O primeiro procedimento destinado à produção de decisões judiciais que terão eficácia vinculante a ser examinado é o incidente de resolução de demandas repetitivas, conhecido pela sigla IRDR. Trata-se de mecanismo a ser usado para assegurar solução uniforme a demandas repetitivas, como o próprio nome indica, motivo pelo qual é preciso, antes de tudo, examinar esse conceito.

Impõe-se, então, recordar aqui que o processo civil moderno começou a se desenvolver em uma época em que prevalecia uma visão individualista de mundo, tendo recebido os influxos do liberalismo individualista. Essa visão, porém, já há bastante tempo deixou de prevalecer. Vive-se, hoje, em uma sociedade transformada, em que os interesses são coletivizados. Afinal, já há muito tempo se sabe que a sociedade contemporânea é uma sociedade de massa, que tem entre suas características principais a despersonalização do indivíduo, forçado pela própria sociedade a ser igual a todos os demais. É o fenômeno da indiferenciação dos indivíduos.

Em uma sociedade assim, é absolutamente natural que surjam, com muita frequência, interesses individuais homogêneos, assim entendidos, nos precisos termos do Código de Defesa do Consumidor, os interesses individuais "decorrentes de origem comum" (art. 81, parágrafo único, III, do CDC). Pense-se, por exemplo, nos diversos consumidores lesados por um defeito de fabricação em série de um certo modelo de automóveis; nos servidores públicos lesados por não ter o Estado inserido no cálculo de suas remunerações uma determinada gratificação a que fariam jus; ou, ainda, nos moradores de uma certa localidade lesados por uma obstrução da rede de esgotamento sanitário. Além desses, evidentemente, muitos outros exemplos poderiam ser aqui lembrados, todos eles típicos da sociedade contemporânea.

Pois há uma intensa ligação entre os interesses individuais homogêneos e o fenômeno da repetição de demandas. É certo que o Direito brasileiro, há já algumas décadas, admite a utilização do processo coletivo como meio para produção de resultados capazes de alcançar a todos os titulares de interesses individuais homogêneos lesados ou ameaçados (art. 81, parágrafo único, III, do CDC), do mesmo modo como tais processos coletivos podem ser empregados na defesa de interesses difusos ou coletivos (os chamados interesses essencialmente transindividuais). Ocorre que, quando se trata de interesses individuais homogêneos, há, além do núcleo de homogeneidade que os une, uma margem de heterogeneidade que os afasta.

Veja-se, então, que existe, entre interesses individuais homogêneos, um núcleo de homogeneidade: o *an debeatur* (a própria existência das relações obrigacionais idênticas); o *quis debeatur* (o devedor, que é sempre, ou quase sempre, comum em todas essas relações) e o *quid debeatur* (o objeto da obrigação, que é sempre igual em todas as relações obrigacionais homogêneas). Há, porém, inevitavelmente uma margem de heterogeneidade: o *cui debeatur* (o credor, que varia de uma relação obrigacional para outra) e o *quantum debeatur* (a quantidade devida ao credor pelo devedor, já que cada titular de interesse individual faz jus a receber um valor que lhe é pessoalmente devido, e não se confunde com os valores devidos a outros credores).

Pois é exatamente em função dessa margem de heterogeneidade que os processos coletivos jamais funcionaram bem como mecanismos de proteção de interesses individuais homogêneos (diferentemente do que acontece em relação aos interesses difusos e coletivos). É que no processo coletivo que tenha por fim a tutela processual de interesses individuais homogêneos só se pode exercer cognição sobre o que integra o núcleo de homogeneidade desses interesses, o que faz com que a sentença de procedência necessariamente se limite a uma condenação genérica (art. 95 do CDC), onde se encontrará, tão somente, o reconhecimento da existência do dever jurídico do demandado de reparar danos que eventualmente venham a ser identificados posteriormente, e que tenham sido sofridos por credores ainda não conhecidos. Resulta daí, necessariamente, uma multiplicação de processos individuais de liquidação e execução, em que se buscará verificar quem são os credores lesados e qual o valor da indenização a que cada um deles, individualmente, faz jus.

Junte-se a isso o fato de que no Brasil há – e sempre houve – uma amplíssima liberdade do titular do interesse individual para ajuizar sua própria demanda condenatória, a qual convive com o processo coletivo (nos termos do art. 104 do CDC), e também o fato de que o profissional da Advocacia no Brasil foi treinado para o processo individual, e não para o processo coletivo (o que resulta do modo como esses temas são abordados nas Faculdades de Direito), e se pode compreender os motivos pelos quais há, no país, uma massificação de demandas individuais idênticas submetidas ao Poder Judiciário: as demandas repetitivas.

Entendem-se, então, por demandas repetitivas aquelas demandas idênticas, seriais, que, em grandes quantidades, são propostas perante o Judiciário. Diz-se que elas são idênticas por terem objeto e causa de pedir idênticos, ainda que mudem as partes.

Perceba-se que se trata de fenômeno inconfundível com o da conexão. Nesta, duas ou mais demandas têm a mesma causa de pedir ou o mesmo objeto. Se dois acionistas de uma companhia ajuízam demandas individuais e autônomas para postular a anulação de certa assembleia geral, essas duas demandas terão o mesmo objeto (já que em ambas se busca a invalidação do mesmo ato). Se um condomínio edilício ajuíza, em face de dois diferentes condôminos, demandas de cobrança de quotas condominiais atrasadas, essas demandas não têm o mesmo objeto (já que em cada uma delas se busca o pagamento de uma dívida diferente), ainda que tenham elas objetos iguais. Não se pode, pois, confundir os conceitos de *igual* (que pressupõe a existência de dois ou mais entes que, comparados, se revelam idênticos) e de *mesmo* (que pressupõe a existência de um só ente, que se manifesta mais de uma vez). Apresentem-se dois exemplos simples que permitem perceber bem a diferença: aberta uma caixa de fósforos, é possível riscar e acender dezenas de palitos de fósforos *iguais*, mas não se conseguiria riscar e acender duas vezes o *mesmo* palito de fósforo; costuma-se dizer que toda mulher teme pela possibilidade de ir a uma festa com o mesmo vestido que outra, mas isso é impossível, pois, se ambas fossem à festa com o mesmo vestido, uma delas estaria nua, e se deve considerar que o receio, na verdade, é o de se ter, em uma festa, mulheres usando vestidos iguais.

Pois bem: a conexão exige, para configurar-se, que duas ou mais demandas tenham o mesmo objeto ou a mesma causa de pedir. Não é disso, definitivamente, que se trata quando se está diante de demandas repetitivas. Imagine-se, por exemplo, que uma operadora de telefonia celular não presta aos seus clientes, de forma adequada o serviço de internet móvel, que é interrompido injustificadamente a todo instante. Pois cada consumidor irá a juízo contra a operadora de telefonia reclamando da interrupção do serviço a ele prestado (e, pois, as causas de pedir são iguais, mas não se trata da mesma causa de pedir), e cada um deles pedirá a condenação da ré a reparar o dano que individualmente sofreu (e, pois, os pedidos são iguais, mas não se trata do mesmo pedido).

Têm-se, aí, demandas repetitivas ou seriais.

Muito frequentemente, porém, essas demandas repetitivas receberam, do Judiciário brasileiro, tratamentos diferentes, o que levou a incompreensíveis quebras de isonomia. É que muitos juízes e tribunais, em nome de uma suposta "liberdade decisória", davam a casos rigorosamente iguais soluções completamente diferentes. Inaugurou-se, então, no Brasil o que se chegou a chamar de jurisprudência lotérica, já que o resultado do processo muitas vezes dependia da distribuição por sorteio, e, dependendo do juízo para o qual o processo fosse distribuído, o resultado final poderia variar completamente.

Por conta disso, o CPC de 2015 criou um mecanismo destinado a assegurar que casos iguais recebam resultados iguais: o IRDR (incidente de resolução de demandas repetitivas), que pode ser instaurado perante os tribunais de segunda instância (Tribunais de Justiça e Tribunais Regionais Federais ou do Trabalho: FPPC, Enunciado nº 343).

Também nos Tribunais de Superposição, STF e STJ, o IRDR pode ser instaurado, mas tão somente nos casos em que as demandas repetitivas lhes cheguem por força de sua competência originária ou através de recursos ordinários (já que nos casos em que a repetição lhes chega por meio de recursos excepcionais o que se deve fazer para padronizar os julgamentos é empregar a técnica de julgamento dos recursos extraordinários ou especiais repetitivos). Esse entendimento, aliás, já foi adotado pelo STJ, no AgInt na Pet 11.838-MS, julgado em 07/08/2019. Deve-se registrar, porém, que no STF (equivocadamente, registre-se) já se entendeu não ser admissível o IRDR naquele Tribunal. Trata-se, aqui, da decisão monocrática proferida pelo Min. Dias Toffoli na Pet 8.245, datada de 10/10/2019. Além de não considerar que não se poderia aplicar, nos casos de recursos ordinários e de processos de competência originária, os regimes da repercussão geral e dos recursos repetitivos, que são restritos ao recurso extraordinário, ainda se teve decisão monocrática de inadmissibilidade do IRDR, o que – como se verá melhor adiante – é contrário ao sistema.

O IRDR é um incidente processual destinado a, através do julgamento de um caso-piloto, estabelecer um precedente dotado de eficácia vinculante capaz de fazer com que casos idênticos recebam (dentro dos limites da competência territorial do tribunal) soluções idênticas, sem com isso esbarrar nos entraves típicos do processo coletivo, a que já se fez referência. Através desse incidente, então, produz-se uma decisão que, dotada de eficácia vinculante, assegura isonomia (já que casos iguais serão tratados igualmente) e segurança jurídica (uma vez que, estabelecido o padrão decisório a ser observado, de forma vinculativa, pelos órgãos jurisdicionais em casos idênticos, será possível falar em previsibilidade do resultado do processo).

Para a instauração do incidente de resolução de demandas repetitivas é preciso que sejam preenchidos alguns requisitos cumulativos (art. 976).

O primeiro requisito é o da existência de efetiva repetição de processos que contenham controvérsia sobre a mesma questão unicamente de direito (art. 976, I). Verifica-se, aí, em primeiro lugar, que o IRDR não pode ser instaurado em caráter preventivo, exigindo que já exista uma efetiva repetição de processos. Além disso, fica claro que o incidente se destina à definição de um padrão decisório para as questões de direito, e não para as questões fáticas (as quais, evidentemente, podem variar de um caso concreto para outro). Não é preciso, porém, que o número de processos instaurados já seja muito grande, bastando haver repetição de processos de que já se possa inferir o caráter repetitivo daquele tipo de demanda (FPPC, Enunciado nº 87).

Impõe-se aqui, porém, uma observação relevante: há um entendimento que tem contado com o apoio de grande parte da doutrina e da jurisprudência, que, ao interpretar esse art. 976, I (que fala em questão de direito, sem distinguir o tipo de questão), em conjunto com o art. 928, parágrafo único, tem considerado possível a instauração do IRDR para buscar a padronização do modo de resolução de quaisquer questões de direito repetitivas. Pois, a prevalecer esse entendimento, o IRDR seria, na verdade, um incidente de resolução de *questões* repetitivas.

Não parece ser essa, porém, a melhor interpretação. O instituto deve ter seu cabimento mais restrito, limitando-se à busca da padronização do modo como se decidem *demandas* repetitivas, isto é, demandas seriais, nas quais se veiculam pretensões isomórficas (aquelas que apresentam causas de pedir e pedidos iguais).

Isso não significa, porém, que não haja mecanismo para a padronização decisória de outras questões de direito repetitivas, que não configurem as questões principais de demandas repetitivas. Nesse caso, deve-se ter por admissível o incidente de assunção de competência.

Perceba-se, então, que aqueles que adotarem a interpretação mais ampla do cabimento do IRDR acabarão por, inevitavelmente, defender um cabimento mais restrito para o incidente de assunção de competência. E aqueles que adotarem a interpretação aqui proposta, que é mais restritiva em relação ao cabimento do IRDR, admitirão um cabimento mais amplo do incidente de assunção de competência. Tudo isso só reforça o que foi anteriormente dito: esse ponto, somado ao fato de que os dois incidentes são fungíveis entre si, torna claro que o ordenamento se aperfeiçoaria com a fusão desses dois incidentes processuais em um só.

O segundo requisito é a existência de risco de ofensa à isonomia e à segurança jurídica (art. 976, II). Vê-se, aí, que o IRDR só deve ser instaurado quando se verifica a existência de decisões divergentes. Enquanto as demandas idênticas estiverem a ser, todas, decididas no mesmo sentido, não há utilidade (e, pois, falta interesse) na instauração do incidente de resolução de demandas repetitivas. Insista-se neste ponto: o IRDR não é um mecanismo preventivo.

Como se verá melhor depois, porém, o fato de já haver uma jurisprudência uniforme acerca de determinada matéria não impede a formação de padrões decisórios. Nesse caso será adequada a aprovação de enunciado de súmula, tema a que se voltará adiante.

Terceiro requisito, que não está expresso na lei mas resulta necessariamente do sistema, é que já haja pelo menos um processo pendente perante o tribunal (seja recurso, remessa necessária ou processo de competência originária do próprio tribunal: FPPC, Enunciado nº 344). É que, como se verá melhor adiante, uma vez instaurado o IRDR, o processo em que tal instauração ocorra será afetado para julgamento por órgão a que se tenha especificamente atribuído a competência para conhecer do incidente, o qual julgará o caso concreto como uma verdadeira causa-piloto, devendo o julgamento desse caso concreto ser, além de decisão do caso efetivamente julgado, um precedente que funcionará como padrão decisório para outros casos, pendentes ou futuros. Assim, por força da exigência legal de que o tribunal não se limite a fixar a tese, mas julgue, como causa-piloto, o processo em que instaurado o incidente, impõe-se que já haja pelo menos um processo pendente perante o tribunal, sob pena de se promover uma inadequada e ilegítima supressão de instância.

Nesse sentido já se manifestou o Superior Tribunal de Justiça (AREsp 1.470.017/SP, julgado em 15/10/2019), e assim tem sido entendido pelos Tribunais em geral: se não há caso pendente perante o Tribunal, não se pode admitir o IRDR. Impõe-se, então, que haja pelo menos um caso, o caso-piloto, que será julgado pelo órgão colegiado competente para conhecer do IRDR (em um único acórdão, de cujos fundamentos determinantes resultará a eficácia de precedente daquela decisão).

Há, ainda, um requisito negativo (art. 976, § 4º): não se admite a instauração do incidente de resolução de demandas repetitivas se algum tribunal superior, ou o Supremo Tribunal Federal, já tiver, no âmbito de sua competência, afetado recurso (especial ou extraordinário) para definição da tese sobre a mesma questão repetitiva. Afinal, se já está instaurado um procedimento destinado a estabelecer um precedente que terá eficácia vinculante em todo o território nacional, não há utilidade (e, pois, interesse) na instauração de um procedimento que só permitiria a produção de um padrão decisório a ser empregado em um Estado ou Região.

Só será instaurado o IRDR se estiverem presentes todos os seus pressupostos de admissibilidade, mas é preciso ter claro que sua eventual inadmissão não impede que, posteriormente, e uma vez satisfeito o requisito que antes faltava, o incidente venha a ser novamente suscitado (art. 976, § 3º).

O incidente de resolução de demandas repetitivas não está sujeito a pagamento de custas (art. 976, § 5º).

São legitimados a provocar a instauração do IRDR qualquer juiz ou relator que tenha, sob sua direção, processo instaurado por ajuizamento de demanda repetitiva (art. 977, I); qualquer das partes daqueles processos (art. 977, II); o Ministério Público e a Defensoria Pública (art. 977, III).

Veja-se que é perfeitamente possível que o incidente seja provocado por alguém que não atua no processo em que ele será instaurado. Pode ocorrer, por exemplo, de o IRDR ser instaurado por ofício emanado de juiz de primeira instância, o qual será extraído dos autos de um processo que tramite perante o juízo em que aquele magistrado atua. Não será nesse processo, porém, que o incidente será instaurado (já que, como visto, será ele instaurado necessariamente em processo que já tramita perante o tribunal). Do mesmo modo, pode ocorrer de parte de um processo requerer a instauração do incidente e este vir a ser instaurado em outro processo. Problema sério para ser enfrentado (e para o qual o capítulo do CPC que regula a matéria não dá solução), então, é o da definição do caso concreto em que o IRDR será instaurado. A única possível solução para o problema, legítima em razão do reconhecimento da existência de um microssistema de formação de precedentes vinculantes, é a aplicação, à hipótese, e com as adaptações necessárias, do disposto no art. 1.036, § 6º (que trata da seleção de recursos especiais ou extraordinários repetitivos para afetação ao órgão que criará o acórdão paradigma a ser empregado como padrão decisório e que, portanto, terá eficácia vinculante): é preciso que se escolha processo que, pendente perante o tribunal, preencha todos os seus requisitos de admissibilidade – de forma a viabilizar o julgamento do mérito – e que contenha "abrangente argumentação e discussão a respeito da questão a ser decidida". Impende, então, que o tribunal verifique qual é o processo que, representativo da controvérsia, permitirá a mais completa discussão da questão de direito a ser resolvida.

No caso de ser o incidente suscitado por juiz ou relator, isso se fará através de ofício encaminhado ao Presidente do Tribunal. Partes, Ministério Público e Defensoria Pública requererão sua instauração por petição, também esta dirigida ao Presidente do Tribunal (art. 977, I a III). Tanto o ofício como a petição devem ser instruídos com os documentos necessários à demonstração do preenchimento dos pressupostos de admissibilidade do incidente (art. 977, parágrafo único).

O IRDR deverá, então, ser distribuído ao órgão colegiado indicado no regimento interno do tribunal, que deve ser o mesmo que detém competência para a uniformização de sua jurisprudência (art. 978), o que deve ser interpretado no sentido de que deverá caber ao mesmo órgão colegiado a competência para conhecer do incidente de resolução de demandas repetitivas e do incidente de assunção de competência. Será, porém, do Plenário ou do Órgão Especial a competência sempre que o julgamento da causa-piloto (e, por conseguinte, do IRDR) exigir a solução de questão constitucional, respeitando-se, desse modo, a cláusula de reserva de plenário (art. 97 da Constituição da República).

Esse órgão colegiado, competente para fixar o padrão decisório através do IRDR, não se limitará a estabelecer a tese. A ele competirá, também, julgar o caso concreto (recurso, remessa necessária ou processo de competência originária do tribunal), nos termos do art. 978, parágrafo único. Daí a razão pela qual se tem, aqui, falado que o processo em que se instaura o incidente funciona como verdadeira causa-piloto. É que esse processo será usado mesmo como piloto (empregado o termo no sentido, encontrado nos dicionários, de "realização em dimensões reduzidas, para experimentação ou melhor adaptação de certos processos tecnológicos"; "que é experimental, inicial, podendo vir a ser melhorado ou continuado"; "que serve de modelo e como experiência"; "qualquer experiência inovadora que sirva de modelo ou exemplo"), nele se proferindo uma decisão que servirá de modelo, de padrão, para a decisão posterior de casos idênticos (e que, evidentemente, poderá depois ser melhorado ou continuado).

Distribuído o incidente, haverá uma primeira sessão de julgamento, a ser realizada pelo órgão colegiado competente, e que será destinada única e exclusivamente a que se decida sobre sua admissibilidade (art. 981). Será esse, então, o momento de se verificar a presença dos pressupostos de admissibilidade do IRDR. A decisão sobre a admissibilidade do incidente é necessariamente colegiada, vedada a decisão monocrática (FPPC, Enunciado nº 91). Vale aqui afirmar, ainda uma vez, que se tem admitido, corretamente, a existência de fungibilidade entre o IRDR e o IAC (incidente de assunção de competência), o que resulta do reconhecimento de uma "zona cinzenta" entre os casos de cabimento de um e de outro desses incidentes. Por conta disso, deve-se admitir o IRDR em caso em que seria adequada a utilização do IAC (e vice-versa).

Admitido o incidente (por decisão majoritária ou unânime), estará ele instaurado, o que deve receber ampla e específica divulgação e publicidade, por meio de registro eletrônico junto ao Conselho Nacional de Justiça (art. 979), o que permitirá que pessoas e entidades de todo o país tomem conhecimento da instauração do IRDR. Incumbe, assim, aos tribunais manter banco eletrônico de dados, atualizado com informações específicas sobre as questões de direito submetidas ao incidente de resolução de demandas repetitivas, devendo comunicar imediatamente sua instauração ao CNJ para inclusão no cadastro nacional (art. 979, § 1º). Esse cadastro, a ser feito duplamente (no tribunal de origem do incidente e no CNJ), deverá conter, no mínimo, os fundamentos determinantes da decisão (que admitiu o incidente) e os dispositivos normativos a ela relacionados (art. 979, § 2º).

Além disso, uma vez admitido o incidente, o relator determinará a suspensão de todos os processos pendentes, individuais ou coletivos, que tramitem no Estado (se o IRDR se tiver instaurado perante Tribunal de Justiça) ou Região (se a instauração se der perante Tribunal Regional), nos termos do art. 982, I. Claro que, apesar do silêncio da lei, caso o incidente seja instaurado perante Tribunal de Superposição, a suspensão alcançará todos os processos em curso sobre a matéria no Brasil. A suspensão deverá ser comunicada aos órgãos jurisdicionais competentes (art. 982, § 1º), onde serão sobrestados os processos já em curso, assim como aqueles que venham a instaurar-se antes do julgamento de mérito do IRDR, e que tenham sido instaurados por demandas idênticas. Durante a suspensão desses processos, eventual requerimento de tutela de urgência deverá ser dirigido ao juízo perante o qual tramita o processo suspenso (art. 982, § 2º).

Ademais, deverá o relator, sempre que houver necessidade, requisitar informações a juízos perante os quais tramitam processos em que se discute a matéria objeto do incidente, que – em razão de seu dever de cooperação judiciária – as prestarão no prazo de quinze dias (art. 982, II).

Deverá, ainda, o relator determinar a intimação do Ministério Público para manifestar-se na qualidade de fiscal da ordem jurídica, no prazo de quinze dias (art. 982, III), salvo nos casos em que o próprio MP tenha sido o requerente da instauração do incidente (art. 976, § 2º).

Instaurado o incidente, e com o objetivo de garantir a segurança jurídica, qualquer dos legitimados a provocar a instauração do IRDR poderá requerer ao STF ou ao STJ (conforme haja, na hipótese, questão constitucional ou questão federal a resolver) a suspensão de todos os processos individuais ou coletivos em curso no território nacional que versem sobre a mesma matéria (art. 982, § 3º). Tal requerimento, frise-se, pode inclusive ser formulado por quem é parte em processo idêntico em curso fora do Estado ou Região a que corresponde o tribunal em que instaurado o incidente (art. 982, § 4º). Expandida a suspensão para todo o território nacional, a decisão que a tenha decretado deixará de produzir efeitos se, contra o acórdão que venha a julgar o IRDR, não se interpuser recurso extraordinário ou especial (art. 982, § 5º).

Incumbe ao relator ouvir as partes e demais interessados (aqui incluídos aqueles que são partes em processos idênticos), inclusive pessoas, órgãos e entidades com interesse na controvérsia (que poderão intervir como *amici curiae*), no prazo comum de quinze dias. Poderão eles, então, requerer a juntada de documentos, bem como a realização de diligências que reputem necessárias para a elucidação da questão de direito controvertida (art. 983). Para complementar a instrução do incidente, poderá também ser realizada audiência pública, para colheita de depoimentos de pessoas com experiência e conhecimento na matéria (art. 983, § 1º). Tem-se, aí, pois, uma ampliação do contraditório – com a possibilidade de participação de interessados e *amici curiae* e com a realização de audiências públicas –, que confere legitimidade constitucional à decisão que se irá proferir para servir como padrão decisório dotado de eficácia vinculante.

A primeira forma de ampliação do contraditório que se prevê para o incidente de resolução de demandas repetitivas, portanto, é a participação daqueles que são (ou podem vir a ser) partes em processos de demandas idênticas. Há quem sustente que aqueles que são partes nos demais processos repetitivos poderão intervir no procedimento do incidente de resolução de demandas repetitivas na qualidade de assistentes litisconsorciais das partes do processo em que o incidente tenha sido instaurado. Assim não é, porém. O assistente litisconsorcial, como cediço, é sujeito da própria relação jurídica substancial que se discute no processo. Pois não é esse o caso de quem é parte em processo instaurado por demanda isomórfica àquela que tenha levado à instauração do processo no qual se tenha suscitado o incidente de resolução de demandas repetitivas. As partes dos processos seriais, instaurados por força de demandas repetitivas, podem ter interesses iguais. Não terão, porém, o mesmo interesse, já que não são sujeitos da mesma relação jurídica. Não se tem aí, evidentemente, assistência litisconsorcial.

Nem de assistência simples se poderia aí cogitar, já que nessa modalidade de intervenção de terceiro o assistente é sujeito de relação jurídica distinta, mas vinculada à que se discute no processo em que intervém. Pois não existe qualquer vinculação entre a relação jurídica deduzida no processo em que se tenha instaurado o incidente de resolução de demandas repetitivas e aquela outra, deduzida no processo instaurado por outra demanda, isomórfica, de que outro sujeito é parte. Afinal, o que se decidir na parte dispositiva da sentença do primeiro processo não será capaz de afetar, nem direta nem indiretamente, os sujeitos do segundo processo. Não há, aí, pois, qualquer tipo de assistência.

Também não se trata, evidentemente, de intervenção de *amicus curiae*. Afinal, não se trata de admitir alguém no processo em razão de sua contributividade adequada (art. 138). Diferentemente disso, trata-se de aceitar sua intervenção pelo simples fato de ser parte (ou poder vir a ser parte) em processo instaurado por demanda isomórfica e, por tal razão, ser um interessado na fixação da tese que, uma vez determinada, será aplicada ao seu caso concreto com eficácia vinculante.

A sujeitabilidade daquele terceiro à eficácia vinculante da decisão que será produzida por meio do procedimento do incidente de resolução de demandas repetitivas, portanto, é suficiente para legitimar sua intervenção naquele procedimento, como resultado do modelo constitucional de processo, de modo a ampliar subjetivamente o contraditório, que, como sabido, é característica essencial do processo. É que, se não for assim, ter-se-á de considerar que a decisão produzida no incidente de resolução de demandas repetitivas produz efeitos vinculantes sobre a esfera jurídica de pessoas que não foram, nem puderam ser, atores do procedimento de construção do padrão decisório paradigma. E isso vai contra todo o modelo de processo comparticipativo, de contraditório substancial e efetivo, que se constrói a partir da Constituição da República de 1988 e do paradigma do Estado Democrático de Direito. Afinal, não se terá aí assegurada a participação igualitária, que é elemento essencial da democracia.

A participação desses interessados, portanto, é um poderoso mecanismo – provavelmente o mais importante – para evitar que a formação de um padrão decisório vinculante se dê de modo a atingir interesses sub-representados. É fundamental, portanto, que haja um espaço de oportunidade, no procedimento de formação dos padrões decisórios vinculantes, para a participação de quem fale por todos os tipos de interesses que poderão vir a ser alcançados pela eficácia vinculante do padrão decisório a ser formado. Fundamental, insista-se, não é que todas as pessoas interessadas participem, mas que todos os interesses possam estar representados no processo de formação do padrão decisório vinculante.

Além deles, como dito, poderão intervir *amici curiae* (aplicando-se à hipótese todo o regime estabelecido a partir do art. 138 do CPC). É que a possibilidade de que a decisão judicial constitua um precedente (especialmente se dotado de eficácia vinculante) faz com que seja necessária uma abertura para que a sociedade possa participar do processo de sua formação. Mediante a participação do *amicus curiae*, portanto, busca-se legitimar perante a sociedade a decisão judicial que por meio do processo se vai construir.

Importante também é a previsão da realização de audiências públicas. A audiência pública é um mecanismo ligado a práticas democráticas, apto a permitir a tomada de decisões com legitimidade e transparência, após a abertura de espaço para que todos aqueles que possam sofrer os reflexos de tais decisões tenham oportunidade de se manifestar, diretamente ou por intermédio de entidades representativas, antes do desfecho do processo decisório. Trata-se de uma reunião em que a autoridade responsável colhe da comunidade envolvida suas impressões e demandas a respeito de um tema que será objeto de uma decisão. Originariamente empregada no processo administrativo, a audiência pública vem sendo, já há algum tempo, utilizada também no processo legislativo e no processo jurisdicional brasileiros, encontrando respaldo no princípio constitucional do devido processo em seu sentido substancial. A audiência pública é mecanismo de participação ampliada da sociedade na formação de seus destinos, devendo a autoridade, antes da tomada da decisão, submeter seu projeto de decisão ao debate público.

Permite a audiência pública a manifestação de qualquer do povo (desde que previamente inscrito, evidentemente, e observadas as disposições procedimentais estabelecidas para seu desenvolvimento, além do requisito da experiência e conhecimento sobre o assunto) acerca da matéria que se discute no processo, o que viabiliza – no caso dos processos de formação de padrões decisórios dotados de eficácia vinculante – que se leve ao órgão jurisdicional o conhecimento acerca dos interesses da coletividade que podem, de algum modo, influenciar a decisão. Evidentemente, o órgão jurisdicional não terá de decidir conforme a vontade manifestada pelos participantes da audiência pública (ou pela maioria deles). Sendo, porém, o caso de se decidir contrariamente à "conclusão popular" sobre o órgão jurisdicional, recai um específico ônus argumentativo destinado a justificar tal decisão, já que devem existir "razões mais fortes" para decidir nesse sentido do que em sentido contrário.

Outro dado relevante é que as audiências públicas permitem a colheita de depoimentos de especialistas que poderão fornecer elementos relevantes para a decisão em matérias que exijam conhecimento de matérias não jurídicas. Pense-se, por exemplo, em um IRDR sobre matéria tributária, em que pode haver necessidade de oitiva de economistas ou de contabilistas, ou de um IRDR em matéria ambiental, no qual se faça relevante ouvir ambientalistas. E isso amplia ainda mais o debate que legitima a formação de padrões decisórios vinculantes.

Ao final, será ouvido o Ministério Público, também no prazo de quinze dias (art. 983, parte final).

Pode acontecer de, durante a instrução, haver desistência (do recurso ou da ação) ou abandono do processo. Isso, porém, ainda que acarrete a impossibilidade de julgamento do mérito do caso concreto, não impediria, segundo o texto da lei, a fixação da tese e, por conseguinte, do padrão decisório (art. 976, § 1º), impondo a lei processual que o Ministério Público assuma a titularidade do incidente, atuando nele como parte (art. 976, § 2º). Como dito anteriormente, porém, essa é disposição que deve ser tida por inconstitucional, já que levaria o Tribunal a fixar um entendimento de forma abstrata, atuando como mero órgão de consulta, o que é incompatível com a função jurisdicional. O que se deve considerar é que, havendo desistência ou abandono no caso-piloto, caberá ao Tribunal selecionar outro caso, que passará a ser o caso-piloto (e não deve ser difícil realizar essa seleção, já que se está diante de casos repetitivos). Não havendo, porém, qualquer outro caso pendente perante o Tribunal, deve-se considerar prejudicado o incidente, que poderá ser posteriormente instaurado mais uma vez, demonstrado o preenchimento dos seus requisitos de admissibilidade.

Concluída a instrução, o relator pedirá a designação de dia para julgamento (art. 983, § 2º). Prevê a lei processual (art. 980) que o IRDR seja julgado no prazo de um ano, tendo, para isso, preferência no andamento sobre todos os demais processos, ressalvados, apenas, aqueles que envolvam réus presos ou os processos de *habeas corpus* (se, evidentemente, o órgão colegiado competente para conhecer do IRDR for, também, competente para conhecer dessas outras causas). Superado o prazo de um ano, cessa a suspensão dos processos individuais e coletivos que versam sobre idêntica matéria, salvo decisão fundamentada do relator em sentido contrário (art. 980, parágrafo único).

O julgamento do incidente será, então, realizado pelo órgão colegiado competente, em sessão de julgamento em cuja pauta o processo tenha sido incluído. Nessa sessão, o relator fará, de início, a exposição da matéria, relatando-a (art. 984, I). Em seguida, haverá oportunidade para apresentação de sustentações orais. O autor e o réu do processo em que se instaurou o incidente poderão falar, cada um dispondo do prazo de trinta minutos (e sempre valendo recordar que no julgamento não haverá apenas a fixação da tese, mas também o julgamento do caso concreto). Em seguida, poderá falar o Ministério Público, também por trinta minutos (art. 984, II, *a*).

Depois, será possível a apresentação de sustentações orais por outros interessados, desde que tenham se inscrito com pelo menos dois dias de antecedência (art. 984, II, *b*). Entre esses interessados será dividido um prazo comum de trinta minutos, podendo esse prazo ser ampliado em razão do número de inscritos (art. 984, § 1º).

Após as sustentações orais, serão colhidos os votos dos integrantes do colegiado. No acórdão deverão ser examinados todos os fundamentos suscitados concernentes à tese jurídica discutida, sejam eles favoráveis ou contrários à conclusão a que o colegiado tenha chegado (art. 984, § 2º). É preciso, então, que em todos os votos haja expressa manifestação sobre todos os fundamentos suscitados, de modo que se possa identificar quais foram os fundamentos efetivamente acolhidos pela maioria dos integrantes do órgão julgador (e que serão, pois, os fundamentos determinantes, *rationes decidendi*, do acórdão, viabilizando assim sua futura aplicação como precedente vinculante). Em razão disso, é extremamente importante que na ementa – que o acórdão conterá (art. 943, § 1º) – haja a expressa indicação de quais foram os fundamentos examinados, com menção de quais foram acolhidos e quais foram rejeitados, de modo a facilitar a correta pesquisa e aplicação do precedente vinculante (FPPC, Enunciado nº 305: "No julgamento de casos repetitivos, o tribunal deverá enfrentar todos os argumentos contrários e favoráveis à tese jurídica discutida, inclusive os suscitados pelos interessados").

Contra o julgamento do mérito do incidente caberá, conforme haja questão constitucional ou infraconstitucional, recurso extraordinário ou especial (art. 987). Excepcionalmente nesse caso, o recurso extraordinário e o recurso especial têm efeito suspensivo, e, no caso específico do recurso extraordinário, há presunção absoluta de existência da repercussão geral da questão constitucional (art. 987, § 1º).

Julgado o mérito do recurso extraordinário (pelo STF) ou do recurso especial (pelo STJ), a decisão aí proferida servirá como padrão decisório dotado de eficácia vinculante em todo o território nacional, devendo ser aplicada em todos os processos individuais ou coletivos que versem sobre a mesma questão de direito (art. 987, § 2º).

O resultado do julgamento deve receber ampla e específica divulgação e publicidade, também devendo ser registrado pelo CNJ (art. 979), motivo pelo qual também o julgamento deve ser inserido no banco de dados do tribunal (art. 979, § 1º). Tanto no tribunal de origem como no CNJ deverá haver expressa menção aos fundamentos determinantes da decisão e os dispositivos legais a ela relacionados (art. 979, § 2º).

A decisão proferida no julgamento do incidente de resolução de demandas repetitivas, como já dito, julga a causa-piloto. Além disso, porém, tal decisão estabelece um padrão decisório a ser empregado, posteriormente, como precedente vinculante. Daí a razão pela qual estabelece a lei processual que, uma vez julgado o IRDR, a tese jurídica fixada na decisão será aplicada (art. 985) a todos os processos individuais ou coletivos que versem sobre causas idênticas e que tramitem na área de atuação do respectivo tribunal (Estado ou Região, conforme o caso), inclusive àqueles que tramitam perante os Juizados Especiais (art. 985, I) e, ainda, aos casos futuros que versem sobre a mesma questão de direito e que venham a tramitar no território de competência do respectivo tribunal (art. 985, II).

Quanto aos casos futuros, aliás, vale recordar que, sempre que se demandar contra precedente vinculante fixado em incidente de resolução de demandas repetitivas, será caso de se proferir julgamento de improcedência liminar (art. 332, III). De outro lado, sempre que se vier a demandar postulando algo que tenha apoio em tese fundada em julgamento de IRDR, podendo as alegações ser comprovadas apenas documentalmente, será caso de concessão de tutela da evidência (art. 311, II), a qual poderá até mesmo ser deferida *inaudita altera parte* (art. 311, parágrafo único).

Além disso, se a decisão do incidente versar sobre questão relativa à prestação de serviço concedido, permitido ou autorizado (como são, por exemplo, os serviços de telefonia, fornecimento de água e esgotamento sanitário, entre muitos outros), o resultado do julgamento deverá ser comunicado ao órgão, ente ou agência responsável pela regulação do setor, para que fiscalize sua efetiva aplicação por parte dos entes sujeitos à regulação (art. 985, § 2º). Essa é medida que pode vir a ter importantíssima função, já que o respeito à tese fixada no precedente pelos prestadores dos serviços pode ser um poderoso fator de diminuição de processos, contribuindo para o desafogamento do Poder Judiciário.

Não observada a tese fixada no precedente vinculante, caberá reclamação (art. 985, § 1º), tema que será apreciado adiante.

A tese fixada no acórdão paradigma terá eficácia vinculante até que seja revista (art. 985, II, parte final; art. 986). Tal revisão – que deverá ser precedida de procedimento em que se assegure o amplo e efetivo contraditório típico dos procedimentos destinados à produção de precedentes vinculantes, com intervenção de *amici curiae* e realização de audiência pública – poderá ser realizada pelo mesmo tribunal que fixou o padrão decisório, de ofício ou mediante requerimento (art. 986). Um detalhe importante é que o texto normativo do art. 986 só faz expressa alusão à legitimidade do Ministério Público e da Defensoria Pública para provocar a instauração do procedimento destinado à revisão da tese, não se referindo às partes dos processos em que a matéria é discutida. Não se pode, porém, negar a possibilidade de que as partes provoquem o tribunal. É que, como cediço, tudo que pode ser feito de ofício pode ser requerido pelas partes. Assim, tendo a lei expressamente autorizado a instauração de ofício do procedimento de revisão da tese, torna-se, por conseguinte, possível a qualquer parte, de qualquer processo em que a matéria seja objeto de discussão, requerer ao tribunal que instaure tal incidente de revisão (FPPC, Enunciado nº 473: "a possibilidade de o tribunal revisar de ofício a tese jurídica do incidente de resolução de demandas repetitivas autoriza as partes a requerê-la").

27.3. O INCIDENTE DE ASSUNÇÃO DE COMPETÊNCIA

Outro procedimento previsto no CPC para a criação de precedentes vinculantes é o incidente de assunção de competência, regulado no art. 947 (e que é conhecido pela sigla IAC). Trata-se de incidente processual a ser instaurado quando, na dicção da lei, o julgamento de recurso, de remessa necessária ou de processo de competência originária de tribunal de segunda instância envolver relevante questão de direito, com grande repercussão social, sem repetição em múltiplos processos.

Trata-se, pois, de mecanismo a ser usado fora do estrito âmbito dos casos repetitivos (tanto assim que, por força do disposto no art. 928, o julgamento do incidente de assunção de competência não integra a categoria dos julgamentos de casos repetitivos: FPPC, Enunciado nº 334: "por força da expressão 'sem repetição em múltiplos processos', não cabe o incidente de assunção de competência quando couber julgamento de casos repetitivos"). Há, porém, questões de direito – material ou processual – que, manifestando-se fora daquele estrito campo, têm grande repercussão social e podem gerar divergência jurisprudencial, o que deve ser evitado para assegurar-se a estabilidade, integridade e coerência da jurisprudência. Assim é que, nos termos do disposto no § 4º do art. 947, o incidente de assunção de competência deve ser empregado "quando ocorrer relevante questão de direito a respeito da qual seja conveniente a prevenção ou a composição de divergência entre câmaras ou turmas do tribunal".

Perceba-se, assim, que o texto do § 4º do art. 947 complementa o teor de seu *caput*, permitindo que se verifique exatamente qual o campo de incidência da assunção de competência. Esta deve ser utilizada quando houver questão de direito repetitiva que surge em processos de causas distintas, que não podem ser consideradas demandas seriais.

Pense-se, por exemplo, na interpretação dos requisitos para a desconsideração da personalidade jurídica. Essa é uma questão de direito que pode surgir em processos completamente diferentes, muito distantes de qualquer tentativa de caracterização das demandas repetitivas. Basta pensar na possibilidade de se ter suscitado questão atinente ao preenchimento dos requisitos da desconsideração da personalidade jurídica em uma execução de alimentos devidos por força de relação familiar e em outro processo, em que se executa dívida de aluguel garantida por fiança. Essas duas demandas não são, evidentemente, repetitivas, mas a questão de direito que nelas surgiu é a mesma: quais os requisitos para a desconsideração da personalidade jurídica nas causas em que incide o disposto no art. 50 do Código Civil.

Pois, para casos assim, a fim de prevenir ou compor divergências entre câmaras ou turmas do tribunal (isto é, divergências *intra muros*, internas a um mesmo tribunal), produzindo-se uma decisão que terá eficácia de precedente vinculante, é que se deve utilizar o incidente de assunção de competência.

Impende, então, deixar um ponto bem claro: ao contrário do que muitos têm entendido, não existem duas hipóteses de cabimento do incidente de assunção de competência (uma prevista no *caput* e outra no § 4º do art. 947). Existe uma só, que resulta da interpretação conjugada do *caput* do art. 947 e de seu § 4º. Pensar de modo distinto leva a que se considere possível a instauração do incidente de assunção de competência em casos absolutamente singulares, em que se debate matéria que não se repete (mas que envolve relevante questão de direito dotada de grande repercussão social). Ora, mas se o incidente é admitido em um caso que não tem qualquer potencialidade de se repetir, qual o sentido de afirmar (como o faz o § 3º do mesmo dispositivo legal) que a decisão ali proferida terá eficácia vinculante? Quem ficaria vinculado? Em que casos? Afinal, se nenhuma repetição haveria, essa eficácia vinculante não faria qualquer sentido. Assim, é preciso reconhecer que alguma repetição precisa existir para que o incidente faça sentido. E é dessa repetição que trata o § 4º do art. 947. O incidente só faz sentido quando existe uma matéria que se repete, havendo interesse em prevenir ou compor divergência.

É preciso, então, interpretar corretamente a cláusula "sem repetição em múltiplos processos", que consta do *caput* do art. 947. E a única interpretação que parece ser compatível com o sistema (a fim de respeitar-se a distinção entre os casos de cabimento do IRDR e os casos de cabimento do IAC) é a que atribui àquela expressão o sentido de "não haver demandas repetitivas".

Dito de outro modo: quando for o caso de se padronizar o modo como devem ser decididas demandas seriais, repetitivas, que veiculam pretensões isomórficas (com causas de pedir iguais e pedidos idênticos), emprega-se o IRDR. De outro lado, quando for o caso de se prevenir ou compor divergência jurisprudencial acerca de matéria de direito, material ou processual, que surge de modo repetitivo em processos que versam sobre pretensões heteromórficas (isto é, fundados em causas de pedir díspares e nos quais são formulados pedidos totalmente diferentes), será cabível o IAC.

Assim, para apresentar mais exemplos, o IAC será cabível quando houver uma divergência acerca da natureza processual ou material de determinado prazo que a lei fixa em dias (o que interfere na forma de sua contagem, devendo-se levar em conta apenas os dias úteis ou sendo ele contado em dias corridos). Também será cabível quando houver divergência acerca do termo inicial de um prazo prescricional em demandas não seriais (como, por exemplo, quando se trata de determinar o termo inicial do prazo prescricional a ser observado no caso de "ação de petição de herança" nas hipóteses em que tenha havido o reconhecimento da paternidade após a morte do suposto genitor, tema sobre o qual existe histórica divergência jurisprudencial).

Tudo isso, porém, reforça o que se vem sustentando neste trabalho: o IRDR e o IAC são – e precisam ser – fungíveis entre si, o que resulta do princípio da primazia da resolução do mérito (CPC, art. 4º), não fazendo sentido deixar de admitir um dos incidentes simplesmente por se considerar que o outro seria o adequado, quando ambos se destinam a produzir resultados absolutamente equivalentes.

O incidente de assunção de competência pode ser suscitado de ofício pelo relator (ou por qualquer outro integrante do órgão colegiado fracionário), ou por requerimento de parte, do Ministério Público ou da Defensoria Pública (art. 947, § 1º). Ao colegiado, então, incumbirá votar para decidir se estão ou não presentes os requisitos da instauração do incidente, e, caso seus componentes entendam – por maioria ou por unanimidade – pela sua presença, será instaurado o incidente.

O processo, então, será encaminhado ao órgão colegiado indicado pelo Regimento Interno do Tribunal, que (por aplicação das regras previstas para o IRDR, o que resulta do fato de que ambos esses incidentes compõem o microssistema de formação concentrada de precedentes vinculantes) realizará uma sessão de julgamento destinada a apreciar a admissibilidade do incidente. Caso o incidente não seja admitido, o processo retornará ao órgão colegiado de origem, que prosseguirá em seu julgamento. De outro lado, admitido o incidente (por maioria ou por unanimidade), o órgão colegiado mais amplo assumirá a competência para julgar a causa.

Nesse caso, então, a competência para julgar o processo de competência originária, a remessa necessária ou o recurso será assumida por outro órgão, mais amplo, indicado pelo regimento interno do tribunal. A esse órgão caberá, reconhecendo a presença dos requisitos de admissibilidade do incidente, assumir competência que originalmente não lhe cabia e julgar o caso concreto (art. 947, § 2º). Fixe-se bem este ponto: o órgão que assume competência não se limitará a fixar a tese para que esta seja posteriormente aplicada pelo órgão originariamente competente. A ele cabe, como indica o próprio nome do incidente, assumir a competência e, assim, julgar o caso concreto.

A decisão proferida pelo órgão que assume competência, como dito, terá eficácia de precedente vinculante. É o que resulta da interpretação do § 3º do art. 947, por força do qual "o acórdão proferido em assunção de competência vinculará todos os juízes e órgãos fracionários, exceto se houver revisão de tese". Deve-se, então, considerar que o incidente de assunção de competência é um dos integrantes de um microssistema de formação de precedentes vinculantes (composto, também, pelos julgamentos de casos repetitivos) que se insere no corpo do CPC. Pois a admissão da existência desse microssistema implica a necessidade de que as disposições relativas aos institutos que o compõem sejam invocadas para complementar a regulamentação dos demais institutos que o integram.

Assim, é preciso reconhecer a possibilidade de, antes do julgamento do processo de competência originária, remessa necessária ou recurso em que se tenha suscitado o incidente de assunção de competência, ser admitida a intervenção de *amici curiae* (art. 983) e a realização de audiência pública (art. 983, § 1º). Haverá, desse modo, a possibilidade de ampliação do contraditório, com a participação de entes ou pessoas dotados de contributividade adequada, que fornecerão mais subsídios para a formação da decisão, legitimando-se, desse modo, sua eficácia vinculante (FPPC, Enunciado nº 201: "aplicam-se ao incidente de assunção de competência as regras previstas nos arts. 983 e 984").

O julgamento do recurso, remessa necessária ou processo de competência originária, então, passará a incumbir a órgão mais amplo do que o originariamente competente. A esse órgão mais amplo caberá, no início da sessão, decidir se estão ou não presentes os requisitos para a assunção de competência (ou, como diz a lei processual, se há "interesse público na assunção de competência"). Caso se decida pela inadmissibilidade da assunção, deverá o feito ser restituído ao órgão de origem, que prosseguirá no julgamento. Admitido o incidente, porém, o órgão mais amplo, indicado no regimento interno, julgará o caso concreto (observando o procedimento previsto no art. 984: FPPC, Enunciado nº 201), produzindo decisão cujos fundamentos determinantes vincularão todos os magistrados e órgãos fracionários vinculados àquele tribunal. Essa eficácia vinculante só cessará se e quando ocorrer revisão da tese (art. 947, § 3º), com a superação do precedente, o que exige a instauração de procedimento próprio, em que também deverá ser admitida a participação de *amici curiae* e a realização de audiência pública (art. 927, § 2º, aplicável por força da existência do microssistema de formação de precedentes vinculantes).

27.4. OUTROS MECANISMOS DE FORMAÇÃO CONCENTRADA DE PRECEDENTES E DE ENUNCIADOS DE SÚMULA

Além dos dois incidentes aqui tratados, o ordenamento processual brasileiro conhece outros mecanismos de formação de padrões decisórios vinculantes. Um desses mecanismos é a técnica de julgamento por amostragem de recursos excepcionais repetitivos, de que se tratará mais adiante, quando do estudo dos recursos extraordinário e especial.

Outros mecanismos há, porém, que devem ser analisados aqui: os processos de controle direto da constitucionalidade das leis e atos normativos e os processos (administrativos) de edição de enunciados de súmula vinculante.

No que diz respeito aos processos de controle direto da constitucionalidade, é preciso dizer, porém, que esta não será uma exposição de Direito Constitucional, razão pela qual não serão tecidas quaisquer considerações nesta sede acerca do que é o controle judicial da constitucionalidade das leis, ou sobre os meios pelos quais ele pode ser exercitado. Apenas os aspectos processuais relevantes para a compreensão dessa técnica de formação de padrões decisórios vinculantes serão examinados.

Pois, para isso, é preciso lembrar que o art. 102, § 2º, da Constituição da República estabelece que "as decisões definitivas de mérito, proferidas pelo Supremo Tribunal Federal, nas ações diretas de inconstitucionalidade e nas ações declaratórias de constitucionalidade produzirão eficácia contra todos e efeito vinculante, relativamente aos demais órgãos do Poder Judiciário e à administração pública direta e indireta, nas esferas federal, estadual e municipal".

Expressamente imputada a tais decisões eficácia vinculante, era preciso regulamentar o processo de sua formação, o que foi feito pela Lei nº 9.868/1999, em cujo art. 28, parágrafo único, lê-se que "a declaração de constitucionalidade ou de inconstitucionalidade, inclusive a interpretação conforme a Constituição e a declaração parcial de inconstitucionalidade sem redução de texto, têm eficácia contra todos e efeito vinculante em relação aos órgãos do Poder Judiciário e à Administração Pública federal, estadual e municipal".

Pois nesse tipo de processo, tanto no que diz respeito à ação direta de inconstitucionalidade como no que concerne à ação declaratória de constitucionalidade, fazem-se presentes os principais elementos de ampliação subjetiva do contraditório a que se vem fazendo referência: participação de *amici curiae*, realização de audiências públicas e manifestação de outros interessados. Impõe-se, porém, o exame do modo como se dá essa ampliação subjetiva do contraditório na formação de padrões decisórios vinculantes, já que este é um dos elementos da comparticipação qualificada que é exigida para a legitimidade democrática da eficácia vinculante dessas decisões. Essa intervenção se insere no contexto de abertura da interpretação constitucional no país, permitindo que os indivíduos e grupos sociais dotados de contributividade adequada participem ativamente da formação das decisões do Supremo Tribunal Federal que afetem seus interesses. Fica clara, aí, a ligação entre a participação de *amici curiae* no processo de controle direto de constitucionalidade das leis e a ampliação do contraditório de que aqui se tem tratado, assegurando-se a abertura para a (com)participação da sociedade no processo de construção das decisões do STF sobre o controle direto da constitucionalidade das leis e atos normativos, o que confere legitimidade democrática (e constitucional) à eficácia vinculante que a decisão proferida nesses processos é capaz de produzir.

A propósito, vale recordar as palavras do eminente Min. Celso de Mello, que, em voto proferido na ADI 2.321-MC/DF, julgada pelo Supremo Tribunal Federal em 25/10/2000, afirmou que a participação do *amicus curiae* no processo da ação direta de inconstitucionalidade (ou, registre-se, no da ação declaratória de constitucionalidade) é "fator de legitimação social das decisões do Tribunal Constitucional", viabilizando o "postulado democrático, a abertura do processo de fiscalização concentrada de constitucionalidade", de modo a permitir a participação de pessoas e entidades que "efetivamente representem os interesses gerais da coletividade ou que expressem os valores essenciais e relevantes de grupos, classes ou estratos sociais", garantindo-se não só "maior efetividade [e atribuindo] maior legitimidade às decisões" do STF, mas valorizando, "sob uma perspectiva eminentemente pluralística, o sentido essencialmente democrático dessa participação processual".

É inegável, pois, que o espaço para atuação de *amici curiae* no processo de controle direto de constitucionalidade de leis e atos normativos funciona como mecanismo de ampliação do contraditório, alargando o caráter policêntrico e comparticipativo desse processo e, por conseguinte, conferindo legitimidade democrática e constitucional à eficácia vinculante das decisões que nele são proferidas.

Não é só a intervenção de *amici curiae*, porém, que cumpre tal papel. Também há, nos processos de controle direto de constitucionalidade de leis e atos normativos, a previsão da realização de audiências públicas (que, no caso específico do processo da ação direta de inconstitucionalidade, está prevista no art. 9º, § 1º, da Lei nº

9.868/1999, enquanto para o processo da ação declaratória de constitucionalidade a previsão se encontra no art. 20, § 1º, da mesma lei).

O art. 21, XVII, do Regimento Interno do STF estabelece ser atribuição do relator "convocar audiência pública para ouvir o depoimento de pessoas com experiência e autoridade em determinada matéria, sempre que entender necessário o esclarecimento de questões ou circunstâncias de fato, com repercussão geral ou de interesse público relevante". O procedimento da audiência pública está descrito no parágrafo único do art. 154 do RISTF. Segundo esse dispositivo, o despacho que convoca a audiência pública deve ser amplamente divulgado, fixando prazo para a indicação das pessoas a serem ouvidas (art. 154, parágrafo único, I). Havendo defensores e opositores relativamente à matéria objeto da audiência, será garantida a participação das diversas correntes de opinião (art. 154, parágrafo único, II). A presidência dos trabalhos caberá a um Ministro (o relator), devendo ele selecionar as pessoas que serão ouvidas, divulgar a lista dos habilitados, determinar a ordem dos trabalhos e fixar o tempo de que cada um disporá para se manifestar (art. 154, parágrafo único, III). Cada depoente tem o dever de se limitar ao tema ou questão em debate (art. 154, parágrafo único, IV). A audiência pública deve ser transmitida pela TV Justiça e pela Rádio Justiça (art. 154, parágrafo único, V), e seus trabalhos serão registrados e juntados aos autos do processo ou arquivados no âmbito da Presidência do STF (art. 154, parágrafo único, VI).

Um registro se impõe aqui, porém. Não seria viável a realização de audiências públicas em todos os processos em trâmite perante o STF. Nem é essa, frise-se, a proposta aqui sustentada. Em primeiro lugar, o que se afirma é que a audiência pública é relevante mecanismo de ampliação da comparticipação nos processos destinados à formação de padrões decisórios vinculantes, e nem todo processo que tramita perante o STF levará a tal resultado. Em segundo lugar, mesmo nos processos em que se busca construir um padrão decisório vinculante (como é o caso dos julgamentos por amostragem de recursos repetitivos ou nos processos de controle direto da constitucionalidade) a audiência pública só deve ser realizada quando for capaz de permitir que se traga ao tribunal argumentos que de outro modo a ele não chegariam. Pense-se, por exemplo, em uma ação direta de inconstitucionalidade em que se debate acerca da inconstitucionalidade formal de uma determinada lei (por exemplo, por se tratar de lei estadual que regula matéria de competência legislativa da União). Parece evidente que em um caso assim, em que a discussão se cinge exclusivamente a questões jurídicas, não há razão para a designação de audiências públicas. Aliás, isso permite compreender as razões pelas quais no STF, quando se realiza audiência pública, tem-se a manifestação dos participantes sobre argumentos não jurídicos, mas técnicos. Dito de outro modo: a realização de audiências públicas só se faz necessária naqueles casos em que há a necessidade de colher a manifestação de especialistas em questões não jurídicas relevantes para o conteúdo da decisão.

Dito de outro modo: só faz sentido cogitar da realização de audiência pública quando por meio desta se puder trazer ao processo algum tipo de informação que dele não conste ou a defesa de algum tipo de interesse que nele não esteja ainda representado. Pensar de outro modo inviabilizaria por completo a atuação não só do Supremo Tribunal Federal como de qualquer outro tribunal.

Pois através desse processo, em que há espaço para uma ampliação subjetiva do contraditório que o qualifica e, por isso, legitima a eficácia vinculante da decisão, será proferida uma decisão sobre a constitucionalidade de uma lei ou de um ato normativo. E aqui se faz necessário distinguir dois efeitos que esse acórdão será capaz de produzir: o *efeito de decisão* e o *efeito de precedente*.

O Supremo Tribunal Federal tem, reiteradamente, afirmado que a eficácia vinculante dos acórdãos proferidos nos julgamentos dos processos de controle direto da constitucionalidade seria limitada à parte dispositiva de seu pronunciamento, rejeitando expressamente aquilo que se vem chamando de "transcendência dos motivos determinantes". Sobre o tema, é emblemática a decisão proferida pelo STF no julgamento da Rcl 19.384 AgR, julgada em 07/06/2016, em cuja ementa se lê que "a eficácia vinculante dos acórdão[s] proferidos em processos de controle concentrado de constitucionalidade abrange apenas a norma objeto da ação. Inaplicabilidade da transcendência dos motivos determinantes".

Em outros termos, o que o Supremo tem entendido é que, ao declarar a constitucionalidade (ou inconstitucionalidade) de determinada lei, ou de certo ato normativo, apenas o dispositivo da decisão teria eficácia vinculante, e apenas aquela lei, ou aquele ato normativo, teria de ser reputado (in)constitucional. Mas isso não alcançaria casos em que outras leis, ou outros atos normativos, ainda que idênticos, fossem discutidos.

Basta pensar, por exemplo, em duas leis estaduais absolutamente idênticas, tendo uma delas sido objeto de uma ação direta de inconstitucionalidade, e tendo o Plenário do STF declarado a constitucionalidade da lei. Pois o entendimento do STF tem sido no sentido de que haveria desrespeito à eficácia vinculante da decisão apenas no caso de algum juízo ou tribunal afastar a aplicação daquela mesma lei ao argumento de que ela seria inconstitucional, mas não haveria qualquer problema em algum órgão jurisdicional afirmar a inconstitucionalidade da outra lei estadual, idêntica àquela.

Pois o que se tem aí é a inadequada percepção de que a decisão do STF produz dois efeitos distintos: efeito de decisão e efeito de precedente.

O que resulta do dispositivo do pronunciamento é o efeito de decisão. A declaração de que uma determinada lei estadual, por exemplo, é inconstitucional retira essa lei do ordenamento jurídico, e foi isso que o STF decidiu.

Não se confunde com isso o efeito de precedente do mesmo acórdão, e que se produz exatamente a partir de seus fundamentos determinantes (como se dá com os precedentes em geral). Ora, se por determinado fundamento uma lei estadual é declarada inconstitucional, será preciso reconhecer que esse pronunciamento tem efeito de precedente vinculante, de modo que qualquer órgão jurisdicional, ao examinar outra lei estadual que seja idêntica àquela declarada inconstitucional, deverá identificar os fundamentos determinantes do acórdão do STF e, verificando que eles se ajustam ao caso sob julgamento, decidir com base naquele padrão decisório.

Imagine-se, por exemplo, que a primeira lei foi declarada inconstitucional por tratar de matéria que só poderia ser objeto de lei federal. Pois, se assim é, qualquer outra lei estadual que trate da mesma matéria será também inconstitucional, e isso resulta do efeito de precedente daquele pronunciamento do STF.

De outro lado, pense-se em uma lei estadual que tenha sido declarada inconstitucional por vício de iniciativa (por exemplo, por não ter o projeto origem no Executivo Municipal). Pois, nesse caso, uma lei estadual idêntica que não tenha vício de iniciativa não poderá ser declarada inconstitucional a partir daquele precedente (e essa é a distinção que o órgão julgador deve ser apto a realizar quando aplica um padrão decisório). Equivoca-se, pois, o STF ao rejeitar a "transcendência dos motivos determinantes". É que isso nada mais é do que reconhecer que seu acórdão, ao decidir o mérito de um processo de controle direto de constitucionalidade, não é só uma decisão para aquele caso, mas também um precedente para outros casos.

Outra técnica de formação de padrões decisórios é o processo (administrativo) de formação de enunciados de súmula vinculante.

Não é o caso de, neste momento, falar sobre a súmula de jurisprudência dominante dos Tribunais, ou da súmula vinculante do STF, o que já se fez quando do estudo das "fontes" do Direito Processual Civil. Aqui interessa apenas examinar como o processo de sua formação legitima a edição de padrões decisórios vinculantes, e, por isso, se tratará apenas do que diz respeito à legitimidade constitucional do processo administrativo de formação de enunciados de súmula vinculante.

Os enunciados de súmula vinculante, como se depreende do texto constitucional, são padrões decisórios dotados de eficácia vinculante em relação aos órgãos do Poder Judiciário e à Administração Pública direta e indireta. E sua aprovação exige, por força do que dispõem os arts. 103-A da Constituição da República e 2º, *caput* e § 1º, da Lei nº 11.417/2006, o preenchimento de alguns requisitos, todos cumulativos, a saber: (i) reiteradas decisões; (ii) atualidade da controvérsia entre órgãos jurisdicionais; (iii) grave insegurança jurídica; (iv) multiplicação de processos idênticos.

A Lei nº 11.417/2006, que regulamenta o procedimento de edição, revisão e cancelamento de enunciado de súmula vinculante, estabelece, no art. 3º, § 2º, que, "no procedimento de edição, revisão ou cancelamento de enunciado da súmula vinculante, o relator poderá admitir, por decisão irrecorrível, a manifestação de terceiros na questão, nos termos do Regimento Interno do Supremo Tribunal Federal".

Pois não pode haver dúvida que se tem, aí, a expressa previsão da participação, no procedimento de edição (e também de revisão e de cancelamento) de enunciado de súmula vinculante, de *amici curiae*. E essa intervenção, evidentemente, amplia o contraditório na formação do texto do enunciado de súmula vinculante, o que confere legitimidade democrática à eficácia vinculante que a ele se atribui.

Além disso, não pode haver dúvida acerca da existência de espaço para realização de audiências públicas no processo de edição de enunciados de súmula vinculante que se desenvolve perante o STF. É que o § 2º do art. 927 do Código expressamente prevê a realização de audiências públicas (assim como a intervenção de *amici curiae*) no processo de alteração de tese jurídica adotada em enunciado de súmula. Ora, não haveria qualquer sentido em realizar audiência pública antes de alterar a tese adotada no enunciado, mas não realizar audiência análoga antes da própria edição do enunciado. O procedimento de edição dos enunciados de súmula vinculante, portanto, deve desenvolver-se de forma comparticipativa, de modo a observar um contraditório efetivamente ampliado – por meio da realização de audiências públicas e da intervenção de *amici curiae* –, o que confere legitimidade democrática e compatibilidade constitucional ao efeito vinculante que seu resultado produz.

Percebe-se, então, que também no procedimento de edição dos enunciados de súmula vinculante se faz presente essa exigência de comparticipação qualificada pela ampliação subjetiva do contraditório, que tem sido apontada, ao longo deste livro, como um dos fatores de aferição da legitimidade democrática da atribuição de eficácia vinculante a padrões decisórios.

CAPÍTULO 28
INCIDENTE DE ARGUIÇÃO DE INCONSTITUCIONALIDADE

O reconhecimento da inconstitucionalidade de leis ou atos normativos nos tribunais exige respeito à cláusula de reserva de plenário, prevista no art. 97 da Constituição da República, por força da qual só se pode afirmar a inconstitucionalidade de lei ou ato normativo com o voto da maioria absoluta dos integrantes do tribunal ou de seu órgão especial. Nos casos em que os tribunais estaduais exercem controle concentrado de constitucionalidade (art. 125, § 2º, da Constituição da República), este já é de competência do Plenário ou do Órgão Especial, o que assegura a observância da exigência constitucional de reserva de plenário. Fica, porém, por resolver a questão atinente ao controle incidental, difuso, de constitucionalidade, o qual pode ser exercido em qualquer processo, recurso, remessa necessária ou outro incidente processual.

Pois, no caso de ser suscitada, para fins de controle difuso, a inconstitucionalidade de lei ou ato normativo, será o caso de verificar se é preciso instaurar-se o incidente de arguição de inconstitucionalidade. Este, porém, só fará sentido quando o feito em que suscitada a questão constitucional for de competência de órgão fracionário do tribunal. É que nos casos de competência do Tribunal Pleno ou do Órgão Especial já estará assegurada a observância da cláusula de reserva de plenário, ainda que se trate de controle incidental de constitucionalidade.

A questão constitucional pode ser suscitada de ofício (caso em que será preciso ouvir as partes e o Ministério Público antes de decidir se é caso ou não de instaurar-se o incidente). Partes e Ministério Público (nos processos em que é parte ou fiscal da ordem jurídica) também estão legitimados a suscitar a questão constitucional). A arguição de inconstitucionalidade pela parte (e pelo assistente) pode se dar a qualquer tempo, na petição inicial, na contestação, em razões ou contrarrazões de recurso, por qualquer outra petição e, mesmo, verbalmente, quando da sustentação oral perante o órgão fracionário do tribunal. O Ministério Público, atuando como fiscal da ordem jurídica, poderá suscitar a questão em parecer que apresente no processo, em qualquer outra promoção que venha a fazer, ou oralmente quando de sua manifestação perante o órgão julgador. Por fim, a arguição de ofício será formulada por qualquer dos juízes que integrem a turma julgadora, durante a sessão de julgamento.

Após o pleno e efetivo contraditório, o órgão fracionário competente para conhecer da causa decidirá. Pode o órgão fracionário rejeitar a arguição de inconstitucionalidade. É que – e este é ponto importante para a adequada compreensão do sistema – não se exige a reserva de plenário para a afirmação de que uma lei ou outro ato normativo é constitucional. Apenas para a afirmação da inconstitucionalidade é que se exige o *full bench*, ou seja, a manifestação do Tribunal Pleno ou de seu Órgão Especial.

Assim sendo, rejeitada a arguição de inconstitucionalidade, e proclamada a constitucionalidade da lei ou ato normativo, prosseguirá normalmente o julgamento perante o órgão fracionário (art. 949, I). Deve, também, ser rejeitada a arguição de inconstitucionalidade se já houver pronunciamento destes, ou do Plenário do Supremo Tribunal Federal, sobre essa mesma questão constitucional (art. 949, parágrafo único), o que resulta do efeito de precedente que essas decisões produzem.

De outro lado, acolhida a arguição – e dada a incompetência do órgão fracionário para afirmar a inconstitucionalidade –, será lavrado acórdão, e, suspenso o julgamento, a questão constitucional será submetida ao Tribunal Pleno ou ao seu Órgão Especial, onde houver (art. 949, II). Esse pronunciamento, portanto, não afirma a inconstitucionalidade da lei, mas certifica a necessidade de que a matéria venha a ser submetida ao Tribunal Pleno ou ao Órgão Especial do Tribunal.

Acolhida a arguição de inconstitucionalidade, instaura-se o incidente que leva para o Plenário ou para o Órgão Especial do tribunal a questão constitucional a ser resolvida. O incidente deve ser distribuído a um relator, remetendo-se cópia do acórdão do órgão fracionário a todos os integrantes do Pleno ou do Órgão Especial (art. 950).

Distribuído o incidente ao relator, as pessoas jurídicas de direito público responsáveis pela edição do ato questionado poderão manifestar-se, se assim o requererem, observados os prazos e condições estabelecidos pelo regimento interno do tribunal (art. 950, § 1º). Também poderão se manifestar as partes legitimadas ao ajuizamento das ações de controle direto de constitucionalidade, arroladas no art. 103 da Constituição da República, no prazo previsto no regimento interno, sendo-lhes garantida a possibilidade de apresentar memoriais ou de requerer a juntada de documentos (art. 950, § 2º). Além disso, pode também ser admitida a intervenção de *amici curiae* (art. 950, § 3º).

Concluída a instrução, o relator entregará os autos à Secretaria do Tribunal Pleno ou do Órgão Especial, devendo o Presidente do tribunal designar a sessão de julgamento. Neste será examinada tão somente a questão constitucional, sendo certo que a declaração de inconstitucionalidade da lei ou ato normativo exige o voto, nesse sentido, da maioria absoluta (isto é, do primeiro número inteiro superior à metade) dos votos dos integrantes do Tribunal Pleno ou do Órgão Especial. Assim, por exemplo, no caso de ser o incidente julgado por órgão colegiado composto por vinte e cinco membros (como é, por exemplo, o caso do Órgão Especial do Tribunal de Justiça do Estado do Rio de Janeiro), a declaração da inconstitucionalidade exige treze votos (primeiro número inteiro superior à metade dos integrantes do colegiado). Pense-se, então, na hipótese de haver doze votos no sentido de ser a lei formalmente inconstitucional e dez votos no sentido de inexistir qualquer inconstitucionalidade na lei (sendo os outros três integrantes do colegiado impedidos ou suspeitos e, por isso, não tendo proferido votos). Nesse caso, embora a maioria dos votos (doze) tenha sido no sentido da inconstitucionalidade formal, a lei deverá ser declarada constitucional (já que não houve voto de maioria absoluta dos integrantes do colegiado no sentido de reconhecer a inconstitucionalidade).

Decidido o incidente de arguição de competência, será lavrado acórdão e os autos, em seguida, retornarão ao órgão fracionário para complementação do julgamento do caso concreto.

Aqui é importante perceber que não se têm, propriamente, duas decisões judiciais. Tem-se uma só decisão, um só pronunciamento, subjetivamente complexo. A um órgão (o Tribunal Pleno ou o Órgão Especial) incumbe resolver a questão constitucional; a outro (o órgão fracionário) compete resolver todas as demais questões, levando em consideração o modo como o Plenário ou o Órgão Especial tenha resolvido a prejudicial de constitucionalidade.

Assim, apenas quando o órgão fracionário completar o julgamento do caso concreto é que se terá um pronunciamento judicial recorrível. Contra o acórdão do Pleno ou do Órgão Especial que resolve o incidente de arguição de inconstitucionalidade não se admite qualquer recurso, salvo, apenas, embargos de declaração.

Necessário, então, deixar claro que a apreciação do incidente de arguição de inconstitucionalidade serve, tão somente, para resolver uma questão prejudicial. No controle incidental de constitucionalidade, então, não se declara a inconstitucionalidade (ou a constitucionalidade) da norma, mas tão somente dela se conhece. Isso porque, sendo a questão constitucional mera prejudicial, não integra ela o objeto do processo. Caberá ao órgão jurisdicional, nesse tipo de controle, conhecer da questão constitucional, e, caso considere inconstitucional a lei ou ato normativo examinado, afastar sua aplicação, afirmando por que o faz na fundamentação de sua decisão. Assim, o acórdão do Tribunal Pleno ou Órgão Especial integrará a fundamentação do julgamento do caso concreto, que estará vinculado, no caso, ao entendimento do Tribunal Pleno ou do Órgão Especial acerca da constitucionalidade ou inconstitucionalidade da lei.

Registre-se, ainda, que a deliberação do Plenário (ou do Órgão Especial) não alcança a autoridade de coisa julgada, já que se trata de apreciação de questão prejudicial que não atende aos requisitos previstos nos §§ 1º e 2º do art. 503.

A decisão do Tribunal Pleno ou Órgão Especial, porém, funciona como um padrão decisório (argumentativo), nos termos do que dispõe o art. 927, V, do CPC. Em outras palavras, esse pronunciamento produz efeitos como precedente (o que justifica, por exemplo, a previsão do art. 949, parágrafo único). Consequência disso é a necessidade de que se abram espaços de oportunidade para a ampliação subjetiva do contraditório, com a intervenção de *amici curiae* e de outros interessados. E isso explica os §§ 1º a 3º do art. 950, que preveem, como já mencionado, a possibilidade de atuação, no incidente de arguição de inconstitucionalidade, da pessoa jurídica de direito público responsável pela edição do ato cuja constitucionalidade se questiona, dos legitimados a provocar o controle direto da constitucionalidade das leis e atos normativos (previstos no art. 103 da Constituição da República) e de órgão ou entidades com contributividade adequada que autorize sua intervenção como *amici curiae*, observando-se aí o disposto no art. 138 do CPC.

CAPÍTULO 29
INCIDENTE DE RESOLUÇÃO DE CONFLITOS DE COMPETÊNCIA

Como já se pôde ver em passagem anterior deste estudo, ocorre o conflito de competência quando dois ou mais juízos se declaram competentes para o mesmo processo (conflito positivo); quando dois ou mais juízos se declaram incompetentes para o mesmo processo (conflito negativo); ou quando entre dois ou mais juízos surge controvérsia acerca da reunião ou separação de processos (art. 66, I a III). A solução do conflito depende da instauração de um incidente processual – a que a lei dá também o nome de conflito de competência – a ser decidido por tribunal, e que tem seu procedimento regulado pelos arts. 951 a 958 (sendo certo que o art. 959, que integra o mesmo capítulo do CPC, não trata do conflito de competência, mas de conflito de atribuições entre órgão do Poder Judiciário e órgão administrativo).

O julgamento do conflito de competência cabe, em regra, ao tribunal a que estejam vinculados os juízos em conflito. Assim, por exemplo, havendo conflito de competência entre juízos estaduais de Alagoas, seu julgamento caberá ao Tribunal de Justiça daquele Estado. Do mesmo modo, havendo conflito de competência entre um juízo federal de Pernambuco e outro do Rio Grande do Norte, a competência para julgar o incidente será do Tribunal Regional Federal da Quinta Região (art. 108, I, *e*, da Constituição da República).

Pode ocorrer, porém, de se instaurar conflito de competência entre órgãos jurisdicionais que não se submetem ao mesmo tribunal. Nesse caso, é preciso verificar as disposições constitucionais e legais sobre a matéria.

É do Supremo Tribunal Federal a competência para julgar os conflitos de competência entre o STJ e qualquer outro tribunal, entre tribunais superiores, ou entre estes e qualquer outro tribunal (art. 102, I, *o*, da Constituição da República). É do Superior Tribunal de Justiça, ressalvados os casos de competência do STF, julgar conflitos de competência entre quaisquer tribunais, bem como entre tribunal e juízo a ele não vinculado ou entre juízos vinculados a tribunais diversos (art. 105, I, *d*, da Constituição da República).

Instaurado conflito de competência entre juízos ou tribunais integrantes da Justiça do Trabalho, a competência para dirimi-lo será dos tribunais trabalhistas (inclusive do TST, que deverá julgar conflitos instaurados entre juízos trabalhistas subordinados a Tribunais Regionais do Trabalho distintos, assim como os conflitos entre os Tribunais Regionais do Trabalho ou entre um destes e juízo trabalhista que não lhe seja vinculado), nos termos do art. 114, V, da Constituição da República.

No caso da Justiça Eleitoral, os conflitos de competência entre juízos do mesmo Estado serão julgados pelo TRE (art. 29, I, *b*, do Código Eleitoral, que fala equivocadamente em "conflito de jurisdição"). E, no caso de conflito de competência entre Tribunais Regionais Eleitorais ou entre um TRE e juízo eleitoral de outro Estado, a competência para julgar o conflito de competência é do TSE (art. 22, I, *b*, do Código Eleitoral, que também usa a equivocada terminologia "conflito de jurisdição").

Ao Superior Tribunal Militar compete julgar conflito de competência entre Conselhos de Justiça Militar, entre Juízes-Auditores, ou entre estes e aqueles (art. 6º, II, *g*, da Lei nº 8.457/1992), mas a Justiça Militar, como sabido, só julga causas penais, o que afasta a necessidade de maiores considerações sobre o ponto neste trabalho.

Do mesmo modo, por serem o Direito Processual Eleitoral e o Direito Processual Trabalhista ramos autônomos do Direito Processual, estranhos ao estrito campo do Direito Processual Civil, os casos submetidos às Justiças Especializadas não devem ser examinados neste estudo.

O conflito de competência pode ser suscitado, nas hipóteses previstas no art. 66, por qualquer das partes, pelo Ministério Público (nos processos em que atua como parte ou como fiscal da ordem jurídica) ou por um dos juízos em conflito.

Não permite a lei processual que a parte que anteriormente arguiu a incompetência relativa de um juízo depois suscite conflito de competência (art. 952). Não parece seja adequado entender a disposição normativa ora em análise, porém, como uma integral proibição à parte que arguiu a incompetência do juízo de suscitar conflito de competência. A proibição alcança, tão somente, o uso dos dois meios com o mesmo fundamento. Em outros termos, tendo sido a incompetência relativa do juízo arguida pela parte e rejeitada pelo juízo, não poderá a mesma parte, posteriormente, pretender discutir o mesmo fundamento através de um incidente de resolução de conflito de competência.

Pense-se, porém, no caso de se ter arguido a incompetência territorial do juízo, vindo essa alegação a ser rejeitada. Posteriormente, no mesmo processo, o juízo declina da competência por reputar-se absolutamente incompetente, vindo o segundo juízo, para o qual o processo tenha sido encaminhado, também se afirmado incompetente. Pois nesse caso nada impediria que a parte que anteriormente alegara a incompetência relativa venha, agora, a suscitar o conflito de competência, já que a matéria a ser agora debatida é estranha à que já fora suscitada e discutida.

Além disso, o STJ já entendeu que não incide o disposto no art. 952, ficando afastada a vedação aí prevista, quando ambas as partes arguirem a incompetência relativa (em um caso no qual havia dois processos instaurados perante juízos distintos, evidentemente conexos, tendo cada uma das partes suscitado a incompetência do juízo em um dos processos), como se vê do acórdão proferido no AgInt nos EDcl no CC 156.994/SP, julgado em 10/10/2018.

De outro lado, porém, a instauração do conflito de competência não impede que a parte que não o suscitou alegue a incompetência do juízo (art. 952, parágrafo único).

O conflito será suscitado diretamente ao tribunal competente para julgá-lo (art. 953). No caso de ser suscitado por juízo, isso se dará através de ofício encaminhado ao tribunal (art. 953, I). Sempre vale lembrar que incumbe ao juízo suscitar o conflito quando, tendo sido para ele declinada a competência, não a acolher, salvo na hipótese de vir ele a declinar da competência para um terceiro juízo (art. 66, parágrafo único).

No caso de ser o conflito suscitado por alguma das partes ou pelo Ministério Público, isso se fará por petição (art. 953, II).

Tanto o ofício do juízo suscitante quanto a petição da parte ou do MP deverão ser instruídos com os documentos necessários à prova do conflito (art. 953, parágrafo único). A ausência de documento não implica, porém, a inadmissibilidade do incidente, devendo o relator determinar ao suscitante que complemente sua instrução, o que resulta do princípio da primazia da resolução do mérito.

Distribuído o conflito no tribunal a um relator, este determinará a oitiva dos juízos em conflito ou, se um deles for o suscitante, a oitiva do suscitado (art. 954). As informações serão prestadas ao relator no prazo que este assine (art. 954, parágrafo único). Mesmo não sendo prestadas as informações, porém, o conflito de competência será julgado (art. 956).

Não tendo sido o conflito suscitado pelo Ministério Público, deverá este ser ouvido apenas quando o incidente se tenha instaurado em processo no qual atue como fiscal da ordem jurídica (art. 951, parágrafo único; art. 178), no prazo de cinco dias (art. 956).

No caso de conflito positivo de competência, deverá o relator, de ofício ou mediante requerimento de qualquer das partes, determinar o sobrestamento do processo. Nesse caso, assim como no de conflito negativo, deverá ainda o relator designar um dos juízos para decidir, em caráter provisório, eventuais requerimentos de medidas urgentes (art. 955).

Depois de colher as informações dos juízos (ou do juízo suscitado, se outro juízo for o suscitante) e de receber a manifestação do Ministério Público, se for o caso, o relator deverá verificar se é caso de julgamento monocrático ou colegiado do incidente.

Haverá julgamento monocrático, unipessoal, do conflito de competência pelo relator (art. 955, parágrafo único), quando sua decisão fundar-se em enunciado de súmula do STF, do STJ ou do próprio tribunal; ou quando a decisão tiver por fundamento tese firmada em julgamento de casos repetitivos ou em incidente de assunção de competência, já que as decisões que fixam essas teses são precedentes vinculantes. Não se enquadrando o caso concreto em qualquer dessas hipóteses, o julgamento será colegiado.

Na decisão que julga o conflito de competência, seja ela unipessoal do relator ou um acórdão proferido pelo colegiado, será declarado qual o juízo competente, devendo ainda haver pronunciamento expresso acerca da validade dos atos que tenham sido anteriormente praticados pelo juízo incompetente (art. 957). Serão, então, os autos do processo encaminhados ao juízo cuja competência tenha sido declarada (art. 957, parágrafo único).

No caso de conflito entre órgãos fracionários do mesmo tribunal, ou entre magistrados que o integrem (em caráter permanente ou em exercício temporário de funções), o procedimento do conflito de competência será o previsto no regimento interno (art. 958).

CAPÍTULO 30

HOMOLOGAÇÃO DE DECISÃO ESTRANGEIRA E CONCESSÃO DE *EXEQUATUR* À CARTA ROGATÓRIA

O estudo da homologação de sentenças estrangeiras e da concessão do *exequatur* às cartas rogatórias é tema que, inserido em um ponto de confluência entre o Direito Processual Civil e o Direito Internacional, integra aquilo que já se convencionou chamar de Direito Processual Internacional. Trata-se de tema da maior relevância, principalmente em razão da internacionalização das relações jurídicas, econômicas e sociais (e chamada "globalização") e que se vincula, diretamente, à existência de um sistema global de cooperação jurisdicional internacional (de que o CPC trata nos arts. 26 a 41).

Sentenças estrangeiras só produzem efeitos no Brasil após sua homologação pelo Superior Tribunal de Justiça (art. 961), cuja competência está fixada no art. 105, I, *i*, da Constituição da República. Excetua-se, apenas, a sentença de divórcio consensual, a qual produz efeitos no Brasil independentemente de homologação (art. 961, § 5º). Nesse caso, competirá a qualquer juízo examinar a validade da decisão estrangeira, em caráter principal ou incidental, se essa questão vier a ser suscitada em processo de sua competência (art. 961, § 6º). A dispensa da homologação para que a sentença de divórcio consensual produza efeitos acarreta, ainda, a possibilidade de se postular, independentemente de carta rogatória, medidas de urgência à autoridade brasileira, mas nesse caso incumbirá ao juízo brasileiro a que se tenha postulado tal medida reconhecer, expressamente, a validade da sentença estrangeira que tenha homologado o divórcio consensual (art. 962, § 4º).

Feita essa única ressalva, porém, sentenças estrangeiras só produzem efeitos no Brasil depois de homologadas pelo STJ. E essa homologação é, em regra, postulada através de um processo autônomo, de jurisdição contenciosa, instaurado através da propositura de "ação de homologação de sentença estrangeira" (art. 960). Diz-se que é assim em regra, já que, excepcionalmente, pode haver previsão em tratado que autorize outra forma de se postular a homologação de sentença estrangeira, como seria, por exemplo, a utilização de carta rogatória (como se dá nos casos submetidos ao Protocolo de Las Leñas, promulgado no Brasil pelo Decreto nº 6.891/2009, e do qual são partes, além do Brasil, os integrantes do Mercosul, a República da Bolívia e a República do Chile, e que prevê, em seu art. 19, a possibilidade de se postular a homologação de sentença estrangeira por meio de carta rogatória).

Não só sentenças podem ser homologadas no Brasil. Também atos estrangeiros que não tenham natureza jurisdicional, mas que correspondam a pronunciamentos que no Brasil teriam tal natureza, são passíveis de homologação (art. 961, § 1º, *in fine*). Figure-se, como exemplo, o célebre caso do decreto real de divórcio do Direito sueco (em que o ato que decreta o divórcio é, como o nome indica, um decreto do monarca do Reino da Suécia).

Decisões interlocutórias estrangeiras (ou atos estrangeiros que correspondam ao que, no Brasil, seria uma decisão interlocutória) podem, também, produzir efeitos no Brasil, mas nessa hipótese não se fala em homologação, sendo tão somente o caso de o STJ conceder *exequatur* a carta rogatória (art. 960, § 1º; art. 961), competência que também lhe cabe originariamente (art. 105, I, *i*, da Constituição da República). Isso inclui as decisões interlocutórias estrangeiras concessivas de tutela de urgência (art. 962), mas nessa hipótese também é necessária a concessão do *exequatur* à carta rogatória (art. 962, § 1º). Permite-se, porém, a concessão – não só neste como em qualquer outro caso em que tal se faça necessário – de medidas de urgência pelo relator do processo de concessão do *exequatur* (art. 961, § 3º, que prevê expressamente a concessão de tutela de urgência no processo de homologação de sentença estrangeira, mas é também aplicável aos processos de concessão de *exequatur* a rogatórias).

O processo da homologação de sentença estrangeira é regido pelos tratados internacionais em vigor no Brasil, além de normas regimentais internas do STJ (as quais, atualmente, encontram-se consolidadas nos arts. 216-A a 216-N do Regimento Interno do STJ). No caso de sentença arbitral estrangeira, a homologação observará também o disposto na Lei de Arbitragem, sendo apenas subsidiária a aplicação dos dispositivos do CPC (art. 960, § 3º; arts. 34 a 40 da Lei nº 9.307/1996).

No processo de homologação de sentença estrangeira não se reexamina o conteúdo da decisão homologanda. Tem-se, aí, o que se costuma chamar de juízo de delibação, isto é, um exame limitado à verificação da presença de certos requisitos formais, essenciais para que se homologue a sentença oriunda de órgão jurisdicional estrangeiro (ou de órgão administrativo que pratique ato que no Brasil teria natureza jurisdicional). O mesmo sistema, da delibação, aplica-se também ao processo de concessão de *exequatur* às cartas rogatórias (havendo, inclusive, previsão expressa quanto ao ponto no que concerne às rogatórias para viabilizar o cumprimento, no Brasil, de decisão estrangeira concessiva de medida jurisdicional de urgência: art. 962, § 3º). Ao adotar o sistema do juízo de delibação, o Direito brasileiro optou por respeitar a decisão proveniente de Estado estrangeiro, limitando-se a verificar seus aspectos formais e sua adequação à ordem pública. Presentes todos os requisitos de admissibilidade, portanto, será a sentença estrangeira homologada, para que produza seus efeitos no Brasil.

Impende, pois, verificar quais são os requisitos necessários à homologação, no Brasil, da decisão estrangeira. Presentes tais requisitos a homologação será deferida, e os efeitos da sentença estrangeira serão importados para o Brasil, aqui podendo produzir-se de forma plena.

O primeiro requisito da homologação é que tenha ela sido proferida por autoridade competente (art. 963, I). Ao Superior Tribunal de Justiça, porém, incumbe tão somente examinar se o Estado estrangeiro de onde provém a sentença homologanda tinha, na hipótese, competência internacional. Não é por outra razão, aliás, que expressamente afirma a lei processual que não será homologada decisão estrangeira proferida nos casos de competência internacional exclusiva da autoridade judiciária brasileira (art. 964). Pelo mesmo motivo, nega-se *exequatur* a cartas rogatórias oriundas de processos estrangeiros instaurados em casos de competência internacional exclusiva da autoridade judiciária brasileira (art. 964, parágrafo único). Tendo o Estado de origem competência internacional para proferir a sentença homologanda, pois, ter-se-á por preenchido esse primeiro requisito, pouco importando se o órgão prolator da sentença tinha ou não competência interna, tema que é estranho ao juízo de delibação.

Interessante decisão foi proferida pelo Superior Tribunal de Justiça no AgInt na CR 15.638 – EX, julgado em 11/05/2021 (e, embora se trate de processo de concessão de *exequatur* a carta rogatória, versa sobre requisito que também se exige para a homologação de sentenças estrangeiras). Tratava-se de um caso em que se instaurou processo perante órgão jurisdicional português, em que se postulava a condenação de réu domiciliado no Brasil a pagar uma indenização. Mediante carta rogatória, postulava-se a citação do réu, a ser realizada em território nacional. Ocorre que o Superior Tribunal de Justiça não conseguiu certificar-se acerca da competência internacional do Judiciário português para aquele processo. A decisão do STJ foi então proferida no sentido de devolver o pedido ao Judiciário rogante (isto é, ao que encaminhou a carta rogatória para o Brasil), a fim de que este declare, expressamente, se é ou não competente para conhecer do processo originário.

Como se vê, o STJ corretamente aplicou a regra da "competência sobre competência" (conhecida pela expressão alemã *Kompetenz-Kompetenz*), por força da qual se considera que cada órgão jurisdicional é competente para declarar a sua própria competência. Assim, havendo dúvida acerca desse primeiro requisito, deve-se consultar o órgão jurisdicional prolator da decisão que se busca homologar (ou que se pretende ver cumprida mediante a concessão de *exequatur* a carta rogatória), a fim de que este, em ato de cooperação judiciária internacional, se pronuncie expressamente acerca de sua competência internacional. A decisão do STJ aqui mencionada, portanto, está em perfeita consonância com a melhor interpretação do ordenamento processual brasileiro.

O segundo requisito é que, no processo que tramitou perante o órgão jurisdicional estrangeiro, tenha o demandado sido regularmente citado. É irrelevante saber se ficou ele revel ou não. O que se exige como requisito da homologação é que a citação tenha sido validamente feita (art. 963, II). A propósito, sempre é bom recordar que, se o demandado tinha domicílio no Brasil, deve ele ter sido aqui citado por carta rogatória (salvo no caso de dispensa estabelecida em tratado internacional de que o Brasil seja parte).

Trata-se este de requisito decorrente da garantia constitucional do contraditório, não se podendo admitir a homologação de sentença proferida em processo de que não participaram (ou não tiveram, ao menos, a oportunidade de participar) os sujeitos que estarão submetidos aos efeitos da sentença homologanda. É de se dizer, aliás, que a ausência de regular observância do contraditório impediria a homologação da sentença estrangeira pelo simples fato de ser tal provimento contrário à ordem pública brasileira.

O terceiro requisito é que a sentença homologanda seja eficaz no Estado de origem (art. 963, III). Não se exige, é bom ter claro, que a sentença já tenha transitado em julgado, ou que seja ela irrecorrível. O requisito da homologação é que a sentença estrangeira já produza, no Estado de origem, os efeitos que para o Brasil se pretende importar (o que pode acontecer, por exemplo, se no Estado onde a sentença foi proferida estiver pendente recurso desprovido de efeito suspensivo).

O quarto requisito é de caráter negativo: não se homologa no Brasil sentença estrangeira que ofenda coisa julgada já formada no Brasil (art. 963, IV). Assim, já existindo coisa julgada sobre sentença proferida no Brasil, não pode sentença estrangeira que a ofenda ser aqui homologada. Pense-se, por exemplo, no caso de se ter proferido no Brasil sentença que anulou um contrato, já tendo sido formada a coisa julgada material sobre ela. Posteriormente, busca-se homologar no STJ sentença estrangeira que condena uma das partes a cumprir obrigação prevista naquele contrato já anulado. Pois essa sentença estrangeira nitidamente ofende a coisa julgada brasileira, motivo pelo qual a homologação deve ser denegada.

Exige-se, ainda, que a sentença estrangeira que tenha sido proferida em outro idioma esteja acompanhada de tradução oficial, salvo disposição expressa em tratado internacional que a dispense (art. 963, V).

Por fim, impõe a lei processual como requisito (negativo) da homologação que a sentença estrangeira não ofenda a ordem pública brasileira. Tem-se considerado que ofende a ordem pública brasileira a sentença estrangeira que contraria a Constituição da República, leis administrativas, processuais, penais, de organização judiciária, fiscais, de polícia, de proteção de incapazes, que tratam da organização da família, que estabelecem condições e formalidades para certos atos, de organização econômica (referentes a salários, moeda ou regime de bens), além daquilo que seja praticado em fraude à lei (STJ, SEC 802/US, rel. Min. José Delgado, j. em 18/08/2005). Assim, por exemplo, não seria possível homologar-se sentença estrangeira que negasse proteção a um incapaz afirmando a validade dos negócios jurídicos por ele celebrados.

De outro lado, o STJ já considerou não haver ofensa à ordem pública em sentença estrangeira que estabeleceu a guarda unilateral de criança (AgInt na HDE 4.507/EX, julgado em 22/06/2021), embora a regra geral no Direito brasileiro seja a guarda compartilhada.

Além desses requisitos estabelecidos por lei, há mais um requisito, previsto no art. 216-C do Regimento Interno do STJ: estar a sentença autenticada pelo cônsul brasileiro do Estado de origem, o que pode ser substituído pelo apostilamento dos documentos por autoridade do Estado de origem, nos termos da Convenção da Haia sobre a Eliminação da Exigência de Legalização de Documentos Públicos Estrangeiros, promulgada no Brasil pelo Decreto nº 8.660/2016.

Presentes todos esses requisitos, portanto, será homologada a sentença estrangeira, sem que o STJ promova qualquer reexame de seu conteúdo, já que se está, aqui, diante de mero juízo de delibação.

A concessão do *exequatur* às cartas rogatórias exige o preenchimento de todos esses requisitos estabelecidos para a homologação da sentença estrangeira e, além disso, no caso de se tratar de carta rogatória destinada a viabilizar a efetivação de medida de urgência deferida *inaudita altera parte*, que se assegure, no processo de origem, o contraditório posterior (art. 962, § 2º; art. 963, parágrafo único).

O pedido de homologação de sentença estrangeira, assim como o de concessão de *exequatur* a cartas rogatórias, deve ser dirigido ao Presidente do Superior Tribunal de Justiça (art. 216-A do Regimento Interno do STJ).

No caso de "ação de homologação de sentença estrangeira", deve a parte interessada ajuizar petição inicial, que terá de preencher todos os requisitos estabelecidos pelo CPC e, além disso, ser instruída com certidão ou cópia autêntica do texto integral da sentença estrangeira e outros documentos indispensáveis, todos devidamente traduzidos (se produzidos em outro idioma, claro) e autenticados (art. 216-C do Regimento Interno do STJ).

A "ação de homologação de sentença estrangeira" leva à instauração de processo de conhecimento, em que se busca obter sentença constitutiva. Isso porque a sentença estrangeira, como visto, não produz efeitos no Brasil senão depois de homologada. Assim, a decisão que homologa a sentença estrangeira modifica a situação jurídica existente, permitindo que se produza no Brasil a eficácia do ato jurisdicional estrangeiro.

Estando em termos a petição inicial, será citada a parte contrária para manifestar-se no prazo de quinze dias, podendo contestar o pedido de homologação (art. 216-H do Regimento Interno do STJ). A contestação só pode versar sobre a autenticidade dos documentos, sobre a interpretação da decisão homologanda e sobre a presença ou ausência dos requisitos necessários à homologação (art. 216-H, parágrafo único, do Regimento Interno do STJ).

Havendo contestação ao pedido de homologação, o processo será distribuído a um dos integrantes da Corte Especial, cabendo ao relator os demais atos de instrução do processo (art. 216-K do Regimento Interno do STJ).

O Ministério Público será sempre ouvido, no prazo de dez dias, podendo impugnar o pedido de homologação (art. 216-L do Regimento Interno do STJ). Não tendo havido qualquer impugnação (nem de parte, nem do MP), o pedido de homologação será julgado pelo Presidente do STJ (art. 216-A do Regimento Interno do STJ), que atua aqui como juízo monocrático. Tendo sido oferecida alguma impugnação, a competência para o julgamento do pedido de homologação passa a ser da Corte Especial do Superior Tribunal de Justiça (art. 216-K do Regimento Interno do STJ), admitida a decisão monocrática nas hipóteses em que haja jurisprudência consolidada da Corte Especial a respeito do tema (art. 216-K, parágrafo único, do Regimento Interno do STJ).

Homologada a sentença estrangeira, sua execução se dará perante o juízo federal competente (art. 109, X, da Constituição da República), mediante provocação da parte interessada, observando-se as regras estabelecidas para o cumprimento das sentenças nacionais (art. 965). O pedido de execução deverá ser instruído com cópia autenticada da decisão homologatória proferida pelo STJ (art. 965, parágrafo único), admitida a decisão monocrática nas hipóteses em que haja jurisprudência consolidada da Corte Especial a respeito do tema (art. 216-K, parágrafo único, do Regimento Interno do STJ).

É bastante semelhante o procedimento a ser observado para concessão do *exequatur* às cartas rogatórias. A diferença fundamental está em que, requerida tal concessão, não se cogita de citação dos interessados, mas tão somente de sua intimação (art. 216-Q do Regimento Interno do STJ). Essa intimação deverá, porém, ser dispensada quando dela puder resultar a ineficácia da cooperação internacional (como se daria, por exemplo, em caso no qual a rogatória tenha por objeto a apreensão de valores depositados em conta bancária, caso em que a prévia intimação poderia acarretar o desaparecimento da verba), conforme prevê o art. 216-Q, § 1º, do Regimento Interno do STJ.

Concedido o *exequatur*, a carta rogatória será remetida para cumprimento pelo juízo federal competente (art. 109, X, da Constituição da República; art. 216-V do Regimento Interno do STJ; art. 965).

CAPÍTULO 31

AÇÃO RESCISÓRIA

31.1. CONCEITO E CABIMENTO

Chama-se ação rescisória à demanda autônoma de impugnação de provimentos transitados em julgado, com eventual rejulgamento da matéria neles apreciada. Em outros termos, já se tendo formado a coisa julgada (formal ou material), o meio adequado para – nos casos expressamente previstos em lei – desconstituir a decisão que já tenha sido alcançada por tal autoridade é a propositura de ação rescisória. Esta, ao ser julgada (originariamente por tribunais, não sendo possível sua propositura perante juízos de primeira instância), pode levar à desconstituição da coisa julgada já formada, e, eventualmente (mas nem sempre), levará também a que se rejulgue, no próprio processo da ação rescisória, a causa original.

A ação rescisória é uma demanda autônoma, e não um recurso. Dá início a processo autônomo, que tem por objeto a desconstituição de um provimento jurisdicional transitado em julgado. Aliás, é interessante verificar que o Código de Processo Civil brasileiro não inclui a ação rescisória entre os recursos que regula (como se pode ver pelo fato de não aparecer ela entre os recursos enumerados no art. 994 do CPC, além de estar a ação rescisória regulada em título diverso daquele que se destina a tratar dos recursos). Além disso, é importante observar que o *caput* do art. 966 do CPC expressamente afirma que é possível a rescisão de provimentos que já tenham transitado em julgado, sendo certo que no ordenamento processual civil brasileiro não se admite a interposição de recurso depois de transitada em julgado a decisão que se pretende impugnar.

Impende observar, também, que o objeto do processo da ação rescisória será, sempre, a pretensão de desconstituição do pronunciamento transitado em julgado. Eventualmente, porém, a tal pretensão outra se cumulará: a de rejulgamento da matéria decidida no provimento que se quer desconstituir. Isso porque, em muitos casos (e disso se tratará mais adiante, no momento apropriado), uma vez desconstituído (isto é, rescindido) o provimento de mérito, a matéria que nele se julgara ficará sem resolução, impondo-se ao próprio órgão julgador da ação rescisória dar àquela causa original novo julgamento. Esse rejulgamento da causa original, porém, é eventual, no sentido de que nem sempre ele acontecerá no processo da ação rescisória. Casos haverá em que se deverá determinar que o processo original retorne ao juízo prolator da decisão rescindida para que ali haja novo julgamento.

Casos outros haverá em que simplesmente a causa original não pode ser novamente julgada. Tudo isso, porém, será objeto de exame mais adiante.

Vistos o conceito e a natureza jurídica da ação rescisória, é preciso examinar as possíveis causas de rescindibilidade, ou seja, as causas que podem levar à rescisão de um pronunciamento judicial transitado em julgado.

O *caput* do art. 966 prevê a rescindibilidade de decisões de mérito transitadas em julgado, o que poderia levar à impressão de que só nos casos em que formada a coisa julgada material poderia ser ajuizada uma ação rescisória. Não se pode, porém, desconsiderar o que consta do § 2º, inciso I, do mesmo art. 966, que prevê a possibilidade de rescisão de sentenças terminativas transitadas em julgado que impeçam nova propositura da mesma demanda. Daí se extrai, pois, a possibilidade de rescisão de decisão judicial sobre a qual recaia tão somente a coisa julgada formal, não havendo coisa julgada material (que, como sabido, só se forma sobre decisões de mérito, nos estritos termos do art. 502).

Prevê, ainda, o art. 966, § 2º, II, a possibilidade de rescisão de "decisão transitada em julgado que, embora não seja de mérito, impeça [admissibilidade] do recurso correspondente". Esse dispositivo, de péssima redação, deve ser interpretado no sentido de se admitir a rescisão de decisões de inadmissibilidade de recurso. Pense-se, por exemplo, no caso de se ter proferido sentença de mérito e, contra tal sentença, ter sido interposta apelação. Figure-se, agora, que o juízo de primeira instância tenha proferido decisão declarando inadmissível a apelação (decisão esta para a qual o juízo de primeiro grau não tem competência funcional, já que, nos termos do disposto no art. 1.010, § 3º, não pode o juízo de primeiro grau apreciar a admissibilidade da apelação, apreciação esta que cabe ao tribunal). Ocorre que essa decisão interlocutória não é agravável (como se vê do rol exaustivo do art. 1.015), motivo pelo qual se teria aí uma decisão – que não é de mérito, tampouco pode ser considerada uma sentença terminativa capaz de impedir a reproposição da demanda – irrecorrível, contra a qual se deve admitir o ajuizamento de ação rescisória. Assim, desconstituída essa decisão pelo tribunal, a apelação irregularmente inadmitida voltaria a tramitar, seguindo seu curso perante o tribunal *ad quem*. Outro exemplo possível é o de decisão monocrática proferida no STJ não conhecendo de recurso especial. Decorrido o prazo do agravo interno – e, pois, tornada irrecorrível aquela decisão –, será possível o ajuizamento de ação rescisória contra ela, sempre que presente alguma das hipóteses previstas no art. 966.

Podem, então, ser tidas por rescindíveis as decisões de mérito alcançadas pela coisa julgada material; as decisões terminativas alcançadas pela coisa formal; e as decisões de inadmissibilidade de recurso que se tenham tornado irrecorríveis, sempre que presente alguma das hipóteses previstas na lei como ensejadoras de rescindibilidade.

Frise-se, também, que não só sentenças, mas também decisões interlocutórias podem ser rescindíveis, sempre que se enquadrem em alguma das hipóteses previstas no art. 966 (FPPC, Enunciado nº 336: "Cabe ação rescisória contra decisão interlocutória de mérito").

De outro lado, não são impugnáveis por ação rescisória "atos de disposição de direitos, praticados pelas partes ou por outros participantes do processo e homologados pelo juízo, bem como os atos homologatórios praticados no curso da execução", os quais estão sujeitos à anulação nos termos da lei civil. Assim, pois, não é admissível ação rescisória para impugnar ato de autocomposição que tenha sido homologado pelo juízo, mas que estivesse eivado de algum vício (como, por exemplo, uma transação celebrada sob coação), ou um acordo celebrado no curso da execução. Nesses casos, o meio processual adequado para buscar o reconhecimento do vício é o ajuizamento de demanda anulatória (art. 966, § 4º), tema de que se tratará adiante, neste mesmo capítulo.

Os casos de rescindibilidade são os previstos nos incisos do art. 966, que precisam ser examinados.

O primeiro caso de rescindibilidade é o da decisão "proferida por força de prevaricação, concussão ou corrupção do juiz" (art. 966, I).

Prevaricação é "retardar ou deixar de praticar, indevidamente, ato de ofício, ou praticá-lo contra disposição expressa de lei, para satisfazer interesse ou sentimento pessoal" (art. 319 do Código Penal). Concussão é "exigir, para si ou para outrem, direta ou indiretamente, ainda que fora da função ou antes de assumi-la, mas em razão dela, vantagem indevida" (art. 316 do Código Penal). E corrupção passiva é "solicitar ou receber, para si ou para outrem, direta ou indiretamente, ainda que fora da função ou antes de assumi-la, mas em razão dela, vantagem indevida, ou aceitar promessa de tal vantagem" (art. 317 do Código Penal). Pense-se, por exemplo, no juiz que exige dinheiro de uma das partes para proferir sentença que lhe favoreça (e que terá, assim, cometido o crime de concussão).

Impende observar que a rescindibilidade só se manifestará quando a decisão que se queira rescindir tenha sido proferida por juiz que tenha cometido um daqueles crimes (para proferi-la, evidentemente). De nada adianta, portanto, que se demonstre que um certo magistrado, que tenha atuado no processo, tenha cometido um daqueles crimes para proferir algum provimento se não é este que se queira rescindir. Pense-se, por exemplo, na hipótese de ter um juiz cometido crime de corrupção passiva para conceder tutela antecipada (provimento este que não pode ser impugnado por ação rescisória, por não ser apto a alcançar a autoridade de coisa julgada). Tendo sido outro magistrado a prolatar a sentença de mérito, esta – a toda evidência – não será rescindível.

Pois, tendo o juiz prolator da decisão, para proferi-la, cometido qualquer um desses crimes, é rescindível o pronunciamento judicial viciado. No caso de julgamento colegiado, será rescindível a decisão judicial se o crime tiver sido cometido por magistrado que tenha proferido voto vencedor (mas não se o magistrado autor do ilícito penal tiver proferido voto vencido, caso em que o beneficiário do voto não terá logrado êxito no processo apesar do ilícito penal cometido).

Vale registrar, aqui, aliás, que, se o juiz cometeu um desses crimes para proferir decisão, mas esta veio a ser substituída, por força de recurso, por outra decisão (ainda que de mesmo teor), não será possível a rescisão, já que a decisão viciada não terá transitado em julgado, substituída que terá sido por outra decisão, prolatada em grau de recurso, e que não está eivada de qualquer vício.

A prática do crime pode ter sido apurada em processo penal (em que o magistrado tenha sido condenado) ou incidentemente no próprio processo da ação rescisória. Importante ter claro, porém, que a condenação do magistrado em sede penal pela prática de algum desses crimes vincula o tribunal que julgará a ação rescisória, o qual não poderá negar a existência do ilícito penal. De outro lado, a apuração, no processo da ação rescisória, da prática do crime não acarreta efeitos penais imediatos, devendo o tribunal, tão somente (além de rescindir a decisão viciada, claro), extrair peças dos autos para o Ministério Público, a fim de que este tome as medidas penais que repute cabíveis, nos termos do art. 40 do Código de Processo Penal.

Segundo caso de rescindibilidade é o da decisão "proferida por juiz impedido ou por juízo absolutamente incompetente" (art. 966, II).

Apenas a decisão proferida por juiz impedido (arts. 144 e 147) é rescindível, não a prolatada por juiz suspeito (art. 145). E, no caso de o juiz impedido integrar órgão colegiado que tenha proferido a decisão, só será esta rescindível se o magistrado impedido tiver proferido voto vencedor, nos mesmos termos do quanto foi dito anteriormente acerca do juiz que comete crime de prevaricação, concussão ou corrupção.

Também aqui, aliás, é bom registrar que a decisão proferida por juiz impedido pode vir a ser substituída, em grau de recurso, por outra (ainda que de mesmo teor), e, nesse caso, não poderá aquela ser rescindida por não ter sido alcançada pela coisa julgada, a qual incidirá sobre a decisão que a substituiu, prolatada em sede de recurso.

Assim, também, é rescindível a decisão proferida por juízo absolutamente incompetente, mas não a prolatada por juízo relativamente incompetente. Assim, por exemplo, ajuizada demanda perante juízo que seja relativamente incompetente e vindo este a proferir sentença de improcedência liminar da demanda, esta, não obstante prolatada por juízo incompetente, não poderá ser rescindida por esse fundamento, já que a incompetência não era absoluta.

Questão que não tem sido enfrentada em sede doutrinária é a da sentença proferida por juízo de primeiro grau absolutamente incompetente que tenha sido substituída por acórdão de tribunal competente. Pense-se, por exemplo, no caso de ter tramitado perante Vara Cível processo que deveria ter sido distribuído a uma Vara de Família (e é absoluta, sem qualquer dúvida, a incompetência em razão da matéria). Agora se imagine que, proferida sentença, tenha esta sido substituída pelo Tribunal de Justiça, sem que este se tenha dado conta do vício. Não há qualquer razão para deixar de aplicar aqui raciocínio que já se mostrou correto para os casos de rescindibilidade por impedimento, prevaricação, concussão ou corrupção do juiz. Não se pode admitir como rescindível um provimento judicial que sequer transitou em julgado. No caso figurado, o acórdão que transitou em julgado foi proferido por órgão competente para conhecer da causa e, assim, não contém qualquer vício. Não se deve, pois, admitir a rescisão no caso citado.

Terceiro caso de rescindibilidade é o da decisão que resulta "de dolo ou coação da parte vencedora em detrimento da parte vencida ou, ainda, de simulação ou colusão entre as partes, a fim de fraudar a lei" (art. 966, III).

O dolo a que se refere esse dispositivo legal é o dolo processual, o qual é conceito mais amplo do que o de dolo substancial, estabelecido pela lei civil. Haverá dolo processual sempre que uma das partes, agindo sem observar o dever de lealdade e de boa-fé, tentar influir no convencimento do julgador para obter um resultado que lhe seja favorável. Trata-se de dolo que tem por destinatário o órgão julgador (e não a parte adversária, que restará vencida). Tem-se, aí, pois, uma causa de rescindibilidade que resulta diretamente do dever de atuar no processo com boa-fé. Pense-se, por exemplo, no caso de um servidor público ir a juízo postular sua aposentadoria com base em regra que permite a contagem em dobro do tempo referente a férias não gozadas e, no curso do processo, goza um desses períodos de férias, mas não relata esse fato nos autos. Tal conduta, violadora da boa-fé, deve ser reputada como ensejadora de dolo processual, a induzir o órgão jurisdicional em erro, e, assim, é causa de rescindibilidade da decisão que lhe tenha reconhecido o direito à aposentadoria, levando em conta o tempo referente àquele período de férias que acabou sendo gozado.

O dolo capaz de tornar rescindível o pronunciamento judicial precisa ter sido dotado de influência decisiva, ainda que não exclusiva, sobre o convencimento do juiz. Tome-se como exemplo um caso, decidido pelo STJ, em que se considerou haver dolo da parte vencedora em uma hipótese em que esta atuou em conluio com o advogado da parte vencida (que deliberadamente prejudicou seu cliente) para determinar o resultado favorável do julgamento (REsp 535.141/TO, julgado em 14/12/2004).

O mesmo inciso do art. 966 prevê a rescisão da decisão judicial que é fruto de coação da parte vencedora em detrimento da vencida. Pense-se, por exemplo, no caso de ter uma das partes coagido a outra a confessar um fato, assegurando assim resultado favorável. Ou no caso de uma das partes ter coagido o juiz a julgar em seu favor. Pois nesses casos a decisão viciada, fruto da coação, é rescindível.

Ainda nesse inciso III do art. 966 há previsão da rescisão de decisão judicial que é fruto de simulação ou colusão entre as partes. Trata do tema o art. 142, por força do qual há colusão quando se verifica que "autor e réu se serviram do processo para praticar ato simulado ou conseguir fim vedado por lei". A rigor, a lei processual sequer precisaria valer-se, em seu texto, da cláusula "simulação ou colusão", já que a colusão engloba a simulação. Trata-se, porém, de texto que foi elaborado com o propósito de encerrar antiga divergência doutrinária acerca do alcance do termo colusão, já que havia, ao tempo da codificação processual anterior, quem considerasse que a simulação não estaria inserida no conceito de colusão.

Pense-se, por exemplo, no caso de se valerem as partes de um processo para obter uma falsa declaração de paternidade de forma a garantir ao falso filho o recebimento ilegal de uma pensão previdenciária. Pois nesse caso terá havido colusão processual, a justificar a rescisão da decisão judicial viciada.

Perceba-se que há relevante distinção entre a colusão (aqui incluída a simulação) e o dolo. É que este é sempre unilateral, enquanto aquela é bilateral, exigindo a atuação, em conluio, de ambas as partes.

É rescindível a decisão que "ofender a coisa julgada" (art. 966, IV). Tem-se, aí, um mecanismo de preservação da coisa julgada que se tenha formado em outro processo, evitando-se desse modo que tal autoridade reste infirmada por sentença posteriormente proferida. Assim, formada a coisa julgada, não se pode admitir que em outro processo se volte a decidir aquilo que já havia sido definitivamente resolvido. Caso isso aconteça, ofende-se a coisa julgada anteriormente formada, e a nova decisão judicial é rescindível.

Ofende a coisa julgada a nova decisão que tenha sido proferida em conformidade com a anterior, tanto quanto a nova decisão que com aquela é desconforme. Em ambos os casos, o novo provimento judicial, ofensivo da autoridade de coisa julgada, é rescindível. Não se tem, porém, ofensa à coisa julgada apenas quando se redecide causa já decidida (caso em que terá havido violação ao efeito negativo da coisa julgada). Também é rescindível, por ofensa à coisa julgada, o pronunciamento que decide demanda distinta, mas o faz com desrespeito a coisa julgada anteriormente formada (como se dá, por exemplo, quando a coisa julgada se formou sobre pronunciamento judicial que tenha resolvido causa prejudicial, e a segunda decisão a desrespeita resolvendo causa prejudicada). Tem-se aí ofensa ao efeito positivo da coisa julgada. Pense-se, por exemplo, no caso de existir decisão transitada em julgado que afirma a existência de relação de paternidade e, posteriormente, outra decisão rejeita pretensão a receber alimentos ao fundamento de que aquela relação de paternidade não existe. Esta segunda decisão, julgando demanda distinta, terá ofendido a coisa julgada formada sobre o primeiro pronunciamento judicial.

Além disso, ofende a coisa julgada o julgamento de recurso inadmissível erradamente admitido (como se dá, por exemplo, no caso de o tribunal julgar o mérito de apelação intempestivamente interposta), já que tal julgamento terá ofendido a coisa julgada já formada sobre a decisão contra a qual nenhum recurso admissível foi interposto.

É, também, rescindível a decisão judicial que "violar manifestamente norma jurídica" (art. 966, V). Gera rescindibilidade, pois, a violação do sentido atribuído a um texto normativo por via interpretativa, uma vez que a norma jurídica não se confunde com o texto, sendo a rigor o resultado da interpretação que ao texto se atribui.

Perceba-se, então, que a rescindibilidade não decorre da violação à literalidade do texto, mas ao sentido que a ele se atribui (e, por isso, equivocada, por exemplo, a decisão proferida pelo STJ no julgamento de AgInt na AR 5.700/PR, proferida em 12/05/2021, em que se afirmou que "[a] ação rescisória fundada no art. 966, V, do CPC/2015 pressupõe violação, frontal e direta, da literalidade da norma jurídica, de forma que seja possível extrair a ofensa literal do próprio conteúdo do julgado que se pretende rescindir, entendimento mantido por esta Corte Superior sob a égide do atual Código de Processo Civil". O STJ, como se vê, tem entendido que a violação de norma corresponde à violação da literalidade do texto normativo, lendo o CPC/2015 como se estivesse diante do texto do CPC/1973 [que previa como causa de rescisão a violação de "literal disposição de lei", em texto que já não se interpretava literalmente à época]. Esse entendimento, porém, ignora a elementar distinção entre texto e norma, que o CPC respeitou). Não há necessariamente vício na decisão que deixa de observar a literalidade do texto. O que não se pode é deixar de aplicar a norma jurídica, assim entendido o sentido que, em um caso concreto, se atribui ao texto normativo quando de sua aplicação.

A norma violada pode ser de direito material ou de Direito Processual. Assim, por exemplo, é rescindível pronunciamento judicial que tenha sido proferido sem respeitar os limites da demanda (decisão *ultra* ou *extra petita*), o que vai contra o disposto no art. 492. Do mesmo modo, é rescindível decisão que, por exemplo, admita compensação entre uma dívida de natureza civil vencida e outra vincenda, o que contraria o disposto no art. 369 do Código Civil.

Importante é afirmar que também é rescindível a decisão judicial que, tendo transitado em julgado, contrarie tese anteriormente firmada em enunciado de súmula vinculante ou em precedente vinculante. É que essas teses firmadas são resultado de interpretações atribuídas a textos normativos e, portanto, são normas jurídicas. Ainda que assim não se considere, porém, e se afirme (equivocadamente, mas se enfrenta o ponto aqui apenas para argumentar) que a afronta ao precedente vinculante (ou ao enunciado de súmula vinculante) não é violação à norma, ainda assim será preciso considerar rescindível a decisão judicial, pois terá sido violada a própria norma atributiva da eficácia vinculante a tais precedentes e enunciados de súmula. É que, como já se viu, no sistema jurídico brasileiro (diferentemente do que se tem nos ordenamentos ligados à tradição do *common law*), a eficácia vinculante de enunciados de súmula vinculante e de alguns precedentes judiciais resulta diretamente de previsão normativa (constitucional ou legal), e, por conta disso, o desrespeito a tal eficácia vinculante implica violação de norma jurídica. É, pois, rescindível a decisão judicial nesses casos. E não se contraria o padrão decisório vinculante apenas quando o pronunciamento judicial deixa de seguir a tese nele fixada. Também quando o padrão decisório é mal aplicado, o que ocorre quando se adota a tese nele fixada quando não era o caso, em razão de alguma diferença entre o acórdão paradigma e o caso posteriormente julgado, aquele padrão decisório é violado. E é exatamente por isso que o § 5º do art. 966 (acrescentado pela Lei nº 13.256/2016) estabelece que "cabe ação rescisória, com fundamento no inciso V do *caput* deste artigo, contra decisão baseada em enunciado de súmula ou acórdão proferido em julgamento de casos repetitivos que não tenha considerado a existência de distinção entre a questão discutida no processo e o padrão decisório que lhe deu fundamento". Assim, por exemplo, se a decisão rescindenda aplicou o entendimento fixado pelo STJ no julgamento do REsp 1.578.553/SP ("abusividade da cláusula que prevê a cobrança de ressarcimento de serviços prestados por terceiros, sem a especificação do serviço a ser efetivamente prestado"), reputando abusiva a cláusula sem observar que no caso concreto havia a especificação do serviço, e, portanto, não se tendo observado a distinção entre um caso e outro (ou, como se diz frequentemente quando se faz alusão à teoria dos precedentes, não se realizou o *distinguishing*), será possível desconstituir a decisão transitada em julgado através de ação rescisória.

Não é rescindível a decisão, porém, quando ao tempo em que foi proferida era controvertida a interpretação, tendo sido adotado um dos entendimentos que à época eram aceitos. Vale aqui trazer à colação o que vai expresso no Enunciado nº 343 da súmula do STF: "não cabe ação rescisória por ofensa a literal disposição de lei, quando a decisão rescindenda se tiver baseado em texto legal de interpretação controvertida nos tribunais".

É sabido que as muitas vezes há divergência jurisprudencial na determinação do sentido das normas jurídicas. Pois se costuma considerar que essa divergência é legítima e razoável enquanto não se formar um padrão decisório dotado de eficácia vinculante, razão pela qual a adoção de uma dentre as correntes existentes não ofende o direito em tese e, por isso, não gera rescindibilidade. Já tendo sido formado um padrão decisório vinculante, porém, como a fixação de um entendimento através do julgamento de recursos repetitivos ou de incidente de resolução de demandas repetitivas, a decisão posteriormente proferida que não aplique o entendimento padronizado viola norma jurídica e pode ser impugnada por ação rescisória. Tem-se afastado, porém, a incidência do Enunciado nº 343 da Súmula do STF quando a norma jurídica de interpretação controvertida tem natureza constitucional (como se pode ver, por exemplo, pela decisão proferida pelo Supremo Tribunal Federal ao decidir o RE 529.675 AgR-segundo, julgado em 21/09/2018).

É também rescindível pronunciamento judicial transitado em julgado que se funda "em prova cuja falsidade tenha sido apurada em processo criminal ou venha a ser demonstrada na própria ação rescisória" (art. 966, VI). Trata-se, aqui, de admitir a rescisão de pronunciamento judicial que tem por fundamento prova falsa, fundamento este que, evidentemente, terá induzido o órgão julgador em erro.

É preciso ter claro que, na hipótese aqui examinada, o provimento rescindendo precisa ter sido fundado na prova falsa. Em outros termos, significa isso dizer que a prova falsa precisa ter sido fundamento da decisão rescindenda. Resulta daí a necessidade de se verificar se o resultado do julgamento teria sido o mesmo se aquela prova falsa não tivesse sido levada em conta. Caso se verifique haver outras provas capazes de levar à mesma conclusão, a qual teria sido mantida, não será rescindível a decisão judicial.

É, por exemplo, rescindível decisão judicial que defere aposentadoria com base em carteira de trabalho de que constam anotações falsas.

Não importa, para a verificação da rescindibilidade, a natureza do meio de prova cuja falsidade se constata. Pode ser o caso de um documento falso, de um falso testemunho, de uma falsa perícia, enfim, qualquer que seja o meio falso de prova, sendo ele fundamento necessário da decisão transitada em julgado será esta rescindível.

Também não interessa se o caso é de falsidade ideológica ou material. Ambas acarretam a rescindibilidade.

A falsidade pode ter sido apurada em processo criminal. Nesse caso, porém, é preciso que a sentença penal tenha transitado em julgado, não se admitindo, então, que no processo da ação rescisória volte a ser discutida a falsidade da prova. Também se admite que a falsidade seja apurada no próprio processo da ação rescisória, caso em que a afirmação de que a prova é falsa ou autêntica será mero fundamento da decisão que julga o pedido de rescisão.

Prevê o inciso VII do art. 966 a rescindibilidade da decisão judicial quando "obtiver o autor [da ação rescisória], posteriormente ao trânsito em julgado, prova nova cuja existência ignorava ou de que não pôde fazer uso, capaz, por si só, de lhe assegurar pronunciamento favorável". Significa isso, então, que, se aquele que ficou vencido na causa original obtiver, posteriormente, prova que lhe assegure, por si só, resultado favorável, poderá obter a rescisão da decisão que lhe foi desfavorável.

Prova nova, registre-se, não é o mesmo que prova superveniente. Pelo contrário, a prova nova a que se refere o dispositivo legal é, necessária e inevitavelmente, uma "prova velha". A essa conclusão se chega pela verificação de que o texto normativo se refere a uma "prova nova" cuja existência se ignorava. Ora, só se pode ignorar a existência – perdoe-se a obviedade – do que existe. Assim, só se pode admitir a apresentação da prova nova se esta já existia ao tempo da prolação da decisão.

A novidade da prova diz respeito ao processo. Prova nova, aí, significa prova inédita, não tendo sido produzida no processo original.

Diz o texto da lei que a prova nova precisa ter sido obtida "posteriormente ao trânsito em julgado". Tal dispositivo não pode ser interpretado literalmente, porém. É que pode acontecer de a prova nova ser obtida antes do trânsito em julgado, mas depois do último momento em que teria sido lícito à parte produzir a prova no processo. Pense-se, por exemplo, na hipótese de a prova nova ter sido obtida quando pendente de julgamento apenas um recurso extraordinário (no qual é inadmissível a produção de qualquer meio de prova). Pois, nesse caso, deve-se reputar rescindível a decisão, já que não levou em conta prova que já existia, capaz por si só de assegurar à parte que restou vencida julgamento favorável, mas que não era conhecida ou não pôde ser usada ao tempo em que admissível a produção da prova, e que foi obtida quando já não poderia mais ser trazida aos autos. A não se pensar assim, ter-se-á uma situação paradoxal: seria melhor para a parte continuar ignorando a existência da prova (ou não ter a possibilidade de utilizá-la) até o trânsito em julgado do que a obter antes da formação da coisa julgada, mas em momento no qual já não era mais possível carreá-la aos autos.

Registre-se, ainda, que só será possível a rescisão da decisão judicial com base em prova nova se esta é, sozinha, capaz de garantir a quem ficou vencido na causa originária a reforma daquela decisão. Nenhuma outra prova, portanto, poderá ser produzida, no processo da ação rescisória (e com relação aos elementos que foram levados em consideração no julgamento rescindendo), a não ser a própria prova nova só agora obtida.

Por fim, é rescindível a decisão judicial que "for fundada em erro de fato verificável do exame dos autos" (art. 966, VIII). É rescindível, portanto, a decisão judicial que seja resultado de um erro de fato emergente dos autos, que salte aos olhos pelo exame da documentação constante dos autos (como se dá, por exemplo, quando a decisão afirma não ter havido pagamento, mas se encontra nos autos o recibo de quitação).

Afirma o § 1º do art. 966 que "há erro de fato quando a decisão rescindenda admitir fato inexistente ou quando considerar inexistente fato efetivamente ocorrido". Daí se vê, então, que o erro de fato consiste em considerar um fato como existente quando, na verdade, ele não ocorreu ou, ao contrário, tratar como inexistente um fato efetivamente ocorrido. Fundamental, porém, é que o erro de fato seja perceptível pelo mero exame dos autos, sem necessidade de recurso a qualquer outro elemento.

Há, porém, um ponto que torna um pouco mais complexo o tema que ora se examina. É que, nos termos do que consta da parte final do § 1º do art. 966, é "indispensável, em ambos os casos, que o fato não represente ponto controvertido sobre o qual o juiz deveria ter se pronunciado". Deve-se interpretar esse preceito no sentido de que, em primeiro lugar, o fato existente que a decisão rescindenda desconsiderou, ou o fato inexistente que aquela decisão reputou ocorrido, não tenha sido objeto de controvérsia entre as partes. Assim, diante do que consta dos autos, e sendo o ponto incontroverso, o normal seria que o juiz percebesse que o fato efetivamente ocorreu (ou que não ocorreu). Acontece que, por um equívoco de percepção, o juiz não se deu conta do ponto incontroverso. Houve, em outras palavras, uma atuação desatenta do julgador. Além disso, porém, é preciso que não tenha havido, no pronunciamento rescindendo, qualquer pronunciamento acerca do fato (e isto é o que se entende por o fato representar um ponto "sobre o qual o juiz deveria ter se pronunciado"). Isso porque a ação rescisória não tem por objeto levar a um reexame de prova. Não se presta, pois, a ação rescisória a impugnar decisão em que tenha havido equivocada valoração do material probatório. A finalidade da ação rescisória, no caso em exame, é a desconstituição de pronunciamento judicial que seja fruto de percepção equivocada do que consta dos autos.

Impende, então, que o órgão julgador não tenha percebido aquele elemento constante dos autos e, silenciando a seu respeito, tenha proferido decisão que com ele é incompatível.

Assim, se o órgão julgador fez alusão ao elemento constante dos autos mas, ao valorá-lo, chegou a conclusão errada (reputando inexistente um fato que ocorreu, ou considerando existente um fato que não aconteceu), a decisão, ainda que injusta, não é rescindível. De outro lado, se o elemento constante dos autos passou despercebido do órgão julgador, que – em razão desse erro de percepção – julgou erradamente, é rescindível o pronunciamento.

É preciso, então, que o erro de fato que serve de fundamento para a ação rescisória tenha manifesto nexo de causalidade com o resultado alcançado. Em outras palavras, é preciso que fosse outro o resultado do processo se o órgão julgador não tivesse aquela equivocada percepção do que constava dos autos, para só então admitir-se como rescindível o pronunciamento judicial.

Do exame de todos esses casos de rescindibilidade, fica claro que a ação rescisória não tem por objeto impugnar decisões judiciais ao fundamento de que seriam elas injustas. Não é disso que se trata. Através da ação rescisória impugna-se provimento judicial que tem, na sua formação, um grave vício (ter sido proferida por juiz que, para a prolatar, cometeu crime de concussão; ofender coisa julgada; ter sido proferida por juiz impedido; violar manifestamente norma jurídica; basear-se em prova falsa etc.). Tem-se, pois, na ação rescisória um mecanismo voltado a expurgar do ordenamento decisões judiciais gravemente viciadas. Eventual justiça ou injustiça da decisão judicial pode ser objeto de discussão por meio dos recursos, mas não através de ação rescisória.

31.2. COMPETÊNCIA

Não há, no texto do Código de Processo Civil, qualquer regra acerca da competência para o julgamento da ação rescisória. Na Constituição da República, de outro lado, encontram-se dispositivos a respeito do ponto. Assim é que, nos termos do art. 102, I, *j*, compete ao Supremo Tribunal Federal julgar, originariamente, "a ação rescisória de seus julgados".

Do mesmo modo, dispõe o art. 105, I, *e*, da Constituição da República que é da competência originária do Superior Tribunal de Justiça julgar "as ações rescisórias de seus julgados". No mesmo sentido, dispõe o art. 108, I, *b*, que é da competência originária dos Tribunais Regionais Federais conhecer das "ações rescisórias de julgados seus ou dos juízes federais da região". Nada mais há, também, na Constituição da República acerca da matéria.

Do que a Constituição da República estabelece, acrescido do que consta do CPC (que inclui a ação rescisória no Livro chamado "Do processo nos tribunais e dos meios de impugnação das decisões judiciais"), algumas conclusões podem ser alcançadas.

Em primeiro lugar, é de se afirmar que a ação rescisória só pode ser apreciada por Tribunais, não se admitindo seu ajuizamento perante órgãos hierarquicamente inferiores, de primeira instância. De outro lado, vigora aqui a regra segundo a qual cada tribunal é competente para o julgamento da ação rescisória contra as decisões por ele próprio proferidas.

No caso de ter transitado em julgado sentença proferida por órgão de primeira instância, será competente para a ação rescisória o tribunal que teria sido, em tese, competente para apreciar a apelação que contra aquela sentença poderia ter sido interposta.

Essa competência é fixada por critério absoluto, já que leva em conta o interesse público na preservação da autoridade das decisões já transitadas em julgado. Ajuizada a ação rescisória perante tribunal incompetente, portanto, será ele absolutamente incompetente. Tenho para mim que se trata de competência em razão da matéria, mas pouco importaria, na prática, dizer que se trata – como alguns parecem preferir – de competência funcional, pois ambos os critérios são fixados por normas cogentes.

Assim, torna-se importantíssimo, para a determinação da competência para conhecer da ação rescisória, saber qual foi a decisão que transitou em julgado. E para isso é preciso recordar que, nos termos do art. 1.008 do CPC, a decisão proferida no juízo de mérito de um recurso substitui a decisão recorrida naquilo que tenha sido objeto de impugnação. Relembre-se, aliás, que isso acontece ainda quando o tribunal nega provimento ao recurso. Afinal, como sabido, o tribunal jamais "confirma" a decisão recorrida (embora seja frequente encontrar decisões em que se afirma fazê-lo), mas substitui a decisão recorrida por outra, de idêntico conteúdo.

Desse modo, é de se considerar, por exemplo, que, se o juízo de primeiro grau emitiu pronunciamento acerca do mérito de certa causa, e o tribunal *ad quem* não conheceu do recurso interposto (por qualquer razão, como seria, entre outras possíveis, a intempestividade), o que transitou em julgado foi a decisão de primeiro grau. Já no caso de se ter conhecido da apelação interposta, a sentença de primeiro grau não mais transitará em julgado, e a decisão proferida no recurso é que alcançará tal autoridade (se contra ela não se interpuser recurso admissível).

Pense-se, agora, porém, que contra o acórdão do tribunal de apelação se tenha interposto recurso especial, tendo este sido admitido. Nesse caso, o que transita em julgado é o acórdão que apreciou o mérito do recurso especial, e não o acórdão recorrido, caso em que a competência para conhecer da ação rescisória será do STJ. Idêntico raciocínio permite fixar os casos em que a competência para conhecer da ação rescisória será do STF.

Caso o tribunal de superposição (STF ou STJ) não conheça do recurso excepcional (extraordinário ou especial, respectivamente), a competência para julgar a ação rescisória será do tribunal inferior que proferiu a decisão transitada em julgado.

Surge aqui, porém, um ponto que não pode deixar de ser enfrentado: o Enunciado nº 249 da súmula da Jurisprudência Predominante do Supremo Tribunal Federal estabelece que "é competente o Supremo Tribunal Federal para a ação rescisória, quando, embora não tendo conhecido do recurso extraordinário, ou havendo negado provimento ao agravo, tiver apreciado a questão federal controvertida".

Ora, como é notório, a decisão que não conhece de um recurso é a decisão que não o admite e, portanto, não o aprecia em seu mérito. Mas, se a decisão não examinou o mérito do recurso, como poderia ela ter apreciado a questão controvertida? Por isso sempre se criticou a técnica muitas vezes empregada nas decisões do STF (e que o STJ chegou a seguir por algum tempo), por força da qual se dizia não conhecer do recurso quando, na verdade, dele se conhecia (e se lhe negava provimento). Vale dizer, aliás, que o art. 1.043, III, do CPC faz referência a casos em que essa técnica equivocada tenha sido empregada.

Fica claro, então, que nos casos em que o STF aplicou o Enunciado nº 249 de sua súmula, estava-se diante de processos nos quais a Corte Suprema do Brasil dissera não conhecer do recurso extraordinário, mas, na verdade, dele conhecera para lhe negar provimento. Ocorre que mais recentemente o STF passou a se valer da melhor técnica processual, o que faz praticamente desaparecer o problema aqui referido. Adotada a boa técnica processual, o tribunal será competente para julgar a ação rescisória sempre que tenha conhecido do recurso, ainda que lhe tenha negado provimento.

Outro ponto importantíssimo a abordar é o seguinte: com alguma frequência acontece de se ajuizar a ação rescisória perante tribunal incompetente. É que pode acontecer de se ajuizar, perante tribunal local (Tribunal de Justiça ou Tribunal Regional Federal), ação rescisória destinada a desconstituir acórdão proferido pelo STJ ou pelo STF em razão do efeito substitutivo resultante do julgamento de algum recurso. Nesse caso, e com base no princípio da primazia da resolução do mérito, deve-se determinar a emenda da petição inicial, a fim de que o autor postule a rescisão da decisão que efetivamente transitou em julgado e, depois de cumprida essa determinação, remetem-se os autos ao tribunal competente (como se vê pelo disposto no art. 968, § 5º, II).

Há uma segunda hipótese a considerar, teoricamente possível (ainda que, na prática, quase impossível de ocorrer): pode acontecer de se ajuizar ação rescisória perante o Tribunal de Justiça de um Estado quando a competência seria de outro (ou, o que dá na mesma, ajuizar a ação rescisória perante o Tribunal Regional Federal de uma Região quando o competente seria o de outra). Nesse caso aplicam-se as regras comuns sobre a incompetência, devendo-se remeter os autos para o tribunal competente.

Tema interessante é o de saber se, proposta a ação rescisória perante tribunal estadual competente, ocorre a intervenção, no processo, da União, empresa pública federal ou autarquia federal. Deve-se buscar saber, então, se nesse caso a competência para conhecer da ação rescisória se desloca ou não para um Tribunal Regional Federal. Já entendeu o STJ que sim (REsp 94.332/RJ, julgado em 20/10/1998). Assim, porém, não é. A competência de um tribunal para conhecer da ação rescisória proposta com o fim de desconstituir um seu julgado só pode ser dele próprio. Repugna ao sistema processual brasileiro admitir que um tribunal venha a rescindir pronunciamento proferido por outro tribunal. Ora, se nem o Supremo Tribunal Federal pode ser considerado originariamente competente para julgar ação rescisória contra decisão que não tenha sido lá mesmo proferida, não há como se possa admitir essa modificação de competência.

Há, para encerrar este tópico, um último ponto a abordar: o da competência para conhecer da ação rescisória quando a sentença tem mais de um capítulo e acontece de um (ou alguns) ser(em) substituído(s) por outras decisões e outro(s) não.

Para melhor compreensão do problema, imagine-se a seguinte hipótese: em um processo de conhecimento qualquer, o autor formula três pedidos cumulados (A, B e C). Os pedidos A e C são julgados procedentes, e o pedido B é julgado improcedente.

Imagine-se, agora, que o autor se conforma com o fato de lhe ter sido negado o que postulara através do pedido B e, então, não interponha qualquer recurso. O réu, por sua vez, apela para impugnar os outros capítulos da sentença. Figure-se, agora, a hipótese de o Tribunal dar provimento ao recurso quanto ao pedido A, mas negar provimento quanto ao pedido C. Pode acontecer de o réu, a essa altura, conformar-se com a sucumbência referente ao pedido C, e o autor interpor recurso especial quanto ao capítulo da decisão que tenha reformado a sentença quanto ao pedido A. Há, evidentemente, a possibilidade de que seu recurso especial seja admitido. Imagine-se, então, que o STJ conheça do recurso especial e lhe negue provimento, e que contra essa decisão nenhum recurso venha a ser interposto.

Nesse caso, parece evidente que o julgamento do pedido B transitou em julgado na primeira instância, o julgamento do pedido C transitou em julgado na segunda instância e, por fim, o julgamento do pedido A alcançou a autoridade de coisa julgada no STJ.

Diante de uma hipótese assim, e admitida a possibilidade de que os três julgamentos transitados em julgado possam conter vícios que se configurem como casos de rescindibilidade, será preciso admitir o ajuizamento de três ações rescisórias distintas. Para a ação rescisória destinada à desconstituição do julgamento do pedido A (que transitou em julgado no STJ), será competente o Superior Tribunal de Justiça, para a ação rescisória destinada a impugnar o julgamento do pedido B (que transitou em julgado na primeira instância), será competente o Tribunal de Apelação e, por fim, para a ação rescisória que impugna o julgamento do pedido C (que transitou em julgado na segunda instância), será, também, competente o Tribunal de Apelação.

É de se observar, porém, que o fato de haver duas ações rescisórias de competência do mesmo tribunal não quer dizer que elas serão necessariamente apreciadas em conjunto. Tudo dependerá do Regimento Interno do Tribunal. No TJRJ, por exemplo, a ação rescisória contra decisões de primeira instância é da competência das Câmaras Cíveis (devendo a ação rescisória ser distribuída a uma delas). Já no caso da ação rescisória contra acórdão do próprio Tribunal proferido no julgamento de apelação a competência será da Seção Cível do Tribunal de Justiça (e regras de competência análogas existirão em todos os outros Tribunais, devendo-se consultar seus Regimentos Internos).

Merece registro, porém, o fato de que o STJ não tem decidido assim. Em várias ocasiões, o Superior Tribunal de Justiça tem entendido que seria incabível o trânsito em julgado de capítulos de decisão em momentos distintos, ao argumento de que isso produziria "tumulto processual decorrente de inúmeras coisas julgadas no mesmo feito" (como se vê, por exemplo, no acórdão proferido no julgamento de EDcl na Rcl 18.565/MS, decididos em 09/12/2015). Consequência disso é que, sendo una a coisa julgada, seria de um só órgão jurisdicional a competência para conhecer da ação rescisória. É, porém, absolutamente equivocado esse entendimento.

Havendo vários capítulos de decisão, é perfeitamente possível que a coisa julgada se forme também por capítulos, aparecendo em momentos distintos para cada uma daquelas unidades elementares do provimento jurisdicional. E é absolutamente normal que cada uma dessas decisões tenha sido proferida em um momento diferente do processo, por um órgão jurisdicional diferente. Assim, é perfeitamente possível o ajuizamento de ações rescisórias distintas (perante tribunais distintos) para atacar pronunciamentos diferentes exarados no mesmo processo.

A tese contrária, que tem sido acolhida pela jurisprudência do STJ, gera um absurdo: a se concordar com ela, será preciso admitir que o Superior Tribunal de Justiça poderia, em ação rescisória perante ele proposta, examinar a existência de alguma causa de rescindibilidade em decisão que não foi pela própria Corte proferida, o que vai contra o comando constitucional, que só lhe permite conhecer das ações rescisórias de seus próprios julgados.

Além disso, negar a formação da coisa julgada por capítulos implicaria negar a produção definitiva de efeitos dos capítulos irrecorridos. Assim, por exemplo, nos casos de julgamento antecipado parcial do mérito, mesmo não havendo interposição de recurso não poderia haver cumprimento definitivo (mas apenas provisório) da decisão, o que vai contra o disposto no art. 356, § 3º, do CPC. É, portanto, totalmente contrária ao sistema da Constituição da República e do CPC a jurisprudência que se consolidou no Superior Tribunal de Justiça.

Desse modo, outra solução não há a não ser considerar que, havendo vários capítulos de pronunciamento judicial, cada um emanado de um órgão jurisdicional diferente, e cada um transitado em julgado em momento diverso, será perfeitamente possível o ajuizamento de diversas ações rescisórias, e, para cada uma delas, será competente o tribunal que tenha proferido o capítulo rescindindo (e, no caso de tal capítulo ter sido proferido por juízo de primeira instância, a competência será do órgão que teria, em tese, competência recursal).

31.3. LEGITIMIDADE

Como em qualquer demanda, também na ação rescisória o mérito do processo só poderá ser examinado se estiverem presentes certos requisitos (os pressupostos processuais e as "condições da ação"). Não é este, evidentemente, o local adequado para tratar com profundidade desses requisitos. Aqui, basta dizer que, com relação à imensa maioria desses requisitos não há qualquer peculiaridade digna de nota. A única ressalva que se faz é a que diz respeito à legitimidade das partes, que precisou até mesmo ser regulada expressamente pelo Código de Processo Civil, de forma a evitar dúvidas e divergências (que ainda assim existem).

Como regra geral, o que foi visto no capítulo apropriado deste livro, a legitimidade é atribuída aos sujeitos da relação jurídica de direito material deduzida no processo. Em outras palavras, aquele que comparece em juízo e afirma sua condição de sujeito da relação jurídica de direito material que pretende ver examinada no processo tem legitimidade ativa; aquele que o demandante aponta como sendo o outro sujeito da relação jurídica de direito material tem, então, legitimidade passiva. É isso que se costuma chamar de legitimidade ordinária. Excepcionalmente, a legitimidade é atribuída por lei a quem não é (nem se alega que seja) sujeito da relação de direito material deduzida no processo. É a legitimidade extraordinária.

É importante observar, então, que a legitimidade não depende da efetiva existência da relação jurídica de direito material, ou da real condição de sujeitos dessa relação que as partes ostentem. A legitimidade, como qualquer outra "condição da ação", deve ser examinada *in statu assertionis*, ou seja, com base nas alegações feitas pelo demandante na petição inicial. Assim é que, por exemplo, aquele que comparece em juízo e afirma sua posição de credor de uma obrigação tem legitimidade ativa para a demanda de cobrança do crédito. Do mesmo modo, aquele que é indicado como sendo o devedor daquela obrigação será o legitimado passivo para tal demanda. E a legitimidade estará presente ainda que se verifique que aquela relação obrigacional não existe, ou que as partes não são os verdadeiros sujeitos da relação jurídica de direito substancial. Trata-se da técnica da asserção, hoje bastante difundida na doutrina e na jurisprudência brasileiras, e que foi analisada quando do exame das "condições da ação" em passagem anterior deste trabalho.

No que diz respeito à legitimidade ativa para a ação rescisória, é expresso o art. 967 do CPC, que a atribui a quem foi parte no processo ou o seu sucessor a título universal ou singular; ao terceiro juridicamente interessado; e ao Ministério Público, se não foi ouvido no processo em que lhe era obrigatória a intervenção, quando a decisão rescindenda é o efeito de simulação ou de colusão das partes, a fim de fraudar a lei, além de outros casos em que se imponha sua atuação; e, por fim, a todo aquele que não foi ouvido no processo em que lhe era obrigatória a intervenção.

Em primeiro lugar, tem legitimidade ativa quem tenha sido parte no processo original, no qual se produziu o provimento rescindendo (assim como seus sucessores, a qualquer título).

É preciso dizer desde logo que o conceito de parte acolhido no art. 967, I, do CPC é o de parte do processo, e não o de parte da demanda. Partes da demanda são, apenas, o demandante e o demandado. Em outros termos, aquele que propõe a demanda e postula tutela processual (o demandante) e aquele em face de quem a demanda é proposta (o demandado) são as partes da demanda.

Conceito diverso é o de partes do processo. São partes do processo todos os sujeitos do contraditório. Todos aqueles que participam do processo e têm influência no seu resultado são partes do processo.

Assim, por exemplo, o assistente, que intervém no processo para ajudar uma das partes da demanda a obter sentença favorável, embora não seja parte da demanda, é parte do processo.

Volte-se ao que já foi dito: o art. 967, I, do CPC acolhe o conceito de partes do processo. Todos aqueles que tenham participado do processo original, e tiveram influência no seu resultado, têm legitimidade ativa para a ação rescisória. Assim, a demanda rescisória pode ser ajuizada por quem tenha sido parte na demanda original (como autor ou réu) ou, ainda, por quem quer que tenha, a qualquer outro título, participado daquele processo, como, por exemplo, um assistente.

Impende observar que a parte que tenha saído vencedora no processo original, não obstante ostente legitimidade para propor demanda rescisória, dificilmente teria interesse de agir, o que, de qualquer maneira, impediria o exame do objeto do processo da ação rescisória.

Em segundo lugar, a lei atribui legitimidade ativa para propor ação rescisória ao terceiro juridicamente interessado. Trata-se, aqui, evidentemente, de quem não participou do processo original (e é, pois, terceiro). Impende notar, porém, que só terceiros *juridicamente interessados* são legitimados a propor a ação rescisória.

Vale recordar, antes de prosseguir na exposição, que, nos termos do que dispõe o art. 506 do CPC, a sentença faz coisa julgada apenas entre as partes, não prejudicando terceiros. Poderia, então, parecer desnecessário ao terceiro, ainda que juridicamente interessado, ajuizar ação rescisória, já que não é alcançado pela autoridade da coisa julgada e pode, então, discutir, em outro processo, o que ficou decidido anteriormente. Assim não é, porém.

Em primeiro lugar, há terceiros que são alcançados pela autoridade da coisa julgada, embora não tenham participado do processo em que se produziu a sentença. É o caso dos sucessores das partes (que já estão expressamente mencionados no inciso I do art. 967). É, também, o caso do substituído processual, na hipótese de sentença proferida em processo em que tenha atuado em seu lugar um legitimado extraordinário. Assim, por exemplo, o menor que é alcançado pela coisa julgada formada no processo de investigação de paternidade em que figurou como autor o Ministério Público.

Além disso, é preciso recordar que, embora não sejam alcançados pelos limites subjetivos da coisa julgada, os terceiros podem ser afetados, em suas esferas jurídicas, pelos efeitos da sentença de mérito. Tanto isso é verdade que a lei permite até mesmo que o terceiro interessado recorra contra a decisão que lhe afeta. Basta recordar o célebre exemplo do sublocatário, juridicamente interessado no resultado do processo instaurado pelo ajuizamento de ação de despejo proposta pelo locador em face do locatário do imóvel. Assim, nada há de equivocado em atribuir legitimidade ativa ao terceiro juridicamente interessado para propor ação rescisória.

Outro caso que não pode deixar de ser referido é o do terceiro que deveria ter atuado como litisconsorte necessário, mas não foi citado para o processo original. A rigor, nesse caso, não deveria ser considerada necessária a ação rescisória, já que a sentença proferida em processo em que faltou citar litisconsorte necessário é ineficaz, *inutiliter data*, e essa ineficácia pode ser reconhecida por outros meios processuais. É de se considerar, porém, que qualquer meio processual idôneo pode ser empregado para se obter o reconhecimento dessa ineficácia, e a ação rescisória, até por força do princípio da primazia da resolução do mérito, deve ser admitida. Não só quem deveria ter participado do processo como litisconsorte necessário, mas também aquele cuja intervenção é obrigatória a qualquer título (como é o caso da Comissão de Valores Mobiliários, cuja intimação para intervir como *amicus curiae* é obrigatória nos casos previstos no art. 31 da Lei nº 6.385/1976), tem legitimidade ativa para ajuizar ação rescisória contra decisão transitada em julgado proferida em processo para o qual não tenha sido regularmente intimado. Essa hipótese, que na legislação anterior já se reputava compreendida na atribuição de legitimidade para terceiros juridicamente interessados, está prevista de modo expresso no art. 967, IV, do CPC.

Por fim, estabelece a lei processual que o Ministério Público tem legitimidade ativa para propor ação rescisória quando não participou do processo em que era obrigatória sua intervenção; quando o fundamento da ação rescisória é a simulação ou colusão processual; ou em outros casos em que se imponha sua intervenção.

O primeiro caso de legitimidade ativa do Ministério Público, portanto, é uma hipótese especial de incidência do art. 966, V, do CPC, já que a não intervenção do MP nos casos em que sua atuação é obrigatória leva a que se profira o pronunciamento com violação de norma jurídica. Nesse caso, a norma violada é processual, o que permite – como já visto no momento próprio – a rescisão. E esse caso, previsto no art. 967, III, *a*, torna supérflua a previsão contida na alínea *c* do mesmo dispositivo legal.

Outra hipótese de legitimidade do Ministério Público é a colusão processual, caso em que as partes se valeram do processo para, em conluio, praticar ato simulado ou fraudar a lei. Evidentemente, nesse caso o Ministério Público não é o único legitimado a propor a ação rescisória (bastando pensar na possibilidade de que a demanda venha a ser proposta por algum terceiro juridicamente interessado). A rigor, o que se pode dizer é que o Ministério Público também é legitimado a demandar sob o fundamento da colusão processual.

Pode-se dizer, então, que o inciso III do art. 967 só se aplica aos processos em que o MP não interveio. Na redação das alíneas *a* e *c* desse dispositivo isso fica muito claro, já que se trata ali exatamente do caso em que o Ministério Público deveria ter atuado no processo e não o fez. Também na alínea *b* assim é, porém. Isso porque nos casos em que o Ministério Público participou do processo original terá ele legitimidade para propor a ação rescisória com apoio no inciso I desse mesmo artigo, uma vez que ostentou a condição de parte daquele processo.

Importante, aliás, deixar claro que o fato de o MP ter participado do processo original lhe dá legitimidade para propor ação rescisória, por qualquer fundamento, pouco importando se ele ali atuou como parte da demanda ou como fiscal da ordem jurídica. Como já visto, o inciso I do art. 967 se vale do conceito de parte do processo, e não do conceito de parte da demanda. O Ministério Público que atua como fiscal da ordem jurídica, embora não seja parte da demanda (já que não é demandante nem demandado), é – evidentemente – parte do processo, uma vez que participa do feito com influência no seu resultado final. Não há qualquer razão para admitir, por exemplo, a legitimidade do assistente para propor ação rescisória por qualquer fundamento e não admitir a do Ministério Público que atue como fiscal da ordem jurídica. Este, na qualidade de sujeito do processo, está legitimado a postular a rescisão do pronunciamento transitado em julgado que seja considerado rescindível.

A respeito da legitimidade passiva para a ação rescisória não há maiores dificuldades. Todos aqueles que tenham participado do processo original e não sejam autores da ação rescisória deverão ocupar a posição de demandados. Partes do processo, note-se, ainda que não sejam partes da demanda. Assim, por exemplo, se no processo original havia algum assistente, este será réu no processo da ação rescisória (se não for ele próprio, evidentemente, o autor dessa nova demanda).

Estarão no processo da ação rescisória, note-se bem, quem tenha sido parte no processo original, e não necessariamente os sujeitos da relação jurídica de direito material nele deduzida. Assim, por exemplo, se no processo original houve substituição processual, será o substituto, e não o substituído, quem ocupará a posição de réu da demanda de rescisão.

No caso de ter o Ministério Público atuado como fiscal da ordem jurídica no processo original, e não sendo ele o autor da ação rescisória, deverá ser intimado a participar desse novo processo também na condição de fiscal da lei. Já no caso de ter o MP atuado como parte da demanda original e não sendo ele próprio o autor da ação rescisória, deverá ser réu da ação rescisória. Haverá, aqui, a interessante situação de se ver o Ministério Público como demandado em um processo civil (fenômeno raro, mas evidentemente não de todo impossível).

Caso interessante é o da sentença que contém dois ou mais capítulos e a ação rescisória tem por objeto a desconstituição de apenas um deles (possibilidade expressamente contemplada no art. 966, § 3º). Nesse caso, será demandado apenas quem tenha qualquer elemento de conexão com aquele capítulo de sentença. Pense-se, por exemplo, no caso de ter A proposto demanda condenatória em face de B e, na própria petição inicial, denunciado a lide a C. Julgado improcedente o pedido principal e procedente a denunciação da lide, pode acontecer de C propor ação rescisória (alegando, por exemplo, que o juiz era impedido de atuar na causa). Nesse caso, evidentemente, apenas A será legitimado passivo para a ação rescisória, já que não há qualquer pretensão de rescisão do capítulo da sentença que diz respeito a B. O mesmo se dará, por exemplo, se dois autores, X e Y, demandaram em face da empresa Z para pleitear reparação de danos decorrentes de vícios existentes em produtos idênticos, de fabricação da ré, que adquiriram. Julgados improcedentes ambos os pedidos, pode acontecer de apenas X propor ação rescisória, postulando a desconstituição do julgamento de improcedência de sua pretensão (sob o fundamento, por exemplo, de que obteve documento inédito de que não pôde fazer uso). Nesse caso, evidentemente, não haverá qualquer razão para que Y participe do processo da ação rescisória.

Como regra geral, porém, todos aqueles que participaram do processo original e não sejam autores da ação rescisória participarão, como réus, desse novo processo, o que – muitas vezes – levará à formação de litisconsórcio passivo necessário.

Uma questão que não pode deixar de ser apreciada é a da legitimidade passiva do sucessor de quem foi parte no processo original. No que diz respeito à sucessão *mortis causa*, seja a título universal ou singular, não há qualquer dificuldade, e o sucessor ocupará o lugar que, antes, teria sido ocupado pelo seu antecessor. O mesmo se diga em relação à sucessão de pessoas jurídicas (como se dá, por exemplo, na fusão ou incorporação de sociedades). Há divergência, todavia, no que diz respeito à sucessão *inter vivos* a título singular. Há quem sustente que nesse caso a legitimidade passiva para a ação rescisória permanece com o titular original da relação jurídica de direito material. Este não parece ser, todavia, o melhor entendimento. É expresso o inciso I do art. 967 em atribuir legitimidade ativa ao sucessor de quem foi parte no processo original, seja qual for a modalidade de sucessão. Não há qualquer razão que justifique tratamento diverso no que diz respeito à legitimidade passiva. Desse modo, se é admissível que o sucessor (a qualquer título) proponha a ação rescisória, não há por que não se admitir que essa demanda seja proposta em face do sucessor, ainda que tal sucessão se tenha dado a título singular, por ato entre vivos.

Nem se diga que seria aplicável, aqui, o disposto no art. 109 do CPC. Não há qualquer sentido em prorrogar a incidência da regra ali enunciada para depois do término do processo, quando já se formou, inclusive, a coisa julgada. Não há qualquer motivo para que se prolongue tanto a proteção que aquele dispositivo estabelece. Além disso, aquela é uma regra absolutamente excepcional no sistema, razão para que seja interpretada restritivamente (de forma a se considerar que ela incide no processo em cujo curso se deu a alienação, mas não em relação a processos outros, posteriores àquele).

31.4. PROCEDIMENTO

Inicia-se o processo da ação rescisória com o ajuizamento de petição inicial, a qual deverá preencher todos os requisitos genericamente exigidos para as petições iniciais em geral (art. 968).

A petição inicial deverá, então, além de outros requisitos, descrever de forma completa e adequada a causa de pedir que fundamenta a pretensão de rescisão. Há, então, uma inevitável relação entre esse requisito da petição inicial e os incisos do art. 966 do CPC. É que nesses incisos estão enumerados os possíveis fundamentos da ação rescisória. Note-se que há incisos que preveem mais de um fundamento, como é o caso, por exemplo, do inciso I, onde estão arrolados três deles (concussão, corrupção e prevaricação do juiz).

Cabe ao autor da ação rescisória descrever os fatos que se enquadram no fundamento previsto, em tese, como capaz de permitir a propositura da ação rescisória. Frise-se bem este ponto: não basta a indicação do inciso do art. 966 em que o autor enquadra sua ação rescisória. É preciso que sejam descritos os fatos que servem de base à sua pretensão de rescisão do pronunciamento judicial transitado em julgado. Pode até acontecer de o autor descrever dois ou mais fundamentos, o que significa que, na hipótese, haverá uma cumulação de demandas rescisórias (com todas as consequências daí advindas, como, por exemplo, o fato de que haverá mais de um capítulo no julgamento da causa).

Recorde-se, ainda, que no Direito brasileiro adota-se a teoria da substanciação, por força da qual a causa de pedir é formada, exclusivamente, por fatos.

Pois essa afirmação é de extrema importância para a compreensão adequada do processo da ação rescisória. Afinal, sendo a causa de pedir formada exclusivamente por fatos, tudo o que a integrar será, inevitavelmente, tratado no processo como questão de fato, e não como questão de direito. Isso é extremamente relevante. Pense-se, por exemplo, em ação rescisória proposta perante um Tribunal de Justiça de um Estado, sob o fundamento de que o provimento rescindendo foi proferido por juízo absolutamente incompetente. A decisão do tribunal, ao apreciar a ação rescisória, acerca da competência do juízo que proferiu a decisão rescindenda é decisão sobre matéria de fato e, portanto, não pode levar a que a matéria seja reexaminada pelo Superior Tribunal de Justiça ou pelo Supremo Tribunal Federal, mediante recurso especial ou extraordinário.

Conclusão importante que se extrai do que acaba de ser dito concerne ao fato de que as questões de direito sempre podem ser conhecidas de ofício pelo juízo, e as questões de fato, em regra, não podem. Assim, por exemplo, se é proposta ação rescisória fundada em concussão do juiz, não poderá o tribunal rescindir a sentença sob o fundamento de que o juiz teria cometido o crime de corrupção passiva, pois assim terá decidido *extra petita*.

Aparentemente, a mais estranha situação é a decorrente da possibilidade de se propor ação rescisória com fundamento no inciso V do art. 966. Não pode, porém, haver qualquer dúvida: determinar se a decisão rescindenda violou ou não a norma jurídica indicada pelo autor da ação rescisória não é questão de direito, mas questão de fato, e assim terá de ser tratada. Não pode, portanto, o Tribunal, ao apreciar ação rescisória em que se alegou que a decisão rescindenda teria violado a norma X, julgar procedente o pedido de rescisão ao fundamento de que se teria violado a norma Y. Isso também configura julgamento *extra petita*.

Não se pense, com isso, que a ação rescisória esteja fora do campo de incidência da ideia de que as questões de direito podem ser conhecidas de ofício (*iura novit curia*). Pode acontecer, por exemplo, de o autor da rescisória invocar como fundamento a descoberta de uma prova nova e, em sua petição inicial, fazer equivocada alusão ao inciso VI do art. 966 do CPC. A errônea indicação do dispositivo legal, nesse caso, não terá qualquer consequência prática. Não será, porém, a mesma a solução se, ao propor ação rescisória fundada em violação de norma jurídica, afirmar o autor que foi violado o comando de um determinado artigo de lei quando, na verdade, a norma violada é resultante da incidência de dispositivo diverso. Nesse caso, como já afirmado, dizer que houve violação de norma diversa da apontada pelo autor como ofendida implicará julgamento *extra petita*. Nessa hipótese, a norma jurídica aplicável de ofício é a que resulta do art. 966, V, do CPC (que o autor, a rigor, sequer precisa mencionar em sua petição inicial), e não a norma que se alega teria sido ofendida pelo provimento rescindendo.

Além disso, exige a lei processual que o autor cumule, na petição inicial ao pedido de rescisão, e se for o caso, o pedido de novo julgamento do processo (art. 968, I). Explique-se melhor este ponto.

Quando se estabeleceu o conceito de ação rescisória, afirmou-se que esta teria por objeto a desconstituição de pronunciamento judicial transitado em julgado e, eventualmente, o rejulgamento da causa. Assim, em toda ação rescisória deverá ser postulada, antes de tudo, a rescisão da decisão judicial (e à apreciação desse pedido pelo tribunal dá-se o nome de juízo rescindente ou *iudicium rescindens*). Em alguns casos, porém, acolhido o pedido de rescisão, torna-se necessário promover um rejulgamento do processo original (e a esse rejulgamento a ser promovido pelo tribunal se dá o nome de juízo rescisório ou *iudicium rescissorium*). Incumbe ao autor, então, se for o caso, formular os dois pedidos – o de rescisão da decisão e o de rejulgamento do processo original – em cumulação sucessiva (o que implica dizer que o segundo pedido só poderá ser apreciado se o primeiro vier a ser acolhido).

Não se cogitará, evidentemente, de rejulgamento do processo original nos casos em que a decisão rescindenda for terminativa. Nesses casos, procedente o pedido de rescisão, deverá o tribunal determinar o prosseguimento do processo original para que nele se resolva o mérito da causa.

Tampouco será o caso de rejulgar o processo original quando a decisão rescindenda for pronunciamento de inadmissibilidade de recurso que deveria ter sido admitido. Nesse caso, procedente o pedido de rescisão, deverá o tribunal determinar que se prossiga com o recurso incorretamente inadmitido, para que seja ele apreciado pelo órgão competente.

Apenas quando se trate, portanto, de ação rescisória voltada a impugnar pronunciamento de mérito é que se poderá cogitar do rejulgamento do processo original. Mesmo assim, não em todos os casos. Pense-se, por exemplo, no caso de se propor ação rescisória contra pronunciamento que, ofendendo a coisa julgada, rejulgou demanda já definitivamente resolvida. Pois, nesse caso, rescindida a segunda decisão, não se poderia rejulgar aquele segundo processo, sob pena de ofender-se a coisa julgada novamente. É preciso, então, verificar caso a caso se haverá ou não necessidade de, rescindida a decisão, rejulgar o processo original. Havendo tal necessidade, deverão ser formulados os dois pedidos em cumulação sucessiva.

No caso de ação rescisória proposta com apoio no disposto no § 5º do art. 966, a petição inicial tem um requisito específico: trata-se da exigência de que se demonstre, já na inicial, de forma fundamentada, "tratar-se de situação particularizada por hipótese fática distinta ou questão jurídica não examinada, a impor outra solução jurídica" (art. 966, § 6º, acrescentado pela Lei nº 13.256/2016). O não cumprimento dessa exigência formal específica acarretará a inépcia da petição inicial, sendo essencial, porém, antes de se proferir decisão terminativa do processo da ação rescisória, que se dê ao autor oportunidade de correção do vício.

Quando do ajuizamento da petição inicial, deverá ainda o autor da ação rescisória promover o depósito de valor correspondente a cinco por cento sobre o valor da causa, que se converterá em multa caso a ação rescisória seja, por decisão unânime, considerada inadmissível ou improcedente (art. 968, II). Esse depósito, porém, em hipótese alguma, será superior ao equivalente a mil salários mínimos (art. 968, § 2º). A ausência desse depósito implicará – se não sanado o vício em oportunidade que ao autor deve ser assegurada pelo relator – o indeferimento da petição inicial e, consequentemente, a extinção do processo sem resolução do mérito (art. 968, § 3º).

Não se aplica, porém, essa exigência de depósito prévio à União, aos Estados, ao Distrito Federal, aos Municípios, às suas autarquias e fundações de direito público, ao Ministério Público, à Defensoria Pública e aos que tenham obtido o benefício da gratuidade de justiça (art. 968, § 1º). Estes ficam, registre-se, liberados do ônus do depósito prévio, mas não se livram de pagar a multa ao final se a ação rescisória por eles proposta for, por unanimidade de votos, declarada inadmissível ou improcedente.

Pode acontecer, ainda, de se verificar que o autor da ação rescisória tenha postulado a rescisão de decisão que não pode ser rescindida. Isso pode se dar por duas razões: a uma, por se tratar de decisão que não apreciou o mérito da causa e não impede a repropositura da demanda (art. 968, § 5º, I), ou seja, é decisão terminativa que não é alcançada pela coisa julgada formal; a duas, por se tratar de decisão que foi substituída por outro pronunciamento, posteriormente proferido (art. 968, § 5º, II). Nesses casos, deverá o relator determinar ao autor que emende a petição inicial, sob pena de seu indeferimento, adequando o objeto da ação rescisória. Emendada a petição inicial (e, se isso tiver sido verificado após a apresentação de contestação pelo réu da ação rescisória, depois também de se assegurar ao réu a complementação dos fundamentos de sua defesa), os autos serão remetidos – se for o caso – ao tribunal competente para conhecer da ação rescisória (art. 968, § 6º).

Não sendo caso de indeferimento da petição inicial (art. 968, § 3º) ou de improcedência liminar do pedido (art. 968, § 4º), casos em que o relator decidirá monocraticamente, o processo da ação rescisória seguirá regularmente. Deverá, então, o relator ordenar a citação do réu, a ser realizada preferencialmente por meio eletrônico se o demandado for pessoa jurídica, ou pelo correio se for pessoa natural (mas admitido o emprego das demais modalidades de citação previstas na Parte Geral do CPC), fixando prazo nunca inferior a quinze dias, nem superior a trinta dias, para oferecimento de resposta.

Questão interessante é a de saber se é aplicável ao processo da ação rescisória o previsto no art. 229 do CPC, que estabelece uma hipótese em que os prazos processuais devem ser dobrados. A matéria sempre foi divergente, mas o melhor entendimento é o que afasta essa duplicação. A lei processual, ao atribuir ao relator o poder de fixar o prazo para oferecimento de resposta, permite-lhe estabelecer tal prazo levando em conta as peculiaridades do caso concreto. Pense-se, por exemplo, na possibilidade de se ter ajuizado uma ação rescisória perante o Tribunal Regional Federal da Primeira Região, sediado no Distrito Federal, em um caso em que o processo original tramitou em um Estado distante dali, como, por exemplo, Roraima. O mero fato da distância (que, entre Boa Vista – capital de Roraima – e Brasília, é de 4.275 km) deve levar o relator a fixar um prazo maior para oferecimento de resposta, já que presumivelmente as partes e seus advogados terão maiores dificuldades de acesso ao tribunal do que teriam pessoas fixadas na própria Capital Federal.

Assim também deve ser no caso de haver litisconsórcio passivo. Incumbe ao relator, nesse caso, levar em conta tal circunstância para fixar o prazo de oferecimento de resposta.

Outro tema polêmico é o da incidência do benefício de prazo em dobro que a lei processual estabelece em favor da Fazenda Pública, do Ministério Público e de alguns outros atores processuais, no processo da ação rescisória.

Pois é perfeitamente aplicável esse benefício da duplicação ao prazo de resposta no processo da ação rescisória. É perfeitamente possível compatibilizar os dispositivos que preveem o benefício de prazo (como, por exemplo, os arts. 183 e 186) com a regra segundo a qual incumbe ao relator fixar o prazo para que o réu da ação rescisória ofereça resposta, devendo-se entender que o relator fixará o prazo entre quinze e trinta dias, e, sendo réu algum beneficiário de prazos duplicados, disporá do dobro do prazo fixado para o oferecimento de resposta. Tal circunstância, evidentemente, deverá ser levada em conta pelo relator no momento da fixação do prazo, o que significa dizer que, se ao relator parecer adequado que o réu não tenha um prazo que lhe parece exageradamente grande, deverá fixar tal prazo mais perto do mínimo legal.

Após o decurso do prazo da resposta, será observado o procedimento comum do processo de conhecimento (art. 970).

A escolha do relator deverá recair, sempre que possível, em juiz que não tenha participado do julgamento rescindendo (art. 971, parágrafo único). O fato de ter o magistrado participado do julgamento que produziu a decisão rescindenda, porém, não gera qualquer tipo de impedimento ou suspeição que impeça sua participação também no julgamento da ação rescisória.

Vale aqui registrar que, só determinando a lei a observância do procedimento comum depois do decurso do prazo para oferecimento da contestação, não se cogita da realização da audiência preliminar de mediação ou conciliação, a qual, a rigor, não teria mesmo espaço para ser realizada, tendo em vista a impossibilidade de celebração de autocomposição sobre a matéria objeto da controvérsia (art. 334, § 4º, II).

Caso os fatos alegados pelas partes do processo da ação rescisória dependam da produção de outros meios de prova além da prova documental, o relator poderá colher essas provas ou determinar, através de carta de ordem (ou outro ato destinado a postular a cooperação judiciária), que o juízo prolator da decisão rescindenda as colha, fixando prazo entre um e três meses para a devolução dos autos (art. 972). Admite-se, porém, que a carta de ordem seja distribuída a outro juízo (FPPC, Enunciado nº 340), bastando pensar, por exemplo, no caso de se fazer necessária a colheita de prova em comarca distinta daquela em que tramitou o processo. Concluída a instrução probatória, as partes terão prazos sucessivos de dez dias para apresentar suas razões finais (art. 973). Em seguida, os autos serão conclusos ao relator, procedendo-se ao julgamento colegiado (art. 973).

No julgamento, sendo admissível a ação rescisória e, portanto, sendo o caso de examinar-se seu mérito, será julgado o pedido de rescisão (*iudicium rescindens*).

Julgado procedente o pedido de rescisão, o tribunal, se for o caso, passará ao juízo rescisório (*iudicium rescissorium*) e determinará a restituição do depósito de cinco por cento sobre o valor da causa efetuado pelo autor. O depósito também será restituído se o processo da ação rescisória for julgado extinto sem resolução de mérito ou se o pedido de rescisão for julgado improcedente por decisão não unânime.

Caso o processo da ação rescisória seja extinto sem resolução do mérito ou se o pedido de rescisão for julgado improcedente, sempre por decisão unânime, o tribunal deverá determinar a reversão, em favor do réu, da importância depositada (art. 974).

Em qualquer caso, deverá também o tribunal fixar a responsabilidade pelo pagamento de despesas processuais e de honorários advocatícios (art. 974, parágrafo único, parte final).

Ponto que não pode deixar de ser mencionado diz respeito ao fato de que a propositura de ação rescisória não é capaz, por si só, de suspender os efeitos da decisão rescindenda (art. 969). Significa isso dizer que, a princípio, mesmo que pendente o processo da ação rescisória a decisão rescindenda permanece plenamente eficaz, produzindo normalmente todos os seus efeitos (e não só os condenatórios, como poderia parecer pela leitura do texto normativo do art. 969, que se limita a fazer alusão ao "cumprimento" da decisão). É, porém, expressamente permitida a concessão de tutela provisória – de urgência ou da evidência – de modo a suspender os efeitos da decisão rescindenda até o julgamento da ação rescisória. Não se pode, porém, aqui cogitar de estabilização da tutela antecipada, já que não haveria qualquer sentido em admitir que uma estabilidade mais frágil do que a coisa julgada prevalecesse sobre esta (que, evidentemente, já estará formada, ou não seria caso de cabimento de ação rescisória).

31.5. DECADÊNCIA DO DIREITO À RESCISÃO

O direito à rescisão de decisões judiciais está sujeito a um prazo decadencial de dois anos, prazo este que corre a partir do momento do trânsito em julgado da última decisão proferida no processo. Perceba-se: o termo inicial do prazo decadencial não é o do trânsito em julgado da decisão rescindenda, mas o momento do trânsito em julgado da última decisão a ser proferida no processo.

Pense-se, por exemplo, no caso de se ter, contra uma sentença de mérito, interposto apelação inadmissível por não terem sido recolhidas as custas recursais. Declarada a inadmissibilidade da apelação, já terá ocorrido o trânsito em julgado da sentença de mérito (já que contra ela não se terá interposto qualquer recurso admissível). Pode acontecer, porém, de contra a decisão que não conheceu da apelação se interpor algum recurso (recurso especial, por exemplo). Imagine-se, agora, que o recurso especial seja desprovido por decisão unipessoal do relator. Contra tal pronunciamento, então, interpõe a parte agravo interno, o qual é desprovido. Tendo sido esta a última decisão proferida no processo, é do momento do seu trânsito em julgado que correrá o prazo de dois anos para exercício do direito à rescisão da sentença.

Outras situações hão em que esse ponto se revela bastante relevante. Pense-se, por exemplo, no caso de ter sido proferida decisão de julgamento antecipado parcial do mérito, contra a qual nenhum recurso tenha sido interposto. Nesse caso, embora já transitada em julgado a decisão de julgamento antecipado parcial do mérito (contra a qual pode caber, como já visto, ação rescisória), não terá ainda tido início o curso do prazo decadencial para o exercício do direito à rescisão.

Daí não resulta, porém, o fato de que não se possa desde logo propor a ação rescisória. Esta pode ser proposta antes do termo inicial do prazo decadencial, sem qualquer problema. O que não se pode admitir é o exercício do direito à rescisão depois de consumada a decadência.

No caso de o prazo para exercício do direito à rescisão terminar durante férias forenses, recesso, feriados ou em dia em que não haja expediente forense, fica ele automaticamente prorrogado para o primeiro dia útil imediatamente subsequente (art. 975, § 1º).

No caso de ação rescisória fundada em descoberta de prova nova, o termo inicial do prazo é a data da descoberta da prova, observado, porém, por razões de segurança jurídica, o limite máximo de cinco anos contados do trânsito em julgado da última decisão proferida no processo (art. 975, § 2º). Dito de outro modo, nesse caso específico o prazo de dois anos será contado da data em que descoberta a prova nova que não pôde ser usada ou cuja existência era ignorada, não podendo, porém, o termo final do prazo ir além de cinco anos após o trânsito em julgado da última decisão proferida no processo.

Na hipótese de ação rescisória fundada em simulação ou colusão, o termo inicial do prazo para ajuizamento da ação rescisória por terceiro prejudicado ou pelo Ministério Público que não interveio no processo é o momento da ciência da simulação ou da colusão (art. 975, § 3º). Nesse caso, porém, não há previsão expressa de limite máximo de tempo a contar do trânsito em julgado da última decisão proferida no processo (como havia na hipótese anterior). Assim, a ação rescisória poderia ser proposta muito tempo depois do término do processo, o que gera uma imensa insegurança jurídica. Registre-se, porém, que essa regra de dilação do termo inicial do prazo para exercício do direito à rescisão não alcança aqueles que foram partes no processo original.

Outra situação, distinta das anteriores, é a prevista nos arts. 525, § 15, e 535, § 8º. Trata-se do caso em que, após o trânsito em julgado de uma decisão judicial, o Supremo Tribunal Federal (pouco importando se no exercício de controle concentrado ou difuso de constitucionalidade) tenha declarado a inconstitucionalidade da lei ou ato normativo em que aquela sentença se baseou, ou tenha afirmado ser incompatível com a Constituição a interpretação que à lei ou ao ato normativo se tenha dado naquela decisão anterior. Pois, nesse caso, a decisão anteriormente proferida com base em lei ou ato normativo inconstitucional, ou com aplicação de interpretação inconstitucional de lei ou ato normativo, é considerada rescindível (por ofensa à norma constitucional), e o prazo para exercício do direito à rescisão corre do trânsito em julgado da decisão proferida pelo STF. Mais uma vez, está-se diante de caso em que a lei fixa o termo inicial do prazo decadencial para exercício do direito à rescisão mas não estabelece seu limite máximo, o que faz com que a ação rescisória possa vir a ser proposta muito tempo depois do trânsito em julgado da última decisão proferida no processo original, o que é motivo de insegurança jurídica.

Parece, então, que em alguns casos o sistema processual, para viabilizar a rescisão de determinadas decisões, abriria mão da segurança jurídica, já que estabelece um termo inicial móvel para que comece a correr o prazo para exercício do direito à rescisão, mas não estabelece um limite máximo de tempo para que esse direito venha a ser exercido. Isso, porém, contraria a necessidade de preservação do direito fundamental à segurança jurídica (art. 5º, *caput*, da Constituição da República). Vale destacar, aliás, que o próprio CPC faz alusão, em sete diferentes ocasiões (art. 525, § 13; art. 535, § 6º; art. 927, § 3º; art. 927, § 4º; art. 976, II; art. 982, § 3º, e art. 1.029, § 4º), à necessidade de preservação da segurança jurídica. Por tal razão, deve-se considerar que a interpretação meramente literal, por força da qual se chega à conclusão de que não há limite temporal para que se exerça o direito à rescisão (desde que a ação rescisória seja proposta dentro do prazo de dois anos, cujo termo inicial, móvel, pode ocorrer a qualquer momento, sem qualquer limite), não é a interpretação constitucionalmente adequada, nem a que se conforma com o próprio sistema do CPC. Afinal, não se pode esquecer do comando contido no art. 1º, por força do qual "o processo civil será [interpretado] conforme [as] normas fundamentais [estabelecidas] na Constituição da República Federativa do Brasil, observando-se as disposições deste Código".

Por conta disso, propõe-se aqui uma aplicação analógica do disposto no art. 205 do Código Civil, que trata do limite máximo dos prazos prescricionais (mas sendo legítima essa aproximação entre prescrição e decadência, já que o próprio CPC promove essa aproximação em algumas ocasiões, como se dá, por exemplo, no art. 240). Assim, deve-se considerar que, por força da segurança jurídica inerente à própria existência dos institutos da prescrição e da decadência, nos casos previstos no art. 975, § 3º, e nos arts. 525, § 15, e 535, § 8º, o direito à rescisão só poderá ser exercido até dez anos após o trânsito em julgado da última decisão proferida no processo em que se prolatou a decisão rescindenda.

Ultrapassadas essas questões, há um último ponto a ser abordado no trato do prazo decadencial a que se sujeita o direito à rescisão: é preciso verificar quais as consequências do decurso desse prazo e, por conseguinte, da decadência do direito de rescindir sentença que ofenda a coisa julgada (na hipótese do art. 966, IV, do CPC).

Como já se sabe, a decisão transitada em julgado que ofende a coisa julgada anteriormente formada é rescindível. Pode ocorrer, todavia, a decadência do direito à rescisão, caso em que é preciso saber como resolver o problema de ter de conviver com duas coisas julgadas inconciliáveis (e não sendo possível desconstituir nenhuma delas).

Há quem proponha que, nesse caso, simplesmente se considere que deve prevalecer a primeira coisa julgada a se ter formado. Esse entendimento, porém, é inaceitável. Em primeiro lugar, não faz sentido dizer que é preciso prevalecer a primeira coisa julgada por ser esta protegida constitucionalmente. Ora, a Constituição da República protege, é certo, a coisa julgada, mas nada há no texto constitucional que permita dizer que uma coisa julgada merece maior proteção do que outra.

Além disso, a tese aqui criticada leva ao absurdo de se considerar que o decurso do biênio torna a coisa julgada irregularmente formada mais fraca do que era antes do término daquele prazo. Seria, então, o caso de perguntar por que alguém ajuizaria a ação rescisória fundada no inciso IV do art. 966 quando seria possível, simplesmente, aguardar o decurso daquele biênio e então, automaticamente, a primeira coisa julgada passaria a prevalecer, desprezando-se a segunda. Com todo o respeito, esse entendimento não pode prevalecer.

Deve-se, então, considerar que a segunda sentença há de prevalecer sobre a primeira, mas sempre respeitando os efeitos que a primeira sentença transitada em julgado tenha produzido. Imagine-se o seguinte exemplo: já tendo transitado em julgado sentença que condenou alguém a pagar a outrem certa quantia em dinheiro, nova sentença foi proferida em que se declarou que aquela dívida jamais existiu. Decorrido o prazo bienal de decadência do direito de rescindir essa segunda sentença, não mais será possível executar aquele primeiro provimento judicial. De toda sorte, os valores já recebidos pelo "credor" (antes da decadência se consumar) não poderão ser repetidos pelo "devedor", pois é preciso respeitar os efeitos que a primeira sentença legitimamente produziu.

Em outras palavras, o que se faz aqui é aplicar regras sobre a eficácia das normas jurídicas no tempo. A norma posterior revoga a norma anterior, mas respeita os efeitos que se produziram de forma legítima sob a égide da mais antiga.

O STJ, registre-se, tem entendimento consolidado no sentido da prevalência da segunda coisa julgada sobre a primeira em casos como os aqui examinados. Basta ver a decisão proferida em EAREsp 600.811/SP, julgado em 04/12/2019.

Acontece que o problema não se encerra aqui. Inegavelmente, a eficácia da segunda sentença há de prevalecer sobre a da primeira no caso em exame. Questão distinta, porém, é a de saber qual das duas coisas julgadas vinculará futuras decisões. E isso porque a segunda sentença, ainda que seus efeitos prevaleçam sobre os da primeira, não foi capaz de a rescindir (afinal, o segundo processo não era uma ação rescisória, e o julgamento dele não pode ser considerado *iudicium rescindens*).

Pense-se, por exemplo, no caso de a primeira sentença ter declarado a existência de uma dada relação contratual, enquanto a segunda sentença declarou sua inexistência. Agora, pretende uma das partes exigir de outra o cumprimento de uma determinada obrigação que decorreria daquele contrato. A qual das duas coisas julgadas deverá considerar-se vinculado o juiz desse terceiro processo? Essa é a questão que aqui se precisa enfrentar. A doutrina majoritária tem considerado simplesmente que prevalece a segunda sentença, mas sem maiores considerações sobre o ponto.

É preciso, porém, reconhecer que a questão que ora se enfrenta pode se manifestar de diversas maneiras. Se a segunda sentença julgou a mesma causa que a primeira (e nesse caso pouco importa saber se o segundo julgamento foi no mesmo sentido que o primeiro ou não), caso venha a se instaurar um terceiro processo para resolução do mesmo objeto, este deverá, de qualquer maneira, ser extinto sem resolução do mérito, em razão da existência de coisa julgada anterior (e a solução será a mesma qualquer que seja a sentença transitada em julgado que tenha de prevalecer na hipótese).

Já no caso de a segunda sentença ter julgado uma causa subordinada à que foi julgada pela primeira sentença (por exemplo, no caso de ter a primeira declarado que A é pai de B, enquanto a segunda sentença julga improcedente pedido de alimentos formulado por B em face de A tendo por fundamento a existência da filiação), a instauração de terceiro processo em que se busque a resolução de outra causa subordinada à primeira resolução, evidentemente, terá de respeitá-la, pois aquela coisa julgada não pode ser considerada afastada nesse caso.

O problema, a rigor, só surge mesmo quando a primeira sentença julgou uma determinada demanda em um sentido, e a segunda sentença julgou a mesma demanda em sentido diverso. Nesse caso, instaurado o terceiro processo, em que se busca resolver causa subordinada, será preciso determinar qual das duas sentenças deverá prevalecer, pois o juiz do terceiro processo precisa saber a qual das duas decisões anteriormente proferidas e transitadas em julgado ele se vinculará ao decidir essa nova causa. Volta-se, então, a figurar o exemplo anteriormente apresentado: em um processo, declarou-se a inexistência de uma dada relação jurídica de natureza contratual; em um segundo processo, declarou-se a existência da mesma relação. Surge, agora (quando já esgotado o prazo para rescindir a segunda sentença, que ofendeu a primeira coisa julgada), um terceiro processo, em que se pede o cumprimento de obrigação decorrente daquele contrato. Caso se considere que o juiz está vinculado ao que está coberto pela primeira coisa julgada, terá ele de julgar o pedido condenatório improcedente. Caso a vinculação seja à segunda coisa julgada, o resultado se inverterá. É preciso, então, buscar uma solução para essa questão.

A solução passa, mais uma vez, pela aplicação ao caso das regras sobre eficácia das normas jurídicas no tempo. Deve-se mais uma vez recordar que a norma jurídica só existe no caso concreto, e, portanto, nesse caso há uma segunda norma que é incompatível com a anterior. Ora, se uma norma jurídica é incompatível com outra norma jurídica que lhe é posterior, é a segunda que deve prevalecer, considerando-se revogada a primeira. Não se trata, apenas, de afirmar que a segunda produzirá efeitos a partir de agora (respeitados os efeitos já produzidos pela primeira), mas, além disso, deve-se considerar que é a segunda norma, mais recente, que produz efeitos vinculativos, tendo sido revogada a primeira.

Assim, o juiz do terceiro processo deverá se considerar vinculado à coisa julgada que se tenha formado no segundo processo, e não à do primeiro. No exemplo anteriormente figurado, então, caberia ao juiz do terceiro processo julgar o pedido condenatório procedente, respeitada a coisa julgada que incidiu sobre a sentença declaratória da existência da relação jurídica contratual.

31.6. A DEMANDA ANULATÓRIA ("AÇÃO ANULATÓRIA")

O art. 966, § 4º, do Código de Processo Civil trata de figura distinta da ação rescisória, conhecida como "ação anulatória". Diz o dispositivo que "os atos de disposição de direitos, praticados pelas partes ou por outros participantes do processo e homologados pelo juízo, bem como os atos homologatórios praticados no curso da execução, estão sujeitos à anulação, nos termos da lei". A "ação anulatória" é, então, o meio processual adequado para desconstituir atos de disposição de direitos praticados pelas partes do processo e homologados pelo juízo, assim como os pronunciamentos homologatórios praticados em sede executiva (seja em processo de execução, seja em cumprimento de sentença).

Há, então, duas hipóteses distintas a considerar. Em primeiro lugar, podem ser impugnados por meio de "ação anulatória" os atos de disposição das partes celebrados em qualquer tipo de processo e que tenham sido homologados pelo juízo. É o caso, por exemplo, das transações que as partes tenham sido celebradas pelas partes e homologadas pelo juízo, resolvendo-se o mérito do processo de conhecimento (art. 487, III, *b*), ou de um ato de reconhecimento da procedência do pedido, que também se sujeita a homologação judicial (art. 487, III, *a*).

A segunda hipótese de cabimento da "ação anulatória" é a dos pronunciamentos homologatórios que sejam praticados no curso de algum procedimento executivo, como é o caso da decisão que homologa a nomeação convencional do administrador de penhora de estabelecimento comercial (art. 862, § 2º).

Pois o Direito brasileiro, diversamente do que se encontra de um modo geral no direito comparado, admite a invalidação de atos processuais (ou que tenham sido processualizados) por vício de consentimento. Pense-se, por exemplo, no caso de alguém ter sido coagido a renunciar à sua pretensão. E é importante verificar que a invalidação desses atos se dará em processo distinto daquele em que se tenha inserido o ato inválido, processo esse que se instaura pela propositura da "ação anulatória" (o que, evidentemente, não impede a discussão da questão no mesmo processo em que o ato inválido tenha sido inserido, sempre que isso for possível, o que terá evidentes vantagens do ponto de vista da eficiência processual).

Além disso, é preciso afirmar que não se aplica à "ação anulatória" o disposto no art. 975 do CPC, sendo certo que o prazo decadencial do direito à anulação de ato processual será o fixado pela norma de direito substancial aplicável ao caso.

A "ação anulatória" não leva a que se instaure processo de competência originária dos tribunais. A competência, aqui, é de juízo de primeira instância. E, por força do disposto no art. 61 do Código de Processo Civil, será ela atribuída ao mesmo juízo onde tenha tramitado originariamente o processo em que se tenha praticado o ato cuja invalidação se pretende (ainda que tal ato tenha sido praticado perante outro órgão jurisdicional, como no caso de se pretender invalidar transação celebrada quando o processo se encontrava perante o tribunal de apelação e homologada pelo relator), e seguirá o procedimento comum.

É importante observar que o julgamento de procedência do pedido formulado na "ação anulatória" pode produzir consequências importantes sobre o processo em que se praticou o ato anulado. Assim é que, proposta a demanda antes do término daquele outro processo, deverá ele ficar suspenso, por força do disposto no art. 313, V, *a*, do CPC, até o julgamento final da "ação anulatória". De outro lado, proposta a demanda depois do encerramento daquele processo, retorna-se ao estado anterior à prática do ato invalidado, devendo aquele processo retomar sua marcha a partir do ponto em que o ato cassado fora praticado.

CAPÍTULO 32

RECLAMAÇÃO

A reclamação é um processo de competência originária de tribunais, que pode ter por finalidade a preservação de sua competência ou a garantia da autoridade de suas decisões. Prevista na Constituição da República (e, por isso, tradicionalmente chamada de reclamação constitucional), ali se afirma seu cabimento, perante o STF (art. 102, I, l, e art. 103-A, § 3º) e perante o STJ (art. 105, I, *f*). Pois o CPC ampliou o cabimento da reclamação, que passa a poder ser processada e julgada por todos os tribunais (art. 988, § 1º, primeira parte).

Estabelece a lei processual (art. 988, I a IV) os casos de cabimento da reclamação. O primeiro deles, nos mesmos termos das disposições constitucionais, é o da reclamação cujo objeto é "preservar a competência do tribunal" (art. 988, I). Pense-se, por exemplo, no caso de ser instaurado processo em que sejam partes, de um lado, a União, e, de outro, um Estado da Federação. Pois, nesse caso, é competente para conhecer originariamente da causa o Supremo Tribunal Federal (art. 102, I, *f*). Se o processo se desenvolver perante outro órgão jurisdicional qualquer, terá havido usurpação da competência do STF e, pois, será possível o ajuizamento de reclamação.

Caso interessante de cabimento da reclamação é aquele em que o juízo de primeiro grau profere decisão de inadmissão de apelação. É que, por força do disposto no art. 1.010, § 3º, não é de competência do juízo de primeira instância exercer juízo de admissibilidade da apelação. Tal exame cabe, originariamente, ao tribunal de segundo grau. Assim, decisão do juízo de primeira instância que declare inadmissível a apelação é ato de usurpação de competência do tribunal de segundo grau. Ocorre que tal decisão, de natureza interlocutória, não é impugnável por agravo de instrumento (art. 1.015), motivo pelo qual a reclamação será, na hipótese, via processual adequada para impugnar aquele ato jurisdicional praticado por órgão desprovido de competência para praticá-lo (em sentido equivalente, FPPC, Enunciado nº 208: "Cabe reclamação, por usurpação da competência do Superior Tribunal de Justiça, contra a decisão de juiz de 1º grau que inadmitir recurso ordinário, no caso do art. 1.027, II, *b*").

Registre-se, porém, que a reclamação não é o único meio processual adequado para impugnar essa decisão, sendo também admissível o emprego do mandado de segurança.

Também se admite reclamação, perante qualquer tribunal, para garantir a autoridade das decisões do tribunal (art. 988, II). Imagine-se a seguinte hipótese:

um tribunal de segunda instância deixa de conhecer de um recurso por reputá-lo inadmissível. Essa decisão vem a ser reformada pelo Superior Tribunal de Justiça, que, em sede de recurso especial, determina ao tribunal de segunda instância que julgue o mérito daquele recurso. O tribunal intermediário, então, retoma o julgamento do recurso original e dele, uma vez mais, não conhece, por entendê-lo inadmissível pelo mesmo fundamento já afastado pelo STJ. Pois nesse caso há nítido desrespeito à autoridade de decisão de tribunal superior, o que pode ser impugnado por via de reclamação.

Outro caso pode ser figurado: juízo de primeira instância indefere inversão do ônus da prova requerida pelo autor. Dessa decisão se interpõe agravo de instrumento (art. 1.015, XI), que vem a ser provido, determinando o tribunal uma nova distribuição dos ônus probatórios. O juízo de primeiro grau, então, emite pronunciamento em que comunica às partes que julgará a causa sem a inversão do ônus da prova, por entender não ser o caso de invertê-lo. Esse pronunciamento, como parece claro, desrespeita a autoridade da decisão do tribunal, e pode ser impugnado por via de reclamação.

Perceba-se que nesses casos a reclamação preservará a autoridade de decisões proferidas no mesmo processo (ou em outro, referente ao mesmo conflito, como seria o caso do processo de execução e do processo de embargos à execução).

Situação distinta, prevista no CPC, é o da reclamação destinada a garantir a observância de enunciado de súmula vinculante ou de decisão proferida pelo STF em controle concentrado de constitucionalidade (art. 988, III). Essas decisões proferidas pelo STF no exercício do controle concentrado de constitucionalidade têm eficácia vinculante e *erga omnes* (art. 102, § 2º, da Constituição da República). Assim, qualquer decisão judicial que venha a ser proferida, em qualquer processo, e que desconsidere o quanto decidido pelo STF em processo de controle concentrado de constitucionalidade é impugnável por meio de reclamação. O mesmo se diga em relação às decisões que violem enunciado de súmula vinculante, hipótese em que o cabimento da reclamação já está expressamente previsto na Constituição da República (art. 103-A, § 3º, da Lei Maior).

Pense-se, por exemplo, no caso de uma decisão judicial que afaste, por reputar inconstitucional, lei que o STF já tenha declarado constitucional no julgamento de processo de controle direto de constitucionalidade. Ou de decisão que admita a cobrança de taxa de matrícula em curso de graduação oferecido por universidade pública (o que contraria frontalmente o enunciado de Súmula Vinculante nº 12). Pois essas decisões podem ser impugnadas por reclamação constitucional.

De toda maneira, vale esclarecer que da decisão judicial ou ato administrativo que contrariar enunciado de súmula vinculante, negar-lhe vigência ou o aplicar indevidamente caberá reclamação ao STF (art. 7º da Lei nº 11.417/2006). A reclamação, aqui, é cabível não só contra atos jurisdicionais, mas também contra atos administrativos. Neste último caso, porém, exige-se, para admissão da reclamação, o prévio esgotamento das vias administrativas (art. 7º, § 1º, da Lei nº 11.417/2006).

Outra hipótese expressamente prevista de cabimento da reclamação é a da que tem por objeto "garantir a observância de acórdão proferido em julgamento de incidente de resolução de demandas repetitivas ou de incidente de assunção de competência" (art. 988, IV).

É que, no caso de inobservância de precedente vinculante, originário do julgamento de incidente de resolução de demandas repetitivas ou de incidente de assunção de competência, será admissível a reclamação como mecanismo de impugnação da decisão judicial.

Essa inobservância pode se dar de três maneiras: pela prolação de decisão contrária ao precedente, pela negativa de vigência do precedente – afirmando-se, por exemplo, que seria caso de uma modulação de efeitos que não havia sido determinada – ou pela sua inadequada aplicação, utilizando-se o precedente como fundamento de decisão de causa distinta, a que não é ele aplicável. Em todas essas situações pode ser empregada a reclamação como mecanismo de controle da decisão que deixou de observar o precedente vinculante, o que serve como mecanismo de preservação do sistema de padronização decisória.

Vale realçar, aliás, que, nos termos do § 4º do art. 988, "as hipóteses dos incisos III e IV [do art. 988] compreendem a aplicação indevida da tese jurídica e sua não aplicação aos casos que a ela correspondam". Dito de outro modo, desrespeita-se a eficácia vinculante de um enunciado de súmula vinculante ou de um precedente vinculante tanto nos casos em que não sejam eles aplicados quando deveriam sê-lo como naqueles casos em que eles não deveriam ser aplicados mas o são.

A reclamação pode ser ajuizada por qualquer parte interessada ou pelo Ministério Público (art. 988, *caput*), e será dirigida ao tribunal cuja competência se pretende preservar ou cuja decisão se quer ver respeitada (art. 988, § 1º). Assim, por exemplo, compete ao STF julgar reclamação que invoca, como parâmetro de controle da decisão impugnada, acórdão proferido no julgamento de ação direta de inconstitucionalidade. Do mesmo modo, caberá ao Tribunal de Justiça julgar a reclamação quando o padrão decisório invocado como parâmetro de controle da decisão reclamada for um acórdão proferido pelo próprio Tribunal de Justiça no julgamento de um IRDR.

Dentro da estrutura interna do tribunal, será competente para conhecer da reclamação o órgão (seja ele o Tribunal Pleno, Órgão Especial ou órgão fracionário) cuja competência se busca preservar ou cuja autoridade se pretenda garantir (art. 988, § 1º, parte final), ou que tenha produzido o padrão decisório invocado como parâmetro de controle da decisão reclamada.

Não será admissível reclamação ajuizada para impugnar decisão judicial já transitada em julgado (art. 988, § 5º, I, e Enunciado nº 734 da súmula do STF). Assim, é preciso que a reclamação seja proposta dentro do prazo para interposição de recurso contra a decisão impugnada, ou quando ainda pendente de julgamento tal recurso. O fato de ser tal recurso, posteriormente, declarado inadmissível ou improcedente não prejudica a reclamação (art. 988, § 6º), que ainda assim poderá ser julgada. Provido que seja o recurso, porém, e anulada ou reformada a decisão impugnada, a reclamação estará prejudicada. No caso específico de reclamação contra decisão que contraria precedente fixado em recurso extraordinário (repetitivo ou não, sendo certo que o texto normativo fala em "recurso extraordinário com repercussão geral reconhecida", mas, sendo a repercussão geral da questão constitucional um requisito de admissibilidade, não há julgamento de mérito em recurso extraordinário sem que se tenha reconhecido a repercussão geral) ou em recurso especial repetitivo, só se admite o emprego dessa via processual após o esgotamento das vias ordinárias (art. 988, § 5º, II, na redação da Lei nº 13.256/2016). Em outros termos, caso se profira decisão que contrarie algum desses precedentes, será preciso primeiro exaurir as instâncias ordinárias (com a interposição de todos os recursos aí admissíveis, como a apelação, por exemplo) e, depois, caso mantido o julgado contrário ao padrão decisório, aí sim impetrar-se a reclamação.

Cabe aqui uma observação. O Superior Tribunal de Justiça tem entendido que não se pode empregar a reclamação como mecanismo de controle da observância de acórdão proferido em julgamento de recursos especiais repetitivos. Esse entendimento se fixou no julgamento da Rcl 36.476/SP, decidida em 05/02/2020.

No voto condutor do acórdão, de relatoria da Min. Nancy Andrighi, afirmou-se que, "[e]m sua redação original, o art. 988, IV, do CPC/2015 previa o cabimento de reclamação para garantir a observância de precedente proferido em julgamento de 'casos repetitivos', os quais, conforme o disposto no art. 928 do Código, abrangem o incidente de resolução de demandas repetitivas (IRDR) e os recursos especial e extraordinário repetitivos. [Todavia], ainda no período de *vacatio legis* do CPC/2015, o art. 988, IV, foi modificado pela Lei nº 13.256/2016: a anterior previsão de reclamação para garantir a observância de precedente oriundo de 'casos repetitivos' foi excluída, passando a constar, nas hipóteses de cabimento, apenas o precedente oriundo de IRDR, que é espécie daquele. [Houve], portanto, a supressão do cabimento da reclamação para a observância de acórdão proferido em recursos especial e extraordinário repetitivos, em que pese a mesma Lei nº 13.256/2016, paradoxalmente, tenha acrescentado um pressuposto de admissibilidade – consistente no esgotamento das instâncias ordinárias – à hipótese que acabara de excluir. [Sob] um aspecto topológico, à luz do disposto no art. 11 da LC 95/1998, não há coerência e lógica em se afirmar que o parágrafo 5º, II, do art. 988 do CPC, com a redação dada pela Lei nº 13.256/2016, veicularia uma nova hipótese de cabimento da reclamação. Estas hipóteses foram elencadas pelos incisos do *caput*, sendo que, por outro lado, o parágrafo se inicia, ele próprio, anunciando que trataria de situações de inadmissibilidade da reclamação. De outro turno, a investigação do contexto jurídico-político em que editada a Lei nº 13.256/2016 revela que, dentre outras questões, a norma efetivamente visou ao fim da reclamação dirigida ao STJ e ao STF para o controle da aplicação dos acórdãos sobre questões repetitivas, tratando-se de opção de política judiciária para desafogar os trabalhos nas Cortes de superposição. [Outrossim], a admissão da reclamação na hipótese em comento atenta contra a finalidade da instituição do regime dos recursos especiais repetitivos, que surgiu como mecanismo de racionalização da prestação jurisdicional do STJ, perante o fenômeno social da massificação dos litígios. [Nesse] regime, o STJ se desincumbe de seu múnus constitucional definindo, por uma vez, mediante julgamento por amostragem, a interpretação da Lei federal que deve ser obrigatoriamente observada pelas instâncias ordinárias. Uma vez uniformizado o direito, é dos juízes e Tribunais locais a incumbência de aplicação individualizada da tese jurídica em cada caso concreto. [Em] tal sistemática, a aplicação em concreto do precedente não está imune à revisão, que se dá na via recursal ordinária, até eventualmente culminar no julgamento, no âmbito do Tribunal local, do agravo interno de que trata o art. 1.030, § 2º, do CPC/2015".

O entendimento do STJ, porém, é incorreto, o que se buscará agora demonstrar.

Realmente houve uma alteração no texto do CPC ainda no período da vacância legislativa, poucos dias antes de o Código entrar em vigor, que alterou o art. 988 do CPC. Essa alteração, porém, não produziu o resultado que o STJ indicou. É preciso considerar que existem duas situações distintas de cabimento da reclamação. Numa (correspondente aos casos previstos nos incisos do *caput* do art. 988), o cabimento da reclamação só é condicionado a não ter ocorrido o trânsito em julgado da decisão reclamada. Na outra, prevista no art. 988, § 5º, II, exige-se o prévio exaurimento das instâncias ordinárias para que só depois seja cabível a reclamação.

É que, diferentemente do que entendeu o STJ, a redação dada ao aludido art. 988, § 5º, II, do CPC criou, sim, um caso especial de cabimento da reclamação. Mas aqui se tem um caso em que, além de não poder ter transitado em julgado a decisão impugnada, há uma exigência de que se tenham esgotado os recursos ordinários cabíveis para permitir a impugnação daquela mesma decisão.

Perceba-se que o entendimento acolhido pelo STJ torna esse inciso II do art. 988, § 5º, absolutamente inócuo, ao afirmar que ele teria criado um requisito de cabimento para uma reclamação incabível. Esse entendimento, a rigor, faz com que simplesmente se negue aplicação a uma lei vigente e perfeitamente compatível com a Constituição da República, o que não se pode admitir.

Ademais, a interpretação dada ao sistema pelo STJ cria um problema muito sério, verdadeiramente insolúvel. É que, se por um lado é verdadeira a afirmação de que cabe ao STJ, no julgamento dos recursos especiais repetitivos, fixar o entendimento que padronizará as decisões sobre determinada matéria, e que cabe aos juízos e tribunais inferiores aplicar esse entendimento, de outro lado a interpretação do STJ gera uma situação em que, não tendo sido respeitado e aplicado corretamente o entendimento padronizado pelo STJ nos juízos e tribunais inferiores, não haverá como corrigir essa inobservância. Afinal, se, ao julgar o último recurso ordinário cabível, o tribunal de segunda instância insistir em não aplicar o entendimento padronizado pelo STJ, não haverá meio de chegar novamente ao tribunal de superposição. Nem se diga que seria cabível essa correção por meio de novo recurso especial, já que este provavelmente esbarraria na vedação de reexame de matéria fática nesse tipo de recurso (conforme o Enunciado nº 7 da súmula de jurisprudência dominante do STJ). Afinal, para saber se aquele entendimento padronizado foi afastado corretamente ou não, seria preciso examinar as circunstâncias fáticas do caso concreto, o que é inadmissível em sede de recurso especial.

Em outras palavras, o entendimento consolidado pelo STJ pode acarretar um total enfraquecimento da eficácia vinculante dos acórdãos proferidos pelo STJ em julgamento de recursos especiais repetitivos, o que é manifestamente contrário ao sistema criado pelo ordenamento processual brasileiro. Não obstante isso, o STJ tem mantido aquele entendimento, como se pode ver, entre muitos outros, pelo julgamento do AgInt na Rcl 40.972/RS, decidido em 15/06/2021.

De outro lado, vale registrar que o Supremo Tribunal Federal tem decidido no sentido de que a reclamação pode ser empregada para impugnar decisões que não tenham observado entendimento firmado em julgamento de recurso extraordinário julgado sob a sistemática da repercussão geral, desde que haja o prévio esgotamento das instâncias ordinárias e se demonstre que a decisão reclamada é "teratológica" (isto é, absurda), como se vê, por exemplo, no acórdão proferido em Rcl 37.224 ED, julgado em 06/12/2019.

Em síntese, o melhor entendimento é o de que a reclamação deve ser admitida como mecanismo excepcional de controle de decisões que contrariam acórdãos proferidos pelo STF ou pelo STJ, quando do julgamento de recursos excepcionais (seja no caso do recurso extraordinário apreciado sob o regime da repercussão geral, seja no caso de recursos repetitivos), desde que já esgotados todos os recursos cabíveis nas instâncias ordinárias.

Outra questão relevante acerca do cabimento da reclamação é o que concerne ao seu emprego como meio de controle de decisões proferidas pelas Turmas Recursais dos Juizados Especiais Cíveis (já que no sistema desses Juizados não há qualquer meio recursal que permita chegar ao Tribunal de Justiça ou ao Superior Tribunal de Justiça).

Por conta disso, o Supremo Tribunal Federal, ao julgar o RE 571.572/BA ED, decidido em 26/08/2009, entendeu ser cabível reclamação contra decisões proferidas por Turmas Recursais de Juizados Especiais que estivessem em conflito com a jurisprudência do Superior Tribunal de Justiça. E, segundo esse acórdão do STF, caberia ao STJ o julgamento dessas reclamações.

Em seu voto, afirmou a relatora, Min. Ellen Gracie, que, por "não exist[ir] previsão legal de órgão uniformizador da interpretação da legislação federal para os juizados especiais estaduais, [pode], em tese, ocorrer a perpetuação de decisões divergentes da jurisprudência do STJ". Entendeu, então, a relatora que, "enquanto não for criada a turma de uniformização para os juizados especiais estaduais, [pode-se] ter a manutenção de decisões divergentes a respeito da interpretação da legislação infraconstitucional federal, [situação que], além de provocar insegurança jurídica, acaba provocando uma prestação jurisdicional incompleta, em decorrência da inexistência de outro meio eficaz para resolvê-la".

Pois por tal fundamento, afirmou a relatora, em seu voto, que, "até que seja criado o órgão que possa estender e fazer prevalecer a aplicação da jurisprudência do STJ, em razão de sua função constitucional, da segurança jurídica e da devida prestação jurisdicional, a lógica da organização do sistema judiciário nacional recomenda que se dê à reclamação prevista no art. 105, I, *f*, da CF amplitude suficiente à solução do impasse". E concluiu a relatora no sentido de que, "[d]iante da inexistência de outro órgão que possa fazê-lo, o próprio Superior Tribunal de Justiça afastará a divergência com a sua jurisprudência, quando a decisão vier a ser proferida no âmbito dos juizados especiais estaduais".

Como se vê pelos fundamentos determinantes daquele acórdão, aqui apontados, a previsão do cabimento da reclamação para o STJ se deu em razão de ser do Tribunal Superior a missão constitucional de uniformizar a interpretação do direito federal infraconstitucional. E como consequência dessa decisão veio a ser aprovada a Resolução nº 12/2009, que dispôs "sobre o processamento, no Superior Tribunal de Justiça, das reclamações destinadas a dirimir divergência entre acórdão prolatado por turma recursal estadual e a jurisprudência [da] Corte". Aliás, vale aqui recordar que expressamente consta do preâmbulo daquela resolução que esta foi tomada "considerando a decisão do Pleno do Supremo Tribunal Federal nos EDcl no RE 571.572-8/BA".

Aprovado o CPC/2015, seu texto original estabelecia, no art. 988, IV, o cabimento de reclamação da parte interessada ou do Ministério Público para "garantir a observância de enunciado de súmula vinculante e de precedente proferido em julgamento de casos repetitivos ou em incidente de assunção de competência". Sobre essa redação, houve mesmo quem considerasse que o CPC/2015 seria capaz de produzir uma revogação tácita da Resolução nº 12/2009 do STJ.

É certo, porém, que aquela redação do dispositivo do CPC/2015 jamais chegou a vigorar. Dias antes do término do prazo de vacância do novo Código de Processo Civil foi editada a Lei nº 13.256/2016, que modificou o texto normativo, passando o art. 988, IV, a prever o cabimento da reclamação para "garantir a observância de acórdão proferido em julgamento de incidente de resolução de demandas repetitivas ou de incidente de assunção de competência". Daí não resulta, porém, e como já se viu, ser absolutamente incabível a reclamação quando há violação de tese fixada em recurso especial repetitivo. É que nesse caso a reclamação só é admissível depois de esgotadas todas as instâncias ordinárias.

A reclamação é, pois, cabível por força de lei como mecanismo de impugnação de pronunciamento judicial (inclusive oriundo de Turma Recursal de Juizados Especiais) que contraria decisão tomada em sede de recurso especial repetitivo. Ocorre que a competência para conhecer dessa reclamação, como não poderia deixar de ser, é do Superior Tribunal de Justiça, o que resulta do disposto no § 1º do art. 988 do CPC/2015. É, pois, do Superior Tribunal de Justiça essa competência. E nem poderia ser diferente, já que – nos termos do precedente anteriormente mencionado do Supremo Tribunal Federal – essa reclamação é o instituto processual previsto no art. 105, I, *f*, da Constituição da República.

Não obstante isso, porém, o Superior Tribunal de Justiça revogou expressamente sua Resolução nº 12/2009 e a substituiu pela Resolução nº 3/2016, que afirma a competência das Seções Especializadas ou Câmaras Reunidas dos Tribunais de Justiça para delas conhecer. O ato do STJ, com todas as vênias devidas àquele Tribunal Superior, não só contraria expressamente o que o STF decidiu no já mencionado julgamento dos Embargos de Declaração no RE 571.572/BA, mas também um firme e consolidado entendimento jurisprudencial do Supremo Tribunal Federal acerca da impossibilidade de ampliação das competências dos Tribunais por meio de atos normativos infraconstitucionais. Basta ver o que decidiu o STF no julgamento da ADI 2.797/2/DF, julgado em 15/09/2005, em que se entendeu que os Tribunais de Justiça só têm as competências previstas nos arts. 29, X, e 96, III, da Constituição da República, e aquelas previstas nas Constituições Estaduais, por força do art. 125, § 1º, da Constituição da República.

Ora, se é impossível ampliar por lei federal ordinária a competência dos Tribunais de Justiça, *a fortiori* também é vedada tal ampliação por resolução do Superior Tribunal de Justiça.

E nem se diga que o CPC/2015 teria ampliado competências do Tribunal de Justiça ao prever que aí seriam julgadas as reclamações para preservar a autoridade das decisões dos Tribunais Estaduais. É que tal competência deriva diretamente do princípio da simetria e da teoria dos poderes implícitos. De outro lado, o reconhecimento do poder do Tribunal de Justiça exarar decisões dotadas de eficácia vinculante faz com que, ao menos implicitamente, seja preciso reconhecer sua competência para conhecer de mecanismos destinados a preservar a autoridade de suas próprias decisões. A competência do Tribunal de Justiça para conhecer de reclamação, porém, tem de ser limitada à preservação da autoridade das decisões que dele são emanadas. Não há sentido em atribuir a um tribunal estadual competência para conhecer de reclamação destinada a preservar autoridade de decisão de outra Corte, ainda que se trate do Superior Tribunal de Justiça. Assim, deve caber ao STJ, e não ao Tribunal de Justiça, conhecer de reclamação contra decisão de Turma Recursal que teria contrariado entendimento firmado pelo Tribunal Superior.

Por conta disso, o Tribunal de Justiça chegou a suscitar conflito de competência com o Superior Tribunal de Justiça, a fim de provocar a manifestação do STF sobre o tema. Ocorre que o Supremo Tribunal Federal, por decisão monocrática da lavra do Min. Celso de Mello, entendeu que "[n]ão se revela processualmente possível a instauração de conflito de competência entre o Superior Tribunal de Justiça, de um lado, e os Tribunais de Justiça, de outro, pelo fato – juridicamente relevante – de que o Superior Tribunal de Justiça qualifica-se, constitucionalmente, como instância de superposição em relação a tais Cortes judiciárias, exercendo, em face destas, irrecusável competência de derrogação" (CC 7.970, decidido em 17/05/2017).

Com todas as vênias ao STF, mas essa decisão ignora o disposto no art. 102, I, *o*, da Constituição da República, que prevê o cabimento de conflito de competência – a ser dirimido pelo Supremo Tribunal Federal – entre o STJ e *quaisquer tribunais*. De todo modo, a partir dessa decisão do STF os Tribunais de Justiça passaram a julgar essas reclamações.

A Resolução nº 3/2016 do STJ afirma o cabimento da reclamação contra decisões das Turmas Recursais destinada a dirimir divergência entre acórdão prolatado por Turma Recursal Estadual e do Distrito Federal e a jurisprudência do Superior Tribunal de Justiça, consolidada em incidente de assunção de competência e de resolução de demandas repetitivas, em julgamento de recurso especial repetitivo e em enunciados das súmulas do STJ, bem como para garantir a observância de precedentes. Isso tem feito com que, na prática, a reclamação venha sendo empregada pelas partes como verdadeiro sucedâneo recursal, de modo que a parte vencida na Turma Recursal ajuíza reclamação sempre que há conflito entre a decisão da Turma e qualquer decisão ("precedente") do STJ.

Os Tribunais de Justiça, porém, têm dado à Resolução nº 3/2016 interpretação que a harmoniza com os casos de cabimento da reclamação previstos no CPC. Assim, por exemplo, o Tribunal de Justiça do Estado do Rio de Janeiro, ao julgar a reclamação nº 0036583-81.2020.8.19.0000, decidida em 13/05/2021, entendeu por não admitir a reclamação ajuizada para impugnar decisão proferida por Turma Recursal dos Juizados Especiais Cíveis ao fundamento de não ter a reclamante alegado qualquer afronta a tese consolidada do STJ ou do próprio TJRJ, firmada com força vinculante, de modo que seus argumentos não se enquadravam em qualquer das hipóteses do art. 988 do CPC/2015 a permitir sua admissibilidade.

Visto o cabimento, é preciso examinar o modo como se desenvolve o processo da reclamação.

A petição inicial da reclamação deve ser instruída com toda a prova documental necessária, e será dirigida ao Presidente do tribunal (art. 988, § 2º). Será ela, então, imediatamente autuada e distribuída ao relator do processo em que se proferiu o pronunciamento que serve de parâmetro de controle da decisão impugnada (se possível), nos termos do § 3º do art. 988.

Ao despachar a reclamação, o relator deverá requisitar informações à autoridade a quem tenha sido imputada a prática do ato impugnado, que as prestará no prazo de dez dias (art. 989, I), e, se necessário, ordenará a suspensão do processo ou do ato impugnado, a fim de evitar que da produção de efeitos do ato atacado resulte dano irreparável (art. 989, II). A decisão que determina essa suspensão é concessiva de tutela cautelar, de modo que só será cabível se presentes os requisitos dessa modalidade de tutela de urgência.

Além disso, o relator da reclamação deverá determinar a citação dos beneficiários do ato reclamado, que figurarão necessariamente como demandados no processo da reclamação, dispondo do prazo de quinze dias para apresentar contestação (art. 989, III). Além deles, porém, qualquer outro interessado poderá ingressar no processo da reclamação para impugnar a pretensão do reclamante (art. 990).

Não sendo reclamante o Ministério Público, deverá ele ser ouvido na qualidade de fiscal da ordem jurídica, dispondo do prazo de cinco dias para se manifestar, o qual correrá após o decurso do prazo para informações e para oferecimento de contestação pelos beneficiários do ato impugnado (art. 991).

O julgamento de procedência do pedido formulado na reclamação cassará a decisão exorbitante ou determinará medida adequada à solução da controvérsia (art. 992). Perceba-se que, não sendo a reclamação um recurso, não terá ela o efeito de reformar o ato reclamado. O tribunal, ao julgar procedente a reclamação, poderá, no máximo, invalidar o ato impugnado, cassando-o.

Além disso, incumbe ao tribunal determinar as medidas que sejam necessárias para preservar sua competência ou garantir a autoridade de suas decisões. Assim, por exemplo, poderá o tribunal determinar que lhe sejam remetidos os autos do processo (para que possa exercer sua competência), ou que seja prolatada nova decisão (respeitando o precedente ou enunciado de súmula vinculante que não tinha sido observado no ato impugnado), ou, ainda, determinar que sejam praticados quaisquer outros atos que se revelem necessários para garantir a autoridade de sua decisão, o que mostra ter sido adotado um sistema de atipicidade das medidas empregáveis para garantir o cumprimento da decisão tomada no julgamento da reclamação.

Para assegurar plena eficiência ao julgamento da reclamação, incumbe ao Presidente do tribunal (ou do órgão fracionário competente para julgar a reclamação) determinar o imediato cumprimento da decisão, independentemente da lavratura do acórdão, e à luz apenas da minuta de julgamento. A lavratura do acórdão deverá realizar-se posteriormente à determinação das medidas necessárias para dar cumprimento à decisão proferida no julgamento da reclamação (art. 993).

CAPÍTULO 33
RECURSOS

33.1. TEORIA GERAL DOS RECURSOS

33.1.1. Conceito

Inicia-se, a partir deste momento, o estudo dos recursos. Tal estudo será feito em duas partes: de início, será examinada a teoria geral dos recursos, formada por conceitos e institutos que são, em tese, aplicáveis a todas as espécies do gênero. Em seguida, serão analisadas as espécies de recursos regidas pelo Código de Processo Civil. O estudo da teoria geral dos recursos, que ora se inicia, começa pela análise do conceito de recurso.

Recurso é o meio voluntário de impugnação de decisões judiciais capaz de produzir, no mesmo processo, a reforma, a invalidação, o esclarecimento ou a integração do pronunciamento impugnado.

É preciso que se tenha em mente, pois, que o recurso é, antes de mais nada, um remédio voluntário. Significa isso dizer que a interposição do recurso é um ato de vontade. O recurso é uma manifestação de insatisfação. Recorre contra uma decisão judicial aquele que vê seus interesses contrariados pelo pronunciamento judicial que se impugna. Assim, não existe recurso obrigatório, e, por isso, mesmo, não se poderia considerar recurso a remessa necessária (art. 496) a que certas decisões judiciais se submetem, e do qual já se tratou em passagem anterior deste livro.

Prossegue a definição de recurso apresentada afirmando que esse meio voluntário de impugnação de pronunciamentos judiciais surge dentro do mesmo processo em que foi proferida a decisão impugnada. Essa é uma das características essenciais dos recursos, capaz de distingui-los das "ações autônomas de impugnação", como a "ação rescisória" ou a reclamação. O recurso, ao contrário da "ação autônoma de impugnação", não dá origem ao aparecimento de um novo processo, sendo, em verdade, um incidente do mesmo processo em que prolatado o pronunciamento impugnado.

Há que se notar que existe um recurso – o agravo de instrumento – em que são formados autos apartados, os quais são enviados ao tribunal, enquanto os autos principais permanecem com o juízo de primeira instância. Isso não altera, porém, o que acabou de ser dito. A formação de novos autos não implica o aparecimento de processo novo. O que se tem na hipótese é um desdobramento do procedimento, o qual irá pender, simultaneamente, perante o juízo de primeiro grau e o tribunal.

Põe-se, então, a questão de saber quais são os recursos. Pois o Direito Processual Civil brasileiro adota, quanto ao ponto, um sistema de taxatividade recursal, por força do qual só existem (e têm tal natureza) os recursos expressamente previstos em lei. São, pois, cabíveis no sistema processual brasileiro os seguintes recursos (art. 994): apelação, agravo de instrumento, agravo interno, embargos de declaração, recurso ordinário, recurso especial, recurso extraordinário, agravo em recurso especial ou extraordinário e embargos de divergência. Além destes, evidentemente, outros recursos podem ser encontrados, criados por leis extravagantes (como é o caso dos embargos infringentes previstos no art. 34 da Lei nº 6.830/1980, cabíveis em certos processos de execução fiscal). Todos eles, porém, têm esta característica comum: são incidentes do mesmo processo em que se proferiu a decisão recorrida.

O recurso pode permitir que sejam alcançados quatro resultados: reforma, invalidação, esclarecimento e integração da decisão judicial impugnada. Cada um desses resultados será alcançado em hipóteses bastante próprias, fazendo-se necessária a análise, neste passo, de cada uma delas.

Em primeiro lugar (e esta é, sem sombra de dúvidas, a hipótese mais frequente), o recurso pode ter por objeto a reforma da decisão judicial impugnada. Isso se dará toda vez que o recorrente afirmar a existência, no pronunciamento recorrido, de um *error in iudicando*, isto é, de um erro de julgamento. Este se define como o equívoco na conclusão da decisão recorrida. Em outras palavras, ocorre *error in iudicando* quando a decisão recorrida tenha adotado conclusão errada. Pense-se na decisão que condenou o réu a cumprir obrigação que não era verdadeiramente devida; na decisão que anulou contrato que não tinha qualquer vício; na decisão que declarou a falsidade de um documento que é autêntico (ou vice-versa); no pronunciamento que afirmou ser o réu pai do autor quando essa paternidade não existe; na sentença que pronuncia uma prescrição que na verdade não se consumou etc. Em todos esses casos, a decisão adotou conclusão equivocada e, portanto, terá ela sido proferida com *error in iudicando*.

Aliás, é extremamente importante observar que o *error in iudicando* – ao contrário do que erradamente se vê muitas vezes afirmado na prática dos tribunais – não se refere apenas aos erros no julgamento do mérito da causa. Há, também, *errores in iudicando* em matéria processual. Basta pensar no caso da decisão que declara correto o valor da causa que está errado; no pronunciamento que indefere a produção de uma prova que precisa ser produzida; na decisão que inverte o ônus da prova quando os requisitos de tal inversão não estão presentes; no pronunciamento que afirma faltar alguma "condição da ação" quando estão todas presentes etc. Nesses casos, não obstante processual a matéria objeto da decisão, o que há é *error in iudicando* (e não *error in procedendo*, conceito de que se tratará adiante). Em todos os exemplos indicados o juízo terá decidido mal a questão submetida à sua apreciação e, portanto, cometido um erro de julgamento, um *error in iudicando*.

Pois nos casos em que há *error in iudicando* o resultado do julgamento do recurso é a reforma da decisão recorrida. Incumbe ao órgão competente para julgar o recurso, nesse caso, proferir uma nova decisão, cuja conclusão seja distinta daquela adotada pelo pronunciamento recorrido e, portanto, que não contenha o erro de julgamento ali identificado.

Em outros termos, toda vez que se interpuser recurso contra uma decisão sob o fundamento de que ela deu errônea solução à questão sobre a qual versa, o objeto de tal recurso será a reforma da referida decisão judicial.

Situação diversa é a que se tem quando o recurso é interposto sob o fundamento de a decisão impugnada ter sido proferida com *error in procedendo*. Esse é um vício de forma, ao contrário do anterior, em que havia um vício de conteúdo. O *error in procedendo* está sempre ligado ao descumprimento de uma norma de natureza processual e consiste em vício formal da decisão, que acarreta sua nulidade. Nessa hipótese, o objeto do recurso não será a reforma da decisão recorrida, mas sua invalidação.

Diferente, então, será o resultado produzido pelo recurso quando se identificar um *error in procedendo* (isto é, um erro de atividade). Nos *errores in procedendo* não há qualquer relevância em verificar se a conclusão adotada pelo pronunciamento recorrido está correta ou equivocada. O que se tem, nesses casos, é um vício na atividade de produção da decisão judicial. Pense-se, à guisa de exemplo, em uma decisão não fundamentada. Pode até ser que tal decisão tenha adotado conclusão correta, mas isso não importa. A decisão não fundamentada é viciada no seu modo de produção, incompatível com o ordenamento processual e, pois, inválida. O mesmo se tem no caso de decisão produzida por juízo incompetente; na decisão proferida sem respeito ao princípio do contraditório; no pronunciamento judicial contrário à boa-fé objetiva (como é o caso da decisão que indefere a produção de prova requerida pelo autor e julga improcedente o pedido por insuficiência de provas); na sentença que indefere a petição inicial sem ter sido indicada com precisão a emenda à inicial que o autor deveria fazer para regularizá-la etc. Nesses casos – e em muitos outros – há vício de atividade, capaz de invalidar a decisão judicial, ainda que a conclusão nela adotada seja correta. Presente, pois, o *error in procedendo*, motivo pelo qual caberá ao órgão competente para julgar o recurso invalidar a decisão, cassando-a para que outra venha a ser produzida sem o vício que contaminou o pronunciamento recorrido.

É de se notar, aliás, que há uma importante razão para distinguir os dois tipos de vício aqui apresentados, o *error in iudicando* e o *error in procedendo*. Enquanto no primeiro tipo de vício, em que o recurso objetiva a reforma da decisão, o que se espera do órgão julgador do recurso é a prolação de nova decisão sobre a mesma questão decidida pelo pronunciamento impugnado, devendo esse novo pronunciamento substituir o recorrido, na segunda hipótese, em que o recurso tem por fim a invalidação da decisão recorrida, o que se espera obter no julgamento do recurso é uma decisão que anule o pronunciamento impugnado, retirando-o do processo e determinando ao órgão que o havia prolatado que profira nova decisão sobre aquela mesma questão (não obstante existam casos, que serão examinados mais à frente, em que o tribunal, depois de anular o pronunciamento recorrido, prossegue no julgamento da questão e profere nova decisão acerca da matéria que havia sido objeto da decisão recorrida).

O resultado produzido pelo recurso é o esclarecimento nos casos em que a decisão é obscura ou contraditória. Este – diga-se desde logo – é resultado que só através de um recurso pode ser produzido: embargos de declaração (art. 1.022, I).

Pode acontecer de uma decisão judicial ser obscura, isto é, pode-se ter uma decisão judicial cujo texto é, no todo ou em parte, incompreensível. Pense-se, por exemplo, em uma decisão judicial que contenha expressões ambíguas. Ou em casos nos quais o texto do pronunciamento judicial é mal escrito, de forma a dificultar ou mesmo impossibilitar sua compreensão. Pois em tais casos se dirá que a decisão é obscura. De outro lado, tem-se decisão contraditória naqueles casos em que o pronunciamento judicial contém postulados incompatíveis entre si. Destaque-se que a contradição de que aqui se trata é, necessariamente, uma contradição interna à decisão (como se dá no caso em que no mesmo pronunciamento judicial se encontra a afirmação de que certo fato está provado e também a afirmação de que esse mesmo fato não está provado; ou no caso em que a decisão afirma que uma das partes tem razão para, em seguida, afirmar que a mesma parte não tem razão; ou ainda no caso em que o pronunciamento judicial assevera que o autor tem o direito alegado e por tal motivo seu pedido é improcedente). Não é contraditória a decisão judicial que esteja em desacordo com algum elemento externo a ela. Uma decisão que não leva em conta o teor de um documento constante dos autos, por exemplo, não é contraditória (ainda que esteja errada). Do mesmo modo, não é contraditória uma decisão que contraria precedente judicial. Só há contradição sanável por esclarecimento quando haja absoluta incompatibilidade entre afirmações contidas na decisão judicial, internas a ela.

Pois nesses casos o órgão judicial incumbido de apreciar o recurso não tem a função de rejulgar a matéria, mas de esclarecer o conteúdo daquilo que já foi decidido, sanando a obscuridade ou eliminando a contradição anteriormente existente. Não se vai, portanto, redecidir. Vai-se reexprimir o que já havia sido decidido (mas não estava suficientemente claro).

Nessa hipótese, então, o recurso não é destinado a provocar uma nova decisão sobre a questão, mas sim a fazer com o juízo reafirme, com outros termos (mais esclarecedores), o que havia sido dito anteriormente. Trata-se de situação em que a atividade de julgamento da questão já se encerrou, havendo vício tão somente de expressão de ideias. Uma história que funciona melhor oralmente do que por escrito, e que tenho usado há muitos anos, desde que a li em um livro do grande jurista Sergio Bermudes, pode tornar mais acessível o que se quer aqui dizer. Durante uma festa, no seu palácio, o governador assoma à sacada e dele se ouve esta frase: "Roubaram a minha mulher". Um popular, que assistia à cena, disse a outro: "Roubaram a mulher do governador, coitado. Ele vai ficar sem mulher". O interlocutor, vendo a primeira dama numa janela, explica: "O governador não falou no acusativo; falou no dativo". O acusativo, em latim, é o caso do objeto direto, e o dativo, o caso do objeto indireto. A explicação quis, então, dizer que não haviam roubado a mulher (subtraído a mulher) do governador, mas que haviam roubado à (se a gráfica não põe o acento grave quem fica roubado sou eu) mulher do governador (subtraído dela) alguma coisa.

Em outros termos, o que se quer aqui não é que se redecida, mas sim que se reexprima.

Por fim, o recurso produzirá a integração de uma decisão judicial quando esta contiver alguma omissão, não tendo se manifestado a respeito de algo que deveria ter sido expressamente enfrentado no pronunciamento judicial. Por integração entende-se a atividade de suprir lacunas, o que nos faz concluir que aqui o recurso será destinado a suprir omissões contidas na decisão judicial. Trata-se de hipótese diferente da considerada logo antes desta. Aqui a atividade julgadora não se encerrou, haja vista ter o juízo omitido uma questão sobre a qual deveria ter se pronunciado. Nesse caso, quer-se não somente que o juiz reexprima o que já havia dito, mas se pretende reabrir a própria atividade decisória, com a apreciação da questão que ainda não havia sido apreciada.

O recurso que normalmente se revela capaz de produzir esse resultado é, também, o de embargos de declaração (art. 1.022, II). Não se trata, porém, de um resultado que apenas esse recurso possa produzir (ao contrário do que se dá, como visto, com o esclarecimento). É que, no caso de ser a decisão recorrida *citra petita* (isto é, de ter a decisão recorrida deixado de examinar alguma demanda que tenha sido proposta, como se dá no caso de ter o autor cumulado três pedidos e a sentença só ter julgado dois deles), o recurso interposto contra tal decisão irá suprir a omissão (ou, se for necessário, determinar ao juízo inferior que a supra), como se pode ver, em relação à apelação, no art. 1.013, § 3º, III. Tem-se, nesses casos, uma complementação da atividade decisória, integrando-se a decisão já proferida.

Com os recursos, portanto, pode-se produzir um destes quatro resultados: reforma, invalidação, esclarecimento ou integração do pronunciamento judicial impugnado.

De algum tempo para cá surgiu a ideia segundo a qual, excepcionalmente, seria possível a interposição de recurso com o fim de ver confirmada uma decisão judicial. Seria o caso de se ter proferido, em um tribunal local (de Justiça ou Regional Federal), uma decisão cujos fundamentos determinantes funcionarão, na área de atuação daquele tribunal (Estado ou Região), eficácia vinculante, e através do recurso – para o STJ ou para o STF – seria possível a "confirmação" da decisão, de modo a ampliar a eficácia vinculante daquele padrão decisório, o qual passaria a vincular em todo o território nacional. Seria, então, um "recurso de confirmação", que seria compatível – segundo os defensores da ideia – com o sistema de padronização decisória consolidado pelo vigente CPC.

A ideia aqui descrita já foi, inclusiva, acolhida pelo STF, como se pode ver pela decisão proferida no ARE 1.307.386 RG/RS, julgado em 06/05/2021. Nesse acórdão, o Supremo Tribunal Federal considerou que é possível a "submissão da questão constitucional ao Supremo Tribunal Federal para obtenção de tese com abrangência em todo o território nacional e não apenas no âmbito de jurisdição do tribunal de justiça estadual".

Não se pode negar que essa possibilidade seria mesmo muito interessante, especialmente para a consolidação do sistema de padronização decisória, já que permitiria que os Tribunais de Superposição atribuíssem abrangência nacional a entendimentos firmados pelos tribunais intermediários no julgamento de incidentes de resolução de demandas repetitivas (IRDR) ou de incidente de assunção de competência (IAC). Há, porém, um problema: é que esse entendimento contraria disposição constitucional expressa.

Isso se diz porque, como se poderá ver melhor adiante, só se pode admitir recurso extraordinário ou especial quando, através do recurso, se alega que a decisão recorrida *contraria* a Constituição da República, tratado internacional ou lei federal (arts. 102, III, *a*, e 105, III, *a*, ambos da Constituição). Não há como, no vigente sistema constitucional, admitir um recurso em que o recorrente afirma que a decisão está correta, em conformidade com a Constituição da República ou com o direito federal infraconstitucional, e tudo o que se pretende é a confirmação da decisão. Isso dependeria de uma emenda constitucional (emenda esta que, espera-se, venha a ser aprovada, a fim de legitimar essas decisões de admissibilidade do "recurso de confirmação"). O que não se pode, porém, aceitar é que seja admitido um recurso cuja finalidade é confirmar a decisão recorrida – ainda que para ampliar a abrangência do efeito de precedente – simplesmente por parecer uma "boa ideia", mas sem amparo normativo que autorize essa admissão.

Por fim, e concluindo a análise do conceito de recurso, há que se dizer que só se admite recurso contra decisões judiciais, ou seja, contra pronunciamentos judiciais que tenham conteúdo decisório. Significa isso dizer, em outras palavras, que se admite recurso contra sentenças, decisões interlocutórias e acórdãos. Os despachos de mero expediente, pronunciamentos desprovidos de qualquer conteúdo decisório, são irrecorríveis (art. 1.001 do CPC).

Frise-se, aqui, porém, e desde logo, um ponto: só se admite recurso para impugnar decisão judicial, mas nem todo pronunciamento judicial pode ser impugnado mediante recurso. Existem decisões judiciais que são irrecorríveis. É o caso, por exemplo, da decisão que releva a pena de deserção (art. 1.007, § 6º). É também o caso da decisão do relator do recurso especial que reputa prejudicial um recurso extraordinário (art. 1.031, § 2º).

Não se confunde, porém, a decisão irrecorrível (como essas que acabam de ser indicadas) com a decisão irrecorrível em separado. É que há decisões contra as quais não se admite um recurso próprio, autônomo, interponível imediatamente, mas isso não significa dizer que sejam elas irrecorríveis. O que acontece nesses casos é que será preciso esperar a prolação de algum outro pronunciamento judicial, contra o qual será cabível um recurso que permitirá, também, que se impugne aquela decisão anterior (a qual, portanto, não pode ser recorrida em separado). É o que se tem, por exemplo, com as decisões interlocutórias proferidas nos processos que tramitam nos Juizados Especiais Cíveis, contra as quais não se admite recurso em separado, mas que podem ser impugnadas no mesmo recurso que ataca a sentença.

No sistema do CPC esse fenômeno se manifesta no caso das decisões interlocutórias não agraváveis. Como se poderá ver melhor adiante, admite-se um recurso denominado agravo de instrumento contra as decisões interlocutórias enumeradas no art. 1.015. Contra as decisões interlocutórias que não se encontrem naquele rol (ou em algum outro dispositivo que afirme expressamente ser determinada decisão interlocutória recorrível por agravo de instrumento), não se admite o agravo de instrumento mas, uma vez proferida a sentença, a apelação que venha a ser interposta poderá impugnar também a decisão interlocutória que, anteriormente proferida, não podia ser atacada por recurso em separado (art. 1.009, § 1º). Esse, porém, é ponto a que se retornará mais adiante, inclusive para examinar a possibilidade, reconhecida pelo STJ (e criticada por grande parte da doutrina), de "mitigar" essa taxatividade.

33.1.2. Classificação

Há diversas formas de se classificar o recurso. Assim é que ele pode ser de fundamentação livre ou de fundamentação vinculada; total ou parcial; independente ou subordinado; ordinário ou excepcional (também chamado extraordinário).

A primeira forma de classificar os recursos decorre dos fundamentos que podem ser empregados para arrazoar o recurso. E aí se fala em *recursos de fundamentação livre* e *recursos de fundamentação vinculada*.

Quando um recurso é de fundamentação livre, admite-se o recurso qualquer que seja o fundamento empregado para impugnar a decisão recorrida, não estabelecendo a lei processual qualquer tipo de limitação. É o que se dá, por exemplo, com a apelação ou o agravo de instrumento. Nesses casos, a lei processual estabelece qual o pronunciamento que pode ser impugnado, sem dizer por quais razões o recurso pode ser interposto. O recorrente, por isso, é livre para estabelecer os fundamentos pelos quais pretende impugnar a decisão recorrida.

Já nos recursos de fundamentação vinculada a lei processual estabelece os possíveis fundamentos que podem ser empregados para impugnar a decisão recorrida. É o caso, por exemplo, dos embargos de declaração (em que o recurso só pode ser interposto fundado em alegação de obscuridade, contradição, omissão ou existência de erro material na decisão), do recurso extraordinário (que só pode fundar-se nas hipóteses previstas no art. 102, III, da Constituição da República) ou do recurso especial (que só pode ser interposto com fundamento em algum dos permissivos do art. 105, III, da Constituição da República). Quando o recurso é de fundamentação vinculada, portanto, a interposição do recurso por fundamento distinto daqueles previstos em lei acarreta a inadmissibilidade do recurso. Este é, aliás, mais um fundamento para não se admitir, diante do direito vigente, a interposição de recurso extraordinário (ou especial) com o objetivo de se obter a confirmação de uma decisão a fim de lhe atribuir eficácia vinculante em todo o território nacional, tema de que se tratou no tópico anterior. É que o recurso extraordinário e o recurso especial são recursos de fundamentação vinculada, e essa hipótese não encontra guarida em qualquer dos fundamentos expressamente permitidos para servir de base para esses recursos.

A segunda forma de classificar o recurso decorre do fato de que uma decisão judicial pode ser impugnada por inteiro ou apenas parcialmente. Chama-se recurso total àquele que ataca todo o conteúdo impugnável da decisão, e parcial ao que deixa incólume parte desse conteúdo impugnável. Assim, por exemplo, numa demanda ajuizada por A em face de B, em que aquele cobra deste a quantia de mil reais, tendo sido o pedido julgado improcedente, um recurso em que A peça ao tribunal a reforma da sentença, a fim de condenar o demandado ao pagamento dos mil reais, será um recurso total, enquanto um recurso em que se pleiteasse a condenação do réu ao pagamento de oitocentos reais seria parcial (e, nessa hipótese, tornar-se-ia indiscutível que a parcela não recorrida não era, mesmo, devida, transitando em julgado esse capítulo da sentença).

Note-se que, ao definir o recurso total e o recurso parcial, não se fala em impugnar toda a decisão, ou parte dela, mas em atacar todo o conteúdo impugnável da decisão ou parte dele. Isso porque a lei pode limitar esse conteúdo, não se admitindo recurso contra toda a decisão, mas apenas contra parte dela. O recurso que ataque toda essa parte contra a qual se admite sua interposição será um recurso total. Pense-se, por exemplo, em uma decisão de saneamento e organização do processo que redistribua o ônus da prova e indefira a produção de prova pericial. Pois nesse caso se admite agravo de instrumento contra o capítulo da decisão que redistribui o ônus da prova (art. 1.015, XI), mas não se admite agravo de instrumento contra o capítulo que indeferiu a prova pericial. Assim, o recurso que impugne a redistribuição do ônus da prova será *recurso total*.

Outra forma de classificar o recurso vai permitir falar em recurso independente (ou autônomo) e subordinado. Nos termos do art. 997 do CPC, cada parte interpõe seu recurso no prazo, independentemente, e observadas as exigências legais. Pode ocorrer, assim, que ambas as partes recorram contra uma dada decisão. O recurso de cada uma delas será independente do outro e, por isso, chamado de recurso autônomo. Pode acontecer, porém, que numa hipótese de sucumbência recíproca, assim considerada aquela situação em que a decisão acarreta satisfação parcial dos interesses de ambas as partes (pense-se numa demanda em que o autor quer ver o réu condenado a pagar mil; o réu contesta alegando nada dever; e a sentença o condena a pagar quinhentos: nessa hipótese o autor terá sucumbido em parte, pois não terá obtido tudo o que pretendia, e o réu também terá sucumbido em parte, pois terá sido condenado a pagar uma certa soma, quando afirmava não ser devedor), uma das partes fique, a princípio, satisfeita com a decisão, optando por aceitar o resultado do processo. A outra parte, porém, interpõe recurso (o qual será, obviamente, um recurso autônomo). Permite a lei (no mesmo art. 997 do CPC) que, nessa situação, a outra parte interponha recurso adesivo, ou seja, um recurso subordinado ao da outra parte. Esse recurso só será julgado se o recurso principal for admitido. Julgado inadmissível o recurso independente, automaticamente se terá por inadmissível o recurso adesivo, aplicando-se aqui a conhecida regra segundo a qual o acessório segue o principal. Nessa hipótese, ocorrerá o trânsito em julgado da decisão, o que – afinal de contas – havia sido considerado satisfatório pela parte que deixara de interpor recurso independente, optando por recorrer adesivamente.

Tem-se aí, portanto, um interessante mecanismo destinado a evitar a interposição de recursos que a princípio não eram queridos: a interposição do recurso de forma subordinada.

É que, como visto, pode acontecer de uma das partes, mesmo vencida, considerar que a decisão proferida não lhe é de todo ruim, e, nesse caso, só pretender recorrer se a outra parte também tiver recorrido. Pois nesse caso se reconhece a existência de uma segunda oportunidade recursal. Em caso de sucumbência recíproca, pode qualquer das partes não recorrer no prazo de que normalmente dispõe, limitando-se a esperar para ver se a parte contrária interpõe o seu recurso. Caso ninguém recorra, terá a decisão transitado em julgado. Na hipótese, porém, de uma das partes recorrer, poderá a parte contrária valer-se da segunda oportunidade recursal, interpondo seu recurso no prazo de que dispõe para oferecer contrarrazões (art. 997, § 2º, I). Fala o texto normativo, nesse caso, em "recurso adesivo". É preciso observar, porém, dois detalhes: primeiro, a denominação "recurso adesivo", embora tradicional no Direito brasileiro – já tendo sido adotada anteriormente, ao tempo do CPC de 1973 –, não é a mais adequada, pois o que se tem aí é, verdadeiramente, um recurso subordinado (enquanto o recurso da outra parte será o recurso principal ou independente); segundo, recurso adesivo não é uma espécie de recurso (como a apelação ou o agravo de instrumento), mas uma forma de interposição de certos recursos. Assim, se for proferida uma sentença que produza sucumbência recíproca, poderá o autor ou o réu interpor apelação principal e a outra parte interpor sua apelação de forma adesiva. Não se tem, porém, propriamente uma adesão (não obstante o texto do § 1º do art. 997), já que o "recorrente adesivo" não adere propriamente ao recurso independente (pois não o apoia, não pretende que seja ele provido), mas interpõe recurso em que busca obter resultado que lhe é favorável (e, por consequência, é desfavorável àquele que interpôs o recurso principal).

Importante reiterar que só se admite a interposição do recurso adesivo quando ocorre uma situação de sucumbência recíproca. Esta ocorre quando demandante e demandado são parcialmente vencedores e vencidos em suas pretensões. Não se confunde a sucumbência recíproca com a sucumbência parcial. Assim, por exemplo, proposta demanda por A em face de B e C, pedindo o autor a condenação de ambos ao cumprimento de certa obrigação, e prolatada sentença em que se condenou o primeiro réu, julgando-se improcedente o pedido formulado em face do segundo demandado, tem-se sucumbência parcial, sem que tenha havido qualquer nota de reciprocidade.

O "recurso adesivo" é, pois, subordinado ao recurso principal (art. 997, § 2º, parte inicial). O exame de seu mérito depende não só do preenchimento de todos os requisitos de admissibilidade que a espécie recursal interposta normalmente exigiria (art. 997, § 2º), mas além disso exige, também, que se possa julgar o mérito do recurso principal (art. 997, § 2º, III). Desse modo, sempre que o tribunal deixar de conhecer do recurso principal (por ter havido desistência, ou por ser ele por qualquer razão reputado inadmissível) estará, automaticamente, fechada a porta para o exame do mérito do recurso adesivo, do qual não se conhecerá. Prevalecerá, assim, a decisão recorrida (o que para o recorrente adesivo, como já afirmado, não é de todo ruim, já que, como visto, não pretendia ele, a princípio, recorrer contra aquela decisão, só o tendo feito porque o recurso principal foi interposto pela parte adversária).

Apenas demandantes e demandados podem recorrer adesivamente (art. 997, § 1º, que fala em "autor e réu", afirmando que ao recurso "interposto por qualquer deles" poderá "o outro" aderir). O Ministério Público na qualidade de fiscal da ordem jurídica e terceiros eventualmente prejudicados não podem interpor recurso adesivo.

A forma adesiva de interposição de recurso só é admissível na apelação (e, por extensão, no recurso ordinário constitucional previsto no art. 1.027, II, *b*, que – como se poderá ver adiante – é uma verdadeira apelação, interponível por qualquer das partes, mas que recebe outro nome por ser o seu julgamento atribuído ao STJ, e não ao tribunal de segunda instância), no recurso extraordinário e no recurso especial (art. 997, § 2º, II). Outros recursos, como o agravo de instrumento ou o agravo interno, não podem ser interpostos adesivamente, só sendo admissíveis se interpostos em caráter independente.

Pode-se definir, então, o recurso adesivo como o incidente que surge em caso de sucumbência recíproca, no procedimento recursal instaurado por alguma das partes, em virtude de exercer também a outra parte, posterior e subordinadamente, o direito de recorrer. O recurso adesivo é instrumento colocado à disposição daquela parte que, na hipótese de sucumbência recíproca, coloca-se na posição de aceitar a decisão, não interpondo recurso contra ela, sob a condição de que a outra parte também não recorra. Não existindo o recurso adesivo, seria essa parte levada a recorrer para, após verificar que a outra parte não recorreu, desistir do recurso interposto. Com a previsão do recurso adesivo, aquela interposição precipitada do recurso não mais ocorre, podendo a parte aguardar tranquilamente o prazo para interposição do recurso autônomo e, na hipótese de seu adversário recorrer, aí sim oferecer o recurso adesivo. E, no caso de ambas as partes pensarem da mesma forma, nenhuma delas recorrerá.

O recurso adesivo não é, porém, o único recurso subordinado que se encontra no sistema processual civil brasileiro. Também a apelação que se interpõe na mesma petição usada para apresentar contrarrazões à apelação da parte contrária, prevista no art. 1.009, § 1º, do CPC, é recurso subordinado, e se submete ao mesmo regime processual do recurso adesivo. Assim, dele não se conhecerá caso o recurso autônomo não for admitido. Ao ponto se retornará quando do estudo da apelação.

Por fim, há que se fazer referência à classificação dos recursos em ordinários e excepcionais (ou extraordinários). Há quem afirme que se trata de classificação despida de qualquer relevância para o Direito brasileiro. Essa respeitável opinião doutrinária baseia-se numa classificação dos recursos que considera ordinários aqueles cuja interposição obsta a formação da coisa julgada, e extraordinários os que não servem de obstáculo à formação daquela situação jurídica mas, ao contrário, a pressupõem, só sendo interponíveis depois de transitar em julgado a decisão (classificação tradicionalmente adotada pela doutrina que examina ordenamentos como o francês e o italiano).

É inegável que, no Direito brasileiro, todos os recursos admissíveis o são apenas antes da formação da coisa julgada, e, sob esse aspecto, todos seriam ordinários. Há, é certo, um recurso no Direito brasileiro chamado "recurso extraordinário", mas esse é apenas o seu *nomen iuris*, e tal recurso, assim como todos os demais, uma vez interposto, impede que a decisão impugnada transite em julgado, o que o colocaria na classe dos recursos ordinários. Diga-se, aliás, que mesmo em países onde tal classificação costuma ser aceita há autores que negam aos "recursos extraordinários" a natureza de verdadeiros recursos.

Há, porém, uma tendência doutrinária, aqui adotada, e que tem se revelado dominante, que apresenta uma outra forma de classificação dos recursos, falando (com fundamentos diferentes da antecedente, a qual – como visto – não tem qualquer relevância, ao menos no Direito brasileiro) em recursos ordinários e excepcionais (ou extraordinários).

São ordinários os recursos cujo objeto imediato é a tutela do direito subjetivo, e excepcionais aqueles cujo fim imediato é a tutela do direito objetivo. Encontram-se na primeira espécie recursos como a apelação e o agravo de instrumento, e na segunda localizam-se o recurso extraordinário e o recurso especial.

Nos recursos ordinários, em que o objeto imediato é a tutela do direito subjetivo do recorrente, podem-se discutir questões de fato e de direito (afinal, o direito subjetivo nasce diante de situações fáticas; assim sendo, tanto os aspectos de fato como os de direito podem ser aqui discutidos). Já nos recursos excepcionais, cujo objeto imediato é a tutela do direito objetivo (Constituição da República e Direito federal), e apenas mediatamente se tutela o direito subjetivo, somente questões de direito poderão ser suscitadas. Isso explica, por exemplo, a existência do Enunciado nº 7 da súmula da Jurisprudência Predominante do STJ, que proíbe se admita recurso especial para mero reexame de prova (afinal, as provas estão ligadas às alegações de fato, e não às de direito).

Diga-se, por fim, que é preferível falar em recursos excepcionais, e não em "recursos extraordinários", como muitos doutrinadores, porque o nome recurso extraordinário é tradicionalmente empregado no Direito brasileiro para designar uma espécie de recurso (espécie, aliás, que integra o gênero aqui denominado "recursos excepcionais"). Com a terminologia aqui adotada evita-se a confusão entre o gênero e a espécie, optando-se por uma maior precisão terminológica, desejável para qualquer tentativa de evolução científica.

33.1.3. Juízo de admissibilidade e juízo de mérito

O julgamento dos recursos divide-se em duas fases, denominadas juízo de admissibilidade e juízo de mérito. Na primeira delas, preliminar (no sentido estrito do termo, significando que a decisão aqui proferida pode impedir que se passe ao juízo de mérito), verifica-se a presença dos requisitos de admissibilidade do recurso. Sendo positivo esse juízo, ou seja, admitido o recurso, passa-se, de imediato, ao juízo de mérito, fase do julgamento em que se vai examinar a procedência ou não da pretensão manifestada no recurso. Pode-se dizer que existe uma escalada de posições jurídicas, a ser assim considerada: a) direito de interpor o recurso; b) direito de ver o mérito do recurso julgado; c) direito de ver o recurso provido.

A primeira dessas posições é a mais ampla, sendo certo que qualquer pessoa pode interpor recurso. Já a segunda abrange um campo mais restrito, uma vez que apenas aqueles dentre os titulares do direito de interpor recurso que preencherem todos os requisitos de admissibilidade do recurso poderão ver realizar-se o juízo de mérito. O resultado desse juízo de mérito, porém, pode ser de qualquer teor, favorável ou desfavorável, e ainda assim existirá essa posição jurídica aqui referida (b). Dentre os que têm direito ao juízo de mérito, apenas alguns terão direito ao provimento do recurso, a terceira posição da escalada a que se vem fazendo referência. Esse direito é exclusivo daqueles que, além de terem direito ao juízo de mérito, manifestam – através de seu recurso – uma pretensão fundada, procedente. Estes (e somente estes) verão o órgão judiciário competente para apreciar o recurso dar-lhe provimento, reformando, invalidando, esclarecendo ou integrando a decisão judicial impugnada.

Interposto o recurso, portanto, inicia-se a sua apreciação, o que se faz com a realização do juízo de admissibilidade. Este pode ser definido como a fase do julgamento do recurso em que se verifica a presença ou não dos requisitos de sua admissibilidade, revelando-se como preliminar do juízo de mérito.

Varia a forma como se realiza o juízo de admissibilidade, sendo tal variação determinada pela forma como a lei regulamenta o procedimento a ser observado em cada espécie de recurso. Há, porém, um sistema básico, observado como regra geral, e que raramente sofre alterações de maior vulto. Assim é que, em regra, o recurso é interposto perante o órgão *a quo* (ou seja, perante o órgão que proferiu a decisão recorrida). Esse órgão, porém, não exerce juízo de admissibilidade, que é – em regra, repita-se – exercido exclusivamente pelo órgão *ad quem* (ou seja, pelo órgão a que cabe julgar o mérito do recurso), primeiro pelo relator ali designado, e depois pelo órgão colegiado.

Exceções a essa regra geral são o agravo de instrumento (que não é interposto perante o órgão *a quo*, mas diretamente perante o tribunal *ad quem*) e os recursos especial e extraordinário, que se submetem a um primeiro juízo de admissibilidade no Tribunal *a quo*, como resulta do art. 1.030 do CPC.

Quando um recurso é admissível, diz-se que ele será conhecido. Não conhecer de um recurso (expressão encontrada em algumas passagens do CPC, como no art. 76, § 2º, I, no art. 101, § 2º, ou no art. 932, III), portanto, significa o mesmo que o declarar inadmissível.

Ultrapassado o juízo de admissibilidade (ou, em outros termos, tendo o órgão *ad quem* conhecido do recurso), passa-se ao juízo de mérito, onde – como anteriormente afirmado – o órgão jurisdicional competente passa a conhecer da pretensão manifestada pelo recorrente em sua petição de interposição do recurso. Sendo procedente tal pretensão (ou seja, tendo razão o recorrente em sua impugnação), dá-se provimento ao recurso. Em caso contrário, nega-se provimento a ele.

A distinção entre o juízo de admissibilidade e o juízo de mérito é importante por diversas razões, algumas das quais ficarão claras mais adiante como, por exemplo, a produção do efeito de substituir ou invalidar a decisão recorrida, que apenas as decisões de mérito proferidas no julgamento dos recursos são aptas a produzir. Outro ponto capaz de revelar a importância dessa distinção é o do momento da formação da coisa julgada. Sendo negativo o juízo de admissibilidade, o provimento que deixa de admitir o recurso tem conteúdo meramente declaratório, limitando-se a tornar certo que a decisão contra a qual se recorreu não admitia mais impugnação, e seu trânsito em julgado terá se dado no momento em que ao pronunciamento se tenha tornado irrecorrível, e não no momento do julgamento do recurso. Assim, por exemplo, interposta apelação contra uma sentença após o término do prazo legal, terá a sentença transitado em julgado no momento do término daquele prazo, ainda que a decisão sobre a inadmissibilidade do recurso intempestivo seja proferida meses depois.

Vale lembrar que determinar o momento do trânsito em julgado de uma decisão é relevante por diversas razões, como, por exemplo, para se poder saber se essa decisão produz efeitos de modo provisório ou definitivo.

Outro fator importante na distinção entre admissibilidade e mérito do recurso diz respeito à competência para a rescisão das sentenças e acórdãos. Tendo sido admitido o recurso (e, por conseguinte, tendo sido seu mérito julgado), é a decisão do recurso, e não a decisão recorrida, que pode ser rescindida. Já na hipótese de se ter considerado o recurso inadmissível, permanece possível a propositura de "ação rescisória" com o fim de atacar a decisão impugnada pelo recurso que não se admitiu.

Assim, por exemplo, interposta apelação contra uma sentença de mérito, e admitido tal recurso, não se poderá mais pedir a rescisão da sentença, mas tão só do acordão que julgou a apelação. Não se admitindo o recurso, porém, permanece a possibilidade de ajuizamento de "ação rescisória" contra a sentença. Isso se reflete na determinação do juízo competente para o julgamento da "ação rescisória", e tem gerado problemas práticos de difícil solução. Pense-se, por exemplo, num recurso extraordinário contra acórdão proferido pelo Tribunal de Justiça de um Estado da Federação. Tendo o STF conhecido do recurso, será passível de rescisão o seu acórdão, tenha dado ou negado provimento ao recurso. Já no caso de não se ter conhecido do recurso, passível de rescisão será o acórdão do tribunal estadual. Ocorre que o STF, como já visto, não era adepto dessa precisão terminológica que aqui se defende, tendo sido incontável o número de casos em que o Supremo Tribunal Federal afirmou que "deixava de conhecer" de determinado recurso quando, diante do rigor técnico que se exige daquele que exerce a função jurisdicional, a hipótese seria de negar provimento a ele. Essa imprecisão terminológica acabou por resultar, como anteriormente comentado, no Enunciado nº 249 da súmula da Jurisprudência Dominante do Supremo Tribunal Federal, cujo teor é o seguinte: "é competente o Supremo Tribunal Federal para a ação rescisória quando, embora não tendo conhecido de recurso extraordinário, ou havendo negado provimento a agravo, tiver apreciado a questão federal controvertida". O enunciado contém uma contradição teórica insuperável: como se pode apreciar a questão submetida a julgamento se o recurso não foi admitido? Isso se dava tão somente em razão da imprecisão terminológica do STF, que afirmava "não conhecer" de um recurso quando, em verdade, a ele negava provimento. O Supremo Tribunal Federal, porém, em pronunciamentos emitidos a partir de 2003, passou a decidir com a precisão terminológica esperada, distinguindo de forma precisa os casos de não conhecimento dos casos de não provimento do recurso extraordinário.

É de se afirmar aqui que seria impossível realizar um estudo sistemático do juízo de mérito, já que seu conteúdo irá variar conforme o caso concreto. Registre-se, aliás, que o mérito do recurso não corresponde, necessariamente, ao mérito do processo (bastando, para confirmar tal assertiva, que se pense na hipótese de recurso em que se pede a reforma de decisão que versa sobre a redistribuição do ônus da prova: o mérito do recurso, consistente na pretensão de ver reformada aquela decisão que trata do modo como se distribui em um processo o ônus da prova, não se confunde, como parece claro, com o mérito da causa, isto é, com o objeto do processo).

É possível, porém, uma análise sistemática do objeto da cognição exercida no juízo de admissibilidade, já que tal se compõe dos requisitos de admissibilidade dos recursos. Tais requisitos se dividem em genéricos e específicos. Aqueles são, em linha de princípio, aplicáveis a todos os recursos (salvo exceção expressamente prevista em lei), como, por exemplo, a tempestividade e o interesse em recorrer, enquanto os requisitos específicos dizem respeito a um (ou alguns) recurso, como é o caso do prequestionamento, requisito específico de admissibilidade dos recursos excepcionais. Os requisitos específicos serão analisados quando do exame de cada uma das espécies de recurso. Passa-se, pois, ao exame dos requisitos genéricos de admissibilidade dos recursos.

33.1.3.1. Requisitos de admissibilidade dos recursos

Não há, registre-se desde logo, consenso doutrinário quanto a quais sejam esses requisitos e a um modo de classificá-los. Assim, por exemplo, há quem os classifique em requisitos intrínsecos e extrínsecos, sendo os primeiros referentes à existência do direito de recorrer, e os segundos concernentes ao exercício de tal direito. Outros autores há que classificam tais requisitos em subjetivos (atinentes à pessoa que interpõe o recurso) e objetivos (concernentes ao recurso considerado em si próprio).

Esses métodos, porém, geram "zonas cinzentas" e, por isso, não parecem os mais adequados do ponto de vista didático. Veja-se, por exemplo, o caso da tempestividade. Autores que trabalham com a classificação dos requisitos em subjetivos e objetivos tendem a afirmar que a tempestividade seria um requisito objetivo de admissibilidade do recurso, já que seria concernente ao recurso considerado em si próprio, e não à pessoa que interpõe o recurso. Ocorre que o prazo para recorrer pode variar em função da pessoa que recorre (como é o caso da Fazenda Pública, por exemplo, que tem prazos em dobro para interpor recursos).

Do mesmo modo, a adequação do recurso interposto é normalmente apontada, por quem se vale da classificação dos requisitos em intrínsecos e extrínsecos, como um requisito extrínseco, já que diz respeito ao modo de exercer o direito ao recurso. Ocorre que a adequação é elemento de aferição do interesse em recorrer e, portanto, integra (ou pelo menos parece integrar) um requisito intrínseco.

Por essa razão é que se opta, aqui, por outra metodologia. Necessário, porém, para a compreensão da metodologia aqui proposta, afirmar que os requisitos de admissibilidade dos recursos nada mais são do que manifestações, em grau de recurso, das "condições da ação" e dos pressupostos processuais. Esse é ponto que merece um aprofundamento.

É preciso, então, dizer – em primeiro lugar – que a interposição do recurso é uma forma de exercício do direito de ação. Aquele que recorre se dirige a um órgão jurisdicional e, por fundamentos que deduz, formula pedido cujo objeto é a produção de uma decisão que lhe favoreça. Pois isso nada mais é do que exercer o direito de ação. Afinal, como se teve chance de dizer em passagem anterior deste trabalho, sempre que alguém atua no processo ocupando uma posição ativa, buscando influenciar na formação do seu resultado, está-se diante de um ato de exercício do direito de ação.

Ora, se recorrer é uma forma de exercício do direito de ação, então o exame do mérito pressupõe a presença das "condições da ação", requisitos do legítimo exercício do direito de ação. Em outros termos, só será considerado admissível o recurso se estiverem presentes a legitimidade e o interesse. É preciso, porém, verificar como essas "condições" se manifestam em sede recursal. São, pois, requisitos de admissibilidade dos recursos as "condições do recurso" (legitimidade para recorrer e interesse em recorrer).

Além disso, a interposição do recurso provoca a necessidade de que se desenvolva, perante o órgão competente para seu julgamento, uma atividade processual. Em outras palavras, o julgamento do recurso exige que, perante o tribunal competente para apreciá-lo, se desenvolva um processo (que é, como sabido, o mesmo processo em que se proferiu a decisão recorrida). Pois a apreciação do mérito do recurso exige que o processo se desenvolva, perante o tribunal, de forma regular, o que impõe a observância de alguns requisitos, necessários para o desenvolvimento válido e regular do processo, os pressupostos processuais. Também aqui, porém, é preciso verificar como os pressupostos processuais se manifestam em sede de recurso. A admissibilidade do recurso, portanto, exige o preenchimento dos pressupostos recursais (investidura do órgão *ad quem*, capacidade processual, regularidade formal da interposição do recurso).

Por fim, é sempre preciso recordar que o exame do mérito exige que não esteja presente nenhum impedimento processual, assim compreendidos os fatos cuja existência é impeditiva da admissibilidade da resolução do mérito. Pense-se, por exemplo, na litispendência, na coisa julgada ou na convenção de arbitragem. Pois também em grau de recurso não pode estar presente algum impedimento recursal (aceitação da decisão, desistência do recurso e renúncia ao direito de recorrer).

Em síntese: para que seja admissível um recurso (e, dele conhecendo, o tribunal possa passar ao juízo de mérito), é preciso que estejam presentes as "condições do recurso" e os pressupostos recursais, e que não esteja presente qualquer impedimento recursal.

33.1.3.1.1. Condições do recurso

Como dito acima, as "condições do recurso" nada mais são do que projeções das "condições da ação", aplicadas a esse especial ato de exercício do poder de ação que é o recurso. Assim sendo, há que se considerar aqui essas aplicações especiais da legitimidade das partes e do interesse de agir, que são a legitimidade para recorrer e o interesse em recorrer.

Legitimidade para recorrer é a aptidão que deve ter aquele que interpõe o recurso para, naquele caso concreto, impugnar a decisão judicial. Pois, nos termos do art. 996, têm legitimidade para recorrer as partes, o terceiro prejudicado e o Ministério Público.

Em primeiro lugar, portanto, estão legitimadas a recorrer as partes. Fala o texto da lei, é certo, em "parte vencida", mas o fato de ter ela sido ou não vencida diz respeito a outra "condição", o interesse, e ao ponto se tornará à frente. As partes do processo estão legitimadas a recorrer. Duas observações, porém, precisam ser feitas.

Em primeiro lugar, é preciso dizer que o conceito de partes a ser empregado aqui é bastante amplo, de forma a compreender todos os sujeitos parciais do processo. Em outros termos, estão legitimadas a recorrer as partes do processo (e não só as partes da demanda, isto é, o demandante e o demandado). Assim, todo aquele que participa do processo como sujeito do contraditório (como é o caso do assistente, por exemplo) pode recorrer na qualidade de parte. Vale registrar, porém, que o a*micus curiae*, embora seja parte do processo em que intervém, só pode recorrer da decisão que aprecia o incidente de resolução de demandas repetitivas (art. 138, § 3º), e, por integrar o mesmo microssistema, também está ele legitimado a recorrer da decisão proferida no julgamento de recursos (especiais ou extraordinários) repetitivos ou do incidente de assunção de competência. Além disso, o *amicus curiae* só está legitimado a opor embargos de declaração.

A segunda observação necessária é a de que não basta ser parte para que se esteja legitimado a recorrer. Impõe-se, também, verificar que interesse pretende o recorrente ver protegido com seu recurso. É que, ao menos como regra geral, só se tem legitimidade para postular em juízo na defesa de interesses próprios (legitimidade ordinária), admitida a defesa, em nome próprio, de interesses alheios nos casos previstos no ordenamento jurídico (legitimidade extraordinária, prevista no art. 18). Assim, e ressalvados os casos de legitimidade extraordinária, só terá a parte legitimidade para recorrer na defesa de seus próprios interesses. Pense-se, por exemplo, no caso em que uma sociedade é demandada e se instaura o incidente de desconsideração da personalidade jurídica para que se possa responsabilizar também um sócio. Pois da decisão que julga procedente o requerimento incidental de desconsideração da personalidade jurídica só tem legitimidade para recorrer o sócio cujo patrimônio será atingido (e, pois, cuja esfera jurídica individual é afetada pela decisão), mas não a sociedade. O recurso por esta interposto é inadmissível por não ter a sociedade legitimidade para recorrer, em nome próprio, na defesa de interesse alheio.

Também se considera legitimado a recorrer o terceiro prejudicado. Trata-se da afirmação de que terceiros, afetados por decisões judiciais, podem recorrer. O recurso de terceiro é uma modalidade de intervenção voluntária de terceiro (já que através de seu recurso um terceiro ingressa voluntariamente em um processo de que não participava).

É que pode acontecer de terceiros, estranhos ao processo, serem afetados por decisões judiciais capazes de atingi-los com seus efeitos. É o caso, por exemplo, de um sublocatário, que pode ser alcançado por decisão judicial que decreta o despejo, ou do advogado, que vê a decisão fixar honorários em seu favor, deles sendo credor, mas que não é parte no processo em que a decisão é proferida (mas mero representante de quem é parte, o seu cliente).

Pois, se um terceiro é titular de direito (ou está extraordinariamente legitimado a defender direito de outrem) que pode vir a ser afetado pela decisão judicial, deve-se admitir que interponha recurso contra tal decisão. Não é por outra razão, aliás, que o parágrafo único do art. 996 estabelece que "cumpre ao terceiro demonstrar a possibilidade de a decisão sobre a relação jurídica submetida à apreciação judicial atingir direito de que se afirme titular ou que possa discutir em juízo como substituto processual".

Por fim, o Ministério Público está legitimado a recorrer nos processos em que é parte (pela óbvia razão de que as partes estão legitimadas a recorrer), mas também nos casos em que intervém no processo como fiscal da ordem jurídica.

Discute-se a possibilidade de o Ministério Publico interveniente, nos processos em que tal intervenção se dá por haver interesse de incapaz, poder recorrer contra decisão favorável aos interesses da pessoa cuja presença no processo tornou obrigatória sua intervenção. Pois a resposta deve ser positiva. Não se pode admitir que o Ministério Público, guardião dos interesses maiores da sociedade, seja obrigado a calar diante de uma decisão incorreta proferida num processo onde é chamado a intervir como fiscal da ordem jurídica. O Ministério Público não pode ser chamado a defender o mau direito, pois que sua função precípua não é a defesa dos interesses individuais de quem quer que seja, mas sim a dos interesses sociais.

Vale registrar, ainda, que no STJ firmou-se o correto entendimento (sumulado no Enunciado nº 99) segundo o qual o Ministério Público tem legitimidade para recorrer nos processos em que atua como fiscal da lei mesmo que as partes não tenham recorrido.

Além de legitimidade, exige-se ainda que o recorrente tenha interesse em recorrer. Este se conceitua como a utilidade do recurso interposto. É que através do recurso deve o recorrente postular decisão capaz de lhe proporcionar situação jurídica mais favorável do que aquela que lhe é proporcionada pela decisão recorrida.

Pense-se, por exemplo, no caso de ter sido proferida sentença de total improcedência do pedido. Pois, se contra tal sentença se insurge o réu, postulando sua reforma para que o processo seja extinto sem resolução do mérito, faltar-lhe-á interesse em recorrer, já que a providência postulada não melhora (ao contrário, piora) sua situação jurídica.

É preciso, então, que através do recurso se busque uma providência útil, assim compreendida aquela que é capaz de proporcionar ao recorrente uma melhoria de situação jurídica (em comparação com a situação proporcionada pela decisão recorrida). Só assim estará presente o interesse em recorrer.

O interesse em recorrer se desdobra em dois elementos: interesse-necessidade e interesse-adequação. Em outros termos, é preciso que o recurso interposto seja necessário e adequado.

O recurso é necessário (e, pois, está presente o interesse-necessidade) se é o único meio capaz de proporcionar, no mesmo processo, o resultado pretendido. Assim, se houver outro meio além do recurso que se apresente como capaz de, no mesmo processo, produzir o resultado prático pretendido pelo recorrente, o recurso não se afigurará necessário e, portanto, faltará interesse em recorrer.

Pense-se, por exemplo, no caso de o réu ter sido condenado, em um processo de procedimento comum, a pagar certa quantia. Caso o réu recorra para pedir a reforma da sentença, seu recurso será evidentemente útil (já que por intermédio dele o apelante estará a postular uma melhoria de situação jurídica). Será, também, necessário, já que no caso de o réu não recorrer a sentença que o condenou transitará em julgado, tornando-se imutável e indiscutível.

Compare-se essa situação com aquela do réu que, em processo no qual se observa o procedimento monitório, toma ciência de que foi proferida decisão determinando, sem sequer ouvi-lo previamente, que efetue pagamento de quantia determinada no prazo de quinze dias (art. 701). Pois nesse caso faltará interesse em recorrer contra tal decisão, uma vez que o réu pode, ao tomar ciência do provimento jurisdicional, opor "embargos à ação monitória" (art. 702), o que provocará a suspensão do processo judicial (art. 702, § 4º) até que se decida se a obrigação realmente existe ou não. Há, pois, outro meio além do recurso, previsto para ser usado dentro do mesmo processo, e que é capaz de proporcionar a utilidade pretendida (qual seja, a declaração de que a obrigação efetivamente não existe). Não é, portanto, necessário o recurso, e, por conseguinte, falta interesse em recorrer contra tal decisão.

Tenha-se claro, porém, que a necessidade do recurso é examinada a partir da existência ou não de outros meios capazes de proporcionar o resultado pretendido *dentro do mesmo processo*. O fato de haver algum meio que permita buscar o resultado em processo autônomo (como seria, por exemplo, o cabimento de uma reclamação) não interfere na verificação da presença dessa "condição do recurso".

Além de necessário, o recurso deverá ser adequado. Esse, porém, é ponto que exige maior atenção.

No sistema processual brasileiro existe a previsão de várias espécies recursais distintas. Apelação, agravo de instrumento, agravo interno, recurso especial e recurso extraordinário são alguns desses recursos em espécie. E existe, sempre, a previsão dos casos em que a utilização de cada uma dessas espécies recursais é adequada. Assim, por exemplo, é adequada a interposição de apelação (e, portanto, de nenhum outro recurso) para impugnar uma sentença proferida por juízo de primeira instância. Já o recurso contra decisões monocráticas proferidas nos tribunais é o agravo interno. Veja-se, então, que, se um juiz de primeira instância indefere a petição inicial de um processo, o recurso adequado é a apelação, mas, se o relator indefere a petição inicial de um processo de competência originária do tribunal, o recurso adequado é o agravo interno.

Pois é preciso que se tenha interposto o recurso adequado para que este possa vir a ser admitido e, por conseguinte, julgado no mérito. A interposição de recurso inadequado implica, a princípio, sua inadmissibilidade por ausência de interesse recursal. Essa não é, porém, uma visão absoluta. É que por força do princípio da primazia da resolução do mérito (art. 4º) deve-se sempre buscar sanar os vícios processuais que podem ser sanados. E isso se aplica, também, à admissibilidade dos recursos. Daí por que se pode afirmar a existência de duas regras que resultam daquele princípio (da primazia da resolução do mérito): a da convertibilidade dos recursos e a da fungibilidade dos recursos.

A regra da convertibilidade dos recursos se aplica em três casos apenas. A interposição de recurso especial em caso em que seria admissível o recurso extraordinário acarreta a conversão daquele neste, na forma do art. 1.032. Do mesmo modo, a interposição de recurso extraordinário em caso em que seria adequada a interposição de recurso especial também acarreta a conversão, nos termos do art. 1.033. Há, aí, a conversão de um recurso em outro.

A terceira hipótese é a da apresentação de embargos de declaração quando, na verdade, o recurso adequado seria agravo interno (art. 1.024, § 3º). Nesse caso, determina-se a intimação do recorrente para complementar sua petição de forma a atender ao disposto no art. 1.021, § 1º, convertendo-se os embargos de declaração em agravo interno.

Já a regra da fungibilidade se aplica nos demais casos (FPPC, Enunciado nº 104). Sempre que um recurso inadequado for interposto no lugar do recurso adequado será possível admitir o "recurso errado" no lugar do "recurso certo" (sem que haja necessidade de conversão) se não houver erro grosseiro na sua interposição nem má-fé do recorrente. Em primeiro lugar, é preciso recordar a possibilidade de haver dúvida quanto ao recurso adequado. A dúvida de que aqui se trata, porém – e é preciso ter isso bem claro –, é a que resulta de divergência doutrinária ou jurisprudencial acerca do ponto. Havendo divergência acerca do recurso adequado para impugnar determinado tipo de decisão judicial, será possível admitir (já que fungíveis entre si) qualquer dos recursos cujo cabimento seja sustentado por alguma das correntes doutrinárias ou jurisprudenciais em disputa. É o caso, por exemplo, da decisão que julga procedente o pedido formulado em "ação de exigir contas", encerrando a primeira fase desse procedimento especial. É que há autores que entendem ser cabível apelação, enquanto outros sustentam ser cabível agravo de instrumento. Em casos assim, então, os quais são absolutamente excepcionais, deve-se considerar aplicável a regra da fungibilidade recursal.

Perceba-se que não se trata, aqui, de converter um recurso em outro, mas de admitir o "recurso errado" no lugar do "recurso correto".

É preciso, porém, que também não haja má-fé daquele que interpôs o recurso inadequado. Não seria possível, por exemplo, aplicar a regra da fungibilidade recursal em um caso no qual, com o único intento de ver admitido recurso manifestamente intempestivo, a parte interpusesse, contra decisão monocrática de relator, um agravo interno em caso no qual sua intenção é nitidamente daquelas que só por embargos de declaração se poderia deduzir. E isso porque, como sabido, o prazo para opor embargos de declaração é de cinco dias, enquanto o prazo para interpor qualquer outro recurso é de quinze dias.

33.1.3.1.2. Pressupostos recursais

Além das "condições do recurso", legitimidade para recorrer e interesse recursal, a admissibilidade dos recursos exige a presença dos pressupostos recursais, os quais são manifestações, em sede de recurso, dos pressupostos processuais (sobre os quais já se falou neste estudo).

O primeiro pressuposto recursal é que o órgão jurisdicional a que se dirige o recurso, chamado juízo *ad quem* (na maioria dos casos um tribunal), esteja investido de jurisdição. Como já se teve oportunidade de examinar em passagem anterior deste trabalho, a investidura de jurisdição do órgão julgador é a atribuição, por ele recebida da Constituição da República, de atuar em determinado tipo de causa. Pois é por força de norma constitucional que compete aos Tribunais Regionais Federais julgar, em grau de recurso, as causas decididas pelos juízos federais ou pelos juízos estaduais investidos de jurisdição federal (art. 108, II); assim como resulta diretamente da Constituição que será incumbência dos Tribunais Regionais do Trabalho julgar os recursos em matéria trabalhista (art. 111, II, e art. 114 da Constituição da República). E isso vale para todos os tribunais.

Pode acontecer, porém, de um recurso ser dirigido a tribunal não investido de jurisdição. Basta pensar no caso de tramitar um processo perante juízo estadual investido de jurisdição federal e se vir a interpor agravo de instrumento contra alguma decisão interlocutória perante o Tribunal de Justiça. Acontece que, como já visto, o órgão *ad quem* investido de jurisdição nesse caso é o Tribunal Regional Federal. Ausente, pois, um pressuposto recursal, o que não deverá acarretar a imediata inadmissibilidade do recurso. Nesse caso, por força do princípio da primazia da resolução do mérito, deverá o tribunal não investido de jurisdição determinar a remessa dos autos ao tribunal investido da função de julgar aquele recurso, sanando-se, desse modo, o vício.

O segundo pressuposto recursal é a capacidade processual. É que para o recurso ter o seu mérito apreciado é essencial que o recorrente tenha capacidade processual plena. Exige-se dele não só que tenha capacidade de ser parte e capacidade para estar em juízo (e, no caso de não estar esta presente, deverá ele ser representado ou assistido), mas também que tenha capacidade postulatória. Daí a razão pela qual é preciso tomar cuidado com o caso de alguém que é parte em processo que tramita perante Juizado Especial Cível sem se fazer representar por advogado (o que é expressamente permitido em alguns casos, nos termos do art. 9º da Lei nº 9.099/1995). É que mesmo nesses casos a admissibilidade dos recursos exige a representação por profissional habilitado a advogar (art. 41, § 2º, da Lei nº 9.099/1995).

Pode também acontecer de se verificar, em grau de recurso (seja nas instâncias ordinárias, seja nas instâncias excepcionais), que o recorrente não está regularmente representado por advogado (ou que, por qualquer outra razão, é processualmente incapaz). Pois, nesse caso, deverá ser determinada a correção do vício, em prazo que será assinado pelo relator, sob pena de não conhecimento do recurso (art. 76, § 2º, I). Perceba-se, porém, que, se a incapacidade processual (ou o defeito de representação) for do recorrido, e este não corrigir o vício, será determinado o desentranhamento dos autos de suas contrarrazões, julgando-se o mérito do recurso. Pode-se então afirmar, com segurança, que apenas a capacidade processual do recorrente é requisito de admissibilidade do recurso.

O terceiro e último pressuposto recursal é a regularidade formal da interposição do recurso. Apenas recursos regularmente interpostos podem ter seu mérito apreciado.

Sem entrar aqui em detalhes que dizem respeito a certos recursos em espécie (como é o caso da apresentação de peças para instrução do agravo de instrumento), e limitando a exposição aos requisitos genéricos de admissibilidade dos recursos, a regularidade formal exige tempestividade, preparo, forma e motivação do recurso interposto.

É preciso, então, e em primeiro lugar, que o recurso tenha sido interposto antes do término do prazo previsto. Como regra geral, esse prazo é de quinze dias (art. 1.003, § 5º, que ressalva o prazo para oposição de embargos de declaração, que é de cinco dias). Há casos, porém, em que se aplica alguma regra ensejadora de benefício de prazo (como se dá, por exemplo, no caso de ser o recorrente assistido pela Defensoria Pública, em que o prazo é computado em dobro, nos termos do art. 186). Impende, porém, recordar que o prazo pode vir a ser ampliado pelo juiz, por força das características do caso concreto, como forma de assegurar o amplo exercício das garantias constitucionais do processo (art. 139, VI), além de ser admissível a modificação dos prazos por força de negócio processual atípico (art. 190).

Recurso intempestivo é inadmissível, e esse é um dos poucos vícios processuais absolutamente insanáveis. Basta ver que, nos termos do art. 1.029, § 3º, o STF e o STJ podem "desconsiderar vício formal de recurso tempestivo ou determinar sua correção". Impende, pois, que seja tempestivo o recurso para que seu mérito possa ser apreciado. É que decorrido o prazo para a interposição do recurso sem que este tenha sido apresentado ocorre uma insuperável preclusão (preclusão temporal), desaparecendo por completo a possibilidade de que o ato venha a ser praticado validamente.

Exige-se, ainda – ao menos como regra geral –, o preparo do recurso. No jargão do Direito Processual Civil, chama-se preparo ao adiantamento das custas relativas a um determinado ato processual. Pois a maioria dos recursos exige, para sua admissibilidade, o recolhimento de custas. A lei processual, é certo, isenta de preparo alguns recursos (os interpostos pelo Ministério Público, pela União, pelo Distrito Federal, pelos Estados, pelos Municípios, suas respectivas autarquias, pelos que gozam de isenção legal – art. 1.007, § 1º –; os embargos de declaração – art. 1.023, *in fine* – e o agravo em recurso especial ou extraordinário – art. 1.042, § 2º – são recursos que o CPC, expressamente, isenta de preparo), mas a regra geral é que o preparo seja exigido para que se possa conhecer de um recurso.

Incumbe ao recorrente, no ato de interposição do recurso, comprovar o preparo que seja exigível (art. 1.007). Caso tenha o recorrente, ao interpor o recurso, requerido a concessão de gratuidade de justiça, estará dispensado de comprovar o preparo, incumbindo ao relator, nesse caso, apreciar o requerimento e, se o indeferir, fixar prazo para a comprovação do recolhimento (art. 99, § 7º).

Pode acontecer de se interpor um recurso com a comprovação de que se realizou preparo em valor insuficiente. Nesse caso, o recorrente deverá ser intimado para depositar a diferença no prazo de cinco dias (art. 1.007, § 2º), sob pena de deserção (termo tradicionalmente empregado na linguagem do Direito Processual Civil para designar a inadmissibilidade de recurso por vício relativo ao preparo).

Outra hipótese possível é a de ser interposto o recurso sem que se comprove preparo algum. Nesse caso, o recorrente deverá ser intimado para, em prazo a ser fixado judicialmente (e, não havendo assinação judicial do prazo, este é de cinco dias, nos termos do art. 218, § 3º), comprovar o recolhimento do valor em dobro (art. 1.007, § 4º). Registre-se, aqui, a existência de enunciado do Fórum Permanente de Processualistas Civis (FPPC, Enunciado nº 97) no sentido de que esse prazo sempre será de cinco dias, o que não parece correto diante do teor do já citado art. 218, § 3º.

Perceba-se que, nesse caso, não sendo comprovado o depósito integral do valor dobrado do preparo, será vedada sua complementação (art. 1.007, § 5º).

Exige, ainda, a regularidade da interposição do recurso que este seja interposto pela forma correta. É que a lei processual exige, para a interposição do recurso, que este seja apresentado por petição (como se vê, por exemplo, nos arts. 1.010, 1.016, 1.021, 1.023, 1.030 e 1.042, § 2º). Petição é, tradicionalmente, o nome dado a uma peça escrita através da qual são praticados atos postulatórios. É preciso, porém, ter claro que a lei não exige expressamente que o ato seja praticado pela forma escrita, e, por força do princípio da instrumentalidade das formas (art. 188), ainda que houvesse essa exigência ela seria relativizada, reputando-se válido o ato que, realizado por modo diverso do prescrito em lei, revela-se capaz de atingir sua finalidade essencial. Este é ponto que merece destaque, especialmente por força da relevância que têm, para o Direito Processual Civil brasileiro, os meios eletrônicos. Ora, nada impede que a petição seja elaborada sob a forma de um arquivo audiovisual, em que o advogado aparece argumentando (oralmente) e apresentando elementos gráficos e de mídia que queira destacar. Não é isso, porém, prática frequente. O que se vê na prática é, simplesmente, a apresentação de um arquivo de imagem de um texto escrito, o que significa dizer que, até agora, o que se fez no Brasil em matéria de informatização foi, simplesmente, uma substituição de suporte dos autos, que deixam (gradualmente, pelo menos) de ser impressos e passam a ser eletrônicos. Mas a mesma petição que antigamente se lia em uma folha de papel agora é lida na tela de um monitor.

De todo modo, a admissibilidade do recurso exige que seja ele interposto por petição. Não se admite o recurso por cota (ou termo) nos autos, prática autorizada pelo Código de Processo Penal (art. 578 do CPP).

E a petição de interposição do recurso deve ser motivada. A admissibilidade do recurso exige que, na petição de interposição, sejam apresentados os fundamentos pelos quais se recorre. Não é por outro motivo, aliás, que a peça de interposição de recurso é tradicionalmente chamada de razões (e a peça através da qual o recorrido impugna o recurso é conhecida como contrarrazões). Não basta, porém, que o recorrente afirme fundamentos quaisquer. É preciso que estes se prestem a impugnar a decisão recorrida. Por isso é que a lei processual expressamente declara inadmissível o recurso "que não tenha impugnado especificamente os fundamentos da decisão recorrida" (art. 932, III, parte final). É muito frequente, na prática, que haja uma petição veiculando ato postulatório e, indeferido este, seja interposto recurso que é mera reprodução daquela petição anteriormente apresentada, sem a apresentação de fundamentos que ataquem, especificamente, o pronunciamento recorrido. Nesse caso se deve considerar que o recurso está apenas aparentemente fundamentado, mas isso não é suficiente para assegurar a admissibilidade do recurso. É preciso, portanto, que o recurso veicule fundamentação específica, na qual se apontam os motivos pelos quais a decisão recorrida é impugnada, sob pena de não conhecimento.

A isso tem-se dado o nome de ônus da dialeticidade recursal (sendo certo que haja quem fale em "princípio da dialeticidade", embora se esteja aqui diante de uma regra, e não de um princípio). Esse ônus deve ser entendido como a exigência de que o recurso "dialogue" com a decisão recorrida, impugnando-a de modo específico. Pense-se, por exemplo, em um processo em que o autor pretende a anulação de um negócio jurídico por vício de consentimento. O juiz de primeiro grau, então, profere sentença de improcedência liminar do pedido ao fundamento de que já teria havido a decadência do direito. Pois, em um caso assim, a apelação em que se peça a reforma da sentença deverá buscar demonstrar que não houve a consumação da decadência. Um recurso que se limite a reproduzir os argumentos da petição inicial, afirmando a existência de vício de consentimento para que se anule o negócio jurídico, e não faça menção ao tema da decadência demonstraria que o recorrente não se desincumbiu adequadamente do ônus da dialeticidade recursal, não se podendo admitir o recurso.

33.1.3.1.3. Impedimentos recursais

Os impedimentos recursais, como dito anteriormente, são fatos cuja presença torna vedada a interposição do recurso. Na hipótese de se interpor recurso em processo onde se tenha dado algum dos impedimentos, deverá ser proferido juízo negativo de admissibilidade, e não poderá o recurso ter seu mérito apreciado pelo órgão *ad quem*.

O primeiro impedimento recursal é a desistência. Trata-se do ato pelo qual o recorrente abre mão de ver julgado recurso já interposto. Esse ato não depende da anuência do recorrido (que não teria interesse em se opor à desistência, uma vez que a decisão recorrida prevalecerá, e ela lhe é favorável) nem dos litisconsortes do recorrente (art. 998). Manifestada a desistência do recurso, caberá ao relator, por decisão unipessoal, declarar inadmissível o recurso (art. 932, III).

Regra cuja inconstitucionalidade já foi afirmada neste trabalho é a que se obtém com a interpretação do parágrafo único do art. 998: no caso de recurso extraordinário cuja repercussão geral já tenha sido reconhecida pelo STF, assim como no caso de recurso especial ou extraordinário repetitivo que já tenha sido afetado para julgamento por essa especial técnica de criação de precedentes vinculantes, a desistência do recurso não obstaria a análise da questão de direito discutida no recurso de que se tenha desistido. Perceba-se que nesse caso o STF e o STJ atuariam como "tribunal de teses", isto é, caberia ao Tribunal de Superposição simplesmente definir a tese que, em casos futuros, será utilizada como precedente vinculante, sem julgar o caso concreto.

A regra pode parecer interessante, bastando pensar que, na eventualidade de a tese fixada pelo STF ou pelo STJ vir a ser favorável àquilo que o recorrente sustentava no recurso de que desistiu, seria ela aplicável aos casos futuros em que a mesma questão de direito fosse discutida, mas não poderia a mesma tese ser aplicada ao próprio caso concreto que deu origem ao processo em que fixada (FPPC, Enunciado nº 213), uma vez que esse caso concreto, em razão da desistência do recurso, não terá sido julgado pelo Tribunal (e isso porque, em razão da desistência, a decisão recorrida terá transitado em julgado no momento da desistência). Todavia, como já afirmado anteriormente, não é compatível com o regime constitucional brasileiro a afirmação de que os Tribunais Superiores, ao julgar recursos excepcionais, atuem como "tribunais de teses". Esses Tribunais julgam causas, casos concretos, e, em razão do caráter repetitivo desses recursos, havendo a desistência de um recurso, bastará selecionar outro recurso que seja representativo da mesma controvérsia para ser afetado e julgado.

O segundo impedimento recursal é a renúncia ao direito de recorrer (art. 999), ato pelo qual se abre mão do direito de interpor recurso contra uma determinada decisão. Difere a renúncia da desistência pelo momento em que a vontade é manifestada. Como visto, a desistência diz respeito a recurso já interposto, enquanto a renúncia é manifestada diante da decisão proferida, sem que o recurso já tenha sido interposto. Em outras palavras, desiste-se de recurso já interposto, e se renuncia ao direito de vir a interpor recurso. O efeito prático, porém, é o mesmo: impedir o exame do mérito do recurso. A renúncia, como expresso no art. 999, independe da aceitação da outra parte (que não teria interesse em se opor à renúncia, já que esta terá como efeito tornar firme uma decisão que lhe é favorável).

Discute-se em doutrina a possibilidade de a parte que renunciou ao poder de recorrer interpor recurso adesivo. Em outros termos: tendo havido sucumbência recíproca e tendo uma das partes manifestado sua renúncia ao poder de recorrer, poderia ela interpor recurso adesivo, na hipótese de a outra parte interpor recurso independente? A resposta deve ser negativa, embora pareça possível a renúncia parcial ou com ressalva. Ao renunciar, a parte está abrindo mão de seu poder de recorrer, o que impede o seu exercício, por qualquer forma. Não pode, assim, a parte que renunciou interpor recurso, nem independente, nem adesivo. Nada impede, porém, que a parte renuncie ao poder de interpor recurso independente, ressalvando que mantém consigo o poder de interpor recurso adesivo, se a outra parte interpuser recurso autônomo.

O terceiro impedimento recursal expressamente previsto em lei é a aceitação da decisão (art. 1.000). Aquele que, expressa ou tacitamente, aceita o que ficou decidido não pode, posteriormente, interpor recurso contra a decisão que já aceitou. É o caso, por exemplo, daquele que, tendo sido condenado a cumprir uma obrigação, a cumpre sem qualquer tipo de ressalva ou reserva (art. 1.000, parágrafo único). O reconhecimento desse impedimento recursal é manifestação do princípio da boa-fé objetiva (art. 5º), que tem entre seus corolários a vedação a comportamentos contraditórios (*nemo venire contra factum proprium*). Aceitar a decisão, expressa ou tacitamente, acarreta a perda da possibilidade de praticar ato incompatível com essa aceitação, como é a interposição de recurso contra a decisão que já se aceitou. Haverá, aí, uma preclusão lógica, fenômeno gerador da estabilização da decisão proferida e aceita.

Caso interessante – e que se vê com alguma frequência na prática – é o de se ter decisão concessiva de tutela provisória em que se determina o cumprimento de prestação em certo prazo (por exemplo, cinco dias), sob pena de multa. O demandado, então, cumpre a decisão dentro do prazo (para evitar a incidência da multa) e, depois, no prazo de quinze dias, interpõe o agravo de instrumento. Pois nesse caso o recurso deve ser reputado inadmissível, já que houve a aceitação tácita da decisão, salvo no caso de o demandado, ao cumprir a decisão, ressalvar expressamente sua intenção de posteriormente interpor recurso.

A solução deve ser essa, como dito, por força da boa-fé objetiva, que, sendo norma fundamental do processo civil, dá sustentação à preclusão lógica. O cumprimento sem qualquer ressalva da decisão é um comportamento que gera, objetivamente, em todos os demais sujeitos do processo, a legítima expectativa de que não haverá impugnação ao pronunciamento judicial já cumprido. Por isso o impedimento recursal. De outro lado, porém, no caso de o cumprimento da decisão se dar com a reserva expressa do direito de recorrer, a ninguém será dado afirmar que havia uma legítima expectativa de que não se recorreria, já que a parte, expressamente, afirmou que era essa a sua intenção.

Além desses três impedimentos recursais, todos previstos em lei, não se pode deixar de recordar a possibilidade de, mediante negócio processual atípico (art. 190), celebrar-se um pacto de não recorrer, cuja existência impedirá a apreciação do recurso que eventualmente venha a ser interposto.

33.1.4. Efeitos dos recursos

Vistos os requisitos de admissibilidade dos recursos, cujo preenchimento (ou, no caso dos impedimentos recursais, ausência) se revela essencial para que se chegue à apreciação do mérito do recurso, é chegado o momento de passar ao exame dos efeitos dos recursos.

Dividem-se estes em dois grupos: efeitos da interposição e efeitos do julgamento. Cada um desses grupos será examinado em um tópico próprio.

33.1.4.1. Efeitos da interposição

Efeitos da interposição são aqueles que se produzem (ou que podem produzir-se) pelo simples fato de ter sido interposto um recurso. São três: impeditivo, devolutivo e suspensivo.

A interposição de um recurso pode produzir até três efeitos. O primeiro destes é o efeito impeditivo. É que a interposição de recurso admissível produz, como consequência, um impedimento à preclusão da decisão recorrida ou ao seu trânsito em julgado. Trata-se, pois, de um efeito estabilizador da decisão.

É que, uma vez interposto recurso admissível – isto é, recurso que preencha todos os seus requisitos de admissibilidade –, a decisão recorrida não se estabiliza, não se torna firme (não havendo que se falar nem em preclusão da matéria decidida nem em formação – se for o caso – de coisa julgada). Evidentemente, porém, esse efeito só se produz se o recurso é admissível, mas não se é ele inadmissível. Basta pensar no caso de um recurso intempestivamente interposto contra uma sentença de mérito. É evidente que, nesse caso, não poderia o recurso intempestivo impedir a formação de uma coisa julgada que, no momento de sua interposição, já estava formada. No caso, porém, de se interpor recurso admissível, tal interposição será capaz de impedir que se torne preclusa a matéria, e, no caso de sentença apta (em tese) a alcançar a autoridade de coisa julgada, formal ou material, esta não se formará (já que a decisão impugnada por recurso admissível não transitou, nem transitará, em julgado, o que é consequência do efeito substitutivo do recurso, a ser examinado mais adiante, já se podendo adiantar, porém, que nesse caso a coisa julgada só poderá, em tese, formar-se sobre a decisão que venha a ser proferida no julgamento do recurso, e não mais pela própria decisão recorrida).

Há quem afirme que a interposição do recurso não impede, mas tão somente adia o trânsito em julgado. Preferível afirmar, porém, que a interposição de recurso admissível impede o trânsito em julgado da decisão, uma vez que o provimento impugnado será, como se verá adiante, anulado (hipótese em que tal provimento desaparece e outro será proferido em seu lugar) ou substituído (caso em que o julgamento do recurso passa a ocupar o lugar antes ocupado pela decisão recorrida). Tanto num caso como no outro, o que pode transitar em julgado é a nova decisão, e não o provimento recorrido, razão pela qual parece preferível mesmo afirmar que a interposição de recurso admissível impede (e não apenas "adia") o trânsito em julgado da decisão recorrida.

O efeito impeditivo, vale o registro, é o único efeito da interposição que todas as espécies recursais são, em tese, capazes de produzir. Certamente por isso é frequente, na linguagem processual, fazer alusão aos recursos que produzem, além deste, também os outros dois efeitos (devolutivo e suspensivo), afirmando-se que eles são dotados de "duplo efeito".

O segundo efeito da interposição dos recursos é o efeito devolutivo. Consiste tal efeito em transferir para órgão diverso daquele que proferiu a decisão recorrida o conhecimento da matéria impugnada. Pode-se, então, afirmar que (ressalvados casos excepcionais) o recurso transfere para outro órgão jurisdicional o conhecimento da matéria impugnada. Dito de outro modo, a interposição do recurso produz o efeito de transferir para outro órgão jurisdicional, distinto daquele que proferiu a decisão recorrida, a competência para decidir a matéria que tenha sido objeto da impugnação por ela deduzida. Aqueles recursos cujo julgamento de mérito cabe ao próprio órgão prolator da decisão recorrida não produzem efeito devolutivo. É que só há devolução, na linguagem processual, quando há transferência da competência para conhecer da matéria para órgão jurisdicional distinto daquele que prolatou a decisão recorrida, chamado juízo *ad quem*.

O presente efeito está ligado ao brocardo romano *tantum devolutum quantum apellatum* e consiste em levar ao órgão *ad quem* o conhecimento do que foi objeto de impugnação. O efeito devolutivo é manifestação do princípio dispositivo, já que permite à parte estabelecer os limites dentro dos quais o órgão *ad quem* poderá apreciar a pretensão recursal manifestada.

Quer-se dizer, com isso, que o órgão *ad quem* está adstrito ao que tiver sido objeto de impugnação através do recurso, não podendo julgar *extra*, *ultra* ou *citra petita*. Devolve-se ao órgão *ad quem* aquilo que foi objeto de impugnação (salvo, obviamente, as matérias que, por força de lei, poderão ser apreciadas de ofício pelo órgão *ad quem*, como é o caso das questões de ordem pública – art. 485, § 3º, do CPC – e de outras previstas em lei).

Assim, por exemplo, em demanda ajuizada por A em face de B, em que aquele pede a condenação deste ao pagamento de cem mil reais, sendo o pedido julgado improcedente, pode o demandante recorrer pedindo a reforma da sentença, para que se condene o réu a pagar oitenta mil reais. Terá o apelante, assim, limitado a devolução operada pelo recurso, e o tribunal, em sua apreciação, não poderá reformar a sentença para condenar o demandado a pagar os cem mil cobrados originariamente, ficando limitado pelo pedido formulado no recurso. O órgão *ad quem*, repita-se, pode conhecer apenas daquilo que foi objeto de impugnação.

Em outros termos, se foi emitido um pronunciamento judicial em capítulos (por exemplo, uma sentença que contém mais de uma decisão), o recurso só devolve ao tribunal o conhecimento daqueles capítulos que tenham sido expressamente impugnados (e o art. 1.002 é expresso em afirmar que o recurso pode impugnar a decisão no todo ou em parte). Pense-se, por exemplo, em uma sentença que tenha condenado o vencido a indenizar a parte vencedora por danos materiais que tenha suportado e, além disso, o tenha condenado a compensar danos morais. Pois, se versar o recurso apenas sobre os danos morais, o capítulo referente aos danos materiais não terá sido devolvido ao tribunal e, por conseguinte, não poderá ser reapreciado (sobre ele, neste exemplo, já se tendo formado a coisa julgada). E não é por outra razão que, no trato da apelação, estabelece o art. 1.013, § 1º, que o que dele consta se aplica "desde que relativ[o] ao capítulo impugnado".

Só se opera o efeito devolutivo quando o órgão *ad quem* é diverso do órgão *a quo*. Há recursos, porém, em que a lei atribui competência ao próprio órgão *a quo* para que os julgue. É o que se dá, por exemplo, nos embargos de declaração. Nesses casos, não se produz o efeito devolutivo.

Importante consequência do efeito devolutivo é que, por limitar a cognição a ser exercida pelo órgão *ad quem* ao que foi objeto de impugnação, tal efeito da interposição do recurso faz presente, no Direito brasileiro, a regra (que muitos chamam equivocadamente de princípio) da personalidade dos recursos. Isso significa dizer que o recurso só aproveita ao recorrente, não podendo beneficiar a parte que não interpôs recurso.

Proíbe-se, assim, a *reformatio in peius*, ou seja, a reforma para pior. Em outros termos, não se pode, no julgamento de um recurso, agravar a situação de quem recorreu em benefício de quem não recorreu. Por exemplo, proferida sentença que condenou o réu a pagar uma certa quantia em dinheiro, e tendo ele interposto recurso, não poderá o tribunal, ao apreciar a impugnação por ele interposta, aumentar o valor da condenação, piorando a situação de quem recorreu, em benefício de quem não havia manifestado insatisfação com a decisão impugnada.

O terceiro e último efeito que a interposição de um recurso pode produzir é o efeito suspensivo. É que a interposição de um recurso pode ser um obstáculo à produção de efeitos da decisão recorrida. Pense-se, por exemplo, no caso da apelação (dotada de efeito suspensivo) que se interponha contra uma sentença que anula um casamento. Pois a interposição do recurso faz com que a sentença seja ineficaz (e, por conseguinte, antes de seu julgamento o casamento permanece apto a produzir efeitos, mantidas as partes no estado de casadas). Do mesmo modo, se é dotado de efeito suspensivo o recurso interposto contra decisão de cunho condenatório, não se admitirá, antes de seu julgamento, a instauração da fase de cumprimento provisório da sentença (e é exatamente por isso que o art. 520 estabelece que "o cumprimento provisório da sentença impugnada por recurso desprovido de efeito suspensivo será realizado da mesma forma que o cumprimento definitivo"). É que só no caso de ser o recurso contra a decisão condenatória desprovido de efeito suspensivo será possível promover-se, desde logo, a execução (provisória) da decisão judicial.

Tal efeito pode se produzir qualquer que seja a eficácia da decisão recorrida, impedindo a produção de efeitos declaratórios, constitutivos ou condenatórios. Também podem ser suspensos efeitos meramente processuais, como se dá no caso de receber-se com efeito suspensivo recurso contra decisão que exclui litisconsorte do processo, ou contra decisão que determina a realização de certa modalidade de perícia.

No Direito Processual Civil brasileiro a regra geral é que o recurso não tenha efeito suspensivo (art. 995, *caput*). Há, porém, recursos dotados de efeito suspensivo *ope legis* (isto é, por determinação legal). É o que se dá naqueles casos em que a lei expressamente estabelece ser o recurso dotado de efeito suspensivo, como se tem na hipótese da apelação (art. 1.012) e dos recursos especial e extraordinário interpostos contra a decisão proferida no julgamento do incidente de resolução de demandas repetitivas (art. 987, § 1º).

Nos casos em que não se produz o efeito suspensivo de forma automática, por força de lei, ainda assim tal efeito pode ser atribuído ao recurso *ope iudicis*, ou seja, através de uma decisão judicial (art. 995). É que a lei processual autoriza o relator a, em decisão monocrática, atribuir efeito suspensivo a recurso que a princípio não o produziria, sempre que se verificar que da imediata produção de efeitos da decisão recorrida resulte risco de dano grave, de difícil ou impossível reparação (*periculum in mora*), e desde que esteja demonstrado ser provável que o recurso venha a ser provido (*fumus boni iuris*). A atribuição de efeito suspensivo ao recurso, pois, é uma modalidade de tutela de urgência, de natureza evidentemente cautelar, já que não antecipa o resultado a ser obtido com o julgamento do mérito do recurso, limitando-se a impedir que a decisão recorrida produza desde logo seus efeitos.

É importante, aqui, estabelecer uma distinção entre os casos de efeito suspensivo *ope legis* e *ope iudicis*. Naqueles casos em que o efeito suspensivo se produz por força de lei (efeito suspensivo *ope legis*), a decisão recorrível nasce ineficaz. Significa isso dizer, em outros termos, que, prolatada a sentença, ela já não é capaz de produzir seus efeitos, e, nessa hipótese, a interposição do recurso não produz, propriamente, a suspensão dos efeitos da decisão recorrida (já que tais efeitos já estavam suspensos). Em casos assim, nos quais o recurso é dotado de efeito suspensivo *ope legis*, a interposição do recurso não suspende os efeitos da decisão recorrida, mas prolonga sua suspensão, fazendo com que a decisão recorrida permaneça incapaz de produzir efeitos. Pode-se dizer, então, que, nesses casos de efeito suspensivo *ope legis*, esse não é propriamente um efeito da interposição do recurso, mas um efeito da recorribilidade (já que o mero fato de ser recorrível a decisão já obsta a produção de efeitos da decisão). Nessa situação, caso o recurso venha a ser interposto tempestivamente, a decisão recorrida permanecerá ineficaz até que o recurso seja julgado. De outro lado, porém, se o recurso é, por força de lei, desprovido de efeito suspensivo, a decisão por ele impugnável produz seus efeitos desde o momento em que se torna pública (como se dá nos casos previstos no § 1º do art. 1.012, que expressamente faz referência a "produzir efeitos imediatamente após a sua publicação a sentença" que se enquadra em algum dos casos ali enumerados). Nessas hipóteses, atribuído o efeito suspensivo por decisão judicial (efeito suspensivo *ope iudicis*), a decisão – que vinha produzindo efeitos – deixará de produzi-los. Pois, em casos assim, o efeito suspensivo é, mesmo, um efeito da interposição do recurso, pois só a partir da decisão concessiva da eficácia suspensiva é que a decisão judicial estará com sua eficácia suspensa.

33.1.4.2. Efeitos do julgamento

Além dos efeitos da interposição, há que se falar dos efeitos do julgamento. Esse é o nome dado às consequências que se podem produzir pelo fato de ter havido o julgamento do mérito do recurso. Isso porque, se o resultado do julgamento do recurso foi no sentido de considerá-lo inadmissível, o efeito de tal decisão será tornar certo que o provimento recorrido já transitara em julgado.

Os efeitos do julgamento de mérito do recurso, como classicamente afirmado, podem ser dois: a anulação ou a substituição da decisão rescindenda. Frise-se, porém, e desde logo, que o julgamento do recurso produzirá, em regra, apenas um desses dois efeitos possíveis, não se admitindo que ambos se produzam simultaneamente, salvo nos excepcionais casos em que se aplica a "teoria da causa madura" (de que se falará adiante), que permite que, anulada a decisão recorrida, prossiga-se no julgamento do recurso para apreciação da questão de fundo. Como regra, porém, a anulação da decisão levará a que se determine ao órgão prolator do pronunciamento recorrido que profira nova decisão, sem o vício que levou à desconstituição da anterior; enquanto a substituição se dá pela prolação, pelo órgão *ad quem*, de uma nova decisão que ocupa o lugar anteriormente ocupado pelo pronunciamento recorrido.

Ao se julgar o mérito do recurso, diversas situações podem ocorrer: a) nega-se provimento ao recurso; b) dá-se provimento ao recurso, para reformar a decisão recorrida (caso de *error in iudicando*); c) dá-se provimento ao recurso para invalidar a decisão recorrida (caso de *error in procedendo*). Nas duas primeiras hipóteses o julgamento do recurso substitui a decisão recorrida, enquanto na última o julgamento do recurso anula o provimento impugnado.

Nos casos em que se reconhece um *error in procedendo* a decisão deve ser anulada, cassada, isto é, desconstituída. Já nos demais casos o efeito que se produz é a substituição da decisão recorrida por outra, proferida no julgamento do recurso. Esse efeito substitutivo se produz, inclusive, no caso de se negar provimento ao recurso. É que nessa hipótese a decisão prolatada pelo órgão *a quo* é substituída por outra (igual) proferida pelo juízo *ad quem* (art. 1.008). Esse é um ponto extremamente importante: ao negar provimento ao recurso, o tribunal não confirma a decisão recorrida – embora esta seja uma forma de expressão muito frequente na prática forense –, mas a substitui por outra decisão, de idêntico teor. E não se trata, aqui, de "trocar seis por meia dúzia", como comumente se diz. Há, nesse caso, uma nova decisão, que substitui a anterior. Caso o recorrente permaneça insatisfeito, terá de recorrer contra a nova decisão, prolatada no julgamento do recurso (e não contra a originariamente proferida, que foi substituída). Do mesmo modo, se não for interposto novo recurso, será a decisão proferida no julgamento do recurso – e não a decisão originariamente recorrida – que será alcançada pela coisa julgada, e só contra ela será possível ajuizar ação rescisória.

Pode-se, então, dizer que o art. 1.008 merece um complemento, devendo ser lido como se ali constasse que "o julgamento proferido pelo tribunal substituirá a decisão impugnada no que tiver sido objeto de recurso", ressalvados os casos de anulação.

33.2. RECURSOS EM ESPÉCIE

O Direito Processual Civil brasileiro reconhece diversas espécies recursais. Só o art. 994 enumera nove (apelação, agravo de instrumento, agravo interno, embargos de declaração, recurso ordinário, recurso especial, recurso extraordinário, agravo em recurso especial ou extraordinário e embargos de divergência). E há outros, previstos em outros textos normativos (como é o caso dos embargos infringentes previstos no art. 34 da Lei de Execuções Fiscais).

Os recursos em espécie podem ser divididos em dois grandes grupos, como se viu quando do estudo das classificações dos recursos: ordinários e excepcionais. Chamam-se recursos ordinários aqueles em que pode haver controvérsia tanto sobre matéria fática como sobre questões de direito. E são recursos excepcionais aqueles em que não se admite debate sobre matéria fática, vedado o reexame de provas, e apenas as questões de direito podem ser discutidas.

São recursos excepcionais apenas três: o recurso extraordinário, o recurso especial e os embargos de divergência. Nestes, o tribunal recebe os fatos como foram eles afirmados na decisão recorrida, não procedendo a qualquer tipo de reexame das provas. Nos demais recursos (inclusive no agravo em recurso especial ou extraordinário, em que é preciso reexaminar questões fáticas para se poder verificar se era ou não caso de *distinguishing*, isto é, de distinção entre o caso sob julgamento e o caso que deu origem ao precedente), chamados ordinários, será possível ao tribunal *ad quem* reexaminar questões fáticas eventualmente suscitadas.

Nesse segmento do estudo, serão apreciadas todas as espécies recursais reguladas pelo CPC.

33.2.1. Agravo de instrumento

Embora o CPC inicie a regulamentação dos recursos em espécie pela apelação, o que faz com que normalmente por esse recurso se comece o exame das espécies recursais nas obras de exposição sistemática da matéria, aqui se opta por começar esse estudo pelo agravo de instrumento. É que, como se verá, o cabimento da apelação se dá por um método que pode ser chamado de "residual", já que será cabível apelação contra pronunciamentos que não podem ser impugnados por agravo de instrumento.

Agravo de instrumento é o recurso adequado para impugnar *algumas* decisões interlocutórias, expressamente indicadas em lei como sendo recorríveis em separado. O art. 1.015 estabelece um rol taxativo (mas não exaustivo, já que há uma cláusula de encerramento no inciso XIII que prevê a possibilidade de outras disposições legais preverem outros casos de cabimento de agravo de instrumento). Assim, só é impugnável por agravo de instrumento a decisão interlocutória que, proferida por juízo de primeira instância, venha a se enquadrar em alguma das hipóteses previstas nos incisos do art. 1.015 ou que seja declarada agravável por alguma outra disposição legal. Registre-se, porém, que a existência de um rol taxativo não implica dizer que todas as hipóteses nele previstas devam ser interpretadas de forma literal ou estrita. É perfeitamente possível realizar-se, aqui – ao menos em alguns incisos, que se valem de fórmulas redacionais mais "abertas" –, interpretação extensiva ou analógica.

O que não se pode admitir, porém, por ser absolutamente contrária ao sistema jurídico, é a "taxatividade mitigada" que foi afirmada pelo Superior Tribunal de Justiça no julgamento dos recursos especiais nº 1.696.396 e nº 1.704.520, ambos da relatoria da Min. Nancy Andrighi, julgados em 05/12/2018. O STJ entendeu que a taxatividade do rol do art. 1.015 deveria ser "mitigada" quando o não cabimento do agravo de instrumento fosse capaz de gerar a inutilidade de se impugnar a decisão apenas em sede de apelação. Seria, por exemplo, o caso de um agravo de instrumento contra uma decisão que determinasse a expedição de uma carta rogatória para realizar a citação do réu em um caso no qual o autor considerasse já ter havido citação válida (o exemplo é extraído de um caso real). Certamente não haveria qualquer utilidade em discutir isso só em sede de apelação, quando a rogatória já teria sido expedida e cumprida, com toda a perda de tempo e dinheiro que isso provocaria, já que eventual provimento do recurso posteriormente interposto não seria capaz de impedir a expedição da rogatória já cumprida. Não se questiona, aqui, que a ideia sustentada pelo STJ é interessante (e está, por exemplo, expressamente prevista no Código de Processo Civil português). O problema é que mitigar a taxatividade implica dizer que o rol, na verdade, não é taxativo, contrariando a lei (e, por via oblíqua, o princípio constitucional da legalidade, que é também norma fundamental do processo civil, como se vê do art. 8º). A opção legislativa pode ter sido ruim, equivocada, mas não é papel do Judiciário corrigi-la, alterando a lei. Opções legislativas ruins, mas que não sejam inconstitucionais (e essa, claramente, não é), devem ser respeitadas pelo Judiciário e discutidas na sede própria, o Congresso Nacional. A decisão do STJ, com todas as vênias devidas, só serviu para gerar insegurança, já que não se consegue mais saber quais são as decisões interlocutórias que admitem agravo de instrumento, e isso tem levado a que muitos advogados interponham agravo de instrumento contra toda e qualquer decisão interlocutória que se venha a proferir. A decisão do STJ, porém, foi proferida no julgamento de recursos especiais repetitivos e, por isso, é dotada de eficácia vinculante para todos os órgãos dos Judiciários Estaduais e da Justiça Federal, de modo que não podem eles, até que seja revista a tese pelo próprio STJ, deixar de considerar o rol do art. 1.015 como sendo de "taxatividade mitigada", aplicando a seguinte tese (nº 988): "o rol do artigo 1.015 do CPC é de taxatividade mitigada, por isso admite a interposição de agravo de instrumento quando verificada a urgência decorrente da inutilidade do julgamento da questão no recurso de apelação".

A tese da "taxatividade mitigada" tem potencial para gerar outro problema. É que, pelo sistema do CPC, se a decisão é impugnável por agravo de instrumento, o recurso deve ser desde logo interposto, a fim de se impedir a preclusão. De outro lado, não sendo cabível o agravo de instrumento, não se forma imediatamente a preclusão, e a matéria poderá ser discutida em sede de apelação (art. 1.009, § 1º). Ocorre que com a mitigação da taxatividade surge um problema de "dupla face": caso a parte não interponha o agravo de instrumento contra uma decisão que não está no rol de pronunciamentos agraváveis, e posteriormente venha o tribunal a entender que nesse caso teria sido cabível o agravo de instrumento por força da mitigação da taxatividade, estaria a matéria preclusa? E, de outro lado, caso a parte interponha agravo de instrumento contra decisão que não está no rol do art. 1.015, e vindo o Tribunal a não conhecer do recurso por entender não ser caso de mitigar a taxatividade, haveria preclusão consumativa, a impedir que a matéria fosse novamente suscitada em sede de apelação?

Tecnicamente, ambas as respostas deveriam ser positivas. Haveria preclusão (temporal) no caso de não se ter interposto um agravo de instrumento cabível (ainda que por força da mitigação da taxatividade), e também haveria preclusão (consumativa) no caso de se ter interposto agravo de instrumento de que não se viesse a conhecer.

O Superior Tribunal de Justiça, porém, no acórdão que fixou a Tese nº 988, entendeu que não haveria preclusão temporal, "porque o momento legalmente previsto para a impugnação das interlocutórias [terá] sido respeitado" (já que no caso o prazo para recorrer seria o da apelação ou contrarrazões contra a sentença. E, de outro lado, não haveria preclusão consumativa "porque apenas haverá o efetivo rompimento do estado de inércia da questão incidente se, além da tentativa da parte prejudicada, houver também juízo positivo de admissibilidade do recurso de agravo de instrumento, isto é, se o Tribunal reputar presente o requisito específico fixado neste recurso especial repetitivo, confirmando que a questão realmente exige reexame imediato").

Com todas as vênias, o que o Superior Tribunal de Justiça fez aí foi, para tentar corrigir uma solução atécnica (a da mitigação da taxatividade), tentar compensá-la com outra solução atécnica. Não se pode dizer que não haveria preclusão temporal se o recurso não fosse interposto por ter sido respeitado o momento previsto para a impugnação dessas interlocutórias que não estão previstas no rol do art. 1.015, porque se assim for se terá de considerar que não é intempestivo o agravo de instrumento que, nesses casos, se interponha depois dos quinze dias legalmente previstos. Afinal, se não há preclusão temporal, não há razão para considerar-se intempestivo o recurso, que não ficaria sujeito a prazo enquanto não se proferisse a sentença. De outro lado, a preclusão consumativa resulta da prática do ato de recorrer, e não de um juízo sobre sua validade. Basta ver que o próprio STJ, invocando a existência de preclusão consumativa, já afirmou não ser admissível a interposição de dois recursos contra a mesma decisão, o que torna inadmissível o segundo, ainda que o primeiro fosse também inadmissível (como se deu, por exemplo, no julgamento do AgInt no AREsp 1.330.879/DF, julgado em 28/09/2020, em caso no qual a parte interpôs dois agravos internos contra a mesma decisão, sendo o primeiro reputado inadmissível por intempestividade e o segundo por força da preclusão consumativa).

Como muito bem dito pelo Min. Og Fernandes no voto vencido que proferiu naquele julgamento, "todo o regime de preclusão das interlocutórias, caso adotada essa proposta, ficará ao inteiro alvedrio da parte, o que não pode ser admitido". E prosseguiu aquele Magistrado afirmando que, "caso a parte opte por não agravar, o tribunal não poderá ser chamado a se manifestar e a preclusão não ocorrerá. Mas, pensemos em outra hipótese, em que não haja a interposição do agravo pela parte, e o tribunal entenda, no momento do exame da questão impugnada como preliminar de apelação ou em contrarrazões, que se tratava de questão urgente (a exemplo do pleito de decretação de segredo de justiça ou de decisão sobre a competência). Poderá o tribunal, nesse caso, decidir que a urgência efetivamente existia e que, portanto, a preclusão ocorreu diante da não interposição do agravo"? E concluiu, com acerto, o Min. Fernandes: "Se o tribunal puder decidir dessa forma, a tese [da taxatividade mitigada] surtirá um efeito perverso, qual seja 'a de que os advogados tenham, a partir de agora, de interpor, sempre, agravo de instrumento de todas as interlocutórias, a pretexto de que se trata de situação urgente, agora sim sob pena de preclusão (que foi tratada de forma diferente na lei processual em vigor). E, cada tribunal decidirá conforme sua convicção. Ou seja, o repetitivo não cumprirá sua função paradigmática'. [Por] outro lado, entender que o tribunal não pode fazer esse juízo quanto à existência da urgência no exame da preliminar de apelação ou em contrarrazões tolheria sua competência para pronunciar-se sobre dois pontos fundamentais: 1) qual o recurso cabível contra a decisão interlocutória; 2) a existência ou não de preclusão no caso concreto. Em suma: ficaria totalmente nas mãos e ao talante da parte decidir sobre o recurso cabível contra uma determinada decisão interlocutória, e sobre o respectivo regime de preclusão, o que não é admissível".

Por essas razões é que se sustenta neste trabalho que a tese da "taxatividade mitigada" (Tese nº 988 do STJ) é equivocada, e deveria ser revista.

As decisões interlocutórias que não se enquadram no rol taxativo, sendo não agraváveis, são irrecorríveis em separado, só podendo ser objeto de impugnação em apelação ou em contrarrazões de apelação. E este é um ponto que precisa ser destacado: a afirmação de que certa decisão interlocutória não é agravável não implica dizer que é ela irrecorrível. Contra as decisões interlocutórias não agraváveis será admissível a interposição de apelação (autônoma ou inserida na mesma peça que as contrarrazões).

É preciso entender, então, que existem dois diferentes regimes de cabimento do agravo de instrumento. Um desses regimes (estabelecido pelo parágrafo único do art. 1.015) é aplicável apenas aos procedimentos ali previstos. O outro regime, estabelecido pelo *caput* do art. 1.015 do CPC, é aplicável nos demais casos.

Pode-se falar, então, de um *primeiro regime de cabimento* do agravo de instrumento, por força do qual é admissível agravo de instrumento contra qualquer decisão interlocutória proferida nas fases de liquidação de sentença ou de cumprimento de sentença, assim como no processo de execução ou no processo de inventário e partilha (art. 1.015, parágrafo único).

É compreensível esse primeiro regime. No incidente de liquidação de sentença não há nem mesmo uma sentença, contra a qual se pudesse interpor apelação. Todos os pronunciamentos exarados nesse incidente processual são interlocutórios, de modo que não faria sentido restringir-se o cabimento do agravo de instrumento para que algumas decisões fossem impugnáveis em sede de apelação, já que não haverá lugar para o cabimento desse recurso.

De outro lado, nos procedimentos executivos (do cumprimento de sentença e do processo de execução) e no processo (de conhecimento) de inventário e partilha as decisões interlocutórias têm conteúdo declaratório muito mais importante que o da sentença. É que nesses casos a sentença é meramente formal, limitando-se a afirmar o encerramento do procedimento. Todo o conteúdo decisório relevante (como, por exemplo, nos procedimentos executivos, as decisões interlocutórias que determinam se certo bem pode ou não ser penhorado, sobre a técnica expropriatória a ser empregada, sobre o preço mínimo pelo qual o bem penhorado pode ser apreendido etc.; e, no inventário e partilha, as decisões interlocutórias que determinam se um bem deve ou não ser considerado parte do monte a ser partilhado, qual o valor de cada um dos bens do espólio, se um bem deverá ficar em condomínio entre sucessores ou não, e até mesmo a decisão que julga a partilha) vem em decisões interlocutórias, e não na sentença.

Como se vê, então, é perfeitamente compreensível esse primeiro regime de cabimento do agravo de instrumento.

O *segundo regime de cabimento* do agravo de instrumento, mais complexo, é o que se estabelece a partir do *caput* do art. 1.015, aplicável aos processos de conhecimento em geral, com a exceção do inventário e partilha.

Pois, nesse segundo regime de cabimento, o agravo de instrumento só é admissível nas hipóteses expressamente previstas em lei (com as ressalvas acerca da "taxatividade mitigada", de que tanto já se falou).

Admite-se agravo de instrumento, em primeiro lugar, contra decisão interlocutória que verse sobre tutela provisória (art. 1.015, I). Assim, deferida ou indeferida a tutela provisória – de urgência ou da evidência –, será cabível a interposição desde logo do agravo de instrumento. O mesmo se diga da decisão que revoga ou modifica a tutela provisória anteriormente deferida.

Enquadra-se entre as decisões agraváveis por versar sobre tutela provisória aquele pronunciamento judicial que, diante de um requerimento de concessão de medida *inaudita altera parte* (isto é, sem prévia oitiva da outra parte), decreta que o requerimento só será examinado após manifestação da parte contrária. É que, no caso de se requerer a concessão da medida *inaudita altera parte*, o ato do juízo de primeiro grau afirmando que só apreciará o requerimento após manifestação do réu equivale, rigorosamente, ao indeferimento da concessão sem prévia oitiva da parte contrária da medida. Pode até ser que ao juízo posteriormente viesse a parecer ser o caso de deferir-se a medida. Certo é, porém, que o demandante pretendia obtê-la *inaudita altera parte*, e isso não foi conseguido. Isso é, por si só, suficiente para justificar o interesse recursal (FPPC, Enunciado nº 29 "é agravável o pronunciamento judicial que postergar a análise do pedido de tutela provisória ou condicionar sua apreciação ao pagamento de custas ou a qualquer outra exigência").

Também se admite agravo de instrumento contra decisões interlocutórias que versem sobre o mérito do processo. É que no sistema processual inaugurado pelo CPC de 2015 existe a possibilidade de cindir-se a apreciação do mérito da causa (ou mérito do processo), de forma que uma parcela seja apreciada em decisão interlocutória enquanto outra parcela será resolvida na sentença. É o que se dá nos casos de julgamento antecipado parcial do mérito (art. 356) ou se houver um julgamento de improcedência liminar parcial (que não está expressamente prevista no art. 332, mas é evidentemente possível, bastando pensar no caso de se formular diversos pedidos e o juízo liminarmente afirmar que alguns deles não podem ser apreciados por já se ter operado a decadência ou a prescrição, caso em que há um julgamento de improcedência liminar parcial). Pois, nesses casos, proferida decisão interlocutória, será adequada a utilização do agravo de instrumento como recurso destinado a impugnar tais pronunciamentos (o que está expressamente estabelecido pelo § 5º do art. 356).

Deve-se considerar, ainda, admissível o agravo de instrumento contra decisão que determina os limites dentro dos quais se contém o mérito de um processo. É o que se dá, por exemplo, no caso de o juízo de primeiro grau indeferir a modificação do pedido pretendida pelo demandante. Ora, ao decidir no sentido de que o demandante não pode alterar seu pedido, está o juízo da causa a estabelecer quais serão os limites dentro dos quais o mérito será resolvido (que, no exemplo figurado, serão aqueles originariamente estabelecidos pelo demandante, e não os que resultariam da modificação do pedido). Ora, parece evidente que esse é um pronunciamento judicial que versa sobre o mérito, razão pela qual o recurso de agravo de instrumento deve ser reputado admissível.

Admite-se agravo de instrumento contra decisão que rejeita alegação de convenção de arbitragem (art. 1.015, III). Só a decisão que rejeita tal alegação, evidentemente, é agravável, pois se o juízo acolher a alegação de existência de convenção de arbitragem será proferida sentença terminativa (art. 485, VII), motivo pelo qual o recurso adequado seria a apelação.

Este é dispositivo que muitos sustentam merecer uma interpretação extensiva, para que se admita também o agravo de instrumento contra decisão que versa sobre competência. O argumento dos defensores da tese é o de que a decisão sobre a existência de convenção de arbitragem seria também uma decisão sobre competência. Assim não é, porém.

A decisão sobre a existência ou não de convenção de arbitragem é, na verdade, uma decisão sobre jurisdição. O que se decide, aí, é se o Estado brasileiro exercerá ou não jurisdição no caso que lhe foi submetido. Não se trata, portanto, de decidir sobre o juízo competente, mas sobre uma questão que é prévia a isso: se o Estado brasileiro, através do seu Poder Judiciário, poderá ou não exercer jurisdição em um caso que lhe tenha sido apresentado. E essa é uma matéria que não se confunde com a da competência. Aliás, essa ideia que aqui se apresenta foi expressamente desenvolvida no voto condutor do acórdão do STJ que, julgando recursos repetitivos, fixou a Tese nº 988: "a hipótese tipificada trata de discussão relacionada a abdicação da jurisdição estatal para que a controvérsia seja conhecida pela jurisdição arbitral, situação que é ontologicamente diferente da competência, em que é disciplinada a organização interna da própria jurisdição estatal".

Daí não resulta, porém, a impossibilidade de se realizar uma interpretação extensiva desse inciso III do art. 1.015. É que existe, sem sombra de dúvida, uma situação em tudo análoga à que ali se regula, e que precisa ter o mesmo tratamento: é a decisão que rejeita a alegação de "incompetência internacional" da jurisdição brasileira.

Como visto em passagem anterior desta obra, a "competência internacional" não é, verdadeiramente, competência, mas a determinação dos limites internacionais de exercício da jurisdição brasileira. Pois a decisão que rejeita a alegação de "incompetência internacional" (assim como a decisão que rejeita a alegação de existência de convenção de arbitragem) afirma que o Judiciário brasileiro exercerá, no caso que lhe foi submetido, atividade jurisdicional. E contra essa decisão deve ser admitido o agravo de instrumento. De outro lado, a decisão que acolhe essa alegação de "incompetência internacional" é sentença, extinguindo o processo e, por isso, impugnável por meio de apelação.

É agravável a decisão que resolve o incidente de desconsideração da personalidade jurídica (art. 1.015, IV). Pouco importa, aqui, se a decisão foi no sentido de reputar a instauração do incidente inadmissível ou se, admitido este, foi ou não acolhido o pedido de desconsideração. De qualquer modo será admissível o agravo de instrumento.

Também é impugnável por agravo de instrumento a decisão que rejeita requerimento de gratuidade de justiça ou acolhe o requerimento de sua revogação (art. 1.015, V). É irrecorrível, portanto, a decisão que concede o benefício da justiça gratuita (por absoluta ausência de interesse-necessidade, uma vez que a parte contrária pode oferecer impugnação ao benefício), assim como também é irrecorrível a decisão que rejeita a impugnação à gratuidade que a outra parte tenha oferecido (podendo a matéria ser posteriormente deduzida em sede de apelação).

Deve-se, porém, reputar agravável (pelo postulante à concessão do benefício de gratuidade) o pronunciamento interlocutório que defere a gratuidade apenas em parte, como se dá no caso de se deferir apenas um abatimento ou o parcelamento do recolhimento das custas processuais (art. 98, §§ 5º e 6º). Tais decisões equivalem – para fins de interesse recursal – à negativa de concessão do benefício, já que este não terá sido deferido com o alcance pretendido.

É, ainda, agravável a decisão que versar sobre exibição ou posse de documento ou coisa (art. 1.015, VI), pouco importando se o requerimento formulado pela parte tenha sido deferido ou indeferido. Importante frisar que não há exibição de documento ou coisa apenas nos casos previstos nos arts. 396 a 404, mas também em outras situações, como se dá no art. 420, que faz alusão à exibição integral de livros empresariais e documentos do arquivo.

Cabe agravo de instrumento contra decisão interlocutória que versa sobre a exclusão de litisconsorte (art. 1.015, VII). Cabe o recurso tanto contra decisão que exclui o litisconsorte como da que rejeita o requerimento de exclusão. É que ambas *versam sobre* o tema da exclusão do litisconsorte (seja para afirmar que o caso de se reduzir subjetivamente o processo, seja para afirmar que a redução não deve ocorrer). É certo, porém, que há decisão do STJ em sentido distinto (REsp 1.724.453/SP, julgado em 19/03/2019), reputando inadmissível o agravo de instrumento contra decisão que indefere a exclusão de litisconsorte.

De outro lado, é agravável a decisão interlocutória que rejeita o requerimento de limitação do litisconsórcio multitudinário (art. 1.015, VIII), mas não cabe agravo de instrumento contra a decisão que defere tal requerimento e determina o desmembramento do processo. Aqui é claro o texto legal em limitar o cabimento do recurso à decisão de *rejeição* do requerimento.

É agravável a decisão que admite ou inadmite intervenção de terceiros (art. 1.015, IX). Essa é regra aplicável a todas as modalidades de intervenção de terceiro, menos à intervenção do *amicus curiae*, já que nessa hipótese a decisão que admite a intervenção é irrecorrível (por força do disposto no art. 138).

Há, é certo, decisão do STJ afirmando ser irrecorrível tanto a decisão que admite a intervenção do *amicus curiae* como a que não a admite (AgInt no AREsp 1.763.972/PR, julgado em 24/05/2021). Essa não é, porém, a melhor interpretação.

Em matéria de intervenção de terceiros, a regra geral prevista no CPC é a do cabimento de agravo de instrumento tanto da decisão que admite a intervenção, como da que a indefere. A disposição do art. 138 (que afirma expressamente a irrecorribilidade da decisão que admite a intervenção do *amicus curiae*) é uma exceção a essa regra. E, como sabido, disposições excepcionais não admitem interpretação extensiva ou aplicação analógica. Assim, apenas a decisão que admite a intervenção do *amicus curiae* deve ser considerada irrecorrível. Da decisão que indefere essa modalidade de intervenção de terceiro (quando proferida por juízo de primeira instância, claro) cabe agravo de instrumento.

Em todas as outras modalidades de intervenção de terceiro será admissível a interposição de agravo de instrumento tanto contra o pronunciamento interlocutório que admite o ingresso do terceiro no processo quanto contra aquele que o indefere.

Admite-se agravo de instrumento contra decisão interlocutória que versa sobre concessão, modificação ou revogação de efeito suspensivo em embargos do executado (art. 1.015, X). Há, aí, três situações distintas. Na primeira delas, o juízo da execução decide sobre a concessão de efeito suspensivo aos embargos do executado e, se o deferir, promoverá a paralisação total e temporária do processo executivo (art. 919, § 1º). Nesse caso, deve-se admitir o agravo de instrumento do exequente-embargado para que possa ele buscar o prosseguimento da execução, assim como se deve admitir o agravo de instrumento do executado-embargante, a fim de tentar obter, em segundo grau de jurisdição, o efeito suspensivo que o juízo de primeiro grau lhe tenha negado.

Também é agravável a decisão interlocutória que modifica o efeito suspensivo anteriormente atribuído aos embargos do executado (art. 919, § 2º). Pense-se, por exemplo, no caso de ter o juízo originariamente determinado a paralisação total da execução e, posteriormente, seja emitido novo pronunciamento reduzindo o efeito suspensivo apenas para assegurar que não sejam praticados atos executivos em relação a um dos executados (art. 919, § 4º). Pois nesse caso se admite agravo de instrumento, que pode ser interposto pelo exequente (que pretenda obter decisão autorizando a prática de atos executivos contra outros executados, ainda protegidos pelo efeito suspensivo) como por aqueles executados que não estão mais albergados pelo efeito suspensivo anteriormente deferido em maior extensão.

É, ainda, agravável a decisão interlocutória que versa sobre revogação de efeito suspensivo anteriormente atribuído a embargos do executado (art. 919, § 2º), caso em que o executado terá todo interesse em recorrer (se houver a revogação), assim como haverá interesse em recorrer do exequente-embargado, caso seu requerimento de revogação do efeito suspensivo tenha sido indeferido.

Uma observação que se impõe acerca da regra do art. 1.015, X, é que esta é exclusiva para os embargos do executado, não se aplicando aos casos de impugnação ao cumprimento de sentença. É que para essas decisões, proferidas nesse outro modelo de procedimento executivo, há disposição específica a permitir o agravo de instrumento: o art. 1.015, parágrafo único.

É impugnável por agravo de instrumento a decisão interlocutória que versa sobre redistribuição do ônus da prova, nos termos do art. 373, § 1º (art. 1.015, XI). Cabe o recurso tanto contra as decisões que mudam o modo como o ônus probatório é distribuído (isto é, nos termos da lei, o redistribuem) quanto contra a decisão que indefere requerimento de redistribuição do ônus da prova, mantendo-o como normalmente ele seria fixado por lei. É que o texto da lei fala do cabimento do agravo de instrumento contra decisões que "versem sobre redistribuição" do ônus da prova, e não apenas contra decisões "que o redistribuem".

Ademais, admite-se agravo de instrumento contra qualquer outra decisão interlocutória que a lei processual expressamente declare agravável, como se dá, por exemplo, no caso da decisão que receba a petição inicial após o desenvolvimento da fase preliminar do procedimento da "ação de improbidade administrativa" (art. 17, § 10, da Lei nº 8.429/1992).

Como visto, os casos de cabimento do agravo de instrumento estão previstos em rol taxativo (neste que aqui se chamou de *segundo regime de cabimento* do agravo de instrumento), mas que admite interpretações que se afastam de sua literalidade. O que não se pode é admitir que, por meio de "interpretação", sejam incluídas no rol das decisões agraváveis pronunciamentos que claramente não o integram. É o caso, por exemplo, da decisão que versa sobre competência, ou a que resolve algo relacionado ao valor da causa. Nesses casos realmente não cabe o agravo de instrumento. E há uma razão importante para isso, diretamente ligada ao direito fundamental à segurança jurídica (Constituição da República, art. 5º, *caput*). É que o CPC estabelece dois regimes distintos de preclusão para as decisões interlocutórias (art. 1.009, § 1º). Quando a decisão é impugnável por agravo de instrumento, esse recurso precisa ser desde logo interposto, sob pena de restar precluso o pronunciamento contra o qual não se recorreu. De outro lado, quando a decisão não é impugnável por agravo de instrumento, não há preclusão imediata, e esta só se forma se a decisão não vier a ser posteriormente impugnada por via de apelação. Pois aí está exatamente o problema: caso se considere impugnável por agravo de instrumento uma decisão que não consta do rol do art. 1.015, será preciso também considerar, no caso de o agravo não ter sido interposto, ter-se formado a preclusão. E daí resulta a violação ao direito à segurança jurídica. É que será perfeitamente possível imaginar que, proferida a decisão, a parte não interponha agravo por não ter encontrado a decisão na lista dos pronunciamentos impugnáveis por agravo de instrumento. Nesse caso, deixando para impugnar aquela decisão interlocutória na apelação, será surpreendida pelo tribunal *ad quem*, que não conhecerá do recurso (ou pelo menos deste capítulo do recurso) por entender que a matéria já estava preclusa em razão da não interposição do agravo de instrumento. Isso certamente produziria uma tremenda insegurança jurídica, a contrariar o que consta expressamente do art. 5º da Constituição da República.

Visto o cabimento, deve-se examinar o procedimento do agravo de instrumento.

O agravo de instrumento é recurso que, diferentemente dos outros, se interpõe diretamente perante o tribunal *ad quem*. A petição de interposição deve indicar os nomes das partes (agravante e agravado), a exposição do fato e do direito, as razões do pedido de reforma ou invalidação da decisão agravada, o pedido de reforma ou invalidação, além do nome e endereço completo dos advogados das partes.

Quanto à indicação das partes, exige a lei apenas que se apontem seus nomes, e não suas qualificações (as quais, por certo, já constam dos autos). Tratando-se, porém, de recurso de terceiro, deverá este apresentar sua qualificação completa.

Deverá também a petição de interposição do agravo de instrumento conter a exposição do fato e do direito. Incumbe, pois, ao agravante o ônus de apresentar um relato dos aspectos fáticos e jurídicos envolvidos na causa e que sejam relevantes para o reexame da decisão interlocutória agravada. A essa exposição se fará seguir, necessariamente, a apresentação das razões do pedido de reforma ou de decretação da nulidade da decisão interlocutória recorrida. Vale, aqui, lembrar que o agravo de instrumento pode ter por objeto a reforma da decisão interlocutória (quando o fundamento do recorrente consistir na indicação da existência de um *error in iudicando*) ou sua anulação (se o fundamento for a existência de *error in procedendo*). Assim, é ônus do agravante descrever o erro – *in iudicando* ou *in procedendo* – que considera estar presente na decisão, narrando os motivos pelos quais o pronunciamento agravado deve ser reformado ou anulado.

Por fim, a petição de interposição do agravo de instrumento deverá conter o pedido de nova decisão. Em outros termos, incumbe ao agravante declarar, expressamente, que decisão pretende ver proferida pelo tribunal *ad quem*, cabendo-lhe indicar, com precisão, se pretende a reforma ou a decretação da nulidade da decisão interlocutória.

A petição de interposição do agravo deve ser instruída pelo recorrente com documentos que são chamados de "peças". Essa exigência, porém, só é feita quando os autos do processo não são eletrônicos, dado o que consta do § 5º do art. 1.017 (o qual, não obstante isso, permite ao agravante anexar documentos que, não constando dos autos, repute úteis para a compreensão da controvérsia). Dado curioso, porém, é que não esclarece o texto legal a que autos se faz referência, se aos que estão na primeira instância ou se aos autos que se formarão para o agravo de instrumento.

Evidentemente, sendo ambos eletrônicos, a questão não se põe, e não haverá peças obrigatórias. Caso os autos de primeira instância não sejam eletrônicos, porém, incidirá o regramento acerca das peças a serem juntadas à petição de interposição do agravo de instrumento. É que, no caso de não serem eletrônicos os autos da primeira instância, não haverá como o Tribunal ter acesso à documentação que ali consta, de modo que a juntada das peças é um comportamento cooperativo, que pode ser exigido do recorrente (art. 6º).

Sendo, então, os autos de primeira instância impressos (os impropriamente chamados "autos físicos"), tem o agravante a incumbência de instruir seu recurso com as peças, as quais se dividem em dois grupos: obrigatórias (art. 1.017, I) e facultativas (art. 1.017, III).

São peças obrigatórias as cópias da petição inicial, da contestação, da petição que ensejou a decisão agravada, da própria decisão recorrida, da certidão da respectiva intimação ou outro documento oficial que comprove a tempestividade e das procurações (além de eventuais substabelecimentos) que tenham sido outorgadas aos advogados do agravante e do agravado. Caso alguma dessas peças obrigatórias não exista, incumbirá ao advogado declarar sua inexistência, sob pena de sua responsabilidade pessoal (art. 1.017, II).

De outro lado, são peças facultativas quaisquer outras que o agravante repute úteis. Na falta de qualquer peça, mesmo que obrigatória, deverá o relator (se os autos em primeira instância não forem eletrônicos, já que nestes não há qualquer exigência de juntada de peças, devendo estas estar disponíveis no sistema informatizado, nos termos do art. 1.017, § 5º), conforme dispõe o art. 1.017, § 3º, combinado com o art. 932, parágrafo único, determinar a intimação do agravante para sanar o vício, juntando a peça faltante, sob pena de não conhecimento do recurso.

Isso se aplicará não só nos casos em que falte peça obrigatória, mas também naquelas hipóteses em que falte peça que, não sendo obrigatória ("peça facultativa"), seja essencial para a compreensão da matéria discutida no recurso (pense-se, por exemplo, no caso de agravo de instrumento contra decisão que, entre seus fundamentos, tenha feito referência ao teor de uma certidão exarada pela secretaria do juízo, caso em que a juntada de cópia dessa certidão pode se revelar essencial para a compreensão dos fundamentos da decisão recorrida).

A petição de interposição do recurso será acompanhada do comprovante de preparo, quando exigido, aí incluído o porte de retorno (art. 1.017, § 1º). Aplicam-se, aqui, por evidente, todas as disposições gerais acerca do preparo, inclusive quanto aos casos de preparo insuficiente ou ausente (art. 1.007 e §§).

No prazo do recurso (que é de quinze dias, nos termos do art. 1.003, § 5º), o agravo de instrumento será interposto por protocolo diretamente realizado no tribunal *ad quem* (art. 1.017, § 2º, I); ou por protocolo da petição na própria comarca, seção ou subseção judiciária (art. 1.017, § 2º, II). Pode, ainda, o recurso ser interposto por via postal, com aviso de recebimento (art. 1.017, § 2º, III), por meios de transmissão de dados (art. 1.017, § 2º, IV) ou por outra forma prevista em lei (art. 1.017, § 2º, V).

No caso de interposição por meio de sistema de transmissão de dados (tipo fac-símile ou outro análogo), as peças só terão de ser juntadas quando vier o original, na forma prevista na Lei nº 9.800/1999. É certo, porém, que esses sistemas raramente têm sido empregados na atualidade.

Interposto o agravo de instrumento, poderá o agravante requerer a juntada, aos autos do processo que tramita em primeira instância, de cópia da petição de interposição do recurso, do comprovante de sua interposição e do rol dos documentos que o tenham instruído. Tal providência tem por fim provocar o juízo de retratação, instando-se assim o juízo *a quo* a reexaminar a decisão interlocutória agora impugnada. Caso o juízo de primeiro grau reconsidere seu pronunciamento, deverá comunicar tal fato imediatamente ao relator, que declarará prejudicado o recurso.

Sendo o juízo de retratação de interesse do recorrente, é de se considerar que o juízo de primeiro grau só poderá exercê-lo mediante provocação. Significa isso dizer, em outras palavras, que, se não for efetivada a comunicação a que se refere o art. 1.018, não poderá o juízo de primeiro grau retratar-se.

Não sendo eletrônicos os autos na segunda instância, a comunicação a que se refere esse artigo deixa de ser mera faculdade, destinada a provocar o exercício do juízo de retratação, e se transforma em um ônus. É o que se conclui pela leitura dos

§§ 2º e 3º do art. 1.018. Nesse caso, incumbirá ao agravante tomar a providência a que se refere o *caput* do artigo no prazo de três dias a contar da interposição do recurso. É que assim se viabiliza o exercício, pelo agravado, do direito de defesa (que não teria qualquer prejuízo no caso de autos eletrônicos na segunda instância, já que nessa hipótese todas as peças estariam disponíveis para o agravado), facilitando-se seu acesso à petição de interposição e aos demais dados necessários para a elaboração de suas contrarrazões. Isso nada mais é, também, do que uma manifestação do princípio da cooperação (art. 6º), exigência de um processo comparticipativo como deve ser o processo do Estado Democrático de Direito. Assim, caso o agravante não se desincumba desse ônus, poderá o agravado alegar tal fato como preliminar em suas contrarrazões, e, comprovado que realmente o agravante não cumpriu adequadamente a providência referida nesse artigo, o tribunal não conhecerá do agravo de instrumento.

Trata-se de vício formal do agravo de instrumento, portanto, que tem por consequência sua inadmissão. É, porém, vício que não pode ser reconhecido de ofício, já que o § 3º exige sua arguição pelo agravado, o que atrai a aplicação do "princípio do prejuízo". Em outros termos, no caso de não ser cumprido pelo agravante o disposto no art. 1.018, só será tido por inadmissível o agravo de instrumento (processado em autos não eletrônicos) se o agravado, além de arguir e provar que a providência não foi tomada pelo agravante, demonstrar que disso resultou algum prejuízo para sua defesa. É que a falta de apresentação da comunicação de interposição do agravo de instrumento a que se refere o art. 1.018, nos casos de agravos de instrumento que tramitam em autos não eletrônicos, tem – como visto – dupla função: abrir caminho para o exercício, pelo órgão *a quo*, do juízo de retratação e, além disso, viabilizar o exercício, pelo agravado, do seu direito de defesa. Ora, parece óbvio que o não cumprimento do disposto no art. 1.018 não traz, por tornar inviável a reconsideração da decisão, prejuízo para quem quer que seja, salvo para o próprio agravante. Não faria sentido, então, deixar de conhecer do recurso simplesmente por não ter o agravante provocado um juízo de retratação que só a ele próprio beneficiaria.

Impende considerar, porém, que a comunicação de interposição do agravo de instrumento prevista no art. 1.018 tem, também, a finalidade de viabilizar o pleno exercício do direito de defesa. Pois é exatamente por isso que não se trata como ônus a apresentação dessa comunicação quando o agravo de instrumento tramita em autos eletrônicos. É que nesse caso todas as peças dos autos estão disponíveis para todos os seus sujeitos, o que torna inútil aquela comunicação. Pois esse raciocínio deve ser aplicado quando, não obstante os autos na segunda instância não sejam eletrônicos, a ausência dessa comunicação não acarreta qualquer prejuízo ao recorrido, que consegue apresentar sua defesa. Pense-se, por exemplo, em um processo que tramita em algum juízo cível localizado no fórum central da Comarca do Rio de Janeiro. Sendo certo que as secretarias dos juízos cíveis localizados no fórum central, assim como as secretarias das Câmaras, estão localizadas todas no mesmo complexo de edifícios (não havendo sequer a necessidade de sair do edifício ou atravessar a rua para que se chegue de uma sala a outra), não há qualquer razão para considerar prejudicado o exercício do direito de defesa. O mesmo, evidentemente, não ocorreria se o processo tramitasse em primeira instância perante a Justiça Federal do Amapá e o agravo de instrumento viesse a ser interposto perante o Tribunal Regional Federal da Primeira Região (com sede em Brasília, a quase mil e oitocentos quilômetros de distância em linha reta, e quase dois mil e quinhentos quilômetros de distância por rodovia). Nesse caso, o não cumprimento do disposto no art. 1.018 pode mesmo inviabilizar o exercício do direito de defesa pelo agravado.

Isso que acaba de ser sustentado encontra apoio na disposição segundo a qual só se reconhece invalidade se esta tiver causado prejuízo (art. 282, § 1º), além de ter o respaldo do princípio da primazia da resolução do mérito (art. 4º).

Essa exigência de demonstração do prejuízo pela não comunicação da interposição do agravo de instrumento (quando exigível) já era sustentada ao tempo da legislação anterior, mas não era aceita pela jurisprudência do STJ. Sob a égide do CPC de 2015, porém, o Superior Tribunal de Justiça modificou seu entendimento, e passou a considerar que nesse caso só se deixa de admitir o agravo de instrumento quando demonstrado o prejuízo do agravado (como se pode ver, por exemplo, pelo acórdão proferido em AgInt no AREsp 1.757.869/MT, julgado em 25/05/2021).

Caso o juízo *a quo* comunique ao relator que reformou inteiramente a decisão agravada, o recurso estará prejudicado, o que será declarado pelo relator em decisão monocrática (arts. 1.018 e 932, III).

Interposto o agravo de instrumento, deverá imediatamente ser ele distribuído a um relator, a quem incumbe, antes de tudo, verificar se seria caso de aplicação do disposto no art. 932, III (não conhecer, por decisão monocrática, de recurso inadmissível, prejudicado ou que não tenha impugnado especificamente os fundamentos da decisão recorrida) e IV (negar provimento, por decisão monocrática, a recurso contrário a: (a) súmula do STF, do STJ ou do próprio tribunal de segundo grau; (b) acórdão proferido pelo STF ou pelo STJ em julgamento de recursos repetitivos; (c) entendimento firmado em incidente de resolução de demandas repetitivas ou de assunção de competência).

Não sendo, pois, o caso de rejeitar-se liminarmente o recurso por decisão unipessoal, incumbirá ao relator verificar se é caso de atribuir efeito suspensivo ao agravo de instrumento, ou de deferir, em tutela antecipada, total ou parcialmente, a pretensão recursal, casos em que a decisão deverá ser imediatamente comunicada ao juízo *a quo*.

A decisão que atribui efeito suspensivo ao agravo de instrumento, assim como a decisão que defere a antecipação da tutela recursal, são pronunciamentos sobre tutela provisória de urgência, de modo que ambas as hipóteses exigem a demonstração de que há probabilidade de provimento do recurso e de uma situação de perigo de dano iminente, resultante da imediata produção de efeitos da decisão recorrida.

Essa possibilidade de concessão de tutela provisória de urgência é extremamente relevante. No caso de ser a decisão agravada uma "decisão positiva" (ou seja, uma decisão que *defere* algo que tenha sido postulado), a tutela de urgência adequada consistirá na atribuição de efeito suspensivo ao recurso. De outro lado, no que diz respeito às chamadas "decisões negativas", em relação às quais de nada adiantaria a concessão de efeito suspensivo, será o caso de deferir-se a antecipação da tutela recursal. Pense-se, por exemplo, em uma decisão de caráter positivo, como a que defere provisória. Interposto agravo de instrumento contra tal decisão, e sendo concedido o efeito suspensivo, fica obstada a produção de efeitos da tutela provisória até que se julgue o recurso. Confronte-se isso, agora, com o que se daria diante de uma decisão negativa, como a que indefere a tutela provisória. Interposto o agravo de instrumento, de nada adiantaria conceder efeito suspensivo, pois suspender os efeitos de uma decisão de indeferimento não é, certamente, o mesmo que deferir o que fora postulado. Assim é que se vislumbrou a possibilidade de, em casos como este último, o relator conceder, desde logo, o resultado pretendido pelo agravante, antecipando, em caráter provisório, os efeitos da decisão de provimento do agravo. Tem-se, assim, a antecipação da tutela pretendida através do agravo de instrumento.

Vale, aqui, um registro terminológico: há quem chame a antecipação da tutela recursal de "efeito ativo". Essa denominação, porém, não faz qualquer sentido. Afinal, não pode existir um "efeito ativo" se não existir algum outro efeito, que se lhe possa contrapor, e que se pudesse chamar de "efeito passivo". Daí a razão para não se falar em "efeito ativo", mas em antecipação da tutela recursal.

Além de decidir sobre a tutela provisória, incumbe ao relator ordenar a intimação do agravado para oferecer contrarrazões no prazo de quinze dias. A intimação se fará na pessoa do advogado do recorrido e, caso não haja advogado constituído, pessoalmente ao agravado (por carta com aviso de recebimento). Detalhe interessante é que o inciso II do art. 1.019 estabelece que a intimação feita através do advogado deve realizar-se por carta com aviso de recebimento. Isso, porém, não impede a realização da intimação do patrono da parte pelos meios ordinários, por meio eletrônico (art. 270) ou pelo órgão oficial (art. 272). É possível, também, que o advogado do agravante providencie a intimação do advogado do agravado, nos termos do art. 269, §§ 1º e 2º, juntando-se aos autos, posteriormente, cópia do ofício de intimação e do aviso de recebimento.

No mesmo ato, determinará o relator a intimação do Ministério Público (nos processos em que este intervenha) para manifestar-se após a oportunidade para que o agravado ofereça contrarrazões (art. 1.019, III).

Após cumprir todas essas providências, será possível ao relator decidir monocraticamente o recurso (art. 932, III a V), inclusive para lhe dar provimento (no caso de ser a decisão recorrida contrária a: (a) súmula do STF, do STJ ou do próprio tribunal de segundo grau; (b) acórdão proferido pelo STF ou pelo STJ em julgamento de recursos repetitivos; (c) entendimento firmado em incidente de resolução de demandas repetitivas ou de assunção de competência). Não sendo caso de decisão unipessoal, deverá o relator levar o agravo de instrumento a julgamento colegiado.

Vale a pena registrar que o relator poderia ter decidido liminarmente o recurso, seja para dela não conhecer, seja para lhe negar provimento, antes mesmo de se ouvir o recorrido. Não se admite, porém, que o relator, por decisão monocrática, dê provimento ao recurso sem previamente dar oportunidade ao recorrido para oferecer contrarrazões, como consta do disposto no art. 932, V, e está em perfeita consonância com o disposto no art. 9º do CPC. Há, porém, uma hipótese em que se deve admitir o provimento do recurso sem prévia oportunidade para que o recorrido ofereça contrarrazões.

Impõe-se aqui lembrar que um dos efeitos do julgamento do mérito de um recurso é o efeito substitutivo. Significa dizer que, uma vez julgado o mérito do recurso, a decisão aí proferida substitui o pronunciamento recorrido, passando a ocupar seu lugar no procedimento. Assim, por exemplo, proferida uma decisão sobre tutela provisória pelo juízo de primeiro grau, a decisão prolatada pelo tribunal em grau de recurso – seja ela monocrática, do relator, ou colegiada – passa a ser a decisão sobre tutela provisória, substituindo a decisão proferida pelo juízo originário. Isso se dá, perceba-se, mesmo naqueles casos em que no tribunal nega provimento ao recurso ("confirmando-se a decisão", como muitas vezes se lê na prática).

Pois é aqui que se encontra a chave para a solução da questão ora enfrentada. Há decisões judiciais que podem ou devem ser proferidas *inaudita altera parte*, isto é, sem prévia oitiva da outra parte. É o caso, por exemplo, da decisão que concede tutela de urgência, ou da que defere o benefício da gratuidade de Justiça para o autor. Pois, no caso de a parte não obter a decisão que postulou, poderá ela (caso se trate de uma decisão interlocutória agravável, nos termos do art. 1.015) interpor agravo de instrumento para obter um pronunciamento de segundo grau que substitua a decisão de indeferimento prolatada em primeiro grau.

Nesses casos, não faria qualquer sentido exigir que antes do provimento do agravo de instrumento se tivesse de ouvir o agravado. Figure-se o seguinte exemplo: o autor postula uma medida de urgência, afirmando expressamente na petição inicial que a prévia oitiva do réu retiraria toda a eficácia da medida, como seria, por exemplo, o caso de se ter postulado o arresto cautelar de um bem que o demandado poderia facilmente alienar se fosse ouvido antes da decisão sobre a concessão ou não da tutela de urgência. Indeferida a medida pelo órgão de primeiro grau, e interposto o agravo de instrumento, não faria qualquer sentido exigir a prévia oitiva do agravado para só depois prover o recurso. Afinal, soa bizarro – para dizer o mínimo – afirmar que seria preciso ouvir o réu antes de decidir se é ou não o caso de se conceder uma medida que se postulou *inaudita altera parte*.

Evidentemente, decisões – seja qual for o grau de jurisdição em que proferidas – prolatadas *inaudita altera parte* são provisórias. E, no caso de que ora se trata, essa provisoriedade resulta – inclusive – do fato de não ter havido a prévia manifestação do demandado sobre a matéria nela versada, o que faz com que para ele seja perfeitamente possível suscitar depois a mesma matéria, não se podendo cogitar aí de qualquer tipo de preclusão. Assim, proferida em favor do demandante, em grau de recurso, uma decisão concessiva de medida *inaudita altera parte* (destinada a substituir a decisão recorrida, prolatada pelo juízo de primeiro grau de jurisdição), essa não impedirá o demandado de, após ser citado, suscitar novamente as mesmas questões que já foram objeto do pronunciamento anterior e que poderão uma vez mais ser apreciadas.

Pois no agravo de instrumento é exatamente assim que funciona o sistema: só se cogita de intimação do agravado antes da prolação de decisão de provimento do agravo de instrumento (para que se manifeste, oferecendo contrarrazões) se o recurso tiver sido interposto após sua citação. Tendo sido a decisão proferida *inaudita altera parte*, porém, o mérito do agravo de instrumento será julgado – e, se for o caso, se deverá dar provimento ao recurso – sem prévia oitiva do agravado, mas sem que daí resulte qualquer violação ao princípio constitucional do contraditório. Nada impedirá, porém, que, posteriormente citado o réu, ele questione essa decisão, buscando sua reforma ou cassação. E será até mesmo possível que o juízo de primeiro grau, diante dos argumentos agora trazidos pelo réu (e que não foram anteriormente apreciados nem pelo tribunal), revogue a decisão anteriormente prolatada pelo órgão superior. Não haverá aqui qualquer ofensa à autoridade do tribunal, já que se terá feito cognição mais ampla e mais profunda, apta a permitir a revogação da decisão de caráter provisório anteriormente prolatada. Vale registrar que esse entendimento vem sendo acolhido pelo STJ (como se pode ver, por exemplo, pelo acórdão proferido em REsp 1.758.253/SP, julgado em 16/10/2018, no AgInt no AREsp 720.582/MG, julgado em 05/06/2018).

Nos casos em que não seja possível o julgamento monocrático do agravo de instrumento (art. 932, III a V), deverá o relator pedir dia para julgamento do recurso. O despacho do relator pedindo dia para julgamento deverá ser proferido dentro do prazo de um mês, contado da intimação do agravado para oferecer suas contrarrazões, prazo este que tem por objetivo assegurar a duração razoável do procedimento do agravo de instrumento.

Proferido esse despacho, o agravo de instrumento será incluído em pauta, na forma prevista nos arts. 934 e 935, devendo ser julgado por um colegiado formado por três juízes (art. 941, § 2º), ressalvado o caso de instaurar-se o incidente de assunção de competência (art. 947). No caso específico do agravo de instrumento contra decisão interlocutória de mérito, caso seja esta reformada por decisão não unânime, será aplicada a técnica de complementação do julgamento não unânime (art. 942, *caput* e § 3º, II).

33.2.2. Apelação

A apelação é o recurso por excelência. E isso se diz por ser a apelação o recurso responsável por permitir o pleno exercício do duplo grau de jurisdição. É que através da apelação se permite um amplo e integral reexame da causa, que, tendo sido submetida a julgamento no primeiro grau de jurisdição, poderá agora ser reapreciada por órgão de segundo grau.

Nos termos do art. 1.009, apelação é o recurso cabível contra sentença. Não se distingue aqui quanto à espécie de sentença, pouco importando, pois, se é definitiva ou terminativa. Essa, porém, é definição incompleta, como se percebe pela leitura dos parágrafos daquele mesmo artigo legal.

É que, no sistema processual brasileiro inaugurado pelo CPC de 2015, também há decisões interlocutórias apeláveis.

Como já se viu, o art. 1.015 estabelece um sistema de taxatividade das decisões interlocutórias agraváveis. Significa isso dizer que uma decisão interlocutória só será impugnável por agravo de instrumento se houver disposição legal que a declare agravável. Não havendo tal disposição de lei, a decisão interlocutória não poderá ser impugnada por agravo de instrumento (com a ressalva feita à tese, aqui não endossada, mas fixada pelo STJ em julgamento de recursos especiais repetitivos, da "taxatividade mitigada").

Daí não se extraia, porém, que tais decisões não agraváveis seriam decisões interlocutórias irrecorríveis. Definitivamente não. Contra as decisões interlocutórias não agraváveis é admissível a interposição de apelação. É o que se conclui da interpretação do § 1º do art. 1.009, por força do qual "as questões resolvidas na fase de conhecimento, se a decisão a seu respeito não comportar agravo de instrumento, não são cobertas pela preclusão e devem ser suscitadas em preliminar de apelação, eventualmente interposta contra a decisão final, ou nas contrarrazões".

As decisões interlocutórias não agraváveis, pois, não são irrecorríveis. Elas são, isso sim, irrecorríveis em separado, ou seja, não se admite um recurso separado, autônomo, de interposição imediata com o objetivo de impugná-las. São elas, porém, impugnáveis na apelação (ou em contrarrazões de apelação).

No caso de a impugnação à interlocutória se dar em sede de contrarrazões, o capítulo desse ato destinado a atacar a decisão interlocutória terá natureza recursal (ou, em outras palavras, será uma apelação interposta na mesma peça em que oferecidas as contrarrazões à apelação da parte contrária), a ele se aplicando todas as normas incidentes sobre os recursos (como, por exemplo, a que versa sobre a possibilidade de desistência do recurso, que se "extrai" do art. 995). Essa impugnação, ato de natureza recursal, terá de ser tempestiva e fundamentada, sob pena de não conhecimento.

Em outras palavras, nesse caso haverá dois atos processuais sendo praticados através de uma só petição: as contrarrazões à apelação independente que a outra parte tenha apresentado; e uma apelação (subordinada) destinada a impugnar decisões interlocutórias não agraváveis.

Trata-se de fenômeno análogo ao que se tem nos casos em que o réu apresenta, em uma só peça, contestação e reconvenção. Dois atos processuais distintos sendo praticados através de uma única peça, mas cada um deles guardando, em relação ao outro, autonomia.

Vários exemplos do que até aqui foi visto poderiam ser aqui figurados. Pense-se na decisão que indefere a produção de prova testemunhal. Nesse caso, incabível o agravo de instrumento, o interessado em impugnar o pronunciamento interlocutório terá o ônus de, na apelação que eventualmente interponha, ou nas contrarrazões à apelação por outrem interposta, impugnar de forma específica aquela decisão, sob pena de não poder ela ser objeto de reapreciação pela instância superior.

Questão importante é a de saber se essa regra se aplica às decisões interlocutórias que versem sobre questões de ordem pública, sobre as quais não incide preclusão (art. 485, § 3º). Pense-se, por exemplo, no caso de se ter proferido decisão interlocutória que expressamente rejeite uma arguição de existência de coisa julgada. Trata-se de decisão não impugnável por agravo de instrumento. Seria preciso, em um caso assim, a expressa impugnação da decisão interlocutória em sede de apelação (ou de contrarrazões)? Ou estaria o tribunal de segundo grau de jurisdição autorizado a examinar a matéria de ofício, independentemente de ter havido essa expressa impugnação?

Considerando o disposto no art. 485, § 3º, por força do qual "o juiz conhecerá de ofício da matéria constante dos incisos IV, V, VI e IX, em qualquer tempo e grau de jurisdição, enquanto não ocorrer o trânsito em julgado", parece evidente que essas matérias poderão ser objeto de apreciação *ex officio* pelo tribunal de segundo grau, independentemente de terem sido objeto de impugnação específica em sede de apelação ou de contrarrazões, mesmo que sobre elas tenha havido decisão interlocutória. Quanto às demais matérias, porém, as quais podem ser alcançadas pela preclusão, havendo decisão interlocutória contra a qual não caiba agravo de instrumento, só poderá o tribunal de segundo grau pronunciar-se se tiver sido oferecida impugnação específica, na apelação ou em contrarrazões.

A apelação, então, poderá ser interposta para impugnar a sentença ou as decisões interlocutórias não agraváveis. É, pois, perfeitamente possível que a parte apele sem oferecer à sentença qualquer impugnação, limitada sua irresignação ao conteúdo de alguma decisão interlocutória não agravável. Pense-se, por exemplo, em um processo em que se postula bem jurídico que não tenha conteúdo patrimonial apreciável, tendo o autor indicado, na petição inicial, que o valor da causa seria de um milhão de reais. Figure-se, agora, a possibilidade de o juízo de primeiro grau, por decisão interlocutória não agravável, ter reduzido o valor da causa para mil reais. Proferida a sentença que acolheu o pedido do autor, declarando ser o réu seu pai, e fixando honorários advocatícios em dez por cento sobre o valor da causa, não terá o autor interesse em recorrer contra a sentença, mas é evidente seu interesse (ou, ao menos, o interesse de seu advogado) em apelar para impugnar a decisão interlocutória que reduziu o valor da causa (afinal, é evidente que dez por cento de mil reais é muito menos do que dez por cento de um milhão de reais).

É importante essa afirmação de que a apelação pode ser interposta apenas com o objetivo de impugnar decisões interlocutórias não agraváveis, para evitar um problema de ordem prática. É que pode acontecer de se ter a equivocada ideia de que só seria possível impugnar a decisão interlocutória não agravável na apelação se esta impugnasse também a sentença. Pois se fosse assim, em um caso como o há pouco figurado (da demanda cujo objeto não tenha conteúdo patrimonial apreciável), em que a parte vencedora não terá, como óbvio, interesse em impugnar a sentença, talvez também não pretenda fazê-lo o vencido. Basta pensar, por exemplo, em estar diante de uma sentença que, com apoio em uma perícia genética (o assim chamado "exame de DNA"), tenha declarado uma paternidade. Pois nesse caso o autor – vencedor – não terá interesse em apelar contra a sentença, e o réu talvez considere que de nada adiantaria apelar contra a sentença, já que muito provavelmente o julgamento do tribunal também se apoiaria no laudo pericial (e sendo preciso levar em conta, aqui, o fato de que a interposição desse recurso poderia acarretar o aumento do valor dos honorários sucumbenciais, por força do disposto no art. 85, § 11). Pode-se cogitar de outro exemplo: em um processo em que o autor tenha deixado de comparecer à audiência prévia de autocomposição, o juiz lhe impõe uma multa. Essa decisão interlocutória não é impugnável por agravo de instrumento. Prosseguindo o processo, profere-se sentença de procedência do pedido. Nesse caso, não tem o autor interesse em apelar para impugnar a sentença, mas é perfeitamente possível que ele apele para impugnar a decisão interlocutória.

É, então, absolutamente fundamental admitir a interposição de apelação para impugnação da decisão interlocutória, somente.

Resulta daí uma relevante consequência: é que, se a parte que poderia ter interposto apelação autônoma para impugnar a decisão interlocutória não o fizer, deixando para impugná-la em contrarrazões de apelação, esta será um recurso subordinado (gênero a que se integra outra espécie, o recurso adesivo, como já pôde ser examinado), devendo-se aplicar à hipótese, no que couber, o regime estabelecido para os casos de interposição adesiva de apelação.

Desse modo, não admitindo, por qualquer motivo, a apelação, não poderá o tribunal conhecer do pedido recursal formulado em sede de contrarrazões. Além disso, essa apelação interposta na mesma petição que as contrarrazões deverá preencher todos os requisitos de admissibilidade da apelação (inclusive quanto a preparo, se este for exigido pela legislação local), sob pena de não ser admissível a análise da pretensão recursal nela veiculada (o que, evidentemente, não excluirá o exame das contrarrazões propriamente ditas, assim entendido o ato de impugnação ao recurso interposto pela outra parte).

Registre-se, ainda, que – senão sempre, pelo menos na maioria das vezes – o desprovimento do recurso principal tornará prejudicada a apelação interposta de forma subordinada nas contrarrazões. Pense-se, por exemplo, no caso de ter a parte vencedora recorrido, na peça de contrarrazões, contra uma decisão interlocutória que indeferiu a produção de certa prova. Ora, desprovido o recurso principal, interposto pela parte vencida, não haverá mais interesse em verificar se a parte vencedora tinha ou não direito à produção da prova, já que mesmo sem ela terá obtido êxito quanto ao mérito da causa. Deverá o órgão julgador do recurso, em casos assim, declarar prejudicado o recurso subordinado.

Em caso de haver pedido de natureza recursal nas contrarrazões, incumbirá à Secretaria do juízo de primeiro grau abrir vista ao apelante principal para, no prazo de quinze dias, manifestar-se sobre as contrarrazões do apelado (art. 1.009, § 2º). Ter-se-á, aí, "contrarrazões às contrarrazões" (na verdade, serão admitidas contrarrazões à apelação subordinada oferecida na mesma petição em que foram apresentadas contrarrazões à apelação independente).

A apelação é, portanto, recurso adequado para impugnar sentença e decisões interlocutórias não agraváveis (e na mesma peça das contrarrazões pode-se interpor uma apelação com natureza de recurso subordinado destinado a impugnar decisões interlocutórias não agraváveis).

Interpõe-se o recurso de apelação através de petição escrita, dirigida ao juízo de primeiro grau de jurisdição. A petição de interposição da apelação deve conter, em primeiro lugar, a indicação dos nomes e qualificações do(s) apelante(s) e do(s) apelado(s). Já havendo nos autos, porém, tais elementos, eles não precisam ser repetidos. Aqui impende recordar que, normalmente, apelante e apelado, por já serem partes no processo, já tiveram seus nomes e suas qualificações completas indicadas em atos anteriores, como a petição inicial (art. 319, II). Seria, assim, excessivo e inútil formalismo exigir a indicação de nomes e qualificações que já constam dos autos.

Deverá também a petição de interposição da apelação conter a exposição do fato e do direito, o que significa dizer que incumbe ao apelante o ônus de apresentar um relato dos aspectos fáticos e jurídicos envolvidos na causa. A essa exposição se fará seguir, necessariamente, a apresentação das razões do pedido de reforma ou de decretação da nulidade da sentença apelada. Vale, aqui, recordar que a apelação – como se dá, aliás, com a quase totalidade dos recursos – pode ter por objeto a reforma da sentença (quando o fundamento do recorrente consistir na indicação da existência de um *error in iudicando*) ou sua anulação (se o fundamento for a existência de *error in procedendo*). Assim, é ônus do apelante descrever o erro – *in iudicando* ou *in procedendo* – que considera estar presente na sentença, narrando os motivos pelos quais o pronunciamento apelado deve ser reformado ou anulado. No caso de apelar contra a sentença ao fundamento de ser ela *citra petita* (isto é, de não ter sido julgado algo que fora demandado), deverá o apelante pedir a integração do pronunciamento recorrido, a fim de que o tribunal supra aquela lacuna e julgue o que no primeiro grau de jurisdição não foi julgado.

Por fim, a petição de interposição da apelação deverá conter o pedido de nova decisão. Em outros termos, incumbe ao apelante declarar, expressamente, que decisão pretende ver proferida pelo tribunal *ad quem*, cabendo-lhe indicar, com precisão, se pretende a reforma, a decretação da nulidade da sentença ou sua integração. Ou, ainda, se formula tais pedidos de forma cumulada, o que é perfeitamente admissível. Julgar o mérito da apelação será julgar esse pedido aqui formulado, a fim de o acolher (provimento do recurso) ou rejeitar (desprovimento da apelação).

Há uma prática, consagrada no cotidiano forense, consistente na apresentação simultânea de duas petições (uma para interposição do recurso, outra para o oferecimento das razões de recorrer). Embora não seja essa a previsão legal – que é a apresentação de petição única –, não pode levar a um juízo negativo de admissibilidade, em razão da regra da instrumentalidade das formas. Vale, porém, um registro: se essa prática de elaborar duas petições distintas e as protocolar juntas nunca fez muito sentido, isso é ainda pior quando se trata de processo que tramita em autos eletrônicos, em que ambas as petições vêm no mesmo arquivo eletrônico, seguindo-se à última página da "petição de interposição", imediatamente, a "petição de razões". Puro *nonsense* que só uma praxe despida de qualquer fundamentação processual poderia explicar.

Uma vez oferecido o recurso, deverá ser intimado o recorrido para apresentar suas contrarrazões no prazo de quinze dias. Como se trata de um caso de vista obrigatória, o ato deve ser praticado pela serventia do juízo, independentemente de despacho, nos termos do art. 203, § 4º.

Pode ocorrer de, conjuntamente com as contrarrazões, o apelado oferecer outro recurso, interposto pela forma adesiva (art. 997, § 1º), ou de apresentar apelação contra decisão interlocutória na mesma petição em que oferece suas contrarrazões à apelação da parte contrária. Nesse caso, de interposição de recurso subordinado, incumbirá à secretaria do órgão jurisdicional *a quo* abrir vista ao apelante principal, para que tenha oportunidade para contra-arrazoar a apelação subordinada no prazo de quinze dias. Tendo o apelado praticado ambos os atos (isto é, interposto apelação adesiva e, também, impugnado decisão interlocutória nas contrarrazões, o que é possível, embora não necessário, já que a apelação adesiva poderia ser usada também para impugnar a decisão interlocutória não agravável), o prazo para manifestação do apelante será um só, de quinze dias, para manifestar-se tanto sobre o recurso adesivo como acerca da impugnação ao pronunciamento interlocutório.

Tendo sido a sentença de extinção do processo sem resolução do mérito – aqui incluído o caso de indeferimento da petição inicial – ou de improcedência liminar do pedido, a apelação torna possível o exercício, pelo juízo de primeiro grau, de juízo de retratação (arts. 331, 332, § 3º, e 485, § 7º). Impende, porém, que o juízo *a quo* verifique se a apelação interposta é tempestiva. É que esse é o único dos vícios capazes de levar à inadmissibilidade do recurso que se reputa absolutamente insanável, e, pois, se a apelação tiver sido interposta intempestivamente se deverá reputar já transitada em julgado a sentença. Assim, sendo intempestiva a apelação, não poderá haver retratação (FPPC, Enunciado nº 293). Tempestivo que seja o recurso, porém, o juízo de primeiro grau poderá retratar-se ainda que identifique algum outro vício formal na apelação (como, por exemplo, ausência de preparo), já que todos os demais vícios são sanáveis (e não cabe ao juízo de primeiro grau decidir sobre a admissibilidade do recurso nem praticar os atos necessários à correção dos vícios).

Observado esse procedimento, devem os autos ser encaminhados ao órgão *ad quem*, independentemente de juízo de admissibilidade (FPPC, Enunciado nº 99). O controle da admissibilidade da apelação é feito exclusivamente pelo órgão *ad quem*, incumbindo seu exame, em primeiro lugar, ao relator (a quem incumbe, monocraticamente, negar seguimento a recursos inadmissíveis, nos termos do art. 932, III) e, posteriormente, pelo órgão colegiado competente para julgá-lo, o qual poderá não conhecer do apelo. A lamentar, apenas, não se ter autorizado o juízo de primeiro grau a fazer um controle da tempestividade da apelação (que ele não pode fazer nem nos casos em que exerce juízo de retratação, limitando-se, nessa hipótese, a afirmar que deixa de se retratar por ser intempestivo o recurso mas, ainda assim, determinando a remessa dos autos ao tribunal). Nos termos do que consta do CPC, apelações manifestamente intempestivas – muitas vezes interpostas com finalidade exclusivamente protelatória – poderão vir a ser oferecidas, caso em que não poderá o juízo de primeiro grau deixar de recebê-las, só sendo permitido ao relator, no tribunal de segunda instância, proferir juízo negativo de admissibilidade.

Melhor teria sido, aliás, que se aplicasse à apelação o mesmo regime que se estabeleceu para o agravo de instrumento, com a interposição do recurso diretamente perante o tribunal *ad quem* (o que, diante da crescente informatização dos processos, é cada dia mais fácil de cumprir), o que dispensaria todo o procedimento que se desenvolve na primeira instância e evitaria o problema de se paralisar o andamento do processo na primeira instância por força da interposição de apelações manifestamente incabíveis.

Chegando o recurso ao tribunal, deverá imediatamente ser distribuído ao relator. Este, normalmente, será escolhido livremente através de distribuição por sorteio (art. 930). Casos há, porém, em que o relator já está previamente determinado por prevenção (art. 930, parágrafo único).

Efetuada a distribuição, os autos serão imediatamente levados à conclusão do relator, que poderá julgá-lo monocraticamente (nos casos do art. 932, III a V, como expressamente afirma o art. 1.011, I) ou devolver os autos à Secretaria com relatório (art. 931), já deixando elaborado o voto que proferirá na sessão do órgão colegiado (art. 1.011, II). Assim é que, no caso de o relator reputar inadmissível a apelação (art. 932, III), ou no caso de a sentença versar sobre matéria que já tenha sido objeto de padronização decisória (art. 932, IV e V), o relator deverá julgar a apelação monocraticamente, por decisão unipessoal. Não sendo essa a hipótese, o relator devolverá os autos à secretaria com relatório, para que a apelação possa ser incluída em pauta para julgamento colegiado.

A apelação, em regra, será recebida com efeito suspensivo (art. 1.012). Em outros termos, a apelação continua – em regra – a funcionar como um obstáculo a que a sentença produza seus efeitos imediatamente, só podendo tais efeitos se produzir, ordinariamente, após o julgamento em segundo grau de jurisdição (ou, no caso de não ser interposta apelação admissível, após o trânsito em julgado da sentença). Excepcionalmente, porém, há casos em que a apelação será recebida sem efeito suspensivo, produzindo a sentença seus efeitos desde que publicada, isto é, desde o momento em que tornado público o seu teor (art. 1.012, § 1º).

Nas excepcionais hipóteses em que a apelação é, pois, desprovida de efeito suspensivo, a sentença começará a produzir efeitos a partir do momento em que seja publicada (isto é, tornada pública). Não se deve confundir, aqui, os conceitos de publicação (ato de tornar pública) e de intimação da sentença (ato pelo qual se dá ciência a alguém do teor da sentença). Mesmo antes de intimadas as partes, a sentença tornada pública já produzirá efeitos. Para perceber a importância desse ponto, basta figurar um exemplo: no caso de uma sentença em que se conceda tutela antecipada para o fim de determinar o cancelamento de um registro cartorário, será possível – antes mesmo de intimadas as partes – o juízo praticar os atos necessários à efetivação do aludido cancelamento (que poderá, por exemplo, ser realizado por meios eletrônicos pela própria Secretaria do juízo, desde que disponha de meios para tanto) e só depois promover a intimação das partes.

O primeiro caso de apelação sem efeito suspensivo *ope legis* é o do recurso interposto contra sentença que homologa divisão ou demarcação de terras (art. 1.012, § 1º, I).

O procedimento especial da "ação de demarcação de terras particulares" (ou simplesmente "ação demarcatória") caracteriza-se por ser bifásico. Na primeira fase, destinada a verificar a efetiva existência do direito do demandante à demarcação de suas terras, profere-se uma primeira sentença (de que trata o art. 581) impugnável por apelação a ser recebida com efeito suspensivo. Transitada em julgado essa primeira sentença, inicia-se uma segunda fase, chamada "dos trabalhos de campo", em que a demarcação é efetivada. Concluídos os trabalhos de campo, o juízo proferirá nova sentença, homologatória da demarcação (art. 587), impugnável esta por sentença desprovida de efeito suspensivo (art. 1.012, § 1º, I).

Já o procedimento da "ação de divisão de terras particulares", embora seja bifásico, não tem duas sentenças (e o pronunciamento que julga a primeira fase é decisão interlocutória). Neste há, apenas, uma sentença – exatamente a que homologa a divisão de terras (art. 597, § 2º), impugnável por apelação a ser recebida sem efeito suspensivo (art. 1.012, § 1º, I).

Também se recebe sem efeito suspensivo a apelação interposta contra sentença que condena ao pagamento de prestação alimentícia (art. 1.012, § 1º, II). Não obstante a clareza do texto da lei (que fala em sentença que condena a pagar alimentos), há entendimento segundo o qual a norma atribuída ao dispositivo ora comentado alcança também a apelação contra a sentença que julga demanda de revisão de alimentos, seja para majorá-los, seja para reduzi-los. O correto, porém, é interpretar de forma estrita a exceção criada por esse inciso II do art. 1.012, § 1º, à regra geral, excluindo-se a produção do efeito suspensivo da apelação tão somente no caso de sentença condenatória ao pagamento de alimentos.

Será também recebida sem efeito suspensivo a apelação interposta pelo embargante no processo de embargos do executado. Sempre que a sentença extinguir aquele processo sem resolução do mérito ou julgar o pedido formulado pelo embargante improcedente será admissível apelação sem efeito suspensivo (art. 1.012, § 1º, III). Só terá efeito suspensivo *ope legis*, assim, a apelação que eventualmente seja interposta pelo embargado, contra a sentença de procedência dos embargos.

É, ainda, desprovida de efeito suspensivo *ope legis* (art. 1.012, § 1º, IV) a apelação interposta contra a sentença que, nos termos do art. 7º da Lei nº 9.307/1996, julga procedente o pedido de instituição de arbitragem (naqueles casos em que, tendo sido celebrada uma cláusula compromissória vazia, surja o litígio e alguma das partes se recuse a instituir o processo arbitral, caso em que incumbirá ao Judiciário proferir uma decisão substitutiva da declaração de vontade das partes). Assim, publicada a sentença, já será possível a instalação do tribunal arbitral, que poderá começar a atuar desde logo.

O inciso V do art. 1.012, § 1º, estabelece que será recebida sem efeito suspensivo *ope legis* a apelação interposta contra sentença que confirma, concede ou revoga a tutela provisória.

Assim, a apelação será recebida sem efeito suspensivo nos casos em que tenha sido deferida a tutela provisória antes da sentença, seja esta de procedência (a qual confirma a tutela provisoriamente deferida), seja de improcedência (a qual revoga a tutela provisória). Do mesmo modo, será recebida sem efeito suspensivo a apelação quando a concessão da tutela provisória tiver ocorrido na própria sentença.

Deve-se ter claro, porém, que apenas no que concerne ao capítulo da sentença que versa sobre a tutela provisória é que a apelação será desprovida de efeito suspensivo (salvo, evidentemente, o caso de tal efeito não se produzir por força de outra regra, como seria o caso de não ter havido concessão de tutela provisória quanto a alimentos, mas estes terem sido fixados em sentença). Assim, por exemplo, no caso de o autor ter formulado dois pedidos (A e B) e ter havido concessão de tutela provisória apenas quanto a um deles (A), a sentença que acolha os dois pedidos, julgando-os procedentes, será impugnável por apelação a ser recebida sem efeito suspensivo no que concerne à impugnação do capítulo que tenha julgado o pedido A e com efeito suspensivo no que diz respeito ao capítulo da sentença que tenha julgado o pedido B.

É preciso, porém, perceber que o inciso V do art. 1.012, § 1º, não faz alusão apenas às tutelas de urgência. Ao se referir à tutela provisória, o dispositivo ora mencionado engloba tanto a tutela de urgência como a tutela da evidência.

Ocorre que um dos casos de tutela da evidência (que pode ser deferida liminarmente, por meio de decisão interlocutória, ou na sentença) é aquele em que "as alegações de fato p[odem] ser comprovadas apenas documentalmente e h[á] tese firmada em julgamento de casos repetitivos ou em súmula vinculante" (art. 311, II).

O que se extrai daí é que, nos processos em que a prova documental tenha sido a única produzida com o objetivo de convencer da veracidade das alegações feitas pelo demandante e a decisão de procedência do pedido fundar-se em enunciado de súmula vinculante ou em julgamento de casos repetitivos (assim entendido, nos termos do disposto no art. 928, o proferido em sede de incidente de resolução de demandas repetitivas ou em recursos especial ou extraordinário repetitivos), ter-se-á – desde que o interessado tenha postulado expressamente, já que a tutela provisória não pode ser concedida de ofício – uma sentença concessiva de tutela da evidência (e, pois, uma sentença concessiva de tutela provisória).

Resulta daí, pois, que nesses casos a apelação deverá ser recebida sem efeito suspensivo.

Figure-se um exemplo: A demanda em face do Banco B, que na qualidade de endossatário-mandatário levou a protesto um título de crédito mesmo tendo ciência de que o pagamento já fora efetuado. Havendo prova documental suficiente de que o protesto foi feito pelo endossatário-mandatário depois de ter conhecimento de que o pagamento já fora efetuado, a sentença julga o pedido procedente e condena o Banco B a reparar os danos causados ao demandante. Pois essa sentença tem apoio em julgamento por amostragem de recursos especiais repetitivos (REsp 1.063.474/RS, julgado em 28/9/2011), o que significa que se estaria, aí, diante de uma sentença concessiva de tutela da evidência, impugnável por apelação desprovida de efeito suspensivo.

Considerando o imenso número de casos enquadráveis na hipótese prevista nesse art. 1.012, § 1º, V, pode-se afirmar que serão muitas as hipóteses em que a apelação, na prática, não terá efeito suspensivo *ope legis*.

Por fim, não terá efeito suspensivo por determinação legal a apelação interposta contra sentença que decreta a interdição (art. 1.012, § 1º, VI). Assim sendo, uma vez publicada a sentença que decreta a interdição, já poderá o curador do incapaz começar a atuar na defesa de seus interesses, respeitando os limites estabelecidos na própria sentença que o tenha constituído (art. 755, I).

Em todos esses casos em que a apelação não tem, por força de lei, efeito suspensivo, admite-se que, desde o momento em que tornada pública a sentença, seus efeitos já comecem a se produzir, admitindo-se inclusive que a parte vencedora promova, desde logo, seu cumprimento provisório (art. 1.012, § 2º). Admite-se, porém, em todos esses casos – e em outros expressamente previstos em lei, como é o caso da apelação interposta nos processos regidos pela Lei nº 8.245/1991, que rege a locação de imóveis urbanos, e que não tem efeito suspensivo por força do disposto em seu art. 58, V –, que o apelante requeira a atribuição de tal efeito por decisão judicial (efeito suspensivo *ope iudicis*).

Pois, nesse caso, o requerimento de atribuição de efeito suspensivo será dirigido ao tribunal se, já interposta a apelação, ainda não foi designado seu relator, caso em que será o requerimento distribuído a um magistrado que ficará prevento para ser o relator da apelação (art. 1.012, § 3º, I). De outro lado, já havendo relator designado, a este será diretamente formulado o requerimento de concessão de efeito suspensivo à apelação (art. 1.012, § 3º, II). Em ambos os casos será possível conceder *ope iudicis* efeito suspensivo à apelação se ficar demonstrada a probabilidade de provimento do recurso ou se, relevante a fundamentação da apelação, houver risco de dano grave ou de difícil reparação (art. 1.012, § 4º).

Perceba-se que a atribuição de efeito suspensivo à apelação por decisão do relator pode ser uma modalidade de tutela de urgência (se houver risco de dano grave ou de difícil reparação, isto é, se existir *periculum in mora*, caso em que também se exige a "relevância da fundamentação do recurso", ou seja, a probabilidade de que o apelante tenha razão em seu recurso), mas pode também ser uma forma de prestação de tutela da evidência, já que se admite a concessão do efeito suspensivo simplesmente quando se "demonstrar a probabilidade de provimento do recurso", prescindindo-se desse modo do *periculum in mora*. Basta, pois, haver uma probabilidade qualificada (evidência) de que ocorrerá o provimento da apelação para que já se deva deferir o requerimento de atribuição de efeito suspensivo *ope iudicis* à apelação.

A apelação é recurso que tem uma especial característica: seu efeito devolutivo é mais amplo do que o dos outros recursos. É que, enquanto os demais recursos se limitam a devolver ao tribunal aquilo que tenha sido expressamente decidido e impugnado (*tantum devolutum quantum appellatum*), a apelação devolve, além disso, uma série de outras questões ao tribunal. Essa maior extensão do efeito devolutivo da apelação resulta diretamente da lei (art. 1.013).

Inicia-se a regulamentação do efeito devolutivo da apelação, no texto legal, pela afirmação de que a apelação devolve ao tribunal o conhecimento da matéria impugnada (art. 1.013, *caput*). Esse é, apenas, o ponto de partida para a compreensão do efeito devolutivo da apelação. Registre-se, uma vez mais, que, no caso de conter a sentença diversos capítulos e não sendo todos eles impugnados (isto é, sendo o recurso parcial), apenas os capítulos expressamente atacados pela apelação serão devolvidos ao tribunal, enquanto os não impugnados ficarão, desde logo, cobertos pela autoridade de coisa julgada (FPPC, Enunciado nº 100: "Não é dado ao tribunal conhecer de matérias vinculadas ao pedido transitado em julgado pela ausência de impugnação").

Assim, se a apelação tiver sido total (atacando inteiramente a sentença), toda a matéria nela apreciada será devolvida ao tribunal, o que não ocorrerá na mesma extensão nos casos de apelação parcial. Trata-se, aqui, da análise da extensão do efeito devolutivo, ou seja, do estudo de tal efeito sob uma perspectiva horizontal.

A extensão do efeito devolutivo, como dito, determina-se pela extensão da impugnação: *tantum devolutum quantum apellatum*. Considerando que o apelante só pode impugnar, com seu recurso, aquilo que foi efetivamente decidido, o âmbito da devolução fica, por isso mesmo, limitado, não se podendo admitir que o tribunal aprecie questões estranhas aos limites do julgamento recorrido. Significa isso dizer que a extensão da devolução será, no máximo, idêntica à extensão do objeto da decisão recorrida (ressalvando-se o que se falará adiante), podendo ser menor nos casos de apelação parcial.

A apelação, porém, devolve ao tribunal muito mais do que o conteúdo da sentença que tenha sido expressamente impugnado pelo apelante. Como já se viu, a apelação também devolve ao tribunal o conhecimento das questões resolvidas antes da sentença, por decisão interlocutória não agravável, e que tenham sido expressamente impugnadas na apelação. Impende, então, examinar a profundidade do efeito devolutivo da apelação. Esta é idêntica à profundidade da cognição exercida pelo juízo *a quo* para o fim de proferir a sentença recorrida. A devolução é, pois, plena (quanto à profundidade). Isso decorre do disposto nos §§ 1º e 2º do art. 1.013 do CPC. Assim é que, ao julgar o mérito da apelação, poderá o tribunal apreciar todas as questões examináveis de ofício a cujo respeito o órgão *a quo* não se tenha manifestado, tenham elas sido ou não discutidas pelas partes em primeiro grau de jurisdição (e, se for o caso, deverá ser dada oportunidade às partes para que se manifestem sobre essas questões, a fim de evitar a prolação de decisões surpresa).

Dentro dos limites da impugnação (e, portanto, apenas em relação a capítulos da sentença que tenham sido impugnados), serão também objeto de apreciação e julgamento pelo tribunal todas as questões suscitadas e discutidas no processo, ainda que não tenham sido solucionadas (art. 1.013, § 1º). Pense-se, desse modo, no caso de ter sido discutida no processo alguma questão que deveria ter sido apreciada e resolvida na sentença (e que diga respeito ao conteúdo impugnado da sentença e que foi devolvido ao tribunal pela apelação). Não tendo sido a questão enfrentada na sentença, será esta omissa, o que permitirá a oposição de embargos de declaração. Tenham ou não sido opostos os embargos declaratórios, porém, incumbirá ao tribunal de segundo grau manifestar-se a respeito da questão sobre a qual a sentença se omitiu.

Estende-se o efeito devolutivo da apelação, ainda, aos fundamentos não acolhidos pela sentença (art. 1.013, § 2º). Imagine-se o caso de ter uma das partes da demanda (demandante ou demandado) apresentado diversos fundamentos distintos em seu favor, cada um deles suficiente, em tese, para lhe assegurar resultado favorável. Incumbe ao órgão jurisdicional, nesse caso, enfrentar expressamente na sentença todos os fundamentos que pudessem infirmar a conclusão alcançada na decisão (art. 489, § 1º, IV). Não tem o juízo, porém, o dever de apreciar expressamente fundamentos que levariam à mesma conclusão a que a sentença tenha chegado (ou que, isoladamente considerados, não seriam capazes de infirmar aquela conclusão).

Assim, por exemplo, se o demandante formulou pedido baseado em dois fundamentos (A e B), cada um deles suficiente para justificar uma decisão favorável, e o juiz acolheu o primeiro deles, não haverá necessidade de examinar o segundo. De outro lado, rejeitado o primeiro fundamento, terá o juiz o dever de examinar o segundo (que poderá ser acolhido, evidentemente). Acolhido algum deles, a parte favorecida pela decisão não terá interesse em apelar (ao menos para impugnar a sentença, sempre podendo haver interesse em apelar para impugnar alguma decisão interlocutória não agravável), ainda que outro fundamento tenha sido expressamente rejeitado (ressalvado, apenas, o caso em que a mudança do fundamento da decisão possa produzir resultados mais favoráveis à parte vencedora, como acontece no caso em que o pedido formulado em ação popular é julgado improcedente por insuficiência de provas, hipótese em que a mudança do fundamento que justifica a improcedência proporciona ao demandado uma melhor situação jurídica). A apelação interposta pela parte contrária, porém, devolverá ao tribunal o conhecimento de todos os demais fundamentos (tenham eles sido apreciados pelo juízo *a quo* ou não). Por conta disso, será perfeitamente possível que, no julgamento de segundo grau de jurisdição, chegue-se à mesma conclusão alcançada na sentença de primeiro grau, mas por fundamento diverso.

A extensão do efeito devolutivo da apelação, porém, não vai ao ponto – ao menos como regra geral – de admitir que seja suscitada originariamente no tribunal questão de fato que não tenha sido deduzida no primeiro grau de jurisdição. Só se admite que tais questões sejam suscitadas originariamente em grau de apelação na excepcional hipótese de o apelante provar que deixou de fazê-lo por motivo de força maior (art. 1.014).

Como regra geral, portanto, não se admite o *ius novorum*, isto é, a inovação dos fundamentos fáticos em sede de apelação. Poderá o apelante, evidentemente, suscitar questões que, por expressa previsão legal, podem ser deduzidas a qualquer tempo (como se dá com a prescrição ou a decadência). Também poderá o apelante suscitar questões de direito, em relação às quais não há – ao menos nas instâncias ordinárias – preclusão. É perfeitamente possível, por exemplo, que o apelante apresente em grau de apelação uma argumentação jurídica inteiramente nova, suscitando uma tese distinta da que vinha defendendo no primeiro grau de jurisdição. Pode mudar a qualificação jurídica dos fatos, pode sustentar argumentos jurídicos inéditos. Fundamentos fáticos novos, porém – e pouco importando se são fatos essenciais ou não –, só podem ser suscitados na apelação se ficar demonstrado que não foram deduzidos no primeiro grau de jurisdição por motivo de força maior.

Daí se vê, portanto, que a apelação não é um novo processo, mas um mecanismo hábil a permitir o reexame daquilo que tramitou perante o primeiro grau de jurisdição. Incumbe ao tribunal, ao rejulgar a causa, fazê-lo a partir das mesmas bases em que se tenha apoiado o julgamento de primeiro grau, analisando as mesmas questões de fato e valorando as mesmas provas. O surgimento de questões fáticas novas é absolutamente excepcional, só podendo ocorrer se tal matéria não foi deduzida no primeiro grau de jurisdição por motivo de força maior.

Isso não significa, porém, impedimento a que se produza prova em grau de apelação. É que não existe preclusão em matéria probatória nas instâncias ordinárias, devendo-se, então, admitir a produção de prova nessa fase do processo. O Superior Tribunal de Justiça, por exemplo, já admitiu a produção de prova documental em grau de apelação em caso no qual não houve má-fé no fato de não ter sido anteriormente apresentado o documento (AgRg no REsp 1.166.670/PB, julgado em 10/05/2011). E o art. 938, § 3º, expressamente prevê a possibilidade de produção de prova "no tribunal ou em primeiro grau de jurisdição", a demonstrar que também em segundo grau de jurisdição pode haver atividade probatória.

A apelação, por força de seu extenso efeito devolutivo, acaba por permitir que o tribunal *ad quem* pronuncie-se, em certas circunstâncias, sobre o mérito da causa sem que este tenha sido resolvido no primeiro grau, quando a sentença não o apreciou por inteiro ou se o pronunciamento sobre o mérito foi inválido. Pois, nesses casos, permite-se ao tribunal, uma vez reconhecido o vício da sentença, prosseguir no julgamento e emitir pronunciamento de mérito válido, sem que haja necessidade de retorno do processo ao juízo de origem. A esse fenômeno pode dar-se o nome de efeito translativo da apelação (devendo ficar registrado que apenas a apelação –

e o recurso ordinário, que exerce função de apelação – pode produzir esse efeito), o qual é, na verdade, um mero corolário do efeito devolutivo extenso da apelação.

Há quem admita que esse mesmo fenômeno pode se dar também de forma bastante ampla em agravo de instrumento (assim, por exemplo, já decidiu o STJ, entre outras ocasiões ao examinar o REsp 1.215.368/ES, julgado em 1º/06/2016). Essa, porém, é hipótese que só se pode admitir muito excepcionalmente, quando se tratar de agravo de instrumento contra decisões interlocutórias que promovam, sem ou com resolução do mérito, a redução objetiva ou subjetiva do processo (arts. 354, parágrafo único, e 356, ambos do CPC), por se tratar de agravo de instrumento que versa sobre matérias iguais às que se discutem em sede de apelação. Nos demais casos, porém, não se deve admitir a existência desse efeito translativo de agravo de instrumento, pois se teria uma restrição ao duplo grau de jurisdição sem qualquer base normativa que a sustente.

Por força do efeito translativo da apelação (previsto no art. 1.013, § 3º), fica o tribunal de segundo grau incumbido de decidir desde logo o mérito, desde que este esteja já em condições de receber imediato julgamento (motivo pelo qual é comum, na prática forense, falar em "causa madura" nessas hipóteses) e tenha ocorrido alguma das hipóteses previstas no texto legal.

Opera-se o efeito translativo da apelação, em primeiro lugar, se o tribunal reformar sentença terminativa (art. 1.013, § 3º, I). Significa isso dizer que, tendo o juízo de primeiro grau proferido sentença que não contém a resolução do mérito, e considerando o tribunal *ad quem* ter havido *error in iudicando*, sendo o caso de adentrar no mérito da causa, deverá ser reformada a sentença terminativa e, em prosseguimento do julgamento da apelação, o tribunal resolverá o mérito da causa, desde que este já esteja em condições de receber imediato julgamento, ou seja, não havendo necessidade de produção de mais provas ou prática de outros quaisquer atos que só perante o juízo de primeiro grau poderiam ser realizados.

Também se opera o efeito translativo da apelação (desde que a causa esteja "madura", isto é, em condições de receber imediato julgamento) quando o tribunal, na apreciação da apelação, decreta a nulidade da sentença por não ser ela congruente com os limites do pedido ou da causa de pedir (ou seja, se a sentença for *extra petita*, nos termos do art. 1.013, § 3º, II). Nesse caso, o tribunal anulará a sentença e rejulgará o mérito, mas agora de forma congruente com os limites da demanda. Não se aplica o dispositivo, porém, à sentença *ultra petita*, pois nesse caso tudo o que incumbe ao tribunal fazer é invalidar o excesso, ou seja, aquilo que tenha ido além dos limites do que foi demandado.

No caso de ser *citra petita* a sentença (isto é, de não ter sido apreciado algum dos pedidos formulados pelo demandante), e nos termos do art. 1.013, § 3º, III, deverá o tribunal promover a integração do pronunciamento judicial, resolvendo aquela parcela do mérito da causa que não tenha sido apreciada pela sentença apelada. Perceba-se que, nesse caso (e partindo da premissa de que aquilo que foi julgado está correto, evidentemente), nada haverá a reformar ou anular, sendo o caso, tão somente, de integrar a decisão judicial.

Também se opera o efeito translativo da apelação quando o tribunal "decretar a nulidade de sentença por falta de fundamentação" (art. 1.013, § 3º, IV). Assim, ao reconhecer que a sentença apelada não atende à exigência constitucional (art. 93, IX da Constituição da República) e legal (arts. 11 e 489, § 1º) de fundamentação substancial e analítica, incumbe ao tribunal cassar o pronunciamento apelado e, em prosseguimento do julgamento, reapreciar o mérito da causa (se, evidentemente, o processo estiver em condições de receber imediato julgamento, ou seja, se a causa estiver "madura"). Tenha-se claro que nesse caso o tribunal anula a sentença viciada por falta de fundamentação analítica e substancial e, em continuação do julgamento, pronuncia-se sobre o mérito. É caso, pois, de anulação da sentença, e não de sua reforma (ou de se manter a conclusão por fundamento distinto). Manda a boa técnica, portanto, que em casos assim o tribunal se pronuncie expressamente no sentido de anular a sentença e, em prosseguimento, resolver o mérito da causa (seja no sentido da procedência, seja no da improcedência do pedido: FPPC, Enunciado nº 307: "reconhecida a insuficiência da sua fundamentação, o tribunal decretará a nulidade da sentença e, preenchidos os pressupostos do § 3º do art. 1.013, decidirá desde logo o mérito da causa").

Por fim, o efeito translativo se opera quando, reformada a sentença que tenha reconhecido a decadência ou a prescrição, o tribunal verifique já haver condições para imediata apreciação do restante do mérito da causa (art. 1.013, § 4º), caso em que também não haverá necessidade de se determinar o retorno dos autos ao juízo de primeiro grau. Nesse caso, incumbirá ao tribunal de segundo grau pronunciar-se, desde logo, sobre o restante do mérito (já que decadência e prescrição são questões que já integram o mérito, motivo que leva a falar, aqui, em exame do "restante do mérito").

De outro lado, se o juiz proferiu sentença de improcedência liminar sob o fundamento de que teria ocorrido a decadência ou a prescrição, o tribunal, no julgamento de apelação interposta contra essa sentença, não poderá – ao afastar a decadência ou a prescrição reconhecida pela sentença recorrida – apreciar as demais questões concernentes ao objeto do processo, pela simples razão de que tais questões ainda não poderiam ser apreciadas pelo juízo de primeiro grau.

Nesses casos em que se opera o efeito translativo da apelação ocorre uma supressão de instância, excepcionando-se a incidência do princípio do duplo grau de jurisdição. É importante, contudo, recordar que o duplo grau não é uma garantia constitucional, tendo suas bases na legislação ordinária. Sendo assim, é perfeitamente possível à própria lei ordinária afastá-lo, como o fez no caso que ora se examina.

É de se observar, ainda, que o efeito translativo da apelação permite a *reformatio in peius*. Isso porque, tendo sido proferida sentença terminativa em primeiro grau de jurisdição, e tendo o autor interposto apelação, será possível ao tribunal *ad quem*, julgando desde logo o mérito, pronunciar-se pela improcedência do pedido por ele formulado ao ajuizar sua demanda, o que torna a situação do apelante pior do que a que lhe proporcionava a sentença apelada, ampliando-se o benefício daquele que não recorreu. E essa possibilidade deve ser levada em consideração pela parte antes de interpor sua apelação (já que "o tiro pode sair pela culatra"). Essa *reformatio in peius* é absolutamente legítima, já que o tribunal nada mais estará fazendo do que emitir desde logo um pronunciamento sobre o mérito que, depois, seria emitido de qualquer modo. Tudo o que se tem aqui é uma aceleração do resultado do processo, já que ao mesmo resultado prático se chegaria (embora com menos rapidez) se o tribunal determinasse a baixa dos autos ao juízo de origem para que ali se proferisse julgamento sobre o mérito, vindo depois os autos novamente ao tribunal, por força de apelação interposta pelo vencido, para que então se pronunciasse sobre o objeto do processo. De qualquer maneira, haverá um pronunciamento sobre o mérito emanado do tribunal, mas a incidência do art. 1.013, § 3º, do CPC acelera a obtenção do resultado, estando, pois, de pleno acordo com as normas fundamentais do Direito Processual, notadamente o princípio da duração razoável do processo.

A apelação é ordinariamente julgada por um colegiado formado por três magistrados (art. 941, § 2º). Pode haver, porém, a assunção da competência para seu julgamento por órgão colegiado mais amplo, o que se dará não só nos casos em que se instaure o incidente de assunção de competência, mas também quando for admitido incidente de resolução de demandas repetitivas e a apelação for selecionada como caso-piloto.

Embora já se tenha visto, sempre vale recordar que no caso de o julgamento colegiado da apelação não ser unânime (tendo o julgamento se dado pelo colegiado de três magistrados) pode haver necessidade de aplicar-se a técnica de complementação dos julgamentos não unânimes estabelecida pelo art. 942.

33.2.3. Agravo interno

Chama-se agravo interno ao recurso cabível contra decisão monocrática proferida no tribunal pelo relator (art. 1.021) ou pelo Presidente (que, em alguns casos, é chamado a proferir decisões monocráticas, como se dá no caso do pedido de suspensão de segurança previsto no art. 15 da Lei nº 12.016/2009) ou Vice-Presidente do Tribunal (como no caso previsto no art. 1.030, § 2º). É recurso cabível no prazo de quinze dias (art. 1.003, § 5º), mesmo naqueles casos em que houvesse disposição legal ou regimental estabelecendo prazo distinto, já que o art. 1.070 estabelece que "é de 15 (quinze) dias o prazo para a interposição de qualquer agravo, previsto em lei ou em regimento interno de tribunal, contra decisão de relator ou outra decisão unipessoal proferida em tribunal".

Merece registro, porém, que, no caso previsto no art. 6º, parágrafo único, da Lei nº 13.300/2016 (agravo interno contra a decisão do relator que indefere a petição inicial de mandado de injunção), o prazo será de cinco dias, já que essa disposição legal é posterior ao Código, não tendo sido alcançada pelo art. 1.070 do CPC, de modo que a lei posterior especial prevalece sobre a regra geral.

Todas as decisões monocráticas proferidas nos tribunais são impugnáveis por agravo interno, inclusive as que proveem sobre a atribuição de efeito suspensivo a recursos ou que decidem sobre tutela provisória nos processos de competência originária do tribunal (FPPC, Enunciado nº 142). Só não será impugnável por agravo interno uma decisão monocrática quando a lei expressamente a declare irrecorrível, como se dá, por exemplo, com a decisão do relator de recurso especial que, reputando prejudicial o recurso extraordinário também interposto, determina a remessa dos autos ao STF (art. 1.031, § 2º), ou a decisão do relator que admite a intervenção de *amicus curiae* (art. 138).

Esse recurso será sempre julgado pelo órgão colegiado a que o relator (ou o Presidente) se vincula, e em cujo nome atuou, qual verdadeiro porta-voz, ao decidir monocraticamente. Em hipótese alguma se admite julgamento monocrático do agravo interno, não se aplicando a esse recurso o disposto nos incisos III a V do art. 932.

Na petição de interposição do agravo interno incumbe ao agravante impugnar, de forma específica, os fundamentos da decisão agravada (art. 1.021, § 1º). Será, portanto, reputado inadmissível o agravo interno se ali se limitar o recorrente a reproduzir os fundamentos do recurso anteriormente interposto (e monocraticamente julgado). Sua petição recursal, nessa hipótese, será tida por inepta, o que implica o não conhecimento do agravo interno. Isso nada mais é do que uma previsão específica do ônus da dialeticidade recursal, que incide sobre todos os recorrentes, em todas as espécies recursais.

O agravo interno é interposto por petição dirigida ao relator (ou ao Presidente ou Vice-Presidente, se for este o prolator da decisão agravada, passando a atuar então como relator do agravo interno). A este incumbe determinar a intimação do agravado para manifestar-se em contrarrazões no prazo de quinze dias (art. 1.021, § 2º). Decorrido esse prazo, tenham as contrarrazões sido oferecidas ou não, o relator (ou o Presidente ou Vice-Presidente, quando for de um deles a decisão monocrática impugnada) poderá retratar-se, reconsiderando a decisão monocrática. Não havendo retratação, o agravo interno será incluído na pauta de julgamento, para apreciação pelo órgão colegiado em sessão (art. 1.021, § 3º).

Na sessão de julgamento não haverá oportunidade para que as partes, por seus advogados ou defensores públicos, apresentem sustentação oral, salvo no caso previsto no art. 937, § 3º.

No acórdão que negue provimento ao agravo interno, não se admite a mera reprodução da decisão recorrida (art. 1.021, § 3º), exigindo-se o exame dos argumentos especificamente invocados pelo agravante para impugnar a decisão monocrática.

Sendo o agravo interno declarado manifestamente inadmissível ou improcedente, por decisão unânime (FPPC, Enunciado nº 359: "A aplicação da multa prevista no art. 1.021, § 4º, exige que a manifesta inadmissibilidade seja declarada por unanimidade"), o tribunal, fundamentadamente, imporá ao agravante multa, em favor do agravado, que será fixada entre o mínimo de um por cento e o máximo de cinco por cento sobre o valor atualizado da causa (art. 1.021, § 4º). Nesse caso, só poderá o agravante multado interpor outros recursos se previamente efetuar o depósito do valor da multa. Excetuam-se, apenas, a Fazenda Pública e os beneficiários da justiça gratuita. Estes ficam isentos do ônus de adiantar o valor da multa para poder recorrer novamente, mas não se exoneram do dever jurídico de, ao final do processo, pagar a multa (e se não o fizerem poderão ser executados com apoio na decisão que condenou ao pagamento da multa), conforme dispõe o art. 1.021, § 5º.

33.2.4. Embargos de declaração

Embargos de declaração são o recurso cabível contra pronunciamentos judiciais obscuros, contraditórios, omissos ou que contenham erro material (art. 1.022). Recurso que pode ser oposto contra qualquer pronunciamento judicial decisório, seja ele monocrático ou colegiado, proferida por qualquer juízo ou tribunal, é o único recurso cujo prazo de interposição é de cinco dias (e não de quinze dias, como os demais), nos termos do art. 1.023.

Vale, aqui, uma observação sobre o cabimento dos embargos de declaração: embora a lei processual seja muito clara ao afirmar que esse recurso é cabível contra *qualquer* decisão judicial, o Supremo Tribunal Federal firmou entendimento no sentido de que não pode ser admitida a oposição de embargos de declaração contra a decisão proferida pelo Presidente ou Vice-Presidente do tribunal de origem que não admite recurso extraordinário (como se pode ver, por exemplo, pelo acórdão proferido na apreciação de ARE 1.177.142 AgR, julgado em 28/06/2019). Não se pode deixar de dizer, porém, que essa jurisprudência se firmou no STF sem que qualquer fundamento que justifique esse entendimento tivesse sido apresentado.

No Superior Tribunal de Justiça se consolidou entendimento muito semelhante. Nesse Tribunal de Superposição se tem entendido que os embargos de declaração, em regra, não são cabíveis contra decisão do Presidente ou Vice-Presidente do Tribunal de origem que não admita recurso especial. Ressalva-se, porém, o caso em que a decisão é proferida de forma tão genérica que não seria mesmo possível a interposição de recurso destinado a buscar sua reforma (como decidiu o STJ, por exemplo, no AgInt no AREsp 1.143.127/RJ, julgado em 28/11/2017, onde se afirmou expressamente que "excepcionalmente, nos casos em que a decisão for proferida de forma bem genérica, que não permita sequer a interposição do agravo, caber[ão] embargos").

Tanto o entendimento do STF, porém, quanto o do STJ desconsideram por completo a lei, que claramente afirma serem cabíveis embargos de declaração contra *quaisquer* decisões judiciais, sem qualquer exceção. Deve-se até mesmo considerar que, nos casos em que a lei processual afirme a irrecorribilidade de determinado pronunciamento judicial (como se dá, por exemplo, com o acórdão que julga o mérito no processo de arguição de descumprimento de preceito fundamental, nos termos do art. 12 da Lei nº 9.882/1999), os embargos de declaração devem ser reputados admissíveis, já que mesmo esses pronunciamentos podem conter erro material, obscuridade, contradição ou omissão (e vale registrar que o STF tem admitido, sem qualquer problema, embargos de declaração contra o julgamento de mérito em ADPF, como se pode ver em ADPF 556 ED, julgados em 15/05/2020, ou em ADPF 276 ED, julgados em 05/08/2020).

Deve-se entender, portanto, que cabem embargos de declaração contra toda e qualquer decisão judicial, ainda que a lei afirme sua irrecorribilidade.

Os embargos de declaração são um instituto de natureza bastante controvertida. Parte da doutrina nega-lhes a natureza de recurso, preferindo considerar que se trata de mero incidente do julgamento. Outros autores há que consideram os embargos de declaração verdadeiro recurso, como aliás são considerados pela lei processual. E até quem considere que a natureza dos embargos de declaração é variável, sendo em regra mero incidente do julgamento, mas assumindo a natureza de recurso quando neles se formula pedido que, se acolhido, seja capaz de produzir efeitos modificativos da decisão embargada.

O correto, no ordenamento processual brasileiro, é considerar que os embargos de declaração têm natureza de recurso. Aqui é preciso considerar que a atribuição de natureza recursal a determinado instituto é função da lei processual, cabendo ao intérprete, tão somente, acatá-la (ao menos *de lege lata*). E, quanto a tal modo de proceder, a lei processual brasileira é de extrema clareza. Os embargos de declaração estão tratados no CPC dentro do Título que regula os recursos. Ademais, é de se considerar que os embargos de declaração se integram com precisão no conceito de recurso. Trata-se de remédio voluntário idôneo a ensejar, dentro do mesmo processo, o esclarecimento ou a integração da decisão judicial impugnada. Inegável, pois, a natureza recursal do instituto.

Os embargos de declaração podem ser opostos para "esclarecer obscuridade ou eliminar contradição" (art. 1.022, I); "suprir omissão de ponto ou questão sobre o qual devia se pronunciar o juiz de ofício ou a requerimento" (art. 1.022, II); ou "corrigir erro material" (art. 1.022, III).

Pode acontecer de uma decisão judicial ser obscura, tendo seu texto sido elaborado de forma total ou parcialmente incompreensível ou ambígua. Nesse caso, os embargos de declaração se apresentam como meio hábil a permitir que se confira ao pronunciamento judicial a clareza que deve ser compreendida como requisito de qualquer ato judicial decisório. Também é possível que haja na decisão judicial alguma contradição sanável por embargos de declaração. Entende-se por contraditório o pronunciamento judicial quando contém postulados incompatíveis entre si. Tenha-se claro, porém, que só é contraditória a decisão quando há, *dentro dela*, afirmações incompatíveis (como se dá, por exemplo, quando no mesmo pronunciamento judicial se afirma que determinado fato está provado e, em seguida, se assevera que aquele mesmo fato não está provado; ou quando se diz que o mesmo ato é tempestivo e intempestivo; ou ainda quando se afirma que o autor tem razão e por isso se julga seu pedido improcedente). A finalidade dos embargos de declaração, nesse caso, é esclarecer o verdadeiro sentido da decisão proferida. Assim, cabe ao órgão jurisdicional afirmar se o fato está provado ou não, se o ato é tempestivo ou não, se o pedido é procedente ou improcedente. Não é por meio de embargos de declaração, porém, que se pode impugnar uma decisão por ser ela incompatível com algo que lhe seja externo (como se vê com frequência na prática forense, em que embargos de declaração são opostos com o fim de impugnar decisões que seriam "contraditórias com a prova dos autos" ou "contraditórias com a jurisprudência dos tribunais superiores"). Nesses casos os embargos de declaração não são adequados, e outras espécies recursais deverão ser empregadas para impugnar a decisão judicial.

Nos casos de obscuridade ou contradição os embargos de declaração terão por finalidade, portanto, o esclarecimento do verdadeiro teor da decisão já proferida.

Diferente disso é o que se tem nos casos de embargos de declaração opostos ao fundamento de a decisão judicial conter uma omissão. Nesse caso, a finalidade dos embargos de declaração é a integração da decisão judicial. Havendo omissão, portanto, deverá o órgão jurisdicional reabrir a atividade decisória e se pronunciar a respeito daquilo que já deveria ter sido enfrentado na decisão originariamente proferida.

Estabelece o parágrafo único do art. 1.022 que se considera omissa decisão judicial que "deixe de se manifestar sobre tese firmada em julgamento de casos repetitivos ou em incidente de assunção de competência aplicável ao caso sob julgamento" (inciso I), ou que "incorra em qualquer das condutas descritas no art. 489, § 1º" (inciso II). Evidentemente, porém, não é só nesses casos que se terá por omissa a decisão judicial. Pense-se, por exemplo, em uma sentença que não tenha um capítulo definindo a responsabilidade pelo pagamento de despesas processuais e honorários advocatícios, hipótese não contemplada no parágrafo único do art. 1.022 mas, evidentemente, caso de decisão omissa. Deve-se entender o disposto no aludido parágrafo, portanto, no sentido de que *também* se considera omissa a decisão que eventualmente se enquadre nas hipóteses ali previstas.

Recorde-se, aqui, o que já ficou dito quando da análise do conceito de recurso: nos embargos de declaração destinados ao esclarecimento de decisão obscura ou contraditória não se quer que o juízo redecida, mas que reexprima o decidido. Em outros termos, tratando-se de decisão obscura ou contraditória, o que se pretende com os embargos de declaração é que o juízo dê outra redação ao provimento recorrido, mantendo-se, porém, o conteúdo da decisão. Já no que se refere aos embargos de declaração contra decisão omissa, em que se pretende a integração do provimento, espera-se que o juízo reabra a atividade decisória, examinando a questão sobre a qual permanecera omisso.

É, aliás, sintomático que a lei processual tenha regulado a matéria em dois incisos diferentes do art. 1.022, colocando no inciso I as hipóteses em que o recurso é cabível contra provimento prolatado após o encerramento da atividade decisória, quando se busca, tão somente, seu esclarecimento, e no inciso II a hipótese em que os embargos de declaração são cabíveis contra pronunciamento judicial lacunoso, proferido sem que se tivesse realizado por completo a atividade decisória, caso em que se pede sua integração. Sempre pareceu, aliás, que a denominação embargos de declaração só se mostra adequada para as hipóteses previstas no inciso I (e III, de que se tratará adiante) do art. 1.022, sendo mais adequado chamar o recurso, na outra hipótese (inciso II), de embargos de integração. Aqui se usará, porém, a terminologia da lei, pois a ela se está vinculado, ao menos *de lege lata*.

Por fim, estabelece a lei processual ser cabível a oposição de embargos de declaração para correção de erro material. Deve-se entender por erro material aquele que não interfere no conteúdo da decisão judicial (como, por exemplo, o erro na grafia de um nome, ou o fato de, por lapso, se ter chamado o autor de réu ou vice-versa). A correção desse tipo de erro não depende da interposição de qualquer recurso (nem mesmo de embargos de declaração), podendo se dar – de ofício ou a requerimento da parte – a qualquer tempo, mesmo depois do trânsito em julgado (FPPC, Enunciado nº 360). Não é por outra razão que o art. 494, I, expressamente estabelece que, "publicada a sentença, o juiz só poderá alterá-la [para] corrigir-lhe, de ofício ou a requerimento da parte, inexatidões materiais ou erros de cálculo". Admite-se, porém, que a parte "aproveite" seus embargos de declaração para postular a correção de erro material contido no pronunciamento judicial.

Pode acontecer de os embargos de declaração veicularem pretensão que, caso acolhida, acarrete a modificação da decisão embargada. Tem-se aí o que se costuma chamar de embargos de declaração com efeitos modificativos (também chamados embargos de declaração com efeitos infringentes). É preciso, porém, ter claro que a modificação da decisão embargada só é possível em um caso: no de embargos de declaração opostos contra decisão omissa. É que pode acontecer (mas evidentemente não acontecerá sempre) de, ao sanar a omissão, o órgão jurisdicional verificar que a conclusão anteriormente apontada, no pronunciamento embargado, foi equivocada. Pense-se, por exemplo, no caso de ter sido proposta demanda em que se exige o cumprimento de obrigação, tendo o demandado apresentado dois fundamentos de defesa autônomos (novação e compensação, por exemplo). Imagine-se, agora, que o juízo tenha rejeitado expressamente a alegação de novação, mas tenha se omitido a respeito da alegação de compensação e, assim, proferido sentença de procedência do pedido do autor. Opostos os embargos de declaração, deverá ser sanada a omissão, pronunciando-se agora o órgão jurisdicional sobre a alegação de compensação (que, se acolhida, levará à modificação da conclusão anterior, julgando-se improcedente o pedido do autor). Em razão da estreiteza do cabimento dos embargos de declaração, porém, é só em hipóteses como a figurada que se pode admitir que os embargos de declaração tenham efeitos modificativos.

Os embargos de declaração são cabíveis no prazo de cinco dias (art. 1.023), devendo ser opostos por petição dirigida ao próprio órgão prolator da decisão embargada. Na petição, deverá o embargante indicar o erro, obscuridade, omissão ou contradição que pretende ver sanado. A não indicação do ponto equivocado, obscuro, contraditório ou omisso na peça de interposição do recurso implica sua inadmissibilidade, sendo então o caso de não se conhecer do recurso.

Não há exigência de preparo nos embargos de declaração (art. 1.023, *in fine*), razão pela qual não se cogita, aqui, de recolhimento de custas.

O procedimento para apreciação dos embargos de declaração é extremamente simples. E isso se dá porque, ao menos como regra geral, seja qual for a decisão que se profira, isso não acarretará qualquer modificação do anteriormente julgado. E exatamente por tal razão é que só se cogita de abrir-se prazo para que a parte embargada ofereça contrarrazões quando o pedido formulado nos embargos de declaração for tal que, se eventualmente vier a ser acolhido, isso acarrete a modificação da decisão embargada (ou seja, quando nos embargos de declaração tiver sido formulado um pedido infringente). Nesse caso, o órgão jurisdicional, ao receber os embargos de declaração, deverá intimar o embargado para oferecer contrarrazões em cinco dias (art. 1.023, § 2º).

Ultrapassado o prazo para oferecimento de contrarrazões (ou se não for o caso de abrir oportunidade para elas), o juízo de primeira instância os julgará em cinco dias (art. 1.024). Tratando-se de embargos de declaração opostos contra decisão monocrática proferida no tribunal, o julgamento será feito de forma unipessoal pelo próprio prolator da decisão embargada (art. 1.024, § 2º), também aqui se exigindo que a decisão seja proferida no prazo de cinco dias (embora esse prazo seja impróprio, o que significa que seu decurso não gera automática preclusão temporal).

No caso de embargos de declaração opostos contra acórdão, serão eles apresentados em mesa (isto é, não serão incluídos na pauta de julgamento) na sessão imediatamente subsequente (à sua oposição ou, se for o caso, ao oferecimento das contrarrazões), cabendo seu julgamento ao órgão colegiado. Não sendo os embargos de declaração julgados na primeira sessão, deverá o recurso ser incluído em pauta para ser apreciado em sessão de julgamento (art. 1.021, § 1º).

Merecem exame especial os efeitos (da interposição e do julgamento) dos embargos de declaração.

A interposição dos embargos de declaração não produz efeito devolutivo. É que, como visto anteriormente, esse efeito só se produz quando a apreciação do recurso cabe a órgão distinto daquele que tenha proferido a decisão recorrida, e, no caso dos embargos de declaração, seu julgamento sempre caberá ao próprio órgão prolator da decisão embargada.

Os embargos de declaração também não produzem efeito suspensivo (art. 1.026). Assim, no caso de serem eles opostos contra decisão que seria desde logo eficaz (como se dá, por exemplo, com as sentenças mencionadas no art. 1.012, § 1º), o mero fato de terem sido interpostos embargos de declaração não é suficiente para obstar a produção de efeitos do pronunciamento judicial. Admite-se, porém, a atribuição *ope iudicis* de efeito suspensivo, por decisão do juízo de primeira instância ou do relator, se demonstrado ser provável que os embargos venham a ser providos ou, sendo relevante a fundamentação, houver risco de dano grave ou de difícil reparação (art. 1.026, § 1º). Perceba-se que há, aí, duas situações distintas. O efeito suspensivo pode ser atribuído pelo simples fato de ser muito provável o provimento do recurso (em verdadeira tutela da evidência recursal). É, porém, possível também que se atribua efeito suspensivo aos embargos de declaração por ser "relevante a fundamentação" (ou seja, se houver probabilidade de provimento do recurso) e haver perigo de dano iminente, em verdadeira tutela de urgência recursal.

No caso de os embargos de declaração serem opostos contra decisão que é impugnável por recurso dotado de efeito suspensivo *ope legis*, porém, a inexistência do efeito suspensivo dos embargos de declaração não é capaz de autorizar o cumprimento provisório da decisão, já que sua eficácia está suspensa por conta do recurso posteriormente interponível (FPPC, Enunciado nº 218).

Há, ainda, um efeito da interposição dos embargos de declaração que é típico dessa espécie recursal e essencial para o correto funcionamento do sistema. Trata-se do efeito interruptivo. É que, como se vê do art. 1.026, a oposição de embargos de declaração interrompe o prazo para interposição de qualquer outro recurso (por ambas as partes, não obstante o silêncio da lei quanto ao ponto). E, interrompido o prazo, voltará este a correr por inteiro a partir do momento em que as partes sejam intimadas da decisão proferida nos embargos de declaração.

É preciso ter claro, porém, que esse efeito interruptivo só se produz se os embargos de declaração forem tempestivos (ainda que venham eles a ser reputados inadmissíveis por alguma outra razão). É que, opostos intempestivamente os embargos, não se pode admitir a interrupção do prazo para oferecimento de outros recursos, sob pena de se estimular a apresentação de embargos intempestivos com o único propósito de ganhar mais tempo para a interposição de outro recurso contra a mesma decisão. Pode acontecer, porém, de uma das partes opor embargos de declaração intempestivos e, conclusos os autos, criar-se embaraço para que a outra parte interponha seu próprio recurso. Nesse caso, deve-se considerar que, embora não se tenha produzido o efeito interruptivo, o prazo para interposição de outro recurso *pela outra parte*, que não deu causa ao obstáculo, estará suspenso, nos termos do art. 221. Ocorrendo tal situação, o prazo voltará a correr a partir do momento em que os autos se tornem novamente disponíveis, apenas pelo tempo que faltava para sua complementação (art. 221, parte final).

Uma vez julgados os embargos de declaração, há um efeito do julgamento que precisa ser examinado: trata-se da consequência que tal julgamento produz sobre outros recursos, anteriormente interpostos, contra a decisão embargada.

É que pode acontecer de, antes do julgamento dos embargos de declaração opostos por uma das partes, a outra parte (ou um terceiro) ter interposto outro recurso (apelação, por exemplo) contra a decisão. Em primeiro lugar, é preciso recordar que tal recurso não poderá ser reputado intempestivo (já que o CPC expressamente exclui qualquer possibilidade de reconhecimento da assim chamada "intempestividade por prematuridade", consistente na prática de ato processual antes do início do prazo para sua realização, como se verifica pela leitura do art. 218, § 4º). É preciso, porém, verificar qual será o efeito do julgamento dos embargos sobre aquele recurso anteriormente interposto.

Pois, no caso de a decisão proferida no julgamento dos embargos de declaração não ter produzido qualquer alteração na conclusão da decisão embargada, o recurso anteriormente interposto pela parte contrária será reputado admissível, independentemente de qualquer ato de ratificação (art. 1.024, § 5º). De outro lado, porém, se o julgamento dos embargos de declaração implicar modificação da decisão embargada, deverá garantir-se a quem tenha anteriormente interposto recurso contra a decisão previamente prolatada o prazo de quinze dias para complementar ou alterar suas razões recursais, nos exatos limites da modificação produzida (art. 1.024, § 4º). Caso essa complementação não ocorra, porém, ainda assim será caso de apreciar-se aquele recurso. É que pode acontecer de o recorrente não ter a intenção de promover qualquer complementação ou alteração de suas razões, e seu silêncio deverá ser interpretado como uma ratificação tácita do recurso anteriormente interposto, que deverá ser julgado nos termos em que originariamente apresentado. Deverá, nesse caso, o órgão julgador verificar se o recurso está prejudicado (o que pode acontecer em razão de eventual incompatibilidade entre o recurso interposto e o teor final da decisão, já alterada pelo julgamento dos embargos de declaração) ou não.

Outro efeito do julgamento dos embargos de declaração é a produção do prequestionamento ficto (art. 1.025). Como se verá adiante, na análise dos recursos excepcionais, o prequestionamento (e não "pré-questionamento", como equivocadamente grafado no texto do art. 1.025) é um requisito específico de admissibilidade do recurso especial e do recurso extraordinário. Não é esse o momento adequado para tratar do tema, a que se voltará adiante, mas é preciso dizer desde logo que, nos termos do art. 1.025, serão considerados "incluídos no acórdão os elementos que o embargante suscitou, para fins de [prequestionamento], ainda que os embargos de declaração sejam inadmitidos ou rejeitados, caso o tribunal superior considere existentes erro, omissão, contradição ou obscuridade".

Não se pode deixar de abordar, também, a possibilidade de os embargos de declaração serem convertidos em agravo interno (art. 1.024, § 3º). É que muito frequentemente se vê, na prática, a interposição de recurso contra decisão monocrática de relator sob o rótulo de embargos de declaração quando, na verdade, tudo o que se pretende é a reforma ou invalidação da decisão monocrática. É preciso, então, ter claro que não é o rótulo, o *nomen iuris*, atribuído à peça oferecida pela parte, que determina a natureza do ato praticado. Sempre que, contra uma decisão monocrática proferida em tribunal, apresentar-se recurso em que se postula sua reforma ou invalidação, sem qualquer alusão à existência de obscuridade, contradição, omissão ou erro material, mas com fundamento consistente na alegação de *error in iudicando* ou de *error in procedendo*, não se estará diante de verdadeiros embargos de declaração, mas de um agravo interno. Nesse caso, deverá o relator determinar a intimação do recorrente para, no prazo de cinco dias, complementar as razões recursais, adaptando sua petição ao recurso que verdadeiramente se interpôs, o agravo interno (art. 1.024, § 3º) e, se for o caso, comprovando também o recolhimento das custas. Caso a parte não providencie essa conversão, o recurso não será admitido.

Por fim, é preciso examinar o caso do oferecimento de embargos de declaração com propósito manifestamente protelatório, conduta evidentemente violadora do princípio da boa-fé (art. 5º). É que pode a parte pretender valer-se indevidamente do efeito interruptivo dos embargos de declaração, opondo esse recurso apenas com o propósito de retardar o andamento do processo. Pois, nesse caso, caberá ao órgão julgador, por decisão (evidentemente) fundamentada, condenar o embargante a pagar ao embargado uma multa, que não excederá de dois por cento sobre o valor atualizado da causa (art. 1.026, § 2º). Caso o embargante reitere essa conduta violadora da boa-fé, opondo novos embargos de declaração também protelatórios, a multa será elevada a até dez por cento sobre o valor atualizado da causa (art. 1.026, § 3º). Nesse caso (de reiteração dos embargos protelatórios), a admissibilidade de qualquer outro recurso ficará condicionada ao prévio depósito dessa multa, salvo no caso de ser embargante a Fazenda Pública ou algum beneficiário da gratuidade de justiça, que não precisarão promover o depósito prévio da multa, mas deverão de qualquer modo pagá-la ao final do processo (art. 1.026, § 3º, parte final).

De qualquer modo, tendo havido oposição de dois embargos de declaração protelatórios em sequência, não será admitida a oposição de novos embargos de declaração contra a mesma decisão (art. 1.026, § 4º), de modo que começará desde logo a correr o prazo para interposição de outra espécie recursal contra a decisão judicial. Nesse caso, eventual oposição de novos embargos de declaração será reputada absolutamente ineficaz (FPPC, Enunciado nº 361). Em outros termos, significa isso dizer que esses terceiros embargos de declaração (no caso em que os dois imediatamente anteriores foram expressamente declarados protelatórios) não produzirão efeito interruptivo, ou seja, não interromperão o prazo para a interposição do próximo recurso que eventualmente se pretenda interpor.

33.2.5. Recurso ordinário constitucional

Os arts. 102, II, e 105, II, da Constituição da República estabelecem a competência do Supremo Tribunal Federal e do Superior Tribunal de Justiça para conhecer de recurso ordinário. Sendo esse o nome dado a um gênero de recursos (aqueles em que podem ser suscitadas tanto questões de fato como questões de direito), e tendo sido essa espécie recursal de que aqui se trata regulada diretamente na Constituição da República, tornou-se tradicional dar a esse recurso o nome de *recurso ordinário constitucional* (o que permite, também, distinguir essa espécie de recurso de outro recurso ordinário, o trabalhista, que corresponde, naquele sistema processual, à apelação).

Incumbe ao Supremo Tribunal Federal julgar, nos termos do art. 1.027, I, mediante recurso ordinário, os mandados de segurança, *habeas data* e mandados de injunção de competência originária dos tribunais superiores (STJ, TST, TSE e STM), quando a decisão tiver sido denegatória (o que engloba tanto os casos de extinção do processo sem resolução do mérito quanto os de improcedência do pedido). Também se admite recurso ordinário para o STF em *habeas corpus* de competência originária dos tribunais superiores, e também aqui apenas se denegatória a decisão (art. 102, II, da Constituição da República). O CPC não faz alusão expressa ao *habeas corpus*, o que é provavelmente devido ao fato de que se trataria de um processo penal, e não civil, mas não se pode esquecer a possibilidade de se ter *habeas corpus* civil (nos casos de prisão civil, como a do devedor inescusável de alimentos).

Sendo, pois, instaurado perante tribunal superior um processo de *habeas corpus*, mandado de segurança, mandado de injunção ou *habeas data* de competência originária, e sendo o resultado desfavorável ao impetrante (extinção sem resolução do mérito ou improcedência do pedido), dessa decisão será cabível a interposição de recurso ordinário constitucional para o STF.

As decisões concessivas da tutela processual pretendida pelo demandante (ou, em outras palavras, as decisões que julguem procedente o pedido do demandante) não podem ser atacadas através do recurso ordinário constitucional. Esses pronunciamentos não ficam, porém, afastados de qualquer possibilidade de reexame, uma vez que pode ser cabível a interposição de recurso extraordinário, toda vez que estiver presente alguma das hipóteses previstas no art. 102, III, da Constituição da República.

O recurso ordinário constitucional, como se vê, é recurso *secundum eventum litis*, isto é, recurso que será ou não cabível "conforme o resultado do processo".

De outro lado, compete ao Superior Tribunal de Justiça julgar, mediante recurso ordinário constitucional, os processos de mandado de segurança de competência originária de Tribunal Regional Federal ou Tribunal de Justiça, quando denegatória a decisão (e, evidentemente, também aqui se incluem as decisões meramente terminativas, que não resolvem o mérito da causa, e as de improcedência do pedido), nos termos do art. 1.027, II, *a*. Trata-se, como se vê, de situação análoga à de cabimento do recurso ordinário constitucional para o STF. É também este um recurso *secundum eventum litis*, já que cabível apenas contra decisões denegatórias. Da decisão de procedência do pedido, nesse caso, pode caber recurso extraordinário ou especial, caso presente alguma das hipóteses previstas no art. 102, III, ou no art. 105, III, da Constituição da República.

Tanto nesse caso, de recurso ordinário constitucional para o STJ, como naqueles de recurso ordinário para o STF, tem-se um processo de competência originária de tribunal (de segunda instância ou superior, conforme o caso), e da decisão desfavorável ao demandante se admite um recurso ordinário (isto é, um recurso que permite sejam suscitadas questões de fato e questões de direito), o qual exercerá função equivalente à da apelação, já que será capaz de permitir o reexame integral da causa, viabilizando, nesses processos de competência originária de tribunais, a plena realização do princípio do duplo grau de jurisdição.

Mais evidente ainda é a aproximação entre o recurso ordinário constitucional e a apelação quando se verifica ser também de competência do STJ conhecer de recurso ordinário constitucional nos processos em que são partes, de um lado, Estado estrangeiro ou organismo internacional e, de outro, Município ou pessoa, natural ou jurídica, residente ou domiciliada no Brasil (art. 1.027, II, *b*). Esses processos são de competência originária dos juízos federais de primeira instância (art. 109, II, da Constituição da República), e contra a sentença (ou contra as decisões interlocutórias não agraváveis) será admitido recurso ordinário constitucional para o STJ. Como facilmente se percebe, trata-se de uma "apelação com outro nome", uma apelação constitucional, que só não é chamada de apelação por não ser submetida a julgamento pelo tribunal de segunda instância (que é, a rigor, o tribunal de apelações), mas ao Superior Tribunal de Justiça. Essa Corte de superposição atua, nesse caso, como órgão de segundo grau de jurisdição, julgando a apelação (ainda que chamada por outro nome, recurso ordinário constitucional) e, também, os agravos de instrumento, cabíveis nos casos previstos no art. 1.015 (art. 1.027, § 1º).

Sendo o recurso ordinário constitucional uma verdadeira apelação, a ele se aplica todo o regime dessa espécie recursal (FPPC, Enunciado nº 357: "Aplicam-se ao recurso ordinário os arts. 1.013 e 1.014"), inclusive – e principalmente – no que concerne à produção dos efeitos devolutivo, translativo e suspensivo. Estabelece expressamente a lei processual a aplicação, em sede de recurso ordinário constitucional, do disposto no art. 1.013, § 3º (que trata do efeito translativo da apelação). Não se pense, porém, que essa disposição serviria para, interpretada *a contrario sensu*, afastar a incidência das demais disposições normativas integrantes do regime da apelação. Assim, por exemplo, se no processo em que são partes um Estado estrangeiro e pessoa domiciliada ou residente no Brasil a sentença confirmar, conceder ou revogar tutela provisória, o recurso ordinário deverá ser recebido sem efeito suspensivo (art. 1.012, § 1º, V). Há, porém, no CPC uma disposição que reforça a incidência, no recurso ordinário constitucional, da disciplina do efeito translativo da apelação, o que evita a possibilidade de o STF ou o STJ afirmarem que nos casos ali mencionados não se deveria julgar desde logo o mérito da causa, fazendo-se necessário o retorno dos autos ao juízo de origem para seu exame.

Importante perceber que o Superior Tribunal de Justiça, que antes da entrada em vigor do CPC de 2015 não admitia a aplicação da "teoria da causa madura" ao recurso ordinário, passou a aplicá-la por força do disposto no art. 1.027, § 2º, como se pode ver, por exemplo, pelo julgamento proferido em RMS 59.709/RS, julgado em 19/05/2020.

Afirma o texto legal que se aplica ao recurso ordinário constitucional o disposto no art. 1.029, § 5º (que correspondia, no seu texto original, e em linhas gerais, ao art. 1.012, § 3º, que integra o regime jurídico da apelação), o que só reforça o que foi dito anteriormente acerca do efeito suspensivo do recurso ordinário constitucional (e dos casos em que tal efeito não se produz). É preciso observar, porém, que a partir da edição da Lei nº 13.256/2016 surgiu aqui um problema: é que o § 5º do art. 1.029 foi alterado para tornar-se compatível com o sistema por aquela lei estabelecido, segundo o qual o juízo de admissibilidade dos recursos excepcionais – entre os quais não está o recurso ordinário constitucional – passaria a ser realizado originariamente nos tribunais recorridos. Isso, porém, não se aplica ao recurso ordinário constitucional, que continua a submeter-se a juízo de admissibilidade apenas no STJ ou no STF. Deve-se considerar, então, que há uma absoluta incompatibilidade entre a atual redação do § 5º do art. 1.029 e a redação original do art. 1.027, § 2º, parte final. Daí resulta, pois, uma inevitável revogação tácita dessa parte final, não mais sendo aplicável ao recurso ordinário o disposto no art. 1.029, § 5º. Consequência disso é que passa a ser aplicável o art. 1.012, § 3º, já que – como resulta da interpretação do disposto no art. 1.028 – ao recurso ordinário se aplicam as normas que regem a apelação.

A admissibilidade do recurso ordinário constitucional depende do preenchimento dos mesmos requisitos exigidos para a admissibilidade da apelação (art. 1.028, que, não obstante sua literalidade, não se aplica apenas ao caso previsto na alínea *b* do art. 1.027, II, mas a todos os casos de cabimento do recurso ordinário constitucional), o que é mero corolário da já afirmada natureza de apelação que esse recurso ostenta.

O recurso ordinário constitucional é interposto perante o órgão jurisdicional prolator da decisão recorrida. Colhidas as contrarrazões (ou decorrido o prazo sem que estas tenham sido apresentadas), será ele remetido ao STF ou ao STJ, independentemente de juízo de admissibilidade (art. 1.028, §§ 2º e 3º).

No Supremo Tribunal Federal e no Superior Tribunal de Justiça serão observadas as normas procedimentais resultantes da Lei nº 8.038/1990 (que regula expressamente o procedimento do recurso ordinário constitucional em sede de *habeas corpus* e de mandado de segurança, como se vê por seus arts. 30 a 35) e nos Regimentos Internos daquelas Cortes de superposição (o que é mais um exemplo da função normativa dos regimentos internos, atuando aí como "fontes" do Direito Processual Civil).

33.2.6. Recurso extraordinário e recurso especial

O recurso extraordinário e o recurso especial são, por excelência, recursos excepcionais, isto é, recursos em que apenas questões de direito podem ser suscitadas. Neles não se admite qualquer discussão sobre matéria fática (o que explica o conteúdo do Enunciado nº 279 da súmula do STF e do Enunciado nº 7 da súmula do STJ, ambos a afirmar o não cabimento desses recursos para simples reexame de prova). O RE e o REsp (abreviaturas tradicionalmente empregadas para fazer alusão a essas duas espécies recursais) são cabíveis nos casos previstos na Constituição Federal (art. 1.029; arts. 102, III, e 105, III, da Constituição da República), e têm por objetivo permitir que o STF e o STJ profiram decisões em causas que envolvem, respectivamente, questões constitucionais ou questões federais.

Compete ao Supremo Tribunal Federal julgar, mediante recurso extraordinário, e ao STJ mediante recurso especial, as causas apontadas no texto constitucional. Tanto para o STF como para o STJ, porém, só se abre o acesso por via desses recursos para causas decididas em única ou última instância (art. 102, III, e art. 105, III, da Constituição da República). Daí se extraem algumas informações extremamente importantes acerca da admissibilidade do RE e do REsp.

Em primeiro lugar, é preciso ter claro que o RE e o REsp só são admissíveis depois de esgotados os recursos admissíveis nas instâncias ordinárias (o que resulta da exigência de que a causa já tenha sido decidida em única ou última instância). Assim, por exemplo, se é proferida por juízo de primeira instância uma sentença que contraria dispositivo da Constituição Federal, não se poderá admitir a interposição de recurso extraordinário, já que cabível a apelação. Impõe-se, assim, o esgotamento das instâncias ordinárias para que se abram as portas das instâncias excepcionais. Isso pode acabar por exigir a interposição de diversos recursos antes de se poder chegar ao STF ou ao STJ. Pense-se, por exemplo, no caso de ter o relator de uma apelação, por decisão monocrática, declarado inadmissível por intempestividade o recurso, dele não tendo conhecido, por ter computado de forma equivocada o prazo, sem considerar que este é contado apenas levando-se em conta os dias úteis, e o contando como se fosse computado em dias corridos. Não obstante essa decisão contrarie frontalmente o disposto em lei federal (art. 219 do CPC), não será possível interpor, contra tal pronunciamento, recurso especial. É que contra a decisão monocrática do relator é admissível agravo interno, e, não tendo sido esse recurso interposto, não terá sido esgotada a instância ordinária (o que é o mesmo que dizer que o relator não é, no exemplo dado, a "última instância"). Só depois do esgotamento dos recursos ordinários, portanto, é que se pode cogitar da admissibilidade do recurso extraordinário ou do recurso especial.

Há, porém, uma diferença fundamental entre o cabimento do RE e o do REsp. É que, ao tratar do cabimento do recurso especial, o texto constitucional expressamente estabelece que é preciso ter sido a decisão recorrida proferida em única ou última instância "pelos Tribunais Regionais Federais ou pelos tribunais dos Estados, do Distrito Federal e Territórios" (art. 105, III, da Constituição da República), limitação esta que não aparece no dispositivo que trata do cabimento do recurso extraordinário (art. 102 da Constituição da República). Assim, só é admissível a interposição de recurso especial contra decisões proferidas pelos Tribunais Regionais Federais ou pelos Tribunais de Justiça. É por essa razão que não se admite recurso especial contra decisões proferidas pelas Turmas Recursais dos Juizados Especiais (Enunciado nº 203 da súmula do STJ). De outro lado, porém, o recurso extraordinário pode ser interposto contra decisões proferidas por quaisquer órgãos jurisdicionais (inclusive contra decisões dos tribunais superiores, como o próprio STJ, e as Turmas Recursais dos Juizados Especiais). Admite-se até mesmo recurso extraordinário contra decisão proferida por juízo singular de primeira instância nos casos em que estes atuam como instância ordinária única (o que se dá, por exemplo, nas execuções fiscais de pequeno valor, nos termos do art. 34 da Lei de Execuções Fiscais) e contra acórdãos proferidos pelas Turmas Recursais no sistema processual dos Juizados Especiais.

Da exigência de que o recurso seja interposto contra causas decididas em única ou última instância algo mais se extrai, porém: o requisito do prequestionamento.

Esse é requisito específico de admissibilidade do recurso extraordinário e do recurso especial, e, pois, se não estiver presente ficará inviável a apreciação do mérito do recurso, o qual não poderá ser admitido.

Prequestionamento é a exigência de que o recurso especial ou extraordinário verse sobre matéria que tenha sido expressamente enfrentada na decisão recorrida. É que só se admite o recurso extraordinário (ou o recurso especial) a respeito de *causas decididas* (para usar aqui a terminologia empregada no texto constitucional). Significa isso dizer que o RE e o REsp só podem versar sobre o que tenha sido decidido, não sendo possível, nessas duas espécies recursais, inovar suscitando-se matéria (ou fundamento) que não tenha sido suscitado e apreciado na decisão recorrida.

Pense-se, por exemplo, em um processo em que não tenha sido suscitada, nas instâncias ordinárias, a prescrição. Não obstante a existência de dispositivo legal a estabelecer que a prescrição pode ser deduzida em qualquer grau de jurisdição (art. 193 do CC), deve-se compreender tal disposição no sentido de que essa matéria pode ser deduzida originariamente a qualquer tempo nas instâncias ordinárias. Não tendo sido a matéria submetida ao debate em contraditório nas instâncias ordinárias, porém, não será possível deduzi-la originariamente em grau de recurso extraordinário ou especial, por não se tratar de matéria "decidida", ou seja, por faltar prequestionamento.

Pode ocorrer, porém, de a matéria ter sido suscitada e, por isso, dever ser apreciada (na única ou na última instância), tendo, contudo, o órgão jurisdicional se omitido quanto ao ponto. Nesse caso, faz-se necessária a oposição de embargos de declaração com fins de prequestionamento, isto é, embargos de declaração cujo objeto é o suprimento da omissão, provocando-se um pronunciamento expresso acerca da matéria que se pretende submeter à apreciação do STF ou do STJ através de recurso extraordinário ou de recurso especial (e que tinha, mesmo, sido suscitada). Pois nesse caso, opostos os embargos de declaração com fins de prequestionamento, considera-se preenchido o requisito do prequestionamento ainda que o órgão jurisdicional não supra a omissão, não admitindo ou rejeitando os embargos. É o que se chama prequestionamento ficto (art. 1.025).

Vale aqui, contudo, uma observação importante, especialmente para a prática forense. É que o Superior Tribunal de Justiça tem entendido que só pode reconhecer o prequestionamento ficto se, no recurso especial, o recorrente alegar, preliminarmente à matéria principal que pretenda ver apreciada pelo Tribunal, que teria havido contrariedade ao art. 1.022 do CPC (que é o artigo que trata do cabimento de embargos de declaração). Assim é que, por exemplo, ao julgar o REsp 1639314/MG, decidido em 04/04/2017 (em que se firmou entendimento que vem sendo aplicado de forma pacífica), o Superior Tribunal de Justiça expressamente estabeleceu que "[a] admissão de prequestionamento ficto (art. 1.025 do CPC/2015), em recurso especial, exige que no mesmo recurso seja indicada violação ao art. 1.022 do CPC/2015, para que se possibilite ao Órgão julgador verificar a existência do vício inquinado ao acórdão, que uma vez constatado, poderá dar ensejo à supressão de grau facultada pelo dispositivo de lei".

Em outras palavras, tendo sido a matéria suscitada no processo, mas não tendo sobre ela se pronunciado o tribunal, caberá à parte interessada opor embargos de declaração para provocar o prequestionamento. Persistindo o tribunal, porém, em não tratar expressamente da matéria, será admissível o recurso especial, reputando-se haver prequestionamento ficto, desde que o recorrente alegue *também* que o tribunal, ao não acolher os embargos de declaração, contrariou o art. 1.022 do CPC.

Além do prequestionamento, que é requisito específico de admissibilidade tanto do recurso extraordinário como do recurso especial, existe outro requisito específico de admissibilidade (do recurso extraordinário, apenas) que resulta de norma constitucional: a repercussão geral da questão constitucional (art. 102, § 3º, da Constituição da República).

Consiste a repercussão geral na existência de relevância da questão constitucional discutida do ponto de vista econômico, político, social ou jurídico "que [ultrapasse] os interesses subjetivos do processo" (art. 1.035, § 1º). Em outros termos, só se admite o recurso extraordinário se a questão constitucional nele discutida tiver transcendência do ponto de vista subjetivo, interessando sua solução não só às partes do processo em que a matéria tenha sido suscitada, mas sendo capaz de alcançar a sociedade como um todo (ou parcela relevante e significativa dela).

Assim é, por exemplo, que se reconhece a repercussão geral da questão constitucional em recurso extraordinário em que se discute o direito dos pais de educar seus filhos em casa, sem matriculá-los em colégios (RE 888.815) ou sobre a legitimidade da cobrança de multa moratória de 30% pelo não pagamento de ISS (RE 882.461). De outro lado, não têm repercussão geral questões como a da verificação dos requisitos necessários para a concessão de auxílio-doença (ARE 821.296) ou a da responsabilidade civil por danos morais em razão de ofensa à imagem (ARE 739.382), em que não se reconhece a existência de uma questão constitucional que, por razões econômicas, políticas, sociais ou jurídicas, transcenda dos interesses das partes do processo.

Há presunção absoluta de repercussão geral da questão constitucional sempre que o recurso extraordinário for interposto contra decisão que contraria enunciado de súmula ou jurisprudência dominante do STF (art. 1.035, § 3º, I). Também haverá tal presunção absoluta de repercussão geral quando o acórdão recorrido tenha afirmado a inconstitucionalidade de tratado internacional ou de lei federal com observância da cláusula de reserva de plenário (art. 1.035, § 3º, III). Nos demais casos, caberá ao recorrente demonstrar a existência da repercussão geral da questão constitucional, cabendo ao Supremo Tribunal Federal decidir pela presença ou não desse requisito específico de admissibilidade do recurso extraordinário.

É relevante afirmar, porém, que a repercussão geral não está necessariamente vinculada à possibilidade (ainda que potencial) de que a matéria se torne repetitiva. Evidentemente, quando se está diante de questões repetitivas é mais fácil identificar que a matéria constitucional é dotada de repercussão geral. Pode haver, porém, caso que verse sobre uma questão absolutamente singular, que não se repete (e provavelmente não se repetirá) em diversos processos, mas é preciso reconhecer a repercussão geral da questão constitucional. Basta pensar, por exemplo, em uma hipotética "ação de improbidade administrativa" ajuizada contra Presidente da República, tendo sido decretada a perda do cargo de quem para exercê-lo foi eleito com dezenas de milhões de votos válidos. Parece claro que, não obstante não seja essa uma matéria repetitiva, o que ali se decidir terá repercussão geral, uma vez que a definição de quem deve ocupar a Presidência da República transcende os interesses subjetivos das partes do processo e tem grande relevância jurídica e política para toda a sociedade. Haverá aí, portanto, repercussão geral da questão constitucional (mas não se estaria diante de recurso extraordinário representativo de uma controvérsia repetitiva).

Antes da decisão do STF sobre a presença da repercussão geral será admitida a intervenção de *amici curiae* (art. 1.035, § 4º), o que amplia subjetivamente o contraditório e, com isso, aumenta a legitimidade democrática da decisão que, sobre essa preliminar, se profira.

O Supremo Tribunal Federal só pode deixar de conhecer do recurso extraordinário por ausência de repercussão geral da questão constitucional se nesse sentido se manifestarem pelo menos dois terços de seus membros. É necessário, então, que pelo menos oito ministros do STF (já que dois terços de 11 correspondem a 7,333... e, portanto, sete votos correspondem a menos de dois terços) se pronunciem pela ausência de repercussão geral. Não havendo oito votos pela ausência de repercussão geral se considerará presente esse requisito de admissibilidade, e será possível (desde que presentes os demais requisitos de admissibilidade, evidentemente) julgar o mérito do recurso extraordinário.

Proferida decisão sobre a repercussão geral, a súmula do pronunciamento (isto é, o resumo do que tenha sido decidido) constará de ata, que será publicada no órgão oficial, e valerá como acórdão (art. 1.035, § 11). Essa decisão é irrecorrível (art. 1.035, *caput*).

Negada a existência de repercussão geral, eventuais recursos extraordinários que estejam pendentes ainda no tribunal de origem (isto é, que ainda não tenham sido encaminhados ao STF) e que versem sobre a mesma questão constitucional terão seguimento negado (art. 1.035, § 8º).

Reconhecida a repercussão geral da questão constitucional, o ministro relator determinará a suspensão de todos os processos pendentes, individuais ou coletivos, que versem sobre a mesma questão constitucional, e que estejam em trâmite no território nacional (art. 1.035, § 5º). Pelo texto da lei, a suspensão é automática, e deverá sempre ocorrer. Evidentemente, porém, essa suspensão deve se dar levando em conta a própria matéria que constitui objeto do recurso extraordinário. Assim, por exemplo, se o recurso extraordinário versar sobre questão que diga respeito à atividade executiva, não faria qualquer sentido em suspender processos que estejam na fase de conhecimento. Do mesmo modo, se o recurso extraordinário versa sobre o mérito do processo cognitivo, não faria sentido suspender execuções fundadas em decisões já transitadas em julgado. É preciso, porém, considerar que o Supremo Tribunal Federal não tem entendido assim, lá se tendo firmado o entendimento segundo o qual a suspensão dos processos não se opera automaticamente, e caberia ao relator decidir discricionariamente se haverá ou não alguma suspensão (como se decidiu, por exemplo, em RE 966.177 RG-QO, julgado em 07/06/2017).

Caso entre os processos suspensos haja algum em que já tenha sido interposto recurso extraordinário, a suspensão do feito se dará junto à Presidência ou Vice-Presidência do tribunal de origem, e nesse caso se admitirá à parte interessada que requeira (ao Presidente ou ao Vice-Presidente do tribunal *a quo*) que exclua da suspensão e desde logo inadmita recurso extraordinário que tenha sido interposto intempestivamente (devendo, antes da decisão, ouvir o recorrido no prazo de cinco dias), nos termos do art. 1.035, § 6º.

Reconhecida a repercussão geral da questão constitucional, o recurso extraordinário deverá ser julgado no prazo de um ano, tendo preferência sobre todos os demais processos, ressalvados apenas aqueles processos penais em que o réu esteja preso e os pedidos de *habeas corpus* (art. 1.035, § 9º). Não ocorrendo o julgamento em um ano, cessa a suspensão dos demais processos, que retomarão seu curso normal (o que estava originariamente previsto no art. 1.035, § 10, revogado pela Lei nº 13.256/2016, sendo certo que essa regra continua a incidir por força do disposto no art. 980, parágrafo único – com a ressalva da "decisão fundamentada do relator em sentido contrário" –, aplicável aos recursos repetitivos, como se vê pelo Enunciado nº 345 do FPPC).

Não se pode deixar de registrar um aspecto procedimental importante: a repercussão geral da questão constitucional é, das questões preliminares ao julgamento do mérito do recurso extraordinário, a última a ser apreciada. Isso porque as demais preliminares (como a intempestividade ou a falta de prequestionamento) podem levar à rejeição liminar do recurso pelo relator, enquanto a falta de repercussão geral só pode ser reconhecida pelo Plenário do STF (art. 323 do Regimento Interno do STF).

É cabível o recurso extraordinário nos casos previstos no art. 102, III, da Constituição da República (sempre contra decisões proferidas em única ou última instância).

A Emenda Constitucional n. 125/2022 criou uma figura análoga à repercussão geral, e que servirá como um filtro de admissibilidade do recurso especial: *a relevância da questão federal*. Do mesmo modo como o STF só julga o mérito de recursos extraordinários que versem sobre questões constitucionais dotadas de repercussão geral, o STJ só poderá admitir recurso especial que verse sobre questão federal que se repute *relevante*. Esse requisito de admissibilidade, porém, só poderá ser exigido a partir da edição de lei que regule a matéria (o que consta, expressamente, do art. 105, § 2º, da Constituição da República). Uma vez aprovada e vigente a lei, passará a ser exigido o preenchimento desse requisito específico de admissibilidade do recurso especial (exclusivamente nos recursos que venham a ser interpostos contra decisões proferidas já na vigência da lei que venha a disciplinar a matéria, uma vez que a recorribilidade é fixada pela lei vigente na data da decisão, e não na data da interposição do recurso, e isso consta do Enunciado Administrativo n. 8/2022 do Pleno do STJ: "A indicação, no recurso especial, dos fundamentos de relevância da questão de direito federal infraconstitucional somente será exigida em recursos interpostos contra acórdãos publicados após a data de entrada em vigor da lei regulamentadora prevista no art. 105, § 2º, da Constituição Federal").

Enquanto não for editada a lei regulamentadora da arguição de relevância da questão federal, evidentemente, não há como aprofundar o trato da matéria. Há alguns pontos, porém, que já podem ser enfrentados, uma vez que tratados no próprio texto constitucional emendado. Assim é que, como acontece com a repercussão geral, há uma exigência de quórum qualificado para decidir-se pela inadmissibilidade do recurso especial por falta de relevância da questão federal: 2/3 dos votos dos membros do órgão competente para o julgamento do REsp. Perceba-se, porém, a diferença: enquanto a repercussão geral só pode ser afastada por 2/3 dos votos dos integrantes do STF, para afastar a relevância da questão federal bastará o voto de 2/3 dos integrantes do órgão competente para o julgamento do mérito do recurso especial (por exemplo, se for uma das Turmas do STJ, que é composta por 5 Ministros, seria necessário o voto de 4 Ministros para afastar a existência da relevância da questão federal).

Além disso, há uma presunção absoluta (e que, portanto, não pode ser afastada) de relevância da questão federal nos recursos especiais interpostos em processos penais, em "ações de improbidade administrativa", nos processos em que o valor da causa ultrapasse 500 salários mínimos, nos casos de que possa resultar, como efeito da decisão, a inelegibilidade, ou nos casos em que o acórdão recorrido contrariar "jurisprudência dominante" do STJ (Constituição da República, art. 105, § 3º). A esses casos, a lei de regência poderá acrescentar outros (e se espera, sinceramente, que sejam acrescentados pelo menos os casos de acórdãos proferidos em processos coletivos e no julgamento de incidente de resolução de demandas repetitivas e de incidente de assunção de competência). A lamentar, por outro lado, o emprego, no texto constitucional emendado, da vaga expressão "jurisprudência dominante", que já havia sido expurgada do ordenamento processual brasileiro por sua tremenda indeterminação. A sugestão que aqui se faz, desde logo, é que se interprete essa equívoca expressão no sentido de que o acórdão recorrido deve ter contrariado entendimento firmado em algum padrão decisório, como seriam os acórdãos proferidos no julgamento dos recursos repetitivos ou em enunciado de súmula, para que possa incidir a presunção de relevância da questão federal.

Além desses pontos, tudo o mais dependerá da lei de regência, que certamente trará diversos pontos de semelhança com a regulamentação da repercussão geral da questão constitucional.

Em primeiro lugar, estabelece o texto constitucional que o recurso extraordinário é cabível contra decisão que "contrariar dispositivo desta Constituição", ou seja, da própria Constituição Federal. É preciso, porém, ter claro que a admissibilidade do recurso extraordinário não depende propriamente de ter a decisão recorrida contrariado norma constitucional. Afinal, saber se houve ou não tal contrariedade é questão que integra o próprio mérito do recurso. Para que se admita o recurso extraordinário o que se pode exigir é que haja uma *alegada* contrariedade à Constituição da República.

É preciso que a contrariedade à norma constitucional alegada pelo recorrente tenha sido direta. Em outros termos, é preciso que o recorrente alegue ter a decisão recorrida afrontado diretamente norma constitucional, sem que o exame da matéria dependa da apreciação de qualquer norma infraconstitucional.

É por isso, por exemplo, que se reputa inadmissível recurso extraordinário em que se alega violação ao princípio constitucional da legalidade por não ter sido respeitada alguma norma legal. É que nesse caso seria preciso, para saber se houve ou não afronta à norma constitucional, examinar a norma infraconstitucional. Do mesmo modo, não se pode considerar admissível recurso extraordinário em que se alegue violação ao princípio do devido processo ou ao princípio do contraditório por ter sido descumprido algum comando oriundo de lei processual.

De outro lado, é admissível recurso extraordinário contra decisão que determinou que em execução contra sociedade de economia mista o pagamento fosse feito por precatório (por afronta ao art. 100 da Constituição, que implanta regime inextensível às sociedades de economia mista). Também se admite recurso extraordinário contra decisão que, em processo de desapropriação, considerou que a cobertura vegetal do imóvel desapropriado não deveria ser levada em consideração no cálculo do valor da indenização (por violação do disposto no art. 5º, XXIV, da Constituição da República, que estabelece o direito à justa e prévia indenização em dinheiro nos casos de desapropriação). Como se vê, só é admissível o recurso extraordinário quando a decisão recorrida viola diretamente norma constitucional.

É muito frequente, porém, ver na prática a interposição de recurso extraordinário em casos em que a parte alega uma violação indireta ou reflexa à Constituição da República (isto é, uma violação a norma constitucional cuja análise depende do exame de normas infraconstitucionais). Pois, nesse caso, deve-se remeter o feito ao Superior Tribunal de Justiça, convertendo-se o recurso extraordinário em recurso especial (art. 1.033).

Outra hipótese de cabimento do recurso extraordinário (art. 102, III, *b*, da Constituição da República) é o da decisão que declara a inconstitucionalidade de tratado ou lei federal. Esse é caso em que, como já visto, há mesmo uma presunção absoluta de repercussão geral da questão constitucional (art. 1.035, § 3º, III). Assim, sempre que a decisão proferida em única ou última instância afirmar a inconstitucionalidade de um tratado internacional ou de uma lei federal, será admissível o recurso extraordinário, mecanismo que permitirá ao STF dar a palavra final acerca da constitucionalidade (ou não) daqueles atos normativos.

Também se admite recurso extraordinário contra decisão que "julgar válida lei ou ato de governo local contestado em face [da] Constituição [Federal]" (art. 102, III, *c*, da Constituição da República). Pode acontecer de em um processo ter-se suscitado o controle de constitucionalidade de algum ato de governo (como, por exemplo, um decreto) local ou de uma lei local (ou seja, ato de governo ou lei que emane de Estado, do Distrito Federal ou de algum Município). Pois, nesse caso, se a decisão proferida na única ou última instância ordinária reputar o ato local inconstitucional não será admissível o recurso extraordinário. Será, porém, cabível o recurso se a decisão que esgota as instâncias ordinárias tiver afirmado a validade do ato (de modo que se permitirá ao STF dar a palavra final sobre a compatibilidade de tal ato com a Constituição da República, exercendo desse modo sua função de guardião da Constituição da República).

Por fim, é admissível o recurso extraordinário contra decisão que "julgar válida lei local contestada em face de lei federal" (art. 102, III, *d*). É que pode acontecer de em algum processo se verificar a existência de um conflito entre lei federal e lei estadual, distrital ou municipal, o que é, sempre, uma questão constitucional. Isso se dá porque no caso de conflito entre lei federal e lei local sempre haverá a necessidade de saber qual das duas terá sido elaborada com invasão da área de atuação da outra. Leis federais não podem disciplinar matérias para as quais o Estado, o Distrito Federal ou o Município tem competência para legislar (e vice-versa). Ademais, nos casos de competência legislativa concorrente (entre União e Estados) a lei federal só pode estabelecer normas gerais, cabendo ao Estado legislar sobre as normas especiais (art. 24, §§ 1º e 2º, da Constituição da República). Não havendo lei federal, os Estados exercerão competência legislativa plena, mas nesse caso a superveniência da lei federal suspende a eficácia da lei estadual naquilo que lhe seja contrária (art. 24, §§ 3º e 4º, da Constituição da República). Pode, então, surgir dúvida sobre se a lei local invadiu a área de atuação da lei federal, ou vice-versa. Pois, se a decisão proferida em única ou última instância tiver afirmado a validade da lei local (e, por conseguinte, tiver reputado inválida a lei federal), será admissível o recurso extraordinário. A recíproca, porém, não é verdadeira, e não se admite o recurso extraordinário contra decisão que tenha considerado válida a lei federal e inválida a lei local.

Vistos os casos de cabimento do recurso extraordinário, passa-se ao exame dos casos de cabimento do recurso especial, estabelecidos nas três alíneas do art. 105, III, da Constituição da República.

Pois será admissível recurso especial contra decisões proferidas em única ou última instância pelos Tribunais Regionais Federais ou pelos Tribunais de Justiça em três casos, o primeiro dos quais é o da decisão que "contrariar tratado ou lei federal, ou negar-lhes vigência" (art. 105, III, *a*, da Constituição Federal). Há aí, a rigor, duas situações distintas, mas a ambas se aplica o mesmo raciocínio aqui desenvolvido a respeito do cabimento do recurso extraordinário fundado na alínea *a* do art. 102, III. Em outras palavras, o que se quer aqui afirmar é que o cabimento do recurso especial depende, tão somente, de uma alegação de contrariedade ou negativa de vigência a tratado ou lei federal. Saber se a lei federal ou o tratado internacional foi mesmo contrariado, ou se teve sua vigência negada, constitui questão de mérito (e, assim, no caso de a decisão recorrida ter mesmo contrariado tratado lei federal, ou lhes negado vigência, o recurso especial deverá ser provido; e no caso contrário deve-se negar provimento ao recurso).

Existem, porém, nesse primeiro permissivo constitucional, duas situações distintas: a contrariedade e a negativa de vigência de tratado ou de lei federal.

Contrariar a lei federal ou o tratado internacional é decidir de modo distinto daquele que resulta da interpretação da lei ou do tratado. Pense-se, por exemplo, em uma decisão que indefere a petição inicial sem ter sido dada ao autor oportunidade para emendá-la (o que contraria o disposto no art. 321). Pois nesse caso o recurso é admissível por contrariedade à lei.

Situação diferente é a da negativa de vigência à lei federal (ou ao tratado). Pense-se, por exemplo, no caso se ter proferido decisão que aplique lei já revogada, por considerar que a lei revogadora ainda estava no período de *vacatio legis* quando este, na verdade, já acabara. Pois nesse caso se terá negado vigência a lei federal, erro que deve ser corrigido por meio de recurso especial.

O segundo caso de cabimento de recurso especial é o da decisão que julga válido ato de governo local (como é o caso de um decreto do Governador do Estado, ou do Prefeito Municipal), contestado em face de lei federal (art. 105, III, *b*). Perceba-se que aqui se enfrenta um problema de legalidade (afinal, atos administrativos não podem contrariar a lei, que lhes é hierarquicamente superior). Pois, no caso de a decisão que esgota as instâncias ordinárias (no âmbito da Justiça Federal ou da Justiça Estadual) ter considerado o ato de governo local válido, caberá ao STJ rever tal decisão por meio de recurso especial (mas a recíproca não é verdadeira, e não se admitirá recurso especial se a decisão de segunda instância tiver afirmado a invalidade do ato de governo local contestado em face da lei federal).

Por fim, admite-se recurso especial fundado em dissídio jurisprudencial (art. 105, III, c, da Constituição da República). Tem-se, aí, a norma constitucional por força da qual se pode afirmar ser o Superior Tribunal de Justiça responsável por uniformizar a interpretação da lei federal, estabelecendo qual deve ser a interpretação que se repute correta.

Assim, sempre que uma decisão de TRF ou de TJ esgotar as instâncias ordinárias e der a lei federal interpretação divergente da que lhe tenha dado qualquer outro tribunal, será possível impugná-la por meio de recurso especial. Veja-se, porém, que, se o objetivo do recurso especial nesse caso é a uniformização de entendimentos entre os diversos tribunais brasileiros, deve-se reputar necessário que a divergência jurisprudencial seja atual, de modo que não se pode admitir recurso especial em que se invoca entendimento já superado de outro tribunal, estando o acórdão recorrido em consonância com o entendimento atual do Superior Tribunal de Justiça (o que se verifica pela leitura do Enunciado nº 83 da súmula do STJ).

Fundando-se o recurso especial no dissídio jurisprudencial, incumbe ao recorrente fazer prova da divergência entre o acórdão recorrido e a decisão paradigma (assim entendida a decisão que, proferida por outro tribunal, tenha dado a lei federal interpretação divergente). Para isso, deverá o recorrente apresentar certidão, cópia ou citação do repositório de jurisprudência, oficial ou credenciado – inclusive em mídia eletrônica –, em que tenha sido publicado o acórdão divergente, ou ainda com a reprodução de julgado disponível na internet, com indicação da respectiva fonte. Além disso, exige-se do recorrente que promova o confronto analítico entre as duas decisões, indicando as circunstâncias que identifiquem ou assemelhem os casos confrontados (art. 1.029, § 1º). Significa isso, em outras palavras, que não é suficiente a mera reprodução de acórdãos ou de ementas. Exige-se uma comparação efetiva entre os fatos da causa em que se proferiu a decisão recorrida e os daquela em que proferida a decisão paradigma, de forma que permita verificar que realmente exista uma divergência na interpretação da lei, aplicada de formas diferentes, no caso paradigma e na decisão recorrida, a situações idênticas ou semelhantes.

O ônus de realizar o confronto analítico, imposto ao agravante, gera para o Superior Tribunal de Justiça um dever: o de verificar o confronto analítico feito, a fim de estabelecer se o caso recorrido e o caso paradigma são, mesmo, idênticos ou semelhantes e neles se aplicou de modos divergentes a mesma lei federal. Por conta disso, não se permite que o recurso especial fundado na existência do dissídio jurisprudencial seja declarado inadmissível com base na genérica afirmação de que as circunstâncias fáticas são diferentes. Exige-se do STJ que demonstre, de forma analítica, a existência da distinção (o que estava expresso no art. 1.029, § 2º, revogado pela Lei nº 13.256/2016, mas sendo tal exigência de fundamentação analítica ainda necessariamente digna de observação por força do que dispõe o art. 93, IX, da Constituição da República), o que está em perfeita consonância com a exigência de fundamentação substancial e analítica de todas as decisões judiciais (art. 489, § 1º, especialmente em seu inciso III, que reputa inválido por falta de fundamentação o pronunciamento judicial que "[invoca] motivos que se prestariam a justificar qualquer outra decisão").

O recurso especial, pois, versará sempre sobre uma questão federal, enquanto o recurso extraordinário versa sobre questão constitucional. Pode, todavia, ocorrer de ser interposto recurso especial e o relator, no STJ, entender que a matéria nele versada constitui, na verdade, questão constitucional. Pois nesse caso deverá haver a conversão do recurso especial em recurso extraordinário (art. 1.032). Para isso, deverá o relator do recurso especial determinar a intimação do recorrente para, no prazo de quinze dias, demonstrar a existência de repercussão geral da questão constitucional, manifestando-se sobre esta. Cumprida a diligência, serão os autos remetidos ao STF para exame do recurso extraordinário. Admite-se, porém, que o STF divirja da posição do STJ quanto ao ponto, considerando não ter natureza constitucional a questão suscitada no recurso (ou se tratar de mera questão de violação reflexa à Constituição), caso em que os autos serão devolvidos ao STJ para julgamento do recurso especial (art. 1.032, parágrafo único).

A petição de interposição do recurso extraordinário ou especial deverá, nos termos do art. 1.029, conter a exposição do fato e do direito, a demonstração do cabimento do recurso interposto e as razões do pedido de reforma ou invalidação da decisão recorrida. No caso de a parte interpor simultaneamente ambos os recursos, deverá fazê-lo em petições distintas.

O recurso extraordinário e o recurso especial devem ser interpostos perante o tribunal que tenha proferido a decisão recorrida, devendo a petição ser dirigida ao Presidente ou Vice-Presidente do tribunal (conforme disponha seu próprio regimento interno). A Secretaria do tribunal, em seguida, providenciará a intimação do recorrido para oferecer contrarrazões, e, findo o prazo (que é de quinze dias), os autos serão encaminhados ao Presidente ou Vice-Presidente do tribunal recorrido para exercício do juízo de admissibilidade (art. 1.030, *caput*).

Incumbe ao Presidente ou Vice-Presidente do tribunal recorrido, então, proceder a um primeiro exame da admissibilidade do recurso excepcional. E, como se poderá ver, a regra geral é mesmo que o recurso não passe por esse primeiro exame da admissibilidade.

Em primeiro lugar, estabelece o texto normativo que será caso de negar seguimento "a recurso extraordinário que discuta questão constitucional à qual o Supremo Tribunal Federal não tenha reconhecido a existência de repercussão geral ou a recurso extraordinário interposto contra acórdão que esteja em conformidade com entendimento do Supremo Tribunal Federal exarado no regime de repercussão geral" (art. 1.030, I, *a*); assim como "a recurso extraordinário ou a recurso especial interposto contra acórdão que esteja em conformidade com entendimento do Supremo Tribunal Federal ou do Superior Tribunal de Justiça, respectivamente, exarado no regime de julgamento de recursos repetitivos" (art. 1.030, I, *b*).

Em outras palavras, o que se verifica é que o recurso extraordinário ou especial não deverá ser admitido se versar sobre matéria a cujo respeito já haja pronunciamento do STF ou do STJ, exarado pelo regime da repercussão geral ou resultante de julgamento proferido pela técnica adequada para a apreciação de recursos repetitivos, evitando-se assim que os Tribunais de Superposição se manifestem várias vezes sobre a mesma matéria.

Nesses dois casos, nos termos do § 2º do art. 1.030, a decisão que não admite o recurso excepcional só poderá ser impugnada por meio de agravo interno. Isso, evidentemente, não exclui o cabimento de embargos de declaração (cabíveis contra qualquer decisão, como expressamente consta do art. 1.022, e com as ressalvas que foram feitas quando do estudo dessa outra espécie recursal). É preciso, porém, compatibilizar isso com o modelo constitucional de processo, sob pena de se criar um sistema de absoluto "engessamento" do Direito.

É que, se aos textos aqui mencionados se atribuir a interpretação segundo a qual as matérias sobre as quais o STF já tenha se pronunciado "no regime da repercussão geral", ou em casos nos quais se tenha negado a existência de repercussão geral, assim como no que concernem às matérias que já tenham sido enfrentadas pelo STF ou pelo STJ pela técnica de julgamento dos recursos excepcionais repetitivos, não seria mais possível chegar ao tribunal de superposição. Essa interpretação, porém, faria com que aqueles Tribunais perdessem uma competência que só a eles se pode reconhecer: a de promover a superação de seus próprios entendimentos, alavancando a evolução do ordenamento jurídico.

Imagine-se, por exemplo, que o STF tenha declarado a inexistência de repercussão geral acerca de determinada questão constitucional. Não seria possível que, tempos depois, diante de novos argumentos – e até mesmo diante do fato de terem surgido muitos novos casos, posteriores àquele primeiro –, se viesse a considerar presente a repercussão geral que antes não existia? A resposta, evidentemente, tem de ser afirmativa. E o mesmo se diga sobre aquelas matérias em que o STF ou o STJ já tenha se pronunciado no mérito (tenha sido ou não aplicável o regime dos recursos repetitivos). É preciso abrir caminho para novos acessos ao STF ou ao STJ, sob pena de não poder mais evoluir o Direito, superando-se entendimentos anteriormente fixados (*overruling*, na tradicional expressão em língua inglesa).

Ora, nenhum sistema que se funde em precedentes pode ser compatível com tal "engessamento". Figure-se o que seria o ordenamento jurídico norte-americano se, por exemplo, o precedente estabelecido em 1896 no julgamento do caso Plessy v. Ferguson (em que se estabeleceu a chamada "teoria dos iguais, mas separados", por força da qual era possível separar pessoas brancas e negras, desde que elas tivessem tratamentos iguais, tendo sido esse caso julgado no sentido de autorizar que houvesse vagões de trem separados – desde que idênticos – para brancos e negros) não pudesse ter sido superado pelo julgamento, em 1954, de Brown v. Board of Education of Topeka (que eliminou qualquer possibilidade de segregação entre brancos e negros nos EUA), ao argumento de que aquela matéria já tinha sido apreciada pela Suprema Corte. Mesmo no Brasil há casos célebres, como a superação do entendimento original do STF acerca da eficácia da decisão proferida em mandado de injunção. Pois, para assegurar a possibilidade de superação de entendimentos já fixados, é preciso – como anteriormente afirmado – dar ao texto do CPC interpretação compatível com o ordenamento constitucional brasileiro.

Para isso, é preciso verificar se o recurso especial ou extraordinário interposto para discutir matéria já examinada pelo STF ou pelo STJ é mera reprodução do que já foi apreciado pelo Tribunal de Superposição, ou se ali se sustentou fundamento para a superação do entendimento já firmado. Tendo sido sustentada a existência de fundamento para a superação, deverá o recurso especial ou extraordinário ser admitido (não obstante a literalidade do texto do inciso I, *a* e *b*, do art. 1.030). Caso o recurso não seja admitido, será possível impugnar tal decisão por meio de agravo interno, para que o tribunal recorrido, por seu Pleno ou Órgão Especial, reaprecie a questão. Negado provimento ao agravo interno, porém, deverá admitir-se novo recurso (especial ou extraordinário, conforme o caso), a fim de viabilizar a subida da causa ao Tribunal de Superposição competente.

No caso do recurso especial, seu cabimento será possível diante da contrariedade ao disposto nos arts. 947, § 3º, e 985, II, ambos aplicáveis aos recursos repetitivos (Enunciado nº 345, FPPC). E, no caso do recurso extraordinário, este será cabível por contrariedade ao art. 102, *caput*, da Constituição da República, já que negar ao STF o reexame de matérias já decididas quando houver fundamento para a superação de entendimentos iria contra a atribuição constitucional daquele Tribunal de atuar como guardião da Constituição. Em síntese, pois, negada a admissibilidade de recurso especial ao fundamento de que a matéria já foi decidida pelo STJ, e havendo no recurso fundamento para a superação do precedente, poderá ser interposto novo recurso especial. E, no caso de o recurso extraordinário não ser admitido por tal fundamento, será possível interpor novo recurso extraordinário.

O inciso II do art. 1.030 determina, por sua vez, que o Presidente ou Vice-Presidente do tribunal recorrido, ao examinar o recurso excepcional, o remeta ao órgão prolator da decisão recorrida para retratar-se, sempre que este tenha desrespeitado precedente dotado de eficácia vinculante. Perceba-se que, mais uma vez, a ideia é a de que o recurso excepcional não seja admitido, por já existir uma padronização decisória acerca da matéria nele versada, cabendo ao órgão prolator da decisão recorrida que não tiver acolhido o entendimento já padronizado que refaça o julgamento, adaptando-o ao padrão decisório vinculante anteriormente estabelecido.

No caso de o recurso versar sobre matéria já reconhecida como repetitiva (mas ainda não decidida pelo Tribunal de Superposição), deverá o Presidente ou Vice-Presidente do tribunal de origem sobrestá-lo até que o STF ou o STJ fixe o paradigma (art. 1.030, III), após o qual deverá ser aplicado o disposto no inciso I ou II, conforme o caso. Como se vê, então, mais uma vez se está diante de um caso em que o recurso excepcional não deverá ser admitido, não se retornando ao STF ou ao STJ com matérias já decididas.

Nesse caso, a decisão do Presidente ou Vice-Presidente será impugnável por agravo interno (art. 1.030, § 2º, cabendo ao próprio tribunal recorrido, por seu Pleno ou pelo Órgão Especial, verificar se o caso em exame era mesmo idêntico àquele afetado para julgamento pelo regime dos recursos repetitivos).

De outro lado, caso o Presidente ou Vice-Presidente do tribunal de origem verifique que o recurso excepcional versa sobre matéria repetitiva, mas ainda não houve a afetação de tal matéria, deverá selecionar o recurso como representativo da controvérsia, nos precisos termos do art. 1.030, IV. E aos recursos não selecionados que também estejam pendentes no Tribunal se aplicará o disposto no inciso III do art. 1.030, ficando eles sobrestados. A esse dispositivo deve cumular-se o art. 1.036, § 1º, de modo que também os outros processos em curso na área de atuação do Tribunal de origem deverão ser suspensos, a fim de aguardar a fixação, pelo STF ou pelo STJ, do padrão decisório a ser observado. Vê-se, assim, que o CPC não só regula um sistema de formação de padrões decisórios vinculantes, mas há também um microssistema de gerenciamento de processos repetitivos, a fim de se permitir a racionalização da atividade jurisdicional diante de casos repetitivos.

Por fim, não sendo caso de aplicação de qualquer das disposições anteriormente referidas, incumbirá ao Presidente ou Vice-Presidente do tribunal de origem exercer o juízo de admissibilidade do recurso especial ou extraordinário, verificando se foram ou não preenchidos os requisitos necessários para que seu mérito possa ser examinado pelo STJ ou STF (art. 1.030, V). Caso se profira, nessa hipótese, juízo negativo de admissibilidade será admissível agravo para o STJ ou STF, conforme o recurso inadmitido seja especial ou extraordinário (art. 1.030, § 1º).

Admitido um dos dois recursos excepcionais aqui examinados, será ele encaminhado ao tribunal competente (STF ou STJ, conforme o caso). Pode acontecer, porém, de haver no mesmo processo questões constitucionais e questões federais, sendo por isso possível que tenha havido a interposição simultânea (ou "conjunta", como se lê no texto do art. 1.031) de ambos os recursos. Nesse caso, e admitidos ambos os recursos excepcionais, deverão os autos ser remetidos ao Superior Tribunal de Justiça. É que, ao menos como regra geral, deverá acontecer primeiramente o julgamento, pelo STJ, do recurso especial. Concluído esse julgamento, os autos serão então remetidos ao STF para exame do recurso extraordinário, se este não estiver prejudicado (art. 1.031, § 1º). Não haverá remessa dos autos ao STF, por exemplo, se ao julgar o recurso especial o STJ tiver reformado integralmente, ou anulado, a decisão recorrida, casos em que não haverá mais qualquer utilidade na apreciação do recurso extraordinário. Caso ainda haja utilidade na apreciação do recurso extraordinário, este será julgado pelo STF.

Pode, porém, acontecer de, admitidos ambos os recursos – e, por isso, tendo os autos sido encaminhados ao STJ –, verificar o relator do recurso especial que o extraordinário versa sobre questão prejudicial (a qual, por sua própria natureza, precisa ser resolvida antes da questão principal). Pois nesse caso, por meio de decisão irrecorrível, o relator do recurso especial sobrestará seu processamento junto ao STJ, determinando a remessa dos autos ao STF (art. 1.031, § 2º). Caberá, nessa hipótese, ao STF julgar primeiro o recurso extraordinário e, em seguida, remeter os autos ao STJ para exame do recurso especial, se este não estiver prejudicado.

Há, porém, outra hipótese a considerar: recebidos os autos no STJ, e tendo o relator do recurso especial determinado que os autos fossem encaminhados para apreciação do recurso extraordinário pelo STF em razão da prejudicialidade, pode ocorrer de o relator do recurso extraordinário não considerar que este versa sobre questão prejudicial, discordando do entendimento do relator do recurso especial. Nesse caso, deverão os autos ser devolvidos ao STJ, para que ocorra em primeiro lugar a apreciação do recurso especial. A decisão do relator do recurso extraordinário que, rejeitando a prejudicialidade deste, determina o retorno dos autos ao STJ é, também, irrecorrível (art. 1.031, § 3º).

Tendo o recurso – especial ou extraordinário – chegado ao tribunal competente para sua apreciação, será examinado tanto em relação à sua admissibilidade quanto, se positivo o juízo de admissibilidade, em seu mérito. Vale aqui registrar um detalhe importante: o fato de se atribuir competência ao tribunal recorrido para, através de seu Presidente ou Vice-Presidente, exercer juízo de admissibilidade de recurso especial ou extraordinário não retira do STJ e do STF o poder de proceder a um novo exame da admissibilidade dos recursos cujo mérito lhes incumbe julgar. Além disso, o STF e o STJ não ficam vinculados ao juízo positivo de admissibilidade emitido pelo tribunal inferior, sendo perfeitamente possível que aqueles Tribunais de Superposição decidam no sentido de não conhecer do recurso que havia sido admitido no tribunal de origem.

Ao realizar o juízo de admissibilidade do recurso especial ou extraordinário, incumbe aos tribunais de superposição relevar vícios formais de recursos tempestivamente interpostos (e só dos tempestivamente interpostos, pois sendo intempestivo o recurso a decisão recorrida terá transitado em julgado) que não sejam graves (art. 1.029, § 3º). Essa é mais uma regra através da qual se manifesta o princípio da primazia da resolução do mérito (art. 4º). Observe-se que, não obstante o fato de o texto normativo valer-se da forma verbal "poderá" ("o Supremo Tribunal Federal ou o Superior Tribunal de Justiça poderá desconsiderar vício formal de recurso tempestivo ou determinar sua correção, desde que não o repute grave"), não se trata de uma faculdade do tribunal, mas de um dever jurídico, imposto tanto pelo princípio da primazia da resolução do mérito quanto pela regra de que aqui se cuida. Deverá, pois, o tribunal desconsiderar o vício – se isso for possível – ou determinar sua correção, fixando prazo para que o recorrente o faça e, em seguida, pronunciar-se sobre o mérito do recurso (e, no caso de ser fixado prazo para correção do vício, o decurso do prazo estabelecido sem que o vício seja sanado acarretará o não conhecimento do recurso: FPPC, Enunciado nº 220).

No caso de haver julgamento de mérito do recurso, o STF e o STJ deverão ir além da mera fixação da tese jurídica aplicável, incumbindo-lhes julgar o caso concreto, aplicando o direito (art. 1.034). É que o STJ e o STF não são meros "tribunais de teses", nem atuam como tribunais de cassação (limitando-se a invalidar decisões que reputem equivocadas para que os tribunais inferiores rejulguem as causas). A eles cabe atuar, em sede de recursos excepcionais, como tribunais de revisão, rejulgando as causas que lhes são submetidas através de recurso especial ou recurso extraordinário. E tanto isso é verdade que, admitido o recurso especial ou extraordinário, o capítulo da decisão que tenha sido impugnado é inteiramente devolvido ao tribunal, devendo este examinar todos os fundamentos necessários para seu completo reexame (sem, no entanto, reexaminar as provas, e admitindo os fatos como fixados pelo Tribunal de origem). Não é por outra razão, aliás, que a lei processual estabelece que "admitido o recurso extraordinário ou o recurso especial por um fundamento, devolve-se ao tribunal superior o conhecimento dos demais fundamentos para a solução do capítulo impugnado".

Além do efeito devolutivo, é preciso também examinar o efeito suspensivo dos recursos especial e extraordinário. É que esses recursos, em regra, não são dotados de efeito suspensivo. Há, porém, um caso em que o recurso especial e o recurso extraordinário são recebidos com efeito suspensivo por força de lei (efeito suspensivo *ope legis*): é a hipótese em que o recurso é interposto contra decisão proferida em sede de incidente de resolução de demandas repetitivas (art. 987, § 1º).

Nos demais casos, porém, a ausência de efeito suspensivo *ope legis* não impede a concessão do efeito suspensivo por decisão judicial (efeito suspensivo *ope iudicis*). É que pode o recorrente requerer a atribuição de efeito suspensivo a recurso especial ou extraordinário que a princípio não o produziria. Esse requerimento deve ser dirigido ao STJ ou ao STF (conforme se trate de recurso especial ou de recurso extraordinário), no período compreendido entre a interposição do recurso e a prolação da decisão que o admite. Nesse caso, o requerimento será dirigido ao tribunal de origem (art. 1.029, § 5º, III). Na hipótese de ser o requerimento de atribuição de efeito suspensivo formulado entre a publicação da decisão que admite o recurso excepcional e sua distribuição, a petição deverá ser dirigida ao STJ ou ao STF, conforme o caso, e ali será designado um relator para exame do requerimento de efeito suspensivo, o qual ficará prevento para o próprio recurso (art. 1.029, § 5º, I). Sendo o requerimento formulado após a distribuição do recurso especial ou extraordinário ao relator, a este será dirigido o requerimento (art. 1.029, § 5º, II). Será, também, o requerimento de atribuição de efeito suspensivo ao recurso dirigido ao Presidente ou ao Vice-Presidente do tribunal recorrido, apenas no caso de ter sido o recurso lá sobrestado por força da aplicação da técnica do julgamento por amostragem de recursos especiais ou extraordinários repetitivos (art. 1.029, § 5º, III). A atribuição de efeito suspensivo ao recurso especial é medida concessiva de tutela de urgência, de natureza cautelar, razão pela qual tem como pressupostos a existência de *fumus boni iuris* (probabilidade de que o recurso especial ou extraordinário venha a ser provido) e de *periculum in mora* (risco iminente de dano para o direito material ou para o resultado útil do processo).

33.2.6.1. Julgamento de recursos extraordinários ou especiais repetitivos

O CPC regula, em seus arts. 1.036 a 1.041, mais uma técnica destinada a viabilizar a criação de precedentes vinculantes, a serem usados como padrões decisórios que terão de ser seguidos pelos órgãos jurisdicionais brasileiros quando do exame de casos nos quais se discutam as mesmas questões de direito já definidas, e diante de circunstâncias fáticas equivalentes. Trata-se, além disso, de uma técnica destinada a permitir o gerenciamento das assim chamadas causas repetitivas, capaz de evitar que o STF e o STJ, tribunais que não só têm competência sobre todo o território nacional, mas também se caracterizam por serem formados por pequeno número de magistrados (onze no STF, trinta e três no STJ), fiquem exageradamente assoberbados pela chegada de excessivo número de recursos excepcionais, versando as mesmas questões de direito.

Por conta disso, sempre que se verifique a existência de multiplicidade de recursos extraordinários ou especiais com fundamento na mesma questão de direito, deverá aplicar-se essa técnica especial, através da qual se promove um julgamento por amostragem (art. 1.036).

A técnica do julgamento de recursos extraordinários ou especiais repetitivos pode começar a ser empregada a partir de atos praticados nos tribunais de origem, perante os quais os recursos excepcionais são interpostos. É que o Presidente ou Vice-Presidente do tribunal de origem (não só de TRF ou TJ, como diz o texto do art. 1.036, § 1º, que parece ter sido escrito com os olhos postos no recurso especial, já que o recurso extraordinário pode vir a ser interposto contra decisões proferidas por outros tribunais, como é o caso dos Tribunais Regionais do Trabalho e dos Tribunais Superiores), verificando a existência dessa multiplicidade de recursos excepcionais que versam sobre a mesma questão de direito, deverá selecionar dois ou mais recursos representativos da controvérsia, e os encaminhar ao STF ou ao STJ para fins de afetação, determinando no mesmo ato a suspensão de todos os processos em trâmite em sua área de atuação (Estado, no caso de Tribunal de Justiça; Região, no caso dos Tribunais Regionais Federais ou do Trabalho; ou em todo o território nacional, no caso dos Tribunais Superiores).

Serão, então, por força da decisão proferida pelo Presidente ou Vice-Presidente do tribunal de origem, suspensos todos os processos individuais ou coletivos que tramitem na área de atuação daquele tribunal (art. 1.036, § 1º).

Proferida essa decisão pelo Presidente ou Vice-Presidente do tribunal de origem, poderá o interessado requerer, à mesma autoridade, que exclua da decisão de sobrestamento recurso especial ou extraordinário que tenha sido interposto intempestivamente, caso em que o recorrente deverá ser ouvido no prazo de cinco dias para que, em seguida, se profira decisão (art. 1.036, § 2º).

A escolha feita no tribunal de origem dos recursos representativos da controvérsia não vinculam as Cortes de superposição, podendo o relator do recurso extraordinário ou especial selecionar outros recursos que mais bem representem a questão de direito controvertida (art. 1.036, § 4º).

Pode também acontecer de os recursos especiais ou extraordinários (sobre uma mesma questão de direito) começarem a chegar em grande número ao STJ ou ao STF sem que tenha havido qualquer decisão de Presidente ou Vice-Presidente de tribunal recorrido selecionando recursos representativos da controvérsia. Pois nesse caso incumbirá ao relator, no STF ou no STJ, selecionar dois ou mais recursos representativos da controvérsia para julgamento da questão de direito (art. 1.036, § 5º).

Questão importante é a de saber que recursos devem ser selecionados para aplicação dessa técnica especial de julgamento por amostragem. A lei processual estabelece expressamente a exigência de que sejam selecionados "recursos admissíveis que contenham abrangente argumentação e discussão a respeito da questão a ser decidida" (art. 1.036, § 6º). Vê-se, assim, que só recursos admissíveis podem ser selecionados, o que é essencial para que se possa promover o exame do mérito, sob pena de frustrarem-se os objetivos a alcançar com o emprego dessa especial técnica processual. Afinal, não se conseguiria produzir o precedente vinculante sobre a questão de direito comum a todos os recursos especiais ou extraordinários repetitivos, nem seria possível gerenciar toda aquela multiplicidade de causas, se a decisão final fosse de não conhecimento dos recursos selecionados.

Não basta, porém, que o recurso extraordinário ou especial seja admissível para poder ser selecionado. Impõe-se, também, que ele contenha "abrangente argumentação e discussão a respeito da questão a ser decidida". Em outras palavras, devem ser selecionados recursos (no mínimo dois, como visto) que permitam o exame aprofundado de todos os argumentos que podem ser invocados no exame daquelas questões de direito.

Incumbe ao relator, no STF ou no STJ, proferir decisão no sentido de ser ou não o caso de afetar aqueles recursos selecionados para julgamento pela técnica dos recursos repetitivos. Deve ele manifestar-se, então, proferindo decisão de afetação (ou, ao contrário, negando a afetação dos recursos).

Negada a afetação, o relator comunicará a decisão ao Presidente ou Vice-Presidente do tribunal que tenha enviado os recursos, a fim de que seja revogada a decisão por ele proferida, que determinou a suspensão dos processos em curso na área de atuação do tribunal de origem (art. 1.037, § 1º).

Interessa aqui, porém, examinar com mais detalhes a decisão de afetação. Pois nessa decisão o relator, além de expressamente determinar a utilização da técnica do julgamento de recursos repetitivos, deverá identificar com precisão a questão a ser submetida a julgamento (art. 1.037, I). É que se faz necessário determinar, com absoluta precisão, qual é a questão repetitiva que serve de base para todos os múltiplos recursos especiais e extraordinários, e que é objeto de discussão em todos os processos que ficarão suspensos à espera do pronunciamento do STJ ou do STF. A identificação da questão a ser submetida a julgamento pela técnica dos recursos repetitivos é ainda mais importante quando se considera o fato de que os recursos selecionados podem versar também sobre outras questões de direito, as quais também têm de ser examinadas, mas que, não sendo repetitivas, não podem ser solucionadas através da técnica de que aqui se cogita. Nesse caso, proferido o julgamento por amostragem dos recursos repetitivos, os processos afetados serão examinados, em momento posterior, pelo próprio tribunal, para exame das demais questões, proferindo-se um acórdão específico para cada processo (art. 1.037, § 7º).

Ainda na decisão de afetação, deverá o relator dos recursos especiais ou extraordinários repetitivos determinar a suspensão do processamento de todos os processos pendentes, individuais ou coletivos, que versem sobre a questão e tramitem no território nacional (art. 1.037, II). Manifesta-se, aqui, uma técnica de gerenciamento de causas repetitivas, através da qual se aguardará a formação de uma decisão paradigma, a qual terá eficácia de precedente vinculante, e que será, posteriormente, empregada como base para a formação das decisões que serão proferidas para os casos equivalentes (*to treat like cases alike*). Também aqui, porém, tem-se entendido que a suspensão não é automática, cabendo ao STJ definir, discricionariamente, se haverá suspensão ou não, como se pode ver no acórdão proferido em ProAfR no REsp 1.850.512/SP, proferido em 24/11/2020.

Aliás, vale registrar que, não obstante afirme o texto legal que a decisão de afetação incumbe ao relator, tem sido frequente que o tema seja objeto de acórdão, decidindo-se de forma colegiada acerca da afetação da matéria.

Determinada a suspensão dos processos, serão disso comunicados, para que tomem as devidas providências, os juízes e relatores dos processos em trâmite em todo o território nacional, os quais, por sua vez, determinarão a intimação das partes dos processos suspensos para que tomem conhecimento do sobrestamento (art. 1.037, § 8º).

Intimadas as partes da suspensão dos demais processos em que se discute a mesma questão de direito, poderá o interessado requerer o reconhecimento de que o processo de que participa foi indevidamente suspenso, buscando estabelecer uma distinção entre os casos afetados para julgamento pela técnica dos recursos repetitivos e o caso concreto de que participa, a fim de excluir tal processo do rol dos feitos suspensos – já que, sendo o processo distinto, a ele não se aplicará o padrão decisório a ser formado através do procedimento de julgamento dos recursos excepcionais repetitivos –, voltando ele a tramitar regularmente (art. 1.037, § 9º). Esse requerimento será dirigido ao juízo de primeira instância se ali estiver sobrestado o processo; ao relator do tribunal de origem, se ali o processo tiver sido suspenso, ainda que já tenha sido julgado e esteja pendente recurso especial ou extraordinário que tenha sido sobrestado antes de ser remetido ao STF ou ao STJ; ou ao relator, no tribunal superior, de recurso especial ou extraordinário que já tivesse sido para lá remetido quando da decisão de sobrestamento (art. 1.037, § 10, I a IV). Formulado o requerimento de distinção, deverá ser ouvida a parte contrária no prazo de cinco dias (art. 1.037, § 11) e, em seguida, proferida decisão.

Reconhecida a distinção, o processo voltará a tramitar regularmente, sob a condução do juiz ou relator, salvo no caso de haver recurso especial ou extraordinário já interposto mas ainda não remetido ao STJ ou ao STF, caso em que a decisão será comunicada ao Presidente ou Vice-Presidente do tribunal de origem, a este incumbindo determinar seja o recurso especial ou extraordinário encaminhado ao tribunal superior competente (art. 1.037, § 12).

Da decisão que resolver o requerimento de distinção (tenha esta sido reconhecida ou não) caberá agravo de instrumento, se proferida por juízo de primeira instância, ou agravo interno, se proferida por relator (art. 1.037, § 13).

Por fim, a decisão de afetação poderá conter a determinação de que Presidentes ou Vice-Presidentes dos tribunais de origem (que, no caso do STJ, só podem ser os Tribunais Regionais Federais e Tribunais de Justiça, mas no caso do STF pode ser qualquer tribunal) providenciem a remessa de um recurso representativo da controvérsia ali pendente, para que tais outros recursos sejam reunidos aos já afetados, permitindo-se desse modo uma mais ampla compreensão dos aspectos da questão e dos fundamentos deduzidos sobre ela (art. 1.037, III).

Pode, em tese, ocorrer de mais de um relator (no STF ou no STJ) proferirem decisão de afetação em casos envolvendo a mesma questão de direito. Nesse caso, os recursos repetitivos serão todos reunidos para apreciação conjunta, ficando prevento (e, portanto, devendo atuar como relator em todos os processos) aquele que primeiro tenha proferido decisão de afetação (art. 1.037, § 3º).

Proferida a decisão de afetação, os recursos repetitivos deverão ser julgados no prazo de um ano, tendo eles, em seu processamento, preferência sobre todos os demais processos, ressalvados apenas aqueles que envolvam réu preso e os pedidos de *habeas corpus* (art. 1.037, § 4º). Não ocorrendo o julgamento no prazo de um ano (a contar da publicação da decisão de afetação), cessam automaticamente a afetação e a suspensão de processos, que, em todo o território nacional, retomarão seu curso normal (o que constava, no texto original do CPC, do art. 1.037, § 5º, revogado pela Lei nº 13.256/2016, mas ainda se aplica por força do disposto no art. 980, parágrafo único, que é aplicável aos recursos repetitivos, nos termos do Enunciado nº 345 do FPPC, mas agora com a ressalva – constante do citado parágrafo único do art. 980 – de "decisão fundamentada do relator em sentido contrário"). Cessando a suspensão, porém, permite-se a outro relator proferir nova decisão de afetação de dois ou mais recursos representativos da controvérsia (art. 1.037, § 6º), caso em que será aplicada a técnica de julgamento dos recursos repetitivos sem que os demais processos nos quais se discute a mesma questão de direito tenham seus andamentos suspensos.

Afetados os recursos que serão julgados pela técnica dos recursos repetitivos, incumbe ao relator conduzir o procedimento a ser observado até o julgamento pelo órgão colegiado, que, segundo o Regimento Interno do STF ou do STJ, será competente para decidir. Pois para ampliar o debate, de modo a permitir o mais amplo (do ponto de vista subjetivo e objetivo) contraditório sobre os fundamentos que podem vir a ser deduzidos a respeito da matéria a ser objeto da decisão, prevê a lei processual a possibilidade de intervenção de *amici curiae* (art. 1.038, I) e a realização de audiência pública, esta para colher depoimentos de pessoas com experiência e conhecimento na matéria (art. 1.038, II), tudo com o fim de melhor instruir o procedimento. Também poderão se manifestar aqueles que são partes nos processos não afetados – e, pois, suspensos –, já que se enquadram no conceito de "pessoas, órgãos ou entidades com interesse na controvérsia" e, portanto, poderão manifestar-se no procedimento destinado ao julgamento do recurso excepcional repetitivo, nos termos do art. 1.038, I, do CPC.

E não poderia mesmo ser diferente. Afinal, não há como assegurar que os recursos afetados, por mais que sejam "representativos da controvérsia", e contenham "abrangente argumentação e discussão a respeito da questão a ser decidida" (art. 1.036, § 6º), sejam capazes de conter todos os fundamentos da tese jurídica debatida, favoráveis ou contrários ao seu acolhimento. E é fundamental que se criem mecanismos destinados a assegurar que o maior número possível de fundamentos seja levado à cognição do Tribunal, a fim de assegurar que ele possa julgar menos e melhor. Além disso, só assim se poderá assegurar que haja possibilidade de uma deliberação qualificada, capaz de produzir uma decisão que analisa a matéria objeto do debate de forma panorâmica, tão completa quanto possível, o que se revela essencial para a estabilidade do entendimento que será fixado pelo padrão decisório que será criado.

Admitir, então, a intervenção de todos aqueles que são partes dos processos suspensos e nos quais se discute a mesma questão de direito, a fim de viabilizar a dedução, perante o Tribunal (STJ ou STF), de todos os fundamentos da tese jurídica que está a ser debatida, é um poderoso mecanismo de ampliação do contraditório, destinado a assegurar a construção comparticipativa do acórdão paradigma que será empregado, posteriormente, como padrão decisório dotado de eficácia vinculante em processos outros, distintos destes em que se produz a decisão paradigma. Busca-se, assim, respeitar o paradigma do Estado Democrático de Direito, garantindo-se uma participação igualitária, que é, como já visto, essencial para a democracia.

Vale registrar que essa possibilidade de intervenção daqueles que são partes nos outros processos em que se discute a mesma questão de direito só faz sentido nos procedimentos destinados à formação de precedentes vinculantes que se desenvolvem em processos repetitivos, já que neles há uma reprodução, em múltiplos processos, da mesma questão de direito. Por isso sua admissão em sede de recursos repetitivos, do mesmo modo como se dá no IRDR.

Além disso, o relator deverá requisitar informações aos tribunais inferiores a respeito da controvérsia (art. 1.038, III). É que em algum tribunal pode ter sido proferida decisão em sentido diverso das teses que já foram sustentadas perante o STJ ou o STF, ou alguma parte pode ter deduzido argumento diferente daqueles já suscitados perante o tribunal de superposição. Tudo isso amplia a discussão em torno da matéria, permitindo que a decisão sobre a questão repetitiva seja fruto de cognição completa e de um debate amadurecido, o que amplia a legitimidade democrática da decisão, que, afinal, será empregada como padrão decisório, servindo de base para a formação de decisões que serão proferidas em outros processos, em que haja equivalência das circunstâncias envolvidas, de modo que os fundamentos determinantes da decisão formada para ser precedente vinculante sejam aplicáveis também a esses outros casos.

Os tribunais deverão encaminhar suas informações no prazo de quinze dias, preferencialmente por meio eletrônico (art. 1.038, § 1º).

Para completar essa ampliação do contraditório, exige a lei processual a oitiva do Ministério Público antes da realização da sessão de julgamento (art. 1.038, III, parte final). Terá o MP o prazo de quinze dias para apresentar seu parecer, preferencialmente por meio eletrônico (art. 1.038, § 1º).

Transcorrido o prazo para manifestação do Ministério Público, será elaborado relatório, do qual todos os integrantes do órgão colegiado receberão cópia. Em seguida, os recursos afetados serão incluídos em pauta para sessão de julgamento, devendo este ocorrer com preferência sobre todos os demais processos, ressalvados apenas aqueles que envolvam réu preso e os pedidos de *habeas corpus* (art. 1.038, § 2º).

Não dispõe a lei expressamente sobre o modo como se desenvolverá a sessão de julgamento dos recursos repetitivos, o que leva necessariamente à aplicação das regras estabelecidas para a sessão de julgamento do incidente de resolução de demandas repetitivas, já que este forma com aqueles um microssistema dos julgamentos de casos repetitivos (FPPC, Enunciado nº 345). Assim, incumbirá ao relator fazer a exposição da questão afetada a julgamento pela técnica dos recursos repetitivos (art. 984, I). Em seguida, será admitida a sustentação oral das partes dos processos afetados e do Ministério Público, pelo prazo de trinta minutos para cada um (art. 984, II, *a*). Depois será possível que outros interessados apresentem suas sustentações orais, desde que inscritos com pelo menos dois dias de antecedência, dividindo-se entre os inscritos o prazo comum de trinta minutos (art. 984, II, *b*), o qual poderá ser ampliado em razão do número de inscritos (art. 984, § 1º).

Ultrapassada essa fase, serão colhidos os votos. O acórdão deverá abranger a análise de todos os fundamentos da tese jurídica discutida, sejam eles favoráveis (art. 1.038, § 3º) ou contrários (por força do disposto no art. 984, § 2º, aplicável aos recursos repetitivos, nos termos do Enunciado nº 345 do FPPC), inclusive os suscitados pelos interessados (FPPC, Enunciado nº 305: "no julgamento de casos repetitivos, o tribunal deverá enfrentar todos os argumentos contrários e favoráveis à tese jurídica discutida, inclusive os suscitados pelos interessados").

Significa isso dizer, em outras palavras, que não bastará ao tribunal apontar os fundamentos que embasam a tese fixada como paradigma, mas também se exige que da fundamentação do acórdão constem os fundamentos que levaram à rejeição dos argumentos contrários à conclusão adotada. É essencial, então, que em todos os votos haja expressa manifestação sobre todos os argumentos suscitados, de modo que se possa identificar quais foram os argumentos efetivamente acolhidos pela maioria dos integrantes do órgão julgador (e que serão, pois, os fundamentos determinantes, *ratione decidendi*, do acórdão, viabilizando, assim, sua futura aplicação como precedente vinculante). Em razão disso, é fundamental que na ementa – que o acórdão conterá (art. 943, § 1º) – haja a expressa indicação de quais foram os argumentos examinados, com menção de quais foram acolhidos e quais foram rejeitados, de modo a facilitar a correta pesquisa e aplicação do precedente vinculante.

Caso no julgamento de recursos extraordinários repetitivos o STF se pronuncie no sentido de que a questão constitucional afetada não tem repercussão geral, todos os recursos extraordinários que eventualmente já tivessem sido interpostos sobre a matéria, e que estivessem sobrestados, serão automaticamente inadmitidos (art. 1.039, parágrafo único), sendo possível essa decisão de inadmissão no próprio tribunal de origem (se lá estiver ainda o processo, evidentemente), sem que haja necessidade de remessa do processo ao Supremo Tribunal Federal.

Julgados os recursos repetitivos, o acórdão será utilizado, como vem sendo dito, como precedente vinculante, a fixar um padrão decisório a partir do qual serão decididos os demais casos em que se tenha suscitado a mesma questão de direito. Assim é que, em relação aos recursos especiais ou extraordinários que estivessem sobrestados (já estando o processo no STJ ou no STF), deverá verificar-se se a decisão recorrida está ou não em conformidade com o precedente fixado. Caso a decisão recorrida tenha sido proferida no mesmo sentido do precedente, o recurso especial ou extraordinário que tenha sido interposto será declarado prejudicado. Caso contrário, o recurso especial ou extraordinário será provido, para aplicação da tese firmada (art. 1.039).

O acórdão paradigma produz, porém, efeitos perante processos que ainda não tivessem chegado ao STF ou ao STJ (e este é, sem dúvida, sua eficácia mais importante, tanto do ponto de vista da padronização decisória, que permite assegurar isonomia e segurança jurídica, quanto no que concerne ao gerenciamento das causas repetitivas). Assim é que, publicado o acórdão paradigma, o Presidente ou Vice-Presidente do tribunal de origem negará seguimento a todos os recursos especiais ou extraordinários que lá estivessem sobrestados, quando a decisão recorrida coincidir com a orientação fixada no precedente vinculante (art. 1.040, I), evitando-se, desse modo, que tais processos tenham de subir até o STJ ou STF.

Caso a decisão recorrida não estivesse em conformidade com o acórdão paradigma, os recursos especiais e extraordinários sobrestados no tribunal de origem serão restituídos ao órgão prolator daquela decisão, para reexame do recurso, processo de competência originária ou remessa necessária (art. 1.040, II). Incumbirá ao tribunal de origem, nesse caso, reconsiderar a decisão anterior, adequando o julgamento da causa à tese fixada no precedente vinculante (*to treat like cases alike*). Reconhece-se aí, pois, um efeito retroativo do precedente, capaz de levar à reforma de decisões anteriormente proferidas. Nessa hipótese, alterado o acórdão divergente, o tribunal de origem, se for o caso, decidirá as demais questões, ainda não decididas, cujo enfrentamento se tenha tornado necessário em razão da modificação da decisão anterior (art. 1.041, § 1º).

Versando o recurso especial ou extraordinário sobre outras questões além das que tenham sido enfrentadas no acórdão agora proferido (em juízo de retratação) pelo tribunal de origem, deverá ele ser encaminhado ao STJ ou STF, independentemente de ratificação do recurso, desde que admitido pelo Presidente ou Vice-Presidente do tribunal recorrido, para que essas outras questões possam ser examinadas (art. 1.041, § 2º).

Sendo o acórdão divergente mantido pelo tribunal de origem (o que só será possível se o tribunal fundamentar sua decisão no sentido de que as circunstâncias da causa são distintas, a ela não se aplicando os fundamentos determinantes da decisão, nos termos do art. 489, § 1º, VI), o recurso especial ou extraordinário será remetido ao STJ ou STF, desde que admitido (art. 1.041, art. 1.030, V, *c*).

Quanto aos processos que tenham sido suspensos em primeiro ou segundo grau de jurisdição, retomarão eles seu curso normal, a fim de que no julgamento seja aplicada a tese fixada no precedente vinculante (art. 1.040, III). Caso o processo esteja ainda em primeiro grau de jurisdição e o precedente vinculante tenha fixado tese contrária ao interesse do demandante, fica este autorizado a, antes de proferida a sentença, desistir da ação, provocando assim a extinção do processo sem resolução do mérito (art. 1.040, § 1º). Nesse caso, ainda que apresentada a contestação, a extinção do processo não depende do consentimento do réu (art. 1.040, § 3º), e, caso ocorra antes do oferecimento da contestação, ficará o autor isento da obrigação de pagar custas processuais e honorários advocatícios (art. 1.040, § 2º). Tem-se, aí, uma verdadeira sanção premial, destinada a estimular a desistência da ação nesses casos.

Embora não o diga expressamente o texto legal, o precedente vinculante fixado através da técnica dos recursos excepcionais repetitivos será aplicado, também, aos casos futuros, ainda não instaurados. Desse modo, sempre que se verificar que as circunstâncias fáticas de um novo caso concreto são equivalentes às do caso paradigma, deverá o órgão jurisdicional, fundamentadamente, proferir sua decisão a partir dos fundamentos determinantes do precedente, cuja observância é obrigatória.

Por fim, deve-se dizer que, no caso de o precedente vinculante fixado através da técnica do julgamento de recursos excepcionais repetitivos versar sobre questão relativa à prestação de serviço público objeto de concessão, permissão ou autorização (como se dá, por exemplo, com serviços como telefonia ou fornecimento de energia elétrica), o resultado do julgamento será comunicado ao órgão, ente ou agência reguladora competente para fiscalizar a efetiva aplicação, por parte dos entes sujeitos a regulação, da tese adotada (art. 1.040, IV). Este é, certamente, o mais importante efeito da decisão paradigma quando se pensa nesse sistema como um método de gerenciamento de causas repetitivas. É que o ente regulador deverá, a partir da fixação do precedente vinculante, produzir ato normativo de natureza administrativa, cuja observância pelos entes sujeitos a regulação é obrigatória, impondo a adaptação do serviço ao que tenha sido decidido pelo Superior Tribunal de Justiça ou pelo Supremo Tribunal Federal.

Diz-se que esse efeito é tão importante porque, como sabido, as sanções que os entes reguladores podem impor aos que prestam serviços sujeitos a regulação são muito pesadas, com previsão de multas elevadas e até mesmo, em casos extremos, de perda da concessão, permissão ou autorização. Pois isso deverá, em termos práticos, produzir o resultado de promover a adaptação das condutas dos prestadores de serviços aos entendimentos firmados nos precedentes vinculantes, de modo que haverá, como consequência inevitável, uma diminuição da litigiosidade em relação a tais condutas. Daí a importância da padronização decisória – especialmente a promovida nos tribunais de superposição – para o gerenciamento das causas repetitivas, o que pode ter como consequência uma diminuição da litigiosidade e, por conseguinte, do acervo de processos em curso no país, assegurando que haja mais tempo e melhor estrutura para cuidar dos outros processos, instaurados em casos singulares (não repetitivos), o que evidentemente contribui para a melhoria da qualidade dos resultados produzidos através do processo e, pois, para a eficiência do sistema processual.

33.2.7. Agravo em recurso extraordinário ou em recurso especial

Como já se pôde ver, o CPC estabelece um sistema por força do qual compete ao Presidente ou ao Vice-Presidente do tribunal recorrido (conforme o estabelecido no respectivo Regimento Interno) exercer o juízo de admissibilidade dos recursos extraordinários e especiais ali interpostos. Pois contra algumas decisões de inadmissibilidade (algumas, mas não todas, frise-se) há um recurso que pode ser utilizado, o agravo em recurso especial e em recurso extraordinário.

Assim, tendo havido, no tribunal de origem, a identificação da existência de múltiplos recursos sobre a mesma questão de direito (constitucional ou federal), caberá ao Presidente ou Vice-Presidente selecionar dois recursos para serem encaminhados ao tribunal de superposição e promover a suspensão dos demais recursos já interpostos sobre a mesma matéria (além de determinar a suspensão de todos os outros processos em trâmite na área de atuação do respectivo tribunal e que versem sobre a mesma questão de direito, como já se teve oportunidade de ver). Além disso, quando a verificação da existência de multiplicidade de recursos se der no STJ ou no STF, assim como nos casos em que, provocado por outro tribunal, o relator no Tribunal de Superposição tiver proferido a decisão de afetação, ao Presidente ou Vice-Presidente do tribunal de origem caberá encaminhar um recurso representativo da controvérsia para ser reunido àqueles previamente selecionados.

Depois de julgados os recursos repetitivos e fixado o acórdão paradigma, caberá ainda ao Presidente ou Vice-Presidente do tribunal de origem tomar diversas outras providências. Caso o STF tenha decidido por negar a repercussão geral da questão constitucional, deverá ser negado seguimento ao recurso extraordinário no tribunal de origem. Já na hipótese de o STF ou o STJ ter julgado o mérito dos recursos repetitivos, deverá o Presidente ou Vice-Presidente do tribunal de origem verificar, entre os recursos ali sobrestados, quais foram interpostos contra decisões proferidas no mesmo sentido do precedente vinculante e quais decisões dele divergiram.

Nos processos em que a decisão recorrida esteja em conformidade com o precedente vinculante, o recurso especial ou extraordinário deverá ser declarado prejudicado no próprio tribunal de origem. Já naqueles em que a decisão seja divergente da tese fixada no acórdão paradigma, deverá o Presidente ou Vice-Presidente do tribunal de origem restituir o processo ao órgão prolator da decisão recorrida para exercício do juízo de retratação.

Vê-se, pois, que são muitas as variantes, e diversas – e extremamente relevantes – as decisões que podem ser proferidas pelo Presidente ou Vice-Presidente do tribunal de origem nesse gerenciamento dos recursos repetitivos. E contra essas decisões se prevê um recurso, regulado pelo art. 1.042, chamado agravo em recurso especial e em recurso extraordinário, que pode ser interposto no prazo de quinze dias (art. 1.003, § 5º). Não é, porém, admissível esse agravo em recurso especial e em recurso extraordinário quando a decisão de inadmissibilidade do recurso excepcional fundar-se na aplicação de entendimento fixado em decisão proferida sob o regime da repercussão geral ou em julgamento de recursos repetitivos (art. 1.042, *caput*).

Cabe agravo em recurso especial ou em recurso extraordinário, portanto, contra decisão do Presidente ou Vice-Presidente de tribunal que declarar inadmissível o recurso especial ou extraordinário com base em qualquer outro fundamento que não seja o fato de estar a decisão recorrida em conformidade com precedente fixado sob o regime da repercussão geral da questão constitucional ou dos recursos repetitivos (sendo certo que para julgar o mérito de recursos extraordinários repetitivos o STF precisa reconhecer a presença da repercussão geral da questão constitucional, requisito de admissibilidade dessa espécie recursal).

A petição de interposição do agravo em recurso especial ou extraordinário deve ser dirigida ao próprio Presidente ou Vice-Presidente do tribunal de origem que tenha prolatado a decisão agravada, não estando sujeita a qualquer tipo de preparo (art. 1.042, § 2º). Caso pretenda a parte interpor dois agravos (um em recurso especial, outro em recurso extraordinário), deverá fazê-lo separadamente, apresentando uma petição para cada um dos agravos (art. 1.042, § 6º). O agravo em recurso especial ou extraordinário se processa nos mesmos autos em que proferida a decisão agravada (FPPC, Enunciado nº 225).

Ao agravo em recurso especial e em recurso extraordinário se aplica todo o regime da repercussão geral e dos recursos repetitivos (art. 1.042, § 2º). Significa isso dizer que o agravo pode ficar suspenso aguardando a definição de um paradigma pelo Tribunal de Superposição, assim como é possível o exercício, pelo prolator da decisão recorrida (Presidente ou Vice-Presidente do tribunal recorrido), de juízo de retratação. Além disso, é possível que, através do julgamento de mérito de um agravo em recurso especial ou em recurso extraordinário, se produza uma decisão que terá efeitos de padrão decisório (assim como aconteceria com o julgamento de mérito de um recurso extraordinário ou especial produzido sob o regime da repercussão geral ou pela técnica especial de julgamento por amostragem dos recursos repetitivos).

A Secretaria do tribunal, uma vez interposto o agravo, deverá providenciar a intimação do agravado para apresentar suas contrarrazões no prazo de quinze dias (art. 1.042, § 3º), e, decorrido esse prazo, deverá o Presidente ou Vice-Presidente do tribunal de origem reexaminar o caso para dizer se mantém sua decisão ou se a reconsidera, exercendo juízo de retratação (art. 1.042, § 4º). Não havendo retratação, e não sendo caso de sobrestamento do recurso por força da aplicação do regime da repercussão geral ou dos recursos repetitivos, o agravo será remetido ao STF ou ao STJ, conforme o caso (art. 1.042, § 4º, parte final). Tendo sido interpostos simultaneamente dois agravos (um em recurso especial, outro em recurso extraordinário), os autos serão remetidos ao Superior Tribunal de Justiça (art. 1.042, § 7º), e, concluído por este o julgamento do agravo (e, se for o caso, do recurso especial), os autos serão remetidos ao Supremo Tribunal Federal para apreciação do agravo em recurso extraordinário, salvo se esse recurso estiver prejudicado (art. 1.042, § 8º).

No julgamento do agravo poderá haver a apreciação conjunta do próprio recurso especial ou extraordinário, caso em que será assegurado o direito das partes de realizarem suas sustentações orais (art. 1.042, § 5º). Quanto ao mais, será observado o disposto no regimento interno do STF ou no do STJ.

Do julgamento de mérito do agravo, desde que realizado em conjunto com o do próprio recurso extraordinário ou especial, como dito, pode emanar um acórdão que atue como padrão decisório para casos idênticos ou análogos, de modo que esse recurso pode atrair a incidência de todos os dispositivos que se inserem no microssistema de formação concentrada de padrões decisórios vinculantes.

33.2.8. Embargos de divergência

Os embargos de divergência são um importantíssimo mecanismo de preservação da estabilidade, integridade e coerência da jurisprudência do Superior Tribunal de Justiça e do Supremo Tribunal Federal, estando em perfeita sintonia com o disposto no art. 926. Afinal, trata-se de recurso destinado a eliminar divergências jurisprudenciais internas ao STF ou ao STJ, harmonizando entendimentos e estabelecendo quais as teses que deverão prevalecer quando houver algum dissídio jurisprudencial.

O recurso é cabível contra decisões proferidas pelos órgãos fracionários do STF (as duas Turmas) ou do STJ (as três Seções e as seis Turmas). Não se cogita de embargos de divergência contra decisões proferidas pela Corte Especial do STJ ou pelo Plenário do STF por razões evidentes, já que tais órgãos representam a composição total dessas Cortes e, por isso, já indicam o entendimento prevalecente em tais tribunais.

Os embargos de divergência, como quase todos os outros recursos, são admissíveis no prazo de quinze dias (art. 1.003, § 5º).

É embargável o acórdão de órgão fracionário que, em recurso extraordinário ou em recurso especial (ou em agravo interno ou agravo em recurso especial ou extraordinário: FPPC, Enunciado nº 230), divergir do julgamento de qualquer outro órgão do mesmo tribunal. Pouco importa se são ambos os acórdãos – o embargado e o invocado como paradigma – de mérito (art. 1.043, I), ou se um acórdão é de mérito e o outro relativo ao juízo de admissibilidade (art. 1.043, III), desde que a mesma matéria tenha sido em ambas enfrentada e resolvida de maneiras divergentes.

Perceba-se, então, que a divergência deve dar-se, a princípio, entre o acórdão proferido por um órgão fracionário (e que será embargado) e outra decisão, proferida por qualquer outro órgão do mesmo tribunal (fracionário ou não). É que decisões do mesmo órgão, normalmente, não poderão ser invocadas como paradigma para o cabimento dos embargos de divergência, já que revelarão superação do entendimento anterior. Há, porém, um caso em que se admite a utilização, como acórdão paradigma, de outro acórdão do mesmo órgão fracionário: é a hipótese em que tenha havido, entre a prolação do acórdão paradigma (do mesmo órgão fracionário) e a do acórdão divergente (contra o qual se pretende agora interpor embargos de divergência), uma substancial alteração de composição, com a modificação de mais da metade de seus membros (art. 1.043, § 3º).

A divergência entre o acórdão embargado e o paradigma pode se dar ainda que um deles (qualquer um) tenha sido proferido no julgamento de recurso e o outro na apreciação de processo de competência originária (art. 1.043, § 1º), tenha sido a divergência verificada na interpretação de norma de Direito Processual ou de direito substancial (art. 1.043, § 2º).

O que importa para o cabimento do recurso é que a divergência tenha se dado entre decisões proferidas no mesmo tribunal – STF ou STJ – e, ao menos como regra (com a única ressalva do disposto no § 3º do art. 1.043), entre órgãos distintos da Corte. Busca-se, pois, com os embargos de divergência, eliminar dissídios jurisprudenciais internos do STF ou do STJ – chamados tradicionalmente de dissídios *intra muros* –, de modo a assegurar a estabilidade, integridade e coerência da jurisprudência dessas que são as duas mais importantes Cortes do sistema jurisdicional civil brasileiro.

A admissibilidade do recurso exige que o recorrente comprove a existência da divergência, o que fará com a apresentação de certidão, cópia ou citação de repositório oficial ou credenciado de jurisprudência, inclusive em mídia eletrônica, onde tenha sido publicado o acórdão divergente, ou com a reprodução de julgado disponível na internet, indicando-se a respectiva fonte, e com a realização de confronto analítico entre o acórdão embargado e o acórdão paradigma, de modo que se apontem, com precisão, as circunstâncias que identificam ou assemelham os casos confrontados (art. 1.043, § 4º). Trata-se, pois, da mesma técnica de comprovação do dissídio jurisprudencial exigido para o caso de recurso especial fundado na divergência quanto à aplicação da lei federal (art. 1.029, § 1º).

No exame dos embargos de divergência, não pode o tribunal – seja o STF, seja o STJ – reputar inadmissível o recurso com base na afirmação genérica de que as circunstâncias fáticas no caso em que proferido o acórdão recorrido e no acórdão paradigma são diferentes, exigindo-se a demonstração efetiva da distinção (o que constava expressamente do art. 1.043, § 5º, revogado pela Lei nº 13.256/2016, mas ainda é aplicável por força do art. 489, § 1º, além do art. 93, IX, da Constituição da República).

O procedimento dos embargos de divergência é o estabelecido no regimento interno do STJ ou do STF (art. 1.044). A interposição dos embargos de divergência no STJ interrompe o prazo para interposição de recurso extraordinário por qualquer das partes (art. 1.044, § 1º).

Caso o julgamento proferido em sede de embargos de divergência no STJ não modifique a conclusão do acórdão embargado, eventual recurso extraordinário que tenha sido anteriormente interposto pela parte contrária será processado e julgado independentemente de ratificação (art. 1.044, § 2º). De outro lado, tendo havido modificação do julgado embargado, deve-se aplicar por analogia o disposto no art. 1.024, § 4º, garantindo-se à parte que já interpusera seu recurso extraordinário o prazo de quinze dias para, nos exatos limites da modificação operada, complementar ou alterar suas razões. Não sendo feita essa complementação ou alteração, deve-se reputar o silêncio da parte como manifestação tácita da vontade de ver seu recurso julgado nos exatos termos em que originariamente interposto, caso em que caberá ao STF verificar se o recurso extraordinário está prejudicado ou não.

Não obstante o silêncio da lei, o acórdão proferido no julgamento de mérito de embargos de divergência pode ter eficácia vinculante, atuando como padrão decisório. Pense-se, por exemplo, no caso de uma das Seções do STJ ter julgado um recurso especial repetitivo, e contra essa decisão serem interpostos embargos de divergência, ao fundamento de que o acórdão da Seção teria divergido de decisão da Corte Especial. Pois em um caso assim, o acórdão que julgar o mérito dos embargos de divergência, por força do efeito substitutivo dos recursos, ocupará o lugar do acórdão proferido no julgamento do recurso especial repetitivo e, assim, deverá ser reconhecido como um acórdão dotado de eficácia de precedente vinculante. Para legitimar essa eficácia, porém, é preciso que, no procedimento a ser observado para julgamento dos embargos de divergência, seja admitida a ampliação subjetiva do contraditório, com o reconhecimento de um espaço de oportunidade para a participação de interessados, intervenção de *amici curiae* e realização, se for o caso, de audiências públicas.

Cumprem, assim, os embargos de divergência, como dito, importantíssima função num sistema processual que busca não apenas padronizar o modo como determinadas matérias são decididas, mas também permitir que sejam cumpridos pelo STJ e pelo STF os deveres jurídicos previstos no art. 926 do CPC, notadamente o de uniformizar sua jurisprudência.